中国少数民族古籍珍品图典：
民族古文字古籍
整理研究100年通览

第一册

Illustration of China's Ethnic Minorities Valuable Classics:
Overview of Collection and Research on
Minorities Ancient Writing and
Documents Over the Past 100 Years

张公瑾 黄建明 主编

中国社会科学出版社

图书在版编目（CIP）数据

中国少数民族古籍珍品图典：民族古文字古籍整理研究100年通览/张公瑾，黄建明主编.—北京：中国社会科学出版社，2018.6
ISBN 978 - 7 - 5203 - 2079 - 5

Ⅰ.①中… Ⅱ.①张… ②黄… Ⅲ.①少数民族—古籍—中国—图集 Ⅳ.①K28 -64

中国版本图书馆CIP数据核字（2018）第027388号

出 版 人	赵剑英
责任编辑	黄燕生　郭晓鸿　王　曦　王　琪
责任校对	韩海超
责任印制	戴　宽
出　　版	中国社会科学出版社
社　　址	北京鼓楼西大街甲158号
邮　　编	100720
网　　址	http://www.csspw.cn
发 行 部	010 - 84083685
门 市 部	010 - 84029450
经　　销	新华书店及其他书店
印刷装订	北京君升印刷有限公司
版　　次	2018年6月第1版
印　　次	2018年6月第1次印刷
开　　本	880×1230　1/16
印　　张	135.5
字　　数	3933千字
定　　价	688.00元(全四册)

凡购买中国社会科学出版社图书，如有质量问题请与本社营销中心联系调换
电话：010 - 84083683
版权所有　侵权必究

国家社科基金后期资助项目

出 版 说 明

　　后期资助项目是国家社科基金设立的一类重要项目，旨在鼓励广大社科研究者潜心治学，支持基础研究多出优秀成果。它是经过严格评审，从接近完成的科研成果中遴选立项的。为扩大后期资助项目的影响，更好地推动学术发展，促进成果转化，全国哲学社会科学规划办公室按照"统一设计、统一标识、统一版式、形成系列"的总体要求，组织出版国家社科基金后期资助项目成果。

全国哲学社会科学规划办公室

编委会名单

主　　编　张公瑾
副 主 编　黄建明　张铁山
编委会名单　戴红亮　德　青　顾松洁　黄建明　黄燕生　梁庭望
　　　　　　　买提热依木　　莫福山　木仕华　聂鸿音　孙伯君
　　　　　　　王　锋　韦学纯　伍　月　吴元丰　徐丽华　严　宏
　　　　　　　于宝林　张公瑾　张铁山　照那斯图　周国炎
编　　务　德　青　顾松洁　严　宏

总　目　录

序言 ………………………………………………………………… 张公瑾（1）

第一册

藏文 …………………………………………………… 徐丽华　编著（3）
西夏文 ………………………………………………… 聂鸿音　编著（201）
彝文 …………………………………………… 黄建明　王继超　编著（313）
东巴文　哥巴文 ……………………………………… 木仕华　编著（411）
白文 …………………………………………… 王　锋　张锡禄　编著（527）

第二册

方块壮字 ……………………………………………… 梁庭望　编著（637）
傣文 …………………………………………… 张公瑾　戴红亮　编著（797）
水书 ………………………………… 吴贵飙　潘朝霖　韦学纯　编著（887）
布依文 ………………………………………………… 周国炎　编著（1077）

第三册

佉卢字 ………………………………………………… 张铁山　编著（1213）
粟特文 ………………………………………………… 李　雪　编著（1227）
于阗文 ………………………………………………… 李　雪　编著（1241）
焉耆—龟兹文 ………………………………………… 李　雪　编著（1299）
突厥文 ………………………………………………… 张铁山　编著（1341）
回鹘文 ………………………………………………… 张铁山　编著（1441）
维吾尔文 ………………… 买提热依木·沙依提木　阿布都那扎尔·阿布拉　编著（1573）

第四册

契丹文 ······ 于宝林 编著（1789）
女真文 ······ 孙伯君 编著（1861）
八思巴文 ······ 照那斯图 宋洪敏 编著（1901）
回鹘蒙文 ······ 伍 月 编著（1927）
满文 ······ 吴元丰 编著（2023）

目 录

(第一册)

序言 ·· 张公瑾(1)

藏 文

徐丽华 编著

第一章 历史文化概况 ··· (5)
    一 藏区和人口分布 ··· (5)
    二 称谓 ··· (6)
    三 服饰 ··· (7)
    四 节日 ··· (7)
    五 语言 ··· (8)

第二章 文字的起源与变迁 ··· (10)
    一 藏文的发展 ··· (10)
    二 藏文的构成 ··· (16)
    三 厘定文字 ··· (16)

第三章 文字载体类别与版本形式 ·· (19)
    一 刻铸载体 ··· (19)
    二 书写载体 ··· (28)
    三 印刷文献 ··· (51)

第四章 目录与分类 ··· (55)
    一 古藏文目录学发展简况 ·· (55)
    二 传统分类法 ··· (56)

第五章 古籍发掘、研究简况 ·· (61)
    一 1950 年前的状况 ·· (61)

二　1950—1979 年整理、研究藏文古籍情况 …………………………………………… (69)
　三　1980—2000 年整理藏文古籍情况 ……………………………………………………… (69)
　四　西方学者整理、研究藏学古籍情况 …………………………………………………… (72)
　五　对以往藏学古籍整理、研究的总体评价 ……………………………………………… (73)

第六章　古籍珍品图片及说明 ……………………………………………………………… (75)

第七章　古籍珍品释读 ……………………………………………………………………… (115)
　一　《益西措杰传》 ………………………………………………………………………… (115)
　二　《萨迦格言》 …………………………………………………………………………… (128)
　三　《印藏史集》 …………………………………………………………………………… (174)
　四　《星算幻化明鉴》 ……………………………………………………………………… (189)

结束语 ………………………………………………………………………………………… (198)

西夏文

聂鸿音　编著

第一章　党项和西夏概况 …………………………………………………………………… (203)

第二章　西夏文字 …………………………………………………………………………… (205)

第三章　文字载体类别与版本形式 ………………………………………………………… (207)

第四章　目录与分类 ………………………………………………………………………… (209)

第五章　文献发现与研究简况 ……………………………………………………………… (210)

第六章　古籍珍品图片及说明 ……………………………………………………………… (212)

第七章　古籍珍品释读 ……………………………………………………………………… (244)
　一　德行集序 ……………………………………………………………………………… (244)
　二　十二国史 ……………………………………………………………………………… (246)
　三　六韬 …………………………………………………………………………………… (261)
　四　华严经普贤行愿品 …………………………………………………………………… (284)

结束语 ………………………………………………………………………………………… (311)

彝　文

黄建明　王继超　编著

第一章　历史文化概况 ……………………………………………………………………… (315)

第二章 文字的起源与变迁 …… (318)

第三章 文字载体类别与版本形式 …… (322)

第四章 目录与分类 …… (326)

第五章 历代古籍发掘、研究简况 …… (328)

第六章 古籍珍品图片及说明 …… (331)

第七章 古籍珍品释读 …… (366)

结束语 …… (408)

东巴文　哥巴文

木仕华　编著

第一章 纳西族历史文化概况 …… (413)
　一　纳西族历史简况 …… (413)
　二　纳西族的生产生活特点 …… (415)
　三　纳西族与周边各民族关系 …… (416)

第二章 纳西族的文字 …… (418)
　一　文字创制前的原始符号 …… (418)
　二　文字的起源 …… (418)
　三　文字的性质和类型 …… (420)
　四　文字的结构和构形特征 …… (422)
　五　方言文字及字体变迁 …… (423)

第三章 文字载体类别与版本形式 …… (425)
　一　东巴文的载体与版本 …… (425)
　二　哥巴文的载体与版本 …… (427)

第四章 编目与分类 …… (428)

第五章 历代古籍发掘、研究情况 …… (431)
　一　20世纪上半叶的整理研究情况 …… (431)
　二　新中国成立后半个世纪整理研究情况 …… (432)
　三　西方学者对纳西族东巴古籍文献整理研究情况 …… (441)

第六章 纳西族古籍珍品图片及说明 ············· (444)

第七章 纳西族古籍珍品释读 ················· (483)
  一 东巴经典《人类迁徙记》节译 ············· (483)
  二 东巴经典《挽歌》译注 ················· (493)

结束语 ······························· (522)

白 文

王 锋 张锡禄 编著

第一章 历史文化概况 ····················· (529)
  一 人口与分布 ······················· (529)
  二 族源与历史 ······················· (529)
  三 白族地区社会、经济和文化 ··············· (531)
  四 白族语言文字 ····················· (532)

第二章 文字的起源与变迁 ··················· (535)
  一 白文历史发展简述 ··················· (535)
  二 白文书写符号系统的构成 ················ (537)

第三章 文字载体类别与版本形式 ················ (542)
  一 陶质载体文献 ····················· (542)
  二 纸质载体文献 ····················· (542)
  三 石质载体文献 ····················· (543)
  四 金属载体文献 ····················· (543)

第四章 目录与类别 ······················ (544)
  一 白文史籍 ························ (544)
  二 南诏字瓦 ························ (544)
  三 南诏、大理国写本佛经 ················· (545)
  四 白文碑铭 ························ (545)
  五 近现代白文作品 ···················· (545)

第五章 古籍发掘、研究简况 ·················· (547)
  一 20世纪上半叶白文古籍整理研究情况 ··········· (547)
  二 新中国成立后30年间白文古籍整理研究情况 ········ (548)
  三 1980—2000年白文古籍整理研究情况 ··········· (549)
  四 对以往整理研究工作的评价 ··············· (551)

第六章 古籍珍品图片及说明 ·················· (552)

第七章　古籍珍品释读 ··· （600）
　　一　白文《山花碑》释读 ··· （600）
　　二　白文本子曲《黄氏女对金刚经》释读 ··· （607）
　　三　白文大本曲《柳荫记》释读 ··· （620）
　　四　《本祖祭文》释读 ··· （629）

结束语 ··· （632）

序　言

张公瑾

　　《中国少数民族古籍珍品图典——民族古文字古籍整理研究 100 年通览》是我国改革开放以来民族古籍工作的重要阶段性成果。本书收录大量少数民族古籍珍品图片，以形象、科学的方式向读者展示我国民族古籍的宝贵财富，总结以往 100 年来的整理研究成果，为少数民族语言、文字、社会、文化研究提供翔实的资料，也为事业的延续和人才的成长营造合适的平台，为今后的整理研究工作奠定较为坚实的基础。

　　我国是多民族国家，各民族都有自己的辉煌历史和灿烂文化。少数民族文化与汉民族文化共同构成璀璨的中华文化。文字是文明进步的成果，是一个民族文化发展水平的标志。除汉字以外，不少少数民族曾在不同时代创制、使用过本民族的文字。其中有些文字早已不使用了，有些则几经变革，延续使用至今。这些文字种类繁多，都有悠久的历史。其中既有图画文字、象形文字，又有表意文字、表音文字，几乎囊括了人类文字发展各个阶段的各种形态。而且使用这些民族文字记载的文献数量巨大，可与汉文文献相媲美。

　　我国古代各民族在不同历史时期创造和使用的文字，统称为民族古文字。这些民族古文字有自创的，称为自源文字，多数文字都是借用其他民族文字经过改造而成为自己的文字。这些文字中有 10 多种是表音文字，其中来源于阿拉美字母体系的有佉卢字、粟特文、回鹘文、回鹘式蒙古文、满文、突厥文，契丹小字也有人认为属于这一体系；来源于阿拉伯字母的有维吾尔文；来源于印度婆罗米字母体系的有焉耆—龟兹文、于阗文、古藏文、八思巴字和四种傣文等。来源于表意文字的，即属于汉字系统的民族文字，他们用汉字或将汉字作了变动来记录本民族的语言，古代有契丹大字、女真大字、女真小字、西夏文。有一些是沿用到近现代的，如水书、白文、方块壮字、方块布依字等。自源文字有属于图画——象形文字的，如云南纳西族的东巴文；也有属于表音文字的，如音节文字纳西族哥巴文和彝文。这些文字异彩纷呈，琳琅满目，保存下了丰富的古籍文献。

　　我国各民族的文字创制于不同时期，都有悠久的历史。佉卢字使用时代最早，公元前就从印度传入我国，2—4 世纪通行于新疆于阗、鄯善地区。与佉卢字不相先后的，有粟特文、焉耆—龟兹文、于阗文。在这之后，7 世纪开始有突厥文，9 世纪开始有回鹘文。上述几种文字都分布在我国西北地区。

　　古代北方契丹族使用的契丹大字和契丹小字，都创制于公元 10 世纪 20 年代，使用历史近 300 年。

　　古藏文是现代藏文的前身，自 7 世纪中叶创制后，经 1300 多年，积累了浩如烟海的古代文献。西夏文是一种属于汉字系统的表意文字，创制于公元 11 世纪，使用时间长达四、五百年。方块壮字还保留有唐代的碑铭。东巴文、老彝文和老傣文创始至今都已有七、八百年至上千年的历史。

这些少数民族文字的创制历史，从远古到近代，构成了一个时间的连续体。中华民族文化是古代世界四大文明系统中唯一连续发展下来的文明，中国少数民族文字的创制历史也是连续发展下来的，构成了各民族文明连续发展的阶梯。另一方面，这些文字都分布在中国从北到南广阔的边疆地区，又是一个空间的连续体。它们互相衔接，绵延数万里，分布在今天被称为西部地区的广袤地带。由于历史上少数民族在政治上常常处于非中心的地位，在地理上又处于边境区域，少数民族的文化也常常被看作边缘文化，少数民族的古代文字也就成了中国边缘文化的组成部分。其实，边缘文化具有与中心文化同等的重要性。边缘文化与中心文化各有不同的特点，它们之间具有互补性。许多中心文化中消失了的东西，从边缘文化中还能找到；许多中心文化中缺少的东西，要从边缘文化中得到补充；在许多情况下，从边缘文化中还常常能找到中心文化的源头。因此，边缘文化具有不可替代的价值。实际上，没有边就没有中心，中心是从边量出来的。这正是边缘文化的价值所在。

边缘文化具有开放性，它是不同文化接触交流的结晶。边境地区是与近邻国家相连的部分，它们有的是对外来往的通道，有的是对外交流的枢纽，它们多数在中外文化交流中发挥过举足轻重的作用。汉代的蜀布、筇竹杖是通过云南边境少数民族地区传到印度、阿富汗的，中原的佛教文化是通过古代西域即新疆一带从印度传入的，古代的丝绸之路其西线经过新疆、中亚，南线经过云南、缅甸，都能到达西方的罗马，可见边缘地区在文化交流中的重要作用。这种频繁的文化交流也造就了中华文化的多样性。拿古代少数民族文字来说，属于阿拉美字母体系的文字和属于婆罗米字母体系的文字，都是从国境之外传进来的。属于汉字体系的文字是中原汉文化传播的结果。汉字因承载丰厚的汉文化而具有巨大的辐射力，它不仅传播到国内众多少数民族地区，而且传播到日本、朝鲜和越南等国，从而在东亚地区形成了一个地域广阔的汉字文化圈。至于象形文字和一些音节文字又是自创的。这些各有特色的民族文字，既体现各民族人民智慧的创造力，也造成了中国文字在来源上的多元性和在书写形式上的多样性。

本书收录各民族古籍珍品的图片汇为图册，全书约350万字，分装四册，第一册包括藏文、西夏文、彝文、东巴文、哥巴文、白文六种文字文献；第二册包括方块壮字、傣文、水书、布依文（方块布依字）四种文字文献；第三册包括佉卢字、粟特文、于阗文、焉耆——龟兹文、突厥文、回鹘文、维吾尔文七种文字文献；第四册包括契丹文、女真文、八思巴字、回鹘式蒙古文、满文五种文字文献。全书收录22种民族古文字所写的古籍文献资料，有图片1000幅左右，包括书籍、文书、碑铭等类别。针对每一文种概略介绍这一民族的基本情况、文字的起源与演变、文字的类别和各种版本形式、整理研究状况等。各文种收古文字文献图片约50幅，择要介绍每一文献的作者、时代、版本、基本内容、发现背景以及研究情况等，并选取其中有代表性的古籍资料进行释读。这些珍品图片和释读材料，提供了大量生动、形象的直观材料，为读者营造浓厚的古代民族文化氛围。收录的图片相当一部分是第一次刊布的，如维吾尔文中的许多古代文献图片是第一次拍摄的，傣文和哥巴文等多数文种也有不少图片是第一次刊布的，使读者能见到这些珍品文献的真实面貌。古籍珍品的释读部分采用科学版本的释读方法，其中包括原件影印、拉丁字母转写、字译、句译、全译、注释，有的文种还有评价。通过这样的译注，研究者既可研究其语言特点，也可研究古代文字的书写法，还可分析其思想内容和社会文化背景。因此，本书中的一个文种就是一个时代，一个社会，一种文化，一种古代民族的文明，全书就是中国古代社会多元性和文化多样性的集中体现。

对这些古文字古籍进行科学的整理研究，主要是近百年以来，特别是近三十年来成绩最为显著。本书将一百年来民族古文字古籍的整理研究情况加以汇总，基本上可以通览我国在这个领域的全部成果。但由于这些古文字文献年代久远，其中十几个文种早已不使用了，能读懂这些文献的人寥寥无几，有的文种虽一直使用到近现代，但古代文献的文字形式和语言特点与现在的情况也大不相同，解读起来非常困难。认识和解读这些文献已经有一定难度，再加上研究人员太少，学科面临严峻的危机，以致学界将这些学科称为"绝学"。我们编撰本书实际上包含着承前启后、继往开来的意思，力图使这笔中华民族的宝贵文化遗产得以继承和弘扬。在中国社会科学院批准立项的 15 门绝学学科中，本项目所包括的古代少数民族文字学科就占了 6 门。可见本项目的完成，就意味着"为文明继绝学，让薪火永相传"，使我国的古代文化不因为文化的断裂而影响人类文明史的延续（参见光明日报 11 月 29 日第一版"开栏的话"）。

由于本书规模大，撰写人多，通稿工作的难度很大。在本书启动之初，我们对写作体例有统一要求，但完成之后的文稿却仍相差较大。例如，有的文种延续使用到近现代，对该民族的情况介绍就比较清楚，有的文种使用时代很早，使用这些文字的民族情况本来就不很清楚，这一部分就只能从简。有的文种遗留下来的历史文献极少，如突厥文，只有一些碑铭传世，就无法收录书写的文献资料。有的文种书籍保存量很大，挑选起来很难取舍。还有的文种研究者极少，如八思巴字，目前所知就只有中国社会科学院民族学与人类学研究所的照那斯图研究员，他在提供了初步的材料后就谢世了，后来的研究是他的学生帮助完成的，图片还是请另一同志从照那斯图先生为别的书提供的图片中转录并加上说明的。这些情况说明本书编写的难度，也说明这项工作的紧迫性。

在本书最初确定的文种中有"察合台文"，这是一种维吾尔、哈萨克、柯尔克孜等族的共同祖先使用过的文字，由于为本书撰写这部分内容的专家主张使用"维吾尔文"一名，故本书中改用了这一名称。

本书的编撰者为中央民族大学、中国社会科学院民族学与人类学研究所、中国第一历史档案馆等科研和教学机构的专家 20 多人，都是该文种的专业研究人员，书稿的质量是有保证的，但本书规模过大，统编的难度也大，难免有缺漏或者不确切之处，希望读者批评指正。

第 一 册

徐丽华　聂鸿音　黄建明　王继超　木仕华　王锋　张锡禄
编　著

藏 文

徐丽华 编著

第一章

历史文化概况

　　藏族人口主要居住于青藏高原。青藏高原地处我国西部，北接新疆，东连四川、云南等省，西面和南面与印度、克什米尔、尼泊尔、锡金、不丹、缅甸接壤。从青藏高原发现的众多旧石器、中石器和新石器时代的文化遗存看，至少在距今四五万年以前，广袤的青藏高原就有古人类活动的足迹。到新石器时代（距今四千至五千年）青藏高原居民的分布已基本定型，在藏东、藏南、藏北都已有先民活动的遗迹，也留下了许多遗物，从此藏族先民拉开了创造雪域文明的序幕。藏族是青藏高原的土著民族，这已为众多的考古发掘资料所证实，藏族的主要文化也源于青藏土著民族。任何一个民族都有自己最初的文化起源地，从起源地使其文化逐渐向四周扩散和发展。在青藏高原上，雅鲁藏布江流域是藏族最早的发祥地之一，也是孕育藏族及其古代文化的摇篮。在这块土地上辛勤耕耘的雪域先民，留下了五千年的文明史，在中国缔造、发展成为统一的多民族国家的进程中做出了不可磨灭的贡献。

一　藏区和人口分布

　　藏族数千年来世居于青藏高原，他们把居住的地区划分为卫藏四茹（དབུས་གཙང་རུ་བཞི）、多康（མདོ་ཁམས）和多麦（མདོ་སྨད）三个区域。卫藏四茹：1. 伍茹（དབུ་རུ），以拉萨为中心，东至桑日县境，南至马拉山脉，西至尼木，北至朗玛一带；2. 约茹（གཡོ་རུ），以西藏昌珠寺为中心，东至工布，南至措那，西至卡惹雪峰，北至马拉山脉；3. 叶茹（གཡས་རུ），以西藏南木林为中心，东至朗玛古普，南至聂拉木，西至皆麻拉古，北至黑河麦底卡一带；4. 茹拉（རུ་ལག），以西藏哲地的杜瓦那拉为中心，东至绛纳扎，南与尼泊尔的朗钠接壤，西至拉更亚米，北至杰麻拉恩一带。伍茹和约茹合称为"卫"，叶茹和茹拉合称为"藏"，"卫"和"藏"合称为"卫藏"（དབུས་གཙང），即表示吐蕃王朝的本部地区。多康，原指卫藏四茹以外的藏区，即甘青藏区和康巴藏区，后来"康"（ཁམས）专指康巴地区。"康"指今康巴藏区，即以昌都、林芝、那曲部分、玉树、甘孜、迪庆为主的藏区；多麦，指青海、甘肃藏区。因该地区有阿尼玛卿山（ཨ་མྱེས་རྨ་ཆེན）和朵拉仁沃山（小积石山）（མདོ་ལ་རི་བོ），故又称安多（ཨ་མདོ），并以"安多"替代区域名称。今之藏族主要分布并居住于西藏自治区，青海省的玉树藏族自治州、海南藏族自治州、黄南藏族自治州、海北藏族自治州、果洛藏族自治州、海西蒙古族藏族自治州，甘肃省的甘南藏族自治州和天祝藏族自治县，四川省的甘孜藏族自治州、阿坝藏族羌族自治州和木里藏族自治县，云南省的迪庆藏族自治州和怒江州贡山县丙中洛村，新疆和静县有少量 1959 年的藏族移民。此外，邻近西藏的不丹、尼泊尔、锡金、印度和巴基斯坦（巴尔蒂斯坦有吐蕃时代的藏族遗民）也有一部分藏族人居住。现在藏族人的地理分布，大体在吐蕃兴盛时期就已形成。国内藏族分布的面积约占全国总面积的四分之一，约 240 万平方公里，可谓土地辽阔；其间雪山峡谷江河纵流，森林草原养育万物，地质地貌风光秀丽，可谓地大物博。

据 2000 年全国人口普查数据表明：国内藏族人口为 5416021 人，其中男性 2697807 人，女性 2718214 人。2000 年全国第五次人口普查统计了藏族人口总数，此后几年中未做全国性统计。据《中国西藏信息中心》报道，2003 年西藏自治区藏族人口为 250.72 万人，《中国地方概览》统计 2005 年青海省藏族人口为 119.1 万人；全国第五次人口普查后，四川、甘肃和云南藏族人口未见统计数据。藏族人口分布也很不均衡，多数人口集中在康区和安多地区。

二　称谓

藏族人自聂赤赞普至今，一直自称"蕃"（བོད་），对居住地区也称为"蕃"。"蕃"最早出现于"玛桑九族"（མ་སངས་རུས་དགུ་）时代，其统治地区统称为"蕃域六亚地"（བོད་ཁམས་གཡའ་དྲུག）。据土登彭措考证，玛桑九族时代相当于公元前 35 世纪至公元前 30 世纪①；"萨让杰主"时代（ཟ་རམས་རྒྱལ་བྱེད་），其统治地区称为"十八东代"（བོད་ཁམས་སྟོང་སྡེ་བཅོ་བརྒྱད་）；"十二邦国"时代（རྒྱལ་ཕྲན་སིལ་མ་བཅུ་གཉིས་），其统治地区称为"蕃域八大巴卡"（བོད་ཁམས་སྤར་ཁ་ཆེ་བརྒྱད་）；"四十邦国"时代（རྒྱལ་ཕྲན་སིལ་མ་བཞི་བཅུ་），其统治地区称为"蕃域九洲"（བོད་ཁམས་གླིང་དགུ་）。其中，在"十二邦国"之一的象雄王国，辛饶米俄且（公元前 1917 年）整理苯教文献，使之系统化。此时之"蕃"字与苯教法师的称呼和苯教关系密切。公元前 360 年，聂赤赞普建立"蕃之布杰政权"（སྤུ་རྒྱལ་བོད་ཀྱི་ཁབ་སོ་）②。从此，"蕃"成为对藏人居住地和民族的称呼。古印度称 བོད 为"博扎"（བོད་），是古代藏语拼读发音的音译。古代拼读 བོད 时要把 ས 和 ད 的音都发出来，读为"博答"。③

而汉语对藏人和藏人居住地的称呼在各个时代有所不同：

1. 汉文文献把聂赤赞普建立的政权称为"悉补野"，此为藏文"སྤུ་རྒྱལ་"的音译。

2. 松赞干布统一青藏高原建立"蕃国"（བོད་）后，在与唐朝会盟中，为对应唐朝自称的"大唐"而自称蕃国为"大蕃国"（བོད་ཆེན་པོ་）。但是，新、旧两《唐书》为什么把"大蕃国"记载为"吐蕃"一事，有人认为唐朝人是通过波斯商人认识了"蕃国"，而波斯商人称"蕃国"为"吐蕃"，故唐朝人沿用此称谓，从此，"吐蕃"一词在汉文中成为对"蕃国"和蕃国人的称呼，并一直沿用至明末清初，甚至在清后期的一些地方文献中还在使用"吐蕃"一词。后来蒙古语之"土伯特"亦源于波斯语之"吐蕃"一词。

3. 元朝统一藏族地区，在河州设立吐蕃宣慰司，作为管理整个藏族地区的行政机构，1280 年后又按照藏族传统的地域划分方法，把整个青藏高原划分为三个行政区域：

其一，乌思藏纳里速古鲁孙等三路宣慰使司都元帅府（亦称乌思藏宣慰司），管辖乌思藏（即 དབུས་གཙང་，"乌思" དབུས་ 即以拉萨为中心的前藏，"藏" གཙང་ 即以日喀则为中心的后藏。汉文音译为"乌斯藏"）和阿里地区，即今西藏自治区所辖区域的大部。

其二，吐蕃等路宣慰使司都元帅府（亦称朵甘思宣慰司），管辖今青海省玉树、四川省甘孜、云南省迪庆和西藏自治区昌都以及那曲专区的东部，即藏族传统地域概念中的康巴地区。朵甘思（མདོ་ཁམས་）在藏语里是青海藏区和康巴地区（玉树、昌都、甘孜、迪庆等）的总称，而"康"仅指康巴地区。

其三，吐蕃等处宣慰使司都元帅府（亦称朵思麻宣慰司），管辖今青海省大部、甘肃省南部及四川省阿坝一带。朵思麻即多麦（མདོ་སྨད་），安多地区。元代完全按照藏人传统的区域划分设立了管理机构。

---

① 土登彭措：《藏史纲要》，民族出版社 2006 年版，第 451 页。
② 同上书，第 55 页。
③ 参见《格顿曲批文集：白史》。

元朝对藏区总称"吐蕃",但常用"乌思藏"、"朵甘思"和"朵思麻"的称法记载各个藏区。由于元代把藏区归入"西域"范围,故元朝把西域各族总称为西蕃或西番,藏族被看作西蕃之一,所以有时也把藏区和藏族称为"西蕃"(西番)。无意间,"西蕃"或"西番"也成为藏族的称呼,并被记录下来。

4. 明朝沿袭元朝旧称。但从明朝至清代,在地方文献中经常随元代的叫法,把藏族和藏区称为"西蕃",并先后出现了"西番"、"土番"、"蕃帐"、"番人"、"番兵"、"番将"、"番民"、"番部"、"蕃众"等不同称谓。

5. 蒙古语称"蕃"和藏人为土伯特,并称安多一带藏族为唐古特。清朝早期随蒙古人称藏区和藏族为"土伯特",文字写为"图白忒"或"唐古特",如清顺治帝时称达赖喇嘛为"图白忒部落达赖喇嘛",称藏巴汗为"图白忒部落藏巴汗"。

6. 清代对藏族和藏区的称呼除"土伯特"(图白忒、唐古特)之外,也称乌思藏、卫藏。四川地方官员则把"乌思藏"简称为"藏",随之开始出现"藏人"、"藏番"、"里藏"等称呼。康熙二年(1663年8月)在《清实录》中首次出现"西藏"一词:西藏班禅胡土克图故,遣官致祭。又康熙六年(1667年10月)丙申条中有:山西陕西总督卢崇峻疏言:有上年差往西藏之喇嘛回称,达赖喇嘛遵旨传各台吉申饬,不许生事。此时虽然出现"西藏"一词,但还没有成为一个固定的名称,清朝文书仍用不同的称呼。康熙四十八年(1709年)后,"西藏"一词频繁出现在官方文献中,尤其是1721年清军驱逐侵扰西藏的准噶尔军后,康熙撰《御制平定西藏碑文》,从此,以拉萨为主的卫藏地区便以"西藏"一名代之,而青海、甘肃、四川和云南藏区,自然划分在各省。从此,"吐蕃"这个对整个藏区的称呼便退出了历史舞台。[①]

7. 清代至民国时期,云南的纳西、白、彝、傈僳族和四川的彝族称藏族为"古宗"。

8. 民国沿用西藏和藏人的称呼,民国时出现了"藏族"的称谓,成为汉语对青藏高原世居民族的族称,并一直沿用至今。

9. 英文中称藏区和藏族为"Tibet",是"土伯特"的音译。

三 服饰

男服:三大藏区的男子服饰大同小异,上身着大襟镶锦缎短上衣和藏袍,下身穿白藏绸缅裆裤。冬天穿羔皮藏袍或氆氇呢藏袍。腰带为"机恰格拉"(宽八寸,长约一丈的七色、九色花腰带)和红、黄、绿色绸带。春夏穿短靴扎绑腿,冬天穿长靴,下雪天爱穿"枪朗靴"(便于在雪地行走的保暖皮底靴)。帽子有金边帽、宽边礼帽、高筒狐皮帽等。男子都喜欢佩带腰刀和护神佛。民主改革前,这里的男子从十六七岁开始留长发、梳辫子、戴耳环。女服:藏族女服有20多种,但主要还是以藏袍(长袖、短袖)、大襟短坎肩、缅裆裤、百褶裙、裙裤、帮典(围裙)、披风、藏帽(皮、布帽多种)、藏靴、佩饰和头饰组成。

四 节日

藏族的传统节日主要有藏历新年、传昭大法会、酥油花灯节、萨噶达瓦节、雪顿节、沐浴节、望

[①] "西藏"一词满文译为"wargi dzang",即"西面的藏",显然"藏"源于"乌斯藏"的"藏",是藏语音译。"西面的",是根据"乌斯藏"地处大清国西部(西番)地区而译。满文"wargi dzang"一词译为汉文就是"西藏"。

果节、燃灯节。各地入夏都要举行赛马会。

五 语言

使用藏语藏文的地区主要是今西藏自治区、青海省大部、甘肃省部分、四川省部分、云南省部分地区，以及印度、尼泊尔、锡金和不丹等国的藏族，人口 500 多万。藏语有三大方言区，即：卫藏方言区、康方言区和安多方言区，各方言又由多个土语所组成。藏语方言多，差别极大，好多土语之间无法沟通，而文字是超方言的，所有藏区使用同一种文字。藏文是超方言的文字，具有先进性。卫藏方言和文字是同步发展的，因此口语与现代藏文文字（除个别现象）一致，也就是说口语所表述的内容可以用文字完完整整地记录下来。但是，就目前的康方言和安多方言而言，由于其内部存在部分古语、土语，加上口语发展缓慢，在用文字记录口语时存在部分口语与文字不完全一致的现象。

（一）卫藏方言

卫藏方言是西藏的前藏方言和后藏方言的合称，前藏（དབུས）以拉萨市和山南专区所属地区为主，后藏（གཙང）以日喀则专区所属地区为主。前藏土语、后藏土语、阿里土语、夏尔巴土语和巴松土语构成了卫藏方言，这个方言区分布于西藏自治区辖区内。卫藏方言通行范围较广，内部各方言的共性较多，无论在语音系统、词汇、语法构造上都表现得相当一致，差别很小，两地人互相通话一般没有什么困难[①]。使用前藏土语的人数约 60 万、后藏土语的约 50 万、阿里土语的约 4 万、夏尔巴土语的约 1400 人、巴松土语的约 3000 人。

（二）康方言

康（ཁམས）方言主要分布于：四川省甘孜州，云南省迪庆州，青海省玉树州，西藏自治区昌都专区、林芝专区和那曲专区等地。这个方言区地域辽阔，地处横断山脉，因交通不便等原因，方言内部错综复杂，土语众多。目前，康方言分为东部土语、南部土语、西部土语、北部土语、卓尼土语和丹曲土语，有的土语又由多个土语构成，如南部土语，其分布于迪庆州和木里县，仅迪庆州香格里拉县（原中甸县，རྒྱལ་ཐང）就有多个土语，土语之间需要有一段时间的交流，才能相互顺畅地表达交流内容。与其他州的土语相比，差别则更大。而学过七八年或十二三年藏文的人，基本能在康方言内部和卫藏方言区之间交流。目前使用东部土语的约 11 万人、南部土语的约 15 万人、西部土语的约 16 万人、北部土语的约 19 万人、卓尼土语的约 4 万人、丹曲土语的约 3 万人。

（三）安多方言

安多（ཨམདོ）方言分布于青海省、甘肃省、四川省，由牧区土语、农区土语、半牧半农土语、道孚土语构成。其中使用牧区土语的人数最多，约 55 万人，其次是半牧半农土语约 13 万人、农区土语约 11 万人，使用道孚土语的约 6 万人。

（四）方言的差别

卫藏方言与安多方言之间的差别很大，康方言虽与二者有差异，但它似乎比较接近于卫藏方言，而又具有部分安多方言的特点。方言差别主要表现在语音和词汇方面，而语法的差别较小。卫藏方言

---

① 格桑居冕等：《藏语方言概要》，中央民族学院语文系藏语教研组 1964 年 7 月油印本，第 5 页。

的声母有 30 个左右，康方言有 50 个左右，安多方言在 80—100 多个之间。卫藏方言的韵母最多有 50 个左右，康方言 20 多个，安多方言在 30 个左右。卫藏方言和康方言的声调有音位价值，安多方言没有。卫藏方言的声调一般至少有 4 个（有的地方有 5—6 个），康方言 4 个（个别地方 2 个）。[1] 三大方言的词汇差别，主要在于语音不同、构词方式上的差异（如：有无词缀、词缀不同、合成词的词素和次序不同等）、词源差异（包括造词、选词的不同，以及有的方言使用古代词汇，而有的方言使用新词汇等）等方面。三大方言在语法上的差异较小，仅在结构助词、动词体的类别和动词的曲折变化等方面，有一些各自的特点。

---

[1] 瞿霭堂：《藏族的语言和文字》，中国藏学出版社 1996 年版，第 122 页。

第二章

文字的起源与变迁

藏文是一种古老的拼音文字，在亚洲乃至世界文明史上占有较高的地位。

一　藏文的发展

远在鲁赞时代（རུ་བཙན།）甲布希卡天孜（རྒྱལ་པོ་གཤེན་ཁ་གནམ་གཟིགས།，生于公元前 2911 年铁兔年）以历算等文化护持酋长；萨让杰茁（བཟང་རིང་རྒྱལ་དགུ།）时代，历算师萨达龙甲（ས་བདག་ཀླུ་རྒྱལ།，生于公元前 2317 年木猴年）主要讲授十二生肖与五行搭配的计算法。此时的文字目前尚未见到实物，不知详情。十二小邦之时（རྒྱལ་ཕྲན་སིལ་མ་བཅུ་གཉིས།，公元前 21 世纪至 15 世纪），有一种称"达斯奔益"（སྤུངས་ཡིག་ཆེན་པོ།）的拼音文字已趋成熟，这是最早的藏民族文字。这一时期东巴辛饶（སྟོན་པ་གཤེན་རབ།，生于公元前 1917 年）整理苯教典籍，解补持希（དཔྱད་བུ་ཁྲི་ཤེས།，生于公元前 1897 年）编纂《四部医典》（འབུམ་བཞི།）等，青藏高原文化空前繁荣。在苯教师的努力之下，在达斯奔益体的基础上创制出玛尔钦体（སྨར་ཆེན།，大玛尔体）和玛尔琼体（སྨར་ཆུང་།，小玛尔体），亦称大小玛尔体。此时还创制了拉波体（ལྷ་བབས་ཡི་གེ）和斯益体（གཟིག་ཡིག）。象雄王朝时代是一个文化相对繁荣、发展的黄金时期，此时创制的文字不但能够记录和阐述宗教教义、宗教哲学、五行算、历法、医学等学科的内容，还出现了几种字体并存的现象，其文明程度为青藏高原之冠。

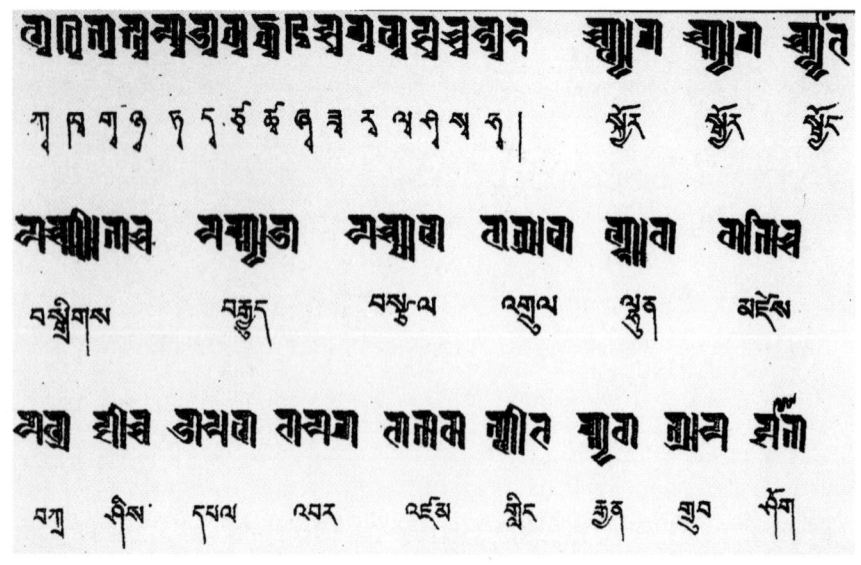

图 1　达斯奔益体

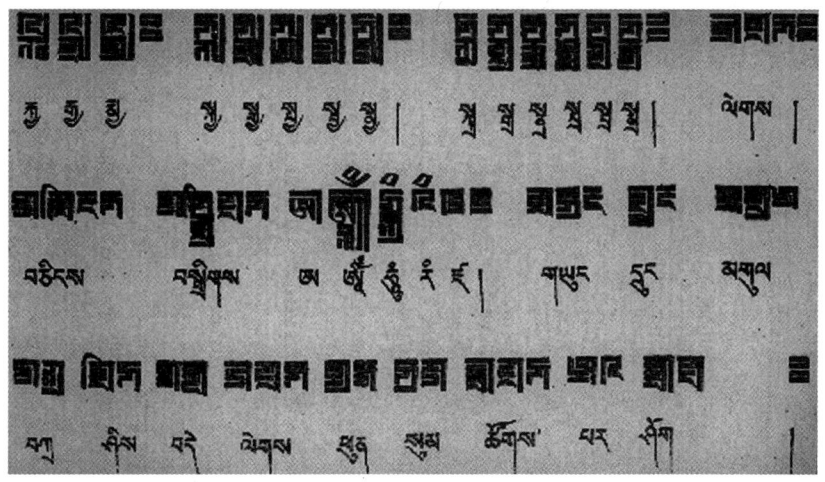

图 2 玛尔钦体

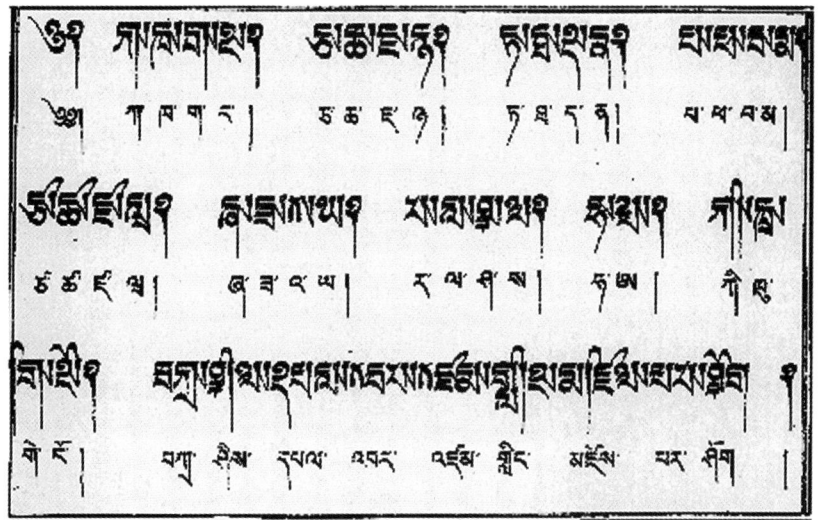

图 3 玛尔琼体

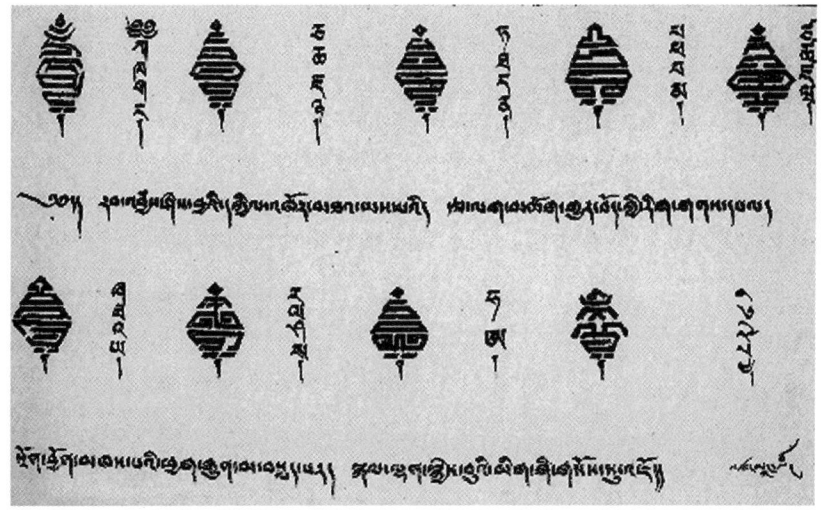

图 4 斯益体

7世纪吐蕃王朝统一青藏高原，在政治、军事、经济、文化发展较快的基础上引进外来文化，以促进本土的繁荣。松赞干布派大臣吞弥桑布扎赴印度留学，有人认为吞弥桑布扎回来后以玛尔体为蓝本，并参照印度古巴达文创制了现行的乌坚体（དབུཅན），并确定了乌美体（དབུམེད）。也有人认为吞弥桑布扎所创造的是藏文转写梵文的字母和方法，对原有文字也做了一些改进和完善，并未创制文字。藏学家达瓦次仁认为，7世纪中叶先后产生了八大乌坚体（即蟾蜍体、列砖体、串珠体、稞体、雄狮体、雄鸡体、鱼跃体和蜣螂体）[①]；8世纪产生了两种乌美体（即黎体、丹体）[②]；9世纪产生了德益体、琼体（从琼体产生尼体和康体）等；10世纪至13世纪产生了朱匝体（有人认为产生于8世纪）、弯腿朱匝体、觉罗体、恰罗体、贵罗体、多丹体、仁布体、央丹体、美妙体、徂仁体、徂同体、白徂体和大小遒体等。此后又产生了长腿朱匝体、短腿朱匝体等。

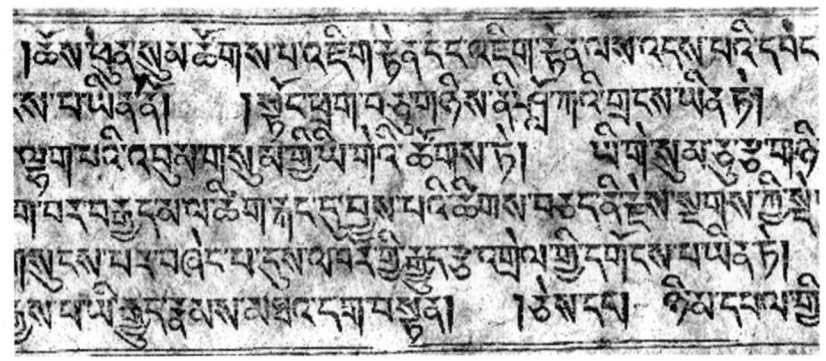

图 5-1 乌坚体（刻本）

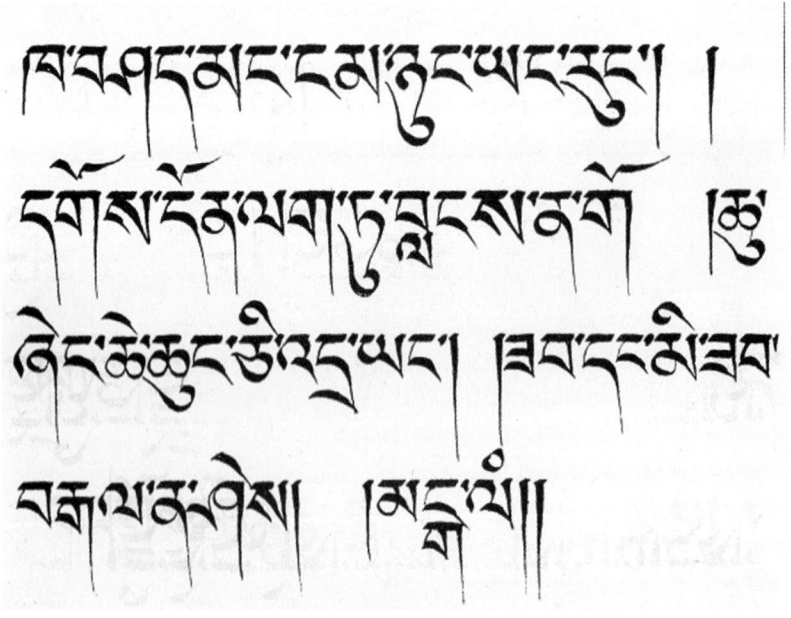

图 5-2 乌坚体（手写本）

---

① 乌坚体，意为有冠体。每个字母最上一笔（第一笔）是横的，字母排列时，字母的上端第一笔必须在一条直线上，犹如头戴平顶帽，故此得名。

② 乌美体，意为无冠体。这种体的字母第一笔不是横的，所写的字母如同没有帽子，故此得名。

图 6　徂仁

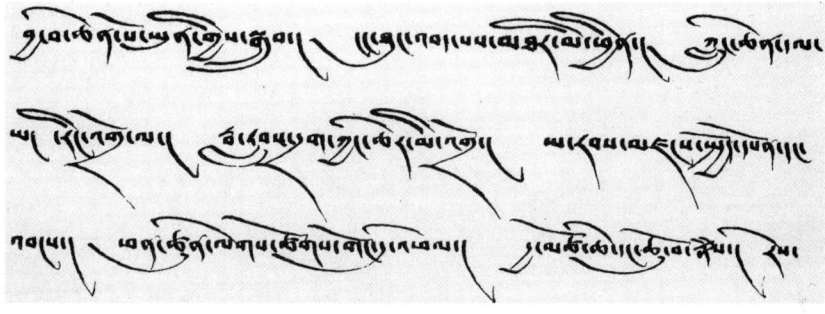

图 7　徂同

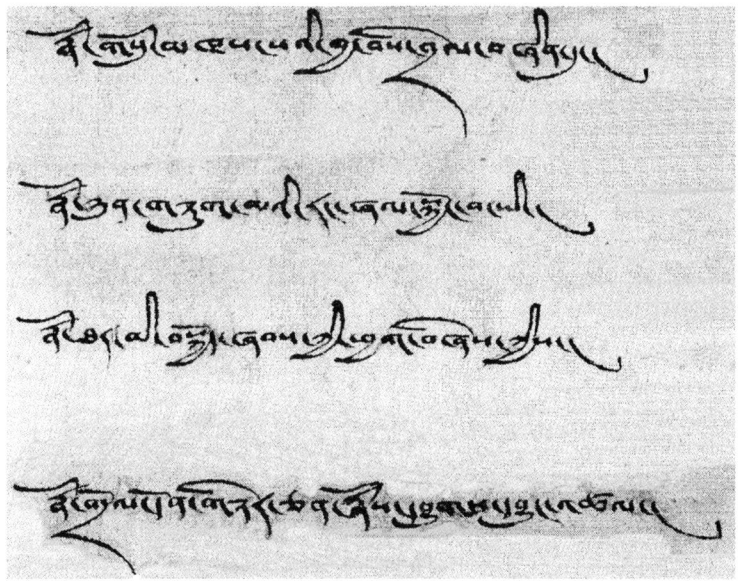

图 8　徂玛道

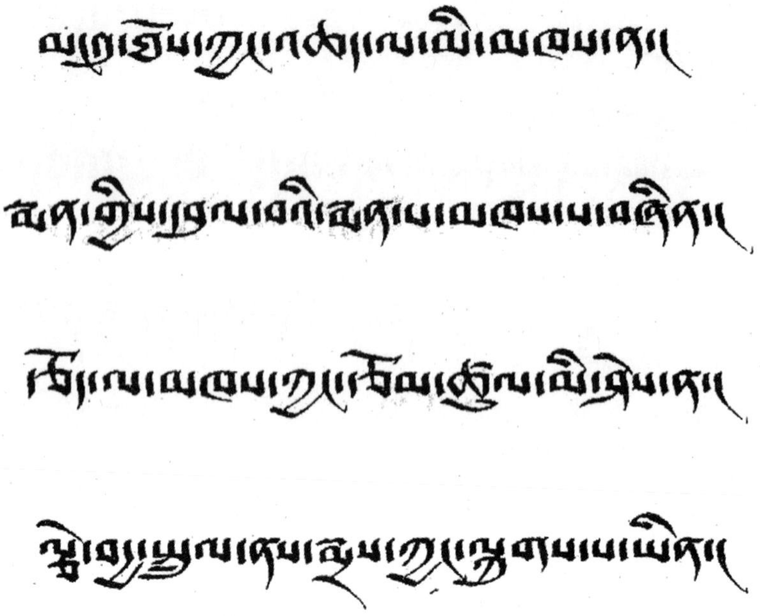

ཨུ་ཅེན་བྲུག་མ་ཆེན་པོ་ལྷ་ལ་ཆགས་ནས།

ཙ་ན་བྲུག་མ་འབྲི་མ་ཆེན་པོ་ལ་ཡ་ལ་ཆགས་བཞིན།

ཁྱད་པ་ལ་ཆགས་བྲུག་མ་ཚ་མཆོག་ལ་ལི་ཤེས་པས།

སྐྱེ་འགྲོ་ཡ་ཤས་ཤ་བ་བྲུག་ལ་ཤས་པ་ལ་པ་ཡིན་པས།

图 9 白徂（有多种）

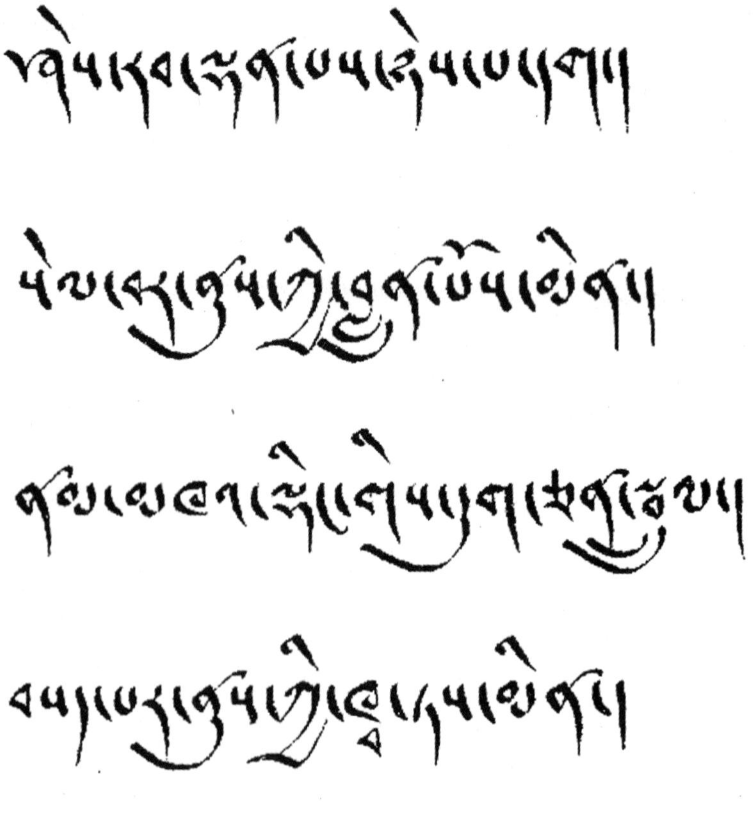

བོད་ཁ་རེ་ག་པ་རྗེ་བ་ལ་ག

དེ་བ་འབྲུ་པ་ལྗགས་གི་བ་ལི་བ་ལི་ན།

ནས་ལ་ཅ་རྟེ་ལྗི་བ་ག་མཚོ་རྒྱུ་བ།

བཔ་ལ་འབྲུ་པ་ལྗི་འབྲུ་བ་ལི་ན།

图 10 朱匝

图 11　逎琼体

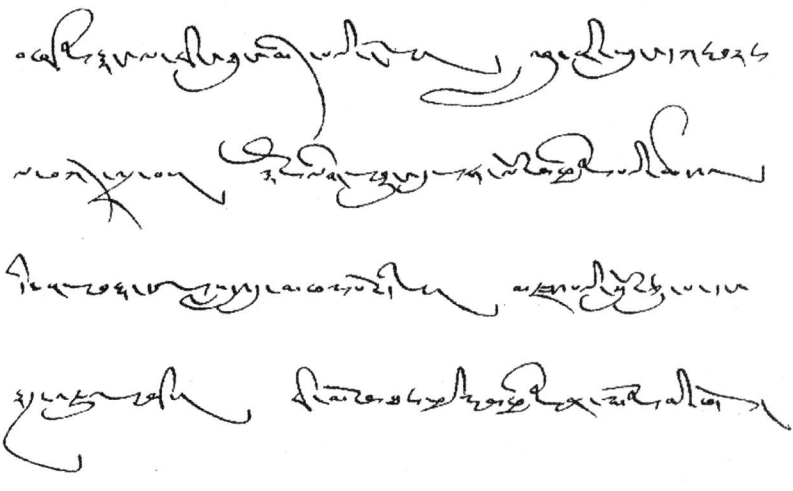

图 12　逎钦体

从产生藏文至今，共出现了 40 多种字体。至 15 世纪以后，常用的字体主要是乌坚、徂仁、徂同、朱匝、徂玛逎、白徂和逎体，其他字体有的自行消亡，有的只流传于一两个寺庙。民主改革前，藏区的官府、寺院、商人的秘书，都是由有书法功底的人担任的，他们一般能书写六七种书体，因为旧西藏对各类文书、公文、图书有使用不同书体的规定。了解和掌握藏文字体的种类、特点和使用书体的规定，有利于考证、鉴别版本等。

从 11—12 世纪以来一直遵守着这么一条约定俗成的原则：白徂体用于誊写文献、书写佛经；琼体用于以金、银、朱砂等书写的佛经，如《甘珠尔》、《丹珠尔》、《十万颂》等，13 世纪，萨迦班智达·贡噶坚赞和八思巴组织藏区学者和书法家、誊录师，在萨迦寺整理古代和当时的佛学典籍，以及抄写佛经，所抄佛经、论疏约八万多部，形成了一堵万卷经书墙，这些古籍的字体以琼体居多；弯腿朱匝体是萨迦法王发布政令、布告等的书体。发布的公文和上呈元朝的公文，一律用这种体；17 世纪中叶以来，噶厦政府行文格式和使用字体规范，如：噶丹颇章地方政府的政令书使用长腿朱匝和短腿朱匝体，上下级官员之间的行文用徂同体，平级官员之间用遒琼体，民间书信用遒体或徂同体。

遒体有遒钦、遒琼之分，遒琼体多用于书信、日记、稿本、抄写文章等；遒钦体主要用于速记、记录、稿本等。遒体以书写迅疾、流畅、潇洒、形体优美著称，是后弘期书法艺术的一大成果；徂仁体主要用于孩童习字。

藏文的书写工具为竹笔。竹笔分圆竹笔和三棱笔。圆竹笔用于书写大字，而三棱笔则用于书写小字。也有少量铁制的笔。竹笔的笔尖分左斜、右斜和平口三种。左斜用于书写乌坚体，右斜用于书写乌美体，平口用于书写朱匝体。自元代以来，部分与内地联系密切的寺院和地方政权的一些告示、委任书、祝词，用毛笔书写；部分藏族学者用毛笔、排笔书写藏文。

二　藏文的构成

藏文是拼音文字，由 30 个辅音字母和 4 个元音符号（ི、ུ、ེ、ོ）组成。30 个辅音字母可自成音节，不带元音单独拼读时都要加元音 A。藏文的音节，可以只由一个字母构成，如：柱子（ཀ）；也可以由几个字母构成，最多的可由 6 个辅音字母构成，如：宣布（བསྒྲགས་过去式），辅音字母依其在音节中的位置和作用分为"基字"、"前加字"、"后加字"、"再后加字"、"上加字"和"下加字"。加上元音最多的一个音节（字）可由 6 个辅音字母和 1 个元音构成，如：编排（བསྒྲིགས་过去式）。元音符号不能独立使用，必须加在辅音字母上、下搭配使用。"基字"、"前加字"、"后加字"、"再后加字"、"上加字"和"下加字"是固定的，"基字"共 30 个，即辅音字母；"前加字"5 个；"后加字"10 个；"再后加字"2 个；"上加字"3 个；"下加字"4 个。4 个元音中的 i（ི）、e（ེ字）、o（ོ）3 个在"基字"之上，u（ུ）在"基字"之下。

30 个字母表：

ཀ་ཁ་ག་ང་། ཅ་ཆ་ཇ་ཉ། ཏ་ཐ་ད་ན། པ་ཕ་བ་མ།

ཙ་ཚ་ཛ་ཝ། ཞ་ཟ་འ་ཡ། ར་ལ་ཤ་ས། ཧ་ཨ།

图 13　文字结构

三　厘定文字

赤松德赞以来译经事业不断发展，随之藏文的新概念、新词语、新的表达方式也在不断增加，同时也因为译师、译馆众多，各地在遣词造句、创造新词、译文格式等方面出现了歧义。此外，藏文本身还存在部分读写、文法等方面的问题。为此，政府开始组织制定一系列规范新概念、新词语、新的表达方式和简化拼写方法的措施，史称"སྐད་གསར་བཅད་"。"སྐད་གསར་བཅད་"有多种译法：厘定译语、厘定文字、厘定新语，近来又有学者解释为"新的译语"。①

根据《贤者喜宴》等史书记载，从 7 世纪至 15 世纪，历史上曾发生过三次大规模文字改革，故有"སྐད་གསར་བཅད་རྣམ་པ་གསུམ།"之称，意即"三订字形"或"三次厘定文字"。这三次文字改革的内容比较广泛，涉及翻译、词汇、文法、格式、语音、字形等。

（一）新词术语

藏文新词术语必须与印度佛学词汇量相等，否则难以完整、全面地反映佛学理论。因此，修订旧译大小乘经典和赤德松赞时期所译佛经中创制的新词术语，凡与原文原义不符、存在语法问题的，都作了修订和规范。凡是难以理解的词语，规定必须增加注释，使其明了。

（二）翻译准则

记载有关翻译准则内容的著作主要是《翻译名义大集》和《声明要领二卷》。《翻译名义大集》(བྱེ་བྲག་ཏུ་རྟོགས་བྱེད་ཆེན་མོ་可简称为བྱེ་བྲག་རྟོགས་བྱེད་)，收词语 9565 条，分 283 类，是一部梵藏对照词汇集；《声明要领二卷》(སྒྲ་སྦྱོར་བམ་པོ་གཉིས་པ་) 是在《翻译名义大集》之后编纂的，故又称之为《翻译名义中集》(བྱེ་བྲག་ཏུ་རྟོགས་པ་འབྲིང་པོ་)。根据《声明要领二卷·跋》载，当时还编纂了《翻译名义小集》(བྱེ་བྲག་ཏུ་རྟོགས་པ་ཆུང་བ་)。《声明要领二卷》的书名在国内有多种译法：《声明二卷》、《声明第二卷》、《二卷本词语集》、《翻译名义中集》等；日本则译为《语合》、《语合二集》、《语合二卷》、《语合二章》、《二卷本译语释》。

在《声明要领二卷》②的序言和后跋中，对翻译中存在的各种问题做了明确规定：

1. 音译

原文中难以翻译、无义可释的词根，以音译为主，并附注释。

2. 意译

译文能够圆满表达原文意义时，必须全部意译。

3. 译文顺序

按原文语序翻译，如欲既符合藏语语法又能完整、确切地表达其内容，必须按原文的语序翻译，不得调整语序；按原文语序翻译，如果不符合藏语语法，也不能完整、准确地表达原意时，必须调整原文语序翻译。调整语序只能在一段内进行，一段指四行或六行诗。

4. 名词

（1）一词多义和一名多词者，在无对等词汇时，可音译；（2）地名、人名、动植物名等，如果意译则不易理解，硬译容易产生歧义，故按音译，并在音译名词前加总称，如："某某地方的某物"、"某某花"等；（3）翻译时必须严格使用藏语数量词，不得音译。

---

① 罗秉芬、周季文《藏文翻译史上的重要文献：语合——附：语合序与跋的汉译》（原文载《中央民族学院学报》1987 年第 5 期）一文认为："སྐད་གསར་བཅད་"应译为"厘定新语"，所谓"新语"就是"新的译语"，不能把"厘定新语"解释为"新的正字法"。理由有二：其一，《语合》的序言是作为吐蕃最高统治者的法令颁布的，序言行文中仍然使用了旧字，没有使用所谓"新的正字法"。《语合》之后竖立的《唐蕃会盟碑》(823 年)的碑文中也不乏古体字。其二，序言中没有关于正字法的内容。而"新的正字法"应该是 823 年之后的事，《语合·序言》的主要内容是翻译标准化问题。有关《语合》（又译为《声明要领二卷》）有阿坝藏族羌族自治州编译局 1990 年内部出版的《声明要领二卷》汉译本可资参考。

② 《声明要领二卷》，阿坝藏族羌族自治州编译局 1990 年内部出版。

5. 连词

在翻译连词和其他属于修饰性词语时，既要保持原文的修饰程度，又要符合藏语的表达习惯，不得增加赘词。如以下三个印度古语的对等译法：

པད྄意为"大、全、满"，对等藏语为ཡོངས྄；

སམ྄意为"好、真"，对等藏语为ཡང྄དག྄པ྄；

ཉག྄意为"近"，对等藏语为ཉ྄ེཔ྄等。

6. 敬语

翻译佛、菩萨、声闻的言辞，不得使用贬低之词，要视其次第使用敬语。对佛应使用最高级别的敬语，对其他则可以使用中等和中等以下的敬语。赤德松赞时译自古印度的《宝云经》、译自汉文的《入楞伽经》等佛经中所使用的敬语，都经过了严格校勘，是敬语的标准使用法。

（三）新正字法

废除一些在口语中已经消失了的拼写法和难以书写的符号：

1. 废除再后加字

废除"ན྄ ར྄ ལ྄"三字之后的再后加字"ད྄"。

2. 废除右旋元音符号

元音符号有右旋和左旋两种写法，因右旋符号难以书写，故废除右旋，一律使用左旋元音符号"ི"。

3. 废除"མ"所带的下加字

废除双唇鼻辅音"མ"所带的下加字"ྱ"。"མྱ"的拼读法尚保留在安多和康方言中，如云南香格里拉藏话中，眼睛（མིག྄）读作"མྱིག྄"；无（མེད྄）读作"མྱེད྄"；火（མེ）读作"མྱེད྄"等。①

---

① 桑德：《关于三次厘定藏文的年代划分问题》，《中国藏学》（藏文版）1993 年第 2 期。噶子丹正加：《浅析藏史上的三次文字厘定》，《西藏研究》（藏文版）1994 年第 1 期。

第 三 章

文字载体类别与版本形式

随着藏文古籍整理工作不断深入，关于藏文古籍的载体及其形式、种类、版本特点等问题也不断引起图书馆界和史学界的重视。目前，就现有资料表明，藏文古籍载体主要有以下几类。

一　刻铸载体

古代藏文文献载体从金石等材质发展到纸质，其间经历了千百年漫长的岁月。所谓刻铸文献，指的是用凿等工具在石、木上雕刻而成的石刻文献（རྡོ་བརྐོས་ཡིག）和木刻文献（ཤིང་བརྐོས་ཡིག）及金属铸造而成的铭文文献（གསེར་ཞུན་ཡིག）。其中，石刻文献在藏文古文献中当属较早的文献载体之一，它又包括摩崖石刻（བྲག་བརྐོས་ཡིག）、片石石刻（རྡོ་ལེབ་ཡིག）、石碑（རྡོ་རིང）和玛尼石刻（མ་ཎི་བྲག）。

（一）摩崖石刻

现存早期摩崖石刻中，以吞弥桑布扎题写的玉树文成公主庙摩崖经文（时间不详）[1]、拉萨药王山《普贤菩萨入行赞》摩崖石刻、察雅仁达摩崖石刻（804 年）[2]、第穆萨摩崖石刻（亦称工布摩崖石刻，798—815 年）、谐拉康摩崖石刻（798—815 年）、洛扎摩崖石刻[3]和中甸摩崖石刻（时间不详）[4] 最为著名。这些摩崖石刻大都刻在不规则的岩石上，字数少者几十字，多者数百字，其中有苯教早期、吐蕃时期、佛教兴盛后的石刻。苯教和佛教的石刻内容以宗教为主，而吐蕃时期的石刻内容除宗教之外，兼及历史和政治，这些文献已成为研究吐蕃的重要资料。在苯教典籍中大都有摩崖石刻肇始于象雄王朝时代的记载，但目前所见最早的摩崖石刻是公元798年至815年的。

（二）片石石刻

片石石刻分天然石片和打制石片两种，石片形状也包括规则和不规则两种。不规则片石石刻内容以"六字真言"、《皈依颂》、《廿一度母经》、《百字明》、《大悲咒》和佛像等为主，规则石片上的石刻除以上内容外，还有《大藏经》和一些涉及历史、政治的内容。其中著名的有青海甘德县东吉多卡寺石刻《大藏经》，约有 10 万余块；青海玉树"加纳玛尼堆"，石刻堆长近 100 米，宽约 40 米，有形状

---

[1] 玉树州人民政府：《玉树》，青海民族出版社1991年版，第53页。
[2] 恰白·次丹平措：《察雅吐蕃摩崖石刻》，载《中国藏学》（藏文版）1988年第1期。
[3] 巴桑旺堆：《新见吐蕃摩崖石刻》，载《西藏研究》1982年第2期。
[4] 笔者于1997年在中甸考察时见到。

各异的石刻约 25 亿多块[①]。这两处石刻已成为研究藏文石刻文献的重要资料库。

图 14　石经墙

图 15　用于石刻的片石

---

① 参见《中国西藏》1992 年春季号，第 33 页。

(三) 石碑

石碑是藏文文献的一个重要组成部分,现存石碑有恩兰·达扎路恭纪功碑(763年)、唐蕃会盟碑(823年)、谐拉康碑(798—815年,其中812年有两通)、赤松德赞纪功碑、赤松德赞墓碑(815—836年)[1]、噶迥寺碑(798—815年)、桑耶寺碑(779年)、江楚寺碑(815—836年)[2]和格子石碑(公元8世纪)[3],这些石碑,字数多者千余字,少者十余字,记录了吐蕃时期政治、宗教、军事的一部分以及和唐王朝的关系。

目前发现较早的藏文石碑是763年为纪念恩兰·达扎路恭的战功而立的恩兰·达扎路恭纪功碑,此碑立于布达拉宫山脚,与无字碑面对面,故藏语称之为"雪·多仁其玛"(ཤོལ་རྡོ་རིང་ཕྱི་མ།),即"雪之外碑"。方柱椎形碑身,下宽上窄,碑座三层,上有顶盖,正、背、左三面镌刻古藏文楷书,正面68刊,背面74刊,左面16刊,字体古朴,虽经一千二百多年的风雨侵蚀,大部分字迹至今仍然清晰可辨。此碑是赞普赤松德赞为表彰大元帅恩兰·达扎路恭的战功而敕授诏书,树碑勒石的。吐蕃王朝时代是一个刻石立碑的鼎盛时期,而此后一千多年间,只有地方土司、寺院、个人立碑,却再也没有以一个藏族政权的名义和地位来刻石立碑的,原因何在,这是藏文文献发展史和藏族历史上的一个谜。

图16 唐蕃会盟碑

唐蕃会盟碑亦称长庆舅甥和盟碑,立于公元823年。坐落在拉萨大昭寺门前,藏语称作"祖拉康

---

[1] 侯石柱:《西藏考古大纲》,西藏人民出版社1991年版,第70页。
[2] 王尧、陈践:《吐蕃金石录》,文物出版社1982年版,第133页。
[3] 瑟格·苏郎甲:《格子吐蕃石碑》,载《西藏研究》1995年第4期。

多仁",意为"大昭寺碑"。碑身高约 4.83 米,宽约 0.96 米,厚约 0.51 米,略呈方柱形。正面镌刻着 821 年(长庆元年)吐蕃和唐朝会盟的藏汉文盟辞,左半刻藏文,横书 77 刊,右半刻汉文,书 6 行;背面纯为横书藏文盟辞,78 刊;右侧是吐蕃一方参与会盟的 17 名官员的名单位次,藏文 40 刊,并刻有对应汉文音译;左侧为唐朝会盟官员 18 人的职衔姓名,亦为汉、藏两体对照,上为藏文,下为汉文。唐蕃会盟碑所镌刻的文字是长庆和盟的重要文献。

娘·定埃增证盟碑,坐落在墨竹工卡县止贡区谐拉康寺,碑文 62 刊,此碑是赤德松赞为表彰高僧娘·定埃增忠于朝廷而立的记功碑,至今保存完好。

图 17 桑耶寺碑(2005 年)

(四)玛尼石刻

玛尼是"奄、嘛、呢、叭、弥、哞"的简称(缩写)。玛尼石刻亦称玛尼摩崖石刻,主要刻六字真言,故名。

（五）金铜铭文

藏文的金铜铭刻文献，就目前所见最早的当属《桑耶寺钟铭文》（779—？年）、《叶尔巴寺钟铭文》（779—？年）和《昌珠寺钟铭文》（798—815年）。这些钟的铭文字数在30—70字之间。此后，这种金铜铭刻文献的传统被延续下来，至今有大小千余件金铜铭刻，其中较为有名的是：

1. 桑耶寺钟

桑耶寺建于公元8世纪，由赤松德赞亲自奠基兴建。桑耶寺钟由赤松德赞的王妃梅庐氏铸造。钟口径0.69米，高1.2米，上体周长1.8米，下体周长2.1米，厚0.05米。铭文为阳文，铸在钟体顶端，内外两层，每层6句，由左向右排列，共12句。铭文称："王妃甲茂赞母子二人，为供奉十方三宝之故，铸造此钟，以此福德之力，祈愿天神赞普赤松德赞父子、眷属，具六十种妙音，证无上之菩提！"

2. 昌珠寺钟

此钟由赤松德赞的王妃梅庐氏铸造。赤松德赞逝世后，其幼子赤德松赞继位，梅庐氏用以祈祷吐蕃民众齐归善业，发扬赤松德赞之威光，使吐蕃昌盛永存。此钟由唐朝汉僧比丘大宝（仁钦）监铸。钟已不存，仅有拓片存世。

3. 叶尔巴寺钟

叶尔巴寺在拉萨东郊，吐蕃时松赞干布第三妃蒙·尺姜于此地修寺，吐蕃早期佛寺之一。此钟铭文两圈四句，自左而右，分段铭铸。铭钟已毁而铭文传世。

4. 五台山大铁缸

在五台山菩萨顶有两口明代铸大缸（或称大锅），一置于厨房，作煮饭之用；另一置于大殿外，作防火盛水之用。两大缸上均有藏文铭文。厨房内大缸上的藏文铭文大部分埋于灶内，所见几行文字的内容是："嗡！吉祥！佛法文殊宗喀巴，利乐众生唯一源；法……"殿外铜缸上的铭文是一首九言祈愿文，第一行、第二行与厨房铁缸上的文字完全一致，故两诗内容可能一致。诗的内容是：

嗡！吉祥！
佛法文殊宗喀巴，
利乐众生唯一源；
法与持法众莲足，
永世坚固驻世安；
法华上师莲足固，
持法大众遍人寰；
佛法施主财势旺，
祈佛永驻祝吉祥。
嘉庆十二年九月八日圆满铸造。

图 18　五台山菩萨顶殿外缸上的铭文（2005 年）

图 19　五台山菩萨顶殿内缸上的铭文（2005 年）

　　这首祈愿文除格鲁派外，亦被其他教派作为课诵之一。五台山菩萨顶殿外缸上的藏文铭文有多处误刻，如：第二句中的"སྐྱེས"少前加字"བ"。"ཅངཁག"的"ཅང"多上加字"ར"，应为"ཚངཁག"；第五句的"ཆེན"，应为"བཆེན"；第七句的"སྨན་འཛིན་རྒྱལ་པ་སྐྱན"应为"བསྨན་འཛིན་རྒྱལ་པ་སྐྱེན"；最后一字应为"བསྐུན"。另外，落款"嘉庆十□年"中的"二"字据汉文铭文"嘉庆拾贰年狗月中旬乙酉日"补。房内缸上的铭文无错字。

5. 寺院铜缸

(1) 哲蚌寺铜缸

甘丹寺、哲蚌寺和色拉寺合称拉萨三大寺，是藏传佛教格鲁派著名寺院。哲蚌寺是全世界最大的寺庙，建于明永乐十四年（1416），占地面积约 20 万平方米，寺内有 7 个扎仓（僧院）。1959 年以前寺内僧人多达 1 万余人，是格鲁派寺院中实力最雄厚的寺院。寺内巨型铜缸和铁缸约有三十多口，其中多数缸的直径在 1.2—3m 之间，均有铭文，刻铸时间在 1450—1890 年。铭文均在缸的内壁。

图 20-1　哲蚌寺缸（2010 年 7 月）

图 20-2　哲蚌寺铜缸上的铭文（2010 年 7 月）

图 20-3　哲蚌寺藏泥金写本《甘珠尔》象牙装饰的护书板（2010 年 7 月）

图 20-4　哲蚌寺藏泥金写本《甘珠尔》（2010 年 7 月）

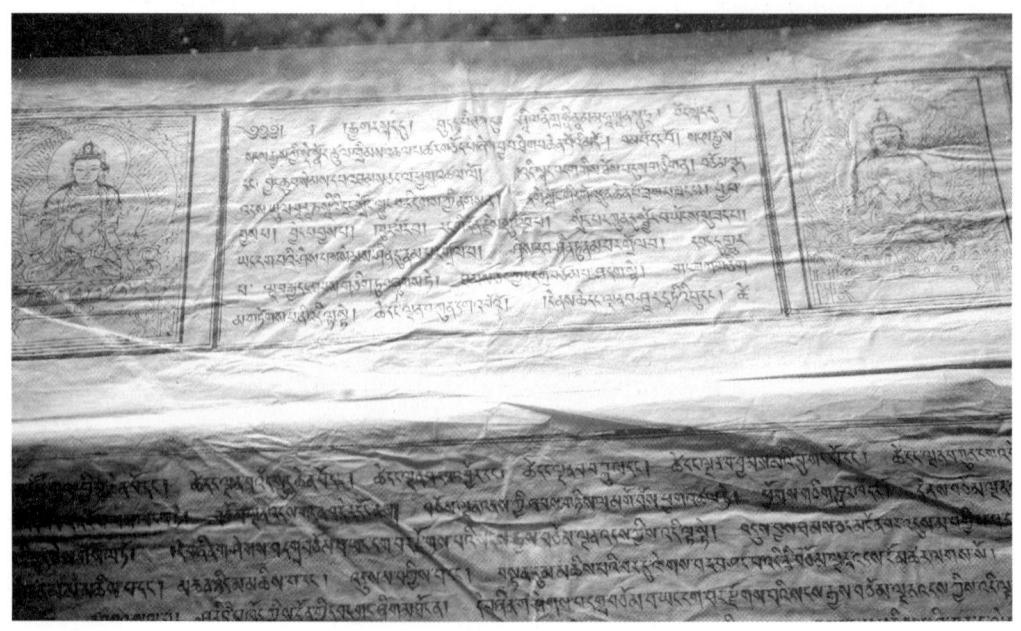

图 20-5　哲蚌寺藏杰塘版《甘珠尔》（2010 年 7 月）

图 20-6　哲蚌寺藏杰塘版《甘珠尔》书架（2010 年 7 月）

（2）色拉寺铜缸

色拉寺建于公元 1419 年，有麦巴扎仓、结巴扎仓（二扎仓属显宗）、阿巴扎仓等扎仓和 32 个康村。旧时寺内有铜缸和铁缸二十几口，多数缸的直径在 1.2—3m 之间。

图 20-7　色拉寺铜缸（2010 年 7 月）

（3）东竹林寺铜缸

云南迪庆东竹林寺铜缸，其上共有藏文铭文 35 偈，共 318 字，其内容以赞颂佛、法、僧三宝和祈祷世界和平为主。①

图 20-8　东竹林寺铜缸（王晓松摄）

金石铭文文献载体因为以金石为载体，其文物价值和研究价值固然很高，但由于载体材质面积小、可记录的字数少，故记事粗略、范围较窄。金石铭文多为楷书。

此外，宁玛、噶举、觉囊、苯教等诸派寺院均有铭文铜缸，但大多数毁于"文革"时代，令人惋惜。

二　书写载体

书写载体主要有：木简、树皮、皮、墙壁、陶器、绸缎、贝叶（贝多罗树叶）和纸质。

（一）木简

目前见到的木简（ཤིང་བྱང་བྱིས་ལན།）均为吐蕃王朝在公元7—8世纪统治西域、河西走廊时期所留下的尺牍散片，内容涉及吐蕃的政治、军事、经济、民俗、宗教等方面。这些藏文木简，分藏于英国、俄罗斯和我国的新疆、西藏，共计约八百余支②。木简在古藏语中称"ཁྲམ"，现代称为"ཤིང་བྱང་།"，这个称谓源于苯教的"拘召鬼魂牌"（ཁྲམ་ཤིང་།，也可译为令牌），但吐蕃木简的规格小于"拘召鬼魂牌"的规格，且大小不固定，大的木简为：长约38厘米、宽3.2厘米、厚0.5厘米；较多的木简为：长20—30厘米、宽2—3厘米、厚0.3—0.5厘米；小的木简为：长8—18厘米、宽1.8—3厘米、厚0.3—0.5厘米。有的木简正面反面都有字，有的一面有字，行数在1—3行之间。笔者于2001年9月赴新疆考察，在苏公塔博物馆有一称为"梵文"的木简，细细一看并非梵文而是藏文，其上的藏文是："种姓高贵，卒而葬之"（རིགས་བཟང་བདག་ངན་གྲོངས།），纠正了该馆木简的标题错误，同时也证明了墓主的身份。在《敦煌本吐蕃历史文书》中，关于藏文木简的记载较多，如："及至兔年（691年）……乃依红册征集兵

---

①　东竹林寺铜缸铭文见王晓松主编《有关迪庆历史藏汉文资料选编》，1996年迪庆藏学所打印本。
②　王尧等：《吐蕃简牍综录》，中央民族学院1980年油印本，第5页。

丁";"龙年（692）……冬，于'畿'之'林任园'集会议盟，立红册木牍";"及至虎年（702年）……颁发录于木牍上之诏令";"及至羊年（707年）……'岸'之宫廷直属户籍移之于木牍";"及至马年（718年）……达布王立红册木牍"[①]；等等。从这些记述可以清楚得知，藏文木简主要是吐蕃在外作战的军队使用，如果用纸，容易淋湿和磨损，而木简则经久耐用，利于在运动中保存和传递。木简上的字体为正楷，略带行草。甘肃武威市博物馆藏有吐蕃木牍四块，其现状与今日印版形状基本相似，这是否表明当时已经有了木刻印刷，尚待稽考。[②]

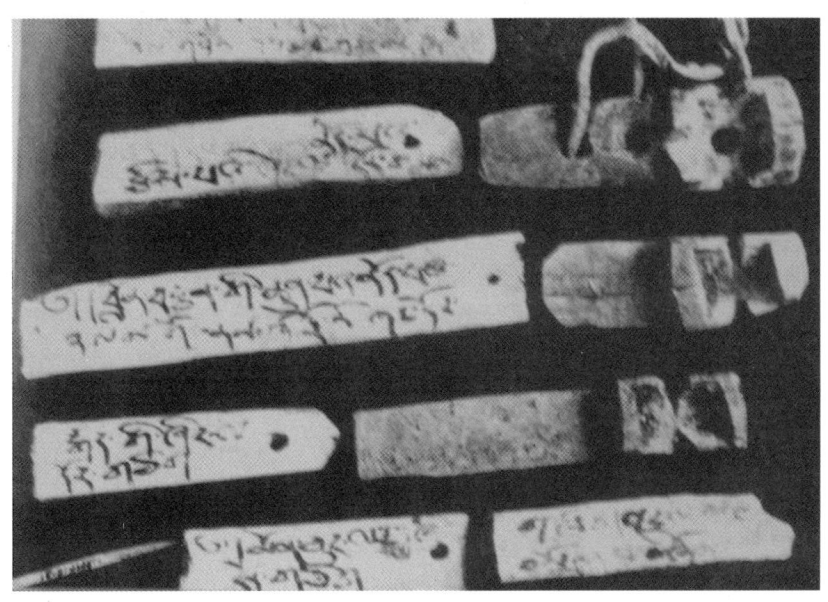

图 21　吐蕃木简

图 22　早期木简（甘肃武威地区博物馆藏，苏德华摄）

---

① 王尧、陈践：《敦煌本吐蕃历史文书》，民族出版社1980年版，第106—119页。
② 才旺瑙乳：《凉州惊现大量吐蕃时期珍贵藏文典籍》，载藏人文化网：http://www.tibetcal.com/，2005年5月22日。

图 23　早期木简（甘肃武威地区博物馆藏，苏德华摄）

（二）树皮书

目前见到用于书写的树皮只有白桦树的树皮一种。这种树皮书（གྲོ་འགྲེམས་དེབ）大多数保存于古寺，在重塑金身时常在旧佛像的装藏中发现，规格不统一。树皮书源于何时，因缺资料无从稽考，但从发展过程看来这种载体的出现当在木简、纸等载体之前。这种在白桦树皮上书写的形式，在民主改革前的康区个别地方还有保留。树皮书的写本字体有正楷、"珠杂体"和黑体等几种。

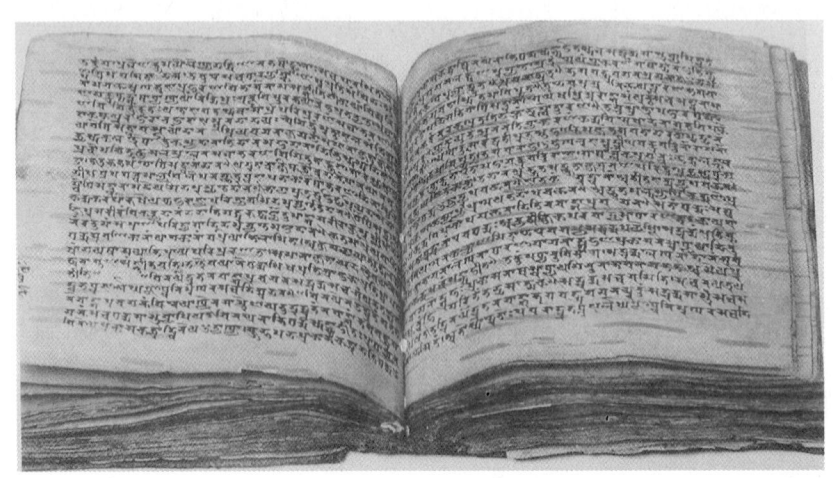

图 24　西藏桦树皮书（西藏档案馆藏）

（三）贝叶经

在贝多罗树的树叶上所写的佛经称为贝叶经（དཔེ་ཤོག་མཆན་ཅེན），大家都认同贝叶经的载体形式源于古印度，但其历史不得而知。巴利文和傣文的贝叶经有针刺和书写两种，而藏区的贝叶经全是书写的，文字有梵文和藏文。布达拉宫和萨迦寺收藏的贝叶经最多，且最完整。贝叶经的规格同样无定制，大小不一，长的有 50×6 厘米、47×5 厘米，短的有 33×4 厘米等多种。贝叶经书，叶数多者 120—180 叶不等，叶数少者 10—100 叶不等。贝叶经有正楷本、"珠杂体"本、黑体本等多种。贝叶经的装潢形式由单孔本过渡到双孔本。最初的贝叶经书没有装订线和孔，是散叶图书。后因携带和收藏的需要而产生了打孔装订的方法。最早的单孔本是在写完的书叶上打孔穿线，因没有预留打孔位置，打孔后不但有一部分文字受到破坏，线在孔中长期摩擦也加剧了文字的破损，后来就采取预留打孔位置、先打孔后写字等办法，避免了文字破损。

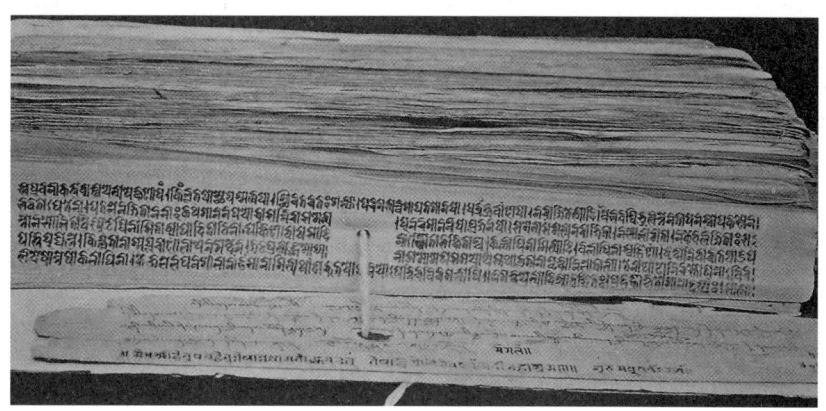

图 25 梵文后期单孔本

图 26 梵文双孔本

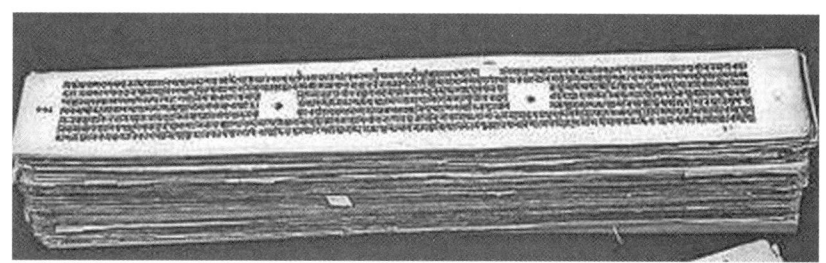

图 27 梵文双孔本《婆罗门行记》，吐蕃贝叶经，42×7厘米（西藏博物馆藏）

图 28 《八千颂》吐蕃贝叶经，55.5×6 厘米（西藏博物馆藏）

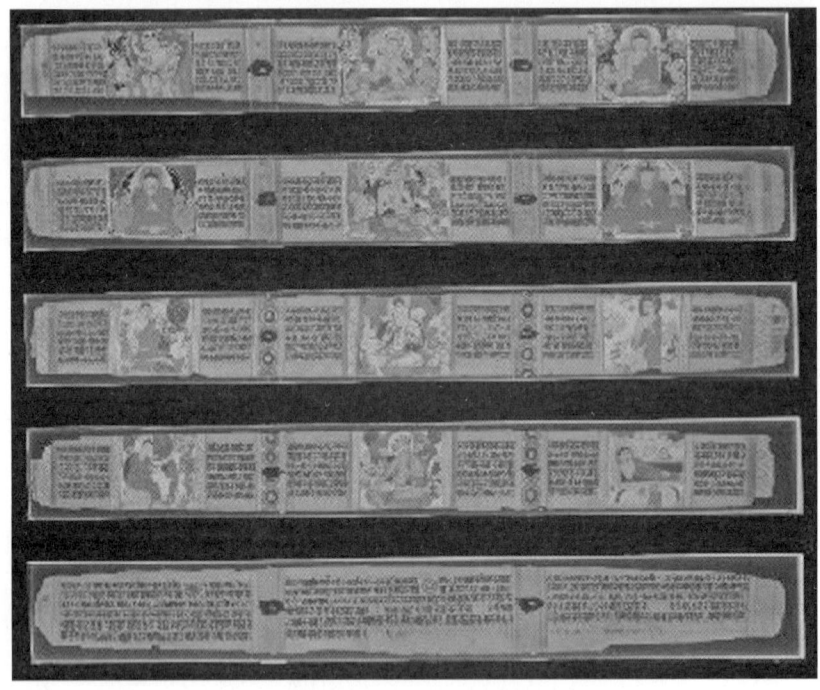

图 29 吐蕃时代梵文佛经

图 30　吐蕃时代梵文佛经

(四) 壁书

壁书（ཤེལ་ཡིག་ལྡེབ་ཡིག）即书写于墙壁之上的文献资料，主要保存于寺院和官府。壁书内容有建寺缘起、祈请文、布施赞词等，字数多者一二千字，少者几十字。壁书以正楷居多。

图 31　布达拉宫壁书

（五）皮书

皮书（ཀོ་ཡིག）多以羊皮为载体。皮书亦可称为皮质文献。笔者在青海（玉树、海西、海北）、甘南拉卜楞、甘孜、迪庆和西藏的一些地方考察时，均未曾发现皮书，据少数人说藏族历史上曾有过皮书，但都未见过实物。1996年，笔者在北京外国语大学讲学的玛克萨素[①]和一蒙古族教授处见到过皮书，内容多为苯教做法事时所用各类神像，文字和符号极少，且大多模糊不清。

图32　苯教早期皮质文献：《日历》（1996年摄）

（六）陶瓷书

在陶瓷器上书写并烧制的文字称为"陶瓷书"（རྫ་ཡིག），这种陶瓷书一般字数极少，目前所见只有四句诗和一句祝词的实物资料，陶瓷书字体以楷书居多。

图33　明·青花瓷僧帽壶（西藏博物馆藏）

---

① ［美］玛克萨素，美国教授，结识许多藏族学者和僧人，对西藏有所研究，并收集了不少藏族唐卡画和饰物。

图 34　明·高足碗（西藏博物馆藏）

这两件萨迦时期瓷器上的文字均为：白昼吉祥夜吉祥，日照中天亦吉祥！昼夜常常是吉祥，祝愿三宝之吉祥！

（七）写卷书

这种写卷书（卷书本，ཤོག་དྲིལ་དཔེ་ཆ་བཀའ་འོག）均为纸本，主要是从敦煌石窟发掘出土的吐蕃时期文献，其形式与唐代汉文卷轴装类似，为横卷本，可能是吐蕃占领敦煌等地时传入藏区的。现存藏文写卷本中的内容多数为佛经，只有很少的一部分属于吐蕃王朝的历史、医学、文学，如《吐蕃大事纪年》、《吐蕃赞普传记》、《小邦邦伯家臣及赞普世系》、《医马经》等。写卷本的规格是 31×21 厘米的单页纸拼贴连接起来的，一般卷长 200—500 厘米，最长的约有 1000 厘米。字体以楷书居多，黑体、珠杂和草书较少。

此外，在西藏直至民主改革时还有与吐蕃卷本相似的文献，但这种卷本是竖卷本，规格大小不一，有 40×1800 厘米、50×3000 厘米、60×1200 厘米等多种，最长的一卷有 366.6 米长，现收藏于西藏档案馆。这种长卷大多是政府和寺院的公文、契约、法旨等。

图35　敦煌藏文文献（国家图书馆藏）

图36　366.6米的藏文长卷（西藏档案馆藏）

（八）绸缎书

用绸缎（དར་སེང་ག་དར་སེང་དགོས་ཀི་）、布等作为载体的文献，有写、印两种。书写文献大部分以指令、执照、政府文告、重要协议等为内容；刻印文献以"隆达"、"觉达"等为主。

属于绸缎书的古藏文文献不多，留存于世的也大多藏于布达拉宫和各地寺院，内容多数是关于寺院财产、教派辖区、委任状之类，并以清代文献居多。藏区的绸缎书是根据唐卡卷轴画制作的，与内地帛书有所不同，其规格大小不一，如中甸松赞林寺藏清代唐卡绸缎书有两幅：

1.《达赖喇嘛金刚持所敕诏之朵康及北方执法掌权者窝觉图丹增巴图台吉之旨令》（ༀ༔ད་ལའི་བླ་མ་བཛྲ་དྷཱ་ར་དབང་གི་བཀའ་ལུང་བཞིན་སྤྱོམས་ཁྲིམས་ཀྱི་བྱེད་པོ་དབང་བསྒྱུར་བ་ཨ་གིང་ཐུ་བ་ཌན་ཕྲིན་ལས་རྒྱས་པ་ཐུ་ཐའི་ཇིའི་བཀའ་ཤོག），规格为 203×54 厘米；

2.《达赖喇嘛金刚持敕诏之执掌朵康及北方诸邦之执法掌权者窝觉图巴图台吉、噶丹额德尼菊南、大延皇台吉等人之旨令》（ༀ༔ད་ལའི་བླ་མ་བཛྲ་དྷཱ་རའི་བཀའ་། ལུང་གི་འོག་ཏུ་ མདོ་ཆོམས་བཅུ་གསུམ་པ་འི་བདག་པོ་། དགའ་ལྡན་ཨེར་ཏེ་ནི་རྒྱ་ནམ་དང་། ཡུང་ལོང་ཧོང་ཐའི་ཇིའི་འཆོས་སོགས་དང་། བྱང་ཕྱོགས་ཁྲིམས་ཀྱི་བྱེད་པོ་དབང་བསྒྱུར་བ་ཧོ་ཧོག་གསམ་གྱི་བཀའ་ཤོག），规格为 215×55 厘米。

这两幅唐卡均是 1708 年的作品，记载了松赞林寺在中甸地区享有的特权。字数在 600—800 字之间。这种绸缎书的字体大多为乌坚体、珠杂体、白徂体。

图 37 古老的绸缎文献

（九）梵夹装写本

梵夹装是汉文对有上、下护书板的长条散叶（页）书及其装帧形式的称谓，可以把"梵夹装"释为：用上、下两块护书板夹着散叶梵文书的装帧形式。藏文把散叶长条书的形式称为"གླེགས་བམ་"、

"པོད། དེད།"（此为梵文音译），少数人称"ཐུམ་བུ།"（小包、小包裹）。

1. 梵夹装形式

主要的梵夹装形式有 4 种：

（1）单孔本

书叶上的孔是用来穿绳子的，用绳子把散叶串联起来捆扎，使之不散乱，这便是古老的有孔图书的装帧形式，实际上就是活页装订的图书。这种形式有早期单孔本和后期单孔本之分。早期单孔本书叶中央留一空白点作为打孔处，抄完书后打孔。如果每叶所留空白处不一致，打孔时会影响文字，故后来在抄写之前打孔。后期单孔本则在书叶中央留一十分规则的空白方格，或提前打孔，或抄写完后打孔。单孔本传世极少，流行的时间可能不长。单孔本的书叶有时会颠倒，为了避免书叶颠倒而产生双孔本。

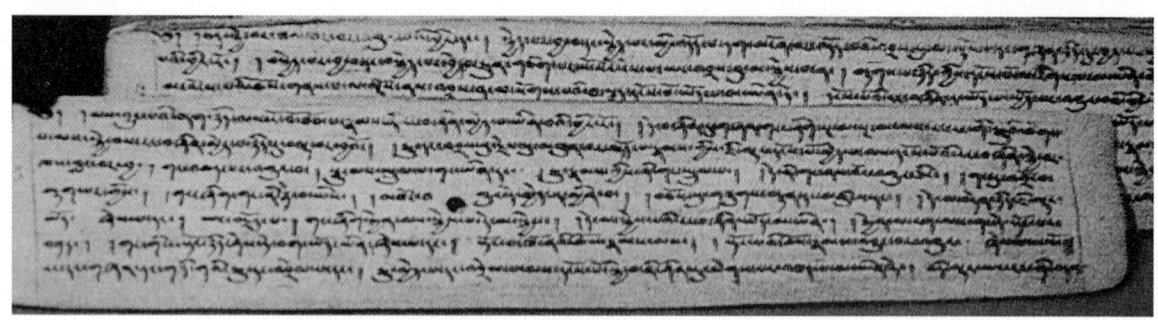

图 38　藏文早期单孔本

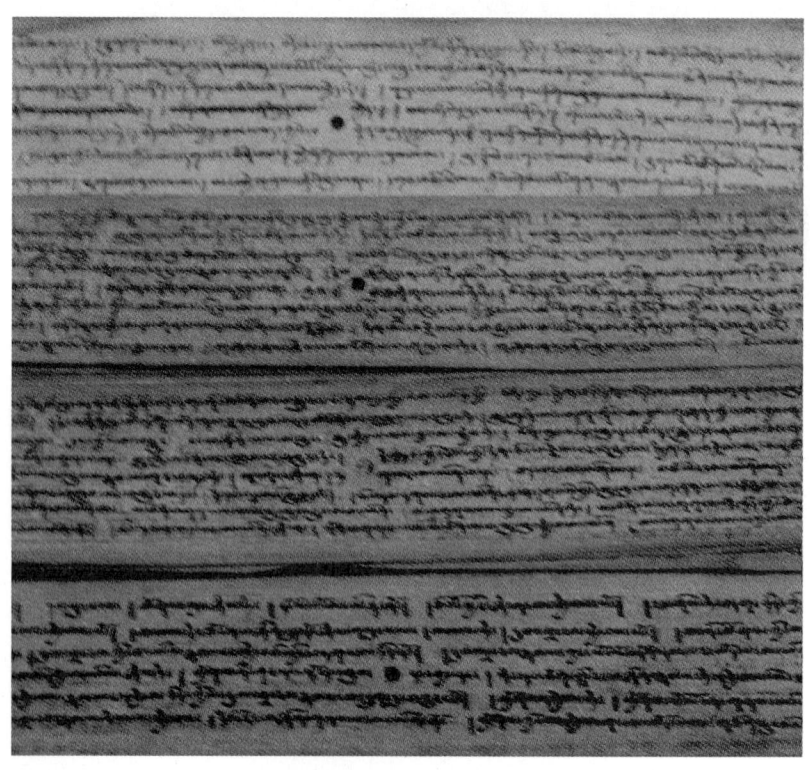

图 39　藏文后期单孔本

(2) 双孔本

在书叶两端中部打孔,捆书绳从两孔穿出捆扎书和护书板。

(3) 无孔有圈本

这种版本是从双孔本演变而来的,在原来打孔处,留一空白点或画上一个圆圈作装饰,有的则在圆圈内画上佛像作为插图。这种图书的捆书绳直接捆在护书板外。由于有孔本的孔洞在书叶中间,经过绳子来回磨蹭,天长日久孔洞增大,文字受损,因而在发明页码的基础上产生了无孔有圈本,最终成为无孔无圈本。

图40 早期无孔有圈本

图41 9世纪吉如拉康无孔有圈本,70.5×23.3厘米(西藏博物馆藏)

图 42　后期无孔有圈本

图 43　吐蕃磁青纸无孔有圈本（甘肃武威博物馆藏，苏德华摄）

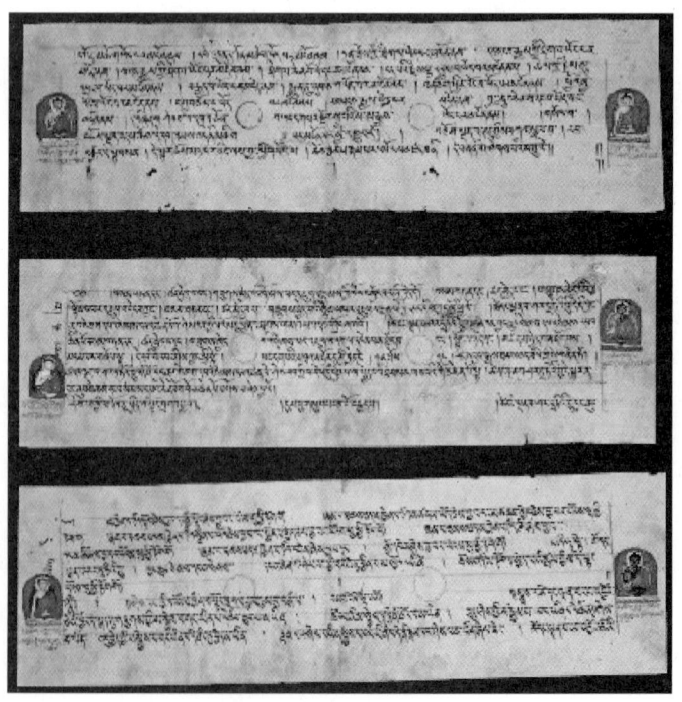

图 44　吐蕃无孔有圈本

（4）无孔无圈本

随着文献装帧的发展，圆圈和空白式逐渐被淘汰，演进成为无孔、无圆圈、无空白的无孔无圈本，这种版本形式被固定下来，成为藏文古籍写本和印刷本的主要形式，并从吐蕃后期一直延续至今。

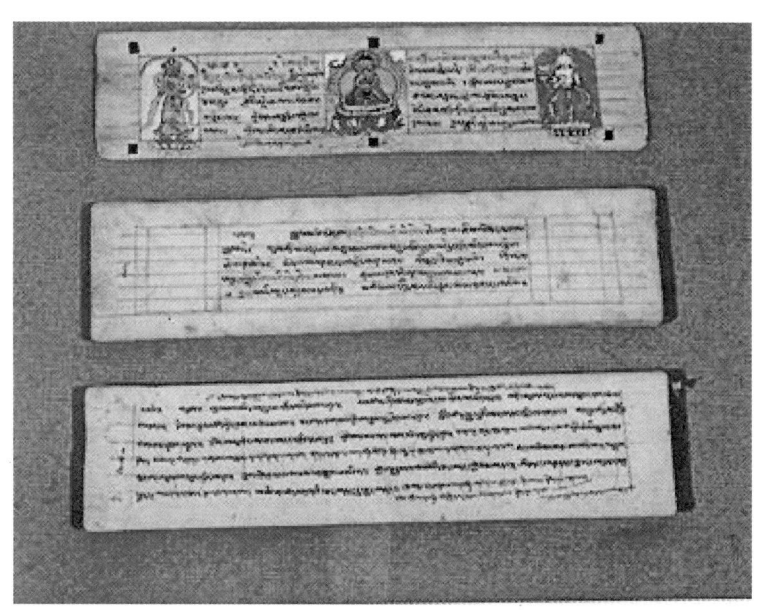

图 45　8 世纪无孔无圈本，《四部医典》（西藏博物馆藏）

图 46　9 世纪无孔无圈本

2. 梵夹装开本规格

（1）写本规格

梵夹装写本的材质有纸、磁青纸（མཐིང་ཤོག）和贝多罗树叶。除《大藏经》之外的图书规格（开本），最早分为箭本（མདའ་དཔེ）和肘本（ཁྲུ་དཔེ）。箭本是因书长相当于箭杆之长而得名，肘本也是因书长相当于一肘之长而得名。随着交流、传法的需要，各类便于携带的书本也随之产生。由于规格增多，又产生了长开本（ཤོག་།）、中开本（ཤོག་།）、短开本（ཤོག་ཆུང་།）。长开本相当于箭本，中开本相当于肘本，短开本比肘本短。除《大藏经》之外的图书开本虽有长、中、短三种，但开本无具体尺寸。《大藏经》规格与箭本区别明显，而长开本和部分中开本区别较小，中开本和部分短开本区别不明显。版本开本虽分四类，但现存版本的规格比较复杂，故只能对其做大致分类。

①《大藏经》写本规格

《大藏经》是释迦牟尼佛的言教，被信徒视为珍宝，故其写本规格、字体较一般书大，书写的材料有朱砂、泥金、八宝（黄金、松耳石、白银、珊瑚、锡、红铜、白螺和珍珠粉末研制成墨书）。因此，《甘珠尔》、《丹珠尔》、《大藏经》单行本、《八千颂》的规格无明确的限制，财力大者，规格大、装帧豪华；财力小者，规格稍小、装帧稍逊。现存《大藏经》版本，其规格一般为：长度在60—75厘米之间，宽度在17—29厘米之间。如：

乾隆泥金藏文写本《甘珠尔》，75×28.5厘米；

布达拉宫八宝藏文写本《丹珠尔》，60×20厘米；

元代金汁藏文写本《时轮本续》，68×12厘米；

吉如拉康9世纪藏文写本佛经残本，70.5×23.3厘米；

清代磁青纸写本《八千颂》，64×23.5厘米，52.5×12.6厘米。

书的厚度（除护书板外）在18—20厘米之间。护书板的厚薄按书长比例增减，因此书越长护书板就越厚，厚的护书板在3.5—4厘米之间。《大藏经》写本的字体以楷书为主，其余三种规格的字体以楷书和白徂（དབུ་མེད།）为主，其他字体较少。

此外，萨迦寺藏大部分元明两朝的写本规格度比较大，一般长1.1米，宽0.26米，厚0.23米。其他寺院也有部分这种规格的书，但现存数量不多。萨迦寺还有一部元末明初的《八千颂》写本，这部书被信徒习惯称为《ཕོད་བྱེ་ལྕགས་གློང་མ།》，即《铁环书函》，此书长1.8米，宽1.03米，厚0.67米，涉及西藏的宗教、历史、哲学、文学、农牧等内容，是目前世界上规格最大的书。

图47-1 《铁环书函》的书头

图 47-2 萨迦寺高十米的写本书架（2010 年 7 月）

图 47-3 江孜大寺高十米的写本书架（2010 年 7 月）

②长开本

长开本（箭本）规格范围为：长度在 47—59 厘米之间，宽度在 6—9.7 厘米之间。如：
《多仁班智达传》，页面 56.7×8.5 厘米，版框 55.6×6 厘米；
清写本《大方广佛华严经》，页面 55.5×9.5 厘米；

吉如拉康佛经吐蕃写本，页面 56×9.7 厘米；

吐蕃时期贝叶经《八千颂》，页面 55.5×6 厘米；

374 叶，白徂写本《霍岭大战》，页面 55.6×9.2 厘米，版框 45.3×6.5 厘米；

《格萨尔王传·拉岭耳之甘露》，页面 58.5×10.5 厘米，版框 51.3×7.5 厘米；

明初写本《菩拉道炬论》，页面 48.3×9 厘米；

《日琼巴传》，页面 47.8×8.3 厘米，版框 45×6.1 厘米。

③中开本

严格说来中开本（肘本）的长应当是在 43—46 厘米之间，但因习惯把 37 厘米左右的开本归入中开本内，故中开本（肘本）的规格范围为：长度在 36—46 厘米之间，宽度在 6—9.5 厘米之间。如：

《格萨尔王传·卡切松石国》，页面 42.6×8.8 厘米，版框 35.5×5.6 厘米；

《格萨尔王传·马国》，页面 36×7.9 厘米，版框 29×5 厘米；

《格萨尔王传·珠古兵器国》，页面 29.1×9.5 厘米，版框 22.5×6.5 厘米；

《格萨尔王传·雪山水晶城》，页面 41×8.6 厘米，版框 34×5.4 厘米；

明代写本《萨迦班智达传》，页面 43.2×6.8 厘米；

8 世纪写本《四部医典》，页面 36.3×8.5 厘米。

字体以楷书和白徂为主，其他字体较少。

④短开本

习惯上把日常讽诵（ཁ་ཏོན།）的经文图书称为短开本，但短开本除日常讽诵的经文之外也有理论、诗歌、笔记、注释等类内容。其开本规格为：长度在 20—35 厘米之间，宽度在 4—9 厘米之间。如：

13 世纪写本《历算白莲言教》，页面 23.5×7.5 厘米；

《吉祥塔波噶举教诫·核心精要》，页面 33.×6.4 厘米，版框 27.5×4.5 厘米；

《至尊弥勒怙主往生秘诀》，页面 20×8.1 厘米，版框 17.4×5.9 厘米。

此外，还有一些更短小的袖珍本，内容多为《常诵经文》。除《大藏经》开本外，现存历史、宗教、文学、医学、历算、文法、美术等古籍，应用最广的是长开本、中开本和短开本，尤其是长开本和中开本最多，约占现存文献的 95%。

(2) 刻本规格

藏文刻本分印经院刻本（寺院刻本）和私刻本两种：一、印经院刻本实际上就是出版社统一出版的文献。1949 年以前藏区除著名的拉萨雪印经院、德格印经院之外，拉萨三大寺和拉卜楞寺、塔尔寺、纳塘寺、八邦寺、萨迦寺、敏珠林寺、美日寺等 30 多座寺院也设有印经院，其他数十座寺院设有刻经处。二、私刻本就是个人出资在寺院之外刻印的文献。梵夹装刻本的开本规格、名称等与写本规格基本相似。现存版本规格有：

①《大藏经》刻本规格

现存《大藏经》刻本规格范围为：长度在 60—75 厘米之间，宽度在 17—29 厘米之间。如：

康熙版《甘珠尔》，页面 72.3×24.3 厘米，版框 59.4×15.3 厘米；

纳塘版《甘珠尔》，页面 65×17 厘米，版框 56.2×10.7 厘米；

拉萨版《甘珠尔》，页面 62.8×17.3 厘米，版框 57.5×11 厘米；

德格版《甘珠尔》，页面 67×12.5 厘米，版框 50.3×7 厘米；

德格版《丹珠尔》，页面 68×12.5 厘米，版框 51.9×7.4 厘米；

乾隆版《甘珠尔》，页面 75×28.5 厘米。

书的厚度（除护书板外）在 18—20 厘米之间。护书板的厚薄按书长比例增减，因此书越长护书板就越厚，厚的护书板有 3.5—4 厘米。

②长开本

长开本规格范围为：长度在 50—60 厘米之间，宽度在 8—9.5 厘米之间。如：

德格印经院刊本：

《米拉日巴传》，页面 54.3×11 厘米，版框 49×6.8 厘米；

《国王修身论》，页面 54.5×6 厘米，版框 38.4×5.8 厘米；

《五部遗教》，页面 55×9 厘米，版框 50.6×7.5 厘米；

《印度佛教史》，页面 60×10.3 厘米，版框 46.4×6.2 厘米；

《十万龙经》，页面 59.4×11.4 厘米，版框 51.6×7 厘米；

拉萨雪印经院刊本：

《宗喀巴文集》，页面 55.3×9 厘米，版框 49.2×6 厘米，

《贤愚经》，页面 54.9×9.1 厘米，版框 48.3×5.9 厘米；

《布顿文集》，页面 58×9 厘米，版框 49×7 厘米；

《格鲁派教法史：黄琉璃宝鉴》，页面 55×9.1 厘米，版框 46.5×5.7 厘米；

《章嘉教派论》，页面 54×9 厘米，版框 49.3×6.5 厘米；

《弟子问道语录》，页面 54.5×9 厘米，版框 49.5×6.3 厘米；

《噶当祖师问道语录》，页面 54.5×9.1 厘米，版框 48.6×6.4 厘米；

丹杰林寺刊本：

《智者入门》，页面 55×9 厘米，版框 47.5×6.9 厘米；

《玛尔巴译师传》，页面 53.5×8 厘米，版框 48.1×6 厘米；

宁玛派羊八井寺刊本：

《青史》，页面 54.5×8.3 厘米，版框 43.2×6 厘米；

洛扎希卡刊本：

《智者喜宴》，页面 56×8.8 厘米，版框 44.5×6.2 厘米；

让塘刻本：

《多罗那他传》，页面 50.6×10.1 厘米，版框 42.7×7 厘米。

③中开本

中开本规格范围为：长度在 36—46 厘米之间，宽度在 6—9.5 厘米之间。如：

《大宝伏藏》，页面 45×9.2 厘米，版框 37.5×5.6 厘米；

《普贤上师言教》，页面 44.5×8.8 厘米，版框 7.3×6.2 厘米；

《益西措杰传》，页面 45.5×9 厘米，版框 36×6.5 厘米；

④短开本

短开本规格范围为：长度在 30—35 厘米之间，宽度在 5—6 厘米之间。如：

《萨迦格言注释》，页面 33.7×9.1 厘米，版框 26.7×6 厘米；

《文殊名号赞》，页面 31×9.1 厘米，版框 21×5 厘米；

《猴鸟传奇》，页面 33.3×9 厘米，版框 23.1×5.7 厘米；

《林桑曲吉亡魂阎王地游历记》，页面 26×8 厘米，版框 22×6 厘米；

《依吉祥退敌佛母修炼智见及其成就说》，页面 25×9 厘米，版框 21×5.8 厘米。

此外，比以上规格小的开本数量极少。

(十) 线装本

藏文古籍的线装书称为 འགྲོ་ཆེམ་མ།，意即"缝头书"，材质用藏纸。装订方法有两种：一、在短开本的左边用线装订，从右往左翻阅，类似现代书；二、在短开本的上边（上部框标）用线装订，从下往上翻阅。后一种方法装订的书，多为自编日历、医药手册之类。字体以楷书和白徂为主，行草较少。藏文的这种装帧形式有的与汉文的缝缋装相同，有的与普通线装基本相同，其规格有 40×15 厘米、40×10 厘米、30×8 厘米、26×15 厘米等多种。如：

清代写本《十六法典》，页面 49.5×13 厘米，版框 30.7×10 厘米；

道光二十五年抄本《藏内善后章程》，页面 40×28 厘米；

《水鸡年日历》，页面 25.6×8.5 厘米，版框 21.8×7 厘米；

《铁鸡年日历》，页面 20×7 厘米，版框 16.6×5 厘米。

图 48　线装本《藏内善后章程》，道光二十五年抄本，40×28 厘米（西藏博物馆）

(十一) 经折装

藏文刻本以梵夹装为主，经折装极少，目前见到的只有丽江版《甘珠尔》[①]、明版《圣妙吉祥真实名经》、清康熙写本《吉祥怖畏金刚宝瓶》等。材质用藏纸和内地纸。如：

丽江版《甘珠尔》，页面 63×16 厘米，版框 60×10 厘米；[②]

明刻本《圣妙吉祥真实名经》，页面 11.7×5.8 厘米，版框 8.4×5.5 厘米；

清泥金写本《妙法莲华经》七卷，开本规格不详；

清乾隆刻本《御制满汉蒙古西番合璧大藏全咒》八十八卷，版框 25.4×13 厘米；

民国二十二年写印本《班禅额尔德尼大师语录·弟子受持》，页面 24.6×10.3 厘米，版框 17×9

---

① 今藏拉萨大昭寺、哲蚌寺。

② 此数据仅供参考。

厘米；

《吉祥怖畏金刚宝瓶》，页面 28.4×8.5 厘米；版框 21×7.3 厘米。

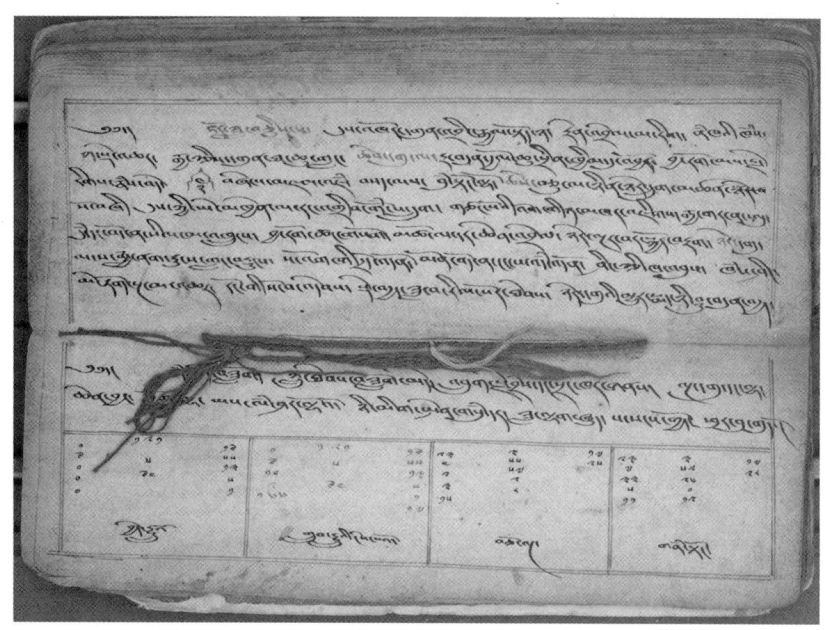

图49 司徒曲迥《铁鸡年日历》，线装本，1741 年写本，20×7 厘米（八邦寺藏）

图 50 - 1 丽江版《甘珠尔》插图

图 50-2　明刻本《圣妙吉祥真实名经》（国家图书馆藏）

（十二）蝴蝶装

蝴蝶装的藏文书目前只有黑水城（今内蒙古自治区额济纳旗）出土的 XT－63 号、XT－67 号、XT－68 号等文献，内容主要是佛经，这些藏文佛经中大量应用了吐蕃时期的反写元音"ྀ"和ཀྵ྄ 等带有"྄"下加字的古文字。史金波先生认为："它们是 12—13 世纪藏文印刷品，比永乐版藏文《大藏经》要早两个世纪"，是目前所知最早的藏文刻本。如《至尊佛母陀罗尼咒及功德》，其开本规格为：页面高 13 厘米、宽 17.5 厘米，框高 9.4 厘米、宽 15.8 厘米。页分左、右两面，每面 6 行。① 此藏文蝴蝶装的特点：1. 左、右两面为一页。文字从左面开始越过版心连接到右面，版心成为一种装饰，并非是页面的分界。2. 刻版保持了藏文横写的传统。

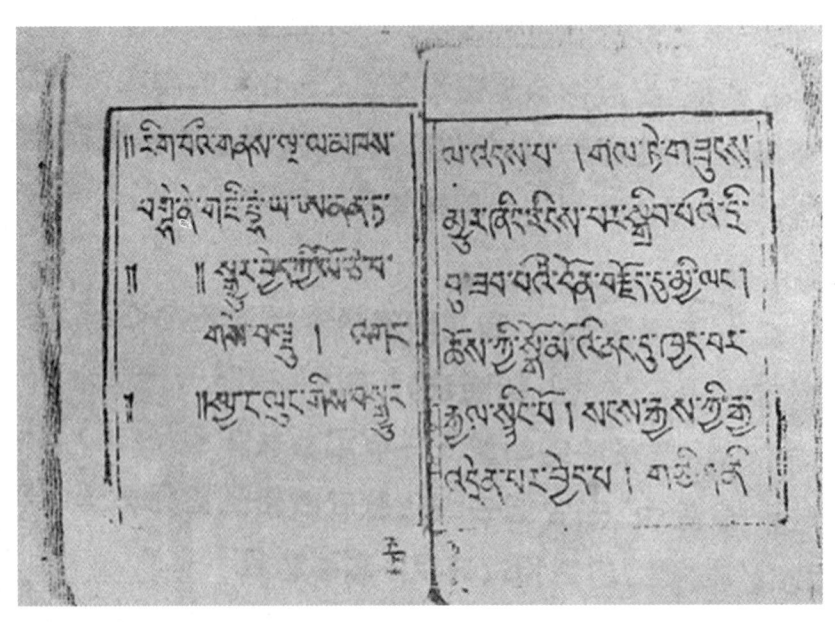

图 51　《至尊佛母陀罗尼咒及功德》之一

---

① 史金波、魏同贤、克恰诺夫：《俄藏黑水城文献》第 1—11 册，上海古籍出版社 1996—2000 年版。

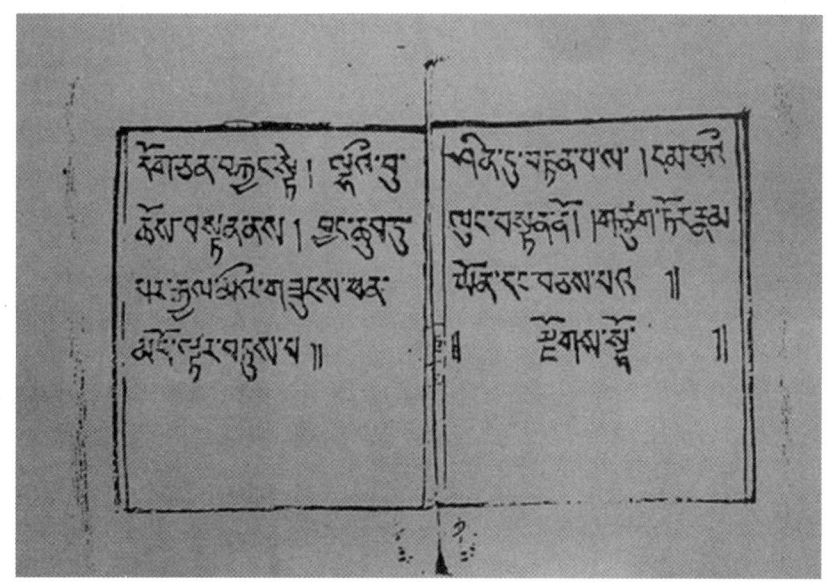

图 52 《至尊佛母陀罗尼咒及功德》之二

(十三) 文书

文书种类有:

1. 公文

政府与县、庄园、寺院之间往来的公文 (གཡུ་ཡིག), 规格长短不一, 长的 60×250 厘米至 65×350 厘米、短的 30×40 厘米不等;

2. 告示

各级政府张榜的告示、布告 (རྩིས་ཤོག), 规格在 60×80 厘米至 60×100 厘米不等;

3. 命令

政府命令 (བཀའ་ཤོག) 一般不张榜, 只在官方传递, 规格在 50×80 厘米至 60×120 厘米不等;

4. 契约

有政府、寺院、村镇和个人之间的各类契约 (གན་རྒྱ), 规格长短不一, 但政府、庄园和寺院的较大, 为 60×120 厘米至 60×220 厘米, 其余的在 40×20 厘米至 50×60 厘米之间;

5. 乌拉证

乌拉证 (ཨུ་ལག་འཛིན་ལམ་ཡིག) 是支差的凭证又是通行证, 规格在 50×80 厘米至 60×120 厘米之间不等。大部分文书均以卷折形式传递和收藏, 字体以官体书法为主, 民间文书印章极少, 官方文书均有官印和寺院印章;

6. 驿站回执

这类文书规格约为 40×10 厘米, 内容简单, 仅说明驿站按规定支差未收多余费用等。

图 53　元贡嘎坚赞帝师给夏鲁万户长的法旨（西藏博物馆藏）

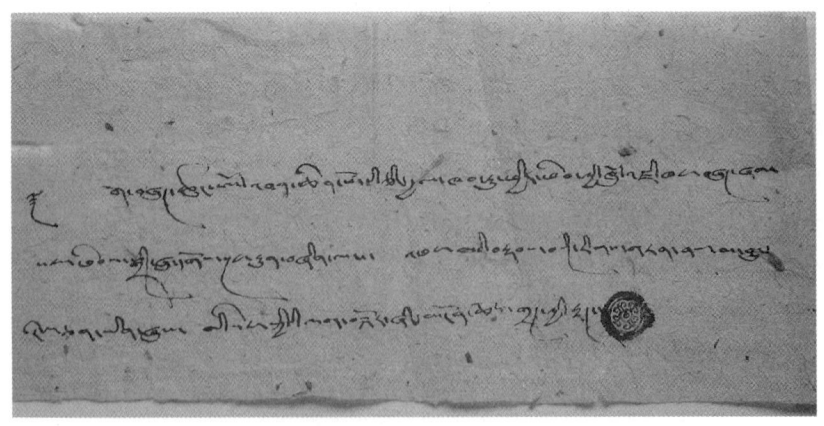

图 54　清代西藏驿站回执

三 印刷文献

藏文古籍中的印刷文献以木刻印刷为主，材质主要用藏纸，以及布、纱、藏绸。

(一) 藏纸

藏纸（དར་ཤོག）的主要原料是瑞香狼毒（རེ་སྐྱག་པ་ཤ་སྨག་རེ་སྐྱག），这种植物纤维好，造出的纸张韧性强，还有一定毒性，防蛀效果极佳。此外，印好的书，在书页四周要涂上一种叫"次丝"（ཚོས་ཤོག）的涂料，这种涂料内也有防蛀药物，既是图书的装饰，又有防蛀效果。藏纸由于用优质草为原料加工而成，其最大的特点是质地坚韧、耐折叠、耐磨损、不浸墨、不遭虫蛀、无酸性，故深藏千年的藏文典籍，既无虫蛀鼠咬的痕迹，又不老化变脆，至今完好无损，已经成为科学家研究的课题之一。查礼（1716—1783年）在《藏纸诗》中赞道：

孰意黄教方，特出新奇样。
白捣柘皮浆，帘漾金精让。
取材径丈长，约宽二尺放。
质坚宛茧练，色白施洌亮。
涩喜受隃糜，明勿染尘障。
题句意固适，作画兴当畅。
裁之可弥窗，缀之堪为帐。
何异高丽楮，样笺亦复让。①

潘吉星先生也曾对藏纸给予了高度评价：吐蕃生产的蕃纸坚韧厚实，耐拉抗蛀，于纸中独树一帜。②

藏纸以产地命名，如：金东肖是西藏朗县金东村生产的纸；错那产的称错那肖；工布雪卡产的叫工布肖等。藏纸种类主要有雪拉肖、更肖、塔肖、定肖、尼肖、达波肖、孟噶肖、金东肖、临洮藏纸等。藏纸为纯手工制作，造纸作坊不大，生产规模小，产量低。藏纸中有一种专门用于书写佛经的磁青纸（མཐིང་ཤོག），这种纸呈黑蓝色，制作工艺复杂，书写工序也繁杂，需要很高的技巧。用泥金、泥银、珍珠粉、朱砂、黄色、白色等原料书写的佛经居多。字体以楷书为主。

(二) 墨

藏墨一般都是烟墨（སྣག་ཚ）。用白桦树皮等烧制而成，其色质黑乌，千百年前的写本，至今字迹清晰、色泽纯正。品种有普通烟墨、八宝墨（用金、银、铜、珍珠、珊瑚、白海螺、朱砂等混合研磨制成）等。普通烟墨用于印刷、书写公文等，而八宝墨专门用于书写《八千颂》、《甘珠尔》等佛经。

(三) 刻本

藏文刻本（书）称为གར་དཔར或པར（དཔར་ཤོག）。目前发现的最早的刻本是西夏（1038—1227年）黑水

---

① 参见《西藏图考》卷三，光绪十二年刊本，第21页。
② 潘吉星：《中国造纸技术史稿》，文物出版社1979年版，第132页。

城藏文文献①和乌坚巴（1230—1309年）主持刊刻的《佛说吉祥时轮经》（长开本，179页，刻本。此书今藏美国纽约TBRC数字图书馆）。青海唃厮啰（996—1065年）出身吐蕃赞普之后，于宋仁宗景祐元年（1034年）将国都从邈川西迁到了青唐（今西宁）。此后近百年间，青唐成为这一地区吐蕃人的政治、经济、文化和宗教的中心。唃厮啰政权与北宋、西夏等有文化、军事、经济、商贸等方面的交流，因此，有学者认为雕版印刷是在这一时期引进藏区的。乌坚巴曾到青海等地传法，其《时轮注释》也在这一地区刊刻。故藏区雕版印刷术当在唃厮啰时代就已传入藏区。

图55　拉萨《甘珠尔》印版（2010年7月）

图56　用拉萨《甘珠尔》古印版印刷（2010年7月）

---

① 黑水城藏文文献包括XT-63号、XT-67号、XT-68号等，今藏俄罗斯圣彼得堡东方研究所、圣彼得堡博物馆。史金波、魏同贤、克恰诺夫：《俄藏黑水城文献》第1—11册，上海古籍出版社1996—2000年版。

(四) 版画

木刻版画 (པར་རིས་བཀོས་རིས་) 分三种:

1. སྐུ་པར།

སྐུ་པར། 意即佛像图版，但内容不止佛像一种，它包括佛祖、诸佛、菩萨、度母、金刚、本尊、上师、大师、活佛、十相自在、坛城、六长寿、八吉祥、八政宝、和睦四瑞、异胜图、龙凤呈祥、圣僧图等内容的版画，其规格不固定，最小的有 5×7 厘米，最大的为 100×150 厘米，一般的为 45×60 厘米，这类版画印于纸和布上。

2. རྟེན་པར།

རྟེན་པར། 亦称ཅན་པར།，即命运幡图版，俗称风马旗 (རྟེན་ཏྲ།) 或风旗图版，其规格虽然不固定，但规格不多，除祭山神用的最小风马旗 (8×10 厘米) 之外，一般的图版都在 25×30 厘米至 35×40 厘米之间。小的风马旗印于纸上，而一般的多数印刷在布上，少量印刷于绸上。

3. གཏོར་པར།

གཏོར་པར། 意即食子图版，其规格约为 4×30 厘米。

德格印经院现存图画印版 887 块，大的图画印版高 100 厘米，宽 70 厘米；小的高 80 厘米，宽 60 厘米；最小的高 20 厘米，宽 15 厘米左右。大部分图画印版为单面刻，少量为双面刻。其题材多为佛经故事、格萨尔故事、历史事件、杰出人物、民族风俗画以及天文医学等。

(五) 石印本、油印本、铅印本

1. 石印本

藏文石印本不多，目前见到的有《西藏白话报》和《藏文白话报》，以及 1920 年前后的藏文版《圣经》。《西藏白话报》于 1907 年创刊，为旬报，由联豫在拉萨印刷出版，此报仅存 1910 年 8 月的一份残报，共 7 页，现藏于西藏自治区文管会。《藏文白话报》(བོད་ཡིག་ཕལ་སྐད་ཀྱི་གསར་འགྱུར།) 于 1913 年 1 月正式创刊，定为月刊，每月 1 册，年 12 册，规格在 23.5×16.4 厘米至 24×16.5 厘米之间，比 16 开本小，以藏汉文对照的形式出版，订口在上。此时之白话报均装订成册，规格大于 32 开本。内容也较丰富，故这类白话报有时也称为刊，不十分严格。自 1915 年 4 月开始，汉文改为铅印，藏文仍沿用手写印刷。1915 年 4 月更名为《藏文报》(བོད་ཡིག་གསར་འགྱུར།)[①]。

2. 油印本

藏文的油印本有《戍声周报》，是综合性刊物，由原驻西康省定乡县（今甘孜藏族自治州乡城县）国民党陆军 24 军 136 师 408 旅旅部主办，民国二十五年（1936 年）一月在定乡县城创刊，周报，共出版 198 期。开本规格为 25×21 厘米。此刊以汉文为主，个别汉文文章附有藏文译文。从藏文译为汉文者，还附有藏文原文。另有《藏汉小辞典》（1933 年版）等数十种。

3. 铅印本

藏文的铅印本在 1945 年以前有少量发行，如《藏文书牍轨范》（1938 年版）、《国语常识》（1943 年版）等。1950 年后，藏文铅印本逐渐增多。

4. 电脑排版本

1988 年中国藏学研究中心和航天部 710 所推出藏文字处理及激光编辑排版印刷系统，该系统后来

---

① 参见《藏学报刊汇志》，中国藏学出版社 2003 年版。

与潍坊华光合作开发出了书林藏文排版和激光照排系统（简称华光藏文系统）。1990年底，中国计算机软件与技术服务总公司、民族印刷厂、北京大学计算机研究所、中国民族语文翻译中心在华光藏文系统的基础上，联合推出北大方正藏文书报版系统（简称北大方正藏文系统）。此后凡藏文出版社逐渐使用这两个系统出版藏文书刊，大致从1998年以后所有藏文出版社都改用激光编辑排版印刷系统。这两个系统的藏文编码虽然不是国家标准，也非国际标准，但时至今日国内主要用这两个藏文系统出版藏文图书和报纸，其中使用北大方正藏文系统的出版社较多。1999年后，国内出现少量用"桑布扎"等藏文软件出版的图书、报刊。

第 四 章

目录与分类

藏文的分类和编目具有悠久的历史，传统的古藏文目录学在丰富和发展藏文化的历史进程中起过重要作用。

一 古藏文目录学发展简况

在聂赤赞普以前（约公元前6世纪），藏族先民已使用古象雄文（即玛尔体字）创造了苯教教义、医学、历法等学科。到公元7世纪时，在玛尔体等字体的基础上发明了新体字。[1] 在此之前，吐蕃的政治、军事、经济、宗教和文化等都有一定的发展。据苯教古籍《慈母经》记载，当时有12门学科，它们是利众学（医学）、预测学（历算）、语音学等。可见，当时的文化是比较发达的，而且有了很多学科，并可证明已经产生了较早的目录学。公元6—7世纪时，印度佛教传入吐蕃，由于得到新兴统治阶级的大力扶持，在卫藏地区开办道场，培养人才，翻译佛教经典，使佛教在吐蕃发展得很快。公元8世纪末，吐蕃王赤松德赞（798—815年）在位时，由朝廷组织译师，编制山南旁塘无柱寺所藏佛教经典目录。在译师班第白责热支达（简称白责）和曲吉尼波等人的努力下，把搜集整理之后的经典，进行了分类、分卷、分章，最终编制成目录，后人称之为《旁塘目录》。这不仅是汇集《大藏经》之始，也是藏传佛教典籍分类、编目的开端。此后，译师白责、昆·鲁义旺波松等人，将山南东塘丹噶宫所收藏的佛经，经校勘订正后编为目录，称为《丹噶目录》。接着，他们又把桑耶青普庙所藏佛经和各种论著编为目录，称《青普目录》。这三大目录完成于公元9世纪初，《青普目录》不见传世，现存《旁塘目录》和《丹噶目录》。[2] 三大目录的问世奠定了传统藏文目录学的坚实基础，为分类编目、保存古籍和编纂各类经典树立了典范。三大目录当是世界上最早的目录之一。

纳塘寺格西降嘎拔希于公元1315年前后，应元朝皇帝之邀到内地传法。在传法期间，他支持觉丹热智等人，收集卫藏、阿里等地的《大藏经》原本，利用三大目录认真校订、分类编排，编写了《大藏经目录·论典广说》和《甘珠尔目录·太阳之光》，此目录中收录了很多新译本，特别是密乘经典。此后不久，他们按此目录抄写了一部完整的《大藏经》，收藏于纳塘寺。蔡巴·贡噶多杰于1323年至1348年编制了《新造佛说甘珠尔目录》（亦称《蔡巴目录》）。布顿大师校订蔡巴所编《甘珠尔》后，编制了《丹珠尔目录》（亦称《布顿目录》）。从此，高僧大德和寺院及富豪们把拥有《大藏经》视为积德修心、广济利民之善事，因而藏区传抄《大藏经》成为一种风气，此时出现了十余种著名的精抄本。

---

[1] 土登彭措：《藏史纲要》（藏文版），四川民族出版社1997年版，第83—94页。
[2] 参见民族出版社2003年12月出版西藏博物馆编的《旁塘目录：声明要领二卷》。

从编制三大目录到五世达赖喇嘛时期，在这 800 年间，先后编制了十余种《大藏经》目录，并且一种比一种全面、详尽。有了目录，既便于查阅，又易于分类收藏、流通。五世达赖喇嘛（1617—1682年）采用这种方法，把布达拉宫中所有高僧大德的著作编制成《布达拉宫藏书目录》，作为私家书目，这是较早的普通僧人图书目录。此后，七世达赖喇嘛（1708—1757年）在此基础上，又将哲蚌寺、噶丹颇章和布达拉宫中的新书目录收集起来，编制成《布达拉宫和哲蚌寺噶丹颇章联合目录》，作为宫内目录使用。接着，第二世嘉木样协巴将后藏扎什伦布寺所藏班禅大师和布达拉宫所收历代达赖喇嘛的书目，整理抄录后制成《历代达赖喇嘛和班禅大师藏书总目》，并收入其传记之中，影响很大[①]。同一时期，隆多喇嘛阿旺洛桑编纂了《噶当派和格鲁派主要高僧文集简目》，并刊印出版。19 世纪中叶，三世嘉木样的秘书格西喜饶嘉措以拉卜楞历代嘉木样活佛的藏书为主，编纂了《罕见书目》，并编入其文集刊印。拉萨雪印经院和德格印经院等，依据这些目录，刻印各种藏文古籍。今天有这么多藏文古籍得以留传于世，与这些目录的作用是分不开的。民主改革后，在 1958 年一个偶然的机会，拉卜楞寺工作组组织部分格西将全寺藏文古籍约五万包集中于时轮学院[②]，编制成《拉卜楞寺总书目》，1959 年油印出版。

以上这些目录中，当属《拉卜楞寺总书目》的编制方法较为全面，内分 17 个门类，子目详细，著录使用了简略书名而不用冗长的原书名，作者也以惯称著录（所谓惯称是在日常生活中人们对某某的习惯称谓，这种惯称常常在名字前后冠以地名、官职、学位、绰号、活佛名号等，很好地解决了同名同姓的矛盾），检索较为方便。但是"此书的文集部的缺点是先后的排列杂乱，毫无规律，既不按时代先后或教派，也不按字母顺序，极不便于检索，但这究竟是小缺点。总的来说，这部目录是迄今为止规模最大、水平相当高的一部目录"[③]。这部目录于 1985 年由青海民族出版社删除原书中的页码、文集类的函序，略作补充后以《藏文典籍要目》为书名铅印出版。1981 年出版《德格印经院目录》，1997 年出版北京民族文化宫图书馆所编《藏文典籍目录》[④]。《德格版丹珠尔总目》、《德格印经院藏版细目》、《德格印经院目录大全：文集类细目》(1—2)、《卓尼版论疏部佛书总目录》等相继出版。此外，尚有捷克人高马士编的《布拉格收藏的德格版藏文印本书》、日本东北帝国大学文学部编的《西藏大藏经总目录》、日本西藏大藏经研究会编的《影印北京版西藏大藏经总目录附索引》、日本东北大学文学部印度学研究室编的《东北大学所藏西藏撰述佛典目录》、西藏崔成仁钦编的《丹珠尔目录》、西藏布达拉宫文保所编的《布达拉宫典藏目录（文集类）》、卓尼《丹珠尔目录》等，这些目录都有一个特点，或按《大藏经》的传统分类，或按十明学科分类，与现代的《中图法》、《科图法》、《杜威十进分类法 DDC》、《美国国会图书馆分类法 LC》、《国际十进分类法 UDC》、《冒号分类法 CC》、《书目分类法 BC》等都没有发生联系，因为这些目录有的是专题丛书目录，有的是馆藏目录。

二 传统分类法

藏文古籍的传统分类法以"三大目录"及布顿《大藏经目录》[⑤] 分类法为准，至今延续了一千

[①] 东噶·洛桑赤列：《藏文目录学》（藏文），《章恰尔》1986 年第 2、3 期。
[②] 据黄明信 2001 年 3 月 23 日在 "《北京市藏文古籍总目提要》编纂培训会" 上的发言。
[③] 黄明信：《北京图书馆藏文古旧图书著录条例说明》，载《中国藏学》1988 年第 1 期。
[④] 《藏文典籍目录》：全称《民族图书馆藏文典籍目录文集类子目》，共三册，著名学者木雅贡布主编，文集作者均附有小传。
[⑤] 《甘珠尔》是佛祖释迦牟尼的言教，佛祖示寂后由弟子经六次结集、记诵而成。内容分七大类：律、般若、华严、宝积、经部、续部和总目录；《丹珠尔》是藏印佛教大师、学者、译师对《甘珠尔》的注疏、论著的集成，内容分十八类：赞颂、续部、般若、中观、经疏、唯识、俱舍、律部、本生、书翰、因明、声明、医方明、工巧明、修身部、杂部、阿底峡小部集和总目录。其中包括哲学、文学、艺术、语言、逻辑、天文、历算、医药、工艺、建筑等内容，是一部具有百科全书性质的藏文古籍。

多年。

(一)《大藏经》分类法

《大藏经》(以德格版为例) 分为《甘珠尔》和《丹珠尔》两部,共 4569 种,其中《甘珠尔》1108 种,《丹珠尔》3461 种。其分类方法是将《大藏经》分为两大部分:

1.《甘珠尔》

《甘珠尔》104 函,1108 种。按内容设置五级类目:

1.0 显宗
 1.1 初转法轮之律经(律部)
 1.2 中转法轮之般若经(般若部)
 1.3 末转法轮之显经 (བཞུགས་ཚོགས་ཆེ་བའི་མདོ)
  1.3.1 华严部
  1.3.2 宝积部
 1.4 大小乘经
  1.4.1 大乘经
  1.4.2 小乘经
2.0 密宗
 2.1 无上瑜伽
  2.1.1 双运无二续
  2.1.2 母续(下分 7 类)
   2.1.2.1 平等续
   2.1.2.2 胜乐金刚
    2.1.2.2.1 胜乐
    2.1.2.2.2 喜金刚
    2.1.2.2.3 护福佛
    2.1.2.2.4 མངོན་མཉམ (密续)
    2.1.2.2.5 ཤར་མཉམ
   2.1.2.3 大日如来类续
   2.1.2.4 金刚日佛类续
   2.1.2.5 莲佛类续
   2.1.2.6 宝马类续
   2.1.2.7 金刚持类续
  2.1.3 父续
   2.1.3.1 不动佛类续
   2.1.3.2 大日如来续
   2.1.3.3 宝生佛续
   2.1.3.4 莲佛续
   2.1.3.5 业佛续
   2.1.3.6 金刚持续

2.2 瑜伽续
    2.2.1 方便续
    2.2.2 智慧续
2.3 行部
    2.3.1 如来佛
    2.3.2 莲佛
    2.3.3 金刚持
2.4 事部
    2.4.1 事部各类
        2.4.1.1 如来佛类
            2.4.1.1.1 种续
            2.4.1.1.2 如来法轮续
            2.4.1.1.3 如来种母续
            2.4.1.1.4 如来宝髻续
            2.4.1.1.5 如来忿怒父母续
            2.4.1.1.6 如来信使母续
            2.4.1.1.7 如来菩提心续
            2.4.1.1.8 诸圣地神续
        2.4.1.2 莲佛类
        2.4.1.3 金刚持类
        2.4.1.4 具宝类
        2.4.1.5 广大类
        2.4.1.6 世间类
        2.4.1.7 外境各续
    2.4.2 事续总类
3.0 回向

《大藏经》中的《甘珠尔目录》，一般作为附录置于首函或最后一函。以上是德格版《甘珠尔》的分类，即司徒曲吉迥乃所编纂之分类法。此法被视为《甘珠尔》分类中最详细的一种。

2. 《丹珠尔》

《丹珠尔》共213函，补刻1函，共214函。分为16类：

（1）礼赞部（以偈颂对诸贤德作礼赞的论典）

（2）密续部（关于秘咒金刚果乘的论典）

（3）般若部（有关显宗性相因乘遍知自性之内明学论典中，有关大乘之心要中转法轮般若佛目密意之诠释《现观庄严论》和智慧到彼岸的论典）

（4）中观部（诠释一切教敕之密意特别是诠释般若的波罗密多之密意的论典）

（5）经疏部（主要诠释末转善辩法轮教敕密意论典中，有关诠释诸教敕密意的各种论典）

（6）唯识部（主要宣讲末转法轮教义，诠释大乘全部密意之论典）

（7）俱舍部（初转四谛法轮教敕中，诠释佛说增上慧学俱舍藏密意之论典和诠释佛说增上心学经藏密意之论典）

（8）律部（诠释佛说增上律学律藏密意之论典）

(9) 本生部（汇集所有三转法轮中菩萨律藏之各种本生传论典）

(10) 书翰部（与三转法轮有关的言论和各种书翰类）

(11) 因明部（破斥论敌之因明学论典）

(12) 声明部（声明学论典）

(13) 医方明部（摄受他人之医学论典）

(14) 杂部（工巧明学论典、共同世间道德论典、藏地大学者之各种珍本论典、未署作者姓名之论典、新增经部和其他明处等各种论典）

(15) 回向（回向、发愿和吉祥颂词等类）

(16) 目录（《丹珠尔》所收全部文献目录）

以上是德格版《丹珠尔》的实际分类。后世学者认为杂部内容太大，故将杂部一分为三，划分出工巧明、修身、杂部三类，并依次排列于医方明之后。又因《阿底峡小部》（德格《丹珠尔》连同目录共213函，其中无《阿底峡小部》，《阿底峡小部》是后来补刻的，1函共213页）属《丹珠尔》而置于最后，单列一类。

这种"《大藏经》分类法"，以宗教内容为主，兼及其他学科。但从总体而言，这种分类法主要适用于藏传佛教文献。除《大藏经》分类法之外，与之并存的还有一种称为"十明学科"的传统分类法。

(二) 十明学科分类法

十明学科又分为"大五明学科"（རིག་གནས་ཆེ་བ་ལྔ）和"小五明学科"（རིག་གནས་ཆུང་བ་ལྔ）。

1. 大五明学科

(1) 工艺学

工艺学（བཟོ་རིག་པ）亦译工巧明。论述营造、64种技艺（སྒྱུ་རྩལ་དྲུག་ཅུ་རེ་བཞི）[①] 等技艺的学科，一般将美术（塘嘎卷轴画、雕塑、佛像尺度标准）、建筑、音乐（唱歌、器乐）、舞蹈、武术、杂工（金属铸造、雕刻、木工、缝纫、皮革业）、修身论、心理学等分入此类。古代学者司徒班青还认为辞章学也应入工艺学类。现代分类法中音乐舞蹈属艺术类，修身论是用诗体写成的世俗道德论著应属诗歌类，心理学属哲学，武术属体育，杂工的多数内容属自然科学中的工业技术类。

(2) 医学

医学（གསོ་བ་རིག་པ）亦译医方明，论述健身保健、治疗疾病、炮制药物的学科。

(3) 声明学

声明学（སྒྲ་རིག་པ）亦译声律学。纠正和扫除语言中所犯毛病以使语言规范化的学科，如阐述梵文本质、结构和组合变化规律，以及藏文虚词、动词等语法规律的学科。声明学相当于现代的语言学，按藏文习惯，语言学应称为"brda sprod rig pa"。小五明中的修辞学（辞章学）、辞藻学和韵律学，都属于语言学范畴，但传统分类则将其各列一类。

(4) 正理学

正理学（གཏན་ཚིགས་རིག་པ、ཚད་མ་རིག་པ）亦译因明、量学。消除客观存在上的错觉，详细抉择所量外境、能量内心及心境认识法的学科。属哲学范畴，但不能完全代表哲学。按内容而言，逻辑、心类、因类和

[①] 包括工巧技艺30种：文字、手工艺、数目、算术、梳妆、步武、铁钩术、剑术、抛绳术、射箭、前刺、后刺、劈术、撕裂术、穿戳术、远射中的术、中的出声术、射中要害术、射中不治术、射成重伤术、跳跃术、拳击、赛跑、游泳、渡越、乘象、骑马、造车、造弓箭、角力；器乐技艺18种：表演唱、舞蹈、击鼓、打腰鼓、击小鼓、击大鼓、击锣、弹单弦、击单面鼓、击铁钹、击铜钹、弹三弦、击目古达鼓、铙钹伴奏、击小铙、合奏、弹琵琶、吹管乐；声乐技艺7种：六合声、仙曲声、绕地声、中令声、五合声、奋志声和近闻声；舞蹈技艺9种：身技三种（媚态、英姿、丑态）、口技三种（猛厉、嬉笑、威胁）、心技三种（悲悯、愤怒、和善）。

摄类学都应包括在内。

（5）佛学

佛学（བུད་དོན་རིག་པ་）亦译内明、内学。讲述佛教戒定慧三学、生圆二次第修习方法的学科。藏传佛教人士在"大五明"中，将第五类列为"佛学"，而苯教人士则列为"苯教学"。戒定慧三学和生圆二次第修习方法大部分内容属于宗教哲学，而部分内容则涉及心理学、医学和体育。

2. 小五明学科

有学者认为，小五明学科是大五明学科的延伸，小五明中的修辞、辞藻、韵明属于大五明之声明学范畴。

（1）修辞学

修辞学（སྙན་ངག་）亦译辞章学。论述用各种修辞格式修饰文辞的学科，包括诗、词、诗文混合体作品、诗学理论①和散文。按现代分类法诗、词、诗文混合体作品和散文属于文学类，只有诗学理论属于修辞学（语言学类）。

（2）辞藻学

辞藻学（མངོན་བརྗོད་རིག་པ་）在现代分类法中属于语言学范畴，是论述事物名字的命名法、运用法和同义异名等内容的学科。

（3）韵律学

韵律学（སྡེབ་སྦྱོར་རིག་པ་）在现代分类中属于语言学类，是论述诗句组合格律和梵文偈句轻重音组合格律的学科。

（4）戏剧学

戏剧学（ཟློས་གར་རིག་པ་），论述藏戏、民间歌舞艺术的学科。民主改革前小说和散文也归入戏剧学。

（5）星象学

星象学（སྐར་རྩིས་རིག་པ་）即天文历法，是推算星宿运动和天气、季节、年月等自然规律的学科。就"星象学"一词而言，仅指天文历法，不包括五行算等。但一般把历法、五行算、音韵占均归入星象学。

藏区的大部分寺院至今还在沿用"十明学科"的分类法。"十明学科"分类法基本上可以满足宗教和传统学科的分类需要，但根本不能满足现代学科的分类需求。此外，所谓"十明学科"没有包括苯教文献，故此法还存有教派偏见。因此，传统分类法必须取长补短，与现代分类法结合，否则赶不上时代的发展。在统一分类、统一编目、资源共享的今天，传统与现代的结合是解决各种问题、矛盾的最好方法，也是少数民族文化适应现代化发展的必由之路。

---

① 诗学理论：主要指古印度学者旦志综合印度东南两派诗家的修辞方法撰写成的《诗镜》一书，此书由匈敦·多杰坚赞于13世纪译成藏文，后经多人译校。藏文的《诗镜》问世后，不但接受了《诗镜》的理论，还根据《诗镜》创作了许多诗词理论著作和作品。经历代学者的不断努力，《诗镜》理论得到了全面发展和完善，完全成为具有藏族文化特点的诗歌理论。

第 五 章

古籍发掘、研究简况

藏族在发掘、整理、研究古代文献方面有悠久的历史。据目前掌握的资料分析，藏族历史上大规模发掘、整理、研究和出版藏文古籍有三个时间段。

一　1950 年前的状况

1950 年以前直至远古是一个漫长的年代，其间经历了从蛮荒到文明，从结绳记事到创造文字，从万物有灵到心灵涅槃的过程。创造苯教的先驱者使藏文成为记录各种仪轨、赞颂词、医药的工具，并为后人留下了一大笔精神财富。纵观民主改革之前的藏文古籍，大规模发掘、整理、研究和出版的情况大致如下。

（一）十二邦国

苯教祖师东巴辛绕（辛饶米俄且）整理各种苯教图书，使之系统化。据苯教古籍《慈母经》记载，当时有利众学（医学）、预测学（历算）、语音学等 12 门学科，可以想见当时有不少文献。此时编撰的著作有《崩希》（色杰布赤西编撰）、《白黑花龙经》（东巴辛绕编撰）、《克巴色乌历算》（克巴色乌恭吹琼编撰），以及恭孜吹杰编撰的《三百六十朵崩》、《五行算》等。

（二）四十邦国时代

贤者木匝扎亥（ཕ་ཚད་ཤེ།）向祖希杰等人传戒。此后 325 年间，在建扎贵寺（བག་དགོན）和静修处（རི་ཁྲོད），集中许多修炼、学习、塑造神像的人。此后，嘎举祖朴杰瓦（ག་བརྒྱུད་ཕུར་རྒྱལ་བ།）、亚恭益西杰瓦（མ་ཡ་གོང་ཡེ་ཤེས་རྒྱལ་བ།）等编纂了别解脱和仪律方面的著作。

（三）布杰、吐蕃时期

布杰时期有"成就九辛"（གྲུབ་པ་མཚོན་པའི་གཤེན་དགུ།）、"贤者九人"（མཁས་པ་མི་དགུ།）、"威力九人"（མཐུ་ཆེན་མི་དགུ།）、占巴南卡（ད྄ར་ཆེན་དྲན་པ་ནམ་མཁའ།）及其他关于法律、修炼等方面的图书。

公元 7—9 世纪是吐蕃王朝势力强盛时代，此时印度佛教传入吐蕃，在卫藏地区开办译馆，翻译佛教经典。公元 8 世纪末，吐蕃组织译师、学者整理、校勘、订正由梵译藏的藏文佛经，并编制藏文佛经目录。完成第一部《旁塘目录》后，又编了《丹噶目录》和《青普目录》。这三大目录是大型丛书藏文《大藏经》的最早目录，汇集了四千多种文献。其他文献有《文法八章》、《四部医典》、《藏医十一条总义》、《月王药诊》、《吐蕃大事纪年》、《吐蕃赞普传记》、《小邦邦伯家臣及赞普世系》、《医马经》、

《玛尼遗训》、《世界形成总论》等。

(四) 吐蕃分裂时期

842年至1245年，为吐蕃政权分裂时期。12世纪中叶，大译师仁青桑布邀请卫藏著名学者和书法家，组织修订古籍、补译佛经、整理古籍，并抄写了数十部佛经。此时的抄本、写本有《大手印教诫》、《续部金刚》、《噶举密库》（以上三部合称为"玛尔巴经卷三部"）、《米拉道歌》、《塔波达维逊努文集》、《噶玛都松钦巴文集》、《林日班玛多杰文集》、《直贡觉巴吉年衮波文集》、《藏巴嘉日文集》等。

从9世纪开始，英雄史诗《格萨尔王传》逐渐在民间形成并传唱，到11世纪、12世纪时，已成为有十几部《格萨尔王传》的大型史诗，并有《诞生》、《地嘎尔》、《地狱救母》、《地狱救妻》、《阿穷穆扎》、《阿里黄金宗》、《阿塞松石宗》、《阿扎玛瑙宗》、《昂岭之战》、《白黑花台乌让魔鬼神》、《白甲姆绒母牦牛》、《白惹绵羊宗》、《白岭之战》、《北江玛水晶宗》、《伯如》、《察器岭传奇》、《残暴七兄妹》、《大食财宗德格》、《大食财宗》、《大食分牛》等抄本。

(五) 元朝

元朝统一中国后，西藏社会比较稳定，文化事业有了长足发展，尤其是出现了大量藏传佛教的各种译经、注疏、著述和历算、医学、艺术、文学、历史著作。

1. 搜集藏文古籍

八思巴往来于西藏和内地之时，从各地搜集了许多藏文古籍，还从在藏地传法讲经的印度、克什米尔、尼泊尔等地僧人那里寻得不少佛经典籍。每得到一种新书，就令人抄写、译校，供奉于萨迦寺。其中一些佛经是用黄金、宝石等珍贵矿物粉末抄写而成。经过萨迦·贡噶坚赞和八思巴等人的努力，萨迦南、北两寺收藏了众多历代古籍，仅萨迦南寺的藏书就多达六万多函（一说八万多函），其中不乏贝叶经、古抄本等稀世珍品。元代，《格萨尔王传》的创作、传唱、整理、传抄发展极快，先后创作、传抄的《格萨尔王传》有《东魔路尺虎面》、《都巴七兄弟》、《嘎兑觉卧黄金宗》、《嘎饶十八族》、《歌唱好缘起》、《格萨尔密传》、《格萨尔三界传》、《格萨尔王城颂》、《格萨尔王帽颂》、《格萨尔王御帐颂》、《格萨尔信札》、《果岭大战》、《敦氏予言授记》、《汉岭传奇》、《黑方天神罗刹八部》、《红岩大鹏宗》、《黄河水晶宗》、《霍岭大战》、《夹岭大战》、《甲擦取盐》、《甲姆绒稻米宗》、《姜门大战》、《降伏夹日江村》、《降伏如扎魔王》、《降妖伏魔》、《杰日珊瑚宗》、《卡切玉宗》、《卡霞王山羊宗》、《卡容金子宗》、《拉堆》、《岭国六十战马名称由来》、《龙国》、《玛岭大战》、《梅岭黄金宗》、《美岭大战》、《门岭大战》、《蒙古狗宗》、《蒙古铠玉宗》、《蒙古马宗》、《米努绸缎宗》、《木古骡宗》、《木雅岗尺王》、《木扎日宗》、《尼泊尔阿乍王》、《尼泊尔绵羊宗》、《宁域》、《农布扎堆》、《恰给奔木惹宝藏宗》、《容岭》、《塞巴财远宗》、《赛马称王》、《三时预言》、《色岭阿宗》、《神马托梦》、《世界战争英雄凯歌》、《司马》、《司钦》、《松岭大战》、《特列箭宗》、《外道恶咒九兄弟》、《卫藏法王》、《乌炎大战》、《西宁马宗》、《夏堆夏哇如扎》、《仙界遣使》、《香香药宗》、《象雄珍珠宗》、《辛巴与丹玛》、《雪山金子宗》、《雪山水晶宗》、《印度六妙药材宗》、《印度沙砾宗》、《英雄诞生》、《玉色曼扎宗》、《匝日药宗》、《则格尔》、《征服贝达》、《征服江国》、《珠堆玛》、《征服魔国》、《征服北方古热魔王》、《征服白帐魔王》、《珠嘎代王大鹏宗》、《珠古兵器宗》、《珠乍熊朱砂》等。

2. 编纂和缮写《大藏经》

（1）迥丹热智等搜集卫藏、阿里等地的《大藏经》，利用三大目录校订、分类，并收入多种新译本，编写出《大藏经目录·论典广说》和《甘珠尔目录·太阳之光》，后按此目录抄写了一部完整的《大藏经》，收藏于纳塘寺，史称"纳塘甘丹"，即旧纳塘版《大藏经》。

(2)夏鲁《丹珠尔》写本，贡噶顿珠为施主，布顿上师为校订，以纳塘寺《丹珠尔》为底本，1334 年完成，共 196 函，3392 品。

(3)乃东《丹珠尔》写本，以夏鲁寺《丹珠尔》为底本，由大司徒绛曲坚参出资抄写，1363 年完成，共 202 函，3430 品。

(4)蔡巴·贡噶多杰于 1346 年编制了《新造佛说甘珠尔目录》（《蔡巴目录》）。

(5)昂仁《丹珠尔》写本，由博东学烈朗加、丹贝坚参等编纂，1353 年抄本，全书共有 3116 品，210 多函。

3. 翻译《诗镜论》

匈敦·多吉坚赞等于 1286 年翻译并修订古印度学者旦志的修辞学理论名著《诗镜论》。经过藏族文人的消化吸收后，在藏族诗学界形成诗镜论流派，并以此理论创作了大量诗作。

4. 藏戏剧本

14 世纪后期，整理完成八大藏戏剧本（《诺桑王子》、《卓娃桑姆》、《朗萨雯蚌》、《文成公主》、《白玛雯巴》、《顿月顿珠》、《智美更登》和《苏吉尼玛》）。

(六) 明朝

从元朝以来，藏族学者著书立说之风吹遍青藏高原，尤其是利用元明盛行的刻板印刷技术出版了大量藏文的佛学、历史、传记等图书。

1. 藏文《大藏经》

(1) 南京版藏文《大藏经》

明永乐九年（1411 年）[①]，明成祖朱棣为其母祈寿求福而请藏僧据抄本《甘珠尔》，经校勘后在南京以藏文乌坚体（楷书）刊刻《甘珠尔》，据说此版是铜版。不管是铜是木，这是中国第一部刻版藏文《甘珠尔》，史称"永乐版《甘珠尔》"。出版后曾分赠宗喀巴、释迦也失和萨迦、噶举高僧。赠释迦也失的永乐版《甘珠尔》（有汉藏文对照目录）至今保存于拉萨色拉寺。万历二十二年（1594 年）在北京刊刻《丹珠尔》，称万历版。

(2) 丽江版《甘珠尔》

丽江版《甘珠尔》刻本是藏区最早的《甘珠尔》刻本，共 108 函。1608 年木增请噶举派红帽系第六世活佛曲吉旺秋（1584—1630 年）主持刊刻《甘珠尔》，1623 年完成。因系以朱砂印刷，故称朱印本。有曲吉旺秋 1614 年所写题记。[②]

(3) 藏区《大藏经》

在这一时期藏区有罗沃《丹珠尔》写本（由俄青贡嘎桑波任主校，于 1455 年前后完成，共 144 函）、《江孜天邦玛》（《甘珠尔》）抄本等。

2. 其他文献

(1) 文史类古籍

此时整理出版《玛尔巴传》、《米拉日巴传》、《米拉日巴道歌》等一大批古籍，同时还出版了《西藏王统记》、《红史》、《青史》、《智者喜宴》等大量著作。

[①] 一说为永乐八年（1410 年）。

[②] 此版以《蔡巴甘珠尔》为蓝本刊刻。丽江土司木增（藏名噶玛米旁才旺索南饶丹）于 1608 年请噶举派红帽系第六世活佛曲吉旺秋（1584—1630）主持在中甸刊刻《甘珠尔》，1614 年曲吉旺秋写此版之题记，1623 年刻峻，共 108 函。以朱砂印刷，故称朱版。因丽江土司出资刊刻，故称丽江版《甘珠尔》。又因此版于清初被和硕特蒙古南下的军事首领达尔杰博硕克图汗搬至四川理塘寺供奉而称理塘版《甘珠尔》。其实，此版在杰塘（中甸）刊刻，称为杰塘版才符合史实。

(2) 医学古籍

此时修订并出版了《四部医典》、《无畏武器》、《雪域医学·大海津梁》、《月王药诊》等医学著作，还编撰并出版了《藏医十万舍利》、《晶珠本草》（或称《无垢水晶宝鬘》、《帝玛·丹增彭措医著选集》）、《藏医如意大全》、《甘露本草明镜》、《迷旁医著》、《千万舍利》、《实践甘露滴》、《四部医典系列挂图全集》、《蓝琉璃》、《松巴医著集》、《藏医医决补遗》等40多种。

（七）清朝

1. 整理出版、抄写藏文《大藏经》

（1）康熙二十二年（1683）刻藏文《甘珠尔》，雍正二年（1724）刻藏文《丹珠尔》，这套两代皇帝刊刻的经书就是著名的"北京版大藏经"（此雕版毁于光绪二十六年（1900）八国联军的战火）。

（2）卓尼版大藏经。清乾隆七年（1742）刻竣《甘珠尔》，108函；清乾隆三十七年（1772）年完成《丹珠尔》，209函。

（3）纳塘版大藏经用了50年时间雕刻，于乾隆六年（1741）刻竣，《甘珠尔》（108函）、《丹珠尔》（225函）。

（4）乾隆十八年（1753）开刻《丹珠尔》，209函，用21年完成。

（5）德格版大藏经。清雍正七年（1729）开刻，《甘珠尔》共103函，《丹珠尔》214函。乾隆二十六年（1761）刻完。

（6）第斯《丹珠尔》写本。1687年第五世达赖喇嘛圆寂，第斯·桑结嘉措密不发丧，借为使达赖喇嘛长寿之名，以夏鲁《丹珠尔》为蓝本，搜集哲蚌、色拉、大昭寺、琼结等地所存的多种写本，以及当时所能搜集的全部论典约780品，225函，在琼结钦瓦达孜宫写成两套《丹珠尔》，称"第斯《丹珠尔》"写本。

（7）颇罗鼐《丹珠尔》写本。颇罗鼐·索朗多杰为施主，在磁青纸上以纯金粉写造的《丹珠尔》，1733年至1741年完成。此写本为阳文，即书写的字是立体字。此写本在民主改革时被运至北京民族文化宫存放，后第十世班禅额尔德尼将其送回拉萨，现存哲蚌寺。

（8）乾隆《甘珠尔》写本。乾隆三十五年（1770）乾隆皇帝为庆祝其母亲80大寿和为其母增寿、积功德而抄写。全书用加厚磁青纸，以赤金汁（亦称泥金）书写，共108函。有雕刻精美华丽的护书板。护书板分外护书板和内护书板，都雕刻有精美的图案。尤其是内护书板，不但雕刻精美，还镶嵌有14364颗珠宝。包书巾、丝带、书绳、多层锦缎书签等都十分精致。序文和目录为蒙、满、藏、汉四种文字对照书写，首函冠有"乾隆三十五年七月二十五日御制金书甘珠尔大藏经文序"字样。今藏故宫博物院。此外，刻本还有拉加版、库伦版、拉萨版、昌都版和拉卜楞版等；抄本有康熙金写本、八世达赖喇嘛金银七宝写本、夏玛曲扎写本、司都写本等十多种。

2. 搜集和整理古籍

五世达赖喇嘛（1617—1682）在利用蒙古族军队消除部分宁玛、噶举等教派势力的同时，把噶举、宁玛等派的大量文献集中于布达拉宫收藏。这批文献大多是清代以前的抄本和刻本。在此基础上五世达赖喇嘛组织整理布达拉宫藏书，并编制《布达拉宫藏书目录》。在此基础上七世达赖喇嘛（1708—1757）又将哲蚌寺、噶丹颇章和布达拉宫中的新书目录收集起来，编制成《布达拉宫和哲蚌寺噶丹颇章联合目录》。第二世嘉木样协巴将后藏扎什伦布寺所藏班禅大师和布达拉宫所收历代达赖喇嘛的书目制成《历代达赖喇嘛和班禅大师藏书总目》。同一时期，隆多喇嘛阿旺洛桑编纂了《噶当派和格鲁派主要高僧文集简目》。

3. 编辑出版丛书、文集等

这一时期整理、撰述、出版了大量藏传佛教著作、文集和历史、语法、文学、历算、工艺美术、医学等方面的著作。

(1) 宁玛派文献。宁玛派学者整理并出版了先贤的《七宝藏论》(7函)、《隆钦饶绛巴文集》(9函)、《雅德班钦·尊珠达杰文集》(5函),以及宁玛派早期文献的总汇《宁玛局绷》(26函)。

(2) 噶当派文献。在拉萨等地整理出版噶当早期文献,如:《噶当根本书》(《入二谛论》、《中观要诀》、《摄行炬论》、《摄行论》、《菩提道炬论》等7函)、《噶当六论》(也称《噶当六书》,6函)、《噶当师弟问道录》(又名《噶当书》,亦译《噶当经卷》。1函)、《噶当教诫》(亦译《噶当教语》。1函)等。

(3) 噶举派文献。此派在此期间整理、出版的古籍有:《转为道用》(2函)、《六法幻身》(1函)、《迁识》(1函)、《大幻化》(1函)、《六法修梦境》(1函)、《胜乐》(1函)、《喜金刚》、《胜乐》(1函)、《空行五教》(1函)、《尼古六法》(1函)、《幻身道次》、《不死幻轮》(1函)、《大手印盒》(1函)、《六臂大黑天》(1函)、《胜乐五尊》(1函)、《亥母秘修》(1函)、《观世马头金刚法》(1函)、《摧破金刚》(1函)、《金刚手》(1函)、《不动尊》(1函),以及第一世至第十四世噶玛巴活佛的文集(60函)、《贡珠·云丹嘉措文集》(96函)、《菊米旁·将央囊杰嘉措文集》(32函)、《塔波拉杰·索囊仁钦文集》(2函)、《强林班钦·索囊囊杰文集》(1函)、《竹杰旺·衮噶班觉文集》(1函)、《竹巴·白玛噶波文集》(10函)、《司徒·曲吉迥乃文集》(30函)。还整理了《桂仓巴·贡布多杰文集》(4函)、《贾瓦样衮巴·坚赞贝文集》(1函)、《仲钦喀觉巴·囊喀坚赞文集》(1函)、《帕木竹巴·多吉杰波文集》(4函)、《喇嘛祥·尊珠扎巴文集》(5函)、《木雅·洛卓仁钦文集》(1函)、《巴卧·祖拉成瓦文集》(1函)、《夏玛四世·曲扎益西文集》(12函)、《夏玛五世·恭却言拉文集》(3函)等古抄本。

(4) 萨迦派文献。整理并刻印了《萨迦·衮噶宁波文集》(2函)、《萨迦·索南孜莫文集》(3函)、《萨迦·扎巴坚赞文集》(4函)、《萨迦·贡噶坚赞文集》(3函)、《萨迦·八思巴洛卓坚赞文集》(3函)、《洛窝堪钦·索南伦珠文集》(4函)、《郭窝饶降巴·索南森格文集》(13函)、《窝尔钦·衮噶桑布文集》(4函)、《窝尔钦·衮却伦珠文集》(2函)、《降央钦则旺波文集》(24函)、《萨迦·降央德瓦多杰文集》(1函)、《达磨格迪·衮桑索南文集》(3函)、《博东·雀勒囊杰文集》(137函,部分以写本流传,部分以刻本传世)、《许钦·粗成嘉措文集》(10函)、《雅杵·桑杰白文集》(8函)、《绒敦·歇恰衮日文集》(4函)等古籍,还整理了大量古代抄本,其中有《嘉噶·喜饶坚赞文集》(1函)、《贾色·妥美桑布文集》(3函)、《贾色·云丹卫文集》(4函)、《降巴·囊杰扎巴桑波文集》(2函)、《芒妥·鲁珠嘉措文集》(1函)、《仁达瓦·讯努洛卓文集》(10函)、《萨迦·衮噶洛卓文集》(30函)、《萨迦·阿旺衮噶仁钦文集》(3函)、《萨迦·阿旺曲扎文集》(10函)、《萨迦喇嘛·索南坚赞文集》(8函)、《萨迦译师·降央衮噶索南文集》(1函)等古抄本。

(5) 觉囊派文献。整理出版《笃布巴全集》(7函)、《多罗那他全集》(有多种刻本,达丹丹曲林寺版17函、壤塘寺版22函、贡塘寺版13函、中壤塘寺写本22函)等。

(6) 格鲁派文献。首先整理并出版元明两朝格鲁派学者文献,其中刊刻的重要古籍有:《宗喀巴全集》(18函)、《贾曹杰全集》(8函)、《一世达赖格顿主巴文集》(5函)、《二世达赖格顿嘉措文集》(3函)、《三世达赖索南嘉措文集》(1函)、《一世班禅克主杰文集》(12函)、《霍堆·南喀贝文集》(1函)、《杜增·扎巴坚赞文集》(2函)、《杰·喜饶森格文集》(2函)、《古若·坚赞桑波文集》(1函)、《居青·金巴贝桑文集》(1函)、《杜增·白丹桑波文集》(1函)、《尖阿·洛卓坚赞文集》(3函)、《杰·门浪白瓦文集》(1函)、《居青·衮噶顿主文集》(1函)、《克主·诺桑嘉措文集》(3函)、《念敦·班觉伦珠文集》（1函）、《杰勒巴群觉让将央噶维洛卓文集》（2函）、《勒青·衮噶坚赞文集》（1函）、《夏尼达·洛卓坚赞文集》（1函）、《色热杰尊·曲吉坚赞文集》（7函）、《班钦·索南扎巴文集》（6函）、《达波堪青·阿旺扎巴文集》（3函）、《克主格勒丹巴达杰文集》（5函）、《琼楚强·巴扎西文集》（1函）、《闻萨·洛桑顿主文集》（2函）等90多函。其次，整理出版各类文献，其中有《五世、七世、八世、十三世达赖喇嘛文集》（43函）、《四世至九世班禅文集》（33函）、《曼康巴·阿旺曲佩文集》（2函）、《拉尊·洛桑单增坚赞文集》（4函）、《竹康·格勒坚赞文集》（1函）、《章嘉·阿旺洛桑却丹文集》（5函）、《基雪夏仲·阿旺单增赤勒文集》（1函）、《札雅·洛桑赤勒文集》（5函）、《嘉木样·阿旺尊珠文集》（15函）、《阿旺将央洛卓文集》（4函）、《第斯·桑杰嘉措文集》（14函）、《恰格·洛卓嘉措文集》（1函）、《雪·顿月克主文集》（1函）、《卡尔多·索巴嘉措文集》（1函）、《却杰·洛桑席瓦文集》（1函）、《卓尼·扎巴协珠文集》（11函）、《尊巴·洛桑饶丹文集》（1函）、《拉尊·洛桑诺布喜饶文集》（6函）、《噶菊·阿旺扎西文集》（1函）、《堪钦·根敦嘉措文集》（3函）、《普觉·阿旺强巴文集》（3函）、《降央阿贝尼玛文集》（3函）、《扎雅·洛桑丹巴文集》（1函）、《色介·强巴云丹文集》（1函）、《霍钦·益西嘉措文集》（1函）、《喀尔喀却杰·阿旺多吉文集》（1函）、《锡图·洛桑丹贝尼玛文集》（12函）、《勒隆·洛桑赤勒文集》（8函）、《闻·杰司·吉美益西扎巴》（1函）、《松巴·益西班觉文集》（8函）、《主旺·降贝嘉措文集》（1函）、《永增·益西坚赞文集》（18函）、《藏巴堪钦·益西班觉文集》（1714—1783）刻本、《章嘉·若白多杰》（8函）、《国锡法王·洛桑伦珠文集》（2函）、《察哈尔格西·洛桑崔称文集》（11函）、《隆朵·阿旺洛桑文集》（3函）、《策门林·阿旺崔称文集》（2函）、《甘珠尔巴·洛桑崔称文集》（6函）、《欧曲·阿旺多杰文集》（1函）、《衮千·吉美旺波文集》（12函）、《喀准囊巴·洛桑单增文集》（1函）、《土观·洛桑却吉尼玛文集》（10函）、《闻杰司·格桑土丹吉美嘉措文集》（3函）、《永增仲孜·洛桑崔称文集》（1函）、《古格永增·洛桑丹增文集》（5函）、《觉热·阿旺丹增赤勒文集》（2函）、《阿嘉·洛桑丹白坚赞文集》（1函）、《赤追·洛桑坚赞森格文集》（1757—1849）刻本、《切巴甲噶瓦·降白珠贝多杰文集》（1函）、《丹达拉让巴文集》（2函）、《赤青·丹巴饶介文集》（2函）、《格乌仓·降白枚浪文集》（2函）、《第七十代甘丹赤巴·阿旺曲培文集》（1函）、《达札·益西丹白衮波文集》（2函）、《工布·益西尊珠文集》（1函）、《主康·洛桑崔称文集》（1函）、《色曼堪索·扎巴克主文集》（1函）、《阿嘉经师·洛桑顿珠文集》（2函）、《拉热·洛桑迥乃文集》（1函）、《贡唐·恭却丹白卓麦文集》（12函）、《杰堪钦·扎巴坚赞文集》（6函）、《隆堆仲益·党曲亚佩文集》（1函）、《扎塘·洛桑却吉尼玛文集》（2函）、《阿莽班智达·恭却坚赞文集》（12函）、《比巴米旁·阿旺达瓦文集》（3函）、《拉尊·图朵尼玛文集》（1函）、《江隆班智达·阿旺洛桑丹巴坚赞文集》（7函）、《欧曲·喇嘛却桑文集》（6函）、《喀尔喀堪布·阿旺洛桑克珠文集》（5函）、《德赤·将央土登尼玛文集》（5函）、《堪钦·脱美嘉措文集》（2函）、《司康·洛桑丹增文集》（1函）、《喀尔喀·当慈多杰文集》（16函）、《森钦·洛桑丹增班觉文集》（1函）、《却西·阿旺协主丹贝尼玛文集》（1函）、《阿琼活佛·阿旺千饶文集》（1函）、《德钦活佛·曲佩嘉措文集》（2函）、《曲桑益西嘉措文集》（2函）、《脱云·益西顿珠丹贝坚赞文集》（2函）、《拉孜·益西却佩文集》（1函）、《色阿堪苏·南喀丹迥文集》（2函）、《阿库·喜饶嘉措文集》（7函）、《窝瑞·洛桑隆仁嘉措文集》（3函）、《喀尔喀·阿旺白丹文集》（3函）、《特窝活佛·益西土丹嘉措文集》（1函）、《扎噶·洛桑白丹单增念扎文集》（9函）、《欧曲·央金珠白多杰文集》（3函）、《克珠塔续瓦·格顿却迥文集》（1函）、《阿拉·吉美桑丹文集》（2函）、《窝若夏仲·洛桑丹贝坚赞文集》（2函）、《吉苏·洛桑金巴文集》（2函）、《普觉·强巴嘉措文集》（2函）、《象敦·丹巴嘉措文集》（4函）、《杰旺曲杰·洛桑赤勒南杰文集》（4函）、《嘉绒·崔称尼玛文集》（1函）、《协达甘珠尔活佛·格桑丹增赤勒文集》（1函）、《诶喇嘛·阿旺格勒白桑文集》（1函）、《夏仲曲杰·阿旺次仁文集》（14

函)、《阿旺土登嘉措文集》（4 函)、《杰·吉美赤勒嘉措文集》（6 函)、《拉尊·窝擦贤攀文集》（3 函)、《果芒·丹巴曲佩文集》（2 函)、《尊巴·洛桑年扎文集》（写本 1 函)、《色朵·洛桑崔称嘉措文集》（13 函)、《洛桑饶色文集》（1 函)、《哲霍康萨·洛桑崔成文集》（3 函)、《哲木雅堪追·洛桑格丹文集》（2 函)、《江郊赤苏·千饶云丹文集》（1 函)、《格迪·洛桑赤勒文集》（13 函)、《林追·洛桑隆朵单增赤勒文集》（1 函)《饶强巴·阿旺土登文集》（2 函)《贡唐·洛卓嘉措文集》（10 函)、《杰夏玛·格敦单增嘉措文集》（9 函)、《洛桑丹巴曲佩文集》（3 函)、《十世达扎·阿旺白丹却吉坚赞文集》（1 函)、《色恭·阿旺崔成敦丹文集》（1 函)、《绒塔·洛桑曲觉伦珠文集》（2 函)、《却西·强曲丹贝卓麦文集》（5 函)、《绒塔·洛桑当曲嘉措文集》（4 函)、《将央图丹嘉措文集》（2 函)、《色切罕东·强巴格桑文集》（1 函)、《埔堆珠古·洛桑益西丹白坚赞文集》（1 函)、《阿旺金巴崔成文集》（2 函)、《吞云·将央赤勒文集》（1 函)、《大扎·阿旺松饶图朵文集》（2 函)、《达普·降白丹贝卧主文集》（2 函)、《洛桑嘉措珍文集》（1 函)、《帕邦喀·杰尊强巴单增赤勒文集》（12 函)、《龙崩格西·喜饶嘉措文集》（2 函)、《扎雅朵丹·将央洛卓文集》（1 函)、《曲杰·阿旺洛桑顿珠文集》（8 函)、《堪布桑珠单增文集》（1 函)、《吉美当曲嘉措文集》（15 函)、《衮却吉美饶杰文集》（2 函)、《东敦喇嘛曲达文集》（1 函)、《阿嘉珠米·丹贝坚赞文集》（3 函)、《洛桑敦丹文集》（1 函)、《哲洛林格西·阿旺曲主文集》（1 函)、《夏·格丹嘉措文集》（5 函）等；写本有：《巴索阿旺衮却尼玛文集》（1 函)、《扎底格西·仁青顿珠文集》（1 函)、《达普·洛桑丹贝坚赞文集》（3 函)、《邦隆·洛桑图杰文集》（1 函)、《达普噶旺·洛桑却吉旺秋文集》（8 函)、《居青·尊珠帕文集》（1 函)、《象雄·曲旺扎巴文集》（1 函)、《班钦·桑波扎西文集》（1 函)、《基雪夏仲·单增洛桑嘉措文集》（1 函)、《达那·根顿洛桑文集》（刻本 1 函)、《克主·桑杰益西文集》（刻本 1 函)、《班钦·德勒尼玛文集》（刻本 1 函)、《班钦·洛卓勒桑文集》（刻本 1 函)、《坝索·拉旺却吉坚赞文集》（刻本 1 函)、《克主·金巴达杰文集》（刻本 2 函)、《德莫·阿旺格勒坚赞文集》（1 函)、《坝索·阿旺却吉旺秋文集》（2 函)、《达普巴·洛桑当曲坚赞文集》（1 函)、《噶钦·南喀多吉文集》（1 函)、《永增·洛桑丹增坚赞文集》（2 函)、《达扎·阿旺洛桑丹白坚赞文集》（1 函)、《曼热瓦·洛桑南杰文集》（1 函)、《洛追·阿旺钦饶丹贝旺秋文集》（1 函）等。在藏传佛教各派中，格鲁派的文献最多，大致有 2 万多种[①]。这一时期，内地除刊刻《甘珠尔》、《丹珠尔》外，还刊刻了《藏蒙合璧海比忠乃词典》、《易学藏文》、《古旧字韵》、《药方》、《御制满蒙汉西番合璧大藏全咒》、《诸佛菩萨圣像集》、《首楞严经》、《造像度量经》、《金刚经》、《章嘉宗派源流》、《宗喀巴文集》、《克主杰文集》、《贾曹杰文集》、《贤愚经》、《度母经》、《缘起赞》、《八千颂》、《菩提道次第论》、《入行论》、《慈氏五论》、《妙法莲华经》等经典和祈请文数百种。

（八）苯教《大藏经》的整理

编纂苯教《大藏经》的目录经历了数百年。辛钦鲁噶（10—11 世纪初）是最早编纂苯教文献目录者之一。他本人挖掘伏藏文献，也搜集苯教掘藏师的伏藏文献，并编制目录，为编纂苯教《大藏经》奠定基础。此后，益西洛卓、曼贡巴（1123—?）、鲁扎巴（12 世纪中叶）等人也做了搜集苯教文献和编制目录的工作。15—16 世纪，苯教学者据前人的目录开始搜集和编纂苯教《大藏经》，虽然尚未完备，但还是有多种抄本传世。18 世纪，贡珠扎巴搜集散落民间的苯教文献和目录，于 1751 年编制《雍仲苯教遗训目录·十万日光》，这是苯教历史上第一部完整的苯教《大藏经》目录。后人据此目录增加新内容，最终完成苯教《大藏经》的编纂。

[①] 参见《布达拉宫典籍目录》、《哲蚌寺藏古籍目录》、《拉卜楞寺总书目》。其中《拉卜楞寺总书目》是根据 5 万函藏文古籍图书编制的；哲蚌寺原藏图书 4417 函，《哲蚌寺藏古籍目录》收 1833 函；布达拉宫藏书 2 万多函。

1. 民主改革前的整理和出版情况

（1）清初，绕丹土司（རབ་བརྟན།，嘉绒十八土司之一）邀请贡珠嘉村宁布主持，雕刻苯教历史上第一部《大藏经》，即曲钦版，此印版边沿镶有防止破裂的铜边，故称铜版（ཟངས་པར་མ།）。此版毁于18世纪三代绕丹土司（莎罗奔སློབ་དཔོན།、郎卡ནམ་མཁའ།和索诺木བསོད་ནམས།）与清廷之战，残存的刻版被绰斯甲土司贡噶彭措（ཀུན་དགའ་ཕུན་ཚོགས།）收藏保护。绰斯甲土司积蓄资金后请贡珠嘉村宁布主持补刻被损坏的《大藏经》印版。此次不仅补刻被破坏的印版，还增加了部分新内容。绰斯甲土司出资完成的这部苯教《大藏经》，被称为绰斯甲版，然而此版也在后来的金川战役中被清兵烧毁。这两种版本当初出版的就不多，由于战争存世更少，仅在安多和康区有少量残缺的藏书。刻版虽然被毁，但幸运的是被苯教信徒收藏着多部苯教《大藏经》抄本。

（2）1922年，美国学者洛克在康巴地区看到一套苯教《大藏经》抄本。

（3）1928年，苏联藏学家罗列赫在那曲的夏茹寺看到一套苯教《大藏经》抄本，其中《甘珠尔》140函，《丹珠尔》160函。据藏学家才让太调查，民主改革前在安多和康巴地区收藏的苯教《大藏经》抄本至少有二十部。

（4）四川省甘孜州新龙县瓦琼（དཔལ་ལྡུང་།）寺保存有一套完整的苯教《甘珠尔》抄本，这是目前所知世界上保存完好的唯一一套苯教《甘珠尔》抄本，堪称稀世之宝。据藏学家才让太调查，近代康区著名的苯教大师桑阿林巴（གསང་སྔགས་གླིང་པ།，1864—?）赴卫藏那曲地区朝拜苯教圣地时，噶加·丹达尔（གཉའ་བསྟན་དར།）将噶加家族（གཉའ།，霍尔三十九族中的一个分支）用十几年抄写的一部苯教《甘珠尔》献给了桑阿林巴。桑阿林巴将抄本带回供奉于新龙瓦琼寺。

2. 民主改革后的整理和出版情况

（1）十年浩劫中，瓦琼寺僧人拥杰（གཡུང་རྒྱལ།）、西绕旺丹（ཤེས་རབ་དབང་ལྡན།）和贡桑多杰（ཀུན་བཟང་རྡོ་རྗེ།）在极其困难的环境下用勇气和生命保护了这套珍贵的苯教《甘珠尔》，为藏族传统文化的保护和弘扬做出了巨大贡献。80年代初，国家对"文革"后幸存的文献和文物进行统计和整理时，三位僧人将这套《甘珠尔》献给国家，适逢第十世班禅大师视察甘孜州，他责令有关部门加强保护和尽快出版。甘孜州政协副主席阿拥（全名为拥仲丹拜坚赞གཡུང་དྲུང་བསྟན་པའི་རྒྱལ་མཚན།，通常称ཨ་གཡུང་།，新龙县益西寺活佛ཡེ་ཤེས་དགོན།）在有关部门的支持下胶印出版了这套苯教《甘珠尔》，共印刷130套，称为阿拥版或瓦琼版。这套书共157部，其中102部（显宗40部、奔宗62部）是瓦琼寺抄本，其余55部是阿拥活佛从昌都、德格、新龙和松潘等地的苯教寺院和个人手中搜集得来的写本、刻本，故此版实际是一个百衲本，称为"阿拥百衲本"更妥。

（2）20世纪90年代初，阿坝州阿坝县多丹寺（ཆོས་ལྡན་དགོན།）活佛温伦·南喀丹增（དབོན་བློན་ནམ་མཁའ་བསྟན་འཛིན།，1932—?）在阿拥版苯教《甘珠尔》的基础上，增补他自己搜集的37部苯教文献，编成一套192部的苯教《甘珠尔》，并在阿坝州的理县印刷厂印刷300套《甘珠尔》，称温伦版苯教《甘珠尔》。由于瓦琼版和温伦版的母本，都是年代久远的抄本、刻本，又经四处藏匿，有一定程度的破损、漫漶，部分字段难以辨认。

（3）由于瓦琼版和温伦版存在破损、漫漶等情况，新龙县满金拉色·弥庞南杰（མཁན་ཆེན་སྨྲ་མིའི་དབང་རྣམ་རྒྱལ།）活佛于1990年组织瓦琼寺和满金寺的15位学者将整套瓦琼版《甘珠尔》，在胶片上逐字逐句修补、重描、补写，并增补部分文献，用六年时间完成全书的修复工作，共178部，其内容分显宗部（མཚོ།）74部（苯教的基本教理）、奔部（འབུམ།）70部（苯教超度理论）、密宗部（སྔགས།）26部（苯教密宗）、心宗部（སེམས།）8部（苯教大圆满理论及其修炼仪轨），另外还附加了1部《苯教大藏经传承史》。于1998年由西藏古籍出版社出版，此版因由满金拉色主持编纂，故称拉色版。这是一部完整的瓦琼寺《甘珠尔》抄本的胶印本，共出版1600套。

(4) 1990 年，西藏那曲聂绒县苯教寺院诺尔布林寺 (ནོར་བུ་གླིང་།) 第三世珠旺 (གྲུབ་དབང་།) 活佛和该寺第十三代主持旦巴尼玛 (བསྟན་པའི་ཉི་མ, 1943—?) 开始在整个藏区搜集散失于民间的苯教《丹珠尔》，搜集工作得到了辛赛·诺布旺杰 (གཤེན་གསར་ནོར་བུ་དབང་རྒྱལ།)、雍仲嘉瓦 (གཡུང་དྲུང་རྒྱལ།)、丹增旺扎 (བསྟན་འཛིན་དབང་གྲགས།)、噶尔旺南杰 (གར་དབང་རྣམ་རྒྱལ།)、阿拥和堪布次成绕杰 (ཨ་ཡོན་པོ་ཚེ་འཁྲིམས་རབ་རྒྱས།) 等苯教界学者的鼎力相助，终于搜集到属于苯教《丹珠尔》的 300 部文献，这些文献以抄本传世，从未出版，内容包括历史、文学、宗教、天文、历算、地理、医药、传记、气功、工巧、音韵等。丹巴尼玛据目录整理后编纂成为一部完整的苯教《丹珠尔》，共 380 函。丹巴尼玛为出版筹款之时，得到丹增书记的重视和支持，由政府拨款 50 万元资助出版。1997 年，藏族历史上第一部苯教《丹珠尔》在拉萨出版，称那曲版。

二 1950—1979 年整理、研究藏文古籍情况

民主改革后，先后成立了民族出版社（1953 年）、四川民族出版社（1953 年）、青海人民出版社（1954 年）、云南民族出版社（1957 年）、甘肃民族出版社（1957 年）、西藏人民出版社（1971 年）、青海民族出版社（1976 年），各出版社都设藏语部。从 1953 年至 1979 年，民族出版社以出版翻译著作为主，在此期间的藏文古籍研究、整理主要表现在两方面：其一，整理出版藏文名古籍。先后整理出版《藏文字汇》(1954)、《藏文文法四种合编》(1956)、《藏文文法根本颂色多氏大疏》(1957)、《释迦牟尼赞》(1957)、《青年达美的故事》(1957)、《云使》(1957)、《格西曲扎藏文辞典》(1957) 和《西藏王臣记》(1957)。其二，编纂出版《汉藏新词汇》（第 1 集 1954）、《汉藏新词汇》（第 2 集 1955）《汉藏新词汇》（第 3 集 1957）、《汉藏新词汇》（第 4 集 1957）、《藏文动词变化表》(1958)、《藏文同音字典》(1958)、《藏文文法讲义》(1959)、《汉藏音译方案：草案》(1959)《西藏歌谣》(1959)、《汉藏词汇》(1964) 等图书。其他出版社只出版政治性图书和宣传册，未整理和出版藏文古籍。格顿曲批撰写《白史》并刻印出版。

三 1980—2000 年整理藏文古籍情况

随着改革开放的不断加深，民族文化得到空前的重视和发展。1980 年至 2000 年，国内整理和出版的藏文古籍有：

（一）法律
《西藏历代法规选编》、《西藏古代法典选编》。

（二）教育
《萨班智者入门》、《米旁智者入门》、《五明概论》、《良师益友》、《藏文书牍轨范》、《书信汇编》等。

（三）语言、文字
《正字学简编》、《正字学恒河》、《正字学语饰》、《正字宝箧》、《松达注释极明嘉言》、《正字学明目光》、《正字学明识》、《正字学详解》、《藏文正字智者生喜本释》、《苯波文通二十七颂》、《简明词藻善说之金钥》、《妙音志明注释·微智》、《色都文法详解》、《声明学论著注疏》、《声明八品及其注释》、

《三十颂与音势论》、《同音字辨认》、《语法声明注释·明灯》、《央金阿旺文法》、《字性组织法》等。

（四）文学

小说故事有：《猴鸟传奇》、《郑宛达哇传奇》、《僵尸传奇》、《龙喜记》、《勋努达美的故事》、《佛经故事选》、《圣者义成太子经》、《狮子师本生鬘》等。

诗歌有：《百智论》、《仓央嘉措情歌》、《出世法言·莲苑歌舞》、《噶丹嘉措道歌》、《迥文诗蜜蜂乐园》、《吉檀迦利》、《久美旦切嘉措书信集》、《卡其帕鲁》、《菩萨本生如意藤》、《萨迦格言》、《萨迦格言及注释》、《诗学修词明钥》、《诗镜：甘蔗树》、《诗镜注无畏狮吼》、《修饰论·妙音语游戏海》、《国王修身论》、《益世格言》、《珍珠树格言》、《智慧树》、《宗喀巴诗选》等。

《格萨尔王传》有：《霍岭大战》、《征服大食》、《分大食牛·安定三界》、《达色施财》、《降伏妖魔》、《英雄降生》、《赛马登位》、《世界公桑》、《降岭之战》、《征服姜国》、《松岭之战》、《门岭大战》、《天岭之部》、《仙界占卜九藏》、《征服象雄穆珠宗》、《向岭之战》、《格萨尔诞生》、《玛燮扎石窟》、《木岭之战》、《木古骡宗之战》、《征服雪山水晶国》、《梅岭之战》、《察瓦箭宗》、《辛巴和典马》、《先旦对战》、《地狱救妻》、《甲岭之战》、《歇日珊瑚宗》、《卡切玉宗》等近90部。

（五）绘画雕塑

《绘画量度经》（亦称《梵天宝书》、《梵天尺度》等）、《藏传佛教唐卡绘画明鉴》、《藏传佛教喇嘛神像集》、《藏族佛画艺术》、《藏族工艺典籍选编》、《百塔尺度经》等。

（六）戏剧

《朗萨雯波》、《直美衮登》、《文成公主》、《卓娃桑姆》、《苏吉尼玛》、《顿月顿珠》、《班玛文巴》、《诺桑王子》、《赤美衮登传记及其注释》。

（七）历史

《五部遗教》、《玛尼全集》、《巴协》、《弟吾宗教源流》、《布顿佛教史》、《吐蕃王统世系明鉴》、《红史》、《青史》、《雅隆觉沃教法史》、《汉藏史集》、《新红史》、《贤者喜宴》、《噶当教史》、《珠巴教法史》、《吐蕃王臣记》、《达隆教法史》、《黄琉璃》、《青海史》、《宗教源流镜史》、《安多政教史》、《郭扎佛教史》、《萨迦世系史》、《朗氏家族史》、《后藏志》、《德格土司世系》、《木里政教史》、《苯教源流》、《教派广论》、《教派广论注释》、《教派源流·花蕊》、《白史》、《教派源流综述》、《觉囊派教法史》、《龙钦教史》、《洛绒史籍》、《松巴佛教史》、《协庆加查教史》、《印度佛教史》、《涌莲藏真·藏传佛教前译派传承源流》、《章嘉教派论》、《直贡法嗣》、《竹巴教史》、《敦煌本吐蕃历史文书》、《铁虎清册》、《达扎路恭纪功碑》等。

（八）寺院志

《萨迦寺志》、《噶妥寺志》、《冈底斯山志》、《郭玛尔寺志》、《拉卜楞寺志》、《敏竹林寺志》、《热振寺志》、《圣地清凉山志》、《四大寺及上下密院史》、《塔尔寺志》、《文都寺志》、《文殊道场五台山志》、《夏琼寺志》、《佑宁寺志》、《支扎寺志》、《竹庆寺志》、《楚布寺志》、《隆务寺志》、《瞿昙寺志》、《天祝铁东寺志》、《卫藏道场胜迹志》、《安多古刹禅定寺》、《色拉寺大乘洲》、《拉萨大昭寺明镜》等。

（九）传记

《赞普传略》、《扎西吉泽传》、《仲顿巴本生传》、《弟子问道语录》、《珠巴贡勒自传》、《宗喀巴大师传》、《宗喀巴小传》、《阿底峡传》、《阿旺土登格桑丹贝准美传》、《白若杂纳传》、《布顿传》、《仓央嘉措秘传》、《达巴桑杰和玛久拉仲传》、《大译师仁钦桑波传》、《道次师承传》、《德洛巴和纳若巴传略》、《第三世嘉木样传》、《都琼·多杰若巴自传》、《多钦则传》、《多仁班智达传》、《佛王止贡巴三叔侄传》、《噶丹嘉措传》、《噶当祖师问道语录》、《噶伦传》、《岗波哇传》、《工珠·云丹嘉措传》、《贡却晋美旺波传》、《贵仓巴·衮布多吉传》、《果洛宗谱》、《吉美岭巴自传》、《喇嘛噶布·强巴图道贡嘎坚赞传》、《朗氏家族》、《莲花生大师传》、《隆多喇嘛自传》、《隆钦绕绛传》、《洛热哇传》、《玛尔巴译师传》、《米拉日巴传》、《米拉日巴大师集》、《颇罗鼐传》、《热琼哇传》、《热振赤钦传》、《日琼巴师徒传略》、《萨班·贡噶坚赞传》、《萨迦世系谱》、《萨迦世系史续编》、《桑热嘉措传》、《释迦传》、《释迦牟尼本生传详释》、《塔秀格顿曲迥嘉措传》、《唐东杰波传》、《图纲·洛桑却吉尼玛传》、《五世班禅自传》、《五世达赖喇嘛阿旺·洛桑嘉措自传》、《西藏王臣记》、《夏尔杂·扎西坚赞传》、《夏玛尔根敦旦增嘉措传》、《宇妥·元丹贡布传》、《堪布白玛次旺传略》、《木雅五学者传》等。

（十）宗教学

《宝性论详解》、《比丘尼德母类大悲十一面观音成就仪轨》、《辨了不了义论释难》、《辨中边论与辨法法性论详解》、《驳词汇集》、《慈氏五论》、《乘道总论及主疏》、《大手印法·月光》、《大手印法·了义海》、《大手印·了义炬》、《大圆满空行心髓导言·解脱之舟》、《大圆满法悟境精义加行导引·普贤上师言教》、《毗奈耶经广因缘集》、《法行明》、《佛子行诠释》、《噶当六书》、《信念论注疏》、《因明论·证明论之海》、《〈功德藏〉根本注疏》、《慧宝》、《吉祥金刚怖》、《解脱道庄严论》、《金鬘疏略义》、《俱舍论注释》、《量抉择论释难》、《量理宝藏》、《〈量理宝藏〉本注》、《量理宝藏注疏·教理曦轮》、《〈隆钦心髓前行〉及注释》、《律藏注释》、《律藏详释》、《密宗道次第广论》、《菩提道次第论》、《菩提净地详释》、《菩提净地与因缘品》、《入菩萨行论》、《入菩萨行论注疏》、《入行论本注》、《入行论详释》、《赛米》、《三律仪论说旁注》、《摄类学论》、《摄类学论·悟道宝灯》、《释量论·释难明意》、《释量论解说·雪域庄严》、《释量论略义及其注释·无道明照解脱道简介》、《释量论释难·善说宝藏》、《释量论新注》、《释量论注释》、《疏要庄严论》、《四宗概述浅释》、《文殊别名释义》、《五蕴品注释》、《贤劫经》、《显密藏》、《现观主严论总义》、《现观庄严论明义释》、《现观庄严论详解》、《现观庄严论要释》、《现观庄严论注疏》、《因明论证规律》、《因明难解注释》、《因明七论庄严华释》、《因明中论详解》、《藏密气功日月合和》、《正理宝藏注释》、《正理滴论注》、《祗敬词汇编》、《中观大纲》、《中观论本注》、《中观论问答》、《中观四百颂本注》、《中观庄严论详解》、《朱批菩提道次第广论》、《自性大圆满道支分三律仪论》、《作怖金刚源流》。

（十一）藏传因明学

《集量论》、《集量七注》、《古印度因明学选编》、《因明七论庄严华释》、《因明七论除意暗庄严疏》、《量理诲改》、《因明学汇集》、《量理论宝藏总则及其注释》、《量理宝藏注疏·教理曦轮》、《因明学概要及其注释》、《因明学浅释明鉴》、《因明中论详解》、《因明难解注释》、《量抉择论释难》、《释量论解说·雪域庄严》、《释量论释难之善说宝藏》、《释量论注释》、《摄类学论·悟道宝灯》、《因明七论要点注释》等。

（十二）历算

《白光解释金质本》、《布敦历算汇编》、《教历·明日》、《历算论典·圆月论》、《历算白莲口传心要》、《历算文殊喜悦供云》、《日光论》、《时轮历精要》、《时轮历精要补编》、《藏历运算大全》、《智者生悦论》、《时轮七读注疏》、《星算综合论述》、《算学智者欢喜》、《白琉璃》等。

（十三）藏医、藏药

《大宝伏藏：医学篇》、《藏医十一条总义》、《西藏健身法精汇》、《帝玛·丹增彭措医著选集》、《甘露本草明镜》、《晶珠本草》、《蓝琉璃》、《迷旁医著》、《藏医十万舍利》、《四部医典系列挂图全集》、《松巴医著集》、《无畏武器》、《雪域医学·大海津梁》、《月王药诊》、《藏医如意大全》、《秘诀部》、《藏医史》、《藏医医诀补遗》、《本续布棋无忧宝树》、《脉经与小便经注疏》、《秘诀集要及实践指点》、《药方甘露精华》、《后续部》、《药方静华宝鬘》、《藏医医疗宝藏》、《医诀补遗释难》、《藏医医诀难点精析》、《藏医学诀窍选集利他明灯》、《藏医秘诀宝源》、《四部医典释续部注疏除暗明灯》、《四部医典释续部》、《藏医十八分支》、《四部医典详释》等40多种。

（十四）工具书

《词藻集》、《法相名数》、《甘露藏》、《语灯论详释》、《藻饰词汇》、《藻饰词论·智者耳饰》、《藏文正字法》、《藏文正字智者生喜本释》、《正字歌诀》、《藏梵对照辞典》、《格西曲扎字典》等。

（十五）文集

《多智旦贝尼玛选集》、《贡唐·丹贝仲美文集》、《华瑞·饶布色文集》、《嘉木样·阿旺尊珠文集》、《降央钦则旺波文集》、《康嘎楚称格桑选集》、《罗桑华尔丹文集》、《强林班钦·索囊囊杰文集》、《绒译师文集》、《佐钦白玛班扎文集》、《扎嘎文集》、《绒桑·曲松文集》、《米骄晋美克智嘉措文集》、《格泽玛哈班智达文集》、《巴珠文集》、《噶举派黑帽系活佛文集》等。

（十六）历史档案

目前国内有元朝以来藏文档案约300万件，内容包括藏区的政治、经济、文化、宗教、行政设施、典章制度、政教首领的更迭等内容，现整理出版了《元以来西藏地方与中央政府关系档案史料汇编》、《中国第一历史档案馆所存西藏和藏事档案目录》（满藏蒙文部分）、《中国第二历史档案馆所存西藏和藏事档案史料目录》、《甘肃省所存西藏和藏事档案史料目录》、《青海省所存西藏和藏事档案史料目录》、《四川省所存西藏和藏事档案史料目录》、《云南省迪庆藏族自治州所存西藏和藏事档案史料目录》。藏族历史上规模最大的《中华大藏经·丹珠尔》对勘本工程于1995年开始，2000年对勘结束。民主改革以来，国内先后出版六千多种藏文本版图书，其中经过整理出版的古籍近千种。

四 西方学者整理、研究藏学古籍情况

国外最早结缘西藏的是欧洲人，13世纪的《马可波罗行纪》把藏族介绍给欧洲。此后，欧洲天主教希望把该教传遍世界，于是许多传教士、探险家不辞万苦来到西藏，随着他们的各种《西藏游记》的出版，越来越多的欧洲学者开始了解和研究西藏。19世纪30年代匈牙利藏学家乔玛创立藏学"Tibetology"一词，标志着国外藏学作为一门独立的学科正式形成。国外学者在藏学方面的研究论文和

著作多，而整理古籍较少。下面略述国外学者对藏文古籍的整理、研究情况。

（一）日本

从 18 世纪、19 世纪开始，日本重视对西藏的研究。日本人最初到西藏是为了取经，因为西藏保存了大量印度失传的佛经、教义。因此，日本在整理藏文古籍方面比较突出，经校勘、整理出版的有：《土观〈一切宗义书〉》（进行校订、收集语汇及数据化等）、《萨迦派全书集成》（15 册）、《西藏佛教基本文献》（1—6 卷），以及《东洋文库所藏藏外藏文文献解题》、《东洋文库所藏藏文藏外文献索引稿》、《苯教文献解题目录》、《斯坦因搜集藏语文献解题目录》（12 册）、《东洋文库所藏藏语刊本目录：关于西藏历史、宗教、语言、民俗基本资料的综合性研究》、《北京版藏文大藏经网上检索目录》、《北京版大藏经所收原文、版本、数据》、《藏外藏语文献文本、数据》等。

（二）俄罗斯

俄国旅行家叶夫列莫夫（1774—1782）在《漫游和奇遇》（1786 年出版）里记载了在喀什、喀喇昆仑拉达克（此地居住着吐蕃遗民）的经历，并叙述了拉达克一带藏人的语言、风俗以及饮食起居等。从此，藏学研究逐渐在俄国产生。俄国在藏文古籍整理、研究方面的成果有：《如意宝树史》（1920 年版）、《西藏佛教史》（1920 年版）、《如意宝树史》（1931 年版）、《印度佛教史》（1869 年版）、《苯教经典〈十万龙经〉》（1881 年版）、《布顿佛教史》（1931—1932 年版）、《西藏历史文献》（1962 年版）、《遗训》（1924 年版）、《莲花生遗教》（1924 年版）、《掘藏》（1924 年版）、《五部遗教》（1924 年版）、《玛尼全集》（1924 年版）、《青史》（1931 年版）、《西藏志》（1907 年版）、《十万龙经》（1895 年版）、《安多政教史》（1980 年版）、《仓央嘉措"悦耳之歌"》（1980 年版），以及《甘珠尔索引》（1845 年版）、《印藏医学研究书目索引》（1982 年版）等。

（三）欧美地区

欧美各国多以研究为主，翻译、校订、整理的古籍主要有：《西藏昌珠寺志》（1975 年版）、《协噶佛教源流记》（1979 年版）、《大译师俄·洛丹喜饶传》（校注本，1983 年版）、《集量论注释》（1988 年版）、《巴协英译评注本》（1982 年版）、《五蕴论》（1979 年版）、《西藏度亡经》（1934 年版）、《法集颂》（1905 年版）、《布顿法师传》（1966 年版）、《六世达赖喇嘛》（1976 年版）、《gcang 之疯狂圣者》（1976 年版）、《米拉日巴》（1976 年版），以及《耶鲁大学所藏的西藏文资料》（1960 年版）、《华盛顿大学藏文文献目录》（2000 年版）、《斯图加特博物馆所藏藏文文献》（1963 年版）、《汉藏语言文献目录》（1963 年版）、《布敦活佛传评述》（1967 年版）等。

五　对以往藏学古籍整理、研究的总体评价

（一）民主改革以前的古籍整理

此时主要偏重于两个方面的古籍整理：

1. 整理《大藏经》

佛苯《大藏经》的整理，主要是搜集、汇编、编制目录、增补、校勘、抄写、刊刻、修补等。其中，佛教藏文《大藏经》的整理是历朝历代最为重视的文化事业，每次整理，工程规模宏大，质量上乘，耗资巨大。而苯教《大藏经》的整理则是教派自己完成的。

2. 整理高僧大德的文集

从 13 世纪起藏区的文人开始编辑自己的文集，尤其是从 14 世纪以来，凡是高僧几乎都有自己的文集，有的在生前汇编，有的是死后由门徒汇编。汇编文集就是一个修改、增补、抄写、刊刻的过程。

(二) 民主改革以后的古籍整理

民主改革以后的古籍整理经历了从无到有、从小到大的过程。1950 年至 1980 年，由于受到各种运动的影响，只整理出版了几本藏文古籍，在研究方面也十分匮乏。1980 年后，整理、研究、出版藏文古籍进入了一个极其旺盛的繁荣期，投入的人力物力，以及整理、研究、出版的成果是任何朝代无法比拟的。

1. 机构健全

各省有负责搜集古籍的专门机构（少数民族古籍办公室）；有出版藏文图书的西藏人民出版社藏文部、中国藏学出版社藏文部、民族出版社藏文部、甘肃民族出版社藏文部、四川民族出版社藏文部、云南民族出版社藏文部和专门出版藏文古籍的西藏藏文古籍出版社；有中国藏学研究中心、西藏社会科学院、西藏大学藏语系、西藏藏医学院和五所民族大学的藏语系，以及科研院所专门从事藏学研究的庞大的专家队伍。

2. 全面抢救、整理和出版

仅仅在 1980 年至 2000 年，国内共搜集、整理、出版各类手写本、孤本、珍本近 800 种，发表有关藏文古籍方面的论文千余篇，共整理 20 多万张目录卡。此外，各省市搜集保护了大批藏文古籍：西藏古籍出版社搜集孤本、珍本 500 多函；青海省民委古籍办搜集 20 余种；甘肃敦煌有 7000 余件吐蕃文写卷，拉卜楞寺现存 6 万余函，凉州博物馆抢救、保护、整理藏文《大藏经》409 函、吐蕃写经 4 件、吐蕃木牍 4 块、丝织品祈愿颂词 1 件、特殊版本写经 16 叶、《莲花生大师本生传》1 部；四川抢救、搜集藏文古籍 105540 余函、印版 12 万块、藏画 4900 余幅，其中整理、修补 8581 余函，补刻善本 41 函，出版 346 种[①]；云南迪庆藏学研究所搜集《格萨尔王传》的抄本、刻本 30 余部，其他文学、历史著作抄本 30 余函，文书档案 1400 余件；北京保存的藏文古籍，其中故宫博物院图书馆和故宫保管处约 2000 函，档案卷宗约 2000 件；中国民族图书馆近 3200 函；中央民族大学图书馆 1900 函；雍和宫约 4500 函，印版 3000 多块；中国社会科学院民族研究所图书馆近 1300 函；法源寺近 1000 函；中国社会科学院少数民族文学研究所图书馆 100 多部藏文《格萨尔王传》的抄本、刻本；中国藏学研究中心图书馆 3350 函（新版：20 世纪 80 年代后的旧版新印藏文古籍）；中国藏语系高级佛学院图书馆 1600 函（新版）；民族出版社图书馆 200 函；中国民族语文翻译中心图书馆 120 函。

总之，在近 20 年里，由于国家投入了大量人力物力，国内藏文古籍出版工作和整理研究水平，以及所取得的巨大成绩举世瞩目。

---

① 据四川省民族事务委员会古籍办《2005 年古籍编目报告》。

第 六 章

古籍珍品图片及说明

图 1　纳塘版《甘珠尔》 …………………………………………………………………… (77)
图 2-1　《妙法莲华经》欢门彩绘之一 …………………………………………………… (77)
图 2-2　《妙法莲华经》欢门彩绘之二 …………………………………………………… (78)
图 2-3　《妙法莲华经》（刻本） …………………………………………………………… (78)
图 3　《铁鸡年日历》 ……………………………………………………………………… (79)
图 4　《大宝伏藏》 ………………………………………………………………………… (80)
图 5　《格萨尔王传·卡切松石国》 ……………………………………………………… (80)
图 6　《格萨尔王传·马国》 ……………………………………………………………… (81)
图 7　《格萨尔王传·象雄珍珠国》 ……………………………………………………… (82)
图 8　《格萨尔王传·珠古兵器国》 ……………………………………………………… (82)
图 9　《格萨尔王传·洛岭国》 …………………………………………………………… (83)
图 10　《格萨尔王传·雪山水晶城》 …………………………………………………… (84)
图 11　《格萨尔王传·青稞城》 ………………………………………………………… (84)
图 12-1　《普贤上师言教》 ……………………………………………………………… (85)
图 12-2　《普贤上师言教》 ……………………………………………………………… (85)
图 13　《米拉日巴传》 …………………………………………………………………… (86)
图 14　《日琼巴传》 ……………………………………………………………………… (87)
图 15-1　《十万龙经》版式 ……………………………………………………………… (88)
图 15-2　《十万龙经》插图 ……………………………………………………………… (88)
图 15-3　《十万龙经》插图 ……………………………………………………………… (89)
图 16　《五部遗教》 ……………………………………………………………………… (89)
图 17　《宗喀巴文集》 …………………………………………………………………… (90)
图 18　《共同因缘聚合　诸神悦意烟香》 ……………………………………………… (91)
图 19　《益西措杰传》 …………………………………………………………………… (91)
图 20　《噶当祖师问道语录》 …………………………………………………………… (92)
图 21　《智者入门》 ……………………………………………………………………… (92)
图 22　《玛尔巴译师传》 ………………………………………………………………… (93)
图 23　《诗镜论》 ………………………………………………………………………… (94)
图 24　《多仁班智达传》抄本 …………………………………………………………… (95)

图 25	《青史》	(95)
图 26	《智者喜宴》	(96)
图 27	《吉祥怖畏金刚宝瓶》	(97)
图 28	《布顿文集》	(97)
图 29	《格鲁派教法史——黄琉璃宝鉴》	(98)
图 30-1	《国王修身论》	(98)
图 30-2	《国王修身论》	(99)
图 31	《印度佛教史》	(99)
图 32	《章嘉教派论》	(100)
图 33	《弟子问道语录》	(101)
图 34-1	《萨迦格言注释》	(101)
图 34-2	《萨迦格言注释》	(102)
图 35	《文殊名号赞》	(103)
图 36	《猴鸟传奇》	(103)
图 37	《多罗那他自传》	(104)
图 38	《颇罗鼐传》	(105)
图 39	《米拉日巴道歌》	(105)
图 40	《玛尼全集》	(106)
图 41	《噶塘协扎——莲花生传》	(107)
图 42	《西藏王统记》	(107)
图 43	《十六法典》	(108)
图 44	《宇妥·云丹贡布传》	(109)
图 45-1	《萨迦格言》（封面）	(109)
图 45-2	《萨迦格言》	(110)
图 46	《萨迦世系谱》	(111)
图 47	《四部医典》	(112)
图 48	《度母源流》	(112)
图 49	八宝写本《丹珠尔》	(113)
图 50-1	乾隆泥金写本《甘珠尔》	(114)
图 50-2	乾隆泥金写本《甘珠尔》（台湾故宫博物院收藏）	(114)

1. 纳塘版《甘珠尔》

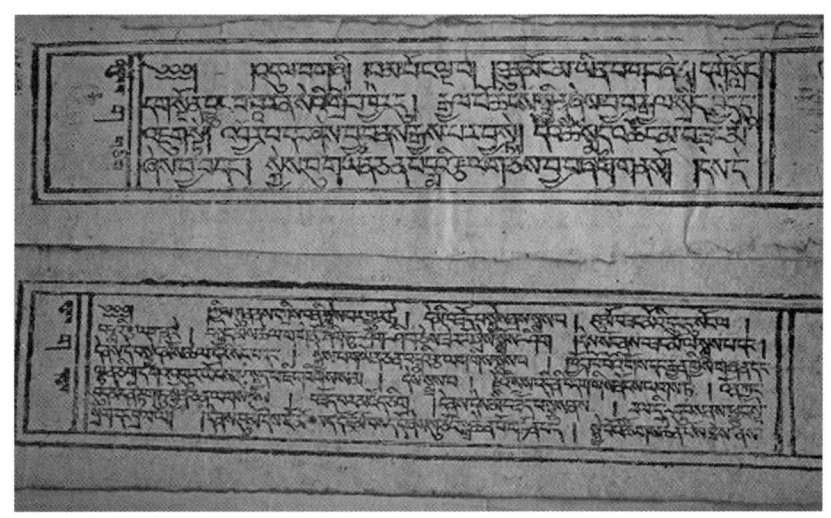

图 1　纳塘版《甘珠尔》

颇罗鼐·索朗多杰主持刊刻，藏历第十二饶迥铁猪年（1731 年）刻竣，书面 65×17 厘米，版框 56.2×10.7 厘米，梵夹装，藏纸。102 函，计 1100 多种，33700 多叶。纳塘刊本，乌坚体，书法苍劲、雄浑有力。足本，保存完好。今藏中央民族大学图书馆。

《甘珠尔》意为教敕译典，或译为佛语部，就是佛陀所说教法之总集。这部根据佛陀的梵文经典翻译而成的藏文大型丛书，其内容包括律部、般若部、华严部、宝积部、经部（分大乘经与小乘经）、秘密部（分十万怛特罗部、古怛特罗）、总目录等，共 102 函。

2.《妙法莲华经》

图 2-1　《妙法莲华经》欢门彩绘之一

释迦牟尼著，印度学者扎加旺芒、吐蕃译师益西德等译，成书年不详。欢门（上）72×21.6 厘米，版框 59.5×13.7 厘米，厚 1.7 厘米；欢门（下）72×21.6 厘米，版框 59.4×12.4 厘米，厚 1.7 厘米；页面 72×21.4 厘米，版框 59.5×12.2 厘米，梵夹装，汉地纸。1 函，1 种，325 页（加二欢门共 327 页），8 行。内地刻本，乌坚体，字迹工整，刻工精细，朱版，但书法稍逊。足本，保存完好。封面手书秀丽的朱匝体藏文"དམ་ཆོས་པད་དཀར་པོ་ཞེས་བྱ་བའི་མདོ་ དཀར་ཆགས་ བཀོད་པ་ མཆན་མའོ།"，钢笔字迹，系后人所书。今藏中央民族大学图书馆。

此经按藏文书名应译为《正法白莲华大乘经》，而《妙法莲华经》是汉译的习惯①。此经与《楞严经》和《华严经》并称"经中之王"。一般认为此经起源甚早，并经不同历史阶段陆续完成，有梵文写本 40 余种。此经结集了释迦牟尼晚年所说"大小无异，显密圆融"的教法，意为"所说教法一乘圆教微妙无上，圣典义理清净了义，究竟圆满"，为大乘初期经典之一，详细阐述了融会"声闻"、"缘觉"和"菩萨"三乘为一乘的佛学思想。此书不但在佛教思想史上占有重要地位，还由于行文顺畅、辞藻优美，具有较高的文学价值。

图 2-2　《妙法莲华经》欢门彩绘之二

图 2-3　《妙法莲华经》（刻本）

3.《铁鸡年日历》

司都·曲吉迥乃编，1740 年 9 月成书，书面 19.8×6.7 厘米，版框 16.6×5.3 厘米，缝头装（缺封面，最后 2 页是空白叶；三册装订而成，第 1 册有 4 叶裁剪痕迹，据内容判定为空白叶，剪去他用。装订的线孔处因有油迹而有虫蛀痕迹），藏纸。1 册，1 种，54 页。班玛遒体写本，间有草体，字体上乘，足本，保存完好。八邦寺藏本。

司都·曲吉迥乃（1699—1774），又名曲吉朗瓦，是藏传佛教噶举派著名佛学家、语言学家，有内明、声明、历算、诗学、医学等方面的著述 83 种，14 卷。其学术严谨，为学习、考察、传经、搜集

---

① 隋阇那崛多和达摩笈多据梵文译汉时译为《添品妙法莲华经》，此后此经统一译为《妙法莲华经》，简称《法华经》。"妙法"，意为所说教法微妙无上；"莲华"，以莲华为喻，比喻经典之洁白、清净、完美。

资料，五次赴卫藏、两进尼泊尔，并至多康和云南丽江一带，用八个寒暑写成语言学巨著《文法大疏》，流传至今，已数次再版。本书为粗派日历。分三部分：1.书首礼赞。以诗歌形式赞颂佛法、时轮等。2.日历概论。简述日历的历史、佛历、香巴拉法胤，预测当年气候、音韵占星、春牛里、物候历、耕种时间、日月食、生活起居（饮食、吃药）等。3.日历表格。在日历表格内有作者的亲笔日记，极为珍贵。

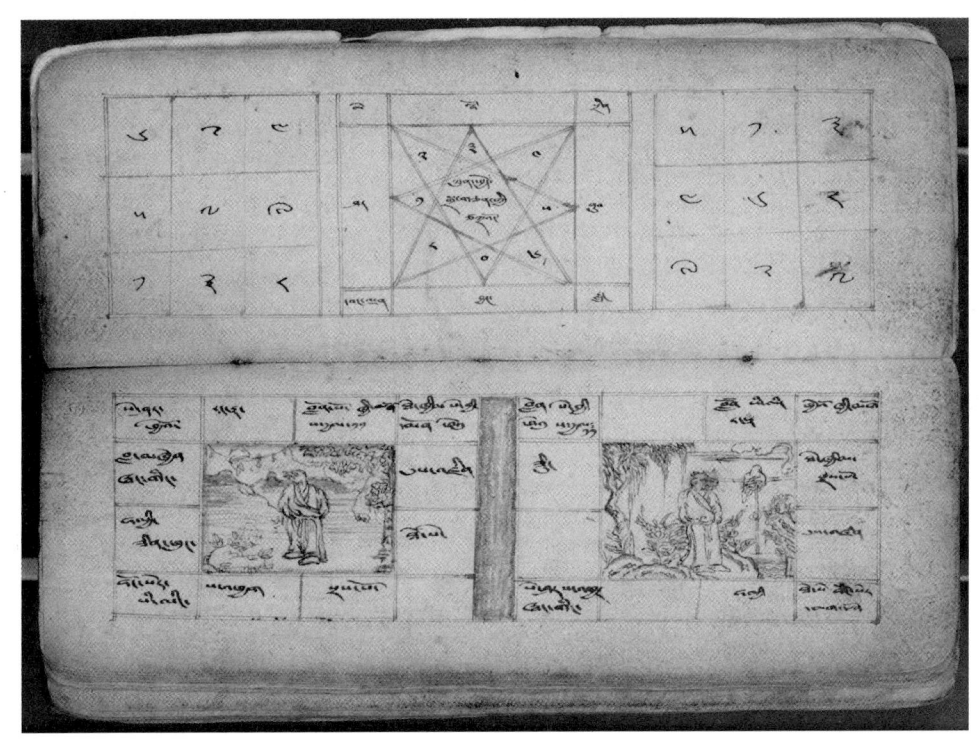

图3　《铁鸡年日历》

4.《大宝伏藏》

公珠云丹嘉措（1813—1899年）编纂，1888年成书，书面45×9.2厘米，版框37.5×5.6厘米，梵夹装，藏纸。62函，计2820种，30578叶。德格印经院刊本，乌坚体，字迹工整。足本，保存完好。今藏中央民族大学图书馆。

此丛书汇聚了从伏藏师桑杰喇嘛（11世纪初）至钦则伏藏师和曲久领巴之间近二百位西藏密教伏藏大师发掘、整理、撰写的各种教诫和密法，其内容广博，包括：1.极其珍贵的古代藏族、印度密教历史和各伏藏大师之生平史料。2.天文历算、星相、占卜。3.医学（炼丹、变金术、秘方、延生延寿术、摄生辟谷术）。4.游记（各种生命在佛国、天界、地狱的漫游和回忆录）。5.转生（灵魂的死亡、转生投胎过程）。6.法要（剑仙、丸药、神行、金丹、飞行、隐身、土遁等各种世间成就的修法）。7.各种愤怒、寂静本尊护法的成就法。8.平息灾难、增益智慧、勾召统制他人、咒杀妖魔等各种修法；9.气、脉、明点的理论（有关组成身体的本质：气、脉、明点、拙火等理论和修法）。10.有关心的实相的教义和大中道、大手印。11.大圆满（心部、界部、诀窍部）修持窍诀等。本书是研究伏藏师历史、伏藏文献、各种秘密修法、藏医藏药、气功、人体科学、人与自然（天人合一）、仪轨等方面的重要参考书之一。

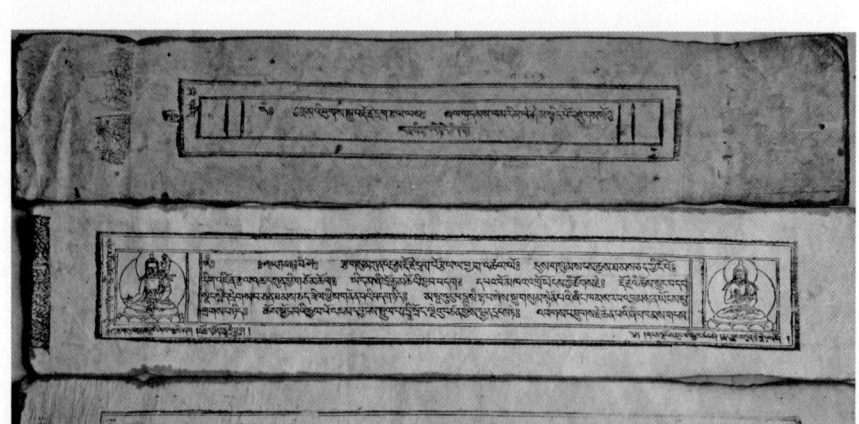

图 4 《大宝伏藏》

5.《格萨尔王传·卡切松石国》

佚名撰,成书年代不详,书面 42.6×8.8 厘米,版框 35.5×5.6 厘米,梵夹装,藏纸。1 函,1 种,142 页。抄本,有省略句、字;间有红字;白徂体抄本,间有草书,字迹工整,书法上乘。足本,保存完好。今藏中央民族大学图书馆。德格八邦寺藏清代抄本。

全书除散文叙述部分外,共有 5894 诗行。叙述的是卡切国王赤丹征服尼泊尔、廓尔喀等小邦国后,狂妄自大,目中无人。他听说岭国的格萨尔王英勇无敌,智勇双全,又深得军民拥戴,心中不服,便兴兵入侵岭国,进行挑衅。岭国军民被迫自卫还击,最后岭国击溃入侵者,降伏卡切松石国,打开松石国宝库,获得无穷无尽的玉石、财宝。

图 5 《格萨尔王传·卡切松石国》

6.《格萨尔王传·马国》

佚名撰,成书年代不详,书面 36×7.9 厘米,版框 29×5 厘米,梵夹装,藏纸。1 函,1 种,265

页。抄本,有省略句、字;间有红字;白徂体抄本,字迹工整,书法上乘。足本,保存完好。今藏中央民族大学图书馆。

全书除散文叙述部分外,共有8238诗行。叙述索布马国王子和大臣向岭国宣战,格萨尔王率领本国军民反击入侵之敌,经数次战役,索布马国大败,王子战死,最后索布马国娘尺国王率众向岭国投降的故事。

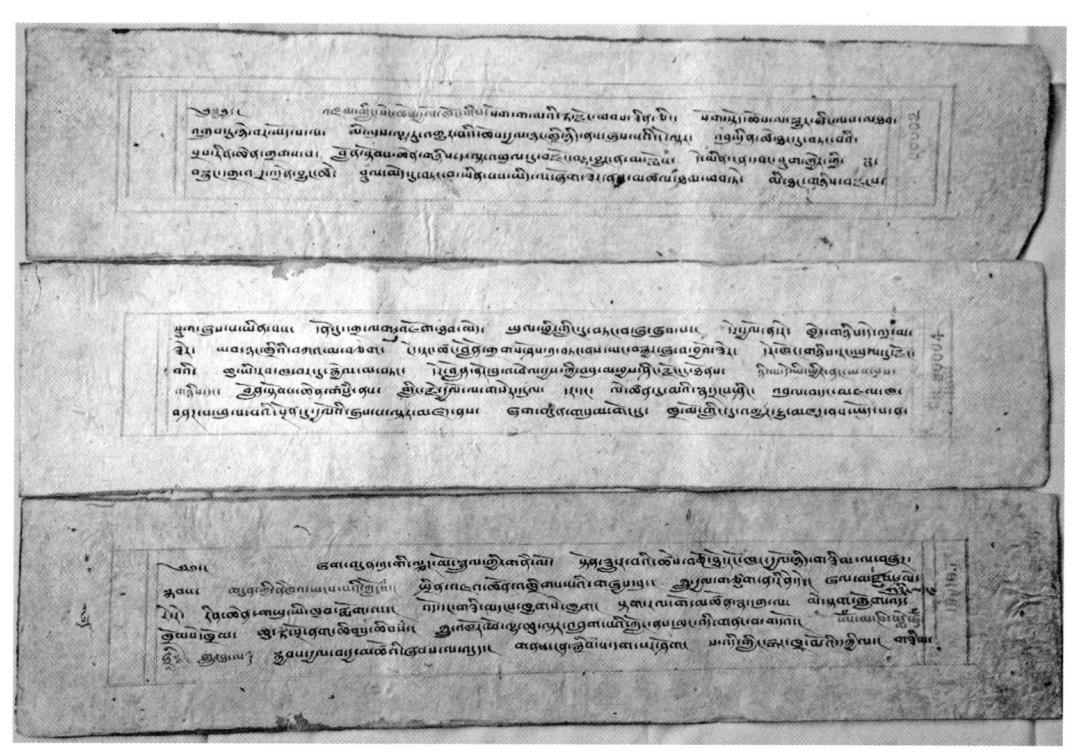

图6 《格萨尔王传·马国》

7.《格萨尔王传·象雄珍珠国》

佚名撰,成书年代不详,书面34.8×8.1厘米,版框29×5.3厘米,梵夹装,藏纸。1函,1种,137页。抄本,有省略句、字;间有红字;白徂体抄本,字迹工整,书法上乘。足本,保存完好。今藏中央民族大学图书馆。

全书除散文叙述部分外,共有4356诗行。晁同抢劫象雄国商队财物,象雄国王为报复也派人到岭国达绒部落抢走牛羊和财物。于是,晁同乘机挑拨岭国与象雄国的关系,鼓动格萨尔王攻打象雄国。在双方交战过程中,晁同被俘,在严刑拷打和威逼之下,晁同泄露了岭国的军情,使岭国军队陷入被动局面。但格萨尔王率军奋力反击,最终战胜敌军,攻破象雄国之珍珠城,并用神箭射死象雄国王伦珠扎巴。

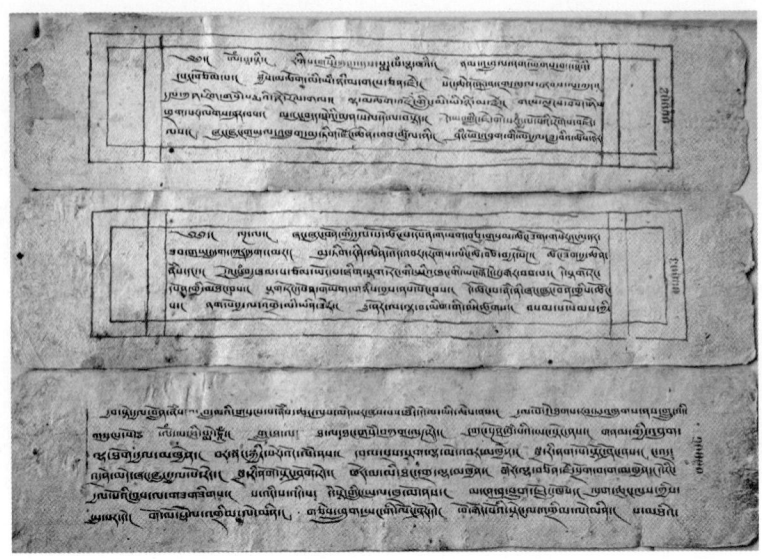

图 7 《格萨尔王传·象雄珍珠国》

8.《格萨尔王传·珠古兵器国》

佚名撰,成书年代不详,书面 29.1×9.5 厘米,版框 22.5×6.5 厘米,梵夹装,藏纸。1 函,1 种,131 页。抄本,有省略句、字;间有红字;白徂体抄本,字迹工整,书法上乘。足本,保存完好。今藏中央民族大学图书馆。

全书除散文叙述部分外,有诗 21528 行。叙述的是北方珠古兵器国大王不仅武艺高强,还擅长巫术,十分强悍、凶猛。自以为天下无敌,倚仗雄厚的国力和精兵良将,无端向卫藏地区发兵,并攻陷阿里、拉达克、后藏等地。卫藏地方向邻国求援,于是岭国格萨尔王征调霍尔、姜国、门国等 13 个属国兵马征讨珠古国。经过多次激烈大战,珠古国军队大败,最终岭国从珠古国兵器库获得大量兵器。

图 8 《格萨尔王传·珠古兵器国》

9.《格萨尔王传·洛岭国》

佚名撰,成书年代不详,书面33.8×7.5厘米,版框6.3×5.1厘米,梵夹装,藏纸。1函,1种,376页(缺第129、284、306、324、375页)。抄本,有省略句、字;间有红字;白徂体抄本,字迹工整,书法上乘。保存完好。今藏中央民族大学图书馆。

全书除散文叙述部分外,有诗行23000多行。叙述洛国重兵大肆入侵岭国,抢占岭国土地和财富。于是格萨尔王率领岭国勇士,经过几年奋战,终于打败入侵之敌,并乘胜追击,攻破敌国,以仁慈之心安抚洛国民众的故事。

图9 《格萨尔王传·洛岭国》

10.《格萨尔王传·雪山水晶城》

佚名撰,成书年代不详,书面41×8.6厘米,版框34×5.4厘米,梵夹装,藏纸。1函,1种,162页。抄本,有省略句、字;间有红字;第2页为抄配;白徂体抄本,字迹工整,书法上乘。保存完好。今藏中央民族大学图书馆。

《雪山水晶城》又译为《征服拉达克水晶国》、《贡日水晶宗》。全书除散文叙述部分外,有6282诗行。其大意为雪山拉达克国王呷沃,仗其兵强将勇,肆意向外扩张,派兵侵占岭属国柏统和达玛,因而与岭国交兵。结果拉达克战败,国王呷沃被格萨尔砍死,拉达克被征服。格萨尔打开了冈底斯雪山宝库,取出了宝物水晶。

84　中国少数民族古籍珍品图典——民族古文字古籍整理研究 100 年通览·藏文

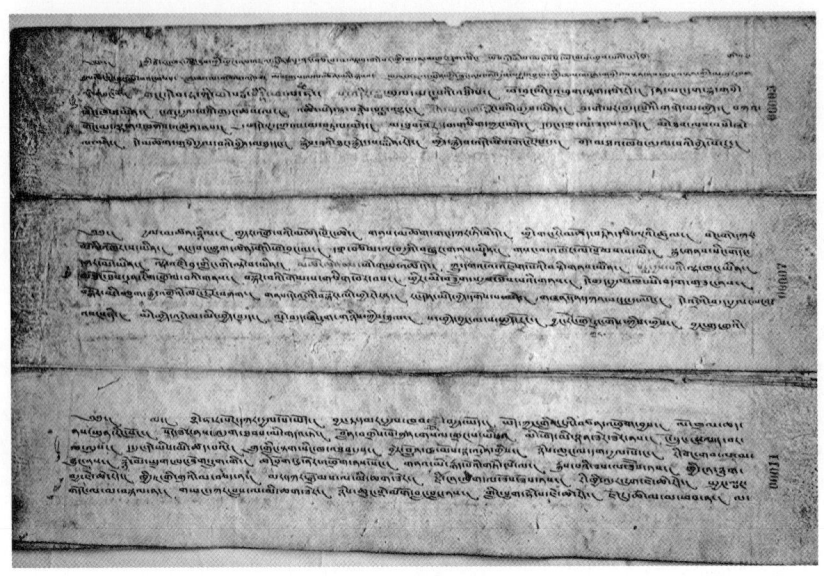

图 10　《格萨尔王传·雪山水晶城》

11.《格萨尔王传·青稞城》

佚名撰，成书年代不详，书面 34×8.3 厘米，版框 25×5.2 厘米，梵夹装，藏纸。1 函，1 种，258 页（缺第 53、76 页）。抄本，有省略句、字；间有红字；白徂体抄本，字迹工整，书法上乘。保存完好。今藏中央民族大学图书馆。

全书共有 6922 诗行。故事梗概为：丹玛是隶属岭国的一个部落，其部落首领名叫萨霍尔，他十分惧怕部落中的英雄少年丹玛，便在去拉萨诵忏罪之时，将丹玛及其母亲驱逐出境。后萨霍尔死于拉萨，丹玛要求返回自己的部落，但被太子萨仁诺布拒绝，丹玛请岭国格萨尔派兵进攻青稞城，太子萨仁诺布率军抵抗，被岭国大将射死，不仅为丹玛报了仇，还打开青稞宝库，分给下属百姓。

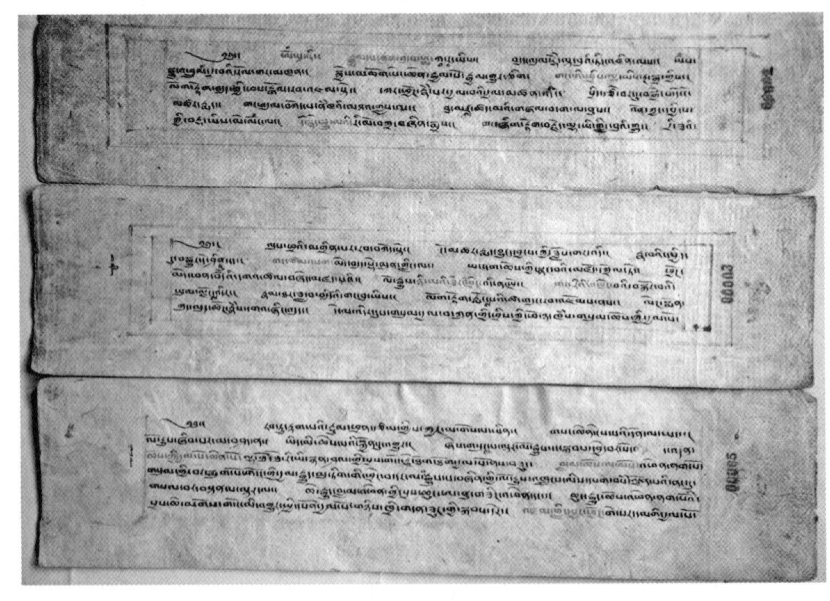

图 11　《格萨尔王传·青稞城》

12.《普贤上师言教》

巴珠·吉美却旺（1808—1887年）著，1868年成书，书面44.5×8.8厘米，版框7.3×6.2厘米，梵夹装，藏纸。1函，1种，284页。德格印经院清代刊本，乌坚体，字迹工整。足本，保存完好。今藏中央民族大学图书馆。

本书全称《大圆满法悟境精义加行导引·普贤上师言教》，以刻本传世，全书一函。主要内容有：1.共同加行。讲述暇满难得、生命无常、轮回过失、因果报应、解脱之益和寻师投师。2.不共加行。讲述护佑救度、发菩提心、金刚勇识的修习和念诵、曼陀罗、善土资粮和上师瑜伽。3.往生次第。讲述上往生、中往生、下往生、护灵往生等。不仅仅讲述了佛法知识，而且讲述了人间的道义，告诫人们要弃恶从善、互相帮助、和平友爱相处，共建幸福快乐家园。行文优雅流畅，读来朗朗上口。此书一经问世，风行整个藏区。有英文、法文和德文译本。有四川民族出版社1989年7月出版的铅印本。

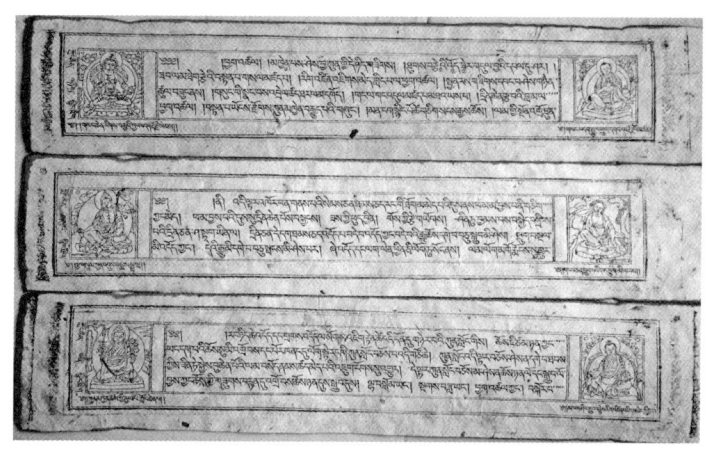

图12-1　《普贤上师言教》

图12-2　《普贤上师言教》

13.《米拉日巴传》

桑杰坚赞著（1452—1507年），1492年成书，书面54.3×11厘米，版框49×6.8厘米，梵夹装，藏纸。1函，1种，102页。德格印经院刊本，乌坚体，字迹工整，书法上乘。足本，保存完好。今藏中央民族大学图书馆。

全书名为《显示解脱和成佛道路之瑜伽自在大士米拉日巴尊者传》。书中叙述了米拉日巴未出家前的世间凡俗事迹和出家后修行获得正果的事迹。书分11章，前3章叙述米拉幼年丧父、亲族结仇、丧失财产，以及奉母命修炼咒术，惩治仇人等内容；后8章叙述米拉寻访具足德相之师、消除罪障、获解脱教授、精进修持、完成解脱和化度事业，最后融归法界等内容。本书重点宣传苦修密法、即身成佛的佛教思想，但也反映了11—12世纪西藏地方社会历史的政治面貌、农村经济、风俗习惯等内容。由于传记在情节、结构、语言、人物等各方面取得了相当高的艺术成就，具有极强烈的感染力，因此，米拉日巴成为藏区无人不知无人不晓的苦行僧，传记也成为一部文学名著。有汉、英、法、德、日等文译本。

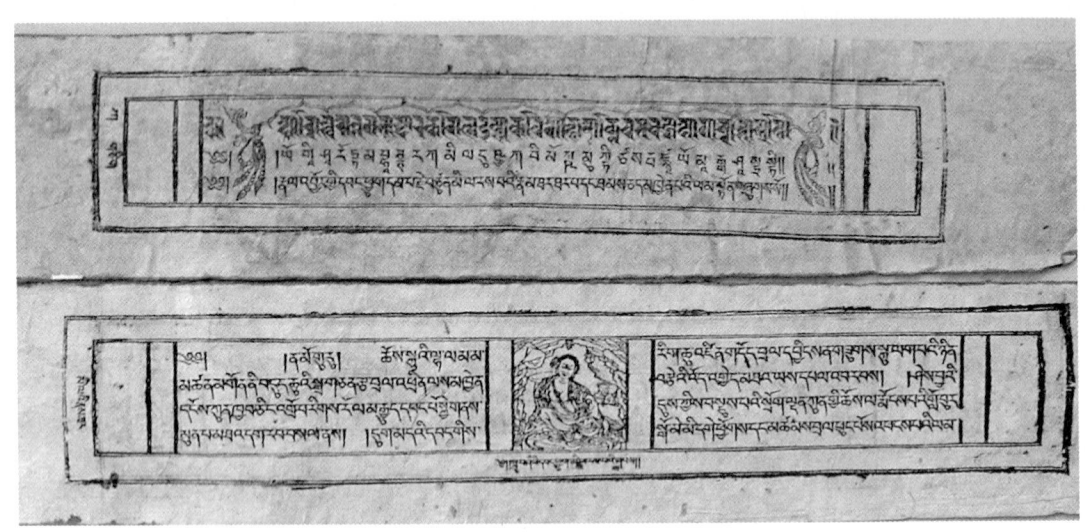

图13 《米拉日巴传》

14.《日琼巴传》

桑杰坚赞著，1500年成书，书面47.8×8.3厘米，版框45×6.1厘米，梵夹装，藏纸。1函，1种，363页。清代抄本，乌坚体，字迹工整，书法上乘。足本，保存完好。今藏中央民族大学图书馆。

本书是噶举派米拉日巴的弟子日琼巴·多吉扎巴的传记，记述了日琼巴的诞生和前藏学经、拜米拉日巴为师、证悟境界、为徒众灌顶加持、弘法等内容，以及琼仑巴、玛吉俄角、祥译师、卓瓦贡布·达热勋仁、强色·索朗坚赞、玛吉仁玛、法王·色吉坚赞、屯夏巴·仁钦嘉措和法王·曲扎巴的生平事迹。

图 14　《日琼巴传》

15.《十万龙经》

东巴·辛饶米沃切著，成书年代不详，书面 59.4×11.4 厘米，版框 51.6×7 厘米，梵夹装，藏纸。1 函，3 种，459 页。德格印经院清代刊本，乌坚体，字迹工整，书法上乘。足本，保存完好。今藏中央民族大学图书馆。

《十万龙经》[①] 全称《黑、白、花十万龙经》，苯教的根本经典之一。全书共 79 卷。主要论述掌管天、地、水（地下）三界的年神、土地神和龙神。苯教将世界分为天、地、水（地下）三个部分，年神居天空，土地神居地上，龙神居水中（地下）。人世间的各种苦难都与三种神有密切关系。此三神不分高低，没有等级之别，它们之间也不存在领属关系，但三神又分工明确，各自有各自的管辖范围。年神是一种无所不在的精灵、鬼怪，种类很多，最主要的是黑、白两类。一般居于天空中的称白年。白年中又有太阳年、月年、星年、曜年、云年、虹年、风年等之分。黑年类主要居于地上，有地年、雪年、山年、海年、崖年、木年、水年、石年等之分。因此，天神主管与天有关的一切自然灾害，如雨水、冰雹、雪灾、干旱等；土地神就是居住在地上的神，大地之主，主管地上生长的万物，保管大地下的金、银、铜、铁等一切宝藏，以及石头、土地和山；龙神又称水神，是江河湖海的主人，主司水灾和疾病。龙神分五类，即甲仁、吉尔仁、芒仁、壮色仁、毒巴仁，它们分别居住于世界的东、西、南、北、中部，将人类封锁其间。五龙神中甲仁神具善德，对人有益；芒仁神属障碍神，对众生有害；其余三神既有益于人类，也能为人类带来灾难。因此，人们要真心实意地供养各类神灵，以保护人类和一切生物。《十万龙经》是研究苯教神灵、仪轨、藏族自然崇拜等方面的重要参考书之一。

---

① 《十万龙经》中的"龙"是译音，与汉文化中的"龙"不同，它是指苯教的水中神"鲁"。因《十万龙经》这个书名已约定俗成而沿用。苯教的神祇主要由天神"赞"、地神"年"和水中神"鲁"构成。

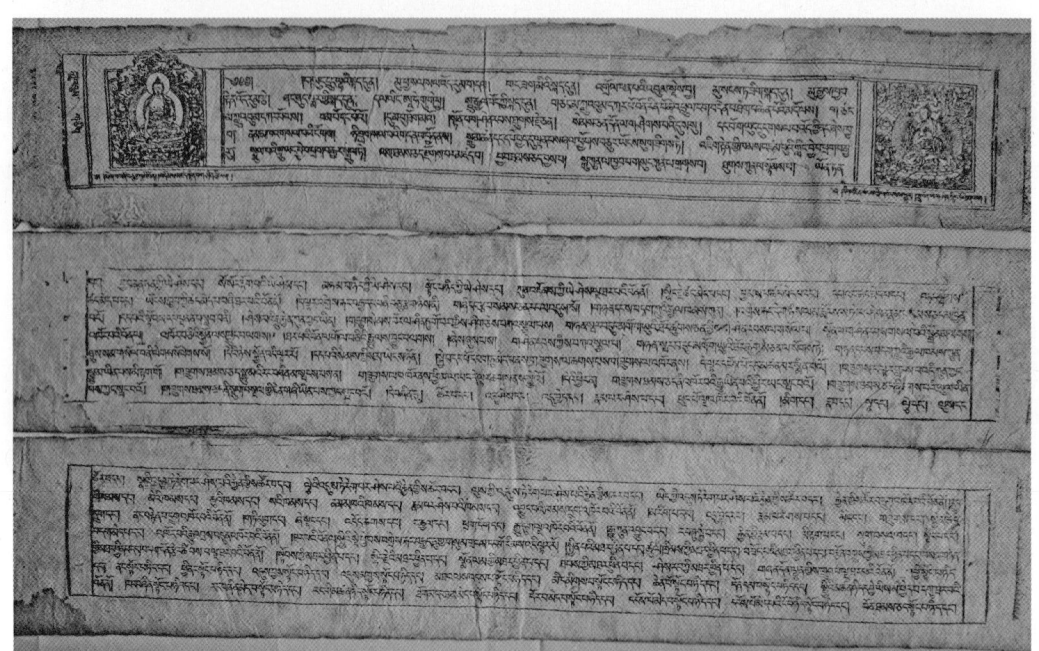

图 15-1 《十万龙经》版式

图 15-2 《十万龙经》插图

图 15-3　《十万龙经》插图

16.《五部遗教》

乌坚林巴发掘，成书于 8 世纪，书面 55×9 厘米，版框 50.6×7.5 厘米，梵夹装，藏纸。1 函，5 种，354 页。德格印经院清代刊本，乌坚体，字迹工整，书法上乘。足本，保存完好。今藏中央民族大学图书馆。

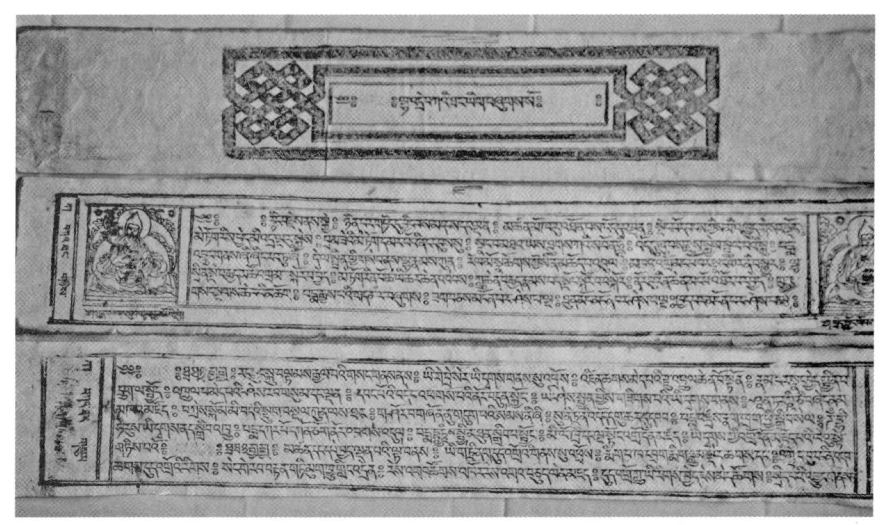

图 16　《五部遗教》

作者尚无定论，由乌坚林巴（1263—?）发掘自西藏雅隆石窟。一部吐蕃王朝时期断代史。相传成书于公元 8 世纪，以抄本流传，后有德格印经院刻版。该书由鬼神篇、国王篇、后妃篇、传徒篇和大臣篇组成，记述吐蕃以前的藏族社会史，以及吐蕃王朝自藏王赤松德赞为首的历代藏王执政时期的历史，其中重点记载了赤松德赞执政时期以迅猛的速度发展吐蕃的政治、经济、文化和军事势力，最终成为青藏高原上最强大的政权的历史。是吐蕃王朝鼎盛时期的史料，内容丰富且珍贵，是研究藏族历史、宗教、文化的重要参考书。有民族出版社 1986 年出版的藏文本。

17.《宗喀巴文集》

宗喀巴著，1419 年成书，书面 55.3×9 厘米，版框 49.2×6 厘米，梵夹装，藏纸。19 函，计 182 种，8615 页。拉萨雪印经院清代刊本，乌坚体，字迹工整，书法上乘。足本，保存完好。今藏中央民族大学图书馆。

宗喀巴大师（1357—1419 年）一生著述很多，全集辑录了重要著述 182 种，其中有阐明显教理论的《菩提道次第广论》，有论述密宗法门的《密宗道次第广论》，有讲说中观正见的《入中论善显密意疏》和《辨了不了义善说藏论》，有叙述大小乘佛教戒律的《比丘学处》和《菩萨戒品释》等。其中《密宗道次第广论》、《菩提道次第略论》、《辨了不了义善说藏论》等佛学论著，有法尊法师译本。《宗喀巴文集》有拉萨雪印经院、拉卜楞寺、塔尔寺等多种刊本。

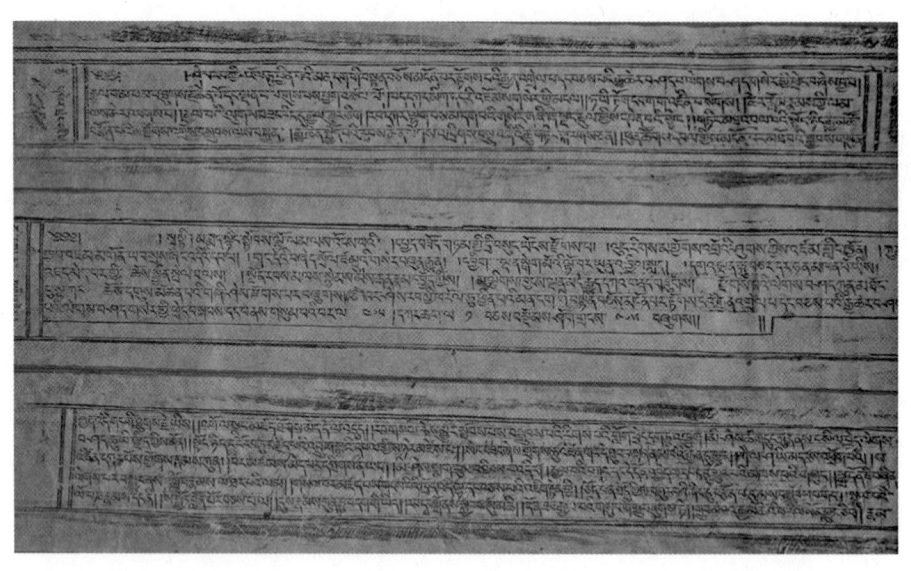

图 17 《宗喀巴文集》

18.《共同因缘聚合 诸神悦意烟香》

隆钦饶强巴（1308—1363 年）等著，成书年不详，书面 36.9×13.3 厘米，版框 35×12.1 厘米，梵夹装，藏纸。1 函，1 种，52 页。清代抄本，有省略句、字；间有红字；乌坚体，书末间有徂玛遒和白徂体字，全书字迹工整，书法上乘。足本，保存完好。今藏中央民族大学图书馆。

烟祭念诵经文。记述了对各种本尊的烟祭仪式、供奉的朵玛、依靠白色"达图"祭祀战神等内容。

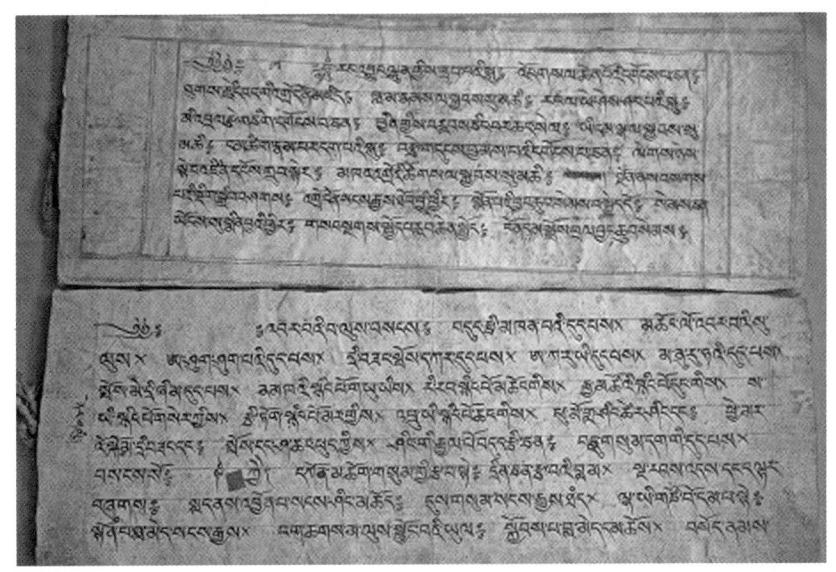

图 18　《共同因缘聚合　诸神悦意烟香》

19.《益西措杰传》

杰瓦强曲记录，达香多杰发掘，传为公元 9 世纪成书，书面 45.5×9 厘米，版框 36×6.5 厘米，梵夹装，藏纸。1 函，1 种，208 页。清代刊本，乌坚体，字迹工整，书法上乘。足本，保存完好。今藏中央民族大学图书馆。

益西措杰为吐蕃王妃，她崇尚密法，拜莲花生为师剃度出家。此传记记述了她学法、苦修、传法的过程，其中详细记述了接受和修习《大圆满窍诀部·龙萨续》、《空行宁提》等密法的情况。在莲花生离开西藏后，她遵莲师之嘱，在卫藏等地先后埋藏了许多伏藏，同时还结集过莲师所有的口授。

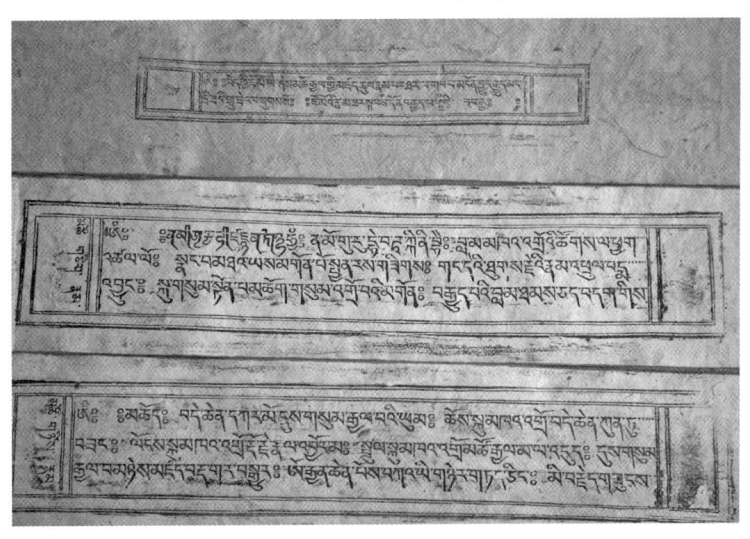

图 19　《益西措杰传》

20.《噶当祖师问道语录》

仲顿巴·杰瓦迥乃（1005—1064 年）著，1064 年成书，书面 54.5×9.1 厘米，版框 48.6×6.4 厘米，梵夹装，藏纸。1 函，1 种，451 页。拉萨雪印经院刊本，乌坚体，字迹工整，书法上乘。足本，保存完好。今藏中央民族大学图书馆。

本书是古印度佛学大师阿底峡的亲传弟子仲顿巴·杰瓦迥乃以向阿底峡问道的方式记录下来的著作，主要记述了阿底峡的生平事迹（故此书也叫《阿底峡传》）和噶当派的基本教义、教规，以及噶当派十六明点传承师别传等。是研究藏传佛教形成过程的要籍。

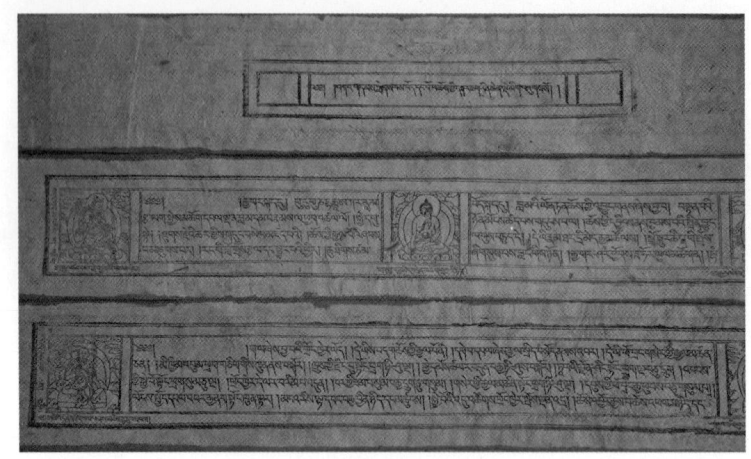

图 20　《噶当祖师问道语录》

21.《智者入门》

米旁降央南杰嘉措著，1890 年成书，书面 55×9 厘米，版框 47.5×6.9 厘米，梵夹装，藏纸。1 函，1 种，116 页。丹杰林寺刊本，乌坚体，字迹工整，书法上乘。足本，保存完好。今藏中央民族大学图书馆。

本书着重论述了一个学者应当掌握的蕴、界、处、缘起、处非处、根、时、谛、乘、有为无为等佛学理论和知识，对"四律"、"四无碍"等作了详细论述。

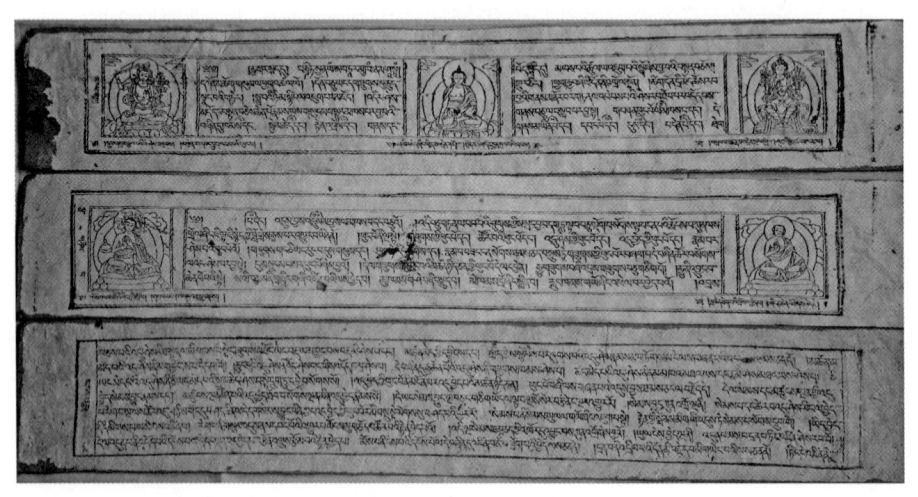

图 21　《智者入门》

22.《玛尔巴译师传》

桑吉坚赞著，1500 年成书，书面 53.5×8 厘米，版框 48.1×6 厘米，梵夹装，藏纸。1 函，1 种，

91 页。丹杰林寺刊本，乌坚体，字迹工整，书法上乘。足本，保存完好。今藏中央民族大学图书馆。

玛尔巴大师是噶举派创始人。全传分五章，详细记述了玛尔巴三次前往印度求法的经历以及向卓弥学习梵文及佛法、精修教诫、获得证悟、发愿弘法度生等内容。此外，此传记是了解当时的西藏社会、宗教、文学、风俗、语言等方面的重要资料。有拉萨、德格等多种刻本。另有四川民族出版社等出版社出版的多种铅印本。

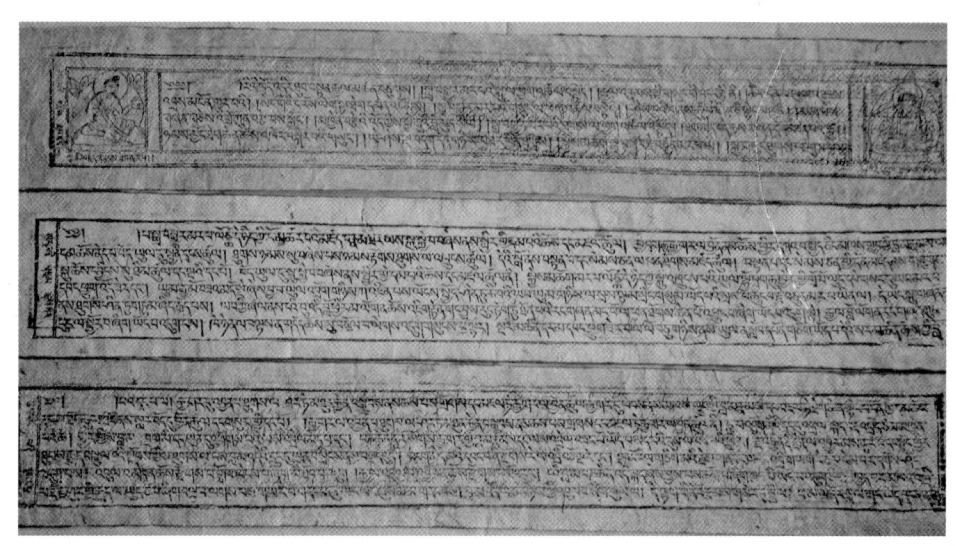

图 22　《玛尔巴译师传》

23.《诗镜论》

檀丁著，雄顿·多吉坚赞译，约于 7 世纪成书，书面 53×8 厘米，版框 47.7×6.4 厘米，梵夹装，藏纸。1 函，1 种，36 页。清代刊本，乌坚体，字迹工整，书法上乘。足本，保存完好。今藏中央民族大学图书馆。

论述以诗歌修辞理论（包括诗、散文和散韵合体）为重点，兼论文艺理论、文体和写作知识的文学理论著作。最早由萨班·贡噶坚赞以译述的方式把《诗镜论》的大概内容写入《学者入门》一书。雄顿·多吉坚赞于 1276 年前后将《诗镜论》译成藏文。《诗镜论》以诗歌体写成，共三章：第一章，叙述文章的体裁，共 105 首诗；第二章，说明修辞方面的"意义修饰"，共 365 首诗；第三章，说明修辞方面的"文记修饰"、"隐语修饰"和"写作缺点"，共 186 首诗。全书共计 656 首诗。雄顿·多吉坚赞翻译《诗镜论》后，引起藏区学者的关注、学习、研究，部分学者逐渐用《诗镜论》格式创作诗歌。14 世纪后，许多学者对《诗镜论》作了注释，并按照藏语特点和写作方式进行了补充、改造和创新，从而使《诗镜论》成为藏族自己的文学修辞著作。15 世纪后，用《诗镜论》的文学理论和修辞手法进行创作的学者与日俱增，各类著作中都有用《诗镜论》手法创作的诗歌，最终形成了一门独立的学问。

图 23 《诗镜论》

24. 《多仁班智达传》抄本

多仁·丹增班觉著，藏历第十四饶迥铁马年（1810年）成书，书面56.7×8.5厘米，版框55.6×6厘米，梵夹装，藏纸。1函，1种，406页。以抄本传世，全国抄本仅四种，中央民族大学图书馆藏其一。白徂体抄写本，有省略句、字；间有红字；字迹工整，书法上乘。足本，保存完好。

《多仁班智达传》亦译《多仁班智达传·噶锡瓦世系》、《多仁班智达传·噶锡世家纪实》。该书是多仁·丹增班觉的自传体传记，主要记述了多仁·丹增班觉本人的从政经历和其父多仁班智达·南杰热旦的从政历史，其次记述了1700年至1806年噶锡瓦家族（多仁）五代人的经历。其中记录了18世纪西藏的重大政治历史事件，如：1720年康济鼐反击准噶尔斗争、多仁班智达家族先后继任噶伦、1750年珠尔默特那木扎勒事变、1751年多仁班智达·南杰热旦任首席噶伦、藏历第十三饶迥铁鼠年（1780年）多仁班智达·南杰热旦率军镇压康区三岩地方头人反抗、1788年至1792年藏廓边境纠纷等，此外，还记载了有关七世达赖喇嘛圆寂、八世达赖喇嘛坐床和圆寂、六世和七世班禅的一些重大事件。作者在记录自己从政的过程中，也记录了一些西藏贵族布施、供养、修寺、刻经、学佛的活动，以及拉萨祈愿大法会、江孜赛马射箭、贵族婚礼、丧葬习俗等藏族的一些风俗习惯。本书不但是研究西藏噶厦地方政府与清朝中央关系的重要参考书，也为宗教和民俗学提供了宝贵资料。有四川民族出版社1988年出版的藏文版和中国藏学出版社1995年出版的汉译本。

图 24 《多仁班智达传》抄本

25.《青史》

郭·讯努贝著，成书于 1476 年至 1478 年，书面 54.5×8.3 厘米，版框 43.2×6 厘米，梵夹装，藏纸。1 函，1 种，485 页。拉萨公德林旧刊本，前后目录和跋等为补刻，乌坚体，字迹工整，书法上乘。足本，保存完好。今藏中央民族大学图书馆。

全书 15 章，第 1 章叙述佛陀起源及其世系、佛教在印度的起源和传承，以及吐蕃王朝、唐朝和元朝帝王世系，其余 14 章记述了佛教在西藏的传播历史、传承法系、传播法要。其中有：阿底峡、玛尔巴、俄译师，以及廓扎巴、尼古两大法师和释迦吉祥贤、宗喀巴等的生平事迹及其法系；萨迦派道果法与噶举派大手印法的传承；中观、正理（因明）及弥勒、无著五论以及续部（密宗经典）在西藏的译传情况等。本书在藏传佛教史书中与《布顿佛教史》齐名。内容丰富，保存了许多珍贵史料。15 世纪以来的史家都把此书作为正史引用。有汉、英、蒙古等译本。

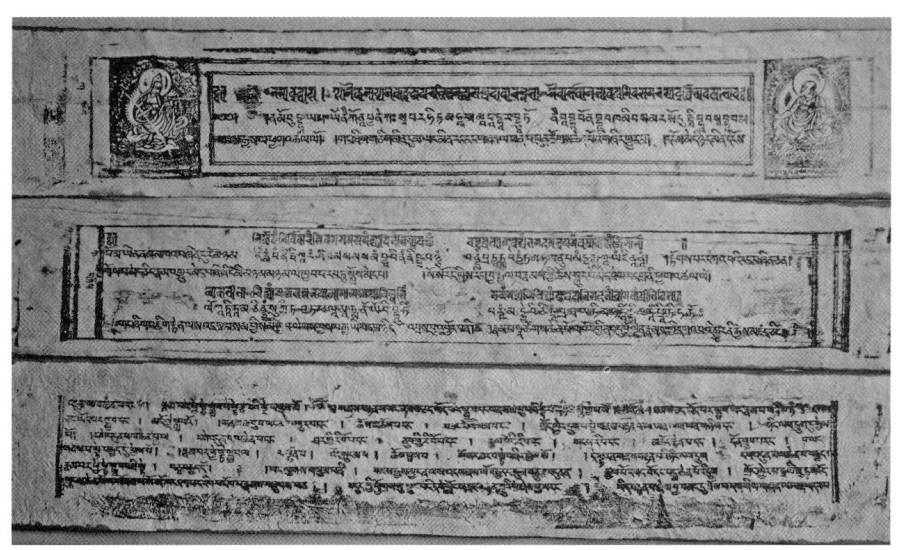

图 25 《青史》

26.《智者喜宴》

巴卧·祖拉陈瓦（1504—1566年）著，1564年成书，书面56×8.8厘米，版框44.5×6.2厘米，梵夹装，藏纸。1函，计17种，726页。洛扎希卡清代刊本，乌坚体，字迹工整，书法上乘。足本，保存完好。今藏中央民族大学图书馆。

《智者喜宴》又译《贤者喜宴》、《智者喜筵》。因在洛扎刊刻，故也称《洛扎佛教史》。全书共5篇，17章。内容包括世间形成、古印度简史、佛教产生及发展简况、印度王统、吐蕃王统史、吐蕃王朝崩溃后各派政治势力之间的混战、各教派的产生和发展、译师论师传略，以及汉地、突厥、苏毗、于阗、南诏、西夏、蒙古、克什米尔、勃津、大食等地的历史文化演进等内容，是一部集历史、宗教、文化和自然科学之大成的重要典籍。书中除记述了大量史实、引录了许多史料外，还记录了不少情节优美、语言朴素、引人入胜的神话、传说和历史故事。如：关于藏族起源的神话、聂赤赞普从天上降为人主的神话、止贡赞普被杀、松赞干布迎娶文成公主、修建大小昭寺、赤德祖赞迎娶金城公主、噶尔东赞历史传说故事等。全书用散文与诗歌相间的手法写成，诗歌为概述，散文为详说，二者交替，错落有致。作者用18年时间完成的这部历史著作，由于广征博引，史料丰富，叙述史实比较翔实客观，考证周到严密而成史学界最为推崇的历史著作。山南洛扎代哇宗的拉隆寺最先雕版印刷，因此该寺也因《贤者喜宴》而名扬中外。本书是研究藏族历史不可缺少的重要史籍。

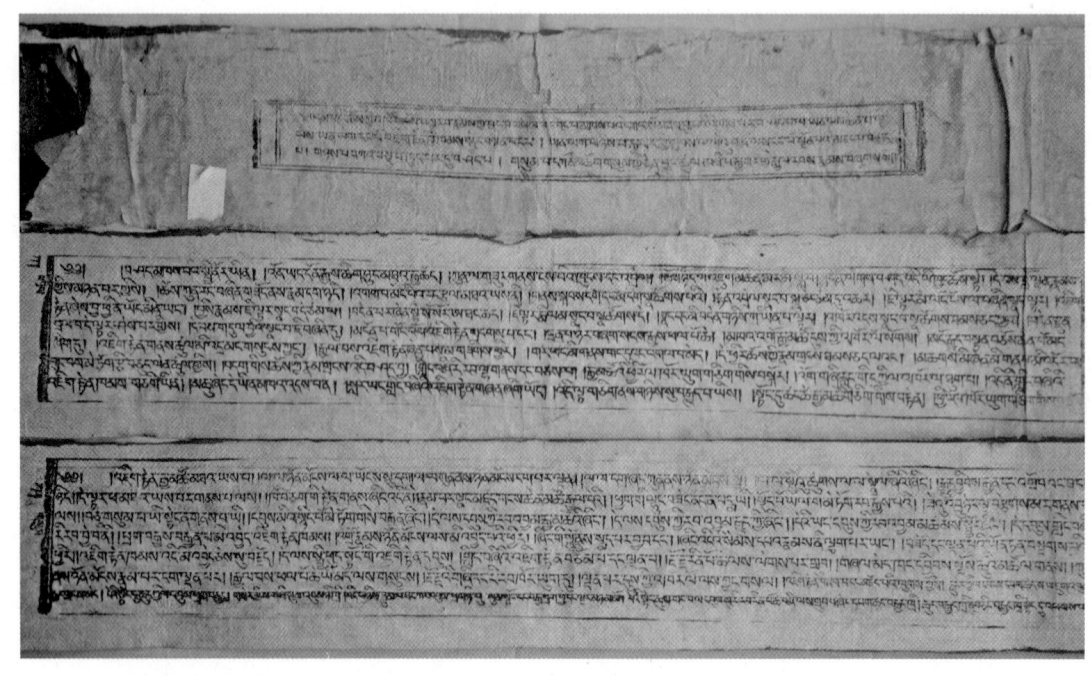

图26 《智者喜宴》

27.《吉祥怖畏金刚宝瓶》

编者佚名，成书年不详，书面28.4×8.5厘米，版框21×7.3厘米，经折装，皮纸，1函，2卷，273页。刊本，乌坚体，字迹工整，书法较差。封面封底为纸板，外包黄绸，封底封面边稍有破损。足本，保存完好。书名印在蓝绸上。今藏中央民族大学图书馆。

本书两卷，上卷《瓶生法》，讲述初生宝瓶为本尊，劝以陀罗绳杵，供奉白色法螺、功德水，观想诸神尊与宝瓶和水无二无别及相关咒语和仪轨等内容；下卷《对生修法》，讲述对生的观想、供养、赞颂、回向、咒语和仪轨等内容。

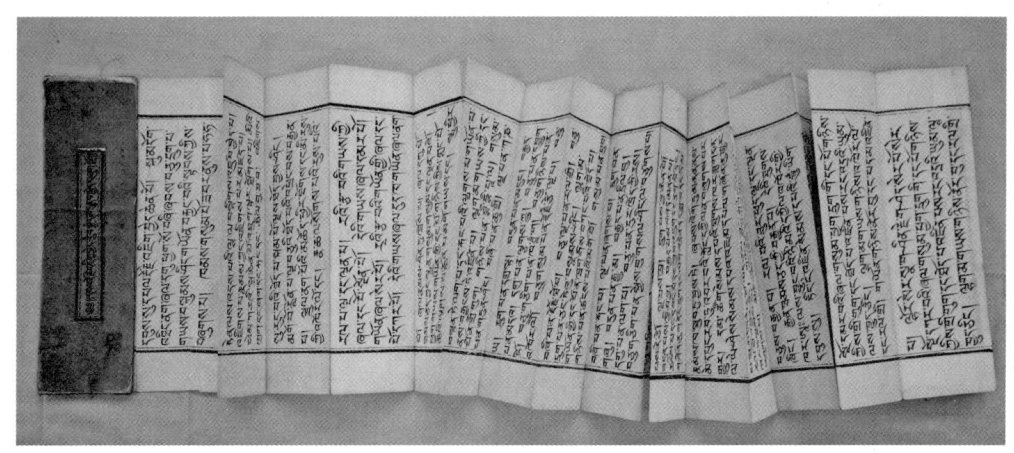

图 27 《吉祥怖畏金刚宝瓶》

28.《布顿文集》

布顿仁钦珠（1290—1364 年）著，1364 年成书，书面 58×9 厘米，版框 49×7 厘米，梵夹装，藏纸。26 函，计 228 种，10410 页。拉萨雪印经院刊本，乌坚体，字迹工整，书法上乘。足本，保存完好。今藏中央民族大学图书馆。

本文集收录《最胜初佛所出密续王吉祥时轮摄略续笺注易解》、《世间届品无垢光释笺注》、《内品释笺注》、《灌顶品释笺注》、《智慧品释笺注》、《时论历算论集》、《上乐根本续解说·秘密空性明解》、《桑布扎释要·显明空性》、《吉祥密集注疏明炬论》、《吉祥金刚顶种摄曼陀罗仪轨·智者悦意》、《续部总建立·续部大宝妙庄严》、《续部总建立·一切续部之密意明解》、《密乘四续部之陀罗尼集》、《般若波罗蜜多之教授现观庄严论广释·教言穗》、《善逝教法源流史·圣言宝藏》等重要的宗教学、历史、天文历法、文献学等方面的论著。

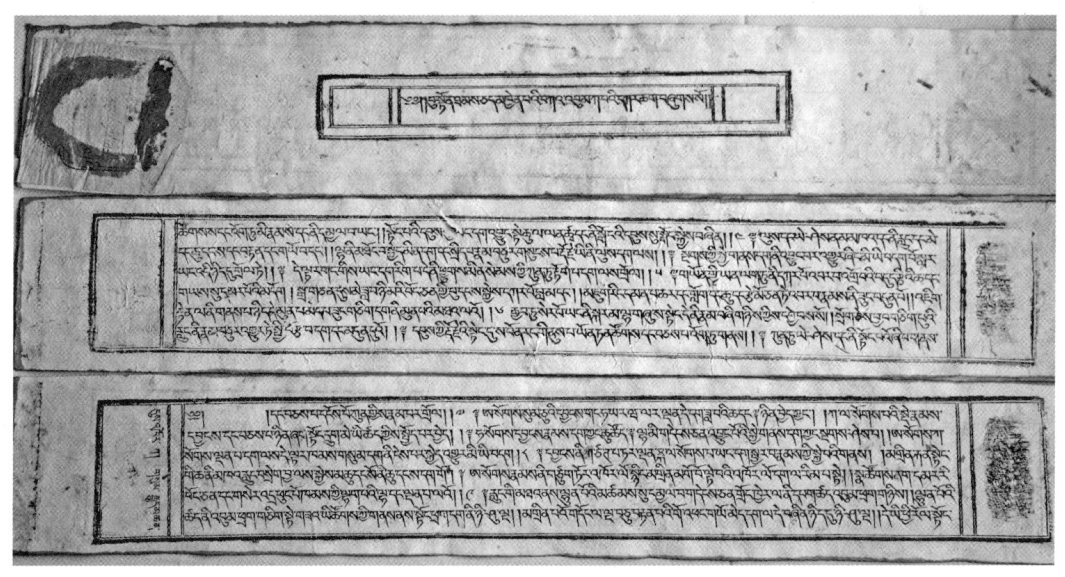

图 28 《布顿文集》

29.《格鲁派教法史——黄琉璃宝鉴》

第斯·桑杰嘉措（1653—1705 年）著，1698 年成书，书面 55×9.1 厘米，版框 46.5×5.7 厘米，

梵夹装，藏纸。1函，1种，419页。拉萨雪印经院刊本，乌坚体，字迹工整，书法上乘。足本，保存完好。今藏中央民族大学图书馆。

本书作者是清代著名学者和政治活动家。书中详细记述了格鲁派的产生、发展及18世纪以前藏区各地格鲁派寺院的分布和这些寺院的历史沿革、组织机构、寺院建筑、经济状态等内容。是记录格鲁派早期发展历史的权威巨著，是研究早期格鲁派发展史的主要参考书。

图29　《格鲁派教法史——黄琉璃宝鉴》

30.《国王修身论》

米旁降央南杰嘉措著，1895年成书，书面54.5×6厘米，版框38.4×5.8厘米，梵夹装，藏纸。1函，1种，78页。清代德格印经院刊本，乌坚体，字迹工整，书法上乘。足本，保存完好。今藏中央民族大学图书馆。

格言诗集。全书21章。作者为康区精通五明的著名学者，且长于医道，乐于救助贫苦，极受群众敬重。本书内容包括谨言慎行、用人之道、公正执法、学习经典、修身养性、对待百姓、处理政务、制定策略等方面，系统细致地论述了统治阶级的施政方针、处事原则、道德标准、是非概念。

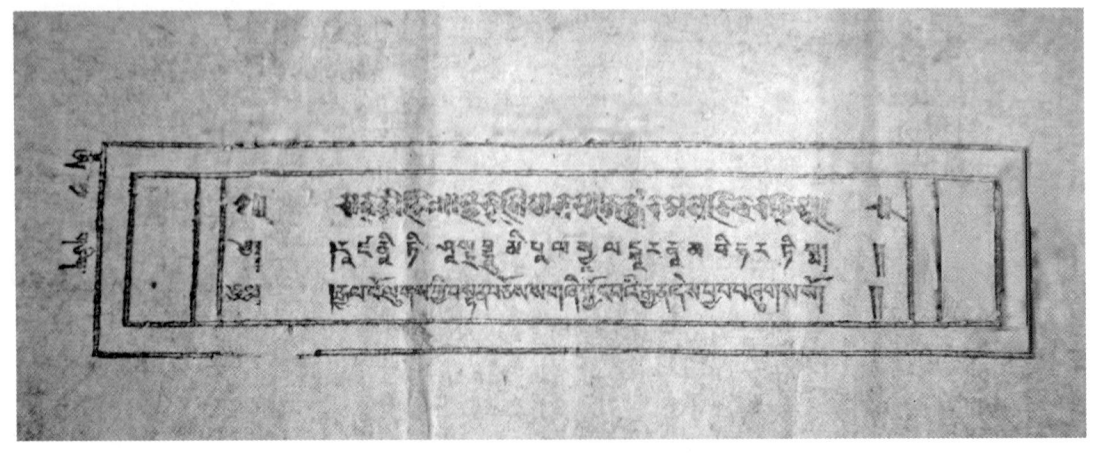

图30-1　《国王修身论》

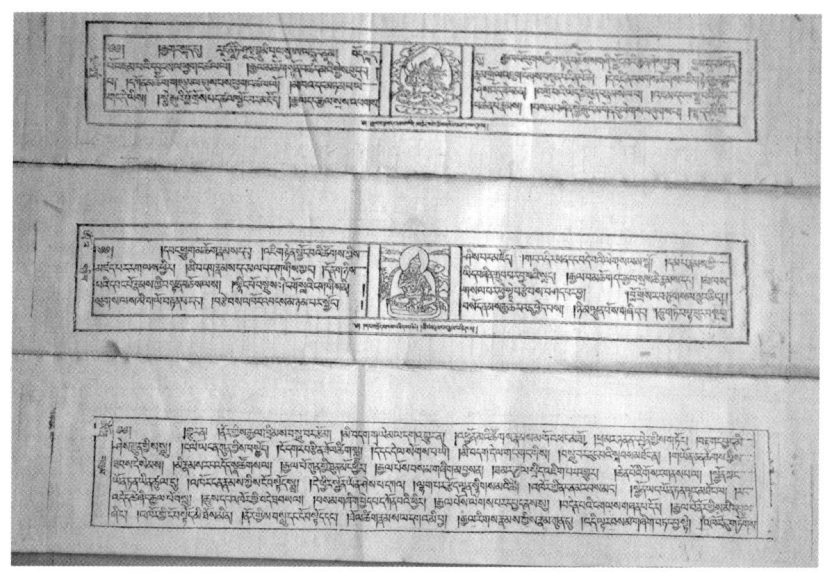

图 30 - 2 《国王修身论》

31.《印度佛教史》

多罗那他（1575—1634 年）著，1608 年成书，书面 60×10.3 厘米，版框 46.4×6.2 厘米，梵夹装，藏纸。1 函，1 种，131 页。德格印经院刊本，乌坚体，字迹工整，书法上乘。足本，保存完好。今藏中央民族大学图书馆。

本书共 44 章，着重叙述了印度佛教中晚期各教派的形成、发展及演变情况。对印度佛教史上的一些重大事件和传说，如佛法传承、历次集结、阿育王的传说、十事非法、大天五事等都有独特见解，持论与现存汉文、巴利文等记述有别。其中一些印度佛教晚期资料，如玄奘、义净访印后的人物、学说、教团、寺院、施主、教敌等方面的史料十分珍贵，为其他著作所罕见。是研究印度佛教历史的权威性著作。有拉萨、德格刊本。有汉、英、日、德、俄等文译本。

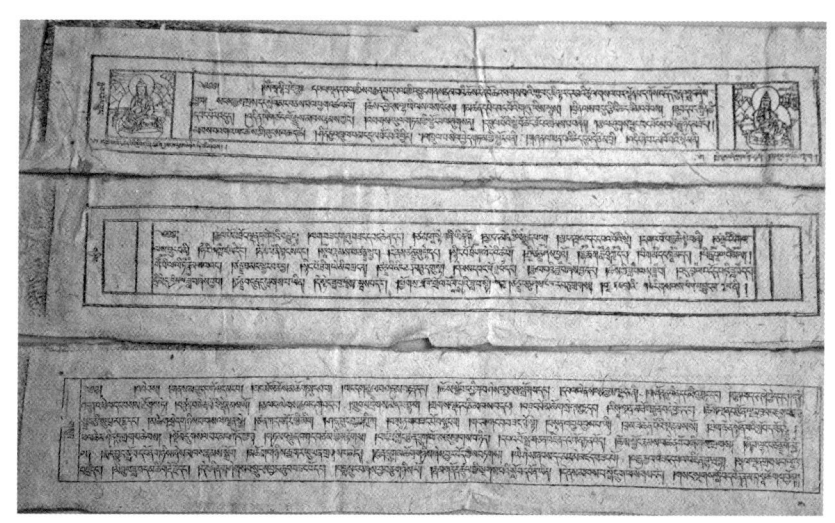

图 31 《印度佛教史》

32.《章嘉教派论》

章嘉·若白多吉（1717—1786年）著，1776年成书，书面54×9厘米，版框49.3×6.5厘米，梵夹装，藏纸。1函，1种，300页。拉萨雪印经院刊本，乌坚体，字迹工整，书法上乘。足本，保存完好。今藏中央民族大学图书馆。

《章嘉教派论》全称《教派建立·能仁圣教妙高庄严》。亦译《宗教流派论——章嘉教派论》，简称《宗教流派论》，学界惯称《章嘉教派论》。本书是第三世章嘉活佛若白多吉的传世之作，叙述了佛教在西藏的传播、藏传佛教各教派的产生和发展，驳斥了与佛教相对立的异教理论，详尽论述了格鲁派教义及大乘教义。本书附有五部论典及大小五明学科的名词术语解释。为研究藏传佛教及格鲁派教义的参考书。有拉萨、德格刊本。有汉、英、日、德、俄等文译本。

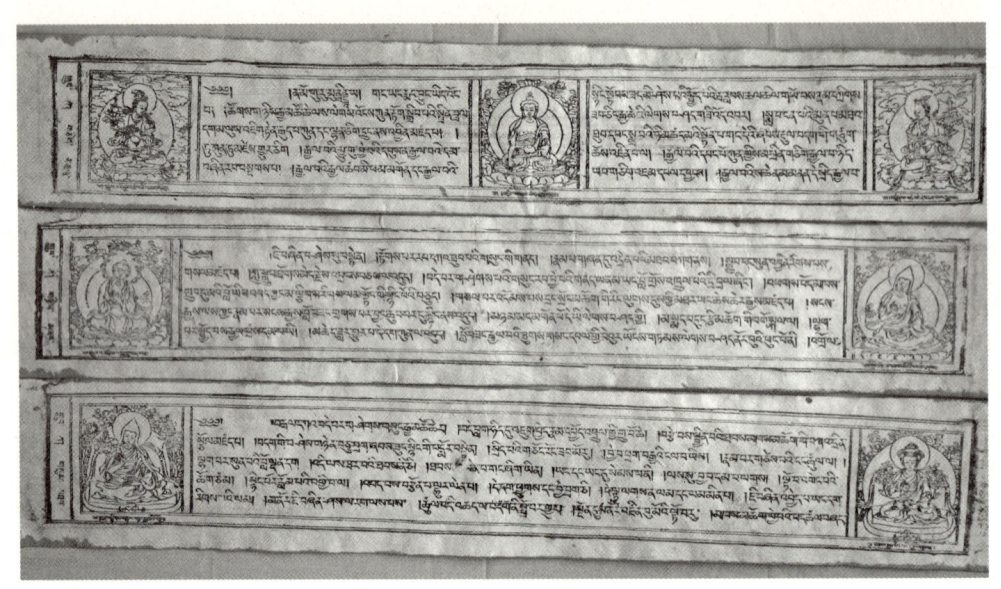

图 32 《章嘉教派论》

33.《弟子问道语录》

鄂·勒巴协绕、库敦·尊珠雍仲（1011—1075年）著，1073年成书，书面54.5×9厘米，版框49.5×6.3厘米，梵夹装，藏纸。1函，1种，406页。拉萨雪印经院刊本，乌坚体，字迹工整，书法上乘。足本，保存完好。今藏中央民族大学图书馆。

此书又名《幻书》。本书是藏传佛教噶当派鼻祖阿底峡门下师徒秘密传授的教法《噶当书》的一部分，内容为噶当派创立者仲顿巴的传记，以及阿底峡圆寂后仲顿巴创立噶当派情况的汇编。

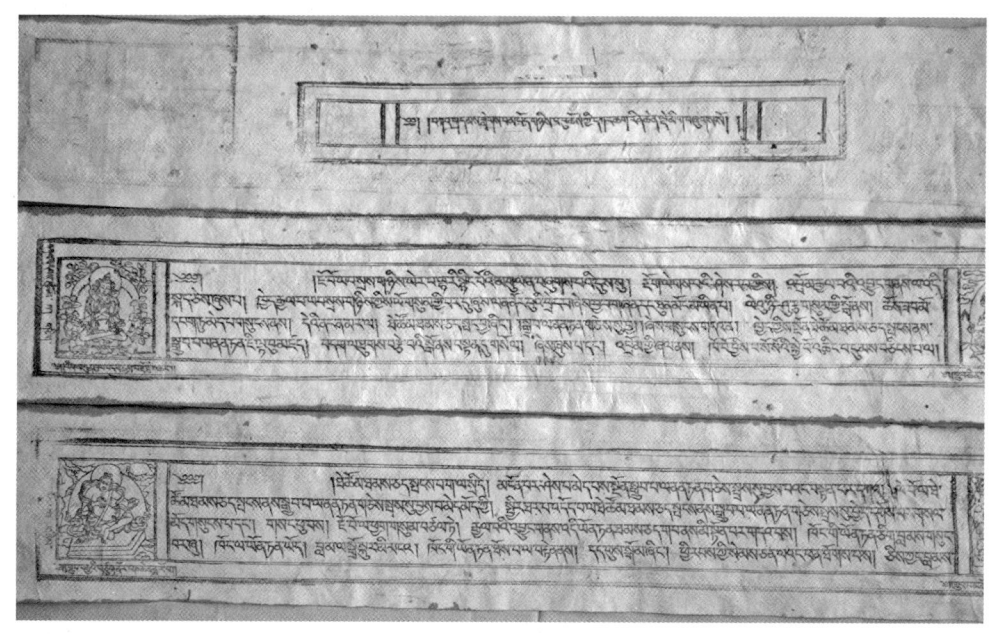

图 33　《弟子问道语录》

34. 《萨迦格言注释》

仁钦贝（1143—1217 年）等著，1211 年成书，书面 33.7×9.1 厘米，版框 26.7×6 厘米，梵夹装，藏纸。1 函，1 种，97 页。清代刊本，乌坚体，字迹工整，书法上乘。足本，保存完好。今藏中央民族大学图书馆。

萨班·贡噶坚赞所著《萨迦格言》共 457 首格言诗，而此书中的所谓"注释"，并非是对 457 首格言诗的注释，而是用寓言故事来解释《萨迦格言》的深刻含义，用历史典故来证明《萨迦格言》所述均论说有据，是真实的。此书仅有 54 个寓言、典故。

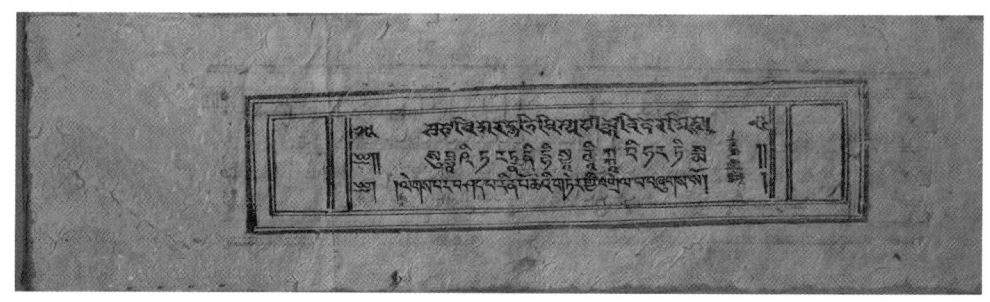

图 34-1　《萨迦格言注释》

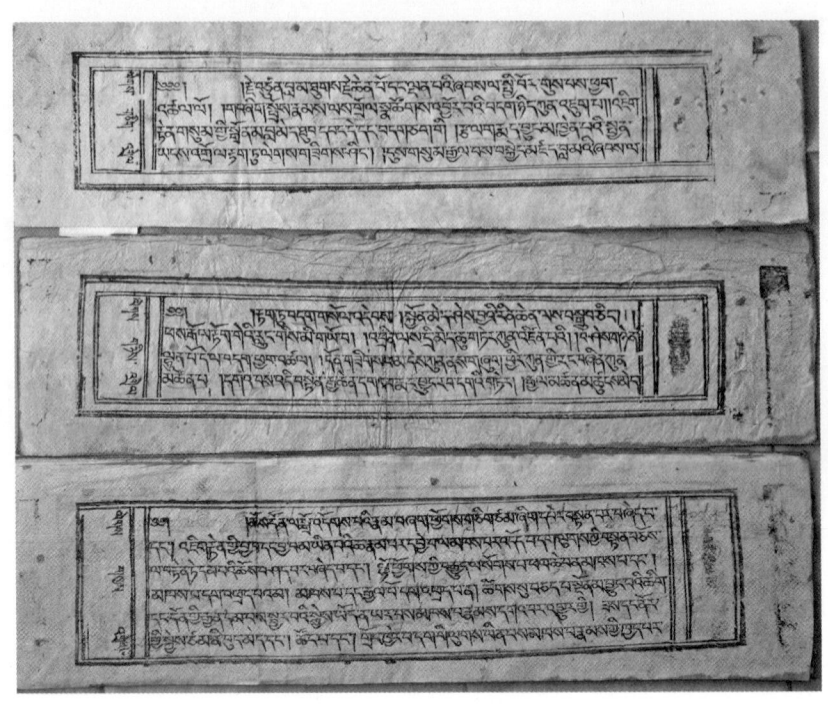

图 34-2 《萨迦格言注释》

35.《文殊名号赞》

释迦牟尼著，公元 8 世纪译为藏文，书面 31×91 厘米，版框 21×5 厘米，梵夹装，藏纸。1 函，1 种，31 页。清代刊本，乌坚体，字迹工整，书法上乘。足本，保存完好。今藏中央民族大学图书馆。

《文殊名号赞》，又译《文殊真实名赞》、《圣妙吉祥真实名经》、《文殊真实名经》。藏传佛教各派一致推崇的常诵经典之一。藏文版本有十几种，目前存世最早的刻本是明永乐九年（1411）刻本（经折装，仁钦桑布和噶玛古巴达译，国家图书馆收藏）。本书是无上瑜伽密续根本经之一，包含父续密集金刚五次第，大威德金刚证分；母续喜金刚道果，那洛及尼古玛六法口诀；无二续时轮金刚六支五十三法等。经中十分虔诚地赞颂了诸佛身、语、意的全部功德事业。

36.《猴鸟传奇》

佚名著，成书年代不详，书面 33.3×9. 厘米，版框 23.1×5.7 厘米，梵夹装，藏纸。1 函，1 种，32 页。清代刊本，乌坚体，字迹工整，书法上乘。今藏中央民族大学图书馆。

中篇寓言小说。故事梗概：在一座树木成荫、绿草茵茵的山上，猴子、鸟等各种动物遵守规矩，各自在各自的地盘上和平而快乐地安居生息，可是一群蛮横不讲理的猴子侵入鸟类领地糟蹋草木。鸟类便派白松鸡前去抗议入侵行为，要猴子退回去，结果猴子狡辩，致使事态扩大。于是，鸟类派鹦鹉和白松鸡发出通牒，"如不讲理，将以武力解除入侵"。猴子佯装强硬，但还是请兔子和公鸡出面调解，最后达成双方满意的条件，即鸟类让出三分之一的草地给猴子，而鸟类则可以在猴子的林中自由寻觅、栖息。此次，双方化干戈为玉帛，各守疆土，和平相处。通过动物的战争及化解过程，以小见大，阐明了战争与和平的重大主题，从而表达出人们反对侵略、向往和平的愿望。语言通俗流畅，行文精练且巧妙，读来趣味无穷。

图 35 《文殊名号赞》

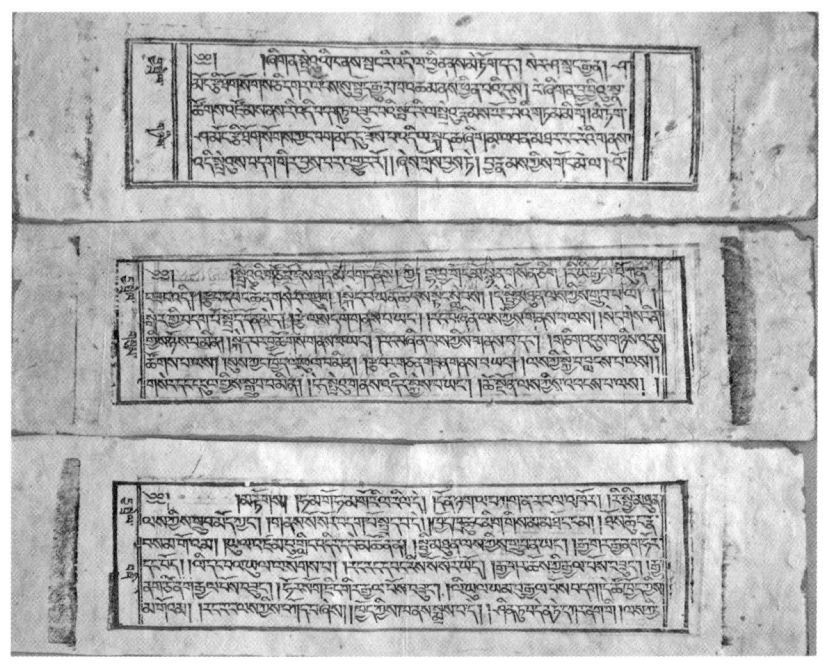

图 36 《猴鸟传奇》

37.《多罗那他自传》

多罗那他（1575—1634 年）著，1630 年成书，书面 50.6×10.1 厘米，版框 42.7×7 厘米，梵夹装，藏纸。1 函，1 种，331 页。让塘寺刊本，乌坚体，字迹工整，书法上乘。足本，保存完好。今藏中央民族大学图书馆。

传主为明代著名学者，出生于佛学译师家庭。本书记述了作者一生的学法、修法、传法的经历。书中记录了据印度僧人口述资料撰写《印度佛教史》，以及撰写《时轮源流》、《娘地教法源流》、《道歌集》等著作的缘起。对1614年在后藏首领藏巴汗支持下，在拉孜县建达丹彭措林、应蒙古喀尔喀部之邀前往蒙古传教、在蒙古库伦（今乌兰巴托）传教和兴建寺院等记载更为详细。是研究内蒙古佛教不可缺少的资料之一。

图37 《多罗那他自传》

38.《颇罗鼐传》

朵喀夏仲·才仁旺杰著，1733年成书，书面56×9.3厘米，版框47.4×6.6厘米，梵夹装，藏纸。1函，1种，395页。拉萨雪印经院刊本，乌坚体，字迹工整，书法上乘。足本，保存完好。今藏中央民族大学图书馆。

藏族传记体历史、文学著作。此书以颇罗鼐（1689—1747年）一生事迹为中心，穿插叙述了和硕特蒙古部落入驻西藏掌握政权的过程和清廷顺治、康熙两朝藏、蒙、满、汉各族在西藏发生的重大事件，其中对康熙五十六年（1717）蒙古准噶尔部策旺阿喇布坦侵扰西藏一事的起因、战乱过程等记述尤详。书中记叙的历史事实，辅以遗老口传故事，生动活泼，且语言优美，文字流畅。对颇罗鼐维护祖国统一、反对分裂的立场作了充分肯定。为研究清代藏族历史和文学的珍贵典籍。此书原抄本藏拉萨档案馆，另有四川民族出版社1981年铅印本。

图 38 《颇罗鼐传》

39.《米拉日巴道歌》

桑吉坚赞（1452—1507 年）著，1499 年成书，书面 55×9 厘米，版框 49.4×5.9 厘米，梵夹装，藏纸。1 函，1 种，243 页。德格印经院刊本，乌坚体，字迹工整，书法上乘。足本，保存完好。今藏中央民族大学图书馆。

米拉日巴（1040—1123 年）是藏区家喻户晓的苦行高僧，到晚年时他将佛法的主要内容编成歌，用歌的形式向弟子和信徒传法，由此创作了许多传法的道歌，并广泛流传于民间。15 世纪噶举派僧人桑吉坚赞从民间和学者手中搜集了 500 多首米拉日巴创作的道歌（诗歌），并雕版印刷，刊行于世，这便是《米拉日巴道歌集》。其主要内容是宣扬佛法，但也有部分揭露统治者和少数喇嘛假佛济私行为的诗歌，以及一些描绘高原自然风光的诗句。诗歌多数采用民歌格律，比兴结合，把社会生活、自然景观与佛教哲理融合在一起，深入浅出，生动形象，通俗易懂。此后学者仿作甚多，形成了一个诗歌的新流派。是研究藏族文学和藏族社会、宗教的重要典籍。

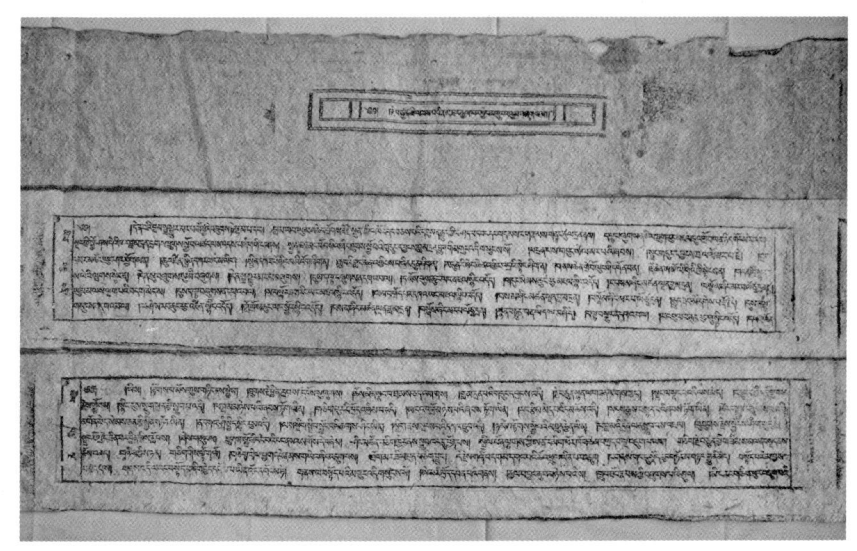

图 39 《米拉日巴道歌》

40.《玛尼全集》

释迦桑布、珠妥欧主发掘，成书年代不详，书面55×9厘米，版框49.4×5.9厘米，梵夹装，藏纸。1函，1种，377页。拉萨雪印经院刊本，乌坚体，字迹工整，书法上乘。足本，保存完好。今藏中央民族大学图书馆。

《玛尼全集》，又译《嘛呢全集》、《法王松赞干布全集》、《松赞干布全集》等。据学者考证，此书有涉及11、12世纪之事，而13、14世纪学者又多引用此书资料，故认为可能是12世纪学者假托松赞干布之作。本书分两卷，上卷包括《大悲观音千佛大史》、《佛说大乘庄严宝箧经》、《千手千眼观自在菩萨广大圆满无碍大悲心陀罗尼》、《法王松赞干布传》、《吉登旺曲太子本生》、《松赞干布王廿一行状》、《大慈悲修行法》和《注释分支·大注释总纲要》共8部书；下卷主要是松赞干布对亲属、大臣的各种教诫，以及《誓愿阐微》、《国王夫妇隐逝》、《对臣民之遗训》等。此书既存史实，也有时间差异，内容亦十分庞杂，对其贬褒不一，但毕竟最晚也是12世纪的著作，故其在历史、宗教、法律、语言、文化等方面的研究和参考价值是不言而喻的。

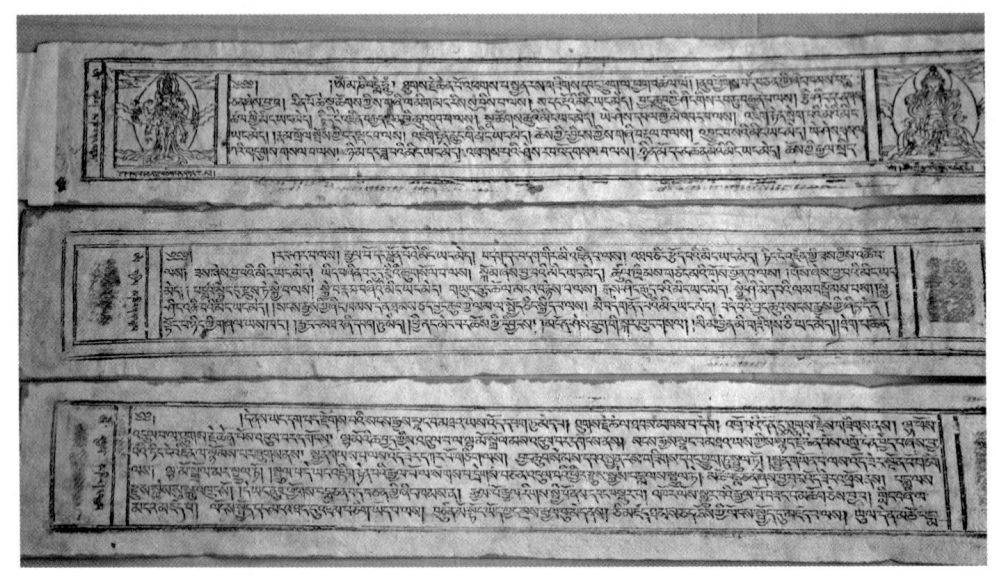

图40　《玛尼全集》

41.《噶塘协扎——莲花生传》

乌坚林巴发掘，成书年代不详，书面55×9厘米，版框46.4×6.3厘米，梵夹装，藏纸。1函，1种，258页。清代刊本，乌坚体，字迹工整，书法上乘。足本，保存完好。今藏中央民族大学图书馆。

此书于1285年从前藏和协扎地方发掘出土，故称为《噶塘协扎》。全书详细记述了莲花生于8世纪后半期把佛教密宗传入西藏的过程，其中对佛苯斗法、融合并吸纳苯教仪轨、神山等理论的事实亦有详细记载。是研究吐蕃时期佛苯融合、吐蕃社会历史、习俗等方面的重要历史资料。

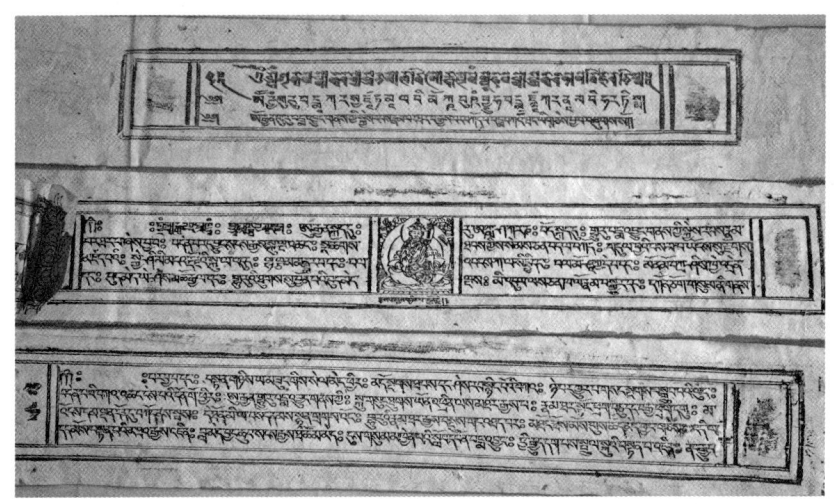

图 41　《噶塘协扎——莲花生传》

42.《西藏王统记》

索南坚赞（1312—?）著，1388 年成书，书面 55×11 厘米，版框 48×6.6 厘米，梵夹装，藏纸。1 函，1 种，104 页。德格印经院清代刊本，乌坚体，字迹工整，书法上乘。足本，保存完好。今藏中央民族大学图书馆。

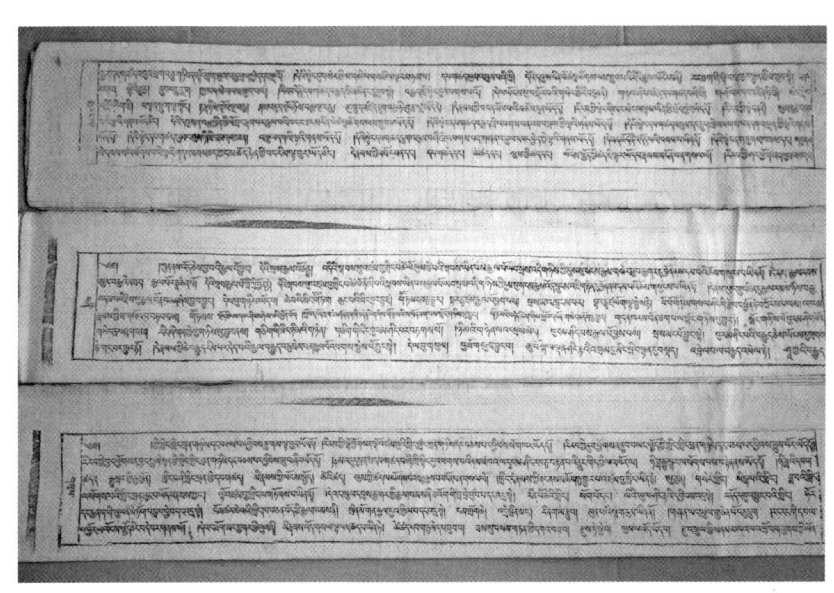

图 42　《西藏王统记》

亦译《王统世系明鉴》。作者又名喇嘛当巴，为萨迦派僧人。本书共 23 章，主要内容有：元朝以前汉、霍尔两地佛法的情况；藏族人种源自神猴及岩山魔女之说；早期吐蕃王统世系；吞弥桑布扎造字和十善法律；与尼婆罗、唐朝的政治联姻；芒松芒赞、都松·芒布杰、赤德祖赞、赤松德赞、牟尼赞普、牟底赞普、赤德松赞、王子丁赤、热巴坚、达玛乌冬赞、沃松和雍登事略；沃松、雍登二王世系；亚泽王系和亚隆觉阿王系；降曲沃迎请阿底峡；佛教从朵康兴起的历史等。是一部涉及历史、宗教和文学的历史名著。有汉、日、英、法等译本。

43.《十六法典》

佚名著，1618年成书，书面49.5×13厘米，版框30.7×10厘米，线装，藏纸。1册，1种，270页。足本，保存完好。白祖体抄本，字迹工整，书法上乘。足本，保存完好。今藏中央民族大学图书馆。

《十六法典》是西藏噶玛丹迥旺布统治西藏时期（藏巴汗时期），由白色瓦在《法律十五条》的基础上，于1618年制定的一部封建制度法典，因内容分十六条律文而称为《十六法典》。该法典把人分为上、中、下三等（上等人、中等人、下等人）和九个级别（上等人、中等人和下等人各分三级）。上、中、下三等人，是按照血统贵贱、职位高低而定的。上等人是指西藏极数少贵族、高官等，中等人是指一般僧俗官员及商人，下等人是指广大劳动人民，其中铁匠、屠夫和劳动妇女则被认为是最下等的人。

图43 《十六法典》

44.《宇妥·云丹贡布传》

觉吾·伦珠扎西、达姆门然巴·洛桑曲扎著，成书于13—14世纪之间，书面55×9厘米，版框46.6×6.7厘米，梵夹装，藏纸。1函，1种，149页。拉萨雪印经院清代刊本，乌坚体，字迹工整，书法上乘。足本，保存完好。今藏中央民族大学图书馆。

本书由《前宇妥·云丹贡布传》（前宇妥·云丹贡布，也称老宇妥·云丹贡布）和《后宇妥·云丹贡布传》（后宇妥·云丹贡布，也称新宇妥·云丹贡布）两部分组成。前半部分叙述老宇妥·云丹贡布（708—832年）3岁学藏文，10岁听医学，25岁开始游学考察于尼婆罗、克什米尔、天竺等国及康区（察隅、康定）、阿里、羌塘、拉萨、日喀则、山南、青海等地的经历，以及任吐蕃赞普御医，编纂《四部医典》、《实践明灯》、《原药十八种》、《人体内针灸穴位》、《脉诊及其启事》、《解剖学魔镜》、《脉学师承记》、《灸法教本》、《催吐药》、《下泄药》、《十八支内秘诀十八支考支》等30多部医学论著的过程。对老宇妥·云丹贡布培养"本然巴"学级名医50人、"然觉巴"学级名医50人、"噶居瓦"学级名医100人和创建工布医学院及收学生千余人、潜心讲授并研究医药学等亦有详细记载。后半部分记述后宇妥·云丹贡布（12世纪人）从事藏医事业的经历及其历史贡献。

45.《萨迦格言》

萨班·贡噶坚赞（1182—1251年）著，1249年成书，书面54×10.7厘米，版框46.7×6.5厘米，梵夹装，藏纸。1函，113种，23页。德格印经院清代刊本，乌坚体，字迹工整，书法上乘。足本，保存完好。今藏中央民族大学图书馆。

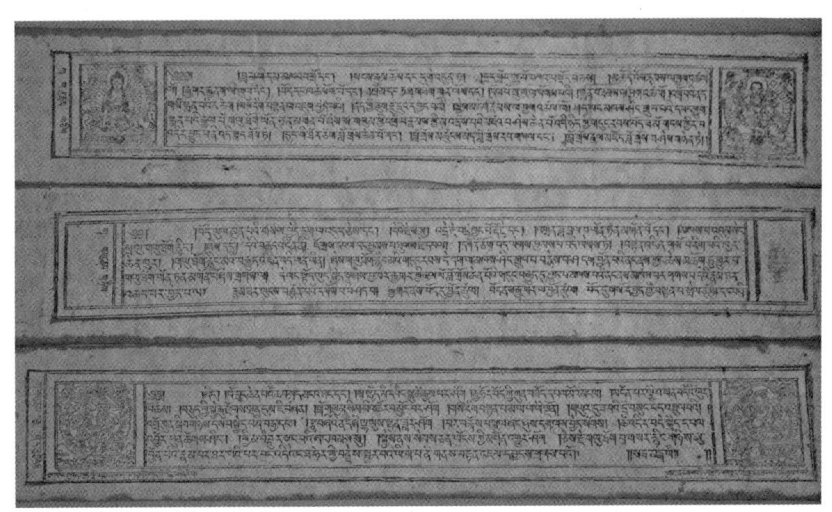

图44 《宇妥·云丹贡布传》

作者有许多佛学、哲学、音乐、文学、医学、教育等方面的著述，本书是其哲理格言诗集，分9章，共收457首格言诗。作者以佛家身份观察、评论各种社会现象，提出处世、治学、识人、待物的一系列主张，内容涉及区分智愚、扬善贬恶、皈依佛法等各个方面。全部格言以每首七言四句的诗歌形式写成。此诗集不但提供了13世纪以前藏族格言诗的风格和艺术特点，也提供了当时藏区社会思潮、道德标准、宗教意识、风土人情等方面的资料。此诗集在艺术上，运用鱼鸟兽虫、花卉草木、山川日月、刀剪钗环以及许多典故、故事、谚语等丰富的比喻推理来说明主题，把深奥难懂、枯燥无味的伦理，以简练的语言、浅显易懂的形式表现出来，形象生动，色调鲜明，寓意深刻，有极高的艺术水平，成为藏族学者必读著作，也在群众口头流传。后世创作的《格丹格言》、《水树格言》、《国王修身论》、《火格言》、《天空格言》等都受益于此诗集，它对藏族格言诗的创作起了极大的推动作用。有多种刊本、抄本。有八思巴文、蒙古文、汉文和英、法、日、捷克、匈牙利等多种译本。

图45-1 《萨迦格言》（封面）

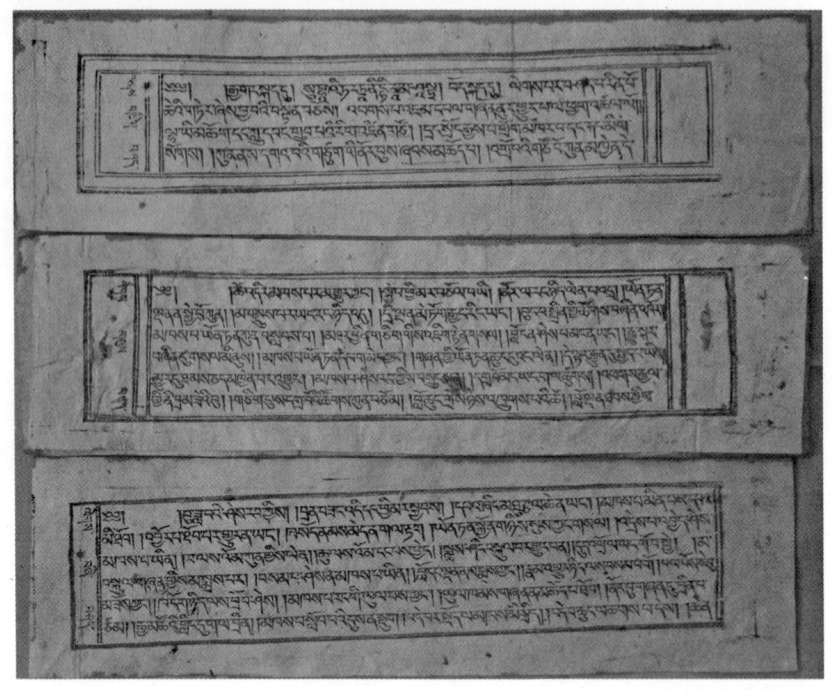

图 45—2 《萨迦格言》

46.《萨迦世系谱》

阿旺·贡噶索南著，1269 年成书，书面 54×10.7 厘米，版框 48.4×6.7 厘米，梵夹装，藏纸。1 函，1 种，334 页。德格印经院清代刊本，乌坚体，字迹工整，书法上乘。足本，保存完好。今藏中央民族大学图书馆。

《萨迦世系谱》亦译《萨迦世系史》，全称《瞻部洲北部执掌佛法之大德具吉祥萨迦派珍贵世系史——满足诸愿之奇异宝库》。作者全名阿旺·贡噶索南扎巴坚赞贝桑波，又称达钦阿美夏。本书叙述了 1269 年以前萨迦昆氏家族的历史，主要内容分五部分：萨迦世系的起源以及昆氏家族祖先们的世系；早期昆氏家族居住的地区及其由来和发展过程；萨迦派著名祖师的生平事迹及元朝中央政权和蒙藏民族之间的交往等重大历史事件；萨迦昆氏家族从昆·贡觉杰波至贡噶罗追坚赞时期之四个拉章的史实及其传承；萨迦寺法座及其萨迦寺历任住持历史。本书资料翔实，内容全面，是研究萨迦派不可缺少的重要史料。

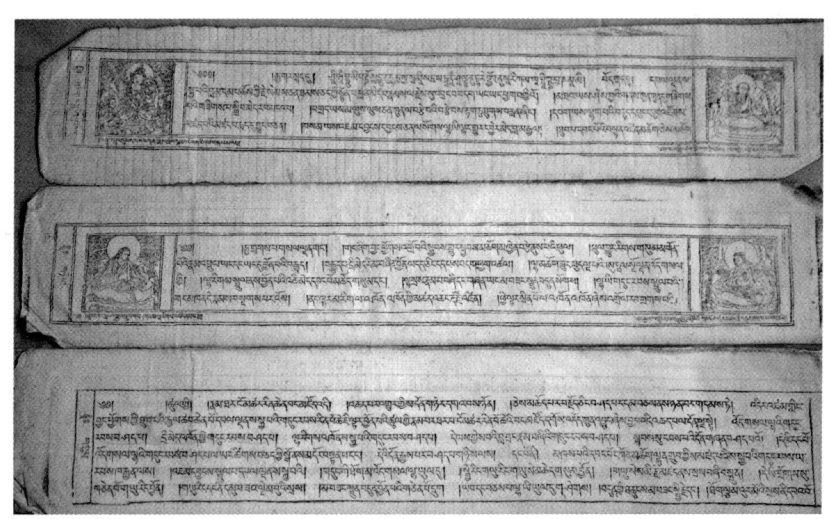

图 46　《萨迦世系谱》

47.《四部医典》

宇妥·云丹贡布编纂，成书于 8 世纪，书面 55×9 厘米，版框 51×6.5 厘米，梵夹装，藏纸。1 函，1 种，366 页。拉萨雪印经院清代刊本，乌坚体，字迹工整，书法上乘。足本，保存完好。今藏中央民族大学图书馆。

《四部医典》是藏医学的主要理论著作，内容丰富广泛，涉及人体卫生保健、胚胎发育、分娩、生理、解剖、医学理论乃至临床实践，病因病理和诊断治疗，药物和方剂，治疗原则和疾病分类等。全书以"龙"、"赤巴"、"培根"三大因素作为理论基础，论述三大因素既支配生理活动，又支配病理活动。认为人体内具有上述三大因素、七大物质基础（血、肉、脂肪、骨、骨髓、精液等）、三种排泄物（大便、小便和汗）。三大因素主宰并支配着七大物质基础和三种排泄物的运动变化。人体在正常情况下，三大因素保持平衡；一旦失调、平衡遭到破坏，则导致人体发病。随着三者的变化、盛衰不一，疾病的类型、部位、轻重安危也随之各异。人体正常生理活动还依赖于气血的存在和运行。气血经过血管循环周身，心脏是血气运行的总部。在药物学上，该书记载药物近千种，将藏药分为寒性、热性。用湿热药治疗寒性疾病，寒凉药治疗热性疾病，将藏药发展为六味、八性、十七效等。在解剖学方面，对人体各部位有详细描述和记载。在生理学上正确指出妇女经期、孕期和妇幼疾病治疗等内容。此书是古代藏族人民智慧的结晶，千百年来惠及无数藏人。译为蒙古文后成为了蒙古族的传统医学宝典。有汉、俄、德等文译本。

图 47 《四部医典》

48.《度母源流》

佚名编纂，成书于元代，书面 45.5×9 厘米，版框 36×5.6 厘米，梵夹装，藏纸。1 函，1 种，35 页。羌堆森夏刊本，乌坚体，字迹工整，书法上乘。足本，保存完好。今藏中央民族大学图书馆。

度母是度脱和拯救苦难众生的女神，同时也是藏传佛教诸宗派崇奉的女性本尊。本书内容：1. 度母的起源。开天辟地之初，贤人桑杰阿扎出现在那措沃（古印度某地），益希达娃公主对其教法十分虔信，供养一亿零十万年后发菩提心，经一亿零十万年的修行之后证得三摩地，使一亿零十万有情众生从心中获得度脱，从此被称作"卓玛"，即度母。她立誓要解除所有众生的苦难，并在九十五劫内，每昼能使一亿一千万众生置于静虑中，每夜能调伏一亿零十万妖魔，故称为"迅速救难女英雄"。后来授"十方所有佛大悲光芒比丘无垢光明灌顶"，使她化现为观世音，再授"所有佛见知智慧本性大光明灌顶"，故化为父母佛和度母女神，其神力又化现为 21 位救度母。2. 介绍 21 位度母的名称、功能等。

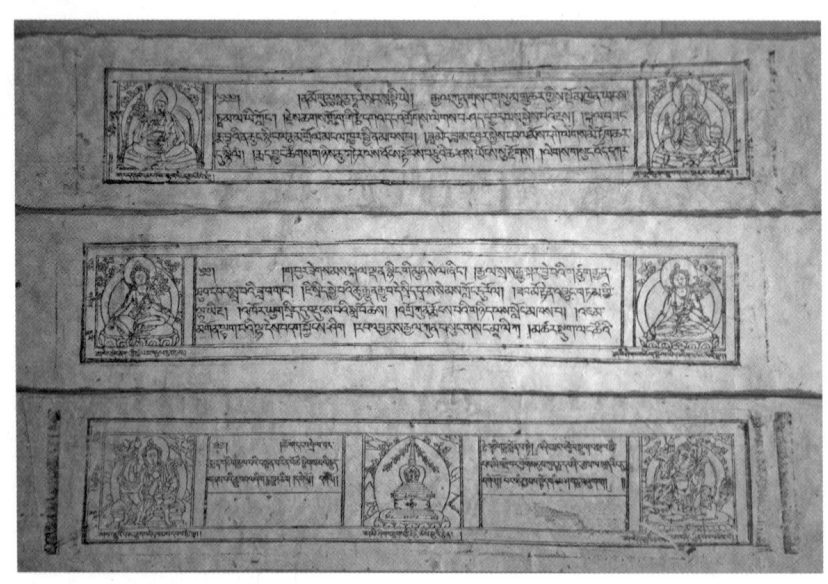

图 48 《度母源流》

49. 八宝写本《丹珠尔》

佚名编纂，成书于清代中期，60×20厘米，梵夹装，磁青纸。225函，计3300多种，64200页。精抄本，乌坚体，字迹工整，书法上乘。残本。今藏布达拉宫。

八宝写本（亦称七宝写本）即用黄金、松耳石、白银、珊瑚、锡、红铜、白螺和珍珠粉末研制成墨而书写成的写本，写本正文为七行字，呈七种颜色。此写本为藏区独有的稀世珍本。1984年不幸遭火灾，损失过半，布达拉宫文管会从1989年6月用八宝补写被烧毁的82函《丹珠尔》。

图49　八宝写本《丹珠尔》

50. 乾隆泥金写本《甘珠尔》

佚名编纂，乾隆三十五年（1770年）成书，75×28.5厘米，梵夹装，磁青纸。共108函，计1100多种，33000多页。精抄本，乌坚体，字迹工整，书法上乘。北京故宫博物院藏96函，台北故宫博物院藏12函。

内府泥金写本。乾隆三十五年（1770年）乾隆皇帝为庆祝生母八十大寿和为其母增寿、积功德，而特意以康熙八年（1669年）藏文《甘珠尔》写本为祖本精抄而成。每函均有绸缎护书巾，上、下有雕刻精美华丽的红漆描金护书板、彩色捆书带、绸缎书标（书签）。每函首页（封面）和尾页（封底）均为木板裱磁青纸，上盖红黄蓝绿白五色绸缎护帘，四周高中间凹，凹下部分书梵藏对照文字，文字两边彩绘佛像二尊。封面装饰纯金欢门，一共镶嵌有珍珠、珊瑚珠、松石等各色珠宝共14364颗。全书使用特制的加厚磁青纸，以赤金汁（亦称泥金）书写，正文每页8行字。序文和目录为蒙、满、藏、汉四种文字对照书写，首函冠有"乾隆三十五年七月二十五日御制金书甘珠尔大藏经文序"字样。每函书的四个立面均有泥金彩绘八宝图案。为国宝级文物。具有极高的文物、文献价值和艺术价值。北京故宫博物院藏：《秘密经》第一至四、第九至二十五卷；《二般若经》第一、三、四卷；《大宝积经》第一至三、六卷；《律师戒行经》第一至五、七、九至十五卷；《圣胜法念住经》第一卷。台北故宫博物院藏：《秘密经》第五至八卷；《二般若经》第二卷；《大宝积经》第四、五卷；《律师戒行经》第六、八卷；《圣胜法念住经》第二、三卷；《三大般若经》第一卷。北京、台北两地藏本相合，复为完璧。

图 50-1　乾隆泥金写本《甘珠尔》

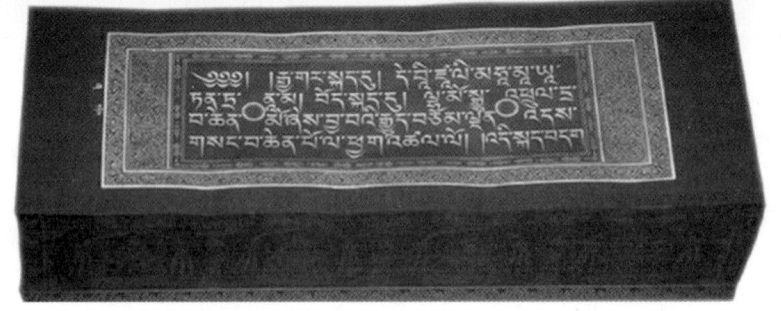

图 50-2　乾隆泥金写本《甘珠尔》（台湾故宫博物院收藏）

第 七 章

古籍珍品释读

一 《益西措杰传》

本书全称《吐蕃王妃益西措杰本生传记·示密多弦妙音歌鬘·王妃全传共八章》，简称《益西措杰传》。益西措杰为吐蕃王妃，她崇尚密法，拜莲花生为师剃度出家。此书记述了她学法、苦修、传法的过程，其中详细记述了接受和修习《大圆满窍诀部·龙萨续》、《空行宁提》等密法的情况。在莲花生离开西藏后，她遵莲师之嘱，在卫藏等地先后埋藏了许多伏藏，同时还结集过莲师所有的口授密法。

བོད་ཀྱི་ཇོ་མོ་ཡེ་ཤེས་མཚོ་རྒྱལ་གྱི་མཛད་ཚུལ་རྣམ་པར་ཐར་པ་གབ་པ་མངོན་བྱུང་རྒྱུད་མངས་དྲི་ཟའི་གླུ་ཕྲེང་བཞུགས་སོ༎

རྡོ་རྗེའི་རྣམ་ཐར་སྐབས་དོན་བརྒྱད་པ༎ ཐར་བྱུ༎

《吐蕃王妃益西措杰本生传记·示密多弦妙音歌鬘·王妃全传共八章》

༡

ན་མོ་གུ་རུ་ངྡེ་བ་ཌཱ་ཀི་ནི་བྷྱཿ

na mo gu ru ng+de ba T+wak+ki ni b+hee

　顶礼　上师　空行　　　　　　　向诸！

向诸上师空行顶礼！

བླ་མ་མཁའ་འགྲོའི་ཚོགས་ལ་ཕྱག་འཚལ་ལོ༎

bla ma mkha' gro'i tshogs la phyag 'tshal lo

　上师　空行　　　众　向　顶礼！

向诸上师空行顶礼！

སྣང་བ་མཐའ་ཡས་མགོན་པོ་སྤྱན་རས་གཟིགས༎

snang ba mthar yas mgon po spyan ras gzigs

　无量光佛　　　怙主　观世音！

向无量光佛、怙主观世音顶礼！

གང་དེའི་ཐུགས་རྗེའི་རྣམ་འཕྲུལ་པདྨ་འབྱུང་༎

gang de'i thugs rje'i rnam 'phyul pad+ma 'byung

　其之　悲心之　变化（化身）莲花生！

向悲心化身莲师顶礼！

སྐུ་གསུམ་རྩོལ་བ་མཚོན་གསུམ་འགྲོ་བའི་མགོན༎

sku gsum ston pa mchog gsum 'gro ba'i mgon
三身　至尊　三圣　　　众生主！
向三身至尊三圣众生顶礼！

བརྒྱུད་པའི་བླ་མ་ཐམས་ཅད་བདག་གིས་མཆོད༔

Btgyud pa'i bla ma thams qad bdag gis mchod
传承之　　上师　全部　　我　顶礼！
向传承上师们顶礼！

༢

བདེ་ཆེན་དཀར་མོ་དུས་གསུམ་རྒྱལ་བའི་ཡུམ༔

bde chen dkar mo dus gsum rgyal ba'i yum
大乐　　白　三时　　佛之　母！
向白大乐三时佛母顶礼！[①]

ཆོས་སྐུ་མཁའ་འགྲོ་བདེ་ཆེན་ཀུན་ཏུ་བཟང༔

chos sku mkha' 'gro bde chen kun tu bzang
法身　空行　　大乐　　普贤，
她就是法身空行大乐普贤，

ལོངས་སྐུ་མཁའ་འགྲོ་རྡོ་རྗེ་རྣལ་འབྱོར་མ༔

longs sku mkha' 'gro rdo rje rnal 'byor ma
报身　空行　　金刚　瑜伽　母！
她就是报身空行金刚瑜伽母，

སྤྲུལ་སྐུ་མཁའ་འགྲོ་མཚོ་རྒྱལ་མ་ལ་འདུད༔

sprul sku mkha' 'gro mtsho rgyal ma la 'dud
化身　空行　　措杰　女　顶礼！
她就是化身空行——益西措杰！

༣

དུས་གསུམ་རྒྱལ་བ་མཉེས་མཛད་བརྡ་གར་བསྒྱུར༔

dus gsum rgyal ba mnyes mdzad brda gar bsgyur
三时　　佛　娱悦　　婀娜歌舞　以，
她以婀娜歌舞娱悦三时佛，

ཨུ་རྒྱན་ཆེན་པོས་བཀའ་ཡི་གཉེར་གཏད་ཅིང༔

au rgyan chen pos bka' yi gnyer gtad cing
乌金（莲师）大师　旨　　　亲传，
她获乌金莲师之亲传，

མི་བརྗེད་གཟུངས་ཐོབ་ཟབ་གཏེར་འབྱུང་བའི་ཡུམ༔

mi barjeda gzungs thopa zab gter 'byung ba'i yum
"不忘总持"　　　甚深伏藏　来源之　母，
她是甚深伏藏"不忘总持"之来源，

---

① 白大乐三时佛母即白度母。

དངོས་གྲུབ་མཆོག་བརྙེས་འཇའ་ལུས་རྡོ་རྗེའི་སྐུ༔

dngos grub mchog brnyes 'ja' lus rdo rje'i sku

得道成就　殊胜　虹化　金刚之身，

她获得殊胜成就虹化金刚身，

བླ་མ་མཁའ་འགྲོ་ཡེ་ཤེས་མཚོ་རྒྱལ་ཞེས༔

bla ma mkha' 'gro ye shes mtsho rgyal zhes

上师　空行　益西　措杰　称。

她就是上师空行益西措杰。

དེ་ཡི་རྣམ་ཐར་མཛད་ཚུལ་ལོ་རྒྱུས་དང་༔

de yi rnam thar mdzad tshul lo rgyus dang

其之　传记　行状　历史　和，

其传记、行状、历史、

གསུང་འཐོར་བུ་མཁའ་འགྲོའི་ཐུགས་ཁྲག་སྐོར༔

Gsung 'thor bu mkha' 'gro'I thugs khrag skor

文集　拾遗　空行　要旨　等，

文集拾遗和空行要旨等，

མ་འོང་འགྲོ་མང་དོན་དུ་བཀོད་དེ་སྦས༔

ma 'ong 'gro mang don du bkod de sbas

未来　众生　利益　记述　深藏。

为了未来众生利益而记述深藏。

སྙིང་ཁ་ནག་པོ་བདུད་རྗེ་འབར་བ་དང་༔

snying kha nag po bdud raje 'bar ba dang

心间　黑　魔王（黑焰金刚）猛烈和，

猛烈的黑焰金刚，

བདུད་མགོན་སེང་གེའི་གདོང་ཅན་རྣམས་ཀྱི་གསུངས༔

bdud mgon seng ge'I gdong can rnams kyi gsungs

魔怙主　狮面空行　　众　所言。

众魔怙主狮面空行当全力护持（伏藏）。

　ས༔ མ༔ ཡ༔

　s+'A m+'A y+'A

　三昧耶

རྒྱ༔ རྒྱ༔ རྒྱ༔

rgya rgya rgya

迦迦迦！

ཨེ་མ་ཧོ༔

ae ma ho

神奇啊！

神奇啊！

དེ་ལ་དུས་གསུམ་སངས་རྒྱས་ཀྱི་ངོ་བོ་སྔགས་འཆང་པད་མ་ཐོད་

de la dus gsum sangs rgyas kyi ngo bo sngags 'chang pad+ma thod

此　三时　佛　之本性　密咒师　班玛妥，

称为三时佛本性密咒师之班玛妥臣则大成就者，

phreng rtsal zhes bya ba   grub thob chen po mngal gyis ma gos pa skye ba
臣则   称为，   成就者 大   子宫   未被所染   诞生

未被子宫所染而从莲蕊之中诞生了，

pad+ma'i sbabs su sku 'khrungs nas   mdzad pa thub dbang nyid las lhag pa dus
莲之   蕊蕾   诞生   从，   行状   能仁王   本人胜过了

gsum ka'i sangs rgyas rnams kyi phrin las 'dzin pa khyad par dar dka' ba
三时   佛之   诸之   功德   具备， 尤其是   难以

他的业绩具备三时诸佛之功德而胜过了能仁王，

sngags kyi bstan pa dar la yun ring du skyongas ba gdul dka' ba
密乘之   佛法   传播   长期   弘扬，   难以调服之

尤其是难以传播之密乘佛法得以长期弘扬，

bod srin dang lho nub kyi srin po sogs nas bdud dang mu stegs lha srin
吐蕃妖魔、西南之   罗刹   等、 魔鬼   和   外道   神怪

在一刹那间难以调服之诸吐蕃妖魔、西南罗刹、魔鬼、外道和神怪

thams cad bsam pa tsam gyis 'dul ba   ston par dka' ba dus gcig la
所有   一刹那间   调服，   产生   难以   一时间

皆得以调服，难以产生之离奇神变在一时间得以出现，

rdzu 'phrul ya ma zung ston nus pa thob pa dka' ba 'chi med tshe'i dngos
神变   离奇   出现，   得见 难以 "无死   长寿   成就"

难得一见的"无死长寿成就"

grub thopa pa de la

得以亲闻。

得以亲闻。

gsab sngags dar bar byas pa'i thabs la bsten nas 'og mig nas dur
密乘   传播   使之   方法   依靠   色究竟天   尸

他依靠传播密乘之法，

khrod dang gnas chen dang mi yul klu dang dri za'i yul thams cad du mtshan
林、   圣地、   人间、 龙 及 寻香之地   所有   具相

从色究竟天到所有尸林、圣地、人间、天界、龙及寻香地，

第七章 古籍珍品释读

ཕུན་གྱི། གསང་ཡུམ་ཁང་པ་ཀ་བ་བཞི་པའི་ནང་དུ་ཏིལ་གྱིས་བཀང་བའི་གྲངས་
ladana gyi gsang yum khang pa ka ba bzhi pa'i nang du til gyis bkang ba'i grangs
之　　　明妃　　房屋　柱　四　之　内　芝麻　盈满　　不可胜数的
他拥有四柱房屋之内如芝麻盈满不可胜数的具相明妃。

ལས་ཀྱང་མང་བ་ཡོད་ཅིང་༔ ཁྱད་པར་དུ་འཛམ་གླིང་འདིའི་དབང་དུ་བྱས་ན་
las kyang mang ba yod cing khyad par du 'dzam gling 'di'I dbang du byas na
比之　　多　拥有　　　不但。尤其是在　世间　之　　　以此而言
尤其是在世间之天竺、支那、

རྒྱ་གར་རྒྱ་ནག་བོད་གན་འཇང་ལི་ཧོར་སོགས་ཐམས་ཅད་དུ་མཚན་ལྡན་ཕུན་གྱི་......
rgya gar rgya nag bod gan 'jang li hor sogs thams cad du mtshan ldan
天竺、支那、吐蕃、甘、南诏、西夏、霍等，所有　　　具相之
吐蕃、甘、南诏、西夏、霍国等地，

གྱི་བུ་མོ་ཁྲི་ཕྲག་བདུན་ལས་མི་ཉུང་བར་ཡོད་པ་དང་༔ ཁྱད་པར་དུ་རྡོ་རྗེ་
gyi bu mo khri phrag bdun las mi nyung bar yod pa dang khyad par du rdo rje
女性　　　万　　七　比　不少于　　　有　　和，尤其　　金刚
就有不少于七万的具相女性。其中，金刚亥母之五化身任何时候

ཕག་མོའི་སྤྲུལ་པ་ལྔ་དང་དུས་རྣམས་ཀུན་ཏུ་འབྲལ་བ་མེད་པར་གནས་སོ༔
phag mo'i sprul pa lnga dang dus rnams kun tu 'bral ba med par gnas so
亥母之　化身　　五　和　时　任何　　从未与他分离。
从未与他分离。另，身之化身——曼达罗瓦、

དེ་ཡང་སྐུའི་སྤྲུལ་པ་པན྄་ཌ྄་ཨ་ར་བ༔ གསུང་གི་སྤྲུལ་པ་ཡེ་ཤེས་མཚོ་རྒྱལ༔
de yang sku'i sprul pa pan+d+'A ra ba gsung kyi sprul pa ye shes mtsho rgyal
另，　身之化身　曼达罗瓦　　语之　化身　　　益西措杰、
身之化身——曼达罗瓦、

ཐུགས་ཀྱི་སྤྲུལ་པ་ཤ྄ཱ་ཀྱ་དེ་མ༔ ཡོན་ཏན་གྱི་སྤྲུལ་པ་ཀ་ལ་སིང྄་ངྷ྄ི༔
thugs kyi sprul pa sh+'Akya de ma yon ran gyi sprul pa ka la sing+ng+hi
意之　　化身　　释迦德玛、　　智慧之　　化身　　噶拉斯第、
语之化身——益西措杰、意之化身——释迦德玛、

ཕྲིན་ལས་ཀྱི་སྤྲུལ་པ་བཀྲ་ཤིས་སྤྱི་འདྲེན༔ དེ་ཁོ་ན་ཉིད་ཀྱི་སྤྲུལ་པ་......
pharin las kyi sprul pa bkra shis spyi 'dren de kho na nyid kyi sprul pa
事业功德之　化身　　　　扎西吉真　　空性之　　　　　化身
慧之化身——噶拉斯第、事业功德之化身——扎西吉真和

མཁའ་འགྲོ་འོད་འཚང་ཏེ་སྤྲུལ་པའི་སྐུ་ཆེན་རྣམ་པ་དྲུག་གོ་དེ་
mkha' 'gro 'od 'tshang te sprul pa'i sku chen rnam pa drug go de
空行　　光　持，　化身之　　　六　大　　称为　　诸
空性之化身——空行持光，称为"六大化身"。

དག་ཐམས་ཅད་ཀྱི་ནང་ནས་རྒྱ་གར་གྱི་མན྄་ཌ྄་ཨ་ར་བ་དང་བོད་ཀྱི་ཡེ་ཤེས་......
Dag thams cad kyi nang nas rgya gar gyi man+d+'A ra ba dang bod kyi ye shes
位之　　　　中唯有　天竺之　曼达罗瓦　　和　吐蕃之益西
六人之中唯有天竺之曼达罗瓦和吐蕃之益西措杰二人最为卓越，

མཚོ་རྒྱལ་གཉིས་ཡིན་ནོ༔ དེ་ཡང་མན྄་ད྄་ཨ་ར་བའི་རྣམ་ཐར་ནི་

mtsho rgyal gnyis yin no　de yang man+d+'A ra ba'i rnam thar ni

措杰二人最为卓越，　　　　又，　曼达　罗瓦之传记　　　　是

曼达罗瓦之传记别处已有明记，在此仅记述益西措杰之传记。

གཞན་དུ་གསལ་ཞིབ༔ འདིར་ཡེ་ཤེས་མཚོ་རྒྱལ་ཉིད་ཀྱི་ལོ་རྒྱུས་མཛད་

gzhan du gsal zhib　'dir ye shes mtsho rgyal nyid kyi lo rgyus mdzad

别处已有　明记，　在此　益西措杰　　本人之传记　　行状

在此仅记述益西措杰

ཚུལ་རྣམས་ཅུང་ཟད་ཟིན་བྲིས་སུ་བྱའོ༔

tshul rnams cung zad zin bris　su bya'o

　等　略加记述。

之传记。

དེ་ཡང་འདིར་སྤྲུལ་སྐུ་མཚོ་རྒྱལ་གྱིས་གདུལ་བྱ་གཟིགས་ནས་སྤྲུལ་

　　　de yang 'dir sprul sku mtsho rgyal gyis gdul bya gzigs　nas sprul

　　　又，　在次　化身　　措杰　　　徒众　　视　　神变之

　　　化身益西措杰视徒众而如何神变之业绩、

པ་མཛད་ཚུལ་དང༔ སྤྲུལ་པའི་ཡུལ་ལ་བབ་ཚུལ་དང་མི་རྟག་

pa mdzad tshul dang　sprul pa'i yul la bab tshul dang mi rtag

业绩、　　　　　神变之　地　　降临、　　　无常

降临神变之地、

པར་གཟིགས་ནས་སློབ་དཔོན་བསྟེན་ཚུལ་དང་　ཆོས་དང་གདམས་ངག་གསན་

par gzigs　nas slob dpon　bsten tshul dang　chos dang gdams ngag gsan

视而　　　　大师　　投　状况、　　佛法和　教诫　听授、

了解无常而投师莲花生大师足下、如何听授佛法和教诫、

ཚུལ་དང༔ བསྒྲུབ་པ་མཛད་ཚུལ་དང༔ གྲུབ་རྟགས་བྱུང་ཚུལ་

tshul dang　bsgrub pa madzada tshul dang grub rtags byung tshul

修炼　状况、　　　　证果迹象出现状况、

如何修炼、如何出现证果迹象、

དང༔ འགྲོ་དོན་མཛད་ཚུལ་དང༔ སླར་སྨོན་ལམ་གྱིས་མཐའ་

dang　'gro don mdzad tshul dang　slar smon lam gyis mtha'

利于众生事业、　　　　又　誓愿　　总结

所作利生事业和最后总结誓愿而

བསྡུས་ནས་ཆོས་དབྱིངས་ཀྱི་སྦུབས་སུ་སངས་རྒྱས་པའོ༔

bsdus nas chos dbyings kyi sbupasa su sangs rgyas pa'o

　法界成　之深处　　佛之业绩。

升入法界成佛之业绩等略述于后。

第一章 视徒众而神变之行状

དང་པོ། གདུལ་བྱ་གཟིགས་ནས་སྤྲུལ་པ་མཛད་ཚུལ།
dang po gdul bya gzigs nas sprul pa mdzad tshul
第一章 徒众 视 神变 行状

གདུལ་བྱ་དུས་བབས་སུ་གཟིགས་ནས་སྤྲུལ་པ་མཛད་ཚུལ་ནི་དུས།
gdul bya dus babs su gzigs nas sprul pa mdzad tshul ni dus
徒众 到时 视 神变 行状 是, 时

视徒众而神变之行状如下：

གསུམ་རྒྱལ་བའི་ཡུམ་གྱུར་སྤྲུལ་སྐུ་ཡེ་ཤེས་མཚོ་རྒྱལ་ཞེས་བྱ་བ་མཚན་ཡོངས།
gsum rgyal ba'i yum gyur sprul sku ye shes mtsho rgyal zhes bya ba mtshan yongs
三 佛母 化身 益西措杰 称为 名 四

名传四方的三时佛母化身益西措杰，

སུ་གྲགས་པ་འདི་ནི། སྔོན་བསྐལ་པ་གྲངས་མེད་དང་གྲངས་ཅན་གཉིས...
su grags pa 'di ni sngon bskal pa grangs med dang grangs can gnyis
方传 此为, 先前贤劫 无数 和"数论" 二

其先前在无数贤劫和"数论"之中积累资粮、

ནས་ཚོགས་བསགས་ཤིང་སྒྲིབ་པ་བྱང་ནས་འགྲོ་བའི་དོན་རླབས་པོ་ཆེ་མཛད...
nas tshogs bsags shing sgrib pa byang nas 'gro ba'i don rlabs po che mdzad
之中资粮 积累 脱离障碍后完成了 利众事业 伟大的

脱离障碍后完成了伟大的利众事业。

པ་དང་། ཁྱད་པར་འཕགས་པ་རྟག་ངུའི་དུས་སུ་ཚོང་དཔོན་གྱི་བུ་མོར་སྐྱེས།
pa dang khyad par 'phags pa rtag ngu'i dus su tshong dpon gyi bu mor skyes
尤其 圣者 常啼菩萨时代 商贾 之女投生,

她在圣者常啼菩萨时代投生为商贾之女，

ནས་བུ་མོ་ལྔ་བརྒྱ་དང་བཅས་པ་ཐབས་གཅིག་ཏུ་ཆོས་འཕགས་ཀྱི་དྲུང་དུ་བྱོན།
nas bu mo lnga brgya dang bcas pa thabs gcig tu chos 'phags kyi drung du byon
女子 五百 同 一块 "曲帕" 足下 赴,

与五百女子同赴"曲帕"足下，

ནས་ཕྱིར་མི་ལྡོག་པའི་སྨོན་ལམ་ཆེན་པོ་ཐེབས་པས་དེ་ཚེ་འཕོས་ནས།
nas phyir mi ldog pa'i smon lam chen po thebs pas de tshe 'phos nas
"不退转 大誓言" 并立下。 那一世 迁移

并立下"不退转大誓言"。那一世迁移

ལོངས་སྐུའི་ཞིང་ཁམས་མང་པོ་ཉུལ་ནས་སླར་བཅོམ་ལྡན་འདས་ཀྱི་དྲུང་དུ།
longs sku'i zhing khams mang po nyul nas slar bcom ldan 'das kyi drung du
报身 佛土 诸多 游历 复于 释迦牟尼 足前

之后又游历了诸多报身佛土，

གང་གའི་ལྷ་མོ་ཞེས་པར་སྤྲུལ་ནས་བཀའ་ཡི་བསྡུས་བ་པོ་མཛད་ནས།
gang ga'i lha mo zhes par sprul nas bka' yi bsdus ba po mdzad nas
"恒河女神" 所谓 变为, 佛语佛经 集结者 成为。

复于释迦牟尼足前变为"恒河女神",成为集结佛语佛经者。

བོངས་སྐུའི་ཞིང་དུ་ལྷ་མོ་དབྱངས་ཅན་མ་ཞེས་པ་འགྲོ་བ་སྣ་ཚོགས་ཀྱི་དོན་

longs sku'i zhing du lha mo dbyangs can ma zhes pa 'gro ba sna tshogs kyi don
报身　　　佛土　妙音　仙女　　众生　　　　事业

以妙音仙女之名为众生事业而投入报身佛土之时,

མཛད་ནས་བཞུགས་པའི་དུས་སུ༔　བོད་འདིར་ཆོས་ཀྱི་རྒྱལ་པོ་ཆེན་པོ་

mdzad nas bzhugs pa'i dus su　bod 'dir　chos kyi rgyal po chen po
投入　　　　　之时,　吐蕃　法王　　　大

吐蕃法王赤松德赞——

ཁྲི་སྲོང་ལྡེའུ་བཙན་ཞེས་བྱ་བ་དོན་དུ་འཕགས་པ་འཇམ་དཔལ་གྱི་སྤྲུལ་པ་དེ་

khri srong lde'u btsan zhes bya ba don du 'phags pa 'jam dpal gyi sprul pa de
赤松德赞　　　　称为　　　殊胜　文殊菩萨　　化身,

一位真正的文殊菩萨化身,

དམ་པ་ཆོས་ཀྱི་སྲོལ་བཏོད་པའི་ཕྱིར་དུ་སློན་དཔོན་ཆེན་པོ་པད྄མ་འབྱུང་གནས་

dam pa chos kyi srol btod pa'i phyir du slon dpon chen po pad+ma 'byung gnas
佛法　　　为了弘扬　　而　大师　　莲花生

他为了弘扬佛法而邀请莲花生大师到吐蕃弘法,

ཞེས་བྱ་བ་སྐུ་ལ་སྐྱེ་འཆི་དང་བྲལ་བ༔　དོན་དམ་པར་སངས་རྒྱས་འོད་

zhes bya ba sku la skye 'chi dang bral ba don dam par sangs rgyas 'od
称为　　身　生死　与　离,无量光佛

莲师是一位身离生死、应化人间的无量光佛。

དཔག་མེད་མི་ཡུལ་དུ་བྱོན་པ་དེ་སྤྱན་དྲངས་ནས་ཐུགས་དམ་དཔལ་གྱི་

dpag med mi yul du byon pa de spyan drangs nas thugs dam dpal gyi
无量　应化人间　者　邀请　誓愿　　之

(赤松德赞)完成了倡建桑耶及镇肢寺、

བསམ་ཡས་ལ་སོགས་མཐའ་འདུལ་དང་ཡང་འདུལ་གྱི་གཙུག་ལག་ཁང་ལ་

bsam yas la sogs mtha' 'dul dang yang 'dul gyi gtsug lag khang la
桑耶　及　镇肢寺、镇节寺　之　经堂

镇节寺等无数经堂的誓愿,

སོགས་དཔལ་ཏུ་མེད་པ་བཞེངས་ནས་དམ་པ་ཆོས་ཀྱི་བསྟན་པ་ཉི་མ་ཤར་བ་

sogs dpal tu med pa bzhengs nas dam pa chos kyi bstan pa nyi ma shar ba
等　无数　　倡建　完成了,佛法　　太阳　升

就在佛法如日中天之时,

ལྟ་བུར་མཛད་པའི་དུས༔　དེའི་ཚེ་　སློབ་དཔོན་ཆེན་པོའི་

lta bur mdzad pa'i dus　de'i tshe　slob dpon chen po'i
如　发展　之时,　此时,　大师

此时,莲师心想:

ཐུགས་དགོངས་ལ༔　བདག་གིས་གསང་སྔགས་ཀྱི་བསྟན་པ་པའི་དུས་

thugs dgongs la　bdag gis gsang sngags kyi bstan pa pa'i dus
心想:　　吾　密法　之　佛法　弘扬之

第七章 古籍珍品释读

吾为了弘扬密法，示现妙音仙女化身的时机已至。

ched du la dbyags can gyisprul pa ston p'i dus la babs su snyan
为了 妙音仙女 之化身 发出 时机 已至
示现妙音仙女化身的时机已至。

nas skad cig de nyid du gza' chen rgya mtshor lhags pa ltar au rgyan
一瞬间（莲师） 水星 海 入 犹如 乌金
就在一瞬间（莲师）犹如水星入海，

spul pa'i gnas su gshegs so
布百 之地 回到了。
回到了乌金布百。

de'i tshe bod kyi blon po rnams kyis slob dpon la khrims byas nas
此时，吐蕃之臣 群 议论 大师 对 依法 罚处，
此时，吐蕃群臣（发现莲师突然消失），于是纷纷议论道：

yul mtha' 'khob tho gar yul du spyugs ces grags so chos kyi
边地 土耳其 到 流放 纷纷议论。法之
已经将其流放到边地土耳其了。

rgyal pos ni mon seng ge rdzong gsum du bsgrub pa la bzhugs
王 则说："门"之"狮子三宗" 在 坐禅修行莲师到
法王则说：据说莲师到"门"之"狮子三宗"坐禅修行去了。

par grags so skye bo phal pa rnams kyis rgyal po'i btsan mo dum
据说。 贫民 普通 们说： 王之 妃子 分散
普通贫民们说：

Bcad du khrid nas rgya gar du log ces grags par gyur to de'i
带走 天竺 返回 如是说。 此
将王妃与莲师分散之后，令其返回了天竺。

dus su gu ru nyid ni sku'i zhing khams phrag brgyar nyul zhing mi lo bdun
时 莲师本人 化身之界 上百个 正游历于，人间年岁七年
此时，莲师本人正游历于上百个化身界，

bar bzhugs so de'i dus su gu ru'i rdo rje rnal 'byor ma dang
之间， 那时， 莲师 金刚瑜伽母 和

继续了人间年岁七年。那时，莲师收摄了金刚瑜伽母、

lha mo dbyangs can dang sgrol ma khro gnyer can rigs
妙 音 仙女、 度母、 金刚忿怒佛母、
妙音仙女、度母、金刚忿怒佛母、

bzhi mkha' 'gro dang gnas yul gyi mkha' 'gro sogs ma lus pa
四姓空行 和 地域之 空行 等，无 遗漏
四姓空行和地域空行，无一遗漏。

bsdus nas thams cad la bde bar rol zhing bde ba'i glu 'dis
收摄了。 皆得 大乐 享受边 大乐之歌 此
诸空行皆得大乐，于是吟唱大乐歌来敦促。

bskul lo
歌曰：

h+r+'ima
舍！
舍！

machags chags pa chen po'i mkha' gsang du
未成 而成 大 空密，
未成而成大空密，

chags med chags pa bde ba'i rdo rje yi
无成 而成 乐 金刚之，
无成而成乐金刚，

zag med zag pa chen po'i 'od zer gyis
无漏 而漏 大之 光明，
无漏而漏大光明，

zab gsang bde chen rol ba'i dus la babs
甚深密乘 大乐 启用 时机到。
启用密乘时机到。

ces dang de'i tshe lha mo'i tshogs dbus de nyid nas dbyangs
等。 彼时，仙女 众 中 本人 从，妙音
彼时，妙音仙女从众仙女中

can lha mo bzhengs nas lan gsol ba
仙女　站起来　　　回答道：
站立起来回答道：

ho
霍！
霍！

he ru ka pa dpa' bo bde ba'i lha
忿怒　　英雄　　大乐之　神，
忿怒英雄大乐神，

gar chen khyed kyis gar dgur bsgyur nus na
大舞者　您将　　舞九支　转　　能，
您将大舞转九支，

pad+ma dma pa bde chen kun nas bde
莲　　圣　　大乐　到处　　喜，
圣莲大乐四处喜，

b+ha ga'i klong du mi bde'i sdug basngala med
子宫之中央　　不舒服之痛苦　　　无，
子宫中央无痛苦，

mtha'khob yongs la sprul pa dus la babs
边地　　　所有　化身　时机到。
边地化身时机到。

ces dang
等等。
等等。

yab kyis sa may+'A ho
父曰：　三昧耶　霍！
莲师父曰：三昧耶霍！

yum gyis sa may+'A s+t+waM
母曰：　　三昧耶，　　斯达！
妙音母曰：三昧耶，斯达！

ཡང་ཡབ་ཀྱིས༔　ས་མ་ཡཱ༔ སྲྀཿ
yang yab kyis   sa may+'A h+r+'i
又　父　说：　三昧耶　　申！

（莲师）父又说：三昧耶申！

ཡང་ཡུམ་གྱིས༔　ས་མ་ཡཱ་ཏིཥྛ༔
yang yum gyis   sa may+'A tiSh+tha
母回复道：　　三昧耶，帝悉差！

（妙音）母回复道：三昧耶，帝悉差！

ཡབ་ཀྱིས༔　ར་ཧོ་ཧཾ༔
yab kyis   ra ho haM
父曰：　　日霍，航！

父曰：日霍，航！

ཡུམ་གྱིས༔　ར་ག་ཡ་མི༔
　　yum gyis   ra ga ya mi
母答道：　　让噶雅米！

母答道：让噶雅米！

ཅེས་ཡབ་ཀྱི་རྡོ་རྗེ་དང་ཡུམ་གྱི་པདྨར་ སྦྱར་ནས་སྙོམས་པར༴
ces yab kyi rdo rje dang yum gyi pad+mar sbyar nas snyoms par
于是，父之金刚与　母之　　莲花　　相交　　完美

于是，父之金刚与母之莲花完美相交，

ཞུགས་པས༔　སྤྱན་མ་ལ་སོགས་ལྷ་མོ་ལྔས་མཆོད་ཅིང་བསྟོད་ནས༔
zhugs pas   spyan ma la sogs lha mo lngas mchod cing bstod nas
进入，　　尖玛　　等　仙女　五　供养　和　赞美，

尖玛菩萨等五仙女亦前来供养和赞美，

ཡབ་ཀ་ཧེ་རུ་རྣམས་ཀྱིས་བགེགས་བསྐྲད༔　བྱང་ཆུབ་སེམས་དཔའ་རྣམས༴
yab ka he rurnams kyis bgegs bskrad   byang chub sems dpa' rnams
佛父赫如噶等　　前来驱魔，　　菩提　萨埵　诸

赫如噶佛父等前来驱魔，诸菩提萨埵前来加持和祝福，

ཀྱིས་བཀྲ་ཤིས་བརྗོད་ད༔　ཏ་ཀྲི་ཏ་ཆེན་པོ་རྣམས་ཀྱིས་བར་ཆད་བསྲུང༴
kyisbkra shis barjoda   ta krita chen po rnams kyis bar chad bsrung
加持和　　祝福，　　达之达　大　诸　清除危难　守护，

诸大"达之达"前来守护和清除危难，

སྒོ་མ་བཞིའི་མཚམས་བཅད༔　ཡུམ་རྡོ་རྗེ་ལྷ་མོ་རྣམས་ཀྱིས་གར་མཛད༔
sgo ma bzhi'i mtshams bcad   yum rdo rje lha mo rnams kyis gar mdzad
门　　四之　闭观修行，　佛母　金刚　女　　等　金刚舞　跳，

闭观修行的四门已经关闭，诸金刚佛母也前来跳金刚舞护法，

ཕྱོགས་བཅུའི་མགོན་པོ་དང་མ་མོ་ཆོས་སྐྱོང་རྣམས་ཀྱིས་བསྟན་པ༴
phyogs bcu'i mgon po dang ma mo chos skyong rnams kyis bstan pa
十方之　怙主　和　空行女护法　诸　亦　佛法

十方怙主和诸护法空行天女亦誓愿护持佛法之时，

第七章 古籍珍品释读

གྲུབ་བར་ཁས་བླང་པའི་ཚེ༔　　ཡབ་ཡུམ་བདེ་བ་ཆེན་པོས་ཕྱོགས་

srung bar khas blang pa'i tshe　　yab yum bde ba chen pos phyogs

护持　立誓愿　　　　之时，　佛父母　大乐　　　方

十方世界之所有地方都被密修的佛父母二人

བཅུའི་འཇིག་རྟེན་གྱི་ཁམས་ཐམས་ཅད་རབ་ཏུ་གཡོས་ཤིང་འགུལ་……

bcu'i 'jig rten gyi khams thams cad rab tu g.yos shing'gul

十之　世界　　之地　　所有　　激烈地撼　又　动

以密修的大乐所

ཡང་རབ་ཏུ་འགུལ་བར་གྱུར་ཏོ༔

yang rab tu 'gul bar gyur to

又　激烈　动　变得。

激烈地撼动不止。

དེའི་ཚེ༔　དེའི་དུས་སུ༔　ཡབ་ཡུམ་གཉིས་ཀྱི་སྦྱོར་མཚམས་……

de'i tshe　de'i dus su　yab yum gnyis kyi sbyor mtshams

此时，　　此刻，　父母　二人　密修相交　之处

此时此刻，

ནས་འོད་ཟེར་སྐར་མདའ་ཆད་པ་ལྟ་བུ་ཡི་གེ་ཨ༔　དམར་པོ་ལ་ཨ་ལི་……

nas'od zer skar mda' chad pa lta bu yi ge a　dmar po la a li

从　光芒　流星　犹如一般的，字母阿，　红色的　对 阿岭

从密修父母二人相交之处放射出犹如流星一般的光芒，

དཀརཔོའི་ཕྲེང་བས་བསྐོར་བ༔　ཡི་གེ་བཾ་དཀར་པོ་ལ་ཀ་ལི་དམར་……

dkarpo'i phreng bas bskor ba　yi ge baM dkar po la ka li dmar

白色的　环　　绕，　　字母　邦白色　对噶岭　红色

（光芒中）红色的"阿"字被白色的"阿岭"字母组围绕，

པོས་བསྐོར་བའི་ཕྲེང་བ་རྣམས་བོད་ཡུལ་གྱི་སྒྲག་གི་ས་ཨུ་ལུང་བྱ་……

posbskor ba'i phreng ba rnams bod yul gyi sgrag gi sa 'u lung bya

所　围绕之环　　等　吐蕃之　声音　地乌隆　所谓

白色的"邦"字又被红色的"噶岭"字母组围绕，光芒直射

ཆད་དོ༔　ཅེས་གདུ་བྱར་གཟིགས་ནས་སྤྲུལ་པ་མཛད་ཚུལ་གྱི་སྐབས་ཏེ་……

Chad do　cea gsung byar gzigs nas sprul pa mzdad tshul gyi skabs te

直射　。　众生　视　而　神变　行状　　之章

吐蕃之"乌隆"。第一章视徒众而神变之行状

དང་པོའོ༔

dang po'o

第一终。

终。

ས་མ་ཡ༔

sa may＋'A

三昧　耶，

三昧　耶，

རྒྱ་ རྒྱ་ རྒྱ༈

rgya rgya rgya

迦 迦 迦！

迦迦迦！

二 《萨迦格言》

《格言宝藏论》通常被称为《萨迦格言》，是13世纪学者萨班·贡噶坚赞（1182—1251年）所作之哲理格言诗集，全书9品：第一品，观察学者，30首；第二品，观察贤者，28首；第三品，观察愚者，43首；第四品，观察多士，43首；第五品，观察恶行，48首；第六品，观察性情，64首；第七品，观察非理，47首；第八品，观察事业，95首；第九品，观察佛法，59首。全诗共457首诗。全书格言以四句七言体诗歌写成，其内容表达了作者的治国主张、处世哲学、道德观念、学习态度和佛教思想。

༄༅།། ལེགས་པར་བཤད་པ་རིན་པོ་ཆེའི་གཏེར་ཞེས་བྱ་བའི་བསྟན་བཅོས་བཞུགས་སོ།།

Legs par bshad pa rin po che'i gter zhes bya ba'l bstan bcos bzhugs so

格言宝藏论

༄༅། །མཁས་པ་བརྟག་པ་སྟེ་རབ་ཏུ་བྱེད་པ་དང་པོའོ།།

mkhas pa brtag pa ste rab tu byed pa dang po'o

学者　　观察　　品　　　第一

第一品　观察学者

༡

མཁས་པ་ ཡོན་ཏན་ མཛོད་འཛིན་པ།

mkhas pa yon tan mdzod 'dzin pa

学者　　知识　　宝库　掌握，

学者掌握知识宝库，

དེ་དག་ལེགས་བཤད་རིན་ཆེན་སྡུད།

de dag legs bshad rin chen sdud

他们　格言　　宝贝　搜集；

他们搜集格言宝；

རྒྱ་ མཚོ་ ཆེན་པོ་ ཆུ་བོའི་གཏེར།

rgya mtsho chen po chu bo'i gter

海洋　　大　　江河的 宝库，

大海是江河的宝库，

ཡིན་ཕྱིར་ཆུ་ བོ་ ཐམས་ཅད་འབབ།

Yin phyir chu bo thams cad 'bab

因此　　川　　所有　归去

因此百川都归去。

༢

རྗེ་ པོ་ ཡོན་ཏན་ཡོད་མེད་པའི།

skye bo yon tan yod med pa'i
人们　学问　有　没有
人们是否有学问，

blang dor blo gros ldan pa mkhas
取　舍　智者　具有　善于
具有智者善取舍；

rdul dang 'dres ba'i lcags phye rnams
尘土　和　相混　铁屑
铁屑混在尘土中，

khab len rdo yis len   par shes
取针　石　用　取出　　能
磁石能把铁取出。取针石：磁石。

३

Legs bshad mkhas pa'l blo gros kyis
格言　　学者　　智慧　用
学者用智慧领悟格言，

go yi blun pos de lte min
领悟愚者　　如是　不会
然而愚者则不会；

nyi ma'i 'od zed shar ba na
太阳　光辉　　放出　时
太阳放出光辉的时候，

'byung po'i bya rnams long bar 'gyur
猫头鹰　　　们　瞎眼　变成
猫头鹰却变成了瞎子。

४

shes rab ldan pas nyes pa dag
智者　　具有　因　过错　那些
智者能够清除过错，

sel bar nus kyi blun pos min
清除　能够　愚者　做不到
而愚者则做不到；

ནམ་མཁའ་ལྡིང་གིས་དུག་ཅན་སྦྲུལ།
nam mkha' lding gis dug can sbrul
天空　　飞　　能　具毒　蛇
大鹏能够啄死毒蛇，飞天：大鹏鸟的异名。

གསོད་པར་ནུས་ཀྱི་ཁྭ་དས་མིན།
gsod par nus kyi khwa das min
啄死　　能够，乌鸦　做不到
而乌鸦则做不到。

༤

བློ་གྲོས་ཆེན་པོ་རྒུད་ན་ཡང་།
blo gros chen po rgud na yang
智者　大　　挫折　虽然
大智者遭受挫折时，

ལྷག་པར་བློ་གྲོས་སྟོབས་ལྡན་འགྱུར།
lhag par blo gros stobs ldan 'gyur
特别　聪明　　有力　变得
反而变得聪明有力；

རི་དྭགས་རྒྱལ་པོ་བཀྲེས་པ་ན།
ri dwags rgyal po bkres pa na
兽　　王　　饥饿　　如果
兽王饥饿的时候，兽王：狮子。

གླང་ཆེན་སྤྱི་བོ་མྱུར་དུ་འགེམས།
glang chen spyi bo myur du 'gems
大象　　头　瞬间　　撕裂
瞬间能够撕裂大象头。

༥

མཁས་པ་བརྩད་ཅིང་མི་དྲིས་པ།
mkhas pa brtsad cing mi dris pa
学者　考辨　　未　考
未曾考辨的学者，

དེ་ཡི་བར་དུ་གཏིང་མི་དཔོགས།
de yi bar du gting mi dpogs
其　的　浅　深　不知
不知其学问深浅；

rnga la dbyugs gus ma brnun pa
乐鼓 对鼓 槌 不 敲
乐鼓不用鼓槌敲，

de srid gzhan dang khyad ci yod
它 与其他 异 何 有
与其他器物有何异？

༢

rig pa nang par 'chi yang bslab
学问 明早 死去 即使 学
即使明早死去也要学，

tshe 'dir mkhas par ma 'gyur kyang
今生 学 不成 哪怕
哪怕今生不成学者；

skye ba phyi mar bcol ba yi
世 未来 寄存 的
就像寄存来世的物品，

nor la rang nyid len par 'dra
物品 自己 索取 就像
来生还是要自己索取。

༣

yon tan ldan na skye bo kon
知识 具有只要 人们
只要有知识，

ma psdus bar yang rang nyid 'du
不 召 即使 自己 聚集
人们也会不召自来；

dri ldan me tog rgyang ring yang
味香 花朵 远方 虽然
香花虽然在远方，

bung ba sprin gyit shogs bzhin 'khor
蜜蜂　云的　团　　　围绕
蜜蜂也会云集周围。

༩

མཁས་པ་ཡོན་ཏན་ཀུན་བསླབས་པ

mkhas pa yon tan kun bslabs pa
学者　　知识　　所有研习
学者研习所有的知识，

མཐར་ཕྱིན་གཅིག་གིས་འཇིག་རྟེན་གསལ

mthar phyin gcig gis 'jig rten gsal
精通　　　一门　　世界　　名
最终精通一门名扬世界；

བློ་ངན་ཤེས་པ་མང་ན་ཡང་

blo ngan shes pa mang na yang
庸人　　知道　很多　虽然
庸人虽然知道很多，

རྒྱུ་སྐར་བཞིན་དུ་གསལ་མི་ནུས

rgyu skar bzhin du gsal mi nus
星宿　　就像　　明亮　不能
就像星宿不明亮。

༡༠

མཁས་པ་ཡོན་ཏན་དཔག་མེད་ཀྱང་

mkhas pa yon tan dpag med kyang
学者　　学问　渊博　　即使
学者即使具有渊博的学问，

གཞན་གྱི་ཡོན་ཏན་ཆུང་ཡང་ལེན

gzhan gyi yon tan chung yang len
别人的　学问　　小　虽　吸取
别人的学问虽小也要吸取；

དེ་ལྟར་རྒྱུན་དུ་སྤྱད་པ་ཡིས

de ltar rgyun du spyad pa yis
这样　　长期坚持　　　做
如果长期坚持这样做，

མྱུར་དུ་ཐམས་ཅད་མཁྱེན་པར་འགྲོ

myur du thams cad mkhyen par 'gro
迅速　　全部　　知晓　　成为
就会迅速成为全知。全知：知晓全部知识的人。

77

མཁས་པ་ཤེས་རབ་ཀྱིས་བསྲུངས་ན།
mkhas pa shes rab kyis bsrungs na
学者　智慧　用　保卫
学者用智慧保卫自己，

དགྲ་བོ་མང་ཡང་ག་ལ་ཚུགས།
dgra bo mang yang ga la tshugs
敌人　多　再　无济于事
敌人再多也无济于事；

འཕགས་རྒྱལ་གྱི་ནི་བྲམ་ཟེའི་བུ
'phags rgyal gyi ni bram ze'i bu
乌仗那　的　婆罗门的儿子
乌仗那婆罗门的儿子，

གཅིག་བུས་དགྲ་བོའི་ཚོངས་ཀུན་བཅོམ།
gcig bus dgra bo'i tshongs kun bcom
一人　敌人　众　全　败
只身打败所有敌人。

78

བློ་ཆུང་གྲོས་ཉེས་འཁྲུགས་པའི་ཚེ
blo chung gros nyes 'khrugs p'i tshe
愚者　失和　争吵的时候
愚者失和争吵的时候，

བློ་ལྡན་ཐབས་ཀྱིས་བདེ་བར་གསོ
blo ldan thabs kyis bde bar gso
智者　法　设　平息　使
智者设法使其平息；

ཆུ་ཀླུང་རྙོག་པས་ཆུད་གཟན་པ།
chu klung rnyog pas chud gzan pa
江河　混浊　搅浑
江河混浊不清的时候，

ཆུ་དྭངས་ནོར་བུས་དྭངས་པར་བྱས།
chu dwangs nor bus dwangs par byas
清水　宝贝　清澈　使其
清水宝贝使其清澈。

79

མཁས་པ་ཇི་ལྟར་ཐབས་བརྡུགས་ཀྱང་།
mkhas pa ji ltar thabs brdugs kyang

学者　不论　艰难　　如何
学者不论如何艰难，

བླུན་པོ་འཇུག་པའི་ལམ་མི་འགྲོ།
blun po 'jug pa'i lam mi 'gro
庸人　放的　　道不走
也不会走庸人之道；

ཆར་འདོད་བྱེའུ་སྐོམ་ན་ཡང་།
char 'dod bye'u skom na yang
雨驻　　之鸟　干渴　虽然
燕子虽然干渴，雨驻之鸟：燕子

ས་ལ་འབབ་པའི་ཆུ་མི་འཐུང་།
sa la 'bab pa'i chu mi 'thung
地　落　之水不　喝
也不喝落地之水。

※

ཤེས་རབ་ལྡན་པ་མགོ་བསྐོར་ཡང་།
shes rab ldan pa mgo bskor yang
智慧　具有者　欺骗　　即使
智者即使被欺骗，

བྱ་བའི་ཆ་ལ་རྨོངས་མི་འགྱུར།
bya ba'i cha la rmongs mi 'gyur
大事　　对待　糊涂　不　变
对待大事也不糊涂；

སྲོག་ཆགས་གྲོག་མ་མིག་མེད་ཀྱང་།
srog chags grog ma mig med kyang
动物　　　蚂蚁　眼睛　没　虽然
蚂蚁虽然没眼睛，

མིག་ལྡན་གཞན་ལས་ལྷག་པར་མགྱོགས།
mig ldan gzhan las lhag par mgyogs
具眼　其他　比　特别　　快
却比其他具眼走得快。具眼：有眼睛的虫类。

※

བློ་གྲོས་ལྡན་པ་གཉིས་བགྲོས་ན།
blo gros ldan pa gnyis bgros na
智慧　具有者　两个　议事　如果
如果两个智者议事，

བློ་གྲོས་ལེགས་པ་གཞན་འབྱུང་སྲིད།
blo gros legs pa gzhan 'byung srid

智慧　高尚　另一种可能　产生
可能产生另一种更高的智慧；

ཡུང་བ་དང་ནི་ཚ་ལ་ལས༔
yung ba dang ni tsha la las
姜黄　和　　硼砂　从
调和姜黄和硼砂，

ཁ་དོག་གཞན་ཞིག་སྐྱེ་བར་འགྱུར༔
kha dog gzhan zhig skye bar 'gyur
颜色　另外一种　产生　成
就会产生另外一种颜色。

※

ཁོང་མཛངས་བསོད་ནམས་བསགས་པའི་མི༔
khong mdzangs bsod nams bsags pa' mi
聪明　　　福德　　积聚　的人
聪明而积聚福德的人，

གཅིག་བུ་ཡིན་ཡང་ཀུན་ལས་རྒྱལ༔
gcig bu yin yang kun las rgyal
只身　即使　一切　胜
即使只身也能够战胜一切；

རི་དྭགས་རྒྱལ་པོ་སེང་གེ་དང་༔
ri dwags rgyal po seng ge dang
兽　之　王　　狮子　和
兽王狮子和转轮王，

འཁོར་ལོས་བསྒྱུར་ལ་གྲོགས་མི་དགོས༔
'khor los bsgyur la grogs mi dgos
转轮王　　　与　帮助　无须
无须他人帮助。

※

ཐབས་ལ་མཁས་ན་ཆེན་པོ་ཡང་༔
Thabs la mkhas na chen po yang
计策　良　如大人物　也
只要善使良策，

བྲན་དུ་བཀོལ་བར་ག་ལ་དཀའ༔
bran du bkol bar ga la dka'
奴仆　变成　　　也不难
把大人物变成奴仆也不难；

མཁའ་ལྡིང་མཐུ་རྩལ་ཆེན་ན་ཡང་༔
mkha' lding mthu rtsal chen na yang

飞天　　本领　高　虽
飞天飞翔本领虽高，飞天：大鹏鸟的异名。

གོས་གསེར་ཅན་གྱིས་བཞོན་པར་འགྱུར།།
gos gser can gyis bzhon par 'gyur
黄衣　者　　　坐骑　变成
却成了黄衣者的坐骑。黄衣者：天神名。

༄

འཇིག་རྟེན་འདི་དང་ཕ་རོལ་གྱི
'jig rten 'di dang pha rol gyi
今生　　　此 和　来世　的
能修今生来世大乐的人，

བདེ་བ་བསྒྲུབ་པ་ཤེས་རབ་ཡིན།
bde ba bsgrub pa shes rab yin
大乐　修成　　聪明人　是
才是智慧的聪明人；

རྒྱལ་བུ་ཟླ་བ་ཤེས་རབ་ཀྱིས
rgyal bu zla ba shes rab kyis
王子　达瓦　智慧　用
达瓦王子用智慧，

བྲན་བཟངས་འདི་དང་ཕྱི་མར་བསྐྱབས།།
bran bzangs 'di dang phyi mar bskyabs
占桑　　　今生 和 来世　救
救了占桑的今生和来世。

༄

དཔའ་ཞིང་མཐུ་རྩལ་ཆེ་ན་ཡང་།
dpa' zhing mthu rtsal che na yang
勇敢　又　本领　　高强既
既勇敢又本领高强，

མཁས་པ་མིན་པས་དཔའ་མིན་ཐོབ
mkhas pa min pas dpa' min thob
智者　　不是　发达 不 得到
不是智者也不发达；

འབྱོར་པ་ཐོབ་པར་གྱུར་ན་ཡང་།
'byor pa thob par gyar na yang
富裕　得到　变　即使
即使发财致富，

བསོད་ནམས་མེད་ན་ག་ལ་རྟག
bsod nams med na ga la rtag

福气　　没有　怎么　长久
没有福气也会不长久。

༡༠

ཡོན་ཏན་སྐྱོན་གཉིས་སུས་ཀྱང་གསལ།
Yon tan skyon gnyis sus kyang gsal
功　　过　二者　谁都　　清
功过是非谁都看得清，

འདྲེས་པ་འབྱེད་ཤེས་མཁས་པ་ཡིན།
'dres pa 'byed shes mkhas pa yin
二者相混 区分　知　学者　是
二者相混只有学者能区分；

ཆུ་ལས་འོ་མ་ངང་པས་ཕྱེད།
chu las 'o ma ngang pas phyed
水　从乳　黄鸭　能　区分
黄鸭能区分相混的水乳，

བ་ལས་འོ་མ་ཀུན་གྱིས་ལོང་།
ba las 'o ma kun gyis long
牛　从　奶　谁都　　挤
而从牛身上挤奶谁都会。

༡༡

སྨྲས་ཤིང་བསྐུལ་བར་གྱུར་པ་ན།
smras shing bskul bar gyur pa na
讲明　又　鼓励　　　只要
只要讲清楚又鼓励，

དུད་འགྲོ་ལ་ཡང་གོ་བ་སྐྱེ།
dud 'gro la yang go ba skye
牲畜　　也　领会 产生
就是牲畜也能领会；

མ་བསྐུལ་གཞན་གྱིས་མ་སྨྲས་པར།
ma bskul gzhan gyis ma smras par
不鼓励　别人　　不　说明
别人不鼓励也不说明，

བསམ་པ་ཤེས་ན་མཁས་པ་ཡིན།
bsam pa shes na mkhas pa yin
一想　知晓　聪明人　是
一想便知那是聪明人。

༡༢

བློ་དང་ཕན་མ་སྨྲས་ཀྱང་།

blo dang ldan na ma smras kyang
智慧　具有　不　表白
如果具有智慧，

rnam 'gyur nyid las bsam pa go
表情　　本身从　所想　知
即使不表白从表情也能知其所想；

bal po'i se'u ma zos kyang
尼泊尔的 红果 未尝也
未尝尼泊尔的红果，

kha dog nyid las bro ba shes
颜色　本身从　味　知
从颜色就知其味。

९३

mkhas pa rang gi yul las kyang
学者　自己 的故乡比　还
学者在故乡得到的供养，

yul khams gzhan na mchod pa thob
地方　　其他　供养　　得到
不如在他乡得到供养；

nor bu gzhan du brin pa tsam
宝贝　别处　畅销　只是
宝贝只是畅销在别处，宝贝：珍珠。

rgya mtsho'i gling du ga la brin
海洋的　　岛　上　哪有市场？
海岛哪有市场？

९४

mkhas pa slob pa'i dus na sdug
学者　求学之　时　艰辛，
学者求学之时艰辛，

bde bar sdod la mkhas mi srid
安逸　贪图　学者　成不了；
贪图安逸成不了学者；

བདེ་བ་ཆུང་ལ་ཆགས་པ་དེས།
bde ba chung la chags pa des
安乐　小小　迷恋　人
迷恋小小安乐的人，

ཆེན་པོའི་བདེ་བ་ཐོབ་མི་སྲིད།
chen po'i bde ba thob mi srid
长久的　幸福　得到　不可能。
不可能得到长久的幸福。

༢༥

བློ་དང་ལྡན་ན་ཉམ་ཆུང་ཡང་།
blo dang ldan na nyam chung yang
智慧　具有　弱小　虽然
智慧者虽然弱小，

སྟོབས་ལྡན་དགྲ་བོས་ཅི་བྱར་ཡོད།
stobs ldan dgra bos ci byar yod
强大　敌　无计可施
强敌无计可施；

རི་དྭགས་རྒྱལ་པོ་སྟོབས་ལྡན་ཡང་།
Ri dwags rgyal po stobs ldan yang
动物　兽王　勇猛　强大　虽然
兽王虽然强大勇猛，

རི་བོང་བློ་དང་ལྡན་པས་བསད།
ri bong blo dang ldan pas bsad
小兔　智慧　具　者　所杀
却被聪明小兔所杀。

༢༧

སེམས་ཅན་གཞན་དང་རྗེས་མཐུན་པའི།
sems can gzhan dang rjes mthun pa'i
有情　其他　和　协商　相处的
知晓与人协商相处，

སྤྱོད་པ་ཤེས་ན་མཁས་པ་ཡིན།
spyod pa shes na mkhas pa yin
行为　知晓　学者　是
才是真正的学者；

དུད་འགྲོ་ཡིན་ཡང་རིགས་མཐུན་རྣམས།

dud 'gro yin yang rigs mthun rnams
畜生　就是　同类　　们
就是那些畜生，

ཁྱུ་གཅིག་ཏུ་ནི་མི་གནས་བསམ༎
khyu gcig　tu ni mi gnas bsam
群　　一　处是不　居　吗
难道不是同类群居吗？

༡༠

དེས་པར་འབྱུང་བའི་བྱ་བ་འགའ།
nges par'byung ba'i dya ba 'ga'
必然　　发生的　事情　一些
在发生一些必然事情之前，

མ་གྲུབ་པ་ན་དཔྱོད་པའི་ཚེ།
ma grub pa na dpyod pa'i tshe
未进行　之前　观察　　时
进行观察便知贤愚；

མཁས་རྨོངས་གཉིས་ཀྱི་ཁྱད་པ་ཤེས།
mkhas rmongs gnyis kyi khyad pa shes
贤　　愚　　二者的　区别　知晓
事后再去检查，

གྲུབ་ནས་དཔྱོད་པ་བླུན་པོའི་ཚུལ༎
grub nas dpyod pa blun povi tshul
行为之后　观察　　愚者　是　行为
那是愚者的行为。

༡༡

མཁས་པ་རྣམས་ཀྱི་དཔྱད་པ་ཡི།
mkhas pa rnams kyi dpyad pa yi
学者　　们　　的　使用的
知晓学者的研习方法，

ཤེས་བྱ་ཤེས་ན་མཁས་པར་བགྲང་།
shes bya shes na mkhas par bgrang
研习法，知晓　学者　　算
才算学者的本领；

བ་གླང་རྒན་གཞོན་དཔྱོད་པ་ལ།
ba glang rgan gzhon dpyod pa la
牛　老　小　　能分辨
傻瓜能够分辨老牛小牛，

བླུན་པོ་མཁས་ཀྱང་ཡོན་ཏན་མིན༎

blun po mkhas kyang yon tan min
傻瓜　　知道　　学问　非
并非是学问。

ༀ

རྒྱ་མཚོ་ཆུ་ཡིས་མི་ངོམས་ཤིང་།
rgya mtsho chu yis mi ngoms shing
大海　　水用　不　满足
水满足不了大海，

རྒྱལ་པོའི་བང་མཛོད་ནོར་གྱིས་མིན།
rgyal po'i bang mdzod nor gyis min
国王的　仓库　　财宝用 不
财宝满足不了国库；

འདོད་ཡོན་སྤྱད་པས་མི་ངོམས་ཏེ།
'dod yon spyad pas mi ngoms te
妙欲　　享受　　不 满足
妙欲满足不了贪婪者，

མཁས་པ་ལེགས་བཤད་ཀྱིས་མི་ངོམས།།
mkhas pa legs bshad kyis mi ngoms
学者　　格言　　　用不 满足
格言满足不了学者。妙欲：人们的各种物质和精神的享受。

ༀ

ལེགས་བཤད་བྱིས་པ་དག་ལས་ཀྱང་།
Legs bshad byis pa dag las kyang
格言　　　儿童　出自　即使
即使出自儿童的格言，

མཁས་པ་རྣམས་ནི་ཡོངས་སུ་ལེན།
mkhas pa rnams ni yongs su len
学者　　们 是 全部　　学
学者也要全学到；

དྲི་ཞིམ་བྱུང་ན་རི་དྭགས་ཀྱི།
dri zhim byung na ri dwags kyi
味　只要　　动物　的
为了得到香料，

ལྟེ་བ་ལས་ཀྱང་གླ་རྩི་ལེན།།
lte ba las kyang gla rtsi len
肚脐 从 哪怕 麝香　取
哪怕从动物肚脐也要取麝香。

༄༅། ཡ་རབས་རྟག་པ་སྟེ་རབ་ཏུ་བྱེད་པ་གཉིས་པའོ།།
ya rabs rtag pa ste rab tu byed pa gnyis pa'o
贤者　观察　　品（章）　　第二
第二品　观察贤者

༡

རྟག་ཏུ་དམ་པའི་ཡོན་ཏན་རྣམས།
rtag tu dam pa'i yon tan rnams
经常　贤者的　品德　所有
贤者所有的品德，

སྐྱེ་བོ་དམ་པས་ལྷག་པར་སྒྲོགས།
skye bo dam pas lhag par sgrogs
圣贤　者　　加以　传颂
常被其他贤者加以传颂；

མ་ལ་ཡ་ཡི་ཙན་དན་དྲི།
ma la ya yi tsan dan dri
摩罗耶山的檀香　　味
摩罗耶山的檀香味，

རླུང་གིས་ཕྱོགས་བཅུར་རྒྱས་པར་བྱས།།
rlung gis phyogs bcur rgyas par byas
风　被方　十　散布　开
被风吹散到十方。十方：四面八方之意。

༢

དམ་པ་དཔོན་དུ་བསྐོས་གྱུར་ན།
dam pa dpon du bskos gyur na
贤者　官员　委任　即使
委任贤者做官员，

དོན་གྲུབ་པ་དང་བདེ་སྐྱིད་འཐོབ།
don grub pa dang bde skyid 'thob
业成功　　和　幸福　获得
事业成功得幸福；

ནོར་བུ་རྒྱལ་མཚན་རྩེར་མཆོད་ན།
nor bu rgyal mtshan rtser mchod na
宝贝　佛幢　　顶　供
君言幢顶供宝贝，

ཡུལ་ཕྱོགས་དགེ་ཞེས་མཁས་རྣམས་སྒྲོགས།།
yul phyogs dge zhes mkhas rnams sgrogs
地方　　安宁　君子们　　言
地方就会得安宁。

༣

རྒྱལ་ངན་གཞན་གྱིས་གཙེས་པ་ན།
rgyal ngan gzhan gyis gtses pa na
君　暴　其他　遭受统治如果
如果遭受暴君统治，

ལྷག་པར་ཆོས་རྒྱལ་དྲན་པར་འགྱུར།
lhag par chos rgyal dran par 'gyur
特别　法王　想念　变得
就会特别想念法王；

རིམས་ཀྱིས་བཏབ་པའི་སེམས་ཅན་རྣམས།
rims kyis btab pa'I sems can rnams
瘟疫　被　缠身的　牲畜　那些
牲畜被瘟疫缠身时，

གངས་ཆུ་འབའ་ཞིག་ཡིད་ལ་བྱེད།
gangs chu 'ba' zhig yid la byed
雪水　一心一意　盼望
一心一意盼雪水。

༤

སྡིག་སྤྱོད་རྒྱལ་པོས་གཙེས་པ་ན།
sdig spyod rgyal pos gtses pa na
残暴　国君暴　残害　时
遭受暴君残害的时候，

མི་དབང་ཆོས་རྒྱལ་ལྷག་པར་སྐྱོང།
mi dbang chos rgyal lhag par skyong
人主　法王　特别　护佑
人主法王就会特别护佑；

འབྱུང་པོའི་གདོན་གྱིས་བཏབ་པ་ལ།
'byung po'i gdon gyis btab pa la
邪恶　魔鬼　被　纠缠　时
被邪魔所缠时，

གསང་སྔགས་གྲུབ་པས་རྗེས་སུ་འཛིན།
gsang sngags grub pas rjes su 'dzin
密法　修成　得　保护
修成密法就会得到保护。

༥

དམ་པ་སྡིག་པ་ཆུང་ཡང་སྤོང།
dam pa sdig pa chung yang spong

贤者　过失　虽小　　摒弃
过失虽小贤者也会摒弃，

dman rnams chen po'anga de lta min
贱人们　　罪孽再大　不是这样
孽再大贱人也不弃；

zho la rdul phran 'byar ba sel
奶酪　灰粉　　沾上　清除
奶酪沾上灰粉要清除，

chang la phab kyang lhag par 'debs
酿酒　酒糟粉　　特意　　放
酿酒还要特意放酒糟粉。

ᠴ

skye bo dam pa rgud gyur kyang
正人　君子　遭危难　即使
正人君子即使遭受危难，

spyod pa'i khyad par lhag par mdzes
品行　　更加　　显得　　高尚
品行也会显得更加高尚；

me ni thur du kha bstan kyang
火头　低处　朝向　　尽管
尽管火头朝向低处，

me lce gyen la 'bar bar mthong
火舌　向上　燃烧　　看见
火舌仍然向上燃烧。

ᠵ

dam pa rgyang nas gnas na yang
贤者　远方　身居　虽然
贤者虽然身居远方，

'khob 'dabs phan pas ring nas skyong

属下　　利益　　远处　　关照
也要从远处关照属下利益；

མཁའ་ལ་སྤྲིན་ཆེན་འཁྲིགས་པ་ཡིས།

mkha' la sprin chen 'khrigs pa yis
空中　　云雨　大　密布
远在空中的云雨，

ས་ཡི་ལོ་ཏོག་ཁྱད་པར་འཕེལ།

sa yi lo tog khyad par 'phel
地上庄稼　特别　　兴旺
使地上的庄稼特别兴旺。

༢

གསོན་ཚེ་སྙན་གྲགས་དགའ་བའི་རྒྱུ།

gson tshe snyan grags dga' ba'i rgyu
活着　　名声　　爱　之因
在世爱名声，

འཇིག་རྟེན་གཞན་དུ་བསོད་ནམས་དགའ།

'jig rten gzhan du bsod nams dga'
世界　　其他　福德　　爱
来世爱福德；

དེ་གཉིས་མེད་པའི་ནོར་ཙམ་གྱིས།

de gnyis med pa'i nor tsam gyis
二者　若无　　钱财　仅有
若无二者仅有钱财，

མཁས་རྣམས་དགའ་བ་བསྐྱེད་མི་ནུས།

mkhas rnams dga' ba bskyed mi nus
学者　们　爱慕　产生　不会
学者不会产生爱慕。

༣

ཕྱི་རྗེས་རིང་དུ་བལྟ་བ་དང་།

phyi rjes ring du blta ba dang
未来　长远　着眼　和
只要着眼未来，

བག་ཡོད་པ་ལ་བཟོད་སྲན་ཆེ།

bag yod pa la bzod sran che
小心谨慎　又　忍让　能够
小心谨慎又忍让；

བརྩོན་འགྲུས་ཆེ་ཞིང་བརྟན་ལ་གྲིམས།

brtson 'grus che zhing brtan la grims

勤奋　坚持　又　努力　不懈
坚持不懈勤努力，

བྲན་གཡོག་ཡིན་ཡང་དཔོན་དུ་འགྱུར།།
bran g.yog yin yang dpon du 'gyur
仆役　　即使是　大官　也能当
即使是仆役也能当大官。

༡༠

སྦྱིན་ལ་རྟག་ཏུ་སེམས་སྤྲོ་བ།
sbyin la rtag tu sems spro ba
布施　常常　心　欢喜
布施常常心欢喜，

དེ་ཡི་གྲགས་པ་རླུང་བཞིན་ལྡང་།
de yi grags pa rlung bzhin ldang
他的　美名　风吹　像　激烈
美名就像风吹四起；

ཕོངས་པ་སློང་བ་འདུ་བ་བཞིན།
phongs pa slong ba 'du ba bzhin
贫穷　乞丐　聚集　如同
如同乞丐聚集，

འབུལ་བར་འདོད་རྣམས་དེ་བས་མང་།།
'bul bar 'dod rnams de bas mang
献　愿意　者　比他们　多
愿当施主的比他们多。

༡༡

བྱིན་ནས་སླར་ཡང་མི་ལེན་ལ།
byin nas slar yang mi len la
布施　又　不求回报
布施而不求回报，

དམན་པའི་བརྙས་པ་དང་དུ་ལེན།
dman pa'i brnyas pa dang du len
贱人的　嘲讽　也忍受
贱人嘲讽也忍受，

ཕན་པ་ཆུང་ངུའང་མི་བརྗེད་པ།
phan pa chung ngu'ang mi barjeda pa
受益　小　虽　不忘记
受益虽小永不忘，

བདག་ཉིད་ཆེན་པོའི་ཆེ་རྟགས་ཡིན།།
bdag nyid chen po'i che rtags yin

神圣之人　　的　大　标志　是
这是圣人的标志。

12

དམ་པའི་ཡོན་ཏན་སྦས་གྱུར་ཀྱང་།
dam pa'i yon tan sbas gyur kyang
贤者的　学问　深藏　虽然
贤者的学问虽然深藏，

འཇིག་རྟེན་ཀུན་ལ་ཁྱབ་པར་གསལ།
'jig rten kun la khyab par gsal
世界　全　普遍　明亮
而照世的光辉特别明亮；

སྣ་མའི་མེ་ཏོག་ལེགས་བཀབ་ཀྱང་།
sna ma'i me tog legs bkab kyang
豆蔻　花朵　严密遮盖　虽然
豆蔻花虽然被严密遮盖，

དྲི་ཞིམ་ཀུན་ཏུ་ཁྱབ་པར་འགྱུར།།
dri zhim kun tu khyab par 'gyur
香气　四方 散发　变成
香气依然飘散四方。

13

རྒྱལ་པོ་རང་ཡུལ་ཆེ་བ་ཙམ།
rgyal po rang yul che ba tsam
国王　本境内　称雄　仅仅
国王仅仅在境内称雄，

དམ་པ་གང་དུ་ཕྱིན་པར་བཀུར།
dam pa gang du phyin par bkur
贤者　何处　到　受尊敬
而贤者到何处都受尊敬；

མེ་ཏོག་ཕལ་ཆེར་ཉིན་རེའི་རྒྱན།
me tog phal cher nyin re'i rgyan
鲜花　大都是　一天的　装饰
鲜花大都是一天的装饰，

གཙུག་གི་ནོར་བུ་གང་དུའང་མཆོད།།
gtsug gi nor bu gang du'ang mchod
顶　的　珠宝　何处都　贵为
顶上珠宝在何处都贵为珍品。

14

སྨྱོན་ཤིང་དུད་པ་འབས་ཏུ་མང་།

ljon shing dud pa 'bras bu mang
果树　　低垂　硕果　多
果树低垂结硕果，

rma bya dal ba mjug sgro bzang
孔雀　温驯　翎尾　　好
孔雀温驯翎尾长；

rta mchog dul ba 'gro mgyogs te
骏马　　驯服　走得 快
骏马驯服快如飞，

dam pa dul ba mkhas pa'i rtags
智者　温和　贤者　相。
诚挚温和智者相。

75

dam pa rnams dang phal pa la
圣贤　们　和　一般人
圣贤和常人做事情，

byas pa mnyam yang drin mi 'dra
做事　一样，却　福报不同
做的事相同但福报不一样；

zhing la sa bon khyad med kyang
地里　种子　区别 无　虽
地里种子虽相同，

lo tog khyad par dpag tu med
庄稼　区别　　量　不可
庄稼收成差异却很大。

76

bdag nyid che la phan btags na
高僧　　大德 办事　如为
如为高僧办事，

cung zad tsam la'ng 'bras bu 'byin
一点　小事即使　酬报　得
即使小事也得酬报；

སྐྱུ་རུ་ར་ཅིག་བྱིན་པ་ལས།
skyu ru ra cig byin pa las
酸果　一颗　给　了
请看给了一颗酸果，

ཆོས་རྒྱལ་བུ་དང་སྙོམས་ལ་ལྟོས།།
chos rgyal bu dang snyoms la ltos
法王　太子和　同等获看
就获得太子般的赏赐。

13

བཟང་པོའི་ཚོ་རིགས་སྤྱོད་པས་བསྲུང་།
bzang po'i cho rigs spyod pas bsrung
高贵 的 种姓　靠德行　护持
高贵种姓要靠德行护持，

སྤྱོད་པ་ཉམས་ན་རིགས་དོན་མེད།
spyod pa nyams na rigs don med
行为　堕落　种姓 无意义
行为堕落则种，姓高贵无意义；

ཙན་དན་དྲི་བཟང་སྐྱེ་བོ་དགའ།
tsan dan dri bzang skye bo dga'
檀香　味道芬芳　人人　爱
檀香芬芳人人爱，

དེ་བསྲེགས་སོལ་བ་སུ་ཞིག་དགའ།།
de bsregs sol ba su zhig dga'
把它　烧成　木炭　哪个　喜欢
烧成木炭有谁喜欢。

14

ཆེན་པོ་རེ་ཞིག་རྒུད་གྱུར་ཀྱང་།
chen po re zhig rgud gyur kyang
圣贤　暂时　遭厄运　虽然
虽然圣贤暂时遭厄运，

དེ་ལ་གདུང་བ་བསྐྱེད་མི་དགོས།
de la gdung ba bskyed mi dgos
对他 痛苦伤心 产生 不必要
不必为他痛苦伤心；

ཟླ་བ་རེ་ཞིག་གནས་ཟིན་ཀྱང་།

zla ba re zhig gzas zin kyang
月亮 暂时 吞食 被 虽然
虽然月亮暂时被吞食，

de ma thag tu grol bar 'gyur
很快 就会 解脱 得到
很快就会得解脱。

١

chen pos dgra la byams byas na
贤者 对敌人仁慈 如
贤者如对敌仁慈，

dgra nyid de yi dbang du 'gyur
仇敌 他的 统治下 于归顺
仇敌就会归顺于他；

mang pos bkur bas kun bskyangs pas
众人 拥戴 故 众人保护
众人拥戴者保护众人，

kun gyis rgyal por dbang bskur ro
众人 授 国王 权 立为
众人授权立为王。授权：推举、拥戴之意。

٢

dam pa ji ltar rgud gyur kyang
圣贤 如何 困苦 无论
无论圣贤如何困苦，

sdig dang 'dres pa'i zas mi za
罪孽 和 沾有的 食物不吃
都不吃沾有罪孽的食物；

seng ge bkres kyang mi gtsang ba'i
狮子 饥饿 虽然 不 干净的
无论狮子多饥饿，

ngan skyugs za bar mi byed do
令人作呕的吃　　不会
不会吃令人作呕的肮脏食物。

༧

དམ་པ་སྲོག་ལ་བབ་ན་ཡང་།
dam pa srog la bab na yang
贤者　　生命　危及　即使
贤者即使被危及生命，

རང་བཞིན་བཟང་པོ་ག་ལ་འདོར།
rang bzhin bzang po ga la 'dor
本性　　　善良　　怎么会　弃
也不会放弃善良的本性；

ས་ལེ་སྦྲམ་ནི་བསྲེགས་བཅད་ཀྱང་།
sa le sbram ni bsregs bcad kyang
纯净真金　　　烧　　砍　　即使
真金即使遭到烧和砍，

དེ་ཡི་ཁ་དོག་ཉམས་མི་འགྱུར།།
de yi kha dog nyams mi 'gyur
它的　颜色　　变质　不会
也不会改变本来的颜色。

༨

སྐྱེས་མཆོག་རྣམས་ལ་དམན་པ་རྣམས།
skyes mchog rnams la dman pa rnams
贤者　　　　们　对　小人　　们
小人对贤者大发雷霆，

ཁྲོ་ཡང་ལན་དུ་ག་ལ་ཁྲོ།
khro yang lan du ga la khro
发雷霆也　回应　　不会怒
（贤者）也决不会以怒气回应；

ཅེ་སྤྱང་དྲེགས་པའི་སྐད་འབྱིན་ཡང་།
ce spyang dregs pa'i skad 'byin yang
豺狼　　傲慢的　　叫声发出　虽然
虽然豺狼发出傲慢的叫声，

རི་དྭགས་རྒྱལ་པོས་སྙིང་རྗེ་སྐྱེ།།
ri dwags rgyal pos snying rje skye
动物　　王　　　怜悯　产生
狮子可怜它无知。

३३

བདག་ཉིད་ཆེན་ལ་སྐྱེ་བོ་རྣམས།
bdag nyid chen la skye bo rnams
高僧 大德　对　普通人
高僧大德被人挑刺儿，

སྐྱོན་འཚོལ་འགྱུར་གྱི་དམན་ལ་མིན།
skyon 'tshol 'gyur gyi dman la min
错误　找会去　贱者　不会
而卑贱者则不会；

འཕན་ཟེལ་རིན་ཆེན་ལ་ལྟ་ཡི།
'phan zel rin chen la lta yi
瑕疵　　珍宝　　被 细看
珍宝瑕疵被人细看，

མགལ་དུམ་ལ་ནི་སུ་ཞིག་དཔྱོད།།
mgal dum la ni su zhig dpyod
破木头　对　谁去　观察
破木头谁去观察。

३४

བསྟོད་པས་དགའ་བར་མི་འགྱུར་ལ།
bstod pas dga' bar mi 'gyur la
赞誉　对 狂喜　不要表
对赞誉不要表示狂喜，

སྨད་པས་མི་དགར་མི་འགྱུར་ཞིང་།
smad pas mi dgar mi 'gyur zhing
诽谤 对 不 乐 不要　也
对诽谤不要表示愤怒；

རང་གི་ཡོན་ཏན་ལེགས་གནས་པ།
rang gi yon tan legs gnas pa
自己的 功德 好　保持
保持好自己的功德，

སྐྱེ་བོ་དམ་པའི་མཚན་ཉིད་ཡིན།།
skye bo dam pa'i mtshan nyid yin
圣贤人 的　本性　是
才是贤者的本性。本性：标志、特点。

३५

སྡིག་པ་དང་ནི་མཐུ་རྩལ་ལས།
sdig pa dang ni mthu rtsal las

罪孽　以及　权术　使用　从
使用罪孽和权术获得的妙欲，

བྱུང་བའི་ལོངས་སྤྱོད་ལོངས་སྤྱོད་མིན།
byung ba'i longs spyod longs spyod min
得来的　妙欲，　　享受　　非
不是真正的妙欲；

ཁྱི་དང་བྱི་ལ་འགྲངས་ན་ཡང་།
khyi dang byi la 'grangs na yang
狗　和　猫　饱　　　　虽然
猫狗虽然吃饱了，

ངོ་ཚར་བོར་བའི་རྣང་ཐར་ཡིན།།
ngo tshar bor ba'i rnang thar yin
羞耻　　丢弃的　故事　　是
却都是无耻的经历。

༢༠

འཁོར་ལ་ཕུན་སུམ་ཚོགས་གྱུར་ན།
'khor la phun sum tshogs gyur na
属下　幸福圆满　　得到　如
如果使属下得到圆满幸福，

རྗེ་དཔོན་ཉིད་ལ་ཆེ་བ་ཡིན།
rje dpon nyid la che ba yin
长官　本人的能力　是
就显得长官能力强；

རྟ་ལ་རྒྱན་དུ་བྱས་པ་ན།
rta la rgyan du byas pa na
骏马装饰　　配上　如
骏马配上鞍具装饰，

བདག་པོ་ཉིད་ལ་མི་མཛེས་སམ།།
bdag po nyid la mi mdzes sam
主人　本人　不　威风　吗
难道不是主人的威风吗？

༢༡

ཇི་ལྟ་ཇི་ལྟར་རྗེ་དཔོན་གྱིས།
ji lta ji ltar rje dpon gyis
如此　如此　　君王　对
君王对属下，

འཁོར་ལ་དྲིན་གྱིས་བསྐྱངས་གྱུར་པ།
khor la drin gyis bskyangs gyur pa

属下　恩用　保护　来
如此这般施恩保护；

de lta de ltar 'khor g.yog rnams
这般　这般　属下　　们
属下对君王，

r je dpon nyid kyi bya ba bsgrubs
君王　本人的　事业　完成
就会如此这般完成君王的事业。

३३

bdag nyid chin po gnas pa'i sar
高僧　　大德　居住的　地方
有高僧大德的地方，

mkhas pa gzhan dag su yis brtsi
学者　　其他　　有谁　重视
有谁重视一般的学者？

mkha' la nyi ma shar ba na
天空　太阳　升起　时
天空升起太阳的时候，

rgyu skar mang yang mthong mi 'gyur
星星　　多　虽　见　　不会
星星虽多也看不见。

blun po rtag pa ste rab tu byed pa gsum pa'o
愚者　　观察　品　　第　　三
第三品　观察愚者

१

skye bo ngan pa 'byor thob kyang
人　　恶　　钱财　获得
恶人获得钱财，

lhag par spyod pa ngan par 'gyur

更加　　行为　恶劣　会变得
行为会变得更恶劣；

འབབ་ཆུ་ཇི་ལྟར་བཟློག་གྱུར་ཀྱང་།
'bab chu ji ltar bzlog gyur kyang
河水　　如何　　堵截，
无论如何堵截河水，

ཐུར་དུ་འབབ་པ་ཁོ་ནར་འདོད།།
thur du 'bab pa kho nar 'dod
低处　流淌　总是　喜欢。
（水）总是向低处流淌。

二

དམན་ལ་སྤྱོད་པ་བཟང་བྱུང་ཡང་།
dman la spyod pa bzang byung yang
卑贱者　善行　　　即使有，
卑贱者即使有善行，

དེ་ནི་བཅོས་མའི་རྣམ་ཐར་ཡིན།
de ni bcos ma'i rnam thar yin
也是　伪造的　故事；
也是伪造的故事；伪造的故事：制造的假象。

ཤེལ་ལ་ནོར་བུས་ཁ་བསྒྱུར་ཡང་།
shel la nor bus kha bsgyur yang
玻璃　宝石色　染上　　虽然，
染上宝石色的玻璃，

ཆུ་དང་འཕྲད་ན་རང་མདོག་སྟོན།།
chu dang 'phrad na rang mdog ston
水　和　遇　本色　就现出。
遇水就现出本色。

三

བློན་པོས་བྱ་བ་ལེགས་གྲུབ་ཀྱང་།
blon pos bya ba legs grub kyang
愚人　即使　事　做成功，
愚人即使做事成功，

སྟེས་དབང་ཡིན་གྱི་བསྒྲུབས་པས་མིན།
stes dbang yin gyi bsgrubs pas min
侥幸　　只是　本领　不是；
只是侥幸不是本领；

སྲིན་བུའི་ཁ་ཆུ་དར་སྐུད་དུ
srin bu'i kha chu dar skud du

蚕之　口液　　丝线
蚕液变成丝线，

འགྲོ་བ་མཁས་ནས་བྱུང་བ་མིན།
'gro ba mkhas nas byung ba min
变成，本领　从　而来　非。
并非有（纺织）本领。

༤

ཆེན་པོས་འབད་ནས་བསྒྲུབས་པའི་གྲོས།
chen pos 'bad nas bsgrubs pa'i gros
贤者 努力　　　达成的协议，
贤者努力达成的协议，

ངན་པས་སྐད་ཅིག་གཅིག་ལ་འཇོམས།
ngan pas skad cig gcig la 'joms
坏人　刹那间　　就被破坏；
刹那间就被坏人破坏；

ཞིང་པས་ལོ་ཟླར་འབད་པའི་ཞིང་།
zhing pas lo zlar 'bad pa'i zhing
农民　长年累月辛勤种的庄稼，
农民长年累月辛勤种的庄稼，

སེར་བས་སྐད་ཅིག་རྡུལ་དུ་རློག
ser bas skad cig rdul du rlog
冰雹被　刹那间　烂泥打成。
刹那间就被冰雹打成烂泥。

༥

ངན་པ་ཕལ་ཆེར་རང་གི་སྐྱོན།
ngan pa phal cher rang gi skyon
坏人总是把自己的过错，
坏人总是把自己的过错，

གང་ཡིན་གཞན་ལ་སྒོད་པར་བྱེད།
gang yin gzhan la sgod par byed
任何　别人身上推卸到；
推卸到别人身上；

ཁྭ་དས་མི་གཙང་ཟོས་པའི་མཆུ།
khwa das mi gtsang zos pa'i mchu
乌鸦　脏东西　　吃的　嘴，
乌鸦吃脏东西的嘴，

ས་གཙང་གཞན་ལ་འབད་ནས་འབྱིད།
sa gtsang gzhan la 'bad nas 'byid

干净的地方　　　总找　　使劲擦抹。
总找干净的地方使劲擦抹。

६

བློན་པོ་བྱ་བ་ལ་སྦྱར་ན།
blon po bya ba la sbyar na
愚者　事情　做　如果，
如果让愚者做事情，

དོན་ཉམས་དེ་ཡང་ཉམས་པར་འགྱུར།
nod nyams de yang nyams par 'gyur
事情　毁　此　也　毁　　成为，
既毁事情又毁人，

ཝ་སྐྱེས་རྒྱལ་པོར་བསྐོས་པ་ཡིས།
wa skyes rgyal por bskos pa yis
狐狸　　　国王　委任　使
据说委任狐狸当国王，

འཁོར་སྡུག་རང་ཡང་བསད་ཅེས་གྲགས།།
'khor sdug rang yang bsad ces grags
从属　痛苦　自己　　丧命　据说，
从属痛苦了自己也丧了命。

७

རྨོངས་པ་བདེ་བ་འདོད་བཞིན་དུ།
rmongs pa bde ba 'dod bzhin du
愚者　　幸福　想　一边，
愚者一边想幸福，

བྱ་བ་སྡུག་བསྔལ་འབའ་ཞིག་སྒྲུབ
bya ba sdug bsngal 'ba' zhig sgrub
事情　痛苦　　专门　做；
却专门做痛苦之事；

གདོན་གྱིས་བཏབ་པའི་སྐྱེ་བོ་འགའ།
gdon gyis btab pa'i skye bo 'ga'
魔鬼　被　缠绕之人　　某些，
被魔鬼缠绕之某些人，

སྡུག་བསྔལ་སྤང་ཕྱིར་ལྕེབས་པ་མཐོང་།།
sdug bsngal spang phyir lcebs pa mthong
痛苦　　丢弃　　自尽　见。
为丢弃痛苦而自尽。

༄༅།། སྤེལ་མ་རྟག་པ་སྟེ་རབ་ཏུ་བྱེད་པ་བཞི་པའོ།།
spel ma rtag pa ste rab tu byed pa bzhi pa'o
多士　观察　　　品　　第四
　　　第四品　观察多士

༡

དམན་པ་ལོངས་སྤྱོད་ཆེ་ན་ཡང་།
dman pa longs spyod che na yang
卑贱者　财富　　巨大　虽有，
卑贱者虽有巨大财富，

རིགས་ལྡན་རྒུད་པས་ཟིལ་གྱིས་གནོན།
rigs ldan rgud pas zil gyis gnon
贵族　　破落　威严　慑服；
也会被破落贵族的威严所慑服；

བཀྲེས་པ་སྟག་གི་ངར་སྒྲ་ཡིས།
bkres pa stag gi ngar sgra yis
饥饿　老虎的　怒吼，
饥饿老虎的怒吼，

སྤྲེའུ་ཤིང་གི་རྩེ་ལས་ལྷུང་།།
spre'u shing gi rtse las lhung
猴子　树的　尖上　掉下来。
吓得猴子从树尖掉下来。

༢

བླུན་པོའི་ཡོན་ཏན་ཁར་འབྱིན་ཏེ།
blun po'i yon tan khar 'byin te
愚者的"学问"嘴边　出，
愚者的"学问"挂嘴边，

མཁས་པ་ཡོན་ཏན་ཁོང་དུ་སྦེད།
mkhas pa yon tan khong du sbed
学者的　学问　腹中　藏；
学者的学问腹中藏；

སོག་མ་ཆུ་ཡི་སྟེང་ན་འཕྱོ།
sog ma chu yi steng na 'phyo
麦秸　水之　面　在　漂浮，
麦秸总漂浮在水面，

ནོར་བུ་སྟེང་དུ་བཞག་ཀྱང་འབྱིང་།།
nor bu steng du bzhag kyang 'bying
宝贝　水面　放在　下沉。
宝贝放在水面便往下沉。

३

ཡོན་ཏན་ཆུང་རྣམས་ང་རྒྱལ་ཆེ།

yon tan chung rnams nga rgyal che

学问　少　者　骄傲　大，

学问少的人特别骄傲，

མཁས་པར་གྱུར་ན་དུལ་བར་གནས།

mkhas par gyur na dul bar gnas

学者　　成为则　谦虚谨慎；

成为学者的人则谦虚谨慎；

ཆུ་ཕྲན་རྟག་ཏུ་ཀུ་ཅོ་ཆེ།

chu phran rtag tu ku co che

小溪　常常哗哗响　大，

小溪常常哗哗响，

རྒྱ་མཚོས་ཅ་ཅོ་ག་ལ་སྒྲོགས།།

rgya mtshos ca co ga la sgrogs

大海　　哗哗怎会　发出。

大海怎会发出细小的哗哗之声。

४

སྐྱེ་བོ་དམན་རྣམས་དམ་པ་ལ།

skye bo dman rnams dam pa la

卑贱的人们　　　圣贤　对，

卑贱的人们欺侮圣贤，

ཁྱད་གསོད་བྱེད་ཀྱི་དམ་པས་མིན།

khyad gsod byed kyi dam pas min

欺侮　　做　圣贤则不做；

圣贤则不做同样的事情；

སེང་གེས་ཝ་ཚོགས་ལེགས་སྐྱོང་གི

seng ges wa tshogs legs skyong gi

狮子　狐狸　很好地照顾，

狮子很好地照顾狐狸，

ཝ་ཉིད་ཝ་ཡི་རིགས་ལ་འགྲན།།

wa nyid wa yi rigas la 'gran

狐狸本身在狐类中　争斗。

狐狸之间却争斗。

५

དམ་པ་ཁྲོས་ཀྱང་བཏུད་ན་ཞི

dam pa khros kyang btud na zhi

圣者　怒　虽　以礼平静，
圣者虽怒以礼平静，

དམན་རྣམས་བཏུད་ན་ལྷག་པར་རེངས།
dman rnams btud na lhag par rengs
卑贱者　　对赔礼　反更骄横；
对卑贱者赔礼（卑贱者）反更骄横；

གསེར་དངུལ་སྲ་ཡང་བཞུ་ནུས་ཀྱི།
gser dngul sra yang bzhu nus kyi
金银　　虽硬　熔化　可，
金银虽硬可熔化，

ཁྱི་ལུད་བཞུ་ན་དྲི་ངན་འབྱུང་།།
khyi lud bzhu na dri ngan 'byung
狗屎　化了　臭气　发出。
狗屎化了反而散出臭气。

༄༅།། ངན་སྤྱོད་རྟག་པ་སྟེ་རབ་ཏུ་བྱེད་པ་ལྔ་པའོ།།
ngan spyod rtag pa ste rab tu byed pa lnga pa'o
恶行　　　察　品　　第五
第五品　观察恶行

１

གཡོན་ཅན་སྙན་པར་སྨྲ་བ་ནི།
g.yon can snyan par smra ba ni
骗子　说漂亮　　说，
骗子说漂亮话，

རང་དོན་ཡིན་གྱི་གུས་ཕྱིར་མིན།
rang don yin gyi gus phyir min
私事　只为　尊敬　并非；
只为私事并非尊敬；

སྲིན་བྱ་སྙན་ནས་དགོད་པ་ནི།
srin bya snyan nas dgod pa ni
猫头鹰　悦耳　笑声，
猫头鹰的悦耳笑声，

ལྟས་ངན་གཏོང་གི་དགའ་ནས་མིན།།
ltas ngan gtong gi dga' nas min
凶兆　发出　喜　　非。
不是喜事是凶兆。

２

ངན་པས་ཐོག་མར་ཚིག་གིས་འབྲིད།
ngan pas thog mar tshig gis 'brid

恶人　先用　巧言　诱惑，
恶人先用巧言诱惑（他人），

བག་ཕེབས་གྱུར་ན་ཕྱི་ནས་བསླུ
bag phebs gyur na phyi nas bslu
麻痹　　　　　之后就欺骗；
麻痹（他人）之后就来欺骗；

ཉ་པས་ཟས་ཀྱིས་ཁ་བྲིད་ནས།
nya pas zas kyis kha brid nas
渔夫　鱼饵用　　诱鱼，
渔夫用鱼饵诱鱼，

ཉ་རྣམས་གསོད་པར་བྱེད་ལ་ལྟོས།།
nya rnams gsod par byed la ltos
鱼　　杀了　　　　看。
请看杀了多少鱼。

༣

དམན་པ་ཇི་སྲིད་ཉམ་ཆུང་བ།
dman pa ji srid nyam chung ba
小人　　　　势小力微时，
小人势小力微时，

དེ་ཡི་བར་ལ་རང་བཞིན་བཟང་།
de yi bar la rang bzhin bzang
其间　　　本性还　善良；
其间本性还善良；

དུག་གི་ཚེར་མ་མ་སྨིན་བའི།
dug gi tsher ma ma smin ba'i
毒荆　　　未长大时，
毒荆未长大时，

བར་ལ་གཞན་ལ་འབིགས་མི་ནུས།།
bar la gzhan la 'bigs mi nus
其间无　他人　刺　　能力。
其间无刺伤他人的能力。

༤

ཧ་ཅང་གཡོ་སྒྱུ་མང་དྲགས་ནས།
ha cang g.yo sgyu mang drags nas
十分　狡诈　　过分如果，
如果过分狡诈，

རེ་ཞིག་གྲུབ་ཀྱང་ཐ་མར་བརླག
re zhig grub kyang tha mar barlaga

暂时成功　　　终将　灭亡；

暂时成功终将灭亡；

གཟིག་ལྤགས་བཀབ་པའི་བོང་བུ་ཡིས་

gzig lpags bkab pa'i bong bu yis

豹皮　　披　　驴　偷

驴披豹皮偷吃庄稼，

ལོ་ཏོག་ཟོས་མཐར་གཞན་གྱིས་བསད།།

庄稼　吃　最后　他人　所杀。

最后被他人所杀。

༄༅།། རང་བཞིན་གྱི་ཚུལ་བརྟག་པ་སྟེ་རབ་ཏུ་བྱེད་པ་དྲུག་པའོ།

rang bzhin gyi tshul brtag pa ste rab tu byed pa drug pa'o

性情　　　　　观察　　　　第六

第六品　观察性情

༡

བདག་ཉིད་དཔོན་དུ་བསྐོས་གྱུར་ན་

bdag nyid dpon du bskos gyur na

高僧大德　　官　为　委任如果，

如果委任高僧为官，

དེ་ཡི་བྱ་བ་ཤེས་པ་དཀོན།

de yi bya ba shes pa dkon

俗世之事情了解　　极少；

能了解办理俗世事情者极少；

གཞན་ལ་ལྟ་བའི་མིག་ཡོད་ཀྱང་།

gzhan la lta ba'i mig yod kyang

他人　看　眼　有　虽然，

虽然有眼看他人，

རང་ཉིད་བལྟ་ན་མེ་ལོང་དགོས།།

rang nyid blta na me long dgos

自己　看　铜镜　得靠。

看自己得靠铜镜。

༢

ཤེས་རབ་ཕྱོགས་གཅིག་ལྡན་པས་ཀྱང་།

shes rab phyogs gcig ldan pas kyang

智慧　一方面　具有　仅，

仅有单方面的智慧，

བྱ་བ་ཀུན་ལ་མཁས་པ་དཀའ།

bya ba kun la mkhas pa dka'

百学　　精通　难以；

难以精通百学；

ཤིན་ཏུ་གསལ་བའི་མིག་གིས་ཀྱང་།
shin tu gsal ba'i mig gis kyang
极为明亮的　　眼睛　虽然，
极为明亮的眼睛，

སྒྲ་ལ་ཉན་པར་ནུས་མ་ཡིན༎
sgra la nyan par nus ma yin
音　听　　能力　无。
也无听音的能力。

༣

དྲང་པོར་སྨྲ་བ་སྐྱོན་བཅས་དང་།
drang por smra ba skyon bcas dang
直言　　说　捅娄子，
直言可能捅娄子，

འཁྱོག་སྨྲ་ཡོན་ཏན་ལྡན་པ་སྲིད།
'khyog smra yon tan ldan pa srid
言语委婉　积德　可能；
言语委婉可能积德；

ལམ་དྲང་འགའ་ཞིག་ནོར་འཇིགས་ལ།
lam drang 'ga' zhig nor 'jigs la
直路　　某些　　财物　抢劫，
走大路有时遭抢劫，

དུང་དཀར་གཡས་འཁྱིལ་བཀྲ་ཤིས་བྱེད༎
dung dkar g.yas 'khyil bkra shis byed
白色海螺　右旋　　吉祥显示。
右旋白色海螺显示吉祥。

༤

བསོད་ནམས་མེད་ན་ཡོན་ཏན་འགའ།
bsod nams med na yon tan 'ga'
福泽　　　没有如果　学问　某些，
如果没有福泽有学问，

ཡོན་ཏན་ཉིད་ཀྱིས་རང་ཉིད་འཇོམས།
yon tan nyid kyis rang nyid 'joms
学问　就是　自身　毁；
就是学问毁自身；

མུ་ཏིག་འཛིན་པའི་ཉ་ཕྱིས་རྣམས།
mu tig 'dzin pa'i nya phyis rnams
珍珠　具有之生　贝蚌，

生长珍珠的贝蚌,

ཨུ་ཏིག་ཉིད་ཀྱིས་སྲོག་དང་བྲལ༎

mu tig nyid kyis srog dang bral

珍珠　就是因为命丧与　分离。

就是因为珍珠把命丧。

༤

ཡོན་ཏན་ལྡན་ཡང་བསྟེན་དྲགས་ན།

yon tan ldan yang bsten drags na

学问　　具　如果依靠　过分,

如果过分依靠学问,

ཕལ་ཆེར་སྐྱོ་བ་སྐྱེ་བ་སྲིད།

phal cher skyo ba skye ba srid

大都　　烦恼　产生可能;

可能产生烦恼;

བུར་ཤིང་ཤིན་ཏུ་ཞིམ་པ་ཡང་།

bur shing shin tu zhim pa yang

甘蔗十分　　香甜　虽然,

甘蔗虽然香甜,

རྒྱུན་དུ་བསྟེན་ན་ཕལ་ཆེར་འདོར།

rgyun du bsten na phal cher 'dor

经常　食用也大都会丢弃。

常吃也会丢弃。

༄༎　མི་རིགས་པའི་ཚུལ་དཔྱད་པ་རྟག་པ་སྟེ་རབ་ཏུ་བྱེད་པ་བདུན་པའོ༎

mi rigs pa'i tshul dpyad pa rtag pa ste rab tu byed pa bdun pa'o

非理　之　观察　　　　　品　　第七

第七品　观察非理

༡

ཆེན་པོ་རྣམས་ལ་དགྲ་བས་ཀྱང་།

chen po rnams la dgra bas kyang

长官　们　对　敌人比,

对长官来讲,

རང་གི་འཁོར་གྱིས་གནོད་པ་མང་།

rang gi 'khor gyis gnod pa mang

自己　部属　危害　多;

部属危害多于敌人;

སེང་གེ་ལུས་ཀྱི་འབུ་མིན་པ།

seng ge lus kyi 'bu min pa

狮　身上　的　寄生虫除了,

除了狮身上的寄生虫，
བྲོག་ཆགས་གཞན་གྱིས་ག་ལ་ཟ།
srog chags gzhan gyis ga la za
动物　　其他咬它　岂敢。
其他动物岂敢咬它。

༢

ཆོས་སྤྱོད་ཞི་བར་གནས་པ་ལ།
chos spyod zhi bar gnas pa la
修法人　　静　安分　处于，
侵犯静修学法人，
འཚེ་བྱེད་ཤིན་ཏུ་ཐ་ཤལ་ཡིན།
'tshe byed shin tu tha shal yin
侵犯　　　十分　卑鄙　是；
行为卑鄙又下贱；
རང་ལ་སྐྱབས་འོང་བསད་པ་ལ།
rang la skyabs 'ong bsad pa la
自己的保护人　　杀死如果，
如果杀死保护人，
དཔའ་བོ་ཡིན་ཞེས་སུ་ཞིག་སྒྲོགས།
dpa' bo yin zhes su zhig sgrogs
英雄汉　是　　谁说他。
谁说他是英雄汉。

༣

སྐྱེ་ངན་རང་ལ་མི་ཕན་ཡང་།
skye ngan rang la mi phan yang
恶生　　自己　不利　虽，
恶生做事虽不利己，恶生：品德败坏者。
གཞན་ལ་གནོད་པར་བྱེད་པ་ཡོད།
gzhan la gnod par byed pa yod
别人　损害　　做　有；
也要去损害别人；
སྦྲུལ་གདུག་ཟས་སུ་རླུང་ཟ་ཡང་།
sbrul gdug zas su rlung za yang
毒蛇　　食为　气　吃虽然，
毒蛇虽然以气为食，
ཕ་རོལ་མཐོང་ན་མི་གསོད་བསམ།
pha rol mthong na mi gsod bsam
对方　　看见　不杀　吗？

看见对方不杀（咬死）吗？

༤

འདོད་པ་བདེའོ་སྙམ་སེམས་ཀྱང་།
'dod pa bde'o snyam sems kyang
贪欲　享福　认为　想是，
认为贪欲是享福，

དེ་སྤྱོད་སྡུག་བསྔལ་ཁོ་ནའི་རྒྱུ།
de spyod sdug bsngan kho na'i rgyu
其实　　痛苦　　专门之　因；
其实是产生痛苦的根源；

ཆང་འཐུང་བདེའོ་སྙམ་པ་དེ།
chang 'thung bade'o snyam pa de
酒　饮　乐事　认为是　此，
认为饮酒是乐事，

སྨྱོ་བ་བདེ་བར་བསྒོམ་པ་ཡིན།།
smyo ba bde bar bsgom pa yin
酒疯　享乐　认为　是。
是把酒疯当享乐。

༥

ཡོན་ཏན་ཅན་ལ་འཇིག་རྟེན་གུས།
yon tan can la 'jig rten gus
学者　　得　世间尊敬，
学者得到世间尊敬，

ཡོན་ཏན་འབད་པའི་ཤུགས་ལ་གནས།
yon tan 'bad pa'i shugs la gnas
学问　　精进　　寄予；
学问寄予精进勤奋；

འབད་ནས་ཡོན་ཏན་མི་བསྒྲུབ་པར།
'bad nas yon tan mi bsgrub bar
刻苦　学问　非　无结果，
如果付出刻苦无成就，

གཞན་ལ་འཁངས་པས་ཅི་ཞིག་ཕན།།
gzhan la 'khangs pas ci zhig phan
他人　埋怨　　有何用？
埋怨他人有何用？

༄༅།། བྱ་བ་རྟག་པ་སྟེ་རབ་ཏུ་བྱེད་པ་བརྒྱད་པའོ།།
bya ba rtag pa ste rab tu byed pa brgyad pa'o
事业　观察　　品　　　　第八

第八品　观察事业

1

བློ་ལྡན་བྱ་བ་ཅུང་ཟད་ཀྱང་།
blo ldan bya ba cung zad kyang
智者　事情　极小　即使，
即使是小事，

རྒྱུན་དུ་གྲོས་ཀྱིས་བསྒྲུབ་པར་བྱ།
rgyun du gros kyis bsgrub par bya
常常　商议着　完成　做；
智者也常常商议着去做；

གྲུབ་པར་གྱུར་ན་ལྟ་ཅི་སྨོས།
grub par gyur na lta ci smos
成功　了如果不必说，
如果事成不必说，

མ་གྲུབ་ན་ཡང་མཛེས་པའི་རྒྱུ།།
ma grub na yang mdzes pa'i rgyu
失败　也是　美德之　因。
就是失败也是美德之根源。

2

སེམས་ཅན་མོས་པ་སྣ་ཚོགས་པས།
sems can mos pa sna tshogs pas
众生　　喜好　多种多样，
众生喜好不一，

ཐམས་ཅད་མགུ་པར་སུས་ཀྱང་དཀའ།
thams cad mgu par sus kyang dka'
足一切　喜好　谁也　难；
谁也难以满足一切喜好；

རང་ཉིད་ཡོན་ཏན་ལྡན་བྱས་ན།
rang nyid yon tan ldan byas na
自己有学识　具有　如果，
如果自己有学识，

ཐམས་ཅད་དགའ་བ་དེ་དང་ཉེ།།
thams cad dga' ba de dang nye
一切　　所　　与之　接近。
就接近于众生所好。

༣

ཤིན་ཏུ་རྒས་པར་གྱུར་ཚེ་ཡང་།

shin tu rgas par gyur tshe yang

十分　年迈　之时　　即便，

即便到了年迈之时，

ཐོས་པ་མང་དུ་བསགས་པར་བྱ།

thos pa mang du bsags par bya

闻　　广　　积蓄　　也要；

也要积蓄广闻的知识；

ཕྱི་མར་ཐོས་པས་ཕན་པ་ཙམ།

phyi mar thos pas phan pa tsam

来生　　闻　　　有益

广闻对来生有益，

སྦྱིན་པ་ཡིས་ཀྱང་ག་ལ་ཕན།།

sbyin pa yis kyang ga la phan

布施　　仅仅　怎么会有益？

而仅仅布施怎么会有益呢？

༤

ཡོན་ཏན་ཀུན་རྫོགས་སྐྱེ་བོ་བསྟེན།

yon tan kun rdzogs skye bo bsten

功德　　圆满大师　　依靠

依靠功德圆满的大师或与凡夫为友，

ཡང་ན་ཐ་མལ་འགྲོགས་པ་བདེ།

yang na tha mal 'grogs pa bde

或与　　凡夫　　为友　乐；

都能够得到快乐；

བུམ་པ་ཆུ་ཡིས་གང་བའམ།

bum pa chu yis gang b'am

瓶子　水　　灌满　　或，

灌满水的瓶子或空瓶，

ཡང་ན་སྟོང་པ་ཁུར་བ་སླ།།

yang na stong pa khur ba sla

或　　空瓶　携带　便

都方便携带。

༥

ཡོན་ཏན་ཅུང་ཟད་བསླབས་པའི་མི།

yon tan cung zad bslabs pa'i mi

知识　　一点　　学的　　人，
学了一点学问的人，

ཤུ་ཞིག་གིས་ནི་བསྟེན་པར་ནུས།
su zhig gis ni bsten par nus
哪一个去　依止　敢于；
谁敢依靠他；

ཆུ་ཕྱེད་གང་བ་བུམ་པ་དེ།
chu phyed gang ba bum pa de
水　半　满的　瓶子　那个，
只装半瓶水的瓶子，

མགོ་ལ་བཁུར་བ་སུ་ཡིས་ནུས།།
mgo la bkhur ba su yis nus
头上　顶　谁　敢。
谁敢顶头上。

༶

བློ་གྲོས་ལྡན་པས་ལེགས་བསྐྱངས་ན།
blo gros ldan pas legs bskyangs na
智慧　具有者　大力护持，
有智慧的人大力护持，

སྐྱེ་བོ་དམན་པའང་མཆོག་ཏུ་འགྱུར།
skye bo dman pa'ng mchog tu 'gyur
低微者　　也会　高尚　变得；
低微者也会变得高尚；

སློབ་ཤིས་དག་གིས་ནེ་ཙོ་ལ།
slob shis dag gis ne tso la
善施教者　　诸　鹦鹉，
如果有人善于施教，

བསླབས་ན་འདོན་པ་ཤེས་པར་འགྱུར།།
bslabs na 'don pa shes par 'gyur
教　也　经　念会。
也能教会鹦鹉念经。

༄༅། ཆོས་རྟག་པ་སྟེ་རབ་ཏུ་བྱེད་པ་དགུ་པའོ།
chos rtag pa ste rab tu byed pa dgu pa'o
佛法　观察　品　　第九
第九品　观察佛法

༡

དང་པོ་གང་དང་གང་ལ་ཡང་།
dang po gang dang gang la yang

事物　哪个　和　哪个　即使，
任何一种事物，

གོམས་ན་དཀའ་བ་ཅི་ཡང་མེད་
goms na dka' ba ci yang med
习惯只要困难　　　毫无；
只要习惯就毫无困难；

བཟོ་ཡི་རིག་བྱེད་སྦྱངས་པ་ལྟར་
bzo yi rig byed sbyangs pa ltar
工艺　技术　学　　就像，
就像学技艺一般，

དམ་ཆོས་དཀའ་བ་མེད་པར་འགྲུབ།
dam chos dka' ba med par 'grub
圣法　　难　没有　证明。
证明圣法也不难。

༢

གང་ཞིག་ཉུང་ངུས་ཆོག་ཤེས་པ་
gang zhig nyung ngus chog shes pa
何人　　少许　　满足，
如果获得少许就满足，

དེ་ཡི་ལོངས་སྤྱོད་ཟད་མི་ཤེས།
de yi longs spyod zad mi shes
他的享受　　　完　不会；
他的享受永不完；

ཆོག་ཤེས་མེད་པར་འཚོལ་བ་ལ།
chog shes med par 'tshol ba la
满足　不知　到处寻（财），
不知满足到处寻（财），

སྡུག་བསྔལ་ཆར་བཞིན་རྒྱུན་དུ་འབབ།
sdug bsngal chari azhina rgyun du 'bab
痛苦　　　雨水就像　连连不断下。
痛苦就像雨水连连不断。

༣

བྱིན་ན་དབུལ་འགྱུར་དོགས་པ་ཡིས།
byin na dbul 'gyur dogs pa yis
布施　穷　变　恐怕　产生，
恐怕布施会变穷，

འཇུངས་པས་སྦྱིན་པ་མི་གཏོང་ལ།
'jungs pas sbyin pa mi gtong la

悭吝者　布施　不　放；
悭吝者不把布施放；

ser snas nges par phongs 'gyur bas
吝啬　一定　穷　变，
吝啬绝对会变穷，

blo ldan cud zad rnyed pa gtong
智者　一点点　得到　放。
智者有钱就布施。

४

bzhag na nor skyed mi 'phel la
藏着　财　增长　不　发达，
藏着的物品不增长，

tshong pas zong rnams 'grems pa ltar
商贾　商品　摆市场　一样；
商贾把商品摆市场；

bsags na dbang phyug mi thob pas
积攒　富贵　不　得到，
积攒财物得不到富贵，

mkhas pas tshong bzhin phyogs bcur ster
学者　经商　十方　布施。
因此学者如同经商布施十方。

५

bye ba stong phrag gter yod kyang
千百万　宝藏　纵有，
纵有千百万宝藏，

su zhig la yang gtong mi byed
任何人　也　放　不；
不放布施给任何人；

de dag 'jig rten 'di dbul zhes

此类人 世间 这 贫者，
博闻者称此类人，

ཐོས་མང་རྣམས་ཀྱིས་དེ་སྐད་བཤད།
thos mang rnams kyis de skad bshad
博闻 者 如此说。
是世间的贫困者。

༦

རིགས་རྒྱུད་རྒུད་པས་དོགས་པས་ན།
rigs rgyud rgud pas dogs pas na
家族 衰败 担忧，
担忧家族衰败，

བློ་ཆུང་ཅུང་ཟད་རྙེད་པ་གསོག
blo chung cung zad rnyed pa gsog
愚者 一点 得到 积攒；
愚者得财就积攒；

མཁས་པ་རིགས་རྒྱུད་མཐོ་ཐོབ་ཕྱིར།
mkhas pa rigs rgyud mtho thob phyir
贤者 家族 高 获为，
贤者为使兴旺发达，

གསུག་བཞིན་གཞན་ལ་སྦྱིན་པ་གཏོང་།
gsug bzhin gzhan la sbyin pa gtong
积攒 就像他人 布施 给。
就像积攒又布施给他人。

༧

རིགས་རྒྱུད་ཕྱུག་པོར་བྱ་སྙམས་ནས།
rigs rgyud phyug por bya snyams nas
家族 富裕 使得 想着，
想着家族富裕，

རང་ཉིད་བཙོངས་ནས་བུ་ལ་སྟེར།
rang nyid btsongs nas bu la ster
自己 卖了 儿 留给；
卖了自己留给儿；

བུ་ངན་ཕ་ལ་རྒོལ་བཞིན་དུ།
bu ngan pha la rgol bzhin du
孽子 父 反对 一边，
孽子不肖败财物，

ནོར་རྣམས་བརླགས་ནས་ཁྱི་བཞིན་འཁྱམས།
nor rnams barlags nas khyi bzhin 'khyams

财物所有　败　　狗　一样　流浪。
落得像狗去流浪。

　　　　　　ᠵ

ཇི་ལྟར་ཕ་མ་བུར་བྱམས་ཀྱང་།
ji ltar pha ma bur byams kyang
无论父母　　子女疼爱如何，
无论父母如何疼爱子女，

དེ་ལྟར་བུ་ཚས་ཕ་མ་མིན།
de ltar bu tshas pha ma min
同样　子女　　父母　不会；
子女绝对不会同样对待父母；

ཕ་མས་བུ་ཚ་བསྐྱངས་བསྐྱངས་ནས།
pha mas bu tsha bskyangs bskyangs nas
父母　子女　关怀无微不至，
父母关怀子女无微不至，

ཕ་མ་རྒས་ནས་བུ་ཚས་བརྙས།།
pha ma rgas nas bu tshas brnyas
父母　年老　子女　虐待。
父母年老就会遭到子女虐待。

　　　　　　ᠨ

ནོར་གསོགས་འཇུངས་པའི་ཕྱུག་པོ་དང་།
nor gsogs 'jungs pa'i phyug po dang
财富积蓄　悭吝的　　富翁　和，
积蓄财富的悭吝富翁，

དགོས་སར་གཏོང་བའི་ཕྱུག་པོ་གཉིས།
dgos sar gtong ba'i phyug po gnyis
需要者　给予的　　富豪　二者，
给予需要者的布施富豪，

རང་རང་རིགས་རྒྱུད་གཉིས་ཀ་ལ།
rang rang rigs rgyud gnyis ka la
他们　　后裔　　二者，
他们及其后裔，

འཇིག་རྟེན་གཞན་གྱི་བྱེ་བྲག་བྱེད།།
'jig rten gzhan gyi bye brag byed
世界　　另外　　有区别。
在另一世界中会有区别。

　　　　　　༡༠

སྦྱིན་པའི་ཁྱོལ་པོར་གྱུར་པ་རྣམས།

srid pa'i khol paor gyur pa rnams
世间轮回　　进入众生，
在世间轮回的众生，

སྲོག་དང་བསྡོས་ནས་ནོར་ཕྱིར་འབྲང་།
srog dang bsdos nas nor phyir 'brang
命　　拼着　财富　为　奔忙；
拼命奔忙为财富；

ཆོས་ཤེས་ཅན་གྱིས་ནོར་རྙེད་ཀྱང་།
chos shes can gyis nor rnyed kyang
知　足者　　财物获得虽然，
知足者虽获财物，

དེས་པ་བཞིན་དུ་གཞན་ལ་སྟེར།།
des pa bzhin du gzhan la ster
其（菩萨）一样别人　送。
但会像菩萨一样送别人。

三　《印藏史集》

《印藏史集》全称《印藏史集·贤者喜乐赡部洲明鉴》，成书于1434年，达仓宗巴·班觉桑布撰，以抄本传世。1983年由东噶·洛桑赤列教授整理出版。该书分上、下册，内容涉及吐蕃的宗教、历史、政治、医学、教派、汉地和印度等简史，以及一些当时流传的典故、知识等。本译文《吐蕃茶史》为上册第20章。全书用吐蕃传统的七言、九言体诗歌形式写成。

༄༅།། རྒྱ་བོད་ཀྱི་ཡིག་ཚང་མཁས་པ་དགའ་བྱེད་ཆེན་མོ་འཛམ་གླིང་
rgya bod kyi yig tshang mkhas pa dga' byed Chen mo 'dzam gling

གསལ་བའི་མེ་ལོང་ཞེས་བྱ་བ་བཞུགས་སོ།།
gsal ba'i me long zhes bya ba bzhugs so

印藏史集·贤者喜乐赡部洲明鉴

༄༅།། སྭསྟི།
swasti,
吉祥！
吉祥！

，

༄༅།། བོད་རྒྱལ་འདུལ་སྲོང་མང་པོ་རྗེ།
bod rgyal 'dul srong mang po rje,
吐蕃国王杜松芒布杰　陛下，
吐蕃国王杜松芒布杰，

ཆུང་ངས་འཁལ་གྱི་རྒྱལ་པོའི་དུས།

rlung nam 'phrul gyi rgyal po'i dus,
隆南　　吹吉　杰波之　时，
亦称隆南吹吉杰波之时，

sngar med lha'i bdud rtsi bzhin,
前所未有神之甘露　　　如同，
产生了前所未有的，

ja dang dkar yol byung ba yin,
茶　和　瓷碗　　产生　是，
神之甘露般的茶和瓷碗。

gtan tshigs rgyal rabs dag na gsal,
永久之吐蕃王统史　那些　已明载，
其来源已明载永久之吐蕃王统史，

rnam dbye rgyas bshad 'di ltar gnang
分类　　详述　　如此　述：
分类等在此详述：

2

zhal gcig phyag gnyis ral gri glegs bam 'dzin,
一面　　二臂　宝剑　　书函　　执，
向遍识一切之佛文殊菩萨顶礼，（一面双臂、手持宝剑和书函者指文殊）

dkyil krungs dbyibs lebs 'gying ldem barjida pa'i sku,
跏趺　　　端坐姿态　　极威严之　　　身姿，
他一面二臂收双手执宝剑和书函，

rin chen sna tshogs mdzes pa'i rgyan gyis bkras,
珠宝　各种　　美丽的装饰　　　放光辉，
跏趺端坐身姿极威严，

kun mkhyen rgyal po 'jam pa'i dbyangs la 'dud,
遍识一切之佛　　文殊菩萨　　　顶礼，
各种珠宝装饰放光辉。

3

bde gshegs kun mchod 'phags pa mnyes,
如来　　诸佛菩萨均　殊胜　　喜爱，
诸佛菩萨均喜爱，

ya rab bshes gnyen gsol zas mchog
圣贤　　大德　　　食物　　为佳，
圣贤大德全饮用，

'dod yon mchog ldan bdud rtsi yi,
妙欲受用　　也是　　甘露之茶，
也是妙欲受用甘露之茶，

mtshan nyid 'gro ba'i don du bri,,
性相（茶）　　合格　故此 作。
故为此而作下文。

二

lha yi yul du bdud rtsi gsol,
神之 界 中 甘露 受用，
天界享用甘露，

thig pa mi'i yul du babs,
滴　　人间　里　落，
甘露滴落人间，

rgyal po'i khab tu ja ru smin,
国王之　宫中　茶　煮，
国王宫中煮茶，

skye 'gro rnams kyi dpal du shar,
众生　　们　　的 吉祥　得。
众生亦得吉祥乐。

五

de la dbye ba rnam pa bcu drug ste,
在此　分门别类　　十六种　是：
十六种茶分别是：

Phu mda 'gnyis dang char ma chu ma dang,
谷里谷外 二 和 雨水 灌溉 和，
谷里、谷外、雨水和灌溉的茶，

ཞིང་གསར་ཞིང་རྙིང་ས་ཆ་བཤང་ལྕི་དང་།
zhing sar zhing rnying sa cha bshang lci dang,
新田 旧田 土地 肥料 和，
新田、旧田、土地和有肥料的茶，

ལུད་ཅན་ལུད་མེད་རྩེ་ཇ་བར་ཇ་དང་།
Lud can lud med rtse ja bar ja dang,
有肥 无肥 茶尖 中间茶 和，
有肥、无肥、茶尖和中间茶，

ཚ་འདུལ་གྲང་འདུལ་སྨིན་དང་མ་སྨིན་ནོ།།
Tsha 'dul grang 'dul smin dang ma smin no,
热茶 凉茶 熟茶 生茶。
热茶、凉茶、熟茶和生茶。

6

ཕུ་གསུམ་ཇ་ནི་འདབ་ཆུང་ཇ་ཤིང་སྦོམ།
phu gsum ja ni 'dab chung ja shing sbom,
谷 三 茶是 叶小 茶树 粗，
深谷里的茶叶小树干粗，

མདོག་སྐྱ་ངད་པ་ཏང་ཀུན་དྲི་མ་བྲོ།
mdog skya ngad pa tang kun dri ma bro,
颜色 灰白 重涩 当归 味道，
颜色灰白味道如当归有涩味，

རོ་སྐ་སྲེགས་སྐོལ་བད་ཀན་ནད་སེལ་འགྱུར།
ro ska sregs skol bad kan nad sel 'gyur,
味涩 烧 煮 涎类 疾病 治疗，
烧煮饮用能够治疗涎类病，

ཛྙ་ན་པུ་ཏ་ཞེས་བྱའི་ཇ་རུ་གྲགས།།
dz+nya na pu ta zhes bya'i ja ru grags,
杂那 普达 所谓 茶 称为。
此茶称为杂那普达茶。

7

མདའ་གསུམ་འདབ་མ་ཆེ་འཇམ་ཇ་ཤིང་སྦོམ།
mda' gsum 'dab ma che 'jam ja shing sbom,
谷口 三 叶 大 柔软 茶树 粗，
谷口的茶叶大而柔软树干粗，

མདོག་ནག་དུད་ཁ་རོ་བད་ཤིན་ཏུ།

mdog nag dud khu ro ngad shin tu kha,
颜色 深黑 汁味　重 十分 苦，
颜色深黑且茶汁味道十分苦，

བདུང་པའི་འོས་ཡིན་རླུང་ནད་རབ་ཏུ་གསལ།
Btung pa'i 'os yin rlung nad rab tu gsal,
饮用之　功能　　　治疗有特效，
饮用之后对治疗风类疾病有特效，

ཨུ་སུ་ནན་ཏ་ཞེས་བྱའི་ཇ་རུ་གྲགས།
au su nan ta zhes bya'i ja ru grags,
乌素南达　所谓　茶　称为。
此茶称为乌素南达茶。

༢

ཆར་མའི་ཇ་ནི་འདབ་ཆེ་ཇ་ཤིང་སྦོམ།
char ma'i ja ni 'dab che ja shing sbom,
雨水地　茶是 叶大　茶树　粗，
雨水地的茶叶大茶树粗，

ཁ་དོག་ཁམ་པ་ངན་དྲི་ཁུ་བ་ནག
kha dog kham pa ngan dri khu ba nag
颜色　红褐　难闻　汁　黑，
颜色红褐汁黑且味道苦涩难闻，

རོ་སྐ་སྲེགས་བསྐོལ་འོས་ཡིན་མཁྲིས་པ་སེལ།
ro ska sregs bskol 'os yin mkhris pa sel,
味涩　烧　煮 适合　　胆类 清除，
适合烧煮饮用能够清除胆类疾病；

སབ་ཏི་ཁམ་སེར་མར་ཁུའི་ཁུ་བ་འདྲ།
sab ti kham ser mar khu'i khu ba 'dra,
封藏　红黄　油汁之汁色　同，
封藏之茶色红黄汁如酥油汁，

ཀོའུ་མ་ཏི་ཞེས་བྱའི་ཇ་རུ་གྲགས།
ko'u ma ti zhes bya'i ja ru grags,
果乌玛第　所谓　茶　称为。
此茶称为果乌玛第茶。

༣

ཨ་མི་བྷ་ར་ཞེས་བྱའི་ཇ།
a mi b+ha ra zhes bya'i ja,
阿米巴热　所谓
叫作阿米巴热的茶，

ཆུ་མའི་ཞིང་ལ་སྐྱེས་པ་སྟེ།
chu ma'i zhing la skyes pa ste,

水浇之 地 里 生长 是,
生长在水浇地里,

འདབ་མ་མཐུག་གཉེན་ཇ་ཤིང་ཕྲ།

'dab ma mthub gnyen ja shing phra,
叶子　厚　光滑　茶树　细,
叶厚光滑茶树细,

མདོག་སྔོ་ཅི་ཞུར་ཁུ་བ་འདྲ།

mdog sngo ci zhur khu ba 'dra,
颜色　绿　绿粉　汁　像,
颜色青绿如绿粉汁,

ངད་པ་མངར་ཞིང་རོ་མཆོག་འཇམ།

ngad pa mngar zhing ro mchog 'jam,
特别　甘甜　味道佳　柔和,
气味甘甜味柔和,

བརྡུངས་པའི་འོས་ཡིན་སིལ་དྲོད་སྙོམས།

brdungs pa'i 'os yin sil drod snyoms,
研磨　　适合　寒热　平,
此茶能够平寒热,适合研磨饮用。

༧༠

ཧ་ལ་ཛ་ཉེས་བྱའི་ཇ།

ha la dz+nya zhes bya'i ja,
哈拉杂那　所谓　茶,
所谓哈拉杂那茶,

ཞིང་ས་ལས་སྐྱེས་ཁ་དོག་སེར།

zhing sa las skyes kha dog ser,
农田　里生长　颜色　黄,
生长在农田颜色黄,

འདབ་ཆེ་རྩུབ་ཅིང་ཇ་ཤིང་སྦོམ།

'dab che rtsub cing ja shing sbom,
叶子 大 厚 不仅茶树　粗,
叶子厚大茶树粗,

ཁུ་བ་ཁྲག་འདྲ་རོ་མཆོག་ཁ།

khu ba khrag 'dra ro mchog kha,
汁　血　像 味佳　苦,
茶汁如血且味佳者大苦,

ངད་པ་ཇ་མིན་ཤིང་གི་དྲི།

ngad pa ja min shing gi dri,
好茶　加明树　之气味,
气味如加明树之气味,

ཤུབ་སྐོལ་འོས་ཡིན་གཏི་མུག་སེལ།
lhab skol 'os yin gti mug sel,
速煮　　适合　痴　　消除。
饮用速煮茶能够消除痴呆。

12

ཨ་གྷུ་ཏ་མ་ཞེས་བྱའི་ཇ།
a g+hu ta ma zhes bya'i ja,
阿古达玛　　所谓　茶，
称为阿古达玛的茶，

ཞིང་རྙིང་ལས་སྐྱེས་ཁ་དོག་སྨུག
zhing rnying las skyes kha dog smug
熟地　　里　生长　颜色　黑红，
生长在熟地颜色黑红，

འདབ་མ་མཐུབ་ཆུང་ཇ་ཤིང་ཕྲ།
'dab ma mthub chung ja shing phra,
叶子　　厚实小　茶树细，
叶小厚实茶树细，

འོ་མ་ཤིང་གི་ཁུ་བ་འདྲ།
'o ma shing gi khu ba 'dra,
乳浆树　　之　汁　　如，
汁如乳浆树之汁，

ངད་པ་དྲི་ཞིམ་རོ་མཆོག་མངར།
ngad pa dri zhim ro mchog mngar,
特别　芳香　味佳　甜，
气味特别香甜，

བརྡུངས་པར་བཟང་ཞིང་རླུང་ནད་སེལ།
brdungs par bzang zhing rlung nad sel,
研磨　　　佳　又　　清除。
研磨的好茶能除风疾。

13

ཧ་ལུ་པ་ཏ་ཞེས་བྱའི་ཇ།
ha lu pa ta zhes bya'i ja,
哈鲁巴达　所谓之　茶，
所谓的哈鲁巴达茶，

ས་བཤམ་མ་སྐྱེས་ཁ་དོག་སེར།
sa bsham ma skyes kha dog ser,
大粪地　　生长　颜色　黄，
长在大粪地叶子黄，

འདབ་མ་ཆུང་སྲབ་ཇ་ཤིང་ཕྲ།

'dab ma chung srab ja shing phra,

叶子　小　薄　茶树　细，

叶子薄小茶树细，

ཁུ་བ་ལྗང་སེར་རོ་མཆོག་མངར།

khu ba ljang ser ro mchog mngar,

汁　绿　黄　佳　甜，

茶汁黄绿味甘甜，

དྭད་པ་ཏ་ལའི་དྲི་དང་མཚུངས།

ngad pa ta la'i dri dang mtshungs,

特别　多罗树的味道与　一样，

与多罗树的味道一样，

བརྡུངས་པའི་འོས་ཡིན་མཁྲིས་པ་སེལ།

brdungs pa'i 'os yin mkhris pa sel,

研磨　　者适合是　胆类　清除。

适合研磨饮用，能治疗胆类疾病。

༢༣

གྲུ་གུ་ཕ་ལ་ཞེས་བྱའི་ཇ།

gru gu pha la zhes bya'i ja,

珠古巴拉　　所谓之茶，

所谓珠古巴拉茶，

གཅི་བའི་བར་སྐྱེས་ཁ་དོག་ནག

gci ba'i bar skyes kha dog nag

尿　之间颜色　黑，

生长在尿地其色黑，

འདབ་མ་མང་ལ་ཇ་ཤིང་ལྷུང་།

'dab ma mang la ja shing lhung,

叶子　多　茶树　垂，

枝繁叶茂茶树垂，

ཁུ་བའི་མདོག་སེར་རོ་མཆོག་སྐ།

khu ba'i mdog ser ro mchog ska,

汁之　颜色　黄味佳　苦涩，

味佳者茶汁黄味苦涩，

དྭད་པ་མཛྙུ་ཤ་ཀའི་དྲི།

ngad pa madz+nyu sha ka'i dri,

特别　曼殊　夏噶之味道，

味如曼殊夏噶树的气味，

བརྡུངས་པར་བཟང་ཞིང་ཁྲག་ནད་སེལ།

brdungs par bzang zhing khrag nad sel,

研磨　　　佳　又　血　疾　清除。
研磨饮用味佳又治血类疾病。

73

སཱ་རི་བྷ་ལི་ཞེས་པའི་ཇ།
sa ri b+ha li zhes pa'i ja,
萨仁 巴利　所谓之茶，
所谓萨仁巴利茶，

ལུད་ཅན་ལས་སྐྱེས་ཁ་དོག་སེར།
lud can las skyes kha dog ser,
肥料地　里生长　颜色　黄，
长在肥地叶色黄，

འདབ་མ་ཇ་ཤིང་འཇམ་ལ་སྙོམས།
'dab ma ja shing 'jam la snyoms,
叶子　茶树　柔滑　且　匀称，
茶叶柔滑且匀称，

ཁུ་བ་ཟར་མའི་མར་ཁུ་འདྲ།
khu ba zar ma'i mar khu 'dra,
汁　胡麻之　油汁　同，
茶汁与胡麻油相同，

དེའི་ངད་པ་དྲི་ཞིམ་འཇམ།
de'i ngad pa dri zhim 'jam,
其　　特别　味甜　适宜，
其味甜淡适中，

འཚོད་བཏུང་ཀུན་འདུད་ནད་རྣམས་སེལ།
'tshod btung kun 'dud nad rnams sel,
煮饮　全征服　　疾病　所有 清除。
煮饮能够清除所有疾病。

74

ཨ་ལི་བྷ་གུ་ཞེས་པའི་ཇ།
a li b+ha gu zhes pa'i ja,
阿利巴古 所谓的茶，
所谓阿利巴古茶，

ལུད་མེད་ལས་སྐྱེས་ཁ་དོག་དམར།
lud med las skyes kha dog dmar,
无肥　里 生长颜色　红，
长在无肥地里叶色红，

འདབ་མ་ཆེ་གྱོང་ཇ་ཤིང་སྦོམ།
'dab ma che gyong ja shing sbom,

叶子　阔硬　茶树　粗，
叶阔硬实茶树粗，

ཁུ་བ་དམར་ནག་རོ་མཆོག་ཁ།
khu ba dmar nag ro mchog kha,
汁　红黑　味佳　苦涩，
茶汁黑红味佳者苦涩，

དད་པ་སྣ་ཚ་དྲི་དད་ཅན།
ngad pa sna tsha dri ngad can,
特别　刺鼻　难闻之味，
有难闻的刺鼻味，

བསྲེགས་བསྐོལ་འོས་ཡིན་རླུང་མཁྲིས་སེལ།
bsregs bskol 'os yin rlung mkhris sel,
烧煮　　　适合是　风　胆类　清除。
适合烧煮饮用且治疗风胆类疾病。

༄

མུ་པན་ཏི་ཞེས་བྱ་བའི་ཇ།
mu pan ti zhes bya ba'i ja,
木班第　所谓　之茶，
所谓木班第茶，

རྩེ་ཇ་ཉིད་ཡིན་ཁ་དོག་སེར།
rtse ja nyid yin kha dog ser,
尖　茶　仅是　颜色　黄，
茶尖制成茶色黄，

ཇ་ཤིང་འདབ་མ་ཆུང་ཞིང་འཇམ།
ja shing 'dab ma chung zhing 'jam,
茶树　叶子　细　又　柔滑，
茶树茶叶细小又柔软，

ཁུ་བ་དམར་སེར་དད་པ་ཆུང་།
khu ba dmar ser ngad pa chung,
汁　色红　黄　气味　淡，
茶色红黄气味淡，

རོ་མངར་ནད་རྣམས་མ་ལུས་སེལ།
ro mngar nad rnams ma lus sel,
味　甜　疾　诸　不遗　清除，
味道甘甜能除诸疾，

ཡོན་ཏན་བརྒྱད་ལྡན་ཀུན་ལ་བསྔགས།
yon tan brgyad ldan kun la bsngags,
功效　八种　众　称颂。
具有八种功效众人称颂。

༡༽

ཧས་ཏེ་འགུ་ཞེས་བྱ་བའི་ཇ།
has ti 'gu zhes bya ba'i ja,
黑第古　　所谓之茶，
所谓黑第古茶，

ཁ་དོག་སེར་འཇམ་བར་ཇ་ཡིན།
kha dog ser 'jam bar ja yin,
颜色　黄　柔软中等茶是，
色黄柔和是中等茶，

ཇ་ཤིང་འདབ་མ་འཇམ་ལ་སྙོམས།
ja shing 'dab ma 'jam la snyoms,
茶树　叶子　柔滑　均等，
茶树叶子柔滑均等，

ཞུ་མཁན་མདོག་འདྲ་སྔོ་ཞིང་མངར།
zhu mkhan mdog 'dra sngo zhing mngar,
槟榔　色　同　微绿　而甜，
茶汁色同槟榔绿而甜，

རོ་ངད་མངར་ཞིང་ཆུ་ནོན་ཆུང་།
ro ngad mngar zhing chu non chung,
气味　香甜又　水加　少，
气味香甜少加水，

རྒན་པོ་གཅོང་ཅན་རྣམས་ལ་སྨན།
rgan po gcong can rnams la sman,
老者　体弱　诸　对　益。
益于老者和体弱者。

༢༽

རྒྱུན་ན་ད+ཧ་ལུ་ཚ་འདུལ་ཇ།
rgyu na d+ha lu tsha 'dul ja,
句那达鲁　　烘焙　茶，
句那达鲁茶是烘焙茶，

ཇ་ཤིང་འདབ་མ་གཅིག་ཏུ་འདྲེས།
ja shing 'dab ma gcig tu 'dres,
茶树　叶子　一起　相连，
茶树茶叶相缠绕，

ངད་པ་བཀྲག་མདངས་མི་ལྡན་ཡང་།
ngad pa bkrag mdangs mi ldan yang,
特别味　光泽　　无具有　虽然，
虽无光泽和香味，

སྐོལ་ཚེ་ རོ་དང་ནུས་པ་འབྱུང་།
skol tshe ro dang nus pa 'byung,
煮时　气味和 效力　出，
一经熬煮就有茶味和效力，

ཁུ་བ་གུར་གུམ་ འབྲི་མར་མདོག
khu ba gur gum 'bri mar mdog
汁　藏红花　牦牛酥油　色，
茶色如同藏红花和牦牛酥油，

འབྱུང་བཞི་ སྙོམས་ཤིང་ བཀྲག་མདངས་སྐྱེས།
'byung bzhi snyoms shing bkrag mdangs skyes,
四要素　平和　又　光泽　焕发。
能够调理身体和焕发光泽。

༄༅།

བྷ་ལ་མི་ཏ་ གྲང་འདུལ་ཇ།
b+ha la mi ta grang 'dul ja,
巴拉米打　冷制　茶，
巴拉米打是冷制茶，

སེངས་ན་རྡུལ་ཕྲན་སྔོ་སྐྱ་འབྱུང་།
sengs na rdul phran sngo skya 'byung,
冲泡　微沫　淡绿色产生，
冲泡产生淡绿色的微沫，

ཉིན་དགུང་འཇའ་ཚོན་སྔོན་དམར་འབྱུང་།
nyin dgung 'ja' tshon sngon dmar 'byung,
中午　彩虹　青蓝　红　产生，
中午时分茶中映出七彩虹，

ཇ་ཤིང་འདབ་མ་གཟུགས་ནི་གསལ།
ja shing 'dab ma gzugs ni gsal,
茶树　茶叶　轮廓　清晰，
茶树茶叶轮廓都清晰，

ཁུ་བ་སེར་སྐྱ་དར་བའི་མདོག
khu ba ser skya dar ba'i mdog
茶汁　淡黄　黄绸之　色，
茶汁淡黄如黄绸色，

རོ་དང་ངད་པ་ཁ་ཞིང་དཀར།
ro dang ngad pa kha zhing dkar,
茶味　特别　苦又　白，
茶味特别苦涩，

ལུས་བཟང་གིས་འཐུང་སྟོབས་རྩལ་སྐྱེད།
lus bzang gis 'thung stobs rtsal skyed,

健壮者　　　饮用　力量　武艺 长。
健壮者饮用能增强力量和武功。

༢༠

ཧུ་ལུ་ཧུ་ཀ་ཞེས་པའི་ཇ།
hu lu hu ka zhes pa'i ja,
乎鲁乎噶　所谓之茶，
所谓乎鲁乎噶茶，

ལེགས་པར་སྨིན་པས་སྣག་ཅིང་སྣུམས།
legs par smin pas snag cing snums,
完美　成熟　黑 又 油亮，
完美成熟茶色黑又亮，

ཇ་ཤིང་འདབ་མ་མཉེན་ལྕུག་འཇམ།
ja shing 'dab ma mnyen lcug 'jam,
茶树　叶子　柔和　温润，
茶树叶柔和又温润，

གསེར་གྱི་ཞག་འདྲ་རོ་དྲུག་ལྡན།
gser gyi zhag 'dra ro drug ldan,
金　的油脂 同　味 六具有，
茶汁如金油脂且具六种味，

ངད་པ་དྲི་ཞིམ་ཆུ་ནོན་ཆེ།
ngad pa dri zhim chu non che,
特别　味香　水 加 多，
多加水煮味特香，

རླུང་དང་དུག་རོ་སེལ་བར་བྱེད།
rlung dang dug ro sel bar byed,
风　和　残毒　清除 可。
此茶能清风疾和残毒。

༢༡

ཛྙ་ན་ཛྙ་ཏུ་ཞེས་པའི་ཇ།
dz+nya na dz+nya tu zhes pa'i ja,
扎那扎度　　　所谓之茶，
所谓扎那扎度茶，

མ་སྨིན་ཁ་དོག་བཀྲག་དམར་སྐྱེ།
ma smin kha dog bkrag dmar skye,
未成熟　颜色　光泽 淡红，
未成熟时叶呈淡红色，

ཇ་ཤིང་སྦོམ་ལ་འདབ་མ་ཉུང་།
ja shing sbom la 'dab ma nyung,

茶树　粗壮　叶子　稀少，
茶树粗壮叶稀少，

ཁུ་བ་སྔོ་ནག་དྲི་བའི་མདོག
khu ba sngo nag dri ba'i mdog
茶汁黑绿　味　道浓烈，
茶汁墨绿色味浓烈，

རོ་དང་དངད་པ་ཅུག་ཅིང་གྱོང་།
ro dang ngad pa cug cing gyong,
味道　特别　酸而　艰涩，
味道特别酸涩，

ཁོང་པའི་ནད་ཀློང་རླུང་ཁམས་སྐྱེད།
khong pa'i nad klong rlung khams skyed,
胃之　疾病　风　产生，
此茶能引起胃病和风病。

ཐོག་མར་དཀར་ཡོལ་བླུགས་པའི་དུས།
thog mar dkar yol blugs pa'i dus,
开始　瓷碗　倒入之　时，
茶汁刚刚倒入瓷碗时，

བོང་བུ་རྔ་མོ་སྤྲེའུའི་གཟུགས།
bong bu rnga mo spre'u'i gzugs,
毛驴　骆驼猴子之　身影，
茶中如显现毛驴骆驼猴子之身影，

མ་ཧྲང་མི་རོ་ཀེང་རུས་བྲིས།
ma hrang mi ro keng rus bris,
水牛　人尸　骷髅　画，
以及水牛人尸骷髅画，

33

དེ་དབུས་གསལ་ན་ལྟས་ངན་གནས།
de dbus gsal na ltas ngan gnas,
此中　显现　凶兆　有，
此为有凶之征兆。

གང་དུ་བབས་དེར་མི་དགེ་འབྱུང་།
gang du babs der mi dge 'byung,
无论在何处　不幸　产生，
无论在何处都会发生不幸；

བཀྲ་ཤིས་རྫས་བརྒྱད་དྲང་སྲོང་ཚེའི་གཟུགས།
bkra shis rdzas brgyad drang srong tshe'i gzugs,
八吉祥物　　　长寿仙人　之身影，
假若茶碗中出现八吉祥物和长寿仙的身影，

རྒྱལ་པོ་ནོར་བུ་རིན་ཆེན་བདུན།

rgyal po nor bu rin chen bdun,

国王宝贝珍珠七宝，

或者出现国王七珍宝之影像，

དེ་བཞིན་དཀར་ཡོལ་ནང་ན་གནས།

de bzhin dkar yol nang na gnas,

如此　　瓷碗　里边　　在，

如此在瓷碗里边显现，

གང་དུ་བབས་དེར་དགེ་ལེགས་འབྱུང་།

gang du babs der dge legs 'byung,

无论在何处　　吉祥　　产生；

无论在何处都会产生吉祥；

ཇ་ཉོ་བ་དང་ཇ་ཚོང་དང་།

ja nyo ba dang ja tshong dang,

茶　买　和茶　卖　　以及，

虽然买卖茶叶者以及

ཇ་འཐུང་སྐྱེ་བོ་མང་གྱུར་ཀྱང་།

ja 'thung skye bo mang gyur kyang,

茶　饮用　人　　多变得　虽然，

饮茶者很多，

ཇ་སྤྱད་ཧ་ཤང་དེ་བས་མཁས།

ja spyad ha shang de bas mkhas,

茶使用活尚　　比此　精通，

但精通茶道者为活尚；

དེ་ལ་ག྅ཧ་མི་རྒྱལ་པོས་ཞུས།

de la g+ha mi rgyal pos zhus,

向其噶密　　国王　　学，

首先噶密国王向其（活尚）学茶道，

ག྅ཧ་ལ་མི་ཏྲ་མགོན་པོས་ཞུས།

g+ha la mi tra mgon pos zhus,

噶拉　米扎　衮布　　学，

其后是噶拉米扎衮布学习，

དེ་ནས་རིམ་བཞིན་བརྒྱུད་དེ་ཞུས།

de nas rim bzhin brgyud de zhus,

由此　　次第　　传承　着　学。

依此次第传承方式学习。

ཡོ་མར་རྒྱ་ཇ་བཟང་ངན་བརྟགས་པའི་བསྟན་བཅོས།

yo mar rgya ja bzang ngan brtags pa'i bstan bcos,

永姆汉茶　　优劣　　鉴别之知识，

鉴别优劣汉茶之知识，

བདུད་རྩིའི་རྒྱ་མཚོ་ ཞེས་བྱ་བ་རྫོགས་སོ།།

bdud rtsi'i rgya mtsho zhes bya ba rdzogs so.

甘露之　大海　　称为　　　终。

称为《甘露之海》篇终。

མངྒ་ལམ།།

mang+ga lam,

吉祥！

吉祥！

བྷ་ཝནྟུ།།

b+ha wan+tu,

祝愿！

祝愿！

四　《星算幻化明鉴》

《星算幻化明鉴》是一部明代藏文历书，从四川省尔苏居住地区搜集得来，现收藏于中央民族大学古文字博物馆。该书规格：长 24.8 厘米，宽 9.5 厘米；白徂体写本，有个别乌坚体字；藏纸，双层黏合纸；文字墨色，符号彩色；表格式行款；共 13 页，每页两面文字。内容为苯教星算历书。全书使用缩写字写成。这部藏文历书是研究尔苏（纳木依）甘洛本《虐曼史答》和石棉本《虐曼史答》[①] 的重要资料。

《སྐར་རྩིས་འཁྲུལ་གྱི་མེ་ལོང་བཞུགས་སྩོགས།།》

Skar rstis 'khrul gyi meng bzhuks shoks

　　星算　　幻化之　明鉴

《星算幻化明鉴》

༄༅།། གཡུང་དྲུང་ལྷའི་སྐད་ཏུ་ན།　དམུ་ཕྱྭ་ཧ་གླིང་གསར་སྟེ་སྤྲ།

g.yung drung lha'i skad tu na, dmu' ph+y+wa ha gling gsar ste spra,

雍仲　　神语　谓之　　"穆恰哈不萨德扎"；

雍仲神语谓之"穆恰哈不萨德扎"；

བོད་སྐད་དུ།　དཔལ་ལྡན་དུས་ཀྱི་འཁོར་ལོ་ལ་ཕྱག་འཚལ་ལོ།།

bod skad du, dpal ldan dus kyi 'khor lo la phyag 'tshal lo

博语谓之，"吉祥　　　时轮，顶礼"。

博语谓之"顶礼，吉祥时轮"。

དཔྱིད་ཟླ་རབ་བ་སྟག་གིས་ཟླ་བ་ལ།　ལྷ་ཆེན་ཤར།　སྲོག་ལྷ་བྱང་ཤར།

dpyid zla rab ba stag gis zla ba la, lha chen shar, srog lha byang shar,

孟夏　　　　虎之月，　　　拉青神位东，　命神位北东，

孟夏虎月，拉青神位东，命神位东北，

ཡས་ལྷ་ལྷོ་ནུབ།　སའི་ལྷ་མོ་བརྟེན་མ་ནུབ་ཕྱོགས་གནས་ཡོད།

yas lha lho nub, sa'i lha mo brten ma nub phyogs gnas yod,

[①] 参见《中国民族古文字图录》，中国社会科学出版社 1990 年版，封内图片 6—10。

地方神位西南，地之丹巴仙女位西。
地方神位西南，地之丹巴仙女位西。

ཚེས་༡ སྟག གཟའ་སྤེན་པ， དར， མོན་གྲེ， ཤར
tshes 1 stag gza' spen pa,   dar,   mon gre,   shar
1日   虎   土曜   盛   虚   东
1日，虎，土曜，盛，虚，东；

ཚེས་༢ ཡོས， གཟའ་ཉི་མ， ཞུད， མོན་གྲུ， ལྷོ་ཤར，
tshes 2 yos,   gza' nyi ma, zhud,   mon gru,   lho shar,
2日   兔   日曜   次盛   危   南东
2日，兔，日曜，次盛，危，东南；

ཚེས་༣ འབྲུག གཟའ་ཟླ་བ， ཞུད， ཁྲུམས་སྟོད， བྱང་ཤར，
tshes 3 'brug gza' zla ba,   zhud,   khrums stod, byang shar,
3日   龙   月曜   次盛   室   北东
3日，龙，月曜，次盛，室，东北；

ཚེས་༤ སྦྲུལ， གཟའ་མིག་དམར， ཞུད， ཁྲུམས་སྨད， ལྷོ
tshes 4 sbrul,   gza' mig dmar,   zhud,   khrums smad, lho,
4日   蛇   火曜   次盛   壁   南
4日，蛇，火曜，次盛，壁，南；

ཚེས་ལྔ， རྟ， གཟའ་ལྷག་པ， ནམ་གྲུ， བྱང，
tshes lnga, rta,   gza' lhag pa,   nam gru,   byang,
5日   马   水曜   奎   北
5日，马，水曜，奎，北；

ཚེས་དྲུག ལུག གཟའ་ཕུར་བུ， དར， མཐའ་སྐར， ལྷོ
tshes drug lug gza' phur bu,   dar,   mtha' skar,   lho,
6日   羊   木曜   盛   娄   南
6日，羊，木曜，盛，娄，南；

ཚེས་༧ སྤྲེའུ， གཟའ་པ་ཝ་བསང， དར， བྲ་ཉེ， བྱང་ཤར，
shes 7 spre'u,   gza' pa wa bsang,   dar,   bra nye, byang shar,
7日   猴   金曜   盛   胃   北东
7日，猴，金曜，盛，胃，东北；

ཚེས་༨ བྱ， གཟའ་སྤེལ་པ， དར， སྨིན་དྲུག ནུབ
tshes 8 bya,   gza' spel pa,   dar,   smin drug, nub,
8日   鸡   土曜   盛   昂   西
8日，鸡，土曜，盛，昂，西；

ཚེས་༩ ཁྱི， གཟའ་ཉི་མ， དར， སྣར་མ， ཤར，
tshes 9 khyi,   gza' nyi ma,   dar,   snar ma,   shar,
9日   狗   日曜   盛   毕   东
9日，狗，日曜，盛，次盛，毕，东；

ཚེས་༡༠ ཕག གཟའ་ཟླ་བ， ཞུད， མགོ， ལྷོ
tshes 10 phag gza' zla ba,   zhud,   mgo,   lho

10日 猪 月曜 次盛 觜 东
10日，猪，月曜，次盛，觜，东；

tshes nya 1 byi ba, gza' mig dmar, zhud, lag pa, byang sha
11日 鼠 火曜 次盛 参 北东
11日，鼠，火曜，次盛，参，东北；

tshes nya 2 glang, gza' lhag pa, nabs so,
12日 牛 水曜 井
12日，牛，水曜，井；

tshes nya 3 stag gza' phur bu, gyod, rgyal, byang,
13日 虎 木曜 弱 鬼 北
13日，虎，木曜，弱，鬼，北；

tshes nya 4 yos bu, gza' pa bsang, dar, skag,
14日 兔 金曜 盛 柳
14日，兔，金曜，盛，柳；

tshes nya lnga, 'brug gza' spen pa, dar, mchu, byang nub,
15日 龙 土曜 盛 星 北西
15日，龙，土曜，盛，星，西北；

sa bdag hal khyi stag yos 'brug 3 shar du gnas yod,
祇位"咳琪"虎兔龙 三 东方 位于。
"咳琪"虎兔龙三地于东方。

nya drug sbrul, gza' nyi ma, zhud, gre,
16日 蛇 日曜 次盛 张
16日，蛇，日曜，次盛，张；

nya bdun, rta, gza' zla ba, rgud, lbo, shar,
17日 马 月曜 弱 翼 东
17日，马，月曜，弱，翼，东；

nya brgyad, lug gza' mig dmar, zhud, me 4 lho,
18日 羊 火曜 次盛 轸 东
18日，羊，火曜，次盛，轸，东；

nya 9 spre'u, gza' lhag pa, rgud, nags po, byang shar,

19 日　猴　　水曜　　　　弱　　　角　　　　　　　　北东

19 日，猴，水曜，弱，角，北东；

ཚེས་ཉི་ཤུ།　བྱ།　གཟའ་ཕུར་བུ།　གྱོད།　ས་རི།　ལྷོ།

tshes nyi shu,　bya,　gza' phur bu,　gyod,　sa ri,　lho,

20 日　鸡　木曜　纠纷　亢　东

20 日，鸡，木曜，纠纷，亢，东；

ཉེར་1 ཁྱི།　གཟའ་པ་བ་སངས།　དར།　ས་ག　བྱང་།

nyar 1　khyi,　gza' pa ba sang,　dar,　sa ga,　byang,

21 日　狗　　金曜　　　盛　氐　北

21 日，狗，金曜，盛，氐，北；

ཉེར་2 ཕག　གཟའ་སྤེན་པ།　དར།　ལྷ་མཚམས།　ལྷོ་ནུབ(ཕུར་པ་དར)།

nyar 2　phag　gza' spen pa,　dar,　lha mtshams,　lho nub (phur pa dar),

22 日　猪　土曜　　　盛　房　　西南（木星盛）

22 日，猪，土曜，盛，房，西南（木星盛）；

ཉེར་3 བྱི་བ།　གཟའ་ཉི་མ།　ཞུད་པ།　s+n+ron།　བྱང་།

nyar 3　byi ba,　gza' nyi ma,　zhud pa,　s+n+ron,　byang,

23 日　鼠　日曜　　次盛　　心　　北

23 日，鼠，日曜，次盛，心，北；

ཉེར་4 གླང་།　གཟའ་ཟླ་བ།　རྒུད།　s+n+rubs།　ནུབ།

nyar 4　glang,　gza' zla ba,　rgud,　s+n+rubs,　nub,

24 日　牛　月曜　　弱　尾　　　西

24 日，牛，月曜，弱，尾，西；

ཉེར་5 སྟག　གཟའ་མིག་དམར།　ཞུད་ཆུ་སྟོད།　ཤར།

nyar lnga,　stag　gza' mig dmar,　zhud,　chu stod,　shar,

25 日　虎　火曜　　　次盛　箕　东

25 日，虎，火曜，次盛，箕，东；

ཉེར་དྲུག ཡོས།　གཟའ་ལྷག་པ།　རྒུད་པ།　ཆུ་སྨད།　ཤར་ལྷོ།

nyar drug　yos,　gza' lhag pa,　rgud pa,　chu smad,　shar lho,

26 日　兔　水曜　　弱　斗　　　东南

26 日，兔，水曜，弱，斗，东南；

ཉེར་བདུན།　འབྲུག གཟའ་ཕུར་བུ།　གྱོད།　གྲོ་བཞིན།

nyar bdun,　'brug　gza' phur bu,　gyod,　gro bzhin,

27 日　　龙　木曜　　纠纷　牛

27 日，龙，木曜，纠纷，牛；

ཉེར་8 སྦྲུལ།　གཟའ་པ་ཝ་སངས།　དར།　བྱེ་བཞིན།　ལྷོ།

nyar 8　sbrul,　gza' pa wa sang,　dar,　bye bzhin,　lho,

28 日　蛇　金曜　　　盛　女　　南

28 日，蛇，金曜，盛，女，东；

ཉེར་དགུ རྟ།　གཟའ་སྤེན་པ།　དར།　མོན་གྲེ།　བྱང་།

nyar dgu　rta,　gza' spen pa,　dar,　mon gre,　byang,

29日 马 土曜 盛 虚 北
29日，马，土曜，盛，虚，北；

gnam stong, lug gza' nyi ma, zhud, mon gru,
30日 羊 日曜 次盛 危
30日，羊，日曜，次盛，危。

dpyid zla 'bring po yos bu zla ba la, lha chen lho,
仲春 兔月， 拉青神东，
仲春兔月，拉青神位东，

srog lha shar lho, yas lha byang nub, the se shar,
命神位东南， 耶拉神 北西， 特瑟东。
命神位东南，耶拉神位西北，特瑟位东。

tshes 1 sprel, gza' zla ba, dar, skarma khrums stod, lha chen, lho,
1日 猴 月曜 盛 室 拉青神 南
1日，猴，月曜，盛，室，拉青神，南；

tshes 2 bya, gza' mig dmar, da0ra, skar ma khrums smad, lha chen, lho nub,
2日 鸡 火曜 壁 拉青神 南西
2日，鸡，火曜，壁，拉青神，西南；

tshes 3 khyi, gza' lhag pa, dar, skar ma nam gru, lha chen, lho shar,
3日 狗 水曜 盛 奎 拉青神 南东
3日，狗，水曜，盛，奎，拉青神，东南；

tshes 4 phag gza' phur bu, dar, skar ma mtha' skar, lha chen, nub,
4日 猪 木曜 盛 娄 拉青神 西
4日，猪，木曜，盛，娄，拉青神，西；

tshes lnga, byi ba, gza' pa wa bsang, zhud, skar ma bra nye, lha chen, shar,
5日 鼠 金曜 次盛 胃 拉青神 东
5日，鼠，金曜，次盛，胃，拉青神，东；

tshes drug glang, gza' spen pa, gyod, skar ma smig drug lha chen, byang nub,
6日 牛 土曜 纠纷 昂 拉青神 北西
6日，牛，土曜，纠纷，昂，拉青神，西北；

ཚེས་བདུན། སྟག གཟའ་ཉི་མ། དར སྐར་མ་སྨར། ལྷ་ཆེན། བྱང་།

tshes 7　stag　gza' nyi ma,　rgud,　skar masnar ma,　lha chen,　byang shar,
7日　　虎　日曜　　　　弱　　毕　　　　　　　拉青神　　北东
7日，虎，日曜，弱，拉青神，毕，东北；

ཚེས་བརྒྱད། ཡོས། གཟའ་ཟླ་བ། དར སྐར་མ་མགོ། ལྷ་ཆེན། བྱང་།

tshes brgyad,　yos,　gza' zla ba,　dar,　skar ma mgo,　lha chen,　byang,
8日　　　　兔　　月曜　　　盛　觜　　　　　拉青神　　北
8日，兔，月曜，盛，觜，拉青神，北；

ཚེས་དགུ། འབྲུག གཟའ་མིག་དམར། རྒུད སྐར་མ་ལག་པ། ལྷ་ཆེན། ལྷོ།

tshes dgu,　'brug gza' mig dmar,　rgud, skar ma lag pa,　lha chen,　lho,
9日　　　龙　　火曜　　　　弱　　参　　　　　拉青神　　南
9日，龙，火曜，弱，参，拉青神，南；

ཚེས་བཅུ། སྦྲུལ། གཟའ་ལྷག་པ། རྒུད སྐར་མ་ནབས་སོ། ལྷ་ཆེན་ལྷོ་ནུབ།

tshes bcu,　sbrul,　gza' lhag pa,　rgud, skar ma nabs so,　lha chen, lho nub,
10日　　　蛇　　水曜　　　　弱　　井　　　　　拉青神　　南西
10日，蛇，水曜，弱，拉青神，井，西南；

ཉ་༡ རྟ། གཟའ་ཕུར་བུ། སྐར་མ་རྒྱལ། ལྷ་ཆེན། ཤར་ལྷོ།

nya1　rta,　gza' phur bu,　skar ma rgyal, lha chen,　shar lho,
11日　马　木曜　　　　　鬼　　　　　拉青神　东南
11日，马，木曜，拉青神，鬼，东南；

ཉ་༢ ལུག གཟའ་པ་ཝ་སངས། ཞུད སྐར་མ་སྐག་པ།

ya2　lug gza' pa wa sang,　zhud,　skar ma skag pa,
12日　羊　金曜　　　　次盛　柳
12日，羊，金曜，次盛，柳；

ཉ་༣ སྤྲེའུ། གཟའ་སྤེན་པ། གྱོད སྐར་མ་མཆུ། ལྷ་ཆེན། ནུབ།

nya3　spre'u,　gza' spen pa, gyod, skar ma mchu, lha chen,　nub,
13日　猴　　　土曜　　　　纠纷　星　　　　拉青神　西
13日，猴，土曜，纠纷，拉青神，星，西；

ཉ་༤ བྱ། གཟའ་ཉི་མ། རྒུད གྲེ། ལྷ་ཆེན། བྱང་ནུབ།

nya4　bya,　gza' nyi ma,　rgud,　gre,　lha chen,　byang nub,
14日　鸡　日曜　　　　弱　　张　拉青神　北西
14日，鸡，日曜，弱，拉青神，张，西北；

ཉ་༥ ཁྱི། གཟའ་ཟླ་བ། དར སྐར་མ་སོ། ལྷ་ཆེན་ལྷོ་ནུབ།

nya5　khyi,　gza' zla ba, dar,　skar ma wo, lha chen, lho nub,
15日　狗　月曜　　　　盛　翼　　　　　拉青神　南西
15日，狗，月曜，盛，拉青神，翼，西南；

ཉ་དྲུག ཕག གཟའ་མིག་དམར། རྒུད་པ། མེ་བཞི། བྱང་།

nya drug　phag gza' mig dmar,　rgud pa, me bzhi,　byang,
16日　　　猪　　火曜　　　　　弱　　　轸　　　北
16日，猪，火曜，弱，轸，北；

nya bdun, byi ba, gza' lhag pa, dar, nag pa, lho,
17日 鼠 水曜 盛 角 东

17日，鼠，水曜，盛，角，东；

nya brgyad, glang, gza' phur bu, dar, sa ri, lho nub,
18日 牛 木曜 盛 亢 南西

18日，牛，木曜，盛，亢，西南；

nya 9 stag gza' pa wa sang, zhud pa, sa ga, shar lho,
19日 虎 金曜 次盛 氐 东南

19日，虎，金曜，次盛，氐，东南；

nyi shu, yos, gza' spen pa, gyod pa, lha mtshams, nub,
20日 兔 土曜 纠纷 房 西

20日，兔，土曜，纠纷，盛，房，西；

nyar 1 'brug gza' nyi ma, rgud pa, s+n+ron, shar
21日 龙 日曜 弱 心 东

21日，龙，日曜，弱，心，东；

nyar 2 sbrul, gza' zlaba, dar, s+n+run, nub byang,
22日 蛇 月曜 盛 尾 西北

22日，蛇，月曜，盛，尾，西北；

nyar 3 rta, gza' mig dmar, rgud pa, chu stod, byang shar,
23日 马 火曜 弱 箕 北东

23日，马，火曜，弱，箕，东北；

nyar 4 lug gza' lhagpa, dar ba, chu smad, byang,
24日 羊 水曜 盛 斗 北

24日，羊，水曜，盛，斗，北；

nyar lnga, spre'u, gza' phur bu, dar, gro bzhin, lho,
25日 猴 木曜 盛 牛 南

25日，猴，木曜，盛，牛，南；

nyar drug bya, pa wa sang, zhud pa, bye bzhin, lho nub,
26日 鸡 金曜 次盛 女 南西

26日，鸡，金曜，次盛，女，西南；

nyar bdun, khyi, gza' spen pa, gyod, mon gre, shar lho,
27日　　狗　　土曜　　　纠纷　虚　　东南
27日，狗，土曜，纠纷，虚，东南；

ཉེར་བརྒྱད། ཕག གཟའ་ཉི་མ། རྒུད་པ། མོན་གྲུ། ནུབ།

nyar brgyad, phag gza' nyi ma, rgud pa, mon gru, nub,
28日　　猪　日曜　　　弱　危　西
28日，猪，日曜，弱，危，西；

ཉེར། བྱི་བ། གཟའ་ཟླ་བ། དར། ཁྲུམས་སྟོད། ཤར།

nyar 9 byi ba, gza' zla ba, dar, khrums stod, shar,
29日　鼠　月曜　　　盛　室　　东
29日，鼠，月曜，盛，室，东；

གནམ་སྟོང་། གླང་། གཟའ་མིག་དམར། རྒུད་པ། ཁྲུམས་སྨད། ནུབ་བྱང་།

gnam stong, glang, gza' mig dmar, rgyud pa, khrums smad, nub byang,
30日　　牛　火曜　　　　弱　　壁　　西北
30日，牛，火曜，弱，壁，西北。

《星算幻化明鉴》之历法符号

虎月上

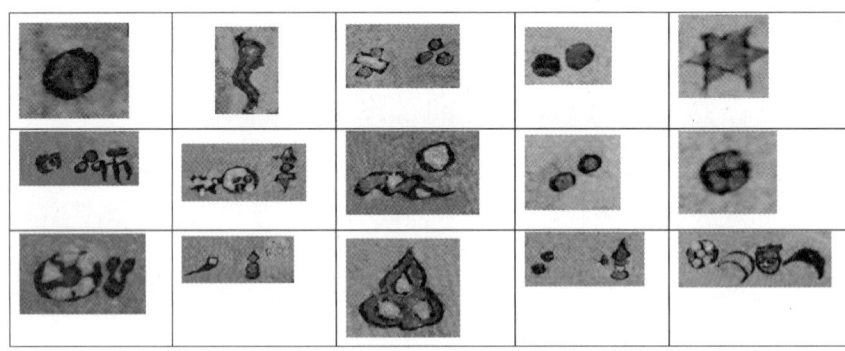

虎月下

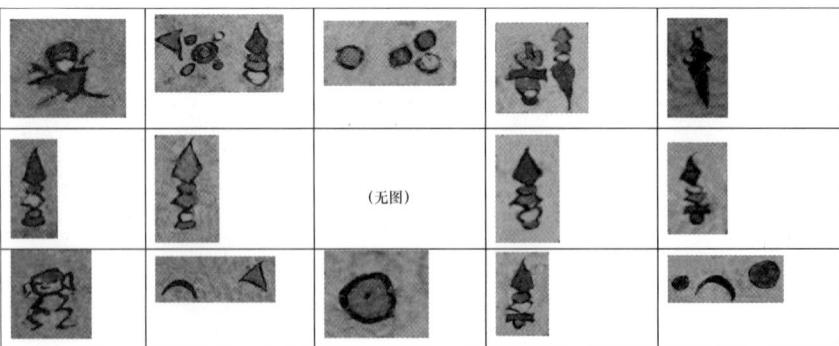

兔月上

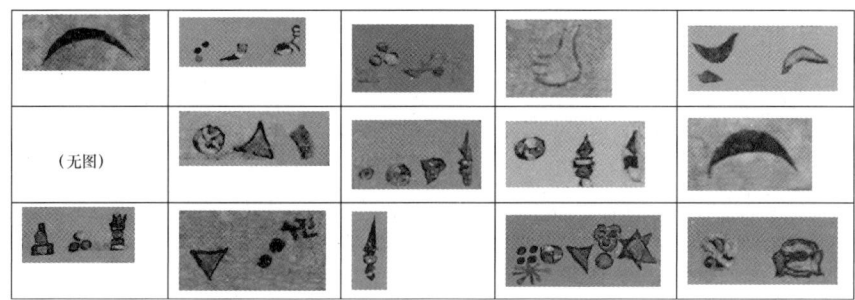

兔月下

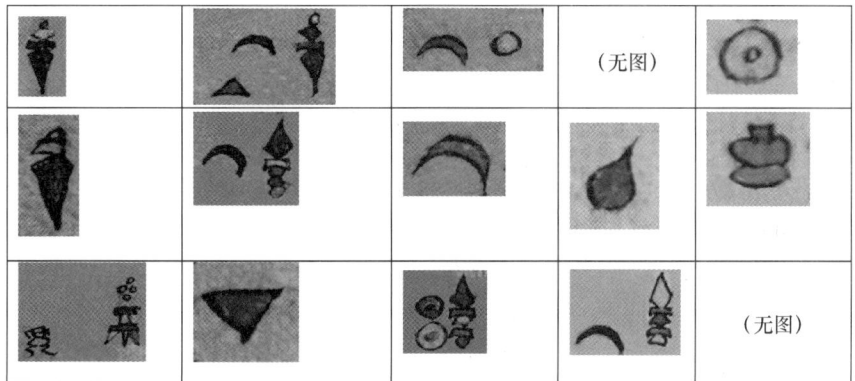

《星算幻化明鉴》共有三十多种历法符号，这些符号源自古老的苯教文化，是《纳孜》的一种传统，从 10 世纪中期开始，这种符号文化逐渐被文字替代，仅仅流传和保留于远离藏族文化中心地区的四川冕宁、甘洛、石棉、木里、宁蒗等边远地区。

结束语

藏文古籍是藏族先哲艰辛耕耘的智慧结晶，是藏族历史进程的真实写照，不仅是藏族优秀文化遗产，也是中华民族乃至世界文化的重要组成部分。藏文古籍历史悠久，卷帙浩繁，门类丰富，其哲学、宗教、密法修炼、仪轨、美术、医学、心理学、语言学等博大精深，在众多古籍中完好地保存了政治、历史、宗教、天文、历算、医学、语言、文学、英雄史诗、艺术、民间习俗和经济等内容，不仅为研究藏学提供了丰富的资料，而且也是藏族人民贡献给世人的精神财富。

（一）社会价值

藏文古籍作为传统文化，有着非常久远的历史，是藏族人民在历史进程中的智慧结晶。它是藏族历史的见证，不仅是当今物质文明和精神文明建设的基础，也是联结民族感情的纽带和弘扬民族精神、维护国家统一的重要内容，对民族间的文化交流和传承历史有着极其重要的意义。古籍文献记载着历史，承担着延续历史、传播古代文明的重任。古籍文献所记载的哲学思想、伦理道德、政治经济及科学技术，闪烁着贤哲思想的光芒，是启迪人们智慧的源泉之一，对构建社会主义和谐社会有极其重要的参考价值。

藏文古籍是藏族古代文明的标志，是藏文化生存和发展的根基之一，不但是中华传统文化的重要组成部分，也为世界多样性文明提供了实物资料。

（二）文化价值

藏文古籍是藏族在数千年历史发展过程中创造的重要文明成果，蕴含着藏族特有的精神价值、思维方式和想象力、创造力，是雪域高原文明绵延数千年，一脉相承的历史见证，也是人类文明的瑰宝。藏文古籍对促进文化传承、联结民族情感、弘扬民族精神、维护国家统一及社会稳定具有重要作用。藏民族精神的核心是藏文化，而藏文古籍是藏文化的重要组成部分。古籍是文化的重要载体，它积累、积淀、储存了藏民族的优秀文化和历史传承，是文化知识的重要工具。文化是一个民族的灵魂，而藏文古籍是藏民族物质文化和精神文化的结晶之一，也是这个民族世代守望的精神家园和生生不息、一脉传承的精神纽带和根基。保持民族文化的独特性，必须弘扬和继承传统文化。藏族古代文明是中华多元文化中的一员，继承和保护藏文化也就是在保护中华文化，也是在为世界文化的多样性和人类文明做贡献。

（三）使用价值

藏文古籍涵盖古代社会科学和医学、历法、建筑等自然科学，是研究藏族政治、历史、宗教、语言、文学、艺术、医学和历法等学科的主要史料来源，具有较高的使用价值和重大的现实意义。1. 政治方面。1950年以来，我国政府和学术界为批驳"西藏是一个独立国家"、"历史上西藏与中国是'供施'关系"、"中国在西藏侵犯人权"等谬论，据藏文古籍和汉文文献，以严肃的科学态度，全面、公正地论证和阐明了西藏是中国不可分割的一部分、解放以来西藏的发展变化和人民当家作主的事实，为维护祖国统一做出了贡献。其藏文史料主要来源于历代《达赖喇嘛传》、历代《达赖喇嘛文集》、历代《班禅额尔德尼传》、《多仁班智达传》、历代《章嘉活佛传》、《萨迦世系谱》、《萨迦五祖全集》、《十六法典》等藏文古籍。2. 历史方面。新中国成立以来有关西藏历史学术著作50余部、论文数千篇，这些论著以历史唯物主义的立场和观点，科学地划分了藏族社会从原始社会到封建农奴制社会的历史发展进程，同时也阐明了公元13世纪被纳入中国版图的详细过程。而资料来源就是大量藏文史籍和宗教典籍，如《贤者喜宴》、《青史》、《红史》、《白史》、《拔协》、《五部遗教》、高僧大德文集和传记等。3. 宗教方面。宗教方面比较有影响力的学术著作30余部、论文上千篇，从不同角度论述了藏传佛教的产生、发展、教义、仪轨，以及宁玛、萨迦、噶举、格鲁等派的理论、各派与中央政府的关系等。其资料来源于藏文《大藏经》、《慈氏五论》、《入行论》、《时轮金刚》；宁玛派的《隆钦七宝藏论》、《莲花生遗教》、《大圆满法》；噶丹派的《噶丹六论》、《菩提道灯论》；萨迦派的《三律仪论》、《正理藏论》、《量释论》、《道果法》；噶举派的《解脱道庄严论》、《大手印法》；格鲁派的《菩提道次第广论》、《土观宗教派源流》等。4. 语言方面。依据《文法三十颂》、《司都文法详解》、《苯波文通二十七颂》、《声明学论著注疏》等古籍，在语言史、语法、词汇等方面取得了巨大成就。5. 补遗。藏文古籍可以弥补汉文《大藏经》密法之不足，如德格版藏文《大藏经》有4122种密法不见于汉文《大藏经》。6. 文学方面。有关文学的学术著作近40部、论文上万篇，其中《藏族文学史》一书初步确定了藏族文学史的分期年代，界定了作家文学和民间文学的条件、范围、特点、体裁。其资料来源于《玛尼全集》、《敦煌吐蕃文书》、《萨迦格言》、《米拉日巴传》、《西藏王统记》、《西藏王臣记》、《国王修身论》、《迅努达美》、《格萨尔王传》、《莲池歌舞》、《康珠诗论》、《如意藤》等藏文古籍。7. 科技方面。如藏医，至今仍然是藏民求医问药的主要手段之一，《四部医典》、《四部医典释难诃子丽鬘》、《四部医典注疏·祖先遗教》、《甘露要义秘密诀窍续》、《国王神术紫册》、《晶珠本草》、《兰琉璃》、《米旁医著》等古医术仍然发挥着不可替代的作用；藏历，是农牧民主要使用的日历。此外，绘画、雕塑、建筑等的理论依据也都要依赖于艺术类古籍。总之，藏文古籍涉及面广，集社会历史、文学艺术、文物和使用价值于一体。

西夏文

聂鸿音　编著

第 一 章

党项和西夏概况

中古时期的中国西部曾经出现过一个被称为"党项"的民族，这批人最初的居住地相当于今天的四川省和青海省交界地区，后来迫于吐蕃的军事压力，其主要的一支不得不搬迁到陕西省以北，归附了唐王朝。到了10世纪下半叶，党项上层集团和中原统治者的矛盾日益加深，最终使得拓跋部首领李继迁率部背叛了北宋，辗转到河西走廊一带开拓领地，以求自立。经过约半个世纪与北宋、吐蕃、回鹘的征战，党项人终于如愿以偿地在当地站稳了脚跟，并且于1038年由李继迁的孙子李元昊正式建立了自己的国家——"白高大夏国"，中原史书一般称之为"西夏"。西夏国在历史上存在了190年，历经十代皇帝，到1227年被成吉思汗灭亡。进入元代以后，原来的西夏国民有的返回原籍，有的迁至内地，逐渐融入其他民族，党项作为一个民族实体就不复存在了，今天我们已没有办法确切指认哪个民族或者哪个人群是党项的后裔。

西夏全盛时期的统治地域以今宁夏回族自治区为中心，兼及内蒙古、陕西、青海和甘肃部分地区，都城设在今宁夏银川市，最初叫做兴庆府，后来改称中兴府。境内的居民以党项人为主，另有汉人、吐蕃人、回鹘人和鞑靼人。西夏的主体民族自称为"番"，汉语称之为"党项"，蒙古语称之为"唐兀"，藏语称之为"弥药"，后者似乎表明党项人和现在四川省境内的"木雅人"有某种渊源，一般认为他们都是古代羌人的支系。史书中关于隋唐以前党项人社会生活情况的记载很少，我们只知道他们有许多大小不同的部落，散居在山谷之间，一般以原始狩猎和采集为生，也不时地和比邻的部族发生一些纠纷，导致小规模的军事冲突。他们迷信鬼神，凡遇大事都要预先占卜，依照鬼神的暗示来决定对策。总之，与同时代的西部诸族相比，党项人的物质生活和精神生活似乎都处在一个较低的水平上。

西夏建国之后，前所未有的辽阔地域为国人的经济活动提供了足够的空间，以银川平原为中心的农业地区土地肥沃，又有汉唐以来开凿的多条黄河引水渠可资灌溉，在当时堪称物产丰饶，周边的牧业地区水草肥美，保障了畜肉、皮毛生产的持续发展。由于地理位置的缘故，当年丝绸之路上的商业往来一度集中于西夏境内，政府可以用本地生产的池盐和牲畜向北宋换取丝绸和茶叶，再把这些东西倒卖给西域诸国，借以获得可观的财政收入。尽管据史书记载，西夏的平民有时不得不依靠沙漠上的野生植物充饥，但从西夏境内农业、牧业、商业和手工业的总体发展水平看，百姓的生活境况当不至与中原相差太大。在安西榆林窟保存着西夏人造酒的壁画，在西夏法典《天盛律令》里也有禁止民间私自造酒的规定，看来造酒在西夏境内已经相当普遍，这说明作为国民首要生活资料的粮食已经有了盈余。

与物质文明的发展相适应，党项人的精神文明在短时间内也取得了飞跃的变化，这是和周边发达民族对这个新政权的影响分不开的。尽管西夏统治集团时常有人呼吁用党项文化来抵制汉文化，西夏的开国君主李元昊也一度把党项文化视为民族独立的标志，但是他们在建立新政权的时候还是几乎全盘模仿了北宋的政府组织制度,并在政府的直接介入下使以儒家典籍为代表的中原文化在河西地区得到了广泛的传播,从而极大地改变了党项人的精神和物质生活传统。这时,本体的党项文化似乎仅仅成了某种标记式的点缀,党项人的历史也仅仅零星地保存在民间的传说里。从现存的西夏文献中,我们已经找不到党项早期的信史,所记载的民俗民风也大多是中原的翻版,如西夏类书《圣立义海》收录的古代故事几乎全部出自中原史籍,描述的民间节日也都是中原惯例,只有关于宇宙和人类起源的传说还带有些古羌人和吐蕃人的味道。又如敦煌石窟里保存的西夏人画像,其服饰都是彻头彻尾的唐宋风格,只有男子还保留着中古北方民族里常见的"髡发"习俗。

相对一些表层的文化现象而言,党项人最初的社会组织形式不是凭某个人的号召就能在短时间内改变的,事实上西夏政府似乎也没有下决心进行这方面的变革。西夏文献的记载表明,即使到了12世纪中晚期,党项人原始的氏族制度也未被完全取消,国家的生产活动和军事活动常常要在政府做出决定之后由氏族部落去实施。西夏语称氏族的首长为"节亲主",我们看到这个称号在文献里频繁地与朝廷赐予的官衔一道出现,显出原始氏族制度和封建政府组织的不和谐的共存。

元代的一个重要统治方略叫做"以儒治国,以佛治心",这种思想也许起源于西夏。历史记载表明,西夏在建国之初就曾多次向北宋"求购"佛经,同时开始在国内广建寺院,组织人力把浩如烟海的汉文佛典一卷一卷地译成西夏文。由皇室发起的一次次礼佛活动极尽奢华之能事,虽然难免有"佞佛"之讥,但毕竟也就此统一了西夏国民的精神世界。12世纪下半叶的夏仁宗在位期间,再度兴起的吐蕃佛教大规模地传入西夏,并且很快得到了党项上层集团的支持。藏族喇嘛在西夏的社会地位逐日提高,有人甚至取得了"国师"乃至"帝师"的尊贵称号,只不过在现存的历史文献里我们还没有见到僧人干政的记录,这似乎说明吐蕃的"政教合一"制度并没有被西夏人所接受。但无论如何,由汉传佛教和藏传佛教混杂而成的西夏佛教毕竟成了西夏境内各族人民的心灵主宰,现存的西夏文献有百分之九十五以上都是佛经的译本,可以视为当时西夏国民精神世界的真实写照。然而,佛教在西夏境内超出正常限度的传播消磨了党项人原有的尚武精神,当蒙古铁骑在13世纪初开始向西夏发动进攻的时候,西夏人再也找不到当年与北宋交战时的那股勇气,以致在元代戏曲中出现的西夏人形象几乎无一例外地都是既无战斗技能又无战斗意志的"窝囊废"。

党项人有自己的语言,这种语言曾经成为西夏的"国语",后来随着西夏国的覆灭和党项民族的消亡而逐渐被人们遗忘,不过它的信息还保留在11世纪下半叶的文献里,现在人们已经可以通过这些文献了解到西夏语言的基本特征。我们知道被西夏人称为"番语"的这种语言和汉语相差很远,比如人们在说西夏语的时候总是要把动宾词组中的动词放在宾语后面,把偏正词组中的核心成分放在修饰成分前面,这显然是藏缅语族大多数语言的特征,又如西夏本语里所有的音节都是不带任何辅音韵尾的开音节,西夏语的行为动词前面常常出现一个表示动作趋向的前缀音节,这显然是藏缅语族羌语支语言的特征。在羌语支语言没有得到充分研究的时候,学界普遍认为西夏语应该和藏缅语族的彝语、纳西语相近,而到了20世纪80年代,四川西北部一批羌语支语言的调查资料相继公布,已有许多学者转而主张把西夏语划归藏缅语族的羌语支。当然如果仅从文献上看,西夏语词汇给人的印象是一个芜杂的系统,其中既有党项本语词,又有大量来自汉语和藏语的借词和"硬译词",还有一些来自突厥或蒙古的词语。一个民族接受外民族的词语,这是世界所有语言的普遍现象,但西夏人接受的外民族词语如此之多却是比较罕见的,这大概因为西夏地处丝绸之路要冲,自然而然地成了周边各民族文化交汇点的缘故。

第 二 章

西夏文字

直到11世纪初，党项人还没有本民族的文字，其上层集团和中原王朝的往来公文一律使用汉文。历史上著名的西夏文创制于11世纪30年代，这种文字后来成了辉煌灿烂的西夏典籍的最主要载体，但它在最初却仅仅是作为党项民族独立的标志而被推上历史舞台的。现存的西夏文献只告诉我们发起创制西夏文字的是一个叫作"风帝"的君王，据考证他就是西夏景宗李元昊。关于创制这种文字的具体情形，中原汉文史籍的记载不尽统一，人们一般认为《宋史·夏国传》里的话比较可靠：

> 元昊自制蕃书，命野利仁荣演绎之，成十二卷，字形体方整类八分，而画颇重复。教国人纪事用蕃书，而译《孝经》、《尔雅》、《四言杂字》为蕃语。

《宋史》记载的这件事发生在1036年，距西夏正式建国仅仅两年。从中我们可以知道西夏文并不是像汉字那样在漫长的历史时期内逐步丰富发展起来的，而完全是一个人或几个人在很短时间内一次性设计完成的结果。党项人之所以急着造出一种本民族的文字，无非是要为自己的正式建国预先做一些舆论准备，以求能够在建国的宣言中宣布他们已经"制小蕃文字，改大汉衣冠"。然而令人们意想不到的是，这种笔画异常繁难的文字居然借助汉传儒学和佛教的力量在极短的时间内就普及全国，并由此产生了汗牛充栋的文献，使得同时代的契丹文和女真文不能望其项背。

建国之初的党项人曾受到中原汉文化长期潜移默化的影响，他们在创制本民族文字的时候自然选用了汉字来作为蓝本。后人常说西夏字"远看都是汉字，近看却一个也不认识"，这是因为西夏字的基本笔形全都采自汉字，构字部件甚至整个字也往往是在相应汉字的基础上增改笔画而成，只不过没有照搬一个现成的汉字而已。西夏文字的创制者不知是出于怎样的考虑，总是尽量设法增加字的笔画而不是像契丹人和女真人那样时常减少字的笔画，这使得西夏字看上去比汉字繁复得多，例如他们在汉字"人"的基础上增加笔画造出了西夏的"父"（人），在汉字"坐"的基础上增加笔画造出了西夏的"鋈"（坐），在汉字"门"的基础上增改笔画造出了西夏的"萠"（门），等等。西夏文字的总数据，西夏人自己说有六千多一点，据今人统计应该不到六千。如果用汉字学传统上的"六书"来观察，我们可以看到在全部西夏文字里没有初创文字时所用的"象形字"和"指事字"，但"会意字"和"转注字"所占的比例却比汉字高出许多，这说明西夏人比汉人更加看重的是方块字的表意性质而非表音性质。

西夏字绝大多数都是所谓"合体字"，也就是用两个以上的字合起来构成一个新字，表示一个新的意思。不过由于西夏字的笔画过于繁复，若把两三个字写到一起就会连下笔的地方也找不到，所以西夏人想了一个相对简易的办法，即在需要把两个字写到一起的时候只写每个字的一部分，这有些像汉字结构中的"省形"和"省声"。采用省形和省声的好处是减少了西夏字的笔画从而使字变得相对地简单易写,缺点则是当人们面对一堆"缺胳膊少腿"的构字部件时往往很难判断它们究竟是从哪个字减省来的,以至要了解一个西夏字的意义时还是要整个字地硬记,而不能像造字者当初希望的那样据它的构字部件推演出来。

关于西夏字的结构方式,20世纪的中外学者进行过比较详细的研究。史金波在他和白滨、黄振华合著的《文海研究》(中国社会科学出版社1983年版)里把西夏字的形体结构分为以下五类。

(一)单纯字。如"𘝀""𘒣"等。

(二)会意合成字和音意合成字。如"𗼇"(氏)字由"𗼑"(妇)与"𗼎"(姓)合成,"𗼐"(孤)字由"𗼏"(母)与"𗼌"(无)合成;"𗼊"(姓,读若苏)字由"𗼎"(姓)与"𗼍"(读若酥)合成,"𗼋"(译音字,读若活)字由"𗼉"(音)与"𗼈"(读若和)合成。

(三)反切上下合成字。如"𗼆"(读若民)字由"𗼅"(读若名)与"𗼄"(读若林)合成,"𗼃"(读若秦)字由"𗼂"(读若妻)与"𗼁"(读若因)合成。

(四)间接音意合成字和长音合成字。如"𗽀"(读若论)字由"𗼿"(音)与"𗼾"(轮)合成;"𗼽"(读若阿长呼)字由"𗼼"(读若阿)与"𗼻"(长)合成。

(五)左右互换近义字。如"𗼺"(兽)之与"𗼹"(兽),"𗼸"(指)之与"𗼷"(趾)。

这五类可以说概括了西夏文字构造的绝大多数情形,也是在中国的著作里被引用较多的结论。

西夏文字的字体丰富多样,但无一不是从当时流行的汉字字体脱胎而来。就绝大多数情况而言,西夏刻本和精抄本书籍采用的是楷书,书写者显然经过长时间的正规训练,我们甚至可以从中辨识出中原颜真卿、柳公权、欧阳询等书法名家的风格。稿本和普通抄本有些采用的是行书,账册、医方、户籍等一般采用草书,大多笔法流畅,形体谨严,我们甚至可以从中找到一些行草字和正楷字之间的偏旁部首对应规则。西夏的篆书见于印章和碑额,其笔画屈曲也与汉文印章及碑额相似。在现存的西夏资料中,还有一些相当幼稚拙劣的书法作品,有时是抄上一段现成的书,有时是把一个或几个字反复写上许多遍,这显然是当时学童的习字纸,可以说明西夏的儿童在读书识字时也和中原儿童一样重视书法练习。

到目前为止,学界能够准确解读的西夏楷书字大约有两千个,能够准确解读的行书字约有数百,至于西夏草书,则还未见有系统的解读成果发表。

第 三 章

文字载体类别与版本形式

　　西夏文献的载体只有石与纸两种。现存的西夏石刻除甘肃武威的"重修凉州护国寺感通塔碑"（1094 年）、北京居庸关的"佛顶尊胜陀罗尼"（1345 年）和河北保定的明代经幢之外，主要是在宁夏银川西夏王陵清理出的一大批残碑。这些石碑已被打成了碎块，据目前可以见到的情况估计，原碑的形制与中原碑刻相同，只是石质相当粗劣。值得注意的是，有些碑片上面的文字有描金的痕迹，四周的花纹用绿色颜料填充，这在中国古代碑刻中罕见。

　　西夏造纸采用中原传统工艺。据俄罗斯有关部门分析，西夏人造纸所用的原料有棉、麻、草梗等，纸张厚薄和帘纹宽窄很不一致。纸浆绝大多数未经漂染，少数经姜黄浸染的纸用于印制佛典，经漂白的纸用于官刻世俗著作和精抄本佛经。从总体上看来，西夏纸的质量比同时代的中原纸要差，但比此前敦煌藏经洞所出书籍的纸要好。纸在西夏肯定是一种值得珍视的东西，我们看到现存的西夏书籍有不少都是两面有字，即当时的人们常常为了节约用纸而把一本书抄在另一本书的纸张背面，甚至是被估计为西夏的官刻本《文海》也是利用宋朝官府文书的纸背印刷的。

　　西夏有一个叫作"刻字司"的政府机构，专门负责刻印官方编写和颁布的非佛教书籍，这类书籍称为"官刻本"。佛教书籍通常由寺院印制，习惯上称为"寺院本"。除此之外，民间的书坊也印制一些世俗书籍，习惯上称为"坊刻本"。无论是官刻本还是坊刻本，其基本形制都从北宋大字本脱胎而来，一般为白口或细黑口，每半叶 6 至 9 行，每行 12 至 18 字。官刻本和坊刻本的区别仅仅是前者版框一般为左右双栏，版口有刻工名字，而后者版框则一般为四周双栏或四周单栏，且版口没有刻工名字。值得注意的是，西夏刻本的版口形制即使在同一本书中也往往并不统一，比如我们可以看到一本书某几叶的页码用西夏文，某几叶的页码用汉文，也可以看到一本书某几叶的版口题字用阳刻，某几叶的版口题字用阴刻。造成这种现象的原因大约是西夏书籍出版机构没有自己专门的工厂，所刻的书都是交给民间的工匠在家里分头完成的，而承办人并没有对版口的形制做出具体细致的规定。

　　在 12 世纪末，西夏开始试用活字拼版来印制书籍，这项工作可能由负责编书和教书的最高政府机构"番大学院"承办。从现存的资料中我们还看不出用的是泥活字还是木活字，学界一般猜测使用木活字的较多。西夏活字本的排印工艺取法中原，印刷品的行格款式和普通雕版一样，但其质量却不能与中原同时代的雕版相比，这大概就是活字印刷在西夏没能完全取代雕版印刷的原因。

　　西夏的抄本书籍形制多样。发愿用的佛经多为大字精抄本，墨色浓匀，卷尾往往还写上出资者或者抄写者的姓名。有些普通抄本利用了其他书籍的纸背，为避免正面透墨而采用蝇头小楷写在行间，今天辨认起来有一定困难。有少量的书属于没来得及付诸雕版的稿本，字里行间多处可以见到朱笔的校改。在俄国收藏的西夏文献中还有几种开本极小的字典，通常称之为袖珍本和巾箱本，当初西夏人之所以把书抄在那么小的纸片上，应该是为了科举考试时夹带方便。

有些西夏佛教著作的卷首附有插图，插图可以是手绘的，也可以是雕版印刷的，通常称为"版画"。版画用来描绘佛说法时的场景，一般占两到六个经折页，其艺术风格有的和中原相近，有的和尼泊尔相近，大多线条繁复，刻画工艺娴熟。有些发愿抄写的大部头佛经如《大般若波罗蜜多经》等，其各卷卷首的版画都是一样的，这显然是寺院利用一块雕版预先印制了许多版画，只要有人发愿抄经，就在抄好的佛经卷首为他贴上一张。

西夏书籍的装订形式取法于中原和西藏。一般来说，世俗著作的刻本都采用最规范的蝴蝶装，抄本除蝴蝶装外有时也采用线订册叶装；佛教著作则采用中原式的蝴蝶装、经折装、卷子装或者西藏式的梵夹装。和现存的两宋刻本相比，西夏蝴蝶装书籍有两个比较少见的特点：第一，有些书在蝴蝶装粘连的地方又增加了一处或两处线订，以防止因粘连不牢而导致书叶散落，不过我们还不知道这一两处装订线是当时书籍制作的统一形式还是后来的书主自己添加上去的；第二，有些较小的抄本是先把一张大纸对折两次，再按蝴蝶装的办法粘连，而且粘连之后并未经过裁切，这样，读者在读书时一次便可以翻过两"页"，从而避免了中原传统蝴蝶装一叶有字、一叶空白的情况。

装订好的书籍有的有护封，护封分皮质、纸质、布质和绢质四种。皮质护封直接用鞣制的畜皮像包背装那样将书包裹，纸质护封是用多重废纸裱糊而成，布质和绢质护封是在纸质护封的表面再加粘一张布或绢。西夏的优质绢护封好像仅见于人们发愿精抄的佛经，在护封的左上角一般还贴有纸质的书签。

第 四 章

目录与分类

西夏文书籍中的绝大多数都是从汉文、藏文书籍翻译过去的，此外还有一些模仿汉文、藏文书籍的作品，真正由西夏人写的本民族著作很少，这使人们很容易想到套用中国传统目录学的"四库分类法"来为西夏文献编目。不过不知是什么原因，现有的西夏文献目录却没有一个是沿用四库分类法的，这令人感到有些不解。

迄今为止，学界做出的西夏文献目录专著有两部：一部是戈尔巴乔娃和克恰诺夫的《西夏文写本和刊本》(З. И. Горбачева и Е. И. Кычанов, *Тангутские рукописи и ксилографы*, Издательство восточной литературы, 1963)；一部是克恰诺夫的《西夏文佛教文献目录》(Е. И. Кычанов, *Каталог тангутских буддийских памятников*, Университет Киото, 1999)。这两部书著录的都是俄罗斯科学院东方文献研究所收藏的西夏文献，其中《西夏文写本和刊本》把西夏文世俗著作分为以下六类。

(1) 汉籍西夏文译本。
(2) 字典和语音表。
(3) 西夏文学原著。
(4) 历书、图表、图样。
(5) 咒文和医书。
(6) 西夏法律文献。

《西夏文佛教文献目录》对西夏文佛教著作的分类相当复杂，但是大致可以概括成这样：作者首先把已经可以考定题名的佛经逐一与日本编的汉文《大正藏》目录和乾隆北京版藏文大藏经目录核对，大致确定每部西夏文佛经的原本，同时依其来源初编为"见于汉文《大正藏》的佛经"和"见于藏文大藏经的佛经"两大类，然后再按不同的情况对译自汉文的佛经和译自藏文的佛经进行分别处理。译自汉文的佛经基本上参照《大正藏》的顺序以"经"、"律"、"论"排列，译自藏文的佛经有许多还难以考订其具体来源，只得放弃藏文《甘珠尔》、《丹珠尔》的现成编目，转而大致参照西夏文经题中的用语分类，其次序为"经"、"颂"、"赞"、"注疏"、"义"、"仪轨"、"论"、"记"、"文"、"集"、"次第"、"本"、"品"、"纲"、"序"、"部"，等等。由于西夏文中藏传佛教术语的解读问题至今没有得到圆满的解决，所以人们对西夏文经题中一些关键词语的翻译并不一定正确，上述对西夏文藏传佛教经典的分类自然也还不能视为最后的结论。

自 1996 年以来，俄罗斯科学院东方文献研究所、中国社会科学院民族研究所、上海古籍出版社合编的《俄藏黑水城文献》开始由上海古籍出版社出版，到 1999 年已出版了 11 册，其中第 7 册至第 11 册收录的是俄国收藏的西夏文世俗文献。这套书除第 11 册仅收录译自汉文的西夏书籍之外，第 7 册至第 10 册收录的西夏本土撰述均依传统的"经"、"史"、"子"、"集"排列，或许是一种比较合理的西夏文献分类法。

第 五 章

文献发现与研究简况

到 19 世纪末，世人所知的西夏文献仅有两件石刻，一件是 1345 年刻于北京居庸关云台券洞石壁上的《佛顶尊胜陀罗尼》，一件是 1094 年刻于甘肃武威的《凉州护国寺感通塔碑铭》。这两件石刻在当时无一获得解读，人们仅仅是通过它们知道了什么是西夏文而已。进入 20 世纪以后，始有大量的西夏文献在中国相继被发现，其中最具价值的发现有三项。

（一）1900 年，毛利瑟等三人在北京北海白塔下的一堆废纸和旧书里找到了六卷磁青纸泥金书的《妙法莲华经》。毛利瑟在 1904 年发表了对其中三卷的初步研究，开西夏文献解读的先河。这六卷佛经后来分藏法国吉美博物馆和柏林图书馆。

（二）1909 年，科兹洛夫率领的俄国皇家蒙古四川地理考察队来到内蒙古额济纳旗的黑水城遗址，掘获了一个西夏晚期的书库，现存俄罗斯科学院东方文献研究所。这批文献的确切数目至今无法统计，有人估计有十余万叶，占全世界所藏西夏文献总数的百分之九十以上。20 世纪的西夏学就是在整理和研究这批文献的基础上建立起来的。

（三）1917 年，宁夏灵武县修城墙时发现了五个瓦坛，里面装满了西夏文的佛经。这批佛经的主要部分后来入藏北平图书馆，也就是现在的国家图书馆，散失的经卷落入国内收藏家之手，其中有些被倒卖到了日本，现在日本几个图书馆收藏的西夏文献主要来自这里。这批佛经曾经奠定了中国和日本西夏学研究的基础。

除去上述三项之外，后来在黑水城、甘肃武威亥母洞、西夏王陵、贺兰山拜寺沟方塔、山嘴沟石窟、敦煌莫高窟等处都还有小规模的西夏文献出土，但是无论就数量而言还是就学术价值而言，这些发现都远远不能和科兹洛夫所获的黑水城文献相比。

在科兹洛夫发现的黑水城文献运抵圣彼得堡后不久，俄国学者便在其中找到了一本题为《番汉合时掌中珠》的小书，这是西夏人骨勒茂才在 1190 年仿中原"杂字体"字书编写的一个识字课本，从中可以整理出上千组西夏字的意义和读音标注。《番汉合时掌中珠》于 20 世纪 30 年代以前被翻印了好几次，其内容广为各国汉学家所知，很快就成了西夏学的首要参考。如果没有这本书的发现，人们解读西夏文献和研究西夏语言文字的愿望恐怕至今还无法实现。

西夏文献和西夏语言文字的研究最初完全是在传统汉文献和汉语言文字研究的基础上发展起来的。由于西夏学只是个 20 世纪的新兴学科，缺乏深厚的学术积累，所以与已有约两千年历史的汉文献学和汉语言文字学相比，其基本研究方法的运用还显得颇为幼稚。虽然经过几代学人的艰苦努力，西夏学在一百年间正一步步走向成熟，但是由于种种原因，其走向成熟的速度却远远不能满足人们的预期。在《番汉合时掌中珠》刊布之初，早期的西夏研究者如罗福苌、本哈第和查赫等几乎是全盘套用了研究汉字的"偏旁部首"模式来分析西夏字，这当然可以看出西夏人仿汉字制字的一些规律，其中有些也是能够让人信服的，不过当带有详细字形说解的西夏韵书《文海》披露于世之后，人们却发现他们当初的解释离西夏人对字形结构来历的理解差得很远，具体地说就是，我们曾经据汉字结构认定绝大多数西夏字都有《康熙字典》那样粗略表示字义类别的"部首"，可是据西夏人自己在《文海》里说，他们的绝大多数字却是由两个以上表示精确意义的西夏字减省并重新组合而成的。而当人们试图抛开汉字学传统，完全据《文海》的字形说解去阐述西夏文的时候，却又发现《文海》的字形说解时常相互矛盾，令人难以捉摸。凡遇此类情况，研究者往往不能提出合乎科学规范的界定，显出我们对于经典的汉文字学方法论和基本资料的生疏。

解读西夏文献的方法实际上就是从解读各种古代文献最常用的那一套方法发展而来的，其格式在20世纪30年代王静如的《西夏研究》和《北平图书馆馆刊》第四卷第三号里就已基本定型，后来虽然受到印刷条件的制约而稍有调整，但并没有产生本质的区别。当需要解读一件西夏文献的时候，人们首先把这件文献抄写或者复印在另外的纸上，原文的行与行之间预留下三倍到四倍的间距以充当工作本，然后逐字查阅《番汉合时掌中珠》或者别的什么字典，把能够知道意思的西夏字解读出来，解读所用的汉字写在相应西夏字的旁边。这项工作叫作"对译"或者"字译"，做完之后，一般文献中的字都可以注出十之八九，剩下的那些字则需要参考其他资料设定，在没有其他资料的情况下就只好由解读者参照上下文去猜。"对译"或者"字译"的结果是仅仅译出了单字，而句子则是大多数都读不通，这是因为西夏语的语法规则或者说句子结构和汉语不同的缘故。在"对译"完成之后，下一步就是依照西夏语的语法规则调整所译各字的语序，给出符合汉语说话习惯的译文，这项工作叫作"意译"，一般视为最终的解读。现在我们所看到的西夏文献解读成果数量众多，但质量相差悬殊，这是因为在解读质量上起决定作用的并不全是解读者的"认字"能力，而是解读者是否想到或者是否下了功夫到汉文或者藏文典籍里查找相关的史料来印证和调整自己的译文。

西夏在立国的190年间曾受到汉、藏两个民族文化的强大影响，现存的西夏典籍有百分之九十以上都是在汉、藏典籍的基础上形成的。这样，在认读单个的西夏字已不大成问题的今天，能不能正确有效地利用汉文和藏文资料来理解西夏文著作自然就成了解决问题的关键。如果从佛经的题记上就可以看出人们据以翻译的原本是什么，那么问题就比较好办，如西夏文的《大般若波罗蜜多经》在许多卷的经题旁边都有一句话——"大唐三藏法师玄奘译"，人们据此可以知道西夏文《大般若波罗蜜多经》是从唐玄奘的汉译本转译来的，于是人们在解读这部西夏文佛经时只要找来玄奘的汉译本放在旁边做参考，就不难保证解读的质量。然而在很多情况下，西夏文献并没有明确的题记显示出它的来源，有不少文献只是残本，现存部分连书的题目都没有保存下来，也有不少文献只是零星地引及其他书籍，并不和任何一种汉藏文献完全相当，这时，解读者就不得不到浩如烟海的历史文献中去一点一点地寻找相关的记载，毫无疑问，这是一项极其艰苦的工作，也是对研究者学术素质的真正考验。从这个角度考虑，现有比较成功的西夏文献解读成果可以认为是史金波、黄振华、聂鸿音合作的《类林研究》（银川：宁夏人民出版社1993年版）和聂鸿音的《西夏文德行集研究》（兰州：甘肃文化出版社2002年版）。

最近几十年来，从事过西夏文献研究的国外学者主要有俄国的克恰诺夫、克平、捷连吉耶夫—卡坦斯基、索罗宁，日本的西田龙雄、松泽博，美国的邓如萍，丹麦的格林斯蒂德等，学者解读的西夏文献多限于俄罗斯科学院东方文献研究所藏品和中国国家图书馆藏品中的非佛教部分，至于那些译自藏文的密宗佛教经典则还全然未能涉及，这当然是由于当前的西夏学家里没有人精通古代藏文和藏传佛教的缘故。

第 六 章

古籍珍品图片及说明

图 1　孝经传 ……………………………………………………………………（213）
图 2　论语全解 …………………………………………………………………（214）
图 3　孟子传 ……………………………………………………………………（215）
图 4　孟子 ………………………………………………………………………（216）
图 5　经史杂抄 …………………………………………………………………（217）
图 6　孙子兵法三注 ……………………………………………………………（218）
图 7　史记孙子列传 ……………………………………………………………（218）
图 8　六韬 ………………………………………………………………………（219）
图 9　黄石公三略 ………………………………………………………………（220）
图 10　贞观政要 …………………………………………………………………（220）
图 11　类林 ………………………………………………………………………（221）
图 12　十二国史 …………………………………………………………………（222）
图 13　番汉合时掌中珠 …………………………………………………………（223）
图 14　文海 ………………………………………………………………………（224）
图 15　同音 ………………………………………………………………………（225）
图 16　同音 ………………………………………………………………………（226）
图 17　三才杂字 …………………………………………………………………（227）
图 18　纂要 ………………………………………………………………………（228）
图 19　五音切韵 …………………………………………………………………（229）
图 20　义同 ………………………………………………………………………（230）
图 21　大诗 ………………………………………………………………………（231）
图 22　月月乐诗 …………………………………………………………………（232）
图 23　新集碎金置掌文 …………………………………………………………（233）
图 24　新集慈孝传 ………………………………………………………………（234）
图 25　圣立义海 …………………………………………………………………（235）
图 26　贤智集 ……………………………………………………………………（236）
图 27　新集锦合辞 ………………………………………………………………（237）
图 28　德行集 ……………………………………………………………………（238）
图 29　德行集 ……………………………………………………………………（239）

图 30	普贤行愿经	(240)
图 31	西夏官阶封号表	(241)
图 32	天盛改旧新定律令	(242)
图 33	贞观玉镜统	(243)

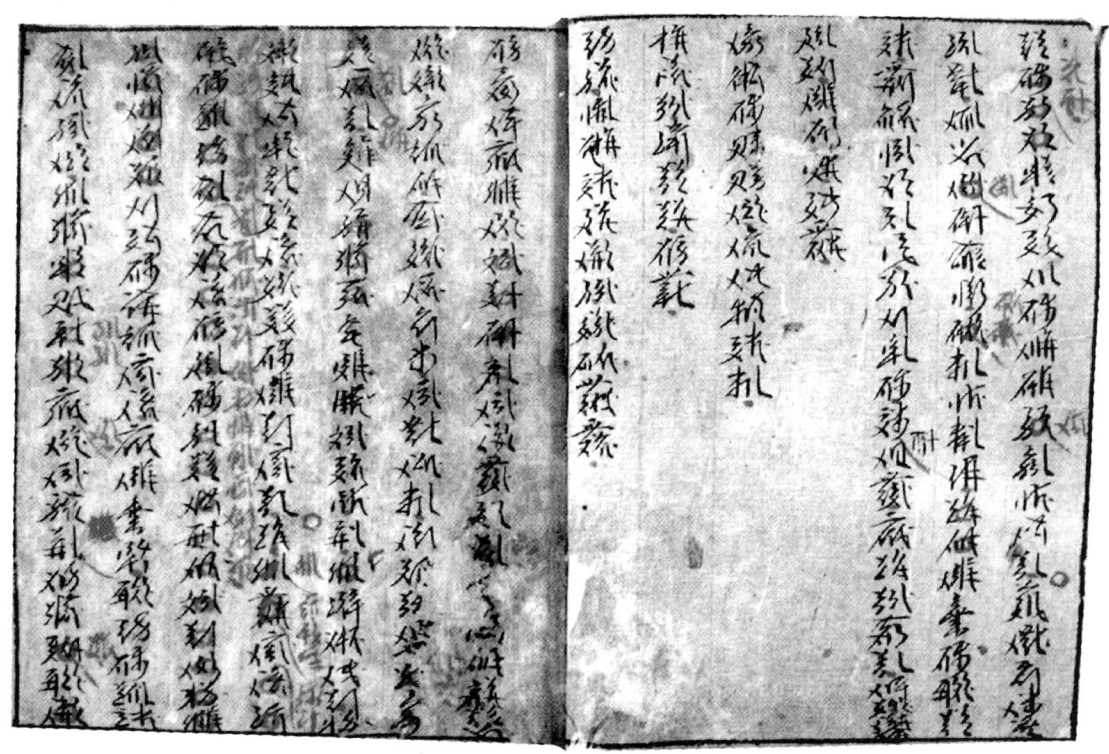

图 1　孝经传

不分卷。北宋吕惠卿所撰《孝经传》的西夏译稿。卷首吕惠卿序署"绍圣二年"(1095)，西夏译者不详，唯书"孝"字或缺末笔以避夏仁宗仁孝讳，据此则其成稿当不早于仁宗在位时(1149—1194年)。行书字体稿本，素麻纸蝴蝶装，24×14.7厘米，墨框19×12.5厘米。7行20字，传文行19字。文中多处朱笔校改。无页码，77面，尾残，其余部分保存良好。原件1909年出土于内蒙古黑水城遗址，今藏俄罗斯科学院东方文献研究所，编号инв. No 2627。按《宋史·艺文志》著录吕惠卿《孝经传》一卷，当系此书所本。吕注《孝经》原书久佚，西夏译稿又为行书写本，朱笔校改字迹多有漫漶，辨识颇难，故至今未见全书解读，仅有格林斯蒂德楷书转写稿及陈炳应所译吕惠卿序言。参看 В. С. Колоколов и Е. И. Кычанов, *Китайская классика в тангутском переводе* (Москва: Наука, 1966) 第 135—211 页; Eric Grinstead, *Analysis of the Tangut Script* (Lund: Studentlitteratur, 1972) 第 300—376 页; 陈炳应《西夏文物研究》(银川：宁夏人民出版社1985年版) 第386—395页。

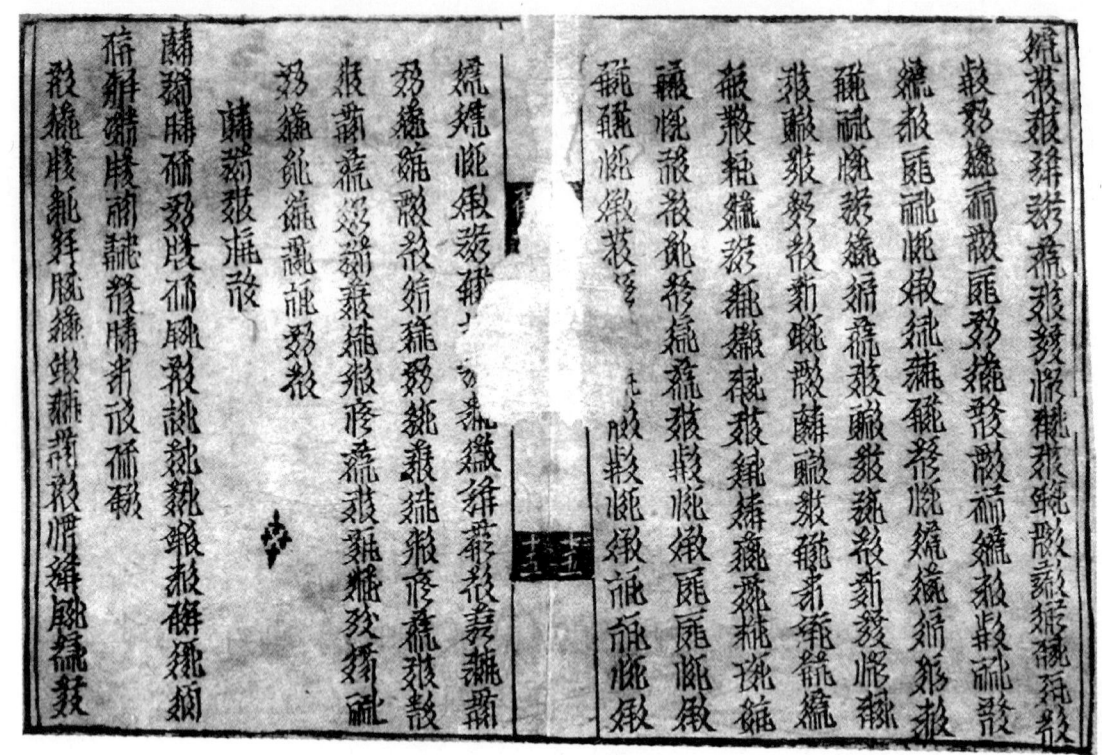

图 2 论语全解

20 卷存 4 卷，残。北宋陈祥道所撰《论语全解》的西夏译本。"孝"字缺末笔以避夏仁宗仁孝皇帝讳。楷书刻本，白麻纸蝴蝶装，25.3×17.2 厘米，版框 18×12.7 厘米。8 行，行 17 至 18 字，注文行 16 字。版口题西夏"论语"二字书名简称，下部有刻工名字，刻工有三人又见于乾祐年刻本《类林》版口，知此亦为夏乾祐年间（1170—1194 年）刻字司印本。残存 26 叶，其内容分属《公冶长》、《先进》、《卫灵公》、《子张》、《尧曰》五篇，夏译文句严谨，有多处可补今汉文本之缺。原件 1909 年出土于内蒙古黑水城遗址，今藏俄罗斯科学院东方文献研究所，编号 инв. No 147，148，149，784，7215。全文解读见聂鸿音《西夏译本〈论语全解〉考释》，《西夏文史论丛》（一）（银川：宁夏人民出版社 1992 年版）。另参看 В. С. Колоколов и Е. И. Кычанов, *Китайская классика в тангутском переводе* (Москва: Наука, 1966) 第 3—49 页；Wu Chi-yu, "Sur la version tangoute d'un commentaire du Louen-yu conservée à Leningrad" (*T'oung Pao*, vol. LV, livr. 4—5, 1969)。

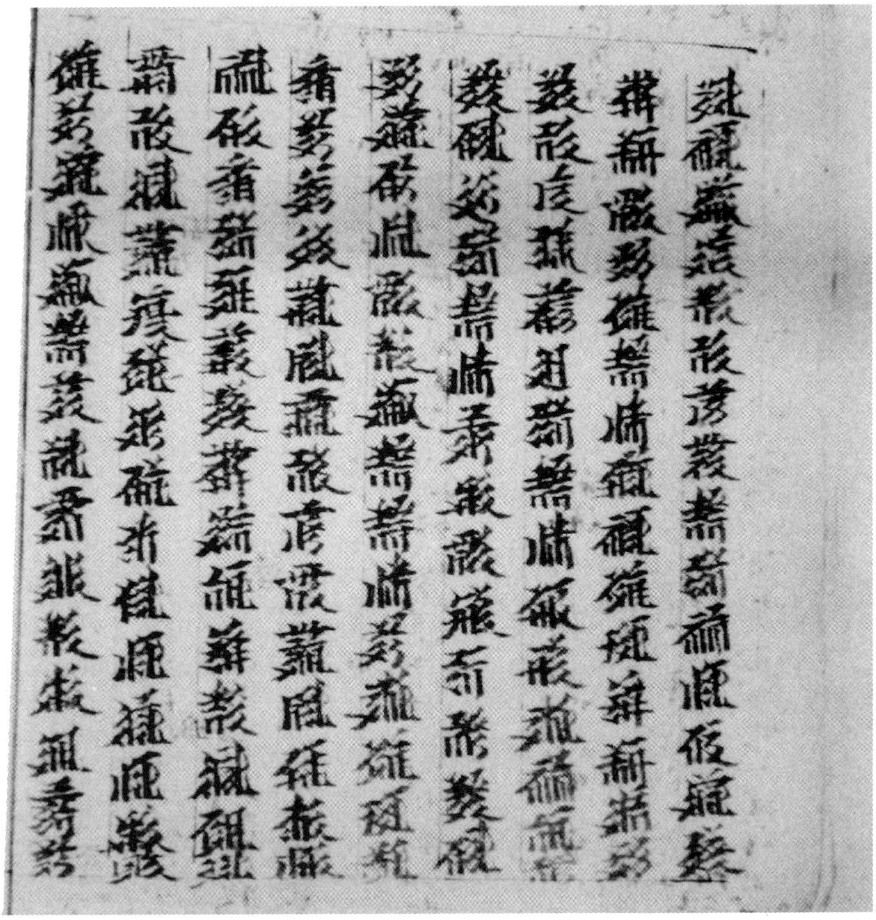

图 3 孟子传

14 卷存 1 卷，残。《孟子·离娄下》传注的西夏译本。粗黑字体写本，素麻纸蝴蝶装，21×14 厘米，墨框 18.3×13.9 厘米。有行界，行 16 字，注文行 14 字。无页码，21.5 叶。西夏原书现存部分不署书题及撰人。或据文中有"传曰"字样及全书充满北宋新经学派风格，颇疑其译自北宋陈禾所撰《孟子传》。陈禾《宋史》卷 363 有传，《宋史》205 著录其《孟子传》14 卷，原书久佚。原件 1909 年出土于内蒙古黑水城遗址，今藏俄罗斯科学院东方文献研究所，编号 инв. No 360，767，774，952，6753。全文解读见聂鸿音《西夏本〈孟子传〉研究》(《国学研究》第 4 卷，北京：北京大学出版社 1997 年版)。另参看 В. С. Колоколов и Е. И. Кычанов, *Китайская классика в тангутском переводе* (Москва: Наука, 1966) 第 53—74 页。

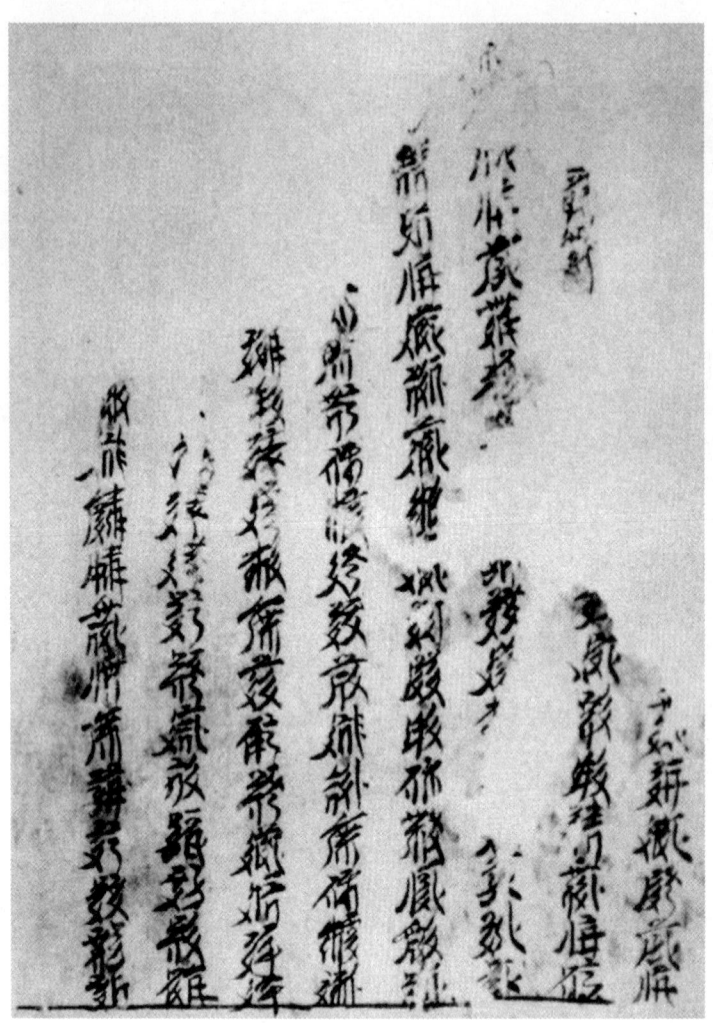

图 4　孟子

14 卷存 3 卷，残。《孟子》经文的西夏译本。行书体抄本，素麻纸蝴蝶装，27×16.5 厘米，墨框 18.5×16.5 厘米。7 行，行 20 至 21 字。无页码，残存 57 面（经修补）。文中有朱笔圈点及校改。今存卷 4《公孙丑》及卷 5《滕文公》各半，其卷 5 首题 "孟子第五，滕文公章句上"，则似译自赵岐《孟子章句》，然夏译本仅有经文，赵注已为编译者所删。原件 1909 年出土于内蒙古黑水城遗址，今藏俄罗斯科学院东方文献研究所，编号 инв. No 6758。原书残损严重，至今无人解读。参看 В. С. Колоколов и Е. И. Кычанов, *Китайская классика в тангутском переводе* (Москва: Наука, 1966) 第 75—131 页。

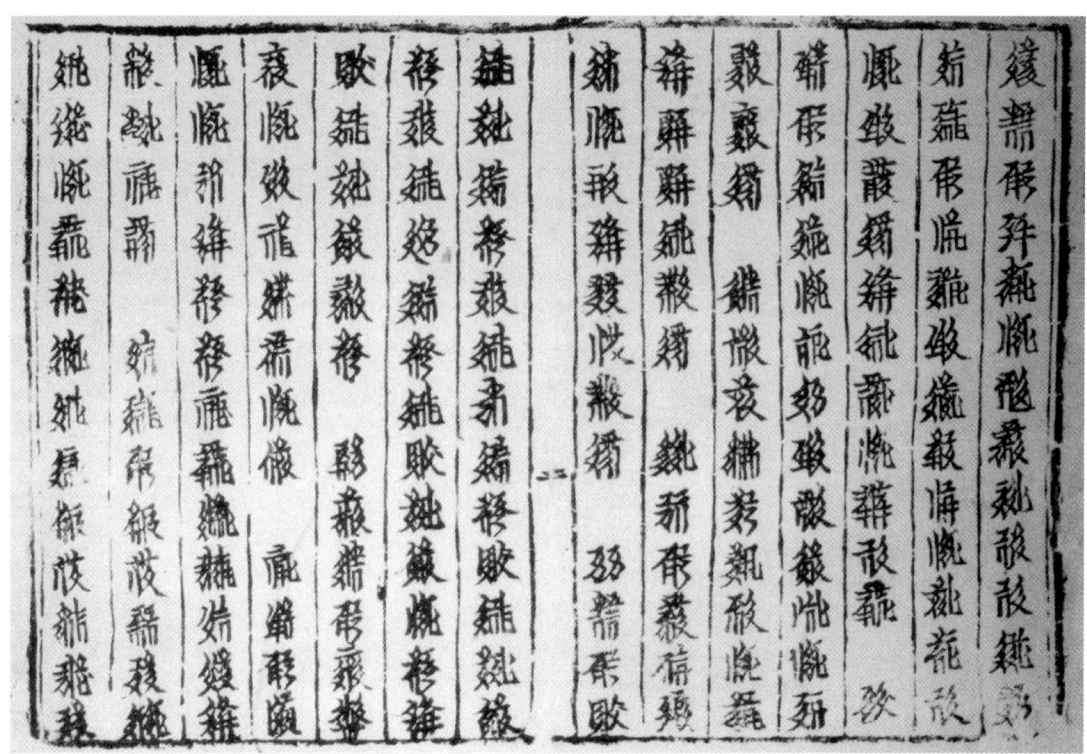

图 5　经史杂抄

　　不分卷。佚题，摘译汉文典籍以成书。刻本，素麻纸蝴蝶装，纸幅高广不等，本图（138 号）23.3×15 厘米，版框 18.7×12.3 厘米。7 行，有行界，行 13 字。页码用汉字。原件 1909 年出土于内蒙古黑水城遗址，今藏俄罗斯科学院东方文献研究所，编号 инв. No 134—138，798，2562，6465，6753，经去其重复内容，可拼合为 32 叶，缺卷首。体例与敦煌所出《新集文词九经抄》之类相仿，似为某汉文童蒙读物的西夏文译本，原著系撮抄汉文典籍拼凑而成。所涉古书有《周易》、《尚书》、《毛诗》、《礼记》、《左传》、《论语》、《孝经》、《孟子》、《周书》、《孔子家语》、《老子》、《淮南子》、《孙子》、《管子》、《论衡》、《帝王世纪》、《汉书》、《韩诗外传》、《楚辞》、《太公家教》等，另有部分文句出处至今无法寻出。本书编译粗疏，有误合数条为一条者，有误析一条为数条者，有误记典故出处者，有不分经传者，有以他语舛入经文者，有误解原文语义者，现存西夏翻译文献质量之次以此为最。参看聂鸿音《西夏本〈经史杂抄〉初探》（《宁夏社会科学》2002 年第 3 期）。

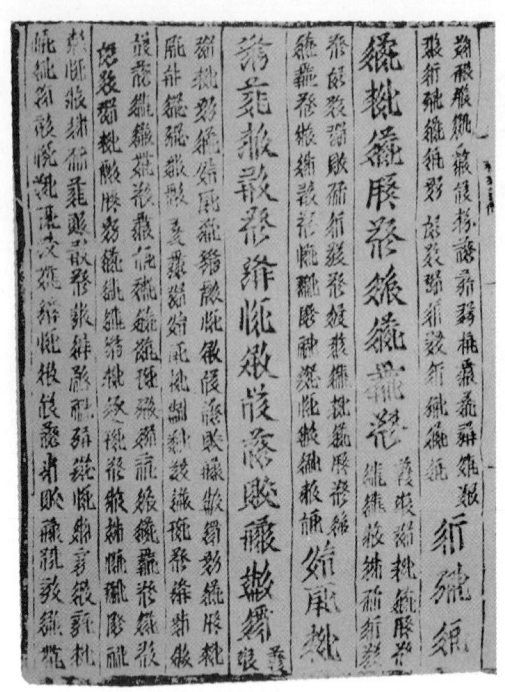

图6 孙子兵法三注

　　上、中、下3卷。汉文兵书《孙子》的西夏译本，有魏曹操、唐李筌、杜牧注，附《史记·孙子传》。刻本，白麻纸蝴蝶装，21.5×14.5厘米，版框17.5×12.5厘米。7行13字，小注双行，行21字。今残存卷中、卷下各一部分。原件1909年出土于内蒙古黑水城遗址，今藏俄罗斯科学院东方文献研究所，编号 инв. No 579，771，772，773，943。现存汉文古书无此三家注本合刊，经克平校以《宋本十一家注孙子》，知其注文与今存本歧异良多。有克平及林英津解读，参看 К. Б. Кепинг，Сунь Цзы в тангутском переводе（Москва：Наука，1979），林英津《夏译〈孙子兵法〉研究》（台北："中研院"历史语言研究所单刊之28，1994）。

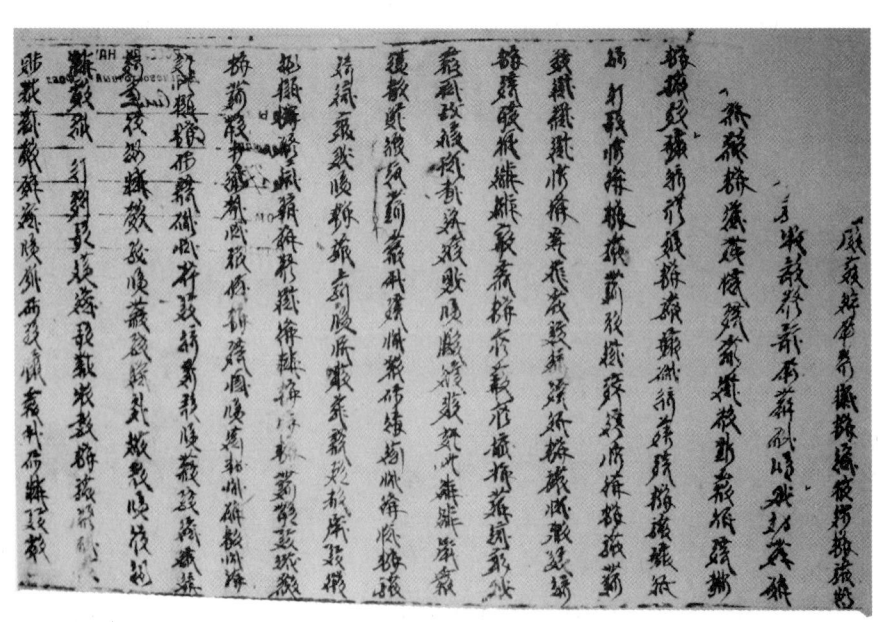

图7 史记孙子列传

不分卷。汉文史书《史记·孙子列传》的西夏译本。写本，素麻纸卷子装，19×150厘米，墨框16.5×150厘米，行18字。尾残。原件1909年出土于内蒙古黑水城遗址，今藏俄罗斯科学院东方文献研究所，编号 инв. No 775。本书为西夏译《孙子兵法三注》卷尾及附录。所附《孙子传》译自《史记》卷65。译文精审，于原文略有删削。全文解读见聂鸿音《西夏译〈孙子传〉考释》（《中国民族古文字研究》第三集，天津：天津古籍出版社1991年版）。

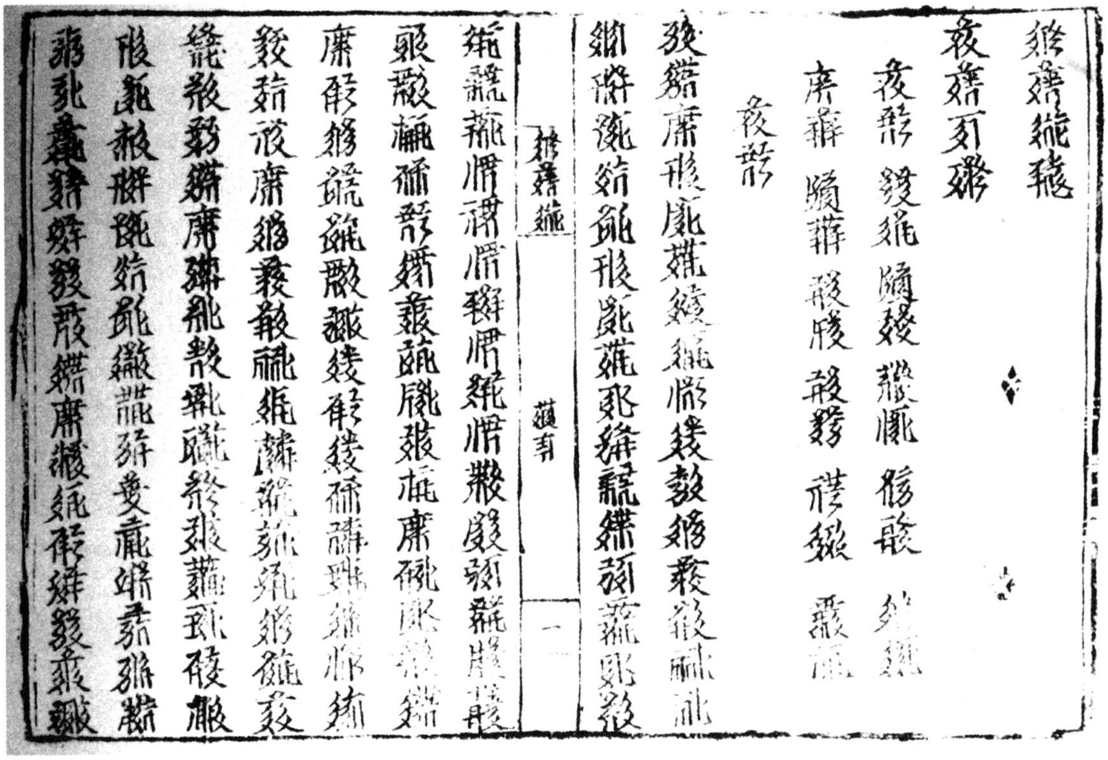

图8　六韬

上、中、下3卷存2卷，残。汉文兵书《六韬》的西夏译本。刻本，素麻纸蝴蝶装。卷上23×16厘米，版框18.5×13.2厘米；卷中21×17厘米，版框18.4×13.7厘米，7行16字。文中有飞鸟图案补白。数叶纸背均有手抄《般若波罗蜜多心经》。版口题西夏文"六韬上"或"六韬中"，下有刻工名字及汉文页码，其刻工有二人又见于西夏本《类林》版口。《类林》为乾祐十二年（1181年）刻字司所印，是以知《六韬》亦为1180年前后之官刻本。原件1909年出土于内蒙古黑水城遗址，今藏俄罗斯科学院东方文献研究所，编号 инв. No 139，140，141，142，768，769，770。书现存26叶，内容为《卷上文韬第一》之"文师"、"盈虚"、"国务"、"大礼"、"明传"、"六守"、"守土"、"守国"，《卷中龙韬第三》之"兵征"、"农器"，《卷中虎韬第四》之"军用"、"军略"、"一战"、"临境"诸篇。译本《文韬》及《虎韬》均保存有篇首目录，其中《文韬》篇目与今汉文本全同，《虎韬》则较今本多出"一战"、"攻城"两篇，可证夏译所据汉文原本篇幅大于今本。参看聂鸿音《〈六韬〉的西夏文译本》（《传统文化与现代化》1996年第5期），宋璐璐《西夏译本中的两篇〈六韬〉译文》（《宁夏社会科学》2004年第1期）。

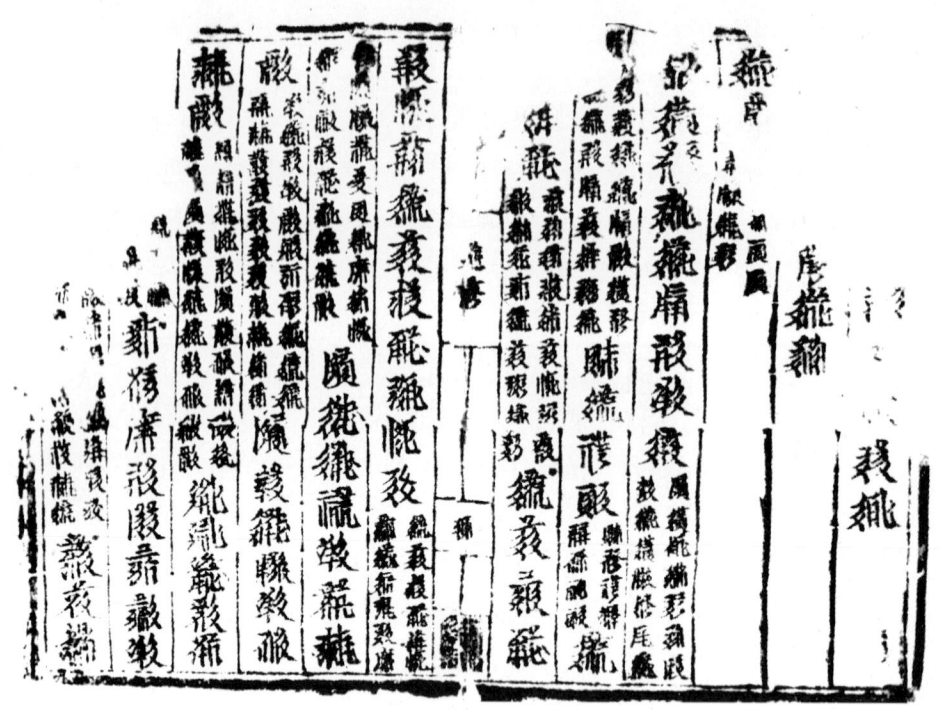

图9 黄石公三略

上、中、下3卷，残。汉文兵书《黄石公三略》的西夏译本，有注释。刻本，素麻纸蝴蝶装，18.5×11.5厘米，版框15.5×10.5厘米。6行13字，小注双行，行21字。版口有西夏文篇名，页码用西夏文。正文有朱笔句读，叶16左曾经手工修补。原件1909年出土于内蒙古黑水城遗址，今藏俄罗斯科学院东方文献研究所，编号 инв. No 578，715，716。原书未经解读，注释者迄今未详。按《隋书·经籍志》著录《黄石公三略》成氏注，其书大行于唐，西夏本或即译自是书。

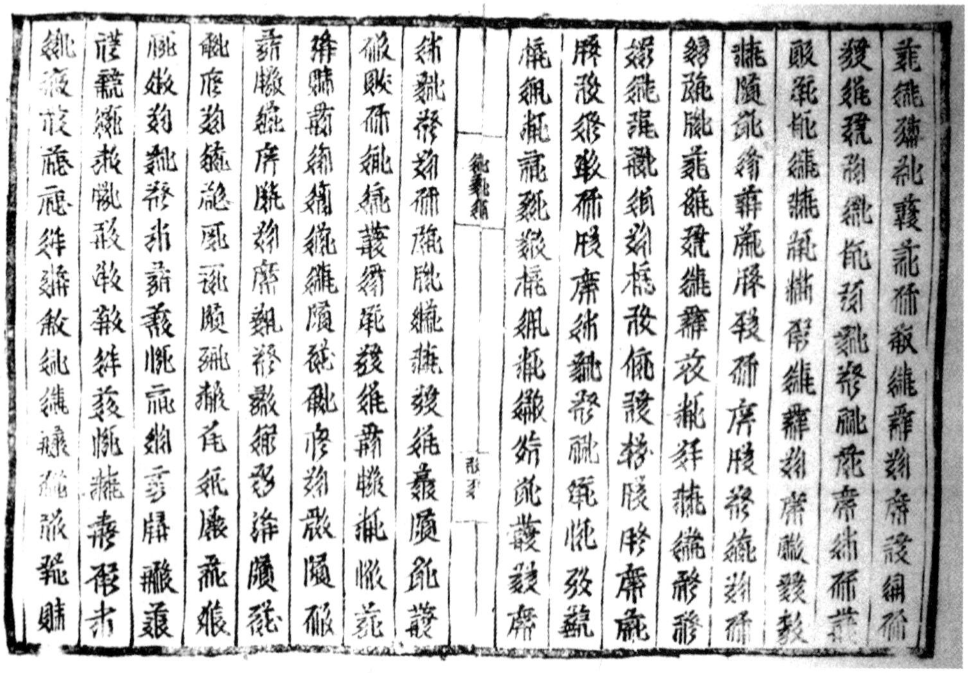

图10 贞观政要

存卷 4 及卷 5，残。唐代吴兢所撰汉文《贞观政要》的西夏译本。刻本，白麻纸蝴蝶装，22.5×14.5 厘米，版框 17.5×14 厘米。8 行，有行界，行 15 字。版口有西夏文书名简称，页码用西夏文。原件 1909 年出土于内蒙古黑水城遗址，今藏俄罗斯科学院东方文献研究所，编号 инв. No 122，123，2556，2557。今存 12 整叶及 6 半叶，内容为卷四"教戒太子诸王第十一"、"规谏太子第十二"，卷五"仁义第十三"、"诚信第十七"。经与汉文本校读，知西夏译本系节译，原本中之骈体奏章及典故铺陈几乎全被删去，译文亦欠文采，但以平铺直叙为务。全文解读见聂鸿音《西夏本〈贞观政要〉译证》（《文津学志》第 1 辑，北京：北京图书馆出版社 2003 年版）。

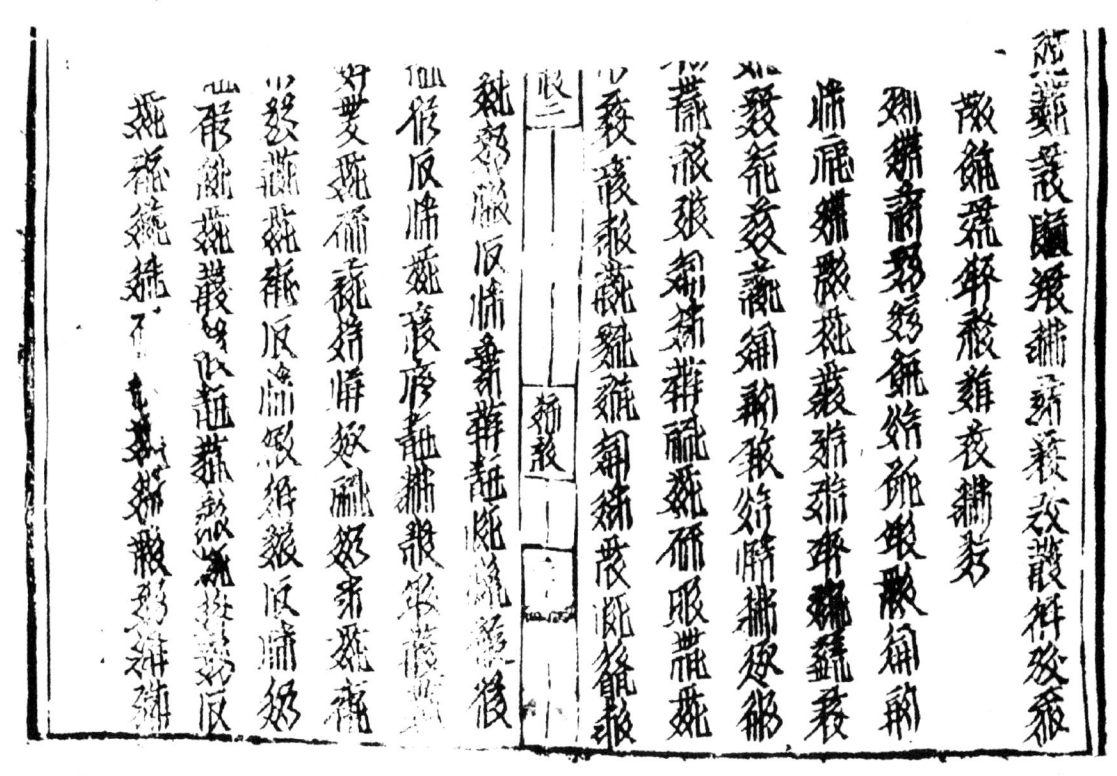

图 11　类林

10 卷存 8 卷，残。唐代于立政同名汉文类书的西夏译本。夏乾祐十二年（1181 年）刻字司刻本，素麻纸蝴蝶装，25×15.5 厘米，版框 18.4×12.7 厘米，7 行 15 字。版口有书名、刻工名及汉文页码。卷三尾题"乾祐辛丑十二年六月二十日刻字司印"。某些章末有几何图案补白，某些卷有纸质护封。原件 1909 年出土于内蒙古黑水城遗址，今藏俄罗斯科学院东方文献研究所，编号 инв. No 125，126，127，128，129，130，131，2625，6686。《新唐书·艺文志》、《崇文总目》、《中兴书目》著录唐于立政《类林》十卷，即为此书所本。于立政汉文原书已佚，现有敦煌残叶及金王鹏寿增补本《增广分门类林杂说》存世。据考，《类林》系早期私家类书之一种，原本 50 篇，今存 36 篇，所佚 14 篇为第 1—9、22、25—27、47。全文解读见 К. Б. Кепинг, *Лес категорий, утраченная китайская лэйшу в тангутском переводе* (Москва: Наука, 1983), 史金波、黄振华、聂鸿音《类林研究》（银川：宁夏人民出版社 1993 年版）。

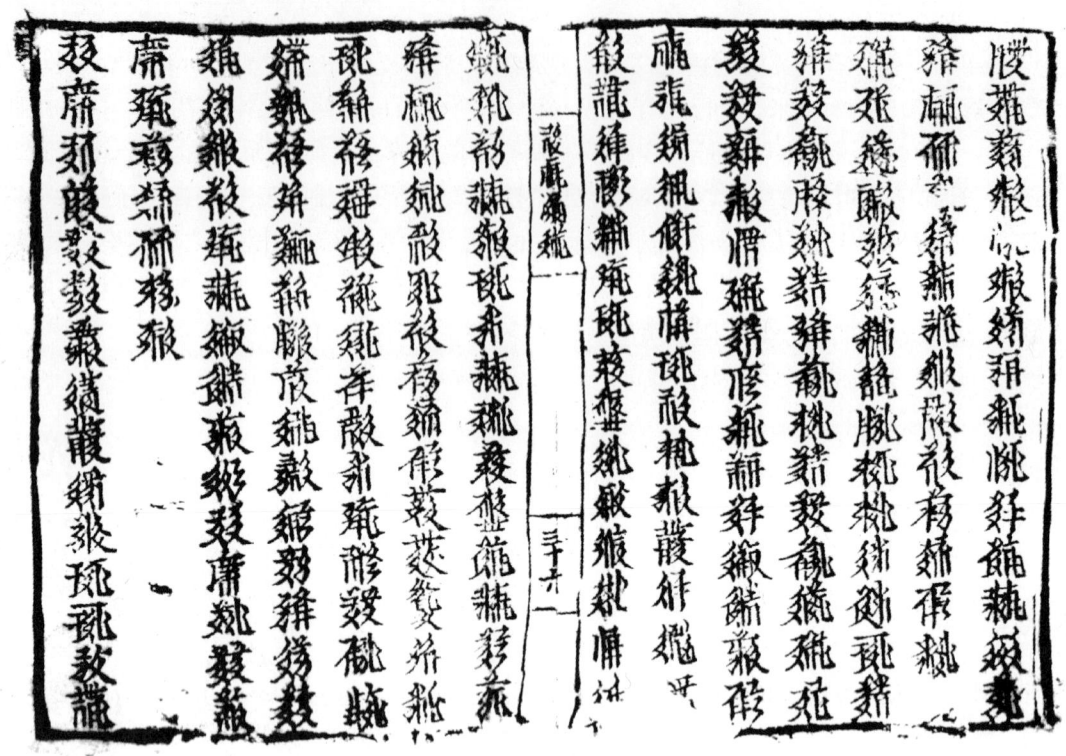

图 12 十二国史

　　上、中、下 3 卷存 2 卷，残。唐代孙昱所撰《十二国史》的西夏译本。刻本，素麻纸蝴蝶装，卷上 25×19 厘米，版框 19×13 厘米，卷中 25.5×16.5 厘米，版框 19×12.5 厘米，7 行 15 字。版口有汉文书名，页码用汉文。原件 1909 年出土于内蒙古黑水城遗址，今藏俄罗斯科学院东方文献研究所，编号 инв. No 132，133，4173。现存部分 63 叶，约 70 章，存"后齐"、"鲁国"、"晋国"、"卫国"诸篇名。孙昱撰《十二国史》见于《宋史·艺文志》著录，今已亡佚。是书系撮抄古书拼凑而成，每篇前有小序，篇中故事来源计有《左传》、《史记》、《国语》、《战国策》、《说苑》、《新序》、《韩诗外传》、《吕氏春秋》、《韩非子》、《列子》等。经与故事原型对读，知西夏译者常对原文自行增删，并不严守文句训诂，理解错误时有所见。部分解读见 К. Ю. Солонин, Двенадцатъ царств (Санкт-Петербург: Центр《Петербургское Востоковедение》, 1995)，聂鸿音《西夏文〈十二国〉考补》(《文史》2002 年第 3 期)，孙颖新《〈十二国〉的西夏文译本》(《民族语文》2003 年第 6 期)。

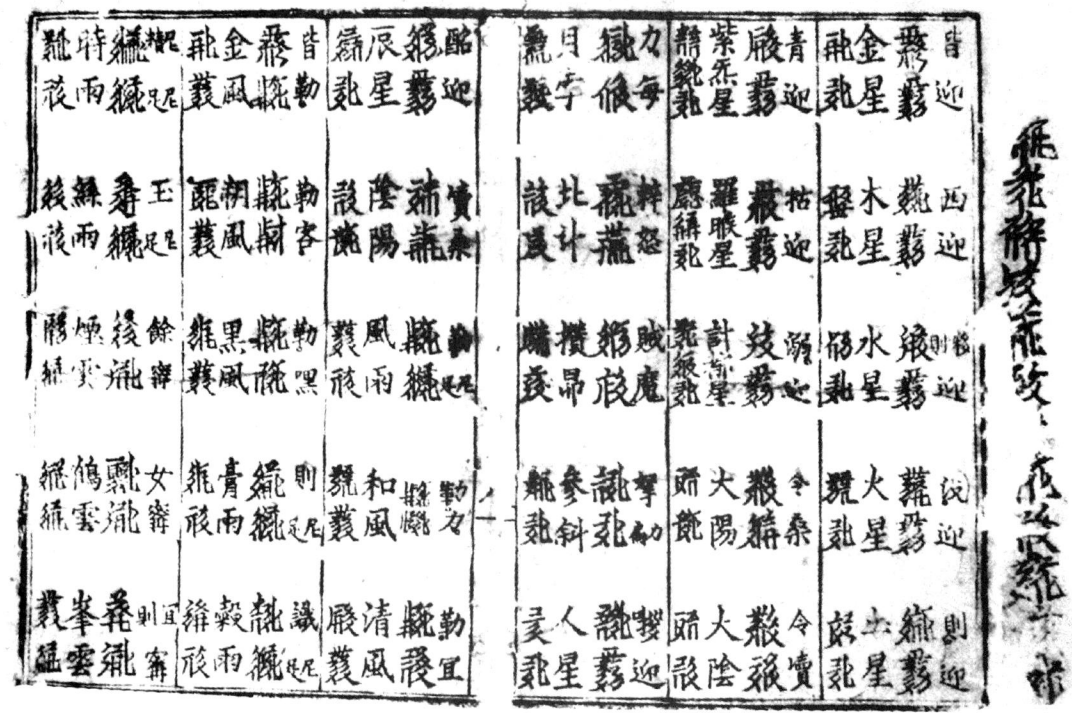

图 13　番汉合时掌中珠

　　不分卷，37叶。西夏文、汉文对译杂字体字书，夏乾祐二十一年（1190年）骨勒茂才撰。乾祐年间张氏刻本，白麻纸蝴蝶装，23×15.5厘米，版框18.7×12厘米。每半叶3栏，每栏释9—12字。首有西夏文、汉文序言各1篇。白口，有汉文叶码。是书以"天"、"地"、"人"三才分类，每类又分上、中、下3章，每则词语兼释音义，分为4行，右起依次为汉字注音、西夏词语、汉文释义、汉字的西夏字注音。原件1909年出土于内蒙古黑水城遗址，今藏俄罗斯科学院东方文献研究所，编号 инв. No 214，215，216，217，218，685，4777。保存良好。全文刊布见 Luc Kwanten, *The Timely Pearl, A 12th century Tangut Chinese glossary* (Bloomington：Indiana University Press，1982)，黄振华、史金波、聂鸿音《番汉合时掌中珠》（银川：宁夏人民出版社1989年版），今人编校整理本见西田龙雄《西夏语之研究》Ⅰ（东京：座右宝刊行会，1964年版），李范文《宋代西北方音》（北京：中国社会科学出版社1994年版，第43—84页）。

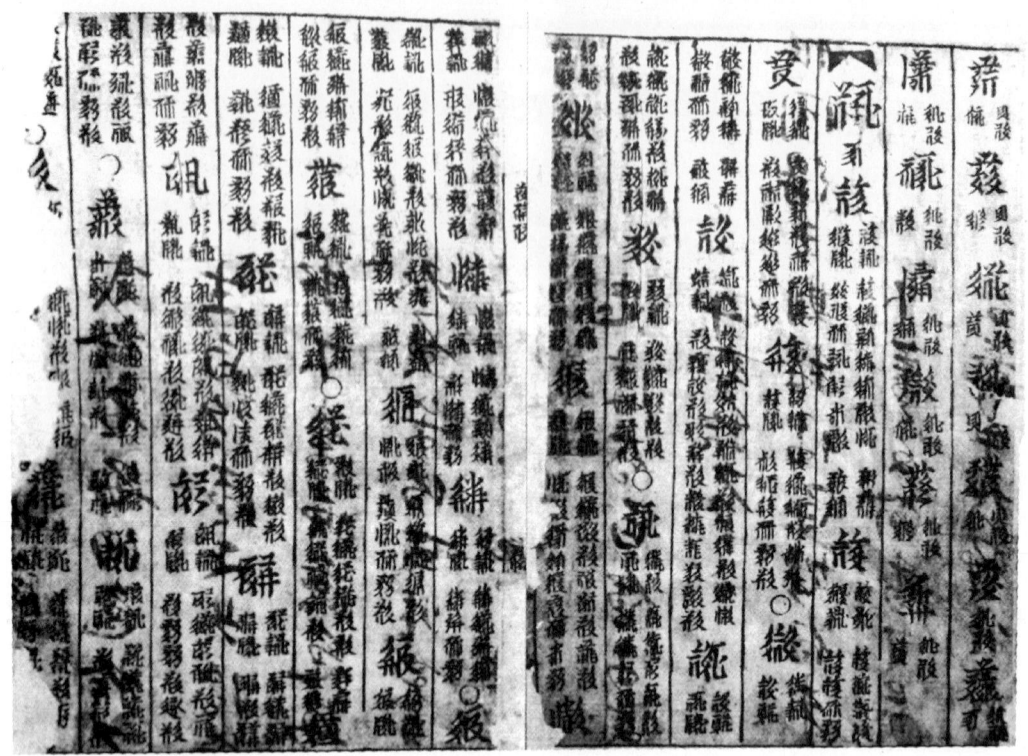

图 14　文海

2卷存1卷。西夏韵书。刻本，白麻纸蝴蝶装，29×18厘米，版框23.5×15.4厘米。7行，每行释2—7字，注释小字双行。白口，版口题西夏文"文海平"及西夏文叶码。原件1909年出土于内蒙古黑水城遗址，今藏俄罗斯科学院东方文献研究所，编号 инв. No 211，212，213，7297。是书体例仿汉文《广韵》，惟于每字之下多四字字形说解，似仿《说文解字》。原书分"平声"及"上声"两卷，另附"杂部"，今仅存"平声"及"杂部"之半。其"平声"分韵97，诸韵收字多寡不等，韵下分纽，诸纽以小圆圈分割，并于该纽首字下标明反切注音及本纽同音字数。释义多以同义相训，罕见具体描述。与西夏文佛经中之音译规律相较，本书分韵似显极其苛细，不似西夏语音实情，颇疑系西夏人直接承袭某汉文韵书而成。参看 К. Б. Кепинг，В. С. Колоколов，Е. И. Кычанов и А. П. Терентьев-Катанский，*Море письмен*（Москва：《Наука》，1969），史金波、白滨、黄振华《文海研究》（北京：中国社会科学出版社1983年版）。

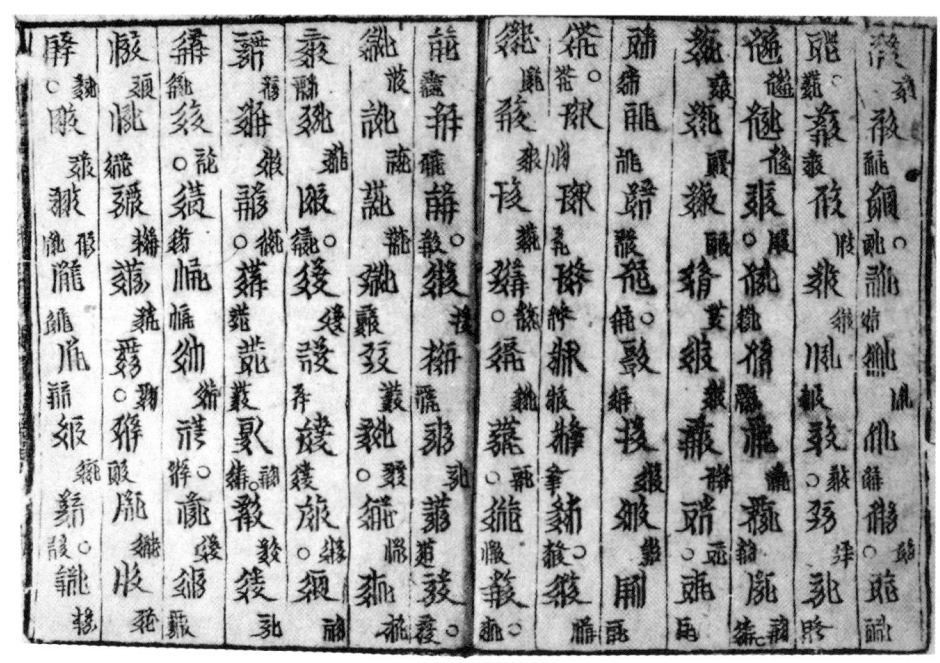

图 15　同音

不分卷。西夏字书。夏正德六年（1132年）义长重校。刻本，白麻纸蝴蝶装，24.5×18 厘米，版框 21.5×15 厘米。7 行，每行释 8 字。有序。原件 1909 年出土于内蒙古黑水城遗址，今藏俄罗斯科学院东方文献研究所，编号 инв. No 207，2619，2620，2902，4775，4776，7934。是书共收西夏字五千八百余，以声类为纲，列为"重唇"、"轻唇"、"舌头"、"舌上"、"牙"、"齿头"、"正齿"、"喉"、"来日"九章，章下分组，各纽收同音字多寡不等，各字下有简略释义。据卷首序言知此书系西夏学者多人校集，现存本实为二书，一为正德六年（1132年）义长重校本，一为乾祐年间（1170—1194年）梁德养重校本。二书收字及训释相仿，惟排列次第大异。参看李范文《同音研究》（银川：宁夏人民出版社 1986 年版），史金波、黄振华《西夏文字典音同的版本与校勘》（《民族古籍》1986 年第 1 期）。

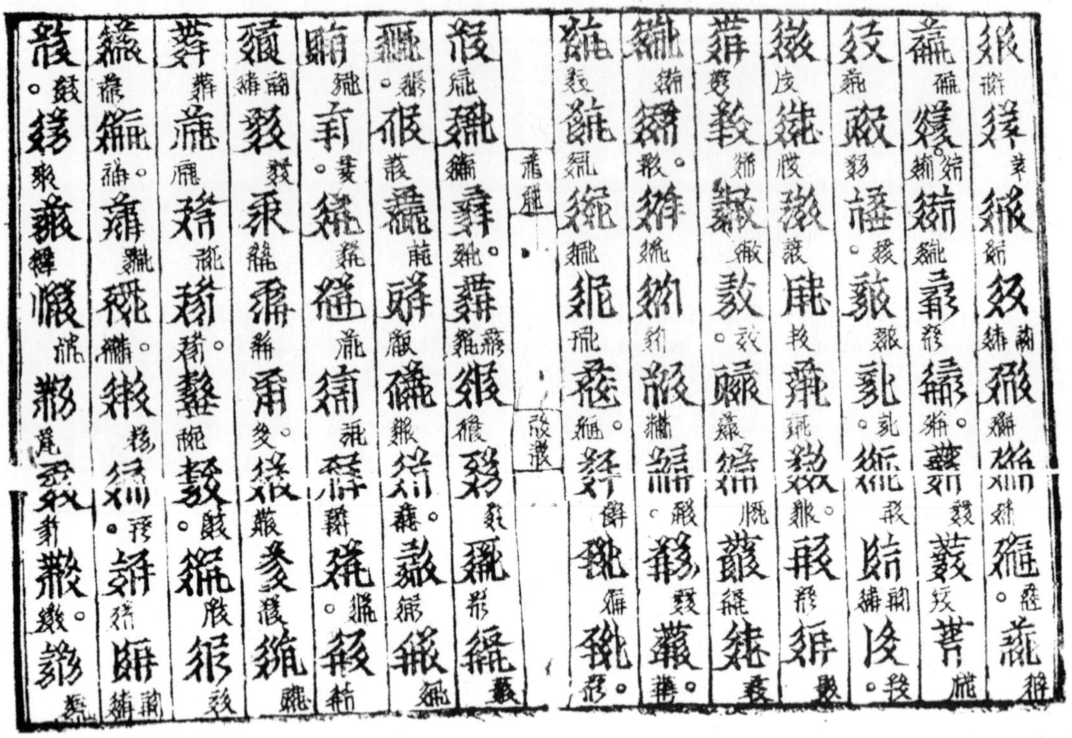

图 16　同音

　　不分卷。西夏字书。夏乾祐年间（1170—1194年）梁德养重校。刻本，白麻纸蝴蝶装，26×19厘米，版框22×14.5厘米。7行，每行释8字。有序。原件1909年出土于内蒙古黑水城遗址，今藏俄罗斯科学院东方文献研究所，编号 инв. No 208, 209。是书与正德六年（1132年）义长重校本体例全同，惟排列次第大异。参看 М. В. Софронов, *Грамматика тангутского языка*, кн. 2（Москва: Наука, 1968）。

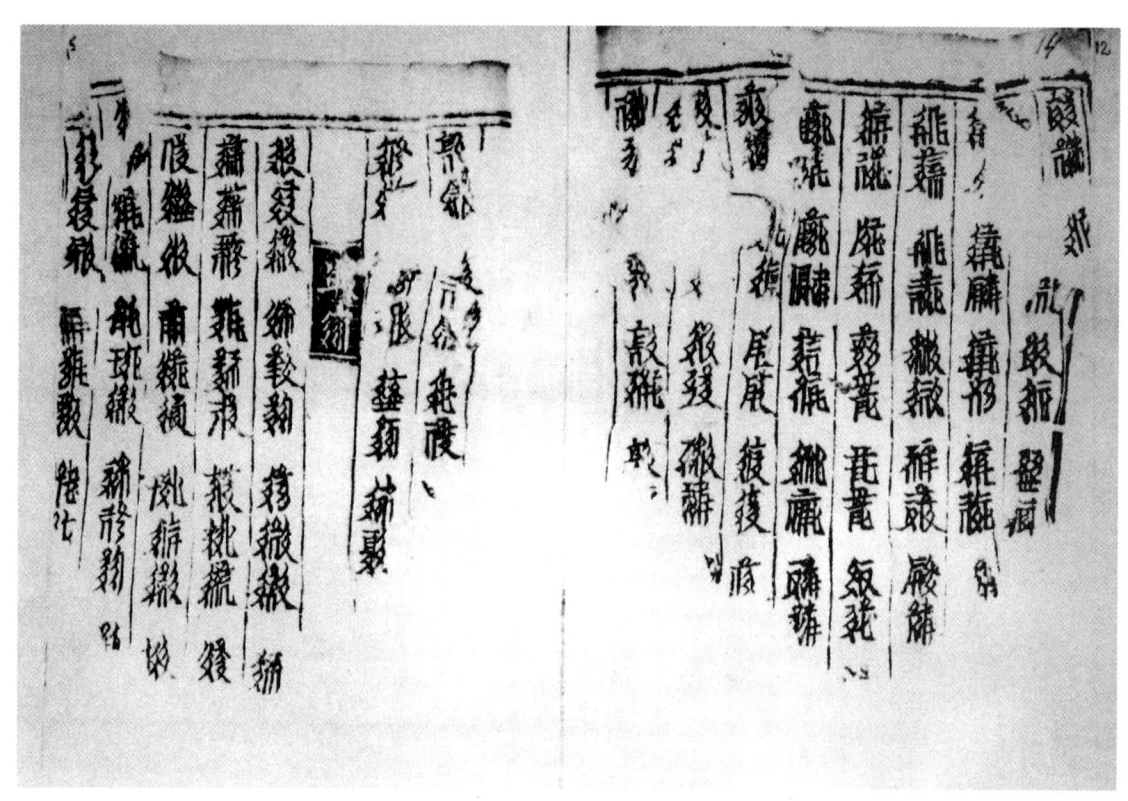

图 17　三才杂字

不分卷，1 册，32 叶。西夏文杂字体字书。刻本，素麻纸蝴蝶装。26.5×18.5 厘米，版框 20.3×14 厘米。8 行，有行界，行 12 字。原件 1909 年出土于内蒙古黑水城遗址，今藏俄罗斯科学院东方文献研究所，编号 инв. No 210，4151，6340，8081。是书收录常用西夏词语，以"天"、"地"、"人"分章，再以门类编排，无注释。是书有"初刻本"、"复刻本"之别，二者形制不同，内容无异。上述 No 210、6340 同为初刻，No 4151、8081 同为复刻。No 8081 卷尾残存跋尾两行，谓此新刻本为杨山所有，署"□（乾）祐十八年（1187）九月"。是书为西夏人仿中原"杂字"体字书所编，此类字书肇兴于 3 世纪张揖《杂字》及周成《杂字解诂》，多用为乡塾识字课本，后世均已亡佚。参看聂鸿音、史金波《西夏文〈三才杂字〉考》(《中央民族大学学报》1995 年第 6 期)，李范文、中岛干起《电脑处理西夏文杂字研究》(东京：国立亚非语言文化研究所，1997 年版)。

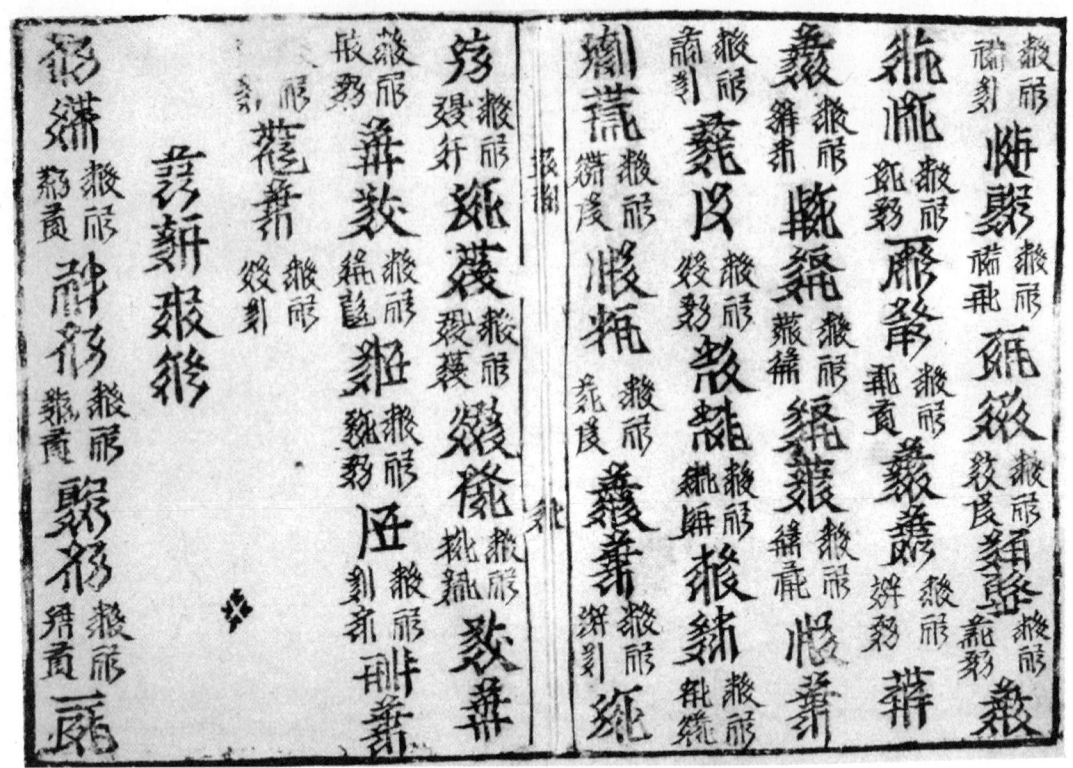

图18　纂要

不分卷。西夏文杂字体字书。刻本，白麻纸蝴蝶装，20×12.5厘米，版框16.5×9.7厘米。5行，每行释5—7字，注释小字双行，行2字。原件1909年出土于内蒙古黑水城遗址，今藏俄罗斯科学院东方文献研究所，编号 инв. No 124。存叶8左—10叶，计5面为"花名部第七"、"乐器部第六"。是书以门类编排，每一西夏语词用一相应汉语词训释，汉语词用西夏文音译，并附言"汉语"二字。《纂要》为中原古代"杂字"体字书旧题，《隋书·经籍志》著录有陆机《纂要》及戴逵《纂要》，《旧唐书·经籍志》著录有颜延之《纂要》，《初学记》引有梁元帝《纂要》，即为此书体例所本。汉文《纂要》诸本今均亡佚，仅见清代辑佚本数种，故夏译所据底本已不可考知。参看聂鸿音《列宁格勒藏本西夏文词书残叶考》（《民族语文》1990年第1期），史金波、聂鸿音《西夏文〈纂要〉释补》（《中国少数民族古籍论》第二辑，成都：巴蜀书社1998年版）。

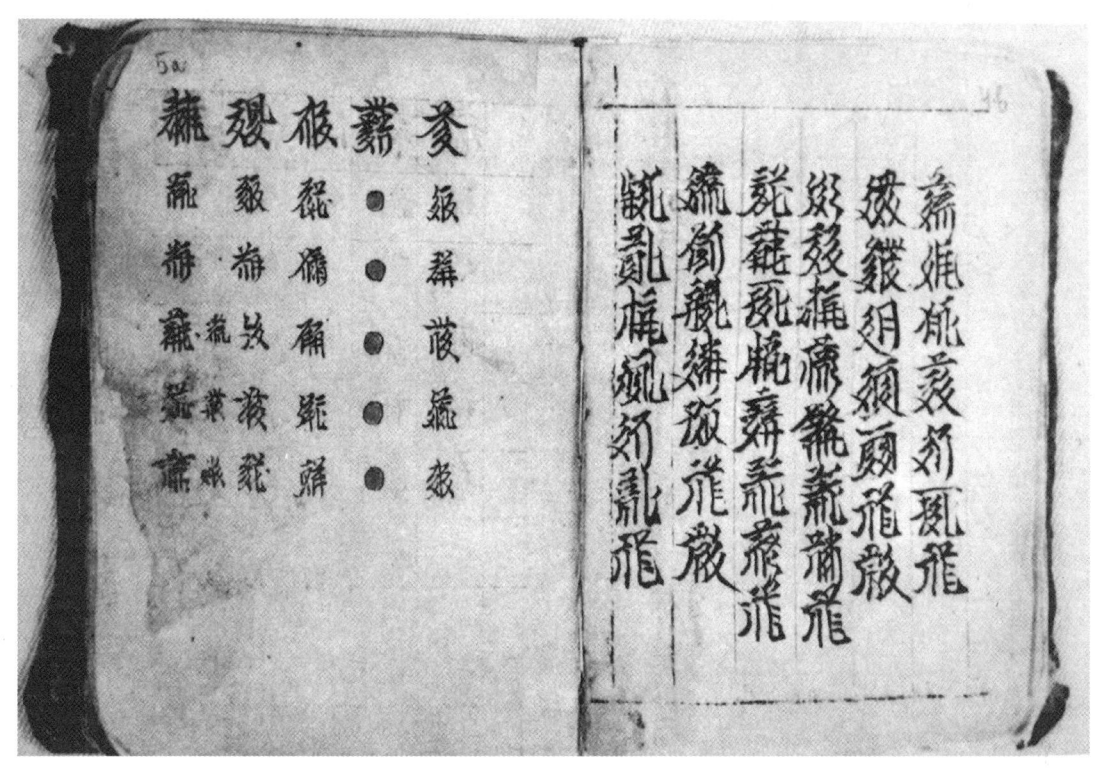

图 19 五音切韵

不分卷。西夏语韵图。写本多种，素麻纸蝴蝶装，高广不等。其一写于乾祐癸巳年（1173年），13×9.5厘米，墨框10.8×7.2厘米。序言6行，正文5行，行10字。无页码，77面。有软革护封。原件1909年出土于内蒙古黑水城遗址，今藏俄罗斯科学院东方文献研究所，编号 инв. No 620。韵图全收西夏字，排列依重唇音、轻唇音、舌头音、舌上音、齿头音、正齿音、牙音、喉音、流音九类为序。是书但列五音而不标字母清浊，体例似较《韵镜》、《切韵指掌图》为古。参看西田龙雄《西夏语韵图〈五声切韵〉之研究》（京都大学文学部研究纪要20、21、22，1981—1983年）。

图20 义同

4卷。西夏字书，夏乾祐十九年（1188年）梁习宝撰，讹青公茂势写本。素麻纸蝴蝶装，19.5厘米×16厘米，墨框17.2×13.2厘米。7行14字，无页码，61面。原件1909年出土于内蒙古黑水城遗址，今藏俄罗斯科学院东方文献研究所，编号 инв. No 2539。是书系"急就章"体字书，以意义相关之字合为一句，每句七言，间有八言者，共用西夏字四千余，无注释，其部类标题含义迄今不可解。参看西田龙雄《西夏语〈月月乐诗〉之研究》（京都大学文学部研究纪要25，1986年版）。

图 21 大诗

1 卷，6 叶。西夏史诗。夏乾祐十六年（1185 年）刻字司刻本。素麻纸蝴蝶装，25×16.5 厘米，版框 18.8×13 厘米。8 行 16 字。有汉文页码。原件 1909 年出土于内蒙古黑水城遗址，今藏俄罗斯科学院东方文献研究所，编号 инв. No 121。杂言体长诗一首，内容及形式颇具西夏民间风格。全文解读见 Е. И. Кычанов, *Море значений, установленных святыми* (Санкт-Петербург: Центр «Петербургское Востоковедение», 1997)。

图 22 月月乐诗

1 卷,6 叶。西夏史诗。夏乾祐十六年（1185 年）刻字司刻本。素麻纸蝴蝶装,25×16.5 厘米,版框 18.8×13 厘米。8 行 16 字。有汉文页码。原件 1909 年出土于内蒙古黑水城遗址,今藏俄罗斯科学院东方文献研究所,编号 инв. No 121。杂言体长诗一首,分 13 节,于序歌后依次叙述正月至十二月物候及人事,内容及形式颇具西夏宫廷风格。全文解读见西田龙雄《西夏语〈月月乐诗〉之研究》（京都大学文学部研究纪要 25,1986 年版）, Е. И. Кычанов, *Море значений, установленных святыми* （Санкт-Петербург: Центр《Петербургское Востоковедение》, 1997）。

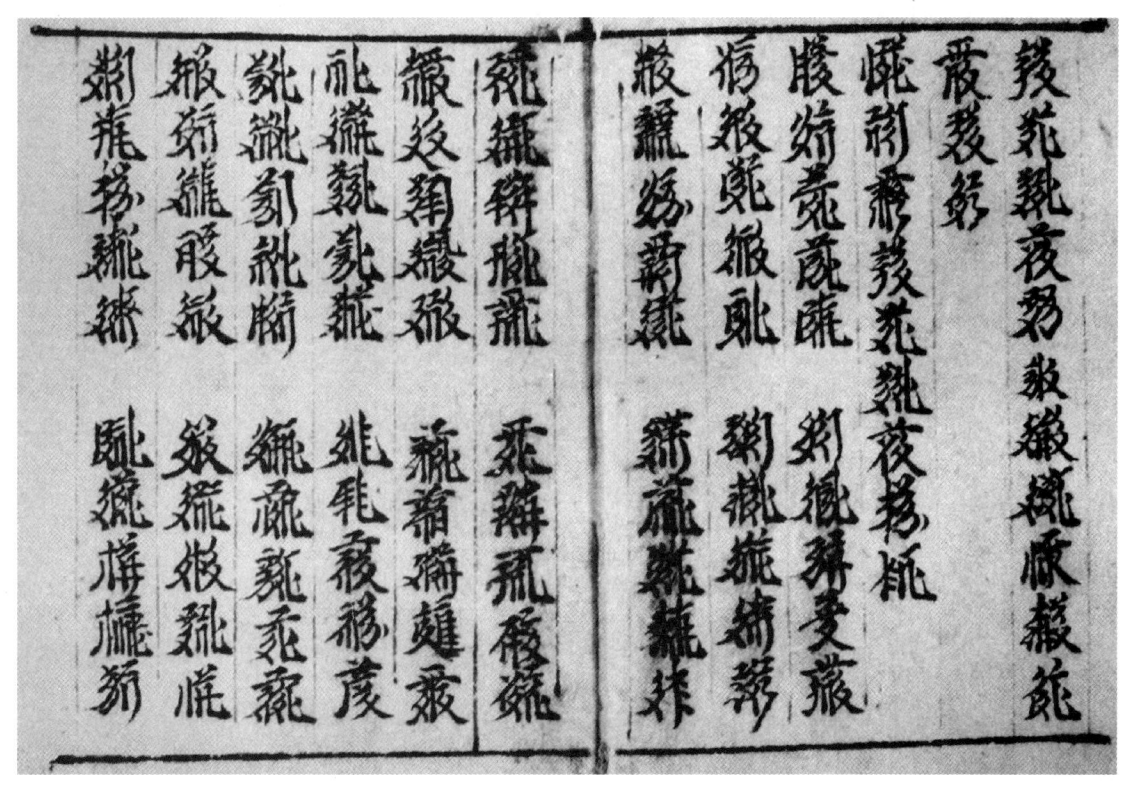

图 23　新集碎金置掌文

　　不分卷。西夏字书。宣徽正息齐文智编，耶西般若茂写本。素麻纸蝴蝶装，20.5×14 厘米，墨框 15.7×10.4 厘米。6 行 10 字，无页码。有序言，卷尾署抄书人姓名。原件 1909 年出土于内蒙古黑水城遗址，今藏俄罗斯科学院东方文献研究所，编号 инв. No 741，742。五言诗，计千言，类似汉文古书《千字文》，似为西夏启蒙读物。自敦煌以降，中原童蒙读物以"碎金"为题者甚多，当即是书所本。全文解读见 Е. И. Кычанов，"Крупинки золота на ладони—пособие для изучения тангутской письменности"（Жанры и стили литератур китая и кореи，Москва，1969），聂鸿音、史金波《西夏文本〈碎金〉研究》（《宁夏大学学报》1995 年第 2 期）。

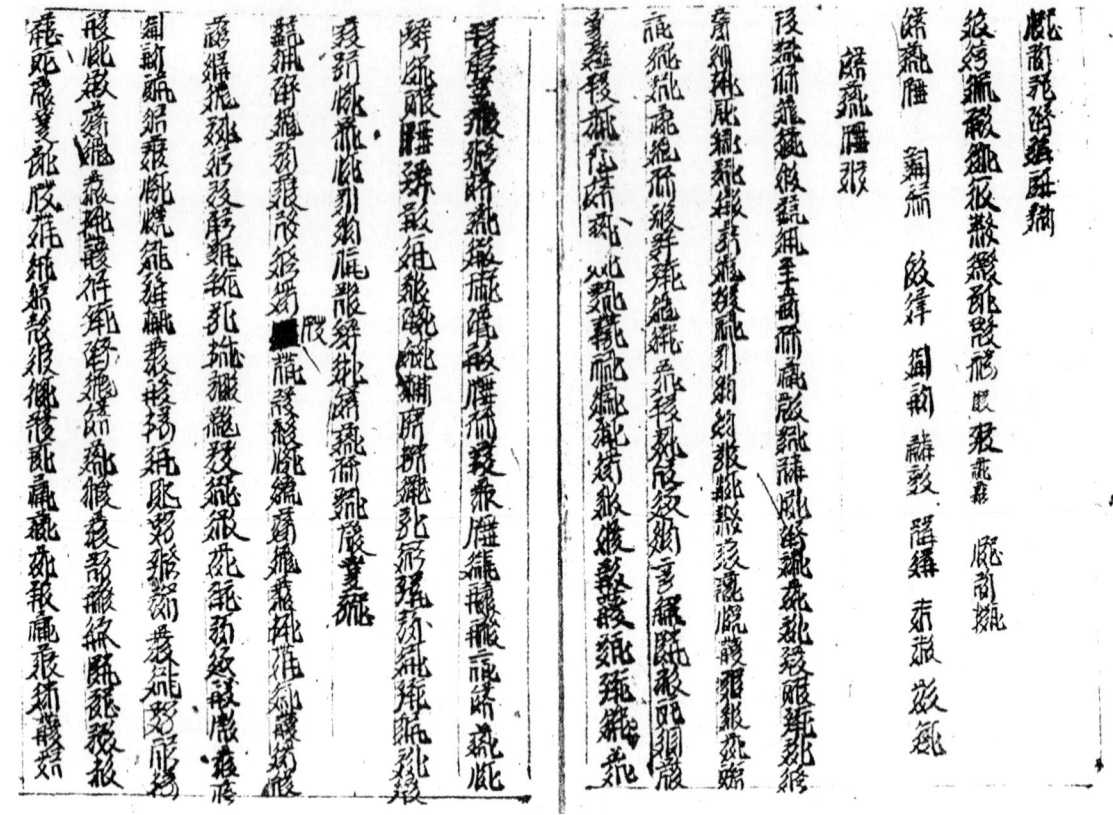

图 24　新集慈孝传

存下卷。史传故事集。曹道乐新集译。写本，素麻纸蝴蝶装，19.5×13.5 厘米，墨框 16×11.4 厘米。8 行，行 22—25 字。无页码，35 面。原件 1909 年出土于内蒙古黑水城遗址，今藏俄罗斯科学院东方文献研究所，编号 инв. No 616。保存良好。是书首题"中兴府承旨番大学院教授臣曹道乐新集译"，据西夏本《德行集》，曹道乐系夏桓宗朝重臣，以此知《新集慈孝传》亦当为桓宗敕编，时在 12—13 世纪之交。是书体例承刘向《列女传》，系曹道乐摘抄汉文古书中之慈孝故事译编而成，今存下卷，分《婆媳》、《叔侄》、《姑妹》、《兄弟》、《姊妹》、《夫妇》、《娣姒》、《舅甥》八章，计 44 则故事，分别取自《诗经》、《左传》、《史记》、《汉书》、《后汉书》、《晋书》、《宋书》、《魏书》、《隋书》、《旧唐书》、《新唐书》、《新五代史》、《东观汉记》、《列女传》、《续齐谐记》。经与汉文原文对读，知编译者常对原文自行删略，并非直译。参看 К. Б. Кепинг, *Вновь собранные записи о любви к младшим и почтении к страшим* (Москва: Наука, 1990)，聂鸿音《西夏文〈新集慈孝传〉释读》(《宁夏大学学报》1999 年第 2 期)。

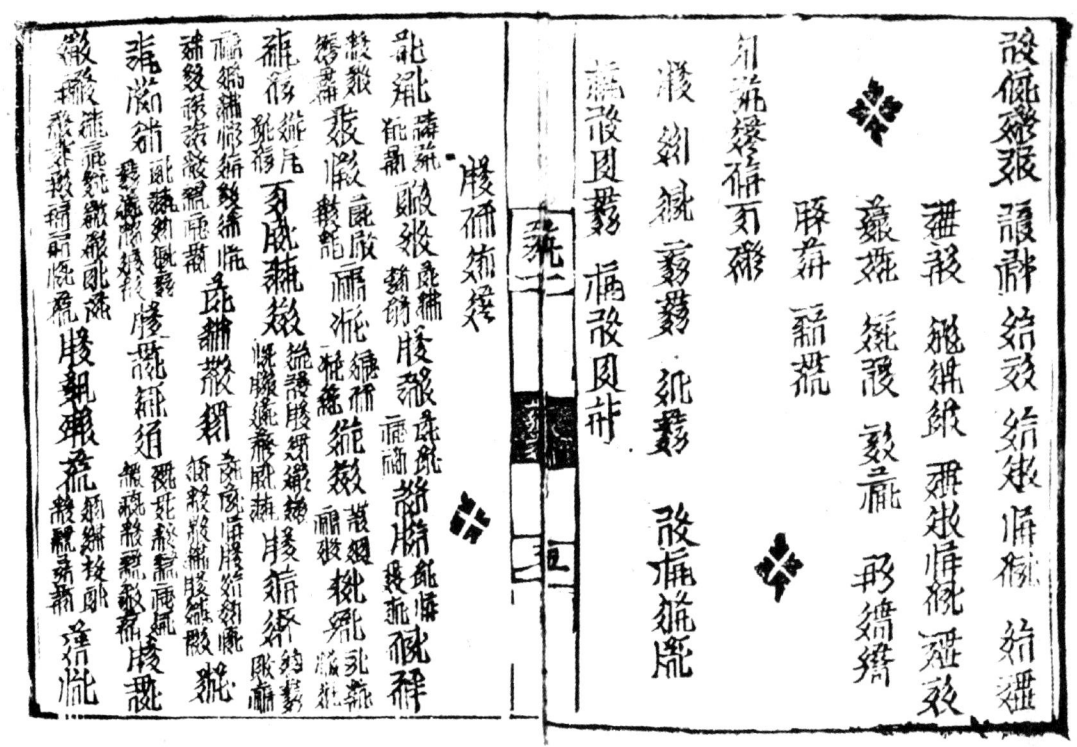

图 25　圣立义海

　　5 卷存 3 卷，残。西夏类书。夏乾祐十三年（1182 年）刻字司刻本。白麻纸蝴蝶装，22.7×16 厘米，版框 18.8×13.2 厘米。7 行，每行释 4—8 字，小注双行。有诗体序言。原件 1909 年出土于内蒙古黑水城遗址，今藏俄罗斯科学院东方文献研究所，编号 инв. No 143，144，145，684，2614。按"圣立义海"首二字或可译"圣用"，犹"御览"之意，是书当系敕编。全书 15 章，体例仿中原《艺文类聚》，记载西夏自然地理及社会风俗甚详，其卷 5 所述诸多慈孝节义故事则自中原古书辑译。全文解读见克恰诺夫、李范文、罗矛昆《圣立义海研究》（银川：宁夏人民出版社 1995 年版），Е. И. Кычанов, *Море значений, установленных святыми* (Санкт-Петербург: Центр 《Петербургское Востоковедение》, 1997)，另参看聂鸿音、黄振华《西夏〈圣立义海〉故事考源》（《陇右文博》2001 年第 1 期）。

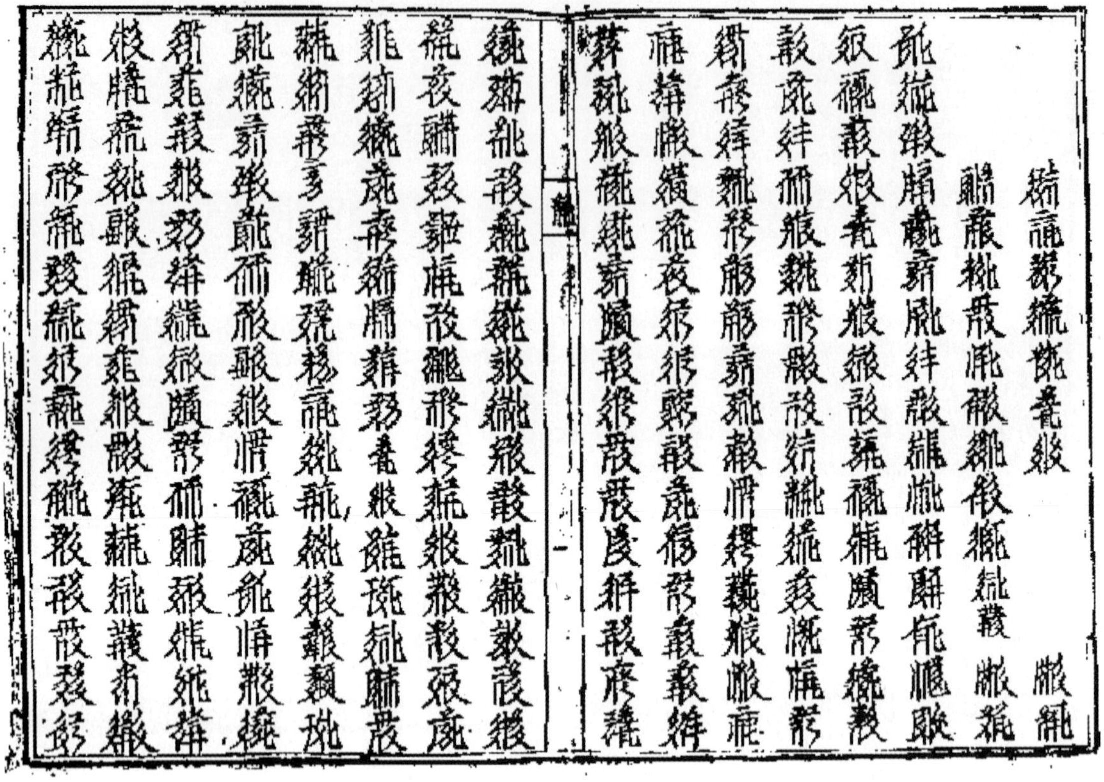

图 26 贤智集

不分卷。佛家劝世诗文集。夏乾祐十九年（1188 年）沙门宝源集。刻本，白麻纸蝴蝶装，19.8×13.5 厘米，版框 15.5×10 厘米，7 行 15 字。有序言、版画。原件 1909 年出土于内蒙古黑水城遗址，今藏俄罗斯科学院东方文献研究所，编号 инв. No 120、585、593、2538、2567、2836、5708、7016。本书来历不详。考著者宝源多见于西夏文佛经款题，инв. No 3834《金刚般若波罗蜜多经》款题有"大白高国大德台度民之寺院显法国师沙门宝源"，同经 инв. No 4099 款题又有"大度民寺院显法国师沙门鲜卑宝源"，知宝源姓鲜卑，时为西夏国师。全书至今未获解读，参看聂鸿音《西夏文〈贤智集序〉考释》（《固原师专学报》2003 年第 5 期）。

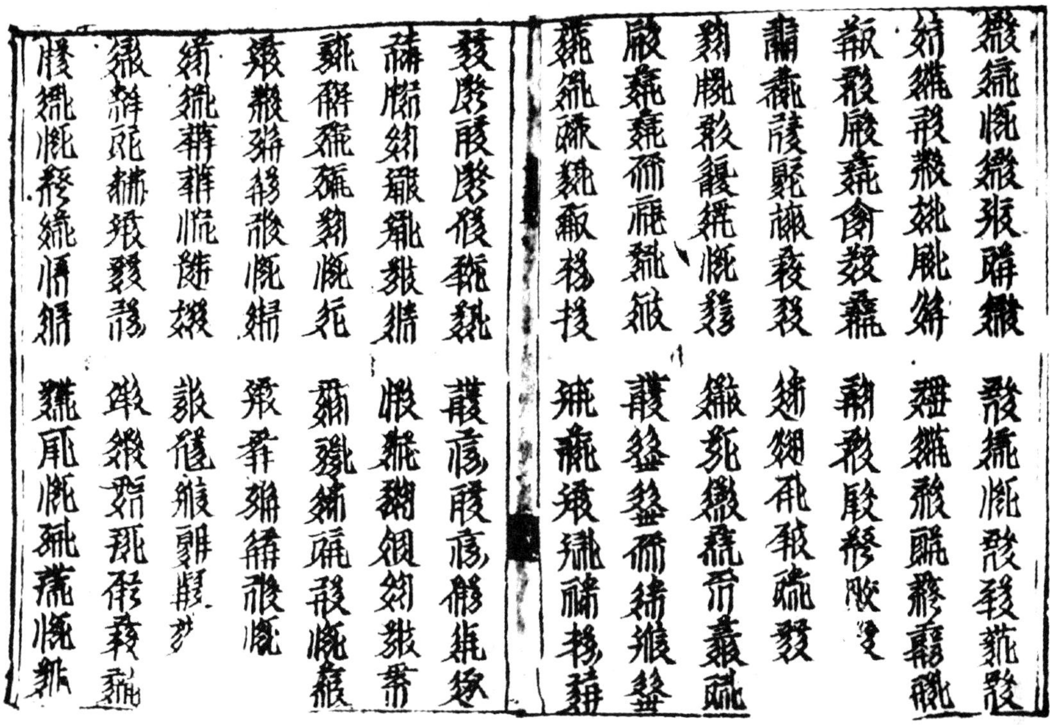

图 27　新集锦合辞

不分卷。西夏谣谚集。夏乾祐七年（1176 年）御史承旨梁德养初编，十八年晓切韵博士王仁持增补，蒲梁尼刻版。蝴蝶装，21.5×15 厘米，版框 17.5×12 厘米。7 行 11 字，叶 1—31，62 面。有沙土色粗麻布护封。原件 1909 年出土于内蒙古黑水城遗址，今藏俄罗斯科学院东方文献研究所，编号 инв. No 765。是书汇编西夏民间谣谚，每句少则三言，多则二十余言，两句为一联，对仗颇工，其形式及内容似与吐蕃、蒙古格言相类。全文解读见 Е. И. Кычанов, *Вновь собранные драгоценные парные изречения*（Москва：《Наука》，1974），陈炳应《西夏谚语》（太原：山西人民出版社 1993 年版）。

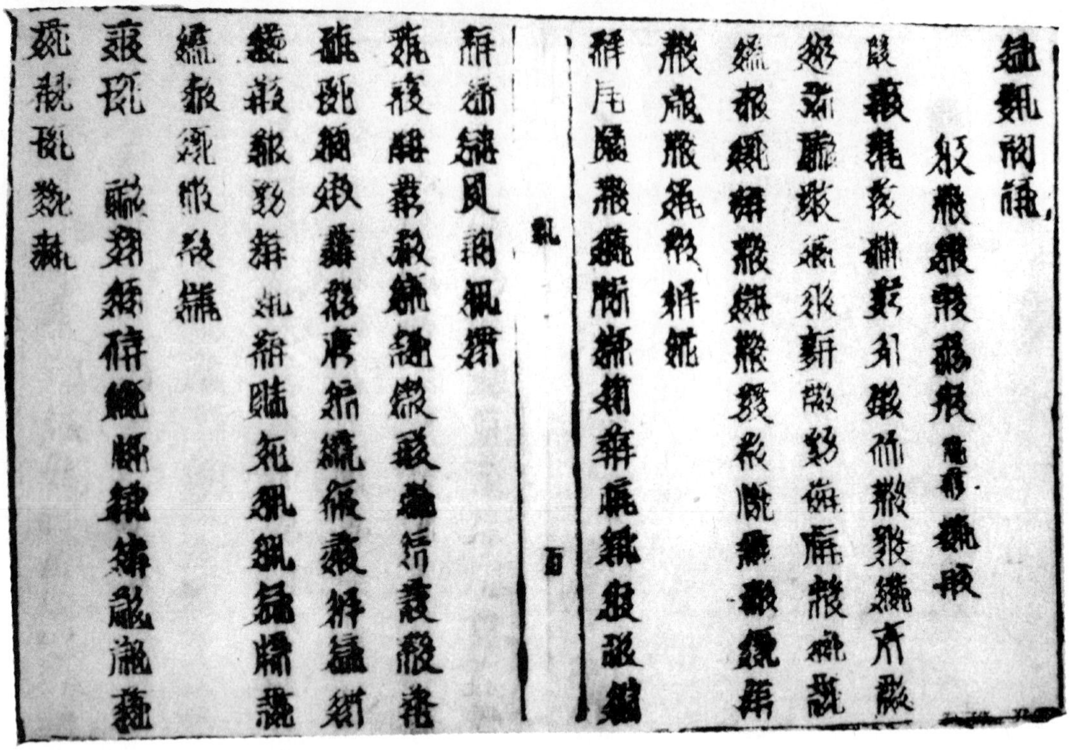

图 28　德行集

不分卷。西夏政论著作。番大学院教授曹道乐译传，活字印本。20×13.5厘米，版框 16×10.7厘米，7行14字。原件1909年出土于内蒙古黑水城遗址，今藏俄罗斯科学院东方文献研究所，编号 инв. No 799，3947。两号可拼合成一书，首尾完整。卷首题"番大学院教授曹道乐译传"，卷尾题"印校发起者"三人姓名。据卷首节亲讹计序言可知，该书系夏桓宗纯佑即位之初命朝臣为其编著的一部教材。书分《学习奉师》、《修身》、《事亲》、《为帝难》、《从谏》、《知人》、《用人》、《立政》八章，各章摘译汉文古书文句拼凑而成，所引古书计有《尚书》、《礼记》、《孝经》、《大戴礼记》、《孔子家语》、《荀子》、《老子》、《庄子》、《法言》、《新论》、《史记》、《资治通鉴》，以及苏轼、司马光散文。全文解读见聂鸿音《西夏文德行集研究》（兰州：甘肃文化出版社2002年版）。

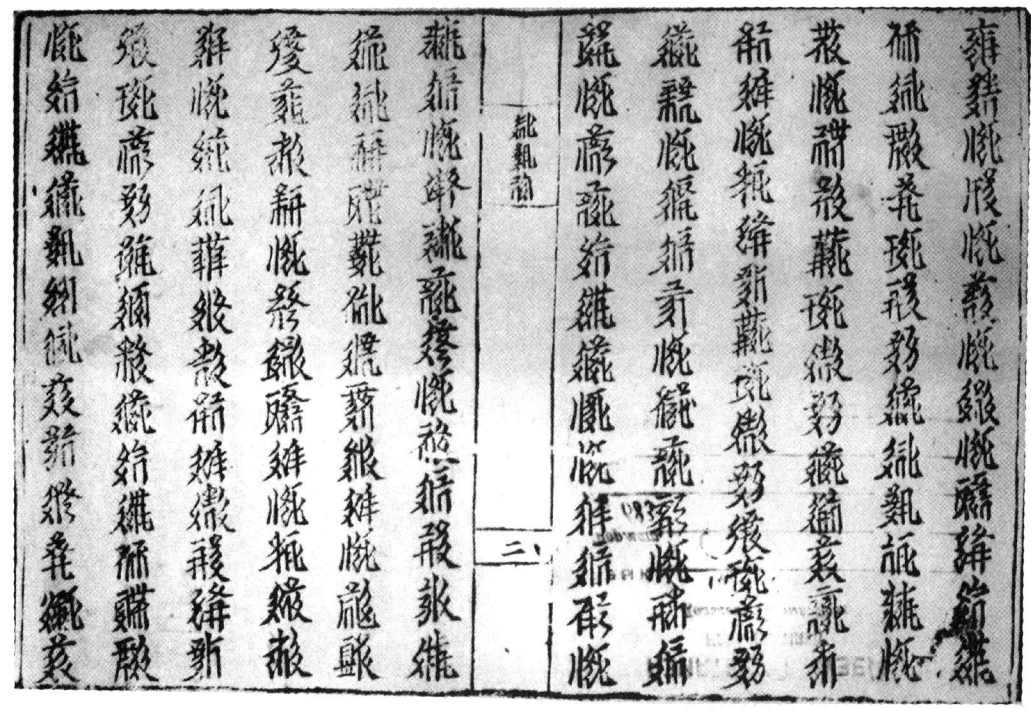

图 29　德行集

不分卷。某汉文劝世著作的西夏译本。原作者及译者均不详。刻本，素麻纸蝴蝶装，20.5×13 厘米，版框 17.5×12 厘米，6 行 13 字。有跋。原件 1909 年出土于内蒙古黑水城遗址，今藏俄罗斯科学院东方文献研究所，编号 инв. No 146。缺卷首，卷尾跋残存 11 字："此《德行集》者，本上汉□是……智足……"，据此可知系译自某汉文古书。该书宣传"君子"之忠孝节义及禅宗佛理，世俗风格浓重，其间虽有用典，然与儒家传统理解不尽相同。全文解读见聂鸿音《西夏文德行集研究》（兰州：甘肃文化出版社 2002 年版）。

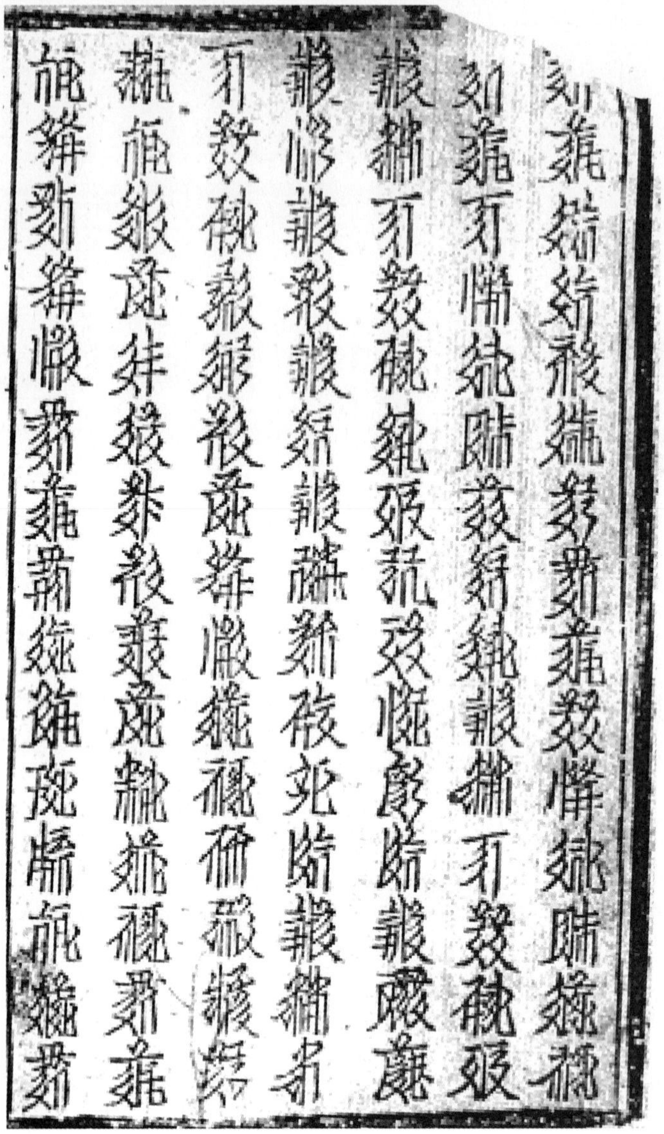

图30 普贤行愿经

1卷。唐般若译《大方广佛华严经普贤行愿品》单行本的西夏译本。刻本，素麻纸蝴蝶装，18.5×10.7厘米，版框15.2×9厘米，7行15字。原件1909年出土于内蒙古黑水城遗址，今藏俄罗斯科学院东方文献研究所，编号 инв. No 2833，3697，4350，6171，6372，6874，7125。卷首佚。有安娅全文解读，见次章。另参看 Е. И. Кычанов, *Каталог тангутских буддийских памятников*（Киото: Университет Киото, 1999）。

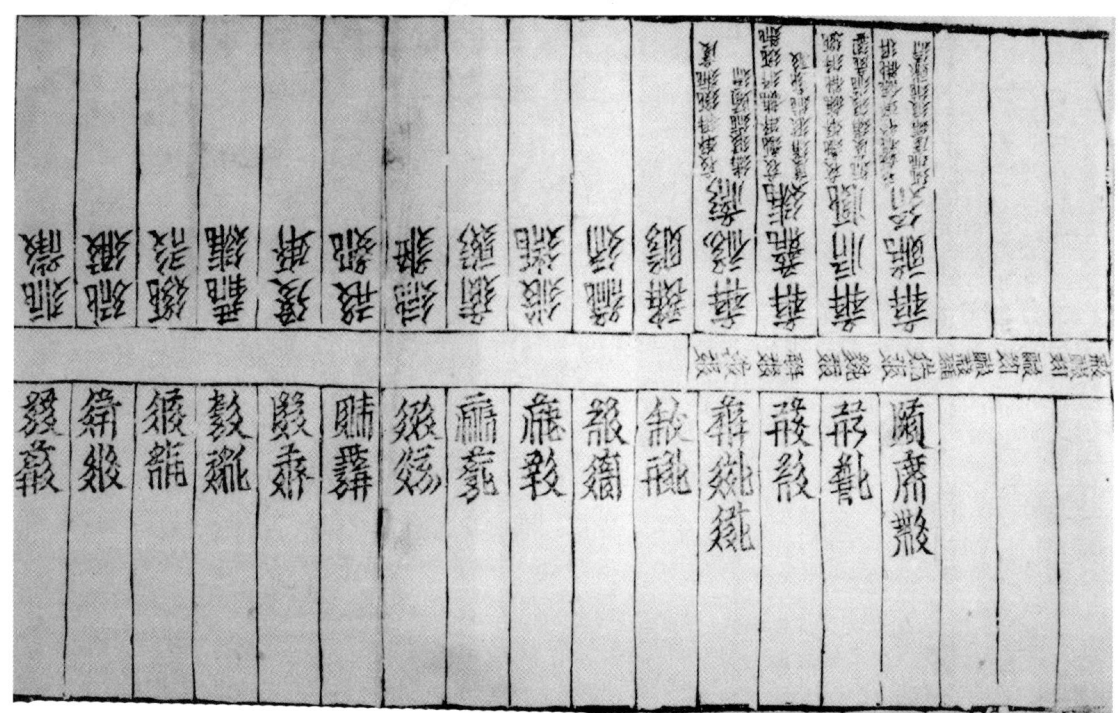

图 31　西夏官阶封号表

不分卷。题目为今人所拟。刻本，卷子装。20×60 厘米，版框 15.5×60 厘米。原件 1909 年出土于内蒙古黑水城遗址，今藏俄罗斯科学院东方文献研究所，编号 инв. No 4170а，4170б，4170в，5921。此卷中部纵横栏界宽 14 厘米，书皇帝称号（相当于大皇帝及皇帝）与帝位继承人称号（相当于皇太子），次书封号名称，分上品、次品、中品、下品、末品、第六品、第七品。每栏上下列诸品封号，自左而右书字，若横持此卷，上栏字似倒置。除上列七品外，尚有皇后、公主及嫔妃封号，次为诸王封号（南、北、东、西院王）、国师封号、大臣（如枢密、中书）封号，又其次为统军等封号。臣僚名号至今大多不能解读。参看 Е. И. Кычанов, "Тангутские источники о государственно-административном аппарате Си Ся" (*Краткие сообщения Института Народов Азии АН СССР.*, 69, 1965), 史金波《西夏文官阶封号表考释》（《中国民族古文字研究》第三辑，天津：天津古籍出版社 1991 年版）。

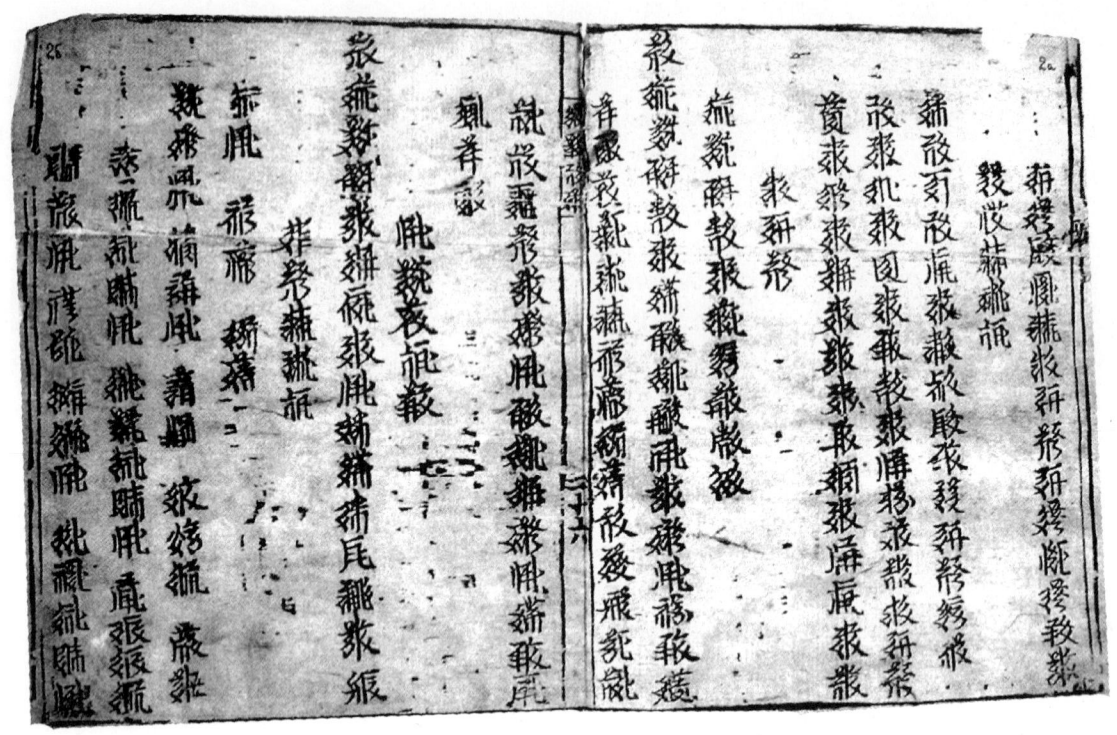

图 32 天盛改旧新定律令

20 卷，目录 2 卷。西夏法典。夏西夏天盛（1149—1170 年）初年刻本，素麻纸蝴蝶装，纸幅、版框大小各卷不等。原件 1909 年出土于内蒙古黑水城遗址，今藏俄罗斯科学院东方文献研究所，编号近百。首有《进律表》，正文 20 章，分 150 门，1461 条，今存内容约为原书六分之五。考《宋史·夏国传下》载夏仁宗于宋绍兴十八年（1148 年）"增修律成，赐名《鼎新》"，时当西夏天盛二年（1150 年），据此可料定本书西夏书题实当译"天盛革故鼎新律令"，卷首《进律表》谓"奉敕名号'天盛革故鼎新律令'"，亦与《宋史》所记相合。全文解读见 Е. И. Кычанов, *Измененный и заново утвержденный кодекс девиза царствования небесное процветание* 1149—1169（Москва：Наука，1987—1989），史金波、聂鸿音、白滨《天盛改旧新定律令》（北京：法律出版社 2000 年版）。

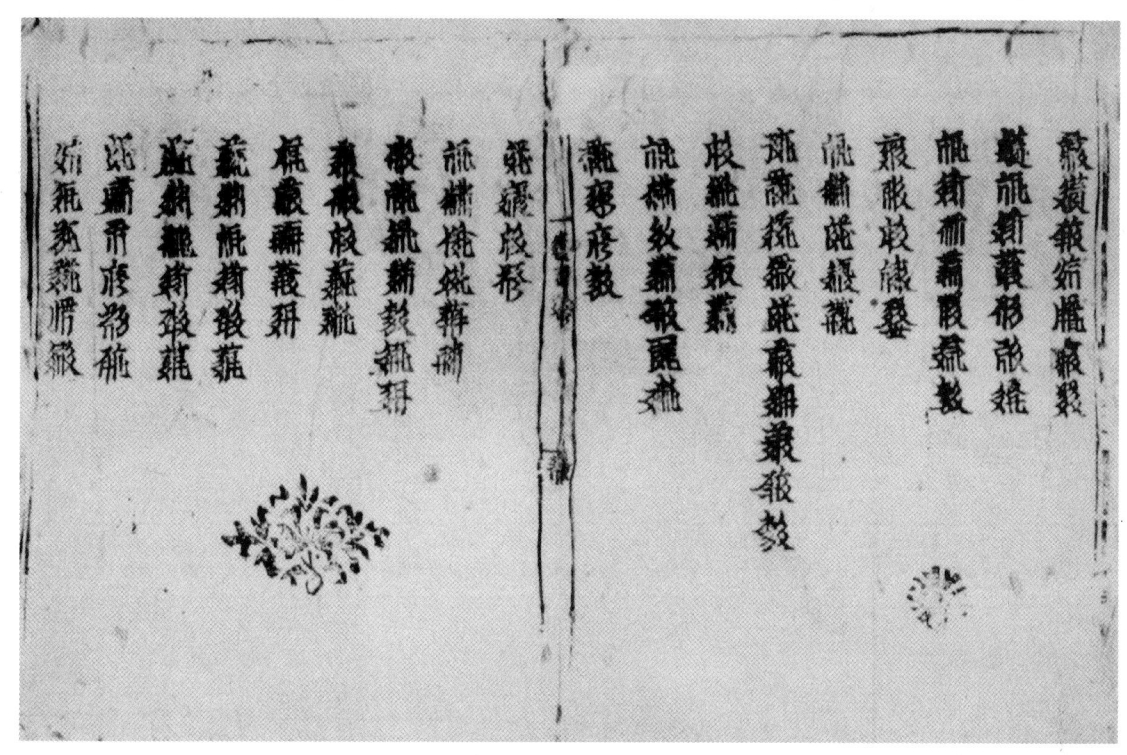

图33 贞观玉镜统

存3卷，残。西夏法典。夏崇宗敕编。刻本，素麻纸蝴蝶装。纸幅、版框大小各卷不等。半叶9行，行13—16字不等。原件1909年出土于内蒙古黑水城遗址，今藏俄罗斯科学院东方文献研究所，编号 инв. No 2616，2617，2618，3481，7766，7931。夏贞观年间（1102—1114年）军事法典。记西夏兵制、军纪及奖惩规则。全书疑为4卷，今存卷3、4，残卷2，卷1及序言仅各存一纸。全文解读见 E. I. Kychanov，H. Franke，*Tangutische und chinesische Quellen zur Militärgesetzgebung des 11. bis 13. Jahrhunderts*（München，1990），陈炳应《贞观玉镜将研究》（银川：宁夏人民出版社1995年版）。

第 七 章

古籍珍品释读

一	德行集序	(244)
二	十二国史	(246)
三	六韬	(261)
四	华严经普贤行愿品	(284)

一 德行集序 (Preface to *A Collection of Moral Conduct*)

聂鸿音释读。原载所著《西夏文德行集研究》(甘肃文化出版社 2002 年版)，此次发表时对原先的注释有删节。

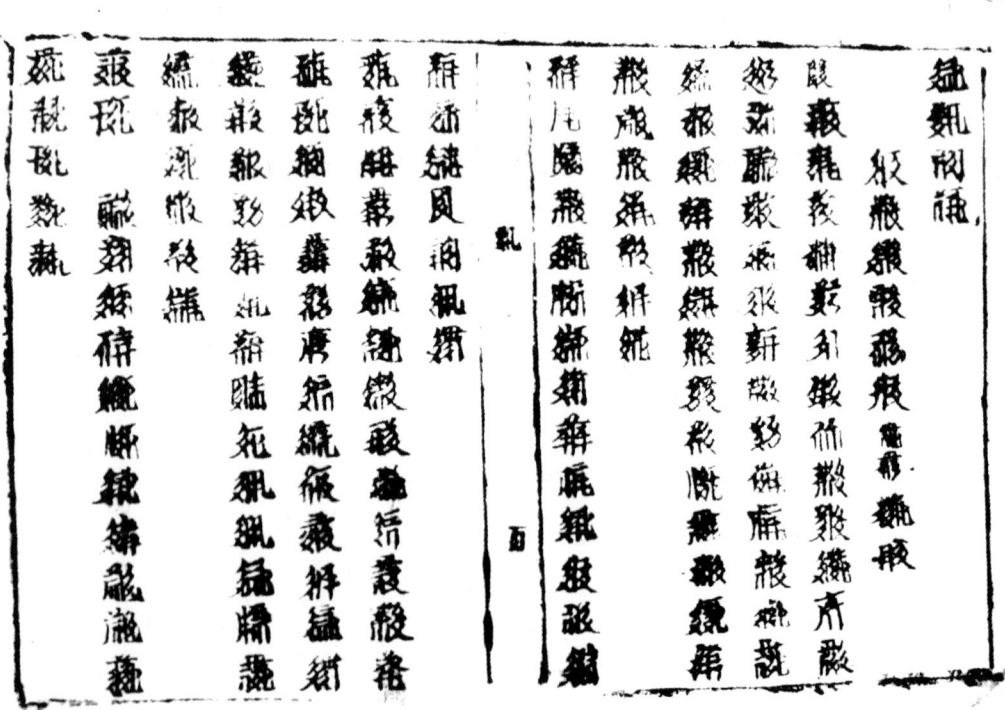

第 1 叶：
字译：

德行集序/番大学院教授曹道乐译传/臣闻古文中说圣人之大宝者位也/又曰天下者神器也谓此二种

者道/有以持则大安大荣也不道以持则/大危大累也恭念/白高国大者西土主执二百年逾善//厚福长八人代成/宗庙住乐及土谷坚牢譬石大山/高如四方见敢者无有民爱敬所为者何故谓则业积公织世世德修道/有以持故也昔/护城皇帝四海雨后百姓乱乱父/母尾如次依

译文：

德行集序

番大学院教授曹道乐译传

臣闻古书云："圣人之大宝者，位也[1]。"又曰："天下者，神器也[2]。"此二者，有道以持之，则大安大荣也；无道以持之，则大危大累也[3]。伏惟大白高国者[4]，执掌西土逾二百年[5]，善厚福长，以成八代[6]。宗庙安乐，社稷坚牢，譬若大石高山，四方莫之敢视，而庶民敬爱者，何也？则累积功绩，世世修德，有道以持之故也。昔护城皇帝雨降四海[7]，百姓乱离，父母相失。

注释：

[1] 本句译自《易·系辞下》："圣人之大宝曰位。"

[2] 本句译自《老子·无为》："天下神器。"

[3] 以上疑出《荀子·王霸》："得道以持之，则大安也，大荣也，积美之源也；不得道以持之，则大危也，大累也，有之不如无之。"

[4] 大白高国：西夏文献中用为西夏自称。

[5] 逾二百年：指西夏太祖继迁出生时的北宋建隆四年（963年）至桓宗纯佑在位时的西夏天庆年间（1194—1206年）。

[6] 八代：指西夏的前八个皇帝：太祖继迁、太宗德明、景宗元昊、毅宗谅祚、惠宗秉常、崇宗乾顺、仁宗仁孝、桓宗纯佑。

[7] 护城皇帝：指西夏第七代皇帝仁宗仁孝（1140—1193年在位）。雨降四海：意义不明，体味上下文意，似为"去世"的藻饰语，犹言"新弃四海"。

第 2 叶：

字译：

皇帝天纲宝位袭得灵神暗佑日月/重辉内外治攘功大定为人神依附/处得本首护持与同今/上圣贵寿茂盛边中民及衣覆士等/老扶幼导而先帝之仁恩重受/皇帝处日新德见皆亦目举而视具/足耳置而听此时上自慎德养今察//昔量德恩妙光/七代庙内存及尽无大功万代继处/立使等实所应也于是/圣旨已出实微臣之命古语集纂德行/选择而观可一本以准备谓臣等儒/职谏而侍奉中有本国/圣德乃蒙长为伊尹汤王之正使不

译文：

依次皇帝承天[1]，袭得宝位，神灵暗佑，日月重辉。安内攘外，成就大功，得人神之依附，同首尾之护持。今上圣尊寿茂盛[2]，普荫边中民庶[3]，众儒扶老携幼，重荷先帝仁恩。见皇帝日新其德，皆举目而视，俱侧耳而听。是时慎自养德，抚今追昔：恩德妙光，当存七朝庙内[4]；无尽大功，应立万世祠中。于是颁降圣旨，乃命微臣："纂集古语，择其德行可观者，备成一本。"臣等忝列儒职而侍朝，常蒙本国之圣德。伊尹不能使汤王修正……

注释：

［1］皇帝：指曹道乐编纂《德行集》时在位的西夏第八代皇帝桓宗纯佑。

［2］尊寿茂盛：指桓宗纯佑正在青年。据《宋史·夏国传》载，夏桓宗即位时年十七。

［3］边中：西夏特有词语，指偏远地区和京畿地区，犹言"全国各地"。

［4］七朝：指桓宗纯佑前的七个西夏皇帝：太祖继迁、太宗德明、景宗元昊、毅宗谅祚、惠宗秉常、崇宗乾顺、仁宗仁孝。

二 十二国史（A History of the Twelve Kingdoms）

孙颖新释读。选编自中国社会科学院研究生院 2004 届毕业生硕士学位论文。按：此为原书部分故事的摘译，故选文仅以内容完整为限，不再严守原书页次。

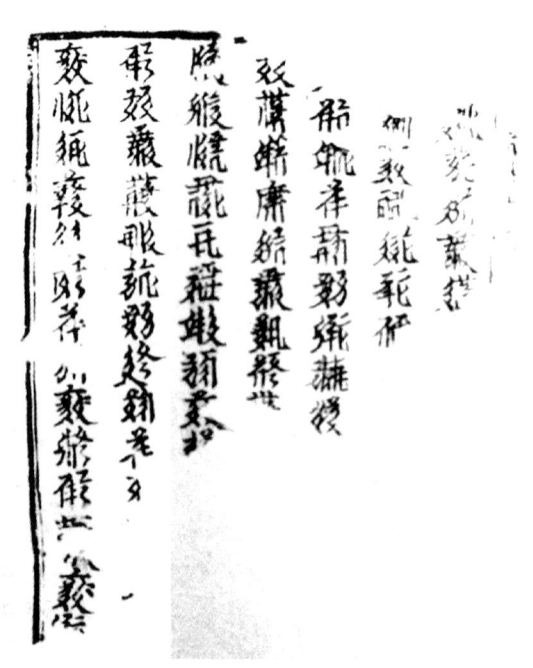

卷上第 12 叶至第 13 叶：

字译：

齐顷公王晋兵行为□□□□□□□/乃退中路妇人一与〈〉□□□□□/曰齐军乃败〈〉谓然君当□□□□□/免后问锐司徒当执免对曰□□□□/人好好乃心喜王及父等乃解则□□/也谓顷公内宫至往彼妇之□□□□/锐司徒之女是辟司徒之妻□□□□/父等有无乃问自夫妻之□□□□□/亦因石鲍所属地方皆□□□□□

译文：

齐顷公为晋兵□□□□□□□乃退。路中与一妇人遇。□□□□曰："齐军乃败。"谓："然君当□□□□□免？"后问："锐司徒当免？"对曰："免矣。"□□人好乃心喜，谓："王及父等乃免则□□也。"乃往顷公内宫。是辟司徒之妻□□□□乃自问父等有无。妻之□□□□亦因石鲍[1]所属地方皆□□□□□[2]

注释：

[1] 石鲍，考其地《左传》作"石窌，邑名，济北卢县东有地名石窌"。《太平御览》卷二百二，亦作"石窌，邑名"。此处夏译"石鲍"，查无此邑名，概误。

[2] 本章出自《左传·成公二年》："齐师败矣。辟女子。女子曰：'君免乎？'曰：'免矣。'曰：'锐司徒免乎？'曰：'免矣。'曰：'苟君与吾父免矣，可若何。'乃奔。齐侯以为有礼。既而问之，辟司徒之妻也。予之石窌。"

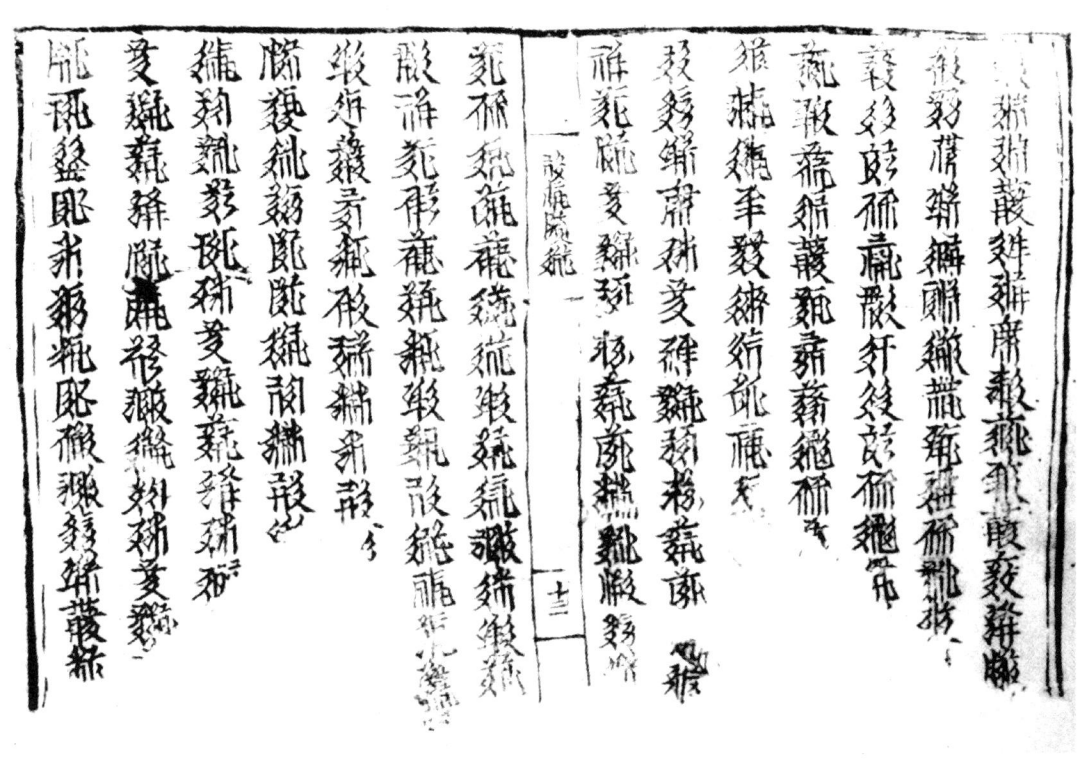

卷上第 13 叶：

字译：

齐景公王狐皮白裘一〈〉服朝□□□/林既羊皮裘一〈〉服朝中〈〉来景公□/既之问此衣者上人

衣品乎下人□□/是林既曰衣服上人行岂明昔□□□/人发剪身上美写中亦智□□□□□/西戎衽左而椎集中智人□□□□□/先帝所说如狐皮裘服则狐□□□□/皮裘服则羊鸣为乎朝衣狐皮裘□□/脊上坐汝亦变幻汝意乎景公乃羞

译文：

齐景公衣白狐皮裘而朝，□□□林既乃衣羊皮裘而来朝，景公□既问之："此衣者，上人之服也？下人□□？"林既曰："夫衣服岂明人行？昔□□人文身剪发，亦智□□□□□西戎左衽而椎结，智人□□□□如帝所言，衣狐皮裘则狐□□□□衣羊皮裘则为羊鸣，君衣狐皮裘而朝□□汝亦变幻汝意乎？"景公乃羞。[1]

注释：

[1] 本章出自《说苑·善说》："林既衣韦衣而朝齐景公，齐景公曰：'此君子之服也？小人之服也？'林既逡巡而作色曰：'夫服事何足以端士行乎？昔者荆为长剑危柱，令尹子西出焉；齐短衣而遂僻之冠，管仲隰朋出焉；越文身剪发，范蠡、大夫种出焉；西戎左衽而椎结，由余亦出焉。即如君言，衣狗裘者当犬吠，衣羊裘者当羊鸣，且君衣狐裘而朝，意者得无为变乎？'"

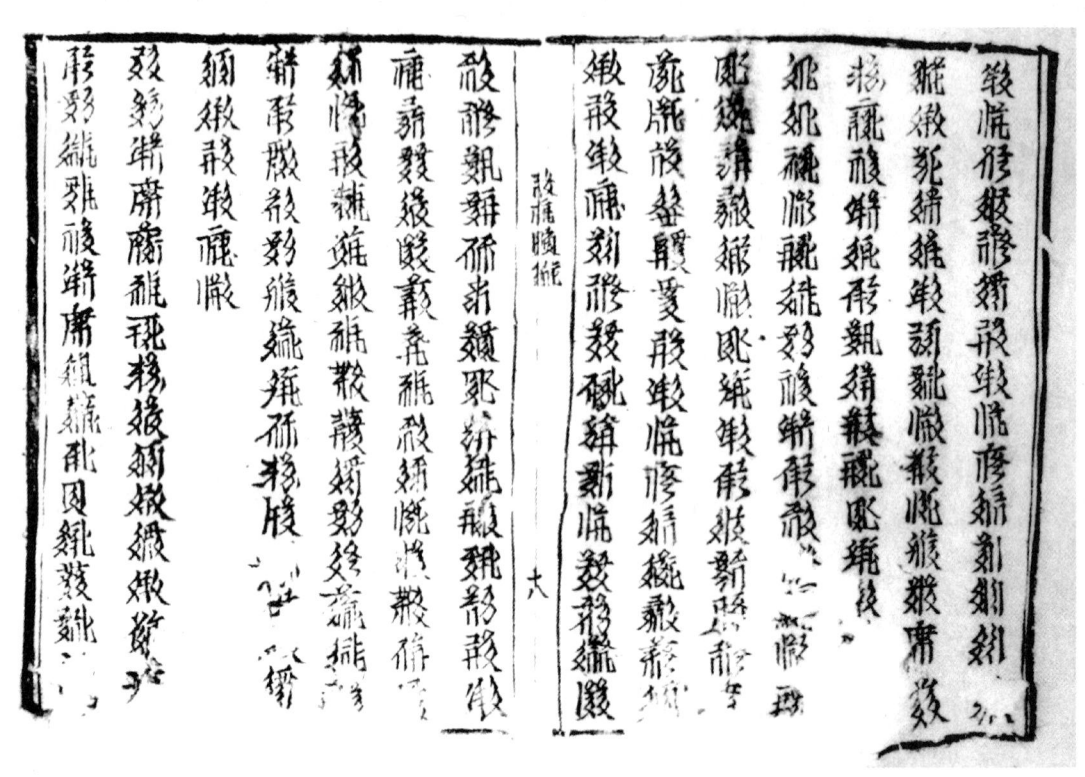

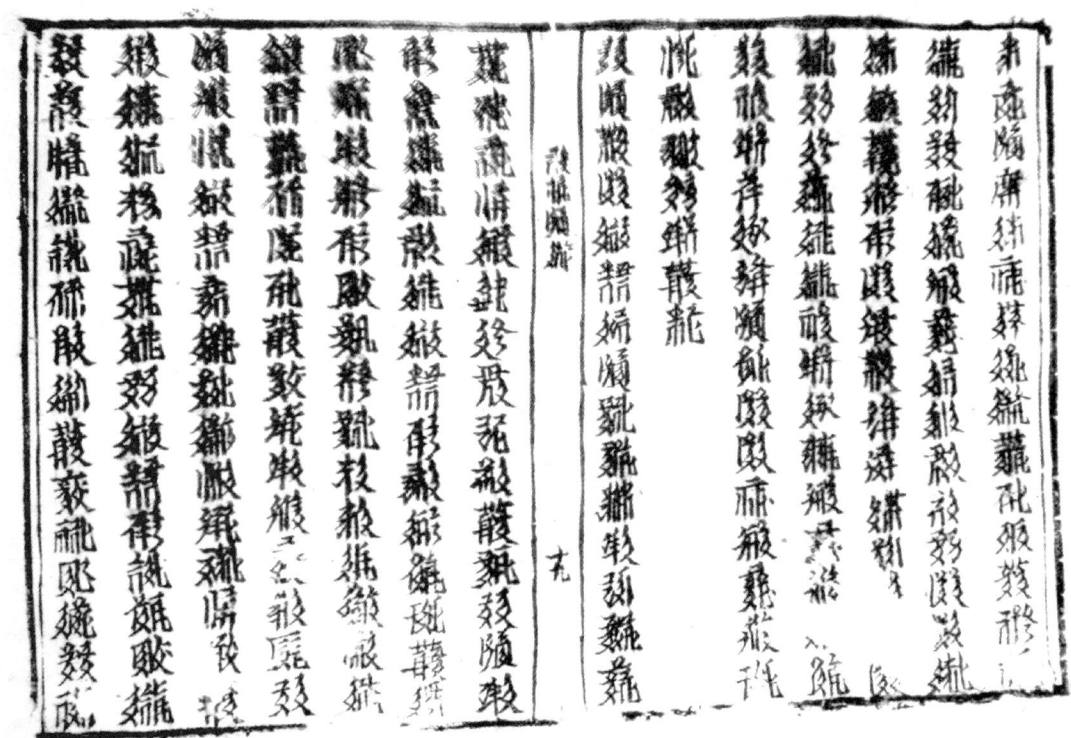

卷上第 18 叶至第 19 叶：

字译：

齐景公王台高上〈〉登四方望方因□/曰谓先我桓公王代车马八百乘所□/亦诸国王小皆降朕今车马千乘若□/先君不霸者管仲莫因是也谓臣□□/奉弦章对曰臣水广则鱼大□□□/明而臣忠先桓公在因管仲忠□因/此桓公当在则国家臣尽皆管仲乃如/不是乎景公乃羞

译文：

齐景公王登高台上以望四方，□曰："昔桓公王车马八百乘，亦诸小王国皆降。朕今车马千乘，若□先君，不霸者，因是无管仲也？"□臣弦章对曰："臣闻水广则鱼大，□□□明而臣忠。昔有桓公，故有管仲□。今桓公在此，则国家之臣乃尽皆管仲□不是如此乎？"景公乃羞。[1]

注释：

[1] 本章出自《说苑·尊贤》："齐景公伐宋，至于岐堤之上，登高以望，太息而叹曰：'昔我先君桓公，长毂八百乘以霸诸侯，今我长毂三千乘，而不敢久处于此者，岂其无管仲欤！'弦章对曰：'臣闻之，水广则鱼大，君明则臣忠；昔有桓公，故有管仲；今桓公在此，则车下之臣尽管仲也。'"

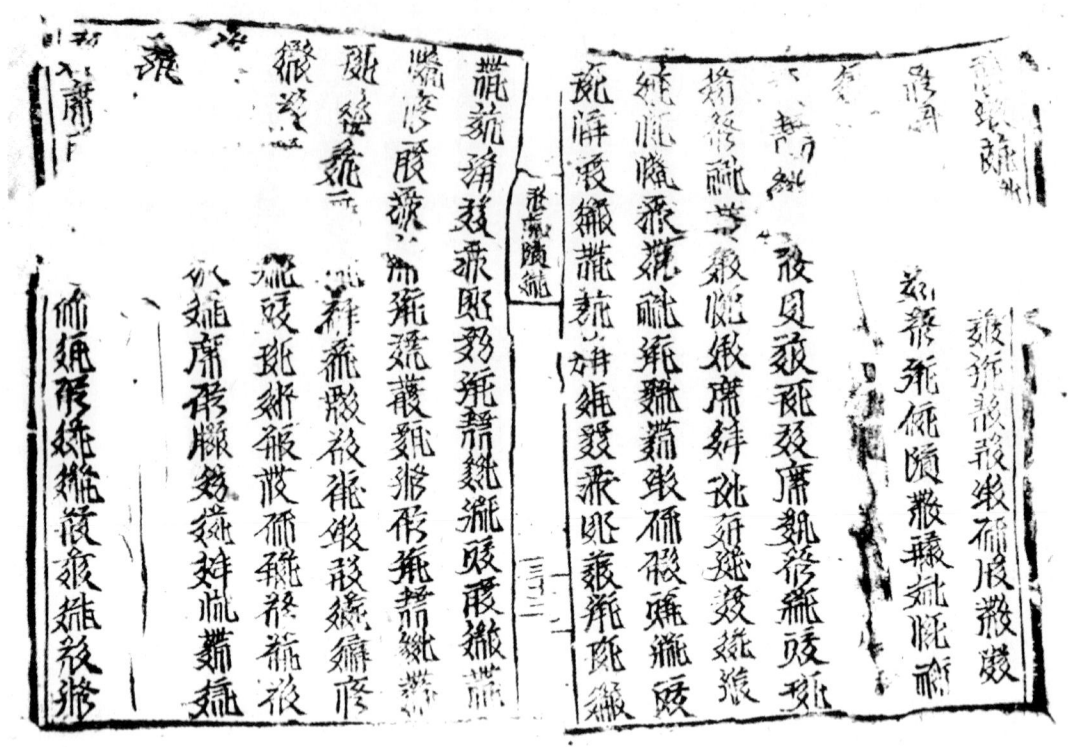

卷上第 32 叶：

字译：

齐子奇□十八好上齐王行为东阿城/王为令□方后方王心乃悔然不能已/念后趋还往令其所遣人之示告东阿/城中未至往〈〉则彼乃禁汝或其城至/往〈〉则齐还汝曰其子奇东阿未至往/趋者未禁□其事乃我对曰其子奇往/上坐相□□白真是也老人智者□者/学□□□东阿城□民庶之治为□也

译文：

齐子奇□十八，齐王使治东阿城□，既而王悔之。令使往追之，告所遣之人曰："未至东阿城中，则还之；若至其城，则汝还。"子奇未至东阿，使者未令其还□，对曰："与子奇共□□者白首也。夫以老者之智，□□□能治东阿城之民庶也。"[1]

注释：

[1] 本章出自《新序》："昔子奇年十八，齐君使之治阿，既行矣，悔之。使使追曰：'未至阿，及之，还之；已至，勿还也。'使者及之而不还。君问其故，对曰：'臣见使与共载者，白首也。夫以老者之智，以少者之决，必能治阿矣，是以不还。'"

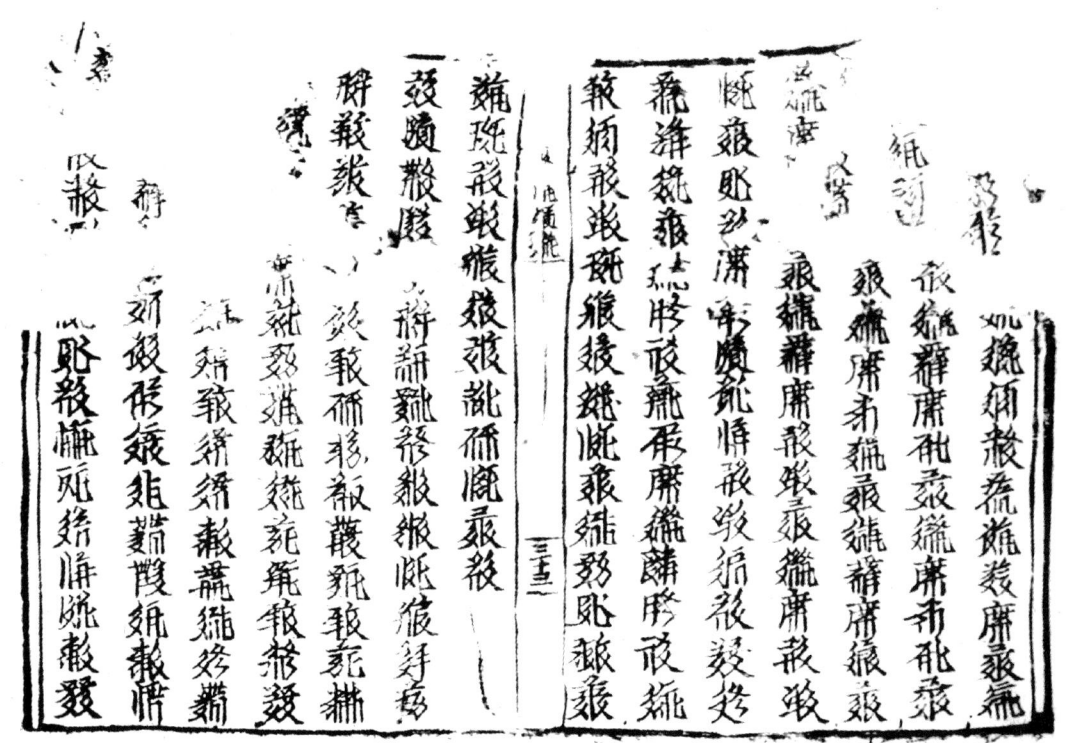

卷上第 32 叶至第 33 叶：

字译：

□王□□□之问曰朕今何好我也对/□□□曰□□者四种有此时王爱所/□问□□识今祖王马爱今王亦马爱/□□□□爱今王亦味爱先祖王色爱/□王□□爱先祖王智人爱今王智人/不爱汝也王曰国之中智人无也不然/有则朕爱□淳于髡曰王今尧舜禹汤/等四智人如已出然后爱我曰汝乎或/此如智人乃汝之不爱也

译文：

□王□□□问之曰："朕今何好也？"对□□□曰："□□者有四种，今王所好□问□□古者好马，今王亦好马；□□□□今王亦好味；古者好色□王□□好；古者好智人，今王不好智人也。"王曰："国中无智人也，不然，有则朕好□□。"淳于髡曰："今王必待尧舜禹汤等四智人已出，然后好之，若此则智人亦不好汝也。"[1]

注释：

[1] 本章出自《说苑·尊贤》："齐宣王坐，淳于髡侍，宣王曰：'先生论寡人何好？'淳于髡曰：'古者所好四，而王者所好三焉。'宣王曰：'古者所好，何与寡人所好？'淳于髡曰：'古者好马，王亦好马；古者好味，王亦好味；古者好色，王亦好色；古者好士，王独不好士。'宣王曰：'国无士耳，有则寡人亦说之矣。'淳于髡曰：'（古者骅骝骐骥，今无有，王选于众，王好马矣；古者有豹象之胎，今无有，王选于众，王好味矣；古者有毛嫱西施，今无有，王选于众，王好色矣。）王必将待尧舜汤之士而后好之，则禹汤之士亦不好王矣。'宣王愕然无以应。"

卷上第 34 叶至第 35 叶：

字译：

齐宣王□□□巡往间丘先生等十三/□道中□□之迎拜来王地租乃免其/□老□□□所为间丘先生〈〉人□□/□□彼之□□我间丘对曰天子与□/□者□□□□三种事有臣之寿长□/□□□□□□□与求王曰生死时算/□□□□□□□天行为朕主我中汝/□□□□□□库中谷物置者国之灾/□□□□□□□之有令岂能官大全/□□□□□□□之威上令处无间丘先/□□□□□□□计我者君智臣他□守/□□□□□求此如行则臣稀许寿/□□□□□□□射及□□减为/□□□□□□□官事〈〉行年少年大/□□□□□□□之当敬此如行则臣/□□□我此□王臣之地租免〈〉谓汝/□□□□□□为其者非汝王谓先□……

译文：

齐宣王□□□巡往，间丘先生等十三□道中□□来迎拜之。王乃免其地租，□老□□□间丘先生一人□□□□彼之□□间丘对曰："天子与□□者□□□□有三件事，臣之寿长□□□□□□□与求。"王曰：杀生有时□□□□□□□天，非朕主，汝□□□□□□库中置谷物者，国之灾□□□□□□□岂能令有之？大官□□□□□□无处令上威。间丘先生□□□□□□我望者，愿君选智臣，□□□□□□如此臣少可得寿□□□□□□□振之□少为□□□□□□□令年少年长□□□□□□□之当敬，如此行则臣□□□我此□王免臣之地租，谓汝□□□□□□为其者，非汝，王谓先生□[1]

注释：

[1] 本章出自《说苑·善说》："齐宣王出猎于社山，社山父老十三人相与劳王，王曰：'父老苦矣！'谓左右赐父老田不租，父老皆拜，间丘先生不拜。王曰：'父老以为少耶？'谓左右赐父老无徭役，父老皆拜，间丘先生又不拜。王曰：'拜者去，不拜者前。'曰：'寡人今观父老，幸而劳之，故赐父老田不租，父老皆拜，先生独不拜，寡人自以为少，故赐父老无徭役，父老皆拜，先生又独不拜，寡人得无有过乎？'间丘先生对曰：'惟闻大王来游，所以为劳大王，望得寿于大王，望得富于

大王，望得贵于大王。'王曰：'天杀生有时，非寡人所得与也，无以寿先生；仓禀虽实，以备灾害，无以富先生；大官无缺，小官卑贱，无以贵先生。'闾丘先生对曰：'此非人臣所敢望也。愿大王选良富家子，有修行者以为吏，平其法度，如此臣少可以得寿焉；春秋冬夏，振之以时，无烦扰百姓，如是臣可少得以富焉；愿大王出令，令少者敬长，长者敬老，如是臣可少得以贵焉；今大王幸赐臣田不租，然则仓禀将虚也。赐臣无徭役，然则官府无使焉，此固非人臣之所敢望也。'齐王曰：'善。愿请先生为相。'"

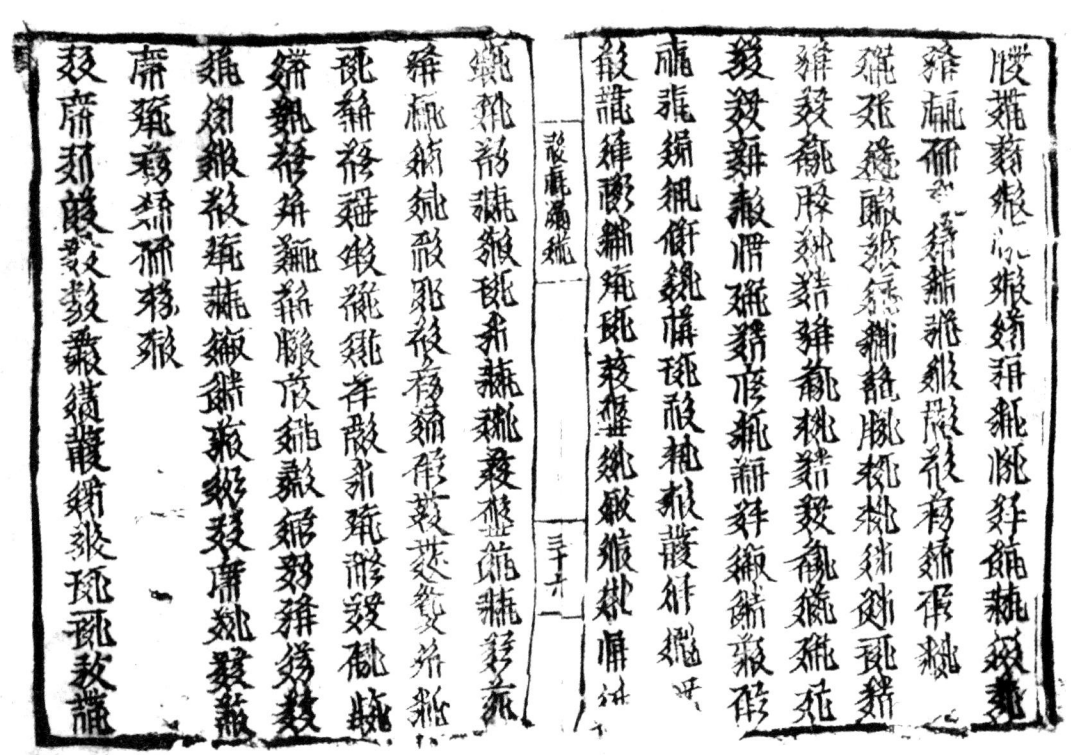

卷上第35叶至第36叶：

字译：

……定往夫须□须媒人上不有此因量〈〉/则汝之□艺少少因是也宋玉谓韩卢/狗狗者天下□中驰勇远远兔子上赦/则不得近处赦则得远赦不得者狗狗捕不会及非狗赦者上罪有孟尝君谓/昔前秦朝范杞梁城筑而而乃死妻□/求往啼哭中其城隅摧骨尸已出中□/哀殊过因外城亦因然所摧此因说〈〉/则汝福德稀汝也宋玉谓鹪鹩疆苇条/上巢为妇人易能当是而其许不如风/大行为苇破巢坏见我如何曰则功处/柔弱因也其因孟尝君复齐王处所至/王其宋玉之〈〉用

译文：

……则是因汝之□艺少也。宋玉[1]曰："韩卢者，天下□中之疾狗也，远见兔子而释，则不得，近处释则得。远释不得者，非狗之不会捕也，释者之罪。"孟尝君曰："昔前秦朝范杞梁筑城而死，妻□往求，向城啼哭，城隅为之摧，尸骨乃出□，因其甚哀，故外城亦为之崩。以此说之，则汝之福德微薄也。"宋玉曰："我见鹪鹩巢于苇苕，妇人亦不能为也。大风至，则苇破巢坏，何也？因其所托柔弱也。"于是孟尝君复至于齐王处，王乃用宋玉。[2]

注释：

[1] 宋玉，《说苑·善说》作"客"。考宋玉其事见于《新序·杂事》："宋玉因其友以见于楚襄王，

襄王待之无以异。宋玉让其友。其友曰：'夫姜桂因地而生，不因地而辛；妇人因媒而嫁，不因媒而亲。子之事王未耳，何怨于我？'宋玉曰：'昔者，齐有良兔曰东郭逡，盖一旦而走五百里，于是齐有良狗曰韩卢，亦一旦而走五百里，使之遥见而指属，则虽韩卢不及众兔之尘，若蹑迹而纵绁，则虽东郭逡亦不能离。今子之属臣也，蹑迹而纵绁与？遥见而指属与？《诗》曰："将安将乐，弃我如遗。"此之谓也。'其友人曰：'仆人有过，仆人有过。'"

[2] 本章出自《说苑·善说》："孟尝君寄客于齐王，三年而不见用，故客反谓孟尝君曰：'君之寄臣也，三年而不见用，不知臣之罪也？君之过也？'孟尝君曰：'寡人闻之，缕因针而入，不因针而急，嫁女因媒而成，不因媒而亲。夫子之材必薄矣，尚何怨乎寡人哉？'客曰：'不然，臣闻周氏之营，韩氏之卢，天下疾狗也。见兔而指属，则无失兔矣；望见而放狗也，则累世不能得兔矣！狗非不能，属之者罪也。'孟尝君曰：'不然，昔华舟杞梁战而死，其妻悲之，向城而哭，隅为之崩，城为之陁，君子诚能刑于内，则物应于外矣。夫土壤且可为忠，况有食谷之君乎？'客曰：'不然，臣见鹡鸰巢于苇苕，著之发毛，建之女工不能为也，可谓完坚矣。大风至，则苕折卵破子死者，何也？其所托者使然也。且夫狐者，人之所攻也；鼠者，人之所熏也。臣未尝见稷狐见攻，社鼠见熏也，何则？所托者然也。'于是孟尝君复属之齐，齐王使为相。"按：本章中为齐王所用者，当为孟尝君无疑。夏译作"宋玉"，应是西夏译者将上述分别出自《说苑》、《新序》两事杂糅而致误。

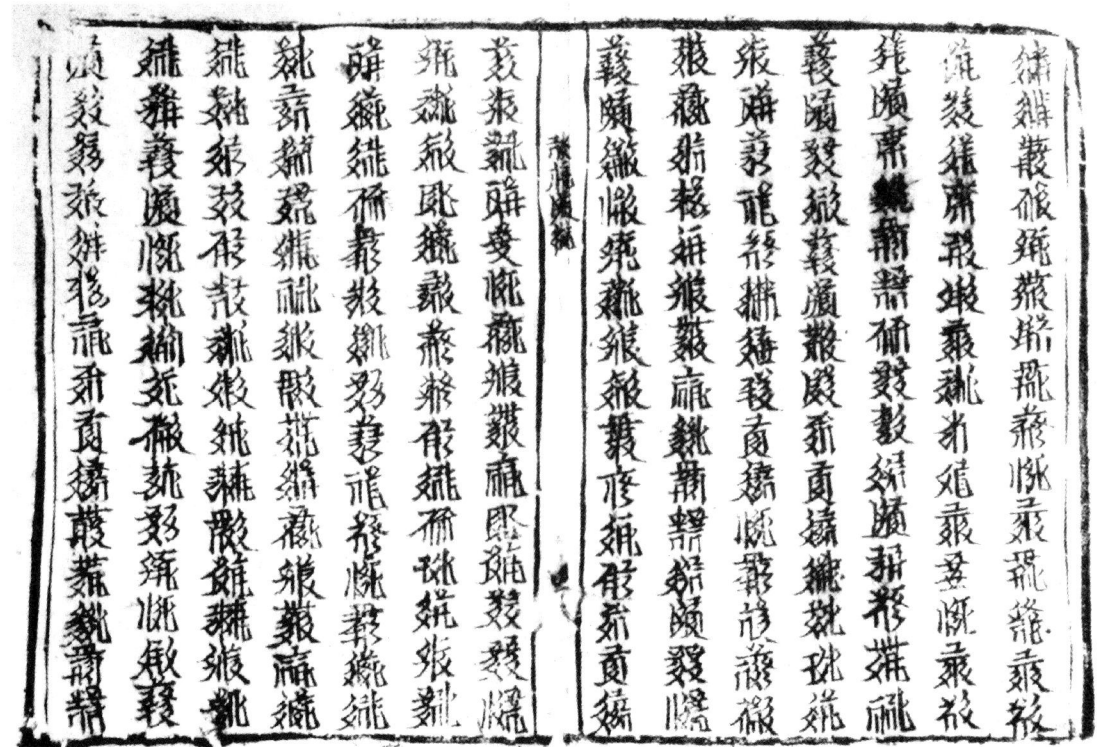

卷上第 42 叶至第 43 叶：

字译：

鲁国子张鲁哀公王〈〉遇其哀公王子/张之不敬封子张诸臣子处嘱咐曰我/鲁国王智人爱也曰然闻我则千里而/边远远乃来王我之不敬封今鲁国王/智人爱然者楚国叶公龙爱与一样其/叶公家处屋室室廊沿龙形有所画彼/时天龙彼之家处乃来叶公见后乃畏/精神乃失其叶公龙真不爱龙像爱也/此时鲁王智人爱然亦虚爱实不爱也

译文：

鲁国子张遇鲁哀公王，哀公王不敬重子张。子张嘱诸臣子曰："我闻鲁国王爱智人也，我则不远千里而来，王不敬重我。今鲁国王爱智人者与楚国叶公爱龙一样，其叶公家处沿屋室回廊写有龙形。彼时天龙乃来其家中，叶公见后乃畏，失其魂魄。彼叶公不爱真龙，爱似龙也。今时鲁王之爱智人，亦爱虚不爱实也。"[1]

注释：

[1] 本章出自《新序·杂事》："子张见鲁哀公，七日而哀公不礼。仆夫而去曰：'臣闻君好士，故不远千里之外，犯霜露，冒尘垢，百舍重趼，不敢休息以见君，七日而君不礼。君之好士也，有似叶公子高之好龙也。叶公子高好龙，钩以写龙，凿以写龙，屋室雕文以写龙。于是夫龙闻而下之，窥头于牖，拖尾于堂。叶公见之，弃而还走，失其魂魄，五色无主。是叶公非好龙也，好夫似龙而非龙者也。今臣闻君好士，不远千里之外以见君，七日不礼。君非好士也，好夫似士而非士者也。《诗》曰：中心藏之，何日忘之。敢托而去。'"

卷上第 44 叶至第 45 叶：

字译：

鲁国宓子贱单父城主为时齐国军马/单父地方中乃攻为城中诸老人宓子/贱之谓齐国军马乃未至来城中住住/皆皆〈 〉出城外谷物当割往寇敌乃勿/取谓宓子贱不悔上其谷物齐国军马/手中乃

入鲁国大臣季孙闻后〈 〉瞋其/宓子贱之责詈往令宓子贱对曰今年/谷物乃无用虽然亦来年重种〈 〉用或/不牧种人皆谷物得则来年谷物乃成/时亦不牧种人重寇敌当来谓此时其/因为〈 〉则后方不安也其乃遣人宓子/贱谓因季孙处乃说季孙乃羞我其宓/子贱与如何遇我乐谓

译文：

鲁国宓子贱为单父城主时，齐国军马过单父地方。城中诸老人谓宓子贱曰："齐国军马未至，当令民出城，皆往城外割其谷物，则寇敌不得取。"宓子贱不听。彼谷物乃入齐国军马手中。鲁国大臣季孙闻后乃怒，令人往责宓子贱，宓子贱对曰："今年虽无谷物，然来年可复种之，若使不耕种者皆得谷物，则来年谷物成时，不耕种者亦复乐寇敌之来。依此为之，则以后不息也。"彼所遣者乃以宓子贱之言告季孙，季孙羞愧而谓曰："我如何与宓子贱相见哉？"[1]

注释：

[1] 本章出自《孔子家语·屈节解》："孔子弟子有宓子贱者，仕于鲁，为单父宰。……齐人攻鲁，道由单父，单父之老请曰：'麦已熟矣，今齐寇至，不及人人自收其麦。请放民出，皆获傅郭之麦，可以益粮，且不资于寇。'三请而宓子贱不听。俄而齐寇逮于麦。季孙闻之怒，使人以让宓子贱曰：'民寒耕热芸，曾不得食，岂不哀哉？不知犹可，以告者而子不听，非所以为民。'宓子蹙然曰：'今兹无麦，明年可树。若使不耕者获，是使民乐有寇。且得单父一岁之麦，于鲁不加强，丧之不加弱。若使民有自取之心，其创必数世不息。'季孙闻之，赧然而愧曰：'地若可入，吾岂忍见宓子哉？'"

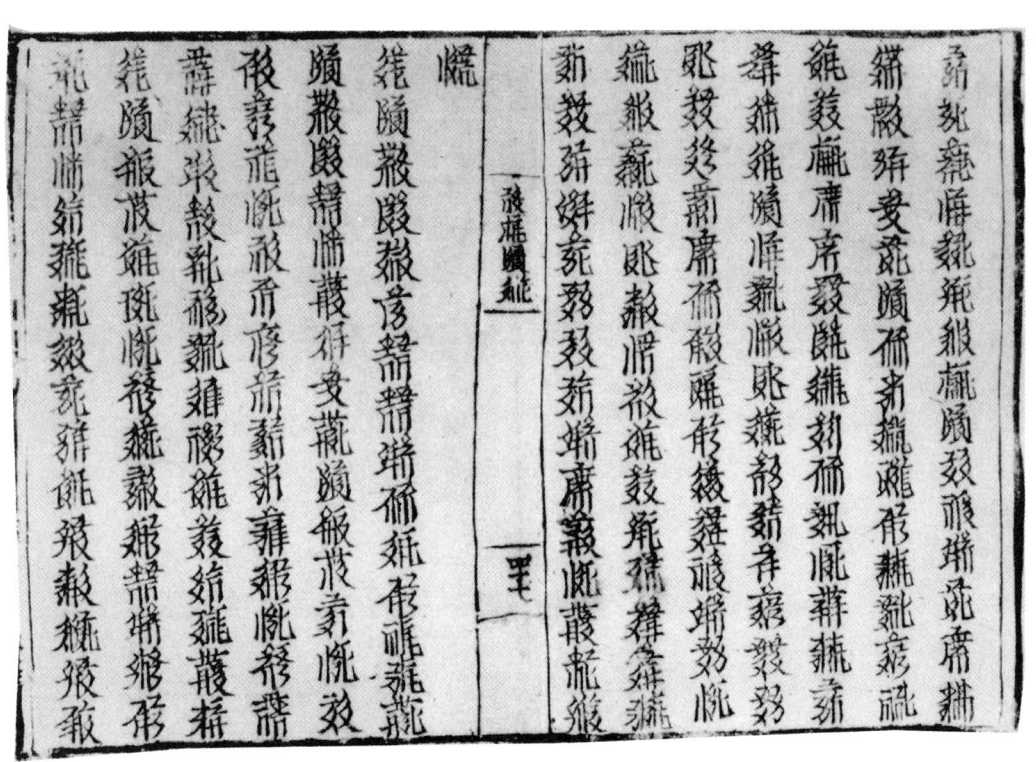

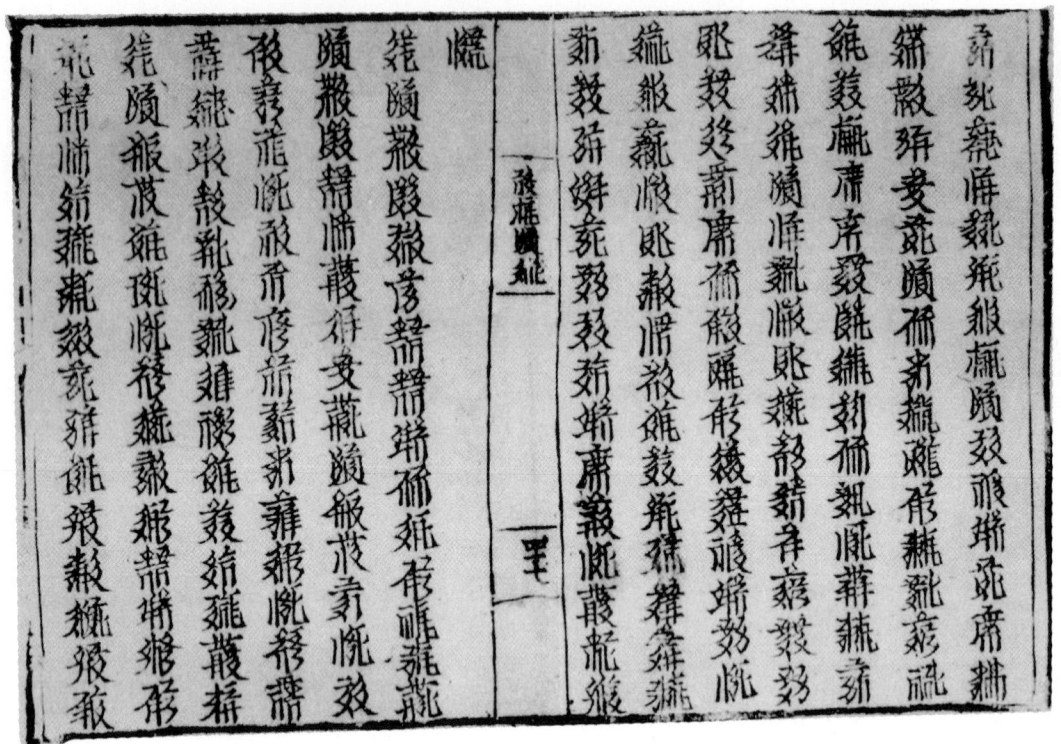

卷上第 47 叶至第 48 叶：

字译：

鲁国大臣季康子子贡之问曰往昔郑/国大臣子产乃死时郑国民庶身不严/饰乐音不奏牧者童孩亦唱歌不为市/井沿人三天正乃啼哭此时孔子乃死/鲁国民庶此如不为者如何子贡对曰/其子产孔子上〈 〉则渠水及雨水等量/如渠水至处皆生故人者生爱天雨来/时不生者无天之恩功岂闻其孔子之/恩功皆上及至然闻者无则此因不哭/也

译文：

鲁国大臣季康子问子贡曰：[1]"往昔郑国大臣子产卒时，郑国民庶身不严饰，不奏乐音，牧者孩童亦不为歌，人沿市井啼哭整三月。此时孔子乃死，鲁国民庶不为如此者，何也？"子贡对曰："其子产之与孔子，则犹浸水之与雨水，浸水所至皆生，故人之爱生。天雨来时，无不生者，岂闻天之恩功？其孔子之恩功遍至，然闻者无，则因此不哭也。"[2]

注释：

[1] 子贡，《说苑》记其事作"子游"。不详夏译所本。

[2] 本章出自《说苑·贵德》："季康子谓子游曰：'仁者爱人乎？'子游曰：'然。''人亦爱之乎？'子游曰：'然。'康子曰：'郑子产死，郑人丈夫舍玦珮，妇人舍珠珥，夫妇巷哭，三月不闻竽琴之声。仲尼之死，吾不闻鲁国之爱夫子，奚也？'子游曰：'譬子产之与夫子，其犹浸水之与天雨乎？浸水所及则生，不及则死。斯民之生也必以时雨，既以生，莫爱其赐，故曰譬子产之与夫子也，犹浸水之与天雨乎？'"

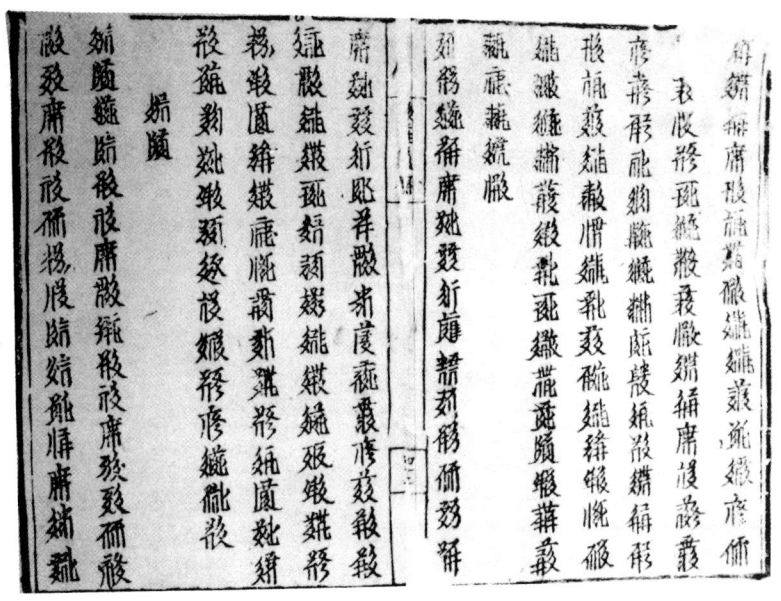

卷中第 42 叶：

字译：

田需者魏王处乃益惠子田需之谓魏/王处乃益汝当是亦南北侍者与求求/所是我柳上喻一说我柳者千人栽为/一人拔则柳皆不成故栽为难拔处易/也此君处人一在网凿为者者众也

译文：

田需者，贵于魏王处。惠子谓田需曰："汝贵于魏王处，亦当善左右。我以柳说一喻：柳者，千人栽而一人拔，则柳皆不成，故栽之难而拔之易也。今一人处于君而掘者众也。"[1]

注释：

[1] 本章出自《战国策》："田需贵于魏王。惠子曰：'子必善左右。今夫杨横，树之则生，折而树之又生，然使十人树杨，一人拔之，则无生杨矣。故以十人之众，树易生之物，然而不胜一人者，何也？树之难而去之易也。今子虽自树于王，而欲去子者众，则子必危矣。'"

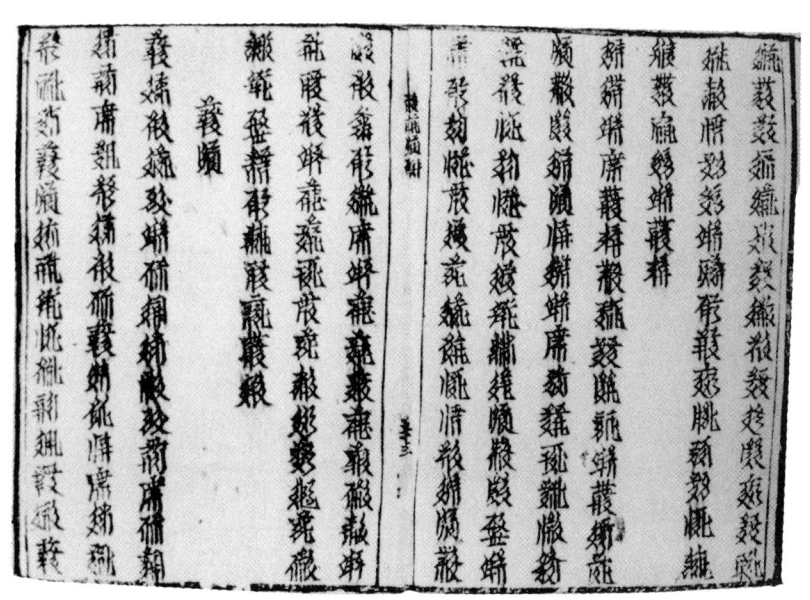

卷中第 53 叶：

字译：

晋文公王乃卒太子乃继朝公乃为诸/国大臣晋国中文公王死弃上乃来死/弃毕后君新见欲其中鲁国大臣穆公/子曰君新见欲〈〉者此礼非也晋国大/臣叔向曰今王孝服穿嘉服改将及孝/日未毕孝服穿上见处及频泣泣处将/乎其穆子曰因未遇乃出

译文：

晋文公王乃卒，[1] 太子乃继朝为公。诸国大臣乃来晋国中安葬文公王。安葬完毕，欲见新君。其中鲁国大臣穆公王曰：[2]"欲见新君者，非礼也。"晋国大臣叔向曰："今王穿丧服，将改嘉服，则丧日未毕；穿丧服见，重受泣也。将若何？"其穆子曰："因未遇乃出。"[3]

注释：

[1] 晋文公王，《左传》作"晋平公"。按叔向为平公时人，此处夏译有误。在夏译《十二国》中，同样的误译另有三处，参看聂鸿音《西夏文〈十二国〉考补》。

[2] 穆公王，《左传》作"叔孙昭子"。按叔孙昭子、叔孙穆子皆为鲁国大臣，与叔向同为晋平公时人，此处夏译作"穆公王"，不详所本。下"穆子"同。

[3] 本章出自《左传·昭公十年》："既葬。诸侯之大夫欲见新君。叔孙昭子曰：'非礼也。'弗听。叔向辞之曰：'大夫之事毕矣，而又命孤，孤斩焉在衰绖之中，其以嘉服见，则丧礼未毕，其以丧服见，是重受吊也。大夫将若之何？'皆无辞以见。"

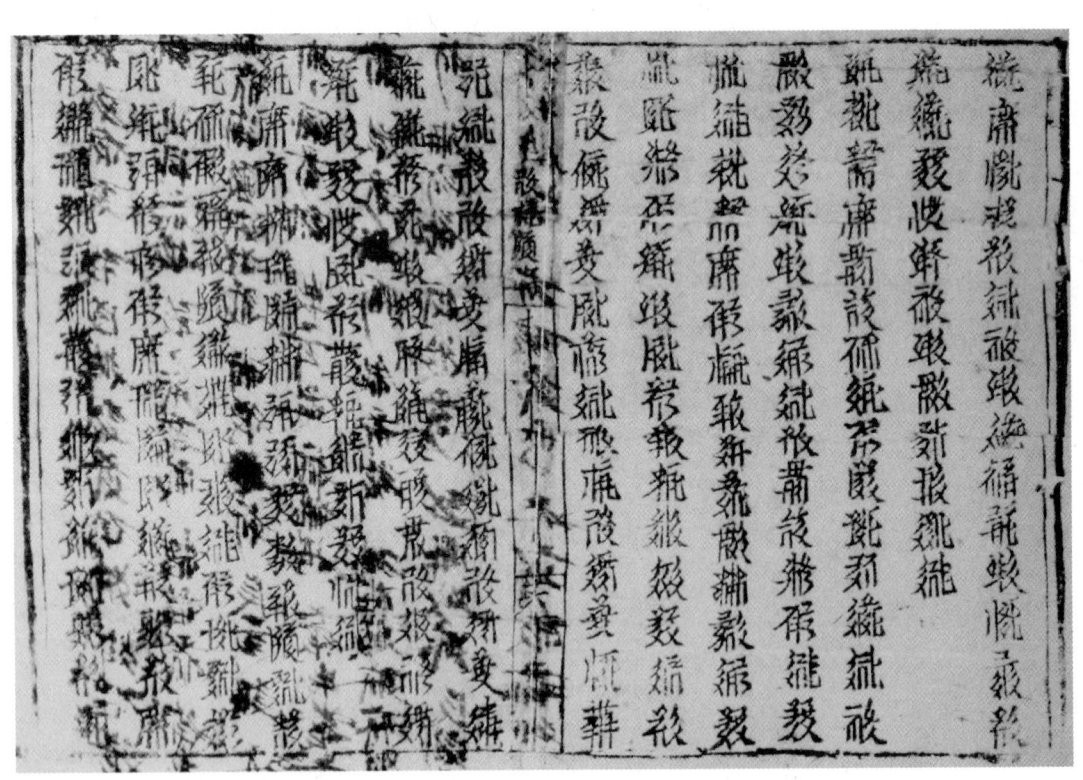

卷中第 16 叶：

字译：

赵简子王成傅之问曰臣杨田者德忠/是谓然人如何德忠成傅对曰我不其/知我简子王曰．汝等同属是中如何不/知汝对曰其人性情换变因量处无也/年十五为时性净德忠二十为时礼执/慈怀三十为时勇刚明昌四十为时轻/父育为见人近亲此时未见十年多为/其人必定性情乃变监故未知我

译文：

赵简子王问成傅曰："臣杨田者谓之德忠，[1]然其人如何德忠？"成傅对曰："我不知也。"简子王曰："汝等为友，如何不知？"对曰："其人性常变换，故无处量也。年十五时，性廉德忠；二十时，执礼怀慈；三十时，刚勇果决；四十时，绥怀乡里，见人亲近。此时十年未见，其为人必定性情变换，故吾不知也。"[2]

注释：

［1］杨田，当据《孔子家语》作"杨寔"。

［2］本章出自《孔子家语》："简子闻杨寔之贤。问于成傅。傅曰：'不知也。'简子曰：'子与之友，何不知也？'傅曰：'寔年十五，廉而不匮；年二十，善义且仁；三十，勇毅果决；四十，绥怀乡里，远人亲附不见。于今十年，为人数变，是以不知也。'"

三　六韬（Liu Tao）

宋璐璐释读。选编自中国社会科学院研究生院 2004 届毕业生硕士学位论文。

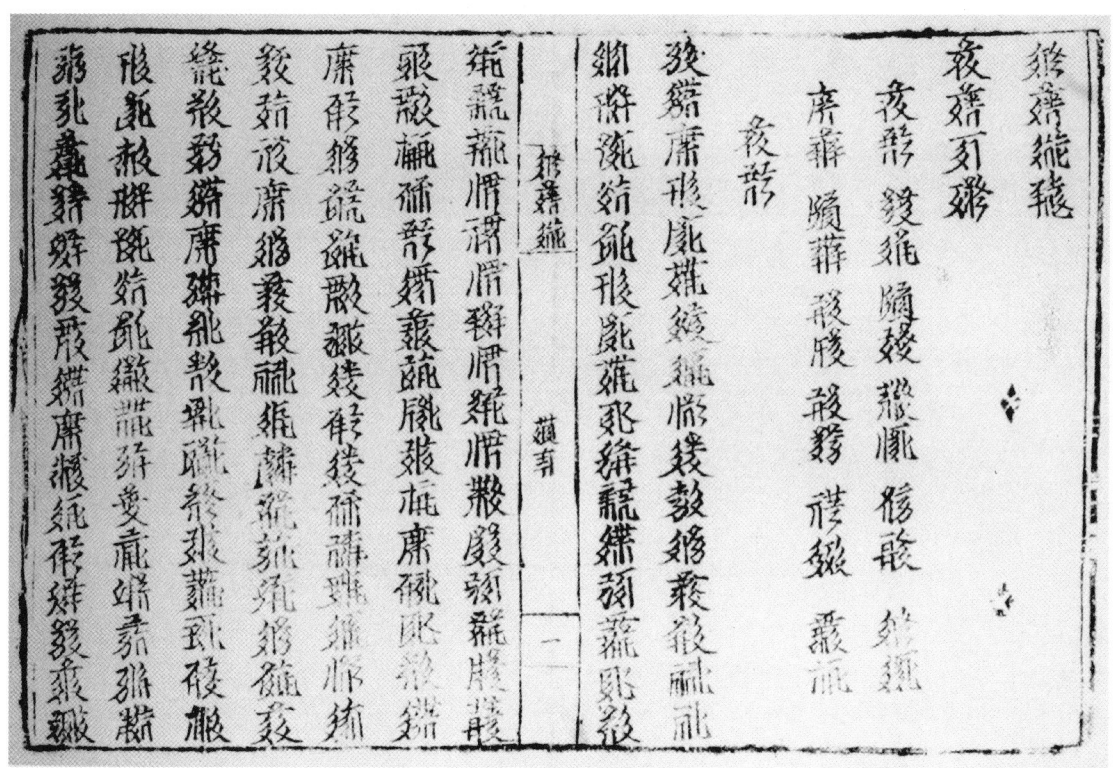

第 1 叶：

字译：

六韬上卷/文韬第一/文师　盈虚　国务　大礼　明传　六守/职守　国守　贤尊　贤举　赏罚　兵道/周文王兽射往欲祝算编先卜所求令今/曰渭阳地方兽往汝则物大一得汝也/其物龙非螭非虎熊大臣一得乃/予是汝之师为或佑助时二王如汝也文/王曰卜相此是曰编之太祖祝算名/畴夏禹王卜所求令皋陶得

用其卜此与/像也谓文王立便三日食为时本上马/兽射而渭阳地方至往尔时太公自草舍/边边钓遣鱼捕见文王敬问曰鱼捕爱乎

译文：

六韬上卷

文韬第一

文师　盈虚　国务　大礼　明传　六守

职守　国守　贤尊　贤举　赏罚　兵道

周文王欲往射兽，令祝算编先卜所求。"今日往渭阳地方射兽，汝则得一大物也。"[1]其物非龙非螭非虎非熊，得一大臣。乃太内遗汝为汝师，或为佑助，时如二王也。"[2]文王曰："卜相是此乎？"编曰："编之祖祝算畴，夏禹王令卜所求，得皋陶，其卜与此像也。"文王立便斋三日，以车马往至渭阳地方射兽。彼时见太公自草舍边放钓捕鱼。[3]文王敬问曰："爱捕鱼乎？"[4]

注释：

[1] 以上译自"文师"：文王将田，史编布卜曰："田于渭阳，将大得焉。"

[2] "二"疑为"三"之误，汉文本作"施及三王"。

[3] 此句汉文本作"作茅渔"，指坐在长满茅草的河岸边钓鱼，并非在"草舍边"，西夏人理解有误。

[4] 以上译自"文师"："非龙、非螭、非虎、非熊，将得公侯，天遗汝师，以之佐昌，施及三王。"文王曰："北致是乎？"史编曰："编之太祖史畴为舜占，得皋陶，北此于此。"文王乃斋三日，乘田车，驾田马田于渭阳，卒见太公，坐茅以渔。文王劳而问之曰："子乐渔耶？"

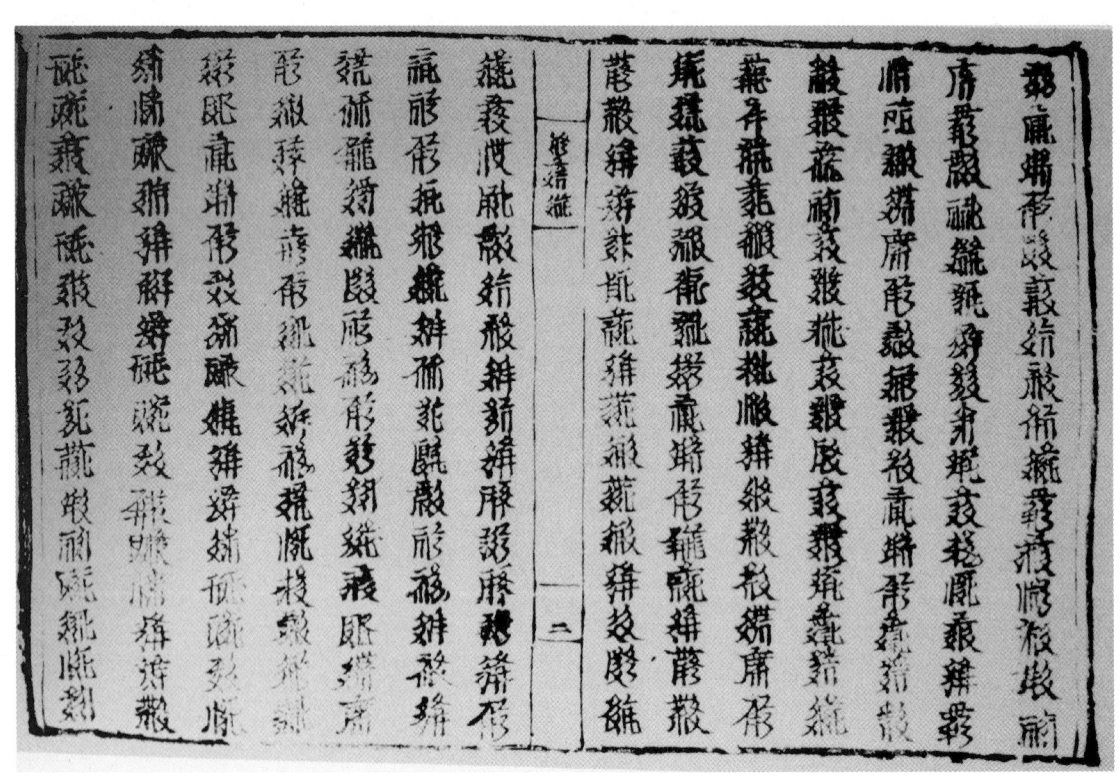

第 2 叶：

字译：

谓太公曰臣闻君子忘者乐得算而人禄/职乐是令今吾鱼捕亦其与一样爱则乐/非食乎文王曰如何似也太公曰钓遣三/种权得禄与权死与权官与权其钓遣者/物当得求想处深远观则广大也文王曰/其事闻欲尊老乃说太公曰源深则水大/水大则鱼生根深则木大木大则果著此/者必定性是君子心同则亲和亲和则言/生语曰问对者心之饰饰是语正心忠则/事之源为今臣语正曰言君概恶汝文王/曰惟仁者谏曰受讷心正事不厌如何荃/然汝太公曰缗微饵明则鱼少食食缗不/微隆饵好则中鱼食食缗隆饵隆则鱼大/食食或饵食时羞乐处取人福食受后君

译文：

太公曰："臣闻君子乐得其志，而小人乐其禄位。今吾捕鱼与彼一样。爱则乐，非食乎。"文王曰："如何似也？"太公曰："放钓有三种，权禄以权，死以权，官以权，其钓当求得物，所想深远，观则广大也。"文王曰："愿闻其事！[1]先生说之。"太公曰："泉深则水大，水大则鱼生，根深则木大，木大则果著，[2]此者常性也。君子心同则亲合，亲合则言生，[3]言语应对者，心之饰也，言正心忠则为事之源。今臣论正言，概君恶乎？"文王曰："惟仁者受谏言，心不厌正事，如何其然？"太公曰："缗微饵明则小鱼食之，缗不微饵好则中鱼食之，缗隆饵丰则大鱼食之，或食饵时，取其所乐，人受食禄后心服其君。"[4]

注释：

[1] 汉文本无此句，本亦作"愿闻其情"。

[2] 以上译自"文师"：太公曰："臣闻君子乐得其志，小人乐得其事，今吾渔甚有似也，殆非乐之也。"文王曰："何谓其有似也？"太公曰："钓有三权，禄等以权；死等以权；官等以权。夫钓以求得也，其情深，可以观大矣。"文王曰："愿闻其情！"太公曰："源深而水流，水流而鱼生之，情也；根深而木长，木长而实生之。"

[3] 此句汉文本作"亲合而事生之"。

[4] 以上译自"文师"篇：情也。君子情同而亲合，亲合而事生之，情也。言语应对者，情之饰也；言至情者，事之极也。今臣言至情不讳，君其恶之乎？文王曰："惟仁人能受正谏，不恶至情。何为其然？"太公曰："缗微饵明，小鱼食之；缗调饵香，中鱼食之；缗隆饵丰，大鱼食之。夫鱼食其饵，乃牵于缗；人食其禄，乃服于君。

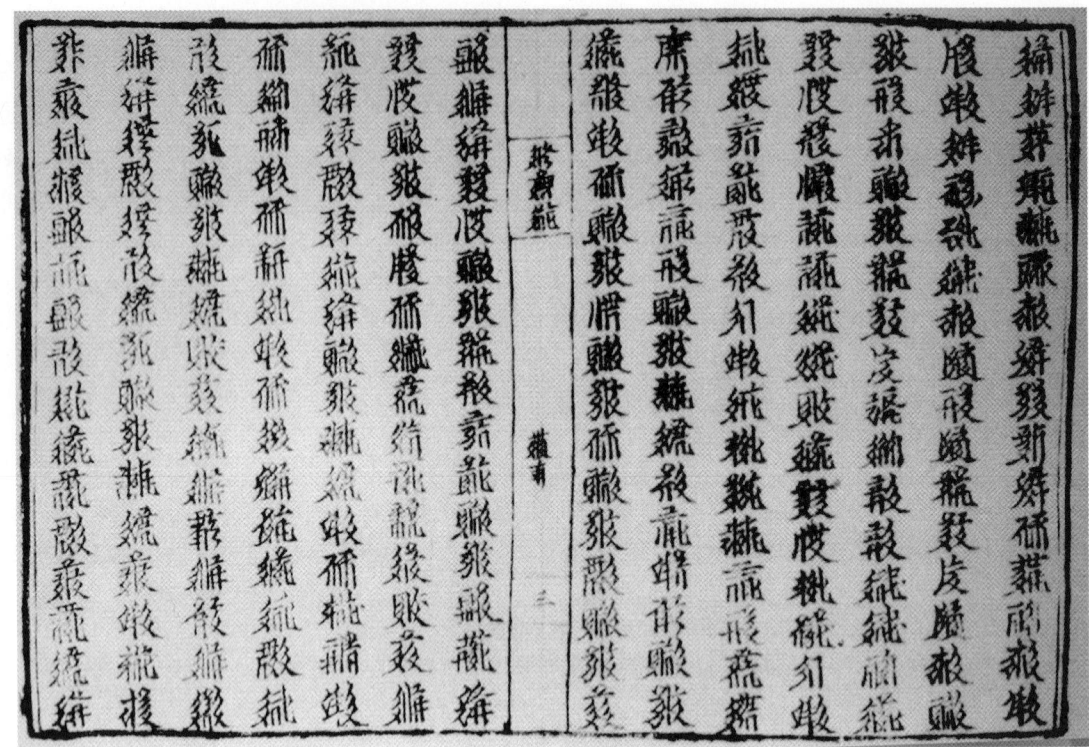

第 3 叶：

字译：

祥心降其因饵而鱼捕故鱼之杀禄而人/尊人心正　而国取国得不在国而天/下取亦天下得不在呼祸寿寿孙孙兴者/乃定毕弛嘿嘿昧昧他者乃定远光圣人/德诱自独见也圣人虑远归因生取有文/王曰如何生取天下因归也太公曰天下/者一人之天下非天下之天下是天下与/利共则乃定天下得也自独天下利取则/乃定天下失天之时有地上物出他与共/行则仁是仁上则天下因归人之死免人/之祸减人之罪救人之急济此者德是德/岂有处天下因归他与忧共乐共好共恶/共则义是义岂有处天下因归或人死厌/生爱德敬利行利利生者道是若道有则

译文：

故以饵捕鱼故鱼杀，以禄尊人，人心正。[1]以家取国，国不能拔，[2]以国取天下，天下亦不得在。[3]呜呼！世世代代，兴者必定毕散，嘿嘿昧昧，其光必定远照。圣人德诱自独见也。圣人之虑，依次立敛。"[4]文王曰："如何立敛而天下归之也？"太公曰："天下者非一人之天下，是天下之天下，与天下共利，[5]则定得天下也；独自取天下利，则定失天下。天之有时，地上出物，能与人共则是仁，人在则天下依归。免人之死，将减人之祸，救人之罪。"[6]济人之急，此者是德，有德处天下依归。与人共忧共乐共好共恶则是义，有义处，天下依归。或人厌死爱生，敬德行利，生利者是道，若有道则[7]

注释：

[1] 此处汉文本作"以禄取人，人可竭"。

[2] 此处汉文本作"国可拔"，盖西夏人误译。

[3] 此句当汉文本"天下可毕"。

[4] 此处汉文本作"圣人之德"，又依据下文"圣人之虑"，西夏文译本脱楼"之"字。且"圣人之德"，"圣人之虑"前七本分别有"微哉""乐哉"。

[5] 以上译自"文师":"故以饵取鱼,鱼可杀;以禄取人,人可竭;以家取国,国可拔;以国取天下,天下可毕。呜呼,曼曼绵绵,其聚必散;嘿嘿昧昧,其光必远。微哉!圣人之德,诱乎独见。乐哉!圣人之虑,各归其次,而树敛焉。"文王曰:"树敛若何而天下归之?"太公曰:"天下非一人之天下,乃天下之天下也。同天下之利者……"

[6] 此处汉文本本作"解人之难,救人之患"。

[7] 以上译自"文师"篇:则得天下;擅天下之利者,则失天下。天有时,地有财,能与人共之者,仁也,仁之所在,天下归之。免人之死,解人之难,救人之患,济人之急者,德也,德之所在,天下归之。与人同忧同乐同好同恶者,义也,义之所在,天下赴之。凡人恶死而乐生,好德而归利,能生利者,道也,道之所在,

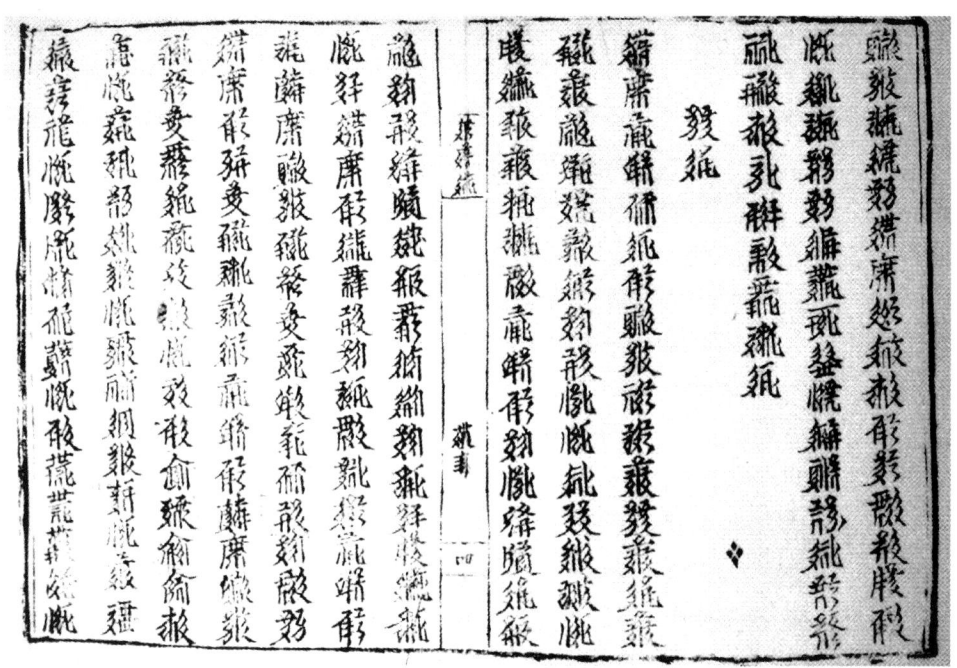

第4叶:

字译:

天下因归曰文王重拜而谓曰是也天诏/不受何敢曰共本上坐归内宫入德师为/令勤而边中静安法问/盈虚/文王太公之问曰天下和和或盈或虚或/治或乱其事如何君贤暗不德不等乎后/天时等换变因是太公曰君暗则国虚民/乱君贤则国安民乐福祸君在有天时在/不有文王曰先君贤君何是乃说太公曰/昔尧王天下治为时诸人彼之贤君是谓/文王曰彼时治法如何太公曰尧王天下/治为时金银玉珠而不美饰锦绣绫绮而/衣不穿殊过珍珍不视兴妙宝宝不爱妇/色乐音不著宫垣屋廊不饰甍桷椽楹不

译文:

天下依归。文王再拜而谓曰:"是也,何敢不受天诏!"乘车而归,入内宫,令为德师,习问边中安宁之法。[1]君贤则国安民乐,福祸在于君,不在于天时。文王曰:"请言之贤,君为何?"太公曰:"昔尧王治天下时,诸人谓彼贤君。文王曰:"彼时治法如何?"太公曰:"尧王治天下时,金银珠玉而不美饰,锦绣绫绮而不衣,奇异珍宝不视,兴妙之器不宝,妇色乐音不著,宫垣屋廊不饰,甍、桷、椽、楹不取。"[2]

盈虚

文王问太公曰:"天下熙熙,或盈或虚,或治或乱,其事如何?君贤暗不德相等乎,[3]又因天时变换也?"太公曰:"君暗则国虚民乱。[4]

注释:

[1] 此句汉文本无,疑为西夏人所增。以上译自"文师":"道之所在,天下归之。"文王再拜曰:"允哉,敢不受天之诏命乎!"乃载与俱归,立为师。

[2] 此句当汉文本"其君贤不肖不等乎"。

[3] 国虚,汉文本作"国危"。以上译自"盈虚":文王问太公曰:"天下熙熙,一盈一虚,一治一乱,所以然者,何也?其君贤不肖不等乎,其天时变化自然乎?"太公曰:"君不肖,则国危而民乱;

[4] 以上译自"盈虚":君贤圣,则国安而民治,祸福在君不在天时。"文王曰:"古之贤君可得闻乎?"太公曰:"昔者帝尧之王天下也,上世所谓贤君也。"文王曰:"其治如何?"太公曰:"帝尧王天下之时,金银珠玉不饰,锦绣文绮不衣,奇怪珍异不视,玩好之器不宝,淫佚之乐不听,宫垣屋室不垩,甍桷椽楹不斫,

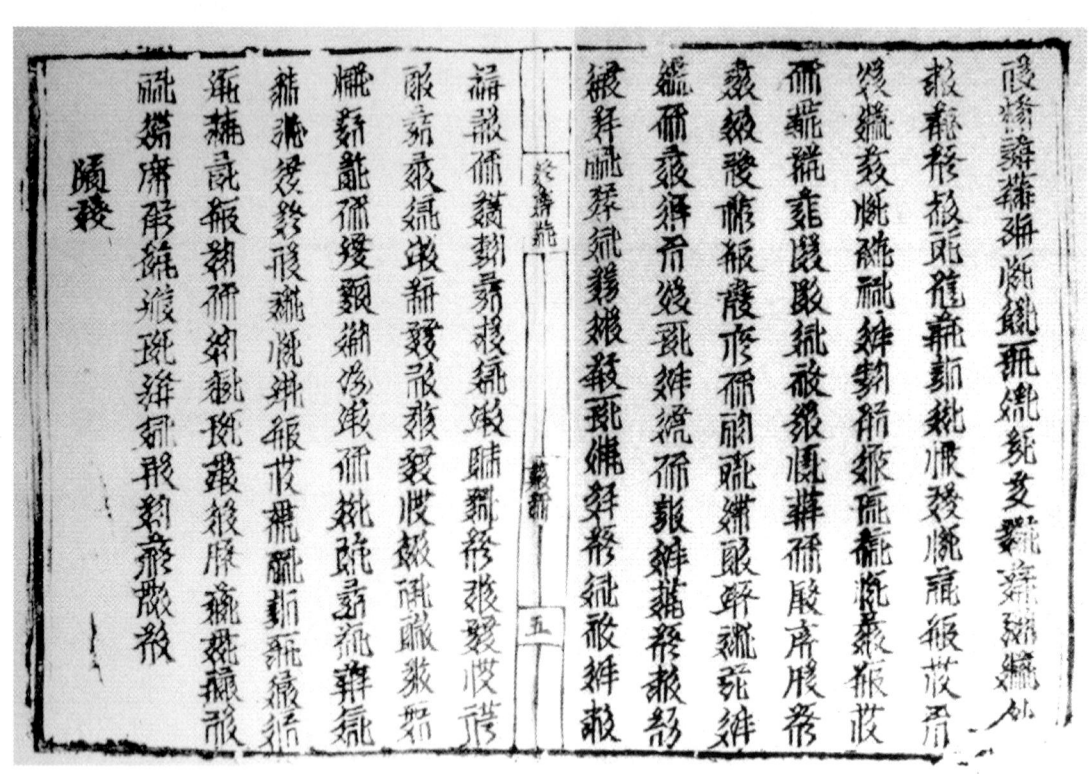

第5叶:

字译:

取殿前草茅不剪寒水鹿皮裘穿热时□/而衣为杂食碎菜饥珍散务不生民庶牧/种时与不失令心压志禁工作不爱民庶/之安得求臣人德忠律法守之爵职上为/惜计清净民爱者之福食大予孝顺慈心/有之爱敬牧种上心归之腹心落为而过/力有令仁德选择何上显有为德忠心以/矫邪之监督自厌所人功乃为时乃定赏/予自爱所人罪乃犯时乃定罚判天下孤/独寡独之育养祸亡人之救佑自行爱所/甚少赋敛取法不重民庶富令饥寒色无/其因诸民君之日月如戴君近者母如过/令文王曰此已如则德贤君实是也 国务

译文：

殿前茅草不剪，严寒衣鹿皮，暑热为布衣，杂食粗菜充饥，不生散物，不失民庶特种之时，令压心辈志，不爱工作。求民庶之得安，[1]官吏德忠守律法者，尊其爵。俭约清净爱民者，多予之食禄。有孝顺慈心者，爱敬之。心归牧种者，慰其心而勉励。选择仁德者旌表之，以德忠心，监督矫邪。自所厌者，有功时必定予赏，自所爱者，犯罪时必定判罚。育养天下鳏寡孤独，救佑祸亡之人。自所受甚少，取赋敛之法不重，故令民庶富而无饥寒色，于是诸民戴君如日月，亲君过于母。"文王曰："如此则实是有德贤君也。"[2]

注释：

[1] 汉文本无此句。

[2] 以上译自"盈虚"：茅茨偏庭不剪，鹿裘御寒，布衣掩形，粝梁之饭，藜藿之羹，不以役作之故，害民耕绩之时，削心约志，从事乎无为。吏忠正奉法者，尊其位。廉洁爱人者，厚其禄。民有孝慈者爱敬之。尽力农桑者，慰勉之。旌别淑慝，表其门闾，平心正节，以法度禁邪伪。所憎者，有功必赏，所爱者，有罪必罚。存善天下鳏寡孤独。赈赡祸亡之家。其自奉也甚薄，其赋役也甚寡，故乃民富乐而无饥寒之色。百姓戴其君如日月，亲其君如父母。"文王曰："大哉！贤君之德也！

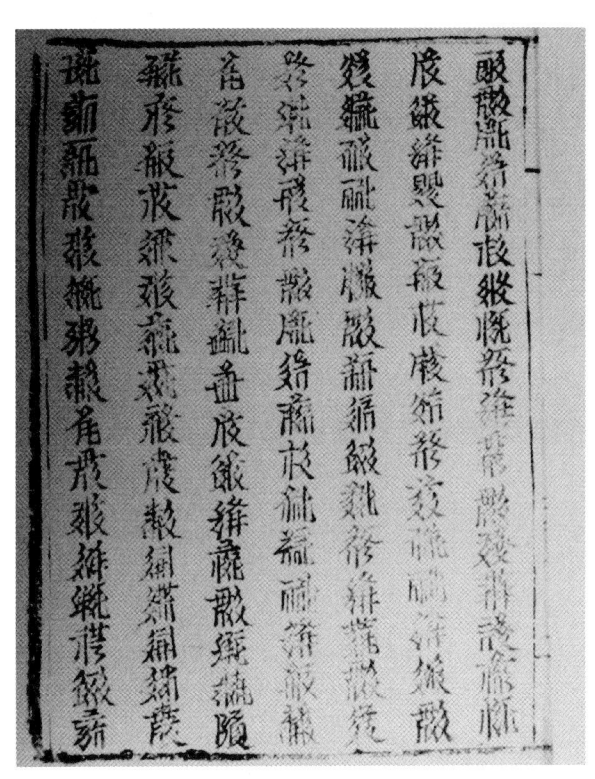

第 6 叶：

字译：

予是宫宝台榭广不为则乐是务守清净不/苛恶则喜是民庶天地为与失令则害是/种时失令则坏是罪无罚置为则杀是赋/敛重则取为是宫室台榭多营令则民劳/苦何为是事执浊秽苛恶则怒是其因国/治者民庶禁时者母子怜及兄大兄少怜/如饥寒见时忧愁劳苦见时心哀赏罚自/

译文：

不广为宫室台榭则是乐，官吏清净不苛恶则是喜，令民庶失其活业则是害，令失农时则是败，无罪置罚则为杀，重赋敛则为夺，令多营宫室台榭使民劳顿则苦之，官吏浊秽苛恶则是怒。故治国者禁民庶时如母怜子，如长兄怜少弟，见饥寒时忧愁，见劳苦时心哀，赏罚如行自者，[1]

注释：

[1] 以上译自"国务"：俭宫室台榭则乐之，吏清不苛扰则喜之。民失其务则害之，农失其时则败之，无罪而罚则杀之，重赋敛则夺之，多营宫室台榭以疲民力则苦之，吏浊苛扰则怒之。故善为国者，驭民如父母之爱子，如兄之爱弟，见其饥寒则为之忧，见其劳苦则为之悲，赏罚如加于身，

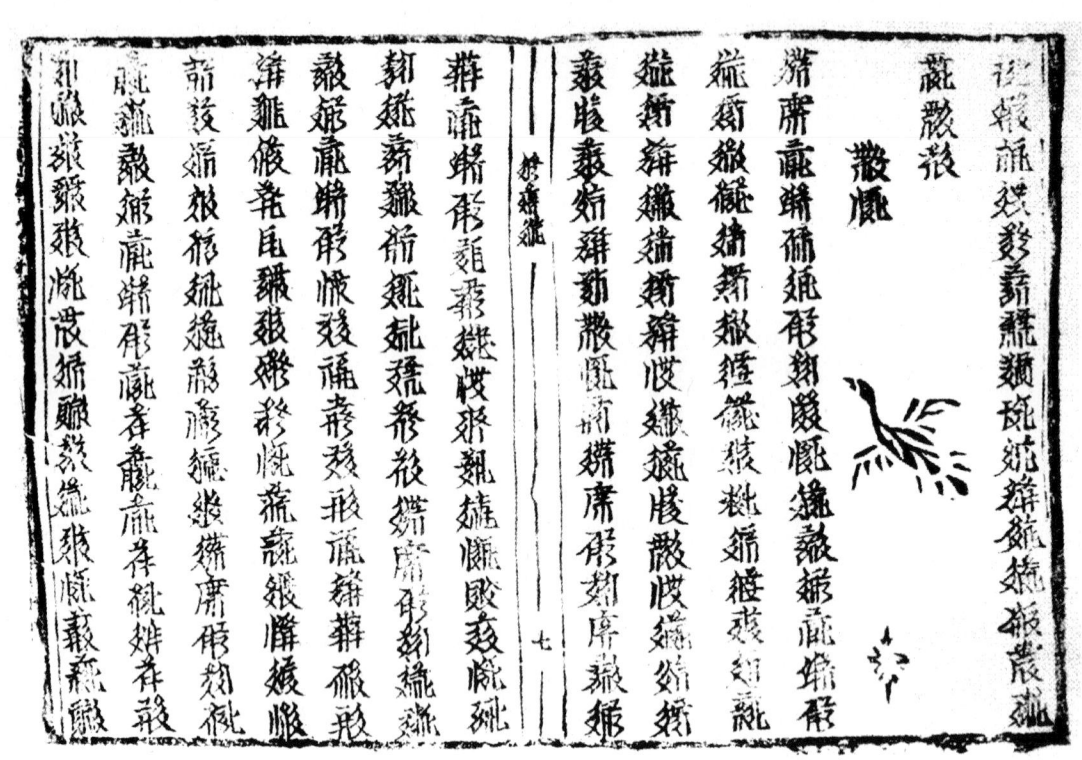

第7叶：

字译：

上著行赋敛自物监如此则此者民爱法/道是也　大礼　文王太公之问曰君臣礼者何如太公曰/上为惟临下为惟沉临时远无沉时隐无/上为则至下为则定至者天是定者地为/或天或地则故大礼成文王曰君位如何/守太公曰隐乐安定柔艺先定他与不争/压能自谦志守德事为也文王曰君听法/如何太公曰妄勿许谏勿拒许则守失拒/则堵塞山上察时许极不有深渊价欲计/测处无神明德者正净皆广文王曰君明/则法如何太公曰目当刚耳当明心当智/若天下视时不见无天下听时不闻无天

译文：

赋敛如自物。是故此者爱民之道是也。[1]

大礼

文王问太公曰："君臣之礼如何？"太公曰："为上惟临，为下惟沉，临时无远，沉时无隐。为上则至，为下则定。至者是天，定者为地，或天或地，则大礼成。"文王曰："执君位如何？"太公曰："乐隐安定，柔艺先定，予他不争，能自谦守志，为德事也。"文王曰："君听如何？"太公曰："勿妄许，勿拒

谏。许则失守，拒则闭塞；上山查时，不有其极。[2] 深渊欲渡，不可测之。神明德者，正净极广。"文王曰："君明如何？"太公曰："目当明，耳当聪，心当智，若天下视时，无不见也。天下听时，无不闻也。[3]

注释：

[1] 以上译自"国务"：赋敛如取己物。此爱民之道也。

[2] 此句当汉文本"高山仰止，不可及也"。

[3] 以上译自"大礼"：文王问太公曰："君臣之礼如何？"太公曰："为上惟临，为下惟沉，临而无远，沉而无隐。为上惟周，为下惟定。周则天也，定则地也。或天或地，大礼乃成。"文王曰："主位如何？"太公曰："安徐而静，柔节先定，善与而不争。虚心平志，物待以正。"文王曰："主听如何？"太公曰："勿妄而许，勿逆而拒。许之则失守，拒之则闭塞。高山仰止，不可极也；深渊度之，不可测也。神明之德，正静其极。"文王曰："主明如何？"太公曰："目贵明，耳贵聪，心贵智。以天下之目视，则无不见也；以天下之耳听，则无不闻也"

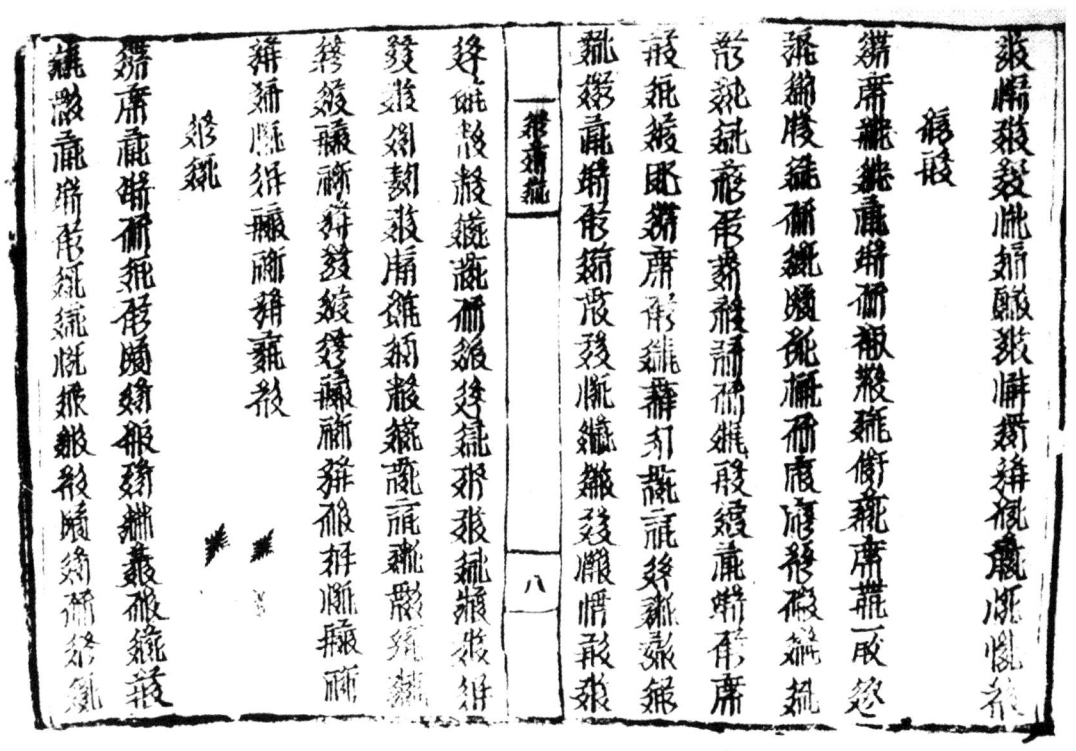

第8叶：

字译：

下念时不知无天下干为则明刚不暗也／　明传　文王患病太公之招太子梵父王往　在／呜呼天我之舍国家汝之付嘱为将今我／师处德实言求子孙之显传欲太公曰王／何问欲汝文王曰先祖圣道起息顺云何／乃说太公曰善见勿懈时至勿疑非觉时／息此三种者道之害息所柔时德敬时恭／茂时弱压时勇此四种者道起顺是彼依／义欲如胜则茂欲义如胜则失恭懈如胜／则吉懈恭如胜则灭也　六守　文王太公之问曰国主民主中或失者何／因是太公曰持所不慎故也国主之六守／

译文：

天下念时，无不知也。为天下主，[1] 则明而不蔽也。[2]

明传

文王患病，召太公，太子发往在父王侧，曰："呜呼！天弃予，国家将属于汝，今予欲于师求实德之言，明传子孙。"太公曰："王欲何问？"文王曰："请言先圣圣道，止起之法如何？"太公曰："见善勿怠，时至勿疑，[3] 知非而处，此三者，道之所止息也，柔时德，恭时敬，强时弱，忍时刚，此四种者，道之起也。于是义胜于欲则昌，欲胜于义则亡，敬胜于怠则吉，怠胜于敬则灭也。"[4]

六守

文王问太公曰："君国主民者，所以失者因何也？"太公曰："持之慎故也。人君有六守[5]

注释：

［1］"为天下主"当汉文本"辐辏并进"，盖西夏语无法直译，故对此句进行灵活转译。

［2］以上译自"大礼"篇："以天下之心虑，则无不知也。辐辏并进，则明不蔽矣。"

［3］此句汉文本作"见善而怠，时至而疑"。

［4］以上译自"明传"：文王寝疾，召太公望，太子发在侧。曰："呜呼！天将弃予，周之社稷将以属汝。今予欲师至道之言，以明传之子孙。"太公曰："王何所问？"文王曰："先圣之道，其所止，其所起，可得闻乎？"太公曰："见善而怠，时至而疑，知非而处，此三者，道之所止也。柔而静，恭而敬，强而弱，忍而刚，此四者，道之所起也。故义胜欲则昌，欲胜义则亡，敬胜怠则吉，怠胜敬则灭。"

［5］以上译自"六守"：文王问太公曰："君国主民者，其所以失之者何也？"太公曰："不慎所与也。人君有六守……"

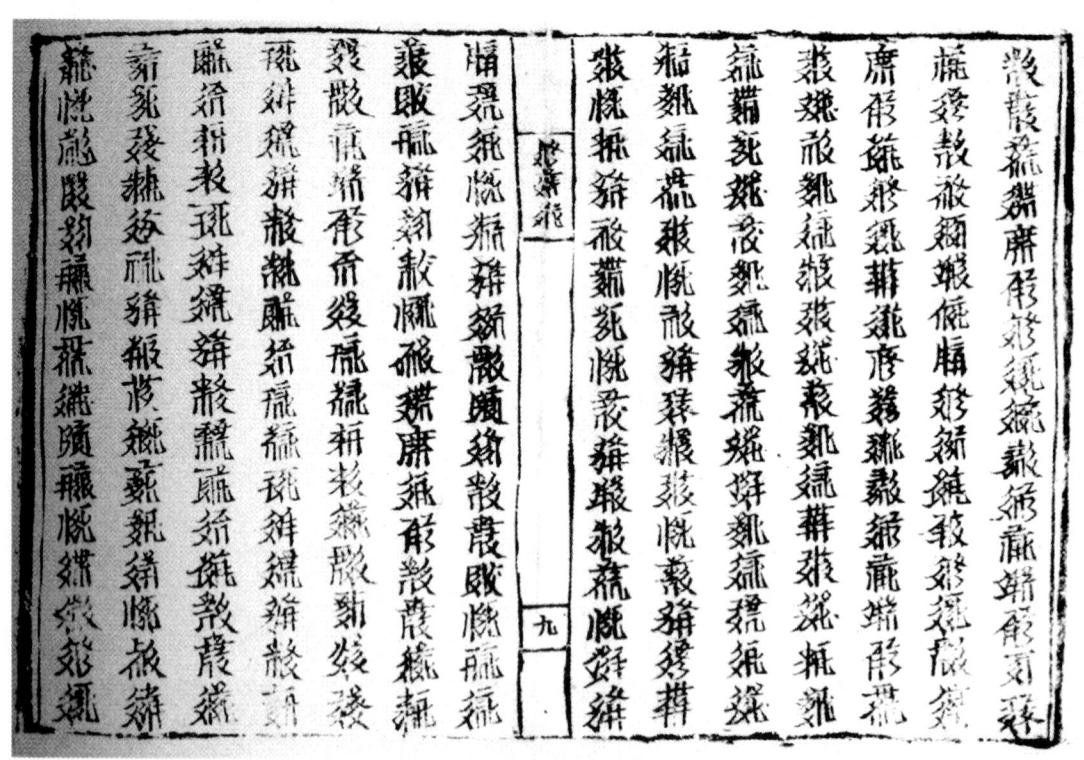

第9叶：

字译：

三惜有文王曰六守者云何太公曰一仁/二义三忠四信五勇六谋此等六守是文/王曰此六守执算者 顺云何太公曰有/时概犯观所敬时概骄观所执时概变观/所使处概伏观所怖有概畏观所事问概/尽观所有时不去

则仁敬时不骄则义执/时不变则忠使处不伏则信怖观不畏则/勇事问不尽则谋是国主三惜他不贷所/若他贷则君威威失文王问曰三惜者何/乃是太公曰牧种工作买卖者是故种作/上心归则种谷全满工作上心旧则种器/全满买卖上心归则种种全满此三惜者/自处作合在令则民庶思离艺能不杂姓/类不乱臣君如不富家国如不大常六守

译文：

三宝。"文王曰："六守者如何？"太公曰："一仁，二义，三忠，四信，五勇，六谋，此等是六守。"文王曰："欲持此六守者，其法如何？"太公曰："富时观其犯，贵时观其骄，执时观其转，使处观其隐，有危观其恐，事之而观其穷。[1] 富时不犯则仁，贵时不骄则义，执时不转则忠，使处不隐则信，有危不恐则勇，问事不穷则谋。人君无以三宝借人，若借人则君失威仪。"文王曰："三宝者如何？"太公曰："牧耕，工匠，买卖者是也。故心归于农事，则诸谷丰足，心归于工匠，则诸器丰足，心归于买卖，则诸物丰足。以三宝者，各令安其处，则民庶离忧，不乱艺能，不乱族类。[2] 臣无富于君，家无大于国。[3] 常六守，[4]

注释：

[1] 从"富时观其犯"至"事之而观其穷"，汉文本"其"后皆有"无"字。

[2] 此句当汉文本"无乱其乡"。

[3] 此句《七》本作"都无大于国"。

[4] 以上译自"六守"：三宝。文王曰："六守者何也？"太公曰："一曰仁，二曰义，三曰忠，四曰信，五曰勇，六曰谋，是谓六守。"文王曰："慎择六守何？"太公曰："富之而观其无犯；贵之而观其无骄；付之而观其无转；使之而观其无隐；危之而观其无恐；事之而观其无穷。富之而不犯者仁也；贵之而不骄者义也；付之而不转者忠也；使之而不隐者信也；危之而不恐者勇也；事之而不穷者谋也。人君无以三宝借人，借人则君失其威。"文王曰："敢问三宝？"太公曰："大农、大工、大商谓之三宝。农一其乡，则谷足；工一其乡则器足；商一其乡则货足。三宝各安其处，民乃不虑。无乱其乡，无乱其族。臣无富于君，都无大于国。六守长，"

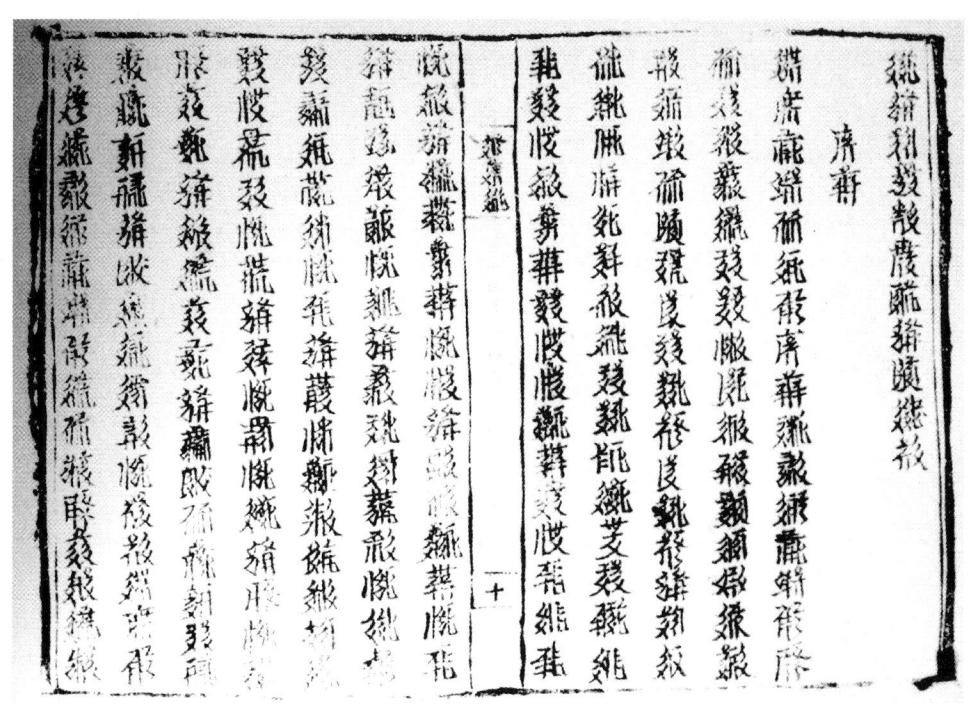

第 10 叶：

字译：

算则君茂三惜全则国安也/职受 文王太公之问曰职受顺如何太公曰近/之勿疏侍众勿不畏左右安抚四方禁制/智无人之国事手勿置为手置为则君食/远壑内土弃坡生勿置末舍末勿治午/中乃设过刀执乃定割斧执乃定折午中/不过则时远刀执不割则利失斧执不折/则盗悦水滴不堵则河河为或稀不救焰/茂 难支小不折则乃大斧用此缘君者/乃定富要不富则仁不成不舍则近不合/近与离则害众与弃则败他之利器勿借/若利器贷则他害所为寿不毕也文王曰/仁义者何如太公曰众之敬亲与近众敬

译文：

则君昌。三宝完，则国安也。[1]

守土

文王问太公曰："守土如何？"太公曰："勿疏其亲，勿不敬其众。安抚左右，驾御四方。勿将国事予不智人，予之，则失君食。[2]勿掘壑中土以置于丘，勿舍本治末。日中必慧，操刀必割，执斧必伐。日中不慧则失时，操刀不割则是失利，执斧不伐则盗。滴水不塞，则为江河，小火不救，烈焰奈何，小枝不伐，则用斧柯。是故人君必定要富，不富则不成仁，不施则不合亲。疏其亲则害，失其众则败。无借人利器，借人利器则为人所害，而不终寿也。"文王曰："仁义者何如？"太公曰："敬其众，合其亲。[3]

注释：

[1] 以上译自"六守"：则君昌，三宝完，则国安。

[2] 此句当汉文本"无借人国柄，借人国柄，则失其权"。

[3] 以上译自"守土"：文王问太公曰："守土奈何？"太公曰："无疏其亲，无怠其众，抚其左右，御其四旁。无借人国柄，借人国柄，则失其权。无掘壑而附丘，无舍本而治末。日中必彗，操刀必割，执斧必伐。日中不彗，是谓失时；操刀不割，失利之期；执斧不伐，贼人将来。涓涓不塞，将为江河；荧荧不救，炎炎奈何；两叶不去，将用斧柯。是故人君必从事于富，不富无以为仁，不施无以合亲。疏其亲则害，失其众则败。无借人利器，借人利器则为人所害，而不终生其正也"。文王曰："何谓仁义？"太公曰："敬其众，合其亲。"

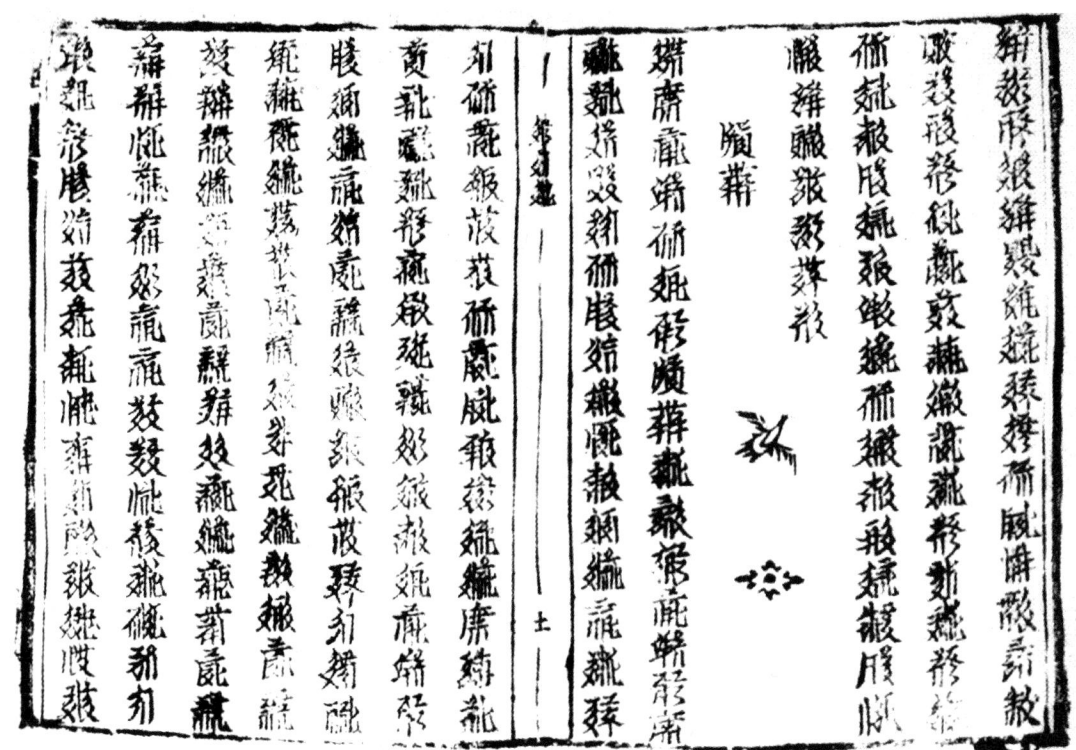

第 11 叶：

字译：

则睦亲近则喜此者仁义之纲干是自威/他勿取为明刚与合常道顺为故顺为者/之德以恭所害人者之力以绝所敬恭不/疑则天下睦伏也。国执　文王问太公曰国执顺如何太公曰王/斋乃修臣君之天地常礼及四时起顺仁/圣之道民庶庶之性情等说我时王乃修/七日斋乃为北向面南然拜而问太公曰/天四时起地万物出天下民庶仁圣为令/是乎春时苗动乃种出生夏时增大乃种/茂盛秋时割剪乃种实果冬时库藏乃种/　又库然起起处未知毕顺双从圣/人艺为天地与相上捆系故天下安定时

译文：

敬其众则和，合其亲则喜，此者仁义之纲也。无使人夺汝威，因其名利，顺其常道，故顺者任之以德，逆者绝之以力。恭敬勿疑，则天下和服也。[1]

守国

文王问太公曰："守国如何？"太公曰："王修斋，臣将语君天地常法，四时所生，仁圣之道，民庶之性情。"[2]时王修斋七日，于北向南再拜而问。太公曰："天生四时，地生万物，天下民庶，令为仁圣。[3]于是春季苗动，万物出生，夏季长大，万物茂盛，秋季收割，万物结实，冬季收藏，万物静。[4]盈则藏，藏则复起，莫知所起，莫知所终，圣人行，与天地相为经纪。故天下安定。"[5]

注释：

[1] 以上译自"守土"："敬其众则和，合其亲则喜，是谓仁义之纪。无使人夺汝威，因其明，顺其常。顺者任之以德，逆者绝之以力。敬之勿疑，天下和服。"

[2] 此句当汉文本"民机之情"，机，一切事物发动的根由。西夏人理解有误。

[3] 此句当《七》本"仁圣牧之"。

[4] "万物静"《七》本作"万物寻"，义少异，此处与残卷写本同。

[5] 以上译自"守国":文王问太公曰:"守国奈何?"太公曰:"斋,将语君天地之经,四时所生,仁圣之道,民机之情。"王即斋七日,北面再拜而问之。太公曰:"天生四时,地生万物。天下有民,仁圣牧之。故春道生,万物荣;夏道长,万物成;秋道敛,万物盈;冬道藏,万物寻。盈则藏,藏则复起,莫知所终,莫知所始。圣人敬之,以为天地经纪。故天下治。"

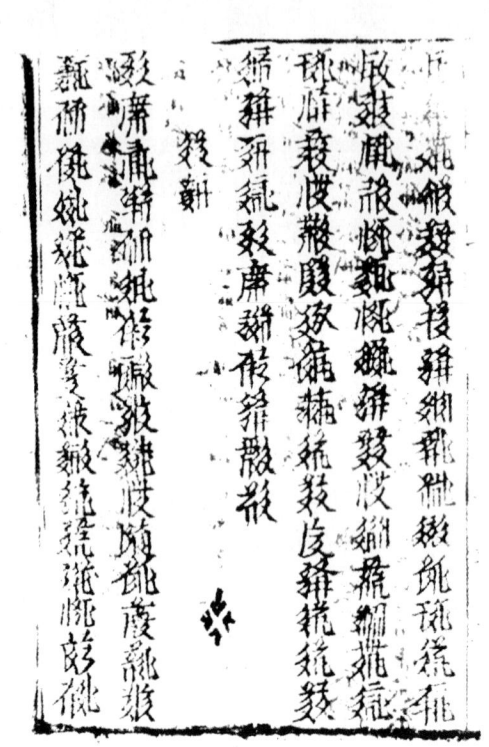

第20叶:

字译:

高方往续不相遣则日期久留土城攻邑/围时坦越不雷不雨则所定灾有 往所/城内已定大臣在此因攻克在则攻攻可/不则退所武王颂曰则是也　农器　武王太公之问曰天下安定国家争深时/战之兵器然不准备禁治用事然不设置/兵征

译文:

高升而不止,则用兵时间长久,攻城围邑时过旬不雷不雨,则必定有难,亟去之。城内必定有大臣,因此知可攻则攻,不可攻则退。武王颂曰:是也。[1]

农器

武王问太公曰:"天下安定,国家无事,战之兵器可不准备,战之具可不设乎?"[2]

注释:

[1] 以上译自"兵征":"高而无所止,用兵长久。凡攻城围邑,过旬不雷不雨,必亟去之,城必有大辅。此所以知可攻而攻,不可攻而止。"武王曰:"善哉!"

[2] 以上译自"农器":武王问太公曰:"天下安定,国家无事,战攻之具,可无修乎?守御之备,可无设乎?"

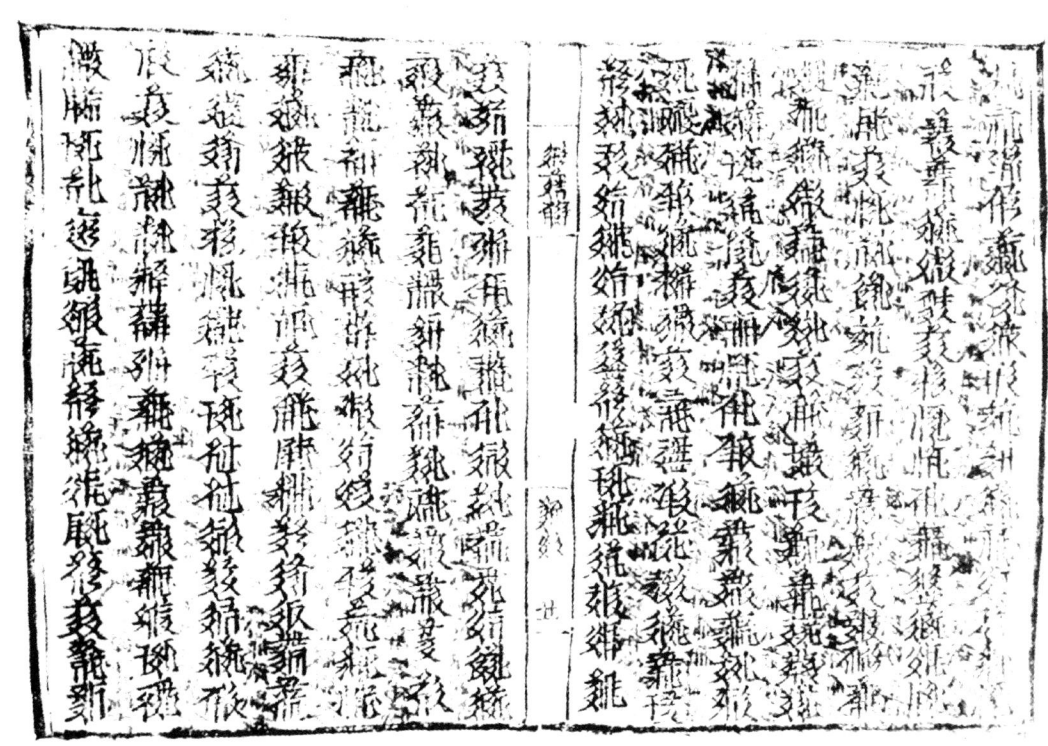

第 21 叶：

字译：

所太公曰兵攻守御用具者皆种事上法/取耒耜者其行与一法牛马车坐者沟堑/战楼与不异锄用锄具者茅戟与同蓑筛/簦笠者铠甲兵器与同镢锸斧锯杵臼杵/臼者城攻兵同等牛马等者兵众运处需/鸡鸡犬等者检察与像妇人做纴者旌旗/为处需丈夫地面等为者城上攻时壕塞/与同者草棘割者马过处易夏地锄者/行军处入希秋收谷仓置食粮准备也/冬鹰求仓者牢举处需地种家主者于捆/缚者禁治等宣设与同里中税主卡使有/者将主与乃法家主城相遇过所无者骑/隧与不异谷献柴草仓者军粮仓乃如春/秋宅城修造掘深为者沟堑为与像故

译文：

太公曰：战攻守御之具，皆取于农事，耒耜者，其行马蒺藜也。坐牛马车者不异于沟堑蔽橹、锄耰之具，与茅戟同。蓑筛簦笠与铠甲兵器同。镢锸斧锯杵臼者，与攻城器同。牛马等，众兵运输之需。鸡犬等，与检察同，[1] 妇人织纴，可做旌旗。丈夫平壤，与攻城时填壕同。春钹草棘，其战车骑也。夏耨田，战步兵也。秋芟谷，置于仓，准备粮食。冬实仓廪，用于坚守。里有吏，官有长，与将帅同，家有墙，无相越过者，与骑林同；[2] 奉谷割柴草，如军队粮仓。春秋修城郭，掘深沟，如沟堑。[3]

注释：

[1] 此处汉文本作"其伺候也"。

[2] 此处当汉文本"其队分也"。

[3] 以上译自"农器"：太公曰："战攻守御之具尽在于人事，耒耜者，其行马蒺藜也；马、牛、车、舆者，其营垒蔽橹也；锄耰之具，其矛戟也；蓑薛簦笠者，其甲胄干盾也；镢锸斧锯杵臼，其攻城器也；牛马所以转输，粮用也；鸡犬，其伺候也；妇人织纴，其旌旗也；丈夫平壤，其攻城也；春钹草棘，其战车骑也；夏耨田畴，其战步兵也；秋刈禾薪，其粮食储备也；冬实仓廪，其坚守也；田

里相伍，其约束符信也；里有吏，官有长，其将帅也；里有周垣，不得相过，其队分也；输粟取刍，其廪库也；春秋治城郭，修沟渠，其堑垒也。"

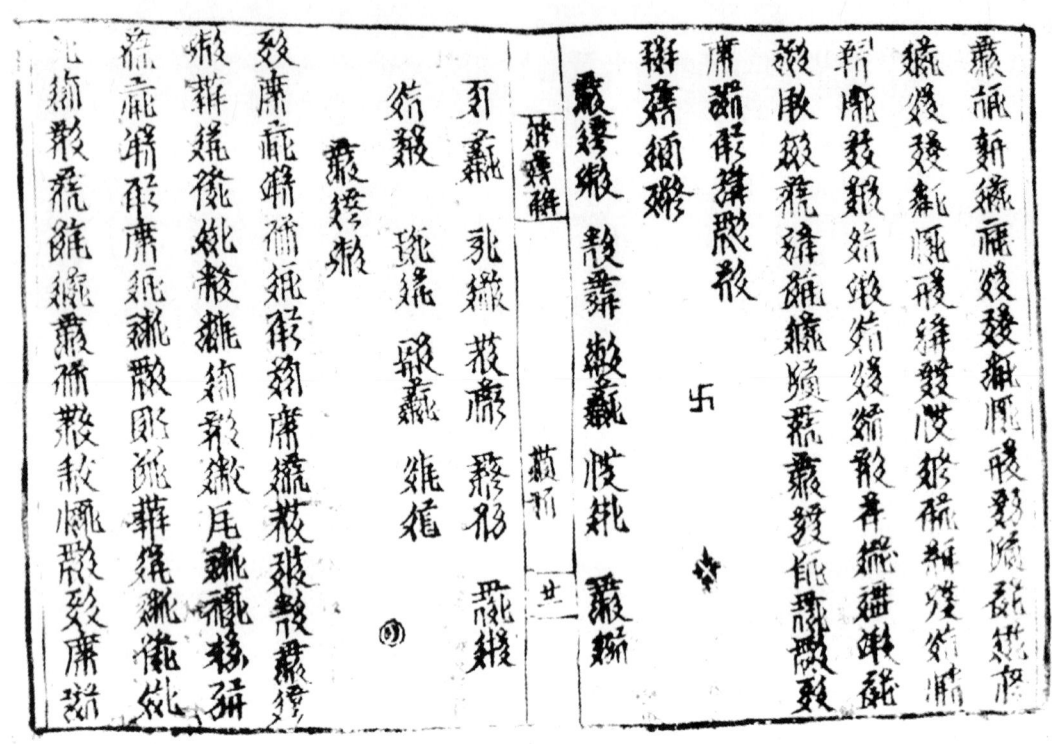

第 22 叶：
字译：
军遣具者皆种事长法取谓国置能者/者种事长法取则未定六牲畜地田/辟宅处屋夫人地种？数令明妇人置/织尺度有则此者国有兵盛道是武/王颂曰则是也/虎韬四第/ 军用　三阵　疾战　必出　军略/一战　临境　动静　金鼓　绝道/略地　攻城　火战　垒虚/军用/武王太公之问曰君王众动时三军义/需举攻兵器种种名数下上依法乃彼/有太公曰王问依是汝国举攻顺兵器/各名数有此者兵之大威仪武王颂

译文：
故遣兵之具，皆取于农事。善为国者，取于农事之法，则必定遂其六畜，辟田野安宅所，丈夫种地数亩，令妇人织纴有尺度，此者是富国强兵之道。武王赞曰：是也。[1]

虎韬第四
军用　三阵　疾战　必出　军略　决战　临境　动静　金鼓　绝道　略地　攻城　火战　垒虚
军用
武王问太公曰："君王举兵，三军器用，攻守之具，种类数量众寡，岂有法乎？"太公曰："是王之问。汝举攻守之兵器，各有名数，此者兵之大威也。"武王曰：[2]

注释：
[1] 以上译自"农器"：用兵之具，尽于人事也。善为国者，取于人事。故必使遂其六畜，辟其田野，安其处所，丈夫治田有亩数，妇人织纴有尺度，是富国强兵之道也。"武王曰："善哉！

[2] 以上译自"军用"：武王问太公曰："王者举兵，三军器用，攻守之具，科品众寡，岂有法乎？"太公曰："大哉，王之问也！夫攻守之具，各有科品，此兵之大威也。"武王曰：

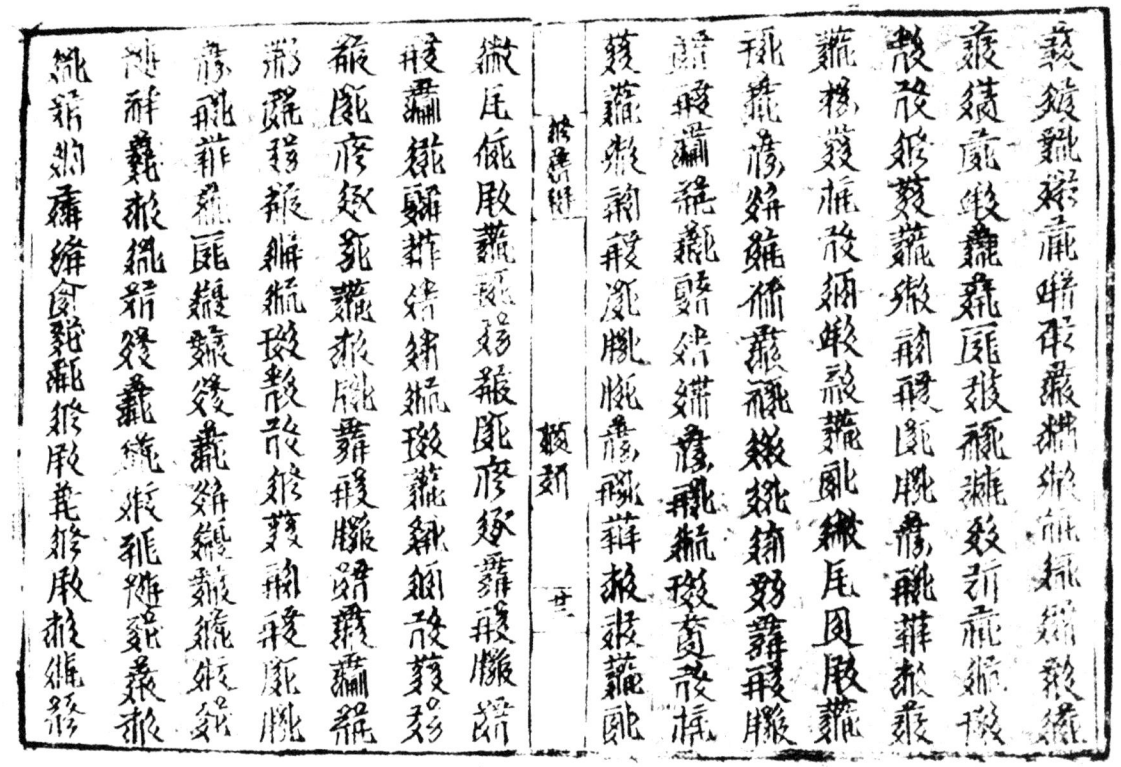

第23叶：

字译：

听欲所说太公曰兵中需　所多数者/若将万人甲穿引时法依武冲大扶胥/三十六具车需螳螂武士矛槌举以护/车一具二十四人驱车轮下上八尺车/上旗枪立此之兵法震鸣名谓阵坚陷/敌强败做战羽橹大枪槌扶胥七十二/具车需螳螂武士后枪槌举以守车轮/下上五尺车上弩弓射为住阵坚陷敌/强败能翼举橹小扶胥车百四十具弩/弓射为住处车以助阵坚陷敌兵败做/大黄弩弓连扶胥三十六具螳螂武士/枪槌举有引禽电影立禽　者杆赤/翎白铜以头抹电影者杆青羽赤铁以/头抹日日则缟赤长六尺宽六尺以明为

译文：

愿听之。太公曰：凡用兵之大数者，将甲士万人。依法用武冲大扶胥三十六乘，螳螂武士举矛戟护车，[1]一车二十四人推之，车轮高八尺，车上竖旗枪。[2]兵法谓之震骇。陷军阵，败强敌。武翼大橹矛戟扶胥七十二具，需螳螂武士举矛戟以守，车轮上下五尺，绞车连弩自副，陷坚阵，败强敌。提翼小橹扶胥一百四十具，[3]绞车连弩自副以助车。陷坚阵，败强敌。大黄参连弩扶胥三十六乘，螳螂武士举矛戟，有飞凫，电影。飞凫者赤茎白羽，以铜为首。电影者青茎赤羽，以铁为首。昼则以赤缟，长六尺，广六寸，为光耀。[4]

注释：

[1] 此处当汉文本"材士强弩矛戟为翼"。

[2] 此出汉文本作"车上立旗鼓。"

[3] 此处汉文本作"一百四十四具"。

[4] 以上译自"军用"：愿闻之。太公曰："凡用兵之大数，将甲士万人，法用武冲大扶胥三十六

乘，材士强弩矛戟为翼，一车二十四人推之。以八尺车轮，车上立旗鼓。兵法谓之震骇，陷坚阵，败强敌。武翼大橹矛戟扶胥七十二具，材士强弩矛戟为翼。以五尺车轮，绞车连弩自副，陷坚阵，败强敌。提翼小橹扶胥，一百四十四具，绞车连弩自副，以鹿车轮，陷坚阵，败强敌。大黄参连弩扶胥三十六乘，材士强弩矛戟为翼。飞凫、电影自副。飞凫赤茎白羽，以铜为首；电影青茎赤羽，以铁为首。昼则以绛缟，长六尺，广六寸，为光耀。

第 24 叶：

字译：

夜下则缟白长六尺阔六寸以明为军/阵毁步兵败令大富龚冲车三十六乘/民强射巧共伏暗以纵横敌之车重载/军毁做此之电车谓兵法依电战说军/阵毁步骑败令敌夜来时矛戟富龚车/轻百十乘先导人强战巧三人共载兵/法谋雷战谓军阵毁步骑败令方铁讨/解索有重十二斤竿长五尺过铁二百/枚须彼之天槌谓大斧刃长八寸重八/斤竿长五尺过千二百条须彼之天钺/谓大槌脊有重八斤竿长五尺过千二/百条须彼之天震说群寇步骑败令能/飞钩长八寸刃四寸竿长六尺过千二/百条须三军之守用长

译文：

夜则以白缟，长六尺，广六寸，为明。[1]陷军阵，败步骑。大扶胥冲车三十乘，武士射手共载以纵横。[2]寇之辎车，骑兵，此之谓电车。[3]依兵法谓之电击。陷军阵，败步骑。寇夜来时，矛戟扶胥轻车百十乘先导，[4]武士善战，三人共载。兵法谓之霆战。陷军阵，败步骑。方首铁锤维盼，重十二斤，柄长过五尺，须千二百枚，谓彼天槌，大斧刃长八寸，重八斤，柄长五尺，须千二百枚，谓彼天钺。脊有大槌重八斤，柄长过五尺，须千二百枚，谓彼天震，[5]能败群寇步骑。飞钩长八寸，刃四寸，柄长过六尺，须千二百枚，[6]三军拒守[7]

注释：

[1] "明"在西夏语中指"流星"。

[2] "武士射手"当汉文本"螳螂武士"，"共载以纵横"后汉文本有"败强敌"。

[3] "电军"当汉文本"电车"。

[4] "百十乘先导"汉文本作"百六十乘"，盖西夏人脱漏。

[5] "天震"《七》本作"天槌"。

[6] 《七》本"须千二百枚"后有"以投其众"。

[7] 以上译自"军用"：夜则以白缟，长六尺，广六寸，为"流星"。陷坚阵，败步骑。大扶胥冲车三十六乘，螳螂武士共载，可以击纵横，可以败敌。辎车骑寇，一名电车，兵法谓之电击，陷坚阵，败步骑。寇夜来前。矛戟扶胥轻车百六十乘，螳螂武士三人共载，兵法谓之霆击，陷坚阵，败步骑。方首铁锤维朌，重十二斤，柄长五尺以上，千二百枚，一名天棓。大柯斧，刃长八寸，重八斤，柄长五尺以上，千二百枚，一名天钺。方首铁锤，重八斤，柄长五尺以上，千二百枚，一名天锤。败步骑群寇。飞钩长八寸，钩芒长四寸，柄长六尺以上，千二百枚，以投其众。三军拒守，

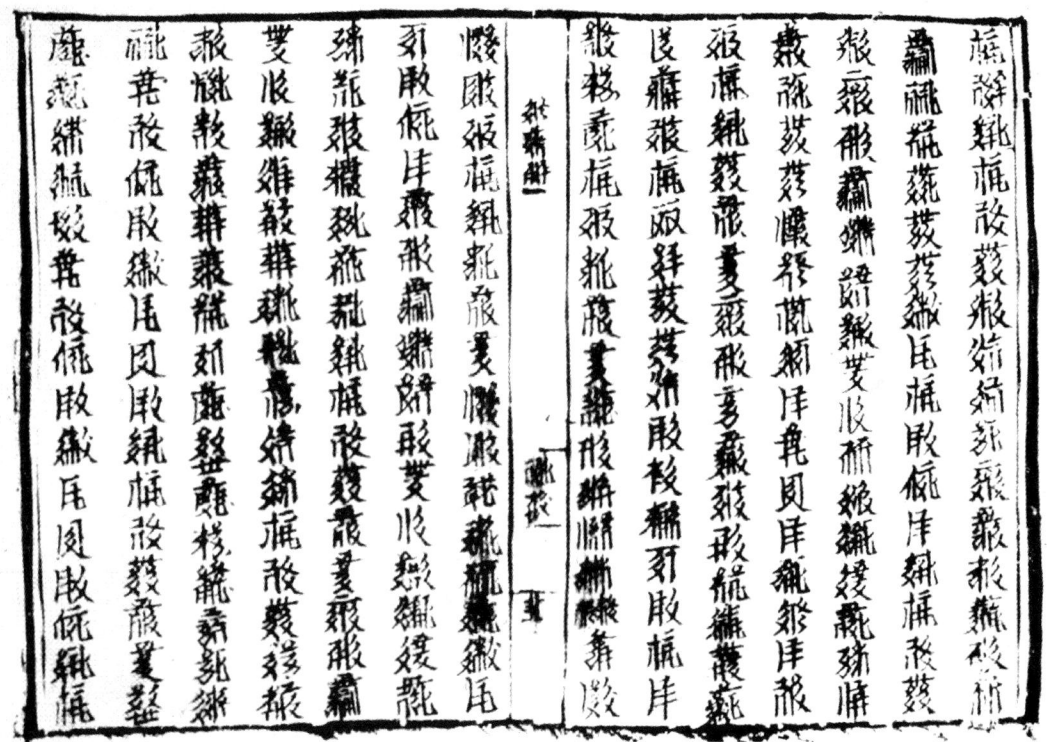

第25叶：

字译：

二丈百二十具须地平处步兵以车骑之/败令做树棘蒺下上尺五寸百二十具/须步骑败穷寇要奔北之遮谷狭道细内/铁黑棘蒺散为枝四寸阔八寸长六寸过/千二百具准备步骑夜袭拒做而进战/手交时二簇有棘蒺地罗数铺一尺二寸/各一万二十具准备旷野草莽中方胸/扇矛千二百条准备延矛张法　下上/一尺五寸步骑败穷寇要奔北遮谷狭道/细入时锁链有筹百二十具准备步骑败/奔北遮营门执顺矛戟橹小二十具镫弓/以副三军守护做天罗虎落一　自各连/令阔十五尺下上八尺百二十具准备虎/落剑刃富龚阔十五尺下上八尺五百二/

译文：

二丈，须二十具，[1]平地处以步兵败车骑。木蒺藜上下二尺五寸，须百二十具，败步骑，要穷寇遮走北。[2]峡谷微径内张黑铁蒺藜，芒四寸，广八寸，长过六寸[3]，准备千二百具，[4]拒守步骑夜袭，初战交手时，铺二镞棘蒺地罗，[5]各一尺二寸，[6]准备一万二千具。旷野草莽中，方胸铤矛，准备千二百把。张眼矛法，上下一尺五寸。败步骑，要穷寇遮走北。峡谷细道，[7]入时有锁链，准备百二十具，败步骑，遮走北。守卫营门，矛戟小橹二十具，[8]连弩自副。[9]三军拒守。天罗虎落，一并各自相连，广十五尺，上下八尺，准备百二十具。虎落剑刃扶胥，广十五尺，上下八尺，[10]

注释：

[1] 汉文本"须二十具"后有"一名行马"。

[2] 汉文本"遮走北"后有"轴旋短冲矛戟扶胥百二十具，黄帝所以败蚩尤氏。败步骑，要穷寇，遮走北。"盖西夏人所据汉文本已删此段。

[3] 此处汉文本作"长六尺以上"。

[4] 《七》本"准备千二百具"后有"败步骑"。

[5] 此句后汉文本有"参连织女"。

[6] 汉文本作"芒间相去二寸"，一本作"芒间相去二尺"，无法断定哪个版本有讹。

[7] 汉文本"细道"后有"地陷"，盖夏译本有脱漏。

[8] 汉文本作"十二具"，盖西夏人误译。

[9] 此处汉文本作"绞车连弩自副"，盖夏译本脱漏。

[10] 以上译自"军用"：木螳螂剑刃扶胥，广二丈，百二十具，一名行马。平易地，以步兵败车骑。木蒺藜去地二尺五寸，百二十具，败步骑，要穷寇，遮走北。轴旋短冲矛戟扶胥百二十具，黄帝所以败蚩尤氏。败步骑，要穷寇，遮走北。狭路、微径，张铁蒺藜。芒高四寸，广八寸，长六尺以上，千二百具，败步骑。突暝来前促战，白刃接，张地罗，铺两镞蒺藜，参连织女，芒间相去二寸，万二千具。旷野草中，方胸铤矛，千二百具，张铤矛法，高一尺五寸。败步骑，要穷寇，遮走北。狭路、微径、地陷，铁械锁参连，百二十具。败步骑，要穷寇，遮走北。垒门拒守，矛、戟、小橹十二具，绞车连弩自副。三军拒守，天罗虎落锁连，一部广一丈五尺，高八尺，百二十具。虎落剑刃扶胥，广一丈五尺，高八尺，

第 26 叶：

字译：

十具准备沟堑渡时飞桥有一檩阔十五/尺下上二十尺过轳轳车大八具准备环/索张行水渡时飞江舟为阔十五尺长/二十尺过八具准备呼见驱遣舟浮铁锚/内隅外径头四尺三十六具环络相副浮舟/及江飞舟等大水于行时彼之天潢谓又/天舟谓山林野居时虎落筹数以垒/屋栏铁锁千二百条准备长二丈过上通/索径四寸长四十尺过六百条准备中通/索径二寸长四四十尺过二千条准备下通/索小长二十尺过一万二十条准备天雨/时车重上盖用本条上麻色彼之??名/谓阔四尺长四十过车一具须头尾铁/桩张木伐斧头重八斤柄长三尺过三百

译文：

准备百二十具，渡沟堑时有飞桥，一间广十五尺，上下过二十尺。大轳轳车，准备八具，环索张之，渡大水时为飞江舟，广十五尺，长过二十尺，准备八具。环索张之。浮舟铁锚内园，[1] 外径四尺，三十六具，环络相副。浮舟及飞江舟行于大水时，彼之谓天潢，亦谓天航。山林野居时，结虎落筹树以垒屋，铁锁栏，准备千二百枚，长过二丈，上通索径四寸，[2] 长过四十尺，准备六百枚。中通索径二寸，长过四十尺，准备二千枚。[3] 下通小索长过二十尺，准备万二千枚。天雨时，盖重车上木板，结麻，彼之名曰。宽四尺，长过四十尺，车一具。头尾铁桩张。伐木斧头重八斤，柄长过三尺，准备三百枚。[4]

注释：

[1] "铁锚"当汉文本"铁螳螂"。

[2] "上通索"当汉文本"环利大通索"，下文"中通索"当"环利中通索"，"小通索"当"环利小徽缧"。

[3] 汉文本作"三百枚"，盖西夏人所据汉文底本有讹。

[4] 以上译自"军用"：五百二十具。渡沟堑飞桥，一间广一丈五尺，长二丈以上，转关辘轳，八

具，以环利通索张之。渡大水，飞江广一丈五尺，长二丈以上，八具，以环利通索张之。天浮铁螳螂，矩内圆（圆）外，径四尺以上，环络自副，三十二具。以天浮张飞江，济大海，谓之天潢，一名天舡。山林野居，结虎落柴营，环利铁锁长二丈以上，千二百枚；环利大通索大四寸，长四丈以上，六百枚；环利中通索大二寸，长四丈以上，三百枚；环利小徽縲长二丈以上，万二千枚。天雨盖重车上板，结臬钼铻广四尺，长四丈以上，车一具，以铁杙张之。伐木大斧，重八斤，柄长三尺以上，三百枚。

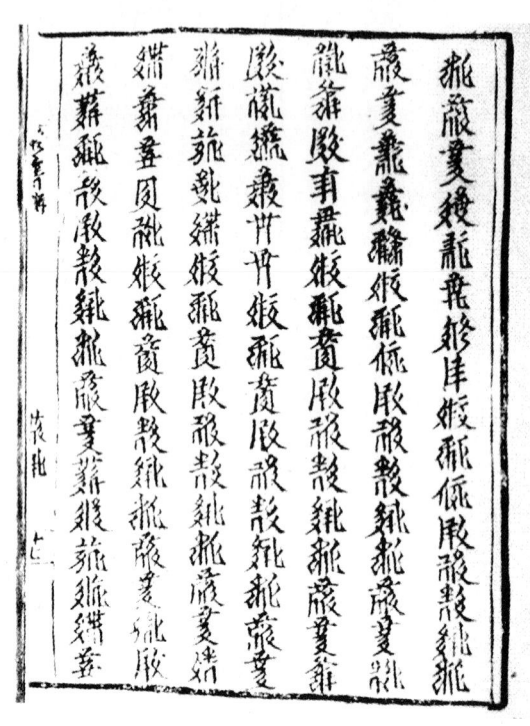

第 27 叶：

字译：

条准备锄齿阔六寸柄长五尺过三百条/准备锯铜锤柄长五尺过三百条准备　/爪方胸铁耙柄长七尺过三百条准备方/胸枝多铁叉子柄长七尺过三百条准备/草芟用镰大柄长七尺过三百条准备坚/大刀重八斤柄长七尺三百条准备委环/铁木长三尺三百条准备木打用槌大重

译文：

棨钀刃广六寸，柄长过五尺，准备三百枚。铜筑锤，柄长过五尺，[1]准备三百枚。鹰爪方胸铁耙，柄长过七尺，准备三百枚。方胸两枝铁叉，柄长过七尺，[2]准备三百枚。一草大镰，柄长过七尺，准备三百枚。大櫓刃重八斤，柄长七尺，准备三百枚。委环铁一，长三尺，[3]准备三百枚。打木大槌[4]

注释：

[1] 汉文本作"长五尺以上"，无"柄"字。

[2] 此处汉文本作"柄长六尺"。

[3] 此处汉文本作"长三尺以上"。

[4] 以上译自"军用"：棨钀刃，广六寸，柄长五尺以上，三百枚；铜筑固为垂，长五尺以上，三百枚；鹰爪方胸铁耙，柄长七尺以上，三百枚；方胸铁叉，柄长七尺以上，三百枚；方胸两支铁叉柄长七尺以上，三百枚。芟草木大镰，柄长七尺以上，三百枚；大櫓刃重八斤，柄长六尺，三百枚；委环铁杙，长三尺以上，三百枚；椓杙大槌，重五斤。

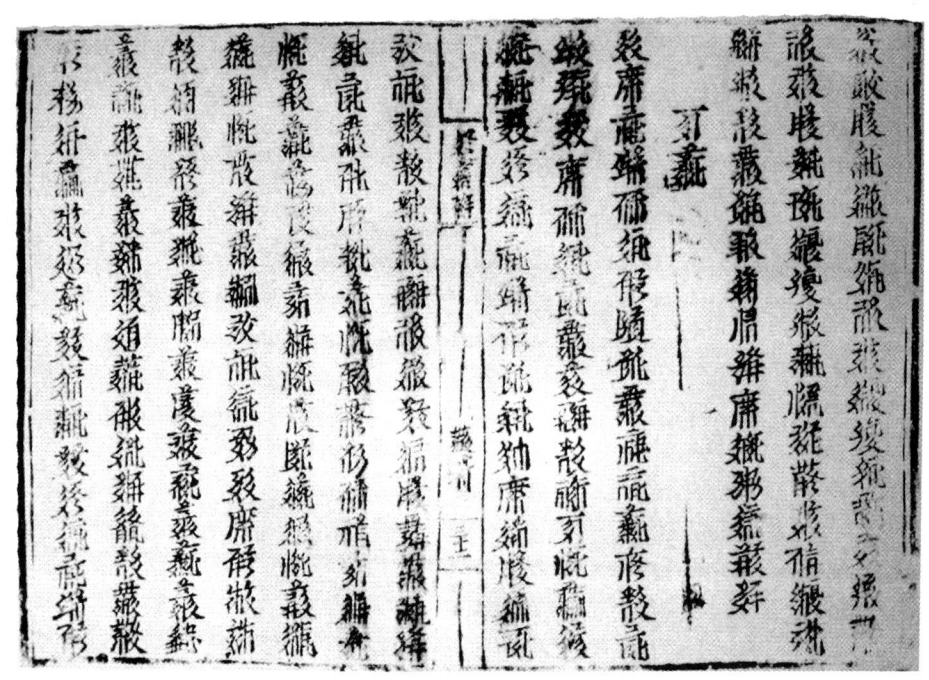

第 32 叶：

字译：

震地天于至堑垒渡时飞桥变道要水大/渡时天艺如飞桥须因退面实时海塞河/绝须三军此能主集则王思恼所何弃/

译文：

以至震天地，越垒堑时，有飞桥变道。渡大水时，有天潢飞桥。逆流而行时，有浮海绝江。三军能集此，则王何所忧！[1]

注释：

[1] 以上译自"军略"篇：越沟堑，则有飞桥、转关、辘轳、钼锘；济大水则有天潢、飞江；逆波上流，则有浮海、绝江。三军备用，主将何忧。

四 华严经普贤行愿品（Samandabhadra, Avatamsaka）

安娅释读。选编自中国社会科学院研究生院 2004 届毕业生硕士学位论文。

（第 1 叶及第 2 叶右面原缺。）

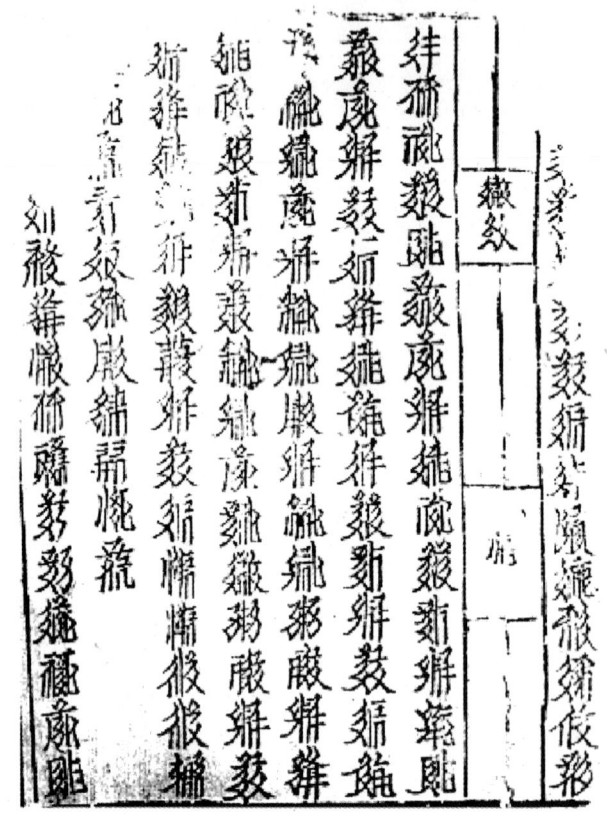

第 2 叶：

字译：

……处无佛国最小尘微数/佛之敬礼虚空界尽我敬礼故尽其虚/空界尽处无则我此恭礼故尽处无此/［如］众生界尽众生业尽众生烦恼尽则/我敬礼故或众生界乃至烦恼尽处/无则我此恭礼乃尽处无念念继续间/［断无］有身语意业厌倦无有/［复次善］男子如来之赞言谓者法界虚/

译文：

……礼敬佛刹极微尘数佛。虚空界尽。我礼故尽。其虚空界无尽处。则我此礼敬故无尽处。如是众生界尽。众生业尽。众生烦恼尽。则我礼故尽。或众生界。乃至烦恼无尽处。则我此礼敬乃无尽处。念念相续。无有间断。身语意业无有疲厌。复次善男子。言称赞如来者。法界虚……

复次善男子。言称赞如来者。法界虚

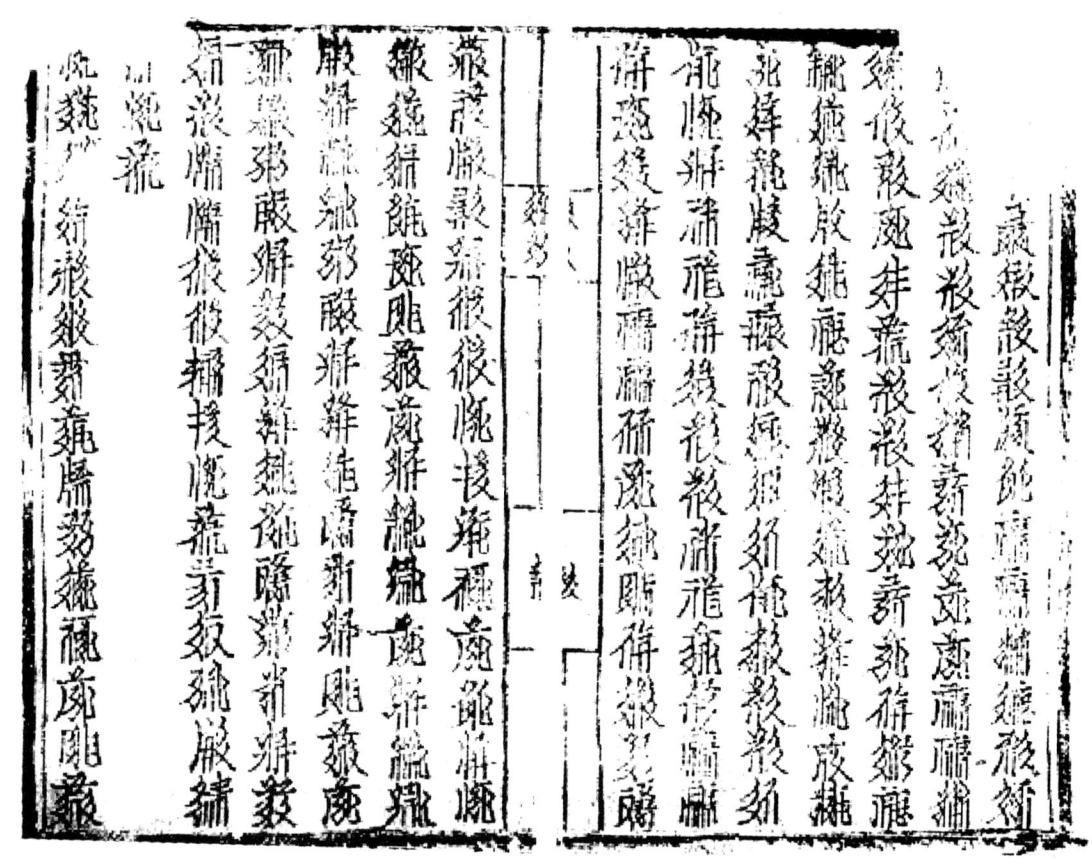

第3叶：

字译：

□□□十方三世国家一切中最小尘/□□所一一尘微中自处世界一切中/尘微数如佛有一一佛处自处海会皆/菩萨围绕我甚深大信觉以现知见因/各辨才天女于过最妙舌根以一一舌/根无尽声音海出一一声音言语一切/海如出如来一切之诸德功海演说赞/誉未来世尽继续不断彼法界之中无/至者无此如虚空界尽众生界尽众生/业尽众生烦恼尽则我赞故尽虚空界/乃至烦恼尽处无则我此赞誉亦尽处/无也念念继续间断无有身语意业厌/〔倦〕无有/复次善男子广供养修谓者法界虚空/

译文：

□□□十方三世一切刹土。所有极微。一一尘中。皆有一切世界中微尘数佛。一一佛所。皆有菩萨海会围绕。以甚深胜解。因现知见。各以过于才天女最妙舌根。一一舌根。出无尽音声海。一一音声。出一切言词海。赞誉演说一切如来诸功德海。穷未来际。相续不断。彼法界之中。无不至者。如此虚空界尽。众生界尽。众生业尽。众生烦恼尽。则我赞故尽。虚空界乃至烦恼无尽处。则我此赞誉亦无尽处也。念念相续。无有间断。身语意业无有疲厌。

复次善男子。言广修供养者。尽法界虚

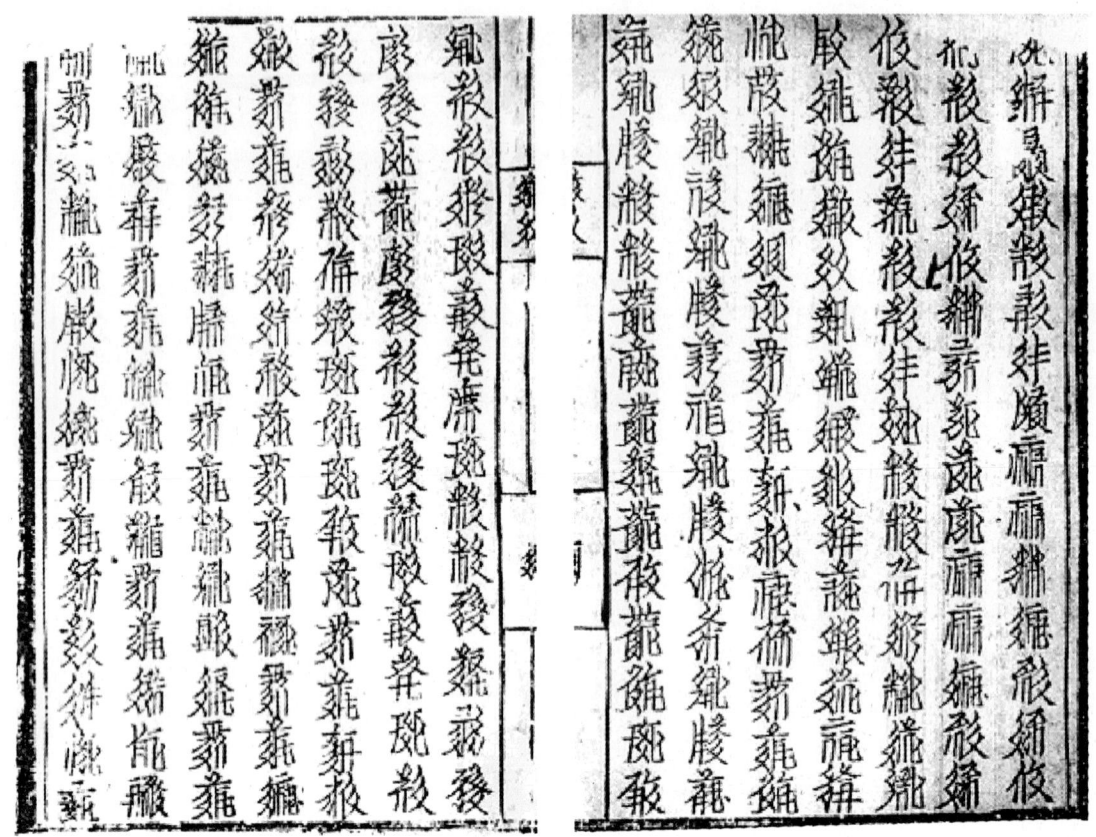

第 4 叶：

字译：

［空］尽十方三世佛国一切中最小尘微/□一一尘微中自处世界一切最小尘/微数佛有一一佛处种种海会菩萨围/绕我此普贤行愿力故则深信觉起实/知见因最妙诸供养具以皆之供养此/者花云脚云天乐音云天覆伞云天衣/服云天种种香涂香燃香末香此如等/云一一量须弥山王如种种灯燃酥灯/油灯诸香油灯一一灯炷须弥山如一/一灯酥大海水如此如等诸供养具以/常供养为善男子诸供养中法供养最/此者言因修行供养众生利益供养/［众］生摄受供养众生苦代供养善根勤/［修］供养菩萨业不舍供养菩提心不离/

译文：

空界。十方三世一切佛刹极微尘中。一一各有一切世界极微尘数佛。一一佛所。种种菩萨海会围绕。我以此普贤行愿力故。则起深信解。现前知见。以上妙诸供养具。皆为供养。此者华云脚云。天音乐云。天伞盖云。天衣服云。天种种香。涂香烧香末香。如是等云。一一量如须弥山王。燃种种灯。酥灯油灯诸香油灯。一一灯炷。如须弥山。一一灯油。如大海水。以如此等诸供养具。常为供养。善男子。诸供养中。法供养最上。依次之言，修行供养。利益众生供养。摄受众生供养。代众生苦供养。勤修善根供养。不舍菩萨业供养。不离菩提心

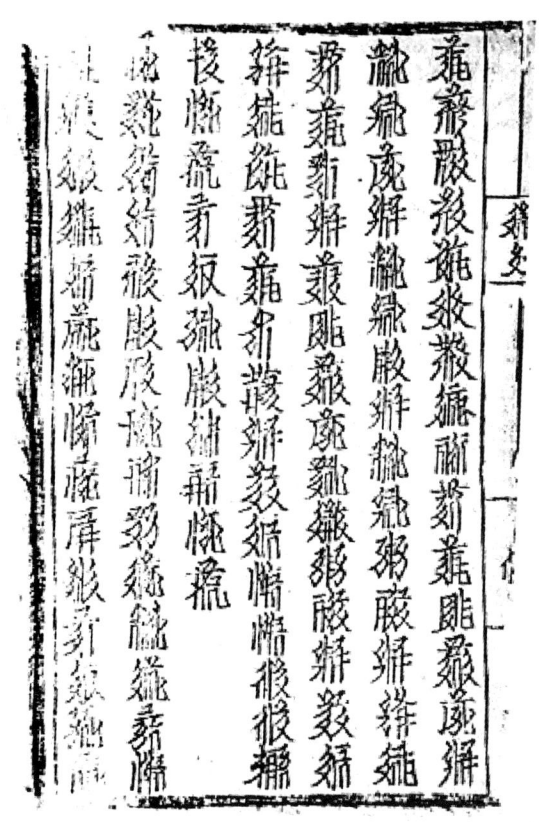

第 5 叶：

字译：

供养善男子先言供养无量德功所法/供养一念德功与喻百分中一莫如千/分中一莫如百千俱胝那由他分迦罗/分算分数分谕分优婆尼沙陀分中亦/一莫如如何也诸如来者法之尊敬说/如行因诸佛出生一若诸菩萨法供养/行则故如来供养成敬此如修行者供/养实是也此广大最胜供养虚空界尽/众生界尽众生业尽众生烦恼尽则我/供养故尽或虚空界乃至烦恼尽处无/则我此供养亦乃尽处无念念继续间/断无有身语意业厌倦无有/此善男子业障忏除谓者菩萨自念/□已过始无劫上痴瞋贪因身口意生/

译文：

供养。善男子。前言供养无量功德。所法供养。一念功德。譬如百分不及一。千分不及一。百千俱胝那由他分。迦罗分。算分。数分。谕分。优婆尼沙陀分。亦不及一。如何也。以诸如来尊重法故。以如说行故出生诸佛。若诸菩萨。行法供养。则得成就供养如来。如是修行者。是真供养也。此广大最胜供养。虚空界尽。众生界尽。众生业尽。众生烦恼尽。则我供养故尽。而虚空界。乃至烦恼不可尽。则我此供养。亦无尽处。念念相续。无有间断。身语意业无有疲厌。

复此善男子。言忏除业障者。菩萨自念。于过去无始劫中。由贪瞋痴。发身口意。

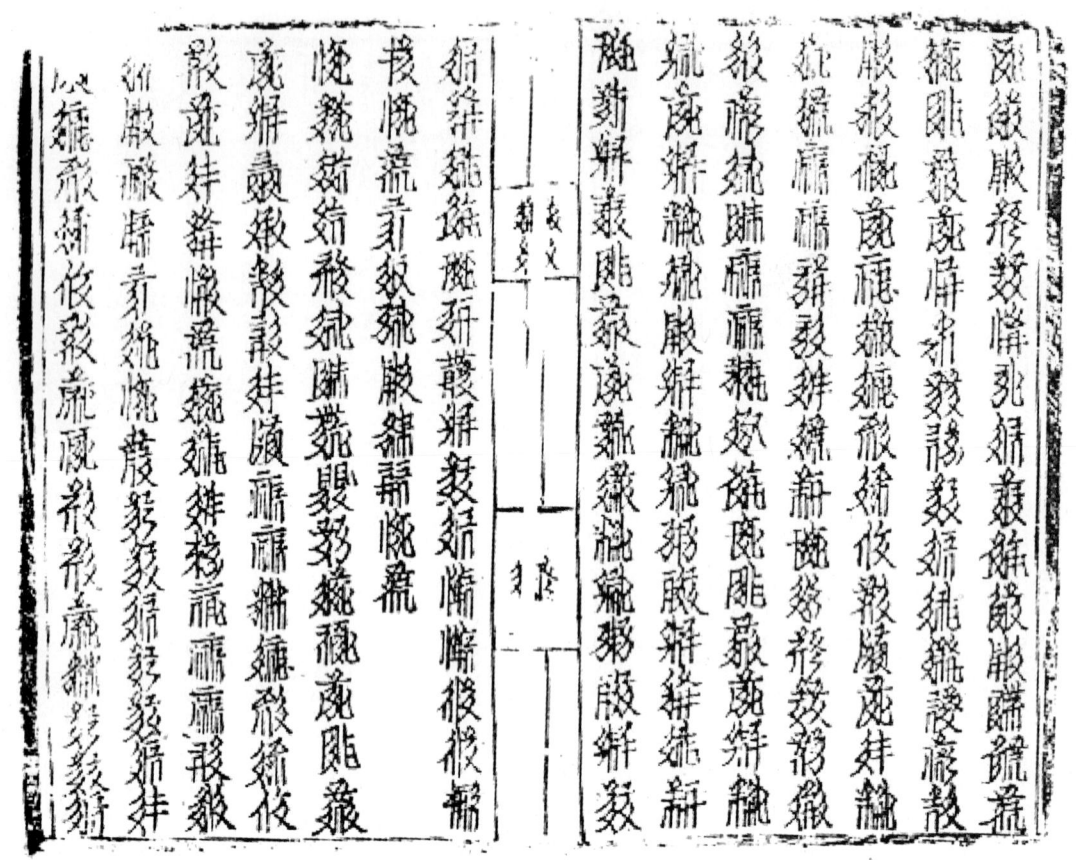

第 6 叶：

字译：

诸恶业为无量边无若此恶业体相有/者虚空界中亦所入处无我今清静三/业以法界皆至最小尘微数国诸佛菩/萨众一切面前心归罪忏重为莫敢常/戒净德功一切因在此如虚空界尽众/生界尽众生业尽众生烦恼尽则我罪/忏故尽若虚空界乃至众生烦恼尽处/无则我此忏悔乃今处无念念继续间/断无有身语意业厌倦无有/复次善男子德功随喜谓者法界虚空/界尽十方三世佛国一切中最小尘微/数诸佛如来有者初心一发一切智因/□业勤修身命不爱说处无说处无佛/[刹]最小尘微数劫经一一劫中说处无/

译文：

作诸恶业。无量无边。若此恶业。有体相者。虚空界中亦无所入处。我今以清静三业。皆至法界极微尘刹一切诸佛菩萨众前。诚心忏悔。莫敢复为。恒住净戒。一切功德。如是虚空界尽。众生界尽。众生业尽。众生烦恼尽。我忏故尽。而虚空界。乃至众生烦恼无尽尽处。则我此忏悔。乃无尽处。念念相续。无有间断。身语意业无有疲厌。

复次善男子。言随喜功德者。尽法界虚空界。有十方三世一切佛刹极微尘数诸佛如来者。从初发心。为一切智。勤修福聚。不惜身命。经不可说不可说佛刹极微尘数劫。一一劫中。不可说

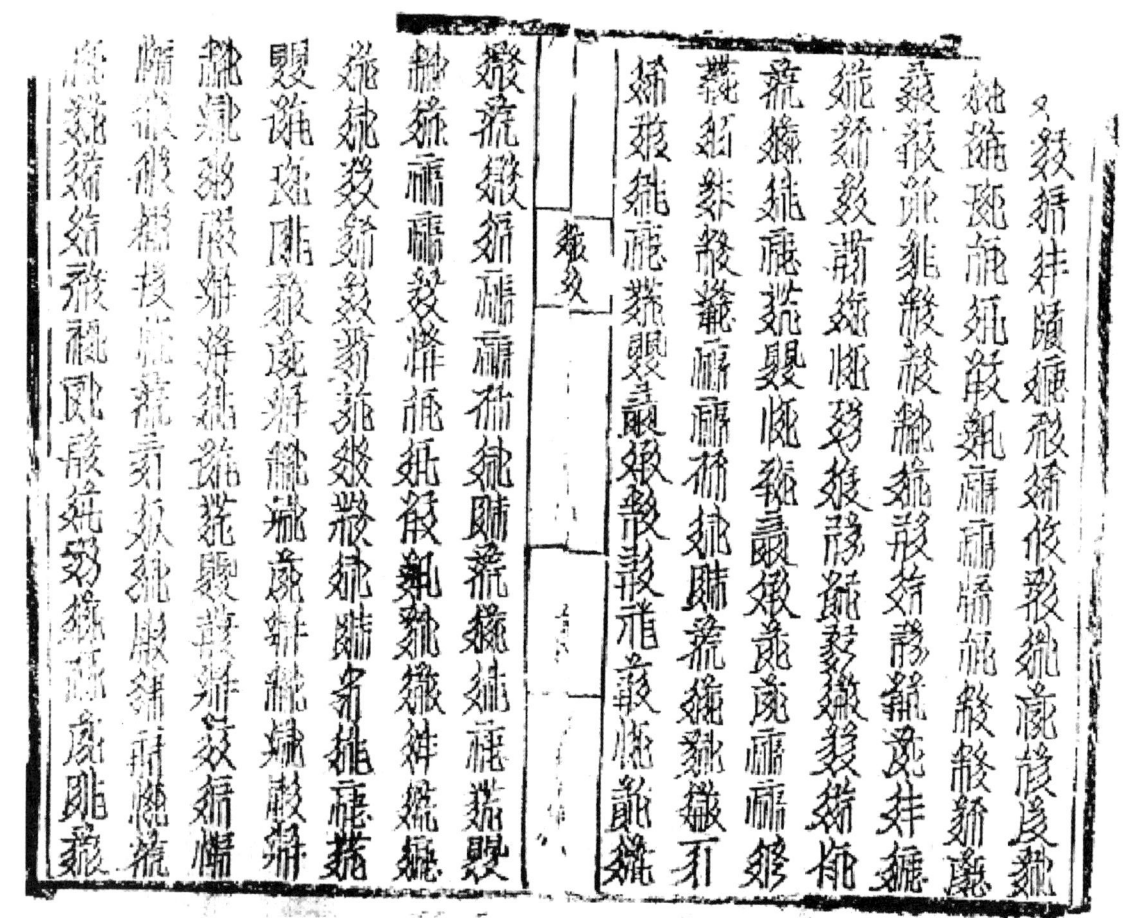

第 7 叶：

字译：

［说］处无佛国最小尘微数头目脚手乃/者此如行难苦行一切修行种种波罗/密门圆满种种菩萨智地入证诸佛最/上菩提成敬后涅槃入舍利至分善根/有者我皆随喜及彼十方世界一切六趣四生种类一切之/德功有者乃至一/尘时我皆随喜十方三世音闻复独觉/学有学无一切之德功有者我皆随喜/菩萨一切无量行难苦行乃至心归最/上德正菩提求用广大德功亦我皆随/喜此如虚空界尽众生界尽众生业尽/众生烦恼尽则我此随喜乃尽处无念/念继续间断无有身语意业厌倦无有/复次善男子法轮转请言者法界虚空/

译文：

不可说佛刹极微尘数头目手足。如此一切难行苦行。圆满种种波罗密门。证入种种菩萨智地。成就诸佛无上菩提。复入涅槃。分布舍利。有善根者。我皆随喜。及彼十方一切世界。六趣四生。一切种类之有功德者。乃至一尘时。我皆随喜。十方三世声闻。复独觉有学无学。一切之有功德者。我皆随喜。一切菩萨所修无量难行苦行。志求无上正等菩提。广大功德。亦我皆随喜。如此虚空界尽。众生界尽。众生业尽。众生烦恼尽。则我此随喜无有尽处。念念相续。无有间断。身语意业无有疲厌。

复次善男子。言请转法轮者。尽法界。虚

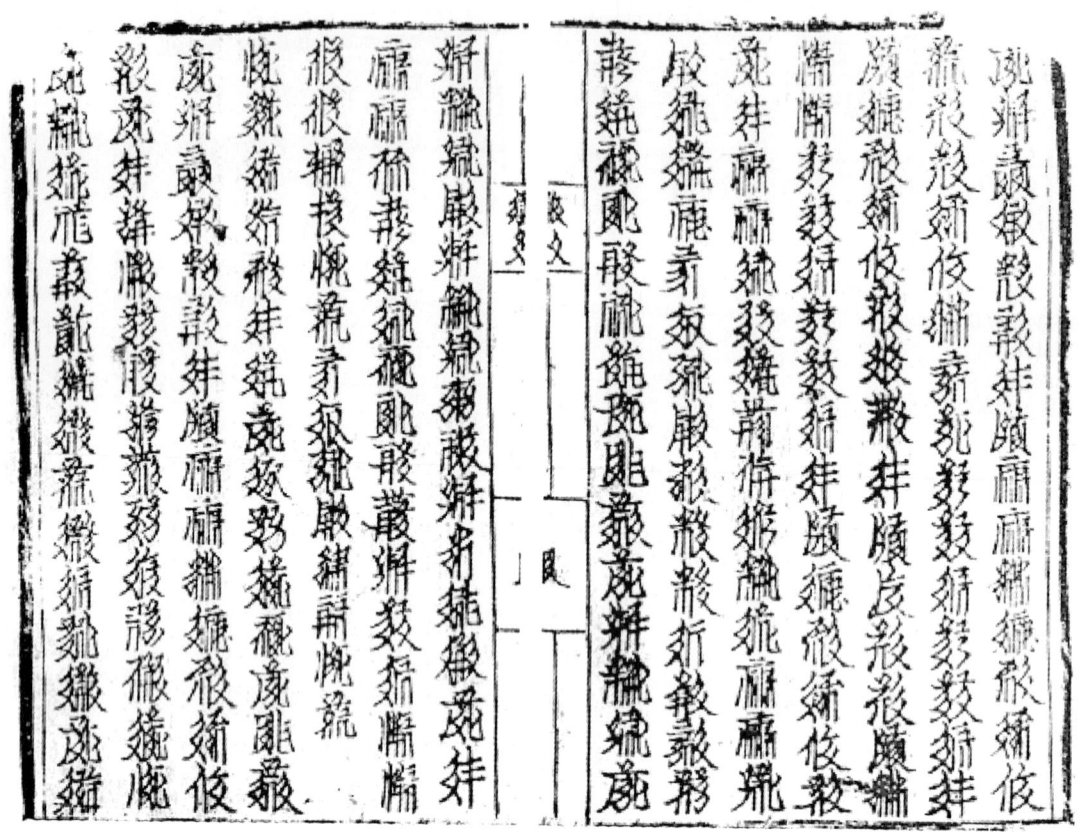

第 8 叶：

字译：

界尽十方三世佛国一切中最小尘微/有一一尘微中自处说处无说处无佛/国最小尘微数广大佛国有一一刹中/念念说处无说处无佛国最小尘微数/诸佛一切正等觉成海会菩萨一切围/绕我今皆身口意业种种方求如敢/谏请法轮转令此如虚空界尽众生界/尽众生业尽众生烦恼尽亦我常诸佛/一切之谏请正法轮转乃尽处无念念/继续间断无有身语意业厌倦无有/复次善男子佛请世在言者法界虚空/界尽十方三世佛国一切中最小尘微/数诸佛如来乃未显现涅槃入欲者及/诸菩萨音闻独觉学有学无乃至诸善/

译文：

空界。十方三世一切佛刹极微尘中。一一各有不可说不可说佛刹极微尘数有广大佛刹。一一刹中。念念不可说不可说。佛刹极微尘数一切诸佛成等正觉。海会一切菩萨围绕。我今皆以身口意业。种种方便。殷勤劝请。令转法轮。如此虚空界尽。众生界尽。众生业尽。众生烦恼尽。而我常劝请一切诸佛。转正法轮。乃无尽处。念念相续。无有间断。身语意业无有疲言。

复次善男子。言请佛住世者。尽法界。虚空界。十方三世一切佛刹极微尘数诸佛如来。将欲示现涅槃者。及诸菩萨。声闻缘觉。有学无学。乃至一切

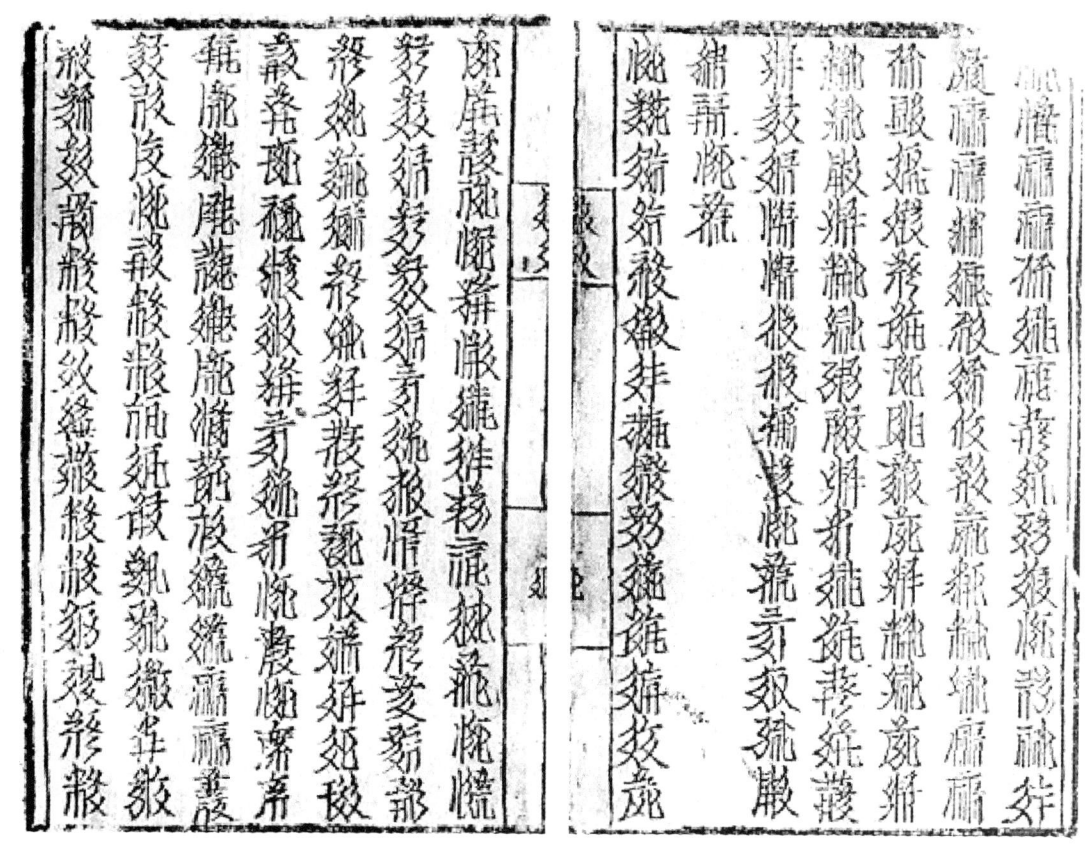

第 9 叶：

字译：

[知]识一切之我皆谏请涅槃无入令佛/国一切中最小尘微数劫于众生一切/之利乐欲为此如虚空界尽众生界尽/众生业尽众生烦恼尽亦我此谏请乃/尽处无念念继续间断无有身语意业/厌倦无有/复次善男子常佛因学言者此娑婆世/界毕卢遮那如来初心一发精真不退/说处无说处无身命以布施为皮剥纸/为骨折笔为血释墨为经契书写积须/弥山如法敬因则身命亦不爱及王职/城邑家乡郊野宫殿园林所有一切惜/处岂在及余种种行难苦行乃至树下/大菩提成种种神通手种种变化为种/

译文：

诸善知识。我皆劝请。莫令入涅槃。于一切佛刹极微尘数劫。为欲利乐一切众生。如此虚空界尽。众生界尽。众生业尽。众生烦恼尽。我此劝请乃无尽处。念念相续。无有间断。身语意业无有疲言。

复次善男子。言常随佛学者。此娑婆世界。毕卢遮那如来。从初发心。精进不退。亦不可说不可说身命为布施。剥皮为纸。折骨为笔。刺血为墨。书写经典。积如须弥山。为重法故。则亦不惜身命。及王位。城邑聚落。宫殿园林。一切所有。在所不惜。及余种种难行苦行。乃至树下成大菩提。示种种神通。为种种变化。现

第 10 叶：

字译：

种佛身现种种众会中处或诸大菩萨／一切众会经场中处或音闻独觉众会／经场中处或轮转圣王王小眷属众会／经场中处或刹利婆罗门长富苦尊众／会典场中处乃至或天龙八部人不人／等众会经场中在此如种种众会中处／圆满音以大天雷如其爱欲因众生成／熟乃至显以涅槃上入此如一切今世／尊毕卢遮那如我皆学为此如法界虚／空界尽十方三世佛国一切尘数中如／来一切之亦念念以我皆因学皆先已／如此如虚空界尽众生界尽众生业尽／众生烦恼尽亦我此因学乃尽处无念／念继续间断无有身语意业厌倦无有／

译文：

种种佛身。处种种众会。或处一切诸大菩萨众会道场中。或处声闻及辟支佛众会道场。或处转轮圣王小王眷属众会道场中。或处刹利及婆罗门长者居士众会道场中。乃至或处天龙八部、人非人等众会道场中。处于如此种种众会圆满音。如大天雷。随其乐欲。成熟众生。乃至示显入于涅槃。如此一切。今世尊毕卢遮那。我皆随学[1]。如此尽法界虚空界。十方三世一切佛刹数尘中。以念念一切如来。我皆随学。如是虚空界尽。众生界尽。众生业尽。众生烦恼尽。我此随学乃无尽处。念念相续。无有间断。身语意业无有疲厌。

注释：

[1] 此句汉文本作"如今世尊毕卢遮那。如是一切我皆随学。"疑西夏译本有脱文。

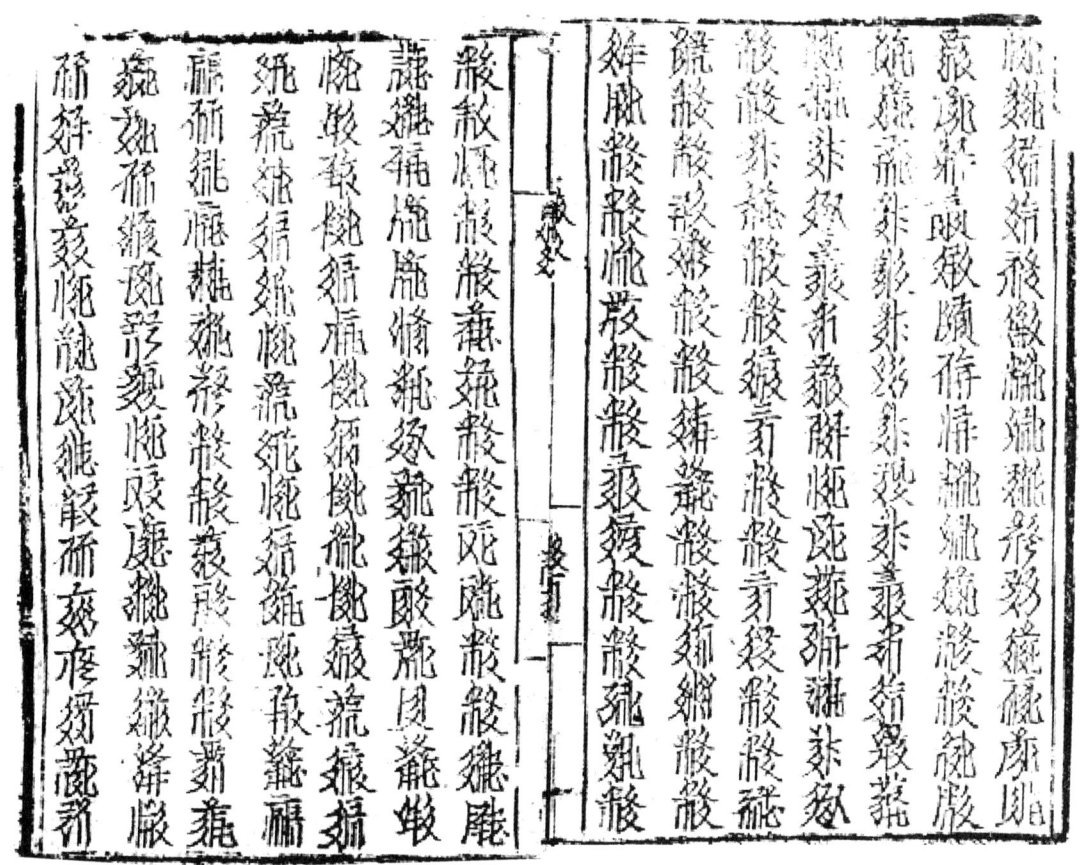

第 11 叶：

字译：

复次善男子常众生顺为谓者法界虚/空界尽十方国海内众生者种种差别/此者卵生腹生湿生化生或亦地水火/风因生所或亦虚中及诸数草因生在/种种生类种种色身种种形状种种相/貌种种寿限种种姓类种种名姓种种/心性种种知见种种爱欲种种意行种/种威仪种种衣服种种饮食种种家乡/郊野城邑宫殿于处乃至天龙八类人/不人等足无二足四足多足色有色无/想有念无想无有想不无此如等类一/切之我皆合顺为种种侍奉种种供养/父母之恭如是尊及阿罗汉乃至如来/之恭侍等无异诸病苦之医者为道惑/

译文：

复此善男子。言恒顺众生者。尽法界。虚空界。十方刹海内众生者。种种差别。此者卵生、胎生、湿生、化生。或有依地水火风而生住。或有依空中及诸卉木而生住。种种生类。种种色身。种种形状。种种相貌。种种寿量。种种族类。种种名号。种种心性。种种知见。种种欲乐。种种意行。种种威仪。种种衣服。种种饮食。处于种种村营聚落城邑宫殿。乃至天龙八部人非人等。无足二足。四足多足。有色无色。有想无想。非有想。非无想。如是等类。我皆于一切随顺而为[1]。种种承事。种种供养。如敬父母。如奉师尊。及阿罗汉。乃至如来。其敬奉等无异。为诸病苦之为良医者。示失

注释：

[1] 汉文本此句作"如是等类。我皆于彼。随顺而转。"

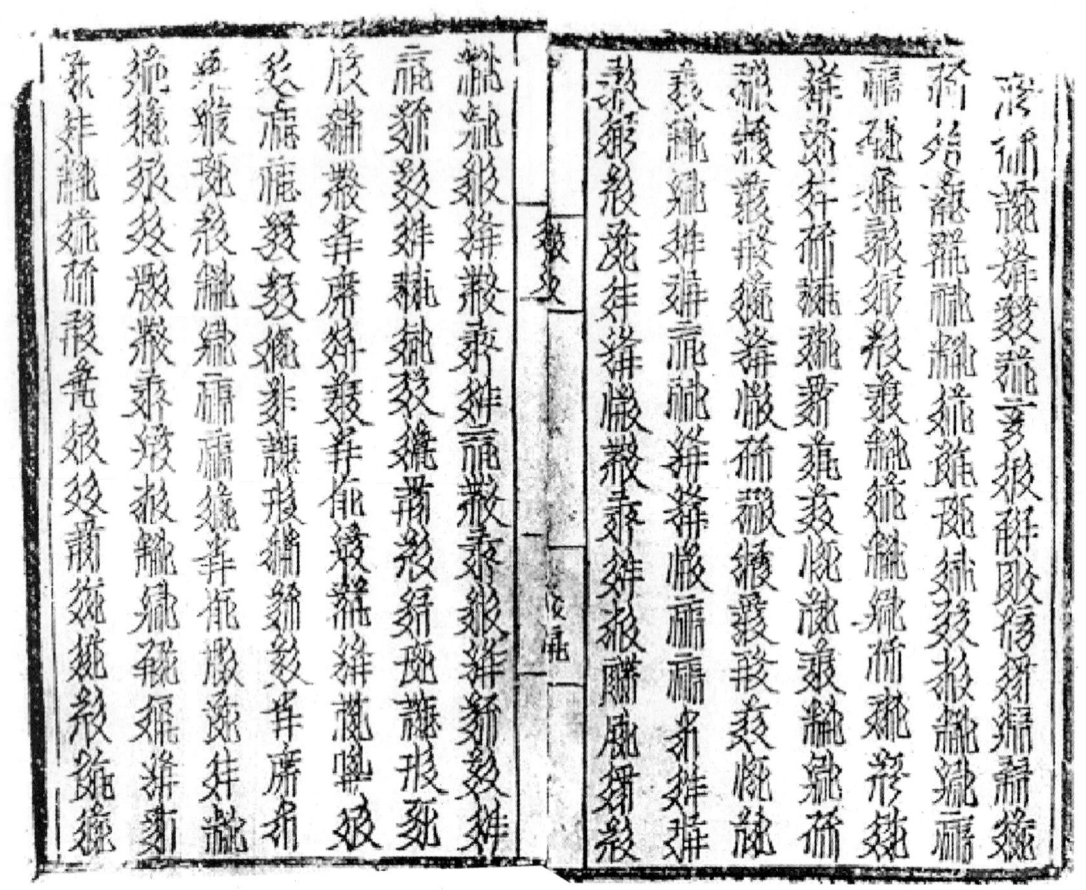

第 12 叶：

字译：

者之道实乃教夜晚中他明为穷尽者/之□库得令菩萨此如平等而众生一/切治利如何也若菩萨众生之顺为能/则诸佛之随顺供养与无异若众生之/尊敬侍奉者如来之尊敬侍奉与无异/若众生心喜起令则如来一切亦心喜/如何也诸佛如来大悲心以体性为也/众生因则大悲心起大悲因则菩提心/起菩提心因正等觉成也譬如郊野沙/糙中大树王植树根水得则枝叶花/果皆皆茂盛死生郊野中菩提树王亦/彼已如也众生一切者树根是诸佛菩/萨者花果是大悲水以众生治利则故/诸佛菩萨之智慧花果成就能也此者/

译文：

道者之实路。夜晚中。为他命。于贫穷者。令得库舱。菩萨如是平等而治利一切众生。如何也。若菩萨能顺众生。则不异于随顺供养诸佛。若于众生。尊敬承事者。不异于尊敬承事如来。若令众生心喜。则一切如来亦心喜。如何也。诸佛如来。以大悲心为性也。因于众生则起大悲心。因大悲则生菩提心。因菩提心。成等正觉也。譬如旷野沙碛中。植大树王。若树根得水。则枝叶花果悉皆繁茂。生死旷野中。菩提树王亦如是也。一切众生者是树根。诸佛菩萨者是花果。以大悲水。治利众生。则故能成就诸佛菩萨之智慧花果也。此者

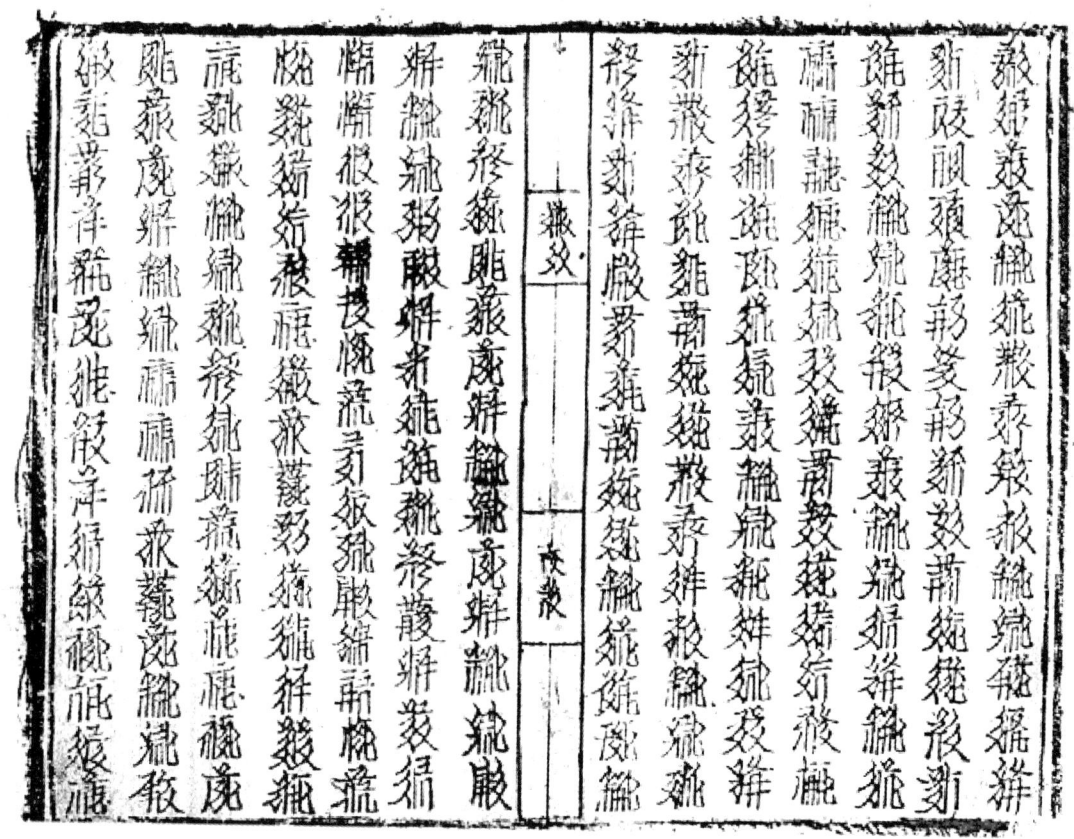

第13叶：

字译：

如何若诸菩萨大悲水以众生治利则/故阿耨多罗三藐三菩提成就能也故/此菩提众生上缚属众生无则菩萨/一切终最上正等觉成不能善男子汝/此义中此如解所若众生上心平等则/故大悲圆满成就能大悲心以众生随/为则故如来供养成就能菩萨此如众/生顺为者虚空界尽众生界尽众生业/尽众生烦恼尽亦吾此顺为乃穷处无/念念继续间断无有身语意业厌倦无有/复次善男子皆普回向谓者初礼拜于/起乃至众生顺为德功有者皆皆法界/虚空界尽众生一切之回向诸众生等/常安乐当得诸病苦当无恶法行欲皆/

译文：

如何。若诸菩萨以大悲水。治利众生。则故阿耨多罗三藐三菩提成就能也。是故菩提。属于众生。若无众生。则一切菩萨终不能成至上等正觉。善男子。汝于此义。所解如是。若众生心平等。则能成就大悲圆满。以大悲心随顺众生。则能成就供养如来。菩萨如是随顺众生者。虚空界尽。众生界尽。众生业尽。众生烦恼尽。我此随顺亦无穷尽。念念相续无有间断。身语意业无有疲厌。复次善男子。言普皆回向者。从初礼拜起。乃至随顺众生。有功德者。悉皆法界虚空界尽。回向一切众生。诸众生等常得安乐。无诸病苦。欲行恶法皆

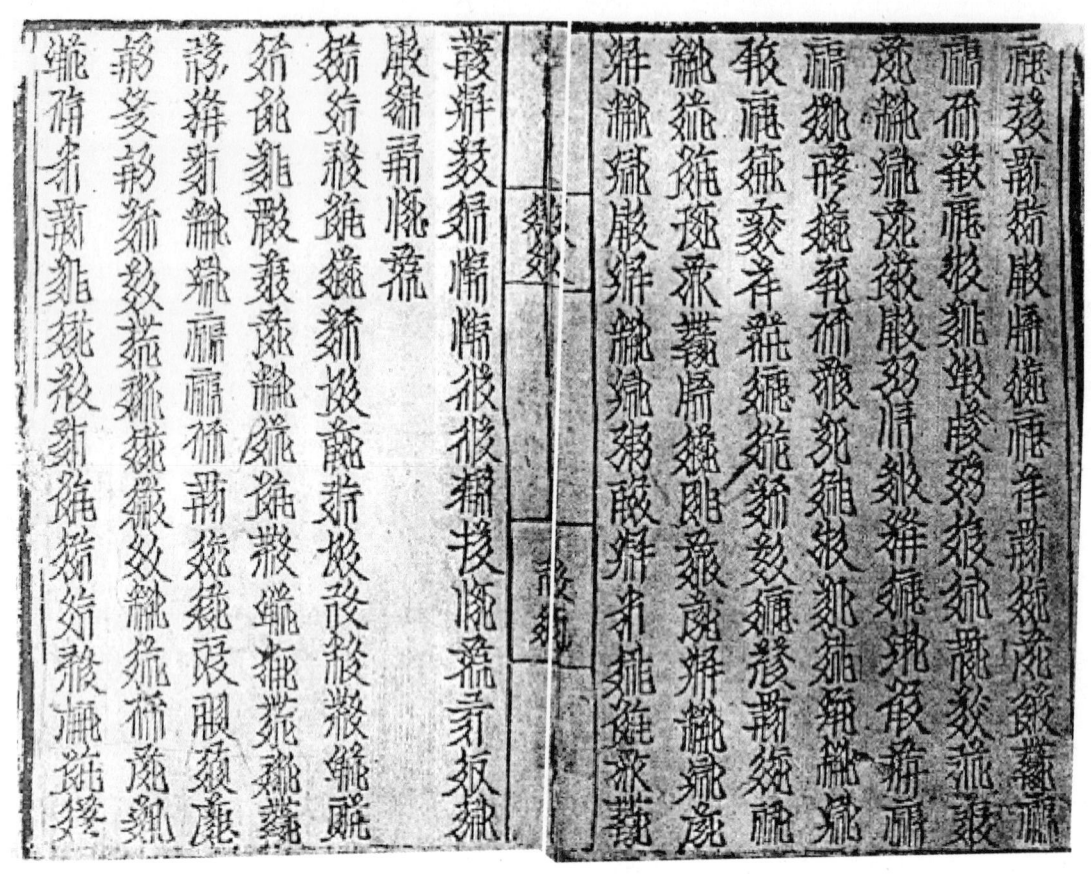

第 14 叶：

字译：

皆无成善业修者皆当成就诸恶趣一/切之门皆关闭人天涅槃正路开示若/诸众生诸恶业积集因则最重苦怨一/切受应者其之换边我关闭我其众生/等皆解脱当得最上菩提究竟成就令/菩萨此如回向修者虚空界尽众生界/尽众生业尽众生烦恼尽以我此回向/乃穷处无念念继续间断无有身语意/业厌倦无有/善男子此者菩萨摩诃萨十种大愿具/足圆满是若诸菩萨此大愿于随顺趣/入则故众生一切之成就能阿耨多罗/三藐三菩提随顺能普贤菩萨之诸行/愿海亦成满能也故此善男子汝此义/

译文：

悉不成。修善业者。皆能成就。关闭一切诸恶之趣门。开示人天涅槃正路。若诸众生。因积集诸恶业。则最应受极重一切苦果者。我与其交换。令彼众生等皆得解脱。究竟成就无上菩提。菩萨如是修回向者。虚空界尽。众生界尽。众生业尽。众生烦恼尽。我此回向亦无有穷尽。念念相续。无有间断。身语意业无有疲厌。

善男子。此者是菩萨摩诃萨十种大愿具足圆满。若诸菩萨。于此大愿。随顺趣入。则能成就一切众生。能随顺阿耨多罗三藐三菩提。能成满普贤菩萨诸行愿海也。是故善男子。汝于此

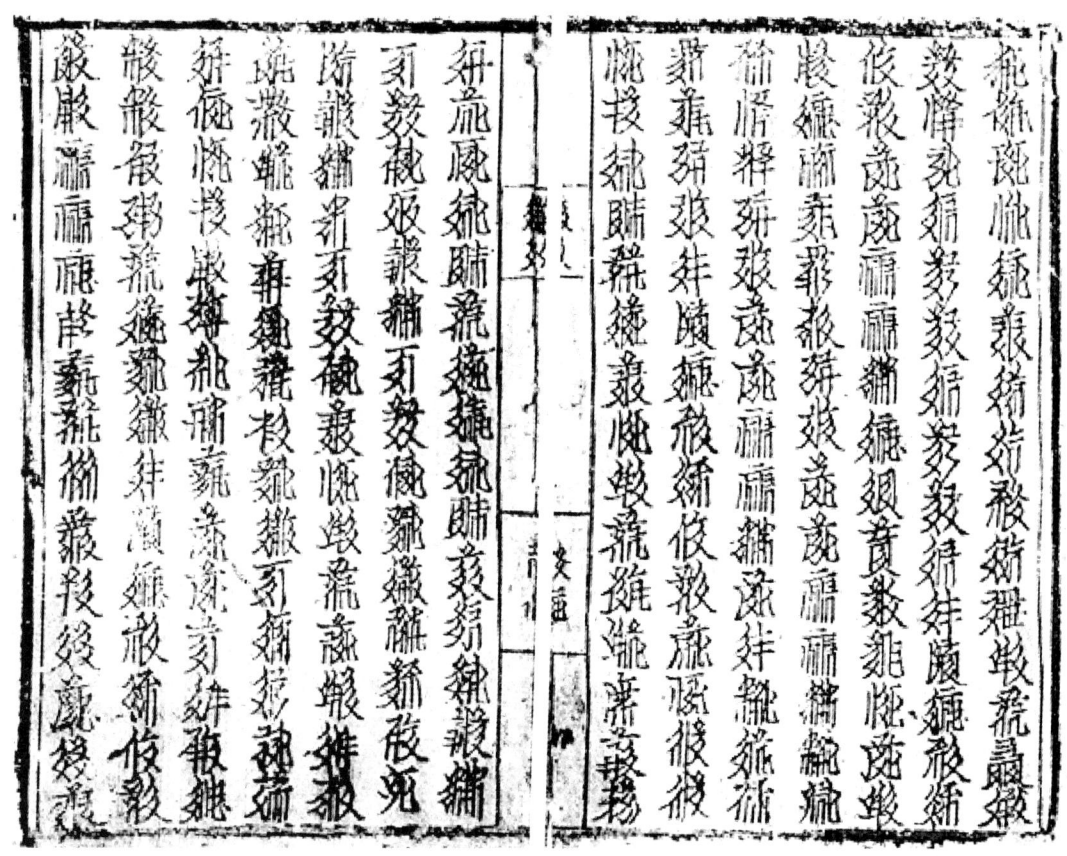

第15叶：

字译：

于此如知所若善男子善女人有十方/无量边不说可不说可无佛国最微尘/土数世界一切中最妙七宝满及诸人/天最胜安乐而彼时世界一切中众生/之施舍彼时世界一切中诸佛菩萨之/供养彼时佛国最微尘土数劫经继续/不断德功得者若复人有此愿王闻一/番耳经德功有者先德功与比百分中/一不及千分中一不及乃至优波尼沙/陀分中亦一不及或复人有深信心以/此大愿于受持读诵乃至一四句偈书/写五不断业立便消灭世界身心等病种种苦恼所有乃至佛国最稀尘土数/恶业一切皆融灭得摩军夜叉罗刹若/

译文：

义。如是知之。若有善男子善女人。十方无量无边不可说不可说佛刹极微尘数一切世界。上妙七宝及诸人天最胜安乐。而彼时布施一切世界中之众生。彼时供养一切世界中诸佛菩萨。经彼时佛刹极微尘数劫。相续不断。得功德者。若复有人。闻此愿王。一番经耳。有功德者。比前功德。百分中不及一。千分中不及一。乃至优波尼沙陀分中亦不及一。或复有人。以深信心。于此大愿。受持读诵。乃至书写一四句偈。速能除灭五无间业。所有世界身心等病。所有苦恼。乃至佛刹极微尘数一切恶业。皆得销除。魔军夜叉罗刹。若

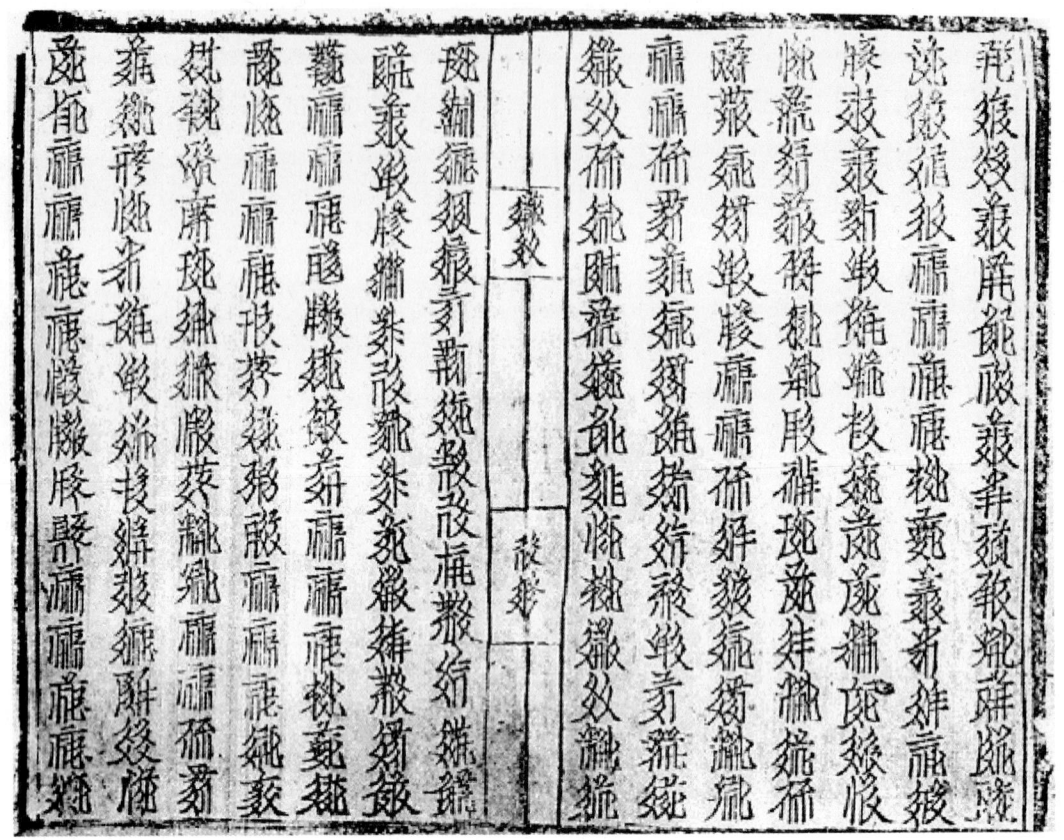

第 16 叶：

字译：

鸠盘荼若毕舍阇若部多等血饮肉食/诸恶鬼神一切皆悉远离或亦心起近/亲守护故人此愿诵者世界中行障碍/无有喻空中月云障出如诸佛菩萨之/赞现所为人天一切之礼敬所为众生/一切之供养所为此善男子人身得能/普贤之德功所有圆满不远普贤菩萨/如速最妙色身成就三十二大男子相/具若人天中生岂乃生处常族大为恶/趣一切界消毁能恶党一切皆远离能/道外一切皆调伏能烦恼一切皆解脱/能狮子王如群兽降伏众生一切之供/养受应复亦此人命断时时最后刹那/诸根一切皆皆散毁亲戚一切皆皆弃/

译文：

鸠盘荼若毕舍阇。若部多等。饮血食肉诸恶鬼神。一切皆悉远离。或亦心起。亲近守护。故人诵此愿者。行于世间。无有障碍。如空中月出云翳。如为诸佛菩萨之所称赞。一切人天皆为礼敬。一切众生悉为供养。此善男子。能得人身。圆满普贤之所有功德。不久如普贤菩萨。速成就微妙色身。具三十二大丈夫相。若生人天。所生之处。常为大族。能破坏一切恶趣。能远离一切恶友。能制伏一切外道。能解脱一切烦恼。如狮子王降伏群兽。堪受一切众生之供养。又复是人临命中时。最后刹那。一切诸根悉皆散坏。一切亲属悉皆舍

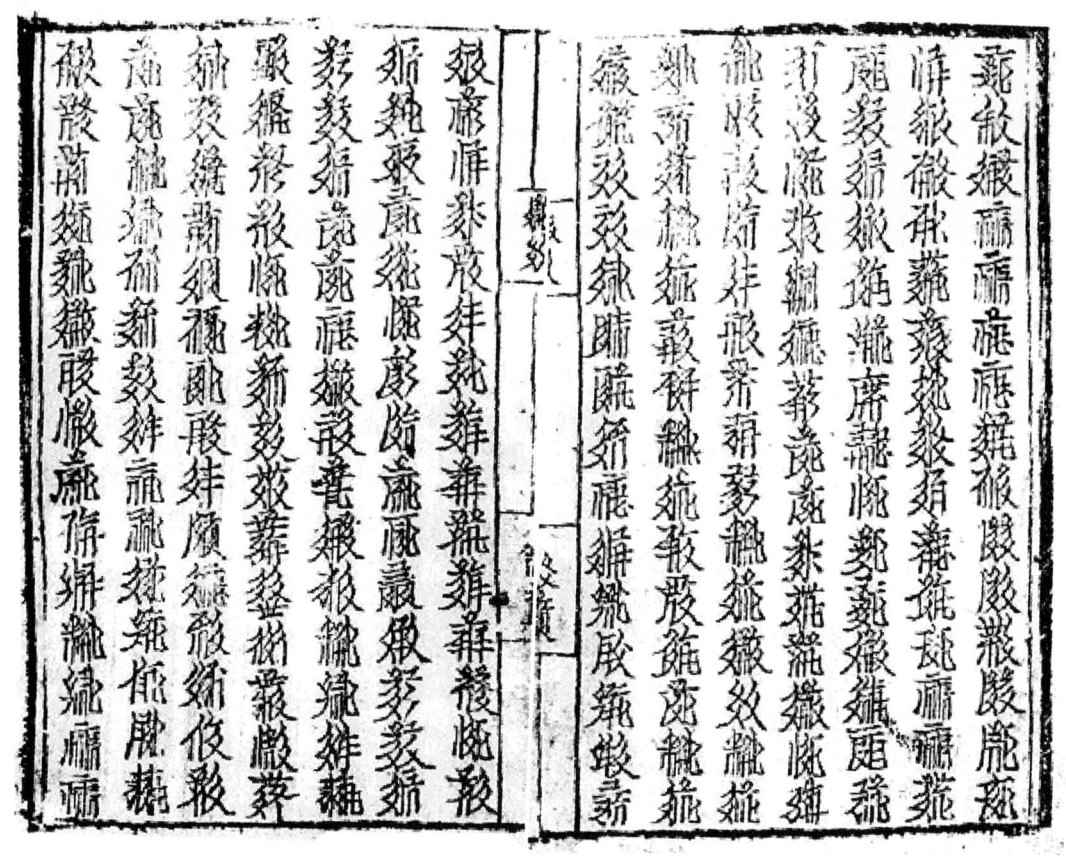

第17叶：

字译：

离威力一切皆悉丧失臣相大臣城郭/内外象马车乘珍宝伏藏此如一切随/逐可无惟此愿王久不分离常前导示/一刹那时速最乐世界生往得至后立/便阿弥陀佛曼殊室利菩萨普贤菩萨/观自主菩萨弥勒菩萨等见此诸菩萨/色相美丽德功满足皆共围绕彼人自/莲花内生见佛处授记得授记毕复数/无百千万亿那由他劫经十方说可不/说可不世界皆普智慧力以众生心随/利益为也不远菩提道场坐摩军降伏/正等觉成妙法轮转佛国最稀尘土数/世界众生之菩提心发令能彼根性因/教训成就乃至未来劫海尽众生一切/

译文：

弃。一切威势悉皆退失。辅相大臣。宫城内外。象马车乘。珍宝伏藏。如是一切无复相随。唯此愿王久不舍离。常引导其前。一刹那。速得往生极乐世界。到已即见阿弥陀佛。文殊师利菩萨。普贤菩萨。观自在菩萨。弥勒菩萨等。此诸菩萨色相端严。功德具足。皆共围绕。其人自见生莲花中。蒙佛授记。得授记已。复经无数百千万亿那由他劫。普于十方不可说不可说世界。以智慧力。随众生心。为利益也。不久坐菩提道场。降伏魔军。成等正觉。转妙法轮。能令佛刹极微尘数世界众生。发菩提心。随其根性。教化成就。乃至尽于未来劫海。广能利益

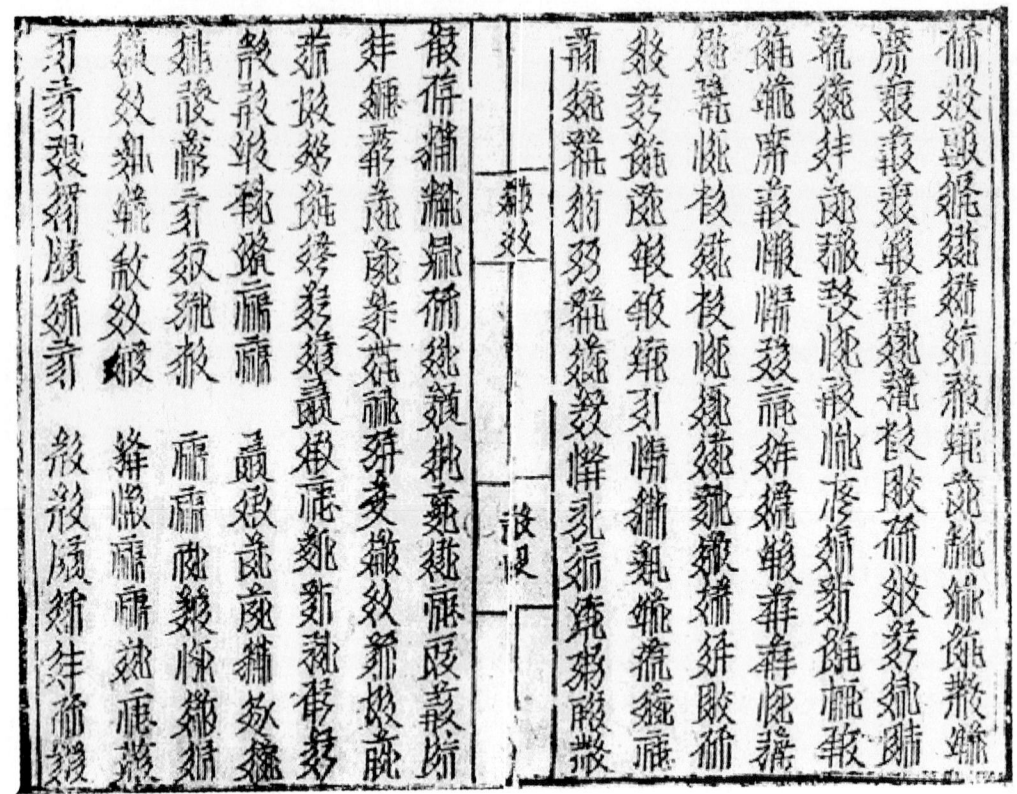

第 18 叶右面：

字译：

之广利益能善男子彼诸众生此大愿/王若听若信受持读诵人之广说德功/所有佛世尊除其余知者无故此汝等/此愿王闻疑念未起心诚信授授复读/能读复诵能诵复持能乃至书写人之/广说此诸人等彼一念中行愿所有皆/成就得福聚得所未量边无彼烦恼大/苦海中众生之普济远离能皆阿弥陀/佛最乐世界生往令彼时普贤菩萨摩/诃萨再此义说欲十方具观故偈说言/

　　三世人狮子一切　　十方世界中处者
　　吾清净身语意以　　一切礼拜不至无
　　普贤行愿威贤力　　如来一切处皆现
　　一身化为国土身　　一一国土佛之礼

译文：

一切众生。善男子。彼诸众生。若闻若信。此大愿王。受持读诵。广为人说。所有功德。除佛世尊余无知者。是故汝等。闻此愿王。莫生疑念。心当谛受。受复能读。读复能诵。诵复能持。乃至书写。广为人说。是诸人等。于彼一念。所有行愿。皆得成就。所得福聚无量无边。于彼烦恼苦海中。普济众生。能远离。皆令往生阿弥陀佛极乐世界。尔时普贤菩萨摩诃萨。欲重宣此义。普观十方。故说偈曰。

　　三世一切人狮子　　所有十方世界中
　　我以清净身语意　　一切遍礼尽无余
　　普贤行愿威神力　　普现一切如来前
　　一身复现刹尘身　　一一遍礼刹尘佛

第 19 叶右面：

字译：

其一尘中尘数佛　　自边菩萨会中在
穷无法界尘其如　　诸佛至满皆深信
自边声音海一切　　具皆穷无妙语出
后未来劫一切尽　　佛之深大德海赞
诸最福妙花鬘以　　妓乐涂香及华盖
此如最福严身具　　诸实来之吾供养
最福衣服最福香　　末香烧香及灯火

译文：

于一尘中尘数佛　　各处菩萨众会中
无尽法界尘亦然　　深信诸佛皆充满
各以一切音声海　　普出无尽妙言辞
尽于未来一切劫　　赞佛甚深功德海
以诸最胜妙华鬘　　妓乐涂香及华盖
如是最胜庄严具　　我以供养诸如来
最胜衣服最胜香　　末香烧香以灯烛

（第 19 叶左面、20 叶、21 叶右面原缺。）

第 21 叶左面：

字译：

譬如莲华水不著	又日月如空中［不］
恶道一切苦皆灭	诸众生之皆乐与
此如刹尘劫数经	十方利益常无尽
我常众生顺所为	未来劫一切皆经
普贤弘大行常修	最上大菩提圆满
我与行遣同所有	岂生住处同聚集
身口意业皆同平	行愿一切同修学

译文：

犹如莲华不著水	亦如日月不挂空
悉除一切恶道苦	等与一切群生乐
如是数经刹尘劫	十方利益恒无尽
我常随顺诸众生	尽于未来一切劫
恒修普贤广大行	圆满无上大菩提
所有与我同行者	于一切处同集会
身口意业皆同等	一切行愿同修学

第 22 叶：

字译：

我之利益善知识	我之普贤行示〔愿〕
愿常我与同集会	常我于心喜心生
愿常诸佛面景见	及诸佛子众围绕
皆之广大求供为	未来劫尽厌倦无
愿诸佛之法持因	菩提行一切显明
究竟清净普贤道	未来劫尽常修习
我彼诸有一切中	福智修所恒无尽
定慧益报及解脱	诸尽无德功隐得
一尘土中尘数刹	一一中思难佛有
一一佛处会中来	恒菩提行演我见
十方诸刹海皆尽	一一毛端三钵海
佛海及亦国土海	我皆修行劫海经
如来一切言清净	一言中众听海具
诸众生之显音随	一一皆佛辩海才

译文：

我之利益善知识	为我愿示普贤行
愿常与我同集会	于我常生欢喜心
愿常面见诸如来	及诸佛子众围绕

为彼皆求广大供　　尽未来劫无疲厌
愿持诸佛微妙法　　光显一切菩提行
究竟清净普贤道　　尽未来劫常修习
我于一切诸有中　　所修福智恒无尽
定慧方便及解脱　　获诸无尽功德藏
一尘中有尘数刹　　一一中有难思佛
一一佛处众会中　　我见恒演菩提行
普尽十方诸刹海　　一一毛端三世海
佛海及与国土海　　我遍修行经劫海
一切如来语清净　　一言具众音声海
随诸众生音乐音　　一一皆佛辩才海

第 23 叶：
字译：

三世诸如来一切　　彼尽无言语海与
理趣妙法轮恒转　　我深智而皆入能
我未来世深悟能　　劫一切尽一念是
过往未来劫一切　　一念时时我皆入
三世人师子一切　　我一念亦皆则见
佛之境界及威力　　幻如解脱我常入
一毛端最尘微中　　三世庄严国出现
十方尘刹诸毛端　　我皆深入美净善
未来世长世照灯　　道成法轮众生教
佛事究竟示涅槃　　我皆处遍亲近为
疾速皆普贤神力　　普门皆入大乘力

智行普修德功力　　威贤皆盖大慈力
遍净庄严胜福力　　著无依无智慧力
定慧益报诸威力　　皆聚集能菩提力

译文：
三世一切诸如来　　于彼无尽语言海
恒转理趣妙法轮　　我深智而皆能入
我能深悟未来世　　尽一切劫为一念
过往未来一切劫　　为一念际我皆入
所有一切人师子　　我于一念见三世[1]
我常入佛之境界　　如幻解脱及威力[2]
于一毛端极微中　　出现三世庄严刹
十方尘刹诸毛端　　我皆深入美净善
未来长世照世灯　　成道转法悟群有
究竟佛事示涅槃　　我皆至处而亲近
速疾周遍神通力　　普门遍入大乘力
智行普修功德力　　威神普覆大慈力
遍净庄严胜福力　　无着无依智慧力
定慧方便诸威力　　普能聚集菩提力

注释：
[1] 汉文本此二句颠倒。
[2] 疑误抄，汉文本为"亦常入佛境界中　如幻解脱及威力"。

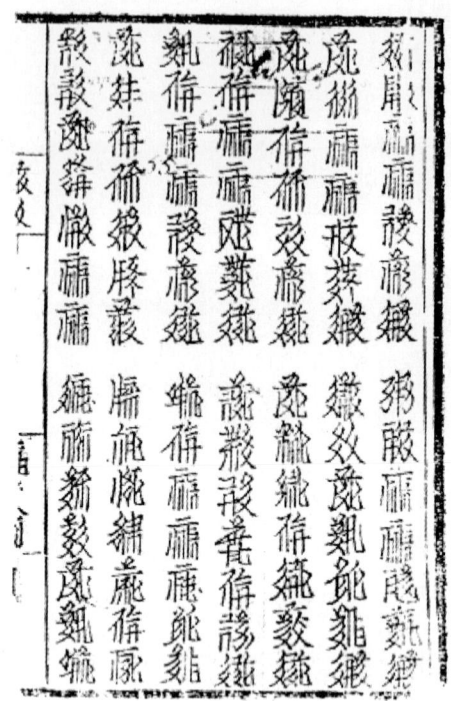

第 24 叶右面：

字译：

善业一切清净力　　烦恼一切消灭力
诸魔一切降伏力　　普贤诸行圆满力
诸刹海之严净能　　诸众生海解脱能
法海一切区分能　　深大智慧海入能
行海一切清净能　　愿海一切皆圆满
诸佛海之亲多近　　修行无倦劫海经
三世诸如来一切　　最胜菩提诸行愿

译文：

清净一切善业力　　摧灭一切烦恼力
降伏一切诸魔力　　圆满普贤诸行力
普能严净诸刹海　　解脱一切众生海
善能分别诸法海　　能甚深入智慧海
善能清净诸行海　　圆满一切诸愿海
亲近供养诸佛海　　修习无倦经劫海
三世一切诸如来　　最胜菩提诸行愿

（第 24 叶左面、25 叶、26 叶右面原缺。）

第 26 叶左面：
字译：

疾得无光佛之见　　此普贤最胜愿具
此人胜寿命得善　　此人人中生来善
彼普贤菩萨行如　　此人不远成就得
往昔智慧无有由　　最恶五不问患所
此普贤大愿王诵　　一念立即皆销灭
氏大亲友及色容　　相善智慧皆圆满
诸魔道外之皆降　　三界供养所承［受］

译文：

速见佛之无量光　　具此普贤最胜愿
此人善得胜寿命　　此人善来人中生
如彼普贤菩萨行　　此人不久当成就[1]
往昔由无智慧力　　所患极恶五无问
诵此普贤大愿王　　一念速疾皆销灭
大氏亲友及容色　　相好智慧皆圆满[2]
诸魔外道不能摧　　堪为三界所应供

注释：

[1] 汉文本此二句颠倒。
[2] 汉文本此句为"族姓种类及容色　相好智慧咸圆满"。

第 27 叶：

字译：

疾菩提大树下往　　坐竟诸魔皆降伏
正等觉成法轮转　　众生一切皆利益
若人此普贤愿于　　读诵授持及解说
惟佛此果报知能　　决定胜菩提道得
若人此普贤愿诵　　我少分之善报言
众生成就清净愿　　一念之时皆圆满
我此普贤胜殊行　　边无胜福皆回向
皆愿沉溺诸众生　　无量光佛刹愿生

于时普贤菩萨摩诃萨如来前面此普/贤广大愿王清净颂讲毕亲财童子无/量所戏菩萨一切皆大心喜如来赞颂/善哉善哉/于时世尊诸圣菩萨摩诃萨与是如思/议可不解脱境界胜法门宣讲时□□/

译文：

速诸菩提大树王　　坐已降伏诸魔来
成等正觉转法轮　　普利一切诸含识
若人于此普贤愿　　诵读受持及演说
唯佛能知此果报　　决定获胜菩提道
若人诵此普贤愿　　我说少分之善报
成就众生清净愿　　一念一切皆圆满[1]

我此普贤殊胜行　无边胜福皆回向
普愿沉溺诸众生　愿生无量光佛刹

尔时普贤菩萨摩诃萨。如来面前。颂讲此普贤广大愿王清净毕。善财童子。踊跃无量。一切菩萨皆大欢喜。如来赞颂。善哉善哉。

尔时世尊。与诸圣菩萨摩诃萨。宣讲如是不可思议解脱境界胜法门时。

注释：

[1] 汉文本此二句颠倒。

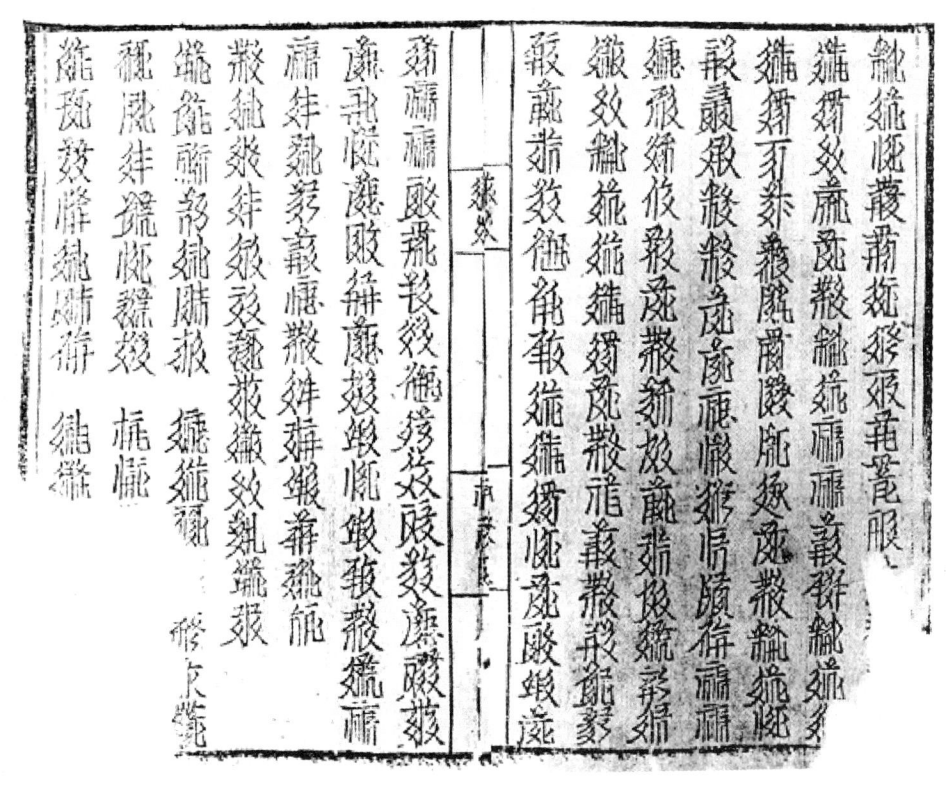

第28叶：

字译：

菩萨及所成熟六千比丘出□□□[上]/首为贤劫诸大菩萨一切弥勒菩萨[上]/首为一生补缀顶灌居住诸大菩萨及/余十方种种世界皆来聚集刹海一切/最稀尘土数诸大菩萨摩诃萨众垢无/普贤菩萨上首为诸大听闻大智舍利/弗摩诃目犍连等上首为及诸天人世/主一切天龙夜叉乾闼婆阿修罗迦楼/罗紧那罗摩侯罗伽人非人等大众一/切佛所言皆大心喜信受奉行/大方广佛华严契经普贤行愿品/

汉译：

菩萨。及所成熟。六千比丘。□□□□为上首[1]。贤劫一切诸大菩萨。弥勒菩萨为上首[2]。一生补处住灌顶位诸大菩萨。及余十方种种世界。普来聚集。一切刹海极微尘数诸大菩萨摩诃萨众。无垢普贤菩萨为上首。诸大声闻[3]。大智舍利弗。摩诃目犍连等。而为上首[4]。诸人天一切世主。天龙夜叉乾闼婆阿修罗迦楼罗紧那罗摩侯罗伽人非人等一切大众。闻佛所说。皆大欢喜。信受奉行。

大方广佛华严契经普贤行愿品。

注释：

[1] 据汉文本，知所佚四字为"弥勒菩萨"。

[2] 汉文本作"无垢普贤菩萨而为上首"。

[3] 汉文本无此二句。

[4] 汉文本此处有"诸大声闻"四字。

结 束 语

如果把明代抄刻的那几件佛教文献考虑进去，西夏文的存在时间也不过四百余年，这四百余年在中华民族几千年的文明史上算不得漫长，但党项民族通过西夏文字为后人保留下来的丰富文化遗产却是谁都不能忽视的。

众所周知，唐宋时期是中原汉文化向周边地区传播的高峰时期，作为文化传播重要载体的汉字曾导致了一大批汉字式外民族文字的产生。近些年来，中国的文字学研究已经从单纯的汉字分析发展到对亚洲所有汉字式文字体系的综合审视，这一广阔的研究视角对于我国的学术进步和政府语言文字政策的完善都具有重大的意义。举例来说，西夏文是整个汉文字系统中笔画最为复杂的文字，其难写难认是出了名的，可是西夏政府只用了很短的时间就使它在全国普及开了，这一事实告诉我们，在一种新文字的创制和推行过程中，起决定性作用的并不是文字的繁简和"科学程度"，而是政府推行这种新文字的决心和力度，以及该地区文化发展的内在倾向。用这样的眼光来回顾近半个世纪我国各种新创少数民族文字的沉浮历程，人们似乎不难认清，我国各种新创的少数民族文字之所以没有获得预期的成功，并不是由于以拉丁字母为基础的这些文字"不科学"，而是由于中央和地方政府顾及当地文化发展的内在倾向而没有使出足够的决心和力度去推行它们。

近年来西夏文献的研究颇受整个学术界瞩目，其原因是人们发现中国有不少失传已久的文史著作竟然以西夏译本的形式保存到了今天，学者可以通过研究这些译本窥知甚至重现一批汉藏文古佚书的原貌。近年来人们已经据西夏译本了解了唐代于立政的《类林》、宋代吕惠卿的《孝经传》以及大量至今还不能确切考知其名的书籍，即使是有汉文本存世的古书，人们也往往能够从西夏译本中辑录出今本所佚的词句、段落甚至篇章，从而使我国的书籍宝库变得更加丰富起来。另一个让人们始料不及的事实是，在现存的西夏文献中出现了为数不少的活字印刷品。作为中国古代四大发明之一的活字印刷术多年来让中国人感到自豪，然而遗憾的是人们很少见到有13世纪以前的活字印刷实物存世，20世纪西夏文献的出土已经逐渐填补了这个空白。

西夏文献的研究还要经过很多代人的努力才能完成，学界迄今整理刊布的东西还不及世界上全部现存文献的十分之一，其中经过解读和研究的则更是少得可怜。我们无法预料一百年后的西夏学会有怎样的发展，但可以断定的是，那时的西夏学者能够告诉大家的情况一定会比我们今天多出很多。

黄建明 王继超 编著

第 一 章

历史文化概况

彝族是个具有悠久历史、灿烂文化的民族。根据 2000 年人口普查，彝族共有 776.23 万人口，居全国少数民族人口的第七位。但在中国西南地区，彝族是少数民族中人口最多的民族。彝族人主要分布在云南、四川、贵州三省和广西壮族自治区。在四川主要聚居于凉山彝族自治州以及峨边、马边彝族自治县。在云南主要聚居于楚雄彝族自治州，红河哈尼族彝族自治州以及峨山、宁蒗、石林、南涧、漾濞、景东彝族自治县和江城、巍山、寻甸、元江、新平、景谷、潽洱、禄劝等与其他民族联合的自治县。贵州省的威宁彝族回族苗族自治县和广西隆林各族自治县，也是彝族人较为集中的地方。

彝族支系繁多，自称与他称也极为复杂，不同的自称和他称共有 70 多种。自称有诺苏、纳苏、聂苏、倮倮、阿细、阿哲、阿乌、阿扎、朴拉泼、尼、撒马都、里泼、果泼等。他称有黑彝、白彝、红彝、甘彝、土家、倮倮、阿细、阿哲、朴拉、撒尼、撒梅、子君、香堂、他留等。旧时的方志和史料中把彝族称为"夷族"或"倮倮"。中华人民共和国成立后，统称为彝族。

不同的支系有不同的服饰。从总体而言，服饰的用料、款式的选择是根据所居住的环境来决定的。居住在高寒山区的彝族多选厚实、深色的衣料：男性披毡，女性穿裙。居住在半山区的彝民为方便山地耕作，多选择宽松的款式。居住在低海拔的彝民为了凉爽，喜穿薄而短的服饰。学术界根据不同的区位把彝族服饰分为凉山型、乌蒙型、红河型、滇东南型、滇西型、楚雄型等六类。在同一类服饰中，又因支系的不同其服饰式样也有所不同。如撒尼服饰与阿细服，虽同为滇东南型，但两个支系间无论男女老少其服饰的用料、款式、造型都有一定的差异。

彝族有自己的语言，彝语属汉藏语系、藏缅语族、彝语支，同属彝语支的还有哈尼、傈僳、拉祜、基诺等民族语言。彝族语言内部差异较大，学术界根据彝族地理分布位置，把彝语划分为东部、东南部、南部、西部、北部、中部六大方言，下分次方言、土语和次土语。不同次方言、土语和次土语间，由于支系的不同，无法用彝语交流。彝语的使用情况不平衡，在中华人民共和国成立以前，与汉区杂居的部分彝族已改用了汉语，而在彝族聚居区至今中老年人还听不懂汉语，青、少年则能讲彝、汉两种语言，与外界交流时讲汉语，本民族内部则讲彝语。在四川彝区彝语文进了中小学，部分高校还设有彝语文专业。

彝族的全民宗教为原生宗教，相信万物有灵，不过祖先崇拜在彝族宗教生活中占有重要位置。彝族举行大、中型的祭祀活动时，均由毕摩主持。为亡灵超度（指路）是毕摩的一项重要任务。在彝族原生宗教生活中除祭师毕摩以外，还有巫师苏尼。部分彝族还信仰基督教、佛教、道教。

彝族的一些传统节日与宗教有着密切的关系。彝族各种节日中较为隆重的节日有"火把节""彝族年""密枝节""插花节""赛装节""祭公节"等。

彝族人的居住环境较为复杂，有着明显的地域差异。大部分彝人居住在山区或高寒地区，为云贵高原和青藏高原东南边缘山区。这里山川河流交错，景色粗犷雄浑。大部分彝族分别居住在大小凉山、乌蒙山、哀牢山、无量山等山系和金沙江、大渡河、南盘江、红河等水系。由于山川相间、峡谷纵横，构成了极其复杂的地形和生态多样性。有人认为彝族繁多的支系、复杂的方言、千姿百态的服饰、形态多样的生产生活方式，与复杂的地理环境、山川河流的阻隔有一定的关系。

由于纬度和海拔高度的不同，各地彝族的生产和生活方式也不尽相同。彝族人分别居住在高寒山区、山区、半山区和盆地等四类地方。高寒山区在海拔 2500 米以上，居住在高海拔山区的彝族生产方式为农耕兼畜牧业，主产荞子、燕麦、土豆等。由于气候寒冷、土地贫瘠、粮食产量低，因而畜牧业产品是高寒山区生活的重要补充。居住在海拔 1800—2500 米山区的彝族，主要种植玉米、荞麦。这里的彝民生产方式为典型的山地民族，这里森林资源丰富，山珍和药材是这些地方生活的重要补充。彝族人绝大部分居住在海拔 1500—2000 米的丘陵地带，这一等高线的彝区大部分为石灰岩溶地貌，生产玉米、稻谷、小麦等。这些地方为半山区，旅游资源非常丰富，近几十年这些地方的旅游资源得到了合理的开发，部分彝民已从事了旅游业。部分彝族居住在海拔 1000 米左右的盆地里，是典型的稻作民族，农作物种类较多，居住在盆地的彝人生活相对富裕一些。

彝族的社会形态发展状况极不平衡。直至中华人民共和国成立前，彝族他留支系和山苏支系的社会生活中还明显残存着原始社会的痕迹。大小凉山实行的是奴隶社会制。云南和贵州大部分彝区与当地汉族同步进入了封建社会。云南个旧彝区还出现了资本主义的萌芽。处在不同社会发展阶段的各地彝族，在中华人民共和国成立后，共同进入了社会主义社会。

彝族是个小集中、大杂居的民族。分别与汉族、回族、苗族、哈尼族、白族、傣族、藏族等民族杂居，历史上能与周围的民族和睦相处，能互帮互助、共同发展。在多民族杂居的西南地区，除汉族以外，彝族是人口较多的民族，所以其他民族文化对彝族文化的冲击和同化现象很少。自明朝以后，汉族势力在彝区进一步强化，汉族人口也超过彝族，强大的汉民族和先进的汉文化对彝民族和彝文化产生了较大的影响。这种影响不同程度地反映在彝文及其文献中。

彝族具有悠久的历史。关于彝族族源，学术界有不同的看法。有土著说、氐羌说、北来说、西来说、南来说和东来说等。西方学者曾提出"彝族人种外来说"的观点，不过中国学者长期不认同西方学者的这种观点。中华人民共和国成立以前就有卢人、卢戎、古濮人、马来人、僚人等不同说法。中华人民共和国成立之后，经过深入而认真的调查和研究，研究彝族的大多数学者认为：彝族是以土著人为基础，融合南迁的古氐羌人，经过长期发展而形成的民族。

这一观点，在考古资料、历史文献、社会调查材料等多学科资料中得到了综合证实。在楚雄彝族自治州境内，发现了禄丰腊玛古猿、元谋蝴蝶梁腊玛古猿及元谋直立人。在石林彝族自治县还发现了"旧石器"时代的打制石器，这一切说明，今之彝区早有人类先民活动，是人类发祥地之一。

彝族与古羌人有着密切的关系，大约从 4000 至 5000 年前开始，古羌人从西北往西南迁徙，融合土著人，形成了新的族群。秦、汉时期，今天的四川、云南、贵州等地彝族先民部落从整体上来说已经产生了一定的共性，所以，汉文史籍将其称为"西南夷"。东汉中后期，彝族中已形成了一些颇具势力的地方代表"夷帅"。东汉灭亡后，部分"夷帅"崛起，其中爨氏政权是威赫一方的地方政权。到了唐代，爨氏政权被"南诏"所灭。唐代是中国历史上的一个重要时期，也是彝族发展史上的一个重要阶段。公元 7 世纪至 9 世纪，在中国西南建立了以彝族为主的南诏政权，先后历经二百余年，基本与唐王朝相始终。"大理国"封建政权的建立取代了南诏政权。宋代，除大理政权统治了主要的彝族先民部落外，还有一些彝族先民建立了较小的地方政权。如"罗殿国""罗氏鬼国""自杞国"等。元代，大部分彝族地区实行土司制度，由彝族上层人士管理和统治彝区。明代，在广大彝区实行了"改土归流"措施，但实施的时间不一样，有些地方早在明朝已完成，但有些地方则推迟到清代才完成。清封建王朝对彝区的统治较为残酷，所以各地彝民燃起了推翻封建王朝的烽火。民国时期以龙云、卢汉为代表的彝族上层人士统治云南长达20余年，直至1949年和平起义。解放战争时期云南革命武装根据地大部分建立在彝族地区，彝族人民为新中国的建立做出了宝贵的贡献。中华人民共和国成立时，大小凉山彝区由于处于奴隶社会阶段，因而采取了有别于内地土地改革运动的民主改革。通过民主改革使大小凉山彝区从奴隶社会跨跃式地进入了社会主义社会。

第 二 章

文字的起源与变迁

彝语称"文字"为 [si^{55}] 或 [bu^{55}ma^{33}],故称彝文为 [ni^{21} si^{55}] 或 [na^{33} su^{55} bu^{33} ma^{33}]。其中 [si^{55}] 与彝语"血"有同源词关系;[bu^{55}ma^{33}] 与彝语"绘图"有同源词关系。汉文史料中分别称彝文为"夷字""爨文""韪书""蝌蚪文""倮倮文""毕摩文"等。其中称"夷字"是因为古时的彝族称"夷";称"爨文"是因为部分彝族为南中大姓爨氏的后裔;"韪书"意为"标准文字",在彝文发展过程中,可能有过进行规范的经历,故把规范后的彝文称为"韪书";"蝌蚪文"的得名是部分彝族文字形如蝌蚪;"倮倮文"的得名,是因为旧时称彝族为"倮倮";"毕摩文"的得名源于彝文主要由彝族祭师"毕摩"保存和使用。中华人民共和国成立后随族称的规范,统称为彝族文字,简称为"彝文"。

关于彝文的起源涉及彝文产生的原因和产生年代有多种说法。文字产生之前,彝族先民曾经历了刻木记事的过程,流传于滇南《红皮箱的故事》说:"相传古时彝族没有文字,用刻木格和绳子上结疙瘩的方法记事,久而久之刻下的木条、结下的绳疙瘩堆得像小山一样,人们很难分清各个木刻记的是何种事,结下的每一个绳疙瘩表达的是什么意思,这种记事方式很不方便,人们希望有一种非常便利的记事符号。"从刻木记事到彝文的产生,经历了一段漫长的过程,这个过程各地说法不一,归纳起来有这样几种说法。1. 英雄创造文字说。如云南石林彝人说彝文是"鲁突知那尔"创造的;贵州彝人说彝文是"密阿叠"创造的;四川彝人说彝文是"阿什拉则"创造的;汉文文献则记载彝文为"阿畇"所创造的。2. 天神创造文字或神仙赐字说。如流传于云南武定、禄劝一带民间传说:天宫派三个呗耄,携带经书降临,拯救人民,人间才有了彝文。流传于云南玉溪《彝族文字由来的传说》则认为:各民族的文字是老天爷发给的,包括彝族文字在内。3. 宗教创造彝文说。据彝文文献记载,彝文产生源于宗教祭祀。4. 模仿说。据彝文文献《尼苏夺节》载,创制彝文时模仿一朵朵鲜花而成。有学者认为许多彝文造型模仿的是祭祀时插的树枝。

关于彝文的产生年代,不同的学者有不同的看法,有学者认为彝文产生于七千年前;有学者认为彝文产生于仰韶文化同期;有学者认为彝文起源于夏商以前,有学者认为彝文产生于先秦;有学者认为彝文产生于汉代;有学者认为彝文产生于唐代;有学者认为彝文产生于明代,权威性的专家持彝文产生至迟不晚于汉代的观点。

文字的性质和类型

文字类型即文字形式,彝族文字中少部分为象形字,大部分为抽象性的符号,可以说彝族文字与汉文同属于方块文字,即一个字包含了声母、韵母、声调。不用拼音就能读出每一个字的读音。一个读音为一个不可分割的字体。彝族文字中虽有部分圆形、三角形,但从总体而言,彝族文字类型还是属于方块形的文字。

关于彝族文字性质，学术界有不同的看法，归纳起来有以下几种不同的观点：

表音说。持这一观点的代表人物陈士林先生认为："从这种文字的书写符号的主导性质来看，它们绝大多数不是表示词或词素的表意符号，也不是表示个别的音素符号，而是一种表示彝语音节的音节符号。"[①] 李民先生也认为："今见彝文中大多数书写符号，就其主导性质来说，既不是表达彝语音素的表意符号，也不是表达彝语音素的音素符号，而是用一个个的字来表达彝语中一个个音节的音节符号，彝文形体类似汉文简化的篆书，但绝大多数是独体字。"[②] 持这一观点的学者们用不同的表述方法，共同表达了彝文为表音文字的意思。

表意说。大多数学者认为彝文是表意性质的文字。如丁椿寿先生认为："彝文属于表意文字体系，它与汉字一样，也是当今世界现存的具有独自体系和独自特点的表意文字。彝文之中，虽然出现了形声字，但是由于它处于萌芽状态，为数极少，彝文仍是以象形字、指事字和会意字显示着它的表意性。"[③] 学者们提出彝文为表意文字的依据是彝文构形方式大部分使用了只有表意文字才使用的诸如象形、指事、会意等造字法，用这些方法造出的字一个个含有了表意文字的功能和性质。

音意结合说。较早提出音意结合观点的是武自力先生。朱文旭先生对此观点作了深入的阐述："笔者比较同意以上各种说法的'表意兼表音说'。因为这种说法比较客观地介绍了彝文现状。这种现状就是有些地区如贵州和云南部分地区用字还比较讲究尽量用本义字，找不到本义字时就用其他同音字代替……然而，愿望与现实相距很远的，或者现实与愿望刚好相反。也就是说只有一两千个常用本义字而异体字多于本义字二三倍的情况下，要解决实际社会中所需的本义字问题的供需矛盾就无法处理了。所以，大量的彝文同音和近音假借异体字就是在这种供需矛盾中产生的。同时，大量的同音假借和近音假借致使彝文在表意体系的性质上发生了一些变化。故此，上述彝文为'表意兼表音说'可以说是比较切合实际的一种说法。"[④]

鉴于上述各种不同的观点，笔者持彝文为表意文字的意见。因为看一种文字，不能只看表面现象，要看历史与本质。从本质而言彝文还是属于表意文字。

文字的结构和造字法

彝族文字是一种独体字，它不像合体字一样可进行分解并分解出两个或更多的字。彝文只能分出主体结构，分不出偏旁。因而人们把主体结构当作部首。在过去发表的文章中，只见研究部首而不见研究偏旁。彝族文字虽然没有偏旁，但有一定的结构规则，常见的彝文结构形式有以下几种：

上下结构

彝文字形				
彝语读音	t^he^{33}	$tɕæ^{33}$	k^ho^{21}	$\underline{n}^{33}$
汉文字义	锐	星	六	日

[①] 陈士林：《万里彝乡即故乡》，西北工业大学出版社1994年版，第90页。
[②] 李民：《彝文》，《民族语文》1979年第4期。
[③] 丁椿寿：《彝文论》，四川民族出版社1993年版，第51页。
[④] 朱文旭：《彝族文化研究论文集》，四川民族出版社1993年版，第18页。

	左右结构			
彝文字形	社	乙	兆	几
彝语读音	tʂa^{33}	he^{33}	zi^{55}	tsʰi^{33}
汉文字	好	八	魂	辈

关于彝文造字法，彝学界有不同的看法。丁椿寿先生直接用汉文"六书"造字法来分析彝文字形，进而认为彝文有象形、指事、会意、形声、转注、假借"六书"造字法。师有福先生在《试论彝文的源流》一文中认为，彝文造字法有象形、象意、象声、依声变体、单纯变形、增加点（画）、转向、多义、假借、重叠代字10种。巴莫·阿依博士在《武定禄劝彝文初探》一文中把彝文造字法分为象形、指事、上下易位、左右易位、增点、增加笔画、变异形体。朱文旭先生在《彝文形义初探》一文中把彝文造字法分为象形、象意、假借3类。其中象形字又分象身、象物、象工3类。朱建新先生在《彝文造字法新探》一文中，把彝文造字分为象形、指事、会意、类型、类主、类音6种。

笔者认为彝文造字法既有表意文字体系共有的一些造字规律，又有一些独特的造字法。归纳起来彝文造字法有以下几种：

象形造字法

彝族文字中有一部分字是用象形造字法造出字，其字形较接近图画，所画之图近似于原物，使人们见到字后能知大概字义。如 ☹ [o^{55}] 头；☺ [ne^{33}] 眼；☻ [lo^{33}] 石；○ [ɖa^{33}] 蛋。这类字应当是彝文体系中出现较早的字。这些文字太写实，所以我们又称其为具体象形字。除此之外还有一部分抽象象形字。所谓抽象象形字就是从具体象形文中，抽出部分具有象征意义的符号作新创字的主体，另附加一些笔画造出的新字。

指意造字法

指意造字法既有汉文造字法中指事造字的特点。又有汉文造字中会意的某些特点，但又有别于汉文"指事""会意"造字法。所以我们将其称为"指意造字法"。这种造字法又有"抽象指意造字法"如：ㄅ [ni^{21}] 二。"原文上加指意造字法"如：ᑫ [z̩i^{33}] 水；ㆆ [pu^{33}] 漂。"合体指意造字法"如：囧 [si^{55}] 血；믝 [me^{33}] 军。

变体造字法

变体造字法是彝文造字独有的一种方法。它是利用原有文字作适当的变化，使变化了的文字与原文有一定的区别。但前提是两者在字义上或读音上有一定的联系。两个毫不相干的字不作互为变体的对象。这种造字法又含"转位变体"如：Ƹ [gu^{21}] 雁→ㄣ [gu^{21}] 床；ꊷ [li^{33}] 龙→ꊸ [lo^{33}] 月。"增、减笔画变体"如：ㄅ [za^{21}] 子→ㅉ [za^{55}] 须；ꄷ [tɕa^{33}] 块→ꄸ [tɕa^{55}] 元等。

彝族文字同彝语一样具有明显的方言性，在漫长的发展过程中，各地彝文形成了独具特色的方言文字，至今已演变成一个方言看不懂另一个方言文字的状况。彝语有六大方言，但保存与使用彝文的只有四个方言，其余两个方言虽保留有彝语，但彝文却已失传。在彝语六大方言区中，现保存并使用彝文的是北部方言的大小凉山彝区，东部方言的云贵乌蒙彝区；南部方言的哀牢山彝区；东南部方言的石林彝区。彝文字体各自按一定的风格进行演变，才形成了具有特色的方言文字。

北部方言彝文一直保持着古朴的风格。彝族文字起源于刻画，所以笔画以竖、横为主。大小凉山彝区在纸质文献上书写的工具是削尖了的木棍或竹管，这些书写工具本身就无法写出曲线线条和笔锋，所以北部方言彝文一直保持了笔画字形横直分明的特点。此外还一直保留了横写竖读的传统，即书写时横写，读诵时把书向右调转45度，将文字竖直，这样展示在读者面前的彝文是竖形的，笔画横直分明。

东部方言的文字显得极为古老。乌蒙彝区是彝族先民发祥地之一，同时也是接受汉文化较早的地区之一。所以东部方言彝文在笔画风格方面受到了汉字书写法的影响。这一地区的彝文抄写在很早以前就使用了毛笔，人们用毛笔书写彝文时，借鉴汉字书写方法，把横线写成了略微的曲线，把竖线写成了粗细不匀的线条，在书写过程中过分注重笔锋，写出了一个个波浪状的文字，形成了独特风格。东部方言文字除了笔画向波浪方向变化，字形向圆体方面变迁之外，东部方言彝文的另一特点是笔画繁杂。其他方言的彝文笔画大多为4至6画，很少有10画以上的，而东部方言有些彝文其笔画多达20画。

南部方言的文字笔画与其语音一样简单。彝语的各方言音位系统辅音大多在40个左右，而南部方言如峨山彝语辅音只有28个，比其他方言简单得多。南部方言的彝文同样简洁，字体越来越简化，笔画稍带一点曲线，给人的总体感觉是笔画简单流畅。

东南部方言文字与北部方言风格比较接近，同样保持了笔画横直分明的特点。此外彝文构造中有相当一部分构件为三角形，其他方言中的圆形符号在东南部方言中变成了三角形。19世纪末该方言区曾将彝文制成铜模，做成铅字进行印刷。铅字印刷体为楷体字。

第三章

文字载体类别与版本形式

彝族先民以不同材质为载体，用彝族文字写下了大量的文献。从现发现的材料来看，彝文文献载体的材质有以下几种。

金石彝文。彝族历史上的重要史事，为了传之久远，不致朽烂、缺脱，彝族先民把所要记叙的内容铸在铜器上，铭刻在碑碣上，镌刻于石面上，书写于摩崖间，以传后世。所以金石是记载彝文及其文献的重要载体之一。金石彝文为铭铸在金属品上，铭刻在石质上的文献，包含着金文和石文两种载体。近代学者通常把二者统称为"金石彝文"。金石彝文还反映了彝族先民的冶炼技术和制铜工艺，反映了彝族先民石刻工艺与技术水平，具有一定的文物价值，所以备受学者关注，现发现的金石彝文代表作有：

金文。在金属品上保留下来的彝文多为铸刻在铜质上的字。代表性的金文有《成化钟》，这口钟原存于贵州省大方县永光村内。铸造时间为明成化二十一年（1485年）。所以通常把它称为"贵州水西安氏成化钟"，简称"成化钟"。钟体重约300公斤，钟上有彝、汉铭文8幅，彝、汉文约各占一半。较著名的还有《以诺印模》，该印正面6字。据有关专家研究，印模字义为"夜郎王之印"。原印发现于贵州威宁，"文化大革命"中丢失，现仅存拓片。此外，《昭通蛙钮彝文铜印》也是代表作之一，印面系阴印阳文，有7个彝文字。有学者将其义译成"妥鲁（堂狼）山里手辖印"。据学者考证，该铜印为西汉时期的文物。

石文。指刻、写于石质上的彝文。石文在彝文的保存与发展过程中曾起到重大的作用。彝文碑碣在云、贵、川彝区均有分布，用彝文树碑立传是明、清时期彝区表示风雅的一种时尚。彝文碑碣内容大部分与历史有关，其叙述一件事往往从古叙起，所以具有较高的史料价值。现所见的石文在社会上影响较大的有汉蜀时期立于贵州的《妥阿哲记功碑》，明朝时期立于贵州的《新修千岁衢碑记》《水西大渡河建桥记》和云南禄劝的《禄劝镌字崖》，清末写于云南石林的《普沙摩崖碑》等。金石彝文有很高的学术研究价值，所以，十余年来学术界对金石彝文的研究较为重视，现已整理出版了《金石彝文图录》一、二集。

木刻。在彝文及其文献发展史上，木刻对彝文文献发展具有重要推动作用。制作一部木刻耗工耗时，只有经济、文化、工艺技术发展到一定水平，才具备制作木刻本的条件。彝、汉文历史文献对彝文木刻多有记述。如彝文文献《水西大渡河建桥记》碑文载："慕块卧乍山，其下有宽广的庭院，木刻竹简，多如柴堆、载纳家的租赋。记租赋的来历。"又如汉文文献《临安府志附夷俗》记载："木刻……有所贸易、亦用木刻书字于上，要誓于神，故不叛……唐徐虔使南诏，以木夹遣还，上有夷字，其遗制也。"除史料记载外，现实生活中也常见有简牍彝文，如明、清时期的彝文雕版，现当代彝族祭祀时配合祭仪写在木牌上的彝文。现所见代表性的彝文木刻和木刻印刷本为云南武定《劝善经》《清净消灾经》，云南红河木刻本《妮节审》，云南元江《三马头彝文水墨木刻印刷板》，贵州毕节彝区的《摩史苏》，四川的《教育经》。从总体来看彝文木刻本内容多为伦理、教育方面。因为这些内容与社会教育有关，社会需求量大，所以人们将这类书以木刻雕版的形式大量印刷，供更多的读者来阅读。

彝族历史上曾有过在皮质上书写彝文的经历，现代人把皮质文献称为"彝文羊皮档案"。皮质由于容易生虫，不易长期保管，所以现在皮质彝文文献难得一见。不过用皮子作彝文文献封面的倒常见到。

纸质文献

现存的大部分彝文古籍主要为纸质文献。中华人民共和国成立直至"文化大革命"前抄写彝文文献的纸质主要是绵纸，近二三十年来市场上出售的绵纸越来越少，因而抄写彝文文献的纸质被新闻纸所代替。自纸出现在彝族社区，彝文文献有了较大的发展，数量大量增加。其制作方式有人工抄写、雕版印刷、铅印和石印等。传统的彝文文献制作以人工抄写为主，雕刻印刷、铅印和石印现象较少。彝文文献抄写制作的历史悠久，现见最早的雕版印刷本子是明代的。铅字印刷为 19 世纪末 20 世纪初。石印技术则出现在 20 世纪 40 年代。雕刻、铅印、石印技术是外来工艺，其制作过程和成书形式与汉文文献本相同。彝文文献最有特色的还是民间纸质手抄本，所以这里主要介绍传统的手抄本纸质文献。

版本形式

由于传统的手抄文献为民间自发生产，版式没有统一标准，其开本的大小也不一样，有 4 开的、8 开的、16 开的、32 开的、64 开的，在不同的开本里有横式装订成册的，也有装订成直式书的。书写时，由于怕墨迹透底，经常只在单面上书写。大部分书的内页从上到下画出等分线，这种等分线有红色的，也有黑色的。大多喜欢打红线条写黑字，这样有两点好处：一是色调协调；二是格条明显、易写，抄写出来的书面给人一种工整感。阅读便利，在阅读过程中移行时不容易产生混乱。

彝文文献的书写一般是从上到下，行间从右到左，也有从左到右的，这取决于书口方向。书口朝右开的行间从左到右；书口朝左开的，行间从右到左。由于近代受汉文文献书面形式的影响，部分彝族地区的近代文献有横向行书的。没有打栏的光板页面上书写彝文时边栏同样没有任何标志，在页面上打栏隔条书写的，边栏为双线条或粗线条。在绵纸上多为单面书写，装订时则折页，所以书口多为折页，较为精制的书的折页处画有"鱼尾"式的标志。

彝文书的封面有两种形式：一种是与汉文书籍相同的用深蓝色细棉布或麻布作封面；另一种是指在封底上订一块作书籍的封面。后一种形式比较有特色。虽说封面而没有面，它只是卷起来的时候以底代面而语。"封面"一般用大于书页的麻布、绵布或兽皮、硬纸皮来做，相比较而言用得最普遍的还是麻布。其因一是旧时彝族社会生活中麻布比较多，容易寻觅。二是麻布比绵布或硬纸结实，可以起到保护书页的作用。这种书的卷书方法由外向内，卷起来的时候封底在外，即便使用封面也没有什么意义，封面没有起到保护书的作用。不用封面的另一优点是卷书打开后能立即看到书名和目录。卷书一般要内软外硬才好卷，假若加了封面，卷书时就不像只有封底那样方便了。大多数彝文书都有书名。它是通过书名来点出每一本书的内容和用途的。彝文书名的命名方法常见的有以下四种。①根据书的用途来题名。用在某一方面的书就取某一方面的名。如用来作祭方面的书就叫《妮姆书》（即《作祭书》）。②根据书的内容来题名。大多数彝文书都以这种方式题名，这样，一看书名就知道书的内容与主题。如《达涝日子》（即《洪水泛滥》）。③根据书中所描写的主要人物名字来作书名。这类书的故事情节和书的内容都是围绕主人公而展开的，故以主人公名字作书名。如《阿诗玛》。④以书的性质来题名。彝文书籍有一种很有趣的现象，书分公母（又称雄雌）。用在某类祭祀活动的经书统称为"公书"，用在某类祭祀活动的书统称为"母书"。这些书直接以性别作书名，分别称为《公书》或《母书》。除书名之外，彝文书籍还有目录，但是书名和目录没有严格意义的区别，有些书名像目录，有些目录又像书名，两者最明显的标志是有无框饰。书名常用线条画出一个框，有些在框内还打出格子，书名的每一个字在一个格内，有的还在框外添了一些纹饰。而目录则无框饰。

彝文文献大多不署作者名，早期的彝文文献特别是宗教经典文献为集体创作，所以宗教经典和早期的著作没有署作者名字。民间文学作品由于成书年代跨度长，作者人数众多，因而反映民间文学体裁的彝文文献也不署作者名。有一些文献虽为个人完成，但作者还是没有署名。这可能与传统观念和传统习俗有关。因为早期彝文文献均不署作者名，后来即便是个人创作的作品也沿袭了前人之风。随着社会的进步，认识的发展，彝文书上出现了抄写者的名字，也出现了抄写年代。但是彝文书上作者署名和记成书年代的现象却并不普遍。

书写工具与书写颜料

根据彝文文献记载和民间传说，在不同历史时期或不同的地方，曾使用过不同的彝文书写工具。彝族先民曾用松树尖、小木棍、竹管、羽毛、发毛等制成书写工具。直至近代，经济较落后的地区仍然把小竹管削尖来书写彝文。汉区制作的毛笔、自来水笔、圆珠笔等现代书写工具传到彝区后，大部分彝区都改用了这些先进的书写工具。其中使用毛笔的现象普遍一些。书写颜料曾使用过动物血、紫矿石粉、锅胭脂等。汉区制作的墨传入彝区后，墨是书写彝文文献的主要颜料。但是，咒鬼、咒恶魔等经书仍然用血来书写，据说魔鬼惧怕血，只有用血写的经书才能震慑恶魔。

装帧形式

彝文文献多为平装书。即封面与封底用绵布或麻布做包装后用线订起来。有的在书的一边打眼，用绵线纸捻成线订稳。装订工艺比较讲究的书还在装订线上钉上木片或竹片。为了保护卷书和便于保管，许多卷书在封底的封口处钉上一股小带子，在带子的末端还钉上小牙骨或小木插子或铜钱，用以卷书时起到稳固作用。传统的彝文书籍一般用绵纸，书写时只在单面，内页一般要折起来，书写时以防墨迹透至下页，在折页中间垫上一层薄纸类。折页部向外，装订便在非折页一边。装订时一般用四眼订法，较大开本的书，也有六眼订法和八眼订法的。

彝族先民在书籍装帧时，为了提高书籍装帧水平，采用了大量的插图。插图是书籍美术的重要组成部分，它既有对书籍内容的从属性，又具有艺术的相对独立性。它具有图画的真实性，也使用了抽象派画家的一些绘画手法，图案上有艺术夸张，但这个夸张并不是无限度的，被夸张了的艺术中又存在着实实在在的内涵。体现了彝族图画古朴、优美的特点。彝文书插图以单色形式为主，以墨勾绘物体轮廓的线条，在抄写彝文时用墨一道手画出插图。除以黑色线条勾画物体轮廓的绘画方式之外，也有采用投影式涂抹法的。彝文书籍插图有的与内文有关，有的则与内文毫无关系。与内文无关的插图多为章、段首尾的装饰。这类插图没有规定哪一类文章配什么图案，是由书写者的审美、爱好来选择，纯粹属于装饰性。与内容有关的插图则与主题紧密相扣，用形象、鲜明、生动的图来反映主题内容。彝文书籍的插图大小形式不均匀。有的仅一幅图就占了一个版面，有的只是在一个作品完结之后，书页中出现空版，为填空版而加的插图，有些插图则跟文字一样大小，或稍比文字大一点。在彝文文献段落、章节的开始或终结处，往往加上一些简单的符号或图画表示开始或终结。从某种意义上讲这种符号与插图没有十分明显的区别，所不同的是彝文书籍插图的画面比较大，插图位置有很大的任意性，插图所表达的内涵与文字内容有关。而段落、章节符号画面比较小，其符号位置限定在章节或段落的前首或后边，符号图画与正文无内在联系。常见的符号有日、月、星、云、花、草、树、房子、水、鱼等似是而非奇形怪状的图，至于画什么由书写者自定。

第四章

目录与分类

彝文文献多为一本书一个完整的内容，类似的专书只有书名，没有目录。如叙事长诗《阿诗玛》里面不再分章节，故无目录。大部头的经书分若干卷，每卷中又分若干章节，类似的卷书则有了目录。如在葬礼上毕摩为亡灵念诵的《超度经书》。彝文文献还有杂编类，如文学作品和宗教经典汇编在一起。这类书多有目录，通过目录提示书中所包含的各篇内容。彝文书籍内页不编页码，所以在目录中看不出各篇所在页码。有时目录顺序也不一定按内容顺序排列。所以找到目录后要找各篇所在位置，还得细心地翻阅才能在正文中找到各篇所在。

传统分类法

彝族先民早已认识到对彝文文献进行分类的重要性，因而，创立了本民族传统的分类法。各地对传统分类法的称法不尽相同，但其方法基本一致。毕摩将宗教经籍分为两类。如凉山毕摩将彝文书分为"道路上方书"和"道路下方书"两类。贵州彝族毕摩将经书分为"卜苏"和"特苏"两类。云南红河彝区毕摩将经书分为"公书"和"母书"两类。毕摩的这种传统分类法是根据经书的用途来进行分类的。主要针对宗教经籍类书而言。民间也有把彝文书籍分为两类，同样以用途为依据进行分类，把整个彝文文献分为"毕摩经书"和"非毕摩经书"两类。如凉山彝区把用在宗经祭祀活动方面的书称为"毕摩特依"（毕摩书），用在非宗教祭祀活动方面的书称为"众众特依"（非毕摩经书即大众之书），实际上毕摩也使用"众众特依"（非毕摩经书），可见这类书并非指谁用，而是指用在某一方面或书的类别。

现行分类法

历代学者对彝文文献分类法的探讨也相当重视。如明代《土目安国泰所译夷书九则》中把彝文古籍分为"书籍有曰命理，言性理者也；有曰苴载，记世系事迹者也；曰补书，巫祝书也；曰弄恩，雅颂也；曰怯杰，风歌也；又有堪舆禄命书"。近当代学者在彝文文献分类方面有一定成就，有一定影响的是马学良、杨成志等。

杨成志先生根据从四川凉山和昆明郊区收集到的103部彝文文献，将其分为祭祀类、祈祷类、酬愿类、做斋类、禳祓类、自然物经类、咒术技法类、婚姻生产类、丧葬及祭祖类、农业类、火神类、雷经类、龙王类、李老君类、占卜类、历史与传说共16类。马学良先生把彝文文献分为祭经、占卜、律历、谱牒、诗文、伦理、历史、神话、译著9类。

部分学者还从方言与年代的角度对彝文文献进行了分类。我们知道彝族不仅在语言上存在方言现象，在文字方面也同样存在着方言问题。因而，有学者将彝文文献分为四大方言区，分别为北部方言区文献（即流传于大小凉山一带的彝文文献）；东部方言区文献（即流传于云贵乌蒙彝区的彝文文献）；南部方言区文献（即流传于哀牢山一带的彝文文献）；东南部方言区文献（即流传于云南石林、弥勒县一带的彝文文献）。这种分类法的依据是彝文方言性的客观存在。有学者根据彝文文献产生的不同年代进行了分类。不同的文献冠以不同朝代名称。如成书于明代的彝书称为"明代彝文文献"，成书于清朝的彝书称为"清代彝文文献"等。

近 20 年来，不少学者根据我国现行的学科分类法对彝文文献进行了分类，把彝文文献分为宗教、历史、天文历法、军事战争、文学艺术、医药卫生、地理、伦理道德、农牧业、工艺技术、哲学、语言文学等 13 类书。从表面看这种学科分类法似乎很科学，但实际上此分类法并不实用，这种分类法只是从宏观上反映彝书涉及的相关内容，事实上彝文书籍很少有内容专一的书。图书馆假若按这种学科分类法摆设彝书，会使很多书无法归类。也许有人看到了这一分类法没有多少可操作性，于是从宗教仪式的角度进行探索，根据用于不同的宗教仪式对彝文文献进行分类。如摩瑟磁火把彝文文献分为占卜类、咒术类、驱遣类、被活除秽类、禳解蜕除类、赔偿类、卫护类、调和类、祈愿类、祭祀类、归魂类、送灵类、禁锢类、招引类、医术技法类、溯源类、其他类共 17 种。不可否认这种分类法具有合理的一面，它可以把相关的书根据仪式与功能归入相应的类别。但是，这种分类法忽视了其他如文学、语言文字、天文地理等书的存在。假若按照这种分类法在图书馆中对彝书进行归类，那么会出现文学、语言文字类等书无类可归的现象。

第 五 章

历代古籍发掘、研究简况

彝文古籍发掘、研究的历史比较悠久。但古时对彝文古籍的发掘与研究多为个人行为，没有形成规模。有组织、有计划的发掘整理与研究始于19世纪末20世纪初。

鸦片战争以后，外国传教士和探险家纷纷深入我国西南地区。在彝族地区他们看到了与众不同的彝文及其文献，出于猎奇，探险家们收集了不少彝文文献并寄回所在国家。现英国、法国部分博物馆和图书馆中收藏的彝文古籍就是那一时期收集的。在收集彝书的同时，部分外国人还向毕摩请教，并对访问记录稿作整理后在国外刊物上发表。大部分国外探险家和传教士只是作"串客"式的发掘与整理，潜心研究的很少。在众多的外国学者中始终坚持研究彝族文化及文献的是法国传教士保禄·维亚尔，但是保禄·维亚尔最初研究彝文及其文献的动机并不是探索彝族文化之奥秘，而是为了传播天主教。他到云南路南撒尼彝区后，发现这里的撒尼人笃信传统的原始宗教，不会讲汉语，更不会讲外语。要在这样的语言环境中传播天主教，只有踏踏实实地学彝语和彝文，然后用彝语文传教才有效果。为了给彝族人民好感，拉近与彝民的关系，他深入学习与探讨彝族文化，最终能用彝语传播天主教义，把《圣经》译成彝文在彝区传播。同时翻译和研究了大量彝文文献，将其研究成果写成论文在法国发表。其代表作有专著《法倮词典》（1905年香港纳匝拉书社印刷）彝文读本《问答书》（1905年香港纳匝拉印书社印刷）。

20世纪30年代，我国科研机构的部分学者和大专院校的师生开始涉足彝文及其文献。特别是抗日战争时期我国多所大学和科研机构南迁昆明，学者们利用这一机会到彝族民间对彝文及其文献作深入的调查与研究。经过一段时间的努力，彝文献研究工作形成了一定的规模，彝文及其文献研究成果达到了新的高度。30年代初杨成志先生以中山大学教授的身份深入四川凉山彝区。当时凉山彝区处于绝对封闭状态，外人很少进入，可以说杨成志是冒着生命危险进入凉山的。对杨成志来说凉山的一切都很新鲜，见到供在屋中的神灵，出于好奇轻轻地触摸了一下，殊不知这一举动触犯了彝族禁忌，险些被主人用刀捅。杨成志虽然作了深入的调查，但对凉山彝区彝文及其文献研究的成果并不多，而对昆明郊区彝族撒梅人的文献收集与研究成果颇丰。在抗日战争时期对彝文文献翻译整理作出重要贡献的还有丁文江先生。丁氏是我国著名的地质学家，在此之前没有涉足彝文及其文献，丁氏关注彝文文献纯属偶然。他原本是去贵州乌蒙彝区考察地质，在等候同事期间，平生第一次见到彝文及其文献，他以科学家的敏锐目光发现独特的彝文及文献价值非同小可，便请彝族知识分子罗文笔先生讲解，他用汉文记下，初译出一本彝文文献后觉得彝文文献内容非常有意思，于是请罗文笔先生继续翻译，由丁文江先生加工润色，最后把译成的11部文献汇编在一起，题名为《彝文丛刻》。于1936年商务印书馆出版。全书10余万字，是旧时正式出版的彝文文献中部头最大的一部，也是至今唯一的一部彝文石印本。从语言学和文献学科角度研究彝文文献应始于马学良先生。抗日战争时期马学良为中央研究院历史语言研究所研究生。该所迁到昆明后马学良先后到云南路南、武定、禄劝、宣威、寻甸等彝区调查彝语和彝文文献，为撰写研究生学位论文作资料准备。此间马学良翻译了大量的彝文文献，对其进行了深入的学术研究，并将其研究成果公开发表，一系列的论文在学术界产生了巨大的影响。这一时期马学良采用的彝文文献翻译、整理、研究方法对后来的彝文文献学科的发展有着深远的影响，这一时期马学良还与北京图书馆、中央研究院历史语言研究所合作征集了大量的彝文文献，现收藏于国家图书馆、北京大学图书馆、清华大学图书馆、台湾"故宫博物院"的彝文文献也为这一时期收集。

中华人民共和国成立后，随着党和国家对民族工作的重视，民族古籍工作也得到了前所未有的重视。20 世纪 50 年代初，国家组织大规模的民族调查和民族识别工作，其间收集了大量的彝文文献，珍藏于我国大专院校，科研机构、博物馆、图书馆。贵州毕节地区还成立了彝文文献编译组，是国内第一个从事彝文文献整理研究工作的专门机构，该组从 1955 年到 1966 年短短的 10 年间就编译了《西南彝志》《水西全传》等 25 部 5 卷彝文文献。四川省也组织人力编译了《玛木特依》《勒俄特依》等。云南省出版了根据彝文文献与口传相结合而整理成的著名叙事长诗《阿诗玛》。"文化大革命"期间民族古籍工作遭到冲击，掌握彝文文献的毕摩遭到不同程度的打击，大量的彝文文献被当作"四旧"烧毁，彝文文献遭到了前所未有的浩劫。

党的十一届三中全会以后，特别是 1980 年以来民族古籍得到前所未有的重视。彝文文献工作也迎来了春天。彝文文献收集整理从原来的单一领域向全方位发展；从原来的个人行为向政府和群体行为方面发展；从原来的局部地区重视扩展为整个彝区对彝文文献工作的重视。其成绩表现在以下几个方面：

1. 各级政府对彝文文献的高度重视。从首都北京到有关省、州（市）、县都成立了相应的彝文文献编译、整理、研究机构。这从组织上和人力、物力、财力方面保证了彝文文献工作的顺利开展。多年来党和政府把彝文文献工作当作一项重要任务来抓。

2. 培养了一批高素质的彝文古籍整理、研究人才，后继乏人的危机得到了缓解。中央民大、西南民大、云南民大、贵州民院等开办了彝文文献专业，培养了一批大专、本科、硕士、博士研究生。彝文文献整理研究工作具有了高素质的专门人才，为彝文文献研究的深入提供了人才保证。

3. 横向联系协作整理工作得以持续。为了互通信息，相互交流经验，避免重复劳动和各方通力合作推出高水平的彝文文献整理研究成果，经国家民委批准，于 1983 年成立了滇、川、黔、桂四省区彝文古籍协作会，该协会三年一次轮流在有关地方召开工作会议或学术研讨会，一直持续至今，出版了一批该协作会合作的精品图书。

4. 对彝文文献进行广泛调查，整理研究成果喜人。为了摸清彝文文献的家底，有关专家纷纷深入彝区调查，并收集了大量的彝文文献，借国家民委组织编写《中国少数民族古籍总目提要》之机，各地对彝文文献作了拉网式的普查，现已基本查清彝文文献的数量和各地的分布情况。同时也收集了有价值的彝文文献。如贵州省毕节市收集了 2500 余册彝文文献。有组织有计划地编译整理出版了一大批彝文古籍。如云南省民委古籍办编译由云南民族出版社出版的《民族古籍译丛》，有相当一部分是彝族方面的书。云南楚雄彝族文化研究所和红河州民族研究所分别编有内部刊物《彝文文献译丛》，其中楚雄《彝文文献译丛》至今已刊发 20 余期。云南楚雄编译的一百卷《彝族毕摩经全集》正在出版。四川出版了一批高质量的彝文古籍译本，中央民族大学也出版了十余部彝文文献著作。贵州在彝文古籍整理研究方面成绩尤为突出，整理出版了一批世人瞩目的彝文古籍。1980 年以来彝文文献的编译不仅数量多，质量也比过去高得多。整理出版的彝文文献在中央或省部级评奖中均有获奖。如云南的《彝族医药》、贵州的《彝族源流》、四川的《金石彝文图录》等均获"民族图书奖"一等奖。国务院于 2008 年初公布的首批"国家古籍珍贵名录"，彝文古籍《劝善经》《尼苏》《西南彝志》《彝汉教典》《田赋账簿》《彝族源流》《百乐书》《批路经》等 11 部榜上有名。

  5. 理论研究与文献描写有重大突破。1990 年以后，部分学者对过去的彝文文献整理研究工作进行了归纳与总结，从宏观上对彝文文献的内容与形式进行描写，在理论上进行深入研究。从原来的编译、整理和一般介绍发展为深度研究，不仅发表有专题性研究论文，还有一批有分量的学术专著，如中央民族大学彝族历史文献编译室《彝文文献研究》《彝文文献学概论》。黄建明《彝族古籍文献概要》《彝文文字学》等是对彝文及其文献进行系统综合研究的专著。

  过去各地对彝文文献翻译整理的重视程度不平衡，相比较而言贵州对彝文的收集保存、整理、研究要重视一些。四川彝区侧重于从毕摩文化的角度探讨彝文文献。云南虽对彝文文献作了系统的翻译整理，但不及贵州深入。从总体而言，彝文及其文献整理研究有较大的发展与进步，彝族古籍工作走在了我国民族古籍工作的前列。纵观彝文文献翻译整理历史，可以说彝文文献工作重翻译整理而轻研究，大部分翻译本出版后，少有人对其进行研究，对翻译成果评论、理论性探讨的文章也少。这种评论、研究滞后的状况，影响了彝文文献的学科建设。

第 六 章

古籍珍品图片及说明

图 1　《妥阿哲记功碑》 …………………………………………………………………… (332)
图 2　《栏龙桥碑记》 ……………………………………………………………………… (333)
图 3　《禄劝彝文镌字崖》全碑 …………………………………………………………… (334)
图 4　《禄劝彝文镌字崖》局部 …………………………………………………………… (334)
图 5　《水西大渡河建桥碑》全碑 ………………………………………………………… (335)
图 6　《水西大渡河建桥碑》局部 ………………………………………………………… (335)
图 7　《普沙摩崖碑》 ……………………………………………………………………… (336)
图 8　《成化钟铭文》全钟 ………………………………………………………………… (337)
图 9　《成化钟铭文》局部 ………………………………………………………………… (337)
图 10　《彝族源流》之一 …………………………………………………………………… (338)
图 11　《彝族源流》之二 …………………………………………………………………… (338)
图 12　《宇宙人文论》人体图 ……………………………………………………………… (339)
图 13　《宇宙人文论》 ……………………………………………………………………… (339)
图 14　《阿鲁玄通书》之一 ………………………………………………………………… (340)
图 15　《阿鲁玄通书》之二 ………………………………………………………………… (341)
图 16　东部方言《祭祖经》之一 …………………………………………………………… (341)
图 17　东部方言《祭祖经》之二 …………………………………………………………… (342)
图 18　东部方言《摩史诺沤苏》之一 ……………………………………………………… (343)
图 19　东部方言《摩史诺沤苏》之二 ……………………………………………………… (343)
图 20　东部方言木刻本《摩史苏》之一 …………………………………………………… (344)
图 21　东部方言木刻本《摩史苏》之二 …………………………………………………… (344)
图 22　《劝善经》之一 ……………………………………………………………………… (345)
图 23　《劝善经》之二 ……………………………………………………………………… (345)
图 24　东部方言《苏巨黎咪》之一 ………………………………………………………… (346)
图 25　东部方言《苏巨黎咪》之二 ………………………………………………………… (346)
图 26　《祷祝猪膀经》 ……………………………………………………………………… (347)
图 27　《鸡卦解说经》 ……………………………………………………………………… (348)
图 28　《压土邪经》 ………………………………………………………………………… (348)
图 29　《彝汉教典》 ………………………………………………………………………… (348)
图 30　《献水经》 …………………………………………………………………………… (349)
图 31　《开路经》首页 ……………………………………………………………………… (350)

图 32	《开路经》长卷	(350)
图 33	《开路经》局部	(350)
图 34	《百乐书》之一	(351)
图 35	《百乐书》之二	(351)
图 36	《木荷与薇叶》	(352)
图 37	《贾莎则与靳斯基》	(353)
图 38	《贾斯则》	(354)
图 39	《吾查》	(355)
图 40	《们查》	(356)
图 41	《玛牧特依》之一	(357)
图 42	《玛牧特依》之二	(357)
图 43	《母书》	(358)
图 44	《公书》	(359)
图 45	东南部方言彝文铅字印刷本《问答书》	(360)
图 46	东南部方言《指路经》	(361)
图 47	东南部方言《尼布姆司》	(362)
图 48	东南部方言《历算书》之一	(363)
图 49	东南部方言《历算书》之二	(363)
图 50	东南部方言《普兹楠兹》	(364)

图 1 《妥阿哲记功碑》

《妥阿哲记功碑》原碑被弃置于贵州省大方县青山民族乡与响水镇分界的大桥引水渠旁，现移于大方县文管所作为重要文物收藏。碑断文残，残体高 55 厘米，宽 60 厘米。由于年久断残，仅从现存彝文中译出"建兴"年号和"丙午"岁次,立碑年代无存。内容记载蜀汉时期罗甸国彝族君长妥阿哲(汉文史志有济火、火济,济济火等称)助武侯南征之功绩。根据彝族默部史实分析,立碑年代不晚于妥阿哲之孙莫翁(父子连名为妥阿哲——阿哲必额——必额莫翁)建九层衙于大方城东五指山下之时。此碑是迄今发现用彝文堑刻记事的年代最长的实物,也是唯一的汉代彝文实物标本,具有较高的艺术价值和学术价值。

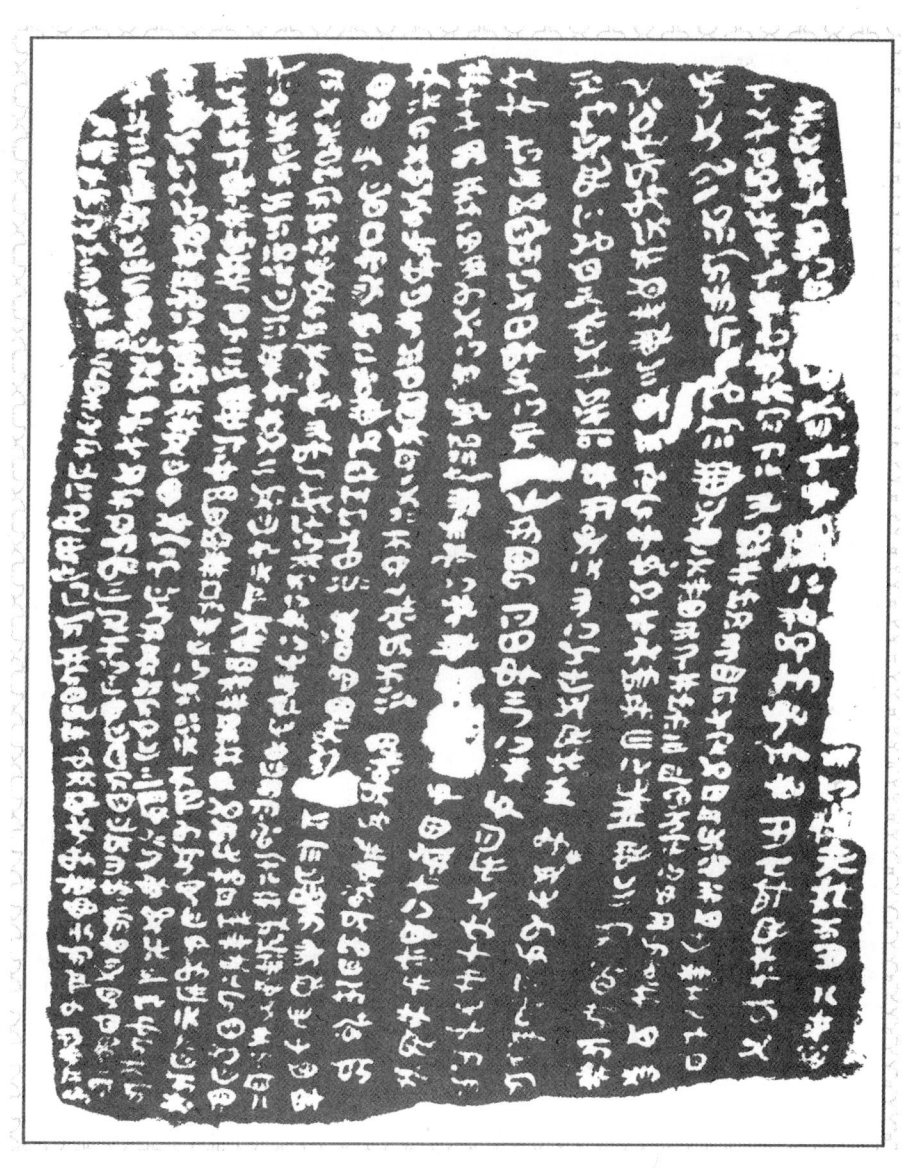

图 2　《栏龙桥碑记》

《栏龙桥碑记》,此岩刻位于贵州省黄果树瀑布上游的六枝特区新场区上官彝族乡之间的栏龙河岸岩石上,碑面高 0.7 米、宽 0.45 米,刻有彝文 589 字,镌刻于南宋开庆己未年(1259 年)。记述了阿哲琪家分支与迁徙的历史,阿哲琪后裔迁移到了肥沃而宽广的玛诺法堵盆地,良田千顷,这里的人民过着富庶的生活,而君长的财富则犹如夜空的繁星,珠宝往来,连绵不断。但这块肥沃的土地上横贯着一条河流,两岸之间的人民来往极不方便,交赋税时也带来不少困难。德赫布诺等建议在河上建一座桥梁,为当地居民提供方便。在南宋开庆己未年(1259 年)五月初三日开始兴工建桥,到庚申年(1260 年)十月初三竣工。全部工程共付工钱七十两银子。此碑是现存南宋时期唯一的彝字标本,有极高的彝文书法价值和学术价值。

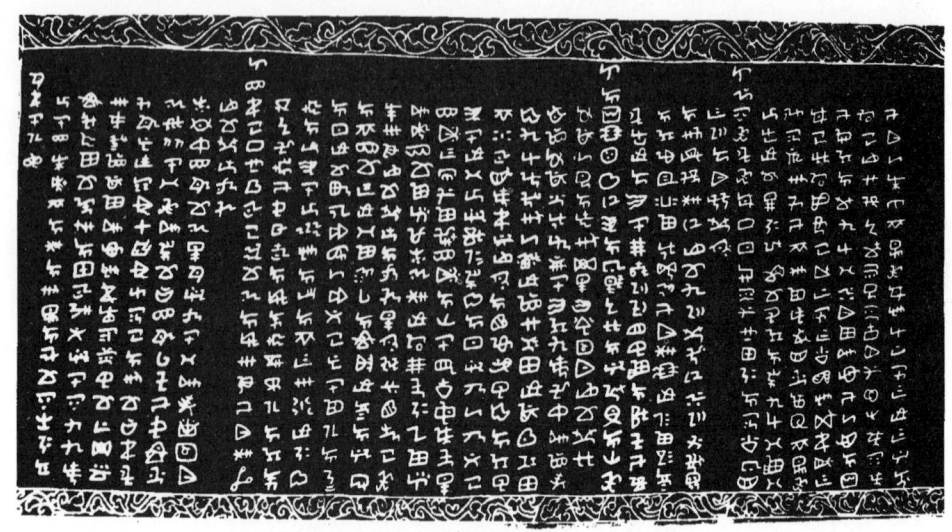

图3　《禄劝彝文镌字崖》全碑

图4　《禄劝彝文镌字崖》局部

《禄劝彝文镌字崖》又名《罗婺贤代名》。在云南省昆明市禄劝彝族苗族自治县法宜村边数丈高的峭壁上。碑镌刻于明嘉靖十二年（1533年），为国内外学者较早对彝文碑进行研究的内容之一。碑记述了武定凤氏土司的家史，具有较高的学术研究价值。彝族学者朱琚元等把碑文以彝文、国际音标注音、汉文直译、汉文意译四行体形式将全文译出，并题名为《镌字岩彝文摩崖释译》，于1990年由云南民族出版社出版发行。此碑为云南现存彝文碑碣历史最长、规模最大、字数最多的碑，具有一定的历史代表性和地域代表性。后人将其作为彝文书法临摹本。

图 5　《水西大渡河建桥碑》全碑

图 6　《水西大渡河建桥碑》局部

《水西大渡河建桥碑》立于大方县鸡场乡和黔西县林泉乡分界的大渡河桥北头。为明代万历壬辰年（1596年）立。据《大定县志》记："大渡河桥，在城南七十里，跨大渡河上，高四丈有奇，长二十丈，宽二丈余。为明万历年间，水西土目安那修大渡河桥成，十九年八月起工，是年四月乃成，长二十丈，宽二丈，桥去水四丈，费白银一千一百五十两。"彝文碑高1.78米，宽0.73米，碑底有石座，碑文系阳刻，共有彝文1972字。内容大部分叙述彝族默部历史，其余叙述建桥德政。1983年大方县文管所将此碑移入馆内进行陈列。彝族学者罗国义等将此碑以彝文、国际音标注音、汉译形式译出全文并载入四川民族出版社于1989年出版的《彝文金石录图》。此碑撰稿人安国亨为著名的彝文书法家，后人将此碑铭文作为明代彝文书法临摹本。

图 7 《普沙摩崖碑》

《普沙摩崖碑》位于云南省石林彝族自治县乍龙村南三里地的普沙土司旧城废墟内的丛山峻石的一峭壁上。撰写于清咸丰七年（1857 年）。估计是清朝彝族农民起义军一勇士，起义失败后隐居此山时写下的。碑长 0.9 米，宽 0.5 米。行书从上至下，书写颜料为黑色。记述了彝族起义军于己年卯月二十八日在磷马洞村揭竿起义，继而攻下板桥等乡镇，进而攻下县治所在地鹿阜镇，建立了彝族农民起义军政权。后遭清军将士追杀，无辜的彝民百姓血流成河，惨不忍睹。黄建明将此碑译为汉文载入云南民族出版社于 1993 年 12 月出版的《彝族古籍文献概要》中。在众多的彝文碑碣中，类似纪实性的作品不多见。《普沙摩崖碑》彝文具有一定的历史代表性和区域代表性。

第六章 古籍珍品图片及说明　337

图 8　《成化钟铭文》全钟

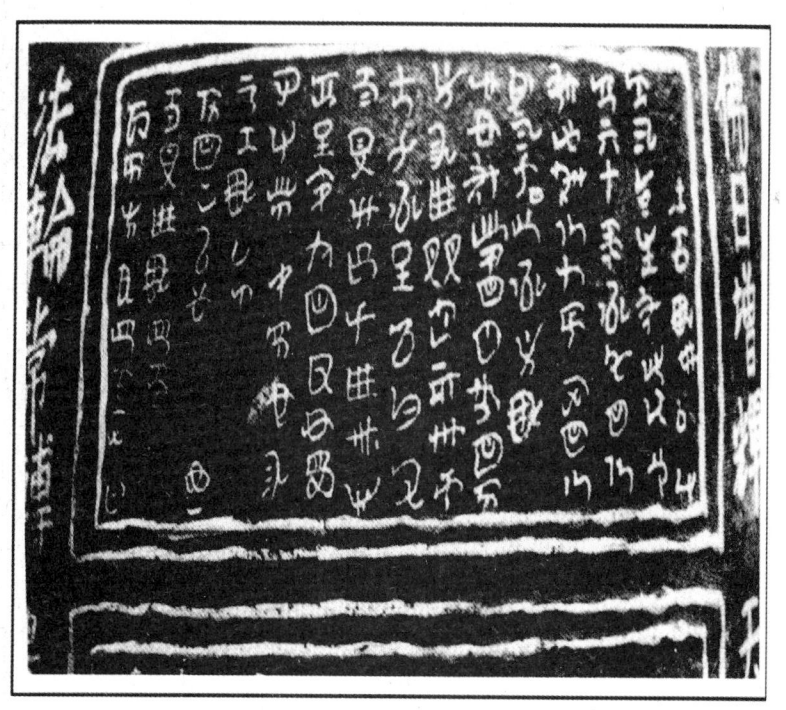

图 9　《成化钟铭文》局部

　　《成化钟铭文》，成化钟的主持铸造者为明代贵州宣尉使安贵荣。大钟原存大方县永兴寺内，现存贵州大方县奢香博物馆。因钟面彝汉文均注明其铸于明成化二十一年（1485 年）而称之为"成化钟"。钟体全高 1.35 米，厚 0.01 米，呈喇叭形状，口径 1.10 米，内经 0.97 米，重约 300 公斤。钟顶部有 0.36 米高的挂耳，形状奇特。钟面四周各有一幅八卦，八卦四周是云、雷纹类，有两对"日""月"

图案。周围有彝、汉铭文八幅，铭文全系阳文，上、下各四幅，每幅高19厘米，长54厘米，钟上彝文共33行，每行8字，共264字。其内容记安贵荣之妻奢脉与其子归来，安贵荣铸钟以安祖灵，求其祖先庇佑。彝族学者罗国义先生将钟铭文以彝文、国际音标注音、汉译形式译出全文，载入四川民族出版社1989年11月版的《彝文金石图录》。该钟为迄今发现的唯一的彝文钟铭文，因而具有很高的知名度。

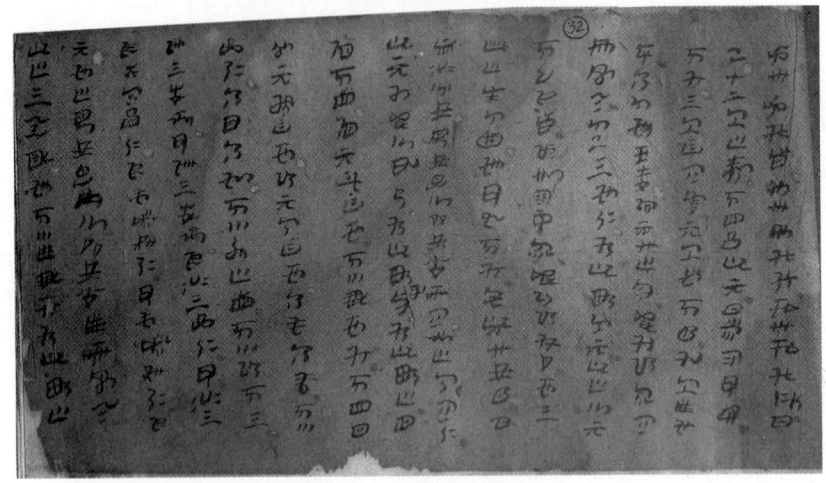

图10　《彝族源流》之一

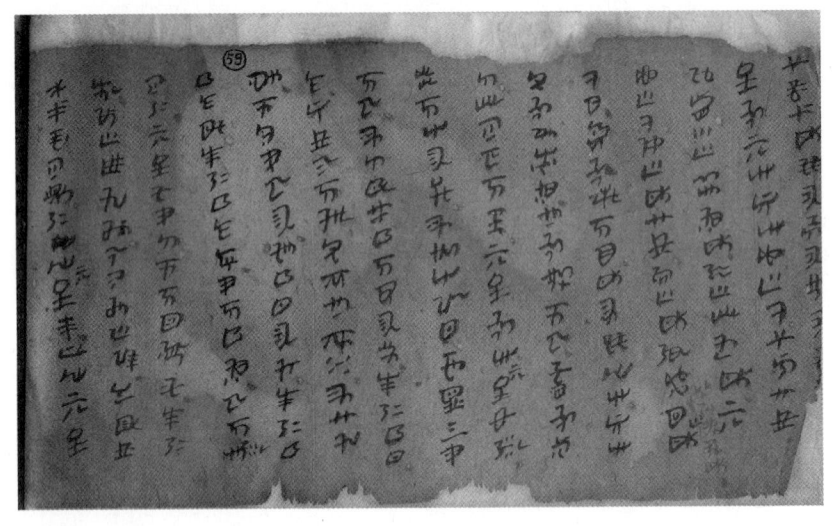

图11　《彝族源流》之二

《彝族源流》又名《能素恒说》。据传为古代举奢哲毕摩撰，后经历代彝族文人增补。记载从混沌初开的"哎哺"时代到清雍正年间彝族451代的历史。反映了彝族先民对宇宙万物和人类起源的认识及彝族古代的社会面貌，记述了彝族各部世系及其与其他民族的关系。反映了彝族六祖武、乍、糯、侯、布、默的分支，各分支后来的迁徙分布情况，以及分支后六祖谱系。记述了彝族工匠、毕摩文化起源及其发展。内容涉及冶炼、工艺、农业、天文地理等。《彝族源流》共27卷，是彝族历史文献中篇幅最长的古籍之一。全文已由贵州毕节地区彝文翻译组译为彝汉对照，由贵州民族出版社出版。原件存贵州省毕节彝文文献翻译中心。《彝族源流》已列入首批国家珍贵古籍名录。

第六章 古籍珍品图片及说明　339

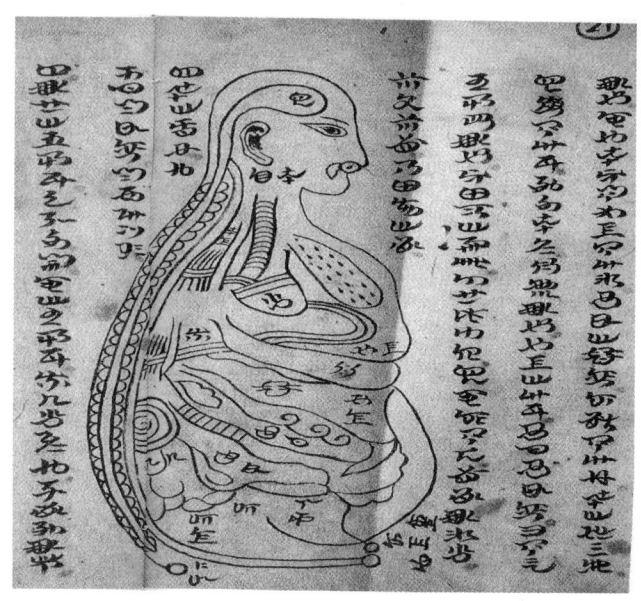

图12　《宇宙人文论》人体图

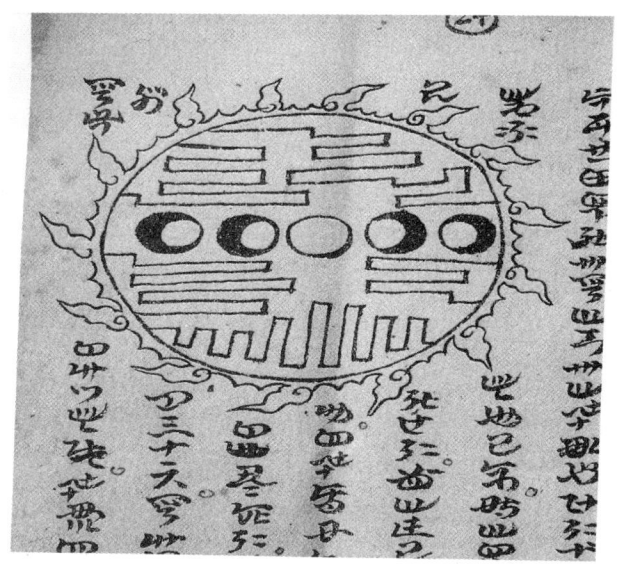

图13　《宇宙人文论》

《宇宙人文论》是留存于彝族东部方言的贵州彝文文献。记述了清浊二气的产生及天、地、人以及万物的产生。认为宇宙方位是先定四方，后分八角，形成八卦。以五行八卦反映万物的产生与发展。以清浊二气和五行变化，产生十二地支。描写了天体的运行轨迹。《宇宙人文论》宣扬的是天人合一。五行中的水是人的血，金是人的骨，火是人的心，木是人的筋，土是人的肉。天上有日月，人就有一双眼睛；天上有风，人就有气；天上有雷鸣，人就会说话；天上有阴晴，人就有喜怒；天上有云彩，人就有衣裳；天上有星辰八万四千颗，人有头发八万四千根；天的周围有三百六十度，人的骨头有三百六十节。以天体拟人体阐述人体的原理。全书为五言诗，共有3000余行，28章，附图多幅。罗国义等彝汉文对译本，1984年由北京民族出版社出版。抄本现藏于贵州毕节彝文翻译中心。

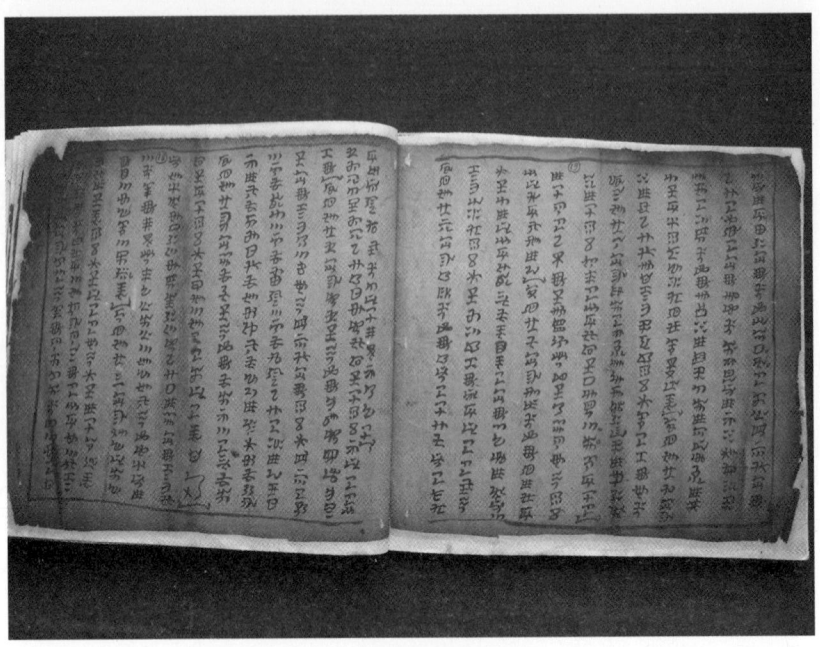

图 14 《阿鲁玄通书》之一

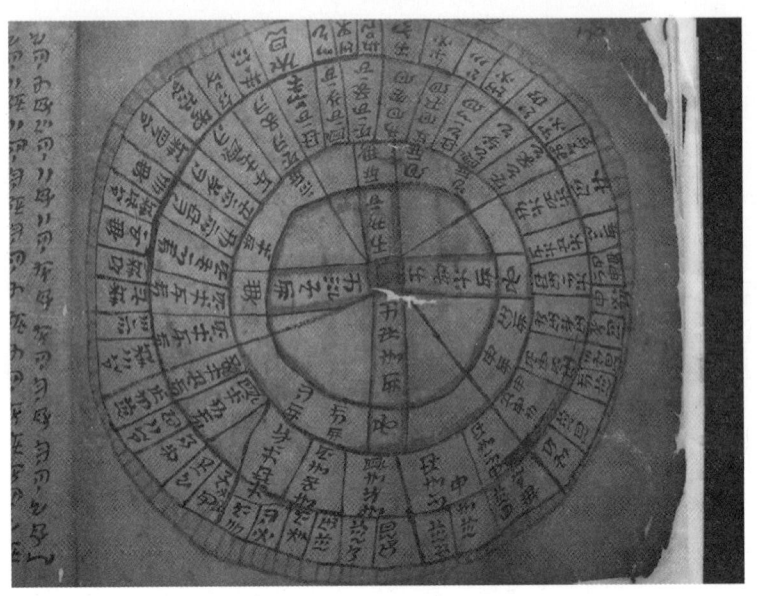

图 15 《阿鲁玄通书》之二

《阿鲁玄通书》由推断运气、算根基、夫妻生克、阿鲁竹卦、八卦相地等部分汇集成。根据干支、属相、五行、八卦原理，分篇章、分表格推断人一年中的运气，小孩的根基（生命树），各属相夫妻的生克。阿鲁竹卦卜算部分，绘有29幅卦图，每卦象有所示吉凶说明。八卦相地部分，用八卦分析山水龙脉走向，解释多种住宅与墓地的地貌环境及其吉凶推断。可供研究彝族习俗参考。清咸丰年间抄本，麻布护封，有表格、竹卦八卦图；装帧古朴，传统文献造型的特点浓厚；内页笔画工整，字形秀丽。该书现存贵州省毕节地区彝文文献翻译研究中心。

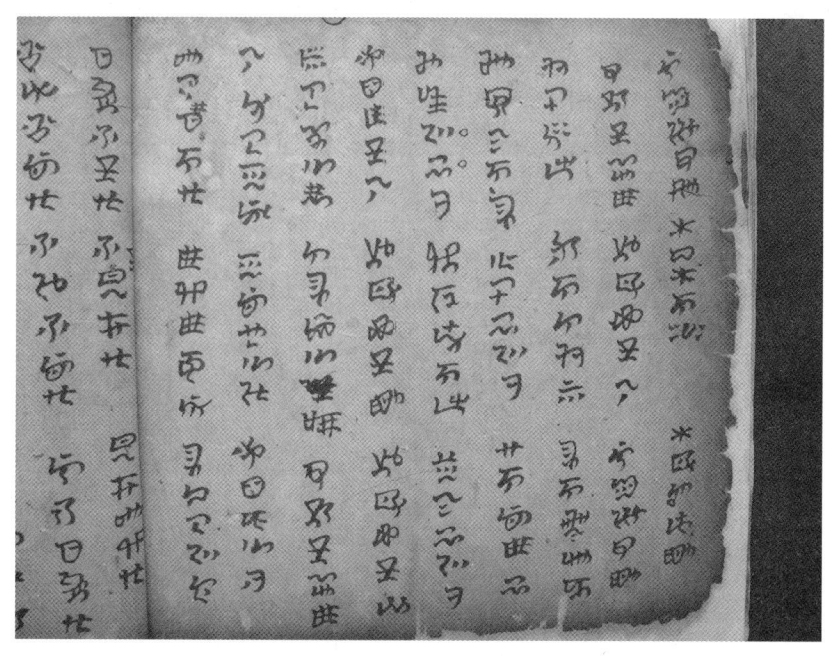

图 16　东部方言《祭祖经》之一

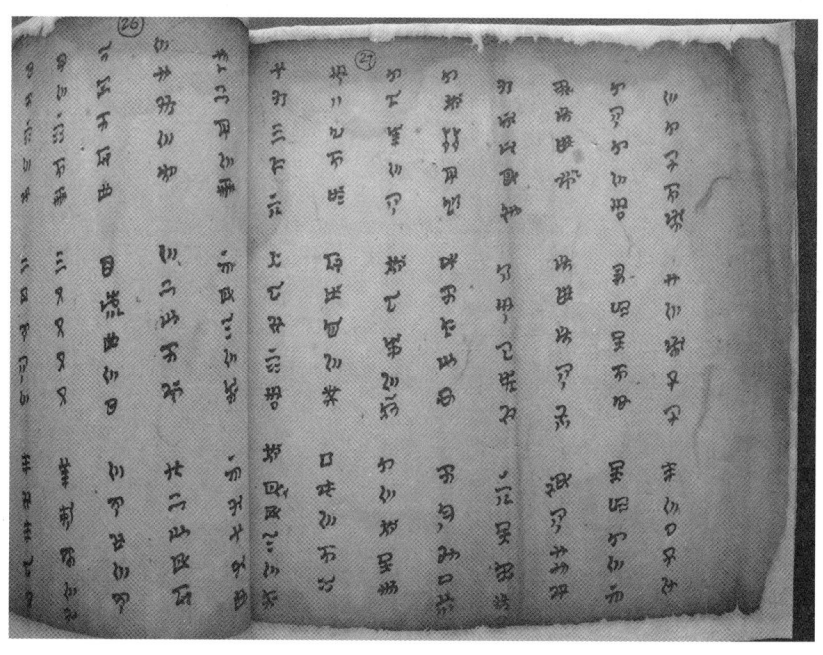

图 17　东部方言《祭祖经》之二

《祭祖经》，彝族丧祭与伺奉祖灵经书。本书由 8 部经书组成，《指路经》，把三个亡灵中的一个从其古乌撒（今威宁县）住地，直接指经牛栏江，从滇东北至滇西大理苍山。《制祖灵桶经》介绍祖灵桶的制作、洁净、来历与慕靡时期的恒特、道朵、慕靡的王位传承。《馈赠献礼》介绍向亡灵献祭品。《额布苏》介绍把人死亡后断了的根基续上。《为祖灵除灾》《去祸祟》等三部经书叙述为祖灵及其灵桶举行的洁净与除灾仪式。彝族《祭祖经》来源于贵州威宁县迤那镇中海村杨六十毕摩家清道光十七年（1837 年）抄本。装帧古朴，传统文献造型的特点浓厚。内页笔画工整，字形秀丽。该书现存贵州省毕节地区彝文文献翻译研究中心。

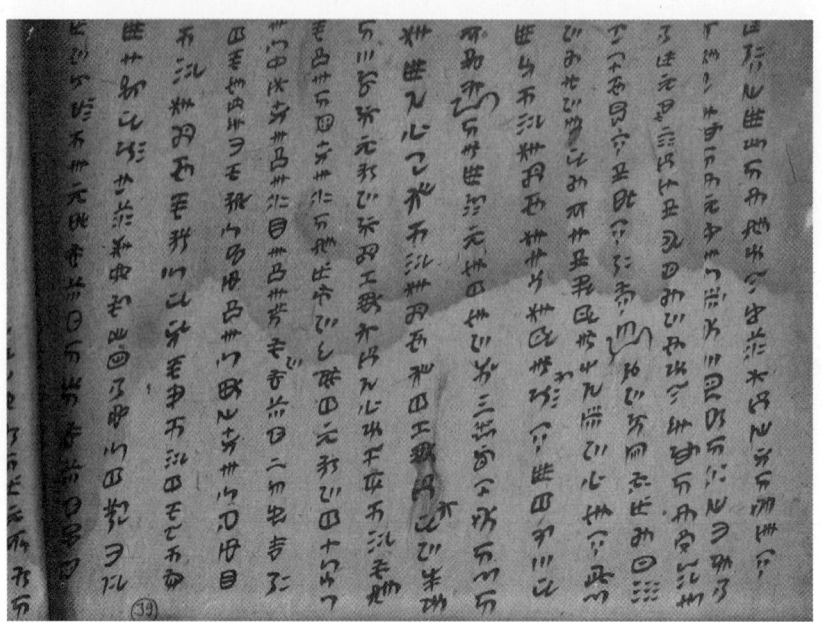

图 18 东部方言《摩史诺沤苏》之一

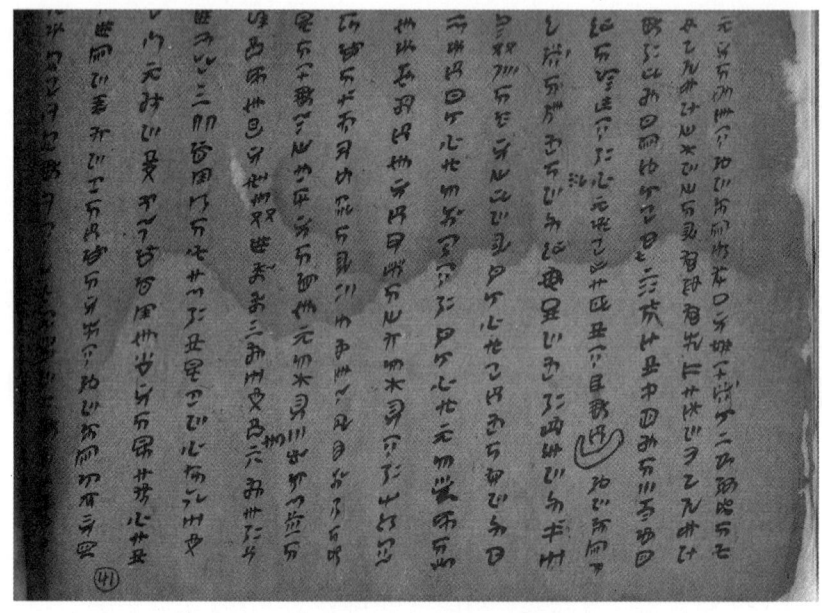

图 19 东部方言《摩史诺沤苏》之二

《摩史诺沤苏》，彝族摩史诵词。本书录有：①阿卓仇（曲靖）、卓罗纪（皮罗阁）、播勒（安顺）、妥阿哲（大方、黔西、贵阳一带）、妥芒部（云南镇雄）、扯勒（四川叙永一带）、阿芋陡（云南会泽、东川一带）、乌撒（贵州威宁、赫章一带）、阿外惹（贵州盘县、普安、兴义一带）等彝族各部的姻亲族亲走访活动。②关于阿哲中心地带山脉主峰"白扎戈"的四种来历神话传说。③支嘎阿鲁巡查天地期间在黔西北一带活动的传说。④云南省西部哀牢彝女毕待鲁阿买生目确舍氏族、南诏等六诏的传说。可供研究彝族文学与历史参考。文本来源于贵州省威宁县西部一带清道光年间旧抄本。《摩史诺沤苏》装帧古朴，传统文献造型的特点浓厚。内页笔画工整，字形秀丽。该书现存贵州省毕节彝文文献翻译研究中心。

第六章 古籍珍品图片及说明 343

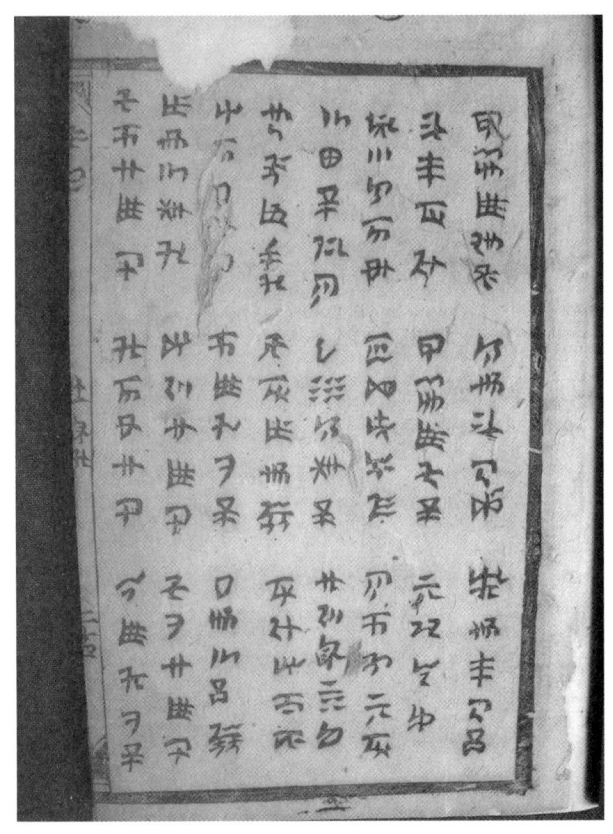

图20　东部方言木刻本《摩史苏》之一

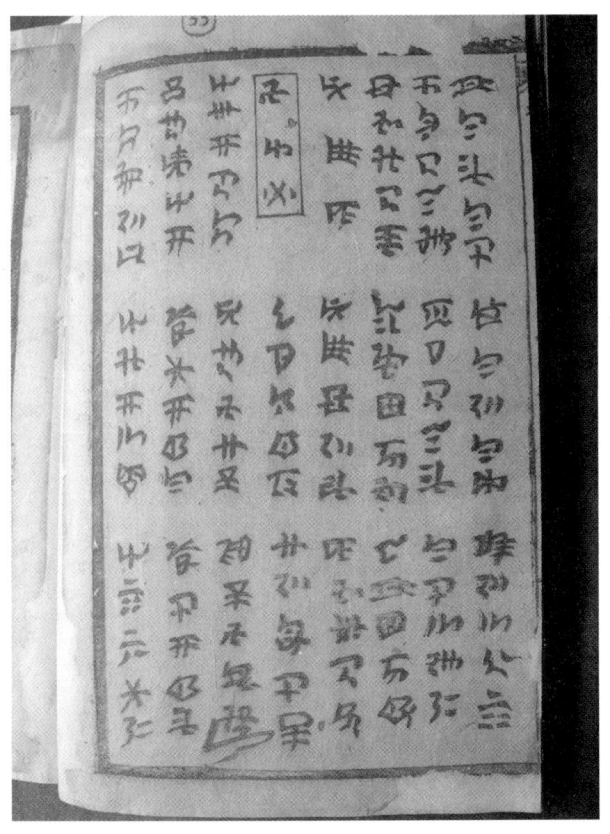

图21　东部方言木刻本《摩史苏》之二

《摩史苏》，彝族丧祭仪式摩史诵词。彝文刻本的数量十分稀少，地处黔西北的古乌撒部旧址地的威宁也仅存两个版本：一是由苏诺贵发氏于清光绪二十五年（1899年）刻印保留下来的这部《摩史苏》；二是龙街镇的安氏现存的数十块刻板。《摩史苏》于20世纪50年代中在贵州威宁一带收集，后一直由毕节地区彝文翻译组收藏，现存有5册，民间已不见流传。书中有26个标题，有18个标题的内容涉及丧祭活动，并多以丧祭活动仪式的名称作为标题名称。它记录了摩史在一场丧祭场合的主要活动过程。《摩史苏》装帧古朴，刻本版本为孤本，传统文献造型的特点浓厚。内页笔画工整，字形秀丽。该书现存贵州省毕节地区彝文文献翻译研究中心。

图22 《劝善经》之一

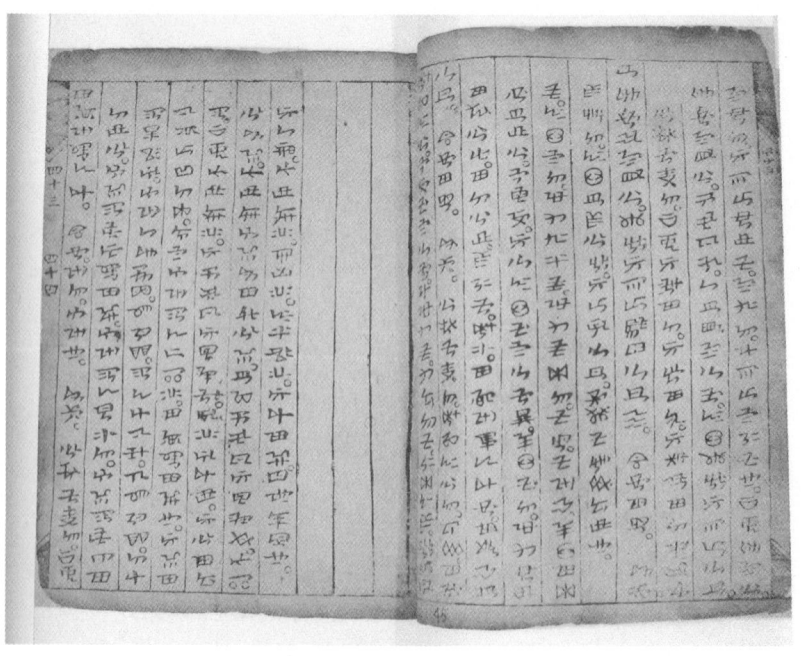

图23 《劝善经》之二

《劝善经》为汉译名，彝语名为《尼木苏》。彝族伦理道德经典。佚名撰。成书于明朝，流传于云南武定、禄劝彝族地区。通篇以道家《太上感应篇》章句为母题，每章之后结合彝族风俗习惯、哲学伦理进行宣教说理，传授知识，按奴隶社会和封建社会统治阶级的善恶标准，宣传忠君思想和因果报应等宗教观念。其中也有不少倡导破除迷信、发展生产、改革陋习、移风易俗、向汉族学习先进思想和技术的篇章。写作方法打破彝族传统五言律诗的规矩，语言流畅。是现存罕见的彝文木刻本之一。对研究彝汉文化交流史和彝族伦理道德观念及教育思想有重要参考价值。马学良等以彝文、国际音标注音、汉文直译、汉文意译四行体形式译出全文，并于1986年由北京中央民族学院出版社出版发行。作为彝文木刻本，《劝善经》具有一定的代表性。云南楚雄彝族文化研究所存有彝文《劝善经》原件。

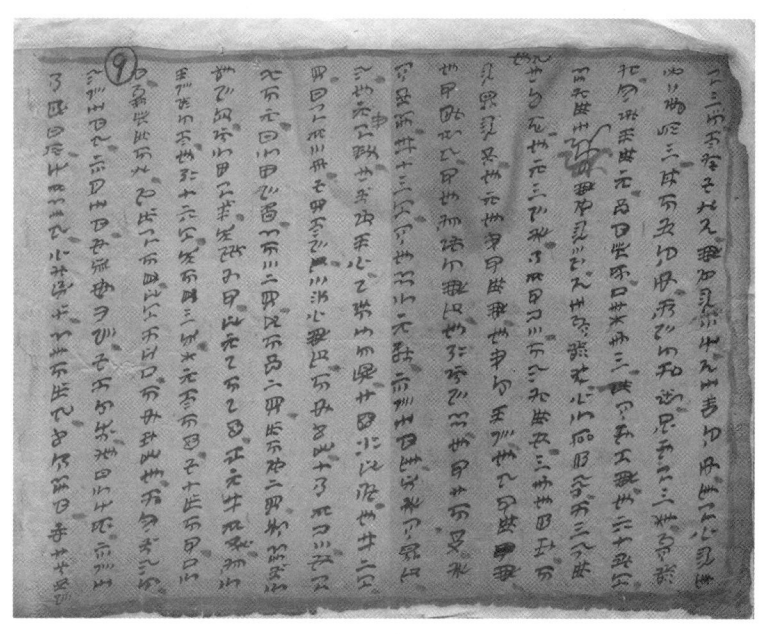

图 24　东部方言《苏巨黎咪》之一

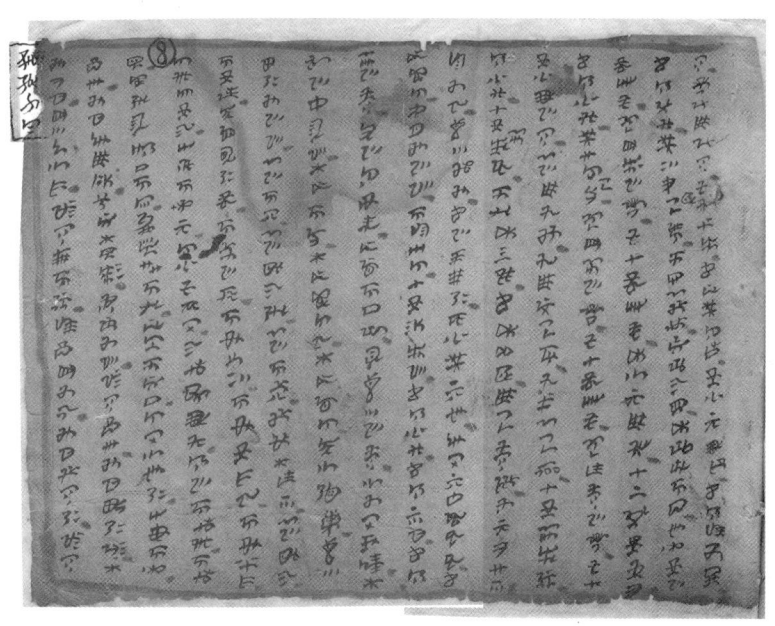

图 25　东部方言《苏巨黎咪》之二

《苏巨黎咪》（又名《舍纠伟》），彝文教育文献。苏巨黎咪，意为规劝人的至理名言。反映古代彝族先民的人生、道德观和美学观点。规劝的对象有君、臣、毕摩及民众。君要重稼穑、明礼仪、练兵习武，善待黎民，不偏信偏听，不拘一格用人才等。臣和毕摩要效法前贤，尽力辅佐君长。民众要尊老爱幼，善待宾朋，兄友弟恭，适时祭祖，讲诚信，反对偷盗劫掠、诈骗。作者关于知识的观点是："天地之间，各种本领，有知识为大，知识造就人，要尊重知识，不准伤害毕摩。"美有内外，重内在之美。此书之警世至理名言，虽当今之世，亦显其美。可供研究彝族教育、伦理、法律参考。文本来源于贵州威宁县金钟镇孔凡荣家旧抄本。威宁县阿洛兴德整理、翻译，贵州民族出版社1998年版。其装帧古朴，有着传统文献的造型特征。内页笔画工整，字形娟细。该书现存威宁县民宗局李幺宁家。

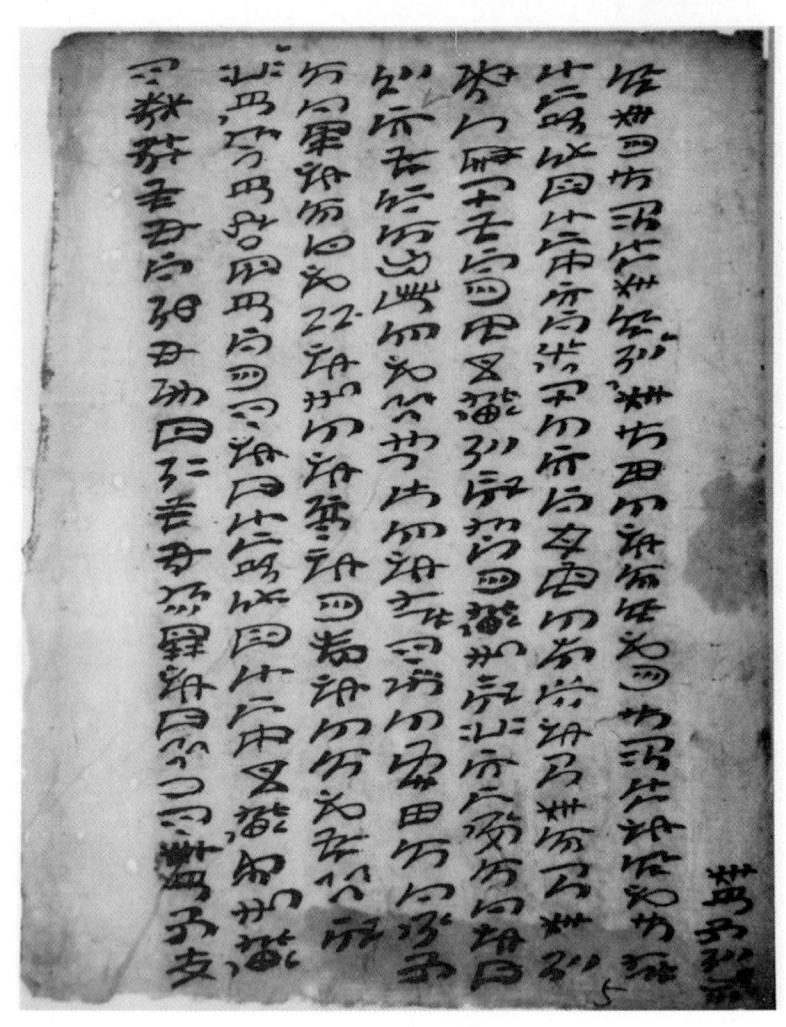

图 26 《祷祝猪膀经》

《祷祝猪膀经》是在彝语东部方言的滇彝区，举行祭祖大典时念的一种祭祀仪式经书。念本书的目的在于将氏族祖先灵魂超度升天成为祖先神灵，使其更具有神力更好地保护子孙后代。本经书以黑猪为牺牲向神灵献牲时念诵，主要内容为祈祷神灵和祖先保佑子孙后代。本经书为民国三十年（1941年）张四春抄本，彝文抄写工整，字体均匀，具有较高的彝文书法价值。现藏云南省楚雄彝族文化研究所。

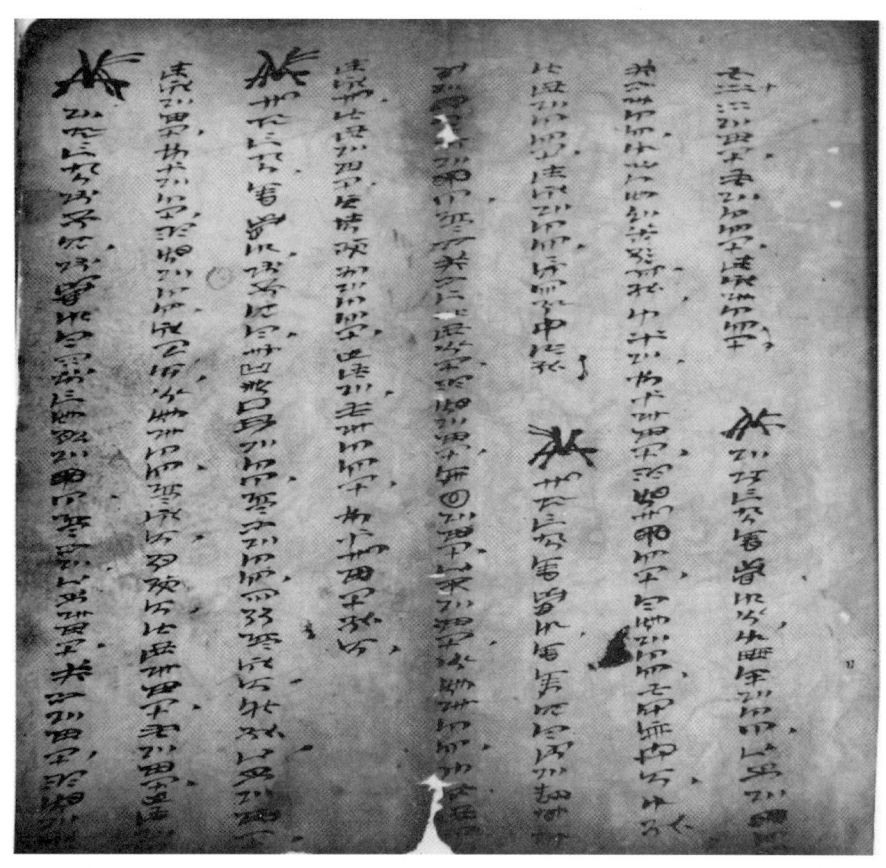

图 27　《鸡卦解说经》

《鸡卦解说经》，鸡卦是彝族人多种算卦形式的一种。每当举行重大活动或行动时，彝人事先要占卜或算卦，算卦形式多为杀牲祭祀，以祭牲的骨纹来测定凶吉。通常以当日牺牲牛、羊、猪、鸡骨作卦具，也有将牲骨纹形画成图形，将骨质上的纹形与图形进行比较而进行解读。各种不同的卦相共有72种，经书对各卦相的吉凶分别作了解说。本经书抄于清嘉庆二十四年（1819年），文体古朴，具有一定的书法价值。文本现藏云南楚雄彝族文化研究院。

图 28　《压土邪经》

《压土邪经》又称《洁净水》，是彝族丧葬仪式上毕摩念诵的一种经书。彝族传统观念认为大地土层分熟土与生土两层。熟土层中的气体与地面气体是一样的，对人畜、庄稼无害。而生土层中的地气则是邪气，不但对人畜、庄稼有害，对死者的灵魂也有害。在云南彝区实行的是土葬，在埋葬时免不了要动深层的生土，生怕动生土时触动了邪气而加害于人。于是杀牲来祭祀土地神，以毕摩念诵经文来压住生土层中的邪气，不致伤害活人甚至亡灵。来源于云南禄劝彝区的本《压土邪经》抄写于清乾隆年间，绵纸、经折装、墨写、有朱色句读，保存基本完好。彝文书写为楷书。现存云南省楚雄彝族文化研究所。

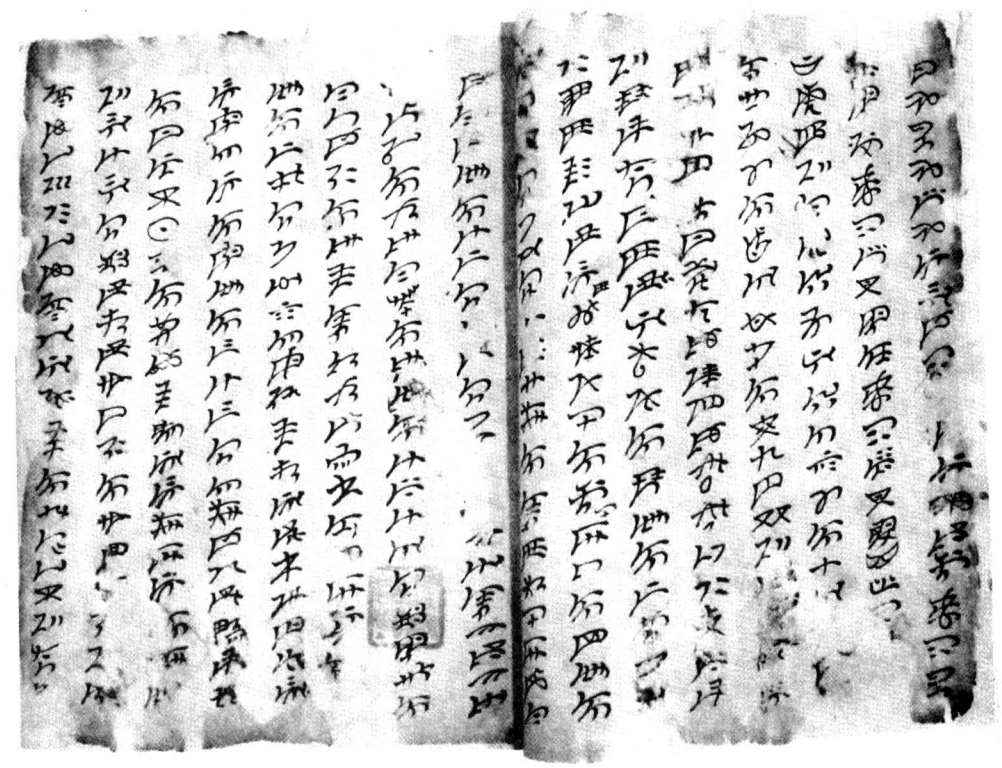

图 29 《彝汉教典》

　　《彝汉教典》为汉译名，彝名称为《内商孟眯》。流传于云南滇东北彝区。佚名撰，成书年代不详。全书辑录了 49 位彝汉道人名言，以教育后人。论述了人的成长过程和为人处世之道，教人如何做人，怎样恪守传统观念及其准则等。内容涉及天文、地理、历史、哲学、政治、经济、军事、法律、文化教育、宗教礼仪、伦理道德、医学病理等。是考察彝族社会历史的重要古籍，也是研究西南民族关系和彝汉文化交流史的珍贵资料。现已列入"国家珍贵古籍名录"，此书为典型的彝文古籍版式，彝文书写风格也极富滇东北彝区的方言特色。

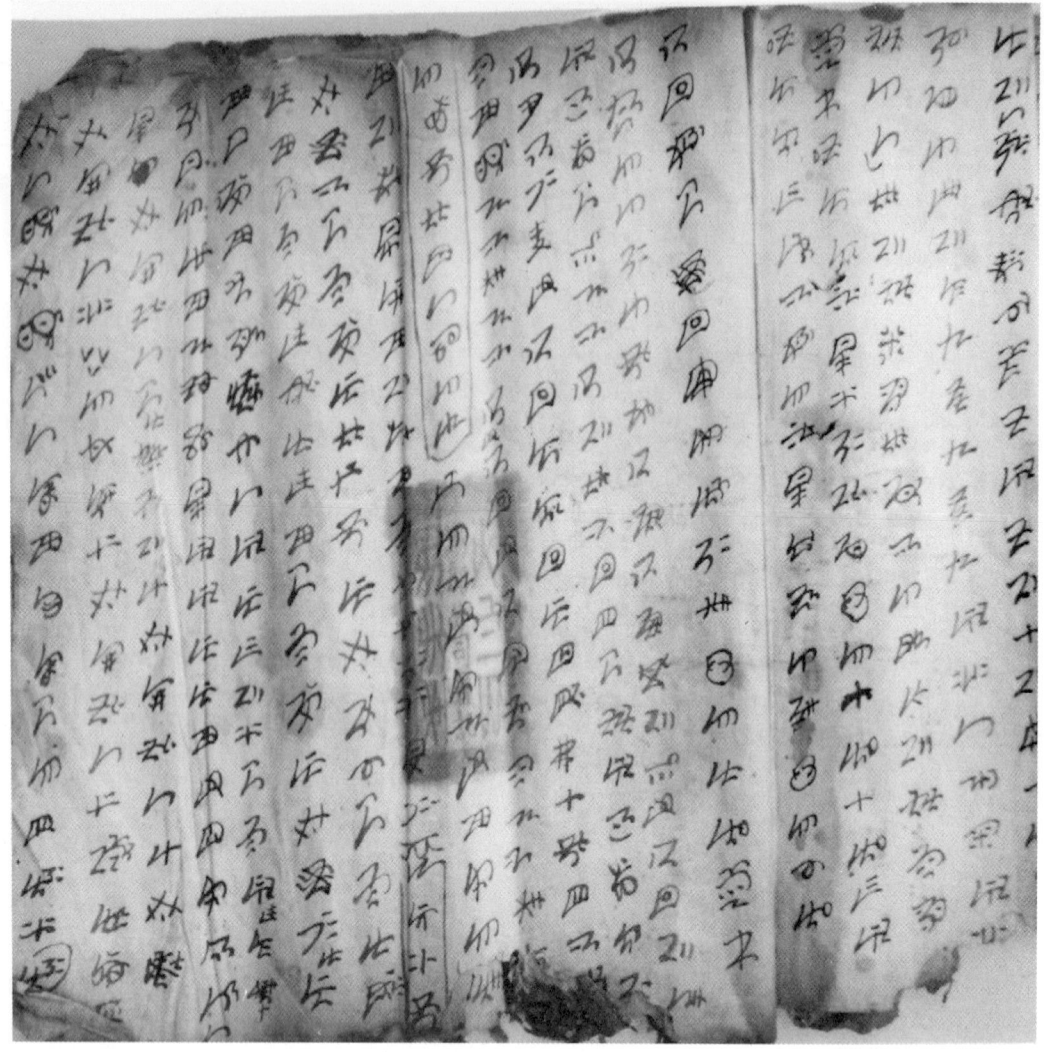

图30 《献水经》

《献水经》是东部方言武定、禄劝一带彝族丧葬仪式上念的一种经书。内容记述了水对生命的重要意义，水是生命之源，是绿色的希望。世间的动物、植物等万物离不开水。丧葬祭奠和祭祀活动也离不开水。经书用大量的篇幅描述了祭祀活动中所用的水是经千辛万苦、千挑百选才寻找来的洁净圣水。祭祀活动中已用洁净的圣水洗了牲，因而所献的牲是圣洁的；所用祭奠品及祭奠所用的用具也已用圣洁的水洗过，因而是圣洁的。古代彝人认为亡灵到了另一个世界，同样需要水，所以毕摩要给亡灵献水。本《献水经》抄写于清光绪十六年（1890年），毛装，墨书，抄写工整，有朱色句读和汤郎土司印。现存云南楚雄彝族文化研究所。

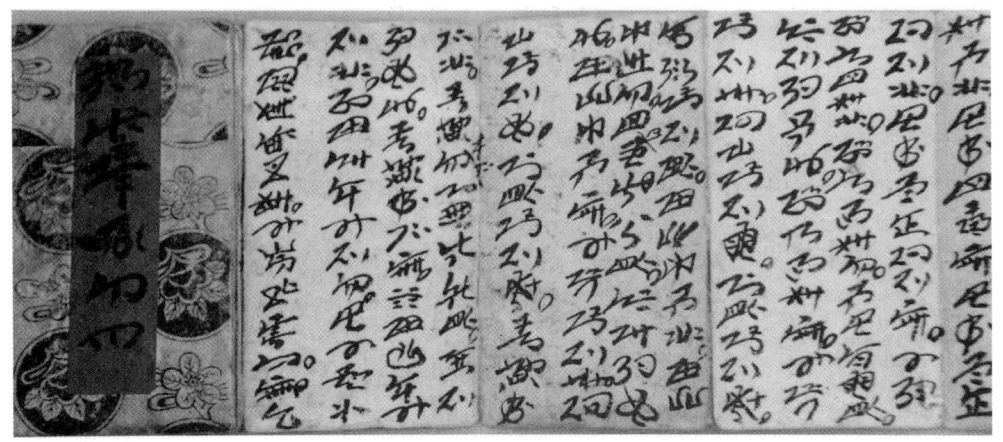

图 31　《开路经》首页

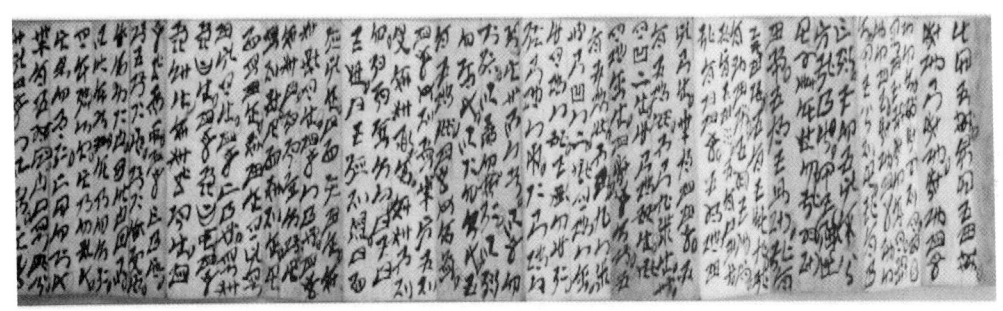

图 32　《开路经》长卷

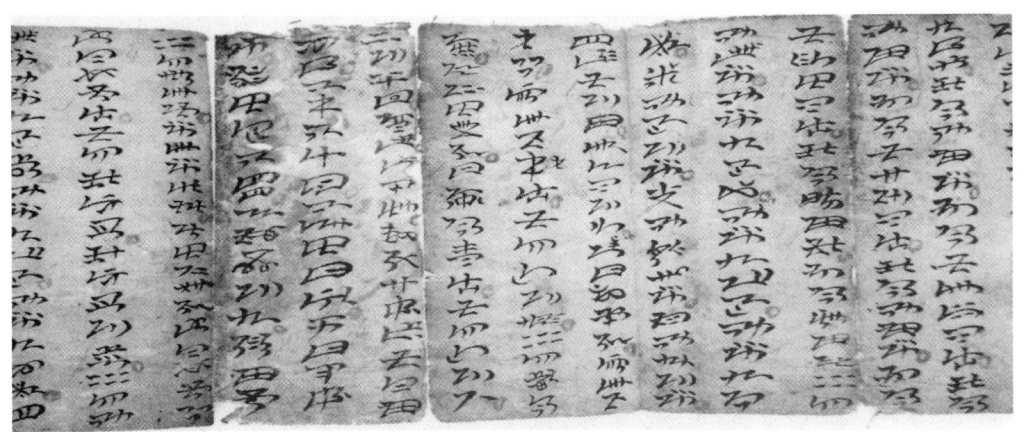

图 33　《开路经》局部

《开路经》是彝人在葬礼上毕摩为亡灵念诵的一部经书。彝人认为人死后，亡灵并没有死。因而需要把亡灵送回祖先发祥地，与祖灵共聚，并得到祖灵的保护。而亡灵自己是无法回到祖先发祥地的，需要毕摩指引。毕摩为亡灵念诵《开路经》时，从死者家中指起慢慢指到村外，然后从一个村指到另一个村，从一个乡指到另一个乡，从一个县指到另一个县。最终指到今云南昭通一带。整个指路过程开始时一个站到另一个站距离很短，后来慢慢地拉长。所指地名大部分是真实的，也有一部分虚构地名。在"指路"过程中描写了沿途山川地理风貌，民族风土人情，并指出了到一些地方可能遇到的危险。《开路经》是毕摩必备之书，也是具有代表性的彝文经书之一。彝文经书多为毛装书，可本《开路经》为经折装，开卷即成一长卷，是传统彝文文献中比较罕见的一种装帧形式。本《开路经》现存楚雄彝族文化研究所。

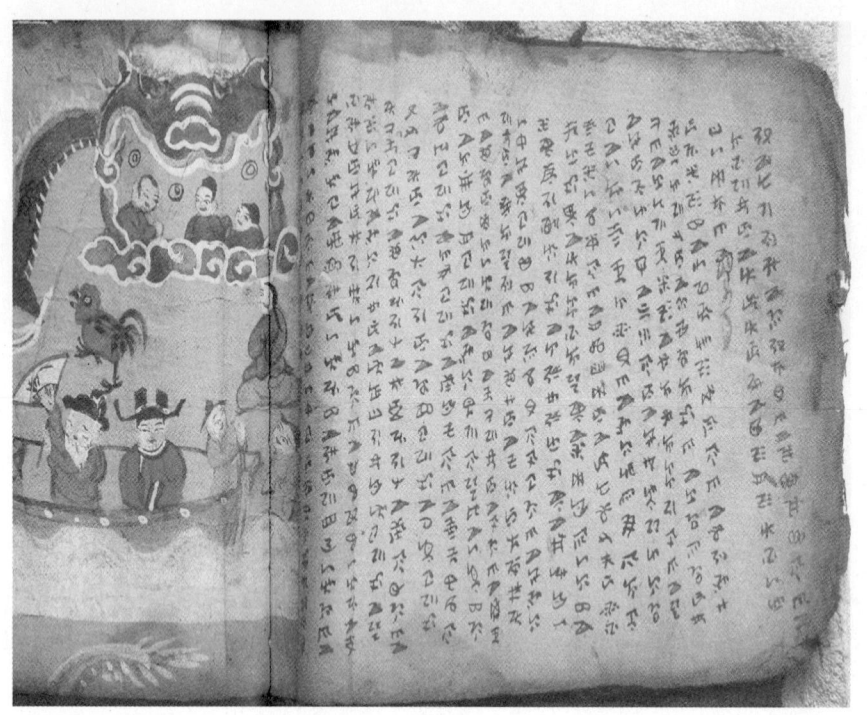

图34　《百乐书》之一

图35　《百乐书》之二

《百乐书》是彝语南部方言祭师毕摩经书之一。是彝族村民预测新年粮食丰歉和生产生活前景的预测书。求签者分别从《百乐书》中抽取签卦，让毕摩讲解其新年的生活前程。《百乐书》虽为求签问卦，但由于它反映的是与村民日常生活密切相关的生产、粮食丰歉、家畜发展、人丁增殖、财运、婚姻、狩猎出门、家庭前景等内容，其中彩画反映的是历史上彝族人民的生活前景，因而具有较高的学术研究价值。《百乐书》古籍装帧版面与其他类书有所不同。每一个版面，一面是图画，一面是文字。签绳在图画一面，根据所抽到的签上的图画，对照文字，进行解读与预测。画面色彩丰富，绘画水平也较高。《百乐书》已列入首批"国家珍贵古籍名录"。原件现藏云南省民委少数民族古籍办公室。

图36 《木荷与薇叶》

《木荷与薇叶》是流传于滇南红河流域彝族地区一部著名的叙事长诗。全诗由"歌头""春笋""成长""比赛""恋歌""说媒""拆桥""盟誓""遭遇""灭妖""附马""花桥""回春""搭救""歌尾"十五个章节组成。此书有力地抨击封建家长制婚姻，抨击嫌贫爱富的势利小人，歌颂了纯真的爱情而深受彝族群众的喜爱。是清代抄本，版框为25×30厘米，半叶行数为20—21行不等，每行字数为18—25字不等，四周为单边，线订册页装，开本为28×35厘米。相对而言，内容完整，具有较高的文学艺术价值，文字精美，文体古朴陈旧。原件现藏云南省民委少数民族古籍办公室。

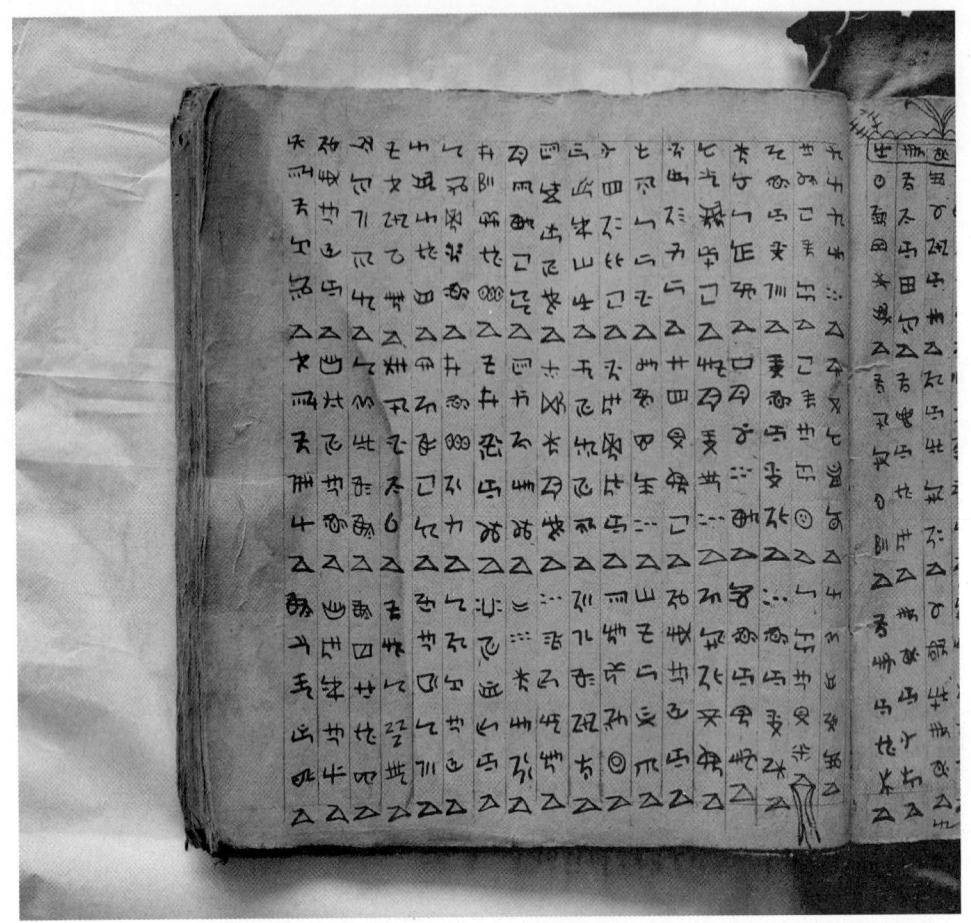

图 37 《贾莎则与靳斯基》

南部方言《贾莎则与靳斯基》是滇南地区彝族著名的叙事长诗之一，全诗由十二个章节组成，主要鞭挞权势、歌颂爱情、宣扬勤劳和勇敢，深得彝族人民的喜爱，具有较高的文学艺术价值，是清代的抄本，版框为 24×27 厘米，半叶行数为 17—19 行不等，每行字数为 18—21 字不等，四周为单栏，线订册页装，开本为 27×31 厘米。文字精美，文体古朴陈旧，原件现存云南省民委少数民族古籍办公室。

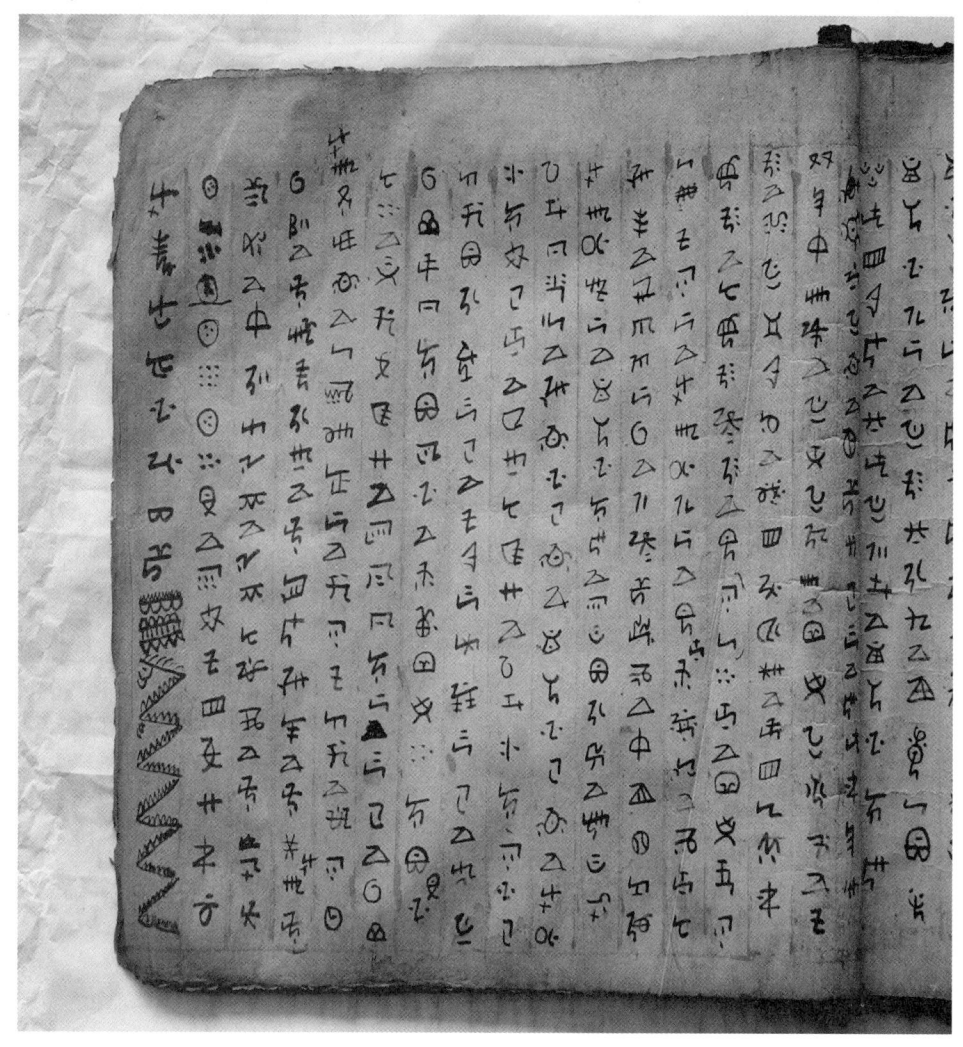

图 38 《贾斯则》

南部方言《贾斯则》是彝族著名的叙事长诗之一，全诗分为"序歌""寂寞""画像""下凡""家园""探察""圈套""审查""窃狱""除害""查访""拒绝""乐喜""尾声"十四个章节。是清代的抄本，版框为 24×30 厘米，半叶行数为 17—19 行不等，每行字数 17—21 字不等，四周为单栏，线订册页装，开本为 27×35 厘米。相对而言，此书年代早，其内容完整丰富，神话色彩浓重，因歌颂纯真的爱情而备受彝族群众的喜爱，具有较高的审美和文学艺术价值，文字精美，文体古朴陈旧。原件现存云南省民委少数民族古籍办公室。

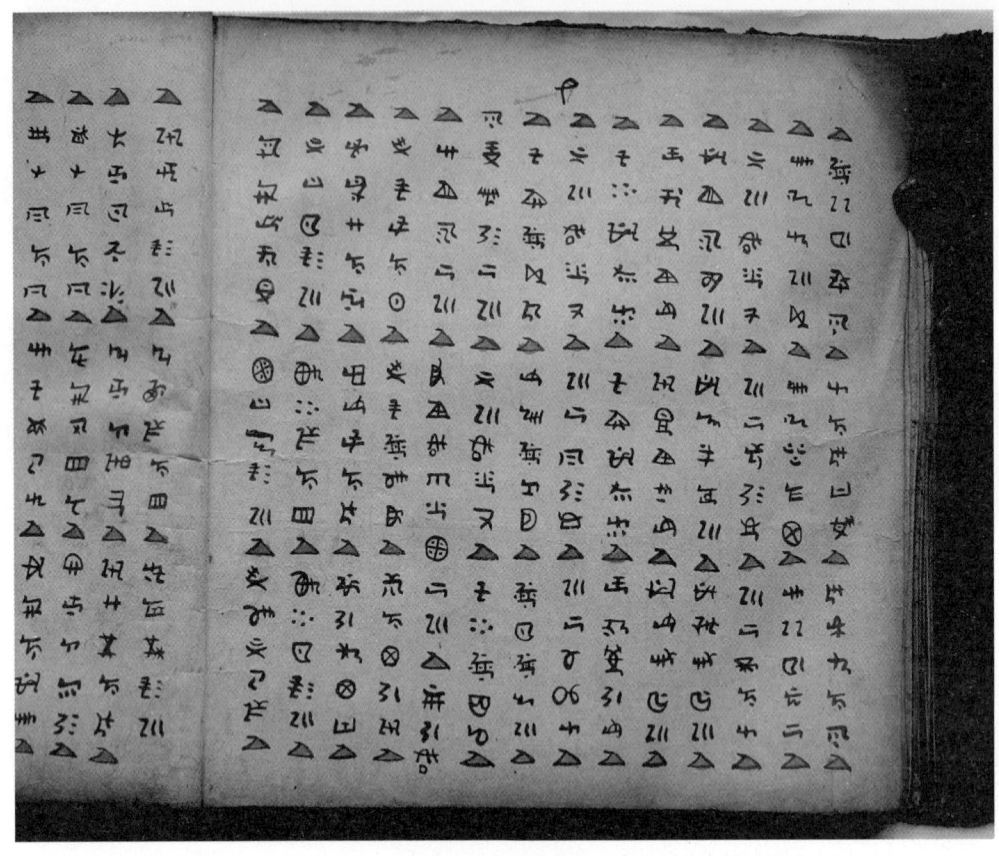

图39 《吾查》

《吾查》是流传于彝族南部方言区的一部彝文经典名著，用于丧葬祭礼，是彝族毕摩的必备经书之一。在云南弥勒彝区，又把"吾查"类书称为"公书"或"男书"。对于《吾查》的得名及其原始含义，学者们有不同的解读，至今尚未取得一致的看法。《吾查》是一套经书的总名称，全书由《断气降财篇》《子孙得财篇》《铁十二篇》《开天辟地篇》《育秧播种篇》《祖先长寿篇》《生天产地篇》《日耀月亮篇》《法理苛税篇》《普佗执法篇》《天地通始篇》《子孙迁徙篇》《寿命始终篇》《产药撵兽篇》《丧葬起源篇》《做物产物篇》《炼金积财篇》《罪过赎回篇》《除邪祛气篇》《解疙瘩篇》《颂图纳篇》《诵招篇》《牲魂返回书》《祭奠物品篇》《诵松马》《擗拐杖篇》《诵神门篇》《接魂书》《诵祭棚篇》《诵筒裙篇》《指路书》《魂魄轮回书》32个篇章组成。全书以五言句为主，兼长短句。云南玉溪市民族宗教事务局已将《吾查》以彝文、国际音标注音、直译、意译四行体形式全文译出，由云南民族出版社于1999年1月出版发行。《吾查》在彝文经书中，具有神圣性，因而彝文抄写、装帧各环节都极为庄重严肃，极富代表性。原件现存云南省民委少数民族古籍办公室。

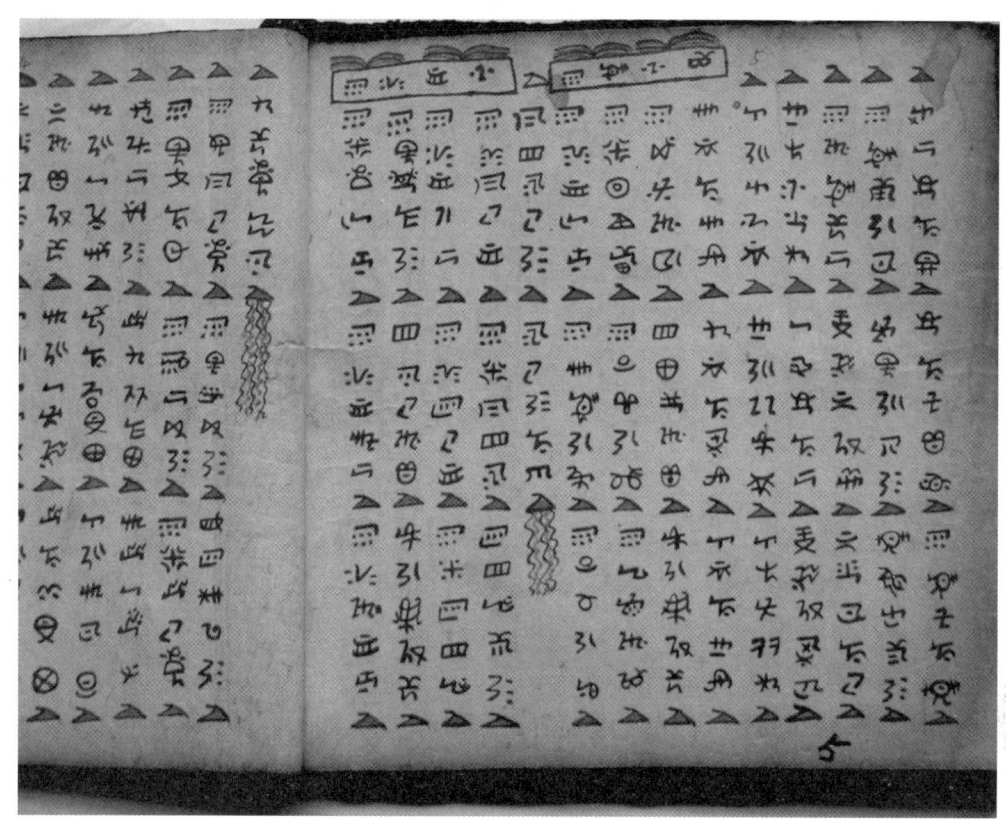

图 40 《们查》

《们查》是流传于彝族南部方言区的一部彝文经典名著，用于丧葬祭礼。为彝族毕摩必备书之一。在云南弥勒区又把《们查》类的书称为"母书"。对于《们查》的得名及其词汇的原始含义，学者们解读不一，至今尚未取得一致的看法。《们查》是一套彝文经书的总名称，全书由《天门们查母书篇》《们查黑衣篇》《雾慢神门们查篇》《还要祭献长衣篇》《祭献净洁衣篇》《达织衣篇》《毕额织衣篇》《织天神衣篇》《织皇帝金衣篇》9 个篇章组成。全书以五言句为主，间有部分长短句。云南玉溪市民族事务局以彝文、国际音标注音、直译、意译四行体的形式全文译出，并于 1999 年 12 月由云南民族出版社正式出版发行。《们查》在彝文经书中具有神圣性，因而无论在版面、装帧等方面都显得端庄、古朴，文字抄写工整。云南省民委少数民族古籍办公室存有该书原件。

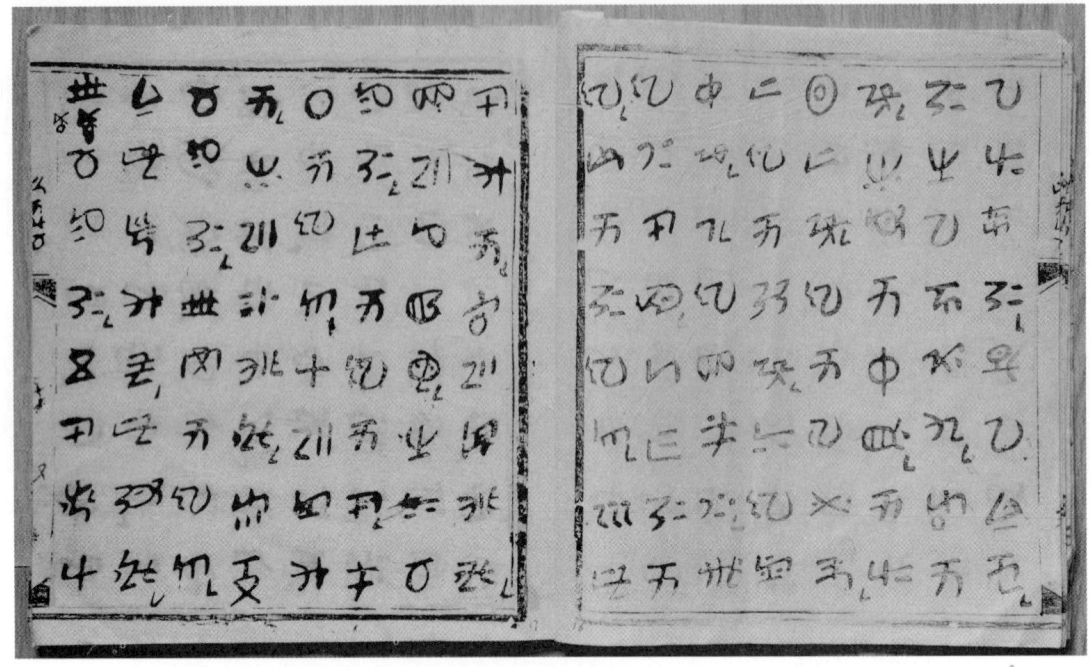

图 41 《玛牧特依》之一

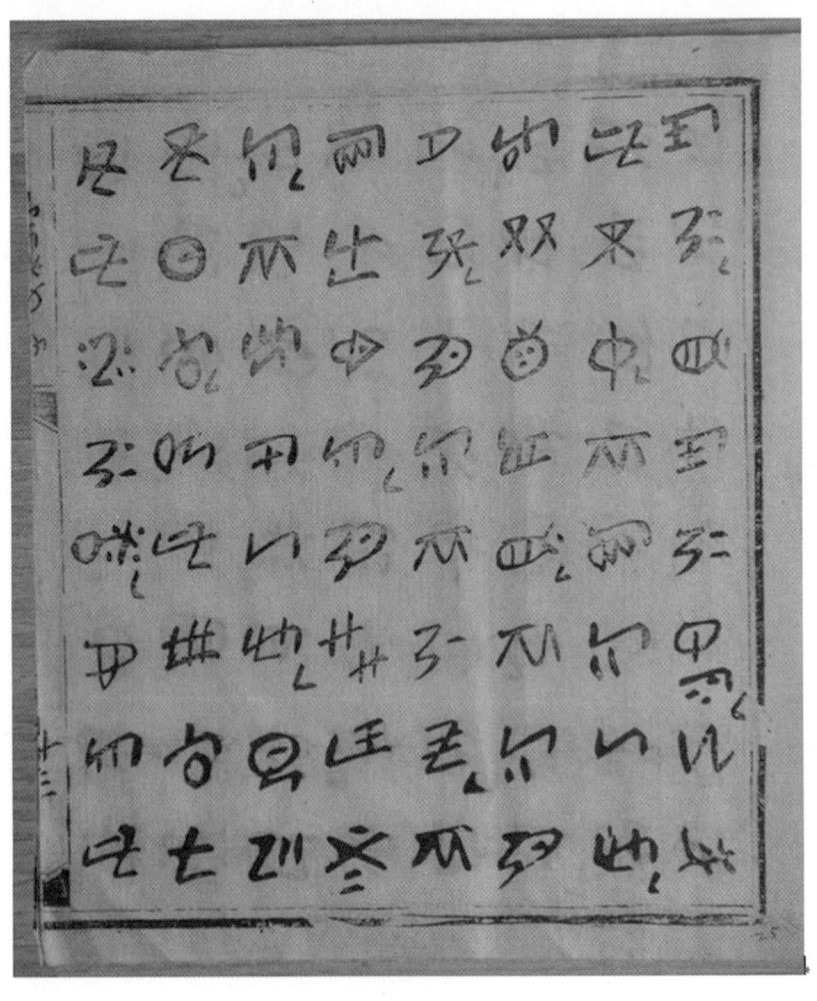

图 42 《玛牧特依》之二

《玛牧特依》又称《玛牧威尔》，译为汉语名为《教育经典》或《训世诗》。佚名传。在生产力极为落后的凉山奴隶社会背景下，刻印《玛牧特依》极为艰难，初刻于清朝末年，完成于民国年间。《教育经典》在甘洛刻印，流传至雷波彝区。全书描写了一个彝族男性的出生、成长、死亡的过程。提倡为人要勤奋学习、热爱劳动、谦虚谨慎、不骄不躁、讲文明礼貌、孝敬老人、忠诚老实、讲信义，不反叛主子。以奴隶主的世界观教育彝民为人处世之道，所以译为汉语后名为《教育经典》。全书以五言句为主，同时使用了不少的长短句。岭光电先生以彝文、国际音标注音、汉文直译、汉文意译四行体的形式译出全文，1983年由中央民族学院彝族历史文献编译室编印内部发行。《玛牧特依》是彝语北部方言区现存唯一的一部木刻印刷本，有较高的艺术价值和学术价值。本书图片由中国民族图书馆提供。

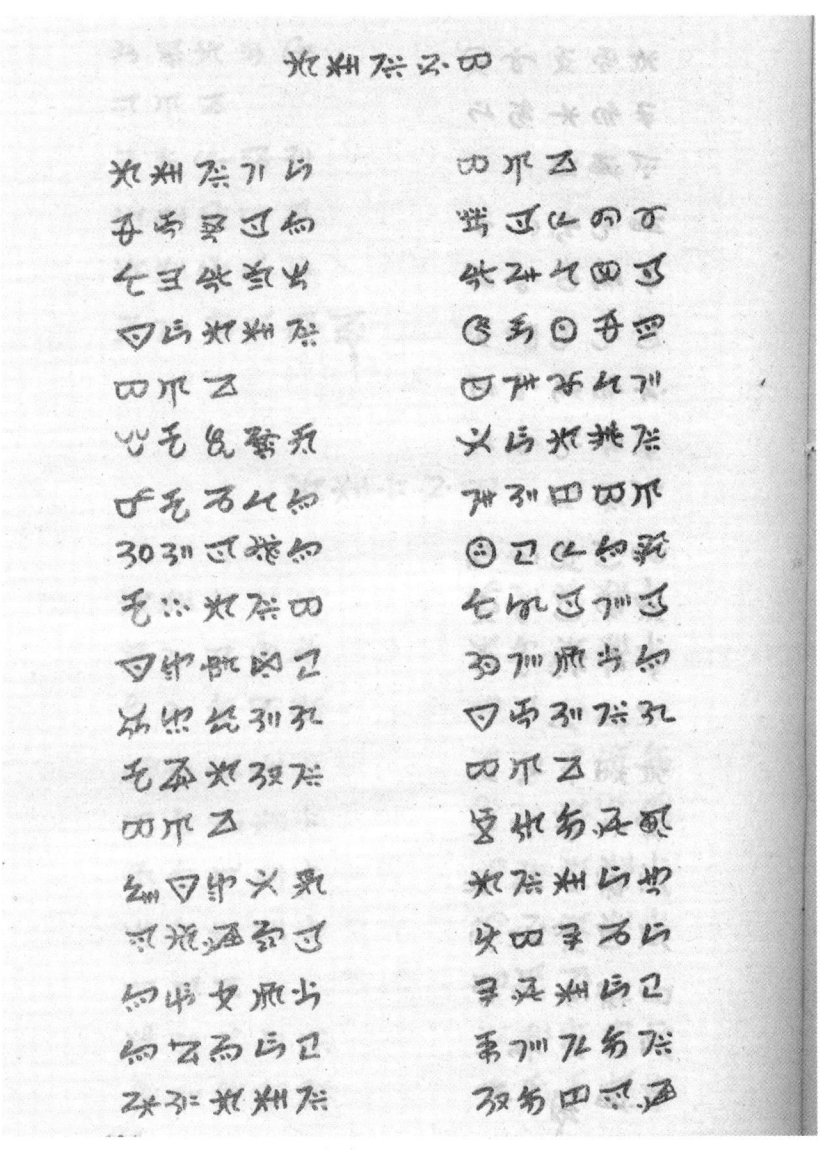

图 43 《母书》

《母书》为流传于彝族东南部方言阿哲支系的彝文经书，用于丧葬祭仪。为彝族阿哲支系毕摩必备经书之一。《母书》又名《裴妥梅妮·苏嫫》。《母书》是一套彝文经书的总名称。全书由《毕摩几戈礼仪》《撒氏奢香》《净魂超度》《离世》《人兽各安》《人兽分居》《天地分四方》《驱邪》《天分季节日》《祭日月神》《铸骨灰盒》《祭非神柯西》《生死渊源》《封寿延年》《婚嫁起源》《挖药炼丹》《祭天神》《告别金沙江》《洪水纪实》《祭丧规矩》《解扣》《归世》《献鸡》《告别亲友》《送箴筝》《赎厨师罪》《献黄牛》《惜别》《献牲》《祭玉虬》《招动植物魂》《祭奠自屋》《击鼓送亡魂》《送神林》《献摇钱树》《分毒水》《献绵羊》《送神马》《献山羊》《发寿有期》《搭桥》《指路》《招毕摩魂》《毕摩自述》44个篇章组成。全书为五言句，间有少部分长短句。师有福等以彝汉文对照的形式将全书译出，并于1999年6月由云南民族出版社出版发行。《母书》是阿哲支系彝文经书中具有代表性的著作，在彝文书写和版式设计上也有一定的代表性。云南省红河州民族研究所存有《母书》原件。

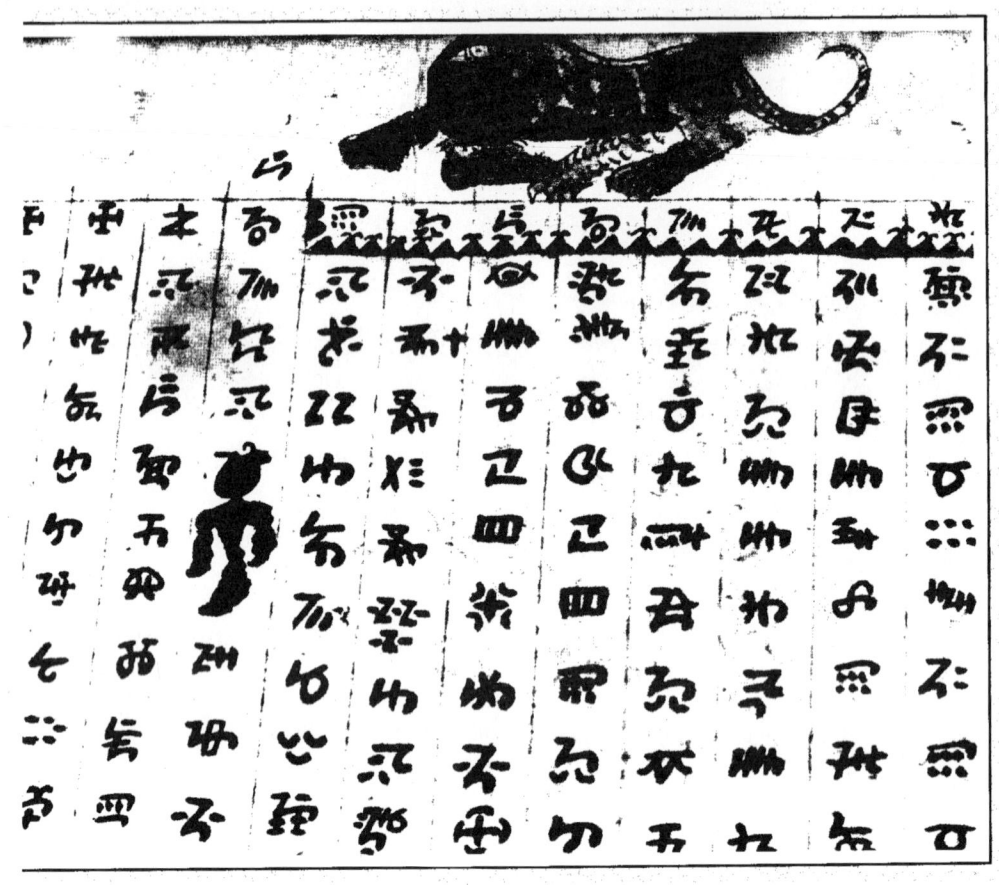

图44　《公书》

　　《公书》为流传于彝族东南部方言阿哲支系的一部彝文经书，用于丧葬祭仪。为彝族支系阿哲毕摩必备经书之一。《公书》又名《裴妥梅妮·苏颇》，是一套经书的总名称。全书由《梅莫卡》《折叠濮》《梅齐梅玉》《裴妥》《资梅移》《梅移尼》《额蛮梅移》《梅移栗》《梅移额俄客》《梅移除俄客》《梅移拾俄客》《梅移亥俄客》《梅移齐罗缩》《梅移尼罗缩》《梅移撒罗缩》《梅移栗罗缩》《梅俄梅维》《颇梅维》《梅亥勒折》《梅戈些》《梅持苏》《梅薄戈》《梅维特》《梅柞苏》《梅全苏》《梅柴苏》《梅日各》《梅维妮》《梅移能》《梅移朵》《梅塌次》《梅维几》《梅维咖》《梅维德》《梅维节》《梅维裁》《德布德西》《妮日梅维》《笃慕梅维》《梅移布》《梅勒苏》《梅布苏》《梅亥苦苏》《自叙》44个篇章组成。全书以五言句为主，间有少部分长短句，师有福等以彝、汉文对照形式译出全书，并于1988年10月由云南民族出版社出版发行。此书在阿哲支系彝文经书中内容与形式等方面具有一定的代表性。云南省红河州民族研究所存有《公书》原件。

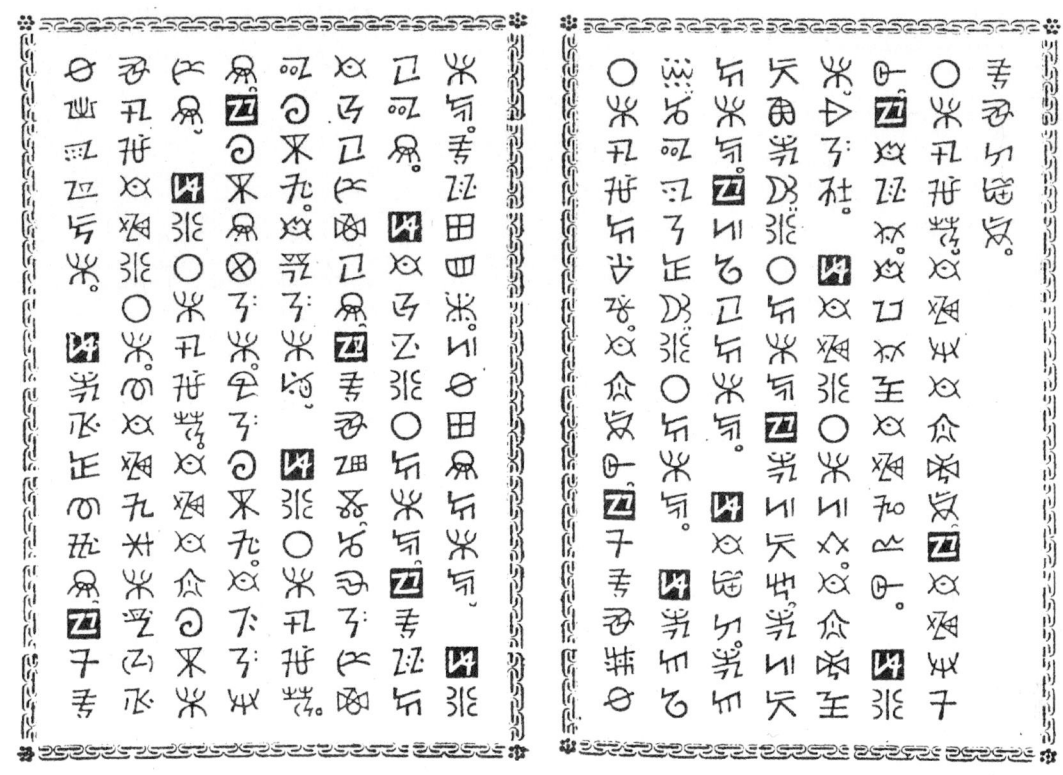

图 45　东南部方言彝文铅字印刷本《问答书》

　　《问答书》是世界上第一部把彝文制作成铜模，又压成铅字进行印刷的印刷本。与此书同期印刷的还有《法倮词典》。19世纪下半叶法国传教士保禄·维亚尔到云南路南县撒尼彝区传教，当时的撒尼人听不懂汉语，更听不懂法语。要在彝区传播天主教，非学会彝语不可。于是，保禄·维亚尔潜心学习彝语和彝文，通过几年的努力最终学会了彝语和彝文。在传教的同时，保禄·维亚尔在撒尼青年毕映斗的协助下，收集到了大量的彝文异体字，并对其进行定音、定形、定义，做些规范性的工作。并用规范了的彝文，写成了《法倮词典》和《问答书》。他们带着两部手稿，到香港制作铜模和铅字印刷，于1905年在香港那匹拉印书社印刷出版。铅字印刷字为楷体，字形结构匀称，运笔流畅，字形美观，深受彝族同胞的欢迎。《问答书》刚从香港带回路南不久就被抢购而光。幸好保禄·维亚尔运回书籍的同时，把铅字模也一并带回路南。鉴于印刷本的脱销，毕映斗利用带回的字模在青山口村自行再版印刷。两种版本的区别在于香港版用的是新闻纸，青山口版用的是绵纸。两种版本均为64开纸。《问答书》由"天地的起源""耶稣规矩""圣教的四条教规""恩情标志""祷告""祈祷词"等章节组成，黄建明已把印刷本以彝文、国际音标注音、直译、意译四行体的形式译载《保禄·维亚尔文集》，由云南教育出版社2003年出版。

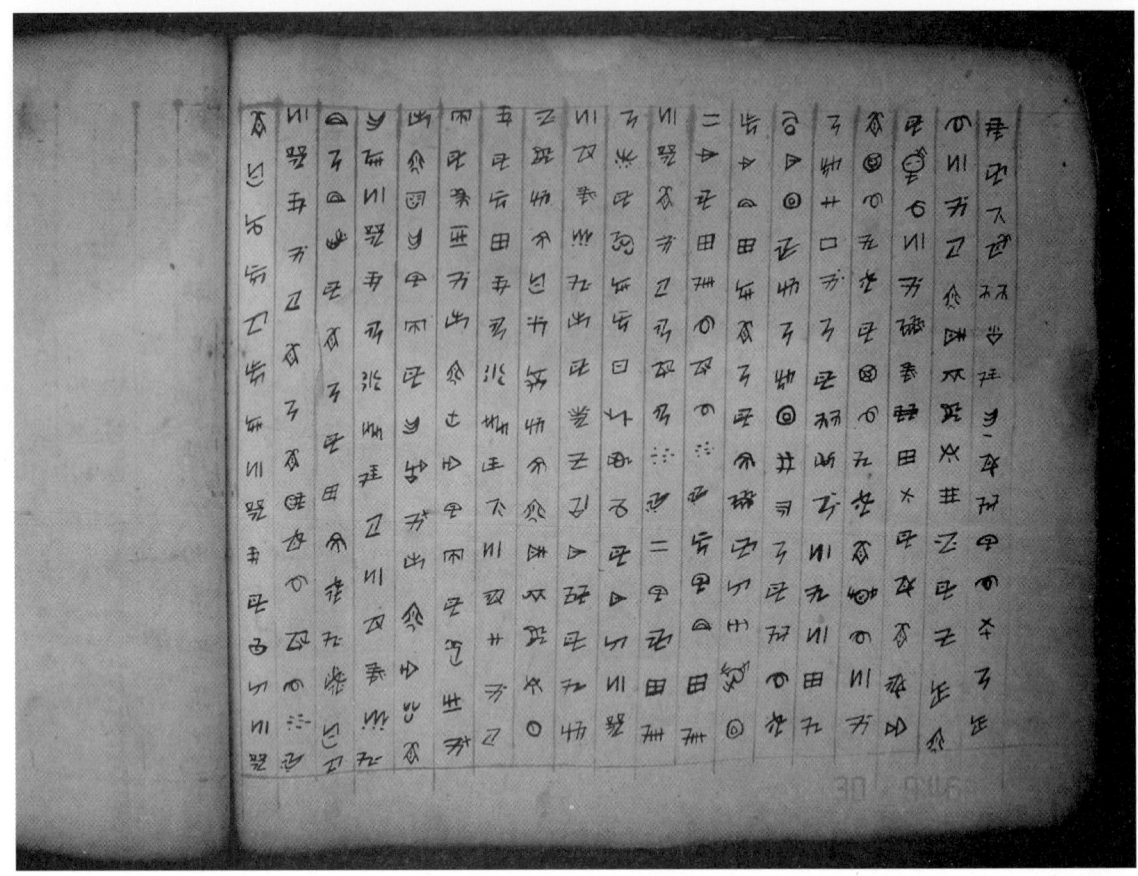

图 46　东南部方言《指路经》

彝文《指路经》是葬礼上毕摩为亡灵超度时念诵的一部经书，也是毕摩的必备经书之一。彝语方言复杂，彝文存在着一定的方言性，彝文文献也具有明显的地域与方言特征，不同方言间很少有篇目相同的文献。然而，《指路经》是少有的超方言的彝文文献。各地的《指路经》尽管内容和细节不尽相同，但其框架和风格都保持了相当的一致性，都是从死者所在地出发，沿着祖先迁徙路线，一站站地把亡灵引送至祖先发祥地，与祖灵共聚，让祖灵庇祐新亡灵。从形式上看，《指路经》反映的是鬼神世界的事，实则反映了彝族先民的迁徙史，因而其价值引起了学界和社会的广泛关注。本《指路经》来源于云南省石林彝族自治县圭山乡一带，其装帧古朴，是典型的传统文献造型。内页笔画工整，字形娟细。该书现存石林彝族自治县图书馆，于 2007 年列入首批"国家珍贵古籍名录"。

图 47　东南部方言《尼布姆司》

《尼布姆司》是流传于云南撒尼彝区篇幅最长的一部经书。用于葬礼上为亡灵超度，是丧者舅家毕摩念的〔$a^{33} ɤɯ^{33} vi^{33} si^{55}$〕（意为"舅家的书"）和东家毕摩念的〔$ɤɯ^{33} kɯ^{33} vi^{33} si^{55}$〕（意为"东家之书"）两套书的总和。《尼布姆司》是毕摩的必备经书，每个毕摩都必须学会"舅家之书"和"东家之书"才能出师。民间有"东家之书"12篇、"舅家之书"13篇的说法，可见两套合起来应有25篇。其篇名有"吊唁""赐姓""养蚕""献药""供牲""别灶君""献武器""赎魂""长生""建房""织布""献衣""驱邪""安睡""安魂""指路"等。书主人经常把两三篇订为一卷，所以一套《尼布姆司》由若干卷组成。在毕摩看来《尼布姆司》是一套神圣的经书，所以抄写都比较工整。黄建明等已把部分篇章译为汉文于1991年在云南民族出版社出版发行。

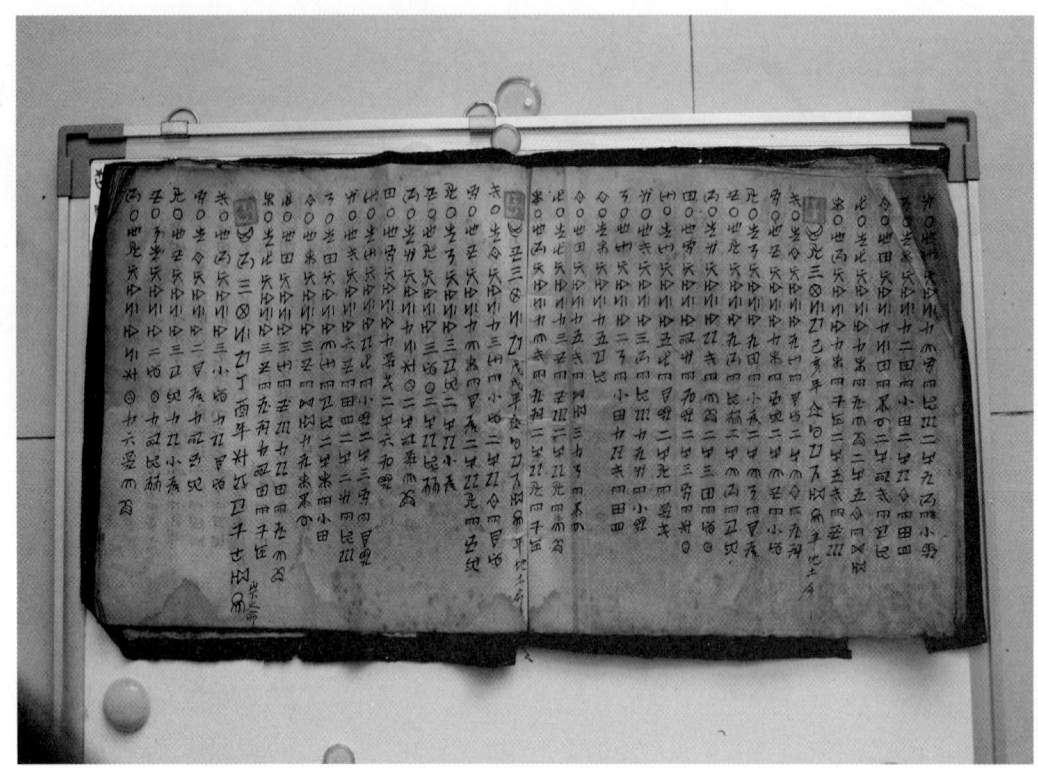

图 48　东南部方言《历算书》之一

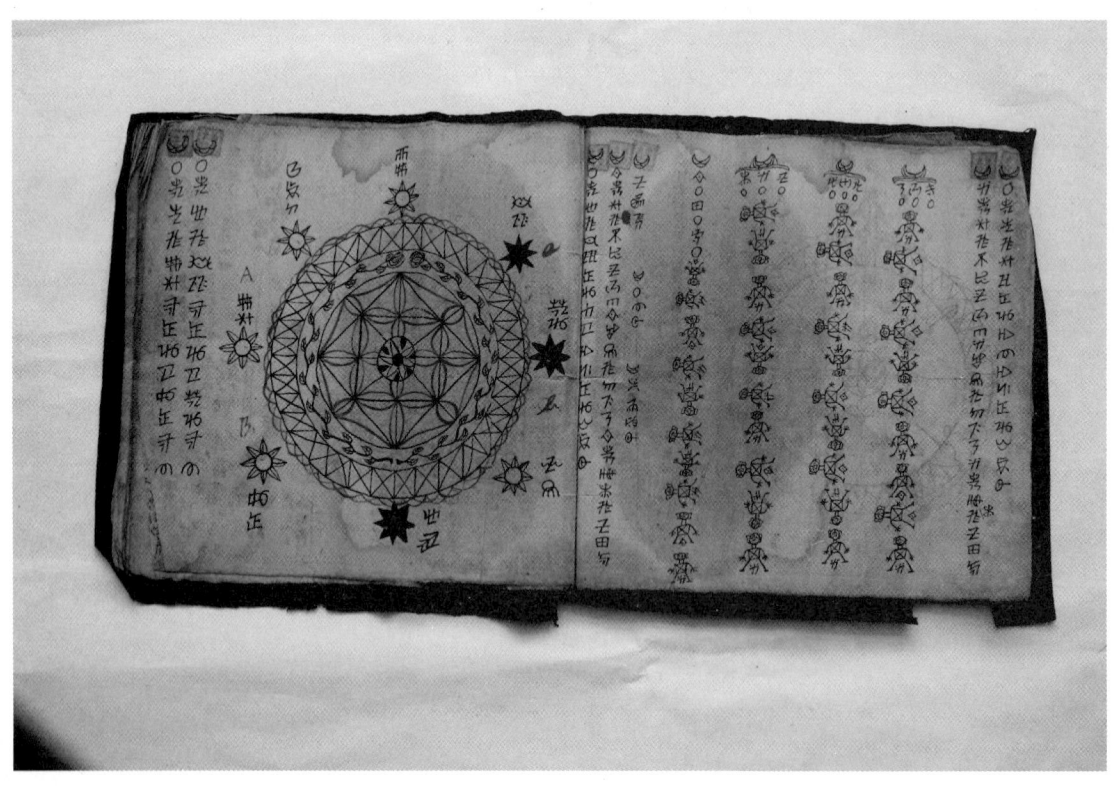

图 49　东南部方言《历算书》之二

《历算书》是流传于云南彝族撒尼支系民间的一部彝文文献。1980年黄建明从云南泸西县午街铺乡大平地村王绍先先生处征集到原件，王绍先当时已86岁高龄。不过从书上盖有的私人印章看本书并非王绍先抄写，抄写者可能是黄秉立。在撒尼彝文文献中"历算"多夹杂在其他文献中，很少有整卷的专书，而此书是不多见的《历算书》的专书。本书的特点是句子并非传统彝文文献常用的五言句，而是口语化了的长短句。大部分句子开头都盖有"黄秉立"的印章，以此标志句子的开头。由于"历算"需要，书中还配有大量的插图，图中注有文字，以图文并用推断吉凶。其中有一章是六十甲子堪命。《历算书》篇章或句子中夹杂有汉字。本书有可能是熟知汉语言文化的撒尼知识分子从汉文中翻译而成的。看得出书写者有一定的汉文书法功力，因而书写彝文时也带有浓浓的汉文楷书书写特点，是撒尼彝文中有较高书法价值的彝文文献。

图50　东南部方言《普兹楠兹》

《普兹楠兹》是流传于云南彝族撒尼支系的一部彝文经书。黄建明于1985年从路南（今石林）县圭山乡土瓜黑村王有林毕摩处征集到原件。《普兹楠兹》是彝族撒尼人在"密枝节"祭密枝神时念诵的经书。"密枝节"上毕摩诵的经多为口传，很少有彝文经书，而本书是少见的一种经书，因而显得极其宝贵。全书由"普兹楠兹""兹达""普冲多""孟托炙""孟格姆""司坎中""造涝稿码兴""咱兴命""姜分仔""普好功"10个篇章组成。黄建明等已将全文译为汉文，题名为"普兹楠兹"，于1986年由云南民族出版社出版发行。本书原件为典型的彝文文献线装书。用的是传统的五言句，全书每行两句，共10个字，没有标点符号也容易断句。抄写者笨拙的运笔，显得全书极其古朴。

第 七 章

古籍珍品释读

一 《阿诗玛》彝文原件及彝汉文翻译对照 …………………………………………………（366）
二 《西南彝志》彝文原件及彝汉文翻译对照 ………………………………………………（390）

一 《阿诗玛》彝文原件及彝汉文翻译对照

《阿诗玛》是流传于云南省昆明市石林彝族自治县撒尼支系民间的一部叙事长诗。撒尼语属彝语东南部方言，同属东南部方言的还有阿西、阿哲、阿扎等支系。东南部方言使用彝文的有撒尼和阿哲两个支系。《阿诗玛》主要以口传的形式流传于民间，彝文手抄本非常罕见。

在彝族文学作品中，《阿诗玛》是知名度最高的一部，是集体智慧的结晶，现无法知道主创者是谁，也不知道作品起源于哪个年代，成形于什么时间。《阿诗玛》知名度虽然很高，但没有译成汉文前，《阿诗玛》仅流传于撒尼彝区，外界很少有人知道它的存在。

早期从学术角度涉足《阿诗玛》的是外国学者，19世纪下半叶有个名叫保禄·维亚尔的法国传教士在撒尼彝区传教，他一面传教一面调查彝族文化，一面收集与研究彝文及其文献。他于1898年用法文写了一篇介绍撒尼民间文学作品的文章在法国发表。文章引了一段长达数百行的长诗，虽然没有注诗名，但从作品中反映出的主人公名、故事内容、情节等，我们就知道是《阿诗玛》。这个作品由于用法文在国外发表，在中国学术界几乎没有形成影响。但通过这篇文章我们知道《阿诗玛》翻译、整理、研究起始于19世纪80年代。

《阿诗玛》走入世界文坛始于20世纪50年代初。云南人民文工团圭山工作组深入撒尼彝区，记录了21份口传叙事诗《阿诗玛》，在1份彝文手抄本，22份异文资料的基础上进行翻译，整理出汉译本《阿诗玛》。汉译本吸纳了各版本的优长，结构比民间流传的完善，人物形象比民间流传的更为饱满，情节比民间流传的生动，再加上著名诗人公刘等的润色，整理本《阿诗玛》成了我国民间文学的精品，成了世界名著。《阿诗玛》的流传范围也越来越广，知名度越来越高。但是《阿诗玛》整理本与原生态《阿诗玛》的故事结构有了一定的差异。

《阿诗玛》整理本为彝族撒尼人，为中华民族赢得了不少的荣誉。但作为科学研究对原生态《阿诗玛》也不该忽视。20世纪70年代末80年代初，部分学者又把视线放在了彝文文献手抄本《阿诗玛》的翻译上。如马学良、乌谷等对金国库毕摩的彝文手抄本《阿诗玛》从科学研究的角度，以彝文、国际音标、直译、意译四行译体的方式，做了全文翻译，并于1985年由中国民间文艺出版社公开出版发行。这一科学版本为《阿诗玛》综合研究提供了翔实的资料。

这里我们节选毕有林彝文手抄本《阿诗玛》进行翻译。与马学良等译本相比，此版本结构更加严谨，书面语特点更加浓厚，彝文文献版式更富有传统，彝文抄写更为规范，书法更具彝族特色。

彝文手抄本《阿诗玛》全文由"序歌""成长""说媒""抢婚""追赶""比赛""回声"等情节组成。由于篇幅受限，本文节选了"成长""说媒"部分。

《阿诗玛》彝文原件及彝汉文翻译对照

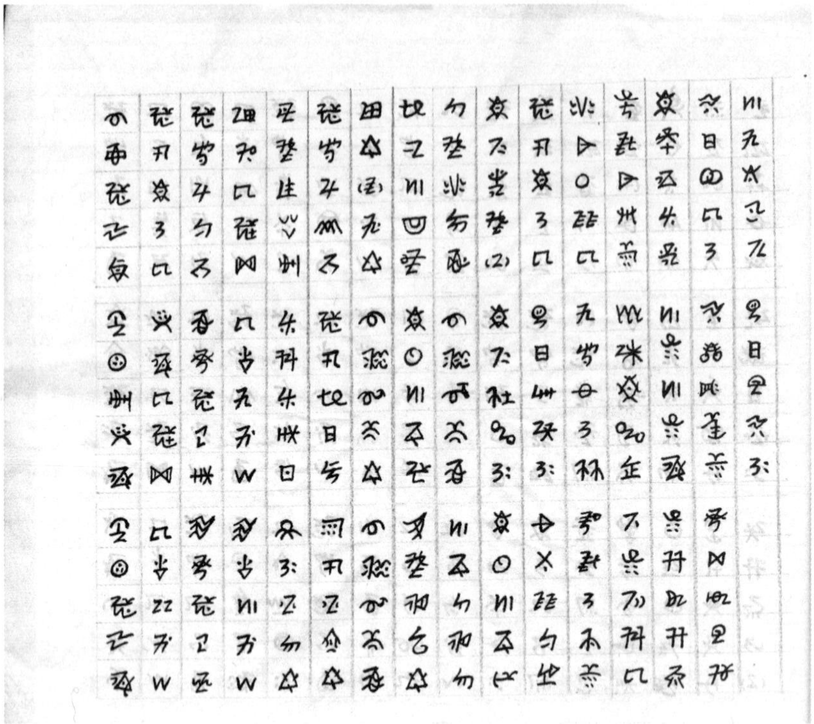

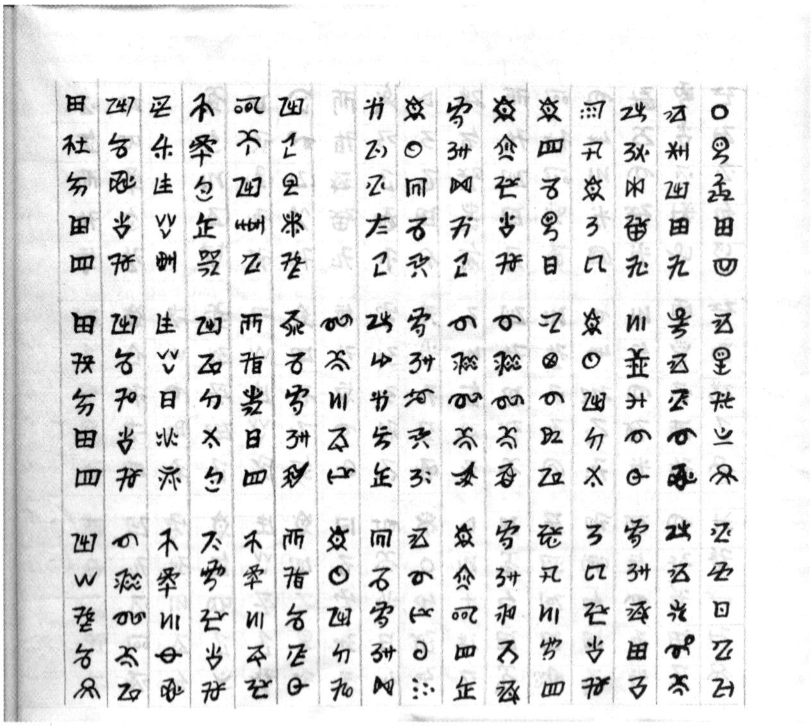

第七章 古籍珍品释读

ʂo⁵⁵	松	古		ni³³	居	尾		vi³³	花	花
ŋæ²¹	长	松		tɯ³³	段	上		li³³	儿	儿
gɯ²¹	格	高		ni³³	居	方		dlɑ²¹	蜂	也
xɯ³³	黑	又						næ³³	也	落
zæ³³	大	大		vi³³	花	花		he̱²¹	落	蜂
				li³³	儿	儿				
ɕi³³	夏	在		dlɑ²¹	蜂	不		tsʰi³³	族	他
li³³	来	那		mɑ²¹	不	落		lo³³	处	家
ɑ²¹	远	远		hɯ̱²¹	站	蜂		nɯ³³	因	喜
ɣɯ⁵⁵	古	古						næ³³	也	得
tʰɑ²¹	时	时		tsʰi³³	族	他		ẕo³³	生	因
				lo³³	处	家				
ni³³	彝	彝		nɯ³³	因	不		ni³³	彝	彝
mi³³	地	家		mɑ²¹	不	生		mi³³	地	家
ɑ²¹	阿	阿		ẕo³³	生	因		ɑ²¹	阿	阿
dẕo²¹	着	着						dẕo²¹	着	着
di̱³³	底	底		ni³³	心	伤		di̱³³	底	底
				ʂɑ⁵⁵	伤	心				
ɑ²¹	阿	阿		ni³³	心	过		ɑ²¹	阿	阿
dẕo²¹	着	着		nɑ³³	痛	日		dẕo²¹	着	着
di̱³³	底	底		xɑ³³	过	子		di̱³³	底	底
o⁵⁵	头	上						mæ⁵⁵	尾	下
lo³³	处	方		gɯ²¹	格	格		lo³³	处	方
				lɯ²¹	路	路				
mɑ²¹	不	不		ẕi³³	日	日		mɑ²¹	不	不
ni³³	居	住		ni²¹	明	明		ni³³	住	住
si³³	的	的		pʰɑ²¹	父	家		si³³	的	的
næ³³	也	也						næ³³	也	也
ni³³	居	住		pʰɑ²¹	父	善		ni³³	住	住
				ni³³	心	良				
gɯ²¹	格	格		ŋæ²¹	善	的		ẕi³³	热	热
lɯ⁵⁵	路	路		tʰi²¹	一	男		obu³³	布	布
ẕi³³	日	日		ẕo³³	人	子		pæ⁵⁵	巴	巴
ni²¹	明	明						læ³³	拉	拉
pʰɑ²¹	父	家		dẕi²¹	福	求		vi³³	家	家
				li²¹	禄	三				
di³³	甸	居		sɯ³³	三	次		di³³	甸	居
o⁵⁵	头	住		tʂʰi³³	次	福		mæ⁵⁵	尾	住
tʰi²¹	一	在		ʂɑ³³	找	禄		tʰi³³	一	在
tɯ³³	段	甸						gɯ²¹	格	格

lɯ⁵⁵	路	路	li³³	儿	儿	ma³³	女	妻
zɿ³³	热	热	dla²¹	蜂	也	nɯ⁵⁵	囡	女
bu³³	布	布	næ³³	也	落	zo³³	生	儿
pæ⁵⁵	巴	巴	he²¹	落	蜂	mi³³	地	生
læ³³	拉	拉				tɕhæ³³	上	下
pha²¹	父	家	tshi³³	族	他	tshi³³	掉	地
			lo³³	处	家			
vi³³	花	花	za²¹	儿	得	ŋu³³	哭	哭
li³³	儿	儿	næ³³	也	宠	khu²¹	声	声
dla²¹	蜂	不	zo³³	生	儿	tɕhæ³³	月	似
ma²¹	不	落				tsi³³	琴	琴
he²¹	落	蜂	za²¹	儿	儿	tha³³	弹	声
			zo³³	生	女			
tshi³³	族	他	nɯ³³	囡	同	nɯ⁵⁵	囡	睁
lo³³	处	家	zo³³	生	时	ne³³	眼	眼
za²¹	儿	不	tsi⁵⁵	遇	生	ma³³	妈	看
ma²¹	不	生				ɬo²¹	脸	阿
zo³³	生	儿	za²¹	儿	儿	ni³³	看	妈
			zo³³	生	子			
ni³³	心	伤	a³³	阿	叫	ma³³	妈	阿
ʂa⁵⁵	伤	心	tʂi³³	支	阿	ni³³	心	妈
ni³³	心	过	mæ³³	名	支	thi³³	一	喜
na³³	痛	日				do³³	场	一
xa³³	过	子	a³³	阿	阿	lɯ⁵⁵	喜	场
			tʂi³³	支	支			
zɿ³³	热	热	a³³	猴	像	nɯ⁵⁵	囡	到
bu³³	布	布	no⁵⁵	子	猴	mæ³³	名	了
bæ⁵⁵	巴	巴	si⁵⁵	像	子	bi²¹	给	给
læ³³	拉	拉				tha²¹	时	名
pha²¹	父	家	a³³	猴	猴	tʂhi³³	到	时
			no⁵⁵	子	子			
dza³³	祭	作	a³³	阿	像	nɯ⁵⁵	囡	女
ŋæ²¹	祀	了	tʂi³³	支	阿	mæ³³	名	儿
sɯ⁵⁵	三	三	si⁵⁵	像	支	bi²¹	给	给
tɬi³³	次	次				ŋæ²¹	先	祖
zɯ²¹	用	祭	tʂi³³	酒	酒	ɕi³³	献	先
			bu²¹	坛	坛	xa²¹	肉	的
zo⁵⁵	须	取	tsi³³	门	摆	dze²¹	些	肉
si³³	还	名	zɿ³³	日	日			
ɣɯ²¹	户	全	ni²¹	明	明			

tɯ³³	齐	家		dzɿ³³	前	门		
tʂʰɿ³³	手	来		ta⁵⁵	置	前	pʰu²¹	祖 祭
le̠²¹	脚	动					ŋæ²¹	先 祖
ta³³	起	手		lo³³	石	就	ɕi³³	献 先
				ɬæ³³	林	像	tsa³³	饭 的
qo³³	亲	亲		ma³³	大	大	dze̠³³	些 饭
qe⁵⁵	枝	戚		kʰo³³	似	石		
hæ³³	房	坐		ʑe³³	样	林	ɕi³³	献 祭
lo³³	处	满					pe³³	碗 碗
dlæ³³	满	屋		tʂɿ³³	酒	咂	ŋɯ²¹	牛 大
				tʂɿ⁵⁵	吸	酒	ni³³	黄 如
mæ³³	名	取		tu³³	的	的	ʑæ³³	大 牛
bi³³	给	名		ma³³	竹	管		
ma³³	的	那		ta³³	管	子	la²¹	牛 黄
tʰi²¹	一	一					kɯ³³	身 牛
ni³³	天	天		ve²¹	猪	就	ŋɯ²¹	牛 一
				tʂɿ³³	牙	像	kɯ³³	身 般
kɯ³³	九	九		lo³³	的	猪	ʑæ³³	大 大
tsʰɿ³³	十	十		si⁵⁵	似	牙		
kɯ³³	九	九		si⁵⁵	似	般	tʂɿ³³	酒 祭
fa²¹	盆	盆					dle³³	装 奠
nɯ⁵⁵	揉	面		ɕi⁵⁵	交	交	tʂɿ³³	酒 的
				dzʅ³³	叉	错	ɕi³³	献 酒
kɯ³³	九	九		qɯ³³	完	一	si⁵⁵	碗 碗
tsʰɿ³³	十	十		sa³³	的	排		
kɯ⁵⁵	九	九		ʑe³³	是	排	tʂɿ³³	酒 酒
ŋɯ³³	甑	甑					si³³	碗 碗
se⁵⁵	蒸	饭		mæ³³	名	取	zʅo³³	绵 大
				bi²¹	给	名	ɬu³³	羊 如
kɯ³³	九	九					ʑæ³³	大 羊
tsʰɿ³³	十	十		ma³³	的	的		
kɯ⁵⁵	九	九		tʰi³³	一	那	ʂo³³	香 烟
ɕi²¹	席	席		ni³³	天	天	kʰɯ²¹	烟 火
dlæ³³	满	客		pʰu²¹	祖	献	ni⁵⁵	大 似
				ɬu³³	白	雪	za²¹	子 亲
no³³	雾	雾		pɯ³³	山	山	dze²¹	些 们
læ³³	滚	滚						
ʂo³³	香	烟		qo³³	亲	父	zʅo³³	我 我
ni³³	灰	灰		qe⁵⁵	戚	老	nɯ⁵⁵	因 因
va²¹	雪	如		pʰa²¹	父	乡	χa²¹	什 取

zi^{33}	么	啥		$kɯ^{55}$	会	颜	ma^{21}	妈	阿
$mæ^{33}$	名	名		si^{33}	果	似	ni^{33}	心	妈
				$ɬu^{33}$	白	白	$sɯ^{55}$	三	喜
go^{33}	快	快		$ɬu^{33}$	白	果	do^{33}	场	三
$tɕi^{55}$	些	些					$lɯ^{55}$	喜	场
$mæ^{33}$	名	来		ma^{21}	妈	阿			
li^{33}	来	取		li^{33}	来	妈	$nɯ^{55}$	囡	女
la^{33}	啊	呀		$nɯ^{55}$	囡	来	$ʐo^{33}$	生	儿
				o^{55}	头	梳	$tʰi^{21}$	一	满
go^{33}	快	快		$tɕʰi^{33}$	梳	头	$qʰo^{21}$	岁	一
$tɕi^{55}$	些	点					lo^{21}	满	岁
bi^{21}	给	来		o^{55}	头	乌			
li^{33}	来	给		$tɕʰi^{33}$	梳	发	$tʰi^{21}$	一	一
$tɕæ^{33}$	吧	吧		mu^{21}	天	似	$qʰo^{21}$	岁	岁
				$ʐi^{33}$	影	荫	lo^{21}	满	会
$nɯ^{55}$	囡	女		da^{21}	沾	影	$ɣɯ^{33}$	走	走
$ʐo^{33}$	生	儿					$kɯ^{55}$	会	路
$ʂi^{33}$	金	亮		ma^{33}	妈	阿			
$kʰo^{33}$	似	如		ni^{33}	心	妈	$ɣɯ^{33}$	走	走
ba^{33}	亮	金		ni^{21}	两	喜	$kɯ^{55}$	会	似
				do^{33}	场	两	tsi^{55}	麻	麻
a^{33}	阿	就		$lɯ^{55}$	喜	场	$tʰæ^{21}$	团	团
$ʂi^{33}$	诗	叫					$læ^{33}$	滚	滚
ma^{33}	玛	阿		$nɯ^{55}$	囡	女			
di^{21}	地	诗		$ʐo^{33}$	生	儿	ma^{33}	妈	阿
$mæ^{33}$	名	玛		$ʂi^{33}$	七	满	ni^{33}	心	妈
				$ɬa^{33}$	月	七	$ɬi^{33}$	四	喜
$nɯ^{55}$	女	美		lo^{21}	满	月	do^{33}	场	四
$ŋæ^{21}$	美	女					$lɯ^{55}$	喜	场
a^{33}	阿	阿		$ʂi^{33}$	七	七			
$ʂi^{33}$	诗	诗		$ɬa^{33}$	月	月	$nɯ^{55}$	囡	女
ma^{33}	玛	玛		ni^{33}	坐	坐	$ʐo^{33}$	生	儿
				$tæ^{33}$	偏	偏	$sɯ^{55}$	三	满
$nɯ^{55}$	囡	生		$væ^{21}$	斜	斜	$qʰo^{21}$	岁	三
$ʐo^{33}$	生	下					lo^{21}	满	岁
$sɯ^{55}$	三	三		he^{21}	八	八			
$ɬa^{33}$	月	个		$ɬa^{33}$	月	月	$nɯ^{55}$	囡	会
lo^{21}	满	月		du^{21}	爬	会	$ʐo^{33}$	生	去
				$tɕi^{33}$	钉	爬			
$ʑe^{33}$	笑	笑		le^{33}	耙	行	ka^{33}	戚	走

si³³	走	亲		ni³³	心	妈		
li³³	来	戚		kʰo³³	六	喜	tsa³³	饭 做
				do³³	场	六	mu³³	做 饭
nɯ⁵⁵	因	坐		lɯ⁵⁵	喜	场	ʐ̩i³³	水 去
qu³³	做	在					ve̠²¹	挑 挑
qa³³	门	门		nɯ⁵⁵	因	女	ʐ̩i³³	去 水
tʰi³³	槛	槛		ʐ̩o³³	生	儿		
ni³³	坐	上		ʂi²¹	七	满	ʐ̩i³³	水 水
				qʰo̠²¹	岁	七	tʰu³³	桶 桶
ma³³	妈	帮		lo̠²¹	满	岁	nɯ⁵⁵	因 来
tʰi³³	替	妈					tʂʰo̠²¹	伴 做
tsi⁵⁵	麻	裹		ʂi²¹	七	七	mu³³	做 伴
tʰæ²¹	团	麻		qʰo̠²¹	岁	岁		
tʰæ²¹	裹	团		ʑe³³	麻	做	ka³³	灶 站
				pɯ⁵⁵	活	麻	lo³³	石 灶
ma³³	妈	阿		to⁵⁵	做	活	he̠²¹	站 旁
ni³³	心	妈					tsa³³	饭 做
ŋa⁵⁵	五	喜		tsi⁵⁵	绩	绩	mu³³	做 饭
do³³	场	五		tse⁵⁵	麻	麻		
lɯ⁵⁵	喜	场		ma³³	母	赛	ka³³	灶 灶
				ʂa⁵⁵	比	阿	lo³³	石 台
nɯ⁵⁵	因	女		tsʰi²¹	赛	妈	nɯ⁵⁵	因 来
ʐ̩o³³	生	儿					tʂʰo̠²¹	伴 做
ŋa⁵⁵	五	满		ma²¹	妈	阿	mu³³	做 伴
qʰo̠²¹	岁	五		ni³³	心	妈		
lo̠²¹	满	岁		ʂi³³	七	喜	nɯ⁵⁵	女 美
				do³³	场	七	ŋæ²¹	美 女
qʰe³³	篮	竹		lɯ⁵⁵	喜	场	a³³	阿 阿
ne³³	子	篮					ʂi³³	诗 诗
kʰæ³³	背	背		nɯ⁵⁵	因	女	ma³³	玛 玛
di³³	上	上		ʐ̩o³³	生	儿		
bu²¹	背	背		kɯ⁵⁵	九	满	tsa³³	饭 做
				qʰo̠²¹	岁	九	mu³³	做 饭
ɣo̠²¹	菜	学		lo̠²¹	满	岁	ma³³	母 赛
ʂa³³	找	着					ʂa⁵⁵	赛 阿
mi²¹	法	找		a³³	什	什	tsʰi̠²¹	过 妈
mu³³	做	菜		mi³³	么	么		
kɯ⁵⁵	会	样		nɯ⁵⁵	因	做	ma²¹	妈 阿
				tʂʰo̠²¹	伴	因	ni³³	心 妈
ma³³	妈	阿		mu³³	做	伴	he³³	八 喜

第七章 古籍珍品释读 375

do^{33}	场	八		zi^{33}	啊	儿		
lɯ^{55}	喜	场		tsi^{33}	屋	屋	ʑi^{33}	热	热
				dʑi^{33}	前	前	bu^{33}	布	布
nɯ^{55}	囡	女		he^{21}	站	守	pæ^{55}	巴	巴
ʐo^{33}	生	儿					læ^{33}	拉	拉
tsʰi^{33}	十	十		mu^{33}	马	骏	ɡa^{21}	闻	闻
ni^{21}	二	二		dæ^{21}	被	马			
qʰo^{21}	岁	岁		mu^{55}	马	关	ʑi^{33}	热	热
				pɯ^{33}	厩	厩	bu^{33}	布	布
pʰa^{21}	父	父		li^{33}	关	里	pæ^{55}	巴	巴
ɬo^{33}	衣	衣					læ^{33}	拉	拉
nɯ^{55}	囡	囡		ŋæ^{33}	嘶	嘶	pʰa^{21}	父	家
li^{33}	来	来		kʰu^{33}	声	声			
pɯ^{33}	补	补		si^{33}	人	被	hæ^{21}	家	家
				na^{33}	听	人	kɯ^{33}	中	里
pʰa^{21}	父	帮		ɡa^{21}	见	闻	tʰi^{21}	一	说
ɬo^{33}	衣	父					pa^{33}	下	一
nɯ^{55}	囡	亲		nɯ^{55}	囡	女	ʐa^{33}	议	说
li^{33}	来	穿		ʐo^{33}	生	儿			
fi^{55}	穿	衣		tsʰi^{33}	十	十	a^{33}	阿	阿
				ŋa^{55}	五	五	tʂi^{33}	支	支
ʑe^{33}	织	织		qʰo^{21}	岁	岁	tʰi^{21}	一	来
tʂʰi^{21}	布	布					tɕʰi^{21}	句	答
ma^{33}	妈	赛		nɯ^{55}	女	美	be^{33}	讲	话
ʂa^{55}	赛	阿		ŋæ^{21}	美	女			
tsʰi^{21}	过	妈		hæ^{21}	家	家	pʰa^{21}	父	父
				lo^{33}	里	中	zi^{33}	仅	仅
ma^{33}	妈	阿		ni^{33}	坐	坐	do^{21}	话	听
ni^{33}	心	妈					li^{55}	儿	传
kɯ^{55}	九	喜		mæ^{33}	名	美	ɡa^{21}	闻	闻
do^{33}	场	九		ŋæ^{21}	美	名			
lɯ^{55}	喜	场		si^{33}	他	传	za^{21}	儿	儿
				mi^{33}	地	他	zi^{33}	且	已
pʰa^{21}	父	阿		ɡa^{21}	传	乡	ɬo^{33}	面	得
ni^{33}	心	爸					ɣa^{33}	得	见
tʰi^{21}	一	喜		ma^{21}	不	不	ŋo^{33}	见	面
do^{33}	场	一		ɡa^{21}	闻	闻			
lɯ^{55}	喜	场		tɯ^{33}	地	的	ʑi^{33}	热	热
				næ^{33}	也	也	bu^{33}	布	布
tʂʰi^{21}	狗	狗		ɡa^{21}	闻	闻	pæ^{55}	巴	巴

læ³³	拉	拉		tsi⁵⁵	环	环		a⁵⁵	老	像
pʰa²¹	父	啊		ba²¹	面	垂		mo²¹	祖	老
				ni²¹	两	两		ni⁵⁵	胡	祖
tʰi²¹	一	问		dla³³	边	面		tsʰɯ³³	须	胡
tɕʰi²¹	句	儿						kʰo³³	似	须
za²¹	儿	一		ɬo³³	脸	脸				
do²¹	话	句		ɬu³³	白	白		tʰi²¹	一	一
na³³	问	话		ɬa³³	月	若		dze³³	缕	缕
				ba³³	亮	明		tʰi²¹	一	一
a²¹	姑	姑		ma³³	大	月		dze³³	缕	缕
mæ²¹	娘	娘						mu³³	地	的
χa³³	怎	怎		kɯ³³	身	身				
zi³³	么	么		ʐo³³	材	材		dze³³	缕	缕
ʑe³³	样	样		ma³³	竹	似		dʑi²¹	缕	缕
				ʂi³³	金	金		ni²¹	颤	尽
a²¹	姑	姑		dʐa³³	条	竹		dʑi²¹	颤	飘
mæ²¹	娘	娘						qɯ³³	尽	逸
tʂa²¹	美	真		ve⁵⁵	左	左				
tʂi³³	真	美		le̠²¹	手	手		tʂʰi³³	脚	脚
tʂi³³	真	吗		ʂi³³	金	戴		lo³³	处	似
				pi⁵⁵	戒	金		ɣo²¹	黄	黄
a³³	阿	阿		dɯ²¹	戴	戒		ma³³	萝	萝
tʂi³³	支	支						ʂi³³	卜	卜
tʰi²¹	一	回		ʐa⁵⁵	右	右				
tɕʰi²¹	句	话		le̠²¹	手	手		tʂʰi³³	鞋	脚
be³³	说	说		ɬu³³	银	戴		nɯ³³	子	穿
				qɯ³³	镯	银		dzi²¹	花	绣
nɯ⁵⁵	女	美		dɯ²¹	戴	镯		go⁵⁵	哨	花
ŋæ²¹	美	女						dɯ²¹	穿	鞋
a³³	阿	阿		ɕi⁵⁵	细	身				
ʂi³³	诗	诗		qʰa²¹	毛	披		ɬo³³	衣	灰
ma³³	玛	玛		i³³	披	细		pʰæ³³	灰	衣
				dʐi³³	挂	毛		ɬa⁵⁵	裤	黑
o⁵⁵	头	头		qa²¹	披	褂		ne³³	黑	裤
lo³³	处	上						du²¹	色	子
ni³³	红	闪		si³³	司	司				
tsi³³	闪	红		dze³³	杂	杂		tʰi²¹	一	一
tsi³³	闪	光		mæ⁵⁵	曼	曼		kɯ³³	身	身
				dæ²¹	达	达		tsʰɯ³³	美	美
na⁵⁵	耳	耳		ma³³	玛	玛				

la^{33}	了	绝		bu^{33}	布	布		ʂi^{21}	主	请
tʂʰi^{33}	绝	了		bæ^{55}	巴	巴		ʐi^{33}	意	您
				læ^{33}	拉	拉		ŋa^{33}	我	告
o^{55}	头	从		vi^{33}	家	家		tʂʰa^{33}	的	诉
lo^{33}	处	上						bi^{21}	给	我
ne^{33}	看	看		tʂʰi^{33}	狗	狗				
tʂʰi^{33}	脚	到		mu^{33}	马	马		fu^{33}	媒	谁
tʂʰi^{33}	到	下		tsi^{33}	房	门		ka^{55}	人	去
				dʑi^{21}	前	前		χa^{33}	那	当
ma^{21}	不	没		he^{21}	站	站		lo^{33}	里	媒
tʂa^{33}	好	有						tʂo^{33}	在	人
ɣa^{33}	处	不		tsi^{33}	房	门				
ma^{21}	不	好		dʑi^{33}	前	前		pi^{33}	毕	毕
tʂo^{33}	有	处		lo^{33}	处	处		mo^{21}	摩	摩
				ɬo^{21}	脸	洗		tʰi^{21}	一	回
ma^{21}	不	没		tsʰi^{21}	洗	脸		tɕi^{21}	句	一
tsi^{55}	美	有						be^{33}	说	句
ɣa^{33}	处	不		pi^{33}	毕	见				
ma^{21}	不	美		mo^{21}	摩	一		ŋa^{33}	我	依
tʂo^{33}	有	处		tʰi^{21}	一	个		li^{33}	来	我
				ma^{33}	个	毕		ne^{33}	看	看
ŋa^{33}	我	我		ŋo^{33}	见	摩		la^{55}	啊	来
lɯ^{55}	爱	爱						zi^{33}	是	啊
ʑi^{33}	的	的		pi^{33}	毕	与				
kʰi^{33}	她	是		Bmo^{21}	摩	毕		qu^{55}	格	格
ŋæ^{33}	是	她		la^{33}	与	摩		di^{33}	底	底
				qa^{33}	讨	商		he^{33}	海	海
ŋa^{33}	我	我		dzɯ^{33}	论	议		ze^{33}	热	热
kʰi^{33}	她	要						pʰa^{21}	父	者
ŋo^{33}	要	的		ŋa^{21}	我	我				
ni^{33}	心	是		vi^{33}	家	家		fu^{33}	媒	请
du^{21}	想	她		za^{21}	儿	独		ka^{55}	人	他
				tsi^{55}	独	儿		kʰi^{33}	他	去
ŋa^{33}	我	我		la^{33}	啊	啊		tɕi^{33}	请	做
kʰi^{33}	她	就						zo^{55}	须	媒
tʂʰi^{33}	娶	想		mæ^{21}	媳	要				
ni^{33}	心	娶		ɬe^{55}	妇	想		bæ^{55}	巴	巴
du^{21}	想	她		be^{33}	说	说		la^{33}	拉	拉
				ni^{33}	心	媳		tʰi^{21}	一	开
ʑi^{33}	热	热		du^{21}	想	妇				

tɕʰi³³	句	口		zʅi³³	水	口		a²¹	阿	阿
be³³	说	说		be³³	说	水		dzo²¹	着	着
				fæ³³	干	说		di³³	底	底
a³³	阿	阿		tɕʰæ³³	地	干		o⁵⁵	头	上
tʂi³³	支	支						lo³³	处	方
ŋa³³	我	我		he³³	海	才				
za²¹	儿	独		zi³³	热	请		guɯ²¹	格	格
ti⁵⁵	独	儿		tsʰi³³	请	到		luɯ⁵⁵	路	路
				do³³	出	海		zʅi³³	日	日
mu³³	马	马		li³³	来	热		ni²¹	明	明
la³³	儿	儿						vi³³	家	家
si³³	牵	牵		zʅi³³	热	热				
tʰu³³	出	出		bu³³	布	布		nuɯ⁵⁵	女	有
li³³	来	来		bæ⁵⁵	巴	巴		ŋæ²¹	美	一
				læ⁵⁵	拉	拉		tʰi²¹	一	个
ni³³	你	你		pʰa²¹	父	啊		zo³³	个	美
de³³	爬	把						tʂo³³	有	女
mu⁵⁵	马	马		a³³	什	你				
ni³³	骑	骑		mi³³	么	有		mæ³³	名	美
qa³³	做	上		ʂi²¹	事	什		ŋæ²¹	美	名
				tʂo³³	有	么		a³³	阿	阿
quɯ⁵⁵	格	去		qa³³	啊	事		ʂi³³	诗	诗
di³³	底	把						ma³³	玛	玛
he³³	海	海		a³³	什	你				
zi³³	热	热		mi³³	么	想		a³³	阿	阿
tsʰi³³	请	请		be³³	说	说		tʂi³³	支	支
				ni³³	心	什		ŋa³³	我	我
a³³	阿	阿		du²¹	想	么		za²¹	儿	独
tʂi³³	支	支						tsi⁵⁵	独	儿
quɯ⁵⁵	格	到		zʅi³³	热	热				
di³³	底	格		bu²¹	布	布		ʂi³³	诗	想
tʂʰi³³	到	底		bæ⁵⁵	巴	巴		ma³³	玛	娶
				læ³³	拉	拉		be³³	说	阿
he³³	海	到		pʰa²¹	父	啊		ni³³	心	诗
zi³³	热	海						du²¹	想	玛
hæ³³	房	热		he³³	海	对				
tʂʰi³³	脚	家		zi³³	热	着		ni³³	你	你
tʂʰi³³	到	前		do²¹	话	海		tɕi⁵⁵	些	虽
				qʰo̠³³	回	热		no⁵⁵	艰	有
ni⁵⁵	口	把		mu³³	做	说				

ʂa^{55}	难	难		pʰu^{33}	唇	里		z̩i^{33}	水	挑
næ^{33}	也	处		vi^{33}	花	能		ve^{21}	挑	水
				tɕæ^{33}	星	闪		mu^{55}	瓢	不
tʰi^{21}	一	得		ŋæ^{33}	是	星		ma^{21}	不	给
go^{33}	下	须						bi^{21}	给	瓢
be^{33}	说	去		si^{33}	别	礼				
z̩i^{33}	去	做		qo^{55}	礼	节		le^{21}	手	合
zo^{55}	须	媒		li^{33}	节	你		tɕʰe^{33}	捧	手
				bi^{21}	给	全		z̩i^{33}	水	捧
he^{33}	海	海		kɯ^{55}	会	懂		sɯ^{33}	三	三
zi^{33}	热	热						mu^{55}	瓢	瓢
mu^{33}	做	不		be^{33}	说	你				
ma^{21}	不	愿		kɯ^{55}	会	说		tʰi^{21}	一	一
ta^{33}	愿	意		si^{33}	人	人		ni^{33}	天	天
				na^{33}	听	爱		z̩i^{33}	水	三
ni^{55}	嘴	我		sa^{33}	好	听		sɯ^{33}	三	瓢
pɯ^{55}	笨	的						mu^{55}	瓢	水
ŋa^{33}	我	嘴		be^{33}	说	会				
ma^{21}	不	很		kɯ^{55}	会	道		sɯ^{55}	三	三
kɯ^{55}	会	笨		ni^{33}	你	的		ni^{33}	天	天
				li^{33}	来	是		z̩i^{33}	水	九
væ^{21}	另	另		ŋæ^{33}	是	你		kɯ^{33}	九	瓢
ni^{55}	外	外						mu^{55}	瓢	水
tɕʰi^{33}	请	请		be^{33}	说	说				
z̩i^{33}	去	人		zi^{33}	是	是		z̩i^{33}	水	有
ŋo^{55}	吧	吧		be^{33}	说	会		ni^{33}	浑	一
				kɯ^{55}	会	说		tʰi^{21}	一	瓢
ni^{33}	你	你		ŋæ^{55}	是	啊		bu^{21}	瓢	浑
ni^{55}	嘴	嘴						pa^{33}	含	水
ve^{21}	鹦	似		tsʰo^{33}	人	憨				
pæ^{33}	鹉	鹦		χa^{33}	憨	人		z̩i^{33}	水	浑
læ^{33}	鸟	鹉		si^{33}	别	才		ni^{33}	浑	水
				pɯ^{21}	保	当		tʂi^{55}	喝	喝
ɬa^{33}	舌	舌		z̩ɯ^{33}	人	保		qɯ^{33}	完	完
o^{55}	头	尖						næ^{33}	也	了
ɣɯ^{21}	骨	不		tsʰo^{33}	人	傻				
ma^{21}	不	含		tʂʰɯ^{21}	馋	才		do^{21}	话	霉
pa^{33}	含	骨		si^{33}	的	当		tʂʰi^{21}	霉	话
				fu^{33}	媒	媒				
ni^{55}	嘴	嘴		ka^{55}	人	人		na^{33}	听	听

ma²¹	不	不		kʰi³³	他	若		
qɯ³³	完	完		be³³	说	做	he³³	海	海
				χa³³	若	成	zi³³	热	热
ṣi²¹	事	好		ɣa³³	得	媒	kʰu²¹	声	回
tṣa³³	好	事					do²¹	话	话
ṣi²¹	事	变		ṣi³³	金	给	qʰo²¹	答	说
tṣʰɯ²¹	坏	坏		tʰi²¹	一	你			
lo²¹	成	事		ha³³	百	一	bæ⁵⁵	巴	看
				ni³³	你	百	læ³³	拉	在
tʰi²¹	一	一		bi²¹	给	金	ɬo³³	面	巴
zi³³	世	世					lo³³	处	拉
si³³	人	遭		ɬu³³	银	送	ni³³	看	面
dʐa²¹	骂	人		tʰi²¹	一	你			
pa³³	遭	骂		tu³³	千	一	fu³³	媒	媒
				ni²¹	你	千	ka⁵⁵	人	人
tṣʰɯ²¹	坏	坏		bi²¹	给	银	mu³³	做	虽
mæ³³	名	名					ṣa⁵⁵	难	难
ŋa³³	我	我		ɬu³³	银	不	næ³³	也	做
ma²¹	不	不		ṣi³³	金	仅			
bu²¹	背	背		li⁵⁵	仅	金	mu³³	做	只
				ma²¹	不	和	zi³³	呀	得
fu³³	媒	媒		ŋæ³³	是	银	mu³³	做	去
ka⁵⁵	人	人					ʐi³³	去	做
ŋa³³	我	我		ŋɯ²¹	牛	还	zo⁵⁵	须	啦
ma²¹	不	不		mu⁵⁵	马	可			
mu³³	做	做		næ³³	也	送	qɯ⁵⁵	格	格
				bi²¹	给	牛	di³³	底	底
ŋa³³	我	我		ŋo⁵⁵	须	马	he²¹	海	海
zi³³	的	不					zi³³	热	热
ma²¹	不	去		la⁵⁵	虎	每	pʰa²¹	父	啊
be³³	说	做		ɬa³³	月	年			
ʐi³³	去	媒		de³³	初	过	tṣi³³	酒	酒
				sɯ⁵⁵	三	年	bæ³³	瓶	瓶
ma²¹	不	不		ni³³	天	时	ʑi⁵⁵	掖	夹
go³³	怕	怕					dʑe²¹	腋	腋
la³³	啊	啊		ɕi³³	拜	还	ɕi⁵⁵	夹	下
ma²¹	不	不		tæ³³	年	要			
go³³	怕	怕		li³³	来	来	a²¹	阿	从
				ŋo⁵⁵	还	拜	dʐo²¹	着	阿
ni³³	你	你		si²¹	须	年	di³³	底	着

$mæ^{55}$	尾	底		qa^{33}	门	些			
ka^{33}	过	尾		p^hu^{33}	开	来	$ŋa^{33}$	我	依
				li^{33}	来	开	li^{33}	来	我
a^{21}	阿	到		$tɕæ^{33}$	吧	门	ne^{33}	看	看
$dʐo^{21}$	着	阿					la^{55}	啊	来
di^{33}	底	着		$gɯ^{21}$	格	格	zi^{33}	地	啊
o^{55}	头	底		$lɯ^{55}$	路	路			
$tʂ^hi^{33}$	到	上		$ẓi^{33}$	日	日	fu^{33}	嫁	婚
				ni^{21}	明	明	pe^{33}	伴	姻
ma^{21}	不	不		p^ha^{21}	父	家	mu^{33}	做	最
$tʂ^hi^{33}$	到	到					dla^{33}	成	般
$tɯ^{33}$	地	地		he^{33}	海	开	$di̱^{21}$	的	配
$næ^{33}$	也	方		zi^{33}	热	口			
$tʂ^hi^{33}$	到	到		t^hi^{21}	一	门	$gɯ^{21}$	格	格
				$tɕ^hi^{33}$	句	海	$lɯ^{55}$	路	路
$gɯ^{21}$	格	到		na^{33}	问	热	$ẓi^{33}$	日	日
$lɯ^{55}$	路	格					ni^{21}	明	明
tsi^{33}	屋	路		ni^{33}	你	你	vi^{33}	家	家
dzi^{33}	前	家		p^hu^{33}	祖	这			
$tʂ^hi^{33}$	到	前		$mɤ^{21}$	老	老	ni^{33}	你	你
				la^{33}	者	人	vi^{33}	家	家
tsi^{33}	屋	门		zi^{33}	的	家	$nɯ^{55}$	女	有
dzi^{33}	前	前					$ŋæ^{33}$	美	女
$tʂ^hi^{33}$	狗	被		a^{33}	什	有	bo^{33}	有	儿
li^{33}	来	狗		mi^{33}	么	什			
$tɬi^{33}$	撑	撑		do^{21}	话	么	dzi^{21}	热	热
				$gɯ^{21}$	儿	话	bu^{33}	布	布
go^{33}	怕	吓		$tʂo^{33}$	有	儿	$pæ^{55}$	巴	巴
la^{33}	了	得					$læ^{33}$	拉	拉
t^hi^{21}	一	连		$ŋa^{33}$	我	我	vi^{33}	家	家
$tɕ^hi^{21}$	声	连		$næ^{33}$	也	是			
$hæ^{55}$	喊	喊		si^{33}	别	来	$bæ^{55}$	巴	他
				$ṣi^{21}$	事	帮	$læ^{33}$	拉	家
go^{33}	快	快		mu^{33}	做	人	za^{21}	儿	有
$tɕi^{55}$	点	点					$ŋæ^{33}$	好	儿
$tʂ^hi^{33}$	狗	来		si^{33}	别	帮	bo^{33}	有	子
qe^{33}	赶	吆		qa^{33}	人	人			
li^{33}	来	狗		fu^{33}	媒	来	za^{21}	儿	有
				ka^{55}	人	做	bo^{33}	有	儿
a^{33}		快		mu^{33}	做	媒	za^{21}	儿	儿

næ³³	也	英		ʂa⁵⁵	穷	穷	mu²¹	天	茫
tsi⁵⁵	俊	俊		si³³	人	不	ɬu³³	白	茫
				ma²¹	不	嫁	tʰi²¹	一	天
nuɯ⁵⁵	女	有		bi³³	嫁	富	ɬu³³	层	底
bo³³	有	女					kɯ³³	间	下
nuɯ⁵⁵	女	女		ma²¹	不	不			
næ³³	也	漂		fu³³	嫁	嫁	mi³³	地	苍
tsi⁵⁵	美	亮		ʐo⁵⁵	我	我	ne³³	黑	苍
				nuɯ⁵⁵	女	女	tʰi²¹	一	大
fu³³	嫁	婚		ŋæ²¹	是	儿	tɯ³³	层	地
dza²¹	吃	配					tɕʰæ³³	上	上
dzo²¹	属	最		χa³³	若	嫁			
li⁵⁵	来	合		fu³³	嫁	是	lɯ²¹	个	个
la³³	啊	适		si³³	他	他	lɯ²¹	个	个
				nuɯ⁵⁵	女	女	mæ³³	妻	都
fu³³	嫁	是		ŋæ²¹	是	儿	næ³³	也	娶
lo³³	的	嫁					tʂʰi³³	娶	妻
nuɯ⁵⁵	女	愿		nuɯ⁵⁵	囡	囡			
ŋæ³³	是	出		tʂo³³	在	在	lɯ²¹	个	家
ŋæ³³	否	嫁		ma³³	妈	母	lɯ²¹	个	家
				vi³³	花	心	nuɯ⁵⁵	囡	都
pʰi³³	父	善		li³³	儿	欢	næ³³	也	出
ni³³	心	良					fu³³	嫁	嫁
ŋæ²¹	善	的		nuɯ⁵⁵	囡	囡			
tʰi²¹	一	父		tʂo³³	在	在	si³³	他	君
ʐo³³	人	亲		pʰa²¹	父	能	dzi²¹	君	家
				le²¹	手	帮	si³³	他	也
tʰi²¹	一	开		pʰe³³	帮	父	mu⁵⁵	臣	出
tɕʰi³³	句	口					fu³³	嫁	嫁
be³³	说	把		nuɯ⁵⁵	囡	有			
do³³	出	话		tʂo³³	在	囡	si³³	他	臣
li³³	来	说		pʰa²¹	父	恬	dzi²¹	君	家
				ma²¹	母	父	si³³	他	也
si³³	人	富		kua⁵⁵	恬	母	mu⁵⁵	臣	娶
bo³³	富	人					tʂi⁵⁵	娶	妻
ʐo⁵⁵	我	我		ma²¹	不	不			
ma²¹	不	不		fu³³	嫁	嫁	tʂʰi³³	十	十
fu³³	嫁	嫁		la³³	啊	啊	ŋa⁵⁵	五	五
				ma²¹	不	不	qʰo²¹	岁	岁
ʐo⁵⁵	我	我		fu³³	嫁	嫁			

a^{21}	姑	姑		be^{33}	说	说			
$mæ^{21}$	娘	娘		si^{33}	人	不		t^hi^{21}	一	不
				ma^{21}	不	给		zi^{33}	世	能
dzi^{21}	君	君		bi^{21}	给	人		$ɣa^{33}$	得	喝
be^{33}	说	说						ma^{21}	不	一
dzi^{21}	君	也		ni^{33}	二	二		$tʂi^{33}$	喝	世
ma^{21}	不	不		tsi^{33}	十	十				
fu^{33}	嫁	嫁		$nɯ^{33}$	因	老		t^hi^{21}	一	留
				mo^{21}	老	姑		zi^{33}	世	下
mu^{55}	臣	臣		ma^{33}	者	娘		ni^{33}	心	一
be^{33}	说	说						$ʂa^{55}$	伤	世
mu^{55}	臣	不		si^{33}	人	送		ta^{55}	搁	忧
ma^{21}	不	给		bi^{21}	给	人				
bi^{21}	给	娶		si^{33}	人	人		ma^{33}	妈	妈
				ma^{21}	不	不		li^{33}	来	若
ma^{21}	不	不		$ŋo^{55}$	要	要		$nɯ^{55}$	因	嫁
fu^{33}	嫁	嫁						$χa^{33}$	若	出
$ʐo^{55}$	我	我		$gɯ^{21}$	格	格		fu^{33}	嫁	因
a^{21}	女	女		$lɯ^{55}$	路	路				
$mæ^{21}$	儿	儿		$ʐi^{33}$	日	日		$nɯ^{55}$	因	嫁
				ni^{21}	明	明		fu^{33}	嫁	得
$χa^{33}$	若	嫁		p^ha^{21}	父	家		tsa^{33}	饭	一
fu^{33}	嫁	是						t^hi^{21}	一	箩
si^{33}	人	他		he^{33}	海	回		ba^{33}	箩	饭
a^{21}	女	女		dzi^{33}	热	答				
$mæ^{21}$	儿	儿		p^ha^{21}	父	海		t^hi^{21}	一	不
				$do̱^{21}$	话	热		zi^{33}	世	能
t^hi^{21}	一	坚		$q^ho̱^{21}$	答	话		$ɣa^{33}$	得	吃
zi^{33}	世	决						ma^{21}	不	一
$ʐo^{55}$	我	不		p^ha^{21}	父	父		dza^{21}	吃	世
ma^{21}	不	出		li^{33}	来	若				
fu^{33}	嫁	嫁		$nɯ^{55}$	因	出		t^hi^{33}	一	留
				$χa^{33}$	若	嫁		zi^{33}	世	下
ts^hi^{33}	十	十		fu^{33}	嫁	因		ni^{33}	心	一
$ŋa^{55}$	五	五						$ʂa^{55}$	伤	世
$q^ho̱^{21}$	岁	岁		$nɯ^{55}$	因	嫁		ta^{55}	搁	愁
a^{21}	女	姑		fu^{33}	嫁	得				
$mæ^{21}$	儿	娘		$tʂi^{33}$	酒	酒		mu^{33}	哥	哥
				t^hi^{21}	一	一		li^{33}	来	若
si^{33}	人	人		$pæ^{33}$	瓶	瓶		$nɯ^{55}$	妹	嫁

χa³³	若	出		lo³³	处	意	ma²¹	不	不
fu³³	嫁	妹		he̠²¹	站	思	fu³³	嫁	嫁
				ʐo⁵⁵	愿	唪	la³³	啊	啊
nɯ⁵⁵	妹	哥		næ³³	也	叫	ma²¹	不	不
fu³³	嫁	得					fu³³	嫁	嫁
la²¹	牛	一		nɯ³³	妹	独			
tʰi²¹	一	头		tsi⁵⁵	独	妹	a³³	阿	兄
tɕʰæ³³	条	牛		ŋɯ³³	哭	哭	mu³³	哥	不
				ʐ̞a³³	泣	泣	nɯ⁵⁵	妹	出
tʰi²¹	一	不		ʐ̞a³³	泣	泣	ma²¹	不	嫁
zi³³	世	能					fu³³	嫁	妹
ɣa³³	得	使		tʂi³³	日	羞			
ma²¹	不	一		kɯ³³	中	于	mi⁵⁵	嫂	嫂
zɯ²¹	用	世		ɣɯ³³	走	走	li³³	来	嫁
				ma²¹	不	出	he³³	姑	出
tʰi²¹	一	留		ʐo⁵⁵	愿	门	χa³³	若	姑
zi³³	世	下					fu³³	嫁	子
ni³³	妹	一		la²¹	牛	独			
ʂa⁵⁵	难	世		tsi³³	独	牛	he³³	姑	嫂
ta⁵⁵	在	忧		he̠²¹	站	可	fu³³	嫁	得
				di̠²¹	能	孤	tsi⁵⁵	麻	一
la²¹	牛	独		næ³³	也	单	tʰi²¹	一	束
tsi⁵⁵	独	牛					li³³	束	麻
nɯ³³	妹	换		nɯ³³	妹	独			
tsi³³	独	独		tsi⁵⁵	独	妹	tʰi²¹	一	绩
pa³³	换	妹		tʂo³³	在	可	zi³³	世	不
				ma²¹	不	不	ɣa³³	得	得
la²¹	牛	独		di̠²¹	能	能	ma²¹	不	一
tsi⁵⁵	独	牛					tse⁵⁵	绩	世
ɬo³³	厩	站		mu³³	兄	兄			
lo³³	里	厩		tʂo³³	在	似	tʰi²¹	一	留
he̠²¹	站	中		nɯ⁵⁵	妹	妹	zi³³	世	下
				la²¹	篾	之	ni³³	心	一
la²¹	牛	独		ho³³	帽	帽	ʂa⁵⁵	伤	世
tsi⁵⁵	独	牛					ta⁵⁵	搁	愁
ŋɯ³³	叫	叫		nɯ⁵⁵	妹	妹			
bi²¹	唪	唪		tʂo³³	在	似	ma²¹	不	不
bi²¹	唪	唪		mu³³	兄	哥	fu³³	嫁	嫁
				vi³³	花	的	la³³	啊	啊
ɬo³³	厩	好		li³³	儿	花			

ma^{21} 不 不	ma^{21} 不 不	zi^{33} 啊 嫁
fu^{33} 嫁 嫁	fu^{33} 嫁 嫁	he^{33} 姑 出
		ma^{21} 不 姑
la^{33} 啊 啊	mi^{33} 嫂 不	fu^{33} 嫁 子

阿诗玛（汉译节选）

古松高又大，
在那远古时，
彝家阿着底，
阿着底上方，
有地没人住，
格路日明家，
居住在这里。

格路日明家，
有花不落蜂，
有树不结果，
有家无儿女，
度日多伤心。

格路日明家，
请人来祭祀，
祭祀求生育，
蜂落花朵上，
家里生育啦！

彝家阿着底，
阿着底下方，
有地没人住，
热布巴拉家，
居住在这里。

热布巴拉家，
有花不落蜂，
有树不结果，
有家无儿女，
度日多伤心。

热布巴拉家，
请人来祭祀，
作了三次祭，
蜂落花朵上，
家中生育啦！

生下个儿子，
取名叫阿支，
阿支像猴子，
猴子像阿支。

格路日明家，
生下一女儿，
睁眼望阿妈，
阿妈喜一场。

女儿满一月，
哭声似琴声，
笑声似蜂唱，
女儿须取名，
取名时到啦！

取名这天啊！
亲朋满堂坐，
全家待客忙，
九十九盆面，
九十九甑饭，
九十九席客，
酒坛搁门前，
就像大石林，
坛上咂酒管，
管管相交错，

野猪牙一般。

取名这天呵！
献祖先的饭，
堆得像尖山；
供祖先的肉，
大得像牛身；
祭祖先的酒，
酒碗大似羊；
香火烟缭绕，
香灰堆成山。

"父老乡亲们！
我囡取啥名，
快些来取吧！"
"你囡亮似金，
就叫阿诗玛。"

美丽阿诗玛，
生下满三月，
笑颜似花开，
妈给囡梳头，
乌发似荫影，
阿妈喜两场。

女儿满七月，
会坐头偏斜。
女儿满八月，
爬得似耙地，
阿妈喜三场。

女儿满一岁，

一岁会走路，
走似麻团滚。
阿妈喜四场。

女儿满三岁，
走亲又串戚，
坐在门槛上，
帮妈绕线团。
阿妈喜五场。

女儿满五岁，
背上背菜篮，
学着找菜样，
阿妈喜六场。

女儿满七岁，
七岁会绩麻，
绩麻赛阿妈，
阿妈喜七场。

女儿满九岁，
走路谁做伴，
做饭去挑水，
水桶来做伴，
在家谁做伴，
做饭站灶边，
灶台来做伴。
美丽阿诗玛，
做饭赛阿妈，
阿妈喜八场。

女儿满十二，
为父补衣服，
帮父穿衣裳，
织布赛阿妈，
阿妈喜九场。
阿爸喜一场。

狗虽站门外，
名声难外传。

骏马关厩中，
名声传千里。
美女阿诗玛，
虽然在家中，
美名传远方。

美女阿诗玛，
美名传四方，
热布巴拉家，
他也听到了，
回到家里讲。
阿支搭了腔：
"阿爸听人传，
儿却亲眼见。"
热布巴拉帕，
赶忙问儿子：
"姑娘怎么样，
长得可漂亮？"
"包头红光闪，
两边垂耳环，
脸庞如明月，
身段如金竹，
左手戴金戒，
右手戴银镯，
身披羔羊皮，
腰系飘须带，
一缕又一缕，
缕缕飘身后。
脚如萝卜白，
穿着绣花鞋，
蓝衣黑裤子，
一身美无比。
从头看到脚，
没有不好处，
没有不美处，
我呀喜欢她！
我呀想要她！
我呀想娶她！"

热布巴拉家，

门前站狗马。
热布巴拉帕，
洗脸蹲门前，
瞧见一毕摩，
赶忙问毕摩：
"我家独儿子，
想把媳妇说，
你快告诉我，
媒人在哪里。"
毕摩说一句：
"依我看来啊，
格底海热帕，
做媒须请他。"
巴拉喊一声：
"阿支我独儿，
把马牵出来，
上马去格底，
去请海热帕。"

阿支到格底，
来到海热家，
说得口水干，
讲得肚子饿，
才请来海热。

格底海热帕，
来到巴拉家。
"热布巴拉帕，
你有什么事，
想说什么话？"

热布巴拉帕，
回答海热话：
"阿着底上头，
格路日明家，
有个好姑娘，
名叫阿诗玛，
阿支我独儿，
一心想娶她。
媒事要烦您，

你去说一说。"
"我的嘴很笨，
磨嘴我不会，
另去找人吧！"

"你嘴赛鹦鹉，
舌头没有骨，
嘴皮能生花，
礼节你全懂，
会说客套话，
你说人爱听，
你去最合适。"

"说是会说啊！
憨人才当保，
傻人才做媒。
挑水不给瓢，
合掌当瓢伎，
一天捧三瓢，
三天捧九瓢，
浑水参一瓢，
浑水喝完了，
浑话听不完。
好事变坏事，
一世招人骂，
媒人我不做，
坏名我不背，
我呀不做媒。"

"不怕呀不怕，
媒事若做成，
送你一百金，
给你一千银，
不光是这些，
还给牛和马。
正月初二三，
年年来拜年。"

海热答话说：
"看在巴拉面，

媒事虽难做，
只好去做喽！"

格底海热帕，
腋下夹酒瓶，
从阿着底尾，
去阿着底头。

格底海热帕，
没到的地方，
他也找到啦！
来到格路家，
海热被狗撵，
吓得海热喊：
"快来吆狗呀！
快把门打开。"
格路日明帕，
开门问海热：
"你这老人呵，
要说什么话？"

"我是帮别人，
帮人来做媒，
依我看来啊，
婚事定能成。
格路日明啊！
你家有好女；
热布巴拉家，
他家有好儿。
有儿儿英俊，
有女女漂亮，
如此好姻缘，
你囡嫁不嫁？"

格路日明帕，
回答一句话：
"穷人不嫁富。"

"女儿不出嫁，
是我的女儿。

女儿若出嫁，
是人家的女儿，
女儿是妈的花，
女儿是爸帮手，
女儿挂双亲，
不嫁啊不嫁。"

"苍苍天底下，
茫茫大地上，
谁家男不娶？
谁家女不嫁？
君长也娶妻，
大臣也嫁女。

十五小姑娘，
君来说不给，
臣来说不嫁，
二十老姑娘，
给人人不要。"

格路日明帕，
回答海热说：
"父出嫁女儿，
只得一瓶酒，
酒喝不得一世，
留给父亲的啊！
是一世的忧伤。"

"母出嫁女儿，
得一笸箩饭，
吃不得一世，
留给母亲的啊！
是一世的忧伤。"

"哥把妹出嫁，
只得一头牛。
牛使不得一世，
留给哥的啊！
是一世的忧伤。
独牛换独妹，

独牛不知羞，
阿妹知耻啊。
独牛关厩中，
独妹哭泣泣，
哥若要独牛，
独妹留不住。
阿哥像帽子，
保护着阿妹，
阿妹像朵花，
开在哥心里，
不嫁啊不嫁，
哥不出嫁妹。"

"嫂把小姑嫁，
只得一束麻，
一束麻匹啊！
绩不得一世，
留给嫂的啊！
是一世的忧伤。
不嫁啊不嫁。
嫂不把小姑出嫁。"

二 《西南彝志》彝文原件及彝汉文翻译对照

《西南彝志》，彝名为《哎哺散额》，为彝语东部方言贵州省大方县三元乡陈朝光家祖传与收藏的彝文文献。《西南彝志》编纂者，是古罗甸水西热卧土目家的一位慕史（歌师），姓氏无可考，人们习惯称他为"热卧慕史"。据传，他搜集了彝族各支系中历代的许多文史篇章，经过整理编纂成这部文献。他完成此书的编纂时，年已75岁。具体成书年代不详，仅从书中记载的一些事情推测，可能在清康熙三年（1664年）吴三桂平水西之后，雍正七年（1729年）改土归流之前。《西南彝志》以希慕遮连到水西安氏的116代父子连名谱线为主线，叙述分支、联姻、祭祖等社会活动的历史，地域范围牵扯到滇东北、黔西北、黔中、黔西南、四川凉山等彝族"乌、白蛮"各部的"什数君长"的活动史实。内容涉及哲学、谱系、天文、历法、语言、文字、医药、冶炼、兵器制作、工艺、畜牧、狩猎、农耕等各方面，还叙述了彝族同周围其他民族的关系。全书有彝文37万余字，400多个标题，在现存彝文文献中，是宏篇巨幅著作之一。

1955年贵州省毕节地区彝文翻译组成立后，将《西南彝志》列为首先翻译工作内容之一。翻译组派业务骨干罗国义和王兴友两位先生专攻此卷的翻译。历经10年，把《西南彝志》的26卷全部译完，并油印成册，内部发行。油印本为相关研究人员提供了宝贵的资料。由此《西南彝志》的价值公之于世。

1977年贵州省毕节地区彝文翻译组和贵州省民族研究所联合对《西南彝志》进行整理。由罗国义、陈英、禄一方、王子尧、黄昌寿等对《西南彝志》的第一次译稿作了整理修订，并辑成《西南彝志选》汉文版，于1982年由贵州人民出版社出版发行。整理本汉文版《西南彝志选》的出版在社会上产生了强烈反响，其知名度大大提高。

1985年，《西南彝志》被列入"国家民委少数民族古籍整理重点项目"。王运权、王世举将《西南彝志》以彝文、国际音标、直译、意译的四行体，彝、汉文对照的方式进行整理翻译。此译本为《西南彝志》的综合研究提供了宝贵资料。《西南彝志》彝文抄本已列入首批"国家珍贵古籍名录"，原件现存中国民族图书馆。

《西南彝志》彝文原件及彝汉文翻译对照

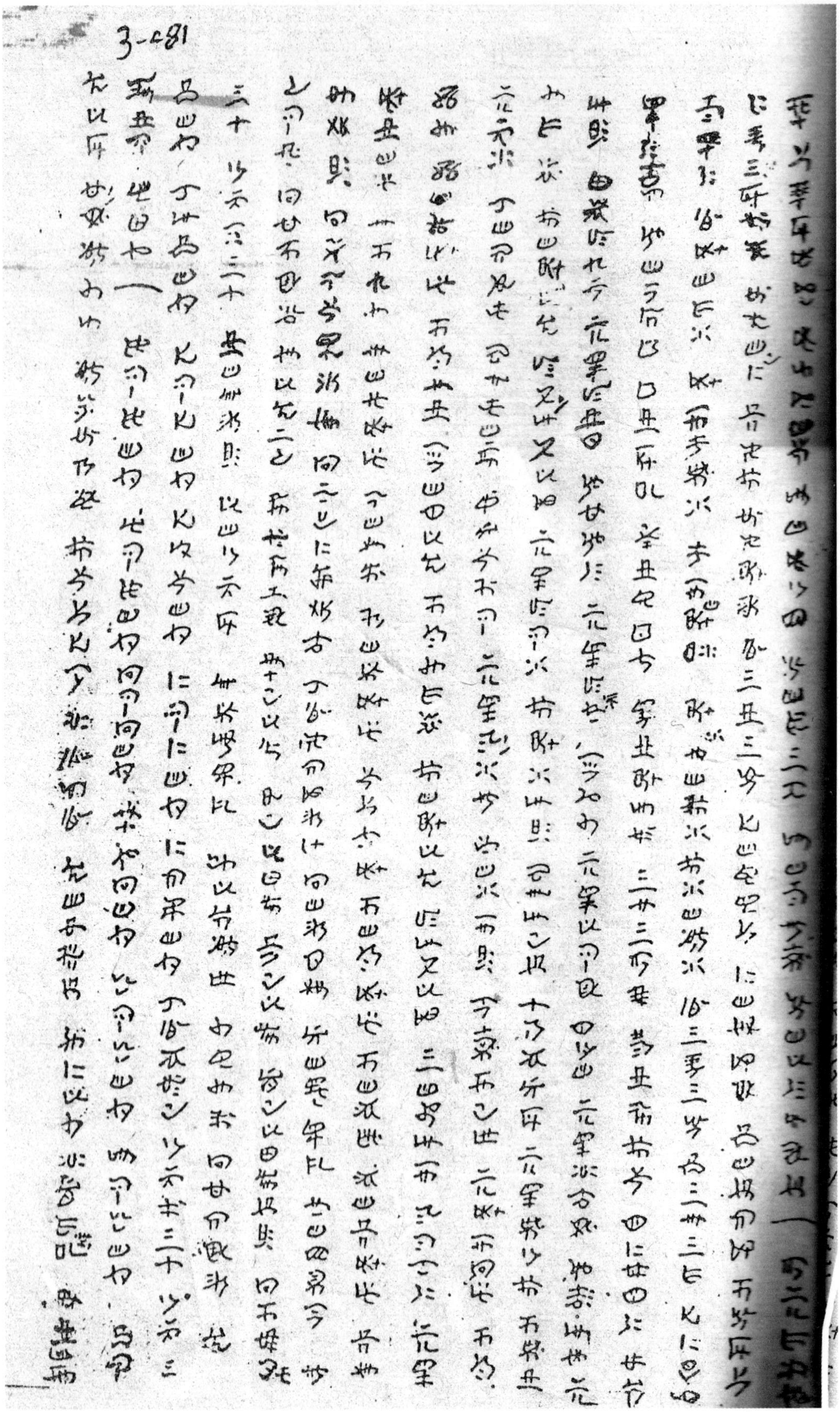
3-481

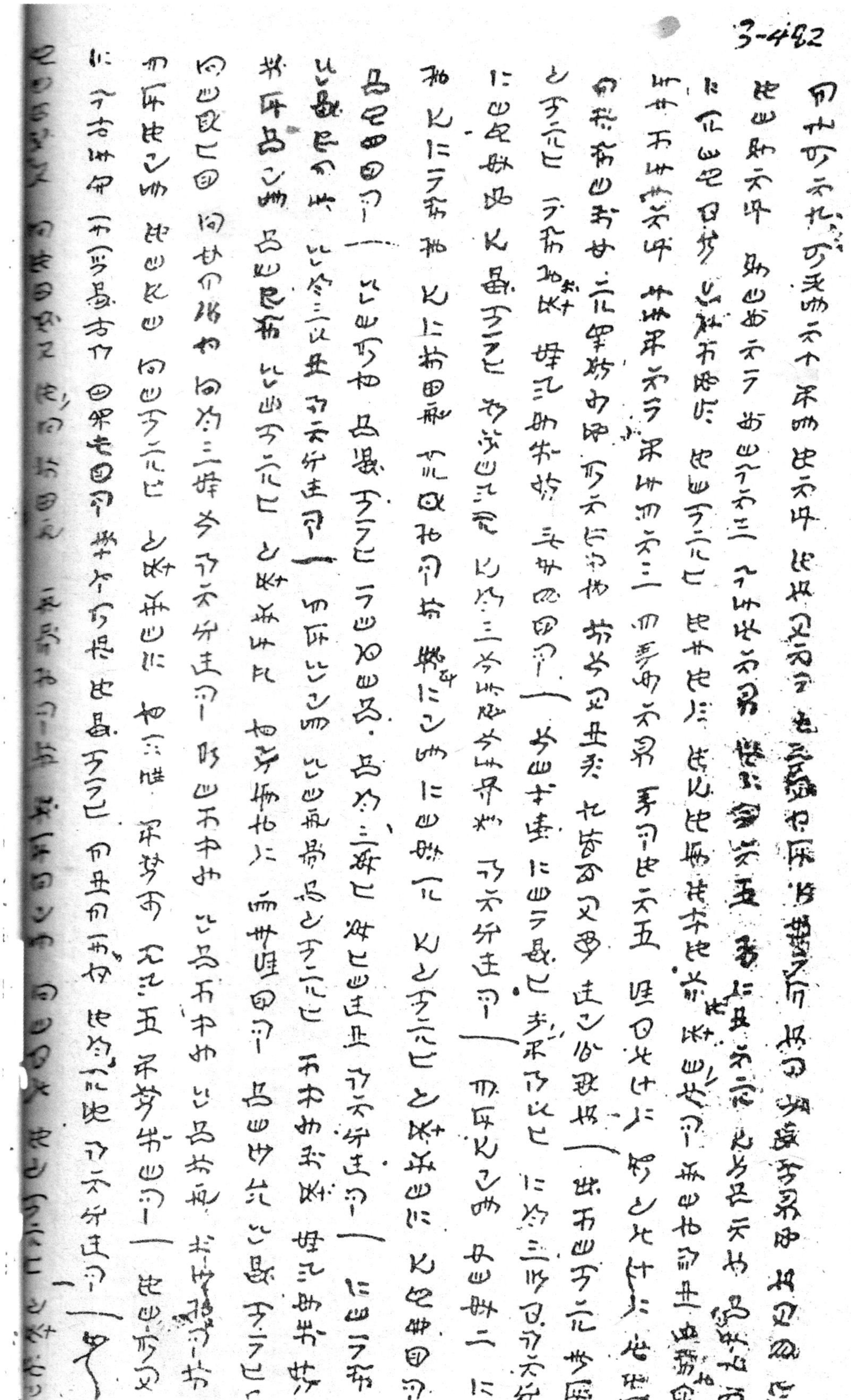

mi³³mi¹³gɯ⁵⁵dze²¹ge³³	天地渡桥断	天地断连姻
su³³sɛ²¹ndzu³³a²¹mɛ¹³	三神君姑娘	三神君[1]的女儿，
tɕ'o¹³p'i⁵⁵sɯ³³ɣo²¹mo²¹	六祖三之母	是六祖三位母亲。
t'ɯ⁵⁵ʑɯ³³ʔu³³t'u¹³	凿依武吐	凿依武吐[2]，
mi³³ɣa³³ku³³	米雅苦	生了米雅苦[3]，
mi³³ɣa³³k'ɛ²¹mo²¹lo²¹	米雅克母了	生了米雅克[4]，
de²¹sɯ⁵⁵zu³³t'a²¹dzɯ²¹	绵羊子一对	像一对绵羊。
vu³³ndʐa¹³ȵɪ⁵⁵zu³³ʑɛ³³	武乍两子大	武乍[5]两长子，
tʂ'u³³t'u³³mi³³ɣo¹³t'ɯ⁵⁵	楚陀天南展	分布楚陀星[6]之南；
nɯ²¹ʑɯ³³mi³³ndo⁵⁵	能依咪哆	能依咪哆[7]，
mi³³ɣa³³zɛ⁵⁵	米雅惹	生了米雅惹[8]，
mi³³ɣa³³ɣo¹³mo²¹lo¹³	米雅卧母了	生了米雅卧[9]，
de¹³sɯ⁵⁵zu³³t'a²¹dzɯ²¹	绵羊子一对	像一对绵羊。
nɯ¹³xu²¹ȵɪ⁵⁵zu³³tɕo⁵⁵	糯侯两子次	糯侯[10]两次子，
lu³³bu³³mi³³k'ɛ³³ndɛ²¹	鲁补天北拓	开拓鲁补星[11]之北。
ȵy²¹ʑɯ³³mi⁵⁵pu³³	尼依咪哺	尼依咪哺[12]，
mi³³tsʅ²¹tsʅ²¹	米辞辞	生了米辞辞[13]，
mi³³k'ɤ²¹k'ɤ²¹mo²¹lo¹³	米克克母了	生了米克克[14]，
de¹³sɯ⁵⁵zu³³t'a²¹dzɯ²¹	绵羊子一对	像一对绵羊。
bi²¹mɛ³³ȵɪ⁵⁵zu³³ȵɪ¹³	毕默两子幼	毕默[15]两幼子，
ʂʅ²¹ʑi²¹nɯ⁵⁵p'u²¹mbo⁵⁵	史益中地覆	遍史益[16]中部。
dzu²¹li²¹su¹³ŋɯ³³vi²¹	住来者是焉	实在是这样。
tɕ'o¹³p'i³³dzu²¹li²¹mi¹³	六祖住来地	在六祖地方，
mi³³k'u³³ndʐa¹³tsʻɯ³³tsʻe¹³	米苦乍十代	乍氏有十代、
mi³³k'ɛ²¹vu³³tsʻɯ²¹tsʻe¹³	米克武十代	武氏有十代、
mi³³zɛ⁵⁵nɯ¹³ɕi⁵⁵tsʻe¹	米惹糯七代	糯氏有七代、
mi³³ɣo¹³xɯ²¹he¹³tsʻe¹³	米卧侯八代	侯氏有八代，
mi³³k'm²¹k'm²¹	米克克	米克克所传、
bi²¹tɕy³³tsʻe¹³	毕九代	毕氏有九代，
mi³³tsʅ²¹tsʅ²¹	米辞辞	米辞辞所传、
mɛ²¹tsʻɯ²¹ti³³tsʻe¹³	默十一代	默氏十一代，
he²¹ȵo³³fu¹³dʐa³³su¹³	天里婚在者	与天庭联姻[17]。
mi³³t'a²¹t'u⁵⁵ʑɯ³³ɣɯ⁵⁵	天一时以内	因一时之间，
he²¹su¹³ma²¹km¹³	天人不仁	不仁的天人，
ndzu²¹a²¹tsʻɛ¹³	佐阿采	名叫佐阿采[18]；
t'ɯ²¹su¹³ma²¹kɯ¹3	地人不仁	不仁的地人，
vu³³du³³a²¹ʑu²¹	武堵阿育	叫武堵阿育[19]。
t'y²¹ȵɪ⁵⁵ʑy³³ŋɯ³³lm³³	他俩怪是了	他俩的缘故，
t'ɯ²¹ʑɯ³³p'u²¹li³³lɯ²¹	下之地四方	地上的四方，

tɕ‘o¹³ tʂɤ⁵⁵ lu²¹ vu³³ ndʐo³³	六展了远图	图摆脱控制，
mi³³ mi¹³ gɯ⁵⁵ dzɯ²¹ ge³³	天地渡桥断	天地断联姻。
t'y²¹ lo³³ vu³³ ɤo²¹ no³³	此与远了呢	自从这之后，
k‘u³³ du³³ tʂ‘u³³ ʑɿ¹³ fu¹³	各自趋户分	都各行其是，
tʂ‘u³³ bo²¹ ŋɡɯ²¹ tɕ'y¹³ ndʐɤ⁵⁵	亲有鹿角离	离心如鹿角，
fu¹³ t‘u⁵⁵ mu³³ bi¹³ hɤ²¹	姻联马蹄陷	失联姻基础，
t‘u⁵⁵ su¹³ no¹³ su¹³	面者闻者	耳闻目睹，
vu³³ ʐɤ³³ nu⁵⁵ su¹³ vi²¹	远也事者焉	也敬而远之。
tʂ‘ɿ²¹ mɛ³³ ɤo²¹ ʑi²¹	此末后也	从此以后，
t‘u⁵⁵ ho²¹ dzɤ²¹ dʐɿ²¹ k‘ɤ³³	面见聚场到	见面聚会时，
mi⁵⁵ mu³³ ʐɤ³³ dʐɿ³³ bo²¹	词作也礼有	辞令与礼仪，
mu³³ lɤ⁵⁵ mo³³ ma²¹ dzɿo²¹	作的样不在	不成体统了。
ndʐa¹³ lɤ⁵⁵ ndʐa¹³ ʐɤ³³ zɛ²¹	乍的乍之世	乍氏的世系，
pu¹³ lɤ⁵⁵ ndʐa¹³ ʐɤ³³ zɛ²¹	哺娄乍之世	传到乍哺娄[20]；
vu³³ lɤ⁵⁵ vu³³ ʐɤ³³ zɛ²¹	武的武之世	武氏的世系，
ɤɯ²¹ dze²¹ vu³³ ʐɤ³³ zɛ²¹	额则武之世	传到武额则[21]；
nɤ¹³ lɤ⁵⁵ nɤ¹³ ʐɤ³³ zɛ²¹	糯之糯之世	糯氏的世系，
ɤɯ²¹ lɤ⁵⁵ nɤ¹³ ʐɤ³³ zɛ²¹	额娄糯之世	传到糯额娄[22]；
xɤ²¹ lɤ⁵⁵ xɤ²¹ ʐɤ³³ zɛ²¹	侯的侯之世	侯氏的世系，
he²¹ a³³ xɤ²¹ ʐɤ³³ zɛ²¹	恒阿侯之世	传到恒阿侯[23]；
bi²¹ lɤ⁵⁵ bi²¹ ʐɤ³³ zɛ²¹	毕的毕之世	毕氏的世系，
bi²¹ t‘i⁵⁵ t‘u³³ ʐɤ³³ zɛ²¹	毕梯妥之世	传到毕梯妥[24]；
mɛ³³ lɤ⁵⁵ mɛ³³ ʐɤ³³ zɛ²¹	默的默之世	默氏的世系，
mɛ³³ a³³ du¹³ ʐɤ³³ ze²¹	默阿德之世	传到默阿德[25]。
he²¹ su¹³ ndzu³³ ʂu⁵⁵ lɿ³³	天人君令来	天君传令来，
t'a²² n̩²¹ ŋy³³ sɤ³³ ts‘ɤ³³	一日牛三十	日缴三十头牛、
t‘a²¹ n̩²¹ ŋɛ²¹ sɤ³³ ts‘ɤ³³	一日铜三十	三十驮铜块、
t‘a²¹ n̩²¹ mɛ³³ sɤ³³ ts‘ɤ³³	一日绸三十	三十匹丝绸，
mu²¹ ʐɤ³³ ŋɡu²¹ lo³³ dɿ¹³	作为赋与者	作赋税上缴。
ɤo²¹ ʐɤ³³ t‘a²¹ n̩²¹ lno³³	后之一日呢	到最后一天，
ŋɡu²¹ ʂo²¹ tʂ‘ɛ⁵⁵ tu³³ vi²¹	赋收恭放焉	缴完了赋税，
go¹³ ɤo²¹ t‘o²¹ tʂ‘u³³ po³³	回家踏转返	才返回家中。
ʑi²¹ na²¹ ɡɤ⁵⁵ dʑi²¹	益那勾纪	益那勾纪[26]部，
vu³³ du³³ a²¹ ʑu³³ lo¹³	武堵阿育者	有武堵阿育[27]，
vu³³ pi¹³ ʂɛ¹³ lɤ³³ ndzu³³	武力长的恃	以武力自恃，
vu³³ du³³ a²¹ ʑu³³ ne³³	武堵阿育呢	这武堵阿育，
zo²¹ ɤo²¹ vu³³ pi¹³ ʂɛ¹³	已有武力长	依仗有武力：
bo²¹ tʂu¹³ bo²¹ tɤ³ ŋɤ³³	富财富就是	"财富虽然足，
ʑy²¹ li²¹ ɤo²¹ de¹³	数来得多	数量很多，
mu²¹ li²¹ ɤo²¹ ma²¹ de¹³	用来得不多	用起来不多；

dʐo³³li²¹ʁo²¹de¹³	闻来得多	传闻说多，
ho²¹li²¹ʁo²¹ma²¹de¹³	见来得不多	眼见来不多！"
vu³³mi³³ʈo³³la¹³da³³ʐu²¹dɿ¹³	武米光上鎏取戴	戴武米[28]头盔，
vu³³xɛ²¹tɛ¹³tʻu¹³ʐy³³ʐu²¹ve¹³	武甲云厚流取穿	身披流云甲，
vu³³ŋɛ³³tɕi¹³mɛ³³ʂɛ¹³ʐu²¹tsʻo¹³	武戟星尾长取持	手持星光戟，
he²¹su¹³ndzu²¹a²¹tsʻɛ¹³lo³³zʁ³³	天人佐阿采与刺	刺杀天人佐阿采，
vu³³zʁ³³lo³³tʻu¹³bo²¹	武依洛吐山	在武依洛吐山[29]，
tʻy²¹zʁ³³nɿ¹³tu³³vi²¹	他也掀放焉	将他征服。
tʻʁ²¹zʁ³³pʻu²¹ɬi³³lʁ²¹	下之地四方	四方的人们，
ʐɛ³³tʂʻʁ⁵⁵mu²¹ʁ³³ndʐo¹³	大展高也图	图地位上升，
n̠y²¹mi³³tɕy³³gʁ⁵⁵	尼米举勾	在尼米举勾[30]
n̠y²¹zʁ³³nʁ²¹tʂʻʁ⁵⁵ndʐo¹³	尼也能展上	尼能氏[31]独立；
tɛ¹³zʁ³³[tʻu¹³]bo²¹nʘ³³	点［额］吐博略	在点［额］吐博略[32]，
ʂɿ²¹zʁ³³ʂo²¹tʂʻʁ⁵⁵ndʐo¹³	什也勺展上	什勺氏[33]独立；
tʻu³³mi³³tɕi¹³tʂʻʁ⁵⁵	妥米纪抽	在妥米纪抽[34]，
mi³³zʁ³³mi¹³tʂʻʁ⁵⁵ndʐo¹³	米也靡展上	米靡氏[35]独立；
mi³³zʁ³³zɛ⁵⁵ga¹³	米依惹嘎	在米依惹嘎[36]，
zɛ⁵⁵zʁ³³ŋɯ⁵⁵tʂʻʁ⁵⁵ndʐo¹³	惹也欧展上	惹、欧氏[37]独立；
ŋɯ⁵⁵bo²¹sɛ¹³gʁ⁵⁵	欧博塞勾	在欧博塞勾[38]，
sɛ¹³zʁ³³ɖa³³tʂʻʁ⁵⁵ndʐo¹³	塞也咋展上	塞咋氏[39]独立。
mi³³mi¹³kʻu³³mu³³	天地位高	如天高地远，
dʑi²¹zʁ³³hu³³ʁo²¹vu³³	日也月与远	如日月远离，
mi³³mi¹³gʁ⁵⁵dzʁ²¹ge³³	天地渡桥断	天地断联姻，
fu¹³zʁ³³ba¹³zʁ³³vu³³	婚也配也远	关系疏远了，
tsɛ⁵⁵ʁa³³hɿ²¹ʁo²¹tsʻɛ¹³	根与本得细	基础薄弱了，
sʁ²¹zʁ³³dza³³a²¹lu³³	样也像的了	成了这个样。
lu³³dɛ²¹gʁ²²lgʁ²¹	脉界尽尽	断了往来，
tɕʻo¹³pʻi³³tɕʻo¹³nɿ²¹ndzʁ²¹	六祖汇也议	六祖在聚议，
he²¹zʁ³³kʻɛ⁵⁵dzʅ²¹la³³	天也开直喇	天上开直喇[40]，
kʻɛ⁵⁵dzʅ²¹la³³zʁ³³hɛ¹³	开直喇也站	现了身出来，
ʔɯ³³tʻy²¹tʻu³³do³³lʁ³³	叫他发出了	开口高声问：
tɕʻo¹³pʻi³³ndzʁ²¹lu³³zɛ³³	六祖议者大	在商议大事，
kʻo²¹zʁ³³ndzʁ²¹lu³³dɿ¹³	何也议了呢	所商议何事？
zu³³ɖe¹³kʁ¹³li²¹po³³	子言会来答	善言的答道：
tɕʻo¹³tʂʻʁ⁵⁵lu²¹vu³³ndʐo¹³	六展了远图	为摆脱控制，
mi³³mi¹³gʁ⁵⁵dzʁ²¹ge³³	天地渡桥断	天地断联姻，
fu¹³zʁ³³ba¹³ʁo²¹vu³³	婚也配之远	关系疏远了，
tsɛ⁵⁵ʁa³³he²¹ʁo²¹tsʻɛ¹³	根与本得细	基础薄弱了，
tɕʻo¹³pʻi³³tsɛ⁵⁵lʁ³³ndzʁ²¹	六祖根者议	从根本商议，
fu¹³ba¹³ndzʁ²¹ʁa³³dɿ¹³	婚配议也要	为婚姻大事。

k'ɛ⁵⁵ dzɿ²¹ la³³ lɿ²¹ vi²¹	开直喇来用	使者开直喇，
tsʻɤ²¹ dʑy³³ ndzu³³ tʻy²¹ no³³	策举祖他呢	传策举祖话：
tɕʻo¹³ pʻiʂɿ³³ tʻa²¹ fu¹³	六祖先上婚	与天上开亲，
mi³³ ʂɿ³³ mu²¹ ɣa³³ dɿ¹³	天先作也要	天上先允诺，
ma²¹ ge³³ tʂɛ⁵⁵ tɕy³³ bu³³	不断根九种	各种延续根，
tɕʻo¹³ pʻi³³ tʂɛ⁵⁵ mu³³ tʻu³³	六祖根作管	都赐给六祖。
fe¹³ du³³ fe¹³ kʻɤ²¹	菲堵菲克	在菲堵菲克[41]，
tɕʻo¹³ pʻi³³ tʂɛ⁵⁵ vi¹³ ndɤ³³	六祖根灾解	六祖解根灾；
dʑi²¹ pʻi³³ ʑi²¹	日边下	太阳光，
tɕʻo¹³ pʻi³³ ɤo²¹ lɤ³³ ndʑɤ³³	六祖内的收	照耀六祖地，
hu²¹ va¹³ ʑi²¹	月围下	月亮光，
tɕʻo¹³ pʻi³³ tʻu⁵⁵ tsʻo¹³ kʻu³³	六祖面晴愿	映在六祖地。
bɛ²¹ tʂʻu³³ ɣa³³ ʂa¹³	白楚雅啥	在白楚雅啥[42]，
tɕʻo¹³ pʻi³³ kʻɤ³³ tsʻo¹³ nu³³	六祖规制多	六祖制规多，
fe¹³ ʐɤ³³ ȵɿ⁵⁵ ŋɿ²¹ no¹³	司也两类土	土地分两类，
no¹³ mu³³ tɕʻa¹³ kʻɤ³³	诺姆洽口	如诺姆洽口[43]、
tsʻɿ²¹ mu³³ tʂʻu³³ ndɿ²¹ ʂu²¹	辞姆楚甸寻	与辞姆楚甸[44]，
ʂu³³ mu³³ ba¹³ tʂʻɤ²¹ vu³³	理作配根入	理婚配根源，
sɤ²¹ kʻu³³ sɤ³³ nɤ¹³ tɕu⁵⁵	三梁女子介	由媒人提亲，
tɕo¹³ mu³³ ndʐo²¹ fu¹³ tʻu³³	媒作轮婚开	轮流着开亲，
vu⁵⁵ mɛ³³ tʂɤ⁵⁵ tɕʻɤ²¹ tɕʻɤ²¹	禽尾露淋淋	如鸟尾露淋淋，
ȵɿ⁵⁵ tʻo²¹ nɿ¹³ tsʻɿ²¹ tsʻɿ²¹	兽底土落落	似兽风尘仆仆，
su²¹ tʂʻɤ⁵⁵ ʐɤ³³ ndzɤ²¹ dzɤ²¹	人展也议论	议人的发展，
tʂʻɤ⁵⁵ lu³³ ʂɿ³³ ndzɤ²¹	展的猎先议	议狩猎的事，
ʂɿ³³ lu³³ ʐɤ³³ ba¹³ ndzɤ²¹	猎的也婚议	借狩猎议婚，
fu¹³ ndzɤ²¹ ʐɤ³³ ba¹³ ndzɤ²¹	婚议也嫁议	议嫁娶的事：
su²¹ sɤ³³ tɕʻi¹³ sɤ³³ su⁵⁵	人选狗选记	选猎人猎狗，
xɤ²¹ sɤ³³ ȵy³³ sɤ³³ dzɤ²¹	侯选遍选图	侯家图多选，
bi²¹ mɛ³³ na³³ mbo³³ dzɤ²¹	毕默眼饱图	毕默图眼福，
tɕʻi¹³ sɤ³³ no³³ ŋgɤ²¹ ɬɤ¹³	选狗乃鹿挨	选善猎的狗，
ŋgɤ²¹ ŋga¹³ ʐɤ³³ lɿ²¹ mɛ¹³	鹿追也来至	把鹿来猎获，
ŋɤ⁵⁵ xu³³ fu¹³	熊肉婚	用熊肉、
ŋgɤ²¹ xu³³ ba¹³ tʻa⁵⁵	鹿肉开亲	鹿肉作聘礼；
su²¹ sɤ³³ mu³³ sɤ³³ su⁵⁵	人选马选记	选人选骏马，
bi²¹ ʐɤ³³ na³³ ʔu³³ mu³³	毕之眼头高	毕家高头马，
mɛ²¹ ʐɤ³³ ʂɤ³³ ɖu³³ ʐu²¹	默也枣骝马	默家枣骝马，
xɤ²¹ ʐɤ³³ vi¹³ a³³ ɖu³³	侯也棕也马	侯家棕色马，
mu³³ su⁵⁵ no³³ mu³³ ko³³	马记乃马献	选好马献礼，
mu³³ ko³³ no³³ kɛ⁵⁵ ndo³³	马献乃贵祈	献马祈富贵，
kɛ⁵⁵ fu³³ ndo²¹ ʐɤ³³ ʂo¹³	贵富祈也寻	把富贵祈求。

ʑy²¹ ʑɤ³³ tʂʽɤ⁵⁵ tʽa²¹ pʽu²¹	舅也发一地	舅家业壮大，
su⁵⁵ ʑɤ³³ lɤ⁵⁵ sɤ³³ hu²¹	甥乃女三百	甥娶妻有望，
ʑy²¹ ʑɤ³³ ȵɿ¹³ tʂʽɛ⁵⁵ ɖe¹³	舅也宗献明	舅祭祖顺利，
su⁵⁵ ʑɤ³³ ɣo²¹ kʽɤ³³ mi²¹ ŋɤ³³ vi²¹	甥也座上合是焉	甥家神有托。

nɤ¹³ tɕʽo¹³ dʑɤ²¹ ku³³ ʂa¹³	女汇桥梁叉	以女子搭桥，
ʔu³³ ʑɤ³³ ma²¹ kʽu³³ he²¹	首是麻苦根	先在麻苦[45]建根基，
vu³³ ndʐa¹³ ma²¹ kʽu³³ he²¹	武乍麻苦根	是武乍所为。
vu³³ ndʐa¹³ fu¹³ ma⁵⁵ de¹³	武乍婚不能	武乍本忌通婚，
de¹³ tɕʽo¹³ ʑɛ⁵⁵ lɤ²¹ fu¹³	羊壮赎了婚	用羊作仪式[46]通婚：
ʂʅ³³ no³³ vu³³ li²¹ ʑy²¹	先乃武为舅	武家先为舅，
vu³³ ʑɤ³³ tʽu¹³ tu⁵⁵	武依吐朵	武依吐朵，
ndʐa¹³ ʂɛ¹³ zu³³ tɕʽo¹³ mo²¹	乍嫡子六母	生乍六嫡子，
ʂɛ¹³ tʂʽɤ⁵⁵ ndʐo²¹ ʑɤ³³ dʑɤ⁵⁵	嫡伸上也齐	往上发展着，
te¹³ tsʽo¹³ ɣa³³ ɣo¹³	点苍雅卧	在点苍雅卧[47]，
lu²¹ dʑi³³ ʑy⁵⁵ tsʽo¹³ tɕʽi¹³	罗纪庙建脚	追随着罗纪[48]，
bu³³ tu¹³ la¹³ lo¹³ lɤ⁵⁵	像塑手成了	建庙宇塑像。
ɣɯ²¹ dʑɛ²¹ nɤ¹³ ȵɿ¹³	额则诺妮	额则诺妮氏，
ndʐa¹³ tɕi¹³ zu³³ ȵɿ⁵⁵ mo²¹	乍庶子二母	生乍两庶子。
a²¹ mu³³ a²¹ lu³³ zɛ²¹	阿姆阿鲁世	阿姆阿鲁时，
ndʐa¹³ mi¹³ kʽu³³ do²¹	乍地苦道	在苦道[49]地方，
tɛ¹³ ȵɿ³³ tʽy²¹ dzu²¹ lɤ³³	立也他住了	居住下来了。

nu³³ no³³ ndʐa¹³ li²¹ ʑy²¹	后乃乍来舅	后来乍氏为舅：
ndʐa¹³ ʑɤ³³ lɤ⁵⁵ ʑɤ³³	乍依喽优	乍依喽优，
wu³³ ʂɛ¹³ zu³³ tɕʽo¹³ mo²¹	武嫡子六母	生武氏六嫡子。
ʂɛ¹³ tʂʽɤ⁵⁵ ɣɯ²¹ ʑɤ³³ dʑɤ⁵⁵	嫡迁外也齐	武嫡子外迁，
tɕi¹³ me³³ ɣa¹³	先绸织	先织成丝绸，
dɤ²¹ pu³³ fe¹³	德补穿	供应德补氏[50]，
hu²¹ lu³³ ŋu³³	山岭耕	耕种山岭地，
dɤ²¹ pu³³ ȵo²¹ ʑɤ³³ lɤ⁵⁵	德补里也去	融入德补中。
ndʐa¹³ ʑɤ³³ nɤ¹³ hɛ³³	乍优喽海	乍优喽海，
vu³³ ʑɤ³³ ndʐɤ³³ mo²¹ lo¹³	武之庶母了	生武家庶子，
vu³³ du³³ a²¹ so²¹ [ʑu²¹] zɛ²¹	武堵阿索［育］世	武堵阿索［育］[51]时代，
vu³³ mi¹³ sɤ³³ to³³ tʽu³³	武地择多同	选择多同[52]地，
tɛ¹³ ȵɿ³³ tʽy²¹ dzu²¹ lɤ³³	立也他住了	居住了下来。
dʐo¹³ ʑɤ³³ mu³³ ku³³ gɤ⁵⁵	中也姆古勾	中部姆古勾，
nɤ¹³ xɤ²¹ mu³³ ku³³ gɤ⁵⁵	糯侯姆古勾	地方属糯侯。
nɤ¹³ xɤ²¹ fu¹³ ma⁵⁵ de¹³	糯侯婚不能	糯侯破禁忌[53]，
ȵy³³ ho²¹ ʑɛ⁵⁵ lɤ²¹ fu¹³	牛羊赎了婚	通婚用牛羊。

ʂʅ³³no³³xɤ²¹lɿ²¹ʑy²¹	先乃侯来舅	侯家先做舅舅，
xɤ²¹ʑɤ³³lɤ⁵⁵ndʐo²¹	侯优喽卓	侯优喽卓氏，
nɤ¹³ʑɤ³³zu³³tɕʻo¹³mo²¹	糯之子六母	为糯生六子，
ʂɛ¹³tʂʻɤ⁵⁵ɣɯ²¹ɣa³³dzɤ⁵⁵	嫡迁外也齐	嫡子往外迁，
tɕi¹³xɛ²¹ve¹³ʂa³³ʂa³³	坚甲穿唰唰	身上披坚甲，
tʻo²¹nʑy²¹ɣo¹³lo1¹³lɤ⁵⁵	陀尼里也去	融入陀尼中[54]。
xɤ²¹ʑɤ³³hoʻ²¹pʻu⁵⁵	侯优洪铺	侯优洪铺氏，
nɤ¹³tɕi¹³zu³³nʑ⁵⁵mo²¹	糯庶子二母	生糯氏二庶子，
nɤ¹³tɕi¹³lɤ⁵⁵a³³pʻu²¹	糯庶娄阿朴	其一称娄阿朴。
nɤ¹³mi¹³sɤ³³ɣo²¹mu³³	糯择地峨姆	糯氏选择峨姆[55]地，
tɛ¹³nʑ³³tʻy²¹dzu²¹lɤ³³	立也他住了	居住了下来。

nu³³no³³nɤ¹³li²¹ʑy²¹	后乃糯来舅	后来糯氏为舅，
nɤ¹³ʑɤ³³tʂʻeʻ¹³tɕʻo¹³	糯依呈确	糯依呈确氏，
xɤ²¹ʂɛ¹³zu³³tɕʻo¹³mo²¹	侯嫡子六母	生侯氏六嫡子，
mu³³ku³³gɤ⁵⁵dʑi²¹tʂʻɤ⁵⁵	姆古勾境迁	迁出姆古勾[56]，
ʈo⁵⁵lu³³da³³nʑo²¹tʂʻu³³	多鲁打略展	去多鲁打略[57]，
xɤ²¹ʔu³³dzu²¹lo¹³lɤ⁵⁵	额武祝成了	称额武祝部[58]。
nɤ¹³ʑɤ³³nɤ¹³tɕi¹³	糯依诺纪	糯依诺纪氏，
xɤ²¹tɕi¹³zu³³nʑ⁵⁵mo²¹	侯庶子二母	生侯氏两庶子，
nʑ⁵⁵ʑɤ³³lu³³ʑɤ³³xɤ²¹	两也鲁额侯	称两部鲁额侯[59]，
xɤ²¹mi¹³sɤ³³ʑi¹³mo²¹	侯地择易莫	所选择地方，
ʑi¹³mo²¹ʑɤ³³dzu²¹mu³³	易莫也阻姆	称易莫阻姆[60]，
tɛ¹³nʑ³³tʻy²¹dzu²¹lɤ³³	立也他住了	居住了下来。

mɛ²¹ʑɤ³³nʑ⁵⁵ndʐo²¹tʻɤ¹³	末也尼卓特	末为尼卓特[61]，
bi²¹mɛ³³nʑ⁵⁵ndʐo²¹tʻɤ¹³	毕默尼卓特	地属于毕默，
bi²¹mɛ³³fu¹³ma⁵⁵dɛ¹³	毕默婚不能	毕默破禁忌，
kʻu³³hu³³ʑɛ⁵⁵lɤ²¹fu¹³	威望赎了婚	倚威望通婚。
ʂʅ³³no³³mɛ³³li²¹ʑy²¹	先乃默来舅	默氏先为舅，
mɛ²¹ʑɤ³³mi⁵⁵tʻɤ⁵⁵	默依咪耷	默依咪耷氏，
bi²¹ʑɤ³³zu³³tɕʻo¹³mo²¹	毕之子六母	生毕氏六子，
ʂɛ¹³tʂʻɤ⁵⁵ɣɯ²¹ɣa³³dzɤ⁵⁵	嫡迁外也去	嫡子往外迁，
bi²¹ʔu³³ndʐu²¹lo¹³lɤ⁵⁵	毕武祝成了	成毕武祝部[62]。
mɛ²¹ʑɤ³³na³³mi⁵⁵lu²¹	默依娜咪露	默依娜咪露，
bi²¹tɕi¹³zu³³nʑ⁵⁵mo²¹	毕庶子二母	生毕氏两庶子，
kʻɤ²¹bo²¹ʑɤ³³lu³³nde³³	克博也陇邓	克博和陇邓[63]。
bi²¹mi¹³sɤ³³tʻu³³pʻu²¹	毕地择妥濮	毕氏所选地方，
tʻu³³pʻu³³ŋɤ⁵⁵bo²¹	妥濮欧博	叫妥濮欧博[64]，
tɛ¹³nʑ³³tʻy²¹dzu²¹lɤ³³	立也他住了	居住了下来。

nu³³ no³³ bi²¹ li²¹ ʑy²¹	后乃毕来舅	后来毕氏为舅，
nu³³ ʑɤ³³ mi⁵⁵ pi¹³	诺侬咪碧	诺侬咪碧氏，
mɛ³³ ʂɛ¹³ zu³³ tɕo¹³ mo²¹	默嫡子六母	生默家六嫡子，
ȵi⁵⁵ ndzo³³ tʻɤ³³ ȵo²¹ tsʻɤ⁵⁵	尼卓特略迁	迁尼卓特略[65]，
ʈo⁵⁵ lu³³ da³³ ȵo²¹ tʂʻu³³	多鲁打略展	到多鲁打略发展，
sɿ⁵⁵ mi³³ pʻu²¹ lo¹³ lɤ⁵⁵	斯弥濮成了	成了斯弥濮[66]。
tʻu³³ ʑɤ³³ ȵy³³ tʻɤ¹³	妥侬女特	妥侬女特氏，
mɛ²¹ ʑɤ³³ ȵi⁵⁵ tɕi¹³ mo²¹	默之两庶母	生默家两庶子，
dɤ²¹ ʂɿ²¹ dʑy³³ ɤo⁵⁵ mo²¹	德施举乌母	有德施举乌[67]。
mɛ²¹ mi¹³ sɤ³³ tʻi⁵ ʈʻu¹²	默地择梯吐	默家选择梯吐[68]地，
tɛ¹³ ȵi³³ tʻy²¹ dzu²¹ lɤ³³	立也他住了	居住了下来。

a²¹ so²¹ ndzo²¹ ɤa³³ dʑi³³ du³³	阿遂卓雅纪堵	从前在卓雅纪堵[69]，
tɕo¹³ pʻi³³ tʂʻu³³ ʑɿ¹³ gu²¹	六祖展家园	六祖建家园。
nɤ¹³ ȵi³³ dzɤ²¹ ku³³ ʂa¹³	女闺桥梁叉	以女子搭桥，
fu¹³ tʻu⁵⁵ hɛ³³ mu³³ ȵe³³	婚开好作仪	订完美婚姻制度，
tɕy³³ tɕi¹³ mi²¹ hɛ³³ mbo⁵⁵	九根名好覆	美名誉天下，
dzu²¹ li²¹ su¹³ ŋɤ³³ vi²¹	实来者是焉	实在是这样。

附：《西南彝志》选译之汉文整理

天地断联姻

三神君[1]的女儿，
是六祖三位母亲。
笛依武吐[2]，
生了米雅苦[3]，
生了米雅克[4]，
像一对绵羊。
武乍[5]两长子，
分布楚陀星[6]之南；
能依咪哆[7]，
生了米雅惹[8]，
生了米雅卧[9]，
像一对绵羊。
糯侯[10]两次子，
开拓鲁补星[11]之北。
尼依咪哺[12]，
生了米辞辞[13]，
生了米克克[14]，
像一对绵羊。
毕默[15]两幼子，
遍史益[16]中部。
实在是这样。
在六祖地方，
乍氏有十代、
武氏有十代、
糯氏有七代，
侯氏有八代，
米克克所传、
毕氏有九代，
米辞辞所传、
默氏十一代，
与天庭联姻[17]。
因一时之间，
不仁的天人，

名叫佐阿采[18]；
不仁的地人，
叫武堵阿育[19]。
他俩的缘故，
地上的四方，
图摆脱控制，
天地断联姻。
自从这之后，
都各行其是，
离心如鹿角，
失联姻基础，
耳闻目睹，
也敬而远之。
从此以后，
见面聚会时，
辞令与礼仪，
不成体统了。

乍氏的世系，
传到乍哺娄[20]；
武氏的世系，
传到武额则[21]；
糯氏的世系，
传到糯额娄[22]；
侯氏的世系，
传到恒阿侯[23]；
毕氏的世系，
传到毕梯妥[24]；
默氏的世系，
传到默阿德[25]。
天君传令来，
日缴三十头牛、
三十驮铜块、

三十匹丝绸，
作赋税上缴。
到最后一天，
缴完了赋税，
才返回家中。
益那勾纪[26]部，
有武堵阿育[27]，
以武力自恃，
这武堵阿育，
依仗有武力：
"财富虽然足，
数量很多，
用起来不多；
传闻说多，
眼见来不多！"
戴武米[28]头盔，
身披流云甲，
手持星光戟，
刺杀天人佐阿采，
在武依洛吐山[29]，
将他征服。
四方的人们，
图地位上升，
在尼米举勾[30]
尼能氏[31]独立；
在点[额]吐博略[32]，
什勺氏[33]独立；
在妥米纪抽[34]，
米靡氏[35]独立；
在米依惹嘎[36]，
惹、欧氏[37]独立；
在欧博塞勾[38]，
塞咋氏[39]独立。
如天高地远，
如日月远离，
天地断联姻，
关系疏远了，
基础薄弱了，
成了这个样。
断了往来，

六祖在聚议，
天上开直喇[40]，
现了身出来，
开口高声问：
在商议大事，
所商议何事？
善言的答道：
为摆脱控制，
天地断联姻，
关系疏远了，
基础薄弱了，
从根本商议，
为婚姻大事。
使者开直喇，
传策举祖话：
与天上开亲，
天上先允诺，
各种延续根，
都赐给六祖。
在菲堵菲克[41]，
六祖解根灾；
太阳光，
照耀六祖地，
月亮光，
映在六祖地。
在白楚雅啥[42]，
六祖制规多，
土地分两类，
如诺姆洽口[43]、
与辞姆楚甸[44]，
理婚配根源，
由媒人提亲，
轮流着开亲，
如鸟尾露淋淋，
似兽风尘仆仆，
议人的发展，
议狩猎的事，
借狩猎议婚，
议嫁娶的事：
选猎人猎狗，

侯家图多选，
毕默图眼福，
选善猎的狗，
把鹿来猎获，
用熊肉、
鹿肉作聘礼；
选人选骏马，
毕家高头马，
默家枣骝马，
侯家棕色马，
选好马献礼，
献马祈富贵，
把富贵祈求。
舅家业壮大，
甥娶妻有望，
舅祭祖顺利，
甥家神有托。

以女子搭桥，
先在麻苦[45]建根基，
是武乍所为。
武乍本忌通婚，
用羊作仪式[46]通婚：
武家先为舅，
武依吐朵，
生乍六嫡子，
往上发展着，
在点苍雅卧[47]，
追随着罗纪[48]，
建庙宇塑像。
额则诺妮氏，
生乍两庶子。
阿姆阿鲁时，
在苦道[49]地方，
居住下来了。

后来乍氏为舅：
乍依喽优，
生武氏六嫡子。
武嫡子外迁，

先织成丝绸，
供应德补氏[50]，
耕种山岭地，
融入德补中。
乍优喽海，
生武家庶子，
武堵阿索［育］[51]时代，
选择多同[52]地，
居住了下来。
中部姆古勾，
地方属糯侯。
糯侯破禁忌[53]，
通婚用牛羊。
侯家先做舅舅，
侯优喽卓氏，
为糯生六子，
嫡子往外迁，
身上披坚甲，
融入陀尼中[54]。
侯优洪铺氏，
生糯氏二庶子，
其一称娄阿朴。
糯氏选择峨姆[55]地，
居住了下来。

后来糯氏为舅，
糯依呈确氏，
生侯氏六嫡子，
迁出姆古勾[56]，
去多鲁打略[57]，
称额武祝部[58]。
糯依诺纪氏，
生侯氏两庶子，
称两部鲁额侯[59]，
所选择地方，
称易莫阻姆[60]，
居住了下来。

末为尼卓特[61]，
地属于毕默，

毕默破禁忌，
倚威望通婚。
默氏先为舅，
默依咪酋氏，
生毕氏六子，
嫡子往外迁，
成毕武祝部[62]。
默依娜咪露，
生毕氏两庶子，
克博和陇邓[63]。
毕氏所选地方，
叫妥濮欧博[64]，
居住了下来。
后来毕氏为舅，
诺依咪碧氏，
生默家六嫡子，

迁尼卓特略[65]，
到多鲁打略发展，
成了斯弥濮[66]。
妥依女特氏，
生默家两庶子，
有德施举乌[67]。
默家选择梯吐[68]地，
居住了下来。

从前在卓雅纪堵[69]，
六祖建家园。
以女子搭桥，
订完美婚姻制度，
美名誉天下，
实在是这样。

注 释

[1] 三神君：沽色尼米祖、能色能米府、布色那米勾三位天神之君，他们分别管理着东、南、北三方的天地，并在称"竹遮苦"的地方分开活人与死者的灵魂。

[2] 瞢依武吐：人名，三天女之一，沽色尼米祖的女儿；米雅苦、米雅克的母亲。

[3] 米雅苦：人名，彝族六祖第一支系武支系的第一代祖。

[4] 米雅克：人名，彝族六祖第二支系乍支系的第一代祖。

[5] 武乍：即武支系和乍支系，武支系多分布于滇黔两省，乍支系多分布在今凉山地区，《西南彝志》《彝族源流》《彝家宗谱》等文献载："北边（指金沙江以北地区）十一部，六部属于乍。"乍在凉山一带的分布与"曲涅"数量最初是相同的，都是北边十一部中的六部，但其原生的文化特点等为强大的古侯与曲涅所覆盖，甚至于找不到任何影子。

[6] 楚陀星：星座名，确定南方方位的参照星座。

[7] 能依咪哆：人名，三天女之一，能色能米府的女儿；米雅惹、米雅卧的母亲。

[8] 米雅惹：人名，彝族六祖第三支系糯（一作曲涅）支系的第一代祖。

[9] 米雅卧：人名，彝族六祖第四支系侯（一作故侯）支系的第一代祖。

[10] 糯侯：即糯支系和侯支系，糯侯支系多分布于滇川两省，分支初时，其长子都去了哀牢山与洱海之滨一带。彝族"六祖"第四支系慕雅卧以"慕雅卧——卧雅苦——苦立娄——立娄哺——哺恒武——恒武恒（恒武恒生三子，长子恒斗娄，迁往云南大理一带去了，次子恒足足，传7代时，至益立举俄，大规模迁徙，迁到了今四川凉山。三子名恒雅妥）——恒雅妥——妥娄雅——娄雅府——府那窘——那窘任——任弥立——弥立耐——（生耐卧哺、耐卧莫）耐卧莫——卧莫卧夷——卧夷侯——侯德额（余），侯德额（余）生德额（余）陀尼、德额（余）巴、德额（余）仁、德额（余）辉、德额（余）罗、德额（余）辞、德额（余）珐、德额（余）格、德额（余）卓九子，称之九"德额（余）"，其中，以德额（余）罗和德额（余）辉为著名，德额（余）罗传下乌蒙部，德额（余）辉传下扯勒（且兰）部。乍支系多分布在今凉山地区，《西南彝志》《彝族源流》《彝家宗谱》等文献载："北边（指金沙江以北地区）十一部。"

[11] 鲁补星：星座名，确定北方方位的参照星座。

[12] 尼依咪哺：人名，三天女之一，布色那米勾的女儿；米辞辞（又作慕齐齐，《元史地理志》作蒙次次）、米克克（又作慕克克）的母亲。

[13] 米辞辞：人名，彝族六祖第五支系布支系的第一代祖。

[14] 米克克：人名，彝族六祖第六支系默支系的第一代祖。

[15] 毕默：又作布、默，即布支系和默支系。布支系分支第二代时，其长子去了滇西，传10代时，分濮迁、陇邓、克博三支，濮迁后裔分布滇、川、黔结合地带，称之"葛濮"支系，陇邓分为九支，大部分分布今云南省境内，少部分分布到今贵州省境内；克博分五支默遮，传播勒、罗殿国、磨弥、乌撒、罗婺、纪阿太等大部及十余小部。默支系的第二代分支的长子去了滇西，到第4代时，两支发展为"兜卧濮""兜凯濮""博卧濮""博凯濮"等若干称之"濮"的亚族群；传至第19代毕额勿时生勿阿克（或作勿热叩）、勿阿洛、勿阿律、勿阿纳四子。长子勿阿洛（一作勿阿娄），迁居惹米妥体，是慕卧惹兹摩。次子勿阿克，是德施君长大宗，住洛那俄嘎，谷勿额地方。传阿芋陡（路）、仁德、阿迭、慕役部等大部及阿宏德歹、阿迭、阿菲、阿打德楚等小部，三子勿阿纳。褒佐史卧（一作波佐赖外，疑为竹子岭），入黔传阿哲部（慕俄格亦作水西）；勿阿洛传阿外惹部，别称濮妥珠益部、

于矢部等；是勿阿律的子孙为世袭的职业布摩，住洪收打卧地方。

[16] 史益：星座名，或为银河，确定中心方位的参照星座。

[17] 与天庭联姻："天庭"的音作"he^{21}no^{33}"，若"恒袅"，反映"六祖"与占据统治地位的"米靡"或古滇王室联姻的情况。

[18] 佐阿采：人名，别名"佐曲拉"，"天庭（'恒袅'）"驻在地上的税官，佐阿采的相同名字，一是出现在"米靡"谱系中，为第8代；一是出现在"什勺谱"里，系什勺氏的第16代，"米祖洪曲女，叫斯杜勾粗，生了佐阿采，像草样生长，造房屋居住。天人佐阿采，在宇宙四方。为天征租税，为地讨粮赋"。什勺氏的一部又称"点仇叩"，即点王，"点"音近"滇"的音。由于武堵阿育造反，将佐阿采杀死在"武依洛吐山"。

[19] 武堵阿育：人名，出自武支系，"六祖"与"米靡"或古滇王室的交恶自他杀死佐阿采开始。

[20] 乍哺娄：人名，乍氏的六代祖，其谱系为：米雅苦——苦雅窦——窦雅栋——栋阿娄——阿娄乍。

[21] 武额则：人名，乍武的七代祖，其谱系为：米雅克——克雅恒——恒雅诺——诺洛替——洛替输——输俄额——武额濮（其一武额则）。

[22] 糯额娄：人名，糯武的六代祖，其谱系为：米雅惹——惹雅色姆——色姆纽毅——纽毅斗余——斗余糯——糯娄列（糯额娄是糯娄列的同辈人，或其别名）。

[23] 恒阿侯：人名，糯氏的七代祖，其谱系为：米雅卧——卧雅苦——苦立娄——立娄哺——哺恒武——恒武恒——恒雅侯。

[24] 毕梯妥：人名，毕（布）氏的八代祖，其谱系为：米克克——克迫默——迫默钟——钟鲁蒙——鲁蒙娄——娄阿德——阿德毕——毕梯妥。

[25] 默阿德：人名，默氏的十一代祖，其谱系为：米辞辞——辞阿宏——宏阿德——德乌舍——舍乌蒙——乌蒙纠——纠阿堵——堵阿洛——洛阿勺——勺阿默——默阿德。

[26] 益那勾纪：彝族部名，汇集有夜郎残余、支嘎阿鲁后裔的"鲜"（时取汉姓张）、武支系的输氏、勃弄脸、蒙舍氏等，分布于云南省的祥云云南驿一带及弥渡红崖一带。

[27] 见注 [19]。

[28] 武米：彝语的帝与王，原始义为出自武系统的帝或王，汉代以后，亦将皇帝称作"武米"。

[29] 武依洛吐山：山名，别称"任洪鲁"，云南省丽江境内的玉龙雪山。

[30] 尼米举勾：域名，成都平原及周边一带。是尼能氏祖的发祥地。

[31] 尼能氏：氏族名，或作女里等，根据（20）余部彝族丧事仪式类经书载：系由哎哺（或"夷"与"哺"）分化出来的彝族先民，活动在"尼米举勾"或"尼米嘎娄"一带，哎哺氏之后最先占据统治或代表性的地位。

[32] 点额[吐]博略：山名，"点吐博略"，系什勺时期苍山的彝语名，到南诏时期，封岳时该称"点错博"与"点洪鲁"。

[33] 什勺氏：或作神勺、寓叟等，根据（20）余部彝族丧事仪式类经书载：系由哎哺（或"夷"与"哺"）分化出来的彝族先民，活动在"点吐博略"一带，尼能氏之后占据统治或代表性的地位。

[34] 妥米纪抽：地名，根据《彝族指路经》考：在云南省的西部一带，标志为苍山山内。

[35] 米靡氏：氏族名，继尼能、什勺氏族称王后称王的彝族先民氏族，发祥于妥米纪抽地方，米氏族以史窦夷或希米（慕）遮传到笃慕为31—34代，传至贵州水西安氏土司为84—85代（1664年）。靡氏族以希陡佐传仅见十余代。

[36] 米依惹嘎：地名，在云南省境内。

[37] 惹、欧氏：氏族名，发祥于滇东北一带，由武僰氏族分支，与仇娄阿摩——阿朱提（着仇）、支嘎阿鲁一同出自武僰氏族，善于制作兵器。

[38] 欧博塞勾：地名，在云南省会泽县境内。

[39] 塞咋氏：氏族名，由武僰氏族分支。

[40] 天上开直喇：神名，天帝策举祖的贴身奴仆、使者。

[41] 菲堵菲克：地名，在云南省会泽县境内。

[42] 白楚雅啥：地名，在云南省会泽县境内。

[43] 诺姆洽口：地名，在云南省会泽县境内。

[44] 辞姆楚甸：地名，在云南省会泽县境内。

[45] 麻苦：地名，在云南省昆明市的滇池之滨一带。

[46] 用羊作仪式：指杀羊通告祖宗的仪式，举行仪式后实行内部通婚。

[47] 点苍雅卧：地名，今云南省大理州的大理坝子一带。

[48] 罗纪：人名亦部族名，罗纪，一作罗阁，由皮罗阁而来。

[49] 苦道：地名，在今云南省东北部与贵州省西北部的结合部一带。

[50] 德补氏：氏族名，全称武德补，武僰系的分支之一。

[51] 武堵阿索〔育〕：疑为武陡阿育，而彝文原文有误。

[52] 多同：地名，全称多同慕古或多同米古、觉妥木古等，在云南省的陆良县境内，有地名称大莫古、小莫古，可能与这一地名有关。

[53] 糯侯破禁忌：指糯侯两兄弟部族相互开亲，这种开亲等同于血缘内婚。

[54] 融入陀尼中：陀尼，武僰系的一个分支，又作"唐尼"（滇南一带），最早吸收汉文化或大多数人融入汉族中，融入陀尼中的对象是古侯系的一部分，彝文《策尼勾则》说："东边的汉人武陀尼，是彝人变去的。"

[55] 糯氏选择峨姆：地名，根据糯氏的当时渡过金沙江的迁徙情况结合"峨姆"这一地名的发音来看，比较接近峨眉。

[56] 姆古勾：地名，在云南省境内，贵州省的大方县北部亦曾称"姆古勾"。

[57] 多鲁打略：地名，在云南省西部的今地理州境内，是滇彝族蒙确舍集团的活动地。

[58] 额武祝部：部族名，由生侯氏六嫡子形成的部族。

[59] 两部鲁额侯：部族名，由生侯氏两庶子形成的部族。

[60] 易莫阻姆：地名，易莫的地名发音接近今云南省易门县易门的音，阻姆，义为居住地。

[61] 尼卓特：地名，当在今云南省会泽县境内。

[62] 毕武祝部：部族名，由毕（布）的长子分支，活动在云南省西部一带。

[63] 克博和陇邓：人名，毕（布）氏的第十代传人参见注〔15〕。

[64] 妥濮欧博：地名，在今云南省的石林县境内，欧博即该县境内的圭山。

[65] 尼卓特略：地名，当在今云南省会泽县境内。

[66] 斯弥濮：当为百濮之一，由默氏的六嫡子所形成，活动在今云南西部一带。

[67] 德施举乌：人名，六祖第六支在笃慕之后的第 13 代传人，或作德施耿俄、德阿施等，以德施为支系名就出自这一代。

[68] 梯吐：地名，当在今云南省会泽县境内。

[69] 卓雅纪堵：地名，在今云南省会泽县境内，因产铜而命名，是彝族六祖分支的圣地。

结 束 语

彝族是中华民族大家庭中的一员，彝族文化是中华民族文化的组成部分，彝文文献是中华民族文献宝库的璀璨明珠之一。

彝族文字是中华民族文字中古老文字之一，汉文字产生与发展至今在字体、字形方面历经演变，早期的汉字与今天我们所使用的文字有了较大的差别。而彝族文字产生至今，虽小有变化，但不太明显，基本保持了早期文字的那种古朴风貌。这种历经数千年不死、不变的文字在人类文字史上是非常罕见的。历史悠久的彝族文字说明了中华民族文化的古老；彝族文字久经不衰，说明了中华民族文化生命力的强盛。彝族文字为研究人类文字的起源和早期文字的风貌提供了宝贵的资料。

人类创造文字的目的在于传递信息、传播知识。这个过程中留下的文字资料对后人来说是宝贵的。这些日积月累的资料，记录了彝族文明与社会变迁史。

部分学者利用彝文文献史料解决了我国学术界一些难题。如在20世纪中叶前，唐代南诏国的建立及其王室的族属是史学界一直争论不休的问题，有学者认为南诏国是现居住于泰国的傣族先民建立的政权；有学者认为是现居住于国内的彝族先民联合周围的其他少数民族共同建立的政权。两种观点各执一端，持续了相当长的一段时间。后来随研究的深入，各种材料、观点陆续问世，事实真相越来越清楚。现大多数学者认为南诏是以彝族为主联合其他民族共同建立的政权。其中有学者把彝文谱系与南诏父子连名制作比较，发现部分家族谱系与南诏蒙氏谱系叙谱一致，有家族谱系祖名追溯到了南诏王室人物。这些材料为解开南诏之谜起到了关键性的作用。又如我国学者及外国学者早年到凉山彝区考察，发现凉山彝区历史上曾使用过"十月太阳历"，但田野调查具有一定的局限性，资料显得不够充分，令人难以确信。由此，彝族历史上是否使用过"十月太阳历"又成了学术界争论的热门话题。仅凭田野调查资料，争议的双方一直说服不了对方。后来有学者在云南弥勒彝区发现了彝文《彝族天文史》，证实了"十月太阳历"曾经是彝族历史上使用过的历法之一。书中记述了"十月太阳历"的结构和推算方法，这一材料没有人对它提出疑义，学术界对"十月太阳历"的争议也慢慢地趋于平静。

彝文文献作为历史文化的载体，记述了彝族历史与文化的方方面面。在彝文文献尚未系统整理之前，由于某些历史阶段的资料空缺，对此阶段的历史说不清、道不明，学者们无法将彝族历史文化从古至今地贯通。彝文文献资料陆续面世后，人们对彝族历史文化发展脉络有了更清晰的看法，写出了具有特色的《彝族史纲》等著作。马学良先生认为彝文古籍不仅对彝族研究产生了影响，对我国西南研究也有一定的影响，因为"我国西南民族地区民族虽多，而有文字的民族却很少，因此研究这一地区的社会生活民族史以及有关的许多学科，主要靠口头传说材料，缺少文献的记载。彝族是西南民族中少数有文字的民族之一，而且有丰富的文献材料，如果能有计划地把这些文献材料翻译整理出来，就可为研究西南诸民族史提供重要的史料"。① 彝文文献内容不仅论述彝族的史事，同时也涉及周围一些民族，论及了彝族与周围其他民族的关系。如《西南彝志》中就涉及西南地区现已消失了的一些古代民族，当今的一些民族历史上与彝族发生的关系等。这对研究西南民族，特别是对研究现今已消失了的民族提供了宝贵的资料。

  彝族支系繁多，语言方言复杂，服饰形态各异，居住自然环境差异较大，生产生活形式多样。过去，各地彝族特别是不同支系间相互来往较少，由于语言与服饰等不一致，不同支系间将对方当作另一个民族来看待。中华人民共和国成立后不同的支系统称彝族。鉴此，一段时间彝民族内部甚至一些学者有不同的看法，质疑不同的地域、不同的语言、不同的服饰的人是否同为一个民族。1980年后，彝族内部的交流越来越紧密，大家发现不同支系间虽外在形式上有一些差异，但深层次的文化还是一致的，还共同使用着一种文字。随着彝文文献整理材料的公布和研究的深入，又发现彝族不同的支系间表层上虽有差异，但在深层次的文化方面却是相同的。如各地的彝文文献都共同论述了祖先名字"笃慕"。彝人的葬礼上，各地都要为亡灵念诵《指路经》，所谓的《指路经》实际反映的是彝族先民的迁徙线路。从各地《指路经》中反映出来的地名来看，较为古远的地名相同率较高，说明各地祖先都是从相同的地域迁徙而来，古时同为一个族群，为同一种文化。鉴于各地古老彝文的相同，彝文文献特别是《指路经》的相同，不同支系的彝族越来越认同是一个民族。随着民族认同感的提升，彝族内部也越来越团结。彝文及其文献不仅对彝族内部的团结起了重大作用，而且在彝族人民与其他民族的交流中，让其他民族对彝族有了进一步的了解，加深了团结。可见彝文及其文献对彝族内部的民族认同，加强中华民族的团结具有重要作用。

---

① 马学良：《民族语言教学文集》，四川民族出版社，1988年版。

东巴文 哥巴文

木仕华 编著

第一章

纳西族历史文化概况

一 纳西族历史简况

纳西族的历史渊源一般认为与《华阳国志·蜀志》中公元三世纪初的"摩沙夷"有直接的渊源关系。到唐末，在今丽江金沙江流域和盐源的雅砻江流域也有"麽些蛮"的分布。"摩沙""麽（磨）些"与现今雅砻江流域、金沙江流域个支系的自称和他称相符。唐以后的汉文史籍中纳西族的族称被写成"末些""摩娑""麽些""獏狻""摩狄"等。

章太炎认为唐代的"麽些蛮"和我国西北地区的古羌人有着渊源关系[1]。由于摩沙夷在南下迁徙过程中不断分化成散居的多个地理聚落，纳西族及纳系族群的共时格局而言，纳木义人在最东北端的雅砻江流域，而纳喜分布在金沙江流域，部分在澜沧江流域处在最西端、最南端和西北端。纳日和纳人主要分布在金沙江流域和雅砻江流域，处于中间。日科主要在金沙江流域处在纳西和纳日之间。最东端为盐边的纳日人。"纳系族群"一直处在南下和西进的进程中，当然各族群的步伐各异，不同历史时期各自周边的他者族群的族系、文化和力量消长也有别，因此，久而久之，共时格局中的分化差异自不待言。与此同时，纳系族群共有的文化特质亦未在分化后消失，尤其是族群早期原生文化传统的传承与记忆历久弥新。

纳西族主要分布于云南省丽江市的古城区、玉龙纳西族自治县、宁蒗彝族自治县、永胜县；迪庆藏族自治州的香格里拉县、德钦县、维西傈僳族自治县；大理白族自治州剑川县、鹤庆县；怒江傈僳族自治州。四川省凉山彝族自治州木里藏族自治县、盐源县；攀枝花市的盐边县；西藏自治区的芒康县等地。据2000年第四次全国人口普查统计，总人口为30.88万人。纳西族内部支系主要有纳喜、纳、纳日、纳罕、纳恒、日科、帮喜、玛丽马萨[2]。各支系共同认同的自称标记为"纳"，但在内部可以细分出众多族群。

1. 纳，主要居住在宁蒗县永宁乡和盐源县左所，今泸沽湖镇。主要分布在以泸沽湖为中心的周边区域及拉伯乡境内。"泸沽湖"位于川滇接合部的四川盐源县和云南宁蒗县交接区域，约五分之三以上在四川盐源县境内，归左所区管辖，其余部分在云南宁蒗县境内，婚姻家庭形态类型复杂，既有母系家庭和所谓走婚，也有严格的一夫一妻制和父系家庭。信仰达巴教和藏传佛教格鲁派，少数人信仰苯教和东巴教。在丽江市境内的纳被识别为纳西族，在身份证上显示为"纳西族"（摩梭人）；在四川省

---

[1] 章太炎：《麽些文字序》，《制言月刊》第六十二册，1940年，第1页。
[2] 纳木义和纳木日识别为藏族。

境内识别为蒙古族,[①] 在盐源县建立沿海蒙古族乡（90年代盐源县左所区的沿海蒙古族乡改为泸沽湖镇）。云南境内的"纳"人倾向于使用汉语的他称"摩梭"来称呼本族群，四川境内的"纳"人则反对用汉语的他称"摩梭"来称呼本族群，认为有歧视意。在这一族群中，因族群成员的迁徙迁居到异地，却始终记忆着发源地，因此在永宁迁出的纳人，在新居地的木里等地落脚时也称自己为哩喜或哩姆，本来是指自己为"哩"（永宁）地方的人，却正在逐步演化为族群名称。因此，自称哩喜或哩姆的族群可视为纳人的亚族群成员，在信仰上皈依藏传佛教格鲁派，已经没有达巴教留存。

2. 纳日（汝），主要分布于川滇接合部的四川盐边县、盐源县瓜别区大坡蒙古族乡（1984年设立）、左所区泸沽湖镇（1984—1992年为沿海蒙古族乡）、木里县屋脚、项脚两个蒙古族乡（1984年设立）以及博瓦乡、列瓦乡、桃巴乡等地，婚姻家庭形态类型复杂，既有母系家庭和所谓走婚，也有严格的一夫一妻制的父系家庭。信仰达巴教和藏传佛教格鲁派，少数人信仰苯教和东巴教，识别为蒙古族。[②]

3. 纳喜（西），主要分布在滇川藏交角区域的金沙江上游与横断山脉地区，即云南省的丽江、宁蒗、永胜、中甸、德钦、鹤庆、剑川、兰坪、华坪、贡山，四川省的盐边、盐源、木里、巴塘、得荣、攀枝花，以及西藏自治区的拉萨、芒康、察隅等县市。其中，云南省的丽江市聚居着三分之二以上的纳喜人口，是纳喜族群的聚居区，信仰东巴教和藏传佛教噶玛噶举派、格鲁派，有少部分人信仰基督教和天主教、汉传佛教、道教，有东巴经典和东巴文、哥巴文，人口为纳西族的主体，绝大多数为一夫一妻制父系家庭；少数地域为共夫共妻制，具体有兄弟共妻和姐妹共夫等类型。

4. 纳罕，主要分布在云南迪庆藏族自治州香格里拉县境内三坝纳西族乡，语言能与纳喜通话，信仰东巴教，白地为东巴教圣地所在，东巴文字大同小异，服饰有别，识别为纳西族。

5. 纳恒，主要居住在云南宁蒗彝族自治县北渠坝和永胜县獐子旦等地，属于旧蒗渠土司辖地，属于纳西语东部方言北渠坝土语，识别为纳西族。

6. 玛萨或玛丽玛萨，主要分布在迪庆藏族自治州的维西县塔城乡拉普河上游区域，相传由四川盐源左所迁徙至此，"玛丽玛萨"意为"天地间的麽些（摩梭）""木里摩挲"，有"玛丽玛萨"文字，来源于纳西东巴文，其语言属纳西语东部方言，信仰东巴教和藏传佛教噶玛噶举派，识别为纳西族。

7. 日科，主要分布迪庆藏族自治州的香格里拉县三坝纳西族乡、四川省木里藏族自治县依吉乡、俄亚乡境内，云南省宁蒗加泽、拉伯乡、丽江市玉龙纳西族自治县奉科乡、宝山乡境内。日科，有时译写为"汝卡""若喀"（李霖灿字典）或"阮可"（《纳西族简史》）、"如库"（清《盐源县志》）、"茹库"（元《圣朝混一方舆胜览》）、"约库"（清嘉庆《四川通志》），均为同一语词的译写，其意一说为"江边炎热地方的方言或族群"；一说为"古老的族系，或语言"，信仰东巴教和藏传佛教，系纳西语方言之一，稍偏向东部方言，有专门的阮可东巴文超荐经和相关经典，有专门的送魂路线，在云南省境内识别为纳西族；在四川省境内有的识别为纳西族（木里县俄亚乡）；有的识别为蒙古族（木里县依吉乡）。

8. 舒幸，四川木里藏族自治县水洛乡境内，自称舒幸，他称虚姆或虚弥，源自普米对舒幸的称呼。《纳西族史》记曰："苏西"同样是丽江和宁蒗纳西族对居住在木里县境内部分纳西族的称呼，当地人自称（纳）或（纳汝），"苏西"意为"铁人"，该地无量河自古以来以产铁著称，无量河被纳西族

[①] 2000年第五次人口普查时，四川的蒙古族人口仅有42316人，占四川少数民族人口第六位，其中：凉山州26046人，该州的盐源和木里县合计24323人，木里县有屋脚蒙古族乡、项脚蒙古族乡；盐源县有大坡蒙古族乡和沿海蒙古族乡（1992年后改为泸沽湖镇）。

[②] 纳日人在研究著作中有的记为蒙古族；有的记为 Naze；Nari；Nazi，为了避免与"纳粹"一词的英文写法雷同，采用 Naze 较合适，翁乃群等人用此转写。

称（铁之河），苏西因住在无量河边或从事炼铁业而得名。① 这是不符事实的断语，其意并非铁人或铁河，当地无量河盛产黄金，舒幸人陶沙金，不事冶铁业。"苏西"或作舒幸是一个独立的族群，有别于水洛河流域自称纳喜的纳西族和自称哩喜的蒙古族，传说系从蒗蕖地方迁居水洛河中游。舒幸人信仰东巴教，舒幸东巴只有口诵经，无东巴文，现识别为藏族。纳西东巴经典记为"鼠洛舒幸"，意即水洛舒幸人，就是指这一族群，有一夫多妻，或一妻多夫等婚姻家庭形态。

9. 拉仍，自称拉仍，据传其自称源自纳日话"中所"的地名转化而来，主要居住在四川省木里藏族自治县项脚蒙古族乡、白碉乡境内，木里县县城附近的博瓦等地，识别为蒙古族，当地民间其他民族依据其稻作文化特征称之为水田族。有胡、杨、韩、田四姓，有专门的送魂路线，有别于当地纳日（汝），信达巴教，与纳日（汝）达巴有区别，语言与纳日（汝）有区别。

10. 纳木义与纳木日（汝），主要分布在四川省的冕宁、西昌、盐源、木里和九龙等县。分布在雅砻江东岸冕宁、盐源、西昌等地的自称"纳木义"，全称"纳喜纳木义"；分布在雅砻江西岸木里县俸波乡、卡拉乡和九龙县境内的自称"纳木汝（日）"或"纳木兹"或音译为"纳木日"。有专门的宗教敬司"帕毕"，有专门的图画文字性质的纳木义文，今有宗教经典文本传世，文字很少有人能释读、使用。有专门的送魂路线，有用于送魂的图经，亦信仰藏传佛教格鲁派，纳木义被识别为藏族。

11. 纳喜族群的亚族群。纳喜族群下面还包括有拉洛人、帮喜人、鲁鲁人等族群，但内部认同纳喜族群，信仰东巴教。因此，未单列为专门族群，仅视为纳喜族群内的亚群体。

二　纳西族的生产生活特点

川滇藏各省区境内的纳西族的服饰各有特点。居住地域主要有高原坝区、江边河谷地带及台地、高寒半山区和山区，纳西族使用纳西语，分东、西两个方言区，东、西两大方言区的分区是相对的大致的分区，东部方言区内也有西部方言分布；西部方言区内也有东部方言分布。纳西族东巴文字在两大方言区内都有人使用，以往论著中认为东部方言区没有使用东巴文字一说是不符事实的，纳西族纳喜、纳罕、日科支系也使用纳西东巴文，此外纳喜支系还使用哥巴文和纳西族新创拼音文字；历史上一度在小范围使用过荷兰传教士苏淑恣创制的拉丁化拼音文并有圣经的《旧约》译文版本刊行问世；玛丽马萨支系使用与纳西东巴文接近的玛丽马萨文，纳西族的纳、纳日两个支系的祭司达巴使用类似文字的图画符号和刻画符号，但这些表示星象和卦符的符号是否为严格意义的文字，仍需要严格界定，而不应该遽然推出"摩梭达巴文"一说。

纳西族的节日有不少与汉族相同如中元节、中秋节、端午节、春节、清明节等。但具体的礼俗和节日期间举行的仪式、节日活动内容却与汉族有着区别，具有纳西族自己的特色。与中国西南众多民族一样，纳西族也有火把节但有关火把节的内容和节日来源的传说却与其他民族有别。此外，纳西族的节日还有祭天大典、棒棒会、三多节、骡马会、转山节、转海节、二月八白水台会等。

纳西族的服饰深受汉、藏、满等民族的影响，纳西族男子服饰堪为典型。丽江纳西族妇女，穿过膝大褂，穿长裤，其特点为宽腰大袖，外加深红色氆氇坎肩，腰细百褶围腰，背披七星羊皮披肩，披肩最上部上缀有两个大的以丝线绣成图案的布质圆盘；其下缀七个较小的布质圆盘，中间订有羊皮细索，俗称"披星戴月"，以象征纳西族妇女勤劳之意。已婚妇女通常会扎青色布制头巾，上盖头帕，与未婚女子区分。宁蒗、木里等地的纳西族上穿短衫，腰系百褶长裙，以颜色区分年龄段，老妪着黑色

---

① 郭大烈、和志武：《纳西族史》，四川人民出版社1994年版，第9页。具体解释参见木仕华《丽江木氏土司与鼠罗关系考略》，载杨福泉主编《纳西学研究》第一辑，云南人民出版社2009年版，第253页。

或蓝色裙子；年轻女子着白色或绿色裙子，束腰带，背披羊皮，头上盘粗大辫子，有时接有牦牛尾和黑丝线制作的假辫，配饰和挂件通常有金、银、玉、绿松石等制作的耳环和手镯。木里等地到纳西族女子还在头顶顶有碗口大的银盘，额头缀有用银戒指缀连而成的半圆状头饰。

纳西族的居住环境。从东巴文字符中留存的纳西族的古代住宅样式有蒙古包式的毡房；类似羌族的石构碉楼，木质木楞房和人字形棚屋等形式。至迟在明代有了瓦房出现，至清初出现从土木结构向砖木结构转型。丽江纳西族的住宅深受汉族和白族的影响，具体样式有"三房一照壁"、"四合五天井"等，通常房子的基础由石头砌成，石基上砌土坯或砖块作墙体，墙体由下往上逐步收缩，房子的后檐下的上部用木板墙体的延伸。横梁两端筑有凤火板，兼有保护横梁和美化墙体的作用，横梁两侧尽头处还设置有垂鱼图案。纳西族住居的门窗，多有雕刻绘饰，有十分精美的六和门雕窗图案，庭院中用卵石和瓦片拼构有"五福献寿"、"五福同春"等吉祥图案作院子的装饰。

木里永宁及西藏盐井等地的纳西族有的采用藏式的土石并用的土掌房；盛产木材的区域则居住在木楞房中，木楞房的墙体全部用圆木或方木料垫积累砌而成，有一至二层不等，通常由三至四幢木楞房围合而成一个独立院的落。专门设有供奉藏传佛教造像的经堂，供家人礼拜或做专门仪式。

三　纳西族与周边各民族关系

纳西族聚居区域属于藏彝走廊的中部偏西区域，横跨雅砻江、金沙江、澜沧江三江流域，自古以来即为南北交通的枢纽，北方游牧民族的南下，南方民族集团的北上莫不以此间为通道和暂时的流寓之所，在各民族及族群的南来北往中，自汉晋以来纳西族周边一直有各种族系的民族集团分布，有的与纳西族交叉而居；有的与纳西族毗邻而居，有的族群与纳西族相互交往的历史跨越千年，有的族群则与纳西族有同源分流的关系。在各民族的交流史上，虽然有刀兵相接或和平共处，战争与和平交替中，各民族间的文化交流，通婚交融一直不断。纳西族发展到现今的格局，无论从文化、历史、分布地域、人口、经济发展水平、社会政治力量对比诸多视角而言，都是各民族间在漫长的历史进程中角力博弈、互相促进、影响的共时表现。纳西族的历史文化发展史也就是纳西族与其他周边各民族间民族关系史的发展进程。就纳西族与周边各民族关系史而言，纳西族与汉族、白族、藏族、傈僳族、彝族、普米族的关系尤其突出和重要，谨分述如下：

纳西族与汉族的关系。纳西族与汉族的历史关系由来久远，从现今在纳西族地区出土的东汉蜀郡铁锄等文物看，至迟在汉晋时期纳西族与汉族的经济文化交流已经十分密切。隋唐时期，分布在金沙江流域的汉裳蛮与纳西族先民之间已经出现了十分密切的交往。明清以来内地的医师、道士、书法家、画家、各行业的技师、文人学者被纳西族社会的上层引荐或邀请到纳西族地区传播先进的生产技术和工艺，极大地推进了纳西族社会的发展。同时，大量迁入丽江的汉族移民与纳西族融合，催生了作为纳西族社会的政治经济、文化艺术中心的丽江古城的出现。

纳西族与白族的关系。纳西族与白族历来交叉而居，彼此通婚、商贸、技术交流往还不断，白族是纳西族接收和吸纳汉文化的重要媒介或中介，许多汉文化的传入都经由白族中转而进入纳西族地区。白族工匠精湛的工艺如木雕、石雕等在纳西族地区的建筑中都有绝妙的表现，从白族传入的稻作文化、汉传佛教文化、扎染技术、经贸组织等在纳西族社会中占有十分重要的地位，这与两个民族互相学习交流密不可分。

丽江纳西族地区自明清以来迁入人口众多的白族，对于推动纳西族地区的社会经济发展起到十分重要的推动作用。白族的本主信仰也在很大程度上影响了纳西族的民间信仰。近现代白族知识分子与纳西族的知识阶层间结成了十分密切而友好尊重的师友关系，对于促进汉文化在纳西族地区的传扬和巩固起到了十分重要的作用。

纳西族与藏族的关系。纳西族与藏族的历史关系据信史记载，始于隋唐时期，纳西族居住区域为吐蕃和南诏交锋争夺地带，由于纳西族与藏族在语言、宗教（包括苯教、藏传佛教）、饮食、风俗、居住方式、方面都有很大的共同之处，两个民族交叉居住区域难分彼此，婚姻、商贸、信仰、文化诸方面都有密切的关系。尤其是自吐蕃时期以来的茶马古道贸易，使两个民族你中有我，我中有你，形成了十分亲昵的兄弟情结。滇川藏各地纳西族信仰藏传佛教噶玛噶举派、格鲁派和萨迦派；加上历史上持续的亦战亦和关系，《格萨尔王传·姜岭大战》中记载的纳西族和藏族的关系、藏传佛教的传播、藏传佛教大藏经的刊印流通、纳西族的高僧大德都做出了独到的贡献，成为藏传佛教文化圈中重要成员之一。

纳西族与普米族的关系。纳西族与普米族的密切关系由来久远，纳西族先民"摩沙夷"和普米族先民"白狼槃木"在汉晋时期，同时登上历史舞台，互为姻娅往还的舅甥关系。纳西族谚语中称"纳西族走到哪儿，普米族也走到哪儿"的说法正是两个民族共生关系的形象表达，两个民族从雅砻江、金沙江、澜沧江三江流域均相伴而居，在经济生活方式上形成互补关系。两个民族的交融关系尤为突出，尤其是宁蒗县、木里县境内的普米人与纳人的文化共生关系十分突出，服饰、节日、饮食、住居、婚姻等方面都形成共有共享关系，很难辨出彼此。彼此以"博博纳纳似一家""博博纳纳都是一块土地上的人"历史上丽江的普米族有的融入纳西族中，成为纳西族的构成之一。以往的土司制度下永宁土司辖境的普米族军政势力在纳人土司制度中享有特权，而且所有的普米人都划入奴隶以上的等级。

纳西族与傈僳族的关系。傈僳族与纳西族在历史上都属于南下的古羌族群集团的族裔，语言、文化、历史进程都密切相关。傈僳族从金沙江流域进入澜沧江流域、怒江流域在很大程度上与纳西族相伴而行，两者的角力结果也直接影响了傈僳族现今的分布格局。自明清以来，纳西族的土司和土官对金沙江、澜沧江流域的傈僳族有过直接统辖的关系，尤其在丽江和维西等地，两个民族的关系十分密切。丽江纳西族木氏土司的崛起，也对傈僳族的分布和迁徙形成推力。近现代以来纳西族商人和知识分子逐步进入怒江流域对傈僳族社会的发展也产生了推动作用，尤其是20世纪50年代以来纳西族干部和知识分子进入怒江傈僳族地区，为当地经济文化的发展，维护国家统一，边疆稳定做出了应有的贡献，也造就了一大批干部的茁壮成长。

第二章

纳西族的文字

一 文字创制前的原始符号

纳西族在文字创制之前的原始符号及其他记事方式成多种多样，从现今纳西族聚居区域，尤其是金沙江流域大范围留存的岩画、以及在民间使用的约定俗成的不足以称为文字的图符、标记、刻画符号而言，纳西族的原始符号呈多样化的并存格局。永宁等地纳西族纳人中仍在使用刻画符号；达巴教教徒使用的宗教符号、有的称之为"摩梭达巴文"的符号而言，达巴使用的图符是否为严格意义的文字符号系统，仍需做深入探讨。

二 文字的起源

纳西族的文字主要有东巴文和哥巴文两种，以下分别讨论。

1. 纳西东巴文的名称和起源

目前大致有如下几种："麽些（麽些，音 mo suo）文、纳西东巴文"；"纳西（麽些）象形文"；"纳西族图画文字"；"纳西东巴象形文"；"东巴象形文"；"纳西文（麽些文）"；"纳西古文字"。英语中对纳西东巴文的专用名称也因人而异，有的用：hieroglyph（象形文字）；有的用 pictograph（图画文字）；有的用 ideograph［象形（表意）文字］；有时也会拼写成 Tomba script（或 Dtomba script 骆克专用）。鉴于纳西东巴文主要是由纳西族的祭司"东巴"[①]所掌握、传承，用以书写东巴经典，因此约定俗成定名为"东巴文"。以往的学者在介绍纳西东巴文时往往采用民间的说法：东巴文是一种原始的图画象形文字，主要为纳西族宗教祭司东巴传授使用，书写东巴经典，故称东巴文。纳西语叫"思究鲁究"，意为"木迹石迹"，见木画木，见石画石。这种表述不见得有严重错误，但决不是严格的专称，称东巴文为"木迹石迹"（或译"木石之疤痕"）纯属隐喻手法，言其由来久远，外观苍古朴拙，不能作为文字的真正专名。纳西族对东巴文的称呼，较通行的有："纳西特恩"（纳西文字）、"东巴特恩"（东巴文字），综上诸说，纳西东巴文的准确的称呼当是"纳西文"、"纳西古文字"，即只出现文字的族属和文字的属性，类同于藏文、蒙文、英文、日文、西夏文不需要称之为西夏方框字、藏族拼音字、英国表音字一样。至于"象形文""图画文""图画象形文""东巴文"这些都在强调文字的性质和文字的使用者。又如"八思巴文"的意在强调文字的创制者。自从日本

[①] 东巴，系藏语借词，藏文 ston pa，意为佛、宗教上特殊宗派的创始人、师长、导师；作动词意为教训、讲说。

京都大学西田龙雄教授将他研究东巴文的著作取名为《活着的象形文字——纳西族的文化》[①]之后，"活着的象形文字"一说，从日本借回国人口耳和文本中，几乎成了纳西东巴文的雅称。但不能作为界定纳西东巴文文字族属和书写系统属性的专称。

关于东巴文字的创制始于何时至今无定论。相传纳西族的祖师丁巴什罗（一说为阿明）在白水台的山洞里修炼，发明了东巴文。纳西族古籍里说，古代有圣人，为创制汉、藏、纳西三种文字之三人，生于同时，分居三地。董作宾先生的观点堪称是目前学者中将纳西东巴文字的创制年代确定年代最早的典型代表。董先生依据东巴文字符中有关金、银、铜、铁的符号；陶器字符；农作物字符、农业用具等推断纳西东巴文字的创始时代当是新石器时代。同时依据纳西东巴文与甲骨文中有关山水河流等地形地理地貌特征比较推断纳西东巴文字产生的地理环境当在中国西北区域[②]。有学者从纳西族东部方言区没有字书，只有丽江等西部方言区有字书以及汉藏文字的融入等因素推断，纳西象形文字的成批产生，当在政治经济发展较大，纳西族不再迁徙游牧，聚居于丽江后的唐宋时期。丽江纳西族《木氏宦谱》中木氏第16世先祖牟保阿琮"且制本方文字"的记载。据此推算，图画文字的创制年代大约在12世纪下半叶到13世纪上半叶之间，故方国瑜主张"十一世纪中叶已有纳西文字写经之说可以近信"[③]。但阿琮所创的文字是否一定就是东巴文还是后人附会的说法都是无法据信的问题，据方国瑜的叙说，可知他倾向于将文字创制地定为丽江。李霖灿推定其产生"最早不能过唐，最晚亦在明成化以前"[④] 关于东巴文的创制地望，李霖灿依据东巴文中以水头字符标示北方，水尾字符标示南方；以及纳西族迁徙路线中提及无量河（今称水洛河），推断现今木里县无量河下游区域。[⑤] 和志武认为："东巴文创制于隋末唐初，至十一世纪时开始书写东巴经典"[⑥] 徐中舒认为："纳西东巴文与汉文可能同源，它们之间的分离应当是远在殷商之前"[⑦] 英国学者安东尼·杰克逊（Anthony Jackson）则认为：东巴文产生于13世纪末[⑧]。杨启昌则认为纳西东巴文早在春秋战国之际就已经出现，主要根据木牌画、祭天仪式、东巴经典的内容来断[⑨]。各家的观点各异，将年代推定得太早的观点，大多无法提供确实可靠，令人信服的证据。而将年代却定得太晚的人未免又无视清代乾隆年余庆远在《维西见闻纪》中对纳西东巴文字的可靠记载。这两种极端都不可取，我们目前只能采取一份材料，一份话的态度，将东巴文字创制年代的研究务必基于扎是可信的证据之上，只能说最迟在清朝之前已经产生。现传世的东巴文经书，完全是手写本，大部分没有标明写书的准确年代也即无编年的传统。美国国会图书馆所藏清康熙七年（1668）的经书，是现已发现标明准确年代最早的一个写本[⑩]。此外还得考虑文字的创制和使用到书写经典并在纸张上传抄流播的过程是一个十分漫长的过程，而不是一蹴而就，总之，对文字创制时代的确定理应基于多学科可靠的证据的综合证明，一味地将创制时代推向亘古时代未必就是可行的做法，推进此研究唯有积聚更多扎实的论证才可以得出诸家均能接受的共识。

---

① 西田龙雄：《活着的象形文字——纳西族的文化》，日本中公新书1966年版。
② 董作宾：《从麽些文字看甲骨文》，《大陆杂志》1951年第三卷第1、2、3期。
③ 方国瑜：《纳西象形文字谱》，云南人民出版社1981年版。
④ 李霖灿：《么些象形文字字典》，中央博物院1944年版，第3页。
⑤ 李霖灿：《麽些研究论文集》，台北故宫博物院1984年版，第34页。
⑥ 和志武：《纳西东巴文化》，吉林教育出版社1989年版，第4页。
⑦ 徐中舒：《论巴蜀文化》，四川人民出版社1981年版，第45页。
⑧ Anthony Jackson, *Na-khi religion：An analytical appraisal of the Na-khi ritual texts.* The Hague, Mouton, 1979, p. 59.
⑨ 杨启昌：《东巴教象形文字的产生年代问题》，《云南社会科学》1994年第1期。
⑩ 李霖灿：《麽些研究论文集》台北故宫博物院，1984年版，第23页。按此说亦受到质疑。

2. 纳西哥巴文的起源

中外学者通常相信哥巴文是从东巴文字演化和简省而来，两者有先后的承接关系，只是记录语言的方式有别，哥巴文字采取对纳西语音节的逐字记录，而不是东巴文字的助记忆式的语段符号。关于哥巴文字的起源和创制年代，许多学者都相信是由丽江巨甸巴甸村的纳西族大东巴和文裕所创制，起源于东巴和文裕在考功名时，被汉文考官得知其为东巴身份后，讥讽受辱后在功名被革除的同时，发愤努力，力争使东巴文字能够完整记录语言和经典，因此发明了哥巴文字，并用哥巴文书写了东巴经典流传存世。约瑟夫·骆克则认为哥巴文字的创制年代早于东巴文字符。

三　文字的性质和类型

1. 东巴文的性质和类型

清代乾隆年间湖北学者余庆远在《维西见闻纪》中所言："专象形，人则图人，物则图物，以为书契。"余庆元的"专象形"说是我们目前所见到的讨论东巴文字性质的最早的可信记载。章太炎为方国瑜《纳西象形文字谱》所撰的《麽些文序字》中指出："麽些文字…所制文字大抵以象形为宗，不足即以形声、会意、济之。凡千数百字…宛如古文科斗无异，而其语皆单音亦与汉语同原焉。"[①]

纳西族学者方国瑜的"象形文字"说："纳西象形文字，是代表语言的符号，表达人们在生活实践中所接触的物（实体）、事（动态）、意（概念）的感觉，用形象写成的文字"，是一种"处于原始阶段的象形文字，为从图画进入文字的转变阶段"。用这种"象形文字写成的经书，一句话，甚至一段话，仅只用几个字记下来帮助记忆，这样的经文，并不能记录整个经典的意思，仍要口耳相传"。[②] 日本语言学家西田龙雄称东巴文为"活着的象形文字"也着重于象形文字[③]，西田之后，"活着的象形文字"一说，从日本借回国人口耳和文本中，成了纳西东巴文的形象雅称强调了东巴文字的性质为象形文字。李霖灿先生的"既是文字，又是图画"说："麽些象形文字，既是文字，又是图画，正在由图画变向文字的过程中，因之在形字经典中有不少的图画存在"，"形成一种奇特复杂之混合现象"。[④] 美国学者骆克博士的"画谜"说："纳西文字不能说已发展到文字阶段，因为它只是记忆性的象形文字。""许多单个的象形文字组成并读着一句短语，这就形成了一种画谜。在画谜中，动词和其他词类一定要靠记忆加以补充。""这种画谜，如果没有大祭司的指点，我们就不可能去辨认它。""因此，在严格的词汇意义上说，它还没有发展到文字阶段。"[⑤] 傅懋勣的"两种文字"说："我在研究这种（东巴文）经书的过程中，越来越感到，过去所称的象形文字，实际上包括两种文字。其中一种类似连环图画的文字，我认为应该称为图画文字，绝大多数东巴文经书是用这种文字写的。另一种是一个字表示一个音节，但绝大多数字形结构来源于象形表意的成分，应当仍称象形文字。东巴文经书只有很小的一部分是用这种文字写的。"[⑥] 裘锡圭指出："纳西象形文字"已经大量地、固定地和语言中的词结合起来，并且表音成分也已经相当大量地发展；但是他仍然是

[①] 章太炎：《麽些文字序》，《制言月刊》第六十二册，1940年，第1页。
[②] 方国瑜：《纳西象形文字谱》，云南人民出版社1981年版。
[③] 西田龙雄：《活着的象形文字——纳西族的文化》，日本中公新书1966年版。
[④] 李霖灿：《麽些象形文字字典》，中央博物院1944年版。
[⑤] 骆克：《纳西语英语百科辞典》（序言），罗马1963年。
[⑥] 傅懋勣：《纳西族图画文字和象形文字的区别》，《民族语文》1982年第1期。

一种很不成熟的文字。① 董作宾的"绘画文字"说：麽些文"还滞留在图画阶段，未能演进成为符号，成为文字"。"严格地说起来，与其说它是文字，不如说它是图画，它实在只是介于文字与图画之间的绘画文字。"② 《辞海·语言文字分册》的"象形表意文字"说："东巴文"虽然包括少数的形声字，也使用同音假借的方法，但基本上是一种象形表意文字。"③ 汪宁生的"仍保存大量图画记事成分"说："纳西族已发展出一种象形文字，进入有文字的民族之列。但在他们的象形文字经典（即'东巴经'）中，仍保存大量图画记事的成分"，"是东巴为了自己备忘用的，而不是逐字逐句记录语言的文字"。④ 史金波的"保留有图画文字特点"的"象形文字"说："受到国内外文字学家重视的纳西东巴文，属于象形文字，还保留有图画文字的特点。"⑤ 周有光最近提出新说称：东巴文一个符号表示一段语言，符号轮廓画形式，表达方法以表形为主、表意为副，间或有些标音记号。从文字类型的角度看，它是"图符·章节·形意文字"…东巴文正好就是这一发展过程的稀有例证。⑥ 王伯熙的"语段文字向表词文字发展的过渡阶段文字"说：东巴文的主要特点是：（1）它是用图形记号组合来记录语段；（2）东巴文的图形记号已和"一些语词有较凝固的对应关系，具有固定的读音和意义，可以看成词的书写符号"；（3）"东巴文的图形记号组合"带有很大的随意性"；（4）"东巴文的图形记号组合所记录的重在语段而不在词"，只记下"一部分词，而另一部分词脱漏了。"根据上述"特点（1）、（3）、（4），东巴文是语段文字，而根据特点（2），东巴文又象是表词文字"，所以它是"语段文字向表词文字发展的过渡阶段文字"⑦ 陈振寰的"文字画"说："东巴文的文字的组合（由词扩展至句、语段）是一种平面的整体组合，而不是后来文字的那种线性组合。这种平面组合，只注重表现句子中的实词，整句话的语义理解要靠语言认知过程来完成。同时，由于字形本身的象形，图符意味，再加上人们的有意安排，整个组合平面也就呈现出图画色彩了。我们把这种文字现象称作'文字画'可能更合适些，因为这些'画'是由文字构成的"⑧。蒋善国的"复杂文字画"或"文字画的高级阶段"说："所谓'纳西象形文字'仍处于文字画的高级阶段，是一种很不成熟的文字。""在经文里只写主要的几个字以帮助记忆，一个字可以读一连串音或一句话，几个字可以读一段话。""甚至在把语言记录得比较完整的例子里，也往往很难完全把字一个个分析出来。""它不能完整地记录语言，只是一种复杂的文字画。"⑨ 王元鹿的"意音文字的初级阶段"说："汉古文字与纳西东巴文字都是意音文字，它们都经历了一条由记意到记意和记音，再到记意、记音、意音三种记词模式兼备的发展道路。""东巴文字的记词方式，较甲骨文字和西周铜器文字不发达、不成熟、不完善"，"处于意音文字的初级阶段"⑩。徐复的"图画性文字"说："纳西东巴文字，发展缓慢，有其先天性之不足，自不能与当时的文化无关"，"尚停留在图画性文字上。"⑪ 王凤阳的"图画（提示）文字向象形文字过渡的文字"说："纳西族的东巴经不是同时代的记录"，"从东巴经中可以相当完整地看到由图画（提示）文字向象形文字的过渡"，"现在已经是由图画（提示）文字向

---

① 裘锡圭：《汉字形成问题的初步探索》，《中国语文》1978年第3期。
② 董作宾：《从麽些文看甲骨文》，《大陆杂志》，1951年第1、2、3期。
③ 辞海：《语言文字分册》，上海辞书出版社1978年版。
④ 汪宁生：《从原始记事到文字发明》，《考古学报》1981年第1期。
⑤ 史金波：《中国少数民族古文字概况》，《中国语文》1984年第2期。
⑥ 周有光：《世界文字发展史》，上海教育出版社1997年版，第47页。
⑦ 王伯熙：《文字的分类和汉字的性质》，《中国语文》1984年第2期。
⑧ 陈振寰：《文字结构、文字体系和汉字的性质》，《社会科学战线》1987年第3期。
⑨ 蒋善国：《汉字学》，上海教育出版社1987年版。
⑩ 王元鹿：《汉古文字与纳西东巴文字比较研究》，华东师范大学出版社1988年版，第161页。
⑪ 徐 复：《汉古文字与纳西东巴文字比较研究》序，华东师范大学出版社1988年版，第1页。

象形文字过渡的文字了"[1]。

裴锡圭曾指出东巴文分为：（1）符号字；（2）象形字；（3）象事字；（4）表意字；（5）假借字；（6）形声字。"纳西象形文字"已经大量地、固定地和语言中的词结合起来，并且表音成分也已经相当大量地发展；但是它仍然是一种很不成熟的文字。[2] 林向萧的《关于"东巴文是什么文字"的再探讨》[3] 认为东巴文经典尽管已经从口诵经典发展成为文字经典，但是并没有最后地、完全地从口诵经典脱胎而出，仍然保留有口诵经典的基本特征。东巴文就是这样一种融这三个独特文字现象于一体的一种文字，可以说是世界文字之林见所未见的一种文字。由此可见，东巴文并非不能逐字逐句记录语言，只是没有这样去做而已。据傅懋勣的研究，在东巴文经书当中，"有很小一部分"经书，整本经书所读出的"全部音节表达的语词，都完全地、毫无遗漏地（用东巴文）写出来了"，并且"形成固定的书写行款——一律从左向右横行书写。各个字的位置，都按照语言中的词序固定在每一横行当中"，一个字"只表示一了个音节"，"字和字之间不发生形体上的互相依赖的关系"[4]。

对东巴文的性质，我们目前无法达成一致的认识，但东巴文作为世界文字类型中非常独特的文字类型之一，是处在从口述文本为基础的文字初始形态向书面文本为目标的文字发展进程中的一种兼有图画、象形、形意、语素等诸多文字构形因素的文字类型。它是联结口诵东巴经典和书面文本形式东巴经典之间的一种独立形成、自成体系文字符号系统。也是解开图画如何发展成为文字的中间阶段的典型案例之一。这些特征恰恰是东巴文在世界文字史上独有的历史价值和研究价值之所在。

2. 哥巴文的性质和类型

哥巴文以一个字符与纳西语的一个音节相配，因此，学界都认为纳西哥巴文是一种音节文字（syllabic scripts，phonetic scripts）而不是字母文字（alphabet scripts）或音素文字，有时称为纳西表音文字或标音文字。哥巴文字主要在丽江坝子、巨甸、南溪、鲁甸、塔城、维西等地使用。

四　文字的结构和构形特征

1. 东巴文的结构和构形特征

关于东巴文字形结构的特征，中国学者有三种意见。李霖灿认为：把字形变化分为自身变化和附加变化两类。在自身变化中又分倾斜、倒置、断折、开裂、削减、延伸、扭转七种方法。在附加变化中，又分点、线、色、放大四种方法[5]。方国瑜则依据汉字"六书说"把东巴文字的结构分为依赖象形、显著特征、变易本形、标识事态、附益他文、比类合意、一字数义、一义数字、形声相益、依声托事十类。其中一字数义、一义数字和依声托事，不属字形结构范围[6]。傅懋勣把东巴文分为代表不同发展阶段的图画文字和象形文字两种。前者的特征是，尚未形成固定的行款；经文中有只表意不表音的字；利用几个形象合成字组，这种字组内部各成分之间有互相依赖的关系；不是把所读经文中使用的语词全部写出，而只写出一部分。由图画文字到一个字表示一个音节的象形文

---

[1] 王凤阳：《汉字学》，吉林文史出版社1989年版，第327页。
[2] 裴锡圭：《纳西象形文字》，《文字改革》1962年第8期。
[3] 林向萧：《关于"东巴文是什么文字"的再探讨》，《云南民族学院学报》（哲学社会科学版）2002年，第5期。
[4] 傅懋勣：《纳西族图画文字和象形文字的区别》，《民族语文》1982年第1期。
[5] 李霖灿：《麽些象形文字字典》绪论，中央博物院1944年版。
[6] 方国瑜：《纳西象形文字谱》，云南人民出版社1981年版，第7页。

字，是一个重大的发展。绝大多数东巴文经书是用图画文字书写的。[1] 这些看法都有益于对东巴文经典的进一步研究和对古代文字发展史的探讨。此外裘锡圭曾将东巴文结构分析为：（1）符号字；（2）象形字；（3）象事字；（4）表意字；（5）假借字；（6）形声字。"纳西象形文字"已经大量地、固定地和语言中的词结合起来，并且表音成分也已经相当大量地发展[2]。

纳西东巴文的研究，其方法和理论框架的出发点理应在全人类文字类型和发展规律的大事业中来定位，在研究东巴文时，可以将东巴文字的材料与世界上其他民族文字作比较研究，在比较的视野中，分析出哪些是一般普适意义的特征和规律；哪些是纳西东巴文中独创的特征和发明，这样在探讨东巴文的性质、类型、创制时代、演变进程、结构特征等基本问题时擦有可能获得突破。以往纳西东巴文研究，往往受汉字"字本位"观念的制约。汉字的一个字一个音节模式与纳西东巴经典记载语段的特征有着本质的区别，不能套用汉字的模式来套解东巴文的实际；汉字"六书"框架在一定程度上总结出了一些普遍的特征，但也不是放之四海而皆准的理论，因此需要结合各种文字的实际去用合理的内容，而不是生搬硬套。傅懋勣和李霖灿都是受过良好的国学训练的学者，也十分熟悉汉字的六书说，但他们在研究纳西东巴文时确是有意地避开了六书的影响，更注重从纳西东巴文的实际出发来研究东巴文的特征，尤其注重将纳西东巴文的研究置于纳西东巴经典的具体翻译和逐字逐句的分析基础之上，他们的方法至今犹未过时，依旧是最值得信赖和可行的方法，唯有将文字研究与经典的译著结合起来，才能掌握文字的运用规律和特征。

2. 哥巴文的结构形式和造字法

哥巴文字的写法不规则，同一个音节可以用多个字符来标注，异体字较多，有的字符多达三四十个形成一字多形的现象；同样地，同样一个字符也可以同时用来标注多个不同的音节，即一字多音的现象；一个字符可以用多个符标注的情形。哥巴文字在创制过程中深受其周边其他民族文字的影响，这是十分显明的。其中汉字的笔画；藏文字母、梵文字母也在不同程度上影响了哥巴文字的结构形式和造字法。据李霖灿先生的归类，大致可以分出 15 类造字法：（1）有实心圆点的字符；（2）有藏文元音符号 U 的字符；（3）有斜道的字符；（4）有竖道的字符；（5）有虚心圆点的字符；（6）有弯曲线条的字符；（7）顶部有横道的字符；（8）有捲扭的字符；（9）字符中有双实心竖点的字符；（10）顶部有人或八形的字符；（11）直画及横画组成的字符；（12）字形中带有三角形的字符；（13）字形中带有方框形的字符；（14）有实心三个圆点的字符；以上十四类中不被包含的字符均算入最后一类造字法中。

五 方言文字及字体变迁

纳西东巴文的方言变体及字体变迁问题是东巴文自发展中的重要内容。滇川藏各地纳西族中使用的东巴文字符，使用的范围及规程大抵相同，但由于地域阻隔，交通不便，促成了纳西族各族群在迁徙发展中，他们所使用的东巴文字符出现了一定程度的变异和地域性创新的内容。形成了一批富有地域特色的异体字，这与其他文字传播使用中的异体字和俗字、正字的定义有一定的差别。之所以如是说，因纳西族在历史上未出现过诸如吐蕃帝国、南诏帝国、蒙古帝国相类的国家意义的政令和疆域统一的中央化政权。虽然在唐代在南诏统一六诏之前在洱海东面的区域，即今宾川地区出

---

[1] 傅懋勣：《纳西族图画文字和象形文字的区别》，《民族语文》1982 年第 1 期。
[2] 裘锡圭：《纳西象形文字》，《文字改革》1962 年第 8 期。

现过以纳西族先民麽些为主体的越西诏，又称麽些诏，作为六诏之一，其性质颇似部落军政联盟，但也远未能统一"酋寨星列，互补统摄"的麽些各部。因此无法得知，是否出现过文字和政令的统一，因为在文字的书写方面没有直接的证据足以证明彼此间的一致关系。

从纳西族分布的共时格局而言，纳西东巴文的使用和传播主要在西部方言区；而东部方言区的流行区域相对较狭小。因此出现了字体书写上的差异，大略有：局部与全面（动物字符有的只书写头部部分并强调标志性特征如毛发、角、耳、牙、眼、胡须、唇、鼻等；有的字符则以图画形式绘出整个动物的形象，甚至连纹样、四足、爪子完全绘出、写实仔细而生动）；古拙与工巧（地域差异如丽江的字体相对工巧；而金沙江沿线则相对朴拙）；简笔和繁笔；直书与侧写；涂色与白描；正面与侧面等类型。

目前，东巴文研究者们倾向于将纳西东巴文区分为：丽江东巴文字体；鲁甸地方东巴文字体；白地地方东巴文字体；日科（又译写为汝卡、阮可、若喀、日喜）东巴文字字体[①]，李霖灿、和志武等学者单列日科东巴文，以示与纳喜东巴文区分。维西纳西族玛丽马萨人使用的玛丽马萨东巴文字体仅在当地民众中流传，但未见有用玛丽马萨东巴文书写的东巴经典和社会经济文书存世，是否视为独立的文字系统，其字数和造字理据，还应加以深入强调查研究，不宜早下结论。东巴文与哥巴文字符在许多东巴经典中夹杂使用，严格界定两者的界限和性质也十分不易，仍需结合文字的性质和具体在东巴经文本中的使用频率和使用场合、所记录的语言单位等诸多因素识别界定。

---

① 张公瑾主编《民族古文献概览》（第139页）中白庚胜执笔的《纳西文文献》中还列出日喜东巴文文献一类，据笔者2007年的实地调查证明，日喜东巴文文献等同于日科东巴文文献，不存在单列的问题，因此无须增加日喜文及其文献一说。

第 三 章

文字载体类别与版本形式

一 东巴文的载体与版本

关于纳西东巴文字载体类别，就目前的发现与遗存而言，主要以金石、木刻、纸质文献为主。木刻类东巴文文献有木里县依吉乡发现的东巴文八宝木刻版，木板上刻有东巴文白海螺、如意结、甘露宝瓶、宝珠、双鱼等东巴教八宝文字符号，这几个字符通常也用作东巴教的八宝吉祥图案，主要用于仪式中供奉。此外在木里纳西族中通常在水井边沿，家户的大门及住居的出入口处悬挂有用东巴文书写在木板上的除邪避灾的语词、请求家神和水神、山神护佑家人安康等为内容的文献形式流传。

石刻类文献曾在丽江和木里县俄亚、依吉等地多次发现，有的为摩崖石刻；有的为东巴教八宝文字符号刻石；有的是纳西族藏传佛教信众用东巴文书写的藏传佛教咒语的嘛呢石刻，大体为寄寓祈福禳灾为目的许愿性文献，即用东巴文刻写藏传佛教六字真言在堆垒嘛呢堆的石板上，也是东巴文的文字载体类别之一。

此外近年发现于丽江市古城区宝山乡本科湾村的纳西东巴文砖刻《地契》，系清末刻制，主要记载田地买卖双方及田地名称、地理位置、地价、中介人、契文书写者等内容。今存残砖于丽江市博物院，也是纳西东巴文献中较为典型的载体之一（参见图24）。

纳西东巴文的文献载体绝大多数为纸质文献，无论是东巴教经典还是用东巴文书写的社会经济文书概莫能外，近代丽江纳西族地区的部分东巴经典有的也采用本地棉纸或土纸为书写载体，有别于传统的东巴纸。

纳西族东巴经典的用纸均源自民间自制的本色构树皮纸，纯系手工制作，具有预防虫蛀；吸墨性强，不易褪色；纸质量较轻，有一定的厚度，不易干裂，便于捆夹后收藏在经板和经匣中。纳西东巴经纸的白度偏低，略微泛黄，不伤眼睛等特点。

东巴经典为纳西族东巴自制土纸做成，纸质坚韧，页面坚挺厚重，东巴经典由自制的墨和竹笔写成，以麻绳装订成册叶装。纳西东巴经的版本形式与梵文写本、藏文佛经一样都是横长竖短的贝叶经版式，其渊源于印度—西藏经典相关，形式风格独特。不同在于梵文写本和藏文佛经都是散页的，而纳西东巴经典大都在经典左侧以三眼或四眼线装形式，合乎经典朗读习惯，即经文的诵读是采取从左到右的顺序，用纸捻或皮绳纱线麻绳等订成册，通常按照经典所载的经文篇幅的长短，有数页的，也有分装为上、中、下三册装，对古代造纸术和古籍装帧的比较研究也具有独特的参考价值。

东巴经典开本约略在 12×8 厘米；15×8 厘米；25.8×9 厘米；32.7×24 厘米；48.1×29.5 厘米之间，各区域的东巴经典在大同中有小异，主要在装帧设计、绘饰图案、地域性或方言文字异体字的使用、书法风格、区域性独创字符的运用等方面的差别。东巴经典的封面（有横写书名；也有纵写书名。封面除用东巴纸外，还有有用羊皮、白布、黑布、硬壳纸做的，旨在保护书体）、开首页、正文、经典末页有明显的区分和专门的装饰性图案和鬼神形象及经典中出现的动物图像。通常封面绘有东巴教吉祥图案，以及用两边对称的璎珞飘带披拂书名主题两旁。有时也绘有鱼鳞状的云纹图案装饰周沿。也有的经典封面采用书名两边涂黑，中间涂朱红色的对比模式。

东巴经典呈长方形，大部分书题名采用横写，页面采取横向分栏，有的经典系以画图示的方式展示仪式场景的布置场面和祭器、法器、道具的分布位置；有的经典是属于字汇、字解等性质，故没有分栏可言。东巴经典分栏大多以三栏为主，也有分成四栏、五栏的，比五栏多的但较少见。

经典的名称的确定，按经典所属仪式类别及经典的具体名称。东巴经典的题名通常由与此经典相关的仪式名称和经典本体主题名称组成，形成大主题名套小主题名的模式；有时还出现东巴文题名与哥巴文题名并现的形式；有时大主题名用哥巴文，小主题名用东巴文的混用情形，如《大祭风·迎请卢神》、《大祭风·开坛经》、《祭署云鬼·风鬼、毒鬼、厌鬼设置神座·撒神粮》等。

因纳西族各地社会发展进程各异，加上旧时各区域的亚族群之间长期来往较少，社会结构和经济发展水平也有差别。因此，就同一祭祀仪式主题的相同内容相近的经典，在东巴文化起源发展的上游地区，如白地，经名往往比较简洁，字体疏朗，而在其下游地区，如丽江坝，则变得比较繁复，字体相对较庄重严整[①]。东巴经典的分类、命名的历史进程有别、经典文字书写格式也存在地域差异。同一本经典在各地流传中，传抄过程中出现了许多的变异，这种变异不仅有时代的、地域的差别。东巴教不同派系的版本的书写风格、笔锋、字符间疏密程度、传抄者署名与否，有无跋语等差异。此外，同一本经典在许多祭祀场合都普遍使用，其结果导致有的经典的人为变异，依据祭仪的繁复和简单程度，东巴在传抄中有取舍的成分，有的经典中的具体情节、段落也会在经常出现在众多经典中。此外，随着东巴经典的文献风格的定制大都趋同，也因此出现了东巴经典在记载和叙述具体内容时形成了一整套的书写、叙述的程式。

东巴经典的封面通常绘制有装饰图案、经典名称，有的也注出经典的类别，仪式归属，根据经书封面可以判别该经典是用东巴文书写或用哥巴文书写。少数经典采用竖写，有的经典封面的绘饰图案采用彩色，大部分则直接用黑墨书写题名、经典正文开首页通常绘有与经书正文相关的神灵形象画像或吉祥图案、云垂图案等以示为经书的开首的标志。

东巴经典的正文的书写通常按每页分割成三大行，每行用竖线分割成二到三四个板块或称段落，东巴经典没有专门系统标点符号，有模仿藏文文献的分格竖线云垂符号，有时出现在篇首；有时出现在语篇段落的末尾，起到停顿语气；标识段落和章节的功效。有的东巴也开始杂用汉字标点符号，但绝非公认的惯用法，仅为个体行为。

东巴经典页面的分栏大多以三栏为主，也有分成四栏、五栏的，超过五栏的分栏较少见。

东巴经典没有书写页码的传统。一般每页3—4行，无边，页码2页至60多页不等。采取从左到右横写的方式，通常为了节省纸张，大多用双面书写；有的占卜经典则采用单面书写。东巴经典中有的经典给文字符号涂色，部分经典用七色彩写，但涂绘在东巴文字上的色彩已经没有别义或其他功能，仅仅起到装饰作用。少数经典为未装订的散页和线系散片形式，另外还有少量的经折装版式。需要提及的是，占卜经典开本较小，外形方正且便携，有别于东巴经典长条状的写本模式，占卜经典的装订有别于一般的经典的在经书左侧装订的模式，采用上下翻页的方式，在经书的上部顶端装订，以示与其他的东巴经典区分类别，一说为"人书"与"鬼书"的区分的唯一标识。常按主题数册或数十册用经夹板分装，用皮绳或麻绳捆扎存放，也有的专门制作有存放经典的木质经匣或经箱，置放于藏经台

---

① 杨正文：《最后的原始崇拜——白地东巴文化》，云南人民出版社1999年版，第106页。

或阁楼上，或搁置于灶台上方防潮防蛀。

书写工具通常用削尖的竹笔书写；近现代也有用铜或铁尖笔及毛笔书写者，直径约6毫米，笔杆长10—20厘米不等。书写颜料大抵用松烟墨和胶书写。纳西东巴经典没有编年书写的传统，而且大多系传抄的写本，因此通常没有著录传抄时间、传抄者、编著者的姓名。大多数版本缺乏撰著者姓名和版本撰著传抄的年代，无法考信版本的成书日期、年代和撰著者。经典末页，还加缀有表示祝福的跋语，有少部分经典在书尾落款中，署有撰著者和传抄者的姓名、传抄年代等信息。关于东巴经典抄写专用的墨料，以前用锅底烟灰加胶水兑成，彩绘颜料采用天然矿石如石青和石绿，有时挤榨植物自然生成的汁液制成。李霖灿先生曾见到有的东巴用松烟加胶水，先把纸面涂黑，再用白粉或红色书写的[1]，较常见的有把纸涂白，再用墨和彩色书写的[2]。现今的东巴大抵采用墨汁、美术颜料。

东巴经典主要记录纳西语文本，不同地区的经典及世俗文献自然有方言的区别，纳西族处在藏彝走廊西部多大民族交汇区域，在行政区划上又属于滇川藏交角区域，与十几个民族呈大杂居、小聚居的分布格局，因此纳西东巴经典中吸收周边各民族的语言、文字、文化符号、自在情理之中。经典中记录的藏语、梵语的咒语，可以读其音，而无法解其意。还有用东巴文记录的藏语（陀罗尼经咒）、白语（祭三朵神经典）、傈僳语文献（鲁鲁经典）[3]。对于探寻藏彝走廊族群关系史，文化交流史而言至关重要。

二　哥巴文的载体与版本

哥巴文经典的版本形式与东巴文经典一致，也是本页经典的版式，在经典的左侧打眼装订成册，通常有双眼或四眼用棉线或皮绳装订，通常按照经典所载的经文篇幅的长短，有数页的，也有分装为上、中、下三册装。开本约略在12×8厘米；15×8厘米；25.8×9厘米；32.7×24厘米；48.1×29.5厘米；形式之间，东巴经典没有书写页码的传统。一般每页3—4行，无边，页码2页至60多页不等。哥巴文经典从左向右方向书写，经典的文本分段和开首符号和结尾的符号也与东巴文经典一致，即每个句子结束处画一道竖线；有时也画一个圆圈。书写工具和颜料也与东巴文经典相同。大都用竹笔和松烟来书写，也有用毛笔书写。相比较而言，哥巴文经典的行数多于东巴文经典，通常为四行或六行不等，其中以四行居多，书写语段时的分割的格子也比东巴经典狭小。哥巴文经典的封面通常用东巴文书写经典的名称；有的经典则采取东巴文题名和哥巴文题名并现的方式，少数经典则完全用哥巴文字书写经典的题名。哥巴文经典大都没有编年和落款中书写抄写者或作者名的传统，少数经典则偶尔会出现有作者名、书写的时间、抄写者名等内容。有不少的东巴文经典中也掺杂哥巴文字符。

---

[1] 李霖灿：《论麽些经典之版本》，《麽些研究论文集》，台北故宫博物院1984年，第428页。
[2] 东巴文化研究所：《东巴文化艺术》，云南美术出版社1992年版，第58页。
[3] 李霖灿：《论麽些经典之版本》，载《麽些研究论文集》，台北故宫博物院1984年版，第107页。

第四章

编目与分类

对纳西东巴经典的分类编目，历来受到学者们重视，尤其是得到骆克的特别重视，因此对东巴经典的主题分类也是骆克研究东巴经典的重要方面之一。最初他只主张分普通东巴经和占卜经两类。后来随着经典数量的激增和研究的深入，骆克对东巴经典的分类也逐渐形成一个完整的体系。骆克在东巴文化研究领域培养的唯一学生 K. L 雅奈特（Klaus Ludwig Janert）在《纳西写本目录》序言中称："骆克博士在纳西族地区生活时，受到当地人特别是祭司东巴的尊敬。因此他们不断向他提供手写的宗教文献，骆克从中选购了一部分。他对每一册得到的经书都编了号［现简称'骆克号码'（Rock Number）］。为了把这大量的纳西文献系统化和便于继续购买，骆克不仅列出他所得到的已归档编号的手写本目录表，同时也在着手准备一个列出尚存所有纳西手写本的目录表。关于这个概略表中所包括的书目，骆克向通晓写本及其标题和不同仪式中手写本的咏诵顺序的东巴请教。在这个过程中，他的概略表最初只是为实用而编订的，但结果它亦成了纳西手写本的一种分类表。"① 由此可知骆克的东巴经典分类法最初是在收集整理东巴经典中自然形成的，到后期骆克将东巴经典的研究的东巴教仪式研究结合，使他对东巴经典的分类主题以仪式主题为标准。因此要了解骆克东巴经分类方法，就得先了解他对东巴教仪的分类。在《纳西——英语百科辞典》（卷二）中骆克将东巴教仪式分为：（1）纳西宗教仪式，包括祭天仪式、祭署仪式、净化仪式、大祭风仪式、特殊祭风仪式、消灾仪式、关死门仪式；（2）次要仪式，包括 ^{3}ch'ou ^{1}bpö 仪式等 55 个仪式；（3）丧葬仪式；（4）东巴丧仪；（5）特殊丧仪，包括 ^{2}Ngaw—^{3}Nv 仪式等 7 个仪式；（6）为同时死亡的夫妇举行的 ^{2}Mi ^{2}lv—^{1}dsu ^{3}Nv 仪式；（7）超荐死人仪式；（8）延寿仪式。上述分类法是从解释仪式主题需要而分的，在具体的仪式专题研究中的分类则与辞书中有别。共分 15 类：（1）自然崇拜仪式（Nature Worship）；（2）求家庭昌盛和牲畜繁衍仪式；（3）慰解山神仪式；（4）阻止恶鬼仪式；（5）婚仪；（6）祈请署巨蛇精灵仪式；（7）净化仪式；（8）丧仪；（9）迎请祖先仪式；（10）延寿仪式；（11）占卜书仪式；（12）驱除恶鬼仪式；（13）为殉情或非正常死亡者举行的仪式；（14）除罪责仪式；（15）桑尼举行的仪式。骆克的东巴经典分类即以上述 15 种仪式分类为基础，骆克和雅纳特为德国马尔堡所藏东巴经典的分类是这种分类标准的具体代表。对东巴经典的分类，国际东巴文化研究界至今尚未有一种通行的标准分类方法，但已有许多学者采用多种标准对东巴经典进行了分类。台湾故宫博物院的李霖灿将美国国会图书馆藏东巴经典分为祭龙王经、祭风经、超度经、替身经、延寿经、口舌经、占

---

① J.F. Rock & K. L Janert (ed), Na-khi Manuscripts. 2 parts. *Verzeichnis der orientalischen Handschriften in Deutschland*, Band vii, Wiesbaden, 1965, p. XIII.

卜经、音字经、若喀经等9大类。① 和志武用十分法分为：祭山神龙王经、除秽经、祭风经、消灾经、开丧经、超荐经、祖师什罗超荐经、大退口舌是非经、求寿经、零杂经；其中前四类又各分大、小两类。② 和钟华、杨世光主编的《纳西族文学史》分有24类。和发源则将东巴经典分为5个大类：（1）丧葬类古籍；（2）禳解类古籍；（3）求福求寿类古籍；（4）占卜类古籍；（5）舞蹈类古籍。③ 周汝诚将北京图书馆藏近4000册东巴经典主题分为：祭天、延寿道场、祭家神、祭胜利神、解秽道场、替身道场、祭龙道场、祭长寿者、祭贤者、祭飞魔、禳是非口舌、祭土、开丧道场、祭贤女道场、祭风、祭世罗、祭拉姆、开冥路关鬼门关道场、禳瘟、杂祭、占卜书、画册等23类。此外还有朱宝田的哈佛大学哈佛—燕京学社图书馆馆藏东巴经典分类法（详见下文）等。纳西东巴通常把东巴教仪式分为祭神、祭祖、驱鬼三大类，也有个别东巴有自己的分类标准。和即贵东巴认为可将东巴经典分为四大类④。第一类："尼虚俄虚奔"，译成汉语为"祭神灵仪式及其经典"，其下分祭天、祭村寨神、祭家神、祭祖、祭快乐神、祭胜利神、求寿、祭谷神、祭畜神、求子嗣、求雨、祭署、祭猎神、祭三多神等多种仪式及其经典；第二类："古虚阔虚奔"，译成汉语为"镇鬼禳灾仪式及其经典"，其下分大祭风、小祭风、禳煞星、禳反常鬼、除秽、送瘟神、招魂抵灾、祭土皇退口舌是非、除绝后鬼、禳祸鬼、禳倒鬼等仪式及其经典；第三类："失本务本奔"，译成汉语为"祭奠亡魂仪式及其经典"，下分开丧、超度等仪式及其经典，其中超度仪式又分超度将官、超度长寿者、超度什罗、超度什罗夫人、超度牧人、超度暴死者、超度木匠、超度铁匠、超度难产者、超度贤人、超度夫妇之亡灵等仪式及经典；第四类为占卜经书，一般独立于各个仪式而单列。

新近由徐丽华主编的《北京地区东巴文古籍总目》按迪庆三坝纳西东巴经传统分类法分编：共分24类：（1）祭天仪式；（2）超荐仪式；（3）开丧经；（4）祭亡经；（5）开冥经；（6）法器；（7）延寿仪式；（8）消灾经；（9）替生经；（10）关死门经；（11）除秽仪式；（12）祭龙仪式；（13）祭风经；（14）关鬼门经；（15）祈福仪式；（16）祭家神；（17）退口舌是非经；（18）祭魔鬼经；（19）祭胜利神；（20）祭拉姆经；（21）禳瘟经；（22）禳垛鬼仪式；（23）占卜；（24）纸牌画。

纳西东巴文文献主要由东巴教宗教仪式场合使用的东巴文经典及东巴文书写的社会世俗文书和经济社会文书两大类别构成。这种分类的主要依据为文献在不同场合的功能和性质的本质差异。其中东巴经典数量浩繁，主要有东巴教仪式规程经典、东巴教法仪舞蹈的舞谱经典、用于卜凶吉和测算年历、月历、日历以及与28星宿相关的占卜类经典、专门记载鬼神图像谱稿、鬼神画像画谱、仪式布局场面设置图例类的经典等类别。之所以如是分别，主要依据东巴经典的主题特色和文献构成的民族性，而不是按以往以文字为核心的分类模式。

用东巴文书写的社会世俗文书和经济社会文书，就目前发现和存世的类别主要有东巴文墓志铭、东巴文纪念碑铭文、东巴文摩崖石刻、东巴文医药文书、东巴文合同契约、东巴文账册、东巴文家族谱牒、东巴文东巴师承谱牒、东巴书信、东巴日记、东巴文借贷凭证、东巴文题词、东巴文唱词集、东巴文歌本、东巴文对联、东巴文祝词祷语、东巴文嘛呢堆等。东巴文社会世俗文书和经济社会文书是纳西族历史进程中社会现实的真切反映，具有重要的文献、文物、史料等多重价值，而且东巴文社会世俗文书和经济社会文书的书写规则有别于东巴经典，无论是采用竖行或横行书写方式，逐字标音标义，均便于卒读。有别于宗教经典语篇中出现的东巴文的助记忆性特征，堪称东巴文字应用发展中典型案例及纳西东巴古籍文献的重要构成之一。

---

① 李霖灿：《麽些研究论文集》，台北故宫博物院刊印1984年版，第129—130页。
② 和志武：《纳西东巴文化》，吉林教育出版社1986年版，第94页。
③ 和发源：《纳西东巴古籍的主题及其分类》，《东巴文化论》，云南人民出版社1991年。
④ 张公瑾：《民族古文献概览》，民族出版社1998年版，第138页。

东巴文社会世俗文书和经济社会文书的装订收藏亦别具特色，散页的合同地契文书，通常都会用折叠对折形式存放，少数社会文书用经折装或册页装。有的经典的书脊上扎有麻绳扣子，用以悬挂经书，尤其是那些十分常用的经典，这在水洛河流域较常见。有的东巴还使用卷轴画的形式记载东巴师承谱系的图谱。

由于纳西族社会自明清以来普遍使用汉语文作为社会文书的书写工具，东巴文社会世俗文书和经济社会文书的流通范围有限，以往的研究又特别重视东巴经典的译注研究，未能引起社会各界的重视，因此东巴文社会世俗文书和经济社会文书的流失状况严重，需要在今后的文献收集、整理、刊布、研究中加强。这对于全面了解纳西族社会历史文化的全貌和文献构成而言是至关重要的。

总之，纳西东巴经典都是手抄的写本，雕版刻印刊行的经典屈指可数。此外可以按地域和文字书写的风格特征，可以分为江边派；宝山派；丽江坝子派；白地派；按文字可分为纳西东巴文经典、日科东巴文经典；玛丽马萨东巴文文献（待查实证明）；哥巴文经典，这里边又可以分出东巴文和哥巴文混合使用的经典。

第 五 章

历代古籍发掘、研究情况

一　20 世纪上半叶的整理研究情况

　　东巴经典的收集、翻译和研究，始于 19 世纪下半叶。欧洲殖民势力的逐步扩张，对亚洲、美洲、非洲的探险考察活动层出不穷，伴随着殖民的深入，以往被认为是蛮荒区域的中国西北和西南地区一时成为外界关注的热点之一，其间的种族、文化、自然和人文资源也在探查之列。在这种背景下，东巴圣典首先引起英法传教士和文化人的注意。1867 年，法国巴黎外方传教会（Missions Etrangères de Paris）传教士皮埃尔·德斯古丹，第一次从云南把搜集到的一本 11 页的东巴经摹本《高勒趣赎魂》寄回法国巴黎家中。

　　据骆克的追溯，其后数年里，英国的吉尔上尉（Captain Gill）和梅斯内（Mesney）在丽江旅居时，搜集到 3 本东巴经书，其中一本被寄往大英博物馆，此书被标以"中国缅甸之间山地祈祷者的象形文写本"的题目藏于博物馆。1885 年，法国的学者拉哥博理（Pere de Lacoupouri）第一次发表东巴经典文字资料。

　　1907 年和 1908 年，法国藏学家巴克教授两次到云南纳西族地区考察。1913 年，巴克教授出版了第一本研究纳西东巴文化的专著《麽些族——麽些族民族志及其宗教、语言和文字》，揭开了西方学者研究东巴经典的历史性序幕，引发国际东方学、中国学界的外关注纳西族文字文献。

　　1922 年，美籍奥地利人约瑟夫·骆克到中国丽江采集植物标本，接触到了东巴经典，产生了浓厚的兴趣。自 1926 年到 1949 年，他几乎放弃了植物学研究，在丽江纳西族地区全身心地投入东巴经典的译注研究。他毕其一生精力编写并出版有《纳西语－英语百科词典》等成为西方纳西学研究的奠基之作。

　　中国学者对东巴经典的研究略晚于西方学者。1913 年巴克的《麽些族——麽些族民族志及其宗教、语言和文字》出版，在很大程度上可以说是令中国学者蒙羞的事情，于此种学问居然无人问津，堪称不幸[①]。在刘半农等学者的倡导下，方国瑜等中国学者也在当时艰难困苦中开展调查研究。拜师学习，开始系统地收集纳西东巴经典，编撰辞书，探究东巴经典的文化内涵，掀开了纳西东巴经典及东巴文字研究的全新一页。方先生他们的努力，引发了中国学者的研究热情，引来了许多中国学者对

[①] 方国瑜在《纳西象形文字谱》弁言中称："在公元一九三二年，将卒业于北京大学研究所，所长刘复（半农）先生，鼓励我学习纳西象形文字。他拿法国学人巴克（J. Bacot）所著《纳西研究》（Les Mo So）一书给我看，……刘先生剌取其中若干事，与我反复讨论，能知大概而未确切，当日窘境，至今犹在心目中。刘先生认为这种文字还有人应用，自有一番学问，能深刻了解纳西族社会生活，精通语言，可以研究得其奥妙，且可用以研究人类原始文字，是很有价值，鼓励我回本乡学习这种文字，后曾多次谈论这个问题。刘先生又多次来信催促我。"

此门学问的关顾①。与骆克同时期，中国学者方国瑜、李霖灿、傅懋勣、闻宥、董作宾等学者也在十分投入地开始调查研究。中国学者自觉地探讨纳西东巴文化及东巴经典成为绵延不绝之势，不断推出有新见地的研究成果问世。同时，华中大学、北平图书馆、云南省通志馆等相关机构也注重对东巴经典的寻访和调查收集。受北平图书馆的委托，万斯年先生亲赴纳西族地区收集纳西东巴经典，为国家收集了数以千计的东巴经典，成为现今国家图书馆馆藏纳西东巴经典的主要构成。②

1931 年，纳西族学者杨仲鸿编成《麽些文多巴字及哥巴字译字典》一书，送交南京国民政府教育部审稿，但未能刊行。1933 年，纳西族学者方国瑜回乡收集东巴象形文字，着手编写《麽些文字字典》。该书经历 40 余年周折，最终于 1981 年经和志武参订改名为《纳西象形文字谱》出版。

20 世纪 40 年代，抗战军兴，内地众多高校和研究所西迁到川滇后，更是引发了国内许多学者的研究兴趣。此时，西湖艺专的河南籍学生李霖灿、华中大学的傅懋勣、中央研究院历史语言研究所的张琨、陶云逵、华西协和大学的闻宥等学者从诸多角度，深入调查研究，撰写出了一批很有分量的著述刊行于世，产生了深远的影响。这些学者中的李霖灿、傅懋勣以纳西语文及东巴经典研究作为终身的志业，撰写出了《麽些象形文字字典》、《麽些标音文字字典》、《麽些经典译注九种》、《麽些研究论文集》；《丽江麽些象形文〈古事记〉研究》、《维西麽些语研究》、《纳西族图画文〈白蝙蝠取经记〉研究》等皇皇名著，极大地推动了纳西东巴经典的深入研究③。

骆克、李霖灿、傅懋勣对东巴经典的翻译研究范式因袭了自巴克创始的"四对照译经"格式④。以原始文本为根本，逐个追溯其形、音、义，逐字逐句分析解剖，求其真意，翻译的整个流程与语音、词汇、语法、语义的逐层解析相吻合。一方面使经典文献的原初面目得以保留，同时为不同学科的研究者提供了真实可靠的资料。在对每一个语词及字符的音、义、形的考索的同时，能导引出一系列与民族历史、语言、宗教、哲学等诸方面相关的旁证资料，而这些内容往往会成为深入研究的突破口。

二　新中国成立后半个世纪整理研究情况

1. 20 世纪 50—70 年代纳西族古籍整理研究

1949 年新中国成立后，党和政府对纳西族东巴古籍的抢救整理翻译工作给予了重要的支持。1950 年 10 月，丽江县大研镇东巴会会长、东巴和凤书作为纳西族东巴教的代表，参加了丽江专区各族各界代表会议，并在欢迎中央民族访问团的数万人大会上参加了主席团；数十名来自各地的东巴也在大会

---

① 这一时期纳西族学者中有周汝诚、杨品超、周善甫、杨仲鸿、赵银棠、和才等学者从诸多角度开始收集整理翻译东巴经典，编写字典或依据东巴经典中的神话进行再创作；有的协助中外学者翻译东巴经典。

② 白族学者赵式铭（星海）获知骆克在丽江大量收购东巴经的消息后，也曾一度竭力呼吁地方政府派专人翻译研究东巴经典，但终未能如愿。

③ 这一时期的成果中除了上述专著外，闻宥的《麽些象形文之初步研究》，《人类学集刊》1940 年第二卷第 1、2 期。《论麽些写本之形式》，《中国文化研究汇刊》，1947 年第 6 卷。陶云逵的《麽些族之羊骨卜及㞧卜》，《人类学集刊》1938 年第 1 卷第 1 期，也涉及东巴经典的专门研究。

④ 目前学术界对文献研究中的"四对照译经格式"首创于何时、何人尚有争议。至于就纳西东巴经典研究而言，始于巴克是较准确的提法。李霖灿在《麽些经典译注九种》的总序中说："因为小狗小猫的象形文字和奇形怪状的汉文，在格式安排和了解上有它独到之处，这一项问题在埃及文等的翻译处理上一直得不到合理解决。我在这几册经典的翻译格式上试用了一种新的处理办法：原则上是形声义注四部分都能兼顾，而且是要一页之上面面俱到，使读者没有前后翻阅之劳……董同龢先生和马学良先生，对这项翻译的格式都曾供献了不少宝贵的意见。"

此事由当时任丽江县委书记的徐振康倡导进行。

此项工作由东巴和正才、和芳读经，周汝诚、赵净修、李即善、周耀华、桑文浩等译经。

上表演了东巴舞蹈,成为新中国成立初期东巴教及其经典备受关注的典型事件。1951年10月,新中国成立两周年国庆期间,云南大学教授、纳西族著名学者方国瑜先生,作为云南省少数民族代表团成员,应邀参加了毛主席在怀仁堂举行的国宴,他就在此时向毛主席敬献了一幅用东巴文和汉文两种文字写成的"我们永远跟着您走"的锦旗,毛主席接受后遂即悬挂于怀仁堂大厅,方先生作为纳西族代表在会议期间特别向新建立的中央民族学院捐献了纳西东巴经典5册,成为中央民族大学收藏纳西族东巴经典的肇始。1951年中央民族学院招收军政干部训练班纳西族学员周汝诚、和即仁、和志武在著名语言学家马学良教授和纳西族学者北京大学东语系的李耀商先生的支持下,在新成立的中央民族学院语文系创立纳西语文专业,编撰教材,招收学生并赴纳西族地区实地学习纳西语文,收集纳西东巴经典,调查纳西语各个方言点的材料,先后招收了两届纳西语言文学专业的学生,日后大都成为纳西学研究的骨干人才。

1956年9月中国科学院文学研究所民间文学调查组的纳西族文学调查小组成员刘超和孙剑冰赴丽江纳西族地区调查纳西族口传文学,收集整理了许多口头文学作品,随后记录整理成《纳西族的歌》出版,其中不少篇章就与纳西族东巴经典密切相关,堪称解放后纳西族东巴文学整理研究的先河。

1958年9月,在全国大兴调查研究之风鼓舞下,在中共云南省委宣传部的直接领导下,中国作家协会昆明分会和云南大学共同组织了以云南大学中文系师生为主的云南省民族民间文学丽江调查队,云南省文化局派民族民间文学调查队来丽江纳西族地区调查,他们除搜集民间口头文学外,还请来一些著名的老东巴,开始合作翻译东巴经典中重要的经典,并将其中内容和形式俱佳者,纳入《纳西族文学史》的素材,并于1959年3月油印了云南大学中文系编写的《纳西族文学史》(初稿)。在云南省丽江地委宣传部直接领导下,结合劳动锻炼,云南大学中文系师生先后在丽江县各区、乡和公社,宁蒗县永宁公社,维西县第一区以及中甸县金沙江一带,进行调查收集,并专门组织了东巴经翻译小组,对东巴经进行收集、翻译整理工作,最后出版的《纳西族文学史(初稿)》东巴经典中的文学名篇首次纳入文学史中。

由于当时极"左"思想的影响,《纳西族文学史(初稿)》在一定程度上未能客观评价东巴教与纳西族文学的关系,甚至有一些错误的提法,但肯定了东巴教和东巴经典保存和传播纳西族文学和历史文化的积极作用,成为1949年后第一次从东巴经典中汉译出的文学作品的基本概貌。从存世的成果来看,1958年开始,东巴经典的收集翻译整理研究,改变了以往以个别学者的个人研究为主的研究模式。开始进入由国家事业单位有组织、有计划、有目的地进行系统组织规划整理研究阶段。

1962年,时任中共丽江县委书记徐振康[①],在当时丽江地方政府财政十分困难的情况下,拨出专款聘请大东巴,并督促丽江县文化馆从民间收集了五千多本东巴经典,邀请已在中央民族学院语文系工作的周汝诚先生回故乡与其他纳西族学者在丽江县文化馆翻译东巴经,在当时在世的著名东巴大师久嘎吉、年恒、和芳、和九日、和正才、东海、东兴的主持下,丽江县文化馆组织和锡典、林炳铨、和凤春、桑文浩、周耀华、李积善、赵净修、木耀钧等纳西族学者和云南省民族民间文学丽江调查队参与其事,从1962年到1965年整理出13大类528册东巴经典,共译出一百四十多本经典,但由于未及时回收归档和条件所限,因此只石印了《崇搬图》、《董述战争》、《鹏龙争斗》、《碧庖卦送》、《献冥马》、《拯救什罗祖师经》、《高勒趣招魂》、《迎净水》、《古生土称和亨命素受的故事》、《普称乌璐》、《庚空都知绍》、《超度沙劳阿包》、《多格绍·本绍》、《崇仁丽恩解秽经》、《安铺余资命》、《虎的来历》、《俄伊都奴杀水怪的故事》、《崇仁潘迪找药》、《挽歌》等代表性的经典22本问世,这一次整理工作为以后的东巴经典翻译研究工作奠定了坚实基础。与此同时,1962年夏,中央民族学院也组织人力来云

---

① 徐振康(1929—1995),汉族,云南云县人,毕业于云南大学外语系,时任丽江县委书记。

南丽江、中甸、维西等县搜集纳西族文物和东巴经典，他们一共翻译了各地老东巴诵念的八十多本古籍，搜集了近两千册古籍和一批纳西族文物，这批东巴经典和文物至今分别由中央民族大学图书馆、博物馆、古籍研究所收藏。

1955年纳西族青年作家木丽春和牛相奎根据纳西族东巴经典和民间传说创作发表了纳西族长篇叙事长诗《玉龙第三国》出版问世后，一时激发了纳西族地区许多青年才俊学习翻译研究纳西东巴经典的热情，珍视本民族传统文化的价值，该书的出版在国内引起文学界的强烈关注，有力地推动了纳西族东巴经典研究事业，该书后来收入《中国新文学大系·少数民族文学卷》成为新中国历史上纳西族东巴文学进入诗坛的代表作。

李霖灿、张琨、和才合著的《麽些象形文字、标音文字字典》继20世纪40年代在四川南溪李庄镇石印问世后，1953由香港说文社，1978年台北文史哲出版社再版。李霖灿、张琨、和才合译的《麽些经典译注六种》初稿完成于1946年，1957年在台湾出版，共收入《麽些族洪水故事》、《占卜起源的故事》、《东巴什罗的身世》、《都萨峨突的故事》、《哥来秋招魂的故事》、《某莉庆孜的故事》等六篇，严格按照四对照译经的格式译注，而且在每册经典之首注有简要的内容提要和翻译经过，堪为这一时期的东巴经整理研究的典范。

李霖灿继1952年和1977年又出版了《麽些经典译注六种》，1977年出版了《六种》增补本《麽些经典译注九种》由中华丛书编审委员会1978年4月出版，该书在《麽些经典译注六种》的基础上增补了《延寿经译注》《苦凄苦寒的故事》《菩赤阿禄的故事》和总序一篇。

1978年纳西东巴文学中的经典作品《创世纪》由云南人民出版社第二次出版，该书1960年由云南民族民间文学丽江调查队收集、整理、翻译后出版，全书分"开天辟地"、"洪水翻天"、"天上烽火"、"迁徙人间"等4章记述了纳西族英雄先祖创世历程，主要依据东巴经典《人类迁徙记》的六种版本为翻译整理的底本，同时根据云南民族民间文学丽江调查队1958年在丽江纳西族地区调查的口头传承的《人类迁徙记》汉译本十余种地域类型为基础，兼参考东部方言区达巴口诵经中的《创世纪》版本，由调查队成员景连文、张俊芳于1959年整理本为范本出版，成为纳西族东巴经典翻译整理加工的重要尝试，在文学界产生了良好的影响，也促进了当时和以后的纳西东巴文学的整理创作和东巴经典的整理抢救。

1978年12月，中共中央十一届三中全会以后，随着国家各项事业步入正轨，东巴经典的抢救性收集翻译整理工作也被列入地方政府的重要工作内容，1979年，丽江地、县文教局协商决定，从丽江地区各单位抽调纳西族学者和青年才俊充实东巴经工作小组，重新开始东巴经典的翻译整理工作。

2. 20世纪80年代纳西族古籍整理研究

正当东巴经典的抢救翻译濒临危机的关键时刻，党中央召开了十一届三中全会，开始了拨乱反正的平反运动，1979年，具有强烈的政治责任感和超前意识，并深知东巴文化价值的纳西族革命者和万宝，这位在解放前夕毕业于西南联大的纳西族知识分子，从二十年冤案中得以解放并重新回到了地区领导岗位，就任丽江地区行政公署副专员。恢复原职以后，和万宝极为关心纳西族东巴经典的翻译抢救工作。他首先让丽江县文化馆组织抢救东巴经典的人马，由馆长李即善和周汝诚、周耀华、和发源、周文兴等与老东巴和玫日，组成东巴经翻译小组，开始译经工作。1980年6月，丽江地区行署正式发文成立"丽江东巴经翻译整理委员会"。面对纳西族的传统优秀文化的典型代表——东巴经典面临危机，他决计在极"左"思潮余毒犹存，许多学子对东巴经典和东巴教心有余悸的时境下，担负起抢救纳西族东巴经典的重任，呼吁党和政府应及时全面地抢救东巴经典，并希望成立专门研究机构，招聘研究人员，聘请一批博学且能熟练地诵读东巴经典的老东巴，正式展开了全面抢救东巴经典的实践。

1980年6月，丽江地区行署成立了由中共丽江地委常委、丽江行署副专员和万宝（1923—1996）为主任的"东巴经翻译整理委员会"。和万宝主持召集滇川两省的东巴达巴召开东巴、达巴座谈会，全面揭开抢救性翻译纳西族东巴经典的序幕，此举意义深远。1981年云南省委发文批准，成立云南省社会科学院东巴文化研究室（后改所；后改院）和万宝先生亲自担任研究室主任，聘请纳西族著名历史学家方国瑜教授（1903—1983）和纳西族东巴文化学者和志武研究员（1930—1994）担任研究室顾问。开始系统收集和翻译整理纳西族东巴经典。1981年4月，中共云南省委采纳了方国瑜教授与和万宝先生的建议，并及时作出决定，在云南省社会科学院成立东巴文化研究室，由和万宝兼主任，方国瑜、和志武为顾问。1981年5月，成立云南省社会科学院东巴文化研究室，标志着历史上第一个专门研究纳西族东巴文化的研究机构的诞生，从此开始了大规模有计划、有领导、有目的的东巴经古籍的翻译工作。1981年在著名学者任继愈、傅懋勣的关心和支持下，中国社会科学院世界宗教研究所、云南省社会科学院东巴文化研究室、丽江东巴文艺研究室三家合作，于1982年至1985年油印四对照东巴经注译本26册，印行了由东巴和云彩、杨士兴、和即贵、和学智、和云章、和开祥等人读经讲述，由王世英、习煜华、和发源、和力民、杨其昌、李积善、牛耕勤、和学才、和宝林、和强、和明达等专家参与其事翻译并编撰的《东巴经书专有名词选》、《祝婚歌》、《神寿岁与东巴舞谱》、《舞蹈的来历》、《分清神和鬼、分清白石和黑石》、《舞蹈的出处与来历》、《祭风·鲁般鲁饶》、《祭龙王·杀猛妖的经书》、《点着金银火把·寻找失踪了的胜利者》、《请八只眼考如神经》、《祭拉姆道场》、《驮达给金布马超度吊死鬼之上卷》、《大祭风道场·迎接祖先》、《请鬼安鬼》、《大祭风·送吊死者迎接祖先招魂》、《大替身道场·换寿岁经》、《替身道场·高勒趣·哈若尼恩·哈拉古补送木偶替身赎罪经》、《替身道场·用牛作替身·抛九付普所到仇地》《大祭风·请神保佑舞谱》、《替身道场·董神与述神战争之经》、《超度"寇寇多居"毒鬼》、《关死门经·人类迁徙记》、《小祭风·请排神威风神和东巴什罗》、《祭什罗道场·在门前迎接东巴之经》等，这批共计26本内部油印东巴经典译注成果的问世，是有计划抢救纳西东巴经典的初步成果之一，是后来东巴古籍译注的重要参考资料。

　　1980年纳西族作家学者戈阿干创作的纳西族叙事长诗《格拉茨母》由云南民族出版社出版问世，全诗2000多行，作品取材于纳西东巴经典《黑白战争》，系爱情悲剧故事，展现两个部落间的为了战争与爱情、光明与幸福的较量，该书的出版，在一定程度上促进了纳西东巴经典的研究整理和再创作，为东巴经典的价值再现打开了思路和方向。

　　1980年纳西族作家学者戈阿干创作的纳西族叙事长诗《查热烈恩》由民族出版社出版问世，该书继纳西族叙事长诗《格拉茨母》之后，作者再次吸收东巴经典中的著名经典《崇搬图》为基础，以史诗的方式再现纳西族先民的创世历程，气势宏伟磅礴，结构精巧，成为对东巴经典中的名篇进行再创作的典范作品之一，内中收录多幅由纳西族画家纳若创作的数幅东巴经典情节为素材的重彩画彩色插页，极大地促进了当代纳西东巴绘画的创作和流行，同时促进了纳西东巴经典的翻译流传。

　　1981年方国瑜编撰，和志武参订的《纳西象形文字谱》出版问世，正当其时，有力地推动了纳西东巴古籍文献的整理收集研究；最早开始编撰于1933年，1935年7月成书，著名国学大师余杭章炳麟（太炎）先生亲自为该书作序所撰的《麽些文序字》中指出："麽些文字……所制文字大抵以象形为宗，不足即以形声、会意、济之。凡千数百字……宛如古文科斗无异，而其语皆单音亦与汉语同原焉"[①]；著名甲骨文专家南阳董作宾（彦堂）也为之作序。后因人事更迭变故，未能及时出版，1972年著名甲骨文专家时任中国科学院院长的乐山郭沫若（鼎堂）致信方国瑜先生把《字典》"早日改好，影印出版"。20世纪80年代初在临近晚年、目力不济的情况下，方国瑜先生约请和志武先生参与编撰参

---

① 章太炎：《麽些文字序》，《制言月刊》第六十二册，1940年，第1页。

订事务，经责编李惠铨等的努力，《纳西象形文字谱》得以顺利出版，全书分为天象、地理、植物、飞禽、走兽、虫鱼、人称、人事、形体、服饰、饮食、居住、器用、行止、形状、数名、宗教、和传说古人名号共计 18 属，并对 1340 个象形文字及 222 个派生字逐一作标音解说，同时收录了 582 个标音字及 2000 多个常用词汇，在大部分词下还注有象形文字标号及读音。在《纳西象形文字谱》的绪论篇中较系统地论述了纳西族的渊源、迁徙和分布，纳西族东巴文字的构造特点，并在参照汉字六书说的基础上方国瑜提出"十书说"把东巴文字的结构分为依赖象形、显著特征、变易本形、标识事态、附益他文、比类合意、一字数义、一义数字、形声相益、依声托事十类。其中一字数义、一义数字和依声托事，不属字形结构范围[①]该书的问世，为世人了解纳西东巴文字的基本面貌和历史文化背景，东巴经典的构成等都有独到的参考价值，在很大程度上招引了许多国内外的研究者的兴趣，对于促进新时期纳西东巴经典的翻译和研究，纳西学的发展而言起到了举旗开路的作用，曾获国家图书奖提名奖。

1984 年经纳西族作家牛相奎、赵净修依据东巴经典《祭风·开坛经》、《鲁般鲁饶》的三种汉译本本整理、创作的纳西族叙事长诗《鲁般鲁饶》由云南人民出版社出版，全书分"抗命"、"装饰"、"迁徙"、"阻隔"、"遭斥"、"盼望"、"双殉"等七个部分，成为纳西族东巴经典文学作品《鲁般鲁饶》的汉文本中的较规范的版本。

1986—1989 年由云南省少数民族古籍整理规划办公室编辑的"中国少数民族古籍·云南少数民族古籍译丛"所列的《纳西东巴古籍译著》（1—3）问世。《纳西东巴古籍译注》第一辑收入杨树兴、和云章诵经、和发源翻译的《崇般崇笮》；杨士兴诵经、王世英翻译的《迎请精如神》，书前有和万宝序文，是东巴文化研究室成立后出版的第一本东巴经典译注著作，为学界提供了可靠的译文。《纳西东巴古籍译注》第二辑收入和开祥读经、王世英翻译的《超度·献冥马》和士成读经、李静生翻译的《剌母孟土》。《纳西东巴古籍译注》第三辑收入和士成释读、和力民翻译的《董术战争》；和即贵读经、习煜华翻译的《日仲格孟土迪空》；和云章释读、和力民翻译的《求取祭祀占卜经》；和即贵读经、习煜华翻译的《拉仲盘沙劳务》等经典的译注内容是东经典翻译中不可或缺的译注作品。

1983 年东巴达巴座谈会在丽江召开。本次会议影响深远，使各族各界重新珍视纳西族东巴经典的整理研究工作，为后来的东巴文化研究和纳西学的崛起奠定了十分难得的基础。

在和万宝的倡导和组织下，经过纳西族学者与十几位老东巴一起，共同努力，在 1979 年至 1999 年 20 年间就基本完成了《纳西东巴古籍译注全集》的译注工作，抢救东巴文化遗产的历史使命得以实现，终于在 1999 年迎来了国际东巴文化研究的新时代。

著名语言学家傅懋勣先生 1940 年开始调查纳西语，随后又到丽江调查学习东巴文圣典，在大东巴和芳的帮助下于 1948 年 7 月出版四对照汉译《丽江麽些象形文〈古事记〉研究》。80 年代初，傅懋勣应邀在东京外国语大学访问期间，在日本著名语言学家桥本万太郎教授的支持下在日本出版了《纳西族图画文字〈白蝙蝠取经记〉研究》（上册 1981 年 3 月出版；下册 1983 年 2 月出版，两册共计 333 页，影印写本照片 12 页）全书分序言、说明、经典题名解题；分院文读音、直译、意译、解说的格式译注。全书采用的经文是纳西东巴除秽仪式经书主要叙述白蝙蝠为了拯救人类，到十八层天上的女神处取占卜经的故事，系由丽江大东巴和芳释读，傅懋勣先生全书对经文的每一个字符的音意都做了十分细腻严谨的译注研究，并对东巴文的性质提出了自己的独到见解。

1984 年李霖灿著《麽些研究论文集》台北故宫博物院印行。内收的 21 篇论文中涉及文献研究的论文有：《麽些经典的艺术论》、《美国国会图书馆所藏的麽些经典》、《论麽些经典之版本》等，堪为 1949 年后台湾地区的纳西东巴文化研究的集大成者，较全面地反映了李霖灿研究纳西文化以来的主要

[①] 方国瑜：《纳西象形文字谱》，云南人民出版社 1981 年，第 2 页。

学术论文成果，内容丰厚，大都基于 40 年代的田野调查，不乏许多创见的精锐之作。

1985 年和即仁、姜竹仪合著的《纳西语简志》出版，该书作为国家民委民族问题五种问题丛书的语言简志丛书之一，较全面地概述了纳西语的语音、词汇和语法及文字、方言分区等内容，全书简明扼要，有利于研究者尽快了解纳西语的概貌和特点，书末附有纳西语东西方言词汇集，有利于纳西族文献的整理研究。

1985 年由郭大烈、杨世光编的《东巴文化论集》云南人民出版社出版问世，收录了 20 世纪 30 年代以来国内学者有关纳西族东巴文化研究的部分成果，基本涉及东巴文化的主要方面，书前收录有东巴、达巴法器道具、东巴教法仪舞的舞蹈场面、东巴经典写本图示和画谱等内容，附录收录有《纳西族东巴文化研究资料索引》、《纳西族东巴文化示意图》，书前有和万宝的序言，概述了东巴文化的概念和东巴文化研究的内容、研究方法、阐明了东巴文化的学术价值。基本上可以代表当时国内的研究整理水平。对后来的学术发展起到良好的促进作用。

1987 年北京图书馆（今国家图书馆）为了配合北京市民委主持编制的《北京地区少数民族文字古籍联合目录》编有《北京图书馆藏东巴经目录》，对馆藏近四千册东巴经典作了初步编目，主要依据周汝诚先生的分类法。二十三个类别，即：祭天、延寿道场、祭家神、祭胜利神、解秽道场、替身道场、祭龙道场、祭飞魔、禳是非口舌、祭亡、开丧道场、祭长寿者、祭贤者、祭贤女道场、祭风、祭世罗、祭风、祭拉姆、开冥路、关鬼门道场、禳瘟、杂祭、占卜书、画册等。目录著录有馆藏编号；书名；音标注音、汉文译名、内容提要、开本、页数等内容。但鉴于馆藏经典数目未有确切的统计，因此，该分类不足以视为标准分类，仍需对该馆藏作认真核实后方可确定。

1988 年戈阿干主编的《祭天古歌》由中国民间文艺出版社出版问世。该书的整理研究始于 1984 年，1986 年完成，主要成员有戈阿干、陈烈、东巴和开祥读经、李之春记音。这是纳西族也是云南省少数民族古典文献及文学整理研究中首次就某一专题作系统研究编辑的尝试，编者在举办东巴文化座谈会的基础上，聘请东巴讲经说法，对东巴经典和口头文本进行筛选和鉴别，此后作实地调查，在民族民间收集活的资料，并有专家学者分别赴滇川藏诸省区纳西族地区实地考察纳西族祭天文化及相关民俗，丰富了祭天古歌的内容弥补了东巴经典书面记载的不足，增强了祭天古歌资料的完整性和纳西族祭天文化的系统性。全书分"蒙增·查班绍"（生献牺牲篇·人类繁衍篇）、"共许"（放生篇）、"考赤绍"（索取长生不老药篇）、"吉本布"（祭雷神电神篇）、"哈适"（熟献牺牲篇）、"素库"（招引家神篇）、"鲍麻鲍"（点圣油篇）"素章兹"（为家神招引富裕之魂）"贡恩卑初聘"（为无后者替祭篇）、"祭天口诵篇"、另收有附录：滇川藏纳西族祭天习俗考察实录；东巴小传。全书强调和贯穿了祭天古歌的科学性和文学性，将文献研究与民俗事象有机结合，同时忠于东巴经典的原貌和基本内容，保持文本的真实性，每篇前均设有题解；东巴经典原文；国际音标注音；汉语译文等内容，译文畅达古雅，堪称纳西族东巴经典整理研究的典范作品，同时又是具有纳西族民族特色的民间文学作品集成，得到著名民间文学家钟敬文先生、马学良先生的好评。

1989 年 10 月 26—30 日云南省社会科学院东巴文化研究室在丽江召开了纳西族原始宗教及社会思想学术讨论会，与会学者探讨了纳西族东巴经典的内涵和性质；东巴教的性质及其与纳西族古典哲学、历史文化、民俗等方面的深刻关联。和万宝在会议总结中强调，纳西族东巴经典及东巴教研究的首要手段是语言；现阶段的纳西族东巴经典及东巴教研究的基础工作仍然是抢救、整理、复原、和翻译解说东巴经典。本次学术会议得到国内外学界的关注，切合了当时国内正在兴起的文化热，使"东巴文化"一词逐步在学界风行，十分有利于纳西学研究学科的发展和繁荣。

1989 年和志武著《纳西东巴文化》由吉林教育出版社出版，该书是史筠主编的"中国少数民族文库"中的一种，全书系统论述了纳西族东巴文化产生发展的历史文化背景、东巴教和纳西古文化、东巴文和哥巴文、东巴经典、东巴文学、东巴古典艺术等内容，为世人了解纳西东巴文化提供了重要的依据。

3. 20 世纪 90 年代纳西族古籍整理研究

1990 年第十届亚洲运动会期间丽江纳西族自治县人民政府在北京举办东巴文化展，作为向国内外展示的中国少数民族传统文化内容之一，在国家民委的支持下，纳西东巴文化展在民族文化宫成功举办，费孝通先生为本次展览亲笔题词，得到国家民委和云南省人民政府的大力支持，全面展示了国内外纳西东巴经典及东巴文化研究的成果，首次向世人展出了纳西东巴文化的基本内容和研究现状，通过本次展览，纳西东巴经典及东巴文化的知名度在一次得到提升和扩大，伴随改革开放的时风，有利地吸引了国内外学者的研究兴趣，为东巴经典的研究进一步走向世界起到了重要的推动作用。

1990 年，东巴文化研究室更名为东巴文化研究所，经过 20 年的艰苦努力，千册百卷本《纳西东巴古籍译注全集》翻译工作完成，于 2000 年交付印刷出版。《纳西东巴古籍译注全集》共 100 大卷。系由该所 10 多位纳西族专家学者和老东巴先生近 20 年的努力，并由云南省政府资助出版。《纳西东巴古籍译注全集》共收集 1500 多卷东巴古籍，有东巴释读，由研究人员用国际音标记音值、直译、意译四对照的格式。《纳西东巴古籍译注全集》的出版为纳西东巴经典的系统全面的研究奠定了坚实的基础，被誉为"旷古一绝，稀世奇宝"，先后获得国家图书奖荣誉大奖等奖项。

这一时期，纳西族口承文献与民间传说与东巴经典的关系逐步得到注意，拉木·嘎吐萨主编《摩梭达巴文化》由云南民族出版社出版。陈烈、秦振新的《摩梭人民间文学集成》出版，和钟华、和尚礼《东巴圣地的民间文学》出版这些著作的出版为东巴经典研究翻译整理者提供了全新的视野，表明东巴经典的深入研究需要及时参考口碑文献，即量达到相得益彰的效果。

1990 年由《中国民族民间舞蹈集成》编辑部编，杨德鋆、和发源、和云彩编著的《纳西族古代舞蹈和舞谱》一书由文化艺术出版社出版，该书运用大量文献、文物资料和实地调查的第一手材料，系统、扼要地介绍我国纳西族丰富多彩的古代舞蹈及历史沿革；译注了纳西族古代舞蹈舞谱，对舞谱的编制规律、特点、价值、东巴教法仪和舞蹈种类、跳法、风格、音乐、服装、道具、以及乐舞相关的东巴绘画、民间习俗作了详细介绍。附有舞谱释读法、参考例表国际音标、纳西语声韵母与汉语声韵母比较表，能帮助今人了解舞谱的大致读法，内容丰富对多学科的研究和教学有重要参考价值。

1991 年郭大烈、杨世光编的《东巴文化论》由云南人民出版社出版，该书是 1985 年出版的《东巴文化论集》的延续，较全面地检阅了自 1985—1991 年期间国内外学者对纳西东巴经典及东巴文化研究的最新成果，较全面地反映了这一时期的东巴文化研究的学术水准。该文集共收论文五十篇，内容涉及东巴教仪式、哥巴文性质、祭祀仪式、原始思维、纳西族古道德，以及国外学者如英国的安东尼·杰克逊博士、日本的诹访哲郎教授、美国的查理斯·孟克汉博士研究纳西族宗教、东巴经典、历史等方面的论文，书后附有《东巴文化大事记》、《东巴名录》、《东巴文化研究资料索引》等内容，资料翔实丰富，进一步推动了纳西东巴经典及纳西学研究的深化。

由云南人民出版社出版杨世光先生主要策划和推动的东巴文化丛书出版问世先后出版了戈阿干的《东巴神系与东巴舞谱》、和志武的《祭风仪式于木牌画》、李国文的《人神之谋：东巴祭所面面观》、白庚胜、杨福泉编译的《国际东巴文化研究集粹》、和志武译的《东巴经典选译》、杨福泉《原始生命神与生命观》、陈烈的《东巴祭天文化》、李国文的《东巴文化与纳西哲学》、戈阿干的《东巴骨卜文化》、白庚胜的《东巴神话象征论》、杨正文的《最后的原始崇拜》等多部著作，极大地推动了东巴文化研究事业，对东巴经典的译注研究的深化也产生了重要的推动作用。

1992 年《东巴文化艺术》云南省社会科学院东巴文化研究所编和万宝主编云南美术出版社出版，

全书分为环境概略、东巴教仪式、木牌画、画谱、东巴经书、竹笔画、经书封面、占卜经、纸牌画、卷轴画、神路图、木偶、面偶、泥偶、木雕等十一个大类，共收录了质量上乘的彩色图片200余幅，较全面地展现了东巴文化艺术的基本形式和种类，对世人了解东巴文化艺术有着十分重要的参考价值和欣赏价值。书前有和志强省长和季羡林先生的题词。

1993年由和志武主编的《中国原始宗教资料丛编·纳西族卷》由上海人民出版社出版，全书分为图腾崇拜、自然崇拜、祖先崇拜、生殖崇拜、女神崇拜和"子瓦"（村寨）神崇拜、"三朵"（氏族保护神）崇拜、鬼神崇拜、巫师经咒和法器、巫术、禁忌和占卜、社会生产中的祭祀礼仪、纳西族的原始宗教和原始文化，全面收录了有关纳西族东巴教的系统资料目录，十分有利于研究者查阅和检索，但内容的分类标准以及收录的内容大度套用了一般化的宗教学框架，不足以彰显纳西族宗教的本质特征和系统性架构，尤其对东巴经典的分类和研究而言，需要脱离此种框架的人为制约，附录收录有：新纳西文与汉语拼音字母、国际音标对照表；纳西族的鬼神谱系；东巴经目录；近代纳西族东巴小传；有关纳西族原始宗教的中外主要著述目录。

1994年由和志武译注的《纳西东巴经典选译》由云南人民出版社出版。全书的内部油印稿完成于1984年，当年由东巴文化研究所内部印刷。全书共收录纳西东巴经典30篇，分别由大东巴和芳、年恒、和国兴、和玉才、和开祥译述，由和志武翻译，文风质朴，译述准确，对推动纳西东巴经典的翻译研究有十分重要的意义和参考价值。

1995年由纳西族作家、学者木丽春著的《东巴文化揭秘》由云南人民出版社出版。全书分为婚娶来兮讲轮回；郊野山乡设道场；彼岸此岸探鬼神；碰撞交融话传播；恢宏灿烂看艺术等五个章节和附录，从民间民俗与东巴经典结合的角度揭示了纳西东巴文化的主要内容和重要文化符号的内涵。对世人了解纳西东巴文化有积极的参考价值，许多见解堪称一家之言。

1997年李国文著《东巴文化辞典》由云南教育出版社出版，全书共辑录有关纳西东巴文化的术语和名词666条，附录篇收有东巴经典目录，东巴传记资料和东巴文化大事记，十分有利于东巴文化研究及东巴经典的译注工作。

1997年白庚胜为张公瑾先生主编的《民族古文献概览》撰写"纳西文文献篇"，较全面地概述了纳西文文献的整体构成分类，质料与版式、收藏与传播等方面的主要概貌。

1998年白庚胜著《东巴神话研究》由社会科学文献出版社出版，全书对纳西东巴神话的整体存在形态作了描述，对纳西族东巴神话中的神灵体系的产生进行了多方位的探索和阐释，同时对纳西东巴神话中的若干重要范畴鉴于其他民族神话作了比较研究，全书主要运用了当时已经译成汉文的东经典中的素材。

1998年瑞士苏黎世大学民族学博物馆与丽江纳西族自治县博物馆、东巴文化研究所合作，在瑞士苏黎世大学民族学博物馆举办为期半年，主题为"纳西的物质、神话、象形文字"的学术展览，邀请多位纳西学研究者前往讲学访问，举办学术讲座，在此基础上推出的《纳西—摩梭民族志》一书收录了中外学者的研究纳西族文化及东把经典的论文13篇，在欧美世界进一步深入地宣传了纳西东巴经典及其独院价值。该文集被誉为近年来最有分量的纳西学研究著作。

1998年原丽江县人民政府公布塔城、鲁甸、太安、大东、大具、鸣音6个乡为东巴文化生态保护区。由于这三个基本问题得不到解决，6个乡东巴文化保护区的保护效果未能显现，纳西族民间东巴文化的生存状况日益恶化。以国家4A级景区玉水寨、两星级三叠水酒店和西域电子商务旅行社为主要经营单位的丽江玉水寨生态文化旅游有限公司为了传承东巴文化，抢救东巴经典，于2006年6月起，在玉龙纳西族自治县塔城乡，依陇行政村村委会署明片区6个村民小组的范围内设立"署明原生态东巴文化保护区"。实施了一系列行之有效保护措施，进行了具有开创性的探索和实践，受到广大纳西族村民的衷心拥护和支持。为民间原生态民族文化的保护提供了初步的经验，提出了民间民族文化保护必须同自然生态保护、扶贫攻坚和新农村建设综合配套整体推进的工作思路。成为新时期弘扬纳西族文化的新模式。

1999年10月，经过国家文化部批准，在东巴文化故乡丽江举办国际东巴文化艺术节以及东巴文化学术研讨会。中共中央委员、中国社会科学院常务副院长王洛林亲自赴会，并在开幕式上作了《广泛交流，深入研讨，共商发展民族文化大计》的报告。著名汉学家、俄罗斯驻华大使伊盖尔·罗高寿在开幕式上致词说："中国的社会科学工作者在研究丽江地区独特的文字和民间艺术方面一直在进行着大规模的研究工作。""不仅是中国学者，而且世界许多国家的学者同样对研究独一无二的东巴文化怀有巨大的兴趣。"在此次艺术节和研讨会期间，由云南省社科院东巴文化研究所编译、云南人民出版社出版的100卷本，四对照汉译《纳西东巴古籍译注全集》正式面世，并举行了前40卷首发式。与此同时，经过与会中外学者协商，成立了"以东巴文化为研究核心"的"国际纳西学学会"。这的确是东巴文化新时代终于到来的最好标志。

东巴古籍全集的翻译整理的意义，和万宝在《纳西东巴古籍译注全集》总序中说："见此全集，理应铭记具有远见卓识与大无畏精神的先驱者们，与学者共事的东巴先生们，他们率先扣响东巴文化大门，传扬出去，开山创业，卓有成就，功垂青史，永不湮灭！"

经过20年的艰苦努力，千册百卷本《纳西东巴古籍译注全集》翻译工作完成，于2000年交付印刷出版。新中国成立后，各级政府十分重视东巴古籍的搜集整理和研究。1981年，成立了云南省社会科学院东巴文化研究所（今东巴文化研究院），用20年时间，对国内收藏的古籍进行分类、翻译。2002年完成了纳西东巴古籍译注全集100卷的翻译整理出版工作。

云南省社科院东巴文化研究所从1982年到2000年，总共出版了《纳西东巴古籍译注全集》百卷千册、《纳西东巴古籍译注》三集十四种、单行本纳西东巴古籍译注25种。随着四对照汉译东巴经、特别是译注全集的面世，东巴经典被国内外学术界所看重。国外研究者纷至沓来，深入到纳西族地区进行田野调查美学习纳西语文，研究东巴经典，一时成为热门的学问。

由白庚胜、和自兴主编的《玉振金声探东巴》由社科文献出版社出版，全面反映了1999年首届国际东巴文化艺术节国际东巴文化研讨会的研讨成果，可以说较全面地反映了这一阶段纳西东巴文化研究的水准。

在向联合国申报世界记忆遗产的过程中，国内著名学者季羡林、任继愈、吕大杰、于锦绣分别从不同角度对东巴经典的价值和多元价值作了肯定称："东巴文献是用图画象形文字记载了人类起源及人与大自然的关系这一重大主题的文献"。"东巴古籍是以图画象形文字——东巴文记载的东巴古代宗教典籍，是纳西族古代社会的百科全书"，"不但是中华民族的宝贵遗产，而且是全人类共享的宝贵文化遗产"。"一个少数民族保存了如此丰富的文献遗产，在中国以至世界各民族中都是非常宝贵，难得一见的"。"它是举世罕见的别具特异形式和风格的原始宗教典型活化石"，"又是世界唯一尚在活着的古文字活化石"，"这种双料活化石简直是世界奇迹，有十分突出的世界性意义"。他们分别为东巴经典申报《世界记忆名录》写了推荐信，极大地支持了东巴经典申报《世界记忆名录》，名镌青史。

由卜金荣主编的《纳西东巴文化要籍及传承概览》在首届东巴文化艺术节期间出版问世，全书分"东巴文化要籍"、"东巴"、"东巴文化研究者"、"东巴文化传承场"等部分，较全面地回顾了纳西东巴文化研究的百年历程，为后人检索论文著作及学者和东巴的资料提供了十分便捷的途径。

东巴文化研究所和力民研究员应台湾"中央研究院"历史语言研究所之邀，作为该院数为典藏计划的资项目之一，为他们所收藏的东巴经书珍本进行编目、释读，并且还对傅斯年图书馆所珍藏的东巴经书进行了四对照汉译，其中《台湾傅斯年图书馆珍藏纳西东巴经书译注八种》已在付印中。

80年代初,随着东巴经典翻译研究工作的推进,学者们对东巴经典的类型和主题及其与仪式的关系有了全新的认识。并发现了舞谱类东巴经典。和志武、和发源等人开始提出东巴经典分类的新标准[1]。

1996年云南省博物馆的朱宝田赴哈佛大学哈佛燕京学社图书馆,对此间的东巴经典编目撰写提要并出版了《哈佛大学哈佛燕京图书馆藏中国纳西族象形文经典分类目录》(Annotated Catalog of Naxi Pictographic Manuscripts in the Harvard-Yenching Library Harvard University)一书。全书由以下几个部分组成:(1)哈佛燕京图书馆馆长吴文津的序文,该文回顾了骆克以来的纳西东巴经典翻译整理情况;(2)朱宝田写的美国哈佛大学哈佛燕京图书馆藏纳西象形文景点整理报告(代前言)。(3)目录;(4)凡例;(5)分类表;(6)分类目录。哈佛燕京图书馆藏纳西东巴经典598册,其中,510册系骆克收集,88册系昆廷·罗斯福(Quentin Roosevelt)收集,外加他收集的4卷神路图。东巴教卷轴画3卷东巴教卷轴画照片(黑白)1套(7张)东巴经影印件23册;东巴经底片1张。朱宝田将哈佛燕京图书馆藏东巴经典分为13类:A类祭东巴什罗经44册;B类祭龙王经83册;C类祭风经82册;D类求寿经73册;E类祭贤经11册;F类胜利神经6册;G类祭家神经21册;H类替生经29册;I除秽经39册;J类关死门经5册;K类祭死者经78册;L类占卜经93册;M类离杂经34册。诚如作者朱宝田在前言中所言:"它的缺点是太简单,对读者了解经书内容无甚帮助。"该书纳西文与汉语拼音字母、国际音标对照表有明显的错漏,所撰写的东巴经典目录提要也失之粗疏。

三 西方学者对纳西族东巴古籍文献整理研究情况

1916年德裔美籍东方学家劳费尔(B. Laufer)在美国《地学评论》上发表《尼可尔斯麽些写本》(The Nichols Mo-so Manuscript)[2],仰仗其渊博的东方学素养,首次分析到东巴经典中蕴含的印度文化、西藏文化等诸多文化因素,并就纳西哥巴文的性质及其与古彝文的关系作出了自己的判断,使国际学术界对东巴经典中的多元文化因素有了全新的认识,堪称独步当时。但限于劳费尔自身不通纳西语,加上对东巴经典缺乏系统了解,很难准确把握和释读东巴经典的内容,只能从图像角度对东巴经中出现的Garuda和卐字等古印度文化因素的来历作出合乎实际的判断。由于不通纳西语言,只能就字形而认为演绎其间的文化内涵,国际范围的东巴经典研究开始涉入举步维艰的境地。

1922年J. F. 骆克在偶然中与东巴文化的邂逅,预示着即将掀起第一轮东巴经典研究大潮。而此前的19世纪中叶英、法、美、荷等国的传教士、军事人员、探险家、学者开始深入到中国纳西族地区考察自然资源与社会情况,发现了纳西东巴经的存在。

目前,我们对东巴经典在海外的流播史的追溯,主要依据骆克的言传。如在他的《纳西英语百科辞典》引言中说,"第一次让世人知道纳西象形文写本的存在的人是一个名为皮埃尔·德斯古丹(Père Desgodins)的法国巴黎外方传教会(Missions Etrangères de Paris)的法国天主教传教士。他在1867年的时候,将11页属于一个纳西祭司的东巴写本抄件寄回了他在法国的家"[3] 可靠的证据有待考信。

---

[1] 和志武将东巴经典分为祭山神龙王经、除秽经、祭风经、消灾经、开丧经、超荐经、祖师什罗超荐经、大退口舌是非经、求寿经、零杂经、其中四类又分大小两类,超荐经下分10小类,零杂经下分30小类。和发源则持五分法:(1)丧葬在古籍;(2)禳解类古籍;(3)求福求寿类古籍;(4)占卜类古籍;(5)舞蹈类古籍。

[2] B. Laufer, *The Nichols Mo-so Manuscript*, Geographical Review, 1916, vol. 12.

[3] Joseph F. Rock, A Na-khi-English Encyclopedic Dictionary, Part 1, p. 9. 据笔者核实,骆克该文中提及的 Tereien Lacouperie 的 Beginning of Writing around andTibetan,一书的书名当为 Beginning of Writing, in central and Easter Asia or Notes on 450 Embryo-writings and Scripts. Père Desgodins 译名准确的当为皮埃尔·德斯古丹;以往译写为德斯古丁斯是错的。

李霖灿先生曾经提及："这就接到道光（1821—1850）晚年的一项资料，三十七年我在南京的时候，向觉明先生提示我一本他在英国抄录的么些经典译文，是曼彻斯特地方一个图书馆（John Ryland Library, Manchester, England）的藏品，据说这是一个传教士收集来的东西，时间大约是道光晚年，……原想写信去问这批藏品入藏和收集的时间，但终因循未果。向先生说是道光晚期的收集品，这应该可靠。"[①] 这就说明在清道光年间东巴经典就已经流失到了欧洲。

1879年后大批东巴经典流失海外，同时孕育了国际性东巴文化研究的初澜。20世纪初法国东方学、中国学家高狄（H. Cordier）、波宁（C. E. Bonin）、沙畹（Ed. Chanvannes）、巴克（J. Bacot）及德裔美籍东方学家B. 劳费尔（B. Laufer）开始涉足东巴文化研究领域，纷纷从不同角度研究东巴经典，一时群英际会、成果丰硕。高狄等人著述相继问世，形成了国际纳西文化研究的首轮高潮。这些大师级学者的高质量成果为后来的东巴经典研究、纳西文化宏观研究奠定了坚实的基础，但受当时客观条件制约，未能对东巴经典做系统的全方位研究。

1929年秋天骆克从动荡的探险生涯中脱身，开始专心于东巴文化研究。东巴文化的研究亦步入了新的里程。骆克在纳西东巴的协助下在纳西族地区大规模收购东巴经典，并开始系统地翻译它们。与前人不同的是，骆克对东巴经的研究不再满足于对其内容的释读，而是把经典的内容与特定宗教仪式、民俗事象、社会形态做联系研究。真正将东巴经典视为纳西族古代社会的百科辞典，借此去探询其间包含的社会、宗教、民俗、哲学、艺术、天文、医药等主题的丰富内涵。同时将东巴经、东巴教的研究与印度学、藏学、汉学研究挂钩，推考诸种文化间悠远的交流史；拓展了东巴文化研究领域，深化了东巴经典研究。骆克因此成了东巴文化研究领域率先将东巴经典与东巴教仪式"二元合一"研究范式的倡导者，打破了以往学者就经典研究经典的单一格局。骆克在收集东巴经典的过程中，注意到各地东巴的共通、雷同经书大量存在的情况。为了对这些卷帙浩繁的东巴经典作系统分类，以便于继续收集珍本和孤本。他于20世纪30年代中期开始编订东巴经典目录和重要经典的内容提要。在具体研究中区分出重要经典和普通经典，结合相关仪式进行专题研究。

骆克将东巴经典的研究侧重于占卜经、指路经、祭风经、祭天经、祭署经等，并与东巴教的祭祖师什罗仪式、指路仪式、殉情祭风仪式、祭天仪式、祭署仪式等重要仪式结合。1935年骆克在《华西边疆学志》（*Journal of West China Border Research*）上发表了《纳西族文献中的洪水故事》（*The story of the flood in the literature of the Mo-So（Na-Khi）Tribe*）；对纳西族的历史发展，东巴文、哥巴文的性质及产生的先后次序，东巴经典的构成作简要讨论后，翻译了东巴经名篇《崇搬图》全文；并对经文中出现的重要神祇名称、专门术语做了精当的解释。1936年在同一刊物上又发表了《纳西族占卜经书〈左拉〉的来源》（*The origin of the Tso La Books, or Books of Divination of the Na-Khi or Mo-So Tribe*），在文中将东巴经典分为两个大类：第一类为占卜经典，即左拉经书；第二类为非占卜经典，即普通意义的经典。这是骆克对东巴经典的首次具体分类。骆克在对两类经书在来源、性质、功用诸方面做比较后认为占卜经典和普通东巴经典都是纳西族文献的有机构成之一，但两者的内容和性质有根本差异。占卜经典的数量少且诵读的场合有限（仅在占卜时诵读）；东巴经典则在许多仪式上诵读，数量以千计。占卜经典通常用口语（俗语）文体写成，常人也能听懂；而东巴经典用古典文献语言文体书写，常人很难完全听懂内容。因此应将两者分列，不应将占卜经典作为东巴经典的附属品看待。

关于占卜经典和东巴经典产生的先后次序问题，骆克主张东巴经典早于占卜经典，但后者又是前者的基础。他以东巴经典名篇《白蝙蝠取经记》为例证，称洪水后纳西始祖崇仁利恩之子患病后，多

---

① 李霖灿：《论麽些族音字之发生和汉文的关系》，《麽些研究论文集》，台北故宫博物院1984年版，第57页。

方求医仍未治愈，就派使者赴盘孜沙美女神处取经，因人类相信从女神处取回的经书有助于治百病；而使者所得的经书是占卜经书。人类始祖凭占卜经诊断病情后治愈了儿子的病。后来占卜经书被赋予许多主题而用于各种形式的占卜中，成为许多民族的共同财富。骆克因此推知占卜经典的重要性。

骆克1936年在《华西边疆学志》上发表《纳西族巫师所举行的杀魂仪式》（*Hä la or the killing of the soul, as practiced by Na-Khi sorcerers*）一文曾被许多未读过原文的学者们误以为是一篇研究东巴教仪式的论文，其实该文也是骆克研究东巴经典的力作之一。纳西族东巴除了念诵东巴经典、举行仪式驱鬼迎神完，还会祈祷念咒使人丧身或染疾病，纳西语称这种法仪活动为 Hä la，一般译成"杀魂"。任何仇敌、偷盗者一旦被东巴施行"杀魂"法仪，常会招致大难而死。东巴也有举行"杀魂"法仪专用经书，一般被认为具有超人法力的东巴才有这套本领，因此，许多东巴都未知其中因由。骆克曾多次求购 Hä la 经书，历经周折才得一册"杀魂"法仪用的 Hä la 经书，并研究表明此类经书主要记载一些巫术咒语，其中部分咒语系梵语转写成东巴文，大多为陀罗尼（Dhārani）和曼陀罗（Mantra）经咒的内容，无法用纳西语解释。加上部分经咒经东巴文转写后读音音值有较大变异，很难与梵文对堪译校。骆克认为纳西族东巴教的 Hä la 经书和有关法仪传自印度教和佛教，纳西人吸收这些内容当在其祖先在西藏东北地区游牧时。后来夹杂了许多苯教和纳西古巫教的内容，使经书更加复杂。骆克勉强转写了 Hä la 经的部分内容，并翻译了其中包含的纳西东巴经、藏文经咒。对 Hä la 经书的研究是追溯纳西东巴文化与藏文化、印度文化间诸多关系的重要切入点和突破口，国际东巴文化界仅 B. 劳费尔和 J. F. 骆克二人做过一些尝试性的探索，其间深奥的文化内涵仍待后人去探寻。

1937年骆克在美国《地学评论》上发表了《美国地理学会的尼科尔斯纳西写本》，该文较全面地回顾了自19世纪中叶至20世纪30年代西方学者收集、翻译东巴经典的历史和研究的优劣得失。同时论述了东巴经典与仪式间的密切关系。该文主要就 B. 劳费尔研究过的尼科尔斯捐赠给美国地理学会的四页东巴经典进行详细的翻译和研究。这些经典系尼科尔斯于20世纪初在云南纳西东巴手中购得后捐赠给美国地理学会。地理学会约请 B. 劳费尔鉴定这批东巴经典的价值，因后者不通纳西语，故只对其中包含的藏文化、印度文化作了精深阐解；并于1916年写成《尼克尔斯麽些写本》一文。骆克在肯定劳费尔的研究成果前提下，对上述东巴经文作了系统的翻译（分直译和意译），并指明这些经典是"^{3}dto—^{1}na ^{3}k'ö"、"^{2}hăr—^{2}la—^{1}llü—^{3}k'ö"和"^{1}tsu—^{2}t'u"仪式专用经典，完成了对这四页经典的全面解读。

骆克在翻译和研究东巴经典的数十年间，对东巴经典的译释，始终遵循"四对照译经格式"，颇受后人推崇。国际东巴文化研究界最先采用这一格式的当推法国学者考狄和巴克。骆克曾多次宣称他在纳西东巴的协助下精读过8000多册经书，并重点翻译了其中的上千册经书。但今天我们能看到的存世的骆克译东巴经典仅150余册。

第六章

纳西族古籍珍品图片及说明

一 东巴文古籍

图1	纳西族东巴经典及经板夹	(447)
图2	《纳西东巴文与纳西哥巴文对照字符集》木刻雕版样本之东巴文序文篇	(447)
图3	《纳西东巴文与纳西哥巴文对照字符集》木刻雕版样本之正文样本之一	(448)
图4	装帧东巴经典用的工具	(448)
图5	传抄东巴经典专用纸样本	(449)
图6	书写纳西东巴经典所用的"墨"	(449)
图7	书写传抄东巴经典专用的竹笔	(450)
图8	迪庆白地东巴经师和志本传《东巴巴格图图谱》	(450)
图9	周汝诚传《东巴巴格图图谱》	(451)
图10	维西叶枝纳西族东巴经典《指路经》之一页	(451)
图11	东巴经典《祭祀北岳三朵神经典》	(451)
图12	《东巴传承世系谱牒》	(452)
图13	东巴经典《巴格与占卜经典》正文片段	(452)
图14	哈佛大学哈佛—燕京学社图书馆所收藏的纳西东巴经典《东巴什罗的身世》之封面及首页	(453)
图15	东巴经典《巴格占卜经典》	(453)
图16	东巴经典《生育占卜经典》	(454)
图17	东巴经典《掷海贝占卜经典》	(454)
图18	东巴经典《抽线卦占卜经典》	(455)
图19	东巴经典《异象占卜经典》	(455)
图20	东巴经典《二十八星宿占卜经》	(456)
图21	东巴经典《二十八宿星轮图》	(456)
图22	东巴经典《择吉日经》	(457)
图23	东巴经典《占卜病因经典》	(457)
图24	纳西东巴文地契砖刻残部	(458)
图25	和万宝主编的《纳西东巴古籍译注全集》一百卷书影	(459)
图26	从1962年到1965年整理翻译的东巴经典样本	(459)
图27	东巴经典《东巴文与哥巴文对照经典》纸本	(460)

第六章　纳西族古籍珍品图片及说明　445

图28　东巴经典《六十甲子占卜图谱》 ……………………………………………………………… (460)
图29　1950年国庆节前纳西族代表、著名历史学家方国瑜教授代表麽些族
　　　敬献给毛泽东主席的锦旗 …………………………………………………………………… (461)
图30　纳西东巴文纸本地契 ……………………………………………………………………………… (461)
图31　纳西东巴占卜经典《用敏威九宫占卜婚姻经典》 ……………………………………………… (462)
图32　东巴经典封面书题、彩绘及装订样本 ……………………………………………………………… (462)
图33　东巴经典《东巴舞蹈规程来历》 ………………………………………………………………… (463)
图34　超荐东巴什罗仪式专用舞蹈规程》 ……………………………………………………………… (463)
图35　东巴教祭祀仪式中的胜利神及神兽、吉祥法宝图符的纸牌画 ………………………………… (464)
图36　东巴经典《超荐殉情缢死鬼经》 ………………………………………………………………… (464)
图37　彩色佐拉卦加注东巴文图经 ……………………………………………………………………… (465)
图38　东巴经典《尔兹命》（上下册） ………………………………………………………………… (465)
图39　东巴经典《朵厄图萨传略》 ……………………………………………………………………… (466)
图40　东巴经典《高勒趣传略》 ………………………………………………………………………… (466)
图41　东巴经典《黑白战争》 …………………………………………………………………………… (467)
图42　东巴经典《创世记》 ……………………………………………………………………………… (467)
图43　美国国会图书馆藏纳西东巴经典《超荐东巴什罗》封面及第一页 …………………………… (468)
图44　煟桑时所用的木里日科东巴经《烧天香经》 …………………………………………………… (468)
图45　东巴经典《创世纪》首页 ………………………………………………………………………… (469)
图46　纳西东巴文社会经济文书对折装样本 …………………………………………………………… (469)
图47　纳西东巴文社会经济文书散页装样本 …………………………………………………………… (469)
图48　中央民族大学博物馆藏白地东巴经典《鸡蛋占卜》 …………………………………………… (470)
图49　平头木牌画 ………………………………………………………………………………………… (470)
图50　用手掌图示标注的纳西族八卦图 ………………………………………………………………… (471)

二　哥巴文古籍

图51　哥巴文标注的纳西族祭风仪式用的木牌 ………………………………………………………… (471)
图52　李霖灿编著、和才读音《麽些标音文字字典》书影 …………………………………………… (472)
图53　东巴文与哥巴文混写标注的东巴教木牌画 ……………………………………………………… (472)
图54　哥巴文东巴文对照书写的纳西东巴经典
　　　《祭祀东巴什罗丧仪经典》 …………………………………………………………………… (472)
图55　分四栏书写的哥巴文纳西东巴经典样本 ………………………………………………………… (473)
图56　分六栏书写的纳西哥巴文写本样本 ……………………………………………………………… (473)
图57　东巴文书写的东巴经典《鲁般鲁饶》和用东巴文、哥巴文混写的东巴经典《鲁般鲁饶》
　　　版式比较 ………………………………………………………………………………………… (473)
图58　纳西哥巴文东巴文对照经典 ……………………………………………………………………… (474)
图59　杨树高主编《世界的记忆人类的遗产——世界记忆遗产纳西东巴古籍文献》书影 ………… (474)
图60　东巴经典《东巴文字符与哥巴文字符对照字符集》纸本 ……………………………………… (475)
图61　《东巴文字符与哥巴文字符对照字符集》木刻雕版 …………………………………………… (475)
图62　东巴文与哥巴文对照书写的纳西《加威灵》的封面 …………………………………………… (476)

图 63	中央民族大学古籍研究所藏哥巴文书写的东巴经典	(476)
图 64	纳西东巴经典，东巴文哥巴文对照本《沃姆达艮》	(477)
图 65	哥巴文书写的东巴文经典封面和首页	(477)
图 66	法国藏汉字标注本哥巴文东巴经典写本之一	(478)
图 67	法国藏汉字标注本哥巴文东巴经典写本之二	(478)
图 68	法国藏汉字标注本哥巴文东巴经典写本之三	(478)
图 69	法国藏汉字标注本哥巴文东巴经典写本之四	(479)
图 70	法国藏汉字标注本哥巴文东巴经典写本之五	(479)
图 71	英国藏哥巴文与东巴文对照书写的东巴经典封面及首页	(479)
图 72	英国藏哥巴文与东巴文对照书写的东巴经典之正文	(479)
图 73	哥巴文书写的经典黑底白字的版式	(480)
图 74	云南省丽江市图书馆藏哥巴文经典	(480)
图 75	德国藏哥巴文书写的凑纳古仪式专用咒语写本	(480)
图 76	大英博物馆藏哥巴文书写的东巴经典	(481)
图 77	方国瑜编撰，和志武参订的《纳西象形文字谱》书影	(481)
图 78	英国藏哥巴文书写的东巴经典	(481)
图 79	李霖灿、张琨、和才合著的《麽些象形文文字、标音文字字典》	(482)
图 80	和志武标注的哥巴文东巴经典	(482)

第六章　纳西族古籍珍品图片及说明　447

图1　纳西族东巴经典及经板夹　通常按仪式分类后分别存放，同一类经典两侧用经板夹放整齐后，用皮绳捆绑后置放于藏经处所。

图2　《纳西东巴文与纳西哥巴文对照字符集》　木刻雕版样本之东巴文序文篇，该字符集系丽江长水东巴和泗泉、和学道主持雕刻于1943年，实收录东巴文477个字符，哥巴文427个字符。

图 3 《纳西东巴文与纳西哥巴文对照字符集》 木刻雕版样本之正文样本之一。

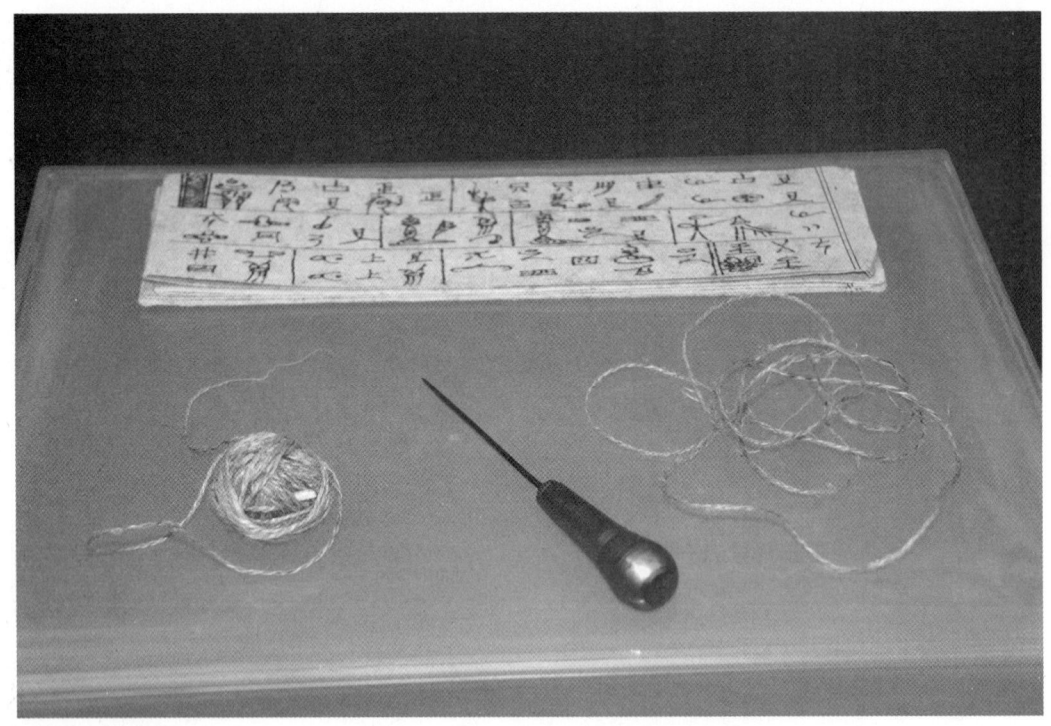

图 4 装帧东巴经典用的工具 左为麻绳团，中为装订时打孔用的锥子，一般的经书通常在左侧边沿钻孔，穿系麻绳或纸捻、皮绳等装订而成。

第六章 纳西族古籍珍品图片及说明 449

图 5 传抄东巴经典专用纸样本 纳西族传统的造纸法，用构树皮为原料制成。

图 6 书写纳西东巴经典所用的"墨" 通常是由锅底烟灰搅拌骨胶水等黏物而成。后期的传抄过程中，也有用墨汁书写的经典。

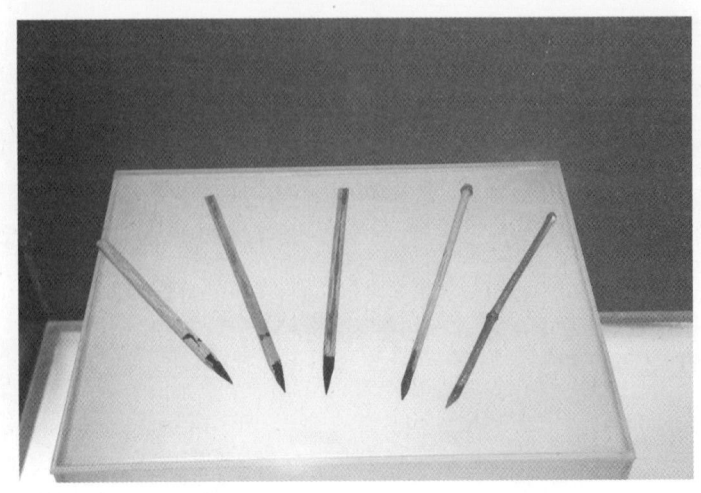

图7　书写传抄东巴经典专用的竹笔　系用竹竿削尖斜面，蘸锅烟墨书写经文。

图8　迪庆白地东巴经师和志本传《东巴巴格图图谱》

该图谱构型简洁古朴。纳西族干支、方位、时间等推背图。据东巴经记载，最早卜书取自盘孜沙美女神处，途中被金龟吞，后请施所多知三弟兄射龟，才取出卜书。金龟临死前大叫"金、水、木、火、土"五声，五行遂出。在巴格图中，箭穿龟身，箭尾向东，箭柄木制，故东方甲乙木；龟头向南，嘴吐火焰，故南方丙丁火；箭头穿龟身向西，镞用铁制，故用西方庚辛金；龟尾向北，排放尿水，故北方壬癸水；龟之五脏六腑变成土地，故中央戊己土。纳西族的五行，分为阴、阳二性，等于汉族10个天干：阳木（甲），阴木（乙）、阳火（丙）、阴火（丁）、阳铁（戊）、阴铁（己）、阳水（庚）、阴水（辛），阴土（壬），阳土（癸）。十二属相相当于汉族的地支：鼠位·正北方下（子宫），牛位·东北隅（丑宫），虎位·正东方上位（寅宫）·正西方上（申宫），鸡位·正西方下（酉宫），狗位，西北隅（戌宫），猪位·正北方上（亥宫）。图谱中的四方四隅，等于汉族八卦方位：狗位（乾位·西北隅），北方（坎位·正北方），牛位（艮位·东北隅），东方（震位·正东方）；龙位（巽位，东南隅），南方（离位，正南方），羊位（坤位·西南隅），鸡位（兑位，正西方）。巴格图推算60花甲的方法与汉族相似：阳木鼠（甲子）、阴木牛（乙丑）、阳火虎（丙寅）、阴火兔（丁卯）、阳土龙（戊辰）、阴土蛇（己巳）、阳铁马（庚午）、阴铁羊（辛未）、阳水猴（壬申）、阴水鸡（癸酉）、阳木狗（甲戌）、阴木猪（乙亥）。

图 9 周汝诚传《东巴巴格图图谱》　该图中有阴阳，外围 12 生肖和四方。

图 10 维西叶枝纳西族东巴经典《指路经》之一页

图 11 东巴经典《祭祀北岳三朵神经典》　一般认为是用纳西东巴文记录的白语咒语和卦辞。主要在祭祀纳西族最大保护神三多神的仪式中诵读。

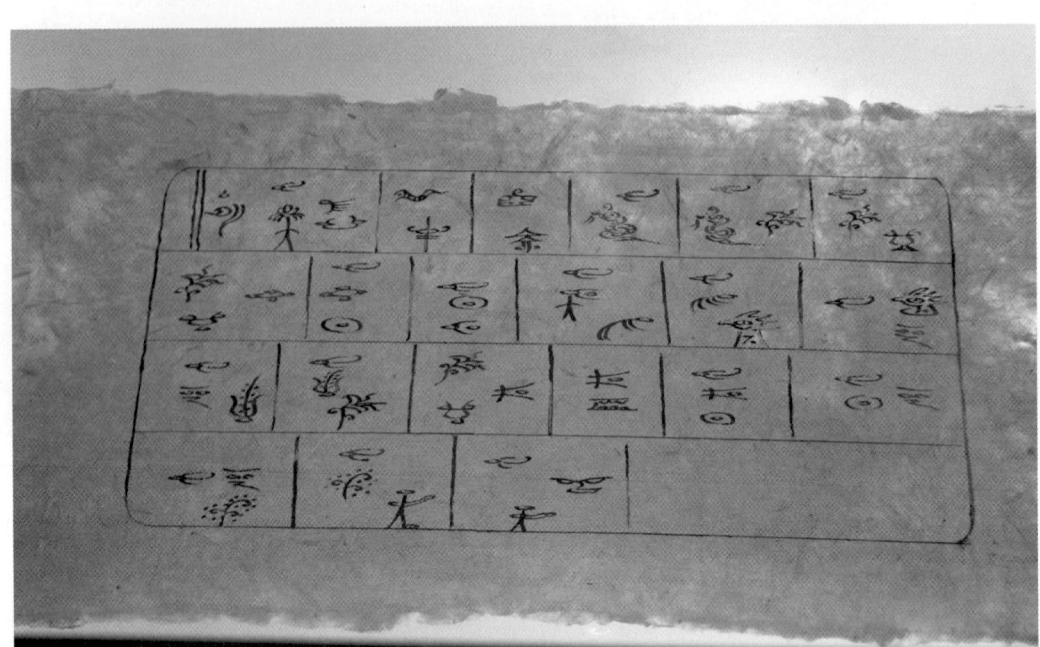

图 12 《东巴传承世系谱牒》 记录本家族世袭的历代东巴的名号,以确定世系和传承历程。

图 13 东巴经典《巴格占卜经典》正文片段

图 14 哈佛大学哈佛—燕京学社图书馆所收藏的纳西东巴经典《东巴什罗的身世》之封面及首页

图 15 东巴经典《巴格占卜经典》　　主要用以推演天文历法、占卜厄运、生死疾病、婚嫁择吉日等以规定生活规范。

图 16 东巴经典《生育占卜经典》 主要依据母亲怀孕的时间、年龄属相，以及在巴格图中的灵魂所处的位置，卜算子女的生辰和一生的吉凶祸福。

图 17 东巴经典《掷海贝占卜经典》 四川木里县俄亚纳西族东巴经典，用五枚海贝掷两次算一卦，以海贝的朝向的次数与五行相结合，后查阅本经典定吉凶。

图 18　东巴经典《抽线卦占卜经典》　求卜者随意抽经典右侧线端，随即查阅相应图文，以卜知吉凶。

图 19　东巴经典《异象占卜经典》　纳西族先民认为，世间诸多有别于常态之异象往往与凶祸或吉兆有关联，对凶祸的异象需要举行专门的东巴教禳解仪式，以除祸避灾。此经典主要用以结合异象发现时的时间及其相应属相占吉凶。

图 20 东巴经典《二十八星宿占卜经》 结合二十八星宿星轮图，确定具体日期与星空中具体当值星宿的关系，查阅此经择定吉日、卜测忌日。

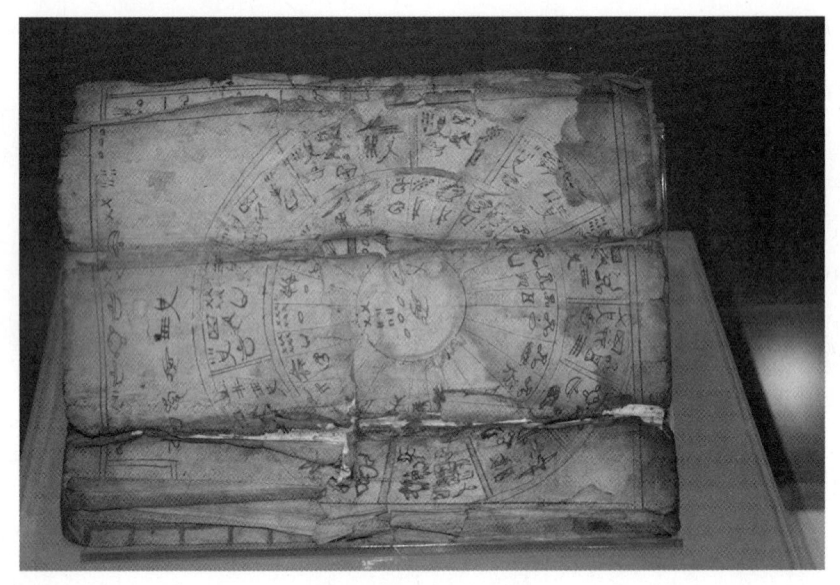

图 21 《东巴经典·二十八宿星轮图》 纳西族二十八宿见载于东巴经典《星轮》之中。它与汉族二十八宿及星相名的对应情况如下：1. 六星角（昴星）、2. 六星身（毕宿）、3. 红星星（毕宿五）、4. 三星角（参星）、5. 三星身（伐星）、6. 亮星水边（天狼星）、7. 亮星水尾（南河星）、8. 雉鹰星（南斗星）、9. 碱泉星（鬼宿）、10. 猪嘴星（轩辕十四）、11. 猪背星（轩辕十二）、12. 猪油星（太微右恒）、13. 鹰星（五帝座）、14. 蕊星角（织女角）、15. 蕊星花（织女花）、16. 蕊星胛（织女胛）、17. 蕊星脚（织女脚）、18. 蕊星耳（织女耳）、19. 蕊星颈（织女颈）、20. 蕊星身（织女身）、21. 蕊星胃（织女胃）、22. 豪猪头（牛郎身）、23. 豪猪尾（牛郎尾）、24. 马星（瓠爪星）、25. 蛙嘴星（室宿）、26. 蛙沫星（壁宿）、27. 黑雷星（娄宿）、28. 塔星（胃宿）。

第六章 纳西族古籍珍品图片及说明 457

图 22 东巴经典《择吉日经》 按纳西族传统历法测算日期；为出行、狩猎、耕作、争讼、婚嫁、建房等活动卜吉凶，选吉日、占忌日。

图 23 东巴经典《占卜病因经典》 主要结合病人发病时之月、日、时及其相应属相配合，根据病症卜知病因和祛病方法。

图 24 纳西东巴文地契砖刻残部 发现于丽江市古城区宝山乡本科湾村,系清末刻制,主要记载田地买卖双方及田地名称、地理位置、地价、中介人、契文书写者等内容。今存残砖于丽江市博物院。

第六章 纳西族古籍珍品图片及说明 459

图 25 和万宝主编的《纳西东巴古籍译注全集》一百卷书影　此套全集荣获国家图书奖最高奖，云南人民出版社印行 500 套。

图 26 从 1962 年到 1965 年整理翻译的东巴经典样本　共译出一百四十多本经典，但由于未及时回收归档和条件所限，因此只石印了《崇搬图》、《董述战争》、《鹏龙争斗》、《碧庖卦送》、《献冥马》、《拯救什罗祖师经》、《高勒趣招魂》、《迎净水》、《古生土称和亨命素受的故事》、《普称乌璐》、《庚空都知绍》、《超度沙劳阿包》、《多格绍·本绍》、《崇仁丽恩解秽经》、《安铺余资命》、《虎的来历》、《俄伊都奴杀水怪的故事》、《崇仁潘迪找药》、《挽歌》等具有代表性的经典 22 本问世，图为石印本的样品。

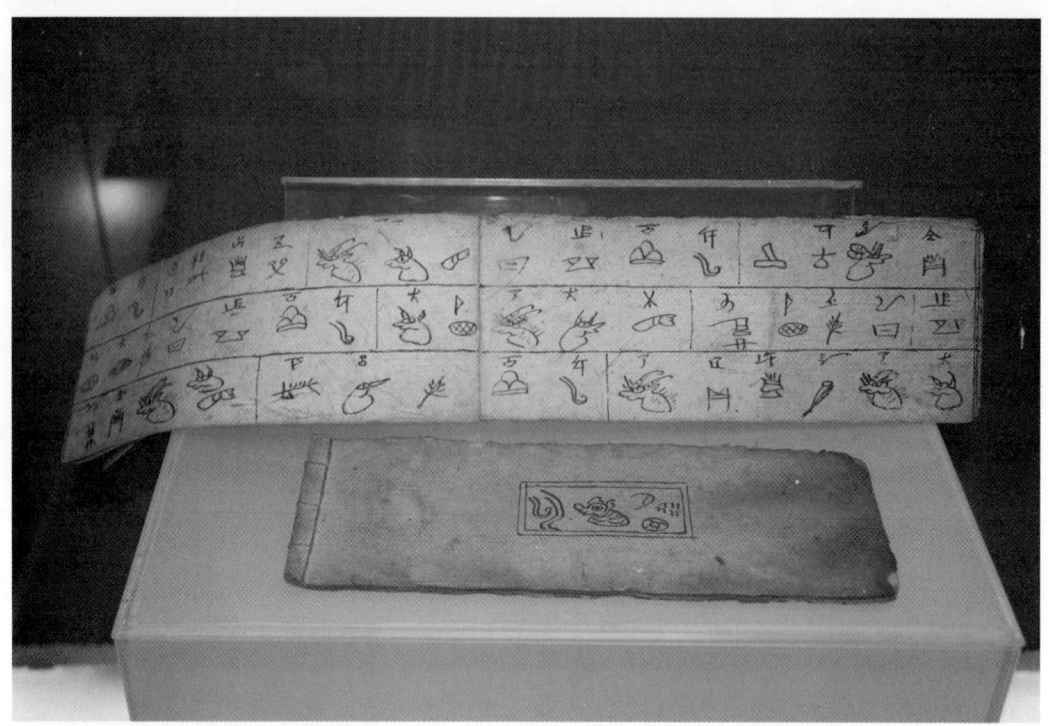

图27 东巴经典《东巴文字符与哥巴文字符对照字符集》纸本

图28 东巴经典《六十甲子占卜图谱》 绘有天干地支、五行、九宫等内容，用以推算吉凶，也用作推算历法、时间的经典。

第六章 纳西族古籍珍品图片及说明 461

图29 1950年国庆节前纳西族代表、著名历史学家方国瑜教授代表麽些族（即1954年民族识别之前纳西族的旧称）敬献给毛泽东主席的锦旗 原件收藏于北京民族文化宫。

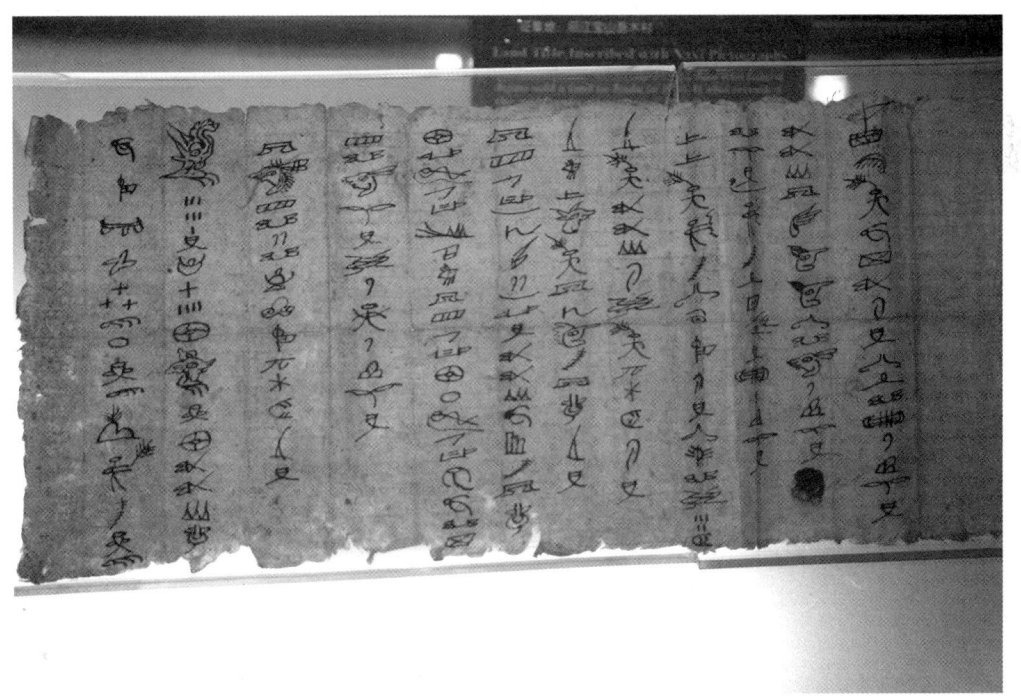

图30 纳西东巴文纸本地契 记录清光绪年三十年（1904）七月三十日的一桩土地买卖契约，记录有买卖双方及中介人、契约书写者、地价、见证人等内容，发现于丽江市古城区宝山悟母村。

图 31　纳西东巴占卜经典《用敏威九宫占卜婚姻经典》

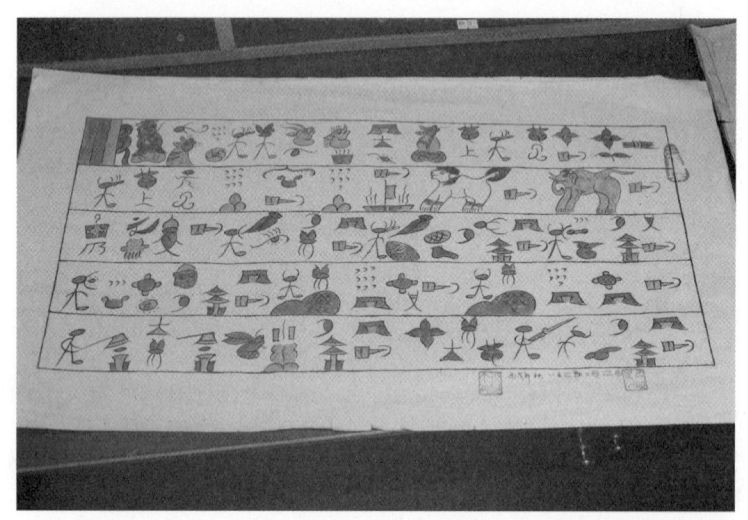

图 32　东巴经典封面书题、彩绘及装订样本

图 33 东巴经典《东巴舞蹈规程来历》

图 34《超荐东巴什罗仪式专用舞蹈规程》 主要记载专门为东巴教祭司东巴举行的丧仪中，东巴弟子向东巴教祖师东巴什罗祈请加授威灵时专用法仪舞蹈的类型、展演程序及部分法仪舞的跳法。系四川木里纳西族东巴经典之一。

图 35　东巴教祭祀仪式中的胜利神及神兽、吉祥法宝图符的纸牌画　作为祭祀对象悬挂于神坛背景位置。

图 36　东巴经典《超荐殉情缢死鬼经》

图 37 彩色佐拉卦加注东巴文图经

图 38 东巴经典《尔兹命》（上下册） 又译为《饮食的来历》。

图 39 东巴经典《朵厄图萨传略》

图 40 东巴经典《高勒趣传略》

第六章 纳西族古籍珍品图片及说明 467

图 41 东巴经典《黑白战争》

图 42 东巴经典《创世记》

图 43　美国国会图书馆藏纳西东巴经典《超荐东巴什罗》封面及第一页

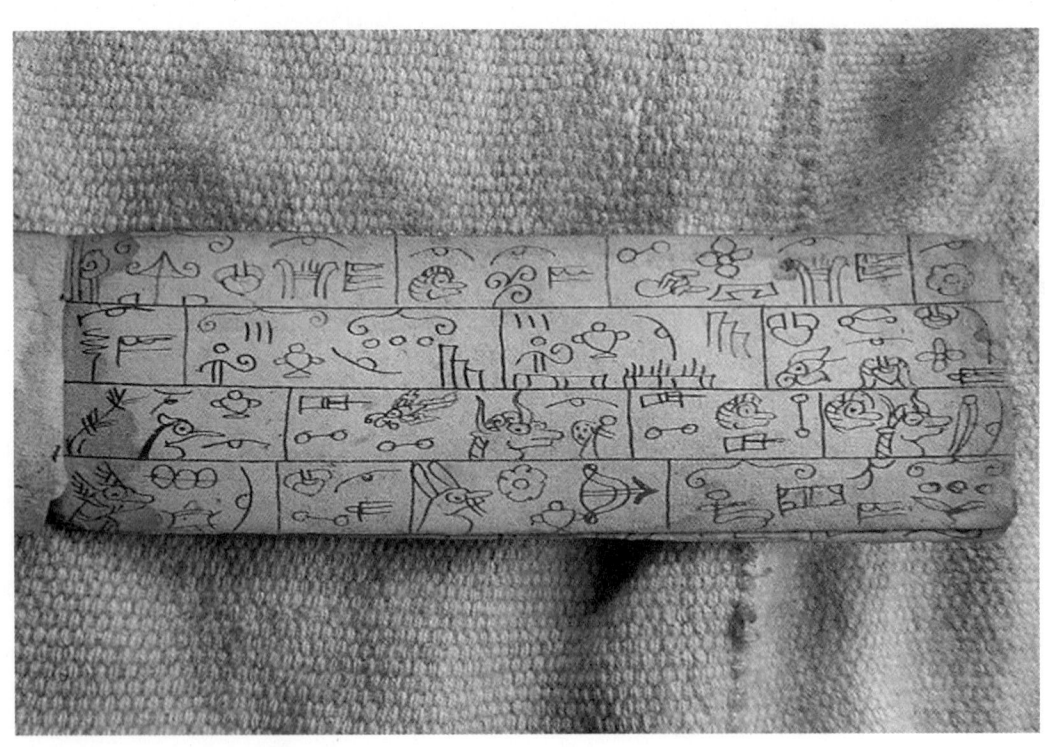

图 44　煨桑时所用的木里日科东巴经典《烧天香经》

第六章　纳西族古籍珍品图片及说明　469

图 45　东巴经典《创世纪》首页

图 46　纳西东巴文社会经济文书对折装样本

图 47　纳西东巴文社会经济文书散页装样本

图 48 中央民族大学博物馆藏白地东巴经典《鸡蛋占卜》

图 49 平头木牌画 所画内容为鬼魅形象,用东巴文标注其名号,木牌画的历史渊源十分久远,一般认为与敦煌烽燧中出土的秦汉时期的木牌有关联;此外与彝族的毕摩所用的鬼板,藏族苯教仪式中所用的羌谱间当有直接渊源关系。

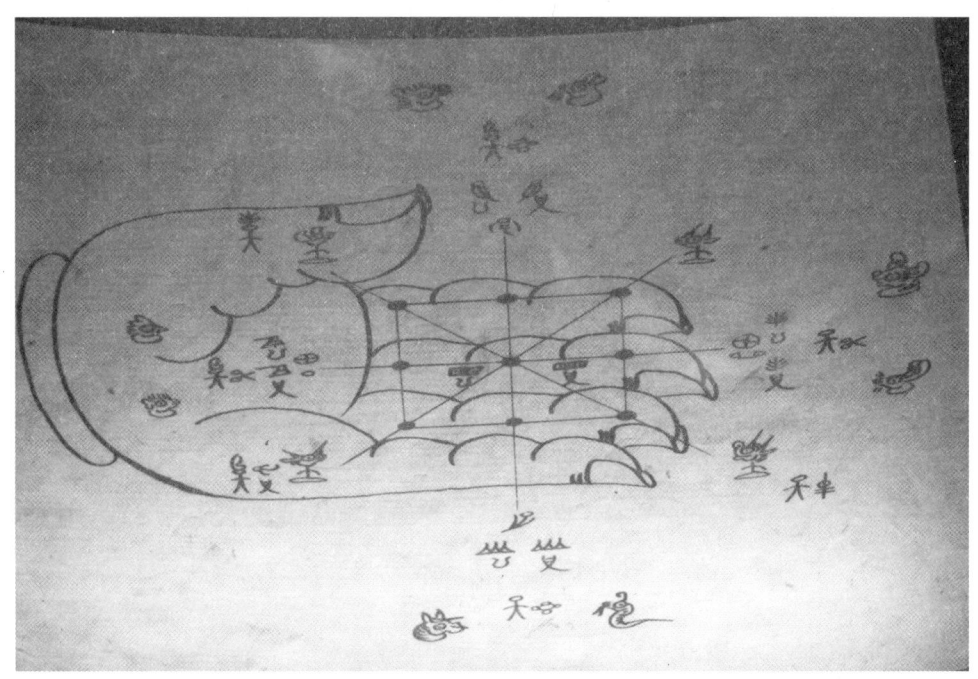

图 50 用手掌图示标注的纳西族八卦图，系东巴和学志所收藏　此种图示实为龟（蛙）体八卦图的变体之一，用东巴文标注十二生肖，四方四隅；五行元素的互相配对关系，看似复杂，实则十分方便实用，熟悉龟（蛙）体八卦图的东巴，大都能在举手之间占卜或测算前述各要素的关系。

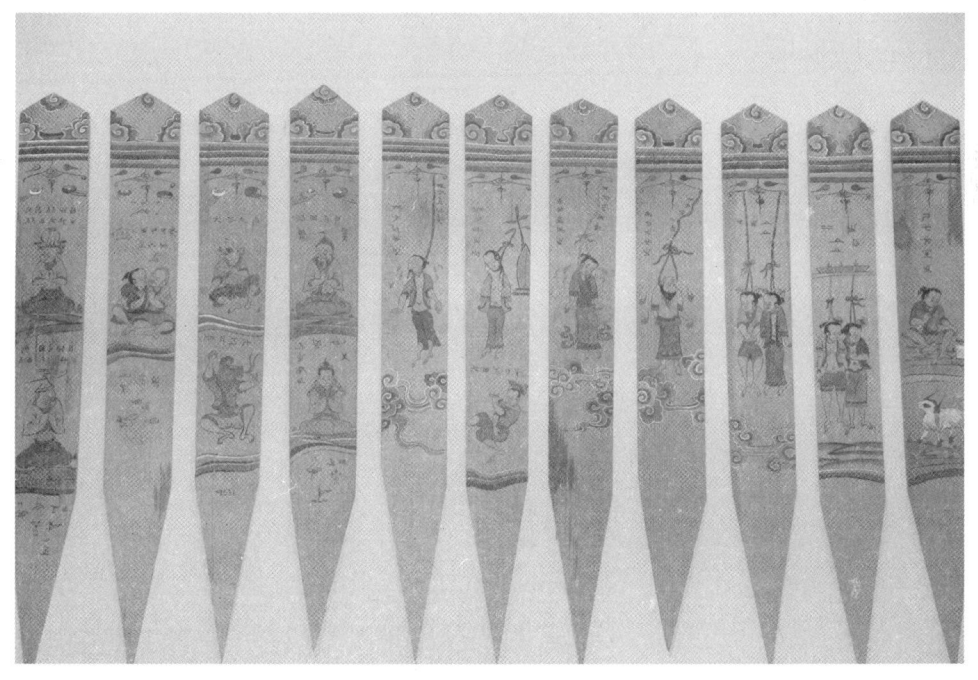

图 51　哥巴文标注的纳西族祭风仪式用的木牌

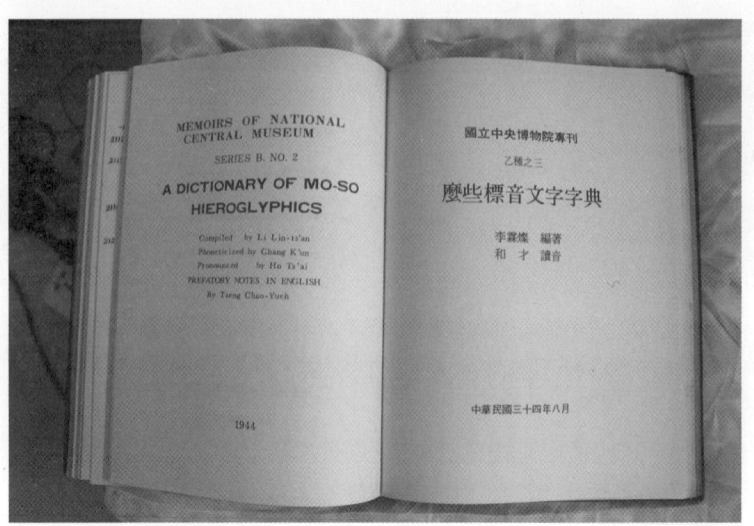

图 52 李霖灿编著、和才读音的《麽些标音文字字典》书影

图 53 东巴文与哥巴文混写标注的东巴教木牌画

图 54 哥巴文东巴文对照书写的纳西东巴经典《祭祀东巴什罗丧仪经典》

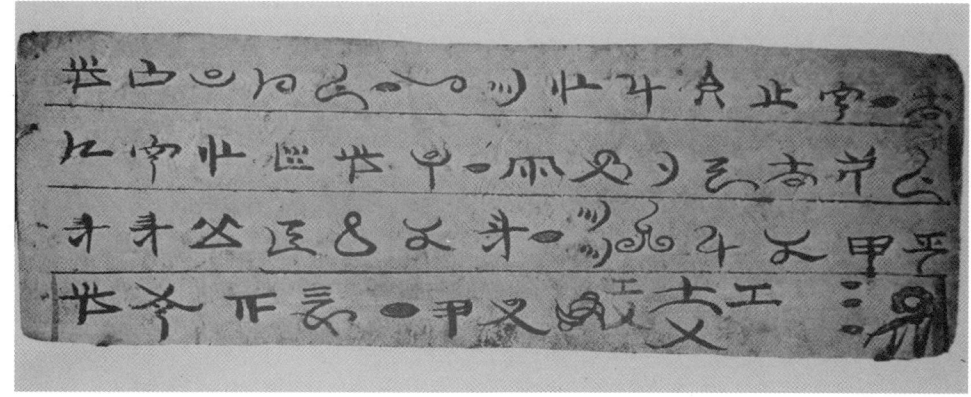

图 55　分四栏书写的哥巴文纳西东巴经典样本

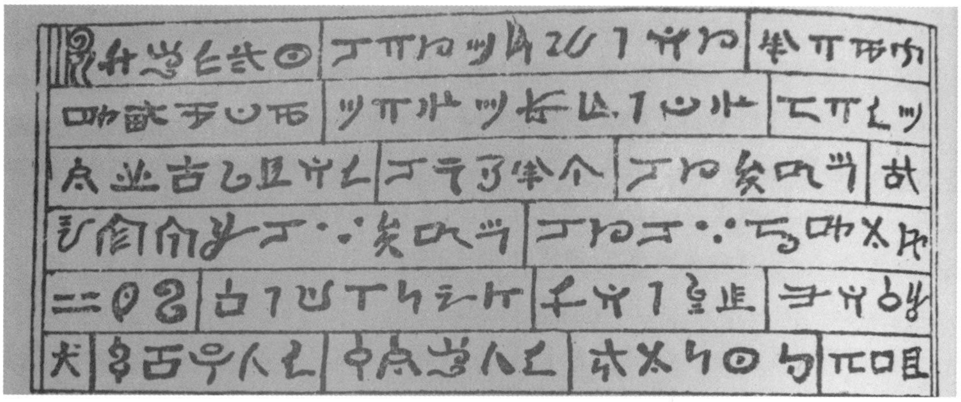

图 56　分六栏书写的纳西哥巴文写本样本

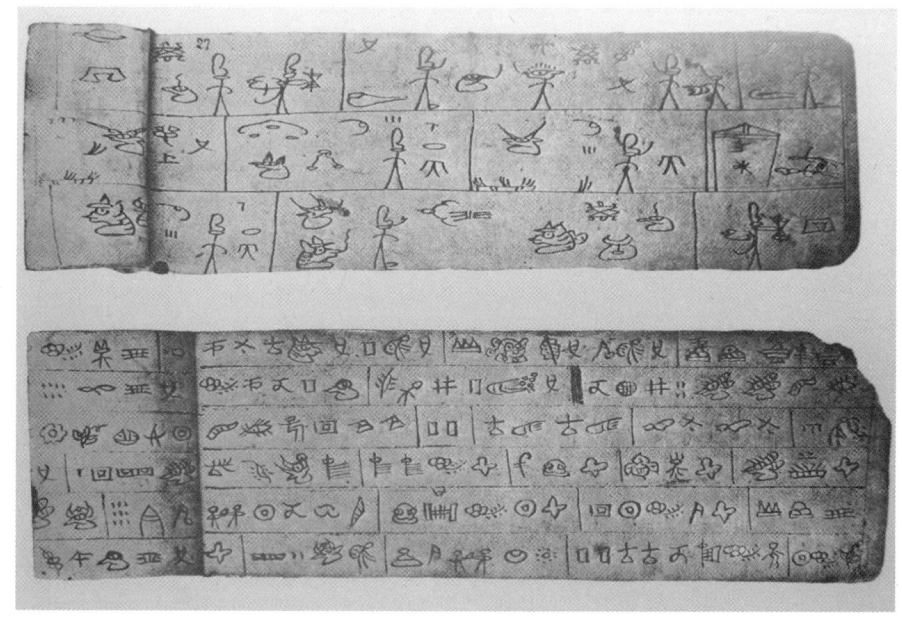

图 57　东巴文书写的东巴经典《鲁般鲁饶》和用东巴文、哥巴文混写的东巴经典《鲁般鲁饶》版式比较

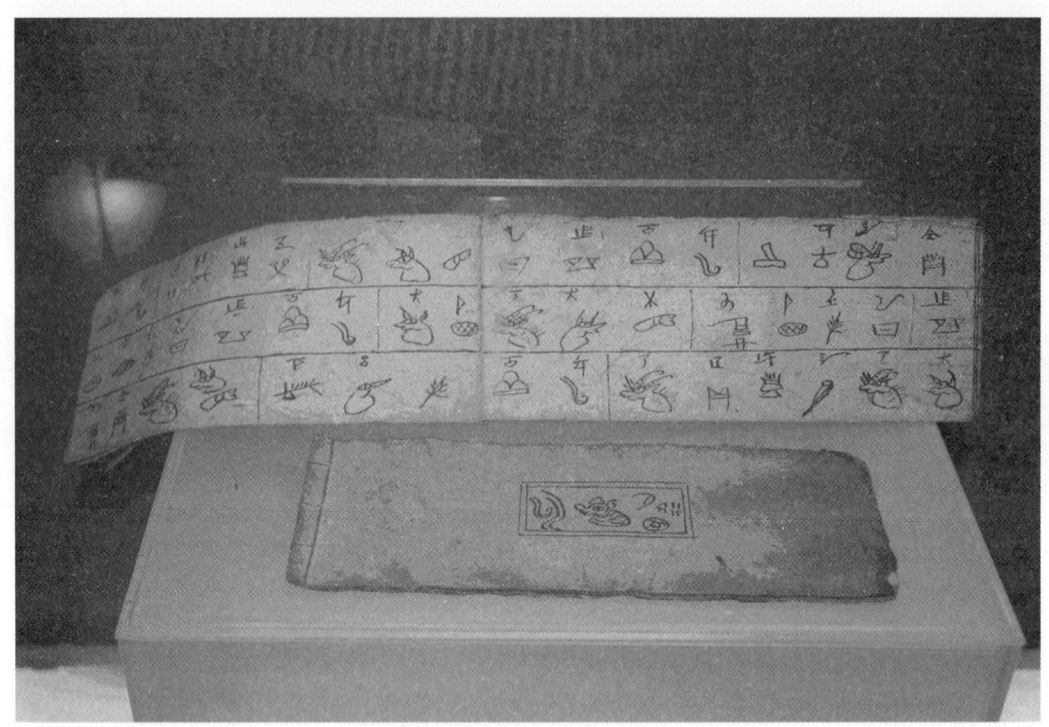

图 58　纳西哥巴文东巴文对照经典

图 59　杨树高主编《世界的记忆人类的遗产——世界记忆遗产纳西东巴古籍文献》书影

第六章 纳西族古籍珍品图片及说明 475

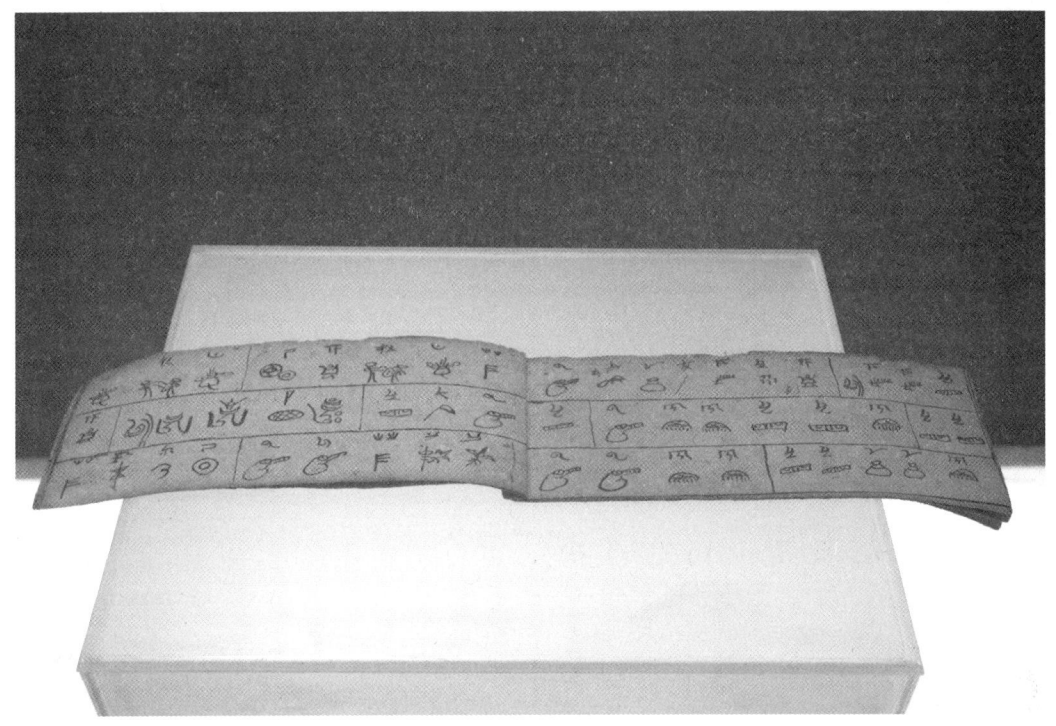

图 60 东巴经典《东巴文字符与哥巴文字符对照字符集》纸本

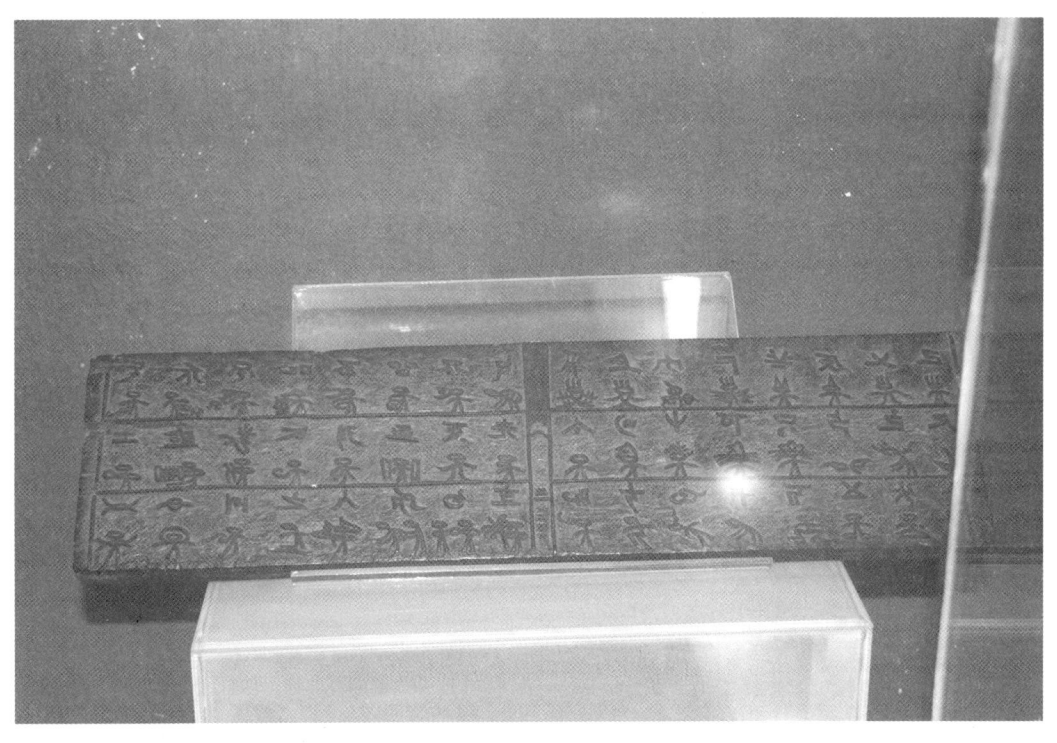

图 61 《东巴文字符与哥巴文字符对照字符集》木刻雕版

图 62　东巴文与哥巴文对照书写的纳西东巴经典《加威灵》的封面

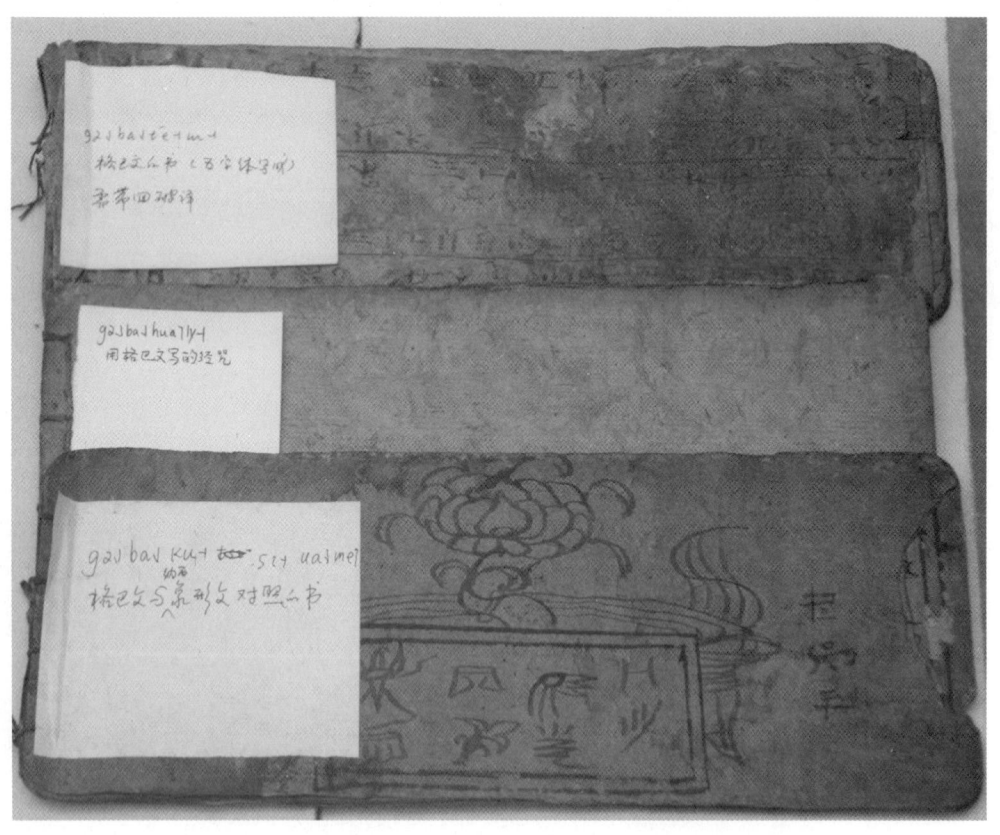

图 63　中央民族大学古籍研究所藏哥巴文书写的东巴经典

图 64 纳西东巴经典，东巴文哥巴文对照本《沃姆达艮》 系丧葬仪式专用经典，记载为死者亡魂燃灯祈福时所念诵的经咒。

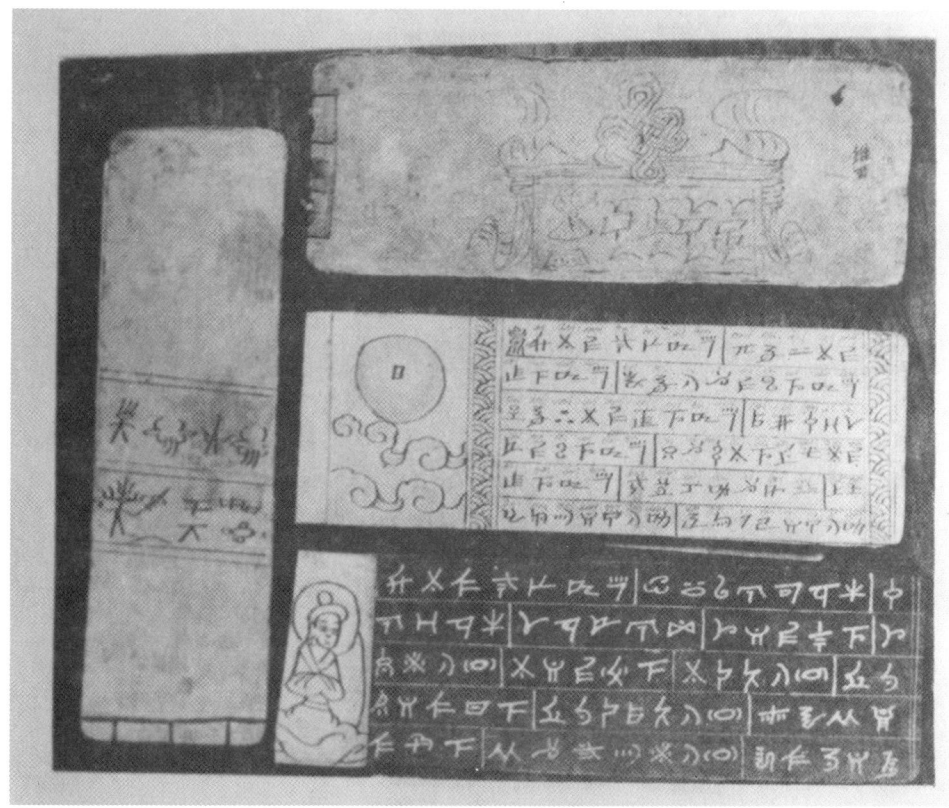

图 65 哥巴文书写的东巴文经典封面和首页

图 66　法国藏汉字标注本哥巴文东巴经典写本之一

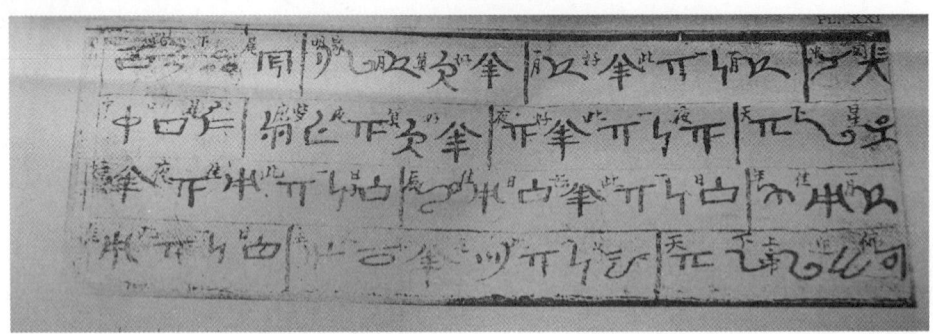

图 67　法国藏汉字标注本哥巴文东巴经典写本之二

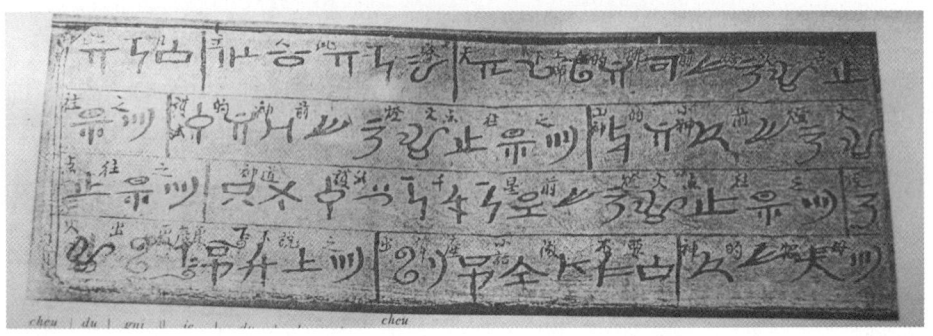

图 68　法国藏汉字标注本哥巴文东巴经典写本之三

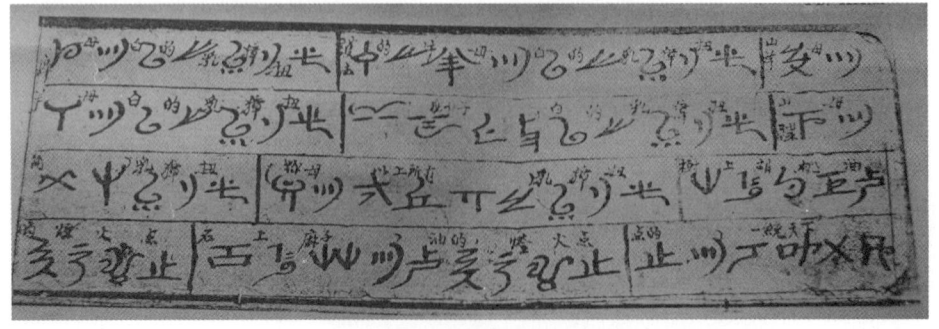

图 69　法国藏汉字标注本哥巴文东巴经典写本之四

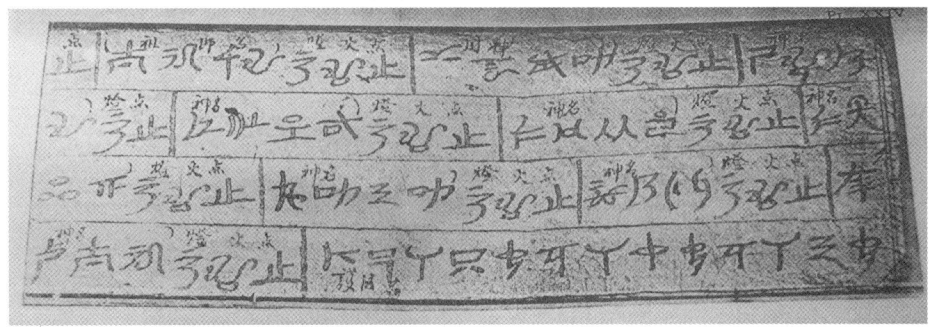

图 70　法国藏汉字标注本哥巴文东巴经典写本之五

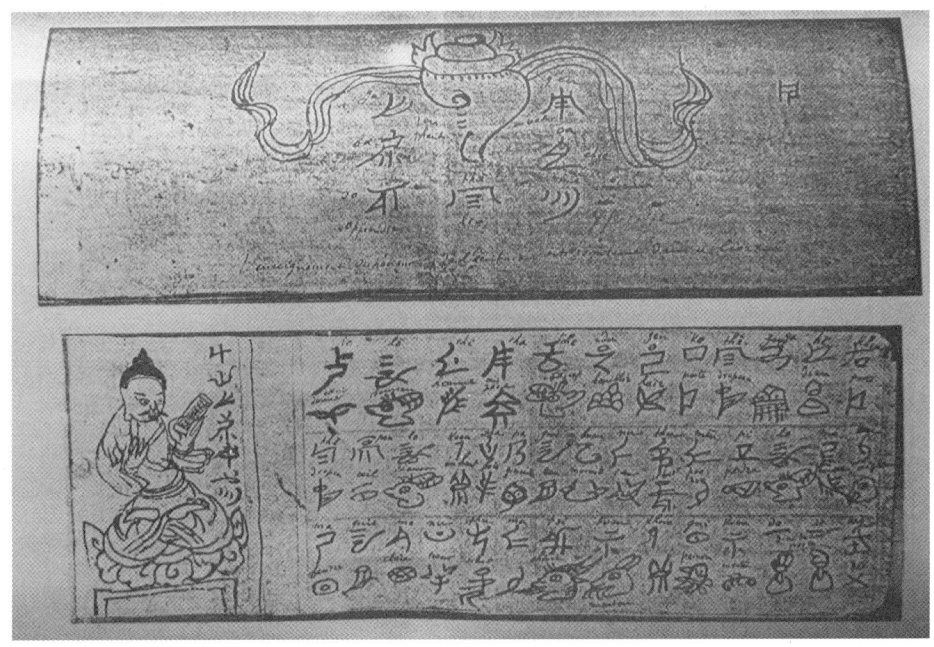

图 71　英国藏哥巴文与东巴文对照书写的东巴经典封面及首页

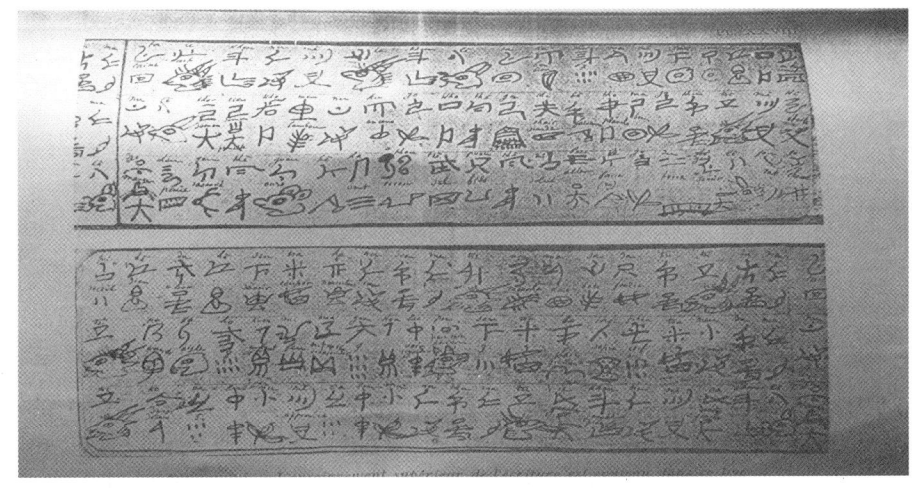

图 72　英国藏哥巴文与东巴文对照书写的东巴经典之正文

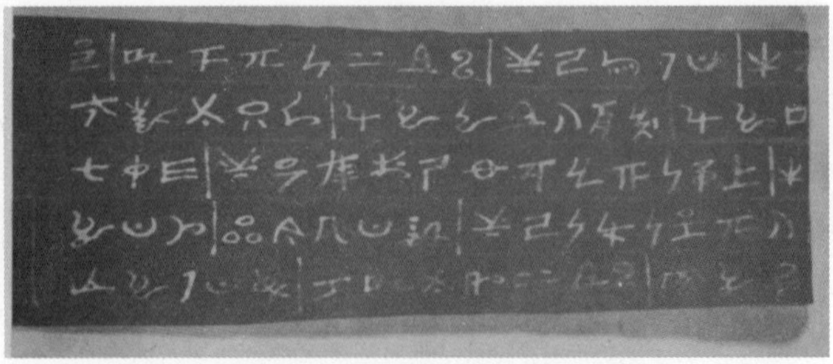

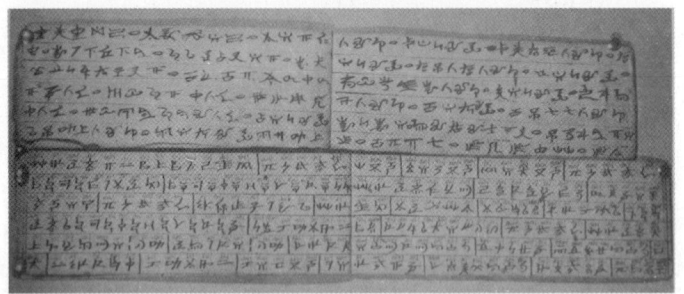

图 73　哥巴文书写的经典黑底白字的版式

图 74　云南省丽江市图书馆藏哥巴文经典

图 75　德国藏哥巴文书写的凑纳古仪式专用咒语写本

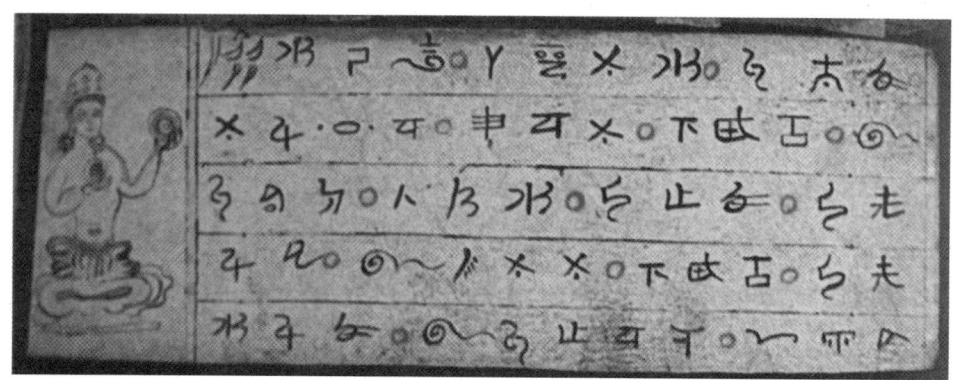

图 76 大英博物馆藏哥巴文书写的东巴经典

图 77 方国瑜编撰，和志武参订《纳西象形文字谱》书影　是 20 世纪 80 年代以来纳西东巴文研究的代表作之一。

图 78 英国藏哥巴文书写的东巴经典　明显受藏文影响的哥巴文东巴经典。

图 79 李霖灿、张琨、和才合著的《麽些象形文文字、标音文字字典》 曾先后在四川李庄、香港、台北、昆明等地出版数版。

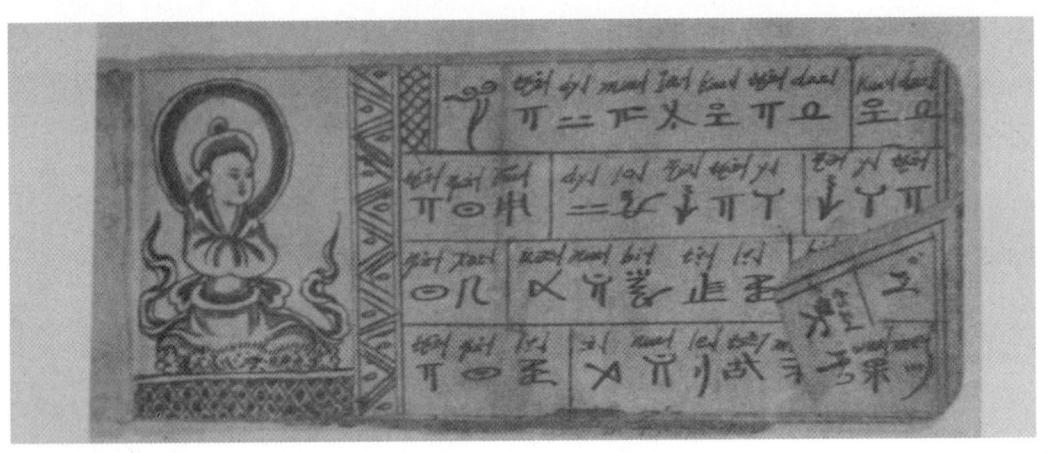

图 80 和志武标注的哥巴文东巴经典

第 七 章

纳西族古籍珍品释读

一 东巴经典《人类迁徙记》节译

封面　tsho³¹ mbər³³ thv³³
人类　迁徙　出处来历　《人类迁徙记》

第1页

a³³ la³³ mə³³　ʂər⁵⁵ȵi³³，mɯ³³ lɯ³³ tʂ u⁵⁵ kv³³ zɿ³³ lu³¹　se³¹　　　xo³¹　　kv⁵⁵　　zɿ³³，
远古的　　时候　天 下 混沌 时代 阳神阴神　相合、唱和　会　时代

sər³³ dzɿ³¹ dʑi³³ kv⁵⁵　zɿ³³，　lv³³　　gɯ³³　tɑ⁵⁵ kv⁵⁵ zɿ³³
木 生 走 会 时代　　石头　　裂开　　说话 会 时代

dy³¹ dɯ³¹ tʂɿ³³　lv³³　ly⁵⁵ly³³　thv³³　thɯ³³　zɿ³³
地 大 土　石　摇荡　　出　那　时代

mɯ³³ ne³¹ dy³¹ lɑ³³ mə³³ thv³³　　nɯ³³，
　天　与 地 也 没 出现　　（话题标记）

muɯ³³ ne³¹ dy³¹ ɤo³¹ ɤɯ³³ me³³ sɿ³³ sy³¹ ka³³ nɯ³³ thv³³,
天　 与　 地　影子　 好（名物标记）三　样　前　就　出现

bi³³ ne³¹ le³¹ lɑ³³ mə³³ thv³³ nɯ³³,
日 　与　月　也　没　出现（话题标记）

bi³³ ne³¹ le³¹ ɤo³¹ ɤɯ³³ me³³, sɿ³³ sy³¹ ka³³ nɯ³³ thv³³,
日　 与　月影子　好（名物标记）　三　样　前　就　出现

kɯ³¹ ne³¹ zɑ³¹ lɑ³³ mə³³ thv³³ nɯ³³,
星　 与　饶星也　没　出现（话题标记）

kɯ³¹ ne³¹ zɑ³¹ ɤo³¹ ɤɯ³³ me³³, sɿ³³ sy³¹ ka³³ nɯ³³ thv³³,
星　 与　饶星影子　好　（名物标记）三　样　前　就　出现

ndʐy³¹ ne³¹ lo³¹ lɑ³³ mə³³ thv³³ nɯ³³.
山　 与　谷　也　没　出现（话题标记）

ndʐy³¹ ne³¹ lo³¹ ɤo³¹ ɤɯ³³ me³³ sɿ³³ sy³¹ ka³³ nɯ³³ thv³³,
山　 与　谷　影子　好　（名物标记）三　样　前　就　出现

tɕy⁵⁵ tʂ hu³¹ sɿ³³ sy³¹ ɤɯ³³ me³³ ŋgv³³ kv⁵⁵ thv³³,
最　早　三　样　好（名物标记）九　个　出现

ŋgv³³ sy³¹ ɤɯ³³ me³³ a³¹ me³³ ŋgv³³ kv⁵⁵ thv³³。
九　样好　（名物标记）　母亲　九　个　出现

第2页

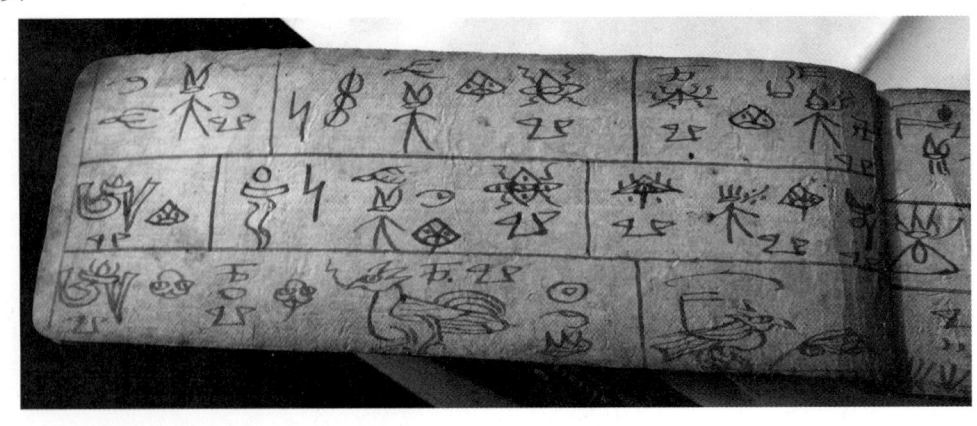

ŋgɯ³³ ne²⁴ mə³³ ŋgɯ³³ thv³³, tse³¹ ne²⁴ mə³³ tse⁵⁵ thv³³,
真　 与　不　真　出现　实　与　不　实　出现

tɕy⁵⁵ tʂ hu³¹ dɯ³³ tʂ hər⁵⁵ ŋgɯ³³ ne²⁴ tse³¹ nɯ³³ pɯ³³ pa³³ be³³，
最　早　一　代　真　与　实（具格标记）化育　做

ɣo³³ xər³¹ mbu³³ dɯ³¹ lu⁵⁵ la³³ the³¹ nɯ³³ thv³³，
松石绿　光明　大　团圆　那里　由　出现

tɕy⁵⁵ tʂ hu³¹ dɯ³³ tʂ hər⁵⁵ ɣo³³ xər³¹ mbu³³ dɯ³¹ lu⁵⁵ la³³ pɯ³³ pa³³ be³³，
最　早　一代　松石绿　光明大　团圆　化育　做

ʑi³³ gv³¹ ɣo³³ kə³¹ the³¹ nɯ³³ thv³³，tʂ y⁵⁵ tʂ hu³¹ dɯ³³ tʂ hər⁵⁵，
依古窝格　那（从由标记）出现　最早　一代

ŋgɯ³³ ne²⁴ tse⁵⁵ nɯ³³ pɯ³³ pa³³ be³³，
真　与　实（具格标记）化育　做

ɣo³³ xər³¹ mbu³³ dɯ³¹ lu⁵⁵ la³³ thv³³，
松石绿　光明　大　团圆　出现

tɕy⁵⁵ tʂ hu³¹ dɯ³³ tʂ hər⁵⁵，nɯ³³ pɯ³³ pa³³ be³³，ʑi³³ gv³³ ti³³ na³¹ the³¹ nɯ³³ thv³³，
最　早　一　代（主格标记）化育　做　依古丁纳那里　由　出现

ʑi³³ gv³¹ ɣo³³ kə³¹ pɯ³³ pa³³ be³³，kv³³ phər³¹ dɯ³³ ly³³ thv³³，
依古窝格 化育　做　蛋白　一　个　出现

kv³³ phər³¹ pɯ³³ pa³³ be³³，a³¹ phər³¹ dɯ³³ me³³ thv³³，
蛋白 化育 做 鸡公 一 只 出现

mi³¹ tsɿ⁵⁵ ɕi³³ mə³³ ndʐy³¹，n̩ə³³ mi³¹ n̩ə³¹ le³³ tsɿ⁵⁵，
名取　人　没 有　自己名自己 来 取

mɯ³³ lɯ⁵⁵ du³¹ dzɿ³³ gə³³ ɣɯ³³ ʐy³¹ ɣɯ³³ ma⁵⁵ le³³ mi³¹，
美 利 都 孜（属格标记）恩玉　恩玛 来名

ɣɯ³³ ʐy³¹ ɣɯ³³ ma⁵⁵ nɯ³³ ʂua²⁴ ʂua³¹ mɯ³³ nɯ³³ ndʑi³³，
恩玉　恩玛（主格标记）高　高　天（处所格标记）飞

第 3 页

mɯ³³ʂua³¹kv³³ thv³³　mɯ³³ʂua³¹ko⁵⁵mə³³ndʐy³¹，
天　高　顶上　出现　天　高　间　没　有

tshe⁵⁵ phv⁵⁵ dy³¹ ȵə³¹ khu³³　bɯ³³　　tsɿ⁵⁵，
叶　撒　地　上　铺展（将行体标记）（示证标记）

ɣɯ³³ʑy³¹ ɣɯ³³ma⁵⁵ ndʑi³³kv⁵⁵ ndʑi³³mə³³ȵi³¹，tsho³³kv⁵⁵ tsho³³mə³³ȵi³¹，
恩　玉　恩　玛　飞　会　飞　不要　　跳　会　跳　不要

ndʐɿ³¹lɯ⁵⁵　ka³³　mə³³lv⁵⁵ py³³ pha³¹ɣo³¹mə³³ȵi³¹ ŋgu³³kho³³ʂu³¹ tʂu³¹ tho⁵⁵mə³³ȵi³¹，
酋官吏（趋向前缀）不团结祭司 巫师灵验不要　马　蹄　铁　掌　塞　不要

ly³³ tha⁵⁵ tsɿ³¹ mə³³ȵi³¹，ŋga³³ tha⁵⁵ ɕi⁵⁵ mə³³ȵi³¹．
矛　快　竖立 不要　剑　快　弯曲 不要

ɣɯ³³ʑy³¹ ɣɯ³³ma⁵⁵ thɯ³³，mɯ³³ʂua³¹kɯ³¹ a³¹bv³¹，
恩　玉　恩　玛　它　天　高　星　崖　下

ʂua²⁴ʂua³¹ mɯ³³nɯ³³　ndʑi³³，mɯ³³gə³³tɕi³¹ phər³¹sɿ⁵⁵ thɯ³³ndzər⁵⁵ le³³kv³¹ khə⁵⁵ be³³，
高　高　天（具格标记）飞　天（属格标记）云　白　三　朵　抽　取来　窝　做

tɕi³³ phər³¹kv³¹ khə⁵⁵ lo³¹，kv³³ phər³¹ ŋgv³³dzɿ³¹ thv³³，
云　白　窝　里　蛋　白　九　对　出现

le³³tɕi³³，kv³³ phər³¹ thɯ³³ ŋgv³³ dzɿ³¹　dɯ³³ dzɿ³¹ phər³¹ne²⁴ʂa³¹ thv³³ xə³¹；
来 存放 蛋　白　那　九　对　　一　对　盘　与　禅　出（已行体标记）

dɯ³³ dzɿ³¹ ga³³　ne²⁴ ɣo³¹ thv³³ xə³¹；
一　对　胜利神 与　财神　出（已行体标记）

dɯ³³dzɿ³¹lu³¹ne²⁴se³¹thv³³xə³¹；　　　dɯ³³dzɿ³¹du³¹ne²⁴tse³¹thv³³xə³¹；
一　对　阳神　与　阴神　出（已行体标记）　一　对　真　与　实　出（已行体标记）

dɯ³³dzɿ³¹mo³³ne²⁴ɣɯ³¹thv³³xə³¹；　　　dɯ³³dzɿ³¹lər⁵⁵ne²⁴tʂhə⁵⁵thv³³xə³¹；
一　对　麽　与　好　出（已行体标记）　一　对　量　与　丈　出（已行体标记）

dɯ³³dzɿ³¹tər³¹ne²⁴la³³thv³³xə³¹；
一对　酋长　与　刺（已行体标记）

dɯ³³dzɿ³¹tər³¹ne²⁴la³³thv³³xə³¹；dɯ³³dzɿ³¹lər⁵⁵ne²⁴tʂhə⁵⁵thv³³xə³¹；
一对　　出　（已行体标记）　一对　　出　　（已行体标记）

第 4 页

dɯ³³dzɿ³¹kv⁵⁵ne²⁴sɿ³¹thv³³xə³¹；　　　dɯ³³dzɿ³¹lər⁵⁵ne²⁴tʂhə³³thv³³xə³¹；
一　对　酋会与　知　出（已行体标记）　一　对　量者与　测者　出（已行体标记）

dɯ³³dzɿ³¹ndzɿ³³ne²⁴lɯ⁵⁵thv³³xə³¹；　　　dɯ³³dzɿ³¹py³¹ne²⁴pha³¹thv³³xə³¹；
一对　官　与　量者　出（已行体标记）　一　对　祭司与　巫师　出（已行体标记）

dɯ³³dzɿ³¹dzi³³ne²⁴tsho³¹thv³³xə³¹；　　　dɯ³³dzɿ³¹phər³¹ne²⁴na³¹thv³³xə³¹；
一　对　人　与　人　出（已行体标记）　一　对　白　与　黑　出（已行体标记）

thɯ³³ŋgu³¹ma⁵⁵dɯ³³tʂər⁵⁵，ʑi³³gv³³ti³³na³¹pɯ³³pa³³be³³，
其　跟随后　一　代　依古丁纳　化育　做

kv³³na³¹dɯ³³ly³³thv³³．kv³³na³¹pɯ³³pa³³be³³，
蛋黑　一个出现　蛋　黑　化育　做

a³¹na³¹dɯ³³me³³thv³³，　　　mi³¹tsɿ⁵⁵ɕi³³mə³³ndʑy³¹，
鸡黑　一　只出现　　　名　给　人　没有

nə³³mi³¹nə³¹le³³tsʅ⁵⁵，　　muɯ³³lɯ⁵⁵sʅ³¹ndzʅ³³　gə³³　fv⁵⁵dʑi³³a³¹na³¹le³³mi³¹be³³，
自己 名 自己 来 取　　美 利 述 孜（属格标记）　碳　鸡 黑 来 名 做

fv⁵⁵dʑi³³a³¹na³¹pɯ³³pa³³be³³，kv³³na³¹ŋgv³³dzʅ³¹thv³³.
　碳　鸡　黑 化育　做　蛋　黑　九　对 出现

dɯ³³dzʅ³¹tshʅ³¹ne²⁴nə³¹thv³³xə³¹；　　tɕy⁵⁵tʂhu³¹dɯ³³tʂhər⁵⁵，
一　对　鬼　与　忸　出（已行体标记）　最　早　一　代

phv³³la³¹ŋgv⁵⁵be³¹go³³mɯ³³thv³³；pɯ⁵⁵dzʅ³¹be³³mə³³kv⁵⁵；
菩 萨 九 兄弟 天 出现　师 傅　做 不 会

mɯ³³ŋgv³³ŋgi³³li³³go³³lo³³thv³³le³³　dzə³¹；
天　震　叽 哩 嘁　啰 出现 又　有

第 5 页

ȵi³³me³³thv³³，dv³³phər³¹tsʅ³¹　zʅər³¹tshʅ⁵⁵le³³tɕi³³，
太　阳　出　　海螺　白　竖立　柱子 建 来 放

ʑi³³tʂhʅ³³mɯ³¹ɣo³³xər³¹tsʅ³¹　zʅər³¹tshʅ⁵⁵le³³tɕi³³，
水 流　下　松石 绿　竖立　柱子 建 来 放

ȵi³³me³³gv³¹tʂhu³¹na³¹tsʅ³¹　zʅər³¹tshʅ⁵⁵le³³tɕi³³，
太 阳　落　玉 髓 黑 竖立　柱子 建 来 放

Xo³¹gv³³lo³¹xa³³ʂʅ³¹tsʅ³¹　zʅər³¹tshʅ⁵⁵le³³tɕi³³，mɯ³³ne³¹dy³¹ly⁵⁵gv³³，
霍　古 罗 金 黄　竖立 柱子 建 来 放　天　与　地 中 间

mɯ³³tv³³ʂu³¹zʅər³¹tsʅ³¹　zʅər³¹tshʅ⁵⁵le³³tɕi³³，phv³³la³¹ŋgv³³be³³gv³³
天　撑 铁 柱 竖立 柱子 建 来 放　菩 萨　九　兄弟

mɯ³³thv³³pɯ⁵⁵dʐɯ³¹be³³，mɯ³³khu³³mə³³lv³¹　ɣo³¹　nɯ³³　　　tʂu⁵⁵le³³thv³³，
天 出现 师傅 做　　天 门　不 严整 绿松石（具格标记）接续 又 能

mɯ³³dɯ³¹mə³³ŋgo³³lo³³，la³³mi⁵⁵ʂər³³me⁵⁵xe³¹，
天 大 不 嘁啰　 虎 女 七 姐 妹

dy³¹kho⁵⁵miə³¹　gə³³　pɯ⁵⁵dʐʅ³¹be³³dy³¹khu³³mə³³lv³¹　lv³³　nɯ³³　tse⁵⁵
地 开辟 眼睛（属格标记）师傅　做 地 门 不 严整 石头（具格标记）砌

lv³³ŋgɯ³³mə³³lv³¹　tʂʅ⁵⁵ʂʅ³¹tʂhər³³nɯ³³　ʐə³¹thɯ³³ŋgɯ³¹ma⁵⁵dɯ³³tʂhər⁵⁵
石 头 不 严整 土 黄 泥（具格标记）糊 其 跟随 后 一 代

ɣɯ³³ʑy³¹ɣɯ³³ma⁵⁵nɯ³³　kv³³bv³¹ma⁵⁵mə³³tsha⁵⁵gə³³　dɯ³³ly³³ʐu³¹le³³tɕi³³
恩 玉 恩 玛（具格标记）蛋 孵 后 没有 裂开（属格标记）一个 拿 来 放

kv³³bv³¹ɕi³³mə³³ŋdʑy³¹，tshʅ³³mu³³tshʅ³³sʅ⁵⁵xe³³，
蛋 孵化 人 没 有　　冬 季 冬 三 月

tshʅ³³mbe³³phər³¹nɯ³³　bv³¹bv³¹　le³³thv³³　mə³³ȵi³¹
冬雪 白（具格标记）　孵化孵化 又 出现 不 能

ȵə³¹mu³³ȵə³¹sʅ⁵⁵　xe³³ȵə³¹xər³³phər³¹nɯ³³　　bv³¹　bv³¹le³³thv³³mə³³ȵi³¹
春 季 春 三 月春 风 白 （具格标记）孵化 孵化又出现 不 能

ʐu³¹mu³³ʐu³¹sʅ⁵⁵xe³³ʐu³¹xər³³na⁵⁵nɯ³³　　bv³¹　bv³¹　le³³thv³³mə³³ȵi³¹
夏季 夏 三月 夏 风 黑（具格标记）孵化 孵化 又 出现 不 能

tshʅ⁵⁵mu³³tshʅ⁵⁵sʅ⁵⁵xe³³　tshʅ⁵⁵xər³³tʂʅ³¹nɯ³³　bv³¹　bv³¹le³³thv³³mə³³ȵi³¹
秋季 秋 三月　　秋 风　土（具格标记）孵化 孵化又出现 不 能

kv³³ʑy³¹xɯ⁵⁵lo³¹khɯ⁵⁵，ua³³nɯ³³　xər³³　phər³¹　thv³³，
蛋 拿 海里 放　　左（主格标记）风　　白　　　起

ʑi³¹　nɯ³³　xər³³　na³¹　thv³³　xər³³thv³³xɯ⁵⁵kua⁵⁵ʐə³³kv³³ndʑi³³a³³bə³¹tha⁵⁵，
右（主格标记）风 黑　起 风 起 海摇 晃 蛋 飞 崖 面 撞

a³¹　la³³　mbi³³ʑi³³mba³³ʑa³³gv³³　dɯ³³gv³³thv³³a⁵⁵sʅ³¹ʂu⁵⁵ʑy³¹tɕhy³³，
崖 也 闪 烁 觉察 一 个 出 父亲 鸡冠 生 族裔

ʂu⁵⁵ sɿ³³ le³³ mə³³ ʑy³¹ kho³³ sɿ³¹ le³³ ʑy³¹ tshɿ³¹
鸡冠　又　不生　　角　先　又　生来

第 6 页

khɯ³³ ʂər³¹ mɯ³³ thv³³ xɯ³³　　kɯ³¹ dzɿ³¹ mɯ³³ʂər⁵⁵ xɯ³³
脚　长天　出现（已行体标记）星　长　天　满（已行体标记）

a³¹ me³³ tʂə³¹　ʑy³¹　tɕhy³³ tʂə³¹　sɿ³³ le³³ mə³³ ʑy³¹ bə³³ sɿ³³ le³³ ʑy³¹ tshɿ³¹
母亲 爪子　生　族裔　爪子　先又　不　生　脚掌先　又　生　来

bə³³　pha⁵⁵　dy³¹　khu³³　xɯ³³
脚掌　赤　　地　辟　（已行体标记）

a³¹ me³³ no³³ ʑy³¹ tɕy³³，　 no³³ sɿ³³ le³¹ mə³³ ʑy³¹ fv³³ sɿ³³ le³³ ʑy³¹ tshɿ³¹，
母亲 绒毛 生 族裔　绒毛 先　又 不生　毛　先 又 生来

fv³³ tshe³³ z̩ə³¹　piə⁵⁵　xɯ³³　　z̩ə³¹ ʑy³¹ dy³¹　ʂər⁵⁵　xɯ³³
毛毛　草　变（已行体标记）草　生　地　　满（已行体标记）

dʑi³³ tho³¹ kv⁵⁵ nɯ³³　　ndzɿ³¹，kv⁵⁵ ȵə³¹ le³³ ʂə⁵⁵ khɯ⁵⁵，
房　后　会（主格标记）居住　会　上　又说　去

kv⁵⁵　zo³³ mə³³ kv⁵⁵ tsɿ⁵⁵　　kv⁵⁵　tho³¹ le³³ ndzɿ³¹ xɯ³³
会　儿子　不会（示证标记）会　背后又　居住 去

dʑi³¹ ka³³ sɿ³³ nɯ³³　　ndzɿ³¹，sɿ³¹　 ȵə³¹ le³³ ʂə⁵⁵ khɯ⁵⁵，
房　前　知（主格标记）居住 知　上　又　说　去

sɿ³³ zo³³ mə³³ sɿ³³　tsɿ⁵⁵　　sɿ³³ ka³³ le³³ ndzɿ³¹ xɯ³³
知 儿子 不 知（示证标记）知　前　又 居住 去

xo³¹ gv³³ lo³¹　lu³¹ khu³³ khɯ³³ ŋə³¹ thv³³ lu³¹ mbe³³ nɯ³³ kho⁵⁵
霍 古 罗　阳神门　　口　处 到 来

dɯ³³ kho⁵⁵ dɯ³³ mba³¹ me³³
一　宰　一　叫（确定标记）

ɣo³¹　xər³¹ mɯ³³ ndʐər³¹ mɯ³³ ŋgv³³ the²⁴ ȵi³¹ gv³³
松石　绿　龙　　　天　震　类似　觉察

miə³¹ nɯ³³　tʂʅ⁵⁵ do³³ me³³ mi³³ mba³¹ tshi⁵⁵ do³³ the²⁴ ȵi³¹ gv³³
眼睛（主格标记）所　见　的　火　花　闪烁　一　样　成

ʑi³³ tʂʅ³³ mɯ³¹ se³¹ khu³³ khɯ³³ ȵə³¹ thv³³ se³¹
水　流　下　阴神门　口　处　到（完成体标记）

ŋga³³ tha⁵⁵ nɯ³³　　kho⁵⁵ mu³¹ kho⁵⁵ sʅ³³ mba³¹ ne³¹
剑　锋利（具格标记）宰　牛　宰　三　叫声（进行体标记）

tʂʅ³³ lv³³ nə⁵⁵ nə³³ the²⁴ ȵi³¹ gv³³
土　石　动荡　类似　觉察

ɣɯ³³ ɕi⁵⁵ nɯ³³　　tv⁵⁵ tʂhu³³ me³³　　mi³³ ɕi⁵⁵ ʂʅ³¹ xər³¹ the²⁴ ȵi³¹ gv³³　　kv³³ ʐy³¹ mɯ³³ kɯ⁵⁵ xɯ³³
恩　舌（具格标记）伸缩着（已行体标记）彩虹　黄　蓝　成（已行体标记）头　拿　天　变（已行体标记）

ɣɯ³³ nɯ³³ dy³¹　kɯ⁵⁵ xɯ³³　　tʂhər⁵⁵ nɯ³³　bi³³ kɯ⁵⁵ xɯ³³　　sər⁵⁵ nɯ³³　le³³ kɯ⁵⁵ xɯ³³
皮（具格标记）地　变（已行体标记）肺（具格标记）日　变（已行体标记）肝（具格标记）月　变（已行体标记）

ʂʅ³³　nɯ³³ tʂʅ³³ kɯ⁵⁵ xɯ³³　　ɣo³³ nɯ³³　　lv³³ kɯ⁵⁵ xɯ³³　　sa³³ nɯ³³　dzi³¹ kɯ⁵⁵ xɯ³³
肉（具格标记）土　变（已行体标记）骨头（具格标记）石　变（已行体标记）血（具格标记）水　变（已行体标记）

bv³³ nɯ³³　zʅ³³ kɯ⁵⁵　xɯ³³ xo³¹ nɯ³¹　a³¹ kɯ⁵⁵ xɯ³³　　ma³³ nɯ³³ ndzər³¹ kɯ⁵⁵ xɯ³³
肠（具格标记）路　变（已行体标记）肋巴骨（具格标记）崖 变（已行体标记）尾巴（具格标记）树木变（已行体标记）

fv³³ nɯ³³　zə³¹　¹kɯ⁵⁵　xɯ³³
毛（具格标记）草　变（已行体标记）

意译
鸿蒙邃古之时，天体是会颤动的，阳神与阴神之间处于混沌状态未分出彼此。树木生长起来都会自己走路，石头开口也会说话，整个大地都处在动荡飘摇中。
此时，天地、日月、星辰、山峦、沟壑、木石都还未出现，世间最先出现的是三种好的影子。紧接着实和不实出现了，真与不真出现了，它们之间出现交媾，化育产生了绿松石一般翠蓝的光明的晕圈。同时出现了黑玉髓一般邃密而硕大的亮光一圈，这两个光圈发生交媾化育，出现了依古丁纳大神和依古窝各大神。它们化育出了一个白色的蛋，白蛋化育出了一只白鸡，这只白鸡没人给它取名字，只得自己起名叫恩玉恩玛。它翱翔飞往无尽的高空，天高无尽处，无法飞遍茫茫苍宇。它把树叶铺在大地上，把所有的树叶铺在地上也无法铺满，恩玉恩玛只得在苍穹中星星崖壁上停宿，它高飞飞不尽高空，低飞却无法落地，能飞的不能飞，会跳的不会跳，大酋长和小酋长发生冲突，祭司与卦师互相伤害不显灵。马掌铁也钉不上。

恩玉恩玛只得在苍穹中星星崖壁上筑窝，它从云彩里抽取了三朵白云来做窝，拿它从地上带来的三棵草做被窝，在白云青草筑就的窝里面生出了九对白蛋。在九对白蛋中一对生出了盘神和禅神；一对生出了阴神和阳神；一对生出了量神和测神；一对生出了官和吏；一对生出了男卜师和女巫；一对生出了孛人和纳人。

此后那一代，有依古丁纳化育之下，化育出了一个黑色的蛋，黑蛋化育出了一只黑鸡，这只黑鸡没人给它取名字，只得自己起名叫牟利述孜，它生出了九对黑蛋，一对生出了鬼和尤；一对生出了耽与刺；一对生出了水怪和妖怪；一对生出了祁与吉；在最早的那一代中，神人九兄弟还不会做开天的活儿；神女七姐妹想去做辟地的活儿。

把东方的白海螺立柱竖起来；把南方的绿松石立柱竖起来；把西方的黑玉髓立柱竖起来；把北方的金黄色立柱竖起来。把天地之间的撑天铁柱立起来。

神之九兄弟，成了开天的工匠，为了避免开天后，高远辽阔的苍天，空旷震荡和响动不歇止，天门如不严丝合缝，可以用绿松石弥合。

如果大地被劈开之后，地面上的缝隙如果没有对齐，虎女七姐妹，会辟地的技师们，可以用黄泥糊住缝隙。

接着其下一代。恩玉恩玛拿出来一个没有孵化的蛋，却没人来孵蛋。冬季三个月，由冬雪来抱蛋，却仍孵不出后代。

春季三个月，有春风来抱蛋，却仍孵不出后代。夏季三个月，由夏雨来抱蛋，却仍孵不出后代。

秋季三个月，由秋泥抱蛋，却仍孵不出后代。于是把蛋放入大海中，刹那间，大海左边刮白风，右边起黑风。大风卷起海里的巨浪汹涌起伏。白蛋被大风裹挟着漂流四处，最后撞在海边的崖石上，崖石间放射出闪亮的光芒。头上先长出角而不是冠子的族裔问世了，其父族是头生冠子的族系，他的母族是脚生爪子的族系，可他的脚上没长出爪子而是先长出了脚掌，他用赤脚掌开辟了辽阔的大地。他的母族是身上长绒毛的族裔的后代，他却没有先长出绒毛，而是先长出了羽毛，羽毛变成了草，大地长满了绿草。

屋后有个能者，向能者请教改变这种现象的办法，能者说他无计可施，遂回到屋后了。

房前有个智者，向智者请教出现这种现象的原因，智者说他无可奉告，又回到了房前。

来到卢神家门口，屠宰的声响和嚎叫声响彻四方，犹如绿松石天龙震荡天宇一般轰鸣，眼前所见的一切犹如火花一般闪烁。

来到南方沈神家门口，听见锋利屠刀杀牛的三声叫声，地面晃动震荡不停。恩恒的舌头伸缩着，溢出蓝色和黄色，变成了天上的彩虹。头变成了天，皮变成了地，肺变成了太阳，肝变成了月亮，肉变成了土，骨头变成了石头，血变成了岩崖，尾巴变成了树木，体毛变成了青草。

二 东巴经典《挽歌》译注

（一）解题：

这本写本题名为：mu⁵⁵ ndzər³³ a⁵⁵ le³¹ dzͬu³³，（song of dead，relating the origin of bitterness）直译为：苦难来历经，因归属于丧葬仪式中念诵的经典，故有时也译为"挽歌"。骆克收藏本，因、本经典情节完整，行文流畅，书法字体明晰简洁，堪为东巴经典中不可多得的精品，故特别摘译全文，原本系骆克私藏东巴经典之第 7020 号，收录于《纳西族丧仪》（Funeral ceremony of¹ Na²khi, Studia Instu Anthropos, Vol 9.），本文系从骆克音标注音基础上译出，并重新做了语法分析、校注和解释。

（二）内容摘要：

主要回顾已故祖先的恩泽，重叙民族迁徙史上重要的地名，回溯祖先的艰辛开创之功，同时为亡魂指示回归祖先故地的路径。其次，通过叙述人祖历经千辛万苦寻找寿岁的历程；人与世间的动植物的荣衰过程的比较告知后人有生必有死，必须经历由盛而衰的生命轨迹的道理。晓谕后人，承袭祖先恩泽，践行其精神。全书计 18 页。

（三）英文摘要（略）

（四）所属仪式：

丧葬仪式中的指路仪式。（仪式内容略）

第 1 页

1) o³³!   a³¹sɿ³¹ ta⁵⁵   le³¹   dzͬu³³
 开首语 父亲 关联 (语缀) 苦难

2) ɣuə³³   sɿ³¹ ta⁵⁵   le³¹ dzͬu³³
 我们 (自称) 父亲关联 (语缀) 苦难

3) dzͬu³³ thv³³ kv³³ mə³³ ʂə⁵⁵ dzͬu³³ ndzo³¹ ʂə⁵⁵
 苦难 出 处 不 说 苦难 相关 说

mə³³ ȵi³¹
不　要

4) dẓu³³ pɯ⁵⁵ kv³³ mə³³ ʂə⁵⁵
　 苦难　启　处不　说

5) dẓu³³ ndzo³¹ mbe³³ mə³³ ȵi³¹
　 苦难相关　作　不　要

6) a³¹ tshe³¹ dzi³³ mə³³ dẓu³³
　 原　初　人类不　苦难

7) dẓu³³ thv³³ mɯ³³ lɯ⁵⁵ ʂu³¹ lo³¹ kho³³ nɯ³³ thv³³
　 苦难初始　美　利　水洛　河口① (从由格标记) 初始

8) dẓu³³ pɯ⁵⁵ mɯ³³ lɯ⁵⁵ ʂu³¹ lo³¹ kho³³ nɯ³³ pɯ⁵⁵
　 痛苦　缘起　美　利　水　洛　河口 (从由格标记) 缘起

9) mɯ³³ lɯ⁵⁵ ʂu³¹ lo³¹ kho³³
　 美　利　水洛河　口

10) zo³³　nɯ³³ kv³³ ʂu³¹ ʂe³¹
　　 男子 (主格标记) 源头引　起

　　a³³ ɕi³¹② da³³ sɿ³³ dẓu³¹ dẓu³³
　　阿喜　达　司　塚　苦难

　　pɯ⁵⁵　kv³³ le³¹　mbe³³③
　　开启　头 (语缀)　作

翻译：
1) 哦！父祖们所经历的世间的苦难，
2) 我们也将经历他们所受的世间的苦难，
3) 如果不知道苦难的出处和来历，那就不要谈论苦难，
4) 也不要谈论有关苦难的源头。
5) 也不得讲述与苦难相关的事情。
6) 万物起始时代，人类并不知道什么苦难。

---

① 地名，在今木里藏族自治县水洛乡境内。
② 地名，系指今玉龙县龙蟠地方。
③ 地名，系指龙蟠乡兴文村，dẓu³¹为纳西语地名标记。

7) 苦难缘起于美利水洛河口，
8) 正是在美利水洛河口苦难最先出现。
9) 从美利水洛河口人类男始祖引来了苦难，
10) 后来又把阿喜达司塚地方作为苦难的原发地。

第 2 页

1) ɣo³¹ dʑu³³ the³³ so³¹ khɯ³³
   世间苦难（体标记）学习（完成体标记）

2) su³¹ lo³¹ su⁵⁵ se³¹ zo³³
   水洛　素　瑟①男子

3) ŋə³³ mu⁵⁵ ŋə³³ mə³³ no³³
   他②老　他　不　知晓

4) sɿ³³ ʂɿ³¹ lo³³ pe³¹ nda⁵⁵
   木　黄　水舀子③砍

5) xa³³ zɿ³¹ le³³ wu³¹ khɯ⁵⁵
   黄金　淘　又　回转　去

6) ŋə³³ ɣo³¹ dzi³¹ ŋə³³ kha⁵⁵
   他　影子　水（受格标记）投射

7) dzi³¹ ɣo³¹ ŋə³³ le³³ do³¹
   水影子　他　又　见

---

① 系人名。
② 系古纳西语第三人称代词。
③ 水舀子，此处指一种用黄杨木为料，剜制而成的淘金工具，略呈尖底圆盆状。

8）nɯ³³　ɣo³¹　ȵə³³
　　你自己 影子 他

9）le³³ do³¹
　　又　见

10）ȵə³³ mu⁵⁵ ȵə³³ le³³ no³³
　　他 老 他　又　知晓

11）mɯ³³ mbe³³ tɕi³¹ phər³¹ tʂu⁵⁵ ko³³ mu⁵⁵ ko³³
　　天　边　云　白　之间　鹤　老　鹤

　　mə³³　no³³
　　不　知晓

翻译：
1）人类去学做万物，苦难即在此中。
2）水洛地方的男子素瑟，
3）当他变老时他却没有知晓。
4）他用黄木做了一个淘金盆，
5）就去淘金
6）他的身影倒映在水面上，
7）他看见了在水中的影子，
8）自己的影子。
9）他看见了水中的倒影，
10）这才明白自己老了。
11）天边白云深处的白鹤并不知晓自己老了。

第 3 页

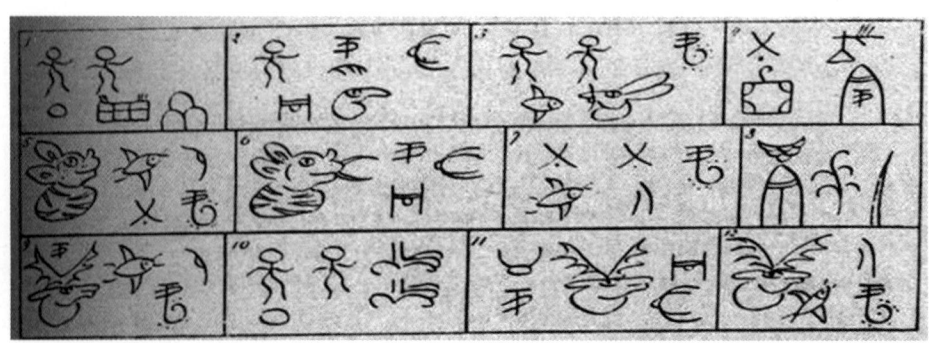

1）ȵə³³ gv³³ ȵə³³　　phv⁵⁵ lv³¹
　　他 身体 他（自己）抖　动

2）no³³ phər³¹ ko³³ ka³³ gɯ³³
　　发　白　白鹤　前　脱落

3）ŋə³³ mu⁵⁵ ŋə³³ le³³ no³³
　　他　老　他　又　知晓

4）la³³ dʑy³³ so³³ kv³³ phər³¹
　　拉巨　嵩沽　哌①

5）la³³ mu⁵⁵ la³³ mə³³ no³³
　　虎　老　虎　不　知晓

6）dza³¹ phər³¹ la³³ ka³³ gɯ³³
　　獠牙　白　虎　前　脱落

7）la³³ mu⁵⁵ la³³ le³³ no³³
　　虎　老　虎　（语缀）　知晓

8）ŋv³³ lv³³ dɯ³¹ tɕhi⁵⁵ ɣɯ³³
　　乌　鲁　蒂　切　俄②

9）tʂhua⁵⁵ phər³¹ mu⁵⁵ mə³³ no³³
　　鹿　白　老　不　知晓

10）ŋə³³　　gv³³ ŋə³³ tshɿ⁵⁵ tsɿ⁵⁵
　　他（自己）身体 他　扭　动

11）kho³³ phər³¹ tʂhu ɑ⁵⁵ ka³³ gɯ³³
　　角　白　鹿　前　脱落

12）tʂhua⁵⁵ mu⁵⁵ tʂhua⁵⁵ le³³ no³³
　　鹿　老　鹿　（语缀）　知晓

翻译：
1）它抖动自己的身体，
2）白色的绒毛掉落在自己跟前，

---

① 传说中虎祖的名。
② 地名，相传为纳西族神话中白鹿跳舞的地方。

3）这才知晓自己老了。
4）虎祖拉巨嵩沽哌，
5）它并不知晓自己老了，
6）它那长长的獠牙脱落掉在自己跟前，
7）它这才明白自己老了。
8）在乌鲁蒂切俄地方，
9）白鹿并不知道自己老了，
10）它抖动自己的身躯，
11）白色的鹿角脱落掉在跟前，
12）白鹿这才知道自己老了。

第 4 页

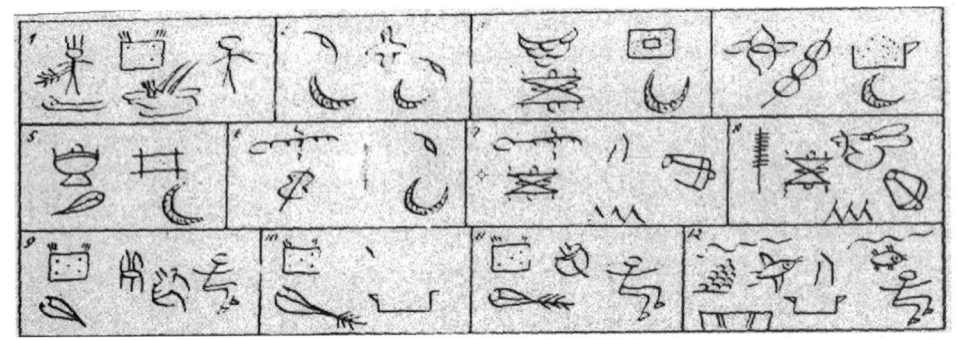

1) su³¹ lo³¹ su⁵⁵ se³¹ zo³³
   水 洛 素 瑟 男子

2) mə³³ dʑy³³ sy³¹ mə³³ dʑy³³
   没 有 样 没 有

3) ŋv³³ xa³¹ ta⁵⁵ ʂər⁵⁵ dʑy³³
   银 金 箱 满 有

4) ɣo³¹ tʂhu³¹ py³³ ʂər⁵⁵ dʑy³³
   墨玉 红玉髓 斗 满 有

5) xa³³ dʑi³¹ py³³ ʂər⁵⁵ dʑy³³
   饭 水 斗 满 有

6) khv⁵⁵ ne³¹ zɿ³³ mə³³ dʑy³³
   寿岁 与 寿命 没 有

7) khv⁵⁵ xa³¹ mɯ³¹ le³³ tʂhɿ³¹
   寿岁 买 下 （语级） 来

8) zɿ³³ xa³¹ mɯ³¹ le³³ tshɿ³¹
　　寿命买　下　（语缀）来

9) su³³ dʑi³¹ kv³³ nɯ³³　　tɯ³³
　　水洛河　头（从由格标记）起始/出发

10) su³³ dʑi³¹ ma³³ le³³　　thv³³
　　水洛河尾　（语缀）　到

11) su³³ dʑi³¹ ma³³　　nɯ³³　　tɯ³³
　　水洛河 尾　（从由格标记）起始/出发

12) mbər³³ dər³ lɯ³³ le³³ thv³³
　　白　地①地方　（语缀）到

　　mbər³³ dər³ lɯ³³ nɯ³³　tɯ³³
　　白　地　地（从由格标记）起始

翻译：
1) 水洛地方的男子，
2) 拥有世间的一切。
3) 他有满箱金子和银子，
4) 他有满斗的墨玉和红玉髓。
5) 粮仓里装满了粮食，
6) 就是没有寿岁和年龄。
7) 为了买寿岁来到南方，
8) 为了买年龄来到南方。
9) 它从水洛河的上游出发，
10) 抵达水洛河的下游；
11) 他从水洛河的下游出发，
12) 抵达白地地方。他从白地地方出发。

---

① 白地，地名在今香格里拉县境内三坝纳西族乡，人称"纳西东巴文化发祥地"，以拥有东巴修行灵洞和泉华台景观而著称。

第 5 页

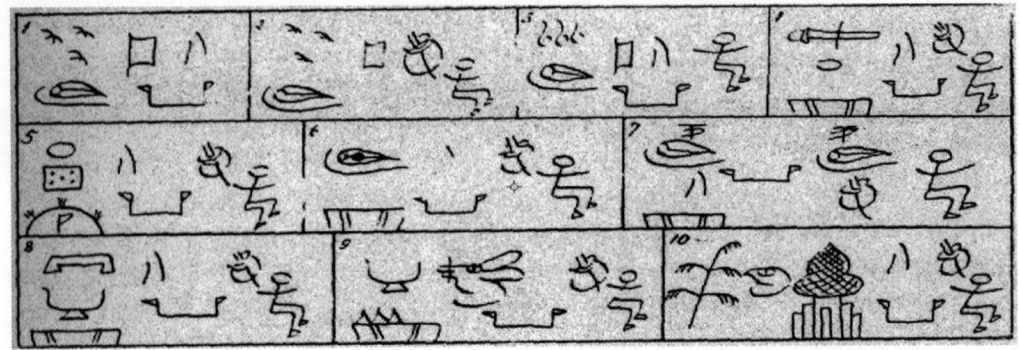

1) tshu³³ gu³³ khu³³ le³³ thv³³
   冬季　渡　口　又　到

2) tshu³³ gu³³ khu³³　nɯ³³　　tɯ³³
   冬季　渡　口　（从由格标记）　出发

3) ʐu³¹ gu³³ khu³³ le³³　　thu³³
   夏季 渡　口（语缀）　到

   ʐu³¹ gu³³ khu³³ nɯ³³　tɯ³³
   夏季 渡　口（从由格标记）起始

4) nda³³ gv³³ dy³¹ le³³ thv³³
   大具①地方（语缀）到

   nda³³ gv³³ dy³¹　nɯ³³　tɯ³³
   大　具　地方（从由格标记）起始

5) gv³³ su³³ ko³¹ le³³ thv³³
   古　粟　埚②（语缀）到

   gv³³ su³³ ko³¹ nɯ³³　tɯ³³
   古　粟　埚（从由格标记）起始

6) dʑi³³ na³¹ lo³³ le³³ thv³³
   水　黑　谷（语缀）到

---

① 地名，今丽江大具乡，吐蕃帝国时期为吐蕃神川都督府属地，系藏语地名的纳西语译音，藏文写如 sda-vgul；《元一统志》中汉字转写为大柜，后又转为大具。
② 地名。

dʑi³³ na³¹ lo³³ nɯ³³　tɯ³³
水　黑　谷（从由格标记）起始

7) dʑi³³ phər³¹ lo³³ le³³　thv³³
水　白　谷（语缀）　到

dʑi³³ phər³¹ lo³³ nɯ³³　tɯ³³
水　白　谷（语缀）起始

8) gə³¹ ŋga³³ ba³¹　le³³　thv³³
上　干　海　子①（语缀）　到

gə³¹ ŋga³³ ba³¹　nɯ³³　tɯ³³
上　干　海　子（从由格标记）起始

9) mɯ³¹ ŋga³³ ba³¹　le³³　thv³³
下　干　海　子　（语缀）　到

mɯ³¹ ŋga³³ ba³¹　nɯ³³　tɯ³³
下　干　海　子（从由格标记）起始

10) lɯ⁵⁵ ko³¹ dʑi³³ le³³ thv³³
栗　格　吉②（语缀）到

lɯ⁵⁵ ko³¹ dʑi³³ nɯ³³ tɯ³³
栗　格　吉（从由格标记）起始

翻译：
1) 他抵达长江冬季渡口处，
2) 他从长江冬季渡口处出发。
3) 他抵达长江夏季渡口处，
4) 他又从长江冬季渡口处出发。
5) 来到古粟坞地方的高山草甸，从古粟坞地方的高山草甸出发。
6) 又来到黑水谷，从黑水谷出发。
7) 又来到白水谷，从白水谷出发。

---

① 地名，位于丽江玉龙大雪山东麓，夏季积水成海，冬季干枯，故名。
② 地名，具体位置待考。

8）来到上干海子，从上干海子出发。
9）来到下干海子，从下干海子出发。
10）来到栗格吉，从栗格吉出发。

第6页

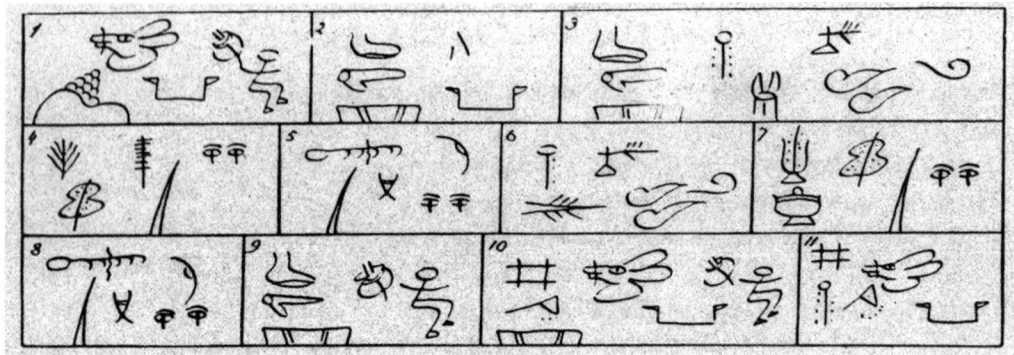

1）dzɿa³¹ dzɿa³³ mbu³¹ le³³ thv³³
　 詹　詹　岭①　又　到

　 dzɿa³¹ dzɿa³³ mbu³¹ nɯ³³　tɯ³³
　 詹　詹　岭　（从由格标记）起始

2）bə³³ ʂʅ³³ dy³¹　le³³　thv³³
　 白　沙　地方　语缀　抵达

3）bə³³ ʂʅ³³ dzɿ³³ kv³³ so³¹ xɯ⁵⁵ xɯ³³
　 白　沙　街　头　三　绕　行

4）sɿ³³ ne³¹ zɿ³³ tɕhi³³ do³¹
　 柴　与　草　卖　见

5）khv³³ tɕhi³³ me³³　mə³³ do³¹
　 寿岁 卖（名物化标记）没　见

6）dzɿ³³ ma³³ so³¹ xɯ⁵⁵ xɯ³³
　 街　尾　三②绕行

7）zɿ³³ ne³¹ xa³³ tɕhi³³ do³¹
　 酒　与　饭　卖　见

---

① 山岭名。
② 三 纳西语的读音音值为：sɿ³¹，此处读 so³³，系古纳西语语音。

8) khv³³ tɕhi³³ me³³ mə³³ do³¹
   寿 岁 卖（名物化标记）没 见

9) bə³³ʂʅ³³ dy³¹ nɯ³³ tɯ³³
   白 沙 地方（从由格标记） 起始

10) ŋgu³¹ be³³ dy³¹ le³³ thv³³
    大研镇 地方 语缀 到达

    ŋgu³¹ be³³ dy³¹ nɯ³³ tɯ³³
    大研镇 地方（从由格标记）起始

11) ŋgu³¹ be³³ dzʅ³³ le³³ thv³³
    大研镇 街子 到达

翻译：
1) 到达詹詹岭，从詹詹岭出发。
2) 到达白沙地方，从白沙地方出发。
3) 在白沙街头绕了三匝。
4) 他看见那里有人在卖柴和草，
5) 却没有看见有人在卖寿岁。
6) 他在白沙街街尾绕了三匝。
7) 他看见那里有人在卖酒和饭，
8) 却没有看见有人在卖寿岁。
9) 从白沙地方出发，
10) 来到大研镇，从大研镇出发。
11) 来到大研镇街子。

第7页

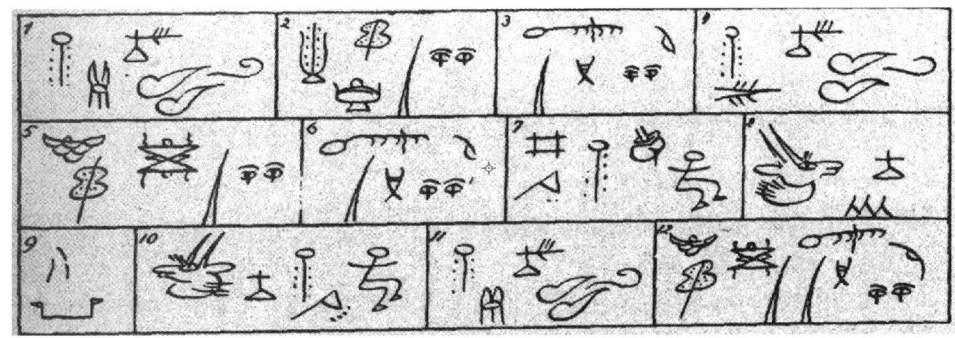

1) dzʅ³³ kv³³ so³¹ xɯ⁵⁵ xɯ³³
   街 头 三 绕行

2) ʐʅ³³ne³¹xa³³tɕhi³³do³¹
   酒 与 饭 卖 见

3) khv³³tɕhi³³ me³³mə³³do³¹
   寿岁 卖（名物化标记）没 见

4) dʐʅ³³ma³³so³¹xɯ⁵⁵xɯ³³
   街 尾 三 绕行

5) ŋv³¹ne³¹xa³³tɕhi³³do³¹
   金 与 银 卖 见

6) khv³³tɕhi³³me³³ mə³³do³¹
   寿岁 卖（名物化标记）没 见

7) ŋgu³¹be³³dʐʅ³³ nɯ³³tɯ³¹
   大 研 镇（从由格标记）起

8) ʑi³³tʂhʅ³³ mɯ³¹
   昆 明（南方）下方

9) le³³ thv³³
   （语级）抵达

10) ʑi³³tʂhʅ³³dʐʅ³³be³³tɯ³³
    昆 明 街子 出发

11) dʐʅ³³kv³³so³¹xɯ⁵⁵xɯ³³
    街 头 三 匝 绕行

12) ŋv³¹ne³¹xa³³tɕhi³³do³¹
    银 与 金 卖 见

    khv³³tɕhi³³ ³³me³³ mə³³ do³¹
    寿岁 卖（名物化标记）没 见

翻译：
1) 他在街头绕三匝，
2) 他看见那里有人在卖酒和饭，
3) 却没有看见有人在卖寿岁。

4）他在街尾绕了三匝，
5）他看见那里有人在卖金和银，
6）却没有看见有人在卖寿岁。
7）从大研镇出发，
8）往南方的昆明城。
9）他抵达（昆明），
10）他从昆明的街市出发，
11）他在街头绕了三匝，
12）他看见那里有人在卖金和银，却没有看见有人在卖寿岁。

第8页

1) dzɿ³³ ma³³ so³¹ xɯ⁵⁵ xɯ³³
   街　尾　三　绕行

2) tho³³ pv⁵⁵ sa³¹ so³¹ tɕhi³³
   褐　布　三　样　卖

3) zi³¹ bu³³ ɕi³³ bu³³ tɕhi³³ ne³¹ do³¹
   织锦　缎子　卖（进行体标记）看见

4) khv³³ tɕhi³³ me³³ mə³³ do³¹
   寿岁　卖（名物化标记）没　见

5) zɿ³³ tɕhi³³ me³³ mə³³ do³¹
   长命　卖（名物化标记）不　见

6) ŋga³³ me³³ ŋv³¹ nɯ³³ ŋv³¹①
   剑　大　银子（工具格标记）镶

---

① 按：此句与上下文的内容没有必然的联系，加在这里，仅仅是根据"银子"一词的读音 ŋv³¹ 与"哭泣"一词的读音 ŋv³¹ 相近，运用谐音的手段，引出下文，这在纳西族东巴经典中是一种十分常见的修辞手法和语篇衔接手段。

7） ŋv³¹ le³³ le³³ tɕy³¹ tshɿ³¹
　　哭　了　又　转　来

8） ʑi³¹ tʂhɿ³³ dzɿ³³　duɯ³¹　le³³
　　昆　明　街市　大　（句尾词）

9） mə³³ ly³¹ mə³³ tha⁵⁵ tha³³
　　不　看　不　可　以

10） le³³ tɕy³¹ duɯ³³ ly³¹　ne³¹
　　回　向　一　看（进行体/祈请标记）

11） ʑi³¹ tʂhɿ³³ dzɿ³³ thuɯ³³ dzɿ³³
　　昆　明　城　一　城

翻译：
1）他在街尾绕了三匝，
2）他看见有人在卖各式各样的布匹，
3）还有织锦和缎子。
4）他却没有看见有人在卖寿岁，
5）也没有人在卖长命。
6）有一柄镀银的剑。
7）哭着往回走。
8）昆明的街市如此之大，
9）他不可不再细细看看，
10）于是又转回来看，
11）这座昆明城。

第 9 页

1) dzɿ³³ lɯ⁵⁵ ŋa³¹ se³¹　　ʐə³³
　　街市已经　散　完（了/亲见示证标记）

2) ʑi³¹ tʂhɿ³³ xɯ⁵⁵ thɯ³³　　xɯ⁵⁵
　　昆明　　海　这（话题标记）海

3) xɯ⁵⁵ lɯ⁵⁵ ko⁵⁵ se³³　ʐə³³
　　海子已经　干涸完（了/亲见示证标记）

4) ʑi³¹ tʂhɿ³³ lv³³ me³³ na³¹
　　昆　明　石头大　黑

5) lv³³ lɯ³³ ŋɯ³³ se³³　ʐə³³
　　石头已经开裂 完（了/亲见示证标记）

6) ʑi³¹ tʂhɿ³³ mɯ⁵⁵ lɯ³³ ndzər³¹
　　昆　明　　柳　　树

7) khɯ⁵⁵ dʑy³¹ xər³¹ lər³³ lər³¹
　　去　的时候　碧　绿　绿

8) le³³ tshɿ³¹ ʂɿ³¹ phv⁵⁵ phv³³
　　回　来　黄　灿　灿

9) ndzər³¹ lɯ³³ mɯ⁵⁵ ndu³³ ʐə³³
　　树　　连　老　会　（转述示证标记）

10) ko⁵⁵ lɯ⁵⁵ le³¹ ndu³³ ʐə³³
　　树茎也　干枯　会（转述示证标记）

11) mɯ⁵⁵ me³³ dʑy³³　ʐə³³　ʂu³¹
　　老（名物化标记）有（转述示证标记）（确证标记）

翻译：
1) 街市上的人已经散去，
2) 昆明的滇池，
3) 我看见滇池已经干涸，
4) 昆明大黑石，
5) 我看见大黑石已经开裂，
6) 昆明滇池边的柳树，

7）我刚来时还是满树透碧。
8）如今我要离去，它们的叶子已经变得黄灿灿了。
9）树也会老死，这是规律。
10）树的枝丫也会枯干。
11）毕竟都会老去。

第 10 页

1) mu⁵⁵ lɯ³³ dʑy³³ zə³³ ʂu³¹
   老死 来临 有 （传信标记）（确证标记）

2) ŋga³³ me³³ xa³¹ nɯ³³ za³³
   剑 大 金 （工具格） 镶

3) za³¹ le³³ le³³ tɕy³¹ tshɿ³¹
   笑 后 又 转 来

4) gə³¹ ʐy³¹ to⁵⁵ khɯ³³ phər³¹ gv³³ dzu³³ a³¹ sɿ³¹ mu⁵⁵
   上 方 坡 脚 白 古宗 藏族 父亲 死

5) pv³¹ ʂua³¹ bu³¹ nɯ³³ mu⁵⁵
   土莊房 下 （受格标记） 老死

6) dʐu³³ gə³³ zo³³ dɯ³³ hua⁵⁵
   苦难的 儿子一 群

7) pv³¹ ʂua³¹ bu³¹ nɯ³³ dʐu³³
   土莊房顶 下 （受格标记） 苦难

8) pv³¹ lv⁵⁵ zɿ³³ za³¹ ma³³ le³³ bv³³ a³¹ sɿ³¹ mu⁵⁵
   地名 尾 白族 父亲 老死

wua³³ dʑi³¹ bu³¹　nɯ³³　mu⁵⁵
瓦　房　下（受格标记）　老死

翻译：
1）真的毕竟都会老死，
2）金子镶边的长剑①。
3）笑着转回来，
4）生活在北方白坡脚的藏族老父亲，
5）老死在泥土春牢的屋檐下。
6）所有的苦难之子，
7）在泥土春牢的屋檐下经受苦难。
8）在布鲁日饶墁，白族的老父亲在瓦屋底下老死。

第11页

1）dʐu³³ zo³³ tʂhɿ³³ dɯ³¹ hua⁵⁵
　　痛苦儿子这　一　群

2）wa³³ dʑi³¹　bv³³　nɯ³³　dʐu³¹
　　瓦　房子　底下（从由格标记）痛苦

3）dzɿ³³ ʐy³¹ ly⁵⁵ gv³³ ɣo³¹
　　男子生存中间位居

4）na³¹ɕi³³ a³¹ sɿ³¹ mu⁵⁵
　　纳　西　父亲　老

5）ŋgɯ³¹ dʑi³¹ bv³¹　nɯ³³　mu⁵⁵
　　板　屋下面　（从由格标记）老

---

① 按：此句与上下文的内容没有必然的联系，加在这里，仅仅是根据"镶"一字的读音 za³³ 与"笑"一字的读音 za³¹ 相近，运用谐音的手段，引出下文，这在纳西族东巴经典中是一种十分常见的修辞手法和语篇衔接手段。

6）dz̩u³³ zo³³ tʂhɿ³³ dɯ³¹ hua⁵⁵
　　苦难儿子这　一　　群

7）ŋɯ³¹ dʑi³¹ bv³¹　nɯ³³　dz̩u³³
　　板　屋　下面（从由格标记）　痛苦

8）mə³³ mu⁵⁵ mɯ³³ mə³³ mu⁵⁵
　　不　老　天　不　老

9）mɯ³³ lɯ⁵⁵ a³¹ sɿ³¹ mu⁵⁵
　　天　地间老父　祖老

10）mɯ³³ tɕər³¹ su³¹ ndzər³³ mu⁵⁵
　　天　比　老　树　　老

11）kho³³ tv³¹ mbər³¹ dv³³ mu⁵⁵
　　括　杜邦　　独　老

　　dzɿ³³ la³¹ a³¹ phv³³ mu⁵⁵
　　孜　牢阿　普①老

　　mɯ³³ zo³³ pe⁵⁵ tsa³³ mu⁵⁵
　　天　子　贝　曾　老

翻译：
1）所有苦难的儿子，
2）在瓦屋底下经受痛苦，
3）生活在中间②的人们，
4）纳西族的老父亲死了，
5）他老死在板屋底下。
6）所有苦难的儿子，
7）在板屋底下经受痛苦。
8）谁是不死的？不死的是苍天。
9）但是天的父祖们死了，
10）在天上他们以三种令人尊敬的方式死去。
11）括杜邦独死了，孜牢阿普死了，孟若贝曾死了。

---

① 在纳西族东巴神话中，孜牢阿普是人类的男性始祖之一。
② 此处的中间指纳西族居住的政治地理空间，即藏族居住在其北面，而白族则居住在纳西族南部地域，形成上、中、下的格局。

第 12 页

1) mɯ³³ gə³³ tho³³ nɯ³³ mu⁵⁵
   天　的 背后　（主格标记）　老

2) mɯ³³ zo³³ ŋgv³³ be³³ gu³³
   天　子　九　作　好

3) mɯ³³ gə³³　　tho³¹ nɯ³³ dzʅu³³
   天　的（属格标记）背后　（主格标记）　痛苦

4) mɯ³³ mu⁵⁵ dy³¹ mə³³ mu⁵⁵
   天　老 地　不　老

5) dy³¹ lɯ⁵⁵ a³¹ me³³ mu⁵⁵
   地方连　母亲 老

6) dy³¹ tɕər³¹ su³¹ ndzər³¹ mu⁵⁵
   地　上　三　种　老

6) la³³ lər³³ dy³¹ dzɿ³³ mu⁵⁵
   拉 赖　多 吉 死了

7) dy³¹ mi⁵⁵ tshe⁵⁵ tshɿ³¹ mu⁵⁵
   杜　命　层 楚　死了，

   dy³¹ mi⁵⁵ y³³ lu³¹ mu⁵⁵
   杜　命　羽 卢 死了。

8) dy³¹ gə³³ tho³¹ nɯ³³ mu⁵⁵
   地　的（属格标记）背后（受格标记）老

9) dy³¹ zo³³ ʂər³³ be³³ gv³³
   地 儿子 七 作 好

10) dy³¹ gə³³ tho³¹ nɯ³³ dzֽu³³
    地（属格标记）背后（从由格标记）痛苦

翻译：
1) 他们死在天堂的后面，
2) 他们九个经受过痛苦的天之九子，
3) 即使在天堂也有苦难。
4) 天老地不老，
5) 但是大地之母老死了。
6) 在地下他们以三种可敬的方式死去，
7) 拉赖多吉死了，杜命层楚死了，杜命羽卢死了。
8) 他们死在天际处（地平线上）。
9) 大地的七个儿子，
10) 他们经受着痛苦。

第13页

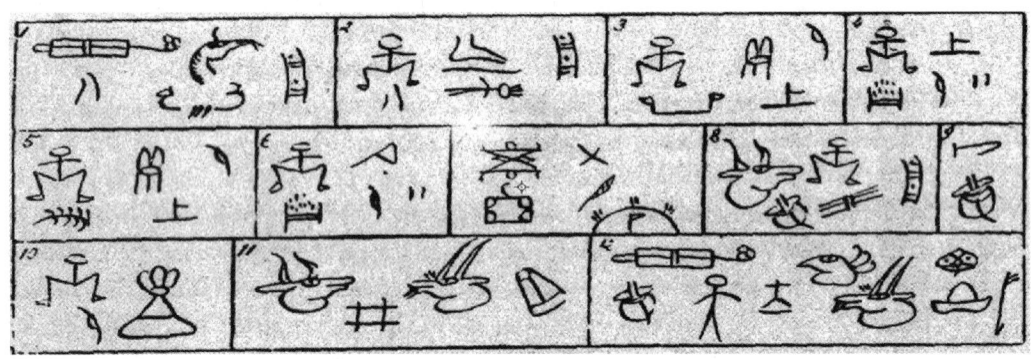

1) dzֽu³³ le³³ zֽɿ³¹ pu⁵⁵ bɯ³³
   痛苦 又   护送（将行体标记）

2) tsho³³ le³³ tshɿ³¹ zֽɿ³³ bɯ³³
   跳 来 鬼 镇（将行体标记）

3) tsho³³ thv³³ kv³³ mə³³ ʂə⁵⁵
   舞蹈 来历 处 没有 说

4) tsho³³ dzo³¹ ʂə⁵⁵ mə³³ ȵi³¹
   跳 的事 说 不 要

5) tsho³³pɯ⁵⁵kv³³mə³³ʂə⁵⁵
　　舞蹈 出 处 不 说

6) tsho³³dzo³¹be³³mə³³ɲi³¹
　　舞蹈 的事作 不 要

7) xa³¹dʑy³³la³³tshy⁵⁵ko⁵⁵
　　寒 巨 拉 岑 垴地方

8) mbər³¹nɯ³³　tsho³³bɯ³³　tsɿ⁵⁵
　　牦牛（主格标记）跳（将行体标记）（传信标记）

9) mbər³³nɯ³³
　　牦牛（主格标记）

10) tsho³³mə³³ndu³³
　　 跳 不 允许

11) mbər³¹ŋgu³¹tshɿ⁵⁵tshɿ³¹tsɿ⁵⁵
　　 牦牛 后面 羊 来

12) dʐu³³nɯ³³zo³³tʂʅ³³xua⁵⁵
　　 痛苦 儿子 这群

　　　tshɿ⁵⁵pa⁵⁵gu³³mu³¹tha³³
　　　茨 巴①帽子 戴

翻译：
1) 现在让我们护送死者，并再度经历痛苦。
2) 我们将再次跳舞并镇压鬼怪。
3) 如果没有被告知舞蹈的出处和来历，
4) 暂且不要谈论舞蹈。
5) 如果不知道舞蹈的出处和来历，
6) 就不能跳舞。
7) 在寒巨拉岑垴，
8) 牦牛说它想跳舞，
9) 牦牛它，
10) 不应该跳舞，

---

① 一种山羊皮制作的帽子，形状若蛙踞状。

11）牦牛后面跟着山羊。
12）所有苦难的儿子，他们戴着茨巴帽子。

第14页

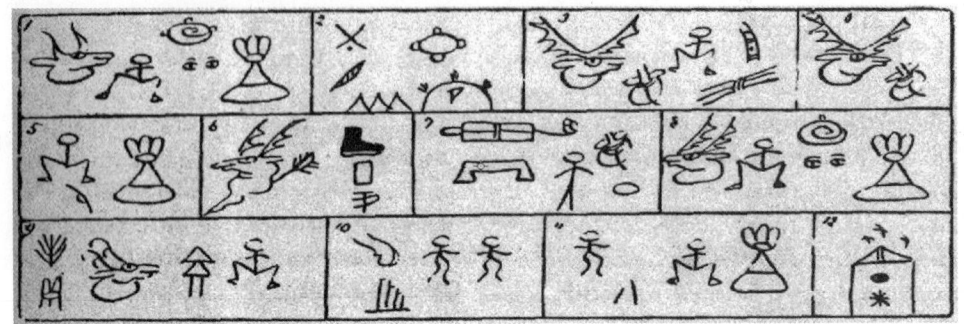

1) mbər³¹ tsho³³ tʂhə⁵⁵ ȵə³³ ndu³³
   牦牛　跳舞　扭动　习惯

2) la³³ tsy⁵⁵ xy³¹ dɯ³¹ ko³¹
   拉　畴　霍　大　高原

3) tʂhua⁵⁵ nɯ³³ tsho³³　bɯ³³　tsɿ⁵⁵
   鹿（主格标记）跳（将行体标记）（传信标记）

4) tʂhua⁵⁵ nɯ³³
   鹿（主格标记）

5) tsho³³ mə³³ ndu³³
   跳　不　允许

6) tʂhua⁵⁵ ɕi³³　za³³　to⁵⁵　phər³¹
   鹿　皮子　鞋子（与格标记）白色

7) dʐu³¹　gə³³　　　zo³³ nɯ³³ kɯ³³
   苦难（的/属格标记）儿子（主格标记）穿

8) tʂhua⁵⁵ tsho³³ tʂhə⁵⁵ ȵə³³ ndu³³
   鹿　跳　扭　动　习惯

9) tho³³ kv³³ tɕhi³¹ tha⁵⁵ tsho³³
   松树头　麋鹿　　跳舞

10) kho³³ dzɿ³¹ kho³³ ŋə⁵⁵ nə³³
　　角　长有　角　扭　动

11) ŋə⁵⁵ le³³ dɯ³³ tsho³³ ndu³³
　　扭　又一　跳　习惯

12) na³¹ mu³³ mbe³³ tv³¹ dy³¹
　　大　　村　千　地方

翻译：
1) 牦牛跳舞时习惯扭身，
2) 在拉畴霍地方，
3) 鹿说他想在那里跳舞，
4) 因为牧鹿，
5) 不应该跳舞。
6) 有白鞋额的麋鹿皮鞋，
7) 由苦难的儿子来穿，
8) 牧鹿跳舞时喜扭身。
9) 幼鹿在松树林中跳舞，
10) 在节拍中摆动鹿脚，
11) 他们习惯摇摆和跳舞，
12) 上千人的大村。

第15页

1) dzʮu³³ zo³³ tʂʅ³³ dɯ³³ xua⁵⁵
　　痛苦 儿子 这　一　群

2) thɯ⁵⁵ tshy³¹ thɯ³³ ŋə⁵⁵ nə³³
　　腰　细　腰　扭动

3) ŋə⁵⁵ le³³ dɯ³³ tsho³³ ndu³³
　　扭动又一　跳　习惯

4) ko^{33} pv^{55} tɕi^{31} tɕi^{33} bɯ^{33}
　　白鹤　护送　云间（去/将行体标记）

5) la^{33} pv^{55} so^{33} tɕi^{33} bɯ^{33}
　　老虎护送高山（去/将行体标记）

6) ʐy^{31} pv^{55} gə^{31} tɕi^{33} bɯ^{33}
　　祖先护　送　上（去/将行体标记）

7) tɕi^{31} khu^{33} phər^{31} lv^{55}　la^{33}
　　白云门口　白　笼罩　也

7) ko^{33} dzɿ^{31} le^{33}　bɯ^{33}　me^{33}
　　白鹤　飞（语缀）　（去/确证标记）

8) ndu^{33} mu^{31} ndu^{33} tʂhɻ^{33} ndu^{33}
　　规　矩　习惯　这　习惯

9) ko^{33} pv^{55} tɕi^{31} tɕi^{33}　se^{31}
　　白鹤护送　云　间（了/完成体标记）

10) no^{33} ɣo^{31} xɯ^{33} mə^{33} tʂər^{31}
　　福泽　去　不　让

翻译：
1）所有苦难的儿子
2）在节拍中摆动他们纤细的腰杆。
3）习惯于再度摆动和跳舞。
4）我们要护送白鹤回归天际头，
5）并将要护送老虎回归高山深处。
6）我们要护送我们的祖先往高处，
7）到了云边际处的入口，白鹤将要飞翔，
8）所有长有翅膀的鸟禽，
9）护送白鹤到天边云尽处。
10）但是我们不让它们送走白鹤的福泽。

第 16 页

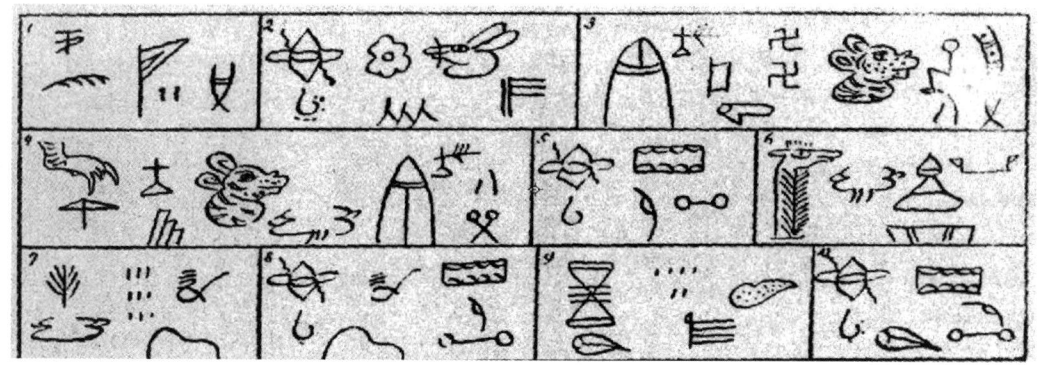

1) no³¹ phər³¹ the³¹ n̠i³³ me³³
   绒毛白　好像　（确证标记）

2) no³³ ɣo³¹ su³³ mɯ³¹　　le³³ sa⁵⁵
   福　泽往下（语缀）赐予 语缀　卸

3) so³³ khu³³ ʂɿ³¹ ɣɯ⁵⁵ ɣɯ⁵⁵ la³³ tsho³³ le³³ bɯ³³
   高原 门 黄 辉　煌　老虎跳舞又转来 me³³
   　　　　　　　　　　　　　　　　（确证标记）

4) dzɿ³¹ mu³³ tʂhɿ³³ dzu³¹ la³³ pv⁵⁵ so³³ le²² tɕi³³
   爪子　 这　有老虎护送高山又 置放

5) no³³ ɣo³¹ xɯ³³ mə³³ tʂər³¹
   福 泽 去 不 让

6) ʑy⁵⁵　　pu⁵⁵ xe³¹ dy³¹ thv³³
   祖先护送 神 地方抵达

7) su³³ bv³³ gv³³ mbu³¹ lo⁵⁵
   苏 布 九 岭 翻越

8) no³³ ɣo³¹ mbu³¹ lo⁵⁵ xɯ³³ mə³³ tʂər³¹
   福泽　岭　翻越（去/完成体标记）不让

9) phe³¹ dzi³³ ʂər³³ xo³¹ ndər³³
   培　水 七条 涉

10) no³³ ɣo³¹ dzi³¹ ndər³³ xɯ³³ mə³³ tʂər³¹
    福泽　水　涉（去完成体标记）不 让

翻译：
1) 像白鹤的绒毛脱落，
2) 我们祈请从白鹤身上分离的福泽赐予我们。
3) 到达黄灿灿的高山之门，老虎想要跳舞。
4) 所有有爪子的动物护送老虎到老虎回归的高山，
5) 但他们不让老虎的福泽和威力与老虎一起离开。
6) 让我们护送死者离开并抵达神灵的地域。
7) 死者他离开需要翻越九座山岭，
8) 但是不让他的福泽与威力翻越九座山岭。
9) 他要涉过七条大河，
10) 我们不让死者的福泽和威力渡过大河。

第 17 页

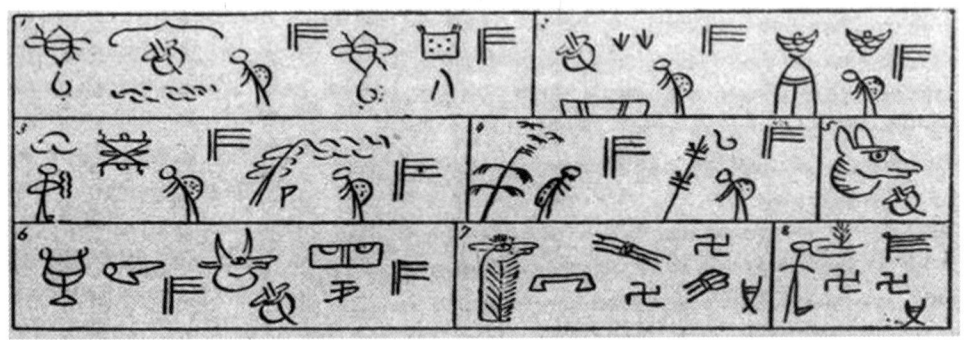

1) no^{33} ɣo^{31} mɯ^{33} nɯ^{33}　tɕi^{31} gu^{31} sa^{55} no^{33} ɣo^{31}
　　福　泽　天（主格标记）云　跟　赐予福　泽

　　su^{55}　le^{33}　sa^{55}
　　人们　语缀　赐予

2) dy^{31}　　nɯ^{33}　zə^{33} gu^{31} sa^{55}
　　地　（主格标记）草　跟　赐予

　　ŋv^{33} lv^{33}　ŋv^{31} gu^{31} sa^{55}
　　银子石　银子后　赐予

3) ʑi^{33} bi^{31} xa^{31} gu^{31} sa^{55} ɕy^{55} ko^{55} tɕi^{31} gu^{31} sa^{55}
　　水　大　金子跟赐予　柏（与格标记）云　跟　赐予

4) lɯ^{33} ko^{55} mbe^{33} gu^{31} sa^{55} mɯ^{55} tshe^{31} ndzər^{31} gu^{33} sa^{55}
　　杉（与格标记）　雪　跟　赐予竹　叶　树　跟　赐予

5）ŋgu³¹ nɯ³³
　　马（主格标记）

6）tɕi⁵⁵ ʂɿ³¹ sa⁵⁵ mu³¹ nɯ³³ lo³¹ phər³¹ sa⁵⁵
　　鞍子黄　赐予　牛（主格标记）牛轭　白　赐予

7）ʐu³¹ mu⁵⁵ lɯ³³ sɿ³³ gə³¹ tsɿ³¹ ɣɯ³³ ku⁵⁵ ɣɯ³³　　me³³
　　祖先 老　（属格标记）算　擅长 规划 擅长　（确证标记）

8）ndzɿ³³ ɣɯ³³ xo³¹ ɣɯ³³　me³³
　　唱　擅长和唱　擅长（确证标记）

翻译：
1）如果他的福泽由天赐予白云，那我们就让天把福泽转赐给我们吧！
2）像大地承载青草，像雪山承载银子，那我们就让大地雪山把福泽转赐给我们吧！
3）像江水承载金沙，像青冈枝茎上承载白云的遗泽，那我们就让长江和青冈树把福泽转赐给我们吧！
4）像杉树枝承载白雪，像竹叶承载露水，那我们就让杉树和竹子把福泽转赐给我们吧！
5）像马
6）的马鞍驮，祈请死者的威力，像牛担起白色的牛轭一样，
7）让我们保留死者的所有好的品质，记下他的能力。
8）留住他的唱歌的本领和唱的功夫。

第 18 页

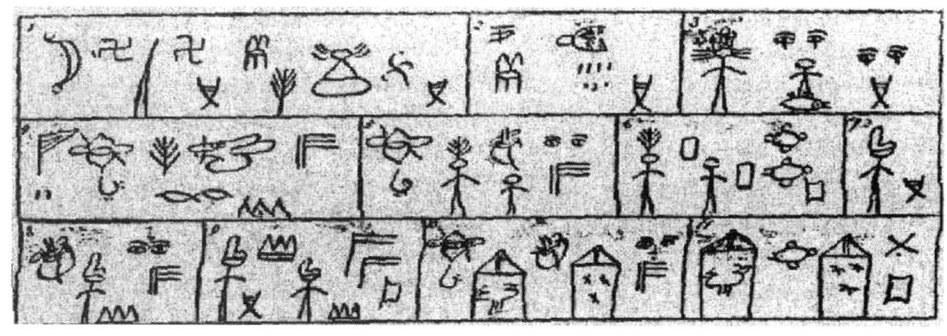

1）guə³¹ ɣɯ³³ tɕhi⁵⁵ ɣɯ³³　me³³
　　吟诵　擅长咏叹擅长（名物化标记）

　　kv⁵⁵ sɿ³¹ dzɿ³³ dɯ³¹ me³³
　　贤　哲　首领　大（名物化标记）

2）kv³³ phər³¹ dza³¹ ʂər³¹ me³³
　　头　白　獠牙长（名物化标记）

3）phu³³ do³¹ lɯ⁵⁵ do³¹ me³³
　　祖父见　孙子见（名物化标记）

4）the³³ ȵi³³ no³³ ɣo³¹ su³³ ʑy⁵⁵ mɯ³¹ le³³ sa⁵⁵
　　所有福泽祖先下又赐予

5）no³³ ɣo³¹ sɿ³¹ nɯ³³　zo³³ ȵə³¹ sa⁵⁵
　　福泽　祖先（主格标记）儿子（受格标记）　赐予

6）sɿ³¹　to³³ zo³³　to³³ dɯ⁵⁵ dɯ³³ xu⁵⁵
　　父亲　上　儿子　上　匀　称　祝愿

7）me⁵⁵
　　母亲

8）nɯ³³　mi⁵⁵　ȵə³¹　sa⁵⁵
　　（主格标记）女儿（受格标记）寄托

9）me³³ xy³¹ mi⁵⁵ xy³¹ ʂua³³ ʂua³³ xu⁵⁵
　　母亲　女儿　　整齐　　站

10）no³³ ɣo³¹ pv⁵⁵ nɯ³³ mbe³³ ȵə³¹　sa⁵⁵
　　福泽　乡邻　与　村子（受格标记）寄托

11）pv⁵⁵ dɯ³¹ mbe³³ la³¹　xu⁵⁵
　　乡邻　大　村子　扩展　祝愿

翻译：
1）他的吟唱的功夫和善于咏诵的能力，以及首领和头领们的知识
2）让拥有白发和长獠牙的死者
3）同一屋顶下的祖父母和孙子孙女们得以见面的
4）所有的这些像祖先的福泽赐予我们吧！
5）让我们祈请父辈的福泽赐予儿子们
6）让我们祈请父辈的福泽均等地赐予儿子们，让他们像父辈一样能干，
7）母亲们的福泽均等的
8）赐予女儿们。

9）愿女儿们的才干像母亲们一样。
10）愿福泽降临乡邻间！
11）祈愿乡邻兴旺发达！

结束语

　　纳西东巴文从历史到现实，从中国到世界。

　　东巴文作为纳西族的传统文字，现在依然在使用。东巴文是目前世界上唯一存活的象形文字，因此，东巴文被看作人类社会文字起源和发展的重要物证之一。东巴文以其独具的科学艺术价值，吸引了众多的中外学者。自19世纪以来，国内著名学者章太炎、刘半农等；早期的外国学者如美国的骆克、法国的巴克、日本的鸟居龙藏等，都先后进行过关于东巴文及东巴经典的收集、整理与研究工作。东巴文是纳西族的文化象征之一，古老的东巴文有着奇特的书写方法，我们可以从这些生动飘逸的文字中，看到纳西族对世界的独特感悟和认知能力和纳西人天性中古朴浪漫的情趣。目前国内现存东巴经书1万多册，仅国家图书馆、国家博物馆、中央民族大学、云南东巴文化研究室两处就有8000多册，我国的台湾省史语所、南京博物院、重庆博物院都有收藏。在国外，美国收藏最多，华盛顿国会图书馆有3000多册，哈佛燕京图书馆有598册，此外在德国、意大利、法国、英国、瑞典、都收藏有数量不等的东巴经典。东巴文经典内容宏富，是研究纳西族语言、文字、文学、哲学、宗教、神话、民俗、舞蹈、美术、占卜的宝贵资料，也是研究西北至西南的藏彝走廊区域各民族历史文化的重要参照系统之一，其意义和价值不仅仅局限于纳西族一隅。

　　20世纪以来，国内外学者研究纳西族象形文字著述很多。其中最著名的有李霖灿的《麽些象形文字字典》、《麽些标音文字字典》、《麽些经典译注九种》；傅懋勣的《丽江麽些象形文〈古事记〉研究》、《纳西图画文字〈白蝙蝠取经记〉研究》；美国人骆克的《纳西——英语百科辞典》，特别是纳西族学者方国瑜编撰、和志武参订的《纳西象形文字谱》都已具有很高的学术水平。

　　自20世纪80年代以来纳西东巴文的研究和复兴有了全新的格局，人们对纳西东巴文字的认识也有了突破。当然也面临着喜忧参半的现实问题：随着现代化进程的加快，随着外来文化的全方位介入和推开纳西族社会的方方面面都经受着冲击和转型，有造诣的东巴的相继谢世，纳西族文化传统面临着许多的危机，生存的空间和存在的社会文化基础正在面临着崩溃的境遇。纳西年轻人有心耐心学习东巴文化的较少，而东巴文化的文化传统的传承则不能依赖于速成的培训班来学成，东巴文化，大有淹没在历史前进的潮流中的边缘之危。

　　当然从积极的角度而言，纳西东巴文至今仍为东巴（祭司）、研究者和艺术家所使用，因此在这些职业性身份场合，依旧在使用和传扬。因此完全持悲观的态度，也不是实事求是的做法。丽江旅游业的发展，东巴文似乎成为一种纳西文化的标志和时尚符号，随着丽江及纳西族文化的知名度的提高，引起国内外年轻人的兴趣。东巴文形象古朴、生动的特征，似人类童年的"心画"，是一种兼备表意和表音成分的图画象形文字。纳西象形文字词语异常丰富，既能充分表达细腻的情感，也能记叙说明复杂的万事万物，还能写诗作文，对处在高速行进中的现代人也有着强烈的吸引力，似乎昭示着处在现代与传统割裂之间的人们，能从中领略到若干人本的理念和人情味。东巴文出现在 T 恤衫、茶杯玩具、纹饰、外包装、广告画、贺卡、明信片、书法作品、墙壁、编织物、雕刻（塑）作品等介质上，突破并淡化了东巴文的神性特征，强化了更多人间烟火味的世俗特征，展演功能大过仪式场合的功能。甚至当代东巴文的写法也融入了一些时尚的气息，以吸引全球各民族的关注。更多外地年轻人的关注和传播对东巴文化的发展或许也是全球化过程中必然出现的一件幸事，更有趣的是日本的东巴文字研究传播学习处在十分喜人的局面中，有人将东巴文纳入装饰图案中，还成立了"东巴文爱好者会"。这又引来了关于东巴文的族属和名称问题之争。关于这些现象我们需要耐心观察以虚怀若谷的态度应对全球化、现代化背景下的纳西东巴文从历史到现实，从中国到世界的历程中，变迁和创新问题。

纳西东巴文作为兼有图画和象形文字特征的文字体系，对于研究比较文字学和人类文化史具有很高的学术价值，被当今学者视为比巴比伦楔形文字、古埃及圣书文字、中美洲玛雅文字、中国甲骨文字更为古朴的文字发展阶段的文字类型而备受瞩目，被称为目前世界上唯一仍然活着的象形文字，已被联合国纳入世界记忆遗产，为全人类的珍贵文化遗产。

用东巴文书写的纳西东巴经典的内容涉及纳西族文化的方方面面，对于探讨纳西族的历史、宗教、文学、艺术、哲学思想而言都是十分重要的文献依据。

纳西东巴经典作为藏彝走廊区域研究仅有的几种文字文献之一，其内容和意义也不仅仅局限于纳西族一隅，对于全面探讨藏彝走廊区域包括纳西族在内藏缅语族系民族的文化传统和传统文化而言，也有其十分重要的参考价值。纳西东巴经典中收录有众多民族的历史文化，有的纳西东巴经典就用东巴文直接记录了白语的经文、藏语的经文，这对于研究纳西族和白族、藏族等民族间的历史文化关系而言，是十分重要的参考文献和文献证据。东巴经典同样对纳西族周边的普米族、傈僳族、彝族、汉族、独龙族等诸多民族的历史、文化特征均有不同程度的记载。可以推知纳西东巴经典的内涵和价值对于中华民族多元一体格局中的各民族文化而言具有不可替代的独特价值。

纳西东巴经典在书写传抄、流播过程中，分别受到藏族的苯教、藏传佛教、普米族的韩归教、白族的本主崇拜、汉族的道教、儒教、汉传佛教及其教义、仪式和经典的影响，在不同层面和诸多领域吸收了各民族的宗教、历史、思想、哲学、美术、绘画、工艺技术。从东巴经典所用的东巴纸的造纸术、东巴经典的版本格式、书写行款、东巴文字字符的创制过程中，纳西族先民吸收了众多民族的文化艺术、文字文明的精华。东巴经典虽然在族属上归属于纳西族，系纳西族先民的创造发明，但在发展和丰富的过程中纳西族周边的各民族文化对其产生了不可忽略的推进作用，东巴经典中记载的涉及各民族先民对于宇宙世界的观察认知、对星空天象的探索、对自然界的动、植物的特征和功能的认知，地理、矿藏、生态资源、生态环境的变迁，人类社会复杂多样的人伦天理、地方性知识的积累传播而言都有其独到的认识，这对于今人探讨藏彝走廊区域诸民族的历史文化的发展脉络和历史原像时都有参考价值！

东巴经典作为古代纳西族先民对其历史和社会的真实客观的记述和理性反思的总结。东巴经典形象地记录了古代纳西族的生产生活和思想意识，堪称纳西民族古典史册。东巴经典记载有众多纳西族早期社会的历史资料。通过对东巴经典的研究，可以了解中国西北、西南民族迁徙和演变的历史，对于了解藏彝走廊区域的古代各民族集团的历史分布、互动交往、文化间的交汇融合，彼此间影响和变迁历史而言实属不可多得的文献信史。

纳西族的东巴经典虽然记载的是洪荒时代的历史文化内容，却放射出纳西民族理性的光芒，纳西族先民在艰难困苦、强邻环伺、多元文化的条件下，创立了神奇、美丽、丰富而又极具特色的精神文化。以东巴教为载体的东巴文化，贯穿了纳西族古代社会发展的艰辛历程，涉及社会文化生活的方方面面，是主导古纳西社会的核心价值体系和意识形态。东巴文化文化以宗教为载体，以多样化的形式系统留存了纳西古文明的种种特质和具有普世意义的人类远古文明的形态类型之一，内容博大精深，备受世界的瞩目自在情理中，当然是不可多得的人类珍贵文化遗产。凡与东巴经典有关的文字、书籍、舞蹈、艺术品、器物，都是东巴文化的重要构成。其意义不限于一时一隅一个族群的范围。后人惊异于纳西先民的奇思妙想和非凡创造能力，纳西先民创制了2000多个图画象形文字字符，形成了特有的文字表达方式和文献记载范式，依凭东巴文字符号写下了数以万计的东巴经典。记载了东巴教祭司在宗教仪式中所唱或诵的内容，其中不乏有关天地万物起源的神话传说；纳西族远古社会的生产生活方式；以及有关人与自然和谐共处的理念的真实探寻和深刻思考，其他专用于记录仪式规程、仪式中专用法器、道具的专门画谱、仪式舞蹈规程的舞谱、古代历法、纳西医药、占卜方法及占卜典籍等等。东巴经典被誉为纳西族古代社会的"百科全书"是纳西族古代文化的浓缩的精华，经典中记载的内容涉现代学术门类中的文字学、语言学、宗教学、考古学、人类学、民族学、民俗学、社会学、史学、伦理学、哲学、美学、法学、神话学、文学、绘画、舞蹈学、音乐学，以及天文地理、植物动物、农牧医药等多种学科。因此，它所具有的多学科多元文化价值注定备受重视，其内涵的深刻揭示和研究，仍需各学科的学术精英探索研讨。

2003年8月28日—30日在波兰格但斯克召开的联合国教科文组织世界记忆工程咨询委员会第六次会议（评审会）上，由世界记忆工程中国国家委员会申报的东巴古籍文献，8月31经评委会审议表决列入《世界记忆遗产名录》。《世界记忆遗产名录》是联合国教科文组织进行的一项旨在保护和利用世界文献遗产的工程，是世界遗产的组成部分。东巴文与东巴经典作为世界遗产的价值，世界的记忆遗产[①]可以说是世界各族人民的共同记忆。它对保护文化特性有着重要意义，并为塑造未来发挥重要作用。（联合国教科文组织《保护文献遗产的总方针》引言）东巴经典以其丰厚的内容和独树一帜的文献书写符号及载体形式，决定了这一宗文献遗产的独一性和不可替代性。它不仅是纳西民族弥足珍贵的文化遗产，而且具有超越一个民族意义的多元文化价值，属于人类的共同文化遗产。纳西东巴经典成功申报《世界记忆遗产名录》，将对东巴经典的保护和利用及其价值的阐扬起到有力的推动和保障作用。

董作宾等甲骨文和甲骨学大师的研究表明，甲骨文已有3000多年的历史，但不论从字体形态还是记录语音方式而言，甲骨文均比东巴文发展得更为成熟。甲骨文的形体已相当抽象，很难直接推知文字创时代的造字理据，而东巴文则正好可以补此种不足。从东巴文字记录语言的角度看，它属于助记忆式的语段文字书写的经典，对研究书面文本与口传文本之间的转换历程的研究提供了非常典型的案例。由于东巴文字的这种特殊性，东巴经典成了原始古籍文献的范本原型，国际学术界均一致认为这一项古籍文献是具有很高的美学价值和文字文献风格特点，是具有全人类意义的文献遗产。

2003年8月，纳西族东巴古籍文献被联合国教科文组织列入《世界记忆遗产名录》，这是东巴文化走向世界的标志。2005年春节，云南省和志强原省长的提议，为纳西族东巴文献"竖个碑立个传"，并亲自为纪念碑题词。2005年10月18日在丽江玉水寨举行"世界记忆遗产东巴古籍文献纪念碑"落成典礼。

由于东巴文字和哥巴文字的关系十分密切，许多经典在流播过程中，既有东巴文书写的文本，也

[①] 世界记忆遗产（Memory of the World）又称世界记忆工程或世界档案遗产，是联合国教科文组织于1992年启动的一个文献保护项目，其目的是对世界范围内正在逐渐老化、损毁、消失的文献记录，通过国际合作与使用最佳技术手段进行抢救，从而使人类的记忆更加完整。世界记忆遗产是世界文化遗产项目的延伸，世界文化遗产关注的是具有历史、美术、考古、科学或人类学研究价值的建筑物或遗址，而世界记忆遗产关注的则是文献遗产。我国入选《世界记忆遗产名录》的分别是：传统音乐录音档案（中国艺术研究院图书馆）、清朝内阁秘本档（中国第一历史档案馆）、清代大金榜（中国第一历史档案馆）、纳西东巴古籍文献（云南省社会科学院东巴文化研究所）等四项。

有用哥巴文书写的内容相同的文本，可以互相对照参证，东巴文字经典中记载的内容也可以通过哥巴文字记载的内容来补足，因为哥巴文经典诸字逐个音节记载了经典的内容，弥补了东巴文经典在记录语段时的随意增删的内容；使东巴文经典中没有记载明了的内容得以留存，以往需要凭借口传和记忆传承的经典内容可以逐一记录下来，逐字逐音节的记录，使语篇得以连贯和完整。同样地，东巴文经典中记载的内容也可以为哥巴文经典作补充，以深化对哥巴文字在记录语段时精简的内容。

哥巴文作为一种表音节的文字系统，与中国境内的其他音节文字一样是中国文字文化系统中的不可或缺的构成之一。加上用哥巴文书写的东巴经典与用东巴文书写的东巴经典同为纳西族东巴经典的重要构成，因此亦是世界记忆遗产东巴古籍文献这一宗世界记忆遗产的重要构成内容之一，与东巴经典相得益彰，与东巴文的字形和文字的性质各异，却可以互为补充，哥巴文经典作为一个典型案例足以表明，记录同一个民族语言的古籍文献和书面文献传统的流传和传承完全可以同时并用两种字符系统来书写记载，而且由于文字性质的差异，两者之间可以达成互相补充，互相参证的效果。也证明文字多样性的特征也可以在一个民族之内并行不悖。同时表明在同一个民族之内，使用一种或多种不同性质的文字系统时，文字的类型和发展阶段和完善程度各异，并不是文字创制和发明的阻碍。

不同性质的文字之间依据文字和文献的发展的需要可以形成彼此间处在不同的先后发展阶段和演化的过程中。同样可以在多民族文字系统之间形成互相借用字形要素，或字母，或标音符号的关系，可知文字符号和文献典籍在传抄、流播、完善过程中不断会有新的文字符号系统形成，或并用，或取代的现象出现。

哥巴文经典与东巴文经典之间既有类型上的区分，也有字符运用上的兼容的特点，而且可以确证部分东巴文与哥巴文之间有直接的源流和简化而成的关系，部分东巴文经典中混用了相当数量的哥巴文字符，因此，东巴文经典和哥巴文经典的分野也只是相对的。我们既认为东巴文字的创制早于哥巴文字，但在东巴经典的流播和后世传抄中，自觉不自觉地吸收了众多的哥巴文字符与东巴文字符混用来书写东巴文经典，这也是文字发展使用中的独特现象之一，有的学者据此质疑哥巴文字的创制时代一定晚于东巴文字的创制时代。

王 锋　张锡禄　编著

第 一 章

历史文化概况

一 人口与分布

白族自称"白子"、"白尼"、"白伙",他称有"那马"、"勒墨",汉文史称有"河蛮"、"白蛮"、"僰人"、"白人"等。明代以来,当地汉族多称其为"民家"。新中国成立后,根据白族人民的意愿,正式定名为"白族",并于1956年11月22日成立大理白族自治州。据2010年第六次全国人口普查,白族总人口有193万人,其中70%聚居在以洱海为中心的云南省大理白族自治州。此外,云南省的丽江、怒江、保山、南华、元江、昆明、安宁等县市以及贵州省毕节市、六盘水市,湖南省桑植县,湖北省鹤峰县,四川省凉山州等地也有白族人口分布。在我国各少数民族中,白族是聚居程度较高的一个少数民族。

位于云南西北部的苍山洱海地区是白族世代居住的地区,也是我国西南重要的文明发祥地。这里地处横断山脉南部的西南峡谷区,境内山川气势磅礴,雄伟壮丽,山地、河谷、盆地交错分布,青山绿水,湖光山色,夏无酷暑,冬无严寒,四季如春。由于地形复杂,气候呈垂直分布,境内兼有多个气候带,自然条件得天独厚,有着丰富的动物、植物、水力和矿产资源,是我国著名的国家级风景名胜区和自然保护区。白族村寨大多分布在苍山洱海地区的湖滨、河谷和坝子里。

大理白族自治州以苍山洱海为中心,境内有汉、白、彝、回、傈僳、苗、纳西、傣、阿昌、壮、藏、布朗、拉祜等13个世居民族。汉族主要分布于祥云、宾川、弥渡、南涧、永平、巍山、洱源、鹤庆等县的坝区和县城;白族主要分布于剑川、洱源、鹤庆、大理、云龙等县市;彝族主要分布于南涧、巍山、漾濞以及宾川、祥云、云龙、永平、洱源等县;回族主要分布于巍山、永平、漾濞等县;傈僳族主要分布于云龙县。在县以上级别的城镇中,除剑川县县城居民以白族为主外,其他都是汉族最多。

大理各民族的分布还有一个主要特点,即汉族主要居于城镇,白族主要居住于平地和坝子中,彝族、傈僳族等主要居住在山区和半山区。另外,城镇中也居住着大量白族。最典型的是剑川县城中,绝大多数居民都是白族,而汉族人口很少。这在云南的城镇中是十分罕见的。

二 族源与历史

关于白族的族源,学术界讨论了半个多世纪,看法不尽相同。主要的意见有:(1)氐羌说。通过和其他藏缅语民族的语言和文化比较,认为白族和彝族、傈僳族等藏缅语民族一样,都属于原来分布于今青海、甘肃等地的古氐羌族群的一支,后南迁至洱海地区。(2)土著说。根据洱海地区的考古材料,可知洱海地区在旧石器时代就有人类分布,从而认为现在的白族应该是土著居民。(3)汉族移民说。历史记载和考古材料证实，白族地区早在旧石器时代就和中原地区有了文化上的联系。加上白语和汉语之间的密切关系，部分学者认为白族和汉族在族源上有密切关系。（4）多源说。通过多年的研究，又综合各方面的材料，现在学术界倾向于认为，白族是一个多源同流的民族共同体。也就是说，白族是由洱海地区的土著居民融合了南下的氐羌族群的一支，秦汉以来又陆续融合了大量的汉族移民而形成的。多元的民族来源，造就了白族文化的多样性和深厚内涵，使白族在语言、文化上都表现出与其他云南少数民族不同的特点。

白族绝大部分人口分布在云南省大理白族自治州。这里历史悠久，文化灿烂，是中国西南地区最早的文化发祥地之一。考古发掘证明，从远古开始，白族先民就在这里繁衍生息，他们创造了灿烂的新石器文化和青铜文化，并在四千多年前就开始水稻种植。到秦汉时期，大理已经和中原有了密切的联系，并屡见于史载。公元前211年，秦王朝开始经营"西南夷"地区，设置郡县，这是中央王朝对大理地区正式统治的开端。汉武帝元狩三年（公元前120年）在打通蜀到身毒（今印度）的商道时，受到"昆明部落"（洱海一带的白族先民）的阻挡，于是在京城长安"凿昆明池象之，以习水战"，这就是大观楼长联中所述的"汉习楼船"。公元前109年，汉武帝派兵击败了"昆明部落"，在大理地区设置了叶榆（今大理）、云南（今祥云）、邪龙（今巍山）、比苏（今云龙）四县，打通蜀到身毒的商道，开辟了我国南方的陆上丝绸之路，大理成为这条商道上的重要交通枢纽。

唐宋时期，白族作为一个民族共同体基本形成，并以洱海为中心，建立了"南诏"（738—902）和"大理国"（937—1253）两个地方民族政权，统一了云南全境，极大地推动了云南各民族的社会、经济和文化发展，也为统一多民族国家的发展做出了贡献。"南诏"又叫蒙舍诏，是洱海地区的"六诏"（即六个部落）之一，因在其他各诏之南，故称南诏。公元8世纪，南诏在唐朝政府的支持下合六诏为一，统一了大理地区，建立了南诏政权。

南诏与唐王朝之间关系十分密切，唐王朝与南诏立铁柱，盟誓交好，南诏首领先后接受唐王朝的"云南王"、"南诏"、"滇王"等封号。但是由于南诏势力的不断扩大，唐与南诏的矛盾日益尖锐，终于在公元749年和公元754年，双方两次爆发大规模战争，史称"天宝战争"。唐王朝两次战败，损失惨重。后来为了联合抗击吐蕃，唐王朝与南诏又于公元794年举行"苍山会盟"，双方重归于好。南诏以大理地区为中心，不断扩展统治范围，全盛时的南诏东接贵州西部和越南北部，南括西双版纳，西抵缅甸北部，其疆界大大超过了今天的云南省。南诏国都城原在蒙舍州（今巍山县），皮罗阁时期迁至太和（今大理太和村），异牟寻统治时期又迁至羊苴咩城（今大理古城西），后来的大理国也以此为都城。从南诏开始的五百多年间，大理一直是云南政治、经济和文化的中心。

南诏后期，宫廷内乱。公元902年，南诏权臣郑买嗣夺权，南诏灭亡。公元937年，通海节度使、大理白族人段思平联合滇东三十七部进军大理，建立了大理国。大理国基本继承了南诏的疆界，是一个以白族为主体的地方民族政权。大理国的社会经济较之南诏又有了大的发展，大体上属于封建领主制。大理国文化发达，佛教文化和儒家文化相互融合，形成了独特的"儒释"文化。大理国统治云南的三百多年中，其国王先后接受了宋王朝的"云南八国都王"、"云南大理国王"、"上柱国"、"大理国王"等封号。宋王朝也没有对大理国进行政治军事的干预。大理国与中原的经济和文化联系也很密切。

公元1253年，忽必烈亲率大军过大渡河，以革囊渡金沙江，直趋大理，灭大理国。史称"元跨革囊"。第二年，忽必烈班师北还，兀良合台留镇云南，经两年多征讨平定大理，在大理地区设置了两个万户府。公元1274年，赛典赤任云南平章政事，建立云南行省，行省长官驻中庆（今昆明），行省以下设置路、府、州、县等机构，在大理地区设置大理路、鹤庆路等。从此云南的政治中心由大理转移到昆明。为了纪念忽必烈平定云南的业绩，公元1304年，在忽必烈原驻军地、大理城西的苍山脚下立了"元世祖平云南碑"。

明、清两代在元朝统治的基础上，进一步巩固和完善了对云南的统治。明代在洱海地区设大理府，统领四个州、三个县、一个长官司。从明代开始，大批汉族移民进入洱海地区，极大地促进了民族融合。清朝仍置云南行省，大理地区设大理府，建置与明代基本一致。公元1856年，在太平天国运动影响下，云南爆发了以杜文秀为首的回民起义。义军以大理为政治、军事中心，团结各族人民，与清政府展开长达十六年的顽强斗争，沉重打击了封建统治。民国时期，大理地区隶属于滇西道，后归属腾越道。1929年，国民党中央政府通令，废除道制，实行省、县两级制，大理地区设置了大理、祥云、凤仪等十三县。1949年4月，在中国共产党的领导下，剑川白族人民发动武装起义。到年底，大理各县陆续解放。1950年设大理专区，下辖十四县。1956年，撤销大理专区，成立大理白族自治州，下辖一市、十二县、二自治县。1983年，下关市、大理县合并为大理市，自治州辖一市、九县、二自治县。

三 白族地区社会、经济和文化

1. 社会经济。白族地区由于和中原有着长期的交往历史，社会经济深受中原影响，在我国西南少数民族中，白族的社会经济发展一直处于领先的地位。社会发展方面，新中国成立以前，白族地区的封建地主经济已很发达，洱海地区还出现了资本主义的生产形态。白族的手工业、商业都较为发达，富有民族和地方特色的名特优产品，深受人们的喜爱。最为驰名的是大理石工艺品，种类繁多，造型典雅，工艺精湛。制茶业有悠久的历史，下关沱茶被誉为"云南三宝"之一。白族扎染工艺独特，图案雅致，有浓郁的民族风格。白族木雕也很有名，尤其是镶大理石的木雕"云木"家具，华丽典雅，做工精美，行销中国香港、澳门和东南亚地区。

2. 风俗习惯。白族尚白，多居平坝，主要种植水稻、小麦等农作物。除同姓同宗不婚外，不论本民族内部或与其他民族均可通婚，过去有的地方实行姑舅表优先婚。白族人性格开朗，无论是婚丧嫁娶，还是生产劳动，历来都有亲友共同操办、互相帮助的习惯。爱清洁，家家户户都喜养花。每逢农闲，有外出做工之传统，主要从事建筑业、商业等活动。白族的主要节日，除和汉族一样隆重地过春节及清明、端午、中元、中秋、冬至等节外，还有很多本民族的节日，主要的有：本主节，为村社保护神的生日庆典，届时要举行隆重的接本主仪式；三月街，原为纪念观世音的经会，后发展为商贸、歌舞、体育集会，长期以来是西南地区最大的商业中心，现已被定为"大理州三月街民族节"，每年农历三月十五开幕，为期七天；绕三灵，是白族地区盛大的歌舞集会，每逢会期，成千上万的白族男女在苍山洱海之间载歌载舞，通宵达旦；火把节，是藏缅语族彝语支民族的共同节日，白族地区一般在农历六月二十五举行，每年这一天的晚上，成千上万支火把在夜色中如满天星斗，蔚为奇观。

3. 名胜古迹。白族地区风光旖旎，山川秀丽，名胜古迹令人目不暇接。苍山洱海的"风、花、雪、月"四大奇景，引人入胜。以之为中心，东边的鸡足山为迦叶尊者道场，共有108处大小寺院，为西南地区著名的佛教圣地；南边的巍宝山则是道教圣地，同时又是南诏发祥之所；北边的剑川石钟山石窟，凿于唐宋时期，其艺术成就与莫高窟相比也不遑多让。大理古称"佛国"，苍洱之间寺塔林立，尤以崇圣寺三塔最为有名。其中大塔又名千寻塔，高69.13米，建于唐末，两个小塔各高43米，建于宋代，至今已在苍洱之间屹立千年。历史古迹也俯拾即是。《南诏德化碑》是南诏与唐王朝会盟之物，《元世祖平云南碑》则是忽必烈灭大理国后所立，两碑极具历史文献价值。白族的民居建筑极具特色，有很高的艺术造诣，著名的喜洲白族民居建筑群是国家级文物保护单位。州内同时拥有大理、巍山两座国家级历史文化名城。全州各级重点文物保护单位达266个，数量之多，在中国30个民族自治州中首屈一指。

4. 文学艺术。白族地区文化发达，大理也早有"文献名邦"之誉。白族不仅有着丰富的神话传说，也有自己的创世史诗，如《创世纪》；既有多姿多彩的民间歌谣，也有长篇的叙事诗体"本子曲"和"大本曲"；既有"霸王鞭"、"八角鼓"等歌舞形式，也形成了本民族的戏剧艺术，即"吹吹腔"和"白剧"。除了历史悠久的民间文学外，文人创作也取得了很高的成就，早在唐代，白族诗人的诗作就已载入《全唐诗》。白族的雕刻、绘画艺术也很有名。剑川木雕、石钟山石窟为白族雕刻艺术之代表，而《南诏图传》和《大理国张胜温画卷》则是白族绘画艺术之精品。

5. 宗教信仰。白族宗教信仰有鲜明的"三教合一"的特点。在历史上白族曾普遍信仰佛教，洱海地区也因此有"佛国"之称。另外，道教在白族地区也有影响。白族还有本民族的宗教信仰，即本主崇拜。本主意为"本境之主"，即一个村寨的保护神。本主崇拜受到佛教和道教的很大影响，其神祇有的源于自然崇拜，有的源于英雄崇拜，有的则来自佛教和道教神。各村寨普遍都有"莲池会"和"洞经会"，前者成员主要为妇女，信奉观音；后者成员为男性，平时主要操演《文昌大洞仙经》。每逢有宗教活动，则一起主持。

6. 文化特点。白族文化历史悠久，底蕴深厚。以洱海为中心的白族地区是中国西南地区重要的文明发祥地。宾川白羊村（距今 4000 年）、剑川海门口（距今 3200 年）、祥云大波那（距今 2400 年）三个遗址都代表了同一时期云南地区文化发展的最高水平。自汉武帝于公元前 109 年在洱海地区设置郡县以来，到唐宋时期的南诏、大理国，再到元代赛典赤在云南设云南行省，白族地区一直是云南乃至西南地区的政治、经济和文化中心，在中国多民族国家的历史和文化发展中都占有举足轻重的地位。此外，白族文化在历史传承方面具有连续性。从远古时期的新石器、金石、青铜文化到南诏、大理国文化，再到元明清的白族文化，无论是从考古材料还是相关的文献典籍来看都是一脉相承的。在白族地区，多民族、多地域的文化长期相互交流，相互影响。白族文化积极吸收外来文化，并使之成为和谐统一的整体，在文化上具有多元性。

四　白族语言文字

白语是白族的民族共同语，主要使用区域在云南省大理白族自治州境内，省内其他一些白族聚居区内也有使用，分布地域较为集中。

（一）白语的语言系属

由于白语结构的复杂性，关于白语的系属分类，学术界的观点目前尚不统一，主要有三种意见：（1）罗常培、傅懋勣、徐琳、赵衍荪等认为白语属藏缅语族彝语支[1]。（2）戴庆厦等主张白语属藏缅语族，自成一语支，即白语支[2]。（3）认为白语不属于藏缅语，而和汉语关系密切。如本尼迪克特在 20 世纪 40 年代将白语归入汉语族，郑张尚芳近期认为"白语是汉白语族的一支独立语言"[3]。总体上说，白语属藏缅语是语言学界较为一致的意见，只是在语支归属上还有较多的分歧。

---

[1] 罗常培、傅懋勣等：《国内少数民族语言文字概况》，载《中国语文》（北京）1954 年 3 月号；徐琳、赵衍荪：《白语概况》，载《中国语文》（北京）1964 年第 4 期。

[2] 戴庆厦、刘菊黄、傅爱兰：《关于我国藏缅语族系属分类问题》，载《藏缅语族语言研究》，云南民族出版社 1990 年版，第 418—440 页。

[3] 郑张尚芳：《白语是汉白语族的一支独立语言》，载石峰、潘悟云主编《中国语言学的新拓展》，香港城市大学出版社 1999 年版。

（二）方言划分

传统上将白语分为大理（南部）、剑川（中部）和怒江（北部）三大方言。其中，怒江方言原称碧江方言，因怒江州碧江县于 1984 年撤销，故可以改称怒江方言。白语各方言在词汇、语法上都无较大差别，语音上也有较为清晰的对应关系，因此在方言划分上没有较大的分歧。

（三）语言及方言特点

与汉藏语系的其他语言一样，白语也是单音节的词根语，形态变化不复杂，词序和虚词是表示语法意义的重要手段。由于和汉语、藏缅语密切而复杂的关系，白语在语音、词汇、语法上既有很多和藏缅语相对应的地方，也有不少特点和汉语相同或相似。

白语语音的一般特征如下：辅音方面，三个方言都有双唇、唇齿、舌尖、舌面、舌根五组辅音，怒江方言另有舌尖后和小舌两组辅音。怒江方言的塞音和塞擦音有清、浊对立，其他两大方言清浊对立已消失，虽然 31 调和 33 调的塞音、塞擦音仍保留浊音，但不区别词义。元音方面，各方言的元音数量都较少，元音都普遍分松、紧两类，这一特点和彝语支语言相同。大理方言的鼻音韵尾已完全脱落，只剩下较单纯的口元音。剑川、怒江两个方言则有和口元音相对应的鼻化元音。大理和怒江两个方言有卷舌元音。声调方面，都有六到八个声调，声调和声母有密切联系，并可按元音松、紧分为松紧两类。汉语借词的声调和白语的声调之间有明显的对应关系。

词汇上，单音节词较多，多音节词较少。很多词汇（包括大量基本词汇）和汉语关系密切，应为不同历史时期借入的汉语借词，并多以音义全借的方式直接输入。早期的汉语借词可以追溯到上古汉语的来源，并已进入白语的基本词汇，能够作为构词词素构成新词。近百年来，尤其是新中国成立以来，白语又从汉语中借入了大量的新词术语。因此，白语词汇中汉语借词所占比例非常大，这是白语词汇的一个重要特点。构词形式有附加式、重叠式和复合式三类。

语法方面，白语各方言在语法上差异不大。词序和虚词是表示语法意义的重要手段，语序以 SVO 为主，和汉语类似，但仍保留古代白语的 OV 型语序。副词、助动词和能愿动词位置大多在中心动词之后。量词非常发达，一般情况下名词都要带量词，部分量词已具有名词词缀的特点。量词的位置在名词之后。结构助词和语气助词使用广泛。动词、助动词的否定和肯定、人称代词数和格的变化，都通过语音曲折变化来表示。可见，白语语法在受汉语深刻影响的同时，也保持了古代白语的一些特点。

白语三个方言之间，剑川方言和大理方言比较接近，除了一些方言词汇和语音的差异外，一般都可以相互通话。怒江方言和其他两个方言（特别是大理方言）的差别较大，通话有较大困难。白族民间一般认为，怒江方言最为"古老"，受其他语言（主要是汉语）的影响较少，剑川方言次之，大理方言受汉语的影响最大。这一认识总体上符合白语方言历史发展的实际情况。

（四）语言及各方言的地区分布和人口

大理（南部）方言包括大理和祥云两个土语，分布于大理、洱源、宾川、云龙、漾濞、永平、云县、凤庆、祥云、弥渡、巍山、保山、南华、昆明、元江等县市，以大理语音为代表；剑川（中部）方言，包括剑川和鹤庆两个土语，分布于剑川、鹤庆、兰坪、丽江、云龙、洱源、漾濞、永胜、宁蒗等县，以剑川语音为代表；怒江（北部）方言原称碧江方言，分泸水（原碧江）、兰坪两个土语，通行于怒江州的泸水、福贡、贡山、兰坪和迪庆州的维西、香格里拉（原中甸）、云龙、洱源等县，以泸水语音为代表。

全国白族人口为 193 万人（2010），主要聚居于大理白族自治州。州内白族多以白语为母语。大理方言的使用人口约 60 余万人，剑川方言的使用人口约 50 万人，怒江方言的使用人口约 10 万人。再加上省内其他白族聚居区的白语人口（包括大理一带以白语为主要交际语言的回族人口），白语的使用人口约有 130 万人。

（五）白语的使用情况

由于历史上白族地区一直以汉语为官方语言，1956 年成立大理白族自治州，仍保留汉语的官方语言地位，未制定以白语为官方语言的相关规定。

白族人民在日常生活中一般都以白语为主要交际工具，县以下白族聚居区群众活动都使用白语。大理白族自治州各县市的城镇地区一般以汉语为交际工具，但白族聚居程度较高的县市（如剑川县），白语是全县（包括县城）的通用语言。

白族地区的电影、广播、电视和报纸都使用汉语文，民间文艺活动则以白语为主。学校教育方面，白族各聚居区的中小学都用汉语文授课，小学低年级则普遍使用白汉双语进行教学，部分地区小学高年级仍将白语用作教学辅助语言。乡、村两级的行政事务普遍使用白语，县以上的行政工作用汉语（但白族人口集中的剑川县，其县级行政事务也多用白语）。在文字使用方面，由于白文未得到推广和普及，行政事务、学校教育、民族交流都使用汉文，老白文只应用于民间文学创作和宗教活动领域。新白文用于扫盲和部分中小学校的双语文教学。

从分布地区看，居住在平坝地区以及城镇附近的白族居民一般兼通汉语，多为双语人。而边远山区、交通阻塞地区的白族群众只通白语。从人口构成来看，白族青壮年男子因有相对较多的机会接受汉语文教育，加上普遍有外出务工的习惯，因此一般兼通汉语，而妇女通汉语的比例要低得多。

从历史发展情况看，白族地区的白汉双语状况是比较稳定的，尤其是改革开放以来，也没有产生白语人口大规模转用汉语、白语功能大规模萎缩的现象，这都说明白语的使用和功能是基本稳定的。可以肯定，在以后的很长时期内，白语仍将作为白族最为重要的交际工具和民族特征而存在。

白族地区是多民族聚居区。由于白语是大理州的主要语言，州内的一些汉族、彝族、傈僳族群众也兼通白语，居住在大理市境内的回族则以白语为主要交际用语。怒江州的兰坪县城内，由于多民族杂居，而白语影响又比较大，白语因此成为当地各民族的共同交际语之一。各地白族大多兼通汉语，怒江白族大多兼通傈僳语、普米语。其他地区白族因民族杂居情况的不同分别兼通彝语、纳西语、藏语等。

（六）白族的文字情况

白族有自己的古老文字，即"白文"。为和新中国成立以后创制的拼音白文相区别，一般又称"老白文"或"古白文"，它形成于南诏末期，至今已有一千多年的历史。它是在汉字基础上发展起来的一种汉字系民族文字。古白文至今仍在白族民间使用，并有唐、宋、元、明、清各代的碑铭和书面文献一直保存至今。由于缺乏有效的规范和推广工作，历史上它一直没有发展成为全民通用的民族文字。现今古白文作为一种书面语言，它的社会交际功能不发达，主要应用于民族民间文学作品的创作及记录，以及民族宗教的祭祀活动中。

新中国成立以后创制的白族文字一般称为"新白文"或"拼音白文"，是一种以拉丁字母为符号基础的拼音文字。新白文创制于 1958 年，但没有进行推广。1982 年和 1993 年对该文字方案分别作了进一步的修订，并在部分白族地区推广使用，取得了一定的成绩。本书所说的"白文"，如无特别说明，都指古白文。

第 二 章

文字的起源与变迁

白文的产生，是汉文化长期渗透、影响的结果。早在西汉时期，就在今白族地区设置郡县，创办学校、移民屯垦，使汉文化在洱海地区得到传播，当时汉语文在大理一带已经有了广泛的影响。到隋唐之际，洱海地区使用汉语文已很普遍。唐代杜佑《通典》卷187、《新唐书·太宗本纪》和《新唐书·南蛮传下》中，都提到当时洱海地区的白族先民"河蛮""有数十姓，以杨、赵、李、董为名家。……言语虽小讹舛，大略与中夏同。有文字，颇解阴阳历数。"这里的"言语"和"文字"，当是汉语和汉文。南诏建国后，洱海地区与中原的联系进一步加强，南诏不仅在政治统治上仿效中原，文化上也积极向中原学习，并取得显著成效，汉文化在洱海地区有了深厚的群众基础。南诏统治阶层和知识分子大都有着良好的汉文化素养。从今天白语中大量的上古汉语借词看，当时汉语文在白族民间的使用也是十分普遍的。汉语文在白族地区的广泛传播和使用，为白文的产生和发展奠定了基础。

一 白文历史发展简述

由于文献无征，现在很难了解汉代到隋唐这一漫长历史时期是否已产生了白文的某种萌芽。到公元738年，南诏王皮罗阁统一洱海地区，建立了南诏国。关于南诏的民族构成，学术界有过长期的讨论，目前相对一致的看法是，南诏除王室为乌蛮外，其主体是白蛮，南诏是建立在白蛮政治、经济和文化基础上的奴隶制政权。由于白蛮的社会、经济、文化发展水平都远较乌蛮为高，因此，南诏王室在其统治过程中，也经历了一个白蛮化过程。

综合各方面的文献分析，南诏时期，由于白蛮是主体民族，文化发展水平高，白蛮语很自然地成为南诏的通用语言。和乌蛮语相比，白蛮语的另一个优势是它与汉语的关系更为密切。唐代樊绰《蛮书》卷八"蛮夷风俗"称："言语音白蛮最正，蒙舍蛮次之，诸部落不如也。但名物或与汉不同，及四声讹重。"

在南诏建国后的一百多年里，由于洱海地区实现了政治上的统一，社会经济和文化得到空前的发展，特别是白族作为一个民族共同体已基本形成，用文字来记录自己的语言日益成为社会的迫切需要。由于长期使用汉字，人们很自然地借用汉字符号来记录白族语。这一时期，主要是假借汉字来记录，而且记录的仅是部分字词，但它逐渐成为人们习惯使用并约定俗成的书写符号，为白文的形成创造了重要的条件。如当时的很多文献都有用特定汉字表示白语音义的现象。樊绰《云南志》载南诏"大虫谓之波罗，犀谓之矣，带谓之佉苴，饭谓之喻，盐谓之宾，鹿谓之识，牛谓之舍，川谓之赕，谷谓之浪，山谓之和，山顶谓之葱路，舞谓之伽傍。加，富也；阁，高也；诺，深也；苴，俊也"。当时的文学作品中，也有用汉字符号记录白语的现象。再如《南诏德化碑》中，"大子潘"、"细子潘"等词，若按汉语理解，则其意义很难明确。实际上这几个词也是汉字记白语，其义分别是"壮年人"、"青年人"。当时的白族民间也用此种形式来记录民谣俚曲。如《云南志·山川江源第二》载："河赕（大理坝）贾客在寻传（怒江坝）羁离未还者，为之谣曰：'冬时欲归来，高黎贡上雪；秋夏欲归来，无那穹赕（怒江坝）热；春时欲归来，囊中络赂（钱财）绝。'"其中的"穹赕"、"络赂"等词，也是用汉字符号记录白语。从以上种种材料可以看到，在南诏中期，借用汉字符号记录白语在白族地区已为人们所习惯使用和理解，并逐渐成为一种约定俗成的书写手段。

到南诏中后期（9—10世纪），单凭假借汉字来书写白语，已经不能满足社会生产、生活的需要。人们开始通过增减汉字笔画或仿照汉字造字法重新造字的方法来书写白语。这种新造的字，历史上叫作"新奇字"，白族民间则称之为"白文"。自造字的出现，标志着白文形成了自己的造字方法，在一定程度上摆脱了汉字的束缚，走上了相对独立的发展道路。

在白文文献中，有明确的时间记载说明白文在南诏中晚期已经形成。如1956年费孝通等在大理凤仪北汤天发现的南诏、大理国写本佛经中，《护国司南抄》卷第一为一残卷，卷末有"时安囗圣治六载"字样。"囗"即"国"。《南诏野史》载，唐昭宗天复三年（903），郑买嗣篡蒙氏国，建大长和国，建元安囗。安囗六年当为公元908年。该抄卷内容是《仁王护国般若波罗蜜多经·嘱累品第八》。这一写本佛经具有代表性，其正文汉字1800多字，白文旁注1700多字，卷尾的白文疏记多达4300多字。其白文文字符号前后统一，书写流畅，可见书写者已很熟练地掌握了白文，显然这一佛经是白文已流行使用若干年后较为成熟的作品①。

白文形成以后，一直在白族民间使用。由于自身的局限，加上历代统治阶级都以汉文为官方文字，对白文不予重视，未对其进行规范、推广的工作，因此，白文一直没有能发展成全民族通用的文字。但在南诏到明代四百多年的时间里，白文还是得到了一定的发展，主要表现在两个方面：一是白文在其流传使用过程中，书写符号不断得到统一，文字体系进一步发展，逐渐成为一种较为成熟的文字形式。二是其使用范围不断扩大，有了较好的群众基础。不仅白族民间掌握白文者日益增多，统治阶级也经常使用白文。从文献资料看，白文不仅被用于书写各种碑刻铭文，也用来书写一些历史著作。佛教禅宗传入大理以后，佛教徒也广泛利用白文阐释佛经，宣讲教义。这些情况，都说明白文的流传使用是较为普及的。

明代以来，由于中央王朝推行压制少数民族文化的消极政策，白族历史文献基本被毁，白文的发展受到很大打击。清代师范所撰《滇系》中说："沐氏镇云南直与明祚相始终，三代以下鲜见也，迄今已百五十年矣，而滇中土人犹自慑其余威引为口实……自傅、蓝、沐三将军临之以武，胥元之遗黎而荡涤之，不以为光复旧物，而以为手破天荒，在官之典册，在野之简编，全付之一烬。"袁嘉谷在《卧雪堂文集》中，也提到"沐英一烬"、"李湖奉诏收书"。今大理凤仪《赵州南山大法藏寺碑》记载，洪武十五年（1382）壬戌春，"天兵入境，经藏毁之。余等俭岁之中，救得两千余卷，安于石洞……"保存至今的白文古代文献极为罕见，当和此次焚书有直接关系。加上永乐九年（1411）明王朝开始在云南开科取士，汉文的地位得到进一步巩固和提高，白文作为一种"土俗字"，日益受到本民族知识分子的冷遇和歧视，到明代晚期，谢肇淛在其所著《滇略》中提到，当时的"僰文""学士大夫鲜能通之，询之闾里耆民，千百不一二谙也"。在这样的条件下，白文很难得到进一步的发展。虽然它一直在白族民间使用至今，但其使用范围和使用群体已大大地缩小了。从目前保存的白文文献看，明清以来，白文主要用来书写一些碑刻、民间文学作品等，尤其是各种曲本、唱词，数量都极为丰富。但掌握白文者仅限于一些民间艺人和从事宗教活动的乡村知识分子。由于未经规范，白文往往因人而异，因地而

---

① 杨应新：《方块白文辨析》，载《民族语文》1991年第5期。

异，这也是南方汉字系文字的普遍情况。

二 白文书写符号系统的构成

作为一种具有代表性的汉字系文字，白文和壮文、字喃在总的文字格局上有着共同的特征，即都以假借汉字和仿造汉字为主要的构字方法。但在具体的构字方法上，白文和壮文、字喃又有一定的差异。从组成结构看，白文也可以分为独体字、派生字、合体字三类。在构字方法上，也以假借汉字和仿造字为主。在社会经济发展较快、群众汉文化水平较高的大理地区，其白文已倾向于较多地使用假借汉字，仿造字不多，而且这些仿造字多为派生字，合体字比较少。而地处偏远、社会经济发展较慢的地区，如云龙等地，至今仍保留有大量仿造字，而且新的仿造字还在被不断地创造出来。这些仿造字中，结构复杂、笔画繁多的合体字占有很大比例。这种情况说明，社会文化发展和对外交流程度的差异，对汉字系文字的发展也有着一定的影响。

以下是对白文构字情况的简单分析。

(一) 假借汉字

从历代的白文文献看，假借汉字一直是白文占主导地位的书写手段。尤其是目前大理一带的曲本、唱词中，假借汉字往往占到总字数的90%以上。白文中的假借汉字有以下几种类型：

1. 音读汉字

音读汉字就是读汉语的音，表示白语的意义，即"借音改义"。音读字在白文中占有较大比重，是假借汉字使用频率最高的一种类型。由于白语和汉语在语音上的差异，音读字并不是读汉字的实际读音，而是读成近似的读音，该汉字和它所表示的白语音在实际音值上往往有不同程度的差异。这也说明假借汉字的读音已纳入了白语的语音系统。如：

白文	汝	保	宽	奴	罗	娘	恼	朵
读音	zv^{31}	po^{31}	$khua^{33}$	nv^{21}	lo^{21}	nia^{55}	no^{31}	tuo^{33}
意义	用	他	狗	龙	老虎	咱们	你	不行

2. 训读汉字

就是根据汉字的汉语意义，读成白语的音，即"借义改音"。和音读字相比，训读字的数量要少得多。如：

白文	天	地	是	船	二	六	坐	活	厚
读音	xe^{55}	$tɕi^{31}$	$tsɯ^{33}$	je^{21}	ko^{33}	fv^{44}	kv^{32}	$xeɹ^{55}$	$kɯ^{33}$
意义	天	地	是	船	二	六	坐	活	厚

另有一类较特殊的训读字，有时其意义并不是汉字的字面意义，而是读同一白语音的其他意义，这是一种同义假借的方法，在汉字系文字中也是不多见的，如：

白文	山	坐	豆
读音	se^{35}	kv^{32}	$tɯ^{31}$
意义	仙	居住	这（指示代词）

3. 直接借用汉字书写汉语借词

白语在其历史发展过程中，借入了大量的汉语词汇，据估计，白语中的汉语借词可能占其词汇量的70%—80%。早期的汉语借词大多进入了白语的基本词汇，虽然其读音已纳入白语的语音系统，但仍可直接用汉字书写。如：

白文	肠	胃	白	黑	花	病	心	肝
读音	tso²¹	vu⁴²	peɹ⁴²	xɯ⁴⁴	xuo³⁵	peɹ³¹	çi³⁵	ka³⁵
意义	肠	胃	白	黑	花	病	心	肝

另有很多汉语借词借入时间较晚，音、义都无太大改变，直接假借汉字来书写这些借词，也是十分自然的。在假借汉字书写新借词时，仅在实际音值上与汉语略有差异，在声调上也有严整的规律，能读五声，即阴平"妈"ma⁴⁴，阳平"麻"ma⁴²，上声"马"ma³¹，去声"骂"ma⁵⁵，入声"抹"ma³⁵，保留入声调类。如：

白文	学习	朋友	因为	唱歌	农村	中国
读音	çio³⁵çi³⁵	phu⁴²jo³¹	jɯ⁴⁴ue³⁵	tsha⁵⁵kɔ⁴⁴	lu⁴²tshue³³	tsu⁴⁴kueɹ³⁵
意义	学习	朋友	因为	唱歌	农村	中国

4. 借形字

音义都和汉语无关，仅借用汉字字形表示白语中某一特定的音和义。这是较为特殊的一类假借字，表明在某种程度上，白文假借字已有摆脱汉语音义影响的倾向，但此类假借字数量很少，但使用频率很高。如：

白文	丘	廿
读音	xɯ³¹	li⁵⁵
意义	里面	也

（二）仿造字

仿造字是仿照汉字造字法，用汉字及其偏旁重新组合造成的新字。和壮文、字喃一样，除去独体字以外，按组成结构，白文的仿造字同样有派生字和合体字两类。按结构功能分析，派生字主要有形声字、加形字两类，合体字则以音义合体字为主，另有少量意义合体字。

1. 形声字

白文的形声字同样也由形旁（义符）和声旁（音符）构成，音符是一个独立的汉字，义符是汉字的偏旁，它表示这一形声字的意义类别。如：

白文	嫫	啫	偓	唰	叨	钯	苖	唎	嗽	圙
读音	mɔ³³	tɕy³³	ŋa⁵⁵	sua⁴⁴	to²¹	pia⁴⁴	tshu³³	pieɹ⁴⁴	ka³¹	ȵi⁴⁴
意义	母亲	嘴	我们	说	话	钱	草	问	讲	进（人）

2. 加形字

在汉字上加一个偏旁或符号，以示造成和原有汉字相区别的新字，其实际作用相当于加了区别标记的假借字，这样造成的新字就是加形字。在壮文、字喃中，也有此类加形字。和壮文、字喃不同的是，在白文中，加形字获得很大的发展，使用频率很高，而且类型也较丰富，既有音读，也有训读，但音读的最多。以加"口"旁为主，也有加其他偏旁的。所加偏旁实质上就是一种标记符号，表示这是和汉字相区别的"白文"。加形字的极大发展，可能是它既能兼顾汉字原有音义，易于掌握，同时又能满足本民族群众要求与汉字相区别的构字心理的结果。

加"口"旁的如：

白文	喏	咻	吽	咦	呋	嗒	叭	吐	噸
读音	nɯ⁵⁵	pɯ⁵⁵	xɯ³¹	ŋeɹ²¹	pɯ³⁵	ta⁴⁴	phia⁴⁴	nɔ⁴⁴	tue³²
意义	你的	他的	里面	去	丈夫	和	到	上	顿（量词）

加其他偏旁的：

白文	濇	夳	揩	俤	仈
读音	sue⁴⁴	ȵiv³³	neɹ³¹	the⁴⁴	ȵi²¹
意义	雪	女人、女儿	背	弟	人

3. 音义合体字

和壮文、字喃类似，白文中的音义合体字也由两个完整的汉字构成，一个汉字表音，另外一个汉字表意，而且表意的汉字已表示了整个合体字的意义，而不是意义范畴和类别。因此，白文的音义合体字同样可以称为"注音字"。这类音义合体字应该说是一种很自然、很直观的造字法，但其主要缺陷一是结构复杂，二是对汉字原有音义依赖性较大，不利于在群众中传播和读写。当然这也是汉字系文字共有的缺点。

白文的音义合体字举例如下：

白文	蛼	犀	軳	蒲	鲑	箢	鹜	胛	覸	挫
读音	xeɹ⁵⁵	kɯ³³	khv³¹	tsɯ³³	tsɯ³³	tshɯ⁵⁵	tso⁴⁴	ua⁴⁴	ke³²	tsʅ⁴²
意义	生	厚	巢、窝	有	主人	短	鸟雀	月	见	十

4. 意义合体字

白文中意义合体字较少。如：

白文	慈	塑	佥	岊	渁	嫑
读音	tɕeɹ²¹	tso³³	ȵi⁴⁴	tsha⁵⁵	khɔ³¹	mia⁴⁴
意义	情意	上	进入	早饭	沟溪	不要

（三）汉字省略字

汉字省略字就是不借用整个汉字，而是省去汉字的一部分（通常是一个部件），用剩下的一部分作为书写符号。需要强调的是，汉字省略字不是笔画的省略，而是汉字结构中一个部件的省略，二者有本质的区别。如：

白文	读音	意义	说明
那	tɕia³³	这样	从"那"省
凶	ɔ³⁵	凶恶	从"恼"、"脑"省
艮	ȵi²¹	人	从"银"省，"银"、"人"在白语中读音相同
茜	音义不明		疑从"满"省，见于南诏、大理国写本佛经

（四）汉字变体字

白文中的汉字变体字主要有两类：一是在汉字上进行笔画增减而构成的新字；二是对汉字进行简化，构成简化字。

第一类变体字如：

白文	读音	意义	说明
我	ŋo³¹	我	在"我"字上增加笔画
奉	pɯ³³	斧头	在"奔"字上增加笔画
天	音义不明		在"天"字上加笔画，见于南诏白文字瓦
戍	音义不明		在"戍"字上加笔画，见于南诏白文字瓦
向	kha⁴⁴	渴	在"而"字上减少笔画
冊、皿	ka⁴⁴	将、把	在"而"字上减少笔画

勹   音义不明   见于南诏、大理国写本佛经，疑为"勹"省笔（或古"勹"字）
玊   音义不明   在"土"字上加点，或为"玉"减笔

在早期的白文文献中，这类增减笔画的字较多，可见这是白文最初使用最多的一种造字法。但因这类字随意性大，因人因地不同，字形结构与字音、字义之间没有内在的结合规律，缺乏理据性，因此它没能得到进一步的发展，不久即让位于形声字、会意字等造字法。目前这类字已较为少见。

第二类变体字，即简化字如：

竟（觉）、𠂇（碗）、孝（学）、玑（现）、𠂤（举）、毡（毯）、昝（时）

迪（通）、埣（墙）、氿（酒）、叅（参）、窓（窗）、佘（命）、辝（拿）

上文中白文简化字，有的可能是自行简化的，有的则是直接借用了汉文自身发展过程中形成的很多异体字。在某些白文文献中，也借用了当时流行的汉字异体字。如南诏、大理国佛教写经《仁王护国般若波罗蜜多经》中，就使用了当时汉族地区也很流行的汉字异体字"仏"（佛）、"囯"（国）、"㝎"（宝）等，从中可见白文在其发展过程中与汉字的紧密联系。

（五）其他自造字

在白文的自造字中，还有很多是难以用"六书"理论加以解释的，其结构特征较为特殊，这也反映了白文在造字上不规则的一面。如：

白文	读音	意义	说明
滈	ko^{33}	两、二	义符"二"变形为两点水
矒	mo^{33}	没有、无	偏旁为田，或从"宙"省
佉	kho^{55}	腰带、系	造字方法待考，或借用汉字异体字

从白文的总体情况看，其构字法有如下几个特点：（1）一直以假借字为主要书写手段。（2）形声字未得到完备的发展，加形字数量增多和作用强化趋势较为突出。（3）造字方法较多，且多因人、因地、因时而异，书写较为混乱。从其历史发展情况看，白文书写符号系统的"假借—仿造—假借"的发展趋势值得注意。

如前所述，南诏初期，白族民间开始广泛借用汉字来记录白语。南诏中期，一些汉文化水平较高的白族群众（主要是知识分子）开始仿照汉字的造字方法造字。这类字过去常被称为"奇异字"、"臆造之文字"，实际上就是白文中的自造字。在后代大量出土的南诏字瓦上，已有较多的自造字。南诏、大理国佛写经中的白文，自造字也较多，而且造字方法较为统一，书写流畅，可见当时自造字已得到一定的发展。

最初的白文自造字，实际上有很多属于汉字变体字，主要是通过增减汉字笔画来造字，这一造字方法没有统一的造字原则，文字符号的形、音、义之间缺乏内在的联系，如南诏字瓦上的很多"奇字"，结构奇特，很难从其字形结构上推知音义。此后白文抛弃了这类造字法，逐渐发展为以形声法造字为主，另外也有少量会意字，这些就是严格意义上的仿造字。

但是，由于各种历史、社会的原因，白文的仿造阶段是不彻底、不完备的，形声法造字也未得到充分的发展。白文的历史文献中，仿造字都没有能超过假借字而占绝对多数。而且随着时代的发展，白文中的仿造字不是越来越多，而是越来越少。南诏、大理国写本佛经中，仿造字（另有部分变体字、省略字等）占有一定数量。大理国《段政兴资发愿文》中的白文诗，全诗20字，仿造字4字，仿造字占到全诗字数的20%；明代的白文碑刻中，仿造字所占比例继续减少，如《故善士赵公墓志》全文464字，仿造字34字，《词记山花·咏苍洱境》全文520字，仿造字38字，仿造字所占比例都为7.3%。至于今天流传于大理地区的各种白文曲本、祭文中，几乎全篇都是假借汉字，仿造字已很少

见了。

　　历史上的文献材料，也从侧面反映了白文的这一历史发展趋势。在 14—15 世纪，一般的文献记载，都肯定"以僰人之言为书"的文字符号是一种文字，并称之为"僰文"。僰文是一种"臆创之文字"，用其书写的《白古通记》、《白国因由》等文献，须经汉译改写，才能为只通汉文的人所理解。但到 18 世纪以后，每论及白文时，就出现了既承认它是一种文字，"不尽同于汉文"，又以为它是"以汉字书写白语"、"汉字白音"的矛盾认识。这种矛盾认识的产生不是偶然的，而是白文经过历史发展以后的结果。14—15 世纪，白文中尚有一定数量的仿造字，为通汉文者所不识，因此每提及白文，都说"僰字难认"，也就很自然地把它视为一种有别于汉字的文字了。而 18 世纪以后，白文大量使用假借汉字来书写，加上仿造字又日益减少，因此，很多人认为"白文"不是一种民族文字，而只是"汉字白读"、"以汉字记白语音"。这些认识的出现是可以理解的。

　　白文表现出的这种发展趋势，和白族社会经济的发展、白族群众汉文化水平的提高有密切的关系。从历史上说，明代以来，特别是近百年来，白族社会经济不断发展，和各兄弟民族的联系不断加强，越来越多的白族群众掌握了汉语文，并深感其便利，人们在书写白语时，也越来越倾向于直接借用汉字。对掌握汉语文的人来说，再重新造字来记录白语，已无太大必要，人们不再刻意创造或书写自造"白文"，而满足于用假借汉字作大体近似的记录。这样一来，假借汉字便又日益成为最主要的书写手段了。在共时的平面上，就白文使用的几个地区而言，大理一带社会经济发展较快，群众汉文化水平较高，其白文几乎都用假借汉字书写，仿造字不多；至于社会经济发展较为滞后，地处偏远、交通闭塞的云龙等地，其白文较为古朴，有较多自造字，而且类型丰富，形声字、会意字、变体字都有，新的自造字还在不断地被创造出来，这和大理一带的情况形成了鲜明的对比。但从云龙白文自身的历史发展来看，也仍然表现出一种自造字不断减少、假借汉字逐渐增多的趋势。它说明白文正由仿汉表意字向借汉表意字发展。这也是南方汉字系文字发展的普遍趋势。

第三章

文字载体类别与版本形式

白文文献的载体主要有陶、石、纸、金属四种，其中石质和纸质两种载体最为常见。金属载体十分罕见，传世的只有刻在铜质观音像背后的《段政兴资发愿文》一种。陶质的白文文献主要是白文字瓦，数量很多，但较为散乱。因白文文献大多在民间流传，缺乏由专门出版部门印刷、发行的白文出版物。纸质文献在纸张、装帧上有自己的特点。

一 陶质载体文献

陶质文献主要包括南诏白文字瓦。白文字瓦是抗日战争时期考古学者首次在洱海周围的南诏、大理国故地发现的。半个多世纪以来，陆续出土了大量的字瓦。这些字瓦一面有花纹，另一面有符号或文字（包括一些汉字符号）。其上的符号或文字，可能是瓦匠所作的特殊记号，也可能是瓦匠或所有者的姓名，抑或是表明瓦的用途，等等。其中还有大量由汉字增损笔画造成的新奇字意义很难明确，再加上字瓦上文字符号较为零散，不成系统，因此字瓦上的白文难以释读，多数字瓦上的信息至今尚待破解。

二 纸质载体文献

在 1956 年以前，一直没有发现纸质的白文文献。这是一种十分奇怪的现象。因为历史上大理地区手工业，特别是纺织业和造纸业都较为发达。南诏初期，大理地区主要使用中原输入的纸，如宋《玉海》卷 64 "唐王言之制"条载"南诏及清平官用黄麻纸"，黄麻纸产于四川成都，在唐代很有名气。到了南诏后期，中原造纸工艺传入，白族地区的造纸业得以发展起来，宋代《五代会要·南诏蛮》记载："其纸厚硬如皮，笔力遒健。"这是南诏后期已有造纸业的可靠记载，并且当时南诏制造的纸已用于诗、章句、词等文学作品的书写。到大理国时，白族地区的造纸工艺得到较大发展，纸张产量也有很大提高。当时白文在白族民间广泛流传，甚至连大理统治阶级也经常使用白文，可以想见，用白文书写的书面文献当不在少数。虽然白族地区后代屡遭战火，但也应该留下为数不少的纸质文献。而实际情况是，流传至今的白文纸质文献目前仅有南诏、大理国写本佛经一种。造成这种状况的主要原因是明代的民族文化专制政策。明代蓝玉、傅友德征云南，大肆焚毁地方民族古籍，清人师范在《滇系》中记载："天兵入境，经藏毁之。"白族古代文献也大都毁于此次浩劫。

1956 年，在大理凤仪北汤天村法藏寺，发现了佛教写经和刻经三千余册。其中一些写本佛经夹有白文。这些写经和刻经多成于南诏和大理国时期，是最具代表性的早期白文纸质文献。其中年代最早的两卷写经是《护国司南抄》（894）和《保安八年写经》（1052）。这些写经和刻本的纸质大都相同，类似于敦煌发现的唐代卷子纸和宋代的"藏经纸"，但又有所不同，纸色黄褐如茶，略有绵性，质地较厚，不透明，其纤维均匀，形态似为构树皮纸，质地比今天的白绵纸稍厚，但在当时仍属于较薄而匀细的纸，说明当时白族地区的舂捣加工是比较精细的，几乎不见纤维束。写经上均有较为明显的帘纹，故应为抄纸法制造，而且抄纸工具也达到了一定的工艺水平。其造纸技术与今天有白族造纸特色的鹤庆白绵纸是一脉相承的。写经所用的纸张上还有入潢加工，故千余年来没有虫蚀现象。从当时的情况看，南诏应该是在中原先进造纸工艺的影响下，就地取材，利用滇西一带所产的构皮树做原料而生产出此类纸张的。宋代《五代会要》对这种纸曾有记载，称"厚硬如皮"，且"惟滇中纸最坚，其坚与绢素敌。"由于这种纸的大量生产，解决了书写的载体问题，为云南古代写本书的出现提供了物质条件。

南诏、大理国写本佛经的版式和装帧，由于受中原影响，多为卷轴装，另有少量属于蝴蝶装，白口。总体上看装帧都较为考究，既显古朴，又不失大方，而且书品都十分典雅。写本佛经的书页、界行或丝栏都"界以铅栏"，并都做得较为精致，实为云南古代写本书的精品，只是因年代久远，经卷多已散落，有的甚至只剩数张残页，使后人无法得见原书之风貌，十分可惜。

南诏、大理国时期，洱海地区和中原交流密切，从相关的历史文献分析，洱海地区应该已经掌握了印刷技术。但流传至今的南诏、大理国白文文献都是写本，到目前为止，并没有发现确切的南诏、大理国时期的印刷品，已发现的有纪年的印刷品最早只追溯到元代。

还有一类纸质文献就是白族民间流传的各种歌本、曲本和祭文等。这些文献数量众多，部分文献为民国或民国以前抄写，其他多为新中国成立以后成书文献。因没有进行过系统的调查发掘，确切数目不得而知。在版本形式上，多用当地特产的白绵纸书写，用细麻绳或绵纸条装订而成，其纸张大小、装订方法因人而异，总的来说装帧不太讲究。书写款式方面，新中国成立以后的白文文献，书写形式多为从左到右横写。民国及民国以前的文献为从上往下竖写，从右向左移行。

三　石质载体文献

石刻碑文是一种重要的白文文献。这些石刻、碑文从年代上看，自大理国到明清时期都有保留，时间跨越了一千多年。主要的白文碑刻有如下数种：《大理国段氏与三十七部会盟碑》、《大理国释氏戒净建绘高兴兰若篆烛碑》、《段信苴宝摩崖碑》、《词记山花·咏苍洱境碑》、《故善士赵公墓志》、《故善士杨宗墓志碑》、《故处士杨公同室李氏寿藏碑·山花一韵》、《史城芫山道人健庵尹敬夫妇预为家冢记碑·白曲一诗》。其中，《段信苴宝摩崖碑》直接刻于苍山山麓裸露的山间石壁上，其余文献都刻于大理地区特产的大理石或青石石碑上。《词记山花·咏苍洱境碑》和《故处士杨公同室李氏寿藏碑·山花一韵》都刻于碑阴，属于碑刻正文所附的韵文作品。所刻文字都为阴文。书写方式都是从上到下竖写，从右到左移行。

四　金属载体文献

金属载体白文较为少见，到目前为止，传世的只有刻在铜质观音像背后的《段政兴资发愿文》一种。

第 四 章

目录与类别

白文由于没有发展成为一种全民族通用的规范文字，加上民族上层阶级的漠视和排斥，特别是明王朝在云南推行民族文化压制政策，大量民族古籍被毁，因此，明代以前的白文古籍大都没有流传至今。明清以来的白文材料，多为文学作品。

由于对白文文献的研究起步较晚，加之白文文献的发掘和整理工作还很不系统，所以有关白文文献目录和类别的研究成果并不多见，而且几乎都是关于文献类别的。文献目录方面，由于白文文献整理工作的滞后，很多当代白文文献未经发掘整理，目前还没有形成收录白文文献较为齐全的文献目录，也没有制定一个较为成熟、系统的编排法，只有云南省图书馆曾经对包括白文写本佛经在内的南诏、大理国佛经做了编目，但在这个编目中，白文佛经只有少数几种，因此它也不是严格意义上的白文文献目录。

文献类别方面，徐琳、赵衍荪、杨应新等学者都做过阐述，其中以杨应新的《方块白文辨析》（载《民族语文》1991年第5期）一文较为详尽。以下在该文的基础上对白文文献作简略分类。

一 白文史籍

主要的有《僰古通记》、《玄峰年运志》、《西南列国志》等。这类史籍主要记述"白子国"的由来以及南诏、大理国的历史。明代著名学者杨慎贬谪云南，搜集整理了多种白文史籍，并译为汉文，成《滇载记》。但这些白文史籍原书都已失传，我们仅能从相关的汉文文献中了解其简要情况。从白文《僰古通记》翻译而成的汉文《白国因由》，仍带有一些白语口语的特点，证明这些白文古籍在历史上是真实存在的。

二 南诏字瓦

南诏字瓦是20世纪30年代以来陆续发现的，多出土于南诏的建筑遗址，少数字瓦为大理国之物。这些数量众多的残瓦上刻有各类符号，既有特殊的记号，也有汉字和由汉字增减笔画造成的文字符号。一般认为后两类即是当时的白文。这类文献数量众多，可惜上面的白文文字较为零散，研究难度较大。初步研究认为，字瓦白文的内容大体有三类：一类是时间纪年；一类是工匠姓名；另一类是字瓦的用途和使用者等。

三　南诏、大理国写本佛经

是时代较早的一批白文文献。1956年，费孝通等在大理凤仪发现三千多册佛经，其中，南诏、大理国时期的写本佛经共20卷。这20卷佛经中，有的经卷夹杂着古白文符号，有的在汉文经卷右侧附有白文旁注，卷尾有白文注疏。这批白文佛经对于研究南诏、大理国时期佛教在大理地区的传播以及白文的发展，具有极其宝贵的价值。主要有如下数种：

《仁王护国般若波罗蜜多经》5号卷（残卷，藏云南省图书馆）

《仁王护国般若波罗蜜多经》6号卷（残卷，藏云南省图书馆）

《通用启请仪轨》（残卷，藏云南省图书馆）

《大灌顶仪》（残卷，藏云南省图书馆）

《佛说灌顶药师经疏》（残卷，藏云南省图书馆）

《大佛顶如来密因修证了义诸菩萨万行首楞严经第一卷疏释》（残卷，藏云南省图书馆）

《礼佛忏悔文》（南诏、大理国写经残卷，藏云南省图书馆）

《光显启请散食浴像口嘱白金刚小稽请》（残卷，藏云南省图书馆）

四　白文碑铭

白文碑铭是白文历史文献的重要组成部分。虽然白文碑铭的数量不是很多，但从大理国到元、明、清各个历史时期，都有白文碑铭传世，涵盖了白文从大理国到明清的发展历史。其中的代表作品，如《山花碑》、《故善士赵公墓志碑》、《故善士杨宗墓志碑》等，无论从文字的成熟程度方面还是艺术性方面，都是白文历史文献中的代表。其中，《山花碑》还是白文历史文献中最为完整、保存最好的一种。白文碑铭中有数种现已毁损，但碑文已被完整刊布。这些白文碑铭按其年代顺序题录如下：

《大理国段氏与三十七部会盟碑》（宋/大理国，971年）

《大理国释氏戒净建绘高兴兰若篆烛碑》（宋/大理国，1198年）

《大理国段政兴资发愿文》（宋/大理国，1147—1172年间）

《段信苴宝摩崖碑》（明，1370年）

《应国安邦神庙记碑》（明，1432年）

《词记山花·咏苍洱境碑》（明，1450年）

《故善士杨宗墓志碑》（明，1453年）

《故善士赵公墓志碑》（明，1455年）

《高公墓志碑》（明，1479年）

《故处士杨公同室李氏寿藏碑·山花一韵》（明，1481年）

《史城芫山道人健庵尹敬夫妇预为家冢记碑·白曲一诗》（清，1703年）

五　近现代白文作品

包括白族传统的曲艺形式如大本曲、本子曲的曲本、民歌唱词等，此外还有白文祭文等形式。

大本曲。大本曲是在白族民歌和长诗的基础上发展而成的曲艺形式，主要流传在云南省大理市、洱源县的白族地区。其句法、格律以白族"山花体"为基础，曲调、唱腔有三腔、九板、十八调之分，具有鲜明的民族特色。其内容很多取材于汉族的传说故事，但人物、故事情节都已经白族化了。另有部分则取材于白族历史故事和社会生活。传统曲目有《柳荫记》（又名《梁山伯与祝英台》）、《血汗衫》（又名《火烧磨房记》、《磨房记》、《兰季子会大哥》）、《丁郎刻木》、《孟忠哭竹》、《沙灯记》、《龙串宝珠》（又名《蟒蛇记》）、《灵台守孝》（又名《傅罗伯寻亲》、《仁宗认母》）、《黄氏女对金刚经》、《张四姐大闹东京》（又名《摇钱树》）、《王素贞观灯》、《王十朋祭江》（又名《召魂祭江》）、《秦香莲》（又名〈陈世美不认前妻〉）、《四下河南》、《白王的故事》、《三公主修行》（又名《火烧百雀寺》）、《蝴蝶泉》、《辽东记》、《张元庆敬宝》、《赵五娘寻夫》、《桥头记》（又名《蔡状元起盖洛阳桥》）、《韩顺龙退亲》、《白扇记》等，曲目数量较为丰富，白族民间有"三十六大本，七十二小本"之说。白族艺人在演唱大本曲时，通常用古白文写成曲本，就形成了白文大本曲文献。这些文献由白族艺人代代相传，有时也在群众中传抄。以上曲目都有曲本，一个白族艺人往往都有近百部白文曲本。且因不同的艺人都有自己的曲本，所以同样的曲目在大理地区有着多种本子，故事内容大体一致，只是在故事情节、语言特点和书写符号上有不同程度的区别。因此，白族大本曲曲本的数量十分丰富，只是由于没有经过系统的调查，目前还难以确定这类文献的确切数量。作为一种重要的白文文献，目前大本曲已受到普遍关注。

　　本子曲。本子曲也是在白族民歌和长诗的基础上发展而成的曲艺形式，用于演唱整本长篇故事，主要流传在云南省剑川、洱源等县的白族地区。其句法、格律也以白族"山花体"为基础，但曲调、唱腔等都比大本曲简单。故事情节多取材于白族地区的社会生活。曲目很多，目前经过搜集整理的曲目有四十余部，如《青姑娘》、《鸿雁带书》、《放鹰曲》、《秧鸡曲》、《出门曲》、《黄氏女对金刚经》、《李四维告御状》、《兵灾匪祸血泪仇》、《月里桂花》、《串枝连》、《小莺哭嫁》、《张结巴调》、《相思曲》、《叹五更》、《稻子曲》等。本子曲曲本也用白文书写，形成了白文本子曲文献。这些曲本同样在白族民间代代传承，数量也很可观，也是重要的白文文献。

　　白文民歌唱词。白族民歌大多是即兴创作而成，形式较为自由，无须进行书面记录。但一些民间艺人出于保存、帮助记忆等需要，也用白文记录民歌唱词。经调查，民歌唱词类的白文文献数量也不少，但由于都较为零散，且一直没有经过系统的发掘和整理，其确切的数量尚不清楚，刊布的民歌文献数量也不多。代表文献如大理州云龙县流传的白文民歌《一只银手镯》[①]。

　　白文宗教、祭祀文献。白族地区在宋、元之际曾用白文阐释佛经。但经明代文化专制统治以后，这类经籍除南诏、大理国写本佛经以外，都没有流传下来。明代以后，只有部分地区还用白文撰述宗教经籍。加上收藏者多将此类经籍秘藏，因此搜集整理的难度很大。代表文献如段伶等刊布的《白文灵堂白词》等。至于白文祭文，在白族民间则很常见。又分两种，一种是在宗教仪式上诵唱，赞美神灵功德，祈求赐福免灾的宗教性祭文；另一种是在丧葬仪式上诵唱，缅怀死者、寄托哀思的丧葬祭文。两类祭文在白族各地都很常见，但由于祭文在仪式结束后往往要被烧掉，所以也很难搜集文献原件。代表文献如杨应新整理的《本祖祭文》。

　　以上几类近现代文献数量众多，在白文文献中有重要地位。这些活着的文献，展现了白文的生命力和白文书写系统的最新发展。很多文献如本子曲、大本曲等，在民间代代传承，已有数十年甚至上百年历史。特别是一些民间艺术世家几代人珍藏的曲本，保存更为完好，年代也更为久远，价值也更高。但由于没有经过系统的发掘整理，这些文献还没有一个较为完整的目录。上面列出的，仅是一些有代表性的近现代白文文献。

[①] 徐琳、赵衍荪：《白语简志》，民族出版社1984版。

第 五 章

古籍发掘、研究简况

一 20世纪上半叶白文古籍整理研究情况

(一) 白文文献的发掘和整理

白文使用历史悠久，但由于未经规范和统一，加上明代以来的民族文化专制政策，白文未在民间通用，其社会交际功能很不发达，因此长期以来，白文没有文字之名，白文文献也流散民间，或在民间艺人间传抄，或由个人秘密珍藏，白文文献的性质和价值一直没有得到正确的认识。从明代以来，白文文献经历了一个漫长而艰难的发现和确认过程，这在中国各民族古文字中都是较为少见的。

关于白文的历史记载，最早可追溯到元代翰林修撰杨载所著的昆明筇竹寺《大元洪镜雄辩法师大寂塔铭》。到明代，杨慎在《滇载记》中又提到白文文献，谢肇淛也同样提到白文"诸籍"。以上各说，都是有关白文文献发现和刊布的早期记录。遗憾的是文中所述的白文文献都没有流传至今，这就使白文在元明时期的流传使用在很长时期里成了一段历史悬案。

从严格的意义上说，白文文献的发现和刊布始于20世纪30年代。1938—1940年，吴金鼎、王介忱、曾昭燏等先生对苍山洱海地区的南诏、大理国故地进行考古发掘，发现了有字残瓦200余片，共54个字符。这些瓦片一面是细布纹，另一面印有文字。这些残瓦烧制于1300多年前，即为南诏、大理国时期之物。有字瓦的发现，在学术界引起了极大反响，并引发了热烈的讨论，沉寂多年的白文又受到人们的关注。多数学者认为上面所书文字即"僰文"。有字瓦的出土，为白族"有文字说"提供了极具说服力的历史证据，并揭开了白文科学研究的序幕。

20世纪40年代，华中大学因抗战而从内地迁到大理喜洲，在该校任教的傅懋勣、肖吕南等学者最早对《山花碑》进行了研究。这一时期，对白文文献发现和刊布贡献最大的是石钟健。石钟健在20世纪40年代曾先后两次到大理、邓川等地调查，广泛搜集白文文献，写成《大理喜洲访碑记》，到50年代中期又在所发现的白文文献基础上写成《论白族的白文》，全面公布了他所搜集到的白文碑文拓片资料，包括《大理国段政兴资发愿文》、《段信苴宝摩崖碑》、《词记山花·咏苍洱境碑》、《故善士杨宗墓志碑》、《故善士赵公墓志碑》、《故处士杨公同室李氏寿藏碑·山花一韵》、《丽江北岳卦卦词》七种。这是白文研究历史上第一次全面、系统的文献刊布，开创了白文研究的新纪元。上述文献中，《段信苴宝摩崖碑》的碑文已剥蚀过甚，难以辨认，《词记山花·咏苍洱境碑》、《故善士杨宗墓志碑》、《故善士赵公墓志碑》三块白文碑中只有《山花碑》保存至今，《丽江北岳卦卦词》则早已湮灭无闻，难以查考。白文文献的湮灭损毁，更凸显了石钟健先生筚路蓝缕、为保存白文珍贵文献所做的巨大贡献。

(二) 白文古籍文献研究

相对于我国境内的少数民族文献来说，白文文献的发现较为晚近，因此，对白文文献的研究和整理也较为滞后。在白文文献发现以前，人们只知道历史上曾有"白文"，但并不知道其面貌，更无法对其进行研究。仅有的几种有关所谓"白文"的论述，也有失客观准确。直到白文字瓦在 20 世纪 30 年代陆续出土以后，对白文的研究才真正走上了科学的道路。

1938—1940 年，吴金鼎、王介忱、曾昭燏等先生发现了南诏、大理国有字残瓦以后，即在学术界引起了研究热潮，许多知名学者纷纷发表看法，对字瓦的文字进行讨论。如凌纯声认为："疑有一部分乃僰文之借用者，音义当异汉文。文中有似是而非的汉字者，有绝不类汉字者。"绝大多的数学者都认为这是一种和汉字不同的文字，可能就是历史上所载的"僰文"。应该说，这样的认识是有历史依据的。但也要承认，由于字瓦的符号较为零散，一片字瓦上往往只有一两个符号，不能构成一个相对完整的语段，加上书写者不同，符号系统也不一致，此外因文字符号多采用在汉字上增减笔画的方法构成，造字理据性不强，很难从符号上直观地理解其音义，这些原因，造成了很大的释读困难，使得白文字瓦的释读和研究工作一直难以取得大的进展。虽然也有一些论著对白文字瓦的书写符号进行了释读和研究，但都没有得出令人信服的结论。

结合字瓦的出土和历代文献中关于"白文"的记载，20 世纪上半叶关于白文的研究主要集中讨论了白文是否为独立的民族文字。否定意见方面，徐嘉瑞先生是白族无文字说的代表人物。徐氏长期潜心于大理古代文化史的系统研究，占有大量的包括白族语文在内的文献资料，在白族文化研究方面贡献卓著。他撰写的《大理古代文化史稿》（1949 年初版，1963 年修订版，1979 年三联书店香港分店重印发行）一方面介绍白文，一方面又认为白文不是独立的民族文字。他说白族"其自己并无何种特殊之文字，以汉文记民家语及唱词者，然文字仍为汉字，非有特殊之字母也"，"以汉字写民家语音，觉其奇异难辨而已，此种记民家语音之碑文，今存在者，有五块，石钟健称之为白文碑，又有以汉文记录民家语音之曲本，余搜集已有二十种，实以白语写定之民间文学也（即大本曲）"。徐氏的白族无文字说，在白文的早期研究中较有影响。

肯定意见方面，也有一部分史学家和学者认为白族历史上存在古白文，白文是有别于汉文的民族文字。他们认为，唐朝南诏国统治者十分推崇汉字，以汉字为官方文字，但南诏国的文字除了汉字以外，还有方块白文，又叫古白文。古白文的创制至少在南诏时代就已形成。尽管历代统治阶级压制古白文的发展，不创制和推行古白文，但宋元时期能识读古白文的人还是比较多的，白族的知识分子、民间艺人和宗教界人士，为了把白族的历史文化继承发展下去，把佛教的教义传播开来，他们从白族使用白语不通汉语的实际出发，用方块白文写"白史"、勒石刻碑、写白曲诗词、翻译经书，克服传播过程中的语言障碍，收到很好的效果。现存的文献、碑刻中的零星记载说明了这一点。

总的来说，由于缺乏文献材料，关于白文的研究只局限在有关白文性质的讨论上，而缺少对白文书写符号系统的研究成果，也没有对白文文献进行释读的论著。直到 20 世纪 40 年代以后，随着白文字瓦和白文碑铭的发现，这种研究状况才有了变化。如石钟健的《大理喜洲访碑记》，不仅刊布了他所搜集到的白文碑文拓片资料，还对所搜集的碑刻文献进行了初步的分析。

二 新中国成立后 30 年间白文古籍整理研究情况

（一）白文古籍文献的发掘和整理

新中国成立以后，洱海地区陆续发现白文字瓦。1953 年云南省博物馆和孙太初等单位和个人先后在楚雄州姚安县和大理州巍山县发现并收集到有字瓦 100 多片。此后，在大理市羊苴咩城、龙口城、大厘城、一塔寺、金梭岛、洱源县邓川德源城、弥渡县白崖城等历史文化遗址中，也陆续发现了古代有字残瓦。白文字瓦也成为白文文献的重要组成部分。

到 20 世纪 50 年代，白文写本佛经是白文文献发现和刊布的重要成果。1956 年，全国人大民族委员会云南少数民族社会历史调查组的费孝通和白族学者李家瑞等先生，在大理市凤仪北汤天村白族董氏宗祠"法藏寺"大殿中，发现两批两木橱古本佛经，数量达 3000 多册。在这些经卷中，南诏、大理国时期的写本经卷共 20 卷轴，是在云南迄今发现的年代最早的写本佛经，有着重要的历史文化价值。而且其中一些经卷夹杂着方块白文，有的在汉文经句右侧有白文旁注，卷尾有白文疏注。这批写本佛经的年代基本和南诏有字瓦相同，但相对于字瓦零散和残缺不全的书写符号而言，写本佛经的白文不仅字数多，篇章完整，且书写符号前后统一，书写流畅，价值更为珍贵。作为白文发展早期的珍贵文献，白文写本佛经的发现，使白文的历史存在成为学界共识，也使人们对白文的历史发展有了更深的了解。

（二）白文古籍文献研究

新中国成立以后，随着白文文献的进一步发现（特别是南诏、大理国写本佛经的发现），以及人们对白文历史发展的认识加深，白文的研究有了很大进展。20 世纪 50 年代，结合当时对白族族源的探讨，白文古籍研究的焦点仍然集中在白文的文字性质方面。国内有不少学者都认为白族历史上有文字。杨堃在《试论云南白族的形成和发展过程》（载 1956 年 9 月 4 日《云南日报》）中，认为白族有他们自己创造的文字。孙太初在《谈白文》（载 1956 年 11 月 8 日《云南日报》）中认为：白族在历史上曾经有过他们自己创造的文字——"白文"。这种文字在南诏时代即已形成，而不是创造于大理国时代，由于汉文化的影响，这种"白文"并没有获得独立的发展，后来逐渐为汉字所代替。

20 世纪 50 年代中期，石钟健又在所发现的白文文献基础上写成《论白族的白文》，这是第一次在占有较为丰富的文献基础上对白文的系统研究，意义重大。文中不仅公布了他所搜集到的白文碑文拓片资料，还从白文是否存在、白文的特点、白文的著作、白文使用的时期、白文的历史价值等几个方面阐述了他对白文的看法。文中提出的看法至今仍是白文研究的主要原则。可以说，石钟健的贡献在白文研究史上具有开创性的意义。

20 世纪 60 年代以后，由于社会历史条件的限制，关于白文古籍的研究基本处于停顿状态，没有较有影响的研究成果问世。

三　1980—2000 年白文古籍整理研究情况

（一）白文古籍文献的发掘和整理

"文化大革命"结束以后，一些散落民间的白文文献陆续被发现。周祜在《明清白文碑漫话》中刊布了前人未作介绍的清代《史城芜山道人健庵尹敬夫妇预为家冢记碑》后附《白曲一诗》（《南诏史论丛》第二辑，云南省大理白族自治州南诏史学会编印，1986 年）。段金录等主编的《大理历代名碑》（云南民族出版社 2000 年版）收录了新近由王富发现的《大理国释氏戒净建绘高兴兰若篆烛碑》，碑中夹有白文。这一段时期，对白文文献发掘的重要成绩还表现在对白文曲本、唱词、祭文等民间文献的搜集和整理上。一些重要的白文民间文献陆续被刊布，如本子曲《黄氏女对经》（徐琳：《白族〈黄氏女对经〉研究》、《白族〈黄氏女对经〉研究（续）》，日本东京外国语大学亚非语言文化研究所 1986、1988 年版）、白祭文《本祖祭文》（杨应新：《白语本祖祭文释读》，《民族语文》1992 年第 6 期）等。周祜在《白文考证》一文中也刊布了多种民间白祭文材料（《南诏文化论》，云南人民出版社 1991 年版）。这些文献数量众多，但由于长期散落民间，没有经过系统的发掘和整理，其价值此前并没有受到应有的重视。这些白文文献的刊布，大大推进了学术界对白文的认识。

（二）白文古籍文献研究

在 1980—2000 年的二十年间，白文的影响不断增加，研究队伍也不断扩大，关于白文的研究也日益增多，涌现出一批有影响的研究成果，对白文的讨论也从文字性质扩展到文献释读、文字结构、书写系统等各方面的分析和研究。以下就是一些具有代表性的研究工作：

综合研究。这类成果较为系统全面地分析了白文的文字性质，并介绍了白文文献及其分类，同时也探讨了白文的书写系统。如赵衍荪的《白文》（《中国民族古文字》，天津古籍出版社 1987 年版）一文介绍了白文的发展历史，认为白文是在南诏末期，白族民间利用汉字记录白语，通过增损汉字笔画创制的一种文字。白文在元初曾经很流行。作者还探讨了白文的书写符号系统，认为白文记录白语的方式有数种：用汉字直接书写白语中的汉语借词；采用同义或近义的汉字表达白语；使用与今天的白语音义相差甚远的汉字。现代的白文还创造了一种用汉字合体书写的、分别表示白语语词含义和读音的文字。杨应新的《方块白文辨析》（《民族语文》1991 年第 5 期）是近二十年来对白文进行系统阐述的代表作品。该文从语言学、文字学的角度出发，讨论了历史上是否有白文、白文是否是一种独立的民族文字、白文文献种类及其书写符号、白文的性质等多方面的问题，运用大量的历史记载和白文文献材料，有力地论证了白文在历史上客观存在，白文是一种独立的民族文字，澄清了学术界长期以来对白文的错误或似是而非的认识，具有很强的现实意义。这一方面的成果还有赵衍荪《浅论白族文字》（《云南民族语文》1989 年第 3 期）、周祜《白文考证》（载《南诏文化论》，云南人民出版社 1991 年版）等。

文献释读。以徐琳、赵衍荪《白文〈山花碑〉释读》（《民族语文》1980 年第 3 期）为代表，该文对明代白族诗人杨黼所撰的白文《词记山花·咏苍洱境碑》进行了释读。作者在白文碑文下加注国际音标，并按白族"山花体"格式把白文译为汉语。在释读白文的基础上，作者还探讨了《山花碑》的书写符号系统，认为其书写符号分四种类型，同时还对碑文中的若干词语提出了新的看法。这是最早对白文碑刻进行系统、全面注音释读的论著，也是运用语言学方法对白文进行科学研究的代表作品。类似的著作还有徐琳《白族〈黄氏女对经〉研究》、《白族〈黄氏女对经〉研究（续）》（日本东京外国语大学亚非语言文化研究所 1986、1988 年）、何一琪《白文哀词〈赵坚碑〉研究》（《云南民族学院学报》1988 年第 2 期）、赵橹《白文〈山花碑〉译释》（云南民族出版社 1988 年版）、杨应新《〈白语本祖祭文〉释读》（《民族语文》1992 年第 6 期）等。

白文的书写系统研究。以徐琳《关于白族的方块文字》（《云南民族语文》1997 年第 2 期）为代表。该文重点分析了白文的书写符号系统。认为白文的结构有四种：（1）音读汉字，利用汉字的音读白语同义词的义；（2）直接借用汉字，跟汉字的形、音、义一致，还保留入声调类；（3）自造新字，其中有少数会意字，多数是形声字，用两个汉字组成合体字，有左右并列和上下结合两种，一半用于表音，一半用于表义。王锋的《方块白文的历史发展和现状》（《中国民族古文字研究》（第四辑），天津古籍出版社 1996 年版）和《略谈方块白文及其历史发展》（《云南民族语文》2000 年第 3 期），则从历史的角度探讨了白文书写系统的发展，认为从历史上直到今天的白族文献，白文的书写系统经过了一个历时发展的过程，同时这种发展又是一脉相传的，具有内在的规律性。白文"假借—仿造—假借"的发展轨迹，在其他汉字系文字的历史发展过程中也可发现。该文从白文书写系统的微观分析入手，再通过汉字系文字的宏观比较，有力地论证了白文历史发展的内在规律性。

白文与白族文化的关系。如马曜《论古白文的夭折对白族文化发展的影响》（《云南民族语文》1989 年第 3 期）一文，作者站在文化发展的角度来探讨白文的历史发展，认为白族先民早在南诏时期就已创造了自己的文字——"白文"，明朝以后，由于中央王朝推行汉化政策，"白文"逐渐消亡。"白文"的消亡，在白族传统文化发展上造成了语言与文字断裂的现象，这一断裂极大地损害了白族文化发展的连续性。通过介绍白文的创制、发展、消亡的经过，以及它的消亡对白族文化发展的影响，指出了少数民族使用和发展自己语言文字的重要性。

四　对以往整理研究工作的评价

从流传至今的白文文献看，白文至少已经有一千年的历史。但白文的历史文献直到20世纪40年代以后才陆续被发现，对白文的学术研究也是从20世纪40年代才开始的。综合来看，对白文的整理研究主要集中在三个方面：第一，白文文献的整理与释读；第二，白文的文字性质问题，也就是白文是否为独立的民族文字；第三，白文书写符号系统的构成。虽然白文整理研究的历史不长，但在上述三个方面都取得了较好的研究成果，这主要表现在两个方面：第一，尽管白文文献在历史上遭到巨大破坏，但仍有部分文献保存至今，并得到发掘和整理；第二，对白文的文字性质、文字结构进行了广泛的研究和讨论，使白文的文字特点和价值得到学术界公认。

但是我们还应该认识到，白文古籍文献的研究也还存在很多的不足。主要表现在：

第一，白文文献历史上受到巨大破坏，保存至今的文献数量很少。尤其是明代以前的文献更是屈指可数。少数几种早期文献，其白文又都是零散的，如白文字瓦等，都没有成篇章的完整白文，这就造成古代白文文献研究的巨大困难。另外，由于白语口语自明代以来有很大的发展变化，这也造成了古代白文文献释读的困难。迄今为止，对明代以前的白文文献的释读，都还没有形成较为一致的意见。

第二，还没有形成一定规模的专业科研队伍。半个世纪以来，虽然白文研究曾经成为学术界的一个热点，也产生了不少关于白文的研究成果，但有影响的论著并不多，特别是缺乏从文字学的角度对白文进行阐释的科学论著。例如，白文的文字性质问题，虽然经过长时间讨论，但学术界的意见分歧依然很大，其中一个主要原因，就是专业研究队伍薄弱，很多研究者不具备语言文字学基础，往往将"汉字"和"汉文"两个概念混淆起来，把书写白语口语的汉字混同于汉文，从而得出古白文不是独立文字的结论。这种认识，在一定程度上阻碍了对白文及其文献的深入研究。很多对白文文献的研究，也多是根据汉文的历史记载来探讨白文，而缺乏对白文文字系统的科学分析。因此，只有建立一支有语言文字学基础的研究队伍，才能推进白文文献的科学研究。

第三，白文文献的搜集和整理工作仍很薄弱。虽然白文的研究已历经半个多世纪，但研究的深度还很不够。主要的问题是有关白文的调查不够深入，对白文文献流传、使用情况的认识还不深入。此外，长期以来对白文的发掘和研究对象主要集中于元、明、清时期的白文文献，而对仍在民间流传和使用的白文文献的调查和研究不够，没有充分注意到这些活文献的巨大价值。民间使用的白文文献，包括白祭文、民歌唱本、大本曲唱本等，数量很多，且十分珍贵，是典型的白文文献，目前消失的速度很快。如果不尽快进行调查和整理，将是白文文献研究的重大损失。由于调查不够深入，目前对这些白文文献的流传和使用状况都只有一个初步的了解，还没有深刻认识其书写系统和书写规律。

第 六 章

古籍珍品图片及说明[①]

图1	南诏、大理国白文字瓦（一）	(553)
图2	南诏、大理国白文字瓦（二）	(554)
图3	南诏、大理国白文字瓦（三）	(555)
图4	南诏、大理国白文字瓦（四）	(555)
图5	南诏、大理国白文字瓦（拓片）（一）	(556)
图6	南诏、大理国白文字瓦（拓片）（二）	(557)
图7	《仁王护国般若波罗蜜多经》（5号卷）	(558)
图8	《仁王护国般若波罗蜜多经》（6号卷）	(559)
图9	《通用启请仪轨》（残卷）	(560)
图10	《大灌顶仪》（残卷）	(561)
图11	《佛说灌顶药师经疏》	(562)
图12	《药师琉璃光如来本愿功德经》	(563)
图13	《大佛顶如来密因修证了义诸菩萨万行首楞严经第一卷疏释》	(564)
图14	《礼佛忏悔文》（残卷）	(565)
图15	《大理国段氏与三十七部会盟碑》	(566)
图16	《大理国释氏戒净建绘高兴兰若篆烛碑》	(567)
图17	《大理国段政兴资发愿文》	(568)
图18	《段信苴宝摩崖碑》	(569)
图19	《应国安邦神庙记碑》	(570)
图20	《词记山花·咏苍洱境碑》	(571)
图21	《故善士杨宗墓志碑》	(572)
图22	《故善士赵公墓志碑》	(573)
图23	《高公墓志碑》	(574)
图24	《史城芜山道人健庵尹敬夫妇预为家冢记碑》	(575)
图25	本子曲曲本《鸿雁带书》	(576)
图26	本子曲曲本《出门曲》	(577)

---

① 本书图片主要由大理学院张锡禄教授提供。另外，大理学院段伶教授、赵敏教授，大理白族自治州白族文化研究所张云霞、杨晓霞，大理白族自治州博物馆田怀清教授、李学龙教授也提供了图片。谨致谢忱。

图 27	本子曲曲本《山神曲表白》	(578)
图 28	本子曲曲本《黄氏女对金刚经》	(578)
图 29	本子曲曲本《放鹰曲》	(579)
图 30	本子曲曲本《鸿雁带书唱白》	(580)
图 31	民歌唱本《花柳曲》	(580)
图 32	白族大本曲曲本	(581)
图 33	大本曲曲本《夜明珠》	(582)
图 34	大本曲曲本《柳荫记》	(583)
图 35	大本曲曲本《兰季子会大哥》	(584)
图 36	大本曲曲本《黄氏女对金刚经》	(585)
图 37	大本曲曲本《丁郎刻木》	(586)
图 38	大本曲曲本《八仙图》	(587)
图 39	大本曲曲本《祭东风》	(588)
图 40	大本曲曲本《孟忠哭竹》	(589)
图 41	大本曲曲本《沙灯记》	(590)
图 42	大本曲曲本《龙串宝珠》	(591)
图 43	大本曲曲本《灵台守孝》	(592)
图 44	大本曲曲本《庆贺曲本》	(593)
图 45	大本曲曲本《蟒蛇记》	(594)
图 46	本主信仰祭文《本祖祭文》	(595)
图 47	白族佛教密宗阿吒力经词《叹亡灵白词》	(596)
图 48	白族佛教密宗阿吒力经词《三献礼白词》	(597)
图 49	白文民歌歌本《云龙白曲残本》	(598)
图 50	白文章回体佛教故事唱本《香山记文》	(599)

图 1　南诏、大理国白文字瓦（一）

白文残瓦是抗日战争时期考古学者在南诏、大理国故地发现的。1938 年 11 月至 1940 年 6 月，吴金鼎、王介忱、曾昭燏在大理点苍山下南诏以后的遗址中发现了 1300 年前即南诏时期的白文有字残瓦

200 多片，共 54 个字符。1953 年，孙太初等在云南省姚安县和巍山县发现并收集到有字瓦 100 多片。此后在羊苴咩城、龙口城、龙尾城、大厘城、一塔寺、金梭岛、邓川德源城、弥渡白崖城等遗址，也陆续发现了大量有字残瓦。这些有字残瓦一面为细布纹，另一面印有文字和符号，其年代大体都属南诏时期，个别也有大理国时期的。这些字瓦现分藏云南省博物馆、大理州博物馆等部门。字瓦上的符号和文字，包括如下几类：（1）记号。多为线条简单的符号，所代表的信息难以确知。有时也和文字符号连用。（2）自创文字符号。大多由汉字增减笔画而成，文字形体与汉字有明显区别。其中一些字在其他白文文献中也有出现。另有少量用汉字偏旁重新组合的新造字。（3）汉字人名。（4）汉字记白语。其形体虽为汉字，但无法用汉语理解，表达的当是白语音义。如"官诺"意为"官家的"等。这是白文最常使用的书写方法。虽然白文字瓦的数量很多，但由于字瓦上的符号较为零散，没有构成完整的篇章，加上造字方法以增减笔画为主，很难从字形上推知音义，因此释读难度较大。目前只有少数一些符号得到了初步释读。具体参见吴金鼎、曾昭燏、王介忱《云南苍洱境考古报告》（国立中央博物院筹备处 1942 年版）、杨世钰《大理丛书·金石篇》卷 8（中国社会科学出版社 1993 年版）、汪宁生《云南考古》（云南人民出版社 1995 年版）、杨应新《白文辨析》（《民族语文》1991 年第 5 期）。

图 2　南诏、大理国白文字瓦（二）

出土于云南省大理州南诏、大理国时期遗址。该字瓦保存相对完好，高 22 厘米，宽约 20.5 厘米。残瓦中部有一框，框内从上至下印有"□福欺"三字，第一个字较为模糊，不易辨认。从字面上难以看出确切含义。推测可能是用汉字书写人名，或是假借汉字表示一定的白语意义。该字瓦现藏大理州博物馆。

图3 南诏、大理国白文字瓦（三）

出土于云南省大理州南诏、大理国时期遗址。字瓦下半部分残破，高16厘米，宽20.5厘米。残瓦中部印有同一形体的文字符号，计12个字，从左到右呈一线排列，或为"春"字减笔而成。在汉字上进行笔画的增减，是南诏、大理国时期白文造字的主要方法。从造字方法上推测，该文字符号当为白文，但由于只有一字，因此无法了解其具体意义。一般认为可能是制瓦工匠的名字或其所作的记号。该字瓦现藏大理州博物馆。

图4 南诏、大理国白文字瓦（四）

出土于云南省大理州南诏、大理国时期遗址。字瓦高18厘米，最宽处约16厘米。残瓦右侧从上往下印有同一形体的 4 个文字符号，笔画比较松散，或为"家"字增笔而成。在汉字上进行笔画的增减，是南诏、大理国时期白文造字的主要方法。瓦面左侧较长，因此保留了 5 个同一形体的符号，该符号来源不明，形体上似乎有点类似梵文或藏文字母。从造字方法上推测，右侧文字符号当为白文，但由于只有一字，因此无法了解其具体意义。左侧符号则难以确定。一般认为可能是制瓦工匠的名字或其所作的记号。该字瓦现藏大理州博物馆。

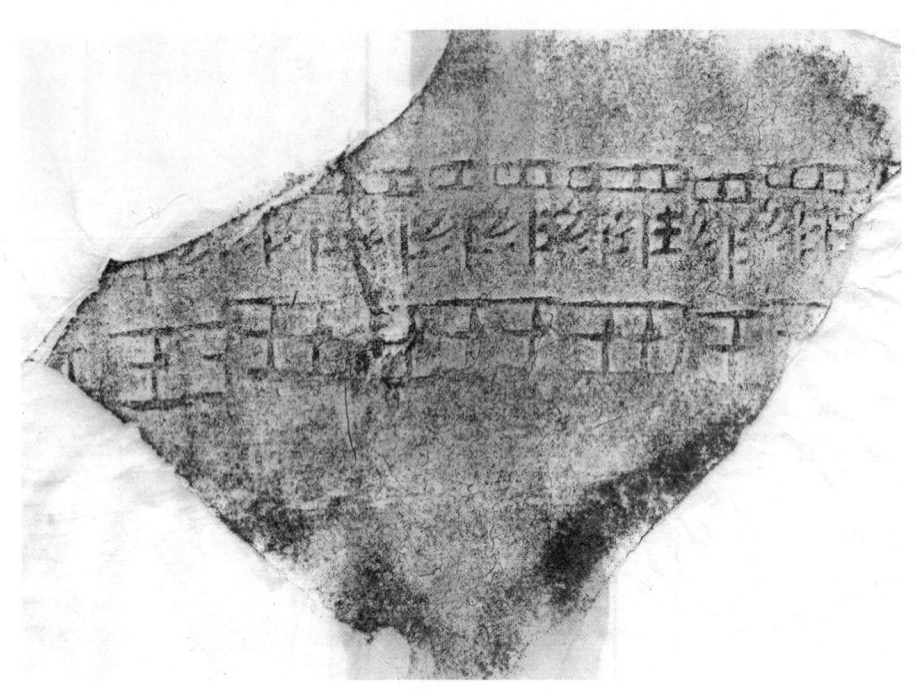

图 5　南诏、大理国白文字瓦（拓片）（一）

出土于云南省大理州南诏、大理国时期遗址中。字瓦已残破，最高处 15 厘米，最宽处 19 厘米。残瓦中部印有两行符号，第一行可能为"罗"字，第二行似为"王"字。从字面上看似是人名。但古代白文古籍多以"罗"字来表示白语的"虎"，因此也有可能是一个汉字假借字，"罗王"表示"虎王"之意。该字瓦现藏大理州博物馆。

第六章 古籍珍品图片及说明 557

图 6 南诏、大理国白文字瓦（拓片）（二）

　　出土于云南省大理州南诏、大理国遗址。字瓦有残破，高 19 厘米，宽 15 厘米。可以看出残瓦上有七行文字符号，每行的字符为同一个字，从上至下为"□□十五年□莫"字样。前五字应该是年号和年份，后两字可能为人名，也可能是用假借汉字表示白语意义。"莫"字在白文字瓦中出现频率极高，其意义是什么，尚待进一步研究。该字瓦现藏大理州博物馆。

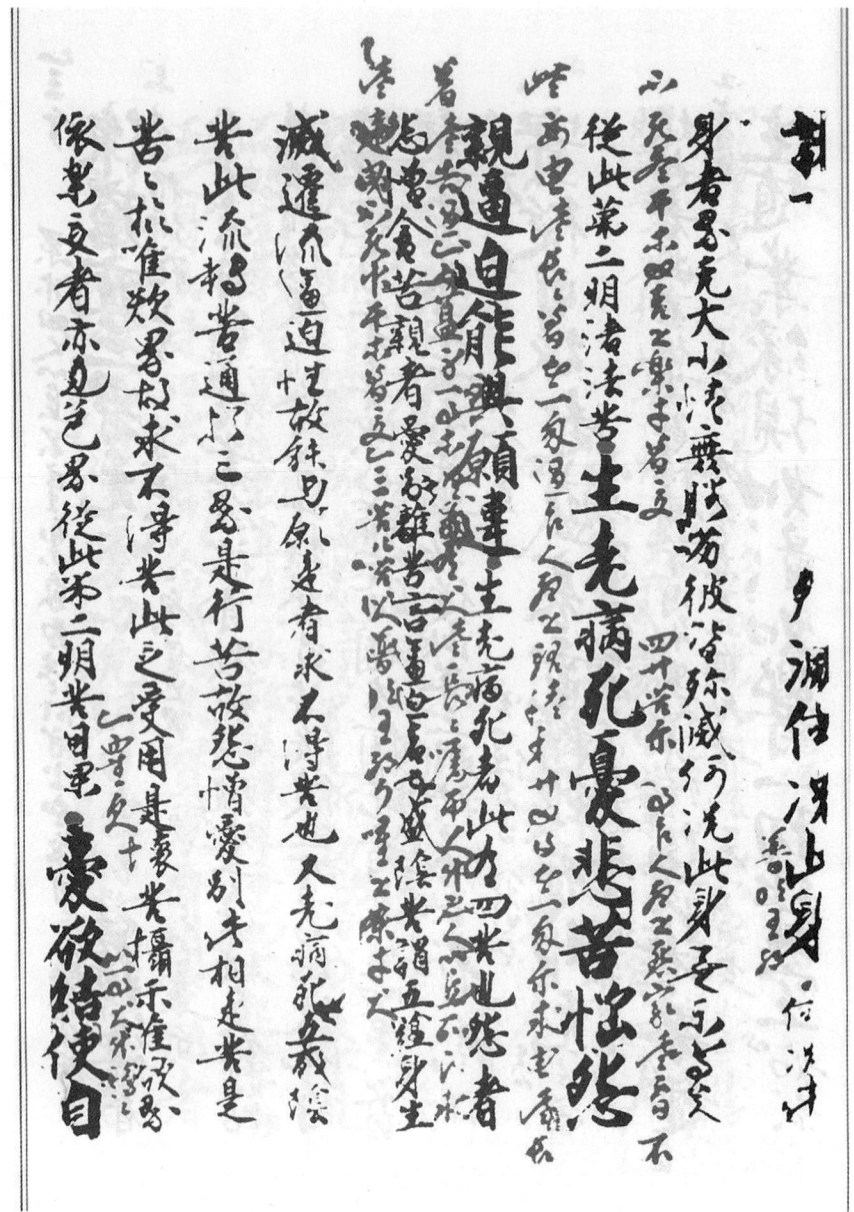

图 7　《仁王护国般若波罗蜜多经》（5 号卷）

该写经为一残卷，无题记。该卷原藏大理凤仪北汤天董氏宗祠法藏寺金銮宝殿内，1956 年由费孝通、李家瑞等先生发现，现庋藏在云南省图书馆，分 5、6 卷编号，本卷为第 5 卷。卷长 1008 厘米，高 30.5 厘米，附卷一段长 51 厘米，高同前。全卷有朱笔旁注，卷尾有墨笔、朱笔注疏，注者未记姓名。推测应为南诏或大理国早期的白族"师僧"或"释儒"所写。载体为云南鹤庆白绵纸，装帧系卷轴装。

该卷系大理国人据唐释不空所译《仁王护国般若波罗蜜多经》（共二卷）及良贲注疏抄写，正文每行 13 字，注 19—21 字。此卷（5 号卷）存奉持品第七后半部及嘱累品第八全部。经文中使用了形体、颜色不同的四种字体，正文中正楷大字抄录不空所译经文，正楷大字经文后摘抄良贲注疏，正文经文旁及良贲注疏后有分别用朱笔、墨笔所写的小字，经研究，初步确定这些朱笔、墨笔小字为南诏、大理国时期使用的白文。

该残卷是南诏、大理国写本佛经中的代表文献。其中最具价值的是保存完好的第八品——《嘱累品第八》，全卷正文汉字1800字，白文旁注约1700字，卷尾白文疏记多达4300字，是南诏、大理国写本佛经中白文字数比汉文多的唯一文献。写本佛经的白文，书写流畅，可见书写者十分熟悉白文，文字符号的书写全篇前后统一，说明白文的书写体系已较为固定。该残卷由于在白文历史发展中有着特殊的价值，向来为研究白文者所关注。由于该白文写经具有较高的历史价值、学术价值和艺术价值，已作为白文文献被列入2008年文化部《第一批国家珍贵古籍名录》。

从其书写系统看，该卷已经齐备了后代白文中的主要符号类型。主要包括：（1）音读汉字；（2）训读汉字；（3）在汉字基础上造成新字。值得注意的是写经大量使用汉字省略字，这是唐代以来十分盛行的注解佛经的方法。写经中有的白文符号在当代白文中仍在使用，如"丘"读为xu[31]，意为"里面"。因写经文字行草相杂，加之白语经过长期的历史发展，面貌已有很大变化，造成了写经白文释读的很大困难。虽然已经对写经中的多个字符进行了释读，但整体上说，目前对该写经还没有取得较为全面系统的释读成果。这也是所有南诏白文写经的共同情况。可参见赵衍荪《浅论白族文字》（《云南民族语文》1989年第3期）、杨应新《白文辨析》（《民族语文》1991年第5期）、李孝友《云南书林史话》（云南人民出版社1998年版）、《大理丛书·大藏经篇》（民族出版社2008年版）。

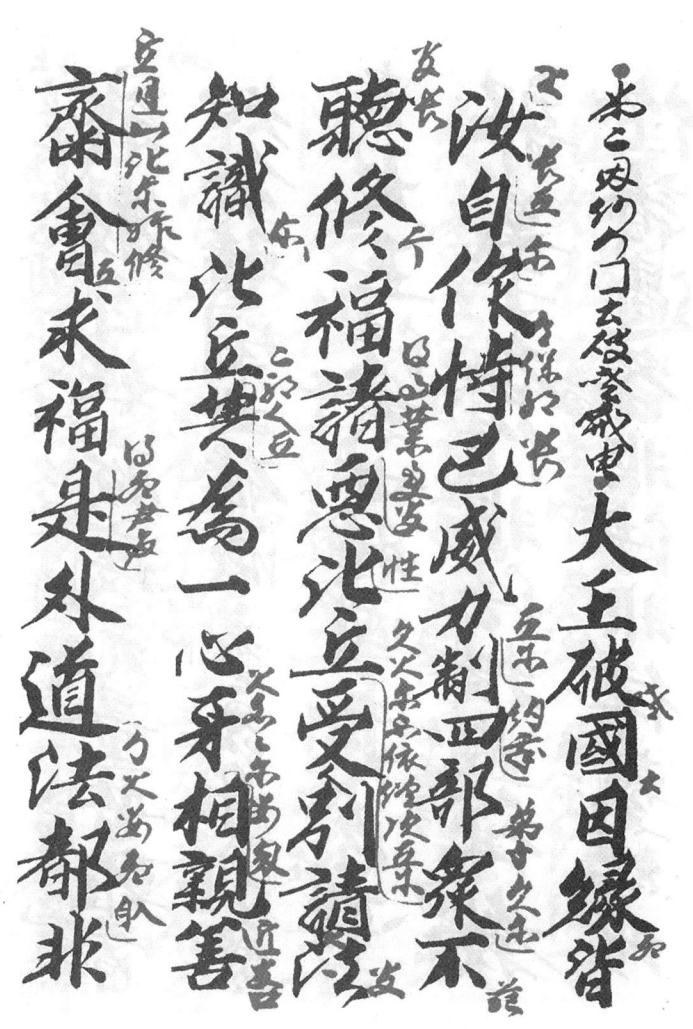

图8 《仁王护国般若波罗蜜多经》（6号卷）

该写经为一残卷，无题记。该卷原藏大理凤仪北汤天董氏宗祠法藏寺金銮宝殿内，1956年由费孝通、李家瑞等先生发现，现庋藏在云南省图书馆，分5、6卷编号，本卷为第6卷。6号卷长1295厘米，高29.8厘米。全卷有朱笔旁注，卷尾有墨笔、朱笔注疏，注者未记姓名。推测应为南诏或大理国早期的白族高僧所写。载体为云南鹤庆白绵纸，装帧系卷轴装。

该卷系大理国人据唐释不空所译《仁王护国般若波罗蜜多经》（共二卷）及良贲注疏抄写，正文每行13字，注19—21字。此卷（6号卷）存护国品第五（缺前七行）、不可思议品第六、奉持品第七（有残损）。此卷纸上有附加的浮签38个，其中护国品有浮签14个，不可思议品有浮签19个，奉持品有浮签5个。经文中使用了形体、颜色不同的四种字体，正文中正楷大字抄录不空所译经文，正楷大字经文后摘抄良贲注疏，正文经文旁及良贲注疏后又分别用朱笔、墨笔所写的小字，经研究，初步确定这些朱笔、墨笔小字为南诏、大理国时期使用的白文。

由于该白文写经具有较高的历史价值、学术价值和艺术价值，已作为白文文献列入2008年文化部《第一批国家珍贵古籍名录》。

该卷研究情况同前（5号卷）。

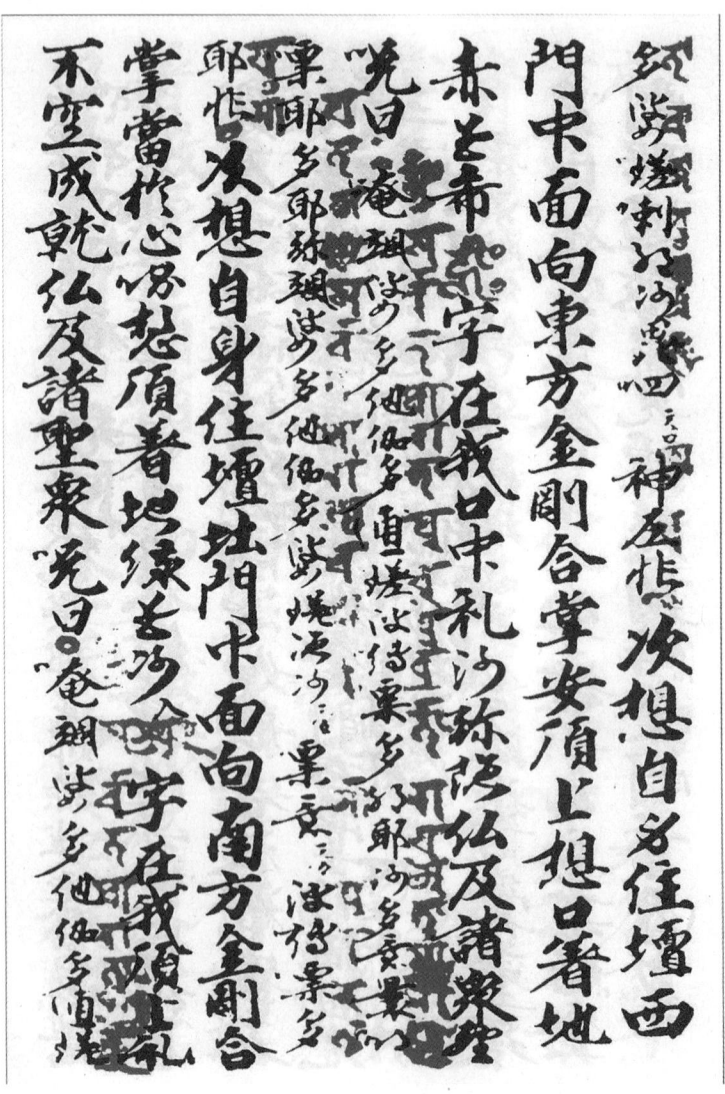

图9　《通用启请仪轨》（残卷）

该写经为一残卷，首尾均残。该卷原藏大理凤仪北汤天董氏宗祠法藏寺金銮宝殿内，1956年由费孝通、李家瑞等先生发现，现庋藏在云南省图书馆。全卷正文为行体墨书，并有朱笔旁注，题为大阿左梨周梵彰述，应为大理国时期写本。载体用云南鹤庆白绵纸，装帧系蝴蝶装。《通用启请仪轨》共36页半，加上后附的《海会八明王四种》、《化现歌赞》，该残卷共43页，页高31.5厘米，宽20厘米。

唐代以前的旧本《仁王经》，不说陀罗尼，因此经文中也没有念诵作法。到唐代释不空译出《仁王护国般若波罗蜜多经》新本，经中有陀罗尼，并附有念诵之仪轨。如《仁王护国般若蜜多经道场念诵仪轨》二卷、《仁王般若念诵法》一卷、《仁王般若仪轨》等，俱为念诵《仁王经》之秘密作法。大理国大阿阇梨周梵彰等将以上各种仪轨及念诵法汇抄于一卷，以资通用，即成此经。经中综合记述了瑜伽行者建立道场、进坛礼佛、召请供养、观想结印、念咒诵偈、忏悔等佛教密宗科仪。经卷中并附《海会八明王四种》及《化现赞歌》。该经卷的内容各种《大藏经》中都没有收录，因此其在佛教经典中有极高的价值，也是研究南诏、大理国佛教及其与中原汉地佛教关系的重要资料。该白文写经具有较高的历史价值、学术价值和艺术价值，已被列入2008年文化部《第一批国家珍贵古籍名录》。

该经卷每行15—18字，汉、白、梵文相杂，有朱笔圈点。作为一种重要的白文文献，该经卷的文字形式不仅有汉文、白文，而且还有梵文，三种文字混杂使用，充分反映了南诏、大理国时期多种语言文字的并用情况和不同民族文化的交流，有很高的学术价值。该卷中白文书写符号总体上与《仁王护国般若波罗蜜多经》相似。由于释读难度大，目前还没有对该写经白文进行释读的相关成果。具体可参见李孝友《云南书林史话》（云南人民出版社1998年版）、《大理丛书·大藏经篇》（民族出版社2008年版）。

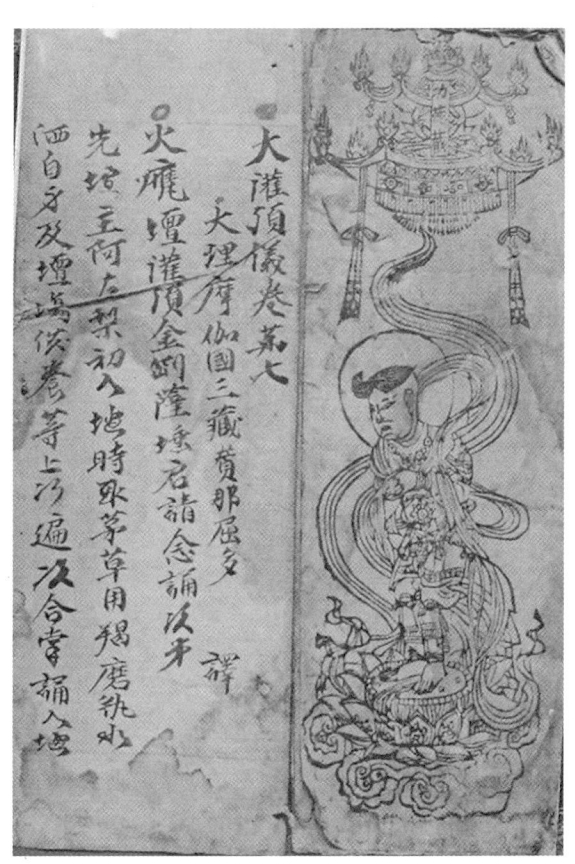

图10　《大灌顶仪》（残卷）

该写经为一残卷，卷帙无考。托名大理国摩伽国三藏赞那屈多译，宋大理国写本。该卷原藏大理凤仪北汤天董氏宗祠法藏寺金銮宝殿内，1956年由费孝通、李家瑞等先生发现，现庋藏在云南省图书馆。此经卷为第七卷，其他经卷均已亡佚，因而总卷数已无从查考。经卷背面抄写有《妙法莲华经普门品第》，字体与正面经文不同，可能是后人抄写的。载体用云南鹤庆白绵纸，装帧系经折装。共存18折，高30.5厘米，半折宽10.8厘米。

灌顶是佛教密宗的重要仪式。在头顶上灌五瓶圣水并起誓，以表洗除罪恶，注入功德之意。佛教传说，天竺国王即位时，以四大海之水灌于顶表示祝愿。后佛教瑜伽密宗仿效此法，在修行者修行达到一定层次，将成为阿阇梨时，即设坛举行灌顶仪式。大理国时期，白族地区密教盛行，且具有鲜明的民族和地方特点，和西藏喇嘛教有明显区别，学术界称其为"滇密"、"白密"，以与"藏密"区别。此卷写经，就是大理国密教僧人举行灌顶仪式时所诵念的经文，并有"圣上住至阳明殿内，灌顶国师和尚阿阇梨、五坛坛主、咒师、法师、文官、太吏、齐首拜贺，次候布燮、坦绰、文武百寮顶贺圣上"等文字，是"滇密"的重要文献。此经内容为各种《大藏经》所未收录，在佛教密宗经典中有较高价值。

经卷正文为行草体墨书，每行18字，间有朱笔圈点。该经卷也是重要的白文文献，其文字形式不仅有汉文、白文，而且还有梵文，三种文字混杂使用，反映了南诏、大理国时期多种语言文字的并用情况和不同民族文化的交流，有很高的学术价值。由于南诏、大理国时期的白语与当代白语差别较大，因此该白文写经的释读难度较大，研究还有待进一步深入。具体可参见李孝友《云南书林史话》（云南人民出版社1998年版）、《大理丛书·大藏经篇》（民族出版社2008年版）。

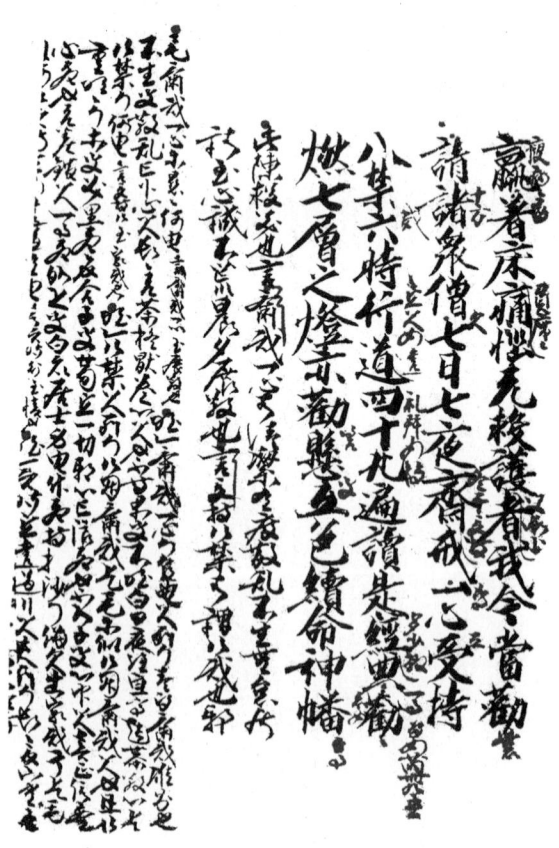

图11　《佛说灌顶药师经疏》

该经疏为残卷。原藏大理凤仪北汤天董氏宗祠法藏寺金銮宝殿内，1956年由费孝通、李家瑞等先生发现，现庋藏在云南省图书馆。原经为东晋天竺三藏帛尸梨密多罗译《佛说灌顶药师经疏》，共十二卷，主要讲述药师琉璃光如来佛的功德，而非洒水灌顶之意。本残卷残存第十二卷之后半部分。载体用云南鹤庆白绵纸，装帧系卷轴装。高32.8厘米，长约555厘米。该经无款识，经与其他写经综合对比，可知其为南诏或大理国早期写经。

经卷正文用三种字体写成：正楷大字为原经正文，正文下小字为经疏，正楷大字旁有朱笔圈点及注释。正文每行14字，注疏小字每行20—22字不等。学界一般认为，经卷的注疏文字为南诏、大理国时期的白文。

经过有关部门鉴定，该白文写经具有较高的历史价值、学术价值和艺术价值，已被列入2008年文化部《第一批国家珍贵古籍名录》。

由于南诏、大理国时期的白语与当代白语差别较大，因此该白文写经的释读难度较大，研究还有待进一步深入。具体可参见李孝友《云南书林史话》（云南人民出版社1998年版）、《大理丛书·大藏经篇》（民族出版社2008年版）。

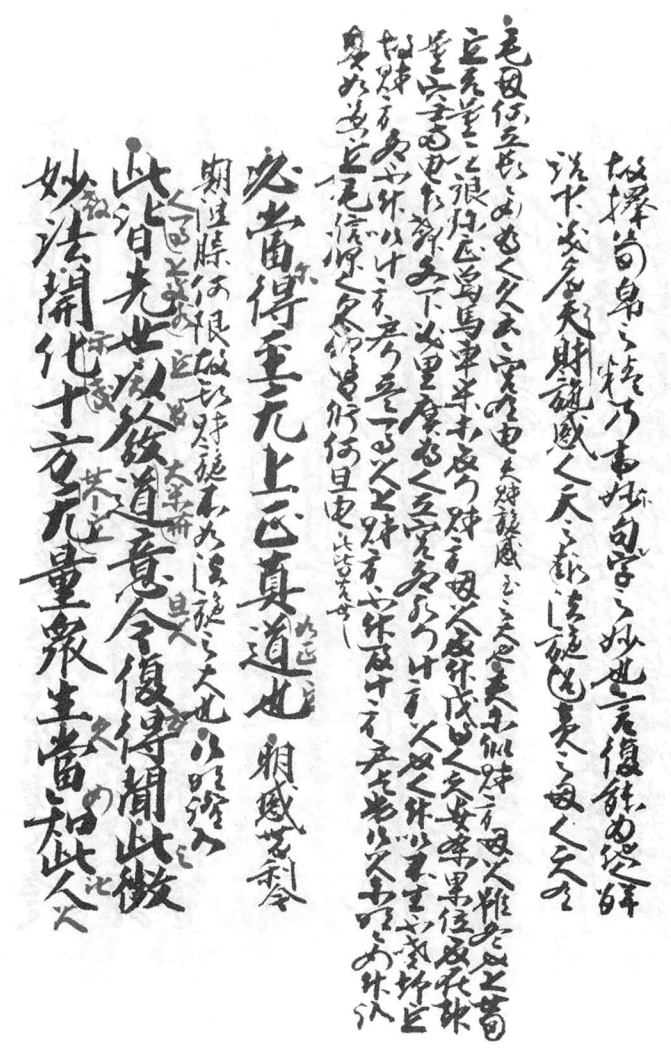

图12　《药师琉璃光如来本愿功德经》

该写经为残卷。原藏大理凤仪北汤天董氏宗祠法藏寺金銮宝殿内，1956年由费孝通、李家瑞等先生发现，现皮藏在云南省图书馆。原经为唐释玄奘译《佛说灌顶药师经疏》，共一卷。首尾均残，卷帙无考。该卷载体用云南鹤庆白绵纸，装帧系卷轴装。高30.8厘米，长约450厘米，存文约270行。经与其他写经综合对比，可知其为南诏或大理国早期写经。撰写者佚名，当为南诏、大理国时期的"师僧"或"释儒"。

现存残卷用四种字体写成：正文为正楷大字，经解用行草书小字，正楷大字旁有朱笔小字注释，经卷中夹有浮签，浮签字体为行书。正文每行14字，注疏小字每行20—22字不等。学界一般认为，经卷的注疏文字为南诏、大理国时期的白文。

经过有关部门鉴定，该白文写经具有较高的历史价值、学术价值和艺术价值，已被列入2008年文化部《第一批国家珍贵古籍名录》。

由于南诏、大理国时期的白语与当代白语差别较大，因此该白文写经的释读难度较大，尚未取得有突破性的研究成果，研究还有待进一步深入。具体可参见李孝友《云南书林史话》（云南人民出版社1998年版）、《大理丛书·大藏经篇》（民族出版社2008年版）。

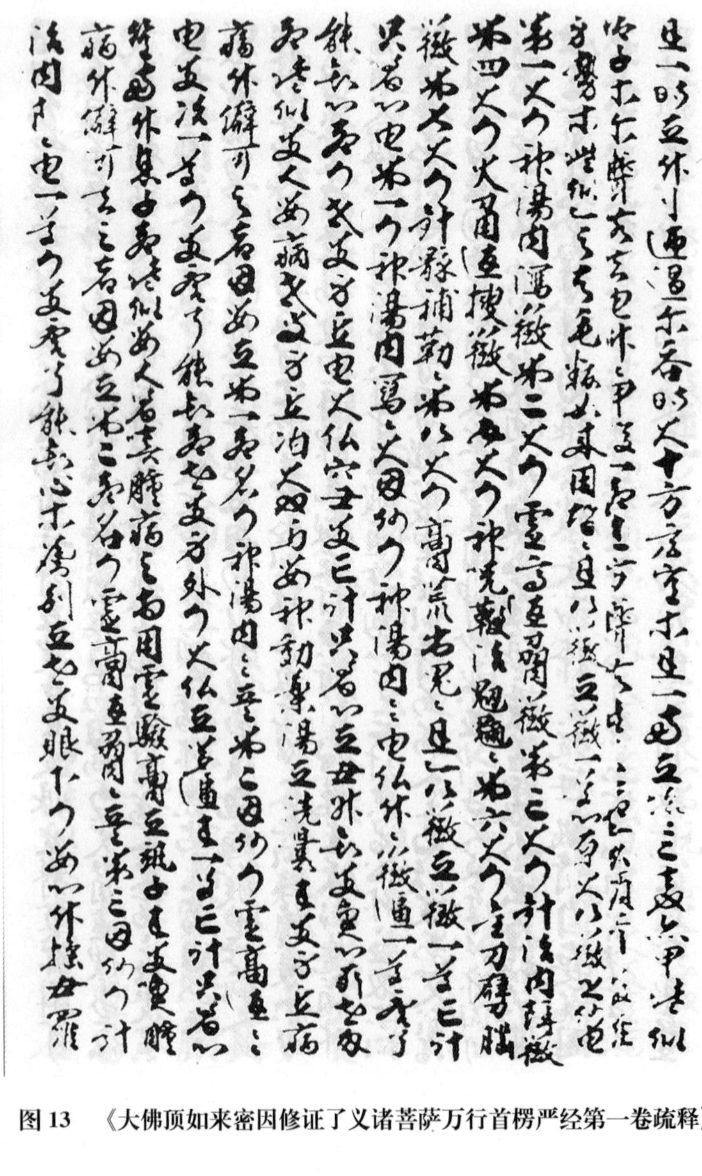

图13 《大佛顶如来密因修证了义诸菩萨万行首楞严经第一卷疏释》

该写经原藏大理凤仪北汤天董氏宗祠法藏寺金銮宝殿内，1956年由费孝通、李家瑞等先生发现，现庋藏在云南省图书馆。原经简称《楞严经》，又名《大佛鼎经》，唐般剌密谛译，共十卷，属大乘密部，为学佛之要门。该写经为第一卷的疏释。该卷载体用云南鹤庆白绵纸，经入璜加工，装帧系卷轴装。高28厘米，长约228厘米。经首页旁用朱笔直书"置文帝前"四字。经与其他写经综合对比，可知其为南诏或大理国早期写经。撰写者佚名，当为南诏、大理国时期的"师僧"或"释儒"。

本卷正文每行约18字，楷书。注疏小字数量较多，为行草体，每行28—30字不等。学界一般认为，经卷的注疏文字为南诏、大理国时期的白文。这是白文写经中疏释文字远超过佛经正文字数的一种文献。经过有关部门鉴定，该白文写经具有较高的历史价值、学术价值和艺术价值，已被列入2008年文化部《第一批国家珍贵古籍名录》。

由于南诏、大理国时期的白语与当代白语差别较大，因此该白文写经的释读难度较大，尚未取得有突破性的研究成果，研究还有待进一步深入。不过，由于该写经白文疏释文字较多，为释读提供了相对较好的条件。具体可参见李孝友《云南书林史话》（云南人民出版社1998年版）、《大理丛书·大藏经篇》（民族出版社2008年版）。

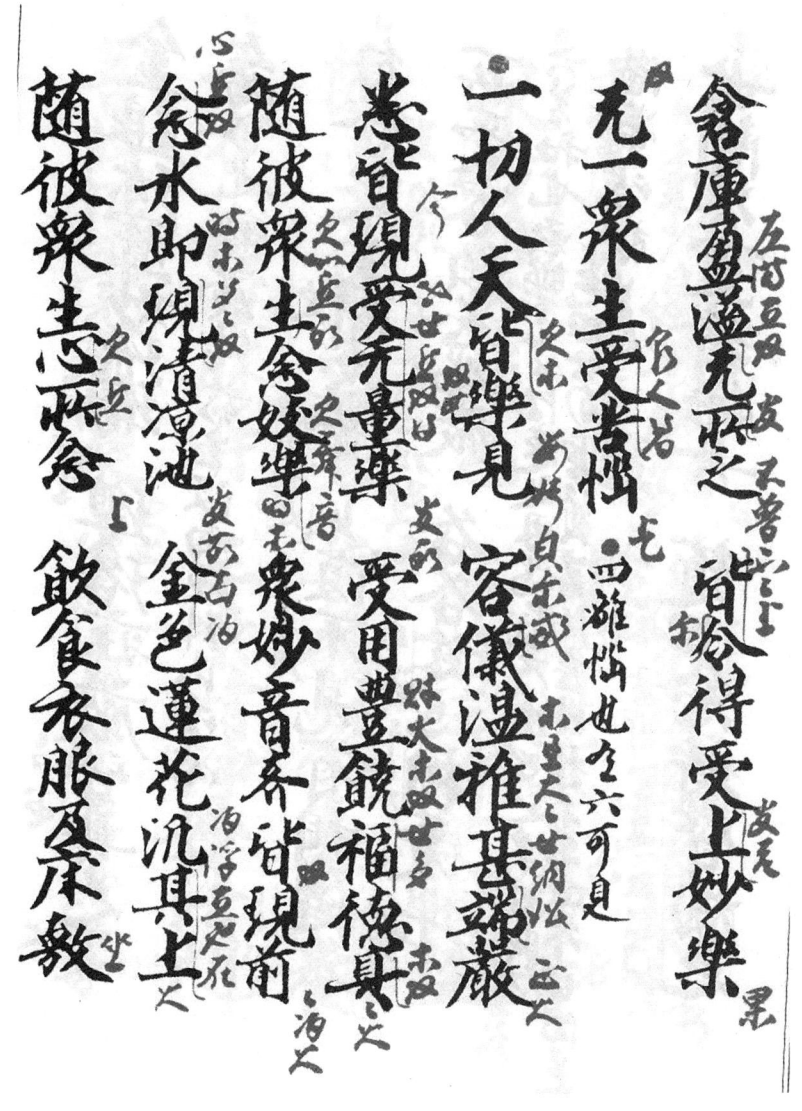

图14　《礼佛忏悔文》（残卷）

该写经残卷原藏大理凤仪北汤天董氏宗祠法藏寺金銮宝殿内，1956年由费孝通、李家瑞等先生发现，现庋藏在云南省图书馆。该卷载体用云南鹤庆白绵纸，经入潢加工，装帧系卷轴装。高30.8厘米，长约270厘米，首尾均残，存文约180行。经与其他写经综合对比，可知其为南诏或大理国早期写经。撰写者佚名，当为南诏、大理国时期的"师僧"或"释儒"。

该经的内容为礼拜三宝、忏悔所造罪孽而所念诵者。唐释智升曾纂集《诸经礼忏仪》二卷。该写经即据智升所集抄写。经卷正文用三种字体写成：正楷大字为原经正文，正文下小字为经疏，正楷大字旁有朱笔圈点及注释。正文有五言十五字、七言十四字两种句式。学术界认为，经疏和朱笔注释的小字都为南诏、大理国时期的白文。

由于南诏、大理国时期的白语与当代白语差别较大，因此该白文写经的释读难度较大，尚未取得有突破性的研究成果，研究还有待进一步深入。具体可参见李孝友《云南书林史话》（云南人民出版社1998年版）、《大理丛书·大藏经篇》（民族出版社2008年版）。

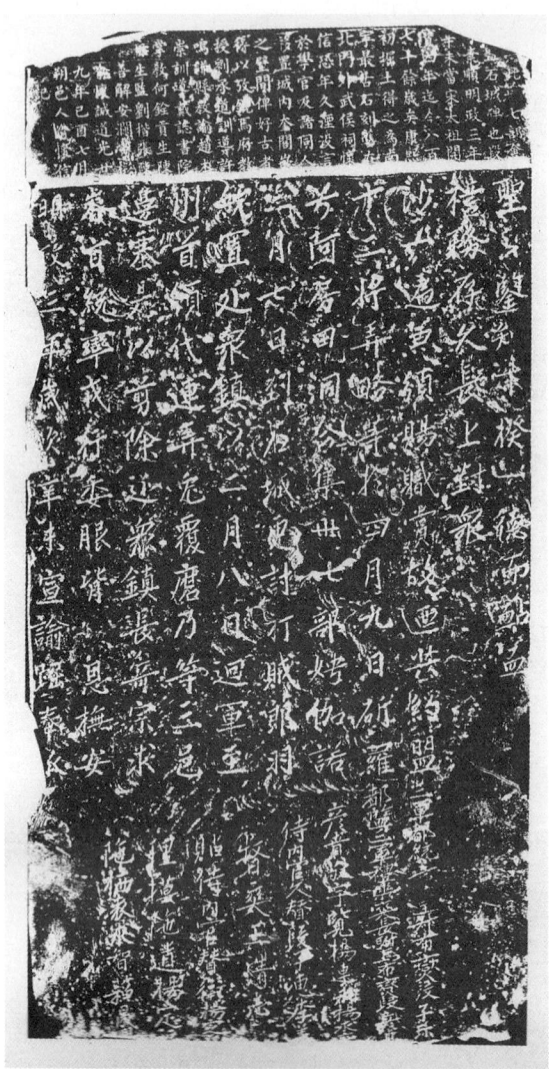

图15 《大理国段氏与三十七部会盟碑》

《大理国段氏与三十七部会盟碑》又称《石城会盟碑》、《三十七部会盟碑》。该碑为大理国段氏与东爨三十七部会盟而立，立于大理国段素顺明政三年即宋太祖开宝四年（971）。清康熙十八年（1679）在曲靖城北旧石城遗址出土。高1.25米，宽0.58米，碑面112×57厘米，汉文，楷书。碑文从左至右分上、下两截，上截正文11行，每行13字，文左行。下截题记8行，皆人名。书法行楷大字，遒劲敦厚，神采飞动。碑端有清道光二十九年（1849）喻怀信题跋，楷书。该碑是云南民族联合会盟之文献，极为珍贵，为全国重点保护文物。现存云南省曲靖第一中学，保存完好。

该碑碑文中有很多怪字，为后人所不识，因此过去考古学界称此碑"人名及部落名皆蛮语不可解"。经长期研究，现已初步考定碑中的怪字都是白文。如其中的"合集三十七部娉伽诺"一句，"娉伽诺"若按汉语意义则不可解，用白语则读成 $\eta ia^{55} ka^{32} no^{44}$，意为"我们中间的"、"我们大家的"或"我们自己的"，表示亲昵和相互信任的意义。文中"打"、"誓"等字均作"木"旁，与通用汉字不同。此外碑中还有不少南诏、大理国时期专用的官职名称的术语等。从严格意义上说，碑中有关会盟的内容都用汉语写成，该碑属于汉文碑。但撰碑者在这样一个高规格的盟誓文本中仍用白文书写了一些白语词，从侧面说明了白文在当时不仅有着深厚的群众基础，在上层统治阶级中也有使用。这是该碑在白文发展过程中的价值所在。可参见杨应新《方块白文辨析》（《民族语文》1991年第5期）。

图16 《大理国释氏戒净建绘高兴兰若篆烛碑》

《大理国释民戒净建绘高兴兰若篆烛碑》简称《大理国高兴兰若篆烛碑》。该碑是年代较早的一块白文碑,立于大理国段智兴安定四年(1198)。碑原置大理市挖色乡高兴村高兴寺旧址,今保存于大理市博物馆内。通高122厘米,宽55厘米,厚10厘米。碑额为半月形,正面中心为一方框,内阴刻篆书"高兴兰若"四个大字。框四角刻有四个梵字,其余都刻流云纹饰。碑面刻文22行,每行50—60字。碑文直书右行,字体行楷夹草。碑右侧有两行常住田亩的施主名和四至、地积,草书。字体大小不一,小字皆作右边缩靠。由于年代久远且长期未受到保护,碑文剥蚀过甚。

"高兴兰若"意即"高兴寺","篆烛碑"意即"常住碑"。碑右侧的两行书,是记述大理国王段智兴施与佛寺作香火的二百亩田地四至。"天王骠信"即段智兴,"冢宰圆公"即高妙音护。碑文前部分为汉语,后一部分大量使用假借汉字书写白语,同时也夹杂使用了很多的自造字,为汉字所无,如"埛"等字。一般认为这种文字即是当时普遍使用的白文。碑文中记录了大量的白语词,如"埛负"、"埛心"、"埛心丘"、"细埛头"、"垌曲丘"、"湖曲丘"、"茨秃门"、"高禾地"等,是珍贵的白语词汇材料。其中一些白文语词则可以清楚释读,有关田地长宽、面积的一些量词,如"己"、"双"在今天的白语中仍有保留。其他白文的意义目前还难以明确,有待进一步考证。具体可参见段金录、张锡禄主编《大理历代名碑》(云南民族出版社2000年版)。

图 17 《大理国段政兴资发愿文》

《大理国段政兴资发愿文》又称《段政兴铸铜观音像铭文》。该观音像原存大理崇圣寺塔内,后长期流失海外,现藏于美国加利福尼亚州圣地亚哥精艺博物馆。观音像为铜质红漆镏金立像,手作安慰摄取印，高45厘米，宽6.3厘米。发愿文刻于观音像的后背上，阳文，直行楷书，文4行，每行10—11字。该发愿文是现存较早的一种白文文献。

段政兴为大理国第十七王，公元1147—1172年在位，可知该发愿文刻于12世纪中叶。该发愿文全文43字，如下："皇帝磦信段政興資為太子段易長生段易長興等造記願掾笲塵沙為喻保慶千春孫嗣天地標械相承萬世。"对于该发愿文的释读，目前还有多种意见。笔者的意见是前23字为汉语，述造像之缘由，后20字可能为一首白文五言诗，祝愿段氏江山永固，帝业长存。全诗多用汉字，但也有自造的"白字"，可见当时的白文在使用假借汉字的同时，已开始有意识地自造新字。这一白文文献对研究大理国时期佛教信仰和古白文发展等方面，都具有十分重要的价值。

图18　《段信苴宝摩崖碑》

《段信苴宝摩崖碑》为白文摩崖石刻文献，又名《段信苴宝邓川石窦香泉段信苴宝碑》或《邓川大元国奉训大夫都元帅段信苴宝碑》，刻于洱源县新州村（原邓川县县治驻地）西云弄峰石窦香泉岩壁上。高90厘米，宽70厘米，文24行，每行2—33字，楷书。后6行已漫灭不可辨，显系后代侵占常住地者所故意剥凿。碑文称立于元"至正三十年"，但其时元已亡，至正三十年应为明洪武三年（1370），因此该碑实为明碑。

碑文为元代大理第十世总管段宝所立，但也有人认为是释觉真等为保护寺产，假借段宝名义所立。本书记载段宝施舍常住地给本山释觉真住持之事，并详细指明了常住地的面积、地理位置等。该碑全文除中部的一段汉文祝词外,其他都用白文写成,按汉语无法通读。文中还夹杂使用了一些白文自造字。该摩崖为研究古白语文和南诏、大理国土地面积制度的重要资料。文中的"双"、"角"等土地面积词汇在白语现代方言中仍有保留。

该碑的白文释读尚有一定难度。具体可参见段金录、张锡禄主编《大理历代名碑》(云南民族出版社2000年版)。

图19 《应国安邦神庙记碑》

白文石碑,立于明宣德七年(1432),杨禄撰文并书丹、篆额。碑存大理市挖色乡大城村西北沙漠庙。碑首已被砸坏,碑残高75厘米,厚7厘米,宽42厘米。碑前后及两侧四面均有刻文。正面为《神庙记》,文17行,行33字,楷书,内容记述沙漠庙从南诏到明代的变迁历史。文中称其庙始建于南诏时期,主尊为西方广目天王。从碑文可知,该地区的白族本主崇拜从唐代南诏时期一直到明永乐年间都很盛行,所祀广目天王为佛教神祇,最初随佛教传入大理,后来发展成为白族本主神。碑阴为一舍田碑,因碑首已残,题名亦无存,或可摘其首行文字作为碑名,为"董虎等舍施本庙香烟灯油田地丘段碑",文16行,行字不等,楷书。主要叙述邑人董虎等施舍给本寺香火田的地积和四至等,两侧各直书两行,均直行、行书。

碑文正面的《神庙记》全用汉文书写,而碑阴及两侧的汉文中则夹杂有多处白文。这些白文多是表示田地面积的量词和地名的自造字，如称田地为"角"、田地的面积量词为"双"、"乍"，四至中有"佉"，湖泊称为"洇"等。其中一些量词在当代白语中仍有保留。碑左侧的两行则全为白文，用汉语无法通读。其大意可能是这些田地已归神灵所有，后代及外人等不可擅夺。为研究白族本主神信仰的历史发展和白族田地制度的重要资料。因剥蚀严重，释读难度较大。具体可参见段金录、张锡禄主编《大理历代名碑》（云南民族出版社 2000 年版）。

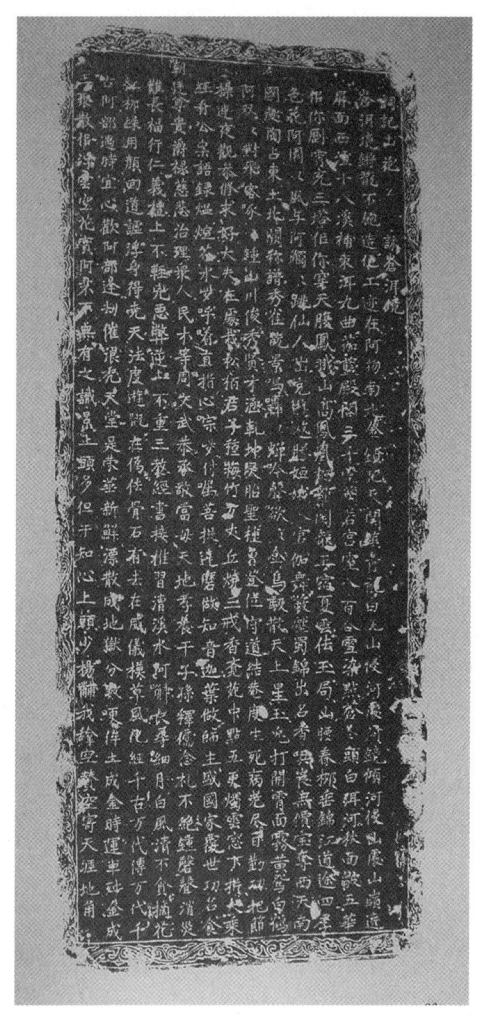

图 20 《词记山花·咏苍洱境碑》

著名白文诗碑，简称《山花碑》，明景泰元年（1450）白族诗人杨黼撰。刻于《重理圣元西山记》碑阴。该碑原立于大理市喜洲庆洞庄西南圣元寺的观音殿内，观音殿原为阳溪杨氏宗祠，故立有《圣元西山记碑》，记杨氏宗族之源流，以及明初重修圣元西山兰若诸事。清代邑人因珍惜《山花碑》，将全碑碑面朝里、碑阴朝外嵌在观音殿墙壁上，故其正文《圣元西山记》久隐于壁内不得见，所见者只是碑阴的《词记山花·咏苍洱境》诗，因此全碑向来以"白文碑"、"白碑"而闻名。该碑现存大理市博物馆，保存完好。

全碑高 120 厘米，宽 55 厘米，厚 18 厘米，四周刻云纹花边。碑文阴刻，直行楷书，共 14 行，每行 40 字，其中第 10 行有 41 字，而最末行为 39 字，全诗 520 字。该碑全用白文写成，为典型的"七七七五"格式的"山花体"诗歌。该词句式以三个七字句、一个五字句为一段，两段构成一首完整的山花体诗。全文计有 20 段、10 首山花体诗歌。其音韵结构为基本词调的叠段联章长调,第一段第一句起韵起调后,第二段到第二十段偶句押白语韵。前半部分 8 段 32 句,主要描述苍洱之间的秀丽景色;后半部分 12 段 48 句,追忆先世,感叹怀才不遇,人世无常。语言精练优美,白文文字完整,字迹清晰,是白文和白族文学艺术形式完美结合的产物,既具有文学价值,也有文字学的价值。该碑又是白文碑刻中保存较好的一块,是白文文献的代表性作品。由于该碑的重要价值,加上保存完好,给研究提供了有利条件,学术界已有多种有说服力的研究成果。具体可参见徐琳、赵衍荪《白文〈山花碑〉释读》(《民族语文》1980 年第 3 期)、赵橹《白文〈山花碑〉译释》(云南民族出版社 1988 年版)、段伶《〈山花碑〉格律》(《白族曲词格律通论》,云南民族出版社 1998 年版)。

图 21　《故善士杨宗墓志碑》

《故善士杨宗墓志碑》简称《杨宗碑》,立于明景泰四年(1453),杨安道书。碑原在大理喜洲镇弘圭山,现已不存。石钟健于 20 世纪 40 年代到大理辑录古碑,将此碑进行拓印并录文,碑文得以保存至今。拓片保存完好,现藏于云南省大理市图书馆。

碑面正文 15 行,直行楷书,共 347 字。该碑碑文可以全部用白语通读,是一块典型的白文碑。碑文前段为白文散文,记述死者家世生平,后段为白文韵文,属于标准的白文墓志文体。该碑的重要价值还在于,文内有"弟杨安道书白文"字样,这是白文古籍中第一次有"白文"名称的文献,证明白文当时不仅使用普遍,而且已经有了特定的名称。因此,该碑不仅是研究白族散文、韵文等文学体裁的资料，对研究白文的历史发展也有重要的参考价值。具体可参见石钟健《论白族的"白文"》（中央民族学院研究部 1957 年编《中国民族问题研究集刊》第六辑）、徐琳《明代白文故善士杨宗墓志译释》（《罗常培纪念文集》，商务印书馆 1984 年版）。

图 22　《故善士赵公墓志碑》

《故善士赵公墓志碑》简称《赵坚碑》，又名《十哀词碑》。明景泰六年（1455）立，杨安道撰，石匠杨隆刊刻。碑原在大理喜洲弘圭山，现已不存。石钟健于 20 世纪 40 年代到大理辑录古碑，将此碑进行拓印并录文，碑文得以保存至今。拓片保存完好，现藏于大理市图书馆。

该碑高 101 厘米，宽 49 厘米，直行楷书，文 22 行，行 14—39 字。前有小序，正文为十首白族民歌"山花体"哀词，全文 464 字。小序、哀词都可用白语通读，是一块典型的白文碑，文中有较多的自造字。小序记述死者佛教密宗师主赵坚的家世和生平，正文以白族特有的山花体民歌形式，缅怀死者的修养学识、为人处世和过人的才艺，抒发对死者不幸去世的哀悼之情，广泛涉及白族佛教、文人情趣和修养以及白族山花体文学形式的发展等，对研究白族文化史有较高的参考价值。由于剥蚀严重，释读有较大困难。具体可参见何一琪《白文哀词〈赵坚碑〉研究》（《云南民族学院学报》1988 年第 2 期）、周祜《〈十哀词碑〉注译》（《大理古碑研究》，民族出版社 2002 年版）、段伶《〈十哀词〉格律》（《白族曲词格律通论》，云南民族出版社 1998 年版）。

图 23 《高公墓志碑》

《高公墓志碑》又名《高观音禄墓志》。碑立于明成化十五年（1479），浪穹县（今大理州洱源县）凤羽乡阿吒力许森撰文。该碑藏于洱源县凤羽镇源胜村委会漆树村杨汝雄家，长期以来不为人知，直到 2007 年 7 月才被大理州白族文化研究所发现，是新近面世的一块重要的白文碑。

《高观音禄墓志碑》通高 120 厘米，碑身宽 41 厘米，厚 8 厘米。碑额宽 63 厘米，额呈半圆形，中央方框内正中写篆书"高公墓志"四字，周围刻五个梵文字，代表密宗五方佛。碑文字体为行楷，直书 16 行，每行 3—29 字不等，共计 421 字。全篇用白文记述了凤羽高氏家族高海第二子高观音禄的事迹。除大量使用汉字假借字以外，并有少数自创字。如圡、辝、長等字。该碑不仅是重要的白文历史文献，其记录的南诏、大理国时期的诸多事迹及人物，特别是高智升、高升泰等历史人物，与汉文史书记载基本相符，对研究这一时期的白族历史有重要的史料价值。该碑由于保存较好，碑文较为完整清晰，为释读提供了较好的条件。

图 24　《史城芫山道人健庵尹敬夫妇预为冢家记碑》

清代白文墓碑，又名《白曲诗碑》。该碑立于康熙四十二年（1703），大理喜洲尹敬自撰，侄婿杨淋等立。碑原在大理市点苍山弘圭山麓，今已无存。石钟健于 20 世纪 40 年代到大理辑录古碑，将此碑进行拓印并录文，碑文得以保存至今。拓片保存完好，现藏于云南省大理市图书馆。

碑面 84×42 厘米，正面刻白文 19 行，楷书。碑文前面的自序部分为汉语文言，记述预为寿藏之缘由。后附有用白文书写的《白曲一诗》，以五言为主，间有七言，是有别于"山花体"的另一类白族诗歌，主要记述作者为报答天地之造化而苦心研读，感叹人生世事，抒发作者人生如梦，万事皆过眼烟云，要超脱于生老病死的思想，体现了作者旷达豪放的胸怀。该碑诗体和音韵结构都很独特，行文铿锵流畅，朗朗上口，具有较强的艺术感染力，与《山花碑》一样同属思想性和艺术性兼备的白文文献。同时也说明作者对白文的使用有着较好的造诣。全碑主要使用假借汉字，但也有部分很典型的自造字。如："玉月豆轮白长长（这轮月亮白晃晃），照我火嘡吐（照我阴宅上）。"多位学者对该碑进行了释读和研究。具体可参见周祜《〈白曲诗碑〉译释》（《大理古碑研究》，云南民族出版社 2002 年版）、段伶《〈白曲诗碑〉格律》（《白族曲词格律通论》，云南民族出版社 1998 年版）。

图 25　本子曲曲本《鸿雁带书》

本子曲是白族民间文学的重要形式，主要流传于云南省大理州剑川、洱源县一带，实际上就是民间叙事长诗，但也可以说唱。本子曲的主要特点是：长短不一，长的有上千行，短的只有四十行；有较为完整的故事情节；其形式则是由"七七七五"的白族调（即所谓的"山花体"）基本词调或各种联章词调构成长篇。可以用三弦伴奏进行演唱。本子曲目前已收集到 50 多种。

《鸿雁带书》是白族著名本子曲，主要流传于云南省剑川县白族地区。过去剑川一带的白族男子因为生活困苦，常常要远离家乡外出做工，有时几年不能回家。长诗表达的是留在家里的妻子对家中苦境的倾诉，对几年不能归家的丈夫的思念，可谓一字一泪，具有强烈的艺术感染力。唱词以韵文书信往来互诉离情别恨，一般由以下章节构成：（1）问信；（2）寄信；（3）回信（十更曲）；（4）寄妻（五更曲）；（5）回夫信；（6）回妻信；（7）母寄儿书；（8）准备回家；（9）迎夫归。民间流传的《鸿雁带书》本子较多，图为剑川沙溪长乐张萃廷先生珍藏的《鸿雁带书》曲本。该曲本用本色绵纸包背线装，行体墨书，页面 12.5×12.5 厘米，无边栏，每页 8—9 行，每行 10—13 字，全曲约 160 行。白口，无页码。正文用毛笔墨笔书写，字体行楷相杂。其文字以假借汉字为主，但也有不少自造的白文字体。作为重要的白文民间文献，该书对研究白族民间文学以及白族语言文字均有珍贵价值。从曲本款识可知，该曲本口述者为杨昌炽（20 世纪 20 年代去世），原抄者为张祖烈（20 世纪 40 年代去世），1943

年经张萃廷批阅校订。"文化大革命"中，张萃廷将曲本用油布包裹埋于地下，1980年方取出，本子得以传世。现由施珍华转借大理州博物馆并裱为卷轴陈列于民俗馆。

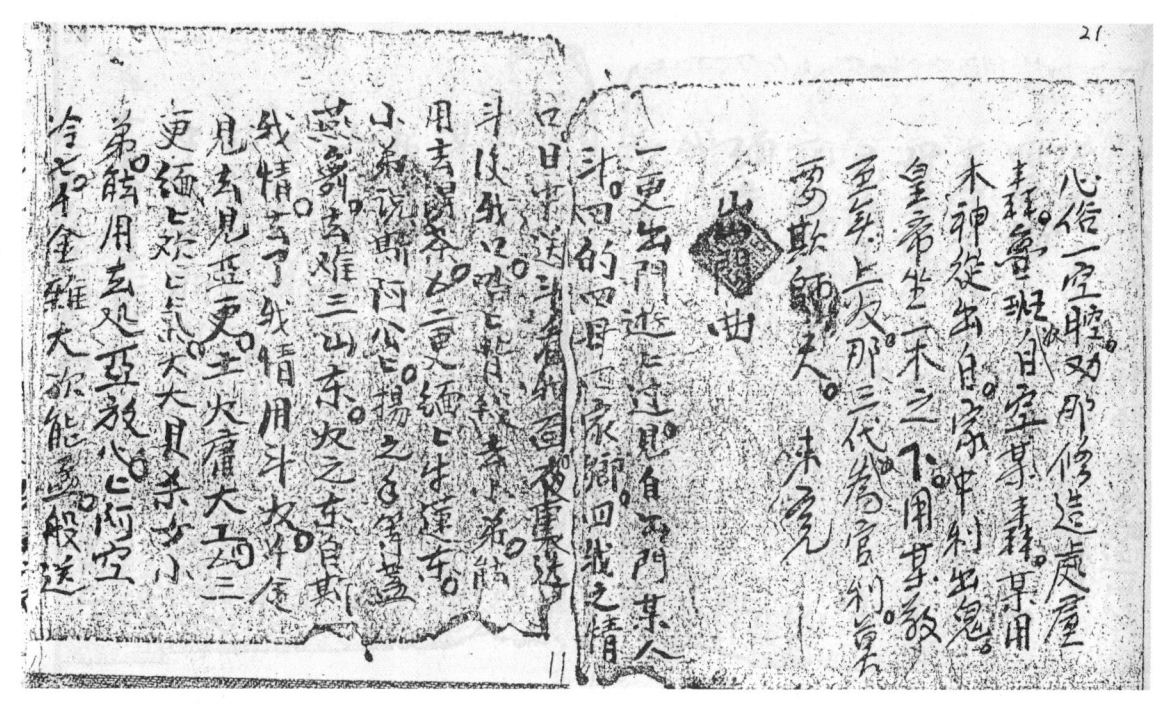

图 26　本子曲曲本《出门曲》

《出门曲》是和《鸿雁带书》相类似的白族本子曲，又称《出门调》。在剑川一带流传较为普遍，本子数量很多，且长短不一，内容也不尽相同，但总的主题是通过对家庭生活的痛苦以及出门在外种种困苦的描述，揭露了封建社会统治阶级对白族劳动人民的剥削和压迫，具有强烈的现实主义风格，有着强烈的艺术感染力。

民间流传的《出门调》有多个本子，图为剑川沙溪长乐张萃廷先生珍藏的《出门曲》曲本。该曲本用本色绵纸包背线装，行体墨书，页面12.5×12.5厘米，无边栏，每页8—9行，每行10—13字，全曲约160行。白口，无页码。正文用毛笔墨笔书写，字体行楷相杂。传抄保存情况同《鸿雁带书》。该本《出门调》叙述一对情人，男的在外做工，女的留在家中操持家务农活，在五更长夜他们互唱相思曲，表达对对方的思念，感人至深。

该本子曲的白文以假借汉字为主，但也有不少自造的白文字体。作为重要的白文民间文献，该曲本对研究白族民间文学以及白族语言文字均有珍贵价值。

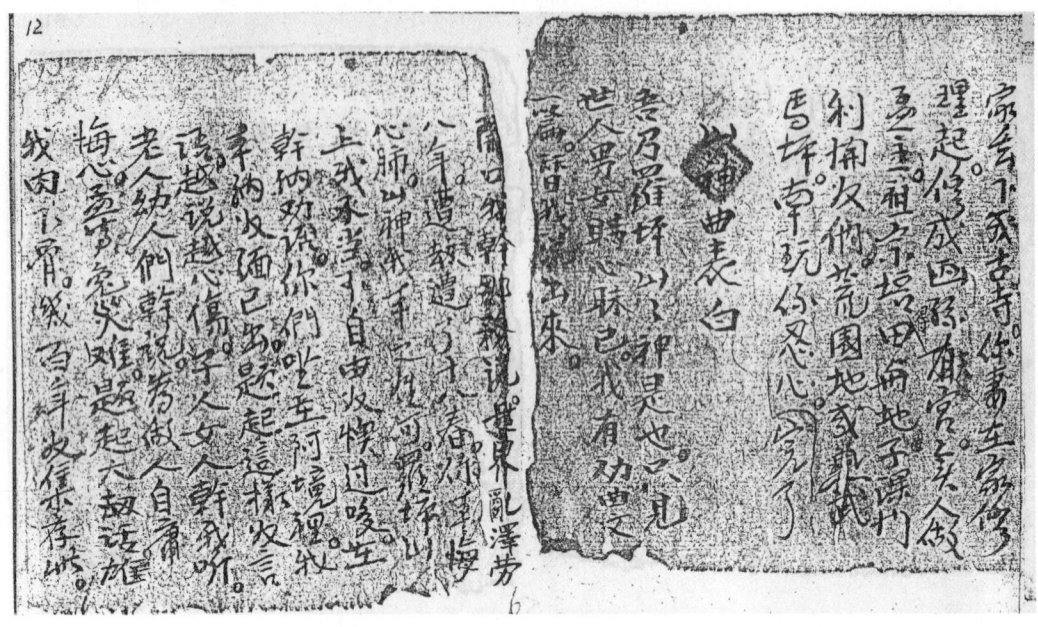

图27 本子曲曲本《山神曲表白》

本子曲《山神曲表白》，借用山神之口，内容主要是规劝世人在世时要相亲相爱，孝敬父母、关爱兄弟、洁身自好，可以说是白族地区的一篇劝世文。曲文语重心长，富有教育意义。

图为剑川沙溪长乐张萃廷先生珍藏的《山神曲表白》曲本。该曲本用本色绵纸包背线装，行体墨书，页面 12.5×12.5 厘米，无边栏，每页 8—9 行，每行 10—13 字，全曲约 200 行。白口，无页码。正文用毛笔墨笔书写，字体行楷相杂。该曲本的传抄、收藏情况同《鸿雁带书》。

《山神曲表白》的白文以假借汉字为主，但也有不少自造的白文字体。作为重要的白文民间文献，该曲本对研究白族民间社会的伦理道德、宗教观念以及白族语言文字均有珍贵价值。

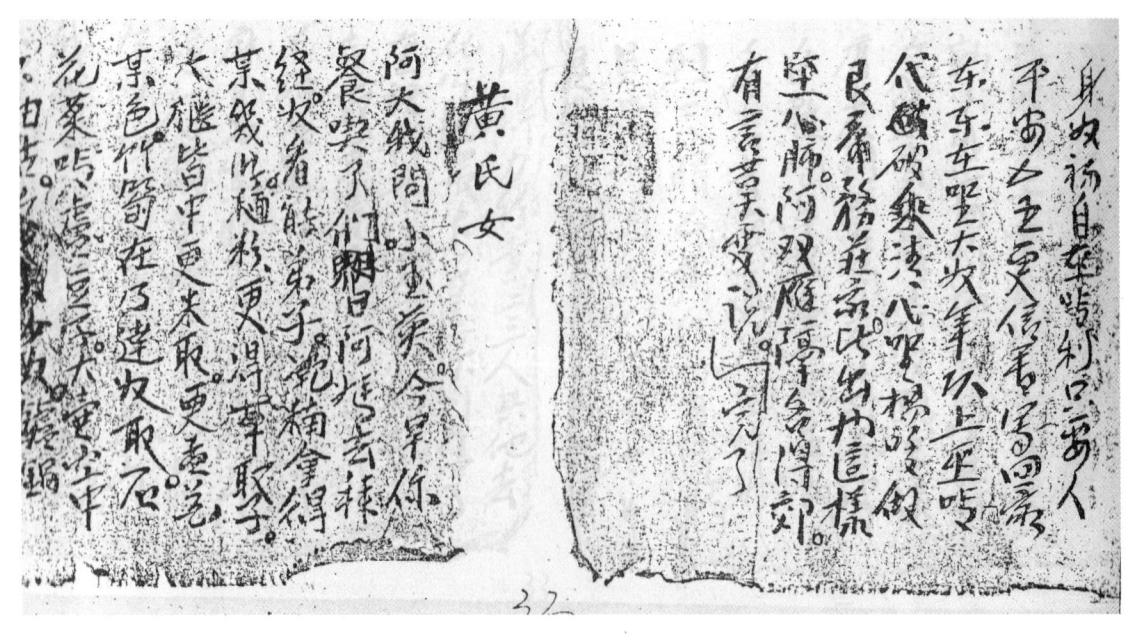

图28 本子曲曲本《黄氏女对金刚经》

《黄氏女对金刚经》是白族著名的本子曲，又名《黄氏女对经》。主要流传在洱源、剑川一带的白族民间。长诗内容是因女主人公黄氏女能准确熟练地背诵佛教《金刚经》，被阎王请去地狱中核对经文。黄氏女抛下年幼的子女，来到阴间，目睹了种种报应的惨状。通过主人公黄氏女这一复杂人物形象的塑造，反映了当时错综复杂的社会关系，并在一定程度上暴露了宗教迷信本身的内在矛盾。语言精练生动，人物心理刻画细致入微，都标志着白族民间文学的重要发展，也深刻反映了佛教思想对白族社会生活的影响。

《黄氏女对金刚经》流传较广，白族民间有多种本子，篇幅一般较长，少的有七八百行，多的则长达3000行。图为剑川沙溪长乐张萃廷先生珍藏的《黄氏女对金刚经》曲本。该曲本用本色绵纸包背线装，行体墨书，页面12.5×12.5厘米，无边栏，每页8—9行，每行10—13字，全曲约1450行。白口，无页码。正文用毛笔墨笔书写，字体行楷相杂。该曲本的传抄及收藏情况同《鸿雁带书》。

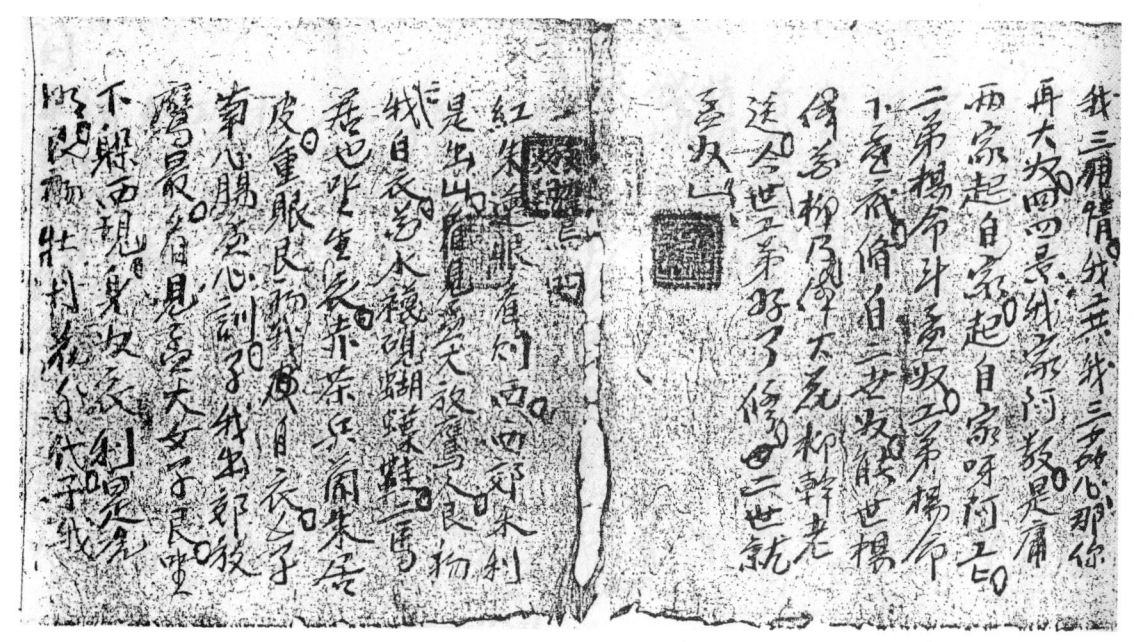

图29　本子曲曲本《放鹰曲》

《放鹰曲》又名《放鹞曲》，白族著名本子曲。内容讲述了一个凄美的爱情悲剧故事。一个放鹰赶雀的小伙子在田间与割草的姑娘相遇，两人对歌相识后定情。男方家里很穷，一时无法娶姑娘回家，只得出远门做木匠去赚彩礼钱。女方的母亲贪财，逼女儿与有钱人成亲，姑娘积郁成疾，得病而死。小伙子回来后，只能到情人坟上探望，寄托无限的哀思。这个故事抨击了封建买卖婚姻，有着强烈的艺术感染力。

《放鹰曲》在剑川、洱源县等白族地区流传较广，民间本子很多。图为剑川沙溪长乐张萃廷先生珍藏的《放鹰曲》曲本。该曲本用本色绵纸包背线装，行体墨书，页面12.5×12.5厘米，无边栏，每页8—9行，每行10—13字，全曲约320行。白口，无页码。正文用毛笔墨笔书写，字体行楷相杂。该曲本的传抄、收藏情况同《鸿雁带书》。

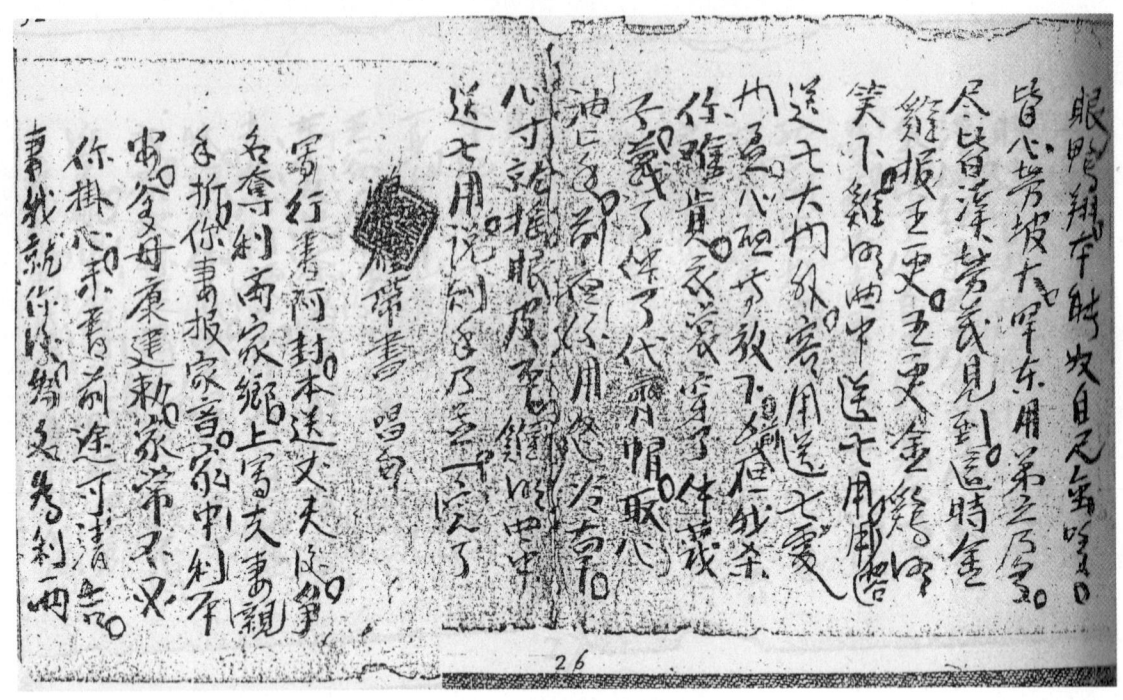

图30　本子曲曲本《鸿雁带书唱白》

《鸿雁带书唱白》是与《鸿雁带书》相辅相成的本子曲，主要流传于云南省剑川县白族地区。其结构相比《鸿雁带书》而言较为简单。图为剑川沙溪长乐张萃廷先生珍藏的《鸿雁带书唱白》曲本。该曲本用本色绵纸包背线装，行体墨书，页面12.5×12.5厘米，无边栏，每页8—9行，每行10—13字，全曲约200行。白口，无页码。正文用毛笔墨笔书写，字体行楷相杂。其传抄、收藏情况同《鸿雁带书》。

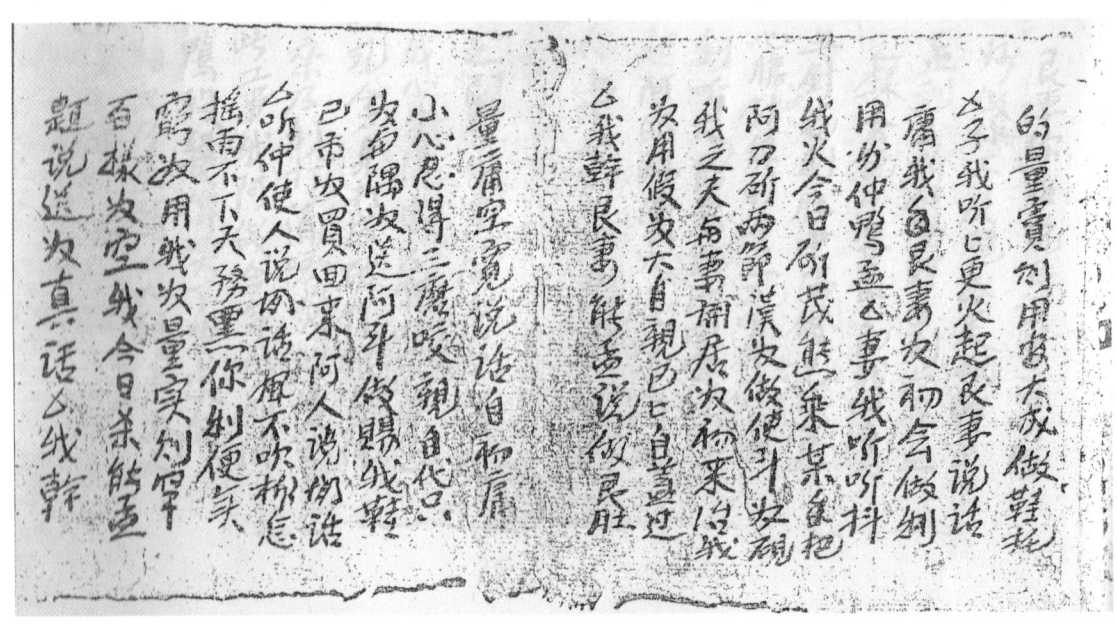

图31　民歌唱本《花柳曲》

"花柳曲"是白族地区对情歌的一种称谓。旧时白族艺人在表演曲艺节目前后,为了烘托气氛,要演唱若干首《花柳曲》以助兴。剑川石宝山的"歌会",也以男女青年对唱《花柳曲》为主要活动内容。虽然受到群众的普遍欢迎,但由于《花柳曲》过去被视为不登大雅之堂的低俗艺术,因此其唱词很少用白文书写和整理。

图为剑川沙溪长乐张萃廷先生珍藏的《花柳曲》曲本。该《花柳曲》附在本子曲后。曲本用本色绵纸包背线装,行体墨书,页面 12.5×12.5 厘米,无边栏,每页 8—9 行,每行 10—13 字,全曲约 120 多行。白口,无页码。正文用毛笔墨笔书写,字体行楷相杂。其文字以假借汉字为主,但也有不少自造的白文字体。该曲本现由施珍华转借大理州博物馆并裱为卷轴陈列于民俗馆。作为比较少见的一种白文文献,它在白文文献中也有着重要的地位,值得进一步整理和研究。

图 32　白族大本曲曲本

大本曲主要流行于云南省大理、洱源等县市的白族地区,它是在本子曲基础上发展而来的曲艺形式。和本子曲相比,大本曲已经发展成为一种较为成熟的说唱曲艺形式,有不同的腔调和曲牌,中间还有夹白。大本曲文献数量很多,白族民间有"大本三十六,小本七十二"之说。不仅每个大本曲艺人都有自己手抄并珍藏的曲本,民间的曲艺爱好者也多有传抄,因此在白族民间流传较为广泛。从目前调查的情况看,保存至今的本子曲和大本曲早期文献年代多属清末至民国时期,更早的文献没有发现。这可能是因为本子曲和大本曲曲本主要用于演唱活动,时间一长就会破损,因此每隔一定时间都需重新传抄,这就导致早期的文献难以保留至今。再加上"文化大革命"的破坏,新中国成立以前的白文曲本留传至今的较少。

在白文符号体系的规范和发展方面,大本曲曲本有重要地位。由于大本曲曲本在大理、洱源等地的白族地区流传广泛,艺人之间相互传抄、学习,无形之中起到一种规范和统一的作用,因此,不同民间艺人书写的大本曲曲本,其文字符号、读写规律基本一致,这与民歌唱本"因人而异"的特点不同。可以说,白文大本曲曲本是已经具有一定规范性的白文文献。

图为大本曲南腔著名艺人杨汉先生抄写、由其后人杨兴庭等保存至今的一批大本曲曲本,共有 20 余种。从这批曲本的款识可知其多抄写于民国初年。一般长 25 厘米(也有长 30 厘米的),宽 15 厘米,从 50 页到 100 页不等。每页 8—10 行，每行 25—30 字。正文用毛笔墨笔书写，字体行楷相杂，用红笔圈点断句，间有朱笔添字。款式从上向下竖写，从右向左移行。所用纸张为当地白族所用的鹤庆白绵纸，用绵纸条简易装订。杨汉抄写的这批曲本是迄今发现的年代最早的大本曲文献，在白族文献中有重要的价值。

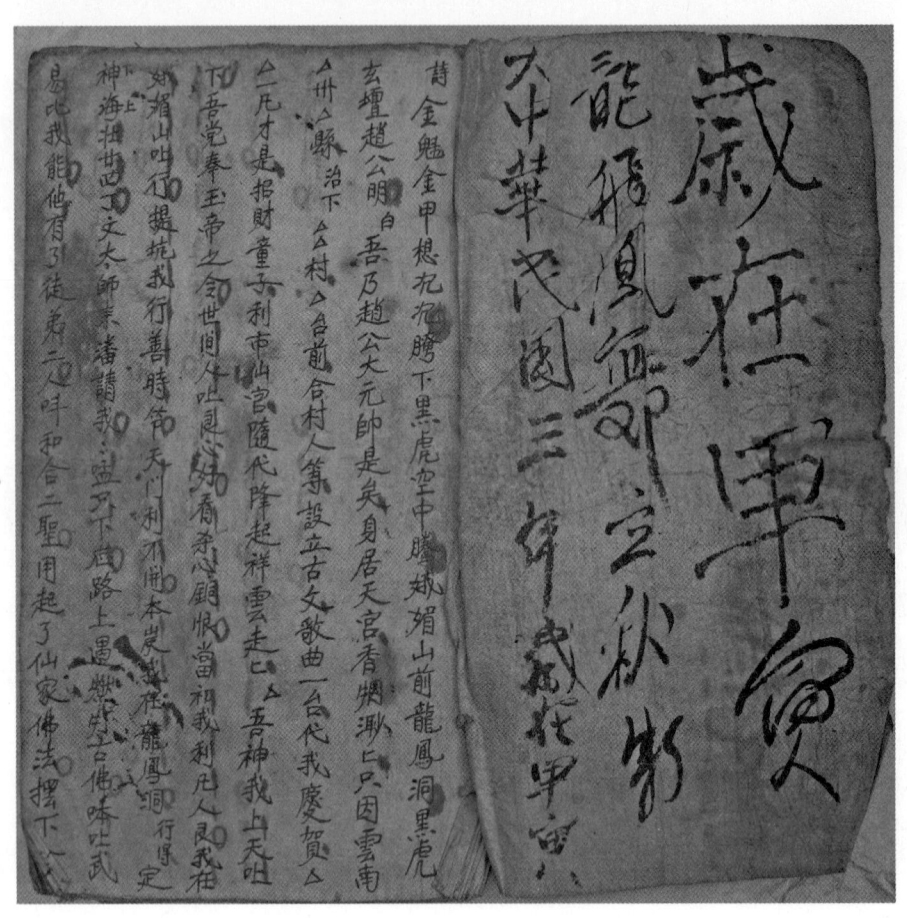

图 33 大本曲曲本《夜明珠》

《夜明珠》又名《进宝状元》。故事讲述一个家庭贫寒的秀才武林春，得到一颗夜明珠，欲进京献给皇帝。不料被当朝国舅陷害身死，夜明珠也被国舅霸占。武林春托梦给自己的妻子儿女，家人进京给他报仇。路上遇到强盗，两个子女身亡。后得仙人相救，赐予宝剑兵法，投军成为将军。后来包公秉公断案，查明事情来龙去脉，国舅被依法处死，武林春也被仙人救活，一家人最终团圆，武林春被封"进宝状元"。

图为大本曲南腔代表艺人杨汉先生抄写、由其后人杨兴庭珍藏的《夜明珠》，该抄本长 24 厘米，宽 15 厘米，计 32 页，每页 8—10 行，每行 25—30 字。正文似用硬笔墨笔书写，以楷书为主，用红笔圈点断句，间有朱笔添字。款式从上向下竖写，从右向左移行。所书白文以假借汉字为主，也有不少自造字。白文书写符号前后一致，体例也较为统一。所用纸张为当地白族所用的鹤庆白绵纸，用绵纸条简易装订。在扉页上有"大中华民国三年岁在甲寅"字样，文尾也有"甲寅年杨记新抄"款识。因此可知该曲本抄写时间为民国三年（1914），这是迄今为止有明确时间款识，且成书时间最早的白文大本曲曲本，是十分珍贵的白文文献。

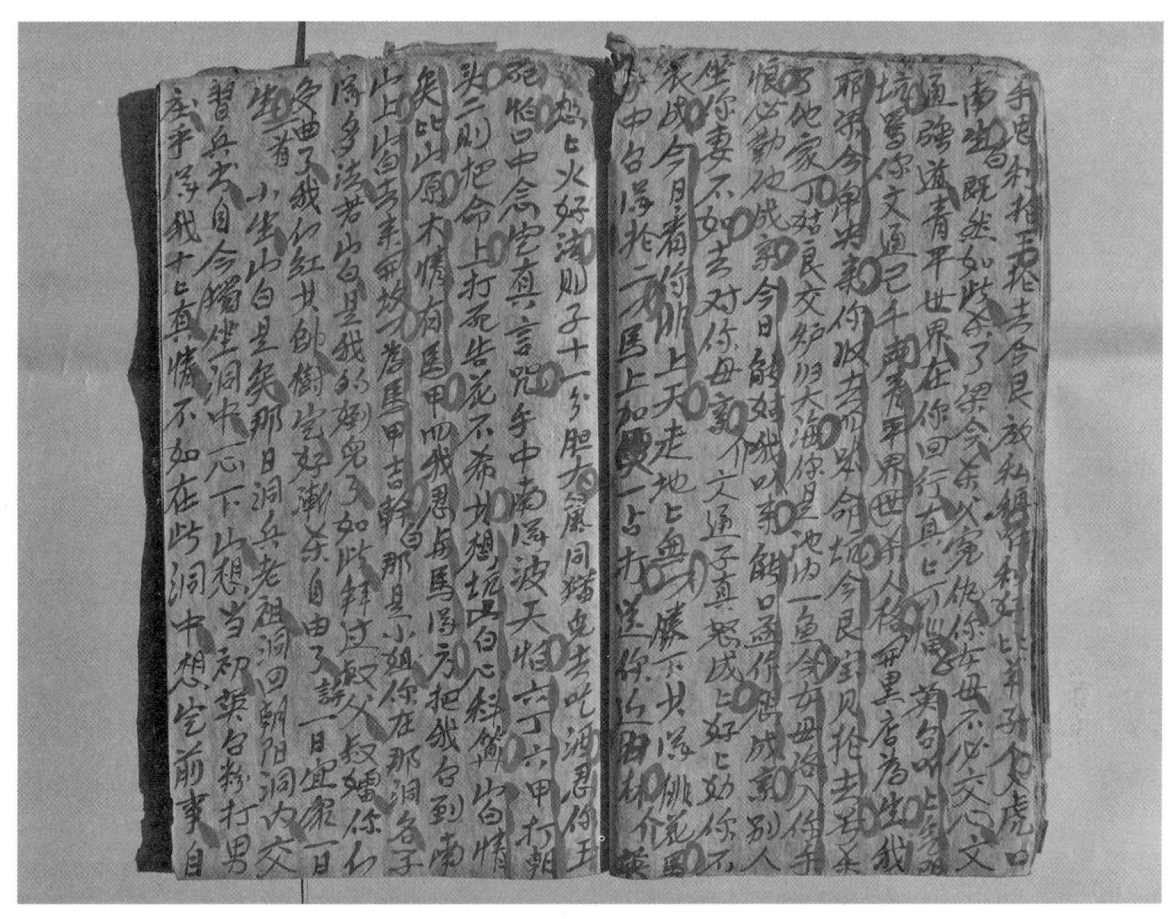

图 34　大本曲曲本《柳荫记》

　　白族著名大本曲曲本，又名《梁山伯与祝英台》。《柳荫记》是在汉族民间故事《梁山伯与祝英台》的影响下形成的。其内容梗概和汉族故事基本一致，都是表现梁山伯与女扮男装的祝英台同学三年，后因家庭门第差异无法结合，山伯郁愤而死，祝英台也跳入坟中殉情，二人化为彩蝶等，但在具体内容以及艺术表现形式方面则有很大不同。因此《柳荫记》是白族化的《梁山伯与祝英台》。《柳荫记》的曲本又有两本或三本之别，两本的《柳荫记》分《求学》和《山伯访友》两部分，前者主要讲述两人相识并同学三年的经过，后者则是故事矛盾的展开，包括求婚、山伯去世、英台哭灵、化蝶等内容。三本的《柳荫记》除以上两个故事外，还有《三妻两状元》的所谓续本。《柳荫记》在白族民间有广泛的影响，尤其是第二本《山伯访友》，更是脍炙人口，妇孺皆知。演唱时，听众多泪流满面，不能自已，充分表现了其强烈的艺术感染力。

　　《柳荫记》的曲本，不仅白族艺人都有收藏，民间爱好曲艺者也多有传抄，因此本子极多。图为大本曲南腔代表艺人杨汉先生抄写、由其后人杨兴庭珍藏的《山伯访友》，该抄本长 24 厘米，宽 15 厘米，计 60 页，每页 8—10 行，每行 25—30 字。正文用毛笔墨笔书写，字体行楷相杂，用红笔圈点断句，间有朱笔添字。款式从上向下竖写，从右向左移行。所书白文以假借汉字为主，也有不少自造字。白文书写符号前后一致，体例也较为统一。所用纸张为当地白族所用的鹤庆白绵纸，用绵纸条简易装订。从文尾款识可知，该抄本抄于民国七年（1917），是流传年代较早的白文大本曲曲本，也是十分珍贵的白文文献。

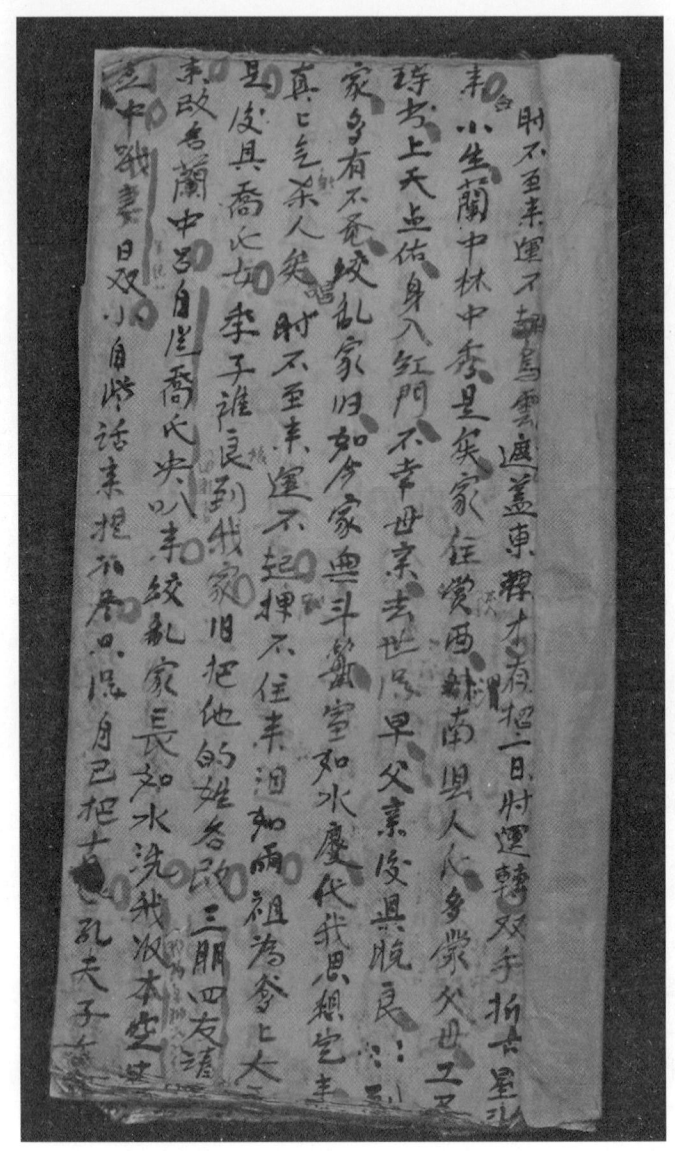

图 35　大本曲曲本《兰季子会大哥》

　　《兰季子会大哥》又名《火烧磨房记》、《磨房记》、《血汗衫》。白族南部方言大本曲曲目，主要流传于云南大理白族地区。曲本说唱的内容是：兰氏有三兄弟，大哥兰中林、二哥兰中秀随明军远征云南，与他们同父异母的三弟兰季子在家。继母乔氏（兰季子亲母）为霸占家产，设计陷害兰中林之妻王氏，欲将王氏烧死于磨房中。兰季子得知其母阴谋，偷偷救出大嫂王氏，藏于西庄。后兰季子被过路军队抓走当役工。其母来找兰季子不得，以兰季子的一件带血衬衫为证，诬告王氏杀了兰季子，王氏被打入死牢。兰季子历尽艰辛，一路卖唱乞讨，来到云南寻找两位哥哥，三兄弟在大理相逢。三兄弟带着兵将回家解救了王氏，并令继母沿街乞讨。据研究，该故事可能是在真实事件的基础上形成的（参见张文勋主编《白族文学史》，云南人民出版社 1983 年版，第 326 页）。其主角虽然不是白族人，但这个故事却是白族人民口头创作的，无论在思想性和艺术性方面都是大本曲中的上乘之作。该曲本在白族民间影响较大，凡白族艺人都有本子，因此本子流传较广，种类也多，但故事梗概大体一致。

　　图为大本曲南腔代表艺人杨汉先生抄写、由其后人杨兴庭珍藏的《兰季子会大哥》，该抄本长 30 厘米，宽 15 厘米，计 65 页，每页 8—10 行，每行 28—35 字。正文用毛笔墨笔书写，字体行楷相杂，用红笔圈点断句，间有朱笔添字。款式从上向下竖写，从右向左移行。所用纸张为当地白族所用的鹤庆白绵纸，用绵纸条简易装订。从文尾款识可知，该抄本抄于1954年。

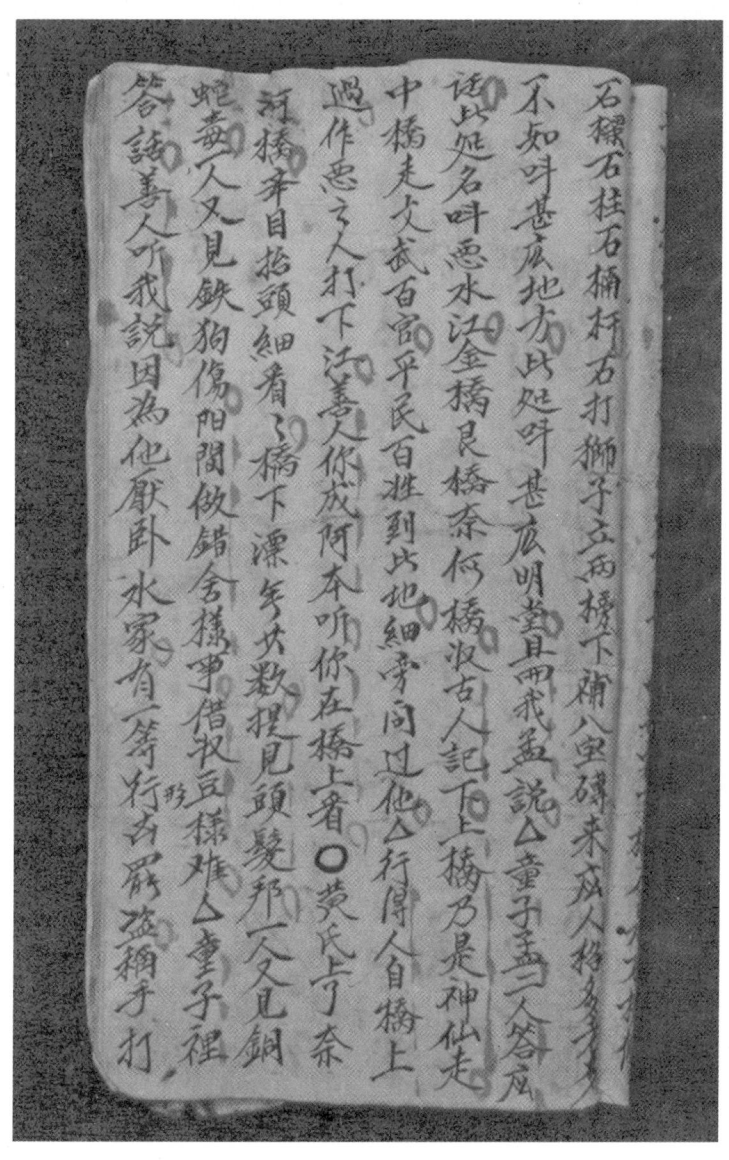

图36 大本曲曲本《黄氏女对金刚经》

白族大本曲曲本。流传在云南大理白族地区。《黄氏女对金刚经》的故事，白族各地都有流传，在洱源、剑川一带有同名的本子曲。说唱的故事梗概基本一致，都讲女主人公黄氏女能准确熟练地背诵佛教《金刚经》，被阎王请到地狱中核对经文。黄氏女抛下年幼的子女，来到阴间，目睹了种种报应的惨状。后又转生为男，十八岁金榜题名，还暗中照应了前世所生的一对子女。通过主人公黄氏女这一复杂人物形象的塑造，深刻反映了当时的社会现实和白族群众的社会心理，是研究白族社会发展和民间文学的重要资料。

该曲本流传较广，本子也多，图为大本曲南腔代表艺人杨汉先生抄写、由其后人杨兴庭珍藏的《黄氏女对金刚经》，其封面简称为《金刚经》，并有"念念不忘"字样。该抄本长24厘米，宽15厘米，每页8—10行，每行25—30字。正文用毛笔墨笔书写，字体行楷相杂，用红笔圈点断句，间有朱笔添字。款式从上向下竖写，从右向左移行。所用纸张为当地白族所用的鹤庆白绵纸，用细麻绳简易装订。文尾款识没有注明抄写时间，从曲本破损程度和所用纸张推测为民国初年抄本。

图37　大本曲曲本《丁郎刻木》

　　白族大本曲曲本，主要流传在云南省大理白族地区。说唱的内容是：丁百万夫妇老年得子，取名丁郎。丁郎年满十六岁，娶妻李玉莲。不久丁郎父母双亡，他日夜思念父母，并广做善事。后受观音点化，用木头刻成母亲肖像，供在佛堂中，每天孝敬，三年后，木雕肖像奇迹般地开口说话，并吩咐丁郎出门做生意。丁郎离家后，妻子李玉莲变了心，百般虐待雕像。母亲托梦给丁郎，丁郎赶回家中休妻。后李玉莲被五雷劈死，丁郎舍弃家产，带着雕像前往西方佛国修行。这是一个典型的忠孝故事，是受汉族《二十四孝》故事的影响而形成的，其思想性并不高。但在过去的白族民间，《丁郎刻木》也有相当的影响，是白族传统社会"母慈子孝"观念的艺术反映。民间流传的本子也很多，但内容基本一致。

　　图为大本曲南腔代表艺人杨汉先生抄写、由其后人杨兴庭珍藏的《丁郎刻木》，该抄本长30厘米，宽15厘米，计56页，每页8—10行，每行28—35字。正文用毛笔墨笔书写，字体行楷相杂，用红笔圈点断句，间有朱笔添字。款式从上向下竖写，从右向左移行。所用纸张为当地白族所用的鹤庆白绵纸，用绵纸条简易装订。文尾款识没有注明抄写时间，从曲本破损程度和所用纸张推测为民国初年抄本。

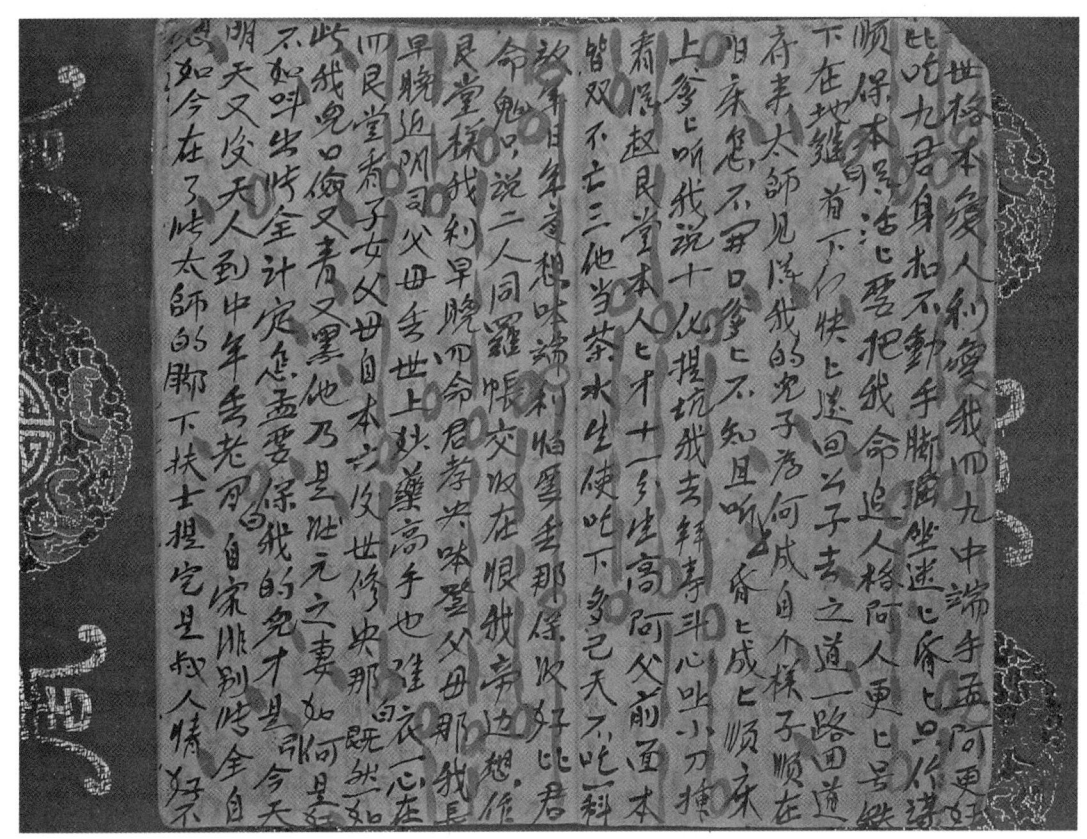

图 38　大本曲曲本《八仙图》

白族大本曲曲本。主要流传在云南省大理白族地区。《八仙图》是根据汉族民间传说发展起来的白族大本曲曲目。故事讲述书生韩文玉流落扬州，与当地大户人家女子银棠喜结良缘。后韩文玉去求取功名，银棠在家命运坎坷。韩文玉在朝中为官，又受当朝宰相迫害。幸得八仙之助，韩文玉逢凶化吉，加封定海王。后经神仙指引，一家团圆。《八仙图》曲本在白族民间流传不如前述的《兰季子会大哥》等曲本广泛。分前、后两本，目前只收集到后本，未发现前本。图为大本曲南腔代表艺人杨汉先生家中珍藏的《八仙图》（后本）。该抄本长 30 厘米，宽 15 厘米，计 72 页，每页 8—10 行，每行 28—35 字。正文用毛笔墨笔书写，字体行楷相杂，用红笔圈点断句，间有朱笔添字。从文尾款识可知，该抄本抄于民国九年（1919）。款式从上向下竖写，从右向左移行。所用纸张为当地白族所用的鹤庆白绵纸，用细麻绳简易装订。文尾款识没有注明抄写时间，从曲本破损程度和所用纸张推测为民国初年抄本。

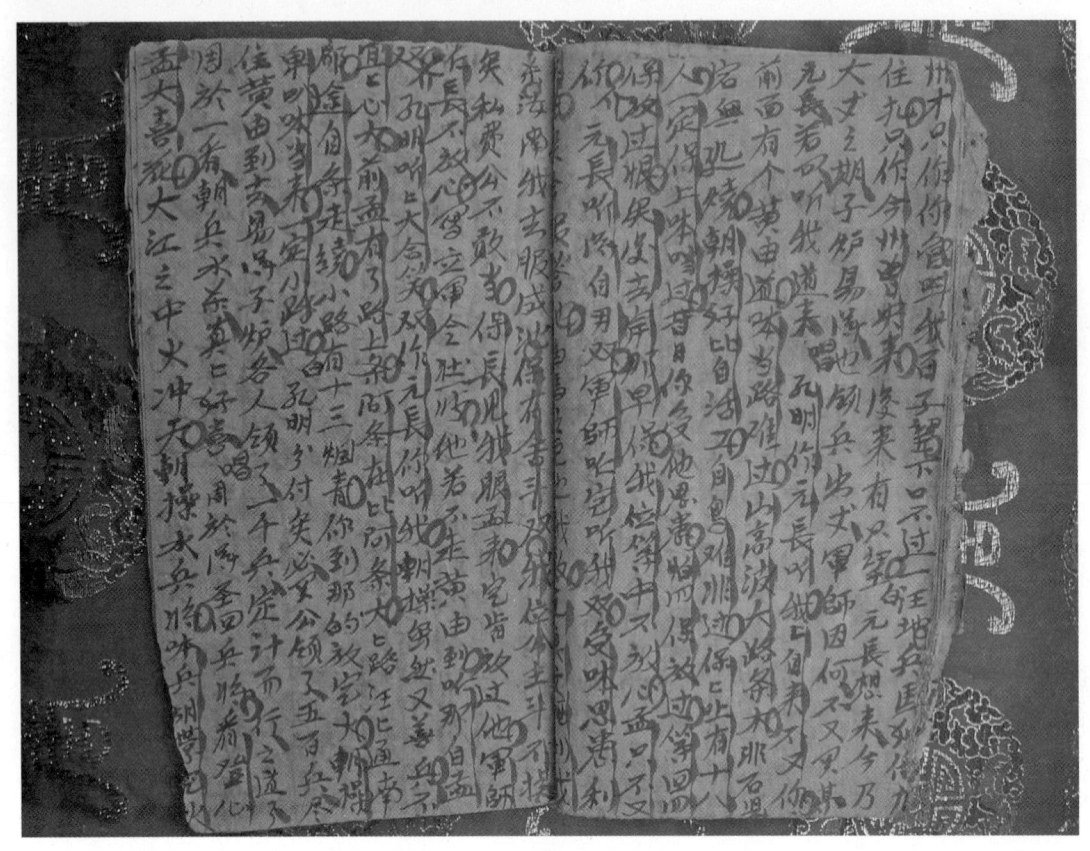

图39 大本曲曲本《祭东风》

白族大本曲曲本。主要流传在云南省大理白族地区。《祭东风》是根据《三国演义》中有关赤壁之战的故事改编而成的白族大本曲曲目。内容描述孙刘联合对抗曹操，诸葛亮祭天得东南风，得以用火攻击破曹军。由于诸葛亮曾经带领蜀国大军征伐云南，因此他在云南各民族中很有威望，两晋以来诸葛亮的故事就在云南各民族中广为流传，大理白族的一些村寨甚至祭诸葛亮为本主神。但《祭东风》的故事，则是明清以来根据汉族地区的《三国演义》故事改编而成的。

《祭东风》的曲本流传较广，一般民间艺人都有收藏。图为大本曲南腔代表艺人杨汉先生抄写、由其后人杨兴庭珍藏的《祭东风》。该抄本长30厘米，宽15厘米，计62页，每页8—10行，每行28—36字。正文用毛笔墨笔书写，字体行楷相杂，用红笔圈点断句，间有朱笔添字。款式从上向下竖写，从右向左移行。所用纸张为当地白族所用的鹤庆白绵纸，用绵纸条简易装订。文尾款识没有注明抄写时间，但从曲本破损程度和纸张分析，当和前述的《八仙图》等大致相同，同为民国初年抄本。

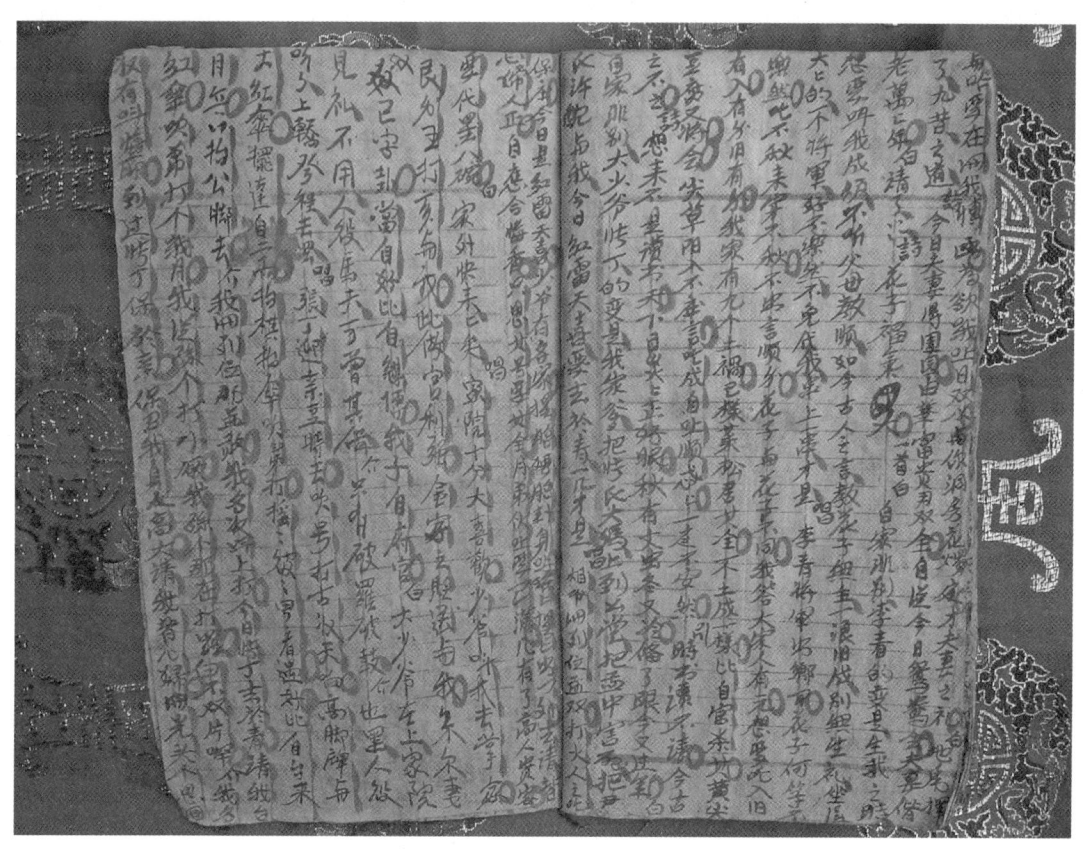

图 40　大本曲曲本《孟忠哭竹》

　　白族大本曲曲本。流传于云南省大理白族地区。说唱的内容是：孟忠和孟荣是同父异母兄弟，孟荣和其母张氏设下毒计要陷害孟忠。张氏假装生病卧床，想吃竹笋，要孟忠到虎豹出没的二虎山采竹笋救母。时值隆冬，天寒地冻，没有竹笋可采。孟忠的孝心感动上天，上天赐给他竹笋。孟荣偷吃竹笋被毒死，张氏又诬告孟忠，官府将孟忠判刑押往京城。途中孟忠受仙人搭救，并学得一身武艺。其妻尹氏在家饱受虐待，后逃出和丈夫相遇，夫妻团圆。

　　该曲本流传较广，一般民间艺人都有收藏。图为大本曲南腔代表艺人杨汉先生抄写、由其后人杨兴庭珍藏的《孟忠哭竹》。该抄本长 30 厘米，宽 15 厘米，计 62 页，每页 8—10 行，每行 28—35 字。正文用毛笔墨笔书写，字体行楷相杂，用红笔圈点断句，间有朱笔添字。款式从上向下竖写，从右向左移行。所用纸张为当地白族所用的鹤庆白绵纸，用绵纸条简易装订。文尾款识没有注明抄写时间，但从曲本破损程度和纸张分析，当和前述的《八仙图》等大致相同，同为民国初年抄本。

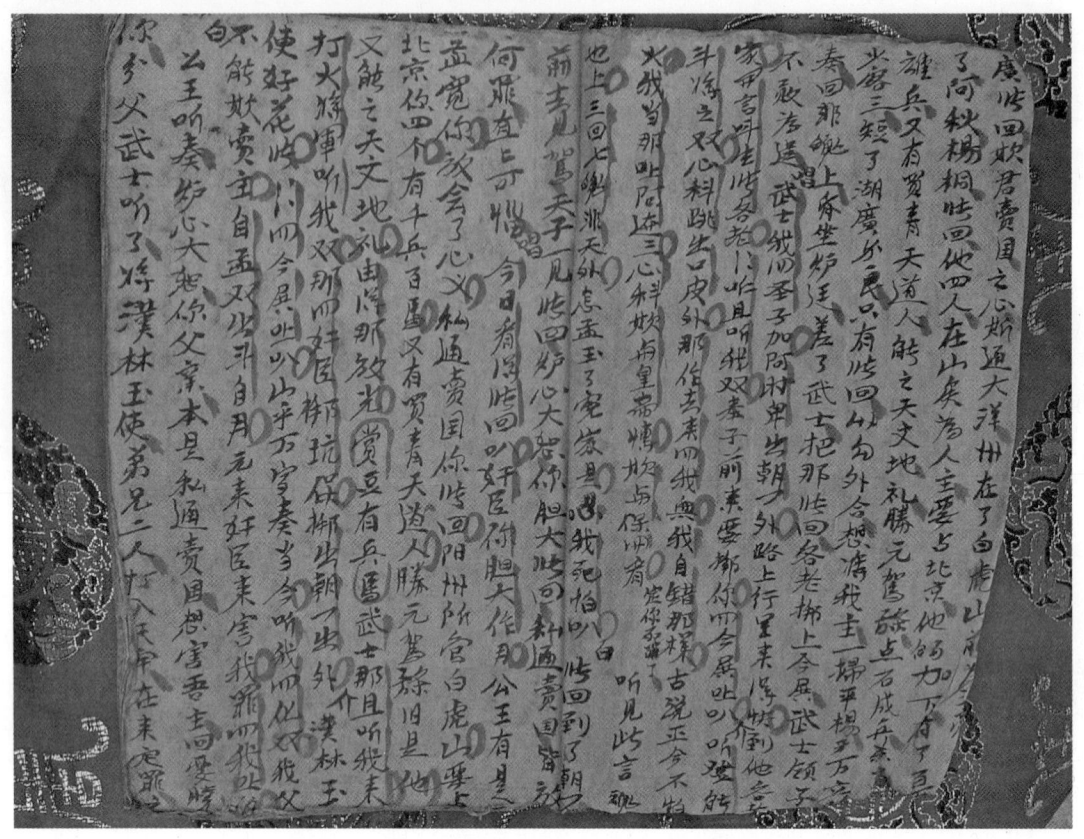

图 41　大本曲曲本《沙灯记》

白族大本曲曲本，主要流传在云南省大理白族地区。说唱的主要内容是，当朝阁老张怀因奸臣谗言被杀，两个儿子被投入死牢。张怀的妻子方氏带着剩下的子女从老家逃脱，落难瓦窑。三儿子张正榜无奈往岳父家求助。其岳父陈举人见张家落难，不肯相助，反将张正榜杀害于马棚中。后张正榜得仙人拯救复活，为朝廷立功，最后救出两个哥哥，教训了阴险毒辣的陈举人，全家团圆。

图为大本曲南腔代表艺人杨汉先生抄写、由其后人杨兴庭珍藏的《沙灯记》。该抄本长 24 厘米，宽 15 厘米，正文计 48 页，每页 8—10 行，每行 25—30 字。正文用毛笔墨笔书写，字体行楷相杂，用红笔圈点断句，间有朱笔添字。款式从上向下竖写，从右向左移行。所用纸张为当地白族所用的鹤庆白绵纸，用绵纸条简易装订。文尾款识没有注明抄写时间，但从曲本破损程度和纸张分析，当和前述的《八仙图》等大致相同，同为民国初年抄本。

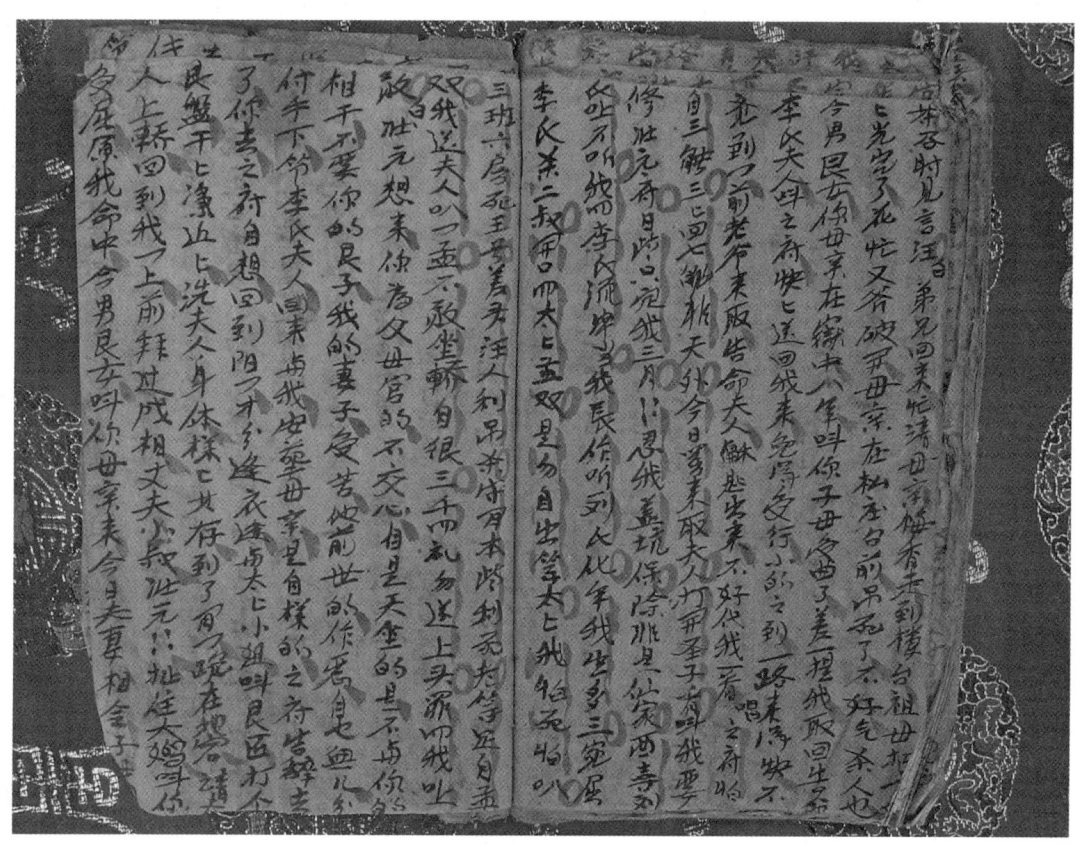

图 42　大本曲曲本《龙串宝珠》

又名《蟒蛇记》。白族大本曲曲本。主要流传在云南省大理市、洱源县等白族南部方言地区。说唱的主要内容是，张春方和张春元是同父异母兄弟。继母刘氏为了独吞家产，设计加害张春方。她给张春方一袋假银子，让他到京城做生意。张春方在赴京途中搭救了一条龙王所变的蟒蛇。他在京城做生意时给别人假银子，被告到官府，发配外地，留在家中的妻子儿女也被刘氏赶出家门，幸得善良的弟弟张春元照顾。但张春元后来又不幸被强盗掳走。张春方在押解发配途中跳入大海，被龙王所救。龙王为感谢他救命之恩，送给他一颗宝珠。张春方再次进京，将宝珠献给皇帝，被封官。他在任上碰巧遇到弟弟张春元，才知家中变故，于是一起回家救出妻子儿女，继母刘氏羞愧自尽。

图为大本曲南腔代表艺人杨汉先生抄写、由其后人杨兴庭珍藏的《龙串宝珠》。该抄本长 24 厘米，宽 15 厘米，正文计 46 页，每页 8—10 行，每行 25—30 字。正文用毛笔墨笔书写，字体行楷相杂，用红笔圈点断句，间有朱笔添字。款式从上向下竖写，从右向左移行。所用纸张为当地白族所用的鹤庆白绵纸，用绵纸条简易装订。文尾款识没有注明抄写时间，但从曲本破损程度和纸张分析，当和前述的《八仙图》等大致相同，同为民国初抄本。

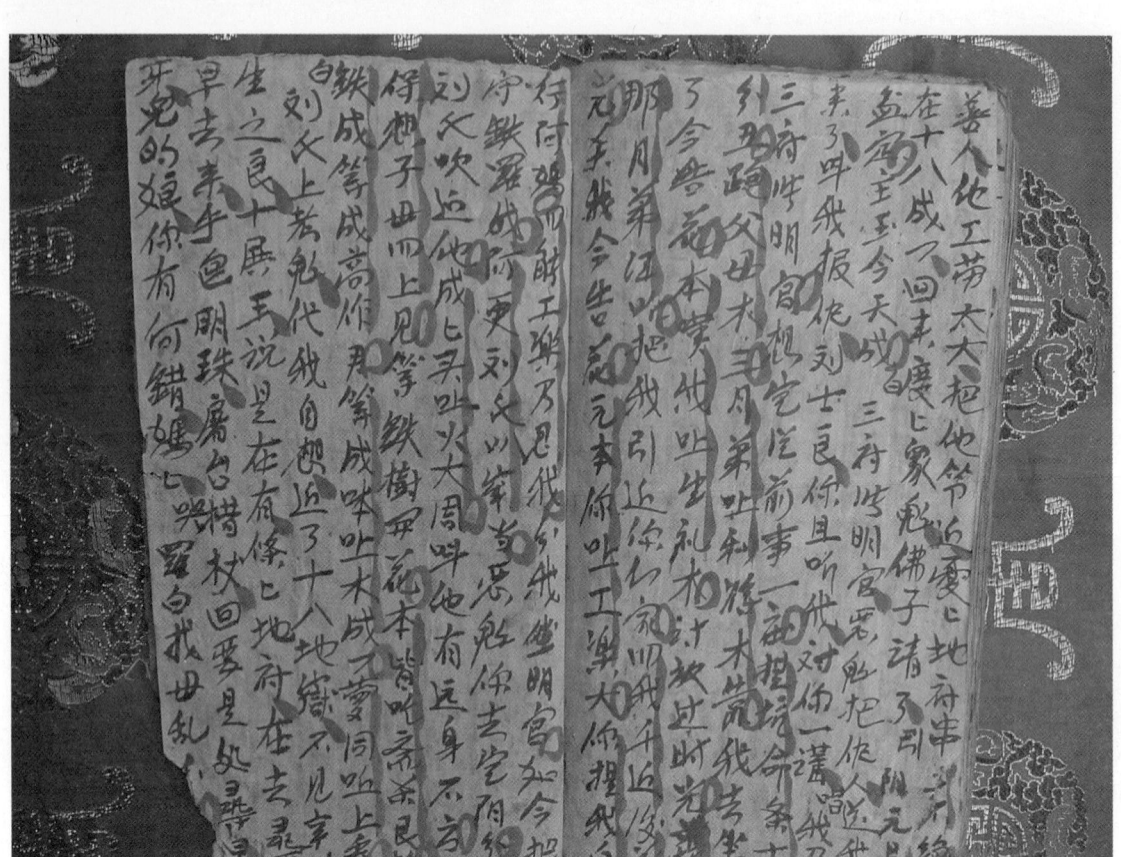

图 43　大本曲曲本《灵台守孝》

《灵台守孝》又名《仁宗认母》、《傅罗伯寻母》、《报恩记》。白族大本曲曲本。主要流传在云南省大理白族地区。来源于佛教故事，并由汉族故事《目连救母》发展而成，只是人物、故事情节都已经白族化了。说唱的主要内容是：傅罗伯自小出家，其父兄早死，其母刘氏长年吃斋。刘氏病重，想吃人肉。刘氏的兄弟姊妹便杀了一个乞丐，做人肉给她吃。刘氏不久被阎王打入地狱。傅罗伯回家要救母亲，在佛祖的帮助下，他来到地狱，先后走过十个阎王殿和形形色色的地狱城池，见到了阳世作恶的人在地狱中遭到各种报应。该曲本深刻反映了佛教因果报应观念对白族社会的影响，是研究白族宗教观念的参考资料。

图为大本曲南腔代表艺人杨汉先生抄写、由其后人杨兴庭珍藏的《灵台守孝》。该抄本长24厘米，宽15厘米，正文计70页，每页8—10行，每行25—30字。正文用毛笔墨笔书写，字体行楷相杂，用红笔圈点断句，间有朱笔添字。款式从上向下竖写，从右向左移行。所用纸张为当地白族所用的鹤庆白绵纸，用绵纸条简易装订。文尾款识只有"三月吉旦"字样，没有注明抄写年份，但从曲本破损程度和纸张分析，当和前述的《八仙图》等大致相同，同为民国初年抄本。

图 44　大本曲曲本《庆贺曲本》

　　白族大本曲曲本。该曲本和一般的大本曲不同，是旧时大本曲艺人专门给办喜事的人家演唱的，以烘托喜庆吉祥气氛的曲本，而不是像一般的大本曲一样讲述一个完整的故事。曲中以白族民间信仰中的土地神"土公土母"在主人家的所见所闻为线索，完整地展现了白族人的喜庆习俗和生活追求，综合反映出白族人的社会生活和价值观念，既有社会价值，也有文化价值。由于过去大本曲艺人往往要受邀为人演唱此类曲本，因此白族民间艺人过去多藏有此类曲本。

　　图为大理喜洲作邑村国家级非物质文化遗产白族"绕三灵"传承人赵丕鼎所藏的《庆贺曲本》。原抄本已毁于"文化大革命"时期，该抄本系 1978—1980 年重抄。该曲本高 22 厘米，宽 14 厘米，20 页。每页约 8 行，每行约 20 字。正文用钢笔书写，颜色蓝黑，字体行楷相杂，有朱笔圈点。行款由上往下直书，从右向左移行。所用纸张为普通白绵纸，用细麻绳简易装订。

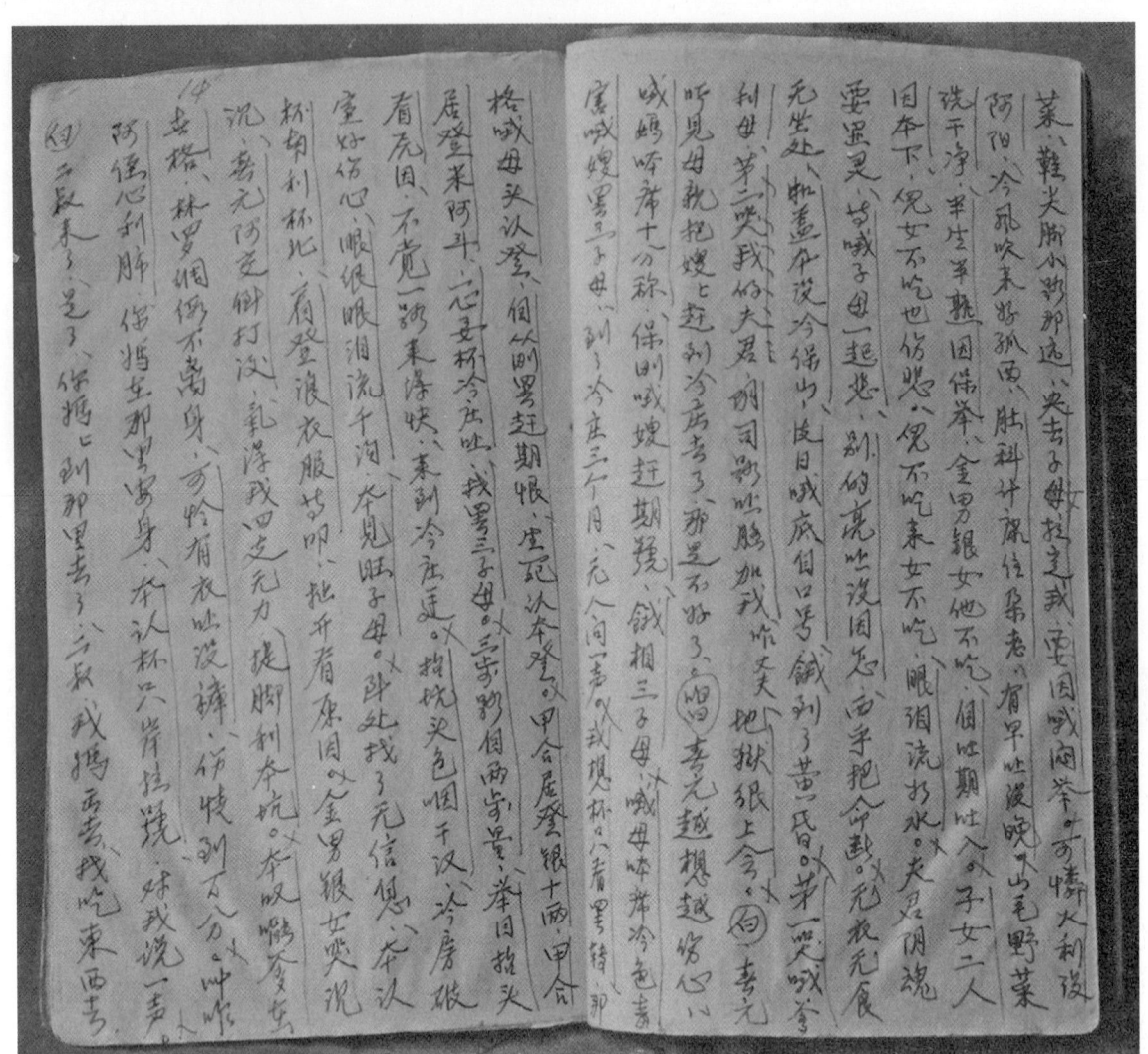

图 45 大本曲曲本《蟒蛇记》

《蟒蛇记》又名《龙串宝珠》。白族大本曲曲本。主要流传在云南省大理市、洱源县等白族南部方言地区。该曲本说唱的故事内容大体同图 42《龙串宝珠》，但具体的故事情节、叙述方式则因不同的民间艺人的演绎而有所差异。

图为大理喜洲作邑村国家级非物质文化遗产白族"绕三灵"传承人赵丕鼎所藏《蟒蛇记》的曲本。原抄本已毁于"文化大革命"时期，该抄本系 1978—1980 年重抄。该曲本高 22 厘米，宽 14 厘米，60 页。每页约 30 行，共计 1800 行。正文用钢笔书写，颜色蓝黑，字体以楷书为主，间有行草，有朱笔圈点。行款由上往下直书，从右向左移行。所用纸张为普通白绵纸，用细麻绳简易装订，外包有塑料封皮。

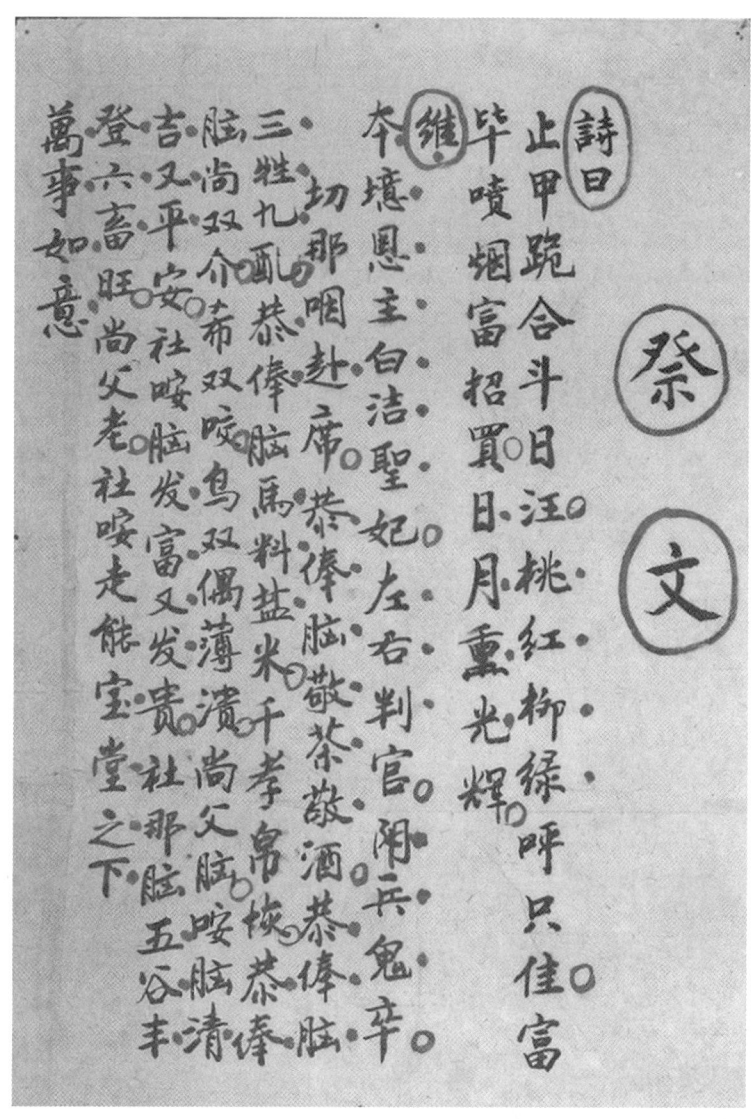

图 46　本主信仰祭文《本祖祭文》

祭文是白文民间作品的一种重要形式。祭文按使用场合和内容分为两大类，一种即丧葬祭文和宗教祭文。丧葬祭文多在丧葬仪式上诵唱，内容主要是追思死者的生平和德行，一字一泪，感人至深，具有强烈的教育作用；另一种为宗教祭文，主要在宗教祭祀仪式上使用，内容多为祈祷神灵降福，祈求四时清吉、人畜安康、五谷丰登、百业兴旺等。诵唱白祭文时，多以锣鼓、唢呐伴奏，气氛隆重庄严。祭文的文体一般以"山花体"民歌形式为主。

该祭文是大理白族祭祀本主神白洁圣妃的白文祭文。白洁圣妃又称白洁夫人、慈善夫人，是唐、南诏时期邓赕诏诏主的妻子。邓赕诏诏主被南诏王杀害，聪慧的白洁夫人借助套在丈夫手臂上的铁镯找到了丈夫的尸首。后南诏王见她聪慧美丽，欲强娶其为妻。白洁夫人与南诏王巧妙周旋，最后跳入洱海殉夫。她的聪慧和节义受到白族人的敬重，被大理一带很多村寨祀为本主神。1991年，大理白族自治州文化局和云南省博物馆联合在昆明举办"白族民俗展览"，该祭文作为白文作品展出，受到民族学界和民族语言文字学界的关注。该祭文现藏大理白族自治州博物馆。

该祭文正文128字，用毛笔书写，字体为楷书。书写从上到下，从右向左移行，红圈断句。祭文书写的白语南部方言（大理方言），正文128字，其中汉字音读字63字，约占总字数的49.2%，汉字训读、汉字假借字 65 字，占 50.8%。因此，正文中绝大多数都是假借汉字，自造字只有少数几个。汉字假借字中的借词字下皆标有红点，表示音义皆同汉语，音读字和训读字不加符号。读写方法有明显的内在规律，但具体到字的选用上则带有一定的随意性。这是当代白文祭文的普遍特点。从这些书写符号特征看，该祭文是一件很典型的现代白文文献。具体可参见杨应新《白语本祖祭文》（《民族语文》1992 年第 6 期）。

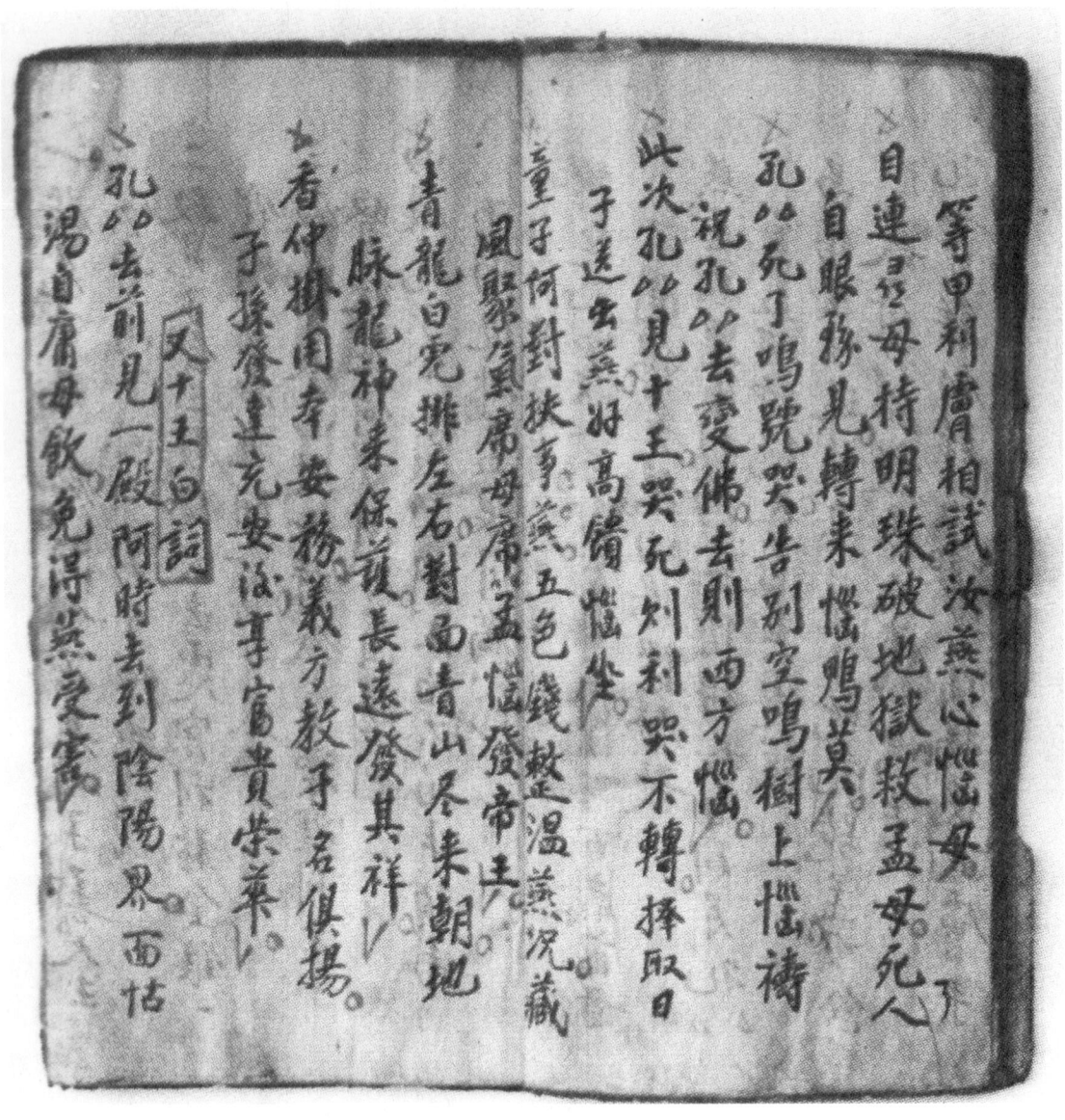

图 47　白族佛教密宗阿吒力经词《叹亡灵白词》

　　白族佛教密宗（阿吒力）经词。作者佚名。白族地区历史上佛教盛行，尤以密宗为最。该派密宗和藏密有很多不同，张锡禄等称其为"白密"。因白族阿吒力经籍大多未流传至今，因此该白文经词对研究白族佛教密宗文化有很高的文献价值。

　　该经词主要用于密宗超度亡灵道场讽诵。42 段，外加汉文 10 行，内容为生母（生父）在世为人处世、儿孙知恩图报、超度亡灵归仙成佛。文体以白族"山花体"民歌形式为基础，结构严谨，音韵和谐。语言悲戚凄婉，如泣如诉。书写符号以假借汉字为主，自造的白文字符不多。有句读圈点符号。

该经词页面 25×10.5 厘米，每页 6 行，每行 14 字。载于线装本《佛门赈济科加词》，载体为本色绵纸，楷体墨书。当代杨云轩抄本，保存完好，现藏于云南省剑川县金华镇早街杨云轩家。具体可参见段伶《中国少数民族古籍总目提要·白族卷》（中国大百科全书出版社 2004 年版）"白文灵堂白词"条。

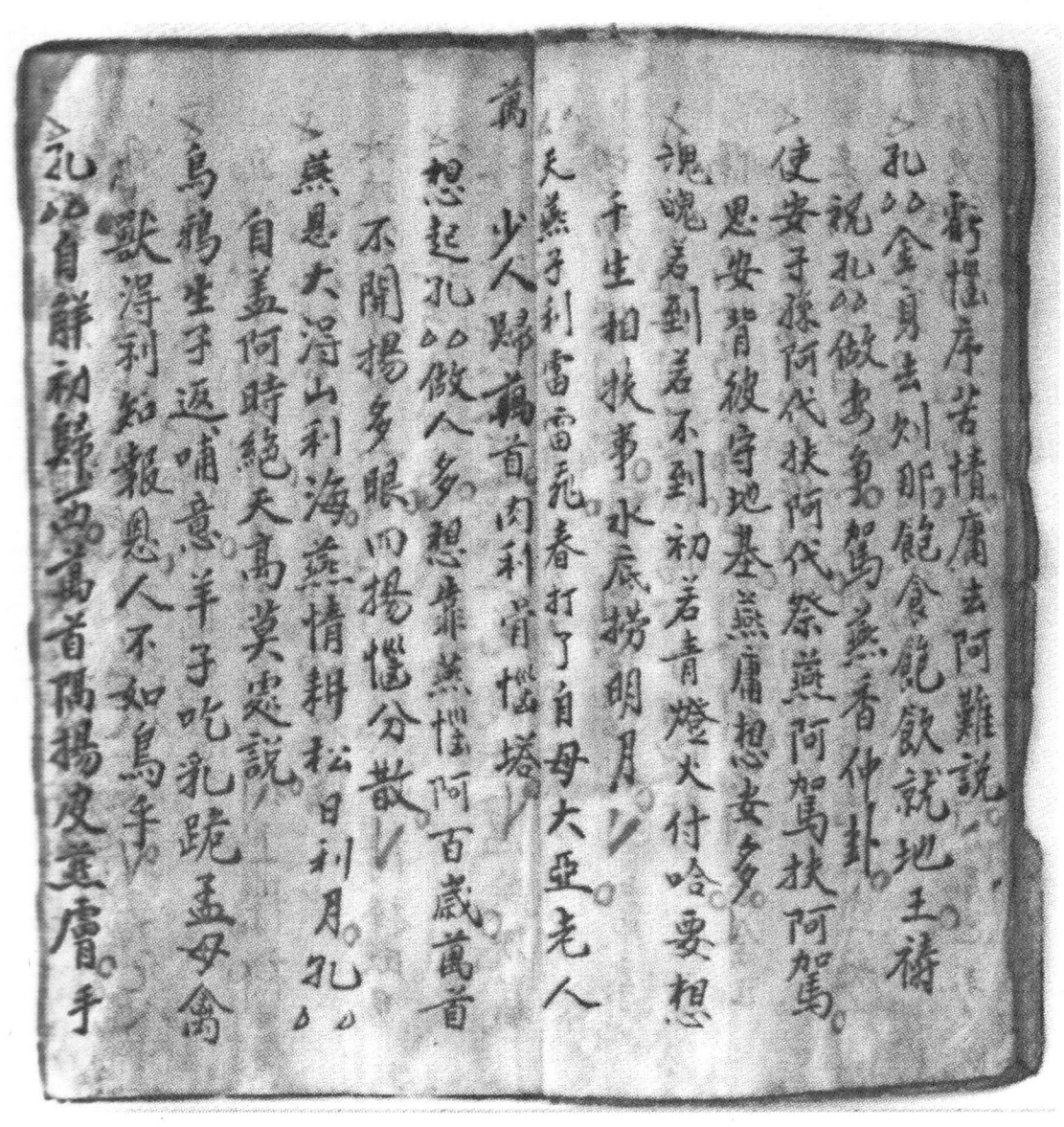

图 48　白族佛教密宗阿吒力经词《三献礼白词》

白族佛教密宗（阿吒力）经词。作者佚名。该经词主要用于密宗超度亡灵道场讽诵。共 9 段，内容为三献茶酒寄托哀思。文体以白族"山花体"民歌形式为基础。书写符号以假借汉字为主，自造的白文字符不多。有句读圈点符号。

该经词页面 25×10.5 厘米，每页 6 行，每行 14 字，载于线装本《佛门赈济科加词》。载体为本色绵纸，楷体墨书。当代杨云轩抄本，保存完好，现藏云南省剑川县金华镇早街杨云轩家。具体可参见段伶《中国少数民族古籍总目提要·白族卷》（中国大百科全书出版社 2004 年版）"白文灵堂白词"条。

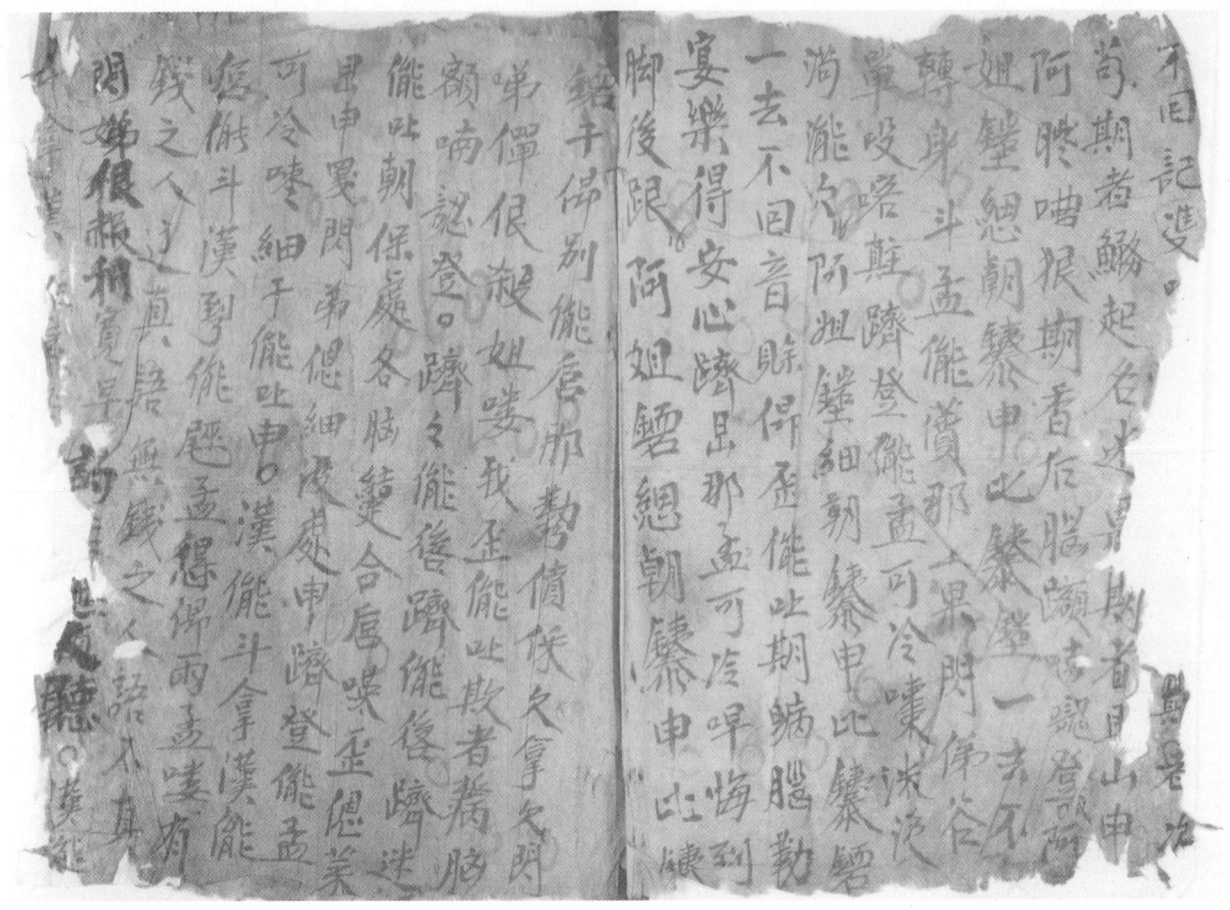

图 49　白文民歌歌本《云龙白曲残本》

白文"白曲"（即白族民歌，又称"白族调"）曲本残本。残本用白文记录了大量格式为"七三五，七七七五"或"七七五，七七七五"的白族"山花体"民歌。因破损严重，加上残字、缺字难考，可辨析释读的曲子共 177 首，绝大多数为描写男女感情的情歌。该残本是迄今发现的收录民歌数量最多、白文自造字体最多的文献，在白族民间文学和白族文字研究方面都有极其珍贵的价值。

残本现存 75 页，其中正文 73 页，每页 9—10 行，每行 12—13 字不等。正文为毛笔墨书书写，有朱笔圈点。字体基本为楷体，间有行书。款式从上向下书写，从右到左移行。白棉纸线装。该曲本为佚名抄本，抄写时间不详，残本中夹有署有"民国二十一年（1930 年）"字样的借款条以及署有"民国二十八年（1939 年）金泉乡"字样的中元节烧纸所用"金银包"。根据曲本破损以及白文书写符号的古朴程度，推测抄写时间应早于民国初期。残本正文有不同程度破损，边角尤为严重，页面高度和宽度不明。原件原由中国科学院少数民族语言研究所白语调查组徐琳等于 1958 年在云南省大理州云龙县发现并收集，现由美国马里兰州圣玛利大学傅京起收藏，中国社会科学院民族学与人类学研究所、云南大理学院民族文化研究所有原件的扫描图版。张锡禄等主编的《中国白族白文文献释读》（广西师范大学出版社 2011 年版）对该残本进行了刊布和释读。

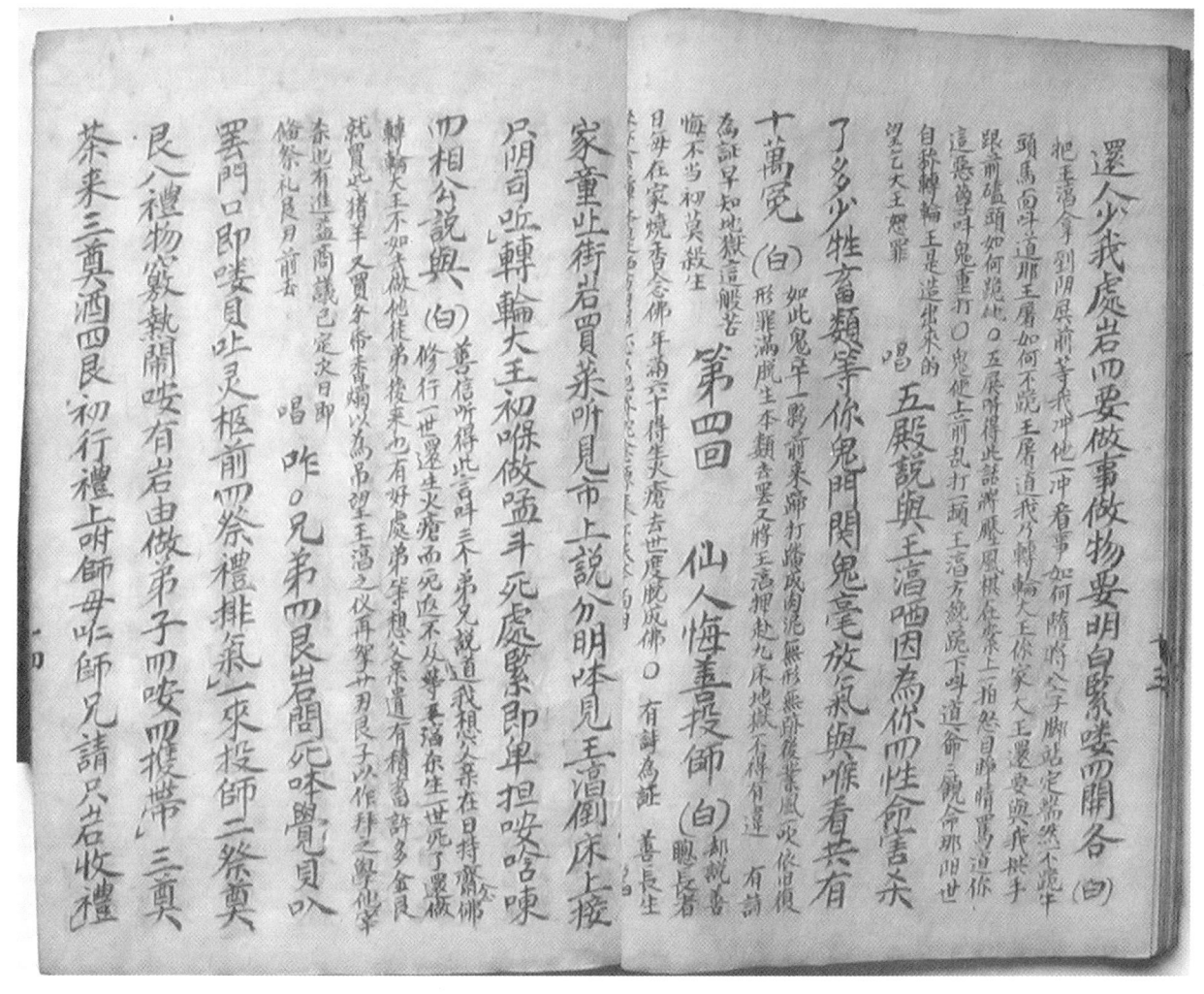

图 50　白文章回体佛教故事唱本《香山记文》

《香山记文》又称《佛说善孝因由香山故典》，白文章回体佛教故事唱本。全书通过章回体的佛教故事，宣传佛教教义和因果报应的宗教思想。文献记载，宋元以来白族地区佛教徒使用白文宣讲佛教教义，如昆明筇竹寺元代翰林院修撰杨载在《大元洪镜雄辩法师大寂塔铭》中说："师俗姓李氏，以僰人之言为书，于是其书盛传，解者益众。"该文献的发现，证明了文献记载是可靠的。

图 50 为云南省云龙县宝丰乡李振高家所藏的《香山记文》唱本，共 5 卷，每卷 1 册。民国十五年（1926 年）佚名抄本，抄写者署名"宝印斋"，又有"艾记"字样。该唱本长 22 厘米，宽 14 厘米，每页 7—8 行，每行 20—22 字。正文为毛笔墨书楷体书写，字体规整。款式从上向下书写，从右到左移行。白绵纸线装，保存完好。第一卷 98 页，前 14 页为汉文佛教《志心皈命礼》经文，其后为白文"山花体"唱词的章回故事第 1—20 回；第二卷 114 页，内容为章回故事第 21—40 回，第三卷 98 页，内容为章回故事第 41—63 回；第四、第五卷都为 54 页，不分章回。第四、第五卷文末都分别有"民国十五年瓜月吉旦到仲秋月吉旦"和"民国十五年桂月朔望日至桂月二十日"字样。该唱本为新近发现的白文珍贵文献。

第七章

古籍珍品释读

一 白文《山花碑》释读

《山花碑》全称为《词记山花·咏苍洱境碑》，明代白族诗人杨黼撰。该碑文刻于《重理圣元西山碑记》碑阴。碑高120厘米，宽55厘米。直行楷书，文14行。明景泰元年（1450）刻。该碑全用白文写成，为典型的"七七七五"格式的"山花体"诗歌。全文共520字，计有10首"山花体"诗歌。前半部分32句，主要描述苍洱之间的秀丽景色；后半部分48句，追忆先世，感叹怀才不遇，人世无常。语言精练优美，是白文和白族文学艺术形式完美结合的产物，既具有文学价值，也有文字学的价值。该碑又是白文碑刻中保存较好的一块，是白文文献的代表性作品。

《山花碑》在白族民间影响很大。特别是立碑之地大理喜洲，数百年来都一直有人能以白语古音诵读此诗。直到20世纪，仍有少数白族民间宿儒能用白语朗朗成诵。最知名者当推喜洲镇的严铎及庆洞村的郭纯仁两位先生。后来学术界对《山花碑》的记录和译释，多依据两位先生之音读。

学术界对《山花碑》的研究，可上溯到20世纪40年代。抗日战争时期，著名语言学家傅懋勣、肖吕南曾对《山花碑》进行了研究。但从研究的系统性和完整性来看，徐琳和赵衍荪的研究最有代表性。两位学者所著《白文〈山花碑〉释读》一文，是对《山花碑》进行系统释读的代表之作。赵橹所著《白文〈山花碑〉译释》一书，也对该碑作了较为全面的分析。总的来说，《山花碑》是白文碑刻中保存最为完好、碑文结构比较完整的一块，这就为碑文的释读奠定了良好的基础。但是，由于五百年来白语的面貌已经有了较大的改变，给释读工作造成了较大困难，对碑文中的某些字句，学术界至今仍有不同的看法。

本书对《山花碑》的释读综合参考了徐琳、赵衍荪以及赵橹等先生的成果。释读语言为白语南部方言大理喜洲话。具体可参见徐琳、赵衍荪《白文〈山花碑〉释读》（《民族语文》1980年第3期）、赵橹《白文〈山花碑〉译释》（云南民族出版社1988年版）、段伶《〈山花碑〉格律》（载《白族曲词格律通论》，云南民族出版社1998年版）。

词寄山花·咏苍洱境

白文碑文（粗体字）、注音和汉语直译　　　　　　　　汉语意译

苍　洱　境　镪　瓿　不　饱，　　　　　　　　苍洱景致观不足，
tsha^{33}　e˞^{31}　tɕɯ^{33}　tɕa^{33}　ue˞^{21}　pɯ^{31}　pu^{33}

苍　洱　景　致　观　不　饱
造　化　工　迹　在　阿　物。　　　　　　　造化古迹千万处。
tsho⁵⁵　xua⁵⁵　ku³³　tɕi³⁵　tsɯ³³　a³¹　ŋv³³①
造　化　古　迹　有　一　万

南　北　金　鎖　把　天　關，　　　　　　　南北金锁据天险，
na²¹　pɯ⁴⁴　tɕi³⁵　suo³³　peɹ³³　xe⁵⁵　kueɹ³⁵
南　北　金　锁　把　天　关

鎮　青　龍　白　虎。　　　　　　　　　　　镇青龙白虎。
tsɯ⁴²　tɕheɹ⁵⁵　nv²¹　peɹ⁴²　xu³³
镇　青　龙　白　虎

山　侵　河　勴　河　鏡　傾，　　　　　　　山抱海子山影斜，
se³⁵　tɕhɯ⁵⁵　ko²¹　tshv³¹　ko²¹　keɹ³²　khueɹ⁵⁵
山　映　海　处　海　镜　斜

河　侵　山　勴　山　嶺　遶。　　　　　　　海环山处山峦绕。
ko²¹　tɕhɯ⁵⁵　se⁵⁵　tshv³¹　se³⁵　ŋɹ³³　zou⁴⁴
海　映　山　处　山　岭　绕

屛　面　西　湇　十　八　溪，　　　　　　　苍山飞流十八溪，
pieɹ³³　mi³²　se³⁵　sue³¹　tsʅ⁴²　pia⁴⁴　tɕhi⁵⁵
屏　面　西　泻　十　八　溪

補　東　河　九　曲。　　　　　　　　　　　补东海九曲。
pu³³　tv³⁵　ko²¹　tɕu³³　khv⁴⁴
补　东　海　九　曲

茄　藍　殿　閣　三　千　堂，　　　　　　　伽蓝殿阁三千座，
tɕhieɹ³⁵　na²¹　ti⁵⁵　ko³⁵　sa⁵⁵　tɕhi⁵⁵　tha⁵⁵
伽　蓝　殿　阁　三　千　堂

蘭　若　宮　室　八　百　谷。　　　　　　　寺庙宫室八百谷。
na³⁵　za³¹　ku⁴⁴　sʅ³⁵　pia⁴⁴　peɹ⁴⁴　ku³³
兰　若　宫　室　八　百　处

雪　染　點　蒼　冬　頭　白，　　　　　　　冬雪染白点苍顶，
sue⁴⁴　ze³³　tɕu³¹　tsho⁵⁵　tv³⁵　tɯ²¹　peɹ⁴²
雪　染　点　苍　冬　头　白

洱　河　秋　面　皺。　　　　　　　　　　　海面风吹皱。
er³³　ko²¹　tɕhɯ⁵⁵　mi³²　kv⁴⁴
洱　海　秋　面　皱

五　華　侶　你　劖　霄　充，　　　　　　　五华楼高入云霄，

---

① v应为ᶌ（v下带短竖），作韵母，为标注简便，统一写作v，特此说明。

u³¹ xua⁴² le²¹ nɔ³¹ ȵi⁴⁴ khv⁵⁵ tshv³¹
五 华 个 你 进入 空 中
三 塔 侣 你 穿 天 腹。　　　　　三座塔尖穿天腹。
sa⁵⁵ tha³³ le³¹ nɔ³¹ tɕheɹ⁴⁴ xe⁵⁵ fv⁴⁴
三 塔 个 你 穿 天 腹
鳳 **莪** 山 高 鳳凰 棲，　　　　　凤羽山高凤凰栖，
v³¹ ji³⁵ se³⁵ ka³⁵ vu³¹ ɣo²¹ tshe⁵⁵
凤 羽 山 高 凤 凰 栖
龍 關 龍 王 宿。　　　　　　　龙关龙王宿。
nv²¹ kueɹ³⁵ nv²¹ ɣo²¹ sv⁴⁴
龙 关 龙 王 宿

夏 雲 佉 玉 局 山 腰，　　　　　夏云系玉局山腰，
ɣo³¹ ŋv²¹ kho⁵⁵ ju³⁵ tsu³⁵ se³⁵ jo³⁵
夏 云 系 玉 局 山 腰
春 柳 垂 錦 江 道 途。　　　　　锦江大道春柳绿。
tshv⁵⁵ ɣɯ⁴⁴ tio⁴⁴ tɕɯ³³ tɕa³⁵ to³¹ thu³³
春 柳 垂 锦 江 大 路
四 季 色 花 阿 園 園，　　　　　四季鲜花满园放，
ɕi⁴⁴ tɕi⁴⁴ se³⁵ xuo³⁵ a³¹ sua³⁵ sua³⁵
四 季 鲜 花 一 园 园
風 与 阿 觸 觸。　　　　　　　风雨中逞娇。
pi³⁵ v³³ a³¹ tsu³³ tsu³³
风 雨 一 阵 阵

跳 仙 人 出 **克** 遊 遨，　　　　离洞府神仙遨游，
thio⁴⁴ se³⁵ ȵi²¹ tshv⁴⁴ tshv³¹ jou³⁵ kueɹ³³
跳 仙 人 出 去 游 逛
勝 姮 娥 入 宮 伽 舞。　　　　　胜玉娥入宫起舞。
sɯ³³ ue³³ ɣo³⁵ ȵi⁴⁴ kv³⁵ tɕa³³ u³³
胜 玉 娥 入 宫 跳 舞
藪 壓 蜀 錦 出 名 香，　　　　　向来蜀锦扬名远，
su⁵⁵ ja³⁵ tsu³⁵ tɕɯ³¹ tshv⁴⁴ mieɹ³⁵ ɕou³⁵
从 来 蜀 锦 出 名 香
喫 㠇 無 價 寶。　　　　　　　是无价宝物。
ɕa³¹ ȵa³¹ mu³³ keɹ³² pu³³
称 作 无 价 宝

奪 西 天 南 國 趣 陶，　　　　　夺西天南国美景，
tɕa³¹ se³⁵ xe⁵⁵ na²¹ kueɹ³⁵ tɕhy⁵⁵ theɹ⁵⁵

抢　西　天　南　国　美　景
占　東　土　北　阕　稱　譜。　　　　　　　　据东土北阙风物。
tse⁴⁴ tu⁴⁴ thu³¹ peɹ³⁵ tɕhue³⁵ tshɯ⁵⁵ phu³³
占　东　土　北　阕　美　名
秀　雀　翫　景　鳴　囉　囉，　　　　　　　华雀赏景叫喳喳，
ɕou³⁵ tsou⁴⁴ ueɹ²¹ tɕɯ³¹ meɹ²¹ xu³⁵ xu³⁵
华　雀　赏　景　鸣　喳　喳
蟬　吟　聲　啾　啾。　　　　　　　　　　蝉吟声啾啾。
ta²¹ pi²¹ tsheɹ⁵⁵ zu³³ zu³³
蝉　声　啾　啾

金　烏　駮　散　天　上　星，　　　　　　朝阳驱散天上星，
tɕɯ⁴⁴ u⁴⁴ tɕe⁴² sa³² xe⁵⁵ nɔ⁴⁴ ɕeɹ⁵⁵
金　乌　赶　散　天　上　星
玉　兔　打　開　霄　面　霧。　　　　　　新月冲破空中雾。
ye³⁵ thu⁵⁵ te⁴⁴ khɯ⁵⁵ xe⁵⁵ mi³² vu³³
玉　兔　打　开　天　间　雾
黃　鴛　白　鶴　阿　雙　雙，　　　　　　黄鸳白鹤一双双
ŋv²¹ jui³⁵ pe³⁵ xo³⁵ a³¹ sv⁵⁵ sv⁵⁵
黄　鸳　白　鹤　一　双　双
對　飛　喀　啄　啄。　　　　　　　　　　齐飞叫啄啄。
tue³² fv³⁵ kheɹ³⁵ tv⁴⁴ tv⁴⁴
对　飞　叫　啄　啄

鍾　山　川　俊　秀　賢　才，　　　　　　山川秀丽英豪出，
tsu³⁵ se³⁵ ko²¹ ka³⁵ tshv⁴⁴ ɕeɹ³⁵ tshe⁵⁵
钟　山　海　俊　秀　贤　才
涵　乾　坤　靈　胎　聖　種。　　　　　　灵胎圣种天地育。
ka²¹ xe⁵⁵ tɕi³¹ li⁵⁵ the⁵⁵ sɯ⁵⁵ tsv³³
涵　天　地　灵　胎　圣　种
曾　登　位　守　道　結　庵，　　　　　　登坛守道结茅屋，
tsɯ³¹ tɯ⁴⁴ ue⁵⁵ sou³¹ to⁵⁵ tɕeɹ³⁵ a³⁵
曾　登　位　守　道　结　庵
度　生　死　病　老。　　　　　　　　　　度生老病苦。
tv³¹ xeɹ⁵⁵ ɕi³³ peɹ³¹ ku³³
度　生　死　病　老

盡　日　勤　刃　把　節　操，　　　　　　整日勤劳守节操，
pe²¹ ni⁴⁴ tɕhɯ⁵⁵ tɕɯ³¹ peɹ⁴² tɕeɹ³⁵ tsho⁵⁵
尽　日　勤　谨　把　节　操

連夜觀絫修求好。　　　　　　　　　　　连夜参禅修善福。
ȵi³⁵ jo³² a³³ sa⁴⁴ ɕɯ³⁵ tɕho⁵⁵ xu³³
连夜看参修善好
大夫在處栽松柏，　　　　　　　　　　大夫居处栽松柏，
ta⁵⁵ fv⁴⁴ tsɯ³³ tshv³¹ tsv³² jou²¹ peɹ³³
大夫住处种松柏
君子種梅竹。　　　　　　　　　　　　君子种梅竹。
tsue⁴⁴ tsɿ³¹ tsv³² tɕe³³ tsv⁴⁴
君子种梅竹

方丈丘燒三戒香，　　　　　　　　　　方丈里烧三炷香，
fa⁴⁴ tsa⁵⁵ xɯ³¹ su⁵⁵ sa⁵⁵ ke⁵⁵ ɕou³⁵
方丈里烧三戒香
竟苑中點五更燭。　　　　　　　　　　禅院内点五更烛。
tɕo³⁵ ue³⁵ xɯ³¹ ke³¹ ŋv³³ keɹ³⁵ tsv⁴⁴
觉院中点五更烛
雲窓下拚大乘經，　　　　　　　　　　云窗下诵大乘经，
ŋv²¹ tsho⁵⁵ eɹ³³ peɹ³² tɔ³¹ tshɯ⁵⁵ tɕeɹ³⁵
云窗下诵大乘经
看公案語錄。　　　　　　　　　　　　看公案语录。
xa⁵⁵ ku⁴⁴ a⁵⁵ jui³¹ lu³⁵
看公案语录

熅煊茶水歺呼嚌，　　　　　　　　　　煨好热茶相对饮，
ue³⁵ sua³⁵ tso²¹ ɕui³³ sa⁵⁵ ɯ³³ tsv³⁵
煨烧茶水相对喝杯
直指心宗歺付囑。　　　　　　　　　　直把心意相嘱托。
tsɿ³⁵ tsɿ³¹ ɕɯ³³ tsu⁴⁴ sa⁵⁵ fv⁴⁴ tsu³³
直指心宗相对咐嘱
菩提達磨做知音，　　　　　　　　　　菩提达摩做知音，
phu⁵⁵ thi⁵⁵ ta³⁵ mo³⁵ tsɿ⁵⁵ tsɿ⁴⁴ jɯ⁴⁴
菩提达摩做知音
迦葉做師主。　　　　　　　　　　　　迦叶做师主。
tsɿ³³ se⁴² tsɿ⁵⁵ sɿ⁴⁴ tsv³¹
迦叶做师主

盛國家覆世功名，　　　　　　　　　　受国家盖世功名，
sɯ⁴⁴ kueɹ³⁵ tɕa⁴⁴ ke⁵⁵ sɿ⁵⁵ ku³⁵ miɯ³⁵
受国家盖世功名
食朝廷尊貴爵祿。　　　　　　　　　　享朝廷尊贵爵禄。

jɯ⁴⁴ tsho⁵⁵ thiɯ⁵⁵ tsue³⁵ kue³⁵ tɕo³⁵ lu³⁵
食　朝　廷　尊　贵　爵　禄
慈　悲　治　理　棠　人　民，　　　　　　　仁慈治理众人民，
tshi⁵⁵ pe³⁵ tsʅ⁴⁴ li³¹ tsa³³ zɯ⁴² miɯ⁴²
慈　悲　治　理　全　部　人　民
才　　等　周　文　武。　　　　　　　　　　才比周文武。
tshe⁵⁵ tu⁴⁴ tsou⁴⁴ vɯ⁴² vu³¹
才　　等于　周　文　武

恭　承　敬　當　母　天　地，　　　　　　　忠实敬天地父母，
ku⁴⁴ tsɯ³¹ tɕɯ⁴⁴ tou³⁵ mo³³ xe⁵⁵ tɕi³¹
诚　恳　端正　敬　父　母　天　地
孝　養　干　子　孫　釋　儒。　　　　　　　教育子孙尊释儒。
ɕou³³ ja⁴⁴ ka³⁵ tsʅ⁴⁴ sua⁵⁵ si³⁵ zv³³
孝　养　教育　子　孙　释　儒
念　禮　不　絶　鍾　磬　聲，　　　　　　　念礼不绝钟磬声，
ni³⁵ li³¹ pɯ³¹ tsue⁴⁴ tsv³⁵ tɕhu³⁵ tshe⁵⁵
念　礼　不　绝　钟　磬　声
消　災　難　長　福。　　　　　　　　　　　消灾又添福。
ɕo³⁵ tse⁴⁴ na⁵⁵ tsa³¹ xu³³
消　灾　再　添　好

行　仁　義　禮　上　不　輕，　　　　　　　力行仁义讲礼仪，
ɕɯ³⁵ zɯ³⁵ ji⁴⁴ li³¹ sa⁵⁵ pɯ³¹ tsheɹ⁵⁵
行　仁　义　礼　上　不　轻
兇　惡　弊　逆　上　不　重。　　　　　　　不逞弊逆和凶恶。
ɕu³³ ɣo³⁵ pi⁵⁵ ne³⁵ sa⁵⁵ pɯ³¹ tsv³³
凶　恶　弊　逆　上　不　重
三　教　經　書　接　推　習，　　　　　　　三教经书代代传，
sa³³ tɕou⁵⁵ tɕɯ⁴⁴ sv⁴⁴ tɕɯ³³ tɕhue³¹ ɕi³⁵
三　教　经　书　接　推敲　习
漕　溪　水　阿　喇。　　　　　　　　　　　漕溪水不息。
tsho⁵⁵ tɕhi⁵⁵ ɕue³³ a³¹ kv³³
漕　溪　水　一　条

長　尋　細　月　白　風　清，　　　　　　　常寻四月和风雨，
tso²¹ ji²¹ ɕi⁴⁴ ua⁴⁴ peɹ⁴² pi³⁵ tɕhieɹ⁵⁵
长　寻　四　月　白　风　清

不貪摘花紅柳綠。　　　　　　　　　　不贪摘花红柳绿。
pɯ³¹ tha⁴⁴ tse⁴⁴ xuo³⁵ tsheɹ⁴⁴ ɣɯ⁴⁴ lv⁴⁴
不 贪 摘 花 红 柳 绿
用顏回道譃浮生，　　　　　　　　　　用颜回□□□□，
zv³¹ je³⁵ xue³⁵ to³³ ɕue³³ fo³³ sɯ³⁵
用 颜 回 □ □ □ □
得堯天法度。　　　　　　　　　　　　得尧天法度。
teɹ³⁵ jou³¹ xe⁵⁵ fa³⁵ tu⁴⁴
得 尧 天 法 度

遊翫在偽佉骨石，　　　　　　　　　　游玩在深谷峭壁，
jou³⁵ ueɹ²¹ tsɯ³³ ue³⁵ kho⁵⁵ kua⁴⁴ tso⁴²
游 观 在 斜 倾 陡 岩
又去在威儀茅草。　　　　　　　　　　又到茂密茅草处。
la³² pe⁴⁴ tɯ⁴⁴ ue³⁵ ji⁴⁴ mo³⁵ tshu³³
又 去 得 葳 蕤 茅 草
風化經千古萬代，　　　　　　　　　　经千年万代风化，
fo³³ hua⁴⁴ tɕɯ⁴⁴ tɕhi⁵⁵ ku³¹ va³³ te³¹
风 化 经 千 古 万 代
傳萬代千古。　　　　　　　　　　　　传千年万古。
tshue⁵⁵ va³³ te³¹ tɕhi⁵⁵ ku³³
传 万 代 千 古

阿部遇時宜心歡，　　　　　　　　　　一步遇时心欢喜，
a³¹ pu³¹ jui⁴⁴ tsʅ²¹ n̠i³¹ ɕi³⁵ xua³⁵
一 步 遇 时 宜 心 喜
阿部逢劫催浪突。　　　　　　　　　　一步走上坎坷路。
a³¹ pu³¹ tɕo³⁵ tɕeɹ³⁵ tshue³⁵ na⁵⁵ thu³³
一 步 逢 到 劫 难 路
天堂是榮華新鮮，　　　　　　　　　　纵然天堂有荣华，
xe⁵⁵ tha⁵⁵ tsɯ³³ ju³⁵ xue³⁵ ɕɯ³⁵ ɕeɹ³⁵
天 堂 是 荣 华 新 鲜
漂散成地獄。　　　　　　　　　　　　转瞬成地狱。
phio³³ sa³¹ tseɹ²¹ tɕi³¹ ŋv⁴⁴
转 瞬 成 地 狱

分數哽侔土成金，　　　　　　　　　　福分厚时土变金，
fv³⁵ su⁵⁵ kɯ³³ mɯ⁵⁵ ne²¹ tseɹ²¹ tɕe³⁵
福 分 厚 助 词 土 成 金

時 運 車 舛 金 成 土。	厄运来时金变土。
tsɿ²¹ jui⁴⁴ tsheɹ⁴⁴ kueɹ³² tɕe³⁵ tseɹ²¹ thu³³	
时 运 变 坏 金 成 土	
聚 散 侶 浮 雲 空 花,	聚散如浮云空花,
jui⁴⁴ sa³² le²¹ pɯ²¹ v²¹ khv⁵⁵ xuo³⁵	
聚 散 助词 浮 云 空 花	
實 阿 苶 不 無。	实一切皆无。
sɿ³⁵ a³¹ tɕheɹ³¹ pɯ³¹ mu³³	
实 一 件 不 没有	

有 之 識 景 上 頭 多,	赏玩景色人虽多,
tsɯ³³ na⁵⁵ zɯ³³ tɕɿ³¹ no³³ tɯ²¹ tɕe³⁵	
有 助词 知 景 的 人 多	
但 於 知 心 上 頭 少。	世上知心有几人。
ti³⁵ tso⁴² zɯ³³ ɕi³⁵ no³³ tɯ²¹ ɕu³³	
要 说 知 心 的 人 少	
楊黼我 舓 空 贊 空,	杨黼我以空赞空,
ja⁴² fv³³ ŋo³¹ ne⁴⁴ khv⁵⁵ teɹ⁴⁴ khv⁵⁵	
杨黼 我 拿 空 赞 空	
寄 天 涯 地 角。	寄天涯地角。
tɕi³² xe⁵⁵ ŋeɹ²¹ tɕi³¹ kv⁴⁴	
寄 天 涯 地 角	

二　白文本子曲《黄氏女对金刚经》释读

白族的本子曲，是流传于大理、剑川、洱源、云龙等白族地区的长篇故事诗。其形式是由二七一五和三七一五联句组成的诗体，一般由三个七字句和一个五字句组成一个乐段，因此，它是在"白族调"的基础上发展而来的。其内容偏重叙事，每部作品都有人物和故事情节。由于一唱就是一本，所以白族民间将其称为"本子曲"。演唱时用木叶或三弦伴奏。"本子曲"的作品很多，著名的有《鸿雁带书》、《鸿雁回书》、《出门调》、《黄氏女对金刚经》、《青姑娘》等四十多部。

《黄氏女对金刚经》，简称为《黄氏女对经》，是主要流传于云南省洱源、剑川县等白族地区的长篇叙事诗，也是白族本子曲的代表作品之一。由于在民间广泛流传，有多种曲本，这些曲本在细节、语言、字数上有所差异，但故事情节基本一致。长诗内容是，女主人公黄氏女和丈夫赵利方育有两个子女，因赵利方是个屠户，且脾气暴躁，酗酒后经常打骂妻子儿女。黄氏女出于对现实生活的苦难的无奈，长期吃斋念佛。因她能熟练准确地背诵佛教《金刚经》，被阎王请到地狱中核对经文。黄氏女抛下年幼的子女，来到阴间，目睹了种种报应的惨状。通过主人公黄氏女这一复杂人物形象的塑造，再现了白族地区封建社会错综复杂的社会关系，揭示了旧社会白族妇女的苦难生活，并在一定程度上暴露了宗教迷信本身的内在矛盾。语言精练生动，人物心理刻画细致入微，都标志着白族民间文学的重要发展，也深刻反映了佛教思想对白族社会生活的影响，是白族地区影响较为广泛的一个本子曲。

白文的本子曲，长期以来只在白族民间由白族艺人代代传承，偶尔也在普通群众间传抄。由于过去对白文文献存在不恰当的认识，白文文献的发掘和整理工作只集中在古代碑刻等文献上，对民间流传使用的曲本、祭文等文献重视不够，因此对这些文献的整理和释读成果也很少。徐琳的《白族〈黄氏女对经〉研究》就是其中的代表作。文中对全本的白文唱词（约1700行）进行了逐句的注音和翻译，并对该白文曲本的艺术形式和书写符号系统都进行了分析，是对长篇白文文献的系统研究著作。本书选取了《黄氏女对经》的部分唱段进行释读，释读主要以徐琳先生的翻译为基础，个别地方有所改动。释读语言为白语中部方言剑川金华话。具体可参见徐琳《白族〈黄氏女对经〉研究》、《白族〈黄氏女对经〉研究（续）》（日本东京外国语大学亚非语言文化研究所1986、1988年版）。文中"黄"指主人公"黄氏女"，"玉"指黄氏女的女儿"小玉英"，"赵"指黄氏女的丈夫"赵利方"。

曲本原文（粗体字）、注音和汉语直译	汉语意译
（黄：）小 玉 英 　　　se³¹ jui⁵⁵ jɯ̃³³ 　　　小 玉 英	（黄：）小玉英，
修 勒 招 呼 罗 梯 子 ɕo³¹ lɯ⁴⁴ tsɔ⁵⁵ xu⁵⁵ nɯ⁵⁵ thi³³ tsɿ³³ 好 助词 招 呼 你的 弟弟 子	好好照看你弟弟，
概 自 阿 母 崖 拜 經 khɛ⁵⁵ tsɿ⁵⁵ a³¹ mo³³ ŋɛ²¹ pɛ⁴² tɕɛ̃⁵⁵ 今 天 阿 妈 去 拜 经	妈妈就要去念经，
喊 東 既 戒 勒 xa³¹ tv̄⁵⁵ tɕi⁴² kɛ⁴⁴ lɯ³³ 家 里 关 牢 助词	家里把门关。
鑼 鍋 懺 門 打 架 特 lo⁵⁵ ko⁵⁵ tshɛ̃⁵⁵ mɯ²¹ tɛ⁴⁴ tɕa⁴⁴ thɯ⁵⁵ 罗 锅 锅 罐 收 拾 下	罗锅铁锅准备好，
米 之 格 闷 白 某 色 me³³ tsɿ⁵⁵ kɛ⁴⁴ mɯ⁵⁵ pɛ⁴² mɯ³¹ sɯ⁴⁴ 米 助词 舀 助词 白 那 种	再舀雪白好大米，
大 塘 孔 很 气 油 古 to⁴² thã⁵⁵ kho³³ xɯ³¹ tɕhi⁵⁵ jɯ²¹ ku²¹ 大 坛 口 里 倒 油 瓶	从大坛里倒瓶油，
無 心 大 沙 勒 vu⁵⁵ ɕi⁵⁵ ta⁴⁴ sa⁴⁴ lɯ³³ 当 心 打 洒 助词	当心别倒洒。
羊 特 香 川 念 工 念 jã²¹ thɯ⁵⁵ ɕo⁵⁵ tshv̄⁵⁵ ni⁵⁵ kō³³ ni⁵⁵ 抓 下 香 椿 把 两 把	香椿抓它一两把，

石 花 菜 彦 路 豆 之	还要绿豆石花菜，
tso⁴² po⁴⁴ tshɯ³¹ ji⁵⁵ lu⁵⁵ to⁴⁴ tsɿ³³	
石 花 菜 和 绿 豆 子	
羊 答 闷 奴 注 须 取	再抓一些干竹笋，
jã²¹ ta⁴⁴ mɯ⁵⁵ no³³ tsv⁴⁴ ɕui³³ tɕhui³¹	
抓 助词 它的 上面 竹笋 些	
修 勒 收 拾 肯	样样收拾好。
ɕo³¹ lɯ³³ sɯ⁵⁵ sɛ⁴⁴ khɯ³³	
好 助词 收 拾 起	

（玉：）一 切 收 拾 奴 明 白	（玉：）一切收拾都妥当，
ji³⁵ tɕhe³⁵ sɯ⁵⁵ sɛ⁴⁴ no³³ mɛ²¹ pɛ⁴²	
一 切 收 拾 得 明 白	
□ 母 做 盖 放 心 崖	阿妈尽管放心去，
a²¹ mo³³ tsu⁵⁵ kɛ⁵⁵ fã⁴⁴ ɕi⁵⁵ ŋɛ²¹	
□ 母 尽 管 放 心 去	
石 龙 寺 务 土 隔 端	石龙寺的路途远，
sɿ³⁵ no⁴² sɿ⁵⁵ ŋv⁵⁵ thu³³ kɛ⁴⁴ tui³³	
石 龙 寺 的 路 隔 远	
彦 学 耽 搁 摆	您不要耽搁。
ji⁵⁵ ɕu³³ ta⁵⁵ ko³³ pɛ²¹	
您 少 耽 搁 场	

概 等 案 工 梯 自 院	早上我俩热饭吃，
khɛ⁵⁵ tu²¹ ŋa⁵⁵ gō³³ thi⁴⁴ tsɿ⁵⁵ uē⁵⁵	
早 上 我们 两 姐弟 助词 热	
悲 改 闷 得 无 害 史	晚上再做大米饭，
pē³³ kɛ⁴² mɯ⁵⁵ tɯ³⁵ vu²¹ xɛ⁵⁵ sɿ³¹	
晚 上 才 再 捞 米 饭	
急 勒 崖 乃 急 勒 压	阿妈快去又快回，
tɕi⁴² lɯ³³ ŋɛ²¹ lɛ⁵⁵ tɕi⁴² lɯ³³ ja⁴⁴	
急 助词 去 还 急 助词 回	
阿 妙 飘 害 苗	不要到天黑。
a³¹ mia⁴⁴ phia⁴⁴ xɛ̄⁵⁵ miɛ⁴²	
不 要 到 天 黑	

（黄：）黄 氏 收 拾 初 背 七	（黄：）黄氏收拾出门去，
xua⁵⁵ sɛ⁴⁴ sɯ⁵⁵ sɛ⁴⁴ tshu³³ pɛ⁴⁴ tɕhi⁴⁴	
黄 氏 收 拾 就 走 出	
夠 骂 崖 做 太 子 会	一起去做太子会，

經　母　憂　言　厄　者　自
ko⁵⁵ ma⁵⁵ ŋɛ²¹ tsu⁵⁵ thɛ⁴⁴ tsʅ³¹ xui⁴⁴
和　她们　去　做　太　子　会

tɕɛ̃⁵⁵ mo³³ ka³⁵ ji²¹ ŋɛ²¹ tsɛ²¹ tsʅ⁵⁵
经　婆　几　人　去　齐　助词

夠　罵　干　商　議
ko⁵⁵ ma³³ ka⁴⁴ sã⁵⁵ ji⁴⁴
和　她们　助词　商　议

几位经婆也来齐，

大家共商议。

得　力　点　奴　崖　憂　艰
tɯ⁴⁴ ɣɯ⁴² tɕɛ⁴⁴ no³³ ŋɛ²¹ ka³⁵ ji²¹
得　力　点　的　去　几　人

够　罵　崖　化　公　德　转
ko⁵⁵ ma⁵⁵ ŋɛ²¹ xua⁴⁴ gō⁵⁵ tɯ⁴⁴ tsuɛ̃⁴⁴
和　她们　去　化　功　德　转

太　子　某　尊　朔　压　窮
thɛ⁴⁴ tsʅ³¹ mɯ³¹ tɕui⁵⁵ su⁴⁴ ja³⁵ tɕhō⁵⁵
太　子　那　尊　塑　没　好

況　线　干　某　換
khui⁵⁵ ɕi⁵⁵ ka⁴⁴ mo³¹ xuɛ̃⁴⁴
重　新　把　它　换

能干的人来几位，

大家一起化功德，

太子塑像没塑好，

重新塑一尊。

（同伴：）双　死　黄　氏　阿　大　姐
　　　　sua⁴⁴ sʅ³¹ xua⁵⁵ sɛ⁴⁴ a³¹ to⁴² tɕi³³
　　　　说　给　黄　氏　阿　大　姐

冷　牙　案　那　艰　压　爱
lɯ³¹ ja⁴² a⁵⁵ na⁴⁴ ji²¹ ja³⁵ ɛ⁴⁴
这　样　哪个　人　不　爱

窮　使　乎　物　冷　牙　自
tɕhō⁵⁵ sɛ³¹ xu³³ vu³³ lɯ³¹ ja⁴² tsʅ⁵⁵
好　事　好　情　这　样　助词

罕　之　言　意　願
xa³¹ tsʅ³³ ji²¹ ji⁴⁴ yuɛ̃⁴⁴
每　个　人　意　愿

（伴：）说给黄氏姐姐听，

这种好事谁不爱，

像这样的行善事，

人人愿意做。

彥　利　豆　旦　工　某　擺
ji⁵⁵ li⁵⁵ to⁵⁵ ta⁵⁵ ko³³ mo³¹ pɛ²¹
您　也　多　耽　搁　它　阵

阿　艰　旦　勾　转　工　转
a³¹ ji²¹ ta⁵⁵ ko³³ tsuɛ⁴⁴ ko³³ tsuɛ⁴⁴

您多耽搁一小会，

一人辛苦一两趟，

一　人　耽　搁　转　两　转
豆　毛　成　雀　做　成　某
to⁵⁵ ma⁴² tshɯ⁴² tɕho³⁵ tsu⁵⁵ tsɛ̄²¹ mo³¹
凑　毛　成　雀　做　成　它
庸　伕　某　体　面
jō⁴⁴ sɿ³¹ mo³¹ thi³¹ miɛ⁴⁴
要　让　它　体　面

积少成多完成它，

要让它体面。

（黄:）黄　氏　拜　　经　寺　奴　押
　　　　xua⁵⁵ sɛ⁴⁴ pɛ⁴² tɕɛ̄⁵⁵ sē⁵⁵ no³³ ja⁴⁴
　　　　黄　氏　念　经　寺　上　回
见　得　達　大　雨　落　飘
ke⁴² tɯ⁴⁴ ta³⁵ to⁴² vu³³ ɣo⁴² phia⁴⁴
见　得　那儿　雨　落　到
半　途　奴　自　雨　落　特
pa⁴² thu³³ no³³ tsɿ⁵⁵ vu³³ ɣo⁴² thɯ⁵⁵
半　路　上　助词　雨　落　下
用　案　妙　改　大
jō⁴² ŋa⁵⁵ mia⁴⁴ ke³⁵ ta⁴⁴
把　我　淋　在　这

（黄:）黄氏离寺要回家，

看见那边雨点落，

走到半路下起雨，

把我淋在此。

岩　七　某　擺　青　天　學
ŋɛ̄³¹ tɕhi⁴⁴ me³¹ pɛ²¹ tɕhē⁵⁵ xē⁵⁵ ɕu⁵⁵
去　出　那　阵　青　天　个
阿　董　收　拾　比　陋　押
a³¹ to²¹ sɯ⁵⁵ sɛ⁴⁴ pi³¹ lo⁵⁵ ja⁴⁴
哪　个　收　拾　蓑衣　斗笠　些
青　天　学　利　下　暴　雨
tɕhē⁵⁵ xē⁵⁵ ɕu⁵⁵ li⁵⁵ ɣo⁴² to⁴² vu³³
青　天　个　也　下　大　雨
一　路　自　妙　押
a³¹ thu³³ tsɿ⁵⁵ mia⁴⁴ ja⁴⁴
一　路　助词　淋　回

出门时候天气好，

蓑衣斗笠谁会带，

晴天变阴下暴雨，

一路淋回家。

黄　氏　押　飘　大　门　外
xua⁵⁵ sɛ⁴⁴ ja⁴⁴ phia⁴⁴ kɛ⁴² me²¹ ŋua⁴⁴
黄　氏　回　到　大　门　外
戒　那　工　子　梯　饑　康
kɛ̄⁵⁵ na⁵⁵ ko³³ tsɿ³¹ thi³³ tɕi⁵⁵ kha⁴⁴
怕　你们　两　姐　弟　饥　饿

黄氏回到大门外，

担心你俩肚子饿，

阿 母 遇 着 雨 善 奴　　　　　　　　阿妈路上遇着雨，
a³¹ mo³³ jui⁴⁴ tɯ⁴⁴ vu³³ sɛ̄⁵⁵ no³³
阿 母 遇 着 雨水 助词
就 成 自 腊 注　　　　　　　　　　浇成蜡烛样。
tɕu⁵⁵ tsɛ̄²¹ tsɿ⁵⁵ la⁴⁴ tsv⁴⁴
浇 成 了 蜡 烛

舊 衣 憂 控 乃 七 则　　　　　　　去拿几件旧衣服，
kɯ³¹ ji⁵⁵ ka⁵⁵ khō⁵⁵ ne⁴⁴ tɕhi⁴⁴ tsɯ³⁵
旧 衣 几 件 拿 出 来
妙 害 撑 牙 干 宋 掛　　　　　　　湿衣挂起晾一晾，
mia⁴⁴ xɛ̄⁵⁵ tshɯ⁵⁵ ja⁴² ka⁴⁴ sō⁵⁵ kua⁴⁴
淋 湿 这 些 助词 晾 挂
冷 擺 阿 母 憂 進 独　　　　　　　现在妈妈冷得很，
lɯ³¹ pɛ²¹ a³¹ mo³³ ka²¹ tɕū⁵⁵ tua⁴²
这 阵 阿 妈 冷 得 不行
之 罷 上 乍 乍　　　　　　　　　牙齿打寒战。
tsɿ³³ pa⁴⁴ sā⁵⁵ tsa⁴⁴ tsa⁴⁴
牙 齿 相互 颤 颤

黃 氏 女 崖 干 燈 松　　　　　　　黄氏去把油灯点，
xua⁵⁵ sɛ⁴⁴ jv̄³³ ŋɛ²¹ ka⁴⁴ tū⁵⁵ sō³³
黃 氏 女 去 把 灯 点
楼 古 梯 奴 黑 阿 透　　　　　　　楼梯上边挪不动，
lɯ²¹ ku²¹ thi⁵⁵ no³³ xɯ⁵⁵ a³¹ tho⁴⁴
楼 梯 上边 挪 不 动
太 子 会 日 岩 拜 经　　　　　　　太子会上去念经，
thɛ⁴⁴ tsɿ³¹ xui⁴⁴ ji⁴⁴ ŋɛ²¹ pɛ⁴² tɕɛ̄⁵⁵
太 子 会 日 去 念 经
妙 得 雨 憂 棵　　　　　　　　　　淋了几滴雨。
mia⁴⁴ tɯ⁴⁴ vu³³ ka³⁵ kho³³
淋 着 雨 几 滴

某 彦 押 更 宋 父 汝　　　　　　　那天回来受风寒，
mɯ³¹ ji⁴⁴ ja⁴⁴ kɯ⁵⁵ sō⁵⁵ fv̄⁵⁵ sv̄²¹
那 天 回 来 受 风 寒
身 奴 去 成 火 炭 棵　　　　　　　身上烧得像火炭，
tshɛ̄⁵⁵ no³³ tɕhui⁴⁴ tsɛ²¹ xui³³ thā³¹ kho³³
身 上 烧 成 火 炭 块
利 刹 门 无 珍 押 窮　　　　　　　加上梦兆不吉利，

还加 梦境 是 不好
li⁵⁵ sa³⁵ mɯ³¹ vū⁴² tsɯ³³ ja³⁵ tɕhō⁵⁵

不 知 吉 与 兇　　　　　　　　　　　　不知吉与凶。
pu³⁵ tsɿ³³ tɕi³⁵ jui³¹ ɕō³³

夢 得 白雲 遮 青天　　　　　　　　　　梦见白云遮青天，
mɯ³¹ tɯ⁴⁴ pɛ⁴² ŋv²¹ pē³³ tɕhɛ̄⁵⁵ xē⁵⁵
梦 着 白云 遮 青 天

日 月 奴 争 見 压夺　　　　　　　　　　太阳月亮看不见。
ji⁴⁴ ŋua⁴⁴ no³³ tsɯ³³ kē⁴² ja³⁵ tuo³³
日 月 助词 是 见 不着

夢 得 厄 无 牙 生 端　　　　　　　　　梦见这事不吉利，
mɯ³¹ tɯ⁴⁴ ŋɯ⁵⁵ ŋv⁴² lia⁴² sɯ³³ tui⁵⁵
梦 着 我的 这 样 事情

庸 康 按 使 奴　　　　　　　　　　　　要我怎么办？
jō⁴⁴ khā³¹ a⁵⁵ sɛ̄³¹ no³³
要 想 什么 助词

太 子 会 日 我 得 病　　　　　　　　　太子会上我得病，
thɛ⁴⁴ tsɿ³¹ xui⁴⁴ ji⁴⁴ ŋo³¹ tɯ⁴⁴ pē³¹
太 子 会 日 我 得 病

時 時 塞 格 心 棵 奴　　　　　　　　　时时堵在心口上，
tsē²¹ tsē²¹ tshɯ⁵⁵ kē⁴² ɕi⁵⁵ kho³³ no³³
时 时 堵 在 心 颗 上

皆 自 冷 双 夠 七 夺　　　　　　　　　这次恐怕无活路，
kɛ⁵⁵ tsɿ⁵⁵ lɯ³¹ sua⁴⁴ ko⁴² tɕhi⁴⁴ tua⁴²
今 年 这 年 过 出去 不得

气 飘 自 命 奴　　　　　　　　　　　　黄氏气到死。
tɕhi⁴⁴ phia⁴⁴ tsɿ⁵⁵ miɛ⁴² no³³
气 到 了 命 上

(此处略去"小玉英抓药"一段，140行)　　……

(赵:) 赵 利 方 瞎 之 奴 押　　　　　　(赵:) 赵利方从街上回，
　　　　tso⁴⁴ li⁵⁵ fā⁵⁵ ɕa³⁵ tsɿ⁵⁵ no³³ ja⁴⁴
　　　　赵 利 方 从 街 上 回

酒 墰 子 棵 自 横 掛　　　　　　　　　酒壶横挂在身上，
tsv̄³³ thā⁵⁵ tsɿ³³ kho³³ tsɿ⁵⁵ kuɛ̄²¹ kua⁴⁴
酒 坛 子 个 助词 横 挂

今 天 恩 侧 酒 伕 则　　　　　　　　　今天喝了许多酒，

ke⁵⁵ ni⁴⁴ ɯ̄³³ tshɯ⁵⁵ tsv̄³³ sɛ³¹ tsɯ⁴²
今　天　喝　了　酒　坛　恐怕

哈　達　利　醉　罷　　　　　　　　　　　醉成一摊泥。
xa³¹ ta⁴⁴ li⁵⁵ tɕy⁴⁴ pa⁴⁴
哪　里　也　醉　倒

弟　押　格　得　羊　可　故　　　　　　　提回一只羊后腿，
ti⁵⁵ ja⁴⁴ kɯ⁵⁵ tɯ⁴⁴ jō²¹ khuɛ³¹ ku⁵⁵
提　回　来　得　羊　后腿　只

骨　扇　憂　把　正　闷　大　　　　　　　几把扇骨在上边，
kua⁴⁴ sɛ³¹ ka³⁵ pa³¹ tsɯ³³ mɯ⁵⁵ tō³³
骨　扇　几　把　在　它的　上面

洞　洞　豆　豆　煮　三　己　　　　　　　洗洗涮涮煮一锅，
tō⁴² tō⁴² to³³ to³³ tsu³³ sa⁵⁵ tɕi³¹
洗　洗　涮　涮　煮　相　一起

修　勒　吃　某　套　　　　　　　　　　　好好吃一顿。
ɕo³¹ lɯ³³ jɯ⁴⁴ mo³¹ tho³³
好　助词　吃　它　顿

（黄：）我　干　玉　英　罗　务　双　　　（黄：）我说玉英你听着，
　　　　ŋo³¹ ka⁴⁴ jui⁵⁵ jū³³ nɯ⁵⁵ ŋv⁵⁵ sua⁴⁴
　　　　我　把　玉　英　你　助词　说

滑　弟　罗　爹　押　格　相　　　　　　　你爹好像回来了，
xua³⁵ ti⁵⁵ nɯ⁵⁵ ti³³ ja⁴⁴ kɯ⁵⁵ ɕā³³
好像　你的　爹　　　回　来　了

罗　南　背　过　请　某　改　　　　　　　你去请他来一趟，
nɯ⁵⁵ na⁴² pe⁴⁴ ko⁴² tɕhi³³ mo³¹ ke³¹
你的　那里　去　过　请　他　来

我　干　某　唰　咐　　　　　　　　　　　我要求求他。
ŋo³¹ ka⁴⁴ mo³¹ sā⁴² fv⁴⁴
我　把　他　请　求

双　兆　恩　母　硬　彦　务　　　　　　　就说我妈她叫您，
sua⁴⁴ tso⁴² ŋɯ⁵⁵ mo³³ ɯ⁵⁵ ni⁵⁵ ŋv⁵⁵
说　是　我的　母　叫　您　助词

双　兆　恩　衣　利　争　大　　　　　　　就说我姨她也在，
sua⁴⁴ tso⁴² ŋɯ⁵⁵ ji⁵⁵ li⁵⁵ tsɯ³³ ta⁴⁴
说　是　我的　姨　也　在　这儿

双　兆　急　抓　尖　额　夠　　　　　　　让他快点赶过来，
sua⁴⁴ tso⁴² tɕi⁴² tsua⁴⁴ tɕɛ⁴⁴ ŋɛ²¹ ko⁴²

说　是　赶快点　去过
耽　搁　自　阿　妙　　　　　　　　　　不要多耽搁。
ta⁵⁵　ka³³　tsɿ⁵⁵　a³¹　mia⁴⁴
耽　搁　助词　不　要

(赵:)小　玉　英　　　　　　　　　　　(赵:)小玉英，
　　　se³¹ jui⁵⁵ jũ³³
　　小　玉　英
罞　　母　闷　病　哼　尖　扪　　　　你妈她病好点不?
nɯ⁵⁵　mo³³　mɯ⁵⁵　pẽ³¹　xũ³³　tɕɛ⁴⁴　mɯ³³
你的　母　她的　病　好　点　没有
我　说　吃菜　妙　吃自　　　　　　　我说让她别吃素，
ŋo³¹　sua⁴⁴　jɯ⁴⁴　tshɯ³¹　mia⁴⁴ jɯ⁴⁴　tsɿ⁵⁵
我　说　吃菜　不要　吃　则
某　夠　我　上　嗯　　　　　　　　　她就和我吵。
mo³¹　ko⁵⁵　ŋo³¹　sã⁵⁵　ɯ⁴⁴
她　和　我　相　骂

弟　押　格　得　排骨　退　　　　　　排骨一块提回家，
ti⁵⁵　ja⁴⁴　kɯ⁵⁵　tɯ⁴⁴　phɛ⁴²　ku³⁵　thuɪ⁵⁵
提　回　来　得　排骨　块
洞　洞　豆　豆　伇　某　吃　　　　　洗洗涮涮煮给她。
tõ⁴²　tõ⁴²　to³³　to³³　sɛ̃³³ mo³¹　jɯ⁴⁴
洗　洗　涮　涮　让　她　吃
天　天　嗯　油　贺　贺　自　　　　　天天只吃点香油。
thiɛ³³ thiɛ³³ ɯ̃³³　jɯ²¹ xu⁵⁵ xu⁵⁵ tsɿ⁵⁵
天　天　喝　油　口　口　呢
闷　病　自　改　哼　　　　　　　　　她病怎能好。
mɯ⁵⁵　pẽ³¹　tsɿ⁵⁵　kɛ³¹　xũ³³
她的　病　怎么　好

(黄:)艰妻　双　死　丈　夫　听　　　　妻子说给丈夫听:
　　　ji²¹ tshe⁵⁵ sua⁴⁴ sɿ³¹ tso⁴⁴ fv⁵⁵ tɕẽ⁵⁵
　　人　妻　说　给　丈　夫　听
奴　卖　出　七　冷　艰　尖　　　　　为何出你这种人?
no³¹ mɛ⁵⁵ tshv⁴⁴ tɕhi⁴⁴ lɯ³¹ ji²¹ tɕẽ⁵⁵
怎么　出　出　这　人　样
三　十　六　行　奴　押　学　　　　　三十六行你不学，
sã³³　sɿ³⁵　lu³⁵　xã⁴²　no³¹　ja³⁵　ɣɯ⁴²
三　十　六　行　你　不　学

奴 岩 做 寿 戒　　　　　　　　　　　你去做屠户。
no³¹ ŋɛ²¹ tsu⁵⁵ so⁵⁵ kɛ⁵⁵
你 去 做 屠 户

羲 旦 之 彦 血 盆 乃　　　　　　　尖刀一把盛血盆，
ji⁵⁵ tā⁵⁵ tsɿ³³ ji⁵⁵ sua⁴⁴ pā²¹ ne²¹
刀 子 把 和 血 盆 个
怒 望 汗 利 盖 艰 盖　　　　　　　老远看见也吓人。
no⁵⁵ ŋuā⁴⁴ xā⁵⁵ li⁵⁵ kɛ̄⁵⁵ jī²¹ kɛ⁵⁵
老 远 看 也 吓 人
冷 世 殺 生 害 命 自　　　　　　　今世杀生害了命，
luɯ³¹ sē⁴² ɕa⁴⁴ xɛ̄⁵⁵ xɛ⁴⁴ miɛ⁴² tsɿ⁵⁵
这 世 杀 生 害 命 则
还 闷 命 忧 害　　　　　　　　　　几世还不清。
pɛ²¹ mɯ⁵⁵ miɛ⁴² ka³⁵ xɛ̄⁵⁵
赔 它的 命 几 世

(赵:) 黄 氏 女　　　　　　　　　　(赵:) 黄氏女，
　　　 xua⁵⁵ sɛ⁴⁴ jv̄³³
　　　 黄 氏 女
奴 庸 岩 恩 务 忧 夠　　　　　　　你想让我踢几脚!
no³¹ jō⁴⁴ e⁴² ŋɯ⁵⁵ ŋv⁵⁵ ka³⁵ go⁴⁴
你 要 挨 我的 助词 几 脚
此 六 畜 之 人 所 食　　　　　　　六畜本来供人吃，
tshɿ³¹ lu³⁵ ɕu³⁵ tsɯ³³ zɯ⁴² so³¹ sɿ³⁵
此 六 畜 是 人 所 食
奴 山 奏 押 母　　　　　　　　　　你知是不知?
no³¹ sē³³ tso⁴² ja³⁵ mo⁴⁴
你 知 道 还是 没有

阿 斤 我 劝 十 六 刖　　　　　　　一斤我称十六两，
a³¹ tɕɿ⁵⁵ ŋo³¹ tɕhui⁵⁵ tsɛ⁴² fv⁴⁴ no⁴²
一 斤 我 称 十 六 两
阿 棒 圈 股 我 押 松　　　　　　　从来不用半斤秤。
a³¹ pā⁴² tɕhui⁵⁵ ku³¹ ŋo³¹ ja³⁵ sō³³
一 半 秤 个 我 不 置办
庸 双 卷 阿 路 分 自　　　　　　　要是称不够一钱，
jō⁴⁴ sua⁴⁴ tɕhui⁵⁵ a³¹ lu⁵⁵ tshē⁵⁵ tsɿ⁵⁵
要 说 称 不 够 钱 则
洞 恩 手 工 捧　　　　　　　　　　剁了我双手。

tō⁴² ŋɯ⁵⁵ suɯ³³ kō³³ pho⁴⁴
剁 我的 手 两 只

（黄：）我 干 丈 夫 罗 务 双　　　　　　　告诉丈夫你且听，
　　　　ŋo³¹ ka⁴⁴ tso²¹ fv⁵⁵ nɯ⁵⁵ ŋv⁵⁵ sua⁴⁴
　　　　我 把 丈 夫 你 助词 说
向 细 雜 偶 阿 妙 双　　　　　　　　闲言碎语莫再说。
ɕā⁵⁵ ɕi⁵⁵ tsa⁴² ɣo⁴² a³¹ mia⁴⁴ sua⁴⁴
闲 言 杂 语 不 要 说
冷 笨 盖 我 哼 夺 劳　　　　　　　这次我怕好不了，
lɯ³¹ pɯ⁵⁵ kɛ̄⁵⁵ ŋo³¹ xɯ̄³³ tua⁴² la⁴²
这 会 怕 我 好 不得 了
我 干 奴 喃 咐　　　　　　　　　　求你几件事。
ŋo³¹ ka⁴⁴ no³¹ sā⁴² fv⁴⁴
我 把 你 请 求

子 女 工 艰 刺 罗 务　　　　　　　儿女两个丢给你，
tsɿ³³ jv̄³³ kō³³ ji²¹ tshɿ⁵⁵ nɯ⁵⁵ ŋv⁵⁵
子 女 两 人 丢 你 助词
雜 是 害 爪 罵 阿 妙　　　　　　　不要过分骂他们，
tsa³⁵ sɿ⁵⁵ xɛ⁴⁴ tsua⁴⁴ ma⁵⁵ a³¹ mia⁴⁴
扎 实 责 骂 他们 不 要
罵 初 做 差 为 勾 利　　　　　　　即便他们做错事，
ma⁵⁵ tshu³³ tsu⁵⁵ tsha⁵⁵ ui²¹ ko³³ li⁵⁵
他们 就是 做 差 为 错 也
漢 自 恩 面 夺　　　　　　　　　　请念我情分。
xā⁵⁵ tsɿ⁵⁵ ŋɯ⁵⁵ mi⁴² tua⁴⁴
看 成 我的 脸 面

罵 初 抖 罗 火 冷 利　　　　　　　他们就是逗你气，
ma⁵⁵ tshu³³ to⁵⁵ nɯ⁵⁵ xo³¹ lɯ³³ li⁵⁵
他们 就是 惹 你的 火 气 也
打 劳 罵 劳 利 庸 双　　　　　　　打完骂完还讲理。
tɛ⁴⁴ la⁴² xɛ⁴⁴ la⁴² li⁵⁵ jō⁴⁴ sua⁴⁴
打 了 骂 了 还 要 说
罵 体 奶 頭 奴 猪 子　　　　　　　他们还是吃奶猪，
ma⁵⁵ thi³¹ pa⁴² tɯ²¹ no³³ te⁴² tsɿ³³
他们 还是 奶 头 上 猪 仔
记 恨 罵 奴 妙　　　　　　　　　　别往心里去。
tɕi⁴⁴ xɯ̄⁴⁴ ma⁵⁵ no³³ mia⁴⁴

记　恨　他们　助词　不要

長　寿　某　体　三　岁　乃　　　　　　　　　长寿不过才三岁，
tshā⁴² so⁵⁵ mo³¹ thi³¹ sā⁵⁵ sua⁴⁴ ne²¹
长　寿　他　只　三　岁　个
玉　英　七　岁　在　押　满　　　　　　　　玉英七岁还不满，
jui⁵⁵ jɯ̄³³ tɕhi⁴⁴ sua⁴⁴ tsɯ⁴⁴ ja³⁵ ma³³
玉　英　七　岁　是　没有　满
要　紧　修　勒　干　斗　罵　　　　　　　　要紧好好教他们，
jō⁴⁴ tɕɯ³¹ ɕo³¹ lɯ³³ kā⁵⁵ to²¹ ma⁵⁵
要　紧　好　地　教导　他们
修　勒　干　教　導　　　　　　　　　　　　用心多教导。
ɕo³¹ lɯ³³ ka⁴⁴ tɕa⁵⁵ ta⁵⁵
好　地　把　教　导

太　衣　太　被　憂　控　利　　　　　　　　还有几件破衣服，
thɛ⁴⁴ ji⁵⁵ thɛ⁴⁴ pe⁴² ka³⁵ khō⁵⁵ li⁵⁵
破　衣　烂　服　几　件　呢
随　时　伕　罵　干　尖　抓　　　　　　　　随时让人补一补，
sui⁵⁵ tsv⁴² sɛ̄³³ ma⁵⁵ ka⁴⁴ tɕi⁵⁵ tsua⁴⁴
随　时　让　他们　把　缝　补
要　紧　妙　伕　罵　格　憂　　　　　　　　别让他们受寒冷，
jō⁴⁴ tɕɯ³¹ mia⁴⁴ sɛ̄³³ ma⁵⁵ kɯ⁵⁵ ka²¹
要　紧　别　让　他们　寒　冷
妙　伕　罵　饑　康　　　　　　　　　　　　别饿着肚子。
mia⁴⁴ sɛ̄³³ ma⁵⁵ tɕi⁵⁵ kha⁴⁴
不要　让　他们　饥　饿

夠　布　面　代　焉　肯　利　　　　　　　　破衣烂裳穿身上，
ko⁴² se⁴⁴ mi⁴² te⁴⁴ jɛ̄⁴² khɯ³³ li⁵⁵
破　布　碎　结　穿　起　了
初　盖　肉　乃　容　七　望　　　　　　　　就怕肌肤露在外，
tshu³³ kɛ̄⁵⁵ kɛ²¹ ne²¹ jō²¹ tɕhi⁴⁴ ŋua⁴⁴
就　怕　肉　个　露　出　外
母　艰　没　奴　光　景　自　　　　　　　　没有母亲来照顾，
mo³³ ji²¹ mu³³ no³³ kuā⁵⁵ tɕɯ³¹ tsʅ⁵⁵
母　人　没有　的　光　景　呢
体　大　赖　莊　棒　　　　　　　　　　　　只能随便穿。
thi³¹ ta⁴² lɛ³⁵ tsuā⁵⁵ pā³³
只　能　乱　装　扮

子　艮豆　劳　工　某　書
tsɿ³³　ji²¹　to⁴²　la⁴²　kō⁵⁵　mo³¹　sv̄⁵⁵
儿子　个　大　了　供　他　书

女　艮　做　针　线　毫　岁
jṽ³³　ji²¹　tsu⁵⁵　tsɛ̄⁵⁵　se⁴²　ka³⁵　sua⁴⁴
女儿　个　做　针　线　几　年

纪　刺　罗　务　罗　干　被
tɕi⁵⁵　tshɯ⁵⁵　nɯ⁵⁵　ŋv̄⁵⁵　lɯ⁵⁵　ka³⁵　pi⁵⁵
嘱　给　你　助词　这　几　桩

心　棵　押　放　下
ɕi⁵⁵　kho³³　ja³⁵　fā³³　ɕa⁴⁴
心　颗　不　放　下

儿子长大要读书，

女儿学点针线活。

这几件事交代你，

实在不放心。

利　殺　奴　来　好　酒　賀
li⁵⁵　sa³⁵　no³¹　lɛ³¹　xo⁴⁴　tsv̄³³　xu⁵⁵
还有　你　又　好　酒　口

嗯　朱　巨　自　初　打　飄
ɯ³³　tsv̄³³　tɕui⁴⁴　tsɿ⁵⁵　tshu³³　tɛ⁴⁴　phia⁴⁴
喝　酒　醉　了　就　打　来

天　命　灶　棒　打　駡　自
xɛ̄⁵⁵　miɛ⁴²　tso⁴²　pā³³　tɛ³³　ma⁵⁵　tsɿ⁵⁵
天　暗　夜　半　打　他们　则

俟　駡　岩　则　那
sɛ̄³³　ma⁵⁵　ŋɛ²¹　tsɯ³⁵　na⁴⁴
让　他们　去　到　哪里

再说你又贪喝酒，

酒一喝醉就打人，

半夜三更打他们，

他们哪里躲！

打　厄　打　厄　冲　幹　很
ta³¹　ɣɯ³¹　ta³¹　ɣɯ³¹　tshv̄⁵⁵　kā⁴²　xɯ³¹
偷躲　偷躲　巷　子　里

出　艮　盖　门　头　门　曲
tshv⁴⁴　ji²¹　kɛ⁵⁵　me²¹　tɯ²¹　me²¹　khv⁴⁴
出　人　家门　头　门　角

良　生　生　自　傷　陰　自
lia⁴²　sɯ³³　sɯ³³　tsɿ⁵⁵　sā⁵⁵　jv̄⁵⁵　tsɿ⁵⁵
这　样　子　做　伤　阴　德

再　干　奴　啕　咐
tse⁴⁴　ka⁴⁴　no³¹　sā⁴²　fv⁴⁴
再　把　你　请　求

躲躲闪闪巷子里，

缩在人家大门口，

这样做人太缺德。

我再求求你！

千 言 萬 语 双 劳 夺　　　　　千言万语说不尽，
tɕhi⁵⁵ ɕi⁵⁵ ŋv⁴² ɣo⁴² sua⁴⁴ la⁴² tua⁴²
千 言 万 语 说 完 不得

双 達 憂 月 彦 憂 岁　　　　　想说几月和几年，
sua⁴⁴ ta⁴² ka³⁵ ŋua⁴⁴ ji⁵⁵ ka³⁵ sua⁴⁴
说 助词 几 月 和 几 年

童 子 工 懺 等 經 夺　　　　　两位童子等得急，
tv̄²¹ tsɿ³³ kō³³ tshē⁵⁵ tɯ³³ tɤɯ⁵⁵ tua⁴²
童 子 两 位 等 得 不得

成 自 候 樣 架　　　　　　　倒像伺候我。
tsɛ̄²¹ tsɿ⁵⁵ xo⁴⁴ ja⁵⁵ tɕa⁴⁴
成 了 候 我的 驾

世 世 背 則 得 鄧 夺　　　　　往前实在挪不动，
sɛ⁴⁴ sɛ⁴⁴ pe⁴⁴ tsɯ²¹ tɯ²¹ tɯ⁴⁴ tua⁴²
实 在 走 朝 前 得 不得

子 女 工 艰 刺 則 那　　　　　子女两个丢哪里？
tsɿ³³ jui³³ kō³³ ji²¹ tshɿ⁵⁵ tsɯ³⁵ na⁴⁴
子 女 两 人 丢 给 你们

抓 恳 心 棵 奴 創 岩　　　　　出门揪起一颗心，
tsua⁴⁴ khɯ³³ ɕī⁵⁵ kho³³ no³³ tshua⁴⁴ ŋɛ²¹
揪 起 心 颗 地 出 去

管 他 幺 二 三　　　　　　　管他一二三。
kuɛ³¹ tha³³ jɔ̄³³ ɛ⁵⁵ sā³³
管 他 幺 二 三

三　白文大本曲《柳荫记》释读

　　《柳荫记》（又名《梁山伯与祝英台》）是著名的白族大本曲，它是在汉族民间故事《梁山伯与祝英台》的影响下而形成的，但在具体内容以及艺术表现形式方面都已经有了很大的发展，经历了一个民族化过程。《柳荫记》的曲本有两本和三本之别，两本的《柳荫记》分《求学》和《山伯访友》两部分，前者主要讲述两人相识并同学三年的经过，后者则是故事矛盾的展开，包括求婚、山伯去世、英台哭灵、化蝶等内容。三本的《柳荫记》除以上两个故事外，还有《三妻两状元》的所谓续本。《柳荫记》在白族民间有广泛的影响，尤其是《山伯访友》，更是脍炙人口，妇孺皆知，演唱时，听众多泪流满面，不能自已，充分表现了其强烈的艺术感染力。《柳荫记》的曲本，不仅白族艺人都有收藏，民间爱好曲艺者也多有传抄，因此本子极多，在民间流传广泛，是白族大本曲的代表作品。

　　作为白族大本曲的代表，《柳荫记》有着极高的价值。过去，包括大本曲和本子曲曲本、白文祭文、民歌唱词等在内的白文文献没有受到应有的重视，甚至没有白文文献之名。实际上，这类文献的价值和其他的白文历史文献相比并不逊色。这些曲本、祭文、唱词数百年来在民间代代传承，本身就是历史文献之一；而在汉语文教育已较为普及的今天，它们仍在民间流传使用，这充分表现了这些文献和白族文化的紧密关联,也充分证明了汉字型白文的强大生命力。

尽管白文曲本等文献有着重要的社会和文化价值,但长期以来,对这些文献的整理和研究进展得较为缓慢。主观上的原因,是对这些文献的价值重视不足;客观上的原因,则是这些文献在民间的使用和保存都较为零散,不利于搜集和整理。目前,对这些文献的搜集和整理工作刚刚开始,一些学者也开始对此类文献进行刊布和释读。如徐琳先生所著《白族〈黄氏女对经〉研究》(日本东京外国语大学亚非语言文化研究所1987年版)就是其中的代表作品。但总的来说,对这类文献的研究成果目前还较为少见。

相对于白文的古代文献来说,由于白族大本曲曲本书写的是完整的故事,其语言也与当代白语口语较为贴近,特别是其中已较少使用自造字,而以假借汉字为主,所以释读难度要小得多。以下对白族大本曲《柳荫记》进行释读。由于其篇幅过大(三本齐全的《柳荫记》一般在4000行以上),所以本书只能节选其核心内容——《柳荫记》第二本《山伯访友》的部分唱段(唱段:英台哭灵　唱腔:祭奠调)进行译释。释读语言为白语南部方言大理喜洲话。

曲本原文(粗体字)、注音和汉语直译　　　　　　汉语意译

英 台 我 自 好 心 伤　　　　　　　　　　英台我呀好伤心,
jɯ³⁵ the⁵⁵ ŋɔ³¹ tsʅ⁵⁵ xɔ³² ɕɯ³³ sa⁴⁴
英 台 我 呀 好 心 伤

山 伯 阴 魂 听 我 双　　　　　　　　　　山伯阴魂听我言。
sa³³ peɹ³⁵ jɯ⁴⁴ xue⁴² tɕheɹ⁵⁵ ŋɔ³¹ sua⁴⁴
山 伯 阴 魂 听 我 说

格 尼 我 杯 争 祭 脑　　　　　　　　　　今日我来祭奠你,
keɹ⁵⁵ n̩i⁴⁴ ŋɔ³¹ pe⁴⁴ tsɯ³⁵ tse⁴⁴ nɔ³¹
今 日 我 走 来 祭 你

脑 干 我 干 安　　　　　　　　　　　　　哥看看阿妹。
nɔ³¹ ka⁴⁴ ŋɔ³¹ ka⁴⁴ a³³
你 把 我 且 看

英 台 树 勾 跪 岸 当　　　　　　　　　　英台合脚跪灵前,
jɯ³⁵ the⁵⁵ sv⁴⁴ kou⁴⁴ kv³¹ a⁵⁵ ta⁴⁴
英 台 合 脚 跪 这 里

干 哦 哥 吐 苦 情 双　　　　　　　　　　先把阿哥苦情说,
ka⁴⁴ ŋɯ⁵⁵ kɔ⁴⁴ nɔ⁴⁴ khu³¹ tɕheɹ²¹ sua⁴⁴
把 我 的 哥 的 苦 情 说

啊 哥 计 休 吐 情 意　　　　　　　　　　阿哥多少情和意,
a³¹ kɔ⁴⁴ tɕi⁵⁵ ɕou³³ nɔ⁴⁴ tɕheɹ²¹ ji⁴⁴
阿 哥 多 少 的 情 意

表 表 一 二 三　　　　　　　　　　　　　英台表一表。
piɔ³¹ piɔ³¹ ji³⁵ eɹ⁵⁵ sa³³
表 表 一 二 三

近 故 亡 兄 梁 山 伯
tɕɯ⁵⁵ ku⁵⁵ ua⁴² zv³⁵ lia⁴² sa³³ peɹ³⁵
近 故 亡 兄 梁 山 伯

嗯 吐 阴 魂 争 岸 南
nɯ⁵⁵ nɔ⁴⁴ jɯ⁴⁴ xue⁴² tsɯ³³ a⁵⁵ na⁴⁴
你 的 阴 魂 在 哪 里

格 尼 英 台 杯 叭 咽
keɹ⁵⁵ ɲi⁴⁴ jɯ³⁵ the⁵⁵ pe⁴⁴ phia⁴⁴ jɯ³⁵
今 日 英 台 走 到 来

立   坑 咽 干 安
tsɯ³¹ khɯ⁴⁴ jɯ³⁵ ka⁴⁴ a³³
站 起   来 且 看

近故亡兄梁山伯，

你的阴魂在何方？

今日英台来看你，

起身把我看。

今 年 是 大 顺 元 年
keɹ⁵⁵ tsʅ⁵⁵ tsɯ³³ ta⁵⁵ sue⁵⁵ jue⁴² ni⁴²
今 年 是 大 顺 元 年

甲 合 运 登 属 狗 双
tɕa³⁵ xɔ³⁵ jy⁴⁴ tɯ⁴⁴ tsv⁴² khua³³ sua⁴⁴
恰 好 遇 到 属 狗 年

忌 日 本 尼 是 丁 未
tɕi⁵⁵ zi³⁵ pɯ³¹ ɲi⁴⁴ tsɯ³³ tiɯ⁴⁴ ve⁵⁵
忌 日 那 天 是 丁 未

五 月 汪 初 八
ŋv³³ ua⁴⁴ ua⁴⁴ xeɹ⁵⁵ pia⁴⁴
五 月 月 生 八

今年是大顺元年，

年年正好是属狗，

忌日那天为丁未，

五月刚初八。

我 自 跪 下 哥 头 孟
ŋɔ³¹ tsʅ⁵⁵ kv³¹ thɯ⁵⁵ kɔ⁴⁴ tɯ²¹ mɯ⁵⁵
我 做 跪 下 哥 前 面

灵 前 来 敬 三 炷 香
liɯ⁴² tɕhe⁴² le⁴² tɕɯ⁴⁴ sa³³ tsv⁵⁵ ɕa⁴⁴
灵 前 来 敬 三 炷 香

加 祭 素 菜 哒 干 拉
tɕa⁴⁴ tɕi⁴⁴ tseɹ³⁵ tshɯ³¹ ta⁴⁴ ka⁵⁵ la⁵⁵
加 祭 斋 菜 和 干 拉

烧 起 一 炉 香
sɔ⁴⁴ tɕhi³¹ ji³⁵ lu⁴² ɕa⁴⁴
烧 起 一 炉 香

英台跪在哥前面，

灵前来敬三炷香，

再祭素菜和干拉①，

点起一炉香。

---

① 干拉，白族一种片状大米制品，油炸后香脆可口，通常用作供品。

粗　茶　淡　饭　来　祭　奠　　　　　　　　　祭哥我用粗茶饭，
tshu³³ tsha⁴² ta⁵⁵ fa⁵⁵ le⁴² tɕi⁵⁵ tie⁵⁵
粗　茶　淡　饭　来　祭　奠
礼　物　摆　齐　恨　岸　当　　　　　　　　　祭礼摆齐哥灵前，
le³³ ŋv³³ pe³¹ tse²¹ xɯ⁵⁵ a⁵⁵ ta⁴⁴
礼　物　摆　齐　了　这　里
啊　哥　立　坑　嗯　杯　咽　　　　　　　　　阿哥起来喝杯酒，
a³¹ kɔ⁴⁴ tsɯ³¹ khɯ⁴⁴ ɣɯ³³ tsv³⁵ jɯ³⁵
阿　哥　站　起　喝　杯　来
干　英　台　孟　加　　　　　　　　　　　　　请接阿妹情。
ka⁴⁴ jɯ³⁵ the⁵⁵ mɯ⁵⁵ tɕa⁴⁴
把　英　台　助词　接

香　炉　前　敬　二　炷　香　　　　　　　　　香炉前敬二炷香，
ɕou³⁵ lu²¹ tɯ²¹ tɕɯ⁴⁴ eɹ⁵⁵ tsv⁵⁵ ɕa⁴⁴
香　炉　前　敬　二　炷　香
山　伯　啊　哥　听　我　双　　　　　　　　　山伯阿哥听我说，
sa³³ peɹ³⁵ a³¹ kɔ⁴⁴ tɕheɹ⁵⁵ ŋ³¹ sua⁴⁴
山　伯　阿　哥　听　我　说
立　坑　答　应　哦　叫　咽　　　　　　　　　起来答应我一声，
tsɯ³¹ khɯ⁴⁴ ta³⁵ jɯ³¹ ŋɯ⁵⁵ tou²¹ jɯ³⁵
站　起　答　应　我的　话　来
勾　胎　干　情　双　　　　　　　　　　　　　兄妹诉衷情。
kou³³ the⁴⁴ ka⁴⁴ tɕeɹ²¹ sua⁴⁴
两　兄妹　把　情　说

英　台　来　敬　三　炷　香　　　　　　　　　英台来敬三炷香，
jɯ³⁵ the⁵⁵ le⁴² tɕɯ⁴⁴ sa³³ tsv⁵⁵ ɕa⁴⁴
英　台　来　敬　三　炷　香
祭　哥　不　用　鸡　鹅　安　　　　　　　　　祭哥不用鸡鸭鹅，
tse⁴⁴ kɔ⁴⁴ pɯ³¹ zv³¹ ke³⁵ ou²¹ a⁴⁴
祭　哥　不　用　鸡　鹅　鸭
提　给　哥　争　剥　汪　剥　　　　　　　　　送哥几包金银纸①，
thi⁵⁵ kɯ³¹ kɔ⁴⁴ tsɯ³⁵ pɔ³⁵ ua⁵⁵ pɔ³⁵
提　给　哥　来　包　几　包

---

① 即冥纸。白族民俗，将冥纸（金银纸）装入印有地藏菩萨的纸包（白语称 pɔ³⁵）中，在祭祀逝者时或中元节时烧化，认为可供逝者在冥间使用。

共 水 饭 食 哈 　　　　　　　　　　几口香火饭①。
ku⁵⁵ ɕy³³ xeɹ⁵⁵ sɿ³¹ xa⁴⁴
冷 水 米 饭 口

清　茶 淡 饭 自 叭 胎　　　　　　　清茶淡饭做兄妹,
tɕhɯ³³ tsha⁴² ta⁵⁵ fa⁵⁵ tsɿ⁵⁵ ȵiv³⁵ the⁴⁴
清　茶 淡 饭 做 兄 妹
啊 哥 立 坑 因 保 哈　　　　　　　阿哥起身吃两口,
a³¹ kɔ⁴⁴ tsɯ³¹ khɯ⁴⁴ jɯ⁴⁴ pɔ³¹ xa⁴⁴
阿 哥 站 起 吃 它 口
哦 哥 白 自 艮 阿 世　　　　　　　阿哥白白活一世,
ŋɯ⁵⁵ kɔ⁴⁴ peɹ³⁵ tsɿ⁵⁵ ȵi²¹ a³¹ xeɹ⁵⁵
我 哥 白 做 人 一 世
自 空 呃 空 央　　　　　　　　　　空去又空回。
tsɿ⁵⁵ khv⁵⁵ ɣeɹ²¹ khv⁵⁵ ja⁴⁴
是 空 去 空 回

从 舍 啊 哥 争 名 艮　　　　　　　阿哥从小好名声,
tshu⁵⁵ se³¹ a³¹ kɔ⁴⁴ tsɯ³³ mieɹ³⁵ ȵi²¹
从 小 阿 哥 有 名 人
利 争 倒 整 整 枝 加　　　　　　　您是树上大枝丫,
li⁵⁵ tsɯ³³ tɔ³¹ tsɯ³¹ tsɯ³¹ tsɿ⁴⁴ tɕa⁴⁴
也 是 大 树 树 枝 架
啊 哥 夫 很 开 大 船　　　　　　　阿哥肚里开大船,
a³¹ kɔ⁴⁴ fv⁴⁴ xɯ³¹ ma³⁵ tɔ³¹ je²¹
阿 哥 肚 里 撑 大 船
夫 很 大 空 宽　　　　　　　　　　胸怀远又宽。
fv⁴⁴ xɯ³¹ tɔ³¹ khv⁵⁵ khua⁴⁴
肚 里 大 空 宽

提 坑 勾 胎 恩 十 吋　　　　　　　提起我俩读书事,
thi⁵⁵ khɯ⁴⁴ kou³³ the⁴⁴ ɣɯ⁴² sɿ³⁵ tou²¹
提 起 两 兄 妹 读 书 话
同 床 共 枕 恨 上 双　　　　　　　同床共枕整三年,
thu⁴² tshua⁴² ku⁵⁵ tsɯ³¹ xɯ⁵⁵ sa⁵⁵ sua⁴⁴
同 床 共 枕 了 三 年
望 维 勾 胎 恩 求 十　　　　　　　惟愿兄妹书读好,
ua⁵⁵ ue⁴² kou³³ the⁴⁴ ɣɯ⁴² tɕho⁵⁵ sɿ³⁵

---

① 用米饭、清水和干拉等做成,在祭祀时用于供奉逝者。

望 惟 两 兄妹 读 好 书
争 四 海 威 光 　　　　　　　　　　四海把名扬。
tsɯ⁴⁴ sʅ⁵⁵　xe³¹ ue⁴⁴ kua⁴⁴
争 四 海 威 光

米 坑 啊 哥 童 子 样　　　　　　　　想起阿哥童子貌，
mi³³ khɯ⁴⁴ a³¹　kɔ⁴⁴ thu⁴² tsʅ³¹ ja⁵⁵
想 起 阿 哥 童 子 样
诗 文 气 象 一 朵 花　　　　　　　　如花妙笔好诗文，
sʅ⁴⁴ vɯ⁴² tɕhi⁵⁵ ɕa⁵⁵ ji³⁵ tuo³¹ xua⁴⁴
诗 文 气 象 一 朵 花
出 呃 好 比 文 昌 居　　　　　　　　出门有如文昌①样，
tshv⁴⁴ ɣeɹ²¹ xɔ³² pi³¹ vɯ⁴² tsha³³ tɕy³⁵
出 去 好 比 文 昌 尊
缺 少 一 炉 香　　　　　　　　　　只少一炉香。
tshue³⁵ sɔ³² ji³⁵ lu⁴² ɕa⁴⁴
缺 少 一 炉 香

哥 有 这 样 好 人 材　　　　　　　　哥有这样好人才，
kɔ⁴⁴ tsɯ³³ tɕa³³ ja⁴⁴ xu³³ zɯ⁴² tshe⁴²
哥 有 这 样 好 人 才
应 当 要 坐 阿 千 双　　　　　　　　按理该活一千岁，
jɯ³⁵ ta³⁵ nio⁴⁴ kv³² a³¹ tɕhi⁵⁵ sua⁴⁴
应 当 要 坐 一 千 岁
在 孟 啊 只 没 唎 号　　　　　　　　为何一时就没了，
tse⁵⁵ mɯ⁵⁵ a³¹ tsʅ²¹ mo³³ pieɹ³⁵ xɔ⁵⁵
怎 么 一 时 没 掉 了
英 台 自 怄 相　　　　　　　　　　气死妹英台。
jɯ³⁵ the⁵⁵ tsʅ⁵⁵ ou³¹ ɕa⁴⁴
英 台 助词 怄 死

活 黄 六 红 开 起 咽　　　　　　　　花骨朵儿刚开花，
xuo³⁵ ku²¹ lu³⁵ xuo³⁵ khɯ⁵⁵ tɕhi⁴⁴ jɯ³⁵
花 骨 朵 花 开 出 来
偏 生 过 灯 受 虽 相　　　　　　　　偏又遭到霜雪打，
phie³³ ɕi³⁵ kuo³⁵ tɯ⁴⁴ sou⁵⁵ sue⁴⁴ ɕa⁴⁴
偏 生 遭 到 霜 雪 杀

---

① 即文昌帝君，道教神祇，主管文章教化，在白族地区有较大影响，为男性宗教组织"洞经会"信奉的重要神祇。白族民间认为他是一个美男子。

是 必 脑 前 世 不 修 sɿ³⁵ pi³⁵ nɔ³¹ tɯ²¹ xeɹ⁵⁵ pɯ³¹ ɕɯ³⁵ 是 必 你 前 世 不 修	莫非你前世不修，
嚧 佥 吓 呆 叭 nɯ⁵⁵ mieɹ²¹ xɯ³¹ te⁴⁴ phia⁴⁴ 你的 命 里 带 来	命里早安排。
啊 哥 脑 西 五 汪 很 a³¹ kɔ⁴⁴ nɔ³¹ ɕi³³ ŋv³³ ua⁴⁴ xɯ³¹ 阿 哥 你 死 五 月 里	阿哥你在五月走，
本 尼 五 月 汪 初 八 pɯ³¹ n̩i⁴⁴ ŋv³³ ua⁴⁴ ua⁴⁴ xeɹ⁵⁵ pia⁴⁴ 那 天 五 月 月 生 八	那天五月才初八。
五 月 初 八 吐 背 格 u³¹ jue³⁵ tshu³³ pa³⁵ nɔ⁴⁴ pe³³ keɹ²¹ 五 月 初 八 的 晚 间	五月初八天已晚，
改 灯 火 只 加 ke³¹ tɯ³⁵ xue³³ tsɿ²¹ tɕa⁴⁴ 点 灯 火 时 辰	家家正点灯。
五 月 五 利 孟 过 恨 ŋv³³ ua⁴⁴ ŋv³³ li⁵⁵ mɯ⁵⁵ kuo³² xɯ⁵⁵ 五 月 五 呢 才 过 了	五月初五才刚过，
六 月 六 利 本 过 叭 fv⁴⁴ ua⁴⁴ fv⁴⁴ li⁵⁵ pɯ³¹ kuo³² phia⁴⁴ 六 月 六 呢 不 过 到。	六月初六没熬到。
啊 哥 清 起 吐 杯 只 a³¹ kɔ⁴⁴ tɕhɚ⁵⁵ tɕhi³¹ nɔ⁴⁴ pe⁴⁴ tsɿ²¹ 阿 哥 清 净 地 走 掉	阿哥一走得清净，
英 台 眼 哽 双 jɯ³⁵ the⁵⁵ ue³³ kɯ²¹ sua⁴⁴ 英 台 眼 流 血	英台血泪干。
脑 干 古 母 丢 嚧 恩 nɔ³¹ ka⁴⁴ ku³³ mɔ³³ liu⁴⁴ nɯ⁵⁵ ɣɯ³³ 你 把 老 母 丢 你的 后 面	你丢老母在身后，
干 嚧 叭 胎 丢 岸 当 ka⁴⁴ nɯ⁵⁵ n̩iv³³ the⁴⁴ liu⁴⁴ a⁵⁵ ta⁴⁴ 把 你 女 弟 丢 这 里	把你阿妹撇世间。
敌 咋 勾 艮 自 本 菜	本想兄妹成夫妻，

ti²¹　tsɔ⁴²tou³³n̪i²¹　tsɿ⁵⁵pɯ³¹tshe⁵⁵
只　说　两　人　做　夫　妻

干　古　母　孝　养　　　　　　　　　孝养老母亲。
ka⁴⁴　ku³³mɔ³³ɕou⁴⁴　ja⁴⁴
把　老　母　孝　养

单　独　艮　之　许　灯　脑　　　　　妹把自己许给你，
ta⁴⁴　tu³⁵　n̪i²¹　tsɿ⁴⁴　ɕy³¹　tɯ⁴⁴　nɔ³¹
单　独　人　助词　许　得　你

把　你　当　成　一　朵　花　　　　　把你当作一朵花。
ka⁴⁴　nɔ³¹　ta⁴⁴　tsɿ⁵⁵ji³⁵　tuo³¹xua⁴⁴
把　你　当　作　一　朵　花

谁　想　啊　哥　西　咧　号　　　　　不料阿哥别人世，
sue⁴²　ɕa³¹　a³¹　kɔ⁴⁴　ɕi³³pieɹ³⁵　xɔ⁵⁵
谁　想　阿　哥　死　掉　了

气　央　细　肝　叭　　　　　　　　　气烂妹心肝。
tɕhi⁴⁴n̪ia³¹ɕi⁵⁵　ka³⁵　phia⁴⁴
气　烂　心　肝　肺

鸳　鸯　啊　对　成　啊　头　　　　　一对鸳鸯成一只，
jue⁴⁴ja⁴⁴　a³¹　tue³²tseɹ²¹　a³¹　tɯ²¹
鸳　鸯　一　对　成　一　头

香　柏　啊　对　周　恨　光　　　　　一对古柏砍一棵，
ɕou³⁵peɹ³³　a³¹　tue³²tsou⁴⁴xɯ⁵⁵kua⁴⁴
香　柏　一　对　砍　掉　棵

凤　凰　对　利　飞　开　号　　　　　雌雄凤凰独自飞，
vu²¹ɣo²¹　tue³²li⁵⁵　fv³⁵khe⁵⁵xɔ⁵⁵
凤　凰　对　也　飞　开　掉

杯　干　恨　朵　三　　　　　　　　　今生难聚首。
pe⁴⁴　ka⁴⁴xɯ⁵⁵tuo³³sa⁴⁴
走　合　了　不行　助词

甘　罗　享　有　十　二　岁　　　　　甘罗享年十二岁，
ka⁴⁴luo⁴²ɕa³¹jou³¹sɿ³⁵eɹ⁵⁵sue⁵⁵
甘　罗　享　有　十　二　岁

彭　祖　坐　灯　八　百　双　　　　　彭祖活到八百年。
phɯ⁴²tsu³¹kv³²tɯ⁴⁴pia⁴⁴peɹ⁴⁴sua⁴⁴
彭　祖　坐　得　八　百　年

寿　岁　短　长　利　不　一　　　　　人寿长短不一样，
sou⁵⁵sue⁵⁵tshɯ⁵⁵tso²¹li⁵⁵pu³⁵ji³⁵

寿　岁　短　长　也　不　一
怎 头 世 行 香
tsɯ³³ tɯ²¹ xeɹ⁵⁵ ɕɯ³⁵ ɕa⁴⁴
是　前　世　修　下

是前世所修。

嘹　坟　吐　自　我　杯　约
nɯ⁵⁵ mo³² nɔ⁴⁴ tsɹ⁵⁵ ŋɔ³¹ pe⁴⁴ jo³⁵
你的　墓　上　呢　我　去　助词
古　母　吐　自　我　汗　山
ku³³ mɔ³³ nɔ⁴⁴ tsɹ⁵⁵ ŋɔ³¹ xa⁵⁵ sa³³
老　母　助词　呢　我　看　顾
啊　哥　脑　不　消　焦　心
a³¹ kɔ⁴⁴ nɔ³¹ pɯ³¹ ɕɔ³⁵ tɕɔ³⁵ ɕi⁵⁵
阿　哥　你　不　消　焦　心
我　自　有　主　张
ŋɔ³¹ tsɹ⁵⁵ jou³¹ tsv³¹ tsa⁴⁴
我　自　有　主　张

阿哥坟墓我会扫，

阿哥老母我照看，

阿哥不用心牵挂，

阿妹妥安排。

情　愿　独　艮　坐　保　世
tɕhɯ⁴² jue⁴⁴ tu³⁵ ȵi²¹ kv³² pɔ³¹ xeɹ⁵⁵
情　愿　独　人　坐　他　世
一　心　不　愿　嫁　马　甲
ji³⁵ ɕɯ³³ pɯ³¹ jue⁴⁴ kɯ³² ma³¹ tɕa³⁵
一　心　不　愿　嫁　马　甲
活　利　夫　妻　自　本　成
xeɹ⁵⁵ li⁵⁵ pɯ³¹ tshe⁵⁵ tsɹ⁵⁵ pɯ³¹ tseɹ²¹
活　也　夫　妻　做　不　成
死　了　成　一　双
ɕi³³ xɯ⁵⁵ tseɹ²¹ ji³⁵ sua⁴⁴
死　了　成　一　双

情愿一人过一生，

一心不愿嫁马甲，

活着夫妻做不成，

死了成一双。

鬼　门　关　吐　脑　等　我
kv³³ me²¹ kueɹ³⁵ nɔ⁴⁴ nɔ³¹ tɯ³³ ŋɔ³¹
鬼　门　关　上　你　等　我
勾　胎　同　齐　见　阎　王
kou³³ the⁴⁴ thu⁴² tɕhi⁴⁴ tɕe⁵⁵ je⁴² ua⁴²
两　兄妹　同　期　见　阎　王
今　日　灵　前　三　祭　奠
keɹ⁵⁵ ȵi⁴⁴ liɯ⁴² tɕhe⁴² sa³³ tɕi⁵⁵ tie⁵⁵
今　日　灵　前　三　祭　奠

鬼门关上你等我，

兄妹一起见阎王。

今日灵前三祭奠，

做 割 心 割 叭	心肝刀割烂。
tsʅ⁵⁵ seɹ⁴⁴ ɕi⁵⁵ seɹ⁴⁴ phia⁴⁴	
助词 割 心 割 肝	

啊 哥 答 应 哦 叫 咽	阿哥答应我一声，
a³¹ kɔ⁴⁴ ta³⁵ jɯ³¹ ŋɯ⁵⁵ tou²¹ jɯ³⁵	
阿 哥 答 应 我 的 话 来	
为 哈 来 本 答 应 叭	为何你就不出声？
ue⁴⁴ xa³¹ le²¹ pɯ³¹ ta³⁵ jɯ³¹ phia⁴⁴	
为 什 么 不 答 应 来	
隔 的 隔 登 板 四 块	只隔四块棺材板，
keɹ⁴⁴ ti²¹ keɹ⁴⁴ tɯ⁴⁴ peɹ³³ ɕi⁴⁴ jɔ²¹	
隔 只 隔 着 板 四 块	
梁 兄 争 岸 南	梁兄在何方？
lia⁴² zv³⁵ tsɯ³³ a⁵⁵ na⁴⁴	
梁 兄 在 何 方	

四 《本祖祭文》释读

该祭文是大理白族祭祀本主白洁圣妃的白文祭文。白洁圣妃又称白洁夫人、慈善夫人，是唐南诏时期邓赕诏诏主的妻子。南诏诏主欲统一六诏，遂设下阴谋，用松枝搭建松明楼，令其他五诏诏主于星回节期间到楼上聚会祭祖。白洁夫人直觉地感到南诏阴谋，阻夫前往，丈夫不听，她只好在丈夫手上戴上铁镯，以便日后相认。后南诏王皮逻阁果然火烧松明楼，五诏诏主全被烧死，尸骨难辨。只有白洁夫人借助铁镯找到了丈夫的尸首。南诏王见白洁夫人聪慧美貌，欲强行娶其为妻。白洁夫人巧妙地和南诏王周旋，最后跳入洱海殉夫。云南大理北门、喜洲、邓川、洱源等地的一些白族村寨都奉白洁夫人为本主，邓川新州的"节孝祠"内有其塑像。

1991年，大理白族自治州文化局和云南省博物馆联合在昆明举办"白族民俗展览"，该祭文作为白文作品展出，受到民族学界和民族语言文字学界的关注。杨应新曾经对其进行了释读，认为祭文书写的是白语南部方言（大理方言），"正文128字，其中：汉字白读解白义的63字，占总字数约49.2％，汉字白读解汉义的65字，占50.8％……是现代农村白族的作品"。[①]

该祭文正文128字，用毛笔书写，字体为楷书。书写从上到下，从右向左移行，红圈断句。正文中绝大多数都是假借汉字，自造字只有少数几个。汉字假借字中，借词字下皆标有红点，表示音义皆同汉语。音读字和训读字不加符号。在假借汉字的使用上，带有一定的随意性。这是当代白文的普遍特点。从这些书写符号特征看，该祭文是一件很典型的现代白文文献。

释读语言为白语南部方言大理喜洲话。

祭文原文（粗体字）、注音及汉语直译　　　　汉语意译
　　祭文　　　　　　　　　　　　　　　　　　祭文

[①] 杨应新：《白语〈本祖祭文〉释读》，载《民族语文》1992年第6期。

诗 曰　　　　　　　　　　　　　　　　　　诗曰
sʅ⁴⁴ jui⁴⁴
诗 曰
止 甲 跪 合 豆 日 汪　　　　　　　　　岁时恰到二月份，
tsʅ²¹ tɕa⁴⁴ kv³² xɔ³⁵ tɯ³¹ zʅ³¹ ua⁴⁴
时 辰 过 合 这 二 月
桃 红 柳 绿 呼 只 佳　　　　　　　　　桃红柳绿好时辰。
thɔ⁴² xu⁴² liu³¹ lu³⁵ xu³³ tsʅ²¹ tɕa⁴⁴
桃 红 柳 绿 好 时 辰
富 毕 喷 烟 富 招 买　　　　　　　　　海风吹来海鸟叫，
ko²¹ pi³⁵ phɯ⁵⁵ jɯ³⁵ ko²¹ tsou⁴⁴ meɹ²¹
海 风 吹 来 海 鸟 鸣
日 月 重 光 辉　　　　　　　　　　　日月重光辉。
zʅ³⁵ jue³⁵ tshu⁴² kua⁴⁴ xue⁴⁴
日 月 重 光 辉

维　　　　　　　　　　　　　　　　　　维
ve⁴²
维
本 墇 恩 主 白 洁 圣 妃　　　　　　　本境恩主白洁圣妃，
pɯ³¹ tɕɯ⁵⁵ ʔɯ⁴⁴ tsv³¹ peɹ³⁵ tɕe³⁵ sɯ⁵⁵ fe³³
本 境 恩 主 白 洁 圣 妃
左 右 判 官 阴 兵 鬼 卒　　　　　　　左右判官阴兵鬼卒，
tsuo³¹ jou⁵⁵ pha⁵⁵ kua⁴⁴ jɯ⁴⁴ piɯ⁴⁴ kue³¹ tsu³⁵
左 右 判 官 阴 兵 鬼 卒
切 那 咽 赴 席　　　　　　　　　　　请你们赴宴。
tɕheɹ³³ na⁵⁵ jɯ³⁵ fv⁵⁵ ɕi³⁵
请 你们 来 赴 席

恭 俸 脑 敬 茶 敬 酒　　　　　　　　供奉给你茶和酒，
ku⁴⁴ fɯ⁵⁵ nɔ³¹ tɕɯ³⁵ tsɔ²¹ tɕɯ³⁵ tsʅ³³
供 奉 你 敬 茶 敬 酒
恭 俸 脑 三 牲 九 瓰　　　　　　　　供奉你三牲供品，
ku⁴⁴ fɯ⁴⁴ nɔ³¹ sa³³ sɯ³³ tɕo³¹ li³¹
供 奉 你 三 牲 九 礼
恭 俸 脑 马 料 盐 米　　　　　　　　供奉你马料盐米，
ku⁴⁴ fɯ⁵⁵ nɔ³¹ ma³¹ liɔ⁵⁵ je⁴² mi³¹
供 奉 你 马 料 盐 米
千 孝 帛 恢　　　　　　　　　　　　香火无数。
tɕhi⁵⁵ ɕou³⁵ peɹ⁴⁴ xue³³

千 香 百 火

恭 俸 脑 尚 双 介　　　　　　　　　　　供奉你三岁公鸡，
ku⁴⁴ fɯ⁵⁵ nɔ³¹ sa⁵⁵ sua⁴⁴ ke³⁵
供 奉 你 三 岁 鸡

希 双 咬　　　　　　　　　　　　　　　四岁绵羊，
ɕi⁴⁴ sua⁴⁴ jou²¹
四 岁 羊

乌 双 偶 薄 溃　　　　　　　　　　　五岁大壮牛。
ŋv³³ sua⁴⁴ ŋɯ²¹ pɔ³⁵ khue⁵⁵
五 岁 牛 公 块

尚 父 脑　　　　　　　　　　　　　　祈求你，
sa³² fv⁴⁴ nɔ³¹
祈 求 你

哎 脑 清 吉 又 平 安　　　　　　　　赐我们清吉平安，
ŋa⁵⁵ nɔ⁴⁴ tɕhɯ³³ tɕi³⁵ tse⁴⁴ phiɯ⁴⁴ a⁴⁴
我们 的 清 吉 再 平 安

社 哎 发 富 又 发 贵　　　　　　　　使我们富裕发达，
seɹ³³ ŋa⁵⁵ fa³⁵ fv⁵⁵ jou⁵⁵ fa³⁵ kue⁵⁵
使 我们 发 富 又 发 贵

社 哎 脑 五 谷 丰 登 六 畜 兴 旺　　使我们五谷丰登，六畜兴旺。
seɹ³³ ŋa⁵⁵ nɔ⁴⁴ u³¹ ku³⁵ fɯ³³ tɯ⁴⁴ lu³⁵ su³⁵ ɕɯ³³ ua⁵⁵
使 我们 的 五 谷 丰 登 六 畜 兴 旺

尚 父 老　　　　　　　　　　　　　　祈求你，
sa³² fv⁴⁴ nɔ³¹
请 求 你

社 哎 走 能 宝 堂 之 下　　　　　　让我们在你的保佑下，
seɹ³³ ŋa⁵⁵ tsou²¹ nɯ⁵⁵ pɔ³² tha⁵⁵ tsɹ⁴⁴ ɕa⁵⁵
使 我们 藏 你的 宝 堂 之 下

万 事 如 意　　　　　　　　　　　　万事如意。
va⁵⁵ sɹ⁵⁵ zv⁴² ji⁵⁵
万 事 如 意

结 束 语

文字既是一种重要的交际工具，又是重要的文化现象。各民族的文字及其文献，承载着民族文化的继承、发展和传播，是中华文化中光彩夺目的一个组成部分。由于白文的历史发展比较特殊，且书写符号系统是在汉字基础上发展而来，加上白文文献在历史上遭到大规模焚毁，流传至今的文献数量很少，因此在过去很长一段时间里，人们对白文文献的价值以及它对中华文化的贡献认识不够。随着研究的深入，人们逐渐认识到，白文文献是宝贵的白族文化遗产，也是中华文化中一颗璀璨的明珠。它对中华文化的贡献，可以从以下几个方面来认识。

一 白文古籍是我国西南边疆民族发展历史和文化创造的见证

中华民族的历史和文化是中国境内的各民族共同创造的。而各民族的古籍文献，很多都有着重要的历史价值，本身就是中华民族历史和文化创造活动的直接记录和见证。尤为珍贵的是，民族文字古籍多分布于广大的边远地区，对于这些地区的史地人文情况的认识，过去虽然也有汉文资料的记载，但总的来说都较为薄弱，而丰富的民族古籍，则充分展示了边疆地区历史和文化创造的方方面面。流传到今天的白文历史文献虽然很少，但从文献记载看，历史上曾有过许多白文历史著作，重要的有《僰古通记》、《玄峰年运志》、《西南列国志》等。这类史籍主要记述"白子国"的由来以及南诏、大理国的历史。明代著名学者杨慎在其《滇载记》序言中说，他在贬谪云南期间，搜集整理了以上多种白文史籍，并译为汉文，整理成《滇载记》。谢肇淛在其所著《滇略》里也提到上述"僰文诸籍"。流传至今的汉文《白国因由》一书，同样记述了"白子国"及南诏、大理国的历史，并在后记中说明，该书是由白文的《白国因由》翻译而来。从其行文看，还保留有很多白语的语言特点。这些情况，都说明这些白文史籍是客观存在的。有关云南秦汉以降到元代的历史记载，汉文史籍仅有樊绰《蛮书》等寥寥几部，而上述的白文史籍却为后代保存了珍贵的史料，并直接成为后代汉文史籍的蓝本。从这个意义上说，白文史籍虽然没有流传至今，但其价值仍然是难以磨灭的。

二 白文古籍是白族文化的综合体现，是中华多民族文化宝库的重要组成部分

民族古籍的内容包罗万象，历史、哲学、文学、宗教、科技、医学、民俗、语言等，共同构成了民族文化的总体系，是各个历史时期民族文化总体的体现。各民族文化的总体不可能是完全相同或重合的，都有相互取长补短的必要性和可能性。而从特定文化成果的内容、形式来说，各民族也都是优

势互补的，充分显示了中华文化的多样性。作为白族历史上重要的文化成果，保存至今的白文古籍数量虽然不多，但这些历史文献却构成了一个较为完整的历史发展脉络，展示了白文的形成和发展历史，体现了白族人民的智慧和文化创造力；白文文献和其他的汉字系民族文字文献一道，共同构成了一个独特的文化单元，这一文化单元在汉字文化圈的形成和发展过程中占有重要的地位，是汉文化和其他民族文化交流的重要成果。一些特有的白族文献，为其他民族文献所无，在中华民族文献宝库中具有极高价值。如南诏、大理国写本佛经中的部分文献，在国内各种《大藏经》中均未收录，极大地弥补了中华佛教文献宝库的不足，成为研究佛教密宗的重要文献。此外最根本的一点，白文文献承载着白族文化的发展，白族文化的特点和风格通过白文文献得到体现。大量的白文民间文献如大本曲曲本、民歌、祭文、对联等，至今仍在民间流传，充分反映了白文的强大生命力。这些文献从白族历史、哲学、宗教、文学、民俗等方面，勾画了白族文化的特质和风格，集中反映了白族文化的特有魅力，与其他民族的古籍相映生辉，共同构成了中华民族博大精深、丰富多彩的文化宝库，成为中华民族共有的文化成果和精神财富。

三　白文古籍充分反映了中华民族多民族文化的相互融合和交流

历史上，汉族文化对各少数民族文化的影响十分深远。反过来，少数民族文化也对汉文化的发展起到了积极的促进作用。各民族古籍文献鲜明地反映了这种交流。在这方面，白文古籍文献的表现更为突出。首先因为白文是一种典型的汉字系文字，其书写符号系统的形成和发展都建立在汉语文传播的基础之上，白文书写符号系统本身就是汉、白语言文化交流的成果。在白文文献的形式和内容上，从南诏、大理国写本佛经到元、明、清碑铭，再到近现代的白文文献，都带着汉、白文化交流的深刻烙印。以最为常见的大本曲文献为例，大本曲中，大多数曲本的内容都取材于汉族故事。如《柳荫记》（又名《梁山伯与祝英台》）、《张四姐大闹东京》（又名《摇钱树》）、《王十朋祭江》（又名《召魂祭江》、《荆钗记》）、《秦香莲》（又名《陈世美不认前妻》）、《四下河南》、《桥头记》（又名《蔡状元起盖洛阳桥》）等，都是在汉族故事基础上发展而来，只是人物形象、故事情节经过了白族化改造。著名的白文文献《山花碑》，其下半段蕴含的思想很明显地受到佛教禅宗的影响，在白族哲学思想史上有重要地位。这些例子都说明，白文文献既是民族文化交流的成果，也是民族文化交融互补、共同繁荣的见证。

四　白文古籍文献在民族语言研究方面有重要价值

语言是一种重要的文化现象。一种民族语言，本身就是一种成体系的文化成果。仅从这一意义上说，记录民族语言的民族文献，当然也就是民族文化成果的重要形式。从语言学研究的角度说，作为记录白族语言的文字符号，不同时期的白文文献，保存了不同历史阶段的白语发展状况，为白语的研究提供了重要的资料，体现出重要的语言学价值。此外，作为汉藏语系中一种独特的语言，白语在语言结构上既和其他藏缅语有对应关系，也与汉语密切相关。因此，白文文献保存的不仅是单纯的白语资料，也保存着有关古代藏缅语、古代汉语的重要资料，并反映出历史上藏缅语、汉语和白语之间的密切关系。从这个角度说，白文文献不只在白语、汉语、藏缅语研究方面有价值，在研究古代西南民族关系史方面也可提供有价值的语言依据。

中国少数民族古籍珍品图典：
民族古文字古籍
整理研究100年通览

第二册

Illustration of China's Ethnic Minorities Valuable Classics:
Overview of Collection and Research on
Minorities Ancient Writing and
Documents Over the Past 100 Years

张公瑾　黄建明　主编

中国社会科学出版社

目 录

(第二册)

方块壮字
梁庭望 编著

第一章 历史文化概况 …………………………………………………………… (639)

第二章 文字的起源与变迁 ……………………………………………………… (642)

第三章 文字载体类别与版本形式 ……………………………………………… (646)

第四章 目录与分类 ……………………………………………………………… (648)

第五章 古籍发掘、研究简况 …………………………………………………… (651)

第六章 古籍珍品图片及说明 …………………………………………………… (654)

第七章 古籍珍品释读 …………………………………………………………… (719)
  一 壮族麽经《布洛陀》 ……………………………………………………… (719)
  二 《壮族民歌古籍集成·嘹歌》 …………………………………………… (733)
  三 《传扬歌·训海》 ………………………………………………………… (786)

结束语 ……………………………………………………………………………… (794)

傣 文
张公瑾 戴红亮 编著

第一章 历史文化概况 …………………………………………………………… (799)

第二章 文字的起源与变迁 ……（801）
    一 文字创制前的原始符号及其他记事方式 ……（801）
    二 文字的起源 ……（801）
    三 文字的性质和类型 ……（802）
    四 文字的结构形式和造字法 ……（804）
    五 方言文字及字体变迁 ……（804）

第三章 文字载体类别与版本形式 ……（805）

第四章 目录与分类 ……（806）

第五章 古籍发掘、研究简况 ……（808）
    一 20世纪上半叶傣文古籍整理研究概况 ……（808）
    二 新中国成立后30年间傣文古籍翻译整理情况 ……（808）
    三 1980年以来傣文古籍翻译和整理情况 ……（809）
    四 傣文文献研究情况概述 ……（809）
    五 西方学者对傣文古籍整理研究情况 ……（810）

第六章 古籍珍品图片及说明 ……（811）

第七章 古籍珍品释读 ……（860）
    一 十愿经（傣仂文） ……（860）
    二 虎死虎睡（傣仂文） ……（864）
    三 召树屯（第二章）节选（傣仂文） ……（878）
    四 怨世甜蜜经节选（德宏傣文） ……（881）
    五 贺党里坦经节选（第一行傣绷文） ……（882）

结束语 ……（884）

水 书
吴贵飙　潘朝霖　韦学纯　编著

第一章 历史文化概况 ……（889）

第二章 文字的起源与变迁 ……（896）

第三章 文字载体类别与版本形式 ……（901）
    一 水书载体的类别 ……（901）
    二 水书的书写工具 ……（901）
    三 水书的版本形式 ……（902）

  四 水书的版本 ··· (906)

第四章 目录与分类 ··· (908)

第五章 古籍的发现研究简况 ··· (911)
  一 20世纪50年代以前的水书研究和发现 ··· (911)
  二 20世纪50年代后的水书研究 ·· (914)
  三 20世纪80年代初至今的水书搜集翻译整理和研究 ··· (915)

第六章 古籍珍品图片及说明 ··· (918)
  一 水书的收藏情况 ··· (918)
  二 水书图片及说明 ··· (918)

第七章 古籍珍品释读 ··· (965)

结束语 ·· (1074)

布依文

周国炎 编著

第一章 历史文化概况 ·· (1079)
  第一节 人口分布、族称及族源 ·· (1079)
  第二节 文化概述 ··· (1080)
  第三节 宗教信仰 ··· (1083)

第二章 文字的起源与变迁 ·· (1087)
  第一节 文字出现的社会背景 ·· (1087)
  第二节 布依族各种古籍文字的结构类型 ··· (1088)

第三章 文字载体类别与版本形式 ·· (1094)

第四章 目录与分类 ··· (1096)

第五章 古籍发掘、研究简况 ·· (1099)
  第一节 古籍的发掘和翻译整理 ·· (1099)
  第二节 文献古籍的研究 ·· (1101)

第六章 古籍珍品图片及说明 ·· (1103)

第七章 古籍珍品释读 ·· (1123)
    一　安王与祖王 ··· (1123)
    二　马太福音（选择） ··· (1152)
    三　穆考（头经） ··· (1157)
    四　贵州省水城县锁蒿寨布依族"白摩书"节译 ······················ (1180)

结束语 ··· (1206)

本书所用特殊字符表 ··· (1208)

第二册

梁庭望　张公瑾　戴红亮　吴贵飙　潘朝霖　韦学纯　周国炎
编　著

方块壮字

梁庭望 编著

第 一 章

历史文化概况

在我国岭南的广袤土地上，居住着中华民族大家庭中人口最多的一个少数民族——壮族，2010年国家人口普查所公布的数据表明，至今壮族已有 16 926 381 人，其中 14 448 422 人分布于广西壮族自治区；1 215 260 人分布于云南省；约 877 509 人分布于广东省连山壮族瑶族自治县及怀集县等地；52 577 人分布于贵州省黔东南苗族侗族自治州；30 387 人分布于湖南省江华瑶族自治县等地；近 3 000 人分布于四川省的宁南、木里、会东等地；3 000 余人分布于陕西省柞水县；5 000 多人分布在新疆维吾尔自治区；新中国成立后因工作需要，其他各省市也都有壮人。

壮族历史悠久，从古至今的壮乡人民用自己勤劳智慧的双手创造出了光辉灿烂的民族文化。壮族祖先主要源于岭南的越人，其历史至少可追溯到距今 5 万—10 万年前的"柳江人"时代。这之后的新石器时代的"麒麟山人"、"甑皮岩人"等遗址也遍及粤东、八桂、湘南和滇东。商代初年，据史籍记载，壮族祖先瓯、桂、损子等部曾向中央王朝进贡过珍珠等贵重物品。路人（即骆越人）曾送去大竹。春秋战国时代，江南广泛分布着越人。因部落纷繁，统称为百越。"百越"一词最早见于《吕氏春秋·恃君篇》："扬、汉之南，百越之际，敝凯诸、夫风、余靡之地，缚娄、阳禺、骧兜之国，多无君。"在此之前，诸书称越或夷越。古籍上先后提到的与壮族有关的岭南百越的氏族、部落或部落联盟主要有西瓯、骆越、仓吾、损子、桂国、句町、夜郎、濮、漏卧、毋敛等，其中西瓯、骆越、句町、漏卧、夜郎、毋敛等为战国时期的方国名，也是建立该国的越人的称谓。以上诸部的声名或因战争，或因朝贡而名闻中原，载于史书，但实际上，百越诸部不止于此。据综合研究，壮族先民曾经有水牛部、马蜂部、蛙部、羊部、蛟部、鱼部、黄牛部、虎部、雷王自身的嫡系鸟（禽）部（又分为鸡部、鸭部、鹰部、天鹅部……）、马部等，各以图腾为标志。而布洛陀神像挂图中可以清楚地看出 12 部是鸡部、鹅部、鹰部、水牛部、黄牛部、马部、猪部、狗部、羊部、鳄部（两部不清）等。这些部落或部落联盟经过不断的组合和分化，到战国秦汉时期，变为四个强大的方国，即西瓯、骆越、句町和夜郎，它们经过漫长的历史发展，形成了今天的壮族，由此可知，这四个部落是壮族先民的核心。秦瓯战争之后，西瓯、骆越之名尚见于赵佗时期，夜郎、句町则于成帝河平年间（公元前 28—前 25 年）悉数归汉。东汉时，在壮族先民的分布地区先后出现了俚、乌浒等名称，一直沿用至隋唐。僚是壮族祖先的又一个名称，最早见于《三国志·蜀志·霍峻传》，但书中所指的是四川的少数民族。到隋唐时代，僚的称谓遍及西南、华南等地，有时俚僚并称，二者皆为壮人的族称。宋代出现了"撞"、"僮"的名称，如范成大在《桂海虞衡志》中记叙："庆远、南丹溪洞之民呼为僮。"明代还有俍的称谓，清代李调元的《粤风》中收录有俍歌和僮歌，其中俍歌是典型的壮族勒脚歌，与现在的格式相同，可见俍歌、僮歌都是壮族民歌，而俍、僮即为壮人无疑。壮族由于历史原因，各部联系较松散，自称多不统一，有布壮、布衣、布土、布侬、布蔓、布傣、布沙等 20 多种。新中国成立后，经过协商，统称为僮族，

1965年经周总理建议改为壮族。

壮族居住的地区气候温和，雨量充沛，土地肥沃，特产丰富。特别是南部地区，终年无霜期，作物可以两熟，粮食作物以稻米为主，有关专家研究表明，壮族是世界上最早发明水稻种植的民族。在经济作物中，甘蔗的产量居全国前列。桂西地区山峦重叠，蕴藏着无数的珍宝，广西8 000多种高等植物，40多种受国家保护的珍贵动物，20多种土特产品大部分都在这一地区。红水河是壮族人民的母亲河，其流量相当于黄河的三倍，是又一大财富。壮乡素有亚热带水果之乡的美誉，四季瓜果飘香，龙眼、荔枝、芭蕉、果蔗、菠萝、沙田柚、金橘等水果享誉海内。此外，壮族人民也将自己的聪明才智发挥在狩猎、畜牧和饲养等各个方面。

壮族社会以一夫一妻家庭为基本社会组织形式，家庭之上有家族，家族之上有宗族，其居住的村落结构由于迁徙而与家庭、宗族形成各种复杂的关系。壮族衣饰在乡间以蓝黑为主调，表现了水乡文化和火文化的交融。清道光《廉州府志》（卷4）中曾记载："男著短窄衣，裂布束胫，出入恒佩刀。"但这种装束现在早已被上衣对襟、下衣宽裤脚的唐装所取代。少数男性老人穿长及膝的右衽大襟衣，女服则更加千姿百态。经过历史的演变，现代着装已普遍简化，大部分地区乡村妇女上身为蓝黑色偏襟无领衣，下身为蓝黑色宽脚裤，仅桂西北保存白底色多彩对襟上衣，这是目前壮族妇女两种基本的服饰。壮族的岁时习俗，有的来源于生产实践，有的来源于某种生活习俗，有的来源于汉族节气的影响，有的则与某个历史事件和人物有关，渗透着民族的心理素质，在内容和形式上都具有浓郁的民族特色。壮族的节日贯穿全年，每月都有自得其乐的节日。正月里有春节和铜鼓节，二月里有社节和观音节，三月里有三月三歌节和清明节，这是春天的节日。四月是农忙时节，节日也分外的多，有插秧节、牛皇诞节、礼田节和神农节等，寄托了壮乡人民对丰收的期盼；五月有端午节、药王节；六月有祭田节、牛魂节、莫一大王节、土地公诞节。秋天的节日是从七月十四节开始的，八月里壮族也过中秋，不过还有社节；九月汉族为重阳节，壮人则有祈求土地神的社日；而九月有壮人独有的霜降节。隆冬的十月里，有尝新节、拜佛节；十一月有冬至节；十二月送灶王，除夕合家团圆，共享欢乐。

壮族文化在其形成过程中不可避免地受到汉民族文化的影响，与此同时，由于文化传播具有双向选择的特性，壮族文化也一样影响着岭南的汉族，并在岭南各族人民中产生了相应的辐射力。壮族祖先与壮侗语族各族祖先一起，在桂、粤、滇、黔、湘、海南等省区，留下了大量的古越语地名，他们共同开山种田，垦荒伐木，疏河修隘，为后来汉、瑶、苗进入岭南奠定了根基，并一直延续至今，造福了千千万万的子孙后代。众所周知，壮乡是稻作文化的摇篮，而南迁至此的汉族也一改北方面食的习俗，以稻米作为主食，副食通常以鲜叶菜为主，口感从味厚重转为清淡，以适应岭南湿热的气候。在语言上，古越语及壮语对粤语、客家话、桂柳话产生了很大的影响。壮族与汉族生活在同一片土地上，经过长期通婚，交往频繁，不断融合，使得岭南的汉族在外表、体质、气质、行为方式上具有了与壮族诸多的共性，达到了水乳交融、不分彼此的境界。

壮族人民在生产、生活中创造出了本民族独具特色的语言文化，而壮语作为绝大多数壮人的交际工具，它不仅是民族文化的载体，也是民族认同感的符号，是壮族文化的重要组成部分，有着特殊的功能。壮语属于汉藏语系壮侗（或称侗台）语族壮傣语支，与布依语、傣语相近。经研究表明，在纵向上，壮语是由古越语发展而来的；在横向上，壮语与国内外众多民族的语言同源，如国内的布依语、傣语、侗语、黎语、仫佬语、毛南语、水语、仡佬语，国外的泰语、老挝语、侬语、岱语、阿含语等。壮侗语族的分布东到广东，北到湘南，西至印度东北，南达马来半岛中部（泰国南端），而以壮傣语支分布最广，国内分布于湘、桂、滇、海南北部、贵州东南；国外分布于越南北部、老挝、泰国、缅甸（东北部）和印度，总人口约7 000万人。现代壮语分为南北两大方言，北部方言分7个土语区：即桂北、柳江、红水河、邕北、右江、桂边、邱北土语区；南部方言分5个土语区：即邕南、左江、德靖、砚广、文麻土语区，南北方言大抵以郁江、右江、邕江为分界线。各土语区内部还分为若干次土语区，甚至某些村寨之间也有细微的差别。壮语的语音有自己的特点，在语音的音节结构上，一般一个词或词素由声母、韵母和调三部分构成，有少部分零声母。声母一般有 20 多个，有清和浊之分，不同土语区有部分变化，但对应整齐。韵母一般有 100 个左右，普遍分长短是其一大特色。声调有舒声调和塞声调，舒声调有 6 个调，各地调值不尽相同。塞声调有高音组（分长短元音）和低音组（分长短元音），加起来总共 8 个声调，因有两个声调均分长短，所以实际上是 10 个调。壮语中的生产、生活词汇丰富，使人们能够在日常生活中交流自如，但现代科技词汇比较缺乏，大多借用汉语。壮语的语法与汉语基本相同，但汉语修饰成分在中心成分之前，而壮语正好相反。目前，壮语仍是壮族人民的主要交际工具，但随着与外界交往的增多，许多壮乡人走出了家乡，足迹遍布全国乃至世界，这些人不仅会说壮语，在与其他各族人民的交往中，也学会了其他民族的语言，而他们的后代生长在完全不同的环境之中，逐渐转变为只会当地语言（主要是汉语）的单语人，而忘记了本民族的语言，使得壮语的覆盖面有缩小之势。但同时，壮语中大量吸收了汉语中的外来词汇，并且运用在传统壮语从未涉及过的领域中，如科学种养、防病治病、基层政治生活等，使壮语的功能呈逐渐扩大的趋势，这是社会生活的需要，是不以人的意志为转移的客观存在。

（梁晖）

第二章

文字的起源与变迁

文字作为语言的记录符号，对人类社会的发展起了巨大的、持久的推动作用，它缩小了时间和空间的距离，成为连接古人与今人、此地与彼地的桥梁和纽带，它使我们能够了解古人的社会生活、思想脉络以及当时当地所发生的历史事件，为研究历史提供了翔实的第一手资料。文字作为民族文化的载体，是民族文化得以继承、巩固和发展的重要工具，文字的萌芽是一个民族进入文明时代的三大标志之一，各民族都在为寻求文字的起源进行着艰苦的工作，而研究壮族语言文字的学者、专家们也在为实现自己的梦想而努力奋斗着。

在距今3000多年的商代，壮族文字就已有了雏形，至今已经历了三个发展阶段：即刻画文阶段、古壮字阶段和壮文阶段。在壮族创世史诗《布洛陀》（经诗）中，描绘了刻画文阶段，经诗中说人们钻木取火，因不善收藏，引起大火，烧掉了本源书。本源书即最早的文字，在壮语中被称为"sawgoek"（saw^{1}kok^7，直译为字根，意为本源字）。《麽咪布洛陀》中叙述，一场大火使"本源字烧光"，"四千象形字，灰粉随风扬"。诗中还称这种文字为"sawva"（saw^{1}va^1），意思是像虫子爬出纹来的字，即虫纹字。这源于一种说法：壮族先民看见虫子吃稻叶，便把虫子抓来，正要杀死，没想到虫子说，求你别杀我，我献给你们一种本事，虫子于是在地上爬出纹来，人们得到启发而创造出了文字，故称为虫纹字。考古研究人员在广西钦州市大寺镇那葛村马敬坡出土的商代石磬上发现了最早的刻画文字，在同一地方出土的石锛上也刻有类似符号，这些符号虽然简单，而且目前尚未破译，数量又少，但对壮族来说却是极其珍贵的。由于这些符号并非任意为之，而是有一定规律可循，可见是经过长时间的酝酿才能产生出来的，其使用有一定频率，故可以将之视为壮族文字发展的萌芽阶段——刻画文阶段。刻画文已不是最初的那些虫纹字，但它不表音，也不表形，因此大致判断处于表形与表意之间，说明已有一段发展史，属于萌芽时期文字的较高阶段。有人曾推断这些符号可能是工匠的代号，或是物主的代码，或是有什么纪念意义，但仍需作进一步考证。

西周晚期到战国初期，刻画文有了新的发展，在广西武鸣马头乡元龙坡和安等秧的墓葬里发现了更多的刻画符号，一共16个，其中至少有3个符号与马敬坡所发现的符号相同或相近，说明这16个字继续保持了马敬坡刻画字的风格，只是多了一些表形字，如类似小树、禾穗、草寮、飞鸟的符号，这些符号被刻画在器皿的底部，有其特定的含义。

到战国时代，刻画文有了相当大的发展，广西平乐县银山战国墓发现类似符号70多个，花果山14个，下那曹村3个，总计上百个。除去比较稳定并一再出现的重复符号，有40多个新出现的符号。这些刻画文与浙江河姆渡、上海马桥遗址第五层陶器以及广东等不少古越人分布地区越人遗物上的刻画符号风格相似，且自成系统，与甲金文系统不同，说明古代越人在文化上有它的共性。在吴城遗址，发现150多个符号，有的成行，显然想要表达一个完整的意思，或是一句话，或是一段话。

2012年又在广西平果县发现刻于几十块石板上的1000多个石刻文。在邻近的隆安县也发现刻字石板，上面刻满了1000多个刻画字符，说明战国时期刻画文字已经发展到较高水平。

秦统一岭南后，随着文字的统一，汉文化的南传，刻画文也随之消失。壮族祖先从汉字得到启发，进入创造古壮字的新阶段。"古壮字"民间叫 sawndip（saw¹dip⁷），意思是生而未成熟的字。从汉代到隋代，历经800多年的探索和实践，壮族先民终于创造了一种新的文字，他们利用汉字的偏旁部首来重新造字，来表示壮语的语音和语义，形成了壮语的文字符号。因为古壮字是汉字文化圈的一部分，有利于民族团结和交流，易于被上层接受，同时成熟的汉字也为古壮字提供了丰富的"原料"，这使得古壮字在民间得到广泛使用。

古壮字可能萌芽于汉代，在汉代《说文解字》中已有个别录入。最早的石刻文献见于唐代永淳元年（682年）的韦敬办《六合坚固大宅颂碑》和神功元年（697年）韦敬办的《智城碑》。此两碑是当时的重要文献，对韦敬办家族地位的影响举足轻重。韦氏是红水河中、下游的大首领，唐初受封，到唐代中期为继承官职，阋墙骤起，刀兵相向，碑中记载："蓄刃兼年，推锋盈纪"，"萧墙起衅，庭树睽阴"。最后韦敬办夺得权柄，袭"岭南大首领鹣州都云县令骑都尉四品子"职，为庆贺胜利，于今上林清泰乡建一大宅，并刻《六合坚固大宅颂碑》摩崖石刻；其后韦敬办又立《智城碑》。这两块碑文共一千多字，其中有33个简化字、异体字、武则天自造字和古壮字，这是古壮字第一次出现在正式的石刻文献中，说明这些古壮字在民间流传已久，并已得到了统治上层的认可。宋代，古壮字得到了广泛的应用，在宋人范成大于淳熙二年（1175年）所撰写的《桂海虞衡志》中曾有这样的描述："边远俗陋，牒诉券约专用土俗书，桂林诸邑皆然。……余阅讼牒二年，习见之。"在上千年的漫长岁月里，壮族百姓用这种文字书写了大量的经诗、讼牒、契约、谱牒、信歌、民歌、长诗、剧本、说唱本，直到现代，民间也还在应用它。但是，由于历代封建统治者贬壮语为"鸟声禽呼"①，贬低古壮字，认为其难登大雅之堂，又未经规范，严重影响了它的发展。到了明清时代，古壮字大多只在创编和记录民歌时使用，特别是广泛用于经诗。但由于各地用字不一，不同地区的歌本也不易交流。虽然如此，民间用古壮字记录、创编的壮族古籍数量很多，内容丰富，是壮族文化的一大财富。

古壮字的结构有一定的规律，就其整体而言，共分三大部分，第一部分是遗留的少量本源字、刻画文；第二部分是借汉字，包括借音、借形、借音形、借音形义四种；第三大部分是借偏旁部首另外创造出来的文字。目前在《古壮字字典》中共收入4918字，包括异体字共10 700字，均为新造字。处于自然状态下的古壮字，至今依然活在民间，它是我国古文字当中"活着的文字"。

20世纪50年代，壮族文字进入了第三阶段——壮文阶段。新中国成立后，党和人民政府第一次在历史上确认了壮族的民族地位，并为壮族人民派来专家创造出拼音文字，实现了壮族祖先几千年的愿望。这套拼音文字是以严格的语言调查为基础的，参加创造工作的有中国著名的语言学家、壮族语言学家和苏联专家。专家们依据结构语言学理论对壮语进行结构分析，找出它的音位系统，从而确立它的声韵调。新壮文以壮语北部方言为基础，以武鸣语音为标准音，于1955年完成了草案的制订，1956年12月1日在《广西日报》上公布，1957年11月29日在周恩来总理主持的政务院第63次会议上通过，批准在壮族地区正式推行。这也是新中国成立后由中央政府正式批准的第一种新文字。新壮文方案批准推行时，壮乡上下一片欢腾，庆幸壮族终于有了自己统一的民族文字，这是民族的盛事，也是民族的幸事。这套方案是按科学的方法制订的，共有26个字母，用26个拉丁字母表示，如表1：

---

① 《魏书》，卷96。

表1　　　　　　　　　　　　　　　新壮文字母表

印刷体	大写	A	B	C	D	E	F	G	H	I	J	K	L	M
	小写	a	b	c	d	e	f	g	h	i	j	k	l	m
字母名称	壮文拼读	a	ba	ca	da	e	fe	ga	ha	i	gi	ke	le	ma
	译文注音	啊	巴	虾	大	欸	飞	嘎	哈	衣	（基）	克	勒	妈
字母读音	国际音标	a	p	ɕ	t	e	f	k	h	i	ki	kh	l	m
	译文注音	a	b	x	d	e	f	g	h	i		k	l	m
印刷体	大写	N	O	P	Q	R	S	T	U	V	W	X	Y	Z
	小写	n	o	p	q	r	s	t	u	v	w	x	y	z
字母名称	壮文拼读	na	o	pe	giu	ra	se	te	u	ve	w	ci	ya	ce
	汉文注音	那	哦	呸	（纠）	（拉）	塞	特	乌	威	（鹅）	希	呀	（些）
字母读音	国际音标	n	ɔː	ph	kiu	ɣ	s	th	u	v	ɯ	i	j	e
	汉文注音	n	o	p			s	t	u	v			y	

表中 a、e、i、o、u、w 为元音字母，z、j、x、q 为调号，h 既是调号又作辅音，其余 16 个符号为辅音字母。

此方案中共有 22 个声母：

表2　　　　　　　　　　　　　　　新壮文声母表

b（a）	mb（e）	m（a）	f（e）	v（e）		
d（a）	nd（e）	n（a）	s（e）	l（e）		
g（a）	gv（e）	ng（a）	h（a）	r（a）		
c（a）	y（a）	ny（a）	ngv（e）	by（a）	gy（a）	my（a）

表中 mb 为双唇塞浊音声母，国际音标读作 ɓ；nd 为舌尖塞浊音声母，国际音标读作 ɗ；ng 为舌根鼻音，国际音标读作 ŋ；ny 为舌面鼻音，国际音标读作 ɲ。

壮文综合了各方言土语韵母，制订了共 108 个符号的韵母表：

表3　　　　　　　　　　　　　　　新壮文韵母表

舒声母	单韵母	无韵尾	a	(ae)	e	i	o	(oe)	u	w
	复合韵母	加 i 尾	ai	ae	ei		i		ui	wi
		加 u 尾	au	aeu	eu	iu	ou			
		加 w 尾	aw							
	鼻音尾韵母	加 m 尾	am	aem	em	iem	im	om	oem	uem	um
		加 n 尾	an	aen	en	ien	in	on	oen	uen	un	wen	wn
		加 ng 尾	ang	aeng	eng	ieng	ing	ong	oeng	ueng	ung	wng

续表

塞声母	高音组	加 p 尾	ap	aep	ep	iep	ip	op	oep	uep	up		
		加 t 尾	at	aet	et	iet	it	ot	oet	uet	ut	wet	wt
		加 k 尾	ak	aek	ek	iek	ik	ok	oek	uek	uk		wk
	低音组	加 b 尾	ab	aeb	eb	ieb	ib	ob	oeb	ueb	ub		
		加 d 尾	ad	aed	ed	ied	id	od	oed	ued	ud	wed	wd
		加 g 尾	ag	aeg	eg	ieg	ig	og	oeg	ueg	ug		wg

表中 ae 表示短 a，oe 表示短 o，不单列为韵母。aei 以 ae 表示。

壮文的调类、调值及其表示方法如下表：

表 4　　　　　　　　　　　　　新壮文声调表

调　类			表示方法	调值	例　字
舒声调		第一调	不标调	中升	son 教
		第二调	后加 z	低降	mwngz 你
		第三调	后加 j	高平	hwnj 上
		第四调	后加 x	中降	max 马
		第五调	后加 q	高升	gvaq 过
		第六调	后加 h	中平	dah 河
塞声韵	高音组	短元音	用 p、t、k 作韵尾	高平	daep 肝
		长元音	（同上）	高升	dap 塔
	低音组	短元音	用 b、d、g 作韵尾	中平	daeb 叠
		长元音	（同上）	中平	gab 挟

方案对多音词划分音节方法、连写规则、新汉语借词语音转写规则等作了明确的规定，从而使方案浑然一体。

壮文产生几十年来，尽管道路曲折，经过了许多的坎坷命运，但它作为法定的新文字，正在相应的领域发挥自己的作用。以壮文记录、整理的壮族民间文学作品和经诗，成为壮人一项重要的文化遗产。壮文小说、散文、戏剧也在蓬勃兴起。在科教兴国的时代里，全民素质状况决定了一个民族的命运，文字与语言的一致性决定了教育的普及程度和成功率，壮文的推行有语委等相应机构，有报纸和刊物，有出版的阵地，有相应的广播频道，有试验推行的中小学，有专门的自治区壮文学校，有中央民族大学和广西民族大学的壮语言文学专业，这为壮文在壮乡的广泛推广提供了良好的基础和平台，加速了壮族地区的现代化建设，使壮乡焕发出新的活力。

第 三 章

文字载体类别与版本形式

古壮字文献主要通过用石碑、木片、纱纸保存。作为永久性的墓碑、乡约碑等，均用青石板加工成扁平的长方形板块，一般高1米多，宽80厘米，厚15厘米左右，也有高达二三米的，然后让石匠在上面依书写笔画镌刻。也有的是刻于光滑山崖或岩洞壁上的摩崖石刻。

刻写于木片、竹片上的主要是临时性的乡规乡约、结合团（民间村寨之间全民武装互助团体）公约、担歌。担歌是刻在扁担上的情歌，这种扁担并非劳动用具而是艺术品，加工特别光洁，然后在两头画上花鸟画，两头之间以彩笔画成若干个顺序排列的方框，名方龄。方框的边缘线条可画成有艺术特色的锯齿形、多道直线形、曲线纹线条，然后在框内书写或镌刻百十首民歌，通常用作定情物或定亲礼品，可相伴终生，非常贵重。为了长久保存，通常要刷一遍桐油作保护层。《粤风》中记载："峒人多用木担聘女，或以赠所私者。式如常，以五采龄作方段，龄处文如鼎彝。然歌与花鸟相间，字亦如蝇头。文多，姑存其一，以备一体云。"此外也有在篾编织物（竹笠）上书写的，在壮锦上、绣球上编织古壮字的，但不常见。

古壮字文献大量抄写在纱纸上。制作纱纸的纱皮树是一种灌木，遍生于石山地区的山麓畲地石缝中，通常高3米左右，小枝杈，主干粗如手腕。其皮甚厚且韧，在火上稍烤即可整块从根到梢剥下，以篾刀刮去表皮，露出乳白色的皮层，即可用石灰沤烂，再捣成浆，用1米长、80厘米宽的网罗从浆水中一过，上面均匀地铺上一层浆，干燥后即成纱纸。这种纸洁白柔韧，可拧作绳索，可见韧劲之大。这种纸防湿，不变形，防虫蛀后可存放百年而不自行粉化，是抄写古壮字文献极好的纸料。根据需要，可裁成一定的形状。以毛笔在上面书写，然后装订成册。纱纸是壮族地区一大特产，以都安、马山一带产量最多。在壮族地区，过去每村都能找到几本纱纸手抄本，内容多是民间长诗和壮剧剧本。而歌王、歌师、歌手、宗教师家里更多，整齐地保存在樟木箱中。

古壮字文献根据质料的性质有不同的保存方法，石质碑刻多选取坚硬且不易风化的青石崖或青石板。青石崖作摩崖石刻，多镌刻于有遮檐的露天石崖或干燥的岩洞壁上，以防风雨腐蚀。石板刻碑通常竖立后任其露天，也有的建亭遮雨。木质多存放于干栏二层或三层干燥的地方，并且常常涂上桐油，以便防潮、防虫。纱纸抄本民间歌师多存于樟木箱中，也有的秘藏于陶坛罐中，用蜡封口，有的还将其埋在床底的地下，平常不轻易示人。宗教师在家中设一间秘密的法室，其中有神坛神像，坛上供着古壮字经书，视为珍宝。纸质抄本以中国传统笔墨抄写，不怕水渍，最怕虫咬，所以抄本封面常用涂以桐油的纱纸，防虫防腐。歌师、歌手们在收藏这些文献时，还会放上灵香草。这是一种天然香料，生长于原始森林中，香味纯正，且能持续十几年，有很好的防腐、保色及防虫作用。将灵香草与抄本一起放置在陶罐、木柜或樟木箱中，可使歌本、经书长久不坏。古壮字文献作为珍贵的民族文化遗产，其主要的传播方式有传唱、传抄和传授。传唱是指在歌圩、歌台、节庆或宗教仪式上，歌手、歌师、歌王们唱诵相应的歌本，这是最主要的也是最广泛的传播方式。传抄经常在民间进行，主要是传抄各种长诗、经诗，包括写在石板上、木板上、木担上、纸扇上的民歌。传授即指师傅向徒弟讲授经诗，徒弟在举行了拜师仪式后，由师傅教导三年左右即可出师，到时必须基本掌握古壮字，读通经书并熟练背诵。歌王则设教馆，在其中授徒传歌，一般先教古壮字，再教民歌格式及创作方法，讲解民族风情、历史，教授若干部长诗。在民间，老歌手、歌师普遍会向年轻人讲解长诗，教认古壮字，以期民族的文化精髓得以世代传承，绵延不绝。

（梁晖）

第 四 章

目录与分类

古壮字文献在历史上并没有严格的分类，一般而言，主要有以下几种约定俗成的分类法。

一、按性质分类。主要有：

1. 民间长诗类

（1）史诗。如《布伯》、《郎正与囊娘》、《莫一大王》等。

（2）民间叙事诗。如《唱秀英》、《达七与六丘》、《梁山伯与祝英台》、《文龙与肖尼》、《李旦与凤娇》等。

（3）民间抒情长诗。如《达稳之歌》、《达备之歌》、《特华信歌》等。

（4）民间历史长诗。如《从明朝到民国史歌》、《中法战争史歌》、《东兰革命史歌》、《龙胜壮族历史传说歌》等。

（5）伦理道德诗。如《传扬歌》（一）、《传扬歌》（二）、《百岁歌》等。

（6）套歌。即将散歌连成套的歌，如《右江排歌》、《幽骚》、《武鸣情歌》等。

2. 宗教经典类

（1）麽经。如《麽请布洛陀》（请布洛陀经）、《麽叭科仪》（禳解仪式经）等。

（2）师公经。如《唱东灵》、《唱舜儿》、《毛红歌》等。

（3）道公经典。如《太平经》、《灵宝经》、《三皇经》等。

3. 说唱类

如《二度梅》、《打鸟》、《嘟囔袋》、《卜必乜必》等。

4. 壮戏类

如《侬智高》、《卜牙》、《岑逊王》、《张四姐下凡》、《雷王》、《八仙图》等。

5. 其他

二、按地域分类。如都安唱本、隆山（今马山）唱本、上林唱本、田阳唱本、忻城唱本、富宁唱本，等等。

三、八大类分法。20世纪80、90年代，在对古壮字文献进行比较全面的田野调查和研究的基础上，重新进行分类。1987年广西壮族自治区第二次少数民族古籍整理工作会议的工作报告中，提出了八大类分法：

1. 语言文字类：如《古壮字字典》，其中收入古壮字10700字（包括异体字）。

2. 文学类：包括史诗、叙事诗、伦理道德诗、民歌集成、风俗歌等。

3. 艺术类：包括各种说唱本、壮戏剧本。

4. 宗教类：包括麽公唱本、师公唱本、道公经书、花僧经书等。

5. 历史类：包括乡规民约、家谱族谱、土官文书等。

6. 碑刻类：包括古壮字碑和古壮字与汉文混合的碑刻。

7. 文人著作类：文人著作中包含有古壮字的作品。

8. 医道医术类：包括用古壮字记录的药名和单方、验方等。

四、十大类分法。 20世纪90年代出版的《民族古文献概览》（民族出版社1997年版）分为十类，即：

1. 碑碣。包括住宅碑、山寨碑、界碑、路碑、乡规乡约碑、岩洞碑、墓碑、功德碑、革除陋规碑……

2. 乡规民约及讼牒。如广西龙胜龙脊《严禁烂崽》、《严禁窝赌》、《禁盗贼》等乡约。《传扬歌》也经常当作乡规民约用。

3. 信函。将寄亲友的信写成长诗，书写在纱纸、扇面或扁担上，《粤风》上的《扇歌》、《担歌》即是，写在纱纸上最有名的是《特华信歌》。

4. 谱牒。即乡间家谱和族谱。

5. 民歌。即用古壮字创作或记录的散歌本，民间很多。将散歌有机组合，就成了套歌或组歌。云南壮族的《幽骚》就是有名的套歌。

6. 民间长诗。包括史诗、叙事诗、历史歌、哲理长诗等，历史上很多，但大都自生自灭，现在大约还有1 000多部。按题材又分民族题材和汉族题材两种。著名的如《布洛陀》、《布伯》、《嘹歌》、《梁山伯与祝英台》、《文龙与肖尼》等。

7. 壮剧剧本。剧目1000多种，口头传授或古壮字本传授。主要有《盘古》、《侬智高》、《张四姐下凡》、《女儿媒》、《白马姑娘》等。汉族古典名著《三国演义》、《水浒传》、《封神演义》等还被改编为连台戏。

8. 说唱本。如《莫一大王》、《四季歌》、《二度媒》、《人圆月也圆》等，曲目很多。

9. 经书。包括巫教、道教、佛教经典，最近出版的《壮族麽经布洛陀影印译注》就包括29种异文。

10. 医药。包括民间和土官时代留下的古壮字壮药、丹方、验方等。

五、古籍办分类法。 2003年初，广西壮族自治区少数民族古籍整理办公室根据国家民族事务委员会民办（文宣）字〔1997〕114号文和《〈中国少数民族古籍总目提要〉编写纲要》制订了《中国少数民族古籍总目提要·广西各民族分卷编写要求》，对壮族古籍又重新作了分类：

1. 书籍类

（1）民族文字。①包括用古壮字记录或创作的民间叙事诗、散歌集、套歌、伦理道德长诗、历史歌；②壮族说唱古壮字抄本；③壮戏剧本；④师公经书手抄本、麽公麽经手抄本等；⑤其他。

（2）民族文字与汉文混合。①师公《百解神煞》、《杂集圣目》、《杂良通集》等科仪本的部分唱本；②道公《太平经》、《灵宝经》等；③花僧（佛徒）经书。

2. 碑铭类

（1）民族文字刻写的。如《廖士宽墓门碑》等。

（2）民族文字和汉文混合刻写的。如《万承州革除苛杂碑》（光绪十六年即1890年）、《永远蠲免碑》（宣统三年即1911年）、《永远免伕碑》（宣统二年即1910年）。

3. 文书类

（1）民间契约。

（2）土官公文。

（3）家谱族谱。

（4）乡规民约。

以上现行分类法，是根据不同的需要分类的，各有特点。

第 五 章

古籍发掘、研究简况

一、20世纪上半叶，壮族古籍的整理和研究开始得到一些独具慧眼的学者的重视。1918年，在新文化运动的推动下，以北京大学为中心，兴起了收集、刊载民歌的运动，后在1922年创办的《歌谣》周刊上陆续刊登，其中就有一些壮族民歌。20年代初，顾颉刚在《小说月报》十四卷第一号上，以惊喜的心情评介了产生于乾隆年间的《粤风》这部"重要的歌谣集"，随即引发了延续到抗战前夕的《粤风》热。《粤风》中的俍歌和僮歌37首，实际都是壮歌，成了学者争相评介的珍品。发表的文章主要有：左天锡的《刘三妹故事与"粤风续九"及"粤风"》（北京大学研究所《同学们月刊》，1927年2月）、钟敬文的《再编"粤风"引言》（《文艺周报》，1927年8月）、顾颉刚的《"粤风"序》（南洋日报六周年纪念特刊——《椰子集》，1928年4月）、叶德均的《歌谣拾零》（《民俗》29、30期合刊，1928年10月）、左天锡的《标点"粤风"后记》（《南国月刊》创刊号，1929年1月）、顾颉刚的《"粤风"的前身》（《民间月刊》，1933年8月）、王鞠侯的《关于"粤风的前身"》（《民间月刊》，1933年8月）及《再说"粤风的前身"》（《民间月刊》，1934年4月）、容肇祖的《关于〈粤风续九〉》（《民间月刊》，1934年4月）、乐嗣炳的《粤风之地理考察》（《文学》，1934年6月）、《粤风与刘三妹的传说》（中山文化教育馆季刊，1937年夏）。由于《粤风》中的壮族民歌是古壮字原文，读者不易理解，钟敬文与刘乾初于20年代初将其译为《俍僮情歌》在广州出版。

1934年，商务印书馆出版了刘锡蕃的《岭表纪蛮》一书，其中的艺文部分收录了若干壮歌古壮字原文，并且对壮族的歌谣及民歌风俗作了比较中肯的评价。

关于零星的整理、翻译和研究，比较系统的是1940年由上海商务印书馆出版的李方桂的《龙州土语》一书，该书收入了16段壮族民间故事和民歌，加了国际音标、汉文对译、汉文及英文意译。这是壮族民歌首次被译成英文。其他的如《民俗》、《北大歌谣周刊》、《艺风》、《教育旬刊》、《广西特种部族歌谣集》等也刊登了部分散歌，有的采自民间，有的译自民间古壮字手抄本。

总的来说，20世纪的前50年，古壮字文献在民间处于自生自灭状态，壮族官方和上层均不屑一顾，当然更谈不到系统收集、整理和研究。少数独具慧眼的学者的整理和研究，犹如黑夜中的烛光，十分可贵，但在那样的社会条件下，不可能产生多大的社会效应。正因为如此，他们的眼光特别令人敬佩，成果十分让人珍惜。他们毕竟是拓荒者。

二、新中国成立以后的30年间，古壮字文献开始得到重视。虽然那时还没有专门整理、研究民族古籍的机构，但民间文学研究会实际承担了收集整理的工作。前20年，该会与各县文化馆和基层文化站从民间收集到了一批珍贵的古壮字手抄本。50年代中央提出了编写壮族文学史的任务，收集资料工作被提上日程，广西壮族自治区科学工作委员会建立了壮族文学史编辑室，并组织由高等学校学生参加的调查队，深入民间收集材料，得到了一批宝贵的手抄本。与此同时，广西壮文工作委员会和广西少数民族社会历史调查组也在调查中得到一批材料。仅在广西就收到300多万字的原始材料，这些材料于1959年印成三集《壮族民间歌谣资料》和四册《壮族民间故事资料》，歌谣资料大多来自古壮字手抄本。在50年代末和60年代初，为了创作和修改好歌剧及电影《刘三姐》，组织了专门的小组深入壮族民间，收集到了一批口传民歌和手抄本，总数达几万首民歌。此外，区级、地县级文艺团体为了创作，也收集到了数量不等的手抄本。

对古壮字文献的整理翻译取得了一定的成绩，《壮族民间歌谣资料》中由古壮字手抄本翻译的长诗就有《郎正射太阳》、《卜伯》、《歌仙刘三姐》、《梁山伯与祝英台》、《朱买臣》、《唱秀英》、《达稳之歌》等20多部，公开发表或出版了《嘹歌·唱离乱》（《广西文艺》1963年第5期）、《马骨胡之歌》（《叠彩》1960年第2期）、《布伯》（《红水河》1959年第5期）等一批由古壮字手抄本整理翻译的民间长诗。这对壮族来说确是破天荒的文化盛事。

研究工作取得了一定的成绩，发表了一批研究文章，特别是《广西壮族文人文学史概要》的印行和《广西壮族文学》的出版，填补了壮族文学研究的空白。《广西壮族文学》出版于1961年7月，包括远古文学、古代文学、近代文学、歌谣和歌圩等编章，其中的民间长诗和歌谣主要得益于古壮字文献，而这部分是壮族文学中的重点，贯穿始终。可见离开了古壮字文献，是无法编写壮族文学史的。由于有一定的研究成果作为基础，以民间文学特别是民间长诗手抄本为题材的再创作取得了辉煌的成就。代表作是长诗《百鸟衣》、歌剧《刘三姐》和电影《刘三姐》。韦其麟创作的《百鸟衣》，其根据既有散文体民间故事，又有古壮字民间长诗抄本，他经过融合以后创作了这部长诗，1955年发表后轰动了中国文坛，被评为新中国成立十周年的佳作之一。60年代产生的《刘三姐》，更是轰动海内外，其脍炙人口的歌词，不少得益于民间手抄本。

不过这个阶段也留下了遗憾，一是只注意民间诗体手抄本，没有注意其他方面，宗教典籍还被毁了不少，难以弥补；二是对民间诗体抄本还缺乏科学的整理，在翻译过程中出现过人为加工的拔高，影响对文献的全面理解。

三、20世纪80年代以来的二十多年里，是古壮字及其文献在漫长历史上遇到的第一个黄金时期。首先表现在对古壮字及其文献有一个比较正确的认识，承认这种文字的历史地位，给予正名，正式称为古壮字，以取代延续一千多年的带有贬义的土俗字。方块壮字一般也不大用了，因为古壮字中存留一些本源字和刻画文，它们不属于方块字范围。用这种文字写就的文献，是壮族的宝贵文化遗产，是民族的精神财富。

根据1981年中共中央关于古籍整理出版的有关文件精神和随后国务院批转的国家民委关于少数民族古籍整理出版规划的请示报告，成立了广西壮族自治区少数民族古籍整理办公室，古壮字文献历史上第一次有了整理出版的专门机构。从此古壮字文献的收集、整理、出版被纳入政府的工作范围，有了相应的规划，得到了人力和财力的保证，使工作得以有组织、有领导、有计划和全面地、系统地、科学地展开。在广西，有50多个县（市）成立了少数民族古籍整理领导小组及办公室。90年代，还在云南省文山壮族苗族自治州的五省区（广西、云南、广东、贵州、湖南）联席会议上，成立了五省区壮族古籍整理出版协作领导小组。对古壮字文献而言，这确是破天荒的文化盛事。

面对紧急而繁重的抢救任务，在广西壮族自治区少数民族古籍整理办公室和有壮族分布的云南等省有关部门的统一安排下，展开了规模空前的文献抢救工作，省区、地县的有关机构，组织专家深入民间，广泛收集相关材料，进行艰苦细致的解读和核对，调查与文献有关的背景，感受现场的气氛，理解文献的精髓，收获丰硕。仅1986—1987年一年，就收到1300多种手抄本。2004年出版的《壮族麽经布洛陀影印译注》中收入的29种本子，都是80年代以来陆续收到的。第一部麽经得来颇费周折，一位文化馆同志打听到一位麽公有一部布洛陀麽经，登门拜访，麽公矢口否认。这位同志只好以调查民间风情为名，和这位麽公"三同"，一个月里为老人挑水打柴，下地干活。老人终于受到感动，小心翼翼地把床下的浮土扒开，挖下去，掏出一个陶罐来，把蜡封去掉，从里面掏出一本封面又黑又烂的手抄本来，像捧一件价值连城的传家宝那样捧到这位同志面前。当这位同志央求借回重抄时，麽公拒绝了，除非拿一头大水牛来做抵押。文化馆哪里有大水牛？只好埋头就地逐字抄写，第一部麽经的发现就这样颇具传奇色彩。这次普查收集有一个重要的特点，这就是全面性，包括了用古壮字记录、创作的民间各类长诗、宗教经典、碑刻、乡规民约、家谱族谱，等等，而不是像以往仅限于民间长诗。

整理工作成绩斐然，首先是根据所得资料编写了《古壮字字典》，这是古壮字的第一部字典，填补了这方面的空白。字典中收入了用汉字偏旁部首创造的4918个古壮字，加上异字共10 700个。这还不包括数量很大的直接引自汉字的古壮字。整理科学本是一个突破，既完整地保持了原文，又加上壮文转写、国际音标、汉文对译和意译，使各民族学者都可以对之进行研究，便于扩大这些文献的影响。其代表作是《壮族民歌古籍集成·情歌（一）》（即《嘹歌》，由《三月歌》、《日歌》、《路歌》、《贼歌》、《建房歌》五部长诗组成）、《壮族民歌古籍集成·情歌（二）·欢㭓》、《布洛陀经诗译注》、《古壮字文献选注》、《壮族麽经布洛陀影印译注》等。《壮族麽经布洛陀影印译注》是《壮学丛书》的首批重点项目，收入29部经诗，八卷，527万字，大16开精装本，这是近期最重要的成果，在人民大会堂举行首发式引起各方瞩目。

整理的另一项成果是一批古壮字手抄本被转写为壮文出版，比较重要的有《传扬歌》、《壮族排歌选》、《武鸣民歌》、《盘歌》、《特华之歌》、《达稳之歌》、《梁山伯与祝英台》、《李旦与凤娇》、《莫一大王》、《达备之歌》、《迷梭和勒梭》、《郎正与囊娘》，等等。壮文转写本的出版，使不同方言土语区懂得壮文的壮人都可以阅读，扩大了作品的辐射力。

一批手抄本被翻译成汉文出版，如《唱秀英》、《唱东灵》、《达七与六丘》、《马骨胡之歌》、《幽骚》、《唱舜儿》、《传扬歌》、《想和盼》、《达媅与勒驾》、《达稳之歌》，等等。这些译本虽然只占古壮字民间长诗很小的一部分，但从中多少可以看出壮族民间长诗的风采。

20多年来，古壮字文献逐步引起国外的重视，澳大利亚、日本、泰国、美国、越南、老挝、英国的学者都对其产生了浓厚的兴趣。如1983年，日本著名学者西胁隆夫在《中国语学》第230号上发表了《关于〈粤风〉俍、僮的文字》一篇长文，文中称："本稿的用意，是想以《粤风》的卷三（俍歌）、卷四（僮歌）的文字为中心，对其作较为专门的语音学探讨。"接着作者分别从"广西地域的'派生汉字'"、"俍僮歌使用文字的对照表例"、"'俍歌'、'僮歌'使用'土字'的比率"、"'俍歌'、'僮歌'文字的分类"、"《粤风》'俍歌'、'僮歌''土字'的特点"、"《粤风》'俍歌'、'僮歌'的'土字'的声调问题"六个方面对古壮字进行探讨，是外国学者中研究古壮字最长也是最全面的文章，其所引的例字达200个之多，并对大部分例字拟构了语音，虽然不完全准确，但其探索精神令人敬佩！美国学者也发表了类似文章。澳大利亚悉尼大学对古壮字文献更是情有独钟，将部分麽经注音、注义（汉英对照）在国外出版。就文字本身而言，古壮字已经进入国际标准化组织的文字平台，未来古壮字文献将通过世界各地数字化图书馆走向世界。

（梁庭望）

第 六 章

古籍珍品图片及说明

图 1-1	《三千书》封面	(657)
图 1-2	《三千书》中的一页	(657)
图 1-3	《三千书》封底	(658)
图 2-1	《农老》封面	(659)
图 2-2	《农老》中的一页	(660)
图 3-1	《布伯与雷王》中的一页	(661)
图 3-2	《布伯与雷王》中的一页	(661)
图 4-1	《毛红》封面	(662)
图 4-2	《毛红》中的一页	(662)
图 5-1	《文龙文宗唱本》封面	(663)
图 5-2	《文龙文宗唱本》中的一页	(664)
图 6-1	《达㛦与勒驾》《念妹与孤儿》封面	(664)
图 6-2	《达㛦与勒驾》《念妹与孤儿》中的一页	(665)
图 7-1	《欢樏》封面	(665)
图 7-2	《欢樏》中的一页	(666)
图 8	《莫一大王》中的一页	(667)
图 9-1	《李旦与凤娇》封面	(668)
图 9-2	《李旦与凤娇》中的一页	(668)
图 10-1	《唱请雷王》封面	(669)
图 10-2	《唱请雷王》中的一页	(669)
图 10-3	《唱请雷王》中还抄有其他歌 14 种	(670)
图 11-1	《唐王将军歌》封面	(670)
图 11-2	《唐王将军歌》中的一页	(671)
图 12-1	《唱唐皇》外封面	(671)
图 12-2	《唱唐皇》里封	(672)
图 12-3	《唱唐皇》中的一页	(672)
图 13-1	《鸡骨一宗》封面	(673)
图 13-2	《鸡骨一宗》中的一页	(673)
图 14-1	《鸡骨占像》封面	(674)

图 14-2　《鸡骨占像》中的一页 …………………………………………………………（675）
图 15-1　《哑兵樟座启科》封面 …………………………………………………………（675）
图 15-2　《哑兵樟座启科》中的一页 ……………………………………………………（676）
图 16-1　《本麽叭》封面 …………………………………………………………………（676）
图 16-2　《本麽叭》中的一页 ……………………………………………………………（677）
图 17-1　《麽请布洛陀》封面 ……………………………………………………………（677）
图 17-2　《麽请布洛陀》中的一页 ………………………………………………………（678）
图 18-1　《叹肉唱》封面 …………………………………………………………………（678）
图 18-2　《叹肉唱》中的一页 ……………………………………………………………（679）
图 18-3　《叹肉唱》封底 …………………………………………………………………（679）
图 19-1　《师公唱本》目录 ………………………………………………………………（680）
图 19-2　《师公唱本》中的一页 …………………………………………………………（680）
图 20-1　《旦唱歌》封面 …………………………………………………………………（681）
图 20-2　《旦唱歌》中的一页 ……………………………………………………………（681）
图 21-1　《补粮书卷》封面 ………………………………………………………………（682）
图 21-2　《补粮书卷》中的一页 …………………………………………………………（682）
图 22-1　《斋醮杂式》封面 ………………………………………………………………（683）
图 22-1　《斋醮杂式》中的一页 …………………………………………………………（684）
图 23-1　《嘹歌》封面 ……………………………………………………………………（684）
图 23-2　《嘹歌》中的一页 ………………………………………………………………（685）
图 24-1　《占杀牛祭祖宗》封面 …………………………………………………………（685）
图 24-2　《占杀牛祭祖宗》中的一页 ……………………………………………………（686）
图 25-1　《麽使虱郎甲科》封面 …………………………………………………………（686）
图 25-2　《麽使虱郎甲科》中的一页 ……………………………………………………（687）
图 26-1　《送鬼经》封面 …………………………………………………………………（687）
图 26-2　《送鬼经》中的一页 ……………………………………………………………（688）
图 27-1　《王曹赎魂仪式经》封面 ………………………………………………………（688）
图 27-2　《王曹赎魂仪式经》中的一页 …………………………………………………（689）
图 28-1　《麽经那坡古本》中的一页 ……………………………………………………（689）
图 28-2　《麽经那坡古本》中的一页 ……………………………………………………（690）
图 29-1　《麽叭请师》封面 ………………………………………………………………（690）
图 29-2　《麽叭请师》中的一页 …………………………………………………………（691）
图 30-1　《麽叭彭共科》封面 ……………………………………………………………（691）
图 30-2　《麽叭彭共科》中的一页 ………………………………………………………（692）
图 31　《东妹与金科》封面 ………………………………………………………………（692）
图 32　《唱白马三娘》封面 ………………………………………………………………（693）
图 33-1　象骨历算器 1 ……………………………………………………………………（694）
图 33-2　象骨历算器 2 ……………………………………………………………………（694）
图 34-1　骨刻历算器（水牛骨）1 ………………………………………………………（695）
图 34-2　骨刻历算器（水牛骨）2 ………………………………………………………（695）

图 35-1　《廖荷泰》封面 ·· (696)

图 35-2　《廖荷泰》中的一页 ··· (696)

图 36-1　《师多再》中的一页 ··· (697)

图 36-2　《师多再》中的一页 ··· (697)

图 37-1　《毛红歌》封面 ·· (698)

图 37-2　《毛红歌》首页 ·· (698)

图 37-3　《毛红歌》中的一页 ··· (699)

图 38-1　《布伯》重抄本封面（古今本） ······································ (700)

图 38-2　《布伯》重抄本中的一页 ·· (700)

图 39-1　《唱舜儿》首页 ·· (701)

图 39-2　《唱舜儿》中的一页 ··· (702)

图 39-3　《唱舜儿》、《董永唱》合抄本封面 ·································· (702)

图 40-1　《董永唱》中的一页（抄本封面见图 39 ···························· (703)

图 40-2　《董永唱》中的一页 ··· (704)

图 41-1　《百岁歌》中的一页 ··· (705)

图 41-2　《百岁歌》重抄本封面 ··· (705)

图 42-1　《何文受》重抄本封面 ··· (706)

图 42-2　《何文受》重抄本首页 ··· (707)

图 43-1　《不忘父母情》重抄本中的一页 ····································· (708)

图 43-2　《不忘父母情》重抄本封面 ·· (708)

图 44-1　《传扬歌》重抄本（隆山古今本）中的一页 ························· (709)

图 44-2　《传扬歌》重抄本（隆山古今本）封面 ······························ (710)

图 45　蒙廷守《传扬歌》抄本之一 ·· (711)

图 46　《传扬歌》（三）封面（马山片联本） ·································· (712)

图 47　六合坚固大宅颂碑 ·· (713)

图 48　智城碑 ·· (714)

图 49-1　《梁山伯与祝英台》中的一页 ·· (715)

图 49-2　《梁山伯与祝英台》封面 ·· (716)

图 49-3　《梁山伯与祝英台》中的一页 ·· (716)

图 50　《特华信歌》 ·· (717)

《三千书》

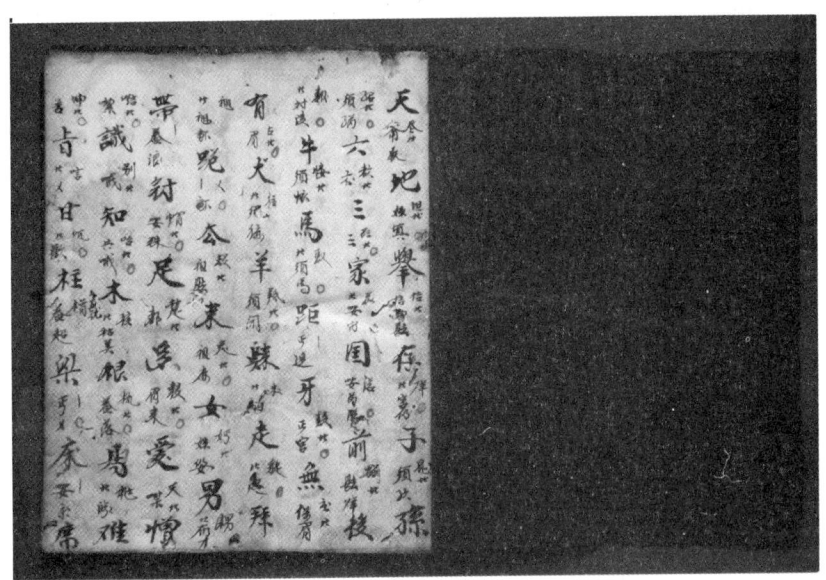

图 1-1 《三千书》封面

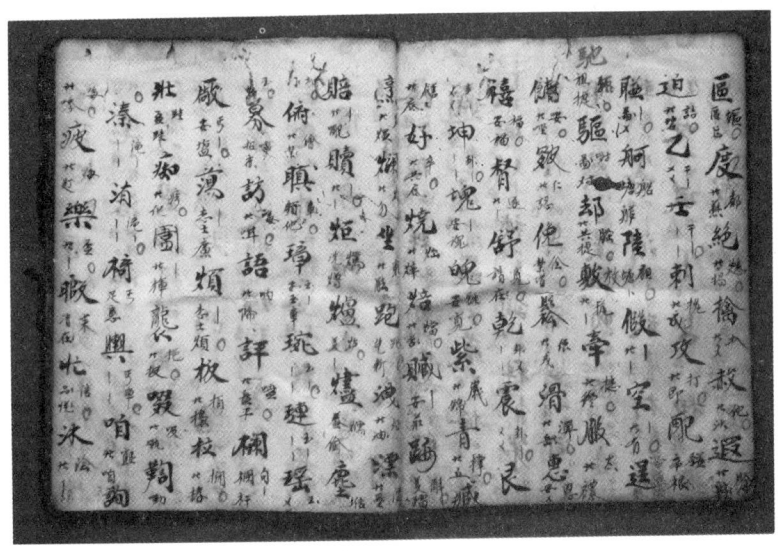

图 1-2 《三千书》中的一页

图 1-3 《三千书》封底

《三千书》为壮族字书，古壮字手抄本，不分卷。该手抄本是为壮族人方便学习汉字而编的。方法是用古壮字给汉字注音释义。如汉字"星"，下面注古壮字"牢""安刀"，前一个古壮字应为读音，后两个古壮字则是释义。这是迄今在壮族民间发现的年代较早的唯一的汉字和古壮字合璧的字典性工具书手抄本。抄本封面无书名，封二有"農文漢"字样。封面、封底、内文均未标明抄写年代，故抄写年代不详。行书字体抄写，纱纸线装，页面 23.5×19.5 厘米，无墨框，34 页 68 面。每面 8 行，每行 5—6 个汉字，每个汉字下面用古壮字标音释义。文中用朱笔圆圈句读。抄本虫蛀较多，残损严重。抄本原藏于广西龙州县金龙乡黄家豪处，1987 年 11 月 22 日由龙州县民族事务委员会干部严建新、龙州县红八军纪念馆侯成韬搜集，今藏于广西民族古籍整理办公室。至今尚未翻译整理出版。

《农老》

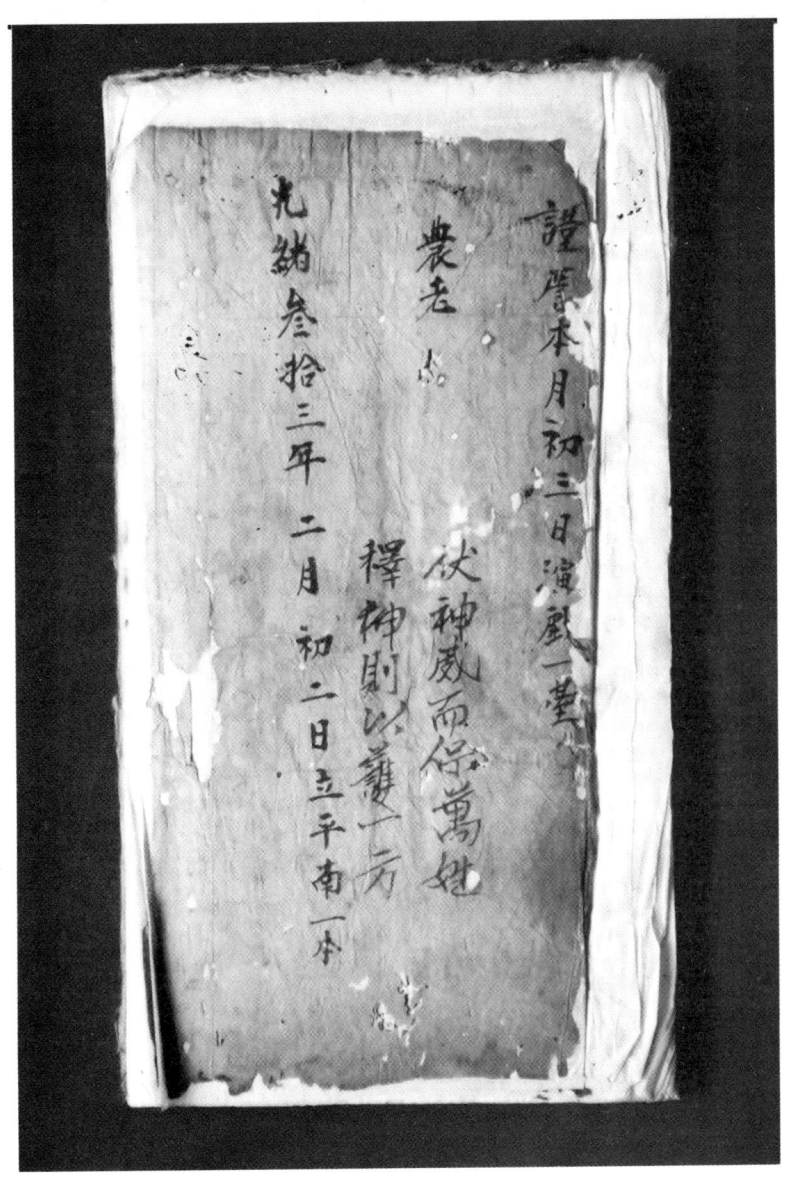

图 2-1 《农老》封面

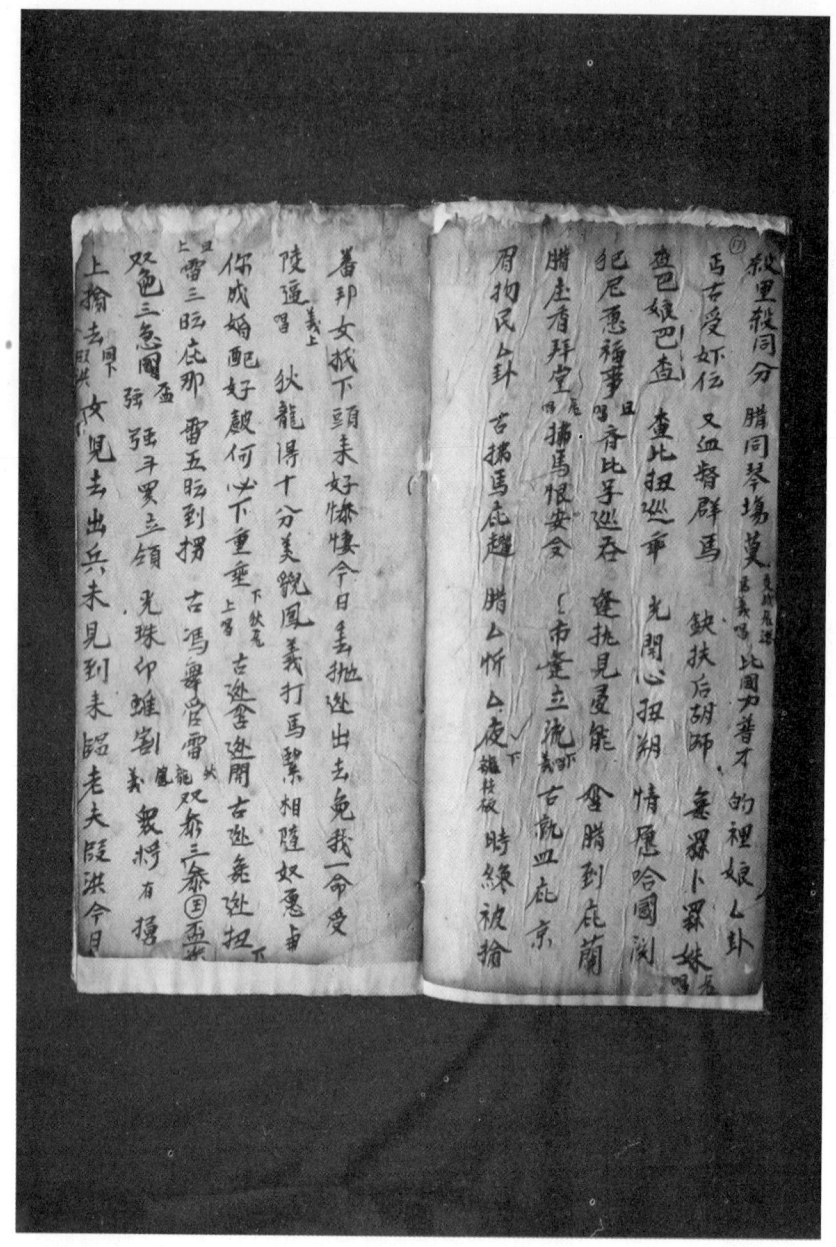

图 2-2 《农老》中的一页

《农老》壮戏古壮字剧本。不分卷。"农老"实指侬智高，剧本从不同的侧面反映了侬智高的英雄事迹。宋仁宗年代兵荒马乱，居住在滇、桂边境山区的各族人民生活在水深火热之中，侬智高揭竿而起，率领各族人民抗田赋、杀暴吏、诛豪绅、开仓济民，攻占邕州、梧州，直逼广州城下，最后与宋将狄青兵马决一死战。此剧为北路壮戏武打戏的代表剧目。抄本来源于云南省文山壮族苗族自治州富宁县。封面右上角书有"谨本月初三日演戏一台"，左上角有"光绪叁拾三年二月初二日立平南一本"。中间有后人补笔"伏神威而保万姓，释神则以护一方"。可知抄本于光绪三十三年抄写，即公元 1874 年抄写。行书字体抄写，纱纸线装，46 页 91 面，页面 29×16 厘米，无墨框，每面 6 行 24 句，五言四句韵文体。部分页面有虫蛀，字迹尚清晰可辨。原件由广西民族古籍整理办公室苏联武和百色地区民族事务委员会干部黄子义从云南省文山壮族苗族自治州富宁县搜集，现藏于广西民族古籍整理办公室。至今尚未翻译整理出版。

《布伯与雷王》

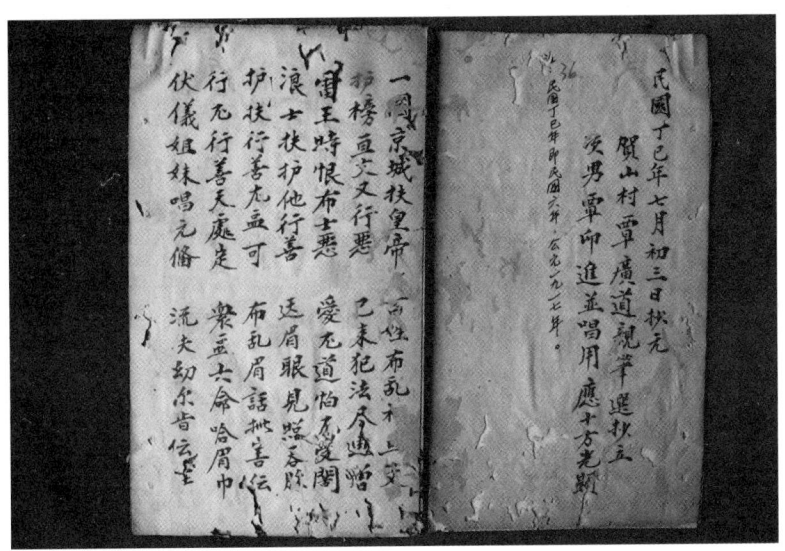

图 3-1 《布伯与雷王》中的一页

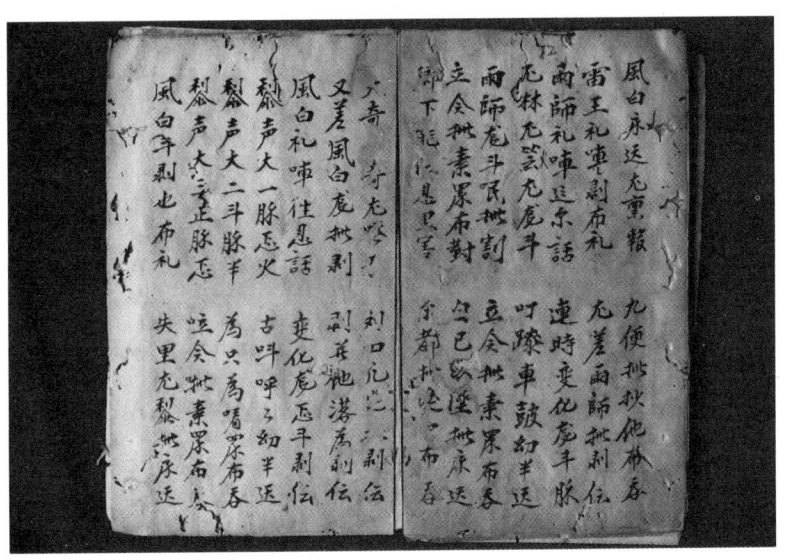

图 3-2 《布伯与雷王》中的一页

《布伯与雷王》，壮族师公唱本，古壮字手抄本。不分卷。抄本内容分为三大部分。第一部分主要是斗雷王。叙述雷王制造大旱，布伯上天逼雷王放水给人间，雷王被抓后骗得伏依兄妹给猪潲水喝，重新逃回天上。第二部分唱述雷王用洪水淹没天下，布伯大战雷王牺牲，伏依兄妹因躲进葫芦幸免于难。第三部分描写洪水过后，剩下伏依兄妹互相婚配重新繁衍人类。此抄本对研究壮族师公宗教和古代神话有重要价值。抄本无封面，无书名。扉页书有"民国丁巳年七月初三日抄元"、"贺山村覃广道亲笔选抄立，次男覃印进并唱用应十方光显"等字样。可知抄本于民国六年（1917年）抄写。行书字体抄写，纱纸线装。36页72面，页面21.6×13厘米，无墨框，每面7行14句，七言韵文体。有虫蛀。抄本原藏于广西来宾县石牙乡潘海加处，广西来宾县民族事务委员会搜集，今藏于广西民族古籍整理办公室。至今尚未翻译整理出版。

《毛红》

图 4-1 《毛红》封面

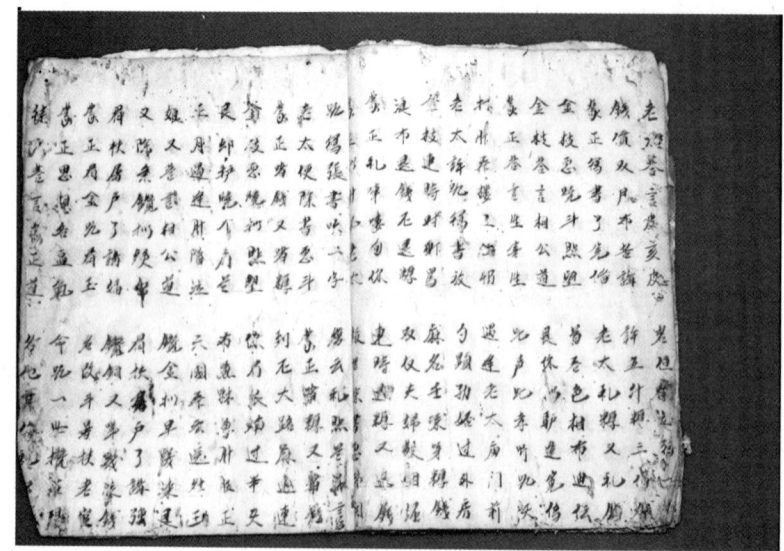

图 4-2 《毛红》中的一页

《毛红》，壮族叙事长歌古壮字手抄本，不分卷。此抄本亦称《毛红与玉音》，民间有多种版本，内容大同小异，题材来自汉族。主要唱述天上的金童玉女毛红、玉音分别在人间的翰林、尚书两家投胎下凡，并被指定以后结为夫妻，他们订婚后，毛红父母双亡，从富变穷。尚书毁约，将玉音另嫁，玉音不从，自杀身亡。到了天上以后，玉帝再把她投胎到别家，终于与毛红结为夫妻。毛红发奋攻读中了状元，夫妻享受荣华富贵。抄写年代不详。行书字体抄写，纱纸线装。页面24×18.5厘米，无墨框，41页82面。每面12次24句，七言韵文体。虫蛀严重，残损程度已无法翻页。抄本来源于广西上林县塘红乡，搜集人是上林县壮文学校覃建谋。抄本今藏于广西民族古籍整理办公室。抄本至今尚未翻译整理出版。

《文龙文宗唱本》

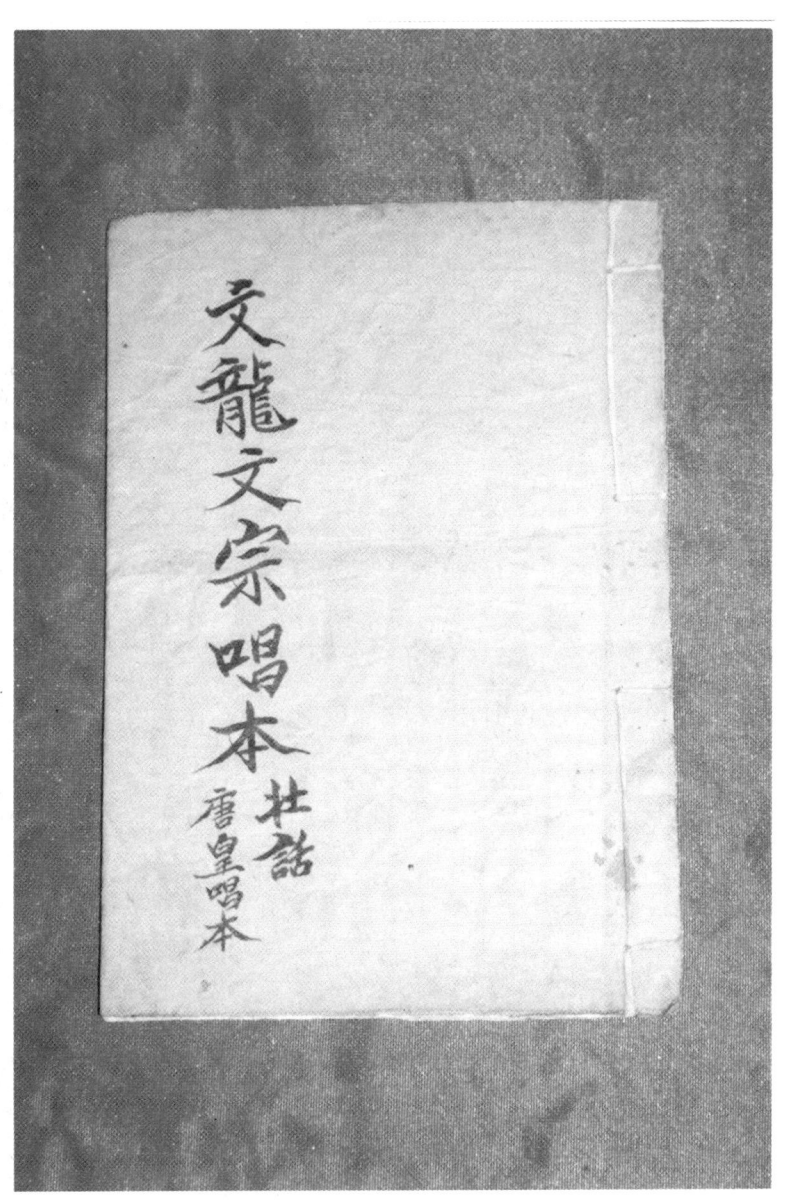

图 5-1　《文龙文宗唱本》封面

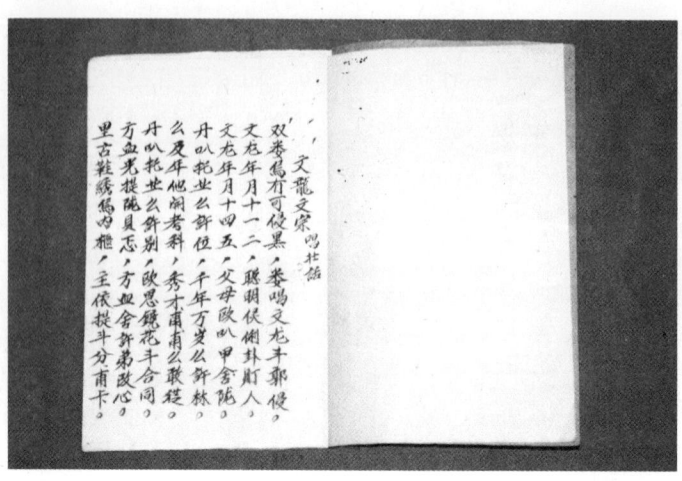

图 5-2 《文龙文宗唱本》中的一页

《文龙文宗唱本》,壮族师公唱本古壮字手抄本。不分卷。抄本根据汉族传统故事《刘文龙》改编而成。内容是说文龙聪明出众,娶肖尼为妻,感情甚笃。他奉召进京做官十多年未归,恶霸文宗见肖尼貌美,企图霸占,谎说文龙已死。肖尼公婆信以为真,逼她改嫁。当文宗要强娶夺人时,肖尼托梦给丈夫文龙,文宗被惩,肖尼得救,文龙肖尼夫妻团圆。原唱本抄写年代不详。现为 1980 年抄本。行书字体抄写,纱纸线装。10 页 19 面。页面 20×14 厘米,无墨框。每面 8 行 16 句,七言韵文体。完好无残损,抄本来源广西环江毛南族自治县,搜集人梁粹波。今藏广西民族古籍整理办公室。抄本至今尚未翻译整理出版。

《达媠与勒驾》(《念妹与孤儿》)

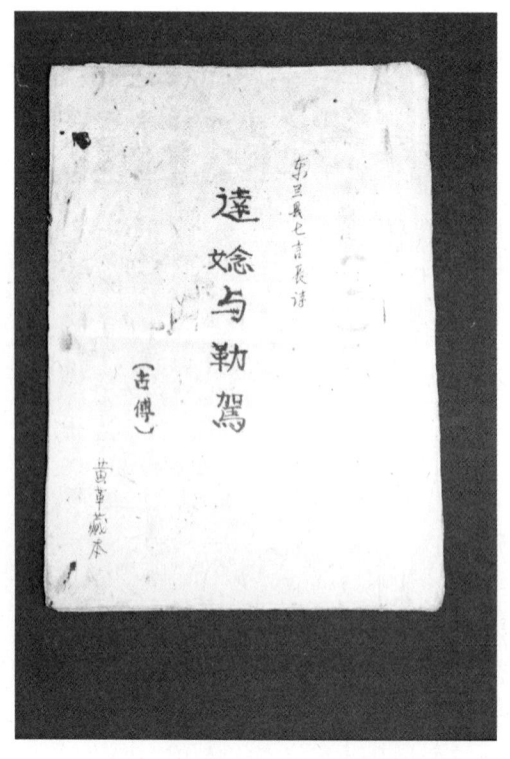

图 6-1 《达媠与勒驾》《念妹与孤儿》封面

第六章 古籍珍品图片及说明　665

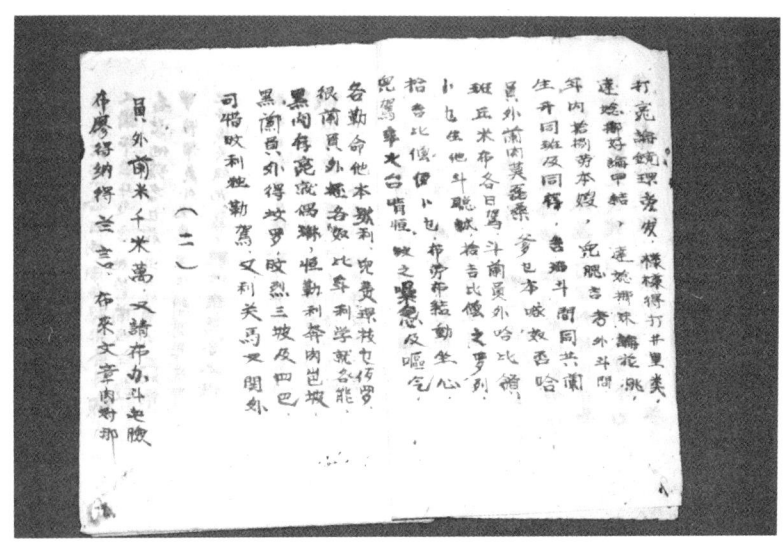

图 6-2　《达婔与勒驾》《念妹与孤儿》中的一页

　　《达婔与勒驾》又名《念妹与孤儿》，壮族叙事长歌古壮字手抄本。原名。不分卷。长歌叙唱有个财主家财万贯，却只有个独生女达婔，长得很漂亮。有一个文官和一个武官都想娶她。但她却爱上长工勒驾。父亲不允，她以自尽相威胁。后来财主让步，出难题考他们3人，限3日内，文官要写好10篇文章；武官要射落3株桃树上的所有桃花；勒驾要到千里之外去找来雷鼓。谁先完成谁入选。结果勒驾得仙翁相助，第3天找得雷鼓回来，鼓声一响，文官的9篇文章墨溅纸烂，武官即将射落完的桃花又全飞回树上，于是，达婔和勒驾喜结良缘。抄本封面和内文都用纱纸，铁钉装。行书体抄写，无墨框。23页46面。页面27×19.5厘米。每面8行16句，五言、七言体韵文。"达婔与勒驾"在壮族民间广为流传，此本为新抄本，所据抄本抄写人和年代不详。由广西民族出版社黄革搜集。今藏于广西民族古籍整理办公室。此长歌已由黄革、马永全用拼音壮文翻译整理，广西民族出版社1983年出版。

《欢㮒》《田州山歌》

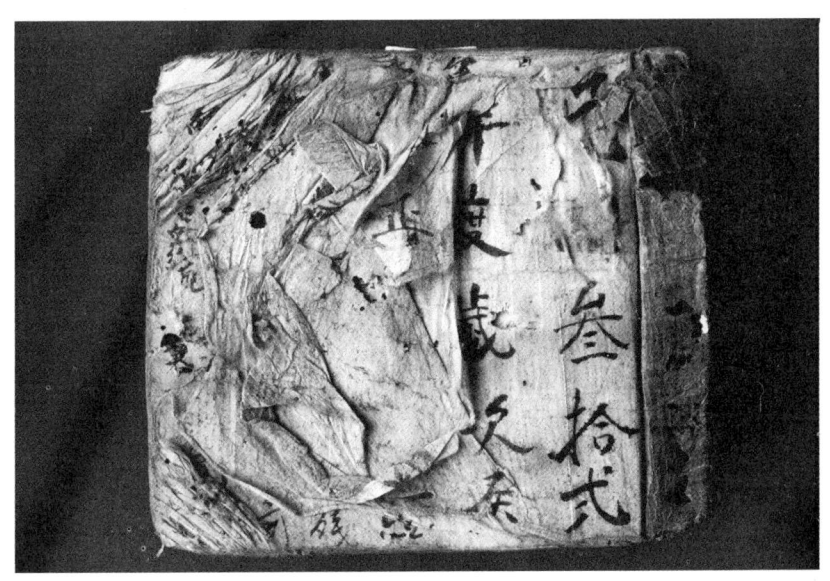

图 7-1　《欢㮒》《田州山歌》封面

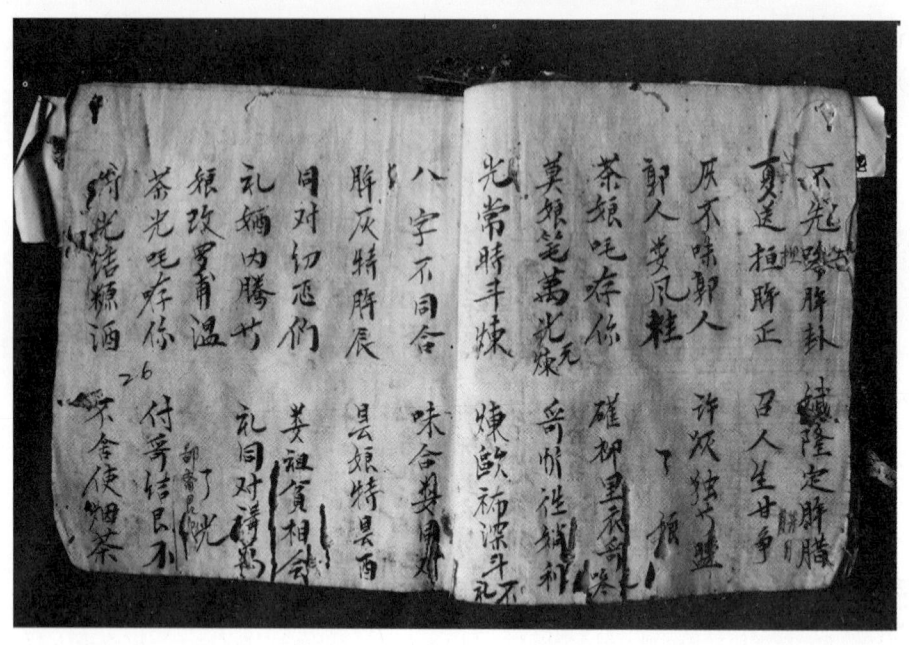

图 7-2 《欢榭》中的一页

　　《欢榭》，壮族民歌古壮字手抄本。不分卷。原文为"欢榭"（Fwen nganx），是古田州（今田阳）的代称。此抄本内容主要是"欢榭"（Fwen naux），"榭"在壮语里有赞颂、逗玩和答谢的意思，美则赞，受则谢，视具体情况而定。本册歌书包括"探路"、"赞村赞公婆"、"赞屋"、"谢凳歌"、"赞酒"、"赞菜"、"谢席歌"，等共18个章节内容的歌。这些歌按照一定的顺序编排。具体来说是依进村的经过和对歌进程而定的。进村探路，赞村赞巷赞公婆，入屋赞屋，坐凳谢凳，入桌赞酒赞菜，上席"让妹坐玩耍"则谢席，等等。歌书内容反映了壮族社会早已进入文明时期，即便是男女对歌，谈情说爱也是讲究礼节的，并逐步形成了一套完整的对歌礼仪。抄本封面用桐油浸泡过的纱纸，内文用纱纸红装。扉页有"民国叁拾贰年岁次癸未"，可知抄本于民国三十二年（1943年）抄写，另有1×1厘米红色印章，书写"黄奇德"。无书名，现名为整理者根据内容拟。楷体抄写，110页220面，页面11.5×13.5厘米，无墨框，每面8行16句，五言韵文体。封面和扉页残破，内文有虫蛀孔，大致保存完好。原抄本由广西田阳县文化馆唐云斌从田阳县搜集，今藏广西民族古籍整理办公室。已整理收入张声震主编《壮族民歌古籍集成·欢榭》，广西民族出版社1997年出版。

《莫一大王》

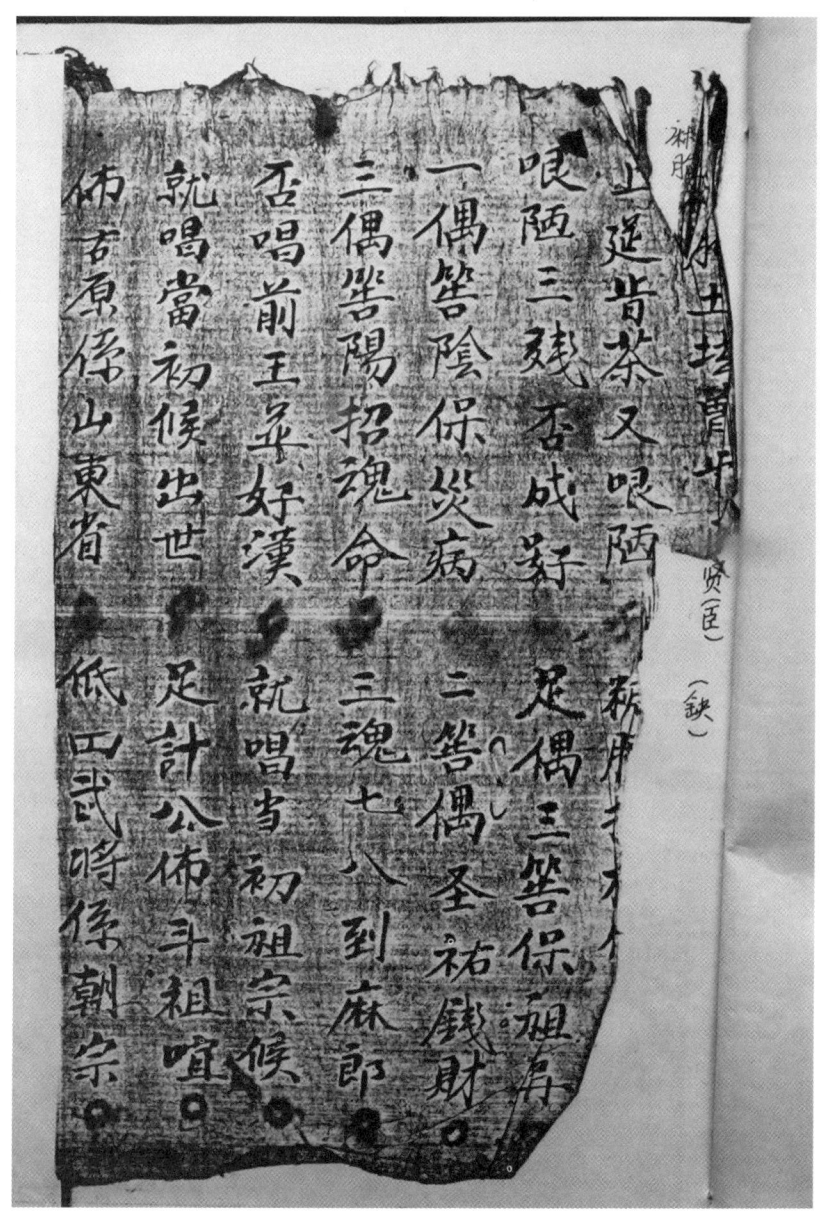

图 8　《莫一大王》中的一页

　　《莫一大王》，壮族叙事长歌古壮字手抄本。不分卷。抄本故事内容主要讲述河池莫一自幼失去父亲，为人家放牛为生，备受欺凌。十多岁时，听说父亲被人扔下深潭，便投潭寻父。潭底有一神牛对莫一说"我是你父亲，但已回不去了"，给了他一颗宝珠。莫一吞珠入腹，立具神力，时皇帝无道，要拨壮人皮盖宫殿，莫一大怒，搬山围城造反。皇帝派兵攻打，双方大战。后莫一被砍头，但他手捧头颅不倒，并嘱妻子把头放入金坛，不久坛中飞出满天马蜂，飞进京城蜇刺皇帝为莫一报仇。莫一死后被桂西一带壮人尊为祖先保护神，立有神庙。抄本无封面，无书名，现名为收集人根据内容拟。抄写人和抄写年代不详。楷书抄写，纱纸线装。无墨框，26 页 52 面。页面 26.5×19 厘米，每面 8 行 16 句，七言韵文体，第二页残缺，其余保存完好。原件由广西河池蓝景峰搜集。广西民族古籍整理办公室藏复印件。至今尚未翻译整理出版。

《李旦与凤娇》

图 9-1 《李旦与凤娇》封面

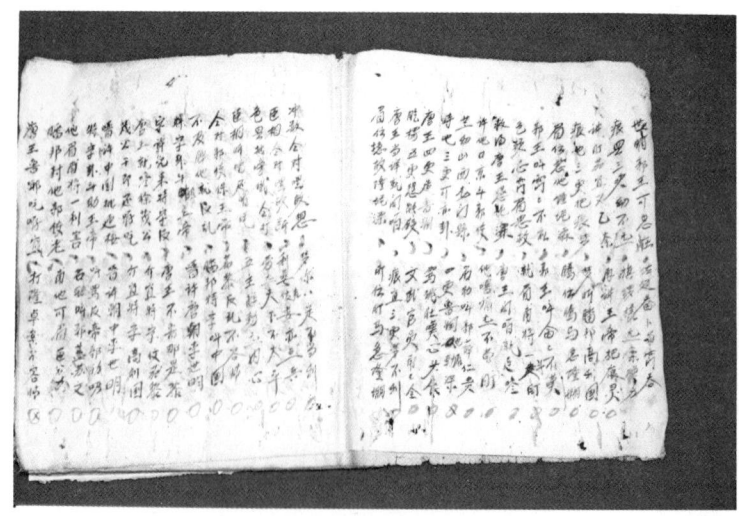

图 9-2 《李旦与凤娇》中的一页

《李旦与凤娇》，壮族叙事长歌古壮字手抄本。不分卷。该书是叙事长诗，原以汉族故事为基础，从内容到艺术形式都加入了壮族文化的成分。故事说唐朝武则天篡夺皇位后，迫害李家皇族，放火烧死李旦的母亲。10岁的李旦被仆人杜韦救出抚养，为胡法收留在家中打杂，胡的女婿马狄与李旦赛箭，李旦赢了，旦却触怒胡法而被打得死去活来。胡的养女凤娇出面求情，帮李旦洗抹伤口，料理饮食，两人相爱，定了姻缘；马狄要夺凤娇，害李旦，但凤娇、李旦不变心，经历曲折与苦难，李旦与凤娇终于团聚。长诗由五言勒脚歌组成，歌颂坚贞爱情，颂扬壮汉民族的团结。抄本封面无书名，此书名为收集人根据内容所拟。相同内容的抄本在壮族民间也叫"唱唐皇"。封面标有"巴马县燕洞街郑智英"，郑智英为藏书人。封面用牛皮纸，内文用纱纸，线装，无墨框，页面29×17.3厘米，51页102面，每面13—14行，26—28句不等，七言韵文体。原件由广西百色市黄子义从广西巴马瑶族自治县燕洞乡搜集，今藏广西民族古籍整理办公室。至今未翻译整理出版。

《唱请雷王》

图 10 - 1　《唱请雷王》封面

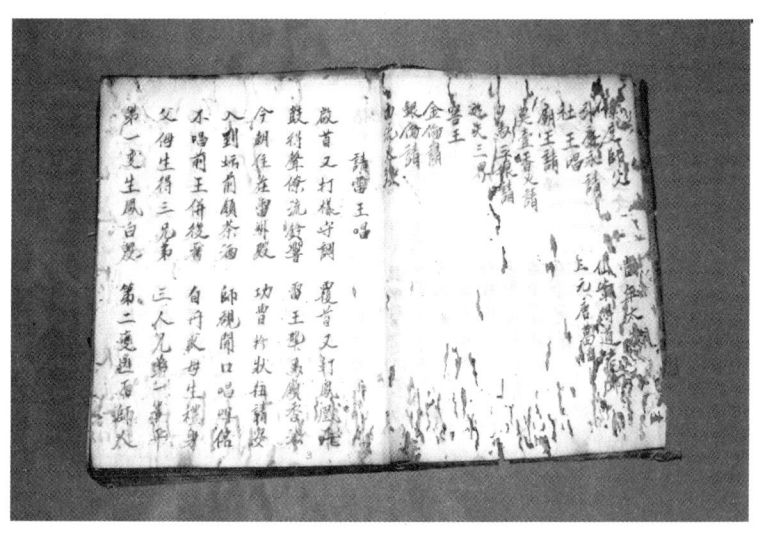

图 10 - 2　《唱请雷王》中的一页

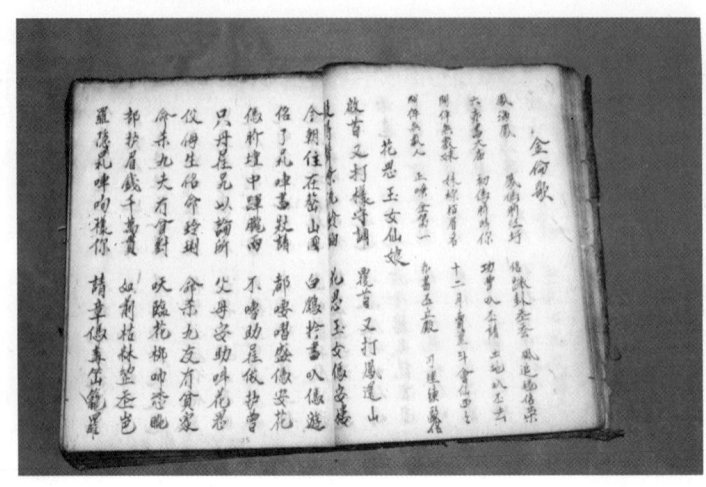

图 10-3 《唱请雷王》中还抄有其他歌 14 种

《唱请雷王》，壮族师公唱本古壮字手抄本。原无书名，用第一章标题"唱请雷王"为书名。分章，约有 36 章，每章均有标题。是师公做仪式时的唱词。主要讲述所供奉神祇来历及民间传说故事。如"伏羲窝"一章讲述先前伏羲造天地造人后，神农皇帝造粮食给人类吃，又教人类种粮食，盘古造牛及犁杖教人类种田等。"盘皇圣帝盘古造天及造地"章讲述从前盘古造天地，造人类繁衍。后来洪水淹没人间，有兄妹躲进葫芦里得以逃生。发大水后，人间只剩兄妹俩，天神要求兄妹成婚以繁衍人类。兄妹成婚后生下血胎，从此人间又有人民繁衍。其他章有讲述在壮族地区流传甚广的"董永的故事"、"白马三娘"等故事，有讲述师公教三元唐、葛、周的来历等。叙述中既有道教的教义讲授，又有佛教的劝诫，更有壮族民间宗教的信仰、禁忌等，内容繁杂而又丰富。反映了壮族地区道、佛教与民间宗教相互影响的情况。可供研究壮族民间宗教、神话传说等参考。抄本抄写年代不详，纱纸线装，页面 23.5×20 厘米，行书体抄写，无墨框，104 页 208 面，每面 8 行 16 句，七言韵文体。多有虫蛀，残损，字体清晰，尚可翻页。原藏广西武鸣县马头乡陶存教处，广西民族古籍整理办公室苏联武搜集，今藏广西民族古籍整理办公室。抄本至今尚未翻译整理出版。

《唐王将军歌》

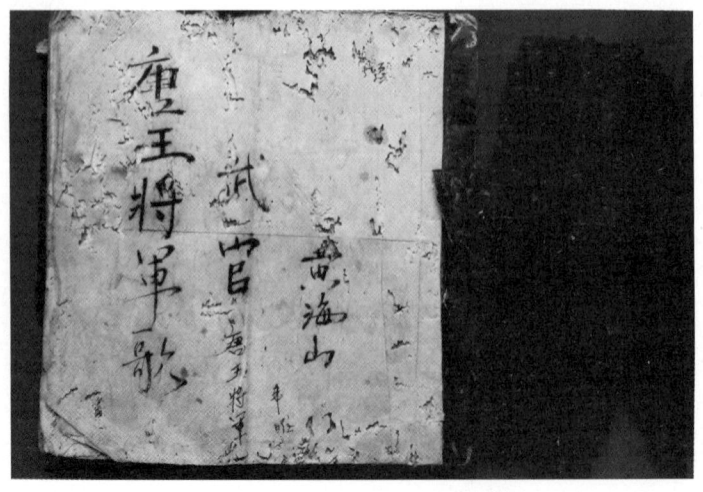

图 11-1 《唐王将军歌》封面

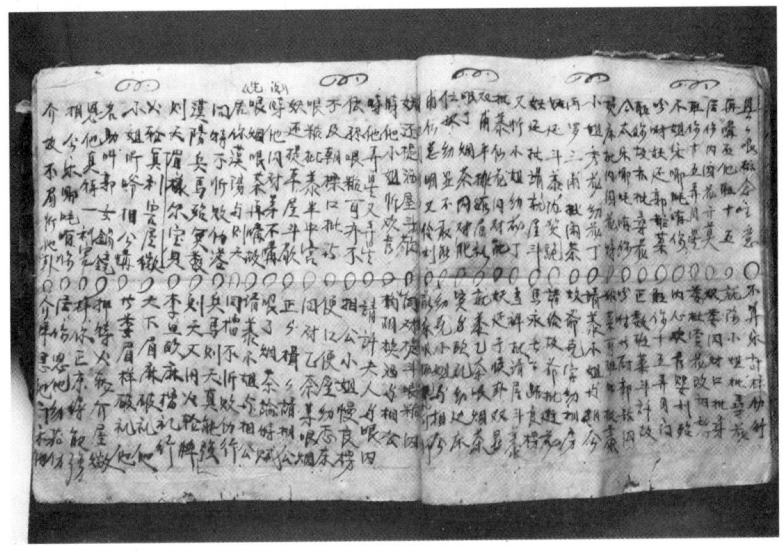

图 11‐2 《唐王将军歌》中的一页

　　《唐王将军歌》，壮族叙事长歌古壮字手抄本，不分卷。抄本以叙事长歌的形式，以唐朝的事情为背景讲述李旦与凤娇的故事。开篇叙述唐朝开国至武则天登上皇位，武则天登上皇位后，迫害李家皇族，李旦的母亲被烧死。李旦从小流落在外，长大成人后与凤娇相恋，遭到权贵迫害和折磨，两人忠贞不移，经历曲折与苦难后，李旦和凤娇有情人终成眷属。在讲述的过程中有薛仁贵东征、薛刚反唐等故事穿插其中。为目前所搜集到的同类唱本中内容最丰富、最长的本子，可供研究壮族民间文学和壮汉民族关系参考。抄写年代不详，封面为桐油浸泡过的麻布，有毛笔字"武官、黄海山"字样及钢笔字"韦唯"字样。内文为纱纸，线装，页面 26×25.5 厘米，无墨框，行书字体抄写，56 页 112 面，每面 20—23 行，40—46 句不等，七言韵文体，抄本原藏于广西马山县，由马山县文联红波搜集，今藏广西民族古籍整理办公室，至今未翻译整理出版。

《唱唐皇》

图 12‐1 《唱唐皇》外封面

图 12-2 《唱唐皇》里封

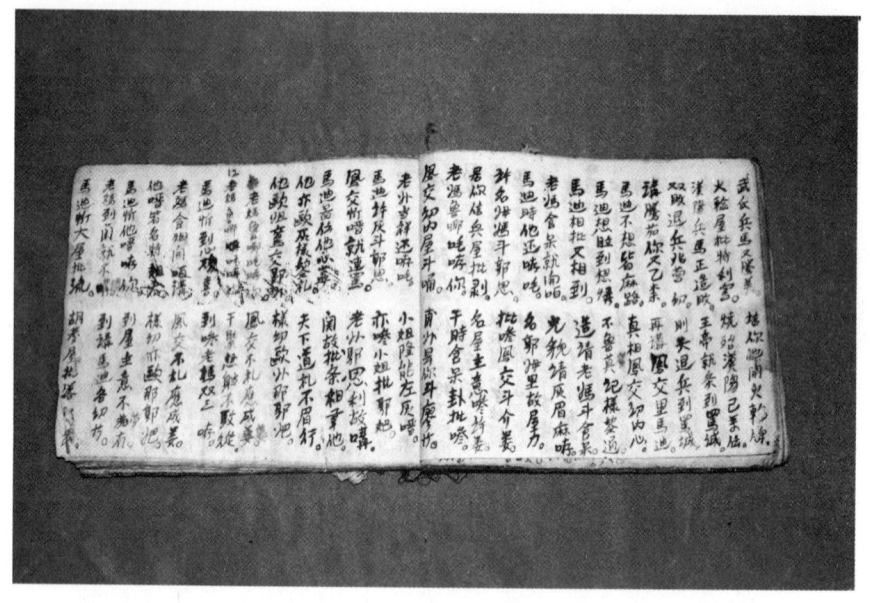

图 12-3 《唱唐皇》中的一页

《唱唐皇》，壮族叙事长歌古壮字手抄本。不分卷。"唱唐皇"唱述的故事在壮族民间广为流传，各地有不同版本，也称《李旦与凤娇》。故事以唐朝历史为背景，讲述武则天篡夺皇位后迫害李家皇族，放火烧死李旦的母亲，李旦被迫流浪他乡。后被胡法收留在家中打杂，与其养女凤娇日久生情，忠贞相爱，但受到胡法的女婿马狄的百般阻挠。最后历经曲折与苦难，有情人终成眷属。该抄本对研究壮族民间文学和壮汉民族关系有参考价值。扉页有"元一九五五潤三月立"，即抄写时间为1955年3月。抄写人不详。封面用桐油浸泡过的纱纸，内文用纱纸，线装。无墨框。页面18×23.5厘米，41页82面，每面14行28句，七言韵文体，封面及内文前部分有破损。原件由广西凌云县文艺队唐远明搜集。今藏于广西民族古籍整理办公室。未经翻译出版。

《鸡骨一宗》(《鸡卜书》)

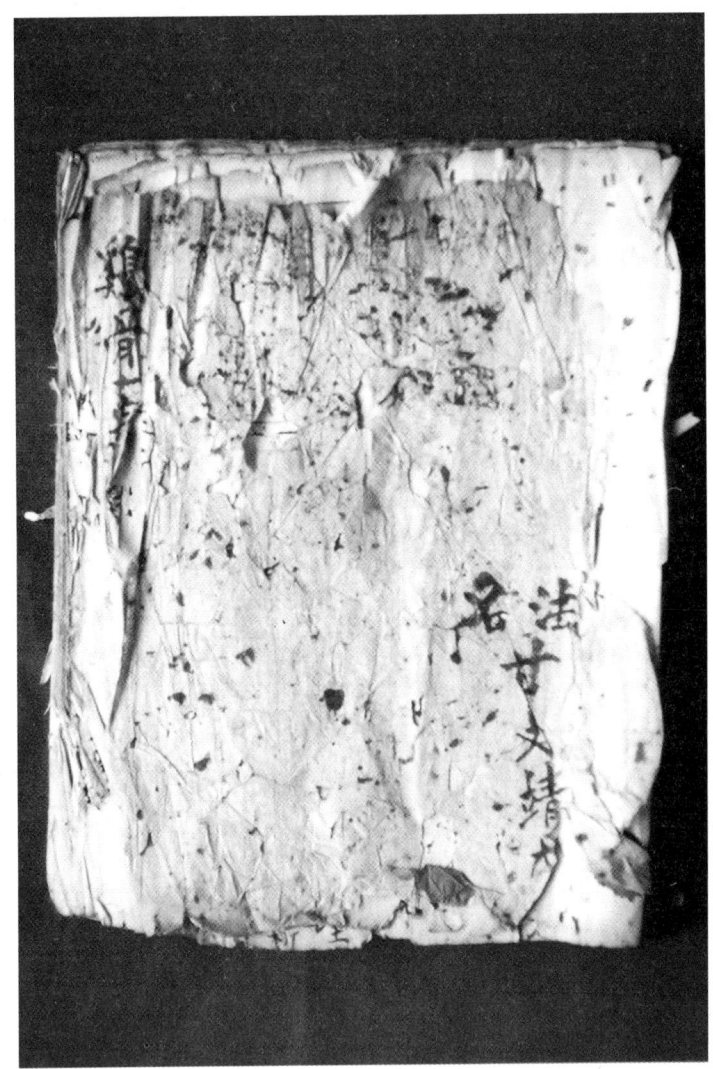

图 13-1 《鸡骨一宗》封面

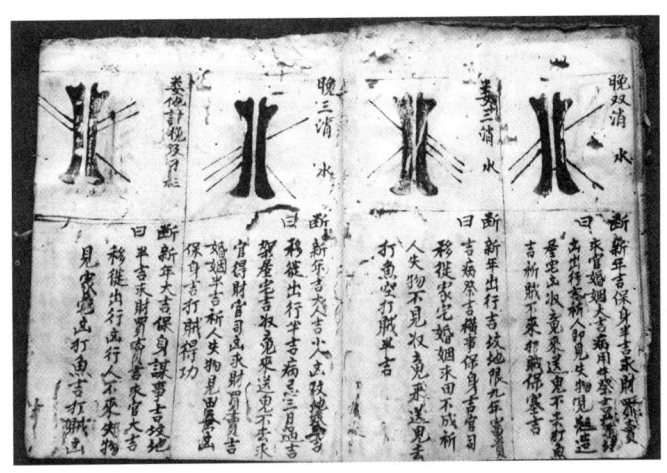

图 13-2 《鸡骨一宗》中的一页

《鸡骨一宗》，壮族鸡卜经书手抄本。不分卷。未标明抄写年代。抄本来源于广西巴马瑶族自治县所略乡甘文靖。封面右下角书有"法名甘文靖"字样。行书字体抄本，纱纸线装。54 页 108 面，页面 20×16 厘米，无墨框，每面两幅鸡骨挂像并附有约 50 字的文字说明。鸡卜是壮族先民古老的卜术之一，汉代时就盛行，今壮族地区仍有遗存。主要方法是取完整的两根鸡股骨，洗净，以竹签插股骨细窍，根据竹签与股骨组成的形状判别凶吉。挂像名称用古壮字，为描述挂像形状；说明文字用汉文字，注明出现本挂像宜做哪些事，不宜做哪些事。如该抄本第一挂像，说明文为"新年大吉，起屋入宅吉。埋葬吉，求官事凶。祈人失物不见，收魂不来送鬼去。婚姻不成，移徙出吉。求财小吉，保身吉。捕鱼猎不得，打贼必死也。"抄本虫蛀较多，残损严重，抄本由广西田阳县文化馆唐云斌搜集，今藏于广西民族古籍整理办公室。抄本至今尚未翻译整理出版。

《鸡骨占像》（《鸡卜书》）

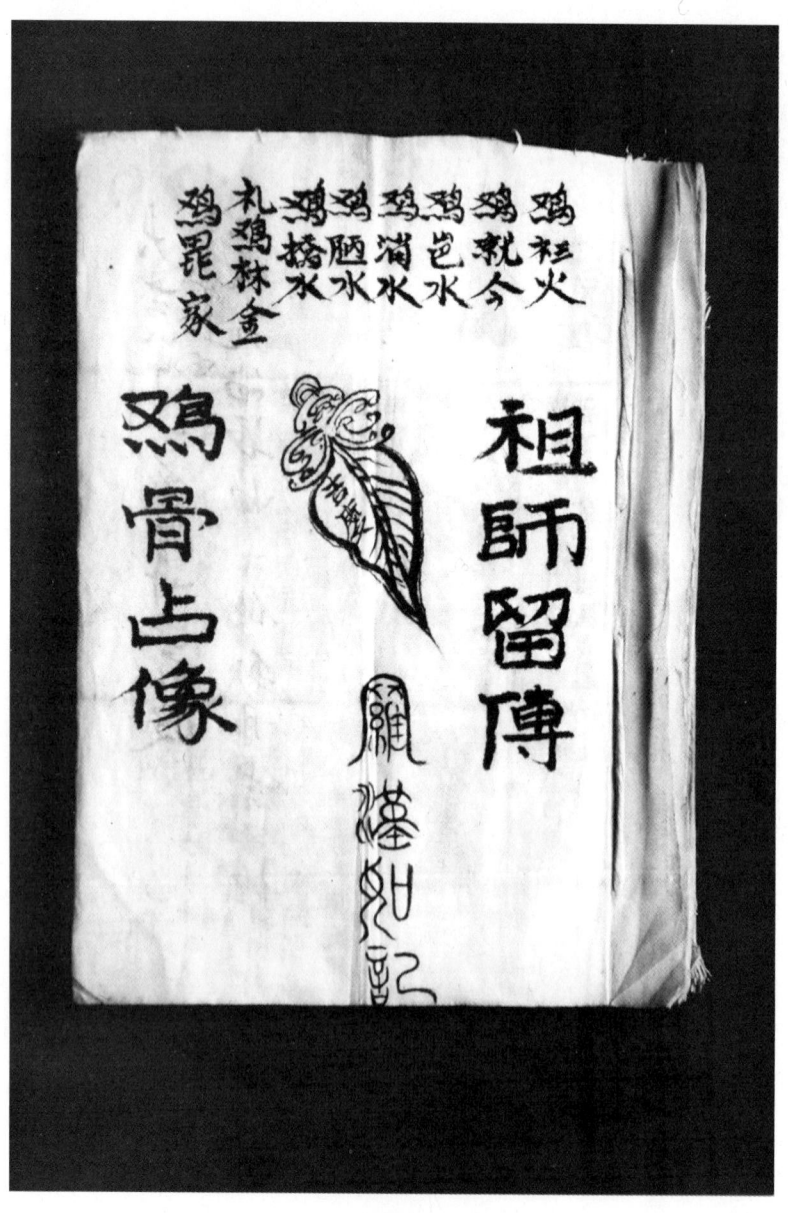

图 14-1 《鸡骨占像》封面

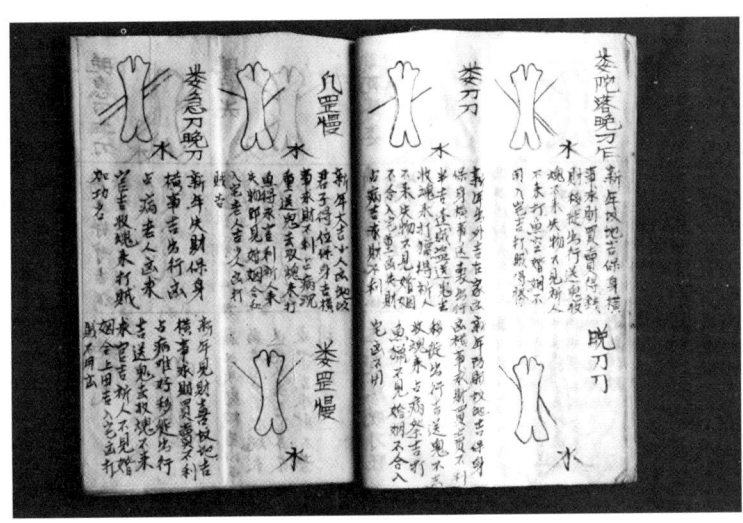

图 14-2　《鸡骨占像》中的一页

　　《鸡骨占像》，壮族鸡卜经书手抄本。不分卷。未标明抄写年代。抄本来源于广西田阳县玉凤镇巴岭村罗汉如。抄本封面上方书有"鸡火，鸡就今，鸡消水，鸡陋水，礼鸡林金"等字样，中间画有一羽鸡毛，右边书有"祖师留傅"字样。行书字体抄写，纱纸线装，页面21×15.5厘米，无墨框，33页66面，每面画有三幅鸡骨挂像并附有约50字的文字说明。鸡卜是壮族先民古老的卜术之一，汉代时就盛行，今壮族地区仍有遗存。主要方法是取完整的两根鸡股骨，洗净，以竹签插股骨细窍，根据竹签与股骨组成的形状判别凶吉。挂像名称用古壮字，为描述挂像形状；说明文字用汉文字，注明出现本挂像宜做哪些事，不宜做哪些事。如该抄本第一挂像，挂像名为古壮字"委陋双買路"，意指挂像为岔开的两条路形状；说明文为："新年坟墓吉，保身凶。送丧横事吉，求财大利。占病重不死，买卖出行半吉。送鬼不去，收魂不来。打鱼肉空，求官凶。祈人不来，婚姻入宅半吉。失物不见，打贼两和利。"该抄本无残损。抄本由广西田阳县文化馆唐云斌搜集，今藏于广西民族古籍整理办公室。抄本至今尚未翻译整理出版。

《哑兵棹座启科》（麽经）

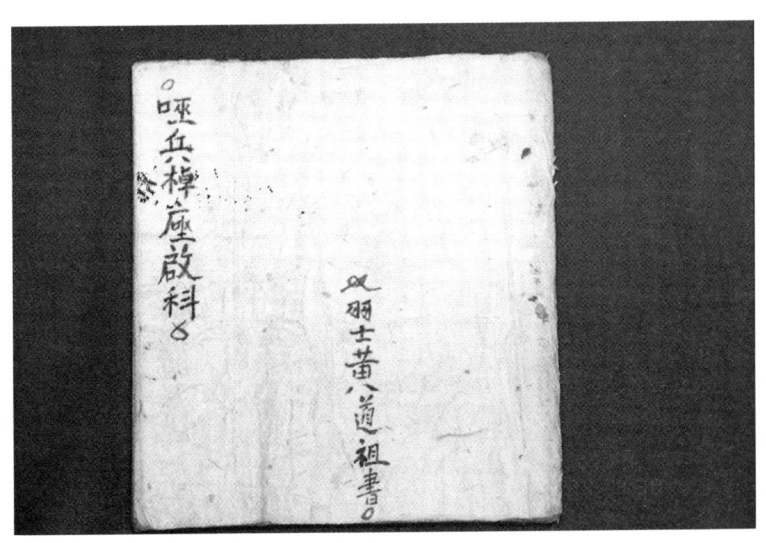

图 15-1　《哑兵棹座启科》封面

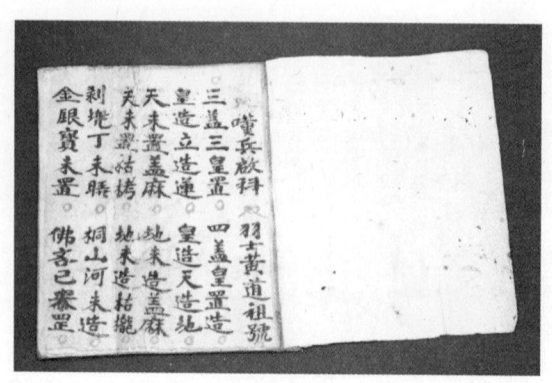

图 15-2 《哑兵棹座启科》中的一页

　　《哑兵棹座启科》，壮族麽经古壮字手抄本。不分卷。抄本文共有 10 章，最后两页是有关麽教法事仪式的说明文字，正文涉及的内容包括"麽兵"、"麽叭"、"禳除凶兆"、"麽灶君"、"麽诵布洛陀"、"射太阳"等。其中第 4 章"浪絲布六"（麽诵布洛陀一章）是众多壮族麽经中对布洛陀形象刻画最生动、描述最系统完整的一章，而第五章"射太阳"叙唱的阿正射太阳神话则是在壮族麽经抄本中首先被发现的。抄本抄写年代不详。封面中间下方书有"羽士黄道祖书"字样。行书字体抄写，纱纸线装。页面 18.5×16.5 厘米，无墨框。43 页 86 面，每面 7 行 14 句，五言韵文体。内文以朱笔圆圈句读。抄本完整无残损。原件来源于广西田阳县坤平乡坡旺村那廖屯黄跃飞。由广西田阳县文化馆唐云斌、广西民族古籍整理办公室黄桂秋搜集。抄本今藏于广西民族古籍整理办公室。翻译整理本收入张声震主编《壮族麽经布洛陀影印译注》第三卷，广西民族出版社 2004 年 5 月出版。

《本麽叭》（麽经）

图 16-1 《本麽叭》封面

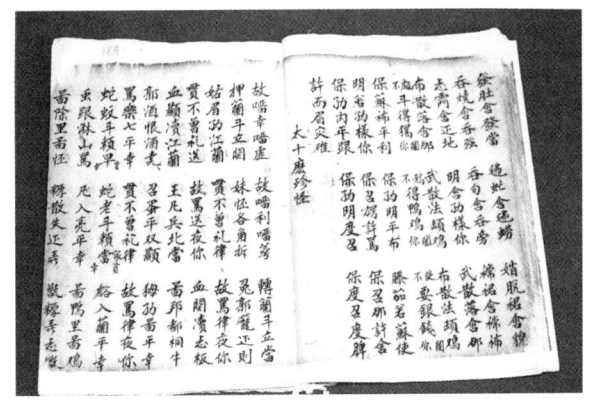

图 16-2　《本麽叭》中的一页

　　《本麽叭》，壮族麽经古壮字手抄本。不分卷。抄本为壮族麽教麽叭派禳解劝世麽经集成，按次序分为二十二章，各章均有标题。经文开篇唱述祷祖神布洛陀、麽渌甲的原因和目的，其余二十一章可归纳为三大类：一、解婆媳冤、解冤怪等；二、赎魂经，包括赎谷魂、赎牛魂、赎猪魂、赎鸭魂、赎鸡魂等；三、祈禳还愿经，包括保护主家、祷祝长寿、祈求长寿、祈求和谐、祈祷神灵扶持护佑、送殃鬼、送冤怪、砍冤孽、祭谷种、解火灾精怪等。此抄本是研究壮族麽教各种禳解法事的内容、对象、功能、仪轨等不可缺的经典范本。抄本无书名。此书名为整理者根据经书内容所拟。封面右下角书有"大法师邓道祥"字样。行书字体抄写，纱纸线装。页面 25.5×21.5 厘米，无墨框，经文分上、中、下栏自右至左排列，共计 46 页 92 面，每面 10 行 30 句，五言韵文体。已装裱，完整无残损。抄本来源于广西百色市百兰乡那伏村邓福耀，由百色市民语委覃建珍搜集。今藏广西民族古籍整理办公室。翻译整理节选收入张声震执行主编的《布洛陀经诗译注》，广西人民出版社 1991 年 9 月出版。全译本收入张声震主编的《壮族麽经布洛陀影印译注》第四卷，广西民族出版社 2004 年 5 月出版。

《麽请布洛陀》（麽经）

图 17-1　《麽请布洛陀》封面

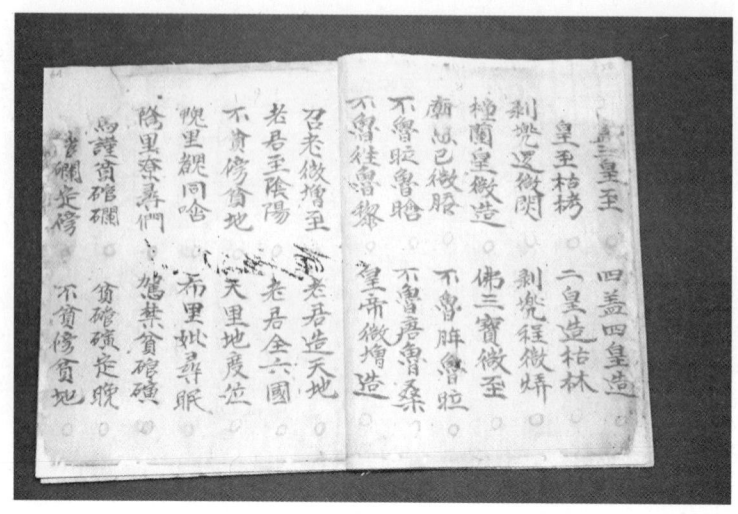

图 17-2 《麽请布洛陀》中的一页

《麽请布洛陀》，壮族麽经古壮字手抄本。不分卷。此抄本是壮族麽教经书中内容较丰富全面、形式较规范的一本。经书包括"祈请布洛陀"、"创造天帝"、"安置天下"、"造雷雨"、"造皇帝造土司"、"造文字造历书"、"造火"、"找水"、"造禳解"、"具叭法"（禳解殃怪的方法）共10个章节。内容涉及祖神布洛陀创造天地万物、安置天下、治理社会、麽教禳解法事仪轨等，其中关于祖神布洛陀的形象及布麽与布洛陀的关系、壮族民众信奉的各种自然神灵的来历、布麽的法事仪轨及其功能等内容尤详。从中可以了解壮族麽教的教义、主旨、布麽的职能及各种法事仪式的功用概貌。抄本抄写年代不详。封面未标书名。行书字体抄写，纱纸线装。页面22×18厘米。无墨框，46页92面，每面7行14字，五言韵文体。内文以朱笔圆圈句读。已装裱，完整无残损。抄本来源于广西巴马瑶族自治县燕洞乡赖满村吧坡屯李正业。由广西百色地区民委干部黄子义搜集。今藏广西民族古籍整理办公室。翻译整理本收入张声震主编的《壮族麽经布洛陀影印译注》第一卷，广西民族出版社2004年5月出版。节译本收入张声震执行主编《布洛陀经诗译注》，广西人民出版社1991年9月出版。

《叹肉唱》

图 18-1 《叹肉唱》封面

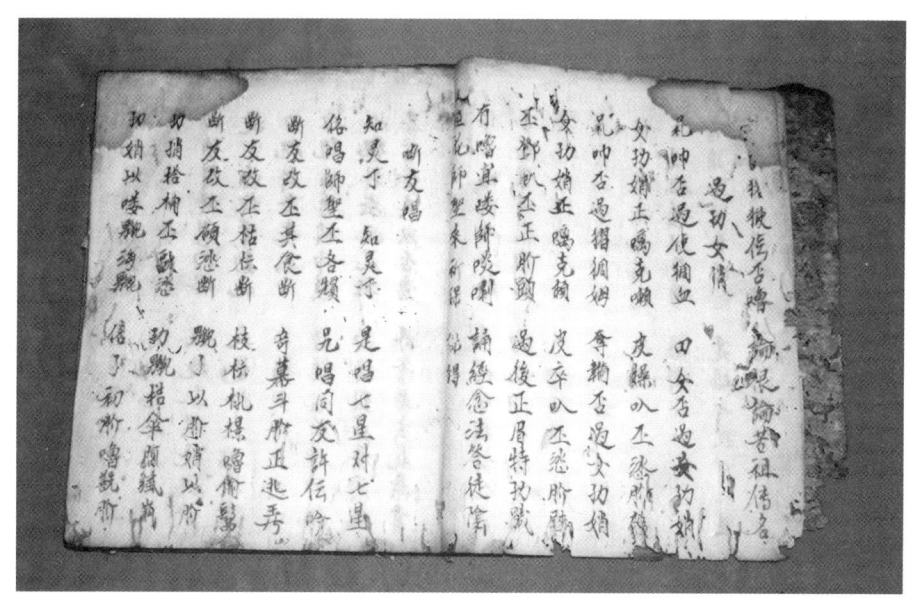

图 18-2 《叹肉唱》中的一页

图 18-3 《叹肉唱》封底

《叹肉唱》，壮族师公唱本古壮字抄本。不分卷。全书分《答经卷唱》、《口断友唱》、《鸡夺女唱》、《装料唱》、《姆唱》、《又五位复师圣唱》、《又十位师圣复请唱》、《复请社境唱》、《汉佛》、《安徒衍》、《但师宽》、《妹府九郎唱》、《将天大法唱》、《享食唱》、《本府杨四本县唱》、《但宽但丝但唱》、《朝安丝唱》、《武缘九庙咏诗》、《五通帝王》、《小帝二郎》、《兰娘下马唱》、《户蔚门官》等27节，分别叙述日常生活中遇到的灾难、凶神的危害及其排除仪式和方法，并列举主要神灵的神威，劝诫民众供奉。抄于民国三十五年（1946年）。行书字体抄写，纱纸线装。页面23.5×20厘米，无墨框。50页100面，每面8行16句，七言韵文体。有虫蛀孔，文字基本保存完好。原抄本为广西民族古籍整理办公室苏联武于1989年从广西壮族自治区武鸣县马头乡搜集。今藏于广西民族古籍整理办公室。至今未翻译整理。

《师公唱本》

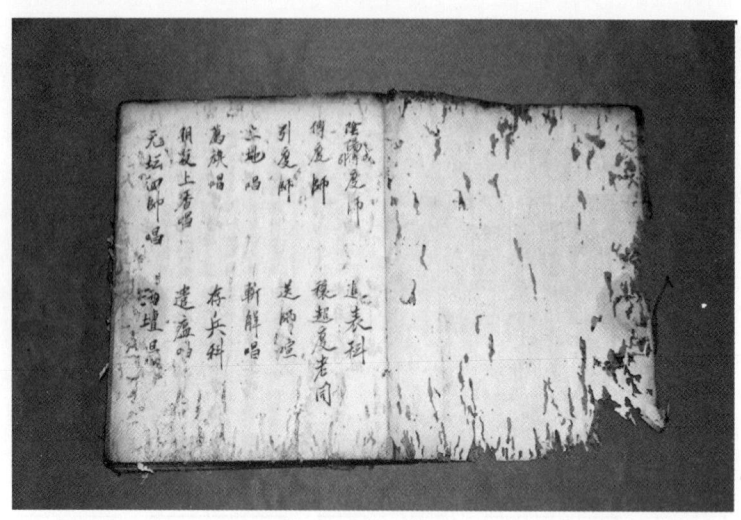

图 19-1 《师公唱本》目录

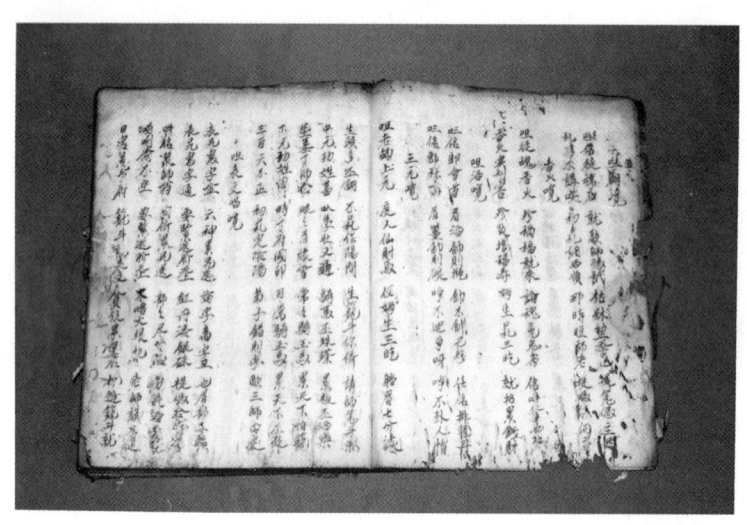

图 19-2 《师公唱本》中的一页

《师公唱本》，古壮字手抄本。不分卷。全书分《唱旌旗》、《唱游行》、《唱三界》、《唱法主》、《唱真武》、《唱社王》、《唱庙宇》、《唱香火》、《唱酒》、《唱三元》、《唱表文》、《唱阴阳》、《阴阳度师》、《传度师》、《唱土地公》、《唱旗主》、《唱朋友上香》、《唱元坛四帅》、《进表科》、《禳灾超度老同》、《唱斩解》、《存兵科》、《唱遣瘟》、《唱酒坛》、《唱年值功曹》、《唱月值功曹》、《唱日值功曹》、《唱下元》、《唱三府总帅》、《唱四府功曹》、《唱五位宗师》、《唱宰猪牲》、《唱唐僧取经》、《唱鸡》、《唱得道先辈》、《唱水府五海龙王》、《唱南朝高祖》、《唱四师》共 38 章，分别唱述师公教诸神的功绩，并记录了遭遇不同灾病所举行的法事仪式。该经书师、道、佛融为一体，但壮族的宗教观、哲学观、伦理观占主导地位。原抄本无书名，抄写年代不详。行书字体抄写。纱纸线装。页面 23×20 厘米，无墨框。57 页 114 面，每面 8 行 16 句。五言韵文体。多有虫蛀，残损严重。字迹尚清晰可辨。抄本来源于广西武鸣县马头乡，广西民族古籍整理办公室苏联武搜集。今藏广西民族古籍整理办公室。抄本至今尚未翻译整理出版。

《旦唱歌》

图 20-1 《旦唱歌》封面

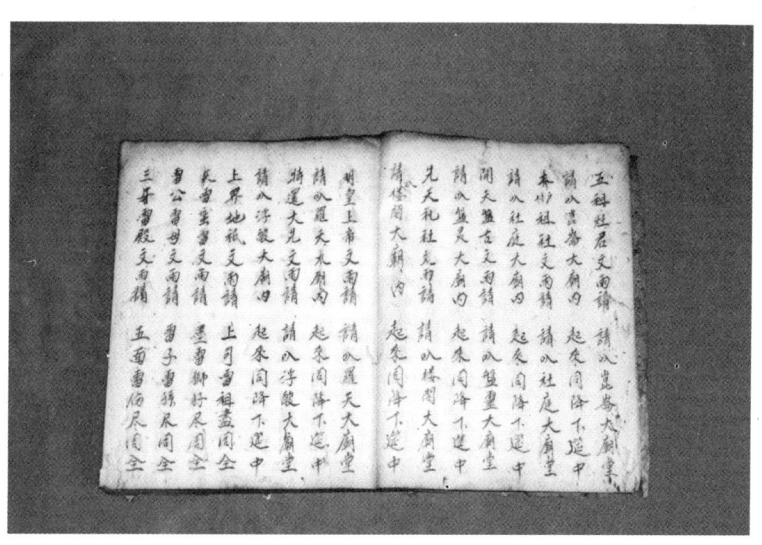

图 20-2 《旦唱歌》中的一页

《旦唱歌》，壮族师公唱本，古壮字抄本。分章，每章均有标题。主要讲述所供奉神祇来历及洪水神话等民间传说故事。如"开天明皇上帝唱"一章讲述先前明皇造田地后，无人种田地，雷王帮助明皇种田地，要求明皇供祭答谢，明皇却用迷汤给雷王喝。雷王从明皇儿女处得知此事大怒，连降大雨淹没人间。因答谢明皇儿女告知实情，雷王造葫芦让兄妹躲进去。发大水后，人间只剩兄妹俩，天神要求兄妹成婚以繁衍人类。兄妹成婚后生下血胎，太上老君将其分成三百六十块放到人间，变成三百六十姓，从此人间又有人民繁衍。其他章有讲述在壮族地区流传甚广的《文龙与肖尼》、《梁山伯与祝英台》等故事。叙述中既有道教的教义讲授，又有佛教的劝诫，更有壮族原生型民间宗教的信仰、禁忌等，内容繁杂而又丰富。反映了壮族地区道教、佛教与民间原生型宗教相互影响的情况，可供研究壮族民间宗教、神话传说等参考。抄本抄写年代不详，纱纸线装，页面23.5×20厘米，行书体抄写，无墨框，47页94面，每面8行16句，七言韵文体。多有虫蛀，残损，字体清晰，尚可翻页。原藏广西武鸣县马头乡陶存教处,广西民族古籍整理办公室苏联武搜集,今藏广西民族古籍整理办公室。抄本至今尚未翻译整理出版。

《补粮书卷》

图 21-1 《补粮书卷》封面

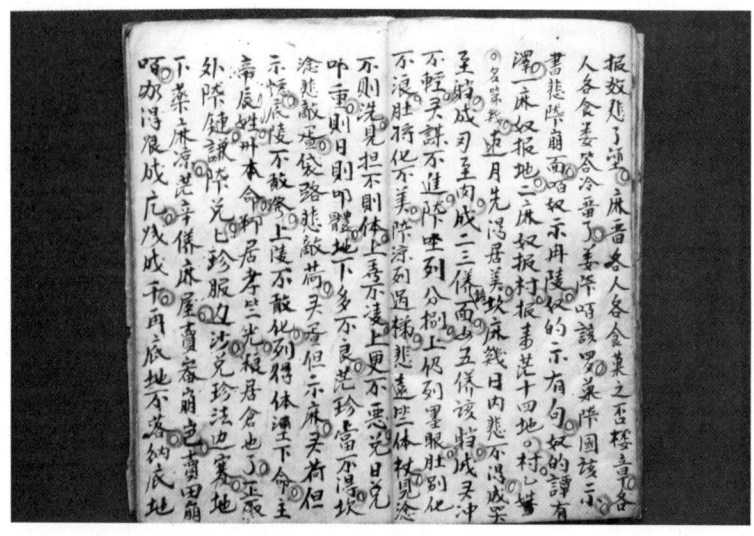

图 21-2 《补粮书卷》中的一页

《补粮书卷》，壮族道经古壮字手抄本。不分卷。该抄本反映了壮族民间添粮补寿（寿诞）习俗。书中记载，凡老人年满60年，家中晚辈就选购一个可装4—5千克大米的陶缸，俗称"寿粮缸"，选一良辰吉日立缸，请老人坐于堂屋，燃放鞭炮，众人向老人祝寿，然后将陶缸置于老人床头边，子孙们每人都将自己带来的"祝寿米"倒入缸中，意为老人增寿。缸装满后，在缸口压张红纸或红布，再扣上缸盖，最后为老人设宴祝寿。此后若老人身有不适，就取缸中米给老人煮粥吃，并及时给米缸添米，吃去多少就添多少，认为此举能长保安康，延年益寿。抄本封面署"壬戌年"，即民国十一年（1922年）广西龙州县黄珠盛抄。用桐油浸泡过的纱纸而成。内文用纱纸，线装。行书字体抄写，页面21×13厘米。无墨框。51页102面，每面8行16句，五言、七言韵文体。抄本字迹清晰，保存完好。原件为广西百色市黄炳良于1992年从龙州县搜集，抄本今藏广西民族古籍整理办公室。至今未整理出版。

《斋醮杂式》

图 22 - 1　《斋醮杂式》封面

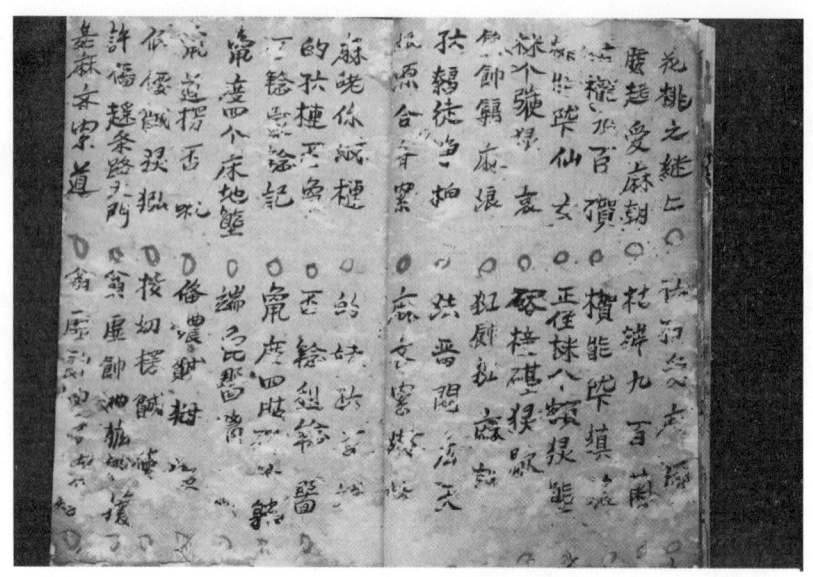

图 22-1 《斋醮杂式》中的一页

《斋醮杂式》，壮族道教经书，古壮字手抄本。不分卷。经书记录了禳灾诊病、祈谷保苗、消灾集福、兴众沐恩、祭祖祀宗、修庙建祠、保安求寿等道教法事仪式的过程及祭奉的神灵。经书不仅吸收了传统道教关于"道"是"虚无之际，造化之根，神明之本，天地之元"的观念，而且掺杂了壮族"三界观"、"公母观"等原始哲学观念；既崇奉太上老君，三元神，又崇奉莫一大王、布伯等壮族英雄神。是具有壮族特色的"壮化道教"的宗教典籍。抄本未注明抄写年代。封面正中画有铜钱大小的圆圈图案，正中是一方印章，图案内圈书有"甲乙丙丁子丑寅卯……"字样，外圈书有"赵、魏、郑、楚、吴、秦、宋、齐、鲁、越、周"等字样。左下角书有"道士银新辉真笔抄"字样。行书字体抄写，纱纸线装。页面24×12厘米，无墨框，20页40面，每面8行16句，五言韵文体，用朱笔圆圈句读，多有虫蛀。抄本来源于广西马山县，由广西民族古籍整理办公室罗宾搜集。今藏广西民族古籍整理办公室。至今未翻译整理出版。

《嘹歌》

图 23-1 《嘹歌》封面

图 23-2　《嘹歌》中的一页

　　《嘹歌》，壮族长歌古壮字手抄本。不分卷。该书包括《三月歌》、《日歌》、《路歌》、《贼歌》、《造屋歌》五部长诗，其中前二者是白天在歌圩或郊外所唱，后三者是夜晚在屋内夜歌圩所唱，五个部分虽可独立成篇，但又是一个互相关联的有机整体。它以明代嘉靖七年（1528 年）平"八寨之乱"为背景，描述一对壮族男女青年在春暖花开时节，通过歌唱明媚春色，赞美鲜花香草，向往美好生活，倾吐爱慕之情，从相认、相爱到结婚成家。但好景不长，不久男主人公被征调去当兵打仗（平乱），几经波折得以归来，建造新房，开始新的生活。本书反映了壮族人民对不义战争的憎恨，以及对自由幸福生活的渴望与追求。它从头到尾均采取男女对唱的方式，以抒情为主，与叙事结合，故事情节震撼人心。手抄本未标明抄写年代。封面无书名。行书字体抄写。纱纸线装。页面 20.5×14.5 厘米。无墨框。53 页 106 面。每面 16 行 32 句，五言韵文体。多有虫蛀，边角褶烂，内文尚清晰可辨。抄本来源于广西田东县思林镇定广村，由广西田东县文化馆黄耀光于 1988 年搜集，今藏于广西民族古籍整理办公室。已收入张声震主编《壮族民歌古籍集成·嘹歌》一书中，广西民族出版社 1993 年出版。参看拼音壮文版《嘹歌》（广西民族出版社 1985 年 10 月出版），何承文、莫非、黄琼柳搜集整理。

《占杀牛祭祖宗》

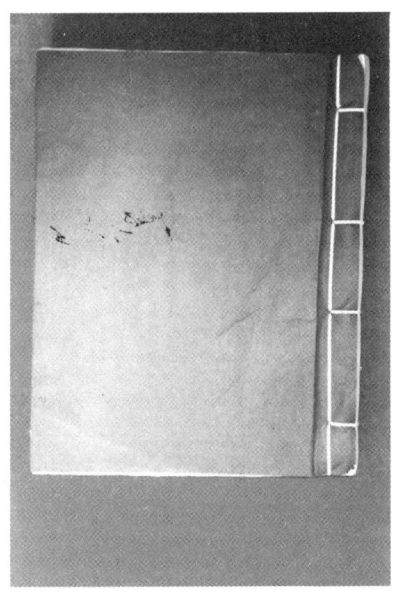

图 24-1　《占杀牛祭祖宗》封面

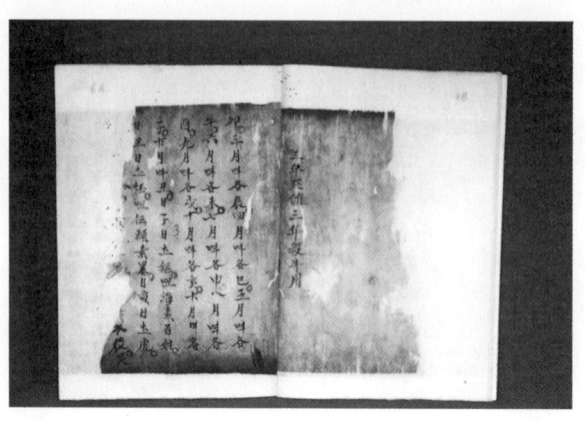

图 24-2 《占杀牛祭祖宗》中的一页

《占杀牛祭祖宗》，壮族麽经古壮字手抄本。原抄本无书名。《占杀牛祭祖宗》是整理者根据该抄本主体内容取首章名作为书名，其中"占"意为唱诵。占杀牛祭祖宗是广西红水河两岸壮族地区规格最高、规模最大的传统祭神仪式，每隔三至五年举行一次。以户或宗族为单位，祭仪时间少则一天一夜，多达三天三夜。经文内容有讲述三位大神造天地万物造人的过程，讲述天下有水牛部族、鸡、穿树叶、辣椒、茅草等部族，有女人部族，女人部族的女人迎风受孕等。反映了古代壮族地区的先民生活状况，可供研究壮族先民生活情况参考，也可为研究壮族民间宗教、神话故事提供参考。《占杀牛祭祖宗》抄本为纱纸线装本。页面 19×18 厘米，经文以楷体墨书誊录，无墨框，29 页 58 面，每面不分栏 30 行至 40 行不等。抄本破损严重，已重新装裱。抄本原收藏于广西东兰县四合乡覃茂德处，1983 年广西东兰县文学艺术界联合会覃剑萍搜集。今藏广西民族古籍整理办公室。翻译整理节选收入张声震执行主编《布洛陀经诗译注》，广西人民出版社 1991 年 9 月出版。全译本收入张声震主编《壮族麽经布洛陀影印译注》第六卷，广西民族出版社 2004 年 5 月出版。

《麽使瓽郎甲科》

图 25-1 《麽使瓽郎甲科》封面

图 25-2 《麽使虻郎甲科》中的一页

《麽使虻郎甲科》，壮族麽经古壮字抄本。分六章，每一章均有标题，按顺序依次是《麽造燉》《麽造鑴造录》《麽变身甫道》《麽蟟虻造礦》《麽使虫造怪》《麽郎俾》，主要讲述从前人们不会生活，像乌鸦一样吃生肉，有两兄弟发明生火的办法，人们从此懂得生火，吃熟食等；还讲述了壮族先民冶炼铜，打造铜鼓、铜喇叭、铜盘、铜刀等铜器，以及造出螟虫来造字，从此就有了经书的事情。还讲述了人间有冤怪，有不幸的事，要通过做麽，请布麽来才能解决矛盾。可供研究壮族先民生产生活情况和壮族神话传说、民间宗教参考。抄本封面左侧有题写抄本名"麽使虻郎甲科"，正中偏下有"陆陆道玉書记"等字样。抄写年代为清光绪二十一年，即公元 1896 年，纱纸线装，页面 20×14 厘米，无墨框，楷体墨书眷写，每面 6 行 12 句，五言押韵体，32 页 64 面，朱笔圆圈句读。抄本虫蛀破损，原藏于广西百色市田阳县玉凤镇黄兴德处，1986 年由原广西百色地区民族事务委员会干部黄子义搜集，今藏广西民族古籍整理办公室，翻译整理本收入张声震主编《壮族麽经布洛陀影印译注》第三卷，广西民族出版社 2004 年 5 月出版。

《送鬼经》(《麽送魅》)

图 26-1 《送鬼经》封面

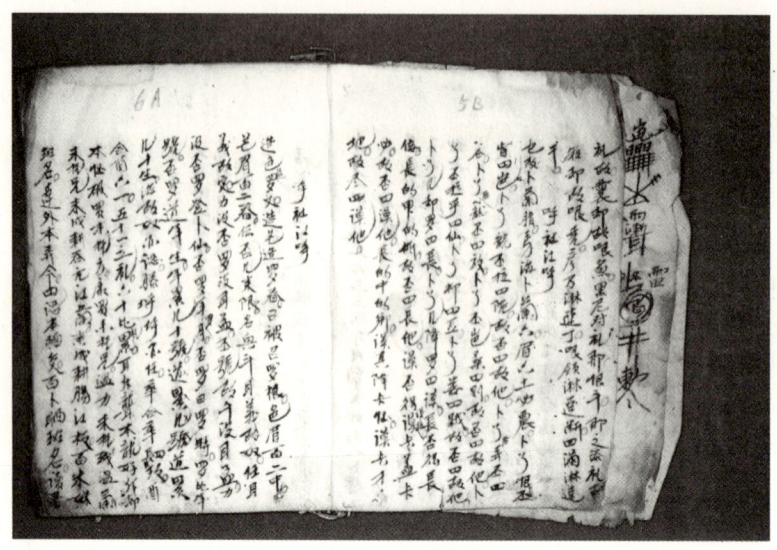

图 26-2 《送鬼经》中的一页

  《送鬼经》，壮族麽经古壮字手抄本，原本无书名。《麽送魖》即《送鬼经》，这是整理者根据抄本的内容和布麽喃诵此经文的目的拟定的。经文内容包括超度亡灵和祭祖宗两大部分，除首页为另本的《造牛》残页外，正文包括《莫卡盖用》《呼哑歌唱》《谟樀所用》《安祖宗列》《騐十二兄用的》《十二兄列》等章节和麽嘿 24 节。是用于超度正常死亡者的壮族麽教经书。经文内容反映了壮族古代社会生产、生活情况、伦理关系的处理等，可供研究壮族古代社会制度、经济、文化等参考。《麽送魖》抄本为纱纸线装，页面 22×17 厘米，以行书体墨书誊写，无墨框，每页 11 行 36 句至 42 句不等，朱色圆圈句读，文字清晰无残损。共计 104 页，其中第 47 页至 60 页为汉文。抄本原为广西东兰县坡峨乡农民覃教兴收藏，1987 年广西东兰县文学艺术联合会覃剑萍搜集，今藏广西民族古籍整理办公室。全译本收入张声震主编《壮族麽经布洛陀影印译注》第五卷，广西民族出版社 2004 年 5 月出版。

《王曹赎魂仪式经》

图 27-1 《王曹赎魂仪式经》封面

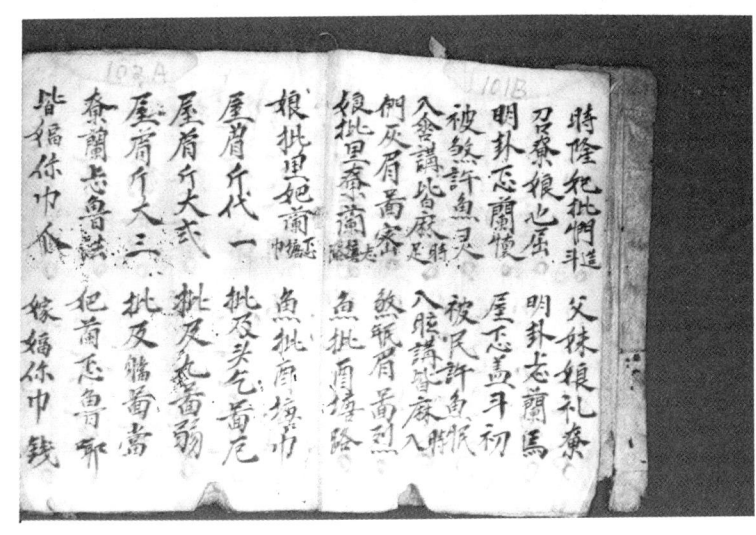

图 27-2　《王曹赎魂仪式经》中的一页

　　《王曹赎魂仪式经》，壮族麽经古壮字抄本。原名《麽王曹科》，不分卷，是壮族民间为非正常死亡的人举行的超度仪式上喃诵的经文。主要讲述从前有个妇人的小女儿与变成美男子的水神相好，后来生下一个男孩，取名王曹。王曹从小练得一身好武艺。但因为没有父亲被人家欺负，王曹发誓长大后要报仇。母亲指点他找到其父水神，水神送王曹三万兵马，王曹打仗屡打屡赢。后来在征讨战争中战死，被祖神布洛陀封为掌管阴间地狱殇死者的鬼王。因此，民间在为非正常死亡的人举行葬礼前要请王曹来赎魂。可供研究壮族先民生产、生活情况和壮族神话传说、民间宗教参考。抄本无抄写年代，扉页一左上角有"麽王曹科"字样。纱纸线装，页面21×15厘米，无墨框，楷体墨书誊写，每面6行12句，五言押韵体，22页44面，朱笔圆圈句读。抄本有轻微虫蛀残损，原藏于广西巴马瑶族自治县燕峒乡李正业处，1986年原广西百色地区民族事务委员会干部黄子义搜集，今藏广西民族古籍整理办公室，翻译整理本收入张声震主编《壮族麽经布洛陀影印译注》第七卷，广西民族出版社2004年5月出版。

《麽经那坡古本》

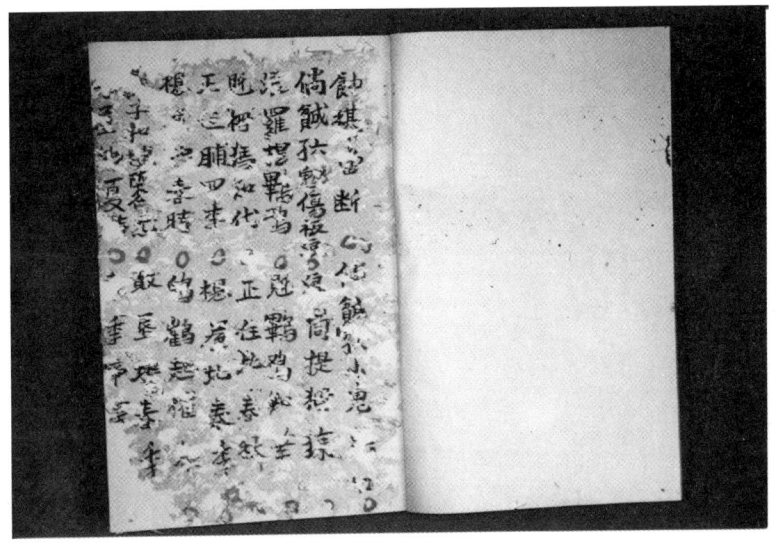

图 28-1　《麽经那坡古本》中的一页

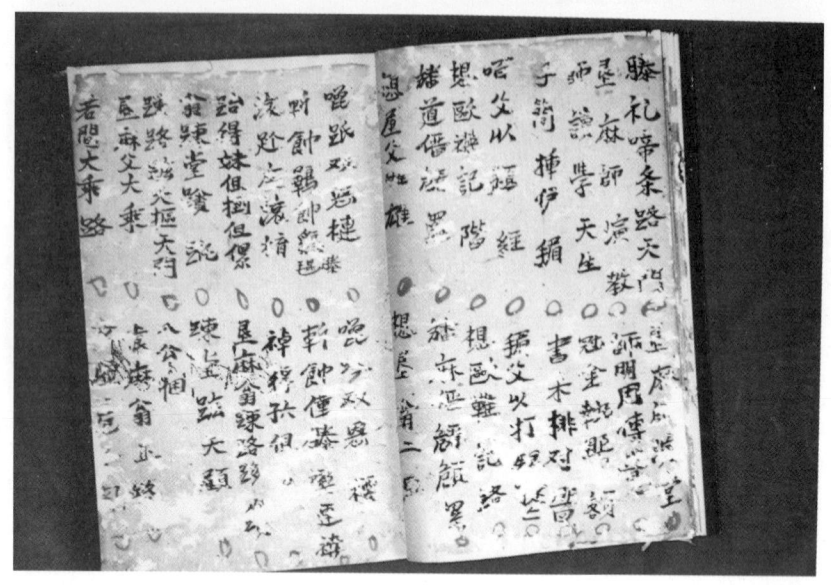

图 28-2 《麽经那坡古本》中的一页

《麽经那坡古本》，壮族麽经古壮字抄本。无书名，不分卷，为壮族地区民间丧葬仪式中麽公喃诵的经文，内容主要为丧葬仪式的程式、所需用的物品，丧葬仪式中分不同的人进行的送魂、赎魂诸仪式等。可供研究壮族古代民间宗教情况参考。封面封地均无抄写年代，抄本最后一页有"果用屯马朝"字样。纱纸线装，页面 28.3×19.5 厘米，无墨框，楷体墨书誊写，每面 8 行 16 句，五言押韵体，35 页 70 面，用朱笔圆圈句读。抄本有虫蛀破损，已经重新装裱。原抄本于 20 世纪 80 年代由广西社会科学院研究员潘其旭、百色地区民委干部黄子义从广西那坡县搜集，今藏广西民族古籍整理办公室，至今尚未翻译整理。

《麽叭请师》

图 29-1 《麽叭请师》封面

图 29-2　《麽叭请师》中的一页

《麽叭请师》，壮族麽经古壮字抄本。组昂组麽教麽叭派经书。分三卷，卷一"麽请师"，主要讲述在举行做麽仪式前邀请到"布录陀""麽录甲"等祖神；卷二"麽叭造火造水共科"，主要讲述先前人们不会生火，像乌鸦一样吃生肉，布洛陀教会人们懂得生火，吃熟食等；卷三"麽叭造淋"主要讲述布洛陀教会人类找到水，使万物生长，但又由此生发出人们争夺财物的矛盾，要通过做麽，请布洛陀来调解。可供研究壮族先民生产、生活情况和壮族神话传说参考。抄本无封面，无抄写年代，封二有"罗道麟"字样。纱纸线装，页面21×17.8厘米，无墨框，楷体墨书誊写，每面8行16句，五言押韵体，27页54面，朱笔圆圈句读。抄本虫蛀破损，原藏于广西巴马瑶族自治县燕峒乡罗道麟处，今藏广西民族古籍整理办公室，至今未翻译整理。

《麽叭彭共科》

图 30-1　《麽叭彭共科》封面

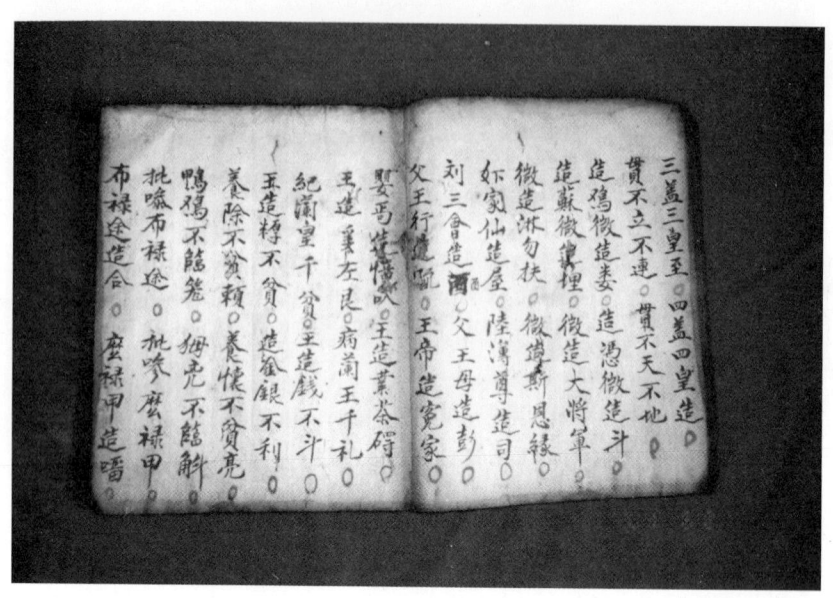

图 30－2 《麽叭彭共科》中的一页

《麽叭彭共科》，壮族麽经古壮字抄本。不分卷，封二有书名"麽叭彭共科"字样，并有卷四——卷八字样，但内文分段不分卷。主要讲述布洛陀教会人们懂得生火，吃熟食和教会人类找到水，使万物生长，但又由此生发出人们争夺财物的矛盾，产生婆媳之间的矛盾，父子之间的矛盾，官民之间的矛盾，引起争斗，甚至战争。只有通过做麽，请布洛陀来调解才能解决。可供研究壮族先民生产、生活情况和壮族民间宗教情况参考。抄本无封面，无抄写年代，封二有"罗道麟"字样。纱纸线装，页面 20.5×17.8 厘米，无墨框，楷体墨书眷写，每面 8 行 16 句，五言押韵体，41 页 82 面，朱笔圆圈句读。抄本虫蛀破损，原藏于广西巴马瑶族自治县燕峒乡罗道麟处，今藏广西民族古籍整理办公室，至今未翻译整理。

《东妹与金科》

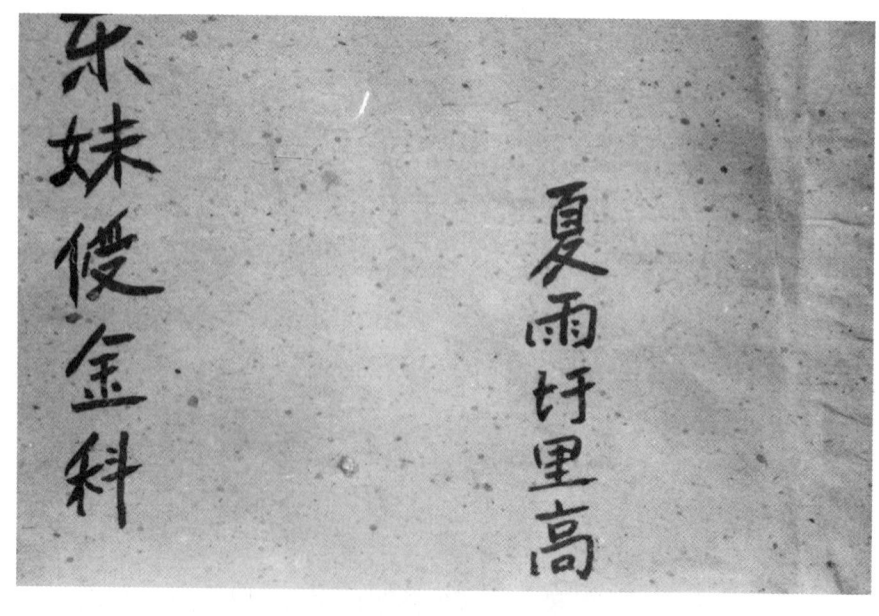

图 31 《东妹与金科》封面

古壮字重抄本，竖行。民间叙事长诗。佚名。产生年代不详。原抄于纱纸上，规格不详。20世纪80年代罗勋在实习中抄到。全诗636行，勒脚体。说的是从前有年幼的东妹与金科姐弟俩，母亲早亡，父亲外出谋生。狠心的后母竟然把姐弟俩驱赶出门。姐弟俩到处流浪，白天要饭，夜宿破庙，受尽人间苦难。他们一面讨饭，一面到处打听自己的父亲，"或夜宿岩洞，或昼卧茅丛。姐弟躲山里，泪多渗血红"。东妹苦熬不过，想悬梁自尽，但一想到弟弟还小，十分可怜，又只得顽强生活下去。舅舅听得两个外甥流浪，到半路去等，每人给五两银子，让他们继续寻找父亲。东妹姐弟俩跪谢过舅舅，继续上路，终于在半路等到父亲。姐弟俩跪在父亲面前哭诉，路人也都跟着伤心。三人回家，父亲先进门，问东妹、金科何在？后娘谎称姐弟贪玩，去捞鱼时溺水而亡。姐弟听见马上进门，后娘大呼有鬼，要丈夫把他们杀死。丈夫见她如此歹毒，勃然大怒，历数她折磨东妹、金科的种种劣迹，提剑要把她砍死。东妹一看不好，以身挡住后娘，劝父亲息怒，"杀她在厅堂，儿女罪难当"。诗最后赞扬："东妹讲良心，美名天下扬。"这部长诗是根据一出壮剧改编的，所以末尾有这样两句："看台上唱戏，心还是不平。"诗中抨击了后娘迫害孤儿的恶劣行径，同时主张互相宽容，宣扬了壮人的是非观，也张扬了壮人的美好心灵。

《唱白马三娘》

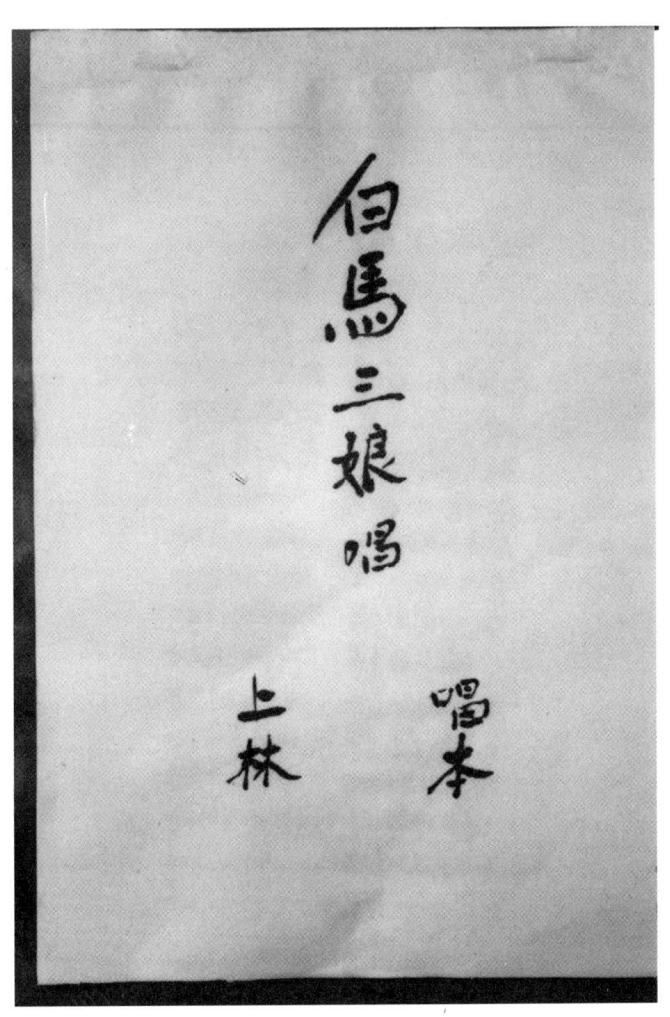

图32　《唱白马三娘》封面

《唱白马三娘》，古壮字手抄本。师公经诗。佚名。约产生于明清。原抄本 16×20 厘米，横抄在纱纸上，行书，存广西上林县师公班，广西师范大学杨树喆于 20 世纪 90 年代转抄，此图为转抄本影印。全诗 202 行。说的是从前有兄妹三人，两位哥哥想外出做生意，但是，那时候盗贼出没，拦路抢劫，很不安宁，他们便请一位师傅来教武术。为了不让小妹习武，以免惹祸上身，兄弟在花园中学武术时，便把小妹关在卧室里。谁知妹妹从窗里看见哥哥习武，也一招一式跟着练，十分上心，功夫竟超过两个哥哥。后来两位哥哥外出做生意，有官差来敲诈，被她打跑了。两个哥哥做生意回到半路，突然冲出一位骑白马的"小伙子"把挑夫、货物一并抢走，两位哥哥使出浑身武艺也不能敌。待回到家里，才知道原来是妹妹恶作剧，货物早到家一样不少。他们这才知道妹妹的武艺超过自己，巾帼不让须眉。皇帝知道三妹功夫了得，便让她镇守一方，保家乡安宁，人称"白马三娘"。此诗反映了古时壮族社会很不安宁，盗贼猖獗；也反映了壮族妇女特别能干，巾帼不让须眉。有关白马三娘的故事在民间流传很广，与经诗同时流传的还有同名民间长诗，还被编成壮剧演出，很受欢迎。此诗已决定收入《壮学丛书》的《师公唱本》中。

象骨历算器

图 33 - 1 象骨历算器 1

图 33 - 2 象骨历算器 2

象骨历算器，云南壮族骨刻历算器，以象骨制成，制作年代不详。一般长20厘米、宽7厘米左右，壮话叫作"甲巴克"。正反面各有30个刻度，合称60卡，正好是干支一个周期。第一卡度为正月，启于寅；第二卡度为二月，启于卯，以下依此类推。民间常以此计算日子，算出简单年历。象骨历算器中间有四条纵向平行线，将器面分成五个长条，通常两外侧长条都刻有若干符号，分别代表栽种、盖房、鸡卜卦象等内容，宗教师据此卜吉凶。这种古老的历算法将壮族祖先的生产、生活经验与汉族的天干地支融为一体，创造了自己独特的历算法，是壮人智慧的结晶。

骨刻历算器

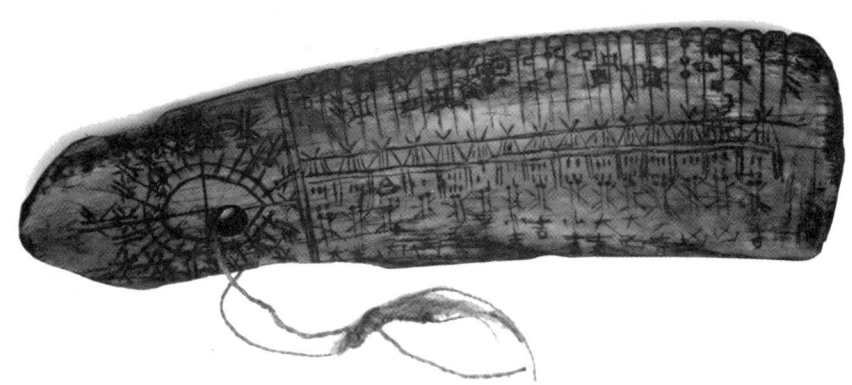

图 34 - 1　骨刻历算器（水牛骨）1

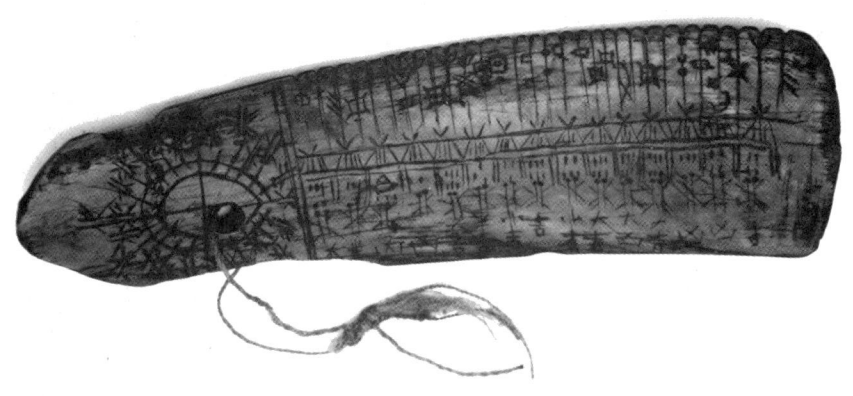

图 34 - 2　骨刻历算器（水牛骨）2

骨刻历算器，壮族传世文物，制作年代不详。长宽为22.8×6.8厘米，用水牛肋骨制成。正面和背面有月、日推算刻度和卜算符号百余个。历算依据器物上所刻的30个齿，正反两面结合，按干支进行推算，循环推进。纪月从寅开始，纪年则奉汉朝正朔。骨刻器上有表示农时栽种、起居、盖屋、鸡卜卦象三层内容的图案。原件为云南文山壮族苗族自治州西畴县文化馆王明富于1986年征集，其上有鼠啃残迹。

《麽荷泰》（超度经）

图 35 - 1　《麽荷泰》封面

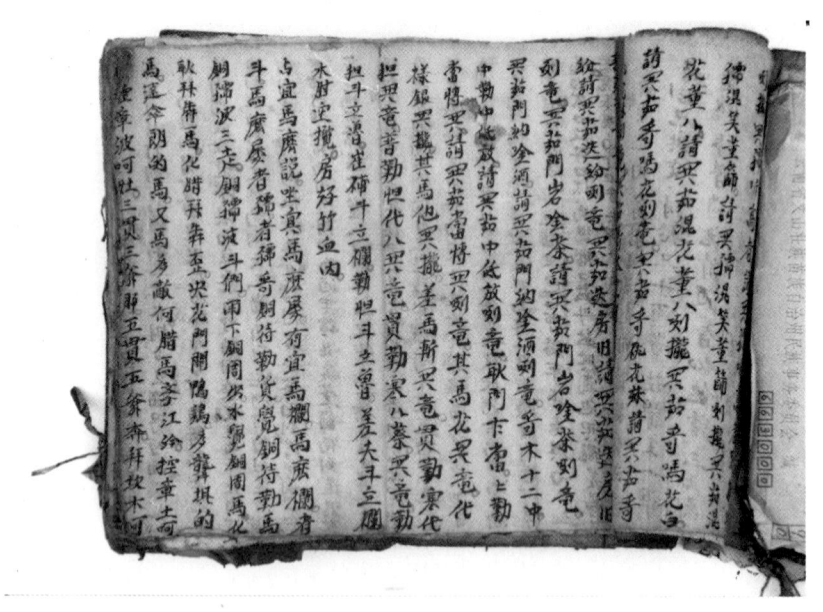

图 35 - 2　《麽荷泰》中的一页

　　壮族麽教经书《麽荷泰》古壮字手抄本。不分卷。该经诗为壮族侬支系宗教典籍，阐释的是壮族崇拜的大神布洛陀和麽渌甲开辟天地、创造人类、安排万物的功绩，反映了壮族先民对物种起源的认识；讲述了壮族先民发现铜矿、铸铜器的过程和种稻、植茶、织布、造纸、酿酒等生产、生活的历史。手抄本原为云南文山壮族苗族自治州西畴县兴街镇革机村陆远培收藏。封面无书名，也未标明抄写年代。行书字体抄写，棉纸线装，页面为 29×24 厘米，无墨框。共 69 页 138 面，每面 16 行，每行 20—26 字，均为五言韵文体。前后数页有残损。原件于 1988 年 8 月由西畴县文化馆王明富征集，今存其家。2004 年翻译整理出版，收入云南人民出版社出版的《壮族经诗译注》中。

《师多再》（鸡卜辞）

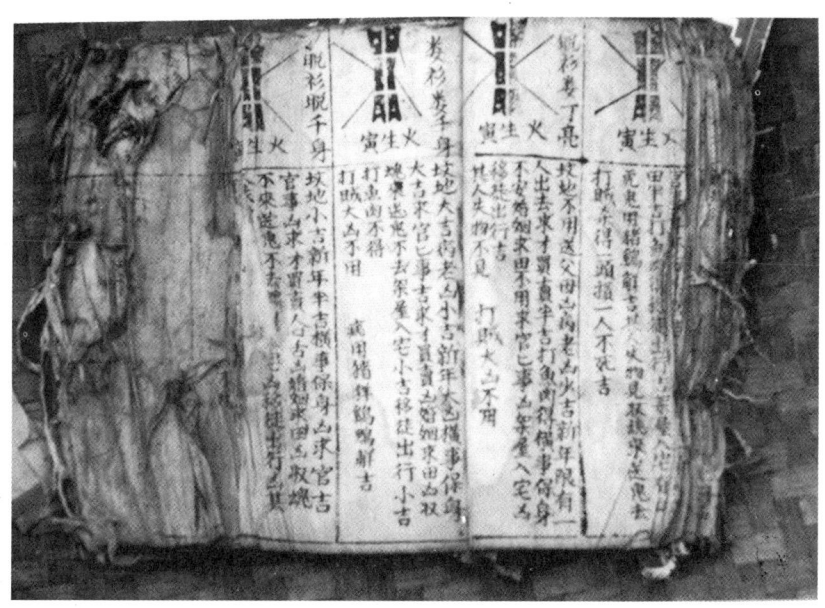

图 36-1 《师多再》中的一页

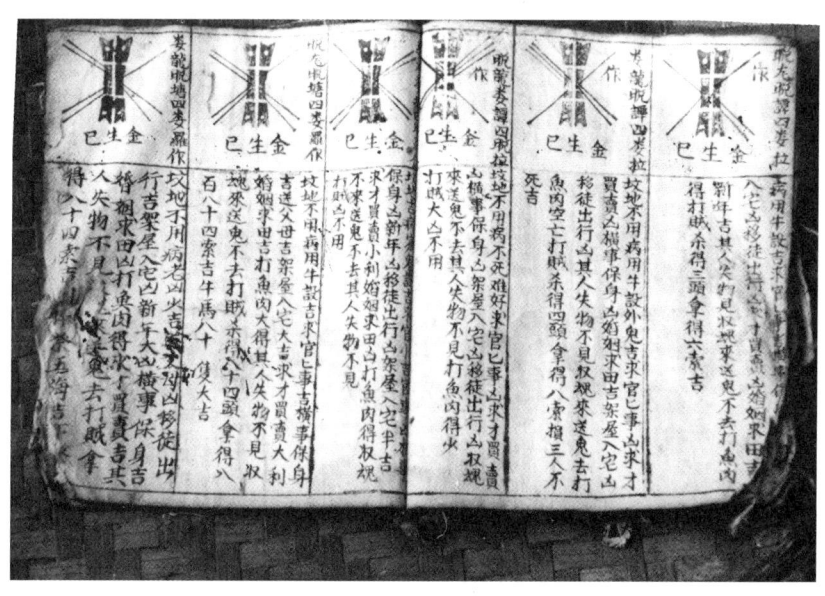

图 36-2 《师多再》中的一页

壮族鸡卜经书《师多再》手抄本，不分卷。封面无书名。未标明抄写年代，据收藏者述，已传承数十代。行书字体抄写，棉纸线装，页面为 32×26 厘米，无墨框。该抄本属壮族侬支系鸡卜经书，每页页面的上部的绘鸡股骨图及占卜卦象，注有古壮字卦名，读侬支系壮语方言，描绘鸡卜的形状，依形状判吉凶。页面下部为汉字卦辞，注明该卦象在葬坟、迁居、看病、买卖、求官、祭祀、狩猎、婚姻、出兵等方面是吉是凶。共 67 面 134 页，稍有残损，虫蛀较少。文山壮族苗族自治州西畴县兴街镇麂子冲村张恩吉收藏。1989 年 1 月，西畴县文化馆王明富记录、录音、复印并征集原件，至今尚未翻译整理出版。

《毛红歌》

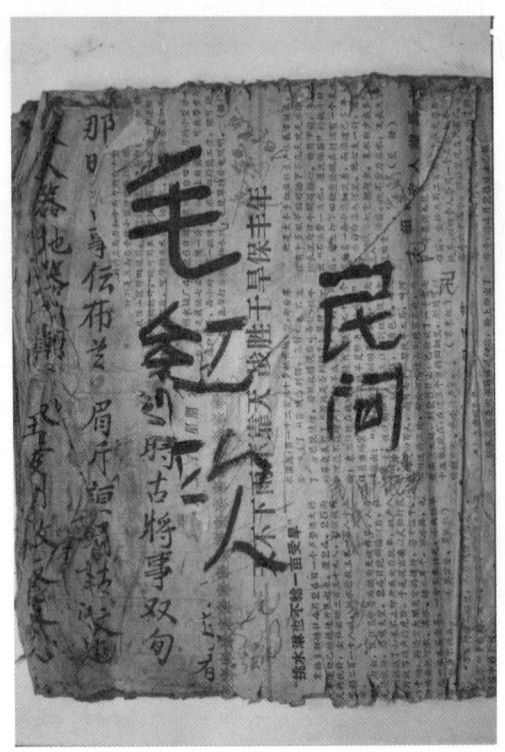

图 37 - 1 《毛红歌》封面

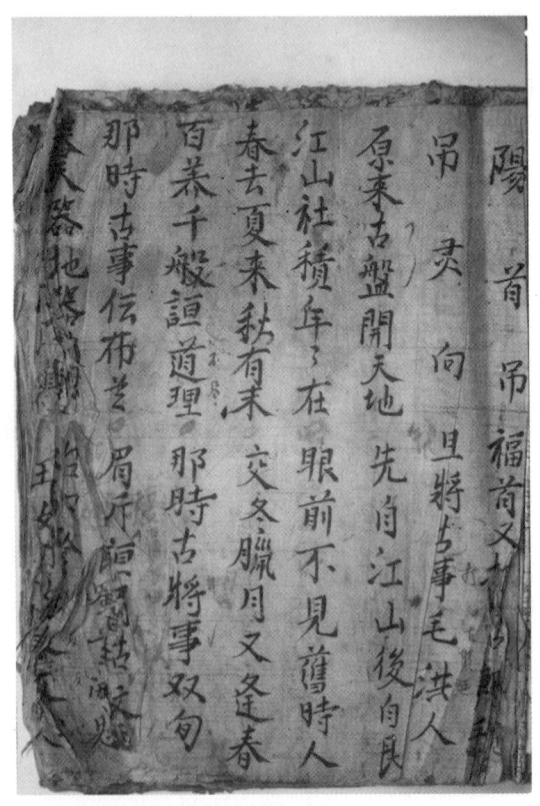

图 37 - 2 《毛红歌》首页

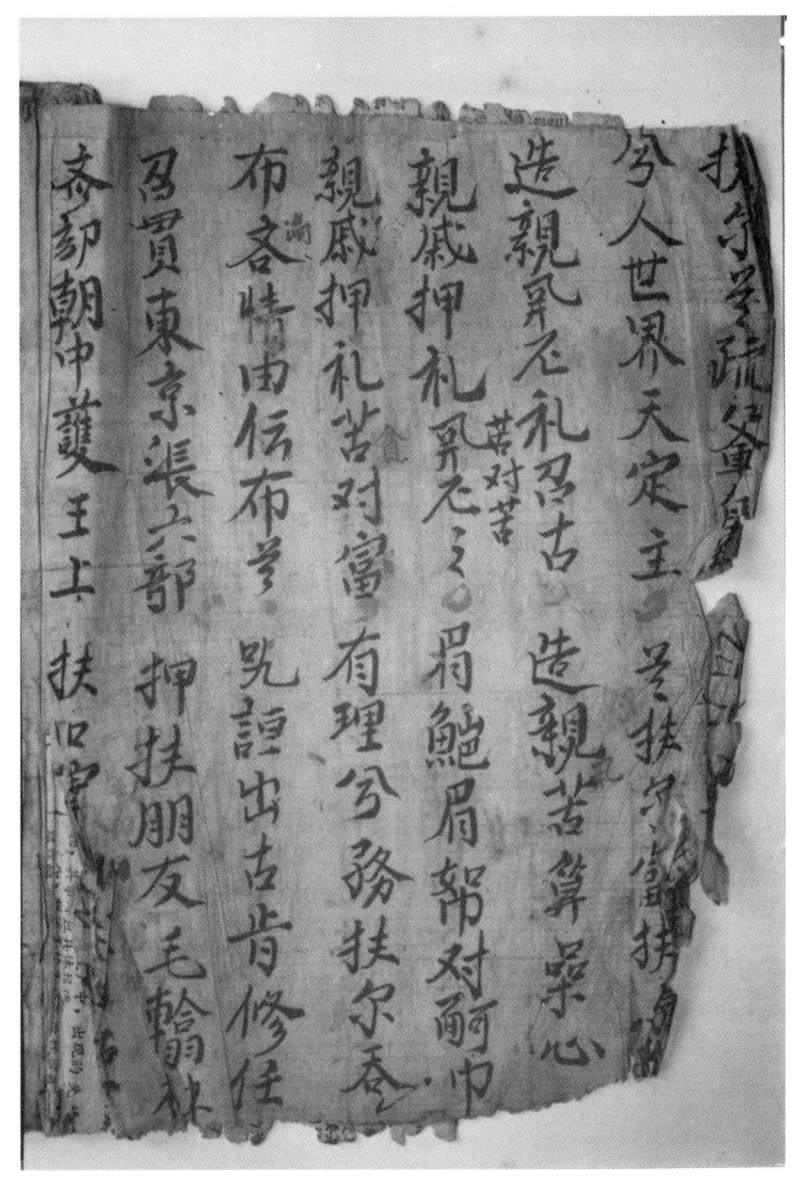

图 37-3　《毛红歌》中的一页

　　《毛红歌》又叫《毛红玉音》，古壮字手抄本。师公经诗。佚名。约产生于明代。18×22厘米。竖抄在纱纸上，行书。20世纪50年代蓝多民得于广西上林县，原是他的祖父蓝善忠祖传的咸丰十四年（1954年）的纱纸抄本。页面为19×23厘米，53页，全诗816行，七言上下句式，腰脚韵。汉族题材。说的是唐朝毛翰林和张尚书没有儿女，拜神求嗣，天上金童投胎于毛家，玉女投胎于张家。因两家为世交，便为他们订娃娃亲。谁知他俩长大，毛家父母双亡，家道破落，生活惨淡。张尚书便撕毁婚约，逼毛红写退婚书，把玉音许给赵宰相家。玉音及其母亲认为前世姻缘由天定，反对嫌贫爱富，但无济于事。玉音愤而自杀身亡，魂归天上，玉帝又把她投胎到别家。长大后与毛红结为夫妇。后来毛红在玉音的帮助下，考中状元，夫贵妻荣。此诗虽然有"前世姻缘由天定"的局限，但它猛烈地抨击了嫌贫爱富的封建思想，批判了封建礼教和封建婚姻制度，有一定的积极意义。此诗已决定收入《壮学丛书》的《师公唱本》中。此诗还有同名民间长诗广泛流传。在侗族等南方民族中也被改编为民间长诗，影响较大。

《布伯》

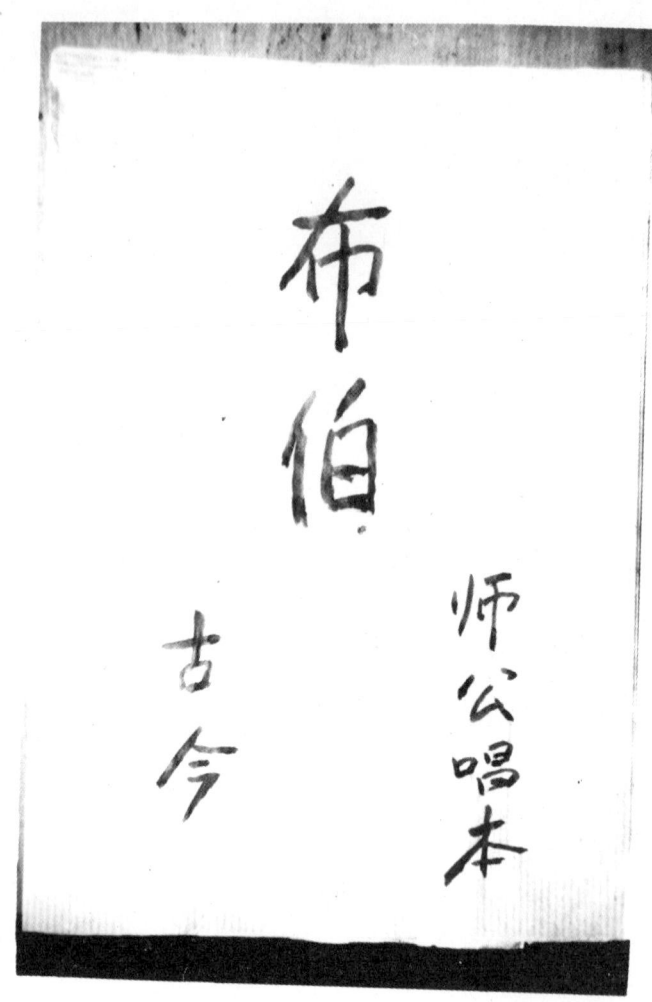

图 38-1 《布伯》重抄本封面（古今本）

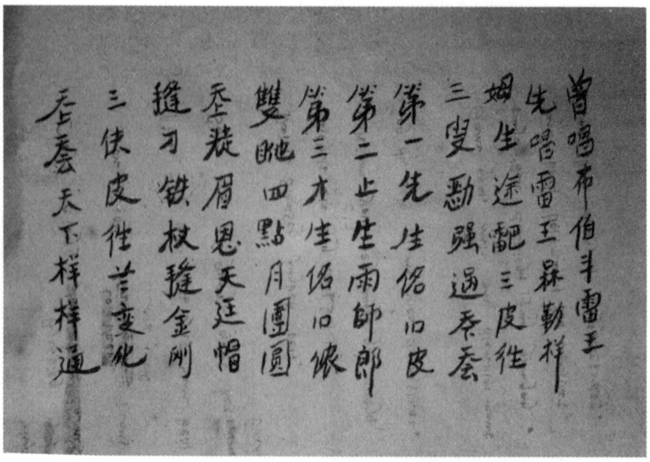

图 38-2 《布伯》重抄本中的一页

古壮字手抄本。壮族巫教经诗。作者佚名。原抄本约 13×18 厘米，用毛笔抄在纱纸上，竖行行书。形成于明代。20 世纪 60 年代初梁庭望发现于马山县古寨，转抄留存。《布伯》是根据壮族著名的洪水神话改编而成的，通常由师公教神职人员师公在道场上唱诵。全诗 332 行，分为六个部分，第一部分唱雷公的来历，它本是坐镇于太阳中的天上主神。第二部分为雷公嫌人间供品少，制造大旱。第三部分是人间英雄布伯求雨不应，上天勇斗雷公，雷公下来报复，被布伯擒住关进谷仓。雷公从布伯一双儿女伏羲兄妹那里骗得猪潲水，喝后力气大增，撑散谷仓，逃回天上，发洪水淹没天下。第四部分唱布伯坐打谷槽随水而上，正好遇到雷公伸下一条腿探水面深浅，布伯将大斧一挥，将雷公的腿砍断，雷公慌忙逃进三百层金缸躲藏，洪水退去。第五部分唱伏羲兄妹躲在用雷公送的一颗牙齿种出来的大葫芦里，幸免于难。水退之后，经过剁龟复活、砍竹重生、碎鸦生还应验，以及分开寻找不到第三个人，只得勉强结合。第六部分唱兄妹婚后三朝，生下一个大肉团。雷公将它剁碎，抛撒四方，三朝七日都化为人，"远坡近岭人站满"。这部经诗虽然掺进了一些宗教意识，但原神话的情节基本得到保留，故有较高的价值。它歌颂了人类顽强的斗争精神和生生不息的生命意识，给人以鼓舞的力量。此诗已决定收入《壮学丛书》的《师公唱本》中。

《唱舜儿》

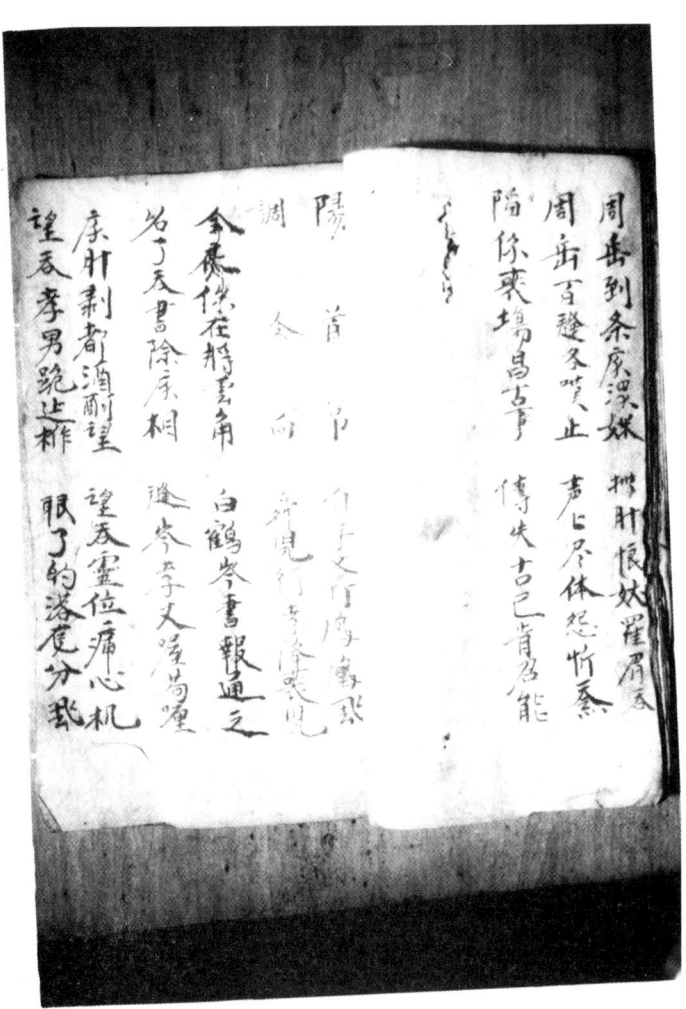

图 39-1　《唱舜儿》首页

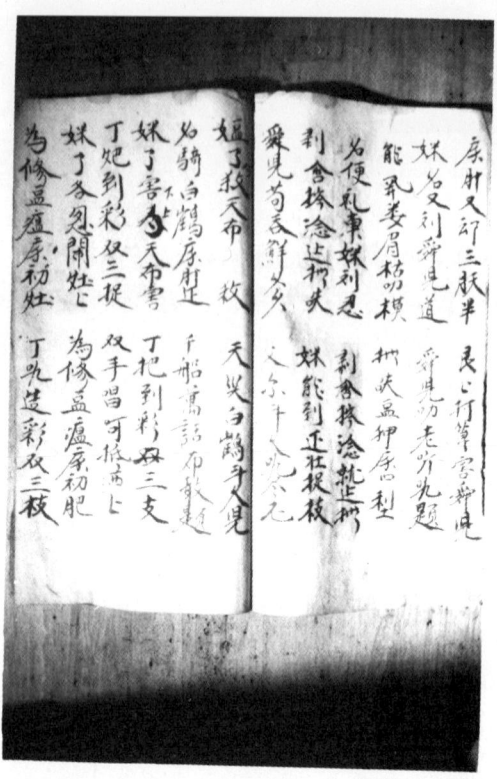

图 39-2 《唱舜儿》中的一页

图 39-3 《唱舜儿》、《董永唱》合抄本封面

《唱舜儿》，古壮字手抄本，壮族巫教经诗。作者佚名。页面为 13×21 厘米。用毛笔抄在纱纸上。20 世纪 50 年代蓝多民得于上林县。形成年代不详，抄本后注"光绪贰拾柒年（1901 年）柒月初柒日代少（抄）何如佛"。《唱舜儿》取材于汉族舜帝的传说故事，但做了民族化的处理。全诗 328 行，七言上下句式，腰脚韵。经诗唱的是壮族特舜（即小伙子舜）出生七月母亲病故，父亲娶了一位西川寡妇做二房。后娘带来了小弟特象，后娘偏心眼，后来竟屡屡谋害特舜。先是趁舜父去交趾做买卖之机，让特舜去修谷仓，她却在下面放火。老天马上降雨，救了特舜。第二次又让特舜去摘李子，后娘在树下摆满了荆刺，仙鹤来救特舜，幸免于难。第三次叫特舜挖井找泉，挖到深处，她和特象往井里填土埋人。幸而特舜早有防备，在井下挖旁穴避难，又得到龙王相助逃离险境。舜没有报复后娘，他在舅父、舅母、大姨妈的帮助下，到大明山（桂中武鸣、上林、马山、宾阳之间的原始山林，宽广几百公里）去垦荒，在马鹿帮助下致富。舜父回来，后母谎称特舜病亡。特舜米吃不完，便拿到墟场去卖。恰巧后母来买一斗米，特舜不计前嫌，给了后娘两斗。事情败露，舜父便把妻子痛打了一顿。孝顺的特舜把父母和弟弟接来和自己一起住，后娘狠心不改，半夜拿刀去砍特舜，却错砍死了亲生儿子特象。雷王下来惩罚她，把她劈成四块。舜给象弟立庙纪念。在这部长诗里，《尚书·尧典》中的"父顽"改变了，只留下了"母嚚，象傲"，而且是后母。长诗不仅通过后娘的毒辣反衬了舜的孝，而且严厉批判了伤天害理的行为，在道场上唱诵时常常产生强烈的反应。现在仍有教育意义。1992 年经蓝多民、韦星朗翻译，收入天津古籍出版社出版的《古壮字文献选注》中。

《董永唱》

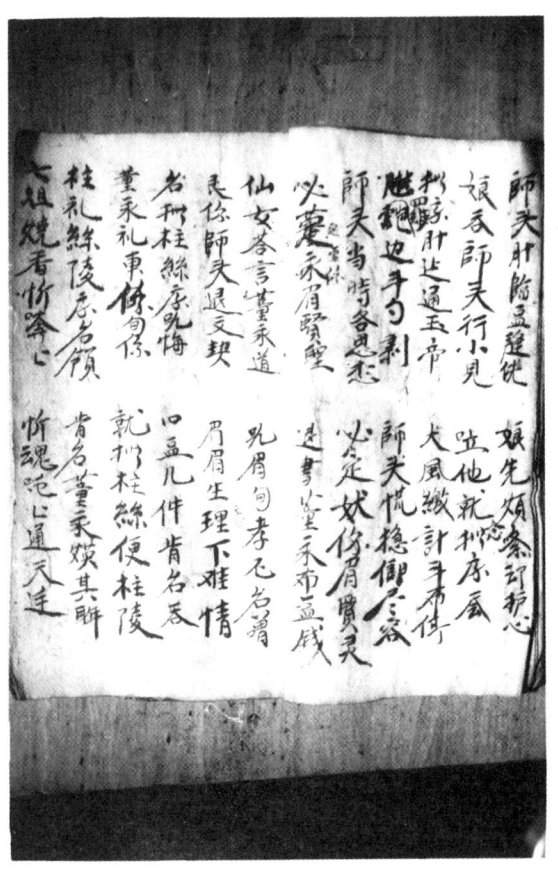

图 40-1　《董永唱》中的一页（抄本封面见图 39-3）

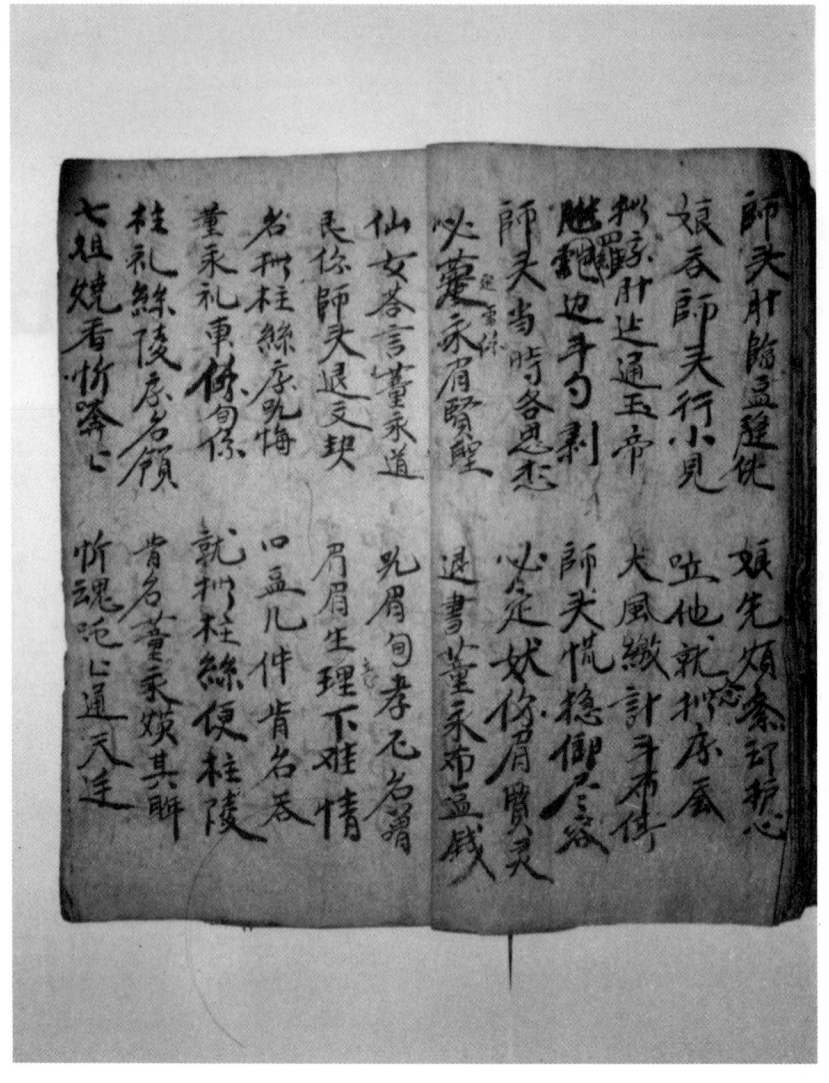

图 40 - 2 《董永唱》中的一页

古壮字手抄本。师公经书。作者佚名。与《唱舜儿》同抄在一个本子上,抄写年代相同,共322行。根据汉族故事传说改编而成,做了壮化处理,开头部分即为壮族民间东林故事。经诗云,古时候人们老死,大家便分而食之。后来有个壮族青年董永,有一天看见母羊产羔十分痛苦,便想到母亲生自己也一定非常痛苦,决定自己母亲死后绝不让人们瓜分而食。他把他人父母死后分给他的肉都腊起来,后来母亲死了,再一一还给人家,然后张罗安葬自己的母亲。但董永因过于贫寒无力葬母,便卖身于师头,得钱买棺材,开道场,礼葬母亲。但守孝仅三日夜,师头便逼他去干活。董永因为不能守满孝,下田垌劳动时放声大哭,惊动了玉帝,便派七女下凡与他成亲。七女从天上请来了大姐和四姐帮忙,很快织成很多丝绸给董永赎身。七女与董永生活三年,带孕回到天上,师头便把自己的女儿嫁给董永。后来七女把儿子送回人间,起名周岳,拜师习文,聪明无比。但他总为见不到母亲而遗憾。后打听到母亲定期到东海游泳,他等在海边,终于如愿。除了经诗,在民间还有故事流传,韵文散文都突出一个孝字,在壮族民间流传很广,影响很大。此诗反映了早期社会的吃人陋习和壮族葬俗的产生,有一定的研究价值。原抄本存中央民族大学蓝多民处。此诗已决定收入《壮学丛书》的《师公唱本》中。

《百岁歌》

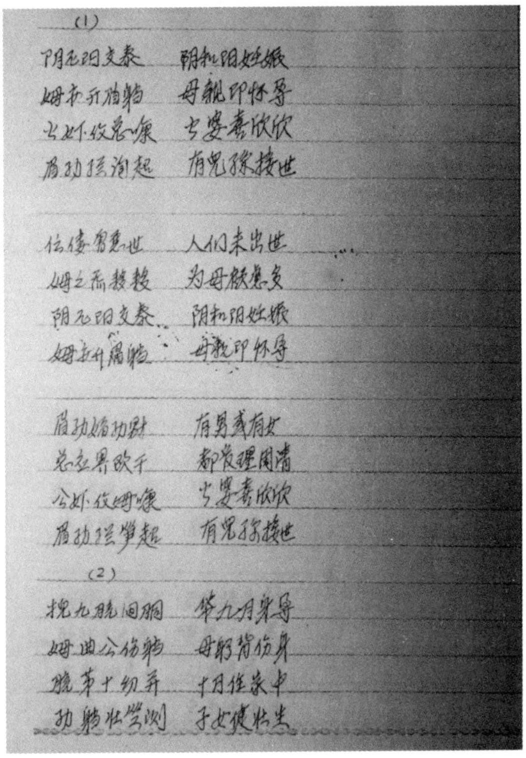

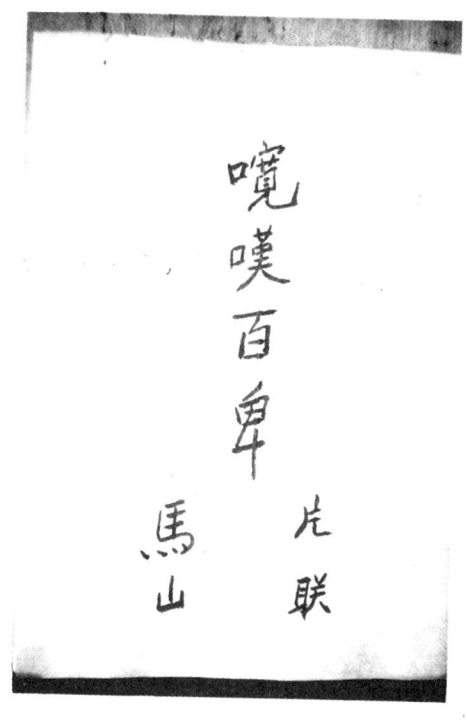

图 41-1 《百岁歌》中的一页

图 41-2 《百岁歌》重抄本封面

《百岁歌》，古壮字重抄本。民间伦理道德长诗。佚名。年代不详。原抄本用毛笔抄在纱纸上，存于马山片联民间。1980年罗宾、韦清源抄录。全诗36首，108行，加反复432行，五言勒脚体。长诗分为三部分，第一部分咏唱人从出生到20岁，父母抚养、教育心力交瘁，十分辛劳。第二部分从20岁起，以每10年为一阶段，一一咏唱不同阶段人的生理变化，心路历程，对家庭和社会的责任，应当怎样做人。如"到二一二二，读书又立家"；"三十入中年，创业家兴旺"；四十要"养幼子双亲"；"年寿五十岁，喜儿孙热闹"；"年交六十整，满头发如银"，社会责任还不能放弃，要继续教育儿孙，使他们诚实做人；古稀之年儿女要孝敬侍奉，身体健壮还可以"打背工"；"活到八十岁，人呼老公公"；九十"脸皱长须白"；寿百岁便"万世美名扬"。第三部分用100多行咏唱孝道，父母年老，有病儿女要延医诊治，精心护理。父母去世，要按壮人规矩做道场，抬棺上山安葬。在耄耋老人自己看来，"得长寿百岁，心无比欢欣。为儿创家业，脸黑也甘心"，死而无憾。这部长诗对人生百年各个年龄段的做人道德规范的阐述，是对壮人一生行为准则的高度概括，虽然以孝道为核心，但涉及做人的方方面面，从中可以窥见古代壮族祖先对待人生的积极态度，其基本精神对后世依然有启迪和教育功能。此诗已经收入《壮族伦理道德长诗传扬歌译注》，广西民族出版社2005年出版。

《何文受（秀）》

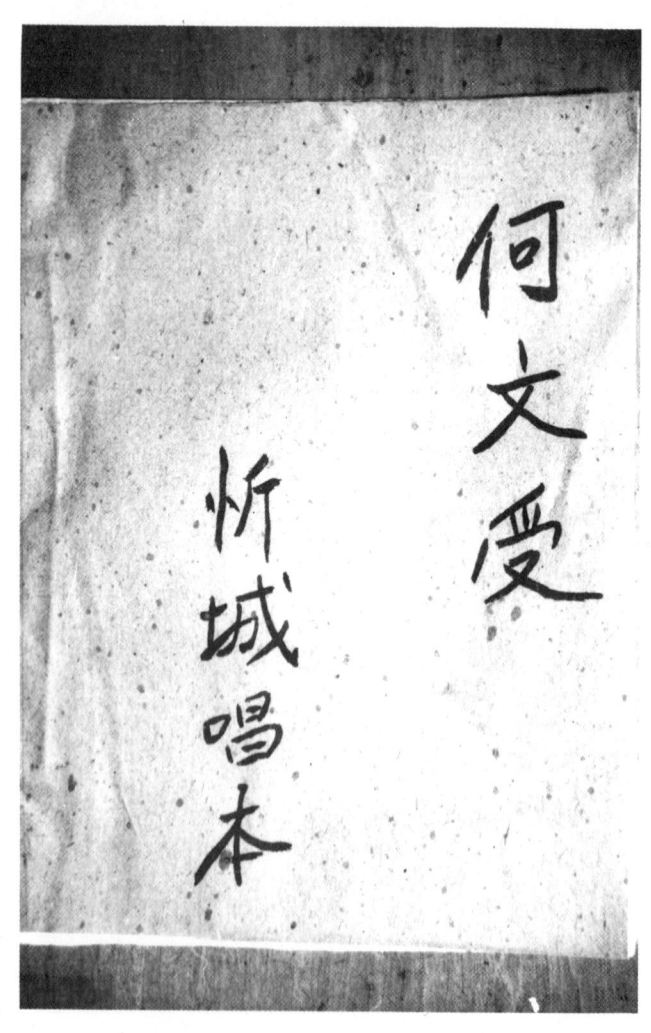

图42-1 《何文受》重抄本封面

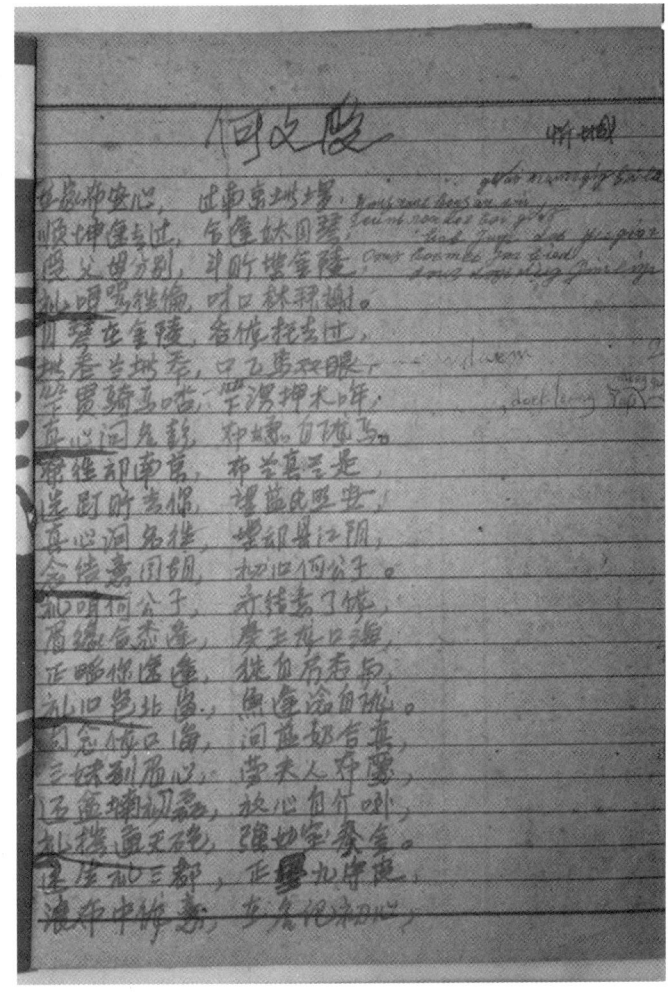

图 42-2 《何文受》重抄本首页

　　《何文受》，古壮字重抄本。壮族民间长诗。佚名。诗中提到嘉靖丙辰年，也就是 1616 年，可能是根据明代心一山人的传奇剧本《何文秀玉钗记》改编而成的，但做了壮化处理。原抄本竖写于纱纸上，藏于马山与忻城交界的马山民间，1963 年梁庭望在田野调查中抄到。全诗 171 首，包括反复 2052 行，勒脚体。长诗说的是嘉靖年间，广西全州壮族青年何文受的父亲何君达在山东管理军库，被陈连、张堂设计纵火陷害被杀。何文受到南京去寻找父亲，得到金陵姑娘月琴的帮助，两人产生爱情。但何文受不敢耽搁，恋恋不舍地又走上寻父之路。谁料在杭州被公差抓住，幸得江阴知县李公救助始得脱险。他继续上路，一路弹唱自己的苦情，感动了苏州典狱吏黄国老的女儿黄兰英，二人私结连理。黄国老大怒，欲处死何文受，兰英娘放他们逃走。他俩逃到海城，又错住进了已辞官的张堂家，张堂见兰英貌美，欲霸为妾，设计陷害何文受，投入监牢。黄国老听到何文受痛诉冤情，产生同情，以自己的呆儿代死。兰英不知实情，闻讯哭灵，跳河自尽，被人救起。谁料僵桃代李之法暴露，黄国老惧祸，遂将何文受捆入猪笼沉江。兰英娘买通艄公放走何文受，他化名黄龙赴京赶考，果中状元。何文受任海城巡抚，平反冤狱，夫妻团圆。闻陈连将黄国老夫妇绑送京城，夫妻忙赶去京都，趁皇帝大宴群臣之机，揭露陈、张图谋不轨。龙颜大怒，陈连被斩首，张堂毙命，黄国老夫妇得救，何君达沉冤昭雪。皇帝对何文受委以重任。长诗情节曲折，动人心弦。反映了嘉靖年间朝廷内部奸臣当道，恣意妄为，陷害忠良，朝政昏暗，有积极的意义。长诗还歌颂了民族团结，尤为难得。

《不忘父母情》

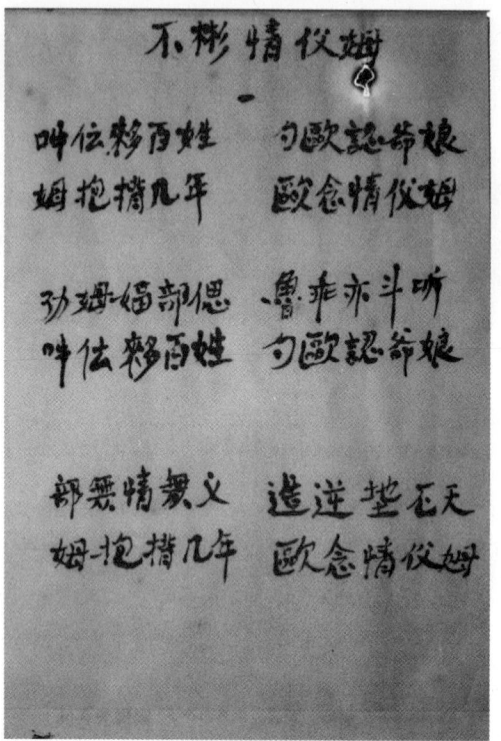

图 43-1 《不忘父母情》重抄本中的一页

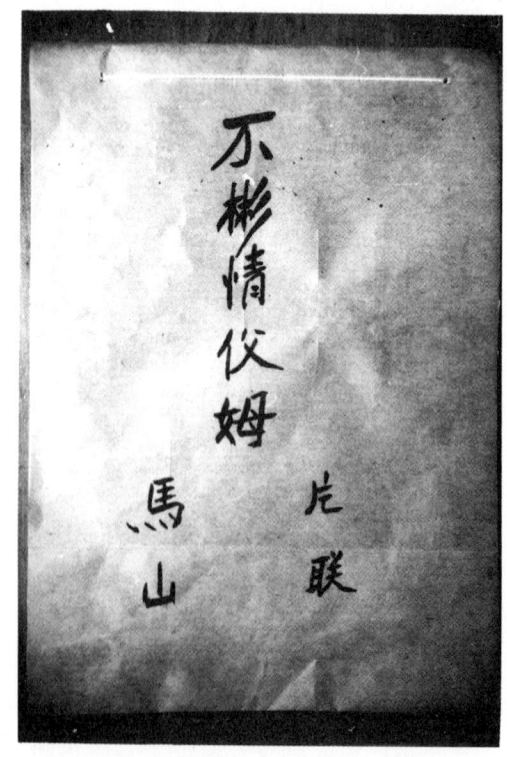

图 43-2 《不忘父母情》重抄本封面

《不忘父母情》，古壮字重抄本。民间伦理道德长诗。佚名。年代不详，诗中提到"己酉年天旱"，己酉年比较近的两次是道光二十九年（1849）和宣统元年（1909），具体难定。原抄本用毛笔竖抄在纱纸上，存于马山民间。1980年罗宾、韦清源抄录。全诗36首，108行，加反复432行，五言勒脚体。诗的开头首先唱从前不孝顺父母的教训，人老了就被丢到岩洞里，让他惨死，等父母死了又后悔，削木偶来供奉，又有何用？诗中举了两个例子抨击不孝行为。接下去便咏唱父母养育儿女之辛劳："带孕九月半，受难为儿女"，"包在褴褛里，屎尿湿娘身"，"长到两三月，喂奶又吐哺"，"有肚疼脑热，急忙找郎中"，"父养儿辛苦，宁饿肠粘肚"，养大了还要娶儿媳妇，总之是操不完的心。以下咏唱儿女应当怎样报答父母恩情，首先要懂得"父母苦一生，为儿烦到老。念父母恩情，记父母功劳"，父母健在的时候，要好好侍奉。倘若"父母不赡养，人不如畜生"，"积罪重如山"。父母有病，要悉心护理。父母过世，要像董永那样想尽办法礼葬，"昔董永葬父，卖身给豪门。尽心敬父母，仙女来配婚"。好心必有好报。从这部长诗里，人们可以体会到壮族是一个很讲孝敬父母的民族，这种传统伦理道德一直传承至今，对维护家庭团结仍在发挥一定的作用。此诗已经收入《壮族伦理道德长诗传扬歌译注》，广西民族出版社2005年出版。

《传扬歌》（一）

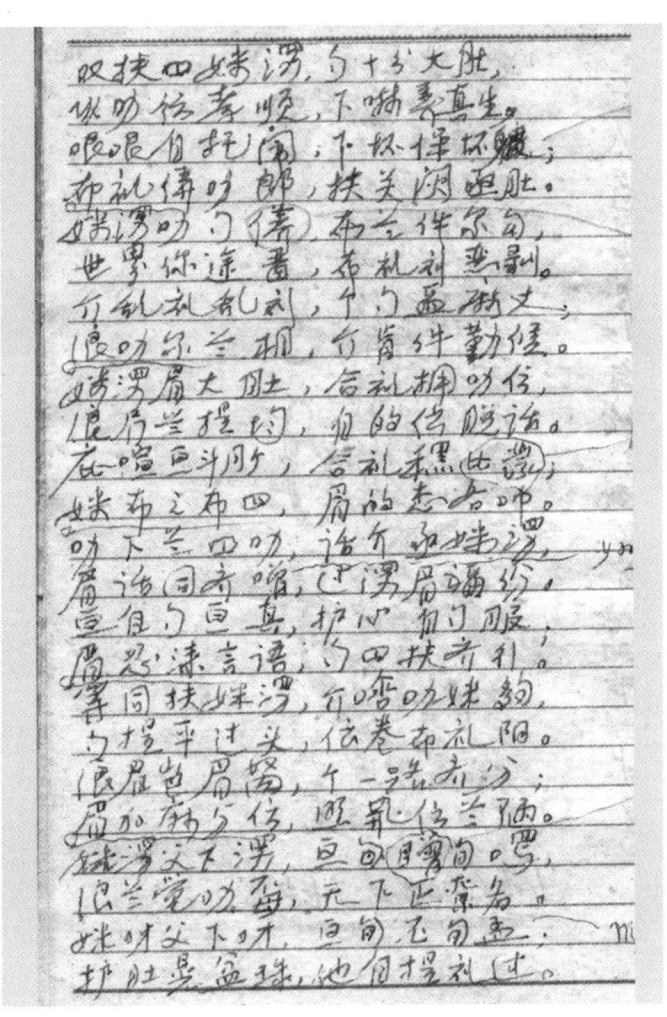

图 44－1　《传扬歌》重抄本（隆山古今本）中的一页

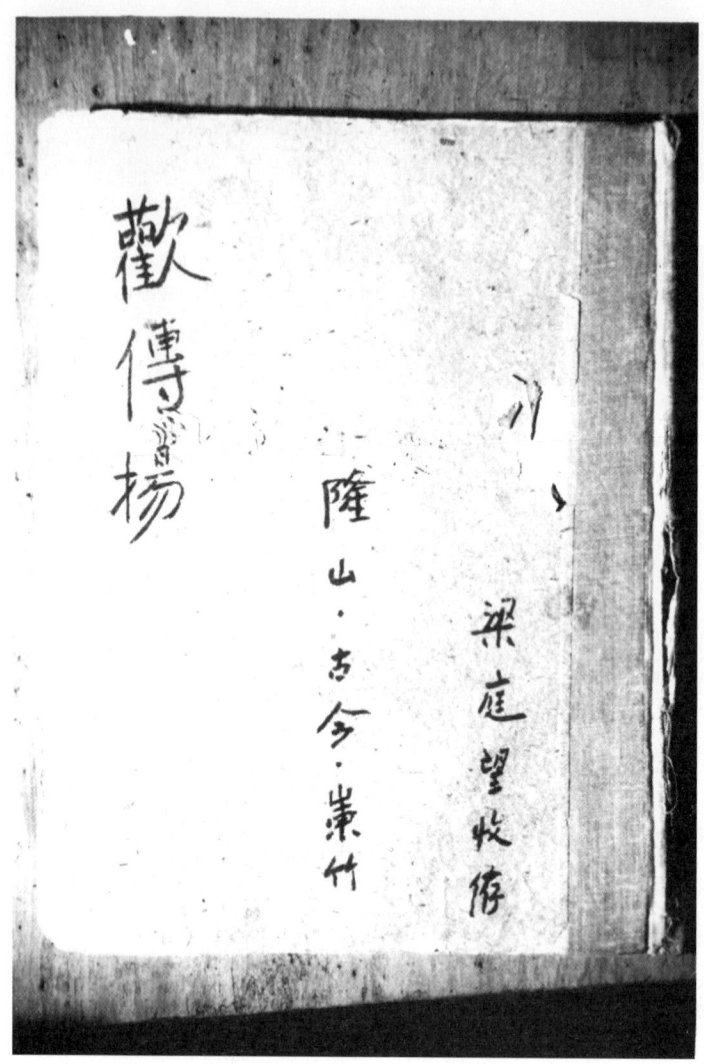

图 44-2 《传扬歌》重抄本（隆山古今本）封面

　　《传扬歌》，古壮字手抄本。作者佚名。原抄本 18×20 厘米，以毛笔抄写在壮族地区特产纱纸上，竖行行书。《传扬歌》是壮族著名的伦理道德长诗，萌芽于唐宋，形成于明代。长期以来，壮族民间广泛以之作为对青少年进行道德教育和调整人与人关系的范本，常起到习惯法的作用。新中国成立以后很少见到，1963 年梁庭望在乡下作田野调查时发现于马山一位歌师手中，转抄而存。今原本不知去向。《传扬歌》为壮族典型的五言勒脚歌体格式，腰脚韵，全诗 175 首，1400 行，加反复为 525 节，2100 行，10500 字。除序诗和尾诗，主体分为天下不公、财主、官家、穷人、志气、求嗣、养育、做人、勤俭、善良、交友、孝敬、睦邻、择婿、为妻、夫妇、妯娌、分家、鳏寡、后娘 20 个部分，1—5 阐述的是社会道德，主张公平、公正，为官清正，不欺负人。6—13 讲做人的道德规范，主张正直、勤劳、善良、诚实、忠孝、睦邻。14—20 阐述的是家庭内部的伦理道德，主张勤劳创业，勤俭持家，和睦相处。这部长诗是壮族传统优秀伦理道德之集大成，在今天依然有其教育价值。其壮文转写本及原文加注本已先后于 1984 年和 1992 年由梁庭望整理出版。多种异文也于 2004 年由梁庭望汇集加注并汉译文合集出版。20 多年来，发表了不少评论文章，给予很高的评价，被誉为壮族的"道德经"。此诗已经收入《壮族伦理道德长诗传扬歌译注》，广西民族出版社 2005 年出版。《壮族文学史》、《中国少数民族文学史》等多种著作还为它设立了专门的章节。

《传扬歌》(二)

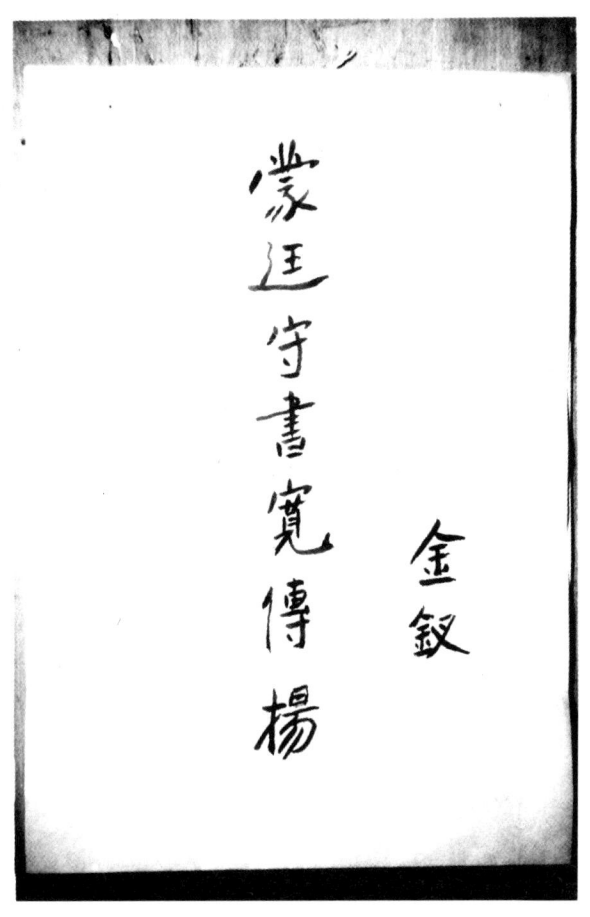

图 45　蒙廷守《传扬歌》抄本之一

即蒙廷守《传扬歌》，原为古壮字手抄本，已发现两种抄本，一种流传于广西马山县金钗乡，蒙云康提供，黄怀祥 1983 年重抄。五言勒脚体。72 首，加反复 864 行；另一种流传于马山片联乡，1980 年罗宾、韦清源搜集重抄。注名《蒙廷首书宽传扬》，只有 65 首，780 行，但其中的第 54 首是金钗本所没有的。其他 64 首与金钗本绝大部分相同，仅极少数不一样，有的是同音不同字。作者蒙廷守，清代雍正到乾隆年间金钗人，著名歌师。《传扬歌》(二) 包括勤劳创业、诚实做人、敬老养老、邻里互助、富莫欺贫、嫁娶礼法、家庭义务七部分，第一部分用 11 首歌咏唱勤劳创业的道理，"岁月人易老，家业当抓紧"，主张通过勤劳来改变自己的命运。第二部分 17 首，谆谆教诲青年要做个诚实的人，反对偷、赌、出言不逊和挑拨是非。敬老部分 17 首，重点在于提醒老人注意卫生保健。第四部分强调对外来户（主要是逃荒避难的汉人）要齐心相助，使他们不再颠沛流离。第五部分规劝富莫欺贫，穷人也要提防，反映了地主经济发展以后新的阶级矛盾在逐步激化。有意思的是嫁娶礼法部分反对不落夫家，说明与地主经济相适应的封建婚姻业已形成。家庭伦理中特别强调家庭成员之间要和睦、协调，创造良好的家庭氛围。《传扬歌》(二) 虽然远不及《传扬歌》(一) 丰厚，但也在一定程度上反映了清代前期壮族社会的部分情状和当时人们的伦理道德标准，对维护地区性的社会上人与人之间的关系有一定的作用。此诗已经收入《壮族伦理道德长诗传扬歌译注》，广西民族出版社 2005 年出版。

《传扬歌》(三)

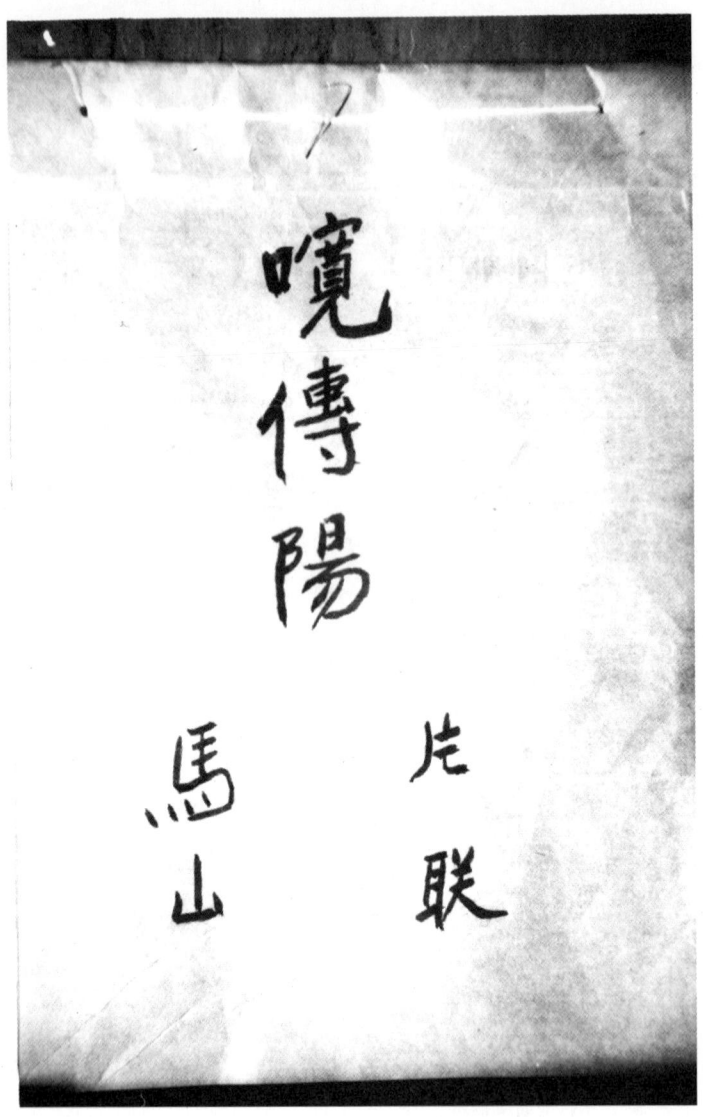

图 46 《传扬歌》(三) 封面(马山片联本)

即搜集于马山片联乡的《传扬歌》,原为纱纸手抄本。1980 年罗宾搜集重抄。诗为五言勒脚体,46 首,552 行。作者仁举,生平不详,从诗中多处提到上林看,可能是上林歌师。诗中有"到乾隆今时"之句,至少是乾隆年间(1736—1795 年)作品。全诗大致分为改土归流、贫富、婚嫁、做人、夫妻、敬老、鳏寡、家庭八部分。《传扬歌》(三)有特殊的价值,即反映了改土归流引发的新的社会矛盾以及人们的心态。改土归流本是由领主制到地主制的变革,是顺应历史潮流的。但由于流官横行乡里,"三百六兵差,替流官敛银",引起壮民不满。诗中对乾隆朝的不满相当直率,给人以痛快之感。歌中对为富不仁进行了猛烈的抨击,警告富人"有钱莫张狂,恐惹祸上身"。"龙骨虽龙骨,也怕龙变蛇。"为防不测,也劝穷人"穷也不斗富"。本诗的其他部分,在内容和思想倾向上与其他《传扬歌》基本相同。但全诗大部分篇章都着眼于如何做人,表明壮人对一个人的为人处世特别重视,这是稻作民族要求社会相对稳定的必然结果。此诗已经收入《壮族伦理道德长诗传扬歌译注》,广西民族出版社 2005 年出版。

六合坚固大宅颂碑

图 47　六合坚固大宅颂碑

六合坚固大宅颂碑为唐碑。唐永淳元年（682 年）刻于今广西上林洋渡麒麟山脚岩洞内的一块略呈梯形的岩石上，多处漫漶。作者为澄州无虞县令韦敬办。碑高 95 厘米，宽 64 厘米。碑文自右而左，凡 17 行，每行字数不一，多的 28 字，少的仅一字，全碑字径 1.5—2 厘米。其中有简化字和古壮字，弥足珍贵。碑文由序、颂、诗三部分组成，序的开头为六联 12 句四言，用壮族上层惯用的攀附中原大姓手法与京兆韦氏连宗，随之追溯"流派南邑"后"列牧诸邦，数封穷日"，"分条县宰"，"开场拓境，置州占村"，成了一方霸主。以下用骈文夸张自己的政绩："黎庶甚众，粮粒丰储，纵有十载无收，彝从人无菜色。"为保全其权利地位，特修此坚固大宅，"以万世澄居"。颂诗共三首 24 句，四言，诗意虽淡，但层次分明，其一先颂"皇皇前祖"，后"流派南地，盖众无伦……"。其二颂韦氏作为"乡土首渠"，"文武全备"，可以安全地"世世相习"。其三进一步描绘治下"人皆礼义"，"农桑滋耽，耕农尽力。斗争不起，咸统区域"。最后为 8 句五言诗，把颂的主题又重复了一遍。此碑为唐代岭南第一碑，对了解 7 世纪红水河中、下游壮族社会的政治、经济、文化和汉壮文化交流有重要的价值。2003 年 12 月在广西上林县召开了两碑国际学术讨论会，影响很大。碑中首次出现了古壮字，说明隋唐时代壮族（时称"僚"）已经创造了自己的文字。

智城碑

图 48　智城碑

智城碑，唐碑。唐大周万岁通天二年（697 年）刻于广西上林白墟爱长的智城山岩厦崖壁上，亦为摩崖石刻。作者韦敬一，颂其族兄韦敬办"阋墙讼息"后夺得澄州刺史之权，在智城山大兴土木建造州府唐城的盛况。碑高 164 厘米，宽 79 厘米，自右而左竖行镌刻，凡 24 行真字，除首行 42 字和末行 32 字，其余 22 行均为 47 字，全碑 1 108 字。碑由序和词构成，词实际是七首四言诗。序是一篇较长的骈体文，大多是典型的汉魏六朝骈文四六句式对应，用词浓艳富丽，文采飞扬，对骈体文驾驭娴熟。用典密度相当高。序首先描绘智城山"悬岩坠石"、"落涧翻波"、"绝岸峥嵘，灵卉森罗"的胜境，接着通过"珍禽瑞兽，接翼连踪"来渲染此地的勃勃生机。以下写仙道，"丹丘之侣，玄圃之俦"，飞羽盖，拖霓裳，"纷纷鹤驾"，一派仙境。接着写"离群弃世之人"击壤自娱，抚琴独酌。故此地"实乃灵仙之窟宅，贤哲之攸居"。写完以上铺垫，这才写建唐城的缘由，经过"萧墙起衅"、"推锋盈纪"，韦敬办夺得权柄，于是刊平绝壁，大建州庐，以使其权力地位传诸子孙，绵延"不朽"。七首四言诗依次把序中的几层意思以韵文形式重复一遍，其七这样咏叹："险隘难逾，襟期易守。处之者逸，居之者久。永弃危亡，长归遐寿。作诫后昆，垂芳来胄。"《智城碑》较为全面地反映了当时当地壮族社会的传承制度、经济生活、汉文教育以及攀附心理、慕汉习文、慕仙崇道、崇尚礼仪、堪舆意识、渴求文字、渴求安宁等社会意识，也从侧面反映了一定的社会矛盾，有多方面的研究价值。研究文章甚多，对探讨初唐壮族社会性质有重要的启示。

《梁山伯与祝英台》

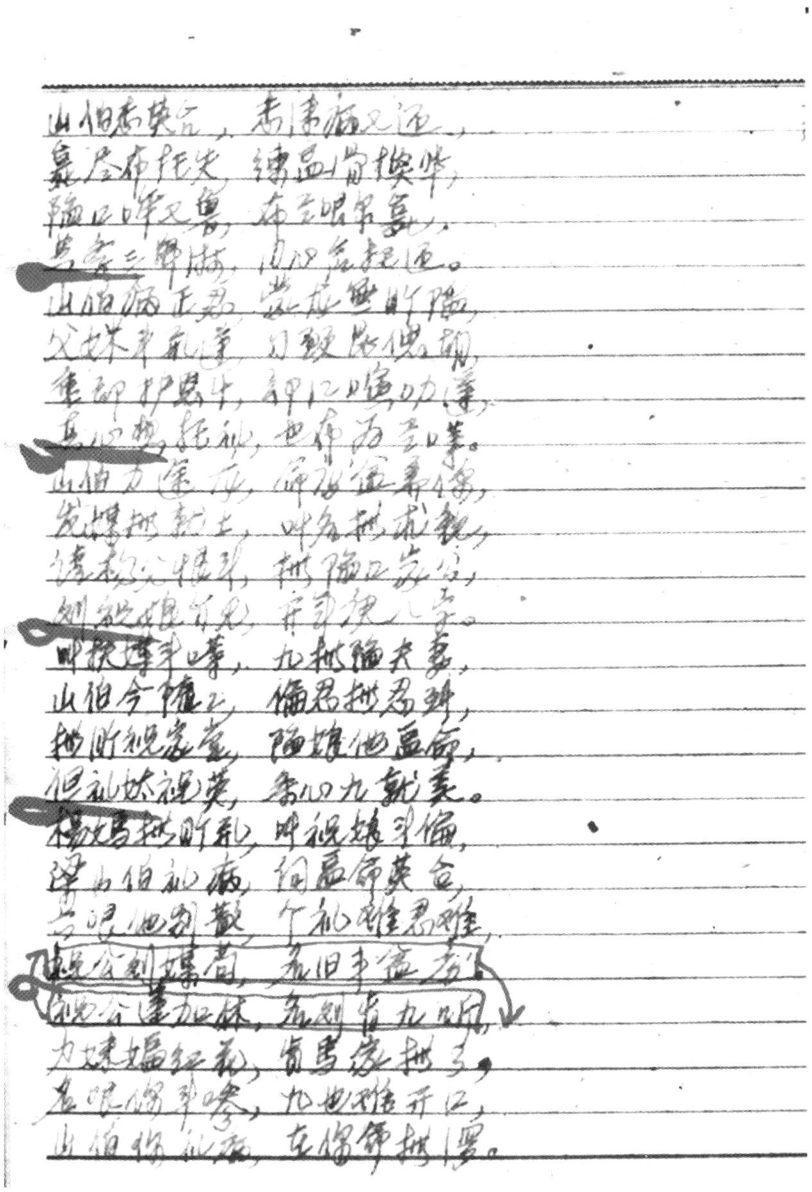

图 49-1　《梁山伯与祝英台》中的一页

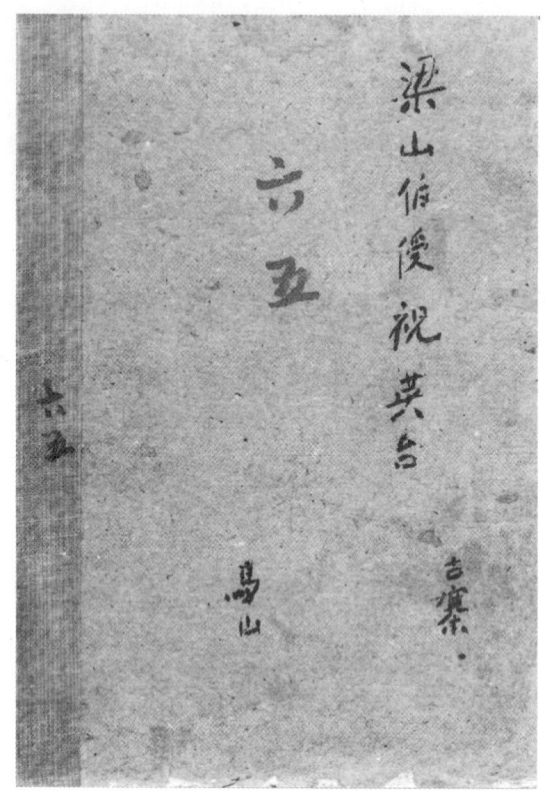

图 49-2 《梁山伯与祝英台》封面

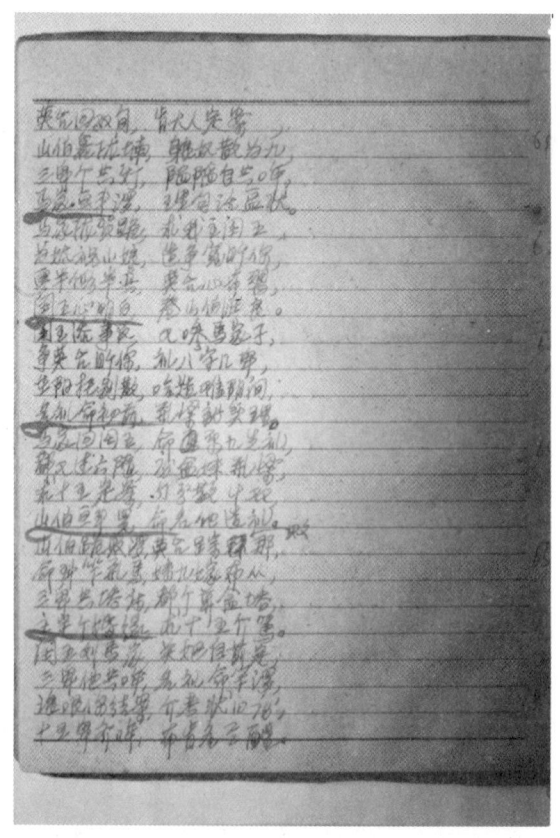

图 49-3 《梁山伯与祝英台》中的一页

《梁山伯与祝英台》，原文为古壮字手抄本，1963年重抄于广西马山县。根据汉族故事改编的壮族民间叙事长诗，第一首有"嘉庆四年壬"、"歌于己未年"之句，可知创作于1799年，作者佚名。诗为五言勒脚体，71首，加反复共582行。不分章节，大致分为共赴学堂、同窗生疑、十八相送、楼台相会、相思病逝、英台殉情、阎王断案七部分，既保持了原作的基本脉络，又做了壮化处理。首先是将原散文文本改编成为壮族民间长诗，其次是将主角改变为壮族青年，而变化最多的是情节和细节，梁山伯与祝英台相会是在岭南常见的木棉树下；祝英台穿的是古代壮族密纽男装，有60对纽扣，所以当梁山伯问她为什么不脱衣睡觉时，她推托说解完纽扣天也就亮了。梁山伯又问她为什么不站着撒尿？她巧妙回答，我们家乡人认为只有牛马才站着撒尿。在十八相送中，祝英台用刺竹上双鸟、塘水双影等带有壮族地区特点的风物作喻。最大的改变在末尾，祝英台跃入梁山伯墓中殉情后没有化蝶，而是变成了一对鸳鸯。二人之魂来到地府，马家子也气死魂归地府，并且向阎王告状，阎王判马家败诉，梁祝当为夫妇。又让三人还阳，马家另娶，并且与梁祝成为朋友。这一结尾反映了壮人大团圆的审美追求，以及大度容人的道德情操。《梁山伯与祝英台》有多种版本，流传很广，几达家喻户晓，在青年中影响很大，几乎成为壮族青年坚贞爱情的教本，对反对封建婚姻曾起到重要作用。此诗的一个版本已经被收入《汉族题材少数民族叙事诗译注·壮族卷》，民族出版社2009年出版。

《特华信歌》

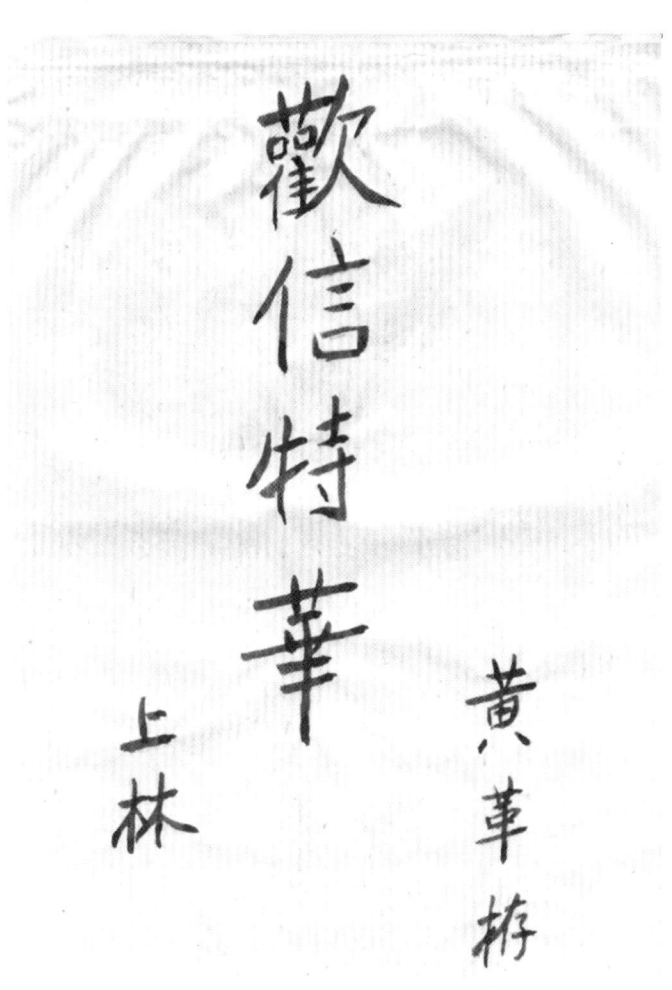

图50　《特华信歌》

《特华信歌》，原文为广西上林县三里古壮字手抄本，20世纪80年代韦克全重抄于上林，原名为《欢信特华》，黄革翻译注释。格式为上林典型的三顿勒脚欢，即535言。全诗24首，加反复共432行。作者特华，清代上林三里人，自幼父母双亡，家庭贫困。他与妹妹相依为命，过着饥寒交迫的生活，朝不保夕。被迫无奈，他只好把妹妹托付给叔叔，出外谋生。他到处流浪，出卖苦力，给财主打工，给老板做挑夫，经常挨打受骂，吃尽了人间的苦头。有苦无处诉，特华便用古壮字写了信歌，寄给他的二叔，倾诉他的苦情。歌中首先泣诉他外出谋生所受的苦难，他先是做点小本生意，谁知半路被劫了个一干二净，还被打伤。他只好去当挑夫，旅途又受尽煎熬，实在挺不住，又去给财主打工。他在歌中唱道："生意遭劫难，迫无奈，打工挣口饭。主吃鸡腊肉，我人贱，盐水过一餐。米汤来活命，苦奔波，日晒脸如炭。犁耙不离手，日落山，还得去挑担。"他在歌中恳求二叔，好好善待年幼的小妹妹，有鱼有肉别把她撇过一边，别让她到大门外哭泣。信歌如泣如诉，催人泪下。从中可以让人深切地感受到当时社会的残酷现实。

第 七 章

古籍珍品释读

  一　壮族麽经《布洛陀》 ……………………………………………………………………（719）
  二　《壮族民歌古籍集成·嘹歌》 ……………………………………………………………（733）
  三　《传扬歌·训诲》 ……………………………………………………………………（786）

一　壮族麽经《布洛陀》

（一）提要

  壮族麽经是壮族原生型民间宗教麽教的经典，为神职人员麽公在做麽教法事时念诵的经书。在壮语中，"麽"〔mo^1,〕含喃诵祷祝之意；麽经叫"司麽"〔$\theta w^1 mo^1$,〕；麽公叫"布麽"〔$Pu^4 mo^1$〕；做麽教法事叫"古麽"〔$ku：k^8 mo$〕。按照壮族布麽的一致说法，布洛陀是麽教的开山祖和至上神，麽教经书是他所创编。大凡布麽从事祈福消灾、超度亡灵等法事活动时，都必须请布洛陀和女祖神麽禄甲降临为其指点而获得神助，经文中必有"去问布洛陀，去问麽禄甲，布洛陀就说，麽禄甲就答"的训导。因此，壮族民间把麽教经书都称为"司麽布洛陀"，即"布洛陀麽经"。

  布洛陀作为壮族古代先民的人文始祖，其神格和形象经历了由创世神、始祖神到宗教神的发展过程。在壮族的神话传说、民间故事、宗教祭祀、歌谣谚语、风俗礼仪中，都有颂扬布洛陀神威和功绩的专题和形式，布洛陀形象浸透于壮族生活的各个领域，形成了独特的文化现象和观念文化体系，成为壮族传统观念文化的核心和标志。"布洛陀麽经"则是这一文化体系的最集中体现，在壮族地区以古壮字手抄本形式代代传承。

  《哑兵棹座启科》是壮族麽教众多布洛陀经书中的一部。该经书以手抄本的形式在广西右江河谷的壮族布麽和民众中流传。本次翻译的手抄本收藏者系广西田阳县坤平乡坡望村那廖屯的黄跃飞。黄跃飞，男，1956年生，农民，初小文化，壮族布麽，教名黄玄隆。黄跃飞家祖上历代均为布麽，现在可知的祖上布麽是：第一代黄玄清，第二代黄道祖，第三代黄道清，第四代黄玄康，第五代黄玄隆。黄玄隆从1987年开始做麽。《哑兵棹座启科》手抄本是黄玄隆的曾祖父黄道祖所抄，由广西田阳县文化馆离休干部唐云斌，广西民族古籍整理办公室黄桂秋发现收集，抄本今藏于广西壮族自治区民族古籍整理办公室。

  《哑兵棹座启科》手抄本抄写成书的时间是"民国壬戌十一年四月廿七日"，即公元1922年，迄今已有90多年的历史。该抄本有封面、封底，材质均为双层纱纸，呈浅褐色。内文材质为细纱纸，呈黄褐色，页面18.5×16.5厘米，用细棉线手工装订。抄本经文以正楷字体墨书誊录，经文形式以五言韵文体为主，偶有七言，押头脚韵或腰脚韵。抄本经文共56页，每页A、B面各竖写7行14句，分上下两栏依右至左排列。抄本保存至今完好无损。

抄本书名为《哑兵榡座启科》〔mo¹ pe：ŋ⁶ɕo：ŋ² naŋ⁶ ki³ ko⁶〕。其中"哑兵"、"榡座"均为壮族麽教术语。"哑兵"即"麽兵"。"哑"即喃麽，诵经之意；"兵"原义指驱赶、棒打。在麽经中，引申有二义：一指不祥之兆，即凶兆；二指针对不祥之兆而举行的法事仪式，可译为禳除。"麽兵"即指化解凶兆、驱鬼祛邪的一种麽教法事仪式。"榡座"指主家专为做麽教法事而设的神台。"启科"即"几科"，几个科目的意思。"哑兵榡座启科"意即用于做禳除凶兆的几种麽教经文。

《哑兵榡座启科》手抄本正文共设十章，其中第一、四、七、九、十章有标题，其余各章无标题。十章内容或标题依次是：（一）叹兵启科；（二）禳除法事；（三）麽兵法事；（四）浪哑布洛陀；（五）射太阳；（六）禳解法事；（七）人郎麽灶君；（八）又麽攘解；（九）又郎麽请叭；（十）麽兵一科，含麽"丘"〔够 tcau¹〕（长寿），麽"绞"〔kve：u¹〕（缠绕），麽"若"〔jo¹〕（扶持），麽"含"〔hom⁵〕（遮护），麽"律"〔lit⁸〕（拆除），等等。

前面翻译释读的部分是《哑兵榡座启科》抄本中的第四章"浪哑布洛陀"，题意是麽诵布洛陀一章。本章主要内容是唱诵布洛陀为人类创制麽教，创编经书，祭鬼招魂，消灾解难，安定天下的功绩。经文说布洛陀是居住于石山脚下岩洞里的一个长者，他智慧过人，法术高强，就连城皇、盘古、圣人都要向他请教。布洛陀每天在山洞潜心研修麽教法术，创编研读麽教经书。同时，布洛陀还通过收养无依无靠的孤儿，把孤儿训教成布麽，将麽教秘法和经书秘籍传承给后世，让后人按照麽经的教导，通过做麽教法事来为百姓祈求安康，消灾除难。天下民众享受布洛陀的恩泽，代代祭供布洛陀、传颂布洛陀的丰功伟绩。

《哑兵榡座启科》内涵丰富，尤其是抄本中所记录的"浪哑布洛陀"和"射太阳"神话这两章内容是别的经书所没有的，独一无二。《哑兵榡座启科》对于研究壮族麽教与布洛陀的关系，壮族麽经与壮族神话的融合发展等方面有重要的学术价值。经书手抄本的全文翻译及抄本影印已全部收入由张声震主编的《壮族麽经布洛陀影印译注》（一——八卷）第三卷。该书作为"壮学丛书"首批重点项目已由广西民族出版社于 2004 年 4 月出版发行。

《壮族麽经布洛陀影印译注》（一——八卷）由广西壮族自治区人民政府原副主席张声震研究员任主编，广西民族古籍整理出版规划办公室、广西壮学学会、广西社会科学院壮学中心、广西民族学院、广西民族出版社、云南省文山壮族苗族自治州壮学会、文山州民委古籍整理办公室等单位以及民间文化工作者，集民族学、语言学、古籍文献学、历史学、宗教学、哲学、民俗学等学科 20 多位专家学者共同参与翻译整理校注，收入了广西右江流域、红水河中上游、桂西南边陲以及云南文山壮族苗族自治州等地壮族布麽用古壮字抄写、世代流传的壮族麽教经典共计 29 本，均为孤本，是迄今为止壮族宗教经典古籍中搜集最全面、整理最系统、规模最大的版本。

壮族麽经布洛陀全面记载了布洛陀开天辟地、创造万物、安排秩序、排忧解难的丰功伟绩，记录了历代布麽祭祀布洛陀、收魂、禳解、除冤、还愿、祝寿、超度亡灵而举行的一整套宗教法事仪式，展示了壮族先民记录历史、传承文明而创造的丰富多彩的古歌谣、古谚语、古咒语、古文字原貌。这些经书内容广博，思想文化深厚，涵括了文字学、语言学、宗教学、考古学、人类学、民族学、民俗学、社会学、伦理学、哲学、神话学、美学、农学等多学科领域，是壮族远古时代原生态文化的百科全书，为壮学研究中对壮族民间宗教的重新确认和科学定位提供了有力的证据，对深化壮学研究及推动壮学体系的建立具有重要意义。

（二）原文及对译

经书名：哑兵榡座启科

章名：浪哑布六畾

浪	哑	布	六	畾
Langh	mo	baeuq	lug	doz
laːŋ⁶	mo¹	pau⁵	luk⁸	to²
篇章	**喃麽**	**布**	**洛**	**陀**

三	盖	三	皇	置
Sam	gaiq	sam	vuengz	ciq
ɬaːm¹	kaːi⁵	ɬaːm¹	vuəŋ²	ɕi⁵
三	**界**	**三**	**王**	**安置**

已	盖	皇	已	造
Gij	gaiq	vuengz	gij	caux
ki³	kaːi⁵	vuəŋ²	ki³	ɕaːu⁴
几	**样**	**王**	**几**	**创造**

言	嗻	布	六	畾
Yienz	naeuz	baeuq	lug	doz
jiən²	nau²	pau⁵	luk⁸	to²
又	**说**	**布**	**洛**	**陀**

言	嗻	哑	六	甲
Yienz	naeuz	mo	lug	gyap
jiən²	nau²	mo¹	luk⁸	tɕaːp⁷
又	**说**	**麽**	**渌**	**甲**

曾	合	會	朕	傍
Lox	hab	hoih	daengz	biengz
lo⁴	haːp⁸	hoːi⁶	taŋ²	piəŋ²
知道	**聚**	**集**	**整个**	**地方**

布	曾	想	曾	筭
Baeuq	lox	sieng	lox	suenq
pau⁵	lo⁴	ɬiəŋ¹	lo⁴	ɬuən⁵
祖公	**会**	**商量**	**会**	**打算**

朕	萬	國	恶	們
Daengz	fanh	guek	laj	mbwn
taŋ²	faːn⁶	kuək⁷	la³	bɯn¹
全	**万**	**国**	**下方**	**天**

伝	召	貫	貧	老
Hunz	ciuh	gonq	baenz	laux
hun²	ɕiːu⁶	koːn⁵	pan²	laːu⁴
人	**世**	**前**	**长成**	**大人**

甫	梨	甫	不	啥
Bux	laez	bux	mbaeux	cam
pu⁴	lai²	pu⁴	bau⁴	ɕaːm¹
人	**哪个**	**人**	**不**	**请教**

蘭	梨	蘭	不	舍
Lanz	laez	lanz	mbaeux	haemq
laːn²	lai²	laːn²	bau⁴	ham⁵
家	**哪个**	**家**	**不**	**询问**

舍	布	造	貧	光
Haemq	baeuq	caux	baenz	gvang
ham⁵	pau⁵	ɕaːu⁴	pan²	kvaːŋ¹
问	**祖公**	**才**	**成**	**君子**

啥	布	就	貧	守
Cam	baeuq	caux	baenz	suj
ɕaːm¹	pau⁵	ɕaːu⁴	pan²	ɬu³
问	**祖公**	**才**	**成**	**主人**

若	甫	了	能	堂
Yo	bux	ndeu	naengh	dangz
jo¹	pu⁴	deːu¹	naŋ⁶	taːŋ²
扶持	**人**	**一(个)**	**坐**	**堂**

安	甫	了	能	殿
An	bux	ndeu	naengh	denh
aːn¹	pu⁴	deːu¹	naŋ⁶	teːn⁶
安排	**人**	**一(个)**	**坐**	**殿**

也	可	士	布	造
Yej	goj	sw	baeuq	caux
je³	ko³	ɬɯ¹	pau⁵	ɕaːu⁴
也	**是**	**书**	**祖公**	**造**

垬	累	垬	不	唅
Vax	laez	vax	mbaeux	cam
va⁴	la:i²	va⁴	bau⁴	ɕa:m¹
蠢	哪个	蠢	不	请教

冘	累	冘	不	舍
Bamz	laez	bamz	mbaeux	haemq
pa:m²	la:i²	pa:m²	bau⁴	ham⁵
笨	哪个	笨	不	询问

舍	布	就	贫	光
Haemq	baeuq	caux	baenz	gvang
ham⁵	pau⁵	ɕa:u⁴	pan²	kva:ŋ¹
问	祖公	就	成为	君子

唅	布	就	礼	甲
Cam	baeuq	caux	ndaex	gyat
ɕa:m¹	pau⁵	ɕa:u⁴	dai⁴	tɕa:t⁷
问	祖公	就	可以	(做)法事

哼	講	布	恃	嘆
Coenz	gangj	baeuq	dwg	liu
ɕon²	ka:ŋ³	pau⁵	tɯk⁸	li:u¹
句话	讲	祖公	好	笑

寮	獁	騰	召	你
Liuz	ma	daengz	ciuh	nix
li:u²	ma¹	taŋ²	ɕi:u⁶	ni⁴
流	传	到	世	这

置	獁	騰	召	楞
Ciq	ma	daengz	ciuh	laeng
ɕi⁵	ma¹	taŋ²	ɕi:u⁶	laŋ¹
流	传	到	世	后

安	敗	鬼	哏	邦
An	baiz	gvij	gwn	bang
a:n¹	pa:i²	kvi³	kɯn¹	pa:ŋ¹
安	排	鬼神	吃	供品

安	敗	甑	哏	駑
An	baiz	fangz	gwn	noh
a:n¹	pa:i²	fa:ŋ²	kɯn¹	no⁶
安	排	鬼神	吃	肉

千	畾	鬼	布	安
Cien	duez	gvij	baeuq	an
ɕiən¹	tuə²	kvi³	pau⁵	a:n¹
千	个	鬼神	祖公	安排

萬	畾	甑	布	造
Fanh	duez	fangz	baeuq	caux
fa:n⁶	tuə²	fa:ŋ²	pau⁵	ɕa:u⁴
万	个	鬼神	祖公	造

馱	賴	愿	里	布
Dah	lai	sueng	ndix	baeuq
ta⁶	la:i¹	ɬuəŋ¹	di⁴	pau⁵
河	(有)多条	河沟	予	祖公

傍	賴	國	里	布
Biengz	lai	guek	ndix	baeuq
piəŋ²	la:i¹	kuək⁷	di⁴	pau⁵
天下	(有)多	国	予	祖公

曾	不	過	城	皇①
Lox	mbaeux	gvaq	cingz	vuengz
lo⁴	bau⁴	kva⁵	ɕiŋ²	vuəŋ²
聪明	不	过	城	隍

乖	不	過	盆	盐
Gvai	mbaeux	gvaq	buenz	guj
kva:i¹	bau⁴	kva⁵	puən²	ku³
乖巧	不	过	盘	古

曾	不	過	聖	人
Lox	mbaeux	gvaq	cing	yinz
lo⁴	bau⁴	kva⁵	ɕiŋ¹	jin²
聪明	不	过	圣	人

他	文	里	獁	唅
De	vanz	lix	ma	cam
te¹	va:n²	li⁴	ma¹	ɕa:m¹
他们	还	是	来	请教(布洛陀)

盖	梨	兵	樣	梨
Gaiq	laez	beng	yiengh	laez
ka:i⁵	lai²	pe:ŋ¹	jiəŋ⁶	lai²
事情	哪些	禳除	如	哪样

庚	梨	罪	樣	梨
Geng	laez	coih	yiengh	laez
ke:ŋ¹	lai²	ɕo:i⁶	jiəŋ⁶	lai²
事情	哪些	修正	如	哪样

會	梨	嘮	樣	梨
Hoih	laez	naeuz	yiengh	laez
ho:i⁶	lai²	nau²	jiəŋ⁶	lai²
事情	哪些	说	如	哪样

麼	梨	請	樣	梨
Mo	laez	cingj	yiengh	laez
mo¹	lai²	ɕiŋ³	jiəŋ⁶	lai²
麽诵	哪些	请	如	哪样

兵	梨	疏	樣	梨
Beng	laez	soq	yiengh	laez
pe:ŋ¹	lai²	ɬo⁵	jiəŋ⁶	lai²
禳除	哪些	疏理	如	哪样

路	梨	嘮	樣	梨
Loh	laez	naeuz	yiengh	laez
lo⁶	lai²	nau²	jiəŋ⁶	lai²
事情	哪些	诉说	如	哪样

---

① 城皇[ɕiŋ²vuəŋ²]：城隍。古代神话中守护城池的神。后为道教所信奉。据说由《周礼》蜡祭八神之一的水(即隍)庸(即城)衍化而来。道教以城隍为"剪恶除凶，护国保邦"之神。称他能应人所请，旱时降雨，涝时放晴，以保谷丰民足。又以城隍为管理亡魂之神。

師	梨	安	樣	梨
Sae	laez	an	yiengh	laez
ɬai¹	lai²	a:n¹	jiəŋ⁶	lai²
布师	哪个	安排	如	哪样

晗	梨	提	樣	梨
Haemh	laez	dwz	yiengh	laez
ham⁶	lai²	tɯ²	jiəŋ⁶	lai²
夜晚	哪个	遵循	如	哪样

士	梨	讀	樣	梨
Sw	laez	dog	yiengh	laez
ɬɯ¹	lai²	to:k⁸	jiəŋ⁶	lai²
书	哪本	读	如	哪样

道	梨	行	樣	梨
Dauh	laez	hengz	yiengh	laez
ta:u⁶	lai²	he:ŋ²	jiəŋ⁶	lai²
布道	哪个	做	如	哪样

可	士	名	甫	老
Goj	sw	mwngz	bux	laux
ko²	ɬɯ¹	mɯŋ²	pu⁴	la:u⁴
也是	书	你的	这位	大人

布	曾	抟	力	俄	媽
Baeuq	lox	yo	lwg	fiex	maj
pau⁵	lo⁴	jo¹	lɯk⁸	fiə⁴	ma³
祖公	会	扶助	儿子	别人的	长大

布	曾	抟	力	夌	貧	云
Baeuq	lox	yo	lwg	gyax	baenz	hunz
pau⁵	lo⁴	jo¹	lɯk⁸	tɕa⁴	pan²	hun²
祖公	会	扶助	儿	孤	成	人

脦	天	下	㞑	們
Daengz	dien	yaq	laj	mbwn
taŋ²	tiən¹	ja⁵	la³	bun¹
全	天	下	下面	天

伝	伭	同	國	炙
Hunz	lai	doengz	gueg	gyax
hun²	la:i¹	toŋ²	kuək⁸	tɕa⁴
人	**众**	**一同**	**成**	**孤儿**

盯	甫	呧	甫	叭
Daengz	bux	vax	bux	bamz
taŋ²	pu⁴	va⁴	pu⁴	pa:m²
所有	**人**	**蠢**	**人**	**笨**

同	獁	唅	明	布
Doengz	ma	cam	mwngz	baeuq
toŋ²	ma¹	ɕa:m¹	mɯŋ²	pau⁵
都	**来**	**问**	**你**	**祖公**

舍	布	貧	講	強
Haemq	baeuq	baenz	gangj	gyangz
ham⁵	pau⁵	pan²	ka:ŋ³	tɕa:ŋ²
问	**祖公**	**成为**	**讲**	**圆滑**

唅	布	貧	嗊	曉
Cam	baeuq	baenz	gangj	yaeuh
ɕa:m¹	pau⁵	pan²	ka:ŋ³	jau⁶
问	**祖公**	**成为**	**讲**	**巧语**

哼	吒	布	得	嘹
Coenz	hauq	baeuq	dwg	liu
ɕon²	ha:u⁵	pau⁵	tɯk⁸	li:u¹
句话	**讲**	**祖公**	**好**	**笑**

嘹	獁	騰	召	你
Liuz	ma	daengz	ciuh	nix
li:u²	ma¹	taŋ²	ɕi:u⁶	ni⁴
流	**传**	**到**	**世**	**这**

召	貫	提	獁	彼
Ciuh	gonq	dwz	ma	bij
ɕi:u⁶	ko:n⁵	tɯ²	ma¹	pi³
世	**前**	**拿**	**来**	**比照**

召	你	故	獁	提
Ciuh	nix	gu	ma	dwz
ɕi:u⁶	ni⁴	ku¹	ma¹	tɯ²
世	**这**	**我**	**来**	**沿袭**

時	你	故	獁	論
Cwz	nix	gu	ma	lwnh
ɕɯ²	ni⁴	ku¹	ma¹	lɯn⁶
时	**这**	**我**	**来**	**谈论**

蘭	苦	鴨	苦	鷄
Lanz	hoj	bit	hoj	gaeq
la:n²	ho³	pit⁷	ho³	kai⁵
(哪)家缺	**鸭**	**缺**	**鸡**

請	布	斗	千	礼
Cingj	baeuq	daeuj	cih	ndaex
ɕiŋ³	pau⁵	tau³	ɕi⁶	dai⁴
请	**祖公**	**来**	**就**	**得到**

蘭	貧	病	貧	鮮
Lanz	baenz	bingh	baenz	gyaej
la:n²	pan²	piŋ⁶	pan²	tɕai³
(哪)家	**患**	**病**	**罹**	**病**

請	布	斗	千	散
Cingj	baeuq	daeuj	cih	sanq
ɕiŋ³	pau⁵	tau³	ɕi⁶	ɬa:n⁵
请	**祖公**	**来**	**就**	**消散**

蘭	貧	事	貧	細
Lanz	baenz	saeh	baenz	si
la:n²	pan²	ɬai⁶	pan²	ɬi¹
(哪)家	**生**	**事**	**出**	**灾祸**

請	布	斗	千	利
Cingj	baeuq	daeuj	cih	ndi
ɕiŋ³	pau⁵	tau³	ɕi⁶	di¹
请	**祖公**	**来**	**就**	**好**

蘭　　苦　　糎　　苦　　淋
Lanz　hoj　haeux　hoj　laemx
laːn²　ho³　hau⁴　ho³　lam⁴
(哪)家　缺　　粮　　缺　　水

請　　布　　斗　　千　　貧
Cingj　baeuq　daeuj　cih　baenz
ɕiŋ³　pau⁵　tau³　ɕi⁶　pan²
请　　祖公　来　　就　　成(有)

蘭　　苦　　銀　　苦　　錢
Lanz　hoj　ngaenz　hoj　cenz
laːn²　ho³　ŋan²　ho³　ɕeːn²
(哪)家　缺　　银　　缺　　钱

請　　布　　斗　　千　　屑
Cingj　baeuq　daeuj　cih　miz
ɕiŋ³　pau⁵　tau³　ɕi⁶　mi²
请　　祖公　来　　就　　有

蘭　　苦　　晃　　苦　　精
Lanz　hoj　lwg　hoj　cing
laːn²　ho³　luk⁸　ho³　ɕiŋ¹
(哪)家　缺　　子　　缺　　孙

請　　布　　斗　　千　　屑
Cingj　baeuq　daeuj　cih　miz
ɕiŋ³　pau⁵　tau³　ɕi⁶　mi²
请　　祖公　来　　就　　有

駡　　初　　就　　礼　　衲
Ma　co　caux　ndaex　noh
ma¹　ɕo¹　ɕaːu⁴　dai⁴　no⁶
狗　　唆使(打猎)　就　　得　　猎物

三　　十　　甫　　口　　機
Sam　cib　bux　haeuj　ndoeng
ɬaːm¹　ɕip⁸　pu⁴　hau³　doŋ¹
三　　十　　人　　进　　山林

四　　十　　弓　　蓮　　弩
Siq　cib　goeng　lienz　naq
ɬi⁵　ɕip⁸　koŋ¹　liən²　na⁵
四　　十　　弓　　和　　箭

百　　二　　裡　　淋　　或
Bak　ngih　lij　laemx　vueg
paːk⁷　ŋi⁶　li³　lam⁴　vuək⁸
百　　二(条)　溪　　水　　淌

礼　　虎　　竞　　妹　　頼
Ndaex　guk　hung　meh　laih
dai⁴　kuk⁷　huŋ¹　me⁶　laːi⁶
得　　老虎　大　　母　　野猪

提　　緬　　界　　适　　坡
Dwz　hamj　gaiq　gvaq　bo
tɯ²　haːm³　kaːi⁵　kva⁵　po¹
抬　　过　　界　　过　　坡

造　　獁　　初　　恃　　倫
Caux　ma　co　dwk　lwngq
ɕaːu⁴　ma¹　ɕo¹　tuk⁷　luŋ⁵
造　　狗　　唆使　打　　猎

二　　十　　八　　宿　　安
Ngih　cib　bet　suk　an
ŋi⁶　ɕip⁸　peːt⁷　ɬuk⁷　aːn¹
二　　十　　八　　星宿　安置

也　　古　　士　　布　　造
Yej　goj　sw　baeuq　caux
je³　ko³　ɬɯ¹　pau⁵　ɕaːu⁴
也　　是　　书　　祖公　造

己　　庚　　曾　　里　　布
Gij　geng　lox　ndix　baeuq
ki³　keːŋ¹　lo⁴　di⁴　pau⁵
几　　种　　知识　予　　祖公

罪	八	姓	人	民		出	兵	兵	就	到
Coih	beg	singq	yinz	minz		Cwt	bing	bing	caux	dauq
ɕoːi⁶	peːk⁸	ɬiŋ⁵	jin²	min²		ɕɯt⁷	piŋ¹	piŋ¹	ɕaːu⁴	taːu⁵
治理	**百**	**姓**	**人**	**民**		**出**	**兵**	**兵**	**也**	**返回(凯旋)**

昙	遵	士	口	學		三	十	狼	英	落
Ngoenz	son	sw	haeuj	hag		Sam	cib	langh	ing	lag
ŋon²	ɬoːn¹	ɬɯ¹	hau³	haːk⁸		ɬaːm¹	ɕip⁸	laːŋ⁶	iŋ¹	laːk⁸
每日	**教**	**书**	**上**	**学**		**三**	**十**	**条(刀枪)**	**靠**	**篱笆**

士	定	杳	國	蘭		百	二	狼	羑	墙
Sw	dingh	iux	gueg	lanz		Bak	ngih	langh	ing	ciengz
ɬɯ¹	tiŋ⁶	iːu⁴	kuək⁸	laːn²		paːk⁷	ŋi⁶	laːŋ⁶	iŋ¹	ɕiəŋ²
书	**建**	**谷仓**	**造**	**干栏**		**百**	**二**	**支(刀枪)**	**靠**	**墙壁**

士	要	安	恃	地		眉	毡	毯	安	禄
Sw	yau	nganh	dwk	dih		Miz	cien	deuz	an	loeg
ɬɯ¹	jaːu¹	ŋaːn⁶	tɯk⁷	ti⁶		mi²	ɕiən¹	teːu²	aːn¹	lok⁸
书	**要**	**安葬**		**坟**		**有**	**千**	**条**	**马鞍**	**绿色**

士	國	煉	久	橘		六	十	張	安	花
Sw	gueg	lienh	gyaeuj	giuz		Loek	cib	gyoengq	an	va
ɬɯ¹	kuək⁸	liən⁶	tɕau³	kiːu²		lok⁷	ɕip⁸	tɕoŋ⁵	aːn¹	va¹
书	**造**	**路**	**头**	**桥**		**六**	**十**	**张**	**马鞍**	**花色**

僚	暗	金	伏	断		四	十	妹	獴	谷
Liuz	yaem	gim	fuh	duenh		Siq	cib	meh	vaiz	goek
liːu²	jam¹	kim¹	fu⁶	tuən⁶		ɬi⁵	ɕip⁸	me⁶	vaːi²	kok⁷
流传		**金**	**不**	**断**		**四**	**十(头)**	**母**	**水牛**	**种**

國	馘	馘	就	旺		六	十	妹	獴	魂
Gueg	caeg	caeg	caux	vueng		Loek	cib	meh	vaiz	maen
kuək⁸	ɕak⁸	ɕak⁸	ɕaːu⁴	vuəŋ¹		lok⁷	ɕip⁸	me⁶	vaːi²	man¹
做	**掳掠**	**掳掠**	**就**	**兴旺**		**六**	**十(头)**	**母**	**水牛**	**大**

國	将	正	就	刑		四	十	銀	連	宝
Gueg	ciengq	cingq	caux	hingz		Siq	cib	ngaenz	lienz	bauj
kuək⁸	ɕiəŋ⁵	ɕiŋ⁵	ɕaːu⁴	hiŋ²		ɬi⁵	ɕip⁸	ŋan²	liən²	paːu³
做	**打仗**	**这**	**才**	**赢**		**四**	**十(锭)**	**银**	**和**	**元宝**

老	了	到	許	旧
Laux	leux	dauq	haej	gyaeu
la:u⁴	le:u⁴	ta:u⁵	hai³	tɕau¹
大	了	又	给	长寿

肩	旗	頭	香	烝
Miz	giz	daeuz	yieng	hiq
mi²	ki²	tau²	jiəŋ¹	hi⁵
有	旗	旌	喷	呐

罡	傘	厭	過	街
Gang	liengj	yiemh	gvaq	gai
ka:ŋ¹	liəŋ³	jiəm⁶	kva⁵	ka:i¹
撑	伞	罗盖	过	街

罡	傘	沫	過	路
Gang	liengj	laiz	gvaq	loh
ka:ŋ¹	liəŋ³	la:i²	kva⁵	lo⁶
撑	伞	花	过	路

旳	矍	過	三	們
Haet	hoq	gvaq	sam	monz
hat⁷	ho⁵	kva⁵	ɬa:m¹	mo:n²
早上	膝盖	过	三	门

昙	達	元	哏	酒
Ngoenz	daz	yienz	gwn	laeuj
ŋon²	ta²	jiən²	kɯn¹	lau³
每天	拉	二胡	喝	酒

昙	口	朝	三	到
Ngoenz	haeuj	ciuz	sam	dauq
ŋon²	hau³	ɕi:u²	ɬa:m¹	ta:u⁵
每天	进	朝廷	三	次

也	可	士	布	造
Yej	goj	sw	baeuq	caux
je³	ko³	ɬɯ¹	pau⁵	ɕa:u⁴
也	是	书	祖公	造

造	繒	造	四	律
Caux	saeng	caux	siq	lid
ɕa:u⁴	ɬaŋ¹	ɕa:u⁴	ɬi⁵	lit⁸
造	吊网	造	四	角

造	網	造	十	牧
Caux	muengx	caux	cib	saeu
ɕa:u⁴	muəŋ⁴	ɕa:u⁴	ɕip⁸	ɬau¹
造	鱼网	造	十	收(宽度)

造	樓	造	四	角
Caux	laeuz	caux	siq	gak
ɕa:u⁴	lau²	ɕa:u⁴	ɬi⁵	ka:k⁷
造	楼	造	四	角

百	二	路	同	通
Bak	ngih	loh	doengz	doeng
pa:k⁷	ŋi⁶	lo⁶	toŋ²	toŋ¹
百	二	(条)路	相	通

百	二	哹	同	講
Bak	ngih	coenz	doengz	gangj
pa:k⁷	ŋi⁶	ɕon²	toŋ²	ka:ŋ³
百	二	句话	相	谈

造	若	橙	過	四
Caux	yo	fa	gvaq	siq
ɕa:u⁴	jo¹	fa¹	kva⁵	ɬi⁵
造	抬	竹排	过	四方

造	百	二	若	利
Caux	bak	ngih	yo	lih
ɕa:u⁴	pa:k⁷	ŋi⁶	jo¹	li⁶
造	百	二(根柱子)	扶持	鱼簾

造	花	縞	枯	馬
Caux	va	liz	go	mak
ɕa:u⁴	va¹	li²	ko¹	ma:k⁷
造	花梨	棵	果树	

也	古	士	布	造
Yej	goj	sw	baeuq	caux
je³	ko³	ɬɯ¹	pau⁵	ɕaːu⁴
也	是	书	祖公	造

盖	他	配	様	他
Gaiq	de	bwi	viengh	de
kaːi⁵	te¹	pɯəi¹	jiəŋ⁶	te¹
事情	那些	禳解	像	那样

謂	他	罪	様	他
Fae	de	coih	yiengh	de
fai¹	te¹	ɕoːi⁶	jiəŋ⁶	te¹
姓氏	那些	修正	像	那样

欄	布	幼	芯	嵌
Lanz	baeuq	uq	laj	gami
laːn²	pau⁵	u⁵	la³	kaːm⁵
家	祖公	在	下面	岩洞

聡	布	幼	芯	邑
Mbanx	baeuq	uq	laj	gya
baːn⁴	pau⁵	u⁵	la³	tɕa¹
村子	祖公	在	下面	石山

請	布	屋	芯	邑
Cingj	baeuq	ok	laj	gya
ɕiŋ³	pau⁵	oːk⁷	la³	tɕa¹
请	祖公	出到	下面	山

儸	布	屋	芯	嵌
La	baeuq	ok	laj	gamj
la¹	pau⁵	oːk⁷	la³	kaːm³
找	祖公	出来	下面	岩洞

橔	梾	杣	布	斗
Dwngx	maex	san	baeuq	daeuj
tɯŋ⁴	mai⁴	ɬaːn¹	pau⁵	tau³
拐杖	树	棕榈藤	祖公	来

躺	甫	老	布	斗
Ndang	bux	laux	baeuq	daeuj
daːŋ¹	pu⁴	laːu⁴	pau⁵	tau³
亲身	那位	大人	祖公	来

傘	爺	焊	布	斗
Liengj	yiez	ndit	baeuq	daeuj
liəŋ³	jiə²	dit⁷	pau⁵	tau³
伞	遮	阳光	祖公	来

皮	勿	限	布	斗
Biz	vad	hanh	baeuq	daeuj
pi²	vaːt⁸	haːn⁶	pau⁵	tau³
扇子	挥	汗	祖公	来

馬	楽	四	呑	骨
Max	lag	siq	din	ndoq
ma⁴	laːk⁸	ɬi⁵	din¹	do⁵
马	高大	四	脚	光秃秃

沙	蘆	四	呑	默
Sa	log	siq	din	maeg
ɬa¹	loːk⁸	ɬi⁵	tin¹	mak⁸
大	驴	四	脚	黑色

布	斗	騰	千	口
Baeuq	daeuj	daengz	cih	haeuj
pau⁵	tau³	taŋ²	ɕi⁶	hau³
祖公	来	到	就	进来

布	斗	騰	千	能
Baeuq	daeuj	daengz	cih	naengh
pau⁵	tau³	taŋ²	ɕi⁶	naŋ⁶
祖公	来	到	就	入座

不	論	様	黎	墜
Mbaeux	lwnh	yiengh	laez	gyae
bau⁴	lɯn⁶	jiəŋ⁶	lai²	tɕai¹
不	说	什么	远的

不	嗠	位	梨	印
Mbaeux	naeuz	fae	laez	wnq
bau⁴	nau²	fai¹	lai²	ɯn⁵
不	**说**	**姓**	**别**	**的**

嗠	丐	甫	△	家
Naeuz	gaiq	bux	△	gya
nau²	kaːi⁵	pu⁴	△	tɕa¹
说	**那**	**人**	△	**家**

嗠	丐	甫	花	姓
Naeuz	gaiq	bux	va	singq
nau²	kaːi⁵	pu⁴	va¹	ɬiŋ⁵
说	**那**	**人**	**花**	**姓**

嗠	丐	甫	守	蘭
Naeuz	gaiq	bux	suj	lanz
nau²	kaːi⁵	pu⁴	ɬu³	laːn²
说	**那**	**人**	**主**	**家**

嗠	丐	躺	守	袘
Naeuz	gaiq	ndang	suj	bieh
nau²	kaːi⁵	daŋ¹	ɬu³	piə⁶
说	**那**	**身体**	**主**	**衣**

旰	你	合	床	茶
Haet	nix	hab	congz	caz
hat⁷	ni⁴	haːp⁸	ɕoːŋ²	ɕa²
早上	**今天**	**摆**	**桌**	**茶**

晗	你	儸	床	炓
Haemh	nix	nda	congz	laeuj
ham⁶	ni⁴	da¹	ɕoːŋ²	lau³
晚上	**今天**	**办**	**桌**	**酒**

嗠	他	行	床	疏
Naeuz	de	hengz	congz	soq
nau²	te¹	heːŋ²	ɕoːŋ²	ɬo⁵
说	**他**	**做**	**桌**	**疏理**

許	故	斗	執	万
Haej	gu	daeuj	caep	van
haːi³	ku¹	tau³	ɕap⁷	vaːn¹
让	**我**	**来**	**准备**	**斧头**

許	故	斗	干	甍
Haej	gu	daeuj	ganq	fangz
haːi³	ku¹	tau³	kaːn⁵	faːŋ²
给	**我**	**来**	**赶**	**鬼**

執	万	憑	守	蘭
Caep	van	lwh	suj	lanz
ɕap⁷	vaːn¹	lɯ⁶	ɬu³	laːn²
准备	**斧头**	**为**	**主**	**家**

干	甍	利	守	袘
Ganq	fangz	lwh	suj	bieh
kaːn⁵	faːŋ²	lɯ⁶	ɬu³	piə⁶
赶	**鬼**	**替**	**主**	**衣**

酒	隆	奈	个	布
Laeuj	loengz	nai	gaiq	baeuq
lau³	loŋ²	naːi¹	kaːi⁵	pau⁵
酒	**来**	**敬**	**给**	**祖公**

抬	隆	献	个	奶
Daiz	loengz	yienh	gaiq	yah
taːi²	loŋ²	jiən⁶	kaːi⁵	ja⁶
祭桌	**来**	**献**	**给**	**祖婆**

布	斗	能	久	橙
Baeuq	daeuj	naengh	gyaeuj	daengq
pau⁵	tau³	naŋ⁶	tɕau³	taŋ⁵
祖公	**来**	**坐**	**首**	**席**

布	斗	能	久	床
Baeuq	daeuj	naengh	gyaeuj	congz
pau⁵	tau³	naŋ⁶	tɕau³	ɕoːŋ²
祖公	**来**	**坐**	**首**	**桌**

遂	守	祔	你	行
Coih	suj	bieh	nix	hengz
ɕoːi⁶	ɬu³	piə⁶	ni⁴	heːŋ²
修正	主	衣	现在	行事

遂	守	兵①	你	配
Coih	suj	beng	nix	bwi
ɕoːi⁶	ɬu³	peːŋ¹	ni⁴	pɯəi¹
修正	主	家	现在	禳解

蘭	他	絪	就	儸
Lanz	de	yungq	caux	la
laːn²	te¹	juŋ⁵	ɕaːu⁴	la¹
家	他	混乱	才	找(祖公)

蘭	他	芽	就	請
Lanz	de	ya	caux	cingj
laːn²	te¹	ja¹	ɕaːu⁴	ɕiŋ³
家	他	散乱	才	请(祖公)

請	布	斗	罪	芽
Cingj	baeuq	daeuj	coih	ya
ɕiŋ³	pau⁵	tau³	ɕoːi⁶	ja¹
请	祖公	来	修正	散乱

儸	布	斗	罪	絪
La	baeuq	daeuj	coih	yungq
la¹	pau⁵	tau³	ɕoːi⁶	juŋ⁵
找	祖公	来	修正	混乱

絪	貧	乃	不	櫺
Yungq	baenz	ndaix	mbaeux	loi
juŋ⁵	pan²	daːi⁴	bau⁴	loːi¹
乱	如	麻	不	疏理

———
① 守兵[ɬu³peːŋ¹]：做禳除法事之主，即主家。

許	布	櫺	昙	你
Haej	baeuq	loi	ngoenz	nix
hai³	pau⁵	loːi¹	ŋon²	ni⁴
请	祖公	疏理	天	今

也	許	布	斗	櫺
Yej	haej	baeuq	daeuj	loi
je³	hai³	pau⁵	tau³	loːi¹
也	让	祖公	来	疏理

絪	貧	莅	不	配
Yungq	baenz	faiq	mbaeux	bwi
juŋ⁵	pan²	faːi⁵	bau⁴	pɯəi¹
乱	如	棉	不	禳除

也	許	布	斗	配
Yej	haej	baeuq	daeuj	bwi
je³	hai³	pau⁵	tau³	pɯəi¹
也	让	祖公	来	禳除

許	布	斗	備	配
Haej	baeuq	daeuj	beng	bwi
hai³	pau⁵	tau³	peːŋ¹	pɯəi¹
请	祖公	来	禳除	麽诵

許	布	斗	罪	哸
Haej	baeuq	daeuj	coih	coenz
hai³	pau⁵	tau³	ɕoːi⁶	ɕon²
请	祖公	来	修正	话语

罪	哸	不	許	芽
Coih	coenz	mbaeux	haej	ya
ɕoːi⁶	ɕon²	bau⁴	hai³	ja¹
修正	话语	不	许	混乱

儸	哸	不	許	絪
La	coenz	mbaeux	haej	yungq
la¹	ɕon²	bau⁴	hai³	juŋ⁵
修正	言语	不	许	混杂

(三) 汉文意译

布洛陀经篇章

三界三王置，万物王创造。
说到布洛陀，说到麽禄甲。
知集天下民，公会想会算。
众天下万国，前世人长成。
哪个不请教（祖公），谁人不咨询。
问（祖）公成君子，问（祖）公成主人。
扶一人坐堂，安一人坐殿。
书是祖公造，蠢人不请教，笨人不讨问。
问（祖）公成君子，问（祖）公可做麽。
祖公说好话，流传到后世。
安排鬼吃供，安排鬼吃肉。
千鬼公安排，万鬼公造出。
多河沟给公，天下国归公。
城隍最聪明，盘古最乖巧，
圣人最聪明，还请教祖公。
啥事该禳除，啥事该修正。
啥事该诉说，啥事该诵经。
啥事该疏理，哪样怎样说，祖师都安排。
哪晚何法事，哪晚读何经。
道公做哪样，诵你老经书。
祖公会扶助众儿长大，祖公会扶助孤儿成人。
全天下人们，都成全孤儿。
所有蠢笨人，都来问祖公。
问祖公讲圆，问祖公讲巧。
祖公话开心，流传到今世。
前人比照做，今世我沿袭。
现时我来论，哪家缺鸡鸭，（请）祖公来就有。
哪家人得病，祖公来就愈。
哪家出灾祸，祖公来就消。
哪家缺粮水，祖公来就有。
哪家缺银钱，祖公来就有。
哪家缺子孙，祖公来就有。
纵狗得猎物，三十人进山。
四十把弓箭，趟百二条溪。
得老虎野猪，抬过界过坡，造狗为打猎。

二十八星宿，也是祖公造。
知识祖公献，好治理百姓。
每日学知识，建谷仓干栏。
学书安祖坟，书造路造桥。
流传金不断，即便贼也兴。
去打仗才赢，出兵得凯旋。
倚篱三十刀，靠墙百二枪。
绿鞍有千架，花鞍六十张。
水牛种四十，母水牛六十。
四十锭元宝，老了得长寿。
有旌旗唢呐，撑罗伞过街，撑花伞过路。
早串三家门，日拉胡喝酒。
日上朝三次，亦祖公书定。
造四角吊网，造十庹鱼网，造四角吊楼。
百二路相通，百二话相谈。
造筏漂四方，百二柱鱼廉。
造梨树果树，也是祖公造。
哪样事怎样禳解，哪样事怎样修正。
祖公家在山洞，祖公村在山下。
请祖公出山，请祖公出洞。
祖公拄杖来，祖公亲身来。
祖公遮伞来，祖公挥扇来。
大马光四蹄，大驴四蹄黑。
祖公就近来，祖公来入座。
远的事不说，别的姓不说。
说你那某家，说你花姓人。
说你那主家，说那主家衣。
今早摆桌茶，晚上摆桌酒。
做疏理祭桌，我准备斧头。
让我来赶鬼，为主家备斧，替主衣赶鬼。
酒来敬祖公，祭桌献祖婆。
祖公坐首席，做修正仪式。
现主家禳解，家乱找祖公。
家散找祖公，请祖公修正，找祖公修正。
家混乱如麻，请祖公疏理，让祖公疏理。
乱如棉不除，让祖公疏理。
请祖公禳解，请祖公诵经，请祖公修正。
修正话不乱，修正语不杂。

（黄桂秋原稿，梁庭望重译）

二 《壮族民歌古籍集成·嘹歌》

(一) 提要

《嘹歌》是流传于广西右江河谷的田东、田阳、平果、马山、武鸣等县的壮族民歌，在这些地区的壮族民间有很多嘹歌古壮字手抄本，广西民族古籍办组织专家从田东收集到的资料中选出最有代表性的手抄本，整理出版了《壮族民歌古籍集成·嘹歌》（简称《嘹歌》）（广西民族出版社 1993 年版）。

《嘹歌》为大 32 开本，1 409 码，150 万字。采用古壮字原行，规范古壮字，拼音壮文，汉意译四对照整理，每部长歌前附有题解，正文后有注释，帮助读者了解民歌内容。

《嘹歌》共收入五言四句体男女对唱山歌 4 012 首，共 16 048 行。根据壮族民间传唱习惯全歌分为《夜歌》和《日歌》两大部分。《夜歌》是可以在众人面前唱的情歌，是未婚青年倚歌择偶的经典。《日歌》是对婚姻不满的已婚青年避开众人单独对唱的情歌，是一种追求自由爱情的恋歌。

《夜歌》收入《大路歌》、《贼歌》、《建房歌》三部长歌和《入寨歌》、《家穷歌》、《穿黑歌》、《打十闸》、《赞村歌》、《惜别歌》六首短歌。

《大路歌》是一部用民歌来表达歌者爱意的"旅游笔记"，是一首生活气息、乡土气息、民族气息极其浓郁的抒情歌。它以一对壮族青年男女结伴游历为主线，举凡路上所见所闻，如小野鸭、小锦鱼、鹌鸪鸟、红棉树、桐油花等寓情于物，遇河架桥，遇岭越岭，或比兴，或暗喻，酬唱附和，借景抒情，最后双方情投意合，交换头巾和箩盒托付终身。

《贼歌》是一部描写壮族古代战争的叙事长歌。壮语"贼"意为"当兵""战争"，故"贼歌"实为"征战歌"。《贼歌》是壮族土司时代的作品，反映壮族土司时代的社会生活。

《建房歌》是一部专门介绍壮族建造干栏式房屋的长歌。歌中记叙一个壮族家庭建新屋的全部过程。从巡山伐木、买牛踩泥、打砖烧瓦、平基安础、立柱架梁、盖瓦开窗，一直到新屋落成，包括壮族干栏的全部建造工艺、仪式习俗、在建房过程中反映出来的人情关系及经济往来等方面，是别具特色的壮族风俗歌。

《日歌》由《三月歌》和《献歌》两部长歌及《建月歌》、《时辰歌》、《盘问歌》、《对对歌》、《天旱歌》五首短歌组成。

《三月歌》从二、三月唱起，按月序唱到第二年的正月，唱述壮族一年的生产、生活习俗，有结伴、采花、打陀螺、拾野菜、播棉、三月三拜山、送肥、耕田、七月十四祭祖、正月炒米花等，歌中穿插男女恋情，是一幅壮族生活的风情画。

《献歌》写一对男女青年冲破童婚的陋习自由恋爱，他们从相遇、互相赞美、探情、赠信物、苦恋唱到订婚、送彩礼、过门等，每一步骤都唱得很详细，是一部恋爱结婚的习俗歌。

《嘹歌》是一部广西右江河谷的壮族民歌总集，所收录的五部长歌和十一首短歌内容独立，可以在不同的对歌场合选唱或全唱，每部长歌在广西右江河谷都有多个版本，但有固定的套路，内容大同小异，语言风格一致，说明在这一地区传唱已久，是比较规范的壮族传统民歌。

从壮族民间收集到的嘹歌抄写本没有标明年代，故很难断定其产生的年代，从歌的内容分析，应该是不同时期的作品。

《贼歌》是《嘹歌》中人物形象和故事情节最完整，叙事和抒情结合得最巧妙的叙事长歌。"贼"壮语读音为"caeg"，有"战争、征服"之意，故《贼歌》实为征战之歌。

《贼歌》的内容可分三部分：第一部分是战争初起，被迫出征。描写一对相爱的男女青年正在赶墟购物，街上传来战争信息，人心惶惶，大家忙着搬东西逃命。人们上悬崖建屋，上山顶筑石城，用来制作武器的铁价格像黄金一样贵。没有人种地，平原田丢荒。征兵官书传下来，上面有男主人公的名字。他已经是第二次被征，本想不去，无奈父亲是寨主，不去要杀头。离别前情妹送给情哥面巾、腰巾、鞋袜、绑带等，互相叮咛又叮咛。情妹跟在出征队伍后面送别一程又一程。第二部分叙述征途跋涉、疆场拼搏。一边是情哥跟随出征队伍在崇山峻岭中跋涉，白旗、黑旗、红旗在山头飘舞。晚上蜷缩山头，不少同伴发病死亡。经历了千辛万苦，千难万险后才走到目的地，扎营筑堡，编排队形，烘干火药，开始战斗。一排排执长矛、利剑的士兵冲上去，又一排排倒下，血流成河，人头多如滩头卵石。情哥勇猛冲在前，攻下一个又一个城堡。另一边是情妹早早起床，到墟上买牛头来祭祖，为情哥祈求平安。第三部分叙述战罢还乡，重续情缘。战争结束后，男主人公一路变卖衣物，饥寒交加，辗转回到了离别三年的家乡，来到情妹的院子旁。经过对歌试情，互表真心，终于消除疑虑，跳墙相会。

这里节选"启程人如蚁"、"人死似篱倒"这两个反映征途跋涉、战场搏杀的小节释读：

"启程人如蚁"这一节写男主人公辞别亲人踏上征途。"挑担出门口，花朵一丛丛。父送子远行，几时转回程"。出征的人很多，父送子，妻送夫，杀鸡饮出师酒，亲人们叮嘱又叮嘱。情哥在马上，情妹在路边假装割草，跟随了一程又一程。"三千兵旱路，三千兵水路。过水死鱼浮，过旱死鹤鸰"。出征的队伍浩浩荡荡，红旗白旗翻飞像蝴蝶，队伍蜿蜒蠕行在崇山峻岭中，看上去"马行像红蚁，人行像黑蚁"。情哥在旅途中艰难跋涉，情妹在家深情呼唤"不要去呀哥，大路黑乎乎。不要走呀哥，小弟谁照顾"。这一段采用了叙事和抒情结合的写法，将真实场景和内心感受描述出来。歌中出现那海、隆安、南宁等地名，可供研究这次战争的时间作参考。

"人死似篱倒"这一节描写战斗的激烈与残酷。战斗用的武器是镰、弩、矛、剑、枪。"砍人像砍蕉，锤人像锤石。血流像洪水，人头像石滩。"让读者看到了古代战争的惨烈场面。而情妹为了保佑情哥，在家里用酒和牛头祭神，又让我们看到了古代壮族的风俗和宗教观念。这一节采用叙事加抒情的写法，将两个人的活动分别描述，很像电影的分镜头。战斗结束了，男主人公看到死去的同伴："后生真健美，丝带吊裤头。流苏摆呀摆，倒下乱草堆。"惋惜之情含蓄地表达了反战的思想。

《贼歌》在艺术上的成就是非常突出的，堪称壮族民歌的典范。《贼歌》原行有2610行，从内容看，它记叙了一个从头到尾的完整故事，叙说了一段感人至深的爱情，是一部成功的长篇叙事歌。但从它的结构看，它与一般的长歌不同，它基本上是由一首首短歌缀成的。壮族情歌最大的特点就是有相对固定的套路，一般见面从进村赞村、相识、试才、试情、互赠定情物，唱到分别、叮嘱、相约。《贼歌》也采用了这种情歌手法，以相近或相同的句子开头为划分方法，可将长歌分为若干个短歌，一个短歌一个内容，每个内容又同长歌主题紧紧相扣，这种写法有三个特点：一是灵活。用一句歌词提起，即可将内容扩展，如离别前，情哥问情妹要绑腿、面巾、鞋帽等，这部分在壮族情歌中是常见的内容，即互赠信物，但这首长歌中因有了战争背景，内容有所变化："我做贼了妹，问要布了情，要布做绑腿，知妹给不给"；接下去就是一段问要面巾、鞋帽、伞袋的歌，这个内容唱完了，又用另一句歌起头，转入下一个内容，任意发挥。二是形成排比，"问年歌"一口气问了十九个"今年什么年"，列举了种种不祥之兆，也交代了战争的起因，当时的社会状况，渲染了战前的气氛。三是便于记忆。民歌是口头文学，一首短歌表现一个内容，反复吟唱，内容层层深入，歌者易记易唱，听者易懂易学，也容易流传。这部长诗还有一个显著的特点，即用男女对唱的艺术手法展开故事情节，通过一问一答、一唱一和推进，达到依序展开、首尾圆合的艺术效果，与一般用第三人称展开故事的方法有别，是壮族民间诗人的艺术创造。

《贼歌》的成功之处还在于它将叙事和抒情结合得十分完美。男主人公被迫出征打仗是这部歌的主线，事件的起因、时间、地点、经过，来龙去脉交代得清清楚楚。一对男女青年的恋情是长歌的副线，也是重点线。离别时的叮嘱、赠物，一程又一程的送别，柔肠寸断的思念，重逢的喜悦，直爽的试情都铺陈得细腻感人。这两条线交叉出现，互相铺垫，深化了主题。

《贼歌》的艺术成就还表现在艺术手法上，拟人、夸张、排比、比兴手法的运用比比皆是，形象化的语言独具地方特色。如"恶言丢下塘，恨话丢下江"（不计前嫌），"牙齿退给霹，鳞还穿山甲"（解甲归田），"潜水不潜深，怎得鳗鱼头"，"不抓瓢和斗，怎见蚂蟥窝"（不入虎穴，焉得虎子），"星星亮，亮似公鸭头"，等等，这些语言，生活气息浓，哲理性强，是壮族人民思想和智慧的结晶。

（二）原文（节选）及对译（由于年代久远，现存文献字迹不清，无法辨识者用□标出）

启程人如蚁

男：那 担 屋 百 度
　　抛 䘢 蟋 唒 㑚
　　Ndarqp ok bakdou
　　挑担出门口

　　花 古 结 平 初
　　椛 □ □ 贫 楂
　　Vaguz giet baenz caz
　　花朵一丛丛

　　父 送 劲 贝 邦
　　仪 挞 □ 䘢 旁
　　Boh soengq lwg bae biengz
　　父送子远行

　　贝 月 雷 月 刀
　　䘢 肤 喃 肤 倒
　　Bae ndwenlawz ndwen dauq
　　几时转回程

女：那 担 屋 百 度
　　抛 䘢 蟋 唒 㑚
　　Ndarap ok bakdou
　　挑担出门口

　　花 古 结 平 初
　　椛 □ □ 贫 楂
　　Vaguz giet baenz caz
　　花朵一丛丛

　　父 送 劲 贝 邦
　　仪 挞 □ 䘢 旁
　　Boh soengq lwg bae biengz
　　父送子远行

　　贝 日 连 托 刀
　　䘢 昑 瞳 □ 倒
　　Bae ngoenzlienz doq dauq
　　去日就转回

男：点 定 屋 他 卜
　　跕 盯 蟋
　　Diemdin ok (dixbug)
　　举步出门槛

　　不 内 宿 定 刀
　　否 乿 練 盯 倒
　　Mbouj ndaej suk din dauq
　　不得缩脚回

　　哞 吒 讲 贝 那
　　哃 □ 㗂 䘢 䐗
　　Coenzhauq gangj baenaj
　　有话讲在先

　　不 得 杀 甫 对
　　否 乿 㷎 俌 忕
　　Mbouj ndaej caj bouxdoih
　　不得等同队

女：点 定 屋 他 卜
　　跕 盯 蟋
　　Diemdin ok (dixbug)
　　举步出门槛

丁　得　宿　定　刀
□　㕭　䋲　酊　倒
Gojndaej suk din dauq
亦得缩脚回

唪　吒　讲　贝　那
响　□　嗛　崥　噐
Coenzhauq gangj baenaj
虽有话在先

可　得　杀　甫　对
□　㕭　㳺　俌　㤤
Mbouj ndaej caj bouxdoih
亦得等同队

男:点　定　陇　忎　山
　　㬥　酊　莘　夼　機
Diemdin roengz lajcanz
举步下晒棚

叫　子　烂　斗　分
呺　劤　㑣　料　□
Heuh lwglan daeujfaenx
呼儿孙吩咐

分　日　列　日　昏
□　眹　呩　眹　雾
Faenx ngoenz ndit ngoenz fwn
晴天或雨天

杀　又　柴　両　母
㳺　欧　杖　㧢　她
Caj aeu fwnz lawh meh
替母去打柴

女:点　定　陇　忎　山
　　㬥　酊　莘　夼　機
Diemdin roengz lajcanz
举步下晒棚

叫　子　烂　斗　分
呺　劤　㑣　料　□
Heuh lwglan daeujfaenx
呼儿孙吩咐

分　日　列　日　亲
□　眹　呩　眹　霖
Faenx ngoenz ndit ngoenz rain
晴天或霜冻

许　得　怀　东　不
撺　捋　怀　□　否
Hawj dawzvaiz cungj mbouj
不使牛犁田

男:点　定　陇　忎　泪
　　㬥　酊　莘　夼　樃
Diemdin roengz lajlae
举步下楼梯

杀 鸡 师 哽 血
𣎴 鸠 □ 呐 盈 [50]
Gaj gaeq sae gwnlwed
请师饮鸡血

化 逢 贝 初 类
捌 㾔 丕 㜑 樑
Vad fwngz bae coh lae
拍梯对妹讲

名 㛦 贝 卜 莫
佲 勒 丕 俌 穎
Mwngz laegbae bouxmoq
等哥莫恋新

女：点 定 陇 忈 泪
踮 叮 荢 夵 樑
Diemdin roengz lajlae
举步下楼梯

杀 鸡 师 哽 血
𣎴 鸠 □ 呐 盈
Gaj gaeq sae gwnlwed
杀鸡饮鸡血

化 逢 贝 定 收
捌 㾔 丕 叮 柠
Vad fwngz bae dinsaeu
拍柱对哥说

名 㛦 又 卜 莫
佲 勒 欧 俌 穎
Mwngz laeg aeu bouxmoq
你莫娶新人

男：圣 马 内 出 度
抻 獁 耺 䗪 阳
Cing max ndaej ok dou
牵马出家门

六 马 良 出 足
摺 獁 跟 䗪 篏
Rag max riengz ok gyok
拉马出棚口

六 马 贝 女 夫
摺 獁 丕 低 揩
Rog max bae ndij bu
拉马去跟夫

陇 船 贝 女 使
荢 舮 丕 低 徽
Roengz ruz bae ndij saeq
下船去跟官

女：圣 马 内 出 度
抻 獁 耺 䗪 阳
Cing max ndaej ok dou
牵马出家门

六　马　良　出　匝
摺　獁　踉　蟋　節
Rag max riengz ok gyok
拉马出闸口

日　足　出　贝　贼
旳　啡　蟋　㛪　猁
Ngoenzcog ok baecaeg
明天去打仗

贝　月　雷　月　刀
㛪　昹　哂　昹　倒
Bae ndwenlawz ndwen dauq
此去何时回

男：十　伞　贝　隆　安
　　捡　俞　㛪　隆　安
Gip liengj bae Lungzan
执伞去隆安

昌　身　贝　羊　迷[51]
佺　躺　㛪　羊　迷
Cangqndang bae Yangzmiq
妆身去杨美

贝　羊　迷　很　兰
㛪　羊　迷　㐲　窐[52]
Bae Yangzmiq hwnjranz
去杨美入赘

贝　隆　安　开　铺
㛪　隆　安　擗
Bae Lungzan haibouq
去隆安开铺

女：十　伞　贝　女　况
　　捡　俞　㛪　催　优
Gip liengj bae ndij gvang
执伞去跟夫

昌　身　贝　女　皮
佺　躺　㛪　催　㞏
Cangqndang bae ndij beix
妆身去跟哥

日　女　圩　不　七
旳　内　㺽　否
Ngoenzneix haw mbouj six
今天不成圩

虎　贝　力　他　流
㞏　㛪　哂　□　□
Beix baelawz de liuh
哥去往何处

男：卜　达　非　又　白
　　俌　挞　芥　取　悲
Bouxdazfaiq youh baeg
独女纺纱厌

卜 卡 色 又 哉
傭 皿 浥 馭 □
Boux guhsaeg youh caih
独男洗衣困

奷 买 初 结 力
娅 嬇 丞 其 啢
Yahmaiq youq gizlawz
哪里有寡妇

杀 留 贝 很 侵
𤆬 偻 巬 𪩘 踻
Caj raeuz bae hwnjcoemq
等我去上门

女：别 吽 火 列 穷
□ □ 焐 傂 穹
Bah naeuz hoij ndij gungz
莫叫苦叫穷

劲 特 木 美 节
□ 迪 校 柰 □
Laeg dwkfwnz faexgyaet
莫劈结节柴

卡 劲 结 文 钱
介 勒 𦁛 閅 𠘨
Gaxlaeg ged maenzcienz
莫要吝银钱

卡 劲 粘 奷 眷
介 勒 粋 □ 踻[53]
Gaxlaeg nem yahcoemq
莫粘招婿娘

男：杀 造 网 得 圹
□ 揺 𫄧 迪 墰
Caj cauhmuengx dwkdaemz
人织网打塘

艮 造 缯 得 他
□ 揺 缯 迪 汰
Ngaenz cauhsaeng dwkdah
妹造网下河

杀 欧 奷 很 兰
□ 欧 □ 𪩘 岦
Caj aeuyah hwnjranz
人娶妻回家

多 欧 关 忐 侵
佲 欧 佚 𪩘 踻
Mwngz aeu'gvan hwnjcoemq
妹娶夫上门

女：父 度 火 诗 福
仪 㪷 焐 𧥶 □
Boh bou hoj cihfuk
我父缺福字

劲 媪 当 劲 在
□ □ □ □ 財
Lwgmbwk dangq lwgsai
女儿当男仔

日 昨 父 度 太
旿 唯 伩 伴 麤
Ngoenzcog boh dou dai
他日老父死

群 灵 牌 良 路
拎 灵 牌 蹺 塔
Gaem lingzbaiz riengz loh
过路捽灵牌

男:双 逢 拎 双 伞
□ 掸 □ □ 俞
Song fwngz gaem song lienj
两手两柄伞

可 里 想 肛 名
□ □ 想 □ 伶
Gojlij siengj daengz mwngz
心还想到你

伉 为 粒 秸 唖
□ 伪 糇 □ 帅
Ienqvih naed haeux gwn
怨恨为饭碗

贝 贼 风 酉 内
𡃤 𤟪 愁 饭 岿
Baecaeg lumz youxnoix
做贼忘情妹

女:双 逢 拎 双 伞
□ 掸 □ □ 俞
Song fwngz gaem song liengj
两手两柄伞

想 鸡 麻 肛 度
慫 侣 広 □ 伴
Siengj gijmaz daengz dou
儿时想到我

日 足 出 贝 六
旿 唯 蟋 𡃤 阴
Ngoenzcog ok bae rog
明天出远门

而 特 度 屋 咟
揭 捛 伴 蟋 □
Laeg dawz dou ok bak
莫拿我借口

男:兰 土 马 娄 七
揩 徒 獁 倄 甓
Cang duzmax raeuz ndaet
套紧我马匹

十 土 马 娄 文
十 徒 犸 偻 孷
Caeb cuzmax raeuz maenh
配稳我坐鞍

双 逢 抵 良 贝
□ 逢 鞯 □ □
Song fwngz baenq lwggyaeg
双手勒缰绳

双 定 铁 定 登
□ 叮 蹀 叮 □
Song din dieb dindaengq
双脚踏鞍镫

女：兰 土 马 娄 宜
揩 徒 犸 偻 兀
Cang duzmax raeuz ndaet
套紧哥坐马

七 土 马 娄 文
七 徒 犸 偻 孷
Caeb duzmax raeuz maenh
配稳哥坐鞍

平 土 马 娄 利
鞯 徒 犸 偻 兀
Baenq duzmax raeuz ndei
把马转过头

杀 皮 很 铁 登
焠 屄 꽉 蹀 □
Caj beix hwnj diebdaengq
等哥好踏镫

男：度 点 定 很 马
㐖 蹀 叮 꽉 犸
Dou diemdin hwnj max
上马要启程

那 度 齐 平 砚
䭘 㐖 滔 贫 □
Naj dou saep baenz nyienh
脸黑象墨砚

那 度 变 平 羌
䭘 㐖 胺 贫 羗
Naj dou bienq baenz gieng
面色象黄羌

贝 月 雷 月 刀
㙣 朕 唎 朕 倒
Bae ndwen lawz ndwen dauq
此去何日还

女：名 定 定 很 马
佲 蹀 叮 꽉 犸
Mwngz diemdin hwnj max
你启程上马

那 名 齐 平 砚
䍄 佲 澀 贫 □
Naj mwngz saep baenz nyienh
脸黑象墨砚

那 名 变 平 羌
䍄 佲 胶 贫 蓑
Naj mwngz bienq baenz gieng
面色象黄羌

贝 日 连 多 刀
崀 昑 瞳 □ 倒
Bae ngoenzlienz doqdauq
刚去又转回

男：度 点 定 很 马
伴 跦 盯 㘝 獁
Dou diemdin hwnj max
我启程上马

逢 华 弓 又 洛
搥 抵 筎 㪉 䟪
Fwngz vaz goeng yaeuz lot
手拾弓又掉

托 布 舍 志 陇
挩 祔 挫 歪 籠
Dot buh ce gwnz loengz
衣服忘笼箱

山 闹 又 唁 吒
䜺 倫 欧 呴 □
Cam doengz aeu coenzhauq
问妹要句话

女：月 骂 月 不 龙
起 訅 起 否 㚇
Yied ndaq yied mbouj roengz
越骂越要上

手 群 宗 很 马
搥 抐 毯 㘝 獁
Fwngz gaem coeng hwnj max
手执鬃上马

劲 加 咟 不 平
孙 𥻗 □ 否 贫
Lwggyax bak mbouj baenz
孤儿口不乖

争 不 得 唁 吒
㧧 否 乩 呴 □
Ceng mbouj ndaej coenzhauq
争不得句话

男：奇 马 卦 寒 圹
騎 獁 □ 垠 塄
Gwih max gvaq haenzdaemz
骑马过塘边

花 艮 白 平 菲
椛 □ 㖿 贫 芥
Va'ngaenz nau baenz faiq
银花白如棉

贝 别 大 别 太
塂 盼 猷 盼 妶
Bae biek da biek daiq
别岳父岳母

叭 不 主 不 雇
妣 叒 賍 否 □
Baz cienz cawx mbouj goq
钱买妻不顾

女:奇 马 卦 寒 圹
　　騎 獁 □ 垠 墰
Gwih max gvaq haenzdaemz
骑马过塘边

花 艮 白 平 菲
椛 □ 㖿 贫 芥
Va'ngaenz hau baenz faiq
银花白如棉

贝 别 大 别 太
塂 盼 猷 盼 妶
Bae biek da biek daiq
别岳父岳母

叭 不 主 火 雇
妣 叒 賍 熆 □
Baz cienz cawx hoj goq
钱买妻难顾

男:奇 马 卦 寒 圹
　　騎 獁 □ 垠 墰
Gwih max gvaq haenzdaemz
骑马过塘边

酉 艮 伦 忑 乐
佐 □ ᠈ 夳 㾰
Youxngaenz ndwn lajroq
情妹槍下站

别 酉 多 里 罗
盼 佐 □ □ 捼
Biek youxdoq lij ra
别妹还要回

许 巾 花 色 片
擀 帥 絓 □ □
Hawj gaenva saekmbenq
送一条花巾

女:奇 马 卦 寒 圹
　　騎 獁 □ 垠 墰
Gwih max gvaq haenzdaemz
骑马过塘边

酉 艮 伦 忑 乐
伩 □ 3 冭 㬋
Youxngaenz ndwn lajroq
情妹檐下站

别 酉 多 里 重
盼 伩 □ □ 迊
Biek youxdoq lij naek
别哥还相爱

许 在 笠 色 对
搋 斛 □ □ □
Hawj saigyaep saekdoiq
给竹笠彩带

男:奇 马 卦 女 贝
駖 獁 □ 内 娷
Gwihmax gvaqneix bae
骑马过这里

个 花 费 很 吾
㭲 苝 □ 㞷 欧(55)
Go'byaekfae hwnj unq
费菜长得旺

不 温 见 酉 内
否 煴 𧡊 伩 伱
Mboujun raen youxnoix
不见情妹脸

见 卜 对 同 利
𧡊 俌 怼 □ 兀
Haen bouxdoih doqndei
也要见同伴

女:奇 马 卦 女 贝
駖 獁 □ 内 娷
Gwihmax gvaqneix bae
骑马过这里

个 花 费 很 马
㭲 苝 □ 㞷 騳
Go'byaekfae hwnj maj
野菜长得旺

不 温 见 妠 那
否 煴 𧡊 □ 娜
Mboujun raen yahnax
不求见姨娘

东 见 那 卜 对
□ 𧡊 㗶 俌 怼
Cungj raen naj bouxdoih
也要见同伴

男:奇 马 卦 女 贝
駖 獁 □ 内 娷
Gwihmax gvaqneix bae
骑马过这里

马 吘 苪 孟 留
獁 □ 穪 □ □
Max gwn nyod mungxraeuz
马吃芭芒苗

奇 马 卦 乙 由
騎 獁 □ □ □
Gwihmax gvaq yixyaeuz
骑马去悠悠

不 礼 哶 卜 对
否 尮 □ 俌 付
Mbouj ndaej naeuz bouxdoih
不能叫歌伴

女:奇 马 卦 女 贝
騎 獁 □ 内 娭
Gwihmax gvaqneix bae
骑马过这里

马 吘 苪 孟 廖
獁 □ 穪 □ □
Max gwn nyod mungxraeuz
马吃芭芒苗

奇 马 卦 女 贝
騎 獁 □ 内 娭
Gwihmax gvaq yixyaeuz
骑马过此去

不 礼 哶 卜 对
否 尮 哷 俌 付
Mbouj ndaej naeuz bouxdoih
不能叫歌伴

男:奇 马 卦 地 达
騎 獁 □ 叠 □
Gwihmax gvaq diegdaeb
骑马过草地

良 马 必 里 伦
朗 獁 于 □ □
Riengmax baet lixlwnz
马尾频频摆

良 马 拔 刀 躺
朗 獁 拂 倒 □
Riengmax bat dauq ndang
马尾扫身上

反 贼 女 难 刀
□ 猌 内 难 倒
Fancaeg neix nanz dauq
此去难回来

女:奇 马 卦 地 达
騎 獁 □ 叠 □
Gwihmax gvaq diegdaeb
骑马过草地

良 马 必 里 伦
騩 獁 于 □ □
Riengmax baet lixlwnz
马尾频频摆

良 马 抜 刀 躺
騩 獁 拂 倒 □
Riengmax bat dauq ndang
马尾扫身上

反 贼 女 刀 艾
□ 獝 内 倒 鶋
Fancaeg neix dauq ngaih
此去易回来

男:奇 马 卦 地 前
骑 獁 □ □ □
Gwihmax gvaq diegcienz
马过前草地

马 不 贝 鞭 法
獁 否 峚 枊 挞
Max mbouj bae bien fad
马不走扬鞭

平 法 平 花 气
□ 挞 □ □ □
Bengxfad bengx (vaxw)
边打边叹息

主 力 见 酉 内
咐 唎 賍 佉 岁
Cawzlawz raen youxnoix
几时见情妹

女:奇 马 卦 地 前
骑 獁 □ □ □
Gwihmax gvaq diegcienz
马过前草地

马 不 贝 鞭 法
獁 否 峚 枊 挞
Max mbouj bae bien fad
马不走扬鞭

平 法 平 花 气
□ 挞 □ □ □
Bengxfad bengx vaxw
边打边叹气

主 力 见 兰 旧
咐 唎 賍 竺 厼
Cawzlawz raen ranz gaeuq
几时回旧地

男:奇 马 卦 地 榕
骑 獁 □ 叠 □
Gwihmax gvaq diegnyungz
马过绒草坡

躺 杏 贝 力 列
□ 泐 塱 唎 掮
Ndang dumz baelawz lieg
衣湿哪儿换

肚 饿 贝 力 呆
胪 的 塱 唎 餯
Dungxiek baelawz ngaiz
早饭哪里吃

班 快 卜 力 送
晒 □ 傭 唎 搋
Ban'gvaiz bouxlawz soengq
午饭哪个送

女：奇 马 卦 地 榕
駬 獁 □ 叠 □
Gwihmax gvaq diegnyungz
马过绒草坡

躺 杏 眉 文 列
□ 泐 □ 捫 掮
Ndang dumz miz mbaenqlieg
身湿有处换

肚 饿 眉 文 呆
胪 的 □ 捫 餯
Dungxiek miz mbaenq ngaiz
早饭有处吃

班 快 眉 卜 送
晒 □ □ 傭 搋
Ban'gvaiz miz boux soengq
午饭有人送

男：日 肚 饿 合 圩
旽 胪 的 胎 祛
Ngoenz dungxiek hozhawq
口干肚饿时

口 主 力 贝 哽
合 其 唎 塱 帅
Haeuj gizlawz bae gwn
到哪里找吃

日 昏 土 躺 杏
旽 雺 𥝕 □ 泐
Ngoenz fwndoek ndang dumz
下雨淋湿身

口 主 力 贝 列
合 其 唎 塱 掮
Haeuj gizlawz bae lieg
到哪里换衣

女：日 肚 饿 合 圩
旽 胪 的 胎 祛
Ngoenz dungxiek hozhawq
口干肚饿时

口 主 女 斗 㗒
合 其 内 料 帅
Haeuj gizneix daeuj gwn
到这里找吃

日 昏 土 躺 杏
旿 雺 犩 □ 泞
Ngoenz fwndoek ndang dumz
下雨全身湿

口 主 女 斗 列
合 其 内 料 掕
Haeuj gizneix daeuj lieg
到这里换衣

男:奇 马 卦 墥 闵
騎 獁 □ □ 孚
Gwih max gvaq ndoi nding
马过红坭岗

圣 马 卦 雷 六
抻 獁 □ 墥 髗
Cing max gvaq ndoi ndok
牵过骨草岗

六 马 贝 女 夫
摺 獁 嗧 低 □
Rag max bae ndij fou
拉马跟夫役

龙 船 贝 女 使
茏 舒 嗧 低 傁
Roengz ruz bae ndij saeq
下船随土官

女:奇 马 卦 墥 闵
騎 獁 □ □ 孚
Gwih max gvaq ndoi nding
马过红坭岗

圣 马 卦 雷 六
抻 獁 □ 墥 髗
Cing max gvaq ndoi ndok
牵过骨草岗

六 马 贝 女 夫
摺 獁 嗧 低 □
Rag max bae ndij fou
拉马跟夫役

龙 船 贝 女 学
茏 舒 嗧 低 黯
Roengz ruz bae ndij hak
下船随流官

男:使 贝 贼 日 寅
傁 嗧 猁 旿 □
Saeq bae caeg ngoenzyinz
寅日官启程

兵 点 兵 日 卯
俩 跦 盯 昑 □
Bing diemdin ngoenz maux
卯日才点兵

甫 佬 之 卦 船
傡 □ □ □ □
Bouxlaux cix gvaq ruz
当官坐船去

卜 夫 之 卦 路
傡 □ □ □ 垎
Bouxfou cix gvaq loh
挑夫旱路行

女:使 贝 贼 日 寅
儍 婑 狸 昑 □
Saeq bae caeg ngoenz yinz
寅日官起行

兵 点 兵 日 卯
俩 跦 盯 昑 □
Bing diemdin ngoenz maux
卯日才点兵

甫 佬 之 卦 船
傡 □ □ □ □
Bouxlaux cix gvaq ruz
大官坐船去

卜 夫 之 卦 路
傡 □ □ □ 垎
Bouxfou cix gvaq loh
挑夫旱路行

男:甫 佬 列 卦 船
傡 □ □ □ 舩
Bouxlaux le gvaq ruz
大官坐船去

卜 夫 列 卦 路
傡 □ □ □ 垎
Bouxfou le gvaq loh
挑夫路上行

卜 卦 路 卦 船
傡 □ 垎 □ 舩
Boux gvaq loh gvaq ruz
走路与坐船

盯 录 夫 多 爹
□ 阴 揩 仼 鐷
Daengz rog fou doxdeq
到外有夫等

女:甫 佬 列 卦 船
傡 □ □ □ 舩
Bouxlaux le gvaq ruz
大官坐船去

卜 夫 列 卦 路
佣 □ □ □ 塔
Bouxfou le gvaq loh
夫役路上行

卦 路 眉 卜 夫
□ 塔 □ 佣 揩
Gvaq loh miz bouxfou
过路有人挑

卦 船 眉 卜 炒
□ 舒 □ 佣 谪
Gvaq ruz miz boux cauh
坐船有人划

男：三 千 兵 卦 月
　　□ □ 俩 □ 仆
Sam cien bing gvaq mboek
三千兵旱路

六 千 兵 卦 水
□ □ 俩 □ 凎
Roek cien bing gvaq raemx
六千兵水路

卦 水 代 岜 沉
□ 凎 凭 靶 柔
Gvaq raemx dai bya fouz
过水死鱼浮

卦 目 代 六 法
□ 仆 凭 鸠 鸩
Gvaq mboek dai roegfek
过旱死鹧鸪

女：三 千 兵 卦 月
　　□ □ 俩 □ 仆
Sam cien bing gvaq mboek
三千兵旱路

六 千 兵 卦 水
□ □ 俩 □ 凎
Roek cien bing gvaq raemx
六千兵水路

卦 水 代 岜 沉
□ 凎 凭 靶 柔
Gvaq raemx dai bya fouz
过水死鱼浮

卦 目 代 六 互
□ 仆 凭 鸠 □
Gvaq mboek dai roegguj
过旱死猫头鹰

男：甫 眉 马 奇 马
　　佣 □ 獁 骑 獁
Boux miz max gwih max
有马就骑马

甫　不　眉　能　轿
俌　否　□　３　乔
Boux mbouj miz naenghgiuh
无马就坐轿

轿　不　眉　派　定
乔　否　□　蹕　盯
Giuh mbouj miz byaij din
无轿就走路

七　里　伦　良　使
跌　□　□　跷　儾
Saetlixlwnz riengz saeq
紧跟官屁股

女:甫　眉　马　奇　马
　　俌　□　獁　駩　獁
Boux miz max gwih max
有马就骑马

甫　不　眉　能　轿
俌　否　□　３　乔
Boux mbouj miz naenghgiuh
无马就坐轿

轿　不　眉　派　定
乔　否　□　蹕　盯
Giuh mbouj miz byaij din
无轿就走路

定　酉　伦　彩　南
□　伭　□　踩　埔
Din youx le caij namh
哥脚踩尘土

男:灰　奇　马　卦　志
　　伖　駩　獁　□　歪
Hoiq gwih max gvaq gwnz
我骑马过上

伦　花　苆　卦　忈
□　揽　□　□　乑
Lwnz gipbyaek gvaq laj
妹割草过下

急　苆　许　马　呻
揽　□　拼　獁　□
Gip byaek hawj maxgwn
割草给马吃

马　发　故　早　作
獁　罢　歪　乾　晡
Max baegwnz haetcog
明早马上路

女:名　奇　马　卦　志
　　佲　駩　獁　□　歪
Mwngz gwih max gvaq gwnz
你骑马在上

度 急 苀 卦 忈
仦 捡 □ □ 夲
Dou gip byaek gvaq laj
我割草在下

急 苀 许 马 咞
捡 □ 撊 獁 □
Gip byaek hawj maxgwn
割草给马吃

马 发 伦 发 昌
獁 □ □ □ □
Max fatlwnz fatcaq
马发冷发胀

男: 酉 急 苀 同 那
仸 捡 □ 垌 酱
Youx gipbyaek doenghnaz
妹田垌割草

立 中 花 乙 美
瓣 帅 絒 起 耒
Gyaeb gaenva yied maeq
花巾映脸红

娘 培 乐 劲 媪
□ 妚 镒 □ □
Nangzbawx rox lwgmbwk
媳妇或姑娘

杀 留 得 盼 对
烮 倭 迪 昗 □
Caj raeuz dwk fwen doiq
等我去对歌

女: 酉 急 苀 同 那
仸 捡 □ 垌 酱
Youx gipbyaek doenghnaz
妹田垌割草

乙 中 花 志 走
瓣 帅 絒 坕 魃
Gyaeb gaenva gwnz gyaeuj
花巾映脸红

娘 培 流 劲 媪
□ 妚 □ □ □
Nangzbawx liux lwgmbwk
媳妇加姑娘

荷 名 斗 盼 对
擤 佲 料 昗 □
Hah mnwngz daeuj fwen doiq
约你来对歌

男: 拜 志 杀 怀 凶
垪 坕 耤 怀 奋
Baihgwnz gaj vaiz hung
上边杀大牛

拜忑杀怀内
㘓歪𣍬怀岜
Baihlaj gaj vaiz noix
下边杀小牛

杀怀内发兵
𣍬怀岜□俩
Gaj vaiz noix fat bing
小牛分给兵

杀怀凶发将
𣍬怀奋□□
Gaj vaiz hung fat ciengq
大牛分给官

女：拜忐杀怀凶
㘓歪𣍬怀奋
Baihgwnz gaj vaiz hung
上边杀大牛

拜忑杀怀内
㘓歪𣍬怀岜
Baihlaj gaj vaiz noix
下边杀小牛

杀怀内发兵
𣍬怀岜□俩
Gaj vaiz noix fat bing
小牛分给兵

杀怀凶发罗
𣍬怀奋□□
Gaj vaiz hung fat ciengq
大牛分给哥

男：拜忐开旗毒[62]
㘓歪攔□□
Baihgwnz hai geizdoeg
前面开毒旗

拜忑六旗将
㘓歪□□□
Baih laj loek geizciengq
后面撑将旗

开三面旗初
攔□□□祖
Hai sam mienh geiz nduj
开三面领旗

旗卜呼贝官
□□□娑𤿈[63]
Geiz Bohhux bae gonq
卜虎旗领先

女：卡㕭贝了皮
介勒娑□展
Gaejlaeg bae liux beix
不要去了哥

甲 力 晚 个 介
笈 里 抔 楬 □
Gyaep lij venj gogai
笠挂扁桃树

卡 忉 贝 了 快
介 勒 娑 □ 佚
Gaejlaeg bae liux gvai
不要去呀乖

弟 败 卜 力 可
㾈 莽 傉 㖔 □
Nuengxbyai bouxlawz goq
小弟谁照顾

男:拜 忑 开 旗 毒
塀 歪 攔 □ □
Baihgwnz hai geizdoeg
开毒旗在前

拜 忎 六 旗 先
塀 夳 □ □ 甤[64]
Baihlaj loek geizsenq
先锋旗跟后

面 照 面 他 贝
□ 忍 □ □ 娑
Mienh ciuq mienh de bae
一面跟一面

齐 很 墙 桥 利
齐 㐲 □ □ □
Caez hwnj ndoi Giuzleih
同上桥利坡

女:卡 忉 贝 了 皮
介 □ 娑 □ 㞐
Gaejmenh bae liux beix
不要去呀哥

甲 力 晚 个 表
笈 里 抔 楬 □
Gyaep lij venj gobeu
笠还挂票竹

卡 忉 贝 了 表
介 勒 娑 □ 俵
Gaeilaeg bae liuxbiuj
不要去呀表

力 斤 交 兰 母
里 拎 㧎 㝉 妣
Lij gaem geuz ranz meh
剪还在娘屋

男:拜 忑 开 旗 毒
塀 歪 攔 □ □
Baihgwnz hai geizdoeg
前面举毒旗

拜 忑 六 旗 散
埤 夲 □ □ □
Baihlaj loek geizsan
后面撑白旗

旗 散 盯 那 海
□ □ □ □ □
Geizsan daengz Nazhaij
白旗到那海

马 派 平 侬 倿
獁 踄 贫 □ 蟒
Max byaij baenz ndoeng sap
马走似蟑螂

女：卡 忉 贝 了 皮
介 勒 娑 □ 戾
Gaejlaeg bae liux beix
不要去呀哥

大 路 力 立 来
□ 垯 里 嘿 移
Daihloh lij laep lai
大路黑呼呼

卡 忉 贝 了 快
介 勒 娑 □ 俫
Gaejlaeg bae liux gvai
不要走呀哥

弟 败 卜 力 可
桯 葬 僊 哂 □
Nuengx byai bouxlawz goq
小弟谁照顾

男：拜 忐 开 旗 毒
埤 夋 攔 □ □
Baihgwnz hai geizdoeg
毒旗走在前

拜 忑 六 旗 令
埤 夲 □ □ □
Baihlaj loek geizsan
撑令旗跟后

旗 令 甲 旗 红
□ □ 凶 □ 孚
Geizlingh cab geiznding
令旗间红旗

陇 广 东 发 将
夅 □ □ □ □
Roengz Guengjdoeng fat
去广东打仗　　　　ciengq

女：卡 忉 贝 了 皮
介 勒 娑 □ 戾
Gaejlaeg bae liux beix
不要走呀哥

大 路 力 立 红
□ 垆 里 嘿 □
Daihloh lij laep hoeng
大路黑沉沉

卡 忉 贝 了 艮
介 勒 娄 □ □
Gaejlaeg bae liux ngaenz
不要走呀哥

寒 塘 力 水 务
垠 埋 里 嘿 雯
Haenzdaemz lij laepmok
塘边雾朦朦

男：开 旗 贝 平 夭
摡 □ 娄 贫 □
Hai geiz bae ˈbaenz cien
开旗去成千

六 旗 贝 平 万
□ □ 娄 贫 万
Loek geiz bae baenz fanh
撑旗去成万

旗 散 肛 南 宁
□ □ □ □ □
Geizsan daengz Namzningz
白旗到南宁

旗 红 平 锡 荷
□ 孚 贫 蚨 荏 [66]
Geiznding, baenz siphaz
红旗象蜈蚣

女：卡 忉 贝 了 皮
介 勒 娄 □ 屁
Gaejlaeg bae liux beix
不要去呀哥

大 路 里 立 宁
□ 垆 □ 嘿 □
Daihloh lij laepnyaenz
大路黑森森

卡 忉 贝 了 艮
介 勒 娄 □ □
Gaejmenh bae liux ngaenz
不要走呀银

大 见 里 水 务
眙 賍 □ 嘿 雯
Da raen lij laep mok
眼前尽雾水

男：旗 贝 贫 孟 虮
□ 娄 贫 蠓 □
Geiz bae baenz mbumxmbaj
旗飘象蝴蝶

马 贝 贫 孟 丁
獁 罢 贫 蛟 虾
Max bae baenz ndungjndingq
马行象土狗

旗 令 达 旗 红
□ □ 塔 □ 孚
Geizlingh dab geiz nding
令旗连红旗

陇 广 东 发 将
𡽰 □ □ □ □
Roengz Guengjdoeng fad ciengq
下广东打仗

女：卡 㤆 贝 了 皮
介 勒 罢 □ 㠼
Gaejlaeg bae liux beix
不要去呀哥

秙 方 卜 力 乃
□ 粊 傅 哂 耨
Haeuxfiengj bouxlawz ndai
山米哪个耘

卡 㤆 贝 了 快
介 勒 罢 □ 快
Gaejlaeg bae liux gvai
不要去呀乖

壮 介 里 水 务
闷 □ □ 嘿 霚
Gyang gai lij laepmok
街上雾朦朦

男：旗 贝 平 蚁 闷
□ 罢 贫 蟷 𡇐 [67]
Geiz bae baenz moednding
马行象红蚁

兵 贝 平 么 乱
俩 罢 贫 蟷 菜
Bing bae baenz moedfomj
人行象黑蚁

旗 心 风 孟 楼
□ 辣 廪 □ □
Geiz soem lumj mbungxlaeuz
旗竿象草杆

笈 某 风 劳 里
□ □ 廪 䎺 㗂
Gyaep maeuz lumj ndau'ndeiq
帽顶象星星

女：卡 㤆 贝 了 皮
介 勒 罢 □ 㠼
Gaejlaeg bae liux beix
不要去呀哥

秫 足 卜 力 乃
□ □ 俌 唎 耨
Haeuxsuk bouxlawz ndai
高粱谁帮耘

卡 协 贝 了 快
介 勒 娿 □ 伖
Gaejlaeg bae liux gvai
不要走呀乖

力 各 鞋 兰 母
里 江 鞵 篮 妑
Lijguh haiz ranz meh
做鞋在娘家

男：贝 不 七 不 老
娿 否 忕 否 惏
Bae mbouj saek mbouj lau
哥不再惊慌

贝 三 糙 时 算
娿 □ □ 只 □
Bae sam sauh cixsuenq
去三年再算

连 平 土 鸭 晋
陵 贫 徒 鸭 □
Lienh baenz duz bitlaeu
象老鸭下田

贝 不 仇 不 对
娿 否 □ 否 □
Bae mbouj caeuz mbouj doiq
无忧也无虑

女：卡 协 贝 了 皮
介 勒 娿 □ 屄
Gaejlaeg bae liux beix
不要去呀哥

大 路 里 立 雨
□ 垎 □ 嘿 雰
Daihloh lij laep fwn
大路下黑雨

卡 协 贝 了 论
介 勒 娿 □ 伦
Gaejlaeg bae liux l
不要走呀哥

拜 志 里 水 务
垺 丕 □ 嘿 篗
Baihgwnz lij laepmok
上面下黑雾

男：大 路 平 土 交
□ 垎 贫 任 绉
Daihloh baenz doxheux
大路弯又曲

荷 号 平 埔 福
苊 荨 贫 □ 犾
Hazheu baenz nanhfok
青草踩成泥

荷 骨 平 豆 火
苊 韖 贫 烜 斐
Hazndok baenz faeuhfeiz
蕨草变灰烬

定 马 利 卦 路
盯 獁 厇 □ 垎
Din max ndei gvaq loh
军马好撒蹄

女：卡 伋 贝 了 皮
介 勒 娿 □ 㞑
Gaejlaeg bae liux beix
莫去呀阿哥

大 路 里 立 来
□ 垎 □ 嘿 箕
Daihloh lij laep lai
大路黑沉沉

卡 伋 贝 了 快
介 勒 娿 □ 佧
Gaejlaeg bae liux gvai
莫去了情乖

台 介 力 水 务
□ □ 里 嘿 箕
Daihgai lij laepmok
大街雾水重

男：贝 三 日 狄 达
娿 □ 昹 □ □
Bae sam ngoenz dixdad
的达走三天

贝 七 日 狄 铁
娿 □ 昹 □ □
Bae caet ngoenz dixded
的达走七天

贝 八 日 盯 府
娿 □ 昹 □ □
Bae bet ngoenz daengzfuj
八天走到府

贝 九 日 盯 县
娿 □ 昹 □ □
Bae gouj ngoenz daengzyienh
九天走到县

女：卡 伋 贝 了 皮
介 勒 娿 □ 㞑
Gaejlaeg bae liux beix
不要走呀哥

甲 里 唤 寨 那
笠 □ 抔 垠 䨻
Gyaep lij venj haenznaz
笠还挂田边

卡 协 贝 了 罗
介 勒 婆 □ □
Gaejlaeg bae liux laz
不要去呀哥

拜 岜 里 水 务
荓 □ □ 嗯 䨻
Baihbya lij laepmok
山边雾水浓

男:贝 七 日 到 府
  婆 □ 昑 肝
Bae caetngoenz daengz fuj
七天走到府

贝 八 日 肝 县
婆 □ 昑 □ □
Bae bet ngoenz daengz yienh
八天走到县

贝 肝 县 隆 安
婆 □ □ □ □
Baedaengz yienh Lungzan
去到隆安县

娃 兰 风 劳 利
盻 竺 廪 勘 尉
Cim ranz lumj ndau ndeiq
房屋似星星

女:卡 协 贝 了 皮
  介 勒 婆 □ 屐
Gaejlaeg bae liux beix
不要去呀哥

甲 里 舍 寨 利
笠 □ 担 垠 犁
Gyaep lij ce haenzreih
笠还挂地边

卡 协 贝 了 皮
介 勒 婆 □ 屐
Gaejlaeg bae liux beix
不要走呀哥

力 做 工 兰 母
里 叩 玒 竺 她
Lij guhhong ranz meh
做工在娘家

骑马过石上

男：帝 十 路 不 敢
　　適 □ 垎 否 喊
　　Daeq cixloh mbouj hamj
　　直路走不通

　　年 志 敢 忎 六
　　眸 㞹 敢 荢 崍
　　Bi hwnj gwmj roengzlueg
　　成年走山路

　　宁 了 国 风 怀
　　眝 □ □ 廩 怀
　　Ninz dinghguek lumj vaiz
　　蜷缩睡如牛

　　做 名 快 条 地
　　挪 佲 伏 逵 壆
　　Gyo mwngz gvai deuz dieg
　　请情乖逃避

女：条 同 条
　　逮 □ 逮
　　Deuz doengx deuz
　　要逃一同逃

　　表 鸡 麻 卜 村
　　諘 侣 広 俌 坂
　　Beu gijmaz bouxmbanj
　　不得罪村人

人死似篱倒

男：双 拜 双 法 连
　　□ 垪 □ 岇 劆
　　Song baih song fag liemz
　　两边两把镰

　　双 元 双 法 努
　　□ 㘔 □ 岇 □
　　Song henz song fag nuj
　　两边两支弩

　　出 拜 力 又 旦
　　㗶 垪 唎 䏦 撐
　　Ok baih lawz couh danz
　　去那里就射

　　不 许 娘 位 福
　　否 許 □ □ □
　　Mbouj hawj nangz (vifuq)
　　不给妹丢脸

女：双 拜 双 法 连
　　□ 垪 □ 岇 劆
　　Song baih song fag liemz
　　两边两把镰

双　元　双　法　努
□　塥　□　岎　□
Song henz song fag nuj
两旁两支弩

六　女　六　侵　行
□　偍　□　弛　□
Nuj ndij nuj caemh hangz
弩与弩同行

行　女　行　侵　对
剰　偍　剰　弛　怽
Liemz ndij liemz caemh doih
镰与镰同队

男:双　拜　双　法　连
　　□　垪　□　岎　剰
Song baih song fag liemz
两边两把镰

双　元　双　法　羊
□　塥　□　岎　割
Song henz song fag yangx
两旁两把剑

麻　羊　双　麻　公
炎　割　□　□　弯
Mbat yangx song mbat goeng
一剑砍两个

陇　平　面　放　罗
苓　贫　□　□　狢
Roengz baenz mienh falag
好似篱笆倒

女:双　拜　双　法　连
　　□　垪　□　岎　剰
Song baih song fag liemz
两边两把镰

双　元　双　法　羊
□　塥　□　岎　割
Song henz song fag yangx
两旁两把剑

羊　女　羊　侵　行
割　偍　割　弛　□
Yangx ndij yangx caemh hangz
剑与剑同行

吊　女　吊　侵　对[85]
□　偍　□　弛　怽
Diu ndij diu caemh doih
矛与矛同队

男:昏　土　冈　不　路
　　雰　犐　□　否　娆
Fwn doek moenq mbouj rongh
下雨天朦朦

日 多 打 三 朝
晗 伓 迪 □ □
Ngoenz doxdwk sam sauh
一天打三仗

帽 志 走 又 先
帎 歪 旭 取 鹇
Mauh gwnz gyaeuj youh sinz
头上帽打飞

鞋 志 定 又 六
鞵 夲 盯 取 鼓
Haiz lajdin youh lot
脚下鞋打掉

女:昏 土 闷 不 路
雾 犚 □ 否 㝓
Fwn doek moenq mbouj rongh
下雨天朦朦

留 贝 圩 各 酒
偻 娿 伢 口 氿
Raeuz bae haw guh laeuj
我去圩请酒

文 钱 共 走 务
悶 叒 □ 旭 獉
Maenzcienz gungq gyaeujmou
猪头一文钱

度 贝 圩 帅 关
伩 娿 伢 □ □
Dou bae haw gwn gvenq
圩上随便买

男:昏 土 闷 不 路
雾 犚 □ 否 㝓
Fwn doek moenq mbouj rongh
下雨天朦朦

日 多 打 江 陇
晗 伓 搐 閎 㟲
Ngoenz doxndoiq gyang rungh
相打在崖中

日 又 抢 多 文
晗 欧 申 伓 抆
Ngoenz aeu cungq doxfaenz
整日枪相对

杀 火 飞 卦 光
鍿 斐 □ □ □
Cagfeiz fih gvaq guengh
火绳闪过缝

女:昏 土 闷 不 路
雾 犚 □ 否 㝓
Fwn doek moenq mbouj rongh
下雨天朦朦

度 贝 圩 做 酒
伩 娿 㑊 口 仇
Dou bae haw guh laeuj
我去圩请酒

文 钱 共 走 怀
閦 及 □ 尥 怀
Maenzcienz gungq gyaeujvaiz
牛头一文钱

快 贝 忐 帅 关
侠 娿 夰 □ □
Gvai bae laj gwn gvenq
哥下面吃惯

男: 昏 土 闷 不 路
雰 犝 □ 否 巙
Fwn doek moenq mbouj rongh
下雨天朦朦

多 打 工 岜 六
伩 搥 峃 □ 崣
Doxndoiq goengq bya lueg
交战在谷中

南 福 飞 寨 头
埔 獄 砒 賊 尥
Namhfok mbin hamj gyaeuj
泥尘飞过头

不 眉 伝 口 而
否 □ □ 佮 捐
Mbouj miz vunz haeuj lawh
无人替我冲

女: 败 忐 流 名 牙
塀 夰 嚟 佲 抈
Baihgwnz riuz mwngz yax
上面传你猛

败 忐 流 名 敏
塀 夰 嚟 佲 㗖
Baihlaj riuz mwngz maenj
下面传你勇

流 名 敏 托 卡
嚟 佲 㗖 任 袃
Riuz mwngz maenj doxgaj
传你勇相杀

流 名 牙 托 内
嚟 佲 抈 任 搥
Riuz mwngz yax doxndoiq
传你打得猛

男: 昏 土 闷 不 路
雰 犝 □ 否 巙
Fwn doek moenq mbouj rongh
下雨天朦朦

多 打 工 峃 爱
伝 擂 岜 □ □
Doxndoiq goengq Byaaiq
相打山坳中

卜 力 咅 列 代
俌 啊 遗 □ 兊
Bouxlawz daemq le dai
哪个矮就死

卜 力 快 列 刀
俌 啊 快 □ 倒
Bouxlawz gvai le dauq
哪个乖得回

女：败 忐 流 名 牙
垿 叁 嘹 佲 抙
Baihgwnz riuz mwngz yax
上面传你猛

败 忑 流 名 敏
垿 夲 嘹 佲 噉
Baihlaj riuz mwngz maenj
下面传你勇

流 名 敏 特 吊
嘹 佲 噉 捯 □
Ruz mwngz maenj dawz diu
传你善使矛

流 名 牙 特 中
嘹 佲 抙 捯 审
Riuz mwngz yax dawz cungq
传你用枪猛

男：昏 土 闷 不 路
雱 犖 □ 否 虤
Fwn doek moenq mbouj rongh
下雨天朦朦

多 打 江 那 岩
伝 擂 凹 雷 □
□ □ □ □ □
女：败 忐 流 名 牙
垿 叁 嘹 佲 抙
Baihgwnz riuz mwngz yax
上面传你猛
□ □ □ □
Duk (daxgat)gungxgoz
一剑砍手臂

姆 贺 何 太 林
她 揭 胎 兊 躴
Meh gothoz dailaemh
母抱颈昏倒

女：败 忐 流 名 牙
垿 叁 嘹 佲 抙
Baihgwnz riuz mwngz yax
上面传你猛

败 忑 流 名 敏
埧 夲 嘹 侅 嗷
Baihlaj riuz mwngz maenj
下边传你勇

流 名 敏 了 而
嘹 侅 嗷 □ □
Riuz mwngz maenj liux laz
传你真勇猛

特 百 色 得 沓
嘖 百 色 乿 □
Dwk Baksaek ndaej loemq
攻百色陷落

男：乙 法 羊 屋 法
□ 劵 割 鼹 □
Yut fagyangx ok faek
利剑抽出鞘

法 他 伋 三 断
劵 他 楜 □ 端
Fag de laek sam donh
剑身断三截

断 列 初 楞 法
端 □ 丕 □ □
Donh le youq laeng faek
一截留在鞘

天 旰 了 旰 闹
吞 曘 □ 曘 □
Mbwn laep liux laep nauq
地暗天又昏

女：败 忐 流 名 牙
埧 歪 嘹 侅 抙
Baihgwnz riuz mwngz yax
上边传你猛

败 忑 流 名 忉
埧 夲 嘹 侅 □
Baih laj riuz mwngz manz
下边传你蛮

流 名 忉 了 金
嘹 侅 □ □ □
Riuz mwngz manz liux gim
传你蛮了哥

特 南 宁 得 沓
嘖 南 宁 乿 □
Dwk Namzningz ndaej loemq
攻南宁陷落

男：乙 法 羊 屋 担
□ 劵 割 鼹 □
Yut fagyangx ok faek
利剑抽出鞘

贝 文 三 面 罗
波 攺 □ □ 簵
Baez faenx sam mienh lag
篱笆倒三面

贝 砍 三 十 人
波 夯 □ □ 伝
Baez mbak samcib vunz
砍倒三十人

流 定 逢 双 灰
嘹 订 䢔 □ 伙 [86]
Riuz dinfwngz song hoiq
传我武艺高

女：败 忐 流 名 牙
玶 歪 嘹 佲 抹
Baihgwnz riuz mwngz yax
上面传你猛

败 忑 流 名 伆
玶 夽 嘹 佲 □
Baih laj riuz mwngz manz
下面传你蛮

流 名 伆 了 罗
嘹 佲 □ □ □
Riuz mwngz manz liux gim
传你蛮了哥

特 平 马 得 陷
迪 □ □ 鼠 □
Dwk Bingzmax ndaei loemq
攻平马陷落

男：卜 牙 列 特 吊
俌 抂 □ 㧡 □
Bouxyax le dawz diu
猛者操长矛

卜 流 到 特 中
俌 □ □ 㧡 审
Roux liuz le dawz cungq
乖人就拿枪

卜 陇 列 眉 力
俌 𡴂 □ □ 衙
Bouxrungh le miz rengz
𡴂人力气大

领 钱 陇 打 官
□ 及 枲 迪 𦱌
Lingx cienz roengz dwk gonq
领钱打先锋

女：败 忐 流 名 牙
玶 歪 嘹 佲 抹
Baihgwnz riuz mwngz yax
上面传你猛

败 丕 流 名 忉
埧 夲 嘹 佲 □
Baih laj riuz mwngz manz
下面传你蛮

流 名 忉 了 □
嘹 佲 □ □ 仝
Riuz mwngz manz liux doengz
传你蛮了同

特 圩 农 得 沓
嘪 付 □ 乱 □
Dwk Hawnoengz ndaej loemq
攻农圩陷落

男:中 多 甲 定 桥
伩 伩 跋 盯 □
Gyoengq doxgyaep dingiuz
有的追桥墩

中 多 良 定 舍
伩 伩 跪 盯 堼
Gyoengq doxriengz dinceh
有的绕石堡

定 舍 林 子 元
盯 堼 隆 劼 遣
Dinceh raemh lwgyienz
石堡挡弹丸

定 桥 林 秀 中
盯 □ 隆 焇 申
Dingiuz raemh siucungq
桥墩挡火药

女:败 志 流 名 牙
埧 丕 嘹 佲 抹
Baihgwnz riuz mwngz yax
上面传你猛

败 丕 流 名 忉
埧 夲 嘹 佲 □
Baih laj riuz mwngz manz
下面传你猛

流 名 忉 了 㧾
嘹 佲 □ □ 快
Riuz mwngz manz liux doengz
传你猛了哥

特 那 海 得 沓
迪 □ □ 乱 □
Dwk Nazhaij ndaej loemq
攻那海陷落

男:鸡 舍 风 峝 闪
掟 堼 㾾 䶪 □
Gaexceh lumj bya ning
堡倒似雷鸣

鸡　城　风　岜　猍
掟　壃　廑　□　溣
Gaexsingz lumj bya rak
城倒似山崩

卜　学　见　同　烟
俌　矕　□　□　□
Bouxhak gamz doengz'ien
流官含烟筒

托　官　陇　女　能
犚　䭾　苯　内　弎
Doekgonq roengz neix naengh
先来这里坐

女：败　志　流　名　牙
垹　㾟　嗹　佲　揶
Baihgwnz riuz mwngz yax
上面传你猛

败　厷　流　名　伆
垹　夵　嗹　佲　□
Baih laj riuz mwngz manz
下面传你蛮

流　名　伆　了　况
嗹　佲　□　□　侊
Riuz mwngz manz liux gvang
传你蛮了哥

特　隆　安　得　吝
迪　□　□　乱　□
Dwk Lungzan ndaej loemq
攻隆安陷落

男：使　夭　墇　口　城
黛　𥻴　□　合　壃
Saeq vid namh haeuj singz
官掷坭入城

兵　夫　石　口　舍
俩　𥻴　磺　合　壁
Bing vid rin haeuj ceh
兵掷石入堡

贼　老　吊　出　斗
狛　□　□　齲　料
Caeglaux diuq ok daeuj
贼头跳出来

七　又　走　报　学
旪　欧　旭　暴　矕
Daet acu gyaeuj bauq hak
砍头献流官

女：败　志　流　名　牙
垹　㾟　嗹　佲　揶
Baihgwnz riuz mwngz yax
上面传你猛

败 忑 流 名 忉
埇 夻 嗦 佲 □
Baihlaj riuz mwngz manz
下面传你蛮

流 名 忉 了 仑
嗦 佲 □ □ 伦
Riuz mwngz manz liux lwnz
传你蛮了哥

特 桂 林 得 杏
迪 □ □ 氞 □
Dwk Gveilinz ndaej loemq
攻桂林陷落

男：文 伝 风 文 追
斩 □ 廪 斩 燋
Fwet vunz lumj fwet gyoij
砍人象砍蕉

擂 伝 风 擂 石
□ □ 廪 □ 磧
Ndoiq vunz lumj ndoiq rin
锤人象锤石

血 斗 平 水 陇
盈 料 贫 泣 泷
Lwed daeuj baenz raemxrongz
血流象洪水

走 工 平 石 涞
尵 埌 贫 磧 瀼
Gyaeuj gong baenzrinraiq
人头象石滩

女：败 志 流 名 牙
埇 歪 嗦 佲 抔
Baihgwnz riuz mwngz yax
上面传你猛

败 忑 流 名 忉
埇 夻 嗦 佲 □
Baihlaj riuz mwngz manz
下面传你蛮

流 名 忉 了 面
嗦 佲 □ □ □
Riuz mwngz manz liux mien
传你蛮了哥

特 拜 边 得 杏
嗗 埇 鞑 氞 □
Dwk baihbien ndaej loemq
攻旁边陷落

男：叫 立 贝 得 立
吗 孟 埊 捋 孟
Heuh laeb bae dawzlaeb
喊杀山过山

急 交 贝 得 交
跲 懃 罢 掑 懃
Gyaep geuq bae dawz geuq
追人坳过坳

叫 坡 贝 得 坡
唂 壟 罢 掑 壟
Heuh bo bae dawz bo
喊打坡过坡

割 合 风 割 鸡
剿 胎 㡣 剿 鳩
Gvej hoz lumj gvej gaeq
割颈象割鸡

女：败 忐 流 名 牙
坢 丕 嚟 佲 抙
Baihgwnz riuz mwngz yax
上面传你猛

败 忈 流 名 忉
坢 夿 嚟 佲 □
Baihlaj riuz mwngz manz
下面传你蛮

流 名 忉 了 艮
嚟 佲 □ □ □
Riuz mwngz manz liux ngaenz
传你蛮了哥

特 拜 忐 得 杏
迪 垪 丕 乱 □
Dwk baihgwnz ndaej loemq
攻上面陷落

男：代 罗 风 罗 外
凳 耮 㡣 耮 垿
Dai lak lumj lag vaih
人死象篙倒

伝 太 千 太 万
□ 凳 □ 凳 丂
vunz dai cien dai fanh
人死千死万

太 三 万 冒 红
凳 □ 丂 䮒 奋
Dai samfanh mbauq hung
死三万后生

不 太 公 酉 内
否 凳 □ 佟 峃
Mbouj dai goeng youxnoix
不死情妹夫

女：史 卜 况 度 太
□ 傩 伉 伴 凳
Cix bouxgvang dou dai
若我丈夫死

杀 怀 帅 水 数
猋 忾 □ 洺 稦
Gaj vaiz gwn raemxsouh
杀牛又吃斋

史 卜 酉 度 太
只 傦 攸 伴 鼎
Cix boux youx dou dai
若我情哥死

帅 斋 十 二 晚
□ 蒼 □ □ 樾
Gwncai cibngeih haemh
吃斋十二晚

男:化 千 中 刀 忎
□ 荐 甲 倒 丕
Vak cienq cungq dauq gwnz
转炮向上打

太 千 伝 万 马
鼎 □ □ 万 獁
Dai cien vunz fanh max
死千人万马

化 千 中 刀 忎
□ 荐 甲 倒 夵
Vak cienq cungq dauq laj
转炮向下打

太 千 五 万 四
鼎 □ □ 万 □
Dai cien haj fanh seiq
死千五万四

女:千 口 中 刀 忎
荐 啢 甲 倒 丕
Cienq bakcungq dauq gwnz
炮口向下打

太 千 五 万 四
鼎 □ □ 万 □
Dai cien haj fanh seiq
死千五万四

太 千 二 冒 红
鼎 □ □ 贸 帝
Dai cien ngeih mbauq hung
死千二后生

不 太 同 度 闹
否 鼎 侖 伴 □
Mbouj dai doengz dou nauq
不死我情哥

男:眉 卜 太 齿 力
□ 傦 鼎 羿 □
Miz boux dai heujlig
有人死露齿

眉 卜 太 迷 虫
□ 俌 凳 眉 咨
Miz boux dai miz congh
有人死有洞

眉 卜 中 寒 那
□ 俌 □ 垠 響
Miz boux bomq haenznaz
有人死田边

夭 鸦 达 不 算
魃 鸼 挞 否 □
Yiuh a daz mbouj suenq
鹞鸦啄不算

女：太 同 太
　　凳 □ 凳
Dai doengx dai
死就死

旦 酉 快 留 刀
□ 佼 快 偻 倒
Damq youx gvai raeuz dauq
望情乖快回

刀 斗 女 又 荷
倒 料 低 欧 苤
Dauqdaeuj ndij aeu haz
回来帮打草

查 下 太 吽 在
□ 俌 凳 □ 丕
Caz boux dai naeuz youq
查什么死人

男：眉 卜 太 志 力
　　□ 俌 凳 丕 獁
Miz boux dai gwnz max
有人死马上

眉 卜 太 志 罗
□ 俌 凳 苓 箊
Miz boux dai laj lag
有人死篱下

眉 卜 太 寒 那
□ 俌 凳 垠 響
Miz boux dai haenznaz
有人死田边

夭 鸦 达 不 算
魃 鸼 挞 否 □
Yiuh a daz mbouj suenq
鹞鸦啄不算

女：太 同 太
　　凳 □ 凳
Dai doengx dai
死就死

旦 卜 酉 留 刀
□ 俌 佐 偻 倒
Damq bouxyoux raeuz dauq
愿情哥快回

刀 斗 女 各 吩
倒 料 偍 吅 㖭
Dauqdaeuj ndij guh fwen
回来同唱歌

查 卜 太 吽 在
□ 俌 尭 □ 丞
Caz boux dai naeuz youq
看什么死人

男:眉 卜 太 齿 力
□ 俌 尭 将 □
Miz boux dai heujlig
有人死露齿

眉 卜 太 刀 孟
□ 俌 尭 刹 猛
Miz boux dai cax mboengj
有人刀砍死

丁 列 凭 寨 那
犺 □ 鮯 垠 酱
Dingz le hoemj haenznaz
有的躺田边

丁 列 卡 忐 井
犺 □ □ 歪 洪
Dingz le gaz gwnz cingj
有的横井上

女:太 同 太
尭 □ 尭
Dai doengx dai
死就死

旦 卜 酉 留 刀
□ 俌 佐 偻 倒
Damq bouxyoux raeuz dauq
愿情哥快回

刀 斗 女 拾 茈
斃 料 偍 揞 □
Dauqdaeuj ndij gip byaek
回来帮捡菜

查 卜 太 吽 在
□ 俌 尭 □ 丞
Caz boux dai naeuz youq
看什么死人

男:眉 卜 太 肚 冈
□ 俌 尭 脙 疴
Miz boux dai dungxin
有人死肚痛

丁 列 太 肚 早
拚 □ 尭 脎 □
Dingz le dai dungxcauz
有的肚饿死

眉 卜 劳 过 度
□ 傐 惱 卦 侎
Miz boux lau gvaq dou
有人怕过我

笈 某 舍 大 路
□ □ 担 □ 垎
Gyaep maeuz ce daihloh
笠帽扔大路

女：太 同 太
　　尭 □ 尭
Dai doengx dai
死就死

旦 卜 酉 留 刀
□ 傐 佼 倰 倒
Damq bouxyoux raeuz dauq
愿情哥快回

刀 斗 女 又 水
倒 料 低 欧 泠
Dauqdaeuj ndij aeu raemx
回来帮挑水

杳 卜 太 吽 在
□ 傐 尭 □ 丞
Caz boux dai naeuz ycuq
看什么死人

男：眉 卜 太 旁 水
　　□ 傐 尭 塝 泠
Miz boux dai bangx raemx
有人死水边

眉 卜 陇 帮 令
□ 傐 莑 塝 坽
Miz boux roengz bangxlingq
有人死石上

卜 他 命 不 眉
傐 □ 龠 否 □
Boux de mingh mbouj miz
哪个命不长

是 卜 他 太 官
吱 傐 □ 尭 頙
Ci boux de dai gonq
哪个就死先

女：太 同 太
　　尭 □ 尭
Dai doengx dai
死就死

旦 卜 酉 留 刀
□ 傭 佐 偻 倒
Damq bouxyoux raeuz dauq
愿情哥快回

刀 斗 女 又 柴
倒 料 侬 欧 杖
Dauqdaeuj ndij aeu fwnz
回来帮打柴

查 卜 太 吽 在
□ 傭 凳 □ 壬
Caz boux dai naeuz youq
看什么死人

男:耗 六 力 六 力
髱 □ □ □
Mbauq luglwk luglwk
后生真健美

在 丝 陇 头 贺
紞 绽 荦 尬 踬
Saisi roengz gyaeujhoq
丝带吊裤头

在 丝 陇 火 逢
紞 绽 荦 □ □
Saisi roengz fixfungz
流苏摆呀摆

林 地 荣 不 很
躁 蛋 □ 否 趄
Laemx diegnyungz mbouj hwnq
倒下乱草堆

女:太 同 太
凳 □ 凳
Dai doengx dai
死就死

旦 卜 酉 度 刀
□ 傭 佐 伩 倒
Damq bouxyoux dou dauq
愿哥快回来

刀 斗 女 帝 怀
倒 料 侬 掙 怀
Dauqdaeuj ndij dawz vaiz
回来帮放牛

查 卜 太 吽 在
□ 傭 凳 □ 壬
Caz boux dai naeuz youq
看什么死人

男:到 卜 太 不 太
肟 傭 凳 否 凳
Daengz boux dai mbouj dai
该死他不死

太 双 卜 吹 号
尭 □ 俌 哎 唁
Dai song boux boqhauh
死两个号手

太 双 卜 冒 利
尭 □ 俌 艶 旡
Dai song boux mbauq ndei
死两个美男

在 丝 陇 头 贺
舡 䊷 苹 旭 瑹
Sai sei roengz gyaeuj hoq
丝巾绑裤头

女：太 同 太
尭 □ 尭
Dai doengx dai
死就死

旦 卜 酉 度 刀
□ 俌 伩 伴 倒
Damq bouxyoux dou dauq
愿哥快回来

刀 斗 女 帝 莫
倒 料 低 揚 㮈
Dauqdaeuj ndij dawz vaiz
回来放黄牛

查 卜 太 吽 在
□ 俌 尭 □ 丕
Caz boux dai naeuzyouq
莫再看死人

（三）汉文意译

启程人如蚁

男：挑担出门口，花朵一丛丛，
　　父送子远行，几时转回程。
女：挑担出门口，花朵一丛丛，
　　父送子远行，去日就转回。
男：举步出门槛，不得缩脚回，
　　有话讲在先，不得等同队。
女：举步出门槛，亦得缩脚回，
　　虽有话在先，亦得等同队。
男：举步下晒棚，呼儿孙吩咐，
　　晴天或雨天，替母去打柴。
女：举步下晒棚，呼儿孙吩咐，
　　晴天或霜冻，不使牛犁田。
男：举步下楼梯，请师饮鸡血，
　　拍梯对妹讲，等哥莫恋新。
女：举步下楼梯，杀鸡饮鸡血，
　　拍柱对哥说，你莫娶新人。
男：牵马出家门，拉马出栅口，
　　拉马去跟夫，下船去跟官。
女：牵马出家门，拉马出闸口，
　　明天去打仗，此去何时回。
男：执伞去隆安，妆身去杨美，
　　去杨美入赘，去隆安开铺。
女：执伞去跟夫，妆身去跟哥，
　　今天不成圩，哥去往何处。
男：独女纺纱厌，独男洗衣困，
　　哪里有寡妇，等我去上门。
女：莫叫苦叫穷，莫劈结节柴，
　　莫要吝银钱，莫粘招婿娘。
男：人织网打塘，妹造网下河，
　　人娶妻回家，妹娶夫上门。
女：我父缺福字，女儿当男仔，
　　他日老父死，过路捧灵牌。
男：两手两柄伞，心还想到你，
　　怨恨为饭碗，做贼忘情妹。
女：两手两柄伞，几时想到我，

　　　　明天出远门，莫拿我借口。
男：套紧我马匹，配稳我坐鞍。
　　　　双手勒缰绳，双脚踏鞍镫。
女：套紧哥坐马，配稳哥坐鞍，
　　　　把马转过头，等哥好踏镫。
男：上马要启程，脸黑像墨砚，
　　　　面色像黄羌，此去何日还。
女：你启程上马，脸黑像墨砚，
　　　　面色像黄羌，刚去又转回。
男：我启程上马，手拾弓又掉，
　　　　衣服忘笼箱，问妹要句话。
女：越骂越要上，手执鬃上马，
　　　　孤儿口不乖，争不得句话。
男：骑马过塘边，银花白如棉，
　　　　别岳父岳母，钱买妻不顾。
女：骑马过塘边，银花白如棉，
　　　　别岳父岳母，钱买妻难顾。
男：骑马过塘边，情妹檐下站，
　　　　别妹还要回，送一条花巾。
女：骑马过塘边，情妹檐下站，
　　　　别哥还相爱，给竹笠彩带。
男：骑马过这里，费菜长得旺，
　　　　不见情妹脸，也要见同伴。
女：骑马过这里，野菜长得旺，
　　　　不求见姨娘，也要见同伴。
男：骑马过这里，马吃芭芒苗，
　　　　骑马去悠悠，不能叫歌伴。
女：骑马过这里，马吃芭芒苗，
　　　　骑马过此去，不能叫歌伴。
男：骑马过草地，马尾频频摆，
　　　　马尾扫身上，此去难回来。
女：骑马过草地，马尾频频摆，
　　　　马尾扫身上，此去易回来。
男：马过前草地，马不走扬鞭，
　　　　边打边叹息，几时见情妹。
女：马过前草地，马不走扬鞭，
　　　　边打边叹气，几时回旧地。
男：马过绒草坡，衣湿哪儿换，
　　　　早饭哪里吃，午饭哪个送。
女：马过绒草坡，衣湿有处换，

　　　　早饭有处吃，午饭有人送。
男：口干肚饿时，到哪里找吃，
　　下雨淋湿身，到哪里换衣。
女：口干肚饿时，到这里找吃，
　　下雨全身湿，到这里换衣。
男：马过红泥岗，牵过骨草岗。
　　拉马跟夫役，下船随土官。
女：马过红泥岗，牵过骨草岗。
　　拉马跟夫役，下船随土官。
男：寅日官起行，卯日才点兵，
　　当官坐船去，挑夫旱路行。
女：寅日官起行，卯日才点兵，
　　当官坐船去，挑夫旱路行。
男：大官坐船去，挑夫路上行，
　　走路与坐船，到外有夫等。
女：大官坐船去，夫役路上行，
　　过路有人挑，坐船有人划。
男：三千兵旱路，六千兵水路，
　　过水死鱼浮，过旱死鹤鸰。
女：三千兵旱路，六千兵水路，
　　过水死鱼浮，过旱死鸥鸰。
男：有马就骑马，无马就坐轿，
　　无轿就走路，紧跟官屁股。
女：有马就骑马，无马就坐轿，
　　无轿就走路，哥脚踩尘土。
男：我骑马过上，妹割草过下，
　　割草给马吃，明早马上路。
女：你骑马过上，我割草过下，
　　割草给马吃，马发冷发胀。
男：妹田垌割草，花巾映脸红，
　　媳妇或姑娘，等我去对歌。
女：妹田洞割草，花巾映脸红，
　　媳妇加姑娘，约你来对歌。
男：上边杀大牛，下边杀小牛，
　　小牛分给兵，大牛分给官。
女：上边杀大牛，下边杀小牛，
　　小牛分给兵，大牛分给哥。
男：前面开毒旗，后面撑将旗，
　　开三面领旗，卜虎旗领先。
女：不要去了哥，笠挂扁桃树，

　　　　　不要去呀乖，小弟谁照顾。
男：开毒旗在前，开锋旗跟后，
　　　　　一面跟一面，同上桥利坡。
女：不要去呀哥，笠还挂票竹，
　　　　　不要去呀表，剪还在娘屋。
男：前面举毒旗，后面撑白旗，
　　　　　白旗到那海，马走似蟑螂。
女：不要去呀哥，大路黑乎乎，
　　　　　不要走呀哥，小弟谁照顾。
男：毒旗走在前，撑令旗跟后，
　　　　　令旗间红旗，去广东打仗。
女：不要走呀哥，大路黑沉沉，
　　　　　不要走呀哥，塘边雾蒙蒙。
男：开旗去成千，撑旗去成万，
　　　　　白旗到南宁，红旗像蜈蚣。
女：不要去呀哥，大路黑森森，
　　　　　不要走呀银，眼前尽雾水。
男：旗飘像蝴蝶，马行像土狗，
　　　　　令旗连红旗，下广东打仗。
女：不要去呀哥，山米哪个耘，
　　　　　不要去呀乖，街上雾蒙蒙。
男：马行像红蚁，人行像黑蚁，
　　　　　旗杆像草秆，帽顶像星星。
女：不要去呀哥，高粱谁帮耘，
　　　　　不要走呀乖，做鞋在娘家。
男：哥不再惊慌，去三年再算，
　　　　　像老鸭下田，无忧也无虑。
女：不要去呀哥，大路下黑雨，
　　　　　不要走呀哥，上面下黑雾。
男：大路弯又曲，青草踩成泥，
　　　　　蕨草变灰烬，军马好撒蹄。
女：莫去呀阿哥，大路黑沉沉，
　　　　　莫去了情乖，大街雾水重。
男：的达走三天，的达走七天，
　　　　　八天走到府，九天走到县。
女：不要走呀哥，笠还挂田边，
　　　　　不要去呀哥，山边雾水浓。
男：七天走到府，八天走到县，
　　　　　去到隆安县，房屋似星星。
女：不要去呀哥，笠还挂地边，

不要走呀哥，做工在娘家。

人死似篱倒

男：两边两把镰，两边两支弩，
　　去那里就射，不给妹丢脸。
女：两边两把镰，两旁两支弩，
　　弩与弩同行，镰与镰同队。
男：两边两把镰，两旁两把剑，
　　一剑砍两个，好似篱笆倒。
女：两边两把镰，两旁两把剑，
　　剑与剑同行，矛与矛同队。
男：下雨天蒙蒙，一天打三仗，
　　头上帽打飞，脚下鞋打掉。
女：下雨天蒙蒙，我去好请酒，
　　猪头一文钱，抒上随便买。
男：下雨天蒙蒙，相打在崖中，
　　整日枪相对，火绳闪过缝。
女：下雨天蒙蒙，我去牙请酒，
　　牛头一文钱，哥下面吃惯。
男：下雨天蒙蒙，交战在谷中，
　　泥尘飞过头，无人替我冲。
女：上面传你猛，下面传你勇，
　　传你勇相杀，传你打得猛。
男：下雨天蒙蒙，相打山坳中，
　　哪个矮就死，哪个乖得回。
女：上面传你猛，下面传你勇，
　　传你善使矛，传你用枪猛。
男：下雨天蒙蒙，相打在哪岩，
　　一剑砍手臂，母抱颈昏倒。
女：上边传你猛，下边传你勇，
　　传你真勇猛，攻百色陷落。
男：利剑抽出鞘，剑身断三截，
　　一截留在鞘，地暗天又昏。
女：上边传你猛，下边传你蛮，
　　传你蛮了哥，攻南宁陷落。
男：利剑抽出鞘，篱笆倒三面，
　　砍倒三十人，传我武艺高。
女：上面传你猛，下面传你蛮，
　　传你蛮了哥，攻平马陷落。

男：猛者操长矛，乖人就拿枪，
　　弄人力气大，领钱打先锋。
女：上面传你猛，下面传你蛮，
　　传你蛮了同，攻农圩陷落。
男：有的追桥墩，有的绕石堡，
　　石堡挡弹丸，桥墩挡火药。
女：上面传你勇，下面传你猛，
　　传你猛了哥，攻那海陷落。
男：堡倒似雷鸣，城倒似山崩，
　　流官含烟筒，先来这里坐。
女：上面传你猛，下面传你蛮，
　　传你蛮了哥，攻隆安陷落。
男：官掷泥入城，兵掷石入堡，
　　贼头跳出来，砍头献流官。
女：上面传你猛，下面传你蛮，
　　传你蛮了哥，攻桂林陷落。
男：砍人像砍蕉，锤人像锤石，
　　血流像洪水，人头像石滩。
女：上面传你猛，下面传你蛮，
　　传你蛮了哥，攻旁边陷落。
男：喊杀山过山，追人坳过坳，
　　喊打坡过坡，割颈像割鸡。
女：上面传你猛，下面传你蛮，
　　传你蛮了哥，攻上面陷落。
男：人死像篱倒，人死千死万，
　　死三万后生，不死情妹夫。
女：若我丈夫死，杀牛又吃斋，
　　若我情哥死，吃斋十二晚。
男：转炮向上打，死千人万马，
　　转炮向下打，死千五万四。
女：炮口向下打，死千二后生，
　　死千五万四，不死我情哥。
男：有人死露齿，有人死有洞，
　　有人死田边，鹤鸦啄不算。
女：死就死，望情乖快回，
　　回来帮打草，查什么死人。
男：有人死马上，有人死篱下，
　　有人死田边，鹤鸦啄不算。
女：死就死，愿情哥快回，
　　回来同唱歌，看什么死人。

男：有人死露齿，有人刀砍死，
　　有的躺田边，有的横井上。
女：死就死，愿情哥快回，
　　回来帮捡菜，看什么死人。
男：有人死肚痛，有的肚饿死，
　　有人怕过我，笠帽扔大路。
女：死就死，愿情哥快回，
　　回来帮挑水，看什么死人。
男：有人死水边，有人死石上，
　　哪个命不长，哪个就死先。
女：死就死，愿情哥快回，
　　回来帮打柴，看什么死人。
男：后生真健美，丝带吊裤头，
　　流苏摆呀摆，倒下乱草堆。
女：死就死，愿哥快回来，
　　回来帮放牛，看什么死人。
男：该死他不死，死两个号手，
　　死两个美男，丝巾绑裤头。
女：死就死，愿哥快回来，
　　回来放黄牛，莫再看死人。

（梁杏云）

三 《传扬歌·训诲》①

(一) 原文及对译

54. 劲　妹　媎　扶　偲，
    luɯk⁸　me⁶　buɯk⁷　pou⁴　saːi¹
    儿　妇　女　个　男

    扶　乖　尔　自　记。
    pou⁴　kvaːi¹　laɯ²　çi⁴　kei⁵
    个　聪明　谁　就　记

    厃　眉　嗒　叩　犁，
    di¹　mei²　na²　ku⁶　ɣei⁶
    没　有　田　(就) 种地

    亘　从　意　叩　沉。
    kaːŋ³　çoŋ²　ei⁵　ku⁶　çam²
    讲　主　意　做　玩

    眉　劲　布　出　中，
    mei²　luɯk⁸　bou³　çut⁷　çuŋ⁵
    有　儿　不　出　息

    介　哢　叩　心　沫。
    kaːi⁵　loŋ⁶　ku⁶　sim¹　laːi¹
    莫　弄　做　心　多

    介　劳　昺　劳　俍，
    kaːi⁵　laːu¹　dit⁷　laːu¹　fum¹
    莫　怕　烈日　(不) 怕　雨

    眉　呻　下　用　易。
    mei²　kum¹　ja⁴　juŋ²　hei⁶
    有　吃　也　容　易

55. 话　比　桑　比　托，
    va⁶　pei³　saːŋ¹　pei³　tam⁵
    话　比　高　比　低

    亘　扶　更　叩　悾。
    kaːŋ³　pou⁴　kan⁴　ku⁶　hoːŋ¹
    讲　个　勤　做　活茬

　　命　畨　苦　色　垚，
　　miŋ⁶　ɣau²　ho³　sak⁷　toːŋ¹
　　命运　咱们　苦　一　段(时间)

　　馬　猫　眉　眼　狌。
　　ma⁴　pjoːm¹　mei²　ŋon²　ɯːn³
　　马　瘦　有　日子　(长)肥

　　一　世　㘷　阳　间，
　　it⁷　sei⁵　ma¹　jiːŋ²　kjaːn¹
　　一　世　来　阳　间

　　个　勺　安　阳　分。
　　ko³　jak⁷　aːn¹　jiːŋ²　fan⁶
　　定　要　守　本　分

　　里　齐　别　父　母，
　　li³　sai⁵　piːt⁸　fou⁴　mou⁴
　　还　小　别　父　母

　　厃　眉　扶　尔　算。
　　di¹　mei²　pou⁴　laɯ²　suːn⁵
　　不　有　个　谁　盘算

56. 劲　下　兰　叩　劲，
　　luɯk⁸　ja⁴　ɣo⁴　ku⁶　luɯk⁸
　　儿　也　会　做　儿

　　眉　福　呻　塘　嗒①。
　　mei²　fuk⁷　kum¹　tam²　na²
　　有　福　吃　塘　田

　　浪　劲　尔　败　家，
　　laːŋ⁶　luɯk⁸　laɯ²　paːi⁶　kja¹
　　如果　儿　谁　败　家

---

①塘田代表财产。壮族是稻作民族，尚鱼稻，池塘可养鱼灌田，水田可种稻养鱼，故壮人不谙商贾，是个农业民族。

眉	冇	下	無	用。
mei²	ma²	ja⁴	fou²	juŋ⁶
有	什么	也	无	用

玔	眉	犭	眉	艮，
ɣa:n²	mei²	çin²	mei²	ŋan²
家	有	钱	有	银

十	分	盃	收	服。
çip⁸	fan¹	au¹	sou¹	fuk⁸
十	分	要	你们	服

旬	旬	卷	他	上，
çon²	çon²	kjo:n³	te¹	su:ŋ⁶
句	句	都	他	占上

下	布	想	介	冇。
ja⁴	bou³	siŋ³	ka:i⁵	ma²
也	不	想	什	么

57.
劝	布	听	父	刘，
luɯk⁸	bou³	tiŋ⁵	po⁶	nau²
儿	不	听	父	教导

自.	怀	角	怀	保①。
çi⁴	va:i⁶	kau¹	va:i⁶	pa:u³
就(会)	坏	事	坏	一切

劝	乱	礼	乱	造，
luɯk⁸	lu:n⁶	dai³	lu:n⁶	ça:u⁴
儿	乱	得(滋事)	乱	造(事故)

父	赘	保	厈	眉。
po⁶	`tai⁵	pa:u³	di¹	mei²
父	替(他)	保	没	有

劝	乱	礼	乱	吅，
luɯk⁸	lu:n⁶	dai³	lu:n⁶	ku⁶
儿	乱	得	(滋事)乱	做

劳	足	悞	冇	晋。
la:u¹	ço:k⁸	hu⁴	ma¹	ɣau²
恐怕	将来	祸	降临	咱们

劝	乱	礼	乱	行，
luɯk⁸	lu:n⁶	dai³	lu:n⁶	heŋ²
儿	乱	得	(滋事)乱	行

晋	工	行	死	保。
ɣau²	koŋ¹	ɣen²	ta:i¹	pa:u³
咱们	功	夫	白	费

58.
喧	教	隊	扶	偲，
so:n¹	kja:u⁵	to:i⁶	pou⁴	sa:i¹
教导		那群	人	男

唔	乖	勺	齐	祥。
an¹	kva:i¹	jak⁷	ça:i²	siŋ³
个	聪明	要	一起	思考

吞	途	怀	浪	煞，
ɣan¹	tu²	va:i²	la:ŋ⁶	pu:ŋ⁵
见	只	水牛	游	荡

收	介	乱	批	阆。
sou¹	ka:i⁵	lu:n⁶	pai¹	yi:ŋ²
你们	莫	乱	去	跟

吞	几	沫	扶	罢，
ɣan¹	kei³	la:i¹	pou⁴	pa⁴
见	几	多	个	蠢人

尽	里	化	犭	财。
çin⁴	li³	va⁵	çin²	ça:i²
都	还	费	钱	财

---

①"怀角怀保"，壮族俗语，保即宝，无具体所指，此俗语意为坏事，把事情搞砸。

真	本	份	途	㖏,
ɕin¹	poːn³	fan⁶	tu⁶	ɣau²
真正	本	分	我	们

䢦	啥	角	介	放。
fuŋ²	kam¹	kau¹	kaːi⁵	ɕuːŋ⁵
手	抓	角(牢记)	别	放

59.
但	眉	奴	眉	糇,
taːn¹	mei²	no⁶	mei²	ŋaːi⁴
只要	有	肉	有	米饭

布	用	排	六	合①。
bou³	juŋ⁶	paːi²	lok⁸	haːp⁸
不	用	排	六	合

呻	途	伝	勺	托,
kɯn¹	tu⁶	vun²	jak⁷	to⁶
吃	人	家	要	遍

恶	足	伝	造	阳。
oːk⁷	lɔ⁶	vun²	ɕou⁶	jiːŋ²
上	路	人家	就	传

伝	卡	猸	呻	酒,
vun²	ka³	mou¹	kɯn¹	lau³
人家	杀	猪	喝	酒

㖏	自	叟	苉	灾。
ɣau²	ɕi⁴	sau⁴	piak⁷	ɕai¹
咱	就	吞	菜	素

吞	碗	奴	㐱	台,
ɣan¹	vaːn³	no⁶	kɯn¹	taːi²
见	碗	肉	上	桌

个	勺	旪	勺	却。
ko³	jak⁷	kjai³	jak⁷	kjo⁶
定	要(会)	喜欢	要(会)	馋

60.
律	屙	布	可	造,
lot⁷	ɕou³	bou³	ko³	ɕaːu⁴
愚蠢	不	可	改	造

煉	刘	好	平	宜。
lɯːn²	nau²	haːu⁵	piːn²	ŋei²
常	说	话	便	宜

扶	尔	好	事	非,
pou⁴	lau²	haːu⁴	sai⁶	fei¹
个	谁	好	是	非

吞	几	其	尽	败。
ɣan¹	kei³	ki²	ɕin⁴	paːi⁶
见	几	处	都	败

路	事	想	布	通,
lo⁶	sai⁶	siːŋ³	bou³	toŋ¹
路	事	想	不	通

厎	正	心	途	到。
di¹	ɕin⁵	sim¹	to⁴	taːu⁵
不	正	心	转	回

耕	种	初	读	字,
keŋ¹	ɕuŋ⁶	ɕau⁵	toːk⁸	ɕei⁶
耕	种	和	读	字

双	路	你	合	厄。
soːŋ¹	lo⁶	nei⁴	haːp⁸	dei¹
两	路	这	合于	好

---

①六合,中国古代一种历法表达法。《淮南子·时则训》:"六合,孟春与孟秋为合,仲春与仲秋为合,季春与季秋为合,孟夏与孟冬为合,仲夏与仲冬为合,季夏与季冬为六合。"此处借用表示时间。批评馋嘴者不等别人下请柬排时间,见有筵席便凑过去。

61.

义	见	孖	扶	苦,
ŋei⁴	ɣan¹	luːk⁸	pou⁴	ho³
想到	见	儿	个	穷苦

唔	啵	唔	岑	权。
an¹	po⁵	an¹	kam¹	kiːn²
个	吹牛	个	拳	头

但	以	马	卑	觟,
taːn¹	ɕau⁵	ma⁴	pi¹	yiːŋ¹
只	跟随	马	摇	尾

但	以	犿	卑	觥。
taːn¹	ɕau⁵	jiːŋ²	pi¹	kau¹
只	跟随	羊	摇	角

仰	尽	逼	忍	沫,
ŋaːŋ⁶	ɕin⁴	buɯk⁷	ŋan⁴	laːi¹
如此	都	大	这么	多

唔	毳	个	阠	兰。
an¹	taːi¹	ko³	di¹	yo⁴
个	死	也	不	知道

吣	初	剥	啦	啦,
kɯn¹	ɕo⁵	paːk⁷	lip⁸	lip⁸
吃	放	嘴	不	停

阠	眉	则	了	全。
di¹	mei²	sak⁷	ndeu¹	ɕiːn²
没	有	点	一	完全

62.

扶	尔	肚	聪	明,
pou⁴	laɯ²	tuŋ⁴	ɕoŋ¹	miŋ²
个	谁	肚	聪	明

以	書	文	布	错。
ɕau⁵	saɯ¹	fan²	bou³	ɕo⁵
与	书	文	不	错

命	晋	各	盆	苦,
miŋ⁶	ɣau²	kaːk⁸	pan²	ho³
命运	咱们	自	成	苦

介	算	数	乱	行。
kaːi⁵	suːn⁵	so⁵	luːn⁶	heŋ²
莫	算	计	乱	行

养	足	养	眉	叹,
jiːŋ⁶	ɕuk⁸	jiːŋ⁶	mei²	taːn⁵
样	逐	样	有	感叹

收	各	难	本	身。
sou¹	kaːk⁸	naːn⁶	poːn³	sin¹
你们	自	为难	本	身

召	老	想	布	肶,
ɕiu⁶	laːu⁴	siːŋ³	bou³	taŋ²
辈	老	想	不	到

布	眉	旬	尔	错。
bou³	mei²	ɕon²	laɯ²	ɕo⁵
没	有	句	哪	错

63.

啃	糇	邷	江	洞,
kɯn¹	hau⁴	jou⁵	kjaːŋ¹	toŋ⁶
吃	饭	在	中间	峒

介	用	邷	欢	容。
kaːi⁵	juŋ⁶	jou⁵	vuːn¹	juŋ²
莫	要	呆着	安	逸

極	懒	坤	自	萩,
kik⁷	laːn⁴	ɣei⁶	ɕi⁴	ɣum¹
懒	惰	地	就	长草

眉	吣	恶	尔	斗。
mei²	kɯn¹	oːk⁷	laɯ²	tau³
有	吃	出	何处	来

扶	尔	眉	加	吽，
pou⁴	laɯ²	mei²	ka⁶	kɯn¹
个	谁	有	的	吃

里	请	伝	斗	从。
li³	ɕiŋ³	vun²	tau³	ɕoŋ²
还	请	人	来	陪

眼	郚	屌	加	迓，
ŋon²	jou⁵	dɯn¹	ka⁴	n̠a⁴
每日	在	无事	休	闲

护	剥	勺	罗	吽。
daɯ¹	paːk⁷	jak⁷	la⁴	kɯn¹
里面	嘴巴	要	找	吃

（二）汉文意译

54. 儿女要做人，牢记在心间，农家无田地，主意不值钱。③
    有子没出息，成心惹麻烦，儿女要做人，牢记在心间。
    不怕风雨狂，有吃也不难，农家无田地，主意不值钱。

55. 说千言万语，勤劳是头条，苦命有尽时，瘦马能上膘。④
    一生来世间，安分走正道，说千言万语，勤劳是头条。
    幼小失双亲，无人帮照料，苦命有尽时，瘦马能上膘。

56. 儿女会做人，地是聚宝盆；生个败家子，万贯当吹风。
    金钱留后代，好仔有福分，儿女会做人，地是聚宝盆。
    吵架嗓门高，一家闹不宁，生个败家子，万贯当吃风。

57. 儿不听教导，长大必胡搞，儿行为不正，必连累双老。
    儿行为不轨，惹祸家难保，儿不听教导，长大必胡搞。
    儿行为不端，父母白操劳，儿行为不正，必连累双老。

58. 劝你众男儿，善恶要分明，野牛出游荡，千万莫去跟。⑤
    凡多蠢后生，破财又伤身，劝你众男儿，善恶要分明。
    确是自家财，手抓不放松，野牛出游荡，千万莫去跟。

59. 但有肉有饭，不用人去请，贪吃遍邻里，出门传丑名。
    见人桌上肉，口水往上涌，但有肉有饭，不用人去请。

人杀猪请酒，我嚓素菜羹，贪吃遍邻里，出门传丑名。
60. 愚顽难教诲，还讲占便宜，身败知多少，皆因好是非。
    迷途想不通，无心再返回，愚顽难教诲，还讲占便宜。
    耕种和读书，两条路最美；身败知多少，皆因好是非。⑥
61. 劝贫家子弟，假话不可听，马摆尾无意，羊摇头无心。⑦
    吹牛吹得大，死日快来临，劝贫家子弟，假话不可听。
    吃人嘴不闲，无钱邪念生，马摆尾无意，羊摇头无心。
62. 谁是聪明人，用心读书文，命运虽然苦，莫胡思乱行。
    逐样仔细想，心地要光明，谁是聪明人，用心读书文。
    前辈想周到，话语句句真，命运虽然苦，莫胡思乱行。
63. 风餐在地头，一刻不偷闲，田间长野草，何处收新粮。
    富家吃酒肉，谁让穷人沾，风餐在地头，一刻不偷闲。⑧
    每天懒洋洋，嘴比猫儿馋，田间长野草，何处收新粮。

(三) 注释

①《传扬歌》是壮族著名的民间伦理道德长诗，壮话叫作《欢传扬》(Fwencienzyiengz, Fwːn¹ciːn²jiːŋ²)，欢是诗歌、民歌之意，传扬为汉语借词，意思是把做人的道理传播弘扬到人间去，故《欢传扬》意即传播弘扬做人道理的民歌。这类长诗的特点是没有情节和人物（角色），全部用格言、俗语、谚语、箴言等哲理性语言连缀而成，章节之间一般用两行诗标明。《传扬歌》有多种本子，各自独立，但都叫《传扬歌》，或在传字之前加人名、地名以示区别，如《蒙廷守传扬歌》，蒙廷守是清代初年今马山金钗的著名歌师，名字是后人加的，以表明是蒙廷守创作的。《片联传扬歌》是流传于今马山县片联乡的《传扬歌》。这里释读的是这类长诗的代表作，称《传扬歌》(一)，是这类作品中最完整、流传最广、篇幅最长的一部，全诗2100行，除序歌和尾歌，分为天下不公平、财主、官家、穷人、志气、求嗣、养育、训诲、勤俭、善良、交友、孝敬、睦邻、择婿、为妻、夫妇、妯娌、分家、鳏寡、后娘二十章，各章标题为译者所加。这里释读的是其中的第八章"训诲"。

二十章又分为三大部分，第一部分由1—5章组成，阐述的是社会道德，主张公平、公正、为官清正为民，财主莫欺负穷人太甚。主张人应当有志气，有正义感，不欺负人。诗中强烈反对和谴责皇帝、达官贵人和财主的糜烂生活和荒淫无耻，反对祸害百姓，反对压迫剥削，反对欺负穷人。歌中抨击皇帝毫不掩饰："人们当醒悟，天下属帝王。十五妃簇拥，白银烂在仓。""钱买不到命，皇帝也难当。天要皇帝命，不怕你嚣张。"皇帝在壮族百姓眼里，还有什么威严！诗中猛烈抨击昏官："做官忘国事，掌印不为民。妻妾陪下棋，淫乐度光阴。"对财主的抨击占了一半篇幅，痛骂他们缺德，咒骂他们断香火："大路还长草，石崇也饥寒。家有点米粮，莫欺穷家汉。""量人莫量尽，他日会翻身。富家样样有，香火还断根。"诗中说，穷人应当有骨气，如果欺压太甚，"虽说同祖宗，为何分富穷。百思不得解，造反上东京。猛虎扑城门，达官逃纷纷。闷气咽不下，老子把刀横。"可见当时阶级矛盾相当尖锐。诗中的东京即宋都汴梁，今河南开封。

第二部分为6—13章，是讲做人的道德规范，主要是对青年人说的。诗从求嗣讲起，有了儿女，要"娘忍饥吐哺，父挑担打工"，含辛茹苦把他们抚养长大。到青少年时代，青年人要正直、勤劳、善良、孝敬，有志气，有骨气；不赌、不偷、不嫖、不抢，不欺压忠厚者，交友要交心，睦邻互助，不挑拨是非。反对懒惰、馋嘴、赌钱、打人、忤逆、不尊老、欺诈和祸害乡邻等行为，认为这些是不道德的。诗中谆谆教诲："一生来世间，安分走正道""劝你众男儿，善恶要分明，野牛出游荡，千万莫去跟。""劝诫年轻人，行为要端正，勤劳无价宝，做贼人憎恨。"这部分诗至今仍有教育的价值，不失光彩。

第三部分为14—20章，阐述家庭内部的伦理道德规范，诗从择婿唱起，主张找"意中郎"，"但得夫婿好，何用问聘金"。出嫁后要做一位懂礼数、勤俭持家、善待公婆和亲友的贤妻良母。主张"夫妻一条心，勤俭持家忙"，"儿女同抚养，双亲同侍候"，反对妻子偷懒、嘴馋、不孝和爱传闲话，"娶得位贤妻、赛过无价宝"。也反对丈夫虐待妻子："恶狗才咬鸡，打妻非好汉。"主张兄弟要齐心，反对分家打得头破血流，特别要把赡养双亲这件事安排妥当。妯娌之间要"人人通情理，融洽相照顾"，若"吵闹无宁日，发家没指望"。鳏寡部分对鳏寡之苦给了深切的同情："鳏夫真可怜，心中无主张，日吃夹生饭，见人泪汪汪。""夫亡妻守寡，人在心已凉，幼儿难赶圩，思夫泪涟涟。"人们应当都去关照。对最不易处理的后娘与前妻子女的关系，诗中主张："叮嘱众后娘，秤杆在心间，不厌前妻子，无人论短长。""儿女敬后娘，凡事当相让，幼辈莫埋怨，赡养要承担。"

《传扬歌》是壮族优秀传统伦理道德之集大成，它长期流传在红水河和柳江中、下游广大壮族乡村，人们在排解纠纷或教育年轻人时，经常征引其中的相关部分，在民间影响很大，几乎家喻户晓，成为教育青少年的道德教本，有时甚至起到习惯法的功能。对调整社会上人与人之间的关系，稳定乡村社会秩序，起过不小的作用。在建设社会主义精神文明中，这是一份应当继承的文化遗产。

《传扬歌》的形成经历了漫长的过程。诗中先后提到了马平县、东京和提督，马平即今柳州市，梁陈时由潭中县改为马平郡，隋初（589年）改为马平县。唐属柳州府管辖，府治在马平。东京即北宋都城汴京，又称汴梁，今开封市。提督明初设于驻防京师的京营，中叶巡抚多加此衔，清为一省高级武官，但受总督或巡抚节制。从"人心总不足，提督想当皇"的诗句来看，这应当是明初握有中心部位军权的提督。综合来看，这部诗应当萌芽于隋唐，扩展于宋，形成于明代，至今已有六七百年的历史。当然，在后世的流传过程中，也做了加工。

②原文系古壮字，又叫做方块壮字、土俗字，壮话称为"sawndip"（saw^{1}dip^7），意思是尚未成熟的字。这种字最早发现于唐代摩崖石刻《六合坚固大宅颂》（682年）和《智城碑》（692年）上。古壮字是借用汉字的偏旁部首来创造的壮族文字，虽然官方不予承认，但民间长期使用，留下了大量文献，主要是民间长诗、散歌、壮戏剧本、说唱本和宗教经诗，是壮族珍贵的文化遗产。

③《传扬歌》为"勒脚歌"格式，五言腰脚韵，有特殊的反复规律，属于壮族严谨的格律诗，清代乾隆年间的《粤风》中收录了这种民歌。其特点是全首由8句歌组成，经反复变为三节12行。即1234行构成第一节，5612行构成第二节，7834行构成第三节。其中第二节的12行和第三节的34行为复沓诗行。

④《传扬歌》虽然有些地方受天命观的影响，如"一官八人抬，守多少阴功"，但绝大部分地方都反宿命论，认为通过勤劳创业，可以改变自己的命运，这就是"瘦马能上膘"的深刻含义。诗中处处强调"勤劳是头条"，并引用了壮族著名的格言"双手是甘泉，遗产是洪流"来加以说明。壮族地区是喀斯特地貌，大雨一过，水流到地下河中，地表容易缺水，所以用来形容只有用自己的双手来创业，财源才能像泉水一样涌流不断，懒人想靠父母的遗产，那是靠不住的，就像山洪很快流入地下。在旧社会，有这样的观念是很宝贵的。

⑤"野牛"是指不受管束、横行乡间、游手好闲、尽做坏事之人，诗中多处劝诫年轻人不要和这样的人接触，也就是"近朱者赤，近墨者黑"的意思。

⑥"耕种和读书，两条路最美"反映了壮人对读书的重视，所谓读书，指的是入府州县学或书院读汉文书。壮族地区的汉文教育始于南越国时代，不过当时只有极少数上层可以享受。唐宋时代，广西开始有府学，设科举，汉文教育有所发展。明代则有了较大的发展。这些诗句也反映了壮族人对汉

文化的仰慕。封建朝廷在壮族地区发展教育，本意在以儒家思想来化壮民，同时培养朝廷鹰犬，但往往事与愿违，培养出了一批正义之士，也提高了壮人的文化水平，使他们渴望从丰富的汉文化中学得知识。

⑦"马摆尾无意，羊摇头无心"，这是劝年轻人不要盲从，马摆尾本无意，你不假思索也跟着摆；羊摇头本无心，你不假思索也跟着摇，容易上当。诗中说："天下不安宁，须十分当心，城郊十六里，何处可安生？"要人们处处小心。

⑧"富家吃酒肉，谁让穷人沾"一方面反映了穷富的对立，另一方面也反映了壮人的一种心态，想过日子靠劳动，不馋人家的东西。所以诗中说："贪吃遍邻里，出门传丑名。"

（四）评价

《传扬歌》是20世纪60年代初梁庭望在广西马山县做田野调查时发现的。原抄本抄在纱纸上，皮面相当破烂，无抄写年月，无抄写人姓名。在崇竹村人们手中传来传去，人人爱之如宝，因而不能取回，只得抄了一份，80年代再去寻找，已无踪影。1984年，梁庭望曾将其转写为壮文，出版了单行本。并写了文章介绍，引起关注。如1985年广西民族出版社出版的《新花漫赏》一书，收入了《壮族人民道德风貌的赞歌——评壮族民间长诗〈传扬歌〉》一文，给予《传扬歌》很高的评价。文中指出："产生于民间的《传扬歌》，内容丰富，思想深刻，她集壮族人民优秀伦理道德的大成，通过大量的格言、警句、箴言、谚语、成语等，全面阐述了人与人之间的道德规范，猛烈抨击了封建社会种种不道德的行为，是壮族人民进行自我教育的范本，在一定程度上填补了我国劳动人民伦理道德专著的空白。《传扬歌》从多方面表现了壮族人民的义务观、荣辱观、善恶观等……她作为一份宝贵的思想文化遗产，无论在过去、现在和将来，都有着不可否认的积极作用。"1986年广西人民出版社出版的《壮族文学史》为它设立了专节，给予很高的评价。

1992年，天津古籍出版社出版了《古壮字文献选注》一书，收入了《传扬歌》的科学整理本，即原文、汉文对译、壮文转写、汉译文和注解，使《传扬歌》得以广泛传播。此后征引的著作和文章很多，被誉为壮族的"道德经"。《中国少数民族文学史》、《民族伦理学》、《中国少数民族文学》等著作都作了专门的评介。《民族伦理学》（熊坤新著）认为"它是壮族人民集体智慧的结晶。其中所阐发的伦理思想和道德观念，一直是壮族人民所依据的道德原则和行为规范"，认为《传扬歌》"是对壮族劳动人民传统美德的概括和总结"。

《传扬歌》的翻译面世，无疑对阐发我国少数民族人民传统美德产生了广泛的影响。但也有不足之处，首先是当时只发现这一孤本，未免单薄。其次是有个别地方对译意译不大准确，留下遗憾。直到2004年，这些问题终于得到较好的解决。一是补充了陆续找到的《传扬歌》（二）、《传扬歌》（三），即《蒙廷守传扬歌》和《片联传扬歌》，还有别具一格的《百岁歌》、《不忘父母恩》，这使得《传扬歌》的唱本达到五种，比较完美。对五种本子都重新做了加工，对译、意译都比较准确，达到了较高的水平。五种本子合为一本，名之为《壮族伦理道德诗〈传扬歌〉译注》，纳入《壮学丛书》，2005年3月面世。当然，这部总集也不是很完美的，因为左江地区和滇桂黔交界一带还没有收到相应的本子。但不管如何，《壮族伦理道德诗〈传扬歌〉译注》是目前收到的，专门阐述民间伦理道德，由最基层的民众创作的少数民族哲理长诗，而《福乐智慧》、《萨迦格言》、《甘丹格言》、《经教源流》、《正教真诠》，等等，则是上层创作的作品，两者在创作主体、创作方法、创作目的和思想倾向等方面都不相同。足见《传扬歌》在民族民间哲理长诗中的重要地位，弥足珍贵。

结 束 语

古壮字文献是壮族一份珍贵的文化遗产，也是壮族奉献给中华民族文化的一份厚礼。首先，这些文献均出于普通民众之手，最贴近社会生活，贴近民风民情，贴近民间文化，其中一部分甚至保存了壮族原生态文化，这在汉文文献中是不容易找到的。它们不仅具有历史的厚度，更具有社会生活的广度，因而对于从语言学、文艺学、哲学、历史学、民俗学、民族学、心理学、自然科学、宗教学、文化学、民族关系学等方面研究壮族的历史文化，具有很高的价值。不仅如此，由于壮族是珠江流域的土著民族，在这块土地上耕耘起码有10万年的历史，他们在祖国南疆开发的足迹，在古壮字文献中都有所反映，因而这些文献对研究整个珠江流域的历史文化，同样具有重要的参考价值，可以说是研究壮族及珠江流域历史文化的"百科全书"。以壮族经诗而言，新中国成立以后，对壮族有没有奴隶制争论不休的问题，经诗就做了很好的回答，在麽经《布洛陀》的29种异文里，几乎都描绘了壮族早期社会出现私有财产后争夺财产的矛盾和奴隶主掠夺奴隶的情形。在《嘹歌》等许多古壮字文献中，都可以广泛见到使用Hoiq、Noz、Hoiqnoz三个词，它们都是"奴隶"的意思。《嘹歌》中就极少使用Gou（我），百姓自称都用"Hoiq、Noz、Hoiqnoz"的三个壮语词。参照汉文文献，在编写《壮族通史》时，专家们大都认为壮族是经过奴隶制的，属于特殊类型的家长奴隶制。该书出版以后，影响很大，不少原来认为没有经过奴隶制的南方民族，都参照做了订正，意义重大。马克思曾经说过，在亚洲存在一种东方奴隶制，有别于古希腊罗马奴隶制，但他没有来得及到东方做田野调查，因而也就没有做更详细的论述。古壮字文献提供的材料，证明了马克思的推断是正确的，同时也补充了难得的感性材料。这一成果的意义，不仅超出了南方少数民族的范围，也超出了中国的范围。

古壮字文献中保存了壮族历代积累的许多优秀文化传统和民族精神，特别是壮族的价值观，这对孕育一个民族的成长和发展，产生了深刻的、广泛的、持久的影响，在这些价值观里，由稻作农耕孕育而成的浓重的农本主义，是影响最大的一种价值取向。壮族和其他民族一样，经历了漫长的采集渔猎生活，养成了依赖森林江河的价值观。自从一万多年前与中国古代其他越人一起最先发明了水稻人工栽培方法，稻作农耕逐步主宰了壮人的生活，便发生了价值取向的转换。我们在麽经《布洛陀》里，普遍感受到这种浓浓的文化氛围。与此密切相关的是，壮人认为大米是高于一切的农产品。在这种价值取向的支配下，产生了一系列相关习俗，如敬神只能是大米饭、大米食品（粽子、糍粑等）以及大米和水田转化物鸡鸭鹅鱼；视大米为生命的象征，老人有寿米缸，做寿时往缸中添加新米，表示添寿，故做寿称为"补粮"。稻田作业需要不断创造新的农具，不断改进耕作技术，使壮人形成了不断创新的价值取向。从古壮字文献里，可以明显地看出壮人的一种埋头苦干不喜张扬的民族性格，这种民族性格的形成，是长期细致、耐心、艰苦的水田作业造成的。水稻是一种比较娇气的粮食作物，秧田要耙得泥团稀烂，田面平整如镜；水田也要三犁三耙。从播种开始到秧苗如针，再到插秧、耘田、追肥、排灌、防虫、防倒伏，几个月里几乎每天都得到田头查看，丝毫不得懈怠，这和狩猎、游牧的粗放是很不相同的。所以壮族著名的伦理道德歌《传扬歌》不厌其烦地教导人们："正月立新春，农夫睡不宁。薄田苗不旺，多收靠人勤。""正月到二月，喝牛耕瘦田。早种禾苗壮，晚种草遮天。""父母千般想，头条是劳动。""三月不下种，六月何处收。耕田种地人，禾苗在心头。""爱米勤查田，爱妻勤探（丈母）娘。""亲手造（是）涌泉，终生用不完；遗产是洪流，流过地皮干。"古壮字文献中反反复复出现的这些名言，在民间家喻户晓，人们常常脱口而出，并已经形成了一种民族精神，这就是耐心细致，不声不响，埋头苦干，不事张扬。古壮字文献中反复咏叹的另一种价值取向是家庭、家族、社会的和平、安宁、和谐，这也是稻作农耕这种经营模式的要求。《传扬歌》中唱道："三月不下种，六月何处收？错过好时光，秋来空双手。"禾苗最讲究季节，讲究及时，最怕错过时光，一旦延误，不是失收也要减收，一年便要挨饿，这是农民最忌讳的。为了保证按季节耕种，保证整个过程有条不紊，保证正常收获，必须有比较安定的家庭和社会环境，仇杀，械斗，掠夺战乱，都是壮人最不愿意看到的。《传扬歌》中唱道："妯娌不齐心，挣钱难到手。兄弟不齐心，不如老朋友。""吵闹无宁日，发家没指望。仓中有好米，焖熟也不香。"只有社会安宁，生产才能上去："三都人自在，乡邻得平安。养大牛耕田，米粮万万千。"在阶级社会里，阶级剥削过甚是社会动乱的主要根源，诗中警告富人不要敲诈过分："大路还长草，石崇也饥寒。家有点米粮，人前莫逞狂。"倘若欺压太过，"虽同祖同宗，理不通就反。猛虎扑京城，东京（开封）人震撼。"这是迫不得已。壮族的这种安宁、有序、和谐的价值取向，使其社会相对比较稳定。壮族之所以发展成为中国第二大民族，与社会比较稳定有很大关系。助人为乐排忧解难也是壮人的一种重要价值取向，《壮族麽经布洛陀影印译注》里说，壮族先民遇到了"三百六十怪，七百二十妖"的扰乱和祸害，所谓"三百六十怪，七百二十妖"，不过是大自然恶劣力量的拟人化，每当某"妖"、某"怪"出现，人们便会向人文始祖布洛陀求助，他便毫不犹豫地向人们伸出援助之手。这种价值取向，后来在各种古壮字文献中不断得到传播和发挥，从而得到壮族人的普遍认同，成为壮族的优良传统。壮族人的这项传统的特点是不分家族、宗族和民族的，带有"泛爱"的性质，所以"人至其家，不问识否？辄具牲醴饮啖，久敬不衰"。且"有无相资，一无所吝"（清·檀萃：《说蛮》）。由于有这种善良的民族传统，壮人与汉瑶等各民族友好相处，使岭南成为我国民族团结的模范之区。这对加强民族团结，巩固祖国统一，保卫祖国南疆，贡献是很大的。

古壮字文献是壮汉文化交流的明证，其中体现了壮族乐于吸纳积极进取的价值观。壮族祖先很早就与中原交往，《墨子·节用》载："古者尧治天下，南抚交趾。"先秦交趾泛指五岭以南，有时也指江南。《大戴礼记·少间篇》载："虞舜以天德嗣尧……南抚交趾。"《史记·五帝本纪》云："（舜）践位三十九年，南巡狩，崩于苍梧之野。"在古壮字长诗中，有一部《唱舜儿》，长328行，讲舜受后母迫害的故事，与《史记·五帝本纪》中所说的"舜父瞽叟顽，母嚚，弟象傲，皆欲杀舜"的说法不同。诗中舜被称为"特舜"，壮族小伙子之意，这正可以与《史记·五帝本纪》相印证。秦以降，这种关系就更加密切了，壮族祖先仿汉字的偏旁部首，创造了古壮字，这才有古壮字文献。文献中汉文化的影响，随处可见，如汉族历史上的名人，从伏羲、女娲到三皇五帝，从孔夫子到历代英雄人物，都反复在文献中出现。汉族的四大民间故事传说等许多题材，被用古壮字改编成为《梁山伯与祝英台》、《董永》、《孟姜女》、《文龙与肖尼》、《蔡伯喈》、《朱买臣》等民间长诗。壮族的壮剧剧目，有一半以上为汉族题材，《三国演义》、《水浒传》等都被改编成70多台连台戏，这在全国也不多见。古壮字文献中还反映了壮人从中原学习先进的生产技术、生活知识和礼仪等，为研究壮汉民族关系的历史和特点提供了丰富的材料。

古壮字文献是很丰富的，仅《壮族麽经布洛陀影印译注》收入的29种版本，加译注就达500多万字。广西上林县一个师公班,各类经书加起来就达到120多种。民间各类长诗,各类戏剧本,各类套歌,乡规民约,古壮字碑刻,等等,加起来数不胜数。目前整理出版的,仅仅是其中很少的一部分。它们的价值是不言而喻的,是壮族奉献给中华民族的一份宝贵的文化遗产。

傣 文

张公瑾　戴红亮　编著

第一章

历史文化概况

傣族是我国55个少数民族之一，除四川有零星分布外，绝大多数都分布在我国云南省靠近边境的弧形地带，其中主要聚居于西双版纳傣族自治州、德宏傣族景颇族自治州、孟连傣族拉祜族佤族自治县、耿马傣族佤族自治县、景谷傣族彝族自治县、新平彝族傣族自治县、金平苗族瑶族傣族自治县、元江哈尼族彝族傣族自治县、双江拉祜族佤族布朗族傣族自治县，此外普洱市、镇康县、景东县、澜沧县、沧源县、西盟县、元阳县、保山县、腾冲县等三十余个市县也有不少傣族分布，人口共计1 158 989人（据2010年第六次人口普查的统计数字）。傣族除两个自治州聚居区域较大外，其他多呈大分散小聚居的格局。傣族在不同的居住区域，分别与汉、景颇、傈僳、阿昌、哈尼、拉祜、德昂、布朗、基诺、纳西、白、回等民族相邻而居。作为一个边疆民族，傣族还与缅甸、越南、老挝、泰国境内的很多民族关系密切，形成了一个被称为"贝叶文化圈"的文化共同体。

傣族分布地区地理纬度较低，大部分都在北纬25°以南，这些地区处于热带北部边缘，气候属亚热带型。气候炎热、雨量充沛、土地肥沃、风景秀丽，蕴藏着丰富的动植物和矿产资源，被誉为"植物的王国"和"天然的动物园"。由于优厚的自然条件，傣族先民早就有较为发达的农业，是我国最早种植水稻的民族之一，从唐朝的《蛮书》到明朝的《西南夷风土记》、《白夷传》等史书都有关于傣族先民种植水稻的记载。由于得天独厚的自然环境，傣族逐渐形成了一种以"水稻种植"为核心，以"水"为枢纽，以"动植物"为背景的生存环境。傣族文化内在的诸多要素与这种生存环境密切相关。

傣族是我国一个古老的民族，但傣族族称"傣"却是新中国成立后根据傣族人民自己的意愿，依其自称tai²进行定名的。在历史上，傣族的族称在汉文史籍中不断变化。西汉时称作"滇越"，东汉时称作"掸"，魏晋时期称呼较多，有称作"僚"、"鸠僚"的，有称作"骆"、"闽越"、"濮"的，唐宋时称为"金齿"、"黑齿"、"绣脚"、"绣面"、"茫蛮"、"白衣"，元明时仍称为"金齿"、"白衣"，也有写作"白夷"、"伯夷"的，清代多称作"摆夷"。傣族内部支系较为复杂，最主要的支系有西双版纳的傣仂、德宏的傣那、临沧的傣绷、金平的傣端，其他还有傣雅（花腰傣）、傣毫（白傣）、傣亮（红傣）等。

傣族有悠久的历史，族源可以追溯到史书上所记载的百越。百越是公元前3世纪左右分布在从杭州湾、东南沿海诸省和两广、云、贵、中南半岛到印度阿萨姆邦绵延数千里的若干有共同族源的古代民族总称。它是我国古代长江以南分布最广泛的一个族系。《汉书·地理志》颜师古注："自交趾至会稽七八千里，百越杂处，各有种姓。"可见百越分布之广。百越不仅分布宽广，内部分支也甚为繁杂，有瓯越、于越、东越、闽越、南越、山越、滇越等。自秦汉后，许多越族部落逐渐与夏族融合，只有西部的越族还保持着百越民族的特征，傣族的祖先就是百越中的西部越族的骆越和滇越。《史记》记载："昆明之属无君长，善盗寇，辄杀略汉使，终莫得通，然闻其西可千余里有乘象国，名曰滇越，而蜀贾奸出物者或至焉。"(《史记·大宛列传》)。从地理方位和风俗习惯上判断，"滇越"可能就是我们今天傣族的先民。但是西汉以前，有关傣族先民的汉文文献史料也就仅此一条，而且是在一个偶然的机会提到的。滇越稍后，到东汉时在汉文史籍中出现了"掸人"，在《后汉书》的"和帝本纪"、"安帝本纪"、"顺帝本纪"和"西南夷哀牢传"中皆有关于"掸人"的记载，如《后汉书·西南夷哀牢传》载："九年，徼外蛮及掸国王雍由调遣重译奉国珍宝，和帝赐金印紫绶，小君长皆加印绶、钱帛……永宁元年，掸国雍由调复遣使者诣阙朝贺，献乐及幻人，能变化吐火，自支解，易牛马头；又善跳丸，数乃至千，自言我海西人，海西乃大秦也。掸国西南通大秦。明年元会，安帝作乐于庭，封雍由调为汉大都尉，赐印绶、金银、彩缯各有差也。"滇越和掸人有可能都是对傣族先民的称呼，只不过滇越是汉族对傣族先民的称呼，而"掸人"是孟族、勃脑族、瓦族等缅甸先民对傣族的称呼罢了。东汉后，滇越和掸人绝迹于史乘，而代之以"僚"、"鸠僚"、"濮"、"骆"、"闽越"等。唐宋时，汉族史籍中一般称傣族先民为金齿、银齿、茫蛮、白衣等，先后分属南诏和大理管辖。南宋孝宗淳熙七年（公元1180年），傣族先民在滇南地区以景洪为中心建立了"景龙金殿国"，隶属大理国。明时，滇西傣族建立了较为强大的地方政权。

傣族是一个全民信仰宗教的民族，除花腰傣只信仰原始宗教外，其他傣族的宗教信仰一般都包括两个方面：一是原始宗教即从原始社会延续下来的多神崇拜；二是南传上座部佛教，即俗称的小乘佛教。与人类思想发展的一般进程相适应，傣族先民最初崇拜和信仰的是人类赖以生存而无力抗拒其灾害的大自然，后来通过虚幻的认识从自然物中又分化出各种精灵和鬼魂崇拜。由于农业是傣族最主要的经济活动，所以农业祭祀最为频繁，在全部稻田耕作过程中，要进行多次宗教祭祀，如放水要先祭水沟，栽秧后献祭鬼鸡，收获时献新米等。祖先祭祀也是傣族原始宗教的一个重要组成部分。小乘佛教传入后，原始宗教的地位虽有所削弱，但它并没有消失，在与小乘佛教的斗争和妥协中保存至今。小乘佛教是大多数傣族现在主要信仰的宗教，小乘佛教比原始宗教规模更大，影响更深，与傣族人民的日常生活乃至政治活动关系更为密切。在小乘佛教传入的同时，傣族人民在巴利文的基础上根据傣语语音的实际制定了一套字母体系，傣族人民从此拥有了自己的文字。文字的出现，推动了傣族教育的发展，尤其是寺院教育的发展，傣族社会同时也就出现了专门的文化人——各级僧侣。寺院佛爷一方面口头传经布教，另一方面翻译佛教经典和著书立说宣扬佛教，形成了被称为贝叶经的大量古籍文献，所以用傣文转写的佛教经典应是傣族最早的书面古籍。文字的出现，还推动了傣族文化的全面发展，傣族人民不仅将佛经刻写在贝叶上，还将傣族的历史、文学、哲学、语言文字、文学、法律法规、医药卫生、教育科技、生产工艺等方面的知识用文字书写出来，形成了著名的贝叶文化。

傣族的重要节日也都与小乘佛教相关，如"毫瓦萨"、"奥瓦萨"、"桑勘比迈"等。毫瓦萨即关门节，时间在傣历9月15日。届时，佛家弟子抬着纸花、礼品到佛寺内集合、诵经、斋僧。举行过毫瓦萨后，寺院的僧侣进入雨安居净心拜佛。一般人民，尤其是老年人每周到寺里拜佛、诵经、滴水斋戒。在这期间，傣族地区停办一切婚嫁喜事和盖新房活动。奥瓦萨即开门节，时间在傣历12月15日。这一天，佛教弟子也像毫瓦萨一样，举行一次盛大的拜佛活动，并且于当日夜间燃放火花、贡菲（当地汉语称"放高升"）以示庆祝。举行这次拜佛活动后，雨安居宣告结束，人们就又可以忙着办喜事和盖新房。毫瓦萨和奥瓦萨其实是以佛教的方式确保农业的正常生产，带有很实用的目的。傣族最重要的节日是 sa ŋ^{55} xaan^{55} pi^{55} mai^{35} "桑勘比迈"，即新年节，由于节日期间有隆重的泼水活动，也称为泼水节。傣历新年一般过三至四天，在这期间，要举行各种活动，如"浴佛"、"放高升"、"划龙舟"、"丢包"、"斗鸡"等，最热闹的当然是傣族人互泼吉祥水的活动了。

第 二 章

文字的起源与变迁

傣族有四种不同形式的文字,在西双版纳傣族自治州及孟连县一带使用傣仂文,现称西双版纳文;在德宏傣族景颇族自治州的大部分地区及景谷、沧源、双江、耿马、镇康等县的部分地区使用的文字称为傣那文,现称德宏傣文;在德宏州的瑞丽县和澜沧县、耿马县一部分地区使用的文字称为傣绷文,俗称缅傣文;在红河哈尼族彝族自治州的金平县等地使用的叫傣端文,亦称金平傣文。关于这些文字的起源有种种传说和神话故事,其中传说较多的是西双版纳傣仂文。

一 文字创制前的原始符号及其他记事方式

据傣文贝叶经《刹沙打》和《波腊纳坦》记载,远古时候的傣族,在象形文字产生以前,曾经历过以物记数和记事的历史,如用篾片折叠记事,用相思豆和酸角子计算物资和分配财产等。傣文史书《波腊纳坦》有一段记载:

> 远古的时候,还没有文字时,古人是用折篾片的方式记事的,将篾片横摆在席子上面,取相思豆和酸角子计算物资和分配财产。例如:东西有三样,就折断篾片摆三节,东西有四样,就摆四节篾片……要是表示物质数量的篾片满"10"的数目,就在已足"10"的篾片后面放上1粒子(相思豆或酸角子),满"20"就放上2粒子,照此类推,用火炭把它写在房梁上或木片上面。[①]

从折篾片的记事方式中,人们逐渐掌握了用数字的方式记事,即根据篾片的折叠方式规定一套数字文,专门用来记事。

二 文字的起源

西双版纳傣文的起源有种种传说,有说是一位猎人根据虫子在芋叶或荷叶上吃食留下的痕迹创造的;有说是一位做饭老人用吹火筒在炉灰上印出来的;有说是向佛祖讨来的等。前两种说法生动形象,特别是吹火筒本来是圆形的,破损之后是半圆形的,这两个符号印在炉灰上组合起来,成为傣文辅音字母的基础。傣文有好几种形体,西双版纳傣文最终采用这种独特的形式,应该说在吹火筒上印字的

---

① 岩温扁、杨胜能等编著:《贝叶文化》,四川民族出版社2001年版,第6页。

说法较合情理，而且与最后一种说法也可以统一起来。传说，傣族、汉族和哈尼族都去佛祖居住的山洞向佛祖讨要文字，汉族带的是纸，傣族带的是贝叶，哈尼族带的是牛皮。佛祖就分别在纸、贝叶、牛皮上写下同一种文字。他们在回来的路上，遇上大雨需泗水过河，汉人的纸被水浸湿，字迹模糊，过河后在沙滩上晒太阳，这时来了几只鸡在纸上踩来踩去，留下许多鸡爪印，汉族就拿鸡爪印当文字。哈尼族带的是牛皮，到岸后大家饿了，就把牛皮烧吃了，所以哈尼族就没有文字；只有傣族带的贝叶，不怕水湿，把佛祖写的字原样带回来了。这个传说虽是编出来的，但说傣文是向佛祖讨来的，却不是无稽之谈。因为傣文的确是通过佛教的传播从印度传过来的。西双版纳傣文字母表的前41个字母与巴利文的字母次序完全一致。再从字母形式看，傣文与泰文、老挝文、缅甸掸文、印度阿霍姆文和坎底文以及缅文、柬埔寨文都有共同的书写规律，它们都来自印度字母。国内的四种傣文情况也一样，都脱胎于印度婆罗米字母体系。婆罗米字母体系大约有200种文字。其中除六种与梵文较为接近外，其他文字又分为南北两系，其中傣文、泰文、老挝文、缅甸掸文等都属于北系的巴利文字母系统。

三　文字的性质和类型

四种傣文皆属于印度婆罗米字母体系，属于拼音文字，书写都是从左到右横书，行序自上而下，但形体互不相同，傣仂文和傣绷文为圆形字母，傣那文为方行字母，金平傣文则方圆兼备，有的还呈尖角形。傣仂文最初有41个字母，后根据傣语语音实际增添到56个字母，其中有7个元音字母，一个代表鼻音韵尾aŋ的字母。有48个辅音字母，因其声调高低区分为两组，各拼三个声调，只用两个声调符号。[①] 傣那文有19个辅音字母、45个元音字母及若干常用的韵母符号，这种文字常用同一个字母表示不同的音位，也用不同的字母表示同一个音位，没有声调符号。傣绷文在文字体系上与傣那文比较接近，只有18个辅音字母、8个元音字母和两个韵母符号，由这些元音字母和韵母符号再组成其他复合的韵母符号。金平傣文则有44个辅音字母（另有几个同音异体字母）、92个元音字母和韵母符号，还有3个声调符号，辅音字母也分高低两组。这4种傣文在书写中都有许多合体字和形体固定的字，但在书法上有一定的规范。

属于印度字母的各种文字，字母表上一般只列辅音字母，而且这些字母单念时都带有一个元音a。由于辅音字母单独可发音，一些文字学家将其列入辅音文字一类。其实这样做并不恰当，傣文字母表虽不列元音字母，但一点也不减少它们在拼写中的地位和作用，因此说它属于拼音文字更符合傣文的实际。傣仂文最初的41个字母表中列有7个元音字母和一个代表鼻音韵尾的字母，这与巴利文字母表排列方式完全一样。在佛教经典翻译中各个国家和民族都用自己的文字去拼写巴利语，因此，这种文字不是直接渊源于巴利文，将其归入印度字母较为确切。（附：表一　四种傣文字母表）

[①] 傣仂文有六个调类，因声母不同区分为两组，只用两个声调符号。一、四调不用声调符号，只依靠声母的高低区分；二、五调符号相同；三、六调符号相同，它们内部也依声母高低区分。

表一　　　　　　　　　　　　　　　　四种傣文字母表

音位	高低组	西双版纳傣文(48个)	金平傣文(42个)	德宏傣文(19个)	傣绷文(18个)
p	高组			ப	ບ
	低组				
ph	高组			៦	๖
	低组				
b	高组				෨
	低组				
m	高组			H	෨
	低组				
f	高组				
	低组				
v	高组			๐	O
	低组				
t	高组			ๆ	෨෨
	低组				
th	高组			๙	෨
	低组				
d	高组				
	低组				
n	高组			‿	๏
	低组				
l	高组			෧	෨
	低组				
ts	高组			ⴹ	෨
	低组				
tsh	高组			ӡ	
	低组				
s	高组			ⴹ	෨
	低组				
n	高组			ⴹ	
	低组		ng		
j	高组			н	෨
	低组				
k	高组			า	෨
	低组				
kh	高组				
	低组				
x	高组			๑	෨
	低组				
ŋ	高组			n	C
	低组				
h	高组			ๆ ල	෨
	低组				
ʔ	高组			r	෨
	低组				

四 文字的结构形式和造字法

四种傣文在书写方式上都是从左向右横书，行序自上而下，但形体和拼写法互不相同。傣仂文的组合结构比较复杂，一般是辅音字母居中，顶格书写，元音字母或韵母符号及声调符号分布于辅音字母的上下左右；有的字以辅音字母为中心向四周扩散；大多数字则是以辅音字母为中心单向或双向向外散射；有的前一字还与后一字交叉组合，连环相扣。各种组合方式交织在一起，一行字看起来犹如波涛起伏，非常美观潇洒。

傣那文创制的时间较晚，大约创制于14世纪。它更多地融合了傣族人的创造性。首先，印度字母系统的文字，声母一般都分高低音两组（西双版纳傣仂文）或高中低音三组（泰文），但德宏傣文多数字已经简化为一音一字母，字母数目大大简化。其次，傣那文在字母形式上以方形为主，方中带圆，代表复辅音的圆形大环勾使声韵母常常大起大落。这种形体与其他傣文存在明显的差别，也无其他文字形体可供借鉴，是傣族人民的一大创造。最后，它使巴利语字母迁就傣语读音，而不像西双版纳傣文以巴利语为基础增删修补，有明显的独创性。

傣绷文与缅甸掸邦的掸文基本相同，在字母形式与国内傣仂文更为接近，以圆形为主；但辅音不分组，组合原理上更接近于傣那文。

金平傣文在字母形式上与前三种文字差别较大，而与越南莱州一带的傣族文字很相似。在形体上它方圆兼备，有的还呈尖角形，另外有一些像英文字母v和w的草写变体，有的像汉语的注音字母。但是金平傣文声母也有近似于傣仂文的高音组和低音组，也通过附加符号表示声调。所以，从表音体系来说，它与西双版纳傣文更为近似。

五 方言文字及字体变迁

傣仂文直接来源于巴利文，用来翻译佛教经典。它与傣语的实际语音存在一定的差别。但是当它从专门转写佛教经典到使用于日常生活时，巴利文的41个字母就不足以表达傣语实际的语音状况。于是，大约在13世纪，增加了15个字母，并增添了声调符号。后来，元音和尾音符号虽屡有增减，但整个文字体系较为稳定。傣仂文增添15个字母，不仅使其表达更加符合傣语语音实际，也大范围地促使它走向日常生活，成为记录傣族文化的工具和手段。关于傣仂文字体的变迁，还有一个值得探讨的问题，这就是《华夷译语》中，有《车里译语》和《八百译语》，其中保存了当时西双版纳和清迈两地所使用的文字。比较这两种文字：它们之间很接近，而与现在的西双版纳傣文差别较大，比照傣族地区的实际，有一种情况可以解释这种现象，那就是过去西双版纳曾使用两种文字：一种是经典文字，主要在寺庙中通行；另一种是车里译语文字，在民间流行，后来由于宗教渗透到民间，经典文字取代了民间文字，使西双版纳现在只有一种文字，经典文字在取代民间文字时也向民间文字吸收了其合理成分。其他文字的演变情况由于资料不是很充足，具体情况不得而知，仅可以从字母体系与现在读音的差别中寻找其变迁的痕迹。

新中国成立后，对傣仂文和傣那文进行了改进。改进后的新傣文在保留原来字母形式和表音特点的基础上，根据实际语言合并和增删了若干字母，取消了老傣文中的合体字，改变或增添了声调符号，并对字母读音、附加符号的使用和书写作了规范。改进后的傣仂文有42个辅音字母，分高低两组代表21个音位。有91个代表元音或韵母的字母或字母组合形式，另外新规定了两个声调符号；改进后的傣那文保留了19个辅音字母（其中更换了三个辅音字母），有84个表示元音及复合韵母的字母或字母组合形式，并增添了5个声调符号。

第 三 章

文字载体类别与版本形式

傣文的古籍载体主要有以下几类：

1. 贝叶　贝叶是一种生产于热带、亚热带地区的属于棕榈类植物"贝多罗树"的叶子，它是我国古籍中最具民族特色和地方性的一种古籍载体，西双版纳及孟连等地皆用它刻写贝叶经。贝叶傣语为 kɒ^{55}lan^{11}"戈兰"，它是承载傣族古籍最重要的载体。用于书写傣文的贝叶要用铁笔刻写。讲究一点的贝叶经上多涂有金粉、墨粉或金漆，这样做既可以使贝叶经耐久性强、防潮防腐、不易破损，也可使刻写在上面的字迹经久不变，便于长期保存。傣族的贝叶经数量很大，目前西双版纳自治州收集到的有三千多部，分散在全国各地的有统计的也有近千部。

2. 构皮纸　傣族有相当一部分古籍是用构皮纸书写的。构树傣语叫 mai^{11}saa^{55}"埋沙"，构皮纸就是用构树皮制作的。色彩稍暗，纸质厚实，有韧性，甚为坚牢。

3. 薄绵纸　德宏一带及耿马、孟连等地的大部分古籍多用薄绵纸书写。薄绵纸以竹子作为原料，色彩微黄，纸质软薄，但有韧性，不易破损。

此外，保存古文字的还有其他一些质料的实物，如竹片、笋叶、银片、竹筒、官印、石碑等。

傣文古籍由于质料不同，版式也各不相同。绵纸本版面宽大，一般高达50厘米，宽达30厘米。构皮纸本版面略小，且大小差别悬殊，较大者长形的高达37—40厘米，宽23—25厘米，横形者高27—30厘米，宽37—40厘米，还有一种小本子像块豆腐干，折叠成账册式样，非常便于携带。德宏一带的绵纸本皆用毛笔书写，西双版纳构皮纸本则用蕨笔或竹笔书写，都只写单面，上下折叠装订，装订线皆在页顶上，竖翻阅读。德宏绵纸本有用竹片夹住页顶前后，再以彩色丝绸叠底，包裹成卷，十分美观。构皮纸因纸质坚硬，不能卷裹保存。德宏瑞丽一带还有缅式巴利文经册，页高20厘米，宽40厘米，账册式折叠装订，厚者外装木盒，更为珍贵。

贝叶经一般高5—6厘米，横宽50厘米，正反两面皆可刻写。刻写工具是一种类似刻写钢板的铁笔，但笔尖只露很短的一小段，有如裁玻璃的金刚钻。刻写时左手靠在一种特制的刻经架上，托住贝叶，用右手自由刻写，熟练者刻写速度十分快捷，比毛笔书写还要快，刻完后要涂以干碳粉，用抹布擦净叶面后，字迹就显露出来，便于阅读，10—20页就钻孔穿线绳装订成册。一部经书可刻写数册或几十册，然后裹以布包、锦包或蔑包，讲究一点的还要在周边涂上金粉或红漆，十分精致美观。

傣文古籍一般不注明作者和成书年代，但也有一部分书籍写上了时间和作者。如傣族著名的古籍《论傣族诗歌》，其作者祜巴勐在文末有这样的说明："在关门节时候开始写，开门节那天写完，送给乡亲们留作纪念，字写得不好，请原谅！傣历903年11月晚完。"再如《嘿勐沽勐——勐卯古代诸王史》，作者在书末也写明了其成书年代和作者名。

第四章

目录与分类

傣文古籍根据不同的标准可以分出不同的类，如依据古籍的质料可以分为：1. 贝叶经古籍；2. 构皮纸古籍；3. 薄绵纸古籍；4. 其他类型古籍。按照文种可以分为：1. 傣仂文古籍；2. 傣那文古籍；3. 傣绷文古籍；4. 傣端文古籍等。傣文古籍通常按照其所表达的内容进行划分，可细分为如下 12 类：

1. 史书类　这是傣文文献中最有史料价值的部分，计有编年史、土司世系、历史事件著述等。其中比较重要的有傣仂文的《西双版纳历代编年史》即《泐史》、《车里宣慰世系》、《叭真以来 44 代召片领世系》和傣那文的《勐果占壁历史》、《勐卯古代诸王史》及《麓川土司历史编年》等。

2. 政治类　包括政府文牍、节日祝文、宣誓文、委任状等，如西双版纳的《宣慰使为征派招待天朝官员费用的指令》、《开门节、关门节宣慰复各勐土司的祝词》等。

3. 法律类　傣文法规品种繁多，有等级法规、民刑法规、地方公约、罚款和赎罪的规定等，其中最早、最著名的要数成书于 13—14 世纪的《芒莱法典》。

4. 军事类　傣族的军事著作很少，西双版纳有一部傣仂文的《布阵术》，傣语叫《挡达普》，全书 16 张 32 页，高 28 厘米，宽 24.5 厘米。此书说明如何按照各种不同的形式布阵和修建战壕，书后附有阵图 20 幅，是研究战争史和军事史的重要文献，现存于国家博物馆。

5. 文化教育类　有关于语言文字、数学及学习佛教经典的入门读物，如德宏的《字母故事 K 和 X》；在教育领域内，则有较多的道德说教类的作品，如《土司对百姓的训条》、《祖父对孙子的教导》、《教训儿子处世的道理》等。语言文字方面比较高深的著作有《萨普善提》和《嘎腊扎珊》，前者可译为《音韵诠释》，后者可译为《至尊声韵疏稿》。这两部著作都是阐释傣文声韵结构和字母分类的早期文献，对研究傣族语音史和文字史有重要的价值。

6. 文学类　这一部分著作数量很大，其中仅长篇叙事诗就有 500 多部，极为壮观。此外，民间流传着不少散文体的民间故事传说、童话寓言的抄本。西双版纳还有一部《论傣族诗歌》，是一部重要的文艺理论著作。

7. 宗教类　包括小乘佛教经典和原始宗教资料两部分，在傣文古籍中数量最大。小乘佛教经典据称有 84 000 部，分经、律、论三藏，其中经藏 21 000 部、律藏 21 000 部、论藏 42 000 部。此外，还有不少藏外经典。原始宗教包括祭文、祷词及占卜禳灾书，如景洪祭祀勐神书《囊丝舍不先宰》、《占卜与命图》等。

8. 天文历法类　天文学被傣族人民认为是一种最高深的学问。傣族的天文文献至今保存甚多，其中重要的有《苏定》、《苏力牙》、《西坦》、《历法星卜要略》、《纳哈达勒》等书。

9. 医药类　傣族的医药是一项珍贵的医学遗产。在民间流传的医学书籍种类很多，这些书的书名一般都叫作《档拉雅》，意即《药典》，但内容繁简不同，侧重点也各不相同。所用药剂多以当地较为常见的植物根、茎、叶为主，部分矿物和动物的胆、血、骨也可入药。

10. 农田水利类　傣族很早就掌握了水稻栽培技术，同时也相应地发展了水利灌溉事业。有关这方面的傣文文献主要分两类：一类是关于土地制度的；另一类是关于水利管理的。前者如《宣慰田、头人田及收租清册》、《耿马九勐十三圈的头田登记册》等；后者如《景洪的水利分配》、《议事庭长修水利令》。

11. 碑文类　傣文碑文数量较少，主要有《大勐笼傣文九曜碑》、《芒市土司放氏傣文墓碑》、《大寨傣文碑》、《干崖宣抚司刀盈庭墓碑》等。

12. 艺术类　主要有壁画、佛画、剪纸画、生活画等，如《佛教画册》、《剪纸花样纸匣》、《宣慰生活画册》等。

第 五 章

古籍发掘、研究简况

一 20世纪上半叶傣文古籍整理研究概况

老傣文文献的翻译和整理研究工作在新中国成立以前做得很少。仅有1946年云南大学刊印的张镜秋译注的《僰民唱词集》和1947年云南大学刊印的李拂一翻译的《泐史》和《车里宣慰世系考订》。李拂一先生是傣族史著名专家，他居车里三十余年，访求掌故，足迹遍历南掌、孟艮、景迈、洞吾、阿瓦等地，对傣族史地之学造诣精深。《泐史》是傣族的一部重要历史著作，它详细记载了从1180年至1864年西双版纳各代土司的继承关系和与中央王朝及周边诸国的历史关系。书末专门附上了傣语地名、人名的罗马字和汉文对照表。《车里宣慰世系考订》则是一部研究著作。李先生在翻译过《泐史》后，发现此书中"错误百出，其中有寿龄逾百龄者，有子年大于父年者，有将其他土邦事迹窜入者；尤其年代之错乱，考订上最感困难"①。于是作者通过收集其他版本，参阅汉文史乘，加以考订，成《车里宣慰世系考订》一书。这两部书是研究傣族史和傣族文化的开山之作，在傣族史和傣族文化研究领域具有重要的意义。

二 新中国成立后30年间傣文古籍翻译整理情况

新中国成立后，我国开展了大规模的民族调查，并编写了专门的《社会性质调查参考提纲》，在《提纲》的历史条里特别强调了在进行搜集有关研究社会性质的资料时，也应注意搜集民族历史的资料，尤其是本民族的文献，包括历史、谱录（包括家谱）、传记、官制、法律、战役记载、财政和家计收支、书信、监约、契约、卜筮、宗教经典及其他。② 在这一基本精神指导下，经过傣族学者和汉族学者的努力，大量傣族文献被译成汉文。这些成果陆续发表于云南民族出版社的《傣族社会历史调查》各集中，其中重要的译作有《车里宣慰使（召片领）封头人的委任状及其颁发的"诏书"》、《傣族宣慰使司地方志》、《叭贞以后各代的历史记载》、《叭贞及其后代的历史散记》、《续泐史（西双版纳近百年大事记）》、《孟连傣族的封建习惯法》等。这一时期另一比较重要的成果是方国瑜于1953年为《麓川思氏谱牒》所作的"笺证"。③

---

① 李拂一：《车里宣慰世系考订》，国立云南大学西南文化研究室印行，1947年。
② 参见凌纯声、林耀华等《20世纪中国人类学民族学研究方法与方法论》，民族出版社2004年版，第313页。
③ 该书是1936年勐定土司罕中兴之叔罕定国为方国瑜先生口译讲解的，方先生当时手录下来，1953年为其作笺证，1981年在《民族学报》上正式发表。

三 1980 年以来傣文古籍翻译和整理情况

20 世纪 80 年代以来,傣文古籍的整理研究成果逐年增多。其中有高立士的《西双版纳召片领世系》(载《民族学报》1982 年第 2 期) 和《西双版纳召片领四十四世始末》(《民族调查研究》) 译文,刀光强、高立士《西双版纳傣族的封建法规》译文,张公瑾译注的《苏定》、《历法星卜要略》等(载《中国天文学史文集》第 3 集,科学出版社,1984 年)。后来,随着民族古籍整理研究工作的开展,云南省少数民族古籍整理出版规划办公室组织、翻译并编印了"云南省少数民族古籍译丛",其中有傣文古籍《档哈雅》、《孟连宣抚司法规》、《勐泐王族世系》、《车里宣慰使世系集解》等多种。西双版纳州政协民族文史资料工作委员会又编印了《西双版纳文史资料》,已出到第 16 辑,其中有傣文古籍译文《车里宣慰世系简史》、《泐西双邦》、《勐龙土司简史》、《依邦土司始末》、《勐罕土司世系》、《勐腊土司世系》、《勐捧土司管辖范围的界限》等。此外,口头文献翻译整理并编印成集的有《西双版纳傣族民间故事集成》、《西双版纳民间文学集成》等。这些翻译和整理的文献涉及面很广,既有傣族历史的,也有傣族文学的,还有傣族的天文历法和宗教、医药方面的,比前期单纯的傣族历史的翻译前进了一大步。2003 年云南人民出版社出版了傣文本生经《佛祖巡游记》,采用老傣文、国际音标、汉文直译、汉文意译、新傣文的五种符号形式互相对照的方式,并对某些专门术语作了解释。这虽是一部翻译著作,但改变了过去单纯意译的局面,采取了综合对照的方式,具有很强的文献价值。该书是云南人民出版社《中国贝叶经全集》100 卷的首卷,它不仅对于研究傣族语言、傣族社会和历史具有重要的文献价值,而且开启了傣族佛教经典的翻译工作,必将对深入研究傣族小乘佛教的传播路线、佛教史、小乘佛教教义等问题产生重要影响。《中国贝叶经全集》后改由北京人民出版社继续出版,2010 年 4 月已完成出版 114 卷。

四 傣文文献研究情况概述

傣文文献的研究工作以李拂一先生关于《车里宣慰世系考订》为最早,该书通过对比版本、参阅汉文史乘,基本弄清了西双版纳傣族宣慰使世系和继承关系。此后有方国瑜先生对《麓川思氏谱牒》的"笺证"。20 世纪 60 年代童玮先生(笔名"无忧")写了《谈谈我国的傣文佛典》一文,对傣文佛教文献作了初步的评述。1979 年张公瑾在《中央民族学院学报》(1979 年第 3 期)上发表了《傣历中的纪元纪时法》,该文是对傣文天文历法文献的系统整理研究,解开了傣族天文学的计算数据和傣历的安排方法,其计算公式被科学出版社和南京紫金山天文台分别输入计算机用于傣历推算。从 1986—1990 年张公瑾在《民族古籍》杂志上连续发表《傣文古籍见知录》,主要通过梵文和巴利文的对音,解决傣文佛教经典的名称的翻译问题。张公瑾 1980 年发表的论文《西双版纳傣族历史上的水利灌溉》是对傣文文书《议事庭长修水利令》的研究。1980 年中国民族古文字研究会成立,张公瑾在该会所编的各集《中国民族古文字研究》中,先后发表了《傣族的文字和文献》、《傣族经典文字考源》、《傣文渊源及其近亲文字》等论文。进入 90 年代,研究工作有了两项重要成果:一项是朱德普先生对《泐史》的研究,于 1993 年出版了三十多万字的著作《泐史研究》,对西双版纳傣文史书中涉及的历史时间和历史人物作了比较、鉴别和深入的分析;另一项是 1995 年岩峰、王松、刀保尧合著出版了六十多万字的《傣族文学史》,其中对傣文文学古籍有甚为详细的介绍和评价。1993 年云南民族出版社还出版了刘岩先生的《南传佛教与傣族文化》一书。该书对傣文佛教经典追根溯源,以巴利语三藏经典对比参校,从一个新的角度对傣族佛教文化的研究有所推进。1994 年出版刀金祥收集整理的《古傣语词语译释》，对傣文古籍阅读和研究很有帮助。1997年，张公瑾主编了《民族古文献概览》，将傣文文献置于壮侗语族的框架内，详细论述了傣族文字的起源与发展、文字类型与结构、傣文文献的分类和价值等问题，对傣文古籍研究中诸多理论问题进行了深刻阐述和探讨。2000年民族出版社出版了华林的《傣族历史档案研究》，该书将傣族档案分为傣文历史档案、傣族汉文历史档案和官方汉文历史档案，系统地研究了傣族历史档案的形成、内容形制、分类构成、价值特点、分布管理和发掘利用诸问题。2002年和2004年，云南民族出版社和民族出版社分别出版了新老傣文两部词典，前部词典参阅了大量傣族文献，所以对研究傣族文献有一定的辅助价值，后部词典以傣语口语词为主要收录对象，对文献研究也有用处。2007年云南民族出版社又出版了孟尊贤编著的德宏傣文的《傣汉词典》，对傣语的口语和书面语的挖掘颇深，对傣文文献研究很有价值。2002年，云南民族出版社出版了由尹绍亭、唐立、快永胜、岳小保编写的《中国云南德宏傣文古籍编目》。该书收录了包括文学、佛经、历史、语言、医药、天文、法律、礼仪、占卜、咒术、其他11种类型的900余条编目的傣族文献。每条编目包括书名、表格、正文（内容提要）三个部分，书名以老傣文、国际音标、汉文次序书写，表格用汉文、老傣文、英文书写，正文（内容提要）用汉文书写。该书是一部较为全面和系统地介绍德宏傣文古籍的重要著作。2005年尹绍亭、唐立又主编《中国云南耿马傣文古籍编目》，以与前书相似的格式，介绍了耿马傣文古籍的情况，并附有多幅插图。这两部著作对系统研究傣族古籍有重要意义。傣族学者刀新华积10年之功，近年来编写了一套《巴傣汉词典》（内部刊印），该书词条是根据傣文典籍材料挑选编集的，词目达17000余条，编排上按照老傣文、汉文释义、国际音标的次序编写，是一部专门收集傣族文献中巴利语资料的词典，对研究傣族文献古籍有重要的参考价值。2008年云南民族出版社还出版了岩罕炳编著的《警句箴言》，这是一本口头成语之集大成者。

五　西方学者对傣文古籍整理研究情况

国外对我国傣文文献的研究基本上还是空白。但泰国学者对与我国傣仂文基本相同的泰国东北部傣允文文献的收集研究成绩显著。他们已收集的文献总数达四千多种，其中3/4为佛教经典，1/4为世俗文书。这些傣允文文献，一部分编制了内容提要、词语汇编，有些文献已被译成泰文和英文；另一部分佛教经典已用原文铅印出版。其收集、保存、整理的方法和手段值得我们借鉴。

第 六 章

古籍珍品图片及说明

图1 《普渡明太祖长卷图》 …………………………………………………… (813)
图2 《芒莱法典》 …………………………………………………………………… (814)
图3 《议事庭长修水利令》 ……………………………………………………… (815)
图4 《维耐必达嘎》 ……………………………………………………………… (816)
图5 《大品经》 …………………………………………………………………… (816)
图6 《秀萨》 ……………………………………………………………………… (817)
图7 《供奉功果经》 ……………………………………………………………… (817)
图8 《嘎腊扎珊》 ………………………………………………………………… (818)
图9 《甘特莱的缘由》 …………………………………………………………… (820)
图10 《谆腊菩提》 ………………………………………………………………… (822)
图11 傣绷文占卜书 ……………………………………………………………… (823)
图12 《谷魂婆婆》 ………………………………………………………………… (824)
图13 《车里宣慰使司地方志》 ………………………………………………… (825)
图14 《正观论事论》 ……………………………………………………………… (825)
图15 《驱病避凶书》 ……………………………………………………………… (826)
图16 《阿梯霍腊箴》 ……………………………………………………………… (827)
图17 《勐满把总印》 ……………………………………………………………… (827)
图18 大勐笼傣文碑 ……………………………………………………………… (828)
图19 《四棵缅桂》 ………………………………………………………………… (829)
图20 《比丘比喻经》 ……………………………………………………………… (829)
图21 《粘响》 ……………………………………………………………………… (830)
图22 《三藏经解析》 ……………………………………………………………… (831)
图23 《论傣族诗歌》傣文手抄本 ……………………………………………… (832)
图24 《波逸提经》 ………………………………………………………………… (833)
图25 西双版纳傣文天文27宿星图 …………………………………………… (833)
图26 《大小祭祀经》 ……………………………………………………………… (835)
图27 云南孟连宣抚司委任状 …………………………………………………… (836)
图28 《傣绷文史书》 ……………………………………………………………… (837)
图29 西双版纳傣文占卜图 ……………………………………………………… (838)

图 30	《嘎雅桑哈雅》	(839)
图 31	《玛弩萨罗》	(840)
图 32	德宏傣文傣绷文合写天文书册	(841)
图 33	《纳哈答勒》	(842)
图 34	《孟连史书》	(843)
图 35	《白乌鸦》	(845)
图 36	《德宏傣文多印章史书》	(845)
图 37	《十世书》	(846)
图 38	《耿马傣仂文历书》	(846)
图 39	《涅槃之路》	(847)
图 40	《波罗蜜经》	(847)
图 41	《千瓣莲花》	(848)
图 42	《八万四千卷经文》	(849)
图 43	《金平傣文书册》	(850)
图 44	《羯磨说》	(851)
图 45	《游世界记》	(851)
图 46	《维先达罗本生经》	(852)
图 47	西双版纳傣文天文历法著作《苏定》中的一页	(854)
图 48	《苏力牙》中的一页	(857)
图 49	《百译馆译语》	(858)
图 50	傣文《历法星卜要略》之内文	(858)

一 《普渡明太祖长卷图》中的德宏傣文说明

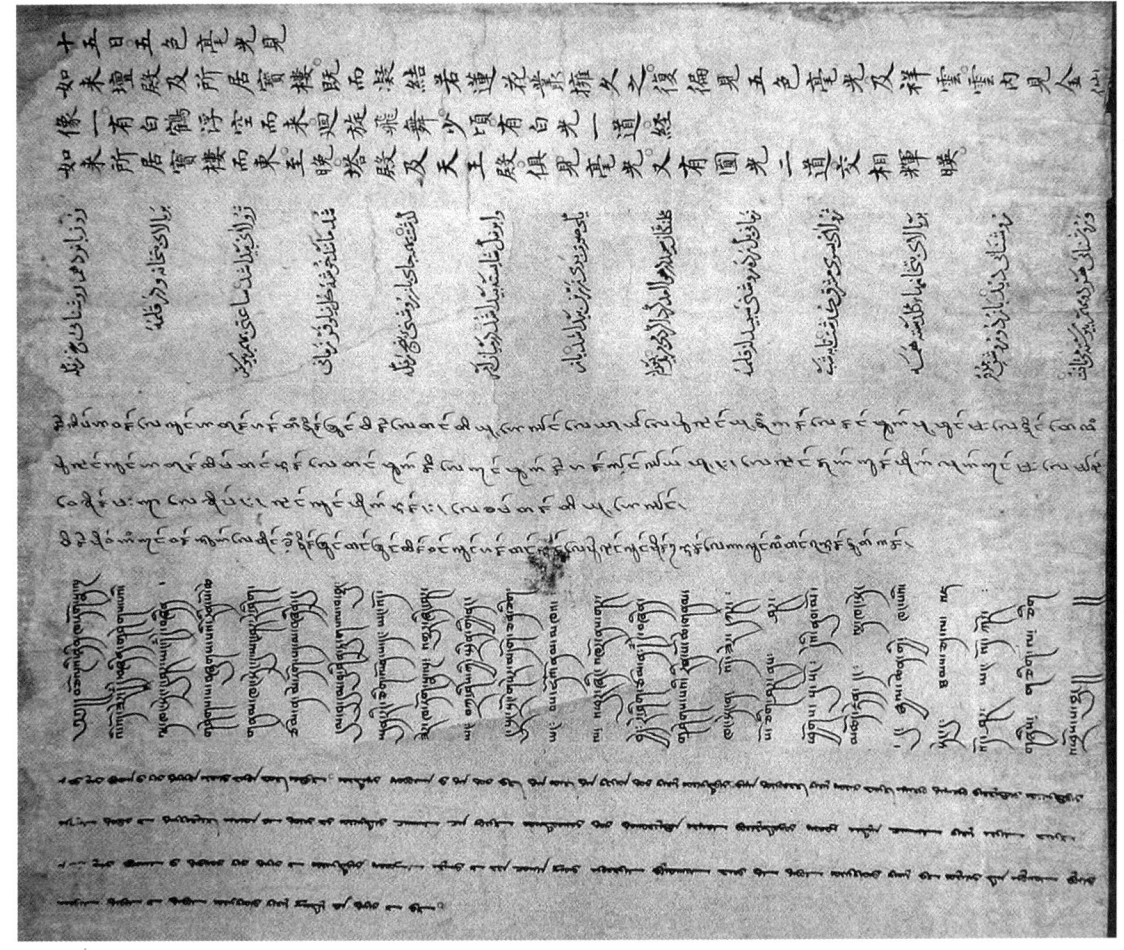

图 1 《普渡明太祖长卷图》

《普渡明太祖长卷图》又称《噶马巴为明太祖荐福图》，作于明永乐五年，公元 1407 年。其时明成祖朱棣迎请西藏噶马巴抵南京，在南京灵谷寺和山西五台山设普渡大斋，为已故的明太祖朱元璋及其皇后"荐福"。期间出现种种吉祥景象，绘图以记之，共 49 幅。每幅皆有汉文、藏文、蒙古文、阿拉伯文和傣文的说明。图中所写傣文为古代德宏傣文，内容为汉文说明的译文。汉文竖写，傣文横书，现全页斜印，读者可从左侧阅读，是至今所见最早的傣文资料，极为珍贵。全图长 4968 厘米，宽 66 厘米。傣文为 5 种文字之中间一种。全图现存于西藏博物馆，编号为 306。

二 芒莱法典

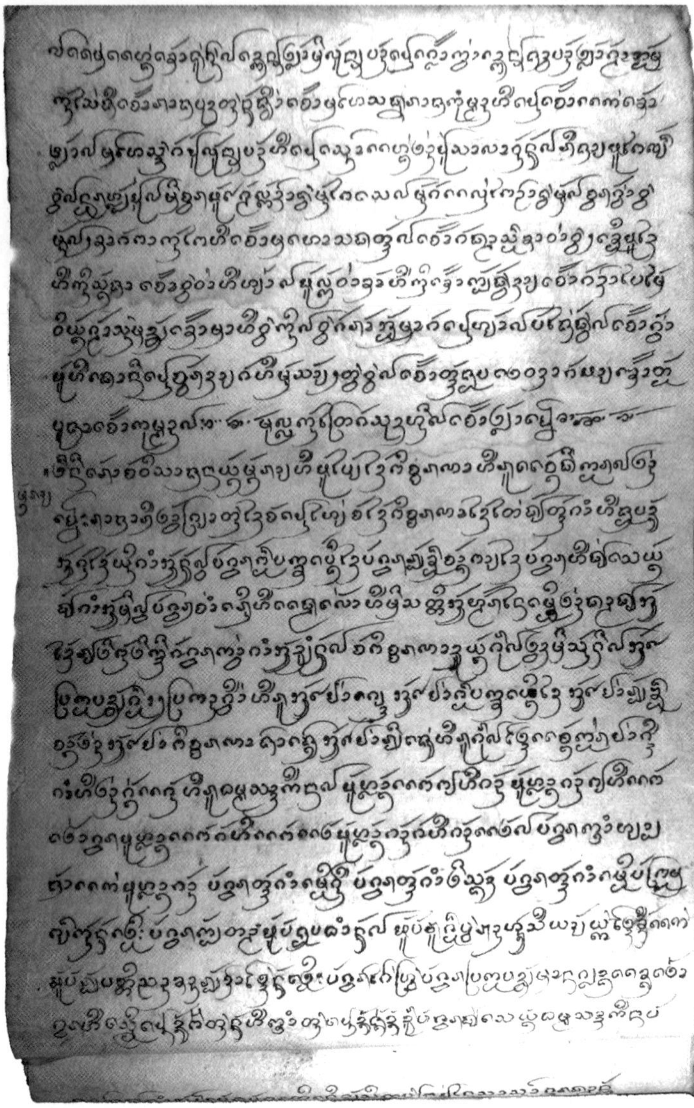

图 2 《芒莱法典》

  1册，又称《芒莱法规》。西双版纳傣文法律文献。书以芒莱王（1239—1317）之名命名。芒莱王是西双版纳傣族第四代召片领（首领）的外孙，曾在景线（今属泰国）为王，后先后建都于今泰国清莱和清迈。本书应是芒莱当政时颁发的法律，也可能是当时实行的习惯法，经后人整理成文之后以芒莱之名命名的，内容分断案的基本原则、法律条文及案例分析三部分，体现初期封建领主制之等级关系、农村公社制下之财产关系及当时的伦理道德原则，对研究傣族法律史和当时傣族社会的社会性质和社会风貌皆有重要价值。有多种抄本。中央民族大学藏本（勐腊本）为构皮纸手抄本，高41厘米，宽21.5厘米，21页。北京民族文化宫、云南省图书馆及云南西双版纳也另有藏本。张公瑾《傣文"芒莱法典"的时代及其历史价值》一文（载《中国少数民族文学与文献论集》，辽宁民族出版社，1997年）对此有专门评介。

三 议事庭长修水利令

图 3 《议事庭长修水利令》

1页,西双版纳傣文文书。为云南车里宣慰使司于傣历1140年(1778年)颁布的修整水渠的命令。车里宣慰使司习称"西双版纳宣慰司",建于明洪武十七年(1384年),存在至新中国建立前,为西双版纳历史上长期存在的地方政权机构。每年春耕前皆发布一次修整水渠的命令。命令中对兴修水利的目的和意义、水利管理的制度、分配用水的原则及各村寨、各农户应尽的义务等都作了规定,是研究傣族历史上的农村公社制度和水利发展史的珍贵资料。此文书用蕨笔沾墨书写于土制麻纸上,长56.7厘米,宽49.5厘米,单面书写,折叠后在背面题名,两处盖齐纹印章,文末盖一长方形汉字印、一圆形图案印。原件1962年存于云南景洪县历史文物室。研究文章有张公瑾《西双版纳傣族历史上的水利灌溉》(载《傣族文化研究》,云南民族出版社,1988年)一文,内附此书全译文。另马曜、缪鸾和著《西双版纳"份地制"与西周"井田制"比较研究》(云南人民出版社,1989年)一书有傣历1249年(1887年)修水利令的相片插图,内容大同小异;高立士《西双版纳傣族传统灌溉与环保研究》(云南民族出版社,1999年)一书中有傣历1310年(1948年)修水利令傣文抄件。

四 维耐必达嘎

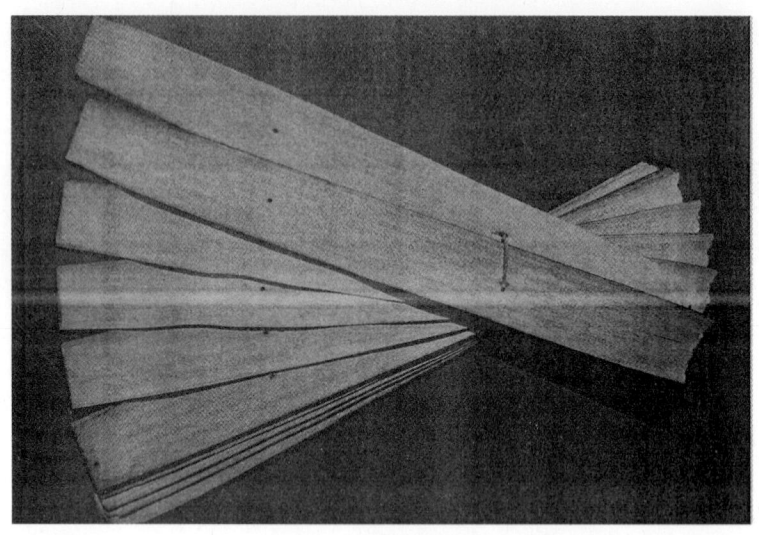

图 4 《维耐必达嘎》

1册,又译作"毗奈耶藏"。西双版纳傣文贝叶经,为南传大藏经律藏的摘录本。共贝叶15张,30页,内空4页。横宽46厘米,高5厘米。现存中国社会科学院民族研究所。北京法源寺也藏有此经。

五 大品经

图 5 《大品经》

13册,西双版纳傣文贝叶经。属南传佛教大藏经律藏犍度部,是按类编集的戒律条文,共分10犍度。内容按巴利语音译占大部分。此经装帧精美,叶色陈旧,是同名经典中的精品。现存中央民族大学古籍研究所。此经国家图书馆、国家博物馆也有收藏。

六　秀萨

图 6　《秀萨》

11 分册，西双版纳傣文贝叶经。内容通过主人翁秀萨的生平经历，讲述了许多寓言故事，宣扬宗教教义。全经贝叶 130 张，260 页，内空 16 页。横宽 48 厘米，高 5 厘米。原件存中央民族大学。另有泰国北部的棉纸手抄本藏美国北伊利诺大学。

七　供奉功果经

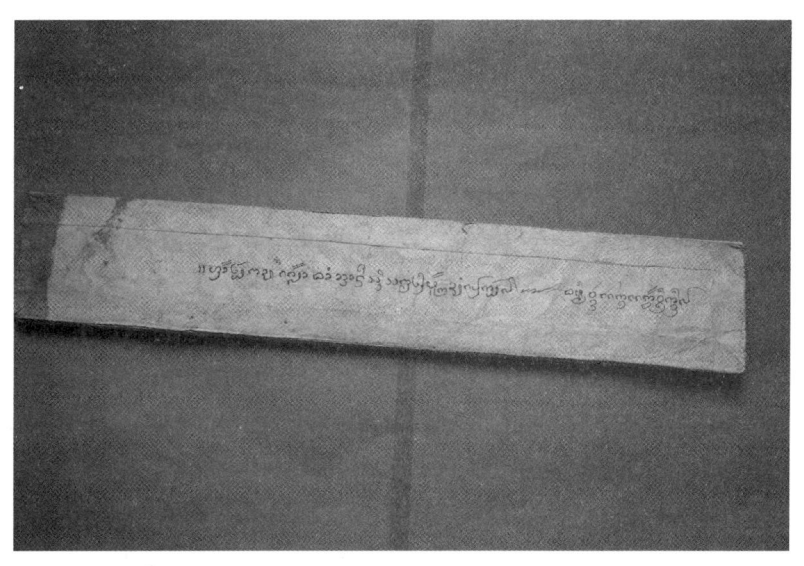

图 7　《供奉功果经》

1 册，西双版纳傣文佛教经典，纸质贝叶形。宣讲向佛供奉的种种好处，为傣文佛典中功果经系列的一种。现存中央民族大学古籍研究所。

八 嘎腊扎珊

图 8 《嘎腊扎珊》

1册，意译"至尊声韵疏稿"。西双版纳傣文声韵学文献。无作者姓名及写作年代。论说体。书中对傣文字母的分类叙述甚为简略，重点是把傣文的41个字母和字母的拼合按轻音（轻便音）和重音（稳重音）分为两类，又将若干字母分组编成口诀区分出8个字母组，进而与自然人文现象联系起来解释，显得十分玄妙。其中表示吉利的有m、n、ph、j 4个组，m组代表"土地"，n组代表"月亮"，ph组代表"上天"，j组代表"水"，皆是繁荣、昌盛、阴凉的吉象；表示不吉利的有ts、s、r、t 4个组，ts组代表"太阳"，s组代表"空气"，r组代表"火"，t组代表"风"，皆是闷热、动摇、不稳定的迹象。而且每组辖若干巴利语偈颂和咒语，认为有趋吉避凶之功效。本书在疏解中又以西双版纳车里宣慰使司为中心，对附近一些中心城市按亲属辈分加以排列，共举出思茅、勐腊、勐遮、勐醒、孟连等十多个中心城市，并以祖父、父亲、叔父、兄、弟、侄子、孙子、曾孙子等亲属称谓说明其关系。本书通过字母分析将自然现象加以分类，又通过自然现象将对人有利或有害的关系与人事联系起来，使字母分析赋予一种社会文化分析的性质。傣文八个字母代表的八种事物，是傣族哲学观念中有关宇宙构成的八大实体。通过这八大实体的利害作用，构成了变化无穷的大千世界。以上内容表明，拼音文字虽是表音的，也可以与客观事物甚至人的吉凶际遇联系起来，使文字具有丰富的文化含义。这为文字与文化关系的研究，提供了富有启发性的思考。本书为绵纸手抄本，横宽32厘米，高26厘米，共19张，38页，内空1页。原件存中国社会科学院民族研究所。

九　甘特来的缘由

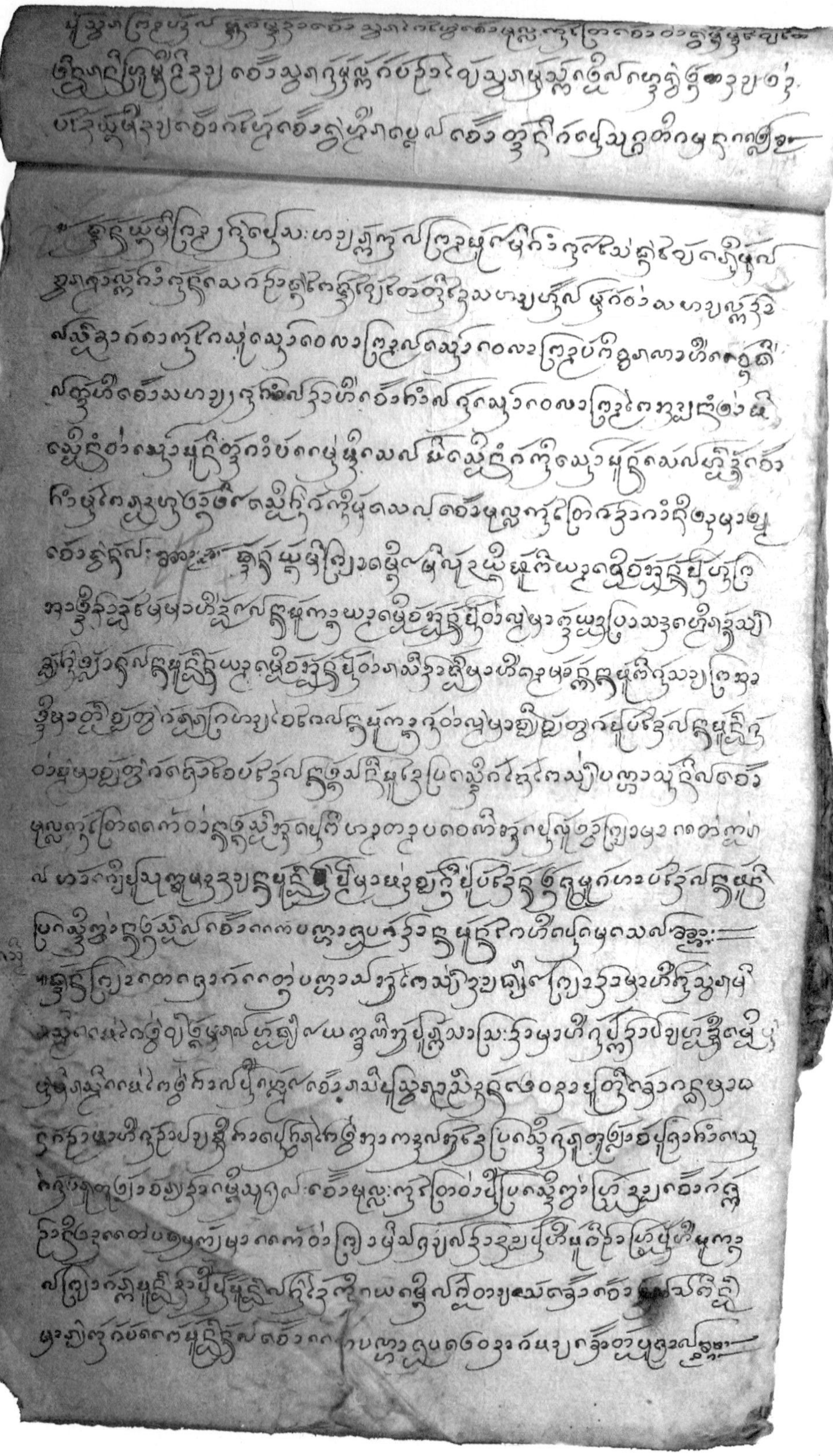

图 9　《甘特来的缘由》

1册，音译"蒙腊甘特莱"。西双版纳傣文断案故事集。无作者姓名及写作年代。书的主人翁即断案者甘特莱是一位聪慧而有权威的智者，能机智而准确地判断各类案件。全书散文体，共分8卷52节，每节解决一个疑案。如第三卷中的一节，讲一个富翁烤肉，有人在旁趁着肉香下饭，并称赞说："烤肉的味道真是香极了！"富翁说自己烤肉的香味被那人吃去了，要罚他钱。两人争执不下，就告到甘特莱那里。甘特莱要那人拿出金子来放在镜子的对面，让富翁去取镜子里的金子，并说："你们这样就谁也不欠谁的东西了。"这体现出甘特莱的机智之处。再如第一卷中的一节，说有两个人，一个死了父亲，另一个火烧着了房子，他们两人抢着要过一条独木桥赶回家去。走到桥当中，两人互不相让，拉拉扯扯都摔下水去。后来甘特莱让死了父亲的那人赔了一笔钱给火烧房子的人。因为他父亲既已死了，也就不能再复活了，他如果不争着过桥把火烧房子的人碰下水去，那人的财产也许大部分能抢救出来。书中称赞"甘特莱这样判断，是完全合理的"。甘特莱摒弃了传统的孝道和鬼神观念，体现了重视现实生活的积极态度。此书在傣族民间和知识分子中有十分广泛的影响，对研究傣族民间文学和法制史都有一定价值。西双版纳州原文物室和云南省博物馆藏有多种不同规格的抄本，内容基本相同。原件1958年收集于云南西双版纳勐腊县，现存于中央民族大学。书为构皮纸手抄本，页面高40厘米，宽24厘米，共23页。张公瑾《傣族文化研究》（云南民族出版社，1988年）一书中有专节介绍。

十 谆腊菩提

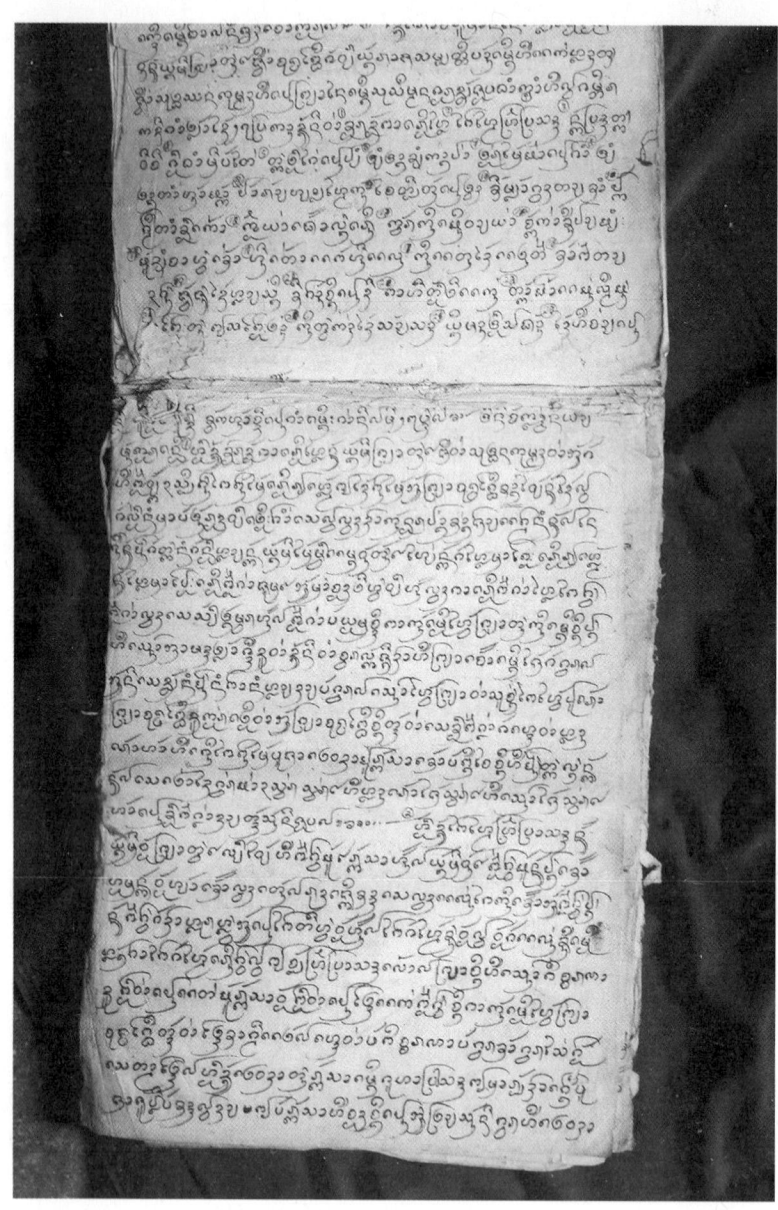

图 10 《谆腊菩提》

1册，西双版纳傣文断案故事集。无作者姓名和写作年代。书中曾写明书的主人翁即断案者谆腊菩提是一召勐（一地之主）的祖父，在西双版纳封建统治阶级中享有无上权威。此书具有断案示范的作用。行文为散文论说体。共分27小节，每节都有一个一句话的篇名，27个篇名列于全书之首，连起来前后押韵，读起来可朗朗上口，便于记诵。谆腊菩提以严明公正的面貌出现，如王子犯法与庶民同罪；误伤不同于蓄意作案；执法者犯法加倍惩处等，对研究傣族法制史和民间文学都有一定价值。西双版纳州原文物室和云南省博物馆藏有多种不同规格的抄本，内容基本相同。本册为构皮纸手抄本，页面高36厘米，宽24厘米，共17页。原件1958年收集于云南西双版纳勐腊县，现存于中央民族大学。张公瑾《傣族文化研究》（云南民族出版社，1988年）一书中有专节介绍。

十一 傣绷文占卜书

图 11 傣绷文占卜书

1册，傣族傣绷文贝叶刻本。无作者姓名和写作年代。叶质陈旧，估计写定时间已有百年左右。供择吉驱凶之用，内有多幅傣绷文字母组合的图案。对研究傣族思想史和天文历法有一定参考价值。叶面横宽20厘米，高4.8厘米，共贝叶15张，30页，内空2页。原件存中央民族大学。

十二　谷魂婆婆

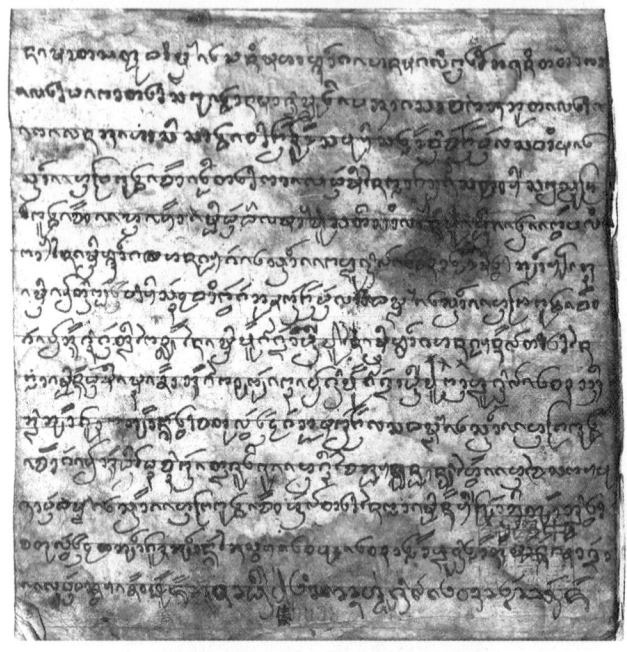

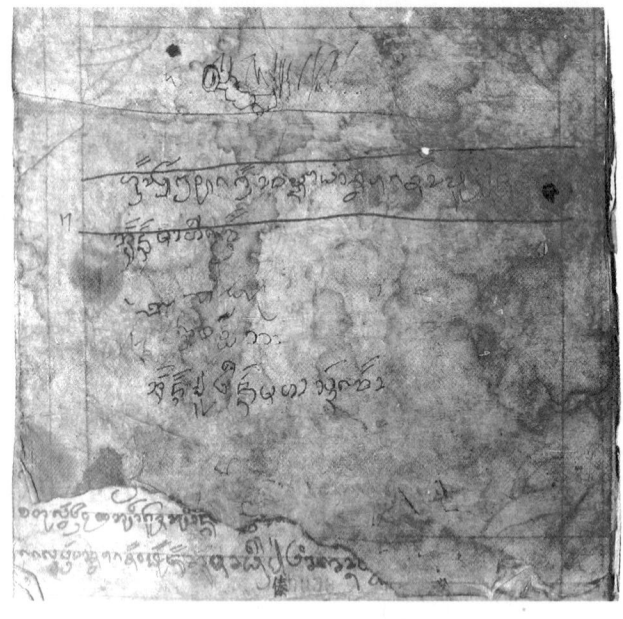

图 12　《谷魂婆婆》

　　1册，亦称《雅焕毫》。傣族经书，西双版纳傣文构皮纸手抄本，成书于公元16世纪以前。讲述谷魂婆婆不崇佛，还要与佛祖比高低。他们互相斗法，谷魂婆婆就藏匿起来，人间立刻发生饥荒，信徒们无心奉佛，佛祖只得向谷魂婆婆认输，求谷魂婆婆重返人间，从而使信徒渡过难关。本书宣扬了民以食为天的非宗教思想，是罕见的带有原始宗教色彩的佛教经典。原件存中央民族大学图书馆。页面高25厘米，宽21厘米，共12页。祜巴勐《论傣族诗歌》（中国民间文学出版社，1981年）一书附录的最末一段有对本书故事的介绍。

十三　车里宣慰使司地方志

图 13　《车里宣慰使司地方志》

1册，原译《泐史》，亦译《仂史》，傣文原名《囊丝本勐泐》。云南西双版纳傣文手抄本编年史书。为历代宣慰司议事庭陆续编撰而成，始于南宋淳熙七年（1180年），不同抄本终止时间不一，个别抄本写至1950年。一般不写记述者姓名，唯有一种本子注明最后写定者为叭龙雅纳翁怀朗曼轰（汉名刀学林）。此人任宣慰使司议事庭的书记官，编写当代大事记为此官员之职责，此书当为历代任此职者写成。分三卷，上、中两卷为编年体，记述当地统治者召片领的各代世系和地方政事，下卷杂记体，记录庄园、负担、疆域、关隘等资料，是研究傣族史的珍贵资料。1947年云南大学刊印李拂一汉文译本，名《泐史》，该本只记至清同治三年（1864年），且内多短缺。新中国成立后，有数种起讫年代和详略程度皆不相同的原著译本，其中有补译本《西双版纳近百年大事记——续泐史》，译载清道光二十二年（1844年）至新中国成立百余年史事。研究著作有朱德普的《泐史研究》（云南人民出版社，1993年）等。

十四　正观论事论

图 14　《正观论事论》

1册，傣绷文佛教经典，属南传佛教大藏经论藏论事论。相传是佛教第三次结集的主持人目犍连子帝须所著。述说公元前3世纪僧团中一些争论的观点，是部派佛教时期的重要典籍。现存中央民族大学古籍研究所。

十五　驱病避凶书

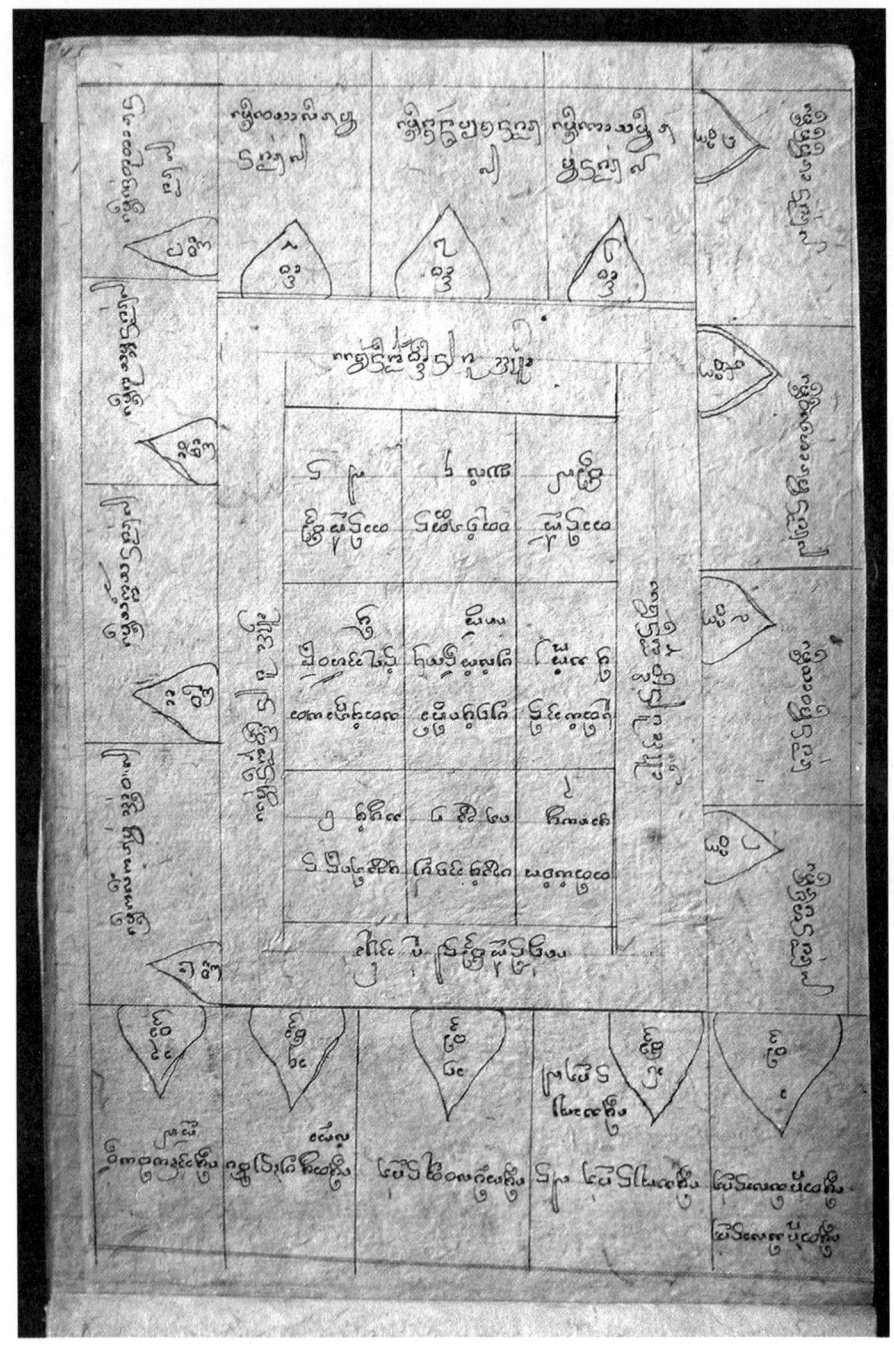

图 15　《驱病避凶书》

　　1 册，西双版纳老傣文原始宗教活动用书。曼样村康朗干沓娃氏抄写于傣历 1285 年（1923 年）癸亥年。内书建勐、建寨、建佛寺、盖新房等活动之禁忌及驱凶、送鬼、送神之咒语，并有占卜、算八字方法等。书内附有座向吉利图 8 幅，寨心吉利图 1 幅。为构皮纸手抄本。共 84 页。页面横宽 22 厘米，高 27.5 厘米。现存中国社会科学院民族学与人类学研究所。

十六　阿梯霍腊箴

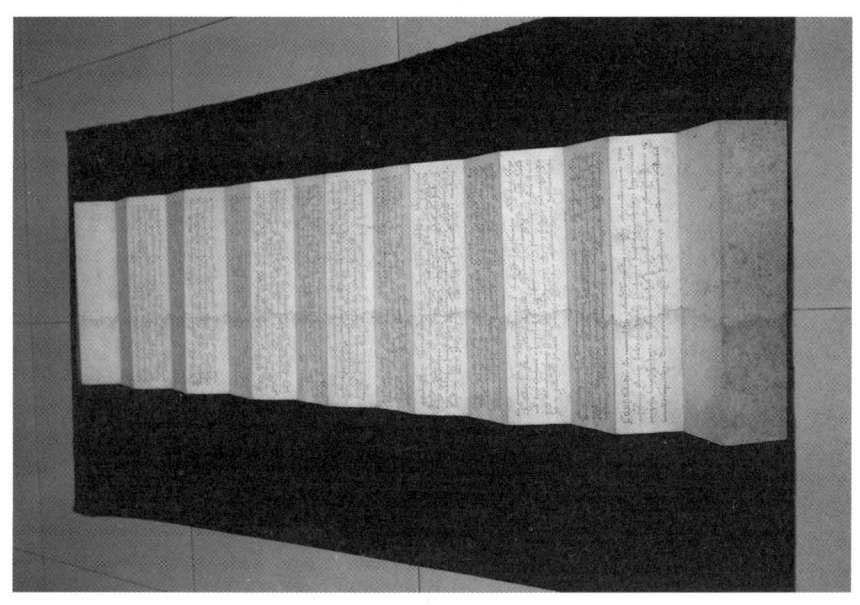

图 16 《阿梯霍腊箴》

西双版纳老傣文佛教经典，为南传佛教大藏经论藏中的一部小经，全经折叠式棉纸写本，共 14 张 28 面，首页为封面，题写经名"阿梯霍腊箴一册"。封面后第一页写有佛教偈语"南无十世尊阿罗汉三貌三菩提，吉祥安乐吉庆，抄写人记"。全经末尾写有"大寨左首名贺奔道瓦率全家儿女同以此经奉献佛教 5000 年周期"，但没有写抄写时间。现存北京民族出版社。

十七　勐满把总印

图 17　《勐满把总印》

"勐满"今属云南西双版纳傣族自治州勐海县，"把总"为土司制度下一种官职名。印文是傣族历史上官方和民间使用过的一种文字，曾见于明代《华夷译语》中的《车里译语》，与现今通行的经典文字有所不同。此印文字体优美，极为罕见。

十八　大勐笼傣文碑

图18　大勐笼傣文碑

　　傣族重建佛寺所立之碑。傣历1162年6月2日（公元1801年3月16日）立于今云南省西双版纳傣族自治州景洪市的大勐笼。碑高约100厘米，宽45厘米，边缘部分已残。碑首有4幅九曜位置图，碑文标题以36个圆圈和若干数字排列成两行，经考证其意为："祈祷二十八尊佛，战胜一切敌人。"以下西双版纳傣文碑文已不能完全辨认。经考证为18世纪末击退缅甸木梳王朝入侵者之后数年，傣族人民重返家园、重建佛寺时所立之纪念碑。此碑为国内发现的时间最早的傣文碑。碑首的天文图有重要的天文学史价值。此碑原遗落在云南省景洪大勐笼大塔山南侧水渠边，1976年被发现识读，现保存在景洪文物室。碑首天文图拓片已收录于中国社会科学院考古研究所编著之《中国古代天文文物图集》（文物出版社，1980年）。张公瑾、陈久金撰有《西双版纳大勐笼的傣文石碑和碑首的九曜位置图》一文，收载于北京《中央民族学院学报》1977年第4期及《中国古代天文文物论集》（文物出版社，1989年）。

十九　四棵缅桂

图19　《四棵缅桂》

西双版纳傣文贝叶经，为南传佛教大藏经中的本生经的一部。叙述国王二王后所生四个儿子受到大王后迫害变成四棵缅桂，后经佛教高僧搭救，重新长大成人，得到好报。此经经歌手改编的唱词，被称为傣族五大诗王之一，对研究傣族文学有重要价值。现存中央民族大学古籍研究所。在国家博物馆和云南省图书馆皆有存本。

二十　比丘比喻经

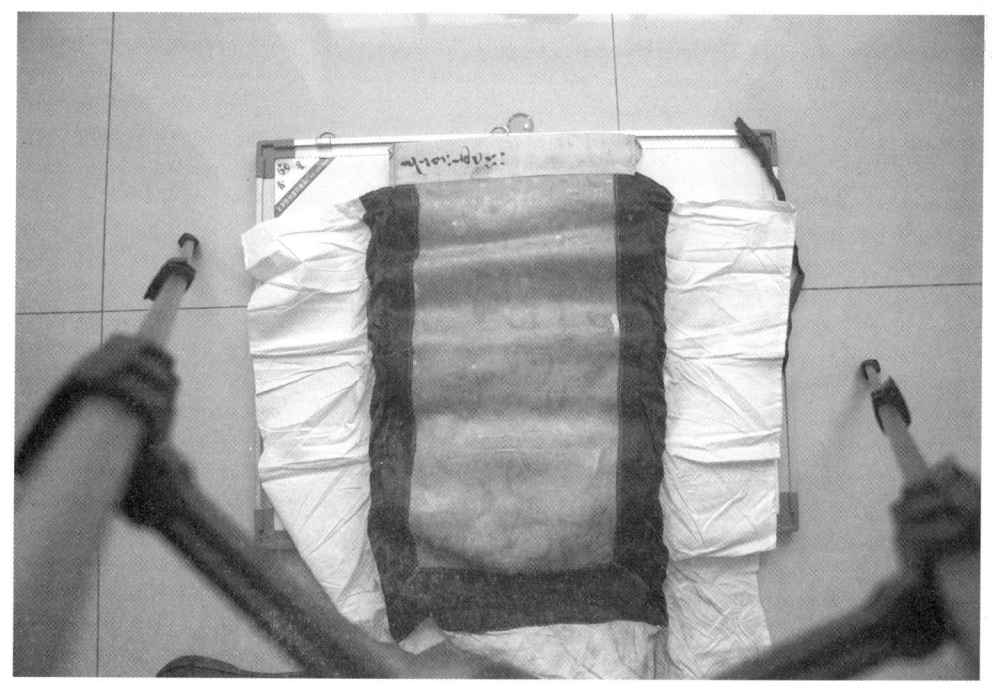

图20—1　《比丘比喻经》

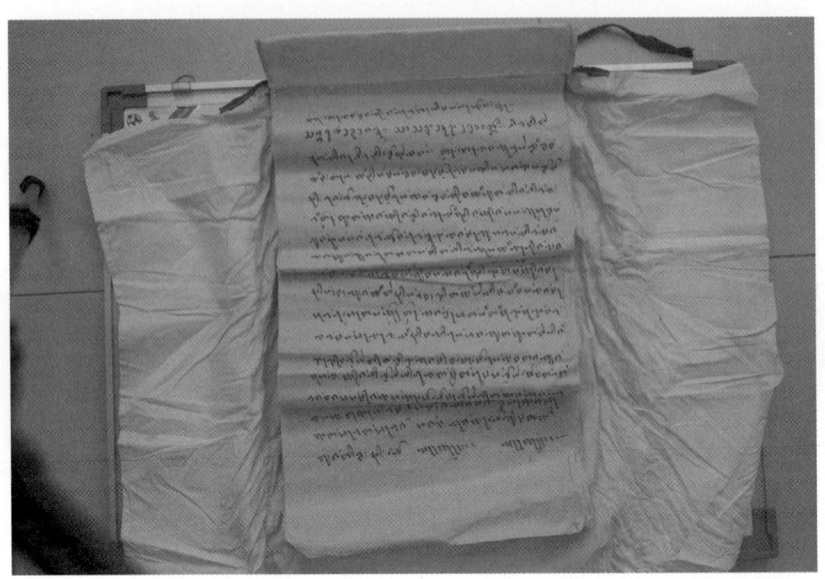

图 20—2 《比丘比喻经》

1册，德宏傣文佛教经典，为比丘的比喻经。叙述两姐妹虔诚为父母施食，为父母超度的故事。现存中央民族大学。

二十一 粘响

图 21 《粘响》

12册，西双版纳傣文贝叶刻本。为本生经故事的一种。此经多以史诗形式流传，被称为傣族五大诗王之一，此刻本叶色古旧，年代久远，系目前所发现的最早贝叶刻本。今藏云南省西双版纳傣族自治州少数民族研究所。

二十二 三藏经解析

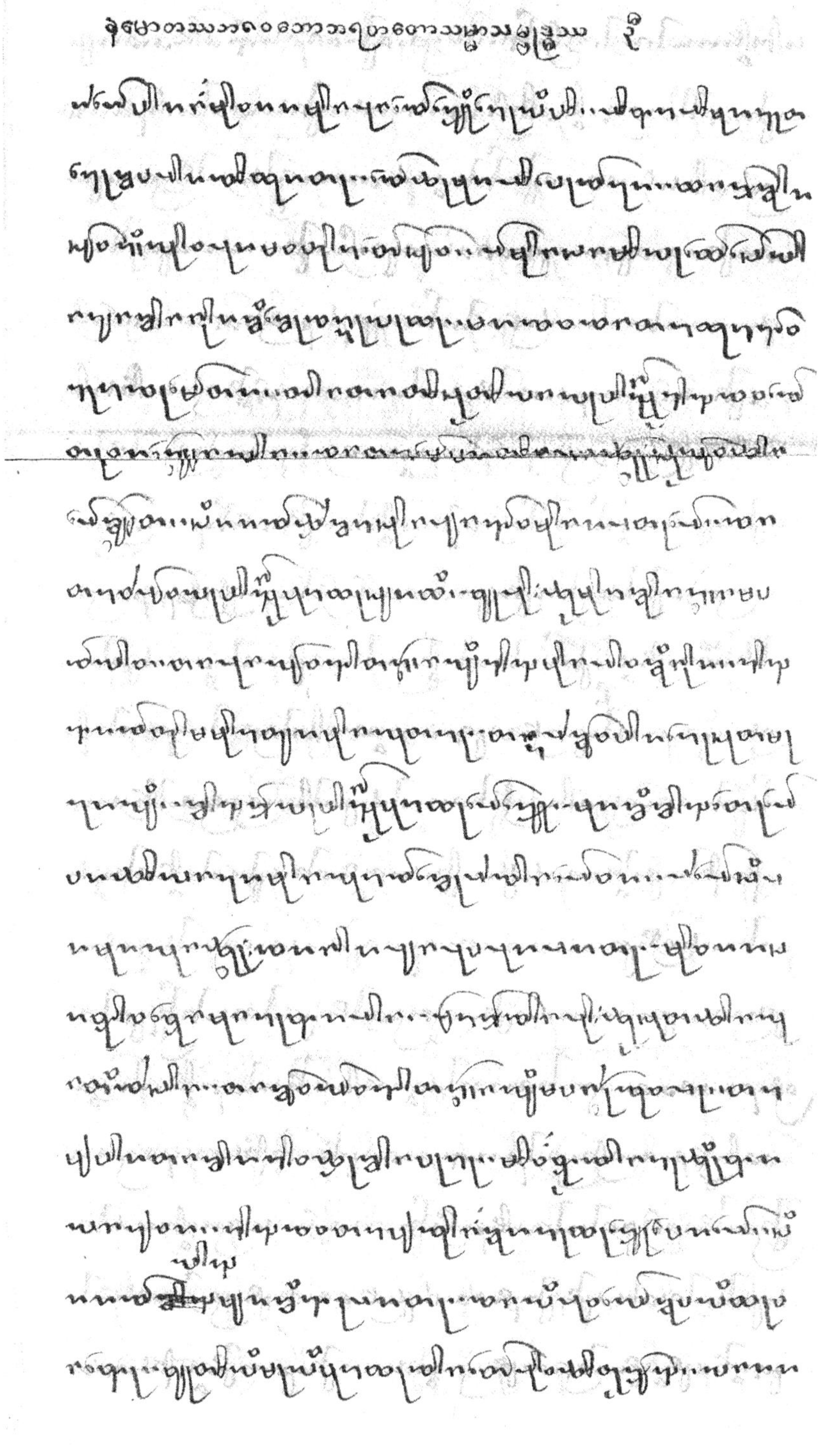

图 22 《三藏经解析》

德宏傣文佛教经典。本书是对南传佛教大藏经内容的讲解。此书收集于 20 世纪 50 年代，现在当地已极为罕见。现存中央民族大学博物馆，编号为 13372，18.9.6—1（2—2）。

二十三　论傣族诗歌

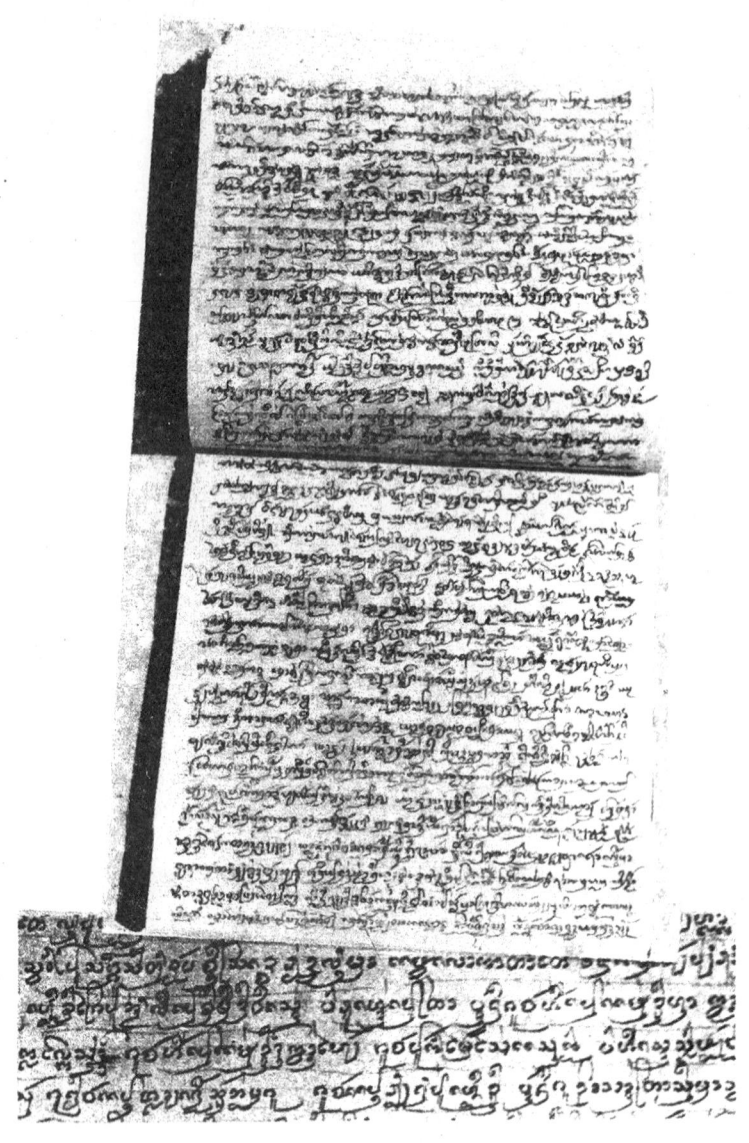

图 23　《论傣族诗歌》傣文手抄本

1 册，傣文音译《哇雷麻约甘哈傣》。有绵纸手抄本和贝叶刻本传世。傣族古代重要的学术著作。作者署名祜巴勐，此系傣族地区一种高级僧侣的称号，非具体人名。作者约生于 16 世纪 60 年代，当过 32 年和尚，读过三百多部叙事长诗，自己创作过两部叙事长诗。本书写成于傣历 976 年（1614 年），全书共九章，四万余字。主要论述宇宙生成、人类起源、语言形成、诗歌的产生和发展，以及傣族诗歌的分类和艺术特点等，提出了宇宙由气体等物质构成，文学起源于劳动，语言和诗歌是社会的产物等一系列具有朴素唯物主义思想的观点，在傣族诗歌的民族特色及其与佛教的关系等方面也有独到的见解。本书绵纸手抄本原存西双版纳勐笼曼景湾波陶甩（又名康朗应）家，由岩温扁译为汉文，中国民间文艺出版社（云南）于 1981 年出版。

此图转录自《论傣族诗歌》汉文版插页。

二十四　波逸提经

图 24　《波逸提经》

　　6 册，西双版纳傣文贝叶经。佛教戒律，指犯轻罪者经忏悔可灭罪，不忏悔死后将堕地狱等。为南传大藏经律藏四分律五篇之一。现存中央民族大学古籍研究所。

二十五　傣文星图

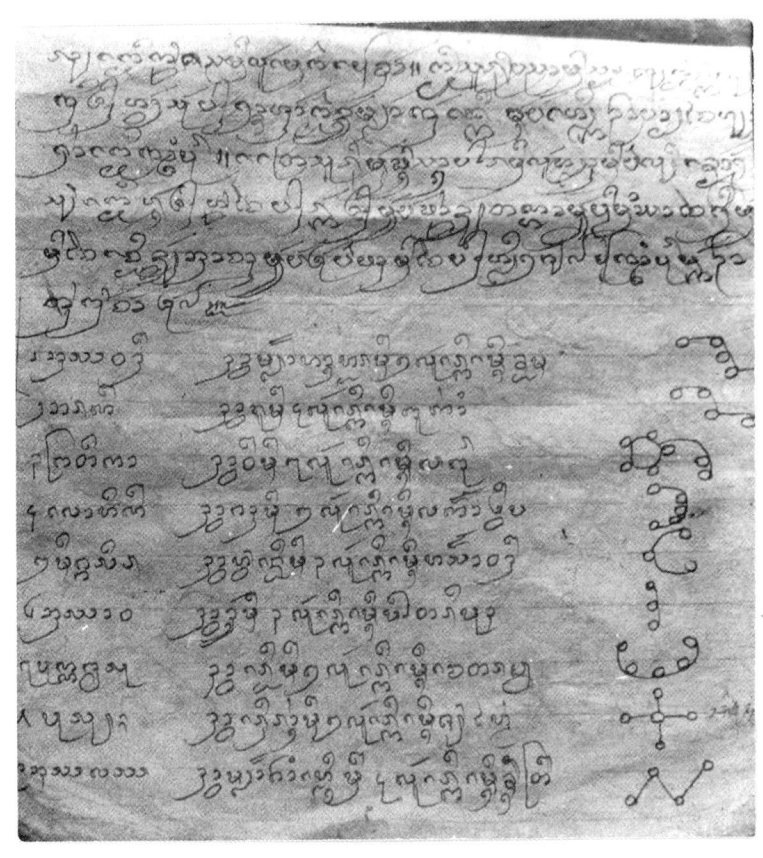

图 25－1　西双版纳傣文天文 27 宿星图（1）

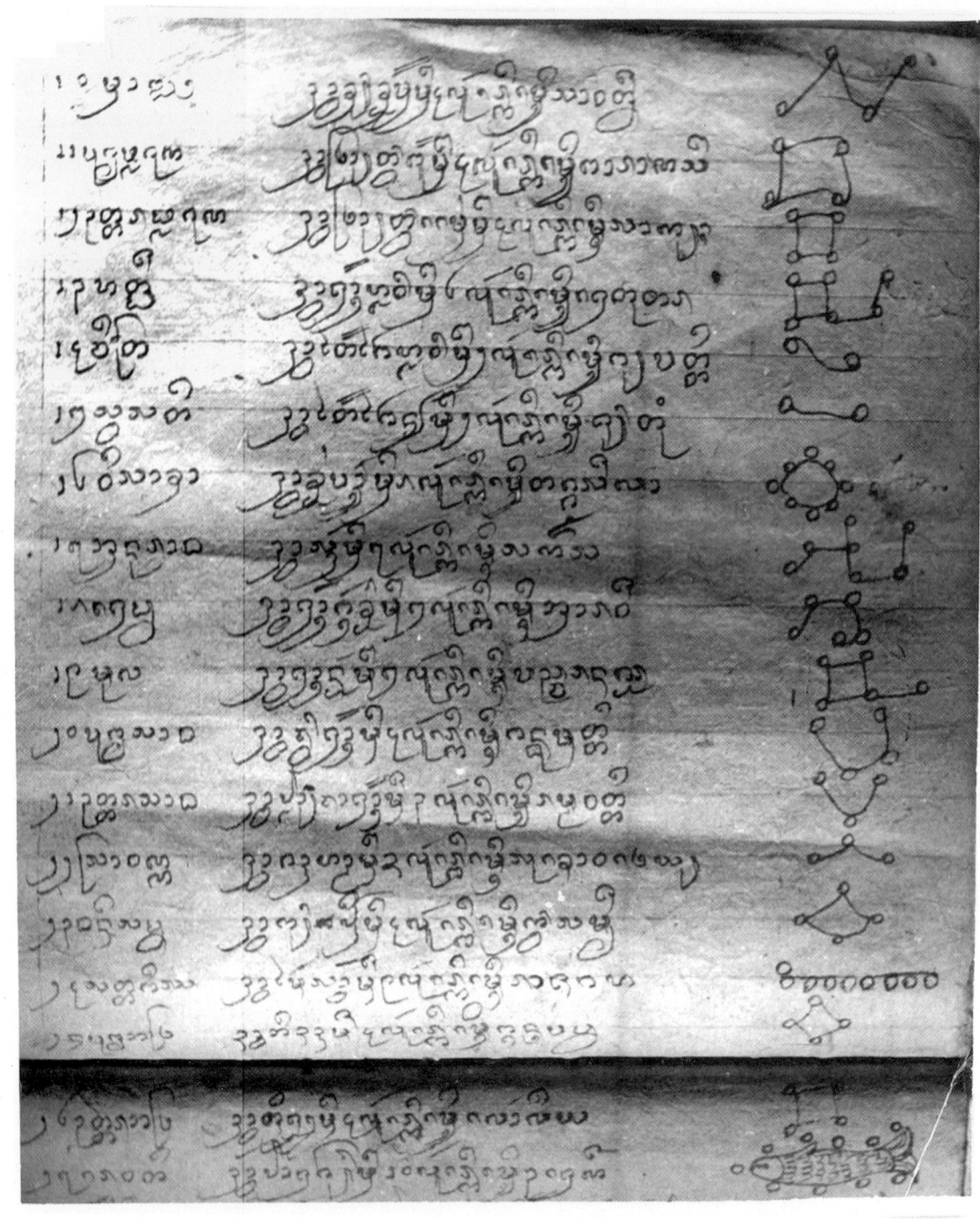

图 25—2　西双版纳傣文天文 27 宿星图（1）

西双版纳老傣文历法著作中所保存的 27 宿星图。该书无写作年代及作者姓名。原书页面高 35 厘米，宽 31 厘米。星图分占其中 3 页，第 1 页有说明文字，含 9 宿；第 2 页含 16 宿；第 3 页含 2 宿；每宿占一行，有顺序号、巴利语星名、傣语星名、其分野与地下州域相对的地名，最后为该宿图像。该书原存云南省景洪市，为刀志达同志保存。

二十六　大小祭祀经

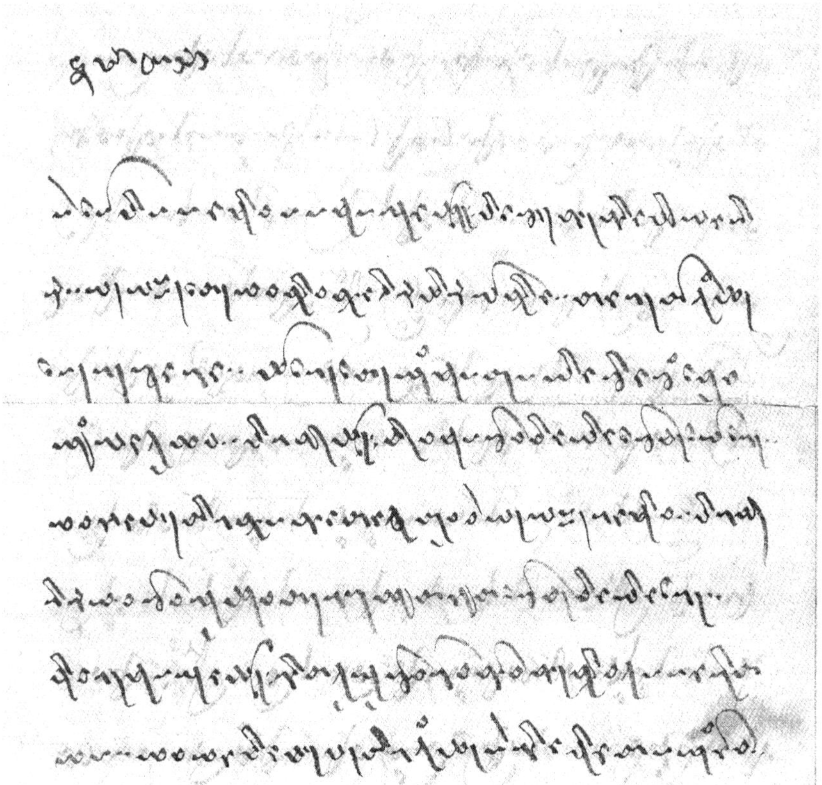

图 26　《大小祭祀经》

德宏傣文宗教文献。为佛教祭祀时念诵的通用读本。棉纸墨书。收集于 20 世纪 50 年代，本书现在当地已极为罕见。现存中央民族大学博物馆，编号为 13372，18.9.6—1（2—1）。

二十七　委任状

图 27　云南孟连宣抚司委任状

　　西双版纳傣文文书，为云南孟连宣抚司任命议事庭首席大臣的委任状。颁发于傣历 1237 年 9 月 19 日（公元 1875 年 7 月 21 日）。单页，由蕨笔蘸墨书写于当地制作的棉纸上。行文四周有双线方框，周围有表示吉祥的 16 只孔雀图案。上盖孟连宣抚司大印及司署牙章。状文中写着："如果臣民不听你的话，该杀的就杀，该罚的就罚。"并祝愿地方繁荣昌盛。此委任状原存孟连县文化馆，曾于云南省博物馆展出。张公瑾《傣族的文字和文献》一文中曾作介绍。

二十八　傣绷文史书

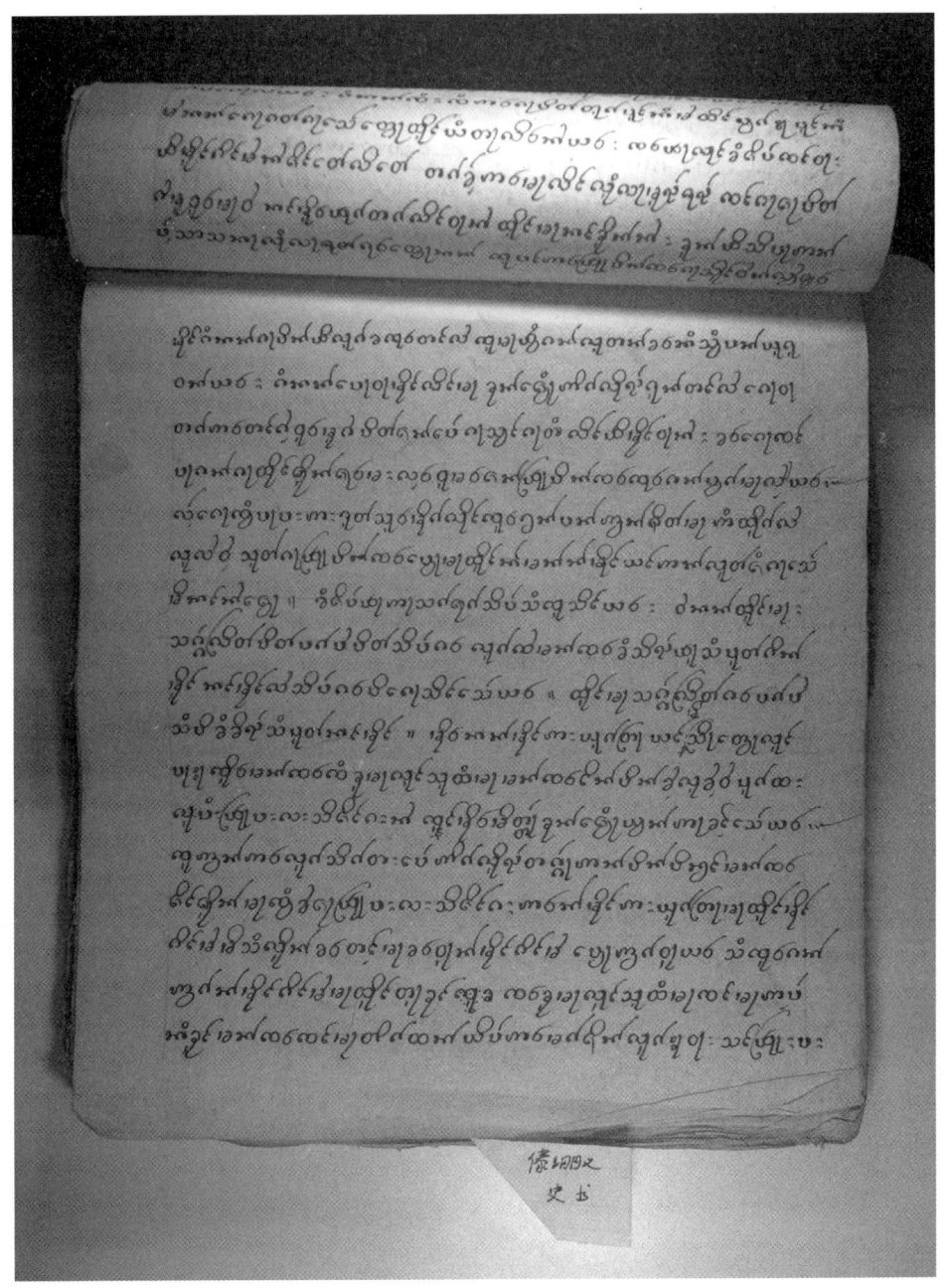

图 28　《傣绷文史书》

耿马孟定地区傣绷文史书。与《德宏傣文多印章史书》合订 1 册。另有一页为西双版纳老傣文世系表。傣绷文部分占全书的五分之一，约 20 页。书高 34 厘米，横宽 29.5 厘米。一部书中书写 3 种傣文，极为罕见，甚为珍贵。现存中央民族大学。

二十九　西双版纳傣文占卜图

图29　西双版纳傣文占卜图

1册全，西双版纳傣族原始宗教资料。构皮纸手抄本。现存中央民族大学。

三十　嘎雅桑哈雅

图30　《嘎雅桑哈雅》

　　5册，傣族医学理论著作。伪托佛祖所著，实则是傣族佛教僧侣按照佛教经典编译阐释而成。书中基本概念"四塔"、"五蕴"源于佛教，并受佛教思想影响，但对这两个概念作了医学的理解，在此基础上建立起关于人体生理、心理的系统理论。在该书中，用"四塔"作为四种物质元素来说明生命的物质根源以及人体的生长发育、机能和疾病，用"五蕴"作为概括人体结构和精神活动的概念，并以之来分析人的健康和疾病现象，探索治病强身的办法和途径。"四塔"、"五蕴"理论是傣医在总结自身医疗实践经验的基础上形成的，达到了较高的理论水平。为构皮纸手抄本。此书第一、二册各20页，第三册16页，第四册28页，第五册30页。页面横宽25厘米，高14厘米。现存中国社会科学院民族研究所。研究论文有岩温扁、伍雄武《试论古代傣医及其理论著作——"嘎雅桑哈雅"中的哲学思想》，载西双版纳州政协文史资料工作委员会编《版纳文史资料选编》第10辑。

三十一　玛弩萨罗

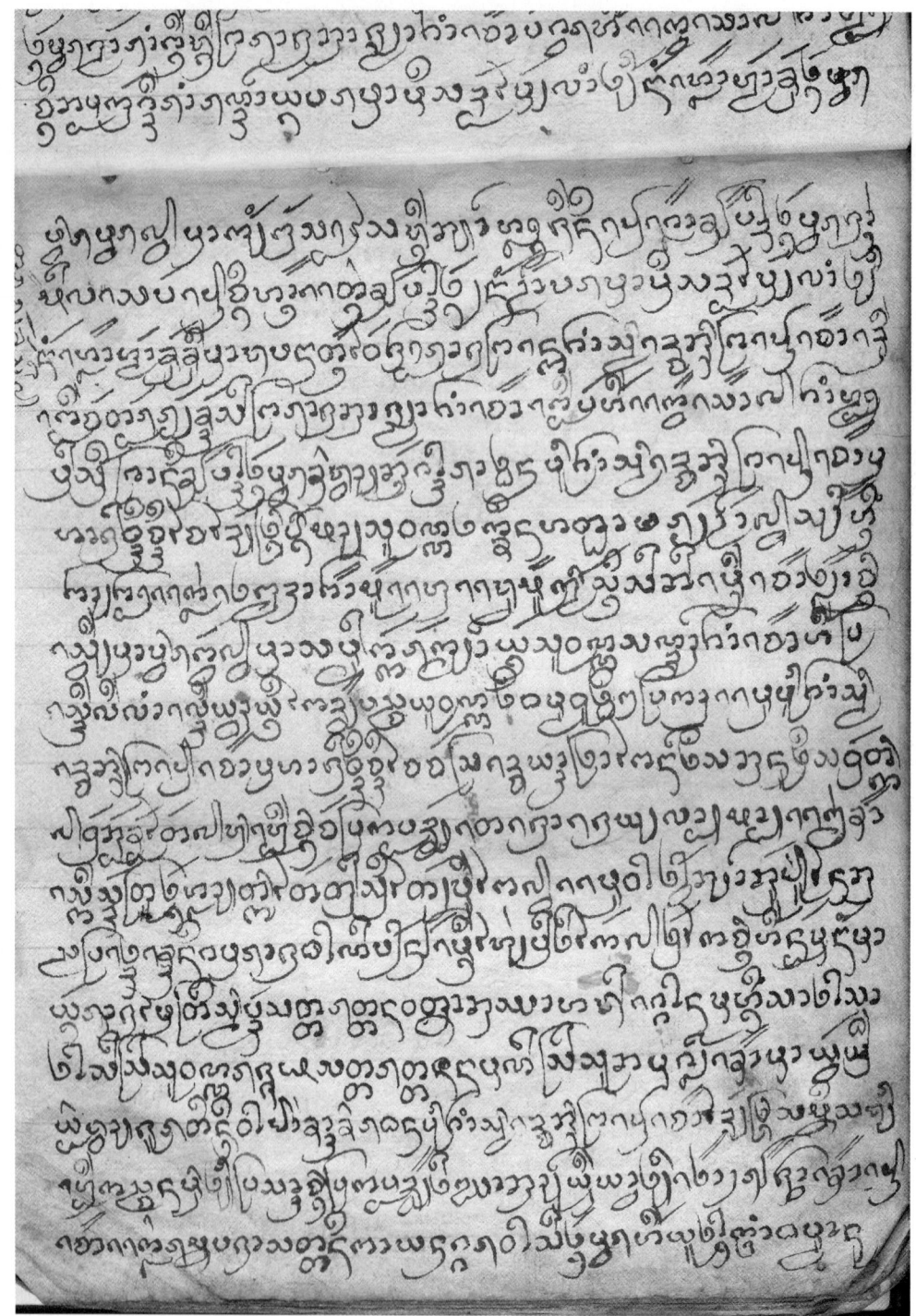

图 31　《玛弩萨罗》

　　1 册，西双版纳傣文音译，意为"人寰"。无作者姓名及写作年代。内容是佛教有关地球环境的解说。构皮纸手抄本。全书 100 页。页面横宽 27 厘米，高 31 厘米，内有若干页杂抄其他材料。现存中国社会科学院民族研究所。

三十二　德宏傣文傣绷文合写天文书册

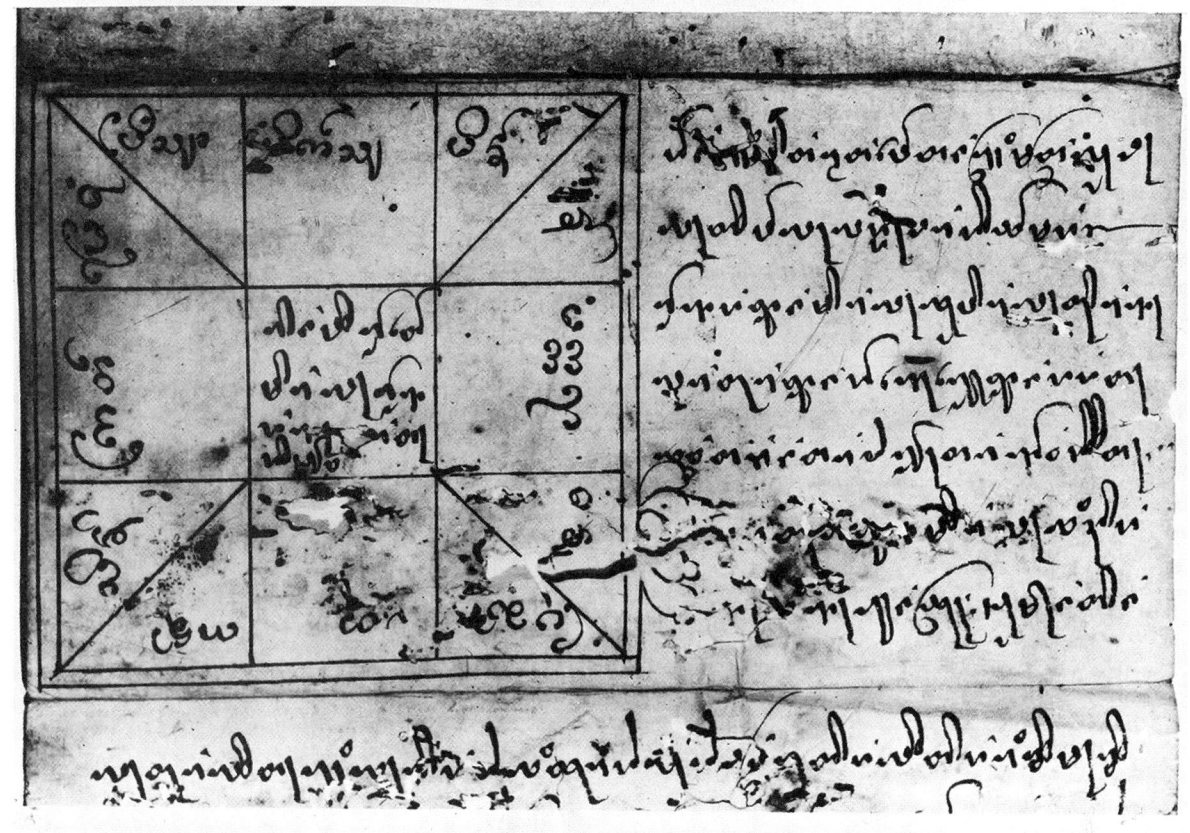

图 32　德宏傣文傣绷文合写天文书册

德宏傣文天文著作中保存的傣绷文黄道十二宫图。该图分 13 格，周围 12 格写傣绷文 12 宫名，以上中格为起点，往左其顺序为白羊宫、双子宫、巨蟹宫、狮子宫、室女宫、天秤宫、天蝎宫、人马宫、摩羯宫，至双鱼宫与白羊宫衔接。中格及图外说明皆是德宏傣文。为罕见的两种傣文合璧的天文学著作。原件存北京民族文化宫。

三十三 纳哈答勒

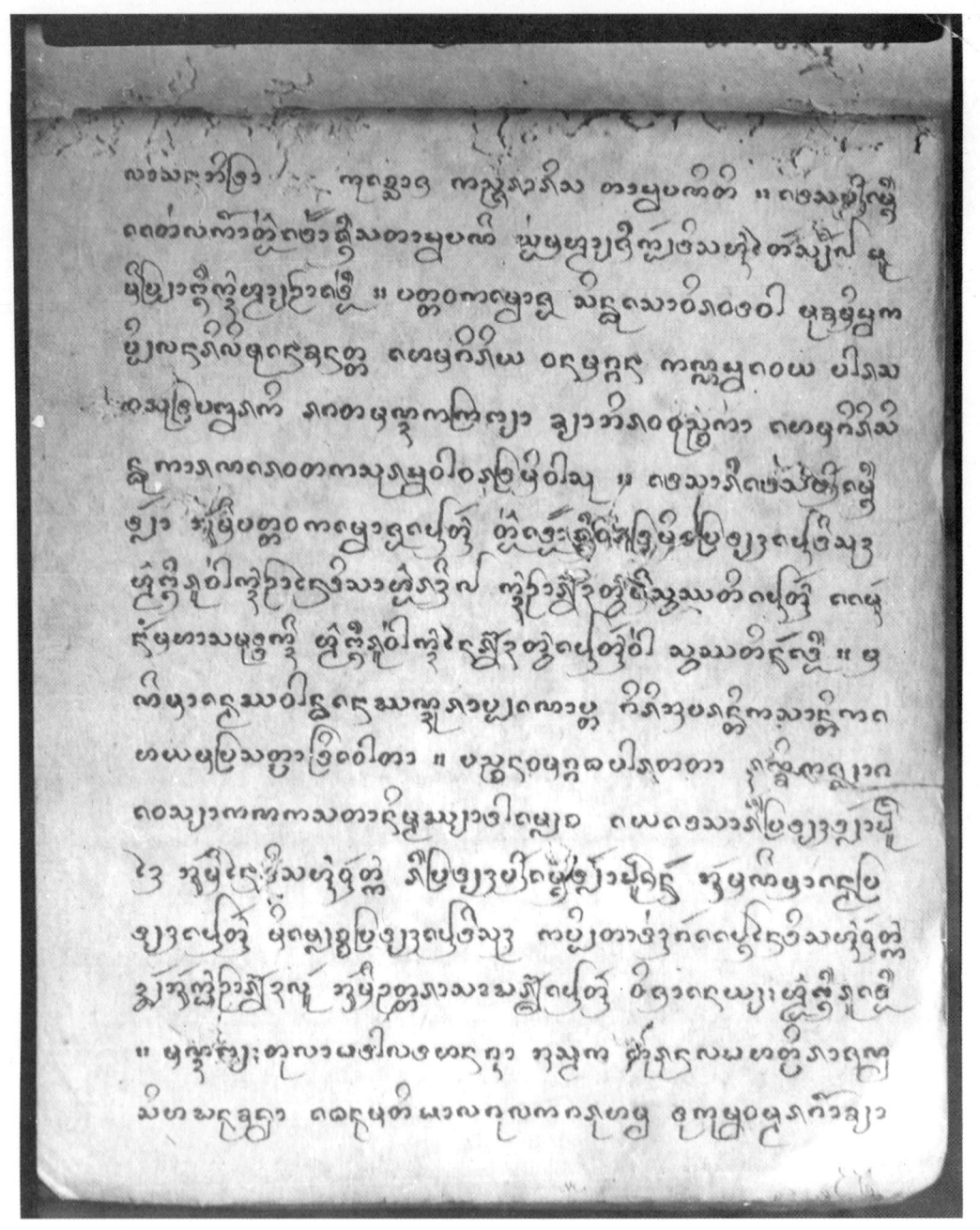

图33 《纳哈答勒》

1册,西双版纳老傣文有关天文分野思想的专著。佚名撰,写作年代不详。根据其语言古奥、纸质陈旧等情况推断,其抄写时间当在百余年以前,成书年代当更久远。内容有关四大部洲与天穹27宿相对的分野学说,以及日月食和人生祸福的演算方法等。对研究傣族的宗教思想和宇宙观念有重要价值。为构皮纸蕨笔手抄本,共180页,页面横宽26.5厘米,高35厘米。封面、封底皆已残缺。现存中国社会科学院民族研究所。

三十四　孟连史书

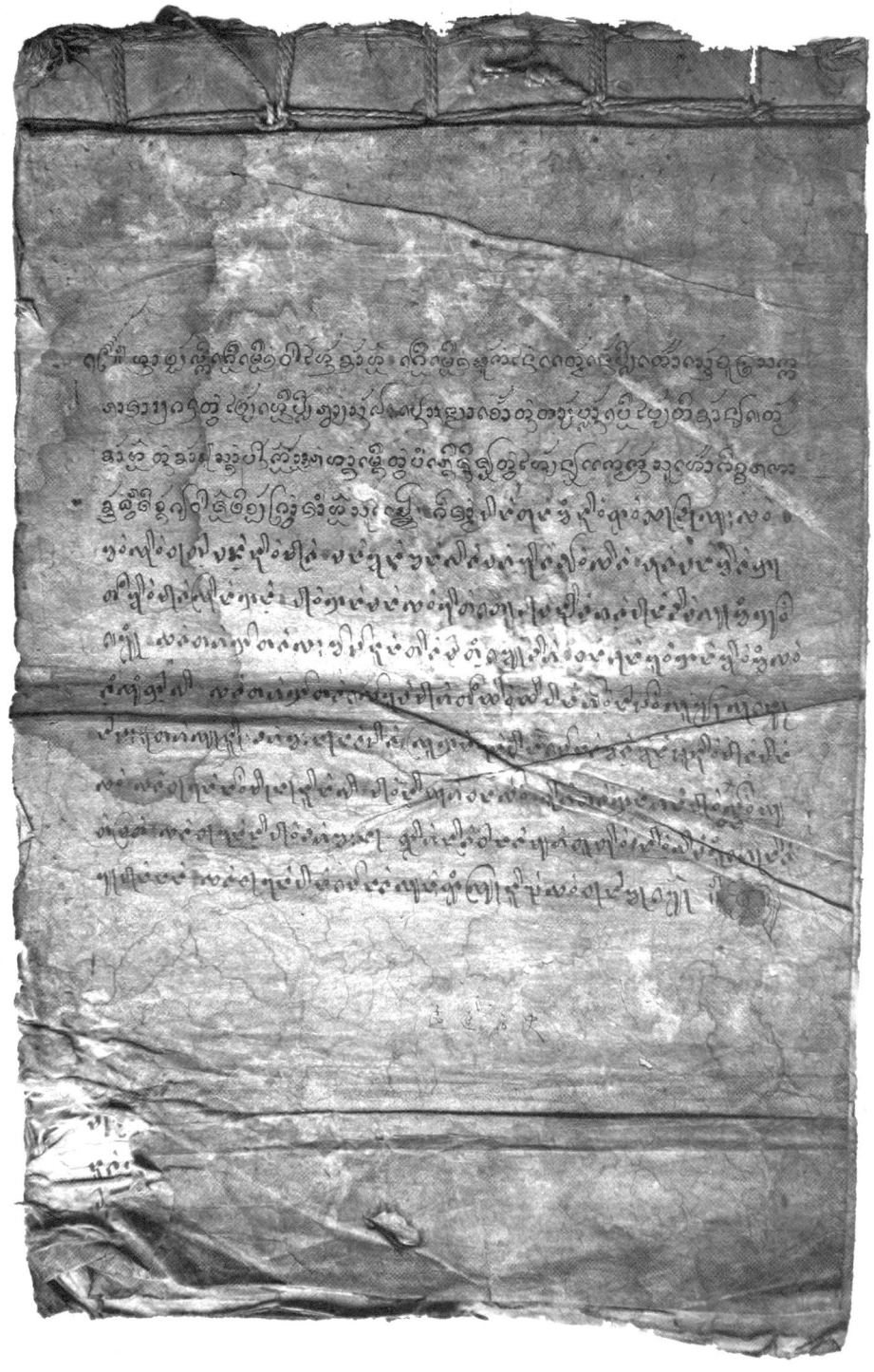

图 34-1　《孟连史书》封面

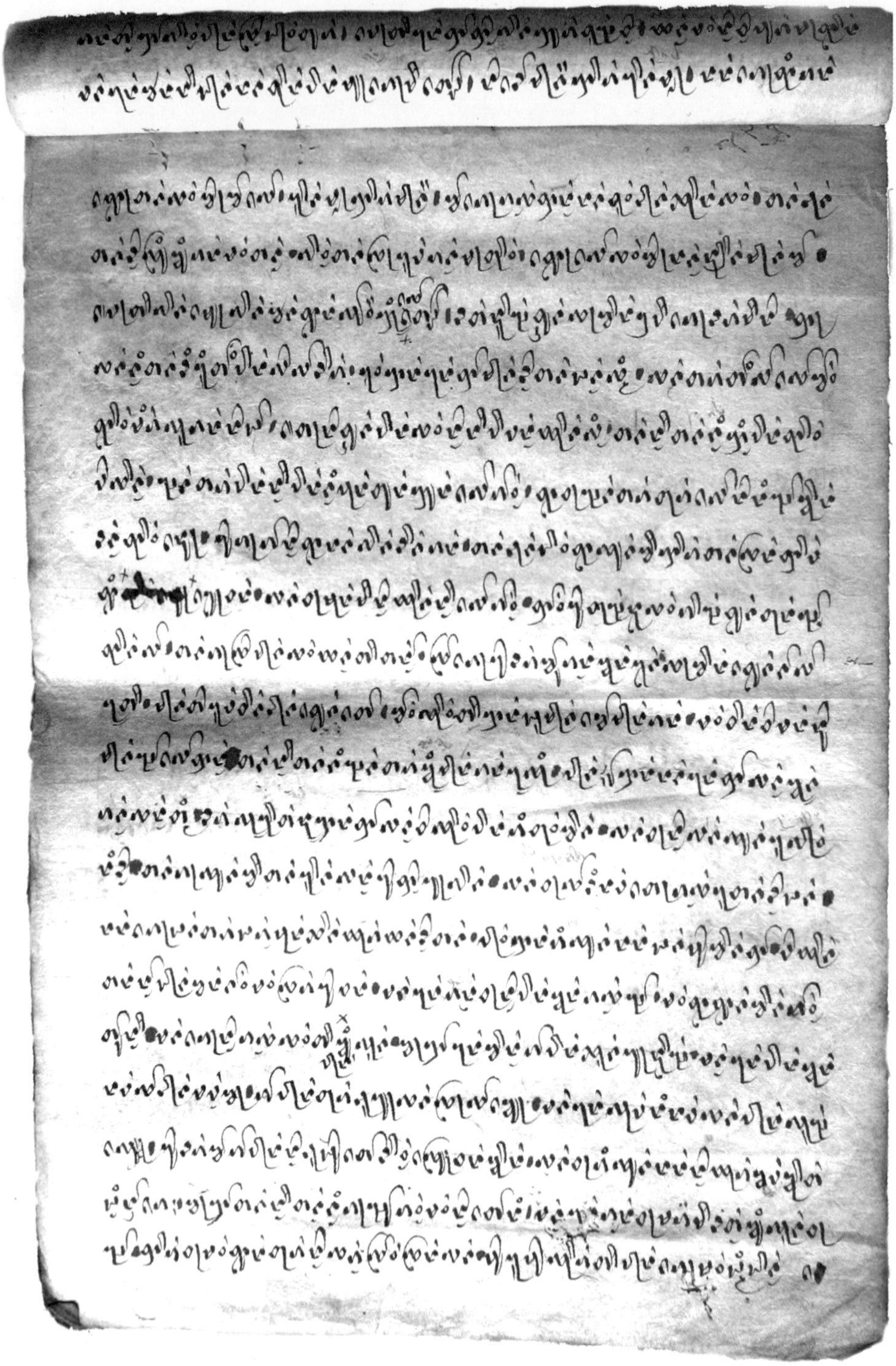

图 34-2 《孟连史书》内文

  1册，封面有西双版纳老傣文和德宏老傣文题名及解说。书高53厘米，宽35厘米，共49张98面，内空3面。全书为德宏老傣文书写，有朱砂断句符号，盖有一印章，印文不清。叙述历代孟连宣抚司土司谱系和地方大事。封面写有傣历1284年（公元1922年）字样。现存中央民族大学。

三十五　白乌鸦

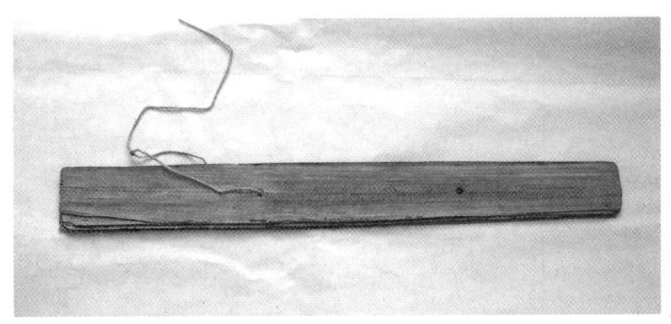

35 图　《白乌鸦》

　　1 册，西双版纳傣文贝叶经。为阐述佛教教义的经典，叙述由一白乌鸦所生的五个蛋变为五佛陀的故事：一个白乌鸦所生五个蛋被水冲到不同的地方，都变成了人，后都成了修道者。有一次五人见面，各叙身世，得知五人皆兄弟。兄弟共同祈祷其母修成天帝与五兄弟见面。后来五兄弟经过一生不懈的修炼，终于得道成为五佛陀。全经贝叶 9 张，18 页，内空 2 页。横宽 41 厘米，高 4.8 厘米。现存中央民族大学。

三十六　德宏傣文多印章史书

图 36　《德宏傣文多印章史书》

　　1 册，记述耿马土司 23 代世系及地方大事的史书。扉页盖有 13 枚傣文和汉文印章，印章字迹不清。封面有西双版纳老傣文，书写年代为傣历 1301 年（公元 1939 年），为历代陆续记录的编年史。现存中央民族大学。

三十七　十世书

图 37　《十世书》

2 册，傣文音译为"达沙西扎"。西双版纳老傣文佛教经典，叙述佛陀十世转生轮回的故事，属经藏小部经中的本生经。为构皮纸蕨笔手抄本。第一册 22 页，第二册 32 页，页面横宽 27 厘米，高 31.5 厘米。1958 年 12 月 5 日收集于西双版纳景洪曼章宰佛寺，现存中国社会科学院民族研究所。

三十八　耿马傣仂文历书

图 38　《耿马傣仂文历书》

耿马傣仂文历书中的历表。表中第 1 行为当年月份，第 2 至 8 行为太阳、火星、水星、木星、金星、土星、罗睺的运行位置。表外为当年节日及其他计算数据。存云南省耿马县。

三十九　涅槃之路

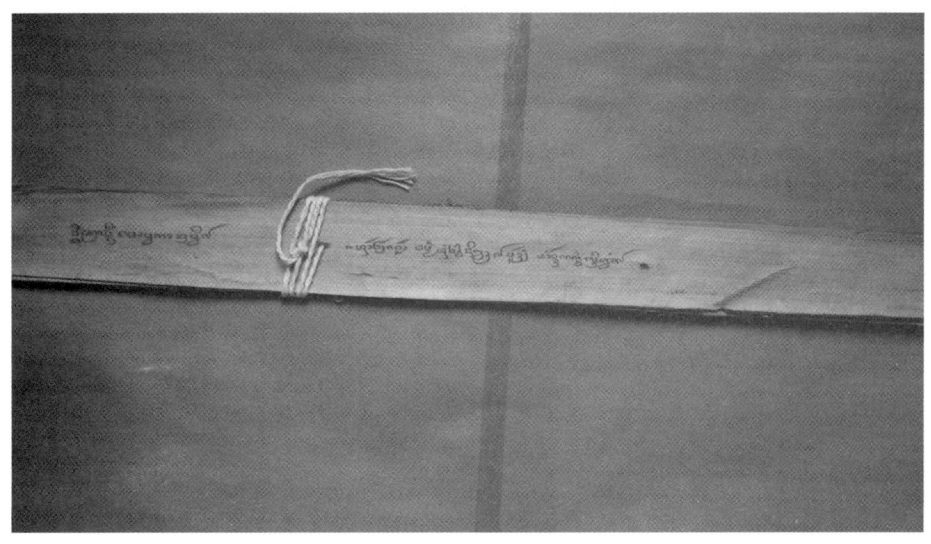

图 39　《涅槃之路》

1 册全，西双版纳傣文贝叶经。叙述布施修行得道的故事。现存中央民族大学民族古籍研究所。

四十　波罗蜜经

图 40－1　《波罗蜜经》首叶

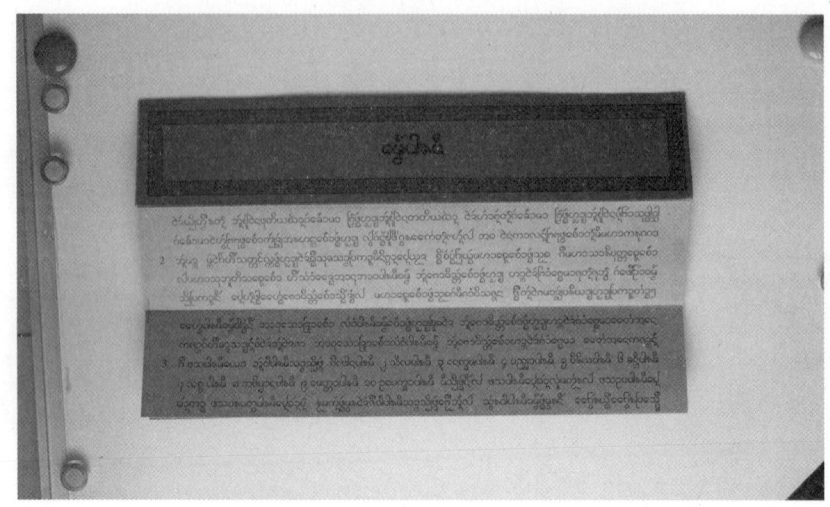

图 40-2 《波罗蜜经》内叶

1 册，西双版纳傣文贝叶经，讲述称谓此岸到达彼岸的途径。现存中央民族大学古籍研究所。

四十一　千瓣莲花

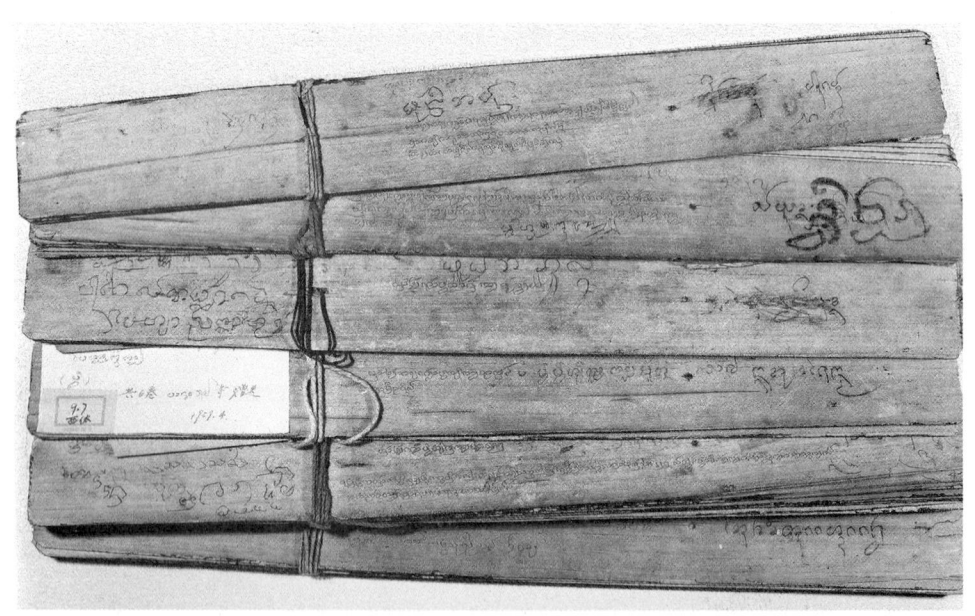

图 41 《千瓣莲花》

6 册，傣文原名"波荒板嘎"。西双版纳傣文贝叶经。内容传自印度佛教故事，叙述勐巴拉纳西国王逼迫穷苦少年贡玛拉寻找千瓣莲花的经过，以及贡玛拉获得七公主的爱情带着千瓣莲花返回勐巴拉纳西，国王猝死，贡玛拉接替王位的故事。有内容相似的叙事长诗传世。对研究佛教经典和傣族文学都有一定价值。全经贝叶 59 张，118 页，内空 9 页。现存中国社会科学院民族研究所。云南省博物馆另有存本。毛星主编《中国少数民族文学》（湖南人民出版社，1983 年）下册第 317—319 页有内容简介。1981 年 1 月云南民族出版社出版刀金祥、刀正南整理的西双版纳新傣文长诗唱本，同年 5 月出版刀保文、刀禹廷编剧，刀保矩整理的《德宏傣文傣戏唱本》，均有收录。

四十二　八万四千卷经文

图42　《八万四千卷经文》

5册，傣文音译"别闷西办罕"。西双版纳傣文佛教经典。解说小乘佛教三藏经典的由来和分类，其中"经藏"五大类两万一千部，"律藏"五大类两万一千部，"论藏"七大类四万两千部，分类严密，细目齐全。是研究小乘三藏经典的主要依据。此经刻工精细，字体清晰，贝叶边涂金粉，十分精致。1958年12月6日收集于西双版纳景洪景岱村佛寺，现存中国社会科学院民族研究所，云南省博物馆另有存本。

四十三　金平傣文书册

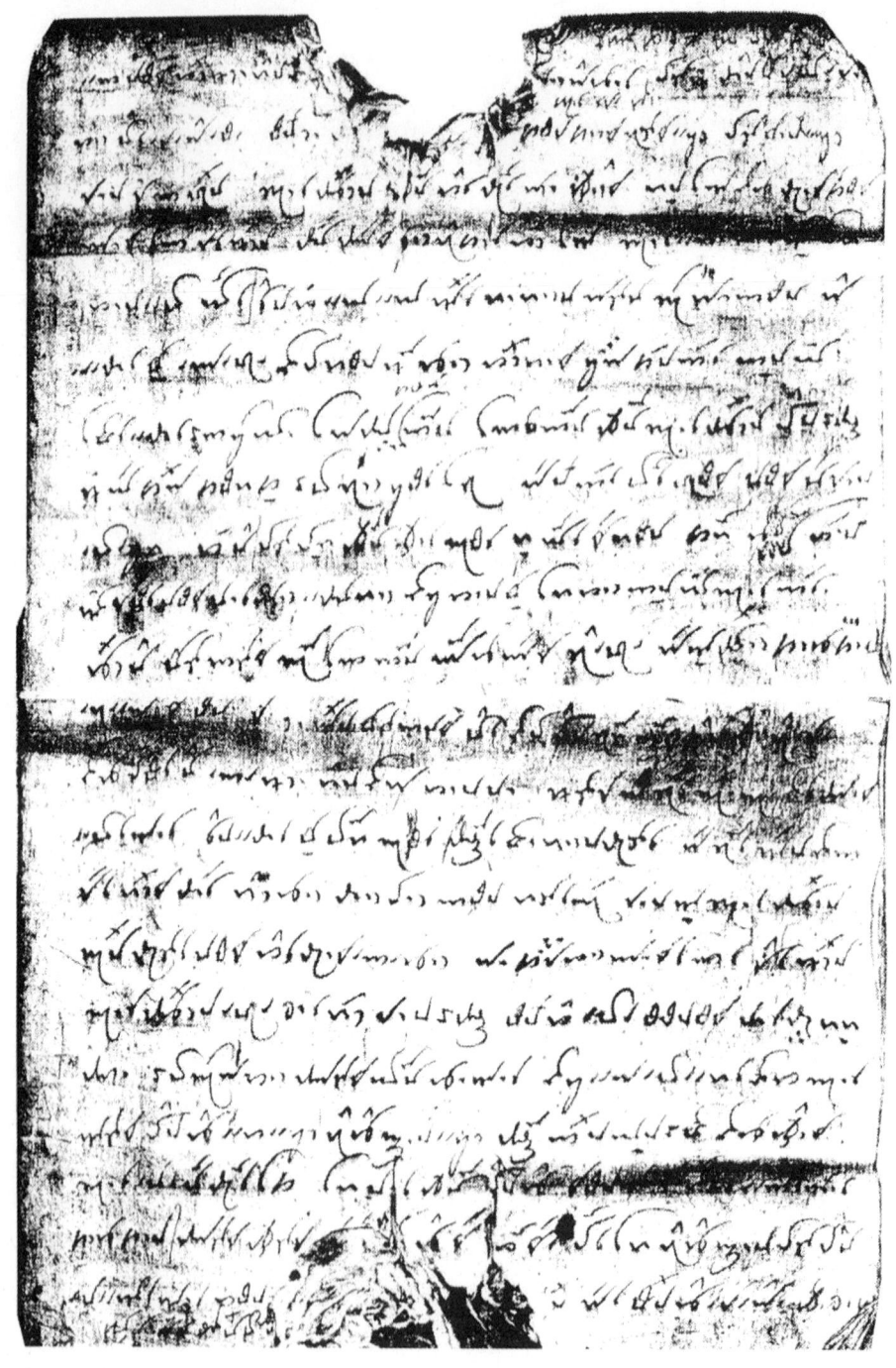

图43　《金平傣文书册》

　　1卷，为目前所见唯一金平傣文书册。金平傣文使用人口很少，在当地保留文献已很难见到。本书册收集于20世纪中叶，现存民族博物馆。本图原刊于中国民族博物馆编印之《文字万象展》，于2007年出版。

四十四　羯磨说

图 44　《羯磨说》

1卷，南传大藏经律藏犍度部经典之一。内容有关封举年满20岁的和尚为比丘，授袈裟给持戒三个月满期的比丘，增减触犯戒律之比丘的罪过及每月月中和月末的祭祀等事宜。本书无具体成书年代，从纸质老化程度看，时间不晚于清代。该书制作工艺特殊，将傣纸剪裁成贝叶经开本状，用牛血蒸泡，晾干后又刷上若干层树胶，最后用金粉（另一版本用银粉）写成。这种制作工艺现已失传，用这种特殊工艺制作的书在西双版纳也仅存此件。今藏云南省西双版纳傣族自治州少数民族研究所。

四十五　游世界记

图 45　《游世界记》

全22册，傣文音译"当难列普罗克"。西双版纳傣文贝叶经。抄刻于傣历1306年（1944年）。叙述佛祖释迦牟尼周游世界的传说故事，其中记述了不少西双版纳等傣族地区的地名来历和风土人情，是傣族有代表性的佛教经典之一。贝叶页面横宽52厘米，高5厘米，共计217张，434页，内空36页。现存中国社会科学院民族研究所。云南省博物馆有两种存本，一种7册，一种18册，皆不全。

四十六　维先达罗本生经

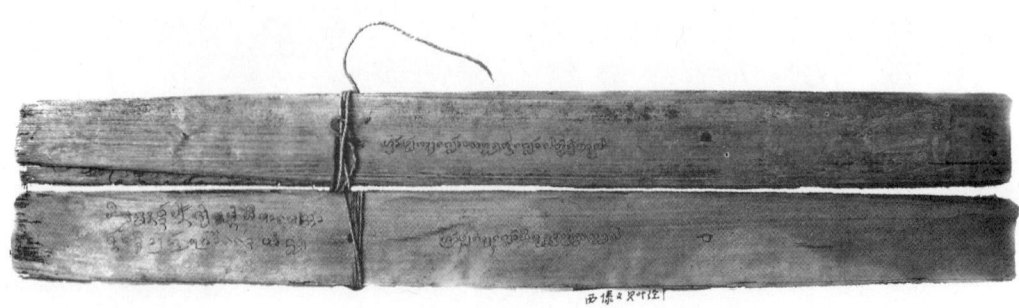

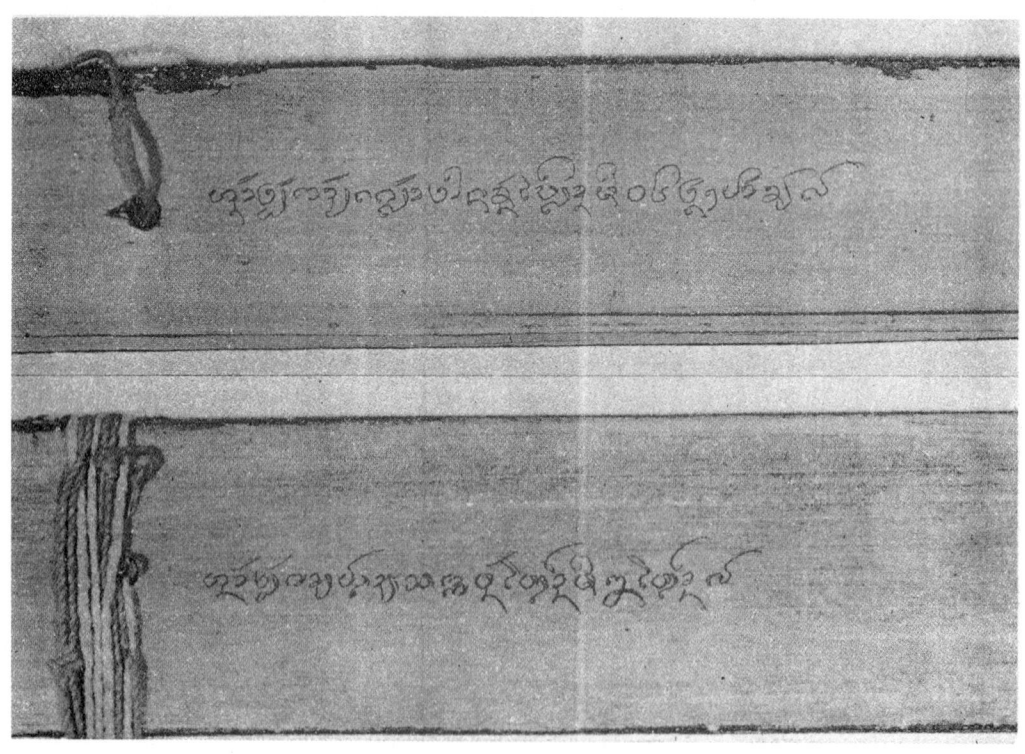

图 46-1~4　《维先达罗本生经》

贝叶经13册，此经讲述释迦牟尼前生当王子修道的故事，是西双版纳流传最广的一部佛教经典。西双版纳州总佛寺有纸版印刷本，流传很广，可作为译注依据。北京民族文化宫藏有精写本，是耿马祜巴1953年送给毛主席的礼品。德宏傣文也有此经写本。

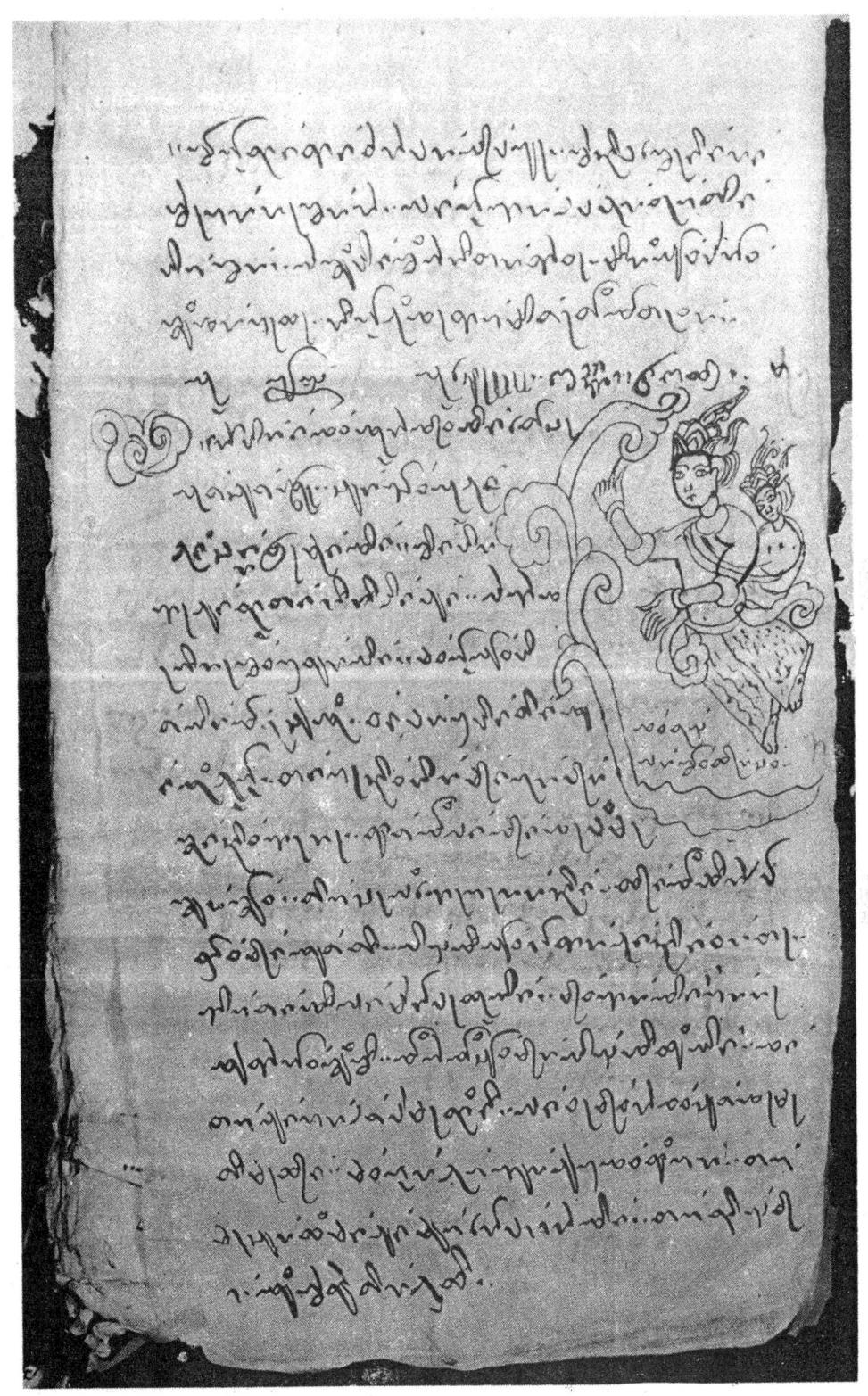

图 45-5　德宏老傣文《维先达罗本生经》写本

四十七 苏定

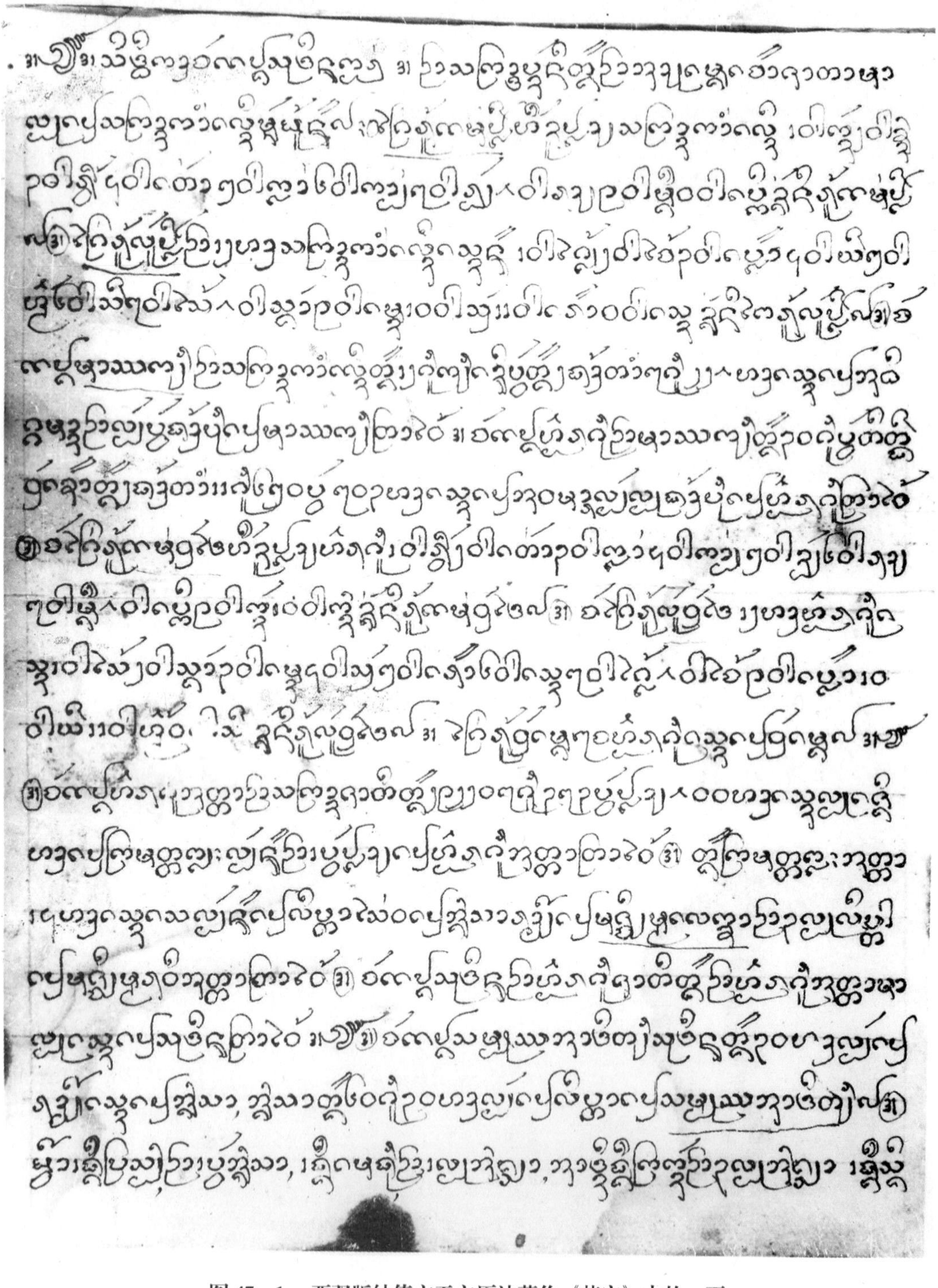

图 47-1 西双版纳傣文天文历法著作《苏定》中的一页

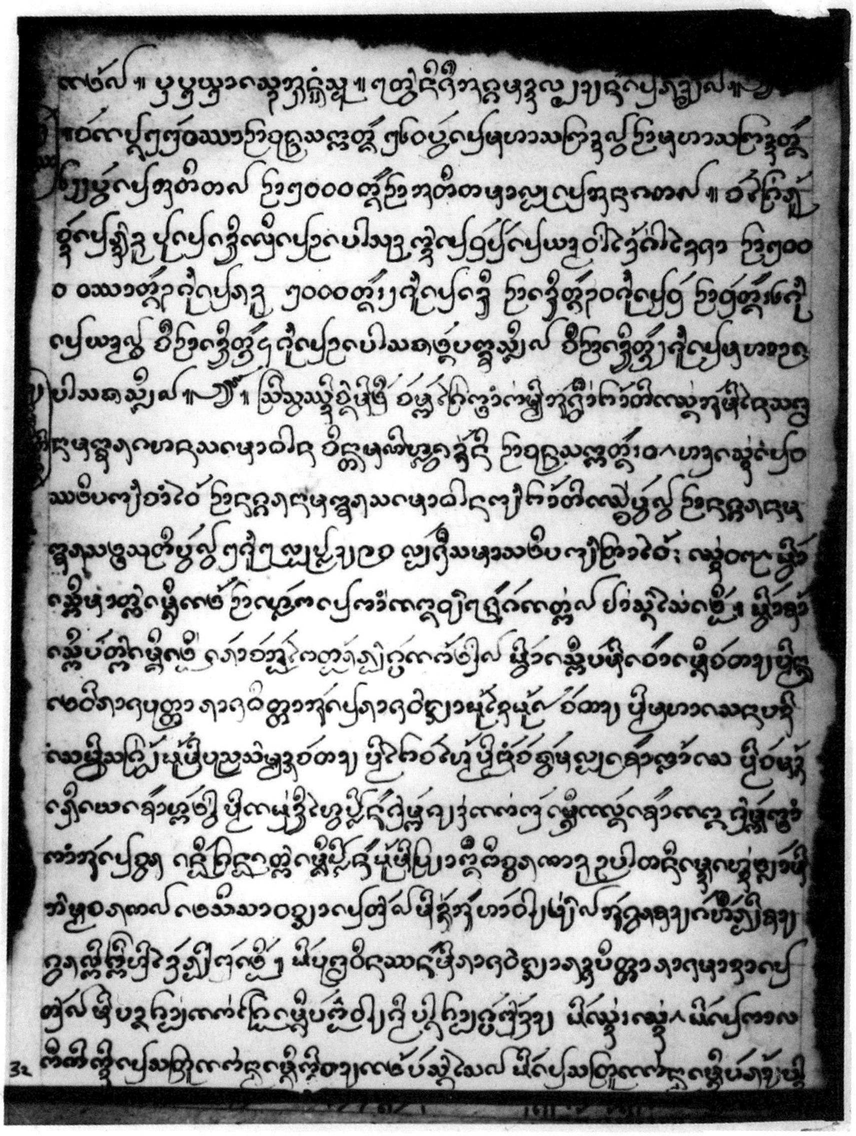

图 47-2　西双版纳傣文天文历法著作《苏定》中的一页

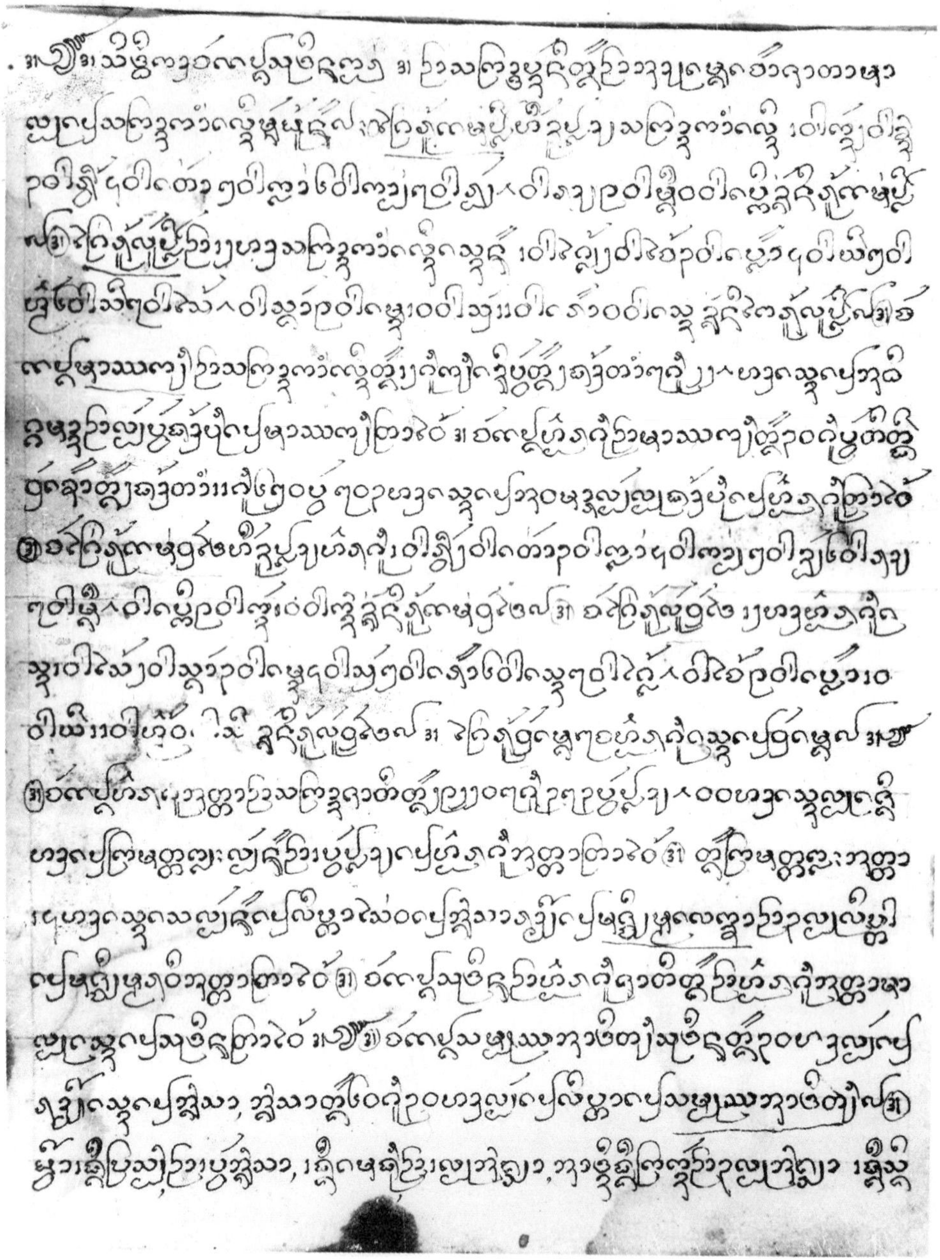

图 47—3 《苏定》中的一页

  傣语音译，原意为"历日"，即"历法意义上的日子"之意。与另一天文历法著作《苏力牙》合订一册。西双版纳傣族天文历法早期著作之一。佚名撰，写作年代不详。根据其计算数据推测，成书年代当在 16 世纪之前。内容包括天干地支纪年纪日的方法及以纪元纪时法推算年、月、日和节日的方法，并有九曜（日、月、火、水、木、金、土、罗睺、格德）在黄道上的运转周期及运转位置的推算法。本书是进行天文历法计算的基础著作，虽有些计算数据比较粗疏，但后来的一些天文历法著作皆以此为依据，在傣族天文学史上有重要地位，有重要科技史价值。为构皮纸手抄本，页面高 35 厘米，宽 27 厘米，共 4 页 62 行。本册 20 世纪 50 年代收集于云南省景洪县（今景洪市），现存中国社会科学院民族研究所，云南省博物馆另有藏本。已由张公瑾汉文译注。张公瑾《傣历中的纪元纪时法》（载张公瑾《傣族文化研究》，云南民族出版社 1988 年版）一文对本书的计算法和计算程序有详细介绍。

四十八　苏力牙

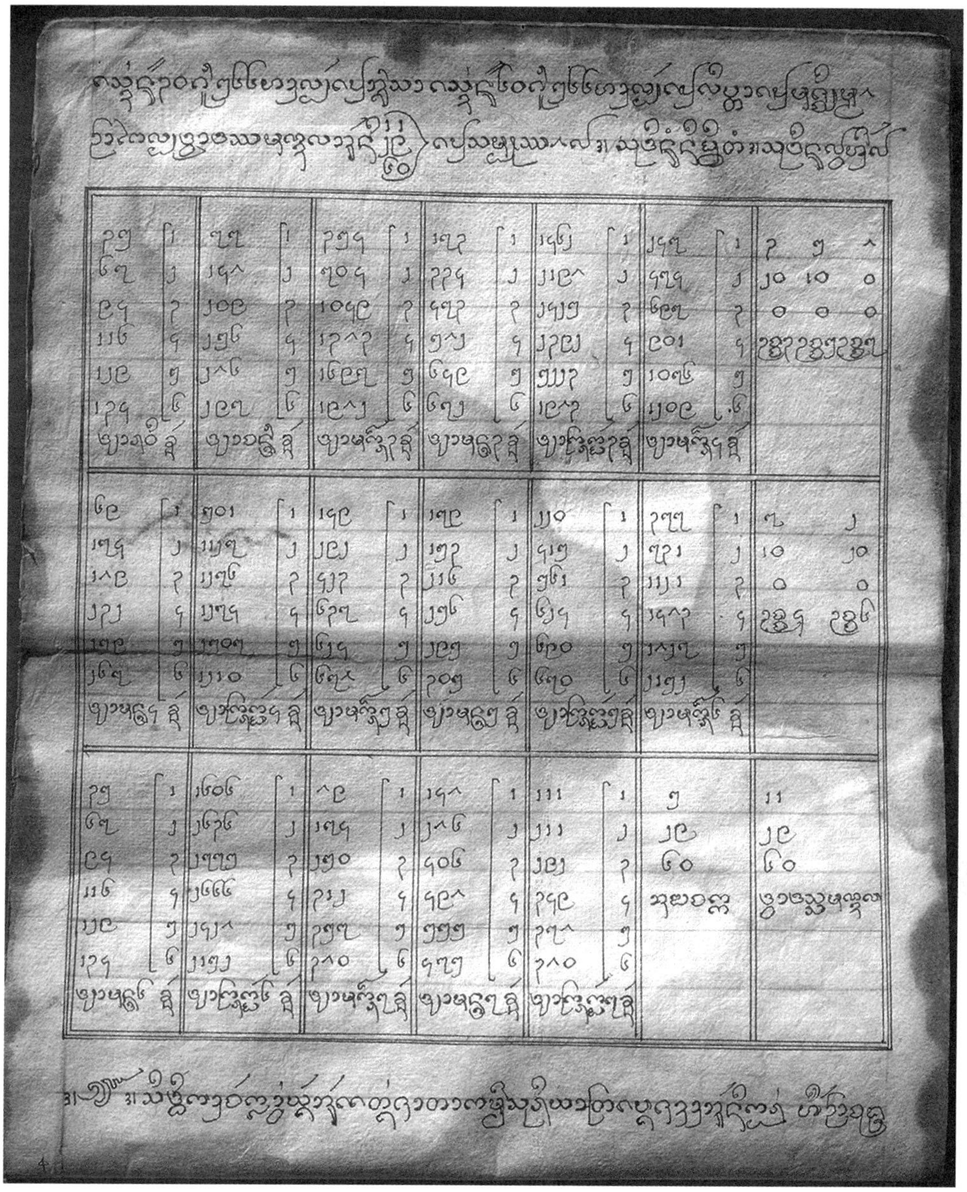

图 48　《苏力牙》中的一页

傣语音译，书名借自梵语，原意为"太阳神"。与另一天文历法著作《苏定》合订一册。西双版纳傣族天文历法专著之一。佚名撰，成书年代不详。内容以对日、月、火、水、木、金、土、罗睺、格德等九曜的运转周期和运转位置的计算为主，并有傣历安排的计算公式及傣历与佛历、塞迦历的换算法。其计算公式比较复杂，计算数据比较精密。后半部有关于星占术的许多内容。为构皮纸手抄本，中等篇幅。在傣族天文学史上有重要地位，有重要科技史价值。本册 50 年代收集于景洪县（今景洪市），现存中国社会科学院民族研究所，云南省博物馆另有藏本。张公瑾、陈久金《傣历研究》（载《中国天文学史文集》第 2 集，科学出版社，1981 年）中对本书有评介。

四十九　百译馆译语

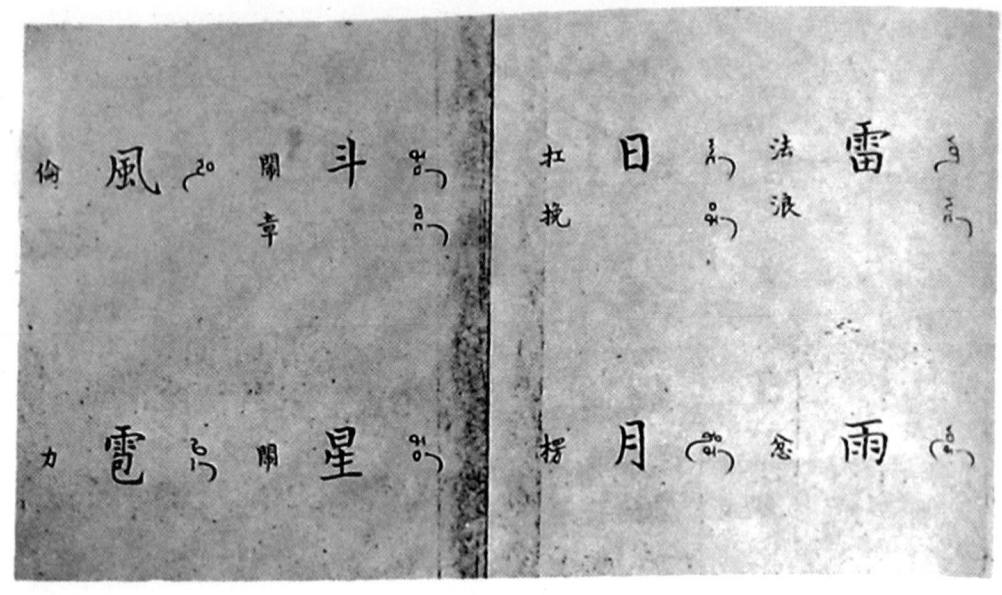

图 49　《百译馆译语》

明代华夷译语之一种，又作《百夷馆译语》。为当时德宏地区傣文。横宽 16 厘米，高 24 厘米，共 193 页，每页 4 字，首页 2 字。此为同文堂抄本，是现存最早的傣文资料之一。中央民族大学存有复印本。

五十　历法星卜要略

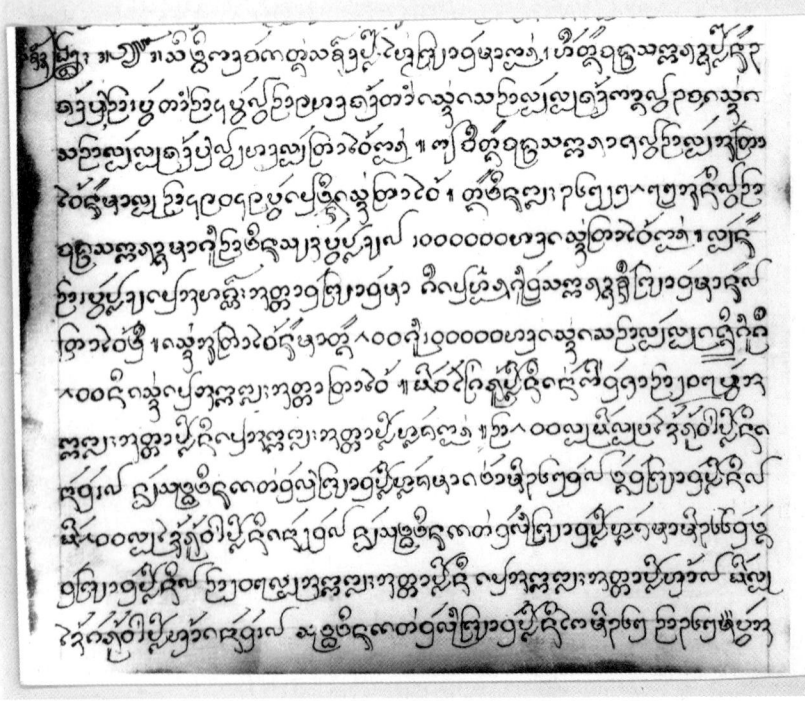

图 50－1　傣文《历法星卜要略》之内文

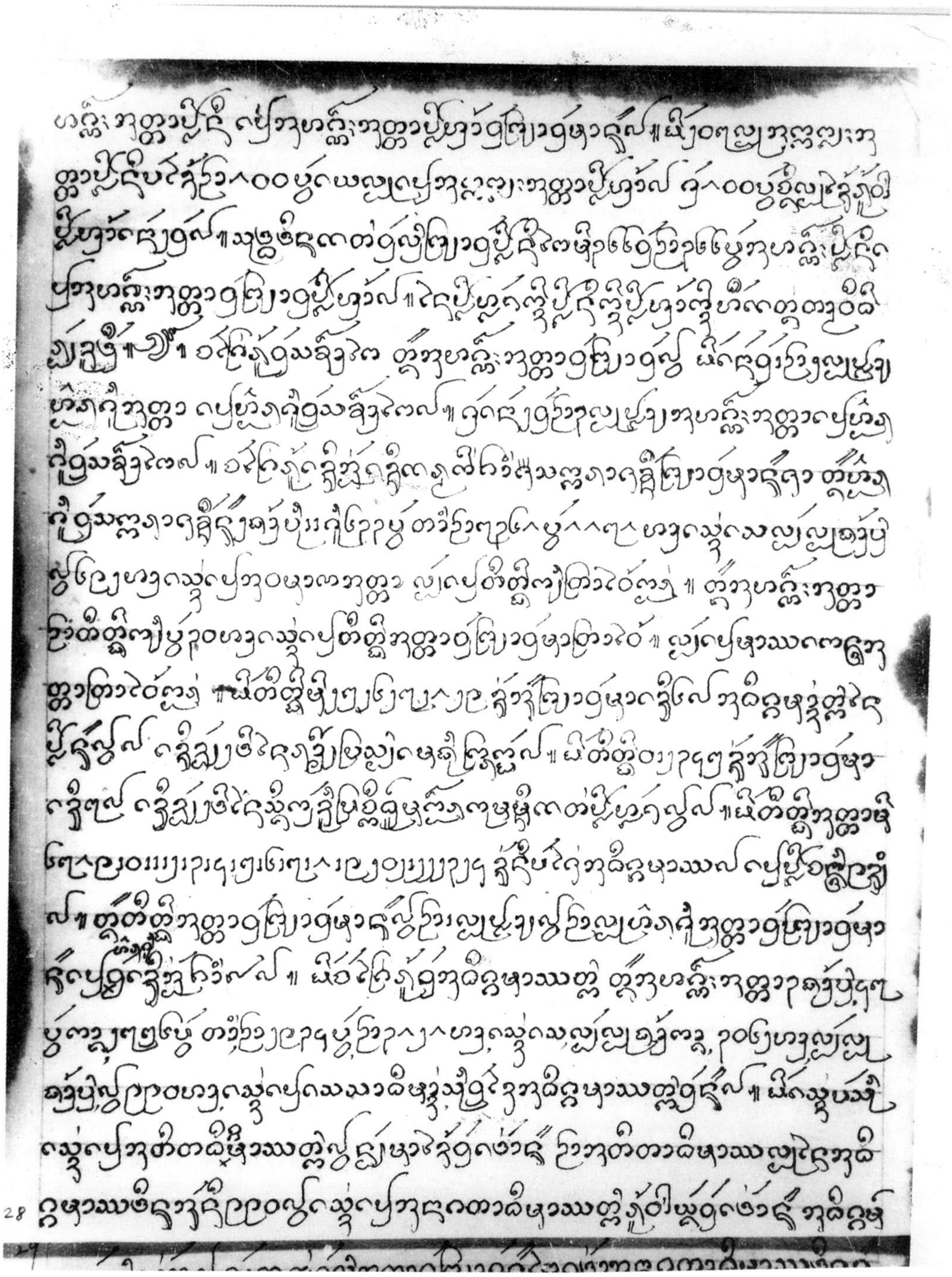

图 50-2　《历法星卜要略》之内文

　　1册，原书无书名，现用书名系根据内容所加。佚名撰，成书年代不详。西双版纳傣文历法专著之一。主要内容为泼水节、关门节、开门节、闰月、大小月的计算和安排方法，并有关于星卜的大量材料，是现行傣历计算的主要依据之一，在傣族天文学史上有重要地位。历法部分已由张公瑾汉文译注。张公瑾《傣历中的纪元纪时法》（载张公瑾《傣族文化研究》，云南民族出版社1988年版）一文对本书的计算法和计算程序有详细介绍。

第七章

古籍珍品释读

一 十愿经（傣仂文）

附：瓦巴姐寺印本《维先达罗本生经》第一卷《十愿经》第一节傣文原文

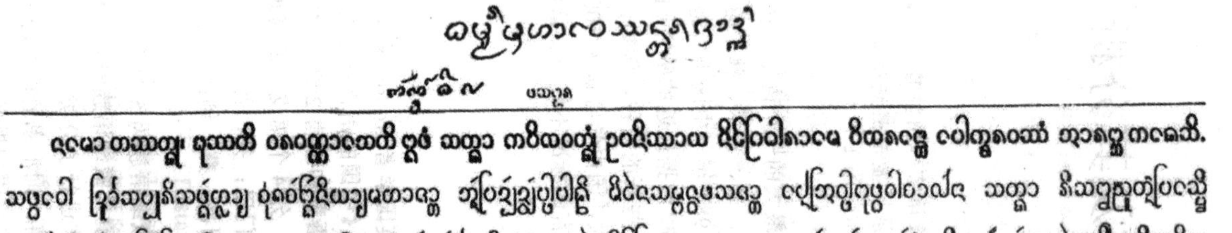

图1-1 《十愿经》

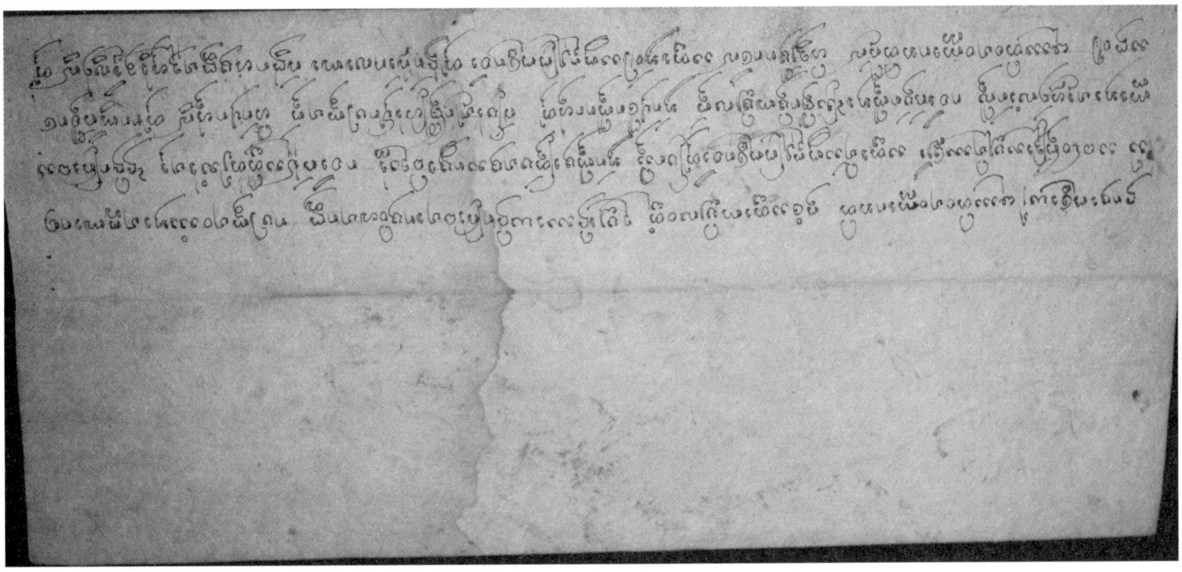

图1-2 《十愿经》手写本（1）

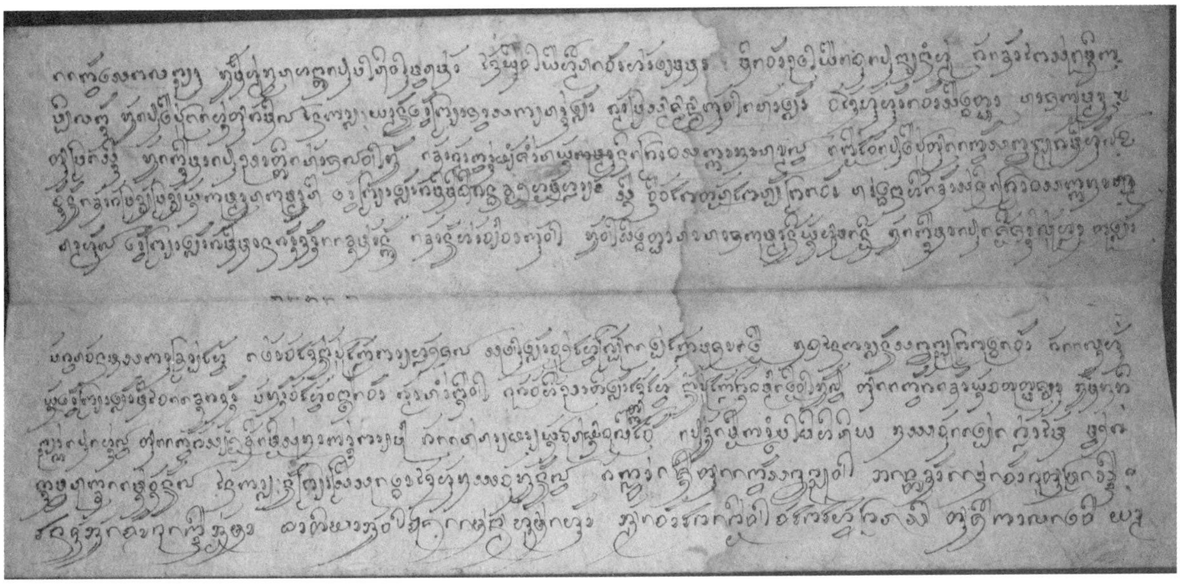

图1-3 《十愿经》手写本（2）

$$tham^2\ ma^2\ haa^1\quad ve^2\ sen^1\ ta^1\ ra^4\quad tsaa^2\ dok^7$$
经典　　大　　　维先达拉　　　本生经

$$kan^1\ thi^2\ nuii^1\ taa^4\ sa^1\quad pon^2$$
卷　第　一　　十　　愿（经）

$$naa^4\ mo^2\ ta^1\ sa^1\ tu^1\ ?u^1\ sa^1\ tin\ va^4\ ra^4\ van^2\ naa^4\ phe^2\ ti^1\ ?i^1\ tan^2\ sat^7\ thaa^1\ ka^1\ bi^1\ laa^4\ vaa^4$$
南无　达　沙都　　快乐　　福利　　　赞叹　　信仰　　　迦比罗伐

$$thu^1\ ?u^1\ ba^1\ ni^6\ saa^1\ ja^6\ ni^6\ xo^2\ thaa^2\ me^2\ vi^6\ ha^1\ ran^2\ to^1\ bo^1\ xa^1\ raa^4\ vaa^4\ san^1\quad ?aa^1\ rap^8\ pha^4$$
堵　根基　　天性　　尼拘卢陀园　　　住者　　只　荷花　雨　　　保护

$$ka^1\ the^1\ si^1\ sat^7\ thaa^4\ vo^2\ du^2\ raa^4\ 。\ sa^1\ bu^1\ ri^4\ sa^1\ tan^2\ laai^1\ tsun^5\ tsak^7\ fan^2\ ni^6\ jaai^2\ maa^4\ haa^1$$

通过	信解脱者	语气词。	善士	大家	务必要	听	故事	大	
tsaat⁸	ʔan² pha¹ dap⁷ doi³	baat⁹	baa¹ li²	mi² nai²	sam¹ pan¹	tha⁶	taa⁴ sa¹	tsaat⁸ pin¹	ʔo¹ vaat⁸
辈	的 装饰	韵语	巴利	有 内	关系	十	世	是	教言
put⁸ tha⁶	vaa⁶ tsaa¹ lɛ⁶	naa² sat⁷ thaa¹	ʔan² vaa⁶	sa¹ pan² ju⁴	tun¹	pha¹ sɤt	tun¹	ʔan²	dai³
佛陀	说 完了	呢。信仰	即	佛陀 尊	伟大	尊	的	得	
kɤt⁹ ma² tɛt⁷	pha¹ jaa¹ thuɯŋ	ba¹ ram² maa²	sam¹ pho² thi⁶ jaan²。	tsau³	kɔ⁴	ju⁵ sat⁷ ti¹	sam⁵		
生来 决断	智慧	来到 至尊的	成正觉。	召	就	在	觉悟		
raa² ja⁶ nai²	ni⁶ xo² tha⁶	saa¹ ka¹ ja⁶	ʔaa¹ raam² laŋ²	ʔan² ŋaam²	lam⁴ lɤt⁸	tsau³	kɔ⁴	ʔaa¹ sai¹	
悟性 内	拘卢陀园	一切 僧院	背后 的	美丽	优秀	召	就	居留	
suɯŋ² mɤŋ²	ka¹ bi¹ laa⁴ thu¹ bu¹ rii²	ʔan² pin¹	ti⁶ kɤt⁹	hɛŋ⁵。	tun¹	tsau³	kɔ⁴	phaa¹ rum² suɯŋ²	
寄宿	勐迦比罗伐堵 城市	那 是	地方 出生	处	尊	主人	就	飘零	
haa⁵ fun¹	bo¹ xa¹ ra⁶	pat⁸ huɯ³	pin¹ het⁹ lɛu⁴,	tun¹ kɛu³	tsiŋ⁵ te² sa¹	naa² pin¹	baat⁹	tun³	
阵雨	荷花	吹打 给	是 原委了,	贵人	才 讲道	是 韵语	根本		
kaa² thaa¹	vaa⁶ tu¹ sa¹ ti¹	vaa⁴ raa⁴ van²	naa² phe² ti¹	ni⁶ lɛ⁶,	hi¹ doi³	mi² tɛ⁴ lɛ⁶。	sat⁷ thaa¹		
偈语 说	快乐	福利	赞叹	呢 了,	关于	有 真正了	信仰		
ʔan² vaa⁶	sa¹ pan² ju⁴	pha⁶ pu² tha⁶	tsau³ tun¹	bot⁷	ʔau¹ kun² lɛ⁶。	teu² va daa¹	taŋ² laai¹		
就是说	佛陀	佛主	尊	修道	取 功德了。	神仙	大家		
kan² vaa⁶	he¹ man² ta¹ ra⁴	du² naau¹	xaam³ loŋ⁶	pun² pai¹ lɛu⁴。	pha⁶ tun¹ kɛu³	taa⁴ sa¹			
如果	冬季	季节 冷	度过	过去了。	佛主 贵人	十			
pa⁶ lan² jaan²	ʔan² mi² mu⁵	xi¹ naa² saa¹	vaa⁴ ka¹	tsaat⁸	ʔa¹ ra⁶ han¹	ta¹ haak⁹ pin¹	ba¹ ri⁶		
力尊	的 有 群	灭 弟子	世	罗汉	就	是			
vaan² laai¹	mon² maak⁹ nap⁸	vaa⁶ dai³ jip⁶	muɯn⁵ haak⁹	teu² maa²	mi² tsau³	u¹ taa⁴ ji²			
侍卫	多 多 多	算是 得 拿	万 就	走 来	有 召	邬陀夷			
then² haak⁹ pin¹	naai² nam² mu⁵	tsau³ kɔ xau³	pai¹ su⁵	mɤŋ² ka¹ bi¹ laa⁴	va⁶ thu¹	ʔan² pin¹			
长老 就 是	首领 群	召 就 进去	找 勐	迦比罗伐堵		的 是			
ti⁶ ju⁵ hɛŋ⁵	tun¹ kɔ⁴ mi²	lɛa¹ tha¹ nai²。	kaa¹ la⁶	nan⁴ taau⁴	pha² jaa¹	sak⁷ ja⁶	raa² tsa⁶	ʔan²	
处在 的 尊	就 有 了	内容 时候	那	官员	国王	能干 大王	的		
mi² tsɤ⁴ tsaak⁸	maa² na⁶ ka¹ daaŋ¹	xɛŋ² xau¹	kɔ⁴ ma²	sau² fɛŋ¹	nai²	roŋ² loŋ²	sa¹ naam¹		
有 血统 毅力	坚硬 坚强,	他们 就	来 休息	守望 里	院子	大	议事机构		
raa² tsa⁶ xau¹	kɔ⁴ ma² ʔo¹	kaat⁹ pha¹	sum² tsum² num²	kan¹ vaa⁶	hau² tsak⁷	dai¹ han¹ jaŋ²			
大 他们	就 来	聚会	聚集 聚会	互相 说	我们 要	得 见 及			
tsau³ raa² tsa⁶	kum¹ maan²	tun¹ pha⁶ sɤt⁵	ʔan² kɤt⁵	ma² pin¹	ʔaa² ti¹	hɛŋ² hau² tsa⁶ lɛ⁶。			
召 大	王子	尊 伟大 的	出生 来	是	亲戚	的 我们 呢了。			
vaa⁶ an² lɛu⁴	xau¹ kɔ⁴ maa²	pheu¹ tsam²	ra⁶ jaŋ²	ni⁶ xo² tha⁶	ʔaa¹ raam² di¹ lɛu⁴,	pɤ⁶			
说 这样了	他们 就 来	收拾	实验	语气词 于	尼勾卢陀园 好 了,	因为			
vai⁴ huɯ³ pin¹	ti⁶ ju tun¹	kɛu³ sa¹ pan² ju⁴	kɔ 4 mi² lɛ⁶。	thɛt⁷ nan¹	xau¹	kɔ⁴ maa²	pha¹		
留 给 是	处 在 贵人	佛陀	就 有了。	再则	他们	就 来	装		
dap⁷ pha¹ daa¹ jaŋ²	kum¹ maa² ra²	kum¹ maa² ri² kuɯ²	luk⁶ taau⁴	pha¹ jaa¹	taŋ² laai¹	huɯ³ mi²			
饰 布置 于	王子	公主 即 子女	官家	国王	大家	给 有			
muɯ² thu¹ kan² thaa⁴	xɔŋ¹ hɔm¹ laai¹	siŋ⁵ tsiŋ⁵	ʔau¹ kan¹ pai¹	tɔn³ pai¹	rap⁸ jaŋ²	pha⁶ pu²			

手　　拿　　花束　　香物　　多种　　才　取　相伴去迎接　去迎接　于 佛
tha⁶ tsau³ ʔo¹ kaat⁹ raa² tha⁶ naa² hɯ³ xau¹ maa² su⁵ ʔan² pin¹ ti⁶ ju⁵ ni⁶ xo² tha⁶ ʔaa¹ raam²
陀，　恭请　恭请　给　他们　来　找　那是　处在　尼勾卢陀园　僧院
han³ lɛ⁶ mɤ⁶ nan⁶ tau⁴ pha¹ jaa² taŋ² laai¹ xau¹ kɔ⁴ mi² maa² na⁶ ka¹ daaŋ⁵ xɛŋ¹ maak⁶
那了。那时　官员　国王　大家　他们　就　有　毅力　坚硬　坚强　很
xau¹ nan⁶ haak⁹ tsen¹ tsaa¹ kan¹ vaa² ʔan² tsau³ si¹ tha⁶ ta¹ raa¹ tsa⁶ kum¹ maan² tun¹ ni⁶
他们那　就　谈论互相　说那召　悉达多　大王　　王子　尊　这
naa² jaŋ² num⁵ nɤ⁴ haak⁹ pin¹ tsɤ⁴ tsaat⁸ luk⁸ laan¹ tu¹ daai¹ bau⁵ kon² na⁶ ma² sa¹ kaan¹
呀　还年轻啊　就是　血统　子孙　我们的　呀不　该　致敬
xaap⁹ vai³ xop⁷ tɛp⁸ tai¹ bu¹ tsaa² tɤ⁴ va² ʔan³ ʔa¹ tha¹ nai¹ kaa¹ la⁶ nan⁶ pha⁶ sa¹ pan¹ ju⁴ kɔ⁴
跪拜　匍匐在地　贡献　吧　如是说　本质　年代　那　佛陀　在　就
lɛŋ² du¹ han¹ taau¹ pha¹ jaa² taŋ² laai¹ mi² tsit⁷ tsai¹ phaai¹ maa² na⁶ ka¹ daaŋ⁵ bau⁵ ʔaaŋ³
观察　见　官员　国王　大家　有　心思　灵敏　毅力　坚硬　不　盼望
vai³ van² taa² tsau³ tsiŋ⁸ maa² ram⁶ pɯŋ² vaa⁶ tsak⁷ hɯ² jaa² ti¹ kaa¹ taŋ² lai¹ nop⁸ vai³
拜　致敬。召　才　来　沉思　说　要　给　亲戚　大家　恭敬　跪
naŋ⁶ ju⁵ kai¹ faŋ² tham² bat⁷ ni⁶ tɤ⁴ vaa⁶ ʔan³ lɛu⁴ tun¹ kɛu³ xau¹ tsa¹ tu¹ ha¹ saan¹。ʔan²
坐在　近听　经　现在　吧　说　这样了　贵人　他们　第四　禅定。这
mi² ʔa¹ phin² jaan² pin¹ het⁹ lɛu⁴ tun¹ kɛu³ kɔ⁴ sa¹ ŋaŋ³ xɯn³ ʔa¹ kaat⁹ paai¹ bun¹ kɔ⁴ re²
样　神灵　是原委了。贵　人　就　腾空　上　天空　上　方　就
run² pha¹ phaai¹ jaŋ² fun¹ phuŋ¹ thu⁶ ri⁶ ʔan¹ tit⁷ pɯn⁴ tin¹ hɛŋ⁵ tun¹ tok⁷ luŋ² maa²
　急速　摇摆着　还雨　粉末　尘埃　那　粘　底　脚　的　他　落　下　来
tsai³ tsai³。
不断地。

音标表（西双版纳）
辅音：k x ŋ ts s j t th n p ph m f v l h d b kv xv
元音：a aa i u e ɛ ɔ o ɯ ɤ
尾音：-i -u -ŋ -n -m -k -t -p
注：元音前的ʔ为书写方便一概省略。
调类与调值对照表

调类：	1	2	3	4	5	6	7	8	9
调值：	55	51	13	11	35	33	55	33	35

注释：

1. ve² sɛn¹ ta¹ ra⁴ tsaa² dok⁷：《维先达拉本生经》，主要讲述释迦牟尼成佛前的各种遭遇，借以说明佛是一位深知人间疾苦、具有渊博知识和高尚思想的圣贤，从而启迪人们对佛的信仰。此经汉文名为《太子须达挐经》，见于《大正新修大藏经》第三册第171号，全文8 000余字，是这部经的大意缩写。西双版纳傣文有详简不同的几种本子，但内容都比汉文详细丰满。此经在西双版纳流传甚广，影响很大，每一个佛寺都有数十部手抄藏本。本节选自《维先达拉本生经》第一卷《十愿经》的第一节，即《维先达拉本生经》开头部分。

2. 小乘佛教经典中有大量的巴利语借词，有些是音译专有名词，如 $ka^1bi^1laa^4vaa^4thu^1$（迦比罗卫城），$ni^6xo^2thaa^2me^2$（尼拘卢院）；有些是佛教词语，如 $sa^1pan^2ju^4$，$pha^6pu^2tha^6$，put^8tha^6；还有许多是一般词语，这部分有许多已经进入傣语日常词汇中，如 ra^6du^2（季节），$teu^2va^6daa^1$（神仙）。

3. $ka^1bi^1laa^4vaa^4thu^1$（迦比罗卫城）：印度古地名，传说为悉达多出生地。

4. $ni^6xo^2thaa^2me^2$（尼拘卢院）：相传为佛主传播佛教的场所。

5. $ve^2sɛn^1ta^1ra^4$（维先达拉）：释迦牟尼前生名。

6. $sa^1pan^2ju^4$，$pha^6pu^2tha^6tsau^3$，put^8tha^6：三个词都是巴利语对佛主的称呼。

7. $maa^4haa^1tsaat^8$：《者陀迦诞生经》，是《维先达拉本生经》一个组成部分，主要讲述佛祖前生的各种事迹。

8. $si^1tha^6ta^1$：即乔达摩·悉达多，佛主释迦牟尼之名。

意译：

大本维先达拉本生经
第一卷《十愿经》

南无达沙都，洪福赞美，迦比罗卫国，迎着荷花雨通过的尼拘卢陀院（榕树园）住者的根基。

贤人善士，信徒，倾听用巴利语韵文所叙述的大世故事，即"者陀迦诞生谈"（本生经），绵延十世事，也就是佛陀的教说。相信佛陀生来至尊伟大，有高尚的智慧，终成正觉。佛陀他在优美的僧院里觉悟，他居住在迦比罗卫城，那是他出生的地方。他在潺潺阵雨吹打莲花时，用韵语讲道，还诵出偈语，说赞美快乐和幸福，那是真实无误的。佛主修道的功德，成为经典，为人们所信仰。众神仙们，那是寒冷的冬季度过去了，尊贵的佛主，十力尊，罗汉，众弟子，有邹陀夷长老为首，有如无数的沙砾，侍卫着佛主走来。来到佛主所出的勐迦比罗卫城。当时，那些有高贵血统、意志坚强的国王和官员们，他们也来到大广场的大院子里守望。他们在天空下聚集起来，互相称道，说咱们要见到伟大的王子，他是我们意志的表达。之后，他们就收拾打扫好榕树园的僧院，就留做佛主的住处了。再则，他们就来修饰打扮王公贵族的子女，手握鲜花香物，去迎接从天而降的佛陀，到榕树园僧院里来。那时，王公贵族志坚气傲，他们互相谈论说：这位年轻的悉达多王子是我们的后辈血亲，我们不该匍匐在地向他敬拜供奉。那时，佛陀观察到王公贵族志坚气傲，不想跪拜。佛主想：要使他们敬拜，现在就让他们坐在近旁听我讲经吧！佛主就进入禅定。这时，佛主超凡的灵性立刻腾空而上，在天空中急速摇摆，脚底下的尘埃粉末如雨点不停地洒落下来。

二 虎死虎睡（傣仂文）

图 2—1 《虎死虎睡》贝叶本

第七章 古籍珍品释读 865

图 2—2 《虎死虎睡》贝叶本

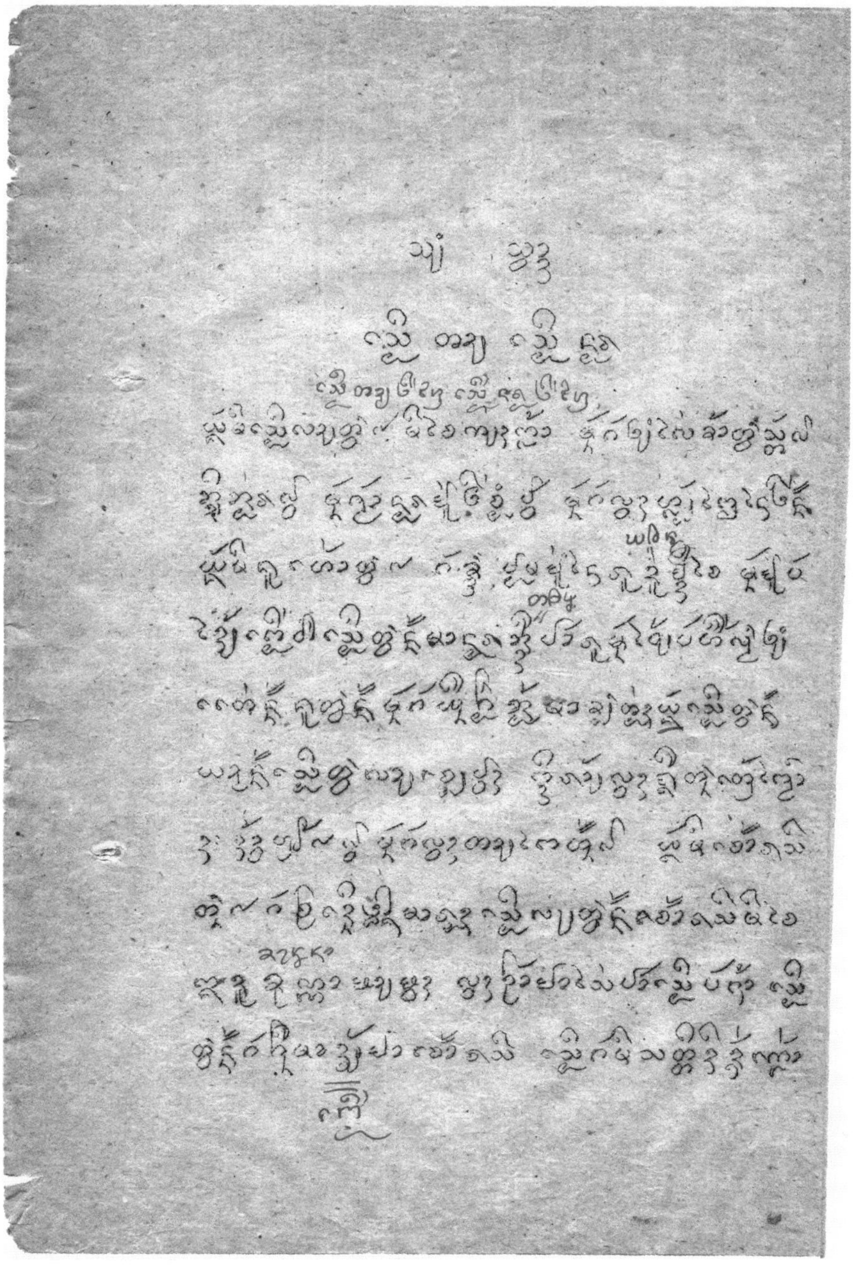

图 2—3 《虎死虎睡》20 世纪 50 年代缩写本

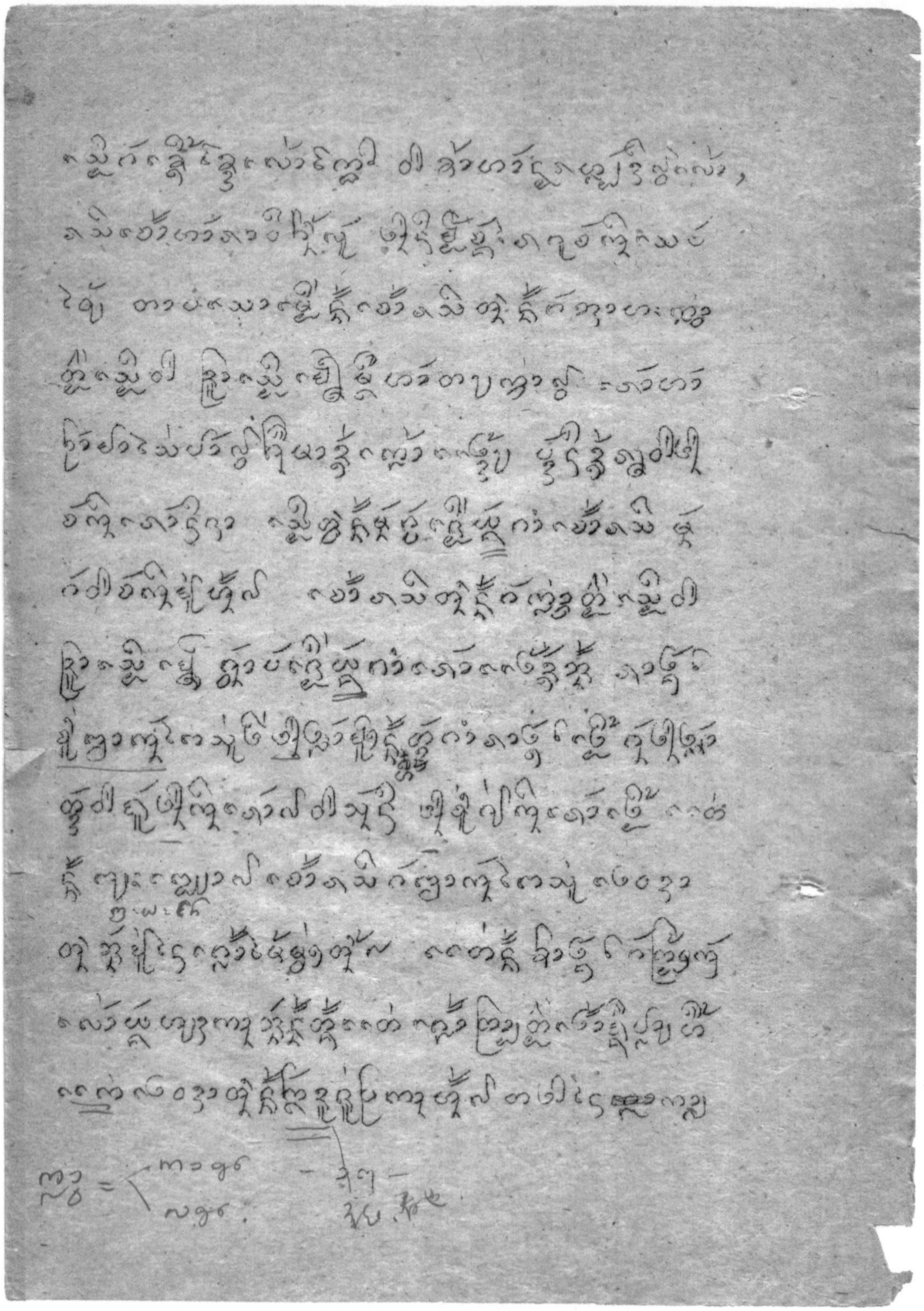

图 2—4 《虎死虎睡》20 世纪 50 年代缩写本

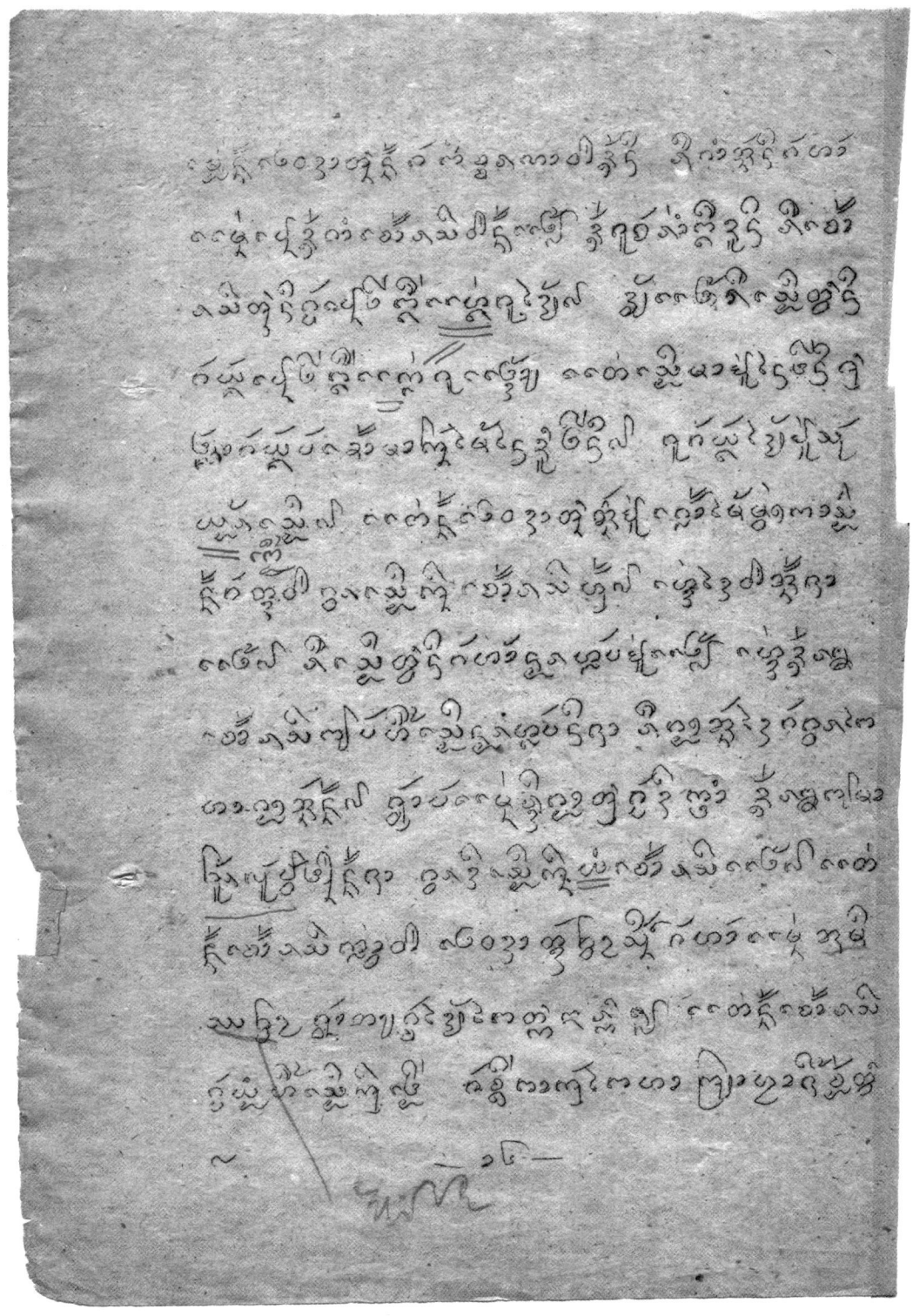

图2-5 《虎死虎睡》20世纪50年代缩写本

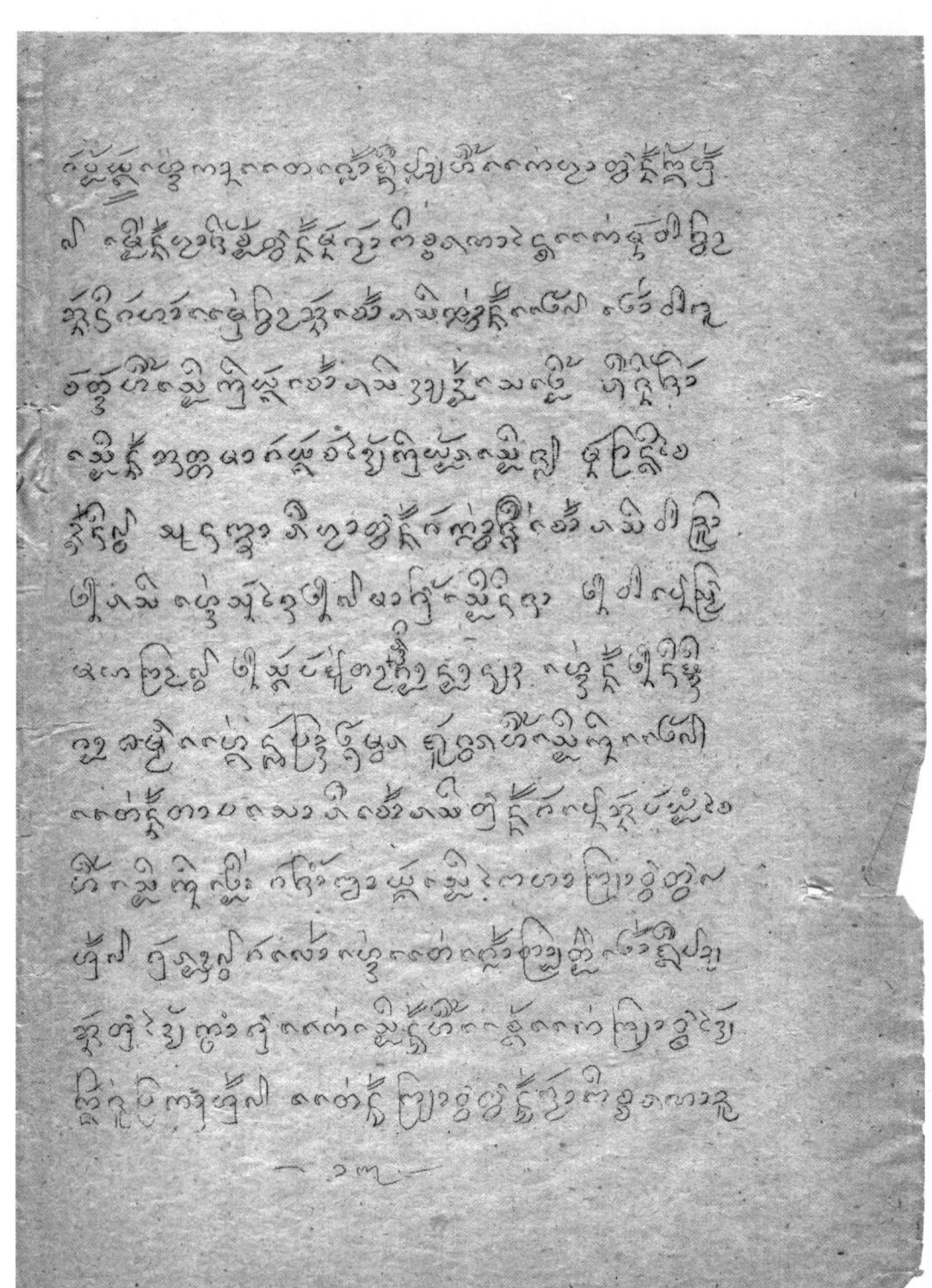

图 2—6 《虎死虎睡》20 世纪 50 年代缩写本

第七章　古籍珍品释读　869

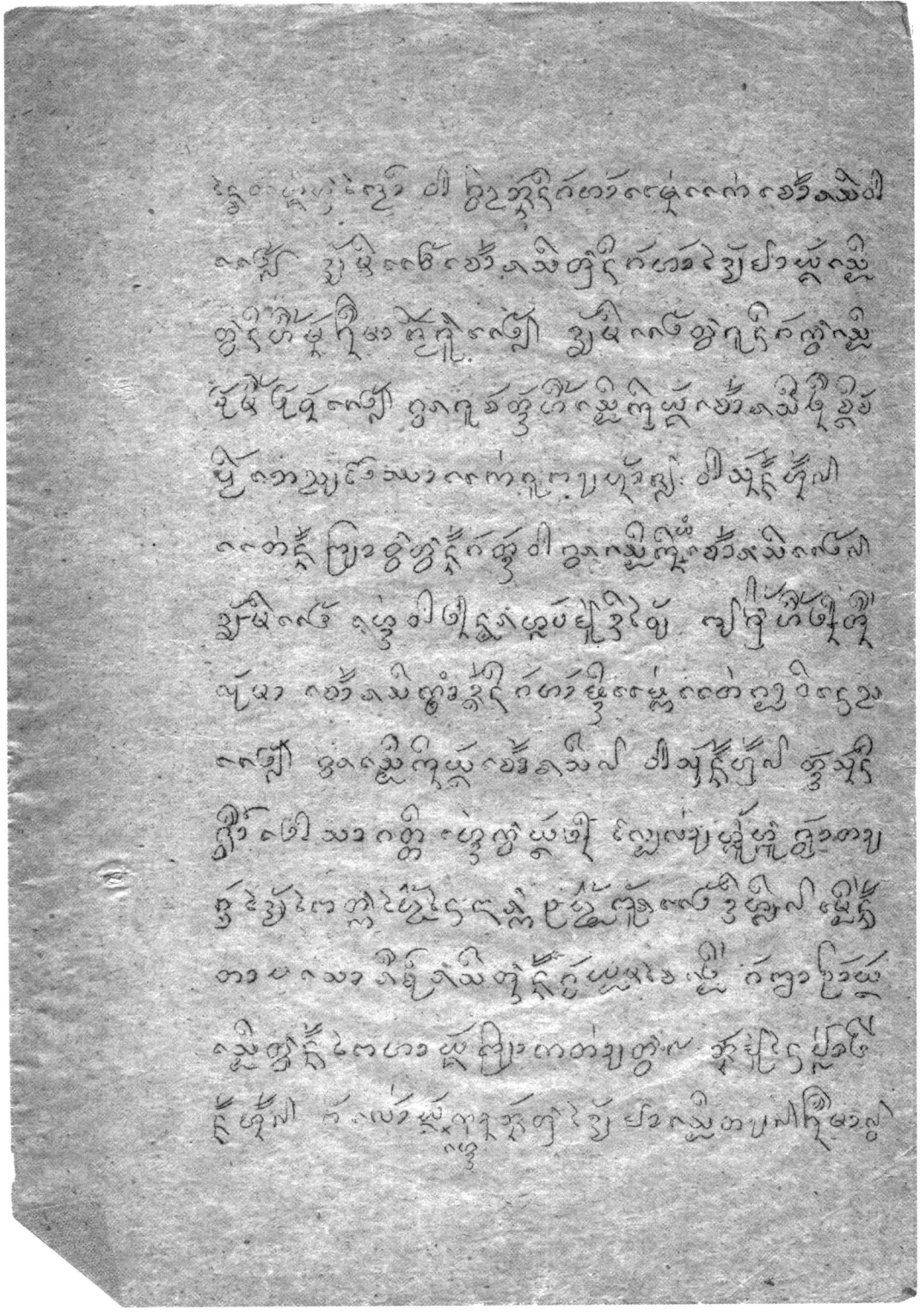

图 2-7　《虎死虎睡》20 世纪 50 年代缩写本

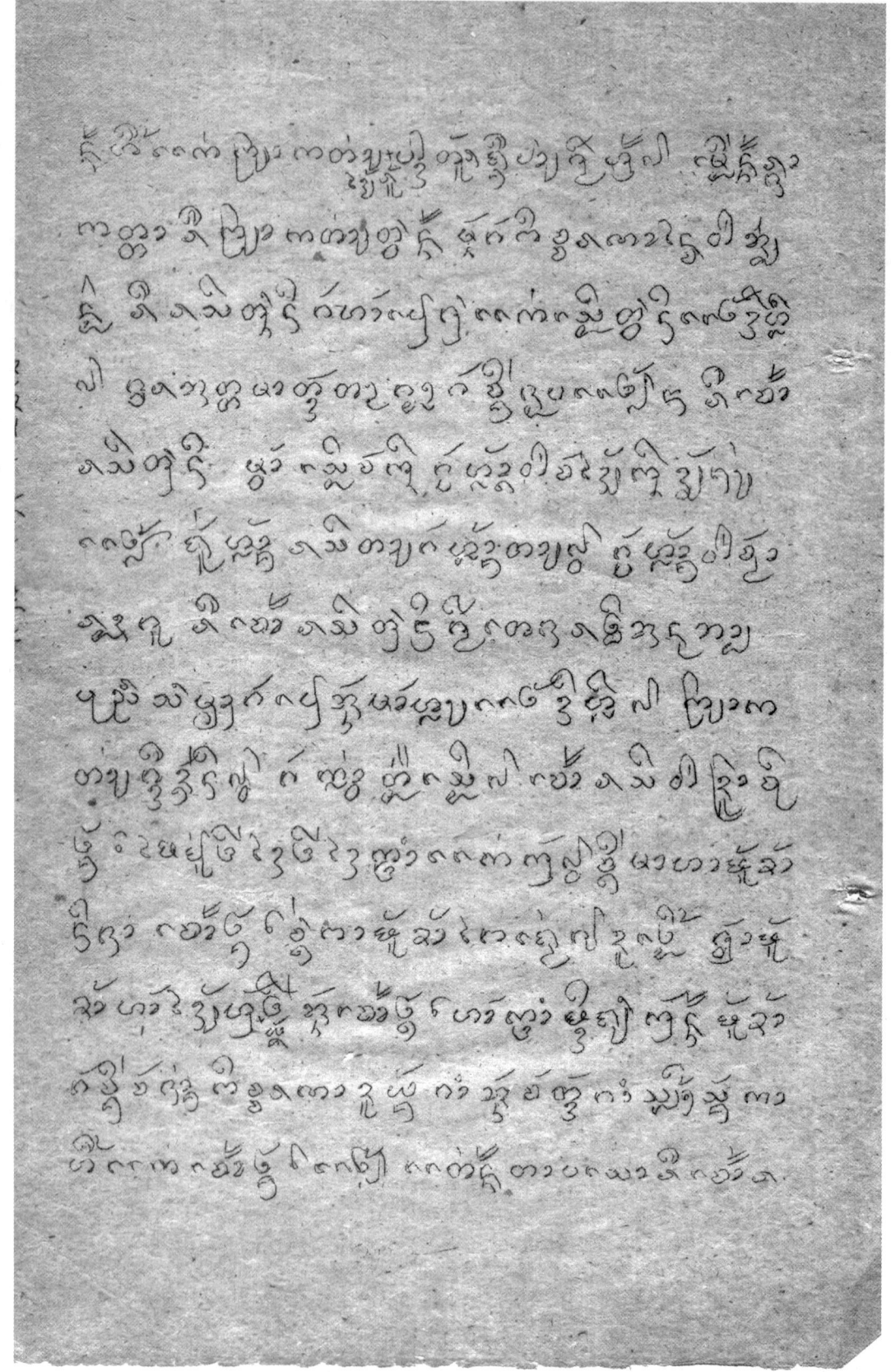

图 2-8 《虎死虎睡》20 世纪 50 年代缩写本

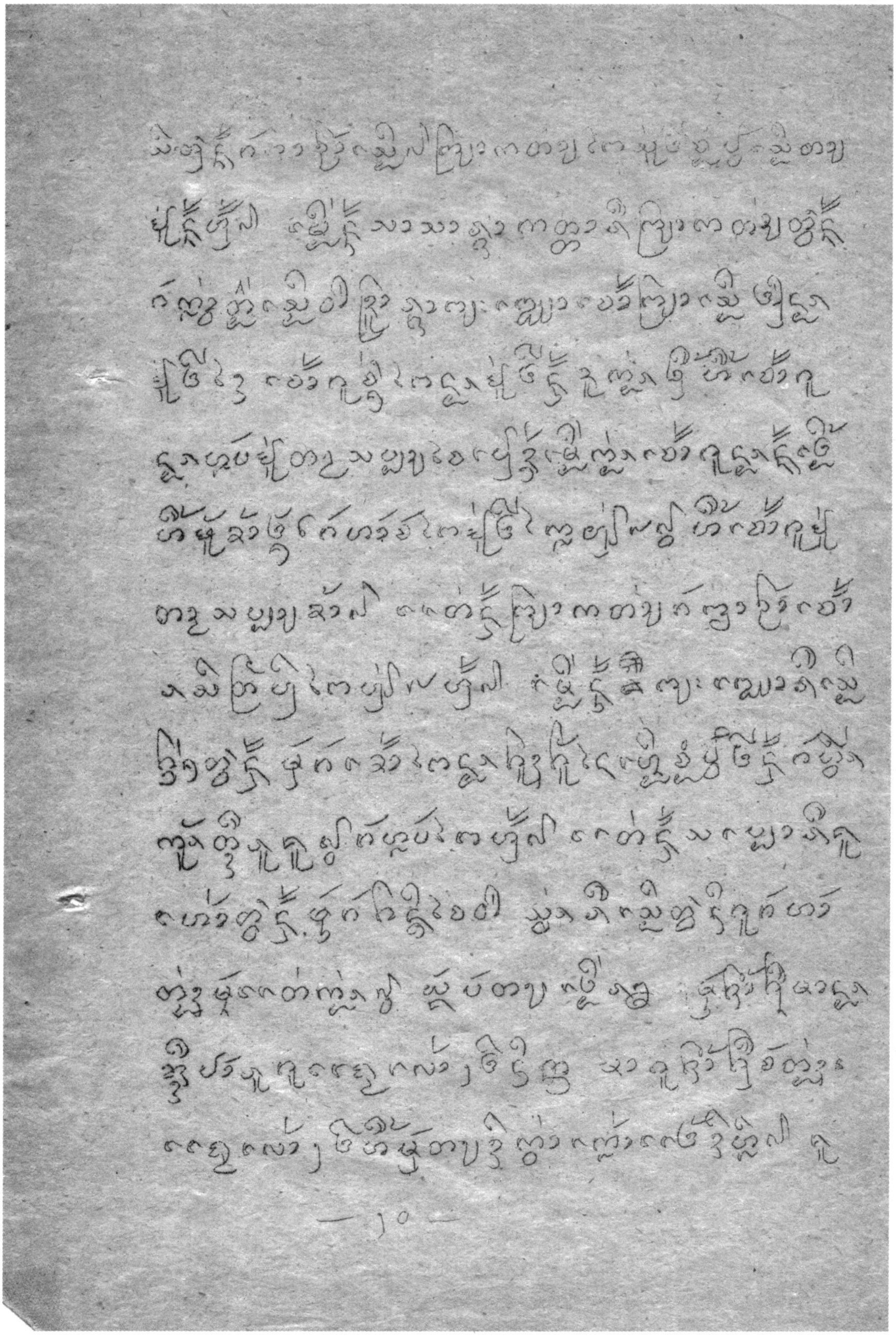

图 2-9 《虎死虎睡》20 世纪 50 年代缩写本

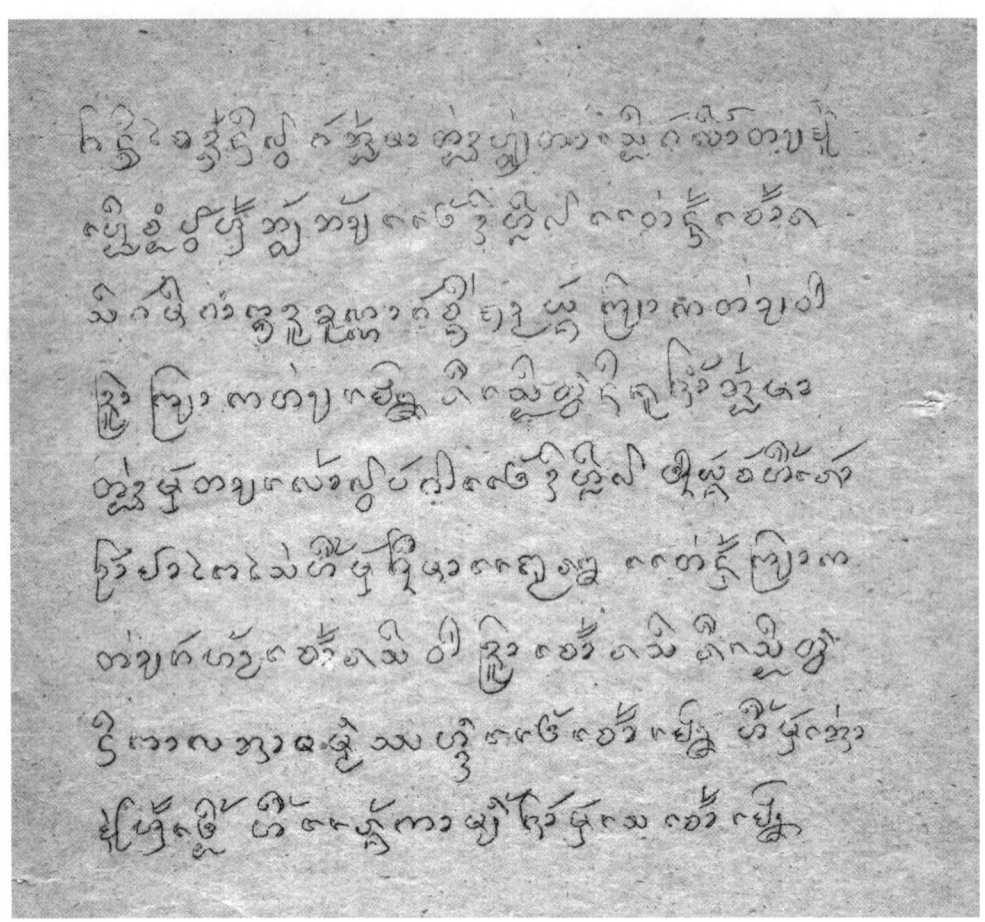

图 2–10 《虎死虎睡》20 世纪 50 年代缩写本

sɤ¹ taai¹ sɤ¹ nɔn²

虎　死　虎　睡（译文）

jaŋ² mi² sɤ¹ lai² to¹ nɯŋ⁶, mi² tsai¹ ket⁵ kaa³, man² kɔ⁴ teu² lai⁶ xa³ to¹ sɛt⁷ lɛ⁶ ʔit⁷ ʔɔn³ lɛɯ⁴,
还　有 虎 花　只　一，有心　 凶恶，　他 就 走 追杀　 头兽 了 疲倦 了，
man² kɔ⁴ maa² nɔn² ju⁵ ti⁶ tsɔm¹ pok⁹, man² kɔ⁴ lot⁸ lap⁷pai¹ nai² ti⁶ nan⁶。jaŋ² mi² ŋu² hau⁵
他　 就 来　 睡　在处 顶 白蚁塔， 他　 就 马上　 睡着　去 内里 那。 还有 蛇 毒
to¹ nɯŋ⁶, kʔ⁴ xot⁷ pɔm¹ ju⁵ nai² hu² du² fɯt⁷ tsai¹, man² ju⁵ bau⁵ dai³ pɤ⁶ vaa⁶ sɤ¹ to¹ nan⁶ maa²
只 一， 就　绕　隐藏 在 里　洞 觉得　窒息，他 在 不 得 因为 虎 只 那　来
nɔn² ʔɯt⁷ paak⁹ hu², man² vai⁴ bau⁵ hɯ³ lum² tɛɯ² tɛ⁵ nan⁶, ŋu² to¹ nan⁶ man² kɔ⁴ jɯn² xɔ²
睡　 堵　 口　 洞，他 着 不 给 风　走　从 那， 蛇 只 那　 他 就　 伸出
ʔɔk⁹ ma² xop⁷ tɔt⁵ jaŋ² sɤ¹ to¹ nan⁶。jam² nan⁶ sɤ¹ to¹ lai² tsep⁷ pot⁷ pit⁸ haai⁴ lot⁸ thɯŋ¹
脖子 出 来 咬 咬于　虎 只 那。时候 那 虎　 只　花　 痛 痛 毒 害 马上 到
tun¹ ten³ pai¹ maa² da¹ dau³ nɔi⁴ nɯŋ⁶ lɛɯ⁴, man² kɔ⁴ lot⁸ taai¹ pai¹ han³ lɛ⁶, jaŋ² mi² tsau³
身　 满　去 来 满　 满地 一下子 了， 他　 就 马上 死　 去　 那了，还 有 召
la⁶ si¹ to¹ nɯŋ⁶ kɔ⁴ teu² taŋ² maa² hɔt⁸ sɤ¹ lai² to¹ nan⁶, tsau³ la⁶ si¹ mi² tsai¹ ʔi¹ du¹ xun¹ naa²
拉西 个　 一　 就 走 路　 来 到　虎　花 只 那，　召 拉西 有 心　 怜悯

phai¹ phot⁷ lot⁸ ʔau¹ jaa¹ sai¹ paak⁹ sɤ¹ bau⁵ sam⁴, sɤ¹ to¹ nan⁶ kɔ⁴ xɯn² maa² doi³ jaa¹ tsau³
拯救　　马上　拿　药　装　口　虎　不完，　虎 只那就 苏醒　来　因　药　召拉
la⁶ si¹, sɤ¹ kɔ⁴ mi² sat⁷ ti¹ di¹ daŋ⁵ kau⁵, sɤ¹ kɔ⁴ xɤŋ³ xot⁷ lau⁴ ko¹ tha² vaa⁶: xaa² haak⁹ nɔn² lap⁷
西，　虎　就 有　精神　好　如 前，虎 就 发怒 讲 生气 说：我 就是 睡着 睡着
di¹ lɛu⁴ lau⁶, la⁶ si¹ tsau³ haak⁹ la² vi² xun⁴ luk⁸ tan⁶ ni⁶ fɤk⁹ tsaŋ¹ lai¹, ku² tsak⁷ kin¹ se¹ bau⁵ vai⁴,
好了（助），拉西 召　就是　捣乱　唤叫 起来　他　呢　恶劣，我 要 吃 掉 不 着，
jam² mɤ⁶ nan² tsau³ la⁶ si¹ tun¹ nan⁶ kau⁶ tɔ⁴ sɤ¹ vaa⁶: du² la² sɤ¹ hɤi⁵, mɯŋ² haak⁹ tai¹ kva⁵ lɛu⁴,
时候　那　召拉西　位 那 告诉 对 虎 说：（敬称）虎 啊，你 就 死 去 了，
hau² haak⁹ ʔau¹ jaa¹ sai¹ paak⁹ lɛu⁴ xɯn² maa² daŋ⁵ kau⁵ tɛ⁴ dai², bat⁷ ni⁶ daŋ⁵ hɯ² vaa⁶ taan⁶
我　就　拿　药　上　口　了　醒　来　如旧　真正的，　现在　怎么　说　你
tsak⁷ kin¹ hau² ni⁶ tsa² sɤ¹ to¹ nan⁶ man² kɔ⁴ bau⁵ tsɤ⁶ jaŋ² kam² tsau³ la² si¹, man² kɔ⁴ vaa⁶ tsak⁷
要　吃　我　呢　呢，虎头　那　他　就　不　信　于 话　召拉西，　他　就　说　要
kin¹ ju⁵ han³ lɛ⁶. tsau³ la¹ si¹ tun¹ nan⁶ kɔ⁴ kaau⁵ tɔ⁵ sɤ¹ vaa⁶: du² laa² sɤ¹ hɤi⁵, kan² vaa⁶ bau⁵
吃 在 那里 了。召拉西 尊 那 就 告诉 对 虎 说：（尊称助词）虎啊，　如果　不
tsɤ⁶ jaŋ² hau² tɛ⁴ daŋ⁵ ʔan³, haa² taŋ² sɤŋ¹ tsuŋ¹ paa² kan¹ pai¹ su⁵ ti⁶ taan⁶ taŋ² laai¹ fuŋ¹ nan⁴
信 还 我 真正 这样，我们 俩 共 一起 去 找 别人 大家 些 那
hɯ³ tɛt⁷ kam² haa² taŋ² soŋ¹ tɤ⁴, kan² taan¹ taŋ² laai¹ tɛt⁷ vaa⁶ thuk⁹ taan⁶ kin¹ ha² lɛ⁶ vaa⁶ sen¹ ni⁶,
给　判断　话 咱俩　二 吧，如果　他们　大家　判断 说 应该　你 吃 我 和 说 这样，
taan⁶ tsuŋ⁵ kɔi⁶ kin¹ hau² tɤ⁴, tɛ⁵ nan⁶ sɤ¹ lɛ⁶ tsau³ la¹ si¹ kɔ⁴ paa² kan¹ pai¹ su⁵ teu² vaa² daa¹ tun¹
你　才　慢慢　吃　我　吧，从 那 虎 和 召拉西　就　一起　去　找　神仙　尊
ʔan⁶ ju⁵ nai² kau⁴ mai⁴ moŋ⁶ tun³ nɯɯŋ⁶, tɛ⁵ nan⁶ xaa² taŋ² soŋ¹ kɔ⁴ phɔm⁴ kan¹ lau⁶ jaŋ² het⁵ kaan¹
的　在 里　根　芒果　　棵 一，从 那　他们 俩　就　一起　讲述 于 原委　事情
ʔan³ taŋ³ tɛ⁵ kau⁴ hɛn⁴ tɔ⁵ tau⁶ thuŋ¹ paai¹ hɯ³ kɛ⁵ teu² vaa² daa¹ tun¹ nan⁶ faŋ² du¹ tsu² pha¹
那 从 从　根 一直　对 至　到　末梢　给　给　神仙　位 那 听 听 各
kaan¹ han³ lɛ⁶, jaam² mɤ⁶ nan² teu² vaa⁴ daa¹ tun¹ nan⁶ kɔ⁴ pit⁸ tsa¹ laa² naa² vaa⁶ daŋ⁵ ni⁶, ʔan²
方面 那里了，时候 那　神仙　　位　那 就　　思索　　说　这样，就是
vaa⁶ ʔan¹ ni⁶ kɔ⁴ haak⁹ mɛn⁶ pin¹ daŋ¹ kam² tsau³ la¹ si¹ vaa⁶ nan⁶ tɛ⁴ lɛ⁴, daŋ⁵ ku² tsak⁷ ham⁶ pɯŋ¹
说 这个 就 都 是 合乎　是 如 话 召拉西　说 那样的 了，而　我 要 考虑
du¹ ni⁶, ʔan² vaa⁶ tsau³ la¹ si¹ tun¹ ni⁶ kɔ⁴ bau⁵ pin¹ ti⁶ pɯŋ⁶ hɤŋ² ku² dai³ lɛ⁶, doi³
看 呢，　就是说　召拉西　位 这 就　不　是 地方 依靠　的 我　得 了，至于
tɛ⁴ ʔan² vaa⁶ sɤ¹ to¹ ni⁶ kɔ⁴ jaŋ² pin¹ ti⁶ pɯŋ⁶ kɛ⁴ ku² tɛ⁴ daai², tɛ⁵ sɤ¹ maa² ju² nai² ti⁶ ni⁶
实在 就是说 虎 只　这 就 还是 地方 依靠 从 我　真的，从 老虎 来 在 里 地 这
kun² taŋ² laai¹ kɔ⁴ jaŋ² bau⁵ xau³ maa² fan² mai⁴ nai⁴ duŋ¹ ti⁶ ni⁶ lɛ⁶, ku² kɔ⁴ jaŋ² dai³ ju⁵ suk⁷ jɔn⁴
人　大家　就　还　不　进来　砍　树　里 森林　地 这 了，我 就 还　得 在 安居 由于
sɤ¹ lɛ⁶ tɛ⁵ nan⁶ teu² va² daa¹ tun¹ ʔan⁶ ju⁵ kau⁴ mai⁴ moŋ⁶ nan⁶ kɔ⁴ tɛt⁷ vaa⁶ kon² sɤ¹ kin¹ tsau³
虎 了 从 那　神仙　位 的 在　根部　芒果 那 也 判断 说 该　虎 吃 召
la¹ si¹ han³ lɛ⁶. het⁵ dai¹ vaa⁶ ʔan³ tsaa² tɛ⁴ lɛ⁶, ʔan² vaa⁶ sɤ¹ to¹ ni⁶ kɔ⁴ haak⁹ nɔn² lap⁷ ju⁵ tɛ⁴
拉西 那里 了。因为 什么 说 这样　呢 真正 了，就是说　虎 只 这 就　都　睡着　在
lɛ⁶, het⁵ daŋ⁵ hɯ² tsau³ la⁶ si¹ pɔi² bau⁵ hɯ³ sɤ¹ nɔn² lap⁷ ni⁶ tsaa², ʔan² vaa⁶ kɔŋ² ʔan¹ dai¹ kɔ⁴
真正，为什么　　召拉西 反而 不 给 虎　睡觉　了 呢，　就是说　道理　种 哪 也

kon² pai¹ haa¹ kɔŋ² ʔan¹ nan⁶ lɛ⁶， kan² vaa⁶ bau⁵ mɛn⁶ hit⁸ kɔŋ² kɔ⁴ bau⁵ di¹ ka¹ tam² daŋ⁵ hɯ² pɔi²
该 去 寻找 道理 种 那 了，如果 说 不 合乎 法律也 不 好 处理， 为什么 反而

maa² xun⁴ luk⁸ pok⁷ taan⁶ nan⁶ tsaa², kon² di¹ sɤ¹ kin¹ jaŋ² tsau³ la⁶ si¹ tɛ⁴ lɛ⁶， tɛ⁵ nan⁶ tsau³ la⁶
来 唤 起来 升起 他们 那 呢，应该 好 虎 吃 于 召拉西。真正的。从 那 召拉

si¹ kaau⁵ vaa⁶， teu² vaa⁴ daa¹ tɛt⁷ xvaam² sɛn¹ ni⁶ kɔ⁴ haak⁹ mɛn⁶ ʔa¹ mi⁶ sa¹ xvaam²， kan² vaa⁶
西 告诉 说，神仙 判断 事情 这样 也 都是 合乎 非法， 如果说

taai¹ kɔ⁴ tsak⁷ dai³ pai² tok⁷ naa² hok⁸ tsa⁶ lɛ⁶， tɛ⁵ nan⁶ tsau³ la⁶ si¹ kɔ⁴ bau⁵ jɔm² hɯ² sɤ¹ kin¹ tɤ⁶ kɔ⁴
死 就 要 得 去 掉落 地狱 呢 了，从 那 召拉西 就 不 甘心 给 虎吃（未）就

tsiŋ⁵ pa² kan¹ pai² haa¹ pha⁶ jaa² ma¹ tsɔk⁹ to¹ nɯŋ⁶， kɔ⁴ bɔk⁹ jaŋ² hɛt⁵ kaan¹ tɛ⁵ kau⁴ thɯŋ¹
才 一起 去 寻找 帕雅 狐狸 只 一， 就 告诉 于 原委 事情 从 根部 到

paai¹ hɯ³ kɛ⁵ maa¹ to¹ nan⁶ faŋ³ han³ ɛ⁶ mɤ⁶ nan⁶ maa¹ tsi⁴ tsɔk⁹ to¹ nan⁶ man² kɔ⁴ maa² pit⁸ tsa¹ laa²
末梢 给于 来只 那 听 那里 了，时候 时 狐狸 只 那 他 也 来

naa² nai² tsai¹ kɛ⁵ man² vaa⁶， xvaam² ʔan¹ ni⁶ kɔ⁴ haak⁹ mɛn⁶ xvaam² ʔan¹ tsau la⁶ si¹ kaau⁵ nan⁶
考虑 里 心 的 他 说， 事情 件 这 就 都 合乎 事情 的 召拉西 告诉 那

tɛ⁴ lɛ⁶， tau⁶ vaa⁶ ku² tsak⁷ tɛt⁷ hɯ³ sɤ¹ kin¹ jaŋ² tsau³ la⁶ si¹ dai¹ dɔk⁹ sɛ¹ tɤ⁴， ʔan² vaa⁶ tsin⁴ saak⁸
真正 的，但是 我要 判断 给 虎 吃 于 召拉西 白白地 掉吧。就是 说 肉 内脏

sɤ¹ nan⁶ ku² kɔ⁴ jaŋ² tsak⁷ dai³ kin¹ jɔn⁴ sɤ¹ tsa⁶ lɛ⁴， man² xa⁶ niŋ² tsai¹ daŋ⁵ ni⁶ lɛu⁴， maa¹ tsi⁴ tsɔk⁹ to¹
虎 那 我 也 还要 得 吃 由于 虎的 了，他 思考 想 这样 后， 狐狸 只

nan⁶ kɔ⁴ kaau⁵ sɯŋ⁶ tsau³ la⁶ si¹ vaa⁶ du² laa² taan⁶ la⁶ si¹ hɛt⁵ sɛn¹ dai¹ taan⁶ lɛ⁶ maa¹ xun⁴ sɤ¹ ni⁴ tsaa²，
那 就 告诉 于 召拉西 说 尊 敬你 拉西 为什么 你 而 来 唤 虎呢 呀，

taan⁶ vaa⁶ pin¹ sum¹ maa¹ naa⁴ phaam² lɛu⁴， taan⁶ saŋ⁶ bau⁵ ju⁶ taam¹ hit⁸ kɔŋ² nɔŋ² nɛt⁸， hɛt⁵ nan⁶
你 说 是 僧人 了， 你 为什么 不 在 根据 法规 僧人， 因此

taan⁶ ni⁶ phit⁷ kɔŋ¹ tham² hɛŋ¹ nak⁸ phaat⁵ taŋ⁵ mon²， thuk⁹ kon² hɯ³ sɤ¹ kin¹ tɛ⁴ lɛ⁶， tɛ⁵ nan⁶
你 呢 犯 规矩 僧人 的 智者 全部， 应该 给 虎 吃 真的了，于是

tsau³ la⁶ si¹ tun¹ nan⁶ kɔ⁴ pin¹ ʔan¹ bau⁵ jɔm² tsai¹ hɯ³ sɤ¹ kin¹ tɛ⁴， kɔ⁴ sam⁴ pa² jaŋ² sɤ¹ pai¹ haa¹
召拉西 位 那 就是 的 不 甘心 给 虎 吃 的，就 又 带 于 虎 去 找

pha⁶ jaa² vo² to¹ nɯŋ⁶ han³ lɛ⁶， kan² hɔt⁸ lɛu⁴， kɔ⁴ lau⁶ hɛt⁵ tɛ⁵ kau⁴ thɯŋ¹ paai¹ ʔan¹ tun¹ dai³
帕雅 黄牛 只 一 那里 了， 当 到 了， 就 说 原委 从 头 到 尾 件 自己 得

ka¹ tam² kun² kɛ⁵ sɤ¹ nan⁶ hɯ³ tsɛŋ³ kɛ⁵ pha⁶ jaa² vo² dai³ faŋ³ tsu⁶ pha¹ kaan¹ han³ lɛ⁶， tɛ⁶ nan⁶
处理 功劳 于 虎 那 给 明白 于 帕雅 黄牛 得 听 各 方面 那里 了， 从 那

pha⁶ jaa² vo² nan⁶ kɔ⁴ maa² pit⁸ tsa¹ laa² naa² du¹ nai¹ tsai¹ hɛŋ¹ tun¹ pai¹ maa²， vaa⁶ xvaam² ni⁶
帕雅 黄牛 那 也 来 考虑 看 里 心 的 自己 去 来， 说 事情 这

ʔan¹ kɔ⁴ haak⁹ mɛn⁶ kɛ⁵ tsau³ la⁶ si¹ vaa⁶ tɛ⁴ lɛ⁶， doi³ mi² tɛ⁴ tsau³ la⁶ si¹ tun¹ ni⁶ kɔ⁴ haak⁹ dai³
件 就都是合乎 于 召拉西 说 真正 了，有 真正 召拉西 位 这也 就是 得

jaa¹ jaŋ² sɤ¹ to¹ ni⁶ hɯ³ man² xɯn⁶ maa² kɔ⁴ mi² kun² tɛ⁴ lɛ⁶， doi³ mi² tɛ⁴ to¹ ku² ni⁶ kɔ⁴ ko¹ sɤ¹
医 于 虎 只 这 给 他 醒 来 也 有 功劳 的 了，因 有 真正我 呢就 害怕

tuk⁸ mɯ⁴ tuk⁸ van² tɛ⁴ lɛ⁶， kon² ku² tsak⁷ tɛt⁷ hɯ³ sɤ¹ kin¹ jaŋ² tsau³ la⁶ si¹ tsiŋ⁵ tsak⁷ bau⁵ mi²
虎 每 日 每 日 真正 了， 该 我 要 判断 给 虎 吃 于 召拉西 才能 要 没 有

phe² phai² to¹ sa¹ kɛ⁵ ku² pai¹ naa³ tsa⁶ lɛ⁶ vaa⁶ sɛn¹ nan⁶ han³ lɛ⁶。tɛ⁵ nan⁶ pha⁶ jaa² vo² to¹ nan⁶
灾难 祸殃 于我 去 前 的 了，说 那样 那里 了。于是 帕雅 黄牛 头那

kɔ⁴ tɛt⁷ vaa⁶ kon² sɤ¹ kin¹ jaŋ² tsau³ la⁶ si¹ tɛ⁴ lɛ⁶, doi³ mi² tɛ⁴ hɛt⁵ vaa⁶ taan⁶ nɔn² lap⁷ ju⁵ di¹
就 判断 说 该 虎 吃于 召拉西 真正 了, 因 有 真的 因为 说 他 睡觉 在 好

vai⁴, pɔi² xun⁴ huɯ³ taan⁶ xɯɯn² luk⁸ maa², tsau³ la⁶ si¹ ka¹ tam² daŋ¹ ni⁶ kɔ⁴ haak⁹ phit⁷ phɛk⁵ tɛ⁵ kɔŋ²
着, 反而 唤 叫 他 醒 起来, 召拉西 做 这样 就 于是 违背 自 道理

vi² nai² tɛ⁴ lɛ⁶, kon² sɤ¹ kin¹ jaŋ² tsau³ la⁶ si¹ lɛ⁶, vaa⁶ sɛn¹ ni⁶ han³ lɛ⁶, mɤ⁶ nan⁶, tsau³ la⁶
经典 真正 了, 该 虎 吃于 召拉西 了, 说 这样 那里 了, 那 时, 召拉

si¹ tun¹ nan⁶ kɔ⁴ bau⁵ jɔm² tsai¹ tɤ⁶。kɔ⁴ pa² ʔau² jaŋ² sɤ¹ to¹ nan⁶ pai¹ haa¹ jaŋ² pha⁶ jaa² ka¹ taai⁵
西 位 那 就 不 甘心（不）。 就 带着 于虎 只 那 去 找 于 帕雅 兔子

to¹ nɯɯŋ⁶ ʔan⁶ ju⁵ nai² paa⁵ ti⁶ nan⁶ han³ lɛ⁶, kɔ⁴ lau⁶ jaŋ² hɛt⁵ kaan¹ ʔan¹ tun¹ dai³ ja¹ sɤ¹
头 一 的 在 里 森林 地方 那 那 了, 也 讲述 于 原委 事情 位 得 医治

taai¹ lɛ⁶, xɯɯn² maa² lɛu⁴ nan⁶ huɯ³ kɛ⁵ pha⁶ jaa² ka¹ taai⁵ dai³ hu⁴ bat⁵ tun¹ thuuŋ¹ paai¹ kɔ⁴ mi² han³
虎 死 和 醒 来 了 那 给 于 王 兔 得 知道 根源 到 尾 也 有 那

lɛ⁶, mɤ⁶ nan⁶ pha⁶ jaa² ka¹ taai⁵ to¹ nan⁶ man⁶ kɔ⁴ pit⁸ tsa¹ laa² naa² nai² tsai¹ vaa⁶ ʔoi² nɔ², ʔan²
里, 时那 王 兔子 只 那 他 也 同情 心里 说 啊呀, 就是

vaa⁶ laa⁴ si¹ tun¹ ni⁶ kɔ⁴ haak⁹ pin¹ kun¹ kɛ⁵ sɤ¹ to¹ ni⁶ tɛ⁴ di¹ li¹ lɛ⁶, kon² tɛt⁷ taam¹ kɔŋ¹ kɔ⁴ tsiŋ⁵
说 拉西 位 这 也 都是 是 有功 于虎 只 这 真正 好好 了, 该 判断依据 道理 就 才

tsɔp⁸ tɛ⁴ lɛ⁶ naa², ʔan² vaa⁶ tsau³ la⁶ si¹ tun¹ ni⁶ mak⁸ vaa⁶ sɤ¹ tsak⁷ kin¹ kɔ⁴ bau⁵ laŋ³ vaa⁶ tsak⁷
合理 真正 的 了, 就是说 召拉西 位 这 要是 虎 要 吃 也 就是说 要

dai³ kin¹ doi³ ŋaai⁶ tɛ⁴ lɛ⁶, thuk⁹ laŋ³ tsau³ la⁶ si¹ taai¹ kɔ⁴ laŋ³ taai¹ lɛu⁴, kɔ⁴ bau⁵ laŋ³ vaa⁶ tsak⁷
得 吃于 容易 吧, 该 着 召拉西 死 也 该 死 了, 也 就是说 要

maa² hɔt⁸ ku², ʔan² vaa⁶ tsau³ la⁶ si¹ tun¹ ni⁶ kɔ⁴ mi² tɛ¹ tsa⁶ la⁶ thi² ʔa¹ nu⁶ phap⁸ bun¹ jaa² sum¹
来 到我, 就是说 召拉西 位 这 也 有 福气 胜利 走运

maan² kɔ⁴ pin¹ ʔan⁶ maak⁸ laai¹ tɛ⁴ di¹ li¹ lɛ⁶, pha⁶ jaa² ka¹ taai⁵ kɯɯt⁸ daŋ¹ ni⁶ lɛu⁴, kɔ⁴ kaau⁵
也 是 的 许多 真 好好 了, 王 兔子 思考 这样 了, 也 告诉

to⁵ sɤ¹ lɛ⁶ tsau³ la⁶ si¹ vaa⁶, du² daa² tsau³ taŋ² sɔŋ¹ phai¹ ju⁵ ti⁶ dai¹, ti⁶ dai¹ ka¹ tam² kɛ⁵
对 虎 和 召拉西 说, 尊敬 你们 俩 谁 在 哪里, 哪里 处理 于

kaan¹ lɛu⁴ tsiŋ⁵ maa² haa¹ phu³ xaa³ ni⁶ tsaa²? tsau³ taŋ² sɔŋ¹ tsuŋ⁵ paa² phu³ xaa³ pai² thɛm⁵ kɔi² du¹
事情 了 才 来 找 我 呢 呀? 你们 俩 带领 我 去 看 看看

tɤ⁴, kan² vaa⁶ phu³ xaa³ haak⁹ dai³ han¹ jaŋ² ti⁶ ʔan² tsau³ taŋ² sɔŋ¹ haak⁹ ka¹ tam² phit⁷ thɛŋ¹
吧, 如果 我 就 是 得 看见 于 地方 的 你们 俩 都是 处理 争吵 互

kan¹ nan⁶, phu³ xaa³ kɔ⁴ tsiŋ⁵ tsak⁷ tsaaŋ⁶ pit⁸ tsa¹ laa² naa² du¹ jaŋ² kam² ʔan⁶ tsak⁷ tɛt⁷ kam² laŋ³
相 那, 我 就 才 要 能 注意 考虑 看 于 话 的 要 判断 话 事情

saŋ¹ kaa¹ huɯ³ kɛ⁵ tsau³ taŋ² sɔŋ¹ tɛ⁴ lɛ⁶, tɛ⁵ nan⁶ tsau³ la⁶ si¹ tun¹ nan⁶ kɔ⁴ paa² ʔau² sɤ¹ lɛ⁶ pha⁶
疑难 给 于 你们 全二 真正的, 于是 召拉西 位 那 就 带领 虎 和

jaa² ka¹ taai⁵ pai² su⁵ ti⁶ tsɔm¹ pɔk⁹ sɤ¹ taai¹ ju⁵ nan⁶ han³ lɛ⁶, mɤ⁶ nan⁶, pha⁶ jaa² ka¹ taai⁵ to¹
王 兔子去 寻找 地方 塔 白蚁 老虎 死 在 那 那里 了, 那 时 王 兔子 只

nan⁶ kɔ⁴ kaau⁵ to⁵ sɤ¹ vaa⁶, du² laa² tsau³ pha⁶ jaa² sɤ¹ taan⁶ nɔn² ju⁵ ti⁶ dai¹ tsau³ ku² tsuŋ⁵
那 就 告诉 对 虎 说, 尊敬的 召王 虎他 睡觉 在 地方 什么 你 再 去

pai² nɔn² ju⁵ ti⁶ nan⁶ du¹ kɔn⁵ tun⁴, huɯ³ tsau³ ku² nɔn² lap⁷ ju⁵ taam¹ sa¹ baa² tsai¹ pin¹ daŋ⁵
睡觉 在 地那 看 先 吧, 给 你 呀 睡觉 在 按照 舒坦 是 如时

mɤ⁶ kɔn⁵, tsau³ ku² nɔn² nan⁶ tɤ⁴, huɯ³ phu³ xaa³ taŋ² sɔŋ¹ kɔ⁴ haak⁹ tsak⁷ pai² ju⁵ ti⁶ kai¹ nɔi⁵ nɯɯŋ⁶ lɛu⁴,
候 以前，你 呀 睡 那 吧，让 我 全二 也 就 要 去 在地方远 一点 了，
huɯ³ tsau³ ku² ju⁵ taam¹ sa¹ baai² xaa³ lɛ⁴, tɛ⁵ nan⁶ pha⁶ jaa² ka¹ taai⁵ kɔ⁴ paa² ʔau¹ tsau³ la⁶ si¹ tha¹ la¹ ni¹
让 你 呀 在 按照 舒坦 我 吧，于是 王 兔子 就 带领 召拉西 假意 躲
pai² nɔi⁵ nɯɯŋ⁶ han³ lɛ⁶ mɤ⁶ nan⁶, sɤ¹ xoŋ⁶ to¹ nan⁶ man² kɔ⁴ xau³ pai² nɔn² xut⁸ xu⁴ nai² nɤ¹ tsɔm¹
去 一点 那里 了，那时， 虎 只 那 他 就 进 去 睡 蜷缩 里 上 塔
pok⁹ ti⁶ nan⁶ kɔ⁴ vin⁵ kun³ tɯt⁷ hu² ŋu² lɛu⁴ kɔ⁴ lap⁷ pai² han³ lɛ⁶, tɛ⁵ nan⁶ ŋu⁵ hau⁵ to¹ nan⁶ man²
白蚁处 那 就 转 臀 堵塞 洞 蛇 后 就睡 去 那 了， 于是 蛇 毒 条 那 他
kɔ⁴ xa⁶ niŋ² tsai¹ vaa⁶, sɤ¹ to¹ ni⁶ ku² kɔ⁴ haak⁹ tɔt⁵ man² tɛ⁴ kɔn⁵ lɛu⁴, jaŋ² bau² taai¹ tɤ⁶ ʔaa²?
就 思索 说， 虎 只 这 我 也 就 咬 他 于 先前 了， 还 不 死 不 吗？
man² sam⁴ xɯɯn² maa² nɔn² ʔut⁷ paak⁹ hu² ku² thɛm¹ lau⁶ sɔŋ¹ ti⁶ ni⁶ naa²? maa² ku² sam⁴ xɯɯn² tsak⁷
他 又 回 转 睡 堵 口 洞 我 再次 二 这里 吗？ 来 我 又 再 要
tɔt⁵ thɛm¹ lau⁶ sɔŋ¹ ti⁶ huɯ³ man² taai¹ di¹ kvaa⁵ kau⁵ tɛ⁴ di¹ li¹ lɛ⁶, ŋu² xa⁶ niŋ² tsai¹ daŋ⁵ ni¹
咬 再次 二 于 让 他 死 好 过 旧 真正 好好 了， 蛇 考虑 这样
lɛu⁴, kɔ⁴ pok⁹ ma² tɔt⁵ nɔi⁵ taa¹ sɤ¹ kɔ⁴ li² laa² taai¹ ju⁵ nɤ¹ tsɔm¹ pok⁹ han³ phoi¹ phai⁴ tɛ⁴ di¹
后， 就 出 来 咬 圆珠 眼睛眼 虎 就 状态 死 在 上 塔 白蚁 那里 花 花 真正好
li¹ lɛ⁶, tɛ⁵ nan⁶ tsau³ la⁶ si¹ kɔ⁴ mi² kam² ʔi¹ du² xun¹ naa² kɔ⁴ tsiŋ⁵ thaam¹ jaŋ² pha⁶ jaa² ka¹ taai⁵
好 了，于是 召拉西 就 有 话 怜悯 就 才 问 于 王 兔子
vaa⁶: du² laa² pha⁶ jaa² ka¹ taai⁵ hɤi⁵ ʔan² vaa⁶ sɤ¹ to¹ ni⁶ ŋu² sam⁴ ʔɔk⁹ maa² tɔt⁵ man² taai¹ lau⁶
说：尊敬 帕雅 兔子 呀， 就是说 虎 只 这 蛇 又 出 来 咬 他 死 再次
lɛu⁴, bau⁵ kaa² tɛ⁴ di¹ li¹ lɛ⁶, taan⁶ jaŋ² tsak⁷ huɯ³ hau² ʔau² jaa¹ pai² sai⁵ huɯ³ man² xɯɯn² maa²
了，真正 真正 好好 了， 他 还 要 让 我 取 药 去 敷给 他 醒 来
thɛm¹ ʔaa² tɛ⁵ nan⁶ pha⁶ jaa² ka¹ taai⁵ kɔ⁴ ham³ tsau³ la⁶ si¹ vaa⁶, du² daa² tsau³ la⁶ si¹, ʔan² vaa⁶
再次 吗？ 于是 帕雅 兔子 就 劝 召拉西 说，尊敬 召拉西， 就是说
sɤ¹ to¹ ni⁶ paa² la⁶ ʔaa² tham² sa¹ hot¹ tɛ⁴ tsau³ hɤi², huɯ³ man² ʔo⁵ ju⁵ han³ tɤ⁴, huɯ³ hɛn⁴ kaa¹
虎 只 这 过分 顶坏 自大 真正 召 呀， 让 他 臭在 那里 吧，让老鹰 乌鸦
mɛn⁴ sak⁸ man² se¹ tsau³ hɤi²!
吃完 内脏 他 掉 召 吧！

注释：

1.《虎死虎睡》是傣文贝叶本《秀萨》里的一则故事，讲述了佛教徒召拉西好心救了被毒蛇咬至昏死的老虎后，老虎恩将仇报，要吃掉召拉西。他们请神仙、狐狸和黄牛评判，他们三者出于各自的利益，昧着良心判断老虎该吃掉召拉西。最后在兔子王的帮助下，老虎得到了应有的惩罚。内容颇似汉族寓言故事《东郭先生和狼》和古希腊寓言故事《农夫和蛇》。但它融入了很多判案的内容，使故事情节一波三折。

2. la⁶ si¹：巴利语对在山间修行的和尚的专称。

3. pai²：傣语口语中读为 pai¹，傣语书面语，尤其在佛经中，b、d 声母字和 p 声母极少数字第一调习惯读成第 pai²。

意译：

老虎死了还是睡了（虎死虎睡？）

有一只花纹老虎，心地险恶，他逐食动物疲倦了，就在一个白蚁塔旁边睡下，很快就睡着了。有一条毒蛇盘绕在洞里，觉得喘不过气来。蛇实在待不住了，因为那只老虎正好堵住了洞口，空气无法透进洞来。那条蛇就伸出脖子来咬老虎。老虎中毒过重，毒液传遍全身，当场就昏死在洞口。这时有一位山居修行的召拉西恰好从此经过。召拉西产生了怜悯之心，想救活已经昏死过去的老虎，就不停地向老虎的伤口上涂药。老虎因为召拉西的药马上就苏醒过来了，它恢复了元气，就怒气冲冲地说：我睡得好好的，召拉西就这么把我折腾起来，我一定要吃掉你。召拉西就告诉老虎说："尊贵的老虎啊，你是已经昏死了，是我用药给你医治的，你醒过来才像原来一样，现在你怎么要吃掉我呢？"老虎怎么也不愿相信召拉西的话，还是要吃掉他。召拉西又对老虎说："如果你真的不信我的话，咱们两个一起去找别的人来评理，看谁的话对。如果别人也这样说你就应该吃掉我，你就慢慢吃掉我算了。"于是，老虎与召拉西就一起去找一位住在芒果树根部的神仙。他俩从头到尾详详细细地把事情的原委讲给那位神仙听。那时，那位神仙心里想："事情确实如召拉西所说的那样，但从我的角度考虑，召拉西不是我所能依靠的。说实在的，这只老虎却是我真正需要依靠的。自从老虎来到这里，人们就不进这森林里来砍树木了，我正是因为老虎才得以安居。"于是，那位住在芒果树根部的神仙就断定应该由老虎吃召拉西。"为什么这样说呢？因为老虎确实是睡着了，你为什么不让老虎睡觉呢？有什么理讲什么理，不合道理就不好处理，你为什么要把老虎折腾起来呢？应该是老虎吃召拉西才对。"召拉西听完说："神仙，您这样判断事情是太不讲道理了，这样的人死了要下地狱的。"召拉西还是不甘心让老虎吃，又一起去找狐狸王。又从头至尾把事情的原委说与狐狸王听了。那只狐狸心里想："真正的事实如召拉西所叙说的，但是，我要断定让老虎白白吃掉召拉西，因为我也可以从老虎那里得到一点剩下的肉和内脏。"它这样想之后，狐狸就告诉召拉西说："尊贵的召拉西啊！为什么你来把老虎叫醒呢？你是出家人了，你又为什么不守出家人的教规呢？你犯了有教养的人的全部规矩，因此，必须让老虎吃掉你！"召拉西还是不甘心让老虎吃，就又带着老虎去找一位牛王。当到了牛王那里，又一五一十地将事情的原委说与牛王听。那头牛王听了，也在心里算计来算计去，明白这件事情也就是召拉西所说的那样。说真的，也就是召拉西拿药把老虎救醒过来的，因此他是有功劳的。"但说实话，我每时每刻都害怕老虎，我只有断定老虎吃召拉西，以后我才不会有灭顶之灾。"它心里这样想了之后，就判断说："应该是老虎吃掉召拉西，因为老虎在好好地睡觉，召拉西为什么违背经书上的道理，应该由老虎吃掉召拉西！"他就这样说了。召拉西还是不愿意让老虎吃，就又带领那只老虎去找森林里的一只兔王，就又从头至尾地讲述了自己如何医治昏死老虎，使它苏醒过来的经过。那只兔王心里想："啊呀呀！这位召拉西真是对这只老虎有功劳呀，应该照理判断才是真正公道的。拿这位召拉西来说，要是老虎要吃他也是很容易的，该他召拉西死也就只得死了，现在来到我这里，也算这位召拉西有好运、有福气。"兔王这样想了之后，就对老虎和召拉西说：尊敬的二位，你们是哪里发生事情之后才来到我这里呢？我只有看到你们二位发生纠纷的地方，才好考虑你们的话，对疑难的问题做一判断。于是，那位召拉西又带了老虎和兔王到老虎昏死的白蚁塔，那时，兔王就对老虎说："尊贵的虎王，你睡在哪里，就再去睡在那里吧！你就舒坦地在你原来的睡的地方睡觉吧！我们先躲远一点，让你舒舒服服地睡在那里。"于是，兔王带了召拉西假意地躲开一点点。那时，老虎又蜷缩起来睡在白蚁塔上，他转过身堵住白蚁洞之后又睡着了。洞里的毒蛇心里想："这只老虎我原先是咬过的，怎么还没死？现在怎么再一次睡在这里堵住我的洞口。我就再咬他一次，让他真正死掉好了。"蛇这样想之后，又出来咬老虎的眼珠，老虎就一动不动花斑斑的一团死在白蚁塔上了。这时，召拉西又生怜悯之心，他对兔王说："尊贵的兔王啊，这只老虎又被蛇出来咬得昏死了，你看我还拿药给他医治让他醒来吗？"兔王劝召拉西说：尊贵的召拉西，这只老虎真是太坏了，让它在这里发臭，让乌鸦、老鹰吃掉它吧。

三 召树屯（第二章）节选（傣仂文）

图 3-1 《召树屯》

ti⁶	ni⁴	tsak⁷	tsaa¹	doi³	naaŋ²	tsan¹	ta²	te²	vi²	ʔan¹	mɛ⁶	hɤŋ⁵	naaŋ²	ma² no² raa² svaŋ¹ haa¹ luk⁸ hɤŋ⁵
这里	要	讲述	关于	喃	尖达蝶韦					的	母亲的	喃	玛诺拉 寻找 子 女 的

tun¹	kɔ⁴	mi² lɛ⁶,	naaŋ²	tsan¹ ta² te² vi²	kɔ⁴	ʔau¹	mu⁵	naaŋ²	kin¹ na² ri¹	taŋ¹ laai¹	bin¹ te⁵ mɤŋ¹ tsɔm¹
尊	也	有了,	喃	尖达蝶韦	就	拿	群	喃	金娜莉	大家	飞 从 勐 顶

xau¹ kai¹	raat⁸	maa²	doi³	ʔaa¹ kaat⁹	lɛu⁶.	kɔ⁴	pai²	su⁵ paa⁵ him¹ ma² paan² lɛu⁴ kɔ⁴ svaŋ¹ haa¹ naaŋ²
山 远	处	来	于	天空	了。	就	去	到 森林 边 森林 了 就 寻找 喃

ma² no² raa²	luk⁸	jiŋ²	hɤŋ⁵	tun¹	nai²	paa⁵ him¹ ma² paan²	kɔ⁴	bau¹	han¹,	jaŋ²	naaŋ² ma² no² raa²	hɤŋ⁵
玛诺拉	女儿	的	尊	里	森林 边 大森林	就	不	见,	还	喃玛诺拉的	的	尊

tun¹	ti⁶	dai¹	naaŋ²	kɔ⁴	tsa¹ dɤn²	pai²	nai² paa⁵ him¹ ma² paan²	taŋ¹ mon²	tuk⁸	ti⁶	tuk⁸ hɤŋ⁵ lɛu⁶ kɔ⁴	rɔŋ⁴
地方	哪里	姑娘	就	出发	去	里 森林 边 大森林	全部	每	处	每处 了 也

hai³	lɛu⁶.	tsa¹ dɤn² ti⁶ nan⁴ ti⁶ ni⁴ tsai³ tsai³ han³ lɛ⁶,	son⁵	vaa⁶	naaŋ² tsan¹ ta² te² vi²	mi²	mu⁵	kin¹ na² ri²
哭喊	了。	出发 各处 不断 那了,	至于	喃	尖达蝶韦	有	群	人头鸟身

naaŋ²	naat⁸ snum¹	taŋ² laai¹	pin¹ jat⁸ sa¹ ba¹ ri² vaan¹ daŋ³ ʔan³	kɔ⁴	tsa¹ dɤn² haa¹ luk⁸ kɛu¹ hɤŋ⁵	tun¹
神	宫女	大家	成为 侍从	至于	这样 就 出发找 子女 宝贵	的

kɔ⁴	pai²	rɔt⁸	pai² thuŋ¹ tuŋ¹	bo¹ xa¹ ra² ni² ti⁶ nan⁴ lɛu⁶.	kɔ⁴	han¹ jaŋ² kun¹ tun¹ taŋ³ kɛu³ ʔan² nan⁴
尊	就 去	到 去到	到	荷花 荷花池 那 了。	就	看见 于 耳环 宝石 的 那

nai²	ti⁶	len³	hɤŋ⁵	kin¹ na² ri² naaŋ² naat⁸ snum¹ taŋ¹ laai¹ ti⁶ nan⁴ lɛu⁶,	naaŋ² kɛu¹ naaŋ² tsan¹ ta² te² vi²
里	地方	玩的	人头鸟身神 宫女 大家 地方 那了,	喃 宝石 喃 尖达蝶韦

kin¹ na² ri² tun¹ mɛ⁶ kɔ⁴ ti¹ ʔok⁷ rɔn⁴ pha¹ phau⁵ naaŋ² kɔ⁴ rɔŋ⁴ hai³ kaau⁵ vaa² du² da¹ naaŋ² ma² no²
女神 尊 母亲 就 自身 胸部 发热 如焚 喃 就 哭喊 告诉说 听吧 喃 玛

raa² hɤi¹, du¹ ni⁴ pha⁶ mɛ⁶ daŋ⁵ ku² maa⁵ sai⁵ tsai¹ ʔan⁴ taan⁶ haak⁹ dai³ pai² tsaak⁹ paa⁵ ti⁶ ni⁴ lɛu⁴
诺拉 呀, 母亲 像 我 来 用心 观察 那 他 都 得 去 离开 森林 这里 了

tsaa²? ku² mɛ⁶ kɔ⁴ bau⁵ dai³ han¹ mɯŋ² naaŋ² phu¹ pin¹ luk⁸ rak⁸ kɛ⁶ mɛ⁶ tsa¹ lɛ⁶ ku² mɛ⁶ kɔ⁴ tau⁶
吗? 我 母亲 就 不 得 见 你 喃 位 是 儿女 亲爱 于 母亲 这样 我 母亲 就 但

dai³ han¹ jaŋ² kun¹ tun¹ taŋ³ kɛu³ lɛ⁶ tsau³ saai¹ sa¹ la⁶ ʔeŋ² kɛu³ hɤŋ⁵ tsau¹ nai² ti⁶ ni⁴ siŋ¹ deu¹ lɛ⁶ tsau³
是 见 于 耳环 宝石 和 主人 腰带 宝石 的 你 里 地 这 唯一 了 你

luk⁸ rak⁸ kɛ⁶ mɛ⁶ hɤi¹ kɔ⁴ he¹ tva mek⁸ xa¹ ra⁶ te². vi⁶ son² vaa² kin¹ na² ri² te² vi² tun¹ mɛ⁶ kɔ⁴ ʔan¹
儿女亲爱于母亲 呀 就 是 腰带 王后。 至于 女神 蝶韦 尊 母亲 就 的

lɛu⁴ jaŋ² saai¹ sa¹ la⁶ ʔeŋ² kɛu³ kɔ⁴ jok⁸ ʔau¹ maa² hɔp⁹ kap⁷ ʔok⁷ naaŋ² jiŋ² tuk⁸ sep⁹ mai³ ju⁵
了 于 腰带 宝石 就 举 取 来 抱 于 胸部 喃 女儿 每 刺痛 在

bau⁵ dai³ kɔ⁴ sup⁹ pai² ti⁶ nan⁴ han³ lɛ⁶, sa¹ ka² ja² than² tsa¹ vi² ka² ja² kan² tsa¹ pha² jaa² ʔan² dai³
不 得 就 昏倒 去 地 那 哪里 了, 国王 的 得

pha⁴ sop⁷ pop⁸ kap⁷ doi³ kan¹ lɛu⁴, mɤ⁶ paai² lun² pɔi² dai³ pat⁸ faak⁸ tsaak⁹ kan¹ kɔ⁴ di¹ kɔ⁴ pin¹
相遇 相遇于 于 互相了, 时候 后来 反而 得 离散 离开 互相 就 好 就 成为

ʔan² bau⁵ man³ bau⁵ teŋ² kɛ⁵ sat⁷ taŋ² laai¹ nai² lok⁸ ni⁴ te⁴. naaŋ² tsan¹ ta² te² vi² kin¹ na² ri² kaau⁵
的 不 稳定 不 稳定 于 众生 里 世界 呢了。 喃 尖达蝶韦 女神告诉

tau⁶ nan⁴ lɛu⁴ tsau³ kɔ⁴ ʔau¹ jaŋ² mu⁵ kin¹ na² ri² taŋ¹ laai¹ lɛu⁴ kɔ⁴ ʔok⁷ pai² tsaak⁹ paa⁵ mai¹ him¹
多少 这样 后, 召 就 取 于 群 女神 大家 了 就 出来走 离开 森里 边

ma² paan² van¹ nan⁴ lɛu⁴ kɔ⁴ pai² rɔt⁸ pai² thuŋ¹ tuŋ¹ mɤŋ² tsɔm¹ xau¹ kai¹ ʔan¹ pin¹ ti⁶ ju⁵ hɤŋ⁵
大森林 天 那 了 就 走到 走到 到 勐 庄 山 远 的 是 地方 在的

tun¹ lɛu⁴ kɔ⁴ xau³ pai² su⁵ sam² nak⁸ pha² jaa² ʔut¹ thum² pan² raa² tsaa² tun³ pin¹ tsau³ pin¹ pho¹ hɛŋ⁵
尊　了　就　进去　找　住所　国王　　乌董板　大　　尊　是　召　是　丈夫　的

tun¹ han³ lɛ⁶. son⁵ vaa⁶ pha² jaa² ʔut¹ thum² pa² ra² tsa² han³ lɛu⁴ jaŋ² naaŋ² kɛu² jɔt⁸ ra² tsa² te² vi²
尊　那　了。至于　国王　　乌董板　大　　那　了　于　喃　　宝贵　至上　王后

hɛŋ⁵ tun¹ maa² daŋ³ ʔan³ pha² jaa² kɔ⁴ thaam¹ vaa⁶ du² daa² ra² tsa² te² vi² naaŋ² rɔt⁸ lɛu⁴ ʔan² ru² vaa⁶ ʔan³
的　尊　来　像　这样　国王　　就　询　问　听吧　大王　　王后　喃　到　了　的　怎样说那

lɛu⁴ kɔ⁴ kaau⁵ pin¹ nai¹ sa¹ ka² tha² vaa⁶ vi² tsi¹ ra² ti¹ ʔi¹ ka² ta¹ te² vi² pa¹ pa² ta¹ ni² va² na² ni¹ tsa¹ daŋ³
了　就　告诉　是　里　萨嘎　他　瓦　韦 吉拉蒂伊卡　他 帖 韦 巴罢 尼 瓦 那 尼 扎 像

ni⁴ vaa⁶ pha² te² du² daa² naaŋ² tsa¹ dɤn¹ pai¹ su⁵ paa⁵ maai⁴ lɛu⁴ dɔi¹ taŋ² laai¹ daŋ³ ʔan³ naaŋ² jiŋ²
这样说 我 吧 听吧 喃　出发 去 到 森林 后山 大家 像这样　妇女

jaŋ² han¹　luk⁸ rak⁸ tsau³ ʔan² tsa² ru² ti⁶ nan⁴ naaŋ² tsan¹ ta² te² vi² kaau⁵ vaa⁶ te² va² xaa³ de⁵ ma²
于 看见 子女 喜爱 召　 的 我 怎么地 那 喃 尖达蝶韦　告诉　奴 家 啊 大

haa¹ ra² tsaa² tsau³ xaa³ kɔ⁴ bau⁵ han¹ jaŋ² luk⁸ rak⁸ raa² ti¹ dai¹ ti⁶ nuŋ² sak⁷ hɛŋ⁵ xaa³ kɔ⁴ tau⁶ han¹
王　大王　召　我　就　不　看见 于 子女　喜爱　何处　地方 一 没有 的 我　就　只

jaŋ² sa¹ sai¹ sa¹ la² ʔɛŋ⁵ kɛu² ʔan² luk⁸ rak⁸ raa² hɤi¹ thuŋ² lɤt² lɛu⁴ nai¹ paa⁵ kɛu³ him¹ ma² paan²
看见于 腰带　　宝石　　的　子女　喜爱　呀 佩戴　了 里　森林　边 大 森林

ti⁶ nan⁴ siŋ⁵ deu¹ lɛ⁶ naaŋ² kin¹ na² ri² taŋ² laai¹ dai³ jin² kam² hɛŋ⁵ raa² tsaa² te² vi² kaau⁵ vaa⁶ sɛn¹ nan⁴
地方　那 单独 了 喃　　女神　　　大家　得 听见　话 的　王后　　蝶韦 告诉 那 样

kɔ⁴ maa² vɤt⁸ lɔm⁴ pin¹ pa¹ ri² vaan⁴ kɔ⁴ rɔŋ² hai³ ram⁶ rai² pai¹ maa² het⁹ vaa⁶ xau¹ rak⁸ naaŋ² ma² no²
就 来 围绕 成 侍卫 　　就　哭喊 悲痛 去 来　因为　他们 喜爱 喃 玛 诺

la² naat⁸ thai⁴ mak⁸ nak³ han¹ lɛ⁶。
拉　婀娜多姿　非常　那　了。

注释：

1.《召树屯》是一部在傣族民间流传甚广的长篇叙事传，版本很多，各版本之间故事有些出入。本文选自《召树屯》（人民出版社，2007年）第二章中一段。国际音标、直译和意译都经过作者重新加工。

2. 这段内容主要叙述公主喃玛诺拉失踪后，王后尖达蝶韦到森林寻找女儿未果，伤心欲绝的场景，这是《召树屯》中比较著名的一个片段。

意译：

这里要讲述喃玛诺拉的母亲尖达蝶韦到处寻找女儿。尖达蝶韦带领众女神从勐庄山飞腾到天空，到大森林里寻找女儿，但是不见女儿的踪影。她们寻遍了大森林的任何一个角落，大声呼喊着喃玛诺拉，可是无济于事。他们找啊找，最后来到了一个荷花池边，看见了喃玛诺拉丢失的耳环和珠宝等首饰，尖达蝶韦心急如焚，大声哭喊着女儿的名字。哭诉道："我的儿呀，母亲想你，思念你，牵挂着你，为什么不见你的踪影，只见你的腰带呀？"

尖达蝶韦抱着爱女的腰带，胸中像被刺一般地痛苦。她几乎要痛苦地昏倒在地。佛祖啊，人世间为什么不能长相厮守，而要痛苦地分离。最后无奈地，她带领众女神离开了大森林，回到了乌董板，面见乌董板国王，也即尖达蝶韦的丈夫。国王询问寻找女儿喃玛诺拉的情况。王后尖达蝶韦汇报道：我寻遍了森林的每一个角落，也没有找到心爱的女儿喃玛诺拉，只是看见她过去佩戴的腰带。手下众

神听到尖达蝶韦的叙述后，都痛苦地哭喊起来。他们都为他们喜爱的美丽的喃玛诺拉而伤心。

四 怨世甜蜜经节选（德宏傣文）

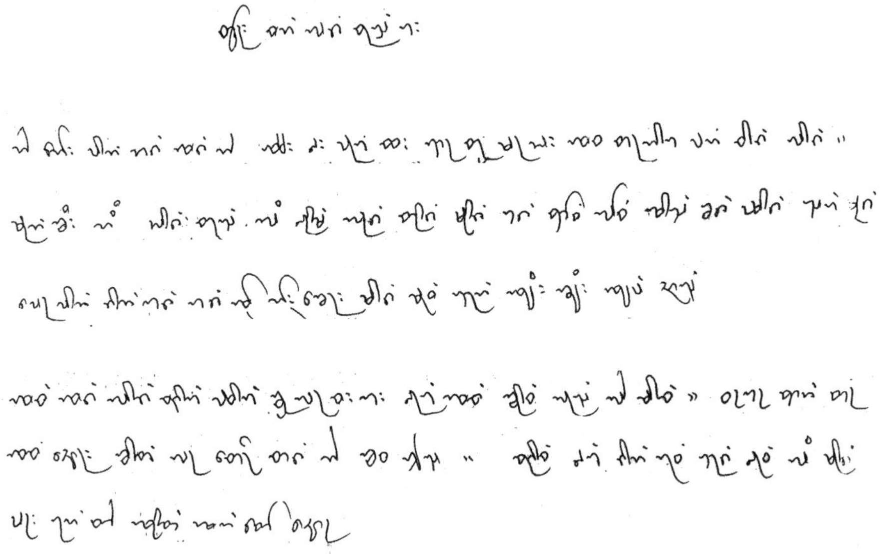

图 4 《怨世甜蜜经》节选

$$ta^2\ ta^2\ vaan^1\ saaŋ^5\ voi^5\ ka^4$$
经典　怨世　甜蜜

$lai^1\ lε^2\ lai^1\ lε^2\ pen^6\ laŋ^5\ tsaŋ^5\ lai^4\ tsi^2\ la^4\ puk^4\ tha^4\ ʔa^4\ tu^5\ ma^5\ za^4\ tsau^3\ ta^6\ lik^4\ paan^5\ veŋ^2\ seŋ^1。mon^6$
话 说 话 说 因　现在　几纳 佛祖 无可比拟　主 升 极乐 世界　佛祖
$kam^2\ lam^2\ lam^2\ jeŋ^2\ toi^2\ saam^1\ lɛm^1\ soŋ^2\ tɤŋ^2\ mɤŋ^2\ kaaŋ^2\ hau^6\ sau^2\ tsɛn^3\ xaaŋ^2，fɤŋ^2\ zan^5\ muŋ^6\ pɯ^2$
　常常 俯瞰　　 三　界 停留 地方　人世间。 我们 居住 连成 一片，　慧眼　 使
$pen^6\ ŋin^2\ kaŋ^6\ kaaŋ^6\ tsau^6\ laɯ^6\ xo^2\ min^2\ mo^2\ ʔon^3\ tsom^2\ xom^2\ tsop^4\ loi^5，tsau^3\ tsaŋ^5\ seŋ^1\ hek^4\ phik^4$
　使　成 了 中　心 里 了　昏沉 软　绵绵 干枯 累， 主　才 叫喊 徒
$xu^5\ sa^6\ va^4\ ka^4\ luk^4\ tsau^3\ xɤ^2\ soi^5\ saai^1\ mɯ^1，va^6\ ka^6\ han^2\ ta^5，tsau^3\ lε^2，xet^4\ sa^6\ te^5\ taŋ^2\ laai^1\ xau^1\ hɤi^2$，
　弟　沙瓦噶　弟子亲戚、亲属、亲族, 说　菩萨罗汉， 主　呀，　 贤能　 大家 各位 呀，
$he^1\ lak^7\ ŋin^2\ ko^6\ ʔuŋ^6\ lo^1\ saam^1\ mɤŋ^2\ pa^2\ kon^2\ taai^1\ tsɛt^7\ tsan^3\ tε^4\ lo^4$。
怎么不　惧怕　泥沼　三　地方 带动 人　死 怨恨　很　了。

注释：

1. 德宏傣文计有 9 个调类，6 个不同的调值，分别为阴平（第一调）、阴入（第七调）3^5；阳平（第二调）55；阴上（第三调）31；阳上（第四调）、阳入（第八调）53；阴去（第五调）、阴入（第九调）11。阳去（第六调）33。

意译：

话说，现在无可比拟（无与伦比）的佛祖，已经升入极乐世界，但是他经常用慧眼查看居留在人间三界的我们，使人们心里沉重无力如枯井一般。佛祖单独把尘世间的人们带来教戒，教训道："至亲的沙瓦噶弟子、菩萨、罗汉们呀！列位圣贤们呀！三界中如泥沼，是给人们死活的，叫人畏惧而怨恨。"

五 贺党里坦经节选（第一行傣绷文）

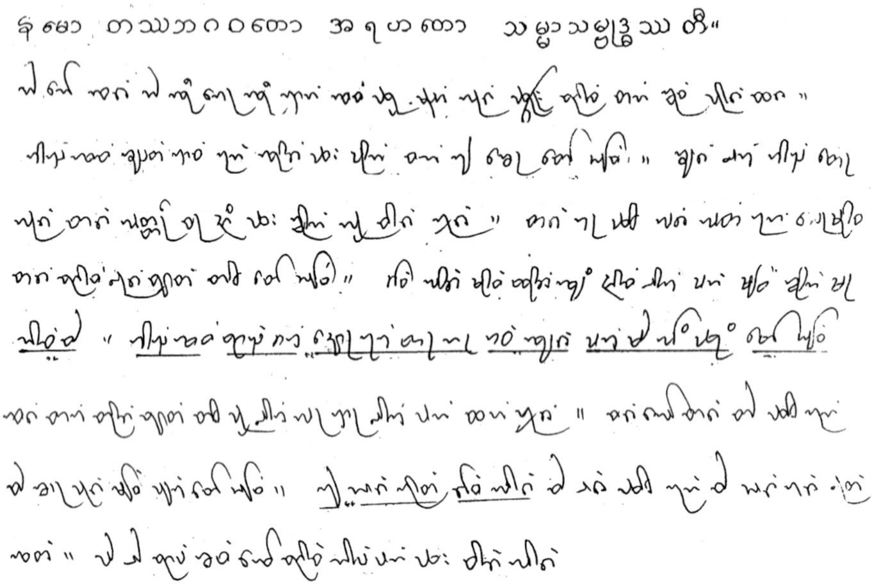

图5 《贺党里坦经》节选

na⁴mo² ta⁴tsa⁴ pha⁴ka⁴ va⁴ to?ʔa⁴ra⁴ ha⁴ to² tam¹ ma⁶ tam² put⁴ that⁴ sa⁴ ti⁶。lai¹ lɛ² tsaŋ⁶ lai⁴
顶礼　有威望　脱离尘世的　人、鬼，　对　超脱者、智者　了。话说　现在
tsom² ko² tsom² ʔan⁶ tsau³ phu⁵ mon⁶ suŋ¹ pha⁶ la²hɤ⁶ tan² xo² pɤŋ⁶ thaŋ⁵，ke¹ tsau³ xot⁴ ʔau⁶ kon²
喜欢　　于佛祖　位　福气　佛　光亮　威风　明亮，佛祖　教戒 把 人世
tsɯŋ⁶ fa⁴ pɯn³ vaan⁵ koi² xo¹ tɛ⁴ zau⁰。xoŋ¹ lak¹ kɛn⁵ to⁶ suŋ² taŋ² sat⁴ ta⁵ va⁵ lum³ fa⁴ xɯn³ su⁵ veŋ²
间　全部　率领　单独　呀吧了。关于 连　慈爱 着　众生　世间　升 入 天
hoŋ¹ taŋ² ka⁶ phi¹ saan³ sat⁷ kon⁵ zo² mɯ² taan⁵ he² loŋ¹ hot⁴ ti⁶ tɛ⁴　jau⁶。ŋau² sɛŋ² mɤ² thɯn¹
堂 和 同鬼神 畜 人 举 手 乘坐 船 大 到 地方岸边 吧。 佛祖 到达
tsom⁶ lɤ¹ liu¹ ʔun⁵ maau⁵ xɯn² maa² leu¹ vaai⁵，kɛn⁵ tsau³ hui⁴ ŋaak⁴ no² kuk⁴ ta⁵ kau³ tsoŋ⁶
极乐 世界 不 回 来 返趸，佛祖 打开 超脱尘世 九 条
pak⁴ maai² sim⁵ phom¹ tɛ⁴ zau⁴。tsaŋ⁵ tak⁷ tɤŋ² hot⁴ ti⁶ pu⁵ lik⁴ sa⁶ ʔa⁶ lik⁴ paan⁵ than¹ hoŋ⁴，
插 着 留 发髻 了 吧。 才 向 遥祝 祈祷 人们 非 极乐 世界 有名望 地方，
vaan² se¹ taan² taai⁶ phi¹ kon² vai⁴ xja² pom⁶ maau⁵ pok⁴ tɛ⁴ jau⁴。koi² jaŋ² kɯt⁷ ŋau² sɛŋ¹ vaai² laŋ¹
脱离 死亡 死 鬼神人 流下 不 往返了吧。仅留下 留 佛 光 在 后
phi¹ kon² vai⁴ jaŋ² kaaŋ⁶ lut⁷ tsaat⁸ pai⁵ lai³ hup⁴ xau³ tse⁶ hɤ⁶ lip⁴ pan⁵ fa⁴ veŋ² sɛŋ¹。
鬼 人 留 在 人 间停泊 未有 纳 入 伟大 城池 极乐世界 天堂。

注释：

1. 傣族有四种文字，傣绷文是使用面比较狭窄的一种文字。它主要在云南耿马县的孟定镇和勐简镇、德宏州瑞丽县一部分地区使用，国内使用人口很少，仅在这一地区的寺庙里使用，国外也主要使用于同我国瑞丽县接壤的缅甸掸邦一带。傣绷文跟其他傣文一样，来自于婆罗米字母体系，字母形体与西双版纳傣文很相似。

2. 孟定傣语和德宏傣语基本一样，其声调同德宏傣语声调。

意译：

虔诚赕拜有威望、超脱尘世、永不返回的智者、觉者，人鬼、动物、神仙都敬仰的佛祖（此为佛经开头的一段话，几乎每部佛经开头都采用同样的叙述方式）。话说，现在佛光佛威普照大地，皆大欢喜，慈爱着众生的佛祖关心众生（人和其他动物）升入天堂，并同鬼神一道渡到彼岸。佛祖已到达极乐世界永不返回，并已打开了出世的九条插上的发髻。才向有名望的非极乐世界的人们祈祷遥祝（告知）：我佛祖已脱离人鬼的生死关，再也不往返，现仅在人间停留看佛光普照大地，暂还未把它（佛光）纳入伟大的极乐世界。

后两节材料转录自杨民康《贝叶礼赞》，宗教文化出版社2003年版，第462—466页。

结 束 语

傣族古文献是我国古籍宝库里的一个重要部分，它的整理和研究对中华民族文化有很重要的作用和价值，具体说来，可以概括为以下几个方面：

第一，有利于民族文化的建设。民族古籍是民族文化的重要资源，一个民族的历史、文学、科学、艺术等在民族古籍中都有生动的体现，可以说，民族古籍是建设一个民族文化的最重要的精神宝库。傣族古籍卷帙浩繁，既有历史、文学的，又有宗教、科技和医学的。傣族文化的各个方面都存在于傣族古籍之中，所以整理和研究傣族古籍对傣族历史、文学、语言、宗教、教育等方面都有重要的价值。如记载了傣族珍贵历史的《泐史》，详细地记录了傣族自1180年到新中国成立前的历史情况，对于我们了解傣族史有着重要的价值；著名的佛经著作《维先达罗本生经》则比较系统地阐述了小乘佛教的布施、修行、得道等各方面内容，对于全面研究小乘佛教在西双版纳的传播和变异有着重要的意义；著名的天文学著作《苏定》、《历法星卜要略》等，对日月行星的运行及日月食等进行了相当准确的计算。天文历法中的分野思想、干支用法及计算数据，对我们确定中原文化和印度文化在不同时期对傣族的影响和相互交流可以提供较为确切的证据。

第二，有利于加强对中华民族多元一体文化的渊源和中华文化整体性的全面认识。中华民族文化不仅包括光辉灿烂的汉族文化，也包括历史悠久的各少数民族文化。汉民族文化和各少数民族文化各有长短，又互相补充。它们是多元的，又是一体的。而各民族古籍是各少数民族传统文化的最重要方面。在各民族古籍中，形成一个民族文化结构的总体系。整理和研究一个民族的古籍实际上就是保存、弘扬、建设和发展这个民族的文化。傣族文化是我国少数民族文化的一朵奇葩，其古籍数量不可胜数。西方学者长期以来认为中国没有英雄史诗和长篇叙事诗，就是缺乏中华文化的整体目光和中华文化多元一体的历史认识。其实在我国各少数民族中，英雄史诗和长篇叙事诗非常发达，仅就傣族来说，其长篇叙事诗就达500多部。中国学不仅包括汉学，还包括藏学、满学、西夏学、蒙古学、壮侗学、彝学、傣学等。它们都是中华文化的一个有机组成部分，对它们进行整理和研究，必将推动中华文化的全面建设和促进中华民族多元一体文化格局的发展。

第三，有利于中国宗教的研究。中国是一个宗教大国，既有道教、佛教和各种原始宗教，又有伊斯兰教、基督教等。各个宗教又有许多派别。如佛教既有大乘佛教（北传佛教），又有小乘佛教（南传佛教）。大乘佛教主要分布在内地和西藏地区，小乘佛教则在我国云南边疆的傣族和布朗族地区流传。小乘佛教相较于大乘佛教来说，它具有更古老的性质，更多地保留了佛教的最初教义和特点，所以研究傣族的小乘佛教不仅对贯彻执行国家宗教政策有实际意义，而且更为重要的是，对研究佛教的教义、教规、戒律、理论学说等是不可缺少的方面。此外，它还有利于我国的对外文化交流。小乘佛教除我国傣族地区外，在东南亚的泰国、缅甸、老挝、柬埔寨和南亚的斯里兰卡也拥有更大的信仰众徒。在这些国家，佛教思想和佛教文化已经浸透到社会生活的各个方面，以至于不了解当地佛教的发展，就无法解读他们的历史和社会。所以对小乘佛教进行研究，有助于我国和东南亚各国之间的文化和宗教交流。

第四，有利于中国社会制度史的研究。我国在新中国成立前存在多种社会制度，既有原始社会制度、奴隶制度、封建农奴制度（领主制度）、封建制度，又有资本主义制度的萌芽，可以说，我国各民族的情况立体地展示了人类社会发展的进程。傣族社会在新中国成立前处于不同的发展阶段，内地傣族已经进入封建社会，德宏傣族则处于农奴制到封建制的中间形态，而西双版纳则完整地保留了封建领主制度。傣族古籍文献大量记录了傣族在封建领主制度下的各种法律、等级关系和领主制下的傣族人民的生产、生活和宗教活动情况以及封建领主制度的演变过程，是我们研究傣族社会制度的宝贵的资料。更为重要的是，在我国，只有傣族系统地保留了封建领主制度社会形态，它不但对于研究我国各种社会形态的变迁有重要的作用，而且它也可以帮助认清我国先秦社会历史，在其中寻找人们经历过的社会历史影子和发展规律，所以它也成为研究我国社会制度史的重要资料。

源远流长的中华文化博大精深，它已成为一种传统力量，已成为统领和维系国内和海外全部炎黄子孙的精神纽带。各民族文化都是中华文化的组成部分，民族古籍也是中华文化的瑰宝。在我们向现代化迈进的行程中，切不可忘记民族文字古籍的价值，切不可忘记我国各民族祖先留下的这些历史档案的价值。

水 书

吴贵飙　潘朝霖　韦学纯　编著

第 一 章

历史文化概况

水族自称"sui³"（睢），"sui³"（睢）汉语音译为"水"。中华人民共和国成立后，1956年正式确定名称为"水族"。"水族"是水族自称"zən¹sui³"（任睢）的音译。

根据2010年中国第六次人口普查统计，中国水族总人口为411 847人。

水族主要分布在贵州省黔南布依族苗族自治州的三都水族自治县和荔波县的水利、水尧、永康3个水族乡，独山县的本寨、甲定、翁台3个水族乡，都匀市的基场、阳和、奉和3个水族乡；黔东南苗族侗族自治州榕江县的三江、仁里、定威、兴华、水尾5个水族乡及塔石瑶族水族乡，雷山县的达地水族乡，黎平县的雷洞瑶族水族乡；云南省富源县古敢水族乡。其次分布在广西壮族自治区的南丹、宜州、融水、环江、都安、来宾、河池等县（市）。在其他城市，如贵阳、北京、上海、广州、成都、重庆等零星有水族人居住。聚居区以三都水族自治县为中心，西从独山县的翁台水族乡起，东至榕江县的高兴古依止，东经107°30′—109°之间；南从荔波县的茂兰起，北至都匀市的奉和水族乡止，北纬25°—26°30′之间。

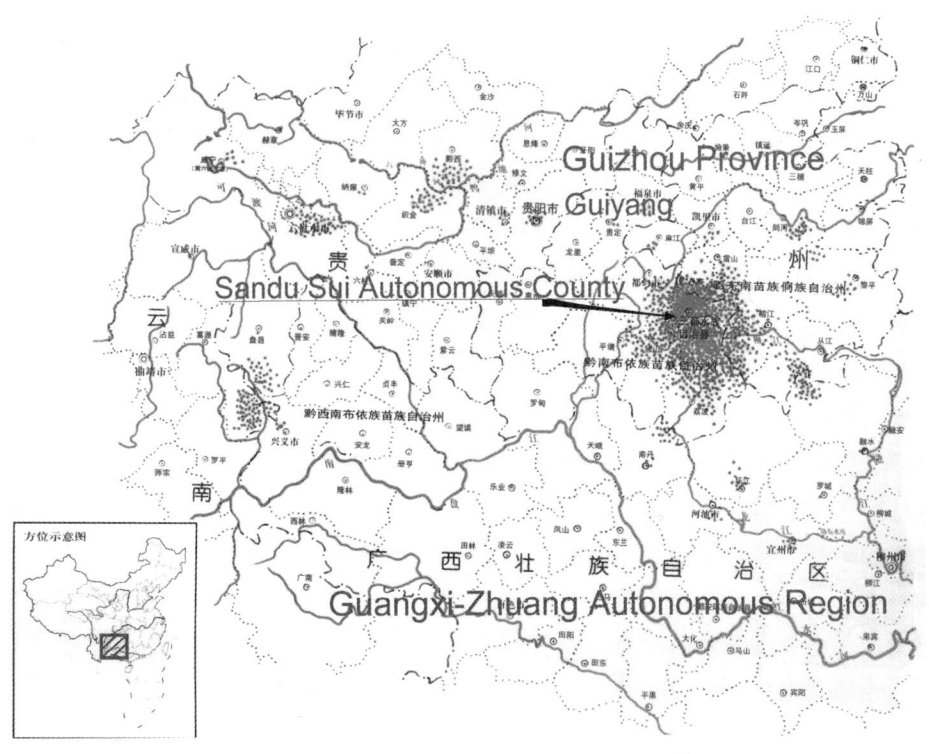

水族分布图

水族服饰的颜色多为青、蓝两色。传统的男子礼服为大襟长衫，与当地的汉族服饰差异明显，水族男子穿土布居多。妇女穿蓝色无领大襟右衽半长衣，青布长裤，衣裤四周镶花边，系青色绣花围腰，头包白色或青色长巾，节日佩戴银花压领、银项圈、银手镯等。水族妇女服饰是水族外部形象的标志，是其物质文化和精神文化的结晶。

水族人民的饮食以大米为主，特别是喜爱糯食。喜酸辣味，酸是水族人民每家每户必备的调味品，酸汤可以增进食欲，可以解热避暑；辣椒是烹饪必备的调味品。喜饮酒，酒是水族人民待客的必备品，长期以来，水族人民积累了一套很完整的酿酒方法，其中三都水族自治县九阡地区所产的糯米酒——"九阡酒"最为有名。

水族的居住以"聚族而居"为特征，同血缘村寨相比邻，一个村寨往往由一个祖先发展而成。水族的村寨建在依山傍水的地方，房屋四周多种竹和树，村内寨脚多鱼塘，多植果树。水族的房屋建筑可以分为六类：干栏式木楼、地屋、吊脚楼、木皮房、叉叉房、禾仓。近些年来，由于社会经济的发展，人民生活的提高，开始出现砖瓦房或钢筋水泥结构的房屋建筑。

水族现行的婚姻实行一夫一妻制，遵循"同宗不娶"的习俗。

水族一般实行土葬。在水族的丧葬中，有停棺待葬、开控、葬龙脉、敞棺、大石棺墓等习俗，表现了水族的葬俗特点。

水族的主要节日有端节、卯节、春节、苏宁喜节、清明节、端午、七月半和霞节等。水族节日具有自己独特的特点：（1）不同地区的水族过不同的节日（端节、卯节、春节），过端节不过卯节、春节，过卯节不过端节、春节，过春节不过端节、卯节；（2）过同一节日（如端节或卯节）的水族分地区、分批过，不同时过。

水族的端节是水族地区范围最广、历时最长的节日，历时 49 天，分 7 批过，主要活动为祭祀和赛马。它源于以血缘为纽带的人们群体的原始宗教祭典活动。过节日期从水历十二月至新年二月（相当于农历八月至十月），每年从年终十二月（农历八月）的第一个亥日起开始过节，并依次往后推算。时值大季收割、小季播种的年终岁首阶段。因此，端节是辞旧迎新、庆贺丰收、祭祀祖先和预祝来年幸福的盛大节日。据说，端节原来只过一次，后因人口增加，散居各地难以见面，因此实行按地域分批分期过节，以便相互走访祝贺。端节主要是亥日过，其次是午日过。据说分别为先祖父、祖母逝世及吊丧的日子。

卯节是水族人民选择在插秧结束之后的水历九月、十月（阴历五月、六月）的卯日过。卯节以祭田禾苗及卯坡对歌为主要内容。卯节也是按地区分 3 批过节。

苏宁喜节，过节时间在水历的四月（农历十二月）丑日，是祭祀地母娘娘求送子嗣以及祈求地母娘娘庇佑儿童健康的节日。水族地区普遍供祭，三都县和勇一带的水族人过节特别隆重。

水族人民在漫长的历史进程中，创造出光辉灿烂的具有民族特色的传统文化，其中包括语言文字、科学教育、工艺美术、音乐舞蹈和文学艺术。

水族有自己的语言——水语。水语属汉藏语系壮侗语族侗水语支。水语与同语族中的毛南语、侗语、布依语和壮语有亲缘关系。尤其与侗语关系更为密切，有近 40% 的词汇相同。

水族有自己独特而古老的文字——水族古文字、水字、水文。用这种古文字编写成的书，水语叫《泐睢》，意为"水族的书"，汉译为水书。

汉文化传播到水族地区时间较晚。据资料记载，汉文化对水族地区有较大影响的，当自明洪武年间开始。明代在荔波首办县学。清乾隆五年又在三脚设立义学，继而少量的私塾开始在中心集镇举办。

清嘉庆年间，荔波设荔泉书院和桂花书院。同治年间，都江厅（今贵州省三都水族自治县都江镇）一带创办的义学已达 13 所。同期，三脚屯设崇文经馆、养正蒙馆，尔后于光绪年间办了书院。都匀地区设置学署，比荔波、三脚屯设置的还要早。当时，入学受教育的水族子弟极少，但汉文化的教育对水族地区是具有一定影响的。由于学署、书院、经馆、学馆、蒙馆、义学、学堂及学校的先后创办，扩大了汉文化的传播。据荔波县民国年间统计，清代全县的廪附生有292名，其中水族52人，占17.8%。此外恩贡、岁贡和封荫、保举仕官的文武职、塾师、艺术家（含雕刻、书画有名望者）还有24名，水族地区文举、武举相继出现。三洞乡梅伞村秀才潘文秀还整理了水族谱，写了《一两五》、《古风诗》等传世作品。他的诗描写了当时劳苦民众卖儿鬻女的痛苦生活，艺术已达到较高的水平。武举的发展比较快，在王司、永康、瑶庆、廷牌、阳乐、三洞等地，先后出现武举。这些武举为了光宗耀祖、显赫名声，都在村寨口竖立着条石制成的旗杆基座。这也是汉文化影响的一个重要方面。

清光绪年间废除科举制。此后随着辛亥革命的掀起，办学点进一步深入水族的村寨。到民国二十八年（1939年），三合县共有小学27所，其中在水族聚居地的有水潘、高塘、庆样等10所，占37%。民国三十二年（1943年），荔波县有中小学66所，其中在聚居地的有永康、瑶庆、佳荣、从善（现三都县九阡）、恒丰、三洞等36所，占54.5%以上。同时，都匀县、独山县办有学堂。随后在都匀、独山等地办了高中，榕江县等办了国立师范，为水族学生的继续深造创造了条件。抗战时期，内迁大学增多，且贵州省受战争波及不大，又为水族学生深造创造了条件。在新中国成立前夕，水族的大学毕业生已有10多名。在外地读书的部分水族青年，接受了汉文化的教育和革命思想的影响，投身于革命和支持革命。潘文兴等就是在这样的背景下组织游击队迎接解放军解放水族地区的。潘一志先生目睹国民党的腐败，毅然辞去政务而躬耕垄亩，并潜心搜集整理水族社会有关资料。当解放军来到时，他欣然下山，并将"益智"之名改为"一志"，表示找到了真理，再也不改变志向。此后，他利用政务之余编纂刻印了30余万字的《水族社会历史资料稿》，对研究水族社会的政治、经济、文化和水族历史做出了贡献。

除了文化教育的传播之外，水族地区民间的中草药医生为了解除人民的疾苦，自愿地传授所掌握的医药知识。过去，水族地区出现了不少接骨、治创伤、治疮毒、治蛇伤的医师。同时还出现了不少传授兽医知识的中草药医生。他们为人民的生活与健康做出了不少贡献。

水族民间口头文学大体可以分为三类，一是散文形式的神话和故事传说、寓言；二是诗歌形式的叙事歌，即兴歌和以念唱为主的调歌诘歌等；三是句型整齐并且押韵的格言、成语和民谚等。

民间乐器有铜鼓、皮鼓、锣、芦笙、唢呐和二胡等。水族群众最喜爱跳铜鼓舞和芦笙舞。特别是击铜鼓而舞的铜鼓舞，是水族最传统的舞蹈之一。水族民间工艺美术如剪纸、刺绣、印染和雕刻等，技艺都很精湛。

水族的主体群落最迟在南宋以前就定居在苗岭山脉以南珠江水系的都柳江和龙江上游分水岭的狭长地带。

早在秦汉以前，岭南一带聚居着越人。历史上统称"百越"。古代越人"巢居"干栏，至今的水族住房多为干栏建筑，加之地域历史发展的各种迹象和语言特点，学者一般认为水族可能是从"骆越"的一支发展起来的。

据资料记载，水族于唐朝初叶已发展成有共同地域、共同语言、共同经济生活以及共同文化的共同心理素质的独立民族。唐王朝于开元年间在当时水族聚居区（今广西环江一带）建立羁縻性质的"抚水州"。"抚水州"领四县：抚水、京水、古劳、多蓬。抚水县的"抚水蛮"就是水族。"抚水州"的建立，是汉文献上水族得名之始。在水族发展过程中，也融合了其他民族的成分。

宋因唐制。随着历史的演进，人口的增加，抚水州的"抚水蛮"多次向宋王朝谋求更多一点儿的生存权利和更大一点儿的生存空间，但屡遭宋王朝地方命官的反对，甚至使用武力镇压。《宋史》载，宋真宗大中祥符九年（1016），地方命官俞献可对抚水州的"抚水蛮"大肆镇压，"杀伤颇重"，还纵火

"焚其炉室积聚",使水族人民无处可栖,只得"窜入山谷"中。在强大的压力下,水族大本营被迫由今广西环江一带迁到今贵州省的荔波县境内,然后逐步向今三都、独山、都匀、丹寨、榕江边地扩散,形成今天水族聚居区的分布形态。

从《宋史》中关于抚水州的记载,可以看到宋代水族社会发展的轮廓。当时,抚水州的农业生产已有一定发展,"种稻似湖湘"。出现村落,"夹龙江居",酋长居住的地方有"楼屋战棚",并以竹棚护卫。

宋末元初,蒙姓贵族在龙江上游的广大地区建立了封建领主制度的土司制,但仍保留着较浓厚的农村公社色彩。表现在领主对辖区内土地并无绝对的支配权,人身依附关系并不牢固,而且在社会基层组织的"洞"或"寨"内,还有一定的独立自主权。"洞"、"寨"内有自己的领袖"都老"管理内部事务。遇有战事则敲击铜鼓,由"都老"召集成员参加战斗。成员可以自由使用洞、寨公有的山林、牧场,但经过开垦的土地则归垦者占有。对封建领主的贡赋亦以村寨为单位负担。至今,每个村寨都有由"都老"演变而成的称为"寨老"的自然领袖,并保留村社会议制残余的"议榔"制度和习惯法。

元朝政府对西南少数民族实行"招抚"政策,设置了一套从路到总管府、军民府的统治机构。公元1283年,四川行省参政曲立吉使用武力镇压了贵州省南部"九溪十八洞"的少数民族,加封少数民族首领为世袭土官,通过他们来统治少数民族人民。不久,邻近的烂土、陈蒙等处的"洞长"也接受元朝的封号,改陈蒙、合江两洞为州,并增设了陈蒙、烂土军民安抚司,以总辖其地十五洞,隶八番顺元等处宣抚司都元帅府。成宗大德元年(1297年),并广西行省属的庆远府路总管府和南丹安抚司为庆远南丹溪洞等处军民安抚司。下辖四州六县,包括今水族居住的荔波县、环江县、河池县、南丹县等地区,这样,水族地区便基本纳入土司制度的管辖范围。庆远府之南丹安抚司下的荔波州是水族的聚居中心,辖有蒙石、时来、巴灰、董界、巴乃、羊奉、方村、瑶台、水婆、羊安、三洞、九阡、周覃、莪蒲、瑶庆、巴客十六捧,设有捧目,相当于土目一级。"捧"系少数民族语言音译,近似于水语中的"paaŋ²"(榜),其意为这一片、那一片地区。这十六捧包括了今荔波、三都等水族聚居中心。这就是水族地区流传的所谓"十六水"的缘由。

明朝初叶实行土流并治。在元代土司制度基础上,根据各土司辖区的大小,封以宣慰使、安抚使、长官或土知府、土知州、土巡检等封号,属中央吏部、兵部管理。各级土司仍可世袭,但必须报请中央王朝批准赐封。土司在自己领地里虽然有很大的独立性,但仍属王朝"命官",负有"谨守疆土,修贡职,供征调"的义务。其统治方式日臻完备。

明王朝在洪武初年,又消灭了蒙、皮、雷三姓土司的势力,结束了三姓土司的割据局面,但仍使用当地的土著作为上层管理。同时,随着中央王朝对水族地区统治的加强,人民的反抗也日益加剧。于是,前往"征讨"的军队将士便"留守"在当地,被封为土司官。如洪武二十三年(1390)设置的陈蒙、烂土长官张均,就是"征讨"后留任的。

清康熙二十年(1681)后,王朝中央政权发觉各地土司各据一方,不利于国家政令畅达。如黔南、黔东南一带土司,发展成"梗隔三省(黔、湘、桂),遂成化外",于是在雍正四年(1726年),在水族地区以武力弹压的形式进行大规模的"改土归流",在水族地区增设府、州、厅、县。如雍正九年(1731)在都江置厅,隶都匀府;雍正十二年(1734年)设独山州同(驻三脚屯),并将原属广西省庆远府的荔波县改隶贵州都匀府,还在广大城镇和乡村普遍建立"营"、"汛"等军事机构,加强统治。这种统治一直持续到清朝末年。

辛亥革命后,1914年,将三脚屯州同改为三合县,都江厅改为都江县。1941年,又将两县合并为三都县。民国期间,水族地区成了军阀混战的战场,生灵涂炭,民不聊生。三都、荔波、独山、榕江、南丹、环江等广大水族地区军阀拉夫派款，抢粮掠畜，不少村寨被毁。加之土匪横行，抢物"关羊"，水族人民遭到前所未有的洗劫。直到1949年中国人民解放军解放了广大水族地区，才使水族人民获得解放。

水族是农业民族，而且是种植水稻历史悠久的民族。水稻产量占粮食总产量的80%—90%以上。从已有的资料中得知，在唐宋时期，水族已"夹龙江居"，"有水田"，"种稻似湖湘"。从耕地、播种到田间管理、秋收，都有一套完整的操作技术和管理方法。

自从由环江被迫迁徙到现在的聚居区以后，水族落居丘陵宽谷地带，间杂着一些山间盆地，也有落居高山地区的。他们移民垦殖，开荒造田。据文献记载，从明代以来，铁质农具如犁、锄、耙、镰、锹都已广泛使用；同时，兴修了一些较大规模的渠、塘、堰等水利设施；筒车、龙骨车、戽水桶等提水工具也在各地推广。这不但使若干山间、河谷、平坝基本上被开垦为水田，而且许多过去长期只能采用刀耕火种的山地，也被逐步开辟为梯田。在生产技术方面，已使用牛马畜力牵引。粮食作物除水稻外，已种玉米、麦类、豆类、荞等品种。

在农业生产发展的同时，手工业也有显著的发展。当然，手工业仍属于个体农民的家庭副业，但产品种类和数量都有大幅度的增长。特别是棉纺织业，由于棉花的广泛种植，已几乎成为水族劳动妇女人人从事的家庭副业。这些农民的家庭副业产品，由于产量和质量均有提高，除供自己家庭消费和缴纳赋税外，已有相当一部分被拿到市场上出售。因此水族地区定期赶集的初级市场也不断形成，并开始出现了较大的集镇。同时，由于驿站的普遍设置，客观上便利了往来的商旅，水族地区与外界在经济上的联系也较以前更加密切。司署所在地区和流官设治的地方，如烂土和荔波县的蒙石里、时来里等地已逐渐形成当地的政治、经济中心。

从清初到鸦片战争前的近200年间，水族地区的社会经济有了明显的发展。据文献记载，当时在平坝地区，水稻亩产已达150公斤以上。手工业方面，已有少数人从农业中分离出来，形成一支独立的手工业队伍。在烂土、三脚屯及荔波县等城镇，便出现了一批经营纺织、印染、打铁等行业的小型手工作坊。由于生产的专业化，使生产技术有了提高，产品质量更加有保证。据文献记载，清嘉庆时烂土出产的斜纹布，称为"顺水斑"，行销远近各县。

随着农业和手工业的进一步发展，以及清雍正以来都柳江航道的疏浚，水族地区的商业也逐渐发展起来。乾隆年间（1736—1795年），仅三脚屯州同辖区内，农村初级市场即有14个之多，商旅来往络绎不绝，进一步促进了水族地区同外界的经济文化联系。

19世纪80年代以后，西方资本主义侵略势力直接渗入水族地区，使自给自足的自然经济发生了新的变化：其一是鸦片的大量种植、外运和洋货的输入，使自给自足的经济遭到了冲击。特别是洋纱、洋布的输入，使自染自织的"水家布"销路滞塞。其二是由于鸦片种植的合法化引起吸毒盛行，使人民体质急剧下降。其三是地主通过收购鸦片外卖发横财，引起土地的高度集中，致使农民丧失土地。

总之，19世纪80年代至20世纪40年代水族社会的经济形态是：由于殖民主义的侵入，社会内部商品经济虽有一定程度的发展，但起伏盛衰全依附于殖民主义的经济市场；集市贸易、商品成交虽有畸形繁荣，但与农业、家庭手工业紧密结合的自然经济仍然顽强抵抗着商品货币的分解作用。就水族地区整个社会经济而言，封建的土地关系仍然是社会经济的基础。由于吸毒盛行，人们的体质遭受摧残，大大降低了社会生产力，人民生活极端贫困。

水族是个富于革命精神的民族。他们酷爱自由，不畏强暴。对邪恶势力，对封建统治阶级的剥削、压迫和歧视，勇于斗争，敢于反抗，有着光荣的革命传统。

唐宋时期，封建王朝推行"羁縻"政策，水族人民一方面受到封建王朝的民族歧视与压迫，以及各种"贡物"的勒索，同时又受到本民族封建领主的剥削压榨，各种劳役日趋繁重，因而不断发生反抗斗争。

宋代大中祥符九年（1016）宋王朝对水族人民大肆镇压，把水族赶出环州之后，仅隔28年，水族人民于宋仁宗庆历四年（1044）举兵反抗，由荔波水族酋长蒙赶领兵与环州区希范联合攻打环州，夺走官印，焚其官府，建立"大唐国"，推举蒙赶为帝。后虽然失败，蒙赶被杀，但水族人民并不因此屈服，相反，激起他们更加英勇的反抗。

元明时期，水族人民不堪忍受封建王朝统治者的民族歧视，反抗斗争更是此起彼伏，接连不断。

清顺治十三年（1656年），水族人民不服清王朝所设的营汛屯堡的军事威压，在荔波九阡地区土司后裔雷天堡的领导下，以九阡为根据地，攻打荔波县城。

近代水族人民进行过多次革命斗争，其中规模较大的是19世纪中叶的农民起义和20世纪初的反帝爱国运动。1855年，水族人民在潘新简的领导下，与苗、布依、侗、汉等族人民一道，掀起"咸同起义"，参加者达万人之多，转战黔南桂北，坚持斗争达18年之久。起义军所到之处，打倒官吏、地主恶霸，废除苛捐杂税，得到各族人民的热烈支持，与太平军、捻军及回民起义军一起，构成了当时全国反抗清朝统治者的重要力量。1906年3月，水族对于帝国主义的所谓"传教士"在水族地区的罪恶行径忍无可忍，与当地其他民族人民一起，拿起武器，攻打都匀府，打开监狱救出蒙难群众，捣毁教堂；参加斗争的群众先后达10万人以上，斗争持续了1年之久。

在现代民主革命时期，水族人民进行了多次反对军阀的斗争。俄国十月革命的炮声，给中国传来了马克思列宁主义。1919年五四运动后，马克思列宁主义在中国得到广泛传播，唤醒了一大批爱国进步知识分子，水族人民的优秀儿子邓恩铭就是其中的一个。他是中国共产党早期著名的活动家之一，出席了中国共产党第一次全国代表大会，在山东发动了轰轰烈烈的反帝反军阀的工人运动，其卓著功勋永标史册。他虽然被反动军阀杀害了，但他的名字和英雄业绩将永远激励着中国人民，特别是水族人民奋勇前进。

在争取中国解放和反对外国侵略者的斗争中，不仅有邓恩铭这样的民族楷模，同时广大水族同胞也做出了贡献。

1930年中国工农红军第七、第八军经过水族地区，组织群众，打土豪分粮食，宣传党的政策，播下了革命火种。水族群众积极地给红军带路和运送粮草。

1944年日本侵略军侵入黔南，国民党军队逃跑了，英勇的水族人民和各族人民一起，自动组织起来，保家卫国，击毙日军100余名。

解放战争时期，水族人民也纷纷拿起武器，反对国民党的反动统治。

1948年7月，水族人民和苗族、布依族人民一道，组织"月亮山游击队"，在月亮山发动起义，实行抗丁抗粮。起义队伍在荔波、榕江、从江三县影响很大。

1949年7月，水族和布依族人民又在进步知识分子覃杰、潘文兴等领导下，组织"荔波人民武装游击队"，同年12月，经与中国人民解放军联系，要求率先攻打驻荔波县城，获得批准后于12月16日一举消灭了盘踞在县城的国民党守军，奉命成立"荔波县人民解放委员会"，宣告荔波解放。

1949年10月1日中华人民共和国成立，水族人民在中国共产党的领导下相继得到解放，结束了千百年来被压迫被奴役的生活，翻身做了主人，揭开了水族历史新的一页。此后，水族人民胜利完成了民主改革和生产资料所有制的社会主义改造，进一步解放了生产力，推进了经济建设和文化教育事业的发展。

为了在水族地区进一步贯彻和完善党的民族区域自治政策，根据水族人民的愿望以及水族聚落分布情况，经党中央、国务院批准，1957年1月在水族聚居中心成立了全国唯一的水族自治县：三都水族自治县。后来又在毗邻三都的一些县（市）设立了20多个水族乡，实现了水族梦寐以求的当家做主的愿望。

中华人民共和国成立60多年来，特别是中国共产党十一届三中全会以后，在邓小平理论和"三个代表"重要思想和科学发展观的指导下，在党的以经济建设为中心、坚持四项基本原则、坚持改革开放的基本路线指引下，经过广大水族人民的艰苦努力，水族地区的政治、经济、文化事业得到了前所未有的发展。教育事业亦有更大的发展。深圳援建的21所希望小学全部竣工，"世行贷款教育工程"20个教学楼及"国家贫困地区义务教育工程"多个项目的建设也全部结束，从而大大提高了自治县教育基础设施的水平。水族人民满怀信心，水族聚居区这块素来被人誉为"像凤凰羽毛一样美丽的地方"，将会放出更加鲜艳夺目的光彩。

主要参考书目：

李德洙主编：《中国民族百科全书》（11：水族卷），北方妇女儿童出版社、香港源流出版社2002年版。

第二章

文字的起源与变迁

水族有目前还在使用的一种独特的古老象形文字，水语叫"le¹sui³"，汉语音译为"泐睢"，意为水族的文字，通称为水族古文字，简称为"水字"、"水文"。水族古文字是一种象形文字。用水族古文字写成的书籍，水语亦叫"le¹sui³"，汉语音译为"泐睢"，意为水族的书籍，通称为"水书"。

水族古文字是水族的独特文字，是一种类似甲骨文和金文的古老文字符号，记载了水族古代的天文、地理、宗教、民俗、伦理、哲学、美学、法学等文化信息，至今仍然使用，被誉为象形文字的"活化石"。专家认为，"水书"相当于汉族的《易经》，内容博大精深，是水族的百科全书，也是中华民族文化宝库和世界文化的重要组成部分。"水书"是独特古老的人类文化瑰宝。

水族古文字是水族人民用来进行宗教信仰、风俗习惯、天文历法等信息交流的约定俗成的可见符号系统。水族古文字是用最原始的图形、实物记事而形成的表意符号。水族古文字的发展仍处在文字发展早期阶段，是用单个图形、实物或若干图形的组合记事，图形本身能表达意义，无须跟语言成分对应。各种类型的文字雏形均属这一表意符号阶段。水族古文字大多除作择吉避凶、巫术、占卜之用外，并不能记录完整的事件。1983 年，吴支贤、石尚昭撰文指出，水族古文字是属于表意体系的古文字，是中华民族悠久的历史遗产之一。

水族古文字由三类组成：一是图画文字，二是象形文字，三是借用汉文字。

由于水族古文字的字形甚古，其来源及初创时间便引起人们的兴趣。关于水族古文字之产生，无历史资料可稽，以至目前对水族古文字起源的研究也难有定论。

水族古文字记载，最早见于汉文文献是清咸丰庚申年（1860）莫友芝著的《红崖古刻歌》，他在注中说："吾独山土著有水家（今水族）一种。其师师相传，有医、历二书，云自三代。舍弟祥芝曾录得其六十纳音一篇。甲、子、乙、丑金作，……己、巳木作。且云其初本皆从竹简过录，其声读迥与今异，且多含古音，核其字画，疑斯篆前最简古文也。"《都匀县志稿》（20 世纪 20 年代）所载，水族水书的古文字类似古籀和小篆。后来《三合县志略》（1930）对水书作了较为详细的介绍，并肯定水书和水族文字有悠久的历史。这两本志书，虽对水族古文字和水书只作了简单性的介绍，而没有作详细的研究，但也足以让人们知道水族有古文字以及水书，也可谓水族古文字和水书研究的滥觞。

岑家梧先生据水书起源之传说及水书结构的特点提出："水书制造之时代极为古远。""至少水书与古代殷人甲骨文之间，当有若干姻缘关系，亦可断言也。"潘朝霖、韦宗林教授从中国文字书法字体发展的角度审视，认为水族古文字产生于秦以前，是从中华古文字的母体乃至从殷墟甲骨文字中分化出来的一种文字。秦汉以后水族在自己社会中传承和发展成为自己体系的文字。根据贵州省荔波县档案局进行的最新研究成果表明：水族古文字与出土的夏代陶器上的符号很相似。由此推断，水族古文字起源可能追溯到夏代。

文字是一种稳定的文化传承，它的初创不易，消亡也难。随着历史的发展与社会生活的丰富，文字总会有不断地创新与丰富。很难设想，经一两千年的发展（若从秦以前算，已逾两千年），水族古文字仍只有如此简陋的字形与寥寥数百字。除非水族古文字的发展势头较早地被更完美、通行而力量更强大的汉文字所遏制，且汉文化大量渗透到水族地区，并产生巨大影响是清朝以后的事。

水族古文字中夹杂着类似甲骨文、金文、秦篆以至图像文字，不少字又明显借汉字而又反写，大概是因为创造水族古文字的初衷即是作巫觋占卜之用，有意以其奇形怪状增加神秘色彩。也正因为这些简陋而神秘的符号已足以充当巫卜的工具，水族古文字才一直保持仅有的数百字，并未随时代变化、生活丰富而发展。

从目前考古研究来看，除民间藏存的以水族古文字编写的宗教典籍外，在水族地区发现了明代石墓碑上刻有记录死者生卒时间及立碑吉日的水族古文字。王品魁先生破译了拉下村水族古文字墓碑上的水族文字，并推算出墓主死于明孝宗弘治十三年（1500年），这是目前发现的最早用水族古文字书写的墓碑。

综上所述，水族古文字初创的准确年代虽不能准确判定，但产生于秦朝以前是可以相信的。

在相当长一段时间内，国内外专家、学者认定水族古文字仅400多个，据贵州省荔波县档案馆最新研究结果，在注录馆藏水书中，又发现了800多个水族古文字，加上异体字，水族古文字已达2000多个。因水族文字字数不多，不能作为日常生活中交流思想的书面工具。其基本用途也就是记载年月日时和方位吉凶，是巫觋使用的一种工具而已。但是，水族原始宗教信仰的意识比较浓厚，特别是鬼灵崇拜现象非常突出，言行举止都受到趋吉避凶意识的制约，因此，问卜求吉乃是生活中一个十分重要的内容。于是水族文字便与水族日常生活发生了非常密切的联系，并在水族文化发展中发挥着重要作用。

水族古文字是一种表意方块字。水族古文字字数虽不多，但其造字方法丰富多样。其主要有：

1. 象形

水族古文字象形字约有80个。水族古文字之象形字均为写实体，其中以动物形体造字者，可说就是原始图画。如 ⌘（鱼）、⌘（虫）、⌘（牛）、⌘（螺）、⌘（鸟）、⌘（兽）等。这类文字均很注重动物的特征，如龙，着重须之描写；猴，作攀树状；马，着重于鞍之表现；牛，突出角的特点；狗，注重于尾；豹，着重表现尾及斑纹；蜘蛛，注意多足；獭，写其捕鱼之状；鸟，作飞翔之态；鸡，区别于雉在鸡冠突出；燕，头细长而无冠，以有别于鸟与鸡；兔，尾向下弯而大耳，示有别于狗……有些字采用简化方法，如虎、豹、牛常以头部代表全体。有些字用植物形态造字，如 ⌘（穗）、⌘（果）、⌘（花）、⌘（瓜）等。还有的字用物质现象造字，如 ⌘（风）、⌘（雨）、⌘（云）、⌘（泉）、⌘（火）等。有的仿用具造字，如 ⌘（刀）、⌘（斧）、⌘（弓）、⌘（箭）、⌘（帚）、⌘（笔）、⌘（仓）、⌘（伞）等。亦有的描摹人体器官为字，如 ⌘（脸）、⌘（口）、⌘（耳）、⌘（目）等。

2. 指事

用以指明某种意思，多用于方位词，亦有指明现象者，如 ⌘（上）、⌘（下）、⌘（左）、⌘（右）、⌘（破——物品破碎状）等。

3. 会意

以两个以上符号或单字合在一起造字，如 ⌘（星——指星光在大地上空闪耀）；⌘（井——指示井口，并有流水）；⌘（坑——有土，又见凹凼）；⌘（屋——屋前有门，并有石阶）。

4. 假借

借用已有的字来表示语言中某个同音的词，如 ⌘（男、南通用）；⌘（地、第通用）等。

5. 象形、会意与指事结合

如 ⌘（酒，坛子形，坛内盛有酒）；⌘（祖，⌘表示天宇，是最高、最大的意思，△表示人口，则最高一辈人就是祖）；⽘（父，大字在天字之下，一家有几口人，均在大字之下，故为父）。

水族文字形状奇特，古拙简朴，给人以神秘之感。因其字形部分是汉字的反写或倒写，故又被称为"反书"。例如，"丑"水族古文字写为"丑"；"午"水族古文字写为"午"。水族作为一个在历史发展上不算先进的民族，却有古老的文字，这是一个比较特殊的文化现象。对这种奇特文字的来源及产生的年代，由于缺少史料依据，现在很难断言。但在水族民间文学作品中，却用丰富的想象力对此作了生动的记述。传说水书是陆铎公等六位老人从仙人那里学来的。仙人叫六个老者把水族地方的各种牲畜、飞禽和各种用具，在沙地上画个模拟的图样来看看。仙人边看边点头，过后就根据这些图样造成水书。传承之艰难，这也证实了民俗学家岑家梧先生的论断："水书系一种被压迫民族所用之文字。"

水书主要用于占卜及其他巫术活动，其中多为天干地支、五行生克、八卦六爻、二十八宿的内容，与汉族通书相似。水族古文字的字形随历史的发展亦有所变化。水族著名学者潘一志先生在他的《水族社会历史资料》中提道："在解放前，曾看见清光绪年间的水书抄本，其字较古。目前所看到的都是清光绪时代以后的，多用毛笔写，有些字增加，形式也有些逼近今体汉字，但其结构仍保存原状。"现在传下的"多用毛笔写"，则更早的显然不用或少用毛笔书写。从保留下来的水书中确实可以看到，水族古文字有不少与刀刻之甲骨文或金文颇为类似，当初恐怕正是以竹片或小树枝烧炭刻划的。从岑家梧《水书与水家来源》所举实例中，可以看到水族古文字与甲骨文、金文的联系：

　　卯　水文作ᚬ、ᚭ；甲骨文作ᚭᚬᚭ；金文作ᚸ，水文与甲骨文及金文无异。
　　酉　水文作酉、酉或酉；甲骨文作酉、酉，均似酒樽形，无大差异。
　　癸　水文作癸、癸、癸或癸；甲骨文作癸；金文作癸、癸、癸或癸，与水文大致相同。
　　甲　水文作甲、甲；甲骨文作甲；金文作甲，三者亦颇相似。
　　寅　水文作寅、寅；甲骨文为寅、寅，均很相似。
　　戊　水文作戊、戊或戊；甲骨文作戊、戊、戊或戊；金文作戊、戊或戊，均似斧钺之形。水文作戊如果斜置就是戊，则与甲骨文的戊、金文的戊一样。而倒置斜置，正是水文之常例。至于水文之戊或戊斜置如戊或戊，则原似与甲骨文、金文无关的字形，又有了明显的联系。

从水族古文字借用汉字的数量以及仿照汉字造字手法来看，水族古文字的产生，当与汉文字有着密切的关系。

水书是水族古老的宗教文化典籍，是水族先民卜筮的经典著作。它记载水族婚嫁、建房、丧葬、出行、动土、生产、祭祀等诸多方面的禁忌，以及驱魔避鬼、禳灾解祸的种种事项的书籍。它不仅保存了水族古老语言文字资料和原始宗教资料，而且还保存了水族珍贵的天象、历法和气象资料，对研究水族古代社会历史文化具有重要价值。

水书所反映和记录的天象、历法资料，显示了水族先民的天文知识水准，它的一些基本理论，如二十八宿、九星、八卦、干支、日月五星、阴阳五行、六十甲子、四时五方、七元历制以及水历正月建戌等内容，是水族先民智慧的结晶，包含着朴素辩证唯物观。

水书因其文字较少，内容艰深，还不能作思想交流工具，但它作为宗教典籍，对水族人民的思想意识、日常生活都有着十分深刻的影响。因此，古代对水书的传播极为重视，在民间请师传授。

水书是水族社会进化的标志，它具有表述、传递和储存某些信息的功能。在中华民族大家庭中，水族古文字是不多的几种民族古文字之一。由此，可以说明水族是一个具有悠久历史与发达文化的民族。编撰于民国时期的《三合县志略》（三合县即今之三都水族自治县）中有这样的论述："今日贵州全省除大定（今为大方县）有夷文外，土著中则唯有水家有文字，其余苗、瑶、仡佬之属则无之。而水家文字中，除天干地支及象形文字外，居然有文、武、辅、弼、廉、贪等字。假使当日无文化思想、政治组织，焉有此等深切会意形象之文字？准此以谈，则水家在吾黔南为先进之民族，故文化水准亦较他族为优。后世不察，视为异类，失之过矣！"在这段文字中，著述者通过对水族古文字的介绍分析，得出水族为黔南之先进民族，文化水平较其他民族为优的结论，似有些拔高之嫌。因水族古文字文字过少，且多为天干地支、时间方位之表述，实际上还不能视为成熟的文字。它不仅不能与汉文字相提并论，甚至也难与彝文等较成熟的少数民族文字相媲美。尽管如此，作为一个人数不太多的民族而拥有独创的文字，仍然是很奇特的现象。通过对这一现象的剖析，确实可以得到文化进步与社会发展水平的信息。由此，也可以看出，水族文字具有储存和传达信息的一定功能。

在水族民俗信仰中发挥作用的就是水书。水书在水族生活中有着异常重要的作用，它总体上可分为两大类：一类是普通水书，俗称《白书》，水语"泐多"；另一类是秘密使用的黑书，水语"泐凶"。从使用的具体范围来分，水书大致可分为嫁娶、丧葬、营造、出行、巫咒五类，同时，它有朗读书、阅览本、遁掌本、时象本、立方本、星宿本等区别。水书中使用的时间皆为水历。

普通水书在民间流传较多，一般水书先生家中均有抄本，水书先生占卜吉凶祸福、请鬼驱鬼均以之为据，故为水书先生必备工具。普通水书又可分为凶吉两类，吉祥类是婚嫁、营造、丧葬、出行等择日宜用者，有"大旺"、"九高"、"九喷"等条目；而凶祸类则为择日宜忌者，有"梭项"、"花消"、"九火"、"土居"等条目。例如：

梭项：即事态连绵不断地持续发生的鬼。首句为"正七连庚甲……"，指水历正、七月庚甲日是梭项鬼日，"梭项日解鬼不断根"，忌安葬、殓尸、砍牛悼丧、初次念鬼驱邪治病等。如有犯忌，则将接连死人或解鬼不断根。但利于接亲、开店、放债、打保福等，可获福上加福、亲上加亲、利上加利之益。

花消：即丧葬方面的恶鬼。首句念："申子辰忌辛同乙"，指水历申子辰辛、乙日凶。讲解歌云："开控犯花消，死扛旗的人；埋葬犯花消，死那扶棺者。"意即若犯花消，则开控吊丧之时赠送旗幡伞盖的客要受害；出葬则手扶棺木者要遭殃。独子葬父母更忌讳花消，杀牛祭祖将反遭其祸——杀母牛死女人，杀公牛死男人。亡人断气逢此日会犯重丧（即再死人）。解除的方法是，翁死以姑之裤作枕头，反之亦然。并安簸箕席于灵柩前，用母鸡祭鬼，方可免灾。另忌起房、舂火药、蛋卜、安修石碓等。

八贪官印：即富贵吉星，首句念"申子辰官印五酉"，意即水历申子辰年八贪官印的吉辰是乙丁己辛癸酉日，安葬逢其时，可富贵长久。

大旺：是使人财两旺的大吉星。首句念"甲庚癸干丙壬丁"，指生辰是甲庚癸的人办事逢丙壬丁日则吉，宜于安葬、营造、接亲，可使人财两旺。

代寿：即长寿之吉星。首句念"子午卯酉年戌罪戌酉"，宜安葬、开墓穴、立柱上梁、补高寿、接亲等，能使人长寿。

普通水书在水族日常生活中影响相当广泛，其中影响最为显著的是丧葬、婚嫁和营造三个方面。丧葬程序，从入殓、停棺、发丧、安葬到"开控"，每一个环节都得依据水书趋吉避凶。因此，过去有些人家请水书先生择日，至少要六个，多者达十多个。婚嫁中说亲、定亲、接亲。营造中破土、下基、上梁、立柱等，也需请水书先生看好吉日吉时；甚至连日常生活中一些小事，如驯牛、吃新米等也要受水书中禁忌的制约。可见，水书对水族人民的思想意识和生产生活都有着深刻的影响。

水书中的黑书是专门用于放鬼、收鬼和拒鬼所用的巫书。书中记有何年、何月、何日、何时、何方可放何鬼。亦能据以拒鬼、退鬼，即当某人遭灾患病时，由水书先生据水书占找出系何方何人放来何种鬼灵作祟，乃放出可"克敌制胜"之凶鬼拒之。若此鬼胜了彼鬼，则原放鬼者会反遭其祸。必要时，水书先生亦可将既放之鬼收回。此等放鬼、拒鬼、收鬼之方法程序，均以黑书为依据。黑书流传甚少，即使有少数水书先生收藏，也多秘而不宣。这是因为，黑书既为放鬼之用，而放鬼是受舆论谴责的行为，因而只能秘密进行。甚至连家有黑书也不让别人知道，否则，一旦某家有灾病，就可能怀疑有黑书的水书先生替别人放鬼所害，以致引起纠纷事端。同时，放鬼若为"敌方"所知，就可能被反击。故黑书多"不足为外人道也"，水书先生也多不愿干这有悖民族道德规范的事。

　　黑书主要用作放鬼收鬼，其巫术所需多为鸡、鱼等物，在书中均以象形图画表示，故黑书象形描写颇多。书中多系各水书先生自造之秘密记号，所绘图形不尽一致，因此黑书更难理解，非经原"作者"解释，旁人是很难看懂的。

　　水族作为一个历史上经济与文化并不发达的民族，却有着自己独特的文字，这种文字对他们的社会生活又有着如此重要的作用，而水族人民至今对神秘的"泐睢"，仍有着深厚的感情和深深的崇敬，并在日常的宗教生活中，扮演重要的及其重要的角色，这是一个十分有研究价值的课题。

主要参考书目：

刘之侠、石国义：《水族文化研究》，贵州人民出版社1999年版。

潘朝霖、韦宗林主编：《中国水族文化研究》，贵州人民出版社2004版。

贵州省水家学会编：《水家学研究》（一），贵州民族出版社1993年版。

贵州省水家学会编：《水家学研究》（二），内部资料1993年。

贵州省水家学会编：《水家学研究》（三），内部资料1999年。

贵州省水家学会编：《水家学研究》（四），内部资料2004年。

刘世彬：《莫友芝对水族古文字的研究》，载《黔南民族师范学院学报》2006年第1期。

第三章

文字载体类别与版本形式

一　水书载体的类别

　　水书的载体，目前所见到的有铜质、石质、陶质与纸质四种。铜质材料的水书是水书大钱。目前，发现的水书大钱是北宋真宗赵恒皇帝大中祥符年间（1008—1016）水族地区私铸的大型铜钱，直径48毫米，厚2.5毫米，重23克。这枚水书大钱的发现，表明水族文字（水文）实物记载已有990多年的历史。

　　石质材料的水书主要为石刻墓碑，还有镌刻于天然石上。目前考古发现最早的水文墓碑是三都水族自治县塘州乡拉下碑，还有周覃镇水东村墓碑、丹寨县小羊昌墓碑、榕江县计划乡墓碑等。据民间一些老人讲述，过去在三都县的阳安、塘州、廷牌、九阡以及荔波县、都匀市等地，都见过水文的墓碑，字数不多。由此足以证明，水文墓碑在水族地区流传已有500余年的历史。

　　拉下碑，是迄今发现年代最古远、记述最详细、保存最完好的水文石刻物证，距今已有505年的历史，具有十分重大的学术价值、文物价值。据该碑镌刻的水文碑文，意译的内容是：墓主生于明仁宗皇帝洪熙元年（1425）乙巳年六月十四丙申日己亥时。墓主殁于明孝宗弘治十三年（1500）庚申年二月十一日丁卯时，享年76岁。墓主于上元第六元庚申年癸酉日丙辰时安葬。[①]

　　天然石水文镌刻，目前只发现三都县九阡镇板高寨侧的墓地边的天然石上刻有几个水文。

　　陶质所载的水书，目前发现一陶壶上阴刻有水族古文字。

　　纸质载体的水书是水族地区水书流传最广、最多的一种形式。目前发现最早的水书是明弘治年间（1488—1505）的木刻本，也是唯一发现的木刻印刷孤本，尤其显得珍贵。明代的水书手抄本还偶尔发现。清代的水书手抄本总量估计约1 000册。

二　水书的书写工具

　　水书的书写工具主要有笔、墨、纸、砚，与汉族书写汉字的用具基本相同。笔，分为硬笔、毛笔两类。

　　硬笔：在使用毛笔之前的漫长时段里都使用硬笔，主要有竹签硬笔，偶有牛角硬笔。

　　竹签硬笔：据年长的水书先生介绍，过去使用的竹签硬笔大多有两种形式：第一种是用陈年的小竹管为材料，将其一端削成三角状的竹签笔，大致形状与现在的钢笔笔尖相似；第二种是用大竹子的

[①] 王品魁：《拉下村水文字墓碑辨析》，载《水家学研究》第3辑。

竹片为材料，削成笔尖状的竹签笔。根据书写者的爱好做两种处理，有的将笔尖略跺绒，然后蘸墨书写，字的笔画显得比较粗实、丰满、古拙。有的为增加笔尖硬度使其耐磨，还将笔尖在烫火灰中炮几下，然后蘸墨书写，字的笔画显得匀称、遒劲、古拙。目前，尚未收集到竹签硬笔的实物。

牛角硬笔：据年长的水书先生介绍，过去曾经听说有牛角硬笔，是取水牛角或黄牛角制成笔尖，然后再取小竹子做笔管，将牛角笔尖嵌入笔管一端，形状与现在的钢笔笔尖相当。据说，牛角硬笔耐磨，略有弹性，书写效果似乎比竹子硬笔要好一些。至今未征集到实物。

硬笔书写的水书，目前在水族地区还保留着一些珍贵的手抄本，大多为明代中末时期版本，也有清代初期的版本。

毛笔：毛笔的运用是水族在与汉民族的文化交往中，取法于汉字书写方法及书写工具的结果。毛笔在水书的抄写誊录过程中发挥了十分重要的作用。

纸：纸是水书的抄录的主要载体，一般用白绵纸、夹纸。白绵纸，当地又称白纸、白皮纸。夹纸分二夹纸、三夹纸、四夹纸等，实际就是在白绵纸的基础上分级加厚制成的。有的夹纸类似国画纸，吸墨效果相当好。由于二夹纸或三夹纸的纸质比较厚，经用耐磨，墨不透背，大多数水书先生都选用夹纸抄写誊录水书。水族地区的三都、丹寨、都匀、榕江等县市，至今依旧保留着传统手工造纸的小作坊。造纸的主要原料取材于当地的构皮树。这类纸质纤维长、韧性好、吸水性强，颇受水书先生青睐。

墨：据传，过去书写誊抄水书所用的墨有炭条及墨汁两种，均为水族人自制。炭条，是以生的硬质小木棒或生的竹条，埋在烫火中一两个钟头左右使其炭化，冷却后即可使用。用炭条书写的水文的个体大，显得古拙、遒劲，但难以掌握，且浪费纸张。至今尚未收到实物证据。制作墨汁的原料是松烟。过去，水族地区大多用松脂照明，用罩子悬吊在燃具上方收集松烟，然后加入酒以及少许石灰水熬制墨汁。自制墨汁除了用于水书抄写之外，也用于木匠的墨斗。后来，市场有墨锭、墨汁出售，水族传统的制墨工艺自然消亡。

砚：过去，水书先生多用小陶碗作砚，显得十分简单。小陶碗便于调制土制的墨汁，也便于研磨墨锭，相当于水族的陶砚。后来，铜质的墨盒、石材砚台销入水族地区，小陶砚逐步退出历史舞台。

三　水书的版本形式

水书的开本显得十分的混杂，纸张尺寸型号杂乱。传统的白绵纸、夹纸，除了三都、荔波、都匀、独山、丹寨、榕江等水族居住较为集中的县市有手工造纸作坊制作之外，相邻的周边县市也有造纸作坊制作。民间手工造纸作坊制作的纸张，其尺寸型号没有国家强制性的统一标准，显得十分杂乱。用这类纸对折出的开面大小不一。加上水书先生的爱好不一，对水书使用的方式不一，因此出现了上百种不同的水书开本。

迄今，仅发现一本明代的水书木刻本，其余的水书均系民间手抄本。各家的水书抄本，大小不一，长短各异。

目前见到的万余册水书，最小的开本是13×8厘米，为潘英华的卵卜卷本。最大开本是38×26厘米。一般开本的高度是16—32厘米，宽度是14—26厘米。

水书的开本大小，固然与纸张尺寸型号不统一有关，同时与用途也有关系，另外与水书先生的文化水平、爱恶欲等也有关系。因此，就是一个水书先生的水书抄本，其尺寸也有参差不齐的现象。从收集到下列数据就可见一斑：

木刻水书为明弘治年间印刷，其开本是：32×27厘米。

《花甲择吉备用·全册》开本是：27厘米×24厘米，是迄今发现最厚的一本水书，有516页。

三都县三洞乡古成村韦克仁的8本水书尺寸度不一样：

《井四吉》24.5×18厘米

《子午卯酉时》22×18厘米

《看接媳妇》24×17.5厘米

《说项明析》19×27.5厘米

《正七连庚甲》36.5×22厘米

《甲己九月未方》19.5×27厘米

《忌安葬大凶不用》24×27厘米

《六十甲子·月贪甲子》22×18厘米

水书书写的颜料，主要为黑色的墨汁，以及带有矿物质性质的红土，此外还有用植物果实浸泡而成的黄、绿、蓝等色的颜料。一般来说，墨色主要用来书写水书的正文部分；红色主要用于点缀正文部分带有三角形、方框形的文字，以及有关象形图案等；有部分图画文字，用多种彩色绘制，使画面显得更加生动。水书抄写誊录传世没有统一的用色规定，是否使用颜色与水书先生的爱好兴趣有很大关系，有的水书先生只用黑色，不用其他色彩。

水书的封面没有特殊的装潢，绝大多数水书封面用纸都与内页相同。水书经常使用，封面容易破损，有的水书先生另外用自织的白布、青布或蓝布钉作护封加以保护。荔波县档案馆征集到明代弘治年间的水书木刻孤本，就是在正面钉上一块白布加以保护。目前，仅发现一本用白布缝成封套钉在封面的水书，当把水书对折之后，拉开封套即可将水书包裹起来，便于外出携带，防止磨损。

（一）水书书名与作者

水书没有著作者，只有抄录者。因为水族认为水书是全民族的保护神公六夺（六一公）及其弟子在远古的时代创制的。若论作者，当是公六夺。现在，看到部分的水书封面的署名，都是抄录者的姓名。

绝大多数水书不写书名。原因大致如下：水族文字发展严重滞后于水语的发展，还不能作为社会流通的大众工具使用，难以表达较为复杂的含义；过去，水书先生的汉文化水平十分低下，甚至没有接触过汉文化，难以将水书的内容翻译转换成汉语记录；有的水书先生有意隐秘水书的内容。下面，我们对水书封面情况，作随机抽样比较，由此可以分析出水书的书名、署名、抄者、抄写日期等基本概貌。

1. 水书无封面

无封面水书，指为节约纸张，不设封面、封底，直接在封面位置抄写水书正文。这类水书约占15%。越是早期的水书，无封面的现象越多。

2. 水书空白封面

水书抄本有封面、封底，但封面空白，或写一些与书名、署名、日期毫不相关的文字，约占水书总数的15%。越是早期的水书，封面空白的现象越多。

3. 水书封面只署书名

如《书当》、《论生年》、《割蛋书》、《勤观且达》、《甲子年贪吉》、《九火凶六十年》、《未申贪书大吉》、《衬门路书》（为《撑门间书》之误）。

这类只署书名的水书，约占水书总数的20%。

4. 水书封面署书名、抄写业主姓名（含姓名不全）

《书金珠宝》，署"记书号"。

《种类全含》，署"问贤主人所用"。

《六十引腊名》，署"受业王公定记"。

《吉用书》，署"玉芳字"，省掉潘姓。

《观其所由》，署"道生制"，省掉潘姓。

《立房起造》，署"国珍氏记"，省略姓，估计是拉佑村韦姓。

《看病封定生死病号记》，署"太原庭高记"，估计是丁寨村王姓。

《五卯方子午酉年贪贪贪》，无署名。后继者署"树培"，省掉姓。

《正丁二元》，原署抄者姓名，后人担心受政治运动牵连，而将其抹掉。

这类水书，约占水书总数20%。越是早期的水书，这种现象越多。

5. 水书封面署书名、抄写时间，而不署业主姓名或署名不全

《第独朋》，署"年日六"，无姓名。

《八金塘生人》，署"柒月中旬钉"，无姓名。

《杂字根苗》，署"民国玖年八月初五日立。潘"。

《正七连庚甲》，署"道光六年仲秋月"，无姓名。

《男女天时》（《开客方时》），署"光绪三十记书号"。

《反书全集上中下册》，署"一九七六年丙辰岁藏"，无姓名。

《通书正七连庚甲》，署"大清宣统三年岁次辛亥冬月日钉"。

《八贪哄》，署"民国拾叁年甲子岁二月廿七日钉"，无姓名。

《重光算命》，署"乾隆六十年冬月廿十日笔，先生潘阿门"。

《子午卯酉年甲乙水吉》，署"道光贰昔（拾）捌年"，无姓名。

《申子辰保福便用》，署"光绪拾年岁次庚申冬月初一钉。朝阳志"，省掉姓。

《甲子年甲己年丙壬凶》，署"辛亥年月十四日丙辰日午时吉"，无姓名。

这类水书，约占水书总数20%。越是早期的水书，这种现象越多。

6. 水书封面署书名、抄写日期、完整抄写业主姓名

《开时书》，署"道光二年。潘凤仪字"。

《花甲择吉备用·全册》，署"光绪甲辰岁孟仲季月舅父吴晴轩录钉"。这是迄今发现最厚的、共516页的水书手抄本封面题款。抄者用了一个季度的时间，才完成这一宏篇巨著的抄录誊写工作，并作为最珍贵的传家宝赐赠予外甥学习。

《开戌地酉·用之大吉》，无署名。后继者新署"潘文贵潘得新之本"。

《付门便用·外付》，为《撑门便用·外撑》之误，署"杨造然号"。

《吉书用读》，署"民国拾贰年岁次癸亥七月廿五日钉。潘玉芳呈"。

《这本书看蛋断法吉凶》，署"民国十拾陆年七月十五日记。受业潘庆兰字云之氏"。

《开路书用》，署"民国拾贰年岁次癸亥孟冬月钉。潘玉芳字"。

《则头阴阳九忌》，署"民国拾叁年甲子岁。潘子芬"。

《解通书便择吉凶》，署"道光二十年正月初五日立。河南陆性记号"，封二署"受业陆文魁记号"。

《反书通用吉凶》，署"光绪二十捌年十一月十五日辛未。受业杨玉生读钉记本书"。（注：上述样本均为潘朝霖藏书。）

这类水书，约占水书总数10%。越是晚期的水书，这种现象越多。

（二）水书的行款格式

传统的水书的行款格式与汉文古籍的传统行款格式相似，取纵式，自上而下书写。绝大多数呈右翻式，从右至左为列竖写；少数呈左翻式，由左向右为列竖写。年代久远的水书，只重竖列而忽略横行，字迹显得参差错落，古朴玲珑，连贯自然，别具一番风味。后期的水书，注意行列兼顾，而偏重于竖列的规范，比较注意整齐对应、平整和谐。一些初学者抄摹水书旧本，吸承古韵，又多几分稚气遗风。

1950年之后，推广汉字横写款式，有个别水书先生新抄的水书采用由左至右的横行格式书写。

由于水族文字发展远远滞后于水语的发展，有很多内容难以记述，为此水书中除了抽象文字之外，还有一些象形文字和段落表意的图画文字符号，其大小往往根据抄录者的兴趣自由发挥。有的象形文字像一幅插画，毫无拘束，自由纵笔。有的段落表意的图画文字占半页纸，甚至占了一页纸，酷似一幅专题插画。

（三）水书的装帧形式

水书的装帧属于初级装帧。水书手抄本及唯一幸存的木刻本，均采用背脊装订形式。装订材料有两种：一是用棉线或麻线装订，认真者还用线环套书脊、套角；二是用纸捻装订，显得比较粗糙。水书的护封比较少见，目前仅发现布质护封一本。护封的布料为农家自织的土布，有白色、蓝色、黑色三种，质地比较粗糙。

水书的装订形式目前只发现册页一种。装订比较粗糙，分线钉与纸捻钉两种。封面有素面、字面、画面三种。素面，指在水书的封面上既不写书名、抄写时间，也不写抄录者名号，保留着素净的纸张原貌。字面，指在水书封面上写有不同的文字，有的只写书名，有的只写抄录年号时间，有的只写姓名，有的是书名、时间、姓名三样都写，有的还附带记载有关与本书有关的事项。画面，指在水书封面描绘一些图画，有的属于装饰，有的属于本书主要内容的提示。

1949年之前，水族社会没有形成和建立过自己的政权，仅仅停留在大杂居、小聚居的小农经济自给自足的封建社会环境之中。正如岑家梧先生指出："水书是一种被压迫民族使用的文字。"在漫长的封建社会中，水书是一种与官方文化、政府文化相抵牾的民间信仰文化，是在社会夹缝中生长的畸形儿。水书主要流行于水族地区的水族村寨，以及少数紧邻的布依、苗族村寨。尽管水书先生是水族文化的传存者、实践者、保护者，但他们毕竟还是地地道道的农民，更没有形成士大夫阶层。水书先生彼此之间的文化水平、经济条件、审美观念等方面存在较大的差异，使水书这一农民信仰文化的发展受到极大的制约。由于这些原因，导致水书在传承过程中举步维艰，水书的装帧就更没有什么大的起色。

（四）水书的版口、边栏

水书的版口、边栏与天头地脚与水书先生的文化水平、兴趣爱好、综合素质有密切关联。传统水书所用的纸张均为就地取材，纸张折叠通常取长边的中心线2开对折，再将两开的纸张4开对折，形成4个页面的夹层书页，第一、第二次的对折线正好是版口。幸存的木刻版水书孤本，以及手抄本的水书，尚未见到在版口写有书名或页码。

水书的版心、边栏没有统一的规定，自由度很大。

水书的边栏主要体现在天头、地脚与勒口。水书的边栏，总体趋势表现为越往后的抄本比较注意边栏的设计，越往前的抄本往往不大注意边栏设计。从收集到的水书抄本来看，明清时期抄录的水书版本相当一部分没留有边栏，几乎没有天头地脚。少部分明清版本，也重视边栏的设计，但是没有统一的格式可循。民国时期的水书抄本，大多比较注意边栏的设计。

水书的条目相当于篇章。每条有长有短。过去的抄本，在条目之间既不留有空白，在条目之前或之上也没写其名称，给识读带来很大的困难。往后的抄本，借鉴汉文书籍的版式，部分克服了这些弊端，有的在条目之间画上分割线条或符号，有的抄本行间距很宽，在空阔的天头上表明条目名称，显得清新醒目。极个别的抄本还有精美的插画。

四　水书的版本

（一）水书的版本

水书的版本有木刻本和抄本两类。

水书木刻版本，迄今只发现一本。2002年11月16日，荔波县召开水书抢救暨捐献表彰大会，蒙建周先生捐献了42本水书，木刻本就是其中之一。据王品魁先生介绍，独山县姑贺寨水书先生韦凤珠在王公家看到木刻本复印件之后，回忆在三都县九阡的阳拱乡曾见到类似的木刻本。

水书木刻本是谁人刻印？为什么传世这般少？据分析，主要原因有三：一是印数少，传播面小；二是价钱高，影响销量；三是水书先生不轻易接受其他水书先生的书稿。最后一点所占的比重可能最大。水书是以家庭方式传播，既存在一定的个体差异，也带有一定的保守性，当然就带有一定的排他性。拜师学习水书，往往是通过熟人介绍，还要衡定这位先生的社会影响。由于水书靠抄录传世，人们担心别人的水书出现遗漏错讹，最担心的是有些水书先生采用隐讳手法改写水书，水语称为"样泐"，不仅使人难以解读，而且好坏难以辨别。因此，对于没有可靠熟人介绍，或没有通过认真的考察，市场出售的水书绝不会有人轻易相信而购买来使用。或许这是水书木刻本传世的最大阻力。

水书抄本是水书最主要的版本形式，在水族村寨广泛流传。在万余册的水书中，迄今尚未见到完全相同版本的。

（二）水书的书写方式

作为笔法，具体说来，又可分为用笔和执笔两个内容。在用笔上，无论书家在书写篆、隶、草、行、楷哪一种字体，都必须有提有按，有中锋、侧锋，有落笔、行笔、收笔等过程。汉文书写如此，水文的书写亦如此。特别是后期，从水文书写出现楷书笔画的现象观察，点、横、竖、撇、捺、钩、挑、折乃至弧笔等笔画的用笔与汉字书写的用笔相同。

值得一提的是，水族古文字旧体的书写中，最早的书写工具或许就是木条、树枝、竹签等。书写的载体，开始当是泥地或抹平的沙子。后来，书写的载体可能发展为木板、骨片、甲壳等，从水族对水书量词"kwa：i^{5}块"的称谓，即可看出水书当初载体的材质。另外，从水族对水书的称谓"泐睢"分析，还看出创造水文字的情景。水语"泐"——文字、书籍，"睢"——水族的自称。水族发祥于睢水流域，地处殷商文化圈之中而得名。"睢"变为"水"，源于唐代开元年间在今广西北部设置抚水州。"泐"的读音源于古汉语，是铭刻、刻写之意，后来演化为书写之意。其本义在现代汉语中早已消失，而水语却保留着"泐"的原义使用至今。因此，可以推断水族古文字早期也出现过刻写的阶段。

从现存流传的水书来看，明清两代，还有部分水书先生使用竹签笔书写水书。竹签笔的软硬程度在硬笔和软笔之间，因此，书写时首先体现在执笔上有一定的随意性。有的水书先生用毛笔的执笔法，有的用硬笔执笔法，均没有影响书写的效果。因为竹签笔前端书写部分的软丝不像毛笔的笔毫那么长，可以说比短毫（短锋）笔还短，所以，提按不像毛笔那样明显。同时，竹签笔笔端因为是软丝，也不像一般的硬笔笔端那样硬。所以书写中的中锋、侧锋以及提按又与硬笔显示的笔迹墨像有明显差异。现在水族社会中，竹笺笔已成为历史。书写水族文字，人们多数用毛笔，或者使用硬笔。在用笔上趋同于汉文字书写。

在笔画书写的风格上，我们只要把书体定位以后，笔画就基本上有了依据。在汉文字书法中，书体的称谓是对笔划风格的涵盖和归纳，而笔画风格又是书体的具体体现。如果我们把水族古文字旧体基本界定在类似甲骨文、金文上面，那它就没有楷书的笔画风格。我们从竹笺笔书写的水书可以看出，它的笔画古拙、粗犷、真率，既有甲骨古风，又有金文意味。具体在笔画的写法上，是点、横、竖、钩、直、弧、折等线条的排列和穿插，没有撇、捺等楷书笔画。

而水族文字新体，除了出现楷书撇、捺的笔画外，其他各种笔画则与楷书的规范性趋同。加上保存弧笔的笔画，水族文字无论是旧体还是新体，它的"古"字特色都相当突出。

第四章

目录与分类

水书的目录和分类，目前没有公认的方法和标准。由于对水书的收藏和征集不断增加，对收集和整理水书来说，对水书的目录和分类的研究，显得更为迫切和具有现实意义。据报道，贵州省三都水族自治县和荔波县收集到的水书的数量已经过万卷，另外水族民间还有大量的水书在使用，加之图书馆、个人收藏的数量，具体数量很难确定。一般说来，一个水书先生所掌握和收藏的水书，也就四五十本的量，最多不会超过百本，虽然每个水书先生所藏的数量不同，但按其用途和性质来说基本可以满足日常生活对水书的需要。所以，水书的分类是可以按照一定的标准进行的，这一章我们将根据按内容性质分类的分类标准进行分类。对水书的传统分类是按水书的用途和内容来进行的，分有两类：

一类是普通水书，即 le^{1}paak^8，或 le^{1}kaan^5，直译为"书白"，意思是白书，为普通日常生活之用，包括出行、丧葬、婚嫁、建房、动土等方面。一般水书先生都藏有这类抄本。

另一类是黑书，水语为 le^{1}ʔnaam^1，直译为"书黑"，汉译黑书。用于放鬼、收鬼、拒鬼，即一种巫术用书，鬼师家藏黑书者较少。黑书至今所见不多，且鬼师不轻易示人，岑家梧先生在1943年《水书与水家来源》时说他本人搜得一册黑书，书的封面为《七元宿》，并且刊出了其中的一页，其内容于何年，何月，何日，何时，何方，应放何鬼，均有记录。岑家梧先生对黑书的介绍和刊出的黑书内容如下：

甲子年，虚宿日，忌放鬼，放则反害事主

乙丑年，危宿日，宜放鬼，可害敌方

丙寅年，室宿日，宜放鬼，可害敌方

丁卯年，壁宿日，忌放鬼，放则反害事主

戊辰年，奎宿日，宜放鬼，可害敌方

己巳年，娄宿日，宜放鬼，可害敌方

庚午年，胃宿日，宜放鬼，可害敌方

辛未年，昴宿日，宜放鬼，可害敌方

壬申年，毕宿日，放鬼则双方均不利

癸酉年，觜宿日，宜放鬼，可害敌方

放鬼之法，岑家梧先生根据韦元臣口述说：乡间各人仇恨，欲谋害对方时，先取得敌方穿过草鞋一只，及敌方之生辰年月，请鬼师根据秘藏之黑书，择定利于放鬼之时间及方向。届时备蛇壳一条，干螺壳一只，鸡狗各若干，鱼及猪肉各若干。鱼、猪、狗三种肉置于案上，敌方草鞋及蛇壳等置于案下，由鬼师念咒作法，咒语大意是：

> 今具狗肉三牲，敬请某鬼降临，兹因某甲（假定为放鬼之事主），被乙方（假定为放鬼之对象，即甲方之对象，即甲方之敌人）无理欺凌，甲方家境清寒，欲诉诸法律，又乏金钱，欲诉诸武力，又以乙方凶暴，难以对付，迫得恭请某鬼降临，主持公道。请某鬼即于某日某刻到某方，将生于某年某月某日某时之乙方杀害。

咒毕，鬼师以蛇壳紧围敌方之草鞋，又将干螺壳毁碎，表示将敌杀害。其后，持鸡一只割其咽喉，放之走，观其倒毙时头部之方向，与欲害之敌方方向是否相同，而定放鬼之能否生效；或将鸡脱皮煮熟，再观目之开闭，若鸡眼紧闭，表示放鬼确可伤害敌人，否则无效，须再举行此项仪式。

鬼师不但能放鬼，而且能拒鬼，收鬼。黑书上记载此类事项甚多。若某人得病，由鬼师占卜，知其受他人放鬼作祟，亦可根据黑书考察放来何鬼，数目多少，乃再放更凶之鬼，或更多数之鬼拒之。据云，若敌情准确，拒鬼亦可生效。原放鬼之鬼师，若有必要时，亦可将既放出之鬼收回。至何时能拒鬼和收鬼，黑书中亦有规定。

普通水书，也就是避凶择吉的水书，可以用于丧葬、婚嫁、出行、起造、祭祀、占卜、挡鬼等方面。主要包括：

1. 朗读本：《正七》（主要内容是避凶）

水书的《正七》是水书的入门读本，也是朗读读本，是水书的启蒙读本。《正七》（tsjeŋ¹ɕət⁷）水语的归类叫 le¹qa¹，意为用来读的书，le¹qaan⁶ 或 le¹qaan³——主干水书。学习水书，只有《正七》是通本朗读和背诵，其他多为翻阅查看，朗读背诵之处极少。《正七》的构成分为文字部分和诵读部分，两者有机结合，互为补充。这是由于水族古文字单字较少，难以对应记述日常交流的词汇，因此在用水族古文字简单书写的条目中，要另外用水语配字配音使之成为完整的句段，把每个条目编成完整的诵读篇章。这种类似民歌体例的基础读本《正七》，能朗朗上口且容易记忆背诵。《正七》一般收录的水书条目为150—180条。历代的水书先生都把习读基础读本《正七》作为传学授业最重要的基础课。

2. 吉读本

《壬辰》主要内容是择吉类水书，水语称为"泐瓜"le³kua³，意为择吉类水书，一般有50—80条，王品魁先生翻译的《壬辰》共70个条目，也就是70章，运用的范围极为广泛。凡丧葬、起造、出行、搬迁、嫁娶、巫祝、修桥、修路、栽种、伐木、开新地、挖鱼塘、挖牛圈、敬神、祭祖、安石凳等，都得从中选择吉利的日子，以期平安或兴旺发达。

3. 分割明细本

《正七》和《壬辰》规定的凶日和吉日相当粗放，具体到不同的应用，还要看各类明细本。各类明细本针对性强，并且有更为详细的规定。分割明细本水语叫 le¹qat⁷，意为分割吉凶的书，或 le¹tjam²，意为推理的书，也是编制日历的书。主要包括丧葬类：《丧葬》、《遁掌》、《祭祖》、《超度》、《贪巨》等，凡人死后，临终悲伤宜忌、入殓、出殡、安葬、墓地选择、赴吊宜忌等，均根据水书择定时日方向，水书中对丧葬的时日、方位朝向都有严格规定，如果日子选择不对，很可能出现重丧、满门灭绝、绝后、整个寨子灭绝、九代贫穷等可怕结果。对此，人们深信不疑。如果日子和方位朝向选择对，可能带来兴旺发达，富贵长寿，官人辈出等。起造类：《起造》，包括砍树、选址、朝向和方位、上梁等吉日选择。婚嫁类：《婚嫁》，包括八字相生相克、寻亲问亲、提亲、定亲、接亲等方面，主要是吉日和时辰的选择。

4. 占卜本

包括《占卜》和《卵卜》等。占卜是对未来的一个探索，包括疾病的好坏，疾病是由何鬼作祟，怪象吉凶等，主要包括铜钱卜和蛋卜。

5. 日历推理本

包括《日历》、《时辰》、《时象》、《星宿》等。水族先民非常重视日历的制定，人们有自己的历法系统，在编订日历的同时还要标注每日的宜忌，在日常生活中，主要以水历为准。水历以阴历的九月为岁首，阴历九月是水历的正月（njen² tsjeŋ¹），或端月（njen² twə³），一年12个月，每年和每天都对应一个甲子日，而且妇孺皆知，因此水历有广大的群众基础，根据水书编订日历，为广大群众所接受。

6. 拒鬼本

主要包括《挡》，水语叫 le¹ taŋ³，意思是抵挡、防御的意思。《挡》主要是为防御抵挡各种天灾人祸、疾病瘟疫、邪魔鬼怪的危害，而专门编著的水书。"挡"的种类比较多，若以防御抵挡范围而论，则有个体家庭保家撑门的"挡惰 taŋ³ to¹"，保护村寨撑寨门的"挡幸 taŋ³ hiŋ¹"；若以防御抵挡的种类来划分，即又防止火灾的"挡伤玉 taŋ³ sa⁵ vi¹"，防止瘟疫疾病的"挡病 taŋ³ pjeŋ⁶"，防止抢劫兵灾的"挡凶年 taŋ³ be¹ ɕjoŋ¹"，防止丧葬追悼发生凶祸的"挡控 taŋ³ khum¹"，防止岳父母死对凶日而坑害女婿女儿的"挡歹哇 taŋ³ tai¹ va³"，有人过世对重丧日为防止接连死人的"挡排 taŋ¹ pai²"，等等，种类繁多，不一而足。

据曾晓渝教授和孙易博士的《水族文字新探》（载《民族语文》2004年第4期）一文介绍，他们对荔波县档案官收藏的1424本的年代进行了调查和分类，属于明代的有7本，占0.6%；属于清代的有1053本，占79.4%；民国时期的有143本，占10.7%；新中国的有124本，占9.3%。可以看出清代是水书最为流行的时期。

从目前水书发现的情况看，国内凡是有水族的聚居区，都发现有水书，包括贵州省三都水族自治县、荔波县、榕江县、独山县、都匀市等。水书在人们的日常生活中，起着极为重要的作用。

第 五 章

古籍的发现、研究简况

一 20世纪50年代以前的水书研究和发现

数百甚至数千年以来直至今日，水书一直由水书先生所秘传，为水族民间流传和使用。民间的婚丧嫁娶等重要事务都要参考水书，选定吉年吉月吉日吉时吉方进行。而用汉文、英文及日文等对水书的记载和研究则是近百年的事情。对水书的汉文记载和研究始于20世纪初，对水书的英文记载和研究始于20世纪50年代，对水书的日文记载和研究始于20世纪70年代。

20世纪20—30年代，《都匀县志稿》、《三合县志略》、《贵州通志·土民志》等地方志开始设有独立篇目对水书进行介绍。

《都匀县志稿》在"夷文"条中写道："大氐古篆之遗，第相日久，寝多讹失耳。"说水族的古文字类似古籀和小篆，同时列出了56个水字符号及汉字译意。后来日本西田龙雄教授在《水文字历的释译》(1980) 一文中曾提到《都匀县志稿》在日本藏于东洋文库。

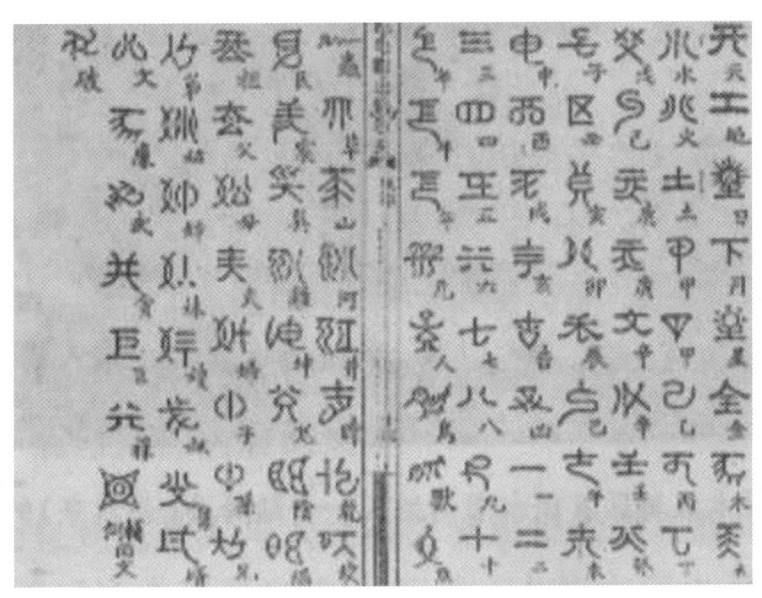

《都匀县志稿》水书常用字水汉对照图

《贵州通志·土民志》除了引用《都匀县志稿》中关于水书的说法外，志书里还列举了104个水字符号，并在这些水字符号后面注明了汉字译意。

胡羽高在《三合县志略》（1930年石印本）中的"民族"条写道："今日贵州全省除大定有夷文外，土著中则唯有水家有文字，其余苗、瑶、仡佬之属则无之。而水家文字中，除天干地支及象形文字外，居然有文、武、辅、弼、廉、贪等字。"又写道："其文类似古籀、小篆。"

20世纪40—50年代，李方桂、岑家梧、张为纲、吴泽霖、陈国均等专家、学者深入贵州水族地区调查水语和水族风俗，并对水书进行研究记译整理。

李方桂先生在1942年赴贵州荔波县收集水岩和水利等几个地方的水语材料后写成了《水话研究》（《中央研究院历史语言所专刊之七十三》，台北南港，1977年）一书。李方桂先生在该书的《序》中写道："民国三十一年著者在贵州荔波县内收集了几种水家话……我在荔波的时候听说水家有文字，但是我没有找到。后来回到南京，蒙那时的边疆教育馆馆长凌纯声先生惠借几本水家书的抄本。我照录一份，现在只能以一页附在本书的前面以供读者观察。这些书多是占卜用的书，只有巫师才会读。原抄本没有音注及译文，所以无法读它。其中有些可以认出，与汉字的关系显然易见。"同时列出了十二地支的水字及译文，并说道："有些数目字也还可认，此外有些类似图画的字就不知何所指了。"在《水话研究》的第2页，辑录了水书的部分复制材料，全文约有205个文字符号（参见《水话研究》图）。后来日本西田龙雄教授在《水文字历的释译》（原载日本《言语》1980年8月，王云祥译文见中国社会科学院民族所语言室编《民族语文研究情况资料集》1983年第2集）对该份材料进行了释读，但可惜的是西田龙雄并没有注意到岑家梧教授的《水书与水家来源》（1943）一文，因此很多水字没有完全释读，因为《水书与水家来源》对水书作了极为详细的介绍。

《水话研究》图

岑家梧先生 1943 年 9 月赴贵州荔波、三都等地调查水族风俗和收集水书资料。他在当地韦超旅、韦元臣及其族人的支持下，共搜集到水书资料 45 种，通过韦元臣的译述，岑先生将调查到的这些材料进行归类整理，撰成了《水书与水家来源》一文，该文 1943 年冬写成，1948 年发表于《社会科学论丛》新 1 卷，1949 年修改收入《西南民族文化论丛》，1985 年三都水族自治县文史组编的《水族源流考》收入了该文的正文部分，而略去了重要的第六部分"汉字水书对照表"。该文全文 1992 年又载入《岑家梧民族研究文集》（由民族出版社出版）。此外，岑家梧先生还写了《水族仲家风俗志》（1944 年写于贵阳，1949 年收入《西南民族文化论丛》，1992 年又载入《岑家梧民族研究文集》）专门介绍了当时水族的风俗，包括人口、来源、姓氏、服饰、饮食、住所、生育、婚姻、丧葬、节令、征兆与禁忌、神话传说、开天辟地歌等。《水书与水家来源》从"水书之种类与用途"、"水书内容举例"、"水书之结构"、"水书之来源传说"、"从水书中观察水家来源"、"汉字水书对照表"六个方面分别对水书的基本情况进行了分析和介绍。他通过对水书的分析和举例及与甲骨文和金文比较，又根据韦元臣对水书来源的口述后，提出：水书字迹与刀刻的甲骨文及金文有颇多类似，至少水书与古代殷人甲骨文之间当有若干姻缘关系；水书为一种巫术用书，时代极为古远；水书创制的地点初在西北一带；水书由北方次第传入江西；水书初传入江西水家后，水家由江西迁入黔省，乃携之俱来；水书是一种被压迫民族的文字。岑家梧先生对水族古文字和水书的论断有独到的见解，首次开创了水书研究的新篇章，是水书研究的开山之作。很多后来对水书的研究或多或少都参考了《水书与水家来源》的例证与研究成果，见下图。

《水书与水家来源》的汉字水书对照表

通过1943年与岑家梧先生一起考察，张为纲先生后来在《社会研究》第36期上发表了《水家来源试探》一文（该文收入1985年三都水族自治县文史组编的《水族源流考》，2004年又收入《贵州苗夷社会研究》一书）。张为纲先生认为："今之水家，盖即殷之遗民"，并以"以水家姓氏为证"、"以水家文字为证"、"以水家迷信为证"、"以水家歌书为证"，写道："考水家著姓，首推韦氏，其先盖颛顼大彭之后，对于'豕韦'（今河南滑县），世伯商夏，其苗裔遂以国为氏……，所以名'水'，即由'豕韦'合音而成。""故今日之水书，已失却文字的功用，转而为咒术之工具。然细考其字形，竟有与武丁时期之甲骨文字极为近似者。"并举列出"酉"和"卯"等字作为例证。他还说："今日水家之所以'鬼名'繁多，所以尊崇巫师，所以有为咒术用之'反书'，皆可为殷代文化遗留之铁证。"并说：由此四证，可知"今之水家，盖即殷之遗民无疑，其先居东海之滨最久，故今僻处西南，而犹称曰'夷家'。"张为纲先生观点尤其明确，认为水族古文字是殷墟文字的文化遗存。

20世纪50年代以前，水族虽然也有少量的文人学者，但均不甚注意水族古文字和水书的研究，人们也很少关注水族人民数百年来甚至数千年来一直使用的古文字。然而，岑家梧、张为纲两位先生的研究，从文字学、历史学、社会学和人类学的角度审视水书和水族文化，给水书的研究奠定了坚实的基石，同时开创了水族研究的先河。

二 20世纪50年代后的水书研究

1949年，中华人民共和国成立以后，国家对水族文化的研究和水族人才的培养极为重视。自此，水族古文字的搜集、调查、整理、发掘和研究进入了一个崭新的阶段。1956年，中国科学院语言研究所、中央民族学院等单位的研究人员到水族地区调查语言文字概况。1958年2月《水语调查报告初稿》（中国科学院语言少数民族调查第一工作队编，内部资料）绪论部分对水族文字的种类、结构、来历等方面进行了介绍，并列举了常用的天干、地支、数目字、象形字、因声为形字等水族文字与汉字的对应，并用国际音标标注了水语的对应读法。1963年10月中国科学院语言研究所编的《水族简史简志合编》（内部编印）的"语言文字"部分对水书作了简单的介绍，列出了21个水字，见下图。

《水族简史简志合编》图

1965年，韦庆稳《水语概况》（《中国语文》1965年第5期）对水族文字和水书作了介绍。

在水族古文字研究刚刚出现好势头的时候，发生了"文化大革命"。在"文化大革命"时期，水族文字与水书的命运一样，被划为"迷信"、"鬼书"、"牛鬼蛇神"而惨遭焚书的劫难。水书是水族文字的载体，不少明清时期抄写的水书被抄没焚烧，不少专家学者不敢再整理研究搜集来的水族古文字而佚失，损失相当严重，令人痛惜。

三 20 世纪 80 年代初至今的水书搜集翻译整理和研究

1978 年，党的十一届三中全会以后，我国迎来了改革开放的好时期，水族古文字研究又获得了新生。

20 世纪 80 年代初到 20 世纪末，是水书翻译整理研究和编印出版史上前所未有的繁荣和发展时期。就发表和编印出版的时间先后而言，先后有：

1980 年：日本著名语言学家西田龙雄先生《水文字历的释译》（载《言语》1980 年 8 月，后由王云祥译成汉文发表于中国社会科学院民族研究所语言室编《民族语文研究情报资料集》1983 年第 2 集）；张均如编著《水语简志》"水书"部分（中国少数民族语言简志丛书，民族出版社 1980 年版）；潘一志著《水族社会历史资料稿》"水族文字"部分（1980 年由三都县文史资料组编印，内部资料）。

1983 年：吴支贤、石尚昭《水族文字浅谈》（载《贵州社科通讯》1983 年第 10 期）。

1985 年：李炳泽《从水族传说论水族民间文字学》（载《采风》1985 年第 3 期）；吴支贤、石尚昭《水族文字研究》（三都县民委，1985 年内部编印）；王品魁等《水族简史》"语言文字"部分（贵州民族出版社 1985 年版）。

1986 年：坦龙《贵州少数民族的宗教信仰》（载《贵州文史丛刊》1986 年第 1 期）；《中国大百科全书》（民族卷）"水族"条（中国大百科全书出版社 1986 年版）。

1987 年：王国宇《水书与一份水书样品的释读》（载《民族语文》1987 年第 6 期）；吴正彪《三都县水族"水书"简介》（载贵州民族学院少数民族语言文学系编《民族调查资料汇编》第一集，1987 年 12 月编印）。

值得一提的是，1989 年 10 月，贵州省水家学会成立后，于 1990 年 6 月组建了"搜集整理研究翻译'水书'领导小组"，对水书的翻译研究工作进行了统筹安排。在民族工作部门及档案工作部门的支持和帮助下，王品魁、潘朝霖、姚福祥等水族专家、学者先后系统地译注了"正七卷"、"壬辰卷"、"春寅卷"、"甲己卷"、"丧葬卷"、"亥子卷"、"营造卷"、"婚嫁卷"、"祭祖卷"、"丧葬卷"、"历法卷"、"卯卜卷"等水书，其中王品魁先生译注的"正七卷"和"壬辰卷"由贵州民族出版社于 1994 年出版，开创了水书著作系统研究的先河，本书第七章将参照该书的译注，对水书"正七卷"、"壬辰卷"进行释读。

1990 年：雷广正、韦快《〈水书〉古文字探析》（载《贵州民族研究》1990 年第 3 期）；王品魁《水书源流新探》（载《黔南民族》1990 年第 1 期）；王思民《水书图像与水族舞蹈关系浅析》（载《贵州文化》1990 年第 10 期）；刘日荣《水书研究——兼论水书中的汉语借词》（载《中央民族大学学报》1990 年 11 月增刊）；潘朝霖撰写的"水书"重要条目释译共 113 条（载《中国各民族宗教与神话大辞典》，学苑出版社 1990 年版）；倪大白《侗台语概论》"水书"部分（中央民族学院出版社 1990 年版）；吴支贤、石尚昭《水书》（载傅懋勣主编《中国民族古文字图录》，中国社会科学出版社 1990 年版）。

1991 年：韦忠仕、王品魁《〈水书〉研究价值刍论》（载《采风论坛》1991 年第 1 辑，同时载《文化研究》1991 年）、陈昌槐《水族文字与〈水书〉》（载《中央民族学院学报》1991 年第 3 期）；石尚昭《〈水书〉通义》（载《都匀文史资料选辑》1991 年第 7 辑）；王品魁《〈水书〉探源》（载《贵州文史丛刊》1991 年第 3 期）；刘日荣《水书研究》（载《中央民族学院学报增刊》1991 年 11 月）；石尚昭《〈水书〉通义——天文历法》（载《黔南教育学院学报》1991 年第 4 期）；蒙爱军《谈水族鬼神观与〈水书〉五行观中的认识结构》（载《贵州民族学院学报》1991 年第 4 期）；王国宇《略论水书与二十八宿》（载《中国民族古文字研究》第三辑，中国民族古文字研究会编，天津古籍出版社 1991 年版）；贾光杰《水族古文字》（载《民族团结》1991 年第 6 期）；黎汝标《形象生动的水族古文字》（载《黔南报》1991 年 11 月 3 日）。

1992 年：韦忠仕《古今水族历法考略》（载《黔南民族》1992 年第 2 期）和《水书研究概况》（载《贵州文史丛刊》1992 年第 4 期）；王品魁《水族画像石葬和水文字石葬初探》（载《黔南民族》1992 年第 2 期）；吴贵飙《水族经典：〈水书〉》（载《民族古籍》1992 年第 3 期）；王均《中国大百科全书》（语言文字卷）"水语"条（载《中国大百科全书》，中国大百科全书出版社 1992 年版）。

1993 年：冷天放《"水书"探源》（载《贵州民族研究》1993 年第 1 期）；韦忠仕、王品魁《〈水书〉研究价值刍论》（载贵州省水家学会编《水家学研究（三）》，1993 年 6 月内部编印）；王品魁《〈水书〉探源》（载贵州省水家学会编《水家学研究（三）》，1993 年 6 月内部编印）；韦忠仕、黎汝标《五十年来〈水书〉研究述评》（载贵州省水家学会编《水家学研究（二）》，1993 年 6 月内部编印）；韦忠仕《古今水族历法考略》（载贵州省水家学会编《水家学研究（二）》，1993 年 6 月内部编印）；石尚昭、吴支贤《水族文字研究》（载中国民族古文字研究会编《中国民族古文字研究》第二辑，天津古籍出版社 1993 年版）；王国宇《水族古文字考释》（载《中国民族古文字研究》第二辑，中国民族古文字研究会编，天津古籍出版社 1993 年版）。

1994 年：王品魁译注《水书·壬辰卷、正七卷》（贵州省民委古籍办、黔南州民委、三都县民委编，贵州民族出版社 1994 年版），全书 40 万字，见下图；王品魁《〈水书〉七元宿的天象历法》（载《第二届中国少数民族科技史国际学术讨论会论文集》，社会科学文献出版社 1994 年版）；刘日荣《〈水书〉中的干支初探》（载《中央民族大学学报》1994 年第 6 期）；刘日荣《水族文化史》"语言、文字、历法"部分（载李德洙主编《中国少数民族文化史》，辽宁人民出版社 1994 年版）。

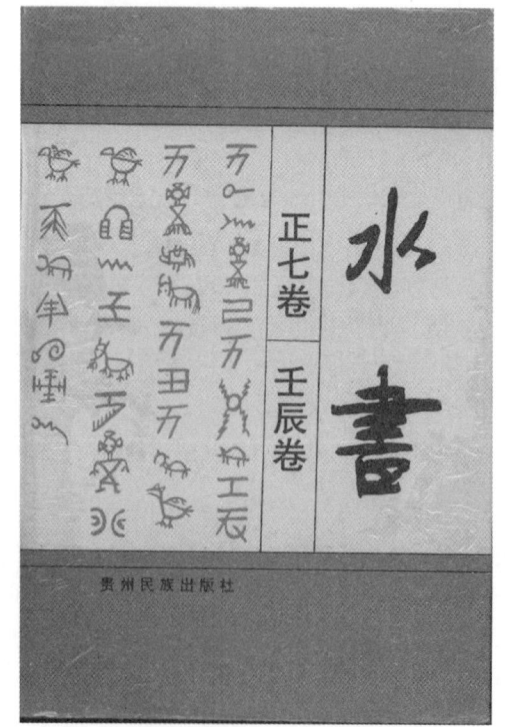

王品魁译注《水书·壬辰卷、正七卷》图和手稿，手稿由蒙光仁先生提供

1995 年：韦宗林《水文字书法试探》)（载《贵州民族学院学报》1995 年第 2 期）；雷广正、韦快《古"百越"族团的陶文、水文、甲骨文对比分析》（载《黔南民族》1995 年第 3 期）；等等。

1997 年：孔燕君《水族的百科全书——〈水书·正七卷、壬辰卷〉评介》（载国家民委重点项目李晋有等主编《中国少数民族古籍论》，巴蜀书社 1997 年版）；张公瑾主编《民族古文献概览》"水书"部分（民族出版社 1997 年版）。

1998 年：王品魁《拉下村水文字墓碑辨析》（载《黔南民族》1998 年第 1、2 期合刊）；倪大白《水族文化志》"水字、水书"部分（载《侗、水、毛南、仫佬、黎族文化志》，上海人民出版社 1998 年版）；吴正彪《〈水书〉翻译管窥》（载《黔南民族》1998 年第 1、2 期合刊）。

1999 年：潘道益《水族七元历制初探》（载贵州省水家学会编《水家学研究（四）》，1999 年 10 月内部编印）；韦宗林《水族古文字"反书"成因简议》（载贵州省水家学会编《水家学研究（三）》，1999 年 10 月内部编印）；王品魁《拉下村水文字墓碑辨析》（载贵州省水家学会编《水家学研究（三）》，1999 年 10 月内部编印）。

2000 年没有见到有关水书研究的有关论文和书籍。

第 六 章

古籍珍品图片及说明

一 水书的收藏情况

水书的收藏起于 20 世纪 30—40 年代，从发表的水书研究论文和著作看，国内外都有水书的收藏。据我们所知，基本情况如下。

国外收藏者有英国伦敦大英博物馆（抄本），日本东洋文库（曾发表有关水文字的文章），美国夏威夷大学李方桂教授（抄本），日本西田龙雄教授（抄本），日本赖惟勤教授（抄本）。国内收藏者则有中国国家图书馆（抄本 30 余册），中国民族图书馆（抄本 1100 余册），台湾"中研院"历史语言研究所（该所专刊之七十三，曾发表水书复印样品），前中南民族学院副院长岑家梧教授（抄本 45 册）。贵州省荔波县档案馆（抄本约 6000 册），贵州省三都县档案馆（抄本 5168 册），贵州省黔南州图书馆 50 册（王品魁先生捐赠），贵州省榕江县水尾乡民间水书先生（目前至少还有 1500 册）。

个人收藏主要为研究水书人员，如贵州民族学院潘朝霖教授 500 册。韦学纯接受本课题之后，在贵州省三都水族自治县大河中学韦仕钊老师、水龙乡上把羊寨韦开先生和贵州民族学院留校教师韦述启的帮助下收集到的水书 30 册，其中《万年历》为家传，其余为水书先生还在使用的复印件，已经全部扫描录入，形成光盘，全部数据量为 4.05GB。此次还收集到水书先生参照使用的汉文通书 4 本，它们是：

1.《象吉通书》影印本（内为：增补象吉备要通书大全，内附三元甲子未来历），共 29 卷，1030 页，全书约 97 万字。光益书局发行，序为康熙十年岁在辛丑。

2.《鳌头通书大全》（增补斗首河洛理气，上、下册），共 10 卷，744 页，全书约 80 万字。序为乾隆丙午年。

3.《钦定协纪办方书》（钦定四库全书之一，上、下册），共 36 卷，914 页，全书约 80 万字。乾隆四十五年版影印台湾古籍出版社。

4.《天机会元》（新增地理天机会元，上、中、下册），共 35 卷，1133 页，全书约 85 万字，上海较经山房石印影印本。

二 水书图片及说明

本章提供的图片分为两部分，其中第一部分 20 幅，由贵州民族学院潘朝霖教授供稿，前 4 幅分别是：明石碑、宋大中钱币、明木刻本 1、明木刻本 2，其中明木刻本收藏于贵州省荔波县档案馆。第 5—20 幅均为纸质抄本，作者时代尚待研究，都来自于贵州水族地区，由潘朝霖教授收藏。潘朝霖教授收藏水书图片和照片 20 000 余张，经过潘教授精挑细选为本书选送的近 20 幅，后面我们不再详细加以说明。

第二部分是本课题 2002 年开始以来收集到的水书,共 28 幅。发现于贵州省三都水族自治县大河镇苗草村上苗草寨、交本寨以及水龙乡上把羊寨。除《万年历》一本之外,所有收集到的水书的原本均归还水书先生本人收藏,我收藏有复印版本和电子版本。具体情况参看每幅图的说明。其余为网上发表的两幅。目录如下:

图 1　三都水族自治县水东村明代水族文字墓碑 ……………………………………………… (920)
图 2　刻有水族文字的宋代钱币 ………………………………………………………………… (921)
图 3　明代弘治年间水书木刻本(1) …………………………………………………………… (921)
图 4　明代弘治年间水书木刻本(2) …………………………………………………………… (922)
图 5　潘朝霖教授选送的水书选页(1) ………………………………………………………… (923)
图 6　潘朝霖教授选送的水书选页(2) ………………………………………………………… (924)
图 7　潘朝霖教授选送的水书选页(3) ………………………………………………………… (925)
图 8　潘朝霖教授选送的水书选页(4) ………………………………………………………… (926)
图 9　潘朝霖教授选送的水书选页(5) ………………………………………………………… (927)
图 10　潘朝霖教授选送的水书选页(6) ………………………………………………………… (928)
图 11　潘朝霖教授选送的水书选页(7) ………………………………………………………… (929)
图 12　潘朝霖教授选送的水书选页(8) ………………………………………………………… (929)
图 13　潘朝霖教授选送的水书选页(9) ………………………………………………………… (930)
图 14　潘朝霖教授选送的水书选页(10) ……………………………………………………… (930)
图 15　潘朝霖教授选送的水书选页(11) ……………………………………………………… (931)
图 16　潘朝霖教授选送的水书选页(12) ……………………………………………………… (932)
图 17　潘朝霖教授选送的水书选页(13) ……………………………………………………… (932)
图 18　潘朝霖教授选送的仿木刻的水书选页(荔波县档案馆收藏) ………………………… (933)
图 19　潘朝霖提供的水书封面图(1) ………………………………………………………… (933)
图 20　潘朝霖提供的水书封面图(2) ………………………………………………………… (934)
图 21　水书《万年历》图 ………………………………………………………………………… (935)
图 22　水书《择吉日书》 ………………………………………………………………………… (936)
图 23　水书《仲散便览》 ………………………………………………………………………… (937)
图 24　水书《酬世用时》 ………………………………………………………………………… (938)
图 25　水书《吉读本》(并造嫁录在尾便观) ………………………………………………… (939)
图 26　水书《做当》(1) ………………………………………………………………………… (940)
图 27　水书《做当》(2) ………………………………………………………………………… (941)
图 28　水书《做当》(3) ………………………………………………………………………… (942)
图 29　《地理:论吉凶青龙白虎砂》 …………………………………………………………… (943)
图 30　水书《立柱安葬》 ………………………………………………………………………… (944)
图 31　水书《记开日之接亲》 …………………………………………………………………… (945)
图 32　水书《求则得之》(卷 1) ………………………………………………………………… (946)
图 33　水书《求则得之》(卷 2) ………………………………………………………………… (947)
图 34　水书《求则得之》(卷 2,第 30 页) …………………………………………………… (948)
图 35　水书《金用卷》 …………………………………………………………………………… (949)

图 36　水书《接亲立房砍牛三样》(1) ……………………………………………………………………（950）
图 37　水书《接亲立房砍牛三样》(2) ……………………………………………………………………（951）
图 38　水书《接亲立房砍牛三样》(3) ……………………………………………………………………（952）
图 39　水书《正七庚甲》 …………………………………………………………………………………（953）
图 40　水书《安葬用本：通反便录》 ……………………………………………………………………（954）
图 41　水书《正七》 ………………………………………………………………………………………（955）
图 42　水书《欢书》 ………………………………………………………………………………………（956）
图 43　水书《甲巳九月未方》 ……………………………………………………………………………（957）
图 44　水书《子午卯酉时》 ………………………………………………………………………………（958）
图 45　水书《井四吉》 ……………………………………………………………………………………（959）
图 46　水书《看接媳妇》 …………………………………………………………………………………（960）
图 47　水书《忌安葬大凶不用》 …………………………………………………………………………（961）
图 48　水书《六十甲子·月贪甲子》 ……………………………………………………………………（962）
图 49　彩绘水书 ……………………………………………………………………………………………（963）
图 50　三都水族自治县发现目前最厚的水书 ……………………………………………………………（964）

图 1　三都水族自治县水东村明代水族文字墓碑

碑铭文字，曾发表于《中国水族文化研究》第 315 页，则是水族古文字刻在石碑上的实物例证，同时王品魁先生的《拉下村文字墓碑辨析》中提到的石刻水族古文字也是明代的。

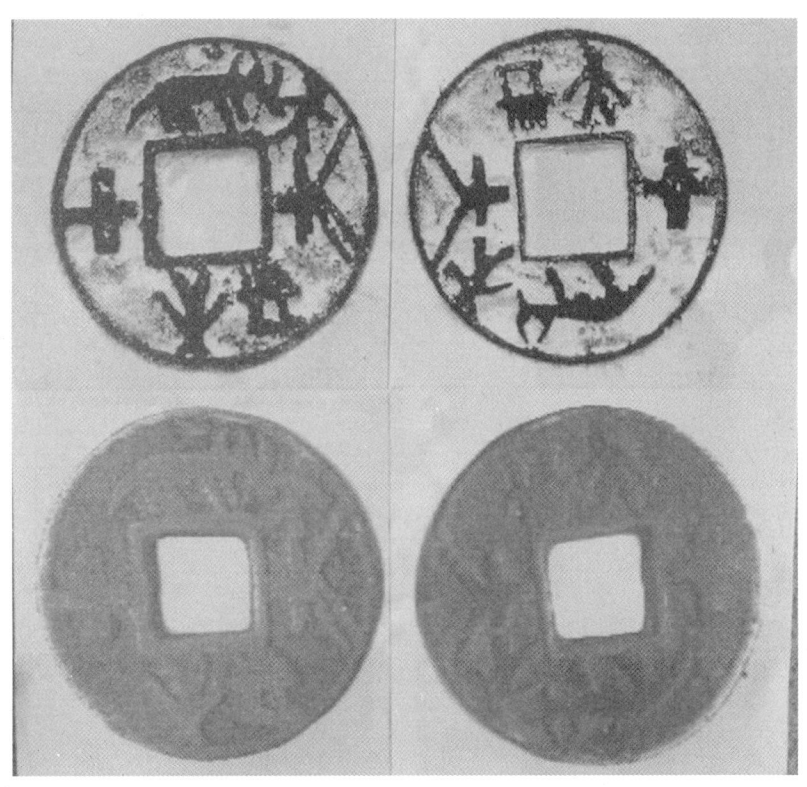

图 2　刻有水族文字的宋代钱币

这枚铜钱所铸文字有汉字"大中",以及人牵水牛、人拉耙的水族象形文字。"大中",指宋真宗赵恒的年号"大中祥符";水牛,在水书中是财富的代表;耙,是稻作农耕的重要工具,在水书中,也是财富的象征。

图 3　明代弘治年间水书木刻本(1)

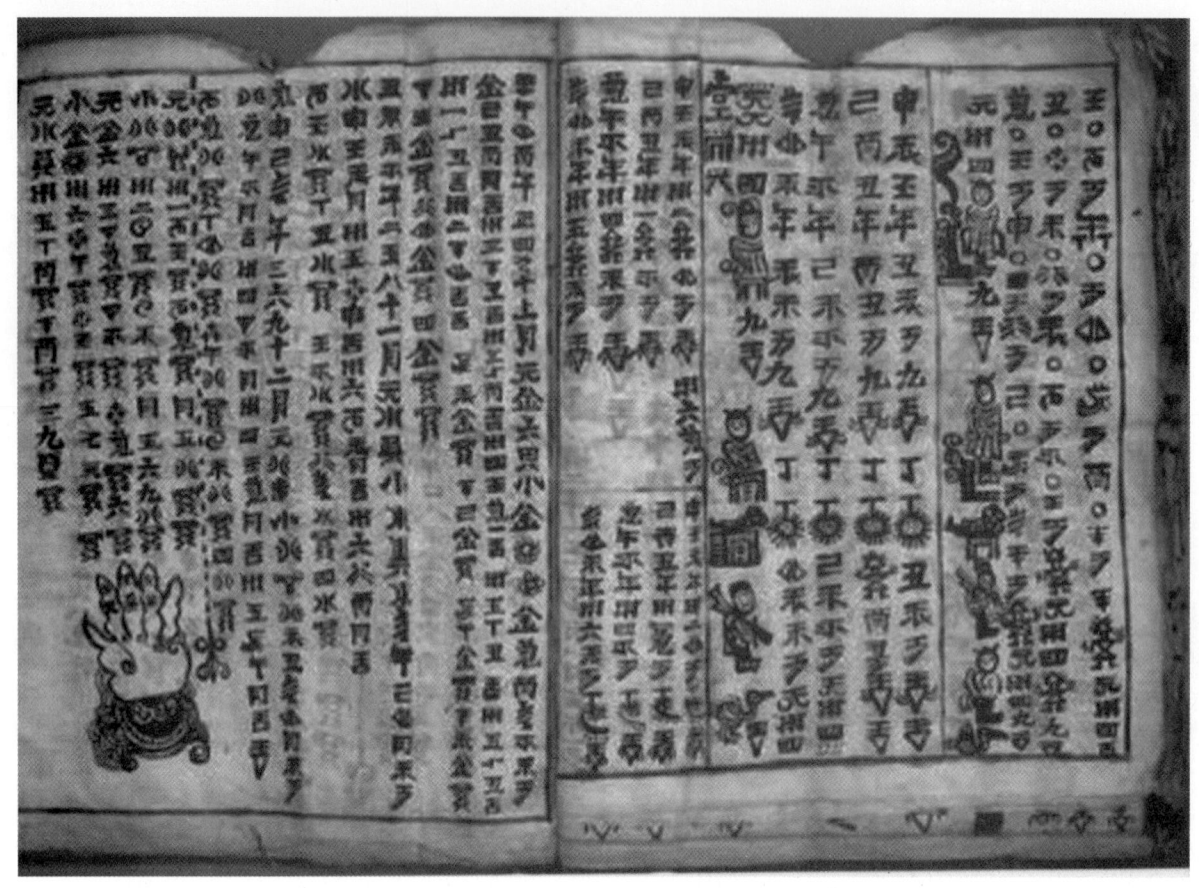

图 4　明代弘治年间水书木刻本（2）

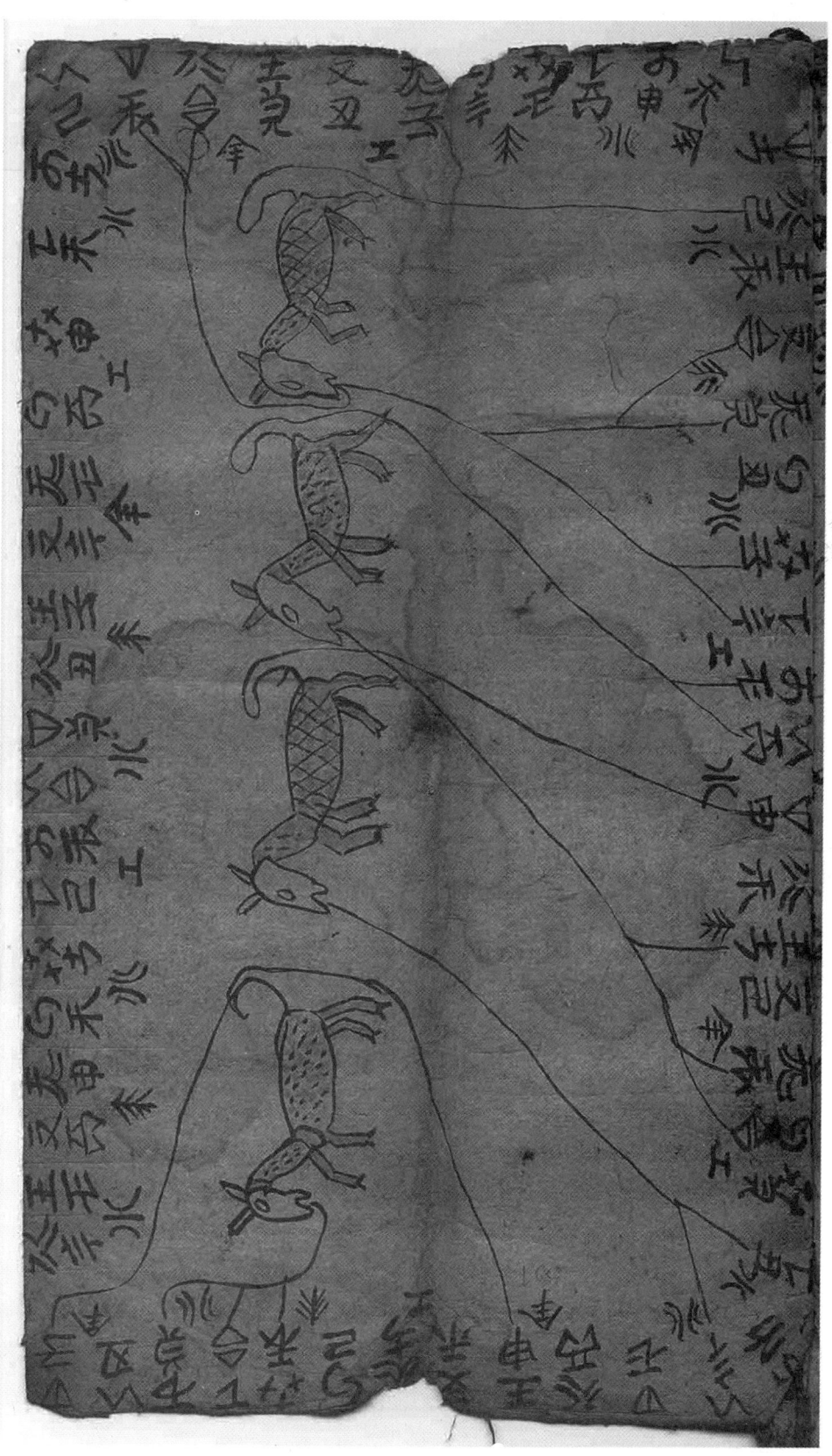

图 5　潘朝霖教授选送的水书选页（1）

图6 潘朝霖教授选送的水书选页（2）

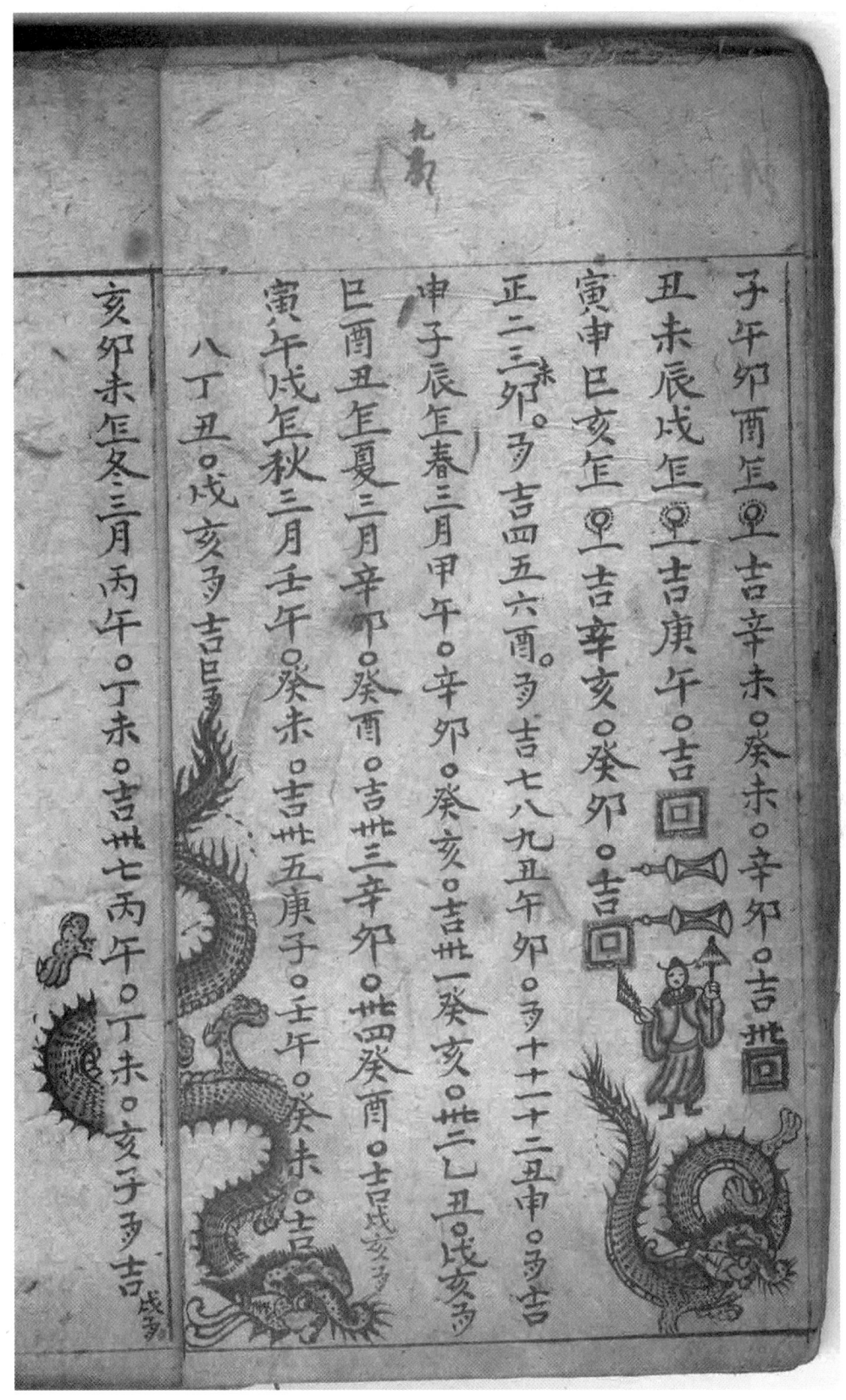

图7　潘朝霖教授选送的水书选页（3）

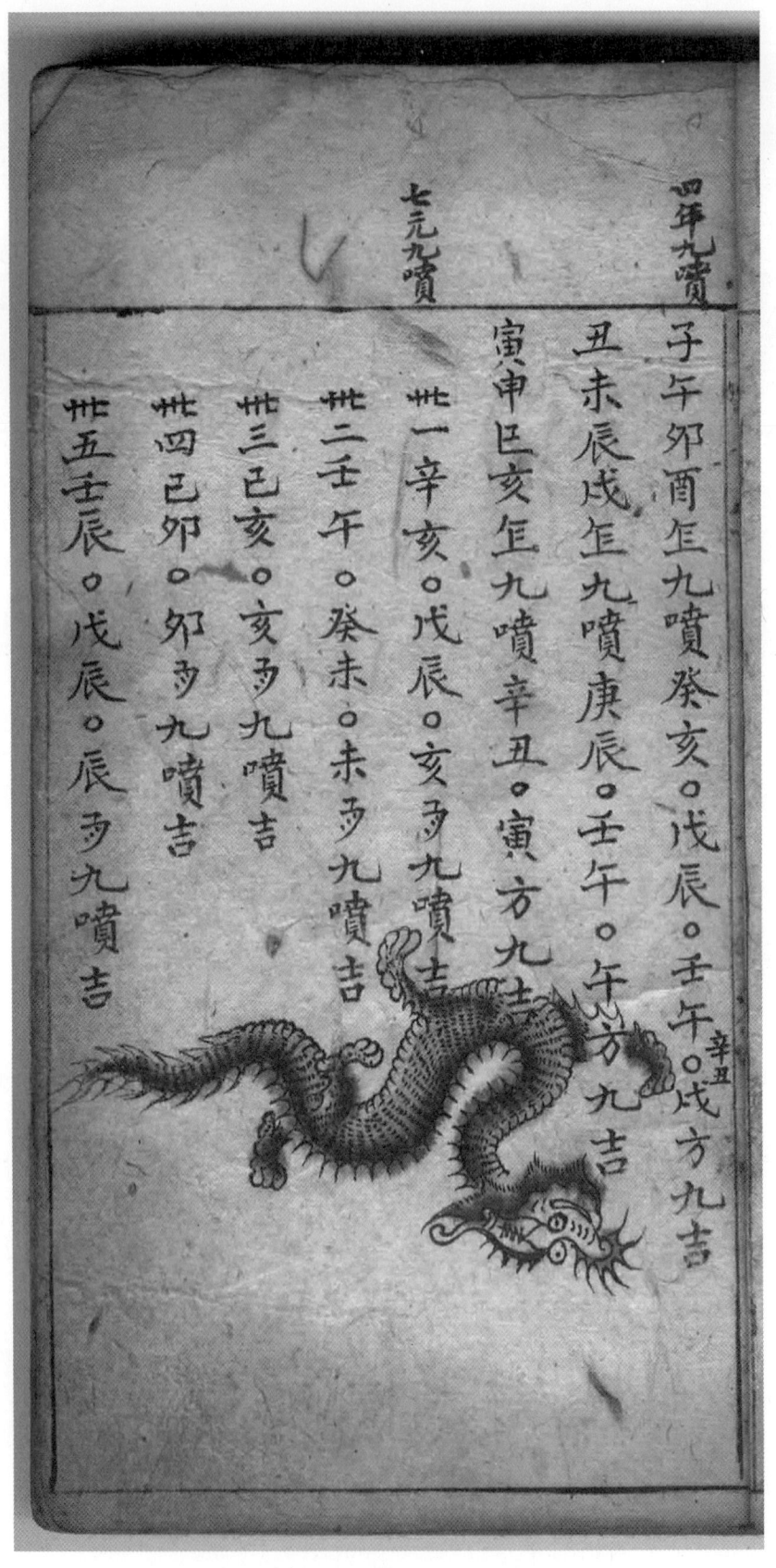

图8 潘朝霖教授选送的水书选页（4）

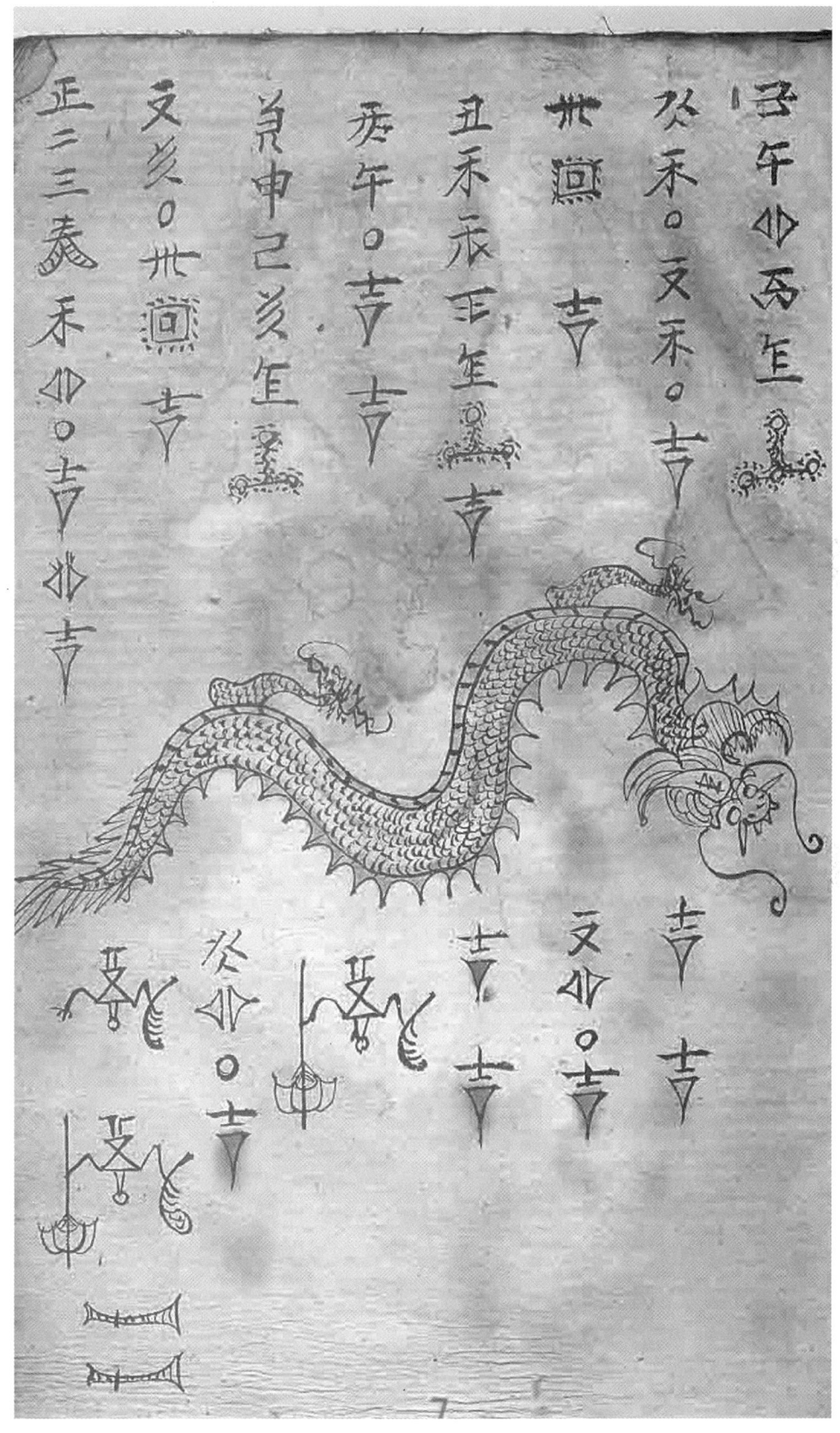

图 9　潘朝霖教授选送的水书选页（5）

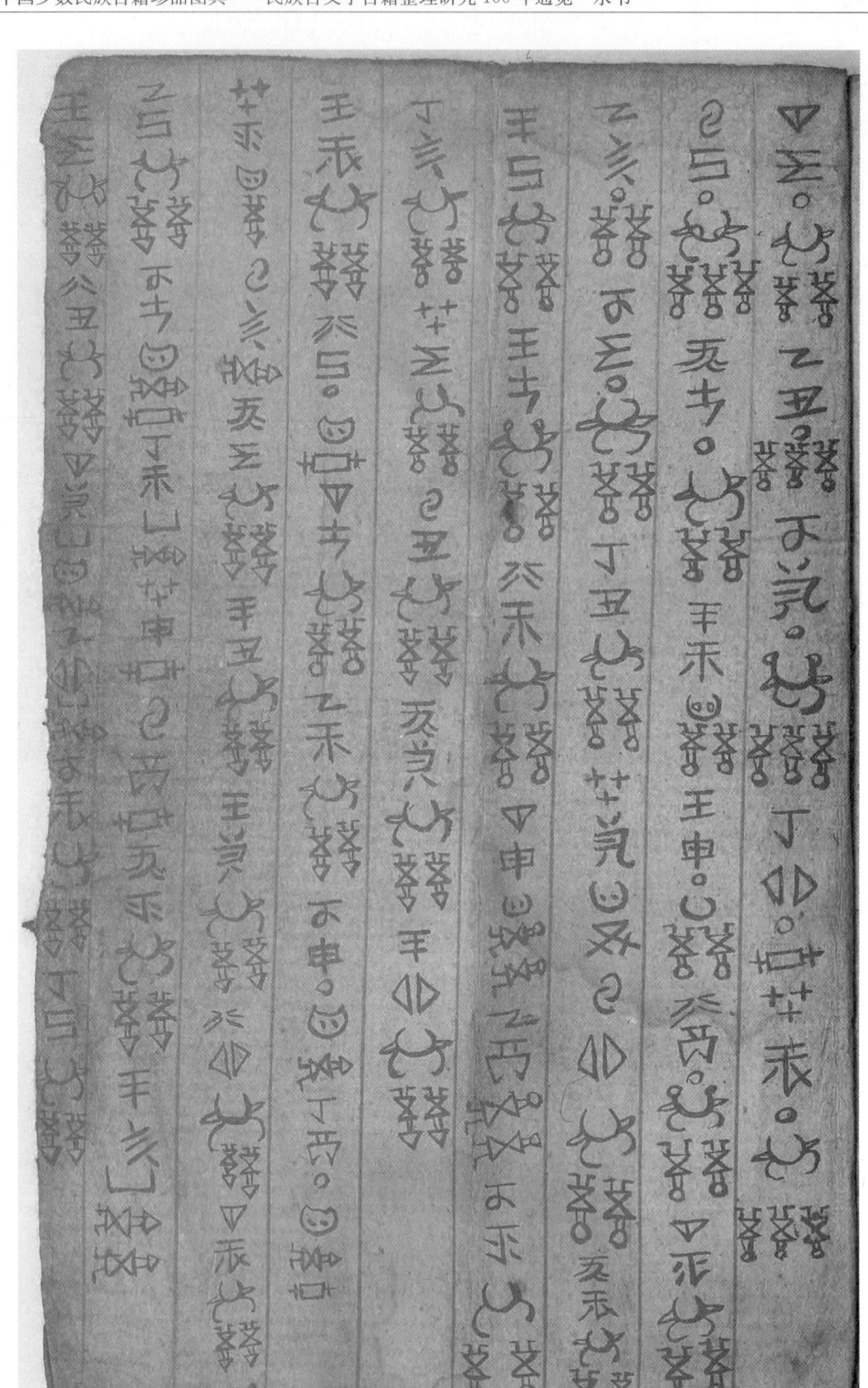

图10 潘朝霖教授选送的水书选页（6）

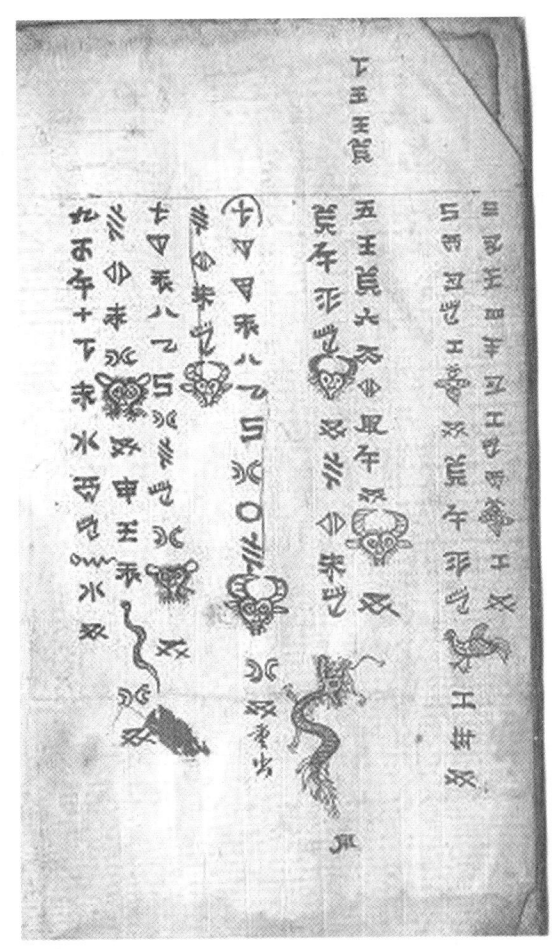

图 11　潘朝霖教授选送的水书选页（7）

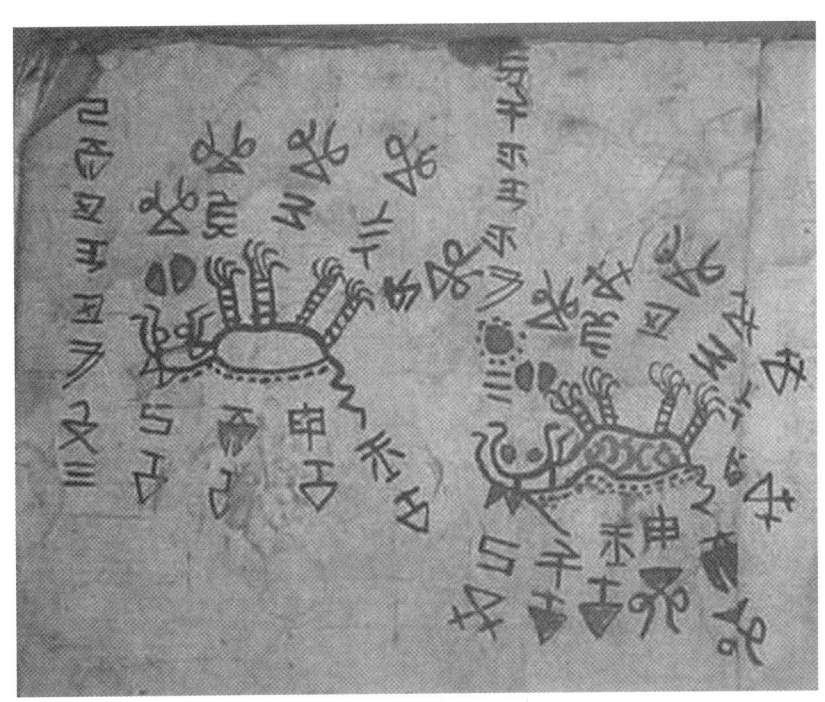

图 12　潘朝霖教授选送的水书选页（8）

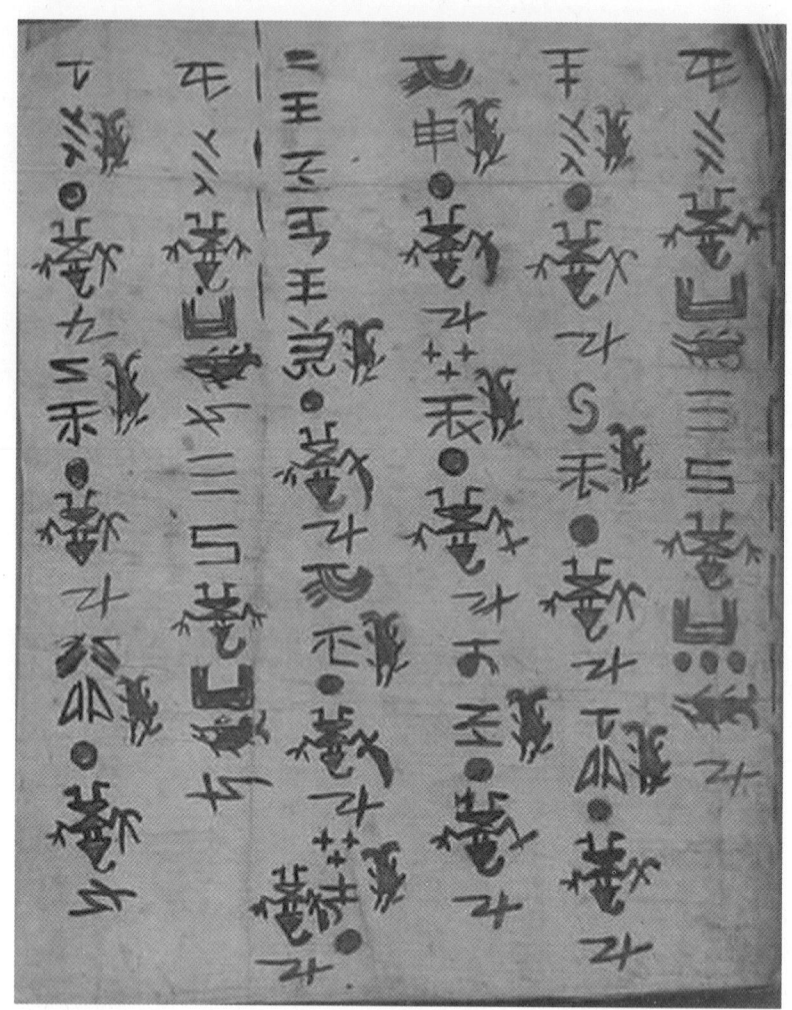

图 13　潘朝霖教授选送的水书选页（9）

图 14　潘朝霖教授选送的水书选页（10）

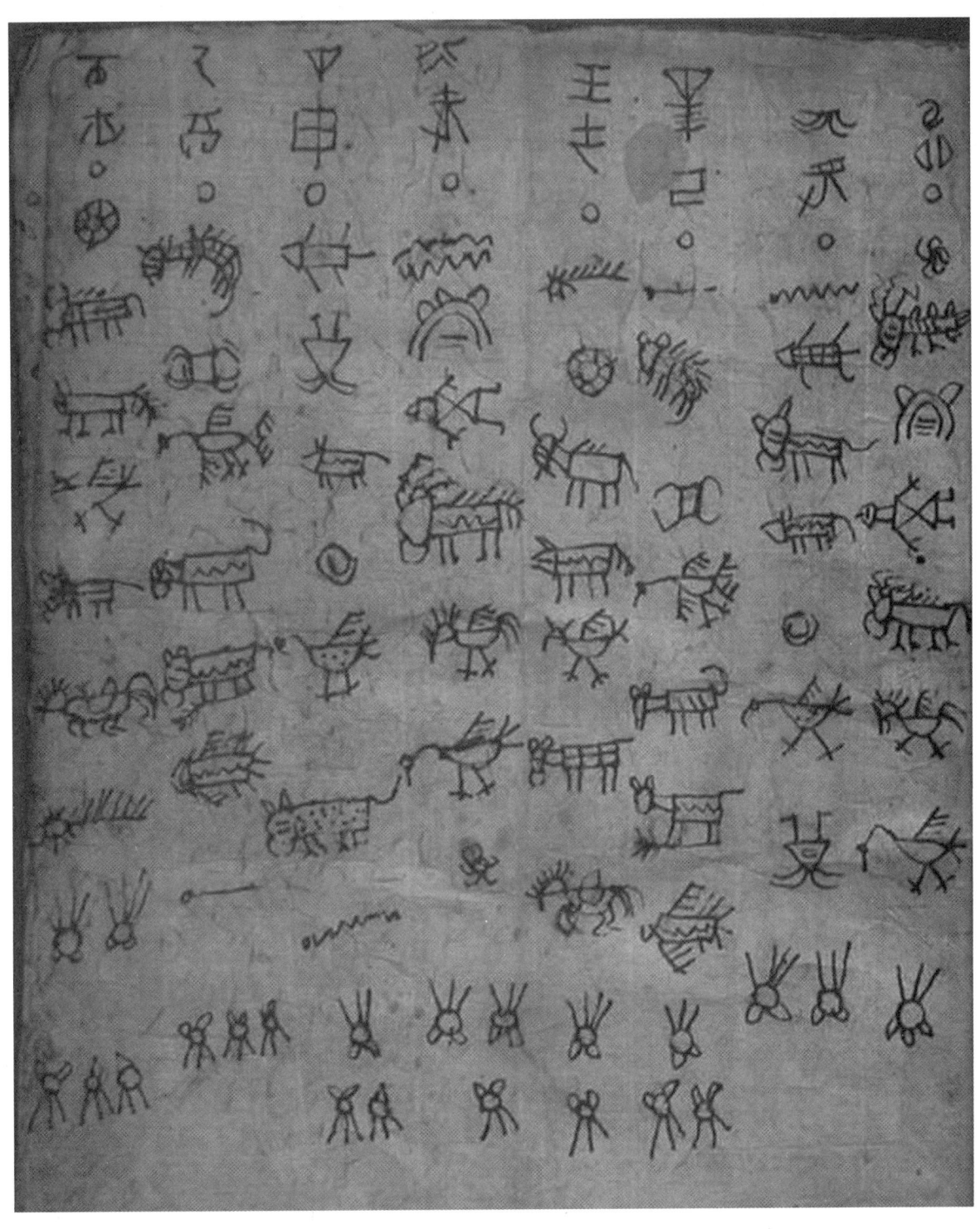

图15 潘朝霖教授选送的水书选页（11）

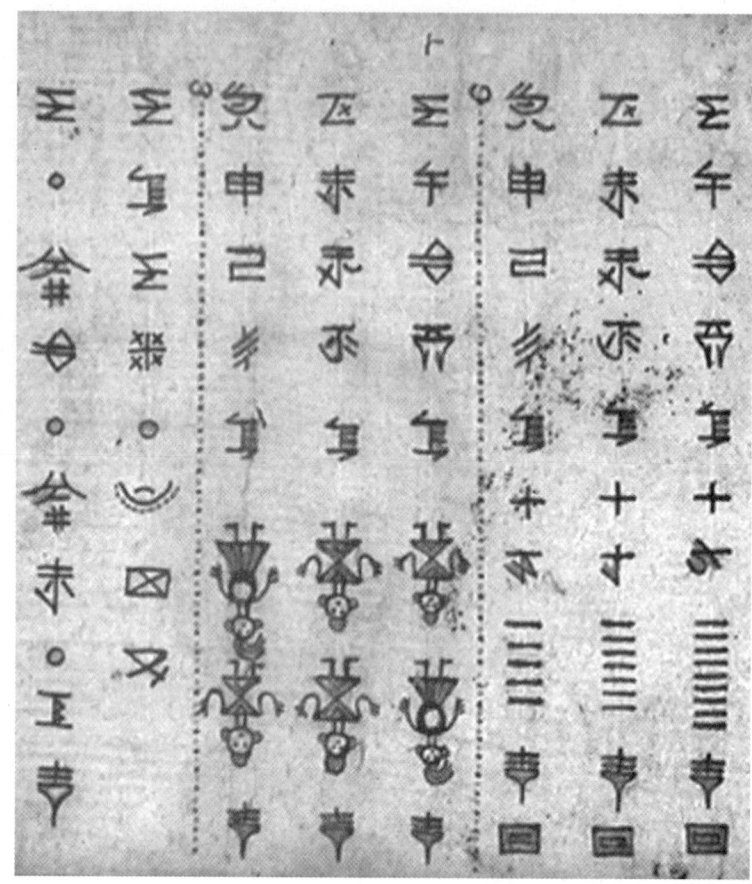

图 16　潘朝霖教授选送的水书选页（12）

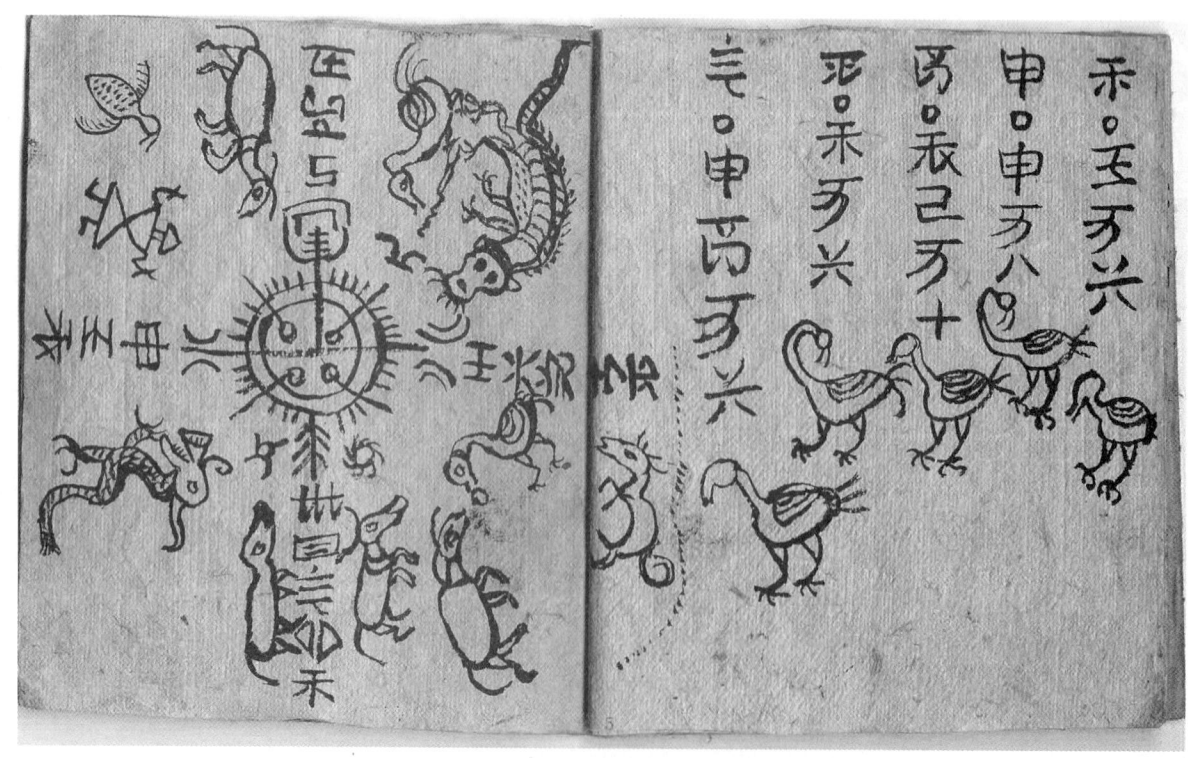

图 17　潘朝霖教授选送的水书选页（13）

第六章 古籍珍品图片及说明 933

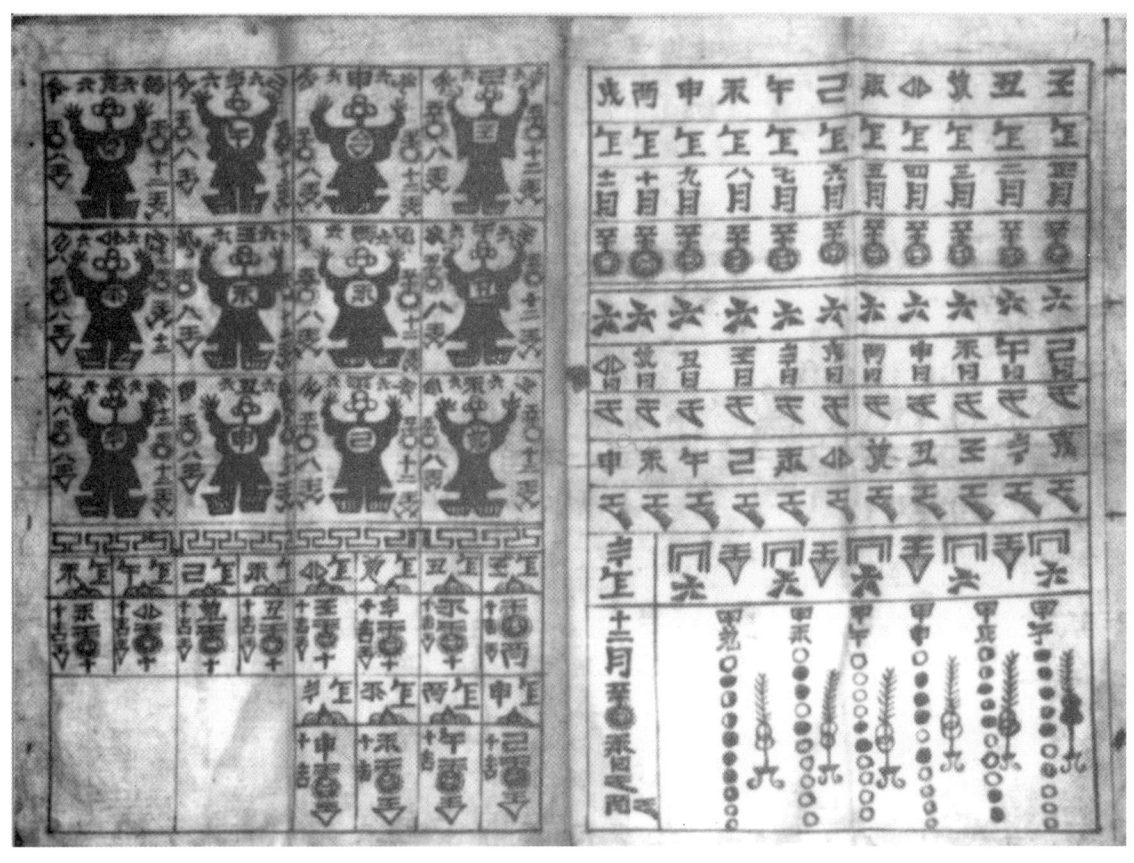

图 18 潘朝霖教授选送的仿木刻的水书选页（荔波县档案馆收藏）

图 19 潘朝霖提供的水书封面图（1）

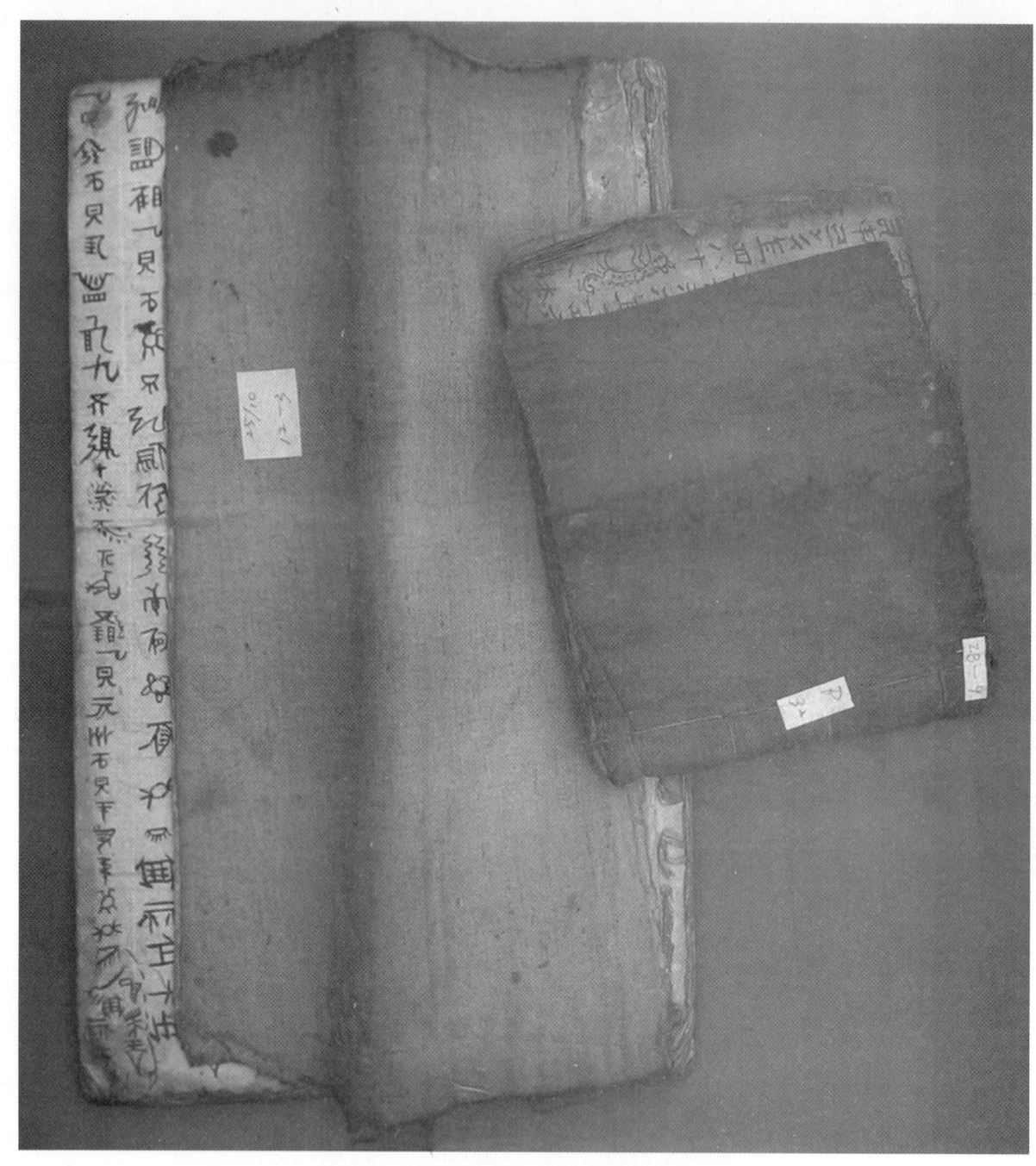

图 20　潘朝霖提供的水书封面图（2）

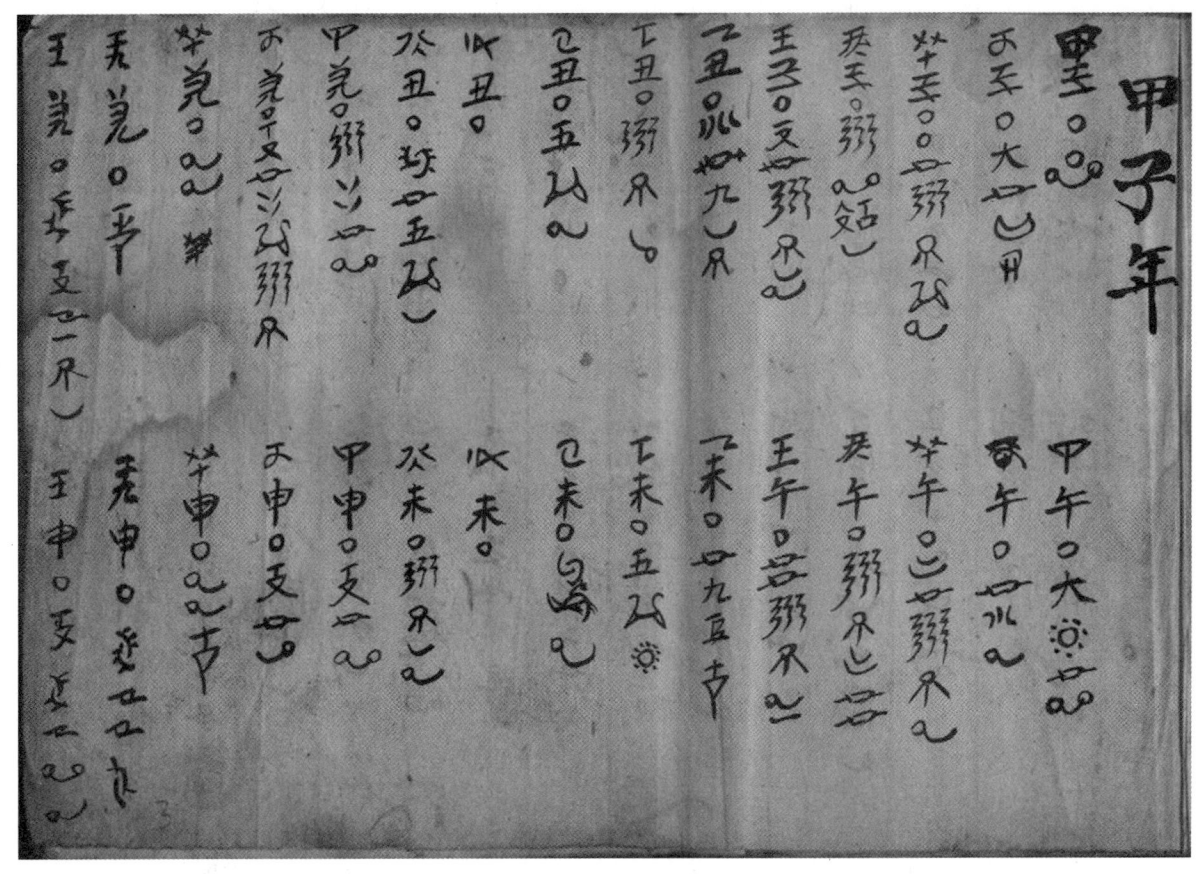

图 21　水书《万年历》图

全书共 68 页，书写于 1925 年，原本现由韦学纯保存。复印本藏于中国民族图书馆，同时存于苗草村。图 21 是第 1 页。

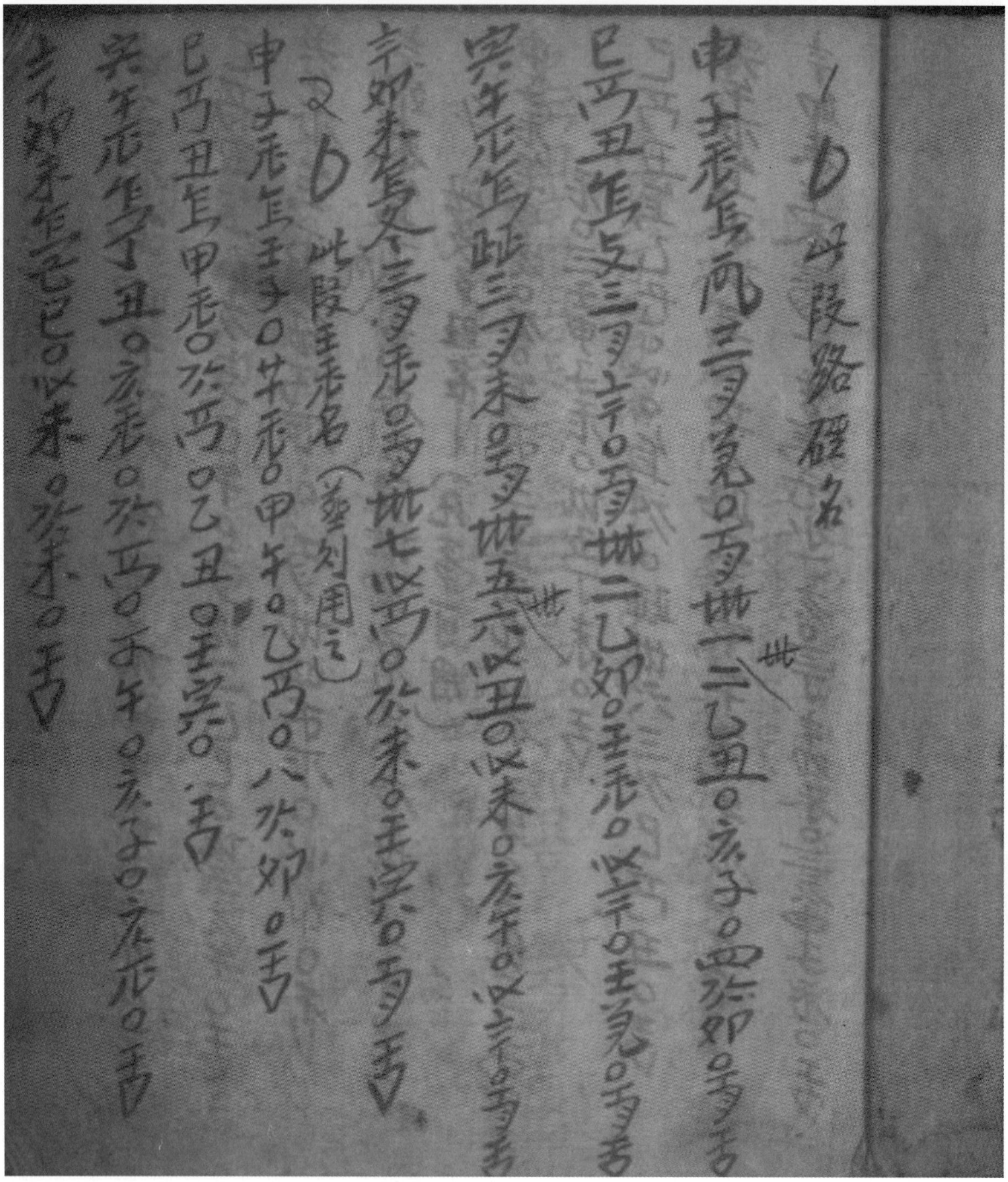

图 22　水书《择吉日书》

全书共 44 页，图 22 为该书的第 1 页。

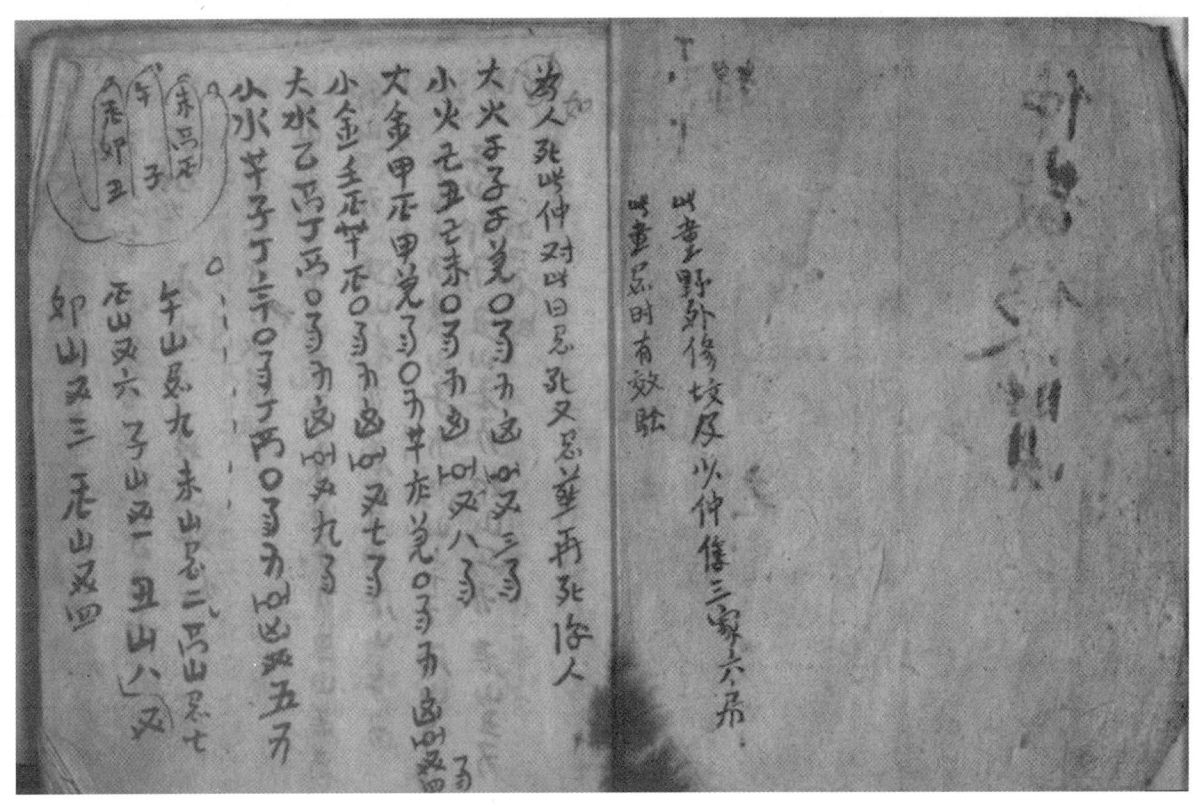

图 23　水书《仲散便览》

主要是野外修坟使用。全书共 82 页，图 23 是封面和第 1 页。

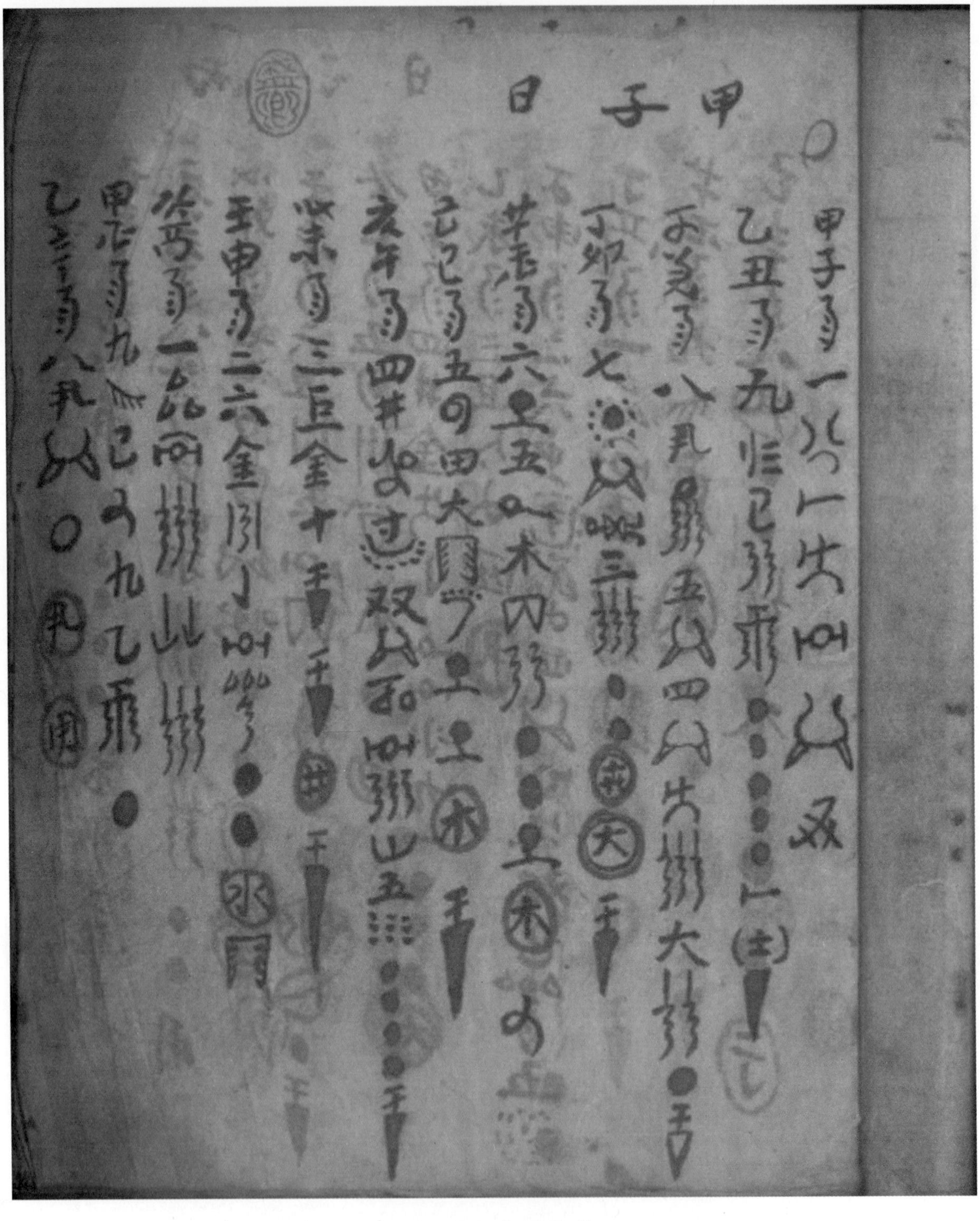

图 24　水书《酬世用时》

全书共 90 页，图 24 为该书的第 1 页。

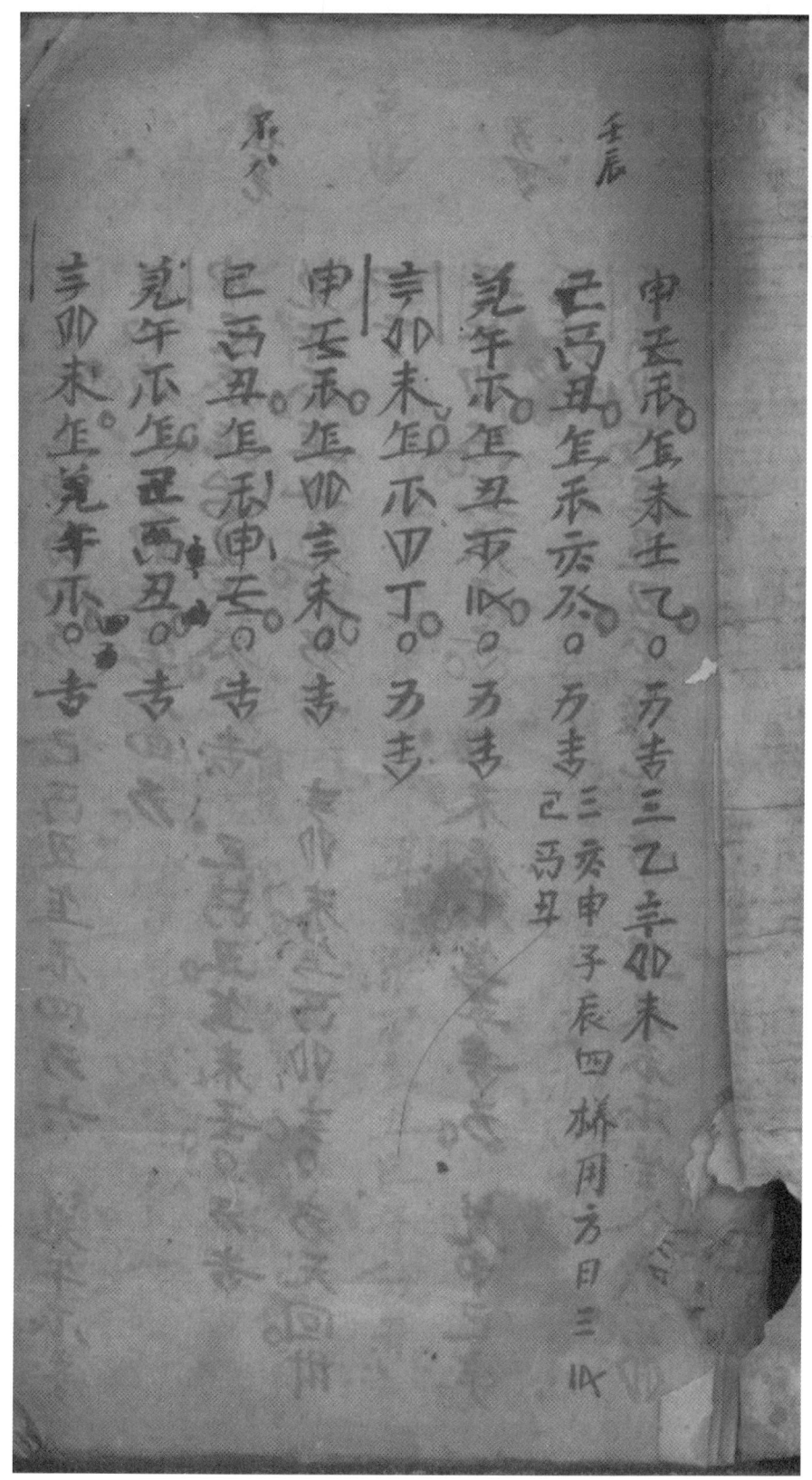

图 25　水书《吉读本》（并造嫁录在尾便观）

全书 60 共页，图 25 为该书的第 1 页。

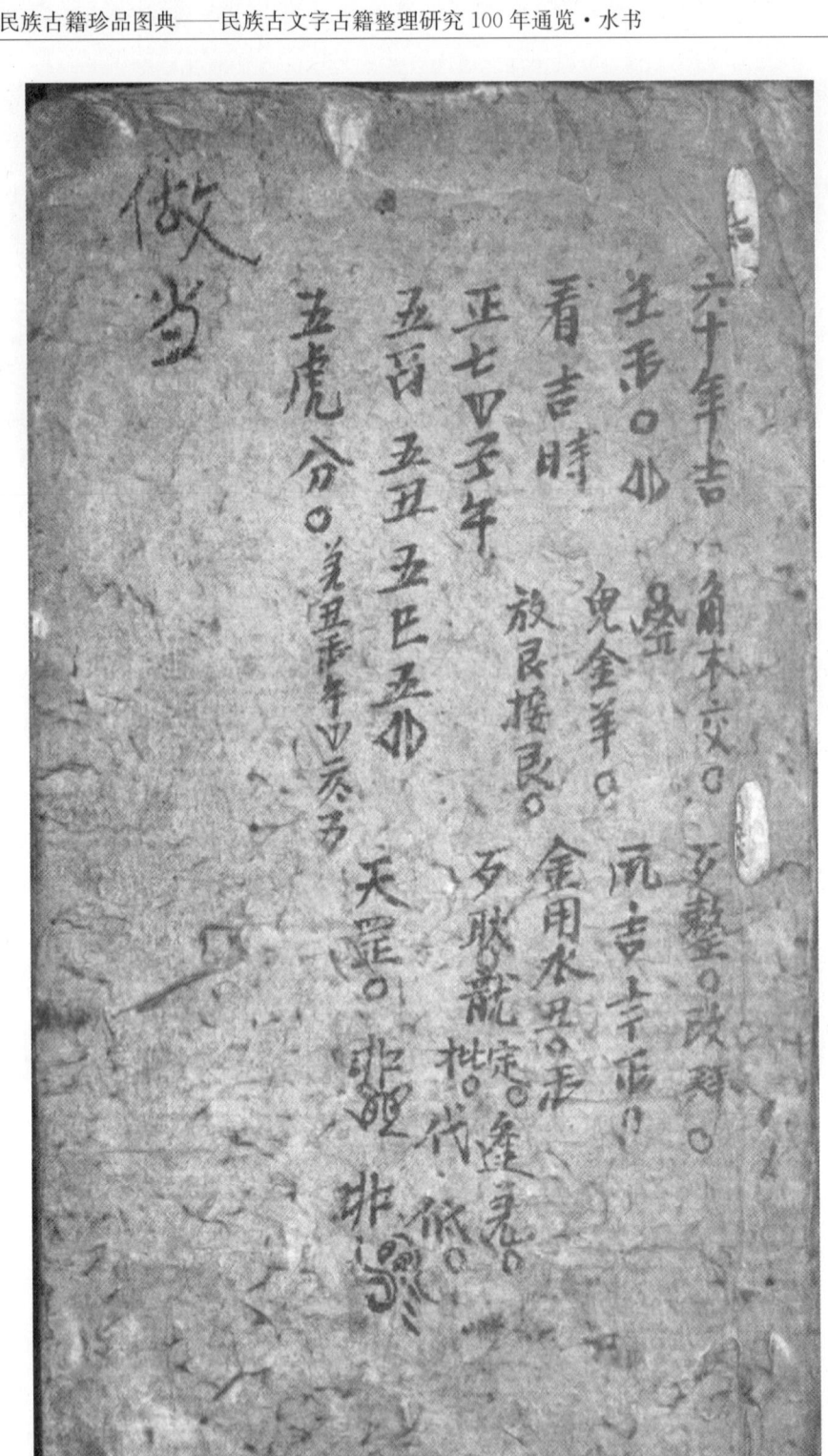

图 26　水书《做当》(1)

全书共 88 页，图 26 为该书的首封页。

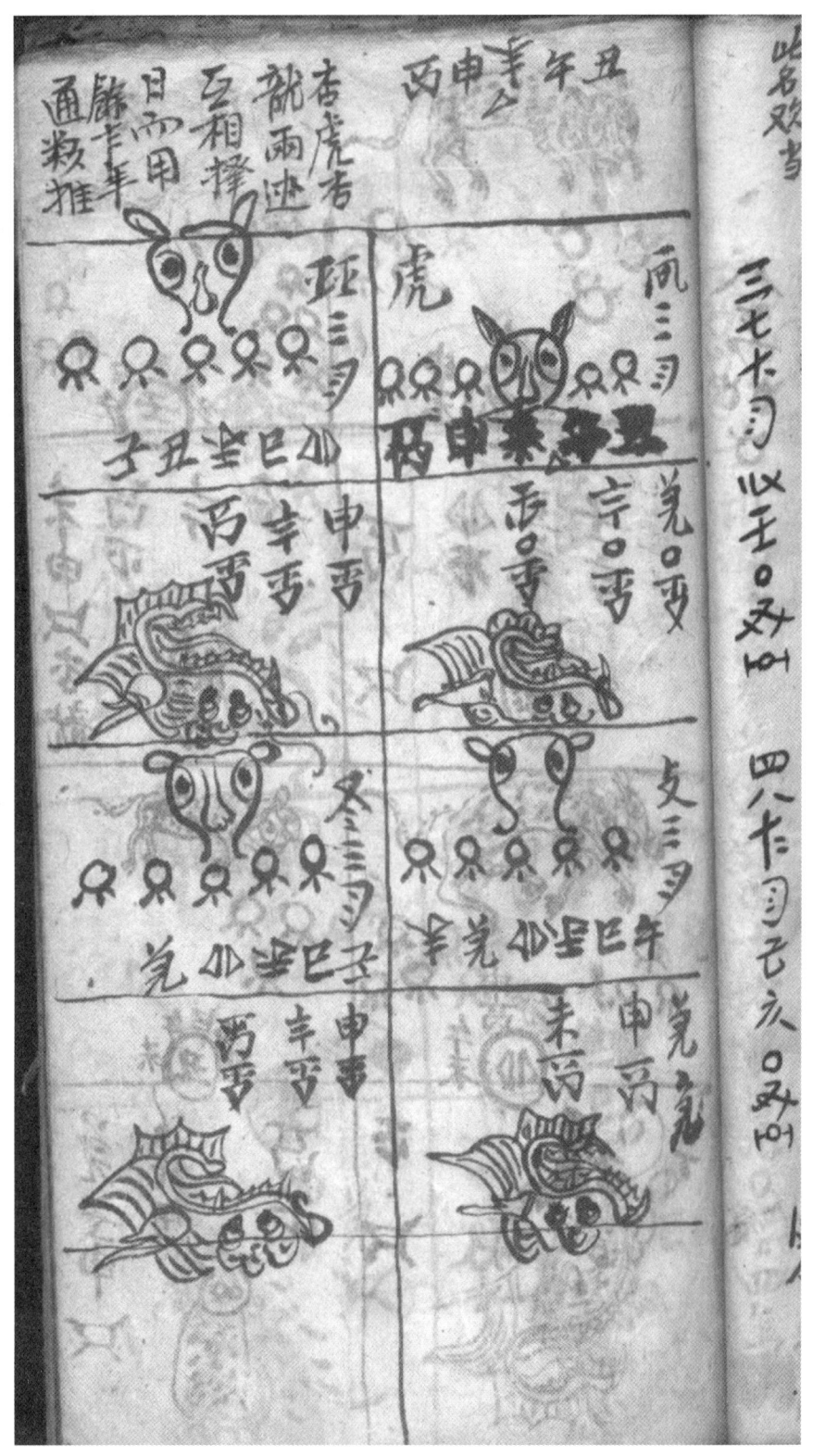

图 27 水书《做当》(2)

全书共 88 页，图 27 为该书的第 35 页，其后的第 36、第 37、第 38、第 39 页中，每一格中均有动物图形。

图 28　水书《做当》(3)

全书共 88 页，图 28 为该书的第 75 页。该页大部分为汉字注解，但这些汉字有很多都是水语的音译，这些字的意义尚待研究。其前页和后 3 页均如此。

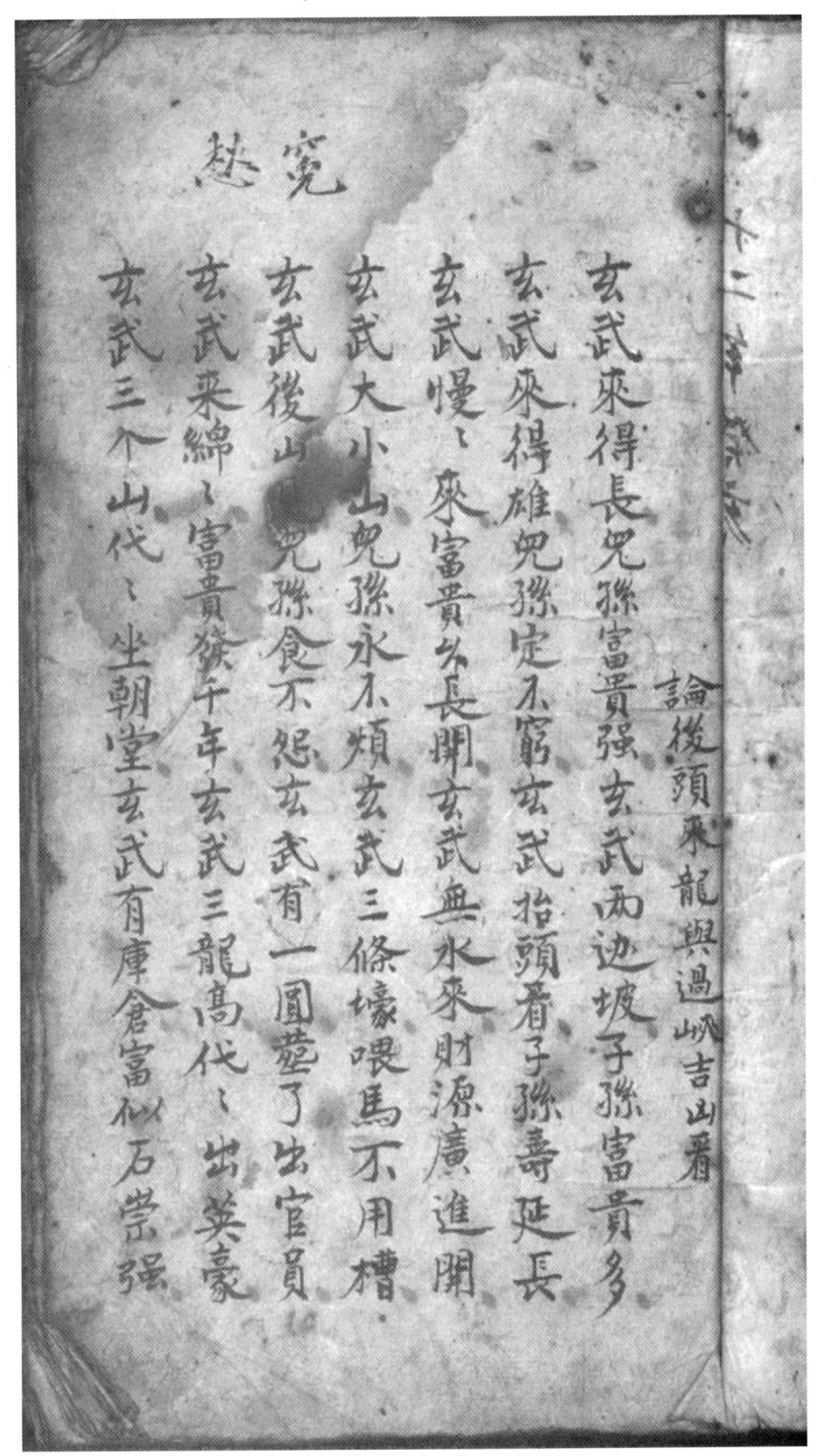

图 29 《地理：论吉凶青龙白虎砂》

全书用汉字书写，共 90 页，图 29 为该书的第 1 页。

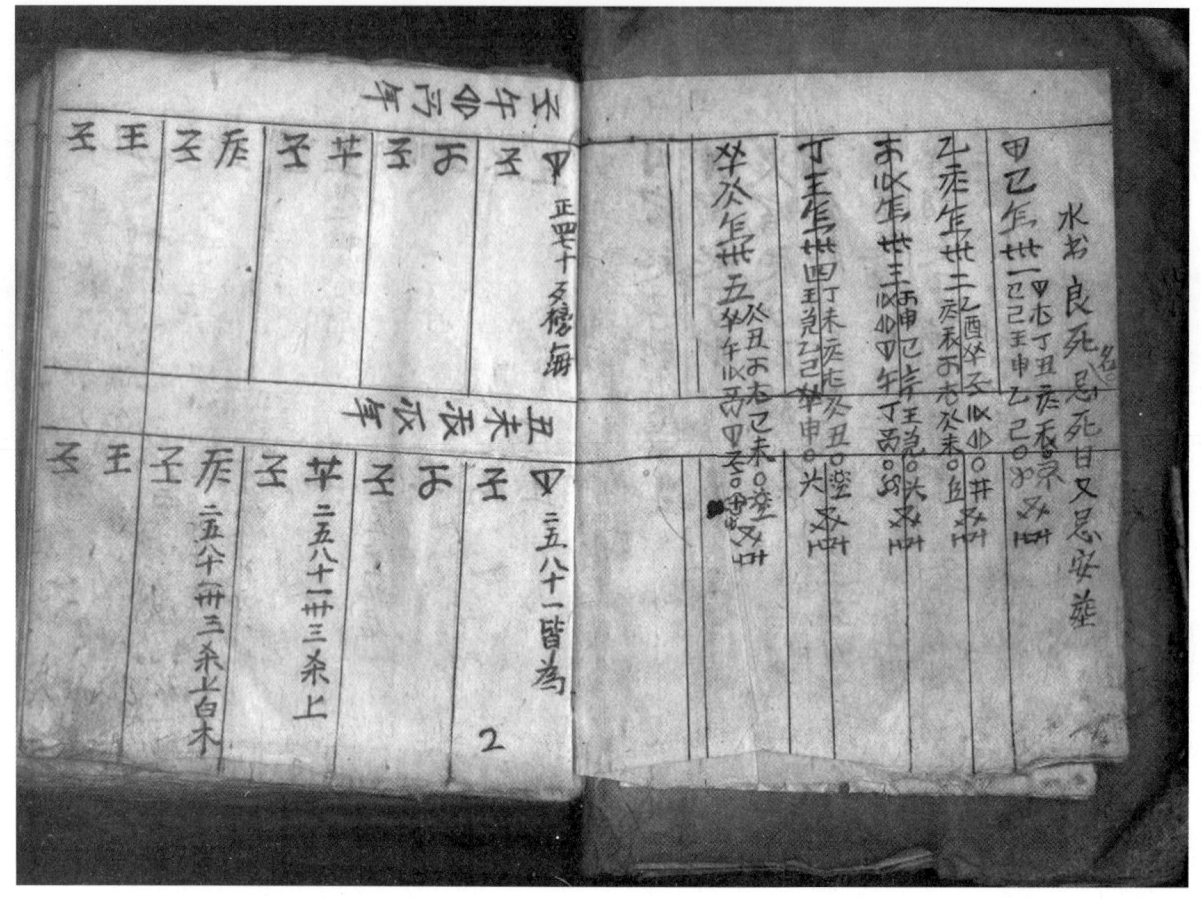

图 30　水书《立柱安葬》

全书共 336 页，图 30 为该书的第 3—4 页。

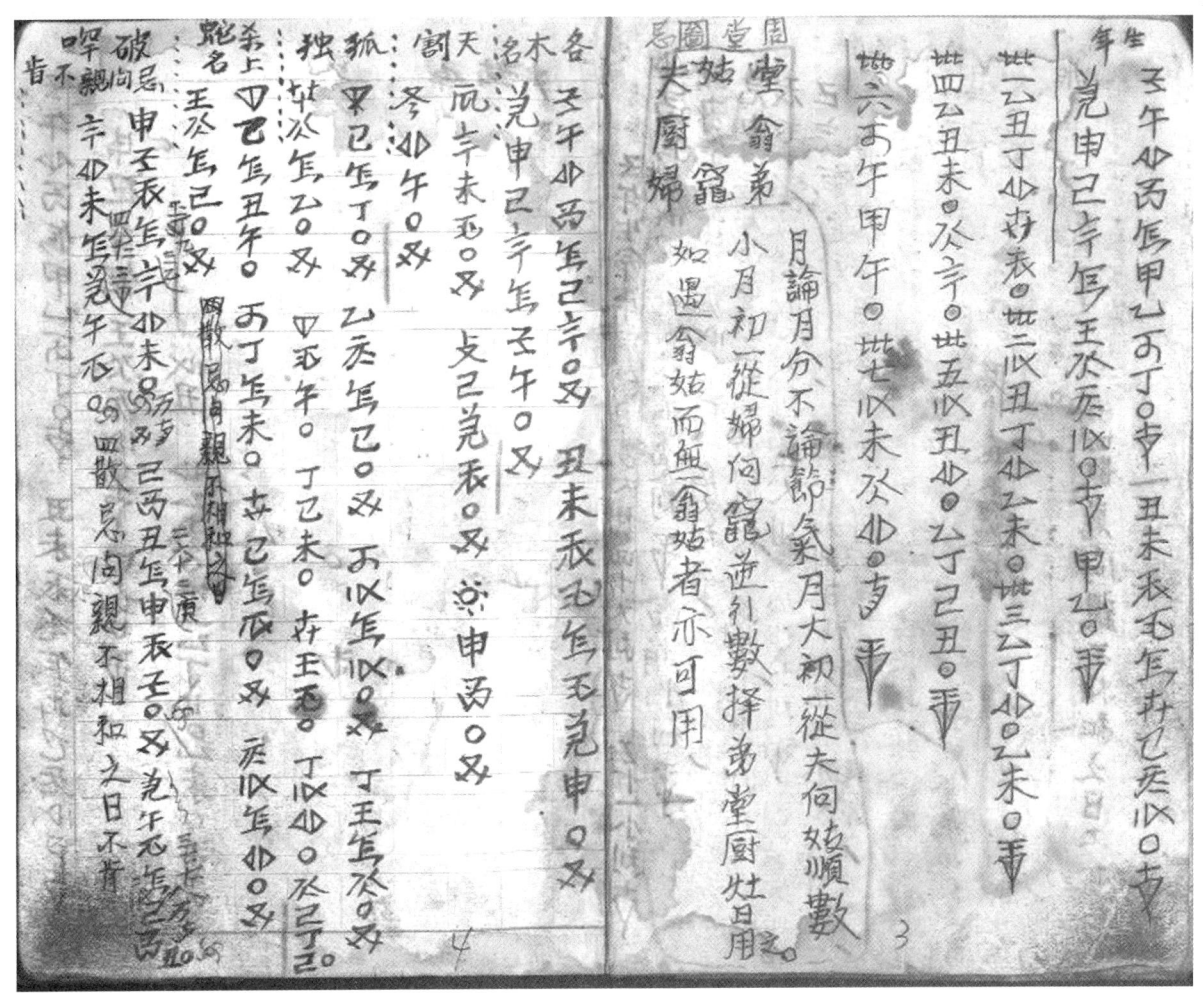

图 31　水书《记开日之接亲》

全书共 112 页，该书抄于 20 世纪 80 年代，纸质为当时的方格本，图 31 为该书的第 1—2 页。

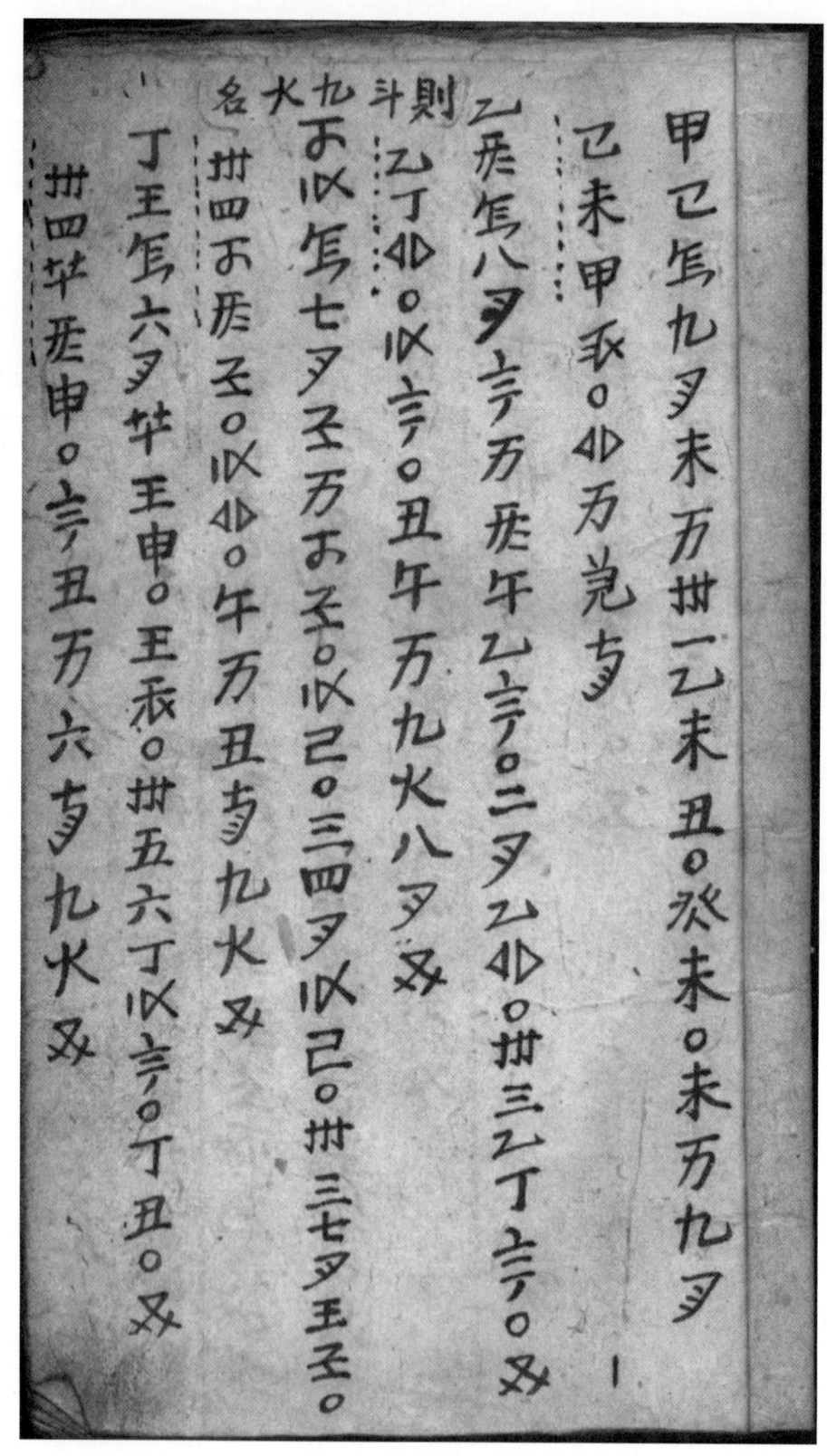

图 32 水书《求则得之》(卷 1)

全书共 52 页，图 32 为该书的第 1 页。

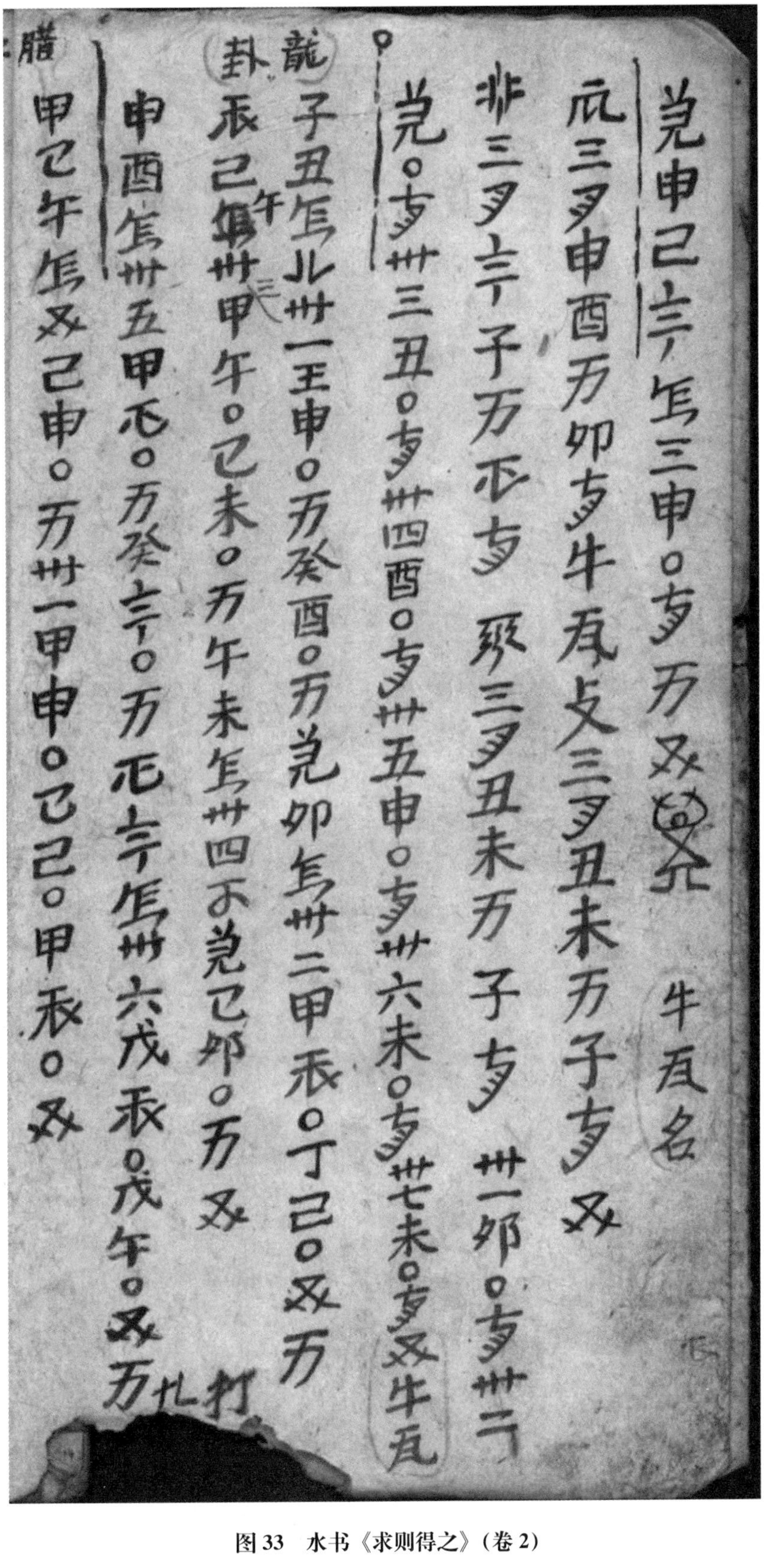

图 33　水书《求则得之》（卷2）

全书共 37 页，图 33 为该书的第 1 页。

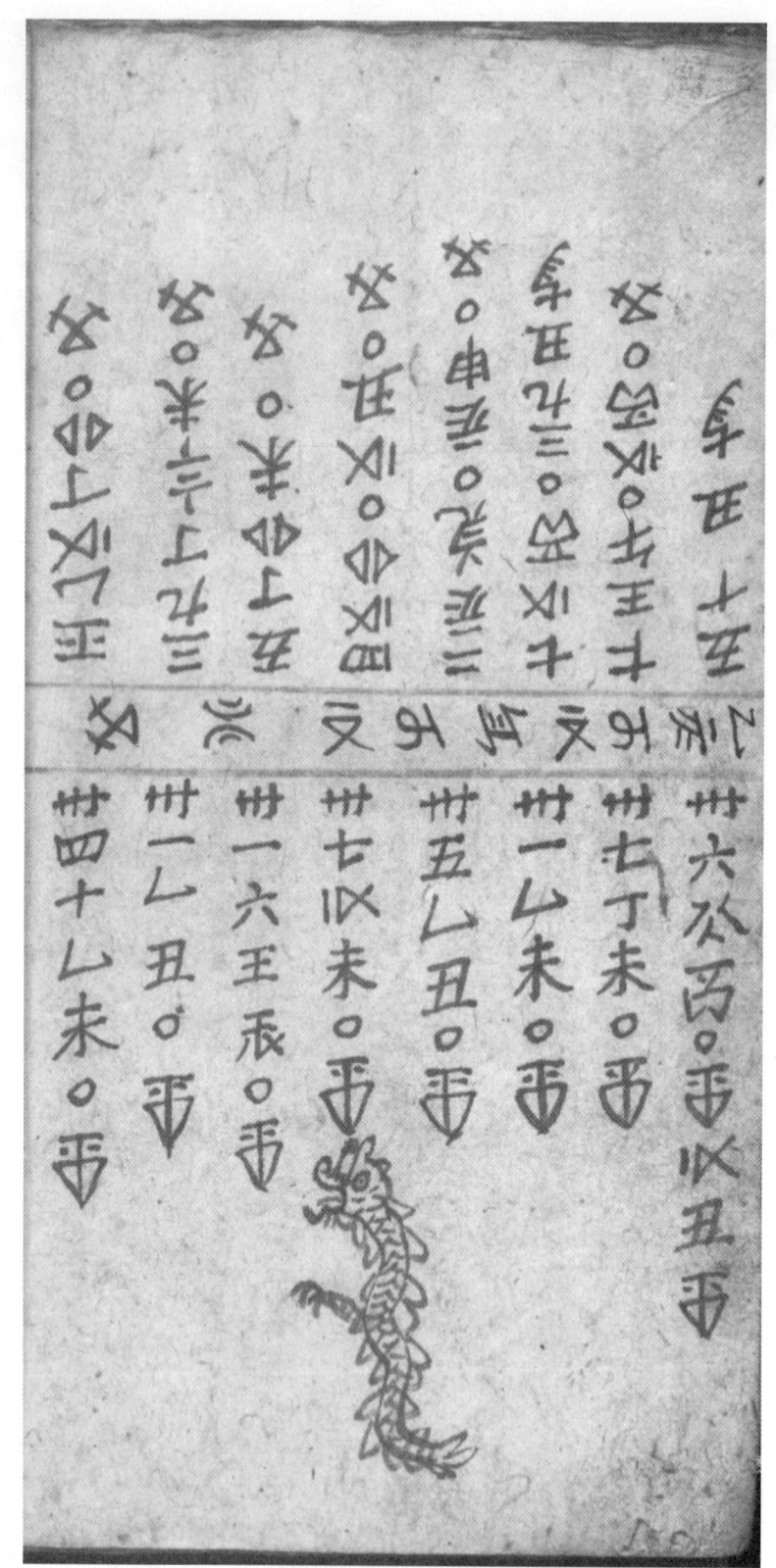

图 34 水书《求则得之》(卷 2,第 30 页)

全书共 37 页,图 34 为该书的第 30 页。书写内容上下倒写。

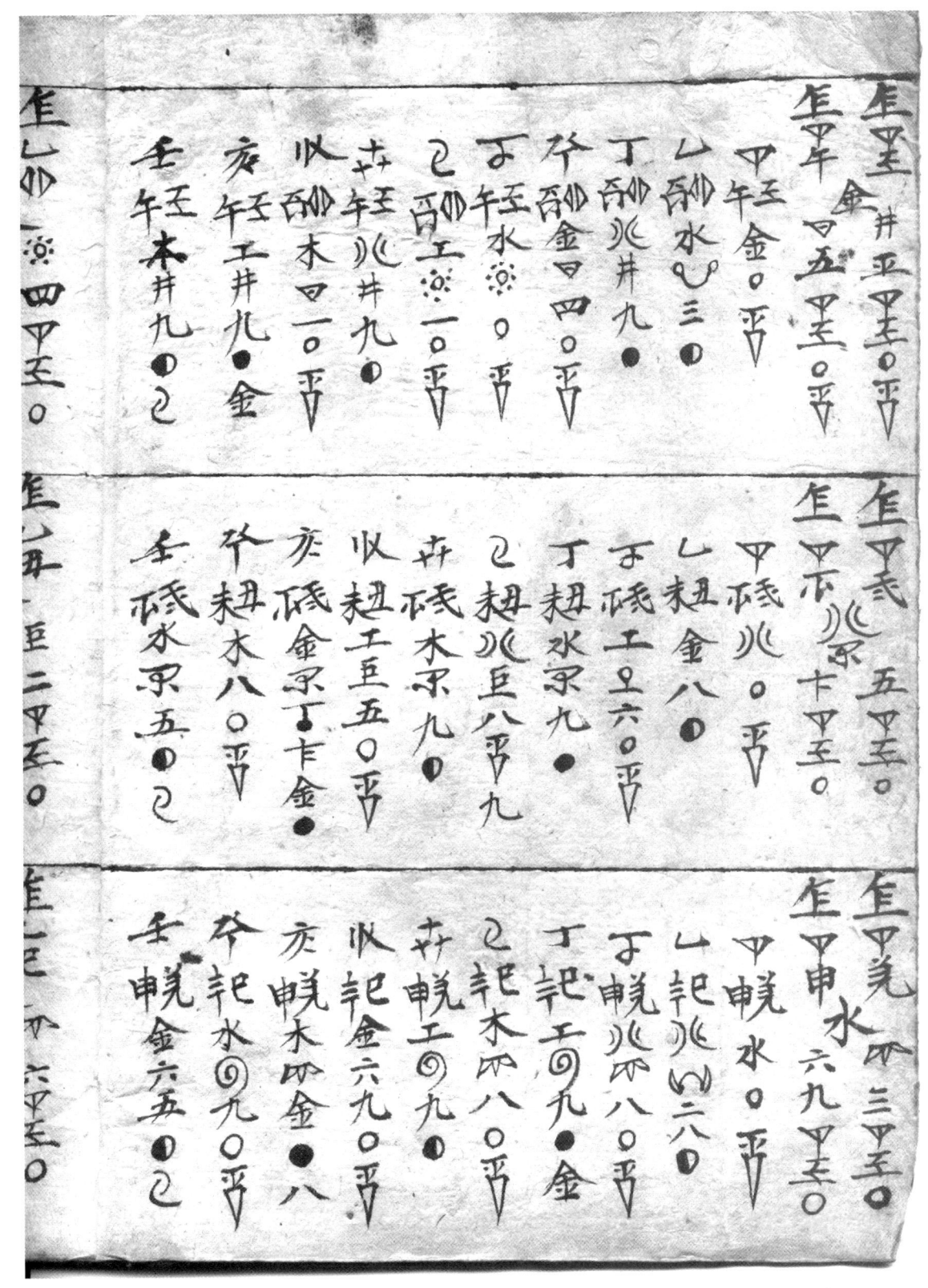

图 35　水书《金用卷》

全书共 17 页，图 35 为该书第 1 页，该书由贵州省黔南师范学院蒙景村教授提供。同时蒙景村教授还为我们提供了《婚嫁卷》（共 31 页）和《麒麟正七卷》（共 115 页）的电子版资料。

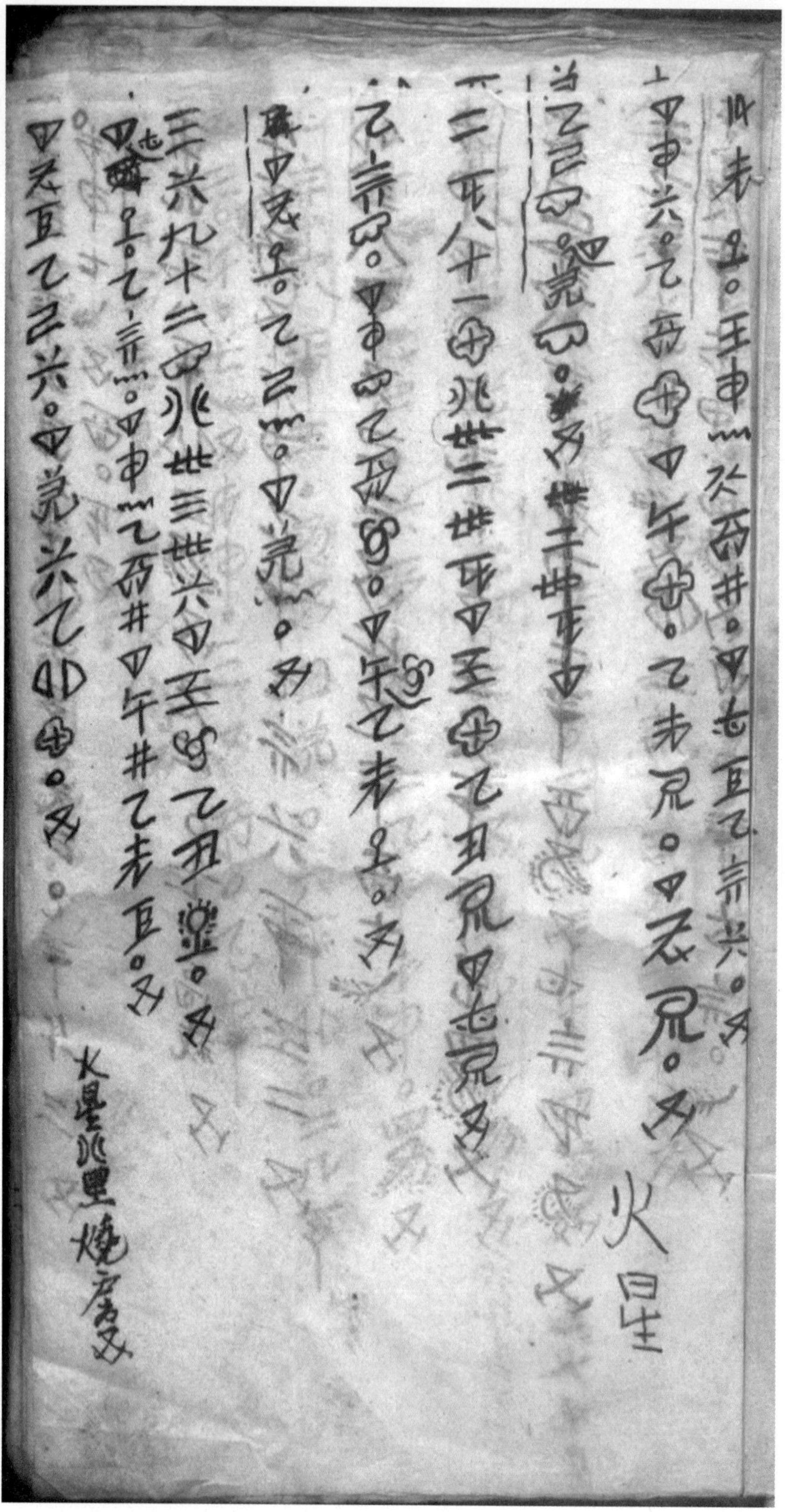

图36 水书《接亲立房砍牛三样》(1)

全书共163页，图36为该书的第3页。内容为接亲立房砍牛祭祖择日和忌日。

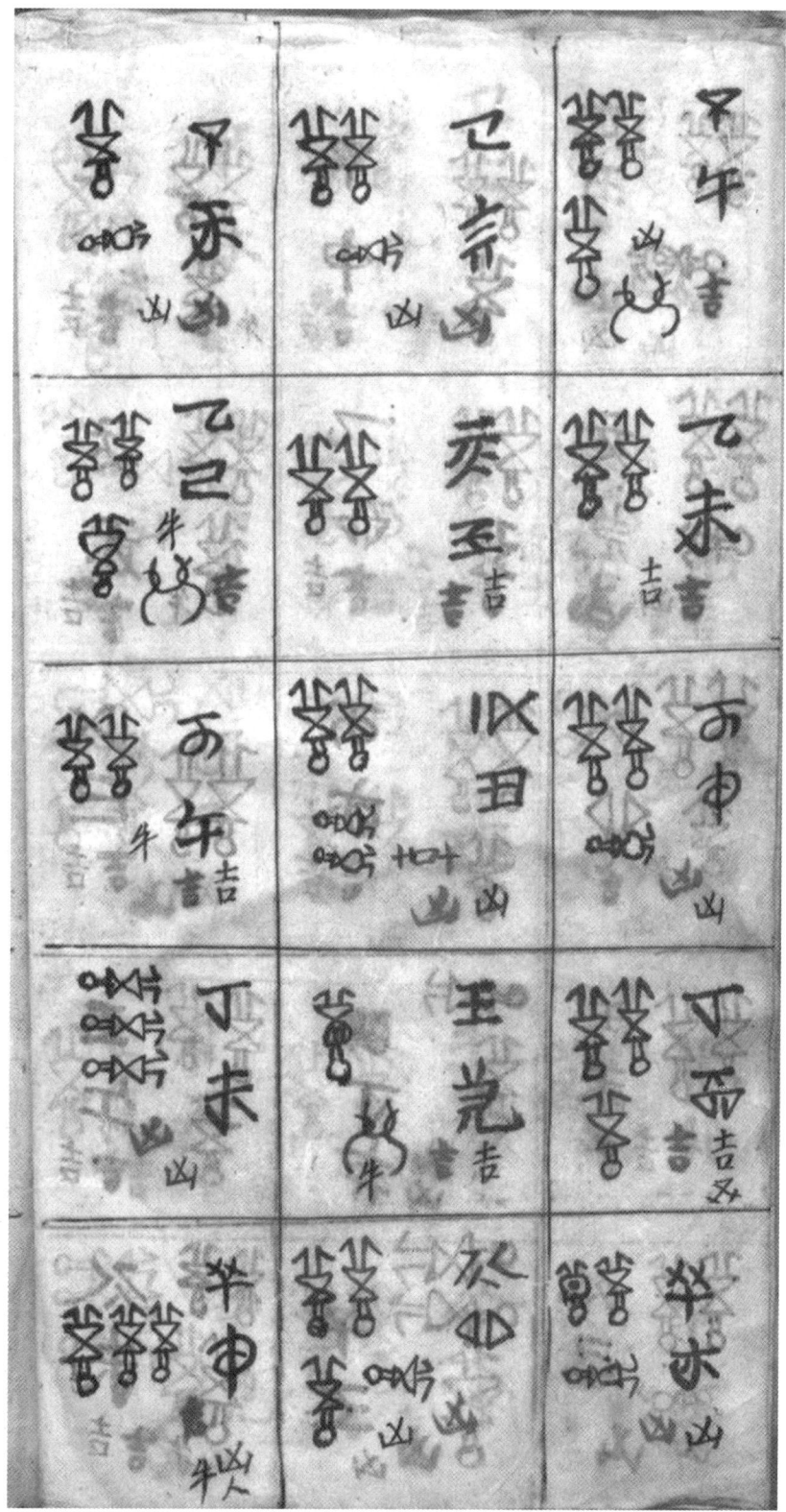

图 37　水书《接亲立房砍牛三样》(2)

全书共 163 页，图 37 为该书的第 26 页。书中的每一格表示一栋房子，倒着的人像表示人，其余为日子和吉凶。

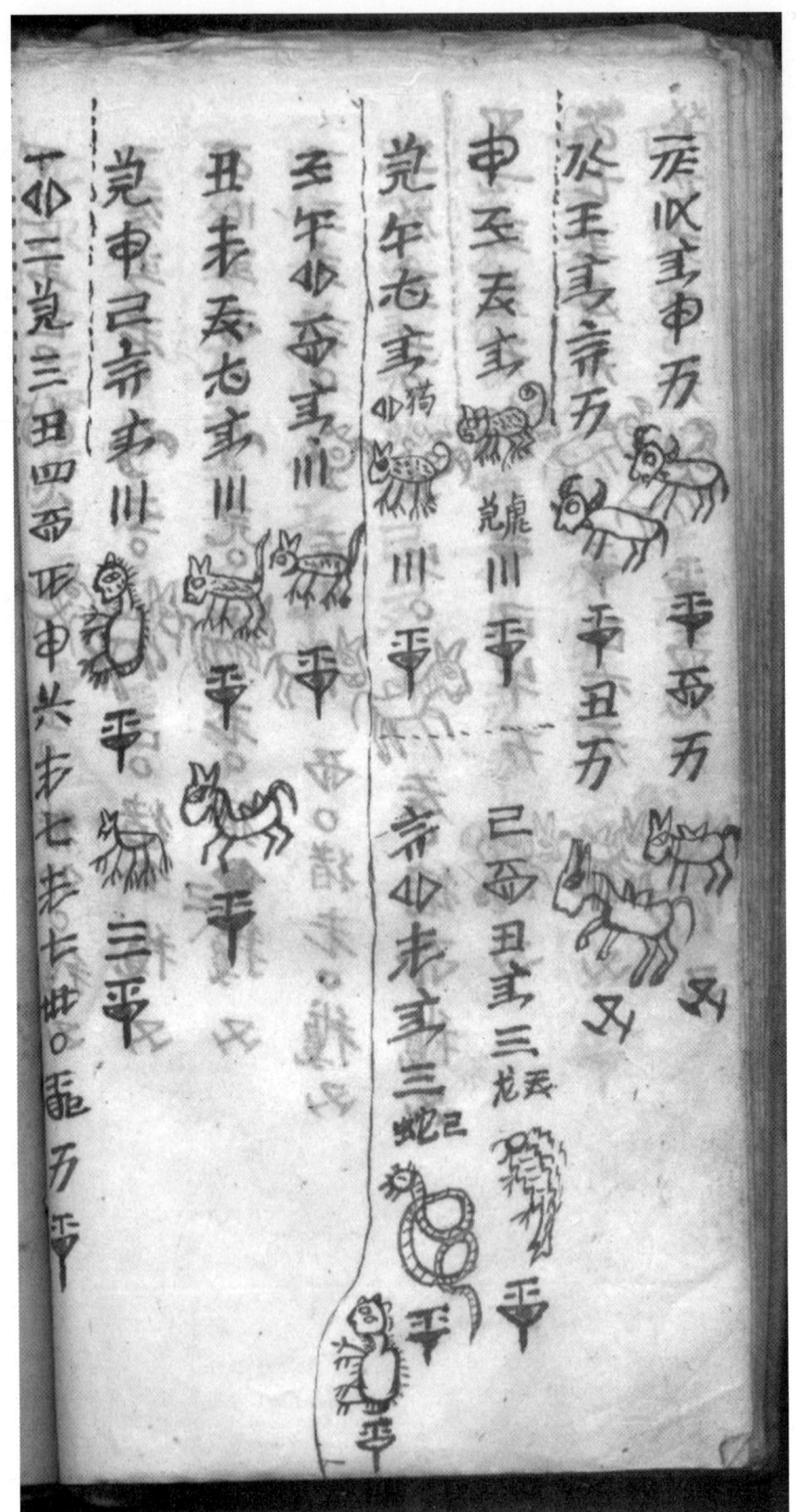

图38 水书《接亲立房砍牛三样》(3)

全书共163页，图38为该书的第98页。

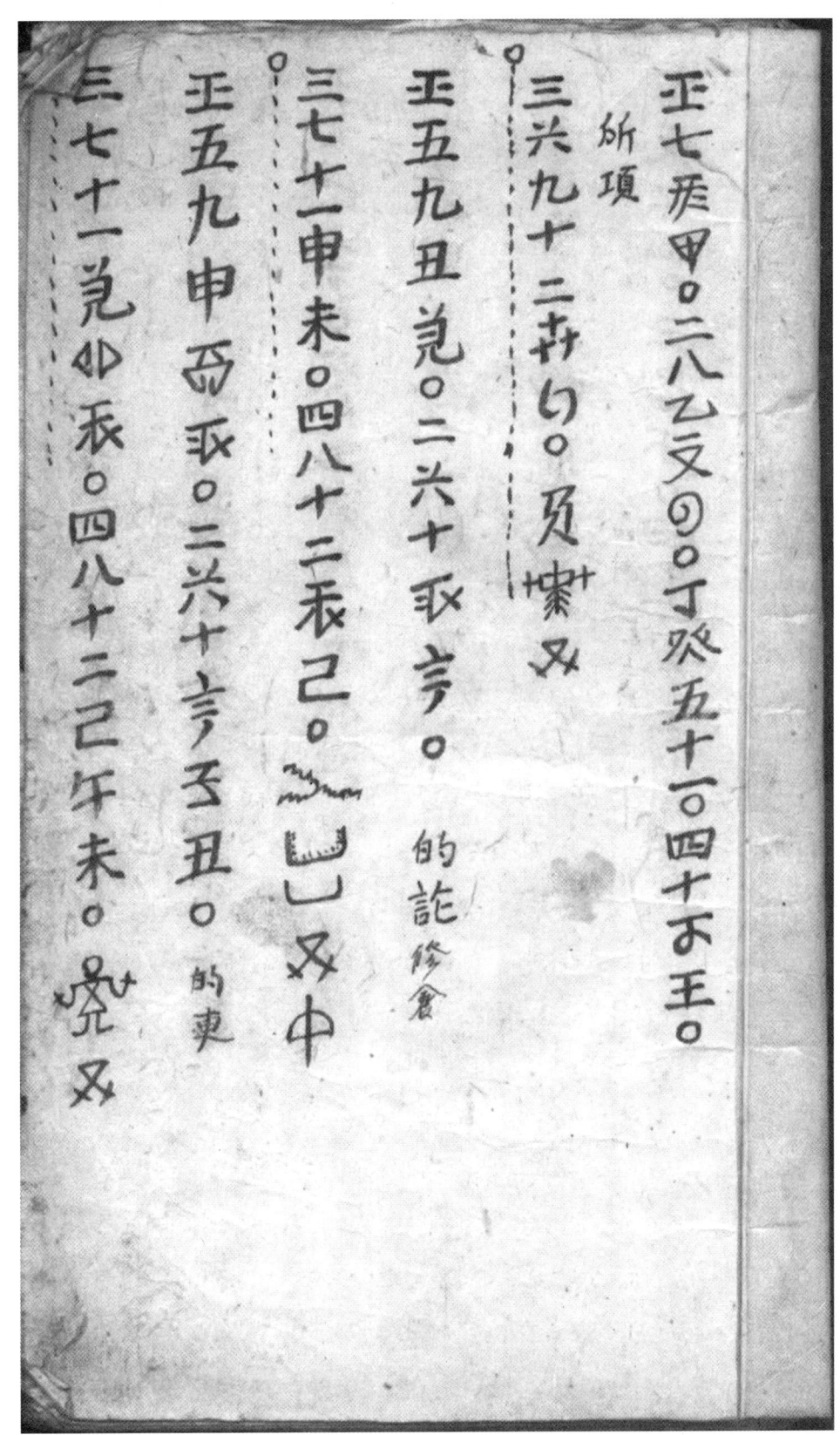

图39 水书《正七庚甲》

该书为朗读本,共59页。图39为该书的第1页。

图 40　水书《安葬用本：通反便录》

该书为安葬用本，主要是通书和水书的对照，共 237 页。图 40 为该书的第 1 页。

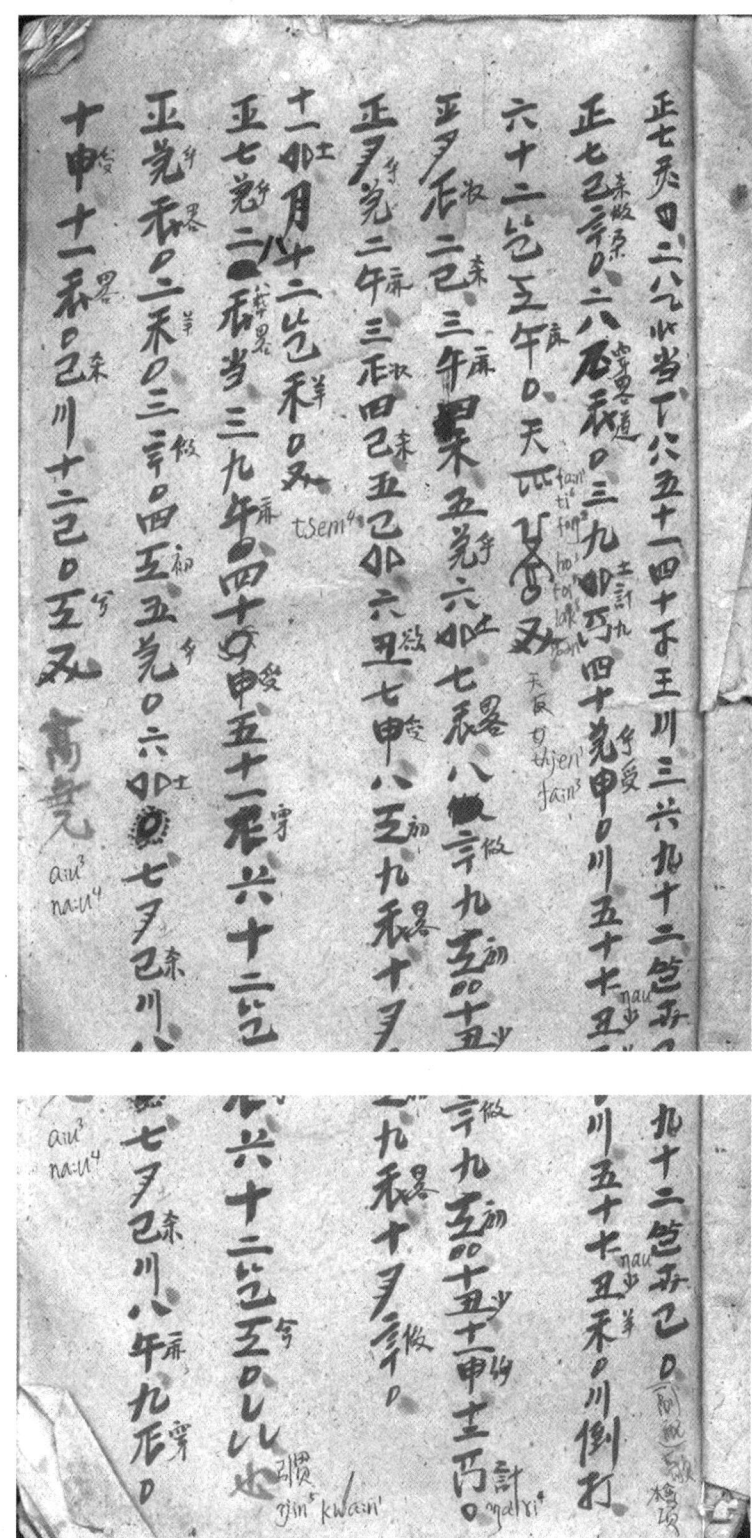

图 41　水书《正七》

该书为朗读本，A4 的扫描仪无法一次扫清一页。原本为韦克仁书写，由贵州民族学院民族科学研究院韦述启老师提供，全书共 25 页。写于 20 世纪 70 年代，尺寸大小不等，原书原本的具体尺寸，参见第三章《文字载体类别与版本形式》的"水书的版本形式"部分。图 41 为该书的第 1 页。

图 42 水书《欢书》

该书藏于中国民族图书馆，全书共 30 页。图 42 为该书的第 1 页。

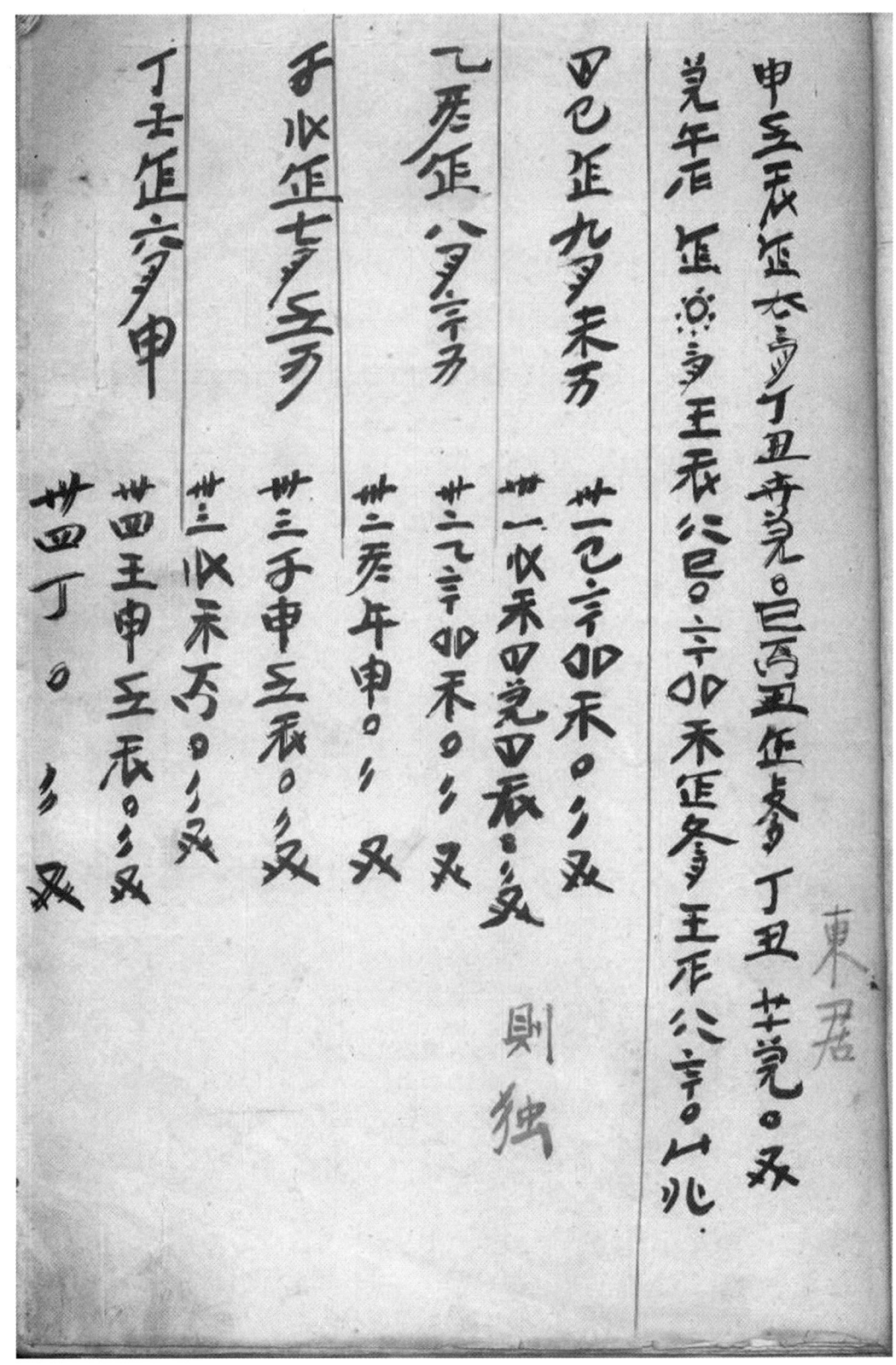

图 43　水书《甲巳九月未方》

全书共 83 页，图 43 为该书的第 1 页。

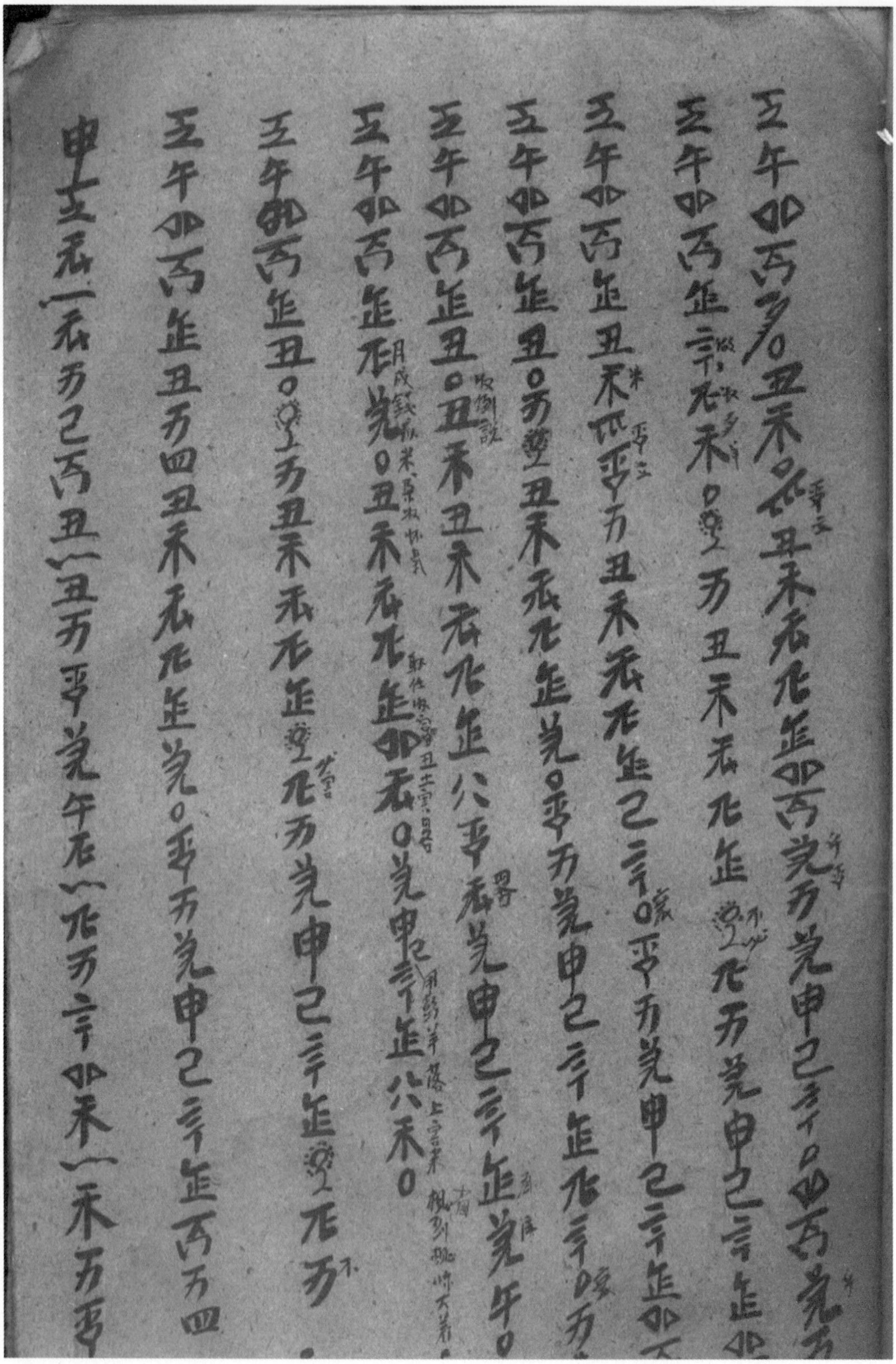

图 44 水书《子午卯酉时》

全书共 10 页，图 44 为该书第 1 页的上半部分。

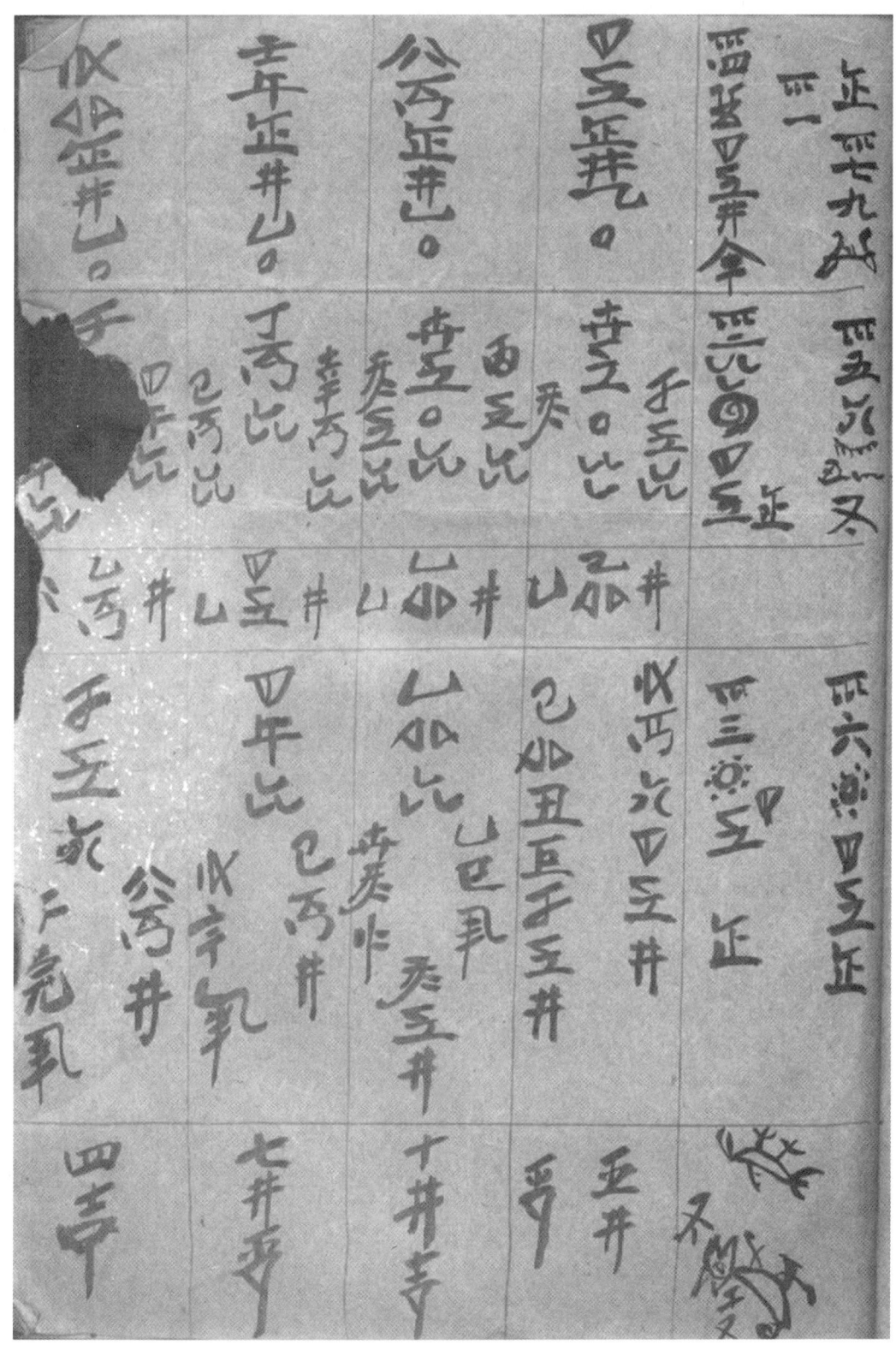

图 45　水书《井四吉》

全书共 25 页，图 45 为该书的第 1 页。

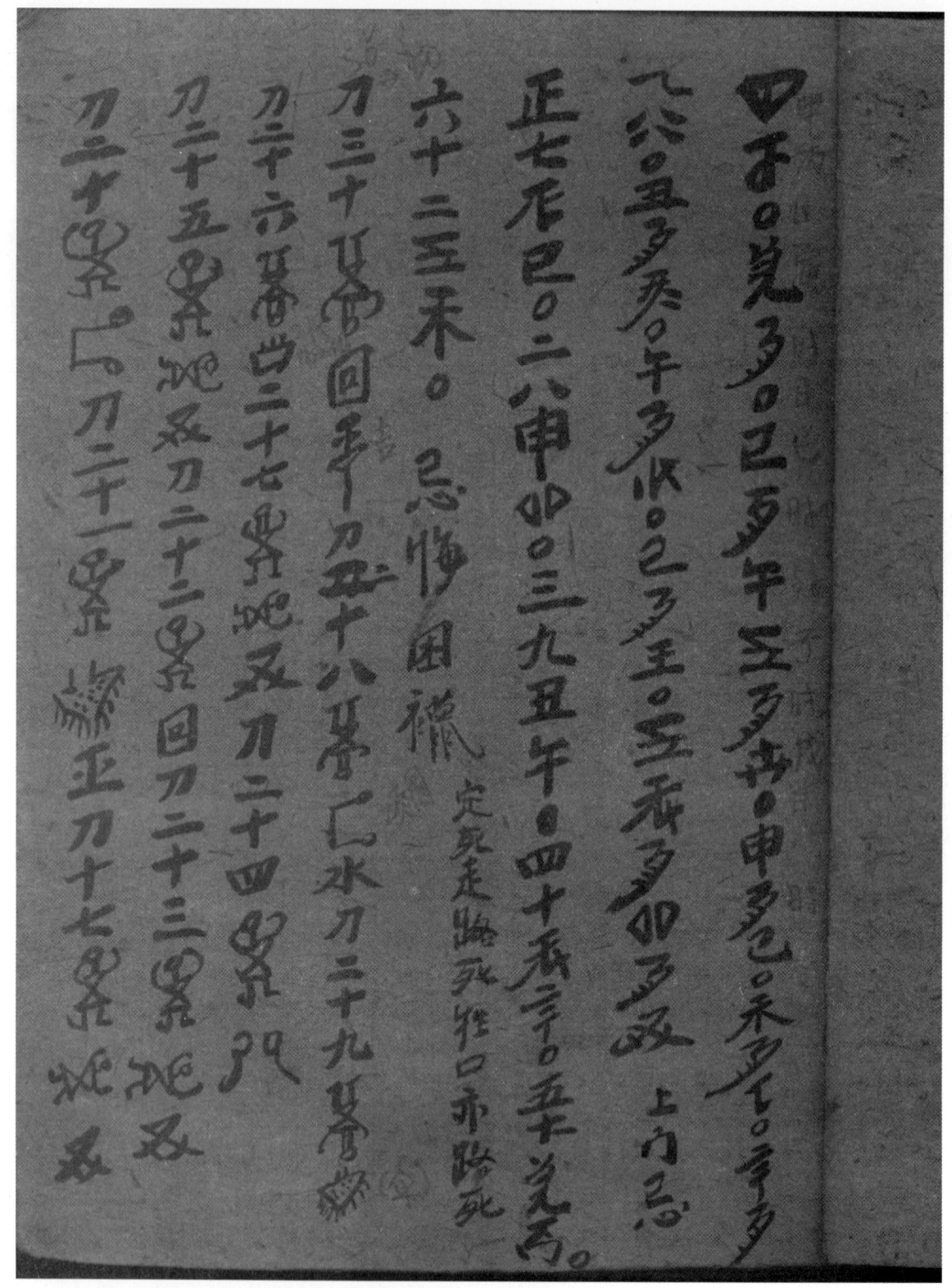

图 46　水书《看接媳妇》

全书共 25 页，图 46 为该书的第 1 页。

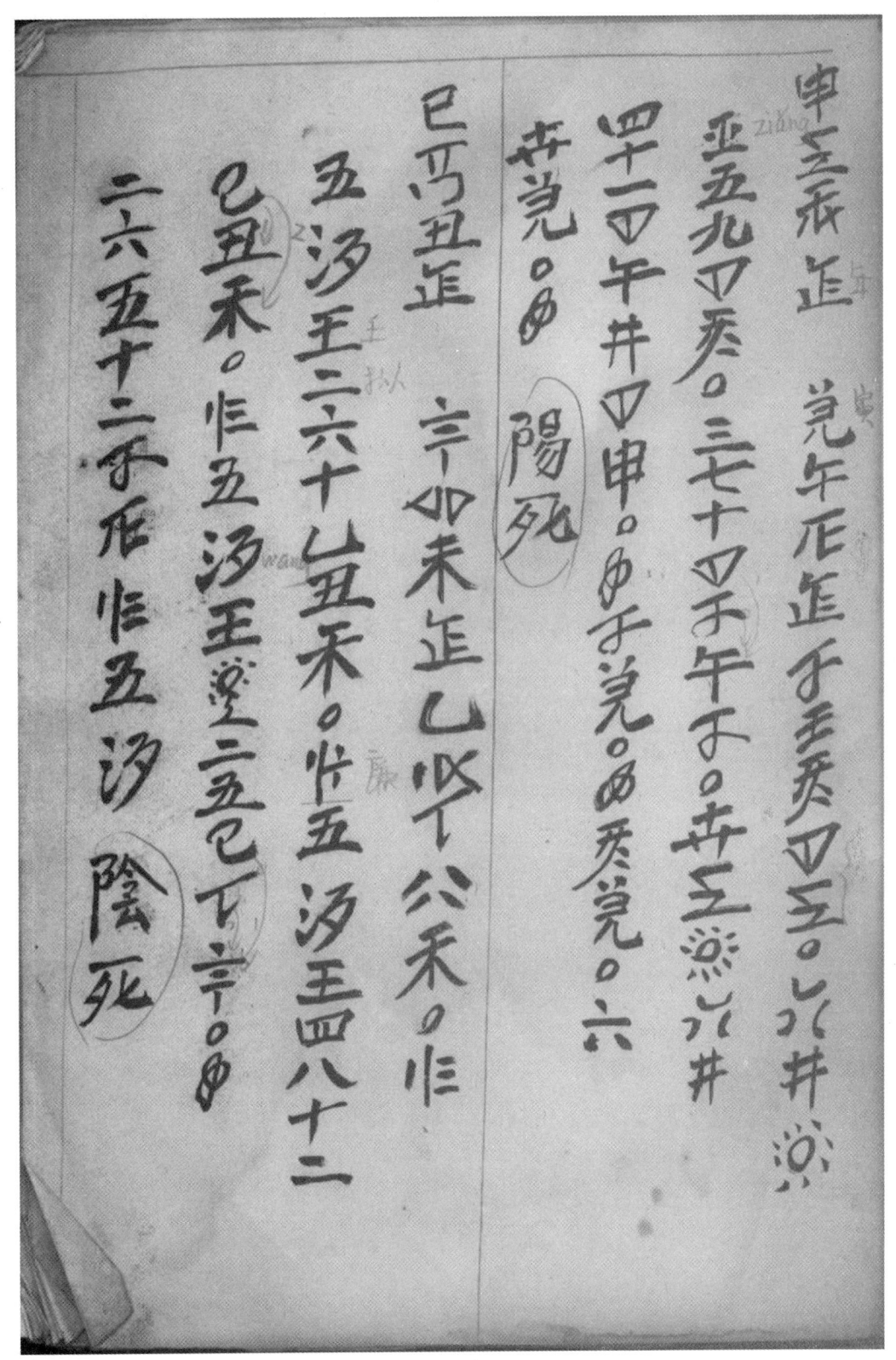

图47 水书《忌安葬大凶不用》

全书共 46 页，图 47 为该书的第 1 页。

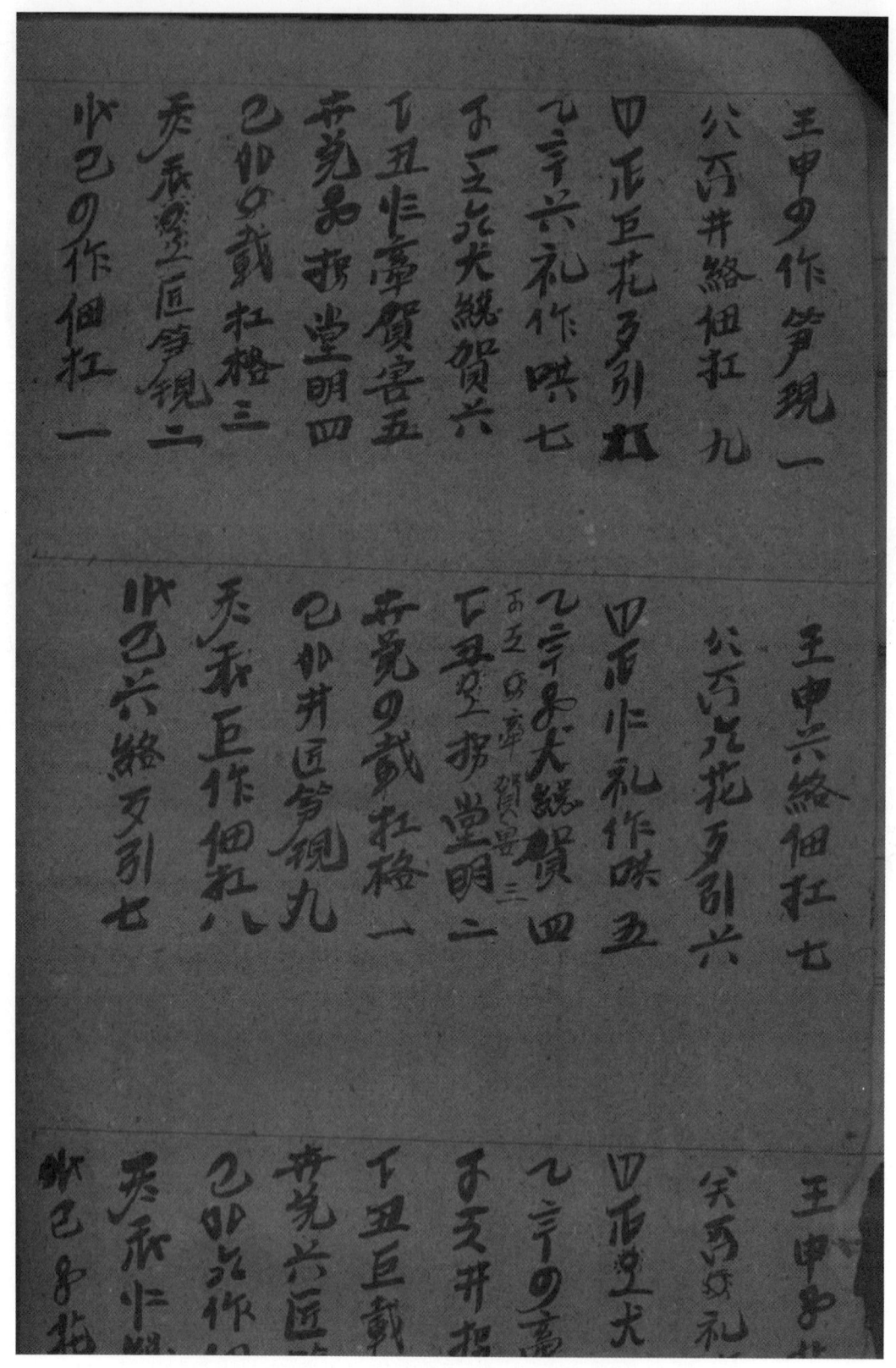

图 48　水书《六十甲子·月贪甲子》

全书共 19 页，图 48 为该书的第 1 页。

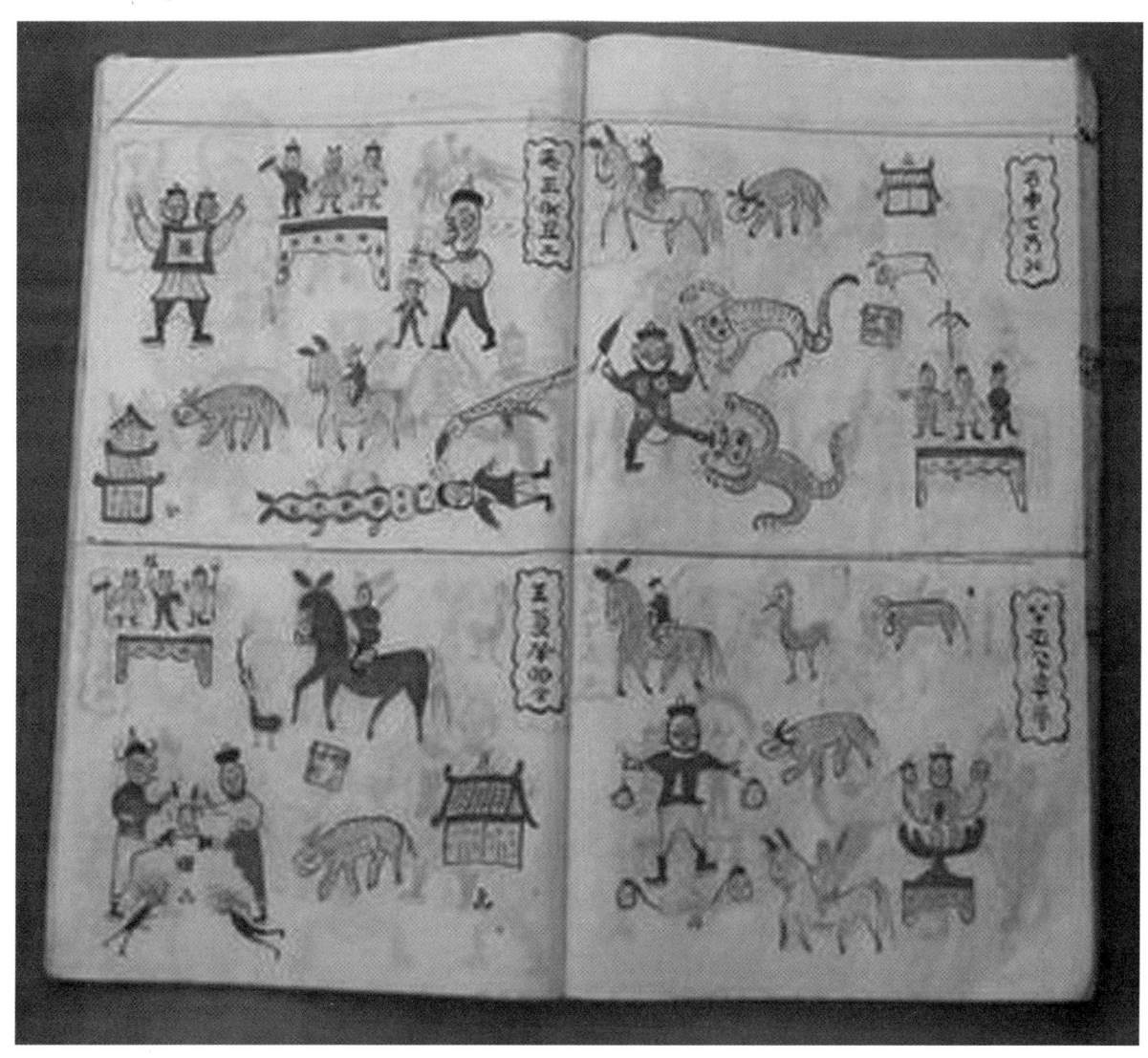

图 49　彩绘水书

　　该图由潘朝霖教授拍摄，韦学纯从网上下载而得。水书彩绘图画文字孤本十分珍贵，抄本一直被三都水族自治县普安镇阳偏寨的水族水书世家潘宗才收藏。该书高 27 厘米，宽 17 厘米，纸质为白绵纸，系潘宗才的父亲潘玉荣老先生于 1982 年所抄。不幸的是，该书原版于 2005 年被烧毁。

图 50 三都水族自治县发现目前最厚的水书

据新华社 2005 年 8 月 16 日报道，三都水族自治县水书抢救征集工作过程中，经过广泛深入的挖掘取得重大发现，一部清朝同治年间的绝版水书抄本《万年经镜》现身三都。古老的水书经典巨著《万年经镜》经有关部门鉴定，最终确定其为清朝同治年间（1862）水书抄本。该书分上下两卷，首卷封面"万年经镜"书名字样为繁体楷书，虽年代久远仍清晰可辨，共 259 页，主要记载水书实用条目 1414 条；下卷书名已模糊不清，计 197 页 674 条目，两卷本记载的内容极为详尽，几乎涵盖了以往分散所见之朗读本、阅览本、通常本、时象本、方位本、星宿本、丧葬本、营造本、婚嫁本等，是迄今为止发现的唯一一部水书总集。该书是从合江镇尧吕村水族农民吴观林手中征集到的，为吴的祖父亲手抄录。图 50 由新华社记者石新荣摄，韦学纯从网上下载而得。

第 七 章

古籍珍品释读

正七卷
1 梭项
2 腊忙
3 正辛
4 九火
5 空蒙
6 各木
7 学鲁
8 打哇
9 大更
10 大棒
11 灭门
12 代排
13 半用
14 五虎
15 各木月
16 各木年
17 林显
18 项地
19 举银
20 尖辛
21 对逃
22 龙反
23 大败
24 计饿
25 九火
26 土居
27 天割
28 代排

29	九火
30	墓玄
31	六力
32	某空
33	倒栏
34	卡老
35	则列
36	姑又
37	九火
38	伤命
39	五锤
40	都哈
41	大杀
42	鲁骸
43	九火
44	打哇项
45	印占
46	计饿
47	半用
48	中羊
49	大腻
50	时花
51	破夫
52	休四
53	沙朋
54	天狗
55	八平
56	卡老
57	壬辰卷
58	破散
59	官印
60	官印
61	官印
62	天罡米
63	天罡米
64	天罡米
65	公溶
66	天罡诘
67	陆铎怨
68	陆铎怨

69	九星
70	吉方
71	泐阴阳
72	大更方
73	辅星方
74	吉方
75	吉方
76	大旺方
77	大利方
78	大利方
79	大旺方
80	大旺方
81	大旺方
82	大旺方
83	大旺方
84	公闷
85	公闷
86	公闷

对水书的全面和系统研究和释读，目前主要有1994年贵州民族出版社出版的王品魁先生译注的《水书·壬辰卷、正七卷》，正七卷是水书的朗读本，是水书的入门书籍，要求每个学习水书的人能够背诵，学习完正七卷之后，可以说基本入门了。正七卷是其他水书的纲，正七卷主要讲述如何回避凶日，其内容一般为150—180条，多少不一，每条算一个章节，条目之间，没有联系，可以单独使用。壬辰卷是水书的吉读本，主要内容是择吉，一般有50—80条，王品魁先生译注的《水书·壬辰卷》共70个条目，也就是70章，运用的范围极为广泛。凡丧葬、起造、出行、搬迁、嫁娶、巫祝、修桥、修路、栽种、伐木、开新地、挖鱼塘、挖牛圈、敬神、祭祖、安石凳等，都得从中选择吉利的日子。本章注释我们直接参照王先生译注的《水书·壬辰卷、正七卷》，选取和整理了正七卷56条、壬辰卷30条，加以释读，并对原书中有关内容，根据水书和水语的实际读音进行了适当的补充和修订，以期读者能够从中了解水书的基本概况。需要说明的是，水书原书都是从右到左竖着书写的，为了方便读者，我们就直接使用了王先生《水书》的从左到右横写的写法。每个条目题目基本上可以说是这个条目的主要内容，也体现了水书条目的基本用法，由于水书中的助记歌诀的长短不一，条目字面显示出的内容往往和实际读音之间不能形成——的对应关系，实际的内容往往比字面表示的内容要复杂得多。条目之间，不加序号（目录作了编号）。

正 七 卷

so³ haaŋ¹
梭 项

tsjeŋ¹ ɕət⁷ leŋ⁴ qeŋ¹ ɬaap⁸
正 七 连 庚 甲

ȵi⁶ paat⁷ ʔjət⁷ ɕən¹ taŋ¹
二 八 乙 辛 当

teŋ¹ ɬui⁵ ŋo⁴ sup⁸ ʔjət⁷
丁 癸 五 十 一

hi⁵ sup⁸ pjeŋ³ ȵum² ɬhaaŋ¹
四 十 丙 壬 乡

haam¹ ljok⁸ ɬu³ sup⁸ ȵi⁶
三 六 九 十 二

tsi⁶ mu⁶ ɬi¹ van¹
忌 戊 己 日

pu³ tsi⁶ so³ haaŋ¹
都 忌 梭 项

van¹ so³ haaŋ¹ fe⁴ maaŋ¹ qai² tju⁶
日 梭 项 做 鬼 不 断

van¹ sot⁷ lu⁶ ha³ ɱu⁶ qai² kau²
日 血 路 杀 猪 不 死

kau² ha³ ɱu⁶ tju⁵ ɬit⁷ ʔɣaaŋ¹
死 杀 猪 不 断 病 弱

tsən² so³ haaŋ¹ van¹
犯　梭　项　日

意译：
　　正月七月与庚甲日关联，
　　二月八月正当对乙辛日，
　　五月十一月忌用丁癸日，
　　四月十月要忌用丙壬日，
　　三月六月九月和十二月，
　　戊日己日正是对梭项日。
　　梭项日做鬼不断根，
　　血路日杀猪猪不死，
　　猪杀不死病亦难根除，
　　都只因犯了梭项日。

注释：

"梭项"，水语音译，"项"是根的意思，"梭项"是根枝不断发达的意思，"梭项日"是使事态接连不断地持续发生的日子，有"梭项日"解鬼不断根之说。用于安葬，年年灾难，死人不断，故此日忌安葬、硷尸、砍牛吊丧及初次念鬼驱邪治病等。但利于定亲、开亲、开店、买田、放债、打保福等，可以亲上加亲，福上加福，利上加利。这可能也体现了水书的一些朴素、辩证的思想，因为这些日子是根枝发达的日子，好的当然越好，坏的就越来越糟。

laak⁸ maaŋ⁴
腊忙

tseŋ¹ ŋo⁴ tu³ sən¹ ju⁴ hət⁷ laak⁸ maaŋ⁴
正 五 九 申 酉 戌 腊 忙
ʁaai³ ŋo⁴ fu⁵ hi³ laak⁸ sot⁷
亥 五 富 子 腊 血
ȵi⁶ ljok⁷ sup⁸ ʁaai³ hi³ su³ laak⁸ maaŋ⁴
二 六 十 亥 子 丑 腊 忙
ji² ŋo⁴ fu⁶ maau⁴ laak⁸ sot⁷
寅 五 富 卯 腊 血
haam³ ɕət⁷ sup⁶ ʔjət⁷ ji² maau⁴ sən² laak⁷ maaŋ⁴
三 七 十 一 寅 卯 辰 腊 忙
hi⁴ ŋo⁴ fu⁶ ŋo² laak⁸ ɕot⁷
巳 五 富 午 腊 血
hi⁵ paat⁷ sup⁸ ȵi⁶ hi⁴ ŋo⁴ mi⁶ tsi⁶ laau³ laak⁸ maaŋ⁴
四 八 十 二 巳 午 未 忌 只 腊 忙
sən¹ ŋo⁴ fu⁶ ju⁴ laak⁸ ɕot⁷
申 五 富 酉 腊 血

意译：
　　正月五月九月，
　　申酉戌日是腊忙日，

亥为五富日，
子为腊血日。
二月六月十月，
亥子丑日是腊忙日，
寅为五富日，
卯为腊血日。
三月七月十一月，
寅卯辰日是腊忙日，
巳为五富日，
午为腊血日。
四月八月十二月，
巳午未日只忌腊忙日，
申为五富日，
酉为腊血日。

注释：
"腊忙"，水语音译。此章又名"腊血"，生儿对此日，用鸡作解才吉，否则即凶。用此日砍竹子立幡竿，后代不发；用此日作裁寿衣，老人会病伤。

$tsjeŋ^1 ɕən^1$
正 辛

$tsjeŋ^1 ɕən^1 ȵi^2 ʔjət^7 haam^1 foŋ^2 pjeŋ^1$
正 辛 二 乙 三 逢 丙
$hi^5 taau^5 ȵum^2 ɬhaŋ^2 ŋo^4 ŋwet^8 qeŋ^1$
四 倒 壬 向 五 在 庚
$ljok^8 ɬaap^7 ɬhoŋ^2 hən^2 ɬen^1 ɕu^1 tsi^6$
六 甲 忌 地 全 绿 忌
$ɕət^7 ɬui^5 ju^4 loi^6 pha^5 paat^7 tjeŋ^1$
七 癸 酉 忌 破 八 丁
$ɬu^3 su^3 sup^8 ɬui^5 ɬen^1 ȵu^2 tsi^6$
九 鼠 十 癸 群 牛 忌
$sup^8 ʔjət^7 ɕən^1 qan^5 mak^8 tau^3 jiŋ^2$
十 一 辛 艮 马 群 迎
$sup^8 ȵi^6 ɬep^7 ɬeŋ^3 ɬen^2 hən^5 jeŋ^1$
十 二 最 怕 乾 巽 跃
$ɕən^1 ɬən^1 hen^3 ma^4 hem^3 taŋ^3 to^1$
成 群 亨 马 别 寸 门
$taŋ^3 to^1 taŋ^3 hiŋ^1 pha^5 seŋ^1 tau^2$
寸 门 寸 寨 死 牲 群
$taŋ^3 to^1 taŋ^3 hiŋ^1 khau^5 ʔau^4 nam^3$
寸 门 寸 寨 少 米 水

意译：

正辛二乙三逢丙，

四倒壬向五在庚,
六月甲日各地忌,
七忌癸酉八忌丁,
九子十癸牲牛忌,
十一月忌辛丑日,
十二月午日最厉害,
成群马日怕寸门,
寸门寸寨死牲群,
寸门寸寨少谷米。

注释:

"正辛",又名"尖辛",水语音译。本章一名"亨马",又名"学鲁",是畜牧方面的主要凶神。此日忌安葬、开墓坟,还忌立房、修大门、寸门、立新门间。安葬犯之,幸运者死牲口,厄运者死人,但后代都穷困或缺人丁;忌砍牛祭祖、入新居。修畜圈,违者牲口难增殖。

ɬu³ ho³
九 火

tsjeŋ¹ ɲot⁸ qau³ lai² ɲi⁶ ɲot⁸ ɕa²
正　月　狗　来　二　月　蛇

haam¹ ma⁴ hi⁶ jaaŋ² toŋ² qap⁷ qa³
三　马　四　羊　同　商　讨

ŋo⁴ hu³ ljok⁸ thu⁶ da¹ mon⁶ tsjeu⁵
五　虎　六　兔　眼　猴　看

ɕət⁷ ljoŋ² ʔjom⁵ sui⁴ mon⁶ təu² ʔŋa¹
七　龙　满　水　猴　掺　芝麻

paat⁷ tsu¹ ɬu³ su³ⁿ da¹ mom⁶ tsjəu⁵
八　猪　九　鼠　眼　猴　看

sup⁸ ŋau² ljen⁴ toi¹ ɬhi⁵ meu⁴ pha¹
十　丑　连　兑　起　卯　破

sup⁸ ʔjət⁷ jon² ti¹ ɬi¹ li² sjeŋ¹
十 一　猿　蹄　鸡　力　旺

sup⁸ ɲi⁶ qoŋ¹ ɬi¹ mon⁶ li² pja¹
十 二　公　鸡　猴　离　岩

意译：
　　正月忌戌二月忌巳日，
　　三午四未忌日同商讨

五月忌寅六月忌卯日，
犹如猴眼看得清，
七月忌辰日，
八月忌亥九月忌子日，
一对眼睛要看清，
十月忌丑日，
十一月忌申日，
十二月酉日算最凶，
犹如猴子离开了岩林，
若不按此子孙穷。

注释：

"九火"，水语音译，意为九代穷困潦倒。此章又名"亚移"，意为"穷得如猴子或野芝麻"，是导致贫困的恶鬼。这些日子忌安葬、开路和立房。若犯之，父母屋基丢荒，鸦雀在屋基上吃刺泡（一种可以食用的刺果，类似草莓），男女葬满坟场，家人会死绝。营造和婚嫁亦忌讳，生辰逢此日，若不解鬼，会瞎眼睛。打官司或论理时，自己可请对方，而绝不允许应对方之约前往，违之凶祸迭至。

$qhoŋ^1 moŋ^2$
空 蒙

$tsjeŋ^1 ɕət^7 ɕa^2 tsu^1 toi^6$
正　七　蛇 猪 对

$ȵi^6 paat^7 qau^3 ljoŋ^2 tau^2$
二　八　狗　龙　群（逃）

$haam^1 ɬu^3 thu^5 ɬi^1 ɬeu^3$
三　　九 兔 鸡 交

$hi^5 sup^8 ji^2 sən^1 toŋ^2$
四 十 寅 申 同

$ŋo^4 sup^8 ʔjət^7 foŋ^2 su^3 mi^6$
五 十　一 逢 丑 未

$ljok^8 sup^8 ȵi^2 tsi^6 hi^3 ma^4 ʔaan^1$
六　十 二 忌 子 马　鞍

$then^1 faan^1 ti^6 fok^8 tok^7 laak^8 ŋən^2$
天　翻　地 覆 落　小　孩

意译：
　　正月七月忌己亥日，
　　二月八月忌辰戌日，
　　三月九月忌卯酉日，
　　四月十月忌寅申日，
　　五月十一月忌丑未日，
　　六月十二月忌子午日，
　　天翻地覆死小孩。

注释：

"空蒙"，水语音译，又名"天翻"，也有叫"引贯"的，是导致凶祸、丧命的恶鬼。忌借耕畜、造屋、砍树、背幼婴走婆家。生孩对此日要夭亡。人死葬对此日，葬父死母，葬兄死弟，葬女死男，因而忌开路、安葬、杀牛祭祖宗。此日不能做鬼，做鬼鬼要翻。此日又是"杀师日"，倘有某师人先至，定伤。

qok⁸ mok⁸
各 木

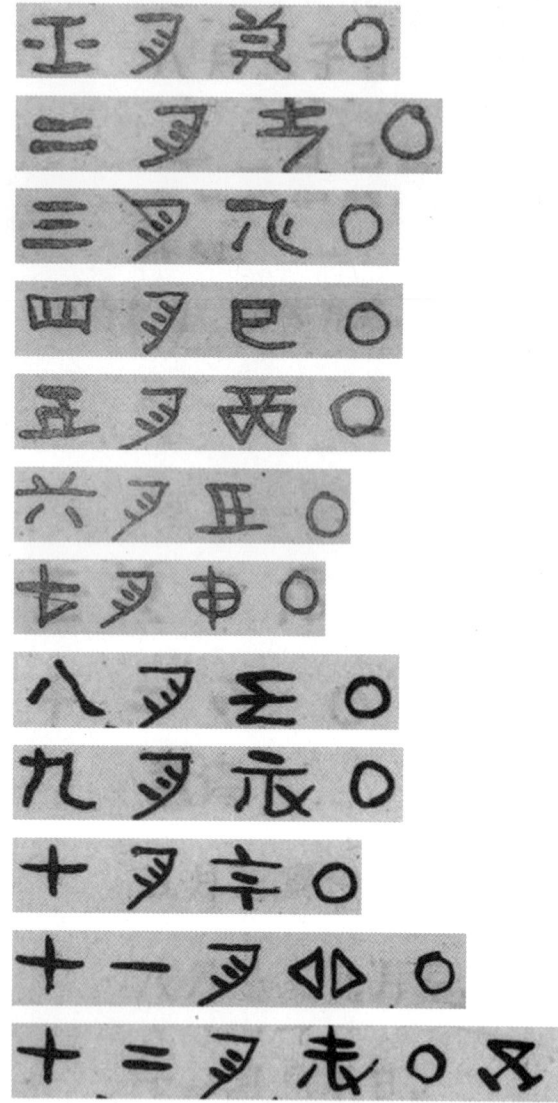

tsjeŋ¹ ȵot⁸ han⁵ han⁵ ʔjon⁵ hu³ li²
正　月　回回　惊虎离

ȵi⁶ ȵot⁸ ja³ ja³ ma⁴ saŋ² ɬi²
二 月 桠桠 马 挂 旗

haam¹ ȵot⁸ qau³ li² si² toi⁶ noi⁶
三　月　狗 离 时 不 灵

hi⁵ ȵot⁸ ɕa² taaŋ² lu⁶
四 月 蛇 挡 路

ŋo⁴ ȵot⁸ ɬi¹ qoŋ⁵ jui¹
五 月 鸡 公 位

ljok⁸ ȵot⁸ ȵu² ɬeu³ tin²
六　月 牛　绊 石

ɕət⁷ ɲot⁸ ʁau¹ ɬeu³ naaŋ¹ ʔeu³ ʔok⁷
七　月　猴　咬　笋　折　断

paat⁷ ɲot⁸ su³ laau⁴ naaŋ¹ ʔeu³ saŋ²
八　月　鼠　大　笋　折　挂

tu³ ɲot⁸ ljoŋ² ŋaan⁵ tjen⁶
九　月　龙　冷　殿

sup⁸ ɲot⁶ tsu¹ hau⁴ lu⁶
十　月　猪　好　路

sup⁸ ʔjət⁷ ɲot⁸ naau⁶ thu⁵ toŋ² koŋ²
十　一　月　在　兔　同　边

njen² sup⁸ ɲi⁶ tsi⁵ jaaŋ² hun⁴ haau³
月　十　二　忌　羊　送　酒

jaaŋ² hun⁴ haau³ ʔɣaau³ ɲa² ma⁴ tin²
羊　送　酒　陪　你　马　石

意译：
　　正月忌寅日，
　　二月忌午日，
　　三月忌戌日，
　　四月忌巳日，
　　五月忌酉日，
　　六月忌丑日，
　　七月忌申日，
　　八月忌子日，
　　九月忌辰日，
　　十月忌亥日，
　　十一月忌卯日，
　　十二月忌未日，
　　未日送酒属大败日。

注释：
"各木"，水语音译，此章又名"大败"、"则斗"，是导致家业人口破败的恶鬼。用作开路、立房要伤人；抬石、伐木要受伤；用于建造，安立楼梯均不宜；用作挖地基，开控放腊、送礼、走亲均不利。

$ɕot^8 lu^6$
学 鲁

$so^1 sən^1 tsjeŋ^1 ȵi^6 ma^4$
初春　正　二　马
$haam^3 hi^5 taap^7 ljen^2 ʁau^1$
三　　四　甲　连　猴
$ŋo^4 ljok^8 lu^6 foŋ^2 thon^3$
五　六　路　逢　犬
$ɕət^7 paat^8 tu^3 tsi^6 su^3 naam^2 tau^2$
七　八　九　忌　鼠　南　群
$tu^3 sup^8 ŋau^2 ljen^2 toi^1$
九　十　丑　连　兑
$sup^8 ʔjət^7 sup^8 ȵi^6 thu^5 ljen^2 ljoŋ^2$
十　一　十　二　兔　连　龙
$ɕot^8 qoŋ^1 toŋ^2 ɕot^8 lu^6$
学　若　同　学　鲁
$ɕot^8 lu^6 tu^5 qhun^1 nə^2 ni^4 ȵu^2$
学　路　堵　塞　你　头　牛
$tun^4 khun^1 nə^2 ni^4 seŋ^1$
堵　路　你　这　牲

意译：
　　初春正月二月忌午日，
　　三月四月忌甲日和申日，
　　五月六月忌戌日，
　　七月八月九月忌子日，
　　九月十月忌丑日，

十一月十二月忌卯辰日，
若真的是学鲁日，
就要堵死牛的生路，
堵死这一群牲畜。

注释：

"学鲁"，水语音译，畜牧方面的主要凶神，安葬犯之缺牲畜；立房、挖牛圈、杀牛敬祖，日后牲畜不发展；此日牵牛走客，牛要伤亡。念鬼忌杀自喂牲口，忌念保福之鬼。但堵塞鱼塘、涵洞口能获大丰收。

ta³va³
打　哇

tsjeŋ¹ tsu¹ ȵi⁶ ma⁴ haam¹ ȵu² toi²
正　猪　二　马　三　牛　对
hi⁵ jon² ŋo⁴ tu⁵ ljok⁸ qau³ tau²
四　猿　五　兔　六　狗　群
ɕət⁷ ɕa² paat⁷ su³ ɫu³ jaaŋ² ljop⁸
七　蛇　八　鼠　九　羊　集
sup⁸ hu³ sup⁸ ʔjət⁷ ɬi¹
十　虎　十　一　鸡
sup⁸ ȵi⁶ ni⁴ ljoŋ² toŋ² ɬi¹ ta³ va³
十　二　条　龙　同　记打哇

意译：
　　正亥二午三忌丑，
　　四申五卯六忌戌，
　　七巳八子九忌未，
　　十月忌寅十一忌酉，
　　十二月辰日是打哇日，
　　大打哇还要连累儿孙。

注释：
　　"打哇"，水语音译，字面的意思是野外有鬼，是丧葬方面的凶鬼。岳父母死亡或举行追悼活动，婿方不能去看望，也不能去吊丧送礼或扎旗幡伞盖送葬，甚至还不能听到丧堂笙鼓之音，违之则死。如果是大打哇日，婿方的儿孙亦不能去看望。

$$te^3 kən^5$$
大　更

tsjeŋ¹ ŋo⁴ ɬu³ tsi⁶ su³ hau⁴ lu⁶
正　五　九　忌　鼠　合　鲁
ȵi⁶ ljok⁸ sup⁸ tsi⁶ thu⁵ toŋ² koŋ²
二　六　十　忌　兔　同　住
haam¹ ɕət⁷ sup⁸ ʔjət⁷ ma⁴ ljom² li⁶
三　　七　十　一　马　恋　离
hi⁵ paat⁸ sup⁸ ȵi⁶ ti¹ toŋ² ljoŋ²
四　八　十　二　鸡　同　龙
ljoŋ² ɣau³ ɣən⁵ ʔdaau³ kən⁵ ni⁴ ljoŋ⁴
龙　移　游　合　移　条　龙
ljoŋ² ɣau³ ɣa⁴ ʔdaau³ ha³ ni⁴ ljoŋ²
龙　游　动　合　杀　条　龙

意译：
　　正月五月九月忌子日，
　　二月六月十月忌卯日，
　　三月七月十一月忌午日，
　　四月八月十二月忌酉辰日，
　　龙游动应移走这条龙，
　　龙游动应杀死这条龙。

注释：
　　"大更"，水语音译，意为底部根基大更替、大移动，是导致钱财、人口向外推移的鬼，有"大更大更，向外推钱推粮推人"之说。生辰逢此日为凶，要念鬼作解，但用作布阵侲子（用于驱疫逐鬼的东西）最吉。用此日迁徙出行和迁住新屋亦吉，日后人丁兴旺。

大 棒
te³ paŋ¹

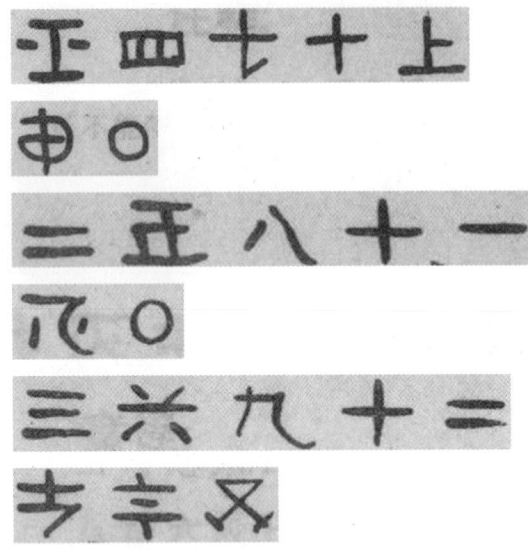

tsjeŋ¹ hi⁵ ɕət⁷ sup⁸ sjeŋ⁶
正　四　七　十　旺
jon² tai² mon⁶ sa⁵ pja¹
猿　带　猴　爬　岩
ȵi⁶ ŋo⁴ paat⁷ sup⁸ ʔjət⁷
二　五　八　十一
qau³ tai² ma̱¹ thaau³ toŋ⁶
狗　带　犬　找　洞
haam¹ ljok⁸ ɬu¹ sup⁸ ȵi⁶
三　六　九　十二
pau⁵ tsi⁶ ma⁴ ʔɣaau³ ja⁴ paai¹ tsu¹
保　忌　马　陪　奶　去　猪

意译：
　　正月四月七月十月申日凶，
　　二月五月八月十一月戌日凶，
　　三月六月九月十二月午亥日凶。

注释：
　　"大棒"，水语音译，意为下面垮台，即大垮台。是导致崩塌垮败的恶鬼。生逢此日要解。葬逢此日，富裕之家产业败，穷困之家少受罪。若要解大棒鬼，则穷去富来，接亲犯之，则媳妇不愿居夫家，若解此鬼则叫女方父亲或兄弟骑马送女方到男方家，并带一碗米念鬼，杀鸡以祭，再叫夫妇俩共抬一张桌子进家来，才能稳定媳妇的心。

mjet⁸ mən²
灭 门

tsjeŋ¹ hi⁴ n̠i⁶ hi³
正　巳 二 子
haam¹ mi⁶ hi⁵ ji²
三　未 四 寅
ŋo⁴ ju⁴ ljok⁸ sən² mjet⁸ mən² taai⁶
五 酉 六 辰　灭　门　代
ɕət⁷ tsu¹ paat⁸ ŋo² ho¹ mjet⁸ mən²
七 亥 八 午 怕 灭 门
ṭu³ su³ sup⁸ sən¹ mjet⁸ mən² taai⁶
九 丑 十 申 灭 门 代
njen² sup⁸ ʔjət⁸ si³ tsi⁶ van¹ maau⁴
月　十　一 才 忌 日　卯
njen² sup⁸ n̠i⁶ si³ tsi⁶ van¹ hət⁷
月　十　二 才 忌 日 戌
ʔdaau³ ti⁶ mjet⁸ men²
合　地 灭 门

意译：
　　正月忌巳二月忌子日，
　　三月忌未四月忌寅日，
　　五酉六辰日是灭门地，
　　七亥八午最怕灭门日，
　　九丑十申日是灭门地，

十一月才忌卯日，

十二月才忌戌日，

正合灭门地。

注释：

"灭门"，水语音译，意为门丁绝后，是丧葬方面的恶鬼。此日用做黑鬼巫术时，请佚子在此日扑碗于祭桌上，可制伏对方。用于安葬、嫁娶、立房，后代人丁不发展。此日还忌砍竹林。

tai¹ paai²
代 排

qau³ ɬhon³ tsu¹ jaaŋ² sən¹ haam¹ ȵot⁸
狗 犬 猪 羊 春 三 月

ljoŋ² ɕa² ma⁴ paai¹ ja³ paai² tsoŋ²
龙 蛇 马 去 夏 排 同

sən¹ ju⁴ ɕu¹ paai² tsoŋ²
申 酉 秋 排 同

hu³ thu⁵ ma⁴ toŋ¹ pen⁴ lju³ haai²
虎 兔 马 冬 本 鲁 骸

sən¹ tsi⁶ lju³ haai² tsi⁶ haam¹ haai²
申 忌 鲁 骸 忌 三 骸

意译：
　春三月忌戌亥未日，
　夏三月忌辰巳午日，
　秋三月忌申酉日，
　冬三月忌寅卯午日，
　人死用此日，
　还要继续死多人。

注释：

"代排"，水语音译，是导致连续死人的丧葬方面的恶鬼。若人死逢此日或葬逢此日，则要连续死人，犯重丧，必须念鬼除患。

paan⁵ joŋ⁶
半　用

tsjeŋ² ljoŋ² n̠i⁶ ȶi¹ haam¹ foŋ² hu³
正　龙　二　鸡　三　逢　虎
hi⁵ he⁵ jaaŋ² tsoŋ² ŋo⁴ su³ tau²
四　骇　羊　重　五　鼠　群
ljok⁸ ɕa² ɕət⁷ ȶhon³ paat⁷ ljen² thu⁵
六　蛇　七　犬　八　连　兔
ȶu³ ʁau¹ ȶi¹ jui⁶ sup⁸ n̠u² taau²
九　猴　记　位　十　牛　群
sup⁸ ʔjət⁷ ma⁴ tau² ȶen¹ ɕu¹ tsi⁶
十　一　马　群　大　家　忌
sup⁸ n̠i⁶ tsa¹ tsu¹ paan² joŋ² ȶu²
十　二　是　猪　半　用　巨

意译：
　　正辰二酉三月寅，
　　四月忌未五忌子，
　　六巳七戌八忌卯，
　　九月忌申十忌丑，
　　十一月午日大家忌，
　　十二月亥日是半用。
注释：
　　"半用"，水语音译，意为"半世人"，是导致夭折的恶鬼。安葬犯之寿命不长。同时婚嫁、营造、念保家鬼亦忌。此章又名"代哇"或"打哇"，岳方逝世，女婿不能去看，"放腊"、开控亦伤女婿。若遇子午卯酉辰卯方"代哇"（死得不好），还忌喊哭。"巨"是九星中的"巨星"。九星为：文、禄、巨、贪、弼、辅、破、武、廉。

ŋo⁴ hu³
五　虎

tsjeŋ¹ ɕət⁷ sjeŋ⁶ ɬaap⁷ hi³
正　七　旺　甲　子
n̠i⁶ paat⁸ fok⁷ n̠um² ji²
二　八　逢　壬　寅
haam³ ɬu³ ljoŋ² taaŋ¹ fo⁴
三　九　龙　来　忌
hi⁵ sup⁸ ma⁴ jeŋ¹ hən²
四　十　马　跃　地
ŋo⁴ sup⁸ ʔjət⁷ ʁau¹ jon² jui¹
五　十　一　猴　猿　位
ljok⁸ sup⁸ n̠i⁶ tsi⁶ ɬhon² toŋ² ljen²
六　十　二　忌　犬　同　连

意译：
　　正月七月忌在甲子日，
　　二月八月忌在壬寅日，
　　三月九月忌辰日，
　　四月十月忌午日，
　　五月十一月忌申日，
　　六月十二月忌戌日。

注释：
　　此章一名"杀伤"，又名"沙上血鲁"，是安葬方面的凶神。主忌安葬、安置水槽、舂火药；人死逢此日，忌烧铁炮，防人死伤；有人上门来论理争辩拒接待，以防伤及自身。用来"放腊"时，铜鼓响者最吉。

qok⁸ mok⁸ njen²
各 木 月

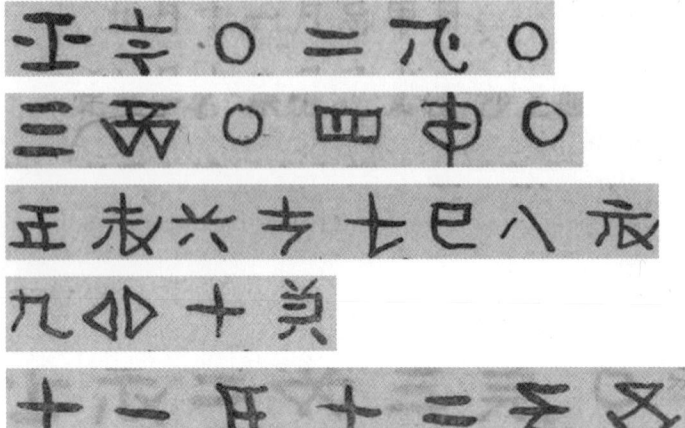

tsjeŋ¹ tsu¹ ȵi⁶ qau¹
正　猪　二　狗
haam¹ ȶi¹ hi⁵ jon² pha⁵ paat⁸ tjeŋ¹
三　　鸡 四 猿 破　八　丁
ŋo⁴ jaaŋ² ljok⁸ ma⁴ ɕət⁷ ɕa² paat⁸ ljoŋ²
五 羊 六 马 七 蛇 八　龙
ȶu³ thu⁵ sup² ʔdai³ tsoŋ²
九 兔 十 得 寅
sup⁸ ʔjət⁷ ȵu² ljeu² sup⁸ ȵi⁶ su³
十 一 牛 来 十 二 鼠
ʔdai³ ku³ lju³ mok⁸ njen²
得 头 路 木 月

意译：
　　正月忌亥二忌戌，
　　三月忌酉四忌申，
　　五月忌未六月忌午，
　　七月忌巳八月忌辰，
　　九月忌卯日，
　　十月忌寅日，
　　十一月忌丑日，
　　十二月忌子日，
　　得各木月。
注释：
　　"各木"，水语音译，指在劳作方面导致耳聋的恶鬼，本章侧重在月上忌日。主忌婚嫁、出远门、借铜鼓、伐木、买卖牛、牵牛走客、舂制火药、抬沉重石头、上他人门户去论理打官司。

qok⁸ mok⁸ be¹
各 木 年

hi³ ŋo² maau⁴ ju⁴ tsi⁶ ɕa² tsu¹
子 午 卯 酉 忌 蛇 猪

su³ mi⁶ sən¹ hət⁷ tsi⁶ qau³ ʁau¹
丑 未 辰 戌 忌 狗 猴

ji² sən¹ hi⁴ ʁaai³ tsi⁶ su³ ma⁴
寅 申 巳 亥 忌 鼠 马

ho⁴ ma⁴ su³ ʔdai¹ ku³ lju³ mok⁸ be¹
用 马 鼠 得 头 路 木 年

意译：
　　子午卯酉年忌巳亥日，
　　丑未辰戌年忌戌申日，
　　寅申巳亥年忌子午日，
　　用子午日得各木年。

注释：
本章侧重在年上忌日，主忌婚嫁、出远门、借铜鼓、伐木、买卖牛、牵牛走客、舂制火药、抬沉重石块、上他人门户去论理打官司。除此之外，相传，若舅父死，外甥去治丧或舅父病重外甥去探望，舅父不聋则外甥要耳聋。用作安葬、杀贼足（一种驱鬼活动，防止盗贼）则吉。

liŋ² ɕeŋ²
林 显

sən¹ hi³ sən² ʈhep⁷ ʈhep⁷ haai¹ hi⁴
申 子 辰 悄 悄 送 巳
hi⁴ ju⁴ su³ ʈhep⁷ ʈhep⁷ haai¹ sən¹
巳 酉 丑 悄 悄 送 申
ji² ŋo² hət⁷ ʈhep⁷ ʈhep⁷ haai¹ ʁaai²
寅 午 戌 悄 悄 送 亥
ʁaai³ maau⁴ mi⁶ ʈhep⁷ ʈhep⁷ haai¹ ŋo²
亥 卯 未 悄 悄 送 午
ho⁴ faaŋ¹ ŋo² ho¹ pha⁵ haai¹ jən²
用 方 午 怕 坏 在 寅
ho⁴ faaŋ¹ ŋo² ho¹ ɕən¹ taaŋ² vjən³
用 方 午 怕 成 堂 飞
ho⁴ taaŋ² vjən³ taau⁵ pu⁴ tən³ huŋ¹
用 堂 飞 倒 父 主 讼

意译：
　申子辰年在巳方，
　巳酉丑年在申方，
　寅午戌年在亥方，
　亥卯未年在午方，
　用午方怕伤寅方，
　用午方怕成堂飞，
　成堂飞怕伤害主人。

注释：
"林显"，水语音译。此章又名"向且"，是导致人变野、变懒之恶鬼。安葬犯之，后代出乞丐；举行"开控"的大型追悼活动时，吊丧队伍忌由此方行进。用此方退恶鬼，恶鬼前去的方向，就要落火烧寨子。这是忌放鬼的方。

hak⁷ ti⁶
项 地

tsjeŋ¹ hi⁵ ɕət⁷ sup⁸ sjeŋ⁶
正 四 七 十 旺
tsi⁶ paai¹ ji² hak⁷ ti⁶
忌 去 寅 挤 地
ȵi⁶ ŋo⁴ paat⁷ sup⁸ ʔjət⁷
二 五 八 十 一
tsi⁶ paai¹ ŋo² heu⁵ then¹
忌 去 午 孝（升）天
haam¹ ljok⁸ ɬu³ sup⁸ ȵi⁶
三 六 九 十 二
qhaam³ saat⁷ ɬa¹ tsi⁶ paai¹ hi³ və² ɣaan²
坎 杀 家 忌 去 子 荒（空）房

意译：
正月四月七月十月，
忌去寅日挤满地；
二月五月八月十一月，
忌去午日升了天；
三月六月九月十二月，
忌去子日，是空房。

注释：
"项地"，水语音译，意思是挤满墓地。此章一名"空房"，又名"干袜"，意为"挤满墓地或荒寂的家庭"，是导致棺木挤满墓地而屋基荒凉的恶鬼。主忌安葬、说亲、接亲、远行、入新居、成病初用鬼、做保家福鬼。还忌安设和架立楼梯，又忌与别人喊天赌咒。

$ɬui^5 ŋən^2$
举 银

$sən^1 hi^3 sən^2 tsi^6 ɬui^5 ɕən^1 maau^4$
申 子 辰 忌 癸 辛 卯

$hi^4 ju^4 su^3 tsi^6 tui^6 ɕən^1 mi^6$
巳 酉 丑 忌 癸 辛 未

$ji^2 ŋo^2 hət^7 tsi^6 tui^6 pjəŋ^2 ji^2$
寅 午 戌 忌 癸 丙 寅

$ʁaai^3 maau^4 mi^6 tsi^6 tui^6 ɬi^1 ju^4$
亥　卯　未 忌 癸 己①酉

$ho^3 ɬi^1 ju^4 ʔdai^3 ku^3 ɬui^5 ŋən^2$
用 己 酉 得 头 举 银

意译：
　　申子辰年忌癸卯辛卯日，
　　巳酉丑年忌癸未辛未日，
　　寅午戌年忌癸寅丙寅日，
　　亥卯未年忌癸酉己（巳）酉日，
　　用己酉日得举银头。

注释：
"举银"，水语音译，本章忌开路、安葬、安床，取板凳亦死人。忌嫁娶，用之则日后夫妻不和睦，又忌开吊。

---

① "己"应为"巳"。——编者注

$tjem^3 ɕən^1$
尖 辛

$ɬaap^8 ŋo^2 ʔjət^7 mi^6 jui^4 ȵum^2 sən^1$
甲 午 乙 未 与 壬 申
$pjen^3 hət^7 tjeŋ^1 ʁaai^3 jui^4 qeŋ^1 sən^2$
丙 戌 丁 亥 与 庚 辰
$mu^6 hət^7 ɬi^1 ʁaai^3 tsjem^3 ɕən^1 mi^6$
戊 戌 己 亥 尖 辛 未
$ɬi^1 su^3 ɬaaŋ^3 pjeŋ^6 sup^8 fo^4 sən^1$
己 丑 挡 瘟 十 逢 申
$ho^4 fo^4 sən^1 ɕən^1 van^1 thu^3 ɬui^3$
用 逢 申 成 日 土 居
$ho^4 thu^3 ɬui^3 maaŋ^1 ɣui^4 ʔaau^2 ɕen^2$
用 土 居 鬼 来 要 钱
$tsəp^8 njen^2 ɬaai^3 zən^1 tai^1 kai^3 ʔjun^1$
每 月 解 人 死 不 站

意译：
　　甲午乙未与壬申，
　　丙戌丁亥及庚辰，
　　戊戌己亥与辛未，
　　己丑挡瘟十位申，
　　十位申成土居日，
　　土居日鬼来要钱，
　　月月虽解鬼，
　　弱病死不停。

注释：
　　本章又名"土居"，是招致瘟疫的恶鬼。主忌安葬，营造，修石碓，接亲，舂火药等。安葬将会因弱病而死人不断；嫁娶易被人拐去；做鬼鬼易翻；触摸亡人肉要伤。《象吉通书》称此章法为"十恶大败"日。

toi⁵ tau²
对 逃

ȶaap⁷ hi³ ȶaap⁷ ŋo² ȶeŋ¹ ȶa² ȶu³
甲 子 甲 午 见 夹 九

ʔjət⁷ maau⁴ ʔjət⁷ ju⁴ veŋ⁵ lju³ ȶən¹
乙 卯 乙 酉 象 路 群

qeŋ¹ ɕən¹ pjeŋ³ ji² tau² tai³ tsi⁶
庚 申 丙 寅 大 家 忌

n̠um² sən² n̠um² hət⁷ loi⁶ loi⁶ thoi⁵ tau² hiŋ²
壬 辰 壬 戌 纷 纷 来 到 寨

tjeŋ¹ hi⁴ sən² hi⁴ hi³ su³ ljen²
丁 巳 辛 巳 子 丑 连

sup⁸ ʔjət⁷ sup⁸ n̠i⁶ toi⁵ tau² ma⁴ jap⁸ jeŋ¹
十 一 十 二 对 逃 马 升 跃

意译：
　　甲子甲午日，
　　乙卯乙酉日，
　　庚申丙寅日，
　　壬辰壬戌日，
　　丁巳辛巳连子丑，
　　十一月十二月，对逃在午日。

注释：
"对逃"水语音译，为丧葬方面的凶神。主忌丧葬，犯之则死人，富贵之家用之变穷，贫困之家用之则富。忌起房，做挡门的"挡惰"鬼，挡寨的"挡幸"鬼，砍牛祭祖宗，吃新米，做老人保福鬼等。只利于开店，买主络绎不绝，上山打猎猎物丰盛，下水捕鱼鱼满网。

ljoŋ² fen³
龙 反

ȶaap⁷ hi³ pjeŋ³ ji² ljoŋ² laŋ⁵ hu³
甲　子　丙　寅　龙　让　虎
ȵum² hət⁷ ȶui⁵ ʁaai³ ljoŋ² lju⁴ fen³
壬　戌　癸　亥　龙　路　反
ȶi¹ maau⁴ qeŋ¹ sən² ljoŋ² ʔjən⁵ li²
己　卯　庚　辰　龙　应　离
tham⁵ tau² tham⁵ ni⁴ tsi⁶ ljoŋ² fen³
探　众　探　母　忌　龙　反
ljoŋ² fen³ huŋ⁵ ȶan¹ ȶan¹ han⁵ ȶan¹
龙　反　送　队　队　松　散
ljoŋ² fen³ huŋ⁵ haai² hi³ laŋ² tan²
龙　反　送　葬　桌　垮　掉

意译：
　　甲子丙寅日，
　　壬戌癸亥日，
　　己卯庚辰日，
　　探母回门忌龙反，
　　龙反放队队松散，
　　龙反送葬桌垮掉。

注释：

"龙反"，水语音译。本章又名"天反"，忌"开控"和安葬，反之要破产穷困；嫁娶则家庭不睦；忌走亲、送亲和探亲回门；忌幼婴走外婆家；忌带兵出阵，犯之要伤亡。用作放恶鬼，撵野鬼则吉。

<h1 style="text-align:center">te³ paai¹
大 败</h1>

sən¹ ji² ŋo² hət⁷ nət⁸ te³ paai¹

春 寅 午 戌 日 大 败

ja³ hi⁴ ju⁴ su³ te³ paai¹ ljok⁸ pot⁷ si²

夏 巳 酉 丑 大 败 六 盘 时

ɕu¹ sən¹ hi³ sən² nət⁸ te³ paai¹

秋 申 子 辰 日 大 败

toŋ¹ ʁaai³ maau⁴ mi⁶ te³ paai¹ ljok⁸ pot⁷ si²

冬 亥 卯 未 大 败 六 盘 时

意译：
　　春季的寅午戌日是大败，
　　夏季的巳酉丑日大败在六盘时，
　　秋季的申子辰日是大败，
　　冬季的亥卯未日大败在六盘时。

注释：

"大败"，水语音译，是导致家业人口退败的恶鬼。生辰逢此日难以成家立业。需念鬼作解方吉；但在惩治人的巫术中以此生人作侲子，倘他方杀死我方之人，即用侲子捆水牛对此方位砍之，或让侲子骑马按此方位作法，敌方则暗中受害致死。另外放鬼忌，退鬼吉；双方是老亲戚可接亲，新亲戚不能接亲；人死逢此日要念鬼除邪才吉利；还忌牵牛走客，违之牛伤。

计 饿
ɬi¹ ŋa⁶

sən¹ tsi⁶ jaaŋ² n̪i² ɬi⁵ tən⁵ haau³
春 忌 羊 逆 起 等 酒

ja³ tsi⁶ ɬi¹ n̪i² ju⁴ n̪ət⁸ ɬi¹
夏 忌 鸡 逆 酉 日 记

ɕu¹ tsi⁶ ɬhon³ n̪i² mak⁸ sjeŋ³ hu³
秋 忌 犬 逆 马 上 虎

toŋ¹ tsi⁶ n̪u² thu⁵ tap⁸ ji³ jeŋ¹
冬 忌 牛 兔 踢 活 跃

ɬi¹ ŋa⁶ ma⁴ ʔna³ ɬi¹ ŋa⁶ si²
计 饿 马 别 计 饿 时

意译：
　　春忌未日，
　　夏忌酉日，
　　秋忌戌日，
　　冬忌丑卯日，
　　宁用忌饿马，
　　别用忌饿时。

注释：
"计饿"，水语音译，意为"像牲口般贪吃"，是导致人们暴食、饥饿、贪吃之恶鬼。上述日子是凶日，使人好酒贪杯，贪吃不厌。生辰逢此亦凶，要解鬼方免灾。安葬犯之，家境贫寒。忌做小保福鬼、吃新米等。利于打鬼；用此方走客，喝酒不醉。

ʈu³ ho³
九　火

hi³ ŋo² maau⁴ ju⁴ tsu¹ mon⁶ ʔaak⁷
子　午　卯　酉　猪　满　跑
su³ mi⁶ sən¹ hət⁷ ȵu² sjat⁷ ljən²
丑　未　辰　戌　牛　死　槽
ji² sən¹ hi⁴ ʁaai³ ma⁴ joŋ³ jek⁷
寅　申　巳　亥　马　跳　跃
ma⁴ joŋ³ jek⁷ ɕən¹ van¹ ʈu³ ho³
马　跳　跃　成　日　九　火
ho⁴ ʈu³ ho³ me² ɣo⁴ fe⁴ qoŋ¹
用　九　火　不　会　做　活
ⁿbaan¹ pe¹ tsaak⁷ bjaak⁷ pu³ pe¹ ɕiu¹
男　卖　鞋　女　都　卖　发
lju⁵ ji³ jiu¹ pe¹ ɕiu¹ haaŋ⁴ ɣaan²
饿　厉　害　卖　发　养　家

意译：
　　子午卯酉年忌亥日，
　　丑未辰戌年忌丑日，
　　寅申巳亥年忌午日，
　　午日是九火日，
　　用九火日人不会干活，
　　男卖鞋女卖发辫，
　　饿老伙卖发辫养家。
注释：
本章主忌安葬。

thu³ ɬui³
土 居

ȵət⁸ fok⁸ tjeŋ¹ su³ jui⁴ mu⁶ ji²
日 逢 丁 丑 又 戊 寅
tjeŋ¹ mi⁶ fok⁸ lai² ȵum² mu⁶ sən¹
丁 未 逢 来 壬 戌 申
ȵum² sən² ɬui⁵ hi⁴ ljen⁴ ȵum⁴ hət⁷
壬 辰 癸 巳 连 壬 戌
ɬui⁵ ʁaai³ thu³ laai⁴ paat⁷ fo⁴ sən¹
癸 亥 土 来 八 逢 申
ɬi¹ ju⁴ ȵum² ji² ljen⁴ ʔjət⁷ ju⁴
己 酉 壬 寅 连 乙 酉
ɬui⁵ hi⁴ tjeŋ¹ hi⁴ ɕən¹ ljen²
癸 巳 丁 巳 辛 丑 连
ɬaap⁷ ŋo² mu⁶ ŋo⁶ qeŋ¹ hət⁷ hən⁵
甲 午 戊 午 庚 戌 未
qeŋ¹ hət⁷ taam³ pjeŋ³ sup⁸ fo⁴ sən¹
庚 戌 挡 瘟 十 逢 申

意译：
　　日忌丁丑及戊寅，
　　丁未又逢壬戌申，

壬辰癸巳连壬戌，
癸亥土居八逢申，
己酉壬寅连乙酉，
癸巳丁巳辛丑连，
甲午戊午庚戌，
庚戌挡瘟十逢申。

注释：

"土居"，水语音译，此章又名"库居"，是招致瘟疫的恶鬼，主忌安葬、建造、修石碓、接亲、作解、舂火药等，犯之会贫病交加，或困弱病而死人不断。此日还忌祭祀。

thjen³ qaak⁷
天　割

sən¹ tsi⁶ tsu¹ jaaŋ² ɬhon³
春　忌　猪　羊　　犬
ja³ tsi⁶ ɕa² hu³ ljoŋ²
夏　忌　蛇　虎　龙
ɕu¹ tsi⁶ sən¹ ju⁴ ɬhoŋ¹
秋　忌　申　酉　凶
toŋ¹ tsi⁶ maau⁴ ŋo² thu⁵
冬　忌　卯　午　兔
qa¹ ʔun¹ naan⁴ ʔu¹ baan³ fe⁴ tau²
鸦　含　肉　上　村　做　群
naan⁴ qam⁵ qut⁷ paai¹ hut⁷ mu⁶ mən²
肉　　发　紫　去　到　墓　门
hut⁷ ljam³ tsən² qai³ fan⁶ lən² ha¹
到　后　山　不　返　回　了

意译：
　　春忌亥未戌日，
　　夏忌巳寅辰日，
　　秋忌申酉日，
　　冬忌卯午日，
　　鸦含肉成群飞上空，
　　肉发紫才送到墓门，
　　送到山背后就不返回了。

注释：
"天割"，水语音译。此章又名"天断"或"困惑"，是婚姻与走亲方面的恶鬼。主忌定亲、嫁娶、立房，用则伤人；忌背幼婴走外婆家，违之小儿要生病甚至死亡；忌牵牛走客，违之牛要伤亡；忌做鬼，做鬼小儿伤。

tai¹ paai²

代 排

hi³ ŋo² maau⁴ ju⁴ ji² paai² mi⁶
子 午 卯 酉 寅 排 未
su³ mi⁶ sən¹ hət⁷ maau⁴ paai⁴ ju⁴
丑 未 辰 戌 卯 排 酉
ji² sən¹ hi⁴ ʁaai³ sən² paai² hət⁷
寅 申 巳 亥 辰 排 戌
sən² paai² hət⁷ ʔdai³ aŋ⁵ maaŋ¹ zən¹
辰 排 戌 得 伤 鬼 人

意译：
　　子午卯酉年代排在寅未日，
　　丑未辰戌年代排在卯酉日，
　　寅申巳亥年代排在辰戌日，
　　辰戌日代排得要伤死人。

注释：
"代排"，水语音译，是导致连续死人的丧葬方面的恶鬼。主忌丧葬，若犯了不做撑门、挡门的鬼防御，则接连死人。此章还忌杀牛敬祖。

$\text{tu}^3\,\text{ho}^3$
九　火

$\text{hi}^3\,\text{ŋo}^2\,\text{maau}^4\,\text{ju}^4\,\text{maaŋ}^1\,\text{jən}^2\,\text{tən}^1\,\text{maaŋ}^1\,\text{maau}^4$
子　午　卯　酉　鬼　寅　群　鬼　卯
$\text{su}^3\,\text{mi}^6\,\text{sən}^2\,\text{hət}^7\,\text{maaŋ}^1\,\text{jən}^2\,\text{tən}^1\,\text{maaŋ}^1\,\text{mi}^6$
丑　未　辰　戌　鬼　寅　群　鬼　未
$\text{ji}^2\,\text{sən}^1\,\text{hi}^4\,\text{ʁaai}^3\,\text{maaŋ}^1\,\text{jən}^2\,\text{tən}^1\,\text{maaŋ}^1\,\text{ju}^4$
寅　申　巳　亥　鬼　寅　群　鬼　酉
$\text{maaŋ}^1\,\text{maau}^4\,\text{maaŋ}^1\,\text{ju}^4\,\text{ʔdai}^1\,\text{tu}^3\,\text{ho}^3\,\text{seŋ}^1$
鬼　卯　鬼　酉　得　九　火　牲

意译：
　　子午卯酉年忌寅卯日，
　　丑未辰戌年忌寅未日，
　　寅申巳亥年忌寅酉日，
　　卯酉二日都得九穷牲。

注释：
本章的日子主忌做鬼，违之则九代穷困，这里讲的穷困，是专指养牲口不成，六畜不兴旺。

$mu^6 \varepsilon ot^8$

墓 玄

$tsje\eta^1\ hi^5\ \varepsilon\partial t^7\ sup^8\ sje\eta^6\ h\partial t^7\ mu^6\ \varepsilon ot^8$
正　四　七　十　旺　戌　墓　玄
$\textciceron i^6\ \eta o^4\ paat^7\ sup^8\ ?j\partial t^7\ ju^4\ mu^6\ \varepsilon ot^8$
二　五　八　十　一　酉　墓　玄
$haam^1\ ljok^8\ tu^3\ sup^8\ \textciceron i^6\ su^3\ mu^6\ \varepsilon ot^8$
三　　六　九　十　二　丑　墓　玄

意译：
　　正月四月七月十月，
　　戌日得墓玄。
　　二月五月八月十一月，
　　酉日得墓玄。
　　三月六月九月十二月，
　　丑日得墓玄。
注释：
安葬对"墓玄"日，人要死亡，绝灭无后代。

lju² li²
六　力

tsjeŋ¹ hi⁵ ɕet⁷ sup⁸ sjeŋ⁶
正　四　七　十　旺
so¹ ɬu³ ma⁴ lju² li²
初　九　马　六　力
n̠i⁶ ŋo⁴ paat⁷ sup⁸ ʔjət⁷
二　五　八　十　一
so¹ sup⁸ ʔjət⁷ tai¹ hu³ thu⁵ pi²
初　十　一　带　虎　兔　皮
haam³ ljok⁶ ɬu³ sup⁶ n̠i⁶
三　六　九　十　二
so¹ sup⁸ n̠i⁶ ʔdai³ su³ mai⁴ su³
初　十　二　得　鼠　梅　子
su³ mai⁴ su³ ʔdai³ van¹ ku³ tjet⁷
鼠　梅　子　得　日　姑　典
ku³ tjet⁷ ku³ tjau³ sam⁵ ni⁴ sau³ ɣaan²
姑　典　姑　火　倒　女　主　家

意译：
　　正月四月七月十月，
　　初九午日是六力。
　　二月五月八月十一月，
　　初十初一寅卯日是六力。
　　三月六月九月十二月，
　　初十初二得子日六力。
　　子日是扫把日，

扫把日要倒女主妇。

注释：

"六力"，水语音译，是导致财败人亡的凶鬼。忌接亲和安葬。犯之破产绝嗣。讲解歌云："六力好了，绝产无后人；六力好了，引向屋基荒凉的鬼。"

mu⁶ qhoŋ³
某 空

hi³ ŋo² maau⁴ ju⁴ tsi⁶ ɬen² mu⁶
子午 卯 酉 忌 戌 戊

su³ mi⁶ sən² hət⁷ tsi⁶ thu⁵ ɬi¹
丑 未 辰 戌 忌 兔 己

ji² sən¹ hi⁴ ʁaai³ tsi⁶ qeŋ¹ li²
寅 申 巳 亥 忌 庚 午 离

ho⁴ qeŋ¹ li² ɕən¹ van¹ mu⁶ qhoŋ³
用 庚 离 成 日 某 空

ho⁴ mu⁶ qhoŋ³ⁿ dən⁵ toŋ⁴ ni³ njen¹
用 某 空 喧 攘 厉 害

意译：
　　子午卯酉年忌戌戊日，
　　丑未辰戌年忌卯己日，
　　寅申巳亥年忌庚离午日，
　　用庚离午成某空日，
　　用某空日则容易出事。

注释：
本章主忌安葬，安葬出事。

taau⁵ laan⁴
倒 栏

hi³ ŋo² maau⁴ ju⁴ hu³ taau⁵ laan⁴
子 午 卯 酉 虎 倒 栏
su³ mi⁶ sən² hət⁷ ȵu² taau⁵ laan⁴
丑 未 辰 戌 牛 倒 栏
ji² sən¹ hi⁴ ʁaai³ ma⁴ ʔnau³ pən²
寅 申 巳 亥 马 掀 盆
ʁaau³ ɣaan² njau⁴ ha³ ljeu⁴ tau⁴ sjeŋ¹
全 家 垮 杀 了 群 牲

意译：
    子午卯酉年忌寅日，
    丑未辰戌年忌丑日，
    寅申巳亥年忌午日，
    犯忌日伤害群牲。

注释：
"倒栏"水语音译，又名"姑梅念"，是导致贤达者天殇的恶鬼。安葬犯之，贤达之后裔天殇；此日立房、开挖牛圈、杀牛敬祖，日后牲畜喂不成。

$$qai^5\ lau^1$$
卡 老

ȶaap⁷ ɬi¹ hi⁴ ju⁴ su³
甲　己　巳　酉　丑
ʔət⁷ qeŋ¹ ʁaai³ maau⁴ mi⁶
乙　庚　亥　卯　未
pjeŋ³ ɕən¹ sən¹ hi³ sən²
丙　辛　申　子　辰
tjeŋ¹ ȵum² ji² ŋo² hət⁷
丁　壬　寅　午　戌
mu⁶ ȶui⁵ sən¹ hi³ sən²
戊　癸　申　子　辰

意译：
　　甲己年忌巳酉丑日，
　　乙庚年忌亥卯未日，
　　丙辛年忌申子辰日，
　　丁壬年忌寅午戌日，
　　戊癸年忌申子辰日。
注释：
　　"卡老"，水语音译，是招致病患的恶鬼。人在此忌日发病叫"白卡老"，要解才好；此日忌娘嫜送小儿；此日不能停棺，防伤人；生逢此日要解；此日出生的人用作伥子（用以驱疫逐鬼的儿童）压地转可吉。

tsje³ lje³
则 列

hi³ ŋo² maau⁴ ju⁴ tsu¹ tsje³ lje³
子 午 卯 酉 猪 则 列
su³ mi⁶ sən² hət⁷ ɕa² tsje³ lje³
丑 未 辰 戌 蛇 则 列
ji² sən¹ hi⁴ ʁaai³ ɬi¹ tsje³ lje³
寅 申 巳 亥 鸡 则 列
ho⁴ tsje³ lje³ tu³ te⁵ paŋ¹ haŋ¹
用 则 列 都 杀 激 烈

意译：
　　子午卯酉年亥是则列日，
　　丑未辰戌年巳是则列日，
　　寅申巳亥年酉是则列日，
　　安葬犯了则列日，
　　兄弟残杀更激烈。

注释：

"则列"，水语音译，是导致内讧的恶鬼。安葬犯之，房族间相互争斗、吵闹厮杀；嫁娶、立房、打项圈等亦忌，用则伤己。

$$ku^3 jiu^1$$
姑 又

$tɕəm^1 tsi^6 ʁau^1 ɬi^1 ɬhon^2$
金　忌　猴　鸡　犬
$mok^8 tsi^6 tsu^1 ljoŋ^2 ʔom^5$
木　忌　猪　龙　抱
$fa^3 tsi^6 ma^4 jaaŋ^2 li^2$
火　忌　马　羊　离
$thu^3 sui^3 hu^3 thu^5 ljoŋ^2$
土　水　虎　兔　龙
$^ndum^3 hoŋ^2 ku^3 jiu^1$
对　　根　姑　又

意译：
　　金年忌申酉戌日，
　　木年忌亥辰日，
　　火年忌午未日，
　　土水年忌寅卯辰日，
　　正对姑又鬼日。

注释：
"姑又"，是专门坑害鬼师与水书先生的恶鬼。此日忌念鬼、放鬼和退鬼，违则伤己。此章又名"伤命"、"伤师"方，与人争执用此方砍鸡利己；放鬼时忌坐此方念鬼。

ɬu³ ho³
九　火

tsjeŋ¹ qau³ ni⁶ ɬəp⁸ ljoŋ²
正　狗　二　夹　龙

haam¹ tsu¹ hi⁵ ɕa² soŋ¹
三　猪　四　蛇　送

ŋo⁴ su³ qoŋ¹ ljok⁸ ma⁴
五　鼠　拱　六　马

ɕət⁷ ȵu² paat⁷ jaaŋ² ɬu³ tai² tsoŋ²
七　牛　八　羊　九　带　寅

sup⁸ ʁau¹ ɬi¹ jui¹ sup⁸ ʔjət⁸ thu⁵
十　猴　忌　位　十　一　兔

sup⁸ ȵi⁶ ɬi¹
十　二　鸡

ɬi¹ vja³ vja³ ta³ saat⁷ faaŋ¹ njen²
鸡　游　移　大　杀　方　月

ɬen² vja² vja³ ta³ saat⁷ faaŋ¹ mbe¹
乾　游　移　大　杀　方　年

faaŋ¹ hi⁵ faaŋ¹ ŋo⁴ ɬu³ ho³ mbe¹
方　四　方　五　九　火　年

tai¹ pu⁴ ni⁴ ʔdai³ van³ me² ɣaaŋ⁵
死　父　母　得　日　不　净

haam⁵ pu⁴ ni⁴ ʔdai³ van¹ ɬu³ ho³
葬　父　母　得　日　九　火

haam¹ ti⁶ ho³ ŋo⁴ ti⁶ ʔam⁵ ji¹
三　代　穷　五　代　背　襄

haam¹ ti⁶ sjat⁷ paat⁷ ti⁶ ɣam¹ da¹
三　代　倾　八　代　瞎　眼
ɬu³ ti⁶ ɣaaŋ² ma²
九　代　枯　舌

意译：
　　正月忌戌二月忌辰，
　　三月忌亥四月忌巳，
　　五月在子六月在午，
　　七丑八未九月在寅，
　　十月在申十一在卯，
　　十二月在酉，
　　鸡移动大杀在月方，
　　乾移动大杀在年方，
　　方四方五属九火年，
　　死父母逢不吉利日，
　　葬父母得了九穷天，
　　三代困穷五代披蓑衣，
　　三代倾产八代睁不开眼，
　　九代枯舌没得吃。

注释：
本章主忌安葬，死逢此日不利，要用"金堂"日安葬方消灭；宜于解苦命鬼。

qha³ miŋ¹
伤 命

tsjeŋ¹ ŋo⁴ ȶu³ ji² maau⁴ sən² faaŋ¹ tsi⁶
正　　五 九 寅 卯　辰　方 忌
ȵi⁶ ljok⁷ sup⁸ ʁaai³ hi³ su³ faaŋ¹ ɕoŋ¹
二 六　十 亥　子 丑 方　凶
haam¹ ɕət⁷ sup⁸ ʔjət⁷ sən¹ ju⁴ hət⁷ faaŋ¹ tsi⁶
三　七　十 一 申 酉 戌　方　忌
hi⁵ paat⁸ sup⁸ ȵi⁶ hi⁴ ŋo² mi⁶ tsi⁶ naai⁶ ɕoŋ¹
四　八 　十 二 巳 午 未 忌 这 凶

意译：
　　正月五月九月忌寅卯辰日方，
　　二月六月十月忌亥子丑日方，
　　三月七月十一月忌申酉戌日方，
　　四月八月十二月忌巳午未日方。

注释：
　　"伤命"，又名"伤师"，是专门坑害鬼师与水书先生的恶鬼。此日忌念鬼、放鬼和退鬼，违则伤己。此章又名"姑又"方，与人争执用此方砍鸡利己；放鬼时忌坐此方念鬼。

ŋo⁴ qui⁵
五 锤

tsjeŋ¹ ŋo⁴ tu³ tsi⁶ tjeŋ¹ tui⁵ faaŋ¹
正　五　九　忌　丁　癸　方
ŋo² faaŋ¹ tjeŋ¹ ljeu² hi³ faaŋ¹ tui⁵
午　方　丁　了　子　方　癸
ȵi⁶ ljok⁸ sup⁸ tsi⁶ taap⁷ qeŋ¹ faaŋ¹
二　六　十　忌　甲　庚　方
ji² faaŋ¹ taap⁷ ljeu² sən¹ faaŋ¹ qeŋ¹
寅　方　甲　了　申　方　庚
haam¹ ɕət⁷ sup⁸ ʔjət⁷ ʔjət⁷ ɕən¹ ti⁶
三　七　十　一　乙　辛　地
maau⁴ faaŋ¹ ʔjət⁷ ljeu² ju⁴ faaŋ¹ ɕən¹
卯　方　乙　了　酉　方　辛
hi⁵ paat⁷ sup⁷ ȵi⁶ tsi⁶ pjeŋ³ ȵum² faaŋ¹
四　八　十　二　忌　丙　壬　方
hi⁴ faaŋ¹ pjeŋ³ ljeu² ʁaai³ faaŋ¹ ȵum²
巳　方　丙　了　亥　方　壬
me² ɣo⁴ hui⁶ ʔdai³ ŋo⁴ qui⁵ faaŋ¹
不　会　坐　得　五　锤　方

意译：
　　正月五月九月忌丁癸方，

午方在丁子方在癸，
二月六月十月忌甲庚方，
寅方在甲申方在庚，
三月七月十一月忌乙辛方，
卯方在乙酉方在辛。
四月八月十二月忌丙壬方，
巳方在丙亥方在壬，
不会坐就得五锤方。

注释：

"五锤"，水语音译，此章又名"姑又五鬼"，意为"剪刀尖上的五把槌子"，是导致人病重而死的恶鬼。相传，病危之人砍牛来祭鬼，虽有短暂康复期，但过不了几天就会被鬼弄死。

tu³ ha³
都 哈

tsjeŋ¹ ŋo⁴ tu³ tsi⁶ tsən⁵ ljoŋ² toŋ²
正　五　九　忌　震　龙　同
ȵi⁶ ljok⁶ sup⁸ tsi⁶ ma⁴ faaŋ¹ foŋ²
二　六　十　忌　马　方　凶
haam¹ ɕət⁷ sup⁸ ʔjət⁷ ɬi¹ faaŋ¹ tai¹
三　七　十　一　鸡　方　代
hi⁵ paat⁷ sup⁸ ȵi⁶ tsi⁶ naam² pək⁷ faaŋ¹
四　八　十　二　忌　南　北　方
me² ɣo⁴ hui⁶ tjeŋ¹ ŋo⁴ qui⁵ faaŋ¹
不　会　坐　遇　五　锤　方

意译：
　　正月五月九月忌卯方，
　　二月六月十月忌午方，
　　三月七月十一月忌酉方，
　　四月八月十二月忌子方，
　　不会坐遇五锤方。

注释：
"都哈"，水语音译，此章又名"姑又"，意为互相争吵，互相厮杀，用此方出行不利。与他人发生争吵，用此方赌咒砍鸡则吉。鬼师坐此方位念咒则自己受害。文中"震龙"为水语，意思是将要是"龙"的"卯"。

ta³ sjaat⁷
大 杀

tsjeŋ¹ ma⁴ n̪i⁶ hi³ haam¹ ɬui⁵ jaaŋ²
正　午　二　子　三　癸　未
hi⁵ ȵu² ŋo⁴ ʁau¹ ljok⁸ hu³ ɬhaŋ⁵
四　牛　五　猴　六　虎　凶
ɕət⁷ ȶi¹ paat⁷ thu⁵ ȶu³ ɬhon³
七　鸡　八　兔　九　犬
sup⁸ ljoŋ² pək⁷ joŋ⁶ tsu¹
十　龙　别　用　猪
sup⁸ ʔjət⁷ ɕa² ljeu⁴ sup⁸ n̪i⁶ tsu¹
十　一　蛇　完　十　二　猪
tsu¹ vja³ vja³ ta³ sjat⁷ faaŋ¹ njen²
猪　游　移　大　杀　方　月
ten² vja³ vja³ ta³ sjat⁷ faaŋ¹ mbe¹
乾　游　移　大　杀　方　年

意译：
　　正午二子三癸未，
　　四丑五申六在寅，
　　七酉八卯九戌十在辰，
　　十一巳十二亥方是大杀。
　　亥方大杀在月方，
　　乾方大杀在年方。
注释：
　　此章又名"花祭"，即容易招致短命的恶鬼。主忌安葬、做保福鬼；利于解苦命鬼、放鬼等。安葬若用此日、方，则后代子孙穷困，又死少年人。同时还忌此方、时捆牛送老人，违之后代子孙亦穷困。

$$\text{lju}^3\,\text{haai}^2$$
鲁 骸

$\text{tsjeŋ}^1\,\text{tsu}^1\,\text{ȵi}^6\,\text{ȵu}^2\,\text{haam}^1\,\text{ʈhon}^3\,\text{tu}^2$
正 猪 二 牛 三 犬 独
$\text{hi}^5\,\text{hu}^3\,\text{ŋo}^4\,\text{ma}^4\,\text{ljok}^8\,\text{ɕa}^2\,\text{ʁau}^1$
四 虎 五 马 六 蛇 猴
$\text{ɕu}^1\,\text{ʈi}^1\,\text{toŋ}^1\,\text{tsu}^1\,\text{mi}^6\,\text{sən}^1\,\text{ti}^6$
秋 鸡 冬 猪 未 申 地
$\text{sən}^1\,\text{ti}^6\,\text{lju}^3\,\text{haai}^2\,\text{tsi}^6\,\text{haam}^1\,\text{haai}^2$
申 地 鲁 骸 忌 三 骸

意译：
　　正亥二丑三戌方，
　　四寅五午六巳申，
　　秋酉冬亥未申地，
　　申地用棺得三棺。

注释：
"鲁骸"，水语音译，本章安葬不忌，只忌后三朝；修整坟墓亦忌。

ɬu³ ho³
九 火

tsjeŋ¹ hət⁷ hi⁵ mi⁶ ɕət⁷ lai² sən²
正　戌　四　未　七　来　辰
ȵi⁶ hi⁴ ŋo⁴ ji² paat⁷ ʁaai³ tsən⁵
二　巳　五　寅　八　　亥　　震
haam¹ ŋo² ljok⁸ maau⁴ ɬu³ hi³ paai²
三　　午　六　卯　九　子　排
sup⁸ su³ ɬhep⁷ ɬhep⁸ ʁap⁷ tsjem³ sən¹
十　丑　悄　　悄　　议　尖　申
sup⁸ ʔjət⁷ eŋ⁵ sən¹ ljeu⁴ ɬen¹ jui¹
十　一　送　申　全　群　忌
sup⁸ ȵi⁶ hui⁶ ljem² tsiŋ⁵ ʔdai³ tsjeu⁵ ju⁴ faaŋ¹
十　二　坐　连　枝　得　看　酉　方

意译：
　　正戌四未七辰方，
　　二巳五寅八亥方，
　　三午六卯九子方，
　　十月在丑方，
　　十一月在申方，
　　十二月坐看酉方。
注释：
　　此章又名"方别付"，意为"麻风病鬼的方位"，是导致麻风病的恶鬼。安葬犯之，后代成麻风病；他人上门来论理不能等候；做砍偷盗者脚印的巫术有效，并要此条生辰之人在祭席上扑碗；如遇他人来敲诈，以此日带钱给他，对己方有利。

$ta^3 va^3 haak^8$
打 哇 项

$so^1 sən^1 ljoŋ^2 laau^4 laaŋ^6$
初 春 龙 劳 郎
$ja^3 jaaŋ^5 jaaŋ^2 ɕiu^5 pa^2$
夏 养 羊 修 耙
$ɕu^1 ti^1 tʂhi^4 vəi^6 miŋ^6$
秋 鸡 箕 尾 命
$toŋ^1 su^3 qan^5 tʂhoŋ^1 haau^4 van^5 voŋ^2$
冬 鼠 艮 凶 婿 死 去

意译：
　　春忌辰日，
　　夏忌未日，
　　秋忌酉日，
　　冬忌子日。

注释：
"打哇项"，水语音译，此章又名"龙讨"，即能牵引灵魂回归的鬼。"龙讨"日利于念鬼找回丢失的牲口。忌安葬，病人死对此日或用此日安葬都属于后代人丁不旺或子孙绝迹、子孙穷困。

$?jən^5$ $tsjem^5$
印 占

$tsjeŋ^1$ hi^5 $ɕət^7$ sup^8 $sjeŋ^6$
正 四 七 十 旺
$ȶem^1$ $njen^2$ ma^4 $sjeŋ^6$ hau^3
金 年 马 伤 酒
$ȵi^6$ $ŋo^4$ $paat^7$ sup^8 $?jət^7$
二 五 八 十 一
mok^8 $njen^2$ thu^5 $ljen^2$ $ljoŋ^2$
木 年 兔 连 龙
$haam^1$ $ljok^8$ $ȶu^3$ sup^8 $ȵi^6$
三 六 九 十 二
fa^3 $?njam^5$ tsu^1 $ȵu^2$ sui^3
火 靠 猪 牛 水
thu^3 sui^3 $tjam^6$ ti^6 tsi^6 ju^4 $qoŋ^1$ $ȶi^1$
土 水 顿 地 忌 酉 公 鸡

意译：
　正月四月七月十月，
　金年午正伤，
　二月五月八月十一月，
　木年忌卯辰，
　三月六月九月十二月，
　火年忌亥日，
　土水年同忌酉日。

注释：

"印占"，水语音译，此章又名"金水"或"姑又"。忌此方坐念恶鬼；又忌与别人喊天、与别人做鬼，防伤己。

ɬi¹ ŋa⁶
计 饿

sən¹ tsi⁶ ji² ju⁴ faaŋ¹
春 忌 寅 酉 方
ja³ tsi⁶ ʁaai³ hi³ faaŋ¹
夏 忌 亥 子 方
ɕu¹ tsi⁶ sən¹ maau⁴ faaŋ¹
秋 忌 申 卯 方
toŋ¹ tsi⁶ hi⁴ ŋo² faaŋ¹
冬 忌 巳 午 方
ɬi¹ ŋa⁶ ma⁴ ʔna³ ɬi¹ ŋa⁶ faaŋ¹
计饿 马 别 计饿 方

意译：
　　春忌寅酉方，
　　夏忌亥子方，
　　秋忌申卯方，
　　冬忌巳午方，
　　不用计饿马，
　　不用计饿方。
注释：
本章主忌安葬，用则后代子孙穷困；忌安放吊丧的悼祭酒席。此方利于走亲饮酒和启用新枪打猎。

paan⁵ joŋ⁶
半 用

sən¹ tsi⁶ ɬhon³ jaaŋ² ljoŋ² ɬhi³ ʔom⁵ ɬəm¹
春 忌 犬 羊 龙 起 合 金
ja³ hu³ su³ ɬi¹ ʔjət⁷ lu⁶ qhun¹
夏 虎 鼠 鸡 一 条 路
ɕu¹ thu⁵ ȵu² ma⁴ laai¹ foŋ² taau³
秋 兔 牛 马 来 逢 刀
toŋ¹ su² ma⁴ joŋ⁶ pan⁵ faaŋ¹ njen²
冬 鼠 马 用 转 方 年

意译：
　　春忌戌未辰方，
　　夏忌寅子酉方，
　　秋忌卯丑午方，
　　冬忌子午半用方。
注释：
此方忌念鬼。

tson³jaaŋ²
中 羊

sən¹ tsi⁶ tsoŋ² jaaŋ² ljoŋ² tsaan⁵ jeŋ³
春 忌 寅 羊 龙 撒 鳞
ja³ tsi⁶ sa² su³ taai⁶ ma⁴ səŋ³
夏 忌 蛇 鼠 代 马 伤
ɕu¹ tsi⁶ ʁau¹ ȶi¹ ʔok⁷ ɕa² hi²
秋 忌 猴 鸡 贺 蛇 子
toŋ¹ tsi⁶ ȵu² thu⁶ thu⁶ taai³ ta²
冬 忌 牛 兔 兔 大 达
hak⁷ faaŋ¹ laak⁸ haaŋ⁴ ŋaan⁶
克 方 儿 养 鹅
hak⁷ ȶhak⁸ qaan¹ ȶhik⁷ hən²
克   凶   竿   示 地 方

意译：
　　春忌寅未辰方，
　　夏忌巳午方，
　　秋忌申酉巳子方，
　　冬忌丑卯方，
　　克土方儿去把鹅养，
　　克主凶插白竿告诫地方。

注释：
"中羊"，水语音译，此章又叫"和火六夺"，意为问亲。忌安葬，用则家业卖尽；忌还账，还了又借；此日用来安葬别人，穷到六一师人（水书先生）。

te³ʔnjen¹
大 腻

sən¹ tsi⁶ sən² su³ hət⁷
春 忌 辰 丑 戌

ja³ tsi⁶ mi⁶ maau⁴ hi³
夏 忌 未 卯 子

ɕu¹ tsi⁶ ji² ju⁴ ŋo²
秋 忌 寅 酉 午

toŋ¹ tsi⁶ hi⁴ ʁaai¹ sən¹
冬 忌 巳 亥 申

意译：
　　春忌辰丑戌日，
　　夏忌未卯子日，
　　秋忌寅酉午日，
　　冬忌巳亥申日。

注释：

"大腻"，水语音译，此章又名"龙盆"、"春龙"、"牛哇"，是导致破财死人的恶鬼。杀牛设祭敬神时，自喂的牛不可用；忌借铜鼓，忌开墓穴，忌念"牙地"保福鬼，忌出门买牛来吊丧，否则恐难回归。忌念恶鬼和"牙苗"鬼，忌杀牲畜敬祖宗，犯之则出现杀公畜死女人、杀母畜死男人的凶祸；生辰逢此日要念鬼除灾，否则夭亡。此日用于安葬，后代子孙疯癫，人又呆笨；生辰逢此日，要解才好，否则，人将疯癫。用此日定亲，亲不成。

$si^2 fa^3$

时 花

sən¹ tsi⁶ hi³ faaŋ¹ vi¹
春 忌 子 时 火

ja³ tsi⁶ jom¹ jaaŋ² fen³
夏 忌 阴 羊 返

ɕu¹ tsi⁶ ɕa² ju⁵ tju⁵ hi³ mok⁸
秋 忌 蛇 喊 断 桌 木

toŋ¹ tsi⁶ ma⁴ sjeŋ³ ti⁶ hak⁷ lu⁶
冬 忌 马 伤 一 路 火

saan³ ʔdaau³ ʔdoŋ¹ saan² me² ʔdaau³ ta³
夜　合　林　夜　不 合　野

fa³ ɬu⁵ ɬu⁵ sut⁷ ljeu⁴ pa⁵ tsən²
火 烈 烈 烧 完 山 岭

tsən² ljeu⁴ fa³ ʔbən¹ taŋ¹
山 烧 火 天 来

意译：
　　春忌子时火，
　　夏忌阴未火，
　　秋忌巳方断门泉，
　　冬忌午方一路火，
　　夜晚烧山丢旷野，
　　火烈烈烧尽山岭，
　　烧山的火从天掉。

注释：
"时花"，水语音译，意为"属火的凶时"，是导致火灾的恶鬼。忌放吊丧铁炮、捆牛敬祖、起吊丧布帐、修门间、起房、舂火药等。

pha⁵ fə¹
破 夫

sən¹ tsi⁶ ljoŋ² pha⁵ fə¹
春 忌 龙 破 夫
ja³ tsi⁶ ma⁴ pha⁵ ʔaan¹
夏 忌 马 破 鞍
ɕu¹ tsi⁶ thjen¹ sjeŋ¹ qau³
秋 忌 天 伤 狗
toŋ¹ tsi⁶ ȵu² miŋ⁶ tsjeŋ²
冬 忌 牛 命 节

意译：
　　春忌辰方，
　　夏忌午方，
　　秋忌戌方，
　　冬忌丑方。

注释：
"破夫"，水语音译，此章又名"天花"。主忌安葬、嫁娶、立房，违之日后要伤主妇人，又怕火烧房子。

$ɕeu^3 hi^5$
休 四

$tsjeŋ^1 hi^5 ɕet^7 sup^8 sjeŋ^6$
正　四　七　十　伤
$tu^3 laŋ^2 tep^8 hi^5 njen^2$
九　狼　夹　四　娘
$ȵi^6 ŋo^4 paat^8 sup^8 ʔjət^7$
二　五　八　十　一
$so^1 ɕet^7 təp^8 haam^1 taaŋ^1$
初　七　夹　三　来
$haam^1 ljok^8 tu^3 sup^8 ȵi^6$
三　六　九　十　二
$so^1 ʔjət^7 təp^8 so^1 ȵi^6$
初　一　夹　初　二
$ljok^8 ʔaak^7 tjeu^2 hən^2 tjeŋ^3 ɕeu^3 hi^5$
六　跑　各　地　喜　休　四

意译：
　　正月四月七月十月，
　　忌初九初四日，
　　二月五月八月十一月，
　　忌初七初三日。
　　三月六月九月十二月，
　　忌初一初二日。
　　六跑各地欢"休四"。
注释：
　　"休四"，水语音译，此章又名"天敬"、"小喜"、"孝先"，是安葬及做保福神的凶神，主忌安葬，开墓穴，做保福神、唱丧歌等；生辰逢之要解"姑错"鬼。此章又作放鬼、割断鬼路之用，做撑门（一种挡鬼的活动）的挡邪祸"挡鬼"巫术，用此日埋酸鱼吉利，撑门要放鱼，安桌在门内，合四条、三条、二条鱼放在桌上，按月放干鱼。

$$\text{si}^2 \text{poŋ}^2$$
沙 朋

tsieŋ¹ hi⁵ ɕət⁷ sup⁸ sjeŋ⁶
正 四 七 十 上
sjeŋ⁶ njen² ʁaau¹ ȶeu³ qau³
伤 月 猴 与 狗
ȵi⁶ ŋo⁴ paat⁷ sup⁸ ʔjət⁷
二 五 八 十 一
tsoŋ² njen² ljoŋ² laaŋ⁶ tsu¹
寅 月 龙 让 猪
haam¹ ljok⁸ ȶu³ sup⁸ ȵi⁶
三 六 九 十 二
ja³ njen² ȶi¹ paai¹ ma⁴
夏 月 鸡 去 马
pa³ qhaam³ sa¹ poŋ² ɕi³ lau⁴ nən²
碰 坎 沙 朋 多 花 钱

意译：
  正月四月七月十月，
  伤在申戌日。
  二月五月八月十一月，
  忌在辰亥日。
  三月六月九月十二月，
  忌在酉午日。
  沙朋日口舌灾祸。

注释：
  "沙朋"，水语音译，是导致口舌是非的恶鬼。相传，安葬犯之，立即遭口舌是非；此日忌吃新米、初次说亲、与人论理、做保福鬼、做保寨保家的撑门"挡鬼"。

qop⁷
天 狗

ʁaai³ hi³ su³ njen² ʨi¹ fak⁷ jui¹
亥 子 丑 年 鸡 方 位
ji² maau⁴ sən² ɕoi⁵ tai⁴ su³ ɬoŋ¹
寅 卯 辰 衰 在 鼠 凶
hi⁴ ŋo² mi⁶ ni⁴ foŋ² thu⁵ sək⁷
巳 午 未 这 逢 兔 散
sən¹ ju⁴ hət⁷ ni⁴ foŋ² su⁴ ma⁴
申 酉 戌 这 逢 守 马

意译：
　　亥子丑年忌酉日方，
　　寅卯辰年忌子日方，
　　巳午未年忌卯日方，
　　申酉戌年忌午日方。

注释：

本章又叫"蛙吃骨"，即吃尸骨而亏损后世的恶鬼。安葬犯之尸骨很快腐烂，活者遭殃，缺人丁并穷困，接寡妇则死丈夫；接亲及吊丧犯之则中病须解"姑又"鬼才免灾；做砍偷盗者脚印巫术宜之。此章属"将军大杀"，通丧出门不能用此方。

paat⁸pjeŋ²
八　平

sən¹ hi³ sən² sən¹ haam¹ ȵot⁸
申　子　辰　春　三　月

tsi⁶ ƫhon³ ƫi¹ sjeŋ⁶
忌　犬　鸡　伤

hi⁴ ju⁴ su³ ja³ haam¹ ȵot⁸
巳　酉　丑　夏　三　月

tsi⁶ ma⁴ jaaŋ² tsjaŋ²
忌　马　羊　壮

ji² ŋo² hət⁷ ɕu¹ haam¹ ȵot⁸
寅　午　戌　秋　三　月

tsi⁶ ljoŋ² ɕa² ʔa⁵
忌　龙　蛇　靠

ʁaai³ maau⁴ mi⁶ toŋ¹ haam¹ ȵot⁸
亥　卯　未　冬　三　月

tsi⁶ su³ ȵu² vəi⁶
忌　鼠　牛　尾

paat⁷ pjeŋ² ƫu³ qhu⁵ mu⁶ jən² taŋ²
八　平　九　伤　戊　寅　堂

意译：

申子辰年春三月忌戌酉日。

巳酉丑年夏三月忌午未日。

寅午戌年秋三月忌辰巳日。

亥卯未年冬三月忌子丑日。

八平九伤在戊寅日。

注释：

"八平"，水语音译，此章又名"八品"，主要导致家人在外地丧命的恶鬼。生逢此日若不解鬼，定客死他乡，葬犯此日，后人在外死亡，但都能运尸体回故土安葬；此日探望病人反而害己；生辰解鬼，用公鸡1只，白布8尺，折糯8把，钱800文，小猪1只，此外还有利师费380文，此属"杀伤"系列的恶鬼。用此日安葬、嫁娶，立房，日后要有人跌倒残伤致死。此日还忌送礼酒给孝家，如若送了，礼酒要返送回来。此日还忌开吊、放腊，用则伤人。

qai⁵ lau¹
卡 老

ȶaap⁷ ȶi¹ tsi⁶ haam¹ ɕən¹ hi⁴ ju⁴ su³
甲　己　忌　三　辛　巳　酉　丑

ʔjət⁷ qeŋ¹ tsi⁶ haam¹ ȶi¹ ʁaai³ maau⁴ mi⁶
乙　庚　忌　三　己　亥　卯　未

tjeŋ¹ ȵum² tsi⁶ haam¹ qeŋ¹ ji² ŋo² hət⁷
丁　壬　忌　三　庚　寅　午　戌

pjeŋ¹ ɕən¹ mu⁶ ȶui⁵ tsi⁶ haam¹ ȵum² sən¹ hi³ sən²
丙　辛　戊　癸　忌　三　壬　申　子　辰

意译：
　　甲己年忌三辛日：
　　辛巳、辛酉、辛丑。
　　乙庚年忌三己日：
　　己亥、己卯、己未。
　　丁壬年忌三庚日：
　　庚寅、庚午、庚戌。
　　丙辛戊癸年忌三壬日：
　　壬申、壬子、壬辰。

注释：
"卡老"，水语音译，人病逢此日成"白卡老"，要解才好。此日忌停棺，用了伤人。小孩生逢此日，要解才吉。

壬 辰 卷

ʔn̻um² sən²
壬 辰

sən¹ hi³ sən² ka³ fən¹ n̻um² ʔjət⁷
申 子 辰 等 坤 壬 乙
haam¹ ʔjət⁷ ʁaai³ maau⁴ mi⁶
三 乙 亥 卯 未
hi⁴ ju⁴ su³ ka³ hən⁵ qeŋ¹ ɬui⁵
巳 酉 丑 等 巽 庚 癸
haam¹ qeŋ¹ sən¹ hi³ sən²
三 庚 申 子 辰
ji² ŋo² hət⁷ ka³ qan⁵ pjeŋ³ ɕən¹
寅 午 戌 等 艮 丙 辛
haam¹ ɕən¹ hi⁴ ju⁴ su³
三 辛 巳 酉 丑
ʁaai³ maau⁴ mi⁶ ka³ ɬen² ɬaap⁷ tjeŋ¹
亥 卯 未 等 乾 甲 丁
haam¹ ɬaap⁷ ji² ŋo² hət⁷
三 甲 寅 午 戌

意译：

申子辰年等未壬乙方吉，

三乙：乙亥、乙卯、乙未。

巳酉丑年等辰庚癸方吉，

三庚：庚申、庚子、庚辰。

寅午戌年等丑丙辛方吉，

三辛：辛巳、辛酉、辛丑。

亥卯未年等戌甲丁方吉，

三甲：甲寅、甲午、甲戌。

注释：

"壬辰"分为"壬辰"、"公壬辰"和"母壬辰"等条目，是人财俱旺的福星，若申子辰年壬辰日逢土，田地池塘广进，宜葬亲生母，发富久长。

pha⁵ haan⁵
破　散

申子辰𰀁辛卯未○𫝀

巳酉丑𰀁申子辰○𫝀

寅午戌𰀁巳酉丑○𫝀

辛卯未𰀁寅午戌○𫝀

sən¹ hi³ sən² thu⁵ tsu¹ pjo³ jaaŋ²
申　子　辰　兔　猪　念　羊
hi⁴ ju⁴ su³ ʁau¹ ljoŋ² su³
巳　酉　丑　猴　　龙　鼠
ji² ŋo² hət⁷ ɕa² ti¹ n̠u²
寅　午　戌　蛇　鸡　牛
ʁaai³ maau⁴ mi⁶ hu³ ma⁴ ten²
亥　　卯　未　虎　马　乾
ho⁴ ma⁴ ten² ʔdu¹ faan⁶ ɕen¹ᵐ be¹
用　马　乾　寿　万　千　年

意译：
　　申子辰年亥卯未日吉，
　　巳酉丑年申子辰日吉，
　　寅午戌年巳酉丑日吉，
　　亥卯未年寅午戌日吉，
　　用了午戌日，高寿万千年。
注释：
　　这是破散日，意为破除或驱散各种凶神恶煞。用"破散"日做鬼，鬼散去不会再来，择日做鬼容易断根。

kwaan¹ ʔjən⁵
官 印

sən¹ hi³ sən² ka³ sən¹ ju⁴ hi⁵ faaŋ¹
申　子　辰　等　申　酉　四　方
hi⁴ ju⁴ su³ ka³ sən² hi⁵ faaŋ¹ ljok⁸
巳　酉　丑　等　辰　四　方　禄
ji² ŋo² hət⁷ ka³ tsu¹ ɳu² hi⁵ faaŋ¹
寅　午　戌　等　猪　牛　四　方
ʁaai³ maau⁴ mi⁶ ka³ ʈen² hi⁵ faaŋ¹
亥　　卯　未　等　乾　四　方

意译：
　　申子辰年等用申酉四方，
　　巳酉丑年等用辰四方禄星，
　　寅午戌年等用亥丑四方，
　　亥卯未年等用戌四方。

注释：
　　此章为"官印"日，安葬用此日，孝家后代出人才，有官做，能掌印。"申酉四方"的"四"，即从酉日数起，数到第四位数，即为"子"，所以"子"是申酉的"四"方。其余如此类推。

kwaan¹ ʔjən⁵
官 印

hi³ ŋo² maau⁴ ju⁴ mi⁶ faaŋ¹ ɬət⁷
子 午 卯 酉 未 方 吉
su³ mi⁶ sən² hət⁷ ʁaai³ ɬət⁷ faaŋ¹
丑 未 辰 戌 亥 吉 方
ji² sən¹ hi⁴ ʁaai³ ju⁴ faaŋ¹ ɬət⁷
寅 申 巳 亥 酉 方 吉

意译：
　　子午卯酉年未方吉，
　　丑未辰戌年亥方吉，
　　寅申巳亥年酉方吉。
注释：
作用同前章，侧重在年上用方。

kwaan¹ ʔjən⁵
官 印

sən¹ hi³ sən² ka³ jən² foŋ² then¹ tui⁵
申　子　辰　等　寅　逢　天　癸

hi⁴ ju⁴ su³ ka³ fən¹ su³ sjeŋ⁶
巳　酉　丑　等　坤　鼠　上

ji² ŋo² hət⁷ ka³ ma⁴ ʁaau³ tsoŋ²
寅　午　戌　等　马　内　寅

ʁaai³ maau⁴ mi⁶ ka³ ju⁴ tsən⁵ tsu¹
亥　卯　未　等　酉　震　猪

then¹ kwaan¹ ʔjən⁵ paai¹ then¹ kwaan³ lən²
天　官　印　去　天　官　后

then¹ kwaan¹ ʔjən⁵ ka³ ju⁴ tsən⁵ tsu¹
天　官　印　等　酉　震　猪

意译：
　　申子辰年等用寅天癸，
　　巳酉丑年等用未子上，
　　寅午戌年等用午寅吉，
　　亥卯未年等用酉卯亥，
　　天官印去天官跟着来，
　　天官印等用酉卯亥。

注释：
作用同前章，用对此日出现掌管官印的人才，但侧重在日、方。

then¹ qaaŋ¹ ʔau⁴
天　罡　米

hi³ ŋo² maau⁴ ju⁴
子　午　卯　酉
ɕən¹ ɕen² ɕən¹ ʔau⁴ tok⁷ qau³ hai⁴ jən²
成　钱　成　粮　落　狗　在　寅
su³ mi⁶ sən² hət⁷
丑　未　辰　戌
ɕən¹ zen¹ ɕən¹ fu⁵ thu⁵ hai⁴ ljoŋ²
成　人　成　富　兔　在　龙
ji² sən¹ hi⁴ ʁaai³
寅　申　巳　亥
ɕən¹ joŋ² ɕən¹ jaaŋ² taŋ¹ hai⁴ mi⁶
成　阴　成　阳　来　在　未
ho⁴ van¹ naai⁶ ʔdai³ fu⁵ pən³ ɬaai²
用　日　这　得　富　和　辩
ʔdai³ laai¹ ni⁴ ȵu²
得　背　这　牛
mi⁶ sjən¹ su² ʔdai³ pu² then¹ qaaŋ¹
未　先　出　得　辅　天　罡
paak⁷ ʁaaŋ¹ ʔda³ ka³ laau³ fe⁴ ɬaai²
口　下颚　硬　等　只　做　辩

意译：
　　子午卯酉年，
　　成钱成米落在戌寅日。
　　丑未辰戌年，

成人成富在卯辰日。
寅申巳亥年，
生男生女都在未日。
用这些日子，
就会成富豪或善辩者，
因为得了这牛的背，
"未"先出来，
得了这个辅星的天罡，
嘴巴和下颚坚硬，只等当辩论者。

注释：
安葬用此日，以后钱粮多，生活好，人丁旺，不但能出人才，而且还能成为口才良好的辩论家。

then¹ qaaŋ¹ ʔau⁴
天 罡 米

hi³ ŋo² maau⁴ ju⁴ su³ faaŋ¹ pu²
子午 卯 酉 丑 方 辅
su³ mi⁶ sən² hət⁷ pu⁴ haaŋ⁴ toi⁵ hət⁷ faaŋ¹
丑 未 辰 戌 辅 生 对 戌 方
ji² sən¹ hi⁴ ʁaai³ sən² faaŋ¹ pu²
寅 申 巳 亥 辰 方 辅

意译：
　　子午卯酉年，
　　辅星在丑方。
　　丑未辰戌年，
　　辅星在戌方。
　　寅申巳亥年，
　　辅星在辰方。
注释：
本章"天罡米"，作用同前章，侧重在年上用方。

then¹ qaaŋ¹ ʔau⁴
天 罡 米

hi³ ŋo² maau⁴ ju⁴
子 午 卯 酉
tsu¹ thon³ jaaŋ² toi⁵ mi⁶ faaŋ¹ pu²
猪 犬 羊 对 未 方 辅
su³ mi⁶ sən² hət⁷
丑 未 辰 戌
ȵu² ɕa² ma⁴ ka⁴ ŋo² faaŋ¹ thaam¹
牛 蛇 马 等 午 方 贪
ji² sən¹ hi⁴ ʁaai³
寅 申 巳 亥
thu⁵ ʁau¹ ljoŋ² ka³ sən² faaŋ¹ ljok⁸
兔 猴 龙 等 辰 方 禄

意译：
　子午卯酉年，
　亥戌未日辅星在未方。
　丑未辰戌年，
　丑巳午日贪星在午方。
　寅申巳亥年，
　卯申辰日禄星在辰方。
注释：
　作用同前章。

$$qoŋ^3 joŋ^2$$
公 溶

hi³ ŋo² maau⁴ ju⁴ ŋau² tau⁶ son¹
子 午 卯 酉 丑 站 穿

su³ mi⁶ sən² hət⁷ ʈui⁵ ʈət⁷ ljoŋ²
丑 未 辰 戌 癸 吉 龙

ji² sən¹ hi⁴ ʁaai³ foŋ² ma⁴ ti⁶
寅 申 巳 亥 逢 马 地

ti⁶ qoŋ³ joŋ² pu² ti⁶ qoŋ³ ʈi¹
地 公 溶 是 地 公 记

qoŋ³ joŋ² paai¹ qoŋ³ joŋ² ɣo⁴ fan⁶
公 溶 去 公 溶 会 返

qoŋ³ joŋ² fan⁶ djai³ ɣa⁵ pən³ ʈa¹
公 溶 反 买 田 和 产

qoŋ³ joŋ² ma¹ djai³ ʈa¹ pen⁶ hən²
公 溶 来 买 产 遍 乡

意译：
　子午卯酉年丑方吉，
　丑未辰戌年癸辰吉，
　寅申巳亥年午最吉，
　地公溶又是地公记，
　公溶去公溶会返回，
　公溶回买田充家产，
　公溶回来了，
　买的田产遍满家乡。

注释：

"公溶"，水语音译，"公溶"的"溶"，含有消融和变化之意。日子择对了，穷的可以变富；日子择的不对，富的可以变穷。

then¹ qaaŋ¹ ɬaai²
天 罡 诘

hi³ ŋo² maau⁴ ju⁴
子 午 卯 酉

tsjeŋ¹ hi⁶ ɕət⁷ sup⁸ sjeŋ⁶
正 四 七 十 上

qhaam³ ljoŋ² tsoŋ² pek⁸ ȵu²
坎 龙 寅 白 牛

su³ mi⁶ sən³ hət⁷
丑 未 辰 戌

ȵi⁶ ŋo⁵ paat⁷ sup⁸ ʔjət⁷
二 五 八 十 一

tsu¹ qau³ ma⁴ thau⁵ jaaŋ²
猪 狗 马 到 羊

ji² sən¹ hi⁴ ʁaai³
寅 申 巳 亥

haam¹ ljok⁸ ɬu³ sup⁸ ȵi⁶
三 六 九 十 二

ʁau¹ ɬi¹ tsem³ ɕa² thu⁵
猴 鸡 瞧 蛇 兔

ho⁴ van¹ naai⁶ ʔdai³ fu⁵ pən³ ȶaai²
用　日　这　得　富　和　诘
ʔdai³ laai¹ ni⁴ ȵu²
得　背　这　牛
ni⁴ sjen³ su² ʔdai³ pu² then¹ qaaŋ¹
这　先　出　得　辅　天　罡

意译：
　　子午卯酉年，
　　正月四月七月十月，
　　子辰寅丑日吉，
　　丑未辰戌年，
　　二月五月八月十一月，
　　亥戌午未日吉，
　　寅申巳亥年，
　　三月六月九月十二月，
　　申酉巳卯日吉，
　　用这天发富又发贵，
　　得丑日才出贵人，
　　用了这些日子，
　　算是得到这辅星的天罡。

注释：
"天罡诘"，水语音译，"诘"意为能说会辩。安葬用此日，就会出现能说会辩的人才。

ȵət⁸ ljok⁸ to²
陆铎怨

hi³ ŋo² maau⁴ ju⁴ su³ ȵət⁸ sən²
子 午 卯 酉 丑 怨 辰
su³ mi⁶ sən² hət⁷ ma⁴ ȵət⁸ sən¹
丑 未 辰 戌 马 怨 申
ji² sən¹ hi⁴ ʁaai³ ju⁴ ȵət⁸ hət⁷
寅 申 巳 亥 酉 怨 戌

意译：
  子午卯酉年怨恨在丑辰日，
  丑未辰戌年怨恨在午申日，
  寅申巳亥年怨恨在酉戌日。

注释：

"陆铎"是水书的创始人，亦即水书的宗师。用此日安葬，孝家发了财，忘了恩，忘记了师人，不领师人的情了，故陆铎公最怨恨上述的日子。

陆 铎 怨
nət⁸ ljok⁸ to²

hi³ ŋo² maau⁴ ju⁴ sam³ ʔjeu¹ ta³ səm³ su³
子 午 卯 酉 要 有 大 老 鼠
sam³ hu³ hui⁵ haai¹ jən²
要 虎 去 送 寅
su³ mi⁶ sən² hət⁷
丑 未 辰 戌
sam³ jom¹ sam³ jaaŋ² taaŋ² hu³ ɬui⁵
要 阴 要 羊 堂 虎 癸
ji² sən¹ hi⁴ ʁaai³
寅 申 巳 亥
sam³ hu³ heu⁵ haai¹ ljoŋ²
要 虎 专 送 龙

意译：
　　子午卯酉年，
　　吉在子壬寅日。
　　丑未辰戌年，
　　癸未吉阴阳。
　　寅申巳亥年，
　　寅壬辰是吉日。

注释：
作用同前章，用这些日子，孝主发财发富，把师人全忘记了，上述日子虽吉，但师人忌用。

thaam¹ tu²
九 星

hi³ ŋo² maau⁴ ju⁴

子 午 卯 酉

hi³ faaŋ¹ taam¹ tok⁷ mi⁶ faaŋ¹ pu²

子 方 贪 落 未 方 辅

su³ mi⁶ sən² hət⁷

丑 未 辰 戌

hi³ faaŋ² fan² tok⁷ sən² faaŋ² pu²

子 方 文 落 辰 方 辅

ji² sən¹ hi⁴ ʁaai³

寅 申 巳 亥

hi³ faaŋ¹ pho⁵ tok⁷ su³ faaŋ¹ pu²

子 方 破 落 丑 方 辅

意译：

　　子午卯酉年，

　　贪星在子方，辅星在未方；

　　丑未辰戌年，

　　文星在子方，辅星在辰方；

　　寅申巳亥年，

　　破星在子方，辅星在丑方。

注释：

　　本章是用十二地支来找九星。以九星作为安葬用方，同时做"五富鬼"和"公考打千"鬼，用此方最好。

faaŋ¹ tət⁷
吉 方

hi³ su³ ji² maau⁴ maau⁴ te³ tət⁷
子 丑 寅 卯　卯 大 吉
sən² nət⁸ li¹
辰 日 利
hi⁴ ʔdai³ faaŋ¹ hi⁵ kwaan³
巳 得 方 四 官
ŋo² ʔdai³ faaŋ¹ va⁵ mi²
午 得 方 画 密
sən² hi⁴ ŋo² mi⁶ mi⁶ te³ tət⁷
辰 巳 午 未 未 大 吉
sən¹ nət⁸ li³
申 日 利
ju⁴ ʔdai³ faaŋ¹ hi⁵ kwaan¹
酉 得 方 四 官
hət⁷ ʔdai³ faaŋ¹ va⁵ mi²
戌 得 方 画 密
sən¹ ju⁴ hət⁷ ʁaai³ ʁaai³ te³ tət⁷
申 酉 戌 亥 亥 大 吉

hi³ nət⁷ li¹

子 日 利

su³ ʔdai³ faaŋ¹ hi⁴ kwaan¹

丑 得 方 四 官

ji² ʔdai³ faaŋ¹ va⁵ mi²

寅 得 方 画 密

意译：

　　子丑寅卯年卯大吉，

　　辰日利，

　　巳得四官方，

　　午得画密方，

　　辰巳午未年未大吉，

　　申日利，

　　酉得四官方，

　　戌得画密方，

　　申酉戌亥年亥大吉，

　　子日利，

　　丑得四官方，

　　寅得画密方。

注释：

"画密"，水语音译，是吉利的意思。本章是以十二年用十二地支所取得的吉方。

$le^1 jəm^1 jaaŋ^2$
泐阴阳

$hi^3 ŋo^2 maau^4 ju^4 pjeŋ^3 tjeŋ^1 jəm^1$
子 午 卯 酉 丙 丁 阴
$su^3 mi^6 sən^2 hət^7 mu^6 ɬui^5 jaaŋ^2$
丑 未 辰 戌 戊 癸 阳
$ji^2 sən^1 hi^4 ʁaai^3 qeŋ^1 ɕən^1 jəm^1$
寅 申 巳 亥 庚 辛 阴
$jəm^1 sot^7 jəm^1 hui^6 taaŋ^2$
阴 说 阴 坐 堂
$jaaŋ^2 sot^7 jaaŋ^2 hui^5 hi^3$
阳 说 阳 坐 桌
$tai^1 pu^4 ni^4 ʔdi^3 lo^5 jəm^1 jaaŋ^2$
死 父 母 听 音 阴 阳

意译：
　　子午卯酉年，
　　丙丁是阴方。
　　丑未辰戌年，
　　戊癸是阳方。
　　寅申巳亥年，
　　庚辛是阴方。
　　阴说阴坐堂，
　　阳说阳坐桌，
　　死父母要听阴阳说。

注释：
"泐阴阳"，水语音译，意为讲阴阳的书，这是安葬要方，葬对阴阳方才有后代。同时还可作为"除服"用的吉方。

faaŋ¹ te³ kən⁵
大 更 方

[水书文字图像]

hi³ ŋo² maau⁴ ju⁴ su³ mi⁶ faaŋ¹ te³ kən⁵
子 午 卯　酉 丑 未 方 大 更

su³ mi⁶ sən² hət⁷ sən¹ tət⁷ ji² te³ kən⁵ faaŋ¹
丑 未 辰 戌　申 吉 寅 大 更 方

ji² sən¹ hi⁴ ʁaai³ ju⁴ tət⁷ maau⁴ kən⁵ faaŋ¹
寅 申 巳 亥 酉 吉　卯　更　方

意译：
　　子午卯酉年丑未大更方，
　　丑未辰戌年申寅大更方，
　　寅申巳亥年酉卯大更方。

注释：
"大更"水语音译，kən⁵ 是移动的意思，te³ 是下面的意思，"大更"意为大更换、大调动、大治理和大变化，凡作恶多端、飞扬跋扈、盛气凌人的人和事，可以用大更方来治理它。

$$\text{faaŋ}^1 \text{ pu}^2$$
辅 星 方

sən¹ hi³ sən² sən² hi⁴ faaŋ¹ pu² tən³
申 子 辰　辰 巳 方　辅 头
hət⁷ ʁaai³ faaŋ¹ pu² phe¹
戌　亥　方　辅 尾
hi⁴ ju⁴ su³ su³ jən² faaŋ¹ pu² tən³
巳 酉 丑 丑 寅 方　辅 头
mi⁶ sən¹ faaŋ¹ pu² phe¹
未 申 方　辅 尾
ji² ŋo² hət⁷ hət⁷ ʁaai³ faaŋ¹ pu² tən³
寅 午 戌 戌 亥　方　辅 头
sən² hi⁴ faaŋ¹ pu² phe¹
辰 巳 方　辅 尾
ʁaai³ maau⁴ mi⁶ mi⁶ sən¹ faaŋ¹ pu² tən³
亥　卯　未 未 申　方　辅 头
su³ ji² faaŋ¹ pu² phe¹
丑 寅 方　辅 尾

意译：
　　申子辰年辰巳方是辅星头，
　　戌亥方为辅星尾。

巳酉丑年丑寅方是辅星头，

未申方为辅星尾。

寅午戌年戌亥方是辅星头，

辰巳方为辅星尾。

亥卯未年未申方是辅星头，

丑寅方为辅星尾。

注释：

本章为辅星方，择此方作保福鬼、招米魂和安设陆铎房之用，安葬不用。

faaŋ¹ tɯt⁷
吉 方

hi³ ŋo² maau⁴ ju⁴ mi⁶ faaŋ¹ tɯt⁷
子 午 卯 酉 未 方 吉
su³ mi⁶ sən² hət⁷ maau⁴ faaŋ¹ tɯt⁷
丑 未 辰 戌 卯 方 吉
ji² sən¹ hi⁴ ʁaai³ ju⁴ faaŋ¹ tɯt⁷
寅 申 巳 亥 酉 方 吉

意译：
　　子午卯酉年未方吉，
　　丑未辰戌年卯方吉，
　　寅申巳亥年酉方吉。
注释：
本章为吉方，可作保福鬼、安设陆铎桌和承服之用。

$$faaŋ^1 ɬət^7$$
吉 方

hi³ ŋo² maau⁴ ju⁴ then¹ kwaan³ paai¹ su³ mi⁶ faaŋ¹
子 午 卯 酉 天 官 去 丑 未 方
su³ mi⁶ sən² hət⁷ then¹ kwaan¹ paai¹ sən¹ hi⁴ faaŋ¹
丑 未 辰 戌 天 官 去 申 巳 方
ji² sən¹ hi⁴ ʁaai³ then¹ kwaan¹ paai¹ hi³ ŋo² faaŋ¹
寅 申 巳 亥 天 官 去 子 午 方

意译：
　　子午卯酉年，天官在丑未方。
　　丑未辰戌年，天官在申巳方。
　　寅申巳亥年，天官在子午方。
注释：
此方择作保福鬼，在安设陆铎桌和承服时用则吉。

faaŋ¹ te³ vaaŋ⁶
大　旺　方

hi³ ŋo² maau⁴ ju⁴ ten² taaŋ¹ ti⁶ thu³
子 午 卯　酉 田　来 地 土
vaaŋ¹ paai¹ ɬu³ ti⁶ zən¹ tok⁷ haai⁴ sən¹ faaŋ¹
旺　 去 九 代 人 落　在　申 方
su³ mi⁶ sən² hət⁷ ten² taaŋ¹ ti⁶ thu³
丑 未 辰　戌 田　来 地 土
vaaŋ¹ paai¹ ɬu³ ti⁶ zən¹ tok⁷ haai⁴ ju⁴ faaŋ¹
旺　 去 九 代 人 落　在 酉 方
ji² sən¹ hi⁴ ʁaai³ ten² taaŋ¹ ti⁶ thu³
寅 申 巳 亥　田　来 地 土
vaaŋ¹ paai¹ ɬu³ ti⁶ zən¹ tok⁷ haai⁴ hət⁷ faaŋ¹
旺　 去 九 代 人 落　在　戌 方

意译：
　　子午卯酉年，田土增加，
　　人丁兴旺，应验在申方。
　　丑未辰戌年，田土增加，
　　人丁兴旺，应验在酉方。
　　寅申巳亥年，田土增加，
　　人丁兴旺，应验在戌方。
注释：
本章为"大旺方"，安葬对大旺方，田土增加，人丁兴旺，九代兴旺。

faaŋ¹ taai⁶ li¹
大 利 方

hi³ ŋo² maau⁴ ju⁴
子 午 卯 酉
ten² haai⁴ ŋo² te³ li¹
戌 在 午 大利
su³ mi⁶ sən² hət⁷
丑 未 辰 戌
te³ li¹ toi⁵ maau⁴ sən² faaŋ¹
大利 对 卯 后 方
ji² sən¹ hi⁴ ʁaai³
寅 申 巳 亥
te¹ li¹ paat¹ toi⁵ haai⁴ mi⁶ faaŋ¹
大利 去 对 在 未 方

意译：
　　子午卯酉年，
　　戌在午是大利方。
　　丑未辰戌年，
　　大利落在卯辰方。
　　寅申巳亥年，
　　大利落在未方。

注释：
"开控"（相当于追悼会）时，放控、放腊等要此方大利。

faaŋ¹ taai⁶ ɬət⁷
大 利 方

hi³ ŋo² njen² ɬən² haai⁴ faaŋ¹ qeŋ¹ te³ li¹
子 午 年 戌 在 方 庚 大 利
su³ mi⁶ te³ li¹ haai⁴ pjeŋ³ faaŋ¹
丑 未 大 利 在 丙 方
ji² sən¹ paai¹ qeŋ¹ ȵum² faaŋ¹
寅 申 去 庚 壬 方
hi⁴ ʁaai³ paai¹ sən² ʔjət⁷ faaŋ¹
巳 亥 去 辰 乙 方
sən² hət⁷ paai¹ ȵum² tui⁵ faaŋ¹
辰 戌 去 壬 癸 方
maau⁴ ju⁴ toi⁵ li¹ haai⁴ qeŋ¹ faaŋ¹
卯 酉 对 利 在 庚 方

意译：
　　子午年大利在庚方，
　　丑未年大利在丙方，
　　寅申年大利在庚壬方，
　　巳亥年大利去辰乙方，
　　辰戌年大利去壬癸方，
　　卯酉年大利在庚方。
注释：
此章为大利方，用于安葬和起房造屋。

$faaŋ^1 te^3 vaaŋ^6$
大 旺 方

$tjeŋ^1 su^3 hi^3 ti^1 ma^4 pa^5 vəi^1$
丁　丑　子　己　马　拍　威
$ȵum^2 ŋo^2 hət^7 sən^2 vaaŋ^6 kun^2 taaŋ^2$
壬　　午　戌　辰　旺　多　强
$taap^7 hət^7 ljoŋ^2 ɕa^2 te^3 tət^7 taaŋ^2$
甲　　戌　龙　蛇　大　吉　强

意译：
　　丁丑子日己午方，
　　壬午日戌辰方强，
　　甲戌日辰巳大吉昌

注释：
本章属大旺方，作用同前章。

faaŋ² taai⁶ vaaŋ⁶
大 旺 方

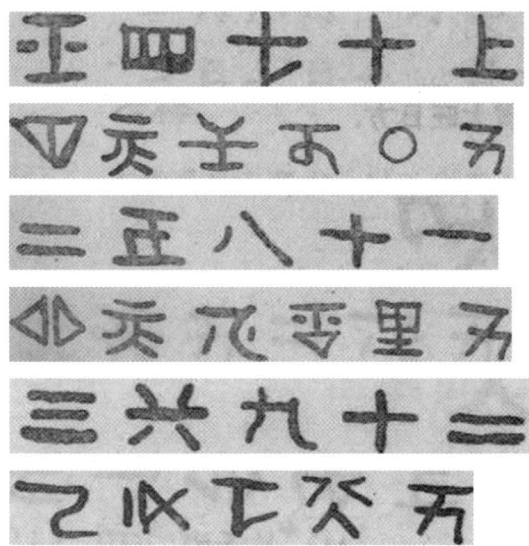

tsjeŋ¹ hi⁵ ɕet⁷ sup⁸ sjeŋ⁶
正　四　七　十　上
ȶaap⁷ qeŋ¹ pjeŋ³ ȵum² faaŋ¹
甲　庚　丙　壬　方
ȵi⁶ ŋo⁴ paat⁷ sup⁸ ʔjət⁷
二　五　八　十　一
maau⁴ sən² hət⁷ ʔdai⁴ ni⁴ tət⁷ li¹
卯　辰① 戌　得　这　吉　利
haam¹ ljok⁸ ȶu³ sup⁸ ȵi⁶
三　六　九　十　二
ʔjət⁷ ɕən¹ tjeŋ¹ ȶui⁵ faaŋ¹
乙　辛　丁　癸　方

意译：
　　正月四月七月十月，
　　用甲庚丙壬日方。
　　二月五月八月十一月，
　　卯辰戌日得吉利方。
　　三月六月九月十二月，
　　用乙辛丁癸日方。

注释：
本章系月上要日方，以上均属大旺日方。

---

① 原文为"庚"，实际应为"辰"。

faaŋ¹ taai⁶ vaaŋ⁶
大 旺 方

tsjeŋ¹ ŋo⁴ tu³ ȵaau⁶ haai⁴ tjeŋ¹ faaŋ¹
正　五　九　在　正　丁　方
ȵi⁶ ljok⁸ sup⁸ ȵaau⁶ haai⁴ ȶaap⁷ faaŋ¹
二　六　十　在　正　甲　方
haam¹ ɕət⁷ sup⁸ ʔjət⁷ haai⁴ ȵum² faaŋ¹
三　七　十　一　正　壬　方
hi⁵ paat⁷ sup⁸ ȵi⁶ haai⁴ qeŋ¹ faaŋ¹
四　八　十　二　正　庚　方

意译：
　　正月五月九月在丁方，
　　二月六月十月在甲方，
　　三月七月十一月在壬方，
　　四月八月十二月在庚方。

注释：
本章系月上要方，属大旺方。用于安葬和起房造屋则吉。

faaŋ¹ taai⁶ vaaŋ⁶
大 旺 方

sən¹ haam¹ ɳot⁸ hi⁵ kwaan³ ɳaau⁶ hi⁴ faaŋ¹
春　三　月　四　关　在　巳　方
ja³ haam¹ ɳot⁸ hi⁵ kwaan¹ ɳaau⁶ ji² faaŋ¹
夏　三　月　四　关　在　寅　方
ʈu¹ haam¹ ɳot⁸ hi⁵ kwaan¹ ɳaau⁶ ʁaai³ faaŋ¹
秋　三　月　四　关　在　亥　方
toŋ¹ haam¹ ɳot⁸ hi⁵ kwaan¹ ɳaau⁵ sən¹ faaŋ¹
冬　三　月　四　关　在　申　方

意译：
　　春三月四关在巳方，
　　夏三月四关在寅方，
　　秋三月四关在亥方，
　　冬三月四关在申方。
注释：
本章从季和月上要方，均属大旺方。用于安葬和营造。

faaŋ¹ taai⁶ vaaŋ⁶
大 旺 方

tsjeŋ¹ ţi¹ ȵi⁶ ţhon³ haam¹ tsu¹ faaŋ¹
正 鸡 二 犬 三 猪 方
hi⁵ ŋau² ŋo⁴ hu³ ljok⁸ thu⁵ faaŋ¹
四 丑 五 虎 六 兔 方
ɕət⁷ ɕa² paat⁷ su³ ɬu³ ma⁴ faaŋ¹
七 蛇 八 鼠 九 马 方
sup⁸ jaaŋ¹ sup⁸ ʔjət⁷ jon² sup⁸ ȵi⁶ jaaŋ²
十 羊 十 一 猿 十 二 羊

意译：
    正月酉二月戌三月亥方，
    四月丑五月寅六月卯方，
    七月巳八月子九月午方，
    十月未十一月申十二月未方。

注释：
作用同前章。

qoŋ³ ʔbən¹
公 闷

taap⁷ ti¹ sui³ toŋ¹ ti¹ mən² maau⁴
甲　己　水　冬　鸡　天　卯

su³ maau⁴ hi³ su³ ka³ ni⁴ ljoŋ²
守　卯　子　丑　等　这　龙

ʔdai³ toŋ² qoŋ³ ʔbən¹
得　铜　公　闷

ʔjət¹ qeŋ¹ ja³ su³ ɕa² tsiŋ⁵ ma⁴ qoŋ³ ʔbən¹
乙　庚　夏　鼠　蛇　枝　马　公　闷

pjəŋ¹ ɕən¹ ɕu¹ sui³ fa³ ju⁴ n̠ət⁷
丙　辛　秋　水　火　酉　日

hət⁷ ʔdai³ tət⁷ qoŋ³ ʔbən¹
戌　得　吉　公　闷

tjeŋ¹ n̠um² ti⁶ ji² ljoŋ² mu⁶ ȶui⁵
丁　壬　地　寅　龙　戊　癸

n̠u² ma⁴ ljoŋ² qoŋ³ ʔbən¹
牛　马　龙　公　闷

意译：
　　甲己日冬要己卯时，卯子丑日要辰时，得大明时。
　　乙庚日夏要巳午是公闷时，
　　丙辛秋水火酉日，
　　戌时得公闷吉。
　　丁壬寅辰戊癸日，
　　丑午辰时是公闷时。

注释：
"公闷"，水语音译，意为"大明"时，这个时辰最好，用于开路、入棺、营造均大利。

$qoŋ^3 ʔbən^1$
公 闷

$tsjeŋ^1 tu^3 hi^3 ti^1 ȵi^6 faaŋ^1 fən^1$
正　九　子鸡　二　方　坤

$haam^1 ɕət^7 mən^1 ja^3 ma^4 paat^7 vai^2$
三　七　闷　夏　马　八　威

$hi^5 sup^8 ʔjət^7 tsoŋ^2 vai^1 ju^4 ŋo^4 ten^2 lən^2$
四　十　一　合　在　酉　五　乾　后

$ljok^8 sup^8 tsiŋ^6 toŋ^2 faaŋ^2$
六　十　枝　同　方

$paat^8 ȵot^8 hən^5 ji^5 maau^4 paat^7 vai^2$
八　月　山　坳　卯　八　威

$sup^8 ȵi^6 toi^5 haai^4 sən^2 faaŋ^1$
十　二　对　在　辰　方

意译：
　　正月九月在子酉方二月在未方，
　　三月七月夏在午方，
　　四月十一月在酉方，
　　五月在戌方，
　　六月十月在卯方，
　　八月在卯方，
　　十二月正对辰方。

注释：
作用同前章。

qoŋ³ ʔbən¹
公 闷

tsjeŋ¹ tjeŋ¹ ɕət⁷ ɬui⁵ ȵi⁶ fən¹ faaŋ¹
正　丁　七　癸　二　坤　方
haam¹ ȵum² paat⁷ qan⁵ ɬu³ pjeŋ³ faaŋ¹
三　　壬　八　艮　九　丙　方
hi⁵ ɕən¹ sup⁸ ʔjət⁷ ŋo⁴ ɬen² jui¹
四　辛　十　一　五　乾　位
sup⁸ ȵi⁶ toi⁵ haai⁴ sən² faaŋ¹
十　二　对　在　辰　方
ljok⁸ ȵot⁸ ɬaap⁷ jui¹ ɬu² ɬaap⁷ taau⁵
六　月　甲　位　巨　甲　倒
sup⁸ ȵi⁶ toi⁵ haai⁴ keŋ¹ faaŋ¹
十　二　对　在　庚　方

意译：
　　正月丁七月癸二月在未方，
　　三月壬八月丑九月在丙方，
　　四月辛十一月五月在戌方，
　　十二月落在辰方，
　　六月甲位巨星倒甲方，
　　十二落在庚方。
注释：
作用向前章。

结束语

水文是水族的独特文字，是现今世界上还存活的少有的象形文字。水书记载了水族古代天文、地理、宗教、民俗、伦理、哲学、美学、法学、语言等文化信息，被誉为象形文字的"活化石"，是水族科技的百科全书，是水族人民的经书。水书是在水族地区人们生活的精神支柱，可以认为水书是象形文字的最后领地。人们对水书的认识，起于20世纪初，已经经过将近一个世纪。对水书的研究从无到有，从初步认识到深入的研究，从纯文字的研究到水书所代表的水族文化底蕴的深度研究，从文字结构到文字来源研究再到水族源流的研究，从文字的书写书法到文字的计算机输入，以及电子储存到网络的发布，由浅入深，由表及里，对水书的各个层面进行了探索和研究。

2002年，我们接受这个课题时，水书引起了人们的高度重视，并进行了大量的研究。这些年来，新的成果不断涌现，有关水书的论著也不断地问世。对水族而言，这是可喜可贺的事。下面是这个时期以来发表的研究成果和论著。

2002年，韦宗林《水族古文字探源》（载《贵州民族研究》2002年第2期）；黄润华、史金波《少数民族古籍版本》（江苏古籍出版社2002年版）。

2003年，王品魁《天文学四象与水书二十八宿》（载黔南州民族宗教事务局古籍办公室编《黔南民族古籍》（二），2003年3月内部编印，同时载贵州省水家学会编《水家学研究（四）》，2004年10月内部编印）；唐泽荣《试论水书与甲骨文相结合在生活中的运用》（载黔南州民族宗教事务局古籍办公室编《黔南民族古籍》（二），2003年3月内部编印）；王锋《从汉字到汉字系文字——汉字文化圈研究》之"水书"部分（民族出版社2003年版）。

2004年，潘朝霖、韦宗林主编《中国水族文化研究》第四卷"水族古文字与水书"（贵州人民出版社2004年版），全书85万字，对水书进行了较为彻底的研究，全书提供潘朝霖教授多年收集的水书实际图片数十张，图文并茂。该书是多年来对水族文化的结晶之作，对水书的研究也多有新意，对水书的研究作了全面的总结，虽然全书的有些观点尚待进一步研究和确认，但许多地方读起来，让人有耳目一新之感。

论文和有关著作论述方面，我们见到的有：韦宗林《水族古文字源头的几个问题》（载贵州省水家学会编《水家学研究（四）》，2004年10月内部编印）；蒙爱军《水书阴阳五行观的认识结构》（载贵州省水家学会编《水家学研究（四）》，2004年10月内部编印）；王基华《努力把水文字融入先进的社会主义文化》（载贵州省水家学会编《水家学研究（四）》，2004年10月内部编印）；曾晓渝、孙易《水族文字新探》（载《民族语文》2004年第4期）；魏忠编著《中国的多民族文字及文献》"中国南方民族文字——水书"部分（民族出版社2004年版）。

我们注意到，水书的专题研究刚刚开始，尚待解决的问题还很多。一个民族有自己的文字遗存，并非是一个或几个人的创制与传播，而是整个民族群体乃至相关的民族群体共同努力的结果。

如果整个民族群体没有这种共同的精神孕育作为土壤，那么，任何文明的种子也难以在这个群体中萌发。根据水族古文字与甲骨文的亲缘关系，加之水族古文字本身的文化特征，探究水族古文字的起源时，有三种情况值得我们考虑和思索：

其一，水族先民是否原本就是古华夏中一个文明的部族，并且在母系氏族社会后期，抑或有过显赫的社会地位。在破译水书的过程中，人们从目前已发现的 2 000 多个水族古文字中找到了 18 个夏陶文字，说明了什么。

其二，水书是否真正像人们想的那么古老。是否是水族先民从母系社会到父系社会的过渡期较晚，而进入父系氏族社会后，由于某种客观机遇而发展较快，进而具备了与古华夏族进行交流的主客观条件。在交流的过程中也有接触和交流，因此，水书吸取了古华夏的先进文化。

其三，水族先民由多种成分组成，这是不可否认的事实，而其中主要的一部分是否是古华夏族殷商时期的"豕韦"甚至"韦国"人的后裔，而这一部分人形成了今日水族的民族主体。这个问题是值得我们继续探索的课题之一。

在神本意识没有受到任何冲击的古代社会，文字多作占卜祭祀之用，文字所记的内容就是神的旨意。这时的文字无形被罩上了神圣的光环，而掌握文字的群体则是集神力和权力于一身的群体，这种部落族群无疑有过权力的凝聚或者说文字一种权利的象征，也许水族有过悠久而辉煌历史。水族古文字水书的历史应当视作水族的一部文明史，它是一种失落的古代文明，是中华古文字的"活化石"。

从语言方面看，水语是壮侗语的一支，我们从壮侗语的其他语言对"书"、"读"、"写"这三个词进行了比较。书：壮 sau^1，cek^7，sau^1；布依 su^1；临高 sek^7；傣 pep^8，$pep^8 lae^{\bar{i}}$；侗 le^2；仫佬 le^2；毛南 le^2；水 le^1，le^2；黎 $bui^1 tshia^3$。读：壮 $ʔjau^3$；布依 nen^6，cim^1，kau^3；临高 dek^8；傣 tep^7；侗 nan^2，nu^5；仫佬 kau^5；毛南 kau^5；水 qa^1，kau^5，$ʔnin^5$；黎 $zuei^3$。写：壮 si^3；布依 $zaei^2$；临高 tia^3；傣 tem^3；侗 ca^3；仫佬 tja^3；毛南 ca^3；水 wa^5；黎 $thaei^3$。可以看出，这三个词中，"书"的概念侗水语支是同源的，而与台语支是不同源的。如果不否认壮侗语是一种语言发展成为一个语族的这个假设，我们可以这样认为，壮侗语族的古人对书写概念的认识，应该在侗水语支与台语族分化之后，水书的产生应该分化以后才产生，因此，很多学者坚持认为水书是水族先民向汉族先民学习的结果。水书的起源问题和水族的源流问题已经超出了本书的讨论，我们不打算在这里展开论述，但是这个问题是我们今后研究的一大课题。

总的说来，水族以及水书对中华民族文化的贡献是巨大的，虽然这种贡献仍然有待进一步的挖掘和整理，有待进一步的研究。

课题成员由吴贵飙、潘朝霖、韦学纯三位同志组成，三位同志都是在业余时间完成课题研究的。其中吴贵飙负责第一章、第二章的撰写，潘朝霖负责第三章、第四章的撰写，韦学纯负责第五章、第六章、第七章和结束语的撰写，全书由韦学纯负责统稿，在本书出版时署名采用章节顺序排名。本课题的水族文字研究——"水书"部分自开始以来，我们得到了多方面的帮助，在这里，我们首先要感谢给我们提供资料和帮助的各个单位和个人：贵州省三都水族自治县大河中学韦仕钊老师在课题之初，为我们走村串寨，不辞辛苦，免费为我们收集了不少水书原件并负责寄到北京，贵州省三都水族自治县水龙乡韦见先生以自己的水书相赠，贵州民族学院留校老师韦述启把自己珍藏的水书拿出来，贵州人民出版社高级编审韦仕杰把自己作为责编的《中国水族文化研究》一书相赠，北京民族文化宫水族长辈蒙光仁先生把王品魁先生翻译的《水书·壬辰卷、正七卷》的手稿借给我们并提供很多帮助。在我们前往贵州对水书进行田野调查的过程中，得到了很多朋友的帮助和支持，他们是罗春寒、莫善亮、莫荣彬、蒙景村、潘永行、王芳恒、韦耀军、韦振彪、韦仕文、韦天翼、韦成波、吴正彪、杨圣波、周崇启等友人，另外中国社会科学院王锋博士在课题研究过程中给予很多帮助。我们从事课题研究中，参考了很多现有研究成果和著作，这些著作在书中有关章节已有提及，这里不再一一列出，在此一并感谢。

布依文

周国炎 编著

第 一 章

历史文化概况

第一节 人口分布、族称及族源

布依族是中华民族大家庭中的一员,主要分布在贵州、云南、四川等省,总人口287万多[①]。其中贵州布依族人口最多,占全国布依族人口的97%。黔南和黔西南两个布依族苗族自治州的绝大多数县(市)以及安顺市各县(区),六盘水市各县和特区,贵阳市的花溪、乌当、白云、小河、清镇、开阳等区(县或市),毕节地区的织金、黔西等县都有连片的布依族村寨群。在布依族聚居或散居的各地,分布有汉、苗、彝、仡佬、水等民族,长期以来,布依族与周边各民族和睦相处,协调发展。

"布依"是布依族自称 pu⁴ʔjai⁴ 的音译,其中"布"(音 pu⁴)在布依语中有"族"或"人"的意思,"依"(音 ʔjai⁴)[②]是民族专称。过去,周边其他民族常常把布依族称为"仲家"、"夷家"、"夷族"等,部分地区的布依族对外也以此作为自称,且多为旧方志所沿用。因此,"仲家"、"夷族"等过去曾是布依族族名确定前的普遍称谓。此外,由于布依族世代以水稻种植为业,又被当地其他民族称为"水家"、"水户"等。1953年统一改为布依族。除自称之外,不同地区布依族之间还互称为"布侬"、"布那"、"布土"、"布央"等。

布依语是布依族自己的民族语言,属汉藏语系壮侗(也称侗台)语族壮傣语支,与同语族的壮、傣、侗、水、仡佬、毛南、黎等语言有亲属关系,其中与壮语北部方言的关系最为密切。布依语内部在词汇和语法结构方面具有很大的一致性,语音也有比较整齐的对应规律,没有方言的差别,根据语音差异和部分词汇的不同分为黔南土语、黔中土语和黔西土语(或分别称为第一土语、第二土语和第三土语)。

布依族来源于古代的"越人",并在其发展过程中融入了"濮人"的成分。"越"是民族专称,通过与同语族各族族称进行比较,"越"字最初的含义可能与早期越人使用的某种农具有关[③]。也有学者认为与汉字"戉"或"钺"有关。最早的"钺"是新石器时代的扁平石斧。石钺可安柄,布依族先民用作劳动工具或武器。此观点也有一定的道理。

布依族先民古越人的一支早在新石器时期就已经在贵州高原一带活动了。有肩石斧、有段石锛和几何印纹陶是典型的古越人文化特征。20世纪中叶以后,考古学界先后在今贵州省的水城、盘县、威宁、兴义、安龙、六枝等布依族先民活动的地区发掘出有段石锛、有肩石斧、有肩石钺、几何印纹陶、

[①] 2010年第六次全国人口普查数据。
[②] 不同地区分别有 ʔjoi⁴、ʔji⁴、jai⁴ 等语音形式。
[③] 周国炎:《越、濮、僚、夷、仲与布依族现代族称的关系》,《贵州民族研究》1999年第1期。

青铜钺、羊角钮钟、战国编钟等文物多件，表明自新石器时代起，布依族先民就在贵州生息繁衍，创造了灿烂的石钺文化和青铜文化。

（晋）《华阳国志》记载："南中在昔盖夷越之地。""南中"即今贵州、云南以及四川南部，这一地区自周代以前历来都住着越人。在该书中"夷越"也被称为"夷濮"，《后汉书》则称为"夷僚"。可见"夷越"、"夷濮"、"夷僚"都是古代布依族先民的不同称谓。《史记》、《汉书》都把他们记载为古代"南中"地区牂牁、夜郎国的主体，其经济特点是水稻农业，即"椎髻、耕田、有邑聚"。稻作是古越人文化的重要标志，至今仍是布依族突出的生产、生活文化特征。

另据历史学家们的研究，"夷越"为"骆越"的一支。"骆越"的名称由来有二：一说因喜住河谷地带而得名，布依语称山谷低洼地带为 luə⁶，音"骆"，"骆越"即"住在山谷地带的越人"。另一说因垦食骆田（或作雒田，即随潮水涨落而形成的田）而得名。这两种称谓的来历都与布依族的主要生计方式相符。

魏晋南北朝时期，"僚"作为族群称谓出现于史籍。该族称泛指当时分布在中国西南地区以及中南半岛北部的古越人和古濮人后裔，布依族先民即从"僚人"中的一支发展而成。

隋唐时期，布依族被称为"蕃蛮"。宋初至元代，布依族地区先后由"五蕃"、"七蕃"、"八蕃"等地方大姓豪族统治，这些大姓中的一部分，如卢、罗、韦等姓氏，至今仍是布依族中人口众多的大姓。

布依族被称为"仲家"始见于元代史籍。《元史》有"栖求等处仲家蛮"的记载。关于"仲"字的含义目前学术界大致有三种解释：其一认为，布依族善于种水稻，故被称为"种"，后因指人，在汉文史籍中又改用"仲"字；其二认为，布依族的祖先是被朝廷派遣到贵州来征服当地少数民族的，来时身披沉重的铠甲，故被称为"重甲兵"，后来"重甲"讹变为"仲家"；其三认为，元代镇守八蕃地区的八姓兵是由马殷手下一位姓仲的将军率领的，后人以其姓为族称，故得名"仲家"。以上三种说法都不足为据。我们认为，布依族族称"仲"字的本义在汉语中是无法得到解释的，它跟布依族的自称"布依（pu⁴ʔjai⁴）"一样，也是一个来自本民族语的称谓，先是作为自称，后演变为他称。①

贵州境内的布依族向来以土著民族自居，他们自称为"本地人"，称汉族为"客家"、"客户"。这种意识不仅体现在人们日常的族际交往中，在一些比较重要的宗教仪式上也有所体现。每年农历正月初一到初三，家家户户都要举行迎送祖先的活动。其世代相传的迎送祖先的念词有"达罕、蛮洛、拉少、林上、歌告、善书、珉谷、阿娄、刚旁、波定"等许多地名，珉谷即今贞丰县城，达罕、蛮洛、拉少、林上在北盘江附近；阿娄、刚旁、波定在今镇宁、安顺一带。布依族认为这些地方是老祖宗的原籍。

第二节　文化概述

布依族人民在漫长的历史发展进程中创造并不断丰富和发展了自己独特的物质文化和精神文化。

布依族人民习惯近水而居，村寨依山傍水而建，周围生长着茂密的竹林和风水树。寨前田畴纵横，河溪环绕，岸柳成行，一派美丽的田园风光，寨内多聚族而居。布依族的民居建筑形式多因地制宜。南北盘江及红水河河谷地带，有相当一部分村寨至今仍保存古越人"干栏"建筑的遗风。住平坝者，大都建有矮墙院落，居山区者因受地形限制，房屋依山而建，楼房叠加，有的修成前半部为楼房，后半部为平房的"吊脚楼"，这就是历史上"干栏"建筑的延续。堂屋正中设有神龛供奉祖先，左右两侧分隔成灶房、寝室、客房。室内设有火塘，供一家人取暖炊薪。房屋用木材建造，屋顶盖瓦，有的盖

---

① 周国炎：《越、濮、僚、夷、仲与布依族现代族称的关系》，《贵州民族研究》1999年第1期。

茅草或稻草；黔中一带盛产石头，住房从地基到墙头都用石头垒砌，屋顶也盖石板，俗称"石板房"，形成典型的石头建筑群。20世纪90年代以来，各地都出现了不少采用钢筋水泥建成的平顶房，这是为适应社会发展需要而兴起的一种新式民居建筑。

布依族以大米为主食，玉米、小麦、红稗、荞麦次之，特别喜欢糯食，逢年过节和招待亲友，一般都要蒸糯米饭或用糯米打成糍粑相送。在本民族传统的隆重节日"三月三"和"六月六"，各地还喜欢用枫香叶等植物的花和叶加工染制的各色糯米饭，俗称"花糯米饭"。副食有各种蔬菜、豆类和肉类。肉类加工有腌熏腊肉和香肠；狗肉为人们所好，以"花江狗肉"尤为独特，味道鲜美，享有盛名。豆类佳品主要有豆豉、豆腐、血豆腐等。辣椒、酸菜为日常生活不可缺少。自制的糯米甜酒、大米烧酒和苞谷（即玉米）烧酒，户户皆备。有的米酒用野生刺梨掺兑酿造，营养丰富，每当家有贵宾方才拿出，刺梨酒酿造技术，已有数百年历史，如今已批量生产，畅销全国。

布依族服饰多用青、蓝、白几种颜色。过去，男子包头巾，穿对襟短衣或长衫及长裤，老年人多着长衫。现今男子服饰与汉族服饰无异。妇女服饰多种多样。镇宁、关岭、普定、六盘水一带是目前布依族最古老服饰保存完好的地区，妇女着大襟短衣，领口、盘肩、衣袖和衣脚边沿皆用织锦和蜡染各色几何图案镶制。下穿百褶长裙，用白底蓝色蜡染花布缝成。自制的织锦和蜡染是布依族服饰的主要特点。镇宁、关岭等地，姑娘喜拢高髻，形如拱桥，发上插着长约尺许的银簪，配上短衣长裙和绣花布鞋。其他地区则多着短衣长裤，或在衣襟、领口和裤脚镶上蜡染或刺绣花边。黔西南安龙、兴仁一带妇女喜用白布做头巾，系各色绣花围腰，朴实无华，典雅大方。同时还喜戴银、玉手镯、发簪和戒指、项圈，样式别具一格，颇有特色。

布依族严格实行一夫一妻制。新中国成立前，婚姻的缔结几乎全由父母包办，很少有婚姻自由。由于包办婚姻导致早婚习俗，往往订婚较早，有些在幼儿时就订下婚约，俗称"背带亲"。大多在十三四岁至十七八岁，也有十一二岁就举行结婚礼仪。20世纪七八十年代以前，多数地区的布依族仍保留"不落夫家"的传统习俗，即新娘在举行婚礼之后，回到娘家长住，直到长至十七八岁。在此期间，每逢农忙时节或遇夫家有重要的活动，才由夫家姐妹接去帮忙，夫妻开始同居，如此往返，居住时间越来越长，最后长期住在夫家。婚姻的缔结，一般分为"开口亲"、"杀鸡礼"、"定亲"、"结婚"四个过程。布依族同宗同姓不能通婚，异姓亲戚中不同辈分也不能通婚。有些地区还有几个姓氏之间也不能通婚的现象。

布依族有着独特的丧葬习俗。当家中有老人去世后，丧家即派人前往死者外家和女婿家报丧，并请"布摩"择吉日举办丧事。有的地方舅权比较突出，如死者是女性，必须待舅家人员到场亲眼看着死者入殓，方能安葬。丧礼繁简，视家庭经济状况而定。清贫之家，只请"布摩"开路，一切从简；富有之家讲排场，除了开路、堂祭之外，还要举行"殡亡"仪式，砍牛、转场等。丧期长达三五天。停柩期间，丧家一律素食，出丧之后才能开荤。

各地布依族均实行土葬。开挖墓圹前，先由"布摩"杀一只雄鸡滴血于选好的墓地上，谓之"播土"。墓圹挖好，用朱砂于井内画八卦、龙及房子等，撒糯米，再杀一只鸡滴血井内，谓之请"地脉龙神"。待灵柩抵达，井内烧纸钱，孝子跪拜，谓之"暖井"，移柩入穴，封土垒坟。在安顺、镇宁、普定及六盘水等地，还保留有石室墓习俗。挖好墓圹后，用厚石板镶成井坑，放入棺材，上盖大石板，石灰浆灌，然后封土，外围又用石头垒坟。出殡后第三天，孝家要到坟上祭扫。届时用小猪、鸡、豆腐等供祭，烧化香亭、纸马，谓之"复山"。丧事到此便告结束。以后每年清明合家备祭品到墓前祭扫。

布依族有许多传统节日，除春节、端阳节、中秋节等与汉族基本相同外，"三月三"、"四月八"、"六月六"等节日都具有本民族的固有特色。

春节：春节习俗与汉文化的影响有关。布依族历史上曾"以十一月为岁首"，但现在已统一并入春节。每到年底，家家户户忙着酿酒，打糯米粑，腌制腊肉、香肠，做血豆腐，或缝制新衣。除夕以丰盛酒菜敬供祖先，燃放爆竹，合家守夜直到鸡鸣。正月初一天刚亮，姑娘们都争挑第一担水回家，叫作取"聪明水"；男孩则争先到土地庙旁，用绳子拴小块石头放在畜圈中，意为"六畜兴旺"。春节期间，青年们相邀外出"浪哨"、"浪貌"；中老年人彼此拜年祝贺，共同饮酒为乐。一直到正月十五元宵节以后，才下地干活。不过，自20世纪90年代初以来，由于"打工潮"的冲击，各地布依族春节的传统特色已逐渐消失，很多过去比较隆重的习俗已被人们淡忘，正月初五以后，青年人大多外出打工，过节的热闹气氛已大不如从前。

三月三：每年农历三月初三或三月第一个寅日，大多数布依族村寨都要祭山神，扫寨赶鬼，预祝丰收。届时，外人不准进寨。（清）《南笼府志》上说："其俗每岁三月初三宰牛祭山，各聚分肉，男妇筛酒，食花糯米饭"，"三、四两日，各寨不通往来，误者罚之"。

四月八：每年农历四月初八是纪念耕牛的节日，在罗甸等地叫"牛王节"，镇宁扁担山一带称"牧童节"，安龙、兴义地区叫"开秧节"。这天家家吃"牛王粑"和糯米饭，并以之喂牛，再忙也要让牛休息一天，以示爱护。在镇宁六马一带，还要给每个孩童一只蒸熟的公鸡，让他们到河边洗澡、抓小鱼、吃鸡肉、晒太阳。

六月六：每年农历六月初六或六月第一个寅日，大多数地区布依族都要祭祀田神、土地神和山神。祭祀完毕，用鸡血沾染各色纸，或做成旗，或做成大鸟形状，分别插在每块田中。与此同时，召开"议榔"会议，宣布各种榔规、榔约，且由榔首监督执行，保护社会财产安全。许多地区还举行规模宏大的玩山活动。现在，在一些布依族聚居的县（市），布依族的传统节日"六月六"活动已经成为当地发展民族旅游的一个品牌。

吃新节：又叫尝新节。因各地的谷米成熟有先有后，过节日期也不尽相同。一般在稻谷即将成熟时（通常为农历七八月间），由家中男子背着口袋到田中摘少量谷穗，放在甑子中与糯米一同蒸熟后敬供祖先。望谟、册亨等地，把新糯谷取来之后，先煮熟晾干，舂去谷壳，再用开水泡涨蒸成糯饭，布依语称为 kuɯn^1 ɕiəŋ^1 hau^4 mo^5，即过新米节。

除了上述丰富多彩的物质文化和习俗文化以外，布依族还有着同样丰富多彩的作为精神文化主要构成成分的文学艺术和民间工艺。

布依族的文学包括神话、传说、故事、诗歌、寓言、童话、谚语等，在形式上可分为书面文学和口头文学两大部分。题材广泛、意境优美、内容健康、语言生动、富于想象力，而且有独特的格律和韵律。神话传说如《洪水朝天》、《十二个太阳》、《报老多采青石盖天》、《赛胡细妹造人烟》、《卜丁射太阳》、《茫耶寻谷种》、《三兄弟找水》等。这些神话和传说，有的反映了布依族先民为求生存，不屈不挠地与大自然做斗争的情景，有的反映了布依族远古时曾经历过氏族内婚制阶段的遗影，有的则反映了布依族人民善良朴实、机智勇敢的形象，体现了他们热爱乡土、向往幸福的愿望。

在布依族民间文学中，诗歌最为丰富，分叙事诗、史诗、情歌、即兴歌等几种。诗歌是布依族人民日常娱乐和传递思想感情的重要工具，明代《弘治图经新志》有"仲家婚嫁则男女聚饮歌唱"的记载，清代文献也记载：结婚时"歌声达旦"，节日里"男女成群，山歌互答"。这种情形至今亦然。有的进行对歌比赛，一唱几天几夜。

布依族民间乐器主要有姊妹箫、铜鼓、唢呐、箫、笛、月琴、四弦胡，以及锣、鼓、钹等。铜鼓是布依族十分崇敬和珍视的传统乐器，全部用铜铸成，鼓面有太阳纹、云雷纹及船纹等图案。在不同的布依族地区，铜鼓的功能不尽相同，在黔南一带，铜鼓就是一种普通的乐器，每逢隆重的节庆，人们便击鼓为乐，铜鼓不仅可以独奏，还可以作为"小歌"的伴奏乐器。而在贵州西部地区，铜鼓被人们视为非常神圣的器物，平时由村里德高望重的人家妥善保存，遇到非常庄严的宗教活动，才专门举行仪式，小心翼翼地抬出来使用。

布依族的舞蹈是布依族生产、生活和风俗习惯的综合艺术，主要有"织布舞"、"伴嫁舞"、"狮子舞"、"龙舞"、"铜鼓刷把舞"以及"花包舞"、"糠包舞"等，表现形式多种多样，生动活泼，深受人民群众喜爱。

布依戏是黔西南一带流行的一种民间戏剧艺术形式，大约始于明末清初，一直在乡间流行。布依戏的演出班子属季节性的业余组织。各戏班的召集人、戏师和演员，都是本地农民，且能文能武，无论编排的剧目还是演唱的形式，都具有浓郁的乡土气息。剧目大多取材于本民族的故事、传说；音乐也是本民族的民歌和民间坐唱曲调衍生而来；语言多为寓意性，擅长使用"比"、"兴"手法，显得诙谐、生动、传神；武打直接受到武术和木偶戏的影响，古朴而灵活。布依戏演出规模宏大，需搭戏台，设置布景。过去有的地方还设戏楼。布依戏剧目繁多，内容丰富，情节曲折，歌乐优美，是我国民族戏曲园地里盛开的一朵奇葩。

布依族的民间工艺主要有蜡染、刺绣、织锦、竹编、织染及陶瓷和雕刻等。其中蜡染工艺久负盛名，布依语称"读典"或"古典"，有千余年的生产历史。蜡染制作方法是，先用铜蜡刀蘸蜡液在白布上绘成涡状纹、波浪纹、菱形等几何图案，再以蓝靛溶液配合草药印染，去蜡即成。成品的自然冰裂纹形式多样、美观大方。织锦亦称"纳锦"，布依语叫作"都桂"，有"羊羔锦"、"鱼儿锦"、"人物锦"、"蝴蝶锦"等，图案为菱形、方形、三角形或"回"字形相互穿插组合，各色丝线衬托，花纹精致紧密，瑰丽美观。锦面类似丝绣，但却是在古老的布机上编织而成，且锦花背向织者，编织中若要检阅花色，需用镜子从下面反照。过去全凭记忆熟练操作，现已得到进一步开发。有不少旅游者特地到布依村寨参观购买这些织锦，以做珍藏。

第三节　宗教信仰

布依族宗教信仰分传统宗教和外来宗教两种。原始社会时期，布依族信仰多神，主要有自然崇拜、图腾崇拜、祖先崇拜等。进入阶级社会，由于社会发展和人的意识提高，于是在原始宗教的基础上发展成为一种准人为宗教——摩教，并一直延续至今。大约唐宋时期，佛教和道教相继传入，此时摩教也或多或少地吸收了这些外来宗教的某些内容，但佛教和道教始终未能取代摩教。1840年以后，天主教逐渐传入布依族地区，特别是19世纪80年代中法战争后，法国传教士深入边远地区，使天主教得到进一步传播。但是，布依族的传统宗教一直在民间存在，对布依族生产、生活乃至意识形态产生着广泛影响。

（一）自然崇拜遗迹

1. **神山崇拜**。清代乾隆年间方志如的《贵州通志》中都有关于布依族"三月三"杀牛祭神山的记载。如《南笼府志》说："仲家每年三月初三宰猪、牛祭山，各寨分肉，男妇饮酒，食黄糯米饭……犹汉语呼为过小年也。"到了近现代，这种习俗在部分地区的布依族当中仍然存在。如北盘江边有的村寨祭山，神坛是用江边生长的大楠竹和树枝搭为三层，上层以12个竹筒当酒杯，供以米酒和稻米；中层供妇女纺织的梭子和土布；下层供鸡、猪等祭品。由布摩主祭，感谢神山保佑人畜平安，祈求来年风调雨顺，农业丰收，再由寨老当众宣布乡规民约，用于维护治安和社会秩序。

2. **神树崇拜**。大部分布依族村寨都有神树和神林。民间传说，古代布依族地区大森林很多，遇外敌来犯时，森林会起到一种屏障的作用。有些村寨的神树，还有"雄神树"、"雌神树"、"龙王神树"之分，人们对神树世代加以保护，并有很多禁忌。如禁止用锄背或棍棒敲打撞击；在神树下不准议论神树，更不准说对神树不敬的话；等等。

3. **神石、神洞**。古时布依族地区医药不发达，疾病较多，特别是婴幼儿的死亡率高，人们找不到真正原因，认为是天地神灵所致，必须找一样东西来作为依托，才能抵御病魔。于是，人们对某些生长奇特的巨石或溶洞进行崇拜，常常把红布挂在巨石或溶洞的崖壁上，用肉、香纸、公鸡等敬供，祈求"岩公、岩母"保佑。有的溶洞还留下不少"拜请保佑贴"墨迹。

4. **雷神**。在布依族的宗教观中，雷神具有善和恶两重性格。一方面，雷神是一个正义之神，它专门惩治世间不珍爱劳动成果的人和不孝敬父母长辈的人。所以人们认为，抛撒粮食和打骂父母及长辈者就会遭雷劈。每年第一声春雷响时，父母就要把春节时做得最大的那个糍粑（布依语称 $ɕi^2me^6$，即"母粑"）放在小孩的头上绕三圈，嘴里不停地念着"请雷神保佑"之类的话，然后煮（或烤）来吃。有些地区用细沙将切成小方块的糍粑炒来给小孩子吃，叫作"吃雷肝"。据说"吃雷肝"后，小孩子出门不怕响雷，雷神亦保佑小孩健康成长。另一方面，雷神又是一个邪恶的神。布依族神话《洪水朝天》为我们描绘了一个狰狞可怕的雷神形象。它先给人间制造旱灾，后又制造洪水淹没人间。所以每逢大旱之年，人们在祭天的同时，也要祭祀雷神。布依族民间关于雷的禁忌较多，如结婚时忌雷鸣、第一声春雷响后三至五天不能出工等。

（二）图腾崇拜遗迹

1. **龙图腾崇拜**。布依语称龙为 $ŋuə^6$ 或 $luəŋ^2$。布依族信仰的龙神共分为九种，如《敬龙经》中就有"卧龙"、"家龙"、"出龙"、"圈龙"、"寨龙"、"朝门龙"、"造园龙"、"银公龙"、"粮母龙"等。敬龙神，有单家独户祭供的，有全寨集体祭供的，也有数寨联合祭供的。仪式均由布摩主持，目的是祈求龙神保佑人畜平安、农业丰收。春节、"六月六"耍龙，必先于河边祭龙神，才能入寨玩耍，男女都可参加。布依族龙的形状，其头高昂，口大若血盆，眼睛突出，并有龙须。人们视龙须为贵，常以龙须系在小孩手上为符。青铜制作的龙宝，上扎各色花朵，无子夫妇可备酒肉接去保佑，以祈求生育男孩。

2. **竹图腾崇拜**。布依族的竹图腾崇拜主要表现在与人生礼仪有关的特定仪式中。人们认为"生前靠神竹投世，死后靠神竹升天"，举行这类仪式需选择吉日设神坛祭供，按传统摆上象征神灵的鲜竹。其目的在于"祈子求福"或"消灾除病"。例如，在安顺、镇宁、关岭、普定、六枝等地的布依族民间，当媳妇怀第一胎临近产期时，为了让她顺利生产，都要举行一种叫"改都雅"的仪式。由舅家派两名"多子多女"的男性长者送来一对金竹（竹留鲜叶，表示生命旺盛）。布摩用此竹做成拱门状，上扎各色花朵，挂着红纸剪成的人形。纸人互相牵手，表示子孙发达。祭词为谢竹赐子，祈祷母子平安。然后又将这对金竹安放在该孕妇的卧室门上或床头上方。主家杀猪置酒，办酒席招待亲朋。经此仪式后，这对金竹一直保留到该妇女超过生育年龄时，方可取下。北盘江沿岸的布依族村寨，行此礼时则由布摩采大楠竹做成船形，用茅草扎成一个人的形状放在船上，茅人身带竹桨做划船工具，放在主家水缸脚祭祀。人们认为"竹船渡魂过江"，孕妇便能顺利生子。在贵阳市金竹镇一带，民国前生长子须栽金竹一蓬，生长女需种水竹一棵。故栽神竹佑子还有性别之分。老年人去世举行超度仪式时，丧家大门前方（或屋后）要插一棵数丈高的带叶楠竹，布依语称"哥告"（$ko^1 ka:u^6$），即幡竿。据说是死者灵魂的"升天通路"。出丧也由孝子扛金竹在前"引路"，葬后将金竹插于坟上。在龙里、贵定等地，选择"哥告"的礼仪非常庄严，须由孝子用鸡、酒、稻穗等供竹，并给选定的楠竹系上孝帕，行下跪礼后，方能砍竹。

3. **祖先崇拜**。祖先崇拜是鬼魂崇拜的一种形式，是"灵魂不灭"思想的一种表现。布依族人认为，人死之后，灵魂都要到"旁仙"、"旁拜"，去过跟常人一样的生活。活着的人们都希望已逝去的亲人在"旁仙"、"旁拜"能保佑自己及家人一切顺利，于是便产生了对祖先的崇拜。布依族的祖先崇拜在很大程度上受到汉文化的影响，在布依族村寨中，每家每户都在堂屋设有神龛敬供祖先，上写"天地君亲师位"或"某氏昭穆之位"。祖龛下放置八仙桌一张，专供祭祖之用。在布依族的思想意识中，祖宗灵魂能保佑后代子孙幸福发达。对祖先的信奉特别虔诚，每逢节日都要做上好饭菜，点烛燃香，用酒肉敬供。民国以前，不少家族还建有祠堂供奉祖先灵位，平时请人看管，节日期间合族供祖，并由族中长老对后代进行族规教育。

（三）宗教

1. **摩教**。摩教是布依族特有的，介于原始宗教和神学宗教之间的一种准人为宗教。摩教有较为专门的宗教职业者——布摩，并且已形成最高神祇"报陆陀"，布摩均尊奉始祖神"报陆陀"为开山祖师。在举行各种祭礼活动中，首要的仪式是恭请"报陆陀"莅临，以示整个祭祀活动的权威性。在摩教的意识中，"报陆陀"具有非凡的超自然力和智慧，能够洞察古往今来，解决任何难题。摩教不仅有较为完备的祭祀经典——摩经，还有比较固定、规范的宗教礼仪。举行祭祀活动除了要履行一定的宗教礼仪外，还要辅以对摩教经典的诵读。摩经大致可分为用于丧葬超度活动中的多卷本丧葬经以及用于驱邪祈福禳灾等目的的各类杂经。摩教认为人间万物是由能洞察宇宙事态的始祖神"报陆陀"创造的，相信万物有灵，相信经过特定仪式和条件万物可互相转变，而且灵魂具有神秘力量，需要祭祀和崇拜，达到禳灾祈福的目的。人患疾病是由于某种鬼魂作祟，通过举行某种仪式可以驱逐，疾病可以痊愈。人死后，其灵魂不灭，要通过仪式予以超度，才能使灵魂进入仙界。仙界的人们长生不老，没有战争，和睦相处，荣耀无比，其乐无穷。摩教经籍内容丰富，包含了布依族古代社会的国家政治、经济和文化生活，乃至人们的社会交往和道德礼仪，建筑和天文知识，等等，是研究布依族文化不可多得的宝贵资料。

2. **道教和佛教**。道教和佛教都是外来宗教。从目前所掌握的情况来看，布依族当中没有完全笃信道教或佛教的。但在人们的思想意识或宗教活动中，却随处可见这两种外来宗教，尤其是道教的影子。布依族受道教影响最明显的是"仙"这一概念的引入。"仙"，布依语为 $siən^1$，二者读音较近，可能有借代关系。在布依语中还有 $tuə^2 siən^1$ "神仙"、$pɯəŋ^2 siən^1$ "仙境"、$siən^1 nɯ^4$ "仙女"等由 $siən^1$ 引申而来的概念。在人们的日常生活中，$siən^1$ 的影响无处不在。在人们的心目中，$siən^1$ 的位置仅次于 $pau^5 ja^6$，即"祖先"。布依族的宗教观中没有形成类似汉文化"天神"、"玉皇大帝"的概念，因此，$siən^1$ 也常常用来指"天神"，甚至引申为"天象"、"气候"等。在部分布依族地区（包括部分布依族聚居地区），丧葬活动自始至终完全采用道教的礼仪，诵经用汉语，并举行绕棺等道教特有的仪式。布依族的民族宗教——摩教中也融入了不少道教的成分，如在摩经中，除了上文所说的 $siən^1$ 这一概念以外，还有彭祖、太上老君、张天师、八仙、灵官、青龙、白虎、朱雀、玄武等均来自道教。在摩教的仪式中，也有不少是来自道教的，如为超度亡灵而搭建的灵堂，其布局与道教基本相同，所绘制的"升天图"也与道教的相类似。当然，摩教吸收道教的成分也并非完全照搬。有些观念，比如对 $siən^1$ "仙"的理解，摩教和道教就有所不同。道教观念中的"仙"是一种超脱尘世，有神通变化，长生不死的人；而摩教中则认为 $siən^1$ 是活着但灵魂可以自由进入阴阳世界的人，或通过超度进入"旁仙"的亡灵。与道教相比，佛教对布依族的影响并不是十分深刻。佛教大约在唐代传入贵州北部，明代逐步渗透到贵州中部和南部的布依族地区，但主要表现为摩教对佛教的一些观念的改造和吸收，对人们日常生活的影响并不大。摩教经籍中称"佛"为 pat^8（汉字转写为"拜"），称"佛界"为"旁拜"（即 $pɯəŋ^2 pat^8$）。在布依族的宗教观念中，"旁拜"和"旁仙"是人类灵魂的最终归宿，无论死者生前社会地位如何，但只要为人善良、正直、诚实，就能顺利通过"十二道狱门"，进入"旁仙"、"旁拜"，与仙、佛居住在一起。在那里，人人都上升到上流社会，成为"报光"（即少爷）、"亚囊"（即小姐），成天无忧无虑，长生不死。这与佛教《无量寿经》和《佛说阿弥陀经》中所描绘的西方极乐世界有相通之处。摩教经籍中还有诸如"娑婆世界"、"南赡部洲"之类的概念以及所构想的幽冥世界都受到了佛教的影响。

3. **天主教**。布依族信奉天主教始于清道光年间。道光二十七年至二十九年（公元1847—1849年），法国传教士先后到兴义、兴仁、贞丰、安龙等布依族地区传教，并购置田产，修建教堂。其后又有一批传教士到望谟桑郎、者述、打言等地区传教。1921年，据不完全统计，包括布依族在内的贵州教徒已有万余人，外国传教士多达50余人。次年，罗马教廷划"盘江八属"（即今黔西南布依族苗族自治州八县市）和广西五个县为"安龙临牧区"，1927年升为正式牧区，1947年再升为"圣统治教区"，安龙教区的贵州堂口都是布依族聚居区，教民多是布依族群众。1948年法国传教士在安龙教区任神职者30余人（其中4人在广西），布依族神甫亦有数人，有任到副本堂神职者。

贵阳教区的传教范围最大，清代贵阳、安顺、都匀三府所属州县大部分都是它的传教范围。这些州县的农村多是布依族聚居或杂居区，布依族群众信教的也不少。如同治年间，镇宁州"教友特多，教堂亦盛……分镇宁、黄阁墅、江龙三个本堂区"（民国《镇宁县志》）。四乡信教群众主要是布依族，不少布依族村寨全体入教。光绪年间，"乡村则占十之九，夷族（即布依族）村寨全村信奉者，亦占最多，此为天主教极盛时期"（民国《镇宁县志》）。黔南独山总铎区信教人数最多时达千余人，其中也有布依族。贵定、惠水等县，亦有布依族群众信教。一般建有堂区的地方都修建有天主教堂，作为宗教活动场所。至"文革"时期，法国传教士被遣返回国，不少天主教堂移作他用，天主教活动基本停止。20世纪80年代以来，国家进一步贯彻宗教政策，拨款修复了一批教堂，天主教活动进入正常时期。

第 二 章

文字的起源与变迁

第一节 文字出现的社会背景

布依族历史上没有出现过全民通用的文字，其古籍文献的载体主要采用三种文字符号，即汉字及其变体、拼音文字和其他一些符号。所有这三类文字符号主要用于记录并传承布依族的宗教经文或与宗教相关的一些文献，只有极少数情况作为其他用途，如记录民歌及叙事长诗等。其中汉字及其变体、拼音文字中的一种以及一些目前尚无法识读的文字符号用于本民族宗教——摩教经典的记录和传承，另有一种拼音文字则是天主教传教士用来将《圣经》翻译成布依语。

汉字及其变体是布依族古籍文献中使用最广泛的一种文字符号。在布依族分布的各县都发现有用汉字或汉字变体记录传承的摩经典籍，布依语称 θɯ¹mo¹，即"摩书"。在布依族聚居而且汉文化相对发达的地区，这种用汉字记录的"摩书"几乎各村都有。由于师承关系的不同，经书的内容也不完全一样，因此，在比较大的村寨中甚至有两套或更多的经书。在布依族居住虽然集中，但远离汉文化中心的地区，则很难找到"摩书"的踪迹。可见，用汉字及其变体来记录并传承布依族宗教文化的现象与汉文化的影响有着密切的关系。

布依族摩教经文基本上都是韵文体，主要是五言，也有七言、九言甚至十一言的奇数音节句，也有少数句子为偶数音节，其格律与布依族民歌（母语民歌）基本相同。根据有关专家研究，布依族的韵文体摩经大约在唐代形成雏形。由于没有文字，当时主要采用口耳相传的形式世代承袭。到了明代，随着布依族地区汉语文教育的兴起[①]，懂汉语识汉字的人日渐增多，从而为人们用汉字记录布依语经文创造了条件。20世纪80年代以前，用汉字记录传承的布依族古籍文献从来没有以任何形式正式印刷发行过，同时由于这些文献主要是宗教方面的，"文革"时期绝大多数已被当作"四旧"的产物付之一炬，加之这类古籍多流散在农村，缺乏妥善的保存手段，因此，现在在布依族地区，很难找到年代久远的古籍文献。从所掌握的材料来看，目前仍在布依族地区流行或由地方有关部门收藏的文献大多数是民国中后期（即20世纪三四十年代）的抄本，有一部分甚至是20世纪90年代以后才摆脱口耳相传的形式，通过一些退休返乡的布依族知识分子抄写之后变成书面文献的。

布依族民间流行的摩经抄本中有一种采用的是拼音文字。初步研究发现这种文字与20世纪初通行于滇东北的"波拉文"（Pollard Scripts）有关[②]，这种经文抄本于20世纪90年代中期发现于贵州省西

---

① 据有关史料记载，明太祖洪武年间（公元1368—1402年），朝廷就在今贵州中部布依族聚居地区设立了府学和卫学。永乐十一年（1413年），贵州被设置为正式的行省后，明王朝为了巩固其在贵州的统治，更进一步加强了对贵州的少数民族进行汉文化的渗透，加快了在民族地区进行汉语文教育的进程。

② 波拉文是英国传教士 Samuel Pollard（中文名为柏格里）为传教需要而创造的一种文字，20世纪初以来在滇北、滇东北以及黔西北地区信奉基督教的各少数民族当中广泛使用，在滇东北、黔西北一带被称为"柏格里苗文"、"滇东北苗文"或"老苗文"。

部水城县金盆乡金中村锁蒿寨，当地人称为"白摩书"。这里是布依族散居区，2004年笔者到该村调查的时候，除少数年逾古稀的老人以外，绝大多数人均已放弃母语（布依语），转用汉语。当时村中只有一位84岁的老人能识读这套摩经。据他回忆，青少年时期他曾经在离家不远的一所基督教教会学校就读，而当时在教会学校里可能把"波拉文"作为一种教学文字，或者学员们私下有学习"波拉文"的，在教会学校学习的布依族学员正是利用这个机会学会了"波拉文"，并用它来记录本民族的摩经。

贵州省威宁县新发乡花园村发现的摩经除了主体部分使用汉字以外，还有一小部分内容采用的是一种比较特殊的文字符号。这种符号似汉字又非汉字，有一些与黔西北地区的彝文相似，但读音却又不相同。学术界接触这种文字是在20世纪七八十年代，但当时没有作太深入的释读和研究。90年代末，贵州省有关机构又派人作了调查，研究成果至今尚未公布。目前该村能够识读这种文字的布摩已经去世，因此，有关它的来历及每个字的实际读法成了一个无法揭开的谜。据调查，现在用这种文字符号记录的那一部分摩经只在丧葬仪式上使用，作为幡文的一部分，即在书写幡文时，前面部分用汉字，如汉字部分写不满整张幡，就用这种文字来填补。

天主教于18世纪传入贵州，19世纪中期渗透到布依族地区。布依族聚居的册亨、安龙、镇宁、贵定以及贵阳市郊的青岩一带都曾经是天主教的传教区域。19世纪中叶以来，先后有外国传教士到过这些地区传教，如今上述各县仍有少量天主教信徒。有关国外宗教在布依族地区的传播，史学界从其所产生的社会影响等方面作了比较深入的研究，但传教过程中的语言使用问题却几乎没有涉及。上述曾经信仰过天主教的布依族地区，现在大多通行布依—汉双语，而在外国宗教势力刚进入的一百多年前，语言使用情况应该有所不同，即当时大多数人是只掌握母语的单语人。因此，语言障碍是外籍传教人员急于解决的问题。20世纪初期，在册亨一带传教的法国人卫利亚（Gust Williatte）和吕岳（Jos Esquirol）为便于与当地布依族教徒沟通，潜心学习并钻研当地的布依语，收集了大量的布依族民间故事和谚语等常用语言，并在此基础上编撰成《布依—法试用词典》（*Essai de Dictionnaire Dioi-Français*），于1909年在香港对外传教会印刷厂（Hong Kong, Imprimerie de la Societé des Missions-Etrangére）印刷。该书所用文字为法文，属拉丁字母体系，当地的布依语也是用拉丁字母转写的。

与外来宗教有关的另一种布依族古籍是用拉丁字母转写的布依语版《圣经·马太福音》。该书于1904年由大英圣书公会（British and Foreign Bible Soceity）在上海出版，书的扉页标明Chung Chia Vernacular（即"仲家话"），可见所用语言确属布依语。从文字系统所反映出来的语音特征以及汉语借词调类的分布来看，大体可以知道译语属于布依语第二土语。其主要特点是有舌尖前塞擦音 ds [ts]，舌根擦音 z [ɣ]、h [x]，本族语没有送气音声母，鼻音韵尾和塞音韵尾的体系比较完整。

第二节　布依族各种古籍文字的结构类型

一　汉字及其变体

用汉字及其变体记录布依语语音传承下来的布依族摩经抄本是布依族文献古籍的主要部分，99%以上的布依族古籍所采用的文字属汉字类。其中绝大多数是直接借用汉字本身，只有一小部分是利用汉字偏旁部首或两个汉字重新组合来表示布依语词，即所谓的新创字。这类字可称为汉字的变体字，也有的称为"类汉字"、"土俗字"等。布依族借用汉字的方式归纳起来有如下几种：

（一）借音

就是直接借用汉字的读音（贵州汉语的实际读音）来代表布依语词中与之相同或相近的音。这种借用方法在布依族古籍中最普遍，各地摩经抄本中都有相当多的字是采用这种方法借用过来的。读音完全相同的如：用汉字"来"表示布依语的"lai^2/lau^2 谁、哪"，用"文"表示"vuun^2 人"，用"迷"

表示"mi² 不",用"然"表示"ða:n² 家",用"八"表示"pa² 妻子",等等;读音相近的如:用"门"或"蒙"来表示布依语的"muŋ² 你",用"鲁"或"努"表示"ʔdu⁴ 古时、当初、原先",用"利"表示"ʔdi¹ 好",用"弄"表示"ʔdoŋ¹ 森林",等等。这类字在布依族古籍中占 85% 以上。无论是同音借用还是近音借用,所借汉字与其所代表的布依语词在意义上都没有关系。

(二)借形义

就是借用汉字的字形和字义来表示布依语词。可以分为两类:一类是所借的汉字与布依语词没有同源或借代关系,仅仅是字义相同;另一类是汉字所表示的布依语词属早期汉语借词,读音与所借汉字的今音相同或相近,可视为形、音、义皆借。只借形、义的如:"兒"表示布依语的"luɯk⁸ 儿子","五"表示"ha³/ɣa³ 五","远"表示"tɕai¹ 远","身"表示"ʔda:ŋ¹ 身体","内"表示"ʔdai¹/ʔdaɯ¹ 里面"。形、音、义皆借的如:"早"读作"sau⁴/ɕau⁴",义相同;"匠"读作"sa:ŋ⁶/tsa:ŋ⁶/ɕa:ŋ⁶",义为"匠人、工匠、师傅";"网"读作"muɯŋ⁴",专指"渔网";"鸡"读作"kai⁵",义相同;"金"读作"tɕim¹/kim¹",义相同;此外还有借用数词"三"、"四"分别读作"θa:m¹"、"θi⁵";等等。借形、义或形、音、义皆借的字在布依族古籍中所占的比例并不大,原因是,在以借音为主的摩经经文中,夹杂使用借义字容易造成误读,或难以辨别。

(三)借汉字偏旁部首重构

这类字就是通常所说的自创字、"土俗字"、"类汉字"。主要表现为:利用汉字的偏旁部首或以个体汉字作为偏旁部首,根据汉字的造字法重新组构成字。这类字以形声字居多,其次为会意字,个别为合体字。

1. **形声字**。形声字由声符和义符组成,其特点是,声符借汉字的字音表示该词的布依语读音,义符则借汉字的字义表示该词的布依语词的含义。形声字按字形不同又可分为左形右声、右形左声、上形下声和下形上声四种。例如:

左"氵"右"布",读作 ʔbo⁵,义为"井、泉",左形右声;
左"目"右"大",读作 ta¹,义为"眼睛",左形右声;
左"若"右"鸟",读作 ðok⁸,义为"鸟",右形左声;
左"桑"右"页",读作 θa:ŋ⁵,义为"谷桶",右形左声;
上"天"下"门",读作 ʔbɯn¹,义为"天、天空",上形下声;
上"面"下"那",读作 na³,义为"脸",上形下声;
上"奴"下"肉",读作 no⁶,义为"肉",下形上声;
上"外"下"走",读作 ʔua:i¹,义为"让开",下形上声。

2. **会意字**。会意字是用两个或两个以上的汉字组构成新的文字符号,其相加起来的汉字字义即是新构成的布依语字的字义,而读音则与原汉字完全不同。例如:

右+手,读作 kua²,义为"右"(左右型);
天+月,读作 ʔdian¹,义为"月"(上下型);
口+风,读作 po⁵,义为"吹"(左右型);
水+口,读作 tum⁶,义为"淹没"(上下型)。

3. **合体字**。按上下或左右结构组合在一起的两个汉字所表示的布依语词汇意义等于两个字结合之前所表示的汉语词义。例如:

不十平，读作 liŋ⁵，义为"陡（即不平）"（上下型）；

水十牛，读作 vaːi²，义为"水牛"（上下型）；

牛十黄，读作 ɕiə²，义为"黄牛"（左右型）。

在目前所掌握的布依族经文抄本中，合体字是自创土俗字里面数量最少的。实际上，合体字也可以归入会意字一类。

威宁县新发乡的布依族摩经中还有一些变体汉字，它们没有遵循上述变形规则，而是在原汉字的基础上增加一些笔画，或是将原汉字中的某一笔画作不规则的延伸来表示布依语词义，读音与原字无关。例如："出"，读作"路"；"罒"，读作"州"；"尹"，读作"捧"；"羊"，读作"人"；"吝"，读作"姑"；"侨"，读作"丢"等。

二 拼音文字

布依族古籍的拼音文字有两种：一种是贵州省水城县金盆乡的摩经文字，这种文字来源于英国传教士柏格里为滇东北和黔西北一带的苗族所创制的苗文，即"波拉文"（Pollard Scripts）（又称柏格里苗文）。另一种是翻译天主教圣经《马太福音》以及编纂《布依—法试用辞典》所使用的拉丁字母文字。

（一）"波拉文"（Pollard Scripts）

贵州省水城县金盆乡金中村锁蒿寨的布依族摩经是目前所发现的唯一一种用"波拉文"抄写的宗教古籍文献。这种文字由声母和韵母两个部分组成，书写时，声母较大，韵母较小，通过将韵母标于声母右侧不同位置或顶部来表示不同的声调。该套摩经文字系统共有声母 36 个，其中包括一些声母所使用的两个或两个以上符号。36 个声母中，单字母声母 29 个，双字母声母 7 个。如表 1：

表 1　　　　　　　　　　　　　　"波拉文"声母

声母类别	字母	音标	声母类别	字母	音标	声母类别	字母	音标
唇音	⌐	p	舌尖中音	CT	t	舌面音	ゝ	ɕ
	⅄	ph		C▽			∧	j
	CJ	ʔb		⼤	th		⊐	k
	⊃	m		CT	ʔd②		CJ	
	⌐	f		⼊C		舌根音	⼤	kh
	V	v①		6	n		⼻	h
舌尖前音	⌐	ts		L	l		⼓	
	C⌐			4			V	ɣ
	⼤	tsh		⼊L			6	ŋ
	／	s		⌐	tɕ	喉音	Y	ʔ
	S			C⌐				
	R	z		C⌐	tɕh			
	3			C	ȵ			
舌尖中音	T	t						

① 该辅音也记作 CV，如 CVº/vo²⁴"孵（蛋）"。

② 该辅音亦记作 ⼊L，如 ⼊L /ʔdiau³³"一"。

该套摩经文字系统共有韵母符号 28 个，有不少符号既用做单元音韵母，也用做复合元音韵母，有的同时用做复合元音韵母和带鼻音韵尾的韵母，有的符号甚至集三者于一身。包括重复使用的符号在内，记录单元音韵母的 11 个，记录复合元音韵母的 15 个，记录鼻音韵母的 15 个。如表 2：

表 2 "波拉文"韵母

韵母类别	字母	音标	韵母类别	字母	音标	韵母类别	字母	音标
a 行韵母	一	a	e 行韵母	⟋	ei	i 行韵母	⌒⟋	iaŋ
	⌒一			⟋	əu		⌒⟋	in
	ニ	ai		G			⌒⟋	
	⌒			⌒‖			⟋	
	⌒一	au		⟋			⟋	iŋ
	‖			⌒ニ			⌒⟋	
	⌒‖	an		⌒⟋	en(ən)		V	u
	⌒一			⟋		u 行韵母	一	ua
	⟋	aŋ		ニ			V-	
	⌒‖			⟋			V⟋	
	⌒V			⌒⟋			V=	uai
o 行韵母	O	o		⟋	əŋ		⟋	
	⌒O			⌒	i		V⟋	ui
	O	oŋ		⌒⟋			V⟋	
	⌒O			⌒⟋			G	uan
e 行韵母	ニ	e		⌒	l		⟋	uaŋ
	‖			ニ	ie		⟋	
	⟋			⌒⟋			⌒⟋	un
	⌒⟋			⌒⟋			⟋	
	⟋	ei(əi)		⌒‖	iau		⟋	uŋ
	⌒⟋			⌒⟋	iu		⌒G	
	⌒⟋			⌒一	ien			
				⌒ニ	ian			

声调通过将韵母标于声母右侧或顶端不同的位置来表示，如图 1-1：

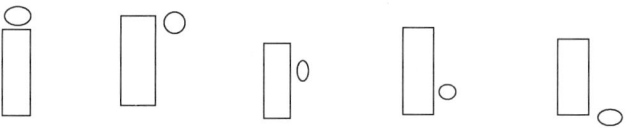

图 1-1 "波拉文"声调示意图

该套摩经共有声调 7 个，即高平（55）、高升（35）、高降（53）、中平（33）、中升（24）、中降

(31)和低升（13），其中中平（33）调和低升（13）调的例词很少。如表3：

表3　　　　　　　　　　　　　　"波拉文"声调及例字

调型	调值	例词				
		文字	读音	词义	文字	读音	词义
高平	55	ｽ	su55	收拾	子	taŋ55	嘱咐
高升	35	/°	so35	六	Rᶜ	zai 35	呼唤
高降	53	扌ʼʼ	pʰəu53	老者	ⳌG	tɕəu53	桥
中平	33	禾ᴧᵛ	thien33	穿（衣）	Vᴧ⁻	wan33	魂
中升	24	Rℇ	zei24	地	Rᵥ	zu24	直
中降	31	V⁻	va31	铁	6ʼʼ	nəu31	指
低升	13	Ɉnc	pe13	即使			

作为一种民间自发使用的文字符号，"波拉文"还存在很多缺点。首先，声韵母的读音缺乏一定的稳定性，有些声母或韵母在相同条件下有多种读音，不同的声母或韵母在相同的条件下也可读同一个音。声调的表示法和读法也很混乱。这种文字是通过将韵母标于声母顶端和右侧的不同位置来表示声调，可表示5种不同的调形，正好与当地布依语的声调数目相吻合，但实际读音却比较乱。如标于顶端的通常读作高平调（55），有时也读作高升调（35）。

（二）拉丁字母文字

在布依族的古籍文献中，有两种使用的是拉丁字母文字，一种是19世纪后期的《布依—法试用词典》（*Essai de Dictionnaire Dioi-Français*）①，另一种是20世纪初期在上海发行的布依语版《马太福音》，这里重点介绍后者。②

这种文字系统完全采用了拉丁字母体系的26个字母，按音节书写，多音节的外国人名和地名用连字符号连接，大多数音节包含声、韵、调三个部分，少数音节为零声母，即只有韵母和声调，一部分音节则只有声母和韵母，不标声调。声调标于每个音节主要元音的上方。这套文字系统可分为：

1. **声母**。这套文字共有声母23个，包括b、mb、m、v、f 5个唇音声母；ds、s、r、d、t、nd、n、l 8个舌尖音声母；ch、sh、ny 3个舌面音声母；g、k、ng、z、h 5个舌根音声母和w、y 2个半元音。其中送气音声母t、ch只用来拼读汉语借词；g只出现在舌尖前音i的前面。k与g形成互补，除前元音i之外，都可与之相拼，当拼读现代汉语借词时，可变读为送气音k。

2. **韵母**。韵母一共有83个。包括主要元音7个：a、a̠、e、i、u、o [o]、o̠；二合元音11个：ae、ai、ao、au、ei、ia、ie、iu、ua、ue、uo；三合元音6个：aeo、iao、iau、iei、uai、uei；-m尾韵母10个：am、a̠m、im、iam、om、um、u̠m、uam、uom、uo̠m；-n尾韵母13个：an、a̠n、en、in、i̠n、ian、ien、i̠en、oan、o̠n、uan、uen、uon；-ŋ尾韵母12个：ang、a̠ng、eng、ing、i̠ng、iang、ieng、ong、o̠ng、ung、u̠ng、uong；-p尾韵母7个：ap、a̠p、ip、iap、iep、up、uop；-t尾韵母8个：at、a̠t、et、it [it]、iat、i̠et、o̠t、uat；-k尾韵母9个：ak、a̠k、ek、iak、iek、ok、o̠k、uk、uok。其中o̠的实际音值为 [ɯ]，可作单韵母，也可带鼻音韵尾-m、-n、-ŋ和塞音韵尾-t、-k。主要元音下加一短横表示该元音为短音。元音a、e、i、u有长短之分，但e、i、u的长短差别只有带韵尾时才体现出来，

---

① 原件暂缺，2004年笔者在兴义调查时见到了20世纪80年代初由王汉文翻译的译本手稿，但已将原来标写布依语的拉丁字母全部转写成了国际音标。

② 20世纪80年代以后用新布依文（拉丁字母）整理出版的布依族古籍不在介绍之列。

a 作单韵母时也区别长短，但短元音 a 的出现频率较低，只出现在声母 k 之后。元音后加 h 表示该音节调值较低，因此，带尾的韵母实际上不能算独立的韵母。带 h 尾的韵母有：ah、eh、ieh、ueh。

3. **声调**。这套文字共区分 6 个声调，其中一个调不标调号，其他 5 个调分别用 ˘、ˊ、ˋ、ˆ、ǃ 5 个符号来表示，声调符号均标在每个音节主要元音的头上，例如"kŏk 根源"、"lèk 儿子"、"lǎng 后面"、"sû 主"。由于布依语版《马太福音》译本没有对译语的语音系统作必要的介绍，因此，我们无法知道每个调的实际音值。根据对译文词汇意义的分析，可以得知"˘"表示第一调，"ˊ"表示第二调，"ˆ"表示第三调，"ǃ"表示第五调，"˜"表示第六调，第四调不标调号。塞音韵尾音节不单独设立调号，它们的调值大致分别与一、二、五、六调相同。

三 特殊符号

这类符号当中有一部分是宗教场合专用的符咒，表示一定的意义，但没有固定的读音，一部分符号从形态上看比较接近汉字，但又不是汉字，属于一种比较特殊的文字符号。多数地区的摩教经文中都有类似符号，但根据目前所掌握的材料，出现最多的是毕节地区威宁县新发乡花园村的一套布依族白摩经书。该套经书大多数文字仍采用汉字或汉字变形，仅其中一小部分内容用到了特殊字符。这些字符绝大多数目前无人能释读，21 世纪初，当地唯一一位认识这种文字的老人（当地布摩）于 80 多岁高龄去世。这种符号多数无固定的书写规则，有些笔画比较复杂，有些近似拉丁字母手写体。目前已释读的有："Ɛ"义为"男"，"ℨ"义为"句"，"ƒ"义为"只"，"〜"义为"带"，"ℛ"义为"尚"，"ℓ"读作"sei^{33}"等。尚无法释读的字符较多，如"ℐℓ"、"ℱ"、"ℱ"、"ℐ"、"ℯ"、"ℐ"，等等。

第 三 章

文字载体类别与版本形式

　　同其他民族一样，布依族在其历史发展进程中，文字出现以前也曾经历过刻木记事和结绳记事的阶段，但目前已找不到这方面的实物。布依族实行土葬并为死者修墓立碑近代以后才出现，碑铭使用的文字均为汉文，其形式也与汉族碑铭完全相同。因此，布依族古籍文字的载体主要是纸，目前尚未发现刻在石、木等材料上的古籍文献。

　　布依族古籍所用的纸是当地自产的一种白绵纸。制作这种纸的原材料是当地常见的一种被称为构皮树的里层皮，加工过程中还要加入一些碎布头捣成的浆，以增加其韧性。生产出来的纸颜色白中略泛黄，韧性较强，无正反面之分。纸的幅面不大，一整张纸通常可裁成六开或八开，裁好的纸再对折起来，形成一张有夹层的书页，以折合的那一端作为订口，数十页装订成一本。在抄写时，书页的夹层加衬一张预先打好竖格的厚纸，其功能有二：一是防止书写时偏行，尤其是刚刚学抄写的新手；二是防止墨汁渗到背面页。但笔法熟练的布摩抄写时通常不需要预先打格。装订所用的线大多用白绵纸捻成，也有用麻线或棉线装订的。装订时，先用锥子在订口处打两对或三对等距离的小孔，然后用线穿孔捆扎起来即可。布依族所有纸质古籍均为册页装，不切边。

　　汉字及其变体抄写的布依族古籍（摩经）绝大多数类似汉文古籍那样的从右向左竖排，只有个别近几年才转录的抄本采用横排。抄写工具为毛笔，以黑墨作为主要书写颜料，有些书用朱红笔标句读，画一些有特殊意义的或带有装饰性的符号。由于纸张幅面大小不同或裁剪的方式不同，因此古籍书页的高广不统一，从而导致书籍外在形式多种多样，有长条形的（即长度大于宽度），有宽幅的（即宽度大于长度），也有正方形的（即长度和宽度大致相等）。行款也各不相同，如望谟平郎的《论董永孝仪科》装订成长条形，每页仅5行，行距较大。花溪的《牛经书》每页12—13行。根据目前所掌握的材料，除了花溪的《牛经书》有一条四周单边的版框以外，各地古籍都没有版框，威宁花园村的《目当》和《目考》（即《嘱咐经》和《头经》）在天头位置上用红笔画了些花边作为装饰。由于多数经书抄写时在书页的夹层处夹有预先打好格的衬纸，因此，一般都没有行界。多数不分栏。布依族摩经多为五言一句的韵文体，有些经书便按自然断开的句子分成上、下两栏，即每行只抄两句，句与句之间没有标点符号，而是留出两个字左右的空间，每一行都如此。如果中间穿插七言或九言句的，也尽量在五言的空间范围内抄完。尽可能做到每行对齐，形成比较清晰的两栏。但在内容的安排上不尽相同，有些是按栏来安排内容的，即诵读时每页需要从右至左读两遍，有些则虽分栏，但每行上下两句的内容是连贯的。册亨、望谟、罗甸等地的摩经抄本大多数都分栏。版面通常都撑得比较满，尤其是一些不分栏的抄本，有的甚至连天头、地脚以及左右白边都不留空。标题通常独占一行，但标题的位置没有固定的格式，分栏的抄本标题一般与上栏首字对齐，不分栏的抄本标题一般居中，但也有顶格写的。文内标题一般没有题序，有些标上"某某卷"，但顺序比较混乱，只有熟悉经书内容的布摩才知道念诵的顺序。书名的编排形式与汉文古籍基本相同，即位于封面左上端，但不加框，封面中部靠下的位置为抄写者落款，有些地方将抄写的时间写在右上侧。有些地方把书名和抄写者的名字都一并放在封面的正中央。封面书名通常就是文内的标题名，如果该书包含多篇的内容，则将几篇的标题全连在一起作为该书的书名。有些书将抄写者和抄书时间放在整套书的末尾。有些书不记抄书者的名字，也没有成书时间，研究起来比较困难。

用"波拉文"抄写的摩经现仅存一本，20 世纪 90 年代中期发现时，原书已严重损毁，书品极差，后经贵州省六盘水市民宗局借出复印，原书及复印件一份已返还书主。2004 年年初笔者前往调查时，据称原书已丢失，当时书主使用的也是复印件。除个别地方边角处有些缺损外，复印件保存了原书的绝大部分内容。该书采用中国线装古籍那样自右向左的竖排形式，每句结束都没有标点，用一个字左右的空间与下一句分开。书的前半部分（第 1—33 页）句式对仗不太工整，有三言的，有五言的，甚至有七言以上的，因此没有分栏，后半部分以五言句为主，比较清楚地分为两栏，但诵读时整行自上而下。该书没有版框，也没有行界，但行间距很均匀，没有偏移和错行的情况。可见在抄写原书时也用了带格的衬纸。每页仅 4 行，行距较大，有些地方还在波拉文旁边加注汉字辅助记音。版面天头和地脚都较小，但左右白边都比较宽。文内标题独占一行，居中，没有书名和目录，也没有作者落款和成书年代的记录。

用拉丁文转写的布依语版《马太福音》采用的是现代书籍的版式，文字从左向右横排。该书为小 32 开，硬壳封面，正文用新闻纸印刷。全书共 165 页，双面印刷，每页 20 行。每段前有段落序号，页码位于地脚正中，页眉为书名和每页所属章节。版心高 140 厘米，宽 100 厘米。

第四章

目录与分类

民族古籍与汉文古籍不完全等同，它不仅指那些有文字记录的手写或印刷的出版物或非出版物，还包括至今仍流传在民间的口碑文献。一般有四种载体形式，即口碑载体、原生载体、金石载体和书面载体。这里介绍的布依族古籍，主要指书面载体。

布依族古籍究竟有多少？目前任何个人和机构也无法提供一个确切的数字。原因主要有两个方面：其一，布依族古籍中的绝大多数是摩经抄本，这些抄本大多数目前仍散落民间，要做全面的收集和调查难度较大。多数布摩都经历过"文革"，因此，有的人即使手头有书也心存顾虑，不愿拿出来。其二，辛亥革命以前出版的布依族古籍除了目前知道的《马太福音》和《布依—法试用词典》以外，还有没有别的？这需要到藏书较多的国家图书馆或专业性较强的图书馆去查询，甚至需要从国外了解一些相关的情况。就现阶段所掌握的材料来进行划分，大致可以把布依族古籍分为两类：一类为与布依族本民族宗教相关的古籍；另一类为与外来宗教（天主教）相关的古籍。与本民族宗教有关的古籍又可分为手抄本和整理本两大类，手抄本包括用汉字及其变体记录布依语语音的抄本和用波拉文记音的抄本；整理本包括20世纪80年代搜集整理翻译并以内部资料形式刊载于相关书刊上的部分地区摩经，以及90年代翻译整理并正式出版发行的《古谢经》、《安王和祖王》和《布依族古歌》三种。摩经部分按其功能还可以分为丧葬活动中用的经籍和祈福禳灾仪式上用的经籍两种，其中前者占绝大多数。

一 民间手抄本

关于布依族摩经典籍抄本的种类和数量，周国茂在《摩教与摩文化》一书中大致列了一个清单，其中包括一部分口耳相传并经现代学者记录整理出来的摩经，不完全是手抄本。[1] 这里参考该书所列内容，并结合近几年来笔者田野调查所搜集到的材料以及20世纪80年代以来以各种形式发行的出版物，列出一个大致的目录，见表4。

表4　　　　　　　　　　　　　布依族摩经典籍目录

序号	古籍类型	搜集（发现）地	载体质料及誊写工具	册数	卷数	调查时间
1	摩经[2]	望谟县平郎村	白棉纸 毛笔	4	4	2004年7月
2	摩经	罗甸县八总村	白棉纸 毛笔	5	8	2004年7月
3	摩经	册亨县冗渡村	白棉纸 毛笔	4	7	2004年7月

---

[1] 周国茂：《摩教与摩文化》，贵州人民出版社1995年版。
[2] 经籍的名称各地不同，有的叫"摩经"，有的叫"白摩书"，有的叫"砍牛经"，有的叫"牛经书"，这里统一称"摩经"。

续表

序号	古籍类型	搜集（发现）地	载体质料及誊写工具	册数	卷数	调查时间
4	摩经	贞丰县邑浩村	白棉纸 毛笔	5	15	2003年2月
5	道经	贞丰县金井村	白棉纸 毛笔	5	不清	2003年2月
6	摩经	贞丰县金井村	白棉纸 毛笔	5	15	2003年2月
7	摩经	贞丰县坡色村	白棉纸 毛笔	6	20	2003年2月
8	摩经	贞丰县纳禅村	白棉纸 毛笔	6	不清	2004年7月
9	摩经	贞丰县沙坪村	笔记本 钢笔	1	5	2003年1月
10	摩经	水城县锁蒿村	白棉纸 毛笔	1	不分	2004年1月
11	摩经	贞丰县坪寨村	白棉纸 毛笔	7	20	2005年7月
12	摩经	贞丰烂田湾村	白绵纸 毛笔	4	不清	2009年7月
13	摩经	黔西罗家寨村	白绵纸 毛笔	7	不清	2006年8月
14	摩经	威宁县花园村[1]	白棉纸 毛笔	3	4	2004年1月
15	摩经	威宁县花园村[2]	笔记本 毛笔	3	4	2004年1月
16	摩经	贵阳花溪大寨	白棉纸 毛笔	1	18	2007年1月
17	摩经	兴义市洛万乡	笔记本 毛笔	1	4[①]	2004年2月
18	道经	望谟县桑郎村	白棉纸 毛笔	5	不清	2006年7月
19	摩经	白云区斗府村	白棉纸 毛笔	4	不清	2007年1月
20	摩经	白云区瓦窑村	白棉纸 毛笔	3	不清	2007年1月
21	摩经	安龙县排冗村	白棉纸 毛笔	4	10	2007年7月
22	摩经	平塘县掌布村	白绵纸 毛笔	1	不分	2004年7月
23	叙事长诗	望谟县渡邑村	白棉纸 毛笔	1	不分[②]	2008年8月
24	傩戏唱本	荔波县江枫寨	白棉纸 毛笔	4	不清[③]	2008年8月

二 整理本（这里只列有对照翻译的出版物）

1.《牛经书》，共12卷。搜集地：贵州省贵阳市花溪区把火寨，由韦廉舟、吴启禄、赵焜编译，载中国民间文艺研究会贵州分会内部编印的《民间文学资料》第65集，有新创布依文（拉丁字母）和汉语直译对照，并附汉语意译。

2.《安王和祖王》，不分卷。搜集地：贵州省望谟县白头坡村，由黄荣昌、黄仁才搜集整理并翻译，周国炎统稿校订，贵州民族出版社1994年出版。这部摩经在民间没有手抄本，由布摩口耳相传。正式出版物有新创布依文（拉丁字母）、国际音标和汉语直译三行对照，并附汉语意译。

3.《古谢经》，共8卷。搜集地：贵州省镇宁布依族苗族自治县普里村，由王芳礼、韦绍熙、杨开佐翻译整理，贵州省安顺市民族事务委员会、镇宁布依族苗族自治县民族事务委员会编，贵州民族出版社1992年出版。这套摩经在民间有手抄本，现由镇宁县民宗局保存。整理本有原文（汉字记音）、国际音标和汉语直译三行对照，并附汉语意译。

4.《接龙经》，一卷，含四首。搜集地：贵州省兴仁县光明村，由伍文义、王开吉、王国佩翻译整

---

① 不完整。

② 布依族民间叙事长诗《王玉莲》，此材料由中央民族大学民族学与社会学学院2006级硕士研究生黄镇邦于2008年8月搜集于望谟县蔗香乡乐康村。

③ 笔者在荔波调查时见过此唱本，并录了音，但提出给该书照相时，未得到书主的同意。

理，载贵州省志民族志编委会编《民族志资料汇编》（内部印刷）第六集（布依族），第 302—310 页。

5.《敬官厅经》，一卷。搜集地：贵州省兴仁县光明村，由伍文义、王开吉、王国佩翻译整理，载于贵州省志民族志编委会编《民族志资料汇编》（内部印刷）第六集（布依族），第 311—326 页。以上两种有原文（汉字记音）、新创布依文（拉丁字母）和汉语直译三行对照，并附汉语意译。

6.《安王》，不分卷。搜集地：贵州省册亨县，王汉文记录，卢衍翻译整理，载于贵州省志民族志编委会编《民族志资料汇编》（内部印刷）第六集（布依族），第 526—571 页。有新创布依文（拉丁字母）和汉语意译，无原文、国际音标和汉语直译三行对照。

7.《布依族古歌》，搜集地：贵州省荔波、独山、平塘、都匀、三都、贵定、惠水、长顺、罗甸、望谟、册亨、贞丰等县（市）。由贵州省民族事务委员会古籍办、黔南州民族事务委员会编，黎汝标、黄义仁编译整理，贵州民族出版社 1998 年出版。分造物古歌、风俗古歌和爱情古歌三个部分，其中一部分为原文（汉字记音）、新创布依文（拉丁字母）、国际音标和汉语直译四行对照，并附汉语意译，另一部分缺少原文。

8.《布依摩经——母祝文》，搜集地：贵州省望谟县蔗香乡林楼村，由贵州大学西南少数民族语言文化研究所黄镇邦与世界少数民族语文研究院研究员霍冠伦（Stephen Hoff）合作翻译整理，贵州人民出版社 2006 年出版。全书分三部分，第一部分为方块布依字、新布依文和英文逐词对译，第二部分为汉语自由翻译，第三部分为英文逐句对译和注解。全书共 12 万字。

9.《布依族摩经文学》，搜集地：贵州省荔波、贵定、惠水、安龙、望谟、贞丰、镇宁、乌当等地，韦兴儒、周国茂、伍文义编，贵州人民出版社 1997 年出版。全书收录了从各地摩经中摘译的经文 16 段，只有意译，没有原文对照和逐字翻译，译文大多经过了翻译者和编辑者的润色加工。

三　与外来宗教有关的布依族古籍

1.《布依—法试用词典》（*Essai de Dictionnaire Dioi-Français*），法国人卫利亚（Gust Williatte）和吕岳（Jos Esquirol）编著，1909 年在香港对外传教会印刷厂（Hong Kong, Imprimerie de la Societé des Missions-Etrangére）印刷。该词典是作者在对所搜集到的大量布依族民间故事和谚语进行整理的基础上编成。

2.《圣经·马太福音》（*Fu In Ma-Tai Gospel of Matthew*，即马太福音），国内目前发现的布依（语）文基督教典籍。该书于 1904 年在上海由大英圣书公会（British and Foreign Bible Society）出版，书的扉页标明 Chung Chia Vernacular（即"仲家话"），可见书中所用的语言确实是布依语。全书共分 27 章，每章只有章序，没有名称。章序采用的是布依语，分别为 dsang dae yit（第一章），dsang dae nri（第二章）……依次类推。

第 五 章

古籍发掘、研究简况

第一节　古籍的发掘和翻译整理

20世纪50年代以前，外界对布依族文献古籍方面的情况了解甚少。民国以前的贵州地方志虽然注意到了布依族（地方志中称"仲家、仲苗、夷家"等）在语言、服饰、起居和婚丧习俗等方面与周边汉族及其他少数民族大不相同，有的地方志甚至对布依族的婚丧习俗作了比较详细的介绍，但丧葬活动中宗教职业者——布摩诵经以及经书的情况，没有涉及。民国时期有关贵州少数民族的研究文献中也没有一篇是涉及布依族古籍的，仅个别学者在文章中提到布依族民间存在用汉字记录本民族宗教术语咒诀，"录成经典，转相传授"的现象[①]。因此，20世纪上半叶以前有关布依族古籍的发掘、整理和研究等各方面的工作可以说是一片空白。

布依族民间流行的用汉字记录布依语语音的现象直到20世纪50年代才引起学术界的广泛重视。50年代初，王伟教授率领中央民族学院（中央民族大学前身）民语系学习布依语的一批学员到贵州省罗甸县罗捆一带进行教学实习，调查并记录到了当地布依族宗教职业者——布摩用汉字记录的经书（布依语称 $su^1 mo^1$，即"摩经"），可谓开布依族文献古籍发掘之先河。同一时期，布依族老一辈的民族文化工作者黄义仁先生等也深入罗甸等布依族地区发掘、搜集了大量的布依族古籍作品。紧接着在50年代中期的语言普查中，又有不少布依族摩经抄本被发现。但限于当时的时代背景和出版印刷条件，所发现的摩经材料没能以其本来的面貌公之于世，一部分经过翻译、改编之后，以布依族民间文学作品的形式整理出来，作为内部资料刊载。贵州省民族事务委员会、黔南州文艺研究室和中国民间文艺研究会贵州分会联合编印的《民间文学资料》第45集——布依族古歌叙事歌情歌，其中一部分古歌实际上就是根据布依族摩经的内容改编的。如讯河等整理的《辟地撑天》、《十二个太阳》、《兴年月时辰》、《造千种万物》等都是50年代中期搜集的。因此，50年代的重大成果可以概括为两个字——发现，即对布依族摩经民间抄本的发现。

60年代，尤其是60年代中期以后，以摩经为代表的布依族文献古籍遭受毁灭性的破坏，"文革"期间大多数宗教活动被视为封建迷信而遭禁止，布依族民间摩经抄本也被视为"四旧"的产物而遭收缴、焚毁，多数地区的摩经都在这一时期被付之一炬。学术界对摩经的发掘、整理也基本停止。直到70年代末期，"文革"结束以后，作为布依族民间文学研究的一个部分，布依族摩经的搜集、整理和翻译研究工作才逐渐得以恢复。

为了配合布依族新文字方案的试行推广，从20世纪80年代初开始，贵州省布依族聚居的各县

---

① 陈国钧：《贵州安顺苗夷族的宗教信仰》，转引自吴泽霖、陈国钧等《贵州苗夷社会研究》，民族出版社2004年版，第200页。

(市）有关机构着手发掘和抢救布依族摩经文献古籍，翻译整理出一批摩经。如韦廉舟、吴启禄、赵焜对贵阳市郊花溪区把火寨、董家堰、龙井寨、四方河、新民村以及乌当区的新堡、偏坡、罗吏等村的布依族牛经书（即摩经）进行发掘和抢救，并将整理翻译出来的把火寨牛经书载于中国民间文艺研究会贵州分会编印的《民间文学资料》第 65 集，供研究参考。该资料集采用 80 年代初修订的布依文方案记录当地牛经书的读音，每个布依语词下面有汉语直译，最后是汉语意译，没有附原文，这对于文献古籍的保存和研究来说是一种遗憾。80 年代末至 90 年代中期，黄义仁、黎汝标等学者对流传于黔南以及黔西南部分地区的布依族摩经和其他一些文献古籍进行了搜集，经整理翻译后的古籍作品 70 多万字，收入 1998 年出版的《布依族古歌》中。该书收录的古籍一部分采用汉字注音原文、新创布依文、国际音标和汉语直译四对照的形式，为学术界研究布依族语言提供了丰富的资料。

20 世纪 90 年代中期，伍文义也在布依族摩经古籍调查和研究方面做了不少工作。他与王开吉、王国佩合作翻译整理的贵州省兴仁县明光村《接龙经》和《敬官厅经》载于贵州省志民族志编委会编印的《民族志资料汇编》第 6 集（布依族）。90 年代他还对威宁县新发乡花园村的摩经进行了调查。

除《布依族古歌》以外，20 世纪 90 年代还先后正式出版了《安王与祖王》和《古谢经》，可以说是布依族文献古籍翻译整理成果丰硕的十年。

《安王与祖王》是布依族摩经的一个重要组成部分，各地摩经中都有这一节，只是内容详略不一，名称也不完全相同。1994 年出版的望谟版《安王与祖王》在民间没有手抄本，由望谟县民委黄荣昌、黄仕才二位同志于 80 年代中期记录整理，并作初步翻译，90 年代初经中央民族大学王伟教授校订布依文和国际音标，周国炎对译文进行加工、润色，并对全文进行统编，最后由贵州民族出版社出版。望谟版的《安王与祖王》是目前发现的布依族篇幅最长的叙事史诗，全诗 1700 余行，用优美的语言生动地反映了布依族原始社会末期由母系氏族向父系氏族社会过渡的历史状况，是一部有关布依族古代社会民族历史的重要文献，它对研究布依族的起源和发展以及布依族摩经的艺术特点，都是很有意义的。它的问世可以说是布依族文献古籍整理工作的一项重大成果。望谟县镇纳魁村的《安王与祖王》共 1600 多行，由韦永奎搜集整理并翻译，发表于 1997 年出版的《布依族摩经文学》，但该书只刊载了译文，没有原文对译的形式。望谟搜集到的《安王与祖王》的另一个版本有 560 余行，由黄义仁同志翻译整理，收入《布依族古歌》。册亨版的《安王》篇幅较长，共 1500 多行，由王汉文同志记录，卢衍同志翻译整理，载于 1988 年编印的《民族志资料汇编》第 6 集（布依族）。此外，贞丰邑浩版和纳禅版的《安王与祖王》也都有手抄本，但篇幅都远不及正式出版的望谟白头坡版《安王与祖王》，其中纳禅版 700 余行，无标题，邑浩版（该套摩经中称《告王》）仅 300 余行，均已整理编集，但未正式出版。

《古谢经》是迄今为止正式出版的最能全面反映布依族摩经面貌的布依族文献古籍，该书由贵州省安顺市民委和镇宁县民委合编，王芳礼、韦照熙、杨开佐翻译整理，贵州民族出版社 1993 年出版。《古谢经》是布摩在超度亡灵仪式上吟诵的经文。"古谢"是布依语译音，直译为汉语是"做客"的意思。按布依族风俗，老人去世时要举行隆重的超度仪式。亲戚朋友都前来吊唁，这一风俗被称为"做客"，即"古谢"，在"古谢"期间念诵的经即称为"古谢经"。"古谢经"全书共分八卷，采用原文（方块汉字注音）、国际音标和汉语直译三行对照，并附意译，这无论对语言研究还是文学研究，都极为方便。翻译整理者精通布依语，汉语水平也比较高。译文既基本忠实于原文，又尽量做到语句优美顺畅，但也存在一些比较明显的疏漏。如第五页左栏第一行原文的注音汉字为"丹"，国际音标注音却是 ma^{35}，汉语直译、意译均为"骂"。布依语本族词有"骂"这个字，普通的"骂"为 $?da^5$，各地布依语对应一致，恶毒的"骂"，即"诅咒、咒骂"为 tan^1，注音汉字"丹"对应的显然应该是这个词。有些句子意译与直译相差甚远，如第 40 页左栏第 6 行的 van^{11} 直译为"天"是正确的，可理解为"（一）

天、(两)天"的"天",是时间概念,而意译成"归天"的"天"即是一个空间概念,二者在布依语中分别用两个不同的词来表达,即 van² (或 ŋon²) 表示前者,ʔbɯn¹ 表示后者。《古谢经》在翻译整理上尽管存在这样一些不足之处,但它的出版对于学术界研究布依族古籍和摩经文化无疑是非常重要的。正如编者在该书前言部分所指出的,《古谢经》在历史学、民族学、民俗学、语言学、文学、自然科学、社会学和哲学等很多学科都具有研究价值。

1997 年由韦兴儒、周国茂、伍文义主编,贵州人民出版社出版的《布依族摩经文学》收录了"开天辟地"、"造万物"、"造物与造神"、"十二层天十二层海"、"祖王与安王"、"射日·洪水"、"驱虫记"、"转场"、"开年歌"等 16 篇译自各地摩经中的宗教典籍文献,该书仅有汉语译文,未附原文和逐字对译,而且多数篇目都进行了艺术加工,与原文不完全相符。

黄镇邦和霍冠伦(Stephen Hoff)搜集于望谟县蔗香乡林楼村并整理翻译,由贵州人民出版社 2006 年出版的《布依摩经——母祝文》是超度母亲亡灵专用的一种经文,民间有手抄本,编译者采用原文(方块布依字)、新布依文、汉语、英语四行对照的形式出版,具有较高的文献参考价值。

第二节 文献古籍的研究

布依族文献古籍的研究始于 20 世纪 80 年代,主要以布依族摩经作为研究内容。周国茂于 20 世纪 80 年代初开始接触布依族摩经古籍,80 年代中期,他先后对贵州省贞丰、册亨、望谟、平塘、荔波以及云南省罗平等县的布依族摩经进行了全面的调查,并以《论布依族殡凡经文学》为题,从文学角度对摩经进行了深入的研究。其研究成果——"布依族摩经文学"已被纳入《布依族文学史》中,成为布依族文学的一个重要组成部分。90 年代以后,他又从宗教和历史文化的角度研究了布依族的摩经以及围绕摩经所进行的各种文化活动。作为布依族古籍研究领域的标志性成果,他所著《摩教与摩文化》首次对摩教及其典籍摩经作了全面的诠释,并将其提升到布依族民族宗教的地位。书中还对布依族摩经古籍进行了梳理,从文献学的角度对布依族摩经古籍作了开创性的研究。他所翻译整理的贞丰县岜浩摩经中的一部分被收入 1998 年由贵州民族出版社出版的《布依族古歌》中。

最早从历史史学的角度对布依族摩经古籍进行研究的是贵州民族学院的侯绍庄教授。他在《贵州民族研究》1988 年第 3 期的《布依族丧葬祭祀歌社会历史价值刍议》一文中对布依族摩经古籍抄本的成书年代、摩经中出现的古代地名、摩经与布依族的形成以及摩经中所反映出来古代布依族与周边各民族的关系等都进行了全面深入的研究和考证。根据侯绍庄教授的研究,布依族用汉字记录摩经始于明朝初年。

贵州民族学院吴启禄教授参与了贵州省贵阳市布依族古籍搜集、整理和翻译的大量实际工作,并在实践中不断总结、摸索布依族古籍翻译整理的经验和方法。在发表于《贵州民族研究》1989 年第 1 期的《布依族古籍整理"三结合"的尝试》一文中,他将布依族古籍整理的具体方法概括为:一、用国际音标记录,用布依文规范。由于各地布依语在语音上有一定的差异,为了保持各地摩经古籍的原始面貌,但又不违背文字规范的原则,因此在古籍整理的过程中,采用国际音标记录原始读音,文字部分则按标准音点(望谟话)进行规范。后来出版的《布依族古歌》一书也沿用了这种方法。二、保留方言词,拼写方言音。各地布依语之间都有一些不能互通的词汇,这种情况也反映在各地的摩经古籍当中,要将这些词保留下来就只能按方言拼写。三、词译句译并举,遵循信达原则。词译指词对词的翻译,也就是直译,目的是让读者了解古籍文句中每一个词的含义;句译就是逐句翻译,既要紧扣词译,即忠实于原文,还要使全文在意义上具有连贯性。吴启禄教授的经验和方法对人们后来整理翻译布依族文献古籍具有很大的启发。

贵州民族出版社编辑郭堂亮同志长期从事民族语文和民族文献古籍的编辑出版工作，同时在布依族文献古籍的整理和翻译方面有比较丰富的实践经验，其新作《布依族语言与文字》一书分专章对布依族文献古籍整理的现状、抢救和整理布依族古籍的必要性和紧迫以及布依族文献古籍翻译整理的具体方法进行了论述，此外，还对布依族古籍《安王和祖王》的语言特色进行了深入的研究。

笔者于20世纪80年代中期开始接触布依族摩经古籍，90年代初将贞丰县岜浩村摩经转写成布依文并录入电脑，建立了一个摩经文本数据库。90年代中期开始对摩经中的非口语词（古词）进行定量研究和词源考证，还分别对摩经中的处置句、比较句等句式作了定量分析，并将摩经中的句式与日常生活语言中的句式进行比较。此外，还对摩经文字的结构、类型及其文化传承功能进行了研究。成果散见于《贵州民族研究》、《中央民族大学学报》等刊物以及论文集《布依学研究》、《电脑辅助汉藏语系语言研究》等。

布依族天主教方面的文献古籍较晚才为人们所知，到目前为止，尚未见有关研究文章。其中的《布依—法试用词典》现收藏于贵州省黔西南布依族苗族自治州民族事务委员会，该单位计划对其进行修订、再版。《马太福音》现收藏于中央民族大学图书馆，国内其他图书馆有无收藏尚不得而知。

第 六 章

古籍珍品图片及说明

图1	贵州省望谟县白头坡《安王与祖王》	(1104)
图2	贵州省镇宁县普里《古谢经》	(1104)
图3	贵州省镇宁县普里村《古谢经·穆考》	(1105)
图4	贵州省镇宁县普里村《古谢经·穆近》	(1106)
图5	《布依族古歌》	(1107)
图6	《布依族古歌》之《十二个太阳》	(1107)
图7	《布依族古歌》之《送花歌》	(1108)
图8	《布依族古歌》之《范龙》	(1109)
图9	贵州省望谟县《布依摩经——母祝文》	(1110)
图10	贵州省水城县锁蒿寨"白摩书"	(1110)
图11	布依族基督教古籍《马太福音》	(1111)
图12	贵州省花溪区平桥村《砍牛经》	(1112)
图13	贵州省威宁县花园村《白摩书·幡文》	(1113)
图14	贵州省威宁县花园村《白摩书》	(1113)
图15	贵州省册亨县冗渡《摩经》	(1114)
图16	贵州省罗甸县八总《砍牛经》	(1115)
图17	布依族天主教古籍《布依—法试用词典》（翻译整理手稿）	(1116)
图18	贵州省贞丰县纳婵村《摩经》	(1116)
图19	贵州省贞丰县长田乡坪寨《摩经》	(1117)
图20	贵州省望谟县渡邑村叙事长诗《王玉连》	(1118)
图21	贵州省贞丰县邑浩村摩经之《温》	(1119)
图22	贵州省贞丰县邑浩村摩经之《卡王》	(1120)
图23	贵州省贞丰县邑浩村摩经之《墓當》	(1120)
图24	贵州省望谟县平郎村摩经之《登亡科诀》	(1121)
图25	贵州省贞丰县纳婵村《摩经·开书边》	(1122)

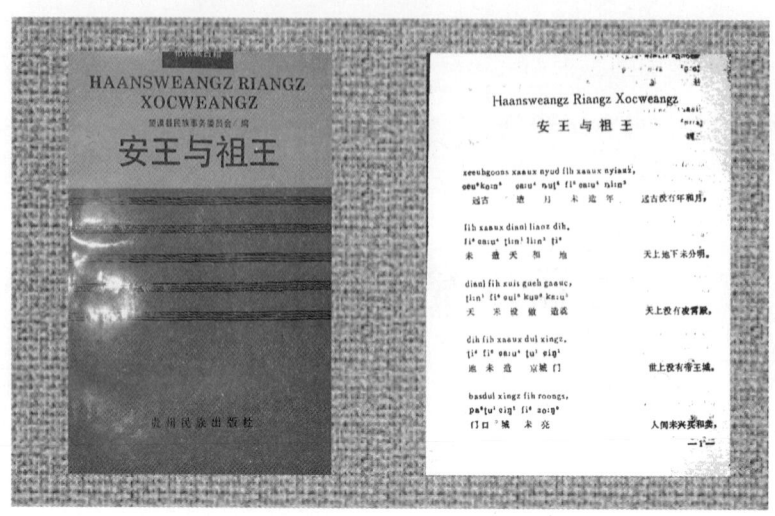

图 1　贵州省望谟县白头坡《安王与祖王》

　　流传于贵州省望谟县石屯镇白头坡村，当地无方块字抄本，属布依族口传古籍文献，韵文体。《安王与祖王》是布依族摩经的一个重要组成部分，也是布依族文学史上最重要的一部叙事史诗。主要叙述远古时候布依族祖先盘果王的两个儿子，同父异母的安王和祖王争权夺利的斗争过程。安王系嫡母所生，祖王系继母所生。祖王在其生母唆使之下，企图害死大哥安王，夺印掌权，独占家产。但阴谋未遂，却引起一场激烈的斗争。先是唇枪舌剑，后则大动干戈，势均力敌，不分胜负。最后安王借助巫术治服祖王。祖王甘拜下风，只好交权还印，在安王的管辖下，贡献鸡鸭，交租纳税。从此以后，人间才得安宁。《安王和祖王》主要流行于贵州省南部的布依族聚居区，各种版本的《安王与祖王》篇幅长短不尽相同。望谟石屯镇白头坡村的《安王与祖王》是目前所发现的篇幅最长、内容最完整的一部，共 1700 余行，不分节。这个版本的《安王与祖王》在民间没有手抄本，完全靠布摩（布依族宗教职业者）口耳相传世代承袭。20 世纪 80 年代由贵州省望谟县民委黄荣昌、黄仕才调查记音，并翻译整理。1994 年由贵州民族出版社以同名正式出版。2004 年 7 月中央民族大学周国炎对这一套珍贵的口承文献做了实地录音。整理出版的《安王与祖王》一书为大 32 开，850×1168 毫米，共 258 页。每句采用三行对照，第一行为新创布依文（拉丁字母），第二行为国际音标，第三行为汉语直译，第三行右侧为汉语意译，句与句之间用空行隔开。

图 2　贵州省镇宁县普里《古谢经》

流传于贵州省安顺市镇宁布依族苗族自治县普里村一带的摩经经文，民间有方块字经文抄本。20世纪80年代后期镇宁县民委王芳礼、韦绍熙、杨开佐根据抄本翻译整理，1994年由贵州民族出版社出版。原抄本目前下落不明。整理本共分八卷，第一卷："穆考（头经）"、第二卷："穆告（魂竿经）"、第三卷："穆翁（场坝经）"、第四卷："穆荡（请灵经）"、第五卷："穆近（转场经）"、第六卷："穆揆（祭灵经）"、第七卷："穆稳（咒牛经）"、第八卷："穆杂（过场经）"。其中第五和第八卷又分别再分为16个小节。《古谢经》是布依族布摩在超度亡灵的仪式上吟诵的经文，韵文体裁，一般为五言句，也有七言句、九言句甚至十一言句的。"古谢"（$ku^{13} \varepsilon ie^{35}$）是布依语第三土语"做客"的意思，按布依族习俗，老人去世时要举行隆重的超度仪式，届时亲戚朋友前来吊唁，来客众多，所以有"古谢"之称。《古谢经》内容非常丰富，有的叙述了远古人类生活的艰辛以及不同族群之间的贸易往来，有的叙述了人从出生到死的各种经历以及父母和子女之间的骨肉亲情，有的叙述了布依族现代葬俗的来历，等等。它反映了人们对灵魂不灭和祖先崇拜的宗教观念，也从另一个侧面反映了古代布依族劳动生产、民族历史和精神生活等多方面的内容，具有很高的学术价值。原抄本的版本情况不详，正式出版的《古谢经》为850×1168毫米，大32开，正文部分412页，正向横排，每页分两栏（左右栏），每句采用三行对照，第一行为汉字记音原文，第二行为国际音标，标注每个汉字的布依语实际读音；第三行为汉语直译，并附汉语意译。句与句之间用半个空行隔开。到目前为止，专门对《古谢经》进行研究的文章较少，贵州民族学院侯绍庄教授从社会历史的角度对《古谢经》所反映出来的古代布依族社会历史、人文地理以及经书文字的起源进行了考证。

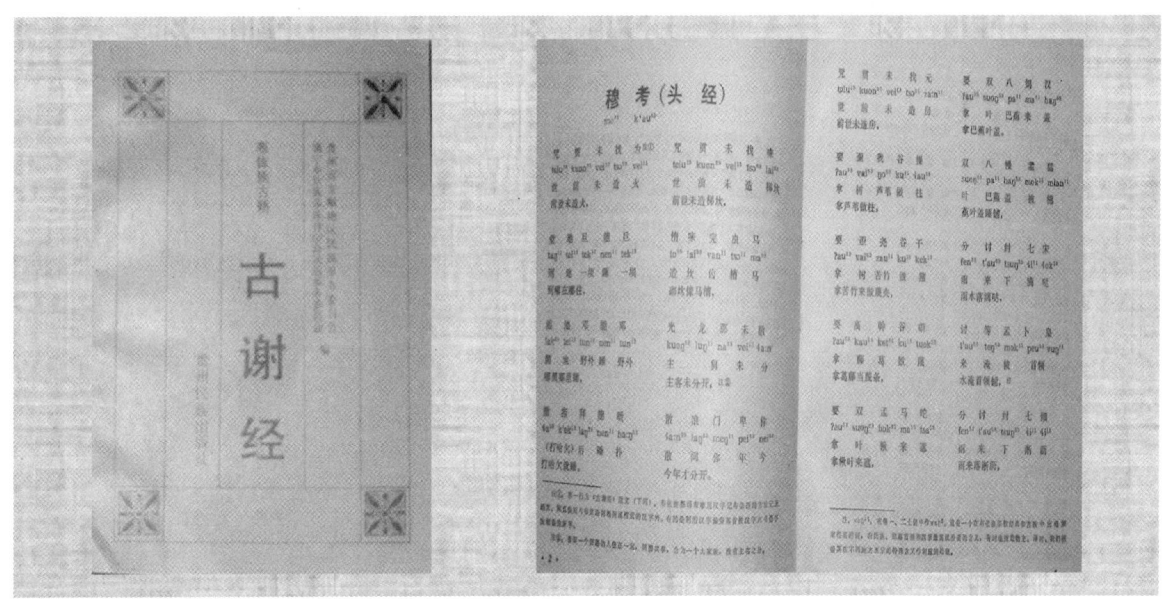

图3　贵州省镇宁县普里村《古谢经·穆考》

"穆考"是镇宁"古谢经"（见前文《古谢经》条）中的第一卷。全文共363行，不分节。原抄本目前下落不明，形制和版式暂无法考证。整理本收入1994年贵州民族出版社的《古谢经》。"穆考"中的"穆"系布依语第三土语mo^{33}的音译，义为"经"；"考"为$khau^{53}$的音译，义为"头"，因此"穆考"即"头经"，也就是"第一段经文"的意思。根据贵州省镇宁一带的丧葬习俗，这段经文是布依族布摩在为死者举行超度仪式时在"灵房"小声念诵的，故又叫"秘咒经"。经文叙述了布依族远古社会的生活状况。远古时代，人们还没有发现火，过着群居的原始生活，人与人之间只有劳动分工的不同，没有高低贵贱之分，没有房子住，过着漂泊不定的生活，后来经过辛勤的劳动创造，生活终于稳定下来。经文还叙述了布依族与周边的各民族生活在一起，和睦相处，逐渐发展到了商品生产，有了市场贸易等，后来又逐渐形成了丧葬习俗，死者的灵魂在布摩的指引下返回到祖宗的地方。经文为韵文体，以五言句式为主，仅有少量七言句。整理本载于《古谢经》一书的第 1—33 页，采用原文、国际音标、汉语直译三行对照，并附汉语意译。

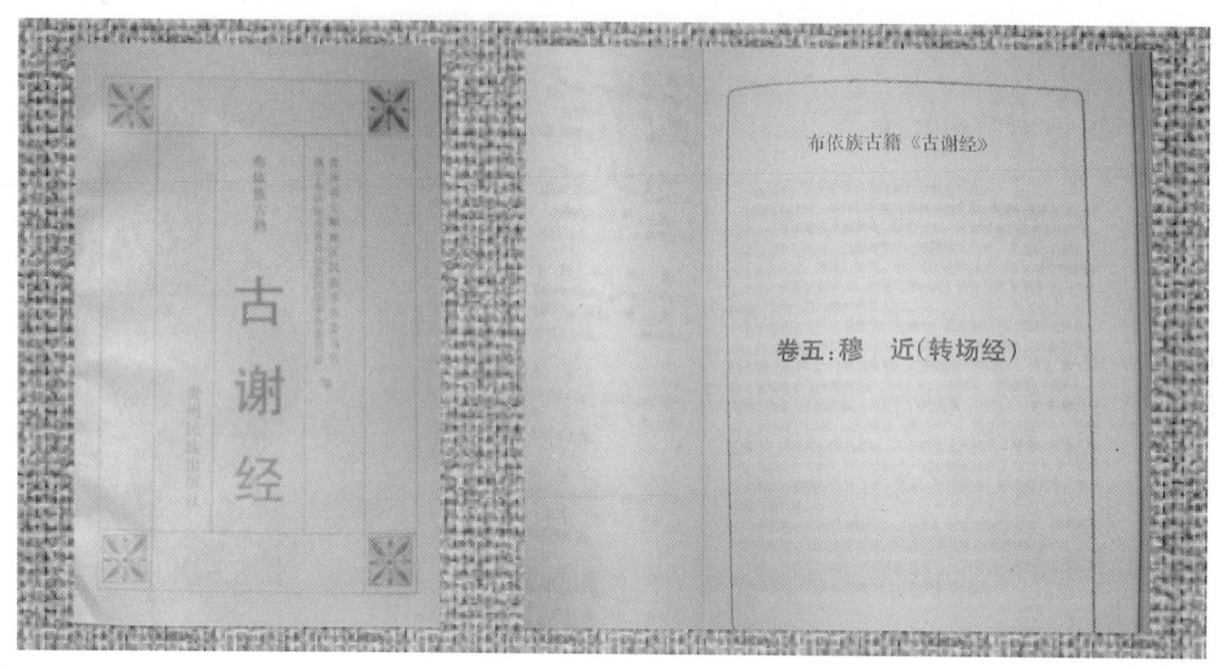

图 4　贵州省镇宁县普里村《古谢经·穆近》

"穆近"是镇宁"古谢经"中的第五卷，也是这部经书最长的一卷。"穆近"系布依语第三土语 $mo^{33}tɕin^{13}$ 的音译，义即"转场经"，是在布依族丧葬活动"走转场"的过程中念诵的。全文共 847 行，均为韵文体，其中以五言句为主，此外还有七言句 100 句，八言句 1 句，九言句 16 句。经文共分为 16 个小节，每小节均有标题，分别为：灵房歌（构荣 [$kou^{24}zuŋ^{31}$]）、门歌（构兜 [$kəu^{35}təu^{33}$]）、放魂歌（仲欢 [$tsuŋ^{35}fan^{33}$]）、梯坎歌（构唻 [$kəu^{35}lai^{33}$]）、唤山神歌（坝兜埃止 [$pa^{35}təu^{33}zai^{11}tɕi^{53}$]）、坟地歌（构地 [$kəu^{35}təi^{13}$]）、调脸歌（外那 [$ʔve^{35}na^{53}$]）、前世歌（构盆 [$kəu^{35}pəŋ^{11}$]）、神刀歌（构养 [$kəu^{35}ʔja:ŋ^{53}$]）、（咒马歌（构马 [$kəu^{35}ma^{53}$]）、咒伞歌（构领 [$kəu^{35}liŋ^{53}$]）、咒牛歌（构督 [$kəu^{35}tu^{11}$]）、咒水歌（构半远 [$kəu^{35}pet^{35}zaŋ^{53}$]）、诅咒歌（构丹 [$kəu^{35}tan^{33}$]）、转场歌（构正 [$kəu^{35}tɕin^{13}$]）、韦氏鹰歌（构厌补韦 [$kəu^{35}zaŋ^{13}pəu^{53}vei^{11}$]）。"转场"又称"走场"，是布依族丧葬活动中最隆重的一个仪式。届时，孝子们披麻戴孝，孝女孝媳们身着古朴庄重的民族服装，挎着饭笼，戴着孝帕，在布摩的带领下围着固定的场地绕圈，也围着幡竿和祭祀用的牛转。布摩扛着神刀走在最前面，边转边念诵"转场经"。经文的内容有的陈述某种独特的礼仪、风俗，但更多的是追述祖先创业之艰辛，勉励后人要珍惜祖业、继承祖业、孝敬祖宗，有启示后人、承传家训的教育作用。最后一段比较特殊，仅在韦姓布依族举行丧葬活动时使用。"穆近"原抄本的形制及版式不清楚，整理本载于《古谢经》一书的第 189—274 页，采用原文、国际音标和汉语直译三行对照的形式，并附汉语意译。

图 5　《布依族古歌》

布依族民间口头和抄本古籍汇编，贵州省民族事务委员会古籍整理办公室和黔南州民族事务委员会合编，黎汝标、黄义仁等编译整理，1998年由贵州民族出版社正式出版。该书为大32开，规格为850mm×1168mm，版式为正向横排，正文部分共975页，汇集了黔南和黔西南两个自治州布依族聚居的各县广泛流传的造物古歌、风俗古歌和爱情叙事长诗，内容十分丰富。其中造物古歌包括"十二个太阳"、"洪水潮天"、"兄妹成婚"以及"造天造地"、"造人造畜"等10个部分；风俗古歌包括"砍马经"、"添粮补寿经"、"送花歌"、"采天花"和"开道歌"等；爱情叙事古歌包括"凤明和龙妹"、"范龙和媚香"、"范龙"、"马赛"、"安王与祖王"5首。该书内容绝大多数来自各地摩经，相当一部分在民间有汉字记音的手抄本流传，如"造物古歌"中的"十二个太阳"、"洪水潮天"，"风俗古歌"中的"送花歌"、"采天花"，"叙事古歌"中的"范龙"、"马赛"等。在整理这些古歌的过程中，编译者采用汉字记音原文、布依文、国际音标、汉语直译四行对照的形式。一部分在民间虽有手抄本，但整理本在原文的基础上作了较大改动，无法与汉字记音的原文保持一致，因此，在整理出版时取消了原文一行，只用布依文、国际音标和汉语直译三行对照，如"风俗古歌"中的"摩经·温"（选译）。有相当一部分则是在民间口耳相传的"版本"基础上记录翻译整理出来的，这一部分也采用三行对照的形式。《布依族古歌》所收古籍内容庞杂，总体看来，体现了布依族先民对天、地、人和万物起源的看法，反映了布依族远古社会、经济、生产生活状况以及他们的哲学伦理思想和宗教观等。

图 6　《布依族古歌》之《十二个太阳》

流传于贵州省黔南布依族苗族自治州荔波、独山一带的布依族古籍。民间有汉字记录布依语语音的手抄本，原抄本的形制和版式不清。由黎国举演唱，黎汝标搜集、整理和翻译的整理本载于1998年贵州民族出版社出版的《布依族古歌》第1—165页。全文为韵文体，均为五言句，共811行。整理者按古籍所叙述的内容分为三个部分，即"十二个太阳"（$ɕip^{42}\ ȵi^{31}\ ʔdan^{33}\ taŋ^{22}\ ŋon^{42}$）、"洪水潮天"（$nam^{33}\ la:u^{42}\ tum^{31}\ ʔbun^{33}$）和"兄妹成婚"（$pi^{42}\ nuaŋ^{42}\ tuŋ^{42}\ ɕau^{33}$），与各地布依族民间广为流传的"射日神话"、"洪水神话"以及"兄妹造人烟"三则神话故事在内容上比较相近。该古籍抄本在其流传地区主要用于一种被当地布依族群众称为"桃"（$ta:u^{42}$）的宗教活动，这种活动是为求子、保子而举行的，一般历时3至10天，场面隆重而庄严，神秘而热烈。活动中要吟诵和演唱9部经籍和古歌，其中一部名为"古老歌"，"十二个太阳"是这部古歌中的第一首。作品叙述了布依族古代射日英雄与天斗、与人斗的故事，反映了布依族从原始社会过渡到阶级社会的历史发展进程。故事梗概是：远古时候天上出现12个太阳，给老百姓带来灾害。王姜为民除害，但因上当受骗而引发洪水，淹没人间，导致人类灭绝。无奈只好娶妹为妻，重新繁衍人类。原抄本用来记录布依语语音的汉字绝大部分为目前通用的汉字，夹杂少量自创的土俗字，其中不乏独具特点的，如自创形声字"吞"，$ʔbun^{22}$表示天；会意字"昏"，$ŋon^{42}$表示（一）天、（一）日；形声字"礦"，hin^{22}表示石头等。整理本采用原文、新创布依文（拉丁文字）、国际音标和汉语直译四行对照，并附汉语意译。

图7 《布依族古歌》之《送花歌》

流传于贵州省荔波县播尧乡黎明村一带的布依族古籍。民间有汉字记录布依语语音的手抄本，但原抄本的形制及版式不清。由黎朝美演唱，黎汝标搜集、整理、翻译的整理本载于1998年贵州民族出版社出版的《布依族古歌》第563—605页。全文为韵文体，共257行，每行一句，其中二言句8行，五言句145行，六言句4行，七言句108行。共分为三个小节，每节无独立的标题。该古籍在其流传的地区主要用于一种被当地布依族群众称为"桃"（$ta:u^{42}$）的宗教活动。在该活动所吟诵和演唱的多部经籍和古歌中，"送花歌"是第五部的核心部分。通过布摩代表求子的主人向管生育的母神拉娃然（$la^{42}\ va^{33}\ zan^{33}$）求要孩子。届时主人家在堂屋中摆席，主人坐下席，外家来客坐上席，布摩站在筵席中间，面对小方桌，桌上摆满各种供品，众人在布摩的带领下高唱"送花歌"。歌词首先唱述"送花"（隐喻"送子"）的过程，唱到主人家如何如何好，十分富足，到这家当儿子不愁吃不愁穿等。第二段唱到了稻种的来历。远古时候"大王"发洪水淹没人间，洪水退去后人间没有稻种，老鼠自告奋勇寻来稻种，于是人类种出粮食后允许老鼠来分享。第三段唱述人类有了稻米，便开始做粽子来"引花"（隐喻吸引儿子，因为儿子喜欢三角粽）。全文三个小节在内容上各自独立，但又都贯穿一个主题，即"送花"和"引花"。原抄本用来记音的汉字绝大多数为目前通用的汉字，只有少数为自创土俗字。整理本采用原文（记音汉字）、新创布依文（拉丁文字）、国际音标和汉语直译四行对照的形式，并附汉语意译。

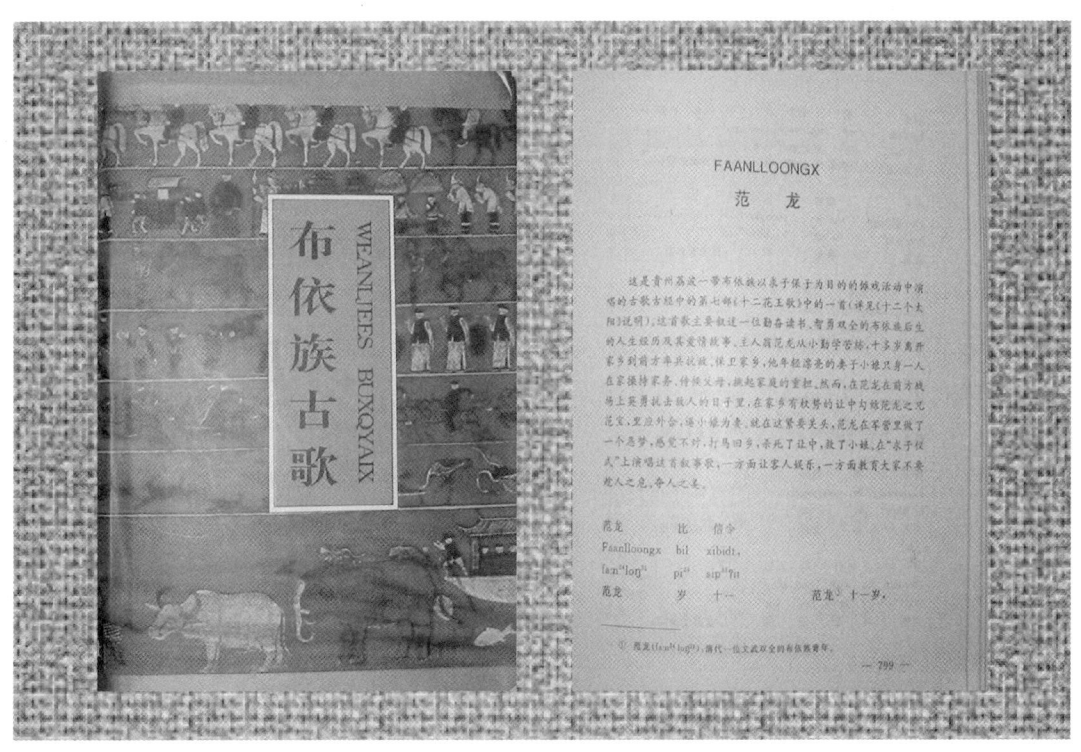

图8　《布依族古歌》之《范龙》

　　流传于贵州省黔南布依族苗族自治州荔波、三都、独山、平塘一带的布依族古籍。民间有汉字记录布依语语音的手抄本，但原抄本的形制及版式不清。由黎国举演唱，孟益搜集、整理、翻译的整理本载于1998年贵州民族出版社正式出版发行的《布依族古歌》第799—836页。全文为韵文体，均为五言句。每句一行，共140行，不分节。该古籍在其流传地主要用于一种被当地布依族群众称为"挑"（ta:u⁴²）的宗教活动，是该活动中吟诵和演唱的几部经籍和古歌中的一首，属于爱情叙事古歌。"范龙"（fa:n²⁴loŋ³¹）是这首古歌中的主人翁，是一个布依族后生。传说他自幼勤奋读书，智勇双全，十几岁便从军带兵打仗，留下妻子一人在家操持家务，侍候父母。后遇横行乡里的恶棍欲逼其为妻，幸亏范龙及时赶回才避免悲剧的发生。在宗教仪式上演唱这首爱情叙事古歌具有双重功效：一方面可以愉悦宾客；另一方面可以教育大家，不要乘人之危，夺人之美。原文用来记音的汉字绝大多数为目前通用的汉字，只有少数为自创土俗字。整理本采用原文（记音汉字）、新创布依文（拉丁文字）、国际音标和汉语直译四行对照的形式，并附汉语意译。

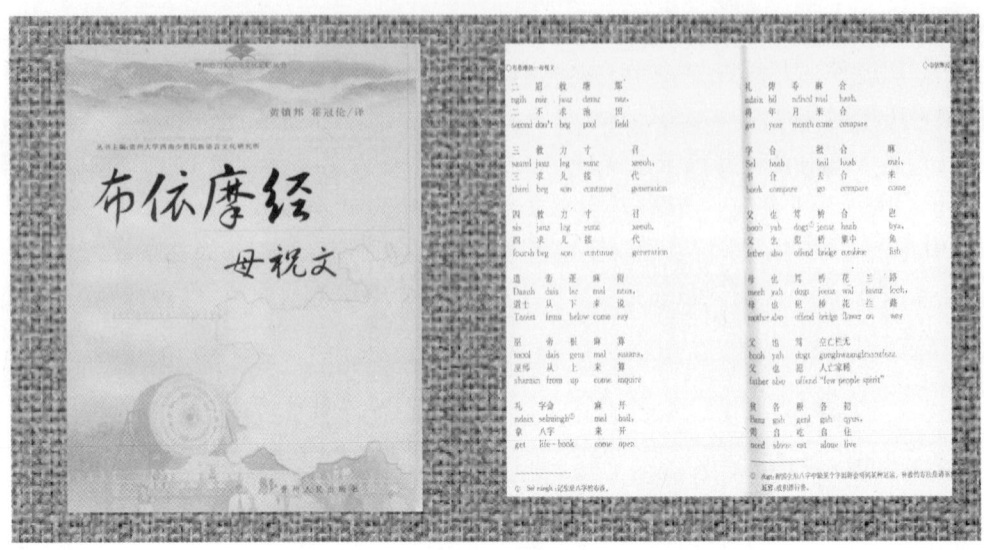

图 9　贵州省望谟县《布依摩经——母祝文》

流传于贵州省黔西南布依族苗族自治州望谟县蔗香乡林楼村的布依族摩经，民间有汉字记录布依语语音的经文抄本，册页装，不分卷，白锦纸抄定，共 60 页，每页分上、下两栏，每栏 6 句，每句五言，无栏框，版式为自右向左竖排，版心为 120mm×200mm。2005 年，贵州大学西南少数民族语言文化研究所黄镇邦和世界少数民族语言研究院霍冠伦（Stephen Hoff）根据原抄本进行翻译整理，2006 年 3 月由贵州人民出版社出版。全书正文部分共 186 页，包括逐词对译、汉语意译和英语意译三个部分。逐词对译部分采取原文（方块布依字）、拉丁布依文转写、汉语和英语四行对照的形式。经文全文共 708 行，韵文体，以五言为主，杂有少量三言、七言句式。记录布依语的汉字均为当前使用的简体字，无"土俗字"和"自创字"。该套经文用于超度母亲亡魂的丧葬仪式。届时由布摩站在棺材边吟诵，众孝男孝女跪在棺材前聆听。经文讲述母亲一生的艰辛和功德，并告诫子女，要时时牢记母亲的恩情。

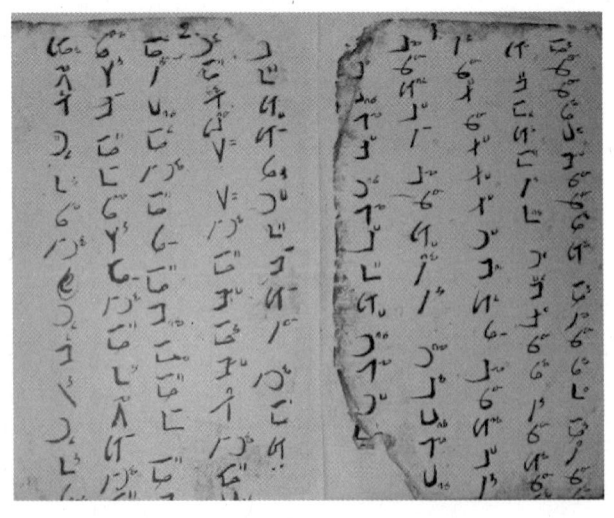

图 10　贵州省水城县锁蒿寨"白摩书"

流传于贵州省六盘水市水城县金盆乡金中村锁蒿寨。仅一本，不分卷，原书封面无书名，正文无标题。用于各种祭礼活动和丧葬仪式，内容包含亲人对死者的思念、祝福，对各种鬼魅的诅咒，对死者灵魂返回祖先居地所历艰辛的叙述等。经文为手抄本，文种为"波拉文"①，册页装，正向竖排。"波拉文"创制于1905年，20世纪上半叶在贵州西北部少数民族地区曾一度产生过较大的影响，不仅在苗族基督教教徒内部使用，也传播到了当地其他少数民族当中，布依族宗教人士大约也是在这一时期借用了这种文字抄写摩经（详见前文第二章）。贵州省六盘水市民宗局于90年代中期发现此书并复制存档，原抄本归还书主后即遗失。据书主介绍，原抄本所用纸质为白绵纸。从复印件外观来看，原书规格大约为240mm×150mm，版心为200mm×120mm。全书共135页，第1—16页每页5列，不分栏，无标点符号，每行字数（音节数）不完全相同，多的有20字，少的只有3字。第17页以后每页仅4列，分上下两栏，每行两句，每句一般5个字（即5个音节），多的有7至9个字。句与句之间无标点符号，间隔一个字左右，少数音节的右侧还有汉字注音。水城"白摩书"发掘于20世纪90年代中期，但至今未加以整理翻译，除在少量著作中有些简单的介绍以外，目前尚无较深入全面的研究成果。

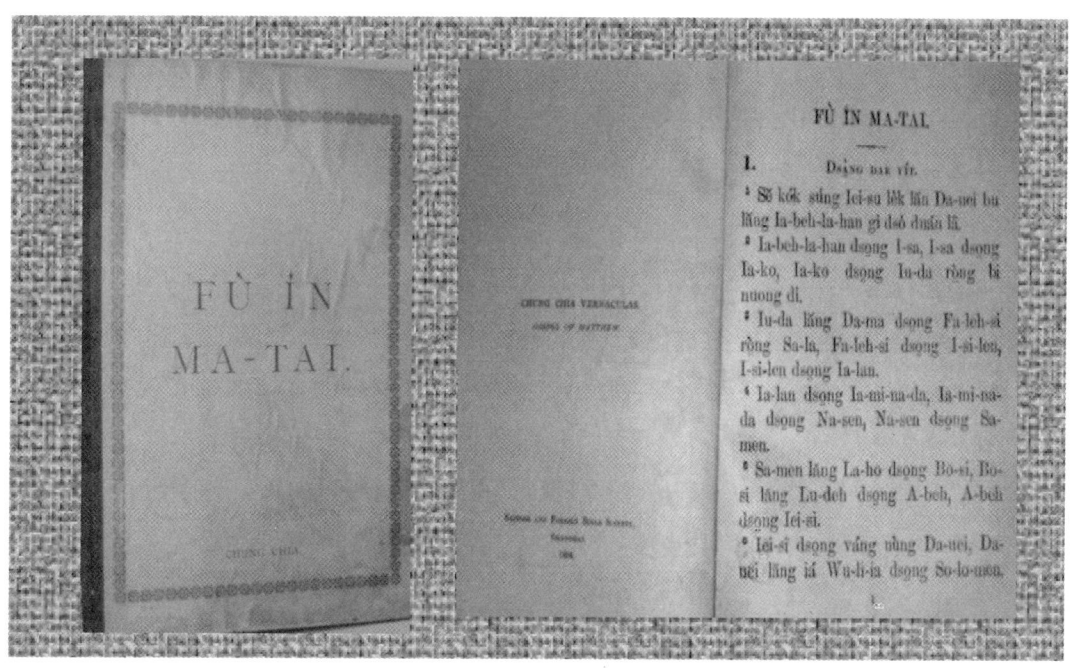

图11 布依族基督教古籍《马太福音》

原书名为 *Fù In Ma-Tai*，直译为"福音马太"（布依语语序），基督教《圣经·新约·马太福音》的布依语译本。1904年由上海大英圣书公会（British and Foreign Bible Society，Shanghai）出版，翻译时间和译者不详。全书共38章，每章均无标题，只有章序，如 Dsang dae yit（第一章）、Dsang dae nyi（第二章）……文种为拉丁文，印刷体，为了准确标注布依语的读音，在个别主要元音上增加了一些符号，如字母A下加一横，字母D上加两点等。书的开本为小32开，硬纸壳封面，封面呈浅棕色，正文部分采用新闻纸印刷。版式为正向横排。不包括版权页共166页，无目录。每页20行，天头（页眉）标有书名和该页所含章节的序号，地脚（页脚）正中标页码。该书目前收藏于中央民族大学图书馆。《马太福音》是基督教《圣经·新约》中的一个重要部分，主要叙述了耶稣的家谱、耶稣降生、逃难、受洗礼、受试探、召徒、向信徒传经论道、为众生解难、被犹大出卖、耶稣受难、复活等内容。

---

① 又称滇东北苗文、老苗文、柏格里苗文。

从外来词的拼写形式和读音来看，布依文版的《马太福音》是从汉文版翻译过去的，而且翻译者很可能精通汉语和布依语。如"亚伯拉罕（Abraham）"译作 Ia-be-la-han、"大卫（David）"译作 Da-uei 等。与汉文版的《圣经·马太福音》相比，该书在内容上略有删节。

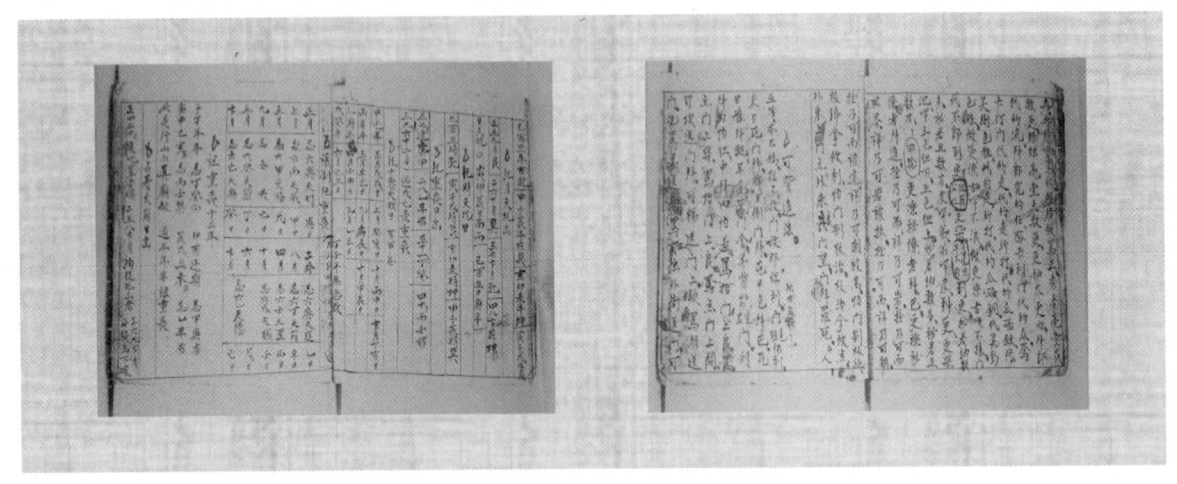

图 12　贵州省花溪区平桥村《砍牛经》

流传于贵州省贵阳市郊花溪平桥村的布依族摩经抄本，用汉字记录当地布依语语音抄写而成，册页装，仅一本，共 154 页，分三卷。封面没有书名，每卷也没有总的标题。各卷内共含小节若干，如卷一含"捧亡难裙补棺木"、"可埋拜彭"、"可豪撒身"等 6 节；卷二含"惰台朝然"、"墓告"、"朝然"、"惰台中字"、"点主"、"朝可床"、"惰台墓當" 7 节，其中"朝可床"又再分为"梁"、"门"、"梯"、"统"、"抵"、"台"、"字"、"云"、"山"、"麻"、"董"、"妇"、"棚"、"杨"、"歪"、"隼"、"隼乃" 17 节（原书亦称"卷"）；卷三含"当沽以漂潦"、"遍老"、"请多抵解傍"、"分花"、"发靰出丧"、"遍老收拴" 6 节。抄本所用纸为当地自产的一种白绵纸，版式为自右向左正向竖排，版心为 120mm×130mm，有单线版框，不分栏，每页 12 列，无列界，每列 18 个字，经文为韵文体，以五言句为主，并杂有少量三言、七言句式。经书在抄写时未加标点，后来为方便诵读才用圆圈等符号断句，所以句与句之间未留空间。经文字体为小楷，书法水平较高，各地布依族经文抄本中能达到与之同等书法水平的较为罕见。但错别字较多，比如布依语"母亲"（me^6）一词，各地抄本均用"乜（mie^{51}）"字来记音，而花溪抄本摩经却多处错写为"也"。抄本前 5 页为阴阳（算命）先生测算时日吉凶的内容，第 6 页为本书目录，但有一部分与正文中的实际内容不相符，如目录中所列标题有的在正文中找不到。抄本为注音和释义相结合，即一部分汉字注布依语语音，而另一小部分则直接将布依语翻译成汉语。如经文第一句"起到更酒更肉更饭罗"，其中的"到"、"更"为注音，汉义分别为"来"、"吃"，而"起"、"肉"、"酒"、"饭"，均为释义，诵读时要分别读为 zun^5、no^6、lau^3、γau^4。因此，只有对经文非常熟悉的经师（布摩）才能正确地解读。花溪摩经此前已整理出版（内部资料）过两个版本：一个版本是由班光瑶、孙朝定和赵焜搜集整理的竹林村"祭祀经"，刊载于 1988 年出版的《民族志资料汇编》第 6 集（布依族）（第 249—273 页）。另一个版本是由韦廉舟、吴启录和赵焜搜集、整理和编译的花溪把火寨"牛经书"，刊载于 1984 年由贵州省民间文艺研究会编印的《民间文学资料》第 65 集（上、下）。但这三个版本在内容上都互不相同，各有详略。

第六章　古籍珍品图片及说明　1113

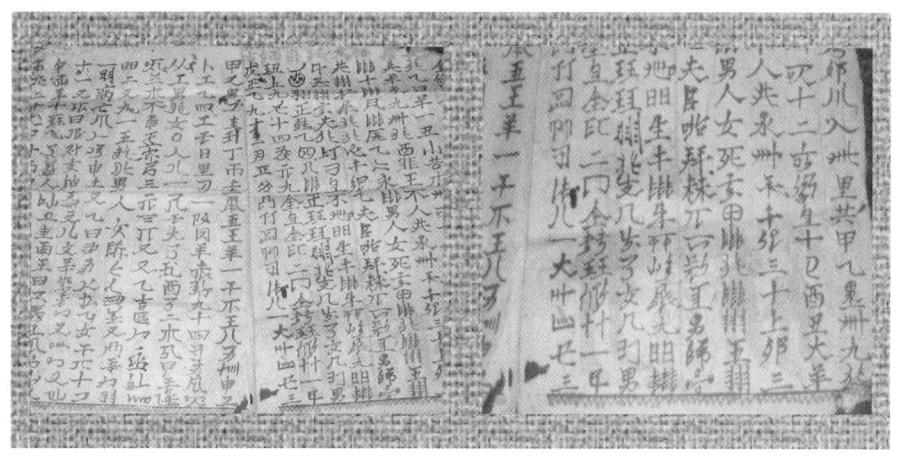

图 13　贵州省威宁县花园村《白摩书·幡文》

　　流传于贵州省毕节地区威宁彝族回族苗族自治县新发乡花园村的摩经抄本中的一种，不分卷，散页，没有连贯的内容。纸质为本地自产的白绵纸。纸的幅面大小不统一，最大的约 8 开，小的约为小 16 开。共 57 页，多数是在当地布依族丧葬祭祀活动中所绘制的神龛图或幡文的样式图，一部分为图文混排，少数为单纯的文字。文字包括三种类型：其一是汉文汉义，普通人能看得懂，如"天干"、"地支"、"甲乙子午九、乙庚丑未八、丙辛寅申七……"之类。其二是用汉字记录当地布依语语音，这类字比较少，只有当地布摩能读得懂。其三是有相当大一部分采用的是一种比较特殊的文字符号，这种文字符号据当地白摩（布摩）讲已经没有人能识读了。其中一部分字为汉字变形而成，如"疘"（"元"字变形）、"卉"（"井"字变形）、"亙"（"五"字变形）、"全"（"金"字变形）等，另一部分则为其他来源不明的文字符号，如"犯"、"羽"、"叱"、"叻"等。在这些符号当中，有一部分很像当地彝文，但经专家研究，仍然无法理解其含义。由于无法识读这些文字符号，因此，用它们所撰写的经文的内容也就无法破解。目前，用这种文字抄写的经文主要出现在祭幡上，而不在丧葬仪式上念诵。经文采用自上而下竖排的形式，句间无标点，每页 9 列，每列 23 个字，不分栏，无版框，天头和地脚各有一条黑线加一条红色的波浪线作为装饰。原件边缘部位破损比较严重，部分临边的字已经缺损。

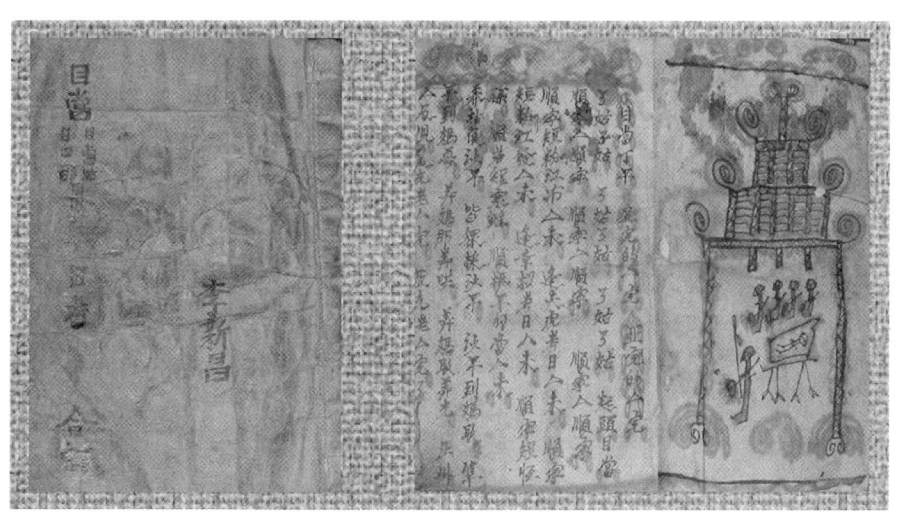

图 14　贵州省威宁县花园村《白摩书》

流传于贵州省毕节地区威宁彝族回族苗族自治县新发乡花园村一带的布依族摩经抄本，当地人用汉语称"白摩书"。经书用汉字记录当地布依语语音抄写而成，文字采用正向（即从右至左）竖排，册页装，形制为长条形，纸质为当地民间自产的白绵纸，封面为牛皮纸。"白摩书"共两本，第一本68页，只有"盃已"一卷。全文为韵文体，以五言句为主，杂有少量七言句式。版心为140mm×200mm，每页书写8列，每列14个字，不分栏，句尾无标点符号，句与句之间以一个汉字的空位隔开，没有版框和列界，不标页码。第二本52页，分"目当"、"目劳坏"、"目恒申"、"目当油"、"目考"等若干卷。除"目当"一卷篇幅稍长外（32页），其余各卷都较短，多则3—4页，少则1页。版心为150mm×220mm，每页一般书写9列，每列16—18字，不分栏，句间空一字，用红笔标小圈表示断句，无页码，版心上下两端各有一条红线作为版框，天头还用红笔描绘一些花纹作为装饰图案。这套摩经主要用于丧葬祭祀活动，内容上与镇宁普里的《古谢经》比较接近，但要简略一些，如"目考"（即"头经"）一卷仅3页，不足100列。大多没有完整、连贯的故事情节。"目当"系指路经，即由布摩给亡灵指引通往"冥界"（或祖先居住的地方）的道路，内容上与镇宁普里《古谢经》中的"穆荡"相似，水城金盆乡锁蒿寨的"白摩书"也有类似的内容。与花园村相距不到5公里（也属新发乡）的一个布依族村寨也有一套摩经，分"盃当"、"盃已"、"忠书"三卷，亦为汉字记音抄本，经书形制、版式与花园村"白摩书"大体相似，内容也大同小异。

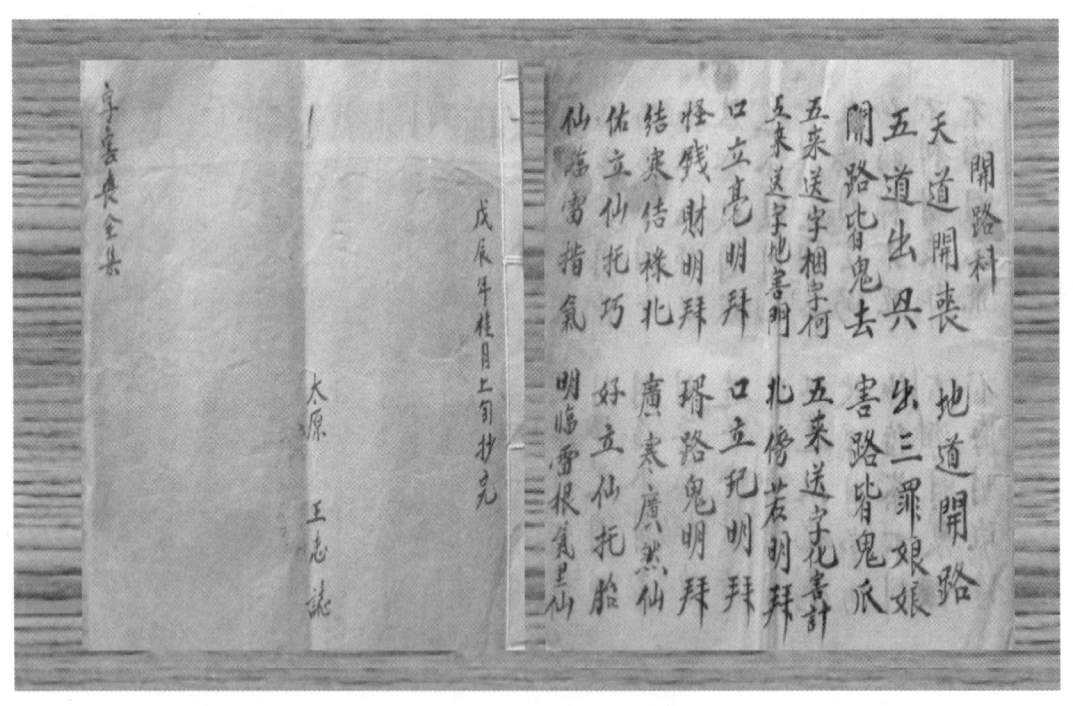

图15　贵州省册亨县冗渡《摩经》

流传于贵州省黔西南布依族苗族自治州册亨县冗渡镇冗渡村的布依族摩经抄本，册页装，共三本。均用汉字记录当地布依语语音抄写而成。最早抄本的形制和版式不清，现行抄本成书于1918年（戊辰），书法水平在目前所搜集到的布依族摩经抄本当中算得上较高的。纸质为当地自产的白绵纸，用牛皮纸做封面，其中两本为宽幅形，规格为150mm×200mm，另一本为长条形，规格为150mm×100mm。第一本为"开路"专用经文，封面书名为《字开丧全集》，共31页，分5卷，包括"开路科"、"当盆"、"禳永科"、"禳阿科"和"禳双官木"。版式采用正向（即右至左）竖排。每页11列，分上、下两栏，每列两句，每句以五言为主，杂少量七言句，句间无标点符号，无版框，行间距较大。

第二本为《字當全集》（即各地摩经中都有的"摩當"），共63页，不分卷，按内容和功能的不同分15个小节，各小节无独立标题，版式与第一本完全相同。这两本经文是当地摩经最重要的组成部分，用于超度死者灵魂的丧葬仪式。第三本幅面较小，共41页，每页5列，分上、下两栏，每列两句。主要用于日常的一些宗教祭祀活动，如驱邪禳灾、添福增寿等仪式。

图16 贵州省罗甸县八总《砍牛经》

流传于贵州省黔南布依族苗族自治州罗甸县八总一带的布依族摩经抄本，当地称为"砍牛经"。经文为韵文体，绝大部分为五言句，杂有少量七言句以及其他句式。用汉字记录当地布依语语音抄写经文装订而成，册页装，纸质为当地自产的白绵纸。八总"砍牛经"抄本共6卷（6本），每卷均用较厚的牛皮纸做封面，其中的三四两卷的封面还用牛血浸泡过，具有防潮、防蛀的功效。原始抄本的形制及版式不清，现流行的抄本成书于20世纪40年代前后。第一卷共47页，含"记板"、"记然罕"、"记庞记鸭"、"来祖"、"记㓥交嘹"、"记地科文"6个小节。封面将各小节标题全部列出，没有总的名称。形制为长条形，版心规格为80mm×125mm，每页5列，每列两句，分上、下两栏。第二卷共89页，无封面，长条形，版心规格与第一卷相同，但行距较小，每页7列，每列两句，亦分上下两栏，不分节。第三卷共72页，有封面，但标题字迹不清，形制为宽幅形，版心规格为135mm×190mm，每页10列，每列两句，亦分上下两栏，按内容不同分为若干小节，其中的"记地科文"一节与第一卷重复。第四卷共90页，形制与第三卷相同，版式也完全一样，无标题。第五卷共178页，封面题为"司禳暮汉皇江洞国或禳和求花"，包含两个部分。第一部分（第1—89页）为"安王与祖王"的又一个版本，经文中分别称为"汉皇"和"祖皇"，全文共1200多句（行），内容上比望谟版的要简略一些，但比贞丰岜浩版的要详细得多。第二部分系各种驱邪禳灾仪式上吟诵的经文，共三节。第六卷共64页，封面题为："唤栏魁芯斋·诛旦科仪"，分6个小节，即"唤兰修芯奈"、"唤嗱怀兰傍"、"唤查地三沌"、"唤嗱马"、"唤张七"和"唤嗱怀兰傍"。"唤"即布依语"歌"的意思，"兰魁"即举行丧葬活动的人家，因此，此卷经文是在丧葬活动中吟唱的歌，其功能与贞丰岜浩村摩经中的"温"基本相同。经卷形制为长条形，规格尺寸与一二卷相似，但版式略显凌乱，每页7—8列不等，每列字数也不一样，最多为17字，不分栏，也没有标点符号，断句处用红笔标上小红圈。罗甸八总摩经系多人誊写，因此，书法风格各卷不同。

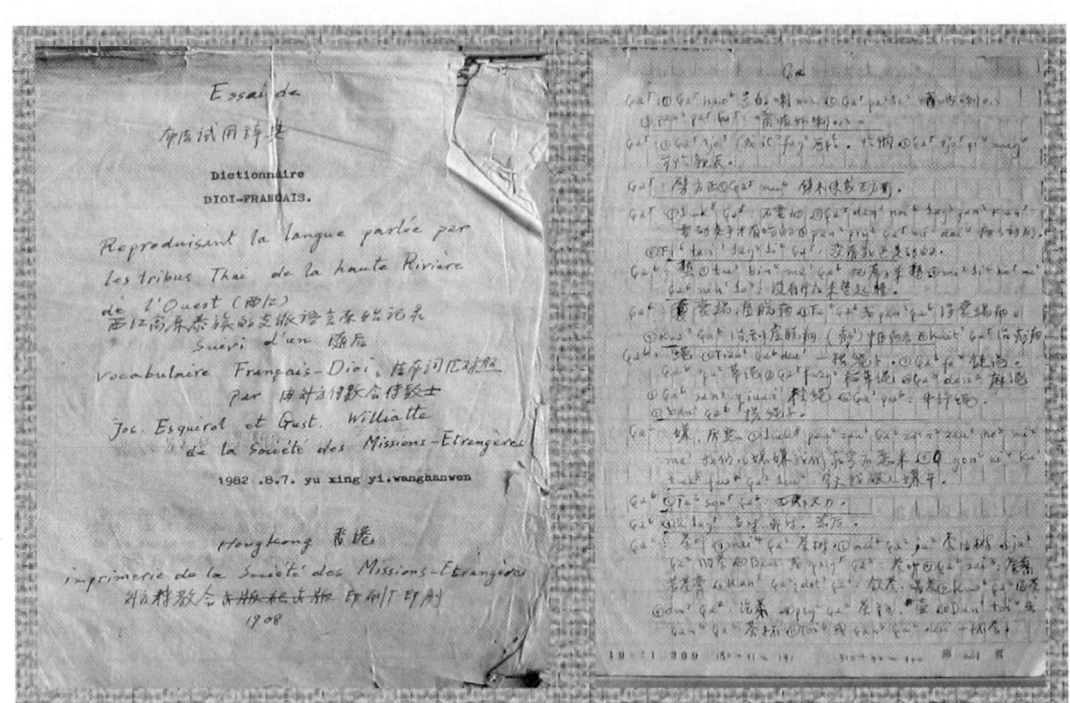

图 17　布依族天主教古籍《布依—法试用词典》（翻译整理手稿）

《布依—法试用词典》为法国传教人士学习布依语的工具书，采用拉丁文记布依语语音的形式，记录了布依语中的基本词汇、短语及歌谣、谚语等，其"前言"部分简要介绍了布依族的源流、居住地域及其气候特点和与其他民族的关系等。本书雏形为《法布词汇对照》，首先是对西江高原台语支语言的原始记录，随后由外方传教士若瑟·方义仁和奥斯定·卫利亚编纂成书，1908年由香港外方传教会印刷厂印刷第一版，正式命名为《布依—法试用词典》（法文版），1982年由王汉文完成第一次翻译整理稿，但已将记录布依语词汇的拉丁文全部转写成了国际音标，看不出词典的原貌。同年由罗希、张兆吉、罗儒栋完成第二稿，1992年定稿，手稿现存于贵州省黔西南布依族苗族州民族宗教事务局，整理审订稿存于省民宗委古籍办。

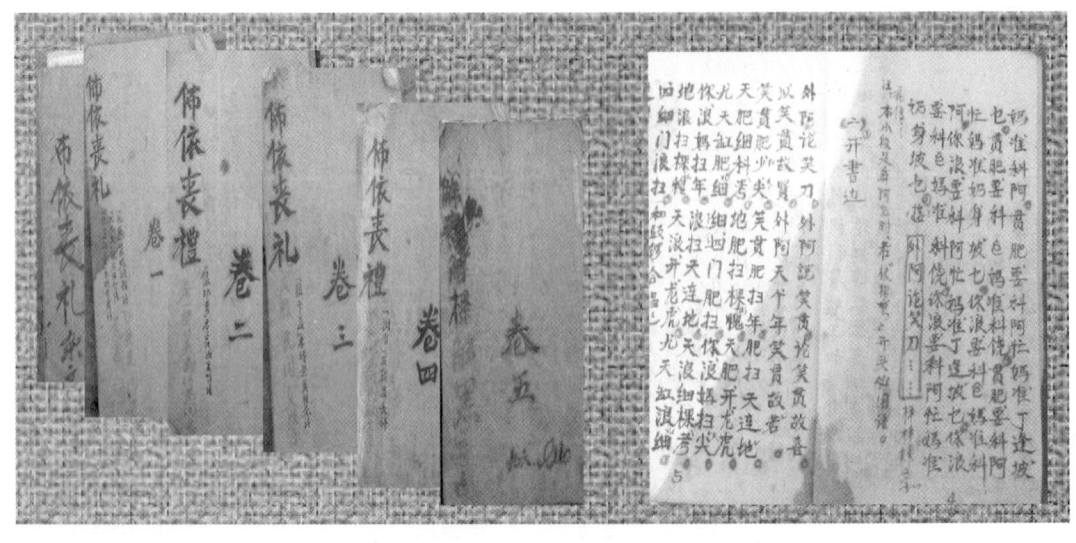

图 18　贵州省贞丰县纳婵村《摩经》

流传于贵州省黔西南布依族苗族自治州贞丰县珉谷镇岩鱼村纳婵一带的布依族摩经抄本，当地称为"诗摩"。经文为韵文体，句式以五言句为主，并杂有七言、九言等句式。用汉字记录当地布依语语音抄写经文装订而成，册页装，纸质为当地自产的白绵纸。贞丰纳婵摩经抄本共6卷（6本），每卷篇幅不等，经文内容用毛笔抄写在白棉纸上，书法不甚工整，版式也比较凌乱，但字迹比较清楚。均为正向竖排，每页列数不等，不分栏，以红笔画小圆圈作为句间标记。每卷分别含若干小节，各小节均有标题。不同的小节分别用于丧葬仪式上的不同场合。经书以较厚的牛皮纸做封面，前五卷为丧葬仪式上吟诵的经文，第六卷为日常宗教仪式所用的杂经。现行版本抄于1996年，据书主称是照原始抄本重新誊写的，原抄本的形制及版式不清。目前的抄本用字均为当前简化汉字，基本上没有自创"土俗字"。

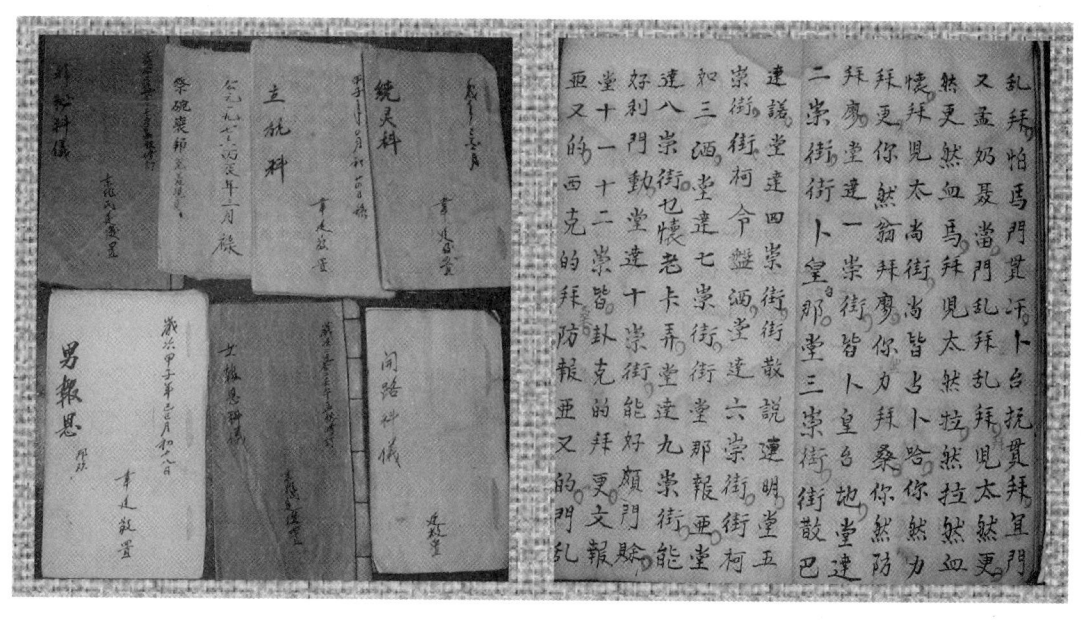

图19　贵州省贞丰县长田乡坪寨《摩经》

布依族摩经抄本的一种，用汉字记录布依语语音抄写成书，流传于贵州省黔西南布依族苗族自治州贞丰县长田乡坪寨村一带，布依语称为"诗摩"，即"经书"。该套经书共8本，不分卷，按不同用途进行排序，分别为"开路科仪"、"女报恩科仪"、"男报恩科"（布依语称为"邦欢"）、"绕灵科"、"立幡科"、"祭碗丧邦"、"外秘科仪"和"书欢计"。经文为韵文体，以五言句为主，并夹有部分七言、九言等句式。经书为册页装，纸质为当地自产的白绵纸，版式为正向竖排，右行，订口位于右侧，用棉线或白绵纸捻线装订，以牛皮纸做封面。封面从右自左分别标写有经书抄写时间、抄写人和卷名。开本从120mm×180mm到120mm×200mm不等，均为长条形。其中"开路科仪"48页，每页10列，无页边和地脚，天头10mm，不分栏，句与句之间以红笔描圈作为标记。"外秘科仪"共44页，每页6—8列不等，无页边，天头宽15—20mm，地脚5—10mm，大部分内容无小标题，从第39页开始分为"干旦"、"哈忙咒"、"解引尾子"3个部分。"女报恩科仪"共31页，每页6列，列间距较大，自第21页开始分为"送恶"、"送位男"、"达位女"、"好粉"、"旦高"5个部分。"男报恩科"（邦欢）共51页，每页7列，无小标题。版式较为规范，书法也比较工整，天头、地脚分别宽8—10mm，页边较窄。"绕灵科"是坪寨摩经中篇幅最长的，共71页，每页8列，不分小标题，无页边和地脚，天头宽10—15mm。"立幡科"共35页，每页7列，无页边，地脚宽5—10mm，天头宽15—20mm，全书不分段，最后插入"外秘科仪"中的"哈忙咒"一节。"祭碗丧邦"（克羞现良），共44页，每页8列，无页边和地脚，天头宽 10—15mm，第 1—15 页不分段，第 16 页开始分为"立幡咒"、"好粉"、"干然"、"干捞"等 18 个小标题。"书欢计"共 55 页，每页 7 列，无页边，地脚宽 5—10mm，天头宽 15—20mm。分为若干小段，但无标题。贞丰坪寨摩经绝大部分用于丧葬活动，其中的一部分，如"祭碗丧邦"（克羞现良）除了在丧葬仪式上吟诵以外，也用于日常祭祀，内容十分丰富。坪寨摩经经过几次转抄，最近的一次是 20 世纪 90 年代完成的。较早的版本已经很难见到，损毁也比较严重。经书在转抄的过程中，大多数文字已经改变，原版本中的繁体字多数已变成了简体字，基本上消除了自创"土俗字"。

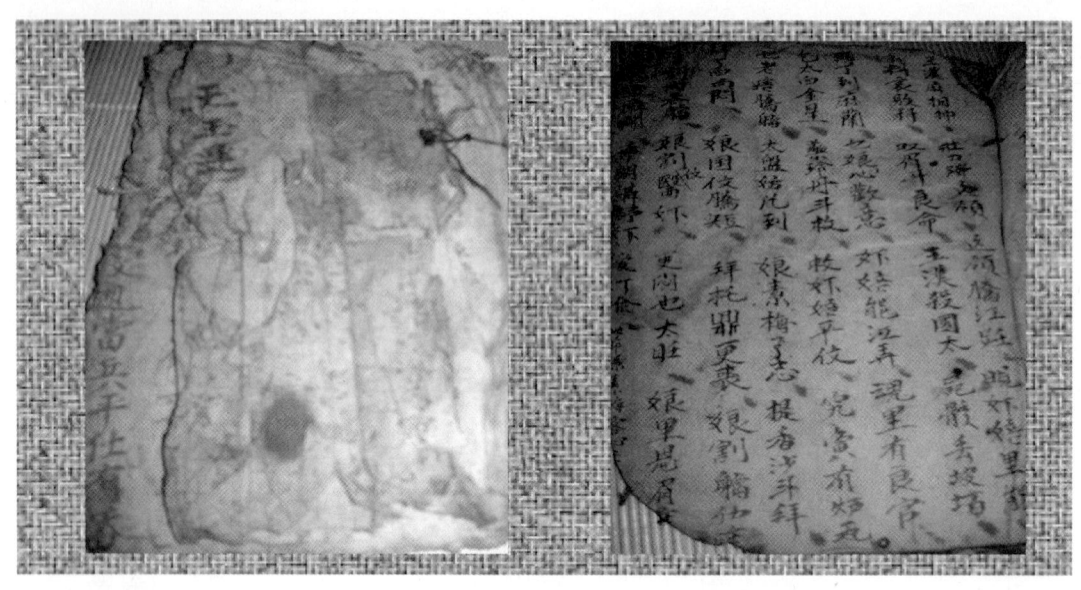

图 20　贵州省望谟县渡邑村叙事长诗《王玉连》

流传于贵州省黔西南布依族苗族自治州望谟县昂武乡渡邑村一带的布依族民间叙事长诗抄本，是宗教文献以外布依族民间少有的文献古籍。抄本内容讲述的是一个歌颂善良、鞭笞邪恶的故事，系清末望谟渡邑村文人王廷彬根据《幼学》中关于王伦家世的故事改编而成，韵文和散文相间。以汉字记录布依语语音并抄写成书，册页装，纸质为当地自产的白绵纸，用毛笔誊写。但损毁非常严重，封面字迹已经很模糊，只能依稀辨认出"王玉連"几个字。正文分上、中、下三卷，共 71 页，版式为正向竖排（即自右向左），版心为 150mm×220mm，无天头和地脚，每页 8—10 列不等，多数页靠页边的文字已经残缺，无版框，不分栏。韵文部分每列排 4 句，均为五言句，句与句之间有一字的间隙，同时以红笔标点作为句标记，形成自然的 4 栏。散文部分只有红笔标记，无句间隙。所用汉字绝大多数为常用字，只有少数为土俗字，如"奸"、"退"、"班"、"沤"、"牺"、"鹅"、"拎"、"扭"、"妆"、"瑶"等。故事采用韵文和散文相结合（即唱、白相间）的形式，这种讲述故事的方式在贵州西南布依族地区比较流行。故事梗概是：古时候，一个姓王的人先后娶了两个妻子都没有生育，算命先生告诉他，再娶一个妻子，就能生育。他于是娶了第三个妻子。一年后，三个妻子竟同时怀了孕，并于同年同月同日同时各生下一男孩。大妈生的取名王玉连，二妈生的取名王金连，三妈生的取名王银连。王玉连从小聪明伶俐，勤奋用功，凡事总比两个兄弟胜一筹，引起二妈和三妈嫉妒，设计欲害死玉连。一天，玉连放学先回来，二妈三妈端出放了毒药的包子让他吃，被知情的女仆暗中告知，玉连终免毒害。玉连见势不妙，与双目失明的母亲外出乞讨度日。八九年后，柳员外家招婿，王玉连被柳小姐看中。柳小姐不顾家人反对，与王玉连结成眷属。后来，当"曹操来攻打皇帝"，王玉连被征参战。他英勇善战,"打得曹操的人马都死光了",只剩下七名女将。一个月后,他再次出征,准备捉拿七名女将时,不幸身陷壕沟,被敌人擒住。七名女将对他软硬兼施,力图使他降伏。玉连佯降求和,取得女将信任,之后寻机智斗,"割得了七名女将的头",立下大功,凯旋回朝,受到皇帝嘉奖,被任命为元帅。

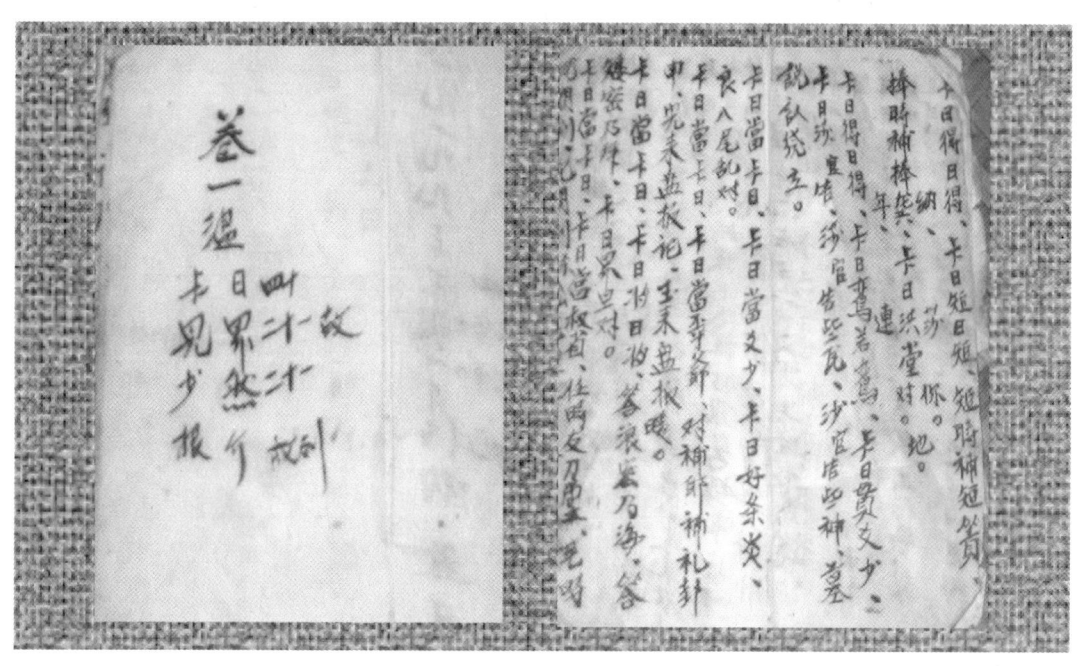

图 21　贵州省贞丰县岜浩村摩经之《温》

　　流传于贵州省黔西南布依族苗族自治州贞丰县北盘江镇岜浩村布依族摩经中的一个重要组成部分。"温",当地布依语读音为 van^{33},意即"歌"。共分三卷,各卷没有专门的卷名。第一卷包括 4 个小节,即"温卡日(van^{33}ka^{35}ðɯ^{31})"(呼吼歌)、"温见界(van^{33}tɕiat^{35}tɕai^{35})"(问病歌)、"温报介(van^{33}pa:u^{24}kai^{31})"(报女婿歌)和"温少然(van^{33}sa:u^{42}ða:n^2)"(建家歌),共 59 页;第二卷包括 5 个小节,即"温窝温玉(van^{33}ɣo^{3}van^{33}ji^{24})"(穷困鳏寡歌)、"温儿贾(van^{33}lɯk^{11}tɕa^{42})"(孤儿歌)、"温送仙(van^{33}θuaŋ^{24}θian^{33})"(送仙歌)、"温屯田(van^{33}tɯk^{35}tian^2)"(诅咒歌)和"温唵(van^{33}ʔa:m^{33})"(猜歌),共 69 页;第三卷包括 3 个小节,即"温少友少岜(van^{33}sa:u^{42}jəu^{42}sa:u^{42}pja^{11})"(兴起情侣和分别歌)、"温条(van^{33}teu^{31})"(逃婚歌)和"温降(van^{33}tɕam^{24})"(贬抑歌),共 62 页。经文均用汉字记录布依语语音抄写,纸质为白绵纸,册页装。经书为长条形,规格大约为 200mm×320mm,文字正向竖排,每页抄写 5—7 列不等,不标页码。每列最多有 19 个字,不分栏,句与句之间有标点符号。复沓句式多是布依族摩经的一个主要特点,"温"经部分也不例外。复沓部分通常只有一两个字不同,因此,为了节省篇幅和抄写时间,在抄写过程中常常省略重复的部分,只将不同的字并列放在一起,版面显得有些凌乱。岜浩村的经书有较长的历史,在传承过程中经过了几次转抄。现行版本是 1993 年抄写的,错漏较多。"温"经的内容比较庞杂,有的唱述男女青年之间相互交往和谈情说爱的过程,有的唱述伐木给死者制棺的过程,有的唱述有儿有女者的好处和鳏寡孤独者的凄苦境况,有的则唱述仙境的美好以及亡灵到仙境后能得到的种种好处。"温"经绝大部分内容带有娱乐性质,在殡葬这样一种庄严肃穆的场合使用主要具有愉悦来宾和愉悦亡魂双重功效。

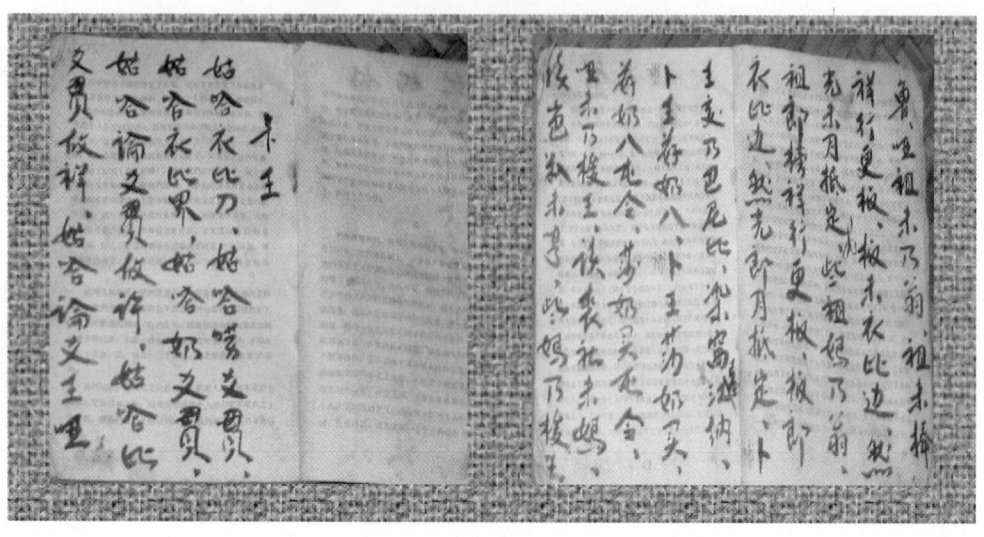

图 22　贵州省贞丰县岜浩村摩经之《卡王》

流传于贵州省黔西南布依族苗族自治州贞丰县北盘江镇岜浩村布依族摩经中的一个重要组成部分。"卡王"布依语读音为 ka:u^{24}waŋ^{31}，以前的抄本曾转写为"告王"，与布依语的实际读音比较接近，"卡王"是现行抄本的转写法，也称 mo^{33}ðu^{11}tɕau^{35}，即"赎头经"，不分卷，用汉字记录布依语语音抄写。原抄本的纸质、规格和版式不详，现行版本为 20 世纪 90 年代初用毛笔在一本小 32 开旧书上誊写，共 29 页，文字采用正向竖排，每页仅抄 5 列，每列 9—10 字不等，不分栏，每句之间有标点符号，不标页码。此卷经文在超度非正常死亡者的"赎头"（亦称"罕亡"）仪式上吟诵。经文的首尾唱述亡魂在游魂世界中如何黑暗孤寂，因而举行接魂仪式将其带出。经文内容实际上是《安王与祖王》的一个翻版，但篇幅不及望谟白头坡版《安王与祖王》的五分之一，只有 341 句（即横排的"行"）。从安王如何受到其继母和同父异母弟弟祖王的虐待，并决心报复惩罚他们说起。其他部分均已省略。

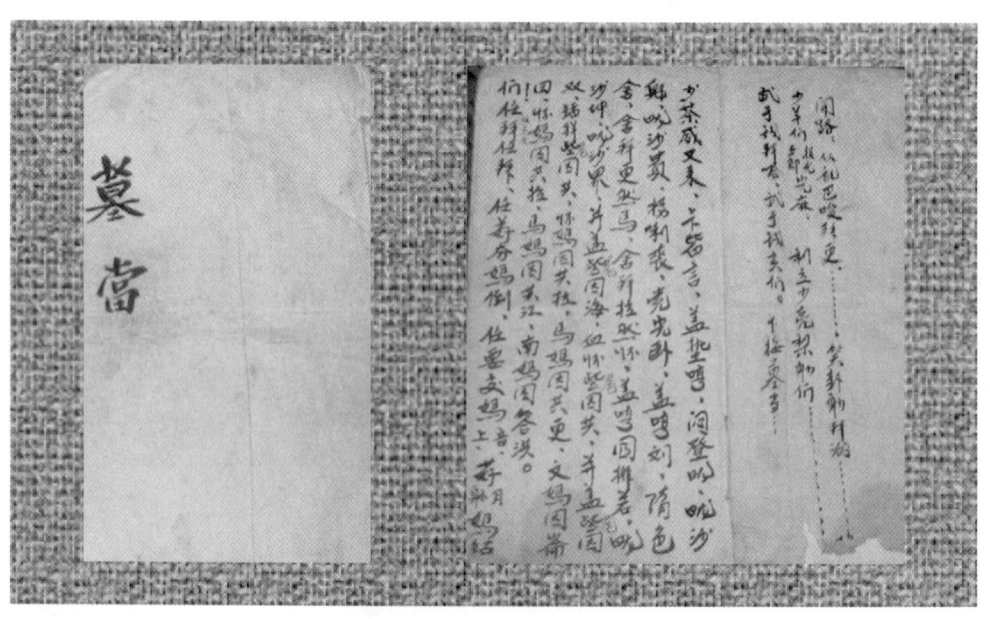

图 23　贵州省贞丰县岜浩村摩经之《墓當》

流传于贵州省黔西南布依族苗族自治州贞丰县北盘江镇岜浩村布依族摩经中的一个重要组成部分。"墓當",布依语读音为 mo^{33} taŋ^{24},直译为"嘱咐经"。经文共33页,不分卷,用汉字记录布依语语音抄写在白棉纸上,册页装,书形为长条形,规格约为 600mm×1500mm,版式为正向竖排,不分栏,每页7列,每列抄满为 18—20 字不等,不标页码,句与句之间有标点符号。现行抄本的"墓當"并没有记录这卷经文的全部内容,根据 20 世纪 80 年代中期周国茂记音整理的"墓當"篇幅较长,共 986 行[①]。而现行抄本只有不到 700 行,有可能是布摩在抄写过程中把自己熟悉的那一部分省略了。"墓當"系出殡前由布摩在灵柩旁吟诵,其中一部分要默念,主要是指引亡灵通往冥界(或祖灵居住的地方)的路途,告知每个地方各有什么特点,并嘱咐他到每个地方应该如何应付,到了祖先居住的地方后如何与别人一样过好日子等。此卷经各地摩经中都有,名称也基本相同,如册亨县冗渡摩经称"字当"、威宁县新发的白摩书称"目当"、镇宁县普里的"古谢经"称"穆荡",但内容差异较大。

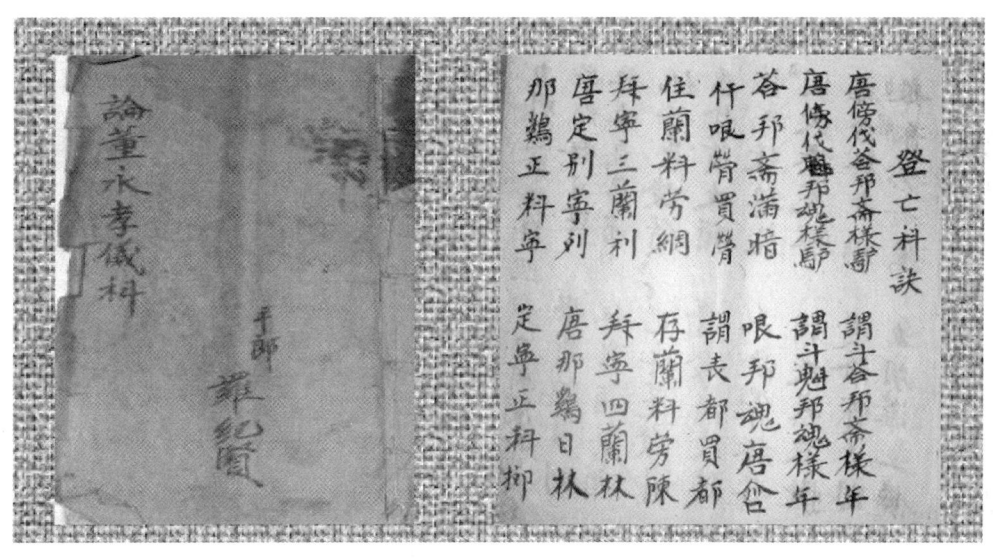

图 24　贵州省望谟县平郎村摩经之《登亡科诀》

流传于贵州省黔西南布依族苗族自治州望谟县复兴镇平郎村布依族摩经中的一个重要组成部分。"登亡"即布依语 taŋ^{35} fa:ŋ^{11} 一词的音译,义即"嘱咐亡灵"。"科"是布摩给经文分类用的一个术语,某一部经作什么用就称"某某科","诀"指顺口押韵、容易记忆的词句。"登亡科诀"共 105 页,1800 余行(即 1800 余句),不分卷,按内容不同分为 5 个小节,小节之间无明显标记,也无序号,仅有几句承上启下的话。原始抄本的形制和版式不详,现行抄本系 1995 年转抄。抄本为汉字记录布依语语音抄写装订而成,册页装,纸质为当地自产的白绵纸,白中略泛黄。版式为正向竖排(即从右至左),每页 9 列,每列两句,句间无标点符号,按自然断句分为上、下两栏,栏宽约为一个汉字,列距较宽。版心为 180mm×200mm,天头大,地脚小,部分页面的地脚几乎没有空白。"登亡科诀"系死者的灵魂借布摩之口对其家人、亲友以及村子里所有的人进行一一告诫,嘱咐他们,做子女的要孝敬父母、长辈,做父母的要关爱自己的子女,要帮助孤寡、勤俭持家,等等。同时,死者的亲人也借布摩之口嘱托死者的灵魂,一路走好,顺利到达祖宗居住的地方,去成仙成佛。

---

①　20 世纪 50 年代以来翻译整理布依族古籍都采用横排的版式,以摩经中的一句为一行。所以原抄本竖排版式的"列"与翻译整理本的"行"不对应。

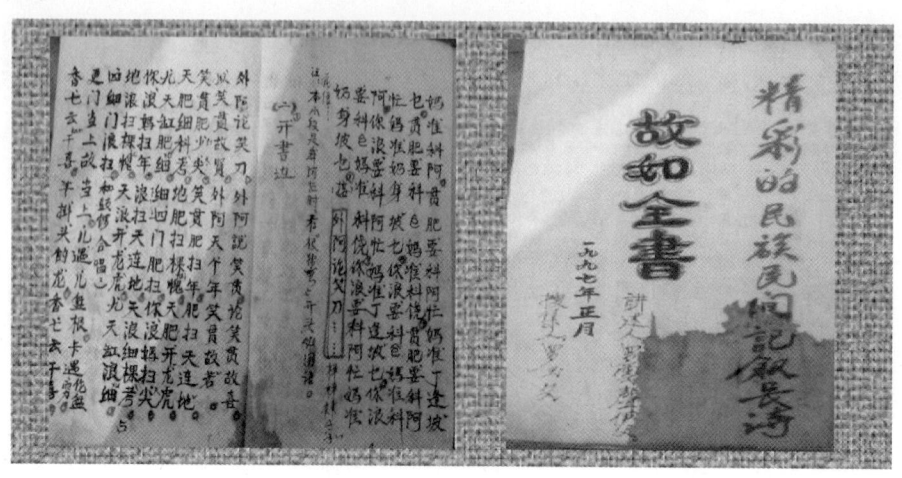

图 25　贵州省贞丰县纳婵村《摩经·开书边》

　　流传于贵州省黔西南布依族苗族自治州贞丰县珉谷镇岩鱼村纳婵布依族摩经中的一部分，布依语称 kuə⁶zu⁶，汉文名称为"开书边"，由布摩在为非正常死亡者举行"赎头"仪式上唱诵。内容和望谟白头坡的《安王与祖王》大体相同，但篇幅不及《安王与祖王》那么长。经文讲述了这样一则故事，主人翁安王和祖王为同父异母所生，安王是哥哥，祖王是弟弟，祖王的母亲偏向自己的儿子，事事对安王不公。后来安王和祖王发生了争斗，杀得天昏地暗，两败俱伤。安王出走，寻找自己的靠山。祖王母子仍不肯放过安王，找借口将他骗了回来，欲将他害死，所幸有外家人救助，方得脱险。安王二次出走，决心施法术来整治祖王和后母。祖王母子又设计将安王骗回，打算将其除掉。安王再次获救，到了天上，并借助上天之力，对祖王母子进行报复。后来，祖王答应与安王平分天下，并交纳贡品，才得以相安无事。经文共 700 余行[①]，韵文体，以五言句式为主，并夹杂七言、九言、十一言等句式，少数句子为八言、十言、十二言等偶数音节的句式。经文以汉字记布依语语音，抄写于白绵纸上。版式为竖排，每页 10 列，列间距较小，不分栏，句与句之间有一定间隙，并以红笔画小圈作为标记。所用汉字均为通用字。

---

① 转写后横排，每句为一行。

第 七 章

古籍珍品释读

一　安王与祖王…………………………………………………………………………（1123）
二　马太福音（选择）…………………………………………………………………（1152）
三　穆考（头经）………………………………………………………………………（1157）
四　贵州省水城县锁蒿寨布依族"白摩书"节译………………………………………（1180）

布依族古籍文献的分布几乎遍及所有的布依族地区，按语言内部的差异，布依语三个土语区都有抄本，各地古籍文献所采用的文字可分为三种类型，即汉字及其变体、拼音文字和特殊符号，拼音文字又包括"波拉文"和拉丁字母文字两种（详见第二章）。本章从布依族众多的文献古籍文中选译了四篇，分别代表布依语三个土语和三种不同的文字。其中的三篇是第一次挖掘整理出来的。第三篇选自1994年由贵州民族出版社出版的《古谢经》，选入本章后在文字上作了适当的修改。

一　安王与祖王[①]
（选自贞丰县纳婵村布依族摩经）

外　阿　论　笑　刀
wais hraz lenh xauhdaul[②]
vai⁵ ɣa² lɯn⁶ ɕau⁶ tau¹　　　　　　　　　　　　听我讲远古的事，
奴　要　论　前世

[①] 贵州省贞丰纳婵村的"安王与祖王"是第一次挖掘整理出来的。故事情节生动，脉络比较清楚，篇幅虽不及望谟、册亨、罗甸等几个版本，但比贞丰邑浩村的要长一些，较有代表性。故事从安王与祖王发生争执开始叙述，到安王借助雷公和龙王的力量对后母和祖王实施惩罚，直到他们最后臣服，愿意纳贡为止。全文共700余行，这里选译了其中的前半段。贞丰布依语属于第一土语，纳婵村摩经所用文字为汉语方块字，较少有自创的土俗字。

[②] 本行为现行的拉丁字母布依文，但为了如实地反映贞丰纳婵当地布依语的语音，本书没有按标准音点望谟复兴镇的布依语语音进行规范。

外　阿　说　笑　贯
wais hraz nauz xauhguans
vai⁵ ɣa² nau² ɕau⁶kuan⁵
奴　要　说　　前世

听我说从前的事，

论　笑　贯　故　喜
lenh xauhguans guh xix
lɯn⁶ ɕau⁶kuan⁵ ku⁶ ɕi⁴
论　前世　做　高兴事

讲往事解乏，

以　笑　贯　故　玄
yix xauhguans guh xianz
ji⁴ ɕau⁶kuan⁵ ku⁶ ɕian²
议　前世　做　解闷

议往事当休闲，

枯　阿　天　月　年　笑　贯　故　若
gul hraz dianl ndianlnianz xauhguans gul rox
ku¹ ɣa² tian¹ ʔdian¹ nian² ɕau⁶kuan⁵ ku¹ ðo⁴
我　要　提到　年月　　前世　我 知

我要把我所知道的故事讲给你听。

笑　贯　肥　少　尖
xauhguans fih saaux nyud
ɕau⁶kuan⁵ fi⁵ saːu⁴ ȵut⁸
前世　未　兴　月

远古的人们尚未兴时辰，

笑　贯　肥　少　年
xauhguans fih saaux nianz
ɕau⁶kuan⁵ fi⁶ saːu⁴ nian²
前世　未　兴　年

从前的人们尚未兴年月，

肥　少　天　连　地
fih saaux dianl lianz dih
fi⁶ saːu⁴ tian¹ lian² ti⁶
未　造　天　和　地

天地一片混沌，

天　肥　细　棵　考
dianl fih xih golgaauc
tian¹ fi⁶ ɕi⁶ ko¹kaːu³
天　未　造　　樟树

天还没有造出樟树，

地　肥　少　棵　槐
dih　fih　saaux　golfaaiz
ti⁶　fi⁶　saːu⁴　ko¹faːi²
地　未　造　　斑竹

地上还没有长出斑竹，

天　肥　开　龙　虎
dianl　fih　hraail　lungffuj
tian¹　fi⁶　ɣaːi¹　luŋ²　fu³
天　未　开　龙　虎

天地四方未成形，

九　天　缸　肥　细
guc　dianl　gaangl　fih　xih
ku³　tian¹　kaːŋ¹　fi⁶　ɕi⁶
九　天　罡　未　造

斗转星移还没有秩序，

四　细　门　肥　少。
sris　xih　mbenl　fih　saaux
θi⁵　ɕi⁶　ʔbɯn¹　fi⁶　saːu⁴
四　时　天　未　造

日月轮转还没有形成。

你　浪　妈　少　尖
nix　langs　mal　saaux　nyud
ni⁴　laŋ⁵　ma¹　saːu⁴　ȵut⁸
现在　才　来　兴　月

现在才兴时辰，

你　浪　妈　少　年
nix　langs　mal　saaux　nianz
ni⁴　laŋ⁵　ma¹　saːu⁴　nian²
现在　才　来　兴　年

现在才兴年月，

浪　盘　天　连　地
langs　banz　dianl　lianz　dih
laŋ⁵　pan²　tian¹　lian²　ti⁶
才　月　天　和　地

天地才完全分开，

天　浪　细　棵　考
dianl　langs　xih　golgaauc
tian¹　laŋ⁵　ɕi⁶　ko¹kaːu³
天　才　造　樟树

天下才长出了樟树，

地　浪　少　　棵槐
dih　langs　saaux　golfaaiz
ti⁶　laŋ⁵　saːu⁴　ko¹faːi²
地　才　造　　斑竹

地上才长出了斑竹，

天　　浪　　开　　龙虎
dianl　langs　hraail　lungffuj
tian¹　laŋ⁵　ɣaːi¹　luŋ²fu³
天　　才　　开　　龙虎

天地四方才形成，

九　天　　缸　　浪　细，
guc　dianl　gaangl　langs　xih
ku³　tian¹　kaːŋ¹　laŋ⁵　ɕi⁶
九　天　　罡　　才　造

斗转星移才有了秩序，

四　细　门　　浪　少
sris　xih　mbenl　langs　saaux
θi⁵　ɕi⁶　ʔbɯn¹　laŋ⁵　saːu⁴
四　时　天　　才　兴

四时更替才得以形成。

外　　阿　　论　　卡　　二　　　比　　　农　　　王　　　　　　猴　　　　　笑努
wais　hraz　lenh　gais　srongl　bixnuangx　wangzlingz　xauhndux
vai⁵　ɣa²　luŋ⁶　kai⁴　θoŋ¹　pi⁴nuaŋ⁴　vaŋ²liŋ²　ɕauʔdu⁴
奴　　要　　论　　个　　二　　　兄弟　　　王　　　　　　猴　　　　　前世

我要讲远古划地为王的兄弟俩，

为　你　麻　盘冤
weih　lix　maz　banzqyanl
vui⁶　li⁴　ma²　pan²ʔjan¹
为　有　什么　成　冤（结下冤仇）

为了什么而结怨？

董新　　　　妈　旁岜　　　　盘冤
dungxsringl　mas　baangxbas　banzqyanl
tuŋ⁴θiŋ¹　ma⁵　paːŋ⁴paː⁵　pan²ʔjan¹
相争　　　　果　山岗　　　　成冤

为争夺山上的野果而结怨，

外　　阿　　论　　卡　　二　　　比　　　农　　　王　　　　纳　　　笑努
wais　hraz　lenh　gais　srongl　bixnuangx　wangznaz　xauhndux
vai⁵　ɣa²　luŋ⁶　kai⁴　θoŋ¹　pi⁴nuaŋ⁴　vaŋ²na²　ɕauʔdu⁴
奴　　要　　论　　个　　二　　　兄弟　　　王田　　　　　前世

我要讲从前为王一方的兄弟俩，

为　你　麻　盘　冤
weih lix maz banzqyanl
vuii⁶ li⁴ ma² pan² ʔjan¹
为　有　什么　成　冤

　董　新　鱼　奶　河　盘　冤
　dungxsringl byal ndail dah banzqyanl
　tuŋ⁴ θiŋ¹ pja¹ ʔdai¹ ta⁶ pan² ʔjan¹
　相争　鱼　内　河　成冤

为了什么而结冤仇？

为争夺河里的鱼而结冤仇。

外　阿　论　卡　二　比　农　王　阿　笑　努
wais hraz lenh gais srongl bixnuangx wangzal xauhndux
vai⁵ ɣa² luɯn⁶ kai⁵ θoŋ¹ pi⁴ nuaŋ⁴ vaŋ² ʔa¹ ɕau⁶ ʔdu⁴
奴　要　论　个　二　兄弟　　王乌鸦　前世

我要讲从前主宰人间的兄弟俩，

为　你　麻　盘　冤
weih lix maz banzqyanl
vuii⁶ li⁴ ma² pan² ʔjan¹
为　有　什么　成　冤

为了什么要相互怨恨？

　董　新　鸭　连　鸡　盘　冤
　dungxsringl bidt lianz gais banzqyanl
　tuŋ⁴ θiŋ¹ pit⁷ lian² kai⁵ pan² ʔjan¹
　相争　鸭　和　鸡　成冤

为争夺鸡鸭而相互怨恨。

外　阿　论　卡　二　比　农　送　王　你　汉　王
wais hraz lenh gais srongl bixnuangx songcwangz ndix hraanswangz
vai⁵ ɣa² luɯn⁶ kai⁵ θoŋ¹ pi⁴ nuaŋ⁴ soŋ³ vaŋ² ʔdi⁴ ɣaːn⁵ vaŋ²
奴　要　论　个　二　兄弟　　祖王　与　　汉王

我要讲的是祖王和安王这两兄弟，

为　你　麻　盘　冤
weih lix maz banzqyanl
vuii⁶ li⁴ ma² pan² ʔjan¹
为　有　什么　成　冤

为了什么而结怨？

　董　新　地　那　邑　盘　冤
　dungxsringl rih lacbyal banzqyanl
　tuŋ⁴ θiŋ¹ ði⁶ la³ pja¹ pan² ʔjan¹
　相争　地　岩下　成冤

为争夺岩下的那片地而结怨，

董　新　田　　那　　当　　盘　冤
dungxsringl　naz　lacdaangs　banzqyanl
tuŋ⁴ θiŋ¹　　na² la³ ta:ŋ⁵　　pan² ʔjan¹
相争　　　田　　窗下　　成冤　　　　　　为争夺门口的那块田而成仇。

养　　　　当　白　你　养　　　　当　白　董　杀
qyaangx　daamlhraaul ndix qyaangx　daamlhraaul dungxgac
ʔja:ŋ⁴　　ta:m¹ ɣa:u¹ ʔdi⁴ ʔja:ŋ⁴　　ta:m¹ ɣa:u¹ tuŋ⁴ ka³
大刀　　　柄　白　和　大刀　　　柄　白　相杀　　　　他们刀枪相向，

养　　　　当　五　你　养　　　　当　五　董　凡
qyaangx　daamlhrac ndix qyaangx　daamlhrac dungxfanz
ʔja:ŋ⁴　　ta:m¹ ɣa³　ʔdi⁴ ʔja:ŋ⁴　　ta:m¹ ɣa³　tuŋ⁴ fan²
大刀　　　柄　乌　和　大刀　　　柄　乌　相砍　　　　他们棍棒相加。

养　　　　当　银　你　养　　　　当　银　董　打
qyaangx　daamlnganz ndix qyaangx　daamlnganz dungxdegt
ʔja:ŋ⁴　　ta:m¹ ŋan²　ʔdi⁴ ʔja:ŋ⁴　　ta:m¹ ŋan²　tuŋ⁴ tɯk⁴
大刀　　　柄　银　与　大刀　　　柄　银　相打　　　　打得昏天黑地，

打　拜　三　书　那
degt bail sraaml sul lac
tɯk⁴ pai¹ θa:m¹ su¹ la³
打　去　三　州　下　　　　　　　　　　　　　　　　　打遍了下三州，

杀　拜　三　书　更
gac bail sraaml sul genz
ka³ pai¹ θa:m¹ su¹ kɯn¹
杀　去　三　州　上　　　　　　　　　　　　　　　　　杀遍了上三城。

董　打　时　拢　岜
dungxdegt sez rongz byac
tuŋ⁴　tɯk⁷ sɯ² ðoŋ² pja³
相　打　像　劈　雷　　　　　　　　　　　　　　　　　喊打声似晴天霹雳，

董　杀　时　门　个
dungxgac sez mbenlndanl
tuŋ⁴ ka³　sɯ² ʔbɯn¹ ʔdan¹
相　杀　像　天　地　　　　　　　　　　　　　　　　　喊杀声惊天动地，

董　　凡　　时　　烂　　样
dungxfanz sez labyiangh
tuŋ⁴　fan²　sɯ²　lap⁸jiaŋ⁶
相　　砍　　像　　各种各样

　　　　　　　　　　　　　　　　　杀得尸横遍野。

乜　王　　在　　把当　　若发
meehwangz qyus basdaangs roxfaz
me⁶ vaŋ²　ʔju⁵　pa⁵ ta:ŋ⁵　ðo⁴ fa²
　母王　　在　　窗口　　瞧见

　　　　　　　　　　　　　　　　　母亲看见了这一切，

乜　王　　在　　尖发　　若咧
meehwangz qyus byaailfal roxreeh
me⁶ waŋ²　ʔju⁵　pja:i¹ fa¹　ðo⁴ ðe⁶
　母　王　在　　篱笆旁　看见

　　　　　　　　　　　　　　　　　母亲瞧见了这一切。

打　麻　儿　打　哑　闹啊　杀甩
degt maz leg degt qyac loxlu saxsuaix
tuk⁷ ma² luk⁸ tuk⁷ ʔja³　lo⁴ lu⁰　sa⁴ suai⁴
打　什么　别　打　凶　罗　孩子

　　　　　　　　　　　　　　　　　孩子们别再打啦！

杀　麻　儿　杀　抗
gac maz leg gac gamh
ka³ ma² luk⁸ ka³ kam⁶
杀　什么　别　杀　固执

　　　　　　　　　　　　　　　　　别再自相残杀了！

火　烧　坡　些　死　特当
fiz reemc bol xih daail dezdagt
fi² ðem³ po¹ ɕi⁶ ta:i¹　tɯ² tak⁷
火　烧　山　就　死　蚂蚱

　　　　　　　　　　　　　　　　　火烧山死的是蚂蚱，

完　打　上　些　死　甫瓦
wanz degtsag xih daail buxqvax
van²　tuk⁷ sak⁸　ɕi³ ta:i¹　pu⁴ ʔwa⁴
天　杀戮　　就　死　老实人

　　　　　　　　　　　　　　　　　打仗死的是老百姓，

完　董　杀　些　死　甫洞
wanz dungxgac xih daail buxsongh
van²　tuŋ⁴ ka³　ɕi⁶　ta:i¹　pu⁴ soŋ⁶
天　相杀　就　死　老百姓

　　　　　　　　　　　　　　　　　相互残杀死的是老百姓。

送　　妈　　你　　乇　　分
suangs mal nix meeh banl
suaŋ⁵　ma¹　ni⁴　me⁶　pan¹
拿　　来　　这　　母　　分
　　　　　　　　　　　　　　　　让我来给你们评判，

送　　妈　　筛　　乇　　怕
suangs mal rangl meeh bas
suaŋ⁵　ma¹　ðaŋ¹　me⁶　pa⁵
拿　　来　　筛子　母　　劈
　　　　　　　　　　　　　　　　让我来给你们评理。

妈　　然　　乇　王　怕　迷　盘
mal raanz meehwangz bas miz banz
ma¹ ða:n² me⁶ vaŋ² pa⁵ mi² pan²
来　　家　　母王　劈　不　成
　　　　　　　　　　　　　　　　母亲也没有评判好，

妈　　然　　乇　王　分　迷　来
mal raanz meehwangz banl miz ndaix
ma¹ ða:n² me⁶ vaŋ² pan¹ mi² ʔdai⁴
来　　家　　母王　分　不　得
　　　　　　　　　　　　　　　　母亲没有把理说明。

养　　当　　白　　你　　养　　当　　白　　董　　杀
qyaangx daamlhraaul ndix qyaangx daamlhraaul dungxgac
ʔja:ŋ⁴　ta:m¹ɣa:u¹　ʔdi⁴　ʔja:ŋ⁴　ta:m¹ɣa:u¹　tuŋ⁴ka³
大刀　　柄　　白　　和　　大刀　　柄　　白　　相　杀
　　　　　　　　　　　　　　　　他们刀枪相向，

养　　当　　五　　你　　养　　当　　五　　董　　凡
qyaangx daamlhrac ndix qyaangx daamlhrac dungxfanz
ʔja:ŋ⁴　ta:m¹ɣa³　ʔdi⁴　ʔja:ŋ⁴　ta:m¹ɣa³　tuŋ⁴fan²
大刀　　柄　　乌　　和　　大刀　　柄　　乌　　相　砍
　　　　　　　　　　　　　　　　他们棍棒相加。

养　　当　　银　　你　　养　　当　　银　　董　　打
qyaangx daamlnganz ndix qyaangx daamlnganz dungxdegt
ʔja:ŋ⁴　ta:m¹ŋan²　ʔdi⁴　ʔja:ŋ　ta:m¹ŋan²　tuŋ⁴ tuk⁷
大刀　　柄　　银　　与　　大刀　　柄　　银　　相　打
　　　　　　　　　　　　　　　　打得昏天黑地，

打　　拜　　三　　苏　　那
degt bail sraaml sul lac
tuk⁷ pai¹ θa:m¹ su¹ la³
打　　去　　三　　州　　下
　　　　　　　　　　　　　　　　打遍了下三州，

杀 拜 三 书 更	
gac bail sraaml sul genz	
ka³ pai¹ θaːm¹ su¹ kɯn²	杀遍了上三城。
杀 去 三 州 上	

董 打 时 拢 岜	
dungxdegt sez rongz byac	
tuŋ⁴ tuk⁷ sɯ² ðoŋ² pja³	喊打声似晴天霹雳,
相打 像 劈 雷	

董 杀 时 门 个	
dungxgac sez mbenlndanl	
tuŋ⁴ ka³ sɯ² ʔbɯn¹ ʔdan¹	喊杀声震天动地,
相杀 像 天 地	

董 凡 时 烂 样	
dungxfanz sez labyiangh	
tuŋ⁴ fan² sɯ² lap⁸ jiaŋ⁶	杀得尸横遍野。
相砍 像 各种各样	

坡 王 在 把 当 若 发	
bohwangz qyus basdaangs roxfaz	
po⁶ vaŋ² ʔju⁵ pa⁵ taːŋ⁸ ðo⁴ fa²	父王看见了这一切,
父王 在 窗口 看见	

坡 王 在 尖 发 若 烈,	
bohwangz qyus byaailfal roxreeh	
po⁶ vaŋ² ʔju⁵ pjaːi¹ fa² ðo⁴ ðe⁶	父王瞧见了这一切。
父王 在 篱笆 瞧见	

打 麻 儿 打 哑 闹啊 杀 甩	
degt maz leg degt qyac loxlu saxsuaix	
tuk⁷ ma² lɯk⁸ tuk⁷ ʔja³ lo⁴ lu⁰ sa⁴ suai⁴	别再打啦孩子们!
打 什么 别 打 凶 罗 孩子	

杀 麻 儿 杀 抗	
gac maz leg gac gamh	
ka² ma² lɯk⁸ ka³ kam⁶	别再自相残杀啦!
杀 什么 别 杀 固执	

火　烧　坡　些　死　特　当
fiz　reemc　bol　xih　daail　dezdagt
fi² ðem³ po¹ ɕi⁶ ta:i¹ tɯ² tak⁷
火　烧　山　就　死　蚂蚱

火烧山死的是蚂蚱，

完　打　上　些　死　甫　瓦
wanz　degtsag　xih　daail　buxqvax
van² tɯk⁷sak⁸ ɕi³ ta:i¹ pu⁴ʔwa⁴
天　杀戮　　就　死　老实人

打仗死的是老百姓，

完　董　杀　些　死　甫　洞
wanz　dungxgac　xih　daail　buxsongh
van² tuŋ⁴ ka³ ɕi⁶ ta:i¹ pu⁴soŋ⁶
天　相杀　　就　死　老百姓

自相残杀死的是老百姓。

送　妈　你　坡　分
suangs　mal　nix　boh　banl
suaŋ⁵ ma¹ ni⁴ po⁶ pan¹
拿　来　这　父　分

让我来给你们评判，

送　妈　筛　坡　怕
suangs　mal　rangl　boh　bas
suaŋ⁵ ma¹ ðaŋ¹ po⁶ pa⁵
拿　来　筛　父　劈

让我来给你们评理。

妈　然　坡　王　怕　些　盘
mal　raanz　bohwangz　bas　xih　banz
ma¹ ða:n² po⁶van² pa⁵ ɕi⁶ pan²
来　家　父王　　劈　就　成

父王把财产分好，

妈　然　坡　王　分　些　得
mal　raanz　bohwangz　banl　xih　ndaix
ma¹ ða:n² po⁶van² pan¹ ɕi⁶ ʔdai⁴
来　家　父王　　分　就　得

父王把土地分清。

地　那　岜　坡　阿　要　根　粮
rih　lacbyal　boh　hraz　aul　genl　liangz
ði⁶ la³pja¹ po⁶ ɣa² ʔau¹ kɯn¹ liaŋ²
地　岩下　父　要　拿　吃　粮

岩下地是为父我的份地，

田	那	当	坡	阿	降	根	弄
naz	lacdangs	boh	hraz	xiangx	genl	remh	
na²	la³ta:ŋ⁵	po⁶	ɣa²	ɕiaŋ⁴	kɯn¹	ðɯm⁶	
田	窗下	父	要	留	吃	租	

寨脚田是我的租田。

闇	利	故	样	你奶奶
ans	ril	guh	yianghnix	laaillaail
ʔan⁵	ði¹	ku⁶	jiaŋ⁶ni⁴	la:i¹la:i¹
想要你们做	这样	多多		

你们应该知道创业的辛苦，

闇	利	饿	样	饭比远
ans	ril	ies	banznix	biljail
ʔan⁵	ði¹	ʔiɯ⁵	pan²ni⁴	pi¹tɕai¹
想要你们饿	这样	久远		

你们应该知道创业的艰难，

利	拜	晚	七	怀	故地
ril	bail	wadt	jic	faaiz	guh rih
ði¹	pai¹	vat⁷	tɕi³	fa:i²	ku⁶ði⁶
你们	去	铲	处	斑竹	做地

你们自己去砍掉那片斑竹林来做地；

闇	利	饿	样	饭比刀
ans	ril	ies	yianghnix	bildaul
ʔan⁵	ði¹	ʔiɯ⁵	jiaŋ⁶ni⁴	pi¹tau¹
想要你们饿	这样	前年		

你们应该知道家业来之不易，

利	拜	晚	七	袍	故地
ril	bail	wadt	jic	baus	guh rih
ði¹	pai¹	vat⁷	tɕi³	pau⁵	ku⁶ði⁶
你们	去	铲	处	芦苇	做地

你们自己去铲掉那片芦苇来做地。

汉王	儿	坡王	特蝉	坡	特来		
hraanswangz	leg	bohwangz	dezsanz	boh	dezraaix		
ɣa:n⁵vaŋ²	lɯk⁸	po⁶vaŋ²	tɯ²san²	po⁶	ta²ða:i⁴		
汉王	儿	父王	相信	父	真的		

汉王听从父亲的话，

喊	所	亮	杀吼
hradtsoh	roongh	sacjugt	
ɣat⁷so⁶	ðoŋ⁶	sa³tɕuk⁷	
明晨	亮	（麻麻亮）	

第二天一大早，

喊　所　亮　杀远
hradtsoh　roongh　sacjaail
ɣat⁷ so⁶　ðoŋ⁶　sa³ tɕa:i¹
明晨　　亮　（麻麻亮）

　　　　　　　　　　　　　　　　第二天天刚亮，

甫　儿　故　爱　热
byogt　leg　guh　ngaaiz　rauc
pjok⁷　luk⁸　ku⁶　ŋa:i²　ðau³
叫醒　儿　做　早饭　热

　　　　　　　　　　　　　　　　叫醒儿子把早饭热，

甫　媳　故　爱　弄
byogt　baix　guh　ngaaiz　ruamh
pjok⁷　pai⁴　ku⁶　ŋa:i²　ðuam⁶
叫醒　媳　做　早饭　早

饭　良　敏　王　拜
hraaux　lab　mbibt　wangz　bail
ɣa:u⁴　lap⁸　ʔbip⁷　vaŋ²　pai¹
饭　　塞　饭盒　王　去

　　　　　　　　　　　　　　　　叫醒媳妇把早饭煮，

　　　　　　　　　　　　　　　　饭装进饭盒里就出发，

菜　良　摆　王　拜
byagt　lab　mbaais　wangz　bail
pjak⁷　lap⁸　ʔba:i⁵　vaŋ²　pai¹
菜　　塞　罐　王　去

　　　　　　　　　　　　　　　　菜装进罐子里就出门，

麻　参　鞋　王　拜
ndaaix　sraanl　hraaiz　wangz　bail
ʔda:i⁴　θa:n¹　ɣa:i²　vaŋ²　pai¹
麻　　编　鞋　王　去

　　　　　　　　　　　　　　　　穿上麻鞋就走，

杀　把　忙　　王　拜
sax　bas　mbaangl　wangz　bail
sa⁴　pa⁵　ʔba:ŋ¹　vaŋ²　pai¹
柴刀　口　薄　　王　去

　　　　　　　　　　　　　　　　带上薄口柴刀，

弯　把　况　　王　拜
waanl　bas　guaangs　wangz　bail
va:n¹　pa⁵　kua:ŋ⁵　vaŋ²　pai¹
斧头　口　宽　　王　去

　　　　　　　　　　　　　　　　带上宽口的斧头，

王　　拜　　晚　 七　 袍　　女牙
wangz bail wadt jic baus icqyuaix
vaŋ² pai¹ vat⁷ tɕi³ pau⁵ ʔi³ʔjuai⁴
王　　去　　铲　 处 芦苇　（状词）

铲得芦苇唰唰响，

王　　拜　　晚　 七　 怀　　女桠
wangz bail wadt jic faaiz icqyax
vaŋ² pai¹ vat⁷ tɕi³ faːi² ʔi³ʔja⁴
王　　去　　铲　 处 斑竹　（状词）

铲得斑竹响嘎嘎。

时　巳　 卖　 时　爱
sez srec maaih sez ngaaiz
sɯ² θɯ³ maːi⁶ sɯ² ŋaːi²
时　巳　便是　时　早饭

巳时到晌午，

肚　饶　 饿　 林　 林
dungx rauz ies ringzringz
tuŋ⁴ ðau² ʔiɯ⁵ ðiŋ² ðiŋ²
肚子 我们 饿　（状词）

肚子响咕咕，

肚　饶　 饿　 上　 好
dungx rauz ies sangc ndil
tuŋ⁴ ðau² ʔiɯ⁵ saŋ³ ʔdi¹
肚子 我们 饿　怎么 好

肚子饿了怎么办？

时　巳　 卖　 时　爱
sez srec maaih sez ngaaiz
sɯ² θɯ³ maːi⁶ sɯ² ŋaːi²
时　巳　便是　时　早饭

巳时到晌午，

乜　 送　 饭　 妈　唐
meeh suangs hraaux mal dangz
me⁶ suaŋ⁵ ɣaːu⁴ ma¹ taŋ²
母亲 送　 饭　 来　到

母亲送饭到，

班　 比　你　班 比　些　挂　去 纸
banl bix ndix banl bix xih waic jis sral
pan¹ pi⁴ ʔdi⁴ pan¹ pi⁴ ɕi⁶ vai³ tɕi⁵ θa¹
份　 兄　和　 份 兄　就　挂　枝 枸皮树

哥哥的饭挂在枸树枝，

班 弟 你 班 弟 些 纳 卡 给	
banl nuangx ndix banl nuangx xih ndal gah gees	弟弟的饭在地上摆好。
pan¹ nuaŋ⁴ ʔdi⁴ pan¹ nuaŋ⁴ ɕi⁶ ʔda¹ ka⁶ ke⁵	
份 弟 和 份 弟 就 铺 自己 数	

时 巳 卖 时 爱	
sez srec maaih sez ngaaiz	巳时到晌午，
sɯ² θɯ³ ma:i⁶ sɯ² ŋa:i²	
时 巳 便是 时 早饭	

命 饭 妈 饶 开 罗 弟	
mbibt hraaux mal rauz hraail lo nuangx	拿饭盒来我们打开喽小弟，
ʔbip⁷ ɣa:u⁴ ma¹ ðau² ɣa:i¹ lo⁰ nuaŋ⁴	
盒 饭 来 我们 开 喽 弟	

命 爱 妈 饶 一	
mbibt ngaaiz mal rauz yih	把我们的饭盒打开。
ʔbip⁷ ŋa:i² ma¹ ðau² ji⁶	
盒 早饭 来 我们 解开	

班 比 一 班 比	
banl bix yih banl bix	把兄长的饭盒打开看，
pan¹ pi⁴ ji⁶ pan¹ pi⁴	
份 兄 解开 份 兄	

饭 望 当 菜 岜	
hraauxwangc daml byagtbyaz	小米饭拌东南菜。
ɣa:u⁴vaŋ³ tam¹ pjak⁷pja²	
小米 拌 东南菜	

班 弟 你 班 弟	
banl nuangx ndix banl nuangx	把弟弟的饭盒打开看，
pan¹ nuaŋ⁴ ʔdi⁴ pan¹ nuaŋ⁴	
份 弟 与 份 弟	

饭 田 当 鱼 河	
hraaux naz daml byal dah	白米饭加清蒸鱼。
ɣa:u⁴ na² tam¹ pja¹ ta⁶	
饭 田 拌 鱼 河	

班　比　一　班　比
banl bix yih banl bix
pan¹ pi⁴ ji⁶ pan¹ pi⁴
份　兄　解　份　兄

把哥哥的饭盒打开看，

饭　　望　　当　郎　捞
hraauxwangc daml ndagtndaul
ɣaːu⁴vaŋ³　tam¹ ʔdak⁷ʔdau¹
小米　　　拌　杂合菜

小米饭拌杂合菜。

班　弟　　一　班　弟
banl nuangx yih banl nuangx
pan¹ nuaŋ⁴ ji⁶ pan¹ nuaŋ⁴
份　弟　解　份　弟

把弟弟的饭盒打开看，

糯　叶　饶　蛋　连
ees mbail raul jais riad
ʔe⁵ ʔbai¹ ðau¹ tɕai⁵ ðiat⁸
白米饭 叶 枫香 鸡蛋 盖

白米香菜加鸡蛋。

阿弟　　唉　阿弟
alnuangx hrei alnuangx
ʔa¹nuaŋ⁴ ɣəi⁰ ʔa¹nuaŋ⁴
小弟　　唉　小弟

小弟啊小弟！

底　饶　树　当　底
gogt rauz faix daangs gogt
kok⁷ ðau² fai⁴ taŋ⁵ kok⁷
根　我们 树　另　根

我俩虽然根不同，

尖　的　翁　董　说
byaail ndix wab dungx soh
pjaːi¹ ʔdi⁴ vap⁸ tuŋ⁴ so⁶
梢　和　枝桠 相互 朝向

相邻的树枝丫也相依；

底　饶　坡　一　董　乜　一
gogt rauz boh ndeeul dungx meeh ndeeul
kok⁷ ðau² po⁶ ʔdeu¹ tuŋ⁴ me⁶ ʔdeu¹
根　我们 父　一　共　母　一

我俩虽然同父不同母，

乜　　故用　装　饭　装　当　上　卡　饶　完　你
meeh guhqyus jangl hraaux jangl daangs sagt gaisrauz wanznix
me⁶　ku⁶ʔju⁵　tɕaŋ¹　ɣaːu⁴　tɕaŋ¹　taːŋ⁵　sak⁷　kai⁵ðau²　van²ni⁴　母亲何故今天装饭不同色？
母亲　怎么　装　饭　装　另　色　个　我们　今天

乜　故　用　装　菜　装　当　样　卡　饶　完　你
meeh guhqyus jangl byagt jangl daangs yiangh gaisrauz wanznix
me⁶　ku⁶ʔju⁵　tɕaŋ¹　pjak⁷　tɕaŋ¹　taːŋ⁵　jiaŋ⁶　kai⁵ðau²　van²ni⁴　何故装菜有两样？
母亲　怎么　装　菜　装　另　样　个　我们　今天

乜　故　用　装　饭　装　当　上　卡　饶　完　你
meeh guhqyus jangl hraaux jangl daangs sagt gaisrauz wanznix
me⁶　ku⁶ʔju⁵　tɕaŋ¹　ɣaːu⁴　tɕaŋ¹　taːŋ⁵　sak⁷　kai⁵ðau²　van²ni⁴　何故装饭色不同？
母亲　怎么　装　饭　装　另　色　个　我们　今天

乜　故　用　装　菜　装　当　买　卡　饶　完　你
meeh guhqyus jangl byagt jangl daangs mbaais gaisrauz wanznix
me⁶　ku⁶ʔju⁵　tɕaŋ¹　pjak⁷　tɕaŋ¹　taːŋ⁵　ʔbaːl⁵　kai⁵ðau²　van²ni⁴　何故给菜有分别？
母亲　怎么　装　菜　装　另　罐　个　我们　今天

乜　故　慢　饶　复
meeh guh mbaanx rauz fuz
me⁶　ku⁶　ʔbaːn⁴　ðau²　fu²　母亲这样做将荒了我们寨子，
母亲 做　寨子　我们　荒芜

乜　故　书　饶　外
meeh guh sul rauz waaih
me⁶　ku⁶　su¹　ðau²　vaːi⁶　这样做将坏了我们的州城，
母亲 做 州　我们　坏

乜　故　慢　饶　娘
meeh guh mbaanx rauz nyangl
me⁶　ku⁶　ʔbaːn⁴　ðau²　naŋ¹　这样做将乱了我们的寨子，
母亲 做　寨子　我们　乱

乜　故　旁　饶　外
meeh guh bangz rauz waaih
me⁶　ku⁶　paŋ²　ðau²　vaːi⁶　这样做将坏了天下。
母亲 做 地方　我们　坏

儿　当　坡　当　乜　些　穿　当　鞋　来　么
leg daangs boh daangs meeh xih danc daangs hraaiz raaix mu
luɯk⁸ taːŋ⁵ po⁶ taːŋ⁵ me⁶ ɕi⁶ tan³ taːŋ⁵ ɣaːi² ðaːi⁴ mu⁰
儿　另　父　另　母　就　穿　另　鞋　真的　么

难道同父不同母就穿不同的鞋么？

儿　当　坡　当　乜　些　裁　当　拢　来　么
leg daangs boh daangs meeh xih saaiz daangs lemc raaix mu
luɯk⁸ taːŋ⁵ po⁶ taːŋ⁵ me⁶ ɕi⁶ saːi² taːŋ⁵ luɯm³ ðaːi⁴ mu⁰
儿　另　父　另　母　就　裁　另　像　真的　么

难道同父不同母就穿不同的衣么？

儿　当　坡　当　乜　些　穿　常　线　来　么
leg daangs boh daangs meeh xih danc saangz mail raaix mu
luɯk⁸ taːŋ⁵ po⁶ taːŋ⁵ me⁶ ɕi⁶ tan³ saːŋ² mai¹ ðaːi⁴ mu⁰
儿　另　父　另　母　就　穿　两　线　真的　么

难道同父不同母就用不同的线么？

儿　当　坡　当　乜　些　想　当　拢　来　么
leg daangs boh daangs meeh xih jaiz daangs lemc raaix mu
luɯk⁸ taːŋ⁵ po⁶ taːŋ⁵ me⁶ ɕi⁶ tɕai² taːŋ⁵ luɯm³ ðaːi⁴ mu⁰
儿　另　父　另　母　就　爱　另　像　真的　么

难道同父不同母就爱不同么？

汉　王　儿　乜　努　穿　布
hraanswangz leg meehndux danc bangz
ɣaːn⁵vaŋ² luɯk⁸ me⁶ʔdu⁴ tan³ paŋ²
汉王　　儿　前母　穿　布

汉王前母生穿土布，

送　王　儿　乜　后　穿　件
songcwangz leg meehlangl danc jianh
soŋ³vaŋ² luɯk⁸ me⁶laŋ¹ tan³ tɕian⁶
祖王　　儿　后母　穿　绸缎

祖王后母生穿绫罗；

汉　王　儿　乜　努　特　常
hraanswangz leg meehndux degsangz
ɣaːn⁵vaŋ² luɯk⁸ me⁶ʔdu⁴ tuɯk⁸ saŋ²
汉王　　儿　前母　讨人嫌

汉王前母生讨人嫌，

送　王　儿　乜　后　特说
songcwangz leg　meehlangl degsoh
soŋ³ vaŋ²　luk⁸ me⁶ laŋ¹　tɯk⁸ so⁶
　祖王　儿　后母　讨人爱

祖王后母生讨人爱。

分　地　害　地　阿　卡　枯
banl rih hraic rih hraz gais gul
pan¹ ði⁶ ɣai³ ði⁶ ɣa² kai⁵ ku¹
分　地　给　地 茅草 个　我

分地给的茅草地，

分　田　害　田　闹　卡　枯
banl naz hraic naz rauz gais gul
pan¹ na² ɣai³ na² ðau² kai⁵ ku¹
分　田　给　田　滑　个　我

分田给的滑石板，

分　到　害　到　惹　卡　枯
banl daux hraic daux reex gais gul
pan¹ tau⁴ ɣai³ tau⁴ ðe⁴ kai⁵ ku¹
分　斗　给　斗　旧的　个　我

分斗给的是旧斗，

分　碗　害　碗　汪　卡　枯，
banl deex hraic deex wangl gais gul
pan¹ te⁴ ɣai³ te⁴ vaŋ¹ kai⁵ ku¹
分　碗　给　碗　补的　个　我

分碗给的是破碗，

分　墙　害　墙　漏　卡　枯
banl jangz hraic jangz roh gais gul
pan¹ tɕaŋ² ɣai³ tɕaŋ² ðo⁶ kai⁵ ku¹
分　锅桩　给　锅桩　漏　个　我

分给的锅桩断了腿。

田　石　断　凡　筛　些　害　卡　枯
naz rinl ragt fanzsail xih hraic gais gul
na² ðin¹ ðak⁷ fan² sai¹ ɕi⁶ ɣai³　kai⁵ ku¹
田　石　断　犁齿　就　给　个　我

田里的石头能绊断犁齿就给我，

到　毒　断　挽　筛　些　害　卡　枯
dauc duz ragt wanxsail xih hraic gais gul
tau³　tu² ðak⁷ van⁴ sai¹ ɕi⁶ ɣai³ kai⁵ ku¹
出　牛　断　犁头　就　给　个　我

没有训过的牛就给我，

比	领	害	田	领	卡	枯
bil	reengx	hraic	naz	reengx	gais	gul
pi¹	ðeŋ⁴	ɣai³	na²	ðeŋ⁴	kai⁵	ku¹
年	干旱	给	田	干旱	个	我

干旱的时候分给我望天田，

比	淹	害	田	淹	卡	枯
bil	demh	hraic	naz	demh	gais	gul
pi¹	tɯm⁶	ɣai³	na²	tɯm⁶	kai⁵	ku¹
年	淹	给	田	淹	个	我

水涝的时候给我水淹田。

阿弟	唉	阿弟
alnuangx	hrei	alnuangx
ʔa¹nuaŋ⁴	ɣəi⁰	ʔa¹nuaŋ⁴
小弟	唉	小弟

小弟啊小弟！

二	饶	说	你	携	卡	你
srongl	rauz	nauz	nix	xeel	gais	nix
θoŋ¹	ðau²	nau²	ni⁴	ɕe¹	kai⁵	ni⁴
二	我们	说	这	丢	个	这

我们俩在这里说就丢这里，

以	见	携	卡	见
yix	jianh	xeel	gais	jianh
ji⁴	tɕian⁶	ɕe¹	kai⁵	tɕian⁶
议	此处	丢	个	此处

在这里讲就忘这里，

卡儿	拜	然	以	打	乜
gacleg	bail	raanz	yix	degt	meeh
ka³lɯk⁸	pai¹	ða:n²	ji⁴	tuk⁷	me⁶
不要	去	家	议	当面	母亲

回家不要对母亲讲，

卡儿	拜	然	为	打	娘
gacleg	bail	raanz	wees	degt	nyangz
ka³lɯk⁸	pai¹	ða:n²	ve⁵	tuk⁷	ȵaŋ²
不要	去	家	讲	当面	娘

回家不要跟母亲说。

以	打	乜	些	慢	饶	娘
yix	degt	meeh	xih	mbaanx	rauz	nyangl
ji⁴	tuk⁷	me⁶	ɕi⁶	ʔba:n⁴	ðau²	ȵaŋ¹
议	当面	母亲	就	寨子	我们	乱

跟母亲说寨子就乱了，

为　　打　　娘　　些　　慢　　饶　　外
wees degt nyangz xih mbaanx rauz waaih
ve⁵　tɯk⁷　ȵaŋ²　ɕi⁶　ʔbaːn⁴　ðau²　vaːi⁶
讲　　当面　娘　　就　　寨子　我们　烂

跟母亲讲寨子里的规矩就坏了，

以　　打　　乜　　些　　慢　　饶　　复
yix degt meeh xih mbaanx rauz fuz
ji⁴　tɯk⁷　me⁶　ɕi⁶　ʔbaːn⁴　ðau²　fu²
议　　当面　母亲　就　　寨子　我们　荒芜

跟母亲说寨子就要荒芜了，

为　　打　　娘　　些　　书　　饶　　外
wees degt nyangz xih sul rauz waaih
ve⁵　tɯk⁷　ȵaŋ²　ɕi⁶　su¹　ðau²　vaːi⁶
讲　　当面　娘　　就　　州　　我们　坏

跟母亲讲我们的州城就坏了。

汉王　　　故　　比太　　　些　　拜　要　柴
hraanswangz guh bixdaaih xih bail aul wenz
ɣaːn⁵vaŋ²　ku⁶　pi⁴taːl⁶　ɕi⁶　pai¹　ʔau¹　vɯn²
汉王　　　做　　大哥　　　就　　去　要　柴

汉王是大哥就去砍柴，

送王　　　故　　农伦　　　些　　妈　然　贯
songcwangz guh nuangxlenz xih mal raanz guans
soŋ³vaŋ²　ku⁶　nuaŋ⁴lɯn²　ɕi⁶　ma¹　ðaːn²　kuan⁵
祖王　　　做　　小弟　　　就　　来　家　先

祖王是小弟就先回家。

送王　　　妈　唐　水
songcwangz mal dangz ramx
soŋ³vaŋ²　ma¹　taŋ²　ðam⁴
祖王　　　来　到　水

祖王来到井边，

送王　　　妈　唐　利
songcwangz mal dangz ric
soŋ³vaŋ²　ma¹　taŋ²　ði³
祖王　　　来　到　沟

祖王来到沟边，

妈　唐　四　仙　挖　王茗
mal dangz srec srianlwal wangzsauz
ma¹　taŋ²　θɯ³　θian¹　va¹　vaŋ²sau²
来　到　边　花园　　　王绍

来到王绍的花园边，

肥　坐　些　乱　说	
fih nangh xih luanh nauz	
fi⁶　naŋ⁶　ɕi⁶ luan⁶ nau²	没坐稳就开口说，
未　坐　就　乱　说	

肥　腰　些　乱　论	
fih qyaux xih luanh lenh	
fi⁶　ʔjau⁴　ɕi⁶ luan⁶ lɯn⁶	没坐好就开口讲，
未　举　就　乱　论	

阿乜　唉　阿乜	
almeeh hrei almeeh	
ʔa¹me⁶　ɣəi⁰　ʔa¹me⁶	母亲呀母亲！
母亲　唉　母亲	

都　忙　出　都　当　枯　说	
duc mengz os duldaangs gul nauz	
tu³ mɯŋ² ʔo⁵ tu¹ taːŋ⁵　ku¹ nau²	你出来我有话跟你说，
赌　你　出　窗门　　我　说	

都　忙　出　都　楼　枯　论	
duc mengz os dullauz gul lenh	
tu³ mɯŋ² ʔo⁵ tu¹ lau²　ku¹ lɯn⁶	你出来我有话跟你讲，
赌　你　出　楼门　我　论	

都　忙　出　都　当　枯　天	
duc mengz os duldaangs gul dianl	
tu³ mɯŋ² ʔo⁵ tu¹ taːŋ⁵　ku¹ tian¹	你到窗边来我跟你说，
赌　你　出　窗门　我　讲	

都　忙　出　都　仙　枯　论	
duc mengz os dulsrianl gul lenh	
tu³ mɯŋ² ʔo⁵ tu¹ θian¹　ku¹ lɯn⁶	你到园子边来我跟你讲。
赌　你　出　园门　我　论	

阿乜　唉　阿乜	
almeeh hrei almeeh	
ʔa¹me⁶　ɣəi⁰　ʔa¹me⁶	母亲呀母亲！
母亲　唉　母亲	

底　都　树　当　底
gogt dul faix daangs gogt
kok⁷ tu¹ fai⁴ taːŋ⁵ kok⁷
根　我们　树　另　根

我和大哥虽不同根生，

尖　　的　翁　董数
byaail deel hroh dungxsos
pjaːi¹ te¹ ɣo⁶ tuŋ⁴ so⁵
梢　　那　节　相依

树梢却相依；

底　都　坡　一　董　乜　一
gogt dul boh ndeeul dungx meeh ndeeul
kok⁶ tu¹ po⁶ ʔdeu¹ tuŋ⁴ me⁶ ʔdeu¹
根　我们　父亲　一　　共　母亲　一

我俩虽同父不同母，

乜　　故用　烂　饭　烂　当　上　卡　都　完你
meeh guhqyus lab hraaux lab daangs sagt gais dul wanznix
me⁶ ku⁶ʔju⁵ lap⁸ ɣaːu⁴ lap⁸ taːŋ⁵ sak⁷ kai⁵ tu¹ van²ni⁴
母亲　怎么　装　饭　装　另　色　个　我们　今天

母亲怎么今天装饭不同色？

乜　　故用　烂　菜　烂　当　　样　卡　都　完你
meeh guhqyus lab byagt lab daangs yiangh gais dul wanznix
me⁶ ku⁶ʔju⁵ lap⁸ pjak⁷ lap⁸ taːŋ⁵ jiaŋ⁶ kai⁵ tu¹ van²ni⁴
母亲　怎么　塞　菜　塞　另　样　个　我们　今天

母亲今天怎么装菜不一样？

故用　烂　饭　烂　当　上
guhqyus lab hraaux lab daangs sagt
ku⁶ʔju⁵ lap⁸ ɣaːu⁴ lap⁸ taːŋ⁵ sak⁷
怎么　装　饭　装　另　色

怎么带饭色不同？

烂　菜　烂　当　买　卡　都　完你
lab byagt lab daangs mbaais gais dul wanznix
lap⁸ pjak⁷ lap⁸ taːŋ⁵ ʔbaːi⁵ kai⁵ tu¹ van²ni⁴
装　菜　装　另　罐　个　我们　今天

今天怎么给我们装菜不同罐？

乜　故　慢　都　复
meeh guh mbaanx dul fuz
me⁶　ku⁶　ʔbaːn⁴　tu¹　fu²
母亲 做　寨子　我们 荒芜

母亲这样做要把我们的村子搞荒芜，

乜　故　书　都　坏
meeh guh sul dul waaih
me⁶　ku⁶　su¹　tu¹　vaːi⁶
母亲 做　州　我们 坏

这样做要把我们的州城搞坏，

乜　故　慢　都　娘
meeh guh mbaanx dul nyangl
me⁶　ku⁶　ʔbaːn⁴　tu¹　ȵaŋ¹
母亲 做　寨子　我们 乱

要把我们的寨子搞乱，

乜　故　旁　都　坏
meeh guh bangz dul waaih
me⁶　ku⁶　paŋ²　tu¹　vaːi⁶
母亲 做　地方 我们 坏

要把我们的地方搞坏。

新　你　儿　房　伦
xinl ndix leg faangz lenz
ɕin¹　ʔdi⁴　luk⁸　faːŋ²　lɯn²
真　和　儿　个　小

我一心为了你，

儿　些　根　些　傲（说），
leg xih genl xiz hraaus
luk⁸　ɕi⁶　kɯn¹　ɕi²　ɣaːu⁵
儿　就　吃　就　说

你却不知情，

看　来　枯　补　克
gadt raiz gul buxgees
kat⁷　ðai²　ku¹　pu⁴ke⁵
咬　唤　我　老人

辜负我的一番心意，

看　来　乜　补　老
gadt raiz meeh buxlaaux
kat⁷　ðai²　me⁶　pu⁴laːu⁴
咬　唤　母亲　老人

不解我的一片好心。

枯 阿 散 比 假 害 忙 根 田
gul hraz sraad bix jax hraic mengz genl naz
ku¹ ɣa² θat⁸ pi⁴ tɕa⁴ ɣai³ muŋ² kɯn¹ na²
我 要 算计 兄 孤 给 你 吃 田

我想把孤兄的田地谋给你，

忙 迷 若 根 田
mengz miz rox genl naz
muŋ² mi² ðo⁴ kɯn¹ na²
你 不 会 吃 田

你却没有心计；

枯 阿 杀 鹅 发 害 根 冗
gul hraz gac hraansfaz hraic genl remh
ku¹ ɣa² ka³ ɣaːn⁵fa² ɣai³ kɯn¹ ðɯm⁶
我 要 杀 汉王 给 吃 租

我想把汉王杀了让你占有租税，

忙 迷 若 根 冗
mengz miz rox genl remh
muŋ² mi² ðo⁴ kɯn¹ ðɯm⁶
你 不 会 吃 租

你却没有心计；

枯 阿 散 比 假 害 忙 根 粮
gul hraz sraad bix jax hraic mengz genl liangz
ku¹ ɣa² θaːt⁸ pi⁴ tɕa⁴ ɣai³ muŋ² kɯn¹ liaŋ²
我 要 算计 兄 孤 给 你 吃 粮

我想算计孤兄让你占有钱粮，

忙 迷 若 根 粮
mengz miz rox genl liangz
muŋ² mi² ðo⁴ kɯn¹ liaŋ²
你 不 会 吃 粮

你却没有心计；

枯 阿 杀 汉 王 害 忙 根 冗
gul hraz gac hraanswangz hraic mengz genl remh
ku¹ ɣa² ka³ ɣaːn⁵vaŋ² ɣai³ muŋ² kɯn¹ ðɯm⁶
我 要 杀 汉王 给 你 吃 租

我想杀了汉王让你独占地租，

忙 迷 若 根 冗
mengz miz rox genl remh
muŋ² mi² ðo⁴ kɯn¹ ðɯm⁶
你 不 会 吃 租

你却没有心计。

时　午　卖　时　林
sez srac maaih sez ringz
su² θa³ ma:i⁶ su² ðiŋ²
时　午　便是　时　午饭

午时吃晌午，

时　申　外　到　头
sez sranl waaiz daaus jauc
su² θan¹ va:i² ta:u⁵ tɕau³
时　申　水牛　转　头

申时水牛转头要回家，

汉王　妈　唐　水
hraanswangz mal dangz ramx
ɣa:n⁵vaŋ² ma¹ taŋ² ðam⁴
　汉王　　来　到　水

汉王到井边，

汉王　妈　唐　利
hraanswangz mal dangz ric
ɣa:n⁵vaŋ² ma¹ taŋ² ði³
　汉王　　来　到　沟

汉王到沟边，

妈　唐　四　仙　挖　王苕
mal dangz sric srianlwal wangzsauz
ma¹ taŋ² θi³ θian¹va¹ vaŋ²sau²
来　到　边　花园　　王绍

来到王绍的花园边，

若　一　乜　王　骂　克　麻　女　年
roxnyiel meehwangz danl gecmaz nyihnyianh
ðo⁴ȵiɯ¹ me⁶vaŋ² tan¹ ku³ma² ȵi⁶ȵian⁶
听见　　母王　　骂　什么　（状词）

听见后母骂声不断，

若　一　乜　王　骂　克　麻　女　用
roxnyiel meehwangz danl gecmaz nyihnyungh
ðo⁴ȵiɯ¹ me⁶vaŋ² tan¹ ku³ma² ȵi⁶ȵuŋ⁶
听见　　母王　　骂　什么　（状词）

听见后母骂咧咧。

白　利　说　样　你　些　细　枯　算
beeh ril nauz yianghnix xih xiz gul suaans
pe⁶ ði¹ nau² jiaŋ⁶ni⁴ ɕi⁶ ɕi² ku¹ sua:n⁵
既然　你们　说　这样　　就　让　我　离开

既然你们这样说我我就离开，

白　利　散　　　样　　　你　些　细　枯　丢
beeh ril sraad yianghnix xih xiz gul deeuz
pe⁶ ði¹ θaːt⁸ jiaŋ⁶ni⁴ ɕi⁶ ɕi² ku¹ teu²
既然 你们 算计　　这样　　就　让　我　逃

呃　迷　龙　迷　纳　房　来
ngeh miz lungz miz nax faangl laiz
ŋu⁶ mi² luŋ² mi² na⁴ faːŋ¹ lai²
龙　无　伯　无　舅　方向　怎样

枯　拜　找　呃　故　龙　纳
gul bail ral ngeh guh lungznax
ku¹ pai¹ ða¹ ŋu⁶ ku⁶ luŋ² na⁴
我　去　找　龙　　做　伯　舅

雷　迷　它　迷　太　房　来
byac miz dal miz daais faangl laiz
pja³ mi² ta¹ mi² taːi⁵ faːŋ¹ lai²
雷　无　外公 无 外婆　方向　怎样

枯　拜　找　雷　故　它　太
gul bail ral byac guh daldaais
ku¹ pai¹ ða¹ pja³ ku⁶ ta¹ taːi⁵
我　去　找　雷　做　外公外婆

拜　你　呃　董　找
bail ndix ngeh dungx ral
pai¹ ʔdi⁴ ŋu⁶ tuŋ⁴ ða¹
去　与　龙　相　找

你　它　太　董　散
ndix daldaais dungx sraans
ʔdi⁴ ta¹taːi⁵ tuŋ⁴ θaːn⁵
与　外公外婆　共　商量

　　散　故　三　比　令　　董　扛
sraans guh sraaml bil reengx dungx gamh
θaːn⁵ ku⁶ θaːm¹ pi¹ ðeŋ⁴ tuŋ⁴ kam⁶
算计　做　三　年　晴　相　压

既然你们这样算计我我就逃走。

龙没有伯舅，

我去找龙做伯舅；

雷公没有外公外婆，

我去找雷公做外公外婆。

去跟龙认亲，

去跟外公外婆商量。

打算让天下三年干旱，

散 故 七 比 黑 董 惰	
sraans guh sadt bil labt dungx dos	
θaːn⁵ ku⁶ sat⁷ pi¹ lap⁷ tuŋ⁴ to⁵	打算让天下连续七年黑暗，
算计 做 七 年 黑 相 连	

揪 旁 井 死 紫（许）	
gabt baangx mbos daail xic	
kap⁷ paːŋ⁴ ʔbo⁵ taːi¹ ɕi³	让井边的青蛙全干死，
青蛙 旁边 井 死 紫	

鱼 旁 利 死 乱	
byal baangx ric daail luanl	
pja¹ paːŋ⁴ ði³ taːi¹ luan¹	让沟里的鱼儿全死光，
鱼 旁边 沟 死 绝	

文 旁 死 饿 阿	
wenz bangz daail qyisngax	
vuun² paŋ² taːi¹ ʔji⁵ ŋa⁴	天下的人们全饿死，
人 世上 死 （状词）	

饭 喂 儿 阿 迷	
hraaux bens leg hraz miz	
ɣaːu⁴ pun⁵ luik⁸ ɣa² mi²	喂婴儿的粮食也没有，
饭 喂 婴儿 要 没有	

席 访 香 迷 在	
xiz fangx xiangl miz qyus	
ɕi² faŋ⁴ ɕian¹ mi² ʔju⁵	过年的糍粑也没有。
糍粑 度过 年节 没有	

乜 王 现 若 听 散 你	
meehwangz xians roxnyiel sanz nix	
me⁶ vaŋ² ɕian⁵ ðo⁴ ȵiɯ¹ san² ni⁴	后母听到这句话，
母王 转 听见 句 这	

你 麻 根 茶 药 拜 嘴	
ndix maz genl saz iel bail bas	
ʔdi⁴ ma² kɯn¹ sa² ʔiɯ¹ pai¹ pa⁵	为什么要含苦茶在口？
和 什么 吃 茶 药 去 嘴	

你　麻　吞　茶　恶　拜　饿，
ndix maz ndenx saz qyas bail hroz
ʔdi⁴ ma² ʔduɯn⁴ sa² ʔja⁵ pai¹ ɣo²
和　什么　吞　茶　坏　去　喉

为什么要吞苦茶到喉咙？

你　麻　哦　茶　药　拜　肚
ndix maz ngol saz iel bail dungx
ʔdi⁴ ma² ŋo¹ sa² ʔiɯ¹ pai¹ tuŋ⁴
和　什么　咽　茶　药　去　肚（苦茶）

为什么要咽苦茶下肚？

坡王　现　若　听　散　你
bohwangz xians roxnyiel sanz nix
po⁶vaŋ² ɕian⁵ ðo⁴ȵiɯ¹ san² ni⁴
父王　转　听见　句　这

父亲听见这句话，

忙　阿　根　茶　药　拜　嘴　故　麻
mengz hraz genl saz iel bail bas guh maz
muɯŋ² ɣa² kɯn¹ sa² ʔiɯ¹ pai¹ pa⁵ ku⁶ ma²
你　要　吃　茶　药　去　口　做　什么

你要含苦茶在口做什么？

忙　阿　吞　茶　恶　拜　鹅　故　麻
mengz hraz ndenx saz qyas bail hroz guh maz
muɯŋ² ɣa² ʔduɯn⁴ sa² ʔja⁵ pai¹ ɣo² ku⁶ ma²
你　要　吞　茶　坏　去　喉　做　什么

你要吞苦茶在喉咙做什么？

忙　阿　哦　茶　药　拜　肚　故　麻
mengz hraz ngol saz iel bail dungx guh maz
muɯŋ² ɣa² ŋo¹ sa² ʔiɯ¹ pai¹ tuŋ⁴ ku⁶ ma²
你　要　咽　茶　药　去　肚　做　什么

你要咽苦茶下肚做什么？

郎　里　十　二　哭　了　挖　饶　你
langslix xibnyih daic leeul wah rauz nix
laŋ⁵li⁴ ɕip⁸ȵi⁶ tai³ leu¹ va⁶ ðau² ni⁴
还有　十二　捆　亮槁　饱满　我们　这

我们还有十二捆亮槁[①]，

---

① 将向日葵的秆放在水里泡烂，晒干后制成的引火材料，也可用于照明。

点　枯　亮　唐　旁
deemc gul rongh dangz bangz
tem³　ku¹　ðoŋ⁶　taŋ²　paŋ²
点　我　亮　整个　地方

点上以后到处亮堂堂，

郎　里　把　二　哭　了　叫　饶　你
langslix basnyih daic leeul jaul rauz nix
laŋ⁵li⁴　pa⁵n̠i⁶　tai³　leu¹ tɕau¹ ðau² ni⁴
还有　百二　捆　亮槁 活 我们 这

我们还有一百二十捆亮槁，

点　了　洋　西　样
deemc leeux yiangh xicyaangz
tem³　leu⁴　jiaŋ⁶　ɕi³jaŋ²
点　了　样　明亮状

点上以后到处明晃晃。

（下略）

二 马太福音①（选译）

（选自布依族基督教古籍文献《马太福音》）

Fù I ˈn Ma-Tai
福　音　马　太

Dsa ˈng Dae Yít
章　第　一

Sě kók súng Iei-su lèk lan da-uei bu lăng ia-beh-la-han gi dso ˈduan lâ.
书　根源　耶稣②　儿孙　大卫　后人　亚伯　拉罕　记 放　段 下

Ia-beh-la-han dsong I-sa, I-sa dsong Ia-ko, Ia-ko dsong Iu-da rong bi nuong di.
亚伯拉罕　生　以撒　以撒　生　雅各　雅各　生　犹大 和 兄弟　他

Iu-da lăng Da-ma dsong Fa-leh-si rong Sa-la, Fa-leh-si dsong I-si-len, I-si-len dsong Ia-lan.
犹大 和　他玛　生　法勒斯和　谢拉　法勒斯　生　依斯仑　依斯仑　生　亚兰

Ia-lan dsong Ia-mi-na-da, Ia-mi-na-da dsong Na-sen, Na-sen dsong Sa-men.
亚兰 和　亚米拿达　亚米拿达　生　拿顺　拿顺　生　撒门

Sa-men lăng La-ho dsong Bo-si, Bo-si lăng Lu-deh dsong A-beh, A-beh dsong Iei-si.
撒门 和　拉合　生　波阿斯　波阿斯和路得　生　俄备　俄备　生　耶西

Iei-si dsong Váng ùung Da-uei, Da-eui lăng iá Wu-li-ia dsong So-lo-men.
耶西　生　王　大　大卫　大卫　跟妻　乌利亚　生　所罗门

So-lo-men dsong Lo-bo-ngan, Lo-bo-ngan dsong Ia-bi-ia, Ia-bi-ia dsong Ia-sa.
所罗门　生　罗波安　罗波安　生　亚比亚　亚比亚　生　亚撒

Ia-sa dsong Io-so-fa, Io-so-fa dsong Io-lan, Io-lan dsong U-si-ia.
亚撒　生　约沙发　约沙发　生　约兰　约兰　生　乌西亚

U-si-ia dsong Io-dan, Io-dan dsong Ia-ha-si, Ia-ha-si dsong Shi-si-gia.
乌西亚　生　约坦　约坦　生　亚哈斯　亚哈斯　生　希西家

Shi-si-gia dsong Ma-na-si, Ma-na-si dsong Ia-men, Ia-men dsong Io-si-ia.
希西家　生　玛纳西　玛纳西　生　亚门　亚门　生　约西亚

Dsò biak sing bon dàng Ba-bi-len, Io-si-ia dsong Iei-ko-ni-ia rong nuong di.
时　百姓　搬到　巴比伦　约西亚　生　耶哥尼亚 和　弟弟 他

Bon dàng ba-bi-len kua lăng Iei-ko-ni-ia dsong Sa-la-tieh, Sa-la-tieh dsong So-lo-ba-beh.
搬 到　巴比伦　过 后　耶哥尼亚　生　撒拉铁　撒拉铁　生　所罗巴伯

---

① 《马太福音》是基督教《圣经》中的一部分。19世纪中叶开始，西方宗教势力渗透到布依族地区，为了便于在布依族群众中传播其教义，部分地区的传教士将《圣经》译为布依文。当时西方宗教势力遍及贵州各布依族主要聚居地区，如册亨、安龙、镇宁、贵筑（即今贵阳市郊）等地都有信教的布依族群众。从语音特点上看，翻译《马太福音》使用的布依语比较接近贵阳一带的布依语，属第二土语，所用文字为拉丁文。由于无法确定具体的方言点，因此无法用国际音标来标注每一个音节的实际音值，只能将每个音节所对应的汉语意义思译出。布依语版《马太福音》共27章，这里选择了其中的两章。

② 外来词的译音接近贵州汉语，显然是从汉文本翻译成布依语的。

So-lo-ba-beh dsọng Ia-bi-iu, Ia-bi-iu dsọng I-li-ia-gin, I-li-ia-gin dsọng Ia-so.
所罗巴伯　　生　亚比玉　亚比玉　生　以利亚敬　以利亚敬　生　亚所

Ia-so dsọng Sa-du, Sa-du dsọng Ia-gin, Ia-gin dsọng I-liu.
亚所　生　撒督　撒督　生　亚金　亚金　生　以律

I-liu dsọng I-li-ia-sa, I-li-ia-sa dsọng Ma-dan, Ma-dan dsọng Ia-ko.
以律　生　以利亚撒　以利亚撒　生　马但　马但　生　雅各

Ia-ko dsọng io-she, Io-she shǐ kùei Ma-li-ià, Ma-li-ia dsọng Iei-su dsó di yu rài kó Gi-du.
雅各　生　约瑟　约瑟　是夫　玛丽亚　玛丽亚　生　耶稣　名　他又叫　做　基督

Ia-beh-la-han dàng da-uei li dsìp si dsíu,
亚伯拉罕　到　大卫　有　十四　辈

Da-uei dàng dsọ bọn dàng Ba-bi-len li dsìp si dsíu, dsọ bọn Ba-bi-len dàng Gi-du
大卫　到　时　搬　到　巴比伦　有　十四　辈，时　搬　巴比伦　到　基督

yu 'li dsìp si dsíu.
又　有　十四　辈

Iei-su Gi-du rǎn dso 'sǎng bọng gi dso la. Iai di Ma-li-ia shǐ Io-seh dǐng ko iá, dái ví dsu mǎ ràn
耶稣　基督　见　着　世上　记放下　妈他　玛丽亚是　约瑟　定了　妻还　未娶　来家

Ma-li-ia ndai Sên-ling kán dûng ndǎn ndǎng rúng lek liao.
玛丽亚　得　圣灵　感动① 　身体　怀儿了

Lèk kùei di Io-she shǐ dù uèn ndǐ, mì vìn min min rài di, dsǐm lâi ka ngam dô di.
丈夫　她　约瑟　是个人　好　不愿意　明明羞辱她　想　暗自　抛弃她

Dsọ di dsǐn dsǐm ka 'i rě ni di kó ndíu váng ngèn, rǎn tie'n sí sû mǎ lǎng di nào, lèk lǎn Da-uei
时他正想　个事这他　睡觉　做梦　见　天使主　来跟他说　儿孙　大卫

Io-she mèng niâng lǎu dsu iá mèng Ma-li-ia mǎ, ndǎn ndǎng di rúng lèk shǐ ndai liao Sên-ling kán dûng.
约瑟　你　尽管　娶妻你　玛丽亚来　身体　她怀儿是　得了圣灵　感动

Di lâi dsọng lèk sǎe ndǐao, mèng mâe lǎng di uǎe dsó rài kó Iei-su, in uěi di lai giu biak sing di
她要　生　男孩　一　你就　帮他取名　叫作　耶稣　因为他来救　百姓他

dso ndaeo sǔei ya 'k wo 'k mǎ.
从　里面罪　恶　出来

Ka 'i rě ni bǎn liao dsi hó za'o sû yǐm ba'k bu ro ko 'an nao.
个事这办了之后　照主应嘴人知　先　说

Di nào dsa ruai lai rung lèk dsọng lek sae, du uen lai rai dso di ko I-ma-luei-li van wok ma shi
他说　童女　多怀儿　生　男孩　个人多叫名她做　以马内利　翻出来是

Sang-di rong kao rao.
上帝　跟　靠我们

Io-she sin liao ren ma, dsi lang tien si su kang zao dsu ia di ma.
约瑟　醒了　起来　跟后　天使主　讲照娶妻他来

Dai vi rong di kung mbuan, do di ran liao lek kau ndu dsiu uae dso rai ko Iei-su.
只是未跟她共　床　待她见了儿胎第一就　取　名叫作　耶稣

---

① "圣灵感动"一词为汉语借词，意译参考了1996年由中国基督教协会印发的《圣经》，译为"从圣灵结婚"。

意译①：

第一章

　　亚伯拉罕的后裔，大卫的子孙，耶稣基督的家谱记录如下：亚伯拉罕生以撒，以撒生雅各，雅各生犹大和他的弟兄。犹大从他玛氏生法勒斯和谢拉，法勒斯生依斯仑，依斯仑生亚兰。亚兰生亚米拿达，亚米拿达生拿顺，拿顺生撒门。撒门从拉合氏生波阿斯，波阿斯从路得氏生俄备，俄备生耶西。耶西生大卫王。

　　大卫和乌利亚的妻子生所罗门。所罗门生罗波安，罗波安生亚比亚，亚比亚生亚撒。亚撒生约沙发，约沙发生约兰，约兰生乌西亚。乌西亚生约坦，约坦生亚哈斯，亚哈斯生希西家。希西家生玛纳西，玛纳西生亚门，亚门生约西亚。百姓被迁到巴比伦的时候，约西亚生耶哥尼亚和他的兄弟。

　　迁到巴比伦以后，耶哥尼亚生撒拉铁，撒拉铁生所罗巴伯。所罗巴伯生亚比玉，亚比玉生以利亚敬，以利亚敬生亚所。亚所生撒督，撒督生亚金，亚金生以律。以律生以利亚撒，以利亚撒生马但，马但生雅各。雅各生约瑟，约瑟是玛丽亚的丈夫，那称为耶稣的基督，是从玛丽亚生的。

　　从亚伯拉罕到大卫经历了十四代，从大卫到迁至巴比伦时有十四代，从迁至巴比伦到基督出生时又有十四代。

　　耶稣降生的事记载如下：他的母亲玛丽亚已经许配给约瑟，但是还没有迎娶，玛丽亚就从圣灵结婚怀了孕。她的丈夫约瑟是个好人，不愿意明明地羞辱她，想暗暗地把她休了。他正想这个事情的时候，主的使者在他的梦中显现，对他说，大卫的子孙约瑟，你只管把你的妻子玛丽亚娶过来，她是受圣灵感动而怀孕的。她将要生一个男孩，你给他取名叫耶稣，因为他是来将自己的百姓从罪恶中拯救出来的。这个事情办好之后，就要应验主借先知之口所说的话。他说必有童女怀孕生子，众人称他为以马内利，翻译出来就是"上帝与我们同在"。约瑟醒了，起来，按主的使者所说的，把妻子娶了过来。只是没有跟她同床，等她生了头胎的儿子，就给他取名耶稣。

Dsa ˈng Dae Nyi
章　第　二

Dso uung Shi-li Iei-su wok dso kueh Iu-tai Beh-li-hen；li gi uen se lak sung dung bung ma dang
　时　王　希律耶稣　出　在　处　犹太　伯利恒　有几人书深　从　东　方　来到

iei-lu-sa-len.
耶路撒冷

nào, vang di sa ngae wok uung Iu-tai dso liang laeo? Kai du dso dung bung nguong ran ndau ndi
说　人　那出生　出　王　犹太　在　哪儿　我们　在　东　方　看　见　星星

di, diao i②ma bai di.
他　特地　来 拜 他

Uung shi-li ndai nyi dsi lau, Iei-lu-sa-len liao dsu du uen iei dung lau.
　王　希律　得　听　心　怕　耶路撒冷　全　城　人　也　一起　怕

---

　　① 意译部分参考了1996年由中国基督教协会印发的汉文版《圣经·马太福音》。两者在内容上稍有不同，布依文版更为简略一些。

　　② diao i/tiao^{35}ji^{24}/贵州地方汉语，指"特意，故意"。

Shi-li dsiu zaeo bu dsang si ndum, rong biak sing bu ro se ma, zam sao di nào, Gi-du mae wok
希律　就　召　人　长　　祭司　　跟　百姓　人识字　来　问　他们　说　基督　出生
dso bong laeo?
在　　何处

Sao di dau zan nào, mae wok dso kueh Iu-tai Beh-li-neh, in uěi rae li zao bu ro ko'an nào.
他们　　回答　说　　出生　在　处　犹太　伯利恒　　因为　写有　记　人知　先　说
Kueh Iu-tai Beh-li-hen meng dso ndaeo u ndaeo in kueh Iu-tai mi shi nai bu de, dang lang li vang
　　处　犹太　伯利恒　　你　在　　全部地方　　在　处　犹太　不是　小　　最　到　后有王
uung dso liang meng wok ma kuon biak sing ku I-she-lieh.
大　在　另　你　出　来　先　　百姓　我　以色列

Ra di Shi-li be ndik iao bu se lak ma, sae sae zam ndan ndau ndi shi dso laeo wok.
那时希律　　悄悄　　叫　人书　深　来　　清清　问　个　　星星　是　时哪出
Dsi zap sao di bai dang Beh-li-hen lang sao di nào, kai su bai sae sae zam re lek di, ra ndai liao
　就　差　他们　去　到　　伯利恒　　跟　他们　说　　你们　去　清　清　问　个孩子那　找
dsi dau ma rong ku nào, ku iei lai bai bae di.
到　了
就　回　来　跟　我　说　我　也得　去　拜他

Sao di nyi zao vang uung bai liao, ndau ndi bae dung bung nguong ran dso koan in ran, dang
他们听　话　王　大去　了　　星星　边　东　面　　看　见　在　前　引路　到
bong lek wen dsi deng dso sang kau.
地方　小孩　就　停　在　上头

Bu se lak yo ran ndau ndi lao shi ang riu.
人书　深　瞧见　　星星　　老实　高兴

Dsit bai ran liao yo ran lek wen rong iai di Ma-li-ia, dsiu dang uom bae di, dot uae kai bau sao
　进　去　屋　了　看见　小孩　跟　妈他　玛丽亚　　就　伏卧在地　拜他　打　开　个宝盒
di shien zaeo gim ien, ru shiang, mu yo, ko lek man.
那　献　给　金　黄　　乳香　　没药　做礼物

Bu se lak in uěi Su dso ndaeo vang ngen vi suan niang dau bai dang Shi-li, dsiu sung ran kak
　人书　深　因为　主　在　里　　梦　指未　未打算　想　回去　到　希律　就　沿　路岔
dau ben bong bai liao.
返　本　方　去　了

Sao di bai lang, Io-she ko ndiu vang ngen, ran tien si Su ma lang di nào, ren ma do lek wen
他们　去　后　约瑟　做　　一场梦　　见　天使主　来　跟　他说　起来　带　小孩
rong lai di diao dang Ngai-gi bai, dso liang di yu, dsa ku rong meng nào, in uěi shi-li lai sao ra
跟　母亲他逃　到　　埃及　去　在　那儿　住　等　我跟　你说　因为　希律　想要　要
lek wen ao di ka.
小　孩　要　他杀

Io-she dsiu ren ma, kang zam do lek wen rong iai di diao dang ngai-gi bai.
约瑟　就　起来　中间　夜带　小孩　　跟　妻他　逃　到　　埃及　去

Yu dso liang di dsa dang Shi-li dae liao, kai ni ho zae Su yim bak bu ro ko'an nào,　Ku sung
住在　那儿　等到　希律死了　个这合个主　借口人知　先　说　我从
Ngai-gi iao lek sae ku ma liao.
埃及　要男儿我来了

Shi-li yo ran shi dok bu se lak io, dsiu uo dsan yap du uen dang Beh-li-hen bai, ao ndaeo dsu
希律　知道　是落人书深　骗　就发句派　人　　到　伯利恒去　要里面城
ruok dsu lek sae suong bi ma la dung ka liao, dsau dok dso di sae sae zam bu se lak.
外城　男孩　两岁以下　全杀了　照落时他　清清　问人书深
　　Kai ni dsin ho zao bu ro ko'an Iei-li-mi.
　　这个　真合话人知　先　耶利密

Di nào dso bong La-ma ndai nyi giet dso, set dae, shi La-gei dae lek di mi vin su dsuai dso,
　他说　在地方　拉玛　得听痛苦　声哭　是拉结哭儿她不愿肯劝慰
in uěi sao di mi li liao.
因为他们不在了

Shi-li dae kua lang Io-she dso Ngai-gi ko vang ngen, ran tien si Su ma lang di nào.
希律　死过后　约瑟在　埃及　做　梦　　看见天使主来跟他说
Ren ma do lek sae rong iai di dau I-she-lieh bai, in uěi du nen ao zai ming lek sae dsi dae liao.
起来带男孩　跟母他回　以色列去　因为　人　要害使男孩已死了
Io-she dsiu ren ma do lek sae rong iai di bai dang kueh I-she-lieh.
约瑟　就起来带男孩　和母他去到　处　以色列

Ndai nyi Ya-gi-lao dso lang bo di Shi-li ko liao uung Iu-tai dsi lau, mi kam bai liang di, dso
　得听亚基老在后父他希律做了　王　犹太就怕不敢去那里　在
ndaeo vang ngen ndai vang Su vi suan, dsiu bai uae Gia-li-li.
里　梦　得见主未打算就去边　加利利

Dang liao ndan bong ndiao dso rai ko Na-sa-leh, dsi yu dso liang di, kai ni dsin ho zao bu ro
　到了个地方　一　名叫作　拿撒勒　就住在　那里　这个正合话人知
ko'an nào, du uen lai dae di ko bu Na-sa-leh.
先　说　人　多死那做人　拿撒勒

意译：

第二章

　　当希律王的时候，耶稣生在犹太的伯利恒，有几个博士从东方来到耶路撒冷。说，那个生下犹太人之王的在哪里？我们在东方看见他的星，特地来拜他。希律王听了这话心里害怕，整个耶路撒冷的人心里也害怕。希律就召集祭司长和百姓中有学识者，问他们说：基督出生在何处？他们回答说，出生在犹太的伯利恒，因为有先知记着，说："犹太地的伯利恒啊，你在犹太诸城中并不是最小的，因为将来有一位君王要从你那里出来，牧养我以色列民。"当时希律暗暗召了博士来，细问那星星是何时出现的。就差他们往伯利恒去，对他们说："你们去仔细寻访那小孩，找到了就回来告诉我，我好去拜访他。"他们听了大王的话，就走了，在东边看见的那颗星星在前面引路，到了小孩出生的地方就在头顶上停住了。博士看见了星星非常高兴。他们进了屋，见了小孩和他的母亲玛丽亚，就伏地参拜，打开宝盒，把黄金、乳香及没药作为礼物献给他。因为博士在梦中受主指示,不要回去见希律,就从别的路回本乡去了。

他们走了以后,主的使者在约瑟的梦中显现,跟他说:"起来!带着小孩同他母亲逃往埃及,在那儿住,等我吩咐你,因为希律要找到小孩,把他杀掉。"约瑟就起来,连夜带着小孩和妻子逃到埃及去了。住在那儿等希律死了,正如主借先知的口所说的:"我从埃及召回我的儿子来。"

希律知道被博士们骗了,就发话派人到伯利恒去,要按当时他让博士查询到的信息,把城里城外所有两岁以下的男孩全杀光。这就应了先知耶利密的话。他说在拉玛听得见号啕大哭的声音,是拉结哭他儿子,她不愿接受劝慰,因为他们都不在了。

希律死了以后,约瑟在埃及,有主的使者在他的梦中显现,跟他说:"起来!带着男孩跟他的母亲到以色列去,因为要害他的人已经死了。"约瑟于是就起来,把小孩和他的母亲带到以色列去。听说亚基老继他父亲希律之后做了犹太的王,就害怕,不敢到那儿去了,睡梦中得到主的指示,让他去加利利。到了一个叫拿撒勒的地方,就在那里住下,这应验了先知说的他将称为拿撒勒人的话。

三 穆考(头经)
(选自贵州省镇宁县普里《古谢经》)

"穆考"是贵州省镇宁县普里村《古谢经》中的一段,1994 年由贵州民族出版社出版的《古谢经》中已刊出。但该译本无论在文字符号还是在注解翻译方面都存在不少疏漏。首先,部分原文用字与其国际音标注音在读音上相去甚远,有些明显是错误的,如原文"射"之下标注 nak^{53}"重";原文"丹"之下标注 ma^{35}"骂"等。其次,原文汉译不准甚至错误或前后不一致的地方较多,有些地方将一个词强行分开,按词素来标注汉义,如 lak^{35} mo^{35} 是个双音节词,义为"雾",标注为"黑+雾";有些地方本为词组,又按词来标注,如 təi^{13} ŋo^{53} 本为"丛林+芦苇",被整个标注为"芦苇荡";等等。前后不一致的如 fai^{53}"树",前半部分为 fai^{53},后半部分为 vai^{53},按当地的实际读音,后者是正确的。本章除对上述情况予以更正以外,还对译文作了大量调整。镇宁普里的布依语属第三土语,《古谢经》所用文字为方块汉字。

咒 贯 未 找 为
tɕiu^{13} kuən^{35} vəi^{13} tsɔ^{53} vəi^{11}
世 前 未 造 火
以前未造火,

堂 地 旦 能 旦
taŋ^{11} təi^{13} tuk^{13} nuɲ^{11} tuk^{13}
到 地 一坝 睡 一坝
到哪儿就住哪儿,

滥 地 邓 地 邓
lak^{35} təi^{13} tun^{13} nuɲ^{11} tun^{13}
黑 地 野外 睡 野外
哪儿黑就在哪儿睡,

撒 指 拜 能 噉
ɬa^{53} khuk^{13} pai^{33} nuɲ^{11} ha:ŋ^{53}
打哈欠 去 睡 扑
打哈欠就睡。

咒 贯 未 找 唻
tɕiu^{13} kuən^{35} vəi^{13} tsɔ^{53} lai^{33}
世 前 未 造 梯坎
以前未造梯坎,

惰 唻 完 虫 马
to^{35} lai^{33} van^{11} tsʔ^{11} ma^{53}
做 梯坎 齿 槽 马
砌坎像马槽,

光 龙 那 未 散
kuəŋ³³ luŋ¹¹ na⁵³ vəi¹³ ɬaːn⁵³
贵人 舅爷 小舅 未 分
主客未分开，

散 浪 门 卑 你
ɬaːn³⁵ laŋ³³ məŋ¹¹ pəi³³ nəi⁵³
打算 跟 你 年 今
今年才分开。

咒 贯 未 找 元
tɕiu¹³ kuən³⁵ vəi¹³ tsɔ⁵³ zaːn¹¹
世 前 未 造 房
以前未造房，

要 歪 我 谷 操
ʔau³³ vai⁵³ ŋo⁵³ ku¹³ ɬau³³
拿 芦苇 做 柱
拿芦苇做柱，

要 歪 尧 谷 幹
ʔau³³ vai⁵³ zau¹¹ ku¹³ kɯk¹³
拿 苦竹 做 箍
拿苦竹做箍，

要 高 幹 谷 硐
ʔau³³ kau³³ kɯt³⁵ ku¹³ tuək³⁵
拿 藤葛 做 篾
拿葛藤当篾条，

要 双 孟 马 诧
ʔau³³ suəŋ³³ bok³⁵ ma³³ tsa³³
拿 叶 楸 来 垫
拿楸叶来垫，

要 双 八 妈 汉
ʔau³³ suəŋ³³ pa¹¹ ma³³ haŋ³⁵
拿 叶 芭蕉 来 盖
拿芭蕉叶盖。

双 八 汉 孟 猛
suəŋ³³ pa¹¹ haŋ³⁵ mok¹³ mian¹¹
叶 芭蕉 盖 被 棉
芭蕉叶当棉被。

分 讨 纼 七 宋
fɯn³³ thau⁵⁵ tsuŋ³⁵ ɬi¹¹ ɬok¹³
雨 来 下 滴答
雨水落滴答，

讨 等 孟 卜 皇
thau⁵³ təŋ¹³ mok¹³ pəu⁵³ vuŋ¹¹
来 淹 被 首领
淋湿首领的铺盖；

分 讨 纼 七 细
fɯn³³ thau⁵³ tsuŋ³⁵ ɬi¹¹ ɬi¹³
雨 来 下 淅沥
雨来落淅沥，

讨 等 玉 卜 皇
thau⁵³ təŋ¹³ ji¹³ pəu⁵³ vuŋ¹¹
来 淹 蜡染 首领
淋湿首领的蜡染衣；

若 等 弓 卜 皇
zo¹³ təŋ¹³ kuəŋ³³ pəu⁵³ vuŋ¹¹
漏 淹 弓 首领
漏雨淹了首领的弓，

弓 冷 里 而 莞
kuəŋ³³ laŋ⁵³ ləi⁵³ lɯ⁵³ vaŋ⁵³
弓 还 有 剩 把
只剩弓把露在外面；

若 等 笼 卜 皇
zo¹³ təŋ¹³ luəŋ⁵³ pəu⁵³ vuŋ¹¹
漏 淹 篓 首领
漏雨淹了首领的竹篓，

笼 冷 里 而 兴
luaŋ⁵³ laŋ⁵³ ləi⁵³ lɯ⁵³ ɕiŋ³³
篓 还有 剩 尾巴
只有竹篓的背带露在外面；

若 等 吉 卜 皇
zo¹³ təŋ⁵³ tɕi¹¹ pəu⁵³ vuŋ¹¹
漏 淹 处 首领
漏雨淹了首领的住处，

吉 冷 里 而 地
tɕi¹¹ laŋ⁵³ ləi⁵³ lɯ³³ təi¹³
住处 还 有 剩 地方
住处只剩一点干的地方；

若 等 闭 卜 皇
zo¹³ təŋ⁵³ piŋ³⁵ pəu⁵³ vuŋ¹¹
漏 淹 簪 首领
漏雨淹了首领的簪子，

闭 冷 里 而 考
piŋ³⁵ laŋ⁵³ ləi⁵³ lɯ³³ khau⁵³
簪 还 活 剩 头
只露出了簪子的头；

若 等 夯 卜 皇
zo¹³ təŋ⁵³ ɣo⁵³ pəu⁵³ vuŋ¹¹
漏 淹 谷 首领
漏雨淹了首领的谷子，

夯 冷 里 而 兴
ɣo⁵³ laŋ⁵³ ləi⁵³ lɯ³³ ɕiŋ³³
谷 还 活 剩 穗
只有谷穗露在外面。

博 皇 骂 你 年
po¹³ vuŋ¹¹ ʔda³⁵ ni⁵⁵ niaŋ¹¹
父 首领 骂 （状词）
首领的父亲骂声不断，

八 皇 丹 你 念
pa⁵³ vuŋ¹¹ taŋ³³ ni⁵³ nian¹³
妻子 首领 骂 （状词）
首领的妻子骂声连连。

堂 盆 拜 喷 摆
taŋ¹¹ paŋ¹¹ pai⁵³ pun³⁵ phɛ⁵³
全 世上 去 做生意
世人都去做生意，

儿 媒 拜 喷 摆
lək¹³ məi¹¹ pai³³ pun³⁵ phɛ⁵³
儿 不 去 做生意
儿子不去做生意；

堂 盆 拜 买 卖
taŋ¹¹ paŋ¹¹ pai³³ mai⁵³ mai¹³
全 世上 去 买 卖
世人都去做买卖，

儿 媒 拜 买 卖
lək¹³ məi¹¹ pai³³ mai⁵³ mai¹³
儿 不 去 买 卖
儿子不去做买卖；

儿 奈 无 皆 孤
lək¹³ nai¹³ vu⁵³ kɛ³³ ku³³
儿 小孩 别人 卖 盐
别人的孩子去卖盐，

儿 媒 拜 皆 孤
lək¹³ məi¹¹ pai³³ kɛ³³ ku³³
儿 不 去 卖 盐
自己孩儿不去卖盐；

秧 埃 无 皆 坏
ʔiaŋ³³ jɛ¹¹ vu⁵³ kɛ³³ jɛ³⁵
女儿 别人 卖 棉
别人的女儿去卖棉，

儿　媒　拜　皆　坏
lək¹³ məi¹¹ pai³³ kɛ³³ jɛ³⁵
儿　不　去　卖　棉
自己的女儿不去卖棉。

　儿　上　闵　獭　哀
lək¹³ saːŋ³⁵ ʔbit³⁵ tha⁵³ ŋɛ⁵³
　儿　上　睪　晒　仰睡
整天在家昏吃昏睡，

　儿　上　改　獭　月
lək¹³ saːŋ³⁵ kai¹¹ tsha⁵³ jiɯ¹¹
　儿　上　爱　晒　月
整天在家打发时光，

汉　盛　厌　叉　皆
hat⁵⁵ sɯn³⁵ zuəŋ¹³ tsha⁵³ kɛ³³
早　起　亮　等　卖
天一亮就起来等着赶场；

　嬲　夯　岩　妈　坝
vau¹³　ɣɔ⁵³　ŋɛ¹¹ ma³³ pa³⁵
　刨　饭　早　来　嘴
早饭熟了就舀吃，

　凹　夯　岩　妈　鹅
vau¹３　ɣɔ⁵³　ŋɛ¹¹ ma³³ vo¹¹
　捞　饭　早　来　喉
早饭做好了就来吃。

　夯　定　并　儿　拜
ɣɔ⁵³　tik¹³ bik³⁵　lək¹³ pai³³
　饭　装　竹饭盒　儿　去
饭盒装饭儿就走，

　棒　定　买　儿　拜
pak³⁵ tik¹³ ʔbɛ⁵³ lək¹³ pai³³
　菜　装　竹筒　儿　去
菜筒装菜儿就行。

堂　盆　拜　喷　摆
taŋ¹¹ peŋ¹¹ pai⁵³ pun³⁵ phɛ⁵³
全　世上　去　做生意
世人都去做生意，

儿　门　拜　喷　摆
lək¹³ məŋ¹¹ pai³³ pun³⁵ phɛ⁵³
儿　你　去　做生意
你儿也去做生意；

堂　盆　拜　买　卖
taŋ¹¹ paŋ¹¹ pai³³ mai⁵³ mai¹³
全　世上　去　买　卖
世人都去做买卖，

儿　门　拜　买　卖
lək¹³ məŋ¹¹ pai³³ mai⁵³ mai¹³
儿　你　去　买　卖
你儿也去做买卖；

儿　奈　无　皆　孤
lək¹³ nai¹³ vu⁵³ kɛ³³ ku³³
儿　小孩　别人　卖　盐
别人的儿子去卖盐，

儿　门　拜　皆　孤
lək¹³ məŋ¹¹ pai³³ kɛ³³ ku³³
儿　你　去　卖　盐
你的儿子也去卖盐；

秧　埃　无　皆　坏
ʔiaŋ³³ jɛ¹¹ vu⁵³ kɛ³³ fɛ³⁵
女儿　别人　卖　棉
别人的女儿去卖棉，

儿　门　拜　皆　坏
lək¹³ məŋ¹¹ pai³³ kɛ³³ fɛ³⁵
儿　你　去　卖　棉
你的女儿也去卖棉。

儿 喷 拜 喷 吗
lək¹³ pun³⁵ pai³³ pun³⁵ ma³³
儿 做 去 做 来
儿子到处去做买卖，

　喷 堂 板 卜 班
pun³⁵ taŋ¹¹ ʔbaːn⁵³ pu⁵³ paːn³³
　做 到 寨 补班
来到补班寨，

　喷 堂 元 卜 别
pun³⁵ taŋ¹¹ zaːn¹¹ pu⁴³ piɯ¹¹
　做 到 家 补别
来到补别家。

　板 卜 班 以 夜
ʔbaːn⁵³ pu⁵³ paːn³³ ji⁵³ ʔiɯ³⁵
　寨 补班 不 睬
补班寨的人不理睬他，

　元 卜 别 起 指
zaːn¹¹ pu⁴³ piɯ¹¹ tɕi¹¹ khɯk¹³
　家 补别 锁 卡
补别家的人不给他开门。

　板 卜 班 以 亚
ʔbaːn⁵³ pu⁵³ paːn³³ ji⁵³ ʔia³⁵
　寨 补班 不 成
在补班寨买卖没做成，

　元 卜 哈 起 指
zaːn¹¹ pu⁴³ ha³⁵ tɕi¹¹ khɯk¹³
　家 汉族 锁 卡
在汉族家生意没做成。

　念 堂 念 逞 好
ʔdiak³⁵ taŋ¹¹ ʔdiak³⁵ tshun⁵³ hau⁵³
　别人 到 别人 就 赶场
别人一到就去赶场，

儿 门 堂 媒 好
lək¹³ mən¹¹ taŋ¹¹ məi¹¹ hau⁵³
儿 你 到 不 赶场
你儿子到了不赶场；

　无 堂 无 逞 样
vu⁵³ taŋ¹¹ vu⁵³ tshun⁵³ zaŋ¹³
　别人 到 别人 就 坐
别人到了就坐下来卖东西，

　儿 门 堂 媒 样
lək¹³ mən¹¹ taŋ¹¹ məi¹¹ zaŋ¹³
　儿 你 到 不 坐
你儿子到了不卖东西；

　无 堂 无 逞 因
vu⁵³ taŋ¹¹ vu⁵³ tshun⁵³ ʔiŋ³³
　别人 到 别人 就 倚靠
别人到了就做生意，

　儿 门 堂 媒 因
luk¹¹ mən¹¹ taŋ¹¹ məi¹¹ ʔiŋ³³
　儿 你 到 不 倚靠
你儿子到了不做生意。

　卡 獭 邓 獭 占
ka³³ tha⁵³ ʔdiat³⁵ tha⁵³ tsaːn³⁵
　脚 摆 掂 摆 站
叉着腰来回溜达，

　要 住 慕 歪 袍
ʔau³³ tso³⁵ ʔbəu³⁵ vai⁵³ pau¹¹
　拿 放 筒 苦竹
把卖的东西放在苦竹篓；

　卡 獭 邓 獭 占
ka³³ tha⁵³ ʔdiat³⁵ tha⁵³ tsaːn³⁵
　脚 摆 掂 摆 站
叉着腰到处游荡，

要　住　挠　歪　我
ʔau³³ tso³⁵ nau¹¹ vai⁵³ ŋo⁵³
　拿　放　娄　树　芦苇
把卖的东西放在芦苇篓里。

哈　要　住　坝　善
ha⁵³ ʔau³³ tso³⁵ pa³⁵ sɯk³⁵
想　拿　放　口　挑
想把它放在挑担口上，

住　坝　善　劳　碉
tso³⁵ pa³⁵ sɯk³⁵ lɔ³³ tok³⁵
放　口　挑　怕　落
又怕它丢了；

哈　要　住　坝　碰
ha⁵³ ʔau³³ tso³⁵ pa³⁵ puəŋ¹³
叫　要　放　口　篓
想把它放在背篓口上，

住　坝　碰　劳　伦
tso³⁵ pa³⁵ puəŋ¹³ lɔ³³ləŋ¹¹
放　口　箩　怕　忘记
又怕忘记了。

住　里　养　收　讨　儿　妈
tso³⁵ ʔdəi⁵³ ʔia:ŋ⁵³ səu³³ thau⁵³ lək¹³ ma³³
放　和　神刀　收　回　儿　来
跟神刀放在一起带回来，

住　里　乙　收　幸　儿　妈
tso³⁵ ʔdəi⁵³ ʔi³³ səu³³ ɕin³⁵ lək¹³ ma³³
放　和　药　收　信　儿　来
跟药放在一起带回来。

妈　堂　用　堂　子
ma³³ taŋ¹¹ zok¹³ taŋ¹¹ ɬɯ⁵³
来　到　里屋　到　房边
来到院坝里，

妈　堂　子　堂　元
ma³³ taŋ¹¹ ɬɯ⁵³ taŋ¹¹ za:n¹¹
来　到　房边　到　家
来到房屋内。

勾　乃　歪　住　噉
kəu³³ ʔdai⁵³ vai⁵³ tso³⁵ ɣan⁵³
我　得　树　放　这
我把树木放在这里，

歪　已　弄　拜　了
fai⁵³ ji⁵³ ʔduək³⁵ pai³³ liau⁵³
树　已　朽　去　了
树木已经朽烂了；

勾　乃　动　住　噉
kəu³³ ʔdai⁵³ tok³⁵ tso³⁵ ɣan⁵³
我　得　篾　放　这
我把篾条放在这里，

动　以　漫　拜　了
tok³⁵ ji⁵³ mon¹³ pai³³ liau⁵³
篾　已　蛀　去　了
篾条已蛀坏了。

完　勒　敬　媒　若
van¹¹ lɔ¹¹ tɕit³⁵ məi¹¹ zo⁵³
天　哪　犯　不　知
哪天犯忌也不知道，

命　勒　利　媒　若
miŋ¹¹ lɔ¹¹ ʔdəi³³ məi¹¹ zo⁵³
命　哪　好　不　知
哪个命运好不好也不知道。

拜　卓　卜　地　沙
pai³³ tso¹³ pəu⁵³ ɬɯ³³ ɬa³³
去　找　人　经师
去找经师看，

拜 卓 卜 萨 汉
pai³³ tso¹³ pəu⁵³ ɬa³³ haŋ³⁵
去 找 经 师 问
去找经师问，

信 占 信 媒 占
ɬiaŋ³³ tsak³⁵ ɬiaŋ³³ məi¹¹ tsak³⁵
该 遇 该 不 遇
该碰到时没碰到。

占 卜 师 容 纳
tsak³⁵ pəu⁵³ ɬɯ³³ zoŋ¹¹ na¹¹
遇 经 师 下 田
碰到经师正要下田，

占 卜 萨 容 洞
tsak³⁵ pəu⁵³ ɬa³³ zoŋ¹¹ tuəŋ¹³
遇 经 师 下 坝
碰到经师要去田坝，

儿 坝 舥 媒 挠
lək¹³ pa³⁵ nak³⁵ məi¹¹ nau¹¹
儿 嘴 重 不 说
儿嘴笨不说，

师 坝 毛 汉 贯
ɬɯ³³ pa³⁵ ʔbau³³ haŋ⁵³ kuən³⁵
师 嘴 轻 问 先
巧嘴经师开口问：

讨 要 麻 宗 冒
tau³⁵ ʔau³³ ma¹¹ ɬuəŋ³³ ʔbɔ³⁵
来 要 啥 两 青年
两个青年来做什么？

耗 麻 廖 宗 老
hɔ³⁵ ma¹¹ ʔdiau³³ ɬuəŋ³³ lɔ⁵³
话 啥 一 两 老
您俩来问哪样？

媒 要 麻 逞 到
məi¹¹ ʔau³³ ma¹¹ tshən⁵³ tau³⁵
不 要 啥 真 的 回
不问什么话，

媒 耗 麻 逞 利
məi¹¹ hɔ³⁵ ma¹¹ tshən⁵³ ʔdui³³
不 说 啥 真 的 空的
不问什么事，

勾 乃 歪 住 嚹
kəu³³ ʔdai⁵³ vai⁵³ tso³⁵ han⁵³
我 得 树 放 房屋
我把树木放在家里，

歪 勾 弄 拜 了
vai⁵³ kəu³³ ʔduək³⁵ pai³³ liau⁵³
树 我 朽 去 了
树木朽烂了；

勾 乃 动 住 嚹
kəu³³ ʔdai⁵³ tok³⁵ tso³⁵ han⁵³
我 得 簸 放 房
我把竹簸放在家里，

动 勾 漫 拜 了
tok³⁵ kəu³³ mot¹³ pai³³ liau⁵³
簸 我 蛀 去 了
竹簸被虫蛀坏了。

完 勒 敬 媒 约
van¹¹ lɒ¹¹ tɕit³⁵ məi¹¹ zo⁵³
天 哪 犯 不 知
哪天犯忌不知道，

命 勒 利 媒 若
miŋ¹¹ lɒ¹¹ ʔdəi³³ məi¹¹ zo⁵³
命 哪 好 不 知
哪个命运好不好也不知道。

叟　乃　歪　住　嗷
ɬəu³³ ʔdai⁵³ vai⁵³ tso³⁵ han⁵³
你们　得　树　放　房屋
你们把树木放在家里，

歪　叟　弄　拜　了
vai⁵³ ɬəu³³ ʔdok³⁵ pai³³ liau⁵³
树　你们　烂　去　了
你们的树木朽坏了；

叟　乃　动　住　嗷
ɬəu³³ ʔdai⁵³ tok³⁵ tso³⁵ han⁵³
你们　得　篾　放　房屋
你们把竹篾放在家里，

动　叟　漫　拜　了
tok³⁵ ɬəu³³ mot³⁵ pai³³ liau⁵³
篾　你们　蛀　去　了
你们的竹篾被虫蛀坏了，

完　勒　敬　媒　若
van¹¹ lɒ¹¹ tɕit³⁵ məi¹¹ zo⁵³
天　哪　犯　不　知
哪天犯忌也不知道，

命　勒　利　媒　若
miŋ¹¹ lɒ¹¹ ʔdəi³³ məi¹¹ zo⁵³
命　哪　好　不　知
哪个命运好不好也不知道。

完　卯　谷　完　利
van¹¹ mau⁵³ ku¹³ van¹¹ ʔdəi³³
天　卯　做　天　好
卯日是吉日，

完　辰　谷　完　礼
van¹¹ tsai¹¹ ku¹³ van¹¹ ləi¹³
天　辰　做　天　吉利
辰日是吉日，

为　包　样　为　包
vəi¹¹ pau³³ zaŋ¹³ vəi¹¹ pau³³
火　烧　像…一样　火　烧
火烧连火烧，

为　包　拉　烂　慕
vəi¹¹ pau³³ ʔdɒ³³ lak³⁵ mo³⁵
火　烧　内　雾罩
火在云雾里烧。

老　偾　山　拜　卓
lɔ⁵³ fuɯt³⁵ san³³ pai³³ ɬo¹³
老　修　路　去　直
老人辟条路过去，

儿　偾　路　拜　好
lək¹³ fuɯt³⁵ san³³ pai³³ hau⁵³
儿　修　路　去　进入
儿子修条路进去。

卜　老　样　卜　老
pəu⁵³ lɔ⁵³ zaŋ¹³ pəu⁵³ lɔ⁵³
人　老　像…一样　人　老
老人做老人的事，

卜　老　要　谷　棍
pəu⁵³ lɔ⁵³ ʔau³³ ku¹³ khun⁵³
人　老　要　做　捆
老人把木柴捆成捆；

卜　羊　样　卜　羊
pəu⁵³ zaŋ¹¹ zaŋ¹³ pəu⁵³ zaŋ¹¹
人　青年　像…一样　人　青年
青年做青年的事，

卜　羊　棍　提　妈
pəu⁵³ zaŋ¹¹ kut¹³ tɯ¹¹ ma³³
人　青年　扛　带　来
青年把木柴扛起来，

提　妈　旦　以　厌
tɯ¹¹　ma³³　tuk¹³　ji⁵³　zɯt¹³
带　来　院坝　已　堆
扛来放在院坝成堆。

卜　耂　样　卜　耂
pəu⁵³　lɔ⁵³　zaŋ¹³　pəu⁵³　lɔ⁵³
人　老　像……一样　人　老
老人做老人的事，

三　嬲　笑　逞　约
ɖaːn³³　va¹¹　ɖau³⁵　tshən⁵³　zo⁵³
编　壁　笆　就　会
老人会编竹篱笆，

怪　嬲　我　逞　弁
koi¹³　va¹¹　ŋo⁵³　tshən⁵³　pan¹¹
编　壁　芦苇　就　成
也会用芦苇编笆折，

贱　嬲　潭　逞　约
ɖiak³⁵　va¹¹　taŋ¹¹　tshən⁵³　zo⁵³
插　壁　墙　就　会
老人会插竹篱笆墙。

时　卯　谷　时　利
tsɯ¹¹　mau⁵³　ku¹³　tsɯ¹¹　ʔdei³³
时　卯　做　时　好
卯时是吉时，

时　卯　若　操　诗
tsɯ¹¹　mau⁵³　ʔjo³³　ɖau³³　sei³³
时　卯　起　柱　头
卯时立中柱。

媒　敬　麻　乜　龙
məi¹¹　tɕit³⁵　ma¹¹　mie¹³　luŋ¹¹
不　犯　啥　母　龙
不犯什么龙神；

时　辰　谷　时　利
tsɯ¹¹　tsəi¹¹　ku¹³　tsɯ¹¹　ləi¹³
时　辰　做　时　吉利
辰时是吉时，

时　辰　若　操　乜
tsɯ¹¹　tsəi¹¹　ʔjo³³　ɖau³³　mie¹³
时　辰　起　柱　母
辰时竖头柱，

媒　敬　麻　乜　厄
məi¹¹　tɕit³⁵　ma¹¹　mie¹³　ŋɯ¹³①
不　犯　啥　母　龙
不犯什么虹神。

厄　又　宗　以　埃
ŋɯ¹³　ʔiu³⁵　ɖun³³　ʔi⁵³　ʔi⁵³
龙　在　园子　咿哟
虹神在园子里嬉戏，

龙　卧　海　闷　妹
luŋ¹¹　ʔiu³⁵　he⁵³　ʔbi³³　ʔbɯk³⁵
龙　在　海　叮　动
龙神在大海里翻腾。

呈　嚣　样　呈　嚣
tshən¹¹　tsho³³　zaŋ¹³　tshən¹¹　tsho³³
乘　槎　像……一样　乘　槎
乘槎啊乘槎，②

呈　嚣　代　地　我
tshən¹¹　tsho³³　təi³⁵　təi¹³　ŋo⁵³
乘　槎　经　丛　芦苇
乘槎经过芦苇丛；

_____
① ŋɯ¹³在布依语中有"龙"的意思，也指彩虹。
② 原译本认为这里借用了汉族"乘槎经月"的故事，这里暂依此说。

呈　处　样　呈　处
tshən¹¹ tsho³³ zaŋ¹³ tshən¹¹ tsho³³
乘　槎　像……一样乘　槎
乘槎啊乘槎，

呈　处　代　地　尧
tshən¹¹ tsho³³ təi³⁵ təi¹³ zau¹¹
乘　槎　经　丛　苦竹
乘槎经过苦竹林。

阮　里　歪　惰　干
zuən⁵³ ʔdai⁵³ vai⁵³ to³⁵ kɯk¹³
修　得　树　打　夹
剔树枝来做夹墙，

厌　里　坝　夺　娘
zuət¹³ ʔdai⁵³ pa³⁵ to³⁵ ŋaːŋ¹¹
削　得　嘴　打　叉
削树枝来做木叉。

恒　唻　桑　旦　道
hən⁵³ lai³³ ɬaːŋ³³ tuɯk¹³ tɔ¹¹
爬　梯　高　层层
顺着高梯往上爬，

凝　四　门　未　登
nin¹¹ ɬəi³⁵ məŋ¹¹ vəi¹³ tun³³
铜鼓　祭祀　你　未　讲
铜鼓祭祀的事未讲。

海　勾　登　雅　了
hai⁵³ kəu³³ tun³³ jia³⁵ liau⁵³
让　我　讲　一　下
让我给你讲，

卑　月　门　未　夜
pəi³³ ʔdun³³ məŋ¹¹ vəi¹³ jie¹³
年　月　你　未　看
你的年庚没有算。

半　里　养　又　沙
puɯt¹³ ʔdai⁵³ ʔiaːŋ⁵³ ʔiu³⁵ sa³³
拿　得　神刀　在　手上
神刀拿在手，

你　养　哈　妈　骂
nəi⁵³ ʔjaːŋ⁵³ ha⁵³ ma³³ ʔba³⁵
这　神刀　给　来　肩
神刀扛在肩，

洒　挠　凹　挠　云
ɬa⁵³ nau¹¹ va¹³ nau¹¹ nin¹¹
我　讲　刀　讲　铜鼓
我念神刀咒铜鼓，

洒　挠　丁　挠　地
ɬa⁵³ nau¹¹ tin³³ nau¹¹ təi¹³
我　讲　地　讲　坟
我说坟山坟地。

洒　挠　朝　洞　朝
ɬa⁵³ nau¹¹ tshɔ¹¹ tok³⁵ tshɔ¹¹
我　讲　槽　落　槽
我讲了一槽又一槽，①

朝　更　朝　比　马
tshɔ¹¹ kən¹¹ tshɔ¹¹ pəi¹³ ma⁵³
槽　上　槽　豌豆
上槽种豌豆，

要　界　麻　逞　马
ʔau³³ kəi³⁵ ma¹¹ tshən⁵³ ma⁵³
要　样哪　当　豌豆
拿什么当豌豆？

_____

① "槽"，贵州汉语，即山谷中的田坝。

要 金 凡 逗 马
ʔau³³ tɕin³³ ŋan¹¹ tshən⁵³ ma⁵³
要 金 银 当 豌豆
拿金银当豌豆。

洒 挠 朝 洞 朝
ɬa⁵³ nau¹¹ tshɔ¹¹ tok³⁵ tshɔ¹¹
我 讲 坝 落 坝
我说了一坝又一坝，

朝 蜡 朝 比 堂
tshɔ¹¹ la⁵³ tshɔ¹¹ pəi¹³ taŋ¹¹
坝 下 坝 蚕豆
下坝种蚕豆，

要 界 麻 逗 堂
ʔau³³ kəi³⁵ ma¹¹ tshən⁵³ taŋ¹¹
拿 样 哪 当 蚕豆
拿哪样当蚕豆？

要 金 凡 逗 堂
ʔau³³ tɕin³³ ŋan¹¹ tshən⁵³ taŋ¹¹
拿 金 银 当 蚕豆
拿金银当蚕豆。

四 高 堂 四 贯
ɬəi³⁵ kau³³ taŋ¹¹ ɬəi³⁵ kuaŋ³⁵
四 角 蚕豆 四 箩
坟四角放四个竹箩，

要 界 麻 逗 贯
ʔau³³ kəi³⁵ ma¹¹ tshən⁵³ kuaŋ³⁵
拿 样 哪 当 箩
拿哪样当竹箩？

要 金 凡 逗 贯
ʔau³³ tɕin³³ ŋan¹¹ tshən⁵³ kuaŋ³⁵
拿 金 银 当 箩
拿金银当竹箩。

洒 挠 朝 洞 朝
ɬa⁵³ nau¹¹ tshɔ¹¹ tok³⁵ tshɔ¹¹
我 讲 槽 落 槽
我讲了一槽又一槽，

朝 班 让 班 况
tshɔ¹¹ paːn³³ zaŋ¹¹ paːn³³ koŋ³⁵
槽 边 和 边 宽
山槽宽又广，

那 傍 浪 叉 门
na⁵³ paŋ¹¹ laːŋ¹³ tsha⁵³ mən¹¹
面 布 宽 等 你
织宽幅的布给你。

洒 挠 朝 洞 朝
ɬa⁵³ nau¹¹ tshɔ¹¹ tok³⁵ tshɔ¹¹
我 讲 槽 落 槽
我说了一槽又一槽，

朝 班 让 班 四
tshɔ¹¹ paːn³³ zaŋ¹¹ paːn³³ ɬəi³⁵
槽 边 和 边 四
山槽通四方，

那 界 怪 芜 四 叉 门
na⁵³ kai³⁵ koi¹³ vu¹¹ ɬəi³⁵ tsha⁵³ mən¹¹
脸 鸡 给 笛 四 等 你
用雄鸡祭笛给你。

洒 挠 朝 洞 朝
ɬa⁵³ nau¹¹ tshɔ¹¹ tok³⁵ tshɔ¹¹
我 讲 槽 落 槽
坟向山落在哪槽？

朝 耕 介 用 望
tshɔ¹¹ kən³³ kai³⁵ zok¹³ zot¹³
槽 吃 蛋 阳雀
向着有阳雀蛋的那一槽。

媒　耕　棒　把　你
məi¹¹ kən³³ pak³⁵ pɒ⁵³ nəi⁵³
不　吃　菜　媳妇　这
不吃这个媳妇的菜，

马　耕　棒　把　慕
mɯ⁵³ kən³³ pak³⁵ pɒ⁵³ mo³⁵
要　吃　菜　媳　新
要吃新媳妇的菜。

尧　媒　卓　把　你
zau¹¹ məi¹¹ tso¹³ pɒ⁵³ nəi⁵³
我们　不　认　媳　这
我们不认这个媳妇，

里　马　卓　把　浪
nəi⁵³ mɯ⁵³ tso¹³ pɒ⁵³ laŋ³³
这　要　认　媳　后
现在要认另一个媳妇。

洒　挠　朝　洞　朝
ɬa⁵³ nau¹¹ tshɔ¹¹ tok³⁵ tshɔ¹¹
我　讲　槽　落　槽
坟向山落在哪槽？

朝　耕　介　用　周
tshɔ¹¹ kən³³ kai³⁵ zok¹³ tɕiu⁵³
槽　吃　蛋　画眉
向着有画眉蛋的那一槽。

媒　耕　周　把　你
məi¹¹ kən³³ tɕiu³³ pɒ⁵³ nəi⁵³
不　吃　拌饭　媳　这
不吃这个媳妇拌的饭，

马　耕　周　把　慕
mɯ⁵³ kən³³ tɕiu³³ pɒ⁵³ mo³⁵
要　吃　拌饭　媳　新
要吃新媳妇拌的饭，

尧　媒　卓　把　你
zau¹¹ məi¹¹ tso¹³ pɒ⁵³ nəi⁵³
我们　不　认　媳　这
我们不认这个媳妇，

里　马　卓　把　浪
nəi⁵³ mɯ⁵³ tso¹³ pɒ⁵³ laŋ³³
这　要　认　媳　后
现在要认另一个媳妇。

饿　拜　望　玷　春
ʔo³⁵ pai³³ zaŋ¹³ tɕiaŋ¹³ ʔdun³³
出　去　和　山丫　月亮
坟向着月亮升起的山丫，

若　嬲　令　棍（俗字）
zo⁵³ va¹¹ ʔdun³³ kut¹³ naːŋ¹¹
看　见　月亮　扛襄（俗字）
看得见月中的嫦娥；

饿　拜　望　玷　叨
ʔo³⁵ pai³³ zaŋ¹³ tɕiaŋ¹³ ʔdɔ³³
出　去　和　山丫　星星
坟向着星星升起的山丫，

若　嬲　叨　赏　盖
zo⁵³ va¹¹ ʔdɔ³³ saːŋ³³ toi¹³
看见　星秀　春碓
看得见星星春碓。

在　蜡　邓　在　更
ɬai³⁵ la⁵³ tɯk³⁵ ɬai³⁵ kən¹¹
官　下　追问　官　上
下面的官问上面的官，

丈　更　邓　丈　蜡
tsaːŋ¹³ kən¹¹ tɯk³⁵ tsaːŋ¹³ la⁵³
匠人　上　追问　匠人　下
上边的匠人问下边的匠人，

那 货 邓 那 凸
na⁵³ fo³⁵ tɯk¹³ na⁵³ kun¹¹
膝 头 埃 膝 头
上下来回不停地跑，

容 那 令 邓 了
zuŋ¹¹ na⁵³ ʔdiŋ³³ tɯk³⁵ liau⁵³
仡佬族 脸 红 打 了
红脸的仡佬族也问过了。

半 完 半 难 咨
puəŋ¹³ van¹¹ puəŋ¹³ ʔdɯt³⁵ ʔdiŋ³³
半 天 半 日 红
正午日当头，

时 云 时 难 恶
tsɯ¹¹ jiŋ¹¹ tsɯ¹¹ ʔdɯt³⁵ ʔia³⁵
时 午 时 日 恶
太阳火辣辣，

斩 干 子 容 纳
tshaŋ⁵³ kak³⁵ tshəi³⁵ zoŋ¹¹ na¹¹
戴 斗笠 叶 下 田
戴斗笠下田，

斩 干 萨 容 硐
tshaŋ⁵³ kak³⁵ ɬa³³ zoŋ¹¹ toŋ¹³
戴 斗笠 纸 下 坝
戴斗笠下坝，

冈 领 漫 汉 浪
kaːŋ³³ liŋ⁵³ man³⁵ haŋ³⁵ laŋ³³
张 伞 蓝 遮 后
打蓝伞遮身。

门 卡 汉 晒 更
məŋ¹¹ ka⁵³ ʔaːŋ³⁵ ɕɛ³⁵ kən¹¹
你 只 喜 潭 上
你只喜上潭，

近 比 把 廖 门
tɕit³⁵ pəi⁵³ pɒ⁵³ ʔdiau³³ məŋ¹¹
妨害 哥 媳 一 你
妨害哥和嫂；

门 卡 汉 晒 蜡
məŋ¹¹ ka⁵³ ʔaːŋ³⁵ ɕɛ³⁵ la⁵³
你 只 喜 潭 下
你只喜下潭，

近 那 乜 廖 门
tɕit³⁵ na⁵³ mie¹³ ʔdiau³³ məŋ¹¹
妨害 脸 母 一 你
妨害你母亲。

晒 廖 恒 颠 从
ɕɛ³⁵ ʔdiau³³ hən⁵³ tiaŋ³³ ɬoŋ¹¹
潭 一 爬 着 扰
一潭鱼困扰，

红 廖 恒 颠 汉
ɣoŋ¹¹ ʔdiau¹¹ hən⁵³ tiaŋ³³ ʔaːn³⁵
潭 一 爬 着 稀泥
一潭尽稀泥。

将 占 将 媒 占
ɬiaŋ³³ tsak³⁵ ɬiaŋ³³ məi¹¹ tsak³⁵
该 遇 该 不 遇
就该遇到的没有遇到，

占 朗 龙 烧 任
tsak³⁵ laːn⁵³ luŋ¹¹ səu³³ zəŋ¹³
遇 懒 龙 收 租
遇到懒龙追租，

占 郎 顿 出 妈
tsak³⁵ laːn⁵³ tun¹³ tsho³³ ma³³
遇 懒 人 摸 狗
遇到懒汉牵狗，

占　敢　戛　邓　到
tsak³⁵ ka:n³⁵ ka³³ tɯ¹¹ thau⁵³
遇　杆　脚　带　来
遇到赤脚人来，

占　卜　告　廖　门
tsak³⁵ pəu⁵³ kau³⁵ ʔdiau³³ məŋ¹¹
遇　人　旧　一　你
遇到你的一个熟人。

门　挠　门　桑　要
məŋ¹¹ nau¹¹ məŋ¹¹ ɬa:ŋ³³ zau¹³
你　说　你　高　些
你说你很高，

卜　廖　桑　多　门
pəu⁵³ ʔdiau³³ ɬa:ŋ³³ to³³ məŋ¹¹
人　一　高　多　你
有人高过你；

门　挠　门　淡　要
məŋ¹¹ nau¹¹ məŋ¹¹ taŋ³⁵ zau¹³
你　说　你　矮　些
你说你很矮，

卜　廖　淡　多　门
pəu⁵³ ʔdiau³³ taŋ³⁵ to³³ məŋ¹¹
人　一　矮　多　你
有人矮过你。

止　堂　止　冈　愤
tɕi⁵³ taŋ¹¹ tɕi⁵³ ka:ŋ³³ fut³⁵
神①　到　神　撑　腰
神到了就叉腰，

止　堂　止　近　行
tɕi⁵³ taŋ¹¹ tɕi⁵³ tɕin³⁵ ɣa:ŋ¹¹
神　到　神　转　下巴
神到了就扭头，

愤　止　共　忍　腰
fut³⁵ tɕi⁵³ kuŋ³⁵ ləŋ⁵³ ʔiɛ³³
腰　神　弯　像　轭
神的腰弯得像牛轭，

鹅　止　埃　能　嫩
ɣo¹¹ tɕi⁵³ zai¹¹ ləŋ⁵³ nən³⁵
脖　神　长　像　鹅
神的脖子长得像鹅颈。

逞　嚣　样　逞　嚣
tshən¹¹ tshiau⁵⁵ zaŋ¹³ tshən¹¹ tshiau³³
乘　槎　像……一样乘　槎
乘槎呀乘槎，

逞　嚣　代　地　我
tshən¹¹ tshiau⁵⁵ təi³⁵ təi¹³ ŋo⁵³
乘　槎　经　丛　芦苇
乘槎经过芦苇荡。

耕　夯　簸　洞　道
kən³³ ɣɔ⁵³ po⁵³ tok⁵⁵ tau¹³
吃　饭　炒米　落　灰
吃掉灰里的炒米，

耕　夯　戛　洞　丹
kən³³ ɣɔ⁵³ ka⁵⁵ tok³⁵ ʔdan³³
吃　饭　谷　落　地
吃掉在地上的谷子，

冷　奶　媒　洞　董
ʔdən⁵³ niɛ¹¹ məi¹¹ tok³⁵ tuŋ⁵³
吞　痰　不　落　肚
吞口水难下肚，

_____
①　tɕi⁵³，"神、神灵"，原译本作"你"，值得商榷。

冷 好 媒 洞 列
ʔdən⁵³ ɣɔ⁵³ məi¹¹ tok³⁵ lie³⁵
吞 饭 不 落 喉
吃饭难下咽。

乜 皇 见 媒 买
mie¹³ vuŋ¹¹ tɕiat³⁵ məi¹¹ mai⁵³
母亲 首领 痛 不 买
首领的母亲病不医，

乜 皇 凯 媒 钱
mie¹³ vuŋ¹¹ khai⁵³ məi¹¹ tɕian¹¹
母亲 首领 病 不 钱
首领的母亲有病无钱医。

见 媒 买 丹 缙
tɕiat³⁵ məi¹¹ ʔdai⁵³ ʔdan³³ man¹¹
痛 不 得 个 棉絮
病无棉被盖，

凯 媒 钱 丹 玩
khai⁵³ məi¹¹ tɕian¹¹ ʔdan³³ ʔuan³⁵
病 不 钱 个 铺
病床无铺盖。

如 勒 若 占 命
zu¹¹ lɔ¹¹ zo⁵³ tsaːn³³ miŋ¹³
若 哪 会 算 命
哪个会算命？

拜 肘 妈 占 命
pai¹¹ tsəu⁵³ ma⁵³ tsaːn³³ miŋ¹³
去 接 来 算 命
接他来算命；

如 勒 若 信 欢
zu¹¹ lɔ¹¹ zo⁵³ ɬin³⁵ fan³³
若 哪 会 喊 魂
哪个会喊魂？

拜 肘 妈 信 欢
pai¹¹ tsəu⁵³ ma⁵³ ɬin³⁵ fan³³
去 接 来 喊 魂
接他来喊魂。

劳 拜 兵 卜 代
lɔ³³ pai³³ pin³³ pəu⁵³ te³⁵
怕 去 那 人 经师
怕去找经师，

劳 拜 败（俗字）云
lɔ³³ pai³³ pɛ¹³ naːŋ¹¹ jin¹¹
怕 去 那 巫师
怕找巫师算，

劳 拜 兵 干 布
lɔ³³ pai³³ pin³³ kak³⁵ pəu¹³
怕 去 那 斗 笠
怕找巫婆算。

须 大 路 门 拜
ɬəi³³ ta³⁵ lu¹³ məŋ¹¹ pai³³
顺 大 路 你 去
你顺大路走，

作 山 老 叟 拜
ɬo¹³ san³³ lɔ⁵³ ɬəu³³ pai³³
直 路 大 你们 去
顺着直路走。

宗 三 潭 稳 达
ɬuəŋ³³ ɬaːŋ³³ taːn¹¹ ʔun⁵³ ta¹³
二 三 寨 那 河
对门两三寨，

潭 廖 潭 卜 丈
taːn¹¹ ʔdiau³³ taːn¹¹ pəu⁵³ tsaːŋ¹³
寨 一 寨 人 匠
一寨是匠人，

宗 三 巷 稳 使
ɬuəŋ³³ ɬa:ŋ³³ ɣa:ŋ¹³ ʔun⁵³ həi⁵³
二 三 街 那 沟
那边两三条街，

巷 廖 巷 押 养
ɣa:ŋ¹³ ʔdiau³³ ɣa:ŋ¹³ za¹¹ ʔiaŋ⁵³
街 一 街 巫 婆
一街有巫婆。

叟 勒 代 山 更
ɬəu³³ lək¹³ təi³⁵ san³³ kən¹¹
你们 别 从 路 上
不要走上路，

山 更 山 半 马
san³³ kən¹¹ san³³ pɯt¹³ ma⁵³
路 上 路 滑 马
上路会倒马，

山 蜡 山 半 怀
san³³ la⁵³ san³³ pɯt¹³ vɛ¹¹
路 下 路 滑 水牛
下路会倒牛。

里 条 街 条 路
ʔdai⁵³ tiau¹¹ kɛ³³ tiau¹¹ lu¹³
行 条 街 条 路
顺那街那路，

作 山 老 拜 更
ɬo¹³ san³³ lɔ⁵³ pai³³ kən¹¹
直 路 大 去 上
朝大路上去，

好 山 翁 拜 廖
hau⁵³ san³³ huŋ³³ pai³³ ʔdiau³⁵
走 路 大 去 高
顺大路上去。

叟 浪 代 街 更
ɬəu³³ lək¹³ təi³⁵ kɛ³³ kən¹¹
你们 别 从 街 上
不要走上街，

街 更 街 卜 哈
kɛ³³ kən¹¹ kɛ³³ pəu⁵³ ha³⁵
街 上 街 汉族
上街是汉族；

叟 浪 代 凹 蜡
ɬəu³³ lək¹³ təi³⁵ va¹¹ la⁵³
你们 别 从 面 下
不要走下边，

凹 蜡 凹 卜 绵
va¹¹ la⁵³ va¹¹ pəu⁵³ mian¹¹
面 下 面 彝族
下边是彝族。

黍 冈 元 卜 丈
ʔdən³³ ka:ŋ³³ za:n¹¹ pəu⁵³ tsa:ŋ¹³
站 中 屋 人 匠
站在匠人的家，

黍 冈 巷 押 养
ʔdən³³ ka:ŋ³³ ɣa:ŋ¹³ za¹¹ ʔiaŋ⁵³
站 中 街 婆 巫
站在巫婆街，

登 獭 念 好 占
tən³³ tha⁵³ ʔdiat³⁵ hau⁵³ tsa:n¹³
脚 开 跑 走 处
迈开腿就跑，

考 獭 念 堂 元
khau⁵³ tha⁵³ ʔdiat³⁵ taŋ¹¹ za:n¹¹
头 摆 开 跶 到 家
转头跑到家。

儿 坝 躬 媒 挠
lək¹³ pa³⁵ nak³⁵ məi¹¹ nau¹¹
儿 嘴 重 不 讲
儿嘴笨不说,

押 坝 苊 汉 贯
za¹¹ pa³⁵ ʔbau³³ haŋ³⁵ kuən³⁵
巫婆 嘴 轻 问 先
巫婆嘴巧问:

讨 要 麻 宗 冒
thau³⁵ ʔau³³ ma¹¹ ɬuəŋ³³ ʔbɔ³⁵
来 要 啥 两 青年
两青年来做啥?

好 麻 廖 宗 老
hɔ³⁵ ma¹¹ ʔdiau³³ ɬuəŋ³³ lɔ⁵³
话 啥 一 两 老
您俩来问啥?

媒 要 麻 逞 闹
məi¹¹ ʔau³³ ma¹¹ tshən⁵³ nau³⁵
不 要 啥 真的 罗
不要什么喽,

媒 耗 麻 逞 利
məi¹¹ hɔ³⁵ ma¹¹ tshən⁵³ ʔdui⁵³
不 话 啥 真的 空
不问什么事。

如 门 若 占 命
zu¹¹ məŋ¹¹ zo⁵³ tsaːn⁵⁵ miŋ¹³
若 你 会 算 命
若你会算命,

肘 门 拜 占 命
tsəu⁵³ məŋ¹¹ pai³³ tsaːn⁵⁵ miŋ¹³
接 你 去 算 命
接你去算命;

如 门 若 信 欢
zu¹¹ məŋ¹¹ zo⁵³ ɬin³⁵ fan³³
若 你 会 喊 魂
若你会喊魂,

肘 门 拜 信 欢
tsəu⁵³ məŋ¹¹ pai³³ ɬin³⁵ fan³³
接 你 去 喊 魂
接你去喊魂。

勾 逞 若 占 命 逞 台
kəu³³ tshən⁵³ zo⁵³ tsaːn⁵⁵ miŋ¹³ tshən⁵³ tɛ⁵³
我 本 会 算 命 本 真
我真的会算命,

勾 逞 若 信 欢 逞 台
kəu³³ tshən⁵³ zo⁵³ ɬin³⁵ fan³³ tshən⁵³ tɛ⁵³
我 本 会 喊 魂 本 真
我真的会喊魂。

勾 汉 过 勾 贯
kəu³³ haŋ³⁵ ko³⁵ kəu³³ kuən³⁵
我 问 代价 我 先
我先问报酬,

过 勾 乃 若 媒
ko³⁵ kəu³³ ʔdai⁵³ zo⁵³ məi¹¹
代价 我 得 或者 不
报酬有没有?

勾 汉 歹 勾 贯
kəu³³ haŋ³⁵ tai⁵³ kəu³³ kuən³⁵
我 问 代价 我 先
我先问酬金,

歹 勾 柴 若 冒
tai⁵³ kəu³³ tsai¹¹ zo⁵³ ʔbo³⁵
代价 我 齐 或者 没有
酬金备齐没有?

过 麻 过 媒 乃
ko³⁵ ma¹¹ ko³⁵ məi¹¹ ʔdai⁵³
代价 啥 代价 不 得
报酬早已准备，

歹 麻 歹 媒 柴
tai⁵³ ma¹¹ tai⁵³ məi¹¹ tsai¹¹
代价 啥 代价 不 齐
酬金早已备齐。

元 宗 三 儿 闷
zaːn¹¹ ɬuəŋ³³ ɬaːŋ³³ lək¹³ ʔbɯk³⁵
家 二 三 儿 女孩
主家有两三个女儿，

近 傍 嚣 住 歹
tɕin¹³ paŋ¹¹ sau³³ tso³⁵ tai⁵³
个 布 青 放 代价
织一匹青布给你当报酬，

朝 傍 在 住 歹
tsau¹¹ paŋ¹¹ ɬai³⁵ tso³⁵ tai⁵³
匹 布 官 放 代价
用一匹官布当酬金，

旦 傍 汪 住 歹
tɯk¹³ paŋ¹¹ ʔuəŋ³³ tso³⁵ tai⁵³
迭 布 绸 放 代价
用一叠绸缎做酬金，

傍 蒿 汗 住 歹
paŋ¹¹ hau⁵³ haːn³⁵ tso³⁵ tai⁵³
布 头 等 放 代价
上等的布做礼物。

元 四 五 儿 哉
zaːn¹¹ ɬəi³⁵ ha⁵³ lək¹³ ɬɛ³³
家 四 五 儿 男孩
主家有四五个男儿，

近 奔 纳 住 歹
tɕit³⁵ ɣɔ⁵³ na¹¹ tso³⁵ tai⁵³
全 谷 田 放 代价
种稻谷做报酬，

花 奔 易 住 歹
fa³³ ɣɔ⁵³ ɣəi¹³ tso³⁵ tai⁵³
全 谷 地 放 代价
用苞谷做酬金，

匮 金 凡 住 歹
kui¹³ tɕin³³ ŋan¹¹ tso³⁵ tai⁵³
柜 金 银 放 代价
柜里金银做礼品，

庶 干 斗 凡 蒿 住 歹
so³⁵ kak¹³ tau⁵³ ŋan¹¹ ɣɔ³³ tso³⁵ tai⁵³
瓢 舀 斗 银 白 放 代价
舀瓢银子做礼物，

凹 养 朝 榜 骂 住 歹
va¹¹ ʔiaːŋ⁵³ tso¹¹ paŋ⁵³ ʔba³⁵ tso³⁵ tai⁵³
刀神 扛 肩膀 放 代价
拿祭神的宝刀作礼品。

过 门 别 远 乃
ko³⁵ mən¹¹ pie¹³ zan⁵³ ʔdai⁵³
代价 你 这么 得
报酬准备好了，

歹 门 别 远 柴
tai⁵³ mən¹¹ pie¹³ zan⁵³ tsai¹¹
代价 你 那么 多 齐
酬金准备齐了。

过 勾 乃 勾 拜
ko¹³ kəu³³ ʔdai⁴³ kəu³³ pai³³
代价 我 得 我 去
得了酬金我就走，

歹　勾　柴　勾　厌
tai⁵³ kəu³³ tsai¹¹ kəu³³ ʔjaːŋ³⁵
代价 我 齐 我 迈步
酬金齐了我就走。

押　止　妈　米　妹
za¹¹ tɕi⁵³ ma³³ ʔbi³³ ʔbɯk³⁵
巫婆 神 来 爽快
神巫爽快来，

押　止　位　底　廷
za¹¹ tɕi⁵³ vəi¹³ ti⁵³ tiŋ¹¹
巫婆 神 未 快走
神巫快步走。

妈　堂　用　堂　子
ma³³ taŋ¹¹ zok¹³ taŋ¹¹ ɬɯ⁵³
来 到 内室 到 堂屋
神巫来到了厅堂，

妈　堂　子　堂　元
ma³³ taŋ¹¹ ɬɯ⁵³ taŋ¹¹ zaːn¹¹
来 到 屋 到 家
神巫来到了院坝。

夯　住　贡　押　耕
ɣɔ⁵³ tso³⁵ koŋ³⁵ za¹¹ kən³³
饭 放 竹饭箩 巫婆 吃
拿饭放在箩给神巫吃，

巴　住　盆　押　幸
pa³³ tso³⁵ phan¹¹ za¹¹ tɕik³⁵
鱼 放 盘子 巫婆 拣
拿鱼放盘给神巫吃。

肘　耕　未　肘　正
tsɔ⁵³ kən³³ vəi¹³ tsɔ⁵³ tɕik³⁵
兴 吃 未 兴 拣
准吃不准包，

肘　幸　未　旧　了
tsɔ⁵³ tɕik³⁵ vəi¹³ ʔiu³⁵ liau⁵³
兴 拣 未 有 了
谁包就完了。

押　逞　堂　坝　兜
za¹¹ tʂhən⁵³ taŋ¹¹ pa³⁵ təu³³
巫婆 真的 到 门口
神巫走到门口，

门　逞　堂　坝　荡
məŋ¹¹ tʂhən⁵³ taŋ¹¹ pa³⁵ taːŋ³⁵
你 真的 到 窗口
你就到窗口；

押　逞　堂　坝　荡
za¹¹ tʂhən⁵³ taŋ¹¹ pa³⁵ taːŋ³⁵
巫婆 真的 到 窗口
神巫就到窗口，

门　密　棒　敬　唻
məŋ¹¹ ʔbi³³ ʔbɯk³⁵ tɕin¹³ lai³³
你 爽快 转 梯槛
你转到门槛；

押　逞　堂　半　唻
za¹¹ tʂhən⁵³ taŋ¹¹ ʔbak³⁵ lai³³
巫婆 真的 到 石梯槛
神巫来到门槛。

门　堂　虫　代　一
məŋ¹¹ taŋ¹¹ tsuəŋ¹¹ tai¹³ ʔit³⁵
你 到 桌 第 一
你到第一桌，

押　堂　桌　代　一
za¹¹ taŋ¹¹ tsuəŋ¹¹ tai¹³ ʔit³⁵
婆巫 到 桌 第 一
神巫到第一桌；

门　堂　桌　代　二
mən¹¹ taŋ¹¹ tsuəŋ¹¹ tai¹³ ŋəi¹³
你　到　桌　第　二
你到第二桌，

押　堂　桌　代　二
za¹¹ taŋ¹¹ tsuəŋ¹¹ tai¹³ ŋəi¹³
巫婆　到　桌　第　二
神巫到第二桌；

门　堂　桌　代　三
mən¹¹ taŋ¹¹ tsuəŋ¹¹ tai¹³ ɬaːŋ³³
你　到　桌　第　三
你到第三桌，

押　到　虫　代　三
za¹¹ taŋ¹¹ tsuəŋ¹¹ tai¹³ ɬaːŋ³³
巫婆　到　桌　第　三
神巫到第三桌；

门　堂　虫　代　四
mən¹¹ taŋ¹¹ tsuəŋ¹¹ tai¹³ ɬəi³⁵
你　到　桌　第　四
你到第四桌，

押　到　虫　代　四
za¹¹ taŋ¹¹ tsuəŋ¹¹ tai¹³ ɬəi³⁵
巫婆　到　桌　第　四
神巫到第四桌；

门　堂　虫　代　五
mən¹¹ taŋ¹¹ tsuəŋ¹¹ tai¹³ ha³⁵
你　到　桌　第　五
你到第五桌，

押　到　虫　代　五
za¹¹ taŋ¹¹ tsuəŋ¹¹ tai¹³ ha³⁵
婆巫　到　桌　第　五
神巫到第五桌；

门　堂　虫　代　六
mən¹¹ taŋ¹¹ tsuəŋ¹¹ tai¹³ sok³⁵
你　到　桌　第　六
你到第六桌，

押　到　虫　代　六
za¹¹ taŋ¹¹ tsuəŋ¹¹ tai¹³ sok³⁵
巫婆　到　桌　第　六
神巫到第六桌；

门　堂　虫　代　七
mən¹¹ taŋ¹¹ tsuəŋ¹¹ tai¹³ tsat³⁵
你　到　桌　第　七
你到第七桌，

押　堂　虫　代　七
za¹¹ taŋ¹¹ tsuəŋ¹¹ tai¹³ tsat³⁵
巫婆　到　桌　第　七
神巫到第七桌；

门　堂　虫　代　八
mən¹¹ taŋ¹¹ tsuəŋ¹¹ tai¹³ piat³⁵
你　到　桌　第　八
你到第八桌，

押　到　虫　代　八
za¹¹ taŋ¹¹ tsuəŋ¹¹ tai¹³ piat³⁵
巫婆　到　桌　第　八
神巫到第八桌；

门　堂　虫　代　九
mən¹¹ taŋ¹¹ tsuəŋ¹¹ tai¹³ khəu⁵³
你　到　桌　第　九
你到第九桌，

押　到　虫　代　九
za¹¹ taŋ¹¹ tsuəŋ¹¹ tai¹³ khəu⁵³
巫婆　到　桌　第　九
神巫到第九桌；

门　堂　虫　代　十
məŋ¹¹ taŋ¹¹ tsuaŋ¹¹ tai¹³ tɕhik¹³
你　到　桌　第　十
你到第十桌，

押　到　虫　代　十
za¹¹ taŋ¹¹ tsuaŋ¹¹ tai¹³ tɕhik¹³
巫婆　到　桌　第　十
神巫到第十桌；

门　堂　虫　十　一
məŋ¹¹ taŋ¹¹ tsuaŋ¹¹ tɕhik¹³ ʔit³⁵
你　到　桌　十　一
你到第十一桌，

押　到　虫　十　一
za¹¹ taŋ¹¹ tsuaŋ¹¹ tɕhik¹³ ʔit³⁵
巫婆　到　桌　十　一
神巫到第十一桌；

门　堂　虫　十　二
məŋ¹¹ taŋ¹¹ tsuaŋ¹¹ tɕhik¹³ ŋəi¹³
你　到　桌　十　二
你到第十二桌，

押　到　虫　十　二
za¹¹ taŋ¹¹ tsuaŋ¹¹ tɕhik¹³ ŋəi¹³
巫婆　到　桌　十　二
神巫到第十二桌。

儿　门　戾　硐　我
lək¹³ məŋ¹¹ lui³⁵ tok³⁵ ŋo⁵³
儿　你　撕　篾　芦苇
你儿子划芦苇片，

海　勾　可　门　到
ɣa⁵³ kəu³³ kho⁵³ məŋ¹¹ tɔ³⁵
让　我　唤　你　回
让我唤你回，

门　走　到　未　俄
məŋ¹¹ tsəu⁵³ tɔ³⁵ vəi¹³ ʔo⁵³
你　愿意　回　不　啊
你愿意回来吗？

儿　门　戾　硐　柴
lək¹³ məŋ¹¹ lui³⁵ tok³⁵ tsai¹¹
儿　你　撕　篾　齐
你儿子划竹篾，

海　勾　埃　门　到
ɣa⁵³ kəu³³ zai¹¹ məŋ¹¹ tɔ³⁵
让　我　喊　你　回
叫我唤你回，

门　走　到　妹　俄
məŋ¹¹ tsəu⁵³ tɔ³⁵ vəi¹³ ʔo⁵³
你　愿意　回　不　啊
你可愿意回？

儿　勾　戾　硐　我
lək¹³ kəu³³ lui³⁵ tok³⁵ ŋo⁵³
儿　我　撕　篾　芦苇
我儿划芦苇片，

海　门　可　勾　到
ɣa⁵³ məŋ¹¹ kho⁵³ kəu³³ tɔ³⁵
让　你　唤　我　回
让你唤我回，

勾　媒　到　里　了
kəu³³ məi¹¹ tɔ³⁵ nəi⁵³ liau⁵³
我　不　回　这　了
我不回去了；

儿　勾　戾　硐　柴
lɯk¹¹ kəu³³ lui³⁵ tok³⁵ tsai¹¹
儿　我　撕　篾　齐
我儿划竹篾，

海 门 柴 勾 到
ɣa³⁵ məŋ¹¹ zai¹¹ kəu³³ tɔ³⁵
送 你 喊 我 回
叫你唤我回，

勾 媒 到 里 了
kəu³³ məi¹¹ tɔ³⁵ nəi⁵³ liau⁵³
我 不 回 这 了
我不回去了。

山 介 怒 桃 花 谷 尾
san³³ kəi³⁵ ʔdo³⁵ tɔ¹¹ fa³³ ku¹³ fɯ⁵³
见 那 朵 桃 花 做 稀饭
看见拿桃花煮稀饭，

山 介 亚 至 女 谷 耕
san³³ kəi³⁵ za¹³ tɕik³⁵ ŋɯ⁵³ ku¹³ kən³³
见 这 婆 懒 笨 做 吃
见懒婆在做饭吃，

勾 媒 温 麻 到
kəu³³ məi¹¹ ʔun³³ ma¹¹ tɔ³⁵
我 不 愿 啥 回
我无啥心回。

宜 完 未 里 了
ni³³ van¹¹ vat¹³ nəi⁵³ liau⁵³
听 天 未 这 了
听未日算了，

看 完 申 里 了
kɯt¹³ van¹¹ ɬan³³ nəi⁵³ liau⁵³
看 完 申 这 了
看申日算了。

跪 马 墨 兜 拜
kui¹³ ma⁵³ mak¹³ təu³³ pai³³
骑 马 墨 我们 去
骑我黑马去，

卜 丧 利 兜 拜
pəu⁵³ ɬɯ¹¹ ʔdai⁵³ təu³³ pai³³
人 媒 得 我们 去
媒人带我们去；

跪 马 妹 兜 拜
kui¹³ ma⁵³ məi¹³ təu³³ pai³³
骑 马 漂亮 我们 去
骑漂亮马去，

卜 四 利 兜 拜
pəu⁵³ ɬɯ⁵³ ʔdai⁵³ təu³³ pai³³
人 媒 得 我们 去
媒人带我们去。

界 荡 丹 夯 簸
kai³⁵ tak³⁵ tan³³ ɣɔ⁵³ po⁵³
鸡 叫 骂 饭 花米
鸡吃米花叫，

界 妥 丹 夯 岩
kai³⁵ tho⁵³ tan³³ ɣɔ⁵³ ŋɛ¹¹
鸡 啄 骂 饭 早饭
鸡叫吃早饭，

界 开 山 拜 贯
kai³⁵ hɛ³³ san³³ pai³³ kuən³⁵
鸡 开 路 去 先
开路鸡先走；

界 荡 丹 夯 簸
kai³⁵ tak³⁵ tan³³ ɣɔ⁵³ po⁵³
鸡 叫 骂 饭 米花
鸡吃米花饭，

界 妥 丹 夯 云
kai³⁵ tho⁵³ tan³³ ɣɔ⁵³ jiŋ¹¹
鸡 啄 骂 饭 晌午
鸡叫吃午饭，

界　引　山　拜　贯
kai³⁵ jin⁵³ san³³ pai³³ kuən³⁵
鸡　引　路　去　先
开路鸡先去。

洒　样　样　洒　样
ɬa⁵³ zaŋ¹¹ zaŋ¹¹ ɬa⁵³ zaŋ¹³
　祖宗　和　祖宗
祖宗和祖宗，

洒　样　又　坎　滥
ɬa⁵³ zaŋ¹³ ʔiu³⁵ khaːŋ⁵³ lak³⁵
　祖宗　在　洞　黑
祖宗在黑洞中，

　占　怒　花　讨　走
tsaːŋ³⁵ ʔdo³⁵ fa¹³ thau⁵³ tsəu⁵³
　插　朵　花　来　接
捧鲜花来接；

洒　样　样　洒　样
ɬa⁵³ zaŋ¹¹ zaŋ¹¹ ɬa⁵³ zaŋ¹³
　祖宗　和　祖宗
祖宗和祖宗，

洒　样　又　坎　亮
ɬa⁵³ zaŋ¹³ ʔiu³⁵ khaːŋ⁵³ zuəŋ¹³
　祖宗　在　洞　亮
祖宗在明亮的山洞中，

　占　怒　吼　讨　宜
tsaːŋ³⁵ ʔdo³⁵ həu⁵³ thau⁵³ ni³³
　插　朵　花　来　听
吹唢呐来接。

吉　谷　吉　四　炮
tɕi¹¹ ku¹³ tɕi¹¹ ɬei³⁵ pau¹³
牛　做　牛　四　趵
祭牛四蹄蹦。

把　代　一　门　你
pɒ⁵³ təi¹³ ʔit³⁵ məŋ¹¹ nəi⁵³
媳妇　第一　你　这
你这大媳妇，

　干　乙　笼　歪　罡
kaŋ¹³ ʔi³³ loŋ⁵³ vai⁵³ kaːŋ³³
　捏　花　篓　树　黄果
持花篓柑树，

工　凝　射　期　卦
koŋ³³ nin¹¹ ʔdaŋ³³ khi³³ khua³⁵
鼓　铜鼓　响　叮当
铜鼓响叮当，

门　落　凹　落　拜
məŋ¹¹ lo¹³ va¹³ lo¹³ pai³³
你　边　昏迷　边　去
你越看越走。

把　代　二　门　你
pɒ⁵³ təi¹³ ŋei¹³ məŋ¹¹ nəi⁵³
媳妇　第二　你　这
你这二媳妇，

　干　乙　笼　歪　杠
kaŋ¹³ ʔi³³ loŋ⁵³ vai⁵³ kaːŋ¹¹
　捏　花　篓　树　香樟
持花篓香樟，

工　凝　射　期　指
koŋ³³ nin¹¹ ʔdaŋ³³ khi³³ khok³⁵
鼓　铜鼓　响　叮当
铜鼓响当当，

顺　大路　拜　更
ɬəi³³ ta¹³ lu¹³ pai³³ kən¹¹
顺　大路　去　上
顺大路往上走，

好 山 翁 拜 廖
hau⁵³ san³³ huŋ³³ pai³³ ʔdiau³⁵
走 路 大 去 高
顺大路朝前走，

暴 亚 从 吉 勒
pau³⁵ za¹³ ɕuəŋ¹¹ tɕi¹¹ lɔ¹¹
　祖母　归　处 哪
祖宗在哪里？

暴 翁 又 吉 勒
pau³⁵ ʔuəŋ³³ ʔiu³⁵ tɕi¹¹ lɔ¹¹
　祖宗　在　处 哪
祖宗在哪里？

门 落 指 落 拜
məŋ¹¹ tok³⁵ ʔuk³⁵ lo¹³ pai³³
你 那 台 衣 边 去
你穿衣服走，

门 卡 骂 元 更
məŋ¹¹ ka¹³ ma³³ zaːn¹¹ kən¹¹
你 摸 来 家 上
你摸来上家，

劳 元 更 耗 雅 门 店
lɔ³³ zaːn¹¹ kən¹¹ hɔ³⁵ ʔia³⁵ məŋ¹¹ tiaŋ¹³
怕 家 上 话 坏 你 讲
怕上家讲你闲话；

门 卡 骂 元 蜡
məŋ¹¹ ka¹³ ma³³ zaːn¹¹ la⁵³
你 摸 来 家 下
你摸来下家，

劳 元 蜡 耗 亚 门 店
lɔ³³ zaːn¹¹ la⁵³ hɔ³⁵ ʔia³⁵ məŋ¹¹ tiaŋ¹³
怕 家 下 话 坏 你 讲
怕下家讲你坏话。

门 拜 又 吉 远
məŋ¹¹ pai³³ ʔiu³⁵ tɕi¹¹ zan⁵³
你 去 住 处 那
你去住那里。

穆 勾 了 勾 半
mo³³ kəu³³ liau⁵³ kəu³³ pak¹³
经 我 完 我 静
经念完我歇，

养 勾 了 贱 嬲
ʔiaːŋ⁵³ kəu³³ liau⁵³ ɕiak⁵³ va¹¹
神刀 我 了 插 壁笆
神刀插壁笆。

门 拜 从 吉 远
məŋ¹¹ pai³³ ɕuəŋ¹¹ tɕi¹¹ zan⁵³
你 去 归 处 那
你去归那里。

四　贵州省水城县锁蒿寨布依族"白摩书"节译

　　选译这段古籍具有以下几方面的意义：首先，这套古籍所在地区的布依语已基本消亡，村中除一位 80 多岁的老人通过回忆能讲出一些词汇和简单的句子以外，其他人已完全不懂布依语，可以看作布依语的一个濒危方言或土语，因此，翻译这节经文对人们了解一种已经消亡的方言土语很有帮助。其次，这套古籍所用文字在布依族所有文献古籍当中是独一无二的。它创造性地运用了"波拉文"，开民间利用拼音文字记录本民族古籍文献的先河（拉丁字母文字翻译的《圣经·马太福音》系借布依语传播外来文化）。再次，这套经文是第一次挖掘整理出来的，以前虽曾有人接触过这套摩经，对其所用的文字作过一些介绍①，但对文字的读音以及古籍的内容尚无人涉及。最后，水城布依语总体上属于第三土语，但本套古籍所采用的语言又与大部分地区的第三土语的布依语有所不同，语音系统已经非常简单，辅音韵尾只保留鼻音-n、-ŋ，塞音韵尾已全部消失，作为补偿的是塞音、塞擦音声母出现清浊对立的现象，即 p、t、k、ts、tɕ 与低调类（低平、低降）结合时有时发成浊音。

本章采用原文、国际音标注音、汉语逐字对译和意译四对照的形式，原文的发音已经逐字核对。由于发音人长期脱离布依语语言环境，很多音节的发音不太稳定，国际音标注音只能做到基本准确。词义方面，发音人自己对很多词的意思已经搞不清楚，多数情况下只能提供整句话甚至前后几句话的大致含义。因此，在翻译过程中，大部分只能通过上下文或同一土语其他语言点以及其他土语的词汇对应情况来揣摸句子中每一个音节的意思。个别句子只能根据上下文来意译。

原文	⟩ᶜ"	ヲ°	⟩ᶜ"	ヲ°	⟩ᶜ"	ヲ°	
注音	liau53	kho53	liau53	kho53	liau53	kho53	
直译	完，结束	语气词	完，结束	语气词	完，结束	语气词	
意译	呼语，表示上一段结束，下一段开始，承上启下的作用，下同						

原文	干	つˊ	」ᵋ	つˊ	」ᵋ		
注音	taŋ55	məŋ53	pəi35	məŋ53	pəi35		
直译	嘱咐	你	去	你	去		
意译	叫你去你就去						

原文	つˊ	レ"	⅓	V⁻	」ᵋ		
注音	məŋ53	lɯ53	khɯ24	ʔba53	pəi35		
直译	你	选	吉时		去		
意译	你选吉时去						

原文	つˊ	ʔ	⅓⁼	ʅᵋ	⁶ᵋ	コ⁄	ㄩ
注音	məŋ53	ʔjəu35	hun53	tsəu31	nəu31	kəu53	kuan35
直译	你	在	那儿	听	指	我	先
意译	你先在那儿听我指路						

原文	つˊ	ʔ	⅓⁼	ʅᵋ	干	コ⁄	ㄩ
注音	məŋ53	ʔjəu35	hun53	tsəu31	taŋ55	kəu53	kuan55
直译	你	在	那儿	听	嘱咐	我	先
意译	你先在那儿听我嘱咐						

---

① 参见关东升主编《中国民族文字与书法宝典》，中国大百科全书出版社 2001 年版。

原文	⌐	⊃	ㄩ	⌐ᵍ	V−		
注音	pu³¹	məŋ³⁵	kua⁵⁵	tɕəu⁵³	va³¹		
直译	即使	你	过	桥	铁		
意译	即使你过了铁桥						

原文	R	水	ㄩ	⌐ᵍ	V−		
注音	zəi³¹	liau⁵³	kua⁵⁵	tɕəu⁵³	va³¹		
直译	呼唤	了	过	桥	铁		
意译	呼唤你，你就得过铁桥						

原文	T	CT	C	CT	C	⌐ᵍ	V−
注音	taŋ³¹	tɯ³⁵	ʔi³⁵	tɯ³⁵	ȵi⁵³	tɕəu⁵³	va³¹
直译	到	第	一	第	二	桥	铁
意译	来到第一、第二座铁桥						

原文	⌐	T	V	⌐	⌐		
注音	pu⁵³	tai³⁵	wan³³	tsəŋ³⁵	ləu²⁴		
直译	人	死	魂	真	换		
意译	就换成死人的魂魄了						

原文	T	⌐	ʔ	⌐ᵍ	∧		
注音	tai³⁵	pəi³⁵	ʔjəu³⁵	tɕəu²⁴	jɯ⁵³		
直译	死	去	在	桥	那		
意译	人死了就得到那儿去						

原文	T	CT	/	CT	/	⌐	V−
注音	taŋ³¹	tɯ⁵³	saŋ³⁵	tɯ⁵³	səi³⁵	tɕəu²⁴	va³¹
直译	到	第	三	第	四	桥	铁
意译	到第三、第四座铁桥						

原文	⌐	水	T	ヲ	R		
注音	pu³⁵	ʔdiau³³	tai³⁵	khaŋ⁵³	zu³¹		
直译	人	一	死	僵	外		
意译	人僵死在外边						

原文	ᴛᴄ	⌐ᵉ	ʕ	⌐ᵍ	∧ᵌ		
注音	tai³⁵	pəi³⁵	ʔjəu⁵⁵	tɕəu⁵³	jɯ⁵³		
直译	死	去	在	桥	那		
意译	人死了就得去那地方						

原文	ᴛ⋏	ᴄᴛᴌ	ᴛˉ	ᴄᴛᴌ	Iᵒ	⌐ᵍ	ᴠ₋
注音	taŋ³¹	tɯ⁵³	ha³⁵	tɯ⁵³	so³⁵	tɕəu⁵³	va³¹
直译	到	第	五	第	六	桥	铁
意译	到第五、第六座铁桥						

原文	⌐ᵍ	∧ᵌ	З˭	Ɔᵛ	ᴛᴣ		
注音	tɕəu³⁵	jɯ⁵³	zɯ⁵³	məŋ⁵³	təu³¹		
直译	桥	那	长	你	守		
意译	那座桥很长你就守吧						

原文	Ɔᵛ	Зᵋ	ᴛᴣ	⌐ᵍ	∧ᵌ		
注音	məŋ⁵³	khəi⁵³	təu³⁵	tɕəu⁵³	jɯ⁵³		
直译	你	就	守	桥	那		
意译	你就守那座桥吧						

原文	⌐ᵍ	∧ᵌ	6ˉ	Ɔᵛ	ʕ		
注音	tɕəu⁵³	jɯ⁵³	na⁵³	məŋ⁵³	ʔjəu³⁵		
直译	桥	那	不如	你	在		
意译	不如你就住那座桥吧						

原文	Ɔᵛ	Зᵋ	ʕ	⌐ᴳ	∧ᵌ		
注音	məŋ⁵³	khəi⁵³	ʔjəu³⁵	tɕəu²⁴	jɯ⁵³		
直译	你	想	在	桥	那		
意译	你想住那座桥						

原文	ᴛᵍ	ʀᵋ	ᴛᵍ	ᴠ′	ᴣ		
注音	təu⁵³	zəi³¹	təu⁵³	ɕau²⁴	hɯn³⁵		
直译	带	地	带	叫、喊	升		
意译	带你到这个地方						

原文	T^G	R_z	T^G	V^ε	$V^{\prime\prime}$		
注音	təu⁵³	zəi³¹	təu⁵³	ɣəi⁵³	ɕau²⁴		
直译	带	地	带	给	叫、喊		
意译	带你来到桥边						

原文	$CT^?$	$Ɔ^ɤ$	L^o	L^G	L^o		
注音	ʔdaŋ⁵³	məŋ⁵³	lo²⁴	luan²⁴	lo²⁴		
直译	身体	你	一边	乱	一边		
意译	你的衣服很乱						

原文	$Ɔ^ɤ$	L^o	$L^ɤ$	L^o	5		
注音	məŋ⁵³	lo²⁴	luŋ²⁴	lo²⁴	kua³⁵		
直译	你	一边	拢	一边	过		
意译	你一边整理一边走						

原文	L^o	$⟩^ᶻ$	V^-	L^o	J^ε		
注音	lo²⁴	khaŋ⁵³	va²⁴	lo²⁴	pəi³⁵		
直译	一边	讲	话	一边	去		
意译	一边讲话一边走						

原文	5	T^G	$ʔ^=$	$T^ʔ$	Y^G		
注音	su⁵⁵	tuan⁵³	tsɯ³¹	təu³⁵	huɯn⁵³		
直译	收拾	利落		就	升		
意译	收拾利落就走						

原文	$T_ŋᶻ$	$CT^=$	$ᶻ$	$CT^=$	$ʔ^ɕ$	$[^G$	V^-
注音	taŋ³¹	tɯ³⁵	tsɯ⁵⁵	tɯ³⁵	piɯ³⁵	tɕəu²⁴	va³¹
直译	到	第	七	第	八	桥	铁
意译	到第七、第八座铁桥						

原文	$⟨ᴳ$	V^-	$6^{\prime\prime}$	$ʔ^-$	6^-		
注音	tɕəu²⁴	va³¹	ŋau²⁴	tsa⁵³	ŋa³⁵		
直译	桥	铁		弯弯曲曲			
意译	铁桥弯弯曲曲						

原文	ᛋ	V-	ᛏ-	/ᛉ	ᛜ		
注音	tɕəu²⁴	va³¹	ha³⁵	saŋ⁵³	kuaŋ⁵⁵		
直译	桥	铁	五	庹	宽		
意译	铁桥有五庹①宽						

原文	ᛋ	V-	6ˉ	ᒍˉ	ᚷ		
注音	tɕəu⁵³	va³¹	ŋa³⁵	pa³⁵	pəi⁵³		
直译	桥	铁	两边伸	口	去		
意译	铁桥向两边伸						

原文	ᛋ	V-	ᛋ	/ᛉ	ᛜ		
注音	tɕəu⁵³	va³¹	tsəu²⁴	saŋ³⁵	kuaŋ⁵⁵		
直译	桥	铁	十	庹	宽		
意译	铁桥有十庹宽						

原文	ɔᛝ	CTᴧᴄ	/ᛉ	ᛋ	ᴧᏀ		
注音	məi³⁵	ʔdiɯ⁵³	saŋ³⁵	tsəu²⁴	ʔjəu²⁴		
直译	不	得	三	十	住		
意译	住不得三十年						

原文	ɔᛝ	CTᴧᴄ	ᛜᵁ	ᛋ	/"		
注音	məi³⁵	ʔdiɯ⁵³	khu⁵³	tsəu²⁴	sau⁵³		
直译	不	得	九	十	栖息		
意译	住不得九十载						

原文	ᴧᏀ	ɔᛝ	Tᛝ	ɔᛝ	ᵛ		
注音	jəu³¹	məŋ⁵³	təu³¹	məŋ⁵³	ʔu³⁵		
直译	朋友	你	带	你	出		
意译	你的朋友带你出去						

原文	ᴧᏀ	ɔᛝ	Lᵒ	ɔᛝ	ᒍᛝ		
注音	jəu³¹	məŋ⁵³	lo²⁴	məŋ⁵³	pəi³⁵		
直译	朋友	你	拉	你	去		
意译	你的朋友拉你去						

---

① 庹。两臂伸展开的长度。

原文	ꂃ	ꁇ	ꌠ	ꄸ	ꀂ		
注音	məi³⁵	ʔdiɯ⁵³	saŋ³⁵	tsəu²⁴	ʔjəu³⁵		
直译	不	得	三	十	住		
意译	住不得三十年						

原文	ꂃ	ꁇ	ꌠ	ꄸ	ꌠ		
注音	məi³⁵	ʔdiɯ⁵³	khu⁵³	tsəu²⁴	sau⁵³		
直译	不	得	九	十	栖息		
意译	住不得九十载						

原文	ꁱ	ꑳ	ꄮ	ꂃ	ꀕ		
注音	pəu³⁵	ja²⁴	təu³¹	məŋ⁵³	ʔu³⁵		
直译	祖公	婆	带	你	出		
意译	祖宗带你出去						

原文	ꁱ	ꑳ	ꇙ	ꂃ	ꁌ		
注音	pəu³⁵	ja²⁴	lo²⁴	məŋ⁵³	pəi³⁵		
直译	祖公	祖婆	拉	你	去		
意译	祖宗拉你出去						

原文	ꁈ	ꒃ	ꁇ	ꇙ	ꀆ		
注音	pi²⁴	ɕi⁵⁵	ʔdiɯ⁵³	lo²⁴	piɯn³¹		
直译	给	条	麻绳	拉	成、有		
意译	给一条麻绳就能拉						

原文	ꁈ	ꌕ	ꂃ	ꇙ	ꄯ		
注音	pi²⁴	suɯn⁵³	mai³⁵	lo²⁴	tuŋ³⁵		
直译	给	根	线	拉	动		
意译	给一根线就拉动						

原文	ꁱ	ꄯ	ꄯ	ꁱ	ꀆ		
注音	pu³⁵	tuŋ³¹	fən⁵³	pu³⁵	piɯn³¹		
直译	人	相互	拉、握	人	成、有		
意译	相互拉着手就行						

原文	𘋊	𘋋	𘋌	𘋊	𘋍		
注音	pu⁵³	kaŋ⁵³	tɕɯn³¹	pu³⁵	zai³⁵		
直译	人	握、拿	胳膊	人	呼唤		
意译	相互拉着手呼唤						

原文	𘋊	𘋎	𘋏	𘋊	𘋐		
注音	pu⁵³	tuŋ³¹	fən⁵³	pu⁵³	piɯn³¹		
直译	人	相互	拉、握	人	成、有		
意译	相互拉着手就走						

原文	𘋊	𘋋	𘋌	𘋊	𘋑		
注音	pu³⁵	kaŋ³¹	tɕɯn⁵³	pu⁵³	tɕi⁵⁵		
直译	人	握、拿	胳膊	人	经过		
意译	挽着胳膊就过去						

原文	𘋒	𘋓	𘋔	𘋓	𘋕	𘋖	𘋗
注音	taŋ³¹	tɯ³³	khu⁵³	tɯ³³	tsəu²⁴	tɕəu²⁴	va³¹
直译	到	第	九	第	十	桥	铁
意译	到第九、第十座铁桥						

原文	𘋘	𘋙	𘋘	𘋚	𘋛		
注音	tiu³¹	tɯ⁵³	tiu³¹	sun⁵³	zu³¹		
直译	条	那	条	路	直		
意译	那是一条直路						

原文	𘋘	𘋙	𘋛	𘋚	𘋜		
注音	tiu³¹	tɯ⁵³	zu³¹	sun⁵³	huŋ⁵³		
直译	条	那	直	路	大		
意译	那是一条大路						

原文	𘋚	𘋝	𘋞	𘋟	𘋠		
注音	sun⁵³	pəi³⁵	ma⁵³	pəu⁵⁵	tɕi⁵⁵		
直译	路	去	来	祖宗地			
意译	那条路通往祖宗居住的地方						

原文	ᒍᴖᴦ	ᒍᴛ=	ᒍᴖᴦ	Sᶜ	Rᴜ		
注音	tiu³¹	tɯ⁵³	tiu³¹	sɯn⁵³	zu³¹		
直译	条	那	条	路	直		
意译	那是一条很直的路						

原文	ᒍᴖᴦ	ᒍᴛ=	Rᴜ	Sᶜ	ᵞ		
注音	tiu³¹	tɯ⁵³	zu³¹	sɯn⁵³	hau⁵³		
直译	条	那	直	路	白		
意译	那是一条又直又白的路						

原文	Sᶜ	ᒍᵋ	ᒍ⁻	ᒍ	ᴧ⁻		
注音	sɯn⁵³	pəi³⁵	ma⁵³	pəu⁵⁵	ja²⁴		
直译	路	去	来	祖公	祖婆		
意译	那条路通往祖先住过的地方						

原文	ᴛᴧ⁻	ʟᵒ	ᴠᵁ	ᒍᴛᵟ	ᒍᵞ	ᵞᴨ	ᒍ
注音	tan²⁴	lo²⁴	vu⁵³	tsən⁵³	kuŋ³¹	liau⁵³	kho⁵³
直译	想要	拉	别人	真的	求		（呼语）
意译	想要别人拉就说						

原文	ᴛᴧ⁻	ʟᵒ	ᒍᵞ	ᒍᵞ	ᒍᵞ		
注音	tan³⁵	lo²⁴	mən⁵³	khɯ⁵³	kuŋ³¹		
直译	想要	拉	你	就	求		
意译	想要人拉你一把就讲						

原文	Sᶜ	ᵞ	ᒍᵞ	ᴆᵟ	ᴛᴜ=		
注音	sɯn⁵³	huŋ⁵³	mən⁵³	tsən⁵³	tsuai²⁴		
直译	路	大	你	真的	修理		
意译	大路是为你修的						

原文	Sᶜ	ᵞ	ᒍᵞ	ᒍᵞ	ᴛᴜ=		
注音	sɯn⁵³	huŋ⁵³	mən⁵³	khɯ⁵³	tsuai²⁴		
直译	路	大	你	就	修理		
意译	大路是为你开的						

原文	ⲓ̊	Ｓᶜ	Ｒᵥ	Ɔˠ	⌐ᵋ		
注音	səi³⁵	sɯn⁵³	zu³¹	məŋ⁵³	pəi³⁵		
直译	沿着、顺着	路	直	你	去		
意译	你顺着直路往前走						

原文	Ｒᵥ	Ｓᶜ	ⲭ‖	Ɔˠ	⌐ᵋ		
注音	zu³¹	sɯn⁵³	hau⁵³	məŋ⁵³	pəi³⁵		
直译	直	路	白	你	去		
意译	顺着白色的路往前走						

原文	⌐°	Ϭ‖	Ⳑ″	Ɔˠ	⌐ᵋ		
注音	po²⁴	nau³¹	lau⁵³	məŋ⁵³	pəi³⁵		
直译	吹	唢呐	大	你	去		
意译	你吹着唢呐往前走						

原文	ⳁ‖	Ⳑ″	⌐°	Ɔˠ	⌐ᵋ		
注音	kau²⁴	lau⁵³	po³¹	məŋ⁵³	pəi³⁵		
直译	角	大	吹	你	去		
意译	你吹着号往前走						

原文	Ｔˢ	Ｒᵋ	⌐ᵋ	Ｔᶯₒ	⌐ᵍ		
注音	təu⁵³	zəi²⁴	pəi³⁵	taŋ³¹	pəu³⁵		
直译	带	地	去	到	祖公		
意译	带你到祖宗居住的地方						

原文	Ｔˢ	Ｒᵋ	⌐ᵋ	Ｔᶯₒ	⋀⁻		
注音	təu⁵³	zəi²⁴	pəi³⁵	taŋ³¹	ja²⁴		
直译	带	地	去	到	祖婆		
意译	带我到祖先住过的地方						

原文	Ϭ⁻	Ϭˢ	Ɔˠ	ⳗ‴	Ƶ°		
注音	na³⁵	nəu⁵³	məŋ⁵³	liau⁵³	kho⁵³		
直译	前面	指	你		结束		
意译	给你指路就到这里						

原文	⺡�套	ʒ°	⺡ᚠ	ʒ°	⺡ᚠ	ʒ°
注音	liau53	kho53	liau53	kho53	liau53	kho53
直译	完，结束	语气词	完，结束	语气词	完，结束	语气词
意译	呼语，表示上一段结束，下一段开始，承上启下的作用，下同					

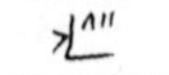

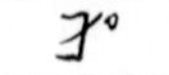

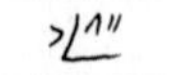

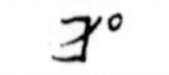

原文	CJc	 ɔˊ	 ㄣ	ㄈᵍ	∨—
注音	pu13	məŋ35	kua35	tɕəu53	va31
直译	即使	你	过	桥	铁
意译	即使你过了铁桥				

原文	Rɛ	 ⺡ᚠ	ㄣ	ㄈᵍ	∨—
注音	zəi31	liau24	kua35	tɕəu53	va31
直译	呼唤	了	过	桥	铁
意译	让你通过铁桥				

原文	6ᵛᴬ	 ⺡ᚠ	Tᴧᴢo	ㄈᵍ	Lʂ
注音	nuai35	liau24	taŋ31	tɕəu53	luŋ31
直译	接着	了	到	桥	铜
意译	紧接着就到了铜桥				

原文	Tᴧᴢo	CT⁼	Cᴧ	CT⁼	Cᴧ	ㄈᵍ	 Lʂ
注音	taŋ31	tɯ53	ʔi35	tɯ53	ɲi24	tɕəu53	luŋ31
直译	到	第	一	第	二	桥	铜
意译	到第一、第二座铜桥						

原文	⌐ᵘ	Tᶜ	Yᴧᶜ	ɔ⁻	 ⌐⁻
注音	pu53	tai35	ʔi53	ma53	pa35
直译	人	死	刀	来	依附
意译	凶死者前来依附				

原文	Tᶜ	⌐ᵋ	 ʀ	ㄈᵍ	∧⁼
注音	tai35	pəi35	ʔjue35	tɕəu53	jɯ53
直译	死	去	在	桥	那
意译	死人都要去住桥那里				

原文	Tイz	CT=	l子	CT=	l゛	ГG	Lダ
注音	taŋ³¹	tɯ⁵³	saŋ⁵³	tɯ⁵³	səi³⁵	tɕəu⁵³	luŋ³¹
直译	到	第	三	第	四	桥	铜
意译	到第三、第四座铜桥						

原文	Jv	フﾉ"	T`	フ⁻	Vo		
注音	pu³⁵	liau⁵³	tai³⁵	ma⁵³	ɣo³¹		
直译	人	一	死	来	停		
意译	有人死了停在这里						

原文	T`	J&	Gʌ	EG	ʌ=		
注音	tai³⁵	pəi³⁵	ʔjəu⁵⁵	tɕəu²⁴	jɯ⁵³		
直译	死	去	在	桥	那		
意译	人死了就去住桥那里						

原文	Tイz	CT=	T⁻	CT=	l°	ГG	Lダ
注音	taŋ³¹	tɯ⁵³	ha³⁵	tɯ⁵³	so³⁵	tɕəu⁵³	luŋ³¹
直译	到	第	五	第	六	桥	铜
意译	到第五、第六座铜桥						

原文	ГG	ʌ=	3"	つᶴ	Tゥ		
注音	tɕəu⁵³	jɯ⁵³	zɯ²⁴	məŋ⁵³	təu³¹		
直译	桥	那	长	你	守		
意译	那座桥很长你就守						

原文	つᶴ	扌厷	Tゥ	ГG	ʌ=		
注音	məŋ⁵³	khi²⁴	təu³¹	tɕəu⁵³	jɯ⁵³		
直译	你	就	守	桥	那		
意译	你就用那座桥						

原文	ГG	ʌ=	3"	つᶴ	Gʌ		
注音	tɕəu⁵³	jɯ⁵³	zɯ⁵³	məŋ⁵³	ʔjəu⁵⁵		
直译	桥	那	长	你	在		
意译	那座桥长你就住						

原文	ᴐˠ	Ʒɛ	ã	᠘ᴳ	ʌ⁼		
注音	məŋ⁵³	khɯ³¹	ʔjəu⁵⁵	tɕəu⁵³	jɯ⁵³		
直译	你	就	在	桥	那		
意译	你就住那座桥						

原文	Tᴳ	Rɛe	Tɔ	Vıı	ะุ		
注音	təu³⁵	zəi³¹	təu³¹	ɕau²⁴	huɯn⁵⁵		
直译	带	地	带	叫、喊	升		
意译	带你从那儿升天						

原文	Tᴳ	Rɛe	Vʌᴄ	Vıı	Yᴧᴢₒ		
注音	təu⁵³	zəi²⁴	vəi²⁴	ɕau²⁴	ʔdaŋ⁵³		
直译	带	地	未	叫、喊	身体		
意译	把你的肉身带到那里						

原文	ᴐˠ	ᴸ₀	ᴸᴳ	ᴸˠ	ᴸ₀		
注音	məŋ⁵³	lo²⁴	luan²⁴	luŋ⁵³	lo²⁴		
直译	你	拉	乱	拢	拉		
意译	你身上的衣服很乱						

原文	ᴐˠ	ᴸ₀	ᴸˠ	ᴸ₀	ᴝ		
注音	məŋ⁵³	lo³¹	luŋ⁵³	lo²⁴	kuaŋ³⁵		
直译	你	一边	拢	一边	宽		
意译	你一边整理一边走						

原文	ᴸ₀	Cɔɔ̌	V⁻	ᴸ₀	ᴶˠ		
注音	lo³¹	khaŋ⁵³	va²⁴	lo²⁴	pəi³⁵		
直译	一边	讲	话	一边	去		
意译	你一边讲话一边走						

原文	Sᵁ	Tᴳ	ɕᴄ	Tᴳ	Tɛ		
注音	su³⁵	tuan⁵³	tsɯ³¹	təu⁵³	huɯn⁵³		
直译	收拾		利落	就	升		
意译	收拾好了你就走						

原文	T⌒ʑ	CT⁼	乇	CT⁼	Cǰ	ᴵᴳ	Lɤ
注音	taŋ³¹	tɯ⁵³	tsɯ⁵⁵	tɯ⁵³	piɯ³⁵	tɕəu⁵³	luŋ³¹
直译	到	第	七	第	八	桥	铜
意译	到第七、第八座铜桥						

原文	ᴵᴳ	Lɤ	6"	丅⁻	6⁻
注音	tɕəu³¹	luŋ³¹	ŋau²⁴	tsha³⁵	na³⁵
直译	桥	铜	弯弯曲曲		
意译	这座桥弯弯曲曲				

原文	ᴵᴳ	Lɤ	丅⁻	⎮ᶻ	⼘
注音	tɕəu³⁵	luŋ³¹	ha³⁵	saŋ³⁵	kuaŋ³⁵
直译	桥	铜	五	庹	宽
意译	铜桥有五庹宽				

原文	ᴵᴳ	Lɤ	6⁻	丁⁻	ノɤ
注音	tɕəu⁵³	luŋ³¹	ŋa²⁴	pa³⁵	piŋ³¹
直译	桥	铜	两边伸	口	?
意译	铜桥向两边伸				

原文	ᴵᴳ	Lɤ	ᴸρˢ	⎮ᶻ	⼘
注音	tɕəu²⁴	luŋ³¹	tsəu²⁴	saŋ³⁵	kuaŋ⁵⁵
直译	桥	铜	十	庹	宽
意译	铜桥有十庹宽				

原文	つᵋ	CT⌒ᴸ	⎮ᶻ	ᴸρˢ	∧ᴳ
注音	məi³⁵	ʔdiɯ⁵³	saŋ³⁵	tɕəu²⁴	ʔjəu³⁵
直译	不	得	三	十	住
意译	不得住此三十年				

原文	つᵋ	CT⌒ᴸ	丁ᵁ	ᴸρˢ	⼘"
注音	məi³⁵	ʔdiɯ⁵³	khu⁵³	tɕəu²⁴	sau³⁵
直译	不	得	九	十	栖息
意译	不得住此九十载				

原文	∧G	⊃ᵋ	T₃	⊃ᵋ	⋎		
注音	jəu³¹	məŋ⁵³	təu³¹	məŋ⁵³	ʔu⁵⁵		
直译	朋友	你	带	你	出		
意译	朋友把你带出去						

原文	∧G	⊃ᵋ	Lo	⊃ᵋ	⌐ᵋ		
注音	jəu³¹	məŋ⁵³	lo²⁴	məŋ⁵³	pəi³⁵		
直译	朋友	你	拉	你	去		
意译	朋友把你拉过去						

原文	⊃ᵋ	CTᴧᶜ	/ᶻ°	Ɫρ"	∧G		
注音	məi³⁵	ʔdiɯ⁵³	saŋ⁵³	tɕəu²⁴	ʔjəu³⁵		
直译	不	得	三	十	住		
意译	不得住此三十年						

原文	⊃ᵋ	CTᴧᶜ	ʒᵛ	Ɫρ"	/"		
注音	məi³⁵	ʔdiɯ⁵³	khu⁵³	tɕəu²⁴	sau³⁵		
直译	不	得	九	十	栖息		
意译	不得住此九十载						

原文	ʝ	∧—	T₃	⊃ᵋ	⋎		
注音	pəu⁵⁵	ja²⁴	təu³¹	məŋ⁵³	ʔu⁵⁵		
直译	祖公	祖婆	带	你	出		
意译	祖宗把你带出去						

原文	ʝ	∧—	Lo	⊃ᵋ	⌐ᵋ		
注音	pəu³⁵	ja²⁴	lo³¹	məŋ⁵³	pəi³⁵		
直译	祖公	祖婆	拉	你	去		
意译	祖先把你拉过去						

原文	ʝ∧	⟋	CTᶜ	Lo	⌐∧—		
注音	pi²⁴	ɕi⁵⁵	ʔdɯ⁵³	lo²⁴	piɯɯ³¹		
直译	给	条	麻	拉	成、行		
意译	给一条麻绳就能拉						

原文	山	S	ᴐ	L°	T		
注音	pi²⁴	suɯn⁵³	mai⁵³	lo³⁵	tuŋ²⁴		
直译	给	根	线	拉	动		
意译	给一根线就拉动						

原文	J	T	Γ	J	山		
注音	pu⁵³	tuŋ³¹	fən⁵³	pu⁵³	piɯn³¹		
直译	人	相互	拉、握	人	成、有		
意译	相互拉着手就行						

原文	J	⊐	Γ	J	R		
注音	pu⁵³	kaŋ⁵³	tɕuɯn⁵³	pu³⁵	zu³¹		
直译	人	握、拿	胳膊	人	进去		
意译	互相挽着胳膊就进去						

原文	J	T	Γ	J	山		
注音	pu⁵³	tuŋ³¹	fən⁵³	pu⁵³	piɯn³¹		
直译	人	相互	拉、握	人	有、成		
意译	手拉着手就走						

原文	J	⊐	Γ	J	ㅌ		
注音	pu⁵³	kaŋ⁵³	tɕuɯn⁵³	pu³⁵	təi³⁵		
直译	人	握、拿	胳膊	人	经过		
意译	挽着胳膊就过去						

原文	T	CT	Ʒ	CT	ᄃᆺ	匚	L
注音	taŋ³¹	tɯ⁵³	khu⁵³	tɯ⁵³	tɕəu²⁴	tɕəu⁵³	luŋ³¹
直译	到	第	九	第	十	桥	铜
意译	到第九、第十座铜桥						

原文	T	CT	T	S	R		
注音	tiu³¹	tɯ⁵³	tiu³¹	suɯn³⁵	zu³¹		
直译	条	那	条	路	直		
意译	那是一条很直的路						

原文	Tʌŋ	CT⁼	Rv	Sᶜ	⼽		
注音	tiu³¹	tɯ⁵³	zu³¹	suɯn⁵³	huŋ⁵³		
直译	条	那	直	路	大		
意译	那是一条又直又大的路						

原文	Sᶜ	Jᵃ	Ɔ⁻	ɟ	ĉ		
注音	suɯn⁵³	pəi³⁵	ma⁵³	pəu³⁵	tɕi³⁵		
直译	路	去	来		祖宗地		
意译	那条路通向祖宗居住的地方						

原文	Tʌŋ	CT⁼	Rv	Sᶜ	⼽"		
注音	tiu³¹	tɯ⁵³	zu²⁴	suɯn⁵³	hau⁵³		
直译	条	那	直	路	白		
意译	那条路又直又白						

原文	Sᶜ	Jᵃ	Ɔ⁻	ɟ	∧⁻		
注音	suɯn⁵³	pəi³⁵	ma⁵³	pəu³⁵	ja²⁴		
直译	路	去	来	祖公	祖婆		
意译	那是通往祖先住地的路						

原文	午	Lo	V⁼	CTᵍ	Ɔᵍ	>Lᵃ"	ɟ°
注音	tan⁵⁵	lo²⁴	vu⁵³	tɕəu⁵³	kuŋ³¹	liau⁵³	kho⁵³
直译	想要	拉	别人	就	求		（呼语）
意译	想要别人拉你就说吧						

原文	午	Lo	Ɔᵍ	ɟᵃ	Ɔᵍ		
注音	tan³¹	lo²⁴	məŋ⁵³	khɯ⁵³	kuŋ³¹		
直译	想要	拉	你	就	求		
意译	想要人拉一把你就讲						

原文	Sᶜ	⼽	Jo	Ɛᵍ	秖		
注音	suɯn⁵³	huŋ⁵³	po²⁴	tsən⁵³	tsuai²⁴		
直译	路	大	父	给	修理		
意译	大路是父辈给修的						

原文	S<	⼘	⊃⼁	王	⼁⼃		
注音	suɯ53	huŋ53	məŋ53	khɯ31	tsuai24		
直译	路	大	你	就	修理		
意译	大路是为你开的						

原文	/⼉	S<	R⼃	⊃⼁	⼃⼕		
注音	sui31	suɯ53	zu24	məŋ53	pəi35		
直译	沿、顺着	路	直	你	去		
意译	你顺着这条直直的路走						

原文	R⼃	S<	⼘⼁⼁	⊃⼁	⼃⼕		
注音	zu24	suɯ53	hau53	məŋ53	pəi35		
直译	直	路	白	你	去		
意译	你沿着这条白白的路去						

原文	⼃°	6"	⼂"	⊃⼁	⼃⼕		
注音	po24	nau35	lau53	məŋ53	pəi35		
直译	吹	唢呐	大	你	去		
意译	你吹着唢呐往前走						

原文	⊐"	6"	⼃°	⊃⼁	⼃⼕		
注音	kau31	nau53	po24	məŋ53	pəi35		
直译	弯	唢呐	吹	你	去		
意译	你吹着号角往前行						

原文	T⼃	R⼕	⼃⼕	T⼉	⼉		
注音	təu35	zəi24	pəi35	taŋ31	pəu55		
直译	带	地	去	到	祖公		
意译	带你到祖宗居住的地方						

原文	T⼃	R⼕	⼃⼕	T⼉	⼏⼀		
注音	təu35	zəi24	pəi35	taŋ31	ja24		
直译	带	地	去	到	祖婆		
意译	带你去祖先居住的地方						

原文	𐒤	𐒤	つ	ﾚ	ヺ		
注音	na³⁵	nəu³¹	mən³¹	liau⁵³	kho⁵³		
直译	前面	指	你	结束（呼语）			
意译	给你指路就到这里						

原文	ﾚ	ヺ	ﾚ	ヺ	ﾚ	ヺ	
注音	liau⁵³	kho⁵³	liau⁵³	kho⁵³	liau⁵³	kho⁵³	
直译	完，结束	语气词	完，结束	语气词	完，结束	语气词	
意译	呼语，表示上一段结束，下一段开始，承上启下的作用，下同						

原文	」	つ	占	Ｅ	Ｌ		
注音	pəi³¹	mən³⁵	kua⁵⁵	tɕəu⁵³	luŋ³¹		
直译	即使	你	过	桥	铜		
意译	即使你过了铜桥						

原文	Ｒ	ﾚ	占	Ｅ	Ｌ		
注音	zəi³¹	liau⁵³	kua³⁵	tɕəu⁵³	luŋ³¹		
直译	呼唤	了	过	桥	铜		
意译	呼唤你过了铜桥						

原文	𐒤	ﾚ	Ｔ	Ｅ	7		
注音	nuai³⁵	liau⁵³	taŋ³¹	tɕəu⁵³	hai³⁵		
直译	接着	了	到	桥	海		
意译	接着就到了海桥						

原文	Ｔ	ＣＴ	Ｃ	ＣＴ	Ｃ	Ｅ	7
注音	taŋ³¹	tɯ⁵³	ʔi³⁵	tɯ⁵³	ȵi⁵⁵	tɕəu²⁴	hai⁵³
直译	那	第	一	第	二	桥	海
意译	到第一、第二座海桥						

原文	Ｅ	∧	３	つ	Ｔ		
注音	tɕəu⁵³	jɯ⁵³	zɯ⁵³	mən⁵³	təu³¹		
直译	桥	那	长	你	守		
意译	那座桥长你就守吧						

原文	ᴐˢ	ⱻɛ	Tɔ	ᴄᑫ	∧⁼		
注音	məŋ53	khi31	təu31	tɕəu53	juɯ53		
直译	你	就	守	桥	那		
意译	你就守那座桥吧						

原文	ᴄᑫ	∧⁼	ᒪ″	ᴐˢ	∧		
注音	tɕəu53	juɯ53	lɯ53	məŋ53	ʔjəu55		
直译	桥	那	选	你	在、居住		
意译	你就选择那座桥居住						

原文	ᴐˢ	ⱻɛ	∧	ᴄᑫ	∧⁼		
注音	məŋ53	khi31	ʔjəu55	tɕəu53	juɯ53		
直译	你	就	在	桥	那		
意译	你就住在那座桥吧						

原文	Tɔ	Rɛ	Tɔ	ⱽ″	ᶻ		
注音	təu35	zəi31	təu31	ɕau24	huɯn55		
直译	带	地	守	叫、喊	升		
意译	带你到那儿去升天						

原文	Tɔ	Rɛ	Vᴧᴄ	ⱽ″	Yᴄᴏ		
注音	təu35	zəi24	vəi24	ɕau24	ʔdaŋ53		
直译	带	地	未	叫、喊	身体		
意译	把你的肉身带到那儿						

原文	ᴐˢ	ᒪᴏ	ᒪᵛ⁻	ᒪˢ	ᒪᵒ		
注音	məŋ53	lo24	luan53	luŋ53	lo24		
直译	你	拉	乱	拢	拉		
意译	你的衣服太乱						

原文	ᴐˢ	ᒪᴏ	ᒪˢ	ᒪᵒ	ᵛ⁻		
注音	məŋ53	lo31	luŋ53	lo35	kua55		
直译	你	一边	整理	一边	过		
意译	你一边整理一过						

原文	↳°	♂	V-	↳	↳		
注音	lo³⁵	khaŋ⁵³	va²⁴	lo²⁴	pəi³⁵		
直译	一边	讲	话	一边	去		
意译	你一边讲话一边去							

原文	Sᵘ	Tᴳ	Ƥc	Tˢ	ᵓ		
注音	su³⁵	tuan⁵³	tsɯ³¹	təu³⁵	huɯ⁵³		
直译	收拾	利落		就	升		
意译	你收拾利落了就走							

原文	T₁₂ₒ	CT⁼	ᴣᵛ	CT⁼	Ƭᴳ	Ƭᴳ	ᢇᶜ
注音	taŋ³¹	tɯ⁵³	khu⁵³	tɯ⁵³	tsəu²⁴	tɕəu⁵³	hai⁵³
直译	到	第	九	第	十	桥	海
意译	到第九、第十座海桥							

原文	Ƭᴳ	ᢇᶜ	6"	Ƭ⁻	6⁻		
注音	tɕəu⁵³	hai⁵³	ŋau³⁵	tsha³⁵	ŋa⁵³		
直译	桥	海	弯弯曲曲				
意译	海桥弯弯曲曲							

原文	Ƭᴳ	ᢇᶜ	Ƭ⁻	↳	ᴣ		
注音	tɕəu⁵³	hai⁵³	ha³⁵	saŋ³⁵	kuaŋ⁵⁵		
直译	桥	海	五	庹	宽		
意译	海桥有五庹宽							

原文	Ƭᴳ	ᢇᶜ	6ᐱ⁻	]⁻	]ˠ		
注音	tɕəu⁵³	hai⁵³	ŋai⁵³	pa³⁵	pəŋ³⁵		
直译	桥	海	分开	口	敞		
意译	海桥向两边伸							

原文	Ƭᴳ	ᢇᶜ	Ƭₒˢ	↳	ᴣ		
注音	tɕəu⁵³	hai⁵³	tsəu²⁴	saŋ³⁵	kuaŋ⁵⁵		
直译	桥	海	十	庹	宽		
意译	海桥有十庹宽							

第七章 古籍珍品释读

原文	ᴐˠ	CTᴧᴄ	/ᶻᵖ	ɪ̣ʊˊ	ᴧᵠ		
注音	məŋ⁵³	ʔdiɯ⁵³	saŋ⁵³	tsəu²⁴	ʔjəu³⁵		
直译	你	得	三	十	住		
意译	你得住三十年						

原文	ᴐˠ	CTᴧᴄ	ɜⱽ	ɪ̣ʊˊ	/"		
注音	məŋ⁵³	ʔdiɯ⁵³	khu⁵³	tsəu²⁴	sau⁵³		
直译	你	得	九	十	栖息		
意译	你得住九十载						

原文	ᴧᵠ	ᴐˠ	Tˈ	ᴐˠ	ᵞ		
注音	jəu³¹	məŋ⁵³	təu³⁵	məŋ⁵³	ʔu⁵⁵		
直译	朋友	你	带	你	出		
意译	你的朋友带你走						

原文	ᴧᵠ	ᴐˠ	L₀	ᴐˠ	⌐ᵋ		
注音	jəu³¹	məŋ⁵³	lo³¹	məŋ⁵³	pəi³⁵		
直译	朋友	你	拉	你	去		
意译	你的朋友拉你去						

原文	ᴐᵋ	CTᴧᴄ	/ᶻᵖ	ɪ̣ʊ"	ᴧᵠ		
注音	məi³⁵	ʔdiɯ⁵³	saŋ⁵³	tsəu²⁴	ʔjəu³⁵		
直译	不	得	三	十	住		
意译	不得住三十年						

原文	ᴐᵋ	CTᴧᴄ	ɜⱽ	ɪ̣ʊ"	/"		
注音	məi³⁵	ʔdiɯ⁵³	khu⁵³	tsəu²⁴	sau⁵³		
直译	不	得	九	十	栖息		
意译	不得住九十载						

原文	ɔ̣	ᴧ⁻	Tɜ	ᴐˠ	ᵞ		
注音	pəu⁵⁵	ja²⁴	təu³¹	məŋ⁵³	ʔu⁵⁵		
直译	祖公	祖婆	带	你	出		
意译	祖宗带你就走						

原文	ɔ̀	ʌ-	Lo	ɔˤ	ɹ˞		
注音	pəu⁵⁵	ja²⁴	lo³¹	məŋ⁵³	pəi³⁵		
直译	祖公	祖婆	拉	你	去		
意译	祖宗拉你就去						

原文	Cʌ	ˋ	CTˋ	Lo	ɹʌ-		
注音	pi²⁴	ɕi⁵⁵	ʔdɯ⁵³	lo³⁵	piɯn³¹		
直译	给	丝	麻	拉	成		
意译	用一根麻绳拉就行						

原文	Cɹʌ	Sˋ	ɔˋ	Lo	T˞		
注音	pi³¹	sɯn³⁵	mai⁵³	lo²⁴	tuŋ²⁴		
直译	给	根	线	拉	动		
意译	用一根线拉就动						

原文	ɹᵛ	T˞	Γ˞	ɹᵛ	ɹʌ-		
注音	pu³⁵	tuŋ⁵³	fən⁵³	pu³⁵	piɯn³¹		
直译	人	相互	拉、握	人	成、有		
意译	相互拉着手就行						

原文	ɹᵛ	ɹ-ᵠ	Ɛ=	ɹᵛ	Rıı		
注音	pu³⁵	kaŋ⁵³	tɕɯn³¹	pu³⁵	zai³¹		
直译	人	握、拿	胳膊	人	唤		
意译	相互拉着手呼唤						

原文	ɹᵛ	T˞	T˞	ɹᵛ	ɹʌ-		
注音	pu³⁵	tuŋ⁵³	fən⁵³	pu³⁵	piɯn³¹		
直译	人	相互	拉、握	人	成、有		
意译	手拉着手就走						

原文	ɹᵛ	ɹ-ᵠ	Ɛ=	ɹᵛ	ᵶ		
注音	pu³⁵	kaŋ⁵³	tɕɯn³¹	pu³⁵	təi⁵⁵		
直译	人	握、拿	胳膊	人	经过		
意译	挽着胳膊就过去						

原文	T₁₂ₚ	CT⁼	ɟᵛ	CT⁼	Ŧ_ρ'	∫ᴳ	⁊ᶜ
注音	taŋ³¹	tɯ⁵³	khu⁵³	tɯ⁵³	tsəu²⁴	tɕəu⁵³	hai⁵³
直译	到	第	九	第	十	桥	海
意译	到第九、第十座海桥						

原文	T₁₅	CT₁ᶜ	T₁₅	Sᶜ	Rᵛ
注音	tiu³¹	tɯ⁵³	tiu³¹	sɯn³⁵	zu²⁴
直译	条	那	条	路	直
意译	那条路是条直路				

原文	T₁₅	CT₁ᶜ	Rᵛ	Sᶜ	⅄⁸
注音	tiu³¹	tɯ⁵³	zu²⁴	sɯn³⁵	huŋ⁵³
直译	条	那	直	路	大
意译	那条路又直又大				

原文	Sᶜ	⌐⁸	⊃⁻	⌒	ĉ
注音	sɯn³⁵	pəi³⁵	ma⁵³	pəu⁵⁵	tɕi⁵⁵
直译	路	去	来		祖宗地
意译	那条路通往祖宗住的地方				

原文	T₁₅	CT₁ᶜ	T₁₅	Sᶜ	Rᵛ
注音	tiu³¹	tɯ⁵³	tiu³¹	sɯn³⁵	zu²⁴
直译	条	那	条	路	直
意译	那条路是条直路				

原文	T₁₅	CT₁ᶜ	Rᵛ	Sᶜ	⅄''
注音	tiu³¹	tɯ⁵³	zu²⁴	sɯn³⁵	hau⁵³
直译	条	那	直	路	白
意译	那条路又直又白				

原文	Sᶜ	⌐⁸	⊃⁻	⌒	∧⁻
注音	sɯn³⁵	pəi³⁵	ma⁵³	pəu⁵⁵	ja²⁴
直译	路	去	来	祖公	祖婆
意译	那条路通向祖宗居住的地方				

原文	午	Ŀ	V=	Cԇᶳ	コˢ	⟩ᴸ″	Ʒᵒ
注音	tan³⁵	lo²⁴	vu⁵³	tsəu⁵³	kuŋ³¹	liau⁵³	kho⁵³
直译	想要	拉	别人	真的	求		结束（呼语）
意译	别人想要拉就说						

原文	午	Ŀ	ↄˢ	Ʒᵋ	コˢ		
注音	tan³⁵	lo²⁴	məŋ⁵³	khi³¹	kuŋ³¹		
直译	想要	拉	你	就	求		
意译	想要人拉你就说						

原文	Sᶜ	⼁ˢ	」ᵛ	Cԇᶳ	↗ᶜ		
注音	sɯn³⁵	huŋ³¹	pu²⁴	tsən⁵³	tsuai³¹		
直译	路	大	父亲	真的	修		
意译	大路是父亲给修的						

原文	Sᶜ	⼁ˣ	ↄˢ	Ʒᵋ	↗ᶜ		
注音	sɯn³⁵	huŋ⁵³	məŋ⁵³	khɯ³¹	tsuai³¹		
直译	路	大	你	就	修理		
意译	大路是为你修的						

原文	⼁ᵋ	Sᶜ	Rᵛ	ↄˢ	」ᵋ		
注音	sui³⁵	sɯn⁵³	zu²⁴	məŋ⁵³	pəi³⁵		
直译	沿、顺着	路	直	你	去		
意译	你沿着笔直的大路去						

原文	Rᵛ	Sᶜ	⼁″	ↄˢ	」ᵋ		
注音	zu²⁴	sɯn⁵³	hau⁵³	məŋ⁵³	pəi³⁵		
直译	直	路	白	你	去		
意译	顺着白色的路去						

原文	⼁。	6″	6″	ↄˢ	」ᵋ		
注音	po³¹	nau⁵³	nau²⁴	məŋ⁵³	pəi³⁵		
直译	吹	唢呐	叫	你	去		
意译	吹唢呐接你去						

原文	ꀽ	ꄱ	ꁮ	ꃪ	ꀋ		
注音	kau35	nau53	po35	məŋ53	pəi35		
直译	角	唢呐	吹	你	去		
意译	吹唢呐送你去						

原文	ꄮ	ꌧ	ꀋ	ꄓ	ꁈ		
注音	təu35	zəi24	pəi35	taŋ53	pəu55		
直译	带	地	去	到	祖公		
意译	带你到祖宗居住的地方						

原文	ꄮ	ꌧ	ꀋ	ꄓ	ꀉ		
注音	təu35	zəi24	pəi35	taŋ31	ja24		
直译	带	地	去	到	祖婆		
意译	带你到祖先住过的地方						

原文	ꈎ	ꈓ	ꃪ	ꆹ	ꈧ		
注音	na35	nəu31	məŋ53	liau53	kho53		
直译	前面	指	你	结束（呼语）			
意译	给你指路就到这里						

结 束 语

布依族古籍文献大致可以分为两类：一类是通过口耳相传的口头文献；另一类是以文字为载体，抄写或印刷成书的典籍文献。布依族在其漫长的历史进程中，没有创造过与本民族语言相适应并在本民族内部广泛使用的文字系统。因此，在相当长的一个历史时期内，布依族人民在生产生活中所创造出来的各种文化事象主要通过口耳相传的形式来传承。目前，在布依族地区民间，这种形式仍然是民族文化传承的主要途径。明代以后，随着布依族地区汉语文教育的逐步发展，汉文化在布依族地区得到广泛的传播，文字的文化传承功能开始为一些布依族有识之士所认识。大约在这一时期，借用汉字记录布依族宗教经文的民间抄本开始出现。粗略估计，布依族借用汉字并根据汉字字形结构自创土俗字来传承本民族文化至今不过五百多年，其他文字符号的出现则更晚，拉丁字母文字不过百余年，波拉文不过几十年。因此，在布依族几千年的历史中，以文字为载体来记录古籍文献的历史并不长，加上各方面条件的限制以及各种内在和外在因素的干扰，保存下来的古籍文献也不是很多。

无论是口头传承下来的古籍文献，还是借助文字以书面形式传承下来的古籍文献，都是布依族人民珍贵的文化遗产，同时也是中华民族乃至世界民族珍贵的文化遗产，对这些古籍文献的发掘、整理和保护不仅是对布依族文化的贡献，也是对中华文化乃至世界文化的贡献。每一个民族的古籍文献都是该民族在长期的历史发展进程中积淀下来的，其中蕴含该民族丰富的历史文化资料，记录了该民族坎坷的发展历程。但口头文献具有很大的局限性，其内容往往因为时过境迁而发生变异。以文字为载体的古籍文献是某个时期口头文献的定格，一旦形成书面语言，就可以在不同时期、不同地域内传播而较少出现内容上的变异。这里主要从四个方面谈谈布依族古籍文献发掘、整理的重要价值。

第一，布依族古籍文献的发掘和整理可以为布依族历史文化的研究开辟新视野。过去，史学家们对布依族历史文化的研究主要依据汉文历史文献，如贵州史志及地方志。由于语言的障碍，来自其他民族的学者们无法从布依族文献古籍中查找到自己所需的材料。而布依族古籍的发掘、整理可以从根本上改变这种状态。目前已整理出版的布依族古籍文献大多采用布依、汉两种语言对译和汉语意译的形式，个别出版物还采用布依、汉、英三语对译，不懂布依语的研究者不仅可以从译文中获取自己所需的信息，而且还可以通过对译了解信息在原语言中的本来面貌以确保信息来源的可靠性。布依族古籍文献中蕴含大量有关布依族古代历史、地理、政治、哲学、民族关系、民族生活习俗、宗教信仰等方面的材料。因此，对布依族古籍文献的发掘、整理，对上述领域的研究将是功不可没的。

第二，布依族文献古籍的发掘和整理将极大地促进布依族优秀传统文化的继承和弘扬。由于书面语言的欠缺，过去布依族传统文化的继承主要是通过口耳传授和在参与生产劳动和社会生活的过程中耳濡目染，不断的熏陶而习得，很多保存在文献古籍中的优秀传统文化鲜为人知。直到今天，很多珍贵的文献抄本仍散落在布依族民间，为少数宗教人士所掌握，加之受过去"左"的思想影响，人们习惯将这些珍贵的文献视为封建糟粕，大多不愿意去接触它。这对布依族优秀传统文化的传承和发展极为不利。对布依族古籍文献进行发掘整理：一方面可以使民众对其中的内容有充分的、正确的认识；另一方面对其中优秀成分的继承和弘扬也可以起到一种促进作用。各民族文化都是世界文化的一个组成部分，布依族优秀传统文化的弘扬和发展也是对中华民族乃至世界文化的贡献。

第三，语言是文化的载体，古籍文献中保存了极其丰富的语言材料，语言和古籍文献也可以说是互为载体。因此，对布依族文献古籍的发掘和整理一方面可以丰富生活语言的表达形式，同时从人们日常生活中已经消失了的语言资料也可以得到保存。布依族古籍文献中保存着大量珍贵的古代语言的材料，比如有些词汇在现实语言中已经不再使用，但在当地的摩经古籍中却广泛存在，说明这些词汇在这一地区经历了一个从显现到隐退的过程，这种现象对研究布依语的历史发展是很有价值的。更为重要的是，一些地区的布依族古籍文献将当地已经消亡的布依语保存了下来。贵州省水城县锁蒿村是一个布依族村，居住着布依族百余人，但早在20世纪初期就开始放弃本民族语言而转用汉语。目前全村除一位80多岁的老人能讲一些简单的句子，通过回忆能说几百个单词以外，其余的人都只能讲汉语了。该村流传下来一本用波拉文抄写的"白摩书"（即摩经）完整地记录下了当地已经消失了的布依语的基本面貌。通过这本书，我们可以复原当地布依语的语音系统、基本词汇和语法结构。类似的情况在黔西南布依族苗族自治州的兴仁一带布依族地区也存在。历史上，很多已经消失了的语言由于有文献保存下来，使人们能够对其语言结构进行重建和描写研究，如西夏文之于西夏语、契丹文之于契丹语。今天的布依语从整体上看虽然没有发展到濒危的地步，但大力发掘整理布依族古籍文献，不仅对今人研究过去的布依语，而且对后人研究今天的布依语，其重要性都是不言而喻的。

第四，对以文字为载体的布依族古籍文献的发掘整理和研究可以推动布依族文化交流史的研究。一方面，我们可以研究文献古籍中所反映出来的古代布依族地区不同民族文化之间的交流。各地布依族古籍文献中或多或少地反映出布依族与周边各民族之间的关系，如布依族与仡佬族之间的关系，布依族与彝族之间的关系。这些古籍除了可以作为布依族研究的资料以外，也可以为贵州境内其他少数民族的研究提供借鉴。另一方面，我们还可以通过布依族古籍文献的物质载体形式来研究布依族与周边民族之间的文化接触和交流。从目前所掌握的资料看，布依族古籍文献绝大多数以汉字及其变异形式作为载体，这是汉文化在布依族地区传播的结果，也是布依族文化与汉文化接触和交流的产物。通过古籍文献中汉字的字形及其变异，不仅可以研究汉字在布依族地区的传播历史和传播途径，还可以研究布依族在借鉴外来文化方面的心理因素。波拉文（柏格里文字）是通过西方宗教势力的渗透传播到布依族地区的，在贵州最早主要通行于苗族地区，后来才被布依族所采用。通过这一现象，我们一方面可以研究西方宗教文化在布依族地区的传播历史和传播途径，同时也可以研究贵州西部布依族与苗族之间的文化接触和交流以及民族关系。早期拉丁字母文字在布依族地区的使用是西方宗教文化传播的产物，也是布依族古籍文献研究的一个重要内容。

对布依族古籍文献的发掘和整理是一项浩大的工程，并非某个个人或机构的力量所能胜任，需要调动社会的力量来参与其中。目前，绝大多数的布依族古籍文献还散落民间，有些是抄本，有些则是通过口耳相传。很多手抄本由于管理不善，多有损毁，口头流传的古籍则由于传授者大多为古稀老人，随时面临消亡的危险。因此，组织人力、物力对布依族现有的古籍文献进行充分的挖掘、整理和保护是古籍文献研究部门的当务之急。

本书所用特殊字符表

字符编号	字符形式	字符编号	字符形式	字符编号	字符形式
BY01	凼	BY24	CT	BY47	=
BY02	黑	BY25	⊃C	BY48	&
BY03	甲	BY26	6	BY49	ゎ
BY04	羊	BY27	↳	BY50	G
BY05	卻	BY28	L	BY51	∩z
BY06	侪	BY29	↳	BY52	∩&
BY07	⌐	BY30	⊃L	BY53	∩y
BY08	⼤	BY31	⌐	BY54	∠
BY09	CJ	BY32	CL	BY55	∩—
BY10	⊃	BY33	CL	BY56	∥
BY11	⌐	BY34	C	BY57	∩∥
BY12	V	BY35	ヽ	BY58	∩—
BY13	与	BY36	∧	BY59	そ
BY14	CL	BY37	コ	BY60	∩∥
BY15	⼤	BY38	CJ	BY61	∩z
BY16	/	BY39	ヨ	BY62	∩v
BY17	S	BY40	⼀	BY63	O
BY18	R	BY41	メ	BY64	∩o
BY19	3	BY42	V	BY65	o
BY20	T	BY43	6	BY66	∩o
BY21	CT	BY44	Y	BY67	=
BY22	CV	BY45	—	BY68	∥
BY23	⼤	BY46	∩—	BY69	∠

本书所用特殊字符表

续表

BY70	∧乚	BY100	Ⅴ乚	BY130	𠂇
BY71	ℰ	BY101	Ⅴ=	BY131	子
BY72	∧乚	BY102	乚	BY132	⌣
BY73	∩ℰ	BY103	Ⅴ乚	BY133	𥁕
BY74	∧ⅠⅠ	BY104	Ⅴℰ	BY134	巳
BY75	ɣ	BY105	G	BY135	几ⅴ
BY76	∩=	BY106	乙	BY136	尹
BY77	∩乚	BY107	ℰ	BY137	𠃌
BY78	ℰ	BY108	∧ℰ	BY138	𠄌
BY79	⹀	BY109	∧ɣ	BY139	巳
BY80	乚	BY110	ɣ	BY140	丫
BY81	∧ɣ	BY111	∧G	BY141	𠫐
BY82	ɣ	BY112	ˇ𝟑	BY142	吞
BY83	∧	BY113	⌐	BY143	碟
BY84	∩ℰ	BY114	𠂉ⅠⅠ	BY144	兂
BY85	∩乚	BY115	𠂉ⅴ	BY145	井
BY86	「	BY116	Rℰ	BY146	亚
BY87	=	BY117	Ⅴ⁻	BY147	金
BY88	∧乚	BY118	」nc	BY148	北
BY89	∩ℰ	BY119	𠂉	BY149	羿
BY90	∧ⅠⅠ	BY120	R乚	BY150	𢀖
BY91	∧ɣ	BY121	ΓG	BY151	𡗗
BY92	∧⁻	BY122	Ⅴ∧⁻	BY152	鮧
BY93	∩=	BY123	Rⅴ	BY153	魍
BY94	ɣ	BY124	6ⅠⅠ	BY154	芯
BY95	ℰ	BY125	ɣ乚	BY155	傍
BY96	∩ℰ	BY126	𠂉ⅠⅠ	BY156	蕊
BY97	ⅴ	BY127	Cⅴ	BY157	嗌
BY98	⁻	BY128	Cⅴ°	BY158	魑
BY99	Ⅴ⁻	BY129	ε	BY159	盘

BY160	沘
BY161	谥
BY162	胀
BY163	谥
BY164	修
BY165	魁
BY166	妖
BY167	退
BY168	距
BY169	渔
BY170	䲛
BY171	鹅
BY172	拎
BY173	扯
BY174	㳘
BY175	瑶
BY176	奓
BY177	奓
BY178	奓
BY179	奓
BY180	奓
BY181	躬
BY182	奓
BY183	奓
BY184	躬
BY185	芫
BY186	奓
BY187	奓
BY188	奓
BY189	奓
BY190	奓

BY191	奓
BY192	奓

中国少数民族古籍珍品图典：
民族古文字古籍
整理研究100年通览

第三册

Illustration of China's Ethnic Minorities Valuable Classics:
Overview of Collection and Research on
Minorities Ancient Writing and
Documents Over the Past 100 Years

张公瑾 黄建明 主编

中国社会科学出版社

目 录

(第三册)

佉卢字   张铁山 编著

第一章　历史文化概况 …………………………………………………………………………（1215）

第二章　文字的起源与变迁 ……………………………………………………………………（1216）

第三章　文字载体类别与分类 …………………………………………………………………（1218）

第四章　文献发掘及整理研究情况 ……………………………………………………………（1220）

第五章　文献珍品图片及说明 …………………………………………………………………（1222）

粟特文   李 雪 编者

第一章　历史文化概况 …………………………………………………………………………（1229）

第二章　文字的起源与变迁 ……………………………………………………………………（1231）

第三章　文字的载体类别与分类 ………………………………………………………………（1232）

第四章　文献的发现与研究简况 ………………………………………………………………（1233）

第五章　文献珍品图片及说明 …………………………………………………………………（1235）

于阗文   李 雪 编者

第一章　历史文化概况 …………………………………………………………………………（1243）

第二章 文字的起源与变迁 …… (1245)
一 于阗文的得名 …… (1245)
二 于阗语文 …… (1245)

第三章 文字载体类别与版本形式 …… (1247)

第四章 目录与分类 …… (1248)

第五章 文献的发掘、研究简况 …… (1252)

第六章 文献珍品图片及说明 …… (1254)

第七章 文献珍品释读 …… (1289)
一 《赞巴斯塔书》第 22 章 …… (1289)
二 于阗文《修慈分》 …… (1295)

结束语 …… (1297)

焉耆—龟兹文
李 雪 编者

第一章 历史文化概况 …… (1301)

第二章 文字的起源与变迁 …… (1302)
一 关于焉耆—龟兹语文的名称 …… (1302)
二 语言文字 …… (1303)

第三章 文字的载体类别和分类 …… (1304)

第四章 文献的发掘、研究简况 …… (1309)

第五章 文献珍品图片及说明 …… (1312)

第六章 文献珍品释读 …… (1329)

结束语 …… (1340)

突厥文
张铁山 编者

第一章 历史文化概况 …… (1343)

第二章 文字的起源与变迁 …… (1346)

第三章 文字载体类别 …… (1347)

第四章 文献分类 …… (1348)

第五章 文献发掘及研究简况 …… (1349)

第六章 文献珍品图片及说明 …… (1353)

第七章 文献珍品释读 …… (1380)
  一 《阙特勤碑》 …… (1380)
  二 《暾欲谷碑》 …… (1400)
  三 《铁尔痕碑》 …… (1411)
  四 《铁兹碑》 …… (1418)
  五 《占卜书》 …… (1427)

回 鹘 文

张铁山 编者

第一章 历史文化概况 …… (1443)
  一 漠北回鹘汗国(774—840年) …… (1443)
  二 漠南回鹘 …… (1444)
  三 甘州回鹘王国(10—11世纪) …… (1445)
  四 高昌回鹘王国(9世纪中期—13世纪中期) …… (1446)
  五 喀喇汗王朝(9世纪末—13世纪初) …… (1447)

第二章 文字的起源与变迁 …… (1449)

第三章 文字载体类别与版本形式 …… (1455)
  一 回鹘文碑铭 …… (1455)
  二 回鹘文纸质文献 …… (1455)
  三 回鹘文题记、铭刻 …… (1456)

第四章 目录与分类 …… (1457)

第五章 文献发掘、研究简况 …… (1458)
  一 佛教文献 …… (1458)
  二 摩尼教文献 …… (1463)
  三 景教文献 …… (1464)

四　伊斯兰教文献 …………………………………………………………………………（1464）
　　五　文学作品 ……………………………………………………………………………（1464）
　　六　经济文书类 …………………………………………………………………………（1468）
　　七　语言文字类 …………………………………………………………………………（1469）
　　八　科学技术类 …………………………………………………………………………（1469）

第六章　文献珍品图片及说明 ……………………………………………………………（1470）

第七章　文献珍品释读 ……………………………………………………………………（1495）
　　一　元回鹘文《重修文殊寺碑》 …………………………………………………………（1495）
　　二　哈密本《弥勒会见记》第二品"弥勒菩萨出家成道" ……………………………（1504）
　　三　社会经济文书 ………………………………………………………………………（1547）

维吾尔文

买提热依木·沙依提
阿布都那扎尔·阿布拉　编著

第一章　民族、语言和文字概况 …………………………………………………………（1575）
　　一　维吾尔语概况 ………………………………………………………………………（1575）
　　二　乌兹别克语概况 ……………………………………………………………………（1576）
　　三　哈萨克语概况 ………………………………………………………………………（1577）
　　四　柯尔克孜（吉尔吉斯）语概况 ………………………………………………………（1577）
　　五　塔塔尔（鞑靼）语概况 ………………………………………………………………（1578）

第二章　文字的起源与变迁 ………………………………………………………………（1579）
　　一　老维吾尔文来源和性质 ……………………………………………………………（1579）
　　二　老维吾尔文的形成 …………………………………………………………………（1579）
　　三　文字的变化 …………………………………………………………………………（1580）

第三章　古籍文献中体现的语言特点 ……………………………………………………（1583）
　　一　哈喀尼亚文献语言的主要特点 ……………………………………………………（1583）
　　二　哈喀尼亚后期文献的主要语言特点 ………………………………………………（1583）
　　三　中古哈萨克—柯尔克孜（克普恰克）文献语言的主要特点 ………………………（1589）
　　四　总结 …………………………………………………………………………………（1593）
　　本部分所用的符号和缩写词 ……………………………………………………………（1600）

第四章　维吾尔古籍研究概况 ……………………………………………………………（1604）
　　一　国内研究概况 ………………………………………………………………………（1604）
　　二　国外研究概况 ………………………………………………………………………（1607）

第五章　维吾尔古籍珍品图片及说明 ……………………………………………………（1613）

第六章 哈喀尼亚时期维吾尔语古籍例释 ……………………………………………… (1708)
  一 《福乐智慧》选段 …………………………………………………………………… (1708)
  二 《真理入门》 ………………………………………………………………………… (1776)
  三 《泰杰力诗歌》选段 ………………………………………………………………… (1783)

第三册

张铁山　李雪　买提热依木·沙依提木　阿布都那扎尔·阿布拉
编　著

佉卢字

张铁山　编著

第一章

历史文化概况

汉代西域有三十六国。至魏晋南北朝时期，三十六国合并为疏勒、龟兹、焉耆、于阗、鄯善和高昌六个大国。在这六个大国中，除高昌以汉族为主体外，其余均以操印欧语系语言的塞人和吐火罗人为主。

鄯善国原名楼兰国，旧都楼兰城，后更名鄯善，迁都扜泥城（今新疆若羌附近）。其地处丝绸之路南道要冲，与汉朝保持着密切的关系，农业生产发达，物产丰富，有较发达的制造业。因铁矿丰富，兵器制造很有名。居民有吐火罗人、羌人和月氏人，吐火罗人占统治地位。汉安帝时窦宪击败匈奴，西域诸国归汉，复设西域都护、戊己校尉及其下属宜禾都尉予以管理。1906年，斯坦因在新疆尼雅县北遗址中发现有佉卢文书及东汉封泥，上刻篆文"鄯善都尉"，说明鄯善完全归服了汉朝。楼兰古城（今罗布泊西岸）东约六七公里处曾发现东汉墓葬区，经先后发掘清理，在一座保存较好的竖穴墓室中，发现青壮年男女尸体各四具，仰身直肢，交错叠压，显然是战争中死亡者。"仰身直肢"则说明鄯善人仍是依汉族葬俗。墓区内发现有大量东汉丝织品，出土有漆、木器、五铢钱及铜镜残片，还有"延年益寿大宜子孙"、"长寿光明"、"长乐光明"、"长葆子孙"锦，以及瑞兽纹、瑞禽纹、波纹锦等，充分说明鄯善国民众已从游牧转入农耕。公元3世纪时，佛教传入鄯善国。随着佛教的传播，佉卢字也传入了鄯善国。

第 二 章

文字的起源与变迁

"佉卢"是"佉卢虱吒"的简称，为梵文 Kharostha 的音译，意为"驴唇"。在中国古籍中，有音译为"佉楼"、"佉留"、"佉路瑟吒"、"佉卢虱底"的，也有意译为"驴唇书"的。18 世纪初，西方探险家为了追寻印度古代文明的起源，进入印度旁遮普省，在考古发掘中发现了这种文字。由于这种文字首先发现于印度古代的巴克特里亚地区，所以当时有人称之为"巴克特里亚文"、"印度—巴克特里亚文"、"巴克特里亚—巴利文"、"雅利安—巴利文"、"驴皮书"等。佉卢字是一种字母，因没有相应的佉卢语，所以一般不用"佉卢文"来称谓。至于佉卢字所记录的语言，学者认为属于印欧语系印度语族，它是在古印度西北俗语（帕拉克利特语）基础上吸收了焉耆—龟兹语、于阗塞语、粟特语、希腊语及汉语的成分而形成的，多称之为"犍陀罗语"。

佉卢字来源于阿拉美文，公元前 5 世纪随着古波斯帝国的大军传入印度河流域，流行于喀布尔与白沙瓦地区，用来拼写当地居民所使用的印度语支的西北俗语，即犍陀罗语，与梵文（雅语）并行。公元前 3 世纪印度孔雀王朝阿育王时期的刻石是目前发现最早的文献。公元 1—2 世纪时在中亚地区广泛传播。后沿丝绸之路传入我国于阗、鄯善地区，用以拼写当地居民使用的一种语言。但关于这种文字最初传入我国的时间，学者有不同意见，一般认为至迟在公元 2 世纪已传入于阗地区，3 世纪中叶传入鄯善地区。在中亚，公元 4 世纪中叶随着贵霜王朝的灭亡，佉卢字也随之消失了，成为一种死文字。

我国境内流行的佉卢字，最早可追溯到公元前 1 世纪。最初，学者们将其视为吐火罗语的一种，未给予足够的重视。后发现佉卢字与吐火罗语有着根本的不同，在中国境内有着表示两种不同语言的佉卢文字系统，即表示于阗语的佉卢字和表示鄯善语的佉卢字。因此，我国新疆出土的佉卢字文献是分属于古代于阗国和鄯善国的。

佉卢字与阿拉美文一样，最初也是一种不标元音的音节文字，两者字形和读音都很接近，从右往左横写。后来在印度婆罗米文的影响下，佉卢字用增添区别符号的办法标注元音。原来的阿拉美字母只有 22 个，阿育王时代的佉卢字达到 44 个。传入中国古代于阗和鄯善地区的佉卢字分别有 45 个（《法句经》所用）、43 个（斯 661 号文书所用）、57 个（鄯善文书所用）。据唐吉藏的《百论疏》记载，佉卢字初创时共有 72 个音节字母。但据出土文献统计，其实际使用的字母（包括合体字）则多达 252 个之多，分别表示各种辅音或辅音元音的组合，有些字母应为流传过程中不断产生的地方变体。

下面是部分佉卢字的字母：

		gha	𐨒	ga	𐨀	kha	𐨑	ka	𐨐
ña	𐨙			ja	𐨗	cha	𐨖	ca	𐨕
ṇa	𐨞	ḍha	𐨢	ḍa	𐨜	ṭha	𐨠	ṭa	𐨚
na	𐨥	dha	𐨢	da	𐨡	tha	𐨠	ta	𐨟
ma	𐨨	bha	𐨧	ba	𐨦	pha	𐨥	pa	𐨤
		va	𐨬	la	𐨫	ra	𐨪	ya	𐨩
		ha	𐨱	za	𐨰	ṣa	𐨯	śa	𐨭
						ṭha	𐨠	ka	𐨐

第 三 章

文字载体类别与分类

佉卢字文献的载体较多，有桦树皮、皮革、木牍、绢、纸、题记、钱币等。

佉卢字文献中最常见的是木牍，大量公文信函都用墨笔写在木片上。这种木片大约9厘米长，6厘米宽，厚0.7厘米，在上角处钻有小孔，以便穿绳拴系。写有信函内容的木片正、反两面较为平整光滑，以便写字，称之为底牍，作为信封的木片称为封牍，比底牍稍短，宽度完全相同。封牍的下面凿有封泥槽和线沟。信写好后用封牍夹住底牍，用绳索拴好，将绳索打结后置于封泥槽中，填充封泥，并在封牍上书写收信人的单位和名字。

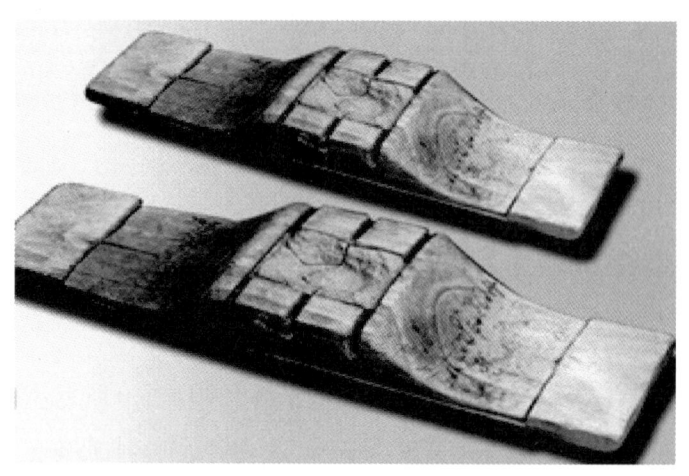

图1 佉卢字木牍

佉卢字木牍中有一种形状独特的楔形木牍。这种木牍均为鄯善王的诏令，发送对象主要是地方行政长官及各级官员。诏令的内容广泛，涉及财政、税收、军事、司法等社会生活的方方面面。楔形木牍只能由国王使用，具有特别的权威性，因其造型不同于其他木牍，易于区分，保证了投递的迅速与安全。

用佉卢字记载居民财产、诉讼、纳税账目、水利灌溉、户口登记等情况的木牍因不需传递，所以没有封牍，木牍的形状、尺寸也无定制，其大小完全根据记录内容而定。在木牍的一端往往有钻孔，用以拴绳。

用羊皮制作的文献，也是佉卢字文献中有特色的一种形式。1902年斯坦因曾在新疆尼雅发现大小不等的32块羊皮，其中大部分都写有佉卢字，少部分为空白未用。这批佉卢字羊皮文书大多数已残破，有的被虫蛀，只有14块保存得较完整，一般长19.5—32.3厘米，宽6—17.5厘米。其内容为鄯善王诏令，用墨色书写，最大的一块写有佉卢字11行。羊皮书只是单面书写，写成之后对折两次，变为四层，再横折一次，变为一方块，用事先在羊皮上剪出的一根与羊皮相连的细皮条捆扎，其上书写收件人姓名、地址，再钤上官印。

在中国境内，最早发现的佉卢字文物和文献是"汉佉二体钱"和《法句经》。

"汉佉二体钱"又名"和阗马钱"，因主要出土发现于新疆和阗地区（1959年改称和田）的古城遗址中且背面大多打印有一马形图案而得名。是公元1—3世纪古代新疆和阗地区打制的一种地方货币。

"汉佉二体钱"可分为大钱和小钱两种类型，圆形、无孔、无廓，红铜质。正面中央是徽记，四周为篆书汉字，标明面值，大钱上的汉字为"重廿四铢铜钱"（或读作"铜钱重廿四铢"），小钱上的汉字为"六铢钱"。背面中央是一匹马或骆驼形图案，四周一圈为佉卢字，内容为"大王"、"王中王"或"众王之王"等尊号以及和阗王的名字。

佉卢字文献中史料价值最高的是斯坦因所得758件文书，其中得自楼兰者48件，有3件是纸书，1件为绢书；得自敦煌玉门关遗址者1件，绢书；得自安得悦者6件，有1件为驴皮书，其余皆为木牍；得自尼雅遗址者703件，均为木牍。

从佉卢字木牍所记述的内容来看，鄯善王裴批雅曾统治8年，答伽戛统治3年，昂果戛统治46年或38年，玛希利统治28年，瓦沙玛纳统治11年。这五位鄯善王先后统治鄯善长达88—96年，均为汉文史籍所不载，弥补了汉文史籍之不足。这些佉卢字文献反映了鄯善王对国事的治理及其臣民日常生产和生活状况。王廷最关心的是于阗和鲜卑的侵扰，屡命密探边哨严加防范，又常遣使和于阗通好，甚至王后也曾出游于阗。在内政方面，王廷重视的是征税，设有税吏专司其事，税收有谷物、骆驼、酒、酥油、毡衣、地毯、绵羊等，甚至还有妇女税。牲畜除骆驼外，还有马、牛、山羊、绵羊，王室有专用畜群，王后也有个人畜群。政府设官吏治理百姓，户有户主，村有村长，高级行政官有可伽波执政官、司书、看守人、税吏等，官府掌管水利、民事诉讼，凡涉及耕地、葡萄园、妇女、儿童、奴隶等买卖、借贷、盗窃、斗殴、口粮、工价、婚嫁、交易、过继、收养、租赁、雇用、祭祀、馈赠、逃亡、狩猎、播种、分水、霸占、丈量、抢劫、欠债、欠税、差役、交换、拐骗、纳罚、抵押、赎身、过境、宗教活动等事务及纠纷，多由官府立约或判决。这些佉卢字文献是研究鄯善国社会、经济、文化、民族特点和人民生活状况的重要资料。

第 四 章

文献发掘及整理研究情况

从19世纪末发现佉卢字文献到20世纪80年代，出土佉卢字文献1000余件，大都是外国探险家在新疆发掘和收购所得，且被携往国外，其中斯坦因所获最多，前后三次共发掘、收集758件，在全世界现有的佉卢字文献中占绝大多数，现藏英国伦敦。彼得洛夫斯基所获今藏俄罗斯圣彼得堡。斯文赫定所获现藏瑞典斯德哥尔摩。亨廷顿所获今藏美国洛杉矶。伯希和所获现藏法国巴黎。橘瑞超所获今藏日本龙谷大学。格伦威德尔和勒柯克所获今藏德国柏林。新中国成立后，佉卢字文献在国内还时有发现，国内收藏较多的是新疆维吾尔自治区博物馆和甘肃省博物馆，其他如新疆社会科学院、和田地区文管所、北京中国历史博物馆等单位也有收藏，共200余件。

林梅村曾对1875—1992年中国境内发现的佉卢字文献及研究情况作过介绍，这是迄今为止最详尽的一份目录，主要内容如下：

1. 印度事务部图书馆藏佉卢字文献，用龟兹变体佉卢字和婆罗米文书写，出自库车，未解读。
2. 俄罗斯科学院东方研究所圣彼得堡分所藏佉卢字《法句经》等文献，出自和田。1962年英国学者布腊夫将其照片及法国藏的同一写本的另一部分作了全面校订。
3. 法兰西学院藏佉卢字《法句经》残页三张，杜特雷依获自和田。
4. 瑞典斯德哥尔摩民族学博物馆藏斯文赫定收集品，主要出自楼兰。其中一件佉卢字帛书为2世纪遗物，是最早的佉卢字资料之一。
5. 大英博物馆和大英图书馆藏斯坦因收集品，主要出自尼雅、安迪尔、楼兰、米兰、和田和敦煌等地。共758件，另有18件文书为1930年第四次考察所得。这些文书已由欧洲学者校订。
6. 美国收藏亨廷顿收集6件佉卢字木牍，出自尼雅，已刊布。
7. 法国巴黎国立图书馆藏伯希和收集品，包括许多龟兹变体佉卢字和婆罗米文混写的文书残片，7世纪遗物，出自龟兹，未解读。
8. 德国柏林国立普鲁士文化藏品图书馆藏勒柯克收集品，包括大量佉卢字木牍、文书和石窟题记，出自龟兹。另有一件类似佉卢字的残品，出自吐鲁番吐峪沟。
9. 日本京都龙谷大学图书馆藏大谷收集品，有十多件木牍，出自和田、库车、吐鲁番等地。
10. 北京大学藏佉卢字井栏，出自洛阳，已断为三截。
11. 大连旅顺博物馆大谷收集品。
12. 释迦牟尼青铜坐像底部佉卢字铭文，1979年陕西长安县黄梁乡石佛寺村出土。
13. 新疆博物馆藏佉卢字木牍，66件，1959年出自尼雅。另一件在巴楚托克孜沙来古城采集。
14. 新疆和田文物保管所藏佉卢字木牍，几十件，1981年出自尼雅。

早在19世纪末20世纪初，国外学者就通过中亚巴克特里亚君主铸造的钱币以及阿育王碑铭，已对佉卢字有所认识。国外学者对出自我国境内的佉卢字文献的研究,前期主要集中在《法句经》上。1892年杜特雷依所得佉卢字《法句经》,最先由塞纳刊布(见《亚洲学报》1899年第12期),吕德斯曾进行了研究。1897年俄罗斯鄂登堡发表了彼得洛夫斯基所得《法句经》三张残页(英译文见《新印度古物》1946年)。1945年英国贝利将《法句经》全部词汇加以转写(见《东方和非洲研究学院院报》第11卷第3期)。自斯坦因发现鄯善王国佉卢字文献后,一些学者的研究兴趣转到对这些文献的研究上。1920—1929年,波义耳、拉普逊、塞纳、诺波尔等人合作转写了斯坦因所得全部文书,以《佉卢文献》为书名分三册刊布,共收文书764件,其中包括美国亨廷顿所得6件在内。1940年英国学者贝罗曾据此译为英文,书名《新疆出土佉卢文书译文集》(该书由王广智译为汉文,名为《新疆出土佉卢文残卷译文集》,新疆考古所编印,1988年7月)。近几十年来,国外学者对佉卢字文献不断有新成果发表,解决了许多悬而未决的问题,对我们弄清西域于阗国、鄯善国的政治、经济、军事、文化、宗教等起到了极大作用。

我国对佉卢字文献和文物的研究起步较晚。1979年马雍发表有《新疆所出佉卢文书的断代问题》(载《文史》1979年第7期)、《佉卢文》(载《中国民族古文字》1982年)、《古代鄯善、于阗地区佉卢文字资料综考》(见《中国民族古文字研究》1984年)等。夏鼐发表有《和阗马钱考》(载《文物》1962年第7、8期合刊)等。1988年,文物出版社又出版了林梅村的《沙海古卷·中国所出佉卢文书(初集)》。这是目前收集我国出土的佉卢文资料最全的一部书,书中有佉卢文书的汉语释文和拉丁文转写。林氏另一书《西域文明考古、语言、民族和宗教新论》(东方出版社1995年版)对佉卢字文献也多有论述。此外,他还发表了大量的有关佉卢字文献的论文,如《再论汉佉二体钱》(《中国钱币》1987年第4期)、《中国所出佉卢文书研究述论》(《新疆社会科学》1988年第2期)、《新发现的几件佉卢文书》(《中亚学刊》第3辑)、《勒柯克收集品中的五件犍陀罗语文书》(《西域研究》2004年第3期)等。刘文锁出版了《沙海古卷释稿》(中华书局2007年版),发表有《安迪尔新出汉佉二体钱考》(《中国钱币》1991年第3期)、《佉卢文遗物在新疆的考古发现》(《西北史地》1993年第4期)、《尼雅浴佛会及浴佛斋祷文》(《敦煌研究》2001年第3期)、《尼雅遗址历史地理考略》(《中山大学学报》2002年第1期)、《佉卢文契约文书之特征》(《西域研究》2003年第3期)、《尼雅遗址行政区划复原》(《华夏考古》2003年第4期)、《佉卢文书分类及其他》(季羡林、饶宗颐主编《敦煌吐鲁番研究》第七卷,中华书局2004年版)、《说一件佉卢文离婚契》(《西域研究》2005年第3期)等论文。卫斯发表有《从佉卢文简牍看精绝国的葡萄种植业——兼论精绝国葡萄园土地所有制与酒业管理之形式》(《新疆大学学报》2006年第6期)。

第 五 章

文献珍品图片及说明

图1　鄯善王敕谕木牍之一 …………………………………………………………………………（1223）
图2　鄯善王敕谕之二 ………………………………………………………………………………（1223）
图3　鄯善王十一年六月一日文书 …………………………………………………………………（1223）
图4　尼雅遗址出土的佉卢字各种木牍 ……………………………………………………………（1224）
图5　佉卢字羊皮文书 ………………………………………………………………………………（1224）
图6　汉佉二体钱 ……………………………………………………………………………………（1225）
图7　佉卢字征酒税文书 ……………………………………………………………………………（1225）
图8　埃尔米塔什博物馆藏佉卢字桦树皮写本《法句经》残片 …………………………………（1226）

图 1　鄯善王敕谕木牍之一

佉卢字木牍，波义耳编号 735，内容涉及于阗逃民。原件出自尼雅遗址，为斯坦因所得，现藏印度。

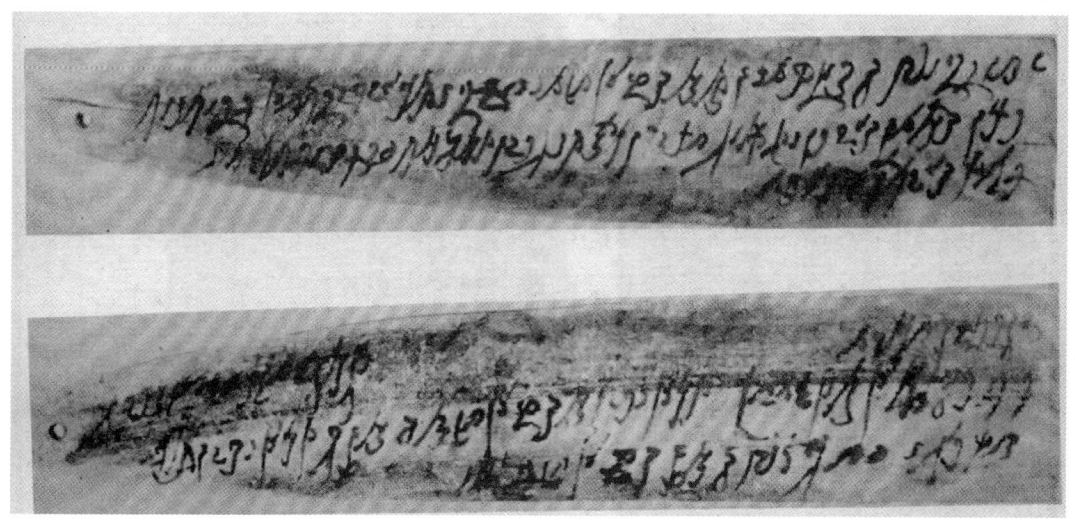

图 2　鄯善王敕谕之二

佉卢字木牍，波义耳编号 32，内容为娶妻毁约事。原件出自尼雅遗址，为斯坦因所得，现藏印度。

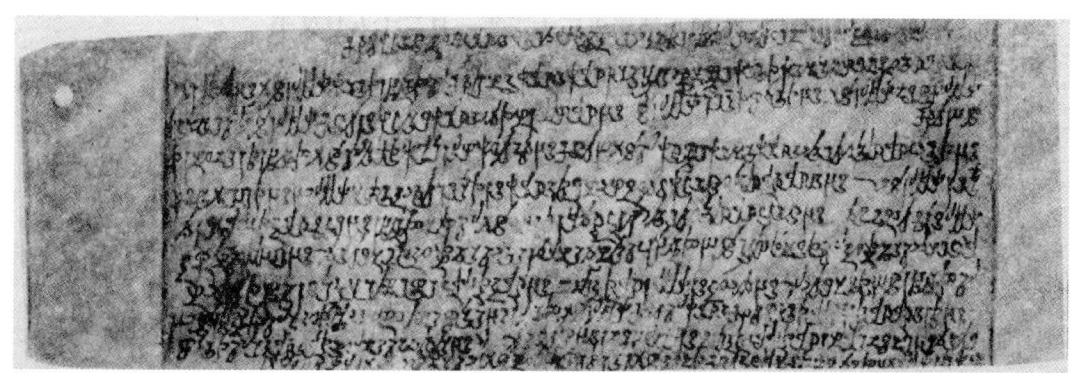

图 3　鄯善王十一年六月一日文书

佉卢字木牍，内容涉及某人出使于阗前后所支粮、畜等物账目。原件出自尼雅遗址，为斯坦因所得，现藏印度。

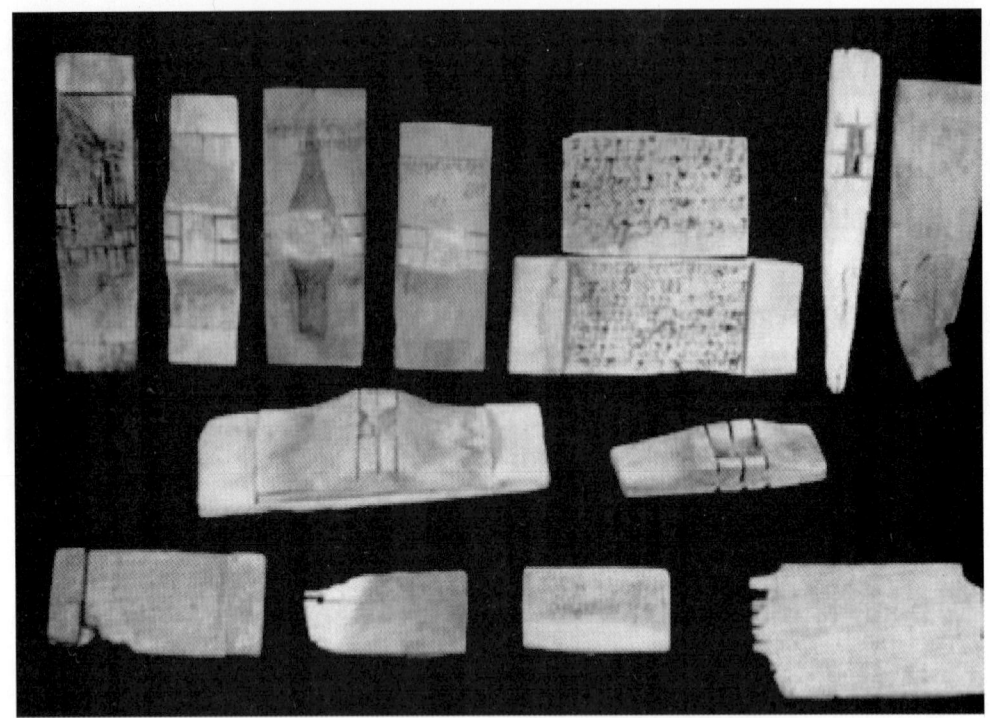

图 4 尼雅遗址出土的佉卢字各种木牍

图 5 佉卢字羊皮文书

羊皮文书，多为国王的谕令。

图 6　汉佉二体钱

"汉佉二体钱"是目前已知新疆地区历史上最早的自铸货币，非常具有地方特色，它不同于内地用钱范浇铸，而是采用源自古希腊的打压法，但钱币上打印汉字，并使用中原地区传统的货币重量单位"铢"。"汉佉二体钱"具有东西方两大货币文化相互交融的特点，是伴随丝绸之路东西方文化的交流、融合而产生的。自这种钱币在和阗及邻近地区发现百余年以来，截至 1990 年的统计，正式公开报道的约有 352 枚，其中仅有 13 枚保存在国内的文博及考古部门，大部分均流失在海外。

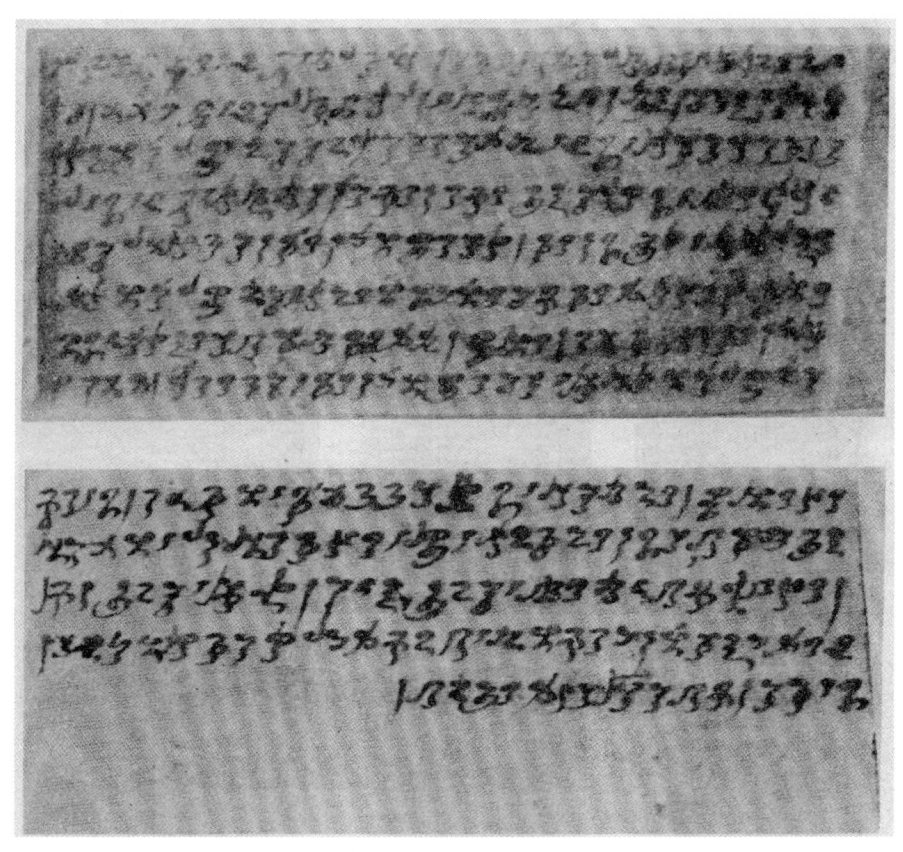

图 7　佉卢字征酒税文书

佉卢字木牍，波义耳编号 432，内容涉及王后索要金币，未获，改以地毯进之。原件出自尼雅遗址，为斯坦因所得，现藏印度。

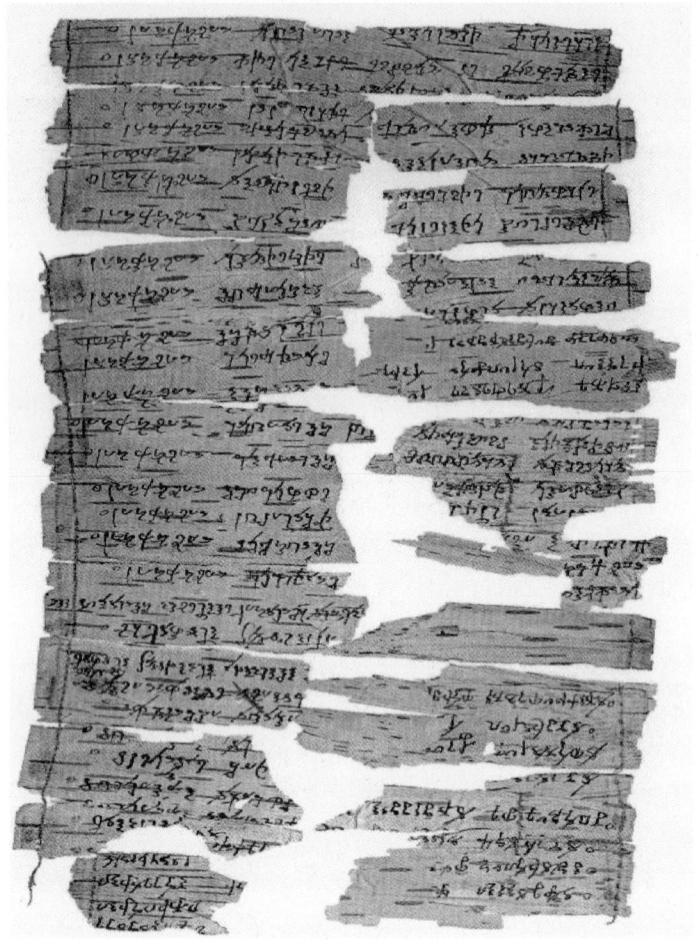

图 8 埃尔米塔什博物馆藏佉卢字桦树皮写本《法句经》残片

  佉卢字《法句经》是迄今为止我国已知最早的少数民族古文字文献。1892 年法国人杜特雷依在和田购得一种写在桦树皮上的写本残卷，经研究认为，为写于公元 2 世纪的佉卢字佛教经典《法句经》。该经译自巴利文，写本中记有"这部《法句经》写卷由法藏在阿兰若森林写成，属于沙门佛喜的同住佛铠"。这位法藏是佛教史上的著名人物，为小乘教法藏部的创始人。1897 年佉卢字《法句经》在巴黎举行的东方学大会上首次公布后，引起了学界的极大轰动，因为此前人们只知道佉卢字仅出现在古印度的碑铭上，其写本还是首次面世。就在这次大会上，俄国东方学家奥登堡宣布这一写本的主要部分收藏在圣彼得堡，为俄国驻喀什噶尔总领事彼德洛夫斯基在和田购得，现藏于圣彼得堡埃尔米塔什博物馆。

  从整体上来看，我国佉卢字文献研究虽取得了一定的成绩，发表了一些有分量的论著，但与国外相比，仍存在着相当的差距。尤其是在人才培养上，出现了青黄不接、后继无人的局面。我们只有通过多种途径培养新生力量，并进一步提高研究水平，才有希望在将来赶上或超过世界先进水平。

粟特文

张铁山 编著

第 一 章

历史文化概况

粟特曾是中亚讲伊兰语的粟特人居住地区的名称，又作窣利，位于阿姆河与锡尔河之间的泽拉夫善河（唐代文献作那密水）流域。6—8世纪初，粟特地区经济与文化发达，除为首的康国、安国之外，还存在着另外一些城邦国家，如石国、米国、史国、何国、曹国等。其中康、安、石、米、史、何、曹七国的名称，均见于汉文史籍。据载，这些城邦居民始居于祁连山北昭武城，后被匈奴击破，西逾葱岭，到达粟特地区，皆以昭武为姓，示不忘本，史称"昭武九姓"。

粟特人擅长经商，他们长期操纵着丝绸之路上的国际转贩贸易，这使他们在四周邻国的政治生活、东西方文化交流中起到了重要作用。7世纪中叶至8世纪中叶，昭武九姓国作为唐朝的羁縻州府，隶属安西都护，从而受到唐中原地区的影响。例如粟特钱币方孔圆环，与开元通宝形制无异，唯钱币上的王名镌以粟特字母。目前，考古发掘出土的粟特钱币上的王名有许多已可与汉文文献记载的昭武九姓王名相印证。从8世纪初起，大食势力越过阿姆河北上，粟特地区逐渐为大食所控制。751年，唐安西四镇节度使高仙芝率汉、蕃兵三万至怛逻斯（今哈萨克斯坦江布尔城附近），与大食军交战，唐军因葛逻禄部临阵叛变而失败。唐军被俘虏的工匠将中国造纸术传至康国，粟特纸遂广泛传布于穆斯林国家和欧洲。直到11世纪，喀什噶尔城郊还有大批操粟特语的村落。粟特人建立过许多绿洲城邦，但从没有建立过统一的国家，因此长期受周边的强大外族势力的控制。由于粟特地区处于中亚西部丝绸之路的干线上，粟特人成为一个独具特色的商业民族，他们通过漫长的丝绸之路频繁往来于中亚与中国之间，成为中世纪东西方贸易的承担者。并且，粟特人成群结队东来中国贸易，有许多人逐渐在经商之地留居下来。在南北朝到唐朝时期，沿丝绸之路及周边的于阗、楼兰、高昌、敦煌、武威、长安、洛阳等大小城市形成一个个移民聚落。粟特人迁居各地，与其他民族融合，从而成为许多民族的来源之一。

粟特人一般穿白衣，戴尖顶虚帽，有的帽子还有前檐，便于遮阳远视，宜于长途旅行。其服装以窄袖紧身为特征，讲究突出身体线条。粟特人的腰带特别讲究，有所谓万钉宝钿金带，即在革带上装饰以各种珠宝，上佩刀剑。粟特人下穿长筒革靴，便于跋涉风沙，舞伎则穿锦软靴，此外还有软式拖鞋。

粟特人以麦面和羊肉为主食，葡萄酒是常备的佐餐饮料，盛在一种特殊的碗形酒器叵罗中，以金、银、铜等各种不同质料制成，岑参诗中有"交河美酒金叵罗"之语，所指就是这种酒器。

粟特的历法直接继承波斯的影响，实行祆教历，这种历法分全年为365天，12月，每月一律30天，余5天搁置，一年差6小时，4年差1天，因此，每4年岁首提前1天，故我国史料对粟特岁首记载不一。杜环《经行记》云"其俗汉五月为岁首"，韦节《西蕃记》说"以六月一日为岁首"，《新唐书·康国传》则云："以十二月为岁首。"七曜制的发明乃粟特历法的重要特点，七曜指日、月、火星、水星、木星、金星、土星，合为一个周期，又称星期，至今仍在通行。

粟特人的节庆主要有岁首节、葡萄酒节、乞寒泼水节。岁首节连续庆祝七天，举行赛马及射箭游戏，射中者可为一日王，显示了金钱崇拜的力量。粟特人有陈宝斗富的习俗，每次聚会时，所有的人都把身上所带宝物拿出来，相互斗宝。宝物多者，戴帽居于座上，其余以财物的多少分列。岁首节还例行祭祖仪式，"国立祖庙，以六月祭之"。

乞寒泼水节为10月30日，原为波斯节日，相传波斯萨珊王朝卑路斯（459—483）在位时期出现苦旱，幸得国王相救，因之每到此日，便以水相泼为戏。"乞寒，奉西国外康国之乐。其乐器有大鼓、小鼓、琵琶、箜篌、笛，其乐大抵以11月，裸露形体，浇灌衢路，鼓舞跳跃以乞寒也。"这一节日对塔里木绿洲诸国影响甚巨。

粟特人主要信奉祆教、佛教、景教、摩尼教，后来还皈依了伊斯兰教。佛教在贵霜王朝时代曾为中亚地区的主体信仰，后来随着萨珊王朝政治影响的扩大和祆教的复兴，虽有所衰落，但仍具有一定势力。

粟特人具有很高的文化水平，绘画、音乐、舞蹈都非常发达。张彦远《历代名画记》盛赞北齐粟特画家曹仲达"湿衣贴体"画风。在音乐方面，康国乐、安国乐皆名闻天下，粟特琵琶高手曹婆罗门、曹僧奴、曹明达祖孙三代皆擅绝技，历仕西魏、北齐、隋三朝，皆大红大紫，其中曹明达还被北齐主封为郡王。著名歌手何满子誉满京师，元稹诗云"何满能歌声婉转，天宝年中世称罕"，曹刚善弹琵琶，人谓其运拨"若风雨"，康昆仑更是号称弹琵琶的"长安第一手"，歌手米嘉荣歌声凄楚动人，刘禹锡诗云："三朝供奉米嘉荣，能变新声作旧声。"音乐理论家何妥曾为隋朝正音律，出任国子监祭酒。在舞蹈方面康国粟特善胡旋舞，石国粟特善柘枝舞，胡旋舞以旋转快速，动作刚劲著称，柘枝舞则胡帽银带，帽上饰金铃，舞时佽转有声。又有胡腾舞、反手叉腰，首足如弓，倏然腾起，而又颇作醉态，李端《胡腾儿》诗曰："扬眉动目踏花毡，红汗交流珠帽偏，醉却东倾又西倒，双靴柔弱满灯前，环行急蹴皆应节，反手叉腰如却月。"

第 二 章

文字的起源与变迁

粟特文又称窣利文，是来源于阿拉美字母、用以拼写古代中亚粟特语的一种文字。其具体创制年代不详，现存最古的铭文属于公元 2—3 世纪。南北朝时期经丝绸之路传入我国，约消失于 11 世纪。它和塞姆字母一样，全部都是辅音符号。一般情况下元音不标识。在中国境内发现的粟特文文献主要有三种字体，即标准体、摩尼体和古叙利亚体。因字体不同，其字母数量也各不相同。粟特文一般自右向左横写，后受汉文影响，改为自上而下竖写。早期的粟特文字母之间分写，后来变成连写。

粟特文字母表

粟特人对回鹘文化产生过重要作用。回鹘人曾经使用过的回鹘文就是在粟特文的基础上创制的，后者又影响到蒙古文、满文、锡伯文。

粟特语属于印欧语系印度－伊朗语族东伊朗语支，是最重要的中古伊朗语之一。在 12 世纪以前，粟特语因粟特人四处经商而成为广泛流行于中亚的语言，但现已变为消亡了的语言，据认为它与今天塔吉克斯坦的雅格诺布语比较接近。

第三章

文字的载体类别与分类

粟特文文献比较丰富，自19世纪末20世纪初以来，时常有珍贵的文献出土。1889年在蒙古曾发现《九姓回鹘爱登里罗汨没密施合毗伽可汗圣文神武碑》，1956年蒙古又在布古特地区出土一种粟特文碑铭，记载第一突厥汗国事迹，属6世纪文物。苏联于1932—1933年在穆格山获得74件粟特文文献，其年代不晚于722年。此外，在中亚片治肯特、阿夫拉西阿卜、七河、布哈拉等地都曾发现过粟特语文献，包括铭文、钱币、陶器。中国也曾在敦煌、吐鲁番等地发现大量粟特语文献，并被外国人掠走，分藏于柏林、巴黎、伦敦、圣彼得堡。

现存粟特文文献有碑铭、木牍、纸质文献、羊皮书、钱币、刻记等，其中多为纸质文献，可分为佛教、摩尼教、基督教和非宗教文书几类，其写作年代集中于8—11世纪，多数是从穆格山、吐鲁番和敦煌发现的。

粟特文纸质文献可分为佛教、摩尼教、基督教和非宗教文书等几类。其中佛教文献多译自汉文、梵文和龟兹文佛经，著名的如《般若波罗蜜多心经》、《金刚般若波罗蜜多经》、《不空罥索神咒心经》、《大般涅槃经》、《金光明经》、《维摩诘经》、《入楞伽经》、《药师琉璃光如来经》、《观世音菩萨秘密藏如意轮陀罗尼神咒经》、《观世音菩萨如意轮念诵仪轨》、《观自在菩萨一百八名赞》、《佛说地藏菩萨陀罗尼经》、《观佛三昧海经》、《长爪梵志请问经》、《佛说善恶因果经》、《头陀经》、《法正经》、《究竟大悲经》、《受八斋戒仪》、《戒食肉经》、《戒酒经》、《吠桑檀多本生经》以及若干咒语。

此外，还有一些基督教和摩尼教文献。粟特文文献中还有不少非宗教性文书、信札等，是研究粟特经济、文化的重要材料。

第 四 章

文献的发现与研究简况

在楼兰、和田古代遗址中发现的粟特文书，大多为经济文书；敦煌藏经洞的粟特文文献主要是佛教写经；吐鲁番发现的粟特文文献最为丰富，有佛教、摩尼教、景教写经以及买卖契约等；1933年，粟特本土塔吉克斯坦穆格山遗址发现了一批8世纪粟特文书；80年代初，印度河上游丝绸古道旁的石崖上又发现数以百计的粟特文题记。此外，南西伯利亚、蒙古草原和天山北麓昭苏地区的突厥石人和石碑上不断发现长篇粟特文铭文。粟特景教徒还用叙利亚文拼写粟特语，保留下来一些粟特语景教文献。

随着以上粟特文文献的不断发现，各国学者对这些文献进行了卓有成效的研究，发表了不少的论著。

对粟特文的研究开始于20世纪初。1904年德人缪勒即对摩尼教文献进行研究，认为它是一种钵罗婆语方言，后来安德雷斯确认其为粟特语。1907年俄人萨立曼刊布对景教文献的研究成果，列举了粟特语的语法特征及其与现代雅格诺布语的关系。1910年法人哥底奥确认粟特文字母起源于阿拉美字母。自1906年斯坦因在敦煌获得粟特文信札后，西方一批学者对这种文字进行考释，并陆续出版了一批研究成果。其中主要有：1914—1923年哥底奥首刊《粟特语语法》第一卷（语音学），1929年本·凡斯特续刊第二卷（语法、句法、词汇）。汉宁在《粟特学》（1940）及40年代许多论文中对摩尼体文献做了考释。1954年盖许维奇《摩尼体粟特文文法》出版。在文献方面，1931年雷歇特刊布《英国博物馆所藏粟特文手稿》。本·凡斯已将《须达拏太子本生经》全部译出并加注释，又将伯希和所获一部分佛教经典刊于《粟特卷子》。麦肯奇发表了《佛说善恶因果经》新译文及考释（1970）。对景教文献，孙得曼对一些经卷做了释读（1974、1975）。此外，苏联穆格山粟特文文献及蒙古粟特文碑铭的发现，也引起学术界极大兴趣，苏联、法国、蒙古、日本等国学者都陆续有论文发表。

早期我国学者对粟特文文献的研究，主要是在外国学者释读基础上进行的。龚方震《粟特文》（载《中国民族古文字图录》，中国社会科学出版社1990年版）、黄振华《粟特文及其文献》（载《中国史研究动态》1981年第9期）介绍了粟特文及其文献，前者还附有字母表和图版。伊不拉音·穆提依《中亚地区的三个重要民族及其语言》（载《新疆历史论文续集》）概述了粟特人活动和粟特语的演变。王叔凯《浅论粟特字母的传播与回鹘文的传播》（《敦煌学辑刊》第3辑）也涉及这一专题。

我国学者对斯坦因发现于敦煌的粟特语古信札和中亚出土的穆格山文书，也发表了不少论文。王冀青、陈国灿均发表了二号信札的译文，关于信札的写作时间，王文倾向于东晋初年，以为所述系永嘉之乱西晋怀帝被俘一事（《斯坦因所获粟特文〈二号信札〉译注》，《西北史地》1986年第1期）。陈文则持313年说（《敦煌所出粟特文古书信的断代问题》，《魏晋南北朝隋唐史资料》第7期）。林梅村从考古地层和信件文义分析，提出此信撰于202年说（《敦煌出土粟特文古书信的断代问题》，《中国史研究》1986年第1期)。

1984年马小鹤以《公元8世纪初年的粟特——若干穆格山文书的研究》为题完成了他的硕士学位论文,诠译了若干粟特语、阿拉伯语文书,阐明了喷赤干领主迪瓦什梯奇的经历和8世纪初年阿拉伯人在中亚的扩张(文载《中亚学刊》第3辑)。日本学者吉田丰、森安孝夫和新疆博物馆合作发表了《麴氏高昌国时代粟特文买卖女奴隶文书》(译文刊于《新疆文物》1993年第4期),释读了1969年在吐鲁番阿斯塔那墓地发现的粟特文买婢契。林梅村《粟特文买婢契与丝绸之路上的奴贸易》(《文物》1992年第9期)推测胡女入华始于公元1世纪末,早在东汉年间西域胡商已深入到黄河流域长安洛阳经商,并把胡女卖给东汉权贵和洛阳酒家,此风至唐代更炽。对于粟特文买婢契,林氏考订奴婢买主不是汉族而是定居高昌的石姓粟特人,"秦城"即高昌国都,契约属废弃的档案,被当作随葬品埋入书佐帕图尔的墓中。林梅村《布古特所出粟特文突厥可汗纪功碑考》(《民族研究》1994年第2期)利用汉文史料对碑文记载的历史人物和事件,做了新的解释,并推测碑文的作者是在突厥为官的粟特侨民。荣新江《古代塔里木盆地周边的粟特移民》(《西域研究》1993年第2期)根据20世纪以来各国考察队在新疆各地发现的粟特语、于阗语、据史德语以及汉语、藏语、佉卢文尼雅俗语等材料,大致勾画出粟特人在塔里木盆地周边各绿洲王国如于阗、楼兰、据史德、龟兹、焉耆的普遍存在,从而加深了对粟特人在东西方文方化交流中所扮演的角色的认识。

第 五 章

文献珍品图片及说明

图 1 《九姓回鹘可汗碑》残片	(1236)
图 2 《清净观自在菩萨心陀罗尼经》	(1236)
图 3 《佛说善恶因果经》	(1237)
图 4 《须达拏太子本生经》	(1237)
图 5 粟特文摩尼教信札	(1238)
图 6 粟特文买卖女奴文书	(1238)
图 7 敦煌古烽燧出土信札第二封	(1239)
图 8 粟特青铜钱币	(1239)

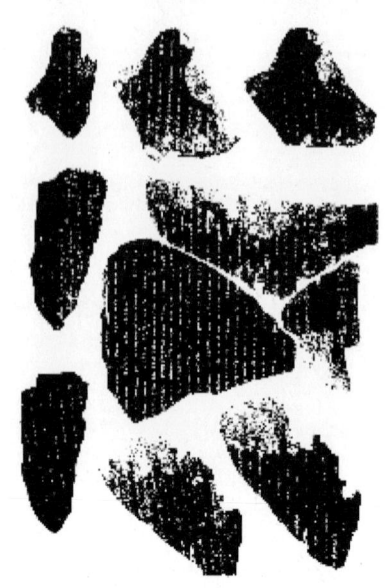

图 1　《九姓回鹘可汗碑》残片

《九姓回鹘可汗碑》全称《九姓回鹘爱登里罗汩没密施合毗伽可汗圣文神武碑》，又称《哈拉巴喇哈逊碑》、《保义可汗记功碑》。突厥文、粟特文和汉文三体碑铭。俄国的雅德林采夫1889年发现于回鹘故城哈拉巴喇哈逊附近。碑为花岗岩石，发现时已碎为多块，其基石呈狮子状，碑立在狮子背上。原碑高约338厘米，宽约177厘米，厚约97厘米。碑的上端为二龙缠绕的五角盾形，上有一圆顶。碑石四面经过打磨，一面刻突厥文，一面右边刻粟特文31行，左边刻汉文19行。这一面的两种文字都未刻完，剩余部分分别刻于棱角和侧边。学者认为，此碑为回鹘汗国第八代可汗保义可汗（808—821年在位）的记功碑。碑文概述了回鹘汗国建国后一直到保义可汗历代可汗的事迹，特别是详细记述了摩尼教传入回鹘的情况，为研究回鹘汗国史提供了重要材料。拉德洛夫、奥尔昆、汉森、森安孝夫、吉田丰、耿世民等人对此进行过研究。

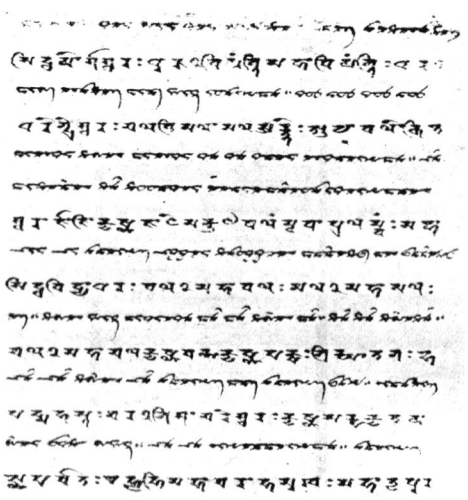

图 2　《清净观自在菩萨心陀罗尼经》

写本残片，婆罗米字母梵语与粟特字母粟特语对照，每行梵语旁有粟特语音译，共34行，自右向左横书。该写本对研究唐代音韵有重要价值。布桑和高底欧将其首刊于《皇家亚洲学会期刊》。1976年西姆－威廉斯在《印度—伊朗期刊》中对粟特文转写部分进行了研究。

图 3　《佛说善恶因果经》

出自敦煌，写本，编号为 Pelliot sogdien 4，原编号为 P.3516，共 571 行，完本，译自汉文伪经《佛说善恶因果经》，相当于《大正藏》卷八十五（No.2881），第 1380—1383 页。原本末尾用汉字写"善恶因果经"名，又有"曹金泰经壹"字样。图版刊于高梯奥与伯希和合著《粟特语佛说善恶因果经》，转写及英译载麦肯吉《粟特语佛说善恶因果经研究》。

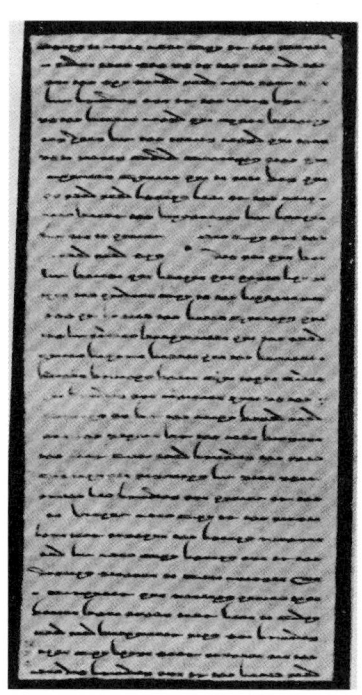

图 4　《须达拏太子本生经》

佛教经典。伯希和与斯坦因分别于敦煌获得。伯希和得29页，现藏巴黎；斯坦因得5页，现藏英国图书馆。此件为斯坦因所得写本，梵夹式，黄纸，正反两面书写，自右至左横书，为标准佛经体。此经尚未发现梵语原典，有近似的汉译本、巴利语本、藏文本和傣文本。1940年本·凡斯特出版《巴黎粟特文经典》刊有此经，并附有转写和译文。1946年汉宁《巴黎所藏粟特文经典》一文作出勘正。

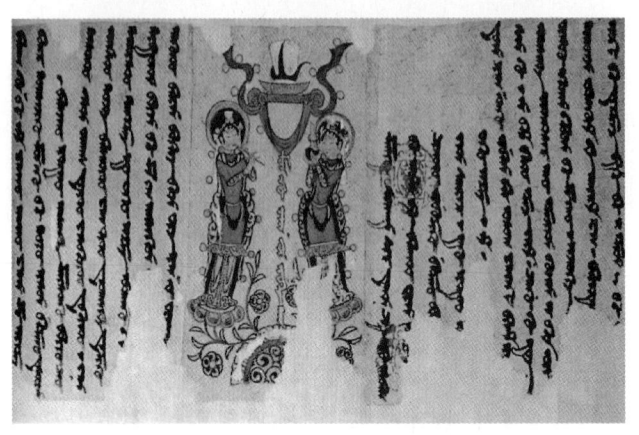

图5　粟特文摩尼教信札

1981年出土于新疆吐鲁番柏孜克里克千佛洞65号窟，编号为81TB65：1，现藏吐鲁番博物馆。由九张纸粘贴连接而成的长卷，高26厘米，长268厘米，存墨书粟特文135行，在接缝处和低行书写处钤有朱色印鉴，中间为一幅工笔彩绘插图，有一行金字标题。吉田丰对此进行了研究（载新疆吐鲁番地区文物局编《吐鲁番新出摩尼教文献研究》，文物出版社2000年版）。

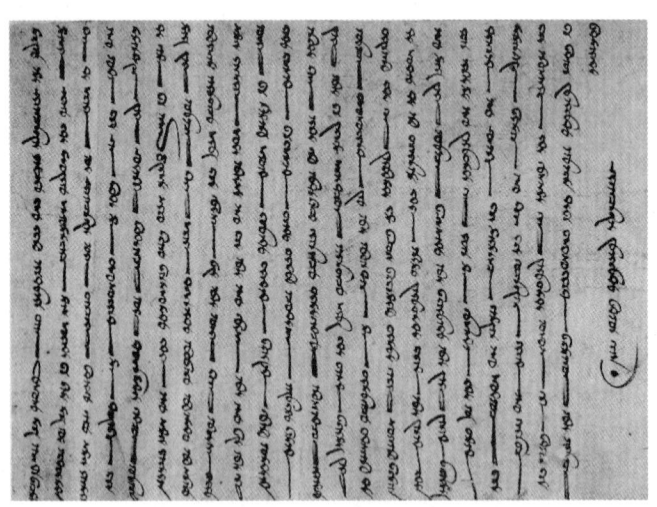

图6　粟特文买卖女奴文书

该文书长46.5厘米，宽28.3厘米，1969年吐鲁番阿斯塔那135号墓出土。正反两面均墨书粟特文，正面24行，背面1行。这份契约立于高昌延寿十六年（639），其内容是：石国人乌塔之子沙门乘军，在高昌市场上给康国人突德迦之子六获以高纯度的卑路斯钱120德拉克麦，买下出生于突厥之域的曹国人奴婢优婆遮。内容完整，字体整洁美观，是研究高昌历史和丝绸之路上的经济、民族状况的珍贵资料。

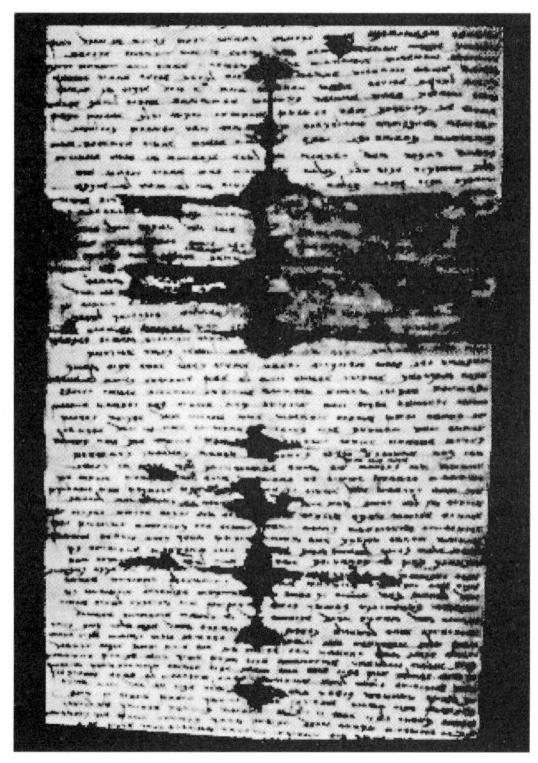

图 7　敦煌古烽燧出土信札第二封

粟特文信札。斯坦因 1907 年在敦煌以西长城古烽燧遗址所得，编号为 8212/95，现藏大英图书馆。当时所得粟特文信札究竟几件，说法不一，一说六封，一说八封。此为其中的第二封，41.5×24 厘米，计 60 行，书于纸，外以丝织物包封，再外又包以粗麻织物。信札背面另有文字 3 行，麻织物上有 7 行，已难辨识。信札内容系粟特人叙述有关商业贸易事务，谈及洛阳被焚和匈奴人占领长安事。这是现存最早的粟特文书，备受学界重视。关于信札年代，学者看法不一，多认为是 2—4 世纪。信札为自右至左横写，阿拉米语借词较多。

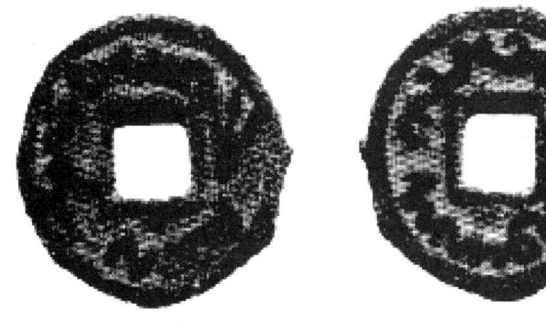

图 8　粟特青铜钱币

系昭武九姓各国仿照唐朝开元通宝钱币形制、在中亚粟特地区铸造并流通的一种圆形方孔铜钱。正面为昭武九姓王徽、族标，背面为王名、称号。有多种款式，此为两面均为粟特文式。

于阗文

李雪 编著

第 一 章

历史文化概况

于阗文是4—11世纪流行于今新疆和田一带的一种古文字,因使用这种文字的民族在中国史籍中被称为"塞人"或"塞种人",故其语言又被称为"于阗塞语"。

塞人曾是一个分布于中亚和西亚广大地区的游牧民族,居住于今新疆境内的只是其一小部分,这部分人后来有的远徙,有的同化于当地其他民族之中,现在在新疆已经难以找到塞人的直接后裔。据史料记载,距今3000多年前,塞人就已活动在帕米尔、天山及新疆北部大部分地区,他们"随畜逐水草",兼冶炼和加工铁器。在公元前3世纪末进入阶级社会,建立国家政权,"塞王"是他们的最高统治者。《汉书·西域传》记载:乌孙国的东边与匈奴相连,西北面是康居,西邻大宛,南面是居住在城郭内的国家。这地方原本有塞人居住。大月氏向西方迁移时,打败了塞王。塞王向南过悬度,进入了克什米尔地区,大月氏便占领了原塞王的辖地。公元前5世纪古希腊历史学家希罗多德在其名著《历史》中,也曾多次提到名叫Sacae(Saka)的人。汉文史书上的"塞种",据语言学家的研究分析,即是古波斯语中"Saka"(萨迦)的音译。在其他汉文典籍中,又有"铄迦"、"烁迦"等不同译法,都是"Saka"的译音。

塞人以游牧为主,少部分人从事农业,种植糜子、大麦和小麦。已知道用毡房,这种毡房从外形上看是圆柱形的,里面以木料做成格子,分成6—10格,可以张缩自如,以便携带,顶上环列着轻巧的椽木,极易放在车上及马背上运走,适应游牧生活。塞人将天幕建在大车上,车有两轮、四轮、六轮的,用两头牛或三头牛拉,有的用骆驼驾御。迁徙时,塞人用车运送妻子、儿女及家庭什物、用具。这种天幕也可以从车上移下来建在地上。在冬天,也住在用泥草筑成的房子里。

塞人实行王政制度,他们分成四个大部,每部分成若干"区",每区由一个总督统治。这些总督由各部落酋长世袭,塞人虽已进入奴隶制社会,但仍保留有氏族、部落和部落联盟的组织,因而各大小酋长的权力很大。由各部落酋长再推举塞王,塞王的权力至高无上。

按照习俗,每任塞王死后,要举行隆重的葬礼。尸体先涂以香油,然后装入特制的车里,巡行于塞人各部落间,尸车所到之处,各部落人民都要表示沉痛哀悼,并以各种方式毁伤自己,或割去一片耳朵,或毁伤前额、鼻子,或以箭镞穿入左手,或抓烂自己的脸或眼部,或拔掉一绺头发,等等。巡游完后,将尸体送至王族的葬地,所掘的正方形的坟墓,面积甚大。尸体放入墓中,以毯相裹,并在尸体两旁堆放戈矛。

他们还实行殉葬制度,除了要缢死一个王妃殉葬外,凡是塞王的厨夫、圉人、侍者也都要杀死殉葬。王的马匹也要杀死葬于墓门附近。最后,由部落的人们在墓上堆起丘陵,以表示求得王的宽宥。在王死一年之后,还要杀死50个奴隶和50匹马,陪葬于陵旁。

塞人骁勇好战,每次作战的战利品,都由王分配给战士。他们把敌人的首级割下来,作为分取战利品的凭证。同时还把敌人的头颅用来做饮器，把首级眉毛以下的部分锯去，并把剩下的部分清洗干净。富人在外部包上牛皮，里面还要镀金，再把它当作杯子来使用。穷人只是在外部包上生牛皮来使用。

第二章

文字的起源与变迁

一 于阗文的得名

于阗位于塔里木盆地的南缘（即今和田一带），地处中西方交通的孔道。在中国历史上，和田是古代西域三十六国著名的于阗国所在地，为中国丝绸之路南道上的重镇。关于于阗之名的记载初见于《史记·大宛列传》："于阗之西，则水皆西流；注西海；其水东流，注盐泽。盐泽潜行地下，其南则河源出焉，多玉石，河注中国。"该国到公元11世纪为喀喇汗王朝所灭，期间一直由尉迟氏统治，并且与中原王朝保持着密切联系。在11世纪之后，该地区由回鹘人取代，回鹘语也渐渐取代了于阗语，最后使得于阗语文成为一种"死"语文。

关于于阗文的最早记载，出自玄奘的《大唐西域记》，其中称于阗为瞿萨旦那。书中记载："唐言地汝……仪形有礼，风则有纪，文字宪章，聿尊印度，微改体势，粗有沿革，语异诸国。"这种文字在19世纪末叶并不为人所知，只是在史料上有记载而已。同其他西域民族古文字一样，随着19世纪末20世纪初西方"探险队"在新疆的考古发掘，出土了一批于阗文文献，引起世界学术界的注意，开始了对于阗文的研究工作。

19世纪末叶，西方列强在我国横冲直撞，新疆地处中西方交通要冲，自然更不能幸免。俄国首先派彼得洛夫斯基在喀什噶尔主持领事馆工作。接着英国马上派出马继业担任英国驻喀什噶尔领事。而这两人都酷爱文物，他们在新疆时十分注意古文献的搜集。事实上他们也是最先搜集到于阗文文献的人。当他们将这些残卷运回欧洲后，立即引起了西方探险家的注意，他们随即拥入和田地区，在那里四处发掘，很快搜罗到了一批于阗文资料和文献。最早对该语言文字进行研究的是德国籍的著名梵文学家霍恩雷（A. F. R. Hoernle），1901年他发表了马继业等搜集的于阗文文献，并证实这是一种已经失传的古文字，他直称它为"不识的语言"。1907年洛伊曼（E. Leumann）发表文章论述该语言与印度伊朗语不同。1912年洛伊曼正式将这种语言命名为"北雅利安语"。与此同时，挪威学者斯坦·柯诺（Sten. Konow）主张称其为"东伊朗语"。就语系而言，柯诺的看法是正确的。但是就出土的地区而论，应该称其为"于阗语"，又因为古代于阗就是塞族（塞种）的住地，所以学术界一般公认的称呼是于阗语或于阗塞语。

二 于阗语文

于阗文源自印度婆罗米字笈多正体，属于音节文字，而于阗语属于印欧语系的东伊朗语支。于阗文的字形与印度笈多王朝的婆罗米字相近，可能在4世纪传入于阗地区。这种文字在于阗地区大约流行于4—11世纪，是古代于阗地区塞族人所使用的文字。它又可分为早期和晚期两种形式。早期的于阗文字体规范，语法严谨，年代约为4—6世纪，所存文献大部分为佛教经典，多出土于和田附近。晚期的于阗文字体由规整变得潦草，年代约为 7—10 世纪，晚期于阗文文献保存较多，且有许多为很有价值的世俗文献。

1901 年霍恩雷研究确定其为印欧语系语言，斯坦·柯诺更进一步考证它属于东伊朗语支。学者们研究认为，印欧语系伊朗语族东伊朗语支分两个语族：东北语族（斯基泰语族）和东南语族。中古时期东北语族包括粟特语、花剌子模语和斯基泰语；东南语族包括大夏语、塞克—吐火罗语和厌哒语。于阗语与阿富汗境内的瓦汗语相近。于阗语文对当地周边以及以后的帕米尔高原的语言文字都产生过重要影响。

于阗文有楷书、草书和行书三种字体，字多合体连写，自左向右横写，词连写，音节间无空格。同印度婆罗米文字一样，于阗文也用附加符号来表示元音。而藏文同样也是采用这种方法表示元音，所以有学者从字形上考证，于阗文可能是古藏文的本源。

于阗语元音有 a、ā、i、ī、u、ai、e、au、o，辅音有 g、th、d、p、ph、b、tc、js、j、c、t、ḍ、ts、ch、kṣ、s、ṣ、ṣṣ、ś、ys、hv、h。词类有名词、代词、动词、数词、形容词、副词、前置词、后置词、连接词等。名词、代词、数词和形容词都有性、数、格的变化形式，动词有人称、时、态、式的变化形式，其构词和构形多采用前缀和后缀。形容词和名词界限不甚分明，也有格的变化。

关于于阗文的废弃时间，目前学术界尚无定论。传统意见认为，随着回鹘人和蒙古人前后入住新疆，他们开始接受阿拉伯文化与宗教时，这种语言文字便开始退出历史舞台。

第 三 章

文字载体类别与版本形式

于阗文文献多为手抄本，此外还包括一些铭刻、木牍等。

从于阗文的装帧形式上看，主要有两种：一是梵夹装，纸叶左侧中间有一圆孔，以便用绳相连。在敦煌藏经洞发现的编号为 P.3510 号于阗文文献共 10 叶，为梵夹装。另一种是卷轴装，纸的宽幅不等，一般在 25 厘米以内，卷子的长度最长可达 7 米，这种卷轴装文献往往是汉文与于阗文合璧。这两种不同的装帧形式反映出汉文化与印度文化在于阗地区的影响与结合。

第四章

目录与分类

现存的于阗文文献主要以佛教文献居多，已知的有 30 多种，特别是大乘佛教的经典最为丰富，如《僧伽吒经》、《维摩诘经》、《佛说首楞严三昧经》、《佛说阿弥陀经》等。于阗作为中西方交通之孔道，当佛教传入后，它作为向外发展的总枢纽，普及西域诸地，更向东传入中国本土和东方各国。这些文献对于我们研究于阗的佛教史、佛经版本流传史提供了珍贵资料。此外，晚期的金刚乘文献及多种陀罗尼咒则反映了早期密宗在于阗的发展情况。

于阗文文献还有一些世俗文献，这些文献的历史价值更大。可分为文书档案、词汇集、医药文书、文学等几类。

文书档案中比较重要的有《七王子伴使致于阗王奏报》、《七王子致于阗王书》、《使臣奏甘州突厥动乱》、《于阗使臣致于阗王奏报》。这几件文书内容密切相关，都出自敦煌，主要是两位使臣向于阗王报告伴送七位王子出使的经过及七位王子致于阗王的书信。还有两封书信是《朔方王子致于阗王书》、《朔方王子禀母书》。两者内容基本相同。此外最有影响的是《钢和泰藏卷》，因原收藏者钢和泰而得名。此人 20 世纪 20 年代曾在北京大学执教，故有收购之便。原件为纸书，一面书写汉文佛经，一面书写于阗文和古藏文。主要内容是于阗使臣写的沙洲行纪。

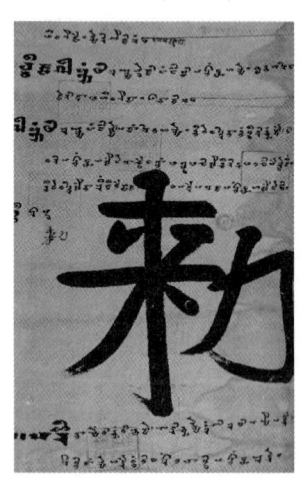

图 1　P. 5538 于阗文《于阗国王与曹元忠书》

该文书出土于敦煌，写本，共 81 行，是于阗王尉迟输罗于天尊四年（970）致其舅沙洲归义军节度使曹元忠的信函，文末大书汉字"敕"，并钤有汉文"书诏新铸之印"九方。信函内容系报告他率军进攻疏勒喀喇汗王朝的胜利成果，并说到向沙洲和中原王朝进贡玉团、大象事。贝利对此有研究，其转写载于《于阗语文献集》第二卷，英译载《泰东》（Asia Major）新辑第 11 卷

(1964)。黄盛璋《和田文〈于阗王尉迟徐拉与沙洲大王曹元忠书〉与西北史地问题》(《历史地理》1983年第3辑)。

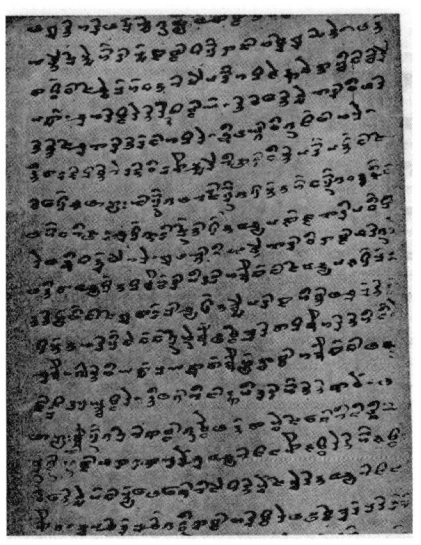

图2　P.2741《于阗伴送使致于阗王奏报》

文书陈奏受命伴送七王子、借道甘州通聘天朝情况。使者携带贡玉600斤，经仲云部所居之地行抵沙洲，得悉甘州动乱，城遭沙洲军联合仲云部及鞑靼部攻陷，毗伽可汗被杀。新汗继位，旋遭黑山回鹘军攻破。原件为伯希和所得，编号为2741，现藏法国。贝利转写见《于阗文文献》第二卷，释文见《东方和非洲研究学院学报》第12卷、《大亚细亚》新刊第1期。

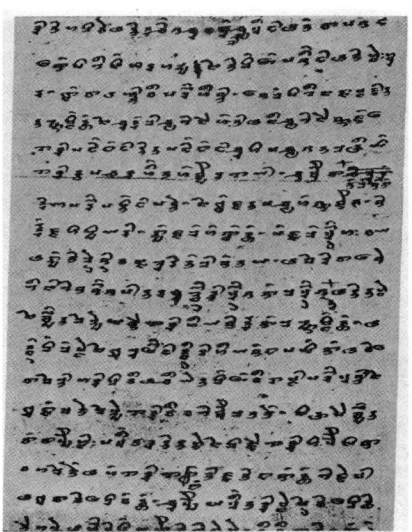

图3　P.2790于阗文文书《于阗使臣致于阗王奏报》

文书内容为陈奏抵达沙洲情况，涉及甘州突厥动乱、回鹘使团遭沙洲当局刁难等。原件为伯希和所得，编号为2790，现藏法国。贝利转写见《于阗文文献》第二卷。哈米尔顿对此有研究，题为《十世纪的仲云族》。

词汇集包括：梵语—于阗语词汇集，突厥语—于阗语词汇集，汉语—于阗语词汇集。

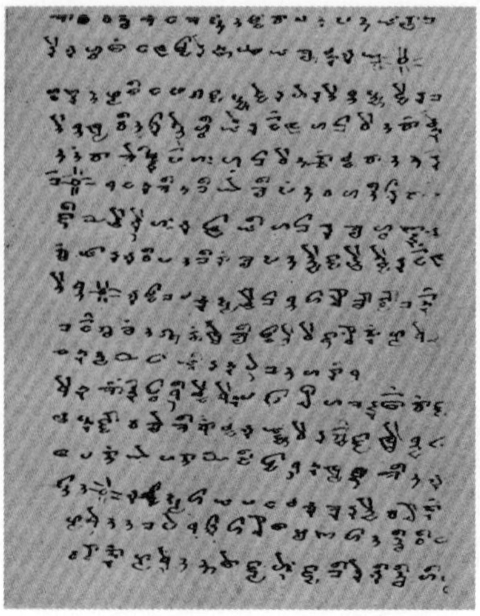

图 4 汉语—于阗语词汇集

于阗语辞书。原件为伯希和所得，编号为 2927，现藏法国。贝利转写见《于阗文文献》第三卷。

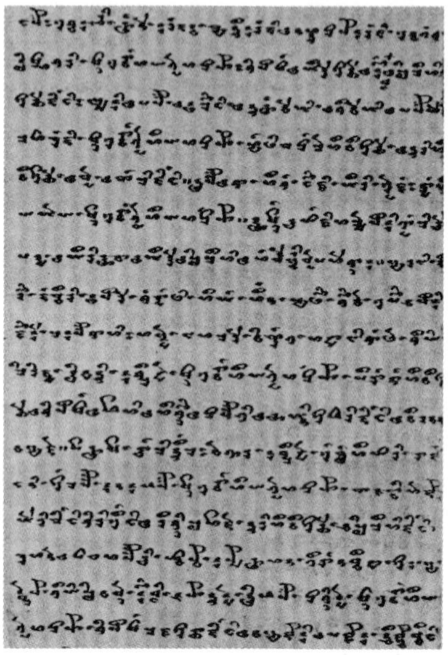

图 5 突厥语—于阗语词汇集

于阗语辞书。原件为伯希和所得，编号为 2892，现藏法国。贝利转写见《于阗文文献》第三卷，释文见《东方和非洲研究学院学报》第 11 卷。霍沃桃根的研究文章见《挪威语言学论丛》（1971 年第 24 期）。

图 6 于阗文佛经偈颂残片

文学类有：《佛本生赞》，长达 600 多行，是由尉迟输罗用诗歌体创作的。还有一些抒情诗。

此外，于阗文文献还有医药、账目、铭文、契约、书信、练字作业等。也是十分重要的文献资料。

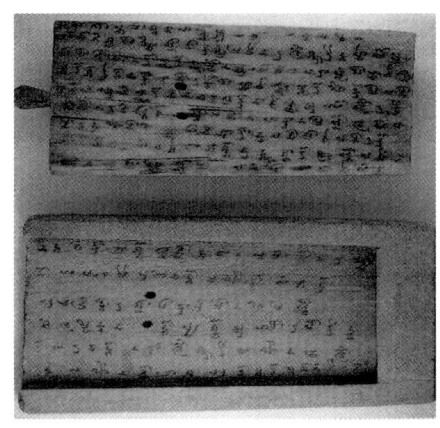

图 7　于阗文木函

1978 年新疆策勒县老达磨沟遗址采集。长 22.5 厘米、宽 13.5 厘米。分底、盖两部分。底部和盖部里面墨书于阗文，盖上方挖出方形槽，用以封泥。左图为木函打开图。

第 五 章

文献的发掘、研究简况

最先在我国搜购于阗文文献的是俄罗斯和英国在19世纪末派驻我国喀什噶尔地区的领事，即彼得洛夫斯基和马继业。他们带回欧洲的残卷很快引起了西方探险家的注意，于是西方不断有"探险家"或"探险队"进入我国新疆地区，其中重要的人物，如英国的斯坦因、法国的伯希和、瑞典的斯文赫定、德国的格伦威尔、勒柯克、美国的亨廷顿、日本的橘瑞超等人，他们都分别从我国带走了不少于阗文文献。

根据已刊布的资料可知，于阗文书和文献可分为四群：即今和田地区以东至安得悦诸遗址出土者；敦煌莫高窟藏经洞发现者；19世纪80年代末到20世纪初由驻喀什的英国总领事马继业、俄罗斯总领事彼得洛夫斯基等人在当地通过购买等途径多方搜求的收集品；塔里木盆地其他地点的少量出品。出土地点主要在今新疆和田、巴楚、图木舒克、木头沟和甘肃敦煌等地。而其中图木舒克出土的于阗文献年代最古。现在这些文献分藏于伦敦大英博物馆、英联邦事务部图书馆、新德里国家博物馆、俄罗斯科学院东方学研究所列宁格勒分所、巴黎国家图书馆、斯德哥尔摩人种博物馆、西柏林国家图书馆、东柏林古代史和考古学研究所、不莱梅海外博物馆、哈佛大学、耶鲁大学、龙谷大学等。

最早对于阗文文献进行研究的是德国的梵文学家霍恩雷（A. F. R. Hoernle），此后从事此研究的还有德国的洛伊曼、挪威的柯诺、英国的贝利等，其中英国的贝利对于阗文的研究贡献最大。他从词汇的识读、溯源、到写本的转写、比定、翻译，几乎找到了他能找到的所有于阗文写本进行转写或重新转写。从20世纪30年代起，贝利及其弟子发表的于阗文文献有《于阗文手抄本》一册（1938），《于阗文献》六册（1945—1967），《于阗文佛教文献》一册（1951），《本生故事》（1955），影印原件《塞克文献》六册（1960—1973），《塞克文献译文集》一册（1968），《赞巴斯塔书》（1968），《首楞严三昧经》（1970）、《妙法莲华经》（1972）。1979年贝利又出版了《于阗塞语辞典》，是于阗语研究里程碑式的著作。1985年他出版了最后一集《于阗文文献集》。贝利的学生恩默瑞克自20世纪60年代以来对于阗文研究贡献极大，在他的推动下，于阗文文献研究又有了长足的进步。恩默瑞克的《于阗文献指南》一书，可以使读者了解1992年以前于阗语各个方面的研究情况。近年于阗文研究领域最重要的成果是恩默瑞克和Vorob'ëva－Desja-tovskaja的著作《塞语文书集》第七卷《圣彼得堡收集品》和《塞语文书转写翻译卷》第三卷《圣彼得堡收集品》。这两部著作几乎发表了藏于圣彼得堡的全部于阗文文献。《塞语文书集》一卷专门发表图版，共计159张图版，每版少者一页两面，多者数叶。《塞语文书转写翻译卷》的主体则是对图版所刊文献的简要描述、拉丁字母转写和英文翻译。

对于阗文研究贡献较多的还有茂罗·玛基（Mauro Maggi），他的著作有《于阗语〈业报差别经〉》（1995），《P. 2928于阗语爱情故事》（1997）。《于阗语〈业报差别经〉》的体例是在导言之后，作者先按编号的字母顺序做了"仿真"的拉丁字母转写本，每件写本又交代了写本的收藏地、纸幅大小、先前的刊本、写本所属抄本系统和具体节数、由谁比定等情况。本书作者通过与梵文等文本的对比，在一些于阗文解读上又有新的进步。贝利早在1956年就发表过《P.2928于阗语爱情故事》写本的转写，玛基在前人研究的基础上，重新转写和订正了贝利的失误，同时给出了一份较完整的英文翻译。本书一多半的篇幅是词汇注释，在没有文本对应的情况下，根据各种伊朗语来准确地判定词义，是于阗文研究的主要方法，也是本书的贡献所在。

关于于阗语语法和词汇的研究已经取得了相当大的成绩。1979年贝利出版了《于阗塞语词典》，接着又编辑出版了《于阗语词汇研究》系列丛刊。1982年出版的《于阗语词汇研究》第一册主要由恩默瑞克和Skjaervø两人执笔。1987年出版第二册，除恩默瑞克和Skjaervø外，还有其他学者及他们的学生。1997年《于阗语词汇研究》第三册出版，主要撰稿人还是恩默瑞克和Skjaervø，第三册集中代表了目前于阗语的研究现状。新的文书的刊布发表，为研究带来了新的资料。

中国较早注意到于阗文材料者，当推陈寅恪和岑仲勉两位先生。陈寅恪先生的《忏悔灭罪金光明经冥报传跋》，岑仲勉先生的《"回回"一词之语源》。早期还有方壮猷、冯承钧等学者。1981年，黄振华撰写了《于阗文及其文献》一文，介绍了国外于阗文写卷的研究情况。1987年田卫疆出版了《于阗文献指南》（翻译）及《古代于阗文佛教文献研究概述》。1986年耿昇翻译《哈密勒屯〈钢和泰藏卷考释〉述要》。1993年黄润华出版了《于阗文贤劫经千佛名号考证》。1993年林梅村出版了《新疆和田出土汉文于阗文双语文书》。1996年段晴、王炳华出版了《新疆新出土于阗文木牍文书研究》等。目前国内对于阗文文献研究突出者当推张广达和荣新江，他们发表的《关于和田出土的于阗文献的年代及其相关问题》等论文，并出版了《于阗史丛考》，该书是作者论文合集，内容涉及于阗史料的年代、于阗国王统世系、于阗佛教等许多问题。特别是书后所附的于阗史研究论著目录，极富参考价值，为我国于阗文文献研究做出了重要贡献。近二三十年，于阗语和汉语文书才得以全部以图版的形式公布，与此同时也有相应的整理工作完成。从于阗语方面来说，俄藏于阗语文书，由Ronald E. Emmerick与Margarita I. Vorob'eva-Desjatovskaja合作刊布了图版，随后又出版了转写、翻译和注释；英藏部分，则由P. O. Skjaervo做了转写、翻译。英藏部分是陆续发表出来的，也是直到最近才由沙知和吴芳思刊布了所有残片的图版和录文。利用这些资料，学者们在于阗史，乃至西域史研究方面取得很大进步。

第 六 章

文献珍品图片及说明

图1 情诗 ………………………………………………………………………… (1256)
图2 情诗 ………………………………………………………………………… (1257)
图3 情诗 ………………………………………………………………………… (1257)
图4 情诗 ………………………………………………………………………… (1258)

P. 2023

图1 礼佛发愿文 ………………………………………………………………… (1259)

P. 2024

图1 大般若波罗蜜多经第五百六十九（1—4） ……………………………… (1259)
图2 大般若波罗蜜多经第五百六十九（1—4） ……………………………… (1260)
图3 大般若波罗蜜多经第五百六十九（1—4） ……………………………… (1260)
图4 大般若波罗蜜多经第五百六十九（1—4） ……………………………… (1261)
图5 有关旅程及行装之牒文（5—8） ………………………………………… (1261)
图6 有关旅程及行装之牒文 …………………………………………………… (1262)
图7 有关旅程及行装之牒文 …………………………………………………… (1262)
图8 有关旅程及行装之牒文 …………………………………………………… (1263)

P. 2025

图1 信札残文 …………………………………………………………………… (1264)
图2 情诗 ………………………………………………………………………… (1264)
图3 情诗 ………………………………………………………………………… (1265)
图4 情诗 ………………………………………………………………………… (1265)
图5 情诗 ………………………………………………………………………… (1266)
图6 善财王子须达拏譬喻经 …………………………………………………… (1266)
图7 善财王子须达拏譬喻经 …………………………………………………… (1267)
图8 善财王子须达拏譬喻经 …………………………………………………… (1267)
图9 善财王子须达拏譬喻经 …………………………………………………… (1268)
图10 善财王子须达拏譬喻经 ………………………………………………… (1268)

图 11　善财王子须达拏譬喻经 ……………………………………………………………（1269）
图 12　善财王子须达拏譬喻经 ……………………………………………………………（1269）
图 13　善财王子须达拏譬喻经 ……………………………………………………………（1270）
图 14　善财王子须达拏譬喻经 ……………………………………………………………（1270）
图 15　善财王子须达拏譬喻经 ……………………………………………………………（1271）
图 16　善财王子须达拏譬喻经 ……………………………………………………………（1271）
图 17　善财王子须达拏譬喻经 ……………………………………………………………（1272）

P. 2026
图 1　礼佛偈颂 ……………………………………………………………………………（1273）
图 2　礼佛偈颂 ……………………………………………………………………………（1273）
图 3　礼佛偈颂 ……………………………………………………………………………（1274）
图 4　礼佛偈颂 ……………………………………………………………………………（1274）
图 5　佛经名 ………………………………………………………………………………（1275）
图 6　佛经名 ………………………………………………………………………………（1275）
图 7　于阗班上监供养佛像及姓氏杂写 …………………………………………………（1276）
图 8　礼佛偈颂 ……………………………………………………………………………（1276）
图 9　礼佛偈颂 ……………………………………………………………………………（1277）
图 10　陀罗尼 ………………………………………………………………………………（1277）
图 11　陀罗尼 ………………………………………………………………………………（1278）

P. 2027
图 1　人名杂写、怀故国诗、韵体书信 …………………………………………………（1278）
图 2　致于阗亲朋韵体书信 ………………………………………………………………（1279）
图 3　致于阗亲朋韵体书信 ………………………………………………………………（1279）
图 4　致于阗亲朋韵体书信 ………………………………………………………………（1280）
图 5　致于阗亲朋韵体书信 ………………………………………………………………（1280）
图 6　致于阗亲朋韵体书信 ………………………………………………………………（1281）
图 7　佛经名 ………………………………………………………………………………（1281）

P. 2028
图 1　音节与书仪用语习字 ………………………………………………………………（1282）
图 2　音节与书仪用语习字 ………………………………………………………………（1283）
图 3　音节与书仪用语习字 ………………………………………………………………（1283）
图 4　音节与书仪用语习字 ………………………………………………………………（1284）
图 5　音节与书仪用语习字 ………………………………………………………………（1284）
图 6　音节与书仪用语习字 ………………………………………………………………（1285）
图 7　音节与书仪用语习字 ………………………………………………………………（1285）
图 8　音节与书仪用语习字 ………………………………………………………………（1286）

P. 2029

图1 法华经纲要 ………………………………………………………………………………（1287）
图2 法华经纲要及陀罗尼 ………………………………………………………………………（1287）

图片说明：以下图片是法国巴黎国立图书馆所藏的于阗语写卷，早年由伯希和所获，编在伯希和汉文中，此处图片选自《法藏敦煌西域文献》（上海古籍出版社2000版）。

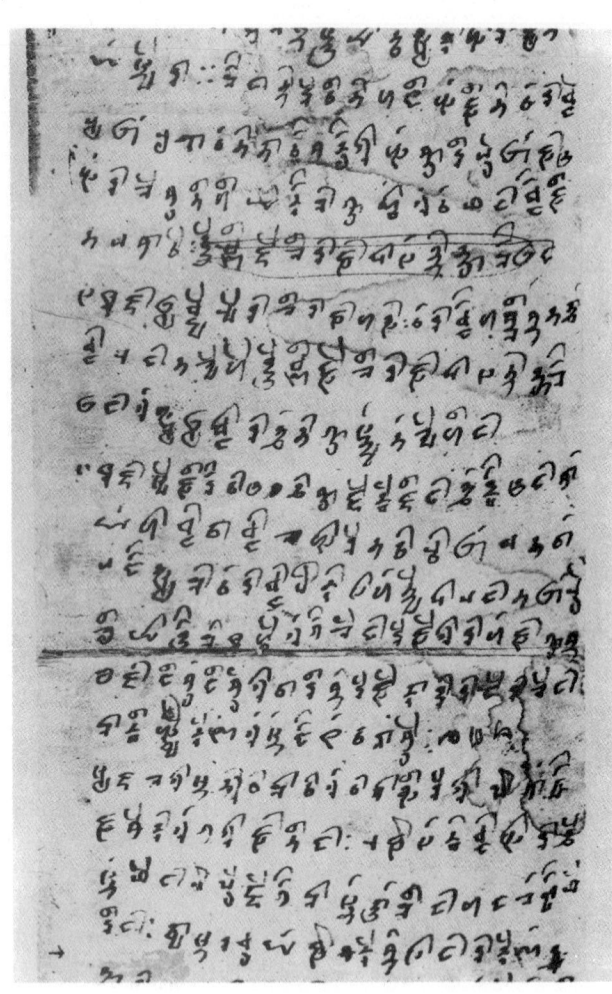

图1 情诗

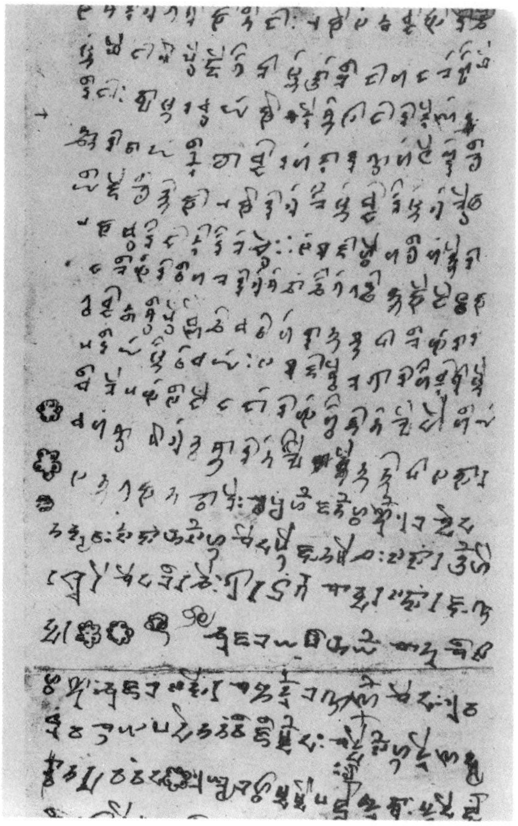

第六章　文献珍品图片及说明　1257

图 2　情诗

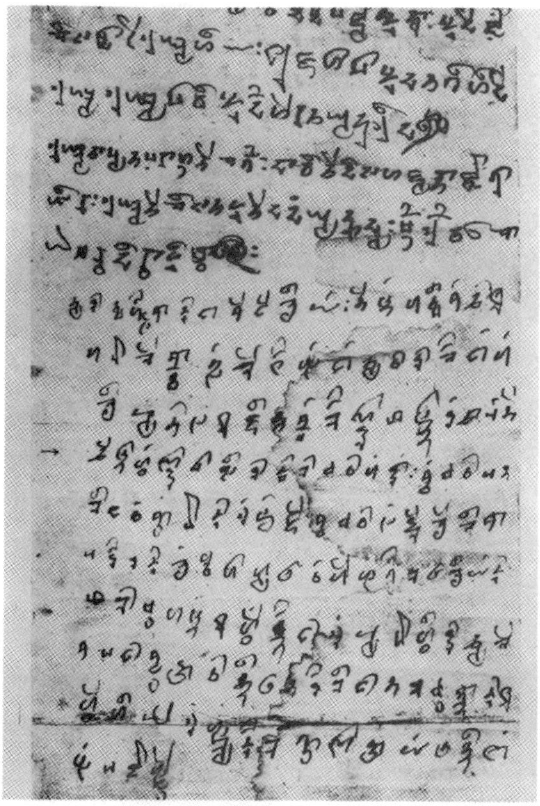

图 3　情诗

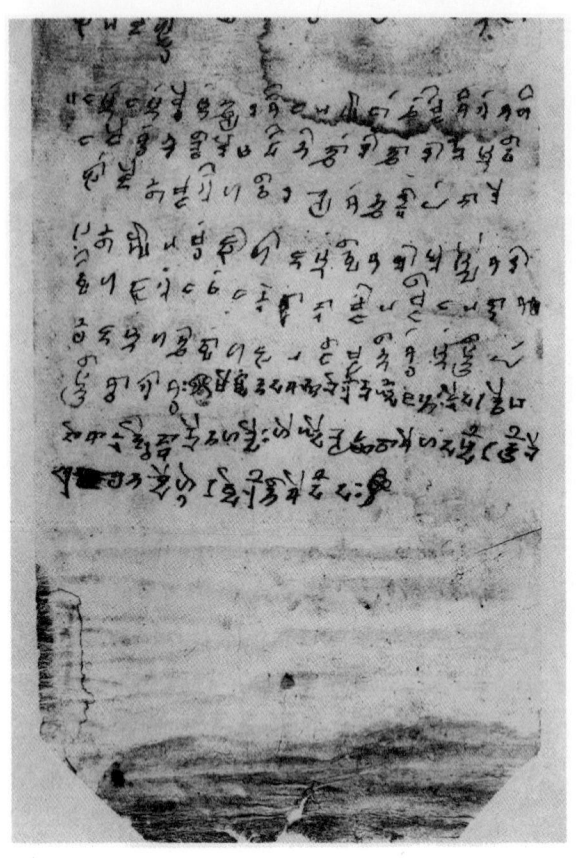

图 4　情诗

　　存 61 行，四行一个诗节。
　　转写：《于阗语文书集》第 3 集，第 42—44 页；《抒情诗》，第 88，92—93 页。研究：第 1—3 行译文，见贝利《印度伊朗语研究的曲折道路》(Ambages Indoiranicae)，《那波利东方学院年报·语言卷》(Annali Istituto Orientale di Napoli, Sez. Ling) 1959 年第 1 卷第 2 期，第 127 页；第 12—13 行译文，见贝利《雅利安语杂考》(Ariana)，《尼伯格纪念论文集》(Donum Natalicium H. S. Nyberg Oblatum)，乌普萨拉，1954 年，第 11 页；第 17—19 行译注，见贝利《雅利安语杂考》(Ariana)，《学报》1953 年第 15 卷第 3 期，第 537—538 页，《抒情诗》，第 81—103 页。

P. 2023

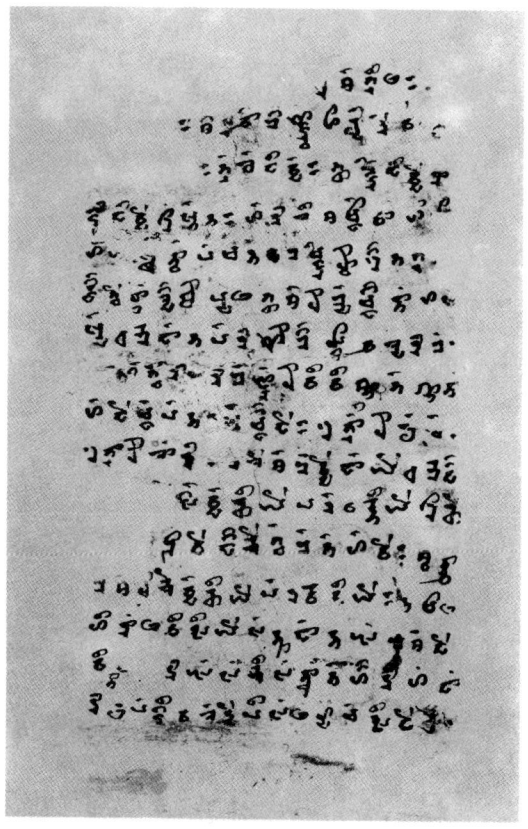

图 1　礼佛发愿文

存 16 行。正面：汉文《妙法莲花经》。
转写：《文书集》第 3 集，第 45 页。

P. 2024

图 1　大般若波罗蜜多经第五百六十九（1—4）

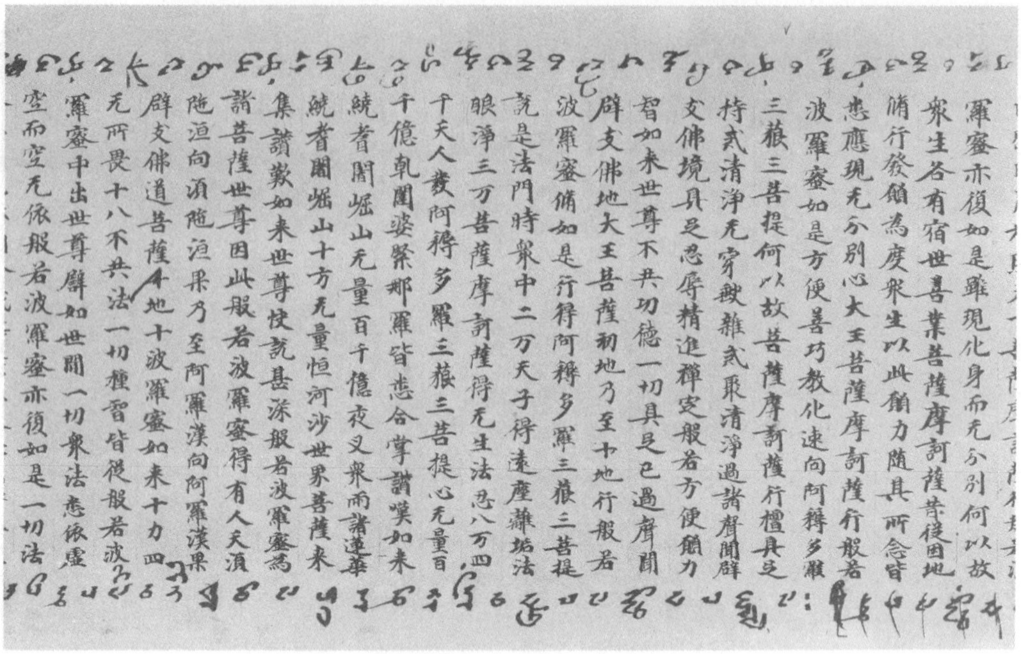

图2　大般若波罗蜜多经第五百六十九（1—4）

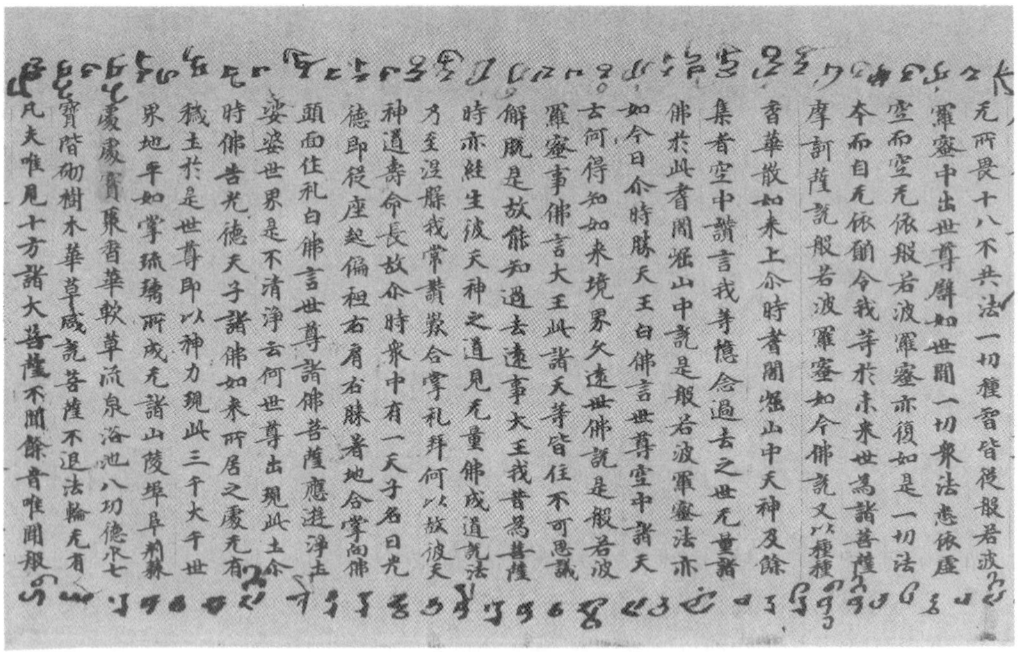

图3　大般若波罗蜜多经第五百六十九（1—4）

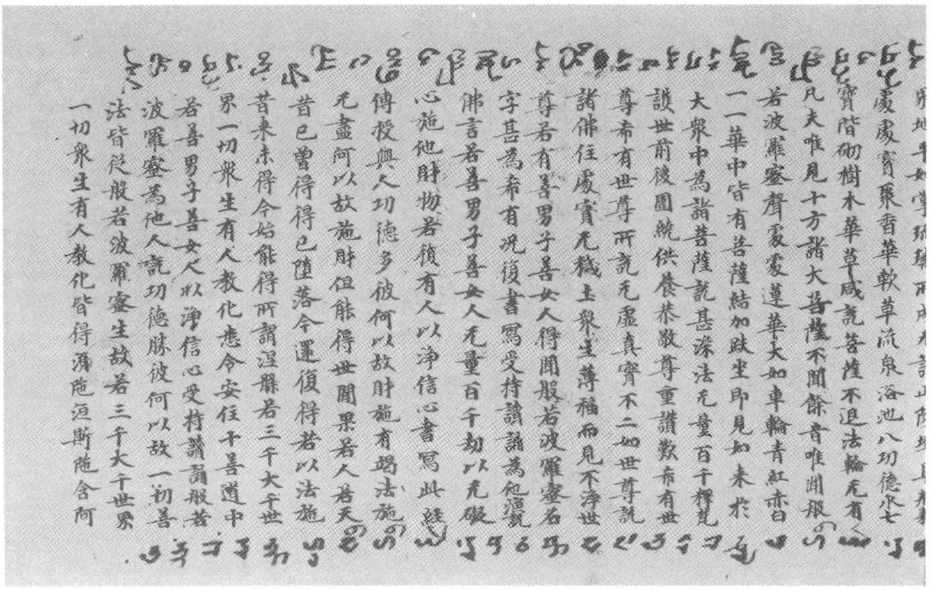

图4 大般若波罗蜜多经第五百六十九（1—4）

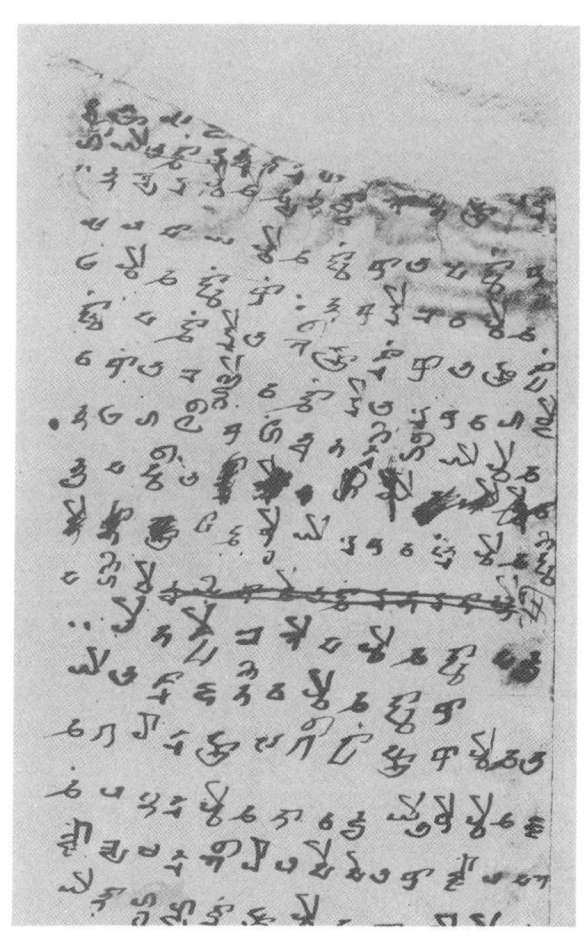

图5 有关旅程及行装之牒文（5—8）

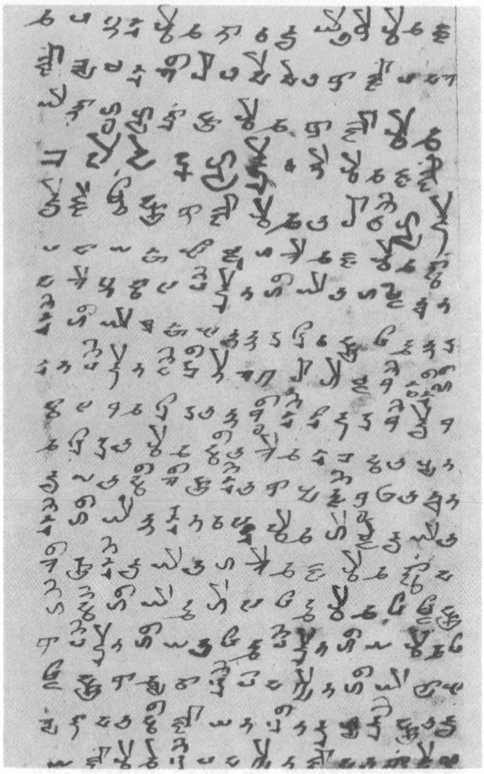

图 6 有关旅程及行装之牒文

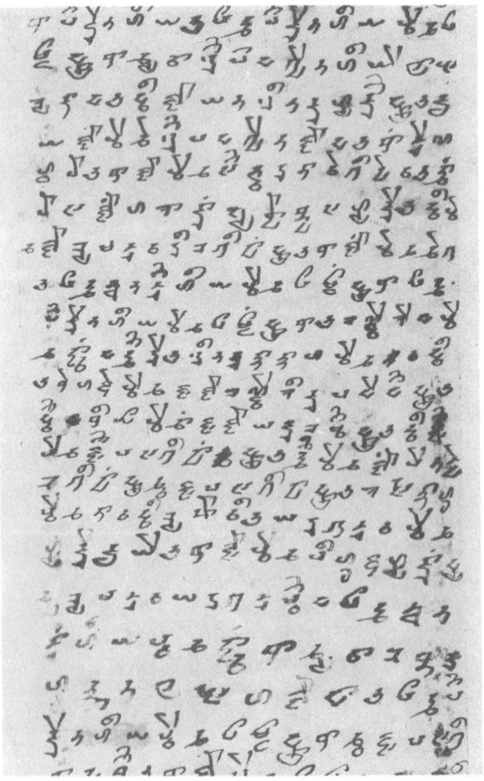

图 7 有关旅程及行装之牒文

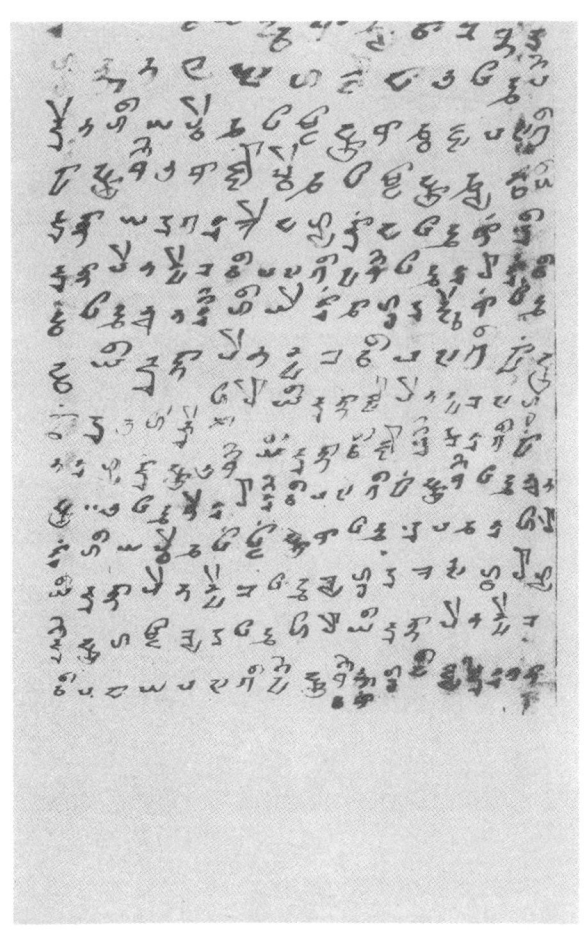

图 8　有关旅程及行装之牒文

布帛破历。

背 62 行。

正面：汉文《胜天王般若波罗蜜经》卷三，页边空白处也抄 2 行于阗文。

转写：《文书集》第 2 集，第 76—78 页。

P. 2025

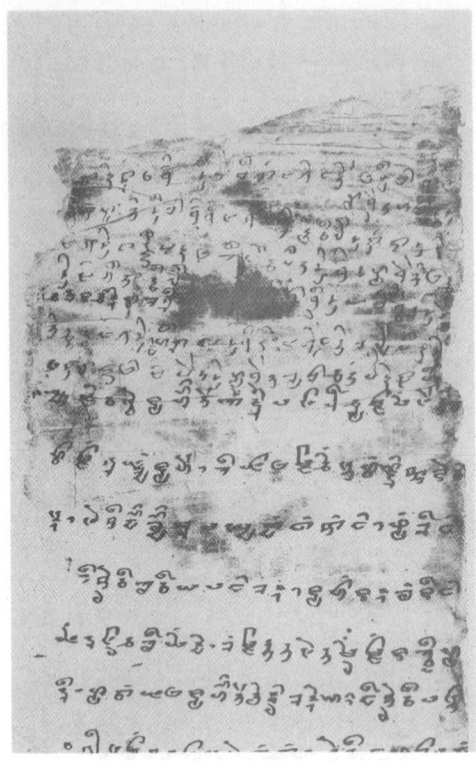

图 1　信札残文

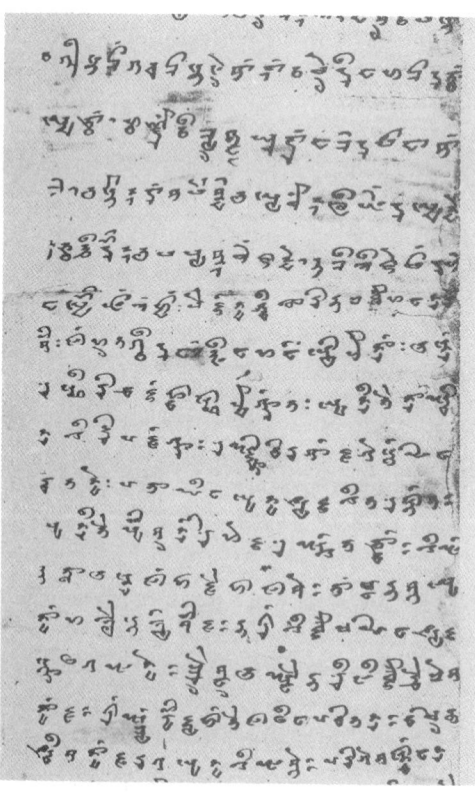

图 2　情诗

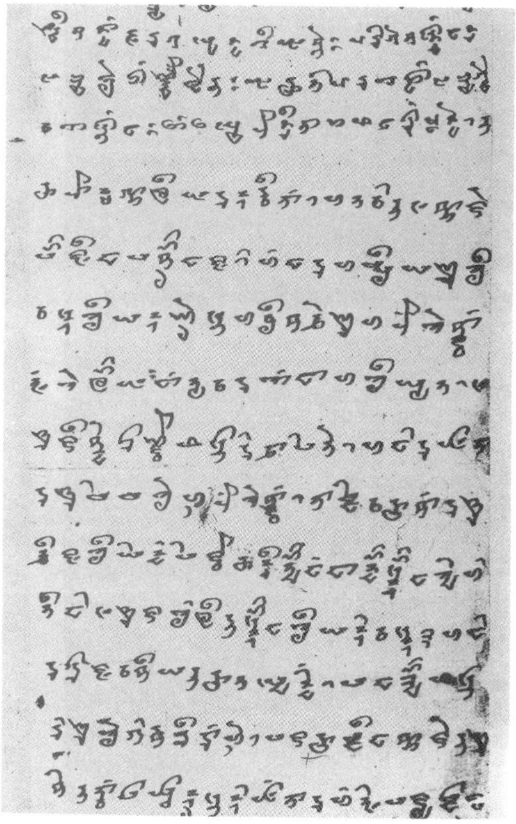

图 3　情诗

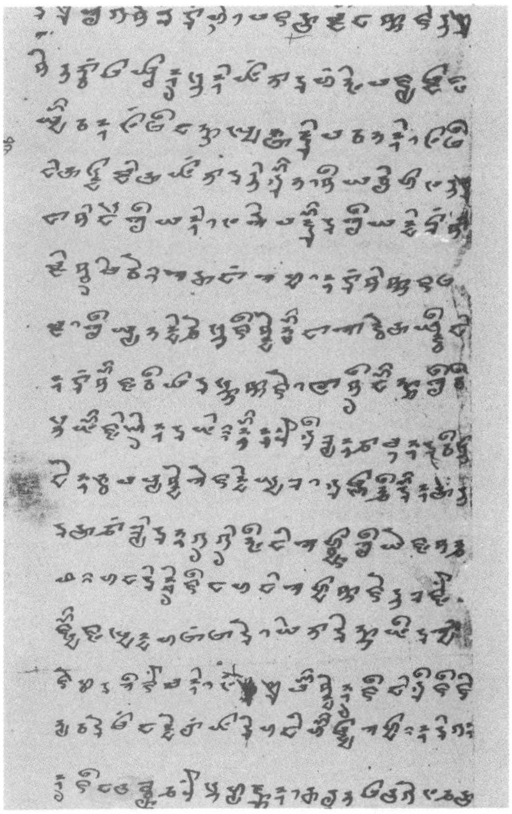

图 4　情诗

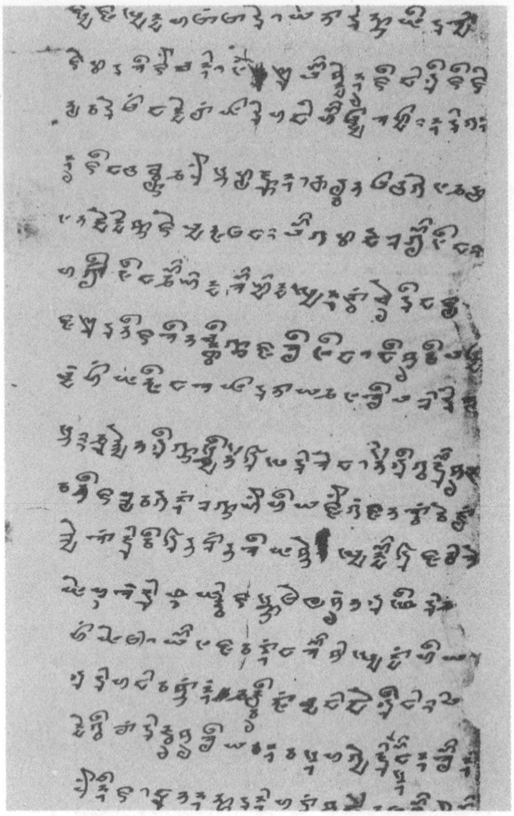

图 5　情诗

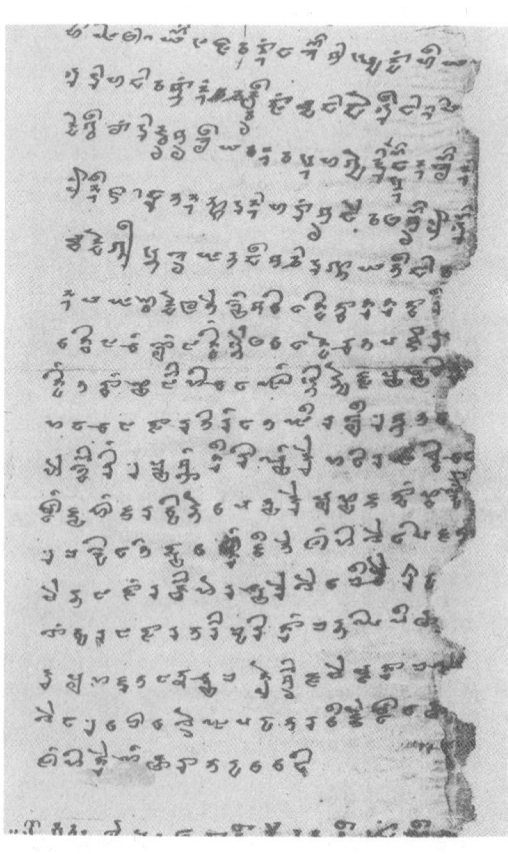

图 6　善财王子须达拏譬喻经

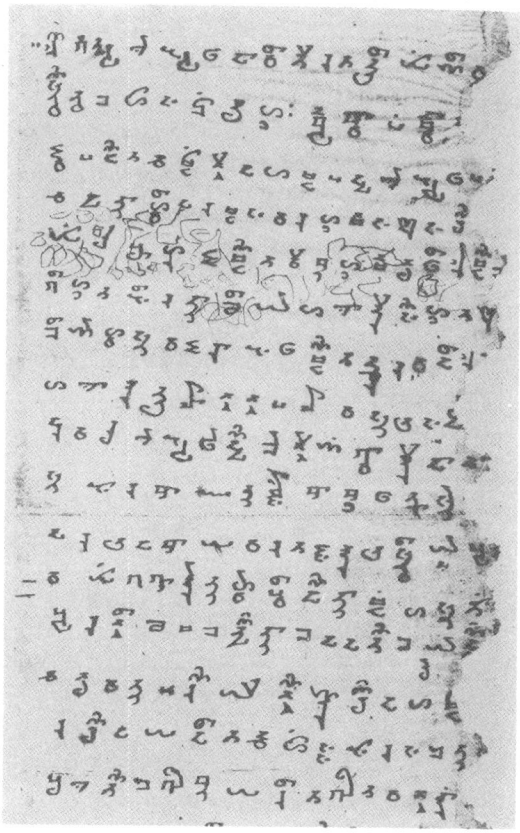

图7 善财王子须达拏譬喻经

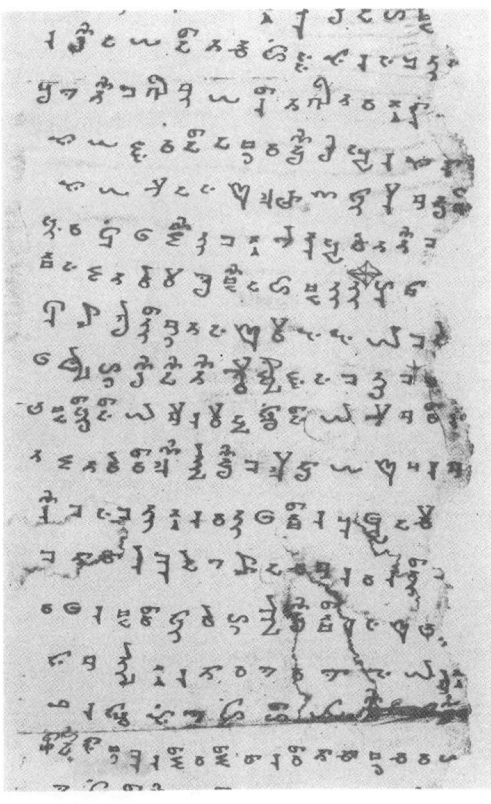

图8 善财王子须达拏譬喻经

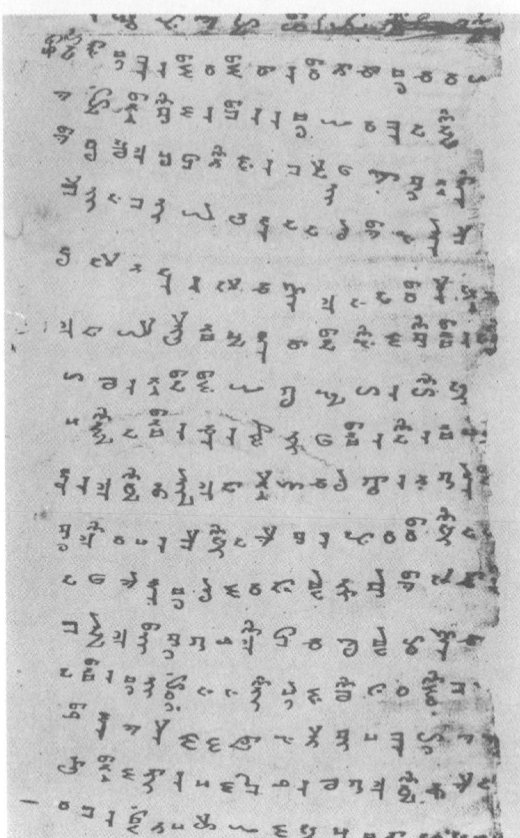

图 9　善财王子须达拏譬喻经

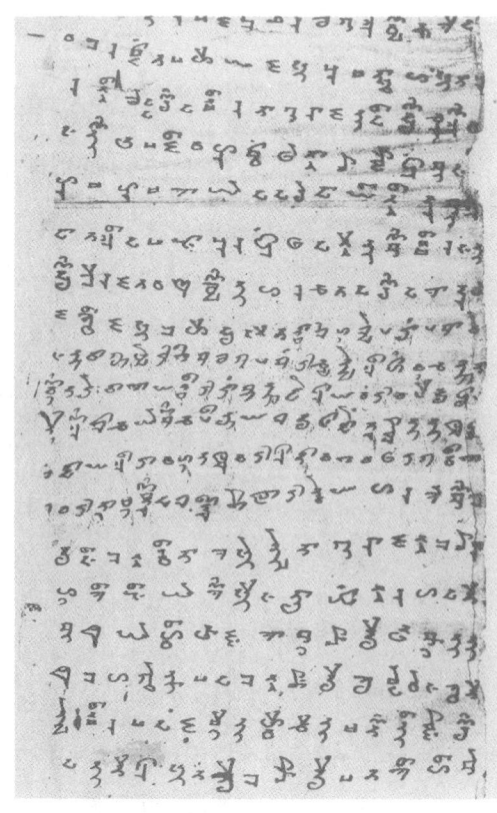

图 10　善财王子须达拏譬喻经

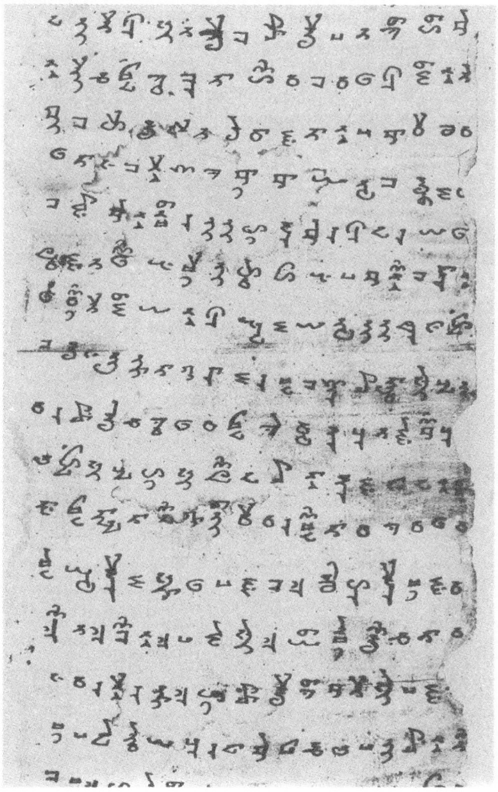

图 11　善财王子须达拏譬喻经

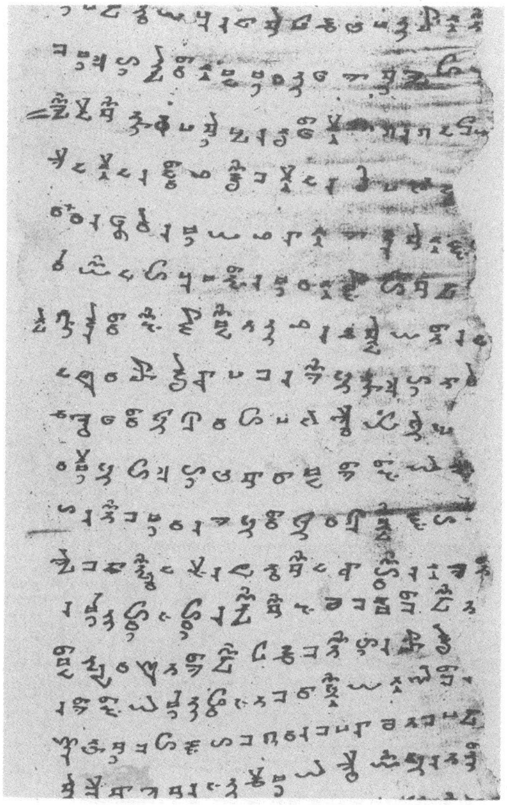

图 12　善财王子须达拏譬喻经

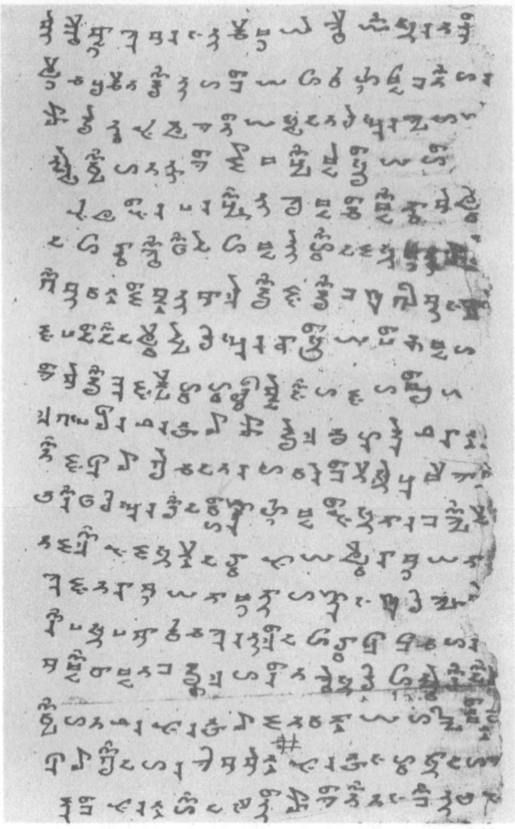

图 13　善财王子须达拏譬喻经

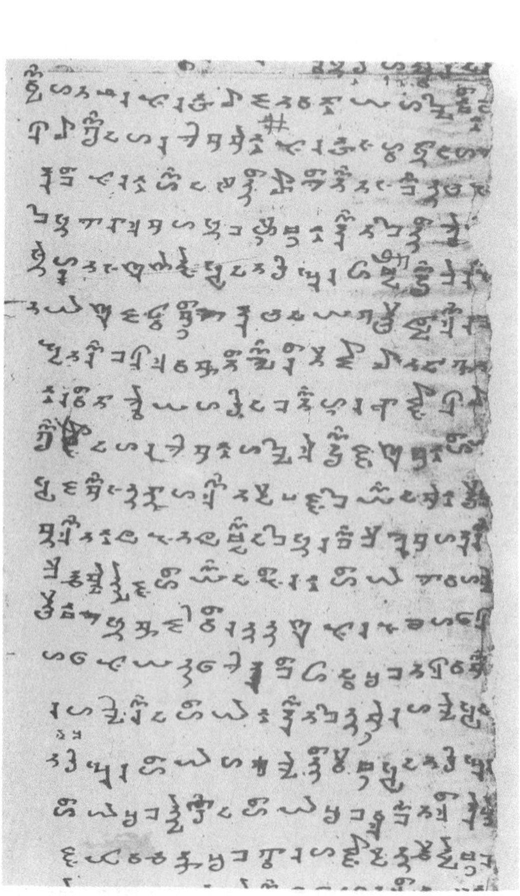

图 14　善财王子须达拏譬喻经

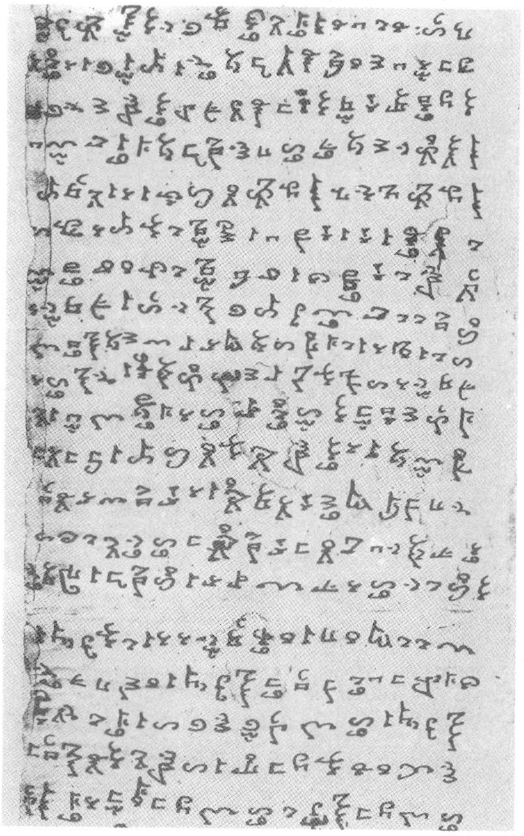

图 15　善财王子须达拏譬喻经

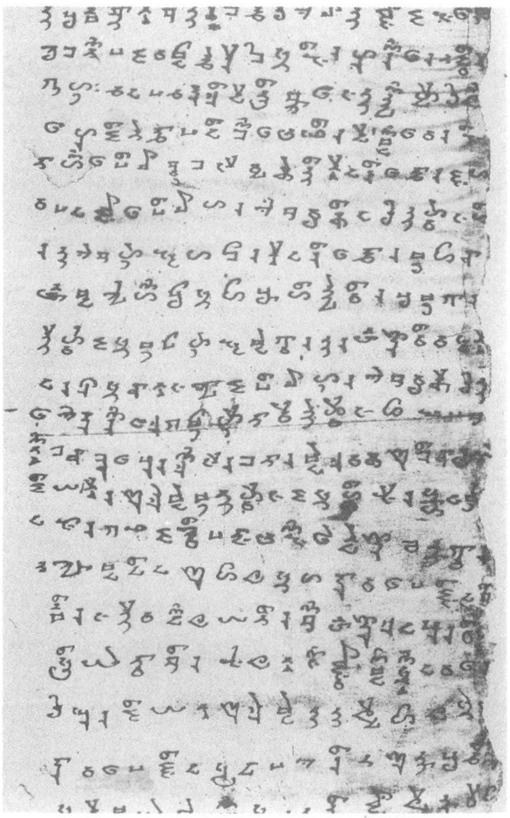

图 16　善财王子须达拏譬喻经

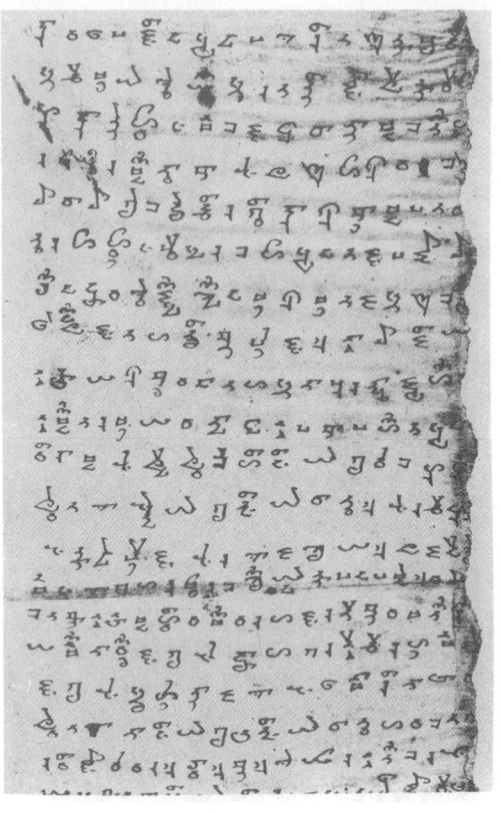

图 17　善财王子须达拏譬喻经

1. 于阗使臣上书残稿

1—7 行。转写：《文书集》第 2 集，第 79 页。

2. 抒情诗

7—79 行。转写：《文书集》第 3 集，第 45—48 页；《抒情诗》，第 85—93 页。研究：第 7—14 行、第 37—40 行译文，见贝利《塞人的抒情诗》（*Lyrical Poems of the Sakas*），《安瓦拉博士纪念文集》（*Dr. J. M. Unvala Memorial Volume*），孟买，1964 年，1—3 页；《抒情诗》，第 81—103 页；第 56 行译文，见《文书集》第 6 集，第 345 页。

P. 2026

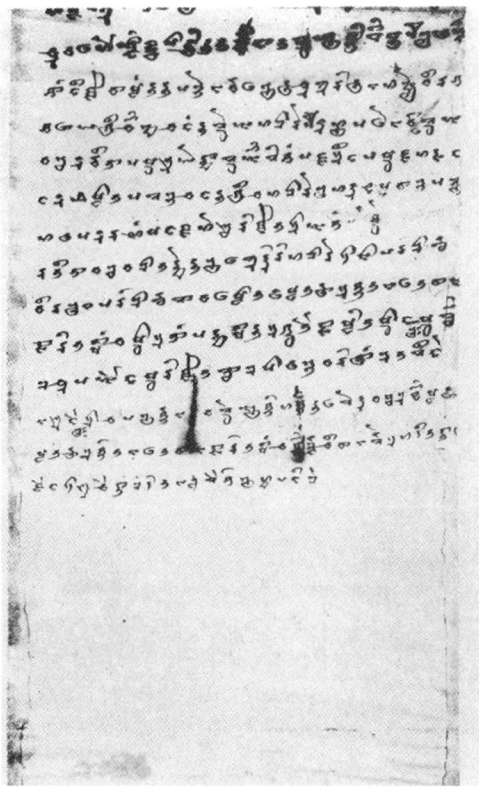

图 1 礼佛偈颂

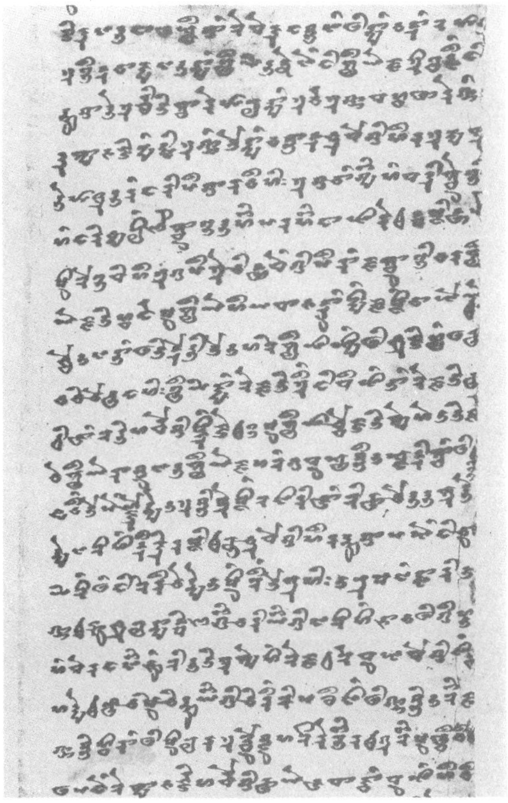

图 2 礼佛偈颂

图 3 礼佛偈颂

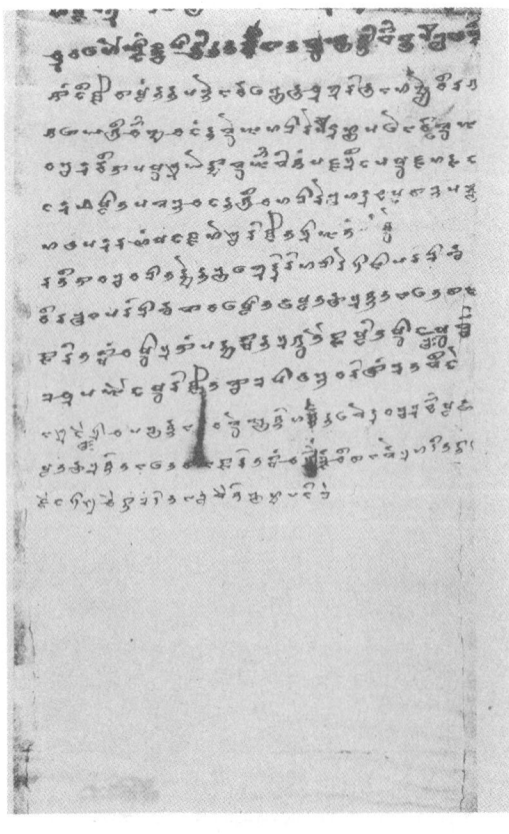

图 4 礼佛偈颂

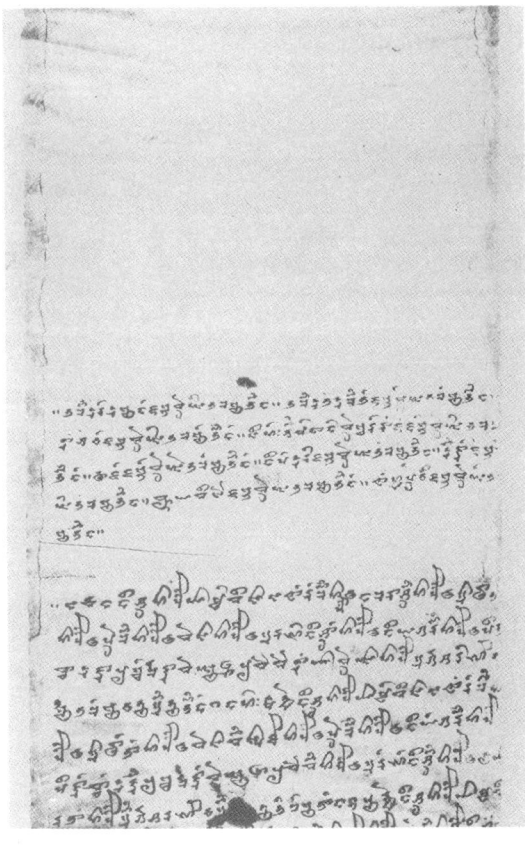

图 5　佛名经

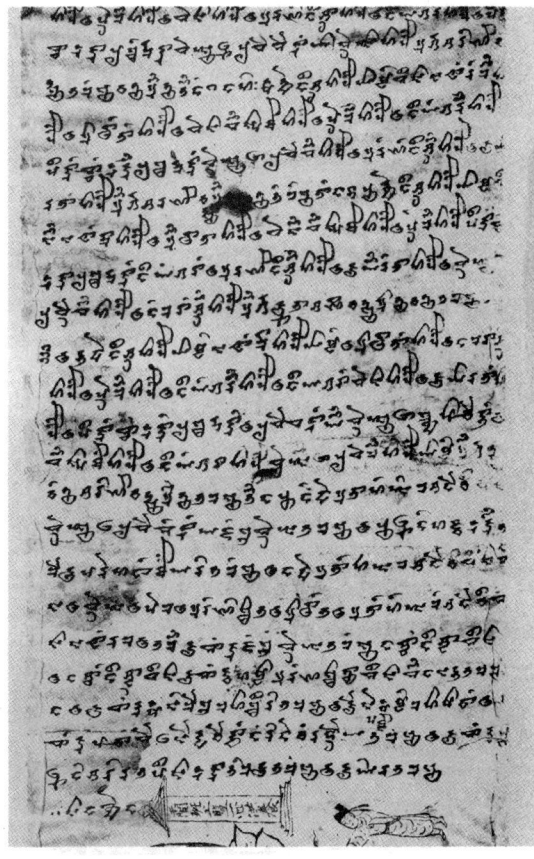

图 6　佛名经

图 7　于阗班上监供养佛像及姓氏杂写

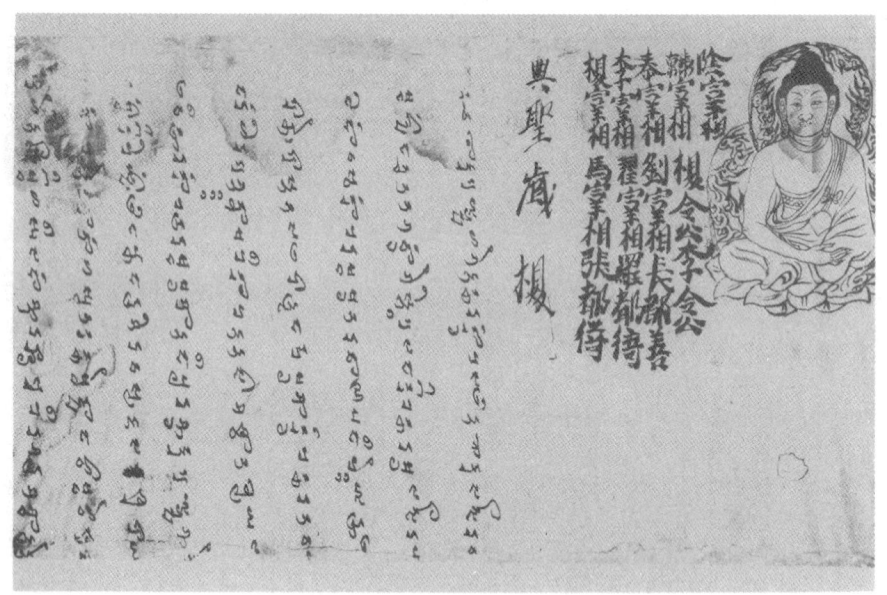

图 8　礼佛偈颂

第六章 文献珍品图片及说明 1277

图 9　礼佛偈颂

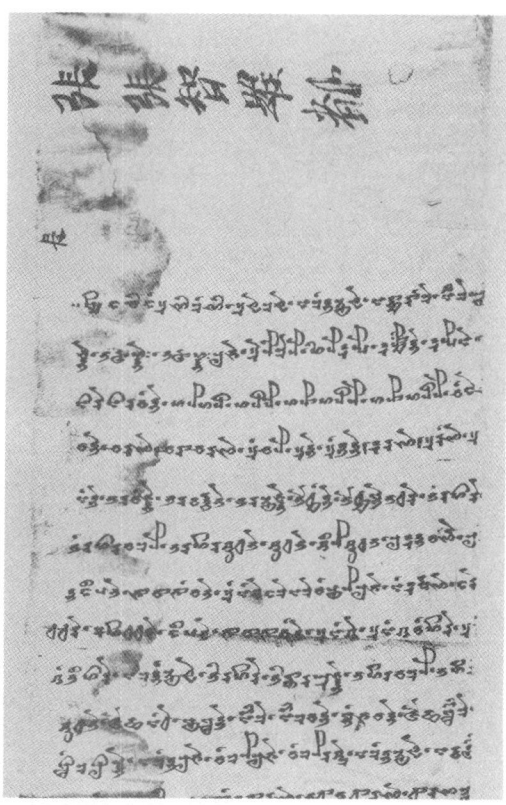

图 10　陀罗尼

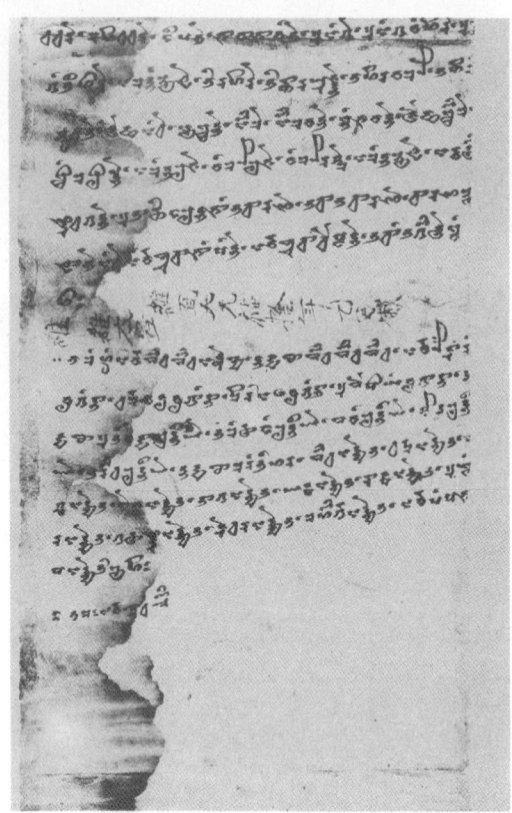

图 11 陀罗尼

P. 2027

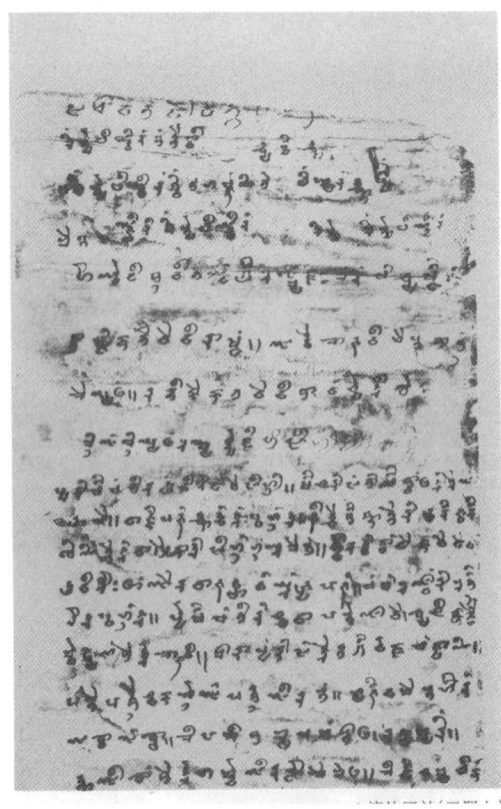

图 1 人名杂写、怀故国诗、韵体书信

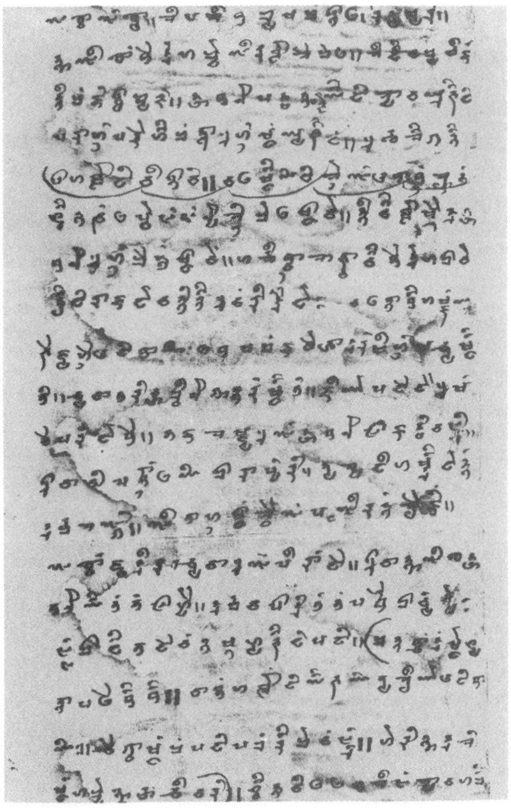

图 2 致于阗亲朋韵体书信

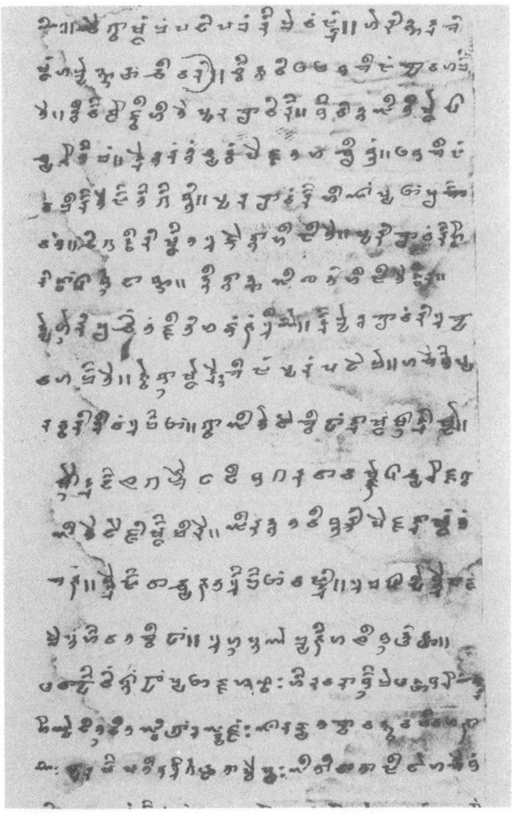

图 3 致于阗亲朋韵体书信

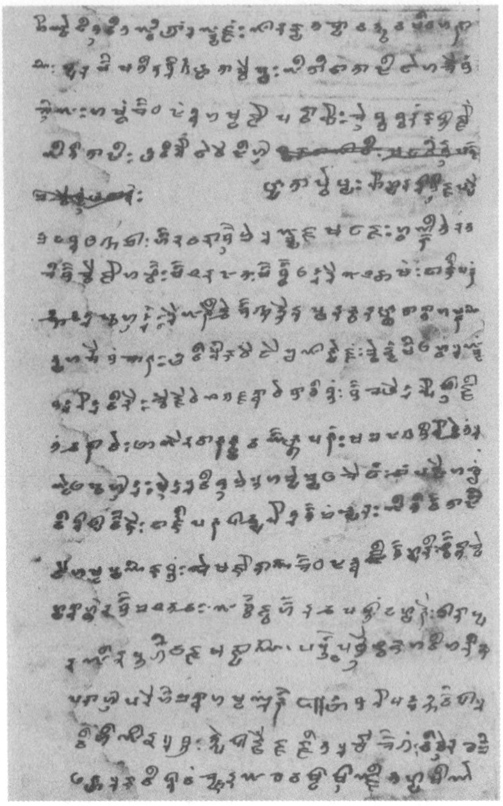

图4 致于阗亲朋韵体书信

图5 致于阗亲朋韵体书信

第六章 文献珍品图片及说明 1281

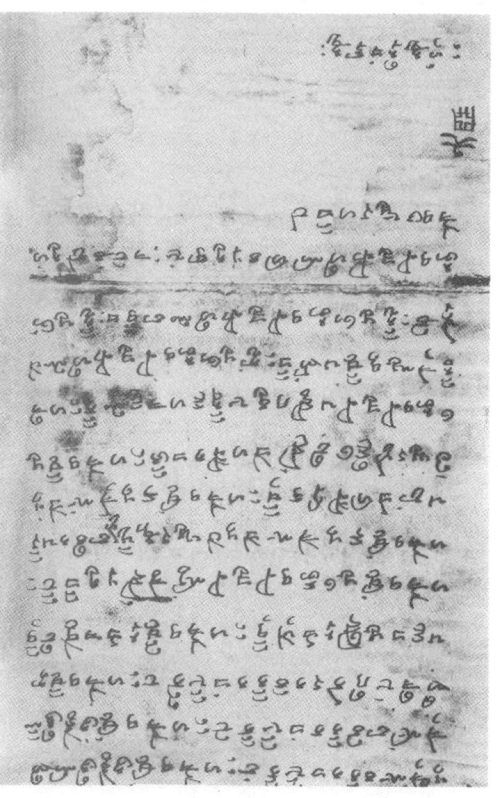

图 6　致于阗亲朋韵体书信

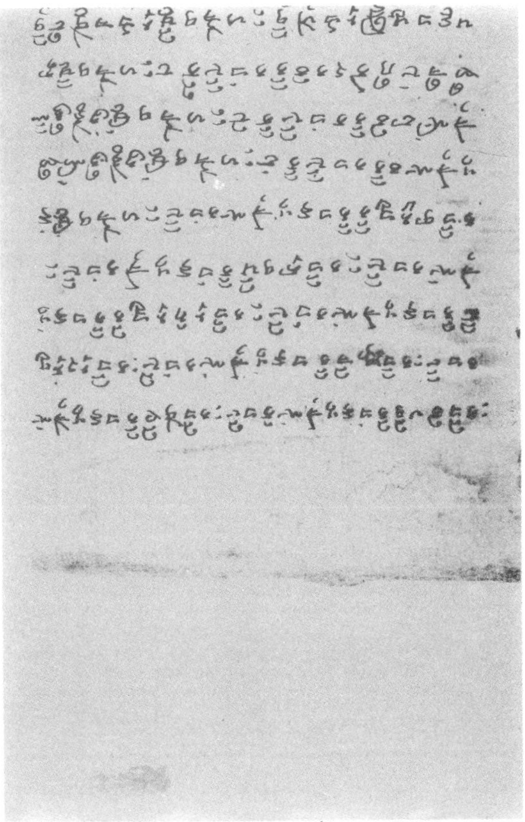

图 7　佛名经

1. 游方僧人诗等，第 1—66 行。其中包括一位旅行僧的诗和一位于阗公主在沙洲写的思亲诗。后者提到 thū－khī ksailmye ksūna "同庆六年（918）" 的纪年，系指其父之生年。转写：《文书集》第 2 集，第 79—82 页。研究：关于第 16—19 行，见贝利《伊朗语 milla 和印度语 bija》，《学报》1956 年第 18 卷第 1 期，第 33—34 页。参看《文书集》第 4 集，第 16 页。

2. 《佛名经》

第 67—86 行。同类文献有 P.2742，P.3513，第 1—12 行等。转写：《文书集》第 3 集，第 53—54 页。

正面：汉文《妙法莲华经》卷七。

P. 2028

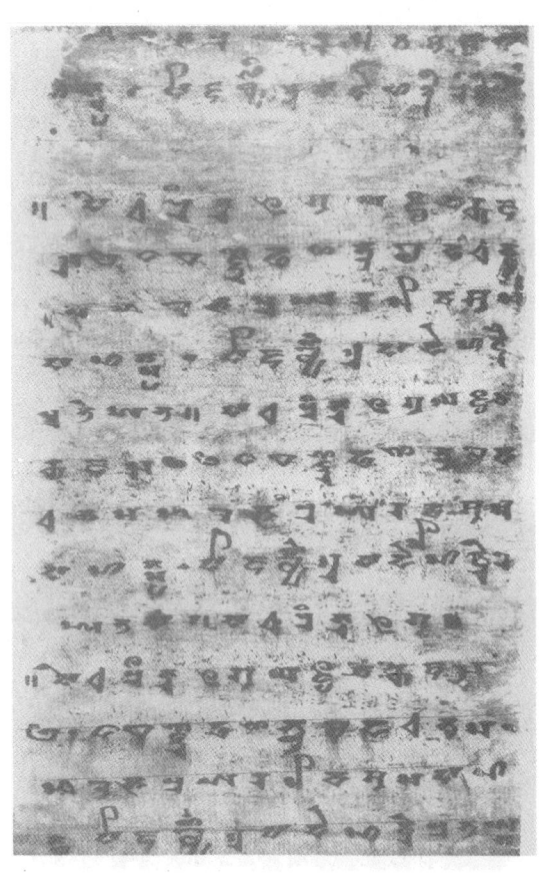

图 1　音节与书仪用语习字

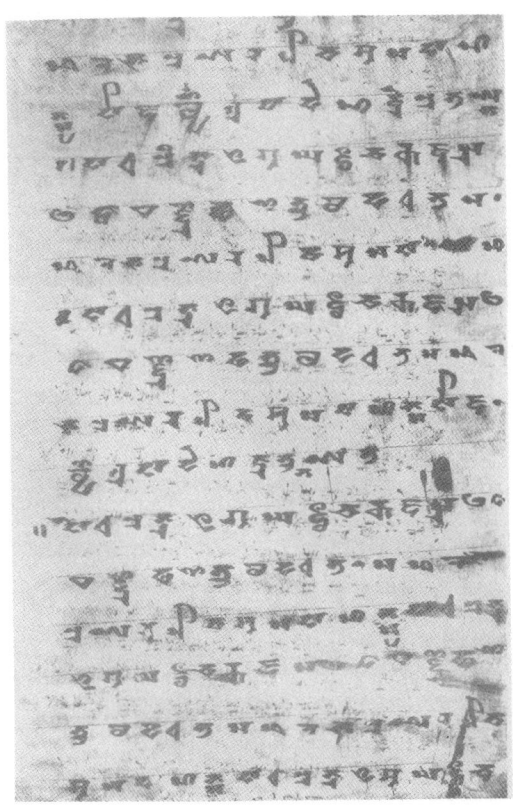

图 2　音节与书仪用语习字

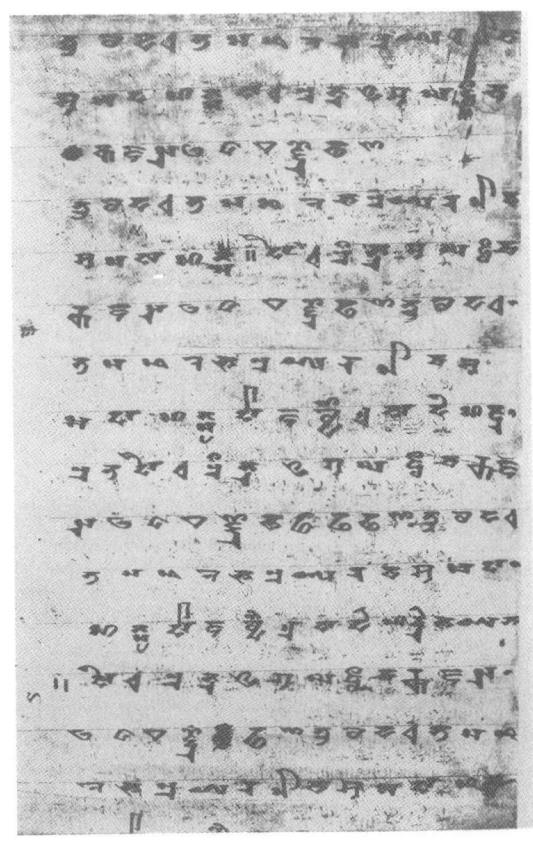

图 3　音节与书仪用语习字

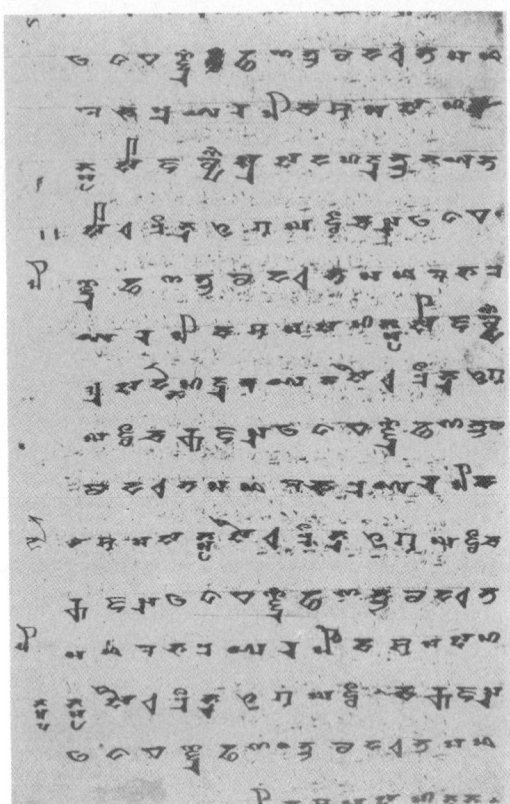

图4　音节与书仪用语习字

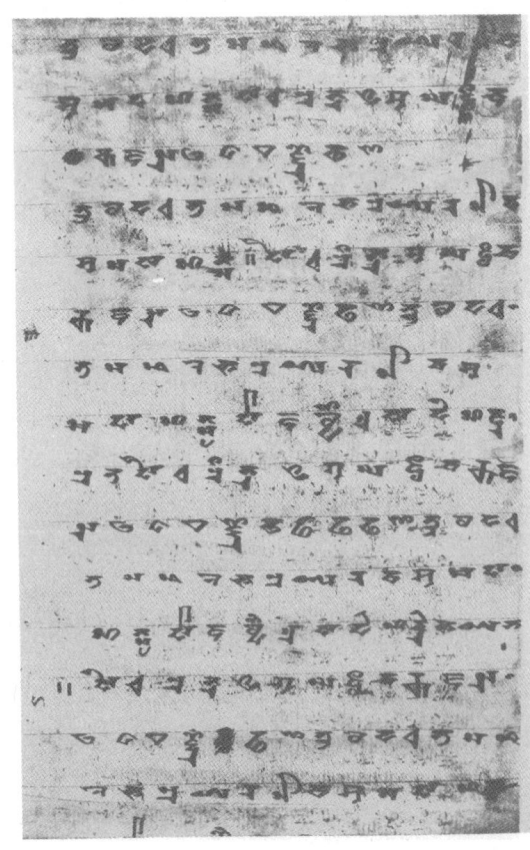

图5　音节与书仪用语习字

第六章 文献珍品图片及说明 1285

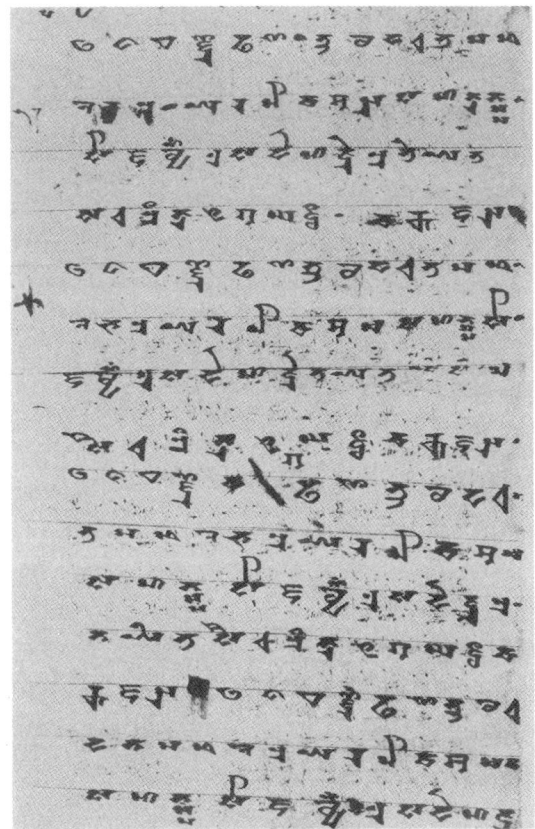

图 6 音节与书仪用语习字

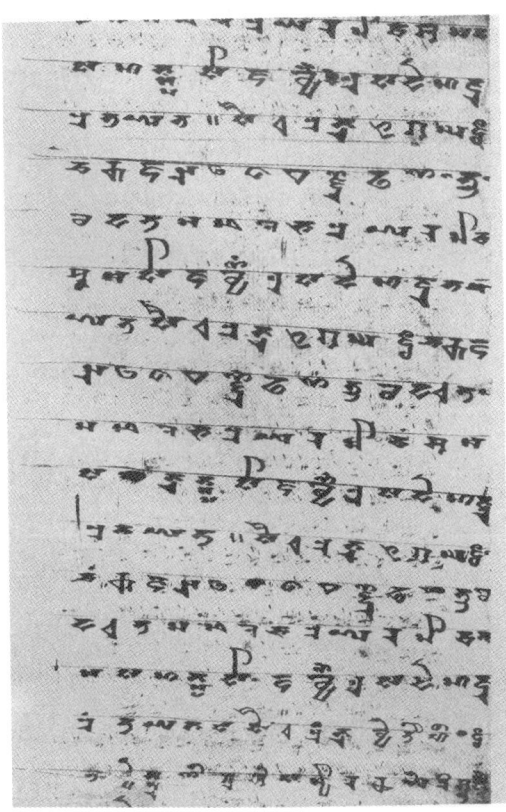

图 7 音节与书仪用语习字

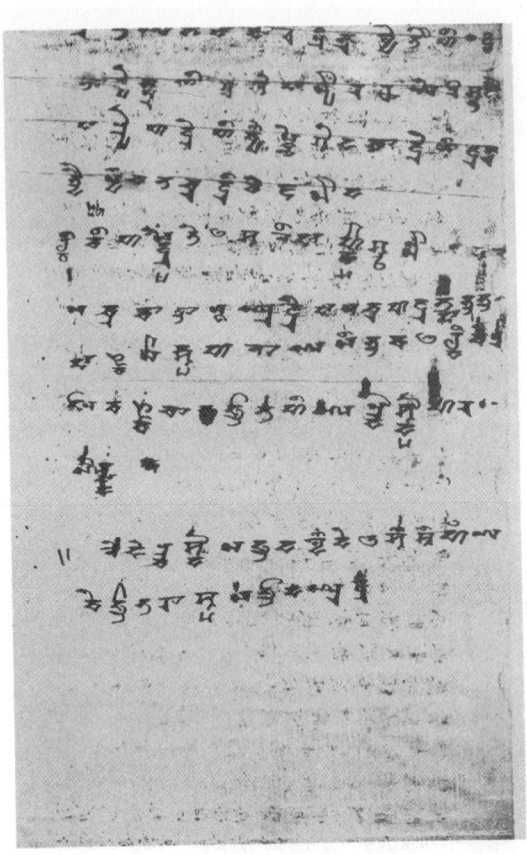

图 8　音节与书仪用语习字

学生习字

间有其他短文。第 3 行是用粟特文写成的。第 88—89 行有纪年：thyina hīnāmye ksunä aśi salya rarūyi māsta nausamye hadi "天兴九年【午】马岁（958）六月十九日"。

正面：汉文《大般若波罗蜜多经》卷三三〇。

转写：《文书集》第 2 集，第 82—83 页（不全）。

P. 2029

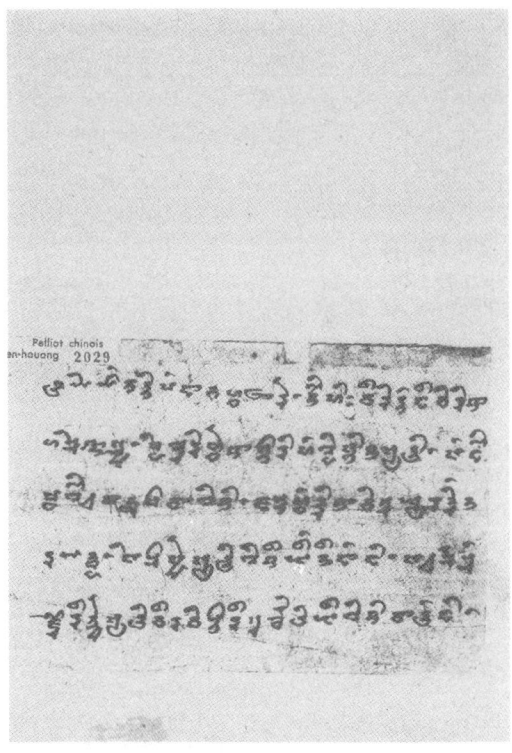

图 1　法华经纲要

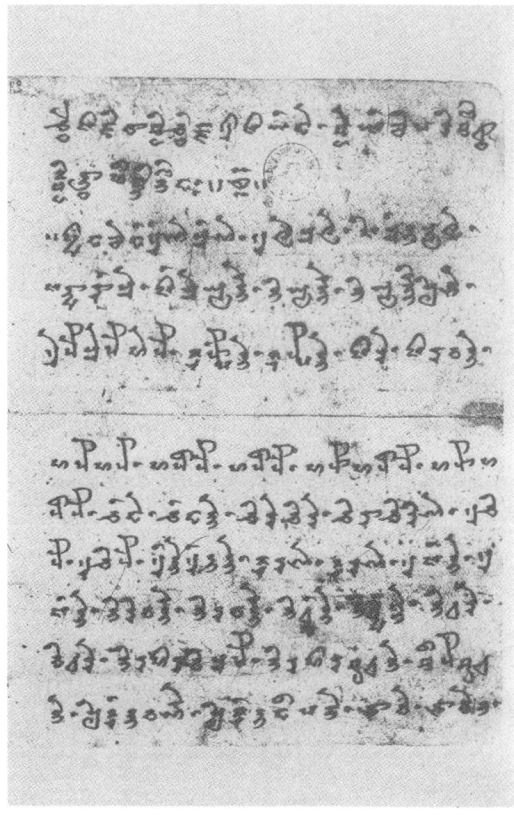

图 2　法华经纲要及陀罗尼

1. 佛教文献

正面第 1—11 行,背面第 12—16 行。

2.《妙法莲华经》

背面第 17—21 行。韵文体,不全。同类卷子有 P.2782,第 1—61 行;Or.8212.162,第 82—92 行。

转写:《文书集》第 3 集,第 54—55 页。

第 七 章

文献珍品释读

一 《赞巴斯塔书》第 22 章

《赞巴斯塔书》是以印度史料为基础写成的一部独特的、于阗塞语的、韵文体的宗教著作，是现存最长的于阗塞语写卷。1968 年，恩默瑞克刊行此书并附有译文，名为《赞巴斯塔书：于阗文阐扬佛法的颂诗》，此处节选第 22 章，季羡林先生认为该章为《弥勒授记经》。

90 ttai ttä aiśśi ggāṭhā ysīṇī-ya kye mamä śśāśanu oṣku
dvyau dharmyau jsa paderīndiä   ku ne mä thatau nihuśdä
91 adāṭī pakṣu pathaṃjīndi   dātu pakṣu hämāre hätaṃkara śśāśiña
uva-tārna ṣṣamanānu hämāre 1
92 ka aiśśä parsīndi dukhyau jsa   nirvānā ttranda hämānde tteru väte haraiśśo
patä-.-hvāno mahākālśavi nāte2
93 pātcu vā aalysä sthaviru   ggurṣṭe aaradvāju ttu kālu aakulu ingaṃ
vanavā-ysu aśśauku ggaupaku sthīru4
94 aadru kāḍu kanaka-vatsu   kanaka-āāradvāju pantho rāhulu nāgase-nu
cūḍa-pantho sthīru95
95 aaiju ggurṣṭe vajjiputtru   haṃtsa aiṣtyau ttīyä umā ttū śśāśanu ysīṇīyu
dastu vīri paśśīmä96
96 tto ttä aiśśä ggāṭhā ysīṇīta   kye mama śśāśiña ṣṣsdda ka ni trāmu dakṣiṇ
śśūhā-ta ku parsīndi dukhyau jsa6
97 ci ṣṣandäṣṣajo yanīyä   jāggarau khāysu ailsaṃgi o paṃjavaṣṣī mālihāru
nimaṃdrūṃ yanīyä7
98 saṃkhāramu yande cātä-śśālu aṃgäśālu ailsaṃgi haṃtsa ātaṃduvyau vara āṃ
varāśāre handāro8
99 varatä hīsāta ma ju ṣä   īyä ka ju ye kṣāḍä hämā-te nä vara dākṣiṇī ttu
aye-hīta tcamāna ysānde ailsaṃggi
100 cu mānau aysu tta hvataimä   närvānā kantha prhīya pande hā ttäraụro
aaude   ku auro mara ttäte pata īndä
101 anice haraiśśä ṣkoñgye   anātme haraiśśä ṣkauñgye dukhīngye
haraiśśä ṣkoñgye   tsāṣṭä närvāni näṣaundi1
102 vyākṣīva hāḍe hämāre   ṣṣamnānu ustaṃ kālu ne ne tta pani śśando ttīyä
arahanda hamu väte ayaure

103 umā ṣei parau muho jsa　　vaṃña ma varä väro hämā-te śśo tcaramu ustamu vī-rä varatä hīsīyi ąälsaṃgya

104 āstanna na sthīri ąaradvāji　　panatä harąiśśä ttīyä. käḍe nu amanāvu ąihī-yu ku ttete pyūṣṭāndi salāva.

105 ąalysä ąaña jsaunita vä-stāta gyasta ąalysa mäḍāna crrāmu ttye pīri pūra syūta ce päte mīḍe u māta.5

106 ttrāmu maha haṃjsäta mara　　syūta gyasta ąalysa paśśete mulśdu yanu maha vei ąalysa　　paśśa ni ūväśu ąiśśānu6

107 tteri paranirvāmä ku ṣṣai　　thu marata trṣthandī ąalysa ka mara harsāmä mästa daṇḍu　　pachīsāmane ąalysa7

108 tta ni hvāñäte ąalysä umyau　　jsa ttäte nä ysānäre salā-va ąiśśu yiḍāndi sta cū tce-ru kho rro muho jsa syūta hämīru

109 vāmu puṣṣo ttranda sta ysaṃthī-nau ąiśśä klaiśa jätānda trāmu haṃąaḍa sta ṣṣahānyo　　jsa kho purra myānau pakṣä9

110 cerä halcä mamä nächo vätä　　äta samu kho ąārandi pa-däni kvī ye haṃąeräte ha-tärra ni ni ju hā ąiśtä cu ąendä

111 pūryo mamä krtañī mästä　　cu aysu saṃtsera dätaimä dukha karye śśāśanä vaska　　ko dära –vastī āyal

112 ąiśśä orätändi hamna ho-na gyastä ąalysä ąalysä hvatändi kho ni parī hīvye mäḍāna　　ąiśśä padya tta muhu yanāmä

113 pätcä ānandi tta hvate ąa-lysä ttu scätu mittrai vīrä ṣäte jaṃąutīvä ąihīysde drrai ysārä ggaṃpha kho vaysña3

114 ttī dasau ysāre hämäte ggaaṃ-pha jaṃąutīvi hamañgä（ṇ 上面有一点）.kho ju hva'ndi rraṣtä nänärri　　hārūṣkä äho jīye4

115 ąaysgu ąise āvute śśūjī-ye naysdä naysdä hämäre samu hatärra ąrāhä krñgi ka śätäña āvuto'hīśtä5

116 dara ṣkala hvetä alava ggaṃ-pha säyate ąriṃje jiyäre nä nä katsirä saṃgga ggūla ąyori　　ni ttäte häro ysīra6

117 ąuśśänei hvāṣṣakä rrvīttä　　kho ju ggaḍäya pāḍä muräsä tteri rrusani nätä pharäka　　khähi āṣṣiṃgye väysāṃgye7

118 mura date nona ąajāṣṣa　　ąiśśūnya gāmu yanäre avuva'sta tsīndi nä näjsīndä　　ne śśūjätäye puvai'ndä8

119 ąaṃhya pharu kīśśäna ṣṣiṃgya drrai krauśśa śśo śśu mästä ham väte ni ąäggare hīyära　　spate śśärku ąussäre9

120 uryāna paljsäte paste　　viysa upala kumuda pharä-ka sumana caṃąä adhimu-kta aśśauka värṣika ąaysgu1

121 panä ṣṣīve ttändiku ąeḍä　　karavätä vätco vasuśti virāva patävani nāśtä snäda käḍe śśandä nauna2

122 ysamaśśandai harąiśśä hvaṃ'dyau　　jsa śśäryau haṃąaḍi ttīyä puñaudyau ṣṣadyau hva'ndyau jsa　　ci ąaśdye jsa pathīyi.3

123 haṣtätä ysäre śalī jsīna　　uysnoräñu ttu kälu paṃjsa-satä-saluvo anū-ḍo mäta päte kṣundai head 4

124 dätäna käḍe tcarṣuva hvą'-ndä daśyo ąaśdyau jsa pathīya vaysña mājo puku vīri.　　tcaholsä puke mästa hämäre

125 hatärra kerĩndi salye ttĩma   daso-gyụ̈ nau rrvĩttä. m̥sdraunjsa-jsera ni rrvĩttä.   ạāri käḍe ạāḍana ạeḍä 5
126 ysojsi käḍe khāysä surai   sniddhä päta'jsu hvam̥du hamändä ạussānai rrĩysū rrvĩttä   ttrāmu samu kho śśuha gyastūña
127 nauni samu āchā hūnä   ttaudi kṣū ttarrä ysare icche.cu ye ūtco paśśäte hĩvĩ kĩri u cu rro ūrañĩ stāma7
128 cĩ hivĩ kĩri hämäte.   hvam̥'du śśandā ạinamäte tt̃ĩtä ku hā tsute hämäte pātco vā-tco hamatä śśärku ham̥ạrụ̃ittä8
129 ku ni marañä hĩstä paḍā   ṣṭānye hve' harạiśśu ạutte ulatāñe jsäte varata nūtte varatä śśānye mĩde9
130 kettumatä nāma hämäte   kantha cu ạārạ̄ạysä vaysña puñauduvo' ṣṭāna puñaundita-ra ce ttiña kĩntha ysäyāri 30
131 vaiśśālä ttrāmĩ vaiśśālä   cam̥ạa utpala nāma. rājagrhä trāmĩ śrāva-stä nai ju vā nāma hamättä1
132 kuśnaggari kantha ṣa ttĩyä   kṣemāvata nāma ttu kālu kṣei' ggam̥pha mästa hoda cam̥ạa   hoda ggam̥pha vaiśśālä32
133 śrāvastä kantha haṣṭa ggam̥pha   u no ggam̥pha ttu kālu rājagrhä uspurru kạ -nthe haṣṭātä ysāre hämāre
134 kettumata hvāṣṭa ạiśśānu   ạulysĩṇĩ ggam̥pha duvāsu haṣṭa hvāhĩnĩ dahyo strĩ-tyau ạise ham̥ạaḍe kĩntha4
135 haudyau yä ratanyau ttaura   pārgyiñuvo spate vicitra sye varata tcĩrau kĩnthe vara ysarrnā vūḍa5
136 ạahoysani hvāhä u mä-stä syata ạaṣṭarda ysarrĩm̥gya ne vara kāṭham̥jsuva ttä'te muśśa jsĩrāka ạahoysña6
137 ggamuna härṣṭāyä ni ĩndä   ni vara durạhikṣä ni hĩna ne vara āchaina märāre   ni ạise sūjsĩndi ttu kālu7
138 jalaprạạhi nāma hämäte   nāgä myāño kĩnthai khāha ạanhya karä vĩrä ggätạ'kĩnai   vara jālä pagyūni8
139 mūrĩm̥gye vari stune ṣṭāre   śśo krrauśu śśo śśau mästä.ham-ạĩsa ysarrnā kase vĩrä   āljseinā mästa39
140 pattraupaśśaudhanā nāma   yakṣĩ käḍe päta'jsi karĩ-hä kettumatä kantho haḍā-yä hārū vätä ūtco vaticṣḍe.
141 rre hämäte ttĩyä śśam̥khi nä-ma cakravartti ạalondi lakṣañyau uspurru śśūri gyastānu māñäte ditāna1
142 tcūrysanyai hĩna ysārụĩ pūra   śśūra dätäna aggam̥jsa handarye hĩne nihaljāka nihaljāka   hodai ratāna hämāre2
143 cakr gyastūñi ysāra-vā-lsū ạiśśä ysarrnai vūḍä hau-da chā mästä ạriyūnä vinau pĩsaundä padändi43
144 hu-śśĩyĩ hastä hämäte.   Haudyau ulä ṣṭāniye skaute am̥gyau jsa śśando kṣitai'haska   śśĩya hätänai ūri44
145 aśśĩ kiḍe tcarṣū mästä   uskyālsto kamalĩ vändi ạrhaña käḍe hvāhä pätạuña phajsai käḍe uysnäta ạalysga1
146 vanda gguva'pārrai vande   strähä dumei ạilsahai mulysga tcam̥jsi käḍä mulysgä ạriar   ạulysa sahai tcarṣuva styūda2

147 kāhyänai ggūnina rruśtä   kho ye tcārạina härna nima-iśdä hamatä käḍä tsāṣṭä hu-dạ ndi jsei'ñu āspīḍä ạräyūnu

148 ttaṃdvī yi ạutte se ma ju   śśando skauyāte päyau jsa cvī śśando śśānye puve ạyaure   rraysgu parśtä kho ạātä8

149 ạajsu vitī īsā niṣṭä   ạuñū vätä ysānū vīri śśājsano vätä huto vīri ggälserai śśūjäte vaṣṭa 9

150 tcei'manī harśānī dätäna   uspurrai dandā eha. Hamye ạruī kvī rre ạvaittä kari jamạutīvī ạade.

151 mūra candāvanä śśau ggaṃphu   hāysa ạrūñite ṣṣīve daśu vīri āñiye ạerā-ñite pharu ratana vicitra 1

152 ttäñe rrūndete jsa ṣṣīve   uysnora kīri yanīndi āṣṣeiñī vrīlye mästa aṣṭaśśā tcarṣuva dätäna2

153 cvī strī-ratanä ạiśyau starñyau   ggajsyau jsa aggaṃjsa vina rrundä näśtī hayä-rūña handara aysmya kāṣṭa

154 ne atä haryāsa ne atä   śśātana ni atä stauru kavūta ni vā atä ạulysa ni atä mulysga ni jseña ni sutra ạihīyu

155 ysämānu sparśāna grāma   hamānu skutāna puvāta sūmāra tcarṣuva dätäna ạiśśä padya daśta aggaṃjsa55

156 malysakī hämāte ce ḍī   śśando ạiśśä nyanā daiyi cä nä ni hīvyākä ttä nä-ste rrundä pājiñuvo'ttuvīḍä

157 paḍauysī hīne ratani   haudamä käḍe śśūri ạalondi paḍā haṃdrauysī cakrä nvai rre hīne jsa haṃtsa7

158 ysamśśandā näste tcaho-ra dätäna nä harạiśśā dirysde ahvasta ṣṭāna ạạasta uysnora dātu yanīndi8

159 stunai sāñīndi nāga-rāja   mästu kāṃjani ysīrri kṣasu puke hvāha ysāru ạulysa harạiśśa ratanyau vūḍa

160 tcahorai nyanā sarạīndi   tcahori hālā mästa. Panye ttye nyanai parvāri handara kūlu 60

161 ggandhārä kṣīra elapatr   mäysilä camạakä nāma surāṣṭrā päṅgala nāma ạārāñaysä nyanai śśaṃkhi1

162 ttäte tcahauri nyanā hvāṣṭa   panä dasau nyanei ggaṃpha ạiśśä hamạaḍa ratanyau haudyau jsa puñaundānu hät [āyä]

163 dirsūjsi nä tsīdä uysnaura   pātave nä ạruṃạäte näṣtä ne ne ju hā orsi nä rrauṭa   hīvyākä nä härṣṭei näṣtä3

164 suạrahmä nāma hämāte ạrraṃmani päte mättrai ạalysä ạrahmānä māñäte dätena   ạrrahmāvata nāmai nāmai māta4

165 cīyi satvānu käḍäna dyā-ñite mara mitrai ysaṃthu ạrrahmānu rrījite dätena   lakṣamị dvāvaredirsä

166 na-ru ye vara daiyä pa-ḍā satvä dätena ttrāmu   ttu kā-lu käḍe vasutu ạrūñite rru-śti samu kho sarạaṇḍä urmaysde

167 haṣṭāte māje puke vīri   ttarandarna uṣkyālstu dvā-su puke śśāmāña hvāhä pärja kiḍe hvāha ạriyūna.

168 hurā sutra pūhei'tä myāni   samu kho ysarrnai nikä vūḍä ggaṃpha-mase ạā'yi vicitri   ạiśśä handare ạā'yä pätaundä

169 tcei'mañĩ vasute muhīye　　samu kho nīlūtpalā pārrä. kūlu sate-ysāre āuddha-kṣe-ttra haraiśśä jsei'nu väte daiyä.

170 saṃtsāri ggaṃjso vajssḍä　　hūni māñandi marīcä ttrāmu pharu padya vicäträ　　kho ye cä'ya-närmätu daiyi

171 härju mara ttatvatu niṣṭä　　aysmūna haraiśśi saittä käḍe mulysda-jsera ci orsä　　saṃtsera arīyo vīri71

172 ttū nijsaḍu jeseiṇu vätä jseiṇu vätä　　āysda saṃtsāru haraiśśu yande pravajo vīrī orsi　　nai ne mara ramäte sataera1

173 tcohore-haṣṭātä ysāre　　arraṃmana ce ro kṣamäte prava-ja ttye ṣṣīve haṃtsa narāmī-ndi nātapuṣpī nāma3

译文：

……这样就把所有的这些居士们都托付给他，他们用两个达摩（dharma 法）连续不断地维护我的教法，使它不会迅速消失。他们限制了不法的集会。他们站在正法一边。他们成为在教法中为僧人服务的善人。愿他们都能逃避灾难，能进入涅槃。

大迦叶以额触地，接受全部佛旨。

以后，在那时候，佛告长老跋罗惰阇、跋距罗、因揭陀、伐那婆斯、阿输迦、长老拘博迦、跋罗陀罗、迦茶、迦诺迦伐蹉、迦诺迦跋厘惰阇、半陀迦、罗怙罗、那加犀那、长老注荼半托迦。他告阿毗吉、弗利吉弗多罗，连同他们的弟子们：

"我把教法付托给你们手中。这样就把所有信我教法的居士们付托给你们。愿你照顾他们，让他们脱离灾难，谁要来举办一个 saṃniṣadyā，一个 jāgarika，谁要给僧伽布施食品，或者邀请有楼台的寺院参加五年大会？"如果一个人为比丘僧伽建立僧伽蓝、四厅房、祭火房、同宾客们坐在那里，他们就会觉得光荣："你们到那里来吧。不要让它这样子吧，如果一个人害羞，如果一个受尊敬的人在那里接受不到使比丘僧伽发光的东西。"

像我对你们这样说过的，涅槃之城已开，到那里去的路到处都可以找到，这要这里有这些颂歌："诸行无常，诸行无我。诸行为愁苦灾难所苦。宁静安寂是涅槃。"

但是，在最后，僧人中将出现动乱。那时候到处将不会总是有阿罗汉。这个旨意现在是从我们这里给你们的："到了最后，连一个也不要远离那里。让他来吧，僧伽。"

于是长老跋罗惰阇带头站起来。他们听了这话，都极端烦恼。跪在地上，他们白佛言：

"仁慈的佛天！父母双亡的父亲之子是孤子，你真想让我们成为孤子吗？佛天！慈悯我们吧，佛陀！给我们所有的人一个机会吧！这样甚至当你还站在这里的时候，我们就涅槃，佛陀！如果我们被遗弃在这里，我们认为那是一个极大的惩罚，佛陀！"

佛告诉他们说："你们说这些话不适宜。如果你们做了每一件应当做的事，你们怎能被我遗弃成为孤子呢？你们已经完全跨越了生（死）之海，你们已经消灭了诸烦恼，你们善行充溢，有如（白）分中间的满月。可是仍有许多人到我这里来求庇佑，就好像是一只满溢的罐子：一旦灌满，不能再灌。孩子们！对于我在轮回中看到的患难和劳苦，我极大感激。为了教法故，愿它长存。"

众人同声赞同。他们白佛言："你既然教导我们去做，仁慈者！我们将完全遵守。"

此后，佛告阿难："在弥勒时代，同现在比较起来，阎浮提将增三千。"

那时阎浮提将有一万 ggaṃphas，向人们深知的手掌一样平坦。高地、低地都将消失。有许多房舍，村邑鳞次栉比。只有到第二村时，雄鸡才站起来一次。峡谷、沙漠、裂缝、森林、成 ggaṃphas 的沙子、绿洲都要消失。没有泥、石头、圆块。植物不粗糙。芳草植物长得光耀像孔雀脖子的颜色。有许多河流、泉水、水塘、荷花池。鸟兽百般和鸣。它们游荡，无所畏惧。不打架。彼此不害怕。有许多树，枝头压弯。每一株有三俱卢舍高。叶子、果子、花朵、永远芬芳。有花园、有许多围起来的池塘。有许多荷花，蓝的、白的。有 sumanases、campakas、atimuktas、asokas、vāikas，很多很多。每夜微雨。次晨晴天。地表不粗。土地非常光滑。柔软。全世界挤满了善人，有道德讲信誉的人，不作恶。那时众生能活八万岁。父母让自己的五百岁的刚成熟的女儿出嫁。人们仪表异常俊美，去掉十恶。用我们今天的 Puka 来量，他们高四十 Puka。一年一种；收成十倍。需要拔掉的任何东西都不长。雨总是及时。

食品味美，纯净、光滑、令人健壮。香稻像天上śsula那样成长。只有些微病：睡眠、热、饥、渴、年老、大小便，但人小解时、便利时、胃中抽搐时。大小便时，地面自裂。人一走开，地仍复合，完全如故。临死前，人们事先预知，自己走向墓地，卧地而终。

名叫翅头末的城就是今天的瓦拉纳西。在此城出生的人，在有功德的人中最有功德。吠舍离就是这样："吠舍离。"Campā 名称将是 Utpala。王舍城、舍卫国，仍用同名。名字不变。拘尸那竭罗那时将名为 ksenāvaṭī。他有六 ggaṃpha 宽。Campā 七 ggaṃpha。吠舍离七 ggaṃpha。舍卫国八 ggaṃpha，王舍城九 ggaṃpha。总之，要有八万城。

翅头末是众城之首。长十二 ggaṃpha，宽七 ggaṃpha。城中房子里挤满了男女。城墙七宝筑成。花园中繁华缤纷。那里有天鹅、红鸭、水鸟。城中庭院有金子筑成，覆盖着。市场宽大。金沙洒满各处。市场里没有小偷，没有欺人的扒手。一个强盗也没有。那里没有饥荒，没有敌军。人们不会因病而死。那时候房子不会焚烧。

有一个龙王名叫 Jalapraaha。在城中心他有一个池子。周围有树木。在那里，上面有铃网遮盖。那里树立着珍宝柱子，每一根一俱卢舍高。在内室中有成堆的金子，大堆的银子。

有一个非常强壮坚毅的夜叉，名叫 Pattropaśodhana。在翅头末城，他白天向城上洒水。

有一个有力的转轮王。名叫蠰佉。它是国外一个英雄，具备各种相，仪表像天神。他有四军。他有一千个儿子，都是英雄，仪表无可非议，能降伏敌军。他有七宝。

他有一个神圣的千福大轮，完全用黄金装成，上镶宝石，七 tāla 高，很可爱。没有工匠。

他有一头纯白大象。直立时，身躯七处碰地。他有六个白牙，一个红肚子。

他有一匹非常英俊高大的马。脑袋直竖，小。鸣声宽厚有力。臀部很高，厚。双耳小，距毛短小。尾巴硬，有断翼，毛非常短，鬃长。蹄子闪亮，坚实。涂上油脂，它闪出淡褐色的颜色。它天性宁静、驯顺。步伐轻盈，美妙。人们简直看不清它："它的四蹄完全碰不到地面。"蹄子在地面上出现时，风一般迅速。腹股沟没有卷毛，四肢、膝盖、跗毛节。大腿上都没有。它们在脖子上连绵不断。

它的眼外表漂亮，口中牙齿齐全。国王骑上，一早晨能跑阎浮提一周。

如意宝夜照一 ggaṃpha。在旗子上，它能雨众宝。由于这种光明，人们夜间能干活。它是蓝琉璃构成，高大，八边形，外表灿烂。

妇女宝，尽管女人有各种缺陷，她却没有。除了国王外，她心中不想其他愉快之事。她不太黑，不太白，不特别灰，不太高，不太矮，不太轻，不太重，冬天摸上去暖，夏天凉，温柔，仪表光彩照人，任何方面都巧，完美无缺。

他有一个典藏大臣，他能看到地下所有宝藏。没有主，他就拿。送入国王宝库中。

兵宝，第七宝，主要之宝，非常勇敢，有力。轮宝在前面滚过天空，国王率兵随其后。

他要占用四洲，以正法治之。不受伤害，不受束缚，众生遵守正法。

龙王为他树立一根 Kāñcana 金子筑成的柱子，有十六 Puka 高，上面镶满宝石。

在四方建立四个大宝藏。作为每个宝藏的补充，他还有千亿其他宝藏，在键陀罗的是 Elapattra，在弥提罗的名叫 Campaka，在苏罗湿特罗的名叫 Pingala，在瓦拉纳西的是 śankha。

这四个是主宝藏。每一个宝藏延十 ggaṃpha。其中七宝充盈，都是为善人所用。众生渴望瞅他们。他们前面没有保护措施。他们没有愿望，没有渴望；绝没有盗用者。

一个婆罗门，名叫妙梵，将成为弥勒之父。他仪表如梵天。名叫梵摩越的是他的母亲。为了众生弥勒在此降生时，仪表超过梵天，具三十二相。从来没有人见过有这样仪表的人。当时，他像旭日一样闪出纯洁的光。按照我们的 Puka。他高八十 Puka，面宽十二 Puka，胸膛极宽，可爱。他腰围一条厚腰巾，镶满珠宝黄金饰品。他那五彩缤纷的光芒有一 ggaṃpha 大小。其他光芒都被掩蔽。他眼睛纯净，张大像蓝荷花；他迅速看到一千亿十万佛地。他看到轮回之苦："它如梦、如幻。它就像一个人看到幻术制成的东西那样纷乱繁复。这里什么东西都不真正存在。一切都由心生。那些爱恋轮回的人们大大的可怜。"他就这样迅速地看到全部轮回。他想出家。在轮回里他不愉快。八万四千乐意出家的婆罗门在那一夜跟随着他走出来到了龙华树下。

二 于阗文《修慈分》

1 siddham tta pyūṣṭu ạalysä rājagrhä āṇä hataru tta grddhrakūṭu vīrä dātu hvate
2 mättrai āstanna kye käḍe meittra meittra vasuta pharāka ysāre vara ạodhisattva väta
3 purmä diśe jsa āta dasau kūla thatau maitra-vāhāra ạrahmā—na gyasta ttu skyätu
4 dakṣaṇo diśo yāva daso haraiśśä diśe paniñī däśe jsa āta dasau kūla thato
5 haaiśśä namasātāndi gyastä ạalysi päto' yädāndä ạalysä pha—ru padya pajsama käḍe
6 patī nita'sta. ạalysu spāśśāre ạiśu maitrai vātco śśäku uysdaindi käḍe
7 maittrai ttīyä panatä āysamna hamatä jsaunäte vātco ạalysi västätä ạaña
8 pruhauṣṭe śśärku hamju yäḍe dasta hūdva ce trāma dätāna kho yä ttūrra daiyä viysa
9 tta hvate mäḍāna sarvamña ạalysa hivye kye āṇä rraṣ ṭo ạiśśä sarvadharma ạuva
10 karma paysāñī panye uysnorā śśāra tta vātcu dīra tcamna mara tsīndi gyḍa.
11 pando paysāñī drrainu yānānu ạiśśu kho vātcu draya śśo hämäte yānä samu
12 indri rraṣṭu panye uysnorā ạva klaiśyau pūlstä myāñu ạalysūñī chä'tu
13 hūnä marīkye. ca'yä mañanda ditai ttuśśä asāra nairātma dharma ạiśśä
14 mulśde ṣṣāṇaumä cu tä nästä jinga kari sañī te sä daśtä cu tä rūvä daindä gyaḍa
15 ạvāmata ạalysa kyau padaṃdätä ạiśu ttatvatu ttrāmu samu kho ātāśä uhu
16 puñaunda satva kye ne kṣiṃjīndä uvä' ṣkogye kho āska rro vīrä ūtco jaḍa
17 ttä uhu dätāndä ttäte tta ạāysdaindä ại—śśu ttau jsa pyūvä're hamu vīrä dātu samu
18 pulsämä ạalysi yana mä ūvāsa mama kha śä ạalysūstä suhäna samu ạyode ạiśśa
19 mästa utāra ạalysūña dharma thatau suhäna kho ạyaure sarvamña ạalysa ạiśśä
20 ku ne ye pharāka saṃtsera daiyä dukha thatau hamaīrīndä āuddha-dharma samu
21 ttai hvate ạalysi. ūvāśa maitrā tvī hamu vätä aśtä cī halcä pulśä muhu
22 uairu thu vaysña. muho ạraṣṭai arthu śśāru hāvu yädai mästu uysnorānu käḍe
23 aysu tä näjse' Pando kho ạalysūstu käḍe suhäna thato ạvā—re ạodhisattva ạiśśo
24 kynau tta kṣamīyä suhäna ạalysūstu ca—rämä maitro haṃggei' vīrä nyūvä tcerä
25 maittre jsa ạyaude thatau ạalysūstä käḍe thatau hamaīrīndä kṣāndä kṣāndä āūmä ạiśśe
26 päta'ñi dasau ạyaure tcohaurä mästa darru patärgya haṣṭūsu āuddha-dharma ạiśśe
27 āysäta dätäna lakṣaṇyau hämäte tha—tau vūḍa ạriyūna vyaṃjanyau aṃgga ạiśśä
28 suhauttä ausku ạiśśä uysnaurāṇu dukha nuṣṭhura ośa asä—dapuṣṣo jändä ạiśśä
29 ạiśśī jiyāre dīra kädäyāne puṣṣo carätä hamrraṣṭu pārāmate panye kṣaṇä
30 śśärku niyāñu tsāṣṭu diśo tsāṣṭu käḍe uvī yä haṃgalgyāñä haraiśśe tsāṣṭu käḍe
31 tsāṣṭyau uvyau'jsa ttarandarä kā'ni hä—vī cu mä ttätä aṃgga paramāṇyoṣkonda ạiśśä

32 śśandā ūtca a̱ātä dai haṃtsa häṃäta myāñu nä ātāśi panye ggurvīcä mama

译文：

如是我闻，一时佛在王舍城鹫峰山中（说法），与无量佛大菩萨众聚，弥勒菩萨摩诃萨，而为上首。(1—2)

尔时东方，有十亿梵天，皆住慈心，来诣佛所，顶礼佛足，以众妙供养于佛。供养毕已，各自坐于众福所生莲花之座，恭敬尊重，瞻仰如来。南西北方，四维上下，诸来梵天，皆亦如是。(3，5—6a，4)

尔时诸梵天众在于佛所，各以慈目递相瞻顾。复共同时，舒颜谛视弥勒菩萨。时弥勒菩萨摩诃萨，即从座起，偏袒右肩，长跪合掌，白佛言：(6a̱cd—8a̱ą，9a)

"大德世尊，一切智者，于诸法性能正觉了，遍知众生善恶之业，凡愚由此生死往来。善能开悟三乘之道，及以三乘，同归一乘。(9a̱—11)

"一切众生，根性差别，及于烦恼缠盖之中，有如来种，普皆明见，无有谬失。(12)

"又知诸法皆悉是空无我，如梦如幻，如阳焰等，无有坚实。而大悲无尽，以善方便，令诸凡夫见佛色身微妙之相。(13—14)

"佛身者，般若波罗蜜之所成就，自然真实，常住不变，犹如虚空。(15)

"若有众生，勤修福慧，不随心识，驰骛于境，非如渴鹿于旷野中，追求阳焰以之为水，如是之人，则得见佛，恒闻说法，亦能依教，如理修行。(16—17)

"世尊，我今欲知如来应正等觉，少有所问。唯愿慈哀，为我宣说。(18a̱ą)

"世尊，（一切智者），菩萨云何于阿耨多罗三藐三菩提，少用功力，安乐无倦，而能速证广大佛法？菩萨云何在生死中，不受无量众苦逼迫，于诸佛法速得圆满？"(18cd—20)

尔时世尊，告弥勒菩萨摩诃萨言："善哉！弥勒，汝于我所，常有所问。今所问义，最顺我心。汝今哀愍诸天及人一切世间无量众生，多所利益，多所安乐，故能问我如是之义。吾当为汝分别演说，令诸菩萨不经勤苦，而能速疾证佛菩提。(21—23)

"佛子，若有众生，为求菩提而修诸行，愿常安乐者，应修慈心以自调伏。如是修习，于念念中，常具修行六波罗蜜，速能逮及诸忍之地，速得圆满无上正觉，具足十力，四无所畏，十八不共法。(24，29cd，25—26)

"三十二相，八十种好，最上功德，庄严其身。尽于未来，常住安乐。亦能除灭一切众生无始已来诸业众障。"(27，29a̱ą，28)

"佛子，若诸菩萨，修习慈心，应在空闲寂静之处，以清净信，摄诸心法，观察其身上下支节皆微尘聚，地水火风和合所成。"(30—32a̱ą)

以上是于阗语的两个文献残页释读，其中《赞巴斯塔书》第 22 章的《弥勒授记经》是全书最长的一章，它与吐火罗文和回鹘文的《弥勒会见记》存在区别。季羡林先生在《吐火罗文〈弥勒会见记〉译释》中专门谈到了这一点，上文转录自季羡林《吐火罗文〈弥勒会见记〉译释》。

《修慈分》实际上是《赞巴斯塔书》的第三章。德国学者 Ernst Leumann 最早对该文进行释读与翻译，他的儿子 Manu Leumann 发表。1968 年 Emmerick 在此基础上进一步研究，发表了英文版。北京大学的段晴先生对该文本又进行了研究和释读，发现《赞巴斯塔书》第三章与《大方广佛花严经修慈分》是平行本。该节转录自段晴先生转写和翻译（见《西域研究》2008）。

结 束 语

　　于阗古代有佛国之称,在佛教的传布方面有重要意义,于阗文文献中的佛教文献是我们研究于阗佛教的第一手资料,也是研究西域佛教史和佛经流传史的珍贵史料。此外于阗文献中的世俗文书,如敕令、行纪、账目、奏报等,对研究于阗史甚至西域史都很有价值。由于于阗文文献发现之初就被西方探险家和考古学者攫取,现在几乎全部流落在欧美各国的博物馆和图书馆中。西方学者占有大量的新材料,在于阗文研究上一直走在前列。西方学者虽然懂得于阗文,但由于对汉语不甚了解,所以还有很多问题有待研究。目前许多于阗文文献已经刊布,我国学者可以将于阗文和汉文结合起来研究,这是解开史料疑难的一把钥匙。

焉耆——龟兹文

李雪 编著

第 一 章

历史文化概况

焉耆—龟兹文是公元3—9世纪居住在新疆地区操印欧语言的吐火罗人所使用的一种文字。吐火罗人最初游牧于塔里木盆地，是原始印欧人中地处最东的一支。吐火罗人这一名称是希腊人命名的，入侵巴克特里亚的希腊人把帕米尔以西的人称作吐火罗人。汉文史籍将吐火罗称为"月氏"。根据美国爱达荷大学吐火罗语学者道格拉斯·亚当斯教授（Douglas Adams）研究，吐火罗人可能自称 akni，在吐火罗语里意为"边境者"。

汉文史籍描述吐火罗人是大胡子、深眼窝和高鼻梁的人。他们对西域文明，乃至整个中国文明的发生、发展都起过重要作用。起源于西亚的小麦就是吐火罗人从西方引入中国的。具有千年文明史的楼兰文明、对中国佛教产生重大影响的龟兹文明、融会东西方多种文化因素的吐鲁番文明，都有吐火罗人的身影。

吐火罗人居住在印欧语系东方语支（Satem）分布区，但是其语言却具有印欧语系西方语支（Centum）许多特点，与公元前1650—前1190年小亚细亚（今安纳托里亚）赫梯人讲的印欧古语密切相关，所以吐火罗人有可能是最古老的印欧人部落之一，早在印欧语系东西语支分化以前，他们就从原始印欧人部落中分离出来。这一发现大大深化了人们对欧亚大陆古代民族分化迁徙的认识。就吐火罗人起源问题，国际学术界进行了一个多世纪的激烈讨论。然而，吐火罗人究竟何时与印欧语系西方语支的赫梯人、凯尔特人、希腊人分离的，他们又如何千里迢迢来到塔里木盆地。这些问题迄今仍是一个谜，学术界众说纷纭。

第 二 章

文字的起源与变迁

一 关于焉耆—龟兹语文的名称

　　焉耆、龟兹是丝绸之路上的西域城邦，位于塔里木盆地的东北部，今天新疆的焉耆和吐鲁番地区是焉耆古国故地，古龟兹则在今新疆库车一带。古代焉耆和龟兹通行的语言，在《大唐西域记》第一卷中就有记载：阿耆尼国"文字取则印度，微有增损"。屈支国"文字取则印度，粗有改变"。其中的阿耆尼国即焉耆，而屈支国就是龟兹。从《大唐西域记》可以看出，焉耆语和龟兹语的来源是相同的，但是关于这些语言，在19世纪末20世纪初之前并不为人所知。直到西方列强在我国新疆进行所谓的"探险活动"，发现了用这些语言文字书写的残卷，才引起人们的注意，开始研究其语言和文字。

　　19世纪末，西方探险队相继进入新疆，并以各种名目搜刮我国新疆出土的大量艺术品和珍贵的民族文字写本，其中就包括焉耆—龟兹文写本。当焉耆—龟兹文文献在新疆的库车、焉耆、吐鲁番等地被发现时，人们对这种语言几乎一无所知，对于这种语言和文字的定名及文献的解读经历了一个漫长的过程。西方学者初次见到这种文字时，只知道它是一种用北印度婆罗米文字写的新疆变体，不明白为何种语言。德国语言学家劳依曼（E. Leumann）最初将其命名为"第一种语言"，后又考证这种用婆罗米字母写成的文字、语法结构与印欧语系其他语言不同，所以又称其为"北雅利安语"，但都没有得到学术界的接受和认可。1907年，德国学者缪勒（F. W. K. Müller）根据回鹘文《弥勒会见记》题跋中的 Toxri 把这种语言定名为吐火罗语。德国学者泽格（E. Sieg）和泽格林（W. Siegling）曾撰文表示支持，并通过对该语言语法结构的初步研究，指出这种语言包含两种不同的方言。他们称前一种为甲种吐火罗语或吐火罗语 A（Tocharian A），后一种为乙种吐火罗语或吐火罗语 B（Tocharian B）。学术界关于这一名称一直存在着争议。到了1913年，法国学者列维（Sylvain Levi）根据研究发现，甲种吐火罗语只流行于焉耆、吐鲁番等地，残卷的发现地点也几乎只限于焉耆。而乙种吐火罗语文献则主要在库车、吐鲁番等地发现。于是他发表了《所谓乙种方言即龟兹语考》一文，认定乙种方言为7世纪库车一带通行的语言，即古龟兹语。1933年，他又发表《论吐火罗语》，论证甲种方言为焉耆语。但列维的观点最初并没有完全为研究者认同。之后挪威人柯诺（S. Konow）、英国人贝利（H. W. Bailey）、比利时人温德金斯（A. J. Von Windekens）等都曾加入到这场论争中。直到第二次世界大战后，法国考古队在阿富汗北部大月氏贵霜王朝统治中心进行考古发掘，发现了迦腻色迦王碑铭。该碑是用希腊字母写成的前所未知的大夏—吐火罗语（属于伊朗语的一支），被认为是真正的吐火罗语。所以，自20世纪40年代以后，学界一般就不再使用"吐火罗语"这一名称了，但国际语言学界关于所谓吐火罗语名称的争论至今仍未有定论。我国学者季羡林、王静如等针对该语言的命名问题也发表过一些论著。季羡林在《吐火罗语的发现与考释及其在中印文化交流中的作用》一文中，论证了吐火罗语即焉耆—龟兹语。1980年10月在北京召开的中国民族古文字展览会上正式把旧称"吐火罗文"改为"焉耆—龟兹文"。

二　语言文字

焉耆—龟兹文是公元3—9世纪居住在新疆地区操印欧语言的民族所使用的一种文字。所用的字母是印度的婆罗米字母斜体，记录的语言属于印欧语系伊朗语族的东支。据比较语言学研究，焉耆—龟兹语与史前古代赫梯语（Hittite）及印欧语系其他古代语言有着密切关系，学者认为它是迄今所知最古老的原始印欧语的一支，在印欧语系中占有十分特殊的地位。

焉耆—龟兹语的语法非常完备，目前发现的词汇已达数千个。词类有名词、代词、动词、数词、副词、前置词、后置词等十多类。名词、代词、数词、形容词四类都有性、数、格的变化。动词有人称、时态等形式。前后缀广泛应用。名词分阴性和阳性、单数和复数，包括有主、宾、属、用、方位、呼六格，变格的形式较为复杂。数词的性、数、格变化形式大致与名词相同；形容词与名词的区分不太明确。动词结构复杂：有人称的单、复数变化，有时与态的变位交替，个别时态还有阴性、阳性的区分。甲乙两种方言中，动词的词义与变化各成体系，差异很大。

焉耆—龟兹文有元音字母12个，辅音字母47个。元音字母与辅音字母拼合时，元音字母以符号形式加写在辅音字母的上方或下方。行文从左到右，自上而下，不分词。

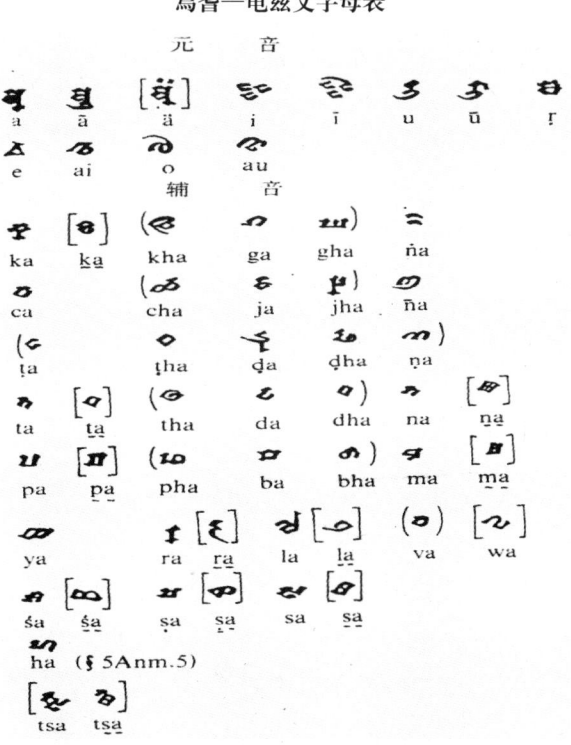

焉耆—龟兹文字母表

第三章

文字的载体类别和分类

新疆出土的焉耆—龟兹文文献,其载体多为纸张,且多为手制的比较粗糙的纸,所以文献多为手抄本。装帧形式为当时流行于中亚的梵夹式。此外还有一些题记和碑铭。

图 1　焉耆—龟兹文木牍

焉耆—龟兹文文献的种类和内容十分丰富,很多已经刊布。这些文献资料以佛教经卷为主,还有剧本、演唱故事、民间传说、诗歌、字书、公文账册以及一些医学、史料和题识等。焉耆—龟兹文文献可分类如下:

1. 佛教经典:《法句经》、《佛所行赞》、《一百五十赞颂》、《杂阿含经》、《十二因缘经》、《十颂律比丘戒本》、《脱胎经》、《辨业经》、《饿鬼经》等。

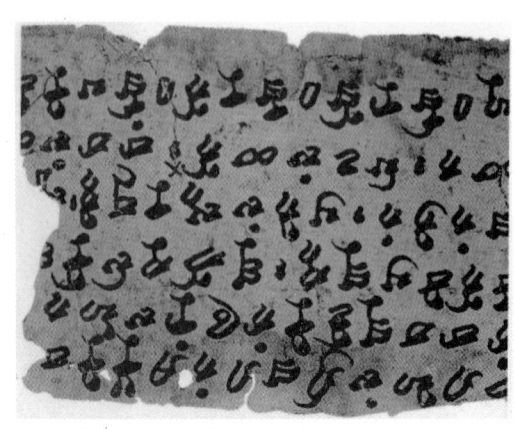

图 2　龟兹文佛经残片

2. 剧本：剧本多也是焉耆—龟兹文文献的一大特色。著名剧本有《弥勒会见记》，还有《佛弟子难陀生平》，它们是我国现存最早的两个古代剧本。

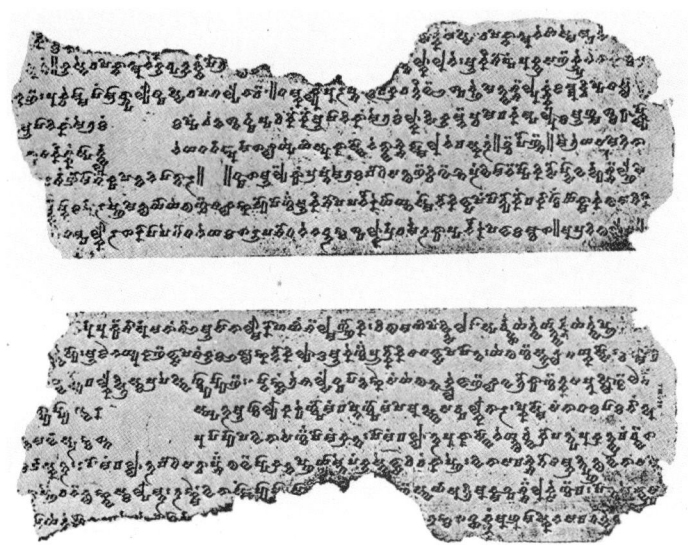

图 3　《弥勒会见记》（柏林藏本）

焉耆文《弥勒会见记》为一古老剧本，约流传于公元 5—6 世纪。剧本由 27 幕组成，描绘的内容是弥勒菩萨上兜率天，以及在弥勒净土的各种见闻趣事。原件现藏柏林。1974 年冬在新疆焉耆发现另一剧本写本，其内容为第五幕剧情，现存 88 页，每页书写 8 行，原件现存新疆博物馆。

3. 演唱故事：《六牙白象本生故事》、《阿离念弥长者本生故事》、《须大拿太子故事》、《福力太子故事》、《木匠与画师的故事》、《画家的传说》、《国王的故事》等。

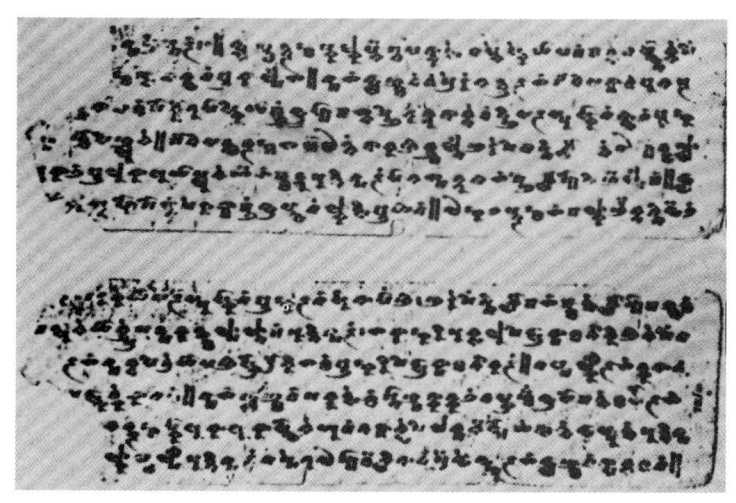

图 4　龟兹文《六牙白象故事》

《六牙白象故事》为一佛教本生故事，描写一个象王为执仗正义，慷慨献出双牙。故事有多种写本，曾在印度、中亚和中国广为流传。

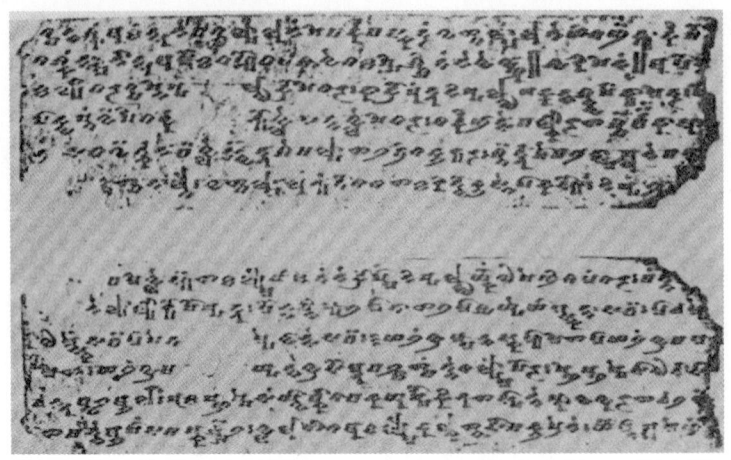

图 5 龟兹文《福力太子因缘经》残片

《福力太子因缘经》为佛教经典，描述福力太子不自由的婚姻、生活与游历片段。译文精练流畅，是焉耆文写本的精品。美、法、德各国均有不同语种的翻译。

图 6 带有龟兹文的版画

4. 诗歌：著名的有《箴言诗集》、《摩尼赞美诗》，此外还有一些爱情诗片段。

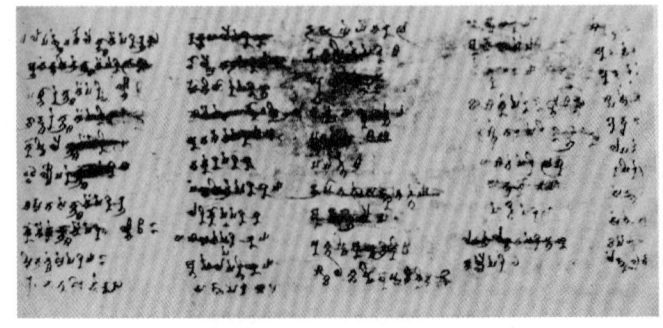

图 7 龟兹文诗歌体偈颂

该诗歌为一首佛教偈颂，运用诗律的形式写成。

5. 字书：主要有"古龟兹语—回鹘语"、"梵语—龟兹语"对译字书。

6. 公文账册：主要是《商旅通行简》、政令残片、寺院出纳账目、经济往来账单等。

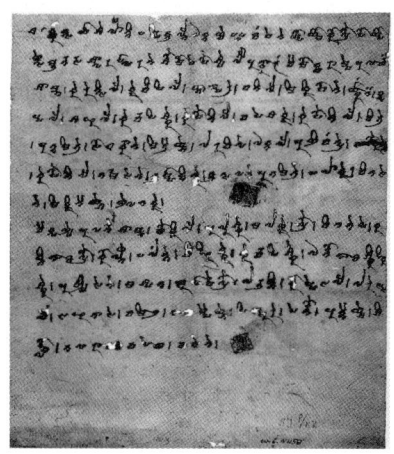

图 8　龟兹文文书

7. 钱币：主要有龟兹五铢钱。

图 9　龟兹五铢钱

圆形方孔铜钱，一面铸龟兹文，一面铸汉字"五铢"。故又称"汉龟二体钱"或"汉龟二体五铢钱"。有多种类型流行，图为其主要种类。关于龟兹五铢钱，《大唐西域记》曾记"货用金钱、银钱、小铜钱"。此处"小铜钱"一般认为即龟兹五铢钱及其无文小铜钱。在以今新疆库车为中心的轮台、库车、沙雅、新和等地出土有大量龟兹五铢钱，是研究古龟兹国经济、文化交流的重要实物材料。

8. 其他：医学有龟兹医术与咒语等；史料多见于一些简刻；题识则主要是壁画题记和石窟铭刻，有 200 余款。

图 10　带有龟兹文的瓦片

图 11　龟兹文题记

从以上的介绍可以看出，焉耆—龟兹语文字资料很丰富，有佛教用语、文学用语、官署用语、货币用语等，考古发现有石刻文、陶文、壁画文、木简、帛和纸文书及佛经等实物资料，成为补史和印史的重要文献例证。

第四章

文献的发掘、研究简况

19世纪中叶以后，当西方人偶然发现了我国新疆地区出土的一些古老的文献资料后，这些人都被这种未知的但又极其古老的资料所吸引，于是外国"探险者"或"考古队"不断深入我国新疆搜求类似的文物资料。

从1890年到第一次世界大战爆发期间，分别有法国、俄国、德国、日本、英国等国家的"探险队"或个人多次在新疆进行考古发掘。焉耆—龟兹文文献就是其中的重大发现之一。德国的"探险队"由格伦威德尔、勒柯克领队，在吐鲁番、焉耆、库车三处搜掘了大量的焉耆文文献，现藏于柏林。法国的伯希和在库车和敦煌两处进行发掘，英国的斯坦因则在和阗（今和田）进行发掘，后二者发掘的资料中也包括焉耆—龟兹语文献资料，其中主要是龟兹语文献，现藏于巴黎和伦敦。

由于历史原因，现存焉耆—龟兹文文献大都藏于柏林、巴黎、伦敦、列宁格勒、新德里、东京、乌鲁木齐等地。根据当时各国"探险队"的发掘情况看，焉耆文文献主要被德国探险队搜掘走，他们当时发掘的地点正是当年焉耆语的流行地区。此外1974年，在新疆焉耆县七个星千佛洞附近，又发现了一批焉耆文文献残卷。据学者研究，该残卷是剧本《弥勒会见记》，共有88页，现保存在乌鲁木齐新疆博物馆中。现在世界上已经发现的焉耆文文献基本上就是上述两批。龟兹文文献残卷，德国、法国、英国等国家都有收藏。据推测，法国收藏的龟兹文文献残卷较多。目前这些文献残卷大部分已经刊布。各国的学者根据自己所占有的资料，进行了细致的研究。

对于焉耆—龟兹文文献的刊布，德国起步较早。1921年德国学者泽格和泽格林就合作发表了《吐火罗语残卷A》两卷，第一卷是甲种方言转写和德文释义，第二卷是图版。在季羡林先生的《敦煌吐鲁番吐火罗语研究导论》一书中，主要根据该书介绍了藏于欧洲的焉耆—龟兹文文献的收藏情况，书中介绍了文献的出土地点、保存状况、纸张、书法、保存的页数及页面大小，装帧形式、内容介绍以及一些初步的研究等。关于乙种方言文献，在泽格和泽格林去世后，由托马斯整理其遗稿，分别于1949年和1953年出版了《吐火罗语残卷B》。

20世纪20年代初法国学者列维曾受伯希和之请，整理巴黎所藏的乙种吐火罗语文献。1933年，列维刊布了《龟兹文献残卷》一册。1935年，列维病故后，费约扎接替他的工作，于1958年在巴黎出版了《龟兹的医学和咒语文献残卷》。法国的整理刊布工作曾一度中止，直到20世纪70年代，法国又开始全面整理伯希和特藏的工作。

莱恩在1949年发表了《福力太子因缘经》英译本，该书颇受学界赞誉。

日本东京也藏有一部分焉耆—龟兹文文献残卷，从事研究的学者主要为井之口泰淳。20世纪60年代日本出版过一套《西域文化研究》，其第四卷分主册和别册两种。主册介绍吐火罗语文献的刊布、分类情况，别册刊布了《七法中皮革法》第五、《入阿毗达摩论》、《寺院出纳记录》片段等文献。

俄国和印度收藏的焉耆—龟兹文文献除刊布了一些片段外，大多尚未整理译释。

焉耆—龟兹语的语法著作，最早的是列维 1912 年发表的《吐火罗语文献中的语法形式杂考》，这是关于乙种方言的早期语法著作。1931 年，泽格和泽格林在比较语言学家 W. Schulze 的协助下出版了《吐火罗语法》。这在吐火罗语研究史上是一件大事，为吐火罗语研究奠定了坚实的基础。有关吐火罗语语法研究的著作还有佛朗克的《论吐火罗语语法》、裴德森的《吐火罗语名词格的变化》、《吐火罗语名词的变化》和普恰的《吐火罗语结构研究》等。

以上这些对吐火罗语语法的研究著作偏重于描写，而对其进行比较研究的学者主要有裴德森、温德金斯、顾弗勒等。裴德森是比较语言学家，关于吐火罗语语法的研究著作不下十种，如《吐火罗语》、《赫特语与其他印欧语言》等。温德金斯毕生从事吐火罗语研究，写过不少论著，如《论吐火罗语中的印欧语汇成分》、《吐火罗语方言字源辞典》、《吐火罗语词法（形态学）比较》、《吐火罗语论丛》等，都具有较高的学术水平。顾弗勒研究吐火罗语语法也颇有建树，其代表作有《吐火罗语比较语法》、《吐火罗语词尾 au 与词素 oy 和 i》、《评裴德森的〈吐火罗语〉》等。

需要指出的是，20 世纪 50 年代以前的研究主要是偏重于甲种方言（焉耆语），50 年代以后逐渐转向乙种方言（龟兹语）的研究。

1950 年依万杰里斯特发表《吐火罗语语法》。1952 年年初，莱恩在《语言》杂志增刊号上发表《龟兹语语法研究》，同年又发表了《西部吐火罗语语法——动词篇》。苏联学者麦尔丘克在《吐火罗语语法》、《龟兹语语法研究》和克劳泽的《西部吐火罗语语法》基础上，编写了一部《吐火罗语词法概要》，于 1959 年在莫斯科出版，该书为初学者提供了极大的方便。研究吐火罗语句法的著作有德国托马斯的《吐火罗语过去时态用法》一书。

词汇方面的早期专著是 1941 年出版的温德金斯著《吐火罗语方言字源辞典》。1948 年美国出版莱恩所编的《福力太子因缘经》的词汇近二千条。1955 年捷克学者普恰的《吐火罗语结构》，又名《吐火罗语—拉丁语字典》，分上、下两册，上册为词汇，下册为文献。此外研究甲乙方言词汇的著述还有米罗诺夫的《吐火罗语中的印欧语借词》、裴德森的《吐火罗语与赫特语的关系》，1976 年比利时的温德金斯出版了《焉耆—龟兹语与印欧语对照手册》。

研究语音学的著作主要有温德金斯 1978 年再版的《吐火罗语语音与词汇》一书，但关于语音学研究尚无专著。

首次为焉耆—龟兹文研究著述编目的是杰克，他在 1948 年曾发表《吐火罗语研究论文目录》。其后编目的有苏联的麦尔丘克。1959 年德国的施文特纳编了《吐火罗语著述目录（1989—1958）》，此书有茨默的续编，刊于 1980 年。

我国早期介绍和研究焉耆—龟兹文的著述主要有：王国维《最近二三十年中国发现之学问》、贺昌群《近年西北考古的成绩》、向达《十九世纪后半期西域探险略表》、方壮猷《三种古代西域语之发现及其考释》和《龟兹国语及其研究之端绪》、冯承钧《吐火罗语考》（译文集）、冯家昇《月氏之民族与研究之结论》、王静如《论吐火罗及吐火罗语》、王斐烈《论吐火罗语》、子范《吐火罗语略说》。

季羡林先生在 20 世纪 40 年代留德期间，曾在哥廷根大学跟随西格教授认真研究吐火罗语，取得显著成绩。季羡林于 1943 年在德国东方学会杂志上发表《吐火罗语文本福力太子本生故事》。此文考证甲方言的《福力太子因缘经》版本译注和词汇语源诸方面，颇有独到之处，为欧洲语言学界所重视，英国学者曾将此文节译发表。此后，季羡林又发表了《吐火罗文 A 的三十二相》、《吐火罗语的发现与考释及其在中印文化交流中的作用》。1975 年在我国新疆焉耆出土了 44 张 88 页吐火罗语 A 剧本《弥勒会见记》残卷，季羡林从 20 世纪 80 年代开始，经过十多年的艰苦努力，对全部残卷进行释读，分别用中文和英文发表了论文多篇，并在德国学者温特和法国学者皮诺的帮助下，于 1998 年用英文出版了《吐火罗文〈弥勒会见记〉译释》。同年出版的《季羡林文集》（江西教育出版社 1998 年版）第 11 卷收入此书，并加上了中文长篇导论。第 12 集《吐火罗语研究》也是对于吐火罗语研究的力作。这是吐火罗学研究史上的空前之举，受到国际学术界的高度赞誉。

此外对吐火罗语进行研究的还有：李铁《焉耆—龟兹文》、《焉耆—龟兹文及其文献》；王欣《吐火罗之名考》、《吐火罗史研究》；伊斯拉菲尔·玉苏甫、安东瓦尔·哈斯木《吐火罗语及其研究情况》。

第 五 章

文献珍品图片及说明

图片说明：以下图片是 1974 年在新疆焉耆出土的吐火罗本《弥勒会见记》共 44 张 88 页。现保存在新疆维吾尔自治区博物馆中。在德国也保存有《弥勒会见记》的残页，也属于吐火罗语 A（焉耆语）。"德国本"虽然数量较大，但是不像"新博本"这样集中，新博本的绝大部分都集中在第一、二、三、四、五幕。

图 1　弥勒会见记第一幕图片 MSN Ⅰ.1a（YQ1.30 1/2）& MSN Ⅰ.1b（YQ1.30 1/1） ……… (1313)
图 2　弥勒会见记第一幕图片 MSN Ⅰ.2a（YQ1.29 1/2）& MSN Ⅰ.2b（YQ1.29 1/1） ……… (1314)
图 3　弥勒会见记第一幕图片 MSN Ⅰ.3a（YQ1.32 1/2）& MSN Ⅰ.3b（YQ1.32 1/1） ……… (1314)
图 4　弥勒会见记第一幕图片 MSN Ⅰ.4a（YQ1.28 1/2）& MSN Ⅰ.4b（YQ1.28 1/1） ……… (1314)
图 5　弥勒会见记第一幕图片 MSN Ⅰ.5a（YQ1.17 1/2）& MSN Ⅰ.5b（YQ1.17 1/1） ……… (1315)
图 6　弥勒会见记第一幕图片 MSN Ⅰ.6a（YQ1.16 1/2）& MSN Ⅰ.6b（YQ1.16 1/1） ……… (1315)
图 7　弥勒会见记第一幕图片 MSN Ⅰ.7a（YQ1.15 1/2）& MSN Ⅰ.7b（YQ1.15 1/1） ……… (1315)
图 8　弥勒会见记第一幕图片 MSN Ⅰ.8a（YQ1.3 1/2）& MSN Ⅰ.8b（YQ1.3 1/1） ……… (1316)
图 9　弥勒会见记第一幕图片 MSN Ⅰ.9a（YQ1.9 1/2）& MSN Ⅰ.9b（YQ1.9 1/1） ……… (1316)
图 10　弥勒会见记第一幕图片 MSN Ⅰ.10a（YQ1.1 1/2）& MSN Ⅰ.10b（YQ1.1 1/1） …… (1316)
图 11　弥勒会见记第二幕图片 MSN1.1a（YQ1.2 1/2）& MSN Ⅱ.1b（YQ1.2 1/1） …… (1317)
图 12　弥勒会见记第二幕图片 MSN Ⅱ.2a（YQ1.4 1/2）& MSN Ⅱ.2b（YQ1.4 1/1） …… (1317)
图 13　弥勒会见记第二幕图片 MSN Ⅱ.3a（YQ1.42 1/2）& MSN Ⅱ.3b（YQ1.42 1/1） …… (1317)
图 14　弥勒会见记第二幕图片 MSN Ⅱ.4a（YQ1.8 1/2）& MSN Ⅱ.4b（YQ1.8 1/1） ……… (1318)
图 15　弥勒会见记第二幕图片 MSN Ⅱ.5a（YQ1.14 1/2）& MSN Ⅱ.5b（YQ1.14 1/1） …… (1318)
图 16　弥勒会见记第二幕图片 MSN Ⅱ.6a（YQ1.13 1/2）& MSN Ⅱ.6b（YQ1.13 1/1） …… (1318)
图 17　弥勒会见记第二幕图片 MSN Ⅱ.7a（YQ1.5 1/2）& MSN Ⅱ.7b（YQ1.5 1/1） 19 …… (1319)
图 18　弥勒会见记第二幕图片 MSN Ⅱ.8a（YQ1.6 1/2）& MSN Ⅱ.8b（YQ1.6 1/1） …… (1319)
图 19　弥勒会见记第二幕图片 MSN Ⅱ.9a（YQ1.7 1/2）& MSN Ⅱ.9b（YQ1.7 1/1） …… (1319)
图 20　弥勒会见记第二幕图片 MSN Ⅱ.10a（YQ1.12 1/2）& MSN Ⅱ.10b（YQ1.12 1/1） … (1320)
图 21　弥勒会见记第二幕图片 MSN Ⅱ.11a（YQ1.11 1/2）& MSN Ⅱ.11b（YQ1.11 1/1） … (1320)
图 22　弥勒会见记第二幕图片 MSN Ⅱ.12a（YQ1.10 1/2）& MSN Ⅱ.12b（YQ1.10 1/1） … (1320)
图 23　弥勒会见记第二幕图片 MSN Ⅱ.13a（YQ1.31 1/2）& MSN Ⅱ.13b（YQ1.31 1/1） 21 …… (1321)

图 24　弥勒会见记第二幕图片 MSN Ⅱ.14a（YQ1.33 1/2）&MSN Ⅱ.14b（YQ1.33 1/1）… (1321)
图 25　弥勒会见记第二幕图片 MSN Ⅱ.15a（YQ1.43 1/2）&MSN Ⅱ.15b（YQ1.43 1/1）… (1321)
图 26　弥勒会见记第三幕图片 MSN Ⅲ.1a（YQ1.21 1/2）&MSN Ⅲ.1b（YQ1.21 1/1）…… (1322)
图 27　弥勒会见记第三幕图片 MSN Ⅲ.2a（YQ1.22 1/2）&MSN Ⅲ.2b（YQ1.22 1/1）…… (1322)
图 28　弥勒会见记第三幕图片 MSN Ⅲ.3a（YQ1.44 1/2）&MSN Ⅲ.3b（YQ1.44 1/1）…… (1322)
图 29　弥勒会见记第三幕图片 MSN Ⅲ.4a（YQ1.23 1/2）&MSN Ⅲ.4b（YQ1.23 1/1）…… (1323)
图 30　弥勒会见记第三幕图片 MSN Ⅲ.5a（YQ1.24 1/2）&MSN Ⅲ.5b（YQ1.24 1/1）…… (1323)
图 31　弥勒会见记第三幕图片 MSN Ⅲ.6a（YQ1.25 1/2）&MSN Ⅲ.6b（YQ1.25 1/1）…… (1323)
图 32　弥勒会见记第三幕图片 MSN Ⅲ.7a（YQ1.26 1/2）&MSN Ⅲ.7b（YQ1.26 1/1）…… (1324)
图 33　弥勒会见记第三幕图片 MSN Ⅲ.8a（YQ1.41 1/2）&MSN Ⅲ.8b（YQ1.41 1/1）…… (1324)
图 34　弥勒会见记第三幕图片 MSN Ⅲ.9a（YQ1.20 1/2）&MSN Ⅲ.9b（YQ1.20 1/1）…… (1324)
图 35　弥勒会见记第三幕图片 MSN Ⅲ.10a（YQ1.18 1/2）&MSN Ⅲ.10b（YQ1.18 1/1）… (1325)
图 36　弥勒会见记第三幕图片 MSN Ⅲ.11a（YQ1.19 1/2）&MSN Ⅲ.11b（YQ1.19 1/1）… (1325)
图 37　弥勒会见记第三幕图片 MSN Ⅲ.12a（YQ1.27 1/2）&MSN Ⅲ.12b（YQ1.27 1/1）… (1325)
图 38　弥勒会见记第五幕图片 MSN Ⅴ.1a（YQ1.39 1/2）&MSN Ⅴ.1b（YQ1.39 1/1）…… (1326)
图 39　MSN N.1a（YQ1.34 1/2）&MSN N.1b（YQ1.34 1/1） …………………………… (1326)
图 40　MSN N.2a（YQ1.35 1/2）&MSN N.2b（YQ1.35 1/1） …………………………… (1326)
图 41　MSN N.3a（YQ1.36 1/2）&MSN N.3b（YQ1.36 1/1） …………………………… (1327)
图 42　MSN N.4a（YQ1.37 1/2）&MSN N.4b（YQ1.37 1/1） …………………………… (1327)
图 43　MSN N.5a（YQ1.38 1/2）&MSN N.5b（YQ1.38 1/1） …………………………… (1327)
图 44　MSN N.6a（YQ1.40 1/2）&MSN N.6b（YQ1.40 1/1） …………………………… (1328)

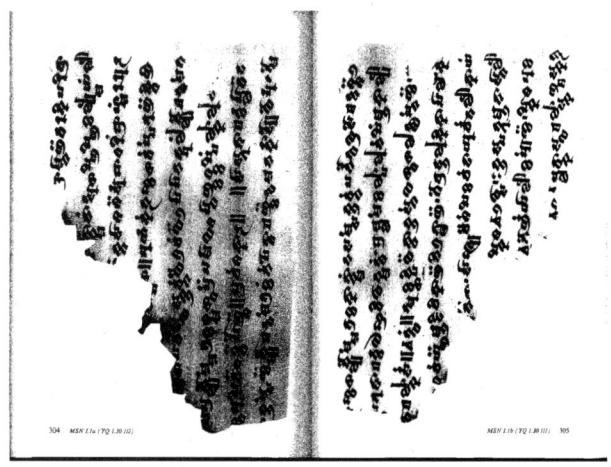

图 1　弥勒会见记第一幕图片 MSN Ⅰ.1a（YQ1.30 1/2）&MSN Ⅰ.1b（YQ1.30 1/1）

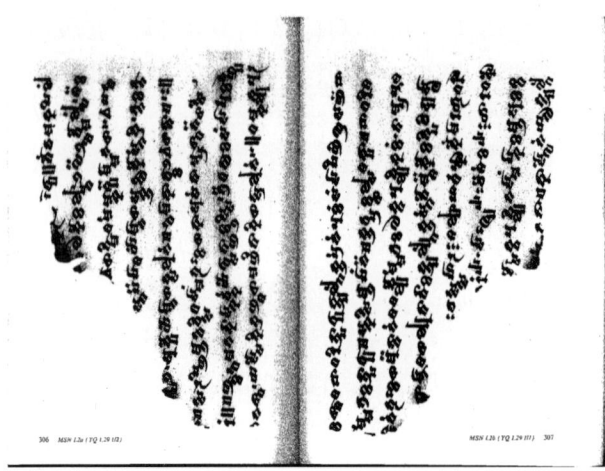

图 2　弥勒会见记第一幕图片 MSNⅠ.2a（YQ1.29 1/2）&MSNⅠ.2b（YQ1.29 1/1）

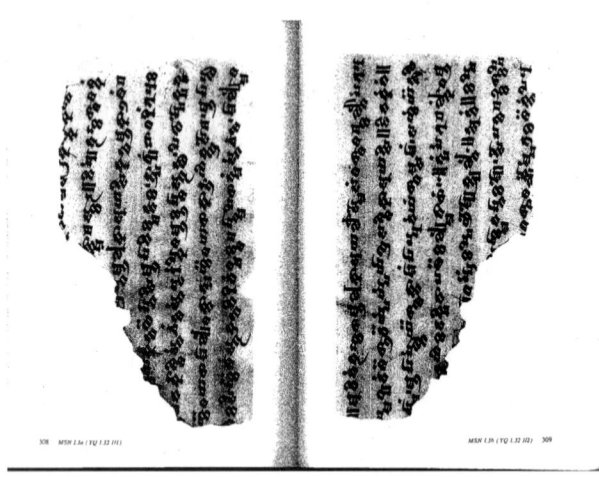

图 3　弥勒会见记第一幕图片 MSNⅠ.3a（YQ1.32 1/2）&MSNⅠ.3b（YQ1.32 1/1）

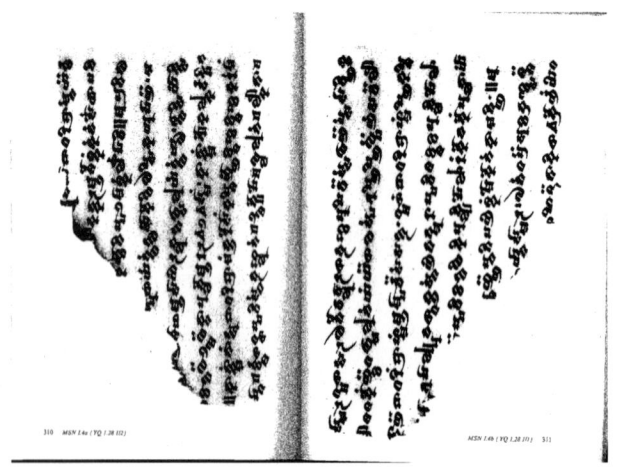

图 4　弥勒会见记第一幕图片 MSNⅠ.4a（YQ1.28 1/2）&MSNⅠ.4b（YQ1.28 1/1）

第五章 文献珍品图片及说明 1315

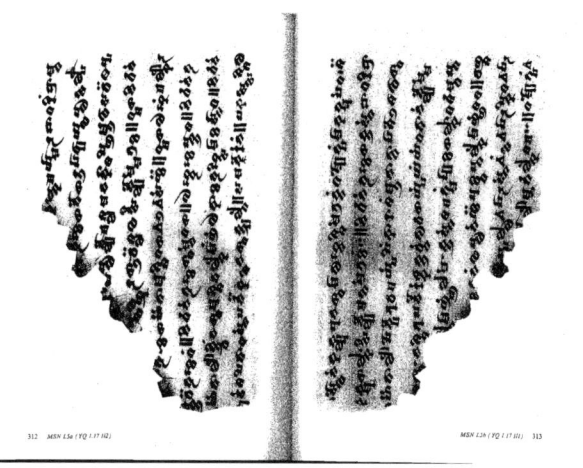

图5 弥勒会见记第一幕图片 MSNⅠ.5a（YQ1.17 1/2）&MSNⅠ.5b（YQ1.17 1/1）

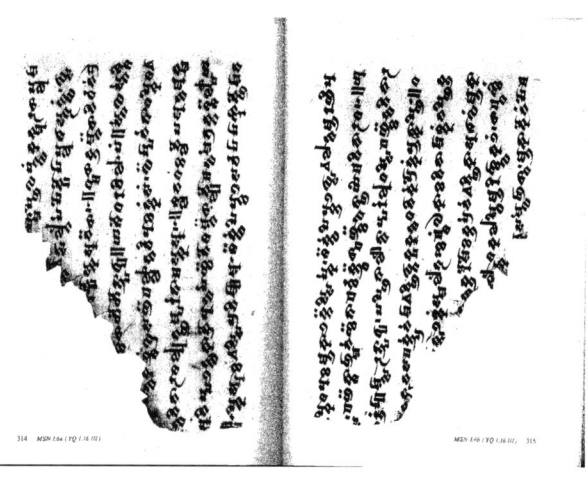

图6 弥勒会见记第一幕图片 MSNⅠ.6a（YQ1.16 1/2）&MSNⅠ.6b（YQ1.16 1/1）

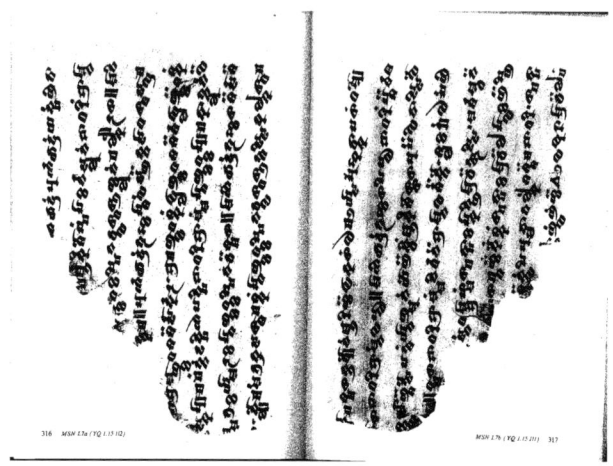

图7 弥勒会见记第一幕图片 MSNⅠ.7a（YQ1.15 1/2）&MSNⅠ.7b（YQ1.15 1/1）

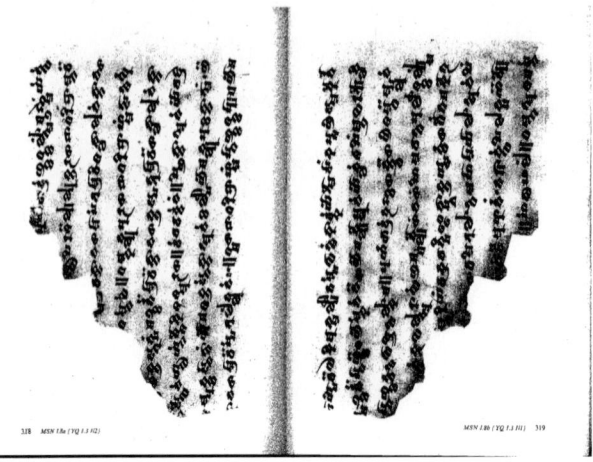

图8 弥勒会见记第一幕图片 MSNⅠ.8a（YQ1.3 1/2）&MSNⅠ.8b（YQ1.3 1/1）

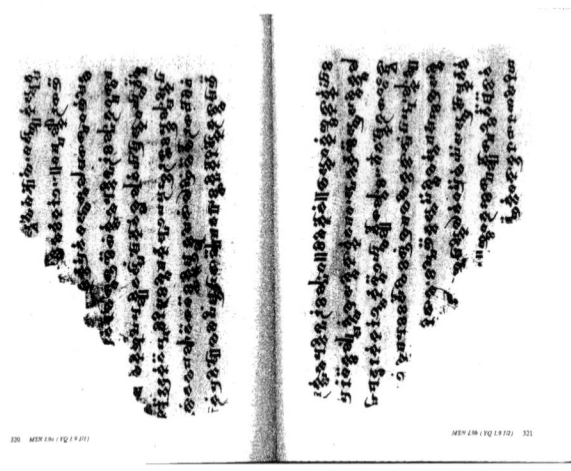

图9 弥勒会见记第一幕图片 MSNⅠ.9a（YQ1.9 1/2）&MSNⅠ.9b（YQ1.9 1/1）

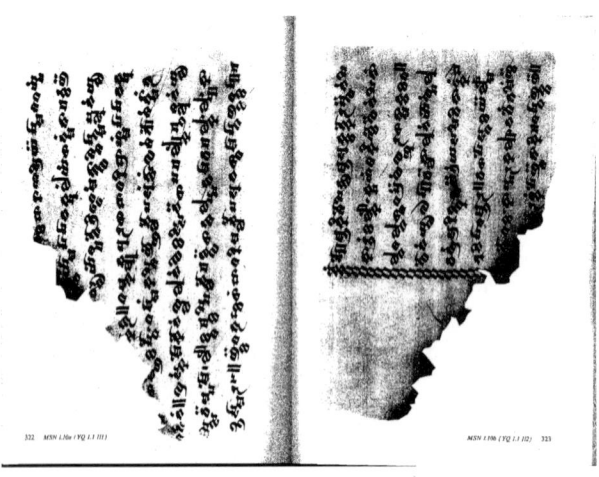

图10 弥勒会见记第一幕图片 MSNⅠ.10a（YQ1.1 1/2）&MSNⅠ.10b（YQ1.1 1/1）

第五章 文献珍品图片及说明 1317

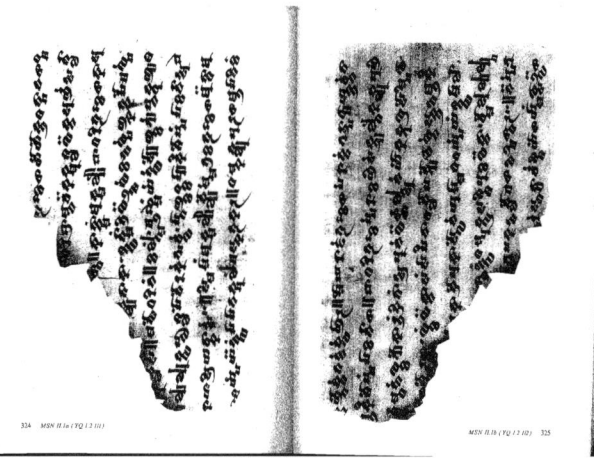

图11 弥勒会见记第二幕图片 MSN1.1a（YQ1.2 1/2）&MSNⅡ.1b（YQ1.2 1/1）

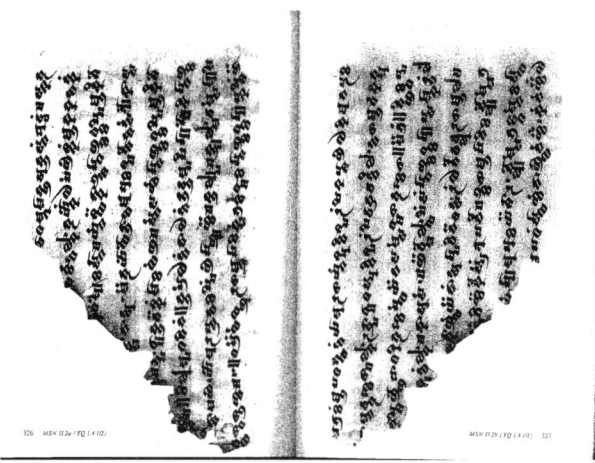

图12 弥勒会见记第二幕图片 MSNⅡ.2a（YQ1.4 1/2）&MSNⅡ.2b（YQ1.4 1/1）

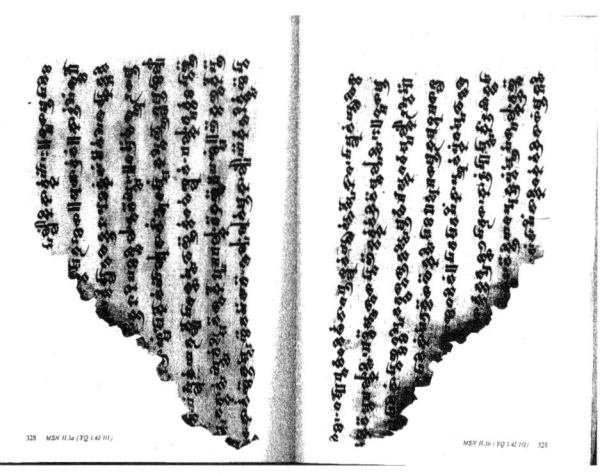

图13 弥勒会见记第二幕图片 MSNⅡ.3a（YQ1.42 1/2）&MSNⅡ.3b（YQ1.42 1/1）

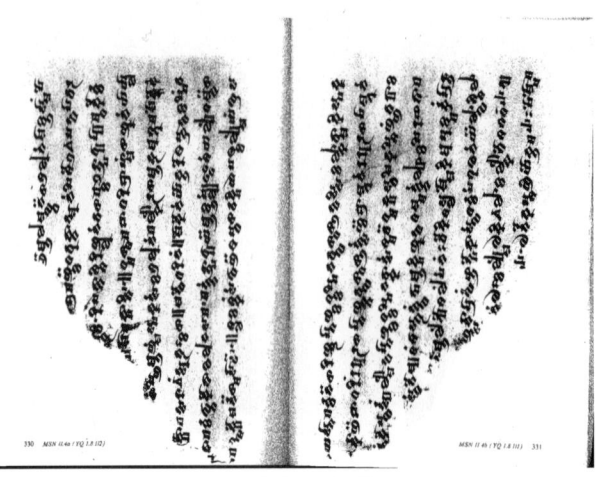

图 14 弥勒会见记第二幕图片 MSN Ⅱ.4a (YQ1.8 1/2) &MSN Ⅱ.4b (YQ1.8 1/1)

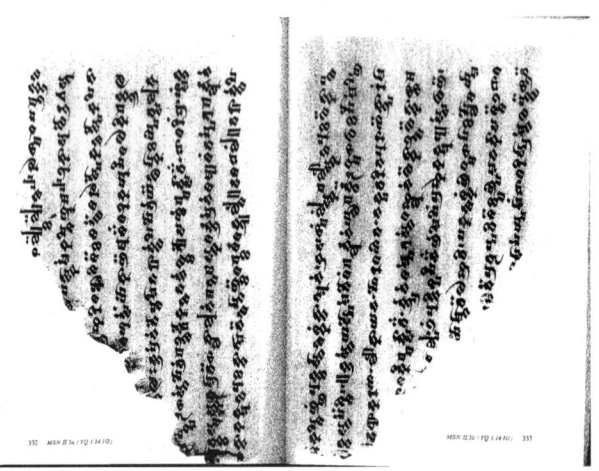

图 15 弥勒会见记第二幕图片 MSN Ⅱ.5a (YQ1.14 1/2) &MSN Ⅱ.5b (YQ1.14 1/1)

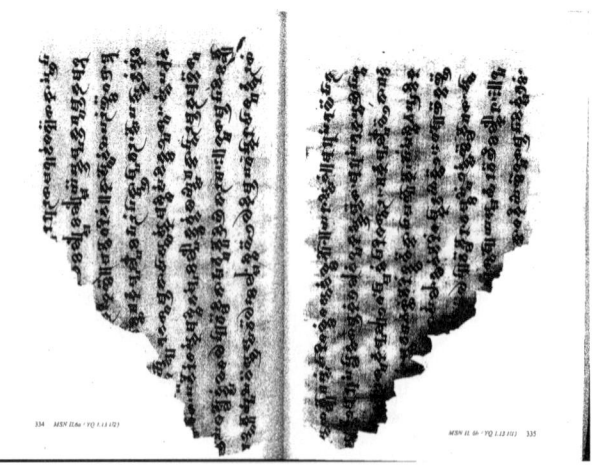

图 16 弥勒会见记第二幕图片 MSN Ⅱ.6a (YQ1.13 1/2) &MSN Ⅱ.6b (YQ1.13 1/1)

第五章 文献珍品图片及说明 1319

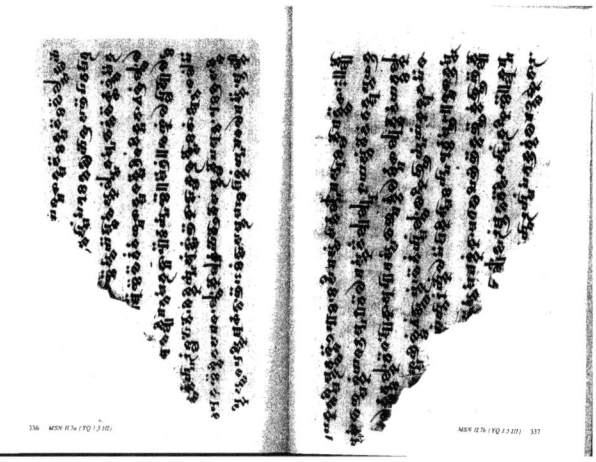

图17 弥勒会见记第二幕图片 MSNⅡ.7a（YQ1.5 1/2）&MSNⅡ.7b（YQ1.5 1/1） 19

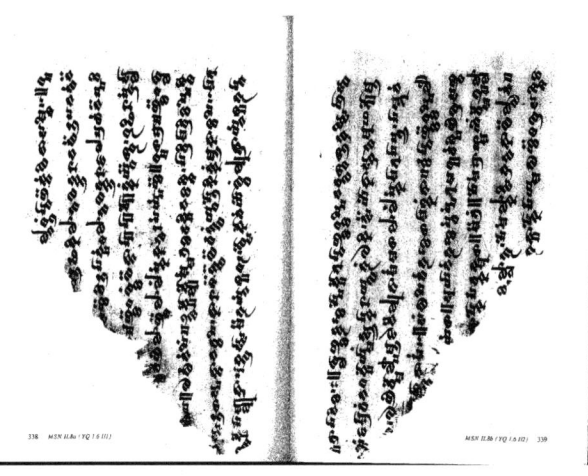

图18 弥勒会见记第二幕图片 MSNⅡ.8a（YQ1.6 1/2）&MSNⅡ.8b（YQ1.6 1/1）

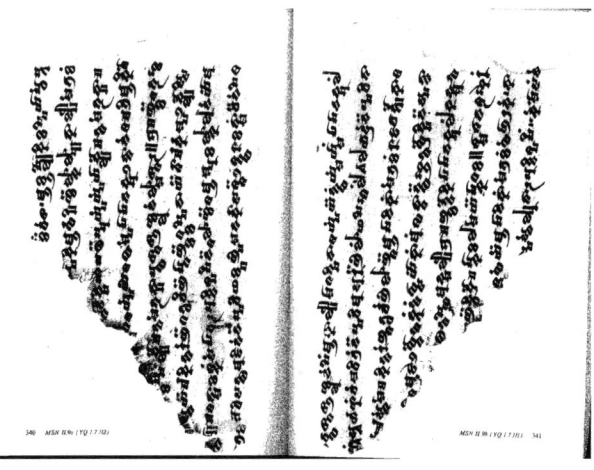

图19 弥勒会见记第二幕图片 MSNⅡ.9a（YQ1.7 1/2）&MSNⅡ.9b（YQ1.7 1/1）

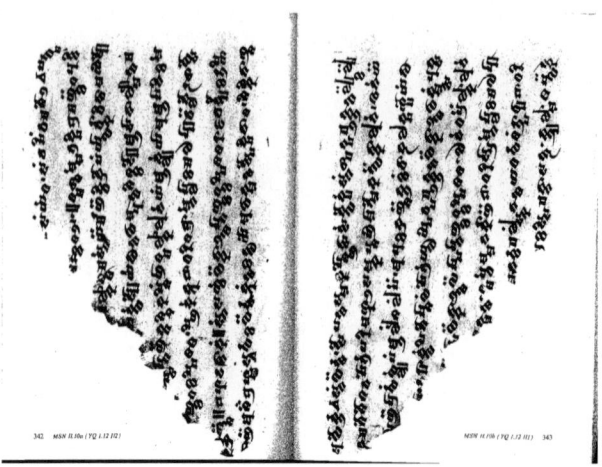

图 20　弥勒会见记第二幕图片 MSNⅡ.10a（YQ1.12 1/2）&MSNⅡ.10b（YQ1.12 1/1）

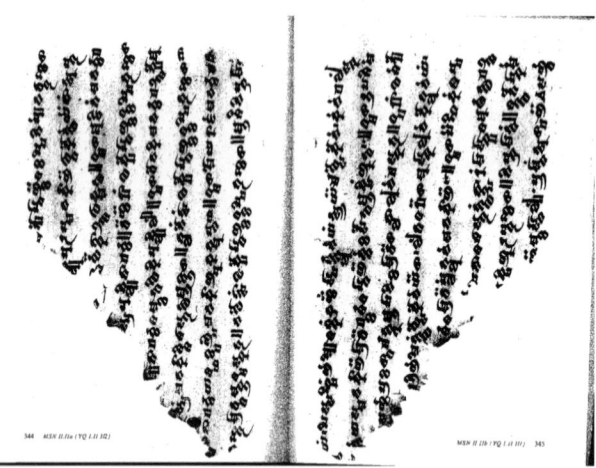

图 21　弥勒会见记第二幕图片 MSNⅡ.11a（YQ1.11 1/2）&MSNⅡ.11b（YQ1.11 1/1）

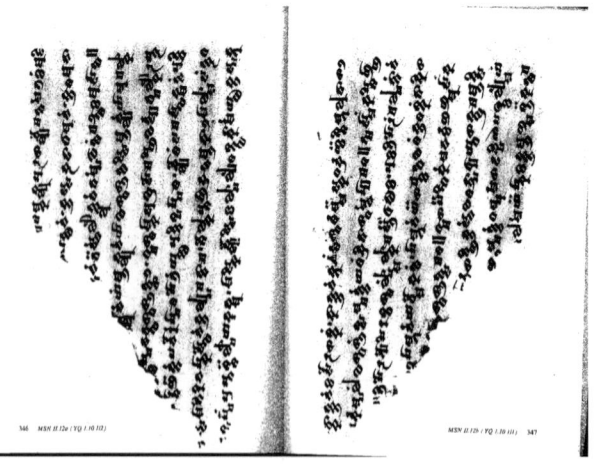

图 22　弥勒会见记第二幕图片 MSNⅡ.12a（YQ1.10 1/2）&MSNⅡ.12b（YQ1.10 1/1）

第五章 文献珍品图片及说明 1321

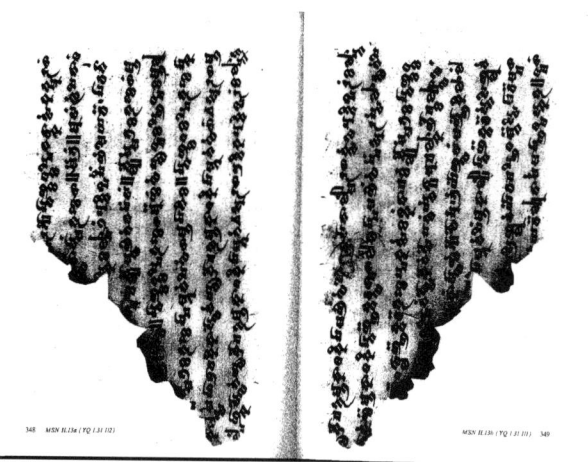

图 23 弥勒会见记第二幕图片 MSNⅡ.13a（YQ1.31 1/2）&MSNⅡ.13b（YQ1.31 1/1） 21

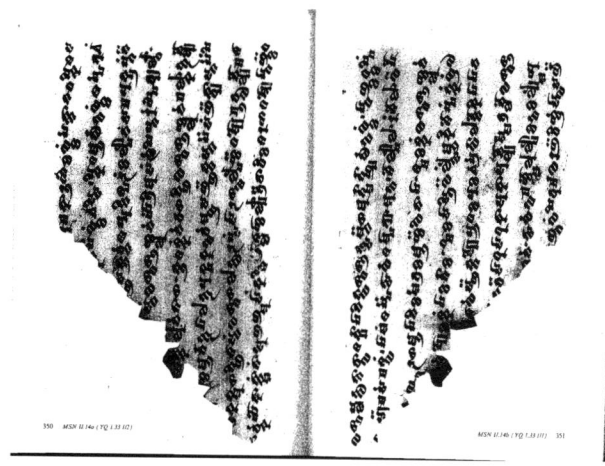

图 24 弥勒会见记第二幕图片 MSNⅡ.14a（YQ1.33 1/2）&MSNⅡ.14b（YQ1.33 1/1）

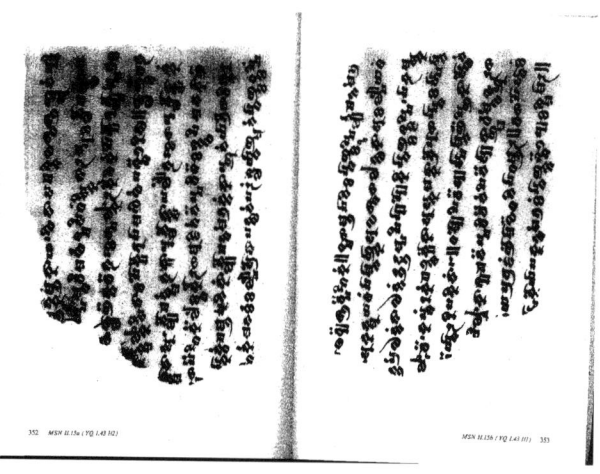

图 25 弥勒会见记第二幕图片 MSNⅡ.15a（YQ1.43 1/2）&MSNⅡ.15b（YQ1.43 1/1）

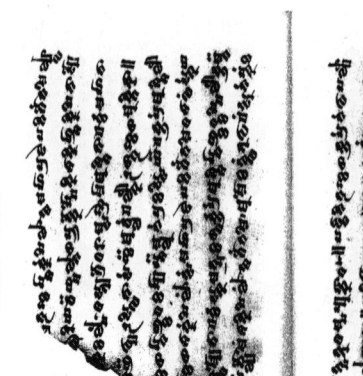

图26 弥勒会见记第三幕图片 MSNⅢ.1a（YQ1.21 1/2）&MSNⅢ.1b（YQ1.21 1/1）

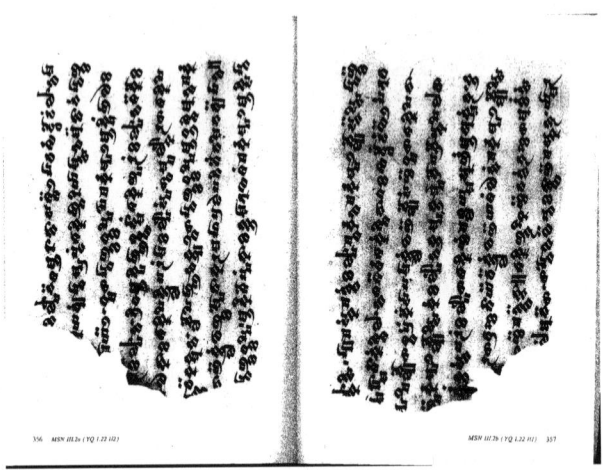

图27 弥勒会见记第三幕图片 MSNⅢ.2a（YQ1.22 1/2）&MSNⅢ.2b（YQ1.22 1/1）

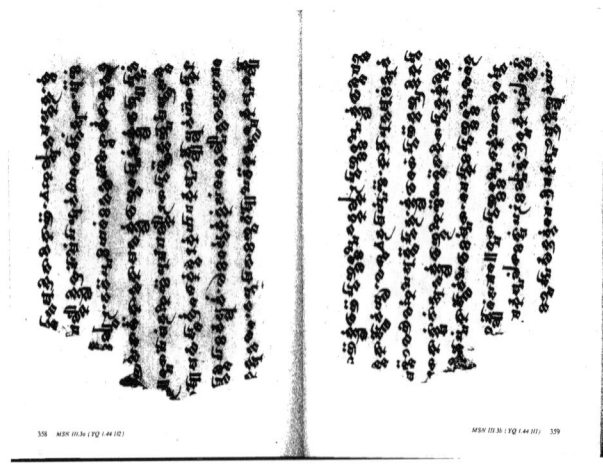

图28 弥勒会见记第三幕图片 MSNⅢ.3a（YQ1.44 1/2）&MSNⅢ.3b（YQ1.44 1/1）

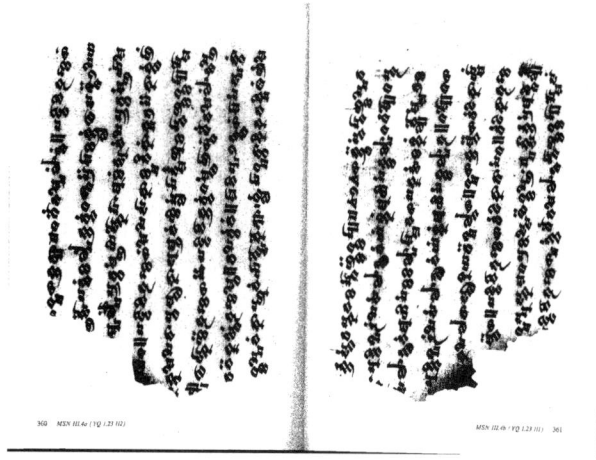

图29　弥勒会见记第三幕图片 MSNⅢ.4a（YQ1.23 1/2）&MSNⅢ.4b（YQ1.23 1/1）

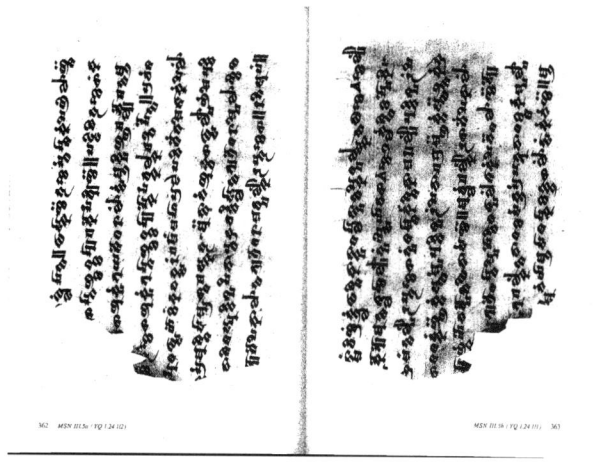

图30　弥勒会见记第三幕图片 MSNⅢ.5a（YQ1.24 1/2）&MSNⅢ.5b（YQ1.24 1/1）

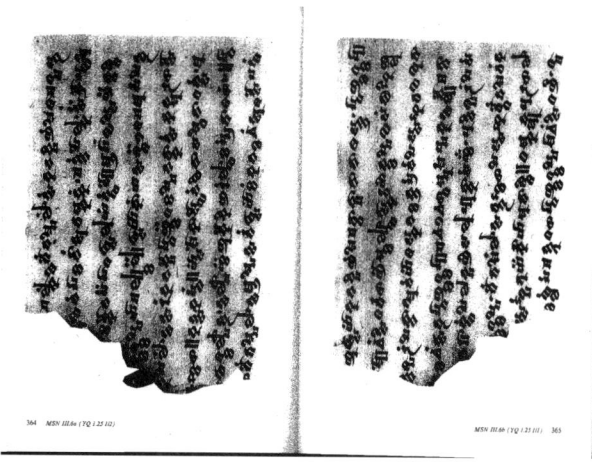

图31　弥勒会见记第三幕图片 MSNⅢ.6a（YQ1.25 1/2）&MSNⅢ.6b（YQ1.25 1/1）

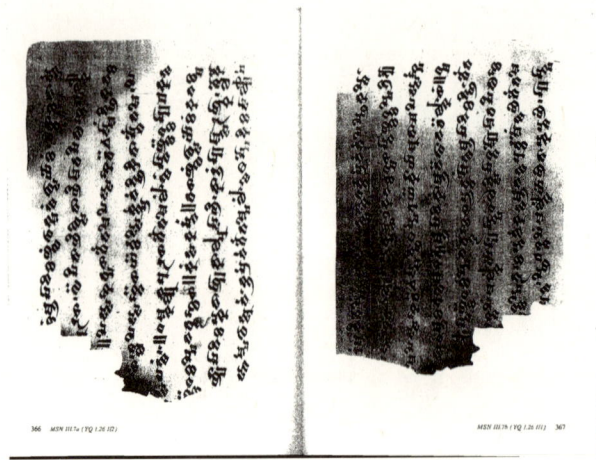

图 32　弥勒会见记第三幕图片 MSNⅢ.7a（YQ1.26 1/2）&MSNⅢ.7b（YQ1.26 1/1）

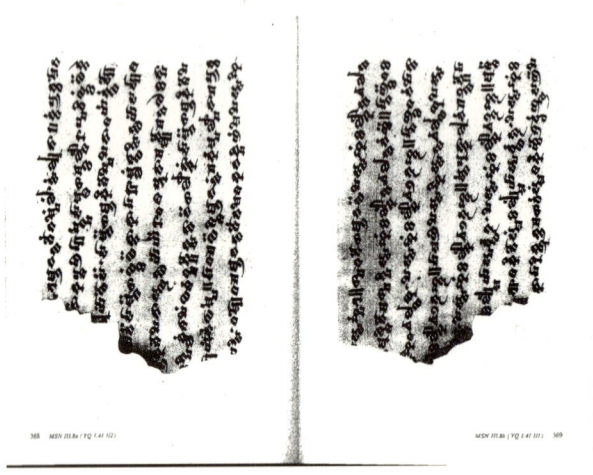

图 33　弥勒会见记第三幕图片 MSNⅢ.8a（YQ1.41 1/2）&MSNⅢ.8b（YQ1.41 1/1）

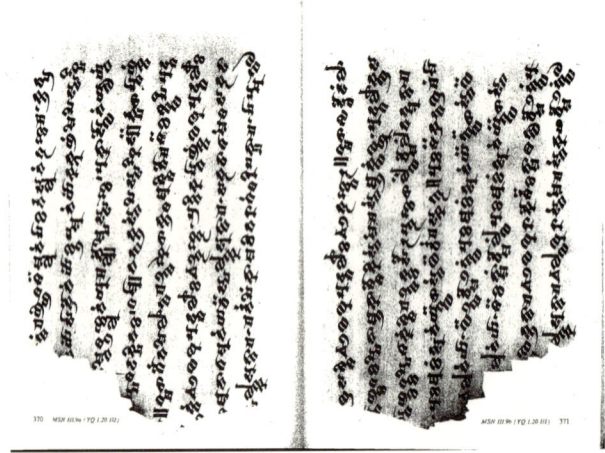

图 34　弥勒会见记第三幕图片 MSNⅢ.9a（YQ1.20 1/2）&MSNⅢ.9b（YQ1.20 1/1）

第五章　文献珍品图片及说明　1325

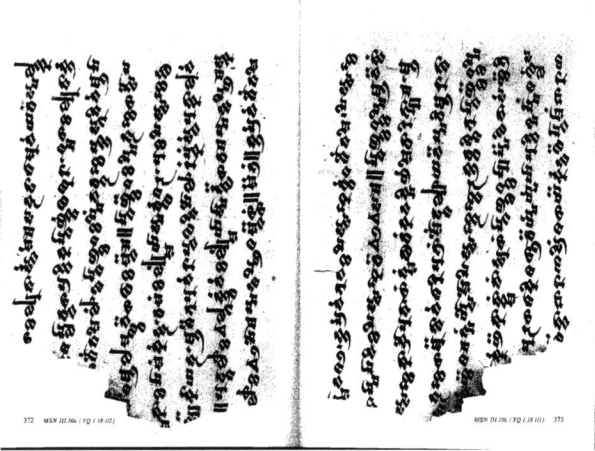

图35　弥勒会见记第三幕图片 MSNⅢ.10a（YQ1.18 1/2）&MSNⅢ.10b（YQ1.18 1/1）

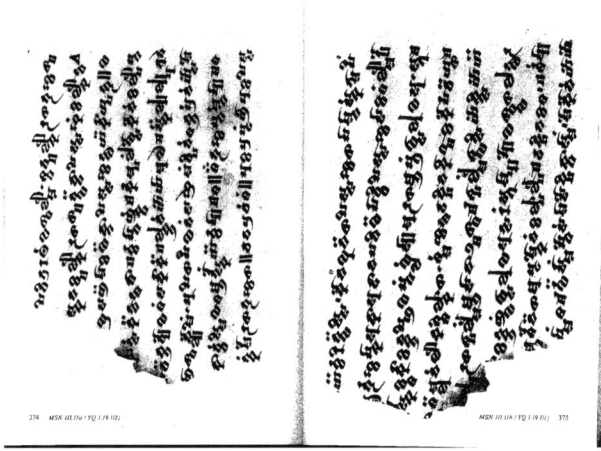

图36　弥勒会见记第三幕图片 MSNⅢ.11a（YQ1.19 1/2）&MSNⅢ.11b（YQ1.19 1/1）

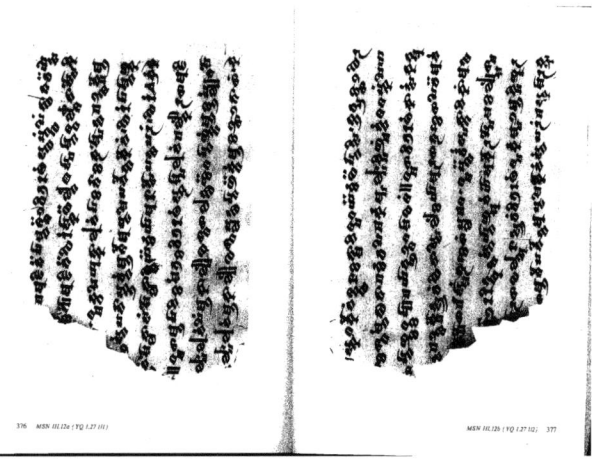

图37　弥勒会见记第三幕图片 MSNⅢ.12a（YQ1.27 1/2）&MSNⅢ.12b（YQ1.27 1/1）

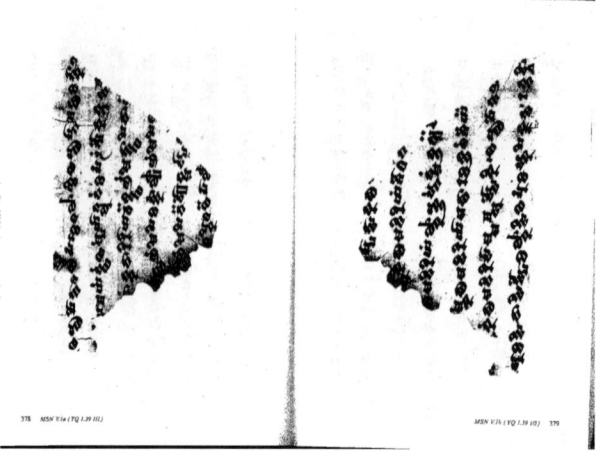

图38 弥勒会见记第五幕图片 MSN Ⅴ.1a（YQ1.39 1/2）&MSN Ⅴ.1b（YQ1.39 1/1）

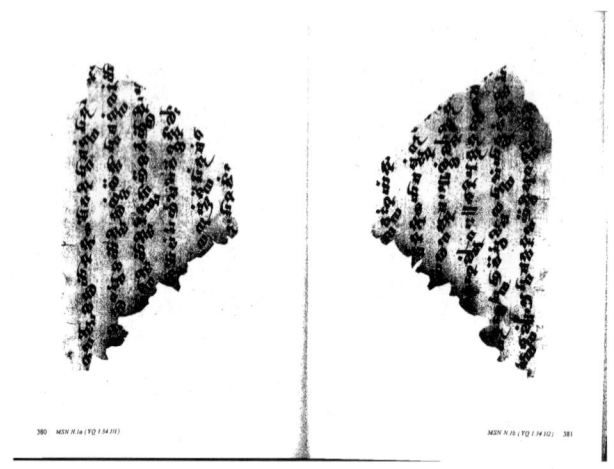

图39 MSN N.1a（YQ1.34 1/2）&MSN N.1b（YQ1.34 1/1）

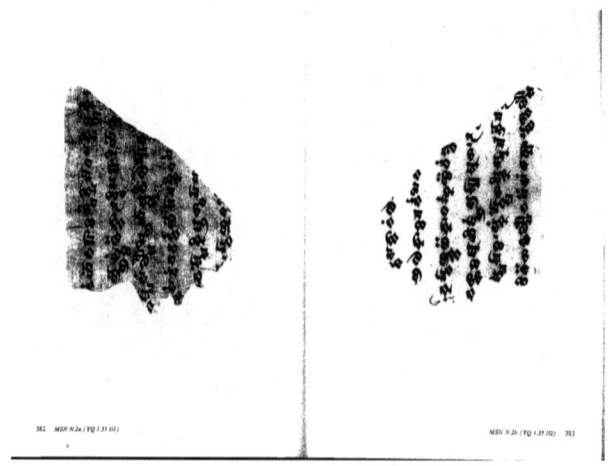

图40 MSN N.2a（YQ1.35 1/2）&MSN N.2b（YQ1.35 1/1）

第五章 文献珍品图片及说明 1327

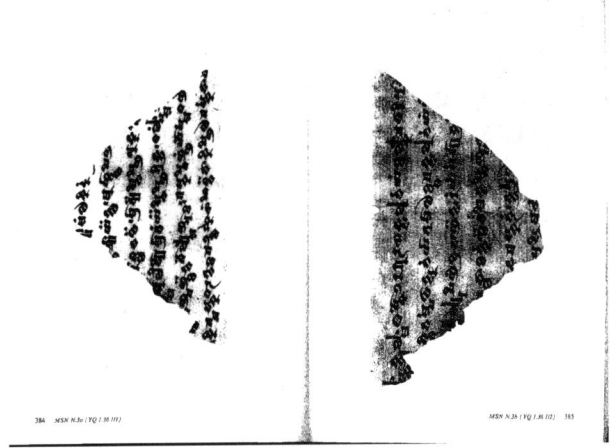

图41　MSN N. 3a（YQ1.36 1/2）&MSN N. 3b（YQ1.36 1/1）

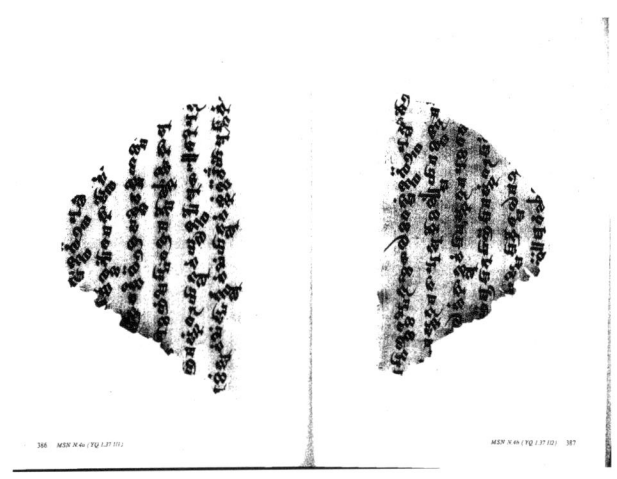

图42　MSN N. 4a（YQ1.37 1/2）&MSN N. 4b（YQ1.37 1/1）

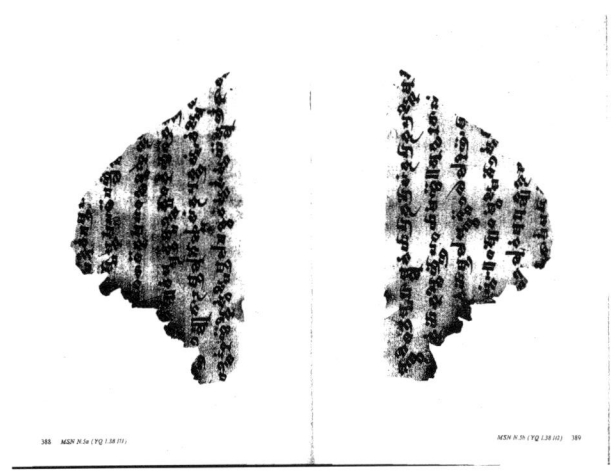

图43　MSN N. 5a（YQ1.38 1/2）&MSN N. 5b（YQ1.38 1/1）

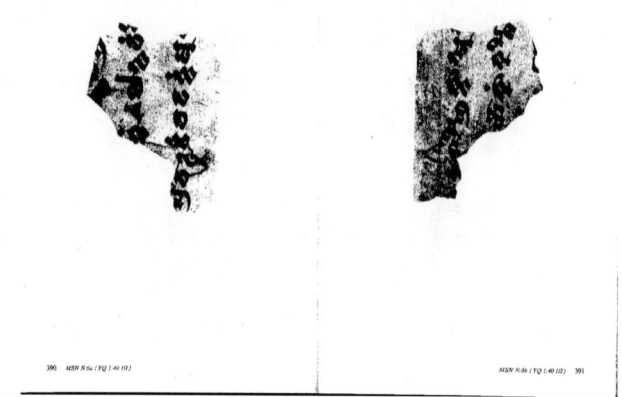

图44 MSN N. 6a (YQ1. 40 1/2) &MSN N. 6b (YQ1. 40 1/1)

图片简介：以上44幅图片为吐火罗A《弥勒会见记剧本》残卷。1974年在新疆焉耆县七个星千佛洞附近发现。该残卷是迄今发现的吐火罗A页数最多的本子，现保存在新疆维吾尔自治区博物馆。该残卷现存44张88页，由季羡林先生译释，先后在各种刊物上发表研究成果，1998年出版的季羡林文集第十二集《吐火罗文〈弥勒会见记〉译释》是研究该文献的重要著作，受到国内外学界赞誉。图片选自《吐火罗文〈弥勒会见记〉译释》。

第 六 章

文献珍品释读

"新博本"吐火罗 A（焉耆文）《弥勒会见记剧本》部分残页释读。

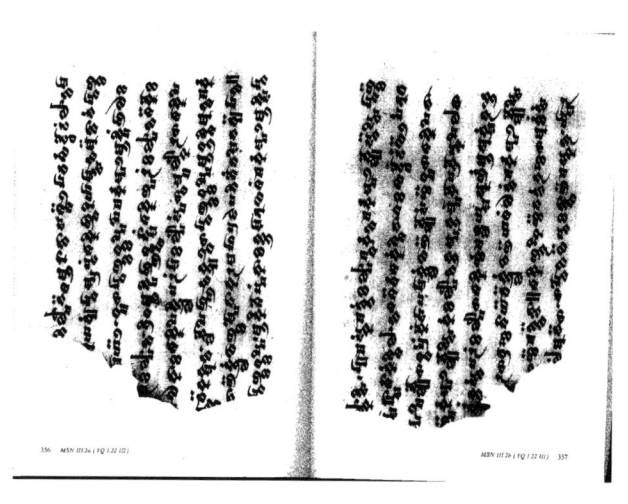

图 1　YQ1/21 1/2 [recto]

1//// • traṅkaṣ śākkeṣI lāts、mahāprajāpati gautamilywā

2//// • oriyacä、śmal naṣ、prutkoṣṣ oki śākkiñ śākkiṣinās yo

3//// • ke kalpe • sas nyagrodharām saṅkrāmā aśśi tāpark、mahānā

4(me)////-kañä、wyāras wināseñcä、acle palkoraṣ traṅkaṣ、muktikā‖

5////(paddini) traṅkaṣ、ptāñkat、kaṣyāp śämlune prakassi yäm、kupre aśśi lyo

6////-traṅkaṣ、śākkeṣI lāṃtse mahāprajāpati gautamis、śāwaṃ skeya

7(ṣ)////tak tamyo tāpark、skamat prakaṣtar kupre aśśi、ptāñkat kaṣṣI lo kumnä

8(ṣ)////-saṃ klyomiṃ śākiṣI lāṃts、gautami • amokantwaṃ nu wāpaṃtsune

1……说道："释迦族女主大爱道摩诃波阇波提乔达弥派遣

2（波提尼姑娘，来打听佛天师尊何时从舍卫城）来到伽毗罗卫城，（城中）好像是挤满了男女释

迦族人

3 ……我找到了。他走向尼拘卢陀僧伽兰。现在（呼唤）大名

4 ……他们礼拜寺院。看到了（波提尼姑娘），优婆夷 Acle 说道：

5 ……（"你从何处为何事而来？"波提尼）说道："我来打听佛天师尊是否已经来到？"

6 ……（优婆夷说道："与你何干？"波提尼说道）："释迦族女主摩诃波阇波提乔达弥费了很大的劲

7 ……（亲手织成了袈裟宝布），为此她现在问一问，佛天师尊是否已经来到？"

8 ……（优婆夷说道：）"释迦族女主乔达弥（比所有的夫人都要高贵，娇生惯养）。在手工业中，织布业（最下贱）。"

见 YQ1·211/1 [verso]

1//// · nt patnu tam papyutkāt · I‖paddini traṅkas、kuprene wāpalyi

2//// · ālak yāmas、‖ paddini traṅkaṣ、‖ aptsaradarśnaṃ‖ maccāk ṣñi

3////pyāṣtṣā malkeyo pakkūnt、maccāk sāmatam、| maccāk pewat maccākak

4////(maccā)kak、wāpat kanak wākmatsaṃ · I‖wāskāñoä、tra ṅkaṣ、yneś ñuk、ptāñka

5(t käṣṣinäṣ)//// · ā vipaśye ptāṅkte snum、pyāpyo śwātsi yoktsiyo kalymeyā spa

6////(ptā)ñkat kaṣyāp、tskunteṃ mācar tāk、· skamat、śäk ṣak pi pkalye śomi

7////rm tāpark、śākkeṣI lātṣ、maccāk kar、kappās sāryā · maccā

8(k kar、)////kṣā śākkiśśi palkaṣṣ mā erkātune palkār、klyomiṃ ntā

见 YQ1·211/1

1 ……（大爱道乔达弥为何以自己神圣之手）干这个？"波提尼说道："如果仅仅是织布

2 ……（那不算什么苦。"优婆夷说道：）"除此之外，还干什么？"波提尼说道："‖‖aptsaradarSnaM‖‖她还亲手

3（撒种，锄草）……用牛奶浇灌，使之成长，她亲手采摘，亲手弄净，亲手

4（弹花，亲手纺线），亲手织布，织成金色优异的布。"优婆夷说道："我从佛天（师尊）

5（那里听说，乔达弥从前）用熏香、鲜花、食品、饮料，诚心供养毗钵尸佛天，

6（以此功德，她生为比一切释迦族妇女都更美的夫人），成为佛天师尊的养母，相貌像十六的少女。

7 ……现在，释迦族女主人亲手种棉花，亲手

8（织布）……释迦族的？闪着光辉。你切莫瞧不起！这尊贵的夫人像……"

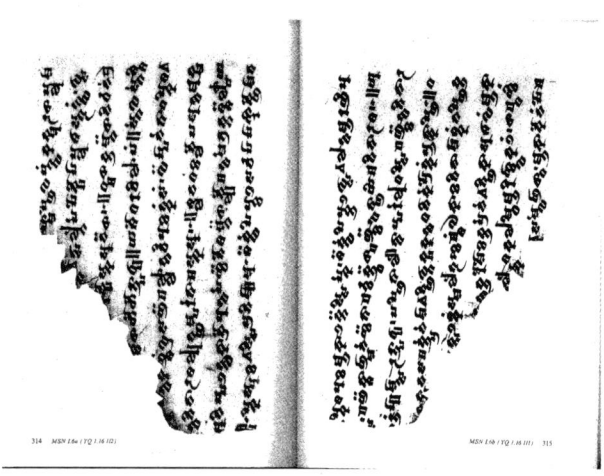

图 2　YQ1. 16 1/2 ［recto］

a 1 ///(bādhari brā)hma(ṃ)ṣñI waṣtwaṃ kakmuraṣ plumā-

2 (nn oki) ///(:s)n(e)emtsālne pe ṣokyo pāplu śāstrantwaṃ: wsā

3 /// ［s］ukyo skassu näṣ､: 1‖tmaṣ kumnäṣ Nirdhane brā-

4 (hmaṃ)///(traṅ)kaṣ bho bho ᵘpādhyā‖ yaśodharavilāpaṃ‖ sne wasteśśi

5 ///(pu) ［kk］(e)［sa］nt Krañśᵃ wrasañᵃ pallāntarci puk tkaṃsam: wäṣpā ne tāt pᵘkis e-

6 (ṣant)///(paṣñI pañ ka)nt tināras lyutñam pare tām skassu:1‖śla natak klopasunt äkma-

7 (lyo)///(mtsā)ṣ ṣu niṣpalantu kākropunt ṣeñcᵃ tosam näṣ klyomant metraknaśśāl ṣiya-

8 (k)///(ākā)［lyo］pᵘkis puk essi pratim yāmu säk we pi pᵘkal sarvapāṣāṇḍik ñomā ta-

1 ……回到家中，婆波离婆罗（感到如此高兴，仿佛）他在上升（到天空中）。

2 ……（他说:）"遵守论（sāstras）应该受到高度赞赏。我已经给予

3 （布施）……我很高兴。"后来尼尔达耐（Nirdhane）婆罗（门）来了。

4 ……他说："喂、喂、法师！"‖Ya-sodharavilāpam‖"（我）需要帮助。

5 ……善人们赞扬你，整个世界皆如此。你应该实实在在地向每个人布施。

6 ……（请你给我五）百金币。我必须还债。我希望得到幸福。"望着尼尔达耐悲伤的面容……

7 ……（他说）："这些财产（是我）积蓄的，以便（达到）尊敬的弥勒的要求，

8 ……我决定把它们全部施舍出去。十二年来我以萨尔瓦帕三狄卡的名义（做）牺牲。"

见 YQ1.16 1/1 [verso]

b 1(1ke)///pᵘkis̱ puḵ ākā̱l knässi pke: śäk we pi pᵘkul wsā elanṯ ārarñi pu-

2 < k niṣpalntu:ni > ///s:pañᵃ kśāñ mā neñcᵃ tāpark kᵘcäs̱ pañ känṯ tñ=āyim tināras:l‖ yu-

3 < thonṯ a(kmalyo) > ///(k) [ā] ruṃ pyāmtsār ᵘpāḍhyā: paṣñI tālontāp pare lutassi pañ känt tināra-

4 < s: lok tkanäs̱ ṣu ṣo(kyo) > /// [k] (a) [km] (u)nasam kᵘprene mā etñI wtāk ṣakkats̱ ḍhanike protkaṃ prutkāṣñI 1‖ ta-

5 < rmmāṃ waśenyo bādhari traṅka [ṣ] > ///k [ᵘy] aḻ śkaṃ smale traṅkam saṃ okāḵ tinār mā śkaṃ naṣñI ku-

6 < [cᵃ] śkaṃ pañ kant tākeñi‖ raskra aru nirdhane tra(ṅkas) > ///(ā) [k] (na)ts kuro mok kuprene etñi kāsu śāwaṃ ākā-

7 < lantu knāsamci ku(prene) [n] u mā etñi ‖ samakkorrenaṃ ‖ ṣpat koṃsaṃ ywā [rcāk] > /// [pa] lskes̱ Kalamci āriñc wākalaṃ : ṣaptañciṃ

8 <koṃ śla klop, wraṣal,wraṣal,ṣpat pā(k, ats,la)p wākñamci okam) pātstār sne kip mok, śäk we (pi pkal) >(pkis̱, el,) esam weñās̱t, ākā konaṃ ṣoṃ

1 ……"我打算完全实现我的心愿。我已做了十二年的牺牲。已经耗尽了
2 我所有的财产……现在我连五个铜币都没有，我怎么能给你五百金币呢？"
3 ……（尼尔达耐）表情悲戚地说："可怜可怜我吧，法师！给我五百金币好让我还清债务。
4 <我走了很远的路才来到这里>。……如果你不给我，有钱人就会把我关进监狱。"
5 <婆波离声音颤抖地说>："我为什么要对你说瞎话呢？我连一个金币都没有，怎么
6 <能给你五百？尼尔达耐厉声说道>：……"老家伙！如果你给我，你的最大愿望
7 我是很容易满足的。如果你不给‖‖samakkorrenaṃ‖‖在七天之内……你的头就会被劈裂。在第七
8 <天，你将会交厄运，我要把你劈成七块。小心点，你这厚颜无耻的老家伙！'十二年来……我一直在布施'，这是你说的。今天晚上……">

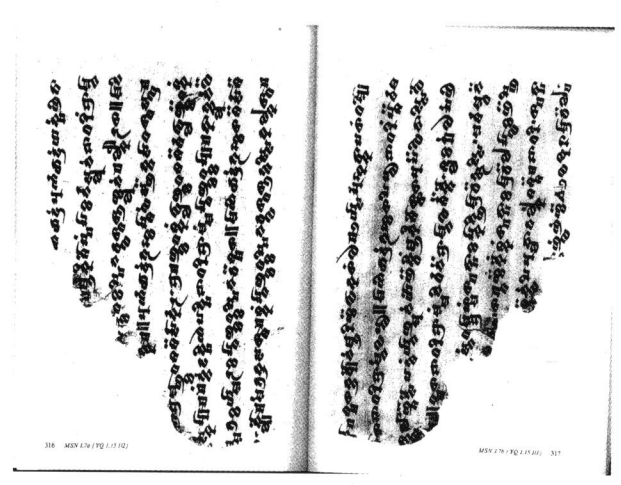

图 3　YQ1.15　1/2 [recto]

a 1 　　///(mā)ṇ [i] bhadre purṇabhadre yakṣeñI tā-

2 < śśi mā [ṇi] (bhadre trz)ṅkaṣ pracar purṇa(bha) [dr] e: kᵘyall aśśi taṣ was vaiśravaṃ wälptāñkat kaṣ > [y] < ā > p ārkiśoṣṣaṃ pākar naslune bādhariṃ brāmnā

3 < śārsas(s)I (wotak) >‖purṇabhadre tra(ṅkaṣ) klyomant metraᴋyap ptā > ñkat kaṣṣinac waṣtaṣ lañclune palkoraṣ ‖ māni-

4 (bhadre)///(śārsa) < si mā > (wo)tham ‖ purṇabhadre tra ṅ kaṣ śāwes ñāktasā taṣ sas wram

5 ///(ñākta)ñ(ä) bram ñkat śaśārsār kar bram ñkat śkaṃ wlāñkat śaśärs wlāñkät śkaṃ

6 < vai > (śravaṃ śaśärs)/// [n] ske pyāṃ maṃtne dakṣiṇāpatṣi bādhari brāmmaṃ ptāñkat kaṣyāp kāṣyāp kātklune wä-

7 < tkā [ts] krasaṣ smak ṣakkats tamne >///(klyo)m m(e)trak ymārak ptākat kaṣṣinacᵃ śmaṣ ‖ māṇibhadre traṅkaṣ śārsā śä-

8 (rsā)///klyom metrak krasaṣ sam śkaṃ ptāñkat kaṣṣinac waṣtaṣ lantassi kalkaṣ tam

1 ……（摩）尼跋陀和富楼那跋陀（两个）夜叉（来到一起）

2 ……（摩尼跋陀对富楼那跋陀说：）"为什么毘沙天王（VaiSravaM）要把（佛）降临凡间之事告诉婆波离婆罗门呢？"

3（富楼那跋陀说：）……"已经知道（弥勒）即将离家去找佛做师傅，去做僧人（Sa＞gha）‖‖不是

4 ……凡世。"富楼那跋陀说："至大的天神们（可能已经讨论了）这件事情。

5 ……（净居天诸神）告诉了梵天（Branhma），梵天告诉了帝释（Indra），帝释（告诉了）

6 毘沙门天王……竭尽全力以便让（南印度）的婆罗门知道佛大师来到这个世界。

7 ……弥勒可能赶到佛那里。"摩尼跋陀说："我知道了，我

8 知道了……尊敬的弥勒可能知道，他将离家到佛那里，去做僧人。"
YQ1.15　1/1 [verso]

b 1 /// [klo] p śmaṣ kucyone āriñcᵃ wākaṣaṃ omal ysār ṣuṅkac kāpaṣaṃ tamyo
2 /// [to] ṣ bādhari brāmne waṣtu ‖ māṇibhadre traṅibhadre traṅ kaṣ piṣ tu bādhariṃ pśārs na-
3 (ṣ)///śtwar lāñśᵃ tsopatsaṃ ynāñmuneyo ñäkciṃ ārkiśoṣṣaṣ ṣu peṃ winässi wo-
4 (tkarñi)///‖tmaṣ bādhari brāmmaṃ nirdhaneṃ brāmnā warśeṃ kto śla karye oṣeñi
5 ///(ku)sne tam brāhmaṃ ṣpat pāk pkātñI mrācᵃ tsrassi mar ṣam canä-
6 (k) ///(ā) [r] i [ñ] (c) [i] s ṣaptañcäṃ koṃ śkaṃ ṣpat pāk mrācᵃ lap wāk ñäṣñi
7 ///śäk we pi puklā talke śaśśäṃ, bādhari, ṣpat pā-
8 (k) ///(keṃpa)[lk]āñ weñeñc, el, wawurā mrāc, lap,

1 ……然后婆波离婆罗门的心就要爆裂，热血从他嘴里流出来，然后
2 ……（富楼那跋陀说：）"这儿就是婆波离的家。"摩尼跋陀说："让我们去告诉婆波离吧，我
3 ……（将到弥勒那儿并告诉他，帝释和）四大天王从天上带到凡间的时候，欲向他顶礼膜拜。"
4 ……那天晚上，婆波离婆罗门由于受到尼尔达耐责骂心中满怀悲伤
5 ……（他想）："那个要把我的头劈成七半的婆罗门是谁？这种事不要发生吧。
6 ……在第七天，我的头要被劈成七半
7 ……[那么（？）异教徒，总是会幸灾乐祸而且说：]婆波离布施了十二年。成七半了
8（他的头劈得）……他们还会说：他布施了，他的头……

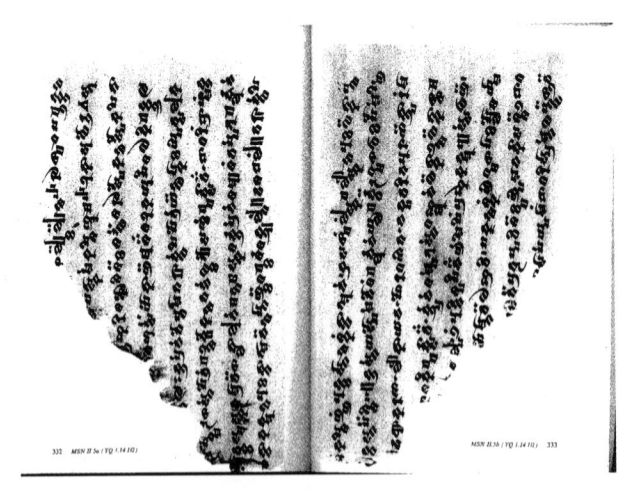

图 4　YQ1.41 1/2 [recto]

a 1 (t)///(na) ［ṣ pe］nu ānant gautamṣiṃ lāṃtse lyutār yakte pruccamo na-

2 (sam)///(markampal)［ṣ］(i)nāṃ kapśañI pyāṣtse sām naṣ mkaltorāṣṣ aci wkaṃ wäknā

3 ///(wsā)luyo woseṃ sām näṣ ārkiśoṣṣiṣnās yetwesyo

4 ///yeteṃ sām näṣ wkaṃ wäknā kāpār yāmlaṃ śwātsintuyo sasyā na-

5 (ṣ nu)///ārkiśoṣinās wrantuyo yarirāt naṣ nu tāṃ klyomant okat pā-

6 (kasyo)///(oktuk)［ka］t pi kleśāṣiṃ wars tmakyok santānäs litkāṃ sām näṣ ārkiśoṣi-

7 (nās pyāpyāsyo)///(pyāpyā)［s］y［o］yete wāmpe ‖mā taṃ wäśśi ānant markampalsinäp prucca-

8 (mñeyis)///［ya］tsi tamyo tamto taṃ ānant Gautamis KanakṣI ñemi pissaṅki-

1……还有，阿难陀！乔达弥夫人的超出……最优异的……

2……我遮蔽身躯，她把我从小这样子……

3……我用……给她穿上，她用世俗的饰品（打扮）我……

4……她这样子在袈裟……，她用食品来满足我……

5……她用世俗之水来洗我，我就用圣八（正道之水洗了她）……

6……我（从她心中）除掉八十八种烦恼。她用世俗的（花簇打扮我）……

7……（我用菩提之花）打扮她。阿难陀！不把它……佛法的最优异的……

8……因此，阿难陀！（让）乔达弥（把此布布施给）比丘僧伽

见 YQ1.41 1/1 ［verso］

b 1 (s)///［p］(i)ssaṅk penu‖ṣpat toṣ ānadä pissaṅkaṃ kalkont elant

2 ///aśśi tom ṣpat pissaṅkaṃ kalkont elant neñcä ‖ ptaāñkät ka-

3 (ṣṣi)///(pis)［s］(a)ṅkis el wawu pissaṅkaṃ kalko el traṅktra ‖ptāñktat neṣontā

4 ///(pissaṅ)［k］aṃ kalko el traṅktra ‖ ṣāmanñi pissaṅkiss ats El wawu pissa-

5 (ṅkaṃ kalko el tra ṅ ktra)///(wa)w［u］pissa ṅ kaṃ kalko el tra ṅ ktra‖sne putkālune paltsakyo ṣā-

6 (mañi)///kalymeyā sparcwatra pissaṅkaṃ kalko el traṅktra‖aśśeṃ

7 ////(cä)［mplu］nyā sarki tosmaṃ kalymeyā sparcwantra pissaṅkaṃ ka-

1……还有比丘僧伽。阿难陀！七种应该归僧伽的布施……

2……有七种应该归僧伽的布施。佛天世尊……

3……布施给了僧伽。这叫作归僧伽的布施。佛天为首的……

4……这叫作归（比丘）僧伽的布施。把布施给僧众比丘僧伽，（这叫作应该归）比丘僧伽的（布施）……

5……布施？这叫作应该归比丘僧伽的布施……不存偏心……

6……态度端正。这叫作应该归比丘僧伽的布施……

7……以后对她们用端正的态度。（这叫作）应该归比丘僧伽的（布施）……

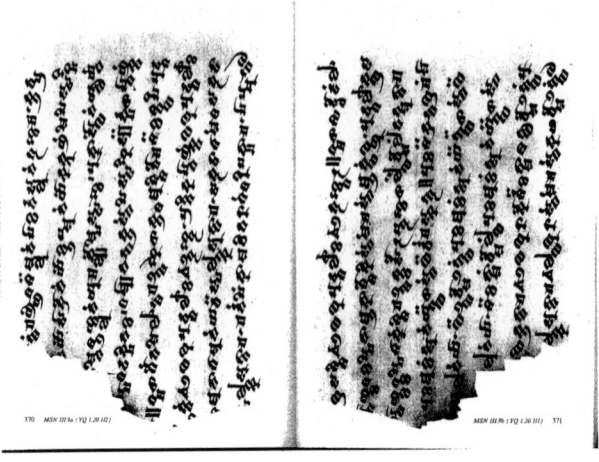

图 5　YQ1.20　1/2 [recto]

a 1 (ssaṅkaṃ kalko el traṅktra)///(tsopa)tsaṃ paññis śämlune pākar naslune traṅ kam kuc pra-

2 (kṣal)/// [ne] yo sākroneyo klaṣmuneyo kaknu ñemi pissaṅkṣi

3 ///(ṣā)mnis lañcluneyum klyom pissaṅk:puk kāswoneytu yne-

4 (ś ypantra)///(ārkiśo)ṣṣis dakṣinak : tamy＝ānant Kusne pissaṅ kis yärk yaṣ ptāñkte

5 ///‖tmaṣ gautami lāts paltsaṅkāṣ kus aśśi tom śäk śtwar pi pudga-

6 (lik)///(ptāñ) [ñ] (ä)kte el wawu pudgalik el traṅktra prattikaptāñkte wawu pudgalik

7 ///(anāgāme) [s] (.)anāgāmuneyac^{ä} spaltkasuntāp sakradāgāmes śakradā-

8 (gāmuneyac^{ä})/// [pa] ltkasuntāp parneṣim kāmavitarāges riṣakyāp riṣakyāp pāpṣunt o-

1 ……我说功德的来临与出现。谁

2 ……用满怀喜悦，用容忍（？）？僧宝

3 ……出家做沙门的人，圣比丘僧伽。一切的善显现……

4 ……南天竺。因此，阿难陀！谁要是礼拜比丘僧伽，（礼拜）佛天

5 ……于是乔达弥夫人心里想：谁……十四种 pudgalik 布施

6 ……布施给佛天，这叫作 pudgalik 布施。布施给辟支佛，这叫作 pudgalik 布施。

7 ……给热心修阿那含果者布施，给得斯陀含果者（布施），给修那含果者（布施）

8 ……对有地位的人，有欲望的苦行僧、对有适当行为的人不关心

YQ1.20 1/1 [verso]

b 1 (sit)///wrasaśśi el wawu pudgalik el traṅktar ‖ tmaṣ śuddhodaṃ lā-
2 (nt)/// [p]t[ā]ñkat kaṣṣinā ākāśś oki sne meṃ śne āk wewñu pudgalik wrasa-
3 (śśi)///ptāñkat kaṣṣI śākkeśśi paltsak karsoraṣ traṅkaṣ lweṃ cmolaṃ tatmuntāp
4 ///(cmola)ntwaṃ puk akaṃtsuneytwäṣ sne wärce maskantra ‖puk śäkrant wramaṃ mā
5 /// [el] eluneyā wälts cmolantwaṃ puk akaṃtsuneyäntwäṣ sne wä-
6 (rce maskantra)/// [e] luneyā śäk tmāṃ cmolwaṃ puk akaṃtsuneytwäṣ sne
7 (wärce maskantra)///(kleśā)[s w](a)wikuntāp, el, wawurā kor śäk, tmānantu cmolantwaṃ pu-
8 (k, akaṃtsuneytwäṣ, sne wärce maskantra)///(spa)ltkasuntāp, el wawurā sne meṃ, sne kaś, cmolantwaṃ o-

1 ……给众生布施，这叫作 pudgalik 布施。于是净饭王
2 ……对佛天师尊，像是天空一样无量无际，说道：一个个的生物
3 ……佛天师尊了解了释迦族人的心思，说道：给转生为畜类者（布施）
4 ……（将在几百世中）成为财物不匮乏的富人。所有的东西不
5 ……布施，将在千世中成为一切财物不匮乏的富人……
6 ……布施，将在十万世中成为一切财物都不匮乏的富人……
7 ……（给那些）已断灭（爱的烦恼的外道）布施，将在一亿十万世中成为一切财物都不匮乏的富人……
8 ……给热心（修须陀洹果者）布施，将在无量无数世中……

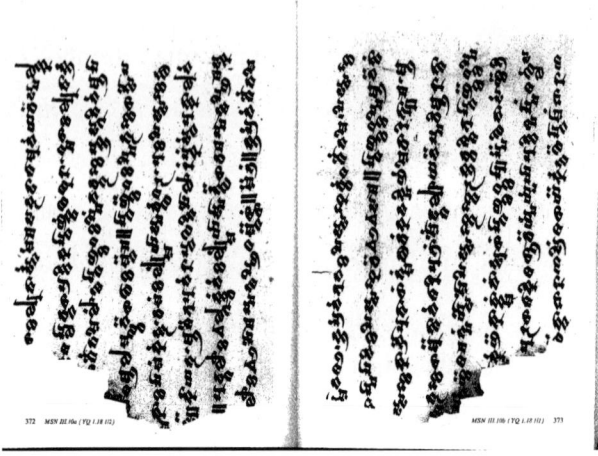

图 6　YQ1.18 1/2 [recto]

a 1 (ko)///(tma)ṣak lyutār sne mem śakradāgāmuneyac̄ᵃ spaltka-
2 (suṇtāp)/// [ku] s plāc naṣ prattikaptāñkte wawurā tmaṣak lyutār ku-
3 (s)///gautami lāṃts ptāñkat kaṣṣimnac traṅkaṣṣ kus nu tine āṣā-
4 (nik) ///(ā)lās ālam wcanäṣ wākam näm ‖ptāñkät kaṣṣi traṅkaṣ tsopa-
5 (ts)///(ṣom)m(o)kāk ṣāmaṃ kentra camaṃ kalymeyā sparcwatar puk pissa ṅkantu
6 ///(a)ts yärkā yarkā yatra āśai nu punerāpnawatti ṣolāraṃ pkaṃ sne putkālune
7 ///pudgalik el nu kᵘcaṃne kalymeyā spārtwäṣ camaṣṣ ats pñi maska-
8 (tar)///(pudga)lik el ṣomaṣṣ ats pñI tamnäṣṣaṃ ‖ maitraṃ ‖ kuprene gautami

1 ……除此以外，努力给无数修斯陀含果者（布施）……
2 ……话语是布施辟支佛。除此以外……
3 ……乔达弥夫人对佛天师尊说道："哪一个是两者……
4 ……它们相互之间区别（何在?）"佛天师尊说道："有很大的（区别）……
5 ……召请一位沙门，对他以端正的态度（布施），就是（供养）所有的僧众。"
6 对所有的（僧众），直至最低最小者（?），毫无区别之心，表示礼敬……
7 ……Pudgalik 布施是：对某一个僧人，以端正的态度，（加以布施），即（获得）功德……
8 pudgalik 布施的功德就是这样的。如果乔达弥……

YQ1.18　1/1 [verso]

b 1　/// [m] m [ā]　nasal : kuprene nunak Pissaṅkacc et Gautami:pissṅk

2 /// [t] āṣṣ āṣānik Pissaṅkac^ä el esam ‖ ptāñkat kaṣṣi ānäntäṃ

3 ///(pi)ssaṅk kākropu tāṣ tmaṃ tu caṃ kanakṣI ñemi cārit pyāṃ ā-

4 (nant) ///(1) [ā] ts traṅkaṣ äntāne śāriputrāṃ maudgalyāyanäṣṣaci ārāntä-

5 (ñ^ä) [.] ///(tā)keñc^ä sam tṣaṃ ysomo pissaṅk traṅktar kucc aśśi nu ptāñkät kaṣṣi

6 ///(ś) [ā] kkeñ^ä kātkmāṃ nāṃtsuṣ ptāñkat kaṣyāp peṃ wināseñc^ä tri

7 ///(wāwle)ṣuraṣ śākkisaṣ lac^ä　ype ypeyā puttiśparṣṣāṃs Wlesa-

8 (nt)///(wkaṃ)wäknā bārāṇas riṃsaṣ yärkant wärpnāmäṃ bārāṇa-

1 ……不是，乔达弥！如果你向比丘尼僧伽（布施），比丘僧伽……"

2 ……"我布施给可尊敬的比丘僧伽。"佛天师尊（召唤）阿难陀，（说道：）……

3 "……把比丘僧伽在那里集合起来！作起 [caṃkanak] I nemi cārit 吧！"阿

4（难陀）……说道："当以舍利弗、目犍连为首的阿罗汉……"

5 ……全体比丘僧伽被告知说："谁？"佛天师尊

6 ……（所有的释迦贵人）高兴起来，敬礼佛天师尊的脚，三次（右旋绕行）……

7 ……（佛天师尊）来到释迦国，逐城做让人成佛的工作，……

8 ……这样来到波罗捺城，享受着敬礼，波罗捺城……

注：以上对于吐火罗文的转写和翻译录自季羡林先生《吐火罗文〈弥勒会见记〉注释》（江西教育出版社1998年版）

结 束 语

季羡林先生曾说:"推动学术不断前进,一是要有新理论的出现,二是要有新资料的发现。"外国学者在焉耆—龟兹文及其文献研究上之所以走在我们前面,也正是因为他们占有了大量的出土材料。关于这些残卷的价值自发现之日起,就成为学术争鸣的焦点。基于这些残卷,学者们提出了许多过去从没有人思考的问题,如欧罗巴人的原始发源地、焉耆—龟兹语的系属问题等。此外焉耆和龟兹古国处于丝绸之路北道要冲,这一区域是古代东西方文化交汇点。关于这一区域古代新疆民族变迁史、佛教传入中国的经过、新疆古代戏剧对内地汉剧的影响等问题,借助这些材料都需要重新思考。相信随着新材料的不断发现,我国学术界一定能在焉耆—龟兹文及其文献的研究上取得更大的成绩。

突厥文

张铁山 编著

第 一 章

历史文化概况

突厥从6世纪中叶建国,到8世纪中叶退出历史舞台,前后达二百多年。它最强盛时,曾据有蒙古高原、准噶尔盆地、中亚草原广大地区。

据汉文史料记载,突厥的祖先是一个以阿史那为姓、以狼为图腾的部落。其先民最早游牧于叶尼塞河上游,由于匈奴的压迫和侵扰,被迫南迁于贪汗山。5世纪中叶,柔然势力进入准噶尔盆地,突厥又迁至金山(今阿尔泰山)南麓,为柔然的"锻奴"。

阿史那氏在其族长土门的率领下,日益强大,与中原王朝、中亚诸国频繁往来。应土门的请求,西魏将长乐公主嫁给土门,突厥与西魏结成联盟,双方建立了绢马贸易关系。546年,突厥首先征服了游牧于准噶尔盆地一带的铁勒,兼并其部众5万余帐。552年,土门发兵大败柔然,追杀其可汗。土门自立为伊利可汗,正式建立突厥汗国。木杆可汗时,突厥汗国达到盛世,统治中心从准噶尔盆地移到漠北高原鄂尔浑河流域的于都斤山。据《周书·突厥传》记载,当时突厥汗国"东自辽海,西至西海(今里海)万里,南自沙漠以北,北至北海五六千里"。

突厥汗国是以阿史那氏为核心,由铁勒部(包括回鹘)、黠戛斯、突骑施、葛逻禄等讲突厥语的部族,加上柔然、契丹、奚等被征服的非突厥语部族组成的部族联合体。但突厥汗国的基础并不巩固。建国后不久,土门令其弟室点密统10万大军西征。室点密征服西域诸国,自立为可汗。

突厥人在与柔然汗国的战争中,土门可汗的活动中心逐步迁移到了阿尔泰山以东的漠北草原地区,而阿尔泰山以西的故地则由室点密继承。这样,突厥汗国内部形成了以土门为主体的东突厥和以室点密为主体的西突厥。土门可汗去世后,突厥的大可汗先后由土门的儿子乙息记可汗(552—553)、木杆可汗(553—572)和佗钵可汗(572—581)继承,但在佗钵可汗去世以后,由于汗室争位内讧,加上天灾、疫病的打击,突厥汗国于583年正式分裂为据有蒙古高原的东突厥汗国和统治中亚各地的西突厥汗国。

西突厥汗国在统叶护统治时期得到极大发展,进一步拓展汗国疆土。《旧唐书·突厥传》记载:"统叶护可汗勇而有谋,善攻战。遂北并铁勒,西拒波斯,南接罽宾,悉归之,控弦数十万,霸有西域,据旧乌孙之地。又移庭于石国北之千泉。其西域诸国王悉授颉利发,并遣吐屯一人监统之,督其征赋。西戎之盛,未之有也。"

唐朝建立后不久,东突厥汗国归属于唐朝。唐立突厥汗族阿史那思摩统治散居漠南与山西北部的突厥诸部。663年,戈壁以北归燕然安北都护府,戈壁以南归云中单于都护府管理。唐朝自630年至648年在西突厥的挟制下取得伊州、高昌、焉耆、龟兹等地,并在657年讨平阿史那贺鲁的叛乱,巩固了唐代安西都护府的地位。

682年,阿史那氏骨咄禄在暾欲谷的帮助下起事,于686—688年征服于都斤山的其他铁勒诸部,重建汗廷，称伊跌利失可汗，即第二突厥汗国。

691年骨咄禄死后，其弟默啜继立为可汗，称qapɣan qaɣan，并受到唐武则天的册封。默啜可汗在位时，东破奚、契丹，北讨黠戛斯，西破党项，攻河套地区的昭武九姓六胡州，并取道北廷（今吉木萨尔），西征突骑施，兵锋直抵中亚的河中地区。

默啜死后，后嗣争位，骨咄禄之子阙特勤立兄为毗伽可汗，自掌兵马大权，仍以事奉数汗之暾欲谷为谋臣。734年，毗伽可汗为其大臣所杀，汗族内乱，拔悉密、回纥、葛逻禄诸部乘机纷纷脱离突厥。744年，回纥骨力裴自立可汗，灭突厥，第二突厥汗国遂亡。

突厥人创制了文字——古代突厥文，并用这种文字创作了许多碑铭文献，成为我们今天研究突厥社会历史和文化的珍贵材料。突厥虽有自己的文字，但在各部落，特别是一般牧民中还没能普及，故"其（统治者）征发兵马，科敛杂畜，辄刻木为数，并一金镞箭，蜡封印之，以为信契"。考古学家曾发掘阙特勤墓葬，发现墓前雕造有与乾陵墓前少数民族首领形象相同的石像，并挖掘出与唐代中原建筑材料相同的莲花纹瓦当。这些发现与《旧唐书·突厥传》中所记："阙特勤死……上（玄宗）自为碑文，仍立祠庙，刻石为像，四壁画其战阵之状"的情况完全相符。而这些作品，又是唐朝派能工巧匠前往制造的。可见突厥文化和文明与中原有密切的关系。

据《北史·突厥传》载，当会葬时，青年男女都盛装美饰，会于葬所，如有男子爱上某一女子，回家后即派人前去求婚，女方父母多不拒绝。这种择偶方式，反映了草原地区游牧生活的特点。突厥人的婚姻极重门第，蓝突厥绝不同异姓突厥通婚，王族阿史那氏的通婚对象仅限于后族阿史德氏，虽可纳妾，但妾生子女与嫡生后裔身份悬殊。

突厥人的丧葬仪式非常隆重，实行二次葬法，第一次火葬，第二次土葬。据《周书·突厥传》及《隋书·突厥传》所载，死者停尸于帐，子孙及亲属男女都各杀羊马，陈列于帐前而祭之。亲属俱绕帐走马七匝（即七圈），其中一人至帐门用刀劙面痛哭，血泪交流，如此七次乃止。随后择日取死者平时所乘之马和经常使用之物，与尸体一起焚毁，收其骨灰，待时而葬，如春夏季死，则候草木黄落，如秋冬季死，则候草木茂盛，始挖坑埋殓之。埋葬之日，亲属设祭及走马、劙面、痛哭，一如停尸时的仪式。葬毕，于墓前立石树标，其石多少，依生平所杀人数而定，并以供祭的羊马头挂于标上。标上还画死者的容貌及其生平所经战阵之状。这些与突厥文碑铭的记载是一致的。

突厥人的宗教信仰有萨满教、祆教、景教和佛教。

据西方史料记载，室点密可汗在位时，东罗马使臣蔡马库斯出使西突厥，在行抵中亚索格底亚时，有突厥人"来言，能驱逐魔鬼，预阻不祥之兆。围绕蔡马库斯及从人，取其行李置众人之中，摇铃击鼓于其上。又有手持香者，火势熊熊，来往绕走，状类疯狂，指天画地，几若魔鬼诚被其驱逐者。咒既读毕，乃请蔡马库斯经过两火间，其人亦自皆陆续走过两火间。谓如是，则妖魔悉可洗净也。除妖礼毕，蔡及从人乃与引路者复前行"。这是突厥人信仰萨满教的一种表现。

敬日出、拜祭祖先及天神地神也是突厥人信仰萨满教的一种表现。《周书·突厥传》载，可汗"牙帐东开，盖敬日之所出也。每岁率诸贵人，祭其先窟。又以五月中旬，集他人水，拜祭天神。于都斤山西五百里，有高山迥出，上无草树，谓其为'勃登凝黎'，夏言地神也"。这些在古代突厥文碑铭中都有所反映。

占卜问吉也是突厥人信仰萨满教的一种表现。史载唐武德三年（620），处罗可汗谋攻取并州以安置杨政道，"卜之，不吉，左右谏止。处罗曰：'我先人失国，赖隋以存，今忘之，不祥。卜不吉，神距无知乎？我自决之'"。大概突厥人中不仅有许多人相信占卜，而且在上层统治者中还有自己懂得占卜之术的，例如阿史那思摩就是其中之一，故史书上称"思摩善占对"。

祆教亦称拜火教，起源于古伊朗和中亚细亚，相传为琐罗亚斯德所创，故又称琐罗亚斯德教。其教义主张宇宙间有善与恶、光明与黑暗两种力量的斗争，认为火是善和光明的化身，故以礼拜圣火为主要形式。据唐僧慧立撰《大唐大慈恩寺三藏法师传》卷二载，玄奘在中亚时见"突厥事火，不施床。以木含火，故敬而不居，但地敷重茵而已"。唐代段成式《酉阳杂出俎》卷四亦载："突厥事祆神，无祠庙，刻毡为形，盛于皮袋，行动之处，以脂苏涂之，或系之竿上，四时祀之。"这些都说明突厥人曾信仰祆教。在现今许多突厥语民族中仍保留有拜火、敬火的风俗习惯。

景教为基督教的一支，因继承聂斯托里的宗教主张，故又称"聂斯托里派"。据西方史料记载，561年，景教已在康居一带的突厥人中传播。东罗马皇帝曾派兵援助波斯王击败叛军，在这些叛军中杂有额上刺有十字符号的突厥人军队。波斯王用大象将这些俘虏尽数踏毙，仅留额上刺有十字符号的俘虏送给罗马皇帝。皇帝询问十字符号的由来，据云昔日东粟特瘟疫流行，曾有基督教徒命其刺十字于额，遂不为瘟疫所染。

突厥人最早接受佛教，当在佗钵可汗（572—581）时期。据《隋书·突厥传》载："齐有沙门惠琳，被掠入突厥中，因谓佗钵曰：'齐国富强者，为有佛法耳。'遂说以因缘果报之事。佗钵闻而信之，建一伽蓝，遣使聘于齐氏，求《净名》、《涅槃》、《华严》等经并《十诵律》。佗钵亦躬自斋戒，绕塔行道，恨不生内地。"另据《北齐书·斛律羌举传》记载："代人刘世清……能通四夷语，为当时第一。后主命世清作突厥语翻《涅槃经》，以遗突厥可汗。"此事当在574—576年间，也是在佗钵可汗时期。但可惜的是，当时翻译成突厥语的佛经并没有留传下来。

第二突厥汗国时仍有突厥人信仰佛教。据《通典》卷一九八《突厥》中所载："景龙二年（708）三月，张仁愿于河北筑三受降城。先是朔方军与突厥以河为界，河北岸有拂云祠，突厥将入寇，必先诣祠祭酹求福，因牧马料兵，候冰合渡河。"这件事发生在默啜可汗在位时期。后来默啜死，毗伽可汗继位，由于最高统治者不予提倡，故未能传播。史载："毗伽又欲筑城，并立寺观。暾欲谷曰：'不可。突厥人徒稀少，不及唐家百分之一，所以能与为敌者，正以逐水草，猎居处无常，射为业，人皆习武，强则进兵抄掠，弱则窜伏山林，唐兵虽多，无所施用。若筑城而居，变更旧俗，一朝失利，必为所灭。释、老之法，教人仁弱，非用武争胜之术，不可崇也。'毗伽乃止。"

第 二 章

文字的起源与变迁

古代突厥文是突厥语族各民族使用于公元 7—10 世纪的一种音素—音节型文字。从外形上看，因这种文字与古代日耳曼民族使用的如尼文相似，所以有人称之为"古代突厥如尼文"；从这种文字的发现地来看，因其主要碑铭发现于蒙古鄂尔浑河流域和西伯利亚叶尼塞河流域，因此也有人称之为鄂尔浑文、叶尼塞文、鄂尔浑—叶尼塞文、西伯利亚文等；从这种文字的使用时间上看，它主要用于突厥人和回纥人活动于蒙古高原的 7—9 世纪以及伊斯兰教传入新疆（公元 10 世纪下半叶）以前的时期，所以称其为前伊斯兰文；此外，尚有人称它为蓝突厥文。

关于古代突厥文的起源，学术界虽有各种意见，但大部分学者认为，古代突厥文字母中有 23 个来自阿拉美文（后期塞姆文），通过中亚伊兰系民族传入突厥，并使之适应突厥语的语音特点。除此之外，还有一些是来自突厥语族民族使用的氏族或部落标志（印记符号）及表意符号。如 ᗪ 表示 ay "月"；↓ 表示 oq "箭"；ⵙ 表示 äb "房子、毡房"等，均为仿照"半月"、"箭"、"毡房"的外形而构成的表意符号。

关于突厥人在何时、何地接触到阿拉美文并用它作为古代突厥文原型的问题，目前学术界主要有以下观点：（1）认为七河一带曾是粟特人的居住地，同时 6—7 世纪时，那里又是西突厥的统治中心，所以很可能是在七河地区接触阿拉美文。（2）根据中国史书中关于突厥阿史那氏祖先的传说，提出突厥人采用阿拉美文起源的文字是在高昌一带。（3）认为可能是 6 世纪下半期木杆可汗在位期间对中亚进行征服时接触阿拉美文的。从目前保留的古代突厥文文献来看，古代突厥文的使用时间可以定在 7—10 世纪之间。

古代突厥文由 38—40 个符号组成（有些符号有几种不同的写法），其中用四个字母表示八个元音：a、ä、ï、i、o、u、ö、ü；用两个字母表示 k，一个字母表示 g，三个字母表示 q，一个字母表示 ɣ。b、d、l、n、r、s、t、y 这八个辅音各用软硬两套字母表示。与后元音相拼的辅音称为硬辅音，一般在转写字母的右上角用阿拉伯数字 1 表示；与前元音相拼的辅音称为软辅音，一般在转写字母的右上角用阿拉伯数字 2 表示。有六个字母分别表示 z、m、ŋ、p、č、š 这六个辅音。有三个字母分别表示三对音组：lt~ld、nt~nd、nč~näč。有一个字母表示音组 ič。有一个字母表示 rt。

古代突厥文的拼写规则：1. 词首或第一个音节辅音之后的元音 a、ä 通常省略不写。2. o、u 和 ö、ü 与表示辅音的 g、k 相拼时，大多省略不写。3. 辅音 g、k 只与前元音相拼。4. 辅音 ɣ、q 只与后元音相拼。5. 软辅音只与前元音相拼。6. 硬辅音只与后元音相拼。7. ↓ (q) 符号只用在元音 o、u 的前后。8. ᛘ (k) 符号只用在元音 ö、ü 的前后。9. ◁ (q) 符号只用在元音 ï 的前后。10. ⇃ (ny) 符号只用在元音 a、o 的后面。11. ᗪ (y) 符号在用在 a、o、u 的前面。12. 行文从右往左横写。13. 词与词之间常用符号分开。

第 三 章

文字载体类别

　　古代突厥文文献以碑铭、写本和刻记为主。古代突厥文碑铭的形成主要经过碑石的开采与打制、在碑石上写碑文、工匠在碑石上刻碑文这样三道工序。现今存世的古代突厥文纸质文献都是写本，主要发现在甘肃的敦煌藏经洞和新疆的吐鲁番、米兰等地。在古代突厥文写本文献中，《占卜书》占有特别重要的地位。除了碑铭和写本文献外，古代突厥人尚以日常生活中经常接触到的其他物质为载体记录自己的生活，形成了大量的文献。这些文献主要包括题记、各种器物上的铭文等。

　　吐鲁番雅尔和屯西南有七个洞，由南往北数第三个洞的西壁上，有用尖锐金属物刻写的古代突厥文题记。1960 年，新疆维吾尔自治区博物馆考古队在此地首次发现。该题记为横书两行：一长行约 53 个字母，从左往右横写（与一般古代突厥文碑铭的书写形式不同），大意是：汗的亲军中的一个头人夏天病得很严重，来此治疗。结果把四肢的病治疗好了。因此，国家军队的中锋传令官刻此以作纪念。另一短行也是从左往右横写，约存 24 个字母，大意是：本年您 är külüg（人名）的 külüg（人名）夫人是水主。从题记中有"汗"、"国家"等词句来看，说明雅尔和屯地区是在一个说突厥语族汗的政权之下管辖着。因此，该题记可定在高昌回鹘时代，即公元 866 年以后。

第 四 章

文献分类

苏联学者 S.G. 克利亚什托尔内曾以地区、历史—政治（民族）和体裁类别为标准对古代突厥文文献做过如下分类：

1. 按地区标志可分为 7 群碑铭：（1）北蒙古碑铭（即一般说的鄂尔浑碑铭），除毗伽可汗、阙特勤、暾欲谷、翁金、阙利啜、色楞格、哈喇巴喇哈逊、苏吉等较著名的碑铭之外，还有辉特—塔米尔河流域的 10 块碑铭、伊赫—阿斯赫特的两块碑铭、肯特碑铭以及在杭爱山和沙漠地带发现的小碑铭；（2）叶尼塞河流域碑铭（分图佤和米努辛斯克两个小群，已发现 70 余种）；（3）勒拿—贝加尔地区碑铭群（已在摩崖上发现 37 处铭文，另有若干铭文刻在小日用品上）；（4）阿尔泰地区碑铭（数量不多）；（5）新疆碑铭（包括吐鲁番古建筑墙壁上 4 处铭文和在米兰、敦煌发现的几宗重要文献）；（6）中亚碑铭群（包括七河流域和费尔干纳地区的碑铭）；（7）东欧碑铭（包括顿涅茨河、多瑙河流域发现的铭文）。

2. 按历史—政治（民族）也可分为与地区分类相适应的 7 类：（1）东突厥汗国碑铭（8 世纪）；（2）黠戛斯汗国碑铭（7—12 世纪）；（3）骨利干部落联盟碑铭（8—10 世纪）；（4）西突厥汗国碑铭（8 世纪之前）；（5）蒙古地区回鹘汗国碑铭（8 世纪下半叶至 9 世纪初叶）；（6）新疆回鹘汗国碑铭（9—10 世纪）；（7）裴奇内格（佩切涅克）部落联盟碑铭（具体年代待考）。

3. 按体裁类别可分为 6 类：（1）历史传记文献（为突厥、回鹘和黠戛斯贵族身后或在世时立的记功碑，由他们的至亲或本人撰写）；（2）墓志铭性质的抒情诗体，属于这类体裁的有叶尼塞河流域和七河流域的墓碑；（3）刻在岩崖、石头和建筑物上的纪念题词；（4）宣扬魔法和宗教的文献；（5）敦煌和吐鲁番发现的法律文书；（6）日用品上的标记。

第 五 章

文献发掘及研究简况

国外有关古代突厥文文献的最早报道，是1692年荷兰人魏津在其《北部和东部鞑靼利亚》一书中首次提到西伯利亚一带的古代突厥文碑铭。1696—1697年，俄国人谢明·莱米佐夫绘制了《西伯利亚城市和土地全图》和《缺水少水的石头草原地全图》两幅地图，图中标明了塔拉斯河上游存在着的一些"鄂尔浑石"。

关于古代突厥文碑铭最早的科学报道属18世纪上半期。1730年瑞典人斯特拉林别尔格在斯德哥尔摩出版了《北欧、东欧与亚洲》。斯氏在该书中发表了一些古代突厥文铭文图片。1793年帕拉斯在其《介绍西伯利亚新发现的一种碑铭》一文中公布了一些古代突厥文碑铭。1818年俄国科学院东方语文学通讯院士斯帕斯基发表了一篇长文《西伯利亚古物札记》。1928年该文由科学院院士克鲁格译成拉丁文，并以《西伯利亚的铭刻：西伯利亚发现的古代雕刻和碑铭》为题重新刊印，立即引起了西欧学者的极大注意。

此后，有许多学者试图解读这种"谜"一样的文字，对其族属提出了诸如匈奴人、芬兰人、斯拉夫人、突厥人、蒙古人等各种不同的观点。1884年芬兰人阿斯佩林从847个不同的符号中引出38—40个共同的符号，正确地提出这种文字大约由38—40个符号组成、文字的书写是从右到左，但仍无法确定符号的音值。

1889年，俄国地理学会东西伯利亚分会组织的以雅德林采夫为首的蒙古考察队在鄂尔浑河流域的和硕柴达木湖畔发现了轰动当时全世界学术界的《阙特勤碑》和《毗伽可汗碑》。其后，1890年芬兰派出了以海开勒为首的考古队，1891年俄国科学院组织了以著名突厥学家拉德洛夫为首的考古队去蒙古，均满载而归。1891年雅德林采夫在蒙古翁金河畔又发现了《翁金碑》。1892年芬兰和俄国分别出版了两国考古队所拍摄的碑文图录——《1890年芬兰考察团收集的鄂尔浑碑铭》（《芬兰—乌戈尔学报》，赫尔辛基，1892）和《蒙古古物图谱》（圣彼得堡，1—4册，1892—1899）。古代突厥文碑铭的不断发现和图录的出版，为各国学者研究这种文字提供了可靠的材料。

1893年12月25日，汤姆森在丹麦皇家科学院会议和语文科学会议上介绍了自己成功解读古代突厥文的经验。他根据这种文字的符号多达38个这一点，认为它不是一般的音素文字，而是音节文字或至少其中一部分在不同的条件下，同样的语音用不同的符号表示；根据突厥语元音和谐律这一特点，确定了表示8个元音的4个元音符号和与不同元音（前元音或后元音）拼写的8对辅音符号；利用上述成果，成功地解读了碑文中的 tängri "上天"、kültigin "阙特勤"、türk "突厥" 等词。至此，古代突厥文的解读工作已基本解决了。"谜"终于被揭开了。原来这些碑铭属于古代突厥人，所记录的语言是古代突厥语，碑文的内容是记述突厥可汗或其大臣的生平事迹和武功。

继汤姆森成功解读古代突厥文后，拉德洛夫立即着手碑文的翻译工作。1894年1月19日，拉氏在俄国科学院会议上宣读了他对《阙特勤碑》开头部分的译文。同年，他出版了自己的第一个译本《蒙古古突厥碑铭》（第1册，圣彼得堡，1894），其后又出版了第2册和第3册（第2册出版于1894年，第3册出版于1895年）。1897年和1899年，拉氏又出版了该著作的修订本。在修订本第2版中，他除了对《阙特勤碑》进行修订外，还刊布了《暾欲谷碑》原文、德文译文，并对碑文作了许多注释，附有突厥语语法。更有价值的是，书中还附有夏德（F. Hirth）和巴尔托里德（V. V. Barthold）的两篇重要论文《暾欲谷碑跋》和《古代突厥碑文与阿拉伯文献》。

汤姆森在成功解读了古代突厥文字母后，也马上转入了对碑文的研究。1896年，汤姆森出版了《鄂尔浑流域的碑文》。全书包括两部分：第一部分对鄂尔浑碑文及其书写系统进行了详细的研究，同时讨论了如尼文的起源问题；第二部分概述了突厥历史，刊布了《阙特勤碑》和《毗伽可汗碑》的转写和法文译文。此外，书中还附有帕克尔（E. H. Parker）完成的《阙特勤碑》汉文部分的英文译文。

除了汤姆森和拉德洛夫的著作外，巴尔托里德、班格、布洛舍、万贝里、瓦西里也夫、加别林茨、德维里亚、科尔什、马迦特、梅里奥兰斯基、沙畹等人也对古代突厥文及其碑文发表了许多论著，其中有的探讨字母起源问题，有的解释原文的个别词汇，有的谈论突厥的历史问题。突厥学家、汉学家、伊朗学家和阿拉伯学家等众多学科的研究者参与了古代突厥碑文的研究。

19世纪末20世纪初，随着《暾欲谷碑》、《塔拉斯碑》、《磨延啜碑》、《苏吉碑》等碑铭、刻记和写本《占卜书》及各种世俗文书、军事文书的发现，迎来了古代突厥文研究的第二次高潮，出版了一系列权威性著作。其中重要研究著作有：奥尔昆的《古代突厥文献》（H. N. Orkun：*Eski Türk Yazitlari*，1936—1941）、小野川秀美的《突厥碑文译注》（《满蒙史论丛》1943年第4期）、冯加班的《古代突厥语语法》（A. V. Gabain：*Alttürkische Grammatik*，1941）、马洛夫的《古代突厥文献》（С. Е. Малов：*Памятники Древнетюркской Письменности*，1951）、《突厥叶尼塞文献》（*Енисейская Письменность Тюрков*，1952）和《蒙古和吉尔吉斯古代突厥文献》（*Памятники Древнетюркской Письменности Монголии и Киргизии*，1959）、塔拉特·特肯的《鄂尔浑突厥语语法》（Talat Tekin：*A Grammar of Orkhun Turkic*，1968）、瓦西里耶夫的《叶尼塞河流域突厥如尼文全集》（Д. Д. Васильев：*Корпус Тюркских Рунических Памятников Бассейна Енисея*，1983）等。

除了上述专著外，还有一些较为重要的论著，特别是那些首次刊布或重新研究古代突厥文献的论著：克劳森（S. G. Clauson）的《翁金碑》（*The Ongin Inscription*，JRAS，1957）；阿勒托（P. Aalto）的《巴音楚克图碑铭》（*L'inscription de Bain Tsokto*，Paris，1961）；克里雅什托尔内（S. G. Klyashtorny）和列夫西茨（V. A. Livsic）的《塞维列碑》（*Sevreyskiy Kamen*，CT，1971，3）；哈米尔顿（J. Hamilton）的《占卜书的题记》（*Lecolophon de L' Irq Bitig*，Turcica，VII，1975，7—19）；铁兹江（S. Tezcan）的《对暾欲谷碑的一些修正》（*Tonyukuk yazitinda birkac duzeltme*，TDAY-B，1975—1976，Ankara，1976）；艾尔达勒（M. Erdal）的《占卜书新注》（*Irq Bitig uzerine Yeni Notlar*，TDAY-B，1977）；克里雅什托尔内的《铁尔浑碑》（*The Terkhin Inscription*，AOH，XXXVI，1982，1—3）、《回鹘牟羽可汗的铁斯碑》（*The Tes Inscription of the Uighur Bøgü Qaghan*，AOH，XXXIX，1985，1）；塔拉特·特肯的《铁斯碑注释九条》（*Nine Notes on the Tes Inscription*，AOH，XLII，1988，1）。

我国汉文古代史籍很早就记载过有关古代突厥人的文字，如《周书·突厥传》中记载："其书字类胡。"《北齐书·斛律羌举传》记载："代人刘世清……通四夷语，为当时第一。后主命世清作突厥语翻《涅槃经》以遗突厥可汗。"除此之外，我国有关古代突厥文文献的记载也远早于国外。早在新旧唐书中就详细地记载过古代突厥文《阙特勤碑》。《旧唐书》第一九四卷中说："阙特勤死，（玄宗）诏金吾将军张去逸、都官郎中吕向，赍玺书入蕃吊祭，并为立碑，上自为碑。"13世纪诗人耶律铸在其《双溪醉隐集》中也写道："和林城，毗伽可汗之故地也。岁末，圣朝太宗皇城北，起万安宫。城西北七十里有毗伽可汗宫城遗址。东北七十里有唐明皇开元壬申御制御书阙特勤碑。"

我国对古代突厥文及其文献报道和记载虽先于国外，并拥有浩如烟海的大量有关古代突厥族民族历史、地理、政治、经济等方面的汉文史籍，但近代我国在政治上逐渐沦为半殖民地半封建的国家，遭受着帝国主义列强的压迫和掠夺。在文化事业上，科学文化萧条衰落，社会科学特别是少数民族文献的科学研究，几乎无人问津。古代突厥文的研究也同样如此，虽偶尔有一些有仁之士写过几篇文章，但只是简单介绍性的。正当国外在古代突厥文文献研究上取得丰硕成果之时，我国还只是着手于翻译国外的一些研究成果。这一工作在我国当时的历史条件下虽是完全必要且非常重要的，对推动我国古代突厥文文献研究起了极大的作用，但我国的古代突厥文研究在当时已落后于国外，则是不争的事实。中华人民共和国成立后，我国各族人民成了国家的主人，有使用本民族语言和文字的自由。民族语文的科学研究在党和政府的关怀下逐步发展起来。古代突厥文文献的研究工作也取得了引人注目的可喜成就，发表和出版了大量有分量的论著。纵观我国古代突厥文及其文献的研究，可以分为以下三个主要阶段：

1. 介绍性的起步阶段（20世纪初—1934年）。在这一阶段，我国的一些学人志士主要是对《阙特勤碑》、《毗伽可汗碑》和《九姓回鹘可汗碑》这三个碑铭的汉文部分进行简单的介绍或考释。早在1911年，清朝派驻库伦（今乌兰巴托）的官员三多，利用巡边的机会，曾将《阙特勤碑》拓印了二百份赠送友人，并写了一篇《阙特勤碑跋》，发表于当时出版的《文艺杂志》第8期。该文对《阙特勤碑》汉文部分的内容误解颇多。1929年，黄仲琴在《中山大学语言历史学研究所周刊》百期纪念号上发表有《阙特勤碑》一文，介绍了该碑汉文部分的内容，并略加考证，指出了三多在《阙特勤碑跋》中以"阙"为"贰"之误，并订正"特勒"为"特勤"之讹、阙乃特勤之名。1930年，黄氏又在同上《周刊》第10集第120期上发表了《再谈阙特勤碑》。1933年，《河北第一博物院半月刊》第40、43期先后刊载了《唐突厥阙特勤碑》和《唐突厥毗伽可汗碑》的汉文原文，别无考释。1934年，乐嘉藻在同上《半月刊》第40—59期上发表了《和林三唐碑纪略》一文，对《阙特勤碑》、《毗伽可汗碑》和《九姓回鹘可汗碑》的建立年代及各碑的碑主略加考释。

2. 引进国外研究成果的译释阶段（1935年—中华人民共和国成立）。在这一阶段，我国老一辈学者，特别是史学家，在研究突厥历史的过程中，深感古代突厥文文献的重要，但由于当时历史条件的限制，他们仅利用自己的外语优势和历史知识，引进国外的研究成果，对部分古代突厥文碑铭进行了翻译和考释。这一工作始于韩儒林先生。韩先生于1935—1936年先后在《国立北平研究院院务汇报》第6卷第6期及《禹贡》半月刊第6卷第6、7期上发表了《突厥文阙特勤碑译注》、《突厥文毗伽可汗碑译释》和《突厥文暾欲谷碑译文》，文中依据德文译本和英文译本转译了《阙特勤碑》、《毗伽可汗碑》和《暾欲谷碑》的突厥文部分，并加以详细的考释。从此国内学术界始知这三碑的突厥文内容。1937年，韩儒林先生又将汤姆森所著《蒙古之突厥碑文导言》译出，发表在《禹贡》第7卷第1、2、3合期上。同年，岑仲勉先生在《辅仁学志》第6卷第1、2合期上发表了《跋突厥文阙特勤碑》一文。该文旁征博引地对突厥文《阙特勤碑》的部分词句进行了考释，提出了一些与韩儒林先生的译文不尽相同的地方。1938年，王静如先生根据德文译本转译了属于回纥的《突厥文回纥英武威远毗伽可汗碑译释》，发表在《辅仁学志》第7卷第1、2合期上。1943年，朱延丰先生在《志林》第4期发表了《突厥暾欲谷碑铭译文笺证》一文，对该碑续有考证。

3. 文献学研究阶段（中华人民共和国成立—现在）。在这一时期，我国对古代突厥文文献的研究有了新的进展。此前，一般人只知道《阙特勤碑》、《毗伽可汗碑》、《暾欲谷碑》、《磨延啜碑》和《九姓回鹘可汗碑》这五个碑铭，有汉文译文的也仅限于前四碑，而这四碑的汉文译文又都是根据德、英文转译的。对这些译文学者虽有大量的考证之类，但最终没有能够完全摆脱外文。中华人民共和国成立后的这一阶段的研究不同于前一阶段，出现了初步繁荣的景象。

1958年，岑仲勉先生根据英文译本改译了韩儒林先生所译的《阙特勤碑》、《毗伽可汗碑》和《暾欲谷碑》，收入其《突厥集史》下册。1963年，冯家升先生写过一篇《1960年吐鲁番新发现的古突厥文》。该文对吐鲁番雅尔和屯西南洞壁上的古突厥文刻记进行了研究。同年，耿世民先生在《新疆文学》第1期发表了《谈谈维吾尔古代文献》一文，文中简略地介绍了古代突厥文文献。

1976年至1980年，中央民族学院开设了第一个古代突厥语班。耿世民、魏翠一、陈宗振等人为该班的学生编写了《古代突厥文献选读》、《古代突厥语文献语法》等教材，为我国古代突厥语文研究人才的培养做出了贡献。此后，中央民族学院、新疆大学等教学单位间或开始讲授古代突厥文文献课程。这里特别值得提出的是耿世民先生等编译的《古代突厥文献选读》。该教材第一分册为古代突厥文文献，将《阙特勤碑》、《毗伽可汗碑》、《暾欲谷碑》、《磨延啜碑》、《翁金碑》、《阙利啜碑》和《苏吉碑》七个主要古代突厥文碑铭直接从古代突厥文原文译成汉文。这是我国学者独立研究古代突厥文文献的创举。继此之后，我国学者发表了大量的论著。耿世民先生发表了《谈谈维吾尔族的古代文字》、《古代维吾尔族文字和文献概述》、《古代突厥文碑铭述略》、《古代突厥文主要碑铭及其解读研究情况》，出版有《维吾尔族古代文化和文献概论》、《古代突厥文碑铭研究》；程溯洛先生在《中央民族学院学报》第2期上发表了《从回鹘毗伽可汗碑汉文部分看唐代回鹘民族和祖国的关系》；陈宗振先生在《中国史研究动态》第11期上发表了《突厥文及其文献》；库尔班·外力在《文物》第1期上发表了《吐鲁番出土公元五世纪的古突厥语木牌》；李经纬先生在《新疆大学学报》第2期上发表了《突厥如尼文〈苏吉碑〉译释》；克由木霍加、吐尔逊阿尤甫、斯拉菲尔等编译的《古代维吾尔文献选》（维吾尔文版）；耿昇翻译了《东突厥汗国碑铭考释》；牛汝极发表了《古代突厥文〈翁金碑〉译注》、《突厥文起源新探》；张铁山发表了《我国古代突厥文文献研究现状及其发展设想》、《古代突厥文〈占卜书〉译释》等。

我国古代突厥文文献的研究虽然起步较晚，但经过学者们半个多世纪的不懈努力，取得了一定的成就，特别是自1976年以来，不论是论著的数量，还是在质量上都远远超过前期的研究。一般性的介绍文章为普及这门学科的知识起到了积极的推动作用，专业性研究论著则完全摆脱了外文，直接从古代突厥文进行研究。研究队伍和研究领域也不断扩大，特别是在文献学方面成绩显著，出现了初步繁荣的局面。

第 六 章

文献珍品图片及说明

图 1 《毗伽可汗碑》	(1355)
图 2 《毗伽可汗碑》突厥文之局部	(1355)
图 3 《阙利啜碑》	(1356)
图 4 《磨延啜碑》	(1356)
图 5 《磨延啜碑》之局部	(1357)
图 6 《铁兹碑》	(1357)
图 7 《翁金碑》	(1358)
图 8 《翁金碑》原文临摹	(1358)
图 9 《苏吉碑》	(1358)
图 10 《铁尔痕碑》全貌女	(1359)
图 11 《铁尔痕碑》局部	(1359)
图 12 《喀喇巴拉哈逊第二碑》	(1360)
图 13 《啜尔碑》全貌	(1361)
图 14 《啜尔碑》局部	(1361)
图 15 柏林藏编号 Mainz175（旧编号 TM.337）古代突厥文残片	(1361)
图 16 柏林藏编号 U180（旧编号 TM.331）古代突厥文及回鹘文残片	(1362)
图 17 《乌尤克—塔尔拉克碑》（叶尼塞第一碑）	(1362)
图 18 《乌尤克—吐兰碑》（叶尼塞第三碑）	(1363)
图 19 《巴利克第二碑》（叶尼塞第六碑）	(1363)
图 20 《巴利克第二碑》（叶尼塞第六碑）原文临摹	(1363)
图 21 《别格热碑》（叶尼塞第十一碑）	(1364)
图 22 《叶尼塞第二十五碑》	(1364)
图 23 《奥亚碑》（叶尼塞第二十七碑）	(1365)
图 24 《阿尔腾阔尔碑》（叶尼塞第二十八碑）	(1366)
图 25 《乌伊巴特碑》（叶尼塞第三十二碑）	(1367)
图 26 《巴伊布隆第一碑》（叶尼塞第四十二碑）	(1367)
图 27 《巴伊布隆第一碑》（叶尼塞第四十二碑）原文临摹	(1368)
图 28 《泰列碑》（叶尼塞第四十六碑）	(1369)
图 29 《阿巴坎碑》（叶尼塞第四十八碑）	(1370)

图 30	《阿巴坎碑》（叶尼塞第四十八碑）原文临摹	(1370)
图 31	《喀喇布楞碑》（叶尼塞第六十五碑）	(1371)
图 32	《乌伊巴特第六碑》（叶尼塞第九十八碑）	(1372)
图 33	《乌伊巴特第六碑》（叶尼塞第九十八碑）原文临摹	(1372)
图 34	发现于伊尔提斯的刻有突厥文的铜镜	(1373)
图 35	《塔拉斯第一碑》	(1373)
图 36	《塔拉斯第一碑》拓片	(1373)
图 37	《塔拉斯第二碑》	(1374)
图 38	《塔拉斯第四碑》	(1374)
图 39	《塔拉斯第四碑》原文临摹	(1374)
图 40	《塔拉斯第七碑》	(1375)
图 41	《塔拉斯第八碑》	(1375)
图 42	《塔拉斯第十碑》	(1376)
图 43	《塔拉斯第十碑》原文临摹	(1376)
图 44	《塔拉斯第十二碑》	(1376)
图 45	《塔拉斯第十二碑》原文临摹	(1376)
图 46	《塔拉斯第十三碑》	(1377)
图 47	《库里巴卡伊尔题记》	(1377)
图 48	叶尼塞河入口处崖壁上的古代突厥文题记	(1378)
图 49	苏联藏中国"顺天元宝"上的古代突厥文	(1378)
图 50	苏联藏编号 5194 三乐镜残片	(1378)
图 51	苏联藏编号 5195 八卦镜残片	(1378)
图 52	莫斯科国立历史博物馆藏底部刻有突厥文的细颈金罐	(1379)

图 1　《毗伽可汗碑》

图 2　《毗伽可汗碑》突厥文之局部

《毗伽可汗碑》为古代突厥文与汉文合璧碑铭，主要记述第二突厥汗国的建立者阿史那骨咄禄毗伽可汗的生平事迹和武功。突厥文部分由阙特勤之侄药利特勤所撰（与《阙特勤碑》的作者为同一人）。汉文部分为唐玄宗开元二十二年（734）命史官李融撰写，唐玄宗亲笔御书，内容与突厥文部分无关。碑立于唐开元二十三年（735）。1889年俄国雅德林采夫发现于今蒙古国鄂尔浑河流域右岸和硕柴达木湖畔。该碑仅为墓葬建筑群的一个组成部分，现仍存于原地。碑石已碎成三块，总体积为 3.45× 1.74×0.72 米，大理石制成，呈五棱盾形，绕以卧龙雕塑。碑额的一面是突厥文题词，保存得不好，其下刻汉文，剥损严重，碑额的另一面是可汗图腾，其下为突厥文，计41行。碑石左右两侧各刻有突厥文 15 行。此碑对研究古代突厥语文及第二突厥汗国历史文化具有重要价值。

图 3　《阙利啜碑》

W. 科特维奇于 1912 年在今蒙古国乌兰巴托西南伊赫和硕图（Ikhe-Khuchotu）谷地发现。该碑是墓葬群的一个组成部分，用花岗岩制成，体积为 1.90×0.60×0.16 米，东西向碑面宽。碑文刻于四面，但破损严重，北面碑文已全部风蚀消失。尚可勉强读出的有：东面 13 行，西面 12 行，南面 4 行，共计 29 行。

《阙利啜碑》是东突厥汗国一位显贵——达头酋领阙利啜的墓志铭。阙利啜是骨咄禄、阿波干、毗伽可汗和暾欲谷（这些名字在碑文中都曾提到）的同僚。碑文未写明阙利啜逝世和殡葬的日期，只提到他享年 80 岁。该碑对研究东突厥汗国的历史、地理等具有重要意义。

图 4　《磨延啜碑》

图 5 《磨延啜碑》之局部

《磨延啜碑》又称《回鹘英武威远毗伽可汗碑》、《葛勒可汗碑》。该碑约建于唐肃宗乾元二年（759）。1909 年由芬兰学者 G. J. 兰司铁在今蒙古国北部色楞格河及希乃乌苏湖附近发现。碑文破损严重，存古代突厥文 50 行，内容主要是记述回鹘汗国第二代可汗葛勒可汗（即磨延啜，747—759 年在位）的生平事迹。该碑对研究古代突厥语文及回鹘汗国历史文化具有重要价值。

图 6 《铁兹碑》

《铁兹碑》又称《牟羽可汗碑》，为克里雅施托尔内于 1976 年在蒙古国蔻乌斯格勒（Khowsogol）省铁兹（tez）河上游左岸一个名叫诺贡托勒盖（Nogoon Tolgoi）的小山上发现。碑石仅存下半截，为长方形红色花岗岩，高 0.86 米，宽 0.32 米，厚 0.22 米。学者推测，残存部分不足原碑的一半，仅残存古代突厥文 22 行。碑文的字体、语言及氏族标记与《磨延啜碑》相同。碑石现存于乌兰巴托蒙古科学院历史研究所。

该碑为磨延啜之子牟羽可汗（759—780 年在位）的记功碑。碑文以第一人称的口吻叙述，作者似为牟羽可汗的亲族。从碑文的内容来看，该碑约立于牟羽可汗统治时期内，即公元 761—762 年之间。

图 7　《翁金碑》　　　　　　　　　　　　　　图 8　《翁金碑》原文临摹

1891年由雅德林采夫在今蒙古国和硕柴达木南180公里翁金河支流附近发现。碑铭现仍存于原地。碑石约建于唐开元二十七年（739），碑文刻于石碑的两面和另一杀人石上，共20行。内容为后突厥的始波罗达干记录其父伊利伊跌迷失叶护在登利可汗时期的事迹。对研究古代突厥语文及第二突厥汗国历史文化具有重要价值。

图 9　《苏吉碑》

《苏吉碑》约建于回鹘汗国灭亡（840）后不久。1909 年由芬兰学者 G. J. 兰司铁发现于今蒙古国北部的苏吉大坂附近。突厥文保留较完整，共 11 行，内容主要是记述黠戛斯人斐罗骨咄禄牙尔干的生平事迹。对研究古代突厥语文及回鹘汗国的历史文化具有一定价值。对此碑的主要研究有：兰司铁《北蒙古发现的两个回鹘如尼文碑铭》（G. J. Ramsteedt：*Zwei Uigurische Runeninschriften in der Nord-Mongolei*，JSFOu，XXX，1913）、马洛夫《古代突厥文献》（S. E. Malov：*Pamyatniki Drevnetyurkskoy Pis'mennosti*，M-L，1951）、奥尔昆《古代突厥碑文》（H. N. Orkun：*Eski Turk Yazitlari*，1936）、耿世民《古代突厥文碑铭研究》（中央民族大学出版社 2005 年版）等。

图 10　《铁尔痕碑》全貌

图 11　《铁尔痕碑》局部

《铁尔痕碑》又称《塔里亚特碑》、《磨延啜第二碑》，是回鹘格勒可汗的第二个重要碑文。1957年由蒙古国考古学家道尔吉苏荣（C. Dorzhsuren）在杭爱山脉西北铁尔痕（Terkhin）河谷铁尔痕查淖干尔湖附近发现。1969年后克里雅施托尔内等又亲自考察了该碑，并进行了发掘工作。该碑已碎为四块。目前仅找到三块（最上部的一块未找到）和一个石龟底座。碑现存于乌兰巴托蒙古科学院历史研究所。碑石上窄下宽，高2.85米，下部宽、厚为0.37×0.27米，上部为0.25×0.20米。碑文刻于四面，共30行，龟座后部尚刻有一行文字。碑文风蚀严重，仅个别字行保存完整。

该碑是回鹘汗国早期碑铭，为磨延啜可汗（745—759年在位）的记功碑。碑文的作者是磨延啜可汗之子毗伽可汗（即后来继位的牟羽可汗），主要内容是叙述磨延啜可汗的丰功伟绩。学者认为该碑建于753—756年间。西耐胡、克里雅施托尔内、塔拉特·特肯、片山章雄、耿世民等对此碑进行过研究。

图12 《喀喇巴拉哈逊第二碑》

《喀喇巴拉哈逊第二碑》原位于鄂尔浑河西岸奥尔都巴里克（宫城）北8公里，现立于蒙古社会科学院大楼前广场。1973年由一中学教师C. 马格马尔扎夫发现。1975年苏联—蒙古考察队将此碑移到蒙古国科学院历史研究所。碑石为灰色石榴石，上刻103个字符，共12行，有两个字符特别大。碑高1.7米，宽0.25—0.3米，厚0.12—0.15米。1979年蒙古学者M. 西耐胡对该碑的语言进行了研究。2001、2004年哈萨克斯坦考察队亦进行了研究。

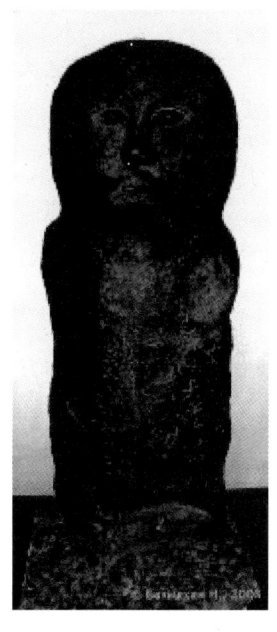 

图13 《啜尔碑》全貌　　　　　图14 《啜尔碑》局部

《啜尔碑》原位于蒙古国啜尔火车站15公里善萨尔山坡的墓地上，现立于蒙古国民族历史博物馆陈列室。碑石为带有人头的雕塑，石榴石制成，呈棕褐色。头部保存较好，胸前刻有6行突厥文，右侧刻有两个大标记。1929年该碑被移到乌兰巴托市博物馆，1936年马洛夫根据照片和拓片进行过研究，发表了《突厥文新碑铭》，1962、1968年特里亚尔斯基和平青刊布了清楚的照片，1971年克里雅施托尔内、1998年色尔特卡娅都对碑文进行了研究，2001、2004年哈萨克斯坦考察队亦进行了研究。

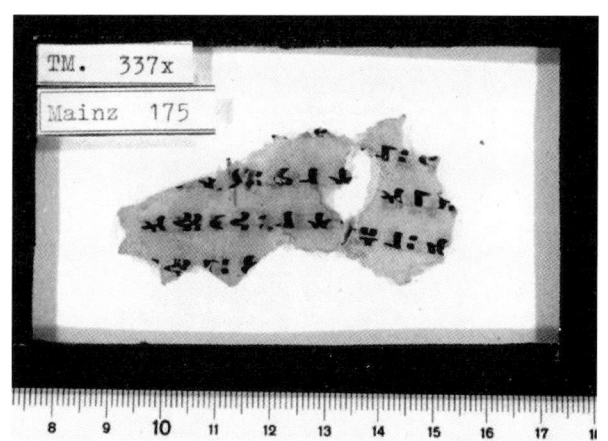

图15　柏林藏编号Mainz175（旧编号TM.337）古代突厥文残片

残片现藏柏林科学院，编号Mainz 175（旧编号TM.337）。由两片组成，A片高2.8厘米，宽4.3厘米，B片高3.0厘米，宽2.0厘米，A、B两片各存墨书古代突厥文4行，行距0.8厘米。纸质坚硬，呈褐色。1985年色尔特卡娅对此进行过研究（Sertkaya, Osman Fikri: *Fragmente in Alttürkischer Runnenschrift aus den Turfan-Funden*. In: Runnen, Tamgas und Grafitti aus Asien und Osteuropa. Edd. Klaus Röhrborn und Wolfgang Veenker. Wiesbaden, 1985）。

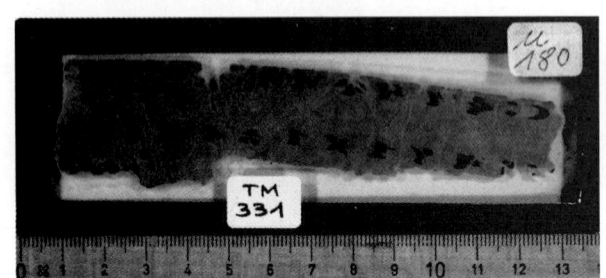
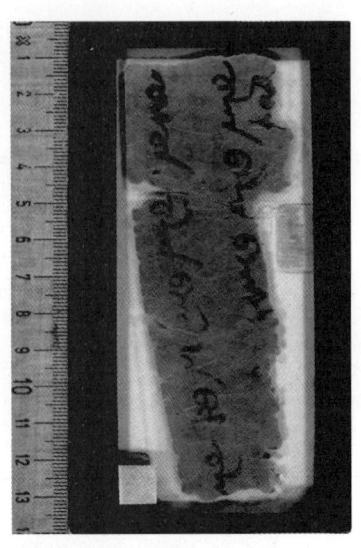

图 16　柏林藏编号 U 180（旧编号 TM. 331）古代突厥文及回鹘文残片

残片现藏柏林科学院，编号 U180（旧编号 TM.331），纸质粗糙，呈褐色。正面存墨书古代突厥文两行，行距 1.3 厘米，背面存墨书回鹘文两行。残片高 3.1 厘米，宽 12.2 厘米。属中世纪初期。1985 年色尔特卡娅对此进行过研究（Sertkaya, Osman Fikri: *Fragmente in Alttürkischer Runnenschrift aus den Turfan-Funden.* In: Runnen, Tamgas und Grafitti aus Asien und Osteuropa. Edd. Klaus Röhrborn und Wolfgang Veenker. Wiesbaden, 1985）。据色尔特卡娅研究，残片内容为故事或历史文献。

图 17　《乌尤克—塔尔拉克碑》（叶尼塞第一碑）

《乌尤克—塔尔拉克碑》又称《叶尼塞第一碑》。1888 年由阿斯佩林发现于乌尤克河支流塔尔拉克河左岸 2 公里伊津布拉克山坡。1916 年被移到米努辛博物馆。碑高 2.61 米，宽 0.24 米，厚 0.30 米，存古代突厥文 2 行。碑石属 8—9 世纪。拉德洛夫、奥尔昆、马洛夫、巴特曼诺夫、库纳亚、阔尔姆森、阿曼朱罗夫、瓦希里耶夫、克孜拉索夫等人均对此碑进行过研究。

图 18 《乌尤克—吐兰碑》(叶尼塞第三碑)

《乌尤克—吐兰碑》又称《叶尼塞第三碑》。1887 年冯提阔夫发现于今吐兰市附近。1943 年移到克孜勒市图瓦博物馆。碑石原为墓葬群的一个组成部分，属于公元 8—9 世纪。碑高 2.82 米，宽 0.19 米，厚 0.41 米，存古代突厥文 6 行。碑铭自发现以后，1888 年阿斯佩林、1891 年克莱门茨、1906 年格朗兹等学者进行过研究。

图 19 《巴利克第二碑》(叶尼塞第六碑)

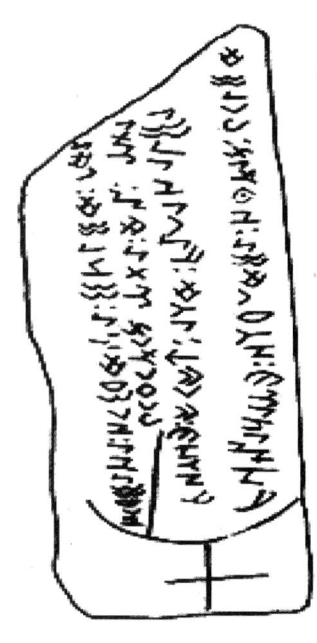

图 20 《巴利克第二碑》(叶尼塞第六碑)原文临摹

《巴利克第二碑》又称《巴利克碑》、《叶尼塞第六碑》。1891年克莱门茨发现于巴利克河东岸伊依塔勒村南11公里的土岗上，1943年移到克孜勒市图瓦博物馆。碑石属公元8—9世纪，为棕色砂石制成，高1.54米，宽0.51—0.52米，厚0.23米，存古代突厥文4行，石碑下部刻有一族徽标记。克莱门茨、巴特曼诺夫等对此碑进行过研究。

图1　《别格热碑》（叶尼塞第十一碑）

图22　《叶尼塞第二十五碑》

《别格热碑》又称《叶尼塞第十一碑》。1892年奥苏尔阔夫发现于别格热河拜科木支流右岸名叫蒙噶斯奇里克的地方。1915年安德里阿诺夫将此碑移到米努辛博物馆。碑石由棕色片岩制成，高0.51米，宽0.40—0.52米，厚0.20—0.27米，两面及两侧刻字，存古代突厥文13行。碑铭属8—9世纪。拉德洛夫、奥尔昆、马洛夫、巴特曼诺夫、瓦希里耶夫、阿曼朱罗夫等人对此碑进行过研究。

《叶尼塞第二十五碑》又称《奥兹纳乾诺耶碑》。1847年卡斯特林在叶尼塞河左岸萨阳郭尔斯克市附近奥兹纳乾诺耶村阔伊巴利克地区发现，1880年马尔提亚诺夫将该碑移到米努辛博物馆。碑高1.73米，宽0.49—0.50米，厚0.20米，两面及一侧刻有古代突厥文7行。拉德洛夫、奥尔昆、马洛夫、苏布拉科娃、巴特曼诺夫等学者对此碑进行过研究。

图 23　《奥亚碑》（叶尼塞第二十七碑）

《奥亚碑》又称《叶尼塞第二十七碑》。1880 年发现于奥亚河沿岸一墓葬地，同年被移到米努辛博物馆。碑石由棕色岩石制成，属 8—9 世纪，上部残损。碑残高 1.02 米，宽 0.42—0.44 米，厚 0.39 米，两面刻写古代突厥文 9 行，其中的一面下部刻有氏族标记。自发现后，拉德洛夫、奥尔昆、马洛夫、苏布拉科娃、巴特曼诺夫等学者对此碑进行过研究。

图 24 《阿尔腾阔尔碑》(叶尼塞第二十八碑)

《阿尔腾阔尔碑》又称《叶尼塞第二十八碑》。1878年发现于阿巴干河左岸阿尔腾阔尔地区，1881年马尔提亚诺夫将该碑移到米努辛博物馆。碑石由棕色石榴石制成，顶部呈弧形，属8—9世纪。碑高1.38米，宽0.35—0.43米，厚0.19米，两面及两侧均刻有古代突厥文，存9行，无氏族标记。拉德洛夫、奥尔昆、马洛夫、苏布拉科娃、巴特曼诺夫、克里雅施托尔内、塔拉辛阔等人对此碑进行过研究。

图 25 《乌伊巴特碑》(叶尼塞第三十二碑)

《乌伊巴特碑》又称《乌伊巴特第三碑》、《叶尼塞第三十二碑》。1721—1722 年斯特拉林别格发现于乌伊巴特河右岸（该河沿岸曾发现多个古代突厥文碑铭）恰勒阔夫村附近的一处古墓地。1886 年被移入米努辛博物馆。碑石由棕色石榴石制成，属 8—9 世纪。碑高 2.46 米，宽 0.36—0.56 米，厚 0.15—0.56 米，两面及一侧刻写古代突厥文 15 行，下部呈现类人雕像。拉德洛夫、奥尔昆、马洛夫、阔尔姆森等人对碑文进行过研究。

图 26 《巴伊布隆第一碑》(叶尼塞第四十二碑)

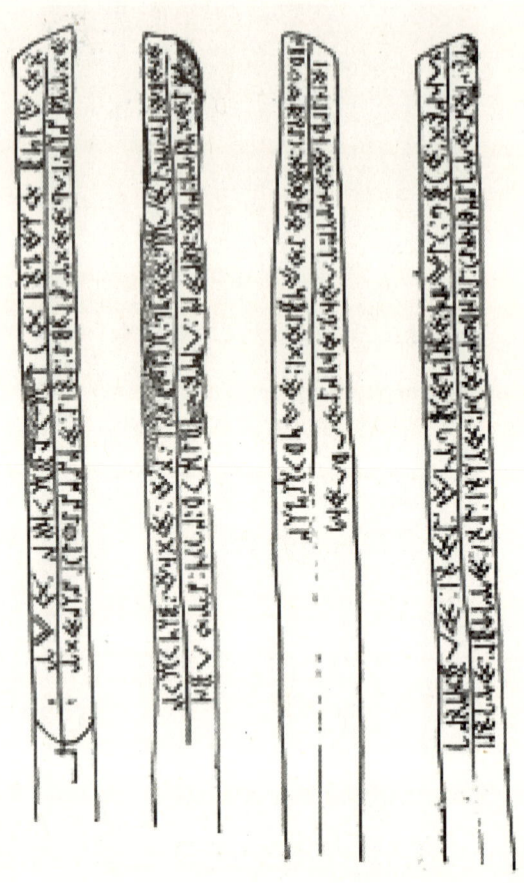

图 27　《巴伊布隆第一碑》（叶尼塞第四十二碑）原文临摹

《巴伊布隆第一碑》又称《叶尼塞第四十二碑》。1915 年阿德里亚诺夫发现于乌鲁格赫姆河左岸巴伊布隆平原一处古墓地，同年被移入米努辛博物馆。碑石属 8—9 世纪，由灰色片岩制成。前面共刻写古代突厥文 11 行，有氏族标记。碑高 2.09 米，宽 0.19—0.30 米，厚 0.15 米。自发现后，马洛夫、奥尔昆、巴特曼诺夫、库纳阿、瓦希里耶夫、阔尔姆森等人对此碑进行过研究。

图 28　《泰列碑》（叶尼塞第四十六碑）

《泰列碑》又称《叶尼塞第四十六碑》。1907 年格拉涅发现于乌鲁格赫姆河泰列支流，1961 年巴特曼诺夫考察了碑文后将其移入图瓦博物馆。碑石属 8—9 世纪，由棕色片岩制成，不规则，一面刻写古代突厥文 4 行及氏族标记。碑高 1.89 米，宽 0.39—0.57 米，厚 0.40 米。马洛夫、巴特曼诺夫、库纳阿、谢尔巴克、瓦希里耶夫、阿曼朱罗夫、阔尔姆森等学者对此碑进行过研究。

图 29 《阿巴坎碑》(叶尼塞第四十八碑)

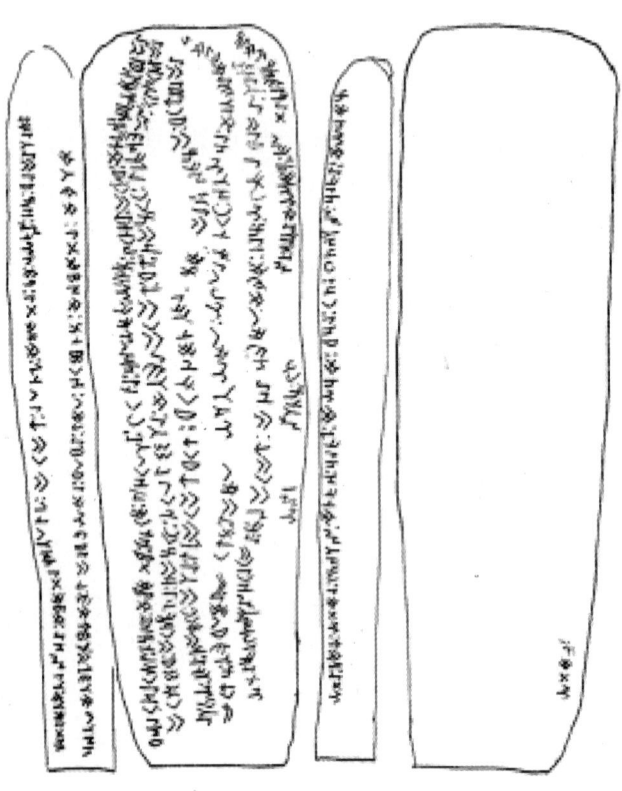

图 30 《阿巴坎碑》(叶尼塞第四十八碑)原文临摹

《阿巴坎碑》又称《叶尼塞第四十八碑》。原立于阿巴坎河右岸，1913年移入米努辛博物馆。碑石由灰色片岩制成，属8—9世纪，不规则，刻有古代突厥文16行，其中正面有6行，背面有7行，两侧面有3行，无氏族标记。碑高2.60米，宽0.69—0.75米，厚0.19—0.25米。克瑟列夫、马洛夫、苏布拉科娃、巴特曼诺夫、瓦希里耶夫、纳斯洛夫、阔尔姆森等学者对此碑进行过研究。

图31　《喀喇布楞碑》（叶尼塞第六十五碑）

《喀喇布楞碑》又称《叶尼塞第六十五碑》。1965年格拉齐率领的考察队在乌鲁格赫姆河附近的叶里克科姆村名叫喀喇布楞的地方发现，1973年移入图瓦博物馆。碑石由灰色石榴石制成，属8—9世纪，上有不同时期刻写的古代突厥文4行及氏族标记。碑高1.13米，宽0.14米，厚0.25米。库纳阿、阔尔姆森、瓦希里耶夫等人对此碑进行过研究。据学者研究，碑文呈现两种状态，一种较新，另一种模糊不清，系两次刻写所致。

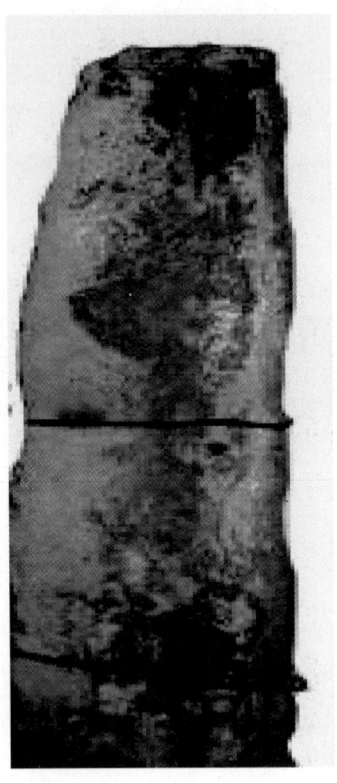

图 32 《乌伊巴特第六碑》（叶尼塞第九十八碑）

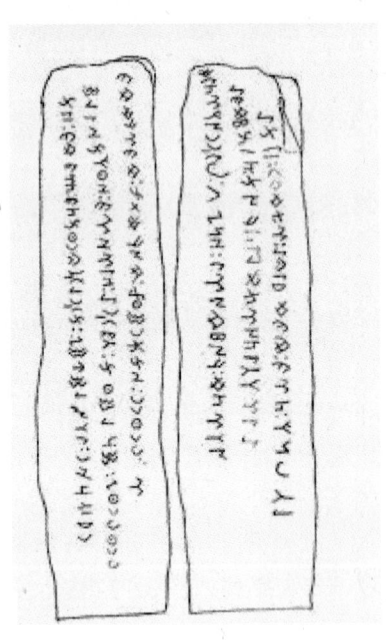

图 33 《乌伊巴特第六碑》（叶尼塞第九十八碑）原文临摹

《乌伊巴特第六碑》又称《叶尼塞第九十八碑》。1964年利浦斯基发现于乌伊巴特河沿岸，现藏阿巴坎市哈卡斯博物馆。碑石由棕色片岩制成，属8—9世纪，正背面各刻写古代突厥文3行，共计6行，无氏族标记。碑高2.30米，宽0.30—0.60米，厚0.16米。布塔纳耶夫、阿曼朱罗夫、瓦希里耶夫、阔尔姆森等人对此碑进行过研究。

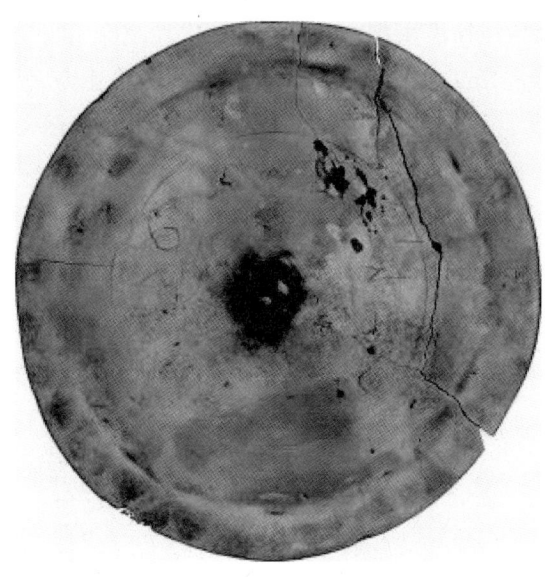

图 34　发现于伊尔提斯的刻有突厥文的铜镜

1969年由阿尔斯拉诺娃发现于东哈萨克斯坦地区伊尔提斯河沿岸泽瓦克诺设莫纳伊痕斯克村附近一处突厥古墓地，现藏东哈萨克地区地方史博物馆。铜镜边缘和内圈上刻写古代突厥文2圈，边缘上有20个符号，内圈上有11个符号。镜周长10厘米，厚1厘米。阿尔斯拉诺娃、克里雅施托尔内、阿曼朱罗夫等人对此镜上的古代突厥文进行过研究。

图 35　《塔拉斯第一碑》

图 36　《塔拉斯第一碑》拓片

《塔拉斯第一碑》又称《塔拉斯沿岸碑》。1896年由卡拉乌尔和嘎斯切娃发现于塔拉斯市东南8公里克里克兹克地区，现藏俄罗斯艾尔米塔斯国立博物馆。碑石由灰色花岗岩制成，属8—10世纪，呈圆形，为135×90×45厘米，刻有古代突厥文4行。赫克尔、拉德洛夫、涅梅特、马洛夫、奥尔昆、巴特曼诺夫、朱玛古洛夫、阿曼朱罗夫等学者对此碑进行过研究。

图37 《塔拉斯第二碑》

《塔拉斯第二碑》又称《塔拉斯河沿岸碑》、《塔拉斯如尼碑》。1898年由卡拉乌尔发现于塔拉斯市东南8公里克里克兹克地区，现藏吉尔吉斯斯坦比什凯克市国家历史博物馆。碑石为灰色花岗岩，120×90×46厘米，上刻古代突厥文8行，其中有2行类似粟特文。该碑自发现后，赫克尔、拉德洛夫、涅梅特、马洛夫、奥尔昆、巴特曼诺夫、朱玛古洛夫、阿曼朱罗夫等学者对此碑进行过研究。

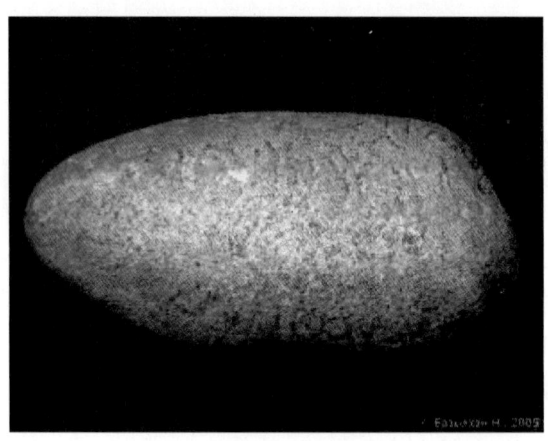

图38 《塔拉斯第四碑》

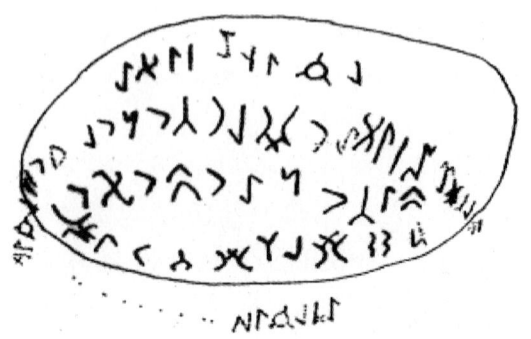

图39 《塔拉斯第四碑》原文临摹

《塔拉斯第四碑》又称《塔拉斯沿岸碑》、《塔拉斯如尼碑》。1898 年由赫克尔发现于塔拉斯市东南 8 公里克里克兹克地区,现藏吉尔吉斯斯坦比什凯克市国家历史博物馆。碑石为灰色花岗岩,呈椭圆形,100×50 厘米,属 8—10 世纪,上刻古代突厥文 5 行。米洛里昂斯基、涅梅特、马洛夫、奥尔昆、巴特曼诺夫、朱玛古洛夫、阿曼朱罗夫等学者对此碑进行过研究。

图 40 《塔拉斯第七碑》

《塔拉斯第七碑》又称《阿什克塔西碑》。1932 年由马尔宁扬发现于塔拉斯河沿岸阿什克塔西地区,现藏于俄罗斯艾尔米塔斯国立博物馆。古代突厥文刻于四根云杉松木上,松木为 15.6×1.5×1.4×1.2 厘米。马松、马洛夫、奥尔昆、巴特曼诺夫、朱玛古洛夫、阿曼朱罗夫、克孜拉索夫、谢尔巴克等学者对此碑进行过研究。

图 41 《塔拉斯第八碑》

《塔拉斯第八碑》又称《塔拉斯沿岸碑》、《塔拉斯如尼碑》。1962年阔热玛阔发现于塔拉斯市东南8公里克里克兹克地区，现藏吉尔吉斯斯坦比什凯克市国家历史博物馆。碑石为灰色花岗岩，90×40×35厘米，上刻古代突厥文5行。巴特曼诺夫、朱玛古洛夫、阿曼朱罗夫等学者对此碑进行过研究。

图42 《塔拉斯第十碑》

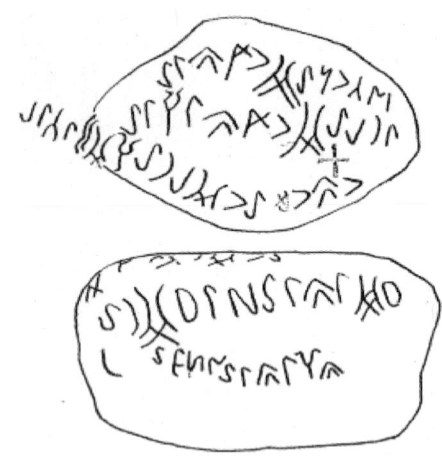

图43 《塔拉斯第十碑》原文临摹

《塔拉斯第十碑》又称《塔拉斯沿岸碑》、《塔拉斯如尼碑》。1962年阔热玛阔发现于塔拉斯市东南8公里克里克兹克地区，此后吉尔吉斯斯坦的学者又对此碑进行了考察，现藏吉尔吉斯斯坦比什凯克市国家历史博物馆。碑石为灰色花岗岩，100×45×45厘米，上刻古代突厥文5行。巴特曼诺夫、朱玛古洛夫、阿曼朱罗夫等学者对此碑进行过研究。

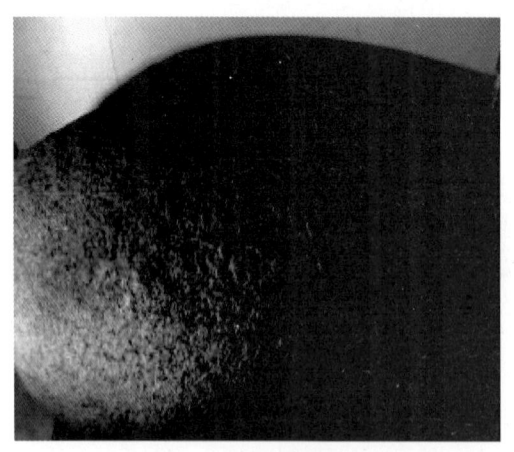

图44 《塔拉斯第十二碑》

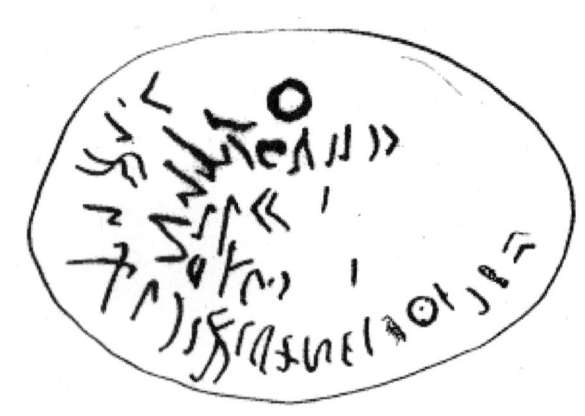

图45 《塔拉斯第十二碑》原文临摹

《塔拉斯第十二碑》又称《塔拉斯沿岸碑》、《塔拉斯如尼碑》。1962年温尼克发现于塔拉斯市东南8公里克里克兹克地区，现藏吉尔吉斯斯坦比什凯克市国家历史博物馆。碑石为灰色花岗岩，90×60

×47厘米，古代突厥文3行，一些符号已破损不清。巴特曼诺夫、阿曼朱罗夫曾刊布拓片。

图46 《塔拉斯第十三碑》

《塔拉斯第十三碑》又称《塔拉斯沿岸碑》、《塔拉斯如尼碑》。1977年朱玛古洛夫、卡拉古洛娃发现于塔拉斯地区容阿里克村南部2公里的托尔特阔勒地区，现藏吉尔吉斯斯坦比什凯克市国家历史博物馆。碑石为灰色花岗岩，95×40厘米，上刻古代突厥文6行，但一些符号已破损不清。朱玛古洛夫、克里雅施托尔内、阿曼朱罗夫等学者对此碑进行过研究。

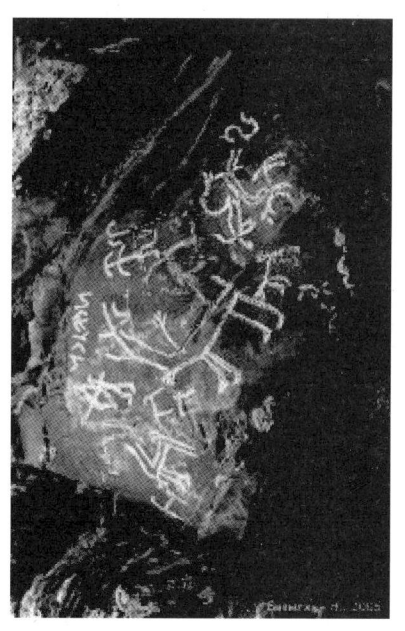

图47 《库里巴卡伊尔题记》

《库里巴卡伊尔题记》又称《塔拉斯沿岸碑》、《塔拉斯如尼碑》。位于塔拉斯河沿岸巴卡伊尔村南部15公里库里巴卡伊尔地区的山崖上，1981年被发现，上刻2行古代突厥文，一行有6个符号，另一行有5个符号。据研究，题记属于8—10世纪。朱玛古洛夫、克里雅施托尔内、阿曼朱罗夫、克孜拉索夫等学者对此题记进行过研究。

图 48　叶尼塞河入口处崖壁上的古代突厥文题记

在叶尼塞河流域的河谷崖壁上也曾发现众多内容很短的古代突厥文题记。如 20 世纪初发现于叶尼塞河入口处崖壁上的三行古代突厥文题记，刻写精细，保留完整。

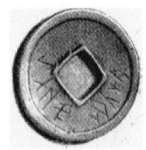 

图 49　苏联藏中国"顺天元宝"上的古代突厥文

苏联国立米努辛斯克地方志博物馆收藏有两枚中国方孔圆钱，一面上铸有汉字"顺天元宝"，另一面上刻写有古代突厥文，经查，"顺天元宝"系唐代晚期和五代十国时通行货币。

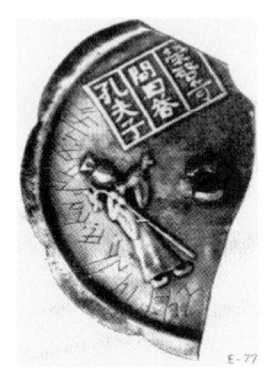 

图 50　苏联藏编号 5194 三乐镜残片　　　　　图 51　苏联藏编号 5195 八卦镜残片

在叶尼塞河流域曾发现众多刻写有古代突厥文的铜镜。这些铜镜均产自中原，有些镜背上还铸有汉文。如苏联国立米努辛斯克地方志博物馆收藏的两面铜镜的残片（编号分别为 5194 和 5195）。

编号 5194 的铜镜为盛唐时期著名的"三乐镜"，葵花形，圆钮，无钮座，素平缘，主纹由左右对应的两个人物和下方一树组成（现仅存左边一人物），画面上方有长方形竖格，内施铭文"孔夫子问曰答荣启奇"九字。

编号 5195 的铜镜为中晚唐时期著名的"八卦镜"，方形，龟钮，无钮座，素缘，主纹为八卦符号，并配列铭文："精金（百炼，有鉴思极，子育）长生，形神相识。"

图 52　莫斯科国立历史博物馆藏底部刻有突厥文的细颈金罐

考古工作者在叶尼塞河流域还发掘出不少刻有古代突厥文铭文的各种器皿,如莫斯科国立历史博物馆收藏的一个细颈金罐,在金罐底部刻有古代突厥文铭文。

第七章

文献珍品释读

一　《阙特勤碑》　　　　　　　　　　　　　　　　　　　　　　　　　　　　　　　（1380）
二　《暾欲谷碑》　　　　　　　　　　　　　　　　　　　　　　　　　　　　　　　（1400）
三　《铁尔痕碑》　　　　　　　　　　　　　　　　　　　　　　　　　　　　　　　（1411）
四　《铁兹碑》　　　　　　　　　　　　　　　　　　　　　　　　　　　　　　　　（1418）
五　《占卜书》　　　　　　　　　　　　　　　　　　　　　　　　　　　　　　　　（1427）

一　《阙特勤碑》

《阙特勤碑》于1889年由俄国伊尔库茨克地理学会探险队队长雅德林采夫在今蒙古国鄂尔浑河支流科克辛—鄂尔浑（Kokshin-Orhon）河谷的和硕柴达木地区发现。该碑现仍立于原地，由大理石制成，整体呈平截头棱锥形，高3.75米，东面与西面之间的顶宽1.22米，底宽1.32米，南北之间的厚度0.44—0.46米。碑的四面均刻有文字，文字的高度约为2.75米。碑的西面为汉文和一小段突厥文，其余各面均为突厥文，东面有突厥文40行，南面和北面各有13行。此外，在北面与东面之间、东面与南面之间以及南面与西面之间的各条棱缘上也刻有少量突厥文。该碑虽有个别地方剥蚀，但从整体上来看，碑文保留较完整，是突厥文碑铭中最重要的"三大碑"之一（其他为《暾欲谷碑》和《毗伽可汗碑》）。

图1　《阙特勤碑》之古代突厥文部分

图2　《阙特勤碑》之汉文部分

《阙特勤碑》是第二突厥汗国重要人物阙特勤（685—731）的纪念碑，立于732年。阙特勤为颉跌利施可汗（即骨咄禄）之次子，716年推翻默啜可汗之子匐俱的统治，推举其兄毗伽为可汗。该碑的汉文部分为唐玄宗开元二十年（732）所撰，内容与突厥文部分无关。突厥文部分为阙特勤之侄药利特勤撰写。此碑对古代突厥语文及第二突厥汗国历史的研究具有重要价值。

雅德林采夫发现该碑的第二年，盖克尔考察队对碑铭也作了调查研究。1891年拉德洛夫考察队到实地作了调查研究。1902年英国驻梧州领事坎贝尔考察并记述了碑文。1909年法国旅行家拉科斯特亦进行了考察工作。1912年科特维奇对碑铭作了考察核实。1960年乌里亚托娃和纳杰利亚耶夫又考察了碑铭。近几年来，日本、土耳其以及我国都有研究机构与蒙古国合作进行实地考察研究。

《阙特勤碑》被发现以后，国外学者对此进行了大量研究。1899年拉德洛夫刊布碑文照片（W. Radloff：*Atlas der Alterthuemer der Mongolei*，Vierte Lieferung，1899，《蒙古考古图录》，图CV-CXVIII）。汤姆森（V. Thomsen：*Altturkische Inschriften aus der Mongolei*，Leipzig，1924—1925，《蒙古古代突厥碑文》）、奥尔昆（Huseyin Namik Orkun：*Eski Turk Yazitlari*，I，Istanbul，1936，《古代突厥文献》）、马洛夫（S. E. Malov：*Pamyatniki Drevhetyurkskoy Pis'mennosti*，M-L，1951，《古代突厥文献》）、特肯（Talat Tekin：*A Grammar of Orkhon Turkic*，1968，《鄂尔浑突厥语语法》；*Orhon Yazitlari*，1998，《鄂尔浑碑文》）等都对碑文进行了研究。我国学者韩儒林于1935年发表有《突厥文阙特勤碑译注》一文，其中的汉文系转译自德文和英文。1937年岑仲勉发表《跋突厥文阙特勤碑》。1977年耿世民在内部教材《古代突厥文献选读》（第一分册）中收有该碑文的原文转写和汉译文，并于1988年将汉译文发表在林幹的《突厥史》中。2005年耿世民出版《古代突厥文碑铭研究》（中央民族大学出版社2005年版）一书，书中对《阙特勤碑》进行了转写、汉译和简单注释。

图3　《阙特勤碑》原文1—5行摹写（取自马洛夫《古代突厥文献》第19页）

《阙特勤碑》原文拉丁字母转写、汉文直译及汉文意译
南面

1. tängri täg tängridä bolmïš bilgä qaɣan, bu ödkä olurtïm . sabïmïn tükäti äšidgil : ulayu
 天 一样 从天 得到的 毗伽 可汗，这时 我登基了。把我的话 全部 你们听，首先
 iniyigünim oɣlanïm, biriki oɣušïm bodunum, biriyä šadapït bäglär, yïraya tarqat buyuruq
 我的弟弟们 我的儿子们，其次 我的部族 我的人民 右边 失毕 诸官， 左边 诸达干 梅禄
 bäglär, otuz (tatar / / /)
 诸官，三十 鞑靼

2. toquz oɣuz bägläri bodunï bu sabïmïn ädgüti äšid, qatïɣdï tïngla ! ilgärü kün toɣsïq(q)a,
 九 乌古斯 诸官 人民 这 我的话 好好地 你们听，牢牢地 你们听 向前面 日 出（到），
 birgärü kün ortusïngaru, qurïyaru kün batsïqïnga, yïrɣaru tün ortusïngaru, anta ičräki
 向右面 日 中（到），向后面 日 落（到）向左面 夜 中（到），在那里 以内的
 bodun qop m(anga körür, bunč)a bodun
 人民 全 向我 看，如此 人民

3. qop itdim . ol amtï anyïɣ yoq . türk qaɣan ötükän yïš olursar, iltä bung yoq . ilgärü
 全部 我组织了。他 现在 坏 没有。突厥 可汗 于都斤 山 （若）坐，国内 忧患 没有。前面
 šandung yazïqa tägi süladim, taluyqa kičig tägmädim, birgärü toquz ärsinkä tägi süladim,
 山东 平原（向）到 我征战了，大海（向）差点 我没到达，右边 九姓 葛耆（向）到 我征战了，
 tüpütkä kičig tägmädim, qurïyaru yinčü ög(üz)
 吐蕃（向）差点 我没到达，后面 珍珠 河

4. käčä tämir qapïɣqa tägi süladim, yïrɣaru yir bayïrqu yiringä tägi süladim . bunča yirkä
 渡过 铁 门关（向）到 我征战了，左面 拔野古 地方（向）到 我征战了。这么 地方（向）
 tägi yorïtdïm . ötükän yïšda yig idi yoq ärmiš . il tutsïq yir ötükän yïš ärmiš . bu yirdä
 到 我出兵了。于都斤山（在）好 没有 是。 国家 统治 地方 于都斤山 是。这地方（在）
 olurup tabɣač bodun birlä
 坐 汉 人民 一起

5. tüzältim . altun kümüš isigti qutay bungsuz anča birür . tabɣač bodun sabï süčig, aɣïsï
 我建立关系了。金、银、 粮食、丝绸 无数 如此 给了。汉 人民 话 甜蜜 宝物
 yïmšaq ärmiš . süčig sabïn yïmšaq aɣïn arïp ïraq bodunuɣ anča yaɣutïr ärmiš . yaɣru
 柔软 是。甜蜜的 话（用）柔软的 宝物（用）诱惑远 人民（把）如此 使靠近 是。 近
 qontuqda kisrä anyïɣ bilig öyir ärmiš .
 住（时）以后 坏 心智 想 是。

1. 我，像天一样的，从天所生的突厥毗伽可汗，这时登基了。你们全都要听我的话，首先是我的弟弟们和儿子们，其次是我的部族和人民，右边的失毕诸官，左边的诸达干、梅禄诸官、三十姓（鞑靼）、

2. 九姓乌古斯诸官和人民，你们要好好地听着！牢牢地记住我的话。前面到日出，右面到日中，后面到日落，左面到夜中，那里以内的人民全都臣属于我。

3. 我把这么多的人民全部组织了，他们现在都安居无事。突厥可汗住在于都斤山，国内无忧患。向前面我征战到了山东平原，差点没有到达大海，向右边我征战到了九曲，差点没有到达吐蕃，向后面渡过珍珠河，

4. 我征战到了铁门关，向左面我征战到了拔野古地方。我出兵到了这么多地方。没有比于都斤山更好的地方。统治国家的地方是于都斤。住在这里，我与汉人

5. 建立了关系。他们慷慨地给了这么多金、银、粮食、丝绸。汉人的话语甜蜜，宝物柔软。他们用甜蜜的话语、柔软的宝物诱惑，使远处的人民靠近（他们）。当住近了以后，他们就心怀恶意。

6. ädgü bilgä kišig, ädgü alp kišig yorïtmaz ärmiš ; bir kiši yangïlsar, uγušï bodunï bišukingä
好的 英明的 把人，好的 英勇的 把人 不使行走 是，一 人 若犯错，其部族 人民 后代（向）
tägi qïdmaz ärmiš. süčig sabïnga yïmšaq aγïsïnga arturup, üküš türk bodun, öltüg. türk
到 不饶恕 是。 甜蜜 话语 柔软 宝物 受骗，许多 突厥 人民，你们死了。突厥
bodun üläsiking biriyä čuγay yïš tügültün
人民 你们一部分 右面 总材 山 并且

7. yazï qonayïn tisär, türk bodun üläsig anta anyïγ kiši anča bošγurur ärmiš :"ïraq ärsär,
平原 居住 说，突厥 人民 把部分 在那 坏 人 如此 教唆 是："远处 若是，
yablaq aγï biür, yaγuq ärsär, ädgü aγï birür" tip anča bošγurur ärmiš. bilig bilmäz kiši
坏的 礼物 给，近处 若是，好的 礼物 给。" 如此 教唆 是。 智慧 无知的 人
ol sabïγ alïp, yaγru barïp, üküš kiši öltüg.
那 把话语 拿了，近 走了，许多 人 你们死了。

8. ol yärgärü barsar, türk bodun, öltäči sän. ötükän yïš olurup arqïš tirkiš ï(d)sar, näng
那 向地方 若去，突厥 人民，将死 你。于都斤 山 居住 商 队 若派， 任何
bunguγ yoq. ötükän yïš olursar, bänggü il tuta olurtačï sän. türk bodun, toqurqaq sän,
忧患 没有。于都斤 山 若住， 永远 国家 治理 你。突厥 人民， 将满足 你，
ačsïq tosïq ömäz sän ; bir todsar, ačsïq ömäzsän. antayïngïn
饥饿 饱 不考虑 你，一 若饱， 饥饿 你不考虑。你们如此

9. üčün igidmiš qaγanïngïn sabïn almatïn, yir sayu bardïγ, qop anta alqïntïγ, arïltïγ. anta
由于 养育的 你们的可汗 话语 不听，地方 各 你们走，全 那里 你们结束，疲劳了。那里
qalmïšï yir sayu qop toru ölü yorïyïr ärtig. tängri yarlïqaduqïn üčün, özüm qutïm bar
剩下的 地方 各 全 瘦 死 走 你们是。天 保佑 由于，我自己 福分 有
üčün, qaγan olurtïm. qaγan olurup
由于， 可汗 我登基了。可汗 登基

10. yoq čïγany bodunïγ qop qubratdïm, čïγany bodunïγ bay qïltïm, az bodunïγ üküš
没有 贫穷的 把人民 全 我集合了，贫穷的 把人民 富 我使变成了，少 把人民 多
qïltïm. azu bu sabïmda igid barγu ? türk bäglär bodun bunï äšiding ! türk (bodunïγ ti)rip
我使变成了。难道 这我的话里 虚假有吗? 突厥 诸官 人民 把这个 你们听！突厥（把人民 集合）
il tutsïqïngïn bunta urtum, yangïlïp ölsikingin yämä
国家 建立 在此 我刻写了，犯错 你们将死 又

11. bunta urtum. näng näng sabïm ärsär, bänggü tašqa urtum. angar körü biling, türk amtï
在此 我刻写了。无论什么 我的 话 若是，永久的 向石 我刻写了。向它看 你们知道，突厥 现在
bodun bäglär : bödkä körügmä bäglär gü yangïltačï sïz ? män b(änggü taš toqutqu üčün
人民 诸官，向汗位 服从的 诸官 吗 将犯错 你们? 我 永久的 石碑 建造 为了
tabγa)č qaγanta bädizči kälürtüm, tädizät(d)im. mäning sabïmïn sïmadï.
中国 从可汗 画匠 我使来了，我让装饰了。 我的 把我的话 他们没拒绝。

12. tabγač qaγanïng ičräki bädizčig ït(t)ï. angar adïnčïγ barq yaraturtïm, ičin tašïn adïnčïγ
中国 可汗的 内部的 把画匠 他们派了。让他们 不同 建筑物 我使建造了，内 外 不同
bädiz urturtïm, taš toqïtdïm, köngültäki sabïmïn u(rturtïm / / / on oq oγlïng)a tatïnga tägi,
画 我让刻画了，石碑 我让打造了，心里的 把我的话 我让刻写了 十 箭 儿子 外族臣民 到，
bunï körü biling. bänggü taš
把这个 看 你们知道。永久 石碑

13. toqïtdïm . y(aɣ) uɣ il ärsär , amtïqa ärig yirtä ärsär anča ärig yirtä bänggü taš toqïtdïm ,
 我让打造了。 近的 国家 是， 现在 人 地方 是 如此 人 地方 永久的 石碑 我让打造了
bitit(d)im . anï körüp anča biling . ol tašïɣ (/ / toqït)dïm . bu bitig bitigmä atïsï yol(l)ïɣ
让刻写了。 它 看到 如此 你们知道。 那 石碑 我让打造了。 此 碑文 书写的 其侄 药利
t(igin) .
特勤。

6. 他们不让真正英明的人、真正勇敢的人有所作为。一人犯错，连其部族、人民、后辈都不饶恕。由于受到他们甜蜜的话语、华丽的宝物的诱惑，突厥人民，你们死了许多人。突厥人民，当你们一部分不仅要右面住在总材山，并且要住在

7. 平原时，于是恶人就这样教唆部分突厥人民道："凡住在远处的给坏的礼物，凡住在近处的给好的礼物。"他们就这样教唆了。无知的人听信了那些话，走近了（他们），于是你们死了许多人。

8. 如去那个地方，突厥人民，你们就将死亡。如你们住在于都斤山，（从这里）派去商队，那就没有忧虑。如住在于都斤山，你们将永保国家。突厥人民，你们自满了，你们不考虑会有饥饿，你们一旦饱食，就不考虑饥饿。由于你们这样，

9. 你们不听养育（你们的）可汗的话，到处走散。（结果）你们全都毁灭在那里了。你们中剩下的到处（流徙），处境困难。由于上天保佑，由于我本人有福，我登上了汗位。我登基以后，

10. 把穷困的人民集合起来，使贫穷的人民变富了，使较少的人民变多了。难道在我的话中有什么虚假吗？突厥诸官和人民，你们听听这个吧！我在这里刻写了（如何）集合起突厥人民、建立国家的（事迹），我在这里（又）刻写了你们（如何）做错了事，几乎将灭亡（的情况）。

11. 我把所有的话都刻写在永久的石碑上。愿你们看到这些（话）都知道。突厥现在的人民和诸官，你们服从汗位的诸官，难道（还）要犯错吗？我（让建造永久的石碑），我从中国皇帝那里请来了画匠，让他们装饰了（陵墓）。他们没有拒绝我的请求。

12. 他们派来了中国皇帝的宫内画匠。我让他们建造了宏伟的建筑物，我让他们在内外都绘上了动人的画。我让他们打造了石碑，让他们刻写了我心中的话。愿十箭的子孙和外族臣民看到这个都知道。

13. 我让人建造了永久的石碑。由于这里是邻近的地方，我就让人在这来往行人多的地方建造了永久的石碑。我让人写下了（我的话）。愿你们看到它都知道那个石碑。我（让人打造了）那石碑。书写此碑文的是其侄药利特勤。

东面
1. üzä kök tängri asra yaɣïz yir qïlïntuqda , äkin ara kiši oɣlï qïlïnmïš . kiši oɣlïnta üzä
 上面 蓝 天 下面 褐色 大地 被做成时， 二 之间 人 其子 被做成了。 人 其子 上面
 äčüm apam bumïn qaɣan ištämi qaɣan olurmïš , olurïpan türk bodunïng ilin tör(üs)in
 我的祖 先 布民 可汗 室点密 可汗 坐了， 坐了后 突厥 人民的 其国家 其法制
 tuta birmiš , iti birmiš .
 建立 起了，组织 起了。

2. tört bulung qop yaɣï ärmis , sü süläpän , tört bulungdaqï bodunïɣ qop almïš , qop baz
 四 方 全部 敌人 是， 军队 率军， 四 方的 将人民 全 拿了， 全 征
 qïlmïš , bašlïɣïɣ yüküntürmiš , tizligig sökürmiš . ilgärü qadïrqan yïšqa tägi , kirü tämir
 服了， 将有头的 使臣服了， 将有膝的 使屈膝了。向东方 向兴安 岭 到， 向西方 向铁
 qapïɣqa tägi qonturmïš . äkin ara
 门关 到 使住在了。 二 之间

3. idi oqsïz kök türk anča olurur ärmiš. bil(g)ä qaɣan ärmiš, alp qaɣan ärmiš, buyruqï yämä
   无君主 兰 突厥 如此 坐了 是。 英明的 可汗 是, 英勇的可汗 是, 其梅禄 也
   bilgä ärmiš ärinč, alp ärmiš ärinč; bäglari yämä bodunï yämä tüz ärmiš. anï üčün ilig
   英明的 是, 英勇的 是; 其诸官 也 其人民 也 正直的 是。 因此 将国家
   anča tutmïš ärinč, ilig tutup törüg itmiš. özi anča
   如此 统治了, 将国家 统治 将法制 创建了。其自己 如此

4. kärgäk bolmïš. yoɣčï sïɣïtčï öngrä, kün toɣsïqda bükli čö(l)lig il, tabɣač, tüpüt, apar,
   去世了。 吊唁者 前面 日 出从 莫离 荒原的 国家、中国、 吐蕃、阿瓦尔、
   purum, qïrqïz, üč qurïqan, otuz tatar, qïtany, tatabï bunča bodun kälipän sïɣtamïš yoqlamïš.
   拂林、 黠戛斯、三 骨利干、三十 鞑靼、契丹、奚 这么 人民 来 吊唁了。
   antaɣ külig qaɣan ärmiš. anta kisrä inisi qaɣan
   那样 有名的 可汗 是。 那 以后 其弟 可汗

5. bolmïš ärinč, oɣlï ta qaɣan bolmïš ärinč. anta kisrä inisi äčisintäg qïlïnmaduq ärinč,
   成了, 其子 也 可汗 成了。 那 以后 其弟 其哥一样 不成为了,
   oɣlï qangïntäg qïlïnmaduq ärinč, biligsiz qaɣan olurmïš ärinč, yablaq qaɣan olurmïš ärinč,
   其子 其父一样 不成为了, 无知的 可汗 登基了, 坏的 可汗 登基了,
   buyruqï yämä biligsiz ärinč, yablaq ärmiš ärinč.
   其梅禄 也 无知的 是, 坏的 是。

1. 当上面蓝天、下面褐色大地造成时，在二者之间创造了人类之子。在人类之子的上面，坐有我祖先布民可汗和室点密可汗。他们即位后，创建了突厥人民的国家和法制。

2. （这时候）四方都是敌人。他们率军征战，取得了所有四方的人民，全都征服了（他们），使有头的低头臣服，使有膝的屈膝投降了。使他们住在东面直到兴安岭，西面直到铁门关的地方。

3. 他们统治着二者之间的没有君主的兰突厥。他们是英明的可汗、勇敢的可汗。他们的梅禄也是英明的，勇敢的。他们的诸官和人民也是正直的。因此，他们这样统治了国家。他们统治了国家并创建了法制。他们（之后）就

4. 去世了。吊唁者前面从日出（的地方），莫离荒原人、中国人、吐蕃人、阿瓦尔人、拂林人、黠戛斯人、三姓骨利干人、三十姓鞑靼人、契丹人、奚人——这么多的人民来吊唁了。他们是那样有名的可汗。之后，

5. 其弟做了可汗，其子也做了可汗。之后，弟不像兄，子不像父，无知的可汗登基了，坏可汗登基了，其梅禄也是无知的，坏的。

6. bäglari bodunï tüzsiz üčün, tabɣač bodun täbligin kürlüg(in) üčün, armaqčïsïn üčün, inili
   其诸官 其人民 不正直 由于,中国 人 其奸诈 其欺骗 由于, 其引诱 由于,弟与
   äčili kikšürtükin üčün, bägli bodunlïɣ yongašurtuqïn üčün, türk bodun illädük ilin ïčɣïnu
   兄 其仇恨 由于, 官与 民 其 不和 由于, 突厥 人民 建国 将国家 丧失
   ïdmïš,
   破坏了,

7. qaɣanladuq qaɣanïn yitürü ïdmïš. tabɣač bodunqa bäglig urï oɣlïn qul boltï, silik qïz
   做可汗的 使可汗 失去 破坏了。中国 向人民 高贵的 男儿 奴隶 成了, 清白的
   oɣlïn küng boltï. türk bäglär türk atïn ït(t)ï. tabɣačɣï bäglär tabɣač atïn tutïpan
   姑娘 女婢 成了。突厥 诸官 突厥 将其称号 舍弃了。亲中国的 诸官 中国 将其称号 采用
   tabɣač qaɣanqa
   中国 向可汗

8. körmiš . älik yïl išig küčüg birmiš , ilgärü kün toɣsïqda bükli qaɣanqa tägi süläyü birmiš ,
   看了。 五十年 把力量 给了， 前面 日 出（在）莫离 向可汗 到 率军，
   qurïɣaru tämir qapïɣqa tägi süläyü birmiš , tabɣač qaɣanqa ilin törüsin alï birmiš . türk
   西面 向铁门关 到 率军， 中国 向可汗 把其国家 把其法制 交给了。突厥
   qara qamaɣ
   黑 所有的

9. bodun anča timiš : illig bodun ärtim , ilim amtï qanï ? kimkä ilig qazɣanur män ?
   人民 这样 说了：有国家的 人民 我是，我的国家 现在 在哪？ 向谁 把国家 取得 我？
   tir ärmiš . qaɣanlïɣ bodun ärtim , qaɣanïm qanï ? nä qaɣanqa išig küčüg birür män ? tir
   说了。 有可汗的 人民 我是，我的可汗 在哪？什么 向可汗 把力量 给 我？ 说
   ärmiš . anča tip tabɣač qaɣanqa yaɣï bolmïš .
   了。 这样 说 中国 向可汗 敌人 成了。

6. 由于其诸官和人民的不正直，由于中国人的奸诈和欺骗，由于他们的引诱，由于他们使兄弟相仇，由于他们使官民不和，突厥人民丧失了成为国家的国家，

7. 失去了成为可汗的可汗。高贵的男儿成了中国人的奴隶，清白的姑娘成了女婢。突厥诸官舍弃了突厥称号，亲中国的诸官采用了中国的称号，臣属于中国皇帝，

8. （并为他们）出力五十年。前面在日出之地，一直打到莫离可汗那里，西面一直打到铁门关，将其国家和法制交给了中国皇帝。突厥所有普通的

9. 人民这样说道："我曾是有国家的人民，现在我的国家在哪里？我在为谁获取国家？"——他们说。"我曾是有可汗的人民，（现在）我的可汗在哪里？我为哪家可汗出力？"他们说。这样说着，他们成了中国皇帝的敌人。

10. yaɣï bolup itinü yaratunu umaduq , yana ičikmiš . bunča išig küčüg birtükgärü saqïnmatï ,
    敌人 成为 建立 未能， 又 内属了。如此 把力量 给予 不考虑，
    türk bodun ölüräyin , uruɣsïratayïn tir ärmiš . yoqadu barïr ärmiš . üzä türk tängrisi türk
    突厥 人民 我要杀死，我使断绝后代 说了。 灭亡 掉 是。 上面 突厥的上天 突厥
    ïduq yiri
    的神圣土

11. subï anča timiš : türk bodun yoq bolmazun tiyin , bodun bolčun tiyin qangïm iltäriš
    水 这样 说了："突厥 人民 没有 不使 说， 人民 使成为 说 我父 颉跌利施
    qaɣanïɣ ögüm ilbilgä qatunïɣ tängri töpüsintä tutup yögärü kötürmiš ärinč . qangïm qaɣan
    把可汗 我母 颉利毗伽 把可敦 在天 上面 持护 高 举了。 我父 可汗
    yiti yig(ir)mi ärin tašïqmïš , tašra
    七 二十 同人 出去了， 向外

12. yorïyur tiyin kü äšidip , balïqdaqï taɣïqmïš , taɣdaqï inmiš , tirilip yätmiš är bolmïš . tängri
    走 说 消息 听到， 城中的 上山了， 山上的 下来了， 集合 七十 人 成了。上天
    küč birtük üčün qangïm qaɣan süsi böri täg ärmiš , yaɣïsï qony täg ärmiš . ilgärü qurïɣaru
    力量 给予 由于 我父 可汗 其军队 狼 一般 是， 其敌人 羊 一般 是。向东面 向西面
    süläp tirmiš qubrat(mïš) (qa)muɣï
    率军 集合的 集结的 总共

13. yäti yüz är bolmïš, yäti yüz är bolup älsirämiš qaɣansïramïš bodunïɣ, küŋgädmiš quladmïš
　　七　百　人　是，　七　百　人　有了 丧失国家的　丧失可汗的　把人民　成为女婢的 成为奴隶的
　　bodunïɣ, türk törüsin ïčɣïnmïš bodunïɣ äčüm apam törüsinčä yaratmïš. bošɣurmïš. tölis
　　把人民　把突厥的法制　失掉的　把人民　我祖先　按其法制　建立的　教导的　突利斯
　　tarduš (bodunïɣ anta ätmiš),
　　达头　将其人民　在那　组织了，

14. yabɣuɣ šadïɣ anta bärmiš. biriyä tabɣač bodun yaɣï ärmiš, yïraya baz qaɣan, toquz
　　将叶护　将设　在那　给了。在右边　中国　人民　敌人　是，　在左边　巴兹　可汗　九姓
　　oɣuz bodun yaɣï ärmiš, qïrqïz, qurïqan, otuz tatar, qïtany, tatabï qop yaɣï ärmiš, qaŋïm
　　乌古斯　人民　敌人　是，　黠戛斯 骨利干 三十　鞑靼　契丹　奚　全部　敌人　是，　我父
　　qaɣan bunča (sülämiš).
　　可汗　如此　作战了。

10. 成为敌人后，(但)他们未能自立，又内属了。(他们)不考虑(突厥人民)曾出了这么多力，他们说:"我要灭掉突厥人民，使其断绝后代。"他们在灭亡。上面突厥的上天，(下面)突厥的神圣水土

11. 这样说:"不要让突厥人民灭亡！让他们成为人民！"(于是)把我父颉跌利施可汗、我母颉利毗伽可敦持护在上天之顶，高高举起了。我父可汗同十七人出走，

12. 在听到(他们)外出的消息后，城中的人上了山，山上的人下来了，聚集起来是七十人。由于上天赋予力量，我父可汗的军队像狼一样，其敌人像羊一样。东西征战，集结起来的

13. 总共是七百人。当有了七百人之后，(我父可汗)按照我祖先的法制，组织和教导了曾丧失国家、丧失可汗的人民，曾变为女婢、成为奴隶的人民，曾失掉突厥法制的人民，在那里组织了突利斯和达头人民，

14. 并在那里(赐)给了叶护将设(的称号)。在右边中国人是敌人，在左边巴兹可汗及九姓乌古斯是敌人，黠戛斯、骨利干、三十姓鞑靼、契丹、奚，都是敌人。我父可汗作战这么多次。

15. qïrq artuq(ï yit)i yolï sülämiš, yägirmi süŋüš süŋüšmiš. täŋri yarlïqaduq üčün illigig
　　四十　多　七　次　率军了，　二十　战斗　战斗了。　上天　保佑　由于　把有国家
　　ilsirätmiš, qaɣanlïɣïɣ qaɣansïratmïš, yaɣïɣ baz qïlmïš, tizligig sökürmiš, bašlïɣïɣ yüküntür
　　的　失去国家，把有可汗的　失去可汗，把敌人　征服了，　使有膝的　屈膝了，使有头的　低头了
　　(miš qaŋlïm qaɣan) inčä ilig
　　　我父　　可汗　　这样　把国家

16. törüg qazɣanïp uča barmïš. qaŋïm qaɣanqa bašlayu baz qaɣanïɣ balbal tikmiš. ol törüdä
　　把法制　建立　飞　走了。　向我父　可汗　首先　把巴兹　可汗　杀人石　立了。那　法制
　　üzä äčim qaɣan olurtï. äčim qaɣan olurupan, türk bodunuɣ yičä itdi, igit(t)i, čïɣanyïɣ
　　以　我叔父　可汗　登基了。我叔父　可汗　登基了，　突厥　把人民　重新　组织了，养育了，使穷的
　　(bay qïltï, azïɣ üküš qïltï).
　　变富了，使少的 变多了。

17. äčim qaɣan olurtuqda, özüm tarduš bodun üzä šad ärtim. äčim qaɣan birlä ilgärü yašïl
　　我叔父　可汗　登基时，　我自己 达头　人民　之上　设　我是。我叔父　可汗　一起 向前面
　　ügüz, šandung yazïqa tägi sülädimiz, qurïɣaru tämir qapïɣqa tägi sülädimiz, kökmän
　　黄河　向山东　平原　到　我们征战了，　向后面　向铁　门关　到　我们征战了，曲漫山
　　aša qï(rqïz yiringä) tägi süläd(imiz).
　　越过 向黠戛斯的地方　到　我们征战了。

18. qamaɣï biš otuz sülädimiz , üč yägirmi süŋüšdimiz , illigig ilsirätdimiz , qaɣanlïɣïɣ
　　 一共　五　 三十　我们征战了，三　二十　 我们交战了，使有国家的 失去 国家， 使有可汗的
　　qaɣansïratdïmïz , tizligig sökürtimiz , bašlïɣïɣ yünküntürtimiz .　türgiš qaɣan türkimiz ,
　　 失去了可汗，　 使有膝的　屈膝了， 　使有头的　　低头了。 　 突骑施　可汗　我们突厥，
　　(bodunïmïz ärti . bilmädükin)
　　 我们人民　是。　他们无知

19. üčün , bizingä yaŋïl(d)uqïn üčün qaɣanï ölti , buyruqï bägläri yämä ölti . on oq bodun
　 由于，对我们　犯错误　　 由于　其可汗 死了，其梅禄　诸官　 也　 死了。十 箭 人民
　ämgäk körti . äčümiz apamïz tutmïš yir sub idisiz bolmazun　tiyin , az bodunuɣ itip
　　痛苦　看见了。我们的祖先　 统治的　地　水　无主　不使　　　 将阿热 人民　组织
　yar(atïp) / / /
　　了

20. bars bäg ärti , qaɣan at bunta biz birtimiz . siŋilim qunčuyuɣ birtimiz . özi yaŋïltï ,
　　 虎　 官 是， 可汗 称号 在此 我们 给了。 我妹妹　公主　 我们给了。自己 做错了，
　　qaɣanï ölti , bodunï küŋ qul boltï . kökmän yir sub idisiz qalmazun tiyin , az qïrqïz
　　 其可汗 死了，其人民 女婢　 奴隶 成了。曲漫山　地　水　 无主　 不使　　　阿热　黠戛斯
　　bodunïɣ yarat(ïp kältimiz , süŋüšdimiz , ilin)
　　 人民　 整顿　 我们来了，我们交战了，把国家

21. yana birtimiz . ilgärü qadïrqan yïšïɣ aša bodunïɣ anča qonturtïmïz ,
　　 又　我们给了。东面　把兴安　岭　越过 把人民　如此　我们使住下了，
　　anča itdimiz . qurïɣaru kängü tarmanqa tägi türk bodunïɣ anča qonturtïmïz , anča itdimiz .
　　如此　组织了。 西面　 向康居　 贪漫　 到 使突厥人民　 如此　我们使住下了,如此　组织了。
　　ol ödkä qul qullïɣ bolmïš (ärti , küŋ küŋlüg　bolmïš ärti , inisi äčisin bilmäz ärti , oɣlï
　　 那　时　奴隶 有奴隶的　 成为了， 女婢　有女婢的　成为了，　其弟弟　把哥哥　不知道了，其子
　　qaŋïn bilmäz ärti) .
　　 把其父　 不知道了。

15. 他出征了四十七次，参加了二十次战斗。由于上天保佑，使有国家的失去了国家，使有可汗的失去了可汗，征服了敌人，使膝的屈膝了，使有头的低头了。我父

16. 可汗这样建立了国家、法制以后，就去世了。为纪念我父可汗，首先把巴兹可汗立作杀人石。依法制，我叔登基为可汗。我叔登基为可汗后，重新组织养育了突厥人民，使穷的变富了，使少的变多了。

17. 当我叔父登基为可汗时，我自己任达头人民上面的设。我和我叔可汗一起，前面一直征战到黄河和山东平原，后面一直征战到铁门关，并越过曲漫山，一直征战到黠戛斯人的地方。

18. 一共出征了二十五次，参加了十三次战斗，使有国家的失去了国家，使有可汗的失去了可汗，使有膝的屈膝了，使有头的低头了。突骑施可汗是我们突厥族，我们的人民。

19. 由于他们无知，由于他们对我们做错了事，其可汗死了，其梅禄、其官员也死了。十箭百姓受到了痛苦。为了不让我们祖先统治的地方没有主人，于是，（我们）组织了阿热人民……

20. 他原为虎官，我们在这里给予了可汗称号，并把我妹妹公主嫁给了他。他们自己做错了事情，其可汗死了，其人民成了奴婢。为了不让曲漫山地方没有主人，我们来整顿阿热和黠戛斯人民。（我们打了仗，）

21. 又（把国家）交给了（他们）。东面，越过兴安岭，我们让人民这样住下了，这样组织了。西面，一直到康居贪漫，让突厥人民这样住下了，这样组织了。那时，奴隶成了拥有奴隶的人，女婢成了拥有女婢的人，弟弟不认识其哥哥，儿子不认识其父亲（比喻国家之大）。

22. anča qazɣanmïš , (anča) itmiš ilimiz törümiz ärti . türk oɣuz bägläri , bodun , äšiding ! üzä
    如此　取得了，　　如此　建立　我们的　国家　法制　是。突厥　乌古斯　诸官　人民，你们听！上面
    tängri basmasar , asra yir tälinmäsär , türk bodun ilingin töringin käm artatï (udačï ärti ?
    天　　若不塌，　下面　地　若不裂，　　突厥　人民　把你的国家　法制　　谁　毁灭　能够？
    türk bodun ,)
    突厥　人民，

23. ökün ! kürägüngin üčün , igidmiš bilgä qaɣanïnga , ärmiš barmïš ädgü ilingä käntü yangïltïɣ ,
    你们悔过！你们无法　由于，养育的　英明　可汗　　　自由的　　好的　国家　自己　犯错了，
    yablaq kigürtig . yarïqlïɣ qantan kälip yanya ältdi ? süngüglüg qantan kälipän sürä ältdi ?
    坏的　使进来了。带武器的　从哪　来　　赶　走？　带矛的　　从哪　来　　驱赶？
    ïduq ötükän yïš (bodun bardïɣ , ilgärü barïɣma)
    神圣　于都斤　山　人民　　走了，　向东面　走的

24. bardïɣ , qurïyaru barïɣma bardïɣ . barduq yirdä ädgüg ol ärinč : qanïng subča yügürti ,
    你们走了，向西面　　走的　你们走了。在去的地方　好处　就是：你们的血　像水　流动了，
    söngüküng tayča yatdï , bägilik urï oɣlïng qul boltï , silik qïz oɣlïng küng boltï . bilmädük
    你们的骨头　像山　躺卧了，高贵　你们的儿子　奴隶　成了，清白　你们的姑娘　女婢　成了。无知
    üčün , (yablaqïngïn üčün
    由于，你们的坏处　由于
    äčim qaɣan uča bardï) .
    我叔　可汗　飞走了。

22. 这样努力了，我们建立的国家和法制就是这样。突厥乌古斯诸官和突厥人民，你们听着！当上面上天不塌，下面大地不裂，突厥人民谁能毁灭你们的国家和法制？突厥人民，

23. 你们悔过吧！由于你们无法，你们自己对养育你们的英明可汗和自由、良好的国家犯了罪，招致了恶果。（否则）带武器的从哪里赶走（你们）？带矛的从哪里驱走（你们）？神圣的于都斤山的人民，你们走了，你们向东去的

24. 走了，你们往西去的走了。在你们去的地方的好处就是：你们血流如水，你们的骨头堆积如山，你们高贵的男儿成了奴隶，你们清白的女儿成了女婢。由于（你们）无知，由于你们无义，我叔可汗去世了。

25. bašlayu qïrqïz qaɣanïɣ balbal tikdim , türk bodunïɣ atï küsï yoq bolmazun tiyin , qangïm
    首先　　把黠戛斯　可汗　杀人石　我立了，把突厥人民　其名声　没有　不使，　　　　使我父
    qaɣanïɣ , ögüm qatunïɣ kötürmiš tängri , il birigmä tängri , türk bodun atï küsi yoq
    可汗　　使我母　可敦　举起的　上天，　国家　给予的　上天，突厥　人民　其名声　没有
    bol(mazun tiyin , özümin ol tängri)
    不使，　　　把我自己　那　上天

26. qaɣan olurtdï ärinč . näng yïlsïɣ bodunqa olurmadïm . ičrä ašsïz , tašra tonsïz , yabïz yablaq
    可汗　使登基了。　完全　繁荣　给人民　我没有登基了。内　无食　外　无衣　　贫困的
    bodunta üzä olurtïm . inim kül tigin birlä sözläšdimiz . qangïmïz äčimiz qaz(ɣanmïš bodun
    人民　上面　我登基了。我弟　阙　特勤一起　我们商谈了。我们的父亲　叔　获得的　　　人民
    atï küsi yoq bolmazun)
    其名声　没有　不使

27. tiyin, türk bodun üčün tün udïmadïm, küntüz olurmadïm. inim kül tigin birlä, äki šad
    突厥　人民　为了　夜　我不睡了，白天　我不坐了。我弟阙　　　特勤　一起，两 设
    birlä ölü yitü qazγantïm. anča qazγanïp biriki boduníγ ot sub qïlmadïm. män (özüm
    一起　死　忘　我努力了。如此　努力　联合的　把人民　火 水　我没有使。我　自己
    qaγan olurtuqïma, yir sayu)
    可汗　登基时，　地　每

28. barmïš bodun ölü yitü yadaγïn yalangïn yana kälti. boduníγ igidäyin tiyin, yïrγaru oγuz
    去的　人民　死 亡　步行　光着　回　来了。把人民　养育　说，北面　乌古斯
    bodun tapa, ilgärü qïtany tatabï bodun tapa, birgärü tabγač tapa uluγ sü äki yägirmi
    人民　朝着，东面　契丹　奚　人民 朝着，南面　中国　朝着　大　军　二　二十
    (süädim /// süngüšdim. anta
    我作战了……我交战了。在那

29. kisrä, tängri yarlïqazu, qutum bar üčün ülügüm bar üčün, öltäči boduníγ tirgürü igit(t)im.
    之后，上天　保佑，　我的福气 有　由于　我的幸运 有　由于，将死的 把人民　我使活了。
    yalang boduníγ tonlïγ, čïγany boduníγ bay qïltïm. az boduníγ üküš qïltïm. ïγar älligdä
    赤裸的　把人民　有衣的　贫穷的　把人民　我使变富了。少 把人民　我使变多了，强大 比国家
    (ïγar qaγanlïγda
    强大　比汗国
    yig qïltïm, tört bulungdaqï)
    我使变好了，四　方的

30. boduníγ qop baz qïltïm, yaγïsïz qïltïm. qop manga körti, isig küčüg birür. bunča törüg
    把人民　全　我征服了，我使无敌了。　全　向我　看了，把力量　　给。如此 把法制
    qazγanïp inim kül tigin özi anča kärkäk boltï. qangïm qaγan učduqta, inim kül tigin yi
    建立　我弟　阙　特勤 他自己　如此　去　世了。我父　可汗　飞走时，我弟 阙　特勤 七
    (ti yašda qaltï ///)
    岁上　留在了……

31. umay täg ögüm qatun qutïnga, inim kül tigin är at boltï. altï yägirmi yašïnga äčim qaγan
    乌迈　一样 我母 可敦　其福气, 我弟 阙　特勤 男子 名声 成了。六 二十　岁时　我叔 可汗
    ilin törüsin anča qazγantï. altï čub soγdaq tapa südädimiz, buzdïmïz. tabγač ong tutuq
    将国家 法制 如此 获得了。 六　州 粟特 朝着 我们战斗了，我们打破了。中国　王　都督
    biš t(ümänsü kälti, süngüšdimiz).
    五　万　军 来了，我们交战了。

25. 首先我把黠戛斯可汗立作杀人石。为了不让突厥人民没有名声，使我父成为可汗、使我母成为可敦的上天，赐予国家的上天，为了不让突厥人民没有名声，那上天让我

26. 自己做了可汗。我统治的完全不是繁荣昌盛的人民，我统治的是内无食、外无衣、贫困可怜的人民。我与我弟阙特勤商谈了，为了不让我父、我叔获得的人民无名声，

27. 为了突厥人民，我夜不睡眠，昼不安坐。我同我弟阙特勤和两个设一起，努力工作，筋疲力尽，我努力不使联合起来的人民成为水火。当我登基为可汗时，

28. 流散各处的人民，筋疲力尽地、徒步褴褛地回来了。为了养育人民，北面对乌古斯人民，东面对契丹、奚人民，南面对中国人，我出征了十二次，……我作战了。从那

29. 以后，感谢上天，由于我的福分，由于我的幸运，我振兴了将死的人民，使赤裸的人民有衣穿，使贫穷的人民富裕起来，使人民由少变多，我使（他们）比有强大国家和强大汗国的人民过得都好。我把四方的

30. 人民全都征服了，使其不再为敌。他们全都臣服于我了，并（为我）出力。我弟阙特勤在如此努力建立法制之后去世了。当我父可汗去世时，我弟阙特勤七岁。（当他）……岁时，

31. 托像乌迈女神一样的我母可敦的福，我弟阙特勤成了男子汉。当他十六岁时，我叔可汗这样获得了国家和法制。我们向六州粟特出征了，并打破了他们。中国的王都督领五万兵来了，我们交战了。

32. kül tigin yadaɣïn oplayu tägdi . ong tutuq yorčïn yaraqlïɣ äligin tutdï , yaraqlïɣdï qaɣanqa
    阙　特勤　徒步　冲锋　向前了。王　都督　把内弟带武器的　用手　抓了，带武器地　向可汗
    ančuladï . ol süg anta yoq qïšdïmïz . bir otuz yašïnga čača sängünkä süngüšdimiz . äng ilki
    献给了。　那 把军队 在那 我们消灭了。一 三十　岁时，沙吒　向将军　我们交战了。最　初
    tadïqïn čorïng boz (atïn binip tägdi , ol at anta)
    塔地肯　啜的　灰　马　骑　攻击了，那 马 在那

33. ölti . äkinti išbara yamtar boz atïɣ binip tägdi . ol at anta ölti . üčünč yägin silig bäging
    死了。第二　始波罗亚姆塔尔 灰　马　骑　攻击了。那 马 在那　死了。第三　叶根　斯里克 官的
    kädimlig toruɣ at binip tägdi . ol at anta ölti . yarïqïnta yalmasïnta yüz artuq oqun urtï ,
    带有马衣的 栗色马　骑　攻击了。那 马在那　死了。其盔甲上　披风上　百　多　用箭 击中了，
    yüzingä bašïnga birt(ägürmidi /////)
    其脸上　头上　一　未中了……

34. tägdükin türk bäglär , qop bilirsiz . ol süg anta yoq qïšdïmïz . anta kisrä yir bayïrqu uluɣ
    其进攻　突厥　诸官，全 你们知道。那 把军队在那 我们消灭了。那以后，拔野古　　大
    irkin yaɣï boltï . anï yanyïp türgi yarɣun　　költä buzdïmïz . uluɣ irkin azqïnya ärin
    俟斤　敌人　成了。把他 击溃 在土尔基 牙尔浑　湖　我们打破了。大　俟斤　同少数　人
    täzip bardï . kül tigin (altï otuz)
    逃　走了。阙 特勤 六　三十

35. yašïnga qïrqïz tapa sülädimiz . süngüg batïmï qarïɣ sökipän , kögmän yïšïɣ taya yorïp ,
    岁时，黠戛斯 朝着 我们出征了。矛　　深　把雪　打开，　曲漫　把山 翻山 走，
    qïrqïz bodunuɣ uda basdïmïz . qaɣanïn　　birlä sunga yïšda süngüšdimiz . kül tigin
    黠戛斯 把人民 在睡觉 我们袭击了。与其可汗　一起　松噶　在山 我们交战了。阙 特勤
    bayïrqun(ïng aq adɣïrïɣ)
    拔野古的　白 把公马

36. binip oplayu tägdi . bir ärig oqun urtï , äki ärig udïšru sančdï . ol tägdükdä bayïrqunung
    骑　进攻了。一 把人 用箭 打了，二 把人 追着　刺杀了。那 进击时，　拔野古的
    aq adɣïrïɣ udlïqïn sïyu urtï . qïrqïz qaɣanïn　öltürtümüz , ilin altïmïz . ol yïlqa tü(rgiš
    白 把公马 把大腿 折断 打了。黠戛斯 把其可汗 我们杀死了，夺了其国家。那 年　 突骑施
    tapa altun yïšïɣ)
    朝着 把金 山

37. taɣa ärtiš ügüzig käčä yorïdïmïz . türgiš bodunuɣ uda basdïmïz .　　türgiš qaɣan süsi
    翻山把额尔齐斯河　渡过 我们行进了。突骑施 把人民 在睡觉 我们袭击了。突骑施 可汗 其军队
    bolčuda otča borča kälti . süngüšdimiz . kül tigin　baš ɣu baz at binip tägdi . bašɣu boz
    从勃勒齐 如火 如风　来了。我们交战了。阙　特勤　拔西乌 灰 马 骑 进击了。拔西乌 灰
    //////
    （马）……

38. tutuzt(ï), äkisin özi altïzdï. anta yana kirip türgiš qaɣan buyruqï, az tutuquɣ äligin tutdï.
    被抓住了，其两个 他自己 俘获了。在那 又 攻入 突骑施 可汗 其梅禄 把阿热 都督 用手 抓了。
    qaɣanïn anta öltürtimiz, ilin altïmïz. qara　　　türgiš bodun qop ičikdi. ol bodunuɣ
    将其可汗在那我们杀死了，将其国家我们取得了。普通 突骑施 人民 全 归顺了。那 使人民
    tabarda qo(nturtumïz//////)
    在塔拔尔 我们让住了……

39. soɣdaq bodun itäyin tiyin, yinčü ügüzüg käčä tämir qapïɣqa tägi sülädimiz. anta kisrä
    粟特 人民 组织， 把珍珠河 渡 向铁 门关 到 我们出征了。在那 之后
    qara türgiš bodun yaɣï bolmïš, käŋäräš tapa bardï. bizing sü atï toruɣ, azuqï yoq ärti.
    普通 突骑施 人民 敌人 成了， käŋäräš 朝着 去了。我们的 军 马 瘦弱，其粮食 没有 是。
    yablaq kiši är////
    坏 人……

40. alp är bizingä tägmiš ärti. anta ödkä ökünüp, kül tiginig az ärin irtürü ït(t)ïmïz. uluɣ
    勇敢 人 向我们 袭击的 是。在那 时 后悔 同阙 特勤 以少数人 跟随 我们派了。大
    süŋüš süŋüšmiš. alp šalčï aq atïn binip tägmiš. qara türgiš bodunuɣ anta ölürmiš,
    仗 我们交战了。英雄 šalčï 白马 骑 进击了。普通 把突骑施 人民 在那 杀死了，
    almïš. yana yorïp/////
    俘获了，又 走……

32. 阙特勤徒步进攻，俘获了手执武器的王都督内弟，连同武器（把他）献给了可汗。（我们）在那里消灭了那支军队。当他二十一岁时，我们与沙吒将军交战了。最初，他骑着塔地肯啜的灰马进攻，那匹马在那里

33. 死了。第二次骑始波罗亚姆塔尔的灰马进攻，那匹马在那里死了。第三次骑叶根斯里克官的带有马衣的栗色马进攻，那匹马在那里死了。他的盔甲和披风上中了一百多箭，但未让一箭击中他的脸和头……

34. 突厥诸官，你们都知道他的进攻。我们在那里把那支军队消灭了。那之后，拔野古的大俟斤成了敌人。我们击溃了他，并在土尔基牙尔浑湖畔打破了他。大俟斤同少数人逃走了。当阙特勤二十六岁时，

35. 我们向黠戛斯出征了。从深如矛的雪中开道，越过曲漫山，我们将黠戛斯人在睡梦中袭击了。我们与其可汗战于松噶山。阙特勤骑着拔野古的白公马

36. 冲锋了。他用箭射死一人，并追杀了两人。当他进攻时，折断了拔野古白公马的大腿。我们杀死了黠戛斯的可汗，取得了他的国家。那年为征讨突骑施，我们越过金山，

37. 渡过额尔齐斯河，袭击突骑施人于睡梦中。突骑施可汗的军队如火似风般地从勃勒齐而来，我们交战了。阙特勤骑拔西乌灰马进攻。拔西乌灰马……

38. 被抓住了……他自己俘获了其中的两个，然后又攻入（敌阵），亲手俘获了突骑施可汗的梅禄、阿热的都督。在那里我们杀死了他们的可汗，取得了他们的国家。普通的突骑施人民全都归顺了。我们让那些人民住在了塔拔尔……

39. 为了整顿粟特人民，我们渡过珍珠河，一直打到了铁门关。（之后）普通的突骑施人民成了（我们的）敌人。（我们）到达了 käŋäräs 那里。当时我们的军马瘦弱，没有粮食，坏人……

40. 袭击我们的是勇敢的人。当时我们后悔只派了少数人随同阙特勤。他打了大仗。他骑英雄 šalčï 的白马进攻，在那里杀灭和征服了普通的突骑施人民，又出征……

北面

1. birlä qušu tutuq birlä süngüšmiš . ärin qop ölürmiš , äbin barïmïn (qalï)sïz qop kälürti .
与   哥舒 都督   一起 交战了。 将其人 全 杀死了，将其毡房 财产   无保留 全 拿来了。
 kül tigin yiti otuz yašïnga , qarluq bodun ärür barur ärikli yaɣï boltï . tamaɣ ïduq bašda
阙   特勤 七 三十 岁时， 葛逻禄 人民 独立 自主   敌人 成了。在tamaɣ 神圣 泉
süngüšdimiz .
  我们交战了。

2. (kül) tigin ol süngüšdä otuz yašayur ärti . alp šalčï aqïn binip
 阙   特勤 那 战斗中 三十 岁   是。 英雄 šalčï 白马 骑
oplayu tägdi . äki ärig udïšru sančdï . qarluquɣ ölürtimiz , altïmïz .
 冲锋 进击了。两 把人 连续   刺杀了。把葛逻禄 我们杀死了，俘获了。
az bodun yaɣï boltï . qara költä süngüšdimiz . kül tigin bir qïrq
阿热 人民 敌人 成了。在喀喇湖 我们交战了。 阙 特勤 一 四十
yašayur ärti . alp šalčï aqïn
 岁   是。 英雄šalčï 白马

3. binip oplayu tägdi . az ältäbärig tutdï . az bodun anta yoq boltï . äčüm qaɣan ili qamšaq
 骑   冲锋 攻击了。阿热 把颉利发 抓住了。阿热人民在那 没有了。 我叔 可汗 其国家 动乱
boltuqïnta , bodun ilig ikägü boltuqïnta izgil bodun birlä süngüšdimiz . kül tigin alp šalčï
 时，   人民 统治者 两   时，   思结 人民 一起 我们交战了。 阙 特勤 英雄 šalčï
aqïn binip
白马 骑

4. opla(yu täg)di . ol at anta tüš(di) . izgil bodun ölti . toquz oɣuz bodun käntü bodunum
 冲锋 攻击了。那 马 在那 下去了。思结 人民 死了。九 乌古斯 人民 自己 我的人民
ärti . tängri yir bulɣaqïn üčün yaɣï boltï . bir yïlqa biš yolï süngüšdimiz . äng ilk toɣu
 是。 天   地 混乱   由于 敌人 成了。一 年   五 次 我们交战了。 最初 都护
balïqda süngüšdimiz .
在城 我们交战了。

1. ……与……，与哥舒都督交战了，杀死其全部勇士，获取其全部毡房和财产。当阙特勤二十七岁时，葛逻禄人民独立自主并成为了我们的敌人。我们战于tamaɣ圣泉。

2. 阙特勤在那次战斗是三十岁。他骑英雄šalčï的白马冲击。他连续刺杀了两人。我们杀死、俘获了葛逻禄。阿热人民变成了敌人，我们战于喀喇湖。（当时）阙特勤三十一岁，他骑英雄šalčï的白马

3. 冲击。他俘获了阿热人的颉利发。阿热人民在那里被消灭了。当我叔可汗的国家动乱时，当人民和统治者分为两部分时，我们与思结人民交战了。阙特勤骑英雄šalčï的白马

4. 冲击。那匹马在那里死了。思结人民被消灭了。九姓乌古斯人民本是我自己的人民。由于天地混乱，乃（与我们）为敌。一年中我们交战了五次。最初我们交战于都护城。

5. kül tigin azman aqïn binip oplayu tägdi . altï ärig sančdï . sü tägišintä yitinč ärig qïlïčladï .
 阙 特勤 azman 白马 骑   冲锋 进击了。六 把人 刺杀了。军队 接触时 第七 把人 用剑了。
äkinti qušlaɣaqda ädiz birlä süngüšdimiz . kül tigin az yaɣïzïn binip oplayu tägip bir ärig
 第二 在qušlaɣaq 阿跌 与 我们交战了。阙 特勤 阿热 褐色马 骑 冲锋 进击 一 把人
sančdï .
 刺杀了。

6. toquz ärig ägirä toqïdï . ädiz bodun anta ölti . üčünč bol(čuda) oγuz birlä süŋüšdimiz .
   九 把人 围着 打了。阿跌 人民 在那 死了。第三 在勃勒齐 乌古斯 与 我们交战了。
   kül tigin azman aqïn binip tägdi , sančdï . süsin sančdïmïz , ilin altïmïz . törtinč čuš
   阙 特勤 azman 白马 骑 进击了，刺杀了。把其军 刺杀了，把其国家 取得了。第四 在čuš
   bašïnta süŋüšdimiz . türk
   在泉 我们交战了。 突厥

7. bodun adaq qamšatdï , yablaq boltačï ärti . oza kälmiš süsin kül tigin aγïtïp toŋra bir oγuš
   人民 脚步 乱了。 坏 成了。 先 来的 把敌军 阙 特勤 冲散 同罗 一 族
   alpaγu on ärig toŋa tigin yoγïnta ägirip öltürtimiz . bišinč äzginti qadazda oγuz birlä
   勇士 十 把人 通阿 特勤 在葬礼 包围 我们杀死了。 第五 在äzginti qadaz 乌古斯 与
   süŋüšdimiz . kül tigin
   我们交战了。 阙 特勤

8. az yaγïzïn binip tägdi . äki ärig sančdï , balïqqa basïqdï . ol sü anta öl(ti) . amγï qurγan
   阿热 褐色马 骑 进击了。两 把人 刺杀了，向泥地 扔了。 那 军队在那 死了。amγï 城堡
   (q)ïšlap yazïŋa oγuzγaru sü tašïqdïmïz . kül tigin äbig bašlayu qïttïmïz . oγuz yaγï orduγ
   过冬 春天时 向乌古斯 军队 我们派了。 阙 特勤 将家 率领 我们留下了。乌古斯 敌人把汗廷
   basdï . kül tigin
   袭击了。阙 特勤

9. ögsüz aqïn binip toquz ärin sančdï , orduγ birmädi . ögüm qatun
   ögsüz 白马 骑 九 把人 刺杀了，把汗廷 未交出。我母 可敦
   ulayu öglärim , äkälärim , käliŋünim , qunčuylarïm bunča yämä
   以及 我诸母亲 我诸姐姐 我诸儿媳 我的诸公主 这样 又
   tirigi küŋ boltačï ärti , ölügi yurtda yolta yatu qaltačï ärtigiz !
   活的 女婢 将成为了， 死的 在住地 在路上 躺 将遗留 你们是!

5. 阙特勤骑着白马 azman 冲击，刺杀了六人。在两军交战时，用剑斩杀了七人。第二次在 qušlaγaq 与阿跌人交战，阙特勤骑阿热的褐色马冲击，刺杀了一人，

6. 围击了九人。阿跌人民在那里被消灭了。第三次，我们在勃勒齐与乌古斯交战了，阙特勤骑白马 azman 冲击刺杀。我们刺杀其军队并获取了其国家。第四次，我们在 čuš 泉交战，突厥

7. 动摇了，情况不妙。阙特勤冲散了先来的敌军，并在通阿特勤举行葬礼的地方，包围杀死了同罗族一勇士和十个人。第五次，我们在 äzginti qadaz 与乌古斯交战了。阙特勤

8. 骑阿热的褐色马冲击，刺杀了两人，并把他们扔进了泥地里。那支军队在那里被消灭了。我们在 amγï 堡过冬，春天时我们向乌古斯出兵了。我们留下阙特勤守家。乌古斯敌人袭击了汗廷，阙特勤

9. 骑白马 ögsüz，刺杀了九人，并守住了汗廷。（否则）我母可敦以及诸母亲、诸姐姐、诸儿媳、诸公主，活着的将沦为女婢，死的将遗尸在住地和路上!

10. kül tigin yoq ärsär , qop öltäči ärtigiz ! inim kül tigin kärgäk boltï . özüm saqïntïm . körür
    阙 特勤 没有 若是, 全 将死 你们是! 我第 阙 特勤 去世了。 我自己 我想念了。看的
    közüm körmäz täg , bilir biligim bilmäz täg boltï . özüm saqïntïm . öd täŋri yasar , kiši
    我的眼 看不见 一样，知道的我的智慧 不知道一样 成了。我自己 我想了。寿命 上天 决定, 人
    oγlï qop ölgäli törümiš .
    之子 全 死 生的。

11. anča saqïntïm . közdä yaš kälsär tïda , köngültä sïɣït kälsär, yanturu saqïntïm, qatïɣdï
    如此 我想了。 从眼中 泪 来 忍住 从心中   悲伤 来，   使回去 我想了， 强硬地
    saqïntïm . äki šad ulayu iniyigünüm , oɣlanïm , bäglärim bodunum közi qašï yablaq boltačï
    我想了。 两   设 以及 我的诸弟、 我的诸子、我的诸官 我的人民   其眼 其眉 坏   将变成
    tip saqïntïm . yoɣčï sïɣïtčï qïtany , tatabï bodun bašlayu
    说 我想了。 吊   唁者 契丹、 奚   人民 代表

12. udar sängün kälti . tabɣač qaɣanta išiyi liäng kälti , bir tümän aɣï , altun , kümüš kärgäksiz
    udar 将军   来了。 中国 从可汗 御史 吕向 来了，一 万   宝物、金、 银   无数的
    kälürti . tüpüt qaɣanta bölün kälti . qurïya kün batsïqdaqï soɣd , bärčäkär , buqaraq uluš
    带来了。吐蕃 从可汗   伦   来了。从西面 日 落的   粟特、 波斯人、 安国 国
    bodunta näk sängün , oɣul tarqan kälti .
    从人民 näk 将军、   oɣul 达干 来了。

13. on oq oɣlïm türgiš qaɣanta maqarač tamɣačï , oɣuz bilgä tamɣačï kälti . qïrqïz qaɣanta
    十 箭 我子 突骑施 从可汗   maqarač 掌印官、oɣuz bilgä 掌印官 来了。黠戛斯 从可汗
    tarduš ïnanču čor kälti . barq itgüči , bädiz yaratïɣma bitig taš itgüči , tabɣač qaɣan čïqanï
    达头 伊难珠啜   来了。祠庙 建造者 图画 创造者   文字 石碑 建造者 中国   可汗 史官
    čang sängün kälti .
    张   将军   来了。

10. 如果没有阙特勤，你们都将死掉！我弟阙特勤去世了，我自己很想念他。我的眼睛好像看不见了，我能洞悉（一切事物）的智慧好像迟钝了。我自己想，寿命是上天决定的，人类之子全都是为死而生。

11. 我这样想了。眼睛流泪，我强忍住，心里难过，我强抑住。我想，两个设及我的诸弟、诸子、诸官、我的人民将哭坏他们的眼睛。作为吊唁者，

12. udar 将军代表契丹、奚人民到来了。从中国皇帝那里来了御史吕向，并带来了许多珍宝和金银。从吐蕃可汗那里来了伦。从西面日落之方的粟特、波斯人、安国人民那里来了 näk 将军和 oɣul 达干。

13. 从十箭我子突骑施可汗那里来了掌印官 maqarač 及掌印官 oɣuz bilgä，从黠戛斯可汗那里来了达头伊难珠啜。从中国来了建造祠庙的工匠、镂刻图纹碑文的石匠。中国皇帝的史官张将军来了。

东北面

kül tigin qony yïlqa yiti yägirmikä učdï . toquzïnč ay yäti otuzqa yoɣ ärtürtimiz . barqïn
阙 特勤 羊 年 七 二十   飞了。 第九   月 七 三十   葬礼我们举行了。把祠庙
bädizin bitig taš(ïn) bičin yïlqa yitinč ay yiti otuzqa qop alqadïmïz . kül tigin ö(zi ?)
把绘画 把碑文   猴 年 第七 月 七 三十 全 我们竣工了。阙 特勤 他自己
qïrq artuq(ï y)iti yašï (nga ?) boltï . taš (barq itgüčig) , bunča bädizčig toyɣun ältäbär
四十多   七   岁   是。 碑石 建筑 把制造者 如此 把工匠 toyɣun 颉利发
kälü(r)ti .
让来了。

阙特勤于羊年十七日去世了，九月二十七日举行了葬礼。祠庙、绘画、碑石于猴年七月二十七日全部竣工。阙特勤享年四十七岁。碑石……这些工匠都是由 toyɣun 颉利发派来的。

东南面

bunča bitig bitigmä kül tigin atïsï yolluɣ tigin bitidim . yigirmi kün olurup bu tašqa bu
如此 文字 写的   阙 特勤 其侄 药利 特勤 我写了。 二十   日   坐   此 向碑石 此
tamqa qop yolluɣ tigin bitidim . ïɣar oɣlanïngïzda tayɣunguzda yigdi igidür ärtigiz . uča
向墙 全 药利   特勤 我写了。强大 比您儿子   比您子孙   好   养育   您是。 飞
bardïɣïz . tängr(idä) tirigdäkičä //////
您走了。 在天 上   像活着

我药利特勤，阙特勤的侄子写了此碑文。我药利特勤用二十天将全部文字写在石碑和墙上。您待（人民）胜于您的儿子、子孙。您逝世了。您将在天上……像生时一样。

西南面

kül tigining altunïn kümüšin aɣïsïn barïmïn tör(tbïng) yïlq(ïs)ïn ayïɣma toyɣun bu /////
阙   特勤的 把其金 把其银 把其珠宝   四   千   把其马 照看的 toyɣun 此……
bägim tigin yügärü tängri /// taš bitidim .   yolluɣ tigin .
我的官 特勤   向上   天 …… 碑石 我写了。 药利   特勤。

照看阙特勤的金银珠宝和四千匹马的 toyɣun……我主特勤（将生）天上……药利特勤书写了此碑。

西面

qurïdïn (s)oɣud örti . inim kül tigin ////// išig küčüg birtük üčün türk bilgä qaɣan ayuqïnga
西方   粟特人反叛了。我弟 阙 特勤 …… 把力量   付出 由于 突厥 毗伽 可汗 对其侍卫
inim kül tiginig küzädü olurt(tïm) . ïnanču apa yarɣan tarqan atïɣ (b)irtim . (an)ï
我弟 阙 把特勤 守护   我坐了。 伊难珠 阿波 守卫   达干 把称号 我给了。 把他
ögtürt(üm) .
我使尊敬了。

西方粟特人反叛了。由于我弟阙特勤……由于他辛勤尽力，我突厥毗伽可汗让自己的侍卫守护我弟阙特勤（的陵墓）。我赐给他伊难珠阿波守卫达干的称号。我让人尊敬他。

石龟上的文字

1. (b) odun
   人民……

2. (b) äglär bodun k////
   诸官   人民……

3. //yi kül tigin b////
   …… 阙 特勤……

4. (sï) ɣïtïmïn bastïm.
   把我的悲痛 我压住了。

5. (k) özüm///g
   我的眼睛……

6. (ölür) //////
   死…………

7. b//////////
   ……

《阙特勤碑》原文注释：

南面：

1. tängridä bolmïš 意为"从天而生的"，其中-dä 是位从格，-mïš 为形动词构形附加成分。

ödkä：öd "时间"，kä 为向格，加在时间名词之后表示时间。

iniyigün：ini 意为"弟"，其后的 yigün 各家解释不同。有人认为来自 yigän "外甥"，有人认为 gün 为古代突厥语复数附加成分。

šadapit：此字似与 šad "设"（突厥官号）同源。唐代汉文史料写作"失毕"。意大利突厥学家 A. Bombaci 认为该词与古代波斯语 satapati 和新疆尼雅俗语 sadavida 有关（参见 A. Bombaci：*On the Ancient Turkish Title Šadapit*，UAJb，Band，48，1978）。在古代波斯语中，sadapati 意为"百人长"，其中 sada 为数词"百"，pati 意为"…之主"。

bäg：突厥官号，意为"官"。有许多汉译名，其中"伯克"最为常见。学者认为该词借自汉语"佰"或"伯"，而后者的最初含义即为"百"，指行伍中的"百人长"。

tarqat：为 tarqan "达干"的复数形式，而 tarqan 为突厥官名，汉文写作"达干"。据《旧唐书·突厥传》记载，骨咄禄可汗当初起事反唐之时，曾任命前来投奔的阿史德元珍为"阿波达干"，令他专门司理兵马事务。由此可见，tarqan 应为武官。

buyruq：突厥官名，汉文写作"梅禄"，意为"大臣"，由动词 buyïr- "命令"构成。

2. toquz oɣuz：九姓乌古斯，即"九姓"。法国哈密尔顿认为此名来自古代突厥语 toquz（九）oɣuš（姓），oɣuš 受前一词尾音的影响变成 oɣuz。此说已被大多数学者所接受。

3. ötükän：于都斤山，位于今蒙古国杭爱山。

šandung：指太行山以东地区，即今河北平原。

toquz ärsin：各家对这一地名有不同观点。韩儒林在其译文中未译出，岑仲勉认为与汉文史籍中"吐谷浑"对应，耿世民译为"九姓焉耆"。日本佐藤长认为，toquz 意为"九"，ärsin 对应于蒙古语的形容词 ercin，意为"曲"。由于吐谷浑人操蒙古语族语言，因此他们有可能用意为"九曲"的 yisun ercin 指称河西九曲之地，而古代突厥碑铭中的 toquz ärsin 便可能是 yisun ercin 的突厥语音义混译，也指河西九曲之地（佐藤长《西藏历史地理研究》，东京，1978 年，第 116—119 页）。

yinčü ögüz：珍珠河，即今锡尔河。该河发源于天山山脉，流向西和西北方，注入咸海东北角。其上游流经费尔干纳盆地，下游经过克齐尔库姆沙漠的东缘。全长约 2200 公里，所经之处涉及今中亚的吉尔吉斯斯坦、乌兹别克斯坦和哈萨克斯坦。

4. tämir qapïɣ："铁门（关）"之意。为中亚地区有名的关隘，故址位于今撒马尔罕之南约 150 公里处。其名早已见于汉文史籍，如《大唐西域记》卷一曾记载："铁门者，左右带山，山极峻峭，虽有狭径，加之险阻，两旁石壁，其色如铁，既设门扉，又以铁锢，多有铁铃，悬诸户扇。因其险固，遂以为名。"《慈恩寺传》卷二也曾记载："山行三百余里，入铁门。峰壁狭峭而崖石多铁矿，依之为门，扉又谍铁，又铸铁为铃，多悬于上，故以为名，即突厥之关塞也。"

bayïrqu：为铁勒部落之一，其汉译名有"拔野古"、"拔野固"、"拔曳固"、"拔也古"、"勃曳固"等。《新唐书》卷二一七下谓其居地："漫散碛北，地千里，直仆骨东，邻于靺鞨。"因此丁谦认为，该族应在克鲁伦河及海拉尔河的北境，与黑龙江境的靺鞨诸部相邻。但岑仲勉则认为："拔野古牧地，固可东达贝尔池，但丁说未知《新传》有误，故谓在两河之北也。"（见《突厥集史》下，第 738 页）

tabɣač：国内外学者对该词的词源、意义有不同说法。法国学者德经曾认为是"大魏"的音讹，"大魏"指鲜卑人于公元 4 世纪后期至 6 世纪前期在中国北方建立的北魏政权。其后德国学者夏德及日本学者桑原骘藏主张"唐家"说，认为其名源自公元 7 世纪至 9 世纪的中国强大政权唐王朝。此后，日本学者白鸟库吉、法国学者伯希和等人主张"拓跋"说，认为源于北魏族鲜卑的族名拓跋。中国学者也多有不同观点：有人认为源于契丹的"大贺氏"，有的认为来源于"敦煌"、"太岳"，更有人认为来源于"天子"、"大汗"、"大汉"等。不论该词的词源如何，其所指学者们均认为指称中国、中国人。

6. qïdmaz：由 qïd 怜悯＋maz（否定式）构成。过去许多学者都错误地理解和翻译了该词。汤姆森将其译为"不能前进"或"不能向前走"。拉德洛夫把这一动词译为"不敢"。马洛夫将其译为"不会偏离"。奥尔昆沿用了汤姆森的译法。塔拉特·特肯将其译作"庇护"。耿世民认为该词相当于哈萨克语的 qïy-，有"怜惜、同情、怜悯"之意。

čuɣay：即汉文史料中的"总材山"，位于今阴山一带。

12. on oq：汉文意为"十箭"，为西突厥诸部的合称。《旧唐书·突厥下》记载，西突厥的沙钵罗咥利失可汗在贞观九年上表唐廷，请尚公主，但未获允准。"俄而其国分为十部，每部令一人统之，号为十设。每设赐以一箭，故称十箭焉。又分十箭为左右厢，一厢各置五箭。其左厢号五咄六部落，置五大啜，一啜管一箭；其右厢号为五弩失毕，置五大俟斤，一俟斤管一箭，都号为十箭。其后或称一箭为一部落，大箭头为大首领。五咄六部落居于碎叶以东，五弩失毕部落居于碎叶以西，自是都号为十姓部落。"

tat：该词所指很多，最初意为"陌生人"、"外来者"、"臣民"等，其地位不高。麻赫穆德·喀什噶里《突厥语大词典》曾记有该词，指非突厥族的外族人，多指定居民。克利雅什托尔内认为可能只用来称呼操伊兰语的粟特移民（见该氏《古代突厥鲁尼文碑铭》，汉译本，第 124 页）。特肯在《词汇表》中将其释为"波斯人"，而在碑铭译文中译作"臣民"。韩儒林释为"臣民"，岑仲勉释作"外族之臣民"，耿世民亦释为"外族臣民"。

东面：

1. bumïn qaɣn：布民可汗。据汉文史料记载，他的名字应为"土门可汗"。"土门"来自突厥语 aümän "万"。土门为阿史那氏突厥人称雄于中亚地区的奠基者，其直系子孙在长达 80 年的时间里，始终控制着"东突厥汗国"。

ištämi：室点密，土门可汗之弟。他在土门可汗建立强大汗国之后不久向西发展，成为"西突厥汗国"的奠基者，这一政权持续了百年之久。

2. qadïrqan：兴安岭。对于该词所指多有分歧。拉德洛夫认为是普通名词，译为"茂密的山地森林"。汤姆森以为是专名，其地即为兴安岭或其一部分。白鸟库吉考证为汉文史籍所载"平地松林"。岑仲勉将该词所指比定为肯特山。汤姆森"兴安岭"之说为后来的大多数学者所接受。

4. apqr：阿瓦尔，为一游牧部落。西史称之为 Avar，其事迹主要见于拜占廷史料。据载，公元 6 世纪中叶阿瓦尔人被突厥击破，四散逃避。西迁的阿瓦尔人曾在相当长的时间内活跃于东欧，但有证据表明，迄于 8 世纪初，在西突厥境内的七河流域等地也存在着以"阿瓦尔"命名的部落。

purum：汉文史籍记作"拂林"、"拂菻"、"拂临"、"弗林"等，为隋唐时期对拜占廷（东罗马帝国）及其所属领土的称呼。

13. tölis tarduš：汉文作"突利斯"、"达头"，为突厥汗国时期的行政划分，但长期以来西方学者将其视为部落或部族名。

14. yabɣu：汉文记作"叶护"，相当于副可汗，由王室子弟担任。

šad：汉文记作"设"，为领兵官，由王室子弟担任。

qïrqïz：古部族名，汉文记作"黠戛斯"。汉代称"坚昆"，魏晋时称"结骨"，唐称"黠戛斯"，以叶尼塞河上游诸水域为主要根据地，从事畜牧业，兼营农业和狩猎。

qurïqan：汉文"骨利干"之音译，为古部族名，唐代始见著录。《通典》谓"骨利干，居回纥北方瀚海之北。……其北又近大海，昼长夜短"。通常认为"瀚海"即今贝加尔湖，故知骨利干应地处贝加尔湖之北、北冰洋之南。

tatar：汉文"鞑靼"之音译，为古部族名，唐代始见记载。日本学者箭内亘曾作《鞑靼考》，对于该族历代的分布和名称作了详细探讨（箭内亘著，陈捷、陈清泉译《兀良哈及鞑靼考》，商务印书馆1932年版）。

qïtan：契丹，北方古族之一，源于鲜卑族宇文部的一支。公元4世纪后期，主要居住于今西拉木伦河以南、辽宁朝阳以北一带，从事游牧。唐贞观以后，契丹酋长率部内属，唐朝在其地设"松漠督府"，并赐姓"李"。武后时期，契丹首领李尽忠起兵反唐，遂出现中原王朝、突厥、契丹三者之间复杂的军事和政治角逐。唐末，契丹开始强大，947年改国号为"大辽"，从此与宋朝发生了频繁的交往。

tatabï：古部族名，学者对此有不同观点。汤姆森、拉德洛夫等将此比定为汉文史籍中的"奚"，白鸟库吉、岑仲勉等认为应为北朝时期的"地豆于"。

16. balbal：杀人石。据《周书·突厥传》记载，葬讫，于墓所立石建标，其石多少，以平生所杀人数。

31. umay：中亚民族信奉的女神。克劳森在其《13世纪以前的突厥语词源词典》解释，其原义为"胎盘"、"胞衣"，也用作突厥女神的名字，专职照顾妇女和儿童，可能是因为此物被认为具有巫术功能。岑仲勉认为，党项族的于弥部落与此名有关。

altï čub soɣdaq：对这几个词，学界有许多争论。拉德洛夫推测可能为"六姓粟特人"。汤姆森提出不同看法：altï čub 为一地区，soɣdaq 为另一地区。冯加班、奥尔昆等人完全或部分接受了汤姆森的观点。马洛夫认为，三个词连在一起应是"粟特人的六处辖地"。马迦特则认为，čub 为汉文"昭武"的音译，用以指称索格底亚那地区诸粟特的王室姓氏，故 altï čub soɣdaq 当为"六姓昭武粟特"。马迦特的观点为沙畹、白鸟库吉、托尔斯托夫、海西希、吉罗等许多学者所接受。克里雅什托尔内提出，altï 义为"六"，čub 为汉文"州"的音译，soɣdaq 本义指粟特人，但在唐代，来自中亚地区的粟特人通常均称"胡"，故此名即汉文"胡"的意译。克氏的观点多被当今学者接受。

32. čača："沙吒"之音译，将军名。汤姆森认为他是汉文史籍所载的"沙吒忠义"。据《旧唐书·突厥上》载："默啜尽抄掠赵、定等州男女八九万人，从五回道而去，所过残杀，不可胜纪。沙吒忠义及后军总管李多祚等皆持重兵，与贼相望，不敢战。"又，"中宗即位，默啜又寇灵州鸣沙县，灵武军大总管沙吒忠义拒战久之，官军败绩，死者六千余人，贼遂进寇原、会等州，掠陇右群牧马万余匹而去，忠义坐免"。可知沙吒忠义为唐朝镇守北方边区，常与突厥交战的主要军事将领之一。

34. yir bayïrqu：bayïrqu 汉音译为"拔野古"，九姓铁勒之一。对于该词前面的 yir 有不同理解。韩儒林未译其义，岑仲勉释为"地"，芮传明认为 yir 最初可能是"拔野古"部族的赞美性自称，后变为族名的组成部分，并音译为"逸拔野古"。

uluɣ irkin：前一词意为"大"，后一词汉语音译为"俟斤"，突厥高级官号之一，亦可为部落首领之称。

39. käŋäräs：克利雅什托尔内在《作为中亚史料的古代突厥鲁尼文碑铭》中对此有专门论述，认为应为地名"康居"。

北面

1. qarluq：葛逻禄，突厥部族之一。原居于北庭（遗址位于今新疆吉木萨尔一带）之西北、阿尔泰山之西。8 世纪中期曾与回鹘、拔悉密一起灭突厥汗国，后迁居七河一带。有学者认为，10 世纪中叶建立喀喇汗王朝的就是葛逻禄突厥人。

3. iltäbär：汉文作"颉利发"，似来自 il "国家、人民" + täb- "踢"（引申为"统治"）+ 形动词构词附加成分 är，意为"统治国家的人"。根据汉文史料，突厥征服一个部族后，常封其当地统治者为颉利发，派突厥人为监护官（tutun "吐屯"）。

izgil：思结，九姓铁勒之一。《新唐书·回鹘下》记载："思结在延陀故牙"，而薛延陀的"故牙"在于都斤山下，独洛河（今土拉河）之南，距长安三千三百里。

5. ädiz：汉文作"阿跌"，九姓铁勒之一。《太平寰宇记》卷一九八记载："阿跌，亦铁勒之别部，在多览葛西北，胜兵千七百，隋代号诃咥部是也，迁徙无常所。"

7. tongra：汉文作"同罗"，九姓铁勒之一。

12. isiyi likäng：汉语"拾遗吕向"的对译。对于"吕向"一名，学者历来均无异议。《新唐书·突厥下》记载："十九年，阙特勤死，使金吾将军张去逸、都官郎中吕向奉玺诏吊祭，帝为刻字于碑，仍立庙像。"但对于"isiyi"一词含义，观点不一。汤姆森未作解释。岑仲勉因吕向曾任集贤学士，疑为"学士"，并认为是"礼仪使"省称"仪使"。耿世民释为"御史"。芮传明认为吕向曾任"拾遗"，故比定为"拾遗"。

bölön：来自藏文 blon，意为"大臣、宰相"，汉文作"论"，为汉文史籍对吐蕃大臣的称号。以其职权不同而有大、小、内、外之分，掌管行政、军事事务，通常由贵族担任。

bärčik är：似指波斯人。前一词似来自中古波斯语 parsig~Persig，后一词为突厥语，意为"人"。

13. on oq：汉文作"十箭"，指西突厥。西突厥分为十部，每部以一人统率，各授一箭，故号"十箭"。东突厥汗国初期，西突厥介于唐和东突厥、吐蕃三者之间，几乎处于解体状态，内讧不断。公元698—699 年时，西突厥之一部突骑施建牙于碎叶，势力大振。

maqarač：来自梵文 Maharaca "大王"。

čiqan：学者对该词有不同解释。汤姆森推测其未见于中国的官职"旗官"。岑仲勉认为是"署官"。耿世民释为"史官"，后改为"表兄弟"。

二　《暾欲谷碑》

《暾欲谷碑》又称《巴颜楚克图碑》。碑文为暾欲谷本人生前于唐开元四年（716）左右撰写，死后约于唐开元八年（720）立于墓前。该碑共存突厥文 62 行，刻在两根插入土中的石柱上。石柱呈矩形，凿平。南柱高 1.70 米，上刻碑文的开头部分（第 1—36 行）。北柱略低，高 1.60 米，上刻碑文的后半部分（第 37—62 行）。突厥文每行自上而下，自左到右书写。该碑在书法和语言上有一些特点。与《阙特勤碑》、《毗伽可汗碑》相比，碑文的风格不及两碑庄重，作者更多运用的是对话一类的文学手段，并以警句和俗语渲染叙述，从而使碑文显得动人而自然。R. 吉罗认为，碑文的两个部分——序文和结尾的几行，是以诗体写成的，似在衬托主要叙述部分节奏分明的散文。碑铭外观比《阙特勤碑》显得简陋，且北柱上碑文脱落较为严重。

图 4 《暾欲谷碑》第一石

图 5 《暾欲谷碑》第二石第 1—7 行

《暾欲谷碑》主要记述暾欲谷为谋臣时，辅助第二突厥汗国骨咄禄、默啜、毗伽三代可汗的丰功伟绩。在第 1 行暾欲谷提到他曾在中国就学，当时全体"突厥人民臣属于中国"。接着叙述第二突厥汗国起事的历史（第 2—19 行）。第 20—48 行生动地描绘了与黠戛斯和突骑施作战并出征粟特的情况。碑文结尾（第 49—62 行）是对暾欲谷生平的表白和功绩的赞颂。

《暾欲谷碑》于 1897 年由克莱门茨夫妇在距今蒙古国首都乌兰巴托东 60 公里的巴颜楚克图地方发现。之后芬兰阿尔泰学家兰司铁在 1898—1901 年考察了此碑。1909 年兰氏再次对碑铭进行了实地调查，拍摄照片，刷取拓片。后来汤姆森就是根据兰氏提供的照片进行研究的。对于碑文的研究主要有：拉德洛夫《蒙古考古图录》（W. Radloff: *Atlas der Alterthuemer der Mongolei*, Vierte Lieferung, 1899）、《蒙古古代突厥碑文》（第二编）（*Die Altturkischen Inschriften der Mongolei*, Zweite Folge, 1899）；汤姆森《蒙古古代突厥碑文》（V. Thomsen: *Altturkische Inschriften aus der Mongolei*, ZDNG, t, 78, Leipzig, 1924—1925）；奥尔昆《古代突厥文献》（Heseyin Namik Orkun: *Eski Turk Yazitlari*, I, Istanbul, 1936）；小野川秀美：《突厥碑文译注》，《满蒙史论丛》第四，1943 年；马洛夫《古代突厥文献》（S. E. Malov: *Pamyatniki Drevnetyurkskoy Pis'mennosti*, M-L, 1951）；塔拉特·特肯《鄂尔浑突厥语法》（Talat Tekin: *A Grammar of Orkhon Turkic*, 1968）、《暾欲谷碑》（*Tunyukuk Yaziti*, 1994）、《鄂尔浑碑铭》（*Orhon Yazitlari*, 1998）；耿世民《突厥文碑铭汉文译文》（载林幹《突厥史》，1988）、《古代突厥文碑铭研究》（中央民族大学出版社 2005 年版）；芮传明《古突厥碑铭研究》（上海古籍出版社 1998 年版）等。

《暾欲谷碑》原文拉丁字母转写、汉文直译及汉文意译

第一石
西面
1. bilgä tonyuquq bän özüm tabγač ilingä qïlïntïm. türk bodun tabγačqa körür ärti.
   谋臣   暾欲谷   我   我自己 中国   向其国家 我成长。 突厥   人民   向中国   看   是。

2. türk bodun qanïn bolmayïn, tabɣačda adrïltï. qanlantï. qanïn qodup tabɣačqa yana ičikdi.
   突厥 人民 其可汗 没有 从中国 分离了。立可汗了。把其可汗 放弃 向中国 又 臣属了。
   tängri anča timiš ärinč. qan bärtim.
   上天 如此 说了。 汗 我给了。

3. qanïngïn qodup ičikding. ičikdük üčün tängri öl timiš ärinč. türk bodun ölti alqïntï yoq
   把你们的可汗 放弃 你们臣属了。臣属 由于 上天 你们死吧 说了。突厥 人民 死了完结了 没有
   boltï. türk sir bodun yärintä
   成了。突厥薛 人民 在其土地

4. bod qalmadï. ïda tašda qalmïšï qubranïp yäti üz boltï. äki ülügi atlïɣï ärti. bir ülügi
   机体 没留下了。在木 在石 剩下的 集合 七 百 成了。两 部分 骑马 是， 一 部分
   yadaɣ ärti. yäti yüz kišig
   步行 是。 七 百 把人

5. uduzuɣma uluɣï šad ärti. yï(ɣ)ɣïl tidi. yïɣmïšï bän ärtim bilgä tonyuquq qaɣan mu qïsayïn
   率领的 其首领 设 是。你们集合 说了。集合的 我 是 谋臣 暾欲谷 可汗 吗 我催促
   tidim. saqïntïm: toruq buqalï sämiz buqalï ïraqda
   我说了。我想了： 瘦的 公牛 和 肥的 公牛 在远处

6. bölsär, sämiz buqa toruq buqa tiyin bilmäz ärmiš tiyin anča saqïntïm. anta kisrä tängri
   若区分，肥的 公牛 瘦的 公牛 我说 不知 是 我说 如此 我想了。 从那 以后 上天
   bilig bärtük üčün özüm ök qaɣan qïsdïm. bilgä tonyuquq boyla baɣa tarqan
   智慧 赐给 由于 我自己 可汗 我催促了。谋臣 暾欲谷 裴罗 莫贺 达干

7. Birlä eltäriš qaɣan bol(u)yïn, bäryä tabɣačïɣ, öngrä qïtanïɣ, yïrya oɣuzuɣ üküš ök ölürti. Bilgäsi
   同 颉特利施， 向南 把中国人 向东 把契丹人 向北 把乌古斯人 多 杀了 谋臣
   čabïšï bän ök ärtim. Čuɣay quzïn, qara qumuɣ olurur ärtimiz.
   侍从 我 成为了。总材山 黑沙 居住 我们。

1. 我是谋臣暾欲谷。我本人成长于中国。（那时）突厥人民臣属于中国。

2. 突厥人民没有自己的汗，脱离了中国，有了汗。他们又抛弃其汗而臣属于中国。上天这样说：我给了（你们）汗，

3. （但）你们舍弃了你们的汗，臣属（于中国）了。由于臣属于中国，上天惩罚了你们。突厥人民死亡、衰微、消亡了。在突厥薛人民的土地上

4. 没有留下人体。留在荒原中的人集合起来为七百人。其中两部分骑马，一部分步行。率领这七百人的

5. 首领是设。他说："请集合吧！"集合的是我——谋臣暾欲谷。我说："我是否要催促他成为可汗呢？"我想：如果在远处区分瘦公牛和肥公牛，

6. 人们就不知道哪个是肥公牛，哪个是瘦公牛。我这样想了。这之后，由于上天赐给智慧，我自己催促（他）为可汗。谋臣暾欲谷——裴罗莫贺达干

7. 同颉跌利施一起，南边把中国人，东边把契丹人，北边把乌古斯人杀死了许多。是我成了他的谋臣和侍从官。我们住在了总材山及黑沙。

南面

8. käyik yiyü, tabïšɣan yiyü olurur ärtimiz. bodun boɣzï toq ärti. yaɣïmïz tägrä učuq täg
   野山羊 吃 兔子 吃 坐 我们是。 人民 其喉咙 饱 是。 我们的敌人 周围 飞禽 像
   ärti. biz ang täg ärtimiz. anča olurur ärikli, oɣuzduntun kürräg kälti.
   是。 我们 猎物 像 我们是。如此 坐 是时， 从乌古斯 探子 来了。

9. küräg sabï antaɣ : toquz oɣuz bodun üzä qaɣan olurtï tir . tabɣačɣaru qunï sängünüg ïdmïš .
    探子　其话　如此：　九　乌古斯　人民　上面　可汗　坐了　说。向中国　　qunï 把将军　派了。
    qitanyɣaru tongra simäg ïdmïš . sab anča ïdmïš: azqïna türk
    向契丹　　同罗　把司马　派了。话　如此 派了：　少数　突厥

10. yorïyur ärmiš . qaɣanï alp ärmiš . ayɣučïsï bilgä ärmiš . ol äki kiši bar ärsär , säni tabɣačïɣ
    走动　　是。 其可汗 英勇 是。　其谋臣 英明 是。那　两　人 有 若是，把你 把中国
    ölürtäči tirmän . öngrä qitanyïɣ ölürtäči tirmän . bizni oɣuzuɣ
    将杀死　我说　　东边 把契丹　　将杀死　我说　把我们 把乌古斯

11. ölürtäči ök tirmän . tabɣač bärdin yän täg . qitany öngdün yän täg idi . bän yïrdïnta yän
    将杀死　　　　我说　中国　从南边　袭击。契丹　从东面　袭击。我 从北面　　袭
    tägäyin . türk sir bodun yärintä idi yorïmazun . usar idi yoq qïsalïm
    击。　　突厥 薛　人民　在其地方 君主　不让走动。 如能没有 让我们消灭

12. tirmän . ol sabïɣ äšidip tün udïsïqïm kälmädi . küntüz olursïqïm kälmädi . anta ötrü qaɣanïma
    我说。 那 把话 听了 夜 我睡觉　　没来了。白天　我坐　没来了。在那之后 对我的可汗
    ötüntüm : anča ötüntüm : tabɣač oɣuz qïtany bu üčägü qabïsar ,
    我说了：如此　我说了： 中国　乌古斯 契丹　这　三者　若联合，

13. qaltačï biz . öz iči tašïn tutmïš täg biz . yuyqa ärikli , topulɣalï učuz ärmiš . yinčgä ärikli ,
    将留下 我们。自己 内外　抓住了一样 我们。薄的　是，　穿透　　容易 是。　细的　是
    üzgäli učuz . yuyqa qalïn bolsar , topulɣuluq alp ärmiš . yinčgä
    折断　　容易。薄的　厚　若成为，穿透　　　难　是。　细的

14. yoɣun bolsar , üzgülük alp ärmiš . öngrä qïtanyda , bärɣä tabɣačda , qurïya qordanta , yïrya
    粗的 若成为，折断　　难 是。　东面 从契丹　南面 从中国　　西面 从和田　　北面
    oɣuzda äki üč bing sümüz kältäčimiz . bar mu nä . anča ötüntüm .
    从乌古斯 二 三 千 我们军队 我们将来。有 吗 什么。如此　我说了。

8. 我们吃野山羊和兔子度日，人们的肚子是饱的。我们周围的敌人像飞禽一样（多），我们像猎物一样。当我们这样住着时，从乌古斯人那里来了探子。

9. 探子的话是这样的："在九姓乌古斯人民之上有了可汗。"据说，他们往中国派去了 qunï 将军，往契丹派去了同罗司马，带去了这样的话："有少数突厥人

10. 正在游动，其可汗是勇敢的，其谋臣是英明的。如那两人存在，他们将把你中国人杀死，东边将把契丹人杀死，（北边）将把我

11. 乌古斯人杀死。中国人，你们从南袭击！契丹人，你们从东袭击！我则从北袭击！不要让突厥薛人民的地方存有君主。如有可能，让我们消灭他们！"

12. 听到这些话后，我夜里睡不着觉，白天坐不住。之后，我对我的可汗说了。我是这样说的："要是中国人、乌古斯、契丹三者联合起来，

13. 我们将无救，我们将内外受敌。俗话说，把薄的东西穿透是容易的，把细的东西折断是容易的。要是薄的东西变成厚的，穿透就难了；要是细的

14. 变成粗的，要折断就难了。我估计会有两三千军队东面来自契丹，南面来自中国，西面来自和田，北面来自乌古斯。不是这样吗？"我这样对他说了。

15. qaɣanïm bän özüm bilgä tonyuquq ötüntük ötünčümün äšidü bärdi . könglüngčä uduz tidi .
    我的可汗 我 我自己 谋臣　暾欲谷　所说的 把我的话　听从　了。按你心里的 你指挥 他说了。
    kök öngüg yoɣuru ötükän yïšɣaru uduztum ingäk kölükin . tuɣlada oɣuz kaldi .
    蓝河　过　于都斤　向山　我指挥了　乳牛　把驮畜　从土拉　乌古斯 来了。

16. süsi üč bing ärmiš. biz äki bing ärtimiz. süngüšdümüz. tängri yarlïqadï: yanydïmïz. ögüzkä
    其军队 三 千 是。 我们 两 千 我们是。 我们交战了。 上天 保佑 我们击溃了。 向河
    tüšdi. yanyduq yolta yämä ölti kök. anta ötrü oɣuz qopïn kälti.
    落入了。 溃逃的 在路上 又 他们死了。从那 之后, 乌古斯 全部 来了。

17. tü(rk qaɣanïɣ) türk bodunuɣ ötükän yärkä, bän özüm bilgä tonyuquq kälürtüm. ötükän
    突厥 把可汗 突厥 把人民 于都斤 向地方 我 我自己 谋臣 暾欲谷 我让来了。于都斤
    yärig qonmuš täyin äšidip, bäryäki bodun, quryaqï yïryaqï öngräki bodun kälti.
    把地方 住的 我说 听了, 南边的 人民 西边的 北边的 东边的 人民 来了。

15. 我的可汗听从了我本人谋臣暾欲谷的话。他说："按你心里想的指挥（军队）吧！"过蓝河，我率领众人，带着乳牛和驮畜到达了于都斤山。乌古斯人从土拉（河）来了。

16. 其军是三千，我军是两千。我们交战了。上天保佑，我们击溃了他们，他们落入了河中。在溃逃的路上，据说他们又死了（许多）。从那之后，乌古斯人全都来了。

17. 当听到（我让）（突厥可汗）、突厥人民来到于都斤地方，我自己谋臣暾欲谷住在于都斤地方后，南边的人民及西边、北边、东边的人民都来了。

东面

18. iki bing ärtimiz. iki sümüz boltï. türk bodun q(ïlïnɣal)ï, türk qaɣan olurɣalï, santung
    两 千 我们是。 两 我军队 是。 突厥 人民 被做 突厥 可汗 登基 山东
    balïq(q)a, taluy ögüzkä tägmiš yoq ärmiš. qaɣanïma ötünüp sülätdim.
    向城 海 向河 到达的 没有 是。 向我的可汗 请求 我率军了。

19. santung balïq(q)a, taluy ögüzkä tägürtüm. üč otuz balïq sïdï. usïn buntatu yurtda yatu
    山东 向城 海 向河 我使到达了。三 三十 城 摧毁了。将其城基 破坏在原地 躺着
    qalur ärti. tabɣač qaɣan yaɣïmïz ärti. on oq qaɣanï yaɣïmïz ärti.
    留下了。 中国 可汗 我们的敌人 是。 十 箭 其可汗 我们的敌人 是。

20. art(uq qïrqïz) küč(lüg qaɣan yaɣïmïz) boltï. ol üč qaɣan ögläšip altun yïš üzä qabïšalïm
    多 黠戛斯 有力的 可汗 我们的敌人 是。那 三 可汗 商量 金 山 上面 我们汇合
    timiš. anča öglämiš: öngrä türk qaɣanɣaru sülälim timiš. angaru sülämäsär, qačan nang ärsär,
    说了。如此 商量了：首先 突厥 向可汗 我们出兵 说了。向他 若不出兵, 不管 怎样,
    ol bizni
    他 将我们

21. qaɣanï alp ärmiš, ayɣučïsï bilgä ärmiš. qač nang ärsär, ölürtäči kük. üčägün qabïšïp sülälim.
    其可汗 英勇 是, 其谋臣 英明 是。 无论 如何, 将杀死。 把三者 联合 我们出兵了。
    idi yoq qïsalïm timiš. türkiš qaɣan anča timiš bäning bodunum anta ärür timiš.
    彻底 没有 消灭 说了。突骑施 可汗 如此 说了 我的 人民 在那里 是 说了。

22. türk bodun yämä bulɣanč (ol, timiš), oɣuzï yämä tarqanč ol, timiš. ol sabïn äšidip, tün
    突厥 人民 又 混乱的 它, 说了, 其乌古斯 又 涣散 它, 说了。那把话 听 夜
    yämä udïsïqïm kälmäz ärti, kün yämä olursïqïm kälmäz ärti. anta saqïntïm:
    也 我的睡觉 不来 是, 白天 也 我的坐 不来 是。 在那 我想了：

23. (ilk qïrqïzq)a sü(läs)är (yig ärmiš, tidim. kögmän yolï bir ärmiš. tumuš tiyin äšidip bu
    首先 向黠戛斯 若出兵 好 是, 我说了。曲漫 其道路 一 是。 封住 说 听 此
    yolïn yorïsar yarmačï tidim. yärči tilädim. čölgi az äri bultum.
    把路 若走 不合适 我说了。向导 我寻找了。荒地阿热 人 我找到了。

24. äšidtim : az yir yaqïnï bir (yol) ärmiš . bir at oruqï ärmiš . anïn barmïš .
我听说了：阿热 地方 近处 一 路 是。 一 马 小路 是。 把他走的
angar aytïp bir atlïɣ barmïš tiyin . ol yolïn yorïsar , unč tidim . saqïntïm .
向他 问 一 马的 走的 说。 那 把路 若走，可能的 我说了。我想了。
qaɣanïma
对 我的 可汗

18. 我们是两千人，我们有两军。突厥人民从有史以来，突厥可汗从即位以来，未曾到达山东城和海洋。我向可汗请求带兵出征。

19. 我率（军队）到达山东城和海洋，（我军）摧毁了二十三座城池，诸城变成了一片废墟。中国皇帝是我们的敌人。十箭可汗是我们的敌人。

20. 再有黠戛斯强大的可汗是我们的敌人。那三个可汗要会师金山。他们这样商量道："让我们首先出兵（攻打）突厥可汗。如果不向他出兵，早晚他们要把我们消灭。

21. 因其可汗是勇敢的，其谋臣是英明的，让我们三个联合出兵吧！让我们把他们彻底消灭吧！"突骑施可汗这样说道："我的人民到那里时，

22. 突厥人民将乱，他的乌古斯（人民）也将涣散。"听到那些话后，我夜里睡不着觉，白天坐不下来。那时我想：

23. 先出兵攻打黠戛斯较好。我听说（通往）曲漫（山）的道路只有一条，并已（被雪）封住。如走这条路，将不合适。我寻找了向导，我找到了一个荒地阿热人。

24. 我听说在阿热地方近处有条路，是条只能走一匹马的小路。我问他："人可以走那条路吗？"他说："骑马可以走过。"我考虑后说道：

北面

25. ötüntüm . sü yorïtdïm . atlat , tidim. aq tärmäl käčä, oɣraqlatdïm. at üzä bintürä qarïɣ sökdim.
我说了 军队 我让走了 骑马 我说了。白 塔米尔 渡过， 我让停止了。马 上 让骑 把雪 开路了。
yoqaru at yätä , yadayïn , ïɣač tutunu aɣturtum . öngräki är
向上 马 牵着 步行 树木 抓住 我让登山了。前面的 人

26. yoɣurča tägirip ï bar baš ašdïmïz . yobalu intimiz . on tünkä yantaqï tuɣ äbirü bardïmïz .
涉过 围着 树木 顶 我们翻过了。艰难 下来了。 十 夜 边上的 路障 围着 我们走了。
yirči yir yangïlïp boɣuzlantï . bungadïp qaɣan yälü kör timiš .
向导 地 犯错 他被杀了。 困难 可汗 急驰 看他说了。

27. anï subqa bar(dïmïz) . ol sub qodï bardïmïz . asanɣalï tüšürtimiz . atïɣ ïqa bayur
anï 向水 我们去了。 那 水 沿着 我们走了。 吃饭 我们让下来了。把马向树 拴
ärtimiz . kün yämä tün yämä yälü bardïmïz . qïrqïzïɣ uqa basdïmïz .
我们是。 白天 又 夜间 又 急驰 我们走了。 把黠戛斯 在梦我们袭击了。

28. (usï)n süngügün ačdïmïz . qanï süsi tirilmiš . süngüšdimiz . sančdïmïz . qanïn ölürtimiz . qaɣanqa
把其梦 用矛 我们打开了。其汗军队 集合了。 我们交战了。我们刺杀了。把其汗 我们杀了。向可汗
qïrqïz bodunï ičikdi , yükünti . yantïmïz . kögmän yïšïɣ äbirü kältimiz .
黠戛斯 人民 内服了， 归顺了。我们回了。曲漫 把山 绕着 我们来了。

29. qïrqïzda yantïmïz . türgäš qaɣanta küräg kälti . sabï antaɣ : öngdün qaɣanɣaru sü yorïlïm
 从黠戛斯 我们回了。突骑施 从可汗 探子 来了。其话 如此：东面 向可汗 军队 出兵
 timiš . yorïmasar, bizni qaɣanï alp ärmiš, ayɣučïsï bilgä ärmiš . qač nang ärsär
 说了。不出兵， 把我们 其可汗 英勇 是， 其谋臣 英明 是。 无论如何

30. bizni ölürtäči kük timiš . türgäš qaɣanï tašïqmïš tidi . on oq bodunï qalïsïz tašïqmïš tir .
 把我们 将杀死 说了。突骑施 可汗 出发了 说了。十 箭 人民 无遗 出发了 说。
 tabɣač süsi bar ärmiš . ol sabïɣ äšidip , qaɣanïm bän äbgärü tüsäyin tidi .
 中国 其军队 有 是。 那 把话 听 我的可汗 我 向家 我回去 说了。

25. "可以走这条路。"于是我对我的可汗说了。我让军队上马出发，我命令骑马过河。渡过白塔米尔河，我让军队停下来（休息）。我让骑在马上从雪中开路。我让牵着马，抓住树木步行登山。前面的人

26. 踏开（冰雪），我们翻过长有树木的山顶。我们艰难地下了山。在十夜中，我们绕行（山）边的路障。向导由于带错了路而被杀了。当困难之际，可汗说："骑快些!"

27. 我们达到 anï 河，我们沿着那条河往下走。我让下马吃饭。我们把马拴在树上。我们不分昼夜地疾走。我们袭击黠戛斯于睡梦之中。

28. 我们用矛打开了他们的睡梦。那时他们的可汗和军队集合起来，我们交战了。我们打败了他们并杀死了其可汗。黠戛斯人民内属并归顺了我们。（于是）我们回师了。我们绕过曲漫山，

29. 从黠戛斯回师了。从突骑施可汗那里来了探子。他们的话是这样的："让我们出兵攻打东（突）厥可汗。如果我们不去攻打他，他早晚将把我们消灭。因其可汗是勇敢的，其谋臣是英明的，

30. 突骑施可汗已经出发了，十箭人民全部出动了，（其中）有中国军队。"听到那些话后，我的可汗说道："我要回家。

31. qatun yoq bolmïš ärti . anï yoqlatayïn tidi . sü barïng tidi , altun yïšda olurung tidi . sü bašï
 可敦 没有了 是。 把她 我要吊唁 说了。军队 你率 说了，在金 山 你居住 说了。军队 头
 inäl qaɣan , tarduš šad barzun tidi . bilgä tonyuquq(q)a banga aydï :
 inäl 可汗 达头 设 去吧 说了。英明 对暾欲谷 对我 说了。

32. bu süg ält tidi . qïyïnïɣ könglüngčä ay . bän sanga nä ayayïn tidi . kälir ärsär , kü är
 这把军队你率说了。把惩罚 按你的心愿 说 我 对你 什么 我说 说了。 来 若是，信息 人
 ökülür . kälmäz ärsär , tïlïɣ sabïɣ alï olur tidi . altun yïšda olurtïmïz .
 增多。 不来 若是，把舌头 把话 拿 坐 说了。 在金 山 我们坐了。

33. üč korüg kiši kälti . sabï bir : qaɣan sü tašïqdï . on oq süsi qalïsïz tašïqdï tir . yarïš
 三 探子 人 来了。其话 一： 可汗 兵 他出了。十 箭 其军 无遗地 出兵了 说。 yarïš
 yazïda tirilälim timiš . ol sabïɣ äšidip , qaɣanɣaru ol sabïɣ ït(t)ïm . qantayïn sabïɣ yana
 在平原 我们集合 说了。那 把话 听了 对可汗 那 把话 我派了。我从哪里 把话 又

34. kälti : olurung tiyin timiš . yälmä qaraɣu ädgüti urɣïl , basïtma timiš . bögü qaɣan bangar
 来了。你坐下 说 说了。前锋 观察 好好地你布置 不袭击 说了。默啜 可汗 对我
 anča ïdmïš . apa tarqanɣaru ičrä sab ïdmïš : bilgä tonyuquq anyïɣ ol , üz ol .
 如此 派了。 阿波 向达干 内部 话 派了：谋臣 暾欲谷 坏的 他， 坏心的他。

35. sü yorïlïm tidäči , unamang . ol sabïɣ äšidip , sü yorïtdïm . altun yïšïɣ yolsuzun ašdïmïz .
 军队 我们出兵 说 你不同意 那 把话 听了 军队 我出兵了。把金 山 无路的 我们翻过了。
 ärtiš ügüzüg käčigsizin käčdimiz . tün qatdïmïz . bolčuqa tang üntürü tägdimiz .
 把额尔齐斯河 无渡口 我们渡过了。夜 我们加入了。向 bolču 黎明 出发 我们到达了。

31. 可敦死了，我要办理她的丧事。你们率军前进吧！你们驻扎在金山，让 inäl 可汗及达头设做军队首领，（率军）前进！"他对我暾欲谷说："

32. 你领此军。你按你的心愿做出决定吧！我能向你说些什么呢？如果他们来的话，就加多报信的人。如果不来的话，就不断收集情报！"我们住在金山。

33. 来了三个探子，他们的话是一样的："他们的可汗已出兵了。十箭的军队已全部出动了。让我们在 yarïš 平原会师吧！"听到那些话，我把它报告给了可汗。我怎么办才好呢？回话

34. 来了："你们住下来，好好地布置探子放哨，免受袭击！"默啜可汗这样让人告诉我了。但他给阿波达干秘密送去消息说："谋臣暾欲谷是个坏人，他心怀叵测。

35. 如果他说'我们出兵吧！'你们不要同意！"听到那些话，我出兵了。我们翻过了无路可走的金山，渡过无渡口的额尔齐斯河。我们连夜前进，于黎明到达了 bolču。

第二石

西面

36. tïlïɣ kälürti . sabï antaɣ : yarïš yazïda on tümän sü tirilti tir . ol sabïɣ äšidip , bäglär qop
    把舌头 弄来了。其话 这样： 在yarïš 平原 十   万   军队 集合了说。那 把话   听了诸官 全

37. yanalïm ! arïɣ obutï yig tidi . bän anča tirmän , bän bilgä tonyuquq:altun yïšïɣ aša kältimiz ,
    我们回去 洁净 耻辱 好 说了。我 如此 我说   我   谋臣   暾欲谷   金 把山 翻越 我们来了。
    ärtiš ögüzüg
    额尔齐斯 把河

38. käčä kältimiz . kälmiši alp tidi , tuymadï , tängri umay , ïduq yär sub basa bärti ärinč . näkä
    渡过 我们来了。其来   困难 说了，没有觉得，上天   乌迈   神圣 地 水 再 给了。   为什么
    täzärbiz ?
    我们逃跑？

39. üküš tiyin näkä qorqur biz ? az tiyin nä basïnalïm ? tägälim ! tidim . tägdimiz , yulïdïmïz .
    多   说 为什么 我们害怕？ 少 说 为什么 我们被打败？我们进攻 我说。 我们进攻了 我们抢夺了。
    äkinti kün
    第二 天

40. örtčä qïzïp kälti . süngüšdümiz . bizingtä iki učï sïngarča artuq ärti . tängri yarïlqaduq üčün
    像火焰 热 来了。我们交战了。比我们的 两 翼 一半   多 是。 上天   保佑   由于
    üküš tiyin biz .
    多 说 我们

41. qorqmadïmïz . süngüšdümüz . tarduš šad ara badï . yaydïmïz . qaɣanïn tutdïmïz .   yabɣusïn
    我们不害怕。 我们交战了。 达头 设 中间 参与了。我们击溃了。把可汗我们抓了。 将其叶护
    šadïn
    设

42. anta ölürti , äligčä är tutdïmïz . ol oq tün bodunïn sayu ït(t)ïmïz . ol sabïɣ äšidip , on oq
    在那 杀死了，约五十人 我们抓了。那   夜 把人民 每个 我们派了。那 把话 听了 十 箭
    bägläri bodunï qop
    诸官   其人民 全

43. kälti , yükünti . käligmä bäglärin bodunïn itip yïɣïp azča bodun täzmiš ärti . on oq süsin
    来了，归顺了。 来的   把诸官 把其人民 组织 收集 少数 人民   逃了 是。十 箭 把其军队
    sülätdim .
    我让出兵了。

44. biz yämä sülädimiz . anï irtimiz . yinčü ögüzüg käčä tiansi oγlï aytïγma bängülüg　äk
　　我们 也　我们出兵了。将其 跟随了。珍珠　把河　渡过　天子　其子　被称作的　bängülüg　äk
　　taγïγ ärtü
　　taγ　是

36. 人们捉住了"舌头"，他的话是这样的："在 yariš 平原上已集合起十万大军。"听到那消息后，所有官员都说：

37. "让我们回师吧！洁净的耻辱为上。"我谋臣暾欲谷这样说道："我们翻越金山来（到这里），我们渡过额尔齐斯河来（到这里）。

38. 他们以为（我们）来到（这里）是困难的。他们没有觉察我们（的到来）。上天、乌迈及神圣的水土会帮助（我们）的。为什么我们要逃走？

39. 我们为什么因为他们人多就恐惧？我们为什么因为人少就要被打败？让我们进攻吧！"——我说。我们抢掠了（他们）。第二天

40. 他们如火焰般猛扑过来。我们交战了。他们的两翼比我们多一半。由于上天保佑，我们没有因其人多

41. 而害怕。我们交战了。达头设参战了。我们击溃了（他们），俘虏了其可汗，将其叶护和设

42. 在那里被杀死，我们俘虏了约五十人。就在那夜，我们往各部人民派出了（信使）。听到那消息后，十箭诸官员和人民全都

43. 来了，臣服了。当我组织、收集来归的官员和人民时，少数人民逃走了。我让十箭的军队出兵了，

44. 我们也出兵了。我们跟在他们后面，渡过珍珠河，翻过称作"天子"的 bängülüg äk taγ 山，

南面

45. 　tämir qapïγqa tägi irtimiz . anta yanturtïmïz . inäl qaγanqa saqa , täzik , toqar
　　　向 铁 门（关）一直我们到了。在那 我们回师了。inäl 对可汗 塞人 大食人 吐火罗人

46. anta bärüki šuq bašlïγ soγdaq bodun qop kälti , yükünti , sögdi . türk bodun
　　在那 这边的 šuq 为首的　粟特　人民　全　来了，归顺了，跪下了。突厥 人民
　　tämir qapïγqa
　　向 铁　门（关）

47. tinsi oγlï aytïγma taγqa tägmiš idi yoq ärmiš . ol yärkä bän bilgä tonyuquq tägürtük
　　天子 其子 被称作的 向山 到达的 根本 没有 是。那 向地方 我 谋臣 暾欲谷 使到达
　　üčün
　　由于

48. sarïγ altun , örüng kümüš , qïz quduz , ägri täbä , aγï bungsuz kälürti . iltäriš qaγan bilgäsin
　　黄　金　白　银　姑娘 妇女　单峰 骆驼 珠宝 无数的 弄来了。颉跌利施 可汗 其英明
　　üčün
　　由于

49. alpïn üčün tabγačqa yäti yigirmi süngüšti . qïtanyqa yäti süngüšdi . oγuzqa bäš süngüšdi . anta
　　其勇敢 由于 向中国　七　二十　交战了。向契丹　七　交战了。向乌古斯 五 交战了。 在那
　　ayγučï(sï)
　　其谋臣

50. yämä bän ök ärtim . yaɣïčï(sï) yämä bän ärtim. iltäriš qaɣanqa, türk bögü qaɣanqa, türk
　　也　　我　　我是。其前敌官　　也　　我　我是。颉跌利施　向可汗　突厥　默啜　向可汗　突厥
　　bilgä qaɣanqa.
　　毗伽　向可汗

45. 我们一直到达了铁门关。从那里我们回师了。塞人、大食人、吐火罗人
46. 以及这边的以 šuq 为首的粟特人民全都来臣服于 inäl 可汗。以前，突厥人民未曾到达过铁
门关
47. 和称作"天子"的山。由于我谋臣使其到达那些地方，
48. 他们运回了无数的黄金、白银、姑娘妇女、单峰骆驼、珠宝。颉跌利施可汗由于其英明
49. 和勇敢，曾与中国交战了十七次，与契丹交战了七次，与乌古斯交战了五次。那时其谋臣
50. 也是我，其前敌官也是我。为颉跌利施可汗，为突厥默啜可汗，为突厥毗伽可汗（我出了
力）。

东面

51. qapɣan qaɣan (yati) otuz / / /(ärti) . qapɣan qaɣan olurtdïm . tün udïmatï ,
　　默啜　　可汗　七　三十　是。　　默啜　　可汗　我使其坐了。夜　不睡
52. küntüz olurmatï , qïzïl qanïm töküti , qara tärim yügürti isig küčig bärtim ök . bän özüm
　　昼　　不坐　红　我的血　流了，黑　我的汗　淌了，把力量　我给了。我　我自己
　　uzun yälmäg yämä ït(t)ïm oq .
　　远　把前锋　也　我派了。
53. arquy qaraɣuɣ olɣurtdïm oq . yanïɣma yaɣïɣ kälürir ärtim . qaɣanïmïn sü ältdimiz .
　　把禁卫队（？）我扩大了。　　返回的　把敌人　使来了　我是。同我的可汗　军队　我们出兵了。
　　tängri yarïlqazu !
　　　上天　保佑！
54. bu türk bodun ara yarïqlïɣ yaɣïɣ yältürmädim , tögünlig atïɣ yügürtmädim . iltäriš qaɣan
　　这　突厥　人民 之间 带武器 把敌人 我没让其驰骋，有结饰的 把马 我没让奔驰。颉跌利施 可汗
　　qazɣanmasar ,
　　若不努力，
55. udu bän özüm qazmasar , il yämä bodun yämä yoq ärtäči ärti . qazɣantuqïn üčün udu bän
　　跟随 我 我自己 若不努力，国家 也 人民　 也　没有　将是　是。他的努力　由于　跟随　我
　　　özüm qazɣantuqïm üčün
　　我自己　我的努力　　由于
56. il yämä il boltï , bodun yämä bodun boltï . özüm qarï boltïm , uluɣ boltïm . näng yärdäki
　　国家 也 国家 成了，人民　也　人民 成了。我自己 老 我成了，大　我成了。无论 地方的
　　qaɣanlïɣ bodunqa
　　有可汗的　向人民
57. bintägi bar ärsär , nä bungï bar ärtäči ärmiš ?
　　像我　有　若是，什么 忧愁 有　将是　是？
58. türk bilgä qaɣan ilingä bititdim , bän bilgä tonyuquq .
　　突厥　毗伽　可汗 对其国家 我让写了，我 谋臣　暾欲谷。

51. 默啜可汗二十七岁时，我辅佐他登基了。我夜不能眠，
52. 昼不能坐，流鲜血，流大汗，我贡献了力量。我也派出了远征（军）。
53. 我扩大了禁卫队（？）。我使返回的敌人来降了。我同我的可汗出征过。上天保佑，

54. 我没有让全副武装的敌人在突厥人民中横行，我没有让打有结饰的马匹到处奔驰。如果颉跌利施可汗不努力的话，

55. 要是我不跟随他也努力的话，国将不国，人民也将灭亡。由于他的努力，由于我自己跟随他而努力，

56. 国家才成为了国家，人民也成为了人民。我自己已衰老年迈了，无论什么地方，凡是有可汗的人民中，

57. 只要有像我这样的人，就不会有什么忧愁！

58. 我谋臣暾欲谷让人为突厥毗伽可汗的国家写了（这个碑）。

背面

59. iltäriš qaɣan qazɣanmasar , yoq ärti ärsär , bän özüm , bilgä tonyuquq qazɣanmasar, bän
    颉跌利施 可汗   若不努力，   没有 是 若是，我 我自己，谋臣 暾欲谷   若不努力，   我
    yoq ärti ärsär ,
    没有 是 若是，

60. qapɣan qaɣan türk sir bodun yirintä bod yoq yämä bodun yämä kiši yämä idi yoq ärtäči
    默啜   可汗 突厥 薛 人民 在其地 机体 没有 也 人民 也 人类 也 根本 没有 将是
    ärti .
    是。

61.
iltäriš qaɣan , bilgä tonyuquq qazɣantuq üčün qapɣan qaɣan türk sir bodun yorïduqï bu
颉跌利施 可汗   谋臣 暾欲谷   努力   由于 默啜   可汗 突厥 薛 人民   行走   这

62. türk bilgä qaɣan türk sir bodunuɣ , oɣuz bodunuɣ igidü olurur .
    突厥 毗伽 可汗 突厥 薛 把人民   乌古斯 把人民 养育 坐。

59. 如果颉跌利施可汗不努力的话，要是没有他，要是没有我本人谋臣暾欲谷不努力的话，要是没有我的话，

60. 在默啜可汗和突厥薛人民的地方，将根本不存在机体、人民和人类。

61. 由于颉跌利施可汗和其谋臣暾欲谷的努力，默啜可汗及突厥薛人民才得以这样存在。

62. 突厥毗伽可汗养育了突厥薛人民和乌古斯人民。

注释：

1. bilgä：意为"英明的"，汉文译为"毗伽"。
tonyuquq：音译为"暾欲谷"，第二突厥汗国名臣，由 ton "元、头一个" ＋yuquq "珍贵的"构成，与汉文史料中第二突厥汗国的"阿史德元珍"一致。

3. sir：部族名，但学者对其所指有不同解释。有学者认为与汉文史料中的薛延陀有关，但"延陀"不好解释。

7. iltäriš：颉跌利施，意为"把人们（国家）集合起来"。
čuɣay quzï, qara qum：指今呼和浩特市北阴山一带和黑沙城。岑仲勉认为前者为"总材山"。quz 意为"山的阴面"。

9. simä：疑为汉语借词"司马"。

10. qyɣuči：意为"顾问"。元代时音译为"爱护赤"。

14. qordan：于阗。学者对该词的转写和解释有不同的观点。汤姆森、韩儒林、岑仲勉、特肯等均转写为 quridin，释为"西面、在西面"，译为"西突厥"。克劳森推测其为 khotan 之音转，即汉文史籍中的"于阗"。

15. kök öng：一般认为即今西喇木伦河。
26. ï bar：有学者将两个词合起来作 ibar，认为是专有名词。
31. inäl qaɣan：汉文作"移涅可汗"。根据回鹘文佛教文献《弥勒会见记》，inäl 有"王子"之义。
33. yariš：今新疆北部准噶尔盆地乌伦古（urungu）一带。

三 《铁尔痕碑》

古代突厥如尼文《铁尔痕碑》又称《塔里亚特碑》或《磨延啜第二碑》。1957 年蒙古考古学家 C. 道尔吉苏仁（C. Doržsuren）在杭爱山脉西北铁尔痕（Terkhin）河谷地查干淖尔湖（Tsagan-nur）附近发现①。1969 年 9 月苏联突厥学家 S. G. 克里雅施托尔内（С. Г. Кляшторный）又考察了当地，并进行了挖掘。在挖掘过程中，发现了石碑的一块（高约 0.75 米）。这部分残碑立在一个石龟的碑座上，在碑座后部刻有一行如尼文字母和氏族标记。② 1970 年考古学家 N. 色尔欧德扎夫和 V. V. 沃勒阔夫在距石龟碑座不远处的河谷又发现了石碑的另外两块。三块碎碑和碑座后被运到乌兰巴托，目前保存在乌兰巴托蒙古科学院历史研究所。

碑石的发现地点位于铁尔痕河北 1 公里，铁尔痕河注入铁尔痕查干淖尔湖处西 12 公里，塔尔巴哈台（杭爱山的西北部）陡坡南 2 公里。石碑几乎整个陷入地下，处于一个土堆的东南部。这个土堆可能是人工形成的，直径 47 米，高 1.4 米。土堆周围其他小建筑物清楚地表明，其他建筑物最初是围绕石碑的，并形成一个完整的建筑群。

碑石为花岗岩，碎为四块，现仅找到三块（最上部分未找到）和石龟碑座。残碑上窄（0.25×0.2 米）下宽（0.37×0.27 米），残高（不算未找到的上部分）2.85 米。碑文四面刻写，各行平行竖行排列，共 30 行，宽面各 9 行，窄面各 6 行，由于石碑不规则，靠边的行相对短一点，除边上的行，每行约 133—135 个字符，文字高度不超过 2.15 米，残碑仅有为数不多的行保存完备，特别是东面的碑文残损严重。石龟碑座也是花岗岩制成，长 1.17 米，宽 0.85 米，高 0.38 米。石龟头向东，略向南倾斜。在龟背上刻有 18 个字符，下面并刻有氏族标记（见附图）。

《铁尔痕碑》自发现以后，引起了各国学者的注意。1971 年克里雅施托尔内和利乌什茨合作研究了碑文的部分词语。③ 1975 年蒙古学者 M. 希耐胡对碑文进行了翻译和注释，用蒙古文发表了《〈塔里亚特碑〉——新发现的鄂尔浑碑文》。④ 1980 年克里雅施托尔内发表了《〈铁尔痕碑〉的初步研究成果》⑤。1982 年土耳其学者塔拉特特肯根据克氏的研究，用土耳其文发表了《蒙古北部发现的一个回鹘汗国新碑》，载土耳其《历史学会会刊》第 184 期。1983 年克里雅施托尔内又对此碑进行了补正研究。⑥ 1994 年我国著名突厥学家耿世民将碑文汉译，其译文发表在林幹、高自厚的《回纥史》中（内蒙古人民出版社 1994 年版，第 382—388 页）。1999 年日本学者片山章雄发表了《塔里亚特碑文》，对

---

① 克里雅施托尔内、利乌什茨：《布古特粟特文碑铭补证》，《匈牙利东方学》卷 26，1972，第 69 页。
② S. G. 克里雅施托尔内：《古代突厥碑铭与中亚民族文化（根据 1968—1969 年蒙古田野调查材料）》，《苏联突厥学论文集 1972》，莫斯科，1973，第 254—264 页。
③ Kljastornyj S. G., Livsic V. A. Une Inscription Inedited Turque et Sogdienne: La Stele de Sevrey (Gobi Meridional), JA. 1971. p. 14.
④ Sinechuu M. Tariatyn Orchon bicigijn sine dursgal. Ulaan-baatar. 1975.
⑤ Терхинская надпись Предварительная публикая，《苏联突厥学》1980 年第 3 期，第 82—95 页。
⑥ Terkhin inscription, AOH, 1983, T. XXXVI, pp. 335—366.

碑文进行了新的研究。① 2005 年耿世民又研究了这一碑文，进行了拉丁字母转写、汉译和简单注释。② 2009 年张铁山在前人研究的基础上，又对该碑进行了研究。③

关于《铁尔痕碑》的年代，可从碑文得知。碑文主要叙述的是登里罗·没密施·颉·翳德密施·毗伽可汗（täŋridä bolmïšil itmišbilgä qaɣan，公元 745—759 年在位④）。他是回纥汗国第一位可汗骨力裴罗（即骨咄禄·阙·毗伽可汗，回纥文为 qutluɣ kül bilgä qaɣan，唐封为怀仁可汗）之子，在汉文史籍中被称为磨延啜，唐封其为英武威远毗伽可汗。《铁尔痕碑》的作者是磨延啜之子毗伽·骨咄禄·达干·将军（见碑文第 14 行，759—780 年在位），他在汉文史籍中被称为移地健·牟羽可汗，唐封其为颉·咄登里·骨啜密施·合·俱录·英义建功·毗伽可汗。⑤ 碑文以毗伽·骨咄禄·达干·将军第一人称的口吻展开叙述，但没有提及其父磨延啜的死亡和葬礼。《铁尔痕碑》中涉及磨延啜的最后年代是蛇年（见第 1 行），即 753 年。因此，推测《铁尔痕碑》的建立时间应在 753 年后不久。

《铁尔痕碑》的内容可以分为三部分：第一部分是记述磨延啜可汗的事迹（第 1—5 行，第 30 行）；第二部分是对毗伽·骨咄禄·达干·将军生平事迹的叙述（第 6—15 行，28—29 行）；第三部分是记述回纥汗国的历史地理，可惜这一部分内容残损比较严重（碑文的东面和南面）。

原文转写

西面

（1）täŋridä bolmïšil itmišbilgä qaɣanil bilgä qatun qaɣan atïɣ qatun at ïɣ atanïp ötükän kidin učïnta täz bašïnta örgin（此处缺损约 14 个字符）nta yaratïtdïm bars yïlqa iki yïl

（2）yayladïm ulu yïlqa ötükän ortusïnta süŋüz bašqan ïduq baškidinintä yayladïm orgïn bunta yarat（ït）dïm čit bunta toqïtdïm bïŋ yïl（1）ïq tümän künlik bitigimin bälgümin bunta

（3）yasï tašqa yarat（ït）dïm tolqu tašqa toqïtdïm üzä kök täŋri yarlïqaduq üčün asra yaɣïz yir igit（t）ük üčün ilimin törümin itinti öŋrä kün toɣsuqdaqï bodun kisrä ay toysuqdaqï bodun

（4）tört buluŋdaqï bodun küč birür yaɣïm bölük yoq boltï（此处缺损 8—9 个字符）säkiz ara ilɣïm säkiz sänäŋa orqun toɣla säbäntürdü qarɣa burɣu ol yir ikin subïmïn qonar köčür bän

（5）yaylaɣïm ötükän quzï kidin učï täz bašï oŋdüni qanar köčür bän（此处缺损 3—4 个字符）čalɣïm ötükän yiri onɣï atla（ndï）sü iy yïɣ bodun（此处缺损 6—7 个字符）（tidim?）///y birigärü učï altun yïškidin učï kögmän ilgärü učï yölät

（6）täŋridä bolmïšil itmišbilgä qanïm ičräki bodunï alïtmïšič buyruq bašï ïnanču baɣa tarqan uluɣ buyruq toquz bolmïšbiligä tay säŋün tutuq bašyüz bašyüz bašï külüg oŋï öz ïnanču bišyüz bašï uluɣ

---

① 森安孝夫等编：《モンゴル国现存遗迹·碑文调查研究报告》，大阪中央ユーラシア学研究会，1999 年。
② 耿世民：《古代突厥文碑铭研究》，中央民族大学出版社 2005 年版，第 206—218 页。
③ 张铁山：《古代突厥如尼文〈铁尔痕碑〉研究》，载《突厥语文学研究——耿世民教授八十华诞纪念文集》，中央民族大学出版社 2009 年版，第 232—243 页。
④ 根据汉文史籍记载，骨力裴罗之子磨延啜即可汗位的时间不同。骨力裴罗的卒年，《唐会要》卷九八《回纥传》和《册府元龟》卷九六七《外臣部·继袭》说他卒于天宝六年（公元 747 年），但《资治通鉴》记其死于天宝四年（公元 745 年）春正月。此处从《资治通鉴》，即磨延啜的即位时间为公元 745 年。磨延啜的历史功绩在于助唐平定"安史之乱"。
⑤ 关于移地健·牟羽可汗的封号和尊号，汉文史籍记载略有不同。《旧唐书·回纥传》和《册府元龟·外臣部·继袭》记作"登里·颉·咄登密施·合·俱录·英义建功·毗伽可汗"；《新唐书·回鹘传》和《唐会要·回纥传》作"颉·咄登里·骨啜密施·合·俱录·英义建功·毗伽可汗"；《资治通鉴》记为"颉·咄登密施·合·俱录·英义建功·毗伽可汗"。移地健·牟羽可汗的历史功绩在于协助唐朝打败安史叛军及将摩尼教引入回纥汗国。

öz ïnanču

(7) uruŋu yüz bašï uluɣ uruŋu tölis bäglär oɣlï bïŋ bašï tölis külüg ärän tarduš bäglär oɣlï bïŋ bašï tarduš külüg ärän tarduš išbarišbišbïŋ är bašï alp išbara säŋün yaɣlaqar

(8)（此处缺损约 50 个字）toquz yüz är bašï toyqan uluɣ tarqan buquy bïŋa

(9)（此处缺损约 20 个字符）bodunï bïŋa qaɣas atačuq bodunï bïŋa

北面

(10) täŋrim qanïm tikim täglig tutdï biš（此处缺损约 35 个字符）qutluɣ čigši qanču alp bilgä čigši（此处缺损约 12 个字符）qan aruq oɣuz bodun altï yüz säŋüt bir tümän bodun qazɣantï

(11) täŋri qanïm allïɣï toquz tatar yiti yigirmi az buyruq toŋrada säŋüt bïŋa uyɣur bodunï tigitimin bu bitidükdä qanïm a turɣaq turdï

(12) täŋrim qanïm oɣlï bilgä tarqan qutluɣ bilgä yabɣu（此处缺损 2—3 个字符）atlïɣ isig yir atlïɣï（此处缺损 2 个字符）bayarqu bodunï az aspa tay süŋün bodunï toŋrada baš（?）qaybaš（?）üč qarluq bunča bunča bodun yabɣu bodunï

(13) täŋrim qanïm oɣlï（此处缺损 30 个字符）bodunqa（此处缺损 5—6 个字符）odurɣan（此处缺损 3—4 个字符）čabïssäŋün bodunï toquz bayarqu qayra basmištoquz tatar bunča bodun čad bodunï

(14)（此处缺损约 15 个字符）anta tägdi bunï yaratïɣma bilgä qutluɣtarqan säŋün bunča bodunïɣ atïn yolïn yaɣma lum čisi iki yorïtdï qutluɣ bilgäsäŋün urušu qutluɣ tarqan säŋün ol iki yor

(15) yarlïqadï bayarqu tardušbiligä tarqan qutluɣ yaɣma tabɣač soɣdaq bašï biligä säŋün ozïl öŋ ärkin

东面

(16)（此处缺损约 75 个字符）yolïɣ qaɣan（此处缺损约 10 个字符）bumïn qaɣan üč qaɣan olurmïšiki yüz yïl olurmïš

(17)（此处缺损约 73 个字符）(bodu)nï qïza barmišuč（miš）（此处缺损 2 个字符）iki atlïɣïn tükä barmïšqadïr qasar bädi bärsil aytaz（?）oɣuz

(18)（此处缺损约 80 个字符）äčüm apam säkiz on yïl olurmïšötükän ili tägiräs ili ikin ara orqun ügüzdä

(19)（此处缺损约 82 个字符）yïl olurïnta（此处缺损 4—5 个字符）yïl barmïs atamïn üzä kök täŋri asra yaɣïz yir yana

(20)（此处缺损约 80 个字符）ntar atïntïm säkiz otuz yašïma yïlan yïlqa türk ilin anta bulɣadïm anta artatdïm

(21)（此处缺损约 75 个字符）atlïɣïn yumšsdï bïŋa yorïdï ozmïštigin odurɣanta yorïyor tidi anï alɣïl tidi

(22)（此处缺损约 50 个字符）irtim qara qum ašmïškögürdä kömür taɣda yar ügüzdä üč tuɣluɣ türk bodunqa anta yitinč ay tört yigirmikä

(23)（此处缺损约 50 个字符）anta toqïtïrïm qan（此处缺损 5 个字符）anta yoq boltï türk bodunïɣ anta ičgärtim anta yana

(24)（此处缺损约 10 个字符）ozmïštigin qan boltï qony yïlqa yorïdïm

南面

（25）ikinti süŋüšdim iki ay altï yaŋïqa toqïšdïm（此处缺损约 70 个字符）ozmïšti

（26）tutdïm qatunïn anta altïm（此处缺损约 50 个字符）anta kisrä bašï kälti（此处缺损 11—12 个字符）taqïɣu yïlqa yorïdïm yilladïm ay üč yigirmikä aqlašdï

（27）süŋüšdim anta sančdïm（此处缺损 2 个字符）bäg（此处缺损约 25 个字符）uqoqtïm ičgärip igdär böl（此处缺损约 10 个字符）bän anta kisrä ït yïlqa üč qarluq yablaq saqïnïp täzä bardï qurïya on oq (q) a

（28）kirti anta……di……（此处缺损约 35 个字符）……üč qarluq laɣzïn yïlqa toquz tatar（此处缺损 10—12 个字符）toquz buyuruq（此处缺损 3—4 个字符）iŋsäŋüt qara bodun turɣan qaŋïm qanqa ötündü äčü apa atï

（29）bar tidi tägiräs ilin（此处缺损 3—4 个字符）birti（此处缺损 8—9 个字符）anta yabɣu atadï anta kisrä küsgü yïlqa äsinligdä küč qara bodun（此处缺损 2—3 个字符）itmišäsinsizdä küč qara sub ärmišqara bodun turɣan qaɣan

（30）atadï täŋridä bolmïšil itmišbilgä qaɣan atadï il bilgä qatun atadïq aɣan atanïp qatun atanïp qatun atanïp ötükän ortusïnta süŋüz bašqan ïduq baškidinin örgin bunta iti (t) dim

石龟碑座上的文字

bunï yaratïɣma bökä tutam

原文汉译（括号内的数字表示原文的行数）

（西面）

（1）我登里罗·没密施·颉·翳德密施·毗伽可汗（tangridä bolmïš il itmiš bilgä qaɣan）（与）颉·毗伽可敦（il bilgä qatun）被称为可汗和可敦称号，我在于都斤（山）西边，在铁兹（河）上游，在那里建立了汗廷。……我度过了虎年（和）蛇年两年（2）的夏天。龙年我在于都斤（山）中，在 süŋüz bašqan 圣峰的西边度过了夏天。我在这里建立了汗廷，在这里修筑了围墙。我在这里把我的千年万日（即"永恒"之意）的诏谕和印记（3）刻写在平滑的石头上，镌刻在重石上。由于上面蓝天保佑，下面褐色大地养育，我的国家和法制建立了。居住在前面（东方）日出方向的人民和居住在后面（西方）日落方向的人民（4）以及所有四方的人民都出力，我的敌人失去了自己的福分……在八（条河流）之间，那里有我的草场和耕地。色楞格、鄂尔浑、土拉等八（条河流）使我愉快。在那里，在 qarɣa 和 burɣu 两条河之间，我居住着并游牧着。（5）在我的夏牧场，在于都斤（山）北坡的西边，直到铁兹河上游以东，我在那里居住并游牧……根据我的意愿，onyï 从于都斤（山）地区出征。"跟随军队并集合人民！保卫在……南边的疆界，在金山山林的西边疆界（和）在曲漫山的东边疆界！"（6）我登里罗·没密施·颉·翳德密施可汗征服了住在（国）内的人民，内梅禄的首领是伊难珠·莫贺·达干（ïnanču baɣa tarqan）。大梅禄共有九个：五百人长毗伽大将军都督（bilgä tay sängün tutuq）、五百人长俱录·翁伊·俄兹·伊难珠（külüg ongï öz ïnanču）、（7）百人长乌鲁赫·俄兹·伊难珠·乌隆古（uluɣ öz ïnanču urungu）、乌鲁赫·乌隆古（uluɣ urungu）、千人长突利施（部）诸匐之子突利施·俱录·伊然（tölis külüg ärän）、千人长达头（部）诸匐之子达头·俱录·伊然（tarduš külüg ärän）、五千人长达头·沙钵略施（tarduš ïšbarïš）、合·沙钵略·将军·夜落胳（alp ïšbara sängün yaɣlaqar）……九百人长托依汗·乌鲁赫·达干·卜古赫（toyqan uluɣ tarqan buquɣ）的队伍（9）……部人的队伍，勇敢的阿塔楚克（atačuq）部人的队伍。

(北面)

(10) 我的天可汗捉住了许多走入歧途者,五百人长……骨咄禄刺史(qutluɣ čigši)、汗楚·合·毗伽·刺史(qanču alp bilgä čigši)……可汗征服了筋疲力尽的乌古斯人民、六百将军和一万人民。(11) 啊,我的可汗,有(这些人)出席:我的天可汗的骑士,九姓鞑靼,十七阿热梅禄,同罗部的将军和队伍,回鹘人民及我的诸特勤,当书写这些文字的时候,护卫军首领勇敢的阿塔楚克及别克泽克·艾尔·刺史(bägzik är čigši)连同莫贺·达干(baɣa tarqan)和三千护卫军,(12) 我的天可汗之子毗伽·达干(bilgä tarqan)和骨咄禄·毗伽·叶护(qutluɣ bilgä yabɣu)……草原贵人……,拔野古人民,阿热·阿斯帕·大将军(az aspa tay säŋün)及其人民,同罗部的巴什·哈依巴什(baš qaybaš),三姓葛逻禄等这么多人民。叶护的人民,(13) 我的天可汗之子……对人民……奥尔都汗(odurɣan)……察必失将军(čabïš säŋün)的人民,又征服了九姓拔野古……拔悉密、九姓鞑靼这么多人民。设的人民(14)……在那里他进击了。建立此碑的毗伽·骨咄禄·达干·将军(bilgä qutluɣ tarqan säŋün)光荣地(战胜)了这么多人民。他派两支(军队)去(征讨)样磨部(和)伦木·赤西(lum čisi)。他对骨咄禄·毗伽·将军(qutluɣ bilgä säŋün)和乌鲁术·骨咄禄·达干·将军(urušu qutluɣ tarqan säŋün)那两人下令说道:"去吧!"(15) 拔野古部的达头·毗伽·达干(bayarqu tarduš bilgä tarqan)和骨咄禄(以及)样磨、唐朝和粟特胡人的首领,毗伽将军,奥泽勒·翁·俟斤(ozil öŋ ärkin)。

(东面)

(16) ……药利可汗(yolïɣ qaɣan)……布民可汗(bumïn qaɣan),这三位可汗登了基,登基统治了二百年。(17) ……人民因反叛而灭亡。……因二贵人之故而衰亡。卡德尔·卡萨尔(qadïr qasar)和别迪·别尔西勒(bädi bärsil)光荣的乌古斯(18)……我的祖先登基统治了八十年。在于都斤国家及其周围地区,在鄂尔浑河流域,我们的可汗第二次登了基。(19)……统治了七十年。当他们登基统治了……年时……年过去了。当上面的蓝天,下面的褐色大地(20)……我被任命为……当我二十八岁蛇年时,我使突厥国家变得混乱。之后,并把他们摧毁了。(21)……他使用了骑兵。队伍出发了。"乌苏密施特勤(ozmïš tigin)从奥都尔汗(odurɣan)来了。"他说。"去捉住他!"他说。(22)……我跟在后面。我在寇古尔越过了黑沙,并在煤山和牙尔河,我(攻击了)三旗突厥人民,于七月十四日(23)……我推翻了突厥。其可汗没有了……在那里我使突厥人民内属了。在那里又(24)……乌苏密施特勤称汗。羊年我出征了。(25) 我第二次与其交战了。二月初六我与其交了锋……猴年我出征了……我与之交战了。在那里我刺杀了,我俘获其可汗,(26)……并俘获其可敦……之后其首领来了……鸡年我出征并住在那里。五月十三日他们集结了。(27) 我与其交战了,我在那里刺杀了……匈……。……我征服……依格戴尔人(igdär)分裂了……之后狗年三姓葛逻禄心怀恶意地逃走了。他们逃进西方十箭之地。(28) 之后,……三姓葛逻禄于猪年,九姓鞑靼……九梅禄……五将军,全体普通人民请求我父可汗吐尔燕(turyan)即位为汗。"这是祖先的(29)意愿。"他们说。他周围的国家给了……之后,他被任命为叶护。之后,在鼠年,"如果权力在好人手中,普通人民得享(平安)……如果权力在恶人手中,对普通人民是祸水"。(30) 他被宣布为吐尔燕可汗(turyan qaɣan),宣布为登里罗·没密施·颉·翳德密施·毗伽可汗(täŋridä bolmïš il itmiš bilgä qaɣan),(其妻为)伊利·毗伽可敦(il bilgä qatun)。当被宣布为可汗和可敦后,我让人在这里,在于都斤(山林)中,在孙古斯巴石汗圣山之西边建立了汗廷。

(石龟上的一行文字)

建造此碑者为伯凯·吐塔木(bökä tutam)。

原文注释（括号内的数字表示原文行数）

（1）täŋridä bolmïš il itmiš bilgä qaɣan：回鹘汗国可汗磨延啜的称号"登里罗·没密施·颉·翳德密施·毗伽可汗"，其意为"由天所生的建国的聪明的可汗"。

il bilgä qatun：回鹘汗国可汗磨延啜之妻"颉·毗伽可敦"，其意为"倾国聪明的可敦"。

ötükän：汉文记为"于都斤山"，是古代中亚游牧部族的主要游牧地，也是他们崇拜的圣山。该山在突厥文碑铭中多次提及，亦常被汉文史籍记录，其汉文译名有"都斤山、乌德建山"等。关于此山名的语源，拉德洛夫认为有"选择"之义；汤姆森认为是"锋利、锐利"之义；班格释为"经行之山"；白鸟库吉释为"小"；伯希和认为是"大地女神"等。学者们一般认为于都斤山位于杭爱山脉的支系，但对于其具体地点有不同观点。

täz：河名，发源于杭爱山脉，注入乌巴斯淖尔。

bars yïlqa：虎年，即 750 年。

yïlan yïlqa：龙年，即 752 年。

（2）ulu yïlqa：兔年，即 751 年。ulu 在阿尔泰语、西部裕固语、图瓦语中均表示"兔"。该词来自汉语。

süŋüz bašqan：地名，在该碑中提到两次，为回鹘可汗的住地。

čit：意为"围墙"。

biŋ yïllïq tümän künlik：直译为"千年万日的"，意为"永久的"。

（3）yasï：意为"平滑的"。

itinti：由 itin "组织、建立" ＋ti（第三人称过去时）构成。

（4）bölük：意为"福分"。

säkiz ara iliɣïm tarïɣlaɣïm：säkiz 指"八条河流"。在汉文和波斯文史籍中通常提到的是九条或十条河流。在拉施特《史集》第一卷中也曾提到八条河流。iliɣïm 由 iliɣ "草场" ＋ïm（第一人称单数领属附加成分）构成，意为"我的草场"。tarïɣlaɣïm 由 tarïɣlaɣ "耕地" ＋ïm（第一人称单数领属附加成分）构成。

säläŋä：色楞格河。

orqun：鄂尔浑河。

toɣla：土拉河。

（5）altun：金山，即阿尔泰山。

kögmän：曲漫山，即今之萨彦岭，位于俄罗斯图瓦自治共和国境内。

（6）九大梅禄：即《新唐书·回鹘传》中提到的"有外宰相六，内宰相三"。

tay säŋün：意为"大将军"，分别来自汉语"大"和"将军"。

（10）čigši：汉语借词"刺史"。

säŋut：为汉语借词"将军"的复数形式。

（11）atlïɣï：由 atlïɣ "骑士" ＋i（第三人称领属附加成分）构成。

toquz tatar：九姓鞑靼。关于"鞑靼"，日本学者箭内亘发表《鞑靼考》一文，详细论述该族名称的转变及历代分布情况（见日本学者箭内亘著，陈捷、陈清泉译《兀良哈及鞑靼考》，商务印书馆 1932 年版）。自《唐书》、《五代史》开始，"鞑靼"之名始见于汉文史籍。起初居于阴山地区，至辽、宋、元时期，散居于贺兰山地区。突厥文《阙特勤碑》曾提到"三十姓鞑靼"。宋人所谓的"黑鞑靼"属于蒙古族的蒙古部，"白鞑靼"则属于突厥族的汪古惕部。

az：汉文译作"阿热"，部族名。该词即可以使用原义"少数、少量"，作形容词，如《阙特勤碑》第 10 行"我使少数人变多了"，也可以与其他部族相提并论，作部族名，为名词。

buyruq：汉译"梅禄"，为突厥、回鹘之高官名号。岑仲勉在《跋突厥文阙特勤碑》一文中解释道：由于在古汉语中常见 b、m 通转现象，因此以"梅禄"对译 buyruq，是完全正确的。

tigit：为 tigin"特勤"的复数形式。

qanïm a：我的汗啊。或可转写为 qanïma＜qan"汗"＋im（第一人称单数领属附加成分）＋a（方向格），"对我的汗"。

(12) qutluɣ bilgä yabɣu：此处的骨咄禄·毗伽·叶护为汉文史籍中提到的磨延啜之子叶护。据汉文史料记载，他于 756—757 年助唐平定安禄山反叛回到草原后，被其父所杀。据此可以看出，该碑最迟应立于 756 年。

isig yir：原意为"炎热的土地"，此处译为"草原"。

bayarqu：汉文译作"拔野古、拔野固、拔也古"等，为铁勒部落之一。《新唐书》卷二一七下记其居地"漫散碛北，地千里，直仆骨东，邻于靺鞨"。丁谦因此认为，该族应在克鲁伦河及海拉尔河的北境，与黑龙江境地靺鞨诸部相邻，但岑仲勉有不同看法："拔野古牧地，固可东达贝尔池，但丁说未知《新传》有误，故谓在两河之北也。"（见岑仲勉《突厥集史》下册，第 738 页）。

üč qarluq：三姓葛逻禄。葛逻禄为古突厥的一部，唐初居于阿尔泰山之西。8 世纪下半叶逐渐强盛，取代突骑施，占领西突厥故地"五弩失毕"地区。10 世纪中叶与回鹘共同建立喀喇汗王朝。

yabɣu：汉文译为"叶护"，突厥、回鹘官号。《周书·突厥传》将其列为"大官"名号之首，其地位在"设"之前，大体上仅次于"可汗"而能分治一方的高级酋长。此官号起源很早，秦汉时期匈奴、大月氏、乌孙等部族已使用过。

(13) čad：根据古代突厥语音变规律，该词可能是由 šad"设"音变而来。"设"尚有"杀、察"等异名，为突厥、回鹘的领兵高官名号之一。一般认为，该词为伊兰语借词。

(14) lum čisi：词义不可考。

(16) bumïn qaɣan：布民可汗。该可汗名亦见于《阙特勤碑》、《毗伽可汗碑》。《阙》、《毗》二碑所提到的布民可汗，应为突厥汗国的建立者"土门"。但不知此可汗与彼可汗有何关系。

(20) yïlan yïlqa：蛇年。此处应为 741 年。

(24) qony yïlqa：羊年。此处应为 743 年。

(25) bičin yïlqa：猴年。此处应为 744 年。

(26) taqïɣu yïlqa：鸡年。此处应为 745 年。

(27) igdär：据《突厥语大词典》记载，为乌古斯二十二部之一。

ït yïl qa：狗年。此处应为 746 年。

(29) küsgü：鼠年。此处应为 748 年。

四　《铁兹碑》

　　古代突厥如尼文《铁兹碑》又称《回纥牟羽可汗铁兹碑》或《牟羽可汗碑》。早在1915年俄国Б. Я. 符拉基米尔措夫（Б. Я. Владимирцов）就曾考察过蒙古西北部的铁兹河河谷，并在那里发现和临摹了古代突厥如尼文刻记。但遗憾的是，他并没有发表自己的调查成果。[①] 1969年和1975年苏联学者克里雅什托尔内（С. Г. Кляшторный）等也对该地区的刻记进行了考察，并发表了相关研究成果。[②] 1976年夏，苏联与蒙古国共同组建了"历史和文化考察团"，在哈尔交巴依（С. Харжаубай）和敖其尔（А. Очир）及蒙古科学院历史研究所其他研究人员的协同参与下，以克里雅什托尔内为首的考察团开始了对铁兹河上游地区的全面考察。[③] 该碑原立于今蒙古国蔻乌斯格勒（Khowsogol）省铁兹（tez）河上游左岸名为诺贡托勒盖（Nogoon Tolgoi）的小山上。碑石现仅存原碑的下半截，为不规则长方形红花岗岩，碑的四面均刻有古代突厥如尼文。残碑最高处95.5厘米，最宽处33厘米，最厚处32.5厘米。[④] 学者推测，现残存部分不足原碑一半，仅存古代突厥如尼文21行和一个氏族标记（单独占1行）。碑文的字体、语言及氏族标记与《磨延啜碑》、《铁尔痕碑》基本相同。碑石现存乌兰巴托蒙古科学院历史研究所。该碑为磨延啜之子牟羽可汗（759—780年在位）的记功碑。碑文以第一人称的口吻叙述，作者似为牟羽可汗的亲族。从碑文的内容来看，该碑约立于牟羽可汗统治初期，约在762年。

　　碑铭发现后不久，1979年蒙古学者哈尔交巴依对该碑进行了研究，在蒙古《语文研究》第13卷（Хэл Зохиол Судлал，SL，Tom. 13，Fasc. 11，pp. 117—124）上发表了题为《铁兹碑文》（Тэсийн гэРэлт Хөшөө）一文。1980年蒙古学者西耐胡（М. Шинэхүү）对碑文也进行了研究，在蒙古《考古学报》第8卷（Археологийн Судлалэ，SA，Tom. 8，Fasc. 1）上发表了题为《鄂尔浑如尼文新发现的碑文》（Орхон Сэлэнгийн Руни Бичгийн Шинэ Бурсгал）的论文。随后，克里雅什托尔内于1983、1985和1986年发表多篇论文，对此碑进行了研究。[⑤] 1988年土耳其古代突厥语文专家塔拉特·特肯对该碑的部分词句作出了新的解释，在《匈牙利东方学杂志》第42卷第1期上发表了《对铁兹碑的九条新注》（Nine Notes on the Tes Inscription）一文。1994年我国古代突厥语文学家耿世民在林幹、高自厚《回纥史》（内蒙古人民出版社1994年版）一书中刊布了他参考克氏《回纥牟羽可汗铁兹碑》一文而译的汉译文。1996年日本大泽孝又进行了新的研究。[⑥] 2005年耿氏在其《古代突厥文碑铭研究》一书中

[①] 见克里雅什托尔内《铁兹碑初探》[Тэсинская Стела（Предварительная Иубликация）]，《苏联突厥学》（Советская Тюркология）1983年第6期，第76—90页。

[②] 克里雅什托尔内：《蒙古如尼文刻记》（Наскальные Рунические Надписи Монголии），载《突厥学文集1975》（Тюркологический Сборник. 1975），莫斯科，1978年，第152—155页。

[③] 关于这次考察情况，参见克里雅什托尔内《蒙古考古记》（Эпиграфические Работы в Монголии），载《考古发现》（Археологические Открытия），莫斯科，1977年，第588—589页。

[④] 对于石碑的大小计算，学者有不同的结果。此处采用日本大泽孝的测绘结果。而克里雅什托尔内的结果却不同："长0.86米，宽厚为0.32和0.22米，较宽的一边有6行字符，较窄的一边5行字符。有字符的部分高约0.76米，字符群疏约3.5—4厘米。"

[⑤] 分别见克氏：《铁兹碑初探》[Тэсин Ская стела（Предварительная Публикация）]，《苏联突厥学》（Советская Тюркология）1983年第6期，第76—90页；《回纥牟羽可汗铁兹碑》（The Tes Inscription of the Uighur Bögü Qaghan），《匈牙利东方学杂志》（AOH）第39卷第1期，1985，第137—156页；《铁兹初步研究》[Tes Abidesi（Ilk Neşri）]，《突厥文化研究》（Türk Kültürü Araştırmaarı）第24卷第2期，1986，第151—171页；后收入其论文集《古代突厥文碑铭及中亚民族历史文化》（Памятники Древнетюркской Письменности и Этнокультурная История Центральной Азии），2006，第143—164页。

[⑥] [日]大澤孝：《北モンゴリア・テス碑文の諸問題》，《東洋學報》77—3/4，pp. 99—100.

对碑文又进行了拉丁字母转写、汉译和注释。[①]

特别值得一提的是，1996—1998年日本与蒙古国共同组成"蒙古国现存遗迹·碑文"调查小组，对突厥、回纥、蒙古时期的遗迹和碑文进行了详细的历史学、文献学调查和研究。日方以森安孝夫为代表，参加者主要有突厥回纥史专家林俊雄、片山章雄、大泽孝，粟特语言文化专家吉田丰，蒙古帝国史专家松田、衫山正明、村冈伦、宇野伸浩、松川、中村淳、松井太等。蒙方由蒙古史专家敖其尔负责，主要参加者有蒙古文献学专家 L. 波勒德（Л. Болд）、Ц. 巴图勒噶（Ц. Балттулга）、达什巴德拉赫（Дашбадрах）、噶勒桑策仁（Галсанцэрэн）、考古学家 Д. 巴雅尔（Д. Баяр）、Б. 衮勤苏仁（Б. Гүнчинсүрэн）等。此次调查研究成果后结集成书《蒙古国现存遗迹·碑文调查研究报告》。[②] 书中有大泽孝对《铁兹碑》的调查场所、调查日期、调查者、调查方法、碑文保存现状、考察经过、碑文临摹、拓片所藏机构等情况的详细描写，对碑文进行了拉丁字母标写、转写、英文和日文翻译、注释，并附有该碑的测绘图和原文摹写。这是一份迄今为止有关《铁兹碑》的最详尽的报告和研究，为后人研究该碑提供了珍贵的材料。

（一）《铁兹碑》原文摹写、标写和转写

（1）《铁兹碑》原文摹写

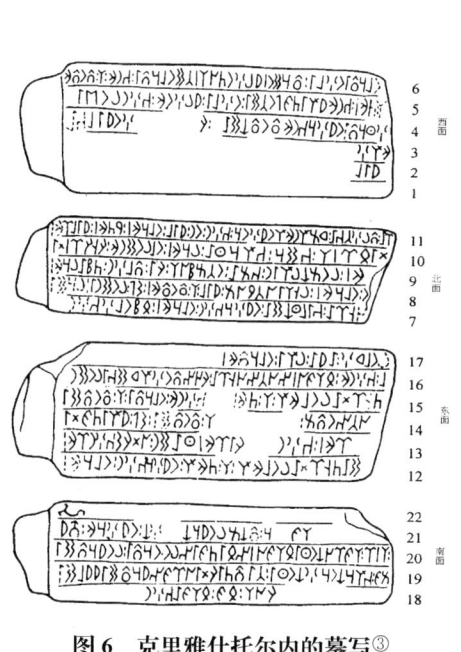

图6　克里雅什托尔内的摹写[③]

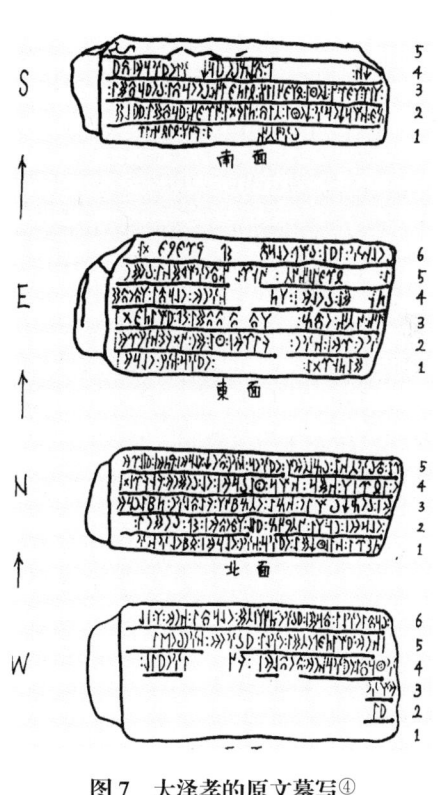

图7　大泽孝的原文摹写[④]

[①] 耿世民：《古代突厥文碑铭研究》，中央民族大学出版社2005年版，第219—224页。
[②] ［日］森安孝夫、敖其尔主编：《モンゴル国现存遗跡·碑文调查研究报告》，中央欧亚学研究会，1999年。
[③] 见克里雅什托尔内《铁兹碑初探》［Тэсинская Стела（Предварительная Публикация）］，《苏联突厥学》（Советская Тюркология）1983年第6期，第80页。
[④] 森安孝夫、敖其尔主编：《モンゴル国现存遗跡·碑文调查研究报告》，中央欧亚学研究会，1999年，图10b。

(2) 原文标写和转写
(原文前一数字表示各面的行数，后一数字表示碑文总行数)
西面
1 (1) ////////////////////
1 (1) ////////////////////
2 (2) ////////y¹ï (lqa) /////////
　　　////////yïlqa///////////
3 (3) //////ms¹ ɣ (ntr¹t¹ï) /////
　　　//////mïš aɣ (ïnturtï) /////
4 (4) /////ɣntr¹t¹ï//// uy¹ɣr¹ qn¹m t¹ut¹l¹ms : kü///// (taq) ïɣu y¹ïl¹/////
　　　/////aɣïnturtï//// uyɣur qanïm tutulmïš kü///// (taq) ïɣu y¹ïl¹/////
5 (5) //// [m] s² : qn¹m y¹s¹ï t²gp učd¹I : oɣl¹ï : y¹b¹ɣum : qɣn¹ b¹oltï
　　　//// [mï] š qanïm yašï tägip učdï oɣlï yabɣum qaɣan boltï
6 (6) /// (o) l¹r¹tï oɣl¹ï : t¹r¹d¹us² y¹b¹ɣu t²öl²s² čd ol¹r¹t¹ï : qn¹m : l² : t¹ut¹m///
　　　/// (o) lurtï oɣlï tarduš yabɣu tölis čad olurtï qanïm il tutm (ïš) ////

北面
1 (7) /// t²ŋr²i : qïl¹ntqd¹a : uy¹ɣr¹ : qɣn¹ : ol¹r¹mš : b²kü ul¹ɣ qɣ(n¹)
　　　/// täŋri qïlïntuqda uyɣur qaɣan olurmïš bökü uluɣ qaɣan
2 (8) //// : ol¹r¹mš : n¹ŋ l²i üč y²üz : y¹ïl¹ : l² t¹ut¹mš : nčp : b¹od¹n¹ï : ////
　　　//// olurmïš anïŋ ili üč yüz yïl il tutmïš ančïp bodunï ////
3 (9) /// mš : b¹oz oq b¹šïn¹ qza : učz köl² : kä t¹l¹ɣn¹ : t²ökä b¹r¹m(š)
　　　/// miš boz oq bašïn aqïza učuz kölkä atlïɣïn tökä barmïš
4 (10) /// (b)di b²r²s²l² : qd¹r¹ : qs¹r¹ nta b¹r¹mš : ol¹ b¹od¹n¹m : kŋ kr²šd²i
　　　　/// (bä)di bärsil qadïr qasar anta barmïš ol bodunïm käŋ kärišdi
5 (11) // (öŋ)r²ä : t¹b¹ɣčqa : b¹zl¹n¹ms¹ : uy¹ɣur¹ : qɣn¹ : t¹oq : ol¹r¹ms : y²t²ms : y¹ïl¹ r²m(s)
　　　　///(öŋ)rä tabɣačqa bazlanmïš uyɣur qaɣan toq olurmïš yätmïš yïl ärmiš

东面
1 (12) /// d¹a t²ŋr²d²ä : ////////////// : uy¹ɣr¹ : qɣn¹ : ol¹r¹m(s)
　　　　/// da täŋridä ////////////////uyɣur qaɣan olurmïš
2 (13) /// ɣn¹ : r²ms² : qɣn¹ : /// ki r²ms² : nta : d¹n¹ : öd²knč : qɣn¹ r²m(s²)
　　　　///(qa)ɣan ärmiš qaɣan /// iki ärmiš anta adïn ödkünč qaɣan ärmiš
3 (14) /// ün² : üčn² : ot¹z : ////l² t¹/ t¹ t¹t¹d¹ï : nčp : y¹s¹ï t²gd²i
　　　　/// ün üčün otuz ////il t//t tutdï ančïp yasï tägdi
4 (15) /// t²ŋ //d²ä : b¹ol¹ms : l²// t¹ ///// qɣn¹m : ol¹r¹t¹ï : l² t¹ut¹d¹(ï)
　　　　/// täŋ(ri)dä bolmïš il it(miš) //// qaɣanïm olurtï il tutdï

5（16）/ / / a : / / / / b¹l²gäs²n² üč(n) : öŋr²ä : / /n² t¹oɣs¹ïqd¹qï : b¹od¹n¹ / / / /

／／／a／／／／ bilgäsin üčün öŋrä (kü)n toɣsïqdaqï bodun／／／／

6（17）/ / / (b¹)ul¹qɣ : ïy¹a : b¹s¹p : ol¹r¹t¹ / / / nčp / / y²r¹gy²g(t²)d²i / / / /

／／／(b)ulaqïɣ ïya basïp olurt(ï)／／／ančïp／／ yärig yäg(ät)di

南面

1（18）/ / / / / / / / / / / / / / b¹ɣ üčn² / / /i : kül² : b(g) : b¹l²gä : qɣn¹ / / /

／／／／／／／／／／／／／／ bɣ üčün／／／／ kül bäg bilgä qaɣan／／／

2（19）/ / /(t²) zg : qs¹r¹ qor¹ɣ : qontï : čït¹ : t²ikd²i : ör²gn² : y¹r¹t¹d¹ï : y¹y¹l¹d¹(ï)

／／／(t)äzig qasar qoruɣ qontï čït tikdi örgin yaratdï yaylad(ï)

3（20）/ / / : l²s²r² : l²gr²ü : qontï : b¹l²güs²in² : b²it²gin² : b¹u ur¹t¹ï : b¹u y¹r¹t¹d¹ï :

／／／ älsär ilgärü qontï bälgüsin bitigin bu urtï bu yaratdï

4（21）/ / / uqq / / / / / / p : t¹oqz b¹uy¹r¹uq / / / / / / ɣï : uy¹ɣr¹ms : t¹y¹

／／／ uqq／／／／／／／／ p : toquz buyruq／／／／／／／／ ɣï uyɣurmïš tay

5（22）/ 氏族标记

（二）汉译

（1）（第一行完全残损）

（2）……于（某）年……

（3）……使其即位了……

（4）……使其即位了。我回纥汗继位了……于鸡年……

（5）……我……密施汗年迈而仙逝了（直译"飞去了"）。其子我之叶护成了可汗。

（6）……（他）登上了汗位。其子成了达头（tarduš）的叶护（yabɣu）和突利失（tölis）的设（čad）。我汗颉·咄登密施（il tutmïš）……

（7）……当上天造成时，回纥可汗登了位。（他们）是睿智的、伟大的可汗。

（8）……即位了。他们统治其国家三百年。之后，其人民……

（9）……突袭 boz oq 的首领，与骑兵一起到达了 učuz 湖。

（10）bädi、bärsil、qadïr 和 qasar 离开了这里。我的人民广泛地敌对了。

（11）……以前（他们）服从中国。回纥可汗满足地统治了七十年。

（12）……登里罗……成为了回纥可汗。

（13）……（他）是可汗。可汗成了两个。与他不同，他是假可汗。

（14）……因为……三十……（他）统治了……之后，他年迈了（去世了）。

（15）……我的登里罗·没密施·颉·翳德密施·毗伽可汗（täŋridä bolmïš il itmiš bilgä qaɣan）登位，统治了国家。

（16）……因其智慧，前方日出的人民。

（17）……他镇压了谋落（bulaq）部，实行了统治。之后，他使……地方安稳。

(18) ……因为……，阙·匐·毗伽可汗（kül bäg bilgä qaɣan）……
(19) ……他安营在铁兹河和 qasar 堡，（在那里）筑起了围墙，建立了汗廷，度过了夏天。
(20) ……älsär（?），他住在了东方，刻写、建造了他的印记和他的碑文。
(21) ……九梅禄，……回纥人，大（tay）……
(22) ……（氏族印记）

（三）注释

4. aɣïnturtï：由 aɣïn "登上"（此处表示"即位"之意）+tur（使动态）+tï（第三人称单数过去时）构成，表示"使即位了"。克里雅什托尔内和耿世民都将此词译为"被拥立即位"，即将"使动态"理解为"被动态"，似有误。

tutulmïš：大泽孝与克里雅什托尔内的释读不同。大泽孝将该词摹写为 smLTuT，转写为 tutulmïš，认为由 tut-"抓"转义而来，表示"继位"；而克里雅什托尔内读作 AD>TuT，转写为 tut-tuqda，认为由 tut-"抓"转义"统治"，再缀接形动词附加成分-tuq 和位格附加成分-da，表示"统治时"。此处采用大泽孝的释读。由于释读不同，前后句子的断句也不同。

kü///：克里雅施托尔内的释读中没有该词。大泽孝虽释读了该词的前部分，但因残损严重，仍无法解释其意义。

taqïɣu yïl：意为"鸡年"，古代突厥人纪年中十二属相之一。克里雅什托尔内认为该词后尚有-qa，但大泽孝则认为不然，且二人对其所指具体年代有分歧，克氏认为是公元757年，大泽孝认为是745年。我赞成大泽孝的观点，具体理由后面有专门论述。

5. ////［mï］š yašï tägip učdï：此句的前面残损不清，克里雅什托尔内将此释读为［il］itmiš，即磨延啜可汗的称号颉·翳德密施，大泽孝只认出 š 一字母，对其究竟是 il itmiš 中的-miš 抑或是形动词附加成分-mïš 不能确定。

yašï tägip 克里雅什托尔内读若 yasï tagip，释为 died "死"；把 učdï 释为（his soul）flew "其灵魂飞走了"。大泽孝亦读若此，并释为"受大伤害而死了"。我认为这些释读均不够贴切，应理解为 yaš+ï "其年龄"，tägip（副动词）表示"到达"，全句表示"年迈而死了"。关于 učdï 一词，在其他古代突厥文碑铭中也多有出现。突厥人认为，人死后灵魂就飞走了，故此，该词也可转译为"死了"。

yabɣum：由 yabɣu "叶护"+m（第一人称单数领属附加成分）构成，意为"我的叶护"。此处 yabɣu 为人名，指骨咄禄·毗伽·叶护，即汉文史籍中提到的磨延啜之子叶护。据汉文史料记载，他于756—757年助唐平定"安史之乱"回到草原后，被其父所杀。

6. tarduš 长期以来人们对于该词的确切所指颇有争议。岑仲勉认为它与汉文"达头"对应，为隋唐时期突厥境内一行政区。王静如则据《新唐书·薛延陀传》"以二子大度设、突利失分将之，号南北部"一语，谓这两个行政区又可能分居南、北。此外，他认为应该将两突厥名全译作"突利失"和"达头设"，而不该略作"突利"、"达头"，以免读者产生错觉。① 实际上，该名词最后的"失"、"设"只不过是对 tardus 或 tarduš 不同尾音的忠实翻译而已，s 或 š 正好反映出古代突厥语的不同方言差别。

yabɣu：汉文译为"叶护"，突厥、回纥官号（与上一行之 yabɣu 不同）。《周书·突厥传》将其列为"大官"名号之首，其地位在"设"（šad）之前，大体上仅次于"可汗"（qaɣan）而能分治一方的高级酋长。此官号起源很早，秦汉时期匈奴、大月氏、乌孙等部族已使用过。

tölis：学界对此词所指意见尚不统一。西方学者多认为它即是汉文史料中所载"铁勒"。我国学者

---

① 王静如：《突厥文回纥英武威远毗伽可汗碑译释》，载《辅仁学志》第七卷，第1—2合期，1938。

则多从岑仲勉观点，认为它与"达头"同为隋唐时期突厥境内分居东、西的两个行政区。

čad：根据古代突厥语音变规律，该词可能是由 šad "设"音变而来。"设"尚有"杀、察"等异名，为突厥、回纥的领兵高官名号之一。一般认为，该词为伊兰语借词。该行最后一字大泽孝与克里雅什托尔内的释读不同。大泽孝将该词摹写为 L s，并对此表示怀疑，没有转写。克里雅什托尔内则摹写为 mTuT，转写为 tutm（iš）。此处采用克氏的释读。

《磨延啜碑》东面第 19 行曾记有：iki oɣlïma yabɣu šad at birtim, tarduš tölis bodunqa birtim. "我（磨延啜）赐予我的两个儿子以叶护和设的称号，我让他们统治达头和突利失人民。"《铁兹碑》第 6 行中的记载正与此相符。

7. täŋri：克里雅什托尔内将其释读为 öŋrä "以前"。大泽孝读若此。在其他古代突厥文碑铭如《阙特勤碑》中有 üzä kök täŋri asra yaɣïz yir qïlïntuqda "当上面蓝天、下面褐色大地造成时"记载。故我采用大泽孝的释读。

bökü：克里雅什托尔内转写为 bükü，释为"强大的"；大泽孝转写为 bök，释为"高的、崇高的"。据其他突厥语（古代突厥文、回鹘文）文献，该词有"聪明、睿智"之意。[①]

8. anïŋ：对该词的释读，克里雅什托尔内与大泽孝不同。克氏摹写并释读为 ŇBbŋ（bïŋ "千"）；大泽孝则释读为 ŇNn¹ŋ（anïŋ，"他的"）。查看克氏的摹写，该词第一个字母接近 N，似释读为 n 更为合适。

üč yüz yïl il tutmïš："统治国家三百年。"若以当时上溯三百年，大致可上溯到公元三四世纪的高车时期。这与汉文史籍的记载相符合，也说明回纥的族源与高车有密切关系。关于回纥的族源，学界一直有争论，其中以突厥说较为流行。但回纥是突厥语族诸族中的一支，究竟源于突厥语族中的哪一支，仍不确定。近数十年来，回纥源于铁勒之说逐渐占据主导地位，但也存在属于铁勒中哪一支的问题。北魏时，铁勒亦称高车。据《北史·高车传》记载，高车有六氏（六部），袁纥（亦称韦纥）居其一。袁纥至隋时称回纥。

9. boz oq：克里雅什托尔内将此读作 buzuq，释为部族名。大泽孝虽也将其释为部族名，但读若 boz oq。

aqïza：由 aqïz "突袭"+a（副动词）构成。克里雅什托尔内将此读作 qïza，释为"大怒、凶残"。

učuz kölkä：克里雅什托尔内转写为 učuz kül iki，分别释为"渺小"、"阙"（专有名词）和"二"。我采用大泽孝的读法，将 učuz 释为专有名词，köl 为"湖"，kä 为向格附加成分。

10. bädi bärsil qadïr qasar：为四个部族的名称。

käŋ käräšdi："广泛敌对了。"大泽孝将此读作 käŋkäräsdä，释为部族名。此处采用克里雅什托尔内的读法。

11. tabɣačqa bazlanmïš：此处采用大泽孝的读法，bazlznmïš "和好"。克里雅什托尔内将此读作 tabɣačqa qïza sïnmïš，释为"反抗中国并被击败"。

toq olurmïš：此处采用大泽孝的读法，释为"满足地统治"。克里雅什托尔内将此读作 on yïl olurmïš "统治了十年"。

13. ödkünč：克里雅什托尔内将此读作 öd känč，认为是牟羽可汗即位前的幼名，对应于汉文的"移地健"。大泽孝则读作此，释为"假的"。此处采用大泽孝的读法。

14. otuz il t//t tutdï：大泽孝根据其他碑铭中常出现的 otuz tatar，认为 otuz 后应为 tatar，意为

[①] 参见 Han-Woo Choi："On the Turkic shamanic word bögü," *Altaic religious beliefs and Practices*, Proceedings of the 33rd Meeting of the Permanent International Altaistic Conference Budapest June 24—29, 1990, pp. 83—87.

"三十馺鞁"。他的释读似乎有些想当然。

15. täŋridä bolmïš il itmiš///qaɣan：为回纥汗国葛勒可汗磨延啜的称号，汉文音译为"登里罗·没密施·颉·翳德密施///可汗"，其意为"由天所生的建国的///可汗"。据《铁尔痕碑》，残损之处可补为 bilgä "智慧的"。①

16. bilgäsin üčün：克里雅什托尔内将前一词读作 bälgüsin，释为"因其标记"。大泽孝读此，释为"因其智慧"。bilgäsin 由 bilgä "智慧" ＋si（第三人称领属）＋n（宾格）构成，宾格是 üčün 一词要求的。

17. bulaqïɣ：由 bulaq+ïɣ（宾格）构成，其中 bulaq 相当于汉文史料中葛逻禄三部之一的"谋落"部。此处采用大泽孝的释读。

19. täzig：由 täz "铁兹河" ＋ig（宾格）构成。täz 河发源于杭爱山脉，注入乌巴斯淖尔。

21. toquz buyruq：九大梅禄，即《新唐书·回鹘传》中提到的"有外宰相六，内宰相三"。

tay：汉语借词"大"。

（四）对相关问题的探讨

1.《铁兹碑》与其他碑铭文献之比较

从文字及叙述方式上看，《铁兹碑》与《铁尔痕碑》和《磨延啜碑》基本是一致的，而且三碑上的氏族标记也十分接近。也许这三碑的刻写出自同一工匠之手。

经与几乎同时代的《铁尔痕碑》对比，可推测《铁兹碑》上带有氏族标记的那部分，与《铁尔痕碑》和《磨延啜碑》一样，最初是面朝南方的，而《铁兹碑》的氏族标记是碑文末尾的一种补充记号。

a：《铁兹碑》上的氏族标记　　b：《铁尔痕碑》上的氏族标记　　c：《磨延啜碑》上的氏族标记

尽管《铁兹碑》破损严重，但从残存部分来看，《铁兹碑》和《铁尔痕碑》的结构基本上是一致的。碑文的前部分透露出一定的历史信息：回纥汗国磨延啜可汗（即葛勒可汗，唐封为"英武威远毗伽可汗"，突厥文称为 täŋridä bolmïš il ätmiš bilgä qaɣan，译为"登里罗·没密施·颉·翳德密施·毗伽可汗"，745—759 年在位）及其继任者的情况（第 1—6 行）。

根据《铁尔痕碑》和《磨延啜碑》提供的线索，可以推测，《铁兹碑》的开头几行也一定包含着可汗和可敦登基的封号、受封时间和即位地点，等等。

2."鸡年"所指及立碑时间

原文第四行有"于鸡年"的字样。查历史纪年，该处"鸡年"对应于唐玄宗天宝四年（公元 745 年）和唐肃宗至德二年（公元 757 年）。那么究竟应为哪一年呢？

我们将汉文史料的记载大致做一排列，便可对此问题有一大致了解。

---

① 张铁山：《古代突厥如尼文〈铁尔痕碑〉研究》，载《突厥语文学研究——耿世民教授八十华诞纪念文集》，中央民族大学出版社 2009 年版，第 232—243 页。

"天宝初（公元742年），其大部回纥、葛逻禄、拔悉密并起攻叶护，杀之。"①

"骨力裴罗立。会突厥乱，天宝处（公元742年），裴罗与葛逻禄自称左右叶护，助拔悉密击走乌苏可汗。"②

"后三年（天宝三年，公元744年），袭破拔悉密，斩颉跌伊施可汗，遣使上状，自称骨咄禄·阙·毗伽可汗。"③

"（天宝四年，公元745年）春，正月，……回纥怀仁可汗击突厥白眉可汗，杀之，传首京师。突厥毗可敦帅众来降。于是北边晏然，烽燧无惊矣。回纥斥地愈广，东际室韦，西抵金山，南跨大漠，尽有突厥故地。怀仁卒，子磨延啜立，号葛勒可汗。"④

"（天宝十二年，公元753年）夏，五月，……阿布思为回纥所破，安禄山诱其部落而降之。"⑤

"（天宝十五年，公元756年）回纥、吐蕃遣使请和亲，助国讨逆。葛勒可汗太子叶护以精骑三千，随朔方节度使郭子仪讨贼。"⑥

"（至德二年，公元757年）九月，回纥遂遣太子叶护领蕃兵四千余人来助讨贼。叶护入见，肃宗亲宴慰，赐以金帛。广平王俶领朔方、安西、回纥、南蛮、大食之众十五万，讨安庆绪，既战，大败逆贼，遂收东京。"⑦

"（乾元元年，公元758年）七月，册命葛勒可汗为英武威远毗伽可汗，封幼女为宁国公主以降焉。"⑧

"（乾元二年，公元759年）夏四月，回纥阙·毗伽可汗死，长子叶护先被杀，乃立其少子（移地健）为登里可汗。"⑨

"乾元三年（公元760年）正月，回纥可汗使大臣俱陆莫贺达干等入朝，奉表起居公主。"⑩

"乾元三年（公元760年）十月，壬戌，诏元帅雍王为诸军先锋，会诸道节度使于陕州，率回纥军齐进。壬申，次于洛阳之北郊，逆贼史朝义潜使反间，回纥左杀执其使以献。甲戌，雍王整队伍为先锋仆固怀恩等率回纥等继进，大败贼于横水，朝义东奔汴州。东都平时，回纥至东京，肆行残忍，伤死者万计，代宗以外蕃功高，特容之。以回纥达啜娇子骨禄俟斤袭父特进崇义王，留宿卫；孙阙达于为员外羽林将军，放还蕃。"⑪

"广德元年（公元763年）七月，册回纥可汗为颉咄登密施合俱禄英义建功毗伽可汗，可敦为裟墨光亲丽华毗伽可敦，左右杀以下，皆加封赏。"⑫

"建中元年（公元780年），德宗立，使中人告丧，且修好。时九姓胡劝可汗入扣，可汗欲悉师向塞，见使者不为礼。宰相顿莫贺达干曰：唐，大国，无负于我。前日入太原，取羊马数万，比及国，亡耗略尽。今举国远斗，有如不捷，将安归？可汗不听，顿莫贺怒，因击杀之，并屠其

---

① 《新唐书》卷一一五《突厥传》下。
② 《新唐书·回鹘传》上。
③ 同上。
④ 《资治通鉴·唐纪31》。
⑤ 《资治通鉴·唐纪32》。
⑥ 《唐会要》卷九八《回纥》。
⑦ 同上。
⑧ 同上。
⑨ 《旧唐书·回纥传》。
⑩ 《册府元龟·外臣部·和亲2》。
⑪ 《册府元龟·外臣部·助国讨伐》。
⑫ 《通鉴纪事本末·回纥叛服》。

支党九姓胡几二千人，即自立为合骨咄禄毗伽可汗，使长建达干从使者入朝。"①

从以上的汉文史籍记载，大致可梳理出回纥汗国建立之初的历史过程。公元742年，回纥与葛逻禄、拔悉密联合，共同击败后突厥。公元744年，回纥又同葛逻禄一起打败拔悉密，并逐渐摆脱拔悉密，建立了回纥汗国，自称骨咄禄·阙·毗伽可汗，唐朝册封回纥可汗骨力裴罗为怀仁可汗。骨力裴罗的卒年，《旧唐书》、《新唐书》无载。《唐会要·回纥传》与《册府元龟·外臣部·继袭》载其卒于天宝六年（公元747年），而《资治通鉴》则记其死于天宝四年（公元745年）。骨力裴罗死后，其子磨延啜继位为可汗，称葛勒可汗，《铁尔痕碑》称其为"登里罗·没密施·颉·翳德密施·毗伽可汗（tägridä bolmïš il itmiš bilgä qaɣan)"②，唐册封为英武威远毗伽可汗。公元759年磨延啜卒，其次子移地健继位，称登里可汗，又称牟羽可汗，唐封为颉·咄登里·骨啜密施·合·俱禄·英义建功·毗伽可汗。回纥汗国葛勒可汗（磨延啜）、牟羽可汗（移地健）两代助唐平定"安史之乱"（公元755—762年）。公元780年，顿莫贺杀牟羽可汗移地健，自立为可汗，称合·骨咄禄·毗伽可汗，唐封为武义成功可汗。

由上可知，只有公元745年怀仁可汗骨力裴罗的卒年与鸡年相对应。由此也可印证，对于骨力裴罗的卒年，《资治通鉴》的记载是正确的。

此碑主要记述了牟羽可汗移地健的事迹，特别是其助唐平定"安史之乱"，可以说是牟羽可汗的记功碑。牟羽可汗公元759—780年在位。因此，此碑的建立时间可能就在牟羽可汗助唐平定"安史之乱"取得胜利后，即公元761—762年。

3. 碑文的语文学特点

该碑虽然破损较为严重，但也反映出一些语文学特点。先看其文字方面。

从残存文字来看，碑文的刻写与其他古代突厥文碑铭基本相同，遵守古代突厥文的拼写规则，如：词首或词的第一音节的 a、ä、ï 省略不写，$n^1ŋ$ (anïŋ，第8行)；nta (anta，第10、13行)；nčp (ančïp，第8、14行)；d^1n^1 (adïn，第13行)；r^2ms^2 (ärmiš，第11、13行)；$l^2gr^2ü$ (ilgärü，第20行)；l^2 (il，第6、8、15行) 等。

碑文中出现了Υ。该字母多见于回纥、叶尼塞碑铭以及新疆、敦煌出土写本，用于后元音词中。③ 但在该碑铭中，此字母不仅与后元音相拼，而且还表示 s 或 š 音，④ 反映出古代突厥语中确实存在着所谓的"s方言"或"š方言"，⑤ 如 Υ $m//ms^1$ (///miš∼mïs，第3行)；I Υ $Yy^1s^1ï$ (yaši∼yasï，第5行)；NI Υ Bb^1s^1in (bašïn∼basïn，第9行)；R Υ K qs^1r^1 (qašar∼qasar，第10、19行)；Υ mN-LZB$b^1zl^1n^1ms^1$ (bazlanmïs∼bazlanmïš，第11行)；I Υ Y $y^1s^1ï$ (yasï∼yaši，第14行)；IKDw Υ GOT$t^1oɣs^1ïqd^1qï$ (toɣsïqdaqï∼toɣšïqdaqï，第16行)；f Υ Bb^1s^1p (basïp∼bašïp，第17行)。

名词的宾格附加成分有-ïn 和-ïɣ 两类，如 boz oq bašïn aqïza "突袭 boz oq 的首领"（第9行）；bilgäsin üčün "因其智慧"（第16行）；bulaqïɣ ïya basïp "镇压了 bulaq 部族"（第17行）；yärig yägätdi "他使地方安稳了"（第17行）；täzig qasar qoruɣ qontï "他安营在铁兹河和 qasar 堡"；

---

① 《新唐书·回纥上》。
② 见《铁尔痕碑》第1、30行。
③ 耿世民：《古代突厥文碑铭研究》，中央民族大学出版社2005年版，第59页。
④ 表示 s、š 两音的情况，可参阅冯·加班著，耿世民译《古代突厥语语法》（内蒙古教育出版社2004年版，第10页）"突厥如尼文字母表"中所列相关字母。
⑤ 关于"s方言"和"š方言"，参见耿世民、阿不都热西提·亚库甫著《鄂尔浑—叶尼塞碑铭语言研究》，新疆大学出版社1999年版，第27—28页。

bälgüsin bitigin bu urtï bu yaratdï "他刻写、建造了他的印记和他的碑文"（第 20 行）。这说明现代突厥语族语言-ni 宾格经历了一个漫长的发展过程。

五 《占卜书》

《占卜书》原名 ïrq bitig，20 世纪初由斯坦因发现于敦煌藏经洞，是目前所见用古代突厥文写成的唯一比较完整的写本，现藏伦敦大英图书馆，编号为 Or.82129161（旧编号 ch.0033）。册子式，共 58 叶，由 29 张纸对折逐页粘成。纸幅高约 13.6 厘米，宽约 8 厘米。纸质厚韧，呈黄褐色。由于长期使用，写本边缘已起皱。写有文字的共 104 页。从第 5 页反面到第 57 页正面为两面书写。最后两页（即 103、104 页）的结尾部分用朱笔书写。每页留有很大的天地，写 8—9 行，每行 8—10 个字母不等，字体清秀。字母与新疆米兰、吐鲁番出土的古代突厥文写本残卷基本相同，但不见表示 ïq 的符号，常见表示 uq 的符号。写本中尚使用表示音节 ot 的新符号。有些页中写有许多汉字，但与突厥文内容无关。

图 8 《占卜书》第六页

该书内容由 65 卦占卜文组成，每卦中描述一种情况，然后以"此为吉"或"此为凶"来占卜。每卦前有一行小圆圈，分成三组，每组由一到四个圆圈组成。这些圆圈应为定卦的排列方式。写本年代及整理者不详，似属于 9—10 世纪。所用语言一般认为属于古代突厥语方言，与 8 世纪东突厥汗国的碑铭语言接近。从写本最后一段记载来看，此书是"虎年二月十五日大公堂寺院的小摩尼僧布鲁阿乌鲁为我们的听众伊塞克将军和伊台渠克而书写"的。

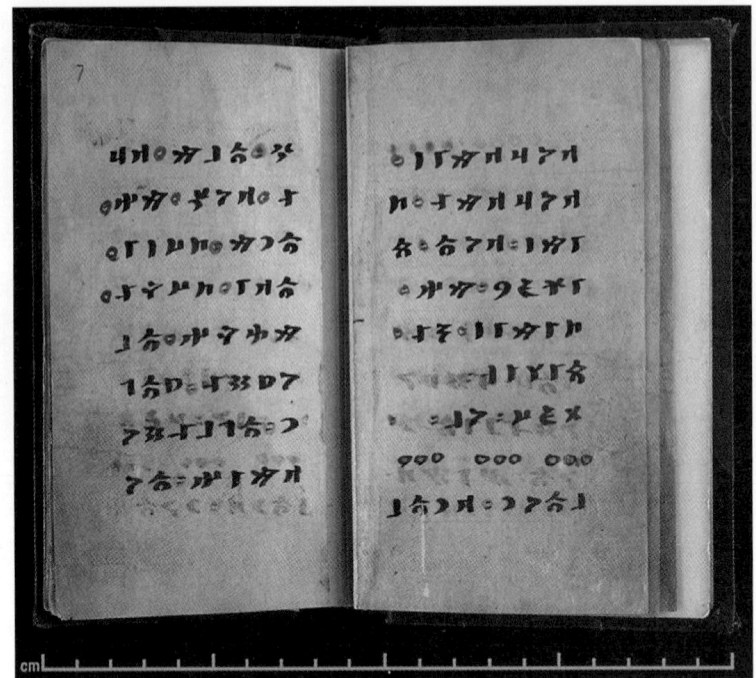

图 9 《占卜书》第七页

图 10 《占卜书》第八页

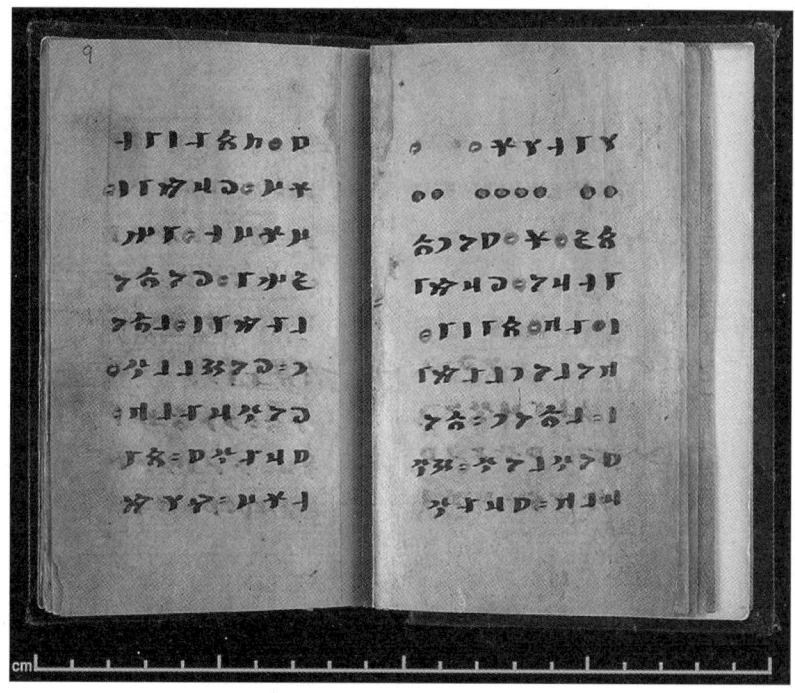

图 11 《占卜书》第九页

图 12 《占卜书》第五十三页

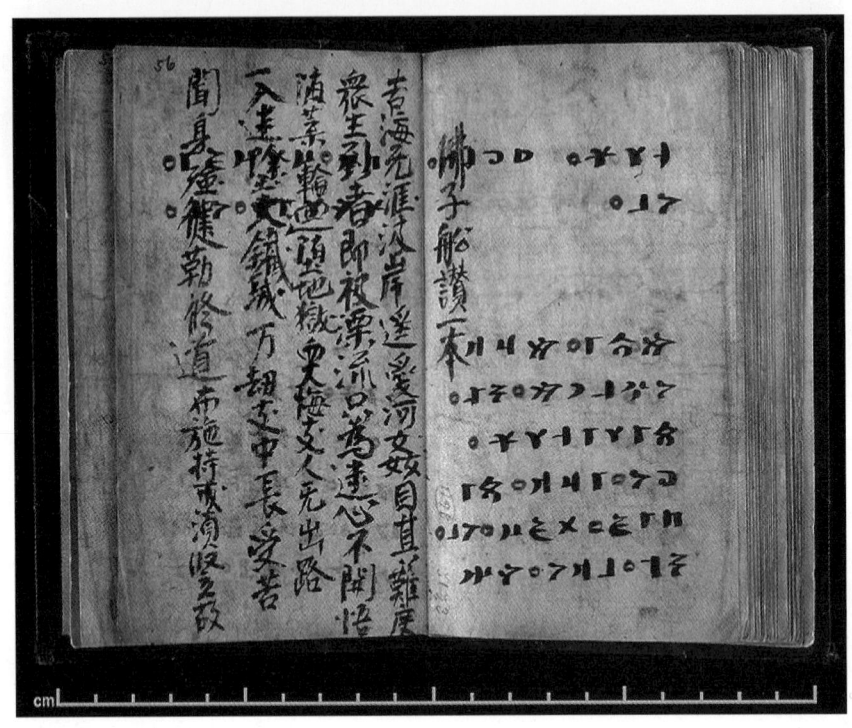

图 13　《占卜书》第五十六页

　　《占卜书》自发现以来，各国学者进行了卓有成效的研究。其中最新的图版见于塔拉特·特肯的《占卜书》（Talat Tekin：*Irk Bitig—The Book of Omens*，1993，Wiesbaden）。其他主要研究有：汤姆森《米兰和敦煌出土斯坦因发现的突厥如尼文文献》（V. Thomsen：*Dr. A. Stein's in Turkish "Runic" Script from Miran and Tun-Huang*，JRAS，1912）、奥尔昆《古代突厥文献》（H. N. Orkun：*Eski Turk Yazitlari*，II，1938）、马洛夫《古代突厥文献》（S. Malov：*Pamyatniki Drevnetyurkskoy Pis'mennosti*，1951）、哈密尔顿《占卜书跋文考》（J. Hamilton：*Le Colophon de l'Irq Bitig*，Turcica VII，1975）、克劳森《占卜书新注》（G. Clauson：*Notes on Irk Bitig*，UAJb XXXIII，3—4，1961）、艾尔达勒《占卜书新考》（M. Erdal：*Irq Bitig Uzerine Yeni Notlar*，TDAY-Belletin，1977）、张铁山、赵永红《古代突厥文〈占卜书〉译释》（载《喀什师范学院学报》1993 年第 2 期）、耿世民《古代突厥文碑铭研究》（中央民族大学出版社 2005 年版）一书中也将《占卜书》作为附录对其进行了拉丁字母转写、汉译和简单注释。

拉丁字母转写、汉文直译及汉文意译

1. （一）　tänsimän. yarïn kičä altun örgin üzä olurupan mängiläyürmän. anča bilinglär, ädgü o
　　　　　天子 我。白天　黑夜　金　座　上　坐着　　高兴 我。　这样 你们知道，吉 这
2. （二）　ala atlïy yol tängrimän. yarïn kičä äšürmän. utru äki aylïy kiši oγlïn soqušmïš. kiši
　　　　　花色 马的 路 神 我。白天 黑夜 行走我。对面 两 月的 人 其子 遇见了。 人
3. 　　　　qorqmïš. qorqma timiš, qut birgäymän timiš. anča biling, ädgü ol
　　　　　害怕了。不怕， 说了， 福 我给予 说了。这样 你知道，吉 此。

4. (三) altun qanatlïɣ talïm qara qušmän . tanïm tüsi taqï tükämäzkän. taluyda yatïpan
金　　翅膀的　　凶猛的　黑　鸟　我。我身的　其毛　还　没有完。　在大海里　躺着
tapladuqïmïn tu-
将我喜欢的　我捕

5. tarmän, säbdükümin yiyürmän. andaɣ küčlügmän . anča bilinglär , ädgü ol .
捉，　　将我所喜欢的　我吃。　　如此 有力 我。　 这样　你们知道，吉　此。

6. (四) örüng äsri toɣan qušmän. čïntan ïɣač üzä olurupan mängiläyürmän . anča bi-
白色 花斑　隼　　鸟我。香树　树　上　坐着　　我高兴。　　这样　知

7. linglär .
道（你们）

（一）我是天子。早上晚上我坐在金座上享乐。要知道，此为吉。（二）我是骑着花斑马的路神，早晚我骑马缓行。迎面碰到两个月的婴儿。（那人）害怕了。（路神）说："你们不要怕，我要赐福给（你们）。"你要知道，此为吉。（三）我是金翅秃鹰。我身上的羽毛虽未丰满，躺在海上我捕捉喜欢的东西，并吃我喜欢的东西。我是那样强有力。你们要知道，此为吉。（四）我是白花隼。我坐在檀木树上欢乐。你们要知道。（后缺）

8. (五) bäg är yontïngaru barmïš . aq bisi qulunlamïš , altun tuyuɣluɣ adɣïrlïɣ yaraɣ-
官　人　向他的马　　走去了。白 母马　产驹了，　金　蹄的　　骏马　适用。
ay. täbäsingärü barmïš . örüng ingäni botulamïš . altun budlalïɣ buɣralïɣ yaraɣay. äbingärü käl-
向他的骆驼　走去了。　白　雌驼　产小驼了。金　穿鼻的　　公驼　　适用。向他的家 来

9. miš . üčünč qunčuyï urïlamïš , bäglik yaraɣay tir. mängilig bäg är ärmiš . anyïɣ ädgü ol .
了。 第三个 其公主　生小孩了，官位　适用 他说了。快乐的　官 人　是。大 吉　此。

10. (六) adïɣlï tonguzlï art üzä soqušmïš ärmiš . adïɣïng qarnï yarïlmïš , tonguzung azïɣï
熊和　野猪　山口上　相遇了　是。 熊的　肚子　破裂了，　野猪的　　獠牙
sïnm-
折断了

11. (七) ïš tir . anča biling , yablaq ol . är tärkläyü kälir . ädgü söz sab älti kälir ti-
他说了。如此 你知道 凶　此。男儿 匆忙　来。　好　言 辞 拿 来 他说了。

12. r . anča bilinglär , ädgü ol .
如此 你们知道 吉　此。

(八) altun bašlïɣ yïlanmän . altun quruɣsaqïmïn
金　头的　蛇（我）。 金　把我的肚子

13. qïlïčïn käsipän özüm(in) yul ïntïn bašïmïn yul äbintin tir . anča bilinglär, yablaq ol.
用剑　切开　把我自己 拽出 从洞 把我的头 拽出 从家 他说。这样 你们知道，凶　此。

14. (九) uluɣ äb örtänmiš, qatïnga tägi qalmaduq, bökingä tägi qodmaduq tir . anča bilin-
大　房子 着火了，到边 直到 没剩下，　到角 直到 没剩下，他说了。这样 你们
glär , yablaq ol .
知道，凶　此。

（五）官人去看他的马。看见白牝马产驹。要是金蹄骏马多好。他去看他的骆驼。看见白驼产下了驼羔。要是一匹带有金鼻绳的公驼多好。他来到家中，他第三位夫人生子，要是位官人多好。他是位快乐的官人。此为大吉。（六）熊和野猪在岭上碰见。熊的肚子破裂，野猪的獠牙折断。要知，此为凶。（七）男儿匆忙走来，他带来了好消息。要知，此为吉。（八）我是金头蛇。我被用剑切了金肚子，把我的身子从洞中拽出，把我的头从家中拽出。要知，此为凶。（九）大房子起了火。直到房边没有剩下什么，直到房角没有留下什么。你们要知道，此为凶。

15. (十) äsnägän barsmän, qamuš ara bašïm. antaɣ alpmän, ärdämligmän, anča bilinglär.
     打哈欠的 虎(我) 芦苇 之间 我的头。如此 勇敢(我),有道德的(我)如此 你们知道。

16. (十一) sarïɣ atlïɣ sabčï yazïɣ atlïɣ yalabač ädgü söz sab älti kälir tir. anča biling, anyïɣ ädgü ol.
     黄的 马的 信使 褐色的 马的 使臣 好的 言 辞 拿 来了他说。如此 你知道,非常 好 此。

17. (十二) är abqa barmïš, taɣda qamlamïš. tängridä ärklig tir. anča bilinglär, yabïz ol.
     男儿 打猎(向) 去了,从山 摔下了。天上(在)有力的 他说。如此 你们知道, 凶 此。

18. (十三) tängrilig qurtɣa yurt(t)a qalmïš. yaɣlïɣ qamïč bulupän yalɣayu tirilmiš, ölümdä
     有神力的 老妇 家(在) 留下。有油的 勺 找到 舔 活了, 从死亡
     ozmïš tir.
     逃脱了 他说。

19. anča bilinglär.
    如此 你们知道。

    (十四) quzgunuɣ ïɣačqa bamïš. qatïɣtï ba, ädgüti ba tir. anča bilinglär.
     把乌鸦 树(向)捆了。结实地 捆,好好地 捆 他说。如此 你们知道。

20. (十五) üzä tuman turdï, asra toz turdï, quš oɣlï uča aztï. kiyik oɣlï yögä-
     上面 雾 起了,下面 土 起了, 鸟 之儿 飞 失了。鹿 之子 跑

21. rü aztï, kiši oɣlï yorïyu aztï, yana tängri qutïnta üčünč yïlta qop äsän tükäl
    失了, 人 之子 走 失了, 又 上天 之福(在)第三 年(在)全 平 安

22. körüšmiš, qop ögirär säbinür tir. anča bilinglär, ädgü ol.
    相见了, 全 喜欢 高兴 他说。如此 你们知道, 吉 此。

(十) 我是打哈欠的虎。我的头在芦苇中。我是勇敢的人,我是有道德的人。你们要知道。(十一) 骑黄马的信使,骑深褐色马的使臣带来了好消息。你要知道,此为吉。(十二) 男儿去打猎,从山上摔下。天上有有力者。你们要知道,此为凶。(十三) 有神力的老妇留在家中,她找到一把油勺舔着活命,并逃脱了死亡。你们要知道。(十四) 把乌鸦捆在树上,捆结实,捆牢靠。你们要知道。(十五) 上面起雾,下面起土。幼鸟飞失,幼鹿走失,幼子跑失。再者,由于上天保佑,第三年全都平安相见。全都欢喜、高兴。你们要知道,此为吉。

23. (十六) toruq at sämriti, yirin öpän yögürü barmïš, utru yirdä oɣrï soqušup tut-
     瘦 马 肥了,其地(把)想 跑 去了,迎面 地方(在)贼 遇见 抓

24. upan minmiš, yilingä qudursuɣïnga tägi yaɣrïpan qamšayu umatïn turur tir.
     住 骑了,其颈(向)其尾(向) 直到 磨伤 行动 不能 站着 他说。
    anča biling, yablaq ol.
     如此 你知道,凶 此。

25. (十七) özlük at öng yirdä arïp ongup turu qalmïš. tängri küčingä taɣ üzä yul sub
     自己的 马 旷野地(在)累了 弱了 上天 之力(因)山 上 泉 水
    körüpän yïš üzä
     看到 山 上

26. yaš ot körüpän yorïyu barïpan sub ičipän yaš yipän ölümdä ozmïš tir. anča
     绿 草 看到 走 去 水 喝 绿 吃 死亡(从)脱离了他说。如此
    bilinglär, ädgü ol.
     你们知道,吉 此。

27. (十八) käräkü iči nä täg ol? tügünüki nä täg ol? közünüki nä täg? körüklüg ol. ägni
     毡房架 里面 什么 是? 其出烟口 什么 是? 其窗户 什么? 看到的。其房顶
    nätäg? ädg-
     什么? 好

28.　　　ü ol . baɣïšï nä täg ? bar ol tir . anča bilinglär, anyïɣ ädgü ol, aq at qarš-
　　　　此。　其绳子　什么？　捆了　他说。如此　你们知道，很　好　此。白　马　对手

29. (十九) ïsïn üč boluɣta talupan aɣïnqa ötügkä ïdmïš tir . qorqma , ädgüti ötün , ayïnma,
　　　　三　附属（从）挑选　忏悔　请求　送去 他说了。别怕，好好地　　请求，别胆怯，
　　　　ädgü-
　　　　好好地

30.　　　ti yalbar tir . anča biling , ädgü ol .
　　　　恳求，他说了。如此你知道，吉 此。

　　(二十) tirtir buɣra män , örüng köpükümin sačar
　　　　母驼　公驼　我，　白　　把我的口沫　撒了

31.　　　män üzä tängrikä tägir, asra yirkä kirür tir , udïɣmaɣ odɣuru yatïɣlïɣ turɣuru
　　　　我　上　天（向）到，　下　地（向）入 他说了，把睡的　使醒　躺的　　使站

32.　　　yorïyurmän , andaɣ küčlügmän anča bilinglär , ädgü ol .
　　　　我走。　　如此　有力的我　如此　你们知道，吉 此。

　　(二十一) qara öpgük yïl yarumazkän tidi .
　　　　老的　戴胜鸟　年　未亮时　它说

33.　　　ödmäng ,körmäng , ürkitting tir , anča biling .
　　　　别打扰，别看，　别惊吓。　如此 你知道。

　　(二十二) uzun tonluɣ küzüngüsin kölkä
　　　　长　衣的　把其镜　　向湖

34.　　　ičɣïnmïš . yarïn yangrayur , kičä kängränür tir . anča bilinglär . munluɣ ol ,
　　　　掉了。　早上　嘀咕，　晚上　啰唆　他说了。如此 你们知道。 愁的是，
　　　　anyïɣ yablaq ol .
　　　　很　凶　是。

35. (二十三) oɣlan käkük täzkin bultï , čok ting , qutluɣ bolzun tir , anča bilinglär , ädgü ol .
　　　　男孩　布谷鸟　粪便　发现了。很　好，有运的　愿　他说，如此　你们知道，吉此。

36. (二十四) täglük qulun irkäk yun(t)ta ämig tiläyür , kün ortu yütürüp , tün ortu
　　　　瞎的　马驹　雄的　马（在）奶头　找到，　日　中　丢失，　夜　中
　　　　qanta nägüdä bul-
　　　　在哪里 怎么　得到

37.　　　ɣay ol tir , anča bilinglär , yabïz ol .
　　　　他说了。如此 你们知道，凶 此。

　　(二十五) äki öküzüg bir buqarsïqa
　　　　两　把公牛　一　木犁（向）

38.　　　kölmiš . qamšayu umatïn turur tir , anča biling , yablaq ol .
　　　　套了。　站着　　不能　他说了。如此你知道，凶　此。

　　(二十六) tang tanglardï , udu yir
　　　　黎明　天亮了，接着　大地

39.　　　yarudï , udu kün toɣdï . qamaɣ üzä yaruq boltï tir, anča biling ,ädgü ol.
　　　　发亮了，接着日 升了。所有　上面　明亮　成了。　如此 你知道。吉 此。

40. (二十七) bay är qonyï ürküpän barmïš , börikä soqušmïš . böri aɣzï ämsimiš äsän tükäl
　　　　富人（其）羊　受惊　去了，　狼（向）遇见了。狼（其）嘴　吃奶了　平　安
　　　　bolm-
　　　　成了

41. iš tir, anča bilinglär, ädgü ol.
    他说。如此 你们知道，吉 此。

(二十八) qan olurupan ordu yapmïš il-
       汗 坐了 宫殿 造了 国家

42. i turmïš, tört bulungtaqï ädgüsi uyurï tirilipän mängiläyür, bädizläyür tir, anča
    建立了，四 方的 好的 能的 聚集了 欢乐了， 装饰了，他说。如此

43. bilinglär, ädgü ol.
    你们知道，吉 此。

(二十九) oyma är oɣlanïn kišisin tutuɣ urupan, usič oyuɣ alïp
       掏内脏人 用他儿子妻子 赌 打， 内脏 掏

44. barmïš, oɣlï kišisin utuzmaduq yana toquzon boš qony utmïš, oɣlï yutuzï
    去了，其子其妻（把）没输 又 九十 只 羊 赢了，其子其妻子
    qop ög-
    全 高

45. irär tir, anča bilinglär, ädgü ol.
    兴 他说。如此 你们知道，吉 此。

(三十) čïɣay är oɣlï qazɣančqa barmïš, yolï
      穷 人 其子 谋生（向）去了， 其路

46. yaramïš, ögirär säbinü kälir tir, anča bilinglär, ädgü ol.
    顺利， 高 兴 来了他说。如此 你们知道，吉 此。

(三十一) bars kiyik
        虎 鹿

47. ängkä mängkä barmïš, ängin mängin bulmïš, bulupan uyasïngaru ögirä säbinü
    猎 物（向）去了， 猎 物（把）得到了，得到 其洞（向） 高 兴
    kälir tir, anča
    来了，他说，如此

48. biling ädgü ol.
    你知道，吉 此。

(三十二) bir tabïlqu yüz boltï, yüz tabïlqu ming boltï, ming
        一 颗 百 成了，百 颗 千 成了，千

49. tabïlqu tümän boltï tir, anča bilinglär, asïɣ bar, ädgü ol. sidig
    颗 万 成了，他说。如此你们知道，利 有，吉 此。毡子

50. (三十三) subqa suqmïš, taqï ur, qatïɣdï ba tir. anča bilinglär, yablaq ol.
           水（向）浸了，再 打， 用力 捆 他说 如此你们知道，凶 此。

(三十四) qan sükä b-
        汗 军队（向）

51. armïš, yaɣïɣ sarčmïš, köčürü qonturu kälir, özi süsi ögirä säbinü ordusïngaru
    去了，把敌人 消灭了，迁移 居住 来了，他自己其军队高兴 其王宫（向）
    kälir
    来了。

52. tir. anča bilinglär, ädgü ol.
    他说。如此你们知道，吉 此。

(三十五) är sükä barmïš, yolta atï armïš, är qoɣu qušqa
        男人向军队去了，路上 其马累了，男人 天 鹅（向）

53.　　　soqušmïš, qoyu quš qanatïnga urup anïn qalïyu barïpan ögingä qangïnga tägürmiš,
　　　　　遇到了，　天鹅　　向其翅膀 打　将其 带　去了 其母 其父（向）带了，
　　　　　ögi qangï
　　　　　其母 其父

54.　　　ögirär säbinür tir. anča bilinglär, ädgü ol.
　　　　　高　 兴　 他说，如此你们知道，吉 此。

　（三十六）öküš atlïy ögrünčüng yoq. qobï
　　　　　许多 骑兵　你的苦乐　没有。坏

55.　　　atlïy qorqïnčïng yoq. učruyluy qutung yoq tir, anča bilinglär, anyïy yablaq ol.
　　　　　骑兵 你的恐惧 没有。旗子的 你的福气 没有 他说。如此你们知道，很 凶 此。

　（三十七）bir qarï
　　　　　一　老的

56.　　　öküzüg bilin bičä qumursya yimiš, qamšayu umatïn turur tir. anča bilinglär,
　　　　　把黄牛 其腰 咬　蚂蚁　吃了，　动　不能　站着 他说。如此你们知道，
　　　　　yablaq ol.
　　　　　凶　此。

57.（三十八）qamïš ara qalmïš, tängri unamaduq abïnču qatun bolzun tir. anča
　　　　　芦苇　中　留下了，天　不同意　奴婢　皇后 成为，他说。如此
　　　　　bilinglär, ädgü ol.
　　　　　你们知道，吉　此。

58.（三十九）atïy tärtrü kišämiš, qamšayu umatïn turur tir. anča bilinglär, yablaq ol.
　　　　　把马 反 捆了，　动　　不能　站着 他说。如此 你们知道，凶　此。

59.（四十）talïm urï yarïn ača yasïčïn yalïm qayay yara urupan yalngusun yorïyur tir,
　　　　　猛　士 双肩 打开 单独　一人 把崖壁 用箭头 打击 独自　走动　他说，
　　　　　antay
　　　　　如此

60.　　　alp ärmiš anča bilinglär, ädgü ol.
　　　　　勇敢 是　如此 你们知道，吉 此。

　（四十一）örüng äsri ingäk bozalyučï b-
　　　　　白的 花斑 母牛 产牛犊

61.　　　olmïš, ölgäymän timiš, örüng äsri ingäk bozayu kälürmiš, ïduqluq yarayay ölügdä
　　　　　成了，我要死　它说，白　花斑 母牛 公牛犊　使来了，神圣的　合适 从死亡
　　　　　ozmïš
　　　　　解脱了

62.　　　tir, anča biling, ädgü ol.
　　　　　他说了，如此你知道，吉 此。

　（四十二）uzun tonluy idišin ayaqïn qodupan barmïš, yana ädgüti
　　　　　长的　衣的 将盘 将碗　放下　去了，又　好好地

63.　　　saqïnmïš, idišimtä ayaqïmta öngi qanča barïrmän tir, yana kälmiš idišin ayaqïn
　　　　　想了，　我的盘 我的碗（从）其他 哪里 我去了 他说，又　来了，其盘　其碗
　　　　　tükäl bul-
　　　　　完好 得到

64.　　　mïš, ögirär säbinür tir. anča bilinglär, ädgü ol.
　　　　　高　兴 他说。如此你们知道，吉 此。

　（四十三）toyan ügüz qušï
　　　　　鹰　河　鸟

65. qušlayu barmïš, utru talïm qara quš qopupan barmïš tir, anča bilinglär, yablaq ol.
    捕猎 去了，迎面 秃的 黑 鸟 起飞了 去了。他说， 如此 你们知道， 凶 此。

66.（四十四）toγan quš tängridin qodï tabïšγan tipän qapmïš, toγan quš tïrïngaqï sučlunmïš.
    鹰 鸟 从天 向下 兔子 说 捉了， 鹰 鸟 其爪子 伸出了。
    yana
    又

67. titinmiš, toγan qušung tïrïngaqï ögüšüpän qalïyu barmïš, tabïšγan tärisi öngüšüpän
    收起了，鹰 鸟的 爪子 受伤了 飞 去了，兔子 其皮 抓伤了
    yügürü b-
    跑

68. armïš antaγ tir. anča bilinglär, yabïz ol.
    去了。如此说了。如此你们知道，凶 此。

    （四十五）kiyik oγlïmän. otsuz subsuz
    鹿 之崽我。 无草 无水

69. qaltï, uyïn näčük yorïyïn tir. anča bilinglär, yabïz ol.
    成了，我能 怎么 我走 他说。如此你们知道，凶 此。

    （四十六）täbä titi-
    骆驼 泥

70. gkä tüšmiš, basïnu yimiš, özin tilkü yimiš tir. anča bilinglär, yablaq ol.
    （向）掉入了，陷入 吃了，把自己 狐狸 吃了 他说。如此你们知道，凶 此。

71.（四十七）är ömäläyü barmïš, tängrikä soqušmïš, qut qolmïš, qut birmiš, aγïlïngta yïlqïng bo-
    男儿 访问 去了， 天（向）遇见了，福气 祈求了，福气 给了， 圈里 你的马 有

72. lzun, özüng uzun bolzun timiš, anča bilinglär, ädgü ol.
    了， 你自己 长命 有了，说了。如此 你们知道， 吉 此。

    （四十八）qara yol
    老 路

73. tängrimän. sinuqïngïn saparmän, üzükingin ulayurmän, ilig itmiš män. ädgüsi
    神我。 把碎的 我连起， 把断的 我接起， 把国家 我建立了。 其好的
    bolzun tir.
    愿成了，他说。

74. anča bilinglär :
    如此 你们知道，（后缺）

    （四十九）bars kiyik ängläyü mängläyü barmïš, ortu yirdä maγaqa soqušmïš,
    虎 鹿 寻找 去了。中间 地（在）山羊（向）遇见了。

75. äsri maγa yalïm qayaqa önüp barmïš, ölümtä ozmïš, ölümtä ozupan ögirä
    花斑 山羊 悬 崖（向）出 去了， 从死亡 逃脱了，从死亡 逃脱 高
    säbinü yorïyur
    兴 走

76. tir. anča biling, ädgü ol.
    他说。如此你知道，吉 此。

    （五十）tïγ at qudruqïn tügüp tigrät, yazïγ
    花 马 其尾 结起 让奔跑 平原

77. qodï, yadrat toquz qat üčürgüng, topulγïnča täritzün tir. anča bilinglär, yablaq ol.
    沿着 奔跑 九 层 鞍鞴 透 出汗 他说。如此 你们知道， 凶 此。

78. （五十一） talïm qara qušmän . yašïl qaya yaylayïm , qïzïl qaya qïšlayïm , ol tayda
　　　　　　　 秃的　黑　鸟我。　绿　崖　我度夏，　红　崖　我度冬，　那　山上
79.　　　　　 turupan mängiläyürmän , anča bilinglär :
　　　　　　　 站着　我高兴。　　　　如此 你们知道，
　　（五十二）är bosušluɣ , tängri bulïtlïɣ
　　　　　　　 男儿 忧愁的，　天　有云的
80.　　　　　 boltï , ara kün toɣmïš , busanč ara mängi kälmiš tir . anča bilinglär : ädgü ol .
　　　　　　　 成了。中间 日　出了，　忧愁　中　欢乐　来了。他说。如此你们知道，吉此。
81. （五十三）boz bulït yorïdï , bodun üzä yaɣdï , qara bulït yorïdï , qamïɣ üzä yaɣdï . tarïɣ
　　　　　　　 灰色　云　走动了，人　之上 下了，黑　云　走动，所有 之上 下了，庄稼
　　　　　　　 pïšdi ,
　　　　　　　 熟了，
82.　　　　　 yaš ot ündi , yïlqïqa kišikä ädgü boltï tir . anča bilinglär , ädgü ol .
　　　　　　　 绿　草 出来了，对牲畜 对人　好　成了，他说。如此你们知道，吉　此。
83. （五十四）qul sabï bägingärü ötünür , quzɣun sabï tängrigärü yalbarur . üzä tängri äšidti ,
　　　　　　　 奴隶 话　向其官　禀告，　乌鸦　话　向其天　　祈求。　上面　天听到了，
84.　　　　　 asra kiši bilti tir . anča biling : ädgü ol .
　　　　　　　 下面 人 知道了，他说。如此你知道，吉 此。
　　（五十五）alp är oɣlï sükä barmïš . sü yirintä ärklig
　　　　　　　 勇敢 男　儿　向军队 去了。战斗 在地方 有力的
85.　　　　　 sabčï törütmiš tir . äbingärü kälsär özi atamïš , ögrünčülüg , atï
　　　　　　　 信使 使成为了 他说。向家　若来 他自己 出名了，高兴的，　其马
86.　　　　　 yitiglig kälir tir . anča bilinglär , anyïɣ ädgü (ol)
　　　　　　　 迅速地　来了，他说。如此你们知道，很　吉　（此）。
　　（五十六）ögringä qutluɣ adɣyrmän . yaɣaq ïɣač yaylayïm , qušluɣ ïɣač qïšlayïm ,
　　　　　　　 马群　有福的　骏马我。　核桃　树　我的夏天，有鸟的　树　我的冬天，
87.　　　　　 anda turupan mängiläyürmän tir . anča bilingär , ädgü ol .
　　　　　　　 在那里 住　　我高兴，　　他说。如此你们知道，吉　此。
　　（五十七）qanïɣï ölmiš , könäki
　　　　　　　 其爱人 死了，其水桶
88.　　　　　 tongmïš . qanïɣï nälük ölgäy ol , bäglig ol , könäki nälük tongɣay ol , künäškä
　　　　　　　 冻了。　其爱人　怎么　死？　官　他，其水桶　怎么　冻？　晒太阳
　　　　　　　 olurur ol . anča bili-
　　　　　　　 坐着　他。如此　知道
89.　　　　　 nglär , bu ïrq bašïnta az ämgäki bar , kin yana ädgü bolur .
　　　　　　　 你们，此卦 开头　少痛苦　有，后　又　好　成为。
　　（五十八）oɣlï ögintä qangïnta
　　　　　　　 其子 因其母 因其父
90.　　　　　 öbkäläpän täzipän barmïš . yana saqïnmïš kälmiš , ögüm ötin alayïn , qangïm
　　　　　　　 生气了　逃跑　去了。又　想　　来了，我母亲 劝告 接受，我父亲
　　　　　　　 sabïn tïnglayïn tip kälmiš tir .
　　　　　　　 其话　我听　　　来了　他说。
91.　　　　　 anča bilinglär , ädgü ol .
　　　　　　　 如此你们知道，吉　此。
　　（五十九）yïlqa tägmišig yïdïtmayïn , ayqa tägmišig artatmayïn ,
　　　　　　　 年（向）达到　我不使散味，月（向）达到 我不使变坏，

92. ädgüsi bolzun tir . anča bilinglär , ädgü ol .
其好 愿成为 他说了。如此你们知道，吉 此。

(六十) toquz aralï sïɣun kiyikmän , bäd-
九 叉 鹿我。 宽大

93. iz tiz üzä önüpän möngräyürmän, üzä tängri äšidti,asra kiši bilti. antaɣ küčlügmän
膝 上 站在 鸣叫我。 上面 天 听到了，下面 人 知道了。如此 有力的我。
tir .
他说。

94. anča bilinglär , ädgü ol .
如此 你们知道，吉 此。

(六十一) turuɣaya quš tüšäkingä qonmïš , tuymadïn
鹤 鸟 栖息（向）住了， 没发觉

95. tozqa ilinmiš , uča umatïn olurur tir . anča bilinglär , yablaq ol .
圈套 挂了， 飞 不能 坐了，他说。如此你们知道，凶 此。

96.(六十二) yarɣun kiyikmän , yaylïɣ taɣïma aɣïpan yaylayur tururmän . mängiligmän tir.
守卫的 鹿我， 夏天 向山 登 过夏 是我。 我高兴 他说。
anča bilinglär , ädgü ol .
如此你们知道，吉 此。

97.(六十三) qanlïq süsi abqa önmiš , sayïr ičrä älik kiyik kirmiš . qan äligin tutmïš . qara
汗的 其军 打猎 出去了，猥劣 内 牡 鹿 进入了。汗 亲手 抓了。 黑
qamïɣ süsi
所有 其军队

98. ögirär tir . anča bilinglär , ädgü ol .
高兴 他说。如此你们知道，吉 此。

(六十四) kök buymul toɣan qušmän
蓝 颈 大 鸟我。

99. körüklüg qayaqa qonupan közläyürmän,yaɣaqlïɣ toɣraq üzä tüšüpän yaylayurmän
宽阔的 山崖 落在 我看。 果实的 胡杨 上 落在 我过夏
tir . anča bi-
他说。如此 知

100. linglär , anyïɣ ädgü ol .
道你们， 很 吉 此。

(六十五) särmiz at aɣzï qatïɣ boltï . idisi umaz tir . anča bili-
肥的 马 口 硬 成了。其主人 无法 他说。如此 知道

101. nglär , yablaq ol .
你们， 凶 此。

amtï amraq oɣlanïm , anča bilinglär , bu ïrq bitig ädgü ol . inčip alqu kän-
现在 爱 我的子， 如此 你们知道，此 占卜书 好 此。如此 所有 自

102. tü ülügi ärklig ol .
己 强 有力的。

103. bars yïl äkinti ay biš yigirmikä tayɣüntan manïstantaqï kičig dintar burua guru
虎 年 第二 月 五 二十 大云堂 摩尼寺的 小 僧 预言 师傅
äšidip ičimiz isig sangun
听 我兄长 依西格·将军·

104. itä čak üčün bitidim .
依塔恰克 为 我抄写了。

注释：

103. tayg ü ntan：来自汉语"大云堂"。manistan：来自梵文 manistan"摩尼寺"。dintar：意为"摩尼教信徒"。burua：来自中古波斯语 murw"预言"。guru：来自梵文 guru"师傅"。

张铁山　编著

第 一 章

历史文化概况

回鹘原称回纥，是构成现代维吾尔族的主要族源之一。据《旧唐书·回纥传》记载，唐元和四年（809年）蔼德曷里·禄没弭·施合密毗伽可汗遣使请改为回鹘，取义为"回旋轻捷如鹘"，遂由回纥改为回鹘。关于"回鹘"的词义，学界有王朝名称说、自食其力说、同盟互助说、皈依说、森林民族说等，其中为大家所普遍接受的说法是同盟互助说。

回鹘族源最早可追溯到汉朝时的丁零。北魏时为铁勒（别号高车）六部之一的袁纥部。5世纪末，铁勒诸部反抗北魏征兵，在斗争中袁纥部崭露头角，成为铁勒诸部中较强的一部。6世纪时，突厥强大起来，铁勒诸部遂屈服于突厥。

回鹘由内九族（又称九姓回纥）和外九族（又称九姓乌古斯）组成。内九族包括药罗葛、胡咄葛、咄罗勿、貊歌息讫、阿勿嘀、葛萨、斛温素、药勿葛、溪耶勿。外九族是指唐初以强大的回纥为基础，联合或收并仆固、浑、同罗、拔野古、思结、契苾、拔悉密、葛逻禄，加上阿跌部，又称"十姓回鹘"。

一 漠北回鹘汗国(774—840年)

8世纪中期，回鹘与拔悉密、葛逻禄一起反抗突厥，于744年取代突厥，在蒙古高原建立了漠北回鹘汗国。

漠北回鹘汗国第一代可汗为药罗氏族出身的骨力裴罗，又称骨吐陆阙毗伽可汗（唐朝册封为怀仁可汗）。骨力裴罗死后其子磨延啜继位，是为葛勒可汗。史称磨延啜"勇悍善用兵"，并按照游牧民族的传统分封其二子统治汗国的东、西两部分。同时征服铁勒诸部、叶尼塞河上游的黠戛斯以及阿尔泰山脉西南、东部天山山脉北方的葛逻禄、拔悉密等部。

漠北回鹘汗国从建立汗国起，在一个世纪中极力开拓疆域，其统辖疆域"东际室韦，西抵金山，南跨大漠，尽有突厥故地"，大致东起兴安岭，西至阿尔泰山，北接贝加尔湖，南边与唐朝为邻。

唐朝安史之乱（755—763年）期间，回鹘应唐朝的请求，出兵帮助平定叛乱。至德二年（757年），回鹘王子率军援助唐朝，把长安、洛阳从叛军手中夺回。乾元元年（758年），唐朝把宁国公主嫁给葛勒可汗，同时封他为"英武威远毗伽可汗"。此时，唐朝与回鹘的关系非常密切。

葛勒可汗死后，其子牟羽继可汗位（759—780年在位）。这期间，唐朝又爆发了史朝义之乱。牟羽可汗在762年出兵帮助唐朝讨伐史朝义。牟羽可汗从河阳（洛阳东北）经太原返回草原。唐朝为表彰牟羽可汗的功绩，封其为"英义建功可汗"，封其妻为"光亲丽华可敦"。

当牟羽可汗率兵帮助唐朝讨伐史朝义时，在洛阳接触到了摩尼教，并把四个当时在洛阳传教的摩尼教僧人带回草原。从此摩尼教流行于漠北回鹘汗国，并被回鹘可汗尊为国教。

回鹘人原先信仰萨满教。自牟羽可汗率先信仰摩尼教之后，摩尼教在回鹘地区迅速得到传播，不仅深刻地影响了回鹘广大牧民的精神生活，而且有许多摩尼师在汗廷享有特权，参与国政。

漠北回鹘汗国的社会经济以畜牧业为主。从历史文献对唐朝与回鹘绢马贸易的记载中可以看出，当时回鹘的畜牧业生产得到了很大的发展。

随着政治、经济的发展，汉族先进的生产技术和文化对回鹘社会也产生了较大的影响。尤其是每当公主出嫁时都要带去大批汉族工匠和随从人员，长期留住。这些工匠及随从人员把汉族的先进文化和先进生产技术带入回鹘，对回鹘社会向前发展起到了极大的促进作用。考古和文献资料证明，这一时期回鹘人建立的可汗城、富贵城、可敦城等在建筑艺术形式和风格上都深受汉族建筑艺术的影响。另外，在鄂尔浑河流域发现的《九姓回鹘毗伽可汗碑》不仅刻有工整的汉文，而且碑座的式样和雕刻的花纹也都是汉式的。

唐文宗开成五年（840年），漠北回鹘汗国内部爆发了争夺权力的内乱。再加上当时回鹘地区瘟疫流行，又遭暴风雨。天灾人祸，造成民众流散，回鹘国势急剧衰落。漠北回鹘汗国在黠戛斯人的攻击下灭亡。其后，除一部分回鹘人仍留在蒙古草原外，大部分开始迁徙。回鹘人迁徙的方向主要分为向西、向南两支：一部分在可汗牙帐附近的十三部（约10万人）南下到漠南的长城附近。漠南回鹘后逐渐与当地的汉族及其他民族融合。一部分西迁到河西走廊，与早在武则天时南渡大漠而徙居于河西的回鹘部众相合，建立起甘州回鹘王国，史称甘州回鹘或河西回鹘，11世纪时亡于西夏。今甘肃省的裕固族就是这一支回鹘人的后裔。另一主要部分向西迁入到新疆别失八里，之后越过天山，占有吐鲁番盆地、库车等地，建立了高昌回鹘王国，史称西州回鹘。还有一支西迁的回鹘人进入中亚草原地区，和先于他们进入这一地区的葛逻禄部会合。因这部分回鹘人主要活动于葱岭以西，史称葱岭西回鹘。这支回鹘在10世纪中叶至12世纪联合葛逻禄、样磨等族建立起强大的喀喇汗王朝。13世纪初喀喇汗王朝亡于西辽。

除了漠南回鹘外，9世纪中叶西迁后的回鹘，在河西走廊和西域分别建立起3个地方政权：甘州回鹘王国、高昌回鹘王国和喀喇汗王朝。

二　漠南回鹘

由于政治、经济、历史和地理交通等方面的原因，唐与回鹘关系密切，往来频繁，在唐京城和许多地方，经常住有大量回鹘人，增加了回鹘人民对中原地区人民的了解。所以在漠北回鹘汗国初破之时，就有大量回鹘部民自行南下，要求内附。漠北回鹘汗国灭亡后，可汗牙帐附近的十三部回鹘人于唐会昌元年（841年）二月开始南迁。在南下途中推举乌介特勤为可汗。乌介可汗得知黠戛斯得太和公主，派人送往唐朝，便发兵截击，夺回太和公主。至唐天德军（今内蒙古河套东侧）界，请求将天德城让给他们，作为公主的居住地。唐朝没有同意他们的要求，但送给他们两万斤粮食，并派人向他们解释。宰相沙陀人朱邪赤心、特勤那颉啜等率领七千帐，离开了乌介可汗。乌介可汗派温没斯用计杀死了赤心和那颉啜，并占有了七千帐，向东游牧到唐幽州雄武军，幽州节度使将他们打败，收纳了他们的全部人马，共九万余人。那颉啜逃跑，被乌介可汗抓住杀掉。

这时，乌介可汗的部众仍号称十万，活动地点主要在今山西大同市以北，对当地居民时有骚扰掠夺。唐朝一方面给乌介可汗及其宰相写信，制止侵扰，并要求可汗效仿汉朝的呼韩邪单于只身入朝，送回太和公主，另一方面布兵设防，以防不测。唐会昌二年（842年）冬及843年春，特勤庞俱遮、阿敦宁二部、公主密羯可敦一部、外相诸洛固阿跌一部、大将曹磨你等七部，共三万人，先后归属于幽州（今北京市境内），被分散于各地。特勤温没斯、阿历支、习勿啜三部，宰相爱耶勿弘顺、尚书吕韦等诸部归属于振武军（今内蒙古托克托附近）。唐封温没斯为右金吾卫大将军、怀化郡王，改天德城为归义军，以温没斯为军使。封阿历支为宁边郡公，习勿啜为昌化郡公，乌罗斯为宁朔郡公，并为冠军大将军、左卫大将军，爱耶勿为宁塞郡公，右领军大将军。后来温没斯等至朝廷觐见唐武宗，皆被赐姓李氏，改用汉名。特勤叶被活、兄李二部南奔吐蕃。特勤阿质力二部向东北奔大室韦。特勤荷勿啜与契丹交战，被打死。

唐会昌六年（846 年）秋，宰相逸隐啜杀乌介可汗，以其弟特勤遏念为可汗，率部众五千余人，投奔奚王硕舍朗。第二年，唐兵破奚，回鹘五百余人归依室韦。室韦将回鹘余众分成七分，七姓室韦各占一分。黠戛斯得知此事后，发兵七万，大败室韦，将回鹘之众带回漠北，但仍有少数散处于深山丛林之中。

南下的回鹘除一部分死亡外，大多数与当地其他民族融合了。据学者考证，唐以后分布于今内蒙古大青山一带的汪古部主要就是回鹘人，而汪古、雍古、王孤等族称，也都是回鹘的音变。这部分回鹘人后来大都融合于蒙古人中。

三 甘州回鹘王国（10—11 世纪）

西迁河西走廊的回鹘人以甘州（今甘肃张掖市）为中心，形成了一个割据集团，建立起甘州回鹘王国，史称"河西回鹘"，亦称"甘州回鹘"。

西迁河西走廊的回鹘人最初依附于吐蕃的统治之下。唐武宗会昌二年（842 年），吐蕃王朝赞普达磨被刺杀，王朝贵族内讧，混战近 20 年，于是原任唐沙州节度使张义潮的地方政权崛起。张义潮不久被唐朝提升，任归义军节度使，节度瓜、沙、伊、肃、鄯、甘、河、西、兰、岷、廓等 11 州。河西回鹘亦归附于张义潮。851 年，甘、凉二州的回鹘与张义潮联合，共同抗击陇右吐蕃。10 世纪初，吐蕃势衰，河西回鹘渐强，设牙帐于甘州张掖，进一步控制了河、兰二州，随后又打败了瓜、沙等州的地方势力，使瓜、沙二州实际上成为回鹘所控制的地区。

河西回鹘分布很广。在 9—10 世纪期间，以甘州为中心，西至肃州（今酒泉县）、瓜州（今安西县）、沙州（今敦煌县），东南至凉州（今武威县）、兰州、秦州（今天水市），东北至贺兰山，西北至合罗川（今额济纳河），都有回鹘人居住。

河西地区土地肥沃，水草丰美，宜农宜牧。西迁河西的回鹘最初仍以经营畜牧业为主，后因受到汉人经济文化的影响，特别是周围都是农业地区，所以也逐渐学会了农耕，并转向半农半牧的经济生活。此外，因地处中西交通要道，河西回鹘不仅与中原、西域有着频繁的贸易往来，而且与西方的波斯、大秦也有间接的商业往来。商业贸易在河西回鹘也得到了一定的发展。

从中外史料中可以清楚地看到，甘州回鹘与中原从后唐同光元年（923 年）到北宋宣和三年（1121 年）将近 200 年之间，无论是在政治上，还是在经济上都有密切的关系。政治上，从五代时起，甘州回鹘沿袭漠北时期回鹘汗国和唐朝的姻亲关系，对北宋以甥舅相称。经济上，西域和西方国家，通过甘州回鹘扩大了同中原内地的贸易往来。商品由西域运到甘州回鹘地区，然后进入内地。甘州汗国的商人当时足迹遍布内地，并在内地燕京市场上享有很高的声誉。

从 10 世纪到 11 世纪，甘州回鹘同波斯、印度、罗马等国的商业往来也很频繁。如后唐同光元年（923 年），沙州回鹘人送给内地后唐以波斯锦；同年，甘州回鹘可汗送给后唐同样的物品。在甘州回鹘汗国中，还有许多粟特、布哈拉等地的商人。

从 10 世纪末到 11 世纪初，除了中原地区有宋、辽两个王朝对峙外，在河西回鹘的东边兴起了党项人的势力。此后数十年间，河西回鹘与党项人进行了多次战争。1028年，李元昊率兵袭击甘州，甘州城被破，可汗出逃，甘州回鹘政权遂灭亡。到1038年，党项人以李元昊为首，建立了西夏政权，定都于兴庆府（今宁夏银川市）。

西夏王国占领整个河西走廊时，甘州回鹘各部落纷纷离散：一支投奔于今青海西宁的吐蕃，这一部分回鹘人后来逐渐融合于吐蕃之中；另一支逃到北宋境内，居于秦（今甘肃天水县）、陇（今陕西陇县）之间，这一支后来融合于北宋境内的汉族之中；还有一支西退至沙州之南，从事游牧。

回鹘西迁甘州后，受当地佛教的强烈影响，大兴佛教。到11世纪中叶，关于甘州回鹘王国信佛教的记载不少：北宋景德四年（1007年），甘州回鹘夜落纥氏派遣佛僧瞿大秦来北宋送马，表示想在北宋首都开封建造佛寺；北宋熙宁元年（1068年），甘州回鹘可汗又遣使来送土产，并求购金字的《大般若经》，北宋朝廷诏赠一部。北宋末年时人洪皓以其亲眼所见，写有《松漠纪闻》一书。书中形象地记载着甘州回鹘人笃信佛教，说他们在庙中塑立佛像，每逢斋日，一定要宰羊。酒吃得痛快后，用指头蘸血涂抹佛嘴，或捧着佛足敲打，叫作"敬亲"。如果在佛堂内背诵佛经，则身披袈裟，口中念印度语。

甘州回鹘亡于西夏后，回鹘佛僧又在西夏的佛教传播和佛典翻译中，做出了极大贡献。如西夏天授礼法延祚七年（1047年），李元昊于其首都兴庆府（今宁夏银川市）建高台寺，请回鹘僧人演译由宋朝赠送的《大藏经》，并译成西夏文；拱化五年（1067年）和佑民安六年（1095年），西夏又两次向辽朝进献回鹘佛僧及其所演释的《梵觉经》等。

甘州回鹘时期，佛教信仰极盛。当时回鹘上层贵族把修建佛寺、开凿洞窟视为一种功德，因而，在敦煌莫高窟等佛教千佛洞中可以见到不少回鹘洞窟。这些回鹘洞窟艺术既与汉民族唐宋时期的传统艺术有着密切的联系，又具有回鹘民族艺术风格和民族气质的鲜明特征。

9世纪中叶回鹘西迁河西走廊后，占据了瓜、沙、肃、甘、凉等地，回鹘语文逐渐成为河西地区通行的语文之一。河西地区除发现有大量的回鹘文文献外，还有不少回鹘、汉文合璧的双语碑铭。甚至在14—15世纪由于受到伊斯兰教的影响，新疆回鹘人弃用回鹘文后，河西地区仍持续使用到17世纪，如20世纪初在酒泉附近发现的回鹘文本《金光明最胜王经》就是清康熙二十六年（1687年）在敦煌抄写而成的。

四　高昌回鹘王国（9世纪中期—13世纪中期）

840年15部回鹘部众西迁进入北庭（今新疆吉木萨尔县），不久又越过天山，南下占有吐鲁番盆地，建立了以高昌为中心的高昌回鹘王国。

吐鲁番地区从公元前1世纪起就是东西交通的要道，经济、文化很发达。南北朝后，由于大量汉族人民迁居此地，又受到汉族文化的强烈影响。840年以后当回鹘人大举迁到这里后，在当地较发达文化的影响下，逐渐放弃游牧生活，创造了光辉的回鹘佛教文化，而与以喀什为中心的喀喇汗王朝伊斯兰文化相对立。

高昌回鹘王国的统治疆域东起哈密，北至伊犁河，西至阿克苏的冰达坂，南接当时吐蕃控制的于阗。

12世纪时（1129年），高昌回鹘王国从属于西辽。13世纪初（1209年），高昌回鹘王巴尔术阿尔忒的斤自愿归附于成吉思汗的蒙古帝国。到13世纪末，高昌回鹘王国实际上已不复存在了。

高昌回鹘王国地处中西交通要道，是东西文化交流荟萃之地。他们在发展原有文化的基础上吸收东西文化成果，促进了本民族文化的繁荣。

高昌回鹘王国初期仍使用古代突厥文，后代之以回鹘文。王室及民间使用这种文字作为交际工具，书写文书、契约、历法等。回鹘文活字印刷技术在吐鲁番盆地也广为采用。

回鹘本来就是一个能歌善舞的民族，而高昌地区古来又是音乐舞蹈十分发达的地方。回鹘在高昌建国后，音乐舞蹈得到了发展，久盛不衰。据王延德《高昌行记》记载，回鹘人"乐多琵琶、箜篌"、"好游赏，行者必抱乐器"、"张乐饮宴，好游戏……泛舟于池中，池四面作鼓乐"。这一时期回鹘的绘画和雕塑艺术得到了巨大的发展。

历法方面，据对吐鲁番出土的回鹘文历书残页研究，当时回鹘人使用的是"七曜历"。"七曜历"是以日和月五星记日的历法，其顺序为日月水火木金土，周而复始。纪年用十二生肖表示，与中原十二生肖略有差异。

医药方面，在唐代医学名著《千金要方》中载有《西州续命汤》，这是吐鲁番一带各族人民与疾病抗争的经验总结。五代宋元时期，高昌回鹘地区的药材运往内地销售颇受欢迎。同时，汉文的《难经》、《本草》也译成回鹘文，在高昌广为传播。

佛教在西域各地的传播已有悠久的历史。据文献材料记载，当时高昌境内所信仰的佛教主要是大乘派和小乘派。佛教的主要经典都被译成了回鹘文。

由于回鹘王对佛教大加扶持，佛教在王国境内占统治地位。高昌、交河、北廷、库车是当时的佛教中心，均建有很多寺院。高昌回鹘王室在招待宾客时，往往有佛教僧侣参加，而且邀请客人到寺院观光。每当春暖花开、风和日丽的季节，居民们便成群结队到寺院游玩，举行带有佛教色彩的活动。传统的佛教节日，如五年大会、乞寒节等，都是群众十分重视的节日。

除佛教外，当地还有少数人信仰摩尼教、景教、萨满教和祆教。王国后期，伊斯兰教开始传入。

五　喀喇汗王朝（9世纪末—13世纪初）

840年回鹘汗国灭亡后，西迁的一支回鹘部众越过准噶尔盆地进入中亚草原，奔葛逻禄而去。9世纪末，这支回鹘人在葛逻禄汗国的基础上建立起了喀喇汗王朝。

喀喇汗王朝一名是近代研究新疆和中亚史的学者起的名称，因为这个王朝的统治者大多使用qaraxan（音译"喀喇汗"；意译"黑汗"，故有些学者称之为黑汗王朝，有"强有力的汗"之意）。

喀喇汗王朝的疆域在鼎盛时期曾包括塔里木盆地的中部和西部、伊犁河流域和巴尔喀什湖以南、楚河流域和伊塞克湖周围、锡尔河中游和阿姆河中游以东地区，即现今新疆的北部、南部和中亚的吉尔吉斯斯坦、塔吉克斯坦、哈萨克斯坦东南部以及乌兹别克斯坦东部这一广阔的地区。

喀喇汗王朝把汗国分为两部分，由王族的长幼两支分治。长支为大可汗，称阿尔斯兰汗（狮子汗），是王朝的最高首领，驻巴拉沙衮；幼支为副可汗，称博格拉汗（公驼汗），先驻怛逻斯，后迁喀什噶尔。

喀喇汗王朝的第一个可汗是毗伽阙卡迪尔汗。毗伽阙卡迪尔汗死后，他的两个儿子继位，平分了国土。长子巴兹尔称阿尔斯兰汗，驻巴拉沙衮，统治王朝东部地区；次子奥古尔恰克称博格拉汗，驻怛逻斯，统治西部地区。893年怛逻斯被萨曼王朝攻破，奥古尔恰克被迫迁往喀什噶尔。从此，喀什噶尔逐渐成为文化、宗教和政治中心，对新疆历史的发展产生了重大影响。

奥古尔恰克之侄幼年住在阿图什，受到从萨曼王朝逃来的王子影响，皈依伊斯兰教。奥古尔恰克死后，其侄萨图克继位称博格拉汗。萨图克博格拉汗一生最重要的业绩是接受了伊斯兰教，并使其成为喀喇汗王朝政治活动的基石。萨图克博格拉汗时期，喀喇汗王朝国势渐强，夺回了被萨曼王朝占领的怛逻斯，并于944年与未接受伊斯兰教的巴拉沙衮大汗进行激战，攻占了巴拉沙衮，统一了喀喇汗王朝，定都于喀什噶尔。

1041年，喀喇汗王朝在阿姆河的统治者阿里特勤·伊布拉欣脱离东部大汗的统治而独立，自称为"桃花石"汗。从此统一的汗国又分为东、西两个汗国。东部汗国由哈桑家族统治，领有怛逻斯、白水城、石城、费尔干纳东部、七河流域和喀什噶尔。西部汗国由阿力家族统治，领有阿姆河地区及费尔干纳西部，以布哈拉为都城。

东部喀喇汗王朝第一任大可汗苏来曼·本·玉素甫领有喀什噶尔和巴拉沙衮。他的二弟穆罕默德·本·玉素甫任副可汗，领有怛逻斯和白水城。三弟马赫默得·本·玉素甫领有东部的部分地区。1211年，西辽出兵喀什噶尔。至此，东部喀喇汗王朝灭亡。

1089年塞尔柱王朝攻占布哈拉，从此西部汗国在政治上依附于塞尔柱王朝。1137年，西辽在中亚和毡（今塔吉克霍占）又击败了西部喀喇汗王朝的军队，原喀喇汗王朝的西部疆域也归西辽所有。至此喀喇汗王朝灭亡。

在喀喇汗王朝境内，除了回鹘这一主体民族外，还有其他民族和部落，如葛逻禄、样磨、古斯（又称古兹）、处月、突骑施、粟特等。这些民族和部落在与回鹘的交往中逐渐融合于回鹘。

由于喀喇汗王朝境内民族众多，所以境内的语言尚不统一，但出现了向统一发展的趋势。其中伊斯兰教回鹘人的语言是纯正的突厥语，但相互间还存在土语。回鹘人采用回鹘文，并用这种文字撰写书籍和信件。非伊斯兰教的回鹘人和"秦人"使用一种与秦人（契丹人）文字相似的文字，正式函件、凭据就用此文字书写。伊斯兰教传入之后，回鹘文逐渐被阿拉伯文字母文字所代替。

伊斯兰教的传入及被定为国教是喀喇汗王朝时期的一件大事。喀喇汗王朝自萨图克博格拉汗信奉伊斯兰教后，大力推行伊斯兰教，在其疆域内大量修建伊斯兰寺院，开办宗教学校，培养传教骨干，于是阿拉伯文化和波斯文化通过伊斯兰教的传播不断流入西域。这一方面使西域各民族固有文化增添了新的内容和光彩，另一方面由于宗教的偏见和长期的"圣战"，却又使历史悠久、一直居于统治地位的佛教文化，遭到了毁灭性的打击和破坏。

回鹘人接受了伊斯兰教以后，其文化及生活方式都发生了很大变化，在意识形态各个领域内形成了受伊斯兰教思想文化影响很深的新的思想、观念、意识和伦理道德标准。玉素甫·哈斯·哈吉甫的《福乐智慧》对这一时期的思想、观念和伦理道德进行了集中的、系统的和形象的描写。

喀喇汗王朝时期的文学艺术取得了辉煌的成就。《福乐智慧》、《突厥语大词典》、《真理的入门》等都是当时文学上的代表作，为后世文学的发展奠定了基础。

第 二 章

文字的起源与变迁

　　回鹘文是来源于粟特文的一种音素文字，主要流行于9—15世纪。因回鹘人曾广泛使用过这种文字，所以一般统称为回鹘文。事实上，回鹘文曾被包括回鹘人在内的突厥语族诸民族及一些非突厥语民族使用，是一种跨语言、超方言的文字。它在使用过程中也在不断发展变化，不仅在吸纳其他民族的文化和维护突厥语族语言的一致性方面发挥过重要作用，而且也曾对周围其他民族文字有过很大影响。

　　回鹘在漠北回鹘汗国时期，主要使用古代突厥文。后来回鹘社会不断发展，回鹘汗国的势力逐渐壮大，加之摩尼教被回鹘可汗奉为国教，中亚粟特商人日益增多，他们在回鹘汗国的地位也得到加强，粟特文化对汗国产生了深刻影响。此时的漠北回鹘汗国在继续使用古代突厥文的基础上，开始使用粟特文，用粟特文来记录回鹘语。此外，当时的回鹘人还使用汉文。《九姓回鹘可汗碑》的作者为回鹘内宰相颉于伽思。该碑的汉文与回鹘文的内容，无论是在结构上还是在风格上均不同，可见此碑的汉文部分，不是从古代突厥文或粟特文翻译过来的，而是出自颉于伽思本人的手笔。这说明作者不仅通晓汉文，使用汉文，而且对汉文还有极深的造诣。

　　回鹘文来源于粟特文。但突厥语民族究竟在何时何地开始用粟特文字母记录自己的语言，目前还不清楚。不过，根据现存8世纪用粟特文字母铸成的突骑施钱币来看，最初使用粟特文字母拼写突厥语的可能是以七河流域为主要居住地的突骑施部。对于这一点，地理位置似乎也可以作为一个旁证，因为突骑施与粟特的主要居住地最为接近。另外，根据20世纪50年代在蒙古人民共和国乌兰浩木地方发现的8行回鹘文碑铭来看，回鹘人早在回鹘西迁（840年）以前就已经使用回鹘文了。这说明回鹘文的产生最迟不晚于8世纪。

　　840年回鹘大举西迁后，回鹘文使用得更加广泛，甘州回鹘王国、高昌回鹘王国和喀喇汗王朝均使用回鹘文，既用于碑刻，也用于各种内容的写本，元代时还用于木刻书中。直到15世纪，回鹘文逐渐废弃不用，而代之以察合台文。

　　回鹘文在发展的过程中有过不少的改革。早期的回鹘文与粟特文没有多大的区别，如缺少必要的元音字母，元音字母 o 和 u、ö 和 ü、ï 和 i 没有区别；辅音字母 q、x 和 ɣ、t 和 d、s 和 š、z 和 ž、b 和 p、g 和 k 没有区别；表示元音 a 和 ä 的字母在字形上与表示辅音 n 的字母相同；词间的辅音字母 w 和 y 在外形上没有区别。后来 q 用在左边加两点表示，h 用在左边加一点表示，而 ɣ 则不加点；在表示 s 的字母右边加两点表示 ʃ，以此来区别 s 和 š；辅音 n 用在左边加一点来表示，以此与元音 ï 和 i 相区别；辅音 ʒ 用在右边加两点表示，以此与不加点的 z 区别。尽管回鹘文在后来的使用过程中做了不少改革，但总的来说，回鹘文仍然没有完全摆脱辅音音素文字的束缚。

　　回鹘文最初也同粟特文一样，是从右到左横写的。后来因受汉文的影响，改为竖写，字行从左到右。

回鹘文字母表

回鹘文在发展过程中，除了对一些不能准确表示回鹘语的字母进行改革以外，还出现了不同的字体，形成了独具特色的回鹘文书法艺术。回鹘文字体可以首先从形成的手段上分为印刷体和手写体两类。印刷体包括木刻印刷体和木活字印刷体两种。手写体包括楷书体、行书体、草书体 3 种。另外，手写体还可以根据书写工具分为软笔体和硬笔体两种。

1. 印刷体

回鹘文印刷体是随着中原雕版印刷术和活字印刷术的传播而产生的，有木刻印刷体和木活字印刷体两种。

（1）木刻印刷体

随着唐、五代刻书的增加和普及，与中原王朝有着密切关系的回鹘人也学会了雕版印刷术。对于回鹘文雕版印刷的开始时间，史籍虽没有明确的记载，但 1929 年前西北科学考察团曾在新疆获得木刻本回鹘文《佛说天地八阳神咒经》残叶 3 张 7 面半，其中的第一、二张右边下方刻有"陈宁刊"三个汉字，在第三与第四面中缝有汉字叶数"十"。据冯家升先生考证，陈宁为刻工，宋理宗绍定四年（1231 年）开始刻《碛沙藏》，元英宗至治二年（1322 年）完成。据此可以认为，雕版印刷用于回鹘文最迟应在宋代。

回鹘文木刻印刷体因受雕版材料及刻写工具的影响，其特点是笔画刚劲，竖笔直硬，横笔短细，粗细变化明显，有很强的用刀刻写笔韵。木刻印刷体是回鹘文字体中最清楚好认的。

（2）木活字印刷体

回鹘文木活字是在什么时间使用的，目前学术界还没有一个统一的看法，一般认为当在蒙元初年，即 1300 年左右。

迄今尚未发现用木活字印刷的回鹘文文献，仅在敦煌发现有千余枚回鹘文木活字。其中最多的一次是由伯希和发现于敦煌莫高窟北区第 464 窟中，共计 960 枚。国内敦煌研究院、北京图书馆等地收藏有近百枚。这些回鹘文木活字是用锯子先将硬木锯成高、宽相等，长度不一的方块，然后用刀在面上刻字而成。

回鹘文木活字虽受汉文活字印刷的影响，但又不完全同于汉文，它充分考虑到了回鹘语是黏着语的特点：汉字为方块字，其活字可以大小高低一致，并且一活字即为一汉字，但回鹘文的一个词（或词干）后可以缀接不同的构词或构形附加成分，因此，其高、宽可以一致，但长短则不一样；一活字有时是一个词，有时只是一个动词词干，有时是一个字母，有时是几个字母组成的音组。由此可见，活字运用于回鹘文，也是回鹘人对活字印刷的再创造和再发明，其中凝结了回鹘人的聪明智慧，是回鹘人对世界文明的一大贡献。

回鹘文木活字印刷体与木刻印刷体在字形上十分接近，只是前者的粗细变化不大，笔画较紧凑。

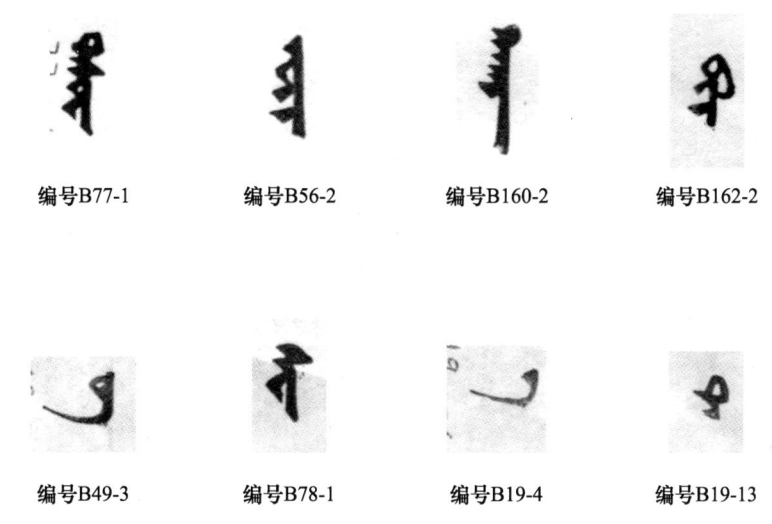

图 1　敦煌莫高窟北区出土部分回鹘文木活字

2. 手写体

回鹘文手写体包括楷书体、行书体、草书体 3 种。根据书写工具的不同，手写体还可以分为软笔体和硬笔体两种。

（1）楷书体

楷书体是回鹘文文献中最常见的一种字体，常用于抄写佛教文献。这与佛教信仰有关：回鹘人认为，诵读和抄写佛经，是一种功德，而且这种功德是可以相互转达的。正因为如此，回鹘佛教徒除了自己发愿抄写佛经外，还可以请人抄写佛经，有为自己，也有为父母或其他亲属而请人抄写的，并认为这也是一种积功德。可以想见，当时在回鹘人中可能有专门从事抄写工作的人员，而请这些抄写人员的大多是一些达官贵人。

回鹘文楷书体精美而工整，笔画圆润，粗细变化不大，整个布局较紧凑。楷书体是回鹘文字体中较为清楚、好认的。从书写工具上来看，有的楷书体是用毛笔（软笔）写的，有的是用竹苇笔（硬笔）写的。用毛笔写的楷书体，笔画更为圆滑，棱角不分明，而用竹苇笔写的楷书体，棱角较分明。

（2）行书体

行书体是回鹘文字体中使用较普遍的一种字体，它介于楷书体与草书体之间，既用于宗教文献，也用于民间世俗文书。

　　回鹘文行书体笔画较为流畅，粗细变化不显著，书写较自由。现存的回鹘文行书体文献较多，如《阿毗达磨俱舍论》、《善恶两王子的故事》等。

　（3）草书体

　　草书体是回鹘文字体中最难识别的一种字体，多用于民间的社会经济文书。草书体有用毛笔书写的，也有用竹苇笔书写，其笔画潦草，粗细不一，书写极为自由，连笔和省笔较多，且多不受纸张的限制。

　（4）软笔体

　　这是根据书写工具对回鹘文字体进行的一种分类。多用毛笔书写。其笔画圆滑，粗细不一，书写较为流畅。现存用毛笔书写的软笔体回鹘文文献很多，既有宗教文献，也有世俗文书。此外，在敦煌、吐鲁番等地千佛洞里还保存有软笔体回鹘文的许多题记。

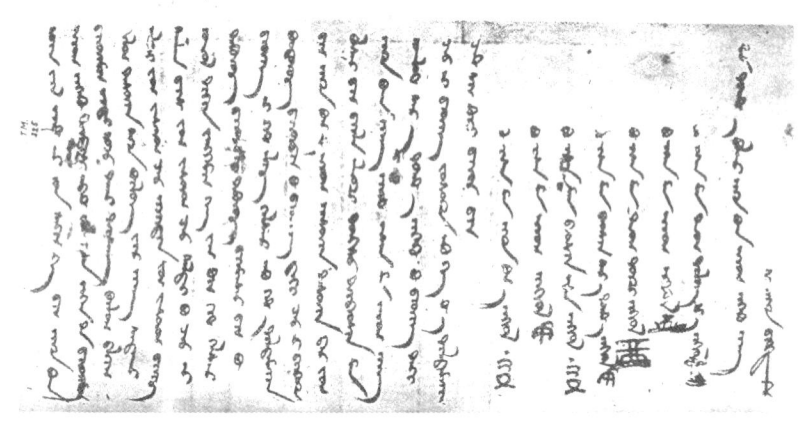

图 2　回鹘文软笔体文书

　（5）硬笔体

　　这也是根据书写工具对回鹘文字体进行的一种分类。多用竹笔或苇笔书写。其笔画硬朗，棱角分明，粗细变化不大。现存硬笔体回鹘文文献很多，许多保留在敦煌和吐鲁番等地千佛洞中的回鹘文题记也属于硬笔体。

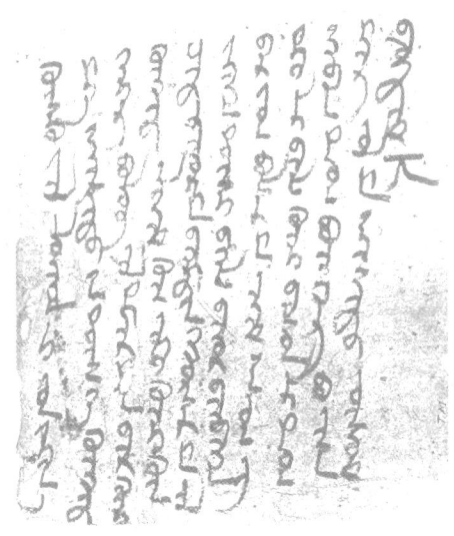

图 3　回鹘文硬笔体文书

历史上，回鹘文也曾对其他民族的文字有过很大影响：史载"契丹小字"仿自回鹘文；元代时，回鹘文为蒙古族所采用，经过若干变化后，形成了现代蒙古文；16世纪以后，满族又从蒙古族处接受了这种字母，形成满文；此外，回鹘文在13—15世纪也用作金帐汗国、帖木耳帝国和察合台汗国的官方文字。

契丹文是我国古代少数民族之一的契丹族使用的文字，有契丹大字和契丹小字两种。契丹大字是在汉字的基础上增减汉字笔画而成的，属于表意的汉字式词符文字，如"天"下一"土"，表示天；"大"上加一横二点，表示大。大字的造字时间在921年。

契丹小字是表音文字，表音受回鹘影响，方法模仿汉字的反切。小字的创造时间约在924—925年。

契丹族907年建辽，历经五代、北宋，1125年灭于女真族。辽国灭亡后，契丹字还在有限的范围内使用近一个世纪。金初曾借用契丹字。金章宗明昌二年（1191年）金朝"诏罢契丹字"。契丹字从创制到废弃，历时270年（921—1191年）。

关于蒙古族最初使用回鹘字母记录自己的语言，《元史·塔塔统阿传》载："塔塔统阿，畏兀人也。性聪慧，善言论，深通本国文字。乃蛮大扬可汗尊之为傅，掌其金印及钱谷。太祖西征，乃蛮国亡，塔塔统阿怀印逃去，俄就擒。帝诘曰：'大扬人民疆土悉归我矣，汝负印何之？'对曰：'臣职也，将以死守。欲求故主授之耳，安敢有他！'帝曰：'忠孝人也！'问是印何用，对曰：'出纳钱谷，委任人才，一切事皆用之，以为信验耳。'帝善之，命居左右。是后凡有制旨，始用印章，仍命掌之。帝曰：'汝深知本国文字乎？'塔塔统阿悉以所蕴对，称旨，遂命教太子诸王以畏兀字书国言。"由此可知，蒙古族采用回鹘字母书写蒙古语是在1204年成吉思汗征服乃蛮之后。这种文字后来被称为"回鹘式蒙古文"。

学者们根据元代回鹘式蒙古文文献进行分析认为，回鹘式蒙古文最初有19个字母，其中表示元音的5个，表示辅音的14个。大部分字母有词首、词中和词末三种变体。个别字母不出现在词首，只有词中和词末两种变体。元音字母和辅音字母在笔画上结合得很紧，多数情况是连在一起的。拼写一般以词为单位，但有时一个词也可以分作两段书写。字序从上到下，行序从左到右。标点符号有单点（相当于逗号）、双点（相当于句号）、四点（用于段落末尾）三种。回鹘式蒙古文拼写法基本上沿用回鹘文的规则，不但字母与读音的关系、字母在不同位置上的变体基本一致，就连行款、程式等也都一样。

在1269年以后的一段时间里，回鹘式蒙古文的使用受到限制，因为此时已正式颁布"蒙古新字"（即八思巴文）。至元朝后期，回鹘式蒙古文又逐渐通行开来，并经过元、明两代，到17世纪初发展成为两个支派：一支是现在通行于我国蒙古族大部分地区的蒙古文；另一支是仅在新疆蒙古族中使用的托忒蒙古文。

继蒙古文之后，1599年清太祖努尔哈赤命额尔德尼和噶盖二人参照蒙古文字母创制了满文，俗称"无圈点满文"或"老满文"。这种满文的字母数目和形体与蒙古文字母大致相同，使用了30余年。1632年清太宗皇太极令达海对老满文进行改造。达海利用在字母旁边加圈点、改变某些字母的形体、增加新字母等方法，改进和创制了新的满文。这种满文又被称为"有圈点满文"。目前保留下来的满文文献绝大多数都是用改进后的满文书写的。

1947年锡伯族语文工作者又在满文的基础上，改变其个别字母的形体，增减了一些音节，创制了锡伯文。

回鹘文的字母因时代不同，有15—23个。每个字母因出现在词中位置的不同，又有词首、词中、词末几种不同的形式。

回鹘文在书写上主要有以下规则：

1. 元音 o 和 u、ö 和 ü、i 和 ï 在文字上没有区别。
2. 元音 ö 和 ü 在第一音节辅音 y、k、g 的后面出现时，写作 o 和 u，即没有一个小芽。
3. 元音 ö 和 ü 在词首或在除 y、k、g 以外的第一音节辅音后面时，仍写作 ö 和 ü，即有一个小芽，但在第二音节以后写作 o 和 u，即没有一个小芽。
4. 词首元音 a 有时少一个小芽，写作 ă。
5. 在早期文献中，辅音字母 q、x、ɣ 没有区别，而在后期的文献中，q 在左前方加两点表示，x 在左前方加一点表示，而 ɣ 则不加点。
6. 在早期文献中，表示 n 的字母前面没有一点，写法同 a、ă，而在后期文献中，n 则在左前方加一点表示。
7. 在早期文献中，辅音字母 s 和 š 不区分，后来在字母的右边加两点表示 š，不加点则表示 s。
8. 辅音字母 b 和 p、g 和 k 没有区别。
9. 辅音字母 d 和 t 虽然写法不同，但在后期特别是在元代的回鹘文文献中经常混用。
10. 辅音字母 z 和 ž 经常混用，有时在右边加两点表示 ž，不加点则仍表示 z。
11. 词中辅音字母 w 和 y 常混用，有时在左方带一小钩表示 w，y 则没有这一小钩。
12. 辅音 ŋ 用 n 和 g 两个辅音字母连写表示。
13. 用一点或两点作为句读符号。多用四点"∴"表示段落。
14. 早期回鹘文从右往左横写，后来改为竖写，行款从左到右。

第 三 章

文字载体类别与版本形式

现存的回鹘文文献主要有碑铭、写本、刻本和文书等形式。

一　回鹘文碑铭

现今存世的回鹘文碑铭为数不多，已刊布的主要有《乌兰浩木碑》（又称《多罗郭德碑》）、《居庸关石刻》、《莫高窟六体文字碑》、《大元肃州路也可达鲁花赤世袭碑》、《有元重修文殊寺碑》、《土都木萨里修寺碑》、《亦都护高昌王世勋碑》等。

在上述回鹘文碑铭中，《乌兰浩木碑》还带有明显的古代突厥碑铭的原始性，与古代突厥碑铭一脉相承，人为痕迹较少，其余碑铭多与汉文合璧，其建造过程有汉族工匠参与，具有中原汉式碑铭的特点。

二　回鹘文纸质文献

回鹘文文献中数量最多的是写本。回鹘文写本早期多为卷子式。从目前所存回鹘文写本卷子来看，纸卷的长短各不相同，长卷由十几幅纸粘接而成，短卷少的只有两幅纸。每张纸上画有上下边框，有的还画有行线。回鹘文的书写格式是：从上到下为行，从左到右为卷。每卷开始，写有书名、卷次（有用回鹘文书写的，也有用汉文书写的）。卷子的最后一般还要写上抄写人的姓名、纪年纪日（多用十二属相纪年法）、写卷缘起等内容。

回鹘文卷子式写本明显地受到汉族文化的影响。不仅书名卷次页码使用汉文，而且在回鹘语中，甚至连"卷"一词都是采用汉语借词 küin，有时也使用本族语词 tägzinč（来自动词 tägzin- "卷起"）来表示。

回鹘文写本中最常见的形式是梵夹式，又称贝叶式。梵夹式回鹘文写本一般长约45厘米，宽约20厘米，两面书写。一页纸正面的左边穿有一小孔，用以将写本书页捆扎成册。在后期的写本中，往往仅在左边画一圆圈，表示原来的穿孔。每面纸上用墨画有上下边栏。回鹘文从上至下、从左到右书写。页码通常用小字写在正面的左边，也有写在反面右边的。有时只写页数，有时还写章数和书名。

无论是卷子式还是梵夹式回鹘文写本，一般都用黑墨书写。有些佛经的开头、"佛"、"菩萨"等词语用红笔书写。书写工具为芦苇笔或毛笔。纸张多为加厚的草制成或棉制成。回鹘文刻本多属于元代时期的文献。页（叶）码用汉字表示。

迄今为止，仅出土有一千多枚回鹘文木活字，但尚未发现回鹘文活字印刷品。敦煌出土的回鹘文活字皆为凸起阳文反字，绝大多数宽1.3厘米，高2.2厘米，长短则依所表示符号的大小而定。活字的木料质地坚硬，有些呈浅赭红色，有些木料则呈黄褐色，似为枣木或梨木。这些树种在西北地区分布广泛，资源丰富，且木质较细，易于雕刻。学者们根据对回鹘文木活字的观察和比较，再参考中原汉地有关木活字制作的记载，认为回鹘文木活字的制作方法有两种：

1. 通常制作活字的方法，即先将字样写好粘在已准备好的木板上，由刻工雕刻，然后按单位锯截，再逐个修整，即可归类使用；

2. 利用旧雕版已有文字内容，根据需要将其按词或音节锯开，敦煌回鹘文木活字中出现的有些活字有多余的字符，估计就是旧雕版文字中原有的。

还有一些活字字面和地脚两面都有回鹘文或标点符号，这似乎是因为需要应急或为了节省原料而为。此外，有些活字一面有刻坏的字，为节省原料，利用另一面重刻回鹘文。

敦煌出土回鹘文活字，可以分为7类：（1）以字母为单位的活字。这类活字可以表示回鹘语语音的所有音位。（2）以词为单位的活字。这类活字中有名词、形容词、数词、代词、副词、后置词和语气词等，名词中有一部分是佛教术语，还有一部分以表示动词的语法形式（如副动词等）或其他形式出现的活字。（3）以动词词干为单位的活字。回鹘语动词有丰富的语法范畴和形态变化，而动词词干则往往处于动词形态变化的核心地位，多是完整不变的，因此，抓住了动词词干也就抓住了动词的核心。（4）表示词缀的活字。回鹘语属黏着语，其形态变化是在词或词干后缀接各种词缀来完成的。这类活字充分体现了回鹘语的特点。（5）以不表示词义或语法功能的语音组合为单位的活字。（6）表示页面版框线的活字，其中有单栏线，也有双栏线。（7）表示标点符号和附加符号的活字，其中有一点和两点的，也有四点的。

图4　回鹘文木活字

回鹘文文书主要是经济契约文书，现存200多件。这些文书有一定的书写格式：（1）立约日期；（2）买卖、租借等的理由及目的；（3）买卖对象（土地及奴隶等）与价格；（4）保证及违约赔偿条款；（5）立约人、写约人、证人签名盖章（手印）。

回鹘文文书多为民间的记录形式，其大小尺寸不一，一般为一张纸，也有多张纸粘连起来的卷子式。用纸很随便，有的就在其他废弃的纸背面书写。回鹘文字体使用草体。

三　回鹘文题记、铭刻

现存的回鹘文题记和铭刻并不多。题记主要发现于敦煌和吐鲁番等地的佛教洞窟中。由于这些题记长期受到自然风化和人为破坏，现在大多已模糊不清，给研究带来了很大的困难。此外，还有一些回鹘文钱币、木杵等。

第四章

目录与分类

回鹘文文献可以作如下分类：

1. 历史类：在回鹘文文献中，至今尚未发现专门的历史著作，只有一些碑铭文献属于这一类，如《大元肃州路也可达鲁花赤世袭碑》等。

2. 经济类：现存的回鹘文经济类文献主要是契约文书，有200多件，分藏于世界各地，其中主要有《高昌馆来文》、《阿体卖奴隶（善斌）给买主写的临时字据》、《阿体给买主写的正式字据》、《摩尼教寺院文书》等。

3. 语言文字类：在回鹘文文献中，专门的语言文字作品极少，属于语言文字类的回鹘文文献有《突厥语大词典》、《高昌馆杂字》。

4. 文学类：回鹘文文学作品的种类很多，有民歌集、诗歌集、传说、故事、剧本等。这其中既有翻译的作品，也有创作的作品，如《弥勒会见记》、《乌古斯可汗的传说》、《佛教诗歌集》、《常啼和法上的故事》、《观音经相应譬喻谭》等。

5. 宗教类：现存的回鹘文文献大多属于这一类，其中又以佛教经典文献居多。回鹘文宗教经典文献按其内容又可分为佛教文献、摩尼教文献、景教文献和伊斯兰教文献4个小类。

（1）佛教文献：从目前发现的回鹘文佛教文献来看，既有大乘佛典，也有小乘佛经和密宗文献，《大藏经》中经、论两部分的主要著作大都被译成了回鹘文。回鹘文佛教文献较重要的有《金光明最胜王经》、《大唐大慈恩寺三藏法师传》、《佛说天地八阳神咒经》、《俱舍论实义疏》、《阿毗达摩俱舍论》等。

（2）摩尼教文献：回鹘文摩尼教文献较为重要者有摩尼教根本教义书《二宗经》、《摩尼教忏悔词》以及各种摩尼教赞美诗等。

（3）景教文献：主要有《福音书》（三个袄教僧朝拜伯利恒的故事）、《圣乔治殉难记》等。另外，《伊索寓言》也与景教有关。

（4）伊斯兰教文献：主要有《帖木耳世系》、《升天记》、《圣徒传》、《心之烛》、《幸福书》等。

现存回鹘文献中还有一些医药学方面的材料。

第五章

文献发掘、研究简况

保留至今的回鹘文文献，内容十分广泛，几乎包罗万象。它是中华民族丰富的文化遗产之一，也是我们研究回鹘社会历史、宗教信仰、语言文字、文学艺术、科学技术等的重要材料。

从19世纪末20世纪初开始，随着中亚考古的开展，特别是新疆吐鲁番、甘肃敦煌等地的各种内容的回鹘文文献的不断发掘，各国学者对回鹘文文献进行了大量的研究，出版了很多论著。这里仅就各国学者对重要的回鹘文文献的研究作一介绍。

一 佛教文献

现存回鹘文文献大多属于佛教经典文献。佛教曾是回鹘人历史上信仰过的主要宗教。早在西迁以前，佛教就可能已经传入回鹘。西迁以后，回鹘人大兴佛教，并受到印度佛教、中亚佛教和中原佛教的东西方文化影响，形成了长达五六百年之久的回鹘佛教文化，用回鹘文翻译了大量的佛经。从目前发现的回鹘文佛教文献来看，既有大乘佛典，也有小乘佛经和秘宗文献，《大藏经》中经、论两部分的主要著作大都被译成了回鹘文。在翻译过程中，译者常常加进一些词句或段落，更有再创作之作，从而丰富了这些佛教著作。它成为我们今天研究回鹘佛教的重要依据。其中篇幅较大、研究较多的主要有：

1. 《金光明最胜王经》。该文献最完整的本子唯一手抄本，1910年由俄国人马洛夫在甘肃酒泉附近的文殊沟所得，现藏俄罗斯科学院东方学研究所列宁格勒分所。手抄本共397叶，每叶大小为62×23厘米，每面书写22—25行。该文献另有两叶为瑞典考古学家别尔格曼于1927—1935年参加西北科学考察团时在甘肃所得，现存斯德哥尔摩民族学博物馆。此外，德国考古队在新疆也发现有此经的残卷，现藏柏林德国古代历史和考古学中心研究所吐鲁番写本部。该经的回鹘文译本系古代维吾尔族著名学者、翻译家别失八里人胜光法师①根据义净的汉文本翻译的。据目前所知的材料，胜光法师除了该佛经外，还从汉文先后翻译了《大唐大慈恩寺三藏法师传》、《千眼千臂观世音菩萨陀罗尼神咒经》、《观身心经》等。回鹘文《金光明最胜王经》抄写于清康熙二十六年（1687年），抄经地点是敦煌。它是目前所发现的时间最晚的回鹘文文献。先后对此书进行过研究的有：F. 缪勒在其1908年刊布的

---

① 以前学术界多译为"僧古萨里"或"祥古萨里"。后来，G. 哈扎衣在一份回鹘文木刻本文献中发现其汉文名为"胜光法师"。关于"胜光法师"，可参见G. 哈扎衣《回鹘文木刻本折叠书残卷研究》，载东德《古代东方研究》卷三，1975年；P. 茨木《回鹘文佛教文献翻译家僧古萨里都统》，1976年；哈米尔敦《回鹘文"萨里"和"都统"考》，载法国《亚洲学报》卷272、314，1984年；耿世民《回鹘文〈玄奘传〉及其译者胜光法师》，《中央民族学院学报》1990年第6期，另收入耿世民著《新疆文史论集》，中央民族大学出版社2001年版。

《回鹘文献汇刊》（Ujgurica）中，据存于德国的该经残卷，研究了第一、十六、十七品中的一部分。1913—1917年，俄国的拉德洛夫和马洛夫用回鹘文铅字排版刊布了马洛夫在我国甘肃酒泉文殊沟所得回鹘文《金光明最胜王经》的整个抄本。1930年，两人又将其译成德文发表（名为 *Suvarnaprabhasa, Aus Dem Uigurischen ins Deutsche Übersetzt von Dr. W. Radlloff Nach dem Tode des übersetzers mit Einleitung von S. Malov Herausgegeben*。同年，W. 班格和冯·加班在《回鹘文献研究》（*Uigurischen Studien* 一文中，研究了第三卷第五品中的一部分。1941年，冯·加班又在其《古代突厥语语法》（*Alttürkische Grammatik*）一书后面所附的文选中，对第十卷第二十六品舍身饲虎的故事进行了研究。1945年，土耳其学者 S. 恰哈台在《金光明经中的两个故事研究》（*Altun Yaruktan Iki Parca* 一文中研究了舍身饲虎和张居道的故事（后者不见于该经之汉文本，而见于《金光明经忏悔灭罪传》）。1951年，马洛夫在其《古代突厥语文献》（Памятники Древнетюркской Письменности，莫斯科—列宁格勒）一书中也研究了这两个故事。1953年，Э. 捷尼舍夫在列宁格勒大学东方学系攻读研究生时，通过了题为《回鹘语文献〈金光明经〉语法概要》的副博士学位论文。1958年，S. 特肯作为汉堡大学的博士论文研究了第五卷第九、十品，其研究1971年在威斯巴登正式出版，书名为 *Die Kapitel Über die Bewubtseislehre Im Uigurischen Goldglanzsūtra, Ⅸ und Ⅹ*。1961年和1966年，特肯又分别研究了第二卷第三品和书末的回向文。1962年，日本学者护雅夫发表了《维吾尔语译本金光明最胜王经》。1976年，东德的 P. 茨默教授研究了第一卷第二品中的一段（名为 *О второй Главе Сутры Золотой Олекс*。1977年，同时刊布了现存德国的上述张居道的故事残篇。1979年，西德 K. 洛贝林教授与 D. 毛艾合作研究了第一卷中的《八大圣地制多赞》。1982年，百济康义和洛贝林合刊了斯德哥尔摩收藏的2页《金光明经》残卷（文载《德国东方学杂志》第132期）。1984年，哈密尔顿撰文探讨了胜光法师的称号问题（文载《亚洲杂志》272—3/4）。1996年 P. 茨木研究了藏于柏林的《金光明经》的全部残卷。

我国研究者对这一收藏在国外的回鹘文佛经文献也进行了一些研究。1978年，耿世民教授发表了《古代维吾尔汉文翻译家僧古萨里》。1986年，发表了《回鹘文〈金光明最胜王经〉第六卷四天王护国品研究》。1983年，克由木霍加等编译的《古代维吾尔文献选》（维吾尔文版，新疆人民出版社）一书中也收有部分段落。1988年，张铁山发表了《回鹘文〈金光明经〉第七品研究》。1990年，张铁山又分别研究了第四卷第六品和第五品第八品。1995年，周北川刊布了该经的第七卷第十四品的研究。1996年，耿世民教授和阿力肯·阿吾哈力分别发表了《回鹘文〈金光明最胜王经〉第九卷长者流水品研究》、《回鹘文〈金光明最胜王经〉第十三品研究》。吐尔逊·阿尤甫和买提热衣木以拉德洛夫、马洛夫铅字本为底本，参考国内外已有的研究成果，作为新疆维吾尔自治区古籍办规划出版的重点项目，出版了这一文献的拉丁字母转写、维吾尔语译本。

2.《大唐大慈恩寺三藏法师传》。简称《玄奘传》，回鹘文原名为 *bodistw taïto samtso ačarining yorïtmaq atlïɣ tsï ïn čuïn tignä kwi nom bitig*。该回鹘文文献系译自汉文。关于回鹘文本的译者，回鹘文原文中记载："又幸福、伟大的中国国中精通三藏经的慧立大师受教用汉语制成。名叫彦棕法师的经师扩展之。又别失八里人胜光法师都统重新从汉语译为突厥语。"由此可见，该文献的译者与《金光明最胜王经》的译者是同一人，均为别失八里人胜光法师。该文献国内外均有收藏：a. 北京图书馆，1930年在新疆南部出土。写本形式为梵夹式，抄写十分工整，乍看极似木刻本。残卷共248叶，其中23叶较为完整，其余皆残损严重。1951年在北京曾影印出版过该部分。b. 苏联科学院东方学研究所列宁格勒分所。原件为一写本，梵夹式，共97叶。c. 法国魁梅博物馆，共123叶。d. 海金（Joseph Hackin）1932年参加锡春考察队自叙利亚赴北京途中所得，仅有8叶。以上各地所藏均为同一译本拆散分出之残卷，可互补所缺。

1935 年，冯加班研究了魁梅博物馆收藏的 6 叶 324 行，发表有《回鹘文译本〈玄奘传〉研究》（文载《德国科学院纪要》，1935 年，柏林）。冯·加班早在 1932 年曾将北京图书馆所藏的那部分借去，直到 1946 年才归还。1938 年，她又据北图藏本研究了原书卷七中的三封信，共 7 叶半，397 行（文载《德国科学院纪要》，1938 年，柏林）。1971 年，苏联回鹘文专家 Л. 吐古舍娃与汉学家 Л. 孟什柯夫合作，刊布了保存在苏联的该书卷十中的 7 叶残卷。1975 年，S. 铁兹江出版了第十卷比较完善的辑本（Eski uygurca Hsuan Tsang Biyografisi. Ankara，1975）。1977 年，J. P. C. 托尔斯太整理了魁梅博物馆所藏第四卷的写本，发表有《Die uigurische Xuan-zang Biographie . 4 kapitel mit Ubersetzung und Kommenter》。1980 年，吐古舍娃又据苏联藏本研究了第五卷最后部分的 16 叶，出版了《回鹘文译本〈玄奘传〉残卷》一书。1991 年，她又出版了《回鹘文〈玄奘传〉》一书（*Уйгурская Версия Биографии Сюань-Цзана*，莫斯科，1991），研究了第五、六、八、十诸卷的内容。1984 年，百济康义与 P. 茨默合作研究了柏林所藏的《玄奘传》写本残片（Fragmente zweiei unbekannter Handschriften der uigursche Xuanzang-Biographie，Altorientalische Forschungen，11，1984）。

我国学者对这一文献也进行了大量的研究，取得了不少成果：1953 年，冯家升先生发表了《回鹘文写本"菩萨大唐三藏法师传"研究报告》。冯先生的这篇研究报告长达 35 页，分九部分对该回鹘文写本的译者、翻译年代、回鹘文译文等进行了较详细的论述，并整理出"本书残叶与汉文本卷叶对照表"，为以后研究该回鹘文文献提供了方便。文末对第七卷中的两叶作为"图版与转写示例"进行了转写。耿世民教授对该文献的第七卷进行了一系列的研究，发表有《回鹘文〈玄奘传〉第七卷研究》、《回鹘文〈玄奘传〉第七卷研究（二）》、《Die uigurische Xuan-zang Biographie，ein Beitrag zum 7. Kapital》。1990 年，耿世民教授发表《回鹘文〈玄奘传〉及其译者胜光法师》。1992 年，卡哈尔·巴拉提研究了写本的第三卷，1984 年，黄盛璋先生在吐古舍娃刊本的基础上，旁征博引其他有关史料及研究成果，在《西北史地》1984 年第 3 期上发表了《回鹘译本〈玄奘传〉残卷五玄奘回程之地望与对音研究》一文。

关于回鹘文本的翻译年代，原书中没有明确记载。对此各国学者在研究中根据不同的材料提出了各种不同的看法。冯加班最早根据译本中将"京"、"京师"译为洛京，而洛阳称为洛京仅限于 923 年以后一个短时期中，因此，她考订翻译年代为"十世纪第二个二十五年"，但又声明自己的这一考订并非毫无问题（见冯加班《回鹘文译本〈玄奘传〉研究》）后经我国冯家升先生研究，提出后唐以后至北宋也称洛阳为洛京。他主张翻译年代"以译于北宋较合理"（见冯家升《回鹘文写本"菩萨大唐三藏法师传"研究报告》）。耿世民先生根据译本用早期回鹘文写经体和绝不见元代回鹘文文献中常见的 t—d、s—z、ɣ—q 字符替换使用的情况，认为"该书的翻译年代应在回鹘西迁以后和元代以前，也即 9—12 世纪之间"。黄盛璋先生认为"京"、"京师"译为洛京，应在自长安迁都洛阳，五代梁、唐时代最合适，并根据回鹘文译本中增加不见于汉文原本的线索，提出译本年代"必在公元 1000 年前"、"订为十世纪最为稳妥"。

3.《妙法莲花经》。该回鹘文佛教文献保留至今者，多为该经的观世音菩萨普门品，回鹘文名为 *quanši im pusar alqudin sïngar ät'öz körkin körgitip tïnlïɣlarqa asïɣ tosu qïlmaqi*。现存回鹘文《妙法莲花经·普门品》共有 5 件：a. 狄亚阔夫发现于吐鲁番。原件为卷子式，长 285 厘米，宽 27 厘米，共存 224 行。该件虽也有一些破损之处，但却是目前发现的这部回鹘文译本中保留内容最多的一件。1911 年，拉德洛夫将此件整理，用回鹘文排版，刊布于《佛教丛书》卷十四，并对回鹘文进行了德文翻译和注释。b. 原件仅存 2 页，共 61 行。1911 年，缪勒将此件刊布，列出了汉文原文，并进行了德文翻译，但缪勒对该回鹘文残卷没有做更多的报道（见《Ugurica II》）。据日本学者羽田亨推测，缪勒刊布的原件也可能发现于新疆吐鲁番附近（见羽田亨下引文）。c. 原件现藏德国美因茨科学和文学科学院，编号为 733（TIIY、32，39，60），卷子式，长 103 厘米，宽 30.5 厘米，仅存 61 行，开头和中间部分保存较好，后部分残损严重。d. 原件现存德国美因茨科学和文学科学院，编号为 289（TIIY、54-a），卷子式，现存部分长 17 厘米，宽 16 厘米，仅存 11 行。以上两件残卷，1960 年均由 S. 特肯首次刊布和研究，书名为 *Uygurca Metinler I, Kuanši im pusar*（埃尔祖鲁姆，1960）。e. 原件由橘瑞超发现于吐鲁番，梵夹式，残存一页两面，共 43 行。上方第 3—5 行中间有一个穿绳用的小孔。羽田亨据此进行了研究，发表有《回鹘文法华经普门品的断片》。1980 年，毛埃和罗伯恩研究了该经《普贤萨劝发品》的两叶残片。日本的百济康义研究了《妙法莲华经玄赞》的一些残片。P. 茨木在柏林藏品中发现了该经的另外两叶残片和五叶偈颂残片。

回鹘文《妙法莲花经》系译自汉文本。现存的汉文本有：后秦鸠摩罗什译《妙法莲花经》，八卷（原为二十七品，后增为二十八品，普门品是其第二十五品）；西晋竺法护译《正法华经》，十卷（普门品为第二十三品）；隋阇那崛多和达摩笈多译《添品妙法莲花经》，七卷（普门品为该经的第二十八品）；另外，还有一卷本《妙法莲花经观世音菩萨普门品经》流行于世。

a 件回鹘文原文第 2—3 行写有"观世音菩萨普门品第二十五"。由此可知，它是译自鸠摩罗什所译之汉文本《妙法莲花经》。但其余四件残损严重，首尾残缺，很难知道它们究竟译自何种汉文本。1990 年，张铁山对上述五件回鹘文《妙法莲花经·普门品》进行对比校勘，发表了《回鹘文〈妙法莲花经·普门品〉校勘与研究》，并提出"曾有几种不同的回鹘文抄本或版本流行于回鹘"的观点。

4.《阿毗达摩俱舍论》。简称《俱舍论》，回鹘文名为 *košavarti*。现存回鹘文该残卷者有：a. 瑞典首都斯德哥尔摩民族学博物馆，共 16 叶，分别属于第 7、8、13、14、17、18、22、23、29、30 等卷。这部分残卷出自敦煌千佛洞元代洞窟中，似为 20 世纪 30 年代中瑞西北科学考察团成员别尔格曼所得。日本龙谷大学教授百济康义根据该残卷确定了写本的书名，并进行了多方面的研究（《瑞典民族学博物馆收藏回鹘文写本暂编目录》No. 25—40；《说五十二心的回鹘文〈阿毗达摩俱舍论〉断片》，《回鹘文〈阿毗达摩俱舍论〉所见论师和论书的梵名》）。b. 日本京都有邻馆，一张残叶，属于第 3 卷，出自敦煌千佛洞，为日本大谷探险队所得。1984 年百济康义先生又刊布了这一张残叶（《回鹘文译本〈阿毗达摩俱舍论〉初探》，《龙谷大学论集》425 号；《A Fragment of an Uigur Version of the Abhidharmakosa-Bhasya Preseved at the Museum of Fujii Yurinkan》，《Türk Dili ve Edebiyati Dergisi》24—25）。c. 甘肃博物馆，一叶两面，属于第 8 卷，编号为 10561。1987 年耿世民先生对此进行了研究（《回鹘文〈阿毗达摩俱舍论〉残卷研究》，《中央民族学院学报》1987 年第 4 期；《民族语文》1987 年第 1 期）。d. 北京图书馆，一叶两面，属于第 5 卷。张铁山和王梅堂合作研究了北图的这一回鹘文残卷（《北京图书馆藏回鹘文〈阿毗达摩俱舍论〉残卷研究》，《民族语文》1994 年第 2 期）。

《阿毗达摩俱舍论》为印度佛教大师世宗所著，除回鹘文本外，尚有梵文本、汉文本和藏文本。回鹘文《俱舍论》系译自汉文本，但译者不详。从回鹘文译文来看，译者除有很高的汉文水平和精通佛学外，还懂得梵文。关于翻译年代，学者们认为属于 14 世纪初期到中期。

5.《大方广佛华严经》。简称《华严经》，回鹘文名为 *uluɣ bulung yïngaq sayuqï ärtingü king alqïɣ burxanlarning linxua čäčäk üzäki itigi yaratïɣï*。国内外均收藏有该经回鹘文残卷。1911 年，拉德洛夫在其《回鹘文〈妙法莲花经〉第二十五品研究》一书附录三中发表了沙俄驻乌鲁木齐领事狄亚阔夫从吐鲁番所得"不知名"回鹘文佛经两叶 84 行。1950 年，日本石滨纯太郎据此进行研究，知其为四十华严中的《普贤行愿品》残卷，发表有《回鹘文〈普贤行愿品〉残卷》一文。1953 年，羽田亨发表了《突厥语〈华严经〉断简》一文。文中刊布了日本第三次大谷西域考古队吉川小一郎于 1911—1914 年间在吐鲁番所得四十华严第三十三卷中的 5 叶半（11 面）残文。1965 年，土耳其学者阿拉特在其《古代突厥诗歌》（Eski Türk šiir）一书中研究了四十华严第三十九、四十、四十四卷的内容。1982

年，P. 茨木教授发表了属于四十华严末尾部分普贤行愿的十二行跋文（Zum uigurischen Samantabhadracaryapranidhana）。文中还提到在柏林吐鲁番搜集品中尚存有回鹘文四十华严的其他残文。另外，日本羽田明教授处现存有属于八十华严的 9 叶残文照片，但原件已不知去向。1983 年，百济康义和小田寿典据此照片进行了研究，发表有《回鹘文译本八十华严残简》一文。我国目前两处藏有回鹘文木刻本《八十华严经》残卷：a. 藏甘肃省博物馆，编号为 10562。据称出自敦煌千佛洞。原件为两大张八面回鹘文木刻本，每面写 26 行，内容属于《八十华严经》第十四和二十二卷。1986 年，耿世民先生刊布了甘肃省博物馆这一回鹘文残卷；b. 现存甘肃敦煌千佛洞敦煌文物研究所遗书研究室，为一张四面回鹘文木刻本，内容属《八十华严经》第十四卷。据称出自敦煌千佛洞。这一残卷也由耿世民先生首次刊布，题作《回鹘文〈八十华严〉残经研究》。以上分藏两处的回鹘文木刻本《八十华严经》残卷应同属一个刊本。

回鹘文《八十华严经》译自汉文。关于回鹘文译本的译者目前尚无材料证明，但从回鹘文四十华严译者为安藏来看，八十华严的译者也可能是他。安藏是元代著名维吾尔族学者，别失八里人。史称他九岁从师受学，十三岁能背诵俱舍论三十卷，十五岁时已精通儒学和佛教典籍，十九岁时出仕元朝，任翰林学士，译《尚书》、《资治通鉴》、《难经》、《本草》等书，1293 年去世。

6.《佛说天地八阳神咒经》。简称《八阳经》，回鹘文名为 tängri tängrisi burxan yarliqamïš tängrili yirlitä säkiz türlügin yarumïš yaltï 的 mïš ïduq drnï täni yib atlïɣ sudur nom bitig。该经是目前所知回鹘文佛经残卷中所占比例最大的一部经典，其抄本、刻本残卷在新疆、敦煌等地时有发现，分藏柏林、伦敦、圣彼得堡、日本及北京各地的种类达 186 种之多，其中主要有以下一些：（1）大英博物馆藏卷，旧编号为 Ch. 0031，现编号为 Or. 8212—104。卷子式，共存 466 行，为现存诸写本中保存最完整者。主要研究有：W. Bang & A. von Gabain & G. R. Rachmati：《Turkische Turfan-Texte》VI，1934；L. Ligeti：《Autour du Säkiz Yükmäk Yaruq》，《Studia Turcica》，Budapest，1971。（2）日本龙谷大学藏卷，橘瑞超发现于吐鲁番雅尔湖附近。卷子式，残存 405 行，卷首缺，佛名朱笔书写。羽田亨曾对此残卷进行研究，发表有《回鹘文天地八阳神咒经》。（3）日本大谷藏卷，卷子式，残存 21 行。羽田亨曾据此补充龙谷大学藏卷进行研究（见该氏上引文）。（4）日本龙谷大学藏本，册子写本，残存 6 页，该写本 1958 年由日本学者山田信夫研究刊布。（5）日本龙谷大学藏残片，均为残片，经小田寿典研究，辨认出其中的 14 件断片。（6）东京中村不折藏本，均为残片。1979 年由庄垣内正弘刊布。（7）圣彼得堡藏卷，库罗德柯夫发现于吐鲁番，卷子式，残存 34 行。1911 年拉德洛夫在其《回鹘文〈妙法莲花经〉第二十五品研究》一书的附录中将此残卷刊布。（8）圣彼得堡藏卷，卷子式，残存 25 行，1928 年拉德洛夫在其《回鹘语文献汇刊》一书中将此残卷刊布。（9）北京藏本，折叠式刻本，存 3 张 7 面半，原件现藏中国社会科学院考古研究所。1929 年为前西北科学考察团在新疆获得，1954 年黄文弼先生收入他所著的《吐鲁番考古记》。1955 年，冯家升对此进行了研究。（10）乌鲁木齐藏本，贝叶式写本，存一叶两面。1990 年由卡哈尔·巴拉提刊布。

7.《佛说无量寿经》。现存该经者有：a. 伦敦大英图书馆东方写本与图书部，旧编号为 Ch. 00288，新编号为 Or. 8212—121。写本原件长 28 厘米，高 21 厘米，残存文字 39 行。从内容上看，系根据《佛说无量寿经》改写而成。1986 年，哈密尔敦首次刊布了这一写本（《Manuscrits du IX-X Siecie de Touen-houang》，Paris，1986）。1995 年，杨富学、牛汝极又据哈氏刊本进行了译释。b. 发现于柏孜柯里克石窟，为木刻本残叶，编号为 80. T. B. I：596，存 3 叶。该残叶由多鲁坤·阚白尔、斯拉菲尔·玉素甫进行了研究。

8.《阿含经》。回鹘文写本残卷在国内外收藏者主要有：（1）瑞典首都斯德哥尔摩民族学博物馆，共 16 叶，似为 20 世纪 30 年代中瑞西北科学考察团成员别尔格曼在甘肃所得。其中属于《中阿含经》

的计 8 叶，属于《杂阿含经》的共 3 叶，属于《别译杂阿含经》的 4 叶，属于《增壹阿含经》的 1 叶。这部分残卷由冯加班刊布研究。(2) 日本京都大学文学部藏有回鹘文《阿含经》残卷复制品 5 叶 9 面，分别属于《增壹阿含经》第 24、50、51 卷，《中阿含经》第 7、49 卷，《杂阿含经》第 50 卷。(3) 日本中村不折氏的收藏品中藏有回鹘文卷子本《杂阿含经》残片，内容与《杂阿含经》第 21、22 卷相同。(4) 日本羽田明氏收藏有回鹘文《中阿含经》残片复制品，为《中阿含经》第 5、10、17、28 卷中的内容。以上（2）、（3）、（4）所藏残卷均由日本庄垣内正弘先生进行了研究。(5) 日本奈良天理图书馆，1 叶，册子本，存回鹘文 15 行，内容为《增壹阿含经》卷 30 中的"六重品"。日本学者百济康义对此进行了研究（《天理图书馆藏回鹘语文献》，《ビブリア》第 86 号，1986 年）。(6) 柏林吐鲁番收藏品中有许多回鹘文《阿含经》写本残片，均出自吐鲁番一带。百济康义和 P. 茨木刊布了这些残片。(7) 法国国立图书馆藏有一叶回鹘文《别译杂阿含经》残卷。百济康义对此进行了研究。(8) 北京图书馆藏《杂阿含经》残卷一叶两面，内容属于第 1 卷。1996 年，张铁山将此残卷刊布。(9) 北京图书馆藏《增壹阿含经》残卷一叶两面，内容属于第 1 卷。1997 年，张铁山将此残卷刊布。(10) 北京图书馆藏《中阿含经》残卷两叶，内容分别属于第三卷和第六十卷。2000 年，张铁山刊布了这两叶残卷。(11) 北京大学图书馆藏《中阿含经》残卷两叶，内容属于第四十四卷。张铁山对此进行了研究。(12) 敦煌莫高窟北区出土了《阿含经》的一些残卷，现藏敦煌研究院。近来张铁山对这些文献进行了研究。

9.《说心性经》。回鹘文名为"tözin oqïdtačï nom bitig"，由斯坦因于 1907 年在敦煌千佛洞所得，现藏伦敦大英博物馆，编号为 Or. 8212—108。该写本为一册子本，内存 38 叶，为不同佛教文献的集成。《说心性经》即是该册子本的一部，位于 2a—16b 叶，存 405 行。最早研究此写本的是土耳其学者 R. R. 阿拉特。他在《古代突厥诗歌》一书的引文中曾多次引用该经的语句。根据阿拉特的未刊本，1948 年，W. 鲁本从佛教的角度对其进行了研究。1976 年，日本学者庄垣内正弘对写本进行了系统的研究。1980 年，S. 特肯又刊布了写本的拉丁字母转写和德语译文，书后还附有原写本图版。1997 年，张铁山在上述研究的基础上，对照 S. 特肯书中的图版，对这一文献进行了转写和汉译。

二 摩尼教文献

回鹘人早在漠北游牧时期就已接受了摩尼教。西迁以后，摩尼教仍与佛教、景教并存于回鹘，并留有一些回鹘文摩尼教文献。这些文献对了解摩尼教教义和回鹘人信仰该教的情况提供了极为重要的材料。

回鹘文摩尼教文献较为重要者有摩尼教根本教义书《二宗经》、语言古老质朴的《摩尼教忏悔词》（现已发现该文献写本 20 余件，分别收藏于伦敦大英图书馆、圣彼得堡、柏林等地）以及各种摩尼教赞美诗等。

《摩尼教忏悔词》包括 15 项具体忏悔的内容，是了解回鹘摩尼教徒宗教生活的一份很重要的原始材料。各国学者对此文献多有研究，主要有：A. von Le Coq：*Dr. Stein's Turkish Khuastuanift from Tunhuang*，being a Confession-prayer of the Manichaean Auditores，Journal of the Royal Asiatic Society，1911；W. Radloff：*Chuastuanift*，Das Bussgebet der Manichaer，Bulletin de l'Academie Imperiale des sciences，1909—6；A. von Le Coq：*Chuastuanift*，ein undenbekentnis der anichaischen Auditores，APAW，1910；W. Radloff：*Nachtrage zum chuastuanift emBussgebete der Manichae*，Bulletin de l'Academie Imperiale des sciences，1911；Е. Малов：Памятники древнетюркской письменности М-Л. 1951；Л. В. Дмитриева：*хуастуанифт*，Туркологические Исследования，М.—Л. 1965；Peter Zieme：*Beitrage zur Erforschung des Xuastvanift*，Mitteilungen des Instituts fur Orientforschung，1966—12；李经纬：《古代维吾尔文献〈摩尼教徒忏悔词〉译释》(《世界宗教研究》1982 年第 3 期)。

三 景教文献

回鹘人在宋末元初曾信仰过景教，且极盛于元初。保留至今的回鹘文景教文献很少，其中主要有《福音书》(即《三个祆教僧朝拜伯利恒的故事》，德国第二次吐鲁番探险队发现于葡萄沟，存文字 80 行，原件现存柏林，编号为 TⅡ B29)、《圣乔治殉难记》(藏柏林，残存三页，编号分别为 TⅠ B1 [U 320]，TⅡ B62/512 [U5179]，TⅡ B62 [U187a] 等。另外，《伊索寓言》也曾被译为回鹘文 (已刊布 10 件，均藏于柏林)，这与回鹘人信仰景教也有关系。

四 伊斯兰教文献

10 世纪下半叶，当新疆历史上著名的喀喇汗王朝时期，伊斯兰教开始传入新疆。随同伊斯兰教的传入，出现了一批伊斯兰教内容的回鹘文文献。其中主要有《帖木耳世系》、《升天记》、《圣徒传》、《心之烛》、《幸福书》等。这些文献对于研究伊斯兰教史及其在新疆的最初传播无疑是有重要价值的。

五 文学作品

在回鹘文文献中，除了占有相当大比例的宗教经典外，居于第二位的就要算文学作品了。回鹘文文学作品的种类很多，有民歌、诗歌集、传说、故事、剧本，等等。这其中既有翻译的作品，也有创作的作品。

1.《弥勒会见记》。到目前为止，在国内收藏的回鹘文文献中，篇幅最大、数量最多的首推《弥勒会见记》。回鹘文原名为 *maitrisimit*。该书是一部长达 27 幕的演说佛教教义的原始剧本。它不仅是我国维吾尔族的第一部文学作品，同时也是我国各民族 (包括汉族) 现存最早的剧本，在我国文化史上占有非常重要的地位。

现存我国的《弥勒会见记》于 1959 年 4 月在新疆哈密县天山人民公社脱米尔提大队附近发现 (为了区别于流失国外的同名回鹘文残卷，一般称之为哈密本)，原件藏新疆维吾尔自治区博物馆。写本形式为梵夹式，长 44 厘米，高 22 厘米，用黑墨书写。纸质厚硬，呈褐黄色。上下画有浅黑色边线，每行也画有行线，行距为 1.5 厘米。在每叶文字的第七到第九行之间画有黑色圆圈，直径为 5 厘米。圆圈中间有穿绳用的小孔。写本共约 293 叶 (586 面)，其中完整无缺和大体完好的约 114 叶。每叶正面左侧用小字写有品数和叶数。写本两面书写，每面大多数为 30 行，少数为 31 行。每幕开头标明演出场地的文字，用朱笔书写。

该书先由一位名叫圣月的佛教大师从印度语译成古代焉耆—龟兹语 (即所谓的吐火罗语)，后由一位名叫智护的法师从古代焉耆—龟兹语译成突厥语。哈密写本的施主是曲·塔思·依干·都督。写本正文并非由一人抄写。从现存残卷来看，已见有三种不同的字体：第一种为书法浑圆、熟练的字体；第二为一种细瘦的楷书；第三为一种略显笨拙的字体。具体抄写人的名字在书中见到的有两个：法尊萨里和土克·促帕·阿凯。

除我国收藏以外，德国也藏有一些残叶。这部分残叶是 20 世纪初由勒柯克率领的德国考察队在我国新疆吐鲁番的木头沟和胜金口等地发现的，共 227 叶，约占全书的十分之一，其中完整的不过十几张，多为残片。

自该回鹘文原始剧本发现以后，国外对其首先进行研究的是缪勒。1907 年，他在题作《对确定中亚一种不知名语言的贡献》（文载《德国科学院纪要》）的论文中，刊布了此书的一段跋文，用以说明跋文中的 toɣri 语就是吐火罗语，由此引起了国际学术界关于所谓的吐火罗语的热烈争论。1917 年，他又与 E. 西格（E. Sieg）合作发表了《〈弥勒会见记〉与"吐火罗语"》。文中为了证明回鹘文跋文中所谓的 toɣri 语即指这种不知名的语言，把回鹘文本和古代焉耆语的《弥勒会见记剧本》中的若干段落分别译成德文加以对照，从而肯定前者确是译自后者。其后，冯加班在 1957 年将第二次世界大战期间运到西德美因茨科学院保存的一部分《弥勒会见记》残文（共 113 叶）影印刊布（书名为《Maitrisimit-Faksimile der altturkischen Version eines Werkes der buddhistischen Vaibhasika-schule》，威斯巴登，1957），同时附有说明一册。1961 年，她又把保存在柏林科学院的一部分残叶（共 114 叶）影印刊布，也附有说明一册。1980 年，德国所藏的《弥勒会见记》写本又由 S. 特肯进行了系统地整理和研究，并附以转写和德译文出版。此外，哈密尔顿和 S. 特肯曾分别就回鹘文译本的成书年代发表过文章。

我国学者对《弥勒会见记》也进行了一系列的研究，发表了不少的论著。其中主要有：冯家升先生的《1959 年哈密新发现的回鹘文佛经》；耿世民先生的《古代维吾尔语佛教原始剧本〈弥勒会见记〉（哈密写本）研究》、Qadimqi Uygurca Iptidayi Drama Piyesasi Maitrisimit（Hami Nushasi）ning 2-Pardasi haqqidiqi Tatqiqat，（Journal of Turkish Studies，Vol. 4，1980）、《回鹘文佛教原始剧本〈弥勒会见记〉第二幕研究》、Das 16. Kapitel der Hami Version der Maitrisimit，（Journal of Turkish Studies，Vol. 9，1985）、Das Zusammentreffen mit Maitreya，Die ersten funf Kapitel der Hami Version der Maitrisimit（Asiatische Forschungen 84，Wiesbaden，1987）、Der Herabstieg des Bodhisattva Maitreya vom Tusita-Gotterland zur Erde. Das 10. Kapitel der Hami Handschrift der Maitrisimit（Altorientalische Forschungen 14，1987）、Das Erscheinen des Bodhisattva. Das 11. Kapitel der Hami Handschrift der Maitrisimit（Altorientalische Forschungen 15，1988）、Die Weltflucht des Bodhisattva. Das 13. Kapitel der Hami Handschrift der Maitrisimit（Altorientalische Forschungen 18，1991）、Das Erlangen der unvergleichlichen Buddhawarde. Das 15. Kapitel der Hami Handschrift der Maitrisimit》（《Altorientalische Forschungen》20，1993）、《Nachtrag zum Erlangen der unvergleichlichen Buddhawurde（Altorientalische Forschungen 20，1993）；耿世民、张广达合写的《唆里迷考》；李经纬先生的《"如来三十二吉相"回鹘译文浅论》、《哈密本回鹘文〈弥勒三弥底经〉初探》、《哈密本回鹘文〈弥勒三弥底经〉第二卷研究》、《佛教"二十七贤圣"回鹘文译名考释》（《世界宗教研究》1982 年第 2 期）、《哈密本回鹘文〈弥勒三弥底经〉第三卷研究》（《中亚学刊》第 1 辑，中华书局 1983 年版）、《哈密本回鹘文〈弥勒三弥底经〉第二卷研究续》（《喀什师范学院学报》1985 年第 1—2 期）；斯拉菲尔·玉素甫、多鲁坤·阚白尔、克尤木·霍加的《回鹘文〈弥勒会见记〉第三幕研究》[《新疆大学学报》（维文版）1982 年第 1 期]、《回鹘文〈弥勒会见记〉第三章简介》（《新疆社会科学》1982 年第 4 期）、《回鹘文〈弥勒会见记〉第二章研究》[《新疆社会科学》（维文版）1982 年第 4 期]、《哈密本回鹘文〈弥勒会见记〉第三品研究》（《民族语文》1983 年第 1 期）、《回鹘文大型佛教剧本〈弥勒会见记〉》[《新疆艺术》（维文版）1984 年第 4—5 期]；多鲁坤·阚白尔的《〈弥勒会见记〉成书年代新考及剧本形式新探》（曲六乙、李肖冰主编《西域戏剧与戏剧的发生》，新疆人民出版社 1992 年版）、《回鹘文〈弥勒会见记〉序章研究》[《新疆文物》（维文版）1985 年第 1 期]；季羡林先生的《吐火罗文 A 中的三十二相》（《民族语文》1982 年第 4 期）、《吐火罗文和回鹘文本〈弥勒会见记〉性质浅议》；张龙群的《哈密本回鹘文〈弥勒会见记〉序章研究》（《新疆艺术》1995 年第 2 期）；1988 年

1月新疆人民出版社出版了由斯拉菲尔·玉素甫等人研究整理的《回鹘文〈弥勒会见记〉1》。该书分别用汉、维两种文字对回鹘文原文的序章、第一、二、三、四章进行了翻译和考释，书末附有原文照片。

关于此书回鹘文译本成书的年代，目前国内外主要有以下观点。冯加班在其1957年影印出版美因茨科学院那部分写本残卷的附册中，认为该书抄于9世纪，而译本的成书应在此之前。1958年，哈密尔顿在就冯书所写的书评中，根据冯加班刊布的影印本，以该本字体与敦煌出土属于10世纪的大部分回鹘文写本字体相同这一点，提出写本应属于10世纪。冯家升先生在《1959年哈密新发现的回鹘文佛经》一文中，提出哈密本《弥勒会见记》成书于10—11世纪之间的观点。1970年，土耳其学者S. 特肯在其专门讨论《弥勒会见记》成书年代的文章中，根据冯加班1961年刊布的影印本第219号残文中提到的Klanpatri与高昌出土属于767年的回鹘文庙柱文中的施主为同一人以及写本字体的特点，提出此书成书于8世纪中期。耿世民与张广达在《唆里迷考》一文中，认为哈密本成书于10世纪左右。1982年，耿世民先生又提出新的看法："根据此书现存的几个写本字体都属于一种比较古老的所谓写经体，再考虑到当时高昌地区民族融合的情况（当地操古代焉耆语的居民在8—9世纪时应已为操突厥语的回鹘人所同化吸收），我们认为《弥勒会见记》至迟应成书于8—9世纪之间。"总之，回鹘文本《弥勒会见记》的成书年代，还是一个有待于进一步研究的问题。

2.《乌古斯可汗的传说》。现存唯一回鹘文写本藏于法国巴黎国民图书馆。写本用草体回鹘文写成，首尾部分残缺，共21叶（42面）。

该《传说》是一部散文体英雄史诗。内容可分为两部分。第一部分包括史诗的开头和结尾。这部分反映了关于本族起源和创世的神话以及某些古老的风俗习惯。第二部分主要记述乌古斯可汗的征战活动。《传说》虽为散文体，但一些地方也夹杂有韵文，一些句子明显带有诗韵的因素，具有很强的节奏性。

由于《传说》具有重要的民族史、文化史、文学、宗教、语言、民俗学等价值，因此，写本被发现后便引起了国内外学者的极大兴趣，先后发表了许多研究成果。其中主要有：Dietz："Der neuendeckte oughuzische cyklop" Halle und Berlin，1815；W. W. Radloff："Кудатку Билик. Факсимиле уйгурской рукопис"，SPb，1890，Das kudatku Bilik. Th. I. SPb. 1900；Rizanur："Oughouz-name，epopee turque"，Alexandrie，1928；P. Pelliot："Surla legende d'Ughuz-Khan. en ecriture Ouigoure"，Toung pao，1930；W. Bang & G. R. Rachmati："Die legende von Oghuz Qaghan"，SPAW，1932；A. M. Щербак："Огуз наме"，M. 1959；耿世民：《乌古斯可汗的传说（维吾尔族古代史诗）》，新疆人民出版社1980年版；耿世民、吐尔逊·阿尤甫：《古代维吾尔史诗乌古斯可汗的传说》（维吾尔文版），民族出版社1980年版；耿世民、马坎：《乌古斯可汗传》（哈萨克文版），民族出版社1986年版。

3.《福乐智慧》。它是11世纪尤素甫·哈斯·哈吉甫用回鹘语写成的一部长诗。该书原本迄今尚未发现，目前仅发现三种手抄本，即维也纳抄本、开罗抄本和费尔干纳抄本，其中维也纳本是用回鹘文抄成的。

维也纳回鹘文抄本是最早发现的一个抄本。1439年由哈桑·喀喇·沙依勒·谢米斯在赫拉特城用回鹘文抄成（因此又被称作"赫拉特本"）。1474年发现于伊斯坦布尔。抄本发现时已残缺不全。18世纪末，在赫拉特供职的奥地利东方学家普尔戈什塔里将该抄本送至维也纳，现存维也纳国立图书馆。

该抄本在维也纳沉默了几十年后，1823年法国学者卓别尔在《亚洲杂志》上首次发表了有关《福》的报告，并刊布了部分片段。1870年，匈牙利学者万别里根据这一抄本，发表了作品中915个双行诗的拉丁字母转写和德文译文。1890年俄国学者拉德洛夫影印了维也纳抄本。次年拉氏又用满文字母转写刊印了这一抄本。

20世纪40年代以后，各国学者对《福乐智慧》的三个抄本进行了大量的研究。1942—1943年，土耳其的土耳其语协会出版了三个抄本的原文影印本：第一卷为维也纳抄本，第二卷为费尔干纳抄本，第三卷为开罗抄本。土耳其著名学者R.L.阿拉特对三个抄本进行校勘，于1947年出版了《福》全书的拉丁字母转写本；1959年出版了土耳其语的散文体译本。阿拉特去世后，由后人完成并出版了《福》的词汇索引。1971年，苏联乌兹别克学者柯尤姆·凯里莫夫参照阿拉特校勘本，在塔什干出版了乌兹别克文译本。1979年，新疆人民出版社出版了我国学者耿世民和魏萃一根据阿拉特校勘本翻译的汉文节译本。1983年，苏联莫斯科科学出版社出版了C.H.伊万诺夫根据阿拉特校勘本翻译的俄文全译本。在此之前，苏联曾发表过H.格列布涅夫、C.E.马洛夫、A.A.瓦里托娃、T.A.阿布都拉赫曼诺夫等人分别翻译的俄文摘译本。从1980—1983年，苏联学者还先后发表过《福》部分章节的阿塞拜疆语和哈萨克语译文。1983年，在美国芝加哥出版了罗伯特·丹柯夫翻译的英文版《福》书。1984年，民族出版社出版了由新疆维吾尔自治区社会科学院民族文学研究所集体完成的《福》的拉丁字母标音转写和现代维吾尔语诗体今译本。20世纪80年代中期，新疆维吾尔自治区古籍办陆续影印出版了三个抄本。1986年，民族出版社又出版了郝关中等的《福》汉文全译本。1987年，新疆社会科学院民族文学研究所与该院图书馆技术室合作，用电脑编制出了《福乐智慧·词汇索引词典》。1992年，新疆人民出版社出版了郎樱先生的研究专著《福乐智慧与东西方文化》。

4.《真理的入门》。现存三种较全的抄本，即撒马尔罕甲本、伊斯坦布尔乙本和伊斯坦布尔丙本。其中撒马尔罕甲本为回鹘文抄本，抄成于1444年撒马尔罕城，现存伊斯坦布尔阿亚索非亚图书馆。伊斯坦布尔乙本是一部回鹘文和阿拉伯字母维吾尔文合璧的抄本，抄成于1480年，也藏于阿亚索非亚图书馆。

该文献被发现后，首先由土耳其学者乃·阿西木进行了研究（《Untexte ouigour du XII siecle》，1906；《Hibetul Hakayik》，1918—1934）。其后俄国学者拉德洛夫（《Ein Uigurscher Text aus dem XII Jahrhundert》，1907）、土耳其学者法·克甫热律（《Hebetul Hakayik》，1915—1931）、热·阿拉提（《Atebetul Hakayik》，1951）等发表了不少的研究著作。1980年，民族出版社出版了哈米提·铁木尔、吐尔逊·阿尤甫整理、翻译的《真理的入门》（维吾尔文）。1981年，魏萃一先生根据热·阿拉提刊本的三种抄本的校本译成了汉文（《维吾尔族古典文学名著〈真理的入门〉》，新疆人民出版社1981年版）。

5.《佛教诗歌集》。现藏伦敦大英博物馆，编号为Or.8212（108）。册子式，共38叶，其中1a、17a—33b为佛教诗歌。每叶写15—17行。字体为回鹘文草体，文中多处夹写汉字。这些诗歌全都是押头韵的四行诗或八行诗，共约948行。

第一位研究该回鹘文佛教诗歌集的是土耳其学者阿拉特。他在1965年出版的专著《古代突厥诗歌》一书中，首次刊布了这些诗歌的拉丁字母转写和现代土耳其语译文，书后并附有原文图版。我国耿世民先生在其《古代维吾尔诗歌选》（新疆人民出版社1982年版）一书中也收录了该诗歌集中的部分诗歌。

6.《常啼和法上的故事》。原卷现存巴黎法国国立图书馆，编号为P.4521，共30叶（60面），册子式，叶数用汉字书写。封面和正文首尾都盖有佛像印记。最后一叶和后封面上盖有大型藏文墨印。写本前一部分（1a—21a）共653行，为《大般若波罗蜜多经》中关于常啼和法上二菩萨的故事，与汉文本《放光般若经》中的"萨陀波仑品"和"法上品"内容相似。回鹘文本似译自汉文本，但汉文本为散文体，而回鹘文本则为181段押头韵的四行诗形式。所以回鹘文本不是译作，而是再创作，具有很高的文学价值。1980年，土耳其学者S.特肯在其《元代回鹘文佛教文献》一书的第二部分中对此进行了研究和翻译，并刊布了原文的图版。

7.《观音经相应譬喻谭》。该回鹘文写本1907年由斯坦因发现于敦煌，原件现存伦敦大英博物馆，编号为 Or. 8212—75A，订在回鹘文《俱舍论实义疏》第一册之后。写本共 15 叶，用汉字注明叶码，文中多处夹写汉字。抄写人为吐凯儿·铁木耳（Tükäl Tämür）。写本为押头韵的四行诗形式，似为古代佛教界在讲说《观音经》之后的唱词，所以在回鹘文学史上具有重要的学术价值；1982 年，日本庄垣内正弘发表研究专著，题作《三篇与观音经相应的譬喻谭》，收入其《回鹘语文献研究 1》；1997 年，赵永红根据庄氏刊本，对该经的第二部分进行了研究，发表《回鹘文佛教诗歌〈观音经相应譬喻谭〉研究》。

六　经济文书类

现存的回鹘文经济文书很多，且分藏于世界各地。随着各国学者的不断努力，已陆续刊布发表了一部分。其中《高昌馆来文》是最重要的一部。

《高昌馆来文》。又称《高昌馆课》，是明代高昌馆汇编的汉文、回鹘文对照公文集。约成书于成化至嘉靖（1465—1566 年）年间。共收入文书 89 件，其中新疆各地进贡文书 83 件，请求升职文书 3 件，明皇帝敕文 1 件，边防文书 2 件。其版本很多，主要有明代抄本《高昌馆课》和东洋文库藏本《高昌馆来文》。该公文集先写成汉文，后逐字直译为回鹘文，故未能正确反映出当时畏兀尔人的口语和回鹘文文法的特点，但它对研究新疆各地方政权与明朝中央政权在政治、经济上的相互关系具有一定价值。1981 年，胡振华、黄润华两位先生将此公文集译注出版，书名为《明代文献〈高昌馆课〉（拉丁字母转写本）》（新疆人民出版社 1981 年版）。

除了像《高昌馆来文》这样的公文集外，其他的回鹘文经济文书都分藏于世界各地。拉德洛夫的《回鹘语文献》、哈密尔顿的《9—10 世纪敦煌回鹘文文献》（两卷本）、山田信夫等的《回鹘文契约文书集成》（三卷本）（大阪大学出版会 1993 年版）、李经纬的《吐鲁番回鹘文社会经济文书研究》（新疆人民出版社 1996 年版）和《回鹘文社会经济文书研究》（新疆大学出版社 1996 年版）、杨富学、牛汝极的《沙州回鹘及其文献》（甘肃文化出版社 1995 年版）、买提热伊木·沙依提、斯拉菲尔·玉素甫的《回鹘文契约文书》（新疆人民出版社 2000 年版）、阿不里克木·亚森的《吐鲁番回鹘文世俗文书语言结构研究》等都集中收入了一部分收藏于国内外的回鹘文经济文书，并对这些文书进行了转写、翻译和研究。

我国各地的图书馆、博物馆、文管所中也收藏有一批回鹘文经济文书。其中现已刊布和研究定名的文书主要有：1.《阿体卖奴隶（善斌）给买主写的临时字据》。1958 年，冯家升先生与捷尼舍夫合作研究了这一文书，发表了《回鹘文斌通（善斌）卖身契三种》。2.《阿体给买主写的正式字据》。1958 年，冯家升与捷尼舍夫在《回鹘文斌通（善斌）卖身契三种》一文中研究了这一文书。3.《买主薛赛大师买到奴隶后写的正式字据》。1958 年，冯家升与捷尼舍夫研究了该文书。1978 年，耿世民先生又对此文书重新进行研究，订正了冯氏前文在转写和译文中的一些错误。4.《定慧大师卖奴隶字据》。1960 年，冯家升先生发表《回鹘文契约二种》一文，对该文书进行转写、汉译和注释。1975 年《新疆出土文物》一书刊布了这件文书的图片。1978 年，耿世民先生在《两件回鹘文契约的考释》一文中又重新研究了这张文书。5.《医者大师义与蔡氏离居字据》。1954 年，《文物参考资料》第 10 期刊布了此件字据的照片。1960 年，冯家升先生在《回鹘文契约二种》一文中研究了这张文书。6.《摩尼教寺院文书》。该文书曾刊于 1954 年出版的《吐鲁番考古记》（图版 89—94）。1978 年，耿世民先生在其《回鹘文摩尼教寺院文书初探》一文中初步研究了这一文书。7.《摊派草料令》四件。1980 年，耿世民先生在《文物》第 5 期上发表了《几件回鹘文文书译释》一文，研究了这四件回鹘文文书。

七 语言文字类

在回鹘文文献中，专门的语言文字作品极少。对于研究回鹘语文来说，当然每一部回鹘文文献都是极为重要的，它能为我们了解回鹘语文的全貌提供可靠的材料。除此之外，属于语言文字类的回鹘文文献《高昌馆杂字》则是迄今发现的最为重要的资料。

《高昌馆杂字》又名《高昌馆译语》、《高昌馆译书》。它是明代高昌馆编纂的汉文、回鹘文对照分类词汇集。成书于永乐（1403—1424）年间。所收词语分为17个门类，共1000余条，均从高昌、哈密等地朝贡表文中摘出。其版本很多，主要有：（1）《高昌馆译书》，藏北京图书馆，清刻本。书高27.6厘米，宽17.8厘米，板框高21.3厘米，宽14.5厘米，骑缝上印有"高昌馆"三字。（2）《高昌馆杂字》，藏北京图书馆，清抄本。书高29.3厘米，宽17.4厘米，朱丝栏，板框高22.7厘米，宽15厘米，书口上朱印"同文堂"三字。（3）《华夷译语·高昌馆杂字》，藏北京图书馆，明抄本。书高32厘米，宽19.7厘米，板框高23厘米，宽15.2厘米，首册封面钤印有"张瑗若章"、"玉堂侍御"两章。首页有"御赐三长并擅之斋"、"尊孟阁"、"云中白雀"和"北京图书馆"四印。（4）《高昌馆杂字》，日本东洋文库藏本。

《高昌馆杂字》不仅是研究明代回鹘文和当时吐鲁番、哈密一带维吾尔语的重要依据，而且也是研究当时汉语语音的重要参考资料。1984年，民族出版社出版了由胡振华、黄润华整理的《高昌馆杂字》一书。

八 科学技术类

历史上，处于丝绸之路上的回鹘人对我国科学技术的发明和传播有过重要贡献。但很可惜的是，目前发现的科学技术类的回鹘文文献很少，仅存一些历法、医学等文献残片，而且又都大多流失国外。其中20世纪初由德国吐鲁番考古队发现的一本回鹘文医书极为重要。这本医书现存柏林，共有回鹘文201行，首尾两页比较残破。该书内容涉及临床各种症状和病症、药物治疗、疗法以及其材料。它是回鹘人长期同疾病做斗争的经验总结，对我国医学，特别是维吾尔族古代医学研究具有一定价值。土耳其学者阿拉提曾刊布有两卷本回鹘文医学文献。对这本重要的回鹘文医书，我国学者也进行了一些研究。1978年耿世民等编写的《古代突厥文献选读》中收录了该回鹘文医书的转写，并附有部分词汇注释和语法现象说明。1984年陈宗振先生摘译了其中的一部分内容。洪武娌依据陈氏译文探讨了它的医史价值。邓浩、杨富学在上述研究成果的基础上又对该文献进行了研究。

第 六 章

文献珍品图片及说明

图 1　《乌兰浩木碑》 …… (1472)
图 2　《亦都护高昌王世勋碑》 …… (1472)
图 3　《居庸关石刻》（回鹘文部分） …… (1473)
图 4　《莫高窟六体文字碑》 …… (1473)
图 5　《玄奘传》 …… (1474)
图 6　《弥勒会见记》 …… (1474)
图 7　《金光明最胜王经》 …… (1475)
图 8　木刻本《八阳神咒经》 …… (1476)
图 9　北京图书馆藏回鹘文《阿毗达磨俱舍论》 …… (1476)
图 10　《别译杂阿含经》残片 …… (1477)
图 11　卷子本《妙法莲华经》 …… (1478)
图 12　《说心性经》 …… (1478)
图 13　《吉祥轮律仪》 …… (1479)
图 14　刻本《圣救度佛母二十一种礼赞经》残片 …… (1479)
图 15　《瑜伽师地论》 …… (1480)
图 16　《妙法莲花经玄赞》 …… (1480)
图 17　《因萨地经》 …… (1481)
图 18　《佛说北斗七星延命经》 …… (1481)
图 19　《佛说温室洗浴众僧经》 …… (1482)
图 20　《观无量寿经》 …… (1482)
图 21　回鹘文《阿烂弥王本生故事》残片 …… (1483)
图 22　《慈悲道场忏法》 …… (1483)
图 23　《佛顶尊胜陀罗尼经》局部 …… (1484)
图 24　《转轮王曼荼罗》 …… (1484)
图 25　回鹘文《圆觉经》残片 …… (1485)
图 26　《十业道譬喻蔓经》 …… (1485)
图 27　回鹘文木刻本《金刚经》 …… (1486)
图 28　回鹘语摩尼教《琐罗亚斯德传说》 …… (1486)
图 29　《陶工故事》 …… (1487)

图 30	《乌古斯可汗的传说》	(1487)
图 31	《五卷书》译本残片	(1488)
图 32	开罗抄本《福乐智慧》	(1488)
图 33	《真理的入门》	(1489)
图 34	明抄本回鹘文《高昌馆来文》	(1489)
图 35	明抄本回鹘文《高昌馆杂字》	(1490)
图 36	《突厥语大词典》中的圆形地图	(1491)
图 37	《粟特—回鹘词汇对照表》	(1491)
图 38	《定慧卖奴契》（正、背）	(1492)
图 39	《善斌卖身契》	(1492)
图 40	《土地买卖契》	(1493)
图 41	回鹘文木杵	(1493)
图 42	高昌回鹘王供养像及回鹘文题记	(1494)
图 43	回鹘钱币	(1494)

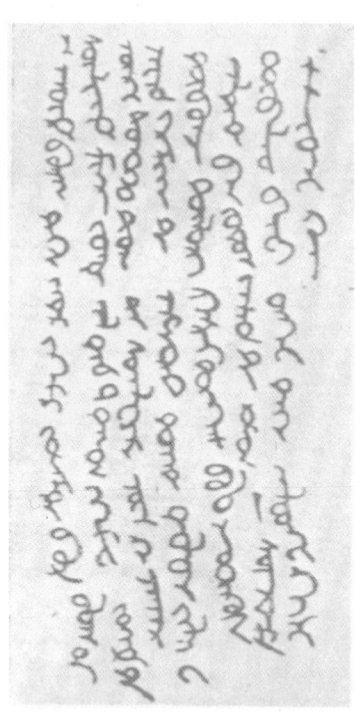

图 1 《乌兰浩木碑》

《乌兰浩木碑》又称《多罗郭德碑》。1955 年发现于蒙古国乌布苏省乌兰浩木。存文字 8 行，当为 840 年以前之碑铭，是迄今发现时代最早的回鹘文碑铭。

图 2 《亦都护高昌王世勋碑》

《亦都护高昌王世勋碑》该碑现藏甘肃省武威县文庙石刻室。1933 年左右在武威县北 30 里石碑沟一带出土。现仅存原碑的下半段，高 1.8 米，宽 1.62 米，约为全碑的五分之二。碑文用汉文和回鹘文书写。汉文部分从上到下通行书写，共 36 行，每行 90 字（现存下半截的 40 字）。回鹘文部分分栏书写（原碑似为十栏），每栏 51 或 52 行，现存该碑的后一部分四栏半。

此碑可以说是一部历史传记，它记载了从巴而术阿而忒亦都护到太平奴诸畏兀儿亦都护的世系传递，是研究元代畏兀儿族历史的重要文献。

图 3 《居庸关石刻》（回鹘文部分）

《居庸关石刻》是元代至正五年（1345 年）用六种文字铭刻的佛教经文和咒语。文字排列次序为三层横写，依次为梵文、藏文加嘎尔体、藏文吐蕃体，下层竖写，自左向右为八思巴文、回鹘文、自右向左为汉文、西夏文。用六种不同文字铭刻的大型石刻在我国古代石刻文献中仅此一处，不仅是研究古代文字的重要资料，而且具有很高的历史艺术价值。

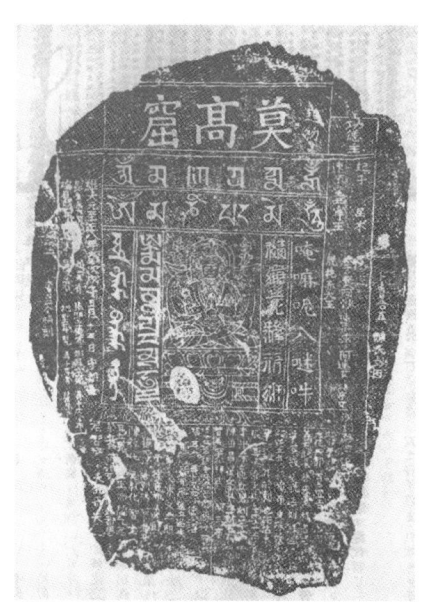

图 4 《莫高窟六体文字碑》

《莫高窟六体文字碑》是元至正八年（1348 年）由功德主西宁王速来蛮偕妃子屈术、太子养阿沙等而立的。碑中央为四手观音像，像之上端及两旁用梵、藏、汉、西夏、八思巴、回鹘六种文字刻写六字真言。该碑反映了元代民族文字使用情况。

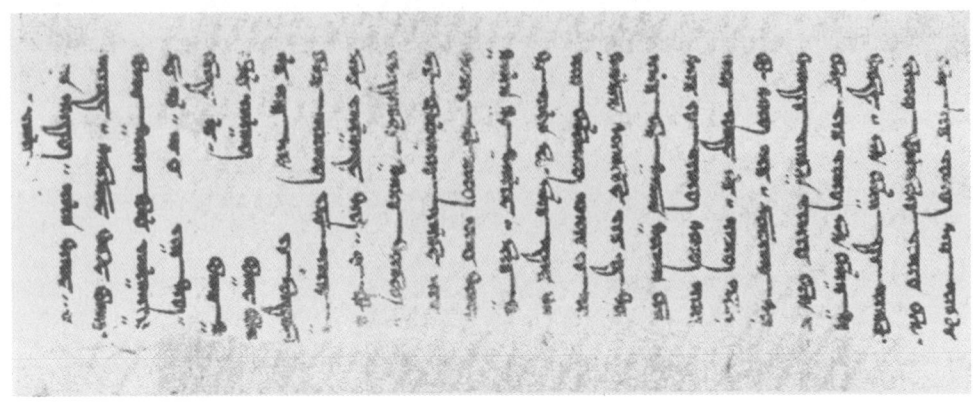

图 5　《玄奘传》

《大唐大慈恩寺三藏法师传》简称《玄奘传》，回鹘文原名为 *bodistw taïto samtso ačarining yoriɣin oqïtmaq atlïɣ tsï in čuin in čuin tignä kwi nom bitig*。该回鹘文文献系译自汉文。关于回鹘文本的译者，回鹘文原文中记载："又幸福、伟大的中国国中精通三藏经的慧立大师受教用汉语制成。名叫彦棕法师的经师扩展之。又别失八里人胜光法师都统重新从汉语译为突厥语。"由此可见，该文献的译者与《金光明最胜王经》的译者是同一人，均为别失八里人胜光法师。该文献国内外均有收藏：a. 北京图书馆，1930 年在新疆南部出土。写本形式为梵夹式，抄写十分工整，乍看极似木刻本。残卷共 248 叶，其中 23 叶较为完整，其余皆残损严重。1951 年在北京曾影印出版过该部分。b. 苏联科学院东方学研究所列宁格勒分所。原件为一写本，梵夹式，共 97 叶。c. 法国魁梅博物馆，共 123 叶。d. 海金（Joseph Hackin）1932 年参加锡春考察队自叙利亚赴北京途中所得，仅有 8 叶。以上各地所藏均为同一译本拆散分出之残卷，可互补所缺。

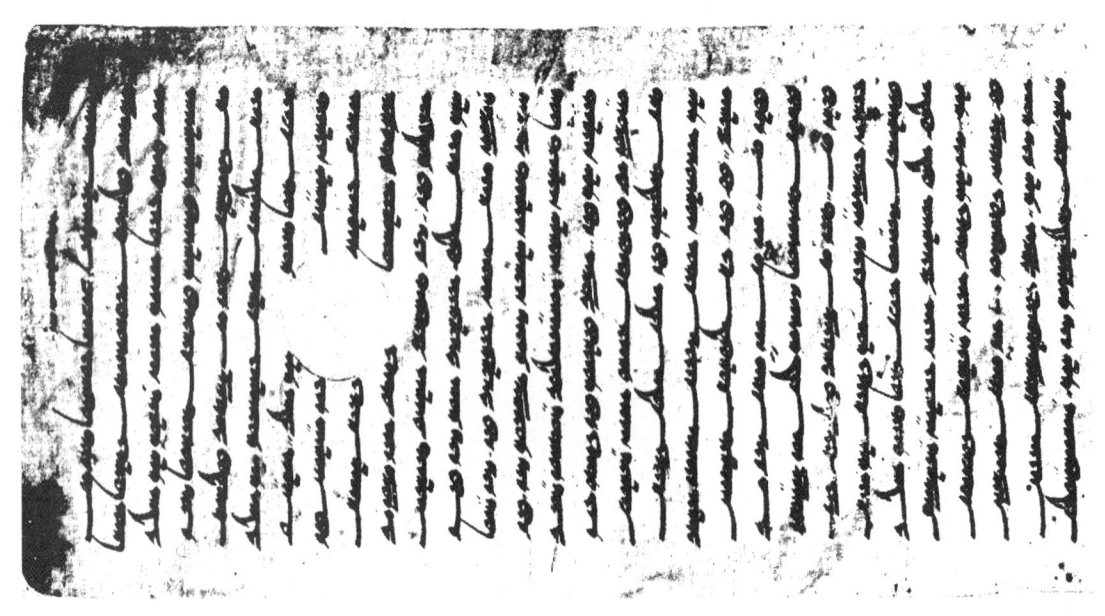

图 6　《弥勒会见记》

《弥勒会见记》是目前国内收藏篇幅最大、数量最多的回鹘文文献，回鹘文原名为 maitrisimit。该书是一部长达 27 幕的演说佛教教义的原始剧本。它不仅是我国维吾尔族的第一部文学作品，同时也是我国各民族（包括汉族）现存最早的剧本，在我国文化史上占有非常重要的地位。

现存我国的《弥勒会见记》于 1959 年 4 月在新疆哈密县天山人民公社脱米尔提大队附近发现（为了区别于流失国外的同名回鹘文残卷，一般称之为哈密本），原件藏新疆维吾尔自治区博物馆。写本形式为梵夹式，长 44 厘米，高 22 厘米，用黑墨书写。纸质厚硬，呈褐黄色。上下画有浅黑色边线，每行也画有行线，行距为 1.5 厘米。在每叶文字的第七到第九行之间画有黑色圆圈，直径为 5 厘米。圆圈中间有穿绳用的小孔。写本共约 293 叶（586 面），其中完整无缺和大体完好的约 114 叶。每叶正面左侧用小字写有品数和叶数。写本两面书写，每面大多数为 30 行，少数为 31 行。每幕开头标明演出场地的文字，用朱笔书写。

该书先由一位名叫圣月的佛教大师从印度语译成古代焉耆—龟兹语（即所谓的吐火罗语），后由一位名叫智护的法师从古代焉耆—龟兹语译成突厥语。哈密写本的施主是曲·塔思·依干·都督。写本正文并非由一人抄写。从现存残卷来看，已见有三种不同的字体：第一为书法浑圆、熟练的字体；第二为细瘦的楷书；第三为略显笨拙的字体。具体抄写人的名字在书中见到的有两个：法尊萨里和土克·促帕·阿凯。

除我国收藏以外，德国也藏有一些残叶。这部分残叶是 20 世纪初由勒柯克率领的德国考察队在我国新疆吐鲁番的木头沟和胜金口等地发现的，共 227 叶，约占全书的十分之一，其中完整的不过十几张，多为残片。

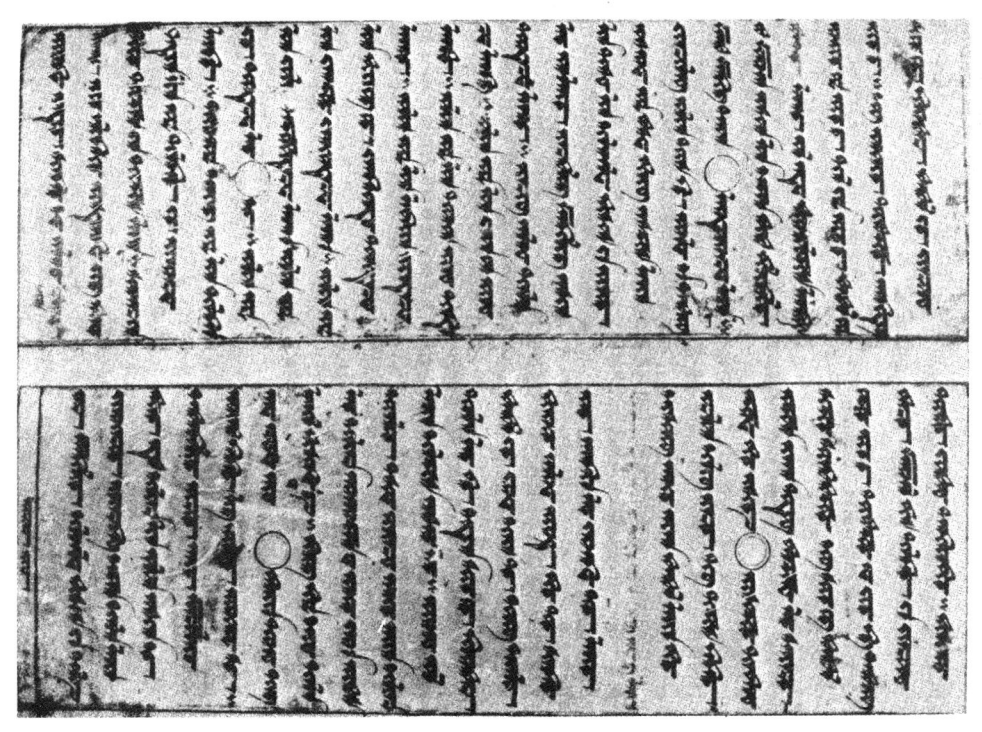

图 7　《金光明最胜王经》

《金光明最胜王经》最完整的本子唯一手抄本，1910 年由俄国人马洛夫在甘肃酒泉附近的文殊沟所得，现藏俄罗斯科学院东方学研究所列宁格勒分所。手抄本共 397 叶，每叶大小为 62×23 厘米，每面书写 22—25 行。该文献另有两叶为瑞典考古学家别尔格曼于 1927—1935 年参加西北科学考察团时在甘肃所得，现存斯德哥尔摩民族学博物馆。此外，德国考古队在新疆也发现有此经的残卷，现藏柏林德国古代历史和考古学中心研究所吐鲁番写本部。该经的回鹘文译本系古代维吾尔族著名学者、翻译家别失八里人胜光法师根据义净的汉文本翻译的。据目前所知的材料，胜光法师除了该佛经外，还从汉文先后翻译了《大唐大慈恩寺三藏法师传》、《千眼千臂观世音菩萨陀罗尼神咒经》、《观身心经》等。回鹘文《金光明最胜王经》抄写于清康熙二十六年（1687 年），抄经地点是敦煌。它是目前所发现的时间最晚的回鹘文文献。

图 8　木刻本《八阳神咒经》

《佛说天地八阳神咒经》简称《八阳经》，回鹘文名为 tängri tängrisi burxan yarlïqamïš tängrili yirlitä sä kiz türlügin yarumïš yaltïrmïš ïduq drnï tä ni yib atlïɣ sudur nom bitig。该经是目前所知回鹘文佛经残卷中所占比例最大的一部经典，其抄本、刻本残卷在新疆、敦煌等地时有发现，分藏柏林、伦敦、圣彼得堡、日本及北京各地的种类达 186 种之多，其中主要有以下一些：（1）大英博物馆藏卷，旧编号为 Ch.0031，现编号为 Or.8212—104。卷子式，共存 466 行，为现存诸写本中保存最完整者。（2）日本龙谷大学藏卷，橘瑞超发现于吐鲁番雅尔湖附近。卷子式，残存 405 行，卷首缺，佛名朱笔书写。（3）日本大谷藏卷，卷子式，残存 21 行。（4）日本龙谷大学藏本，册子写本，残存 6 页。（5）日本龙谷大学藏残片，均为残片，经小田寿典研究，辨认出其中的 14 件断片。（6）东京中村不折藏本，均为残片。（7）圣彼得堡藏卷，库罗德柯夫发现于吐鲁番，卷子式，残存 34 行。（8）圣彼得堡藏卷，卷子式，残存 25 行。（9）北京藏本，折叠式刻本，存 3 张 7 面半，原件现藏中国社会科学院考古研究所。1929 年为前西北科学考察团在新疆获得。（10）乌鲁木齐藏本，贝叶式写本，存一叶两面。

图 9　北京图书馆藏回鹘文《阿毗达磨俱舍论》

《阿毗达磨俱舍论》。简称《俱舍论》，回鹘文名为 košavarti。现存回鹘文该残卷者有：a. 瑞典首都斯德哥尔摩民族学博物馆，共 16 叶，分别属于第 7、8、13、14、17、18、22、23、29、30 等卷。这部分残卷出自敦煌千佛洞元代洞窟中，似为 20 世纪 30 年代中瑞西北科学考察团成员别尔格曼所得。b. 日本京都有邻馆，一张残叶，属于第 3 卷，出自敦煌千佛洞，为日本大谷探险队所得。c. 甘肃博物馆，一叶两面，属于第 8 卷，编号为 10561。d. 北京图书馆，一叶两面，属于第 5 卷。

图 10　《别译杂阿含经》残片

《阿含经》，回鹘文写本残卷在国内外收藏者主要有：（1）瑞典首都斯德哥尔摩民族学博物馆，共 16 页，似为 20 世纪 30 年代中瑞西北科学考察团成员别尔格曼在甘肃所得。其中属于《中阿含经》的计 8 页，属于《杂阿含经》的共 3 页，属于《别译杂阿含经》的 4 页，属于《增壹阿含经》的 1 页。（2）日本京都大学文学部藏有回鹘文《阿含经》残卷复制品 5 页 9 面，分别属于《增壹阿含经》第 24、50、51 卷，《中阿含经》第 7、49 卷，《杂阿含经》第 50 卷。（3）日本中村不折氏的收藏品中藏有回鹘文卷子本《杂阿含经》残片，内容与《杂阿含经》第 21、22 卷相同。（4）日本羽田明氏收藏有回鹘文《中阿含经》残片复制品，为《中阿含经》第 5、10、17、28 卷中的内容。（5）日本奈良天理图书馆，1 页，册子本，存回鹘文 15 行，内容为《增壹阿含经》卷 30 中的"六重品"。（6）柏林吐鲁番收藏品中有许多回鹘文《阿含经》写本残片，均出自吐鲁番一带。（7）法国国立图书馆藏有一页回鹘文《别译杂阿含经》残卷。（8）北京图书馆藏《杂阿含经》残卷 1 页 2 面，内容属于第 1 卷。（9）北京图书馆藏《增壹阿含经》残卷 1 页 2 面，内容属于第 1 卷。（10）北京图书馆藏《中阿含经》残卷 2 页，内容分别属于第 3 卷和 60 卷。（11）北京大学图书馆藏《中阿含经》残卷两页，内容属于第 44 卷。（12）敦煌莫高窟北区出土了《阿含经》的一些残卷，现藏敦煌研究院。

图 11 卷子本《妙法莲华经》

《妙法莲华经》(简称《法华经》)是大乘佛教的重要经典之一,曾先后八次被译为汉语。回鹘文本多以鸠摩罗什所译《妙法莲华经》七卷为底本而译,尤以其中的《普门品》最为流行。回鹘文《妙法莲华经》残篇很多,圣彼得堡东方学研究所、日本橘瑞超收藏品、德国美因茨科学与文化研究院、柏林达莱姆印度艺术博物馆、德国国家图书馆东方部、柏林德国科学院历史与考古中央研究院等地均有收藏,有梵夹式、卷子式等多种版本形式。拉德洛夫、羽田亨、特肯、毛埃、罗伯恩、茨默等学者对各地所藏进行过研究。

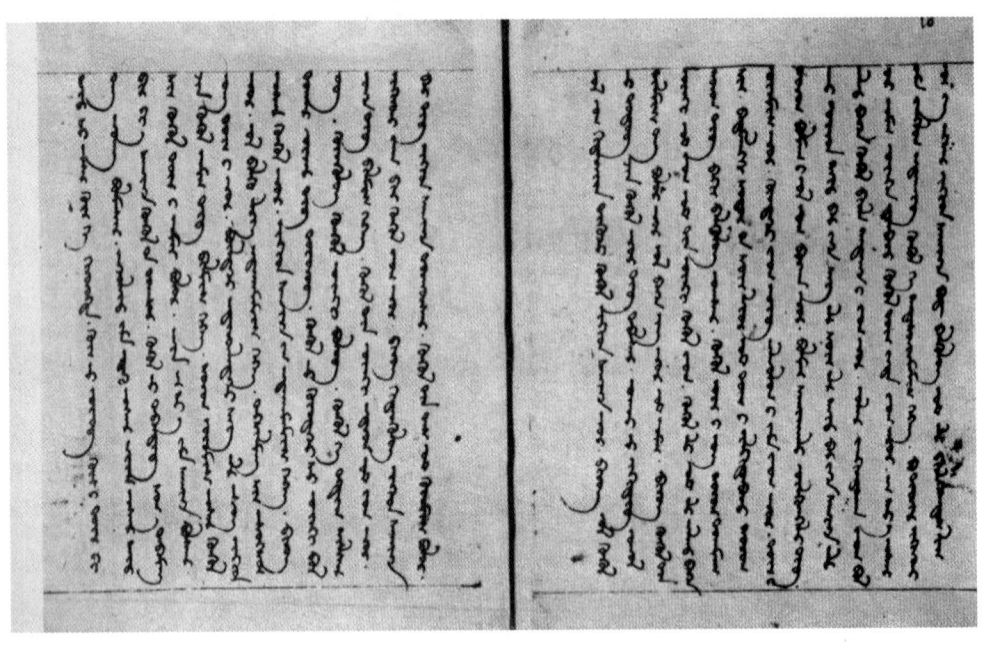

图 12 《说心性经》

《说心性经》由斯坦因于 1907 年在敦煌千佛洞所得,现藏伦敦大英博物馆,编号为 Or. 8212—108。册子,写本,内存 38 叶,为不同佛教文献的集成,《说心性经》即其中一部,位于 2a—16b 叶,存 405 行。每面写 13—15 行不等。回鹘文为草体,文中多处夹写汉字。土耳其 R. R. 阿拉特在其《古代突厥诗歌》(R. R. Arat: Eski türk šiiri, Akara, 1965, s. 63—161.) 中多次引用该经语句。1976 年日本庄垣内正弘对写本进行了系统研究,发表有《关于回鹘语写本·大英博物馆 Or. 8212—108》(载《东洋学报》第 57 卷,1—2 号,1976,第 272—254 页)。1980 年 S. 特肯刊布了写本的拉丁字母转写和德语译文,书后附有写本图版(S. Tekin: Buddhistische Uigurica aus der Yuan-Zeit, Teil 1: HSIN t özin oq ïdtačï nom, Budapest)。1997 年张铁山发表了《回鹘文佛教文献〈说心性经〉译释》(载《中国少数民族文学与文献论集》, 辽宁民族出版社 1997 年版)。

图 13 《吉祥轮律仪》

《吉祥轮律仪》系佛教密宗文献,1907 年斯坦因发现于敦煌,现藏伦敦大英博物馆,编号为 Or. 8212—109,册子,存 63 叶 (126 面), 1430 行。文中夹写有 "善哉善哉"、"了也" 等汉字。从写本中大量藏文术语来看,应译自藏文。1974 年日本庄垣内正弘发表《关于回鹘语写本·大英博物馆藏 Or. 8212—109》(载《东洋学报》第 56 卷第 1 号,1974 年,第 44—57 页)。1978 年 P. 茨默和 G. 卡拉刊布了全书的拉丁字母转写、德文译文与注释,并附有全部图版。

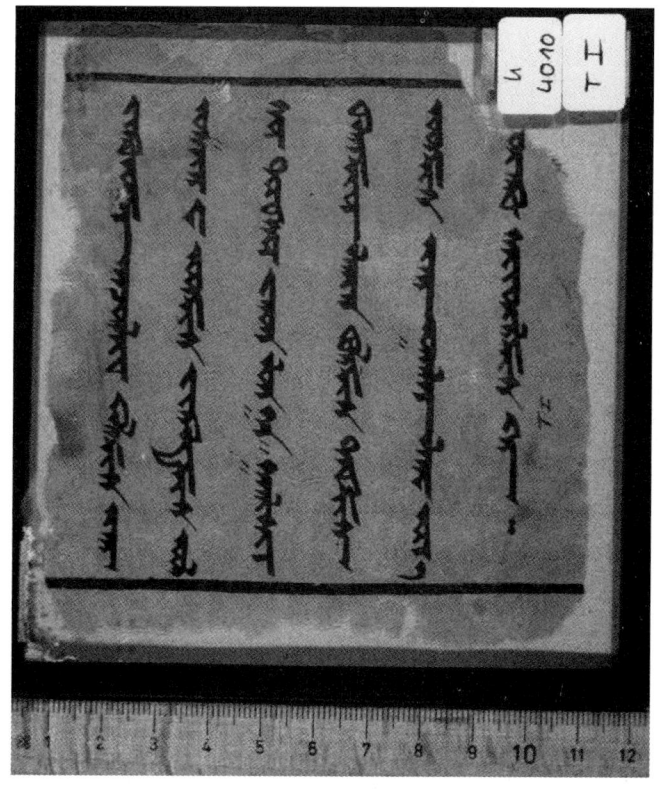

图 14 刻本《圣救度佛母二十一种礼赞经》残片

该刻本残片现藏德国国家图书馆，编号为 U 4010（T I），10×11.5厘米，存 6 行。

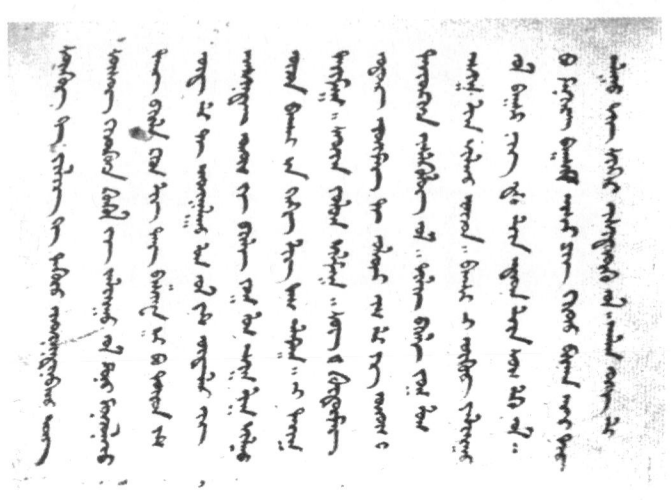

图15　《瑜伽师地论》

回鹘文《瑜伽师地论》译自藏文。藏文原作 *Lam zab-mo bla-ma'i rnal-'byor*，系萨迦派大师萨迦班鲁达（Sa-skya Pandita，1182—1251）的重要著作之一。回鹘文译者不详。回鹘文译本现藏柏林吐鲁番学中心，存 26 叶 52 面，共 479 行。1977 年喀喇·乔治和皮特·茨默研究刊布了这一文献。

图16　《妙法莲花经玄赞》

卷子写本，29×21.2厘米，存 133 行。出土于吐鲁番交河古城。原藏德国 Mainz 科学院，编号为 Mainz 732（T II Y 21），后转入德国国家图书馆。

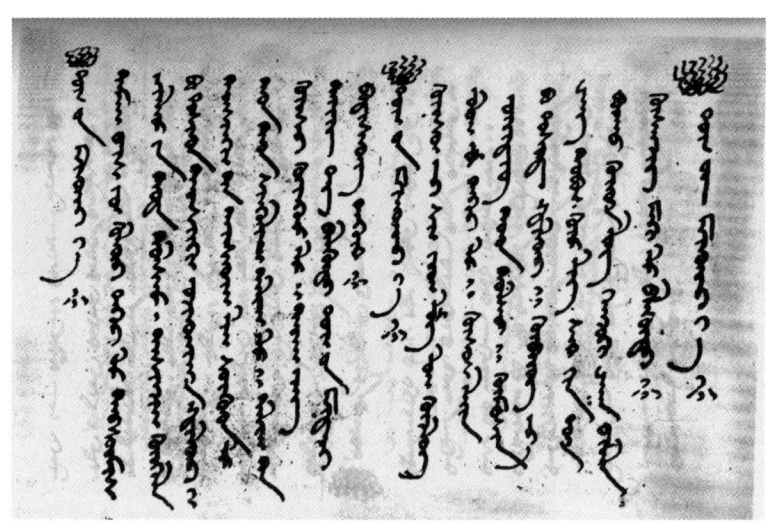

图 17　《因萨地经》

《因萨地经》由德国第三次西域考察队于 1906 年在新疆吐鲁番木头沟所得，现藏柏林德国科学院吐鲁番文献中心，存 35 叶，计 1121 行，以汉字标记叶码，文中夹写有汉字。据学者们推断，约完成于 13—14 世纪，抄写于 17 世纪。文中表达了对未来佛弥勒到来的期盼，对摩尼—圣母玛利亚和穆罕默德的无视。这些都说明，该文献完成时，伊斯兰教已进入塔里木盆地。铁兹江、茨默等人曾对该文献有研究。

图 18　《佛说北斗七星延命经》

该残片系德国第三次吐鲁番考察队在吐鲁番木头沟所获，现存德国国家图书馆，编号为 U3236（T III M 127），13.3×14.5 厘米，两面书写，每面各 8 行，计 16 行。

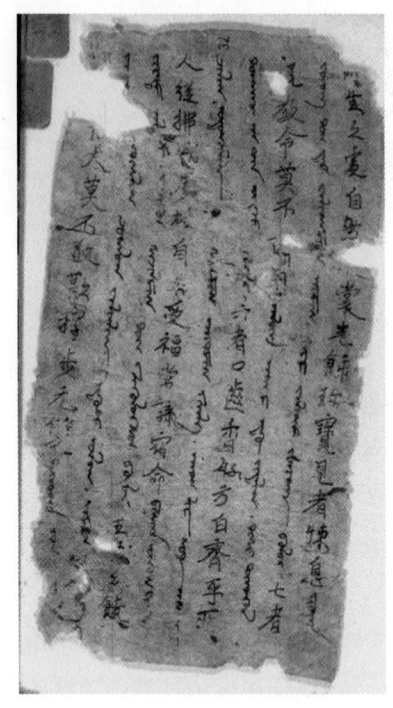

图 19　《佛说温室洗浴众僧经》

该残片由德国第三次吐鲁番考察队所得，现藏德国国家图书馆，编号为 Ch/U 6265（T III 32），两面书写，每面存 9 行。

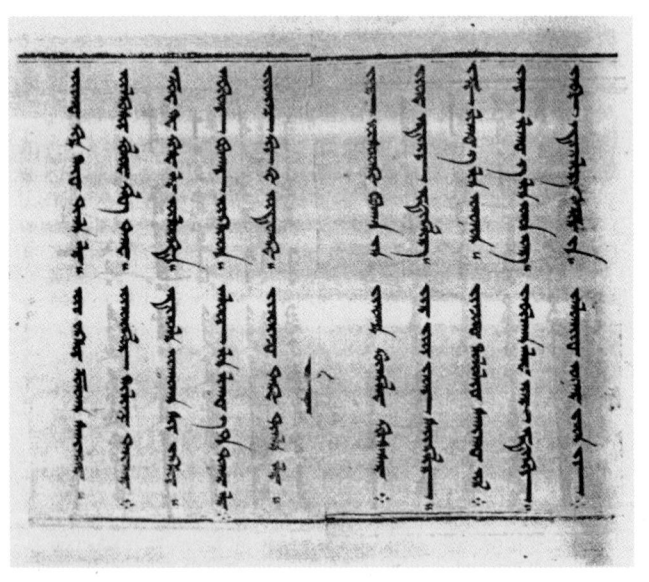

图 20　《观无量寿经》

《观无量寿经》是佛教净土宗三部经之一。该经的回鹘文系译自汉文。已发现有：日本藏一残片，橘瑞超发现于新疆吐鲁番一带，双面书写，计 52 行；柏林藏两残叶，经茨默辨认，与日本所藏为同一写本。橘瑞超、羽田亨、百济康义、茨默等人对两处藏本有研究。

图 21　回鹘文《阿烂弥王本生故事》残片

高昌故城遗址出土，现藏德国国家图书馆，编号为 U2294（T Ⅰ α c），24.6×17.5 厘米，两面书写，各 9 行，计 18 行。皮特·茨默、维勒金斯等人进行过研究。

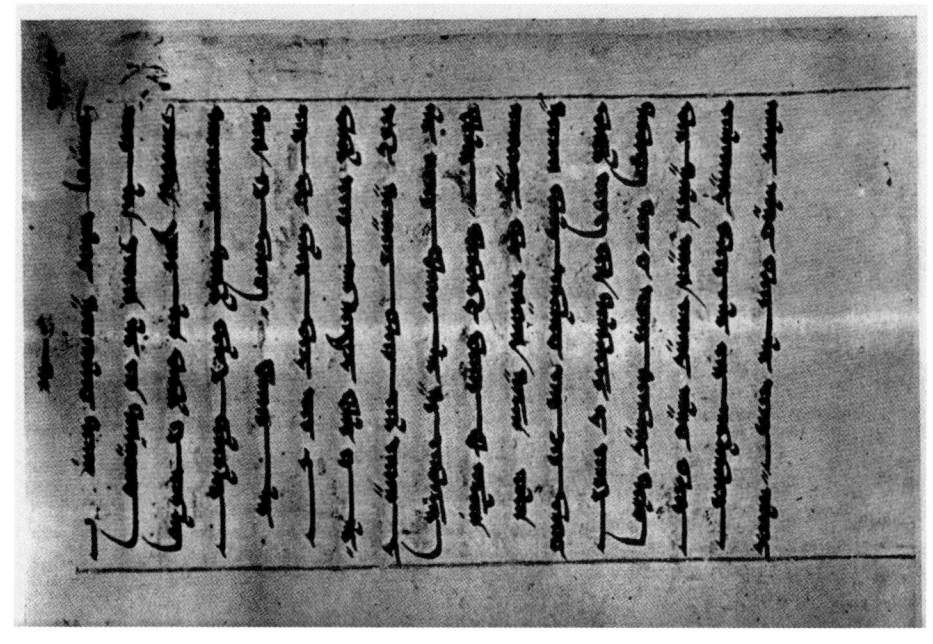

图 22　《慈悲道场忏法》

回鹘文《慈悲道场忏法》译自汉文本。汉文本最早在梁王朝（502—556 年）武帝时由诸大法师完成，原文由 40 部分组成。现存回鹘文译本多种，分别收藏于柏林吐鲁番文献中心、敦煌研究院、吐鲁番研究院等地。

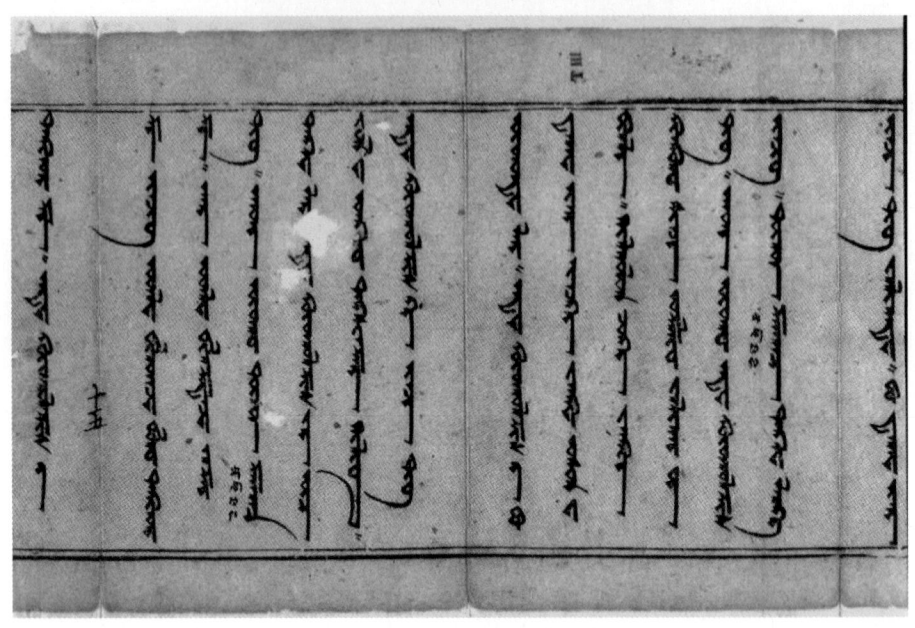

图 23 《佛顶尊胜陀罗尼经》局部

德国第三次吐鲁番考察队在吐鲁番木头沟发现，现藏德国国家图书馆，编号 U372（T III 185），刻本，计 36 行。

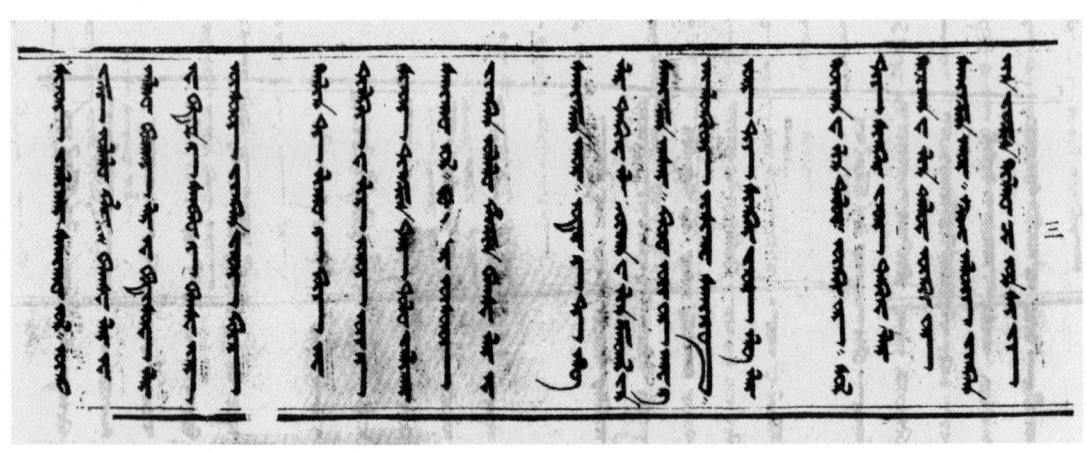

图 24 《转轮王曼荼罗》

回鹘文《转轮王曼荼罗》为第一次德国中亚探险队在吐鲁番所得，现藏柏林吐鲁番学中心。存残片 34 片。1928 年德国学者 F. W. K. 缪勒首先对该文献进行了研究，他注意到该文献与藏文译本《转轮王曼荼罗》很相似。根据文献跋文，回鹘文译本于 14 世纪 30 年代由回鹘学者、八思巴的传人 Punyasri 从藏文翻译而成。1976 年喀喇·乔治和皮特·茨默对文献进行了全面研究。

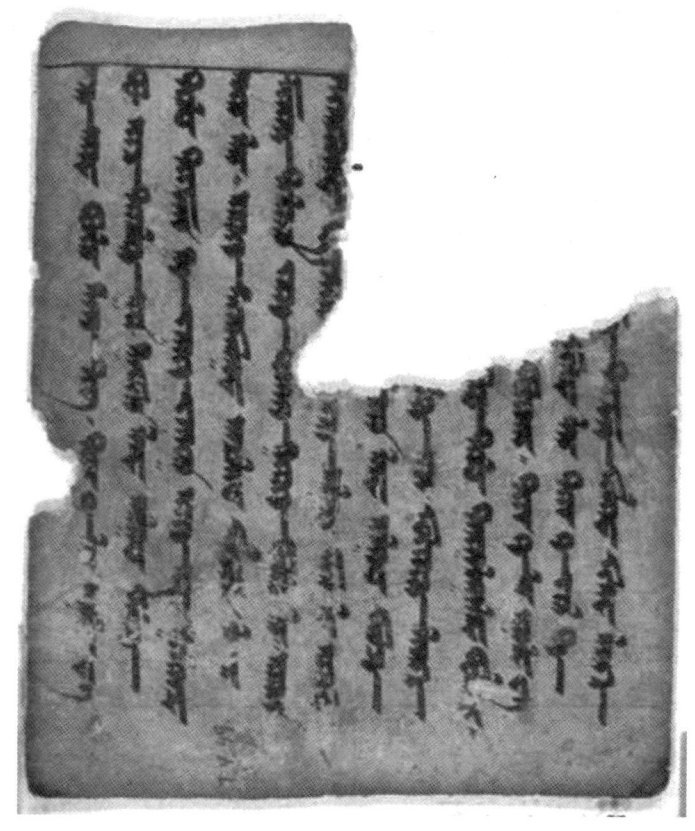

图 25　回鹘文《圆觉经》残片

吐鲁番北山前坡地遗址出土，现藏德国国家图书馆，编号为 U2381（[T III] TV 49），两面书写，每面各 12 行，共计 24 行。叶勒维尔斯阔格、皮特·茨默对此进行过研究。

图 26　《十业道譬喻鬘经》

51.5×21 厘米，双面书写，各 37 行，计 70 行。原藏德国美因茨科学院，编号为 Mainz 659（T III 84－2），后转入德国国家图书馆。

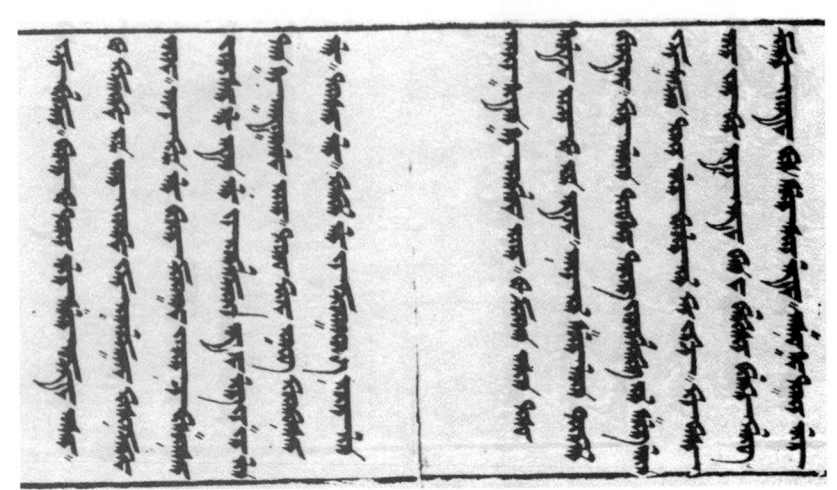

图 27　回鹘文木刻本《金刚经》

《金刚经》全称《梁朝傅大士金刚经并序》。汉文本是鸠摩罗什所译《金刚般若波罗蜜经》的改写，回鹘文本可能译于10世纪左右。属于该经的回鹘文残片已知者超过10件：（1）吐鲁番博物馆藏，编号为80.T.B.I：598，纸幅20.5×10厘米，系1980年清理柏孜克里克石窟时发现的，残存回鹘文8行。1985年多鲁坤·阚白尔等人对此进行过研究。（2）美国普林斯顿盖特图书馆藏，残存1叶，附彩图，存回鹘文13行。1989年J.O.布里特将此刊布。（3）柏林藏8件，其中既有贝叶式写本，也有平装式写本，还有折叠式木刻本。1971年哈蔡与茨默对这些残片进行了研究。（4）敦煌研究院藏，编号为464：121，黑纸金字，残存回鹘文5行，张铁山对此进行过研究。

图 28　回鹘语摩尼教《琐罗亚斯德传说》

写卷残片，高昌古城出土。藏德国国家图书馆，编号为 U4（T II D 175），17.3×19.2 厘米，两面书写，每面各 13 行，另有标题 1 行，共计 28 行。勒考克、拉德洛夫、冯加班、皮特·茨默、克拉克等人均有研究。

图 29　《陶工故事》

德国第三次吐鲁番考察队在吐鲁番木头沟遗址所得。原藏德国美因茨科学院，编号为 Mainz 700（T III M 194），后转入德国国家图书馆。

图 30　《乌古斯可汗的传说》

现存唯一回鹘文《乌古斯可汗的传说》写本藏于法国巴黎国民图书馆。写本用草体回鹘文写成，首尾部分残缺。共 21 页（42 面）。该《传说》是一部散文体英雄史诗。内容可分为两部分。第一部分包括史诗的开头和结尾。这部分反映了关于本族起源和创世的神话以及某些古老的风俗习惯。第二部分主要记述乌古斯可汗的征战活动。《传说》虽为散文体，但一些地方也夹杂有韵文，一些句子明显带有诗韵的因素，具有很强的节奏性。

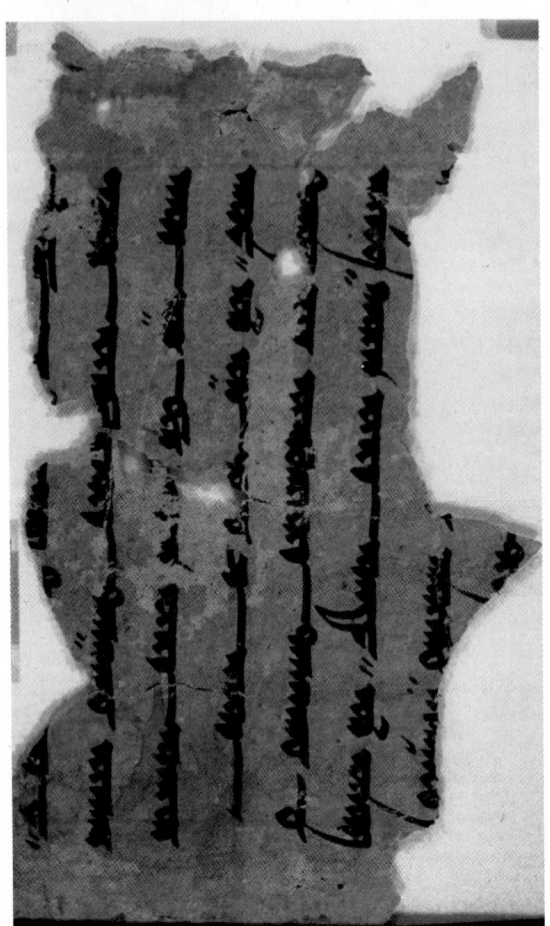

图 31 《五卷书》译本残片

吐鲁番胜金口遗址出土，现藏德国国家图书馆，编号为 U1802（T II S 89 K2），两面书写，每面 8 行，共计 16 行。皮特·茨默、叶勒维尔斯阔格等人进行过研究。

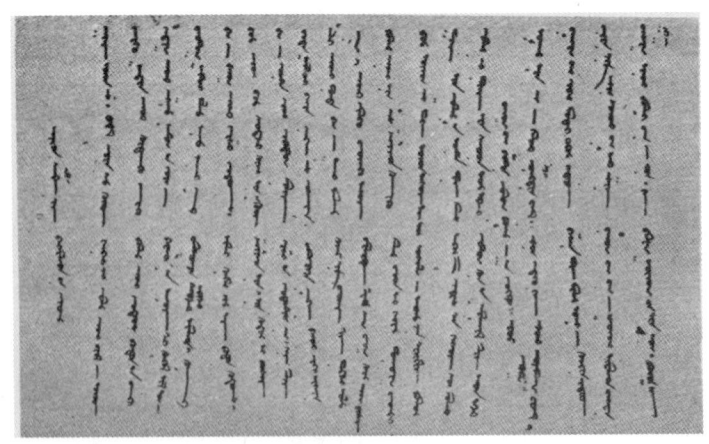

图 32 开罗抄本《福乐智慧》

《福乐智慧》是 11 世纪尤素甫·哈斯·哈吉甫用回鹘语写成的一部长诗。该书原本迄今尚未发现，目前仅发现三种手抄本，即维也纳抄本、开罗抄本和费尔干纳抄本，其中维也纳本是用回鹘文抄成的。

维也纳回鹘文抄本是最早发现的一个抄本。1439 年由哈桑·喀喇·沙依勒·谢米斯在赫拉特城用回鹘文抄成(因此又被称作"赫拉特本")。1474 年发现于伊斯坦布尔。抄本发现时已残缺不全。18 世纪末,在赫拉特供职的奥地利东方学家普尔戈什塔里将该抄本送至维也纳,现存维也纳国立图书馆。

该抄本在维也纳沉默了几十年后,1823 年法国学者卓别尔在《亚洲杂志》上首次发表了有关《福》的报告,并刊布了部分片段。1870 年,匈牙利学者万别里根据这一抄本,发表了作品中 915 个双行诗的拉丁字母转写和德文译文。1890 年俄国学者拉德洛夫影印了维也纳抄本。次年拉氏又用满文字母转写刊印了这一抄本。

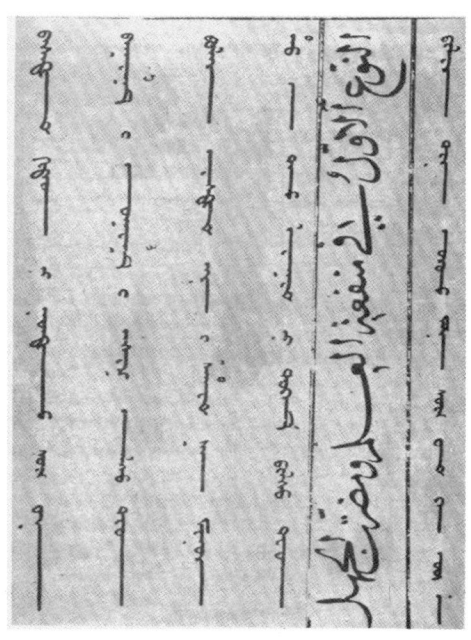

图 33　《真理的入门》

《真理的入门》现存三种较全的抄本,即撒马尔罕甲本、伊斯坦布尔乙本和伊斯坦布尔丙本。其中撒马尔罕甲本为回鹘文抄本,抄成于 1444 年撒马尔罕城,现存伊斯坦布尔阿亚索非亚图书馆。伊斯坦布尔乙本是一部回鹘文和阿拉伯字母维吾尔文合璧的抄本,抄成于 1480 年,也藏于阿亚索非亚图书馆。

图 34　明抄本回鹘文《高昌馆来文》

《高昌馆来文》又称《高昌馆课》，是明代高昌馆汇编的汉文、回鹘文对照公文集。约成书于成化至嘉靖（1465—1566年）年间。共收入文书89件，其中新疆各地进贡文书83件，请求升职文书3件，明皇帝敕文1件，边防文书2件。其版本很多，主要有明代抄本《高昌馆课》和东洋文库藏本《高昌馆来文》。该公文集先写成汉文，后逐字直译为回鹘文，故未能正确反映出当时畏兀儿人的口语和回鹘文文法的特点，但它对研究新疆各地方政权与明朝中央政权在政治、经济上的相互关系具有一定价值。1981年，胡振华、黄润华两位先生将此公文集译注出版，书名为《明代文献〈高昌馆课〉（拉丁字母转写本）》（新疆人民出版社1981年版）。

《高昌馆杂字》又名《高昌馆译语》、《高昌馆译书》。它是明代高昌馆编纂的汉文、回鹘文对照分类词汇集。成书于永乐（1403—1424年）年间。所收词语分为17个门类，共1000余条，均从高昌、哈密等地朝贡表文中摘出。其版本很多，主要有：（1）《高昌馆译书》，藏北京图书馆，清刻本。书高27.6厘米，宽17.8厘米，板框高21.3厘米，宽14.5厘米，骑缝上印有"高昌馆"三字。（2）《高昌馆杂字》，藏北京图书馆，清抄本。书高29.3厘米，宽17.4厘米，朱丝栏，板框高22.7厘米，宽15厘米，书口上朱印"同文堂"三字。（3）《华夷译语·高昌馆杂字》，藏北京图书馆，明抄本。书高32厘米，宽19.7厘米，板框高23厘米，宽15.2厘米，首册封面钤印有"张瑷若章"、"玉堂侍御"两章。首页有"御赐三长并擅之斋"、"尊孟阁"、"云中白雀"和"北京图书馆"四印。（4）《高昌馆杂字》，日本东洋文库藏本。

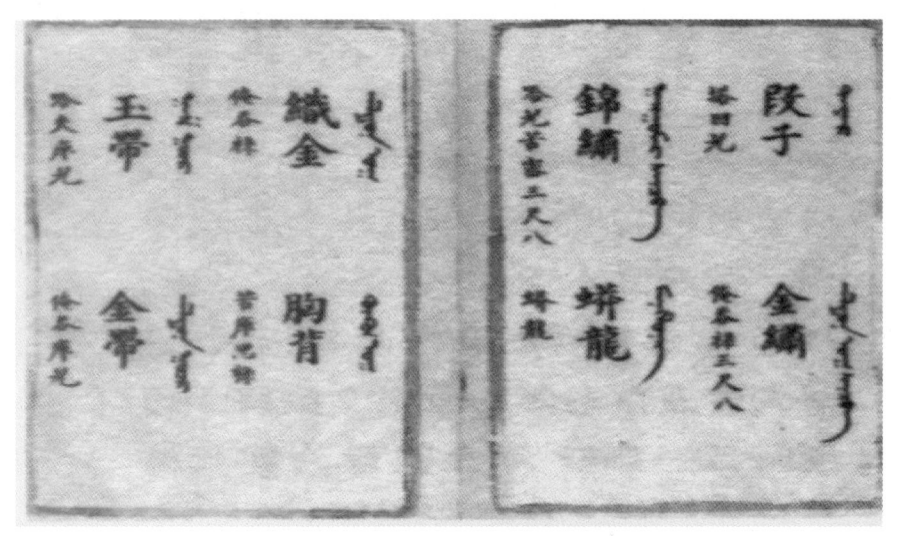

图35　明抄本回鹘文《高昌馆杂字》

《高昌馆杂字》不仅是研究明代回鹘文和当时吐鲁番、哈密一带维吾尔语的重要依据，而且也是研究当时汉语语音的重要参考资料。1984年，民族出版社出版了由胡振华、黄润华整理的《高昌馆杂字》一书。

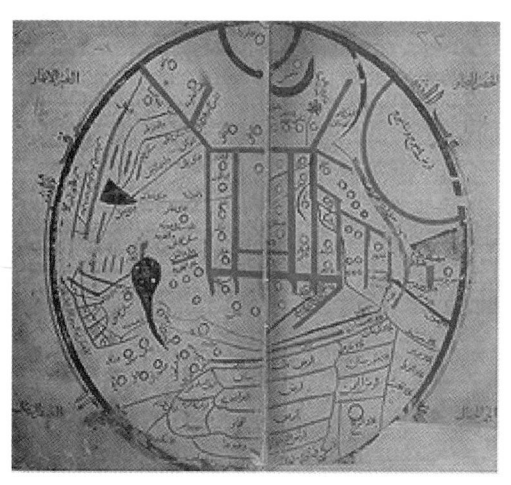

图 36　《突厥语大词典》中的圆形地图

　　《突厥语大词典》是现存规模最大的一部古代突厥语词典，由马赫穆德·喀什噶里于 1072—1077 年间在巴格达编撰完成。该书现存唯一抄本由波斯萨微人穆罕默德·本·阿卜巴克尔于 1265—1266 年抄成，现藏土耳其伊斯坦布尔国家图书馆。

　　《突厥语大词典》用阿拉伯文编写而成，全书分三卷，前后可分两大部分。第一部分为"序论"：主要叙述了编纂该词典的缘起、词条的编排体例、文字结构、突厥诸部的地理分布以及突厥语的特点等，并附有一幅圆形地图，标明突厥各部的地理位置；第二部分是突厥词语的注释，每个词条后有阿拉伯语的注释，并引用当时突厥语诸部的民歌、谚语作为范例。

　　《突厥语大词典》不仅是突厥语言学史的时代顶峰，而且也是一部突厥各族历史与社会生活的百科全书。它为研究古代突厥各族的语言、历史、文化提供了十分丰富的材料，具有很高的学术价值。该词典已出版有土耳其语、乌兹别克语、维吾尔语、汉语、英语等多种译本，学术论文更是不计其数，在国际突厥学界已形成一门"词典学"专门研究领域。

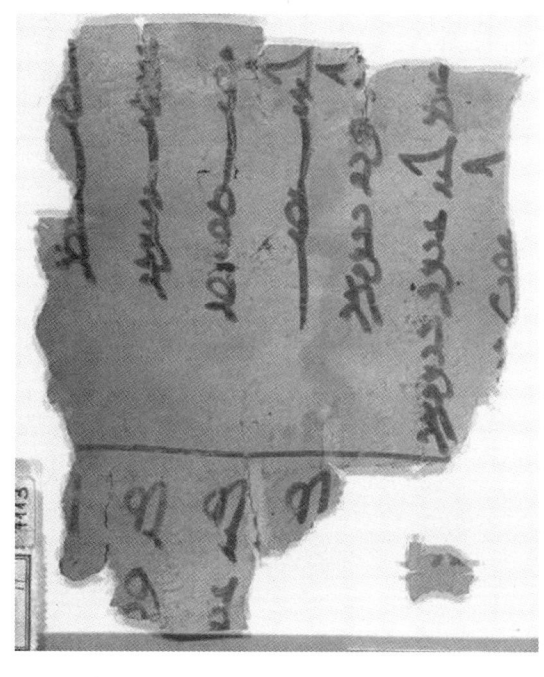

图 37　《粟特—回鹘语词汇对照表》

现藏德国国家图书馆，编号为 Ch/U 7113 v，分两栏书写，计 11 行。1981 年松德尔曼和皮特·茨默对此进行了研究。

图 38 《定慧卖奴契》（正、背）

该回鹘文文书是 1953 年冬西北文物考察队在新疆吐鲁番获得。原件高 13 厘米，宽 11 厘米，现存新疆维吾尔自治区博物馆。存草书回鹘文 9 行。背面右下边写汉字小字两行："定慧取银一锭十五两，与我的文字记。"冯加昇、耿世民等人对此有研究。

图 39 《善斌卖身契》

1953 年冬由西北文物考察队在新疆吐鲁番获得。原件高 39 厘米，宽 43 厘米，现存北京历史博物馆。冯家昇、耿世民等人进行过研究。

图 40　《土地买卖契》

德国第三次吐鲁番考察队在吐鲁番木头沟获得，现藏德国国家图书馆，编号为 U 3908（T III M 205），46×36.5 厘米，存 26 行。

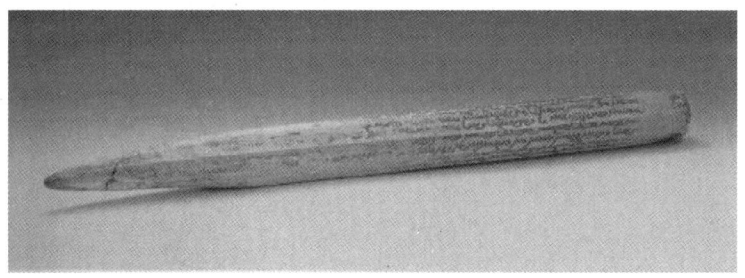

图 41　回鹘文木杵

该回鹘文木杵是修整佛寺时用于奠基仪式的木桩。1965 年在吐鲁番地区安乐故城佛寺出土。长 62.3 厘米，最大直径 5.5 厘米。锥体状，八棱八面，每面墨书回鹘文两行，共 16 行。文字内容为比丘乌枕南一家的发愿文。

图 42 高昌回鹘王供养像及回鹘文题记

高昌回鹘王供养像及回鹘文题记（10—11 世纪），柏孜克里克千佛洞第 31 窟。

回鹘钱正面
kül bilgä bögü uyɣur tngri qaɣan

背面
ilturmïš yarlïqamïš

图 43 回鹘钱币

汉译：阙·毗伽·莫贺·回鹘天可汗　　　　　　　　　　　　颉咄登密施颁行

第 七 章

文献珍品释读

目录

一　元回鹘文《重修文殊寺碑》
二　哈密本《弥勒会见记》第二品"弥勒菩萨出家成道"
三　社会经济文书
　（1）《摩尼教经济文书》残卷
　（2）《结婚嫁妆疏》

图1　《重修文殊寺碑》拓片

一　元回鹘文《重修文殊寺碑》

汉文回鹘文合璧碑铭。据碑文汉文部分，此碑全称《有元重修文殊寺碑铭》。现存甘肃省酒泉市西南约15公里的文殊山石窟。碑高1.24米，宽0.74米，碑额和碑座已失。正面为汉文，共26行，每行52字。背面为回鹘文，共26行。碑铭汉文部分末尾写有"大元泰定三年岁次丙寅八月丁酉朔十五日丙戌上旬喃答失太子立石"，据此可知该碑立于1326年，立碑人为喃答失太子。

该碑多处破损，模糊不清。汉文与回鹘文内容大致相同，但不是译文。这不仅表现在内容段落和细节的不同外，而且最主要的是，汉文是散文体，回鹘文则为韵文体。此碑对于蒙元史及察合台后裔在河西地区的活动、元代回鹘语文对河西地区蒙古族文化的影响、回鹘文诗歌的研究具有重要意义。

碑文的回鹘文由耿世民与张宝玺合作研究，其研究成果《元回鹘文重修文殊寺碑初释》原刊于《考古学报》1986年第2期，后收入耿世民《新疆文史论集》（中央民族大学出版社2001年版）。

拉丁字母转写及汉文直译：

1. om suwasḍi sitdim aḍ mang(gal) bolzun (.) burxan baš-in (üč) ärdinilärgä
   唵速 叽昔帝 悉怛 吉祥如意 愿 佛 为首 三 向诸宝
   ayïr(?) b/// čintamani ärdinigä oɣšatï .. //////čin kirtü alqu //////
   尊敬…… 如意 向宝 像…… 真 实 全部
   …

2. činggiz qaɣannïng (ornïn)ta olurmïš..
   成吉思 汗的 在其位 坐的

3. säč(ä)n qaɣan altun uruɣï ..
   薛禅 可汗 金 其后代

4. qaɣan xan(lï?) qatun(lï?) xong taysï b(ašla)p uluɣ uruɣlarïnga buyan bolɣu üčün ..
   可汗 皇帝 皇后 和 皇 太子 为首 伟大 向其后裔 功德 成为 为了

5. čaɣaday oru n-ïnta olurmïš (no)m tas taysï bu mančusi(ri) sängrämni yasadip bi tas
   察合台 在位置 坐的 喃 答失 太子 此 文殊 把寺 修建 并 石
   turɣurdï .. kim ol (ča)k(r)irt xan ///// lïɣ // p čambodiwpnïng ärkligi ///// i bodistw
   立了。 谁 那 转轮 王………… 赡部洲 的 主 菩萨

6. (čin)ggiz xantïn čaɣaday küülüg törüdi ::
   从 成吉思 汗 察合台 俱录 生了。
   baɣsal ädgülüg ol xantïn ..
   高贵 善良的 那 从汗
   barča il ulusnïng köwänči ..
   所有 国 家的 骄傲
   padma aɣïrlïɣ bälgürmiš ..
   莲花 宝物 显现的
   baydar alpaɣutï törüdi ::
   拜答里 大王 生了。
   anïng täg qutluɣ ïduqtïn (..)
   如 此 有福的 从圣者

7. ašnu qïlmïš buyan ////// (..)
   以前 做的 功德
   (a) / / / (tng)ri tngrisi ..
   天 之天
   aluɣu titig törüdi ::
   阿鲁忽提提格 生了。
   čoɣlïɣ yalïnlïɣ ol xantïn ..
   威 严的 那 从汗
   čoɣsïramaqsïz kirtgünčlig ..
   光辉不减的 虔诚的
   čuda / / ärdini(?) / / rdämi (..)
   顶饰 宝
   čubay alpaɣutï törüdi ::
   主伯 大王 生了。

8. nomɣa kirtgünč(lig) (ol ïduqtïn)..
　　向佛法　笃信的　　那　从圣者
　　nos rasini täg čin sawlïɣ..
　　甘　露　似的　真　正的
　　nom(ta) yorïr qïlïqlïɣ..
　　在佛法 行走　行为的
　　nom qulï bilgä törüdi::
　　喃　忽里　毗伽　生了。
　　bu munï täg qutluɣtïn..
　　这　这样　似的　从有福者
　　buyan bilgä biligning altunï(..)
　　功德　　智　慧　的　金

9. bodistwlar yorïɣïn(ta yorïr..)
　　诸菩萨　　在其行　行走
　　burxan nomïnta kirtgünčlig::
　　佛　　在其法　虔诚的
　　yapa alqunïng köwänči..
　　人　众的　　骄傲
　　y(a)rlïqančučï köngülgä tükällig..
　　大慈大悲的　　向心　　具有
　　arïɣ bilgä biliglig..
　　纯洁　智　慧的
　　yanïɣsïz kirtgünč köngüllig::
　　不回的　　真正的　　心的

10. mangal ornašmïš ät'özlig..
　　吉祥　　妙的　　身的
　　markat ärdini täg uz körklüg..
　　绿　宝石　似的　漂亮的
　　maxabala küčlüg küsünlüg..
　　大力　　力　　量的
　　maxa satu-a
　　摩诃　萨埵

11. nom taš taysï törüdi ::
　　喃　答失　太子　生了。

12. aluɣu bašlap nom qulïɣa tägi..
　　阿鲁忽 开始　向喃　忽里 到
　　aɣïr buyanlïɣ ïduqlar..
　　重的　功德的　诸圣者
　　al(q)u xan čaɣad ay orunïn olurup..
　　全部　汗　察合台　其位　坐了
　　aɣdïntïlar tuz-it orduɣa ::
　　上升了　兜率天　向宫

amtï bu tusta nom (tas) taysï..
现在 这 喃 答失 太子
ašnuqï (b)uyan (tïltaq)ïnta
以前的 功德 由于

13. čaɣaday orunïn olurup..
察合台 其位 坐了
arïš arïɣ üč ärdinilärtä..
干净 三 宝（在）
an(g)sïz kirtgünčlig bolmïšïnga::
十分 真诚 成为
asnu s(ü)gčüning kä guu qačuɣayta..
以前 肃州的 嘉谷 沟（在）
(a)/////u čing (san) sin (ya ša)dmïš (..)
郑 善 进 修建的
ary(a) (mančuširi) sängrämintä (..)
圣 文殊 寺（在）

14. aɣa inilär birlä yükün(gäli barïp)::
兄 弟们 一起 拜见 去
altïnč aynïng (üč otuzta)..
第六 月的 （三 三十）
ayaz kök qalïɣnïng yüüzintä..
天 空的 其面上
adïrtlïɣ biš boduɣlïɣ yruqluɣ körüp..
不同的 五 染色的 光辉 看见
alqu šin kät(?) süzüldilär ::
全部 心 清净了
burxan nomïnga
佛 向其法

15. kirtgünčlig..
真诚
bodistw (täg nom) tas taysï..
菩萨 似的 喃 答失 太子
busulmïš (sä)ng(räm) yašamaqnïng..
毁灭的 寺 修的
buyan(ïn) tälim äšidmiš (::)
其功德 多 听的
(a)/////d///wxarlarïɣ (ü)klätsär..
把精舍 若增加
altun tilgänlig xan bolu p..
金 轮的 汗 成为
alqunï/////bolzun (..)
一切 愿成为

16. alqïɣ köngülintä / / / / / / ::
    宽大   在其心
    (kö)/ / / (a)rïɣ süzülüp ..
             清   净
    kü/ / / li trk bi / / / / /
              迅速
    (kök) linxua täg   / an közin ..
    青   莲花   似的   以眼
    körüp amtïqï (sängrä)mig ::
    看见   现在的   把寺院
    adïnčïɣ bu sängräm turɣalï ..
    不同的   此   寺院   立起来
    adïrtlïɣ säkiz yüz
    不同的   八   百

17. yïllar käčmiš ..
    年   度过
    amtï (čaɣaday orunïnta) olurmï   šïmta ..
    现在 察合台   在其位   在我坐的
    arïɣladu (biräyin) qopurdayïn tip ::
    使清净   我给   我建立   说
    alqunïng asïɣïn saqïnïp ..
    一切的   把其利益 想
    adičit köngül öritip ..
    第一心 心   起了
    altun aɣïzïn barčaɣa ..
    金   以口   对所有
    y(a)rlïqap inčä sözlädi（::）·
    命令   如此 说了

18. kinkitä birlä ti/ / či ..
    以后   一起
    kirtgünčlig / / / / / im bäglär ..
    虔诚的   诸官
    kilinglär bu sängrämni yasalï ..
                此   把寺院   修建
    kiši män gilig ulaɣta bošalï ..
    人   快乐 束缚   解开
    üstün tngritä yalanguqta ..
    上面   在天上 在人间
    üzüksiz mängilärig körüp (?) ..
    无上   把高兴   看见
    üzüksiz
    无上   佛

b(odun) boqun ulusï..
人　　　民　　其国
bu munï täg öd ärigïg äšidip..
此　这　似的　把劝　说　听到了
bodistw nom qulïtïn aw(a)lčai qatuntïn toɣmïš nom　taš taysïnïng
菩萨　喃　忽里（从）完者　夫人（从）生的喃　答失　太子的
padma (tay) qatun (ürü)kdäy 20、qatun qïz qïrqïn..
巴都麻　歹　夫人　侍女　　夫人　姑娘
buyanɣa kirtgünčlig aɣa (i)ni uruɣlarï bäg bägidlär birlä　::
向功德　　虔诚的　　　兄　弟　其子孙们　官　员们　一起
köngülläri arïɣ süzülüp..
其众心　　干净　清净
kümüš altun čaolarïɣ kälürüp (..)
银　　金　把钞　　拿来
küčläri barïnča yumšap..
诸力量　所有　　变软
körklädi bu sängrämig ::
表现了　此　把寺院

19. burxan　bolalï tip..
　　　成为　　说
　öz aɣïzïn munï täg ödläti　::
　自己 用口　这　似的　劝说了
b(odun) boqun ulusï..
人　　　民　　其国
bu munï täg öd ärigïg äšidip..
此　这　似的 把劝　说　听到了
bodistw nom qulïtïn aw(a)lčai qatuntïn toɣmïš nom　taš taysïnïng
菩萨　喃　忽里（从）完者　夫人（从）生的喃　答失　太子的
padma (tay) qatun (ürü)kdäy
巴都麻　歹　夫人　侍女

20. qatun qïz qïrqïn..
　　夫人　姑娘
　　buyanɣa kirtgünčlig aɣa (i)ni uruɣlarï bäg bägidlär birlä　::
　　向功德　　虔诚的　　　兄　弟　其子孙们　官　员们　一起
　　köngülläri arïɣ süzülüp..
　　其众心　　干净　清净
　　kümüš altun čaolarïɣ kälürüp (..)
　　银　　金　把钞　　拿来
　　küčläri barïnča yumšap..
　　诸力量　所有　　变软
　　körklädi bu sängrämig ::
　　表现了　此　把寺院

21. (ta) / / / ilkisintä körmädük . .
　　　　　　在以前　　没有见到

　　t(ay) ïn idiz soqdurup . .
　　台　　　高　　建

　　t(ašïn) ič(i)n suwađïp . .
　　把外　　把内　刷了

　　tamlarïn körklä bädizätdi : :
　　把墙　　漂亮　装饰了

　　altunïn boduyïn yasadurup . .
　　用金　　用色　　修饰了

　　arya mančusirini čingladïp . .
　　圣　　文殊　　　请了

　　aɣdurup bimbasïn yaqïldïp . .
　　翻修了　用圆状之宝　砌了

　　arïɣ čongluɣ bi taš tur urđï : :
　　清净　钟楼　碑　石　立起了

22. qaɣan xannïng yašï usïn bolɣu üčün . .
　　可汗　汗的　其年龄　长　成为　为了

　　qadaru yula küsi (ur)ɣuta
　　向下　灯　香　烛

　　on taɣarlïɣ yirni suwnï
　　十　口袋的　把地　把水

　　toyïnlarɣa tapšurup sanggik awrantđï : :
　　向道人们　交给了　寺院　享用

　　amtï bu buyannïng tï(ltaqïn)ta (. .)
　　现在　此　功德的　　因为

　　ayaz köktäki
　　　　天上的

23. 〔yaɣïz yirtäki 〕. .
　　褐色　大地上的

　　alqu qamaɣ nawasiklarning . .
　　一切　全部　福神们的

　　asïlzun üsdälzün küčläri : :
　　增加　　上升　　其力

　　asïlmïš küč küsünlügin . .
　　增加的　用力　量

　　aɣïr buyanlïɣ (nom) taš taysïnï . .
　　重大　福气的　喃　答失　太子

　　aɣa ini ili ulusï birlä . .
　　兄　弟　其国　家　一起

　　adasïz küyü küsädü tutzunlar : :
　　无灾难　经　常　保持

24. (o) / / / olarnïng ädgü nomï..
　　　　 他们的　　善　其法
　　ontïn sïngar kingürülzün..
　　　十　 方　　广布
　　uluɣ buyanlïɣ nom taš taysï..
　　　大　功德的　喃　答失　太子
　　(ur)uɣï birlä tïnmay yasazun
　　　其族　一起　健康　　长寿
　　bodistw nom taš taysï..
　　菩萨　　喃　答失　太子
　　bärgä ämgäk yüüzin kö rmädin (..)
　　　　　痛苦　　面　　不见
　　buyan bilgä biligi ükliyü (..)
　　功德　　智　慧　　增加
25. (bädiyü bol)zun kinintä ::
　　　增大　　成为　　在后来
　　toɣumlïɣ toorta tutulmïš..
　　　生的　　网中　抓住的
　　tolp qamaɣ tïnlɣ oɣuši (..)
　　一切　众　　 生　 族人
　　toɣmaq ölmäktin tük ozup..
　　　生　　死（从）　永远　解脱了
　　tüsi(?) ülgüüsiz (?) (a)sïlzunlar ::
　　其果　　无限　　　　增加
　　tolp kišigä körgülüg körklä　bu bi taš ta　26、y(äk)ä un tayting(?)
　　一切　对人　见到的　漂亮　　此碑　石大　　　　　元　泰定
26. y(äk)ä un tayting(?)
　　　　元　泰定
　　üčünč(?) yïlïn (?) yaratïp.. küz öd säkizinč ayïn (bit)ip tü(kätdi)..
　　　第三　　年　　建立了　秋时　第八　月　　写　　完了
　　otčuɣtaqï oot qutluɣ bing bars yïl säkizinč ay biš ygrmigä t(ükäl?)
　　灶中的　　火　福的　丙　虎　年　第八　月　五　二十　　全部
　　/ / / / i irp ada baɣsï.. bitkäči yïymïš qaya oɣɣučï lig si ::
　　　　　伊尔普阿答　法师　抄写人　亦赫迷失　哈牙　刻工　李克西

汉文意译：
（译文中阿拉伯数字表示行数。//表示原碑后面的字抬头书写。/表示一行结束，其后下一行开始。）
（1）唵速叽昔帝悉怛吉祥如意。为赐福给继承崇信（?）以佛为首三宝的、像如意宝珠一样的、虔诚的……//（2）成吉思汗（帝位的）、//（3）薛禅可汗的黄金后代//（4）（当今也孙铁木耳）皇帝、皇后（和）皇太子等伟大后裔。//（5）继承察合台位的喃答失太子（今特）命人修建此文殊寺（并）立碑石（为证）。从转轮王……（南）赡部洲之主……菩萨//（6）成吉思汗生察合台俱录。从该高贵、善良的汗那里生所有人民、国家的骄傲、(像)莲花宝物一样拜答里大王。(7)(又)从该威严的汗那里生十分虔诚的……主伯大王。/(8)(又)从该敬信佛法的圣者那里生甘露一样纯真的、遵行佛法的喃忽里毗伽。(又)从该有福者那里生福禄智慧之(主)、/(9)行菩萨道的、敬信佛法的、(成为)一切人众骄傲的、大慈大悲的、具有纯洁智慧的、怀有不贰诚心的、/(10)具有吉祥妙身的、像绿宝石宝贝一样漂亮的具有神力的摩诃萨埵//(11)喃答失太子。//(12)从阿鲁忽开始到喃忽里诸有大福的圣者在继承察合台宝位后都上兜率天去了。现在喃答失太子……/(13)继承察合台宝位后,由于十分敬信纯洁三宝之故,他和兄弟等人去拜谒位于肃州嘉谷沟中的、以前……由郑善进修建的圣文殊寺时,/(14)于六月(二十三日)看见天空中异样五色光辉,(于是)益发全心崇信(佛法)。崇信佛法的、/(15)如菩萨一样的喃答失太子听说(重)修已毁寺院功德无量,多筑……精舍则作金轮王,一切……都将……/(16)在其宽大心中。虔诚……迅速……以(青)莲之目看见该寺院。该特异的寺院建立以来已过八百年。/(17)现在(自己)继承(察合台宝位),应(重新)修建(此寺院)。(于是)他为了一切众生的利益,发大心以金口对众人说道:/(18)"为以后……虔诚的众官员,让我们(重)修此(文殊)寺院,使人们永解系缚,天上人间常享快乐,成无上//(19)正等觉。"他这样亲口劝说了。众人听到这等劝说后,同菩萨喃忽里(大王)和完者夫人所生喃答失太子及(名叫)巴都麻……和(亦禄)歹/(20)的(二)夫人侍女等以及虔诚的众兄弟、子孙、众官员一起,都诚心尽力捐施金银(宝)钞,把该寺院/(21)修葺得从未见过地那样漂亮。(殿)台建得高高的、内外刷饰一新,彩绘周墙,请来圣文殊(菩萨像),用金色装饰,(四周)镶砌圆状之宝饰,并立钟楼碑石。//(22)为了(当今)皇帝的长寿,(又)施灯(油)、香烛(钱)一十顷田地给僧众,以作寺院财产。愿借此功德,天上/(23)(人间)一切神祇神力增加,并愿它们以其增加之神力保佑具有大福的喃答失太子及其兄弟、国家、人民无灾无难,/(24)并愿其善法广布十方(世界),愿具有大福的喃答失太子与其家族长寿健康,愿今后菩萨喃答失太子永无厄难,福慧添/(25)增。(并)愿陷于生(死之)网的一切众生永离生死轮回,增添无上……此碑石为一切众生所见,/(26)立于大(元泰定三年)秋八月……丙寅年八月十五日……(作者)伊尔普阿答法师,抄写人亦赫迷失·哈牙,刻工李克西。

注释:

1. om suwasdi sitdim:来自梵文 om svasti siddham,意为"吉祥如意"。

3. sāčän qaɣan:薛禅可汗,指元朝皇帝忽必烈。

5. nom tās taysi:喃答失,据此碑他应为喃忽里之子。《元史》中多处提及此人。应为第三代豳王。《元史》卷107宗室世系表将其列入察合台系帖木耳不花王下一格,似为其子,误。

6. baɣsal:词义不明,以依上下文似有"高贵"之意。padma:来自梵文 padma,意为"莲花"。baydar:拜答里,为察合台第六子。

7. aluɣu:阿鲁忽,据此碑他应为拜答里之子。《元史》卷107宗室世系表将其列入合剌旭烈兀大王下一格,似为其子,误。čorsïramaqsïz:原义为"光辉不减的"。此处依上下文译作"十分"。čuda//ärdini:词义不明,似来自梵文 cudaatna "顶饰宝"。čubay:主伯,据此碑他应为拜答里之子。元代史料中写作出伯、光伯、术伯,为第一代豳王,即河西察合台支的始祖。

8. nos rasini:来自粟特语 nws 和梵文 rasayana,意为"甘露"。nom quli:喃忽里,据此碑他应为出伯之子。汉文史料中又记作南忽里、纳忽里、南木忽里、那木忽里,为第二代豳王。

10. markat:来自梵文 marakata "绿宝石"。maxabala:来自梵文 mahabala "大力"。maxasatua:来自梵文 mahasattva,汉文译为"摩诃萨埵",意为"大士"。

12. tuzit:来自梵文 tusit "兜率天"。

13. qaˇpcuɣay：意为"谷"。

15. wxar：来自梵文 vihara "精舍、佛寺"。

17. adicit：似来自梵文 adicitta "第一决心"。

21. arya：来自梵文 arya "圣"。čInglat-：由 čïng（来自汉语"请"）＋la（动词构词附加成分）＋t（使动态附加成分）构成，意为"请"。bimba：似来自梵文 bimba "圆状之宝饰"。yaqïld-：来自动词 yaqïl-＋t（使动态附加成分），为"砌"。čongluɣ：来自汉语"钟楼"。

22. awrant-：词义不明，依上下文意为"享用"。

23. nawasik：来自梵文 naivasika "福神"。

二 哈密本《弥勒会见记》第二品"弥勒菩萨出家成道"

拉丁字母转写、汉文直译和汉文意译

1a

（ikinti　ülüš　bir　ptr）
　第二　　品　一　叶

1. namo　but..　namo　drm..　namo　sang..
   南无　佛　南无　法　南无　僧。

2. amtï　bu　nomluɣ　sawaɣ　badarï　braman-
   现在　此　法的　话（把）跋多利　婆罗门

3. nïng　äwintä　uqmïš　krgäk..
   的　在他家　知道　应该。

4. (anta)　ötrü　badarï　braman　tang　yarïn-
   在其后　跋多利　婆罗门　早　上

5. (ïnta)　turup　inčä　tip　tidi..　ač　bu　muntaɣ
   （在）起来　如此　说　道：啊，此　这样

6. kim　sizlär..　anïng　ara　urïlar　quwraɣïn
   谁　你们？　其　间　童子　众

7. tägrikläp　aqru　aqru　manglayu　ayaɣ-
   簇拥　慢　　慢　走　尊

8. qa　tagimlig　　　maytri　bad　arï
   值得的　　　　　弥勒　跋多利

9. (bra)manqa　　　yaqïn　tägip
   向婆罗门　　　　近　　接

10. (ili)gin　yoqaru　　kötürüp　öküš
    把手　　高　　　举　　　　多

11. nom　taš　taysï　törüdi ::
    喃　答失　太子　生了。

12. tngri　baqšï　köngli　(nätä)g　ärdi..　tünki　tünlä
    天　法师　其心　怎样　是？　夜　晚

13. inč　bol(tï mu)　ärki..　ögirä　säwinü　külär
    安稳　是　　　吗？　高兴　　笑

14. yüzi n　badarï　braman　inčä　tip　tidi..　ädgü
    以脸　跋多利　婆罗门　如此　说　道：　好，

ädgü tüzün oɣlum.. angsïz inč artuq
好, 好 我的孩子 十分 安稳 多

15. ädgü tüzün oɣlum.. angsïz inč artuq
    好, 好 我的孩子 十分 安稳 多

16. ädgü ärdim(.) nä üčün tip tisär.. yüz ygrmi
    好 我是。什么 为了 说 道, 百 二十

17. yaš yašadïm(.) tünig adïra sanasar tört
    岁 我活了。把夜 分 若算 四

18. tümän üč (mï)g iki yüz tünlär ärdi(.)
    万 三 千 二 百 夜 是。

第二品一叶

南无佛,南无法,南无僧。现在此事发生在跋多利婆罗门家中。之后,跋多利婆罗门早上起床后,这样说道:"啊,你们是谁?"这时,尊者弥勒在众童子的簇拥下,缓步走近跋多利婆罗门,高举双手,恭敬地说道:"师父,您好!夜间(睡得)安稳吗?"跋多利婆罗门高兴地面露笑容答道:"好,好,我的孩子!我很好。因为我现已一百二十岁,如此算的话,已是四万三千二百夜了。"

19. ol anča uzun ödtä (bärü birkiyä)
    那 如此 长 时间 以来

20. ymä tün t(ünläki)täg inčkülüg mängilig-
    又 夜 昨夜 安心地 高兴地

21. in udïmïšïm y(oq ärdi) (.) nä üčün tip tisär
    我的觉 没有 是。什么 为了 说 道

22. tün tünlä (bir antaɣ kädim) ton ätük yi(wik)
    夜 昨夜 一 如此 穿 衣 鞋 整齐的

23. tizik kädmiš tonamïš körü qan ïnčsïz yaruq
    漂亮的 穿的 戴的 看 无尽的 光

24. yašuq yaltrïtdï bir tngri urïsï kök qalïq-
    亮 闪了 一 天 童子 天 空

25. da turup manga inčä tip tidi.. tükäl
    在 站着 对我 如此 说 道: 全

26. bilg(ä tn)gri tngrisi burxan yir suwda
    智 天 之天 佛 地 水(在)

27. blgürmiš ärür(.) kašip burxan nïrwanqa
    出现 是。迦叶 佛 向涅槃

28. b(a)rmïšta bärü äwrilmädük nomluɣ tilgän
    去 以来 未转动的 法的 轮

29. baranas känt ulušta täwirdi.. ötrü külčirä
    婆罗奈 城 郭(在)转动了。之后 微笑

30. yüzin tüzün maytri inčä tip tidi(:)
    以脸 善的 弥勒 如此 说 道:

1b

1. antaɣ ärsär amtï.. ol ayaɣqa tägimlig
   那样 如果, 现在 那 尊敬 受到的

2. tnγri tngrisi burxan qanta bolur ärmiš(?)
   天   之天   佛   在哪 成   是
3. ötrü badari braman inčä tip tidi-i(.)
   之后 跋多利 婆罗门 如此 说 道:
4. magit iltä pašanak taγda yrlïqar ärmiš (.)
   摩竭陀 国（在）孤绝 山（在）说法 是。

在如此漫长的时间里，只有昨夜没有睡好。因为昨夜（梦中？）我见到一穿戴整齐的、十分（漂亮的）、身发神光的天童站在空中对我这样说道："全智的天中天佛已现世，自迦叶佛涅槃以来，未曾转动的法轮在婆罗奈国转动了。"之后，仁者弥勒面带微笑，这样说道："那么，尊者天中天佛今在何处？"之后，跋多利婆罗门说道："现在摩竭陀国孤绝山说法。"

5. anï išdip tüzün maytri bodiswt öz kön-
   把这 听 善 弥勒 菩萨 自己 其
6. glingä inčä tip tidi(:) manga ymä bu
   心里 如此 说 道   对我 又 这
7. sawaγ tünki tünlä šudawas tngri yirin-
   把话 昨 夜   净居 天 其地
8. täki tngrilär   tüzü tükäti
   的 诸天   全   都
9. uqïtdïlar.. ötrü   mogarači urï
   说了。 之后   摩轲罗倪 童子
10. inčä tip tidi.. tngri baqšï-ya(,)
    如此 说 道 天 师父 呀,
11. bu muntaγ biš čöbik bulγanyuq iritmiš
    这 如此 五 浊的 乱的 败坏的
12. qïsγa öztä yašta burxanlar yirti-
    短暂的 自己 岁 诸佛   其界
13. nčüdä blgürdi.. tip timiš sawaγ kirgünür mu
    在 出现了 说 道了 把话 相信 吗
14. ärki.. ötrü badari braman inčä tip tidi(:)
    是 之后 跋多利 婆罗门 如此 说 道:
15. tüzün oγlum(,) angsïz kirtgünür mn(.) nä
    好 我子, 十分 相信 我。 什么
16. üčün tip tisär.. söki qutluγlarda öngrä-
    为 说 道, 古来 从诸有福者 以前
17. ki bilgälärdä antaγ išidmišim bar.. antaγ
    的 从诸智者 那样 我听到的 有 那样
18. türlüg alp ärdämlig qanamlaγ yüräklig
    种的 英雄 有德的 勇   敢的
19. bäk qataγ köngüllüg tïnlaγ bolur.. bu muntaγ
    很 硬的 心的 人 是。 这 如此的
20. türlüg qïz qïsγa yawaz ödüg qoluγ
    种的 短暂的 恶劣的 时 间,

21. sayu körmädin tüü türlüg ämgäklig
    每个 不看到 各 种的 痛苦的
22. tilgänin bašqa toqitmïš sansar ičintäki
    把轮 别的 使打的 轮回 之中的
23. tïnlïylarnïng ämgäkin körü umatïn
    众生的 把痛苦 看到 不能
24. burxan qutïn tiläyür.. amtï tükämiš ädgü
    佛 果 祈求。 现在 结束的 好
25. qïlïnčlïy qutluy tïnlïy magit iltä tört
    品行的 有福的 人 摩竭陀 国（在）四
26. türlüg šmnu süüsin utup yigätip burxan
    种的 魔 把其军 战胜 胜过 佛
27. qutïn bulu yrlïqamïš(.) qamay ödün inčsiz-
    果 得到 了 众 时 平
28. in turančsïz-ïn alqu tïnlaylarnïng
    稳 所有 众生的
29. ämgäkin tolyaqïn tarqaryalïr üčün ädgü
    把其痛 苦 解除 为了 好
30. nomluy yrlïy yrlïqayur ärmiš.. ïraqïnqï yayuq-
    法的 命令 说 是。 远的 近

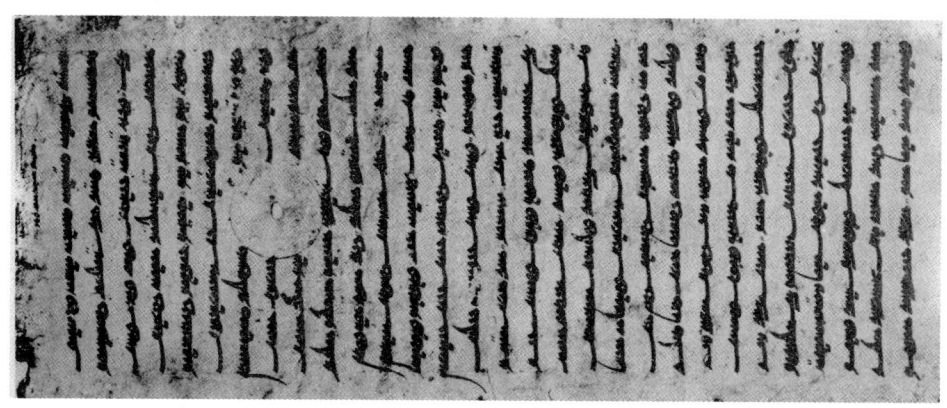

图2 《弥勒会见记》2a

2a
ikinti ülüš iki ptr
第二品二叶

1. tïnqï mungluy taqlaq tïnlïylarïy buyanlap
   的 痛苦的 苦的 把众生 有福
2. qutyarur ärmiš.. taqï ymä qoduru könglänür
   拯救 是。 更 又 向下 想过
3. mn.. biš qïrq yïlta bärü basa basa
   我, 五 四十 年（从）以来 后面
4. üstün kök qalïqdaqï uluy küčlig
   上面 天 空的 大 力的

5. tängrilär asurlar.. luular yäklär kintirilar
   诸天　诸阿修罗　诸龙　诸药叉　诸紧那罗
6. g(a)ntariwlar ögrünülügün säwinčligin
   诸乾达婆　　　　高　　　　兴地
7. käl bar qïlurlar..　tngridäm toylaranta
   来　去　做　　　　天的　　宴（从）
8. biš türlüg　　　　yinčkä oyun
   五　种的　　　　　细的　歌舞
9. ïr üni išti-　　　lür ärdi(.) anïng
   曲之声 听　　　　到　是。　它的
10. ara namo but qïlmïš ünlär išidür ärdim(.)
    之间 南无 佛　做的　声音　听到　我是。

听到这话后，仁者弥勒菩萨暗自心想：这些话昨夜净居天诸神也都对我说了。之后，摩轲罗倪童子这样说道："师父啊，人们能相信在此五浊短暂的乱世里佛已现世的话吗？"之后，跋多利婆罗门说道："好孩子，（对此）我是确信不疑的，因为我听过去的有福者、以前的智者说过，（将来）有一位勇敢、刚毅之士不顾这短暂的恶世，不忍看到众生在轮回中受各种痛苦，而祈求佛果。现在这一品行高尚、有福之人已在摩羯陀国战胜四种魔军，得到了佛果。他为了解除众生的一切痛苦，正在不辞辛苦地讲说善法，来造福、拯救远近受苦的众生。此外，我还仔细想过：三十五年以来天上大力神、诸阿修罗、诸龙、诸药叉、诸紧那罗、诸乾达婆都高兴地来回走动。从天宴传来五种优美的歌曲声。其间，我听到南无佛的声音。"

11. anï adïra uqmaz ärdim.. kim ärki ol buta
    把那 分　不知道　我是。谁　是　那　在这
12. yarlaɣ(.) yana ymä üstün köktä altïn
    命令。　　再　又　上面　在天　下面
13. yaɣïzta qut buyanlaɣ irü blgülär blgülüg
    在地　福　有福的　标记　记号　瑞兆的
14. bolurlar.. tünlä küntüz yana yana yïlïnčɣa
    是。　　　夜　　昼　　又　　又　　温暖的
15. yir täbräyür.. basa basa yïparlaɣ yïdïn
    地　颤动　　后　后　香的　味
16. qatïɣlïɣ yil äsin äsnäyür.. anï inčä uqar
    硬的　风　细雨 打哈欠。把这 如此　懂得
17. mn(:) otɣuratï tükäl bilgä burxan yir
    我。　一定　　全　智的　佛　　地
18. suwda blgürmiš bolur.. anta ötrü ayaɣ-
    在水　出现的　　是。　从那　以后　尊敬
19. qa tägimlig maytri bodistw artuqta
    受到的　弥勒　菩萨　多
20. artuq ögrünülüg säwinčlig bolup äz-ök
    多　　高兴地　　喜欢地　　是　　少
21. yaz-oq köküš önglüg körtlä közin
    小　　蓝　色的　　漂亮 以眼睛

22. badari bramanaɣ titirü körüp inčä tip tidi(:)
    跋多利 把婆罗门 仔细　　看　　如此 说 道：
23. tüzün baqšï(,) öküš saw krgäk ärmäz(.) siz-
    善的　师父，　多　话　需要　不是。您的
24. iking iz üzlünzün(.) tükäl bilgä burxan
    疑问　　愿断掉。　全　智的　佛
25. yirtinčüdä blgürmiš ärür.. anïn amtï siz-
    在世界　　出现的　是。　因此　现在 疑
26. ingä yinčkä ötüg ötünür mn (.) udumbar
    问　　 细心　劝告　告诉　我。　优昙花
27. čä čäkkä yöläši alpta alp soqušɣuluq
    向花　　 像　比难　难　相见的
28. burxanlar yirtinčüdä blgürmäkläri bolur(.)
    诸佛　　　在世间　　　出现　　　是。

我不清楚这声音是怎么回事。还有，上面在天上，下面在地上，都是吉祥的瑞兆，大地昼夜在不停震动，还有吹来香风。因此，我这样想：这一定是全智的佛已降临世间。之后，尊者弥勒菩萨十分高兴地用小的、蓝色的漂亮眼睛细看着跋多利婆罗门，并这样说道："好师父，不用多说，毫无疑问，一定是全智的佛降临世间。对此，现在我要向您禀告。（既然）像优昙花一样难逢的佛已经降临世间。"

29. anï ošuɣluɣ kiši ät'özlüg čintamani ärdini
    把他 像的　　人　身体的　如意　　宝
30. bulɣalï taqï alp ärür.. amtï yaramaɣay angar
    得到　更　难 是。　现在　不适应　　向他

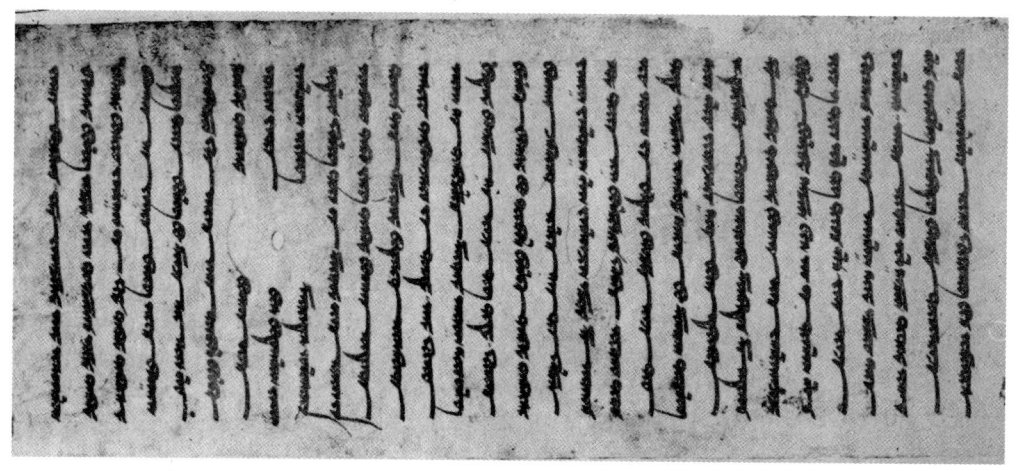

图 3　《弥勒会见记》2b

2b

1. yaqïn barmasar.. ymä yaramaɣay anï ošuɣluɣ
   近　若不去　　又　不适应　　把他 像的

2. baqšï bolup umuɣ ïnaɣ tutmasar(.) amtï tngri
　　师父　是　皈　依　若不抓。现在　天

3. baqšï bošuyu yrlïqazun kim tngri tngrisi
　　师父　允许　命令　谁　天 之天

4. burxanqa yaqïn barïp äwig barqïɣ
　　向佛　　近　去　把家　什

5. qodup toyïn bolup(.) bu munča saw sözläp
　　放下　僧人　成为。这　如此　话　说

6. tükätmäzkän(,) anïng ara tükäl bilgä
　　不完，　　它的　中间　全　智的

7. tngri tngrisi　　burxannïng
　　天　之天　　　佛的

8. ät'özintä　　　　biš boduɣluɣ yaruq
　　从其身体　　　五　色的　　光

9. yaltrïq ünüp　　matyadiš uluštïn
　　亮　出来　　　中天竺　从国

10. šudllanu kälip tüzün maytrining ät'özin
　　　发射　来　善　弥勒的　其身体

11. ongaru tägzinip tngri burxan ödintä
　　向右　转动　　天　佛　在其时

12. turur täg maytri bodiswt üskintä
　　在　像　弥勒　菩萨　在其面前

13. yašuyu täbränčsizin turdi.. anï körüp
　　发亮　以不动　　站在。把它 看到

14. ayaɣqa tägimlig maytri artuq süzülüp
　　尊敬　受到的　弥勒　多　清净

15. badari bramanqa inča tip tidi.. körüng
　　跋多利 向婆罗门 如此 说　道：您看，

16. bilgä baqšï(,) bu tükäl bilgä tngri tngrisi
　　智慧 师父，此　全　智的　天 之天

17. burxan čkwrt ilig xantïn kälmiš
　　佛　转轮　王　从汗　来的

18. yaruq yaltrïqlaɣ yalawačïɣ(.) amtï mn otɣur-
　　光　亮的　　把使者。现在 我　一

19. atï toyin oq bolmïšïm krgäk.. ötrü titr-
　　定 僧人　我成为　要。　之后 颤

20. äyü ät'özin badari braman inčä tip
　　抖 其身体 跋多利 婆罗门 如此 说

21. tidi.. amraq oɣlum(,) säning bu muntaɣ türlüg
　　道：亲爱的 我的儿子，你的 这 这样 种的

22. sözläyü yitinčsiz qut buyan ädgüngin
　　说　无量的　福　禄　你的善

23. ädrämingin körüp ärtingü mungadur mn adïnur-
　　你的德　看到　十分　惊讶　我　惊奇

24. mn(.) tngri tngrisi burxannïng yrlïqančučï
    我。 天 之天   佛的   慈悲的
25. bilgä biligi qamaɣ biš ažun tïnlaɣlar
    智慧 其智 所有 五 世界 众生
26. üzä tüz ol tip tiyü rlär.. yana inčä
    上面 平的 它 说 道。 又 如此
27. körsär(,) aɣlaqta aɣlaq sini amrayu säwä
    若看， 比单独 单独 把你 喜欢 喜爱
28. yrlïqar.. anta ötrü ol qamaɣ titsi ur-
    命令 在那 以后 那 所有 弟子 子
29. lar tanglap mungadïp br aman törüsinčä
    们 惊奇 惊讶 婆罗门 以其礼仪
30. ong qollarïn örü kötürüp bir ikintiš-
    右 把手 立 举起 一 第二

（既然）很难找到像他那样的人身的如意珠宝，现在不去他那里，不去皈依像他那样的师父，恐不合适。请师父允许，我到天中天佛那里出家为僧。他的话还未说完，这时从全智的天中天佛的身上发出五色亮光，（那亮光）从中天竺国射（?）出，围着仁者弥勒的身子向右旋转，像停在天佛那里一样，一动不动地停在弥勒菩萨的面前。看到这亮光后，尊者弥勒非常虔诚地对跋多利婆罗门说道："你看，师父，这是天中天佛转轮王发出的光亮，现在我一定要出家为僧。"之后，跋多利婆罗门颤抖着身子这样说道："我亲爱的孩子，看到你有这样无量的福禄善德，我感到十分惊讶。人们说天中天佛的慈悲之心对五世众生都是一样的，但如此看来，他特别喜爱你。"这时所有的弟子也都感到惊奇，按照婆罗门的礼仪高举右手，彼此……

3a-3b 不存

4a
ikinti ülüš tört ptr
第二 品 四 叶

1. anuq ärdi.. anï körüp tiši doniki mogaračï-
   准备 是。 把他 看到 帝沙 陈那 摩柯罗倪
2. da ulatï ygrmi urïlar altï ygrmi
   以及 二十 童子们 六 二十
3. ayaɣqa tägimlig maytridin adralmaq
   向尊敬 受到的 从弥勒 离开
4. ämgäk kä yašlarï sawrïlu äliglärin qawšurup
   向痛苦 其眼泪 流淌 把其掌 合起
5. ängitä ät'özin tüzün maytriqa
   鞠躬 把其身 善的 向弥勒
6. inčä tip ötüntilär(.) bu sansar ičintä
   如此 说 道： 这 轮回 在其中
7. alqu amranmaqta küčlügi ög qang
   所有 在喜爱 有力的 母 父
8. üzäki amranmaq ärür.. bizing
   之上的 喜爱 是。 我们的

9. yana inčä   körsär sizni
   又   如此   若看 把您
10. üzäki säw(ä)glig   könglümüz amraq ät'öz
    之上的 爱的   我们的心   爱 身体
11. isig özümüztä yigräk ärür.. amtï
    热 比我们自己 更   是。 现在
12. bizni üzä yrlïqančučï köngül öriting(.)
    把我们 之上 慈悲的   心   你树立。
13. siz bizni tïdmang tutmang sizing ödüng-
    你 把我们 不阻拦 不抓住 你的 你的时间
14. (iz-)dä baralïm.. anta ötrü tüzün
    在   我们去。 从那 以后 善
15. maytri ol urïlarqa inčä tip tidi.. mäning
    弥勒 那 对众童子 如此 说 道： 我的
16. ymä bu oq kösüšüm ärdi.. kim sizlärning
    又 这 我的希望 是。 谁 你们的
17. aɣ(ï)zïngïzlarda bu muntaɣ türlüg ädgü saw
    从你们的嘴   这 如此   种的 好的 话
18. išidgäli.. taqï ymä qoduru qolulanglar(.)
    听到   并 又 仔细地 你们想。
19. ilkisiz sansarnïng öngräki uzun učï-ï
    无始   轮回的   以前的 长的 其头
20. kingi täring tüpi arïtï bultuqmaz.. ürdä
    其宽 深的   其底 弄清楚 不得。 从长久
21. b(ärü) bu sansar ičintä tïnlïɣ oɣlanï toɣa
    以来   这 轮回 在其中 众生 其子 生
22. ölü aɣa tägilü ačïɣ ämgäk körürlär(.)
    死 变 换   苦的 痛苦 看见。

第二品四叶

（于是，弥勒）准备（起程）。帝沙、陈那、摩柯罗倪以及十六童子看到要离开尊者弥勒时，都感到十分难过，于是合掌躬身对仁者弥勒这样说道："这世上最大的爱是对父母的爱。我们爱你胜过自己宝贵的生命。愿你起怜悯之心，不要阻拦我们，我们也要随你而去。"之后，仁者弥勒对那些众童子说道："我希望从你们口中听到的也正是这点。你们仔细想想，这无始轮回的以前漫长尽头完全不得而知，长久以来处于此轮回中的众生之子生生死死备受痛苦。

23. amtï ymä sizlärkä oɣšatï ärür.. kim
    现在 又 向你们   像   是。 谁
24. (tngri) tngrisi burxanqa umuɣ ïnaɣ
    天   之天   对佛   皈   依
25. tutɣalï.. anta ötrü ol tüzün maytri-
    抓住 从那 以后 那 善   弥勒
26. da ulatï.. altï ygrmi urïlar bir ikintiš-
    以及   六 二十 童子们 一 第二

27. kä amraqlaɣu quwraɣ(tïn) adralmaqï bolup qamaɣun
    向 喜爱   大家（从）   分开   是   都
28. turup badari braman tapa barïp äzrua tngri-i
    站起 跋多利 婆罗门 向 去   梵   天
29. tidilär.. braman körklüg äzrua tngri-i
    说了   婆罗门 相的   梵   天
30. bilgä biliglig öz birdäči.. baqšïlaɣ
    智慧 聪明的 自己 交给的 师父的

4b

1. qangïmïz(,) toɣar ölür san sarnïng ämgäkin
   我们的父   生   死   轮回的   把其痛苦
2. särü umatïn sizni titip barqalïr biz
   忍受 不能 把您 舍弃 离开   我们
3. yüzsüz ïnaɣsïz biz.. qulutlarnïng yoɣan
   无脸面的 无信的 我们。奴才们的   大
4. inčkä qïlmïšïmïznï säring(,) kičigdä
       把我们的所做 您原谅。 从小
   小
5. bärü tapïnu udunu umadïn tüzün könglü-
   以来 伺 候   不能   善   把您的
6. ngüzni burtardïmïz ärsär(,) kšanti bolzun(!)
   心   我们伤害了 如果，原谅 是。
7. anta ötrü   badari braman
   在那 以后   跋多利 婆罗门
8. käntü titsi   larïnta bu
   自己 弟子 们（从）这
9. muntaɣ ačïɣ sawlar išidip
   如此 酸的 话语 听到
10. yana käntününg uluɣ qarï yašqa
    又   自己的   大 老 向年龄
11. tägmišin saqïnïp yašlïɣ közin titräyü
    到达   想   眼泪的 眼睛 颤抖
12. qamšayu ät'özin tüzün maytrining
    摇动   把身体 善   弥勒的
13. äligin tuta inčä tip tidi.. bir käntü
    把其手 抓 如此 说 道   一 自己
14. uluɣ qarï ämgäkin qawrïlïp ädgü yolčï yirči
    大 老 以痛苦 变弱 好 引导 导入者
15. baqšïɣ körü umadïn.. ikinti sizlärni ošuɣluɣ
    把师父 见 不能   第二 把   像的
16. amraq oɣlanïmtïn adraltïm.. amtï timin tirig-
    爱   从我的子 分开。   现在 活的
17. dä ölüg mn boltum.. nä ymä baqšïlar-
    在 死的 我 我是。 什么 又 师父们

18. nïng titsilarqa qïlɣuluq iš ködüg
    的　向弟子们　所做的　事　情
19. ärti ärsär(,) alqunï mn tükäl qïltïm(.) qačan
    是　如果　所有　我　具有　我做了。当
20. sizlärning bilgä biliglig közüngüzlär
    你们的　智慧　聪明的　你们的眼睛
21. yarusar ol oɣurda mini ymä unïtmanglar
    若亮　那　时候　把我　又　你们别忘记
22. inčip ymä oɣlanïm(,) bu dkšanapt iltäki tïnl-
    这样　又　我的子，这　南天竺　国的　人

现在你们也似乎应皈依天中天佛。"之后，仁者弥勒及十六童子互相友爱地一同站起，去见跋多利婆罗门，对他这样说道："具有婆罗门相（和）梵天睿智的、富有牺牲精神的师父，我等因忍受不了生死轮回的痛苦，将舍您而去。（对此）我们感到很惭愧，请您原谅我们的大小过错。我们从小对您伺候不周，如有冒犯，请您原谅！"跋多利婆罗门听到自己弟子的这番令人心酸的话后，又想到自己年岁已老，于是，眼含热泪，颤颤巍巍地握着仁者弥勒的手这样说道："我一因自己年迈体弱，不能看到好向导师父，二因又要离开像你们这样的爱子，现在真是活着等于死去。我已尽了师父对弟子的责任。当你们得道时，那时请不要忘记我吧！"

23. ïɣlar.. mini ayï uluɣ törülüg ayaɣqa
    们　把我　很　大　规则的　尊敬
24. tägimlig dintarča saqïnurlar.. birökin
    受到的　像信徒　想　若
25. sizlär mini qodup tngri tngrisi burxan tapa
    你们　把我　放下　天　之天　佛　向
26. toyin bolɣalï barsar sizlär(,) tälim öküš
    道人　成为　若去　你们　多　多
27. tïnlïɣlar siziklig bolɣaylar.. nä oɣrïn
    众生　疑问的　成为　什么　时候
28. nä tïltaɣïn ol urïlar badari bilgä
    什么原因　那　儿子们　跋多利　智慧
29. braman ošuɣluɣ baqšïɣ qodup tngri burxan
    婆罗门　像的　把师父　放下　天　佛
30. nomïnta toyin boltïlar.. tip tigäylär(.) anïn
    在其经中　道人　成为了　说　道

5a
ikinti ülüš biš ptr
第二　品　五　叶

1. amtï sizlär oɣlanïm(,) tört türlüg tirin
   现在　你们　我的孩子，四　种的　众生
2. quwraq ara olurur ärkän tngri burxan-
   众人　之间　坐着　时　天　佛

3. qa yaqïn tägsär.. sizlär(.) anta sizlär ang
   　向　近　若碰到　　你们。从那　你们　最

4. ilki iki qïrq irü blgü qutïn buyanïn
   先的　二　四十　相　标志　把其福　把其福

5. adïrtlaɣalï uqɣalï qataɣlanïnglar kim siz-
   　分开　　知道　　你们努力　　谁　你

6. lärkä šastarlarda adartlayu ayïtdïm
   们向）在经中　　分别　　我说了

7. ärdi.. inčä qaltï　　　ang ilki közüngü
   　是。如此　像　　　　最　先的　镜子

8. täg tüp tüz adaqï　　ulï ärür.. ikinti
   似　平的　其脚　　　其底　是。第二

9. mïng kigälig　　　　tilgänin yarataɣ-
   　千　辐的　　　　　把轮子　创造

10. laɣ tamɣa ayasïnta　　izängülükintä
    　的　印记　在其手掌　　在其脚掌

11. bägiz bälgülüg közünür.. üčünč yula yalï-
    　清　　楚　　出现。　第三　灯　火焰

12. nïnga yüläši täg tüp tüz uzun
    　向其　一样　像　平的　长的

13. ärngäk läri.. törtünč oysuz kötkisiz tüz sö-
    　其手指　　第四　不凹　不突起　平　骨

14. ngük ärür.. bišinč bantatu käbäz täg yïlïnč-
    　骼　是。第五　棉花　棉花　似　柔

15. ɣa yumšaq iligi ärür.. altinč adaqï yüzi
    　软的　其手　是。　第六　其脚　之面

16. qopmïš köp kötki ärür.. yitinč ayniyi-i
    　突起的　多　突起　是。第七　其大腿

17. atlɣ yïpar käyik yotasï täg körü qanïnčsïz
    著名的　香的　鹿　其腿　似　看　　不厌

18. yotasï　ärür.. säkizinč ängitmädük tongïtmaduq
    其腿　　是。　第八　不使弯的　　不使曲的

19. ät'özin ayasï üzä iki tiz tilgänin
    把身体　其手掌　以　两　膝　把轮子

20. börtä yrlïqar.. toquzunč ačanay atlɣ
    触及　命令。　第九　　骏马　马的

21. arɣun käwäl ning täg yašru batutluɣ
    骏　马的　　似　隐藏　掩盖的

22. uwut yini ärür.. onunč nigrot atlɣ
    羞耻的　其肢体是。第十尼枸树名叫

23. sögüt täg oɣšatï täp tägirmi ät'özi ärür..
    树　一样　似的　　圆　圆的　其身体　是。

24. näčä idizi ärsär.. anča qulačï näčä qulačï
    多少　其高　若是，那样　其庹　多少　其庹

25. ärsär anča bodï sïnï ärür.. bir ygrminč ät'öz-
    若是 那样 其身 其身 是。 一 第二十 其身体

26. intäki qop tüüsi yoqaru yölänip turur.. iki
    上的 全部 其毛 高高地 支 立着。 二

27. ygrminč birär äwin tüüläri ongaru äwrilip
    第二十 某一 撮 其毛 向右 弯曲

28. tägzinčlänip tururlar.. üč ygrminč
    卷曲 立着 三 第二十

29. qoduru bïšurmïš šopaɣ altun ošuɣluɣ qïrtï-
    详细 加工的 黄灿灿 金 一样的 皮肤

30. šï ärür.. tört ygrminč aɣlaq yinčkä
    是。 四 第二十 单独的 细的

5b
ikinti ülüš biš ptr

1. äwinlig ätni qïrtïšï.. biš ygrminč yiti yir-
   柔软的 肉 皮肤。 五 第二十 七 地

2. dä ödrülmiš ät'özi ärür.. qayu ärki
   在 特别的 其身体 是。 哪个 吗

3. yiti tip tisär.. iki adaqï iki iligi iki
   七 说 若说。 二 其脚 二 其手 二

4. ängini.. bir süsküni.. altï ygrminč yapa
   其肩 一 其顶 六 第二十 做

5. yaratmïš täg yadwï yarnï.. ikin araqï
   建造的 似 宽的 广的 两 之间的

6. söngüki ärür .. yiti ygrminč bilintä
   其骨头 是。 七 第二十 在其腰

7. örüki ät'özi kisar arslan
   立的 其身体 狮子 狮子

8. xanïnga oɣša- tï ärür.. säkiz
   向其王 像 是。 八

9. ygrmin č yulun täg köp köni
   第二十 茎秆 似 多 真正

10. körü qanïnčsïz ät'özi ärür .. toquz ygrminč
    看 不够的 其身体 是。 九 第二十

11. tüšwi ängni.. ygrminč yinčü tizmiš täg
    垂下的 肩 第二十 珍珠 串的 似

12. yöp yörüng tükäl qïrq tiši ärür.. bir otuz-
    白 白的 全部 四十 牙 是。 一 第三

13. unč irüksüz sadraqsïz tiši ärür.. iki otuz-
    十 无缝的 无间隙的 牙 是。 二 第三

14. unč münsüz qadaɣsïz tüp tüz tiši ärür.. üč
    十 无罪的 无恶的 平 平的 牙 是。 三

15. otuzunč münsüz aɣlaq aq yörüng az-
    第三十   无缝的 单独 白   洁白   白

16. aɣlarï ärür .. tört otuzunč arslan-
    齿   是。 四   第三十   狮子

17. larnïng täg king alqaɣ qašaɣï ärür(.)
    的   似 宽的 面   额   是。

再有，我的孩子，这南天竺国的人们都对我十分尊敬。你们若舍我而去天中天佛那里出家为僧，众人会产生疑问说：为什么跋多利婆罗门的弟子要舍弃自己的师父从佛为僧？

第二品五叶

我的孩子，当你们坐在四众中靠近佛天时，你们要首先看清他的三十二吉相。（关于）这些我已在经文中详细讲过了。（三十二相是：）第一，如镜子一样平的脚掌。第二，千辐轮印在其手心脚心十分清楚。第三，像灯的火焰一样平直修长的手指。第四，骨骼均平无凹凸之处。第五，如棉花一样柔软的手。第六，足面突起。第七，大腿像香麝的腿一样，百看不厌。第八，不曲身，手能够到膝盖。第九，如骏马一样的藏阴。第十，像尼枸树一样圆圆的身子，高度与张开（两手）的长度一样。第十一，身上的汗毛卷立。第十二，有几撮汗毛向右卷曲。第十三，有像纯（？）金一样的肤色。第十四，皮肤细滑。第十五，身上有七处特别的地方。若问是哪七处？（即：）两足、两手、两肩、一顶。第十六，两腋充满。第十七，魁梧的身子犹如狮子王一样。第十八，身子端直如茎秆，十分好看。第十九，（肩）圆满。第二十，有洁白如珍珠般的四十颗牙齿。第二十一，牙齿密无缝隙。第二十二，牙齿整齐。第二十三，门牙洁白。第二十四，如狮子一样宽的面额。

18. biš otuzunč alqu tataɣlarda adruq
    五 第三十   所有 比甜的   更

19. tngridäm tataɣ azïɣïnta aqar .. altï otuz-
    美的   甜   从其嘴   流出。 六   第三

20. unč king yadwi yuqa yalïnčïɣ tili ärür(.)
    十   宽 阔的   薄的 热的   其舌 是。

21. yiti otuzunč äzrua tngrining täg
    七 第三十   梵   天的   似

22. üni ärür .. säkiz otuzunč köküš önglüg
    其声音 是。 八   第三十   蓝色 色的

23. közi ärür .. toquz otuzunč qoduzlar buqasï-
    其眼睛 是。 九   第三十   毛牛们   其公牛

24. nïng täg kirpiki ärür .. otuzunč ušnir-
    的   似 睫毛   是。   第三十   肉髻

25. ïn yaratmïš töpüsi bašï ärür .. otuz artuqï
    把其 打扮的 其顶   其头 是。 三十 多

26. bir yaɣuruqïa toɣmïš qazlar xanï atayï
    一   很近   生的   鹅们   其王 其父

27. täg torluɣ ärngäki ärür .. iki qïrq iki
    似 网的   其指头   是。 二 四十 二

28. qaš qawšutïnta urun atlaɣ yörüng tüüsi
    眉毛 在其眉间 白毛 名叫 白色的 其毛

29. ärür.. muntada ulatï iki qïrq irü bälgüsi
    是。 在这些 以及 二 四十 相 其标记
30. tükäl ök ärür.. ötrü sizlär ädzü turup
    具有 是。 之后 你们 吹奏 站立

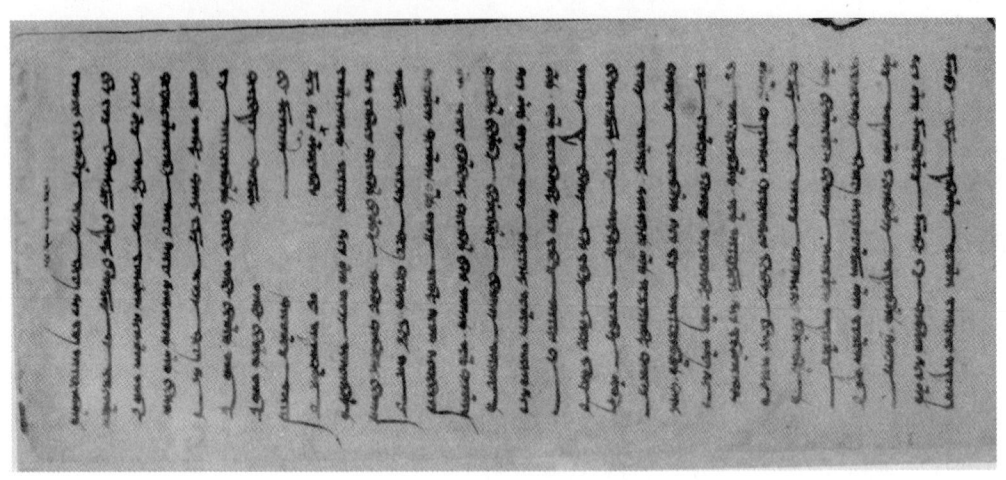

图4 《弥勒会见记》6a

6a
ikinti ülüš altï ptr
第二   品   六   叶

1. yašru könglin inčä tisik ayïtïnglar(:)
   藏起的 以其心 如此 疑问 你们问
2. bizing baqšïmïz badari braman nä ošuɣluɣ
   我们的 师父 跋多利 婆罗门 什么 一样的
3. tözlüg ärki.. näčä yašlaɣ sïšlaɣ ärki(.)
   根的 是。多少 岁的 年龄的 是。
4. titsilarïnga qayu qayu šastïrlar bošɣ-
   向其弟子们 哪些 哪些 论 教
5. urur ärki.. taqï ymä inčä tip siz-
   是。 再 又 如此 说 疑
6. ik ayïtïnglar(:) töpü nägü bolur ärki(.)
   问 你们问 顶 怎么 是 是。
7. töpüdin taymaq nägü bolur ärki(.)
   从顶 滑落 怎么 是 是。
8. bu muntaɣ   türlüg ayït-
   这 如此   种的 问
9. mïš sizikläringiz-ni adartlayu
   了 把你们的疑问 分开
10. yrlïqasar.. ötrü sizlär inčä uqunglar(:)
    若命令 之后 你们 如此 你们懂
11. siziksiz tü käl bilgä tngri tngrisi burxan
    无疑问 具有 智慧 天 之天 佛

12. ärmiš.. nä üčün tip tisär.. kim qayu
    是。 什么 为了 说 若说 谁 哪个
13. qutluɣ tïnlaɣlarnïng iki qïrq qut buyan-
    有福的 众生的 二 四十 福 福
14. laɣ irü bälgüsi tükäl bar ärsär.. ol tïnlaɣ
    的 相 其标记 具有 有 若是 那 人
15. tükäl bilgä biliglig burxan atanur(.)
    具有 智慧 聪明的 佛 叫作
16. sizlärning ara qayusï uluɣ ärsär siz-
    你们的 中间 哪个 大 若是 你
17. lär.. ol öngräki sizikig ayïtzun(.)
    们 那 以前的 把疑问 问。

第二十五，所有最好美味从其白齿中流出。第二十六，长且薄的舌头。第二十七，梵天一样的声音。第二十八，蓝色的眼睛。第二十九，像牛王一样的睫毛。第三十，长有肉髻的头顶。第三十一，有如刚生下的鹅王一样的网指。第三十二，眉间的白毫。如这三十二相俱全，那时你们就大声在心中这样发问吧："我们的师父跋多利婆罗门是什么出身，多大岁数，他教给其弟子哪些经论？"你们再这样发问："顶（法）是怎么回事，顶（坠）又是怎么回事？"他如能把你们的疑问回答清楚，那么你们就可确信他就是天中天佛。若问为什么？具有三十二吉相者即为全智的佛。你们中（年龄）大的先发问。

18. antada basa käzikčä käntü käntü
    从那 以后 依次 自己 自己
19. bošɣunmïš wit upawit wayakran.. loka-
    学习的 吠陀 付吠陀 授记 顺世
20. yuta ulatï.. šasti rlar ičintäki täring
    外道 以及 诸论 中的 深的
21. täring yörüglär sizik ayïtïnglar.. taqï
    深的 意义 疑问 你们问。 还
22. ymä yultuz körüm ičintäki alp alp siz-
    又 星星 观看 其中的 难 难 疑
23. ik ayïtïnglar..ol ayïtmïš sizikläringiz-
    问 你们发问。那 发问的 你们的疑问
24. lärni tïdïɣsïz tutuqsuz kiginč birü usar(,)
    （把）无障碍 自如地 答 回 若能，
25. timin ök anïng titsisi bolunglar(.)
    马上 他的 其弟子 你们成为。
26. alp bulɣuluq burxan qutïlïɣ ärdinilig
    难 得到的 佛 有福的 宝贝 的
27. otruqta kirip qutrulmaqlaɣ yoluɣ ädgü-
    在岛 进入 得救的 把路 好的
28. lüg ärdinilär köngülčä ïdïnglar.. qačan
    宝贝的 用心 你们派了。 当
29. sizlär mängülüg mängikä tägsär sizlar
    你们 永久的 向快乐 若碰到 你们

30. manga ymä ädgülüg ülüš yanturu ïdïng-
    向我   又   好的   份   返还   派出

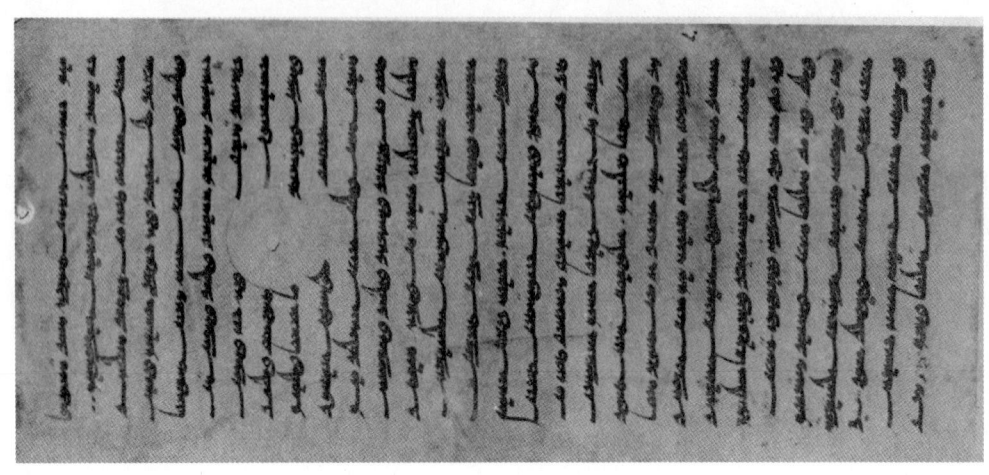

图5 《弥勒会见记》6b

6b

1. lar.. yašqa sïšqa tägmiš qarï qangïng-
   向岁数 向年龄 到的 老的 父的

2. ïzlarnï qanmaduq kösüšlüg qïlmanglar..
   你们   不满足的   希望   你们不做。

3. anta ötrü tüzün maytri qadašï
   从那 以后 善的 弥勒 族人

4. ačitida ulatï biš ygrmi urïlar birlä
   阿耆多 以及 五 二十 儿子们 一起

5. badari bramannïng ïnaγ sawïn täginip
   跋多利 婆罗门的 信任 把话 得到

6. yašlarï sawrïlu ïγlayu badari bramanqa
   其眼泪 流淌   哭 跋多利 向婆罗曼

7. kšanti qïlïp   biš yüz braman
   忏悔 做   五 百   婆罗门

8. urïlarïnga   tägürtü badari
   向童子们   使到达 跋多利

9. braman balïqïntï- n ünüp b(a)rdïlar(.)
   婆罗门 其城市（从）   出   去了。

10. anta ötrü dkšanpt iltäki
    从那 以后 南天竺 国的

11. qalïn qara bodun inčä išidtilär(:)
    众多 百 姓 这样 听到了。

12. tüzün maytri baqšïsï badari bramanaγ
    善的 弥勒 师父 跋多利 把婆罗门

13. qodup matyadiš ulušqa b(a)rmïš.. qaltï
    放下 中天竺 向国 去了。 如

14. amraq ögintin qangïntïn adralmïš
    爱的 从其母   从其父   离开

15. ošuɤluɤ bolup mïng mïng tümän
    像的   成了 千   千   万

16. tümän ärän išilär.. uluɤ kičig oɤlan-
    万   男人 女人   大   小   儿子

17. qa tägi bulungtïn yïngaqtïn toyïn
    向 到   从方向   从方面   道人

18. toyïn yïɤïlïp ïɤlayu sïɤtayu tü zün
    道人 结合   哭   哭   善的

19. maytriqa yaqïn kälip aɤar ayamaqïn
    向弥勒   近   来   重的 尊敬

20. inčä tip tidilär.. ädgülüg qut tngri-
    如此 说 道了。 好的   福   天

21. si bramanlar arïɤï äzrua tngri(,) qop
       婆罗门们   净   梵   天   一切

22. umuɤsuz ïnaɤsïz tïnlïɤlarnïng umuɤï
    无助的   无靠的 众生的   依靠

23. ïnaɤ(,) alqu dkšanapt ilning atlïɤï(.)
    帮助   所有 南天竺   国的   其有名的

24. alquqa tüz yrlïqančučï biliglig ärdingiz(.)
    向所有 平的 慈悲的   智慧的   您是。

25. bizni üzäki amranmaq biligingiz.. qanča
    把我们 之上的 喜爱   您的智慧。 哪里

26. b(a)rđï.. bizni qodup qanča b(a)rɤalï saqïnur-
    去了。   把我们 放下 哪里   去   想

27. siz.. bu muntaɤ türlüg amraqtïn adra lmaq
    您。 这 如此   种   从爱   分开

28. ačïɤ ämgäk qantaran blgürdi ärki-i
    苦的 痛苦   从哪里   出现

29. bu muntaɤ irinč yrlaɤ aɤaz yarlïɤ
    这 这样的 可怜 命令 口   命令

30. köz yašlïɤ näčükin qodup barïr siz(.)
    眼睛 泪的 怎么   放下 去   您。

然后你们再依次就自己学过的吠陀、付吠陀、顺世外道诸论中的深奥义理发问吧。你们还可以就星象学方面的疑问发问。他如能自如地回答你们提出的问题，你们就做他的弟子吧！你们要诚心地把进入难得的佛的宝岛当作得救之路的珍宝。当你们得到永久之乐时，也请还我一份善德吧！

6b

愿你们不要使我——你们年迈的父亲失望吧！之后，弥勒与其族人阿耆多及十五童子洒泪告别了跋多利婆罗门和五百婆罗门童子，走出了跋多利婆罗门（居住的）城市。之后，当南天竺国中众百姓听到仁者弥勒离开跋多利婆罗门去中天竺时，都像离别亲生的父母一样，成千上万的男女、大人小孩从各方涌来哭着走近仁者弥勒，并恭敬地这样说道："善福天，婆罗门的净梵天，一切无助众生的希

望，整个南天竺国的名士，您对一切友情都怀有同样慈悲的心肠。但您对我们的情爱在哪里？您抛弃我们想到何处去？我们离开像您这样的亲人是多么痛苦！您怎能舍弃我们这些苦命哭泣的人?!"

7a

ikinti　ülüš　yiti ptr
第二　品　七　叶

1. anta　ötrü　ayaɣqa　tägimlig　maytri
   从那　以后　尊敬　受到的　弥勒

2. bodiswt　közünür　äzrua　tngri　ošuɣluɣ
   菩萨　现示　梵　天　像的

3. ol　dkšanapt　iltäki　bodun　boqunuɣ
   那　南天竺　国的　百姓　把人们

4. busušluɣ　qadɣuluɣ　körüp　yangalar　bägi
   悲伤的　悲哀的　看　大象们　其王

5. ošuɣluɣ　ongaru　tägzinü　qadrïlu　qayïp
   像的　向右　转　转动　转向

6. amraq　atasï　bir.. biräm　ök　oɣlayu　oɣ-
   爱　其父　一　一　娇嫩的　儿

7. lïn　amrayurča　balïqlïɣ　bodun-
   子　爱怜　城市的　百姓

8. qa　inčä　tip tidi(:) artuq
   向 如此　说　道　多

9. busušluɣ　qadɣu-　luɣ　bolmanglar(.)
   悲伤的　悲哀　的　你们不要。

10. yirtinčü　yir　suw-　nung　törüsi　munta-
    世界　土　水　的　其规则　这样

11. ɣ ärür.. nä　üčün tip tisär.. näčä
    是。 什么　为　说　若说　多少

12. ürkič　bu　tïnlaɣ　oɣlanï　biš　türlüg
    经常　这　人的　其子　五　种的

13. säwiglig　mängi　täginsärlär.. šor suw
    高兴的　快乐　若得到　咸　水

14. ičmiš　ošuɣluɣ　todmaz　qanmazlar.. näčä ür-
    喝的　像的　不饱　不满足　多少　经

15. kič　amraqlaɣu　quwraɣ　birlä　mängiläsär
    常　喜欢　大众　与　若高兴

16. ögrünčüläsär(,) kiningä　amraqtïn　adralmaq
    若快乐　之后　从爱　离别

17. ačïɣ　ämgäk　k(ä)lmäki bar.. näčä ürkič
    苦的　痛苦　来　有　多少　经常

18. bu ät'özüg ayayu čiltäyü küyü küzädü
    这 把身体 尊敬 尊敬 保护 爱护

19. tutsar(.) ol oq tübintä ölmäki bar.. anïn
    若抓　那　在其结尾　死　有　为此

20. bilgä yalnguq oɣlï ädgü qïlïnč qïlmïš
    智慧   人类   其子   好   行为   做

21. krgäk .. kim ažun ažunta köligä täg
    要   谁   世界   在世界   影子   似

22. basa barïr .. körü tïtmaz (.) amtï ymä bu
    后来   去   看   不阻止   现在   又   这

23. yir suwda nomluɣ čkwrt ilig xan
    地   在水   法的   轮子   王   王

24. blgürmiš ärür .. kim angar umuɣ ïnaɣ tutsar
    展现   是   谁   对他   帮助   协助   若抓

25. tört türlüg toyïn tüšin ögdir
    四   种的   道人   果   赞扬

26. birü yrlïqar .. amarïnga prdikasanbut
    给   命令   向一些   辟支佛果

27. qutïnga alqïš birür .. amarïnga tüzkärinč-
    向其福   赞扬   给   向一些   无上

28. siz burxan qutïnga uruɣ tarïɣ sačar (.)
    的   佛   向其福   种子   播   撒

29. üstünki uluɣ küčlüg qut waxšiklar
    上面的   大   力量的   福   神仙们

30. angar yaqïn barsarlar(,) alqïnčsïz ažunluɣ
    向他   近   若去   无尽的   世界的

7b

1. asaɣ alïrlar .. taqï tamu pirit yïlqï
   益处   得到   再   地狱   饿鬼   牲畜

2. ažunïnta toɣmïš irinč yarlïɣ tïnlïɣlar
   在其世界   生的   可怜   命令   众生

3. anïng ädgüsin saqïnïp ančaqïa ödtä
   他的   好   想   如此   在时间

4. süzük köngül öritsärlär .. ol ädgü qïlïnč
   清静   心   若起   那   好   行为

5. küčintä üč yawlaq yol(l)uɣ özlärdin
   在其力   三   恶   道的   从自己

6. ozar .. qutrulur .. amtï bizingä ymä
   解脱   解救   现在   向我们   又

7. yaruq yaltruq- laɣ yalawačï k(ä)lti (.)
   光明   光亮   的   使者   来了。

8. anïng yrlïɣïn   tükäl qïlmïš
   他的   把其命令   全部   做

9. krgäk (.) anïn   amtï bu uluštïn
   要   因此   现在   这 从国家

10. ünüp barïr mn (,) sizlär artuq
    出   去   我   你们   多

11. bušanmanglar .. anta ötrü mïng mïng
    你们不要悲伤 从那 以后 千 千
12. tümän tümän tïnlïɣlar käntü öglärin
    万   万   众生   自己 把其母
13. qanglarïn äwlärin barqlarïn qodup ayaɣ-
    把其父 把其家 把其家具 放下 尊敬
14. qa tägimlig maytri bodiswt iyin bardïlar (.)
    向 受到的 弥勒 菩萨 跟随 去了。

第二品七叶

之后，尊者弥勒菩萨像现世的梵天一样，看着那南天竺悲伤的百姓，如大象之王一样，向右旋转，并像慈父爱怜其唯一的幼子一样，对城中百姓这样说道："你们莫要过度悲伤！世间的法则就是如此。若问为什么？人之子不论享有多久的五种快乐，总是像喝咸水那样永不满足。不论他们与（自己）喜欢的人欢乐多久，离别爱人的痛苦终将到来。不论你多么长久地珍惜此身，到头来终有一死。为此，明知的人子应做善行。人世如影子，来去无踪。现在转轮王已经降临人间，谁若皈依他，他将奖以四种道果。给一些人以辟支佛果，给一些人撒播成无上正果的种子。当大力福神走近他时，将获得

7b

无尽世的益处。再有，如有生于地狱、俄鬼、畜界的苦命众生思念他的好处，并能一时起清静心，由于那善功之力，将从三恶道中得到解脱。如今光明的使者已经来到（这里），人们应奉行他的教导。为此，现在我将离开这里，你们切莫悲伤！此后，有千万众生舍弃自己的父母、家庭，跟随尊者弥勒菩萨而去。"

15. anta ötrü burxanlïɣ čkrwrt ilig xan-
    从那 以后 佛的   轮子 王 王
16. nïng uluɣï oɣlï tüzün maytri bodiswt
    的   大 其子 善的 弥勒   菩萨
17. dkšanapt iltin matyadïš ulušwqa
    南天竺 从国 中天竺 向国
18. täginčä qayu qayu ulušqa tägsär sansz
    到达   哪里 哪里 向国 若到达 无数
19. öküš tïnlïɣlar uluɣ aɣar ayaɣïn utru
    多   众生   大 重 以尊敬 对面
20. ünärlär ärdi .. öküš türlüg tapaɣ uduɣ
    出去   是。 多种的   供养
21. qïlürlar ärdi .. qačan balïqtïn uluštïn
    做   是。 当 从城市 从国家
22. ünüp barsar .. ärüš öküš tïnlïɣlar ädgü ögli
    出去 若去   多   多   众生   好 有智慧的
23. lär amraqlaɣu quwraqlarïn qodup titip
    们 喜爱的   把众人   放下 舍弃
24. tüzün maytri bodiswt basasïnta barïr-
    善的 弥勒   菩萨   在其后   去

25. lar ärdi .. sansïz öküš ažunta maytri ädgü
　　 是。 无数 多 在世界 弥勒 好

26. ögli saqïnč bïšurmïš üčün alqu ädgüning
　　 想法 想 使成熟的 为 所有 好的

27. ïdïšï bolmïš üčün qayu qayu araɣ sämäk-
　　 其器 成为 为了 哪里 哪里 森 林

28. kä tägsär .. ol araɣda ärigmä qadar yawlaq
　　 向 若到 那 在森林 是的 凶恶的 坏的

29. arslan bars yangada ulatï käyiklär yawalmïš
　　 狮子 虎 大象 以及 野兽们 驯服的

30. yawaš bolurlar .. yangalar tumšuq-
　　 老实的 成为 大象们 鼻子

8a
ikinti ülüš säkiz ptr
第二 品 八 叶

1. larïnta linxua čäčäk yörgäp tüzün
　 以其 莲花 花 卷 善

2. maytri bodiswt utrusïnta kälip ong-
　 弥勒 菩萨 在其对面 来 右

3. aru tägzinip aɣar ayaɣ qïlurlar ärdi (.)
　 向 转动 重的 尊敬 做 是。

4. arslanlar barslar baɣïrïn tüšüp süz-
　 狮子们 老虎们 把其肝 落下 清

5. ük könglin tüzün maytri bodiswt-
　 净 以心 善 弥勒 菩萨

6. nïng adaqïn ulïn yalɣayurlar ärdi (.)
　 的 把其脚 其脚底 舔 是

7. inčä tip tiyür-lär ärdi .. alqu
　 如此 说 道 是 一切

8. tïnlïɣlarqa yazuqluɣ biz (,)
　 向众生 有罪的 我们

9. irinč yarlaɣ käyiklärig
　 可怜 命令 把动物们

10. ämgätü ölürüp käntü özümüzni
　　 使痛苦 杀了 自己 把我们自己

11. igidür biz .. siz tngrim (,) alqu tïnlïɣ-
　　 养育 我们 您 我的天 一切 众生

12. larnïng ädgü öglisi ärür siz .. siz (.) biz
　　 的 好 其友 是 您 您 我们

13. qamaɣnïng ayaɣ öglisi biz .. siz qop
　　 大家的 坏的 其友 我们 您 全部

14. qamaɣ tïnlïɣlarïɣ säwär amrayur siz .. biz
　　 大家 把众生 喜 爱 您 我们

15. qop tïnlïɣlarïɣ qorqïtdačï qutsuz quwï
　　全部　把众生　　使害怕的　不幸的　空的
16. tïnlïɣlar biz .. amtï bilinür biz käntü yaz-
　　众生　　我们　现在　知道　我们　自己
17. uqumuznï (.) bük üntä ïnaru ayaɣ qïlïnč-
　　把我们罪　　从今　往后　坏　行为
18. tïn tïdïlur biz (.) adïn adïn käyik-
　　从　舍弃　我们　其他　其他　动物
19. lär ošuɣluɣ otïn suwïn ät'öz ilti-
　　像的　　以草　以水　身体　送
20. nälim .. bu bizkä ädgülüg tïltaɣ
　　　　　这　向我们　好的　　原因
21. bolzun .. ažun ažunta sizni
　　愿成为　　世界　在世界　把您
22. birlä tusušup sansardïn ozmaqïmïz
　　与　　见面　　从轮回　　我们解脱
23. bolzun .. tüzün maytri bodiswt ymä
　　愿成为　　善的　弥勒　　菩萨　又
24. yïlïɣ yumšaq sawïn ol käyiklärning
　　温柔　软的　　以话　那　动物们的
25. bašlarïn sïqap inčä tip tiyür ärdi (:)
　　把其头　　抚摸　如此　说　道　　是

而后，当转轮王佛的长子仁者弥勒菩萨从南天竺国来到中天竺国时，无论走到哪里，都有无数众生以极大的尊敬迎接他，献给他多种供养。而当离开那里时，都有许多人舍弃（自己的）亲友，跟随弥勒菩萨而去。由于在无数世中，弥勒怀有友善的思想和成为一切善器之故，所以不论他走到哪个林中，那林中凶猛的狮子、老虎、大象及野兽都变得驯顺起来。

第二品八叶

大象用鼻子卷起莲花，迎着仁者弥勒走来，右转向他致敬。狮子、老虎都伏地而卧，虔诚地舔着仁者弥勒菩萨的脚掌，这样说道："我们对众生有罪。我们杀害了许多可怜的动物，用以养育自己。您是我们的天，您是一切众生之友，而我们则是一切（众生）之敌。您怜爱一切众生，而我们则是给一切众生带来恐怖的不幸之物。现在我们都已知道自己的罪孽。我们决心从今以后不再作恶。我们要像其他动物那样，以草、水为生。愿以此作为我们的善缘，世世得以和您会见，从轮回生死中得到解脱。"（这时）仁者弥勒菩萨抚摸着众兽的头，用温柔的语调这样说道：

26. ädgü ädgü oɣlanïm (,) ayïɣ yawlaq qïlmang-
　　好　　好　　我的孩子　坏　坏的　　你们不做
27. lar .. sizlär käntü ayïɣ qïlïnč küčintä
　　　　你们　自己　坏　作为　在　其力量
28. bu muntaɣ körksüz ažunta toɣmïš
　　这　这样的　丑恶的　在世界　生
29. ärür sizlär .. amtï könglänmätin ayïɣ
　　是　你们　　现在　从不悔悟　　坏

30. qïlïnčtïn tïdïlmasar sizlär .. qaranɣyuđïn
    从作为 若不舍弃 你们   从黑暗

8b
1. kälip qara nɣyuqa barmïš ošuɣluɣ bolɣay
   来   向黑暗   去   一样   成为
2. sizlär .. anïn amtï qataɣlanïnglar qarang-
   你们   为此 现在 你们努力   黑暗
3. ɣuđïn yaruqqa barɣay sizlär .. bu muntaɣ
   从   向光明   去   你们   这 这样
4. türlüg tüzün maytri arïɣ braman-
   种的   善   弥勒   清静 婆罗门
5. lar törüsin tuta arïɣda yorïyur ..
   们 以其规则 抓 在林中 走
6. käyiklärkä asaɣ tusu qïlu tünlä
   向众兽   好处 利益 做 夜间
7. ärsär üstinki uluɣ küčlüg
   若是 上面的 大   力量的
8. tngrilärig ögirtürü küntüz
   把众天   使高兴   白天
9. ärsär uluš balïqtaqï tïnlaɣ-
   若是 国   城市的   众生
10. larqa uluɣ asaɣ tusu qïlu yol yorïr
    们向 大   好处 利益 做   路 走
11. ärdi .. anta ötrü äzrua xormuzta
    是   从那 以后 梵天 帝释
12. tört maxarač tngrilär .. taqï ymä
    四   天王   天们   又   又
13. önglüg tngri yirintäki uluɣ küčlüg
    色的   天   其地的   大   力量的
14. tngrilär (,) amranmaq ulušqa sanlaɣ altï
    天们   爱   向国   数的   六
15. qat tngri yirintäki tngrilär .. tngri qatun-
    层 天   其地的   天们   天   可敦
16. larï tüzün maytri bodiswtaɣ körüp
    们   善   弥勒   把菩萨   看
17. alqu ängitä ät'özin ayalarïn
    一切 弯腰   把身体   把手掌
18. qawšurup yaqïn kälip inčä tip tidilär (:)
    合起来   近   来   如此 说 道
19. alqu uluɣ ilig äzrua tngrilärdin
    一切 大   王   梵   从诸天
20. yigädmiš utmïš qutunguzqa qïwïngïzqa
    胜过   超过   向您的福   向您的福

21. yükünür biz .. uzun yol yorïyur ärkän
　　 崇拜　　 我们 长的 路　 走
22. ymä täring täring dyan saqïnčlaraɣ
　　 又　 深的　深的　禅定　 把想法
23. saqïnur siz .. kim siz uqmïš dyan saqïnč-
　　 想　　 您　 谁　您 知道的 禅定 想法
24. larïɣ tngri tngrisi burxanda adïn
　　 把　 天　之天　 除了佛　 其他
25. uqtačï tïnlïɣlar yoq ärürlär .. alqu
　　 知道的　众生　 没有　是　 一切
26. yir suwdaqï tïnlaɣlarnïng ädgü ögli-i
　　 地　水的　　众生的　　 好　智慧
27. bišüki ärür siz .. uluɣ ilig bolɣu qutu-
　　 其摇篮 是　您　 大　 王　成为　福
28. nguzqa ymä yükünür biz .. anta ötrü
　　 向您　 又　 膜拜　 我们　从那 以后
29. waišïrwani ilig bäg yüz änüngülüg
　　 毗沙门　 王　 官　 百　 轮辐的
30. tngridäm singäklik tüzün maytrining
　　 天的　 轿的　 善　 弥勒的

9a
ikinti ülüš toquz ptr
第二　 品　 九　叶
1. bašï üzä tägzintürüp ordusïnta yorïr
　 其头 上 　盘旋　　 在其王宫　走
2. ärdi .. wirutaki ilig bägning yarlïɣï-
　 是　 毗卢则迦　王　 官的　 其命令
3. nga nanti upananti(da) ulatï kumbantilar
　 向　难陀　优波难陀　　 及　 鸠磐茶
4. ligläri tüzün maytri bodiswt-
　 王们　 善　 弥勒　 菩萨
5. nïng ötügintä yorïp yir sïpïrurlar ärdi (.)
　 的　在其请求 走　 地　 打扫　　 是

"善哉，善哉，我的孩子们，你们自己（从今以后）不要再作恶。由于（前世）所做的恶事，（今世）才生为这等丑恶之形。现在如不悔悟停止作恶，那么你们将从黑暗走向黑暗，为此，现在你们要努力从黑暗走向光明。就这样，仁者弥勒按照纯洁的婆罗门法在林中为众兽带来利益。夜间他取得大力天的欢心，白天则到处为城中百姓谋利益。之后，梵天、帝释、四大天王和色天中的大力神、欲界六天神及神女看到仁者弥勒菩萨时，都躬身合掌走近来，这样说道：我们向胜过一切大王梵天诸神的（弥勒）尊前膜拜。您虽长途跋涉，仍怀有这等深邃的禅念。除天中天佛以外，没有什么众生能领悟您所领悟的禅念。您是世间一切众生之友。我们向您大王尊前膜拜。之后，毗沙门（天）王让有一百轮辐的天轿盘旋在仁者弥勒的头上。按照毗卢则迦（天）王之命，难陀、优波难陀及鸠磐荼等为仁者弥勒菩萨扫地。

6. wirupakši maxaračnïng yrlïɣïnga čala-
   广目天　　大王的　　　向其命令　阇罗

7. parabida ulatï　　luu bägläri yïdlïɣ
   波罗比　　及　　龙　诸官　香的

8. yïparlaɣ suwïn　　yirig ölitü
   味的　　以水　　把地 湿润

9. sačarl ar ärdi .. wišwakrmi uz
   洒　　是　　　毗湿缚羯磨　巧

10. tngri tüü türlüg xua čäčäkin
    天　各 种的　花　以花

11. yirig yoluɣ itär yaratur ärdi .. tritraš-
    把地 把路 收拾 建造　是　三十

12. tri maxaračnïng yrlïɣïnga timburi
    三　大王的　　　向其命令 耽浮楼

13. pančašikida ulatï gantarwilar bägläri-i
    般遮史迦　　及　　乾闼婆　　诸官

14. išidü qanïnčsïz biš türlüg yinčkä
    听　 不满足的　五　种的　 细的

15. oyun ätizürlär ärdi .. anta ötrü äz-
    游戏 吹奏　　是　　从那 以后 梵

16. rua tngri xormuzta tngrikä inčä
    天　 天　 帝释　　向天　 如此

17. tip tidi .. körüng kaužiki ilki ilki
    说　 道　　你看　 乔石迦 第一 前面的

18. ažunlarda ädgü qutluɣ tïnlaɣlaraɣ
    在世界　　好　 有福的　把众生

19. dintarlaraɣ ögüg qangïɣ süzük könglin
    把信奉者　　把母 把父　清净　以心

20. tapanmïš udunmïš üčün öngtä kürtük-
    供　 奉的　　为了　在荒　地

21. dä arïɣda simäktä tägdüktä tngri
    在 在森　林　　到达时　 天

22. yalnguq ä ksüksüz krgäksiz tapaɣ uduɣ
    人　　 不缺的　　不要的　　供　奉

23. qïlurlar .. ol antaɣ ačïɣ aɣraɣ bolup
    做　　　那 那样　苦的　辛苦 成为

24. artuq ymä köwänč säwänč köngül ö-
    多余　又　骄　　傲　　心

25. ritmäz .. yana bu muntaɣ uzun yolta
    不起　　又　 这 如此　长的　在路

26. yorïɣu arïp sönüp čökmäz batmaz (.) bir yang-
    走　 累　 灭　 不沉　 不落　　一 样

27. laɣ tüp tüz könglin alqu tïnlaɣ-
  的 平 直 以心 所有 众生

28. lar üzä ädgü ögli saqïnč saqïnur (.) iki-
  们上面 好 智慧 想法 想 二

29. nti ošuɣluɣ tngri burxannïng ädgüsin
  第 一样的 天 佛的 把其好处

30. ärdämin saqïnur .. üčünč oɣurluɣ
  把其德 想 第三 时常的

9b

1. saqïnu sözläyü yitinčsiz täring dyan
  想 说 无限的 深的 禅定

2. saqïnčlaraɣ saqïnur .. ötrü xormuzta
  把想法 想 之后 帝释

3. tngri inčä tip tidi .. taqï artuq-
  天 如此 说 道 又 多余

4. raq tngri tngrisi burxanqa yaɣuq tägip
  一点 天 之天 向佛 近 碰到

5. äwdin barqtïn ünüp toyin bolɣalï äng-
  从家 从家 出 道人 成为 非

6. siz käsäyür .. amtï körüng tngrim .. baštïnqï
  常 希望 现在 你看 我的天 头上的

7. kököš önglüg toqïrï iwa
  蓝的 色的 其发髻 急

8. täwä yorïmïš- qa azqïa
  忙 走 少

9. kitärü qamïtmïš ärür .. kököš
  去除 松散 是 蓝

10. önglüg körklä közin ol yïngaq-
  色的 美丽 把眼睛 那 方面

11. ïɣ titirü tälmirä basa basa körür (.) qayu-
  仔细 注视 后 后 看 哪里

12. dïn yïngaq tngri tngrisi burxan yrlïq-
  从 方向 天 其天 佛 命令

13. ar ärür .. toɣa ämgäk körmäyük yïlïnč-
  是 生 痛苦 未见的 温

14. ɣa yumšaq ät'özin uzun yoluɣ
  柔 软的 把身体 长 把路

15. yorïp armïš ošuɣluɣ ymä ärmäz .. toyin
  走 累 一样的 又 不是 道人

16. bolmaq kösüšin töltrinü toqïnu tölükin
  成为 把其希望 拼 命 以力量

17. yol yorïyur .. ötrü sandušiti tngri inčä
  路 走 之后 妙足 天 如此

18. tip tidi .. amtï tngri tngrisi burxan
    说　道　现在　天　其天　　佛

19. ymä artuq ïraq ärmäz .. nä üčün tip
    又　多余　远　不是　什么　为　说

20. tisär .. maxamadyadiš ulušqa sanlaɣ
    若说　　中天竺　　　向国　属于

21. yirkä suwqa tägdi .. suyami tngri inčä
    向地　向水　碰到　须夜摩　天　如此

22. tip tidi .. anï ymä titirü körünglär (.) maty-
    说　道　把它　又　细心　你们看　　中

23. adiš uluštaqï tïnlïɣlar qara bulït
    天竺　国的　　众生　黑　云

24. täg toylap gang ögüz qïdïɣïnga tägi
    一样　聚集　恒河　河　向其边　到

25. tüzün maytriqa utru kälmiš ärürlär (.)
    善的　向弥勒　迎面　来　　是。

按照广目天大王之令，阇罗波罗比以及诸龙官们，喷香水湿润大地，毗湿缚羯磨神匠用各种鲜花装饰道路。按照三十三天大王之令，耽浮楼、般遮史迦及乾闼婆诸官演奏美妙的音乐。之后，梵天对帝释天说道："你看，乔石迦！第一，由于前世他敬心供奉善福之人、僧众和父母，所以当他来到荒野、丛林中时，都有天人尽心地供奉。他历尽辛苦，已不再起骄傲之心。他虽长途跋涉，十分劳累，但仍不知疲倦地十分关怀一切众生。第二，他常思念佛的善德。第三，他常思无限深奥的禅念。帝释天说道："他为了更接近天中天佛，非常想出家为僧。你看，现在他头上蓝色的发髻由于忙于赶路而有些松散。他蓝色的眼睛正在目不转睛地望着天中天佛所在的方向。他生来从未吃过苦的娇弱身体，虽经长途跋涉，却丝毫不显得疲倦。这是（从佛出家）为僧多愿望，给他以长途跋涉的力量。之后，妙足天这样说道："现在距天中天佛所在处已不远。你看，他已来到属于中天竺国的地方。（这时）须夜摩天说道："你们注意看，中天竺国的百姓像乌云一样齐聚恒河岸边，来迎接仁者弥勒。

26. ol tïnlïɣlar amaï tüzün maytrining
    那　众生　一些　善的　弥勒的

27. araɣ braman oɣušïn ögärlär .. amarï
    纯洁　婆罗门　把族　赞美　一些

28. titrüm täring bilgä biligin ögärlär (.)
    十分　深度　智慧　把智慧　赞美

29. amrïlarï qop qamaɣ tïnlaɣlar üzä
    一些　全部　所有　众生　之上

30. maytri saqïnč saqïnmïšïn ögärlär (.)
    弥勒　想法　把想念　　赞美

10a
ikinti ülüš on ptr
第二品十叶

1. amarïlarï körü qanïnčsïz körtlä körkin
　　一些　　看　无比　　英俊　　把容貌
2. ögärlär .. anta ötrü xormuzta
　　赞美　　从那 以后　帝释
3. tngri inčä tip tidi .. dkšanapt iltäki
　　天　如此 说　道　　南天竺　　国的
4. drmt ögüztin gang ögüz suwïnga
　从达罗毗荼河　恒　　河　　向水
5. täginčä tüzün maytriqa utru oqsuz
　　到达　　善的　　弥勒向　迎面　直接
6. täginčsiz　tïnlaɣlar .. käli tururlar .. amraq
　　直接　　　众生　　　来　着　　　　可爱的
7. qanglarï udu bir　biräm ök oɣlaɣu
　　其父们 跟随 一　一样　　娇嫩的
8. oɣlanï basa　　　barmïšča az-
　　弟子 之后　　　去　　　或
9. u ymä qaltï　　bilgä baqšï-
　者 又　像　　　智慧　师傅
10. lar udu bošɣutčï　titsilär yorïyur-
　　们 跟随　教者　　弟子们　走
11. ča uluɣ uluɣ bramanlar .. bilgäläri-i
　　大　　大　　婆罗门们　　其智慧
12. uluš balïq sayuqï bay bayaɣut kišilär tïq-
　　国　　城　每个　富的　富足的　人们　堵塞
13. mïš täg yolta sïɣïnmadïn tüzün
　　的　似　在路上　拥挤　　善的
14. maytri bodiswtaɣ körgäli kösüšin basa
　　弥勒　把菩萨　　看　　愿望　　之后
15. yorïyurlar .. anta ötrü äzrua tngri
　　走　　　　在那 以后　梵　　天
16. inčä tip tidi .. amtï dkšanaptdïn bärü
　　如此 说　道　　现在　从南天竺　以来
17. ünüp kälmištä bärü balïɣ uluš sayuqï
　　出　来（从）以来　城　国　每个
18. tïnlaɣlar yïɣïlïp tükäl qïrq tümän
　　众生　　集中　全部　四十　万
19. tïnlïɣlar .. boltïlar .. kim tüzün mayt-
　　众生　　　成了　　　谁　善的　弥
20. ri bodiswtqa titsilaɣ ät'özlärin
　勒 向菩萨　　弟子的　把其身体
21. urunčaq tutuztïlar .. ötrü xormuzta
　　委托　　交给了　　之后　帝释
22. tngri inčä tip tidi .. muna amtï ang
　　天　如此 说　道　　对这 现在 最

23. magt ilning körki köwänči bolmïš
    摩竭陀国的 漂亮 骄傲的 成为的

24. pašanak taɣda üč qat yir suwnung
    孤绝山 在山 三 层 地 水的

25. umuɣï ïnaɣï baxšïsï tükäl bilgä tngri
    皈 依 其师傅 足 智慧 天

26. tngrisi burxan tüzün maytri bodiswtaɣ
    之天 佛 善的 弥勒 把菩萨

27. toyïn kirgäli küdä oluru yrlïqar (.) anta
    道人 进入 等待 坐 命令 从那

28. ötrü äzrua tngri inčä tip tidi (:)
    之后 梵天 天 如此 说 道

29. ol ymä uluɣ türlüg tngrilär asurlar
    那 又 大 种的 诸天 诸阿修罗

30. lular yäklär .. ülgüsüz öküš kintiri gintirw-
    诸龙 诸夜叉 无数的 多 乾陀罗 乾闼婆

10b

1. lar .. tngri tngrisi burxan tägräsintä
   们 天 之天 佛 在其周围

2. olurup nom tïnlayurlar .. amtï biz ymä
   坐着 法 听 现在 我们 又

3. qodï inälim .. ötrü xormuzta tngri inčä
   向下 我们下去 之后 帝释 天 如此

4. tip tidi .. inčä qïlalïm insär inälim .. tngri
   说 道 如此 我们做 若下 我们下去 天

5. tngrisi burxan burxan qutï bolɣuluq
   之天 佛 佛 其福 成为

6. uluɣï oɣlï birlä qawïšmïš törüg körüp
   其大 其子 一起 会面 把礼仪 看

7. közümüzni qutluɣ qïlalïm .. anta
   把我们的眼 有福 我们做 从那

8. ötrü tüzün   maytri bodiswt
   之后 善的   弥勒 菩萨

9. ačitida ulatï   biš ygrmi urï-
   阿耆多 以及   五 二十 童子

10. lar .. birlä   taqï ymä adan
    们 一起   再 又 其余

11. qïrq tümän tïnlïɣlar birlä toylap
    四十 万 众生 一起 聚集

12. üstün tngri altïn yalnguqnung
    上面 天 下面 人的

13. ayaɣïn čiltägin täginü toyïn bolmaq
    把尊 敬 得到 道人 成为

14. käsüšin magat ilkä sanlaɣ uluš
    把愿望 摩竭陀 向国 属于 国
15. balïqlar .. sayu yorïyu pašanak taɣqa
    诸城 每个 走 孤绝山 向山
16. tägdilär .. kördilär äzrua tngridä ulatï
    到达了 看见了 梵 天 以及
17. tngrilär ipigläri raxu swarabanu wima-
    诸天 诸王 罗睺 斯瓦尔巴奴 毗摩
18. čitrida .. ulatï asurlar bägläri pingali-i
    质多罗 以及 阿修罗 诸官 冰羯罗
19. ilaptrida ulatï luu xanlarï durumi
    依罗钵多罗 及 龙 王们 童笼磨
20. dumpurida ulatï .. sansaz öküš kintiri
    耽浮楼 及 无数 多 乾陀罗
21. gintarwilarnïŋ ärkligläri .. ayaɣqa
    乾闼婆们的 有力者们 向尊敬
22. tägimlig maytri bodiswtnïŋ ražawrt
    受到的 弥勒 菩萨的 青
23. öŋlüg köküš sačlïɣ toqïrïn bašïn
    色的 蓝的 头发的 髻 把头
24. yaratmïš yatnopawit atlɣ yöp yörüŋ
    打扮的 yatnopavita 称作 洁 白
25. srwan ti yörgänmiš altun öŋlüg yaltrïq
    头巾 缠裹的 金 色的 发亮
26. yalma yaqsïnmïš yinčülüg sap xay kädmiš
    披肩 镶边的 珍珠的 靿 鞋 穿的
27. biläzüklärin üzüklärin iligi adaqï
    以镯子 以戒指 手 脚
28. itiglig yarat aɣlaɣ qaltï yögärü äzrua
    装饰的 装饰的 像 出现 梵
29. tngri ošuɣluɣ pašanak taɣqa tägmišin
    天 一样的 孤绝山 向山 到达
30. anta oq otɣuraq uqtïlar .. tüzün
    在那 一定 懂得了 善的

11a

ikinti ülüš bir ygrmi ptr
第二品十一叶

1. maytri kälti tip .. ötrü uluɣ aɣar
   弥勒 来了 说 之后 大 重的
2. ayamaqïn käntü käntü orunlarïntïn
   尊重 自己 自己 从其位置
3. örü turdïlar .. yaruq yaltrïqlaɣ ilig-
   立 站了 光 闪的 手

4. lärin qawšurup ängitä ät'özin
   把　　合起　　弯腰　把身体

5. alanlarï börtä säwiglig közin körü
   其前额　触及　爱的　以眼　看

6. mungadu ađïnu tüzün maytri bodiswt-
   惊奇　惊奇　善的　弥勒　菩萨

7. qa inčä tip tidilär .. kälmišingiz
   对　如此　说　道了　　您来

8. ädgü ayayqa tägimlig ödinčä
   好　尊敬　　受到的　及时

9. kältingiz .. yrlï- qančuči biliglig (.)
   您来了　大悲的　　　智慧的

10. mana anuq turu yrlïqar .. tüzkärin-
    对此　准备　站　　命令　无比

11. čsiz tükäl bilgä tngri tngrisi burxan
    足的　智慧　天　之天　佛

12. sizing wažanpat qïlmaqlay toyïn
    您的　　度　　做的　道人

13. bolyuluq išingizni bütürgäli nä oyur-
    成为　您的事情　成就　什么　时候

14. qa (.) mängilig tongalay tužit tngri-i
    　　快乐的　英雄的　兜率天　天

15. yirin tngridäm quwrayay tngri qïzlarïn
    地　天的　　把天众　天　女们

16. tngridäm öz yašïy ïdalap qodup bu yir
    天的　自己　年龄　送去　放　此　地

17. suwqa intingiz ärsär .. amtï ol sawlaray
    向水　您下　若是　现在　那　把话

18. üzä birdäči nomluy ata qang birlä qawušup
    以　给的　法的　父　父　一起　会面

19. tïnlaylarqa umuy ïnay bolyuluq uluy
    向众生　依　靠　成为　伟大

20. küsüšüngüz qanqalïr (.) anta ötrü maytrilay
    您的愿望　满足　从那　之后　弥勒的

21. äzrua tngri .. tngri tngrisi burxan ärdinig
    梵天　天　　天　之天　佛　把宝

22. körgäli küsüšin ol urïlar birlä tägrik-
    看见　以愿望　那　童子们　一起　簇拥

23. läp tawratï anïng ara kördi (.)
    迅速地　他的　中间　看了

那众人中有的赞美仁者弥勒纯洁的婆罗门出身，有的赞美他深邃的智慧，有的赞美他对一切众生的仁慈，

第二品十叶

有的赞美他无比的英俊。之后，帝释天说道："南天竺国从达罗毗荼河到恒河所有的百姓都来迎接仁者弥勒了，像幼弱的独子跟随着慈父一样，或像弟子跟随贤明的师傅一样，那些高贵的婆罗门智者、诸城国的富豪也都拥挤着来观看仁者弥勒菩萨。"之后，梵天说道："你看，三界的希望和导师，全智的天中天佛正在摩竭陀国的圣地孤绝山上等候仁者弥勒菩萨出家为僧。"之后，梵天说道："还有各种天神、阿修罗、龙、夜叉以及无数乾陀罗、乾闼都围坐在天中天佛的周围，在听佛说法。现在让我们也下去（听说法）吧！"之后，帝释天说道："那么就下去吧！让我们也去观看天中天佛的大儿子（出家为僧）的礼仪，以饱眼福吧！"这时仁者弥勒菩萨与阿耆多和十五童子以及其余四十万众生，得到天上诸神和地上众人的敬奉，他们抱着出家为僧的愿望，遍历属于摩竭陀国的诸城，来到孤绝山。当梵天和诸天王、罗睺、斯瓦尔巴奴、毗摩质多罗及阿修罗官员、冰羯罗、依罗钵多罗及龙王童笼磨、耽浮楼及无数乾陀罗、乾闼婆王看到尊者弥勒菩萨头上梳有绀青色发髻、头戴称作 yatnopavita 的洁白头巾、缀有金色发亮镶边的珍珠靯鞋、用镯子、戒指装饰的手脚，像当代梵天神一样，到达孤绝山时，他们立即领悟到，来到的人

第二品十一叶

就是仁者弥勒。于是恭敬地各自从座位站起，合掌躬身触额，以柔和的目光望着，显出惊奇的样子对仁者弥勒菩萨这样说道：您来得正好，尊者，您来得非常及时。大慈大悲之人、无比睿智的天中天佛正在等候度你出家为僧。您舍弃快乐的兜率天和那里的天众天女（以及）自己的天寿，降临到此世间。现在您将和能决断一切都法王会见，实现您成为众生依托的伟大心愿。之后，慈氏梵天为了要目睹天中天佛宝，于是在众童子的簇拥下迅速地往座中看了一眼。

```
24. köz tägsiki     yirdä tngri tngrisi burxanaɣ
    眼   到底      在地方  天    之天   把佛
25. ülgüsüz sansïz tngrilär quwrayï ortusïnta
    无数    无数   诸天     其众    在其中
26. ärdinin itmiš altunluɣ taɣ ošuɣluɣ
    把宝    装饰  金的    山   一样
27. yüz iki ygrmi türlüg uluɣ qut
    百  二  二十  种的   大   福
28. buyanlaɣ čoɣ yalïnïn arslanlaɣ örgün
    功德的   威   严     狮子的   王座
29. üzä olurup nom nomlayu yrlïqamïšïn
    上  坐    法  说法    命令
30. sansaz tümän maxaklpta bärü
    无数   万    劫        以来
```

11b

```
1. burxanlaraɣ körü ögränmiš üčün
   把诸佛      看   习惯的   为了
2. siziksiz otɣuraq uqtï .. adansïɣsïz tngri
   无疑     一定    懂得    非惊奇的   天
3. tngrisi burxan ärür tip .. inčip ymä badari
   之天    佛     是   说    这样 又   跋多利
```

4. braman birlä išläšmiš ïnaɣ sawlaraɣ
   婆罗门 一起 做的 依靠 把话

5. öp saqïnïp süzük könglin ötrü yaš-
   想 思考 干净 以心 之后 泪

6. laɣ közin ïɣlayu udɣaqï urïlarqa
   到 以眼 哭 随同 向诸童子

7. inčä tip tidi .. körünglär ädgülärim (,)
   如此 说 道 你们看 我的好

8. siziksiz tükäl bilgä tngri
   无疑 足 智慧 天

9. tngrisi burxan özi ärür (.) činɣar-
   之天 佛 自己 是 仔细

10. u körünglär qoduru qolulanglar ražawrt
    你们看 清楚 你们请求 青

11. önglüg kök sačï (,) ušnirlaɣ töpüsi-i
    色的 蓝 头发 肉髻的 其顶

12. bašï (,) qaš qawšutïnta urun atlaɣ yörüng
    其头 眉 在其间 白毛 毛的 白

13. tüüsi .. buqalarnïng täg kirpiki (,) köküš
    其毛 诸牛的 一样 其睫毛 蓝

14. önglüg közi .. äzrua ätinlig üni (,)
    色的 眼睛 梵天 大声的 声音

15. yuqa yïlïnčɣa king yadwï tili .. tngridäm
    薄的 温的 宽的 宽阔的 舌头 天的

16. tataɣqa tägmiš taɣ tišläri .. arslanlar-
    味 得到的 门牙 诸狮子

17. nïng täg qašïɣï .. aɣlaq yörüng az-
    的一样 面额 白的 白净的 门

18. aɣlarï .. qïrq tükäl tiši .. irüksüz sädräksiz
    牙 四十 全部 牙 无缝的 无缝的

19. tüp tüz tišläri .. tüšwi körklä ängin-
    平整的 牙齿 健美的 肩

20. läri .. köp köni bodï sïnï .. yapa yaratmïš
    多 正的 其身 其身 盖 装饰的

21. täg yarnï .. yiti yirdä kötkilig
    一样 腋下 七 在地方 突起的

22. ät'öz .. altun önglüg qïrtïšï .. ongar-
    身体 金 色的 其皮肤 向右

23. u äwrilmiš tägzinmiš tüüsi .. yoqaru yölänmiš
    旋转的 转动的 其毛 向上 支撑的

24. tüläri .. qïnta kizlämiš täg uwut yini (..)
    其汗毛 在鞘 藏的 一样 耻辱 其器官

25. täp tägirmi ät'öz .. ängitmädük ät'özin
    圆 圆的 身体 不弯曲的 身体

26. tiz tilgänin börtär .. ayaniyi atlɣ käyik-
    膝 把轮子 触及 ayaniyi 称作 羚羊
27. ning täg yotasï .. köp kötki adaq-
    的 一样 臀 多 突起 足
28. larï yüzi .. up uzun torluɣ iligi adaqï (,)
    其面 长长的 网的 手 足
29. pantatu käbäz täg yup yumšaq ulï ayasï (.)
    棉花 棉花一样柔 软的 脚掌 手掌
30. soqančïɣ körklä söngüki .. čakar tilgän-
    特别 美的 其骨骼 轮子 轮子

12a
ikinti ülüš iki ygrmi ptr
第二 品 二 二十 叶
1. lig ayasï ulï (.) idi tüp tüz izängülüki (.)
   的 手心 脚心 平平的 其脚心

只见天中天佛在无数天众之中如同用众宝装饰的金山一样，以一百一十二种吉祥和威严正坐在狮子王座上说法。因弥勒无数大劫以来，已见惯诸佛之故，所以他（马上）确知这就是天中天佛。（这时候）他想到和跋多利婆罗门的约言，于是含泪对随同来的众童子说道："你们看，上面无疑就是全智的天中天佛。你们再仔细看清楚他那绀青色的头发、长有肉髻的头顶、眉间的白毫、牛王一样的睫毛、蓝色的眼睛、梵天一样洪亮的声音、薄长的舌头、得天味的牙齿、如狮子一样的面额、白净的门牙、四十颗齐密的牙齿、健美的双肩、端正的肢体、丰满的腋下、七处突起的身子、金色的皮肤、右卷的体毛、藏于套内的隐私处、圆圆的身子、不弯身触到膝盖的手、羚羊一般的臀部、突起的足面、幔网状的手足、像棉花一样柔软的脚掌手掌、美妙的骨骼、轮状的

第二品十二叶
手心脚掌、平平的脚心。

2. bu muntaɣ türlüg iki qïrq türlüg
   这 这样的 种的 二 四十 种的
3. qutadmaqlaɣ bälgüläri bägiz bkgülüg közünü
   使幸福的 其诸标志 清楚 清楚的 显示
4. tururlar .. ögrünčülüg säwinčlig bolup
   着 高兴的 兴奋的 成为
5. inčä tip tištilär .. čin kirtü tükäl
   如此 说 道 真 正的 足
6. bilgä tngri tngrisi burxan ärür .. čin
   智慧 天 之天 佛 是 真
7. kirtü tüzkärinčsiz tüzü köni tuymaq-
   正的 无上的 正 等 觉
8. qa tägmiš tüzün tïnlaɣ
   向 得到的 善 众生

9. ärür .. ančama körü qanïnčsïz
   是　　多么　　　看　不够的

10. körklä körki .. ančama ärim barïm
    漂亮　容貌　多么　　站　走

11. olruɣï turuɣï .. ančama süčiklig tataɣ-
    其坐　其站　　多么　甜蜜的　甜的

12. laɣ sawï sözi .. anta ötrü ol urïlar
    的　其话 其词　从那 之后 那 童子们

13. badari braman birlä tanuqlašmïš saw-
    跋多利　婆罗门 一起　证明的　　话

14. laraɣ öp saqïnïp iliglärin yoqaru kö-
    把　想起　把双手　高

15. türüp tngri tngrisi burxanaɣ ayap čiltäp
    举起　天　之天　把佛　尊敬 敬奉

16. ädzü turdïlar .. anta ötrü tiši atlɣ
    吹奏　着　　从那 之后 帝沙 名叫

17. urï yašruɣïn könglin sizik ayïtdï (:)
    童子 暗自地　以心　疑问　问

18. bizing baqšïmïz badari braman nä oɣuš-
    我们的　师傅　跋多利 婆罗门 什么 种族

19. luɣ tözlüg ärki .. ötrü tngri tngrisi
    的　根的　是　之后　天　之天

20. burxannïng inčä saqïnčï boltï .. bu
    佛的　　如此　想法　成了　这

21. urïlar manga könglin sizik ayït-
    童子们 向我　以心　疑问　问

22. ɣalï saqïnurlar .. amtï bularnïng ayïtmïš
    想　　　　现在　这些的　　问的

23. siziklärin tïdïɣsïz tutuɣsïz bilgä biligin
    把疑问　无障碍　无碍的　智慧 以智慧

24. adartlayu biräyin .. kin ärüškä ädgülüg
    分别　我给　　后　多　好的

25. qopqa qutrulɣuluq tïltaɣ bolzun (.) anta
    对大家　解脱　缘故 愿成为　从那

26. ötrü tükäl bilgä tngri tngrisi burxan
    之后　足　智慧　天　之天　佛

27. äzrua ünin tiši urïqa inčä tip
    梵天 以声音 帝沙 对童子 如此 说

28. tidi .. sön ödün ba   ranas atlaɣ äržï ärdi (.)
    说了 从前 时候　婆罗奈斯　名叫　神仙　是

29. ol äržining käzikintä tizikintä säning
    那　神仙的　在其次序　在其顺序　你的

30. baqšïng badari braman bälgürmiš ärür ..
    你的师傅 跋多利 婆罗门　标记的　是

这些三十二吉相十分清楚。他们又高兴地相互这样说道："他真是足智的天中天，真是获得无上正等觉的仁者。他的相貌多么漂亮，仪态多么端庄，语言多么甜蜜。"之后，诸童子想起了跋多利婆罗门的约言，于是高举双手，高声向天中天佛致敬。之后，帝沙童子暗自问疑道：我们的师傅跋多利婆罗门是何出身？这时候天中天佛心中想到：这些童子想在心里向我问疑。现在让我以无碍智来回答他们的疑问，以此作为大家解脱之缘吧！之后，足智的天中天佛以梵天一样的声音对帝沙童子说道："从前有个名叫婆罗奈斯的仙人，那仙人之后出世的是你们的师傅跋多利婆罗门。

12b
1. anïn baγï barana titir .. anï išidip
   为此 其族 婆罗那 称作 把那 听到
2. ol urïlar ikilä ärtingü mungadïp adïnïp
   那 童子们 更 非常 惊讶 惊奇
3. inčä tip tištilär .. tïdïγsïz tutuγsïz tükäl
   如此 说 道 无障碍 无碍的 足
4. bilgä bögülüg ärdämi .. ymä artuq adïnčïγ
   智慧 聪明的 其德 又 多 惊讶
5. ärmiš (.) anta ötrü ačiti urï .. könglin
   是 从那 以后 阿耆多童子 以心
6. inčä tip sizik ayïtdï .. baqšïmïz badari
   如此 说 疑问 问了 我们 师傅 跋多利
7. braman näčä yašlaγ sïšlaγ
   婆罗门 多少 岁的 岁的
8. ärki .. tngri tngrisi burxan bögülüg
   是 天 之天 佛 聪明的
9. könglin bögü- länü yrlïqap
   以心 思考 命令
10. inčä tip yrlïqadï .. säning baqšïng
    如此 说 道： 你的 师傅
11. badari braman tükäl yüz ygrmi yašlaγ ärür (.)
    跋多利 婆罗门 足 百 二十 岁的 是
12. ötrü donoki urï könglin sizik ayïtu
    之后 多奴齐 童子 心中 疑问 问
13. ötünü .. mäning baqšïm badari braman näčä
    告诉 我的 师傅 跋多利 婆罗们 多少
14. qoluluγ titsilarqa šasatar bilgä bilig
    时间的 向弟子 论 聪明 智慧
15. bošγurur ärki .. yangalarnïng täg yangquluγ
    教 是 诸大象的 似的 洪亮的
16. ünin tngri tngrisi burxan inčä tip
    把声音 天 之天 佛 如此 说
17. yrlïqadï .. säning baqšïng badari braman
    命令 你的 师傅 跋多利 婆罗门
18. biš yüz braman urïlarïnga šasatar bilgä
    五 百 婆罗门 向诸童子 论 聪明

19. bilig bošɣurur .. olarnïng ara sizlär
    智慧 教   他们的 中间 你们

20. altï ygrmiligin munta kälmiš ärür siz-
    六   二十   在那 来   是   你

21. lär .. (anta) ötrü .. mogaračï urï könglin
    们   从那 之后   摩柯罗倪 童子 心中

22. (inčä) sizik ayïtdï .. töpü töpü tip tiyür-
    如此   疑问 问了   顶   顶   说 说

23. lär (.) töpü tigmä törü nägü ärki .. tngri tngrisi
    顶   所谓 法   什么 是   天   之天

24. burxan ätinlig ünin inčä tip yrlï-
    佛   响亮的 以声音 如此 说 命

25. qadï .. bögü biliglig burxanlarnïng yir
    令   聪明 智慧的   诸佛的   地

26. suwda bälgürmäkingä ädgü nomluɣ yarlaɣ
    在水 出现   好   法的   命令

27. yrlïqamïšïnga tüzün bursang ärdini-
    命令的   善   佛僧   宝

28. ning ädgü törükä qatïlmïšïnga bu üč
    的   好   向法   加入   这 三

29. ärdini üzä kim qayu tüzünlär oɣlï aɣïnčsïz
    宝   以   谁   哪   诸仁者   之子 不流

30. süzük köngül öritsär ol ärür .. töpü atlɣ
    清静 心   若升起 那 是   顶   名叫

13a
ikinti ülüš üč ygrmi ptr
第二   品   三 二十   叶

1. ädgülüg töz yïltïz (.) anï sizlär inčä uqïng-
   好的   根   根   所以 你们   如此 你们知

2. lar tüzün urïlar .. anta ötrü upasi-
   道 善的   诸子   从那 之后 乌波萨

3. mi urï ymä yašru sizik ayïtdï .. ayaɣ-
   摩 童子 又   暗自 疑问 问了   尊敬

4. qa tägimlig tngrim (,) töpüdin taymaq tüšmäk
   向 得到的   我的天   从顶   滑落   掉下

5. nä türlüg bolur ärki .. arslan ätinin
   什么 种的 是   是   狮子   以声音

6. ätinäyü inčä tip yrlïqadï .. kim qayu tïnlïɣ
   吼   如此 说   命令了   谁 哪些 众生

7. öngrä üč ärdinikä süzülüp
   以前   三 向宝   心诚

8. kin yana anča munča tïltaɣïn
   后来 又   那样 这样 以原因

9. aqlap süzük köngli isilsär
   轻视　清净　其心　减少
10. qorasar bu ärür .. töpüdin taymaq
    消耗　这 是　　从顶　滑落
11. tüšmäk .. anta ötrü pryankkikida ulatï
    掉下　从那 以后　宾祁齐　　及
12. qalmïš onaɣu urïlar .. puran wyakran ulatï
    剩下的　十个　童子们　富兰那 声明记论　及
13. šasatarlar ičintäki käntü käntü bošɣunmïš azaɣ
    诸论　　　中的　自己　自己　学习的　邪的
14. šasatarlar .. oɣrïntaqï sizik ayïtdïlar .. anï
    诸论　　　　中的　　疑问　问了　　　为此
15. ymä tükäl bilgä tngri tngrisi burxan
    又　足　智慧　天　之天　　佛
16. inčä tïdïɣsïz tutuɣsuz bilgä biligin inčä
    如此　无碍　　无障　　聪明 以智慧　如此
17. adïra yrlïqadï .. anta ötrü tngri tngrisi
    分别　命令了　　从那 以后　天　之天
18. burxan ikilä ol urïlaraɣ oqïp inčä tip
    佛　　又　那　诸童子　招呼　如此 说
19. yrlïqadï .. tört türlüg bu irilärin(?) tüzün
    命令了　　四　种　这　把原则　　　善
20. tïnlaɣï arnïng uqɣuluq köni kirtü nomlar
    众生的　　　懂得　　真　正　诸法
21. titir .. qayu ärki tört tisär .. äng ilki tüš
    说　　哪　是　四　若说　　最　前　果
22. bolmïš biš yapaɣ ät'özüg ülgüsüz mängüs-
    成为的　五　蕴　把身体　无数　无快乐
23. üz ämgäk tözlügin quruɣ quwuq mn
       痛苦　把根　　空　　空　　我
24. mäningligsiz uqsar bilsär .. ikinti tïltaɣ
    无我的　　若懂　若知　　第二　缘故
25. tirgin bolmïš biš yapaɣ ät'özning tïlta-
    群体　成为的　五　蕴　　身体的　缘
26. ɣïn blgürmišin bälgülüg bolmïšïn nä
    故　把出现的　　出现的　　成为的　什么
27. üčün bolmïšïn uqmaq bilmäk (.) üčünč
    为了　把成为的　懂得　　知道　　第三
28. aqïɣlaɣ törülärning öčmäkin amralmaqïn
    流动的　诸法的　　把灭的　　把寂静的
29. baštïnqïsïn örüsin bilmäk uqmaq (.) törtünč
    把其源头　把其上　知道　　懂得　　第四
30. nïrwanqa barɣuluq tüzün yolnïng yol
    向涅槃　　去的　　善的　路的　　路

13b

1. oruq tözlügin törülüg toquluɣ yang
   小路　把其根　　规　　　则的　　样子
2. ošuɣ öntürmäk tözlügin (.) bu muntaɣ
   样子　使出去　　把根　　　　这　这样
3. titrüm täring tört köni nomlar tözün
   十分　　深的　　四　　真正　诸法　　把根
4. uqïtdačï nomluɣ sawlar išidip tüzün maytri
   懂得的　　法的　　话　　　听　　　善的　弥勒
5. ačitida öngisi qalmïš tört ygrmi urï-
   阿耆多　别的　　其余的　四　　二十　　童子
6. lar .. taqï adan tüklüg tümänlig tngri
   们　又　　其他　成千　　上万的　　　天
7. yalnguq šordapan qutïn bultïlar (.)
   人　　　　须陀洹　　把果　　得到了

为此，他被称作婆罗那氏。"听到这话后，他们更加惊讶不已，彼此说道："他的无碍全智本领确实令人惊讶！"之后，阿耆多心中这样问道："我们的师傅跋多利婆罗门多大岁数了？"这时候天中天佛以睿智思索答道："你们的师傅跋多利婆罗门已整整一百二十岁了。"之后，多奴齐童子心中起疑问道："我们的师傅跋多利婆罗门教了多少弟子？"天中天佛以大象般洪亮的声音答道："你们的师傅跋多利婆罗门教了五百弟子，其中你们十六名来到这里。"之后，摩柯罗倪童子心中疑问道："顶就是顶。所谓顶法指什么？"天中天佛以响亮的声音答道："由于睿智的佛出现在世上，并演说善法以及僧众的加入善法，若有仁者之子信奉这三宝，这就是名为顶的

第二品十三叶

善根。所以，好孩子，你们应这样理解。"之后，乌波萨摩童子暗自疑问道："尊者天，顶坠指什么？"佛作狮子吼答道："若有众生以前敬奉三宝，后因某种原因，诚信减少，即为顶坠。"之后，宾祁齐及其余十位童子各就自己所学富兰那、声明记论诸论中的异教经论问疑。全智的天中天佛都以无碍全智一一作了答复。之后，天中天佛又招呼诸童子这样说道："有四种原则（？）是众生应知的真正法。若问哪四种？第一，应知作为果的五蕴，是无数痛苦之根（及其）空无不实。第二，应知作为缘积的五蕴产生的原因。第三，应知漏法灭寂的原委。第四，（应知）通向涅槃妙途及其修行的方法。"听到（佛）演说如此深奥的四正法后，仁者弥勒、阿耆多及其余十四童子以及其他千万天人都获得了须陀洹果。

8. amarïlarï sakar-   dagam qutïnga
   一些　　　斯　　　　陀含　　向其果
9. tägintilär (,) q ayu-   larï ymä anagam
   得到了　　　　　一些　　　　又　　阿那含
10. qutïn bultïlar .. öküšägü ymä aɣï-
    把其果　得到了　　　许多　　　又　　无
11. nčsïz prdikabut qu(tïnga köngül) turɣur-
    漏的　　辟支佛　　向其果　　心　　　使起
12. dïlar (.) anta ötrü ayaɣqa tägimlig
    了　　　　从那　之后　向尊重　得到的

13. maytrï bodiswt asanki kalp sanïnča käč
    弥勒   菩萨   阿僧祇   劫   其数   晚
14. ödtä bärü yalnguq oγlanïnga asaγ (tusu)
    在时间 以来   人   向其子   利益
15. qïlu ögränmiš üčün yana yana ba(štïnqï-)
    做   学习   为了   又   又   先
16. da baštïnqï süzük könglin äwig
    在 先   清静   以心   把家
17. barqaγ qodup toyin bolyalï kösäyür üčün
    把室   放下   道人   成为   希望   为了
18. otγuraq uqtï bälgülüg biltï.. bükünki kün
    一定   懂得了 明显的   知道了   今天的   天
19. mn tükäl bilgä tngri tngrisi burxan-
    我   足   智慧   天   之天   佛
20. nïng nomïnta siziksiz saqïqsïz toyin
    到   在其经   无疑   无保留的   道人
21. dintar bolur mn (.) munčulayu saqïnïp ol ädgü-
    信徒   成为   我   如此   想   那 好
22. lüg tïnläγ(?) käntü quwraγ tapa körüp
    的   人   自己   大家   朝着   看
23. inčä tip tidi.. biz qamaγun yögärü kördü-
    如此 说   道   我们 大家   向上   看
24. müz.. tngri tngrisi burxannïng aγar uluγ
    我们   天   之天   佛的   重   大
25. qutadmaqlïγ blgülärin ymä bägiz blgülüg
    赐福的   把其标志   又   清   楚的
26. išidü qanïnčsïz nomïn tïngladïmïz amtï antaγ
    听   不满足的   把经   我们听了   现在   如此
27. törü yoq kim ädgülüg iškä tïdïγ tutuγ
    法   没有 谁   好的   向事   阻碍   障碍
28. sïmtaγ köngül turγursar.. nä üčün tip tisär
    漠然   心   若起   什么 为   说   若道
29. bu bäks iz mängüsüz ät'öz ornaγsïz köngül
    这 不牢固 非永久的   身体   不安定   心
30. ädgäülüg kösüš saqïnčïγ küdgäli (bol)mazlar ..
    好的   愿望   把想法   期待   不成

　　一些人获得了斯陀含果，另一些人获得了阿那含果，许多人信奉无漏的辟支佛。之后，因尊者弥勒菩萨无数劫以来，常为人子谋利益以及率先发愿出家为僧之故，所以他领悟得最好。他在心中这样想到：今天我要按照天中天佛的教导出家为僧。这样想着他望着自己的同伴这样说道："我们大家现在都目睹了天中天佛的伟大和睿智，并且聆听了他的教法。而今再无阻碍此善功之力。因为不能再守护此非永存之身（和）不定之心。

注释：

1a，1：namo：来自梵文 namah，汉文音译为"南无"，意为"皈依"。but：来自梵文 buddha。drm：来自梵文 Dharma "法"。sang：来自梵文 Sanga "僧"。

2：badari：来自梵文 badhari，人名，汉文作"波婆离"。braman：来自梵文 Brahmana "婆罗门"。

5：ăc：语气词，意为"啊、喂"。

8：maitri：来自梵文 Maitreya，汉文作"弥勒佛"，指未来佛弥勒。

19：ki－ä：为强调小品词。

23：tona－：由名词 ton "衣"＋a（构词附加成分）构成，意为"穿戴"，与前面 käd－"穿"一起构成复合词。

27：kasip：来自梵文 kasyapa "迦叶佛"。nirwan：来自梵文 nirvana "涅槃"。

28：baranas：来自梵文 Baranasi，城市名。

1b，4：matit：来自梵文 Magadha，国名。pasang：来自梵文 Pasanaka，汉文译为"孤绝山"。

7：sudaw（a）s：来自梵文 suddhavasa "净居天"。

9：magaraci：来自梵文 Mogharaja，汉文译作"痴王"、"离面王"等，为波婆离（跋多利）之弟子。

11：irit－：此处似有"乱"之意，试比较现代哈萨克语 iritki "乱子"。

18：qanamlaɣ：来自 qana－"出血"，表示"勇敢"。

26：Smnu：来自粟特语 Smnw "魔"。

2a，5：asuri：来自梵文 Asura "阿修罗"。luu：来自汉语"龙"。yäk：来自梵文 Yaksa "魔鬼"。kintiri：来自梵文 kimnara "紧那罗"。

6：g（a）ntariw：来自梵文 gandharva "乾达婆"。

7：käl bar：此处用作名词，与后面动词 qïl－，表示"来回走动"。

11：buta：来自梵文 bhuta，汉译"周正声"，为如来的声音之一。

16：qatIɣlïɣ：由动词 qat－"参合"构成，表"参合……的"之意。

26：udumbar：来自梵文 udumbara "优昙花"。

29：čintamani：来自梵文 cintamani "摩尼珠"。

2b，9：matyadiš：来自梵文 Madhyadesa "中天竺"。

10：sudlan－：具体词义不明，依上下文为"延伸"之意。Laut 认为该词似来自梵文 suddha＋lan（构词附加成分），意为"发光"。

17：čakwit：来自梵文 cakravartin "转轮王"。

26：aɣlaqta aɣlaq：意为"特别"。

4a，1：tiši：来自梵文 tisyan，汉文作"帝沙"。doniki：来自梵文 dhotaka，汉文作"陈那"。

20：arïtï：加强否定词。

22：aɣ－tägil－：此处有"轮回"之意。

29：äzrua：来自粟特语 zrw，意为"梵天"。

4b，6：ksanti：来自梵文 ksanti "忏悔"。

22：dksanpt：来自梵文 daksinapatha "南印度"。

24：dintara：来自粟特语 dendar "信徒"。

5a，6：sasatar：来自梵文 sastra "经论"。

9：kügä：意为"轮辐"。

10：izängülük：依上下文有"脚心"之意。

11：yula yalïnï：意为"灯焰"。

16：ayniyi：来自梵文 aineya "大腿"。

20：ačanay：来自梵文 ajaneya "骏马"。

21：käwäl：来自波斯语 kaval "马"。

22：owut yini：逐字译为"羞耻器官"，指生殖器。nigrot：来自梵文 nyagrodha，树名，汉文作"尼枸"。

29：supaɣ：意为"发亮"。

5b，1：äwinlig ätni：词义不明，依上下文有"柔软、光滑"之意。

5：yarïn：意为"肩胛骨"。yapa：似有"充满"之意。

7：kisar：来自梵文 kesarin "狮子"。

9：yulun：意为"茎、秆"。

11：töswi ängni：此处依三十二相的记载，译为"肩圆满"。

24：ušnir：来自梵文 usnisa "佛头上的肉髻"。

28：urun：来自梵文 urna "佛面上的白毛"。

30：ädzü：来自动词 ädiz- "发出高声"。

6a，19：wit：来自梵文 veda "吠陀"。upawit：来自梵文 upaveda "付吠陀"。waykran：来自梵文 vyakarana "授记"。lokayata：来自梵文 lokayata "外道"。

6b，4：ačiti：来自梵文 ajita "无胜"。

6：tügürt -：此处有"告别"之意。

27：qantaran：意为"从何处"。

28：aɣaz yarlIɣ：依上下文有"命苦"之意。

7a，22：körü titmäz：这种用法罕见，暂译为"看不见"。

26：prdikasanbut：来自梵文 pratyekasambuddha "辟支佛果"。

29：waxšik：来自粟特语 wˇxsk "神仙"。

8b，11：xormuzta：来自粟特语 xormuzda "帝释"。

12：maharač：来自梵文 maharaja "大王"。

29：waysirwani：来自梵文 vaisravana，为四大天王之一，即北方守护神。

9a，3：nanti：来自梵文 nanda "难陀"。upanati：来自梵文 upananda "优婆难陀"。kumbanti：来自梵文 kumbhanda "鸠磐荼"。

6：čalaprabi：来自梵文 jalaprabha "阇罗波罗比"。

9：wiswakrmi：来自梵文 visvakarman "毗湿缚羯磨"。

12：tïmburi：来自梵文 tumburu "耽浮楼"。

13：pančašik：来自梵文 pančasika "般遮史迦"。

17：kaužiki：来自梵文 kausika "乔石迦"。

20：öng kürtük：意为"荒野"。

9b，17：sandušiti：来自梵文 samtusita "妙足"。

21：suyami：来自梵文 suyama "须夜摩"。

10a，4：drmt：来自梵文 drnida "达罗毗荼"。

5—6：oqsuz täginčsiz：依上下文有"全部、所有"之意。

10b，17：raxu：来自梵文 rahu "罗睺"。swarbanu：来自梵文 svarbhanu "斯瓦尔巴奴"。wimačtri：来自梵文 vemacitra "毗摩质多罗"。

18：pingali：来自梵文 pingala "冰羯罗"。

19：ilaptri：来自梵文 elapatra "依罗钵多罗"。durumi：来自梵文 druma "童笼磨"。dumburi：来自梵文 dimburu "耽浮楼"。

24：yatno pawit：似来自梵文 yajnopavita，词义不明。

25：srwant：来自梵文 savitra "头巾"。

26：sap xay：来自汉语"靸鞋"。

11a，12：wažapat：来自梵文 upasampada "度"。

12b，1：baɣI barana：baɣ 意为"姓氏"，barana：似来自梵文"婆罗那"。

13a，2：upasami：来自梵文 upasama "乌波萨摩"。

11：pryankkiki：来自梵文 paingika "宾祈齐"。

12：onagu：意为"十个的"。

24：mänigligsiz：似为 mängülügsiz 之误。

13b，7：šordapan：来自梵文 srotapana "须陀洹果"。

8：sakardagam：来自梵文 sakrdagamin "斯陀含果"。

9：anagam：来自梵文 anagamin "阿那含果"。

11：pridikabut：来自梵文 pratyekabuddha "辟支佛"。

13：asanki：来自梵文 asamkhyeya "阿僧祇"。

三　社会经济文书

(1)《摩尼教寺院文书》残卷

该文书是黄文弼先生在新疆考古时所得，图版曾刊于 1954 年中国科学院出版的《吐鲁番考古记》（图版 89—94）。原件现藏中国历史博物馆（编号为：总 8782T，82）。文书为卷子式，残存部分长 270 厘米，高 29.5 厘米，文书前部分残缺，存后部分 125 行。盖有汉字篆文红色方印十一处。印文共四行，每行字数不等：（1）大福大回鹘（2）国中书省门下（3）颉于（？）迦思诸（4）宰相之宝印。文书所用回鹘文为回鹘文写经体，字形上 ɣ 与 q，x 不区分，s 与 š 不区分，n 不带点，z 的右方有时加一点，表示 ẓ。w、f 在字形上没有区别。从字体和语言特点来判断，文书的年代应属于 9—11 世纪。在现存部分中，有些地方残损过甚，加之有些地方似在裱糊中被错置，致使几处文义无法了解，但整个内容是清楚的，即为高昌地区回鹘官府颁发给摩尼教寺院的文书。

该文书是当时高昌地区回鹘官府以官方文件的形式颁发给摩尼教寺院的，规定了摩尼教寺院占有的土地和享有的种种特权，反映出当时摩尼教寺院对依附农户的残酷剥削。为研究摩尼教寺院的经济情况提供了宝贵的资料。

主要研究有：

1. 黄文弼著：《吐鲁番考古记》，中国科学院，1954 年。

2. P. Zieme：*Ein Uigurischer Text ber die Wirtschaft Manichaischer Kloster im Uigurischen Reich*，Researches in Altaic Languages，Budapest，1975，pp. 331—338.

3. 耿世民：《回鹘文摩尼教寺院文书初释》，《考古学报》1978 年第 4 期；后收入《新疆文史论集》，中央民族大学出版社 2001 年版。

    4. 森安孝夫：《回鹘摩尼教史研究》，大阪大学文学部纪要 31—32 卷，1991 年。

原文拉丁字母转写和汉文直译

1. qarɣučïlar kirz-ün . qarɣ / / / / bolsar ymä ilkiä(?)
    巡视者们 让进去。   巡视者 若是 又

2. qanikta kirsar yalnguq (man)istantaqï yarlïq
    在库 若进入 只有   摩尼寺院的 命令

3. birlä kirz-ün (.) kigür(sin) / / / / / däki törüčä
    按照 进入   使进入   以法

4. ilki(?) däki törüčä iš (ayɣu)čï možak ilimɣa tutuq
    以前的   以法 管事者   慕阇 依林哈 都督

5. išlätz-ün (.) taš syyt bars t(a)rqan tämir yaqšï tutz-un (.)
    使用   塔西 色特 巴尔斯 达干 帖木尔 好   抓住

6. / / / / / / / / / z-un (.) örtüngü bolsar ikägü
                          盖子 若有 二人

7. / / / / / / / / asru / / / / / / tsangaɣ ikägü birlä
                            把仓 二人 一起

8. / / / un (.) sačɣuča / / / lar / / / (öngtün balïq)(?) daɣï išig (küčüg)
                                    （南 城） 的 事 情

9. (t)aɣay bars ilimɣa uz (iš)läz-ün (.) kidin balï(qtaqï)
    塔海 巴尔斯 依林哈 好 让使用   西城   的

10. išig küčüg qumar bars t(a)rqan išläz-ün . baɣ
     事   情   库马尔 巴尔斯 达干 让使用 果园

11. (borluq) yir suw qaq timäz-ün , uz itürz-ün (.) öngtün
          园子 地 水 干的 不说 好 让耕种 东

12. b(alïqtaqï ba)ɣ borlüq tüšsiz(?) bolsar taɣay bars
      城 的 果园 园子 无收获 若是 塔海 巴尔斯

13. (ilimɣa böz / / / / qaw)rïqqa tägz-ün . kidin
    依林哈   向惩罚 让得到 西

14. balïqtaqï iš (ayduq bolsar) qumar bars
    城 的 事情 坏的   若是 库马尔 巴尔斯

15. t(a)rqan qïïnga qïz-(ɣutqa) tägz-ün (.) öngtüngi n(ätäg)
    达干 向责难 向惩罚 让得到   东边的 怎样

16. yïɣɣu tirgü bar ärsär ilimɣa tutuq yïɣïp
    收集 集合 有 若 依林哈 都督 收集

17. yaqšï tutz-un (.) (kidingi nätäg) y(ï)ɣɣu tirgü bar ärsär qumar
    好 让保持 西边 的 怎样 收集 集合 有 若 库马尔

18. (nïng yumiš)čïsï (yaqšï tutz-)un (.) aɣïlïqqa kirgüsin
    的   其助手 好 让保持   向库 把入库的

19. aɣïlïqqa qoču äw(?) / / / / (q)a kirgüsin tükäl
    向库   高昌   把入库的 全部

20. kigürz-ün (.) ikägü b(irlä yaqšï) išlätz-ün yungl(a-zun)
    使进入   二人 一起   好   让使用   让使用

21. birlä tutz-un (.) öngtün yïngaq yir suw öküš üčün
    一起   让保持   东边   方面   地   水   多   由于

22. (ba)lïqtaqï äw turuq qoqpu yïɣɣu yir suwlar itgü qumar bars
    城的   房   屋   官布   收集   地   水   做的 库马尔 巴尔斯

23. / / / / / / / / / / (ö)ngtüngi kidingi [p] tütün dümän
                         东边的   西边的   家   户

24. yir (suw) bornïng yaqa (?)nïng altmïš iki qoqpu üz-ä
    地   水   葡萄酒   租子   的   六十   二   官布   以

25. böz tägsürüp tngri yat / / / kädgü böz bir(z-ün) (.)
    大布 交换   天   衣服   大布 交给

26. ay sayu iki änčmn tngrilärgä säkiz-är on sïq
    月 每个 二   僧团   向诸天   八   十 石

27. buɣday yiti sïq könčit iki sïq burčaq üč
    小麦   七   石   芝麻   二   石   豆子   三

28. sïq qonuq (birz-ün) liv tutz-un . ödmä
    石   稷蜀   使给   饮食 使保持 化缘

29. b(irip) / / / t(sang)ta basa iki iš ayɣučïlar (birz-ün)
    给   在仓   后   二   事   管   使给

30. uz uz-aɣutqa (iš ayɣu)čïlar liv tutz-un . mo(ž-akkä)
    好 给工匠   事 管   饮食 使保持   慕阇

31. liv birip tngrilär ašï suwsusï tängsiz bolsar iki
    饮食 给   诸天   其食 其饮料   不足   若是   二

32. xruxanlar öz ašï az-uqï birlä birip . solmi
    呼噜唤   自己食 粮食   一起   给   唆里迷

33. manistan / / / / / / / / olurz-un (.) iš ayɣučïlar qïnɣa
    摩尼寺   让坐   管事者们   向惩罚

34. qawrïqqa tägz-ün (.) (i)š ayɣučï aɣïlïqqa kirür bo(lɣuluq)
    向责罚   使得到   管事者   向库   入   成为的

35. yir tüši tört ming yüz biš otuz qoqpu burq(an)(?)
    地   其租 四   千   百   五   三十 官布   佛（？）

36. törüčä srwsyyt qanïkta kigürz-ün (.) manistantaqï
    按规定   ？   库   使进入   摩尼寺的

37. (nä)täg türlüg iš küč bolsar iki xruxanlar iš
    怎样   种类   事 情   若是   二   呼噜唤   事

38. ayɣučïlar b(irlä iš)lätz-ün (.) kädmä tikirmänning
    管理者们   一起 让使用   法衣   裁缝的

39. biš yüz qoqpuda älig qoqpu kädmägä birz-ün (.)
    五   百   官布中   五十 官布   向法衣   交给

40. taqï qalmïš tört yüz älig qoqpu ärängä äspasi
    更   剩下的 四   百   五十 官布 给男人 男侍役

41. äspasančqa qïšqï ton ätük bolz-un . käbäz böz-i
    向女侍役   冬天的 衣服 靴子 成为   棉   布

42. 42、(ning) altmïš böz (äspasi) äspasančqa yayqï ton
         的   六十   大布 男侍役   向女侍役   夏天的 衣服

43. bolz-un(.) iki änčmn tngrilärning aš ï boɣzï t(ängsiz)
　　成为　二　僧团　天的　其食　饭　不足
44. bolmaz-un . bir ay bir xruxan bir iš ayɣučï birlä
　　不成为　一　月　一　呼噜唤　一　管事者　一起
45. turup yïčanïp aš boɣuz uz qïlturz-un . taqï bir
　　站立　照顾　食　饭　好　使做　更　一
46. (a)yda bir x(ruxan) bir iš ayɣučï birlä turup
　　在月　一　呼噜唤　一　管事者　一起　站立
47. yïčanïp aš boɣuz uz qïlturz-un . qayu ayqï aš bo(ɣuz)
　　照顾　食　饭　好　使做　哪个　月的事　饭
48. aɣduq bolsar . ol ayqï xruxan iš ayɣučï birlä
　　坏的　若是　那月的　呼噜唤　管事者　一起
49. qawrïqqa tägz-ün (.) iki xruxanlar iš ayɣučïlar
　　向责罚　使得到　二　呼噜唤　管事者们
50. birlä turup ///////ïɣ aščïlaraɣ ötmäkčilärig qawïra
　　一起　站立　　　把做饭者　把烤饼者　督促
51. turz-unlar. tngrilär xuanta olursar iki xruxan(lar)
　　使站立　诸天　在饭　若坐　二　呼噜唤
52. adaqïn turup aš(ï)ɣ suwsusïɣ iwrxani z-mastikkä tägi
　　用脚　站立　把饭　把饮料　向大摩尼僧　碰到
53. tüz tägürüp . anta kin özläri xuanta olurz-un (.)
　　平　端上　在其后　自己　在饭　使坐
54. manistanta nätäg iš küč bolup tngri mož-akkä
　　在摩尼教寺　怎样　事　情　成为　天　向慕阁
55. ötükkä kil(sär) ilkidäki törüčä xruxanlar iš
　　禀告　若来　以前的　按规定　呼噜唤们　事
56. ayɣučïsz kirmäz-ün . iš ayɣučïlar ymä xruxan(sz)
　　管理者　不进入　事　管理者们　又　呼噜唤
57. kirmäz-ün . xruxanlar iš ayɣučïlar birlä turup
　　不进入　呼噜唤们　事　管理者们　一起　站立
58. ötünz-ünlär . qama(a)ɣ ïnɣay äspasi ärän oɣlansz
　　使禀告　所有　全部　男侍役　男人　儿童
59. tngrilär näčä är(sä)r angaru tapïnz-un . anta
　　诸天　多少　若是　对其　使崇拜　在那
60. kin qalmïš qam(a)ɣ ïnɣay oɣlan iwrxani z-mastik(ta)
　　以后　剩下的　所有　全部　儿童　在大摩尼僧
61. tapïnɣučï b(ä)lgülük qïlïp xuanta uz tapïnturz-un (.) bu bitigin
　　崇拜者　出现　做　在饭　好　使崇拜　此　以书
62. ärän tngrilär qïrqïn tngrilär manistanta asansar
　　男人　诸天　妇女　诸天　在摩尼教寺　若吃饭
63. qanta ödmägä bir(är) ikirär küpčük taš suw klürüp
　　何处　给化缘　一　二　杯　石　水　弄来
64. bor suwï qïlïp tngrilärgä iwrxani z-mastikkä tägi
　　　　水　做　对诸天　对大摩尼僧　　碰到

65. tüzü tägürz-ün, sačrangu tngrilär ödmägä barsar ïsmïš
    平 使端上   零散的   诸天   给化缘   若去 剩下的

66. minin öngi yïɣturz-un . qač(a)nda qanlu qïlɣu bolsar
    把汤 另外 使收集   当   甘露   做   若成为

67. munï üz-ä qïlz-un (.) bu ïsmïš mingä tngri mož-ak
    这个 用 使做   此 剩下的 向汤   天   慕阇

68. äftadan yaɣmaz-un . qanlu qïlɣu bolsar tngri mož-ak yrlïq(ïnča)
    拂多诞 不让用   甘露   做   若成为 天   慕阇   按其命令

69. xruxanlar iš ayɣučïlar birlä turup qïlturz-un (.) iki
    呼噜唤们 事 管理者们 一起 站立 让做   二

70. änčmn tngrilärning iki tawatsi suwsusïnga mož-ak
    僧团 诸天们的   二   碗   向饮料   慕阇

71. äftadan yaɣmaz-un (.) tngri mož-akkä äftadanya kim
    拂多诞 不让用   天 对慕阇   对拂多诞   谁

72. täggäli k(ä)lsär öz suwsusïn birz-ün .
    碰到   若来   自己 把其饮料 交给

73. bir y(ïlqï) liv(?) buɣdaynïng söktisi bolur . iki yüz
    一 年的   饮食 小麦的   麸皮 成为   二 百

74. sïq (.) bu iki yüz sïq sötidä yüz sïq sökti
    石   此 二 百 石 在麸子 百 石 麸子

75. q////(arïɣučï) udlar yiz-un . yüz sïq sökti tngri
              耕地的   牛 喂   百 石 麸子 天

76. mož-akn ïng äftadannïng kawallarï yiz-ün . bu yüz sïq
    慕阇的   拂多诞的   乘骑   喂   此 百 石

77. sökti yïɣmïš tutz-un . atlarɣa yizgü qaturz-un .
    麸子 收集的 让保持 对诸马 饲料   让加入

78. üč ordudaqï yirlärig üč kišigä birz-ün .
    三 宫的 把土地 三 对人   交给

79. bir kula ygamirir(?) qaɣun manistanga k(ä)lürz(-ün) .
    一 库拉 上等的   甜瓜 向摩尼教寺 弄来

80. otuz qaɣun uluɣ manistanta birz-ün . otuz qaɣun
    三十 甜瓜 大 向摩尼教寺 交给   三十 甜瓜

81. kičig manistanta birz-ün . bu qaɣunuɣ yïɣmïš yïɣïp
    小   向摩尼教寺 交给   此 把甜瓜   收集的 收集

82. k(ä)lür(z-ün) . käčing(?) qïlsar yïɣmïš qawrïqqa tägz-ün (.)
    弄来   延迟   若做 收集的 向责惩   得到

83. tngri mož-akka bir küri bising songun ičintä(?) ////
    天   对慕阇   一 库里 上等 葱   在其内（？）

84. bising songun . iki änčmn tngrilärgä bir tänä
    上等 葱   二 僧团 对诸天   一 塔纳

85. songun birz-ün . öngtün kidin näčä manistan-
    葱   交给   东   西   几个 摩尼教寺

86. lardaqï baɣ borluq yir suw iki iš ayɣučïlar
        的 果 园   地 水 二 事 管理者们

87. uz itürüp . yana qaq yirläri näčä bar ärsär
　　好　使做　　又　干的　其地　　多少　有　若是
88. az öküš yaqaga birip yirig köntürüp bor
　　少　多　　向租子　给　把地　整好　　葡萄酒
89. tüšingä tägürz-ün . tüš kirür yirlärig uz
　　向其租子　使得到　　租子　进入　把地　　好
90. itürüp tüšin ašz-un . iki iš ayɣučïlar
　　使做　把租　增加　　二　事　管理者们
91. iträ(s)mäzün . iträsip iš küč ayduq qïlsar
　　不互相推诿　　互相推诿　力量　坏　若做
92. qïïnga qïz-ɣutqa tägz-ün . bu yir suw baɣ
　　向处罚　向责罚　使得到　　此　地　水　果
93. borluq sawïnga tngri mož-ak äftadan xruxanlar
　　园　　向事情　　天　　慕阇　拂多诞　呼噜唤们
94. qatïlmaz-un . iš ayɣučïlar bilz-ün (.) iš ayɣučï
　　不加入　　　事　管理者们　　使知道　　事　管理者
95. tayay bars ilimya tutuqqa yumuščï kičigi qutadmïš
　　塔海　巴尔斯　依林哈　对都督　助手　　小　　胡塔德迷失
96. ygan (.) iš ayɣučï qumar bars t(a)rqanga yumuščï
　　依干　　事　管理者　库马尔　巴尔斯　达干　　　助手
97. (ki)čigi il körmiš . bu išlärig iš ayɣučïlar
　　小　　依勒阔尔迷失　此　把事情　事　管理者们
98. uz qïlsar ögdigä ačïqqa tägz-ün . ayduq
　　好　若做　向赞扬　向褒奖　使得到　　坏
99. qïlsar üč yüz qïïnga tägz-ün (.) birär zyynkym
　　若做　三　百　向责罚　　使得到　　　一
100. öčügi(?) birlä qïz-ɣut birz-ünlär . manistantaqï
　　　　　　　　用　　刑罚　　给与　　　摩尼教寺的
101. äränlärig igäy čor basuk birlä bašta turup
　　　把男人们　依盖　啜尔　巴苏克　一起　在头　站立
102. išlätz-ün . iš ayɣučïlar künlüg išin ayïtu turz-un (.)
　　　使工作　　事　管理者们　　日的　把事情　问　　站立
103. bir yil ygrmi qanglï qamïš manistanɣa kirz-ün (.)
　　　一　年　二十　车　　芦苇　给摩尼教寺　使进入
104. taqï qalmïš qamïšïɣ borluqlar sayu üläz-ün .
　　　更　剩下的　把芦苇　　果园　　每个　使分配
105. iwrxani z-mastik srxan ügälär igläsär körü t(urz-un) (.)
　　　大摩尼僧　　　　　　　智者们　若病　　看　使站立
106. ämlätküči y(umu)š birz-ün (.) otačï oqïp klürüp otïn
　　　让人治疗　　帮助　　给与　　医生　叫　使来　把药
107. ämin iš ayɣučïlarda bk tutup alïp uz ämlätzün (.)
　　　把药　事　从管理者们　及时　抓　来　好　使治疗
108. qayu dintarlar igläp yïɣmïš isinmäsär üč yüz
　　　哪个　僧尼们　生病　收集的　若没关心　三　百

109. (qïï)nga tägz- ün (.) sawγa(?) küčkün barz-un (.)
　　　向责罚　　使得到　　向事情　强力　　使去
110. mänlig sangün oγlanï . arslan tonga inisi birlä
　　　曼立克　散衮　之子　阿尔斯兰　通阿　之弟　和
111. kün ki-ä oγlanï . ïγaččï bolmïš . bu tört ilig
　　　昆　乞牙　之子　木匠　宝勒迷失　此　四　王
112. kiši birär sïq käbäz ïdïp k(ä)lürz-ün . yar manistanta
　　　人　一　石　棉花　送　使来　　交河　向摩尼教寺
113. iki küri käbäz birz-ün . altï küri käbäz qočum manistan-
　　　二　库里　棉花　使交　六　库里　棉花　高昌　摩尼教寺
114. qa k(ä)lürz-ün (.) ／／／／manistantaqï otungčïlar lalak
　　　向　使来　　　　　　　　摩尼教寺的　柴工们　拉拉克
115. kädtuγmïš . lisa sabi körtlä . b(ä)g tur . bu üčägü
　　　凯德吐格迷失　里萨　萨比　阔尔特拉　别格　吐尔　此三人
116. bir kün birär yük otung k(ä)lürür . qutluγ tonga qolmïš
　　　一　日　一　担　柴　使来　　库特鲁克　通阿　阔勒迷失
117. bu ikägü iki künta bir yük otung k(ä)lürür . bu otungčï-
　　　此　二人　二　在天　一　担　柴　使来　　此　柴工
118. larnïng otungin k(ä)lürüp alγučï yaqšï qutluγ arslan (.)
　　　们的　　把柴　　弄来　　拿的　雅克西　库特鲁克　阿尔斯兰
119. dintarlarnïng ašï yig bolsar üč yüz qïnγa tägz-ün (.)
　　　僧尼们的　　其饭　生的　若是　三　百　向惩罚　使得到
120. manitan sanl(ï)γ otačïlar yaqšï ačarï inisi . oγlï
　　　摩尼教寺　属于的　医生们　雅克西　阿恰里之弟之子
121. birlä . sürgünči toyïn yapap oγlï taz . qazčï yaγtsin
　　　一起　　放牧工　拖因　雅帕普　奥格里　塔孜　养鹅工　雅特生
122. toyïn kädizči oγul bars . z-yyčïlar munča kiši manistan(ta)
　　　拖因　制毡工　奥兀勒　巴尔斯　　这些　人　在摩尼教寺
123. išläz-ün . otačïlar turqaq turz-un (.) balïq arqasïnta
　　　使工作　医生们　经常　使住　　　城　在其后
124. (t)oyïn arqasïnta yarqan čoban yaγmaz-un . kim
　　　僧尼　在其后　巡逻者　村丁　不让走近　谁
125. qayu bolsar išläz-ün (.) ađïn iškä yaγmaz-un .
　　　哪个　若是　使工作　　别的　对事　不让走近。

汉文意译：

(1) 可让巡视的人进去。即使巡视的人 (2) 要进入大 (?) 库，也只能按照摩尼寺的命令才能进去。(3) 要按照……规定和教法 (?) 规定，(4) 由管事的慕阁依林哈都督派用（寺院）收入，(5) 由塔西·色特·巴尔斯·达干帖木尔好好看管，(6) 由……如加有封盖则由二人……(7) 由二人一起开库。(8) 直到……（南城的）事情 (9) 由塔海·巴尔斯·依林哈好好负责，(10) 西城的事情由库马尔·巴尔斯·达干负责。(11) 不要认为那里的果园、土地是旱地，要让人好好耕种，(12) 东城的果园如无收成 (?)，(13) 塔海·巴尔斯·依林哈要受责罚。(14) 西城的事情如（做不好），库马尔·巴尔斯·达干 (15) 要受责罚。(16) 东边如有敛集之事，由依林哈都督敛集

（并）（17）好好保管。（西边）如有敛集之事，（18）由库马尔（的助手敛集并好好保管）。把该入库的入库，（19）把该存入高昌……的全部存入。（20）由二人（一起）派用，（21）一起保管。由于东边的土地多，（22）（城）中的房屋（和）收取官布的土地由库马尔·巴尔斯……（23）用东西（城的）家户、（24）土地、葡萄酒、租子（？）的六十二官布换成大布，（25）给（僧尼）做…衣服布。（26）每月要各给二僧团僧尼八十石小麦、（27）七石芝麻、二石兜子、（28）三石稷蜀作为食用。（29）两个管事的还要用……库入放赈（？），（30）并给工匠吃的。（31）如高僧食用不够，（32）二呼噜唤要从自己粮食中补给，（33）并要……在唆里迷摩尼寺中。（34）管事的并要受到责罚。管事的要把应入库的（35）地租四千一百二十五官布（36）按教规存入库中。（37）摩尼寺中所有事情由二呼噜唤（和）（38）二管事的共同负责。缝法衣（？）的（39）五百官布中的五十官布留作缝法衣，（40）剩下的四百五十官布（41）用做工役和男女侍役的冬衣和靴子。（42）棉布中的六十个用做男女侍役的夏衣。（43）不要使二僧团僧尼的食用不够。（44）一个月由一呼噜唤和一管事的一起（45）管理好（他们的）伙食。（46）再一个月由（另外）一呼噜唤和一管事的一起（47）管理好伙食。如哪个月伙食（48）不好，那个月的呼噜唤和管事的要一起受到责罚。（49）二呼噜唤和管事的要（50）共同督促……的人，做饭的人（和）烤饼的人。（51）高僧用饭时，（52）二呼噜唤要直立把饭端到大摩尼僧面前，（53）然后他们自己才能用饭。（54）摩尼寺中如有什么事要向高僧慕阇禀告时，（55）按照（教规）规定，呼噜唤不和管事的一起，（56）不能入内（禀告）。管事的如不和呼噜唤一起，也不能入内（禀告）。（57）呼噜唤要和管事的一起站着禀告。（58）所有男侍役要侍候没有侍童的高僧。（59）然后余下的所有（60）侍童都要在大摩尼僧身边好好侍候他们用饭。（61）按此敕书（62）男女僧人如在摩尼寺用饭，（63）一定要各供应一、二杯水用做葡萄酒，（64）并要一律端到僧尼及大摩尼僧的前面。（65）当个别僧尼外出化缘（？）时，要把其留下的（？）汤单另收起。（66）当上甘露时，要用此端上。（67）高僧慕阇和高僧拂多诞不要用此留下的（？）汤。（68）当上甘露时，要按照高僧慕阇的命令，（69）由呼噜唤和管事的一起端上。（70）慕阇和拂多诞不要用二僧团僧尼用的二碗（？）饮料。（71）谁要来接触高僧慕阇和拂多诞，（72）谁就把自己的饮料献上。（73）（僧尼）一年食用小麦的麸子有二百石。（74）这二百石麸子中一百石麸子（75）用来喂牛。一百石麸子用来喂高僧（76）慕阇和拂多诞的乘马。这一百石（77）麸子由总管保管，添作马的饲料，（78）要把三宫的土地交给三（户）人（耕种）。（79）要给摩尼寺运交一库拉上等（？）甜瓜。（80）三十个甜瓜给大摩尼寺，三十个甜瓜（81）给小摩尼寺。这些甜瓜由总管收集送来。（82）如有延迟，总管要受责罚。（83）要供给高僧慕阇一库里上等（？）葱。（84）要供给二僧团一塔纳葱。（85）东西几个摩尼寺的（86）果园和土地由二管事的（87）让人好好耕种。再有所有旱地多少都要出租，（88）使其把地整好，（89）算做葡萄酒租子。要使人好好耕种（90）收租的土地，并要使租子增加。二管事的（91）不要互相推诿。如互相推诿做坏了事情，（92）要受到责罚。关于这些土地果园的事，（93）高僧慕阇和拂多诞（和）呼噜唤不必过问，（94）由管事的负责。（95）管事的塔海·巴尔斯·依林哈都督的助手为胡塔德迷失·依干，（96）管事的库马尔·巴尔斯·达干的助手为（97）依勒·阔尔迷失。如管事的把这些事做好了，（98）要受到赞扬。（99）如做坏了，则要挨三百大板，并要各受……刑法。（100）摩尼寺中的工役（101）由依盖·啜尔和巴苏克带领工作。（102）管事的要督察每日的工作。（103）一年要给摩尼寺运交二十车芦苇，（104）再有剩下的芦苇要按果园分配。（105）大摩尼僧和…尊者生病时，要（派人）照看，（106）要让人治疗。要请医生（107）（诊治）并从管事的那里及时取来药好好治疗。（108）如哪个僧尼生病总管未照看好，要挨（109）三百大板，并要被问罪。（110）曼立克·散衮之子、阿尔斯兰·通阿之弟和（111）昆·乞牙·奥格朗尼、木匠宝勒迷失这四个王家人（112）要各送来一石棉花，要向交河摩尼寺交（113）二库里棉花，要向高昌摩尼寺交（114）六库里棉花。……摩尼寺中的柴工拉拉克·凯德吐格迷失、（115）里萨·萨比·阔尔特拉、别格吐尔这三人（116）每天要各交一担柴。库特鲁克·通阿（和）阔勒迷失二人（117）每两天要运交一担柴。（118）负责让这些柴工运交柴火的人为雅克西·库特鲁克·阿尔斯兰。（119）如僧尼们的饭做生了，要挨三百大板。（120）摩尼寺专门医生为雅克西·阿恰里及其弟和其子。（121）放牧工为托因·雅帕普·奥格里·塔孜。养鹅工为雅特生·托因。（122）制毡工为奥兀勒·巴尔斯。所有这些人都要在摩尼寺做工。（123）医生们要常住（摩尼寺中）。（124）巡逻的和村丁不要走近城后和僧尼的后面。（125）不论是谁都要做工，不要管别的事。

注释：

2. qanik：词义不明。依上下文似为存放粮、钱之地，故暂译为"库房"。-ta 为位从格附加成分，但在该文书中用作共同阿尔泰语方向格，试比较现代哈萨克语 qayda barasing? "你去哪里？"

4. iš ayɣuči：此处译为"管事的"，其中 ayɣuči 由 ay－说＋ɣuči（名词构词附加成分）构成。该词在《元史》卷 36、202 等处音译为"爱吾赤"、"爱护持"。如"沙津爱护持"当为回鹘语 šazin ayɣuči 的音译，意为"讲经师"。možak：汉文文献中作"慕阇"，来自粟特文 mwck，为摩尼教高僧称号。ilimɣa：似为一称号。喀喇汗王朝时有一官号即为 ilimɣa，意为"秘书长"，似为该称号。

5. taš syyt bars tarqan：应为官号。taš 意为"外"，syyt 词义不明，bars 意为"虎"，tarqan 在汉文史籍中写作"达干、达官"等。yaqsï：意为"钥匙"，为汉语借词，《高昌译语·器用门》记有该词。

6. örtüngi：似由动词 örtün－"遮、盖"＋gi（构词附加成分）构成，意为"封盖"。

9. taɣay bars ilimɣa：当为官号。taɣay 意为"伯、叔、舅"。

10. qumar bars tarqan：当为官号。qumar 的具体来源不清。耿世民先生怀疑与古代龟兹语 kumär "青年"（来自梵文 kumara "儿子"）有关。

13. böz：此处该字似在后来裱糊中被错位。

22. qoqpu：该词似来自汉语"官布"。

26. änčmn：该词来自粟特语 ncmn，意为"僧团、僧众"。sïq～šïq：来自汉语"石"。

28. liv：意为"食物"。

32. xruxan：当为汉文摩尼教文献中的"呼嚧唤"，《敦煌石室遗书》所收摩尼教残卷中记载："译云教道首，专知奖劝。"solmi：当为《元史》卷 124 等处所记"唆里迷"，为今焉耆的回鹘语名称，参见耿世民、张广达《唆里迷考》（载《历史研究》1980 年第 2 期）。

40. aspasi：来自粟特语'sp'syh，意为"男侍役"。aspasanč：意为"女侍役"。

45. yičan－：意为"照看、关心"。

48. aɣduq：意为"坏"。

50. ötmäk：意为"烤饼"。qawïr－：意为"督促"。

51. xuan：似来自汉语"饭"。

52. iwrgani zmastik：词义不明。从上下文看，应为高级摩尼僧的称号。第二词似相当于汉文摩尼教文献中的"默奚悉德"，意为"法堂主"。

58. īnɣay：意为"全部"，试比较现代哈萨克语 īnɣay。

63. taš suw：词义不明。taš 意为"石头"，另一古义为"不好的"。sačrangu：该词由动词 sač－

"撒、撒"＋rangu（构词附加成分）构成，意为"零散的"，试比较现代维吾尔语 čačïrangu "零散的"。

66. min：意为"汤"。

68. äftadan：该词为汉文摩尼教文献中的"拂多诞"，意为"传法者"。敦煌出土《摩尼光佛教法仪略》中列有摩尼教五级仪的音译和汉译如下：（1）十二慕阇（译云承法教道者）；（2）七十二萨波塞（译云侍法者，亦号拂多诞）；（3）三百六十默奚悉德（译云法堂主）；（4）阿罗缓（译云一切纯善人）；（5）耨沙彦（译云一切净信听者）。

70. tawatsi～tayatsi：词义不明，当为量词，似为汉语借词。

73. sökti：意为"麸子"。

76. kawal：似来自波斯语 kawal "驮马"。

79. kula：词义不明，依上下文当为量词。

83. küri：为回鹘文契约文书中常见的容量词，似有"斗"之意。

88. köntür-：来自动词 kön- "驯服、适应"＋tür（使动态附加成分）构成，表示"使驯服、整好"之意。

98. ačïɣ：意为"褒奖"。

99. zyynkym öčügi：词义不明，似为刑具。

105. srxan：词义不明。ügä～ögä：意为"智者"。

108. dintar：来自粟特语 δynδ'r，为摩尼教一般僧众。

112. yar：即古代交河城，遗址在今新疆吐鲁番西。

113. qočo：即古代高昌，遗址在今新疆吐鲁番东。

120. ačari：意为"法师"，来自古代龟兹语 asari，后者又来自梵语 acarya。

121. toyin：意为"僧人"，来自汉语"道人"。

122. zyɣči：词义不明。

124. yarɣan：其意似为"巡逻者"。čoban：意为"村长助手"，《突厥语大词典》中记有该词。kim qayu bolsar išläzün：或可读为 känt iši（?）bolsar išläzün "如有村事，就做村事"。

(2)《结婚嫁妆疏》

该文书为俄罗斯总领事 H. H. 克罗特科夫在乌鲁木齐市所得，现藏前列宁格勒苏联科学院亚洲民族研究所手稿部，编号为 SJkr.4/638。文书纸质呈黄色，卷状，全长 287.75 厘米，高 19 厘米。文字部分长 266.5 厘米，存文字 200 行，末尾空 21 厘米。文书前半部分，特别是开头部分残损严重，后半部分保存较好。用毛笔黑墨书写，字行自上而下，从左到右。文书系用 5 张纸黏合连接而成，连接处为 66/67、94/95、136/137、184/185 行之间。

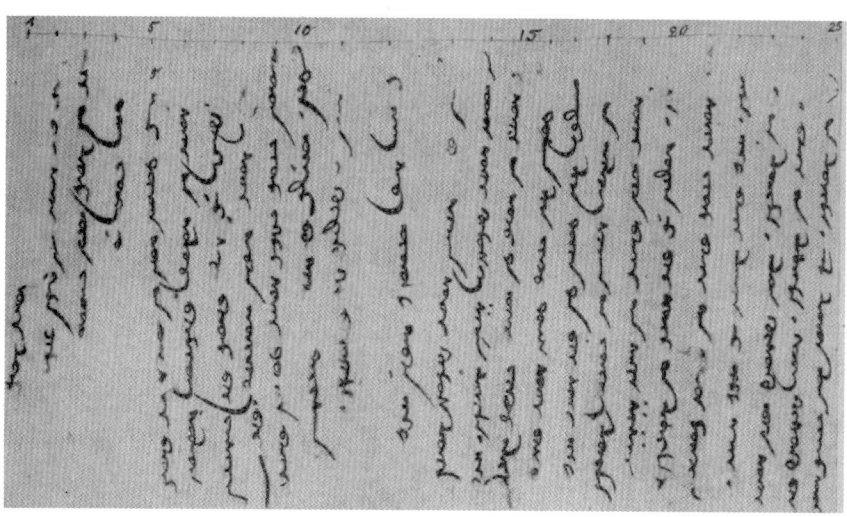

图 6　第 1—25 行

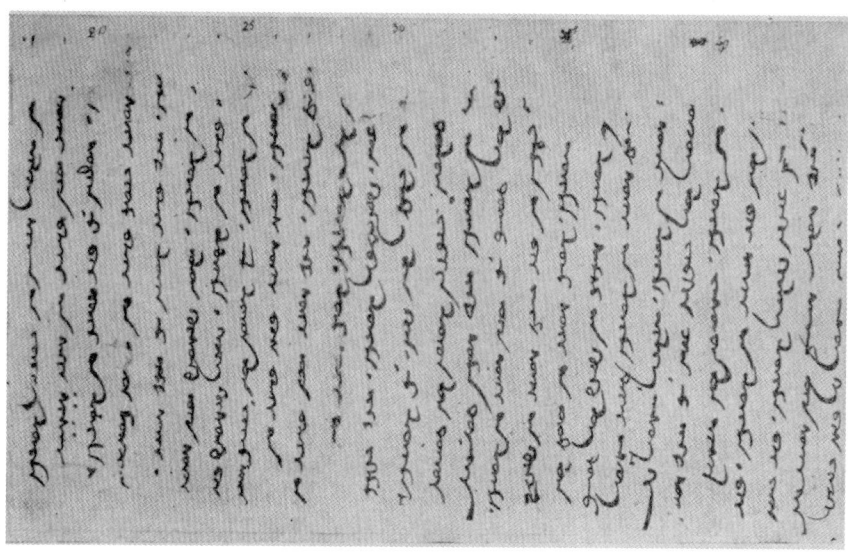

图 7　第 25—40 行

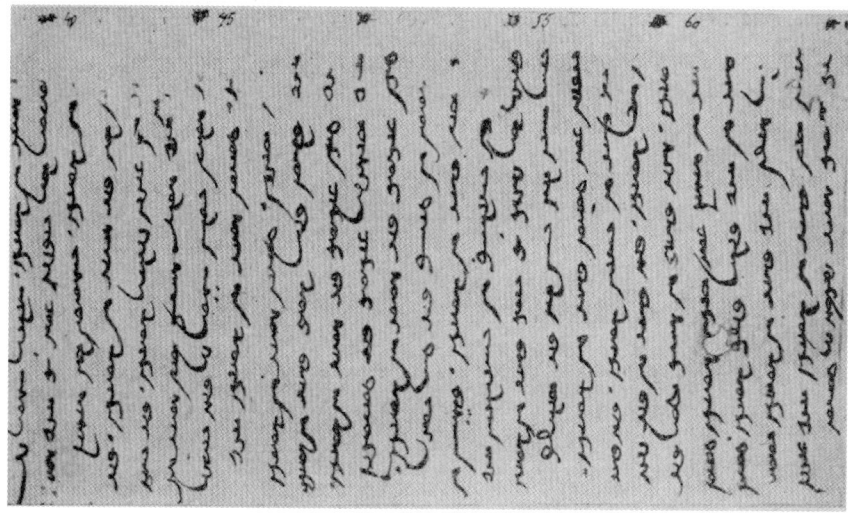

图 8　第 40—65 行

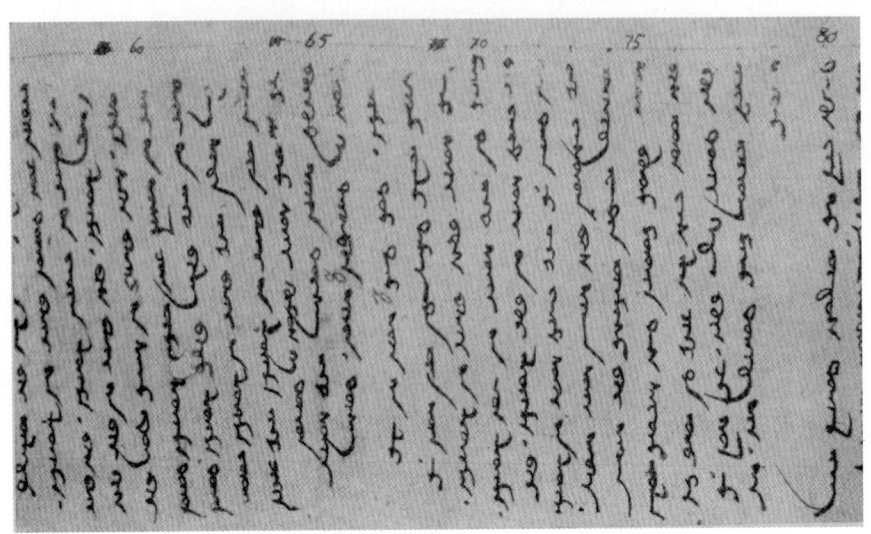

图 9　第 65—80 行

　　回鹘文文书保留至今者甚少，且篇幅不大，如此 200 行巨幅的回鹘文文书极为罕见。它对研究古代维吾尔族的社会、政治、经济、历史、语言、民俗等方面，都是珍贵的第一手资料。因此，该文书受到了各国学者的重视。1920 年 B. B. 拉德洛夫首先转写了全文，并将 40 行译为德文，参见 *Азиатский Музей Российской Академии Наук 1818—1918* гг. Краткая Памятника，Петроград，1920，一些单词和难点的诠释作为译文的附录刊出，另一部分则作为《金光明经》回鹘文—德文词汇表的补充而刊布。1965 年 Э. P. 捷尼舍夫对全文进行了转写、俄文翻译和注释，并在文后附有词汇表和该文书的照片十幅，参见 Хозяйственные записи на древнеуйгурском языке，载《突厥诸语言语法和词汇研究》，乌兹别克斯坦科学出版社，塔什干，1965 年，第 37—67 页。1966 年 Д. H. 吉洪诺夫在其《10—14 世纪维吾尔国家的经济和社会制度》一书中，也收录了该文书原文照片。1971 年 G. 克劳森对文书的内容又加以研究，做出了新的解释（参见 G. Clauson：*A Late Uygur Family Archive*，In C. E. Bosworth（ed.），Iran and Islam，Edinburgh University Press，pp. 167—196) 1987 年日本学者梅村坦对文书进行了转字、转写、日文翻译、解释和分析，并附有词汇表和原文照片（系直接取自吉洪诺夫的书中）（文载《立正大学教养部纪要》第 20 号，第 35—87 页）。同年梅村坦又结合其他回鹘文文书，对吐鲁番维吾尔人的社会进行了研究（文载《东洋史研究》第 45 卷第 4 号，第 90—120 页）。1988 年张铁山在前人研究的基础上，对文书进行了转写、汉译和注释（文载《新疆大学学报》1988 年第 4 期，第 96—106 页）。

原文拉丁字母转写和汉文直译：
1. ///////////////////stïr altï///////////
　　　　　　　　　　两　六
2. (alt)ï (.) bir stïr-qa tama čïm(atï)///////////
　　买了 一　用两 织物　女袍
3. (baq)ïr-qa altï (.) üč yastu(q)///////////
　　用钱　　买了 三　锭
4. ////////// ning yörüg-ni(?)///////////
　　　　　　　的

5. / / / / / / / / / -taqï tört qoyn-qa üč stïr birti (.)
　　　　　　　　　的　四　向羊　三　两　给了

6. / / / / / / / / stïr-qa qolup birmäyük qutluq
　　　　　　　　向两　祈求　不付给　库特鲁克

7. / / / / / / / / könäk-ni sanap birti (.) bir yastuq
　　　　　　　　把桶　　数　付给了　一　锭

8. (äli)g stïr qabïn atïrïp bir
　　五十　两　税　分出　一

9. (yas)tuq yiti ygrmi stïr tört baqïr
　　锭　　七　二十　两　四　钱

10. (ä)v-tin ündi (.) bu qïz(-nï) tawïšqan (yïl)
　　从家　支出了　此　把姑娘　兔子　年

11. / / / / / / (-unč ay) küdägü-kä birtim(iz) / / / /
　　　　　　　月　向女婿　我们给了

12. (ay)-nïng sanap ötü(š-i) qabïn iki
　　月的　　数　过去　税　两

13. (yastu)q biš qïrq stïr kümüš altïmïz (.)
　　锭　　五　四十　两　银子　我们得到了

14. (yiti) otuz stïr kümüš-kä sïraɣ altïmïz . iki
　　七　三十　两　向银子　灯　我们买了　两

15. (ygrmi) stïr-qa qočo-tïn yörüng yinčü alïp
　　二十　用两　从高昌　白色　珍珠　买了

16. / / / / / / tosaɣ-lïɣ yinčü toquz stïr biš b(aqïr)
　　　　　　串的　珍珠　九　两　五　钱

17. (-qa) sardpa-lïɣ toyïn-tïn bir stïr iki
　　用　萨尔德帕的　从僧人　一　两　二

18. (baqïr)-qa irilig sïraɣ-qa yätik altïmïz (.)
　　用钱　破的　向灯　备用　我们买了

19. / / / / / / / stïr üč baqïr-qa säkiz sisir
　　　　　　两　三　用钱　八　玛瑙

20. (altï)mïz . qubïq-nï bir stïr-qa altïmïz .
　　我们买了　把琥珀　一　用两　我们买了

21. b(ir) stïr yiti baqïr-qa (to)quz monč̌uq
　　一　两　七　用钱　　九　项链

22. (alt)ïmïz . iki baqïr altun-nï iki stïr (altï)
　　我们买了　二　钱　把金子　二　两　六

23. (baqïr)-qa altïmïz . uluɣ küsüngü üč stïr
　　用钱　我们买了　大的　镜子　三　两

24. (säkiz) baqïr-qa altïmïz . kičik küsüngü bir
　　八　用钱　我们买了　小的　镜子　一

25. (stïr)-qa altïmïz . al altun-luq yiti stïr
　　用两　我们买了　红　金子的　七　两

26. (-qa) altïmïz . biš stïr biš baqïr-qa
　　用　我们买了　五　两　五　用钱

27. / / / / altïmïz . iki stïr üč baqïr-qa
　　　　　我们买了　二　两　三　用钱

28. / / / / lïq(?) altïmïz . altï stïr-qa / / /
　　　　　　　　我们买了　六　用两

29. / / / / čuq köɣüsbäg altïmïz . iki ygrmi
　　　　　上衣　　　我们买了　二　二十

30. (stïr)-qa yalm-a-lïɣ kön-ni altïmïz .
　　 用两　　外衣的　　把皮子 我们买了

31. / / / / / tonluq yipkin altun-luq tört
　　　　　　衣服的　紫色　金子的　四

32. (stïr)-qa altïmïz . iki surma tonga
　　 用两　 我们买了 二　缝的　向衣服

33. (kögü)-lüg torqu-nï üč stïr-qa altïmïz .
　　　土产的　　 把绢布 三　用两　 我们买了

34. / / / / / yalma-qa bir yarïm stïr-qa kögül(üg)
　　　　　　向外衣　一　半　用两　 土产的

35. / / / / altïmïz . altï stïr-qa urum-l(uɣ)
　　　　　我们买了　六　用两　 罗马的

36. / / / / altïmïz . samsï-qa kögü-lüg torqu
　　　　　我们买了　向织物　土产的　 绢布

37. / / / / yarïm stïr-qa altïmïz (.) tavar äsük
　　　　　半　 用两　 我们买了 绸缎 披风

38. / / / / stïr-qa altïmïz . ävlig äsük-kä
　　　　　用两　 我们买了 家的　向披风

39. / / / / / öčük-lüg yipkin čoɣ-nï iki stïr
　　　　　　淡的　　 紫色　把缨子 二　两

40. / / / / / (baqïr)-qa altïmïz . yastuq-luq qïsïl
　　　　　　用钱　　我们买了　枕头的　 红的

41. (altun)-luq bir stïr-qa altïmïz . bir
　　 金子的　　一　用两　我们买了　一

42. / / / / / -qa čikin kirlig altïmïz . bir yarïm
　　　　　　用　绸缎　衣料　我们买了 一　半

43. / / / / / / / iki qula saɣrï üč stïr-qa
　　　　　　　　二 浅　黄色 三 用两

44. (säkiz) qulač yolaq äsük-kä biš yinčükä
　　 八　　丈　 条纹　向披风　五　薄的

45. (tavar) tört stïr-qa altïmïz (.) iki
　　 绢　 四　用两　我们买了　二

46. / / / / / ögmän tört stïr-qa altïmïz (.)
　　　　　　谷物　 四　用两　 我们买了

47. iki polat bičäk altï baqïr-qa altïmïz .
　　 二　钢　 刀子　六　用钱　我们买了

48. (i)ki tama čïmatï bir stïr-qa altïmïz .
　　 二　织物 女袍　一　用两　我们买了

49. iki üšgäk čïmatï bir törtgin
　　二　锥子　女袍　一　线织

50. tama čïmatï bir stïr-qa altïmïz .
　　织物　女袍　一　用两　我们买了

51. yastuq-qa torqu bir tang yükä
　　向枕头　绢布　一　担　细的

52. / / / / üč baqïr-qa altïmïz . baš γaq-qa
　　　　　三　用钱　我们买了　头　脚

53. / / / / -luq yarïlγu-qa yaγïrlïqa iki
　　　　　　向伤　向鞍子　二

54. bürgä-lüg kängsi-ni yiti baqïr-qa altïmïz (.)
　　卷的　　 把绢织物　七　用钱　我们买了

55. yäng aγïz-lïq yaqa-lïq bir üläbü
　　袖　口的　　衣领的　一　块

56. yipkin čoγ tört baqïr-qa altïmïz .
　　丝绸　缨子　四　用钱　我们买了

57. (ü)č baqïr-qa yarïq altïmïz . biš baqïr
　　三　用钱　铠甲　我们买了　五　钱

58. (-qa) qav altïmïz . biš baqïr-qa bir kiš
　　用　袋子　我们买了　五　用钱　一　貂皮

59. (al)tïmïz . säkiz baqïr-qa saγrï ädük bir
　　我们买了　八　用钱　黄色　皮靴　一

60. / / / -qa qïsïl čoγ ömän altïmïz (.) tört
　　　　用　红色　缨　织物　我们买了　四

61. baqïr-qa iki biläk badu altïmïz (.) tört
　　用钱　二　手　镯　我们买了　四

62. (bi)läk sada iki baqïr-qa altïmïz (.) yörüng
　　只　珊瑚　二　用钱　我们买了　白色

63. sada üč baqïr-qa altïmïz (.) iki čikin
　　珊瑚　三　用钱　我们买了　二　金刺绢

64. -ni (al)tï stïr kümüš-kä tört
　　把　六　两　用银子　四

65. büküm qarïn tüsäk iki stïr
　　皱褶　肚子　盖住　二　两

66. (küm)üš-kä tartpan qarïn tüsäk
　　用银子　　卧具　肚子　盖住

67. (al)tïmïz . toy-taqï qoyn-qa alï
　　我们买了　婚礼的　对羊　拿

68. / / / / či ävli ta man-tïn üč qoyn-nï
　　　　　家　从塔曼　三　把羊

69. (alt)ï stïr biš baqïr-qa altïmïz .
　　六　两　五　用钱　我们买了

70. masar-tïn iki stïr-qa at altïmïz .
　　从马萨尔　二　用两　马　我们买了

71. bir yarïm stïr-qa bor altïmïz . bir
    一　半　用两　葡萄酒　我们买了　一

72. (sïq) tarïɣ-nï iki yarïm stïr-qa altïmïz (.)
    石　把谷物　二　半　用两　我们买了

73. iki yastuq biš qïrq stïr qabïn
    二　锭　五 四十 两　税

74. atïrïp ävtin ünmiš bir qïrq
    分出　从家　支出　一　四十

75. stïr boltï (.) muntïn taš sävti atlïɣ
    两　成了　从这　外　塞乌提　名叫的

76. biš otuz yaš-lïɣ čigi-tin oru-tïn
    五　三十　岁的　从野麻　从野草

77. böz toqïr käd böz-či qul-nï
    粗布 织的 衣　织布者　把奴隶

78. inim ävčinüng miri toqïp qïz-qa
    我弟　家里的　主人　赶　向姑娘

79. birti (.)
    给了

80. tonguz yïl-qï ödüš toqïl-nïng
    猪　年的　约都斯　托克勒的

81. qïz-qa qabïn yastuq öskä
    对姑娘　税　锭

82. / / / iki yastuq asïɣ altï (.) bir
          二　锭　利息 得到了　一

83. yastuq ävtin ündürüp üč yas(tuq)
    锭　从家　支出　三　锭

84. qabïn-nï birti (.) baš qabïn-tïn urɣu
    把税　给了　头　从税　织的

85. yörüng isigirdi-ni tört stïr
    白色　把丝织品　四　两

86. (-q)a altï . bir yarïm stïr kümüš bilä
    用　买了 一　半　两　银子　用

87. udurɣu titim saš qaš äwtingü qïldï (.)
    合适的 花冠 萨西 玉　收集　做了

88. uluɣ kičik änglik bir stïr-qa altï (.)
    大　小　化妆品　一　用两　买了

89. (kü)dägü turmïš-taqï tonluɣ tavar-qa
    女婿　吐尔米西的　衣服的　向绢

90. bir ygrmi stïr kögü-lüg torqu-qa
    一　二十　两　土产的　向绢布

91. iki stïr bilä üč ygrmi stïr
    二　两　和　三　二十　两

92. (t)avar ömän-kä üč stïr birti (.)
    绢　向绸缎　三　两　给了

93. (q)ïz tägürü kälgüči tärim-lär-kä iki
　　姑娘　伴随　来的　向妇女　二

94. yipkin čoγ altun stïr birti (.)
　　紫色　缨子　金子　两　给了

95. / / / / -taqï on qoyn-nung sadïγï ygrmi
　　　　　的　十　羊的　售价　二十

96. (st)ïr birti (.) išäk bašlap kälgüči-kä
　　两　给了　驴　带　给来者

97. (b)ir yipkin čoγ alïp birtimiz . qabïn birmiš
　　一　紫色　缨子　买　我们给了　税　付给的

98. iki yastuq-nung asïγ-ïn üč otuz yïl
　　二　锭的　　　把利息　三　三十　年

99. birtimiz (.) törülüg almïš bir yastuq
　　我们给了　习惯的　拿的　一　锭

100. (-nung) asïγ-ïn üč ygrmi yïl birtimiz .
　　　　的　把利息　三　二十　年　我们给了

101. bu üč yastuq-nung asïγï bini bilä
　　这　三　锭的　　其利息　其本　一起

102. tört ygrmi yastuq iki älig stïr
　　四　二十　锭　二　五十　两

103. kümüš birti .
　　银子　给了

104. yïlan yïl üčünč ay bir yangïqa
　　蛇　年　第三　月　一　初

105. ïnančï apam-nïng ölüg ködürmiš
　　伊南奇　祖父的　尸体　抬的

106. yonglaq ötüš-i alp turmïš tört oγlï
　　用的　费用　阿勒普吐尔米西　四　子

107. sayan-tïn yarïm yastuq bišär stïr
　　从萨扬　半　锭　五　两

108. -qa asïγ-qa altïmïz (.) toquz-tïn iki ygrmi
　　用　利息　我们借了　从托库孜　二　二十

109. stïr kümüš bir ay-ta üčär baqïr
　　两　银子　一　在月　三　钱

110. -qa asïγ-qa altïmïz (.) ögrünč-tin säkiz
　　用　利息　我们借了　从约格伦奇　八

111. stïr ikirär baqïr asïγ-qa altïmïz (.)
　　两　二　钱　用利息　我们借了

112. čïnguu-tïn yiti stïr altï törülüg
　　从秦古　七　两　六　习惯的

113. (s)äkiz sïq tarïγ tüš-kä altïmïz . bir
　　八　石　谷物　用利息　我们借了　一

114. küp bor-nï säkiz stïr kümüš birgü-kä
　　罐　把葡萄酒　八　两　银子　以售价

115. ärük-tin altïmïz (.) bu sayan-nïng yarïm
　　　从艾卢克 我们买了 这　萨扬的　　半

116. yastuq-qa ygrmi stïr asïγï bilä
　　　向锭　　 二十　两　利息　一起

117. birtimiz . toquz-qa iki ygrmi stïr kümüš
　　　我们给了　向托库孜 二 二十　两　 银子

118. -nüng asïγï altï stïr kümüš bilä
　　　的　利息　六　两　银子　一起

119. birtimiz . ögrünč-nüng säkiz stïr kümüš
　　　我们给了　约格伦奇的　八　两　银子

120. -nüng asïγï säkiz stïr bilä birtimiz (.)
　　　的　利息　 八　两　一起 我们给了

121. čïnguu-tu-qa yiti stïr birtimiz (.)
　　　向秦古　　　七　两　我们给了

122. ïnančï apam-qa ölüg ködürmiš-tä
　　　伊南奇 向祖父　尸体　抬的

123. almïš kümüš-lär-ning bini asïγï bilä
　　　借的　诸银子的　　其本 其利息 一起

124. bir yastuq iki älig stïr birtimiz .
　　　一　锭　　二 五十 两 我们给了

125. qoyn yïl onunč ay bir ygrmikä orul
　　　羊　年　第十　月　一　初二十　奥卢勒

126. qurdγa yängänim öldi (.) ölüg
　　　库尔德尕 我嫂子　死了　尸体

127. ködürmiš yonglaq ödüš-i bir yastuq
　　　抬的　　 用的　　其费　一　锭

128. baqïra-tïn alïp yongladïmïz (.) törülüg
　　　从巴克拉　借　我们使用了　 习惯的

129. tarïγ on sïq čïnguu-tïn tüš-kä
　　　谷物　十 石 从秦古　带利息

130. altïmïz (.) ödüs toqïl-qa törülüg
　　　我们借了 对约 都斯 托克勒 习惯的

131. tarïγ inglämis sila-tïn on sïq tüš
　　　谷物 从尹拉米斯 斯拉 十 石 利息

132. -kä altïmïz . ïnančï apam-qa törülüg
　　　带　我们借了　对依南奇 祖父 习惯的

133. bu üčägü-nüng törülüg tüš-kä almïš
　　　这　三个的　 习惯的 带利息 借的

134. tarïγ-lar-ï-nïng tüš tüši asïγ
　　　其谷物的　　　利 其利息

135. asïγ-ï qawïšïp yüz sïq tarïγ
　　　其息　加　百　石　谷物

136. bolmïš (.)
　　　是的

137. örük-kä qoyn yïl säkiz-inč ay
     对约卢克 羊   年   第八   月

138. kälin kirti (.) iki yastuq biš qïrq
     媳妇   进了   二   锭   五   四十

139. stïr kümüš qabïn birtïmïz . baš
     两   银子   税   我们交了 头

140. qabïn-qa iki stïr-qa yörüng isigirdi
     向税   二   以两   白色   丝织品

141. bir stïr tardma kümüš üz-ä tidirän
     一   两   重的   银子   以   细的

142. saš udurɣu qaš äwtingü qïldï (.)
     萨西玉 合适的宝石 收集起来了

143. uluɣ kičik änglik-kä altï baqïr birti (.)
     大   小   向化妆品   六   钱   给了

144. atlïɣ tišlig üč ülädü yörüng
     马嚼子 三   块   白色

145. čoɣ-nï altï baqïr-qa altïmïz . opu qïna
     把缨子 六   用钱   我们买了 香料 染料

146. üč baqïr-qa qïya(?) taraq-qïya saš altï
     三   用钱   小梳子   萨西玉 六

147. altïmïz . qaldïr boɣ-nï biš baqïr-qa altïmïz (.)
     我们买了 筛子   把包   五   用钱   我们买了

148. sürdünč üč baqïr-qa altïmïz . baš qabïn
     磨刀石   三   用钱   我们买了 头   税

149. -taqï qoyn-qa bir stïr yir yarïm baqïr
      的   对羊   一   两   一   半   钱

150. birtim . balïq törüsi tip bir stïr
     我给了 城市 其习惯 说   一   两

151. yarïm baqïr-qa qoyn altïm (.) qay qapu-ta
     半   用钱   羊   我买了   街   在口

152. turɣučï-qa biš baqïr torqu alïp birtim (.)
     对站立者   五   钱   绢布 买   我给了

153. balïq qapu-ta qapïɣ-čï-qa biš baqïr
     城市   在口   给门卫   五   钱

154. -qa torqu alïp birtim (.) qïz kälürgüči iki
     用   绢布 买   我给了   姑娘 使来者   二

155. tärim-kä iki yipkin čoɣ iki stïr tört
     给伴娘   二   紫色   缨子 二   两   四

156. baqïr alïp birtimiz . išäk kälürgüči-kä
     钱   买   我们给了   驴   给使来者

157. bir stïr iki baqïr-qa yipkin čoɣ alïp
     一   两   二   用钱   紫色   缨子 买

158. birtimiz . alɣalï barɣučï-qa bir qoyn
     我们给了 拿来   给去者   一   羊

159. tosu-luɣ yarïm qoyn kičägi bir yarïm
　　 有利的　半　羊　昨天的　一　半
160. qoyn ikinti kün-ki iki qoyn biš
　　 羊　第二　天的　二　羊　五
161. qoyn-nung biš stïr biš　baqïr altïmïz .
　　 羊的　　五　两　五　　钱　我们买了
162. soqum-luɣ ud-nung tört stïr altï
　　 肉的　　牛的　　四　两　六
163. baqïr-qa altïmïz . örük-kä küdägü turmïš
　　 用钱　我们买了　给约卢克　女婿　吐尔米西
164. -taqï bir stïr yiti baqïr-qa qïsïl
　　 的　一　两　七　用钱　红色
165. isigirdi tört stïr üč baqïr-qa čäkräk
　　 丝织品　四　两　三　用钱　　布衫
166. -lig qïsïl čoɣ altïmïz (.) bir stïr yiti
　　 的　红色　缨子　我们买了　一　两　七
167. baqïr-qa sarïɣ čoɣ ömän čošun-luɣ
　　 用钱　　黄色　缨子　织物　绸衫的
168. säbiz-ä altïmïz . säkiz baqïr-qa üč üläd
　　 毛布　我们买了　八　用钱　　三　块
169. yipkin ala altïmïz (.) kärz-a-qa kälin-kä qabïn
　　 紫色　染料　我们买了　　费用　　对媳妇　税
170. -ï ašï toy-ï yonglaq-ï üč yastuq
　　 　饭食　婚礼　用的　　三　锭
171. üč ygrmi stïr biš baqïr boltï (.) ïnančï
　　 三　二十　两　五　钱　是　　依南奇
172. apam-tïn tuɣmïš säwinč qurdɣa atlïɣ qïz
　　 从祖父　生的　塞文奇　库尔德尕　名叫　姑娘
173. -nïng ïlïq atlïɣ qïz-nïng bu iki qïz
　　 　的　依勒克　名叫　姑娘的　这　二　姑娘
174. -nïng säpi san-qa kögürmätin qalmïš
　　 　的　嫁妆　数　　不计算　　剩下的
175. iki oɣul-nung üč qïz-nïng bu qïz-lar
　　 二　儿子的　三　姑娘的　这　姑娘们
176. -nï küdägü-kä ündürüp oɣul kälin alïp
　　 把　向女婿　　使出去　儿子　媳妇　娶
177. qorï yonglaq-ï äwtin yätgürmätin
　　 花费　使用　　从家里　不够
178. asïɣ-qa tüš-kä alïp aɣïr qala
　　 带利息　带利息　借　重的　债
179. bolup tägürü umatïn asïɣ-ï tüš-i
　　 是　　够　　不能　其利　其息
180. üküš bolup yiti ygrmi yastuq yiti
　　 多　　是　　七　二十　锭　　七

181. ygrmi stïr tükäti boltï . üč ölüg
　　　二十　两　全部　是　三　尸体
182. kötürmiš-täki yonglaq äwtin yätgür
　　　抬的　　　费用　从家里　出不
183. -mätin asïɣ-qa tüš-kä alïp birip
　　　够　　带利息　带利息　借债　还
184. umatïn asïɣï tüš-i tägmiš-i
　　　不能　其利　其息　够
185. tägmäyüki bilä birikip yiti
　　　不够　　一起　一共　七
186. yastuq qïrq stïr boltï (.)
　　　锭　　四十　两　是
187. atam basa toqïl tirigindä
　　　我父　巴沙托克勒　在活时
188. bir baqïr m-ä birim qodmatïn
　　　一　钱　　　债　没留下
189. bor-luq yir suw äw barq
　　　葡萄园　土地　水　房屋　财产
190. tükäl qodup tangut bartï (.) ikinti
　　　全部　留下　唐古特　去了　第二
191. yïlïn alwartïn quča-tïn yarïm
　　　年　处交易　从高昌　半
192. yastuq tardm-a kümüš altmïš
　　　锭　　重的　银子　六十
193. san tawar biläk idti (.) yana
　　　数　商品　礼品　送了　又
194. babaq-taqï saman yapïɣ-tïn
　　　巴巴克的　沙芒　从雅皮克
195. yiti torqu biläk idti (.) burxan
　　　七　绢布　礼品　送了　佛
196. -lïɣ sumï-tu-tïn bir yastuq
　　　的　从寺院　　一　锭
197. tardm-a kümüš biläk idti (.) öz-i
　　　重的　银子　礼品　送了　他自己
198. oɣul qïz almatï (.) qïz küdägü-kä
　　　儿子　姑娘　没娶　女儿　向女婿
199. ündürmäti (.) män tamaq aqam tavar
　　　没嫁　　　我　塔马克　我哥　财产
200. -ïnga qïz altïm (.)
　　　以　姑娘　我娶了

汉文意译：
(1) 他用……两六……(2) 买了……用一两（买了）织物、女袍。用……(3) 钱买了……三锭(4) ……？(5) 给……的四（只）羊付了三两。(6) 祈求不付给……两，库特鲁克(7) 交付了……

桶。分出一锭（8）五十两（的）税，从家里支出了一（9）锭十七两四钱。（10）我们把这个姑娘于兔年（11）……月嫁给了女婿。……（12）月的数额记录，我们得到了税二（13）锭三十五两银子。（14）我们用……二十七两银子买了灯。用十二（15）两从高昌买了白珍珠，（16）用九两五钱买了……一串珍珠，（17）从萨尔德帕的僧人（那里）用一两二（18）钱为破灯买了备用品。（19）我们用……两三钱买了八（个）玛瑙。（20）我们用一两买了琥珀。（21）我们用一两七钱买了九（个）项链。（22）我们用二两六（23）钱买了二钱（重的）金子。我们用三两（24）八钱买了大镜子。我们用一（25）两买了小镜子。我们用七两（26）买了红色的金织物。我们用五两五钱（27）买了……我们用二两三钱（28）买了……我们用六两（29）买了……（和）上衣。我们用十二（30）两买了外衣的皮子。（31）我们用四（32）两买了……衣服（所用）的紫色金织物。我们为缝两（件）衣服（33）用三两买了土产的绢布。（34）我们为……外衣用一两半买了土产的（35）……我们用六两买了罗马的（36）……我们把织物（所用的）土产绢布（37）用……半两买了。（38）我们用……两买了绸缎披风。我们用（39）二两……钱买了家用披风（所用的）……（40）淡紫色的缨子。我们用（41）一两买了枕头（所用的）红色金织物。我们用一（42）……买了绸缎衣料。我们用三两（43）买了一个半……两（张）浅黄色的生皮，（44）用四两买了（45）八丈条纹披风（所用的）五（块）薄绢。我们（46）用四两买了二……谷物（?）。（47）我们用六钱买了两（把）钢刀。（48）我们用一两买了两（件）织物、女袍。（49）我们用一两（50）买了两（件）锥子女袍、一（件）线织女袍。（51）我们用三钱（52）买了枕头（所需的）绢布、一担细的……我们（53）用七钱买了腿……伤、鞍子的（54）两卷绢织物。（55）我们用四钱买了（56）袖口的、衣领的一块丝绸缨子。（57）我们用三钱买了铠甲。我们用五钱（58）买了袋子。我们用五钱（59）买了一（件）貂皮。我们用八钱买了黄色皮靴，用一（60）……买了红色缨、织物（?）。我们用四（61）钱买了两只手镯。我们用（62）二钱买了四只珊瑚。我们用（63）三钱买了白色珊瑚。我们用（64）六两银子买了两（块）金刺绢，（65）用二两银子买了四（个）皱褶的盖腹卧具，（66）买了（?）盖腹卧具。（67）我们为了婚礼（所用）之羊（68）……从塔曼（那里）（69）用六两五钱买了三（只）羊。（70）我们用二两从马萨尔（那里）买了（一匹）马。（71）我们用一两半买了葡萄酒。我们（72）用二两半买了一石谷物。（73）把二锭三十五两税（74）分出，从家里的支出是三十一（75）两。除此之外，我弟弟一家人的主人把名叫塞乌提的、（76）二十五岁的、能将野麻、野草（77）织成粗布的织布巧匠奴隶（78—79）赶给了姑娘。（80）猪年约都斯·托克勒（81）给姑娘的税锭……（82）……他得到了二锭利息。从（83）家里支出一锭，交付了三锭（84）税。从头税中（85）用四两买了白色丝织品。（86）他用一两半银子（87）收集了合适的花冠、萨西玉、宝石。（88）他用一两买了大小化妆品。（89）他为女婿吐尔米西的衣服所用的绢（90）给了十一两，为土产的绢布（91）给了二两和十三两，（92）为绢、?给了三两。（93）他给了姑娘的伴娘两（个）（94）紫色缨子、银两。（95）付了……的十（只）羊的售价二十（96）两。我们给牵驴来的人（97）买了一（个）紫色缨子。我们把所付税的（98）二锭的二十三年的利息（99）交付了。我们把按照习惯借的一锭（100）的十三年的利息交付了。（101）这三锭的本和利（102）（共）交付了十四锭四十二两（103）银子。（104）蛇年三月初一，（105）伊南奇祖父的葬礼（106）用费：我们从阿勒普吐尔米西四个儿子（那里借了钱）。（107）从萨扬（那里）借了利息为五两的半锭。（108）从托库孜（那里）借了一月利息（109）为三钱的十二两银子。（110）从约格伦奇（那里）（111）借了利息为二钱的八两。（112）从秦古（那里）借了（利息为）六（两）的七两、习惯的（113）带利息的八石谷物。我们（114）从艾卢克（那里）以八两银子售价买了一罐葡萄酒。（115）我们把萨扬的半（116）锭连同二十两利息（117）偿还了。我们给托库孜把十二两银子（118）的六两银子利息一起（119）偿还了。我们把约格伦奇的八两银子（120）的八两利息一起偿还了。（121）我们给秦古还了七两。（122）我们还了在依南奇祖父葬礼时（123）所借银子的本和利

(124)一锭四十二两。(125)羊年十月十一日,我的奥卢勒(126)库尔德尕嫂子死了。葬礼(127)用费:我们(128)从巴克拉(那里)借用了一锭。(129)我们从秦古(那里)借了习惯的带利息的十石谷物,(130)我们为了约都斯·托克勒(的葬礼)(131)从尹拉米斯斯拉(那里)借了习惯带利息的十石谷物。(132)为了依南奇祖父(的葬礼)按照习惯(133)从这三个人借的带习惯利息的(134)谷物的利加利(135)是一百石(136)谷物。(137)约卢克于羊年八月(138)娶媳妇。我们交付了一锭三十五(139)两银子税。为了头(140)税,用二两将白色丝织品、(141)用一两重的(?)银子将细(?)(142)萨西玉、合适的宝石收集起来了。(143)为了买大小化妆品花了六钱。(144—145)我们用六钱买了马嚼子、三块白缨子。我们(146)用三钱买了香粉、染料,买了?、小梳子、六块萨西玉。(147)我们用五钱买了筛子、包。(148)我们用三钱买了磨刀石。我给头税(149)的羊交付了一两一钱半。(150)按照城市的习惯,我用一两(151)半钱买了一(只)羊。我给街口(152)门卫买了五钱的绢布。(153)我给城门门卫用五钱(154)买了绢布(并)交给了。我们给领姑娘来的两个(155)伴娘买了二(个)紫缨子,给了二两四(156)钱。我们给牵驴来者(157)用一两二钱买了紫缨子。(158)给迎亲去的人一(只)羊、(159)有利息的半(只)羊、昨天的一(只)半(160)羊、第二天的两(只)羊,我们(共计)(161)用五两五钱买了五(只)羊。(162)我们用四两六(163)钱买了肉牛。我们给约卢克用女婿吐尔米西(164)的一两七钱买了红色(165)丝织品,用四两三钱买了布衫(166)的红缨子。我们用一两七(167)钱买了黄缨子、织物(?)、绸衫的(168)毛布。我们用八钱买了三块(169)紫色染料。娶媳妇所用的税、(170)饭食、婚礼的经费是三锭(171)十三两五钱。我祖父依南奇(172)所生的名叫塞文奇·库尔德尕的女儿、(173)名叫依勒克的女儿,这两个女儿(174)的嫁妆不计算,剩下的(175)两个儿子、三个女儿,这些女儿嫁女婿、儿子娶媳妇的(177)支出费用从家里出不够,(178)带利息地借债,负担沉重,(179)不能还债,利加利(180)更多,共计十七锭(181)十七两。三个人的葬礼(182)的费用从家里出不够,(183)带利息地借债,不能(184)还债,利加利,债(185)加债,加在一起(共)七(186)锭四十两。(187)我父巴沙·托克勒在世时,(188)没有留下一钱债,(189)将葡萄园、土地、水、房子和财产(190)全部留下到唐古特去了。第二(191)年除交易外,从高昌送来了半(192)锭重的银子六十(193)个商品礼品。还(194)从巴巴克的沙芒雅皮克(195)送来了七(块)绢布礼品。从佛(196)院送来了一锭(197)重的银子礼品。他自己(198)儿子还未娶姑娘、女儿还(199)未嫁女婿。我塔马克用我哥哥的财产(200)娶了姑娘。

注释:

1. 此行残损严重,只可识 stīr altī 二词。stīr:货币单位,来自粟特语 styr,后者又来源于希腊语。参见《古代突厥语词典》第 491 页。《高昌馆杂字》中收有该词,写作 sidir,汉义为"两"。参见胡振华、黄润华整理的《高昌馆杂字》(民族出版社 1984 年版)第 52 页。altī:因前后破损严重,似为数词"六"。

2. tama:意为"织物"。梅村坦读作 tämän,释为"大针"。čīmatī:该词后部分残损不清,但根据本文书第 48、49、50 行出现的同一词,可补若此,意为"女袍"。梅村坦将此词释为"箱"。

3. baqïr:该词前部分残损,拉德洛夫读若此。为货币单位。《高昌馆杂字》中写作 baɣer,汉义为"钱"(见该书第 52 页)。yastuq:货币单位,意为"锭"。本文书中出现的 yastuq、stīr、baqïr 三个货币单位的比价为 1yastuq=50stīr,1stīr=10baqïr。

4. 此行破损严重,只隐约可识 ning yörüg-ni,其词义不清楚。

7. könäk:梅村坦读作 körgä,释为"木盘"。捷尼舍夫读作 küngäy。似应读作 könäk 为妥,意为"桶"(参见《古代突厥语词典》第 315 页)。

8. qabïn：意为"税"（参见《古代突厥语词典》第399页）。梅村坦释为"嫁姿"。

10. äw‑tin：捷尼舍夫读作从格 tin。仔细审查文书，还应有一个 w 字母。根据回鹘文词首 a、ä 经常省略的规则，可补为 äw‑tin "从家里"。bu qïz(‑nï) tawïšqan (yïl)：此段文字由于中间有脱落，各家的释读颇不相同。拉德洛夫和捷尼舍夫读作 bu qïš (üč) tawïšqan (‑nï) "这（年）冬天把三只兔子"。梅村坦读作 bu qïz(‑nï) tawïšqan (yïl) "把这个姑娘于兔年"。根据文义，笔者认为梅氏的释读为妥，故从之。

11. 此行第一词已脱落，拉德洛夫读作 toquz‑unč ay "九月"。

16. tosaɣ‑lïɣ：意为"一串的"。捷尼舍夫释为"细小的"。

18. yätik：意为"备用品"，试比较土耳其语的 yedek "备用的"。梅村坦将该词读作 yätgäk，释为"盖的、包的"。

19. sisir：意为"玛瑙"。《高昌馆杂字》中亦记若此（见该书第48页）。

20. qubïq：意为"琥珀"。《高昌馆杂字》亦记若此（见该书第48页）。捷尼舍夫将该词读作 qudïɣ，并根据裕固语的 qïdïq/qïtïq 及乌兹别克语的 ɣoddïq 等材料，释为"小狗或驴驹"。

21. mončuq：意为"项链"，试比较现代维吾尔语的 mončaq。

23. küsüngü：意为"镜子"。《高昌馆杂字》亦记若此（见该书第46页）。

25. altunluq：该词由 altun "金" ＋luq（构词附加成分）构成，意为"金织物"。《高昌馆杂字》亦记若此（见该书第47页）。

28. 此行第一词模糊不清，捷尼舍夫读作 la，释为"腊"（汉语借词）。

29. 此行开头部分已残损，但 čuq 尚清楚可识。捷尼舍夫将 čuq 与前面残损部分看作一个词，补为 (mon)čuq "项链"。kögüsbäg，意为"上衣"。

30. yalmalïɣ：由 yalma "外衣" ＋lïɣ（构词附加成分）构成，意为"外衣的"。

33. 此行第一词的前部分模糊不清，据下面第36行中出现的同一词，可补为 kögülüg，意为"土产的"。

35. urumlaɣ：意为"罗马的"。

36. samsï：意为"织物"，但确指何种织物不详。

37. äsük：意为"披风"（参见维吾尔文版马赫穆德·喀什噶里《突厥语大词典》，新疆人民出版社1981年版，第98页）。

38. äwlig：意为"家用的"。捷尼舍夫读作 ärilig，释为"坏的、破的"。

39. öčüklüg：意为"不鲜艳的、淡色的"。čoɣ：意为"缨子"。梅村坦读作 čuɣ，释为"包裹、袋子"。

42. čikin：意为"绸缎"。kirlig：意为"衣料"。

43. qula：意为"浅黄色的"，试比较《高昌馆杂字》记"黄马"为 qula（参见该书第230页）。saɣrï：意为"生皮"（参见《古代突厥语大词典》第481页）。

44. 此行第一词破损不清，拉德洛夫读作 säkiz "八"。qulač：长度单位，《高昌馆杂字》中汉义记为"文"（参见该书第832页）。试比较现代维吾尔语的 ɣalač，指成人两臂左右平伸时两手之间的距离，约合五尺。

42—45. 从第42行末尾到第45行末尾，原文只用了一个谓语 altïmïz "我们买了"，加上句中有几处残缺不清，致使对原文的断句有所不同。梅村坦将第43行第一词补为 stïr，整个句子断为（42）……bir yarïm (43)(stïr)‑qa iki qula saɣrï, üč stïr‑qa (44)(säkiz) qulač yolaq äsük‑kä, biš yinčkü (45)(tawa)r tört stïr‑qa altïmïz, 译为"我们用一两半买了两张茶色的生皮，用三两买了八丈条纹毛布，用四两买了五块薄绢"。此种断句法，对第44行中的向格‑kä 无法解释。按照回鹘文语法规则，此处应为宾格-nï。故梅氏也打了一个问号。捷尼舍夫把句子断在了第 43 行之末。笔者认为,捷氏的断句较妥,故在译文中采用了他的断句法。

46. ögmän:词义不清。捷尼舍夫释为"庄稼、谷物"。梅村坦读作 ükmän,释为"堆积东西的工具"。

47. üsgäk:意为"锥"。törtgin:意为"线"。

49—50. iki üsgäkčïmatï 和 bir törtgin tama čïmatï:似应为不同样式的女袍,但不知其何所指。我们这里暂直译为"两(件)锥子女袍"和"一(件)线织女袍"。

54. kängsi:意为"绢织物",当来自汉语的"绢织"。《突厥语大词典》解释该词指"中国的彩色丝织品"(参见该书卷 1,第 551 页)。

57. yarïq:意为"铠甲"(参见《古代突厥语词典》第 241 页)。

58. kiš:意为"貂皮",《高昌馆杂字》记该词为"貂鼠"(参见该书第 39 页)。

60. ömän:意为"织物"。

62. saba:意为"珊瑚"。

67. alï:词义不清。

68. äwli:由 äw"家"+li 构成,此处词义不清。tamantïn:意为"从名叫塔曼的人那里"。捷尼舍夫读作 tamɣata,释为"带印记的"。

75. muntïn taš:意为"除此之外"。捷尼舍夫将 taš 与后一词连读为 taš saravatï,释为人名。

85. isigirdi:意为"丝织品"(参见《古代突厥语词典》第 186 页)。

87. udurɣu:由 udur"应对"+ɣu,意为"合适的"。titim:意为"花冠"。捷尼舍夫将该词读作 tïtïra,但不解其意。šas:一种宝石名,但不清楚其确指何物,这里暂译为"萨西石"。

88. änglik:意为"化妆品"。捷尼舍夫读作 ärnäklik,释为"框架"。

93. tärim:意为"妇女"。

144. tišlig:由 tiš"牙齿"+lig(构词附加成分)构成,意为"嚼子"。

147. qabïr:意为"筛子",试比较现代维吾尔语的 ɣalwïr。

148. sürdünč:意为"磨刀石"。捷尼舍夫读作 soɣduč,释为"皮具"。

151. qay:意为"街",借自汉语"街"。捷尼舍夫读作 qïr,释为"耕地"。

159. tosuluɣ:由 tosu"利益"+luɣ(构词附加成分)构成,意为"有利的"。

162. soqumluɣ:意为"肉的",试比较现代哈萨克语的 soɣum"冻肉"。

165. čäkräk:意为"布衫",《高昌馆杂字》亦记若此(参见该书第 47 页)。

167. čošunluɣ:由 čošun"绸衫"(汉语借词)+luɣ(构词附加成分)构成,意为"绸衫的"。

168. säbizä:意为"毛布"。

169. kärzä:词义不清。梅村坦读作 qaraza。

174. säp:意为"嫁妆"。

193. biläk:意为"礼品"。梅村坦读作 bäläg,释为"包裹"。

194. babag:地名。捷尼舍夫读作 pïbïɣ,释为"鹅"。saman yapïɣ:麦秆建筑(?),似为一地名,这里暂音译为"沙芒雅皮克"。捷尼舍夫读作 sämiz yabïq,释为"肥瘦"。

维吾尔文

买提热依木·沙依提
阿布都那扎尔·阿布拉　编著

第 一 章

民族、语言和文字概况

用阿拉伯文中亚变体文字写成的古籍文献既属于突厥语族民族的整体，又属于这个整体中的每位成员。所以，虽然我们作为一个民族的名称下描述，但同时我们也要强调它是突厥语族语言民族的共同财富。所以，我们的描述突出"维吾尔古籍"的同时也照顾到相关的一些问题。

众所周知，突厥语族语言的古籍可能包括近 20 多种文字 100 万件以上的古籍，其中古代突厥—如尼文已公开的文献约 500 多件（大部分是碑文），回鹘文献约 2000 多件，摩尼文文献 100 件左右，阿拉伯文中亚变体形成的文献很多，据说至少有上百万件。此外，还有用汉文、藏文、梵文等很多不同文字记录突厥语族语言的文献。这些文献是突厥语族民族的共同财富。

在中亚以阿拉伯文为基础产生的很多文字，从基础、外形、使用以及正字法上很相似。但是这些同样的文字在现代属于不同的民族和不同的国家，而且历史上不同地区和不同时期的同样文字用各种各样的名称来称呼，今天很难把它概括为一个名称或归属为一个民族。但任何这时期的文献，凡是研究语言的人都能根据语言特点来判断属于哪个时期，哪一个地区，更接近哪一种现代语言。为此，我就用最简单的办法，就是说"它"是属于突厥语民族。所以这里只能综合介绍突厥语族几个民族和语言以及相关文献的基本概况，重点描写比较有把握的"维吾尔语古籍"。

一 维吾尔语概况

维吾尔族是中华人民共和国境内人口较多的少数民族之一。中国汉文史料中对同一个"Uyġur"名称在不同时期曾使用过"袁纥"、"韦纥"、"乌护"、"回纥"、"回鹘"、"韦兀尔"和"畏兀尔"等不同的音译名。历史上维吾尔族人民主要生活在中亚，尤其是位于今新疆的天山南北及其周围地区。全民信仰伊斯兰教，属逊尼派。

维吾尔语是维吾尔族的共同语言。根据 2003 年的统计，新疆维吾尔自治区境内的维吾尔族有 8823476 人，是新疆维吾尔自治区的主体民族。此外，我国湖南省常德市和桃源县等地区也有维吾尔族定居。据 1990 年的统计，湖南省境内维吾尔族共有 5739 人[①]。国外也有维吾尔族居住，如哈萨克斯坦共和国境内的维吾尔族约有 24.5 万人。此外，在乌兹别克斯坦共和国、塔吉克斯坦共和国、吉尔吉斯斯坦共和国、土耳其、土库曼斯坦共和国、巴基斯坦、沙特阿拉伯和阿富汗等国家和地区也居住有维吾尔族，但人数相当少。

现代维吾尔语是在"哈喀尼亚和后期文献"（所谓"察哈台"书面语）的基础上逐渐形成的。很显

---

① 参见陈遵望、见闻《湖南维吾尔族》，岳麓书社 1997 年版，第 1 页。

然，哈喀尼亚和后期文献语言继承了喀喇汗王朝时期的《突厥语大词典》、《福乐智慧》等文献语言和回鹘文文献语言，而这些语言又继承鄂尔浑碑铭文献语言。由此可见，维吾尔语是具有较长历史的文学语言，是直接继承了古代突厥语的最主要的诸亲属语言之一。对突厥语族语言分类时，一般把维吾尔语划入阿尔泰语系突厥语族葛逻禄语组或察哈台语组。维吾尔语和乌兹别克语很接近，相互之间可以进行交流，所以同属一个语支。现代维吾尔族标准语是以中华人民共和国新疆维吾尔自治区境内的维吾尔族使用的语言为规范标准，以中心方言为基础，并以乌鲁木齐和伊宁口语的语音为标准音而形成的。维吾尔语主要分为三大方言，即中心方言（或称西北方言）、和田方言（又称南部方言）和罗布方言（又称东部方言）。国外维吾尔族使用的语言与中国境内维吾尔族使用的标准语很接近，只是在语音和词汇方面有一些差别。世界不同国家和地区或不同方言区的维吾尔族都可以自然地进行交流，可见其方言差别很小。

维吾尔族在历史上曾经使用过古代突厥文（又称鄂尔浑文）、回鹘文，大约在10世纪前后开始使用阿拉伯文。现在通行的老维吾尔文是以阿拉伯字母为基础的文字。新中国成立后，中国境内的维吾尔族所使用的是以阿拉伯文为基础的文字，1950—1954年间曾进行了两次较大的改革，使正字法更加接近民间口语。从1960年起，中国境内的维吾尔族试用并推行以拉丁字母为基础创制的新文字。1964年4月区政府以政府令形式，要求全新疆维吾尔自治区从1965年开始在全区各行各业推行《维吾尔新文字方案》。经过20年的试用，"新文字—拉丁文字"的推广未能成功。1982年11月11日新疆维吾尔自治区人民代表大会作出决定并由自治区人民政府公布恢复使用原来的以阿拉伯字母为基础的老维吾尔文[①]，并在正字法方面进行了较大改革和规范。苏联境内的维吾尔族以前使用阿拉伯字母。1930年改用拉丁字母。1946年重新创制并转用了以俄文字母（斯拉夫）为基础的文字。国外的维吾尔族除了使用中国境内维吾尔族所使用的文字外，还使用自己所在地区通用的相应文字。

二 乌兹别克（乌孜别克）语概况

乌兹别克（Özbäk）族[②]是乌兹别克斯坦共和国的主体民族。中国史称"月祖别"或"月即别"，自古以来主要生活在中亚的锡尔河和阿姆河之间地区。信仰伊斯兰教，属逊尼派。

乌兹别克语是世界各地乌兹别克人使用的共同语言，是乌兹别克斯坦共和国的官方语言。根据1994年的统计，乌兹别克斯坦共和国总人口有2253.8万人，其中乌兹别克族约占73%[③]。除了乌兹别克斯坦共和国外，居住在土库曼斯坦共和国察尔昭和塔沙乌兹等地区的乌兹别克人有35万，居住在塔吉克斯坦共和国库利亚布、纳巴德等地区有140万人，居住在吉尔吉斯斯坦共和国扎拉尔阿巴德等地区有60万人，居住在哈萨克斯坦共和国南部地区有35万人，居住在阿富汗有140万人[④]。根据2003年的统计，我国境内的乌孜别克族人口为4899人[⑤]。此外，在阿富汗北部和土耳其也住有大批乌兹别克族居民。

现代乌兹别克语形成于15—16世纪之间，像维吾尔语一样，是在近代乌兹别克语（即所谓的"察

---

① 参见《新疆通志 语言文字志》，新疆人民出版社2000年版，第156页。
② Özbäk 或 Üzbäk 一词的汉文写法不一致，《中国大百科全书》"民族"卷，用"乌兹别克族"和"乌兹别克语"，其他汉文史料中也有不同的写法，我们以《中国大百科全书》为依据，用"乌兹别克族"和"乌兹别克语"。参见《中国大百科全书》"民族"卷，中国大百科全书出版社1986年版。"柯尔克孜族"（第461页）和"柯尔克孜语"（第460页）。
③ 参见龚抒《亚洲国家概况》，世界知识出版社1996年版，第369页。
④ 参见 Johanson, Lars *The Turkic Languages*, Routledge, 1998, pp. 13—14.
⑤ 参见《新疆年鉴》，2004年，第25页。

哈台"语）书面语基础上逐渐形成的。在语言分类中，乌兹别克语一般被划入阿尔泰语系突厥语族葛逻禄语组（或察哈台语组）和维吾尔语很接近，双方可直接进行交流。乌兹别克语主要分为三个方言群，即西北方言群（又称克普恰克方言群）、西南方言群（又称乌古斯方言群）和东南方言群（又称葛逻禄方言群或察哈台方言群）。现代乌兹别克标准语是以东南方言群塔什干和费尔干纳方言为基础，并以塔什干口音为标准音而形成的。乌兹别克语书面语言即文学语言相当发达。

20世纪20年代以前，乌兹别克人使用的文字是以阿拉伯字母为基础而创制的乌兹别克文。1929年开始采用拉丁化文字。1940年乌兹别克斯坦共和国改用以俄文字母为基础而创制的文字。独立之后，1993年其议会重新决定改用拉丁文，但至今还没有普及。

三　哈萨克语概况

中国史称"阖萨"、"曷萨"、"阿萨"、"可萨"，自称为 Qazaq，历史上主要生活在中亚，尤其是今哈萨克斯坦和周围地区。信仰伊斯兰教，属逊尼派。

根据2003年统计，我国新疆维吾尔自治区境内的哈萨克族为1352125人[①]。此外，在我国甘肃、青海等地，国外的吉尔吉斯斯坦共和国、塔吉克斯坦共和国和土耳其也有大批哈萨克族人居住。

现代哈萨克书面语（标准语）一般认为是18—19世纪之后逐渐形成的。在现代哈萨克语中也保留了一些"克普恰克"书面语的底层成分。哈萨克语内部的方言差别较小，其差别主要表现在语音和词汇方面。哈萨克语分为两大方言组：（1）北部和西部方言组；（2）南部方言组。

中华人民共和国境内的哈萨克族使用以阿拉伯字母为基础的哈萨克文。古代克普恰克文献也可看作哈萨克人祖先的文化财富。

四　柯尔克孜（吉尔吉斯）语概况

国内学者一般使用"柯尔克孜族"和"柯尔克孜语"等术语来称呼相应的民族和语言，有时根据外语的写法和发音需要也用"吉尔吉斯族"和"吉尔吉斯语"等术语。没有必要说明"吉尔吉斯族"和"吉尔吉斯语"等特指性的情况下，一般使用"柯尔克孜"这一术语。

柯尔克孜族。中国史称"鬲昆"、"坚昆"、"纥骨"、"契骨"、"黠戛斯"、"黠戛司"、"辖戛斯"、"乞尔吉斯"、"纥里迄斯"、"吉里吉斯"。现在"柯尔克孜"指国内的柯尔克孜族，"吉尔吉斯"指国外的柯尔克孜族。历史上吉尔吉斯人主要生活在中亚地区，尤其是今吉尔吉斯斯坦共和国周围地区。信仰伊斯兰教，属逊尼派。

根据2003年的统计，我国新疆维吾尔自治区的柯尔克孜族为173960人[②]，其中约有80％的人聚居在柯孜勒苏柯尔克孜自治州境内。此外，阿富汗和土耳其也有大批柯尔克孜（吉尔吉斯）族人居住。另外，在中国东北黑龙江省（富裕县）还有一部分柯尔克孜人居住，无论族源或语言方面都具有很大特点。

中国的柯尔克孜族大多数居住在新疆维吾尔自治区的西南地区。1954年7月成立了克孜勒苏柯尔克孜自治州，首府是阿图什，州辖四个县。

柯尔克孜族一直使用以阿拉伯文为基础的文字，1955年对部分字母和正字法进行了改革或修改、

[①] 参见《新疆年鉴》，2004年，第24页。
[②] 参见《新疆年鉴》，2004年，第25页。

补充。1958年4月，在北京召开的民族语文科学讨论会上决定改用以拉丁字母为基础的新文字。1980年开始又恢复使用以阿拉伯文为基础的老文字。古代克普恰克文献也可看作柯尔克孜（吉尔吉斯）人与哈萨克人的共同财富。

五　塔塔尔（鞑靼）语概况

鞑靼（Tatar）一词最早是蒙古人的一个部落或部落联盟的名称，中国史书中最早出现于5世纪左右，一般记载为鞑靼或鞑鞑。后来在7世纪左右这一术语又出现在突厥文文献里，并表示突厥人中的一个部落或部落联盟。17—18世纪之后"鞑靼"族逐渐形成，其后该术语作为民族名称来使用。中国学者一般用"塔塔尔"这一名称来指中国境内的塔塔尔人，而习惯用"鞑靼"一名指苏联境内的塔塔尔（鞑靼）人。

第 二 章

文字的起源与变迁

一 老维吾尔文来源和性质

我们谈到老维吾尔文的来源毫无疑问，是阿拉伯文。所以，我们描写老维吾尔文的形成之前，先要了解阿拉伯文的起源和形成。在中亚，20多种现代诸民族文字都来源于阿拉伯文。

阿拉伯文字是世界上使用范围最广，保留古代文献最多，使用时间最长的文字之一，是一种音位文字。最早刻写在石头和其他器物上的残片文献中的文字可能属于1—2世纪，系统化的文字文献约属于4—5世纪。有的学者认为它是由闪语族西支的音节文字发展而来。最早的文字是圆形的，一般叫作纳斯基"näsih"，后来发展成方块形（叫作库菲克"kufi"）、角形和竖形等多种手写体形式。阿拉伯文主要由短竖线、长竖线、短横线、圆横线和点的上下组合方式构成。一般从右到左横写，字母分单写、词首、词中和词尾等四种形式。该文字系统中表示辅音的字符较丰富，而且使用历史也较早。后来为了正确朗读《古兰经》，就创造了加在原有字符上、下、左、右的各种附加符号，这些附加符号起着增补缺乏的元音字符的作用。早期的《古兰经》手抄本中使用小圆圈即现在的句号来分小节或句子，后来在其他文献中同样用来分句子之间的关系，后期才使用了较完整的标点符号。公元15世纪普遍使用纸张（最早使用纸张书写的文献属于公元870年）书写阿拉伯文文献之前所使用的材料有：石头、皮革、清真寺的柱和梁等木料、骆驼的骨头、木片、丝布等材料。

二 老维吾尔文的形成

老维吾尔文是由阿拉伯文传播到中亚后，经过各种修改和完善而形成的。首先，我们要提醒的是阿拉伯文不是直接进入维吾尔族社会，也就是说维吾尔族不是直接从阿拉伯人手里接受并学会阿拉伯文，是间接地进入的。下面概括地介绍这些经过。阿拉伯文除在阿拉伯世界使用外，随着伊斯兰教的广泛传播也被其他信仰伊斯兰教的民族所采用。伊朗人接受伊斯兰教之后也开始用阿拉伯文，而替代了自己古老的文字。土耳其民族信仰伊斯兰教之后也使用阿拉伯文，直到1928年被拉丁文替代为止。由于阿拉伯文历史较长，使用范围非常广泛，加之使用的民族很多，因此，自然形成了许多变体。这些变体的主要区别在不同地区和民族当中，该文字系统中所借用的字母和附加符号数量的多少，表示元音的字母的完整或不完整，字母表顺序的排列是否相同，字母所表达的语音的准确与否和是否规范化以及使用的各种手写体即字体的不同等方面①。10世纪喀喇汗王朝时期的著名思想家、政治家、诗人玉素甫·哈斯·哈吉甫（Yu:suf Xa ṣ Hajip）的巨著《福乐智慧》（Qutadğu Bilig）就使用了阿拉伯文，现存的两个版本也是用阿拉伯文抄写成的。麻赫穆德·喀什噶里（Maḥmu:d al-Ka:şğari:）在突厥人的百科全书式巨著《突厥语大词典》（Di:wa:nu Luğa:tit-Türk）里也使用了阿拉伯文，而且称呼此文字为"哈喀尼亚文"或"喀喇汗文"。随着阿拉伯文的广泛流传和地方性及民族性变体的形成，各民族或各地区以自己地区的或民族的名称来称呼以阿拉伯文为基础形成的新变体。世界上由此形成的变体文字可能有100多种。与突厥语族语言相关的文字至少也有50来种，如奥斯曼文、近代土耳其文、哈喀尼亚及后期维吾尔文（过去有"察哈台文"、"近代维吾尔文"、"老维吾尔文"等很多称呼）、现代维吾尔文、老乌兹别克文、现代乌兹别克文、近代乌兹别克文、哈萨克文等。阿拉伯文在中亚地区出现的变体常常被"察哈台文"一词所替代。笔者认为这是不正确的。其理由：第一，这种文字在10世纪喀喇汗王朝时期的巨著《福乐智慧》和百科全书式巨著《突厥语大词典》中早已使用，而且称呼此文字为"哈喀尼亚文"或"喀喇汗文"。这种文字的基本框架没有变，只是增加了或简化了原来的文字系统。第二，从使用的时期考虑，"察哈台"之前喀什噶尔等地区早已使用了该文字；不仅在"察哈台"统治时期使用了这种文字，而且在更早的喀喇汗王朝时期也广泛使用了这种文字。一般的科学著作中可以用早期的术语来概括后期的内容，而不能用中期的术语来概括其前其后的，逻辑上不相关的内容。其次，《福乐智慧》和《突厥语大词典》的文字和语言，绝不能包括在"察合台"里。为此，这些文字以及文献称呼为"哈喀尼亚文"和"哈喀尼亚文献"，比较合适。第三，从区域范围或行政界限来考虑，它早已超越了所谓"察合台"的范围。第四，如果用"察合台"这一术语称呼这种文字的变体，那么这种术语太多了；就以上所说的仅仅与突厥语族语言相关的变体文字可能就有50多种。所以这种用法不利于术语的规范化。第五，只从11世纪至20世纪绝大多数用这些文字写成的文献中一般称呼该文字为"哈喀尼亚文""喀喇汗文""突厥维吾尔文""维吾尔文"来看，"察合台文"这一名称主要出现在俄国或其他一些著作中。目前正在使用的不同民族的文字以"察哈台文"来概括不仅不科学，而且也违背了历史事实。

三　文字的变化

维吾尔族最早接触阿拉伯文大概是11世纪之后的事。操突厥语族语言的民族有少部分可能在8—9世纪就已接触了阿拉伯文，到了10—11世纪，绝大部分基本上普遍接受了阿拉伯文，其中很多民族沿用至今。阿拉伯文字原来由28个左右的字母和15个左右的附加符号组成②；字母表中除第一个字母表示元音外，其他字母主要表示辅音，还有3个字母有时也表示元音；其他附加符号用来表示元音。伊朗人接受阿拉伯文之后，将字母表的数量增加到32个字母③，原有的附加符号也基本保留下来了。但是，实际应用的情况不太一致。阿拉伯文的中亚变体是否是在中亚使用突厥语族语言的民族直接接受阿拉伯文后形成的，还是借用伊朗人的波斯文的结果，这一问题需要进一步探讨。但是，波斯文对阿拉伯文中亚变体的影响恐怕没有人否认。喀喇汗王朝时期的名著《福乐智慧》和《突厥语大词典》中使用了该文字。当时在回鹘文中使用的并在"各个突厥（部落的）语言中共同使用的字母有18个。……除了这些（表示基本音的）基本字母外，仅在口语中使用，而不能算作基本字母，但是非用

---

① 以上内容请参见《伊斯兰教大百科全书》共13卷，土耳其文，第一卷，第498—512页；《中国大百科全书》语言文字册，第6页和第32页，"察哈台文"；肯尼思·卡兹纳《世界的语言》，北京出版社1980年版，第166页等。
② 参见买买提·赛莱《阿拉伯维吾尔语词典》，新疆人民出版社1993年版，第1页和正文部分。
③ 参见李湘、哈米提·铁木尔《基础波斯语》，民族出版社1990年版，第5页。

不可（表示 7 个音）的还有 7 个字母。在突厥语言中这些字母是必不可少的。……此外，（阿拉伯文中有，而）突厥各个部落的任何一种（语言）中不用的字母有……（8 个）"① 麻赫穆德·喀什噶里在《词典》中把元音叫作 iş ma：m，来区分辅音 iş ba：。同时对阿拉伯文的正字法系统也做了相应的修订，制定了用法规则。这样全部加起来就有 33 个字母。麻赫穆德·喀什噶里在巨著中又创制了表示唇齿浊辅音 [v] 的字母ڤ，有时也用专门表示鼻音 [ŋ] 的字母ڭ，这样就增加到了 35 个字母，此外用上边带点的ڎ字母来表示齿间舌音 [ð]，r 上边带三点的ژ字母来表示擦浊音 [ẓ]。据不同文献的统计，在中亚一带使用的变体字母表中大约使用了 40 个字母或字符和 15 个附加符号。

文字修改主要包括以下内容：第一，元音字符的补充。最初增加的表示元音的字符只有三个，即表示/α/和/i/的长竖线 Alif，表示/ä/和辅音/h/的圆圈 △，表示双唇元音和双唇辅音的字符（ơ）等。后来在喀喇汗王朝（哈喀尼亚）时期文献中用阿里符（即 l）主要表示元音/α/和/i/。阿里符（即 A）和带两点的雅（ya）相结合表示央元音和高元音（即 EY）。有些文献中在表示唇辅音的字母上面附加表示圆唇元音的符号来区别圆唇元音和双唇辅音；到了现代维吾尔文时期，在该字母的上方加三种不同的附加符号来分别表示/u/、/ö/、/ü/三个不同音位的元音，不加符号的形式表示元音/o/，在此符号的上方加三点来表示双唇辅音/w/。原来表示辅音/y/的字符后来表示窄高元音/i/，在此字符的下方加两点来表示辅音/y/。第二，取消了阿拉伯字母表中固有，但在突厥语言（或方言）中不用的字母。第三，规范了表示辅音的字母，如区分了/b/和/p/、/j/和/ç/、/k/和/g/等。第四，固定了一些新字母所表达的音位，如：/ŋ/。第五，区分了一些既表示元音，又表示辅音的字母，如区别了表示元音/ä/和辅音/h/的字母。第六，经过长期补充、完善表示元音的字母之后用来表示元音的附加符号被取消了。第七，规范、补充和完善了标点符号，使得现代维吾尔文字母表由 32 个字母构成。哈萨克文、柯尔克孜文也大同小异。

正字法：由于阿拉伯文中亚变体使用的时期较长，范围广，使用民族成分多，所保留的文献非常丰富，再加上我们又没有对这些文献进行系统的分析和研究，所以我们无法归纳出统一的或全面的正字法规则。只限于对一些主要问题的描述，如阿里符（即第一字母）的上、下、左、右缀加各种附加符号之后分别表示元音/α：/、/α/、/ä/、/e/、/i/、/i/、/i：/等不同元音，甚至有时也表示圆唇元音/o/、/u/、/u：/、/ö/、/ü/、/ü：/等。表示辅音 Y 的字母还表示元音/e/、高元音/ĭ/和/i/。阿里符（即第一字母）除与表示辅音 Y 的字母相结合表示元音/e/外，也可以表示高元音/ĭ/和/i/。表示辅音 W 的字母还根据上、下、左、右附加的符号或根据语音和谐规律可表示/o/、/u/、/ö/和/ü/等圆唇元音。在阿拉伯语和波斯语借词中用表示元音的字母来标写的元音一般表示长元音，而没有用正式字母来标写，只是用附加符号来表示的元音一般是短元音。在母语词汇中表示元音的字母有时用字母来标写，有时并没有用正式字母来表示。所以在这种情况下，要根据考证该词的语音和谐规律和该词在其他古代和现代文献中出现的形式，以及它们的发展变化规律来确定。避免此类问题的方法是最好多查看相应的词典。除派生词缀一般与词干连写外，很多情况下，其他构形词缀与词分开写，这也是阿拉伯文中亚变体（察哈台）文献正字法中普遍存在的特点之一。表示名词复数的构形词缀-lAr 在书写方面即正字法上是没有区别的，就是说没有前后元音的区别，都写成-lAr。因此，根据语音和谐规律在转写时需要加以区分。表示名词向格的构形词缀并没有按语音和谐规律来书写；其中-gä 形式用得较普遍，与此相反-ğα/-qα/-gä/-kä 等形式出现得很少，甚至在有些文献中几乎看不到-gä/-kä 等形式。这一现象属于语音交替范畴，或纯粹属于正字法问题，这一点应进一步研究。

在元音和谐和辅音和谐中，/ğ/、/q/、/g/、/k/等四个辅音在与元音和辅音一起组合构成音节，

---

① 麻赫穆德·喀什噶里：《突厥语大词典》维吾尔文，新疆人民出版社 1980 年版，第一卷第 8—9 页。

构成词结构，在词尾缀加词缀时一般体现了元音前后和辅音的清浊方面的和谐。其中/ġ/与后元音和浊辅音和谐，/q/与后元音和清辅音和谐，/g/与前元音和浊辅音和谐，/k/与前元音和清辅音和谐。因此，这四个辅音的定位也是我们判断某个词结构中元音性质的较可靠的依据。当然文献中也会出现一些例外情况。

　　大部分表示辅音的字母除表示较固定或规律性的某一个辅音外，表示/b/音的字母也表示/p/音；在阿拉伯和波斯语中表示/j/音的字母在突厥语词汇中也表示/c/音，在突厥语词汇中表示/k/音的字母在阿拉伯和波斯语词汇中也表示/g/音，鼻音/ŋ/除有时用单字母 ŋ 的字符来表示外，很多情况下用双字母的 ng 字符来表示。阿拉伯字母表中的 t、z、ẓ、ṣ 等字母除在表示阿拉伯和波斯语借词中相应的辅音外，有时在标写突厥语词汇中相应的辅音时也被使用；此时这些表示辅音的音常常出现在后元音性词的结构中。这些问题也待进一步探讨。

第 三 章

古籍文献中体现的语言特点

一 哈喀尼亚文献语言的主要特点

公元10—14世纪之间，在以喀什噶尔为中心的喀喇汗王朝时期出现的最有名的《突厥语大词典》和《福乐智慧》等珍贵文献的语言与较早期的回鹘文文献语言相似，并没有太大的区别，但国内外一些学者总是把这两者区别开来，这些观点其实不符合这些文献语言的实际。这些文献语言的确很相似，并没有太大的方言差别，至少小于汉语的广东话与北京话之间的方言差别程度。为了说明《突厥语大词典》和《福乐智慧》等文献的重要性，所以单独列出这一节。

这一时期的文献没有什么特殊的语言或方言区别，只是在个别文献中有些相对的特征可以算作划分次方言的标志。碑铭方言中的/b/在这些文献语言中变为w甚至y，如：äw"房屋"，säw-"爱"，suw"水"。碑铭方言中的/b/在这些文献语言中有时也变为/m/，如：män"我"，miŋ"千"，muŋ"烦恼"。碑铭方言中的/ń/在这些文献语言中变为/y/，如：ayïğ"坏"，qoy"羊"。碑铭方言中的/d/在这些文献语言中变为[ð]，如：αðαq"脚"、αðïğ"熊"，qoð-"羊"，quðuğ"井"等。这一时期麻赫穆德·喀什噶里创造了特殊的符号来表达"ð"所表达的音。

这一时期的文献语言中出现了动词使动语态的后缀ğuz-/-quz-/-güz-/-küz-，ğur-/-qur-/-gür-/-kür，-dur-/-tur-/-dür-/-tür-，-duz-/-tuz-/-düz-/-tüz-/-z-，-dur-/-tur-/-dür-/-tür-/-r-，ğut-/-qut-/-güt-/-küt-/-t等很多形式，如：öl-ür-"使死"、ye-dür-"让人吃"。与其他时期文献语言相比，交互语态的后缀比较常用，如：ur-uş-"互相打架"，kör-üş"互相见面"，qαl-ïş-tï"一起留下了"等例证在《突厥语大词典》和《福乐智慧》中较为常见。

二 哈喀尼亚后期文献的主要语言特点

维吾尔族使用"回鹘文"之后就用了以阿拉伯字母为基础的文字。使用这种文字保存到今天的文献非常多。根据这些文献中所体现出来的语言特点，语言发展阶段大体上可划分为三个阶段：10—13世纪初（哈喀尼亚文献语言，初期），14—15世纪（中期），15—19世纪（后期）。虽然根据每个文献的个案说得出很多不同的语言特点，但是这三个阶段的语言特点很难概括并很难区别开。比如说表示[ð]音的字符哪个阶段的文献都有，只不过不规范。再说，从文字上把这三个时期的文献概括一个名称，那最好是"哈喀尼亚及后期文献"或"老维吾尔文文献"或更抽象的"近代维吾尔文献"。值得指出的是，"察哈台文"或"察哈台语"这些术语是不够科学的。其一，被称作"察哈台文"的阿拉伯文早在10世纪前就已在中亚地区使用，而"察哈台汗国"的出现却是约400年以后的事，阿拉伯文的最初使用与"察哈台"本人毫无关系。其二，没有任何历史资料证明，"察哈台"本人在世时使用过该文献的语言，只是他的后裔被维吾尔族同化以后才开始使用该文献的语言，而不是察哈台同化维吾尔族使用他的语言。其三，这些地区和这一时期的文献及其语言是属于人民群众的，而所谓"察哈台汗国"却是代表统治阶级的。世界上还没有任何一个民族的语言是采用一个帝王的名字来称呼的。我们完全可以用"哈喀尼亚和后期文献"（当然，乌兹别克人完全可使用"近代乌兹别克语文献"）或"阿拉伯文古典维吾尔文献"（同样，乌兹别克人可用"阿拉伯文古典乌兹别克语文献"）或"阿拉伯文中亚古典文献"这样的名称取而代之。属于以上同一时期的哈萨克文献也可称呼为"老哈萨克文文献"或更抽象的"近代哈萨克文献"；柯尔克孜（吉尔吉斯）文献也可称呼为"老柯尔克孜（吉尔吉斯）文文献"或更抽象的"近代柯尔克孜（吉尔吉斯）文献"。

《突厥语族语言》（*The Turkic Languages*，1998）一书中"察哈台文"一节的作者把察哈台文献语言在"中古突厥"这一历史时期中与其他相关的语言的关系用下图表示出来（我们认为这是一种比较客观的解释）。

哈喀尼亚和后期（察哈台）文献语言与其他相关语言在中古突厥时期的关系图：

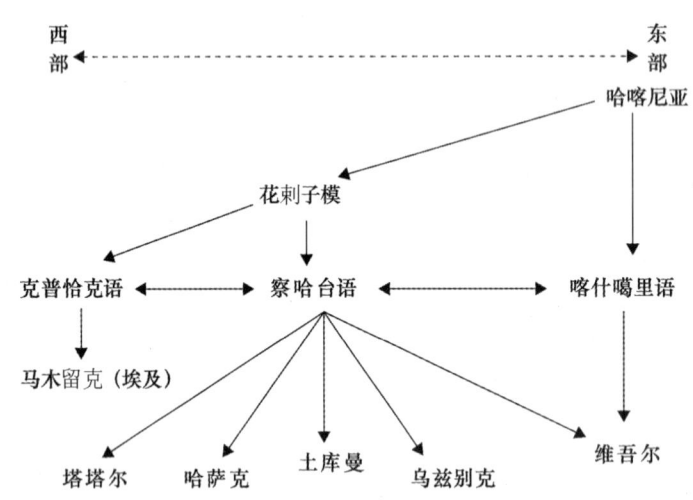

从13世纪末或14世纪初直到20世纪末，在中亚一带，尤其是今新疆维吾尔自治区及与其相邻的一些地区出现的，用阿拉伯文写成的各类文献所反映的语言特点，一般概括为"哈喀尼亚语"（习惯上称为"察哈台语"）的特征，有的学者称其为"东部中古突厥语"，国外有学者称其为"伊斯兰中亚突厥语"或"中亚中古突厥语"，维吾尔族学者提倡概括并称其为"老维吾尔语"、"哈喀尼亚语及其后语言"、"哈喀尼亚语"或"近代维吾尔语"。一般认为，从这些文献中所反映的语言特点是继承了喀喇汗王朝时期的哈喀尼亚语以及"花剌子模时期"以拉布故孜的《圣人传》为代表的文献语言，它与现代维吾尔语和乌兹别克语较接近。当然，在国外，有人把所有这些文献称呼为"老乌兹别克文献"和"老乌兹别克语"。他们甚至把《突厥语大词典》的语言都包括进去。这样社会上引起不必要的争论。在这样一个复杂的情况下，就先用"哈喀尼亚及其后语言"或"近代维吾尔语"这样一些名称来称呼，是比较可行的办法。我们的研究目光应该进入文献研究的重要话题。

遗留并保存至今的属于这一时期的哈喀尼亚和后期文献数量很多。仅保存在新疆维吾尔自治区境内各级博物馆、保管所、古籍办以及各大学科研所，连同个人手里的文献数量就有一万册左右；乌兹别克斯坦、哈萨克斯坦、土耳其、俄罗斯、日本、欧洲和亚洲其他地区保存的相关文献也超过一万册。其中同一个文献的不同手抄本或版本也很多。虽然不同地区或国家对这些文献进行过登记入册，但迄今为止没有全世界统一的登记标准，并对此进行统计，所以所做的研究工作并不是很系统和有计划。

在这一时期的文献作者中代表人物有：玉素福·赛卡克，麦维拉纳·艾拜杜拉·鲁提菲，赛卡克，阿塔依，尕达依（Gidāyi），艾里希尔·纳瓦依，巴布尔，乌布力·哈孜·巴哈迪尔汗，赛义迪，拉希德，美丽凯·阿曼尼莎汗，柯迪尔汗·雅尔坎迪，穆罕默德·米尔扎·海答尔，阿雅孜·柏克·库希齐，米尔扎·麻赫穆德·楚热斯，赫尔克提，萨拉依，再力力，艾尔西，哈拉巴提，诺毕提，毛拉·法孜力·克其科，麦希胡里，迈赫宗，萨迪克，凯兰代尔，祖胡利，尼扎日，孜亚依，尕日毕，赛布尔，艾合麦德·夏·卡热卡什，毛拉·夏克尔，毛拉·毕拉利，毛拉·穆萨·赛拉米等。

这一时期文献中所反映的主要语言特点可以概括如下：

语音方面：一般认为有/ɑ/、/ä/、/e/、/ĭ/、/i/、/o/、/u/、/ö/、/ü/九个元音。这时期的文献中央元音/e/逐渐形成为独立的音位。同时，由于阿拉伯语和波斯语的影响，长元音的存在显得较为突出。

古代突厥语文献和其他文献里某些词中的次低前元音 ä 在这些文献中一般与 i 交替，如：ilig（＜älig）"手"，imgäk（＜ämgäk）"痛苦"，ni（＜nä）"哪儿"等。

古代突厥语文献和其他文献里某些词中非圆唇高元音一般有前后之分。这时期的文献中，虽然这种区别呈逐渐衰弱的趋势，但大体来说这两个变体依然存在。这种现象主要表现在后元音词干之后缀加带有ŋ和q辅音的后缀，前元音词干之后缀加带有 g 和 k 辅音的后缀中，如：qïlmɑq "做"，yïlğɑ "在……年"，qɑrïlïq "老年时期"；kitmäk "回去"，kišigä "对……人"，yigitlik "壮年时期"等。

由于受其后缀中圆唇窄元音的影响，古代文献中的非圆唇高元音在某些词中变为圆唇元音，如：ojun（＜ɑjun）"世界"，öčkü（＜äčkü）"山羊"，öksü-（＜äksü-）"变少，减少"等。

元音和谐中部位和谐占主导地位，而唇状和谐则不占主要地位，如：tɑğ-lɑrğɑ "向山"，ɑltun "金子"，oğlɑnčuq "小孩子"，boğuz "喉咙"，oqu- "读"，kümüš "银子"等。但是，有些例子中应该由后元音形式出现的音却以前元音形式出现，而应该由前元音形式出现的音却以后元音形式出现，如：ɑl-dük "买到了，纳入了"，köŋl-ümdägï "我心中的"等。在阿拉伯语和波斯语借词之后缀加后缀时，即使词干最后的元音是前元音，但后缀的多半是带有与后元音相搭配的ğ和 q 等辅音的后缀，如：išɑrät-gä "对于标志"，mäst＋lïq "喝醉"，qudirät＋lïq "强盛"等，是该时期文献语言的主要特点之一。

在阿拉伯语和波斯语借词之后缀加后缀时，即使词干最后的元音是前元音 i，但后缀多半是带有后元音的后缀，如：din-ğɑ "对于宗教"，isim-ğɑ "对于名称"，zɑifrɑq "较虚弱的"等。

辅音：我们把辅音系统归纳为/b/、/p/、/v/、/w/、/č/、/d/、/t/、/g/、/k/、/x/、/l/、/m/、/n/、/ŋ/、/r/、/s/、/š/、/y/、/z/、/ž/、/h/、/ğ/和/j/、/f/等音位。

古代突厥文献中有些词中的 b 辅音一般与 m 交替，如：män "我"，miŋ "千"，munčɑ "如：此"；某些词中的辅音/b/一般与/v/＞/w/或甚至有的与 y 交替，如：ɑv～ɑw～ow（＜ɑb）"打猎"，äv～äw～öy（＜äb）"房屋"，säv-～säw-～söy（＜säb-）"爱"；舌尖辅音/d/在很大程度上变为[ð]然后又与/y/交替，如：ɑdɑq＞ɑðɑq＞ɑyɑq "脚"，qɑdğu＞qɑðğu＞qɑyğu "悲伤"，iði（＜idi）"主人"；ädgü＞äðgü＞äygü "好"。极个别词汇中出现了辅音/b/与/p/然后又与/f/交替的现象，如：bitil-＞pitil-＞fitil- "书写"；某些词里的舌尖辅音/d/在很大程度上变为[ð]然后又与/g/交替，如：ädär＞äðär＞igär "马鞍"，idi＞iði＞igä "主人"，idiz＞iðiz＞igiz "高的"。阿拉伯文献里关于/b/和/p/的书写，其正字法里没有严格区分，一般可用一个字符来表示不同的两个音，除了一般的双唇清辅音都写成浊辅音外，甚至连一般副动词后缀中的清辅音也都写成浊音。有些学者认为这是正字法方面的问题，另一些学者则认为这是口语在书面语中的一种反映，如：bɑrïb（＜bɑrïp）"去了之后"，kälib（＜

kälip）"来了之后"，turub（<turup）"站起来之后"等。

该时期文献中常常出现辅音/p/与/f/的交替现象，如：topraq>tofraq"土壤"，öpkä>öfkä"肺，生气"，yapraq>yafraq"树叶"。

古代突厥文献中的舌尖辅音/t/除在大部分词里仍然保留外，在有些词里有时与/d/交替，如：daqï（<taqï）"也，还"，di-（<ti-）"说"，dil（<til）"语言"，dur-（<tur-）"站，存在"。这一时期文献里常常出现辅音/ğ/与/q/的相互交替现象，如：aq～ağ"白"，dağï～taqï"也，还"，sarïğ～sarïq"黄色的"，qatïğ<qatïq"硬的"。还常常出现辅音/g/与/k/的相互交替现象，如：ötüg～ötük"靴子"，ölüg～ölük"尸体"，yigitlig～yigitlik"青年时期"（楚瓦什语 yĭgĭt，塔塔尔语 yigĭt"小伙子"）。有时也出现辅音/ç/与/ş/，辅音/s/与/ç/的交替现象，如：käş-ti（<käç-ti）"越过了，渡过了"，iş-dim（<iç-tim）"我喝了"。

语音和谐方面个别后缀以完全和谐的形式出现，而大部分后缀只是前后和谐占主导地位，圆唇和非圆唇和谐则占次要地位。此外，有些本来以非圆唇元音形式出现的音以圆唇元音形式出现，如：säwünç<sävinç"喜悦"，yämüm<yämim<yämäm"我的饭，我的饮食"等。这一时期的文献中还出现辅音 r 和其他一些语音的脱落现象。这些文献中出现的外来词汇较多，主要来源于阿拉伯语和波斯语。这也是该方言区域最重要的词汇特点之一。

主要语法特点：名词复数后缀为-lAr，如：köllär"很多湖"，işilär"事儿"。名词所属第一人称单数后缀为-(I)m，复数后缀为-(I)mIz；第二人称单数后缀为-(I)ŋ，复数后缀为-(I)ŋIz；第三人称单数后缀为-(s)I，复数后缀为-(lAr)I。名词主格后缀同其他文献一样为零形式。名词领属格后缀为-nIŋ，也有-Iŋ 或-In 的形式，如：täŋriniŋ"上帝的"，bägniŋ"伯克的"，oqïn（～oqnïŋ）"箭的"。宾格后缀为-nI，-(I)n，如：pulnï"把钱"，qulnï"把奴隶"。向格后缀为-GA，如：toyğa"向婚姻仪式"，yolğa"向路"，偶尔也有-A 的形式，如：ata"向马"（实际上写作-ğa）。但有时还以-nğa/-ngä的形式出现。另外，偶尔也以-nga＝ŋa 的形式出现，如：başïnga"向他（她）的头部"。位格后缀为-DA，如：kündä"每天"，yolda"在路上"。绝大部分文献中名词从格后缀一般为-DAn，也有-DIn形式，如：at-dïn"从马"，tağdïn"从山上"等。形似格（相似格）后缀为-çA，如：tört kündäçä"四天"。止格后缀为-GIçA，如：qïyamätğïçä"直到地狱"。

主要出现以下代词：人称代词有：män～men"我"，biz"我们"；sän"你"，siz"你们"；o～ol"他（她）"，anlar～olar"他（她）们"。此外也有 bän"我"，bizlär"我们"等形式。反身代词有özi，känsi，kändisi，kändözi 都表示"他（她）自己"。人称代词的主格为零形式，领属格变化形式为：mänim"我的"。指示代词有：bu"这"，bular"这些"，ol"那"，olar～alar"那些"等。反身代词有öz"自己"，如：özüŋni xa：mu：säylägil"使自己保持安静"，öz hayatïda"在他（她）的一生中"。有时波斯语的借词 xud"自己"也作为反身代词使用。常用的疑问代词有 kim"谁"，nä"什么"，qay(u)"哪个"，qaysï"哪些"等。

数词的表示方法和语法变化以及语法功能与其他文献一样，如基数词有：bir"一"，äki"二"，üç"三"。序数词和分配数词等构形变化与其他文献一样，如：birinçi"第一"，äkinçi"第二"，üçinçi～üçünçü"第三"。有时也以-lAnçI 的形式出现，如：bäşinçi～bäşlänçi"第五"。人称数词后缀为-Aw 或-AlA（sI），如：ikkäw～ikäläsi"俩人在一起"，üçäw"三人在一起"。分配数词后缀为-（ş）Ar，如：altïşar"各六个"等。约数一般由两个以上基数词的组合方式构成，如：äkkiüç"约两三个"等。增数的概念一般用 qat"层"，käz"次"，qurla"行"，qatla"叠"等词来表示。

名词作谓语时一般由人称代词来源的判断系词作为人称后缀，并表示现在时概念，如：Çäçäksän"你是花儿"，Köŋli özgä, tili özgä"他（她）的心是一回事，说的话是另一回事"，Anïŋ atï Allah turur"他的名字叫上帝"，Quluŋlarmäm"我是你的奴隶"。är 和-miş 的用法与其他文献基本相同，如：Yükli ärdi"她已怀孕了"，Kelgän ärmiş ol Masi:h"据说那个玛斯哈来过"，Inim baha:dur ärmissiz"兄弟，您是英雄好汉"，aşïq ärürsäŋ, sözlämä heç"假如你是恋人，请什么话也不要说"，Oğuz Xa:n näslidin ärmäslär"他（她）们不是乌古孜汗的后裔"，Ru:h ämäs ädi tän birlä a:sna:"心灵不等于身体"等。判断系词 ikän（＜ekän＜äkän＜ärkän）也与其他文献语言一样表示过去时概念的同时又表示间接叙述语气，如：Sändän ikändur bu gunah"这是你的过错"，Nä ha:lar ärkän bu?"这是怎么一个状况？"。表示存在与否时，同其他文献语言一样就用 bar"有，存在"、yoq"没有，不存在"来表示，如：Xabäriŋ barmu?"你知道吗？"，Kişi yoq"没有人"。

动词的基本结构和语法功能与其他文献语言相似。动词有实动词和虚（辅助）动词之分。实动词带有-a 和-(y)u 的形式与虚（辅助）动词组合表示各种情态状况，如：Inana almas"不可信"，söz aytabilmäy"不能够说话"，Alakörsün"让他（她）拿看一看"，Xatun qïçqïrabaşladï"他夫人开始喊叫"，Yağï qaçabärdi"他（她）们的敌人跑掉了"，Bu wilayatlar qadïmdïn Türkkä bolakälgendur"这些地区历来属于土耳其人"，Yol başïnda turaqaldï"他（她）站在路口"，Qaçïp bar-"跑掉"，alïp käl-"取回来"，atï harïp qaldï"他（她）的马跑累了"，aŋlap bolmas ärdi"不能够听懂"。

实动词带有-a 的副动词形式与辅助动词 tur-组合表示现在进行时，如：Tapadurmän"我正在寻找"，Tägmäydur"不能够接触，达不到"，Bu nä kişidur ki munï ältäsiz?"你带来的这位是谁？"。实动词带有后缀-(X)r 的形式表示宽时或现在将来时（他的古代形式为-yUr），否定形式为-mAs，如：Şatranjnï xub oynar"他玩国际象棋玩得好"，Ämdi bilmäsmän"现在我不知道"，Män kälürmän"我要来"。实动词带有-p 的副动词形式与虚（辅助）动词 Dur-（＜turur）组合（一般连写）表示现在进行时，它的否定形式为-mAy，如：Yüräkim qan tolupdur"我的心脏充满血"，Kälmäydu"他（她）不来"，Ämdi bolupmänğada:"我现在成了穷人"，Kitabï därlär kim jami'qïlğayturur"他（她）们说他（她）写完了一本书"。古老的表示转述的后缀也常出现，如：Ma'lum boldï kim xabärda:r bolmïşlar"他（她）们知道了，这一点很清楚"。过去完成进行式由带有-Ip 的副动词形式与-Dur（＜turur）和过去判断系词 edi（＜erdi＜ärdi）等组合构成，如：Käçä taha:rat qïladur edim"曾经半夜上厕所"，Şatranjnï bisya:r oynar erdi"他（她）曾经玩国际象棋是一流的"，Qadïm Türk tilindä içi qowuş ağaçnï Qïpçaq därdilär ergändurlar"在古代突厥语中把空心树叫作克普恰克"。此外-GAn erdi 和-(I)p erdi 等组合形式也表示类似的概念，如：Miŋ atlïq yïğïlğan ärdi"一千多骑兵集合在那里"，Bu bir iş ärdi kim andïn burun heç padşah qïlmaydur ärdi"任何帝王从未做过这件事"。另外少见 Yibärgüm erdi"我曾经派遣过"等形式。一般过去时由动词末缀加后缀-DI 来构成。它的各类人称后缀如下：第一人称单数后缀为-(X)m，复数后缀为-UG；第二人称单数后缀为-Iŋ，复数后缀为-IŋlAr～-IŋIzlAr；第三人称单数后缀为-Ø，复数后缀为-lAr。命令—愿望式的人称后缀如下：第一人称单数后缀为-(X)y(In)，复数后缀为-(A)lI(ŋ)；第二人称单数后缀为-GIl～-GIn，复数后缀为-IŋlAr～-IŋIzlAr；第三人称单数后缀为-sUn，复数后缀为-sUnlAr，如：Bitiy"让我写"，Barayïn"让我去"，Oqulï"让我们念"，Içäliŋ"让我们喝"，Yämägil"不要吃"，Äşitgil～Aşitkil"你听"，Alğïn"你拿"，Körüŋ"你看"，Soruŋïzlar"你问"，Barsun"让他（她）去"，Kirsünlär"让他（她）们进去"。现在将来愿望式由动词词干缀加后缀-GAy，然后再加人称代词来源的判断系词来构成，如：Sulih qïlğaysiz"你们将会妥协"，Qorğandïn darya:bir oq atïmï bolğay"从军营到有一射程远"。条件式也与其他文献一样，由动词词干缀加-sA，然后再缀加代词来源的判断系词来构成，如：Asayïş tiläsäŋ"假如你希望安定"，Ägär sän müsülman bolsaŋ ärdi säni alur ärdim"假如你是穆斯林我会娶你为妻"，Käldük äsä tapmaduq anï"即使我们去了也没有找到他（她）"，Yüsuf ötär bolsa"假如玉素甫路过这儿"。用不及物辅助动词 bol-来表示"成为"或"能够做"等概念。同样用及物辅助动词 qil-来表示"使成为"或"让做"等概念，如：Ol αdαm boldilαr "他（她）成为大人了［他（她）改邪归正了］"，αnï üç qïsïm qïltïlαr "使他分成三个部分"。有时 bol-之后出现现在-将来愿望式后缀＄GAy，这种结构实际上不表示将来的愿望，而表示现在的存在，如：αnï kim αl yüzindä xαlï bolğαy "她那红红的脸上有黑痣"。条件式形式与判断系词 käräk 相组合表示必须式的概念，如：Här miŋ yïldα qïrq αrqα ötsä käräk "每一千年会生活二十代人"。

这些文献中出现带有-(X)r，-GAn，-mAQ 等后缀的动名词或形动词。这些动名词和形动词之后缀加名词数、人称和格后缀之后，它们在句子中的作用与名词相同，如：Bistαr-ï rα:hαt tilärni qoy "放下那种完全享受的梦想吧"，Seniŋsiz bu dunyαdα yörümäk mαŋα hαrα:m turur "在这世界上离开你而生活对我是不可能的"，Meniŋ tα:'rixni yαxşi bilürümni eşitip "（她）听说我对历史具有较深的研究"，du:stlαrnïŋ külgänin düşmänlärniŋ yïğlαğαnïn köräb "看到了朋友的微笑和敌人的哭泣"，Qαbrï mα 'lu:m ämäs kim qαydαdur "不知道他（她）的坟墓在哪里"，Bαr murα:dïm kim seni öltürgümän "我有决心把你杀了"，Hαqïqαtnï bilmäk üçün "为知道真理"，Hα:lin körgän zαmα:n "当看到他（她）的状况时"。这些动名词的否定形式与一般实动词的否定形式相同。形动词的否定形式为表示否定的后缀之后再缀加-s，如：Mäy iç peymα:ne tolmαsdïn burunrαq "酒溢出之前把它喝掉"。

这些文献中出现的-GAlï，-(X)p，-A，-(X)y，-GAç，-GUnçA 等副动词，在句子里一般作状语，如：Yα:r αğïz αçmαsğα dαrdïm sorğαlï tαptïm säbäb "我找到为什么我心爱的人不问我的悲伤的答案了"，αltun yαnï tαpïp kältürdiŋiz "你找到并带回了金弓"，Ilgäri bαrïp turdï "他（她）向前走去，并停下"，Yïğlαy kirdi "他（她）哭着进来了"，αndïn toyα içti "然后喝足了"，α:ftαb olturα yättim "我日落之前到达了"，Tαşkänttä qïşlαy bαrdï "在塔什干过了冬季之后走了"，Qαyğuŋnï çäkä çäkä qαrïptur Bα:bur "巴布尔一直为你悲伤而变老了"。这些副动词形式的否定形式为-y，如：Bir sα:'αt sözlämäy olturdï "大约一个小时没有说话安静地坐着"，Kältürä bilmäy "不能够带回来"，On kün ötmäy "还没过十天"，Kirgäç üç yükündüm "我边进边跪了三次祈祷（即作了三次祈祷）"，αş qïlğαlï bαwurçï tαpïlmαdï "找不到会做饭的人"，Yäti säkiz kişini ilgäri xαbär αlğαlï yibärildi "让七八个人作为侦察员首先出发了"，Män ölgäli köp boldï "我死已很久"，Aläm bolğunçα bu söz bolğusï turur "自古以来就有这样的话"，Ol işnï qïlmαğunçα köŋlüm tïnmαs "做不完这件事我的心无法安定下来"。

句法特点：词组中名词领属格与名词第三人称搭配的修饰和被修饰关系的词组很常用，如：Quyçïnïŋ iti "牧民的狗"。此外，波斯语的 izα:fi 也常用。词组中还常出现带有-GAn 形动词的修饰与被修饰词组，如：Kök qαpuğïn sαqlαğαn färistälär "守卫蓝天大门的诸神"，Yαxşi αŋlαmαğαn sözni αyïtmαğïl "不要讲你自己没有很好地理解的话"，Uruş äylär kişibiz "我们是能打仗的人"。阿拉伯语和波斯语借词 ki 即虚词之后的词组经常注释之前的词组，如：Bu sözlär ki dädiŋiz "这些话是你说的"，Ağα ini ki toqqαn ärür "兄弟就是亲戚"等。关系代词经常起到连接主句与副句的作用，如：Men ol quşturmen kim 'α:şiqlαr mäni hαwαdïn tutαrlαr "我是一只鸟，恋人只能从天上把我抓到"。有时 ki 前后的动作同时发生，也就是说 ki 之后的动作与 ki 之前的动作同时发生，如：Yätti uşαndα ki Zulαyxα: ärdi "当租莱哈到达时他（她）也到了"。有时 kim 表示"无论是谁"等含义，如：kimgä bärdim köŋül "无论我的心献给谁"，qαysïnïŋ αllïğα kim qoydum bαş "无论把我的头放到谁的前面"。

这些文献语言中主要出现以下连接词：dαğï～tαğï "还"，wä "也"，häm "和"，"也"，häm...häm "和……和"，nä...nä "……不是……也不是"，wäyα: "或"，yoqsαg "假如：不是"，yoq ki "不是"，χα:h(i) "无论"，yα：yα: "无论是……还是"，αmmα "但是"，lekin "但是"，wäli: "但"，wäli:kin "但"，bälki "甚至"等。

在这些文献中出现以下关系代词：kim~ki"即"，qaçan (kim)"当"，çün (kim)"为"，tɑː(kim)"甚至"等。它们起连接词与词、词组和句子的作用。

三 中古哈萨克—柯尔克孜(克普恰克)文献语言的主要特点

13—16世纪之间，采用罗马字母、阿拉伯字母、希腊字母和阿尔米尼亚字母等文字书写的文献其语言一般称为中古时期克普恰克方言。其中阿拉伯文的文献语言一般称为马木鲁克克普恰克方言。阿尔米尼亚文的文献语言一般称为阿尔米尼亚克普恰克方言。克里米亚地区出现的文献其语言一般称为克里米亚（鞑靼）方言。

用罗马字母写成的《库曼语汇编》(*Codex Cumanicus*) 是这一方言最重要的文献之一。第一部分是为意大利商人学习语言而编写的，第二部分是为德国传教士学习语言而编写的。该文献的手稿现保存在意大利威尼斯圣马克教堂图书馆中。由于该文献中体现了14世纪上半叶相关语言的特点，且该文献的第一和第二部分的语言均属同一个方言区，所以其语言特点在克普恰克文献里占有非常重要的地位。

属于这一时期的其他重要文献还有：《突厥语和克普恰克语概论》(*Kitābu Luğat al-muṣtāq fī luğat at-türk wa 'l-qifĴāq*, /*Book of sufficient introduction to the laŋuages of the Turks and Kipçaks*)，是在现在的苏利亚境内编写的。《突厥语阿拉伯语翻译词典》(*TarĴumān turkī wa 'arabī*/ *Turkic and Arabic interpreter*) 1343年成书于埃及。这部工具书除了词汇外还包括有关语音、连词、名词以及后缀等与语言学相关的内容。属于14世纪的《理解突厥语》(*Kitāb al-idrāk li-lisān al-atrāk*/*Book of the understandiŋ of the Turkic language*)。除主要包括较长的克普恰克语阿拉伯语对照的翻译词汇表外，还包括语音和词法学的相关内容。《突厥语言应用精品集》(*A-qawānīn al-kullīyat li-dabt al-luğat at-turkīya*/*The collection of the correct rules of the Turkic language*) 是15世纪之前在埃及编写的。该书包括语法和词汇表等内容。还有一部重要文献是用阿拉伯文写成的，具有代表性的文献 *Münyätü 'lǧuzat*。这是一部用于骑兵训练的具有工具书性质的文献，最新发现的较完整的一本保存在土耳其伊斯坦布尔托福卡普（Topkapı）博物院图书馆。

阿尔米尼亚文文献一般都属于16—17世纪，是克里米亚鞑靼人的后裔留下来的。

主要正字法规则：各类文献的手写形式没有统一的规则，差别较大，因此转写时需要特别留心。在使用阿拉伯字母方面主要有以下特点：与其他阿拉伯文文献一样，除三个字母（即 alif、waw 和 hä）外，元音一般不用特殊的字母来表示，只用附加符号（fatha/diacritic signs）来表示，比如 waw 和 damma 表示圆唇元音（/o/、/u/、/ö/和/ü/），alif、fatha 和末尾的 hä 表示宽非圆唇元音/ɑ/和/ä/，ya 和 kasra 或 harika 除表示辅音/y/外，还表示/ĭ/和/i/，alif 和 ya 组合在一起表示央元音/e/，当然也表示/ĭ/和/i/。为表示阿拉伯语和波斯语借词中的特殊音，并将其与在突厥语中原有的/t/、/s/、/d/和/z/的音相区别，就使用了表示相应阿拉伯字母的ṭ、ṣ、ð 和ẓ。这些字母表示的音都出现在带有后元音性的结构里，这也是转写时应引起注意的一个语音现象。在阿拉伯文文献里/b/和/p/、/j/和/ç/、/k/和/g/是不加以区分的。从绝大部分文献的正字法中一般用 ng 两个字母来表示一个鼻音/ŋ/。

主要语言特点：从上述文献中，主要反映克普恰克方言的语言特点的同时，也反映出乌古斯语言的一些特点。严格地说，这些文献中没有统一的、特定的或明显的方言标志，只是从文献中所反映的某些特点可被看作该方言的特征。主要特点如下：

语音方面：根据区别特征，一般认为有/ɑ/、/ä/、/e/、/ĭ/、/i/、/o/、/u/、/ö/、/ü/九个元音。除阿拉伯语和波斯语借词外，在文字上看不出突厥语词汇中是否存在长元音。不重读的音节除外，在失去重音的音节中，其元音一般为短元音且常常脱落，如：kṣi "人"，qïš "冬天"，χzïl "金子"等。在《库曼语汇编》等文献语言里，/e/的性质是央元音，这是因为它在同一个词的结构里或某个词干缀加后缀时，既能与后元音搭配，又能与前元音搭配，如：αçel- "打开"，αğre- "疼痛"，tɑtlï "甜"。这些语音现象是这一方言的主要特点之一。

古代突厥语文献和其他文献中的次低前元音 ä 在这些文献中一般与 i 交替，如：il（MG 83b/2）"国家"，il（MG 11a/3）"马的前腿"，igri（MG 81a/4）"弯的"，iksrk（MG 12a/8）"缺乏"等。

辅音：辅音系统可归纳为/b/、/p/、/w/、/ç/、/d/、/t/、/g/、/k/、/ğ/、/q/、/χ/、/l/、/m/、/n/、/ŋ/、/r/、/s/、/ş/、/y/、/z/二十个辅音音位。除此之外，/h/、/ž/、/j/、/f/等音位出现在外来词语中。

古代突厥文献中的舌尖辅音 d 在有些方言中变化为 y，而在另一些方言中却变为 ð，在 Münyätü'lğuzat 文献中一般与 y 交替，如：αyαq（MG 8a/4）"脚"，iyär（MG 7b/5）"马鞍"。但是只有在一个例子中变为 ð，如：iðär（MG 6b/7）"马鞍"。古代突厥文献中的辅音 b 在 Münyät'ulğuzat 这一文献中一般与 m 交替，如：män（MG 25a/4）"我"，min-（MG 9a/9）"骑"，miŋ（MG 104a/3）"千"。古代突厥文献中某些词里的辅音ğ在克普恰克文献中有时与 w 交替，如：suğαr-（MG 88b/8）"灌溉"，suwαr-（MG 88b/5）"灌溉"。

在这一时期文献中常出现词末尾的舌根和小舌辅音脱落现象，但是也有不脱落的情况，如：αtlu（<αtlïq）"骑马的"；illig（MG 39a/3）"五十"，qαtïğ（MG 7b/9）"硬"，qorquluğ（MG 83b/9）"可怕的"等。

元音和谐方面：舌位的前后和谐占主导地位，圆唇和谐相对来说有弱化趋势。在突厥语词汇的辅音之间和辅音与元音间的搭配或和谐规律中，/k/、/q/、/g/、/ğ/四个辅音的和谐特征同样重要。它们与元音同时出现在一个词或带词缀的结构中时，不仅在元音前后和谐中起互补分布作用，在辅音清浊和谐中同样也起互补分布作用，如/k/与前元音和清辅音和谐；/q/与后元音和清辅音和谐；/g/与前元音和浊辅音和谐；/ğ/与后元音和浊辅音和谐。

在这一时期文献中主要出现以下构词后缀：从名词派生名词或静词的后缀有：+çI：bαşçï "向导，领导"。+lAG：oğurluχ "贼"，αtlu（<αtlïq）"骑马的"。从动词派生名词或静词的后缀有：+X：ölü "死的"。+(X)m：αχïm "水流"，içim "饮料"，yαrïm "半个"。+AG：αrtuq "多余的"，sαtuχ "买卖"，yαzuq "犯罪"。从名词等静词派生动词的后缀有：-A：oynα- "玩儿"，boşα- "变得空白"，sαnα- "点数"；-lA：bağlα- "捆"，boluşlα- "帮忙"；DA-：αldα- "欺骗"，izdä- "寻找"。

这些文献中出现的外来词汇较多，主要来源于斯拉夫语、希腊语、中古蒙古语，但更多的还是来自阿拉伯语和波斯语。这也是这一方言区域最重要的词汇特点之一。

主要语法特点：名词复数后缀为-lAr，如：ölülär "死的人们"，işlär "许多事"，yuŋlαr "许多毛"。名词所属第一人称单数后缀为-(I)m，复数后缀为-(I)mIz；第二人称单数后缀为-(I)ŋ，复数后缀为-(I)ŋIz；第三人称单数后缀为-(s)I，复数后缀为-(lAr)I。名词主格后缀同样为零形式。名词领属格后缀为-nIŋ，偶尔也有-Iŋ 的形式，如：täŋriniŋ "上天的"，yäkniŋ "魔鬼的"。宾格后缀为-nI，如：αqçαnï "把钱"，qulnï "把奴隶"，偶尔也有-I 的形式，如：işï "把事"。向格后缀为-GA，如：toyğα "向婚姻仪式"，yolğα "向路"，偶尔也有-A 的形式，如：αtα "向马"。名词第三人称之后方向格后缀一般为-nA，但是也有-nğα/-ŋ ä 的形式出现。另外，偶尔也有-ngα=ŋα 的形式出现，如：bαşïnα（MG 34a/3）"向他（她）的头部"，yoluŋα（MG 6a/2）"对他（她）的路"，buyruqlαrïŋα（MG 5a/3）"对他（她）的传令官"等。位格后缀为-DA，如：kündä "每天"，uzunluqdα "长度"。在绝大部分文献中名词从格后缀一般为-dAn，但在 Münyätü'lğuzat 这一文献中-dïn/-din 形式出现的频率比-

dAn 形式高，如：αt-dïn（MG 7a/2）"从马"，αyαq-dïn（MG 8a/6）"从他（她）的脚"等。

名词单数或复数所属人称和格形式同时变化，如：αtïŋnï"把你的马"，αğrïğïmïznï"把我们的病"，αyαqlαrïŋnï"把你（们）的脚"，älindä"在你的手上"，äyäriŋdin"从你的马鞍"，bαrçαsïn"把所有的"，bäliŋä"向你的腰部"，tαnïχïn"把见到的，认出"，qonşuŋnï"把你的邻居"，tαŋlαrïn"把他（她）的奇怪的（事）"，qïlïç qïnïndα"在匕首套，剑鞘"，kögsinä"向胸口"，işlärini"把他（她）的事"，uçïnï"把头端"，ötmäkimizni"把我们的面包"，yαnïŋα"向他（她）的身边"等。

主要后置词有：bαşqα"除外"（与名词从格相组合），bilä"与……在一起"（与名词主格形式相组合），däyri"到……为止"，tägrü"到……为止"，däyin"到……为止"，kibi"像"，körä"根据"，ulαm"连续"，üçün"为"等，如：ulu kündän bαşqα"圣日除外"，ägi köŋül bilä"以善意的心情"，Yärosolimğα dägri bαrdï"他（她）们一直走到了耶路撒冷"，yαzuq üçün"由于犯罪"等。

形容词比较级或减弱级后缀-rAQ的出现频率较高，如：yαχşïrαq"比较好"，yαmαnrαq"比较坏"，yïrαqrαq"比较远"等。

主要出现以下代词：人称代词有：män～men"我"，biz"我们"；sän"你"，siz"你们"；o～ol"他（她）"，αnlαr"他们（她们）"。此外也有 bän"我"，bizlär"我们"；αlαr～αllαr 和 onlαr"他们（她们）"等形式。反身代词有 özi，känsi，kändözi 都表示"他（她）自己"。人称代词的主格为零形式，领属格变化形式为：mänim"我的"，biziŋ"我们的"；säniŋ"你的"，siziŋ～sizniŋ"你们的"；αnïŋ"他（她）的"，αnlαrnïŋ～αlαrnïŋ"他们（她们）的"。宾格变化形式为：mäni"把我"，bizni"把我们"；säni"把你"，sizni"把你们"；αnï"把他（她）"，αnlαrnï～αlαrnï"把他们（她们）"。向格变化形式为：mαŋα～mαğα"向我"，bizgä"向我们"；sαŋα～sαğα～sα:"向你"，sizgä"向你们"；αŋα～αŋαr～αğα～α:r"向他（她）"，αnlαrğα～αlαrğα"向他（她）们"。位格变化形式为：mändä"在我"，bizdä"在我们"；sändä"在你"，sizdä"在你们"；αndα"在他（她）"，αnlαrdα"在他们（她们）"。从格变化形式为：mändän"从我"，bizdän"从我们"；sändän"从你"，sizdän"从你们"；αndαn"从他（她）"，αnlαrdαn"从他们（她们）"。主要指示代词有：bu"这"，oşbu"就这个"，o～ol～şol"那"等。主要疑问代词有：kim"谁"，nä"什么"，qαyu～qαysï"哪"，qαç"几个"。表示不确切的代词有：kimsä"某人"，nämä～nästä～näsnä"某事"。表示泛指的代词是 bαrçα"所有"。

数词的表示法和语法变化以及语法功能与其他文献一样，如基数词有：bir"一"，äki"二"，üç"三"。序数词和分配数词等构形变化与其他文献一样，如：birinçi"第一"，äkinçi"第二"，üçinçi～üçünçü"第三"。人称数词后缀为-Ao～-Aw＜*-AGUr，如：ikkäw"俩人在一起"，üçäw"三人在一起"。分配数词后缀为-(ş)Ar，如：αltïşαr"各六个"等。约数一般由两个以上基数词的组合方式构成，如：äkki üç"约两三个"等。增数的概念一般用 qαt"层"，käz"次"，qurlα"行"，qαtlα"叠"等词来表示。

在绝大部分文献里的名词作谓语的句子中为表示否定意义，一般用否定辅助动词 dögül 或 tögül 来代替古代突厥语中的 ärmäs～ermäs～irmäs，如：dögül（MG18b5/5）"不是"，tögül（MG 10b/2）"不是"等。动词否定式后缀为-mA。形动词形式的否定式后缀为-mAs。动词有主动、被动、使动、反身和交互等语态变化。主动语态后缀为零形式。被动语态后缀为-(I)l-(I)n，如：αçïl-"被打开"，bäril-"被给"，αyrïn-"被分开"，αwurun-"疼痛"。使动语态后缀为-(X)r、-(X)z、-(X)t、-Dur、-Gur、-Guz、-Gir，如：Açtur-"使打开"，biştür-"使剪"，kältür-～kältir-"使来"，sïndur-"使截断"，bildir-"通知"，αrït-"使干净"，αqït-"使流"，bişür-～bişir-"煮熟"，yαtur-"让躺下"。反身语态后缀为-(I)n，如：tαrαn-"自己修饰自己"，sürtün-"自己擦拭自己"，körin-"让人看"。交互语态后缀为-（I）ş、-（U）ş，如：aliş-"交换，互相拿"，boluş-"互相帮助"，satïş-"买卖"。后缀-(X)G表示自然状态，如：aćïq-"开着"，turuq-"状态"等。

动词的人称后缀有两种：一是代词来源的后缀，二是名词人称后缀来源的后缀。如第一类：第一人称单数为-m(än)，复数为-(bI)z；第二人称单数为-sän～-säŋ，复数为-sIz；第三人称单数为-Dir，复数为-DirlAr。第二类：第一人称单数为-m，复数为-Q；第二人称单数为-ŋ，复数为-sIz；第三人称单数为-Ø，复数为-(lAr)。

在这些方言区域内动词的现在将来式较常用，其后缀是-(X)r，如：Alişirmän "我交换"，Basarmän "我压"，Qança barursän "你向哪儿去"，Arqun arqun kälür "他（她）慢慢地来了"，köŋlüm aynïr "我心烦"，Arqasï açïq qalïr "背后开着"。在马木鲁克文献中出现圆唇元音形式，如：başlayur "开始"，sözläyür "说话"等。动词现在将来形式的否定式后缀为-mAs，如：Barmasmän "我不去"，Bärmäsmän "我不给"。这些否定式也有缩略形式，如：Bärmän "我不给"，kälämän "我不来"，bilmän "我不知道"，bolman "我不在"。克普恰克方言里常用比较最典型的缩略句子，这是该语言的主要特点之一。一般过去时由动词末尾缀加后缀-DI，然后再缀加人称后缀来构成，如：Ölümdän bizni çiğardïŋ "你保护我们死里逃生"，Su qan bilä ağïzdïlar "把水与血混在一起"。现在条件式与其他方言一样，用在动词末尾缀加后缀-sA来表示，但在带有条件式的句子中常常出现ägär "假如"、qaçan "当"等表示假设的连接词语，如：ägär qaçsa "假如逃跑"。表示"能不能"的方式也与其他文献相同，即在动词末尾首先加后缀-A，然后与al-"拿"和bil-"知道"等助动词组合，但在后期文献中后缀-A常省略，如：Köktägi χanlïqta baralmazbiz, täŋri qattïnda "我们不能够到达蓝天上的王国那里"，Kişi yolsuz barabilmäz "假如没有路，人是不能到达那儿的"，Käräk kim biz köŋül közi bilä baqqaybiz "我们必须全神贯注地照顾"。该文献中动词命令—愿望式第一人称单数后缀为-(Xy)Im，如：bäräyim "我要给"，Ağrïtmasun "不要让疼痛"，复数后缀有三种变体-AlIG、-AlIm和-AlI；第二人称单数后缀有两种变体，即-GIl和-Gin，如：Ağrïğïmïznï oŋaltğïl "治疗我们的疾病"，Barğïl "你去吧"，Täŋri bärsin känsi bazluγïn "愿上帝保佑天下太平"，复数后缀为-(y)Iŋ(Iz)，如：Baruŋïz körgüzüŋïz papazlarğa "你们去让牧师看一看"；第三人称单数后缀为-sun，如：Käŋ bolsun "使宽一点"，复数形式有时与单数一样，不加区别，有时为-sunlAr，如：Kïrmäsünlär "不要让他们进攻"等。

在绝大部分文献中，过去时形动词后缀一般为-duq/-dük，但在Münyätü'lġuzat这一文献中却用-ğan/-gän，如：bil-gän（MG 43a/9）"知道的"等。后缀-GAy除了充当形动词后缀外，也用来表示将来愿望式，如：Ança täŋri anï artuχ sövgäy "这样一来上天可能更加喜欢他"，Hiç kimärsägä bildürmägäy "不要让任何人知道"，Bir yaχşï ağaçdïn süŋü yaraşturğay sän "用结实的木棍做个长矛"。带有-A形式的副动词后缀的实动词之后可以组合助动词，构成复合动词。在此类结构中，助动词表示主要动词所表达的行为或动作的现在进行式等各种状态。在这一方言区域里实动词和助动词常常连写，如：Bäriyirmän "我正在给他（她）"，Kätäyürmän "我正在返回"，Başlaydïrlar "他（她）们正在开始"，Kälmäydirsäŋ "你没有正在来"等。有时实动词以-p副动词形式出现，其后可以组合助动词，构成复合动词。在此类结构中，助动词表示主要动词所表达的动作和行为正在进行的或将要发生的动作状态，如：Kök barça açïlïptur. "天空完全晴朗了"，Dünyägä tiralik beriliptur ur. "万物有了生命"，Ağaç iliptir. "树倒下了"。

主要连接词有：DAGI "还、也"，wa "和"，nä…nä "也不"，ya：…ya："也…也"，walakin "但是"，ägär "假如"，anïŋ üçün "是因为"，çünki "因为"。

主要语气词有：DA和OQ "正是"或"是"，mX "也"等。表示否定的语气词有Dögül、däwül、yoq "不是"等。

国内缺乏这方面的文献。下面是 *Münyetü'l Guzat*（该文献的内容请参看以上的介绍）中的两页转写，供参考：

57/a
1 qaçan kim bu 'amälni qılur bolsang kiräk kim sindä
2 bir uzun yip bolğay bir uçı bilingä bağlı
3 bolğay taqı bir uçı licām-nıng ḥalaqasına bağlı
4 bolğay tā a ṭıng tüşgändä sindin qaçmağay
5 zīnhār saqlanğıl bu t ariqa-nı düşmän il-lärindä isti 'māl
6 qılmağıl kim munung kibi körklüg hünär-lär-ni
7 düşmän körüp ögränmägäy taqı ol kişi birlä kim anıng
8 oqı yası bar taqı dost birlä ğarīm oynağanda bularnı
9 bu yirlärdä isti 'māl qılmağıl bu bab birlä burunğılar

57/b
1 'amäl qılurlar irdilär taqı munı uluğ bāb körär irdi-
2 lär bu t ariqā üzärä hiç t ariqa-nı taqdim qılmas irdilär
3 ammā män bu t ariqanı ma ṭlūbāt bābında kärih körär-män
4 at ḍım tüşmäkni anıng üçün kim fāris-ning izdä-
5 gäni ol turur kim ğarīmin a ṭ-dın ayırsa qaçan kim ol
6 öz özlüg birlä yayağ bolur bäs fāris-ning izdägäni
7 ḥāsıl boldı män bu bāb-nı isti 'māl qılmas-män iy niçä
8 kişilär mänim birlä bu bāb-nı xalīfälärä alnında isti 'māl

四　总结

我们研究维吾尔族、哈萨克族和土耳其等各民族古籍时，尤其是对于以使用阿拉伯文为基础发展而来的中古时期近代很多民族文字的古籍时，这些古籍的民族属性不能像其他民族古籍那样界限分明，虽然维吾尔族、乌兹别克族和土耳其的近代阿拉伯文文献更为突出，但有一些古籍是几个民族的共同财富。所以我们的描写方法和顺序不可能跟其他民族古籍一样，分得一清二楚。我们的描写是综合性的、抽象的。在中亚出现的所有阿拉伯文文献的语言绝大部分属于突厥语族语言范畴。

突厥语族语言指的是属阿尔泰语系的诸突厥语族语言，即在阿尔泰语言学中相对于其他语族语言而用的名称。因此，从这一意义上讲，它又指从共同突厥语中分化出来，从古到今形成的一个个独立的亲属语言。提倡阿尔泰语言学学说的学者认为：根据历史比较语言学理论和方法来构拟，在北起亚洲大陆的北部（包括中国北部和西北部各地）、蒙古、中亚、西伯利亚南部、伏尔加地区和土耳其，南至近东和巴尔干半岛这样一个广阔地域内的诸多语言彼此间存在着某种亲属关系，由这些语言组成的语系叫阿尔泰语系。研究这些具有亲属关系的语言的学科在语言学上称之为阿尔泰语言学。该语系包括突厥语族、蒙古语族和通古斯满语族。我们在这里所说的突厥语族语言指的是从古代突厥语中分化出来的，但又是独立的亲属语言之意。

研究维吾尔语、哈萨克语、土耳其语等突厥语族语言的学科一般都可概括为"突厥学"或"突厥语言学"。所谓突厥语，泛指古代鄂尔浑河流域、叶尼塞河流域所发现的几大碑铭文献语言、回鹘文文献语言、喀喇汗王朝时期文献语言、克普恰克文献语言等其他西部或南部方言的语言以及中古和近代（即察哈台）文献语言。也就是说，它是古代（突厥）语言的综合名称。

什么是突厥语言学？突厥语言学是以语言学理论为指导，采用社会科学研究方法来研究属阿尔泰语系突厥语族语言的一门学科。从这一意义上讲，它不仅是研究古代突厥文献、回鹘文文献和用阿拉伯文写成的各种文献的语言，而且也是研究从古到今形成的一个个独立的亲属语言，即研究这些语言的内部结构、它们与外部各类语言之间的关系，以及随着社会的发展在这些语言的作用和内外结构中所发生的各种发展变化的一门学科。

（一）语音方面

世界上突厥语族语言和方言很多，这些语言的语音系统中又有很多不同的语音和变体。当我们以历史比较语言学的历史比较法和共时语言学的共时比较法进行比较时，就可以发现，它们都继承并至今沿用着古代突厥语或共同突厥语所具有的完整而最基本的语音系统，也可发现各个现代语言中普遍存在的基础性音位系统。这些共同性表现在下列几个方面。

元音

突厥语族语音最重要的特点之一是，无论词首音节、词尾音节或是词中音节，任何一个音节必须有一个元音做它的音节基础，换句话说，没有元音就不可能构成音节。除此之外，元音在词首音节中出现的综合频率比辅音在词首音节出现的频率高得多。由此可见元音的重要性。

突厥语族语音的另一个特点是所有元音都是成对的，有前后、高低和圆唇与非圆唇的区别。/ä/、/i/、/ö/、/ü/是前元音，与它们相对/α/、/ï/、/o/、/u/是后元音；/ä/、/α/、/ö/、/o/是开元音（其中α的开度大，ä的开度小），与它们相对/i/、/ï/、/ü/、/u/是闭元音；/ä/、/α/、/i/、/ï/是非圆唇元音，与它们相对/ö/、/o/、/ü/、/u/是圆唇元音。从以上元音的三种特点来看，古代突厥语语音中就已有八个元音音位。

突厥语族语言文献中出现的元音与现代诸多突厥语的元音比较时我们会发现一些特点，其中很重要的特点就是语言中存在着语音和谐规律。就元音和谐而言，词的第一音节中元音的性质决定该词后音节中的元音性质，一般来说前元音与前元音和谐，后元音与后元音和谐；所以古代突厥语中每一个词不是前元音性质，就是后元音性质。当然，还有圆唇与圆唇和非圆唇与非圆唇元音的和谐，但是，对前者而言它是次要的。我们根据元音音质的三种规律性特点与和谐规律相结合，并观察元音在词首音节、词中音节、开音节和闭音节中出现的频率，互补分布规律提出或者可以构拟最古时期可能存在/A/、/I/、/U/等三个基础性元音，其他元音是随着语言的发展，为适应和谐规律而逐渐生成的。

突厥语族语言文献中出现的元音音位舌位图：

元音的高低＼元音的前后展圆	前		央	后	
	展	圆		展	圆
高	/i/	/ü/		/ɪ/	/u/
次高		/ö/			/o/
央			(/e/)		
次低	/ä/				
低				/ɑ/	

现代各个语言中语音和谐规律的体现也不平衡，有的严密一些，有的不够严密，比如土库曼语、柯尔克孜语、阿尔泰语、雅库特语等语言相对来说比较严密，而其他语言元音的前后和谐较为严密，而圆唇和谐不够严密。如柯尔克孜语 köllördö "在湖里"、阿尔泰语 bolboğondor "还没有发生"、土库曼语 oğlonlormuððo "在青年当中"，等等。

辅音

突厥语族语言中辅音的发音与其他语言一样，发音时气流一定受到发音器官某一部位的阻碍，由于发音部位和发音方法不同，所以发出的辅音就不同，这是共同的特点。

在突厥语族语言的历史发展过程中，相对元音系统而言，辅音系统中它的数量在不断增多，辅音体系越来越丰富。这种发展变化与其他语言比较起来很有吸引力。该语言中，辅音不能够独立构成音节结构。

这些文献中出现的辅音根据发音部位可分为双唇音、唇齿音、舌尖齿音、舌尖前音、舌尖中音、舌叶音、卷舌音、舌面音、舌根音、小舌音后壁音等。

根据发音方法可分为：塞音、塞擦音、擦音、鼻音、颤音、边音。还分为清音、浊音和半元音等。

古籍文献语言中主要出现以下辅音：

发音方法		发音部位 双唇音	唇齿音	舌尖齿音	舌尖前音	舌尖中音	舌叶音	卷舌音	舌面音	舌根音	小舌音	喉壁音
塞音	清音	p				t				k	q	
	浊音	b				d				g		
后塞擦音	清音				s		ç [tʃ]					
	浊音				z		j [dʒ]					
前塞擦音	清音		f	θ	s		ş [ʃ]			x	χ	h
	浊音		v	ə	z		ž [ʒ]			ɣ	ʁ	
鼻音		m			n		ń			ŋ		
颤音					r							
边音					l			ɬ				
半元音		w							y			

重音

绝大部分学者认为突厥语族语言的重音一般落在词首音节和词尾音节,有时第一重音可能落在词首音节,第二重音落在词尾音节。词中音节一般没有重音。学者们还提出,有些双音节词末尾缀加词缀之后,由于原第二音节中的第二重音移到第三音节,结果失去重音的音节就会脱落,如:oğul＋"男孩子"oğul＋ï>oğlï"他(她)的男孩";köŋül＋"内心"köŋül＋ü>köŋlü>köŋli"他(她)的内心"等。不少突厥语族语言里很多音变现象与重音的位置和它的移动变化有关。使用现代精密仪器对活语言的重音进行试验调查,对我们正确认识古代突厥语的重音以及他们的变化是有帮助的。

维吾尔语音节结构

与世界上大部分语言一样,古代突厥语中构成音节结构的核心要素是元音。所以词中元音的数目与音节的数目相当。过去,很多有关古代突厥语语音和语法研究的文章和专著里只是对词的词干音节结构进行分析和分类,并没有把词和词缀加在一起,对音节结构进行研究。众所周知,古代突厥语是黏着语,其构成新词表达新概念,各种词形变化来表达各种语法意义的主要手段是通过由词根或词干缀加后缀来实施,而且古代突厥语中后缀占很大比率;换句话说,突厥语族语言里如果离开了后缀就不能构成新的派生词和句子,也就谈不上使用语言来达到交流的目的。同样,词的音节结构模式或类型也是区分方言与方言或亲属语言与亲属语言的很重要的标志之一。假如某一种语言中除保存了古代音节类型外又出现了新的音节类型,那么这种新的音节类型就是构成新的方言或语言的标志之一。因此我们也需要对词缀的音节结构进行分析和分类。大部分学者认为,古代突厥语的最古老的根词,也就是基础词是单音节的,词缀是从词演变而来的,双音节、多音节词和词缀是后来发展形成的,我们也是这样认为。词与词或者词与词缀为表达某种意义一旦组合成一个结构时,它的这种结构是相对稳固的,但是,为表达另一个词汇意义或者语法意义,词与词或者词与词缀组合在一起构成新的一个结构时,原来的音节结构可能发生不同程度的某种变化,形成新的音节组合。这也许是突厥语的一种音节结构方面的特点。突厥语的另一种音节结构方面的特点是除外来词汇或例外情况以外,以元音结尾的音节之后不能再加由元音开头的音节,因此,不存在元音结尾的(词)音节之后直接缀加以元音开头的后缀(Y+Y、Y+YF、FY+Y)构成的词和词缀结构。当我们分析词缀的音节结构时,我们很容易发现大部分后缀是单音节的,其余是双音节和多音节的。单音节后缀当中我们不难发现,其中有一部分后缀只由辅音组成(我们还可以推测,这些辅音形式的词缀很可能是由带有元音的词缀发展而来的),其余是由元音和辅音组合而形成的。这些后缀是与带有元音结尾的词与辅音开头的后缀或辅音结尾的词与元音开头的后缀反反复复进行组合,在此过程中由于语音和谐规律而发生语音同化和异化现象,语言本身约定俗成的精炼以及规范化等语言现象,是漫长的演变和发展的结果。按语音和谐规律,即互补分布规则,可以把这种由单纯辅音组成的词缀中的元音恢复过来。

古代文献语言中最常用的音节结构类型

古代突厥语词汇中一个音节里不同元音的前后可能出现三个辅音,但三个辅音不能以一个又一个连接的形式同属于一个音节,除非其中一个或两个属于前一个音节,其余属于后一个音节的形式出现。如:törtlik sαn"四位数"等。根据元音的和谐,词的音节结构可分为后元音性音节和前元音性音节两类(当然外来词汇例外,如:kitαb"书"<阿拉伯语借词等);同样,根据辅音的和谐,词的音节结构可分为浊辅音性音节和清辅音性音节两类。古代突厥语中词和词缀的音节结构类型有下列几种(Y表示元音,F表示辅音,|表示音节界限)。

单音节词的音节

Y：ö-（UW Sa06/14，Sa07/13）"想"，u-（UW Em01/12）"能做"。

YF：可单独构成单音节根词，也可以构成双音节和多音节词和词缀的语素，使用频率很高，如：αt（UW 1/2，2/4）～α:t（QR 6v9）"名称"，αq（UW 27/22）"白"，αh（QR 168r7 3）"啊，哎呀"。

YFF：αrt（AY 409/11）"山"，αlp（UW 81/3，AY 51/6）"艰难的"。

FY：除感叹词、语气词、外来语词和词缀之外不能构成单音节根词，如：sα（UW 18/6）"锭前"（来源于汉语的"销"），yα（AY 420/18）"啊"（表示感叹）。

FYF：可单独构成单音节根词，也可以构成双音节和多音节词和词缀，使用频率很高，如：bäk（AY 11/23）"很"，bän（QR 21r1）= män（UW 1/1/6）"我"，bir（AY 4/7）～ pir（QR 146v20）"一"。

FYFF：tαrt-（AY 10/9，19/14）"拉"，tört（AY 2/13，3/23，QR 96v14）"四"，körk（AY 42/3/7，QR 15v3）"面貌"，yirt-（AY 19/14）"撕破"。

双音节词的音节

Y+FY：α｜tα（AY 552/1）"爸爸"，α｜rα（AY 9/7）"之间，中间"。

Y+FYF：α｜dαq（AY 313/1）～α｜ðαq（QR 27r3/4）"脚"，α｜d（ä）m（QR 7v5/11）"人"。

Y+FYFF：一般只构成表示人名的词，如：α｜nαnt（UW 91/9）"阿南塔"（人名）。

Y+FFYF：如：ä｜ngiz（UW 39/4，40/4）"茬（庄稼的）"。

YF+YF：一般只构成合成词，如：ät｜öz（AY 6/20，23/1/11）"生命，身体"。

YF+FY：αl｜tï（UW 5/1，32/2）"六"，αr｜pα（UW 41/8）"大麦"。

YF+FYF：αl｜tun（UW 11/18）"金"，et｜mäk（QR 14v16 2）"馕"。

YF+FFY：一般只构成表示人名的词，如：αn｜tso（UW 81/3/10）"阿泥提索"（人名）。YFF+FYF：αlt｜mïş（UW 26/5，AY 46/15）"六十"，erk｜lik（QR 6v2）"有权有势"。

FY+FY：tα｜pα（KT E 31，QR 87r4 3）"方向，往"。

FY+FYF：tα｜vuq（QR 26r19 2）"鸡"，ti｜rig（QR 16r8）"活，没死"。

FY+FYFF：sä｜vünç（QR 6r7 2）"欢喜"，pi｜şürt-（QR 85r15 3）"使煮熟"。

FYF+FY：qαð｜ğu（QR 29v14）"悲痛"，qαr｜ğα（QR 16r8/9）"乌鸦"。

FYF+FYF：boy｜luğ（QR 28r9）"个子（高/低）的"，mun｜lïğ（QR 2v1）"忧愁的"。

三音节词的音节

Y+FY+FY：α｜bï｜rï（UW 96/10）"阿碧热"（人名），i｜kä｜gü（UW 11/8/12）"俩人"。此外，还有以下音节结构类型：

Y+FY+FYF

Y+FYF+FY

Y+FYF+FYF

Y+FYFF+FY

Y+FYFF+FYF

YF+FY+FY

YF+FY+FYF

YF+FYF+FY

YF+FYF+FYF

YF+FYFF+FYF
YFF+FY+FYF
YFF+FYF+YF
YFF+FYF+FY
FY+FY+FY
FY+FY+FYF
FY+FYF+FY
FY+FYF+FYF
FYF+FY+FY
FYF+FY+FYF
FYF+FYF+FYF
FYF+FYFF+FY

古代突厥语中不常用的音节结构

四音节词的音节

Y+FY+FY+FY
Y+FY+FYF+FY
Y+FYF+Y+FYF
Y+FYF+FY+FY
Y+FYF+FYF+FY
Y+FYF+FYF+FYF
Y+FYF+FYFF+FYF
YF+YF+FY+FY
YF+FY+FY+FY
YF+FY+FY+FYF
YF+FY+FYF+FY
FY+FY+FYFF+FYF
YF+FYF+FY+FY
YF+FYF+FY+FYF
YFF+FYF+FYF+FYF
FY+FY+YF+FYF
FY+FY+FY+FY
FY+FY+FY+FYF
FY+FY+FYF+FYF
FY+FYF+FY+FY
FY+FYF+FY+FYF
FY+FYF+FYF+FYF
FYF+FY+FY+FYF
FYF+FY+FYF+FY
FYF+FY+FYF+FYF
FYF+FYF+FY+FY

五音节词的音节
FY+FY+FY+FY+FY

古代文献语言的语音和谐规律

突厥语族语言最重要的语音特征之一，是存在着语音和谐规律。现代某些突厥语族语言中名词的数形式可能有-lɑr/-lär/-lor/-lör/-nɑr/-när/-nor/-nör/-dɑr/-där/-dor/-dör/-tɑr/-tär/-tor/-tör 等多种变体。语音和谐规律中，词中的第一个音节语音的性质决定着该词其他语音的性质。换句话说，词中第一个音节语音的性质决定该词第二个音节之后语音的性质，也决定该词根或词干后附加成分即词缀的语音性质。语音和谐规律包括元音和谐规律和辅音和谐规律。严格地说，根据和谐规律，如果词的第一个音节里元音是非圆唇后元音，那么该词第二个音节以后的元音都应该是非圆唇后元音；如果词的第一个音节里元音是非圆唇前元音，那么该词第二个音节以后的元音都应该是非圆唇前元音；如果词的第一个音节里元音是圆唇后元音，那么该词第二个音节以后的元音都应该是圆唇后元音；如果词的第一个音节里元音是圆唇前元音，那么该词第二个音节以后的元音都应该是圆唇前元音。如果词的第一个音节里辅音是浊音，那么该词第二个音节以后的辅音都应该是浊音；如果词的第一个音节里辅音是清音，那么该词第二个音节以后的辅音都应该是清辅音。辅音和谐中词干清浊和谐并不严密，只是/q/、/ġ/、/k/、/g/四个辅音与元音一起构成音节，构成词结构，在词尾缀加词缀时一般体现清浊方面的和谐。但是，当观察古代文献中语音和谐规律的实际反映时，我们会发现元音前后性质的和谐占主导地位，而元音圆唇、非圆唇性质的和谐却不占主导地位。这种语音和谐实际上说明这些规律并不是绝对的，而是相对的。突厥语在各个时期文献中所反映的语音和谐规律是不平衡的。与古代突厥—如尼文文献的语言相比，《福乐智慧》和其后一个时期的文献有以下特点：第一，和谐规律不是绝对的，而是相对的。第二，和谐规律中舌位的和谐，即前元音与前元音的和谐或后元音与后元音的和谐相对严密，而唇状和谐不甚严密或者说较弱。第三，辅音的和谐只限于部分辅音。第四，语音和谐规律主要体现在词干缀加词缀时的语音组合关系当中，这种情况下，决定词缀和谐性质的音不是词首音节中的语音，而是词干末尾音节中的语音。

（二）词汇方面

第一，突厥语言的词汇发展是不平衡的或不相同的，一个词在这个语言中出现时，可能在另一个语言中不会出现。

第二，古代突厥语词库中的词汇在不同亲属语言中保留或继承下来的数量、范围和它们词义的保留程度是不平衡的。

第三，古代突厥语中存在，并在不同亲属语言中共同保留的相同词的语音、词义、功能、搭配程度以及构成新词的作用，在各个不同的亲属语言中是不平衡的。

第四，词根可能在不同语言中是相同的，但以它为基础所派生的新词却不一样。经过多方面比较可以清楚地看到，虽然 baş 一词在不同亲属语言中是相同的，但以 baş 为基础所派生的新词在各个亲属语言中却不一样。维吾尔语里由 baş 派生和合成的词大约有 150 条，而且还在不断增多；同样，土耳其语中也有 150 多条由 baş 派生和合成的新词，而且数量也在不断增加。但这两种语言近一千多年以来派生的和合成的新词在内容上确实有明显的差别，如果我们把比较的范围扩大到其他突厥语族语言的整个词汇中去，这种差别就会显得更为突出。由于篇幅有限，在此就不一一举例说明了。

第五，各个亲属语言中借词的数量、来源、范围、构词中的功能以及在亲属语言中适应或被吸收的程度均不一样，也是构成不同合成词的原因。由此可见，突厥语族语言新词的产生和发展趋势在各个亲属语言中是不平衡或不完全相同的。

（三）词法方面

在语法范畴中，名词的数、人称、格等构形词缀与古代突厥语的同类现象基本相同，它们的基本功能保持一致；形容词有级和形容词的名词化现象；数词不同类型和构形特点，代词有不同分类如人称代词、指示代词、疑问代词、肯定代词、否定代词、关系代词等类型；动词有肯定、否定、语态、语气、时态、副动词、名动词、形动词、体和人称等语法范畴；主要有连词、后置词、语气词等虚词。

（四）句法方面

文献语言中，句子成分的各种组合关系一般是主语在前，谓语在后；定语在前，被修饰语在后；宾语在前，谓语动词在后；状语在前，谓语在后。在各种词类的相互修饰和被修饰的组合关系中形容词在前，名词在后；数词在前，量词在后；数量结构在前，名词（或名词性短语）在后；数量结构在前，动词在后；副词在前，动词在后。

值得注意的是，无论在老维吾尔文文献，还是中古土耳其文献或者是克普恰克文献，所有这些古籍文献语言中共性一个特点就是修饰与被修饰结构中二者位置的替换不同，也就是说，受阿拉伯语和波斯语影响，很多情况下被修饰语在前，而修饰语在后出现。这一特点跟现代维吾尔语不相同。与其相关的就是借用所谓"izafiy"模式。我们学习和研究以阿拉伯文为基础的文字系统的文献时需要重视这一特点。

我们在这里所说的支配关系是指修饰语与被修饰语之间和主语与谓语之间的数和人称的一致或互相限制的支配关系。这是突厥语族语言最为普遍的特征。这种规律的存在、应用频率、严密程度以及发展变化，也是衡量各方言或现代独立语言之间是否存在亲属关系的一个依据。

本部分所用的符号和缩写词

A. 转写符号

/a:/、/a/、/ä/、/b/、/p/、/t/、/ṭ/、/j (c)/、/ç (č)/、/x (ḥ)/、/d/、/ð/、/r/、/z/、/ẓ/、/ž/、/s/、/ṣ/、/ş/、/ş (š)/、/ğ/、/f/、/γ/、/v/、/q/、/k/、/g/、/ŋ (ng)/、/l/、/m/、/n/、/ń (ny)/、/h/、/ḥ/、/o:/、/o/、/ö/、/u:/、/u/、/ü/、/w/、/e/、/i/、/ï/、/'/（<），阿拉伯文中的 ayin/、/'/（>），阿拉伯文中的 hamzä/。

B. 常用描写符号

（ ）：注释性词语和音

〈 〉：小书名号

《 》：大书名号

" "：引号

' '：表示词义

(?)：表示没把握

p：表示页

pp：表示由……页至……页

MS：表示单一手抄本

MSS：表示多种版本的手抄本

第三章 古籍文献中体现的语言特点

R：表示手抄本每叶的前页

V：表示手抄本每叶的后页

|||：表示手抄本中无法解读的字母个数是三

…：表示手抄本中无法解读

//：表示音位

[ ]：表示音标或音位与字符的转写 [ð | d]

/：用它来区别同一类语素、词缀和语音的各种变体

ː：表示长元音

˘：表示短元音，如 ĕt "狗"、ŏt "胜利、赢得"、ŏt "唱歌"

₀：在引用的外文资料中，放在元音下边表示增补音，但我们用圆括号来表示。

'：表示隔音符号（如 ät'öz）

°：在引用或参考的外文资料中表示元音和谐规律中的相应元音（如-°m＝-am/-äm/-om/-öm/-īm/-im/-um/-üm）

＋：加在词缀之前表示该词缀是派生静词的词缀，加在词尾表示该词干是静词词干。

－：加在词干（即词尾）之后表示它之前是动词词干，加在词缀之前表示它是派生动词的构词词缀。在古文献中有时表示与词分开写的后缀。

-：加在语音之前或语音之后表示它之前或之后有其他元音或辅音，如 "-l-" 表示/l/辅音处在词中位置。

-：加在词干之后表示该词干是静词词干，加在词缀之前表示该词缀是静词构形词缀（即表示语法意义的语法形式）。

-：加在词干之后表示该词干是动词词干，加在词缀之前表示该词缀是动词构形词缀（即表示语法意义的语法形式）。

＊：表示根据历史比较语言学的理论通过比较和类推重建（即构拟）的音或结构

＞：表示演变成 [如 adaq（BQ E 30）＞aðaq＞ayaq]

＜：表示来源于（如 ayaq＜aðaq＜adaq）

＞---＜：表示共时的或不规则地相互交替现象

∽：表示语音对应或交替

＝：表示相等

｜：音节分隔符号

ф：表示零形式

X：在后缀中表示 a、ä、ï、i、u、ü 6 个元音中符合和谐规律的任何一个

A：在后缀中表示 a 或 ä

O：在后缀或语音分析中表示 o、ö、u、ü 等圆唇元音中符合和谐规律的任何一个

I：在后缀中表示 ï 或 i

U：在后缀中表示 u 或 ü

B：表示某些语言中否定后缀中的 b 或 p。

G：表示-ğan/-qan/-gän/-kän 中的 ğ 或 q 或者 g 或 k

Q：表示-qan/-kän 中的 q 或 k

D：表示-dan/-tan/-dän/-tän/-dïn/-tïn/-din/-tin/-dun/-tun/-dün/-tün 中的 d 或 t

S：表示＋(X)ş 或＋(X)s 中的 ş 或 s

X：表示元音和谐规律中的相应元音（如 Xm 中的 X 可能是-am/-äm，-om/-öm，-ïm/-im，-um/-üm 中的任何一个元音）

Y：在音节结构类型分析中表示元音

F：在音节结构类型分析中表示辅音

1s：第一人称或第一人称单数

2s：第二人称或第二人称单数

3s：第三人称或第三人称单数

1p：第一人称复数

2p：第二人称复数

3p：第三人称复数

C：文献和书名的缩写

AY：Ceval KAYA，Uygurca Altun Yaruq《维吾尔文〈金光明最胜王经〉》Ankara，1994

BQ：《毗伽可汗碑》

T. Tekin：A Grammar of Orkhon Turkic

TI：《暾欲谷碑》Ⅰ

TII：《暾欲谷碑》Ⅱ

DLT：麻赫穆德·喀什噶里《突厥语大词典》

QB：《福乐智慧》

KT：《阙特勤碑》

Kç：《阙利啜碑》

Gabayin：Eski Türkçänin Grameri

Geng：耿世民《古代突厥语文献选读》（中央民族学院教材，上、中、下册）1978

Geng Yu：耿世民《古代突厥语文献语法》（中央民族学院教材）1979

M. Erdal：Old Turkic Word Formation

MÇ：《磨延啜碑》（又称《葛勒可汗碑》或《英武威远毗伽可汗碑》）

MS：《弥勒会见记》

ń：古代突厥碑铭文献中的舌面前鼻音（即 ny）

Orkun：Hüseyin Namık Orkun，Eski Türk Yazıtları

UW：《回鹘文契约文书》

IB：《占卜书》（Irq Bitig）

IT：《两王子的故事》（Ikki Tekin Hikayisi）

D. 其他省略符号

E＝East＝Şärq täräp＝东面

S＝South＝Jänub täräp＝南面

N＝North＝Şimal täräp＝北面

W＝West＝Ğärb täräp＝西面

F＝Front＝Aldi täräp＝前面

R＝Right＝Oŋ täräp＝右面

L＝Left＝Sol täräp＝左面

B＝Back＝Arqa täräp＝后面

r＝Front Page＝Aldi bät＝前页或前叶

v＝verse（英文 reverse）＝Arqa bät＝后页或后叶（西方学者喜欢用希腊语的 verse 来表示"后叶或后页"）

E. 语言名称或缩写形式（一般用于表格里，以节省空间）

阿语：阿塞拜疆语	库慕克语
阿巴坎语	库曼语（Codex Cumanicus）
阿尔米尼亚（亚米尼亚）克普恰克语言	拉穆特（Lamut）语
阿尔语：阿尔泰语	柯语：柯尔克孜语或吉尔吉斯语
阿拉伯语	列贝得语
安纳托里亚语（塞尔柱克语）	马木留克克普恰克语
埃文克（Evenki）	蒙古语
巴语：巴什基尔语	诺盖语
巴勒语：巴勒卡尔语	奥斯曼土耳其语
波斯语	欧依洛特语
察语：察哈台语	绍尔语
楚雷姆语	塔语：塔塔尔语（鞑靼语）
楚语：楚瓦什语	土语：土耳其语
多尔甘语	土巴语（或特巴语）
鄂尔浑语：鄂尔浑突厥文献语言	土法语
富裕（黑龙江）语	土库语：土库曼语
哈语：哈萨克语	图瓦语
哈卡语：哈卡斯语	铁勒吾特语（铁勒—艾特语）
哈拉语：哈拉伊姆语	托列斯语
哈啦恰语：哈啦恰依语	突厥语：古代突厥文献语言
哈拉嘎斯语（托法拉尔语）	突鲁库铁语
花剌子模语	维语：维吾尔语
回鹘语：古代维吾尔语	乌语：乌孜（兹）别克语
尕语：尕尕乌孜语	乌古斯语
卡尔语：卡尔木克语	乌梁海语（特巴语）
卡拉语：卡拉卡尔帕克语	裕语：裕固语
喀喇汗王朝时期文献语言	雅语：雅库特语
克里米亚塔塔尔语（克里米亚土著语）	亚美尼亚克普恰克语
克普恰克语（马木鲁克克普恰克）	叶尼塞突厥碑铭文献的语言

第四章

维吾尔古籍研究概况

一 国内研究概况

(一) 新中国成立以前的研究

中国是世界上最早研究突厥语族语言的国家。突厥语言学鼻祖、著名语文学家麻赫穆德·喀什噶里曾游历今新疆和中亚各地，深入到操突厥语族语言的各部落，对其语言和方言进行20年野外考察，在搜集到的丰富的第一手资料的基础上，于1072—1074年编写了著名的《突厥语大词典》。这是一部用阿拉伯语注释突厥语词汇并最早使用阿拉伯文撰写成的词典。全书共八卷，每卷又分静词和动词两部分。各部分的词以阿拉伯字母顺序，按语音结构类型排列。全书收词近7500条。正文前的序言内容丰富，涉及突厥语在当时世界的政治、经济、文化生活中的地位和编纂这部辞书的目的、材料来源、体例、构词法、回鹘文字母、突厥人的分布以及各部落的语言特征等内容，并附有当时世界的圆形图。《突厥语大词典》正文部分的内容更为丰富。在该著作的现代维吾尔语译文版的序言中其内容被概括为以下六个方面：第一，在《突厥语大词典》中详细介绍了突厥部落和相关的历史资料；第二，详细提供了突厥部落所生活的地区，尤其是当时喀喇汗王朝所管辖的地区范围和邻近国家、地理环境等方面的主要资料，而且这些资料是以与当时的某个重要事件相关联的方式叙述的；第三，在《突厥语大词典》中，为了更详细地注释词汇的语义，引用了245首诗歌和200多条谚语或惯用语等形式的文学作品；第四，在《突厥语大词典》中尽可能详细地介绍了维吾尔族和其他亲属民族的有关物质和文化等日常生活方面的资料；第五，在《突厥语大词典》中我们会发现关于国家、制度、官衔、军事级别、统治阶层级别等的词汇和术语；第六，在《突厥语大词典》中介绍了有关日历的记载以及天文学方面的资料[①]。此外，在该书中我们除了会看到有关历史比较语言学，语言的亲属关系以及它们的分类法方面的资料外，也会看到作者在注释词义的过程中所作的有关词的构成结构、派生新词的音（即词缀）、词的语音或词义的演变、词的语法属性、语法功能、语法意义、词（词组或短语）在句法关系中的位置和作用等与语法或语言学相关的内容丰富的精辟论述。总而言之，他把突厥语族语言的亲属关系、方言、语音、词汇、词义、词源、语法和它们的应用贯穿到了《突厥语大词典》整部书中。他所归纳的最基本的规则至今仍然在各个突厥语族语言当中使用，而且这些规则已成为突厥语言学家们为循序渐进地研究突厥语族语言而必须遵守的最基本的原则。此外，在《突厥语大词典》中提到，他还编著了《突厥语句法的精华》一书，可惜该书至今还没有被发现。《突厥语大词典》作为我国乃至世界上编纂时间最早、传播范围最广的关于突厥语研究的巨著，其内容远远超出了语言本身，因此被誉为

[①] 参见麻赫穆德·喀什噶里《突厥语大词典》第Ⅰ卷，维吾尔文，新疆人民出版社1980年版，第19—24页。

操突厥语族语言各民族的"百科全书"。当我们着手研究古代突厥语时，首先学习和领会《突厥语大词典》中的知识是有必要的。正因为如此，有些国际知名的突厥语言学家倡导说，我们要参考《突厥语大词典》的现代语言译文版问世以前的有关古代突厥语的工具书，文献译文必须和《突厥语大词典》核对以后才能使用，这是因为它给我们提供了非常可靠的语言规则和语言事实。我们认为这是一种科学的总结，值得赞赏。

1407年，明朝廷内设立了专门翻译国内少数民族和邻国语言文字的四夷馆。明代高昌馆汇编的《高昌馆杂字》又称《高昌馆译语》，是一部明代汉语与回鹘语对照的分类词汇集（成书于1403—1424年间）。该辞书所收词汇分17类，收词1000多条。《高昌馆课》又称《高昌馆来文》，也是一部汉语和回鹘语对照的公文集（约成书于16世纪末17世纪初）。该书中共收文书89件。从其内容来看，多为当时新疆哈密、高昌和伊犁等地方政权向明朝廷呈递的（属于1465—1566年间）奏文。这两部历史文献是研究明代回鹘语言文化的重要资料。《高昌馆杂字》的编纂表明了在当时社会中语言研究工作的重要地位和上层阶级对编纂辞书等语言研究工作的重视。

15世纪的思想家、诗人、语文学家艾里希尔·纳瓦依撰写的《两种语言之辩》也是与语言研究密切相关的一部名著。在此书中作者对波斯语和突厥语的语音、词汇、附加成分，尤其是对两种语言在修辞、表达方式方面的特点、差异进行了深入地比较，明确做出了突厥语言并不亚于波斯语的结论。他还号召人民爱护自己的语言，并用突厥语言来创造优秀的作品。他所使用的对比方法论是语言学理论中大家公认并且最常用的方法论。因此，该书的问世也是作者对突厥语研究的一大贡献。

在1795年，清代官方主持编纂了满、蒙、藏、维、汉五种文字（即语言）对照的工具书《五体清文鉴》。该书收有18000多词条，其中维吾尔文部分注有满文对音。该书内容丰富、篇幅浩瀚，也是研究突厥语族语言以及有关文化，甚至邻近民族语言文化的重要资料之一。

（二）新中国成立以后的研究

中国虽然是突厥语族语言的发源国及最早开始研究突厥语的国家，但由于历史的原因，在新中国成立之前，由于清政府和国民党政府的腐败无能，使得突厥语言学领域的研究日渐衰退。新中国成立以后，尤其是"文化大革命"后突厥语言学研究才获得了新生。

从新中国成立之初开始，北京大学东语系、中央民族学院（现中央民族大学）、新疆大学、西北民族学院、新疆师范学校（现新疆师范大学）等院校先后开设了维吾尔、哈萨克和柯尔克孜语言、文学以及语言学等课程，且编写了相关的教材，推动了古文献的研究。

新中国成立以后，尤其是70年代末突厥学重新活跃起来，并有大量科研成果问世。从新中国成立初期至今，国内很多学者为研究突厥学的各个领域付出了许多汗水，在这里不必一一举例，只是把著名的学者和他们在这一领域的研究中所取得的成果作一简要回顾。

1976年中央民族大学创办了古代突厥语班。为配合该班相关的课程，耿世民先生编著了《古代突厥语文献选读》（包括前言）、《古代回鹘文文献选读》、《喀喇汗王朝时期文献选读》、《古代突厥文献词汇》、《古代突厥文献语法》等一套7册教材（部分由魏萃一教授和陈宗振先生协作）。这些教材的内容除包括古代突厥碑铭（如暾欲谷碑、阙特勤碑、毗伽可汗碑、磨延啜碑、苏吉碑、九姓回鹘碑、叶尼塞河流域的大碑和塔拉斯碑）；在吐鲁番和敦煌一带出土的回鹘文文献（如佛教内容的《金光明最胜王经》、《弥勒会见记》、《玄奘传》、《两王子的故事》、《〈八十华严〉残经》，摩尼教内容的《二宗经》、《摩尼教徒忏悔词》，景教文献残卷《巫师的崇拜》，文学作品《乌古斯可汗的传说》和各类社会经济文书）外还包括属于喀喇汗王朝时期的名著《福乐智慧》、《突厥语大词典》、《真理的入门》等文献。每篇文献包括：文献的发现、保存等介绍说明、研究概况、拉丁文字母转写、汉文译文、注释、语法要点和词汇表等内容。古代突厥语班毕业的18位同学当中目前已有3名同学获得了博士、副博士或硕士学位，有4名被提升为教授或副教授，7名被提升为研究员、副研究员或副总编等职称。

哈米提·铁木尔教授对哈喀尼亚和后期语（察哈台）文献的整理研究和翻译理论与实践的研究成果也是引人注目的。他的代表性著作[①]有：《现代维吾尔语语法》、《察哈台语》、《巴布尔传》、《基础波斯语》等。更有历史意义的一件大事是，哈米提·铁木尔先生于1988年招收了我国第一批古代突厥语专业哈喀尼亚和后期（察哈台）文献研究方向的硕士研究生，并于1991年毕业。这是中国有史以来自己培养的第一批近代维吾尔语（察哈台）文献研究方面的专门人才。这标志着我国维吾尔学研究已进入科学化、深入化的新阶段。

哈萨克族著名学者倪花德研究员在哈萨克族历史、文化、语言、文学研究方面做出的贡献为学术界所公认。他主编的《哈萨克语详解词典》（已出5卷本）代表了我国哈萨克语言文学研究的最高水平[②]。他编著的《哈萨克族简史》是我国迄今最具权威性的学术著作之一。

1978年，全国恢复了高考制度，此后，教育工作出现了规范化、科学化的趋势。在此期间，中央民族学院少数民族语文系招收了"文化大革命"以后的第一批本科维吾尔语言文学专业班，1979年又招收了哈萨克语言文学专业学生。1980年1月，中国突厥语研究会在北京成立，这标志着我国突厥语言研究进入新的发展时期。自此中央民族学院少数民族语文系的教学科研工作进入了一个新的发展阶段，这里逐渐成为我国突厥学教学和科研中心之一。1985年，耿世民先生招收了我国第一批古代突厥语专业硕士研究生，后来他又招收该专业博士研究生；随后哈米提·铁木尔教授、魏萃一教授为研究生开设了近代维吾尔语（察哈台）语言文学方面的一些课程。1985年，新疆大学也开始招收突厥语专业维吾尔语言文学方向的硕士研究生，1991年招收了第一批博士研究生。新疆大学的图尔迪·艾合买提教授首次担任了近代维吾尔语（察哈台）语言文学方向的硕士研究生导师。北京中央民族大学和新疆大学又增设了相应的硕士和博士研究生课程。在这些导师的指导下，他们开展了相应的教学和科研工作。

新疆大学、新疆师范大学和其他院校早就开设了很多与突厥语言文学尤其是近代维吾尔语（察哈台）文献方面的相关的课程，招收了硕士研究生，为新疆的各项事业培养了得力的人才。他们在科学研究，教材编写方面也作出了较为突出的贡献。

新疆维吾尔自治区社会科学院和新疆维吾尔自治区语言文字工作委员会人才荟萃，成果丰硕，的确是我国突厥学研究最重要的中心之一。值得赞颂的一件大事是，由新疆维吾尔自治区社会科学院语言研究所组织，依不拉音·穆铁依、米尔苏力唐·乌斯曼诺夫、伊明·图尔逊、阿布都里米提·玉素甫等维吾尔族突厥学家中的老前辈编译的《突厥语大词典》[③] 的出版。《突厥语大词典》内容包括前言，原文的拉丁文转写和现代维吾尔语译文。在前言中对全书的语法内容做了归纳。新疆社会科学院文学研究所组织阿布都热依木·乌提库尔、阿合买提·孜雅依、买买提依明·玉素甫、阿不都许库尔·图尔地等专家编译的《福乐智慧》[④] 的维吾尔语版本（包括前言，现代维吾尔语诗歌译文和拉丁

---

① 参见哈米提·铁木尔《现代维吾尔语语法》（词法），民族出版社1987年版；《察哈台语》（合著），喀什维吾尔文出版社1986年版；《巴布尔传》，民族出版社1990年版；《基础波斯语》（合著），民族出版社1990年版等。
② 参见倪花德主编的《哈萨克语详解词典》，新疆人民出版社1990年版；和他编著的《哈萨克族简史》，新疆人民出版社1984年版等。
③ 参见麻赫穆德·喀什噶里著，依不拉音·穆铁依，米尔苏力唐·乌斯曼诺夫，伊敏·图尔逊等编译《突厥语大词典》维吾尔文版，Ⅰ.1980，Ⅱ.1983，Ⅲ.1984，新疆人民出版社。
④ 参见玉素甫·哈斯·哈吉甫著，阿布都热依木·乌提库尔、阿合买提·孜雅依、买买提依明·玉素甫、阿不都许库尔·吐尔地等编译的《福乐智慧》，民族出版社1984年版，第1368页。

文转写）和新疆维吾尔自治区语言文字工作委员会组织专家编写的六卷本《维吾尔语详解词典》[①] 的出版可谓维吾尔族文化发展史中的里程碑。

新疆古籍办公室组织专家学者整理出版了一系列珍贵的文献。特别值得一提的是，在已故的古典文学研究专家买买提依明·玉素甫先生的精心组织和领导下，新疆维吾尔族古典文学研究会十多年来组织专家整理、研究、编译出版了《艾尔西诗集》（霍加·加罕·艾尔西，1995）、《诺拜提诗集》（诺拜提，1995）、《祖胡利诗集》（祖胡利，1995）、《麦西胡里诗集》（伊布拉音·麦西胡里，1995）、《鸟语》（伊布拉音·伊本·玉苏甫·和田尼，1995）、《尼扎勒抒情诗集》（阿不都热依木·尼扎勒，1995）、《上古至高昌汗国时期的文学》、《（近代维吾尔语（察哈台）语早期的文学》、《喀喇汗王朝时期的文学》、《中古与近代民间文学》、《（近代维吾尔语（察哈台）语后期的文学》、《论伟大的学术里程碑〈福乐智慧〉》（论文集）、《玉素甫·哈斯·哈吉甫的世界观》（赛买提·合维尔）、《纳瓦依格则勒诗选集》、《论纳瓦依》（伊明·图尔逊）、《赛地伊斯坎德尔》（毛拉斯迪克·叶尔坎迪著，阿布都克尤木·霍加整理）等近百部古代和哈喀尼亚和后期语（察哈台文）文献，为学者研究这些文献的语言和文学提供了可靠的文献资料，为促进我国突厥学研究的不断发展和深入作出了贡献。此外，阿吾里哈里、克德尔汗等学者也出版了具有较高学术水平的论著。除此之外，新疆大学、新疆社会科学院、新疆维吾尔自治区语言文字工作委员会、新疆师范大学、喀什师范学院、中国社会科学院民族研究所、民族出版社等单位也开展了相应的教学和科研工作。从事教学，科学研究，翻译和编辑等工作的中青年教师和研究人员做了大量工作，在《新疆大学学报》、《语言与翻译》、《新疆社会科学》、《源泉》、《喀什师范学院学报》、《民族语文》、《中央民族大学学报》（原《中央民族学院学报》）等维吾尔文和汉文杂志上发表了大量有关的论文和文章。这些成果给我们提供了很好的学习机会，推动了突厥学向前发展，鞭策着我们更加认真地去完成我们的事业。

二　国外研究概况

国外对维吾尔、哈萨克等讲突厥语族语言民族古籍研究具有很久历史和丰富成果。一方面我们掌握的信息不够全面，另一方面我们要编写的篇幅有限，所以我们只能概括地描述。

在苏联，最早开设突厥学课程的只有两所大学，这两所大学一直到最近也是研究近代中亚突厥语族文献的中心。一所是喀山大学，另一所是圣彼得堡大学。喀山大学建于 1805 年 2 月 14 日。1807 年开始设立东方语言课程。这些课程包括阿拉伯语、波斯语、蒙古语、汉语和塔塔尔语等。在喀山大学任教的著名学者有：哈泽木别克（Kazem Bek）、他的学生有别列津（Berezin）、伊利敏斯基（Il'minskij）、威尔比茨基（Verbickij）等。威尔比茨基后来到阿尔泰地区工作，是第一位从事欧依洛特（Oyrot）语言研究的学者，代表著作有《阿尔泰语语法》。由于喀山大学在突厥学方面作出了突出的贡献，所以被誉为突厥学的奠基地。喀山大学学者研究方法论的最大特点是重视第一手资料，重视实地调查研究。后来他们的治学特点自成体系，被称为"喀山学派"。读过近代维吾尔语（察哈台）古文献印刷体的同志都知道，绝大部分文献在 18—20 世纪就在喀山印刷出版，所以这所大学也是以研究近代维吾尔语（察哈台）文献而出名。

"科学的东方学在俄国的出现，应归功于彼得一世的雄才大略，他曾两次派遣青年学生去波斯（1716）和萨尔格勒（1724）学习土耳其语。"……1724 年 1 月，彼得一世"命令搞一个科学院学习各种语言及其他各门科学和著名艺术，并翻译一些书籍。……巴伊耶尔（1694—1738）是科学院的第一

[①] 阿布利孜·牙库甫等编著《维吾尔语详解词典》，Ⅰ 1990，Ⅱ 1991，Ⅲ 1992，Ⅳ 1994，Ⅴ 1996，Ⅵ 1999。

批院士之一。……在巴伊耶尔的科学兴趣范围内也包括对突厥诸语言的研究……"[1] 从以上的评价中我们可以看到，自18世纪俄国皇帝重视突厥语族语言的学习和研究以来，组建了专门的研究机构，后来又不断地扩大和完善这些队伍。另一方面，我们也会发现苏联突厥学研究一直都覆盖了较广泛的领域。换句话说，苏联的突厥学研究是以学语言为开端、进行方方面面的研究。

最早的较有名气的一位学者是凯尔，因在研究《巴布尔传》和《突厥人的系谱》方面做出了开拓性的贡献，所以他的名字被载入俄国突厥学史。巴伊耶尔和凯尔两位学者是18世纪30年代末期圣彼得堡东方学的代表人物[2]。早期突厥学研究成果还包括斯帕斯基（1783—1864）的《西伯利亚古代史》等专著。

米尔扎·穆哈麦德·亚历山大·哈斯穆（Mirza Muhammed Alli Kasym 1802—1870），父亲名为哈吉·穆哈麦德·哈泽木别克，阿塞拜疆人。1807—1820年间在捷尔本特市任伊斯兰教课程高级教师。1831年他任喀山大学东方语副教授，1836年被授予土耳其语—塔塔尔（鞑靼）语教授职称，1835年被选为俄国科学院通讯院士，1845年被调到圣彼得堡大学工作。他在突厥学研究领域中的不朽之作是《土耳其语—塔塔尔语普通语法》（喀山，1846）。他对信仰伊斯兰教民族的诸语言，其中也包括突厥语族语言进行过研究。他在这方面的代表著作是他原先发表的《土耳其语—塔塔尔语语法》（喀山，1839）第二版的修订本。与他同时研究信仰伊斯兰教诸多民族语言文学的学者还有布达哥夫（Budagov）和别列津（Berezin）等。

尼古莱·伊万诺维奇·伊力敏斯基（Nikolaj Ivanovich Il'minskij，1822—1891）1836—1846年间先在平扎的宗教学校，后在喀山宗教学院受教育。1847年在喀山宗教学院获硕士学位。最早讲授土耳其语和塔塔尔语，后来又从事哈萨克语的研究。他的代表作有：《巴布尔传》（1857）、《圣人传》（1859）和《阿尔泰语语法》（喀山，1869）等。他于1871年被选为俄国科学院通讯院士。

瓦西里·瓦西里耶维奇·拉德洛夫（Wasilij Wasiljevich Radloff）又名符里德利赫里·威依洛给利姆（Fridrih Vil'gel'm，1837—1918）是国际上最著名的突厥学家之一。他1837年1月5日生于德国柏林。他1858—1871年间在阿尔泰地区广泛搜集了阿尔泰和西伯利亚南部地区土著民族的历史、语言和民间文学方面的资料。在这些资料的基础上编辑出版了《突厥各部落民间文学作品选》（1866—1907）。他的这部著作是他在阿尔泰地区和米努辛斯克地区，随后又到今哈萨克斯坦东部和吉尔吉斯斯坦地区进行实地考察后，于1866年开始陆续出版的十卷本巨作。其中第一卷是阿尔泰地区的方言，第二卷是阿巴坎方言、克孜勒方言、卓林方言，第三卷是柯尔克孜方言，第四卷是巴拉宾方言、塔拉尔方言、托博勒方言和土门塔塔尔方言，第五卷是天山地区柯尔克孜语言材料，第六卷是维吾尔语言材料，第七卷是克里米亚地区的语言材料，第八卷是奥斯曼土耳其语言材料，第九卷是乌梁海等地区的语言材料，第十卷是尕尕乌孜语言材料。这些"方言"词典里都包括近代文献的例证，某种程度上讲，他的这些词典实际上是近代文献研究成果。他的这部巨著是有关突厥语族语言材料的大百科全书。在他的卓越领导下俄国不仅建立了较齐全的突厥学研究机构，而且创办了多种杂志刊物。在他们出版发行的这些书籍和刊物中充分体现了他们的较高研究水平和成果。拉德洛夫院士不仅研究现代诸突厥语言，也研究突厥—如尼文文献、回鹘文文献、维吾尔文文献、阿拉伯文的突厥语言文献，研究突厥语词汇学和词典编纂法、方言制图学和方言学以及民族学和考古学。他发表了相当多具有科学价值的与突厥学各个领域相关的著作；他的巨著除《蒙古的古代突厥碑文》外，最重要的一部就是《突厥语方言词典试编》（圣彼得堡，1893—1911）。国际上最早研究突厥文文献语法的学者也是拉德洛

---

[1] 参见科诺诺夫（A. H. Kononow）《苏联科学院的突厥语言学》，转载于《国外突厥学研究概况》，中国社会科学出版社1980年版。

[2] 同上书，第8页。

夫。他于1897年在圣彼得堡出版的《古代突厥语简明语法》就是在这样的研究基础上产生的一部巨著。

普拉同·米海依洛维奇·梅里奥兰斯基（Platon Mihajlovich Mjelioranskij 1868—1906）是20世纪初在圣彼得堡大学任教的著名突厥语言学家之一。他在青年时代学过阿拉伯语、波斯语、土耳其语和塔塔尔语等语言。1890年在上大学时，被派到奥伦堡学习哈萨克语并搜集了民间文学资料。1901年以题为《阿拉伯哲学和土耳其语》的论文获得博士学位。1905年起任教授。他的研究领域很广，他的论著具有较高学术价值。他在短暂的一生中在突厥学和蒙古学方面给后人留下不少成果。他的代表著作有：《简明哈萨克语—柯尔克孜语语法》（1894）等。

奥托·伯辛格（Otto Böhtlingk）在发音合作人的协助下于1851年撰写了第一部《雅库特语语法》(*Die Sprache der Jakuten* St. Petersburg，1851）。由于当时鄂尔浑碑铭尚未被发现，人们对回鹘文和中亚地区的其他古代文献的语言也不了解，甚至用阿拉伯文来书写中亚诸突厥语民族语言的所谓"察哈台"文献几乎也没有人了解，所以很容易产生了"雅库特语代表了突厥语的一种古老形式"的错误的观点[1]。于是，当时很多学者认为他的著作具有非常重要的学术价值。

还有布达柯夫（L. Z. Budagov，1812—1878）、佩卡尔斯基（K. Pekarskiji）、扎列曼（1849—1916）、谢尔巴克（A. M. Scherbak）、麦廖兰斯基（1868—1906）、穆萨耶夫（K. M. Musaev）、谢沃尔江（Ej. V. Sevortian）、巴托尔德（Wilhelm Barthold）、谢洛夫斯基、瓦西里耶夫、克利亚什托尔内、叶戈若夫（V. G. Egorov）、尤尔达舍夫（A. A. Joldashev）等学者也是国际突厥学领域公认的突厥学大师，他们当中的大部分直接或间接的研究了用阿拉伯文写成的近代突厥语族语言文献。

丹麦学者格隆贝赫（Kaare Grønbech），不仅研究普通突厥学，而且对土库曼语方言、阿拉伯文写成的哈喀尼亚时期和后期文献都有深入的研究。他还擅长古文献的搜集、整理和出版。他刊布了现保存在伦敦和列宁格勒的七种《圣人传》手抄版本：*rabghuzi narrationes de prophetis* cod. mus. brit add. 7851, Reproduced in facsimile, with an introduction。他的其他主要著作有：《土耳其语 I》，《Codex Cumanicus 德文注释》，《突厥语系亲属关系》等。

卡热列·布洛克曼（C. Brockelmann，1868—1956）在研究《突厥语大词典》方面作出了重要贡献。他首先把《突厥语大词典》的词汇译成德文，然后按德文字母顺序编排了《突厥语大词典》的索引[2]。另外，在他的代表著作《东突厥语语法（中亚伊斯兰教文学语言时期）》（Brockelmann C., *Ousttürkische Grammatik Der Islamischen Litteratur-Sprachen Mittelasians*，Leiden，1954）中，作者对古代突厥语，尤其是喀喇汗王朝时期文献的语法进行了较详细地描写。虽然时间过去了近一个世纪，但这部著作并没有失去它的参考价值。

多弗尔（Gerhard Doerfer，1920—2003）是第二次世界大战以后，在德国对突厥学，尤其是阿尔泰语系语言的比较研究方面具有突出贡献的一位学者。他后期的教学与科研活动主要是在哥廷根大学进行的。他的代表著作是《波斯语中的突厥语蒙古语成分》。

土耳其是使用突厥语族语言，即土耳其语的国家，因此突厥学研究自然取得了较大成果。土耳其共和国成立后，土耳其顺利地进行了文字改革运动。其后又进行了一系列语言规范化和学习西方文化的运动。同时也组织专家对古代突厥碑铭文献和近代文献进行了初步研究，取得了显著成果。

麻赫穆德·喀什噶里撰写的《突厥语大词典》的唯一手抄本发现于第一次世界大战期间，现收藏在土耳其伊斯坦布尔托福卡普博物馆。手抄本全书共638页。该手抄本原为奥斯曼帝国大臣纳兹普·

---

[1] 参见李增祥《突厥语概论》，中央民族学院出版社1992年版，第272页。

[2] 参见 C. Brockelmann, *Mitteltürkischer Wortschatz nach Mahmud al-Kashgharis*, *Divanu Lugha-it Türk*. Bibliotheca Orientalis Hungarica, I. Budapest-Leipzig, 1928.

贝依（Nazip Bey）家的一位妇女所收藏，到了 1914 年，她因生活需要通过书商卖给了著名图书收藏家迪牙尔巴克尔里·艾利·艾米尔（Eli Emir）。1917—1919 年，客里斯里·热发特刊布了铅印三卷本《突厥语大词典》。从此，麻赫穆德·喀什噶里撰写的《突厥语大词典》这一巨著被人们所知并广泛应用。客里斯里·热发特不仅刊布了《突厥语大词典》，而且首先把它译成了现代土耳其语，后来塔围费克·贝依和霍加·阿提普也把它译成了现代土耳其语。但贝斯木·阿塔莱依的译文被认为是较完整的，而且是被人们所接受的土耳其语译文。

贝斯木·阿塔莱依（Besim Atalay）是在土耳其具有影响力的一位学者。他的名字在土耳其经常与麻赫穆德·喀什噶里撰写的《突厥语大词典》联系在一起，因为他在整理研究《突厥语大词典》和索引[①]方面作出了突出的贡献，填补了这一领域的空白。他的工作包括三个方面：阿拉伯文词条的拉丁文转写，土耳其语译文和索引表（共 4 册）。贝斯木·阿塔莱依在他的研究和翻译过程中，参考了卡热列·布洛克曼的《突厥语大词典》研究成果以及德文译文。而且由于他精通阿拉伯语并具有较深的语言学理论功底，所以他的研究取得成功并得到了学术界的认可。

拉西德·拉合买提·阿拉提（Reşid Rahmeti Arat，1900—1964）被称为土耳其突厥学的鼻祖。他于 1900 年出生于喀山。除能非常熟练地使用塔塔尔语、土耳其语和维吾尔语外，他从童年起便精通俄语和德语，长大后又学会了英语。1922 年，他去德国柏林继续完成了高级中学的学业，1923 年被柏林大学哲学系录取，他除了重点攻读与突厥学相关的课程外，还学习了文学史、哲学、心理学以及历史等课程；他的学科成绩在班里非常突出，因此赢得了师生的尊重。1927 年，以题为《土耳其语比较语法》的论文获得了博士学位。1928 年，作为助理研究员在柏林科学院开始了他的科学研究生涯。1931 年，柏林大学东方学院聘请他为副教授并任教。1933 年，作为教授被邀请来到土耳其伊斯坦布尔大学任教。1949—1951 学年的寒假，英国伦敦大学东方学院邀请他为客座教授并任教。1958 年在伊斯坦布尔大学任教期间，他被授予高级教授（相当于院士）的称号。他作为主要编辑为《伊斯兰教百科全书》（13 卷，15 册）付出了十多年的劳动。他除编辑全书外还亲笔编写和翻译了很多词条。这部巨大的工具书问世以后，他的劳动成果赢得了国际学术界的尊重。他最早研究了《福乐智慧》，研究水平居世界第一位。他首先比较该文献的三种不同手抄本，确立了完整的校勘本，然后在转写成拉丁文字母的基础上，译成了现代土耳其语，最后编纂了它的词典即词汇索引。作为突厥学家，他首先编写使用了古代文献的转写符号—字母表，他的这些转写符号—字母表和转写规则，不仅在土耳其境内被广泛应用，而且也在世界上其他一些国家和地区被应用或起到了主要参考依据的作用。他对突厥语族语言历史发展阶段的划分也被学术界接受。他在教学和研究工作中的兴趣很广泛，包括伊斯兰教哲学、文学写作、杂志编辑；塔塔尔语、土耳其语、维吾尔语、方言学；古代突厥文文献、回鹘文文献、喀喇汗王朝时期及后期文献（察哈台文献）；古代和近代土耳其文献、语言史、文化史以及突厥学研究方法论等。他的学术思想不仅为土耳其突厥学研究奠定了基础，而且在国际学术界中也颇有影响。《拉西德·拉合买提·阿拉提论文集》[②]凝聚了他一生中编写的论文精品的一部分。他的一生虽然很短暂，但他编辑出版了四种不同类型的杂志，30 多册大型词典，编写出版了十多部巨著，发表了一百多篇论文，是对突厥学贡献最大的学者之一。

穆罕默德·夫阿德·库布儒鲁·扎德（Muhammad Fuad Köbrülü-Zade）是土耳其有影响力的早期突厥学家。他不仅是作家和文艺评论家，而且也是较成熟的语文学家。1933 年，他在报纸上发表的文章中指出："1904 年，匈牙利科学院语言学会出版的语言研究汇编中，刊载了一篇介绍 11—16 世纪

---

① 参见 Besim Atalay *Divanü Luğaat-it-türk* I-V（V Dizini），Ankara，1939—1943 年出版，1972；1985—1986 年再版。
② 参见 Osman Fikri Sertkaya*Raşidi Rahmeti Arat Makaleleri*，Ankara，1987.

用突厥语撰写成的著作的文章。此文提到最早编纂的一部名为《突厥语大词典》……"[①] 他在研究工作中的兴趣很广泛，包括伊斯兰教哲学、文学写作、杂志编辑、古代突厥文献、古代和近代土耳其文献、语言史、文化史等。他的学术思想为土耳其文学理论奠定了基础。他一生中编辑出版了很多与土耳其文学和文化史相关的大型词典，编写出版了十多部巨著，发表了一百多篇论文，是对研究土耳其文学贡献最大的学者之一。

买合买提·阿卡林（Mehmet Akalın）也是在土耳其较有影响的一位学者。他青年时代就热心于学习突厥学。在土耳其完成大学本科、硕士研究生和博士研究生学业以后留学于德国。在著名突厥学家安娜—玛丽娅·冯加班（Annemarie von Gabain）的指导下专攻古代突厥语和比较语言学长达三年。由于他精通德语、阿拉伯语，所以他在喀喇汗王朝时期文献和克普恰克文献的比较研究和教学方面作出了突出的贡献。他除了出版过多部研究著作，发表了20多篇论文外，在翻译欧洲出版的有关突厥学的著作，介绍现代语言学理论方面的贡献也是非常突出，如他翻译出版的著作有：《古代突厥语语法》、《现代语言学》（1988）。此外，他特别热心关注中国与土耳其的友好往来，关心中国新疆籍学生的培养，在他的指导下，包括本书作者在内的五名维吾尔族学生获得了硕士或博士学位。

此外，土耳其的法如克·铁木尔·塔什（Faruk Temur Taş）、沙阿戴提·察哈台（Saadet Çağatay）、阿合买提·铁木耳（Ahmet Temir）、奥尔汗·比里根（Orhan Bilgin，马尔马拉大学教授，本书作者的导师之一）和色玛·巴儒图楚·乌卒乌尼戴尔（F. Sema Barutçu Özönder）等也是在国际上有名气的研究近代文献的学者。伊斯坦布尔大学、安卡拉大学、哈吉特白大学、马尔马拉大学和土耳其语言研究委员会是突厥学，尤其是古籍研究的中心。

在土耳其出版的有关突厥学的书刊，尤其是近代文献词典在世界上占第一位。随着土耳其境内突厥学研究水平的不断提高，土耳其学术界在国际上的威信也在逐渐提高。

虽然荷兰是个面积很小的国家，但由于经济较发达，大量土耳其劳动力进入该国，再加上他们又重视与外界联系，所以很早以来就重视突厥学研究。荷兰的突厥学研究可以追溯到17世纪末。1692年，魏津（N. Widzen）在其所著的《北部和东部鞑靼利亚》中，首次提到西伯利亚一带的古代突厥人碑铭[②]。在20世纪上半叶莱顿大学曾一度成为欧洲研究中亚，尤其是研究突厥学的中心，在这里多次召开过世界性研讨会，出版了大量著作。20世纪70年代后，突厥学研究逐渐扩大到乌得勒支大学和阿姆斯特丹大学，其后莱顿大学的突厥学研究不像过去那样引人注目了。这可能是德国和其他国家的突厥学研究逐渐繁荣起来的结果吧。荷兰较有名气的突厥学家有：豪夫曼（Henry Franciscus Hofman），费·德·永（Frederick De Jong），万达美（M. Van. Damme）和博施霍屯（H. Boechoten）等。荷兰突厥学研究的特点是侧重研究用阿拉伯文写成的突厥语族语言的文献。其中主要包括奥斯曼土耳其语和近代维吾尔语（察哈台）文文献。1982—1988年间荷兰乌得勒支大学东方语言文化系把《圣人传》的七种手抄本转写成拉丁文输入电脑，最后汇编成一本较完整的校勘本，并译成英文，于1996年正式出版，为突厥学，尤其是为维吾尔学的研究作出了实质性贡献。

贡纳尔·雅林（G. V. Jarring, 1907—2002）是当代国际知名的瑞典突厥学家。他1907年生于瑞典北部沿海渔村维肯。他在隆德大学学习德语和斯堪的纳维亚语，于1928年毕业，1933年获得博士学位。1933—1940年间在隆德大学任土耳其语助理教授。1929—1930年为博士论文搜集资料，在新疆进行考察，以后多次去中亚、印度、阿富汗和土耳其等国家和地区进行考察。在考察过程中，他收集了大量的近代维吾尔语（察哈台）文献，后来存放在西方国家图书馆供学术研究。他懂得维吾尔语、

[①] 参见麻赫穆德·喀什噶里《突厥语大词典》维吾尔文，I，新疆人民出版社1980年版，第48页。
[②] 参见李增祥《突厥语概论》，中央民族学院出版社1992年版，第274页。

乌兹别克语。他和古斯塔夫·拉凯特作为瑞典外交官和传教士，20世纪初，在新疆喀什、和田、阿克苏、哈密和吐鲁番以及中亚其他地区从事搜集有关维吾尔语和乌兹别克语的民间文学、方言和其他与文化有关的资料的工作。他们回国后整理所搜集的资料并连续出版了多部专著和词典。其中雅林出版的主要著作有：《阿富汗突厥斯坦的乌兹别克语》（隆德，1938），《一种东突厥语语音学研究》（隆德—莱比锡，1933）和其四卷本的《有关东突厥语的知识性资料》（隆德，1946，1948，1951），此书中收有新疆南部地区的民间故事、民歌、格言、谜语、人文和历史文献；这些文献是用国际音标转写成的并在每页有英语对照译文和注释。他的另一部名著是《维吾尔语—英语词典》（隆德，1964）。他的最后一部小册子是《无贼之城》（*Oghrisiz Şähär*）（隆德，1989）。这些文献资料的出版也推动了该国的突厥学研究事业的发展。

第 五 章

维吾尔古籍珍品图片及说明

图1 《福乐智慧》开罗抄本

《福乐智慧》(*Qutadǧu Bilik*) 的作者是玉素甫·哈斯·哈吉甫 (Yusup Xas Hajip)。他是10世纪喀喇汗王朝时期著名思想家、政治家、诗人。1018年出生于喀喇汗王朝的首府之一巴剌萨衮 (Balasaǧun) 城，在喀什噶尔学习，以后参与国家的大事。在1069—1070年完成巨著《福乐智慧》(*Qutadǧu Bilik*) 并献给当时的喀喇汗君主桃花石·布格拉汗 (Buǧraxan Äbu Äli Häsän Binni Sulayman）。以这份贡献获得了相当于大臣的哈斯·哈吉甫（Xas Hajip）官衔，去世于 1085 年。《福乐智慧》（Qutadǧu Bilik）是最为典型的用两种文字写成的文献。其中维也纳抄本是由现属阿富汗赫拉特城一位名叫艾山哈拉·沙依勒·夏米斯（Hasan Qara Sa'il Şäms）的人用回鹘文抄写成，据抄写者在书末的按语来看，于伊历 843 年 1 月 4 日（公元 1439 年 6 月 7 日）抄写完稿。有些学者认为，该手抄本是阿拉伯文转写的，目前为止，发现并与学者见面时间最早的就是维也纳手抄本。其余的两个手抄本一个是使用阿拉伯文抄写成的费尔干纳本，是用阿拉伯文字的苏鲁斯字体抄写而成，1913 年底在费尔干纳州的纳满干城一家私人图书馆被发现的，抄写人、地点和时间到目前为止还不清楚。另一个开罗抄本是阿拉伯文字的苏鲁斯字体抄写而成的。1896 年开罗赫迪威勒克图书馆馆长，德国学者莫里提茨博士公布了这个抄本。这三种抄本首先由土耳其语言学会予以刊布，从此，我国学者才有机会利用该文献。在新疆社会科学院已故院长买买提依明·玉素甫的领导下，文学研究所组织阿布都热依木·乌提库尔、阿合买提·孜雅依、买买提依明·玉素甫、阿不都许库尔·吐尔地等专家编译，于 1984 年出版了《福乐智慧》的维吾尔诗歌译文版本，也包括拉丁文转写；1991 年，又出版了散文译本。

《福乐智慧》（13290 行）是一本说教长诗作品，作者用独特艺术手法反映了管理国家的方式、公务员的责任和道德原则、科学的意义、社会和家庭问题，以及自己在哲学和道德等方面的看法。

这部作品表现了 11 世纪维吾尔文学语言的精美和诗人的生花妙笔。它无论在篇幅和内容方面，还是在语言、文学、历史、哲学、政治方面，在文学史上都具有很高的价值。它是在突厥学和东方学开了一个新领域的巨著。

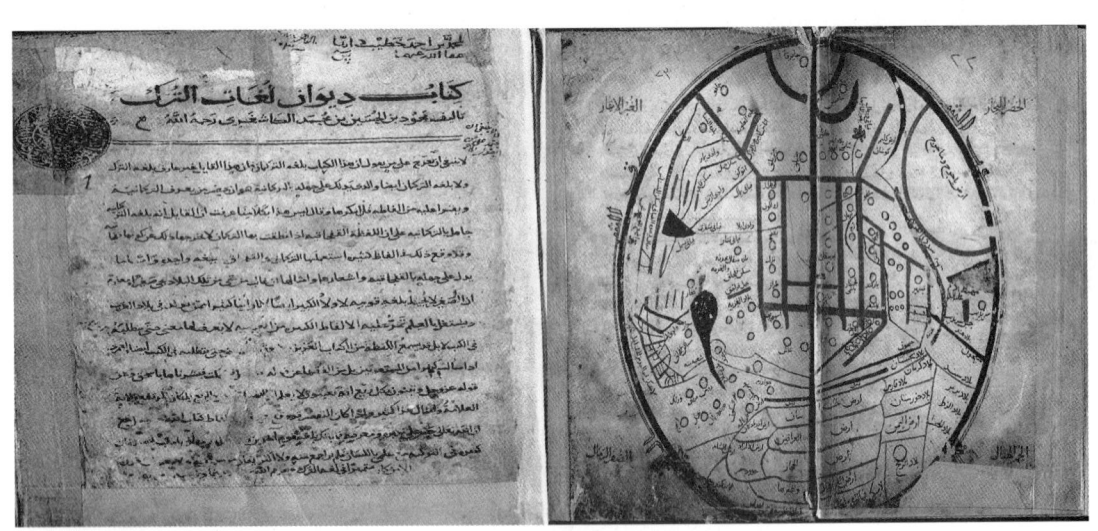

图 2　《突厥语大词典》

《突厥语大词典》（Diwani Luǧat-it Türk）的作者是麻赫穆德·喀什噶里（Mahmud Kaşğari）。他是 11 世纪的著名语文学家，突厥学的先导。1005 年出生于喀什噶尔乌帕尔（Opal）乡，是喀喇汗王朝王室之一。生活在喀喇汗王朝的首府喀什噶尔，去世于 1090 年。

他曾游历今新疆和中亚各地，深入到操突厥语族语言的各部落，野外考察他们的语言和方言。在搜集到的丰富的第一手资料基础上，于 1072—1074 年间编写了著名的《突厥语大词典》。这是一部用阿拉伯语注释突厥语词汇，并最早使用阿拉伯文撰写成的词典。全书共八卷，每卷分静词和动词两部分。各部分的词以阿拉伯字母顺序，按语音结构类型排列。全书收词近 7500 条。正文前的序言内容丰富，涉及突厥语在当时世界的政治、经济、文化生活的地位和编写这部辞书的目的、材料来源、体例、构词法、回鹘文字母、突厥人的分布，以及各部落的语言特征等内容，并附有当时世界的圆形图。《突厥语大词典》正文部分的内容更丰富。在《突厥语大词典》中为详细地注释大量词汇的意义，引用了245首诗歌和200多条谚语或惯用语。此外，在此书中谈到，还编著了《突厥语句法的精华》一书，可惜至今还没有被发现。《突厥语大词典》（共三卷）维文版本内容包括前言，原文的拉丁文转写和现代维吾尔语译文；前言部分对其中的语法内容做了归纳。《突厥语大词典》是我国也是世界上第一部编写时间最早、传播范围最广的研究突厥语的巨著，无愧于突厥语族语言的各民族人民的百科全书。

图3　《艾塔拜图里海喀伊克》（《真理入门》）（两种手抄本第一页图片）

《真理入门》（Ätäbätul Häqayiq）的作者是阿合麦德·玉克乃克（Ahmäd Yükünäki, 1110?—1180?）。他是著名诗人，根据历史记载他出生于与克乃克市并著名为"文人阿合麦德·玉克乃克"的称号，先天性盲人。

《真理入门》在维吾尔古典文学史中具有很重要的地位。这本著作（共14章，448行）有三种较全的抄本。其中伊斯坦布尔丙本使用以阿拉伯字母为基础的维吾尔文抄成，抄成年代不详。现存于土耳其伊斯坦布尔市托布卡甫（Topqapi-Saray）图书馆。伊斯坦布尔乙本是一本以回鹘文和阿拉伯文字母为基础的维吾尔文合璧的抄本，抄成于1480年，现在于土耳其伊斯坦布尔市阿亚索非亚（Ayasofya）图书馆。

1980年民族出版社出版了它的维吾尔文版。

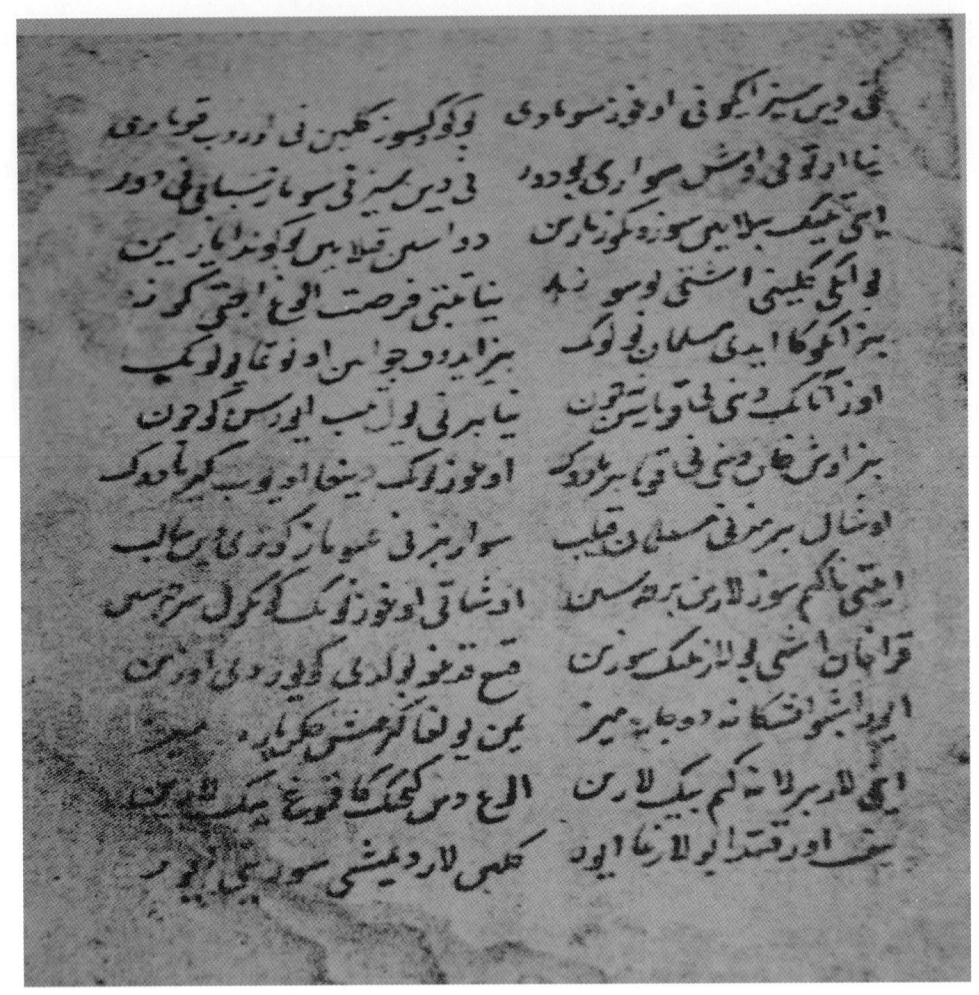

图 4 《纳孜麦伊欧古孜纳么》

《纳孜麦伊欧古孜纳么》（Näzmä 'i Oǧuznamä）是《乌古斯可汗传说》（Oǧuz Xaqanning Hikayisi）的诗歌形式，而且缩短了很多。这部文献的哈喀尼亚后期维吾尔文手抄本与《真理入门》（Ätäbätul Häqayiq）一起装订，今保存在土耳其。研究者初步认为手抄本的语言与阿合麦德·玉克乃克的《真理入门》语言很接近，所以这部文献是否阿合麦德·玉克乃克改写很难判定，需要进一步研究。由于它与《真理入门》合订成一本，目前只能这样描述。它的内容虽然跟《乌古斯可汗传说》一致，但这部文献中主人公完全"伊斯兰教"化，所有人物都是穆斯林教徒，所有情节都为伊斯兰教事业为奋斗。

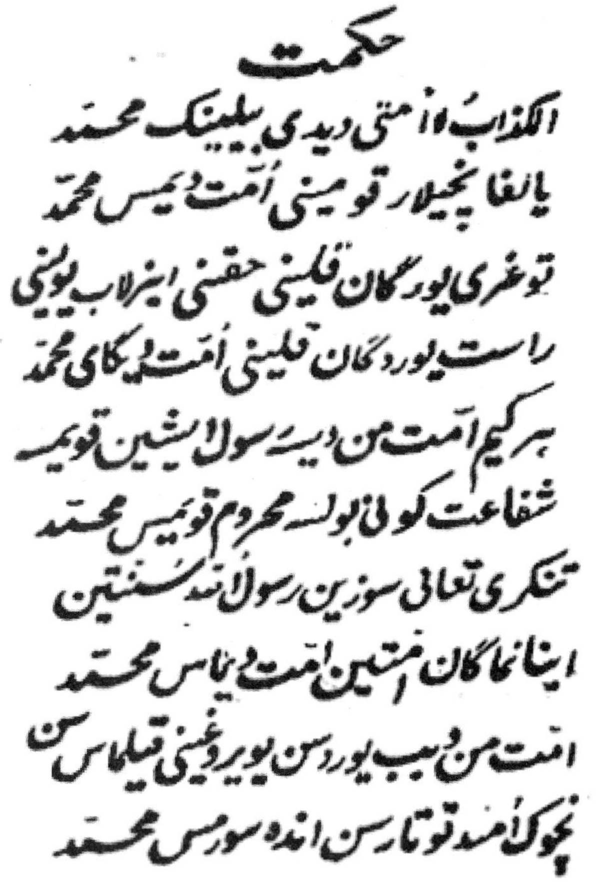
حکمت
الکذاب اوامتی دیدی بیلینک محمد
یالغانچیلار قومینی امت دیمس محمد
توغری یورگان قلینی حقنی ابن لاب یونی
راست یوردگان قلینی امت دیگای محمد
هر کیم امت من دیسه سول ایشین قویمسه
شفاعت کونی بولسه محروم قویس محمد
تنکری تعالی سوزین رسول اتمد سنتین
اینانماگان امتین امت دیماس محمد
امت من دیب یوردسن یوریرغنی قیلماس سن
نچوک امید توتارسن انده سورمس محمد

图5　《箴言集》《迪瓦尼依克麦提》

《箴言集》（*Diwani Hikmati*）的作者是库力·霍家·阿合麦德·亚萨维（Qul Xuja Ahmäd Yäsäwi，？—1116）。他是12世纪生活在喀喇汗王国境内的一位著名学者，维吾尔文学和中亚哲学史中的重要人物。他出生于现在的阿克苏地区拜城县赛里木乡（Sayram Yezisi），7岁父亲去世以后母亲带他到中亚。

已发现他的主要作品《箴言集》是用维吾尔文写成的诗集。这部诗集是以苏菲主义思想（Täsäwwup Idiyisi）为主体的哲学作品。是信仰伊斯兰教以后的使用突厥语族语言的各民族文学中继《福乐智慧》之后最古老的遗产。

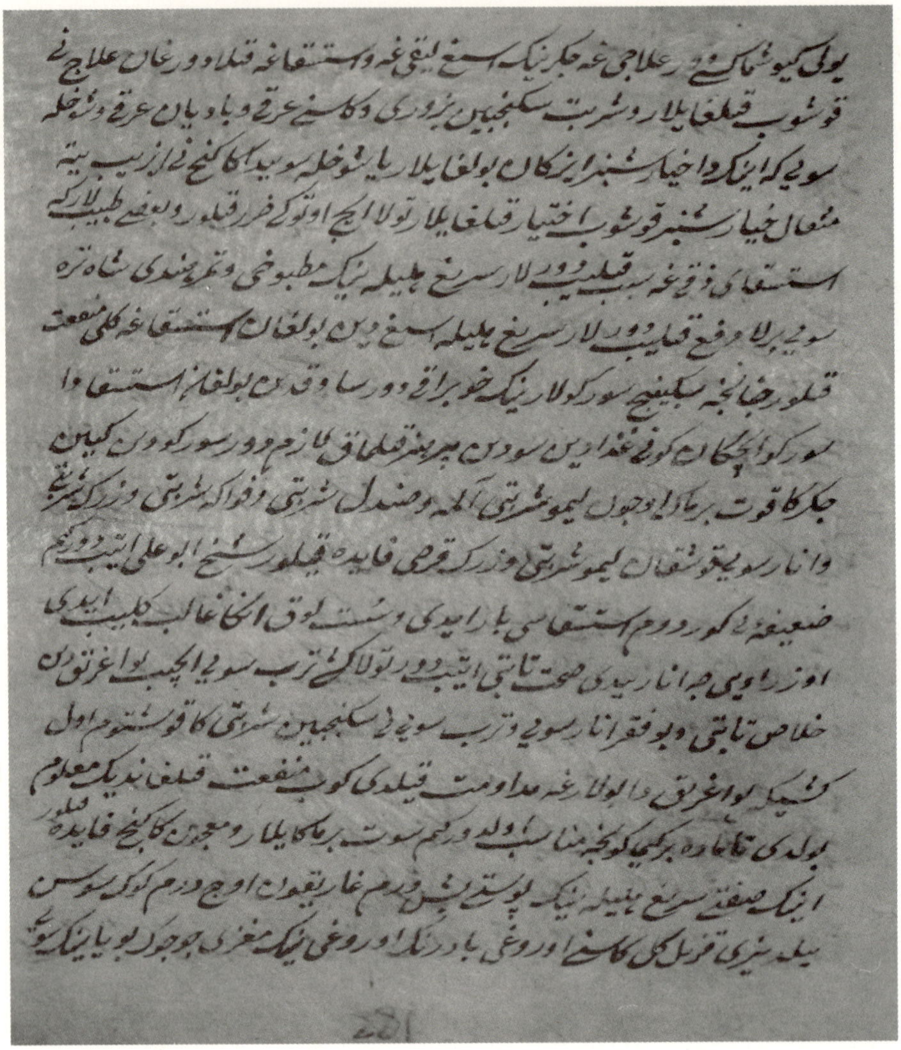

图 6 《再合热哈拉孜木夏赫》

《再合热哈拉孜木夏赫》（Zahri Xawa：razm Şa：hi：）的作者是赛因得·司马伊勒·主尔加尼（Säyidi Isma'il Jura：ni：）。

这部文献成书于约 1101 年，今藏于新疆维吾尔医学专科学校古籍办，保存完整，1 卷，10 册，582 页。内容题材属于传统医学类，文字属于波斯文（但作者一般认为是维吾尔文），国家珍贵一级古籍，申报编号：XRG009。

《再合热哈拉孜木夏赫》是 10 册组成的有系统的中世纪波斯医学百科全书，详细地介绍波斯医学基础理论到解剖和生理学、卫生、诊断及预后、疾病的药物治疗、手术以及药物特别是毒药和解毒剂等内容。新疆维吾尔医学专科学校古籍办保存的是它的内科部分，这部分记载了常见疾病的认识、病因、症状体征、治疗技术。本著作不仅具有重要的历史意义，而且对今日的维吾尔医药学具有重要的应用和研究价值。正在整理研究。

以上部分信息由新疆维吾尔医学专科学校维吾尔医古籍文献研究室阿部都卡迪尔先生提供。

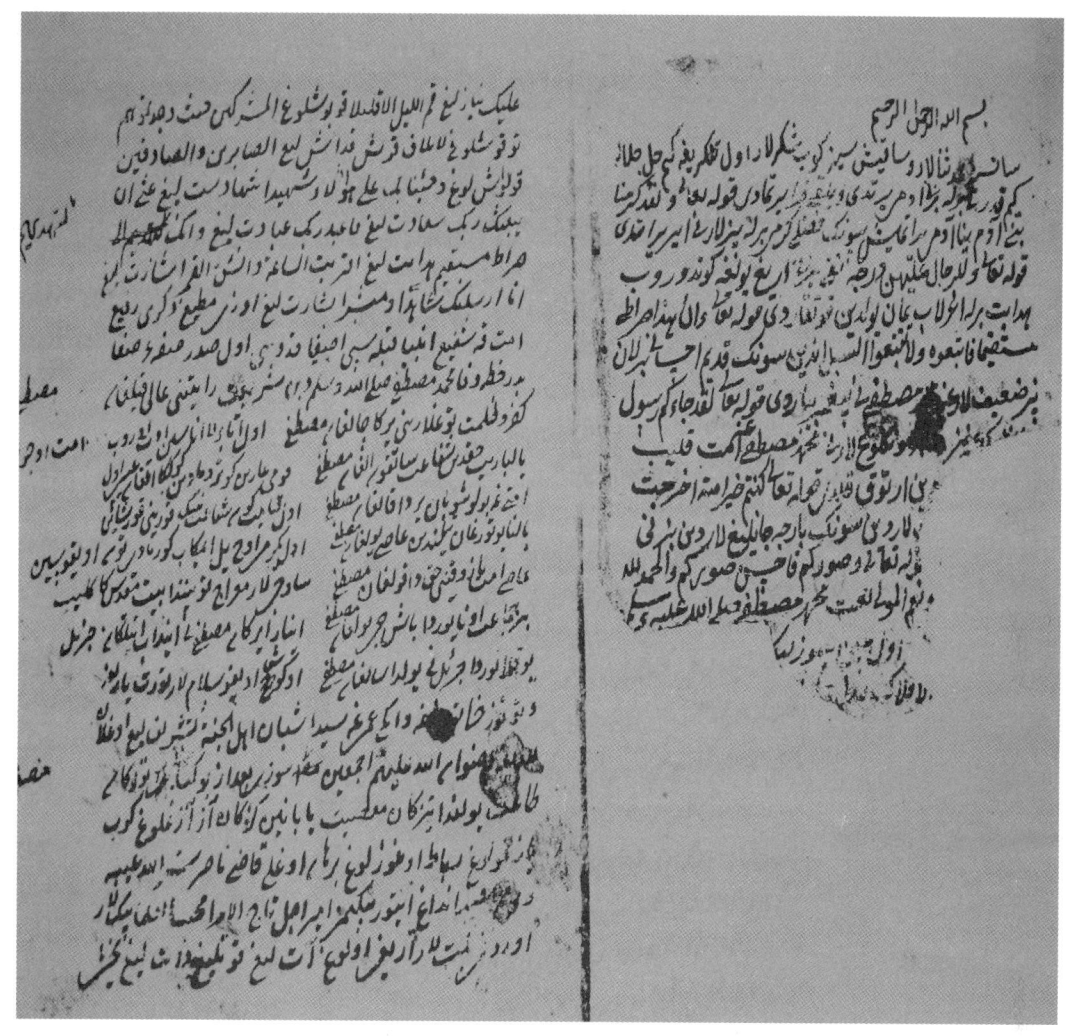

图 7 《克萨素勒安毕亚》

《克萨素勒安毕亚》(Qisasu-l Änbiya) 或《克萨斯拉布故孜》(Qissa'i Rabğuzi，即《拉布故孜圣人传》) 的作者是纳斯日丁·布尔哈尼丁·拉布故孜 (Nasriddin Burhaniddin Oğli Rabğuzi)。这部文献的原手抄本成书于 1310 年，是中亚一带的一部名著。目前世界各地保存了以阿拉伯字母为基础用维吾尔文写成的较早和近代的很多不同手抄本。

纳斯日丁·布尔哈尼丁·拉布故孜是生活在 13—14 世纪的著名伊斯兰学学者、文学家。他是喀什噶尔人，熟练地掌握了伊斯兰东方文学和阿拉伯语、波斯语。提供图片的这部手抄本属于 15—16 世纪。

作品中陈述伊斯兰世界的著名圣人和他们的事迹和奇妙的经历，共 72 章。其中具有代表性的是《玉素甫—祖莱哈传》(Yüsüp - Zuläyha Qissisi)。《克萨素勒安毕亚》从 1859 年到 1881 年出版五次，广泛流传于民间。它在研究 13—14 世纪的维吾尔文学语言、散文和诗歌的特征方面具有很高的价值。在 1988 年它的现代维吾尔文版本由喀什维吾尔文出版社出版。

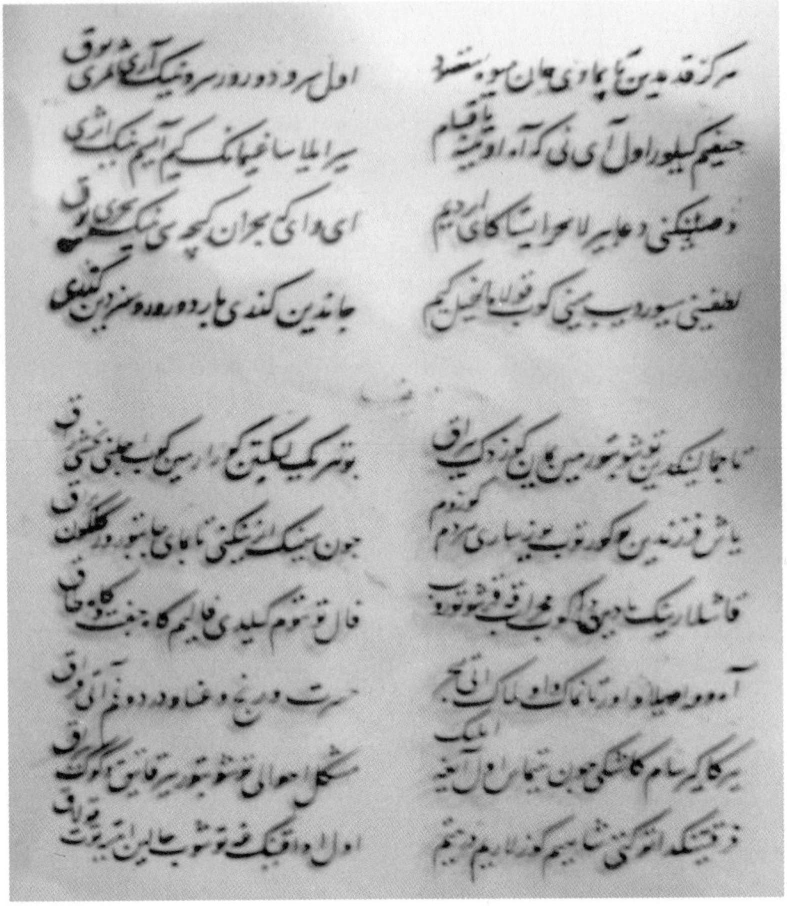

图 8 《迪瓦尼鲁提菲》

《迪瓦尼鲁提菲》（*Diwani Lutufi*）的作者是麦维拉纳·艾拜杜拉·鲁提菲（Mäwlana Äbäydulla Lutfi，1366—1465）。他是维吾尔古典文学的著名代表之一、思想家和诗人。据历史资料他出生于喀什噶尔，以后因种种原因生活在赫拉特（Hirat）。

鲁提菲用波斯语和维吾尔语创作，已发现他的主要作品有：《古丽瓦诺如兹》（*Gül Wä Näwruz* 即《古丽和诺如兹》）、《迪瓦尼鲁提菲》（*Diwani Lutufi* 即《鲁提菲诗集》）、《凯旋记》（*Zäfärnamä* 即《凯旋记》，译著）。

鲁提菲的译著《凯旋记》是 15 世纪著名史学家谢里甫丁·艾里·雅兹迪的波斯文著作。

鲁提菲的抒情诗在当时操突厥语的民族中广泛流传，对后来的诗人产生过巨大的影响。他与同时代的诗人们一起，对发展和丰富维吾尔文学语言作出了积极贡献。

图 9 《古丽瓦诺如兹》

《古丽瓦诺如兹》（*Gul Wä Näwruz*）是麦维拉纳·艾拜杜拉·鲁提菲（Mäwlana Äbäydulla Lutfi，1366—1465）的另一部代表作品。他是维吾尔古典文学的著名代表之一、思想家和诗人。据历史资料他出生于喀什噶尔，以后因种种原因生活在赫拉特（Hirat）。

《古丽瓦诺如兹》是一部抒情长诗，撰写于1411年，共2400行，在鲁提菲作品中占重要的地位。本作品描述王子诺如兹和公主古丽的爱情故事。长诗唯一的抄本现在保存于英国大不列颠博物馆。

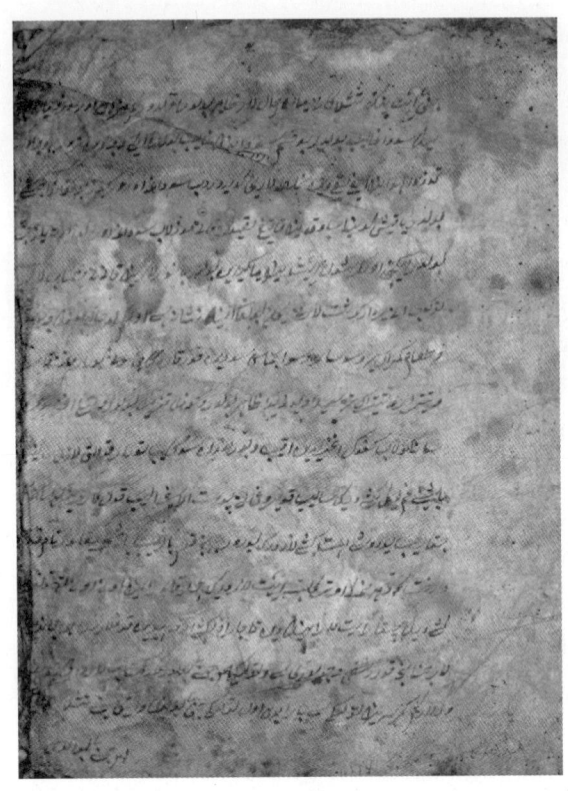

图10 《治疗经验》(*Dawalaş Täjiribiliri*)

《治疗经验》(*Tibbi Tajribilar*)现存两种手抄本,其中之一的作者是艾合来提·阿洪。这部文献成书年为1339年,今藏于新疆维吾尔医学专科学校古籍办,保存完整,1卷,1册,226页。内容题材属于传统医学类,语言文字属于哈喀尼亚后期维吾尔文,国家珍贵一级古籍申报编号:XRG013。

主要内容:该书作介绍维吾尔医学米杂吉、合立体等基础理论知识,民间常见疾病的治疗经验和治疗技术以及部分验方。本著作对今日维吾尔医学具有重要的应用价值。正在整理研究。

另一种手抄本《治疗经验》(*Dawalaş Täjiribiliri*)的作者不详。

这部文献成书年代不详,手抄本可能属于19世纪,今藏于新疆维吾尔医学专科学校古籍办,保存完整,1卷,1册,142页。内容题材属于传统医学类,语言文字属于哈喀尼亚后期维吾尔文,国家珍贵一级古籍申报编号:XRG011。

主要内容:本著作介绍了维吾尔医学常见疾病治疗方法和治疗经验、饮食调理等内容。还记载部分生药及成药处方。本著作在今日的维吾尔医学中有重要的应用价值。正在整理研究。

以上部分信息由新疆维吾尔医学专科学校维吾尔医古籍文献研究室阿部都卡迪尔先生提供。

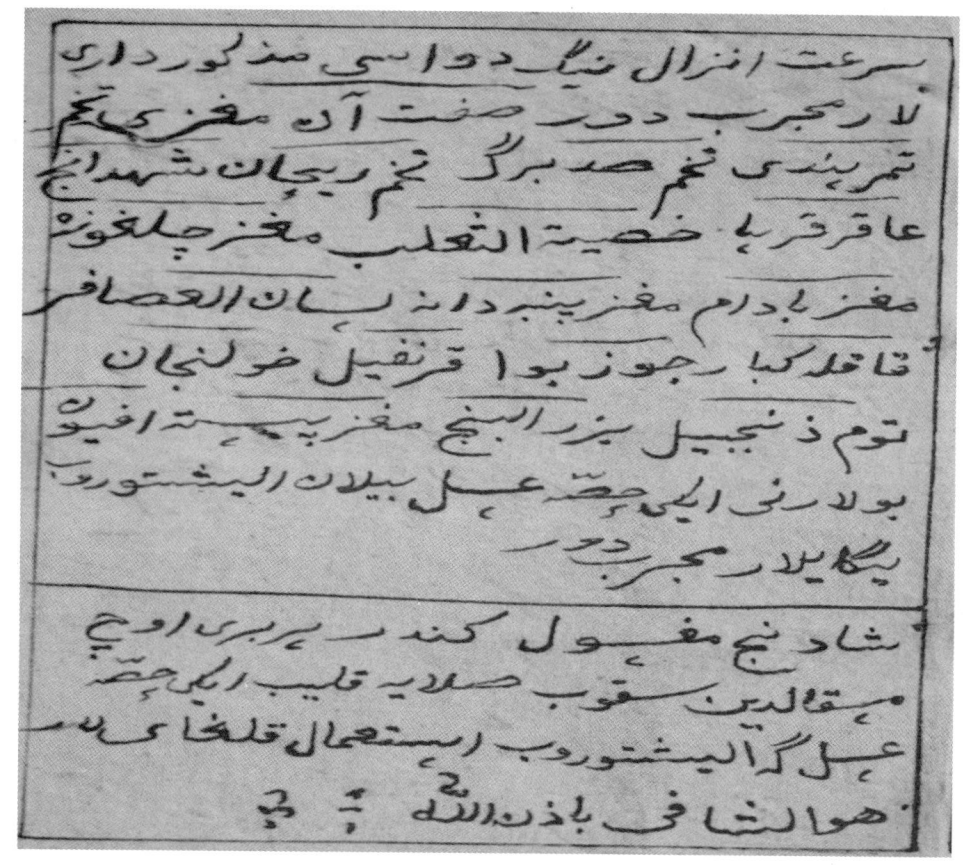

图11 《艾尔拉尔克萨里日尼达瓦拉什》

《艾尔拉尔克萨里日尼达瓦拉什》(Ärlär kesälliklirini Dawalaş，《男性病治疗手册》) 的作者不详。

这部文献成书年不详，手抄本可能属于19—20世纪，今藏于新疆维吾尔医学专科学校古籍办，保存完整，1卷，1册，43页。内容题材属于传统医学类，文字属于哈喀尼亚后期维吾尔文，国家珍贵一级古籍申报编号：XRG022。

主要内容：本手稿介绍男性病的治疗方法和治疗经验、常用饮食和禁忌事项。本专著对今日维吾尔医学诊治男性病具有应用价值。正在整理研究。

以上部分信息由新疆维吾尔医学专科学校维吾尔医古籍文献研究室阿部都卡迪尔先生提供。

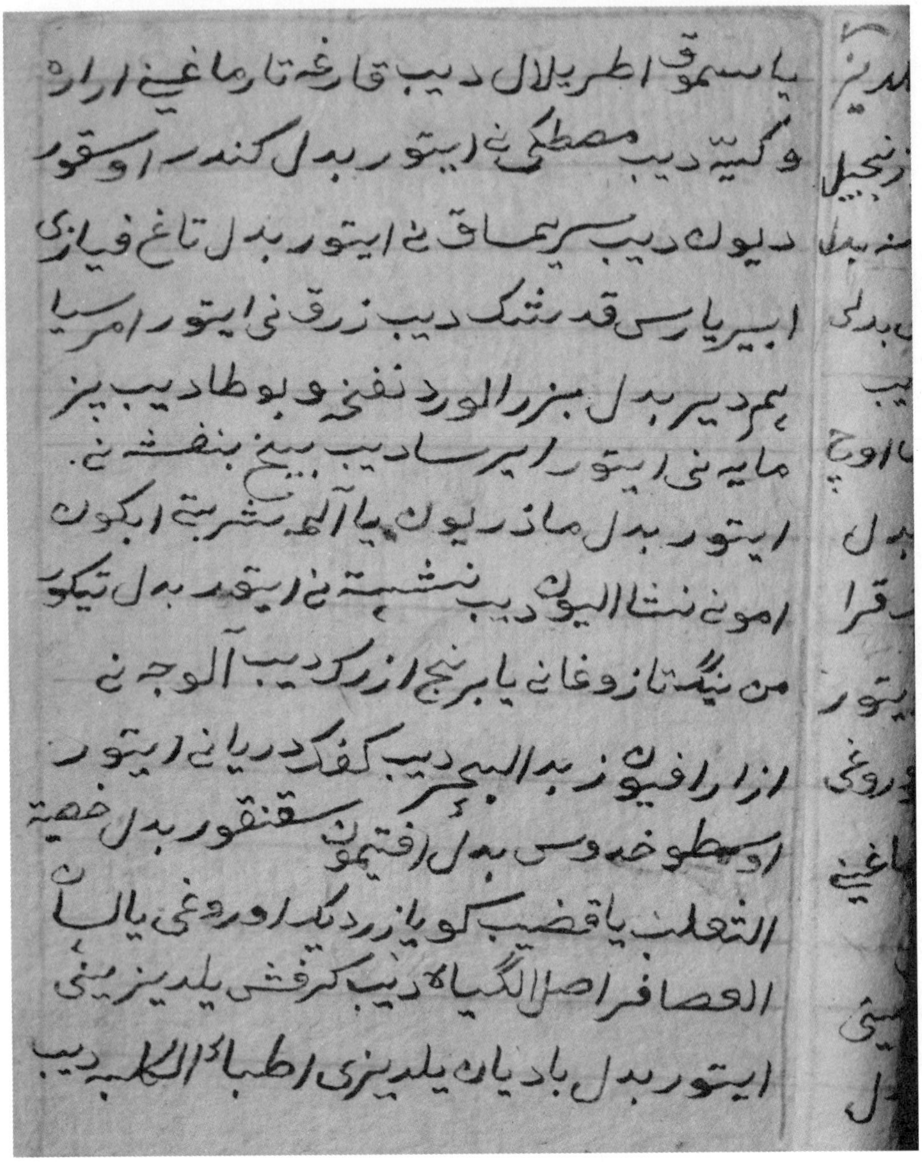

图 12 《亚克都日拉阿塔里古里日》

《亚克都日拉阿塔里古里日》(Yäkkä Dorilar Atalğuliri，《单药术语》) 的作者不详。

这部文献成书年不详，手抄本可能属于 19—20 世纪，今藏于新疆维吾尔医学专科学校古籍办，保存完整，1 卷，1 册，23 页。内容题材属于传统医学类，文字属于哈喀尼亚后期维吾尔文，国家珍贵一级古籍申报编号：XRG023。

主要内容：本手稿本介绍了常用的一些生药名称和术语。本专著对今日维吾尔医药具有参考价值。正在整理研究。

以上部分信息由新疆维吾尔医学专科学校维吾尔医古籍文献研究室阿部都卡迪尔先生提供。

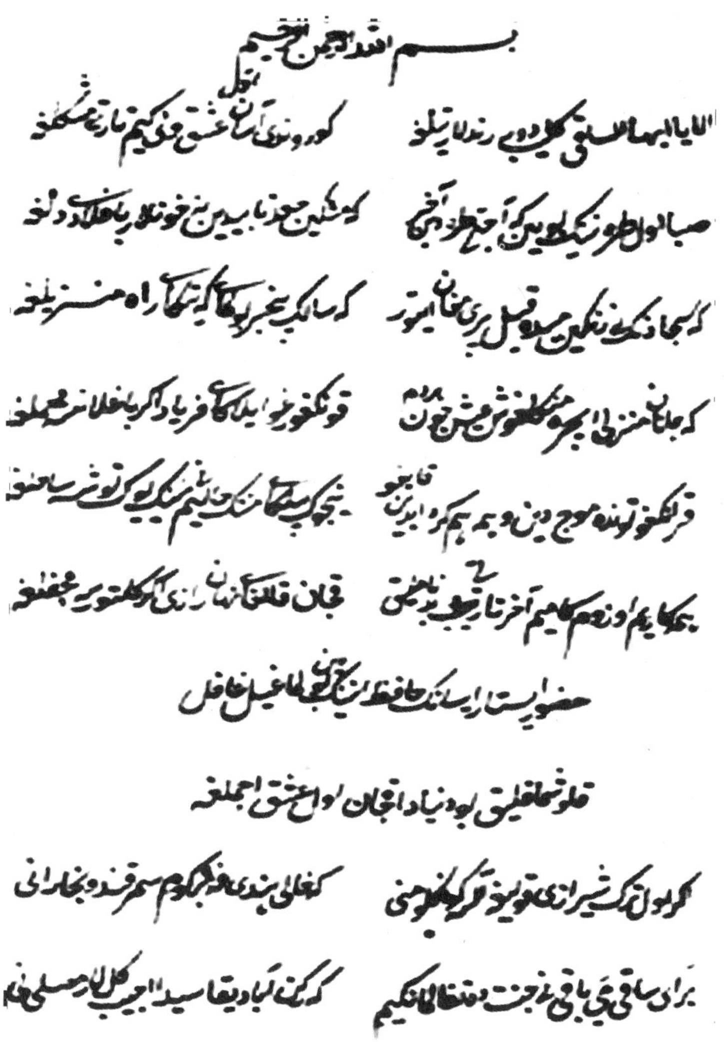

图 13 《卡斯达义穆罕买德胡加哈费孜西热孜》

《卡斯达义穆罕买德胡加哈费孜西热孜》（Qäsidä 'i Muhämmäd Xuja Hafiz Şirazi）的原作者是穆罕买德·胡加·哈费孜·西热孜（1300—1389），译著作者是孜莱哈·拜戈木。她是生活在 16—17 世纪的女诗人。该作品从波斯文译成哈喀尼亚后期维吾尔文。现保存在新疆维吾尔自治区博物馆。

诗歌充满感情，语言流畅，而且非常规范。

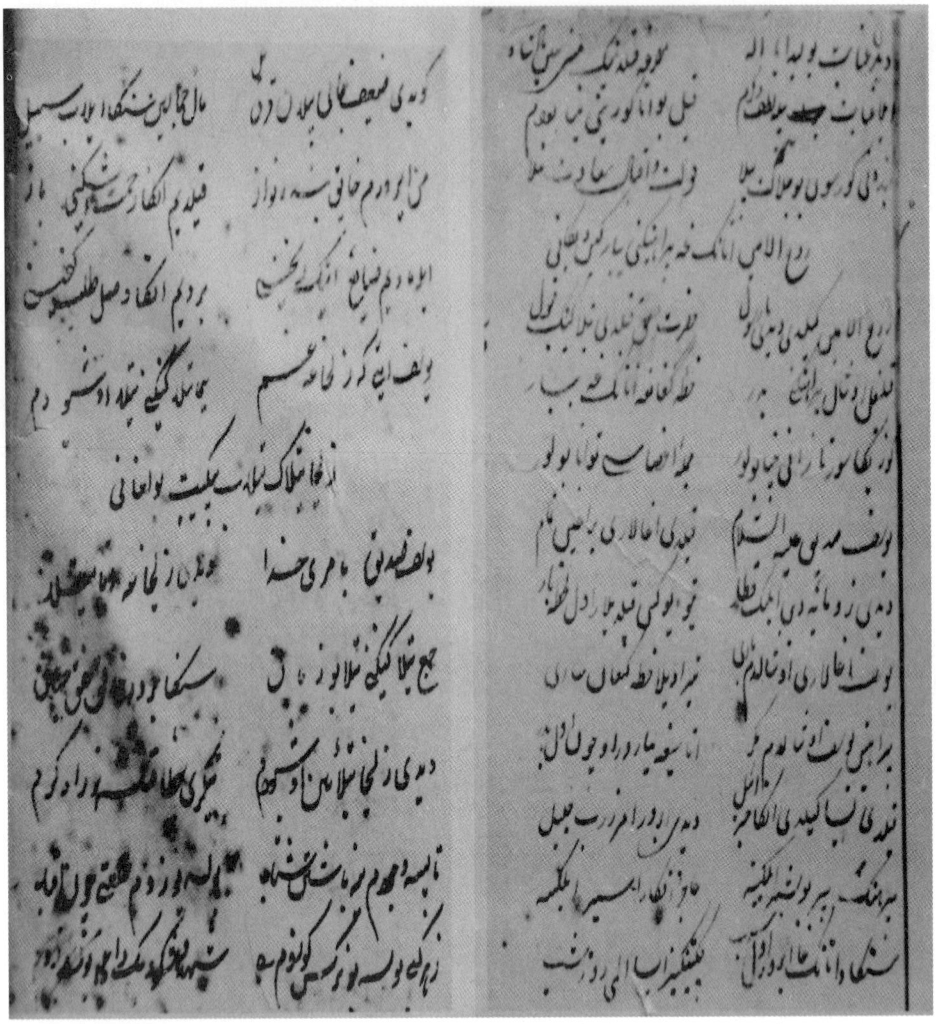

图 14 《玉素甫祖莱哈》

《玉素甫祖莱哈》(Yusup wä Zuläyxa) 是多尔别克 (Dur Bäk) 的作品。根据手抄本中的一些信息学者们确定作者生活在 14 世纪前后，作品也是成书于同一个世纪，我们看到的手抄本抄写年代大概属于 17 世纪前后。文献字体清楚，语言流畅。

作为《玉素甫祖莱哈》(玉素甫与祖莱哈) 的爱情故事，在维吾尔族人民中家喻户晓，而且它的变体即不同作者用同一个《玉素甫祖莱哈》为题来写的或同一个作者的作品在不同年代由于抄写人的加工而形成的不同种类很多。这些作品为语言和文学的比较研究提供了第一手资料。

图 15　《库利亚提加米》

　　《库利亚提加米诗歌集》(*Külliyati Jami*) 的作者是阿卜都热赫曼·加米 (Abduraxman Jami, 1414—1492)，有些人称其为麦维拉纳·加米 (Mäwlanä Jami)。他是著名文学家，艾里希尔·纳瓦依在《麻加力苏纳菲斯（即《文坛荟萃》）中高度评价他的品质和艺术才华。除《库利亚提加米》外，已发现他的主要作品还有：《哈菲塔阿维然》(*Häftä Äwräng* 即《七星记》)、《纳法哈图力乌努斯海斯热提》(*Näfahatul-Uns Häzäratul-Quds/Pak Kişilärning Därgahidin Kälgän Dosluq Şamili* 即《来自圣人身边的友谊之风》)。

　　《库利亚提加米》的抄写人和成书年代有待于进一步考证。这部诗集中，作者把自己的经历、人生观、对于社会的感受用诗歌形式表达出来，对维吾尔古典文学的发展历史起到积极作用。他的作品在新疆和中亚广泛流传。

图 16 《四卷诗集》

《四卷诗集》（Çahar Diwan，音译"恰哈尔迪瓦尼"）是艾米尔·尼孜木丁·艾里希尔·纳瓦依（简称纳瓦依，1441—1501）的最重要著作之一。

《四卷诗集》有很多手抄和石印版本，如北京有国家图书馆版本和今藏在中国社会科学院民族研究所的版本。后一版本信息：登录人：买提热依木，登录时间：2002 年 3 月 13 日，原书编号：859/9931/501/00134/No：11/61-1-26，新编号：00091。全书精装本，1 卷，1 册，1282 页，页面 26 厘米×16 厘米，板框 17 厘米×10 厘米，每页分成两个栏，每页 13 行字，手抄时间：1235 年。保存完整。文字属于哈喀尼亚后期维吾尔文。内容类别属于文学。

纳瓦依是 15 世纪一位划时代的诗人、学者、思想家、社会活动家。到现在为止已发现的纳瓦依的全部著作即《纳瓦依全集》包括 30 部作品，可从不同的角度进行分类，一般分为 8 大类即诗集类、列传类、语言文学类、宗教伦理类、历史类、评传类、书信类和附件类。他的《恰哈尔迪瓦尼》（Çahar Diwan 即《四卷诗集》）包括：（1）《孥拉伊布尔斯孥尔》即《童年奇趣》或《人之惊异》或《人生之小雨》；（2）《纳瓦迪如希夏巴毕》即《青年的珍品》；（3）《柏达依乌力瓦萨提》即《中年美景》；（4）《法瓦依杜力卡巴日》即《老年收益》。《四卷诗集》共收诗 3130 首，每集篇幅大体相当。其中第一部 840 首；第二部 759 首；第三部 740 首；第四部 793 首。

第五章　维吾尔古籍珍品图片及说明　1629

图 17　《五卷诗》

《五卷诗》（Xämisä，音译"海米赛"）的作者是艾米尔·尼孜木丁·艾里希尔·纳瓦依（关于作者生平请参见《瓦克菲亚》）。

《五卷诗》包括：（1）《海热图力艾毕拉日》（Häyrätul-Äbrar 即《信徒惊疑》或《君子神往》或《正直人的惊愕》）；（2）《帕尔哈德希琳》（Pärhad-Şirin 即《帕尔哈德与希琳》）；（3）《莱丽—麦吉侬》（Läyli-Mäjnun 即《莱丽与麦吉侬》）；（4）《赛布艾伊赛雅尔》（Säb'ä'i Säyyar 即《七星图》）；（5）《赛迪伊斯坎德尔》（Säddi Iskändär 即《斯坎德尔的城堡》或《亚历山大的城堡》）。

我们看到的《五卷诗》今藏在中国社会科学院民族研究所，原书编号：879/5，创作 811，No.00260，编号：00088。文字为哈喀尼亚后期维吾尔（察哈台）文，内容类别属于文学，古籍，1卷，1册，共508页，页面40厘米×24厘米，板框26厘米×17厘米，石印本每页分成四个栏，每页27行字，每页有四条竖线。登录人：买提热依木，登录时间：2002年3月13日。古籍保存完整。它的最早石印本属于 1893 年。大部分与金典文学研究著作或教材里都包含这部名著。

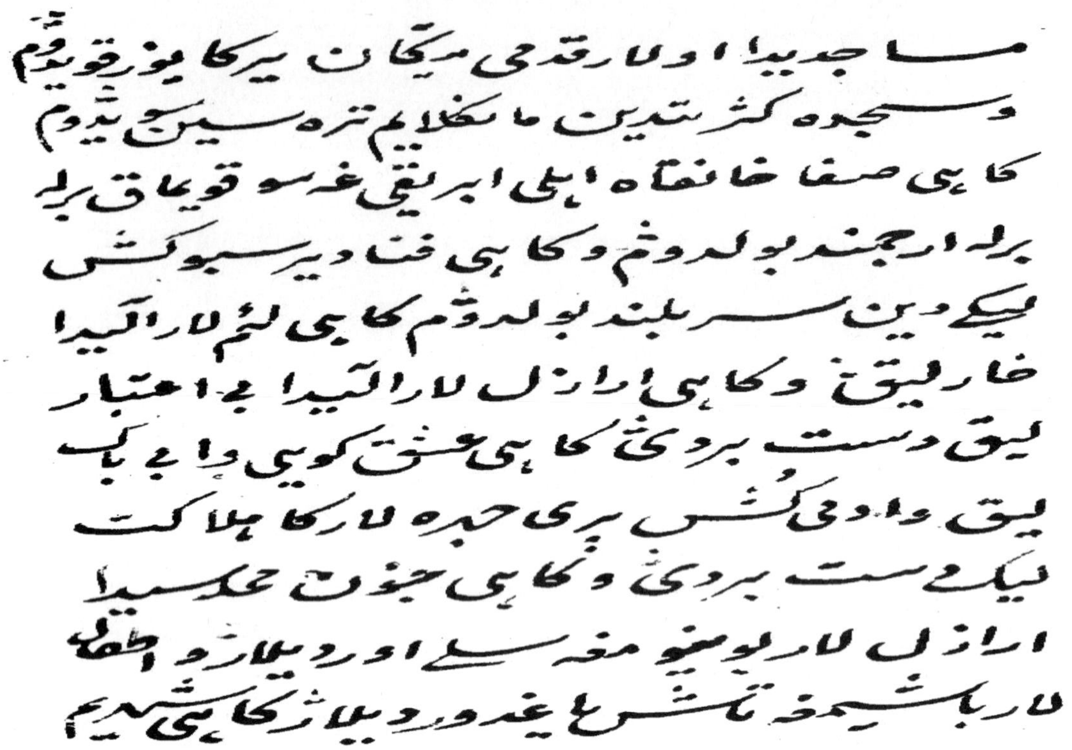

ما جبيدا اولا رقدى مكان يركا يوز قويتم
وسجده كرتدين ماخلايم تره سين جيدوم
كابى صفا خانقاه ابلى ابريقى غدسو قوياق بلا
برلا رجند بولدوشم وكابى فت ديرسبوكش
ليكمه دين سربلند بولدوشم كابى لئم لا لا كيدا
ضار ليتى وكابى لا ازل لا را لا كيدا باعتبار
ليتى دست بردى كابى عنى كوبى وا ب لب
يت وادى كش برى جده لا كا هلا كت
ليكى دست بردى وكابى جيون حكسبا
ا ازل لا را لو يتو مغه اورديلا ره طقه
لا با شمه تشرع غدور ديلا ش كا بى شمه

图 18　《玛赫布布里胡路甫》

《玛赫布布里胡路甫》（Mahbubul Qulub，《心中独钟》或《情之所钟》）是艾米尔·艾里希尔·纳瓦依的代表作之一（关于作者生平请参见《瓦克菲亚》）。我们登录的古籍原书今藏在中国社会科学院民族研究所，登录人：买提热依木，登录时间：2002 年 3 月 19 日。原编号：538.19/161/No：10 00274，新编号：00097。该版本手抄本，精装，1 卷，1 册，162 页，页面 19 厘米×11 厘米，板框 15 厘米×9 厘米，每页 11 行字，保存不完整（前后有缺页）。抄写年代为伊历 1210 年。

该抄本文字属于哈喀尼亚后期维吾尔（察哈台）文。内容类别属于文学。这是纳瓦依的名著之一，主要谈到如何培养人，如何对待社会中的各种事物。某种程度上说，这部作品是作者总结自己一生的经验，劝说人们遵循社会和自然界的发展规律，用高尚品质来约束、培养自己。

第五章　维吾尔古籍珍品图片及说明　1631

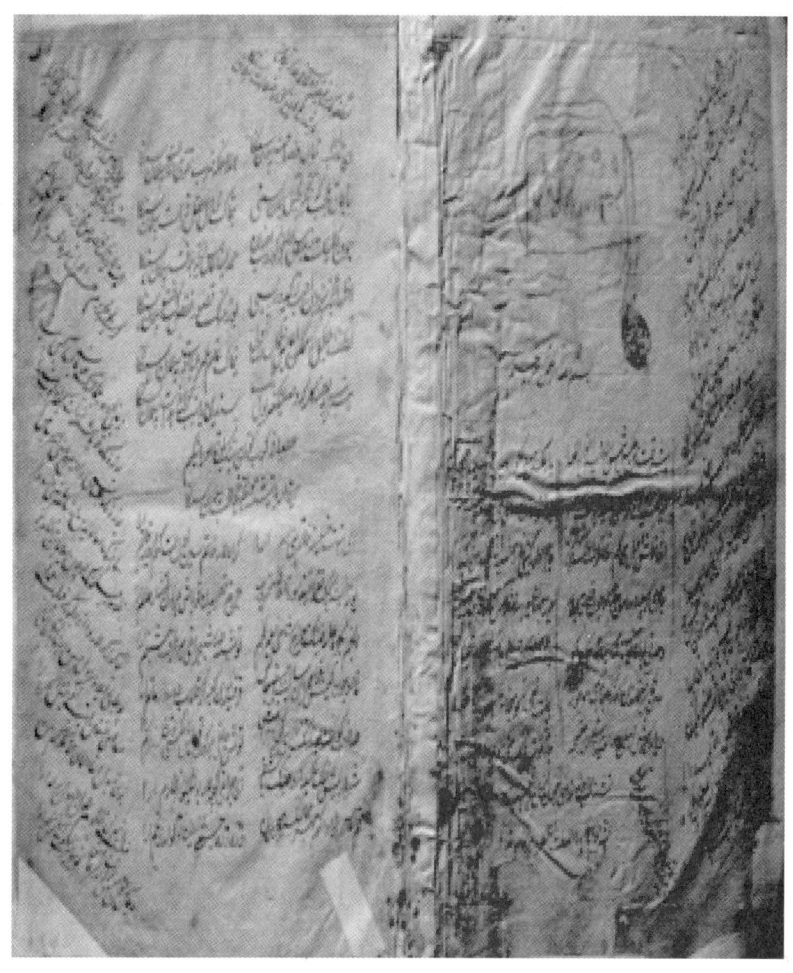

图 19　《帕尔哈德-希琳》

《帕尔哈德-希琳》（Pärhad-Şirin）的作者是艾米尔·尼尕木丁·艾里希尔·纳瓦依（关于作者生平请参见《瓦克菲亚》）。

该文献的手抄本很多，其中一本今藏于中国社会科学院民族研究所图书馆。另外，同书名但不同作者的《帕尔哈德-希琳》也不少。这对于比较语言学和比较文学研究是第一手资料。

《帕尔哈德-希琳》的内容在维吾尔族当中家喻户晓，描写男主人公和田王子帕尔哈德与女主人公也门公主希琳的爱情故事。

图 20 《巴达亚图里巴达亚》

《巴达亚图里巴达亚》(Bädayätul bädayä) 的作者是艾米尔·尼孜木丁·艾里希尔·纳瓦依（关于作者生平请参见《瓦克菲亚》）。

该文献是作者的代表作之一，所以不同时代、不同地点都有抄本流传。今藏在新疆维吾尔自治区各地的本子也很多。

《巴达亚图里巴达亚》的含义是"美好的开始"。这是作者哲学思想的总结。由于这部文献有很多学者整理研究、发表文章，在这里无法一一讨论。

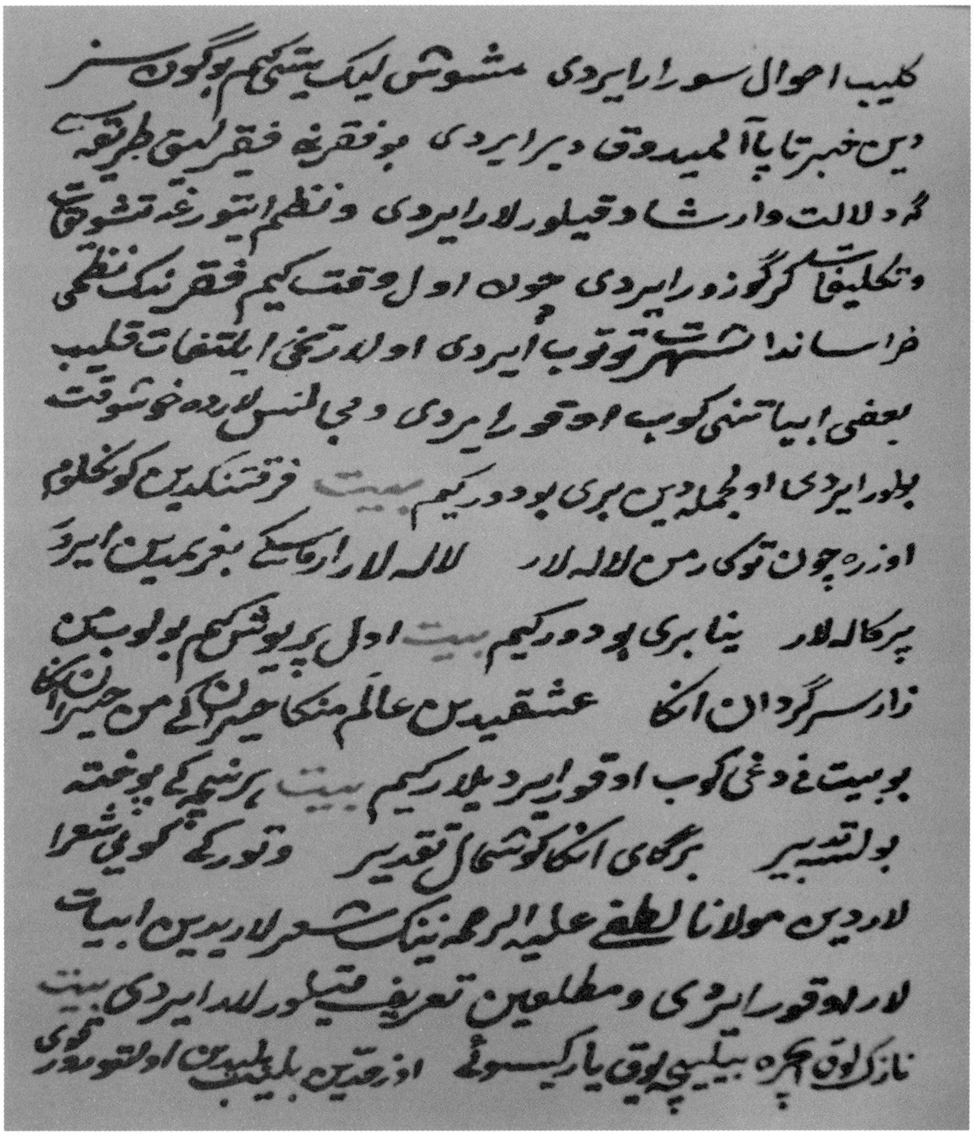

图 21　《哈拉提赛义德哈参艾尔德西尔》

《哈拉提赛义德哈参艾尔德西尔》（Halati Säyyid Häsän Ärdäşir 即《赛义德哈参艾尔德西尔传》）的作者是艾米尔·尼朶木丁·艾里希尔·纳瓦依（关于作者生平请参见《瓦克菲亚》）。

这部巨著是纳瓦依的另一部代表作。这部著作描写的是赛义德·哈参·艾尔德西尔的出生、生长以及社会事业所取得的功绩。

这部文献的手抄本很多，字体清楚，语言流畅。估计保存完整。本文在研究伊斯兰教历史、哲学、文化方面和语言和文学比较方面有着特殊地位。到目前为止，翻译成现代维吾尔语方面的工作比较多，但科学的转写和研究欠缺。

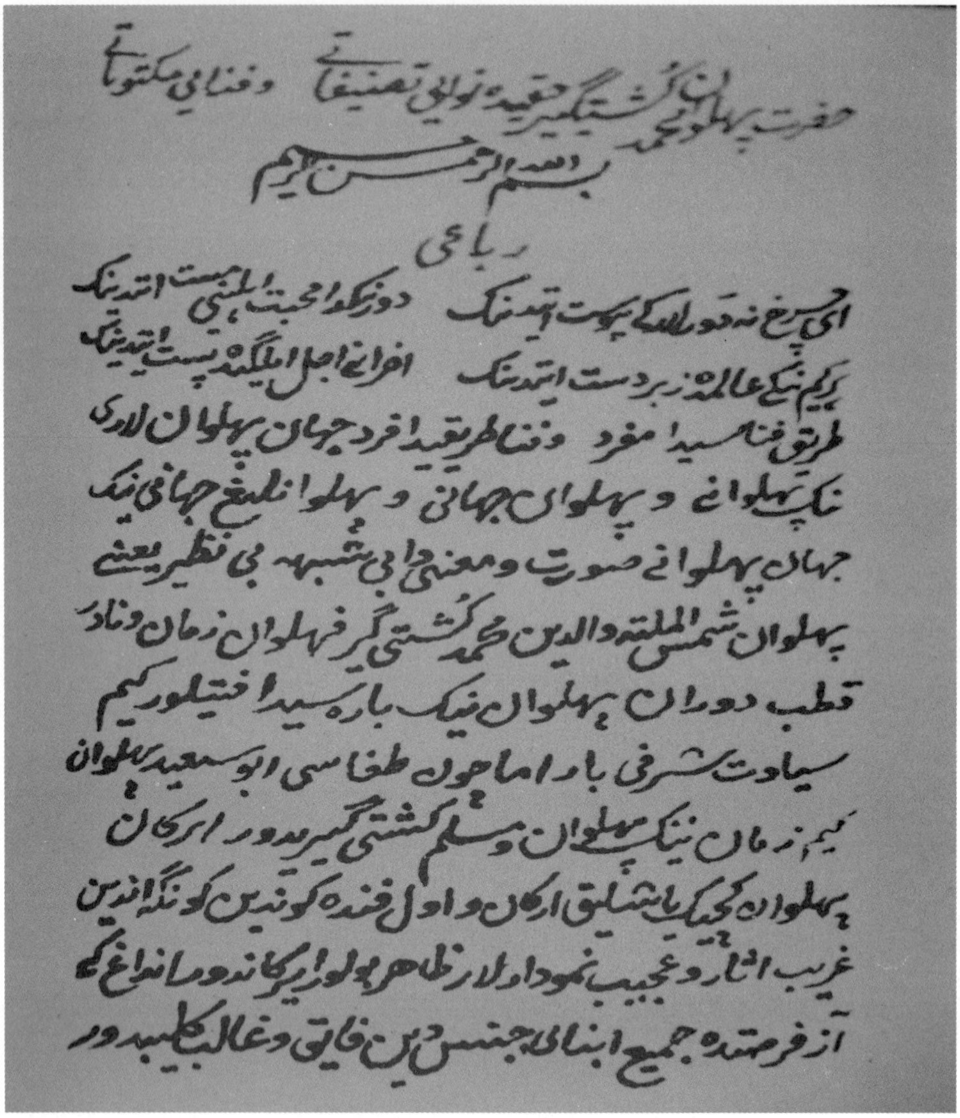

图 22 《哈拉提帕赫利宛穆罕默德》

《哈拉提帕赫利宛穆罕默德》（Halati Pähliwan Muhämmäd）的作者是艾米尔·尼尕木丁·艾里希尔·纳瓦依（关于作者生平请参见《瓦克菲亚》）。

这部文献也属于穆罕默德的列传。文写成于 1490 年，手抄本分别属于 16、17、18、19 世纪。此文献中的记载，穆罕默德于 1493—1494 年去世。文献的语言流畅、生动，抄写人称呼为"该文献的语言就像麝香一样散发香味"。作者认为人类的社会都有自己的规律发展变化。其中人类出生、生长还是死亡。无论是穷人还是贵族，甚至国王也逃脱不了这样的自然规律。为此，作者号召人们把有限的生命献给无限的事业。

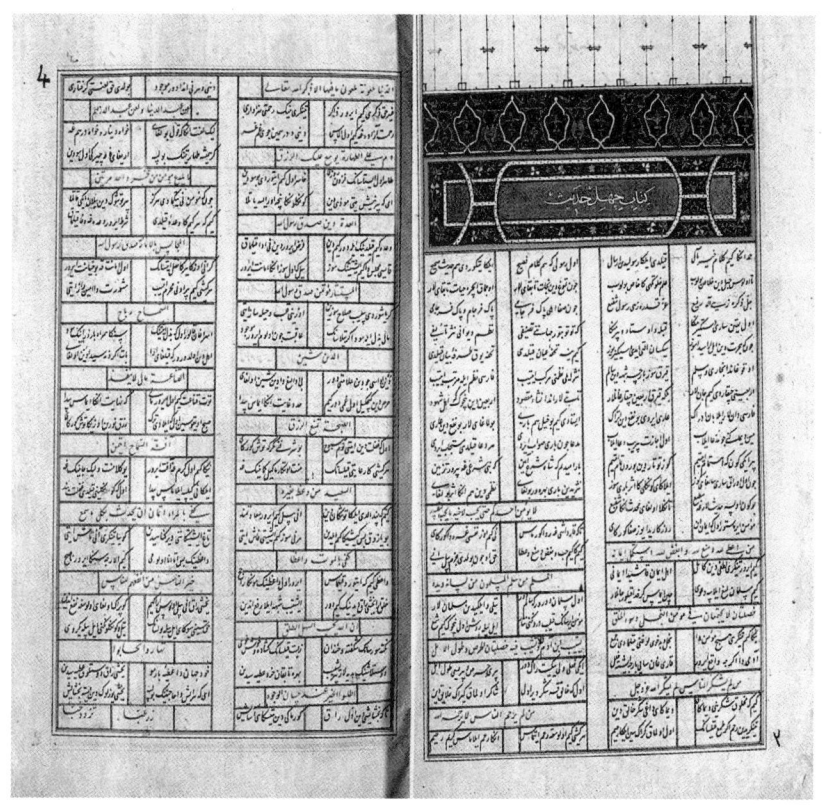

图 23　《艾尔巴因》

《艾尔巴因》(Ärbäiyin) 的作者是艾米尔·尼咎木丁·艾里希尔·纳瓦依（关于作者生平请参见《瓦克菲亚》）。

《艾尔巴因》(Ärbäiyin) 的含义是"四十圣训"。是对于真主使者穆罕默德演说的解释。无论从圣训的顺序或内容来看这是纳瓦依从阿拉伯文翻译的一部著作。"圣训"就是虔诚穆斯林的道德指南，是对于人民的教科书。这部文献大约形成于伊历 886 年（公元 1481 年或 1482 年）。这部文献一方面它是创造性的译著，作者增加了一些原著没有的内容。另一方面，这部文献内容中体现的哲学思想贯穿于纳瓦依其他著作。

这部古籍的手抄本今藏于新疆维吾尔自治区少数民族古籍办公室，1550 年由穆罕默德·伊本尼·达武迪（Muhämmäd Ibni Dawud）手抄完成。在 1649 XGQ 号手抄本中书名为《切赫里哈迪萨艾里希润纳瓦依》。从中可看出不同手抄本中书名是不同的，但含义大体相同。

本手抄本已有维吾尔族学者整理研究，并与纳瓦依其他文献合订出版（参见《艾里希尔·纳瓦依作品》，买买提吐尔迪米尔孜艾合买提编，新疆人民出版社出版 2001 年 11 月版）。

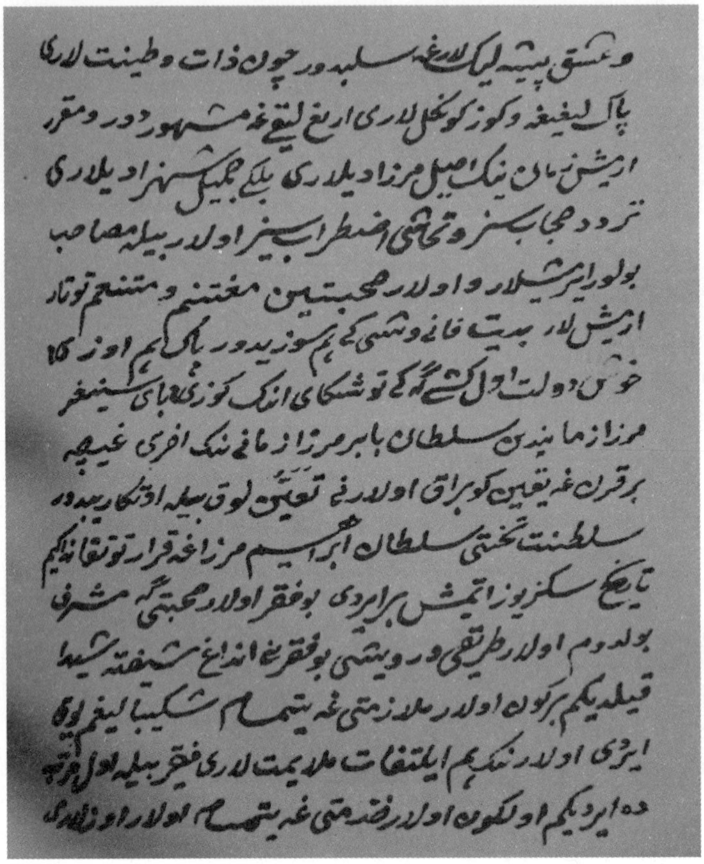

图 24 《瓦克菲亚》

《瓦克菲亚》（Wäqfiyä）的作者是艾米尔·尼尕木丁·艾里希尔·纳瓦依（口语中为 Ämir Nizamiddin Älşir Nawayi）。

《瓦克菲亚》是代表纳瓦依科学思想和他献身于人类文明事业的巨著。由于他超人的文学才华和崇高的道德品质赢得了当时上层领域人士的重任。他利用这样一个机会，一方面大力普及学校和科学事业，培养了一大批人才。另一方面，通过募捐资金来从事慈善事业。

本手抄本已有维吾尔族学者整理研究，并与纳瓦依其他文献合订出版（参见《艾里希尔·纳瓦依作品》，买买提吐尔迪米尔孜艾合买提编，新疆人民出版社出版 2001 年 11 月版）。

艾米尔·尼尕木丁·艾里希尔·纳瓦依（口语中为 Ämir Nizamiddin Älşir Nawayi，论著中转写为 Ämir Nizamiddin Alī-Şir Nawā'ī, 1441—1501）。他是 15 世纪一位划时代的诗人、学者、思想家、社会活动家。在他诸多著作中，《两种语言之辩》是与语言研究密切相关的一部名著。该著作对波斯语和突厥语的语音、词汇、附加成分，尤其是对两种语言的修辞、表达方式的特点和差异等方面进行了大量对比，明确提出突厥语并不亚于波斯语。《纳瓦依全集》（Külliyati Nawa'i）包括 30 部作品，可从不同的角度进行分类，一般分为 8 大类即诗集类、列传类、语言文学类、宗教伦理类、历史类、评传类、书信类和附件类。现已发现他的著作按创作的年代分类如下：

1)《海扎伊努力麦阿尼》（Xäzayinul Mä'ani/Mänilär Xäzinisi）即《宝珠集》，简称《恰哈尔迪瓦尼》（Çahar Diwan）即《四卷诗》，包括：(1)《尕拉伊布尔斯尕尔》（Gära'ibussiğä/Baliliq Ajayibatliri）即《童年奇趣》或《人之惊异》或《人生之小雨》；(2)《纳瓦迪如希夏巴毕》

（*Näwadiruşşäbab/Yigitlik Nadirliqliri*）即《青年的珍品》；（3）《柏达依乌力瓦萨提》（*Bädayi'ul Wäsät/Ottura Yaşliq Güzälliklri*）即《中年美景》；（4）《法瓦依杜力卡巴日》（*Fäfa'idul Kibär/Qeriliq Paydiliri*）即《老年收益》。

2）《迪瓦尼法尼》（*Diwani Fani*）即《波斯语诗歌集》或《法尼诗集》。

3）《五卷诗》包括：（1）《海热图力艾毕拉日》（*Häyrätul-Äbrar* 即《信徒惊疑》或《君子神往》或《正直人的惊愕》）；（2）《帕尔哈德-希琳》（*Pärhad-Şirin*）即《帕尔哈德与希琳》；（3）《莱丽-麦吉侬》（*Läyli-Mäjnun*）即《莱丽与麦吉侬》；（4）《赛布艾伊赛雅尔》（*Säb'ä'i Säyyar*）即《七星图》；（5）《赛迪伊斯坎德尔》（*Säddi Iskändär*）即《斯坎德尔的城堡》或《亚历山大的城堡》。

4）《力萨努图塔伊尔》（*Lisanut-täyir*）即《鸟语》。

5）《尼萨伊姆力木海白提米尼夏玛依木力福图瓦提》（*Näsayimul Muhäbbät Min Şamayimul Fütüwwät*）即《爱的芬芳》。

6）《麻加力苏纳菲斯》（*Mäjalisun Näfa'is*）即《文坛荟萃》或《名人之谈》，新疆人民出版社 1994 年版。

7）《木哈克玛图力鲁噶泰因》（*Muhakimätul Luğatäyin*）即《两种语言之辩》，民族出版社 1988 年版。

8）《哈拉提赛义德哈参艾尔德西尔》（*Halati Säyyid Häsän Ärdäşir*）即《赛义德哈参艾尔德西尔传》。

9）《哈拉提帕赫力瓦尼穆罕默德》（*Halati Pähliwan Muhämmäd*）即《英雄穆罕默德传》。

10）《玛赫布布里胡路甫》（*Mähbubul Qulub/Köngülning Dosti*）即《心之所钟》或《众心所爱》或《心中独钟》，喀什维吾尔文出版社 1989 年版。

11）《海米萨图力木塔海伊仁》（*Xämsätul-Mutähäyyirin/Bäş Häyranliq*）即《五种奇迹》或《惊愕的五士》。

12）《塔日赫安毕雅瓦乌库玛》（*Tarixi Änbiya Wä Hukäma/Päyğämbärlär Wä Alimlarning Tarixi*）即《圣人与预言家列传》或《先知与学者史》。

13）《塔日赫穆鲁克艾介木》（*Tarixi Muluki Äjäm/Äjäm Padşahlirining Tarixi*）即《伊朗王国史》。

14）《米杂努力瓦艾瓦赞》（*Mizanul Äwzan/Wäznilärning Ölççimi*）即《韵律准绳》。

15）《斯拉居力穆斯林民》（*Sirajul Muslimin/Musulmanlarning çiriqi*）即《穆斯林之光》。

16）《穆纳加提》（*Munajat/Xudağa Yalwuruş*）即《默念书》。

17）《瓦哈菲亚》（*Wäqfiyä/Waxpinamä*）即《瓦合福书》。

18）《木尼夏阿提》（*Munşa'at/Xät-Çäklär*）即《信札集》或《书信录存》。

19）《艾尔白因》（*Ärbä'in/Qirq Hädis*）即《四十哈迪斯》或《四十圣训录》。

20）《日萨拉依提尔安大赫坦》（*Risalä'i Tir Ändaxtän/Oqya Qollanmisi*）即《弓箭手册》。

21）《纳兹姆利加瓦赫日》（*Näzmul Jäwahir/Yipqa Tizilğan Ünçilär*）即《诗歌精粹萃》或《诗之谜语》。

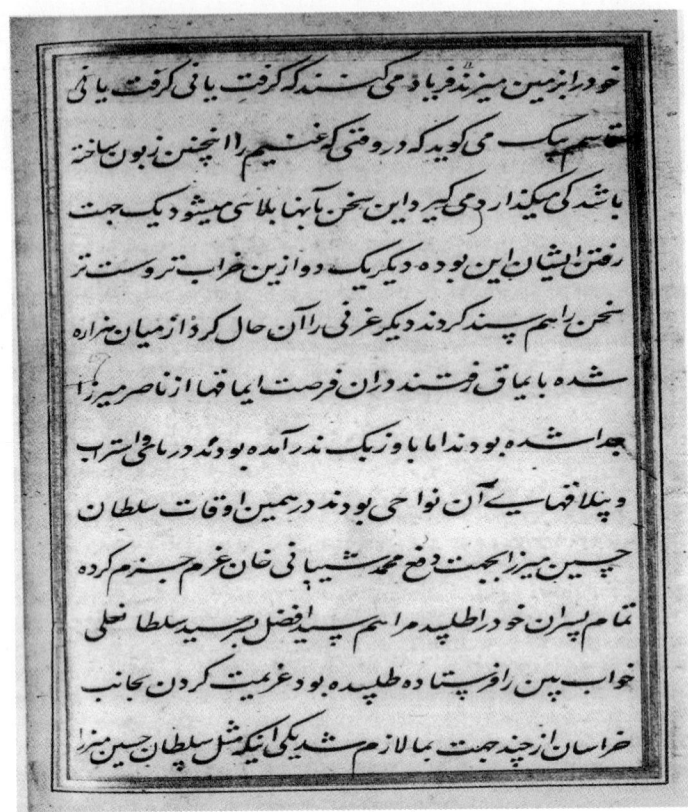

图 25　《巴布尔纳么》

《巴布尔纳么》(Baburnamä) 的作者是哈兹·扎赫日·穆罕穆德·巴布尔 (Gazi Zahiriddin Muhämmäd Bābur, 1483—1530), 著名政治家、文学家。

这部文献的名称也称为《瓦喀以巴布尔》。关于这一点在热希德热合买提阿热提译成现代土耳其文的序言中有段争论性的论述 (VEKAYI BABUR'UN HÂTIRATI, Cilt: 1, 1987, Ankara), 在这里先不讨论。

《巴布尔纳么》手抄本流传很多, 其中一种本子在喀赞 (Qazan) 石印多次, 在新疆, 维吾尔族人手中的大部分《巴布尔纳么》就是这一石印本。手抄本的另一种本子今藏于伊斯坦布尔, 并在土耳其整理研究成功。

众所周知, 《巴布尔纳么》是巴布尔的列传, 也是关于中亚细亚和印度, 维吾尔族和相关民族历史的书。今天已经译成英语、法语、德语、俄语, 并在各类百科全书、史书以及其他著作里大量应用。

已故中央民族大学教授哈米提·铁木尔先生将《巴布尔纳么》译成现代维吾尔语并由民族出版社出版 (《巴布尔传》, 民族出版社 1992 年 10 月版)。这部文献还未从语言学的角度去研究, 应该科学地转写并研究它的语音、词汇、语法。这对于研究词源学也是非常重要的一部原材料, 希望青年学者给予关注。

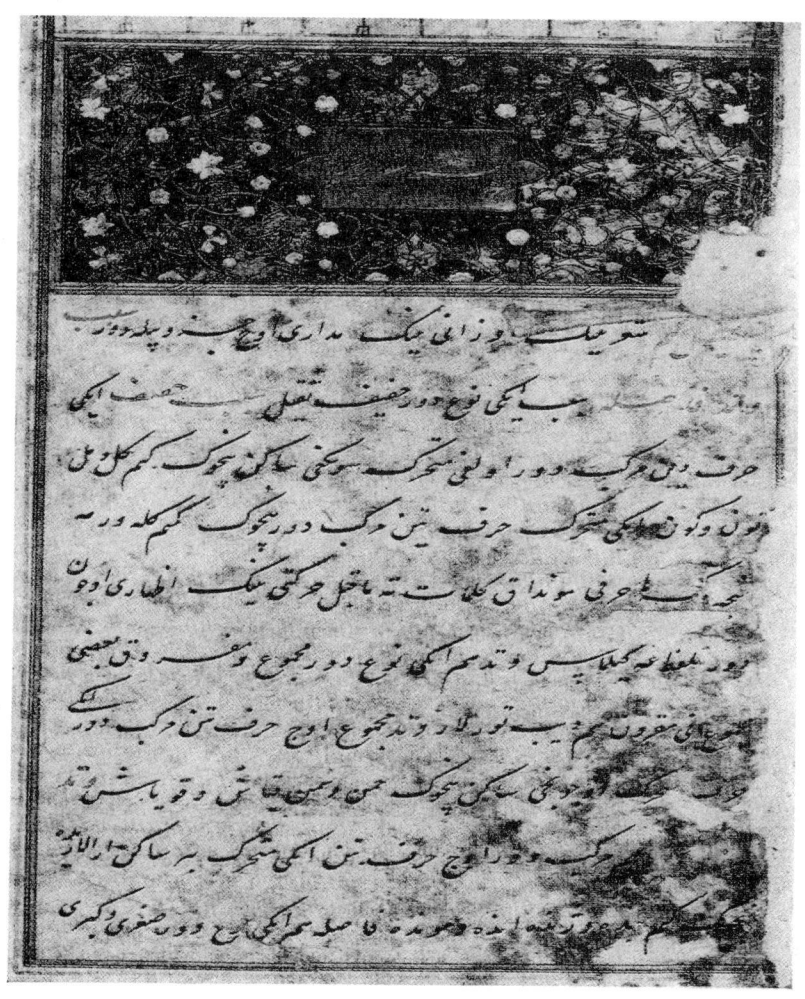

图 26　《木哈塔赛尔》

《木哈塔赛尔》(Muxtäsär),即《有关阿柔孜瓦孜尼的笔记》(Äruz wäzni Häqqidä Risalä),作者是哈兹·扎赫日·穆罕穆德·巴布尔(Ġazi Zahiriddin Muhämmäd Bābur,1483—1530)。

这部文献的主要内容就是研究中古时期维吾尔语诗歌结构和押韵等特征以及阿拉伯波斯语诗歌对于维吾尔语诗歌的影响。

巴布尔是著名政治家、文学家。出生于费尔干纳(Färğana),他12岁时父亲去世后当过费尔干纳的国王。1526年在印度建立过突厥莫古勒帝国(Türk Moğul Imperiyisi)。1506年他到赫拉特(Hirat)学习艾里希尔·纳瓦依的作品,结果受到很深的影响。1519年巴布尔第一部诗集(Diwan)在喀布尔写成,1528—1529年第二部诗集在印度写成。以后他把这两部诗集和其他诗歌编成完整的一部诗集,但是它以后的情况不详。他已发现的主要作品有《巴布尔纳么》(Baburnamä),即《巴布尔传》或《巴布尔回忆录》)。这部传记中有364首诗歌流传至今。《巴布尔传》的维吾尔文版由民族出版社1992年出版。

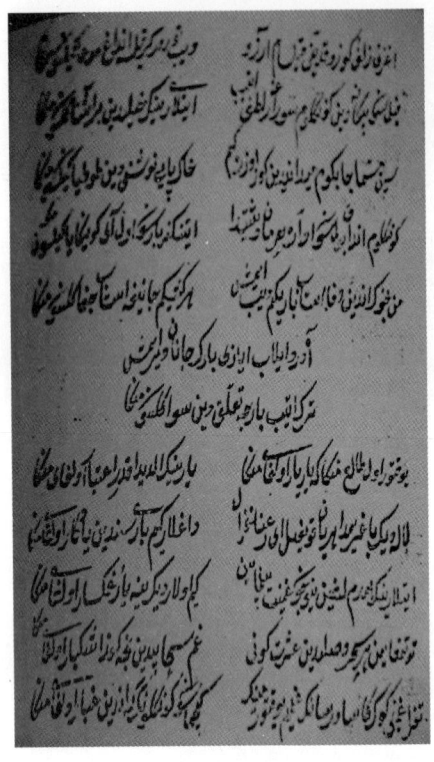 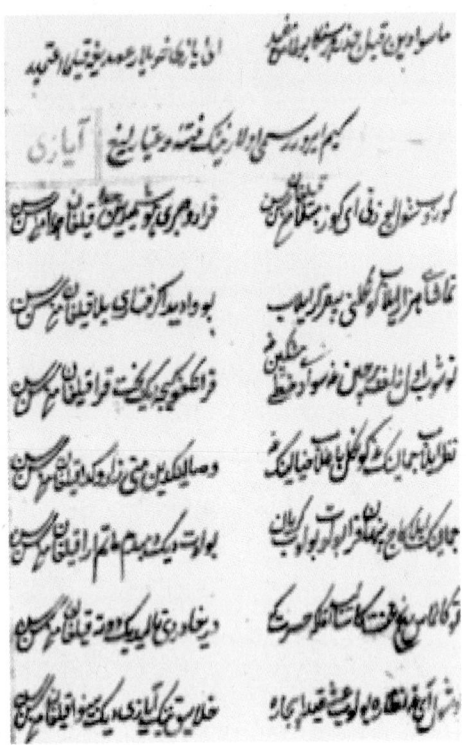

图 27 《迪瓦尼阿亚孜》

《迪瓦尼阿亚孜》（*Diwani Ayazi*，《阿亚孜诗集》）的作者是穆罕穆德·米尔扎·海答尔（Muhämmäd Mirza Häydär Korägani，1499—1551），或说为阿雅孜·柏克·库希齐（Ayaz Bäg Quşçi）。他是生活在喀啦汗王国时期的历史学家、上流社会政要。出生于塔什干，1509 年来到表哥哈兹·扎赫日·穆罕穆德·巴布尔身边，从 1513 年开始做苏力坦·赛义德汗的工作，成功地领导多次进军，为赛义德王国的强大作过很大的贡献。1533 年到克什米尔（Käşmir），1541 年创建独立政权，1551 年 1 月 9 日被自己军队中的叛乱分子杀死。

过去很多学者认为《迪瓦尼阿亚孜》（*Diwani Ayazi* 即《阿亚孜诗集》）的作者米尔扎·海德尔·阿亚孜（Ähmädi，15 世纪末 16 世纪初生活在叶尔羌汗国）和《塔日赫热希德》的作者穆罕穆德·米尔扎·海答尔是不同的两个人，但最近研究中论证是一个人。

他已发现的主要作品除《塔日赫热希德》（*Tarixi Räşidä* 即《拉失德史》）和《迪瓦尼阿亚孜》外还有《加汗纳么》（*Jahañnama* 即《世事记》）。《塔日赫热希德》是 1541—1545 年用波斯语写成的，共两册。上册完成于 1541—1542 年，下册完成于 1545—1546 年。上册共 180 页，载入从吐黑鲁·帖木儿（Tuğluq Temur，1336—1405）时期到阿布都拉希德汗（Abduräşidxan，1510—1560）时期的二百多年的历史。下册共 498 页，记载自己的出生、前辈和自己的经历、当时的历史事迹和哈兹·扎赫日·穆罕穆德·巴布尔等历史人物、属于中亚的各个王国的地区和城市、当时人的生活、中亚的地理和地名等各方面的历史资料。

《塔日赫热希德》的波斯语手抄本（克什米尔本）1948 年在克什米尔发生的一次事故中失踪。《塔日赫热希德》下册的原本现在保存于阿富汗首都喀布尔教育局图书馆。这部作品在喀什被毛拉·尼雅孜·阿訇·和田尼（Molla Niyaz Axun Hotäni）译成维吾尔文，以后穆罕默德·萨迪克·喀什噶日（Muhämmäd Sadiq Kaşğari，1725/1726—1850）也把这部作品译成维吾尔文。它的汉文版由新疆人民出版社 1985 年出版。

《加汗纳么》（Jahannamä 即《世事记》）是 1528—1533 年用察哈台维吾尔语写成的史诗。共由 1325 首歌谣（beyit）2650 行（misra）组成。《加汗纳么》的现代维吾尔文版由新疆人民出版社 1986 年出版。

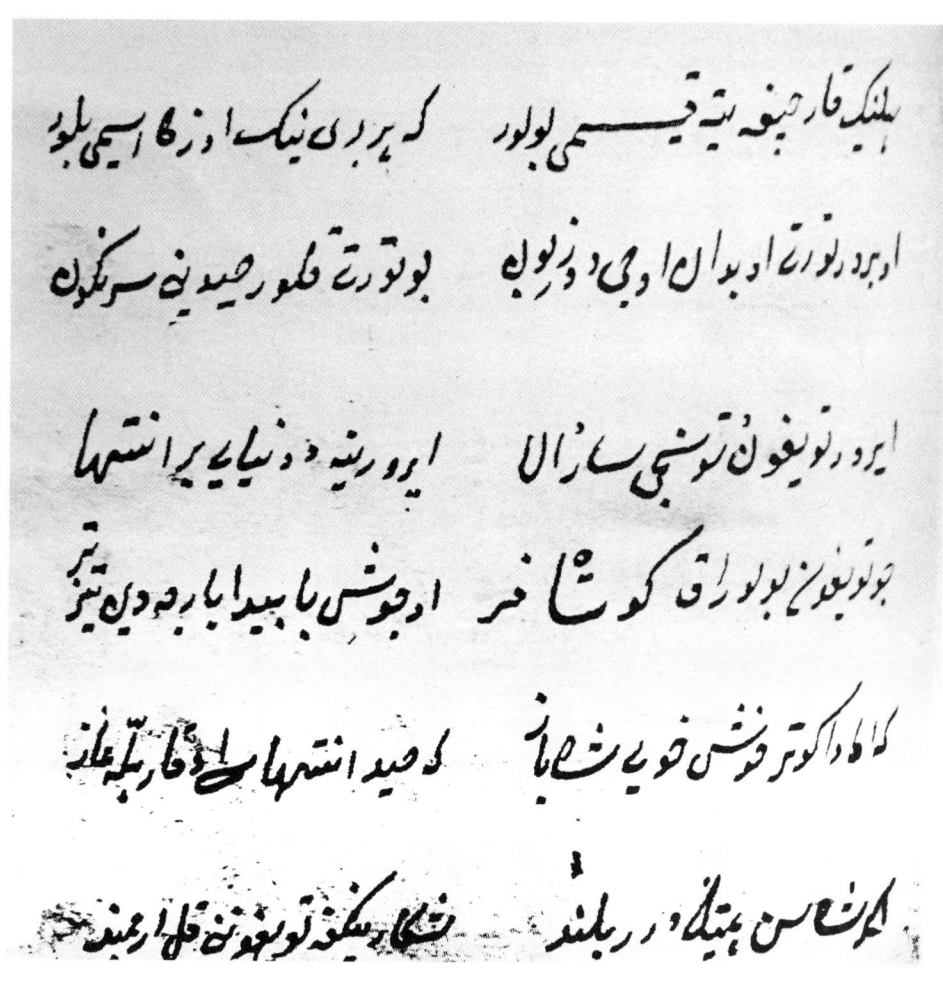

图 28　《巴孜纳么》

《巴孜纳么》（Baznamä）的作者是艾力·库希齐（Äli Quşçi），他是生活在 16 世纪的著名诗人，我们发现的他的作品抄写在 18 世纪。《源泉》中介绍了作者生平和其作品。

这部作品的内容是有关家禽饲养方式方法。

图29 《穆加日巴提·阿日福》

《穆加日巴提·阿日福》（Mujieribati Arip）的作者是毛拉·阿日福·和田尼（Molla Arip Hotäni，1564—1655）。文字属于哈喀尼亚后期维吾尔文，成书于1620年。申报编号：016XRG，1册，331页，装订板框为18厘米×22厘米，字面为15厘米×10厘米，非字面为3厘米×3厘米，每页11行字。有些页面非字面用黑墨水编写病名和病症等。用羊皮装封面，封面未署书名。前后完整，装订线折开。今藏于新疆维吾尔医学专科学校维吾尔医古籍文献研究室。

文献主要内容：作者在本专著中介绍了维吾尔医学四大物质学说、气质学说、体液学说等主要理论知识以及相关的诊断学知识，总结了治疗各种常见病、疑难病和地方病的实践经验，特别是生发、染发、补血、壮阳、强壮、止血的治疗方法，以及很有特色的饮食疗法（包括各种饮食的营养作用、调节异常气质和异常体液的作用），是一部收录了丰富的维吾尔医药学防治疾病知识的宝贵文献。本书在介绍一些疾病的治疗方法时，还特别重视引用以往哈喀尼亚后期维吾尔医学家经典著作的有关内容，传承了以往著名哈喀尼亚后期维吾尔医学家的学术思想和经验。

作者是维吾尔医学家，和田人。他从小到二十几岁自己在和田学习语法学、修辞学、逻辑学和医学，特别钻研学习医药的应用、配药和治疗知识并达到了一定的水平。28岁时到叶尔羌（Yärkän）进一步提高自己的医学水平，以后到印度继续学习了三年。他回到和田以后为和田人们的医疗做了大量工作，培养了很多学徒，写了很有价值的医学作品。目前我们所知的著作有《图如克戴斯图尔医拉启》（Türky Dästurul Ilaç 即《突厥人的医疗手册》）。

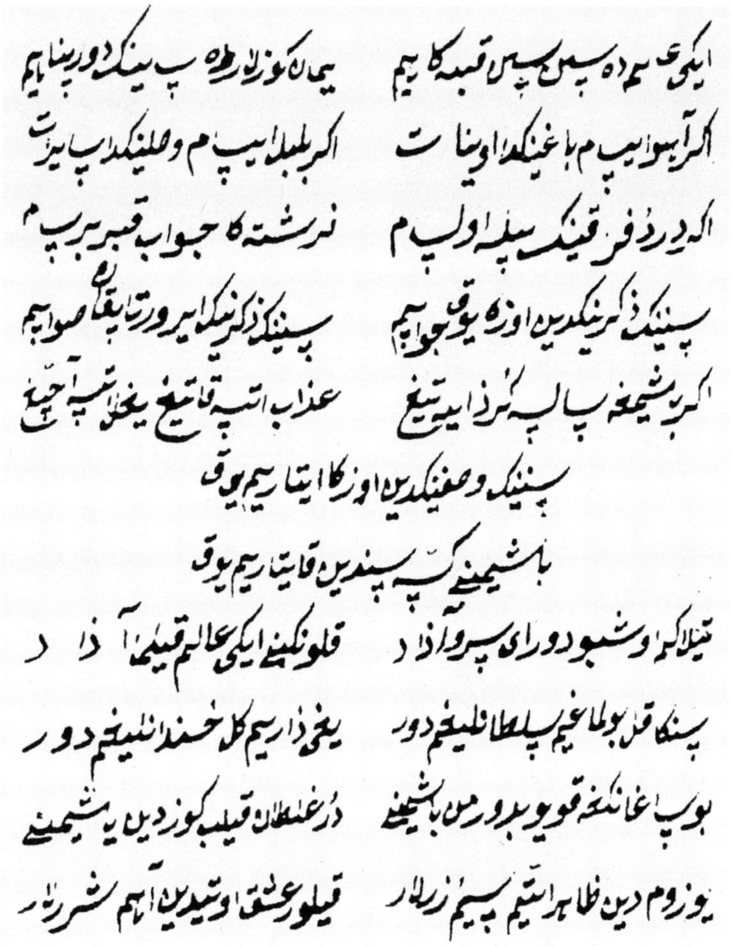

图 30 《木海柏提纳么瓦米赫耐提卡么》

《木海柏提纳么瓦米赫耐提卡么》（Muhäbbätnamä wä Mihnätkam）是穆罕默德·伊明·霍加木库力·奥古力·赫尔克提（Muhämmäd Imin Xojam Quli Oğli Hirqäti，1634—1724）过去人们认为"古穆纳木（Gumnam）"的代表作。作者是一位学者，但近年来有一些学者主张"赫尔克提"与"古穆纳木"是同一个人。出生于喀什噶尔疏勒县塔孜洪（Tazğun）乡，在"撒启雅"（sajiyä）经文学堂学习维吾尔文学、波斯文学和阿拉伯文学的代表人物和作品。他用过"赫尔克提"和"古穆纳木"两个笔名。到 30 岁的时候跟父亲去阿帕克和卓（Apaq Hoja）的园子里做园丁，但他不停地从事文学创作。在 1670 年 36 岁时完成了共 2000 行（misra）的《木海柏提纳么瓦米赫耐提卡么》(Muhäbbätnamä wä Mihnätkam 即《爱情与劳役》或《爱苦相依》），以后还写《迪瓦尼古穆纳么》（Gumnam 即《古穆纳么诗集》）。

《木海柏提纳么瓦米赫耐提卡么》中诗人把爱情和劳役作为题目，以深刻的抒情和浪漫幻想叙述爱情和劳役的统一，表达通过爱情和劳役的关系来实现愿望的观念。它的现代维吾尔文版由新疆人民出版社 1982 年出版。

《迪瓦尼古穆纳么》包括不同形式的 113 首诗歌。米尔苏里坦·吾斯曼努夫整理的现代维吾尔文版本 2004 年 6 月由新疆人民出版社出版。

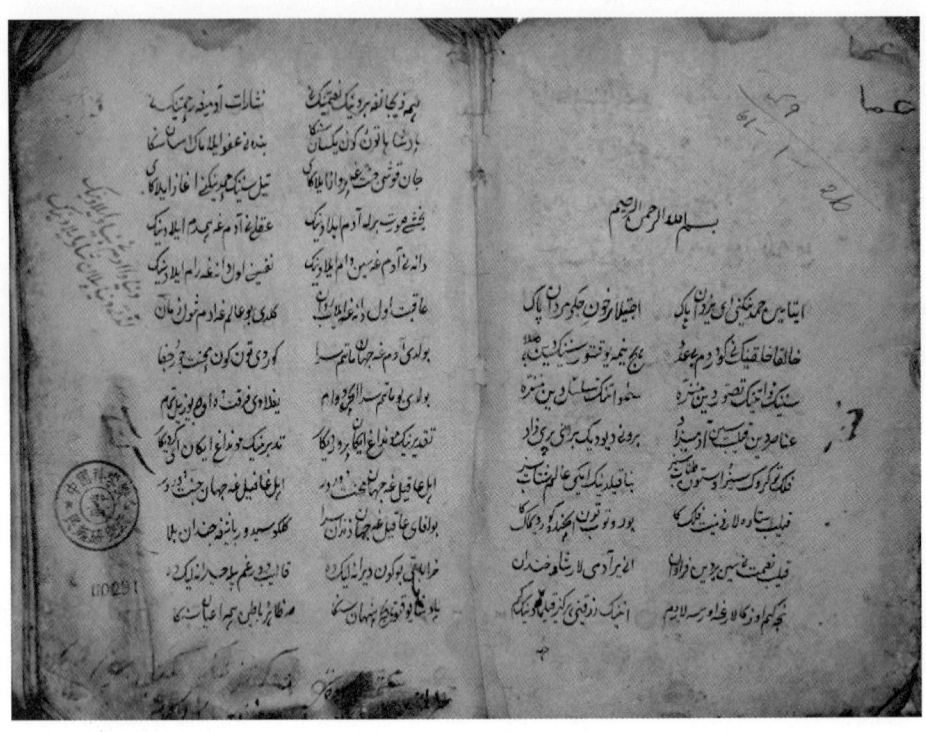

图 31　《迪瓦尼哈热巴提》

《迪瓦尼哈热巴提》（*Diwani Xarabati/Xirabati*，《哈拉巴提诗集》或《赫拉巴提诗歌集》）是著名诗人穆罕迈德·本尼·阿布杜拉·哈热巴提的作品。文献原今藏于民族研究所，书老编号：258.2/406/00291 No：9 61-1-26，新编号：000102。文字属于哈喀尼亚后期维吾尔文，内容题材属于文学（诗）。古籍前后几页已损坏，没有书名，根据正文第六页的诗可以推断为书名。Diwan Xarabati，《哈拉巴提诗集》或《赫拉巴提诗歌集》，1卷，1册，406页，《哈拉巴合提》（《赫拉巴提》）这部诗歌集的内容首先赞扬真主和他的使者，其后赞美自然界，最后赞美或批判当时社会上层阶级或社会其他问题。手抄本，用和田纸书写，精装，黑印，18厘米×16厘米，15厘米×12厘米，今藏民族研究所，登录人：买提热依木，登录时间：2003年3月13日。

穆罕迈德·本尼·阿布杜拉·哈热巴提（Muhämmäd Binni Abdulla Xarabati，1638—1730?）是曾生活在阿克苏的一位诗人。年轻时在阿克苏、喀什噶尔和布哈拉等地的经文学堂学习，以后在自己故乡任教、从事社会和宗教活动。已发现诗人的主要作品有1726年写成的《库力亚提麦斯纳维哈热巴提》（*Külliyat Mäsnäwi Xarabati*）即《哈热巴提双行诗全集》或《迪瓦尼哈热巴提》（*Diwani Xarabati*）即《哈热巴提诗集》）。它包括13 000行（misra）长短不同的112首诗歌，这些都是以维吾尔诗歌的麦斯纳维（mäsnäwi=ikki misraliq，双行诗）形式写成的教育性（ögüt）诗歌。它的现代维吾尔文版在1985年由喀什维吾尔文出版社出版。

作品反映了当时的一些社会、政治和哲学问题，赞美人情、道德、公道和启蒙主义，并强烈地批评薄情和蒙昧。

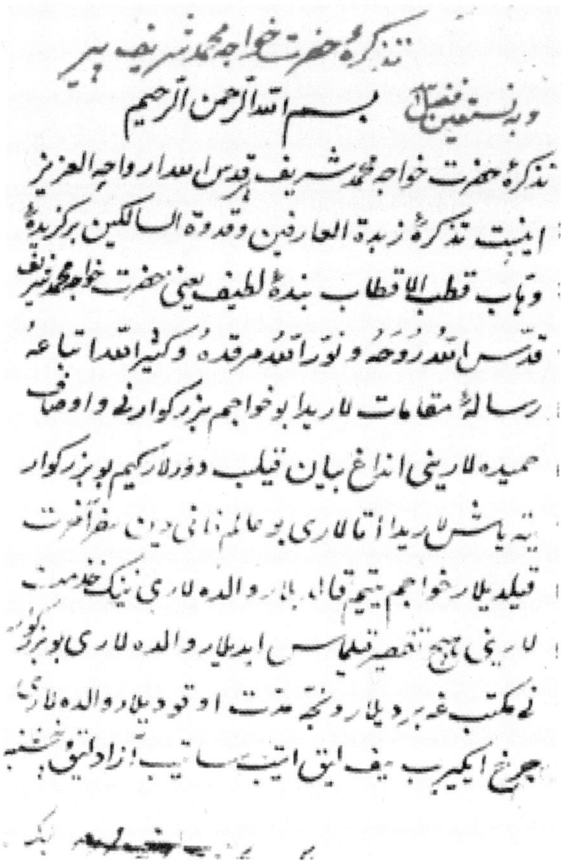
تذکرهٔ حضرت خواجه محمد شریف پیر
و به نستعین فضلک　بسم الله الرحمن الرحیم
تذکرهٔ حضرت خواجه محمد شریف قدس الله ارواحه العزیز
اینیت تذکرهٔ زبدة العارفین وقدوة السالکین برگزیدهٔ
وهاب قطب الاقطاب بندهٔ لطیف یعنی حضرت خواجه محمد شریف
قدس الله روحه ونور الله مرقده وکثیر الله اتباعه
رسالهٔ مقامات لاریدا بو خواجم بزرگوارنینگ اوصاف
حمیده لارینی انداغ بایان قیلیب دورلارکیم بو بزرگوار

图 32　《萨法尔纳么》

《萨法尔纳么》（*Säpärnamä* 即《旅行记》或《周游书》）的作者是穆罕默德·色迪克·再力力（Muhämmäd Sidiq Zälili，1672—1745?），是诗人。这部文献完成于 1728 年。

作者的作品除《萨法尔纳么》外，还有《塔兹克热依霍加穆罕默德希热夫》（*Täzkirä ‘i Xoja Muhämmäd Şirif* 即《穆罕默德圣训录》）完成于 1742 年、《迪瓦尼再力力》（*Diwani Zälili* 即《再力力诗集》）、《塔孜克热依奇赫力坦》（*Täzkirä ‘i Çihiltän* 即《四十圣人列传》）完成于 1734 年等巨著。

穆罕默德·色迪克·再力力是诗人，出生于叶尔羌（现在的莎车县）。在叶尔羌的经文学堂学习，他曾游历今新疆的喀什、阿克苏、库车、吐鲁番和哈密等地，50 岁左右居住在和田。他一生中写过许多作品，但是由于各种原因流传至今的有 1985 年民族出版社出版的《迪瓦尼再力力》包括他的 196 首阿拉伯语抒情诗（ğäzäl）、27 首绝句（ruba ‘iy）、18 首五行诗（muxämmäs）、5 首穆斯泰扎提（mustähzat）、2 首颂诗（qäsidä）和 2 首酒保之书（saqinamä）。

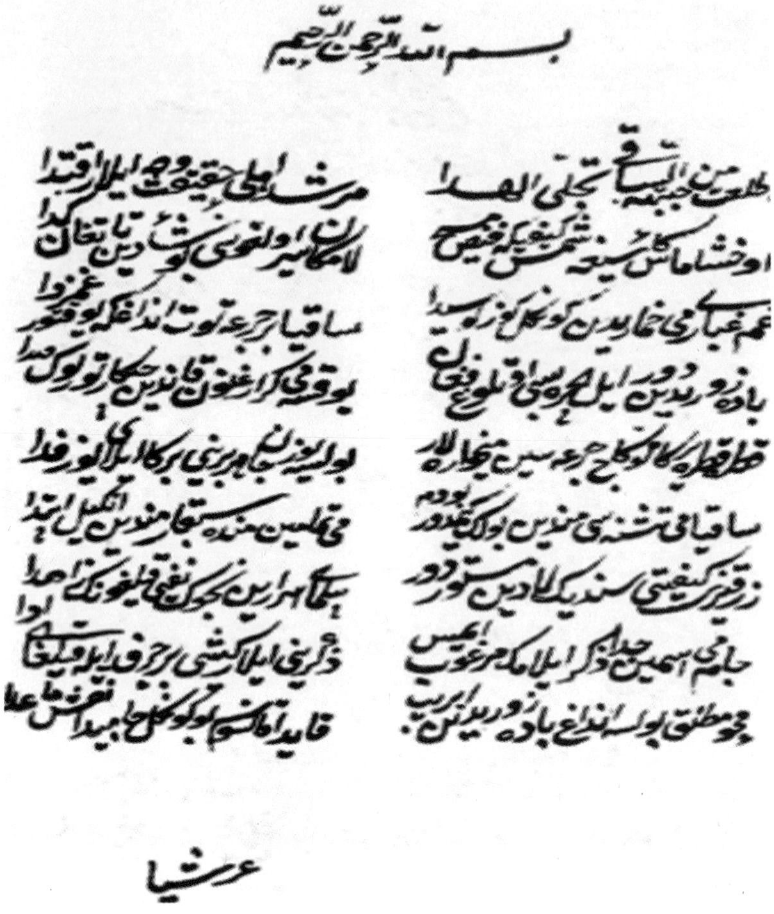

图 33 《迪瓦尼艾尔西》

  《迪瓦尼艾尔西》（*Diwani Ärşi*）的作者是霍加·雅库布·艾尔西（Xoja Yaqup Ärşi 或霍加·加汗·艾尔西 Xoja Jahan Ärşi，1685—1756），他是诗人。长期统治叶尔羌汗国的黑山（Qara Tağliq）霍加的后代之一，从 1730 年到 1756 年成为南疆六城（Altä Şähär）的汗（Xan）。在他统治时期执行公平的政策、保护广大人民群众的和平生活和利益、关心教育事业的发展，在南疆各地建立经文学堂、为文艺家们的创造提供很好的条件。但是 1756 年霍加·布尔哈尼丁（Xoja Burhanidin）在准噶尔汗的帮助下把他全家人一起杀死。他流传至今的主要作品有《迪瓦尼艾尔西》（*Diwani Ärşi* 即《艾尔西诗集》），本作品包括他 130 多首诗。他的这些诗赞美人民、家乡、科学知识和公道，谴责蒙昧和穷困。

  《迪瓦尼艾尔西》的现代维吾尔文版 1995 年由新疆人民出版社出版。

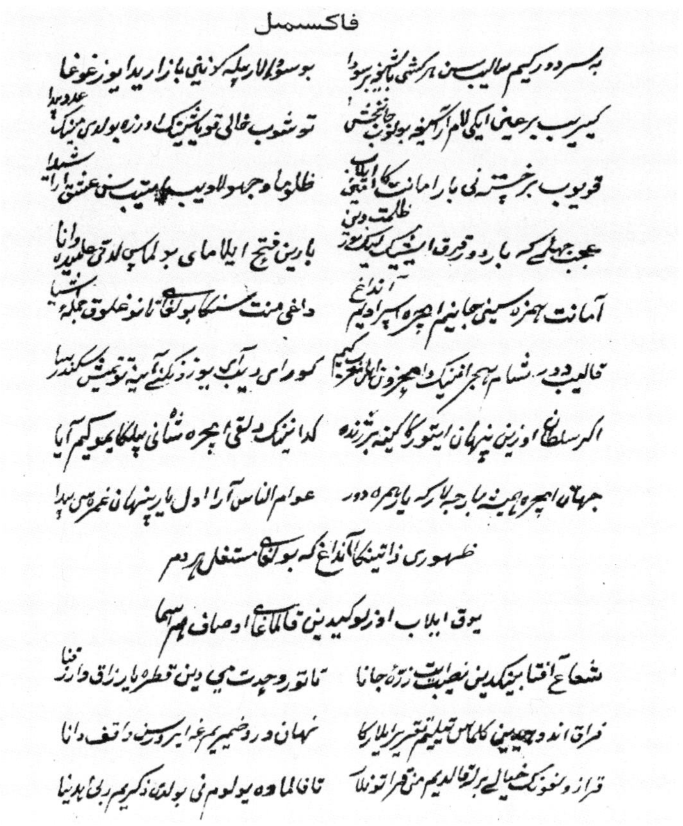

图 34 《迪瓦尼诺拜提》

《迪瓦尼诺拜提》（*Diwni Newbäti*）的作者是诺毕提。有些学者把诺拜提（Näwbäti）转写为"诺毕提"（Nöbiti，1690—1750），他是著名诗人。文字属于哈喀尼亚后期维吾尔文，内容题材类别属于文学。我们所看到的原手抄本今藏于中国社会科学院民族研究所，登录人：买提热依木，登录时间：2002 年 3 月 21 日。原登记编号：858/91/753/00109，新编号：000106。该手抄本写在和田纸上，1 卷，1 册，50 页，页面 22 厘米×15 厘米，板框 17 厘米×13 厘米，每页有 16 行字。版口其他特征是第二和第三页的中段有"诺毕提"这一名称，抄写年代不清楚。现存版本损坏严重。虽然书皮已损坏，没有书名，但第二和第三页的中段有"诺毕提"这一名称，而且是诗歌，所以我们可以断定，这是"诺毕提诗集"。

诺毕提出生于和田，小时候在自己的家乡学习，以后经过叶尔羌来到喀什噶尔，提高知识水平并开始文学创作。已发现他的主要作品有：《迪瓦尼诺拜提》（*Diwani Näwbäti* 即《诺拜提诗集》）写成于 1747 年。他的诗歌广泛地流传于民间，《迪瓦尼诺拜提》的各种手抄本保存在人们手中，经文学堂作为提高学生文学水平的教材。

诗人的作品中赞美和田的诗歌非常有名，其他大部分诗歌反映他的人道主义、启蒙主义、爱国主义和发展主义观念。《诺拜提诗集》的现代维吾尔文版 1995 年由新疆人民出版社出版。

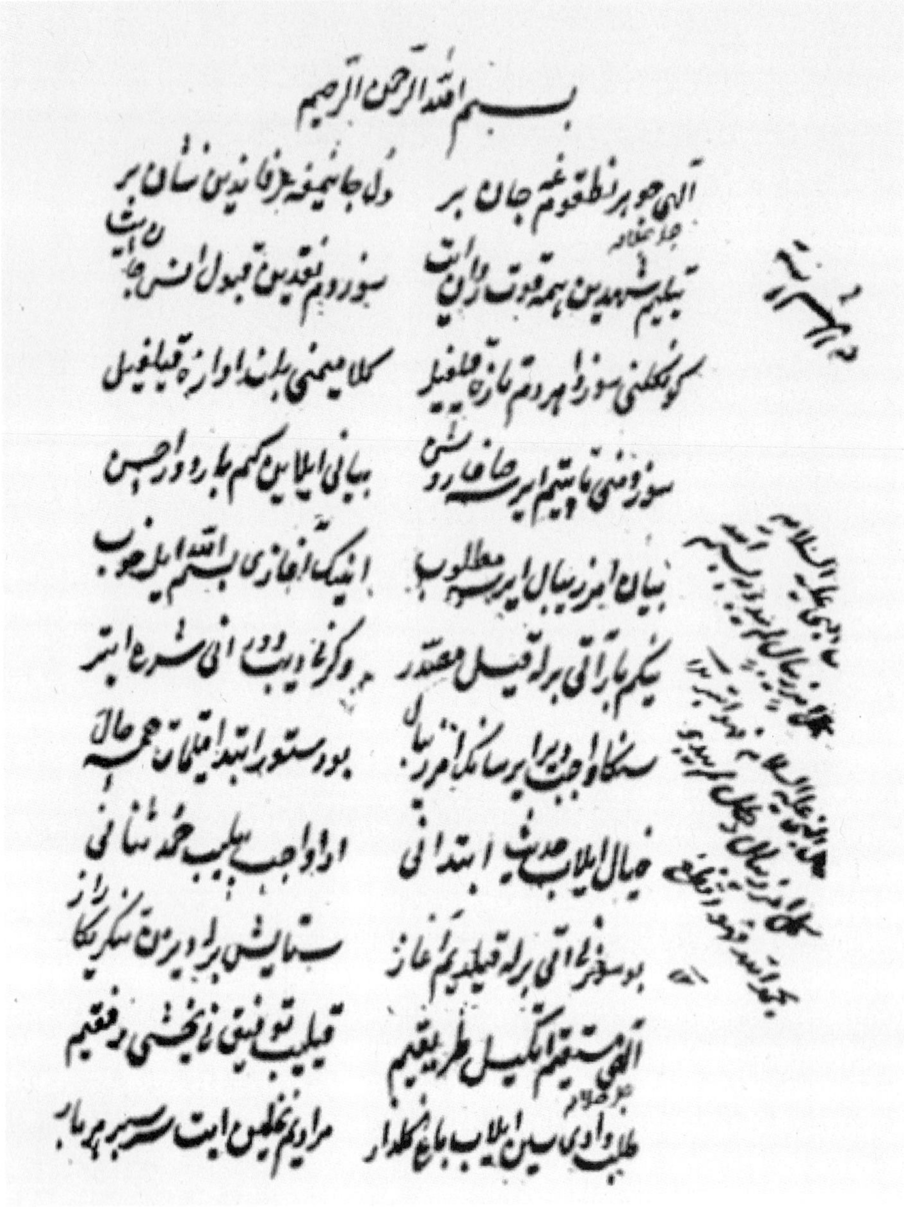
بسم الله الرحمن الرحیم

图 35　《爱情书》

《爱情书》（*Muhäbbätnamä*）是现发现的毛拉・热依木（Molla Rähim）唯一作品，撰写年代不详。抄写人是著名诗人毛拉・玉努斯・牙尔坎迪（Molla Yunus Yarkändi）于 1807 年完成。过去很多学者认为《穆哈拜提娜么》（*Muhäbbätnamä* 即《爱情书》）就是毛拉・玉努斯・牙尔坎迪（Molla Yunus Yarkändi）的作品。经过我们仔细研究和比较确定，毛拉・玉努斯・牙尔坎迪仅仅是抄写人。古籍现保存在新疆维吾尔自治区博物馆。整理研究后 2004 年由新疆人民出版社出版。主要内容是描述纯洁的爱情。

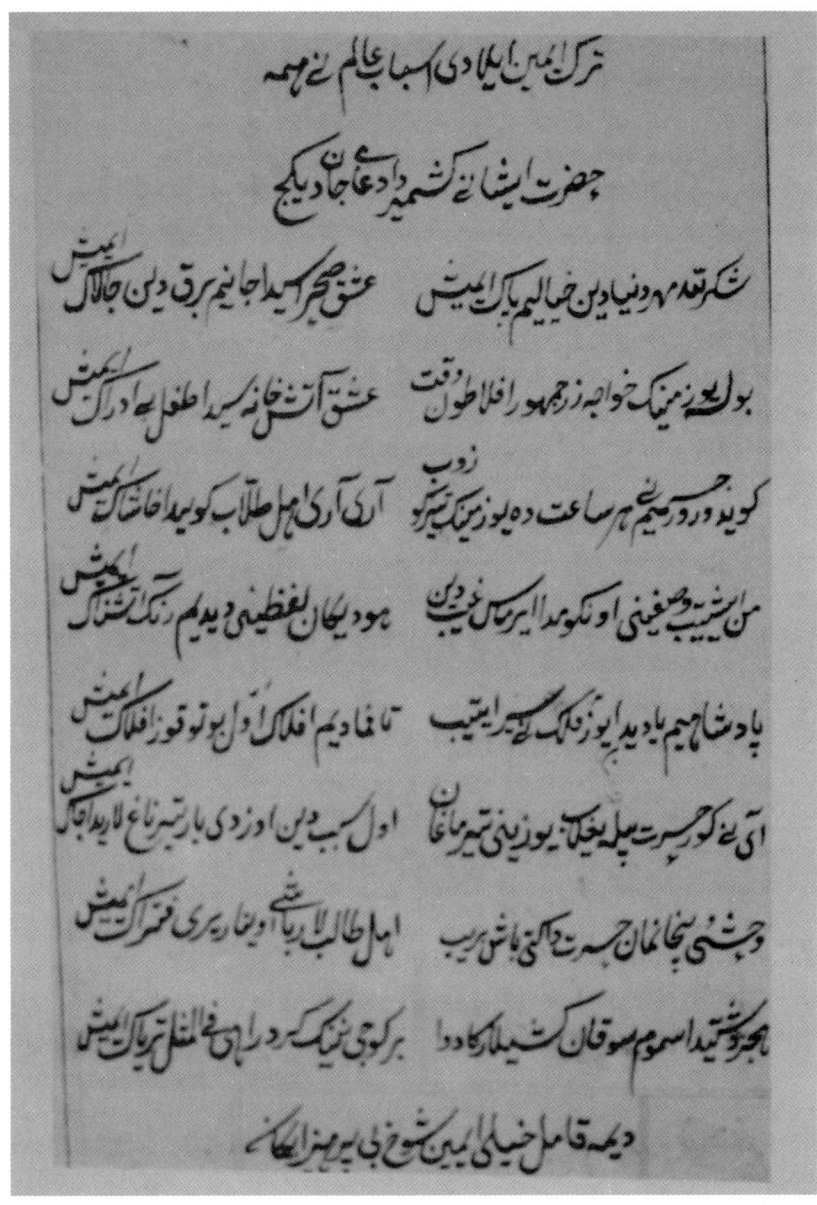

图 36 《迪瓦尼艾米尼》

《迪瓦尼艾米尼》（*Diwani Ämini*）的作者是艾米尼（Ämini）。他的部分作品在新疆维吾尔自治区博物馆保存的《巴亚孜》中出现，大概有 11 首诗歌。学者加以比较确定这些作品属于 18 世纪。作者在短短的几首诗歌中表达了对哈密人民的无限热爱，对剥削阶级的万分痛恨。

有关他的生平目前还未发现历史资料，不过根据诗歌中的一些线索，学者们认为他是生活在 18 世纪的诗人，目前学者认为他可能出生在今日的哈密。关于作者和其作品在《巴亚孜》中已有详细介绍。

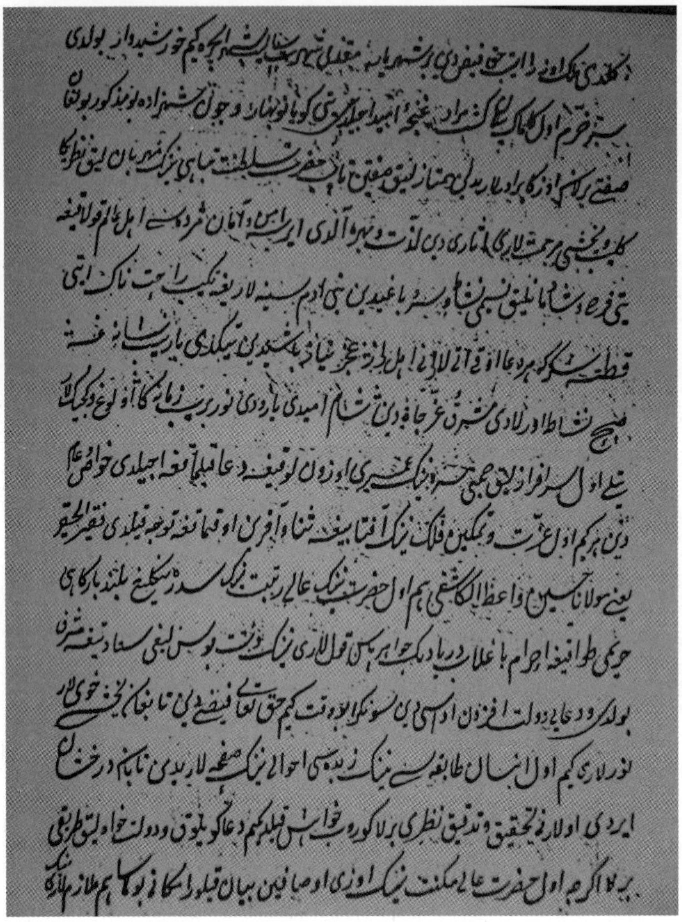

图 37 《艾赫拉库力姆赫尼斯尼》

《艾赫拉库力姆赫尼斯尼》(Äxlaqul Muhinisin) 是毛拉·穆罕默德·铁木尔·喀什噶日 (Molla Muhämmäd Tömür Kaşğari) 的译著。他是生活在 17—18 世纪的翻译家。他在喀什噶尔的经文学堂学习，熟练地掌握阿拉伯语、波斯语和书法。1717 年把波斯文的《卡力莱—笛木乃》(Kälilä — Däminä) 翻译成维吾尔文。维吾尔文本的名字改为《阿萨尔伊麻姆亚》(Asar Imamiyä)，因为他把这本翻译本献给喀什噶尔的执政者穆罕默德·伊麻姆·柏克 (Muhämmäd Imam Bäg)。现在保存的版本是本人原稿。

《卡力莱—笛木乃》是原来印度人写的非常有名的著作，它包括反映各种哲学思想的许多寓言性故事。作者通过描述各种动物和鸟的生活、它们之间的各种关系和矛盾来反映人类社会的发展过程、国王和社会的关系、各个阶层之间的关系等。

1709 年把波斯作者侯赛因·瓦伊兹 (Hüsäyin Wa'iz) 的教育性著作《艾赫拉库力姆赫尼斯尼》(Äxlaqul Muhinisin) 翻译成维吾尔文。本作品赞美美德，共包括四十章，每一章叙述一个道德范畴的问题。他翻译的作品还有《尤素福—祖莱哈》(Yusuf—Zuläyxa)。

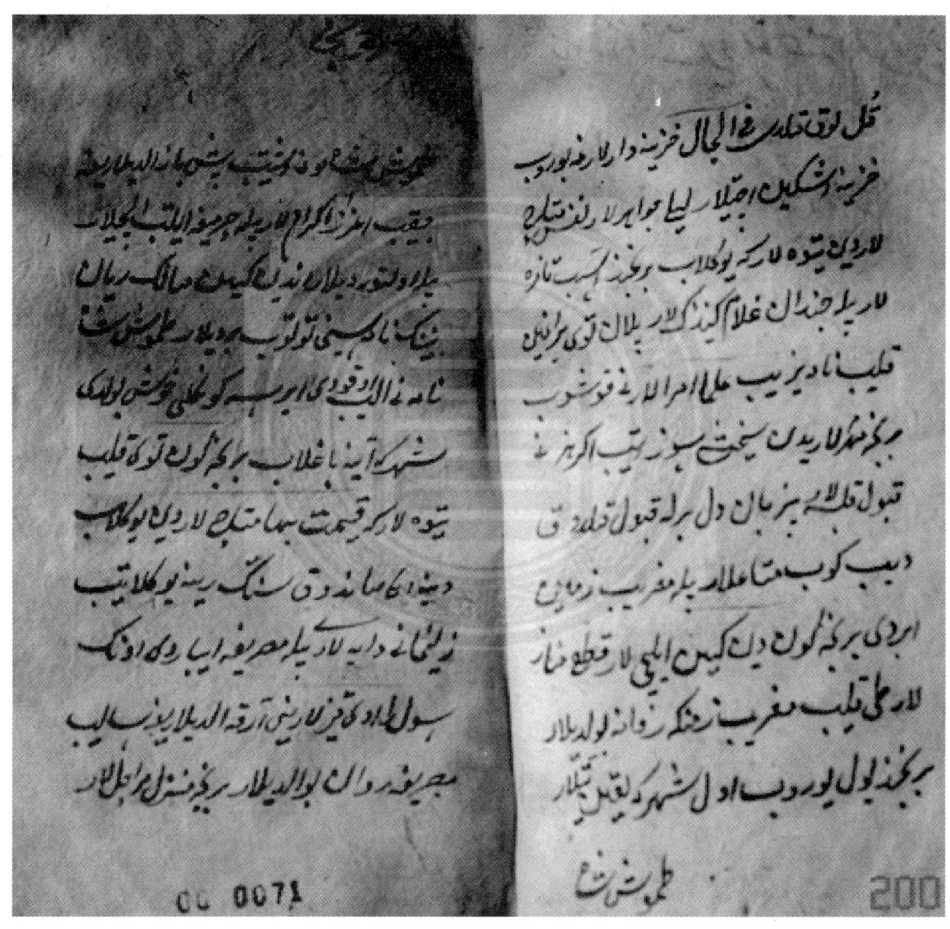

图 38　《玉素夫与祖来哈》

《玉素夫与祖来哈》（*Yusuf Zuläyxa*）的原作者是拉布故孜（Rabġuzi）。《玉素夫与祖来哈》是拉布故孜《克萨素勒安毕亚》（*Qisasul Änbiya* 即《拉布故孜圣人传》）中的一章或一部故事。原著作成书于1310年，是中亚一带的一部名著。不仅原著在不同的时代手抄流传，而且其中一些故事也分开成小册形式抄写流传，《玉素夫与祖来哈》就是很有代表性的一部分。目前世界各地保存了用以阿拉伯字母为基础的维吾尔文写成的较早和近代的很多不同手抄本。

手抄本今藏于新疆维吾尔自治区少数民族古籍领导小组办公室，申报国家珍贵一级古籍编号：XGQ503，手抄于19世纪末，1卷，1册，板框17厘米×11厘米，每页有11行字。本手抄本用桑皮纸书写，字体优美、字迹清晰、装帧精美。部分页残损。内容题材为文学。文字属于哈喀尼亚后期维吾尔文。

主要内容：本书是维吾尔古代文学首部长篇小说。是讲述两个青年的纯真爱情故事，语言精练，对研究古代察合台维吾尔语的特点以及古代文学具有重要的参考价值。

以上部分信息来自于申报国家珍贵古籍定级目录。

图 39　《艾合拉胡穆赫斯尼》

《艾合拉胡穆赫斯尼》（Axlaqul Muhsinin）的作者是吾苏云·卡世皮。

手抄本今藏于新疆维吾尔自治区喀什地区英吉沙县文化馆，手抄于 1834 年，1 卷，1 册，板框 18 厘米×11 厘米，每页有 13 行字。保存完整。内容题材为文学。文字属于哈喀尼亚后期维吾尔文。

主要内容：该书以故事的形式向穆斯林解读了伊斯兰教教规、伊斯兰文化及道德观念等内容。对于研究伊斯兰教教规和维吾尔察哈台语言文字具有重要资料价值。

以上部分信息来自于申报国家珍贵古籍定级目录。

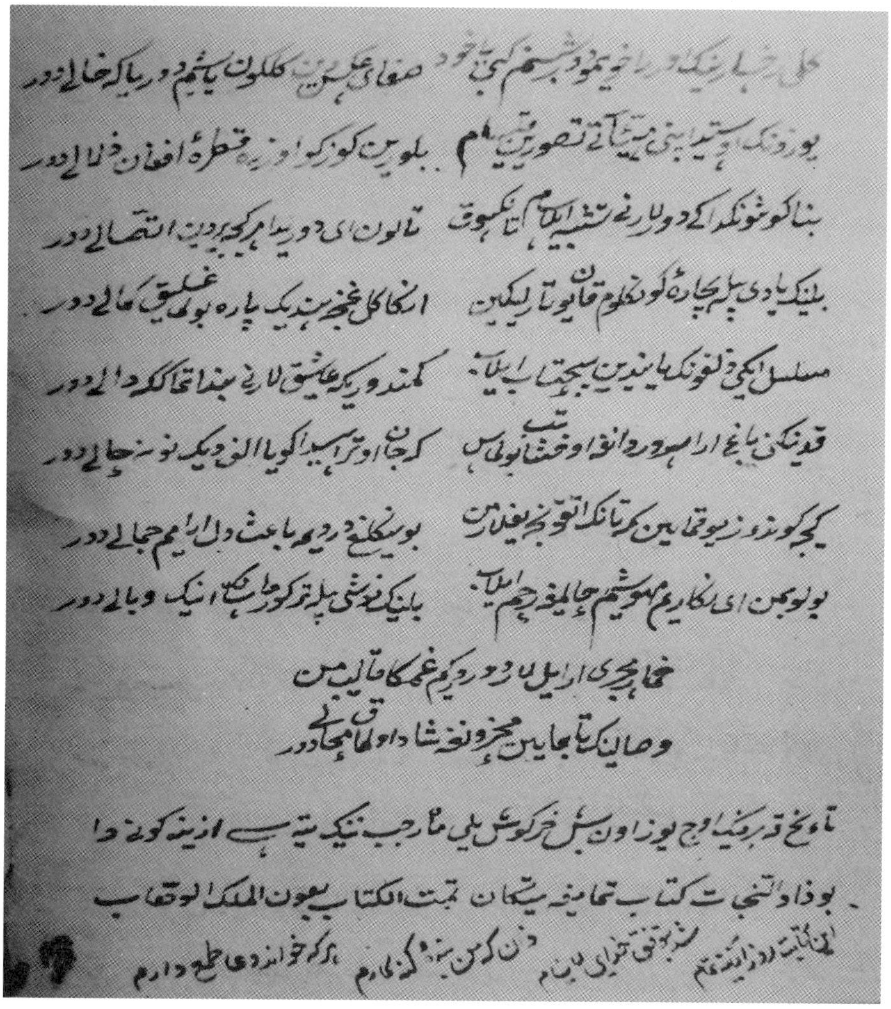

图40 《迪瓦尼麦合祖尼》

《迪瓦尼麦合祖尼》(*Diwani Mähzuni*) 的作者是伊斯麻伊力·迈赫宗·和田尼（Isma'il Mähzun Xotäni），他是18世纪的诗人。他的另一部作品《筘洪纳么》（Qoǧunnamä/Qoǧunlar Munazirisi 即《甜瓜之辩》）是用维吾尔诗歌的麦斯纳维（mäsnäwi，双行诗）形式写成。作品中通过各种甜瓜之间的辩论着重指出团结和友谊的重要性。其中还提到27种甜瓜的名字，这对当时农业的研究提供非常重要的资料。

伊斯麻伊力·迈赫宗·和田尼出生于和田，他曾游历新疆南部的各地调查社会。已发现他的主要作品有：《迪瓦尼麦合祖尼》(*Diwani Mähzuni* 即《麦合祖尼诗集》) 包括1805行（misra）抒情诗和叙事诗，它的现代维吾尔文版1995年由新疆人民出版社出版。

图 41 《克萨斯赛甫利穆鲁克》

《克萨斯赛甫利穆鲁克》(Qisasi Säyful-Mülük) 的作者是麦吉力斯 (Mäjlisi),他是 18 世纪诗人。已发现他的主要作品有:《迪瓦尼麦吉力斯》(Diwani Mäjlisi 即《迈吉利斯诗集》) 和《克萨斯赛甫利穆鲁克》(Qisasi Säyful-Mülük)。根据 1797 年写成的《迪瓦尼麦吉力斯》的内容,诗人一生都在学习和文学创作,学过维吾尔文学、波斯文学和阿拉伯文学。本作品描述埃及王子和也门 (Yämän) 公主的爱情经历。

《克萨斯赛甫利穆鲁克》(Qisasi Säyful-Mülük) 是 1553 年写成的史诗,从 1840 年到 1908 年在喀山 (Qazan) 前后出版了五次。

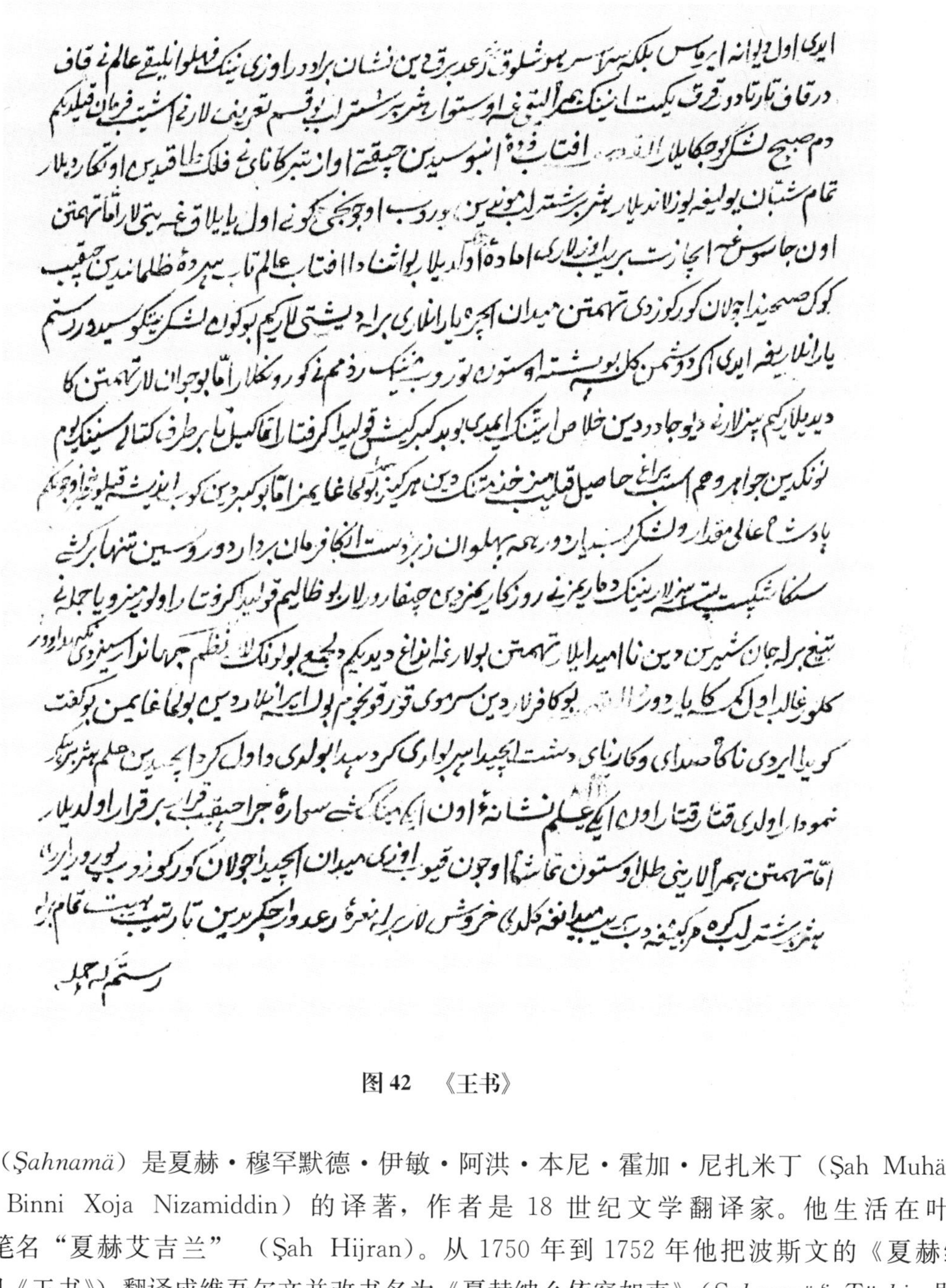

图 42　《王书》

《王书》（*Şahnamä*）是夏赫·穆罕默德·伊敏·阿洪·本尼·霍加·尼扎米丁（Şah Muhämmäd Imin Axun Binni Xoja Nizamiddin）的译著，作者是 18 世纪文学翻译家。他生活在叶尔羌（Yärkän），笔名“夏赫艾吉兰”（Şah Hijran）。从 1750 年到 1752 年他把波斯文的《夏赫纳么》（*Şahnamä* 即《王书》）翻译成维吾尔文并改书名为《夏赫纳么依突如克》（*Şahnamä'i Türkiy* 即《突厥王书》）。

《王书》是塔吉克、伊朗人民的伟大诗人吾卜力卡斯米·辟尔戴维斯（Obulqasim Pirdäwsi，934—1025）的名著，包括 12 万行（misra）民间传诵的叙事诗（Bayan Şi'er）。本叙事诗叙述了伊朗、中亚、欧洲、非洲、中东、印度和中国的从古代到中世纪的很长一段时期的历史。

图 43　《哈米扎纳么》

《哈米扎纳么》（Hämzänamä）的作者是尕日比·海斯塔（Gärbi Xästä）。对他的生平不太了解。诗歌详细内容请看《布拉克》（《源泉》）1995 年第 4 期。买买提·图尔地·米尔孜·艾合买提正在研究。

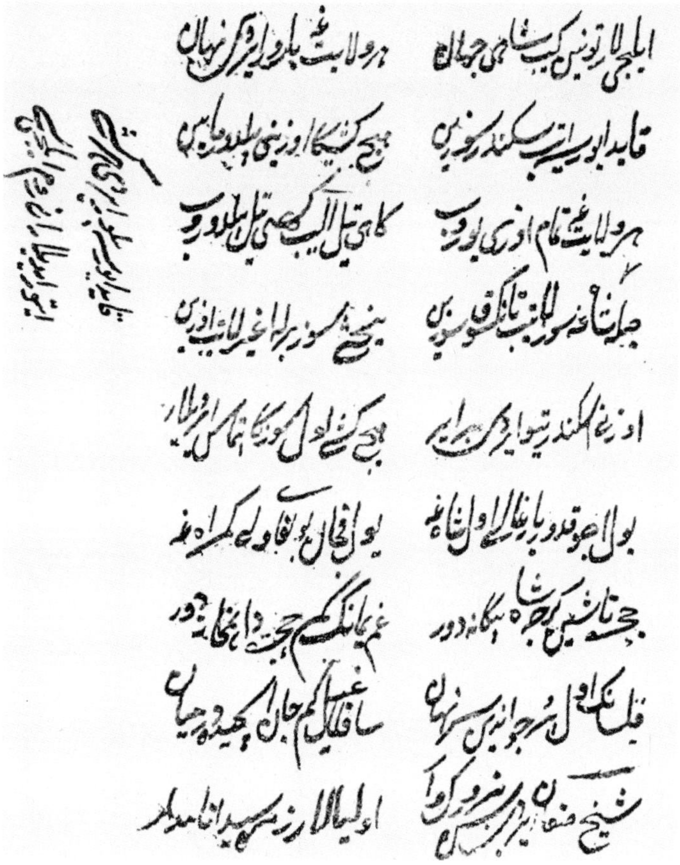

图 44 《鸟语》

《鸟语》(Muntiquttäyir) 的作者是毛拉·伊布拉音·伊本·玉素甫·和田尼。过去学者一致认为作者的名字是毛拉·毕拉力·本尼·玉素福·和田尼（Molla Bilal Binni Yusuf Xotäni），后由阿不力米提·艾海提等学者论证得到更正。他是 18 世纪诗人。根据作品内容显示他熟练地掌握着古代维吾尔语和察合台语并精通阿拉伯语和波斯语。他还学习过艾里希尔·纳瓦依等文人的名著，写了《迪瓦尼毕拉力》(Diwani Bilal 即《毕拉力诗集》)和《鸟语》(又译《鸟类的演说》)等作品。

《迪瓦尼毕拉力》包括 1138 行（misra）诗歌，用维吾尔诗歌的麦斯纳维（mäsnäwi，双行诗）形式写成。本作品通过各种寓言、故事和史诗反映诗人的政治、道德和哲学观念。

《鸟语》写成于 1775 年，本作品中诗人用拟人化的创作法通过鸟类的演说反映自己的社会、政治和哲学观点。作品的现代维吾尔文版 1995 年由新疆人民出版社出版。

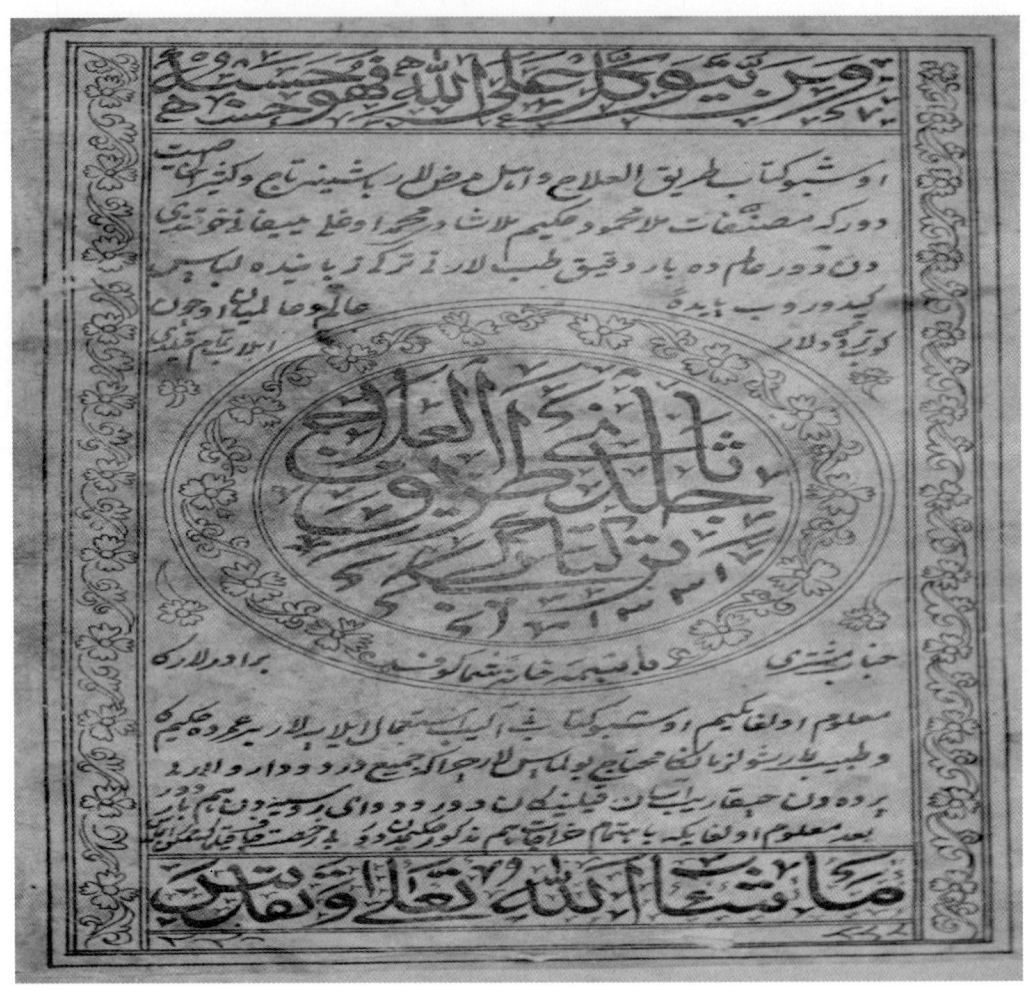

图 45　《特日库力医拉启》

现发现两部《特日库力医拉启》（Täriqul Ilaç 即《医疗方法》），它们的作者和内容有待深入研究、论证。现根据收到的信息介绍如下：

第一部《特日库力医拉启》（Täriqul Ilaç 即《医疗方法》）医书的作者是毛拉·玉素福·雅尔坎迪（Molla Yusuf Yarkändi），是 18 世纪维吾尔医学家，生活在叶尔羌。年轻时在叶尔羌学阿拉伯语、波斯语和医学。后来主要从事治病和研究药物，1887 年写成《特日库力医拉启》（Täriqul Ilaç 即《医疗方法》）医书。本书中主要介绍维吾尔医学的诊法、治疗原理和各种药物的应用。维吾尔医学人员现在也非常珍惜地应用着。

第二部《特日库力医拉启》（Tarequl Ilaç）的作者是艾克木·穆哈买地·拜帕尼。

今藏在新疆维吾尔医学专科学校古籍办，申报国家珍贵一级古籍编号：XRG001，手抄于伊历 1331 年，1 卷，1 册，302 页。保存完整。现有新疆维吾尔医学专科学校组织研究。内容题材为医学。虽然其作者是维吾尔族，但文字属于波斯文。

主要内容：《特日库力医拉启》分三册，介绍维吾尔医学的疾病的概论、诊断方法、治疗技术以及各种成药处方和饮食禁忌等内容。本著作不仅为研究当代维吾尔医学具有重要意义，而且对今日维吾尔医学诊治各种疾病具有现实意义和研究价值。

以上部分信息由新疆维吾尔医学专科学校维吾尔医古籍文献研究室阿部都卡迪尔先生提供。

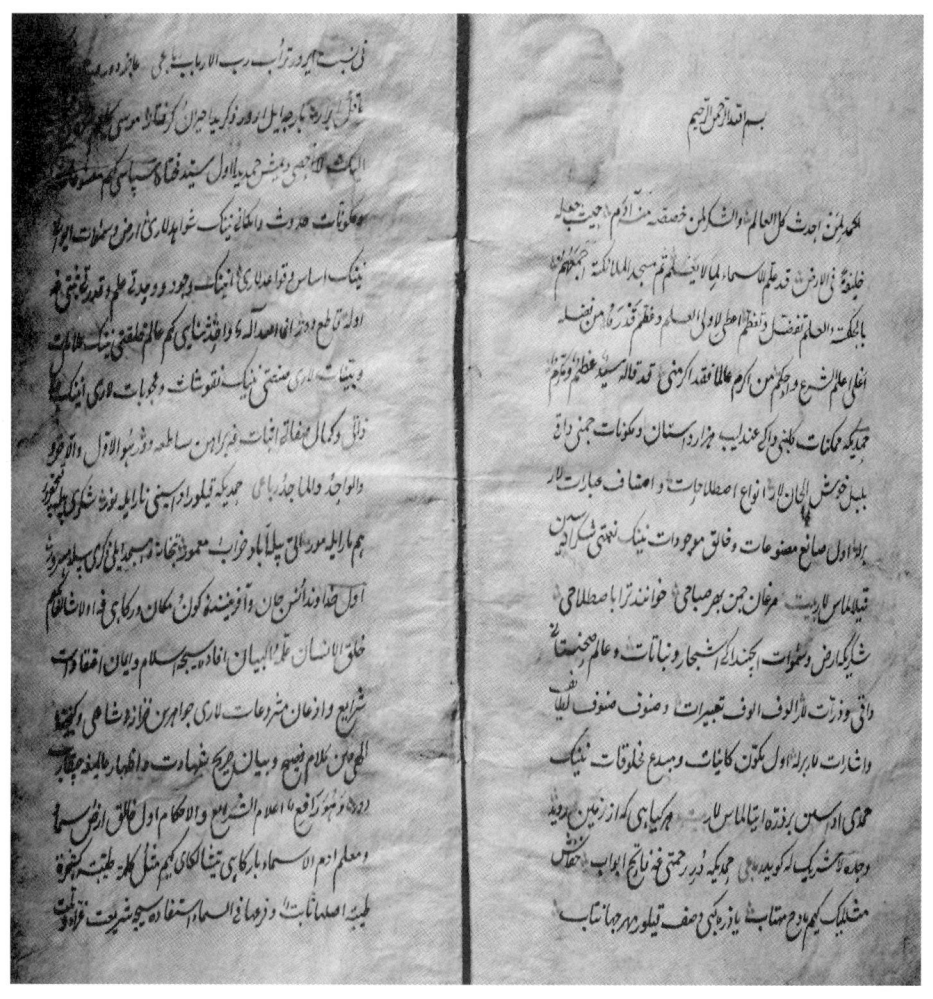

图 46　《组毕达图力麦萨依利》

《组毕达图力麦萨依利》（Zubdätul Mäsa'il/Dini Mäsililärning Jäwhiri 即《宗教问题精要》）的作者是毛拉·穆罕默德·萨迪克·喀什噶日（Molla Muhämmäd Sadiq Käşğari，1725—1849），请看《塔兹克热依阿兹赞》（Täzkirä'i Äzizan 即《尊者列传》的说明）。《组毕达图力麦萨依利》写成于1840年。手抄本今藏于新疆大学阿布力米提·艾海提·博古手中。

本文献的主要内容是如何把伊斯兰教的宗教教义与人民群众的风俗习惯和家庭教育相结合以及上层阶级制定法规只有与老百姓的意愿相结合才能容易巩固政权等。

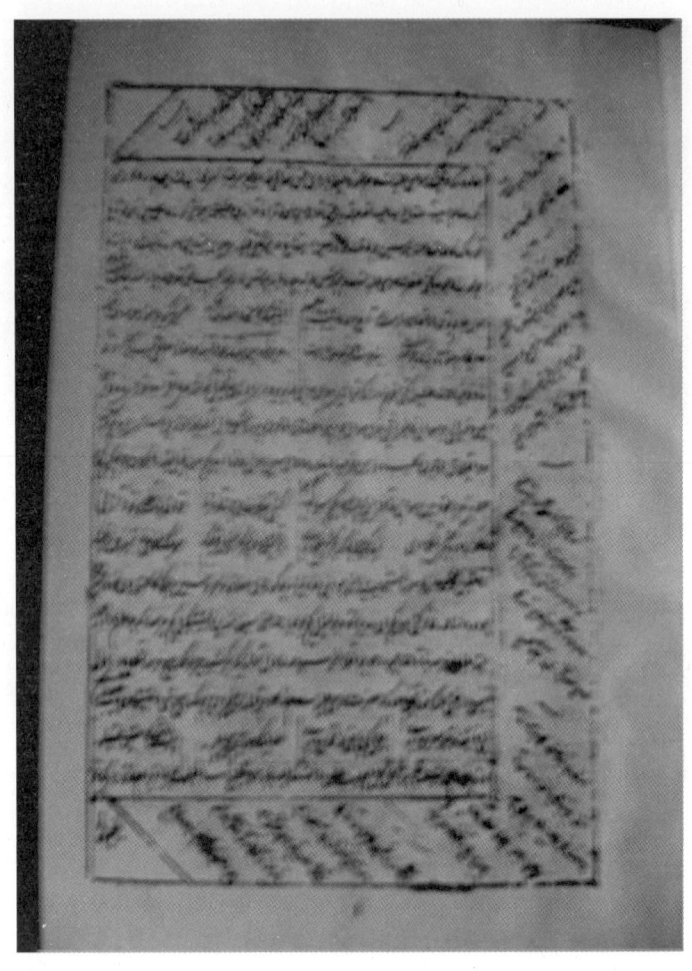

图 47 《木海白提达斯坦拉日》

《木海白提达斯坦拉日》（*Muhäbbät Dastanliri*）的作者是阿布杜热依木·尼扎日（Abdurähim Nizari）。阿布杜热依木·尼扎日（Abdurähim Nizari，1776—1850）是著名文学家，喀什噶尔人。年轻时在哈尼力克经文学堂（Xanliq Mädris）学习书法、阿拉伯语、波斯语和文学，特别是认真学习了著名文人再力力、艾里希尔·纳瓦依、艾拜杜拉·鲁提菲、麦维拉纳·阿塔依、诺拜提、麦维拉纳·赛卡克等的名著。毕业后开始文学创作，写过很多作品，已发现他的主要作品有：

1)《木海白提达斯坦拉日》（*Muhäbbät Dastanliri* 即《爱情长诗》）。

2)《帕尔哈德—希琳》（*Parhat—Şirin* 即《帕尔哈德与希琳》）共 2170 行（misra），尼扎日作品中篇幅最大的史诗。

3)《莱丽—麦吉侬》（*Läyli-Mäjnun* 即《莱丽与麦吉侬》）共 1796 行（misra）。

4)《迈赫尊—古丽尼沙》（*Mähzun-Gulnisa* 即《迈和尊与古丽尼沙》）共 1592 行（misra）。

5)《热碧亚—赛依丁》（*Rabiyä-Sä'idin* 即《热碧雅与赛依丁》）大概写成于 1838—1839 年，作品叙述的是 1832—1833 年在南疆的一个农村发生的真实事件。

6)《瓦穆克—吾兹拉》（*Wamuq-Uzra* 即《瓦穆克与吾兹拉》）。

7)《迪巴切》（*Dibaçä/Muqäddimä* 即《导论》）共 1654 行（misra）。

8)《察哈尔戴尔维希》（*Çahar Därwiş* 即《四个游僧》）是他与孜亚依（Ziya'i）以散文式重新写成的。

9)《杜茹力乃加提》(Durulnäjad/Zadulnäjad 即《救生食粮》)。

10)《艾日甫故事集》(Hikayäti Ǧärb) 是他与孜亚依 (Ziya'i) 和艾里毕 (Ǧärbi) 合作的作品。

图 48 《赫卡耶图里尕日甫》

《赫卡耶图里尕日甫》(Hikayati Ǧärb,《艾日甫故事集》) 是阿布杜热依木·尼扎日 (Abdurähim Nizari) 与孜亚依 (Näwruz Axun Ziya'iy) 和艾里毕 (Turdiş Axun Ǧärbi) 合作的作品。作品中讨论了各种书的内容、写作风格、成就以及缺点等。是一部比较文学应该分析总结的题材。

图 49　《帕尔哈德希琳》

《帕尔哈德希琳》（Pärhad-Şirin 即《帕尔哈德与希琳》）是毛拉·斯迪克·雅尔坎迪·塔吉·穆罕默德·伊迪柏克（Molla Sidiq Yarkänd Taji Muhämmäd Idbäg）的作品，他是 18—19 世纪诗人。《帕尔哈德希琳》是作品《纳斯日海米赛依米日扎穆罕默德玉赛因柏克》（Näsri Xämsä Mirza Muhämmäd Hüsäyin Bäg 即《穆罕默德玉赛因柏克散文集》）中的一部。作者在《纳斯日海米赛依米日扎穆罕默德玉赛因柏克》中实际上是把艾里希尔·纳瓦依的《海米赛》（Xämisä 即《五卷诗》）改写成散文式的作品。它包括：(1)《帕尔哈德-希琳》（Pärhad-Şirin 即《帕尔哈德与希琳》）；(2)《莱丽—麦吉侬》（Läyli-Mäjnun 即《莱丽与麦吉侬》）；(3)《赛布艾伊赛雅尔》（Säb'ä'i Säyyar 即《七星图》）；(4)《赛迪伊斯坎德尔》（Säddi Iskändär 即《斯坎德尔的城堡》或《亚历山大的城堡》）；(5)《力萨努图塔伊尔》（Lisanut-täyir，《惊疑》）。

《纳斯日海米赛依米日扎穆罕默德玉赛因柏克》是维吾尔古典文学史上最伟大的散文作品之一。诗人的这部作品对维吾尔文学散文文体的发展作出了很大的贡献。

图 50　《艾米尔·阿巴木斯里木传》

《艾米尔·阿巴木斯里木传》（*Amir Abamuslim Tazkirisi*）的作者是毛拉伊迷尔·贾拉利丁（Molla amir Jalalidin）。这部文献今藏于新疆维吾尔自治区少数民族古籍领导小组办公室，申报国家珍贵一级古籍编号：XGQ1527，手抄于19世纪，1卷，1册，板框30厘米×20厘米，每页有17—18行字。本书用桑皮纸抄写，字体优美、字迹清晰，迪瓦尼体墨书，和田桑皮纸线装。每段内容结束后，题目用红色笔书写，书页和书角破损，其他部分保存完整。文字属于哈喀尼亚后期维吾尔文。

主要内容：本书讲述了为保护逊尼派荣誉和历史以及为传播普及伊斯兰教在阿拉伯国家、中东、中亚地区进行的伊斯兰战争，作为战争领导人及四大哈里发之一的阿里被杀害后，为给他报仇而进行的战争，被穆斯林认为无可匹敌的英雄人物阿布穆斯里姆的英勇事迹，他带领大批士兵进攻肖姆城，推翻倭玛亚哈里发，推举艾布·阿巴斯·本·穆罕默德·本·阿布都拉当哈里发的战斗经历。维吾尔族开始信仰伊斯兰教，以及加强信仰、懂得伊斯兰教的特性、伊斯兰教的传播史等方面的问题。是一部历史性小说。对于研究历史、宗教、维吾尔文具有很大的作用。

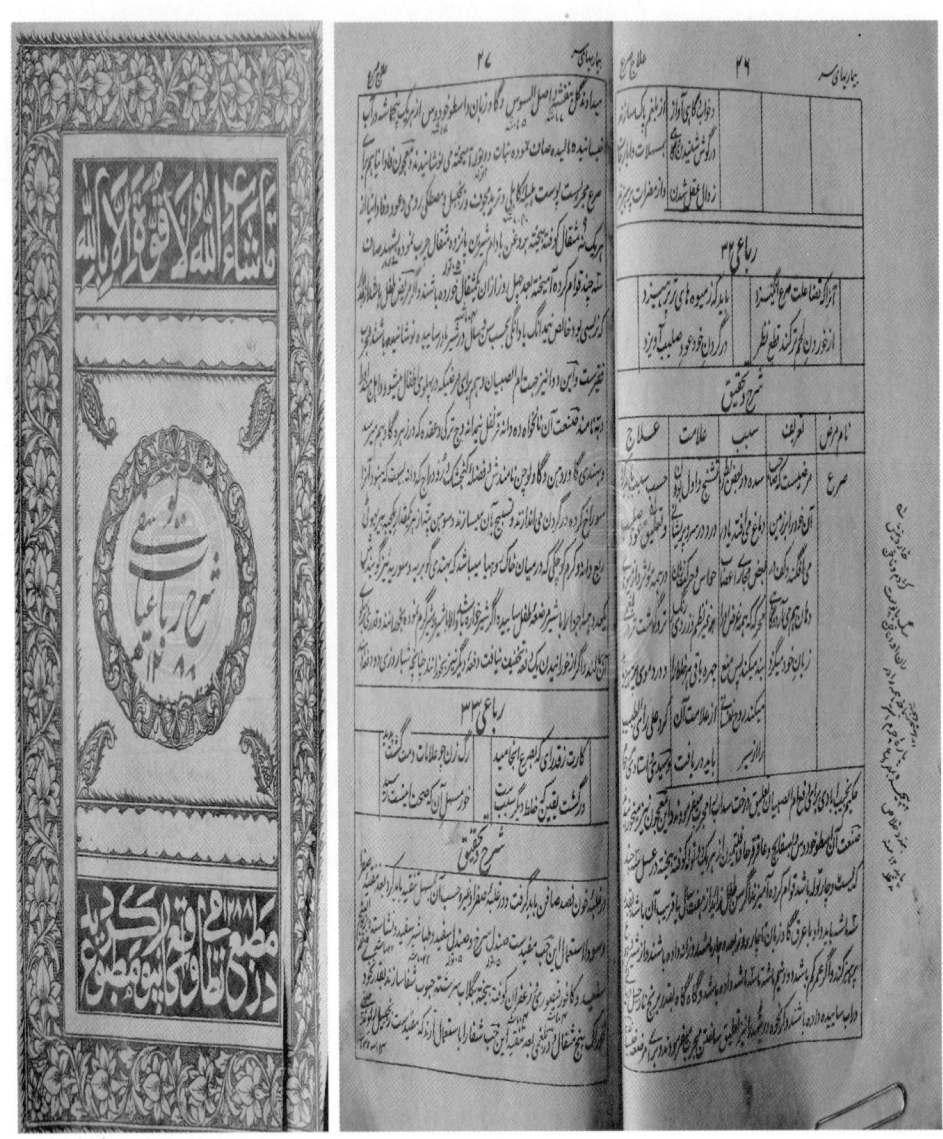

图 51 《提比玉素甫》

《提比玉素甫》（Tibbiy Yusuf）的作者是阿布都力木·纳斯热拉（Abdulim Nasrulla），文献今藏于新疆维吾尔自治区少数民族古籍办公室，申报国家珍贵一级古籍编号：XGQ1527，手抄于1871年，1卷，1册，板框20厘米×10.5厘米，每页有16行字，石印本。部分页残损。精装本，书皮由牛皮线装。内容题材为传统医学。文字属于波斯文，考证作者也是维吾尔族。

主要内容：作为维吾尔医药古籍，其内容为介绍人体的结构、认识疾病及其治疗等。对研究维吾尔医学对人体的整体论和各种疾病治疗方法有很大的研究价值。

以上部分信息来自于申报国家珍贵古籍定级目录。

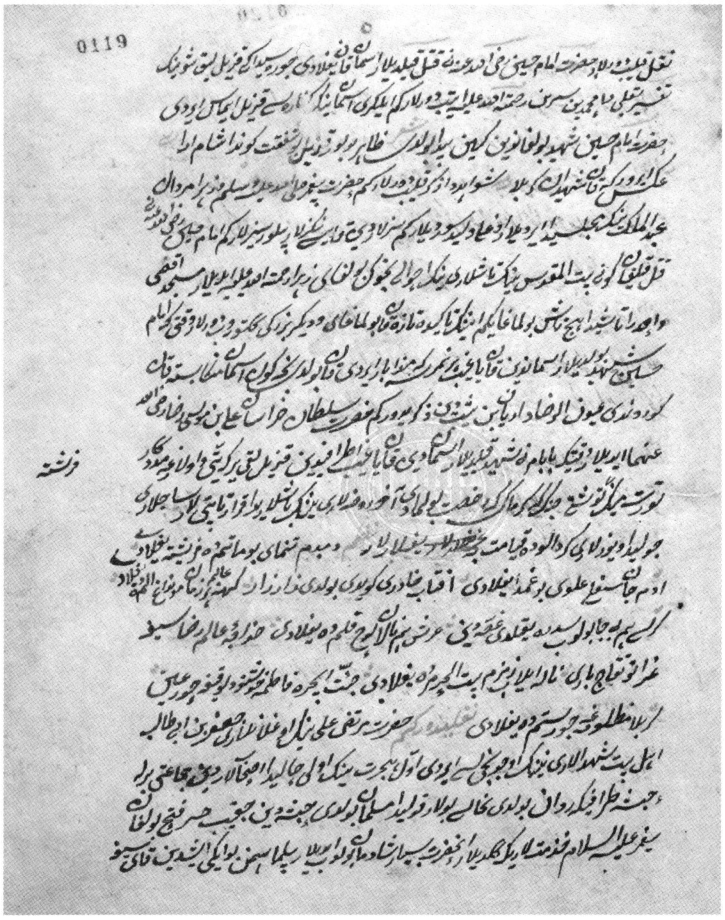

图 52　《太克日日素路克》

　　《太克日日素路克》(*Taqriri Suluq*,《光芒正道》)的作者是穆罕默德·艾尤夫·喀什噶里(Muhammad Ayuf Kaxğari)。文献今藏于新疆维吾尔自治区少数民族古籍办公室。申报国家珍贵一级古籍编号：XGQ1526，手抄于1840年。内容题材为文学。文字属于哈喀尼亚后期维吾尔文。手抄本1卷，1册，页面19厘米×12厘米，版框15厘米×9厘米，双线框形边栏，8—9行。手抄本用桑皮纸手写，太伊丽克体墨书，字迹清晰、优美。和田桑皮纸线装，装帧精美。诗歌分两栏书写，封面残缺，页面散开，前后有几页残缺。内容题材为文学。

　　主要内容：本书是伊斯兰教苏菲派面向真主、惦念真主、虔诚、顺从等内容的一部分双行诗汇编。记述要以真主为中心，惦念真主、爱戴真主、不贪婪、不贪欲、不伤害别人、每事要碰运气等。反映了18世纪维吾尔人苏菲主义观点。对于研究中东、中亚地区苏菲派传播历史及其内容具有参考价值。伊历1280(1863—1864)年毛拉·赛里木·喀什噶里抄本。语言精练、故事情节栩栩如生、错综复杂，是维吾尔族古典文学经典之一。

　　以上部分信息来自于申报国家珍贵古籍定级目录。

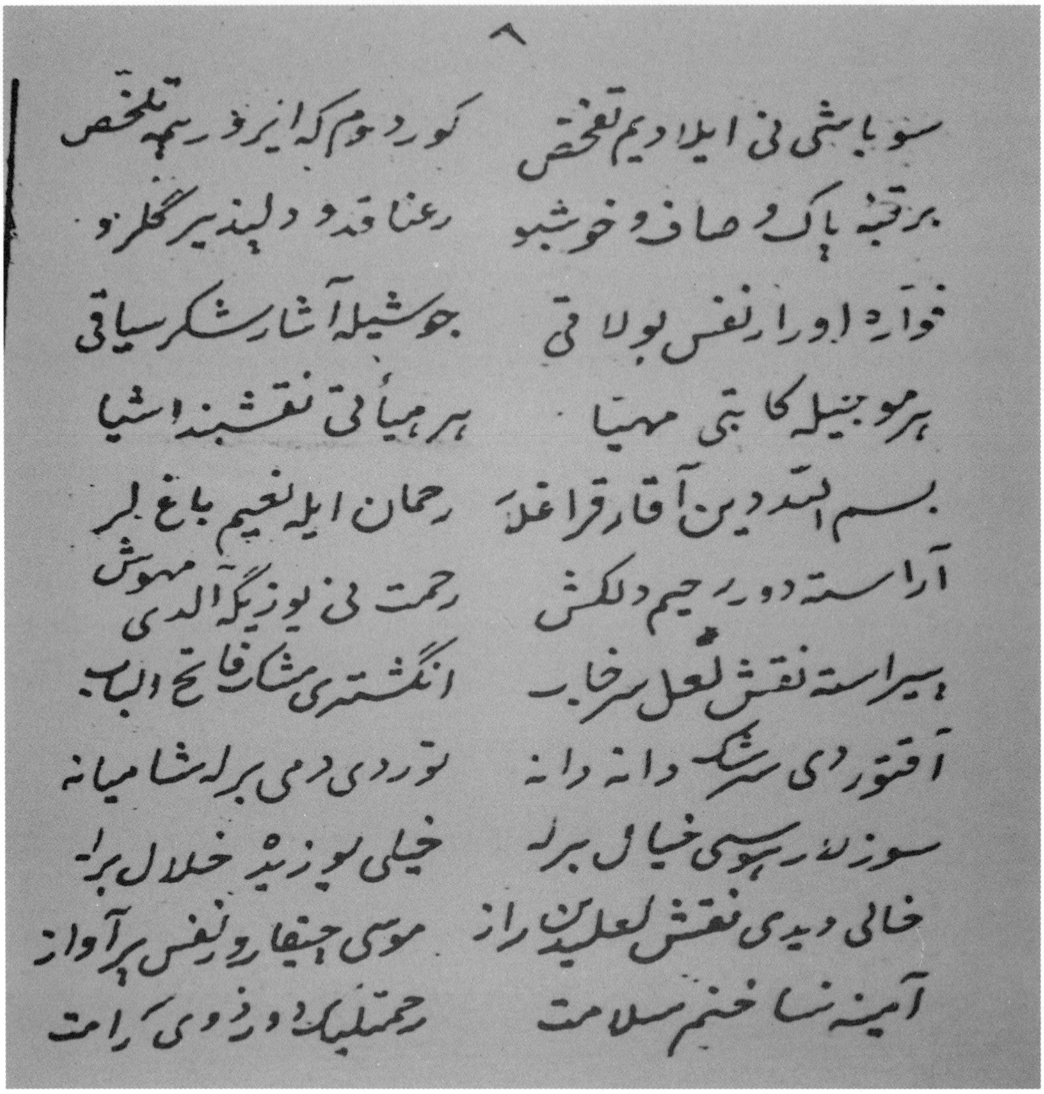
٨

سو باشی نی ایلادیم تفحص　کوردوم که ایزدن ... تلخص

بر قبه پاک و صاف و خوشبو　رعنا قد و دلپذیر گلرنو

فواره اورار نفس بولاتی　جوشیله آشار شکر سیاقی

هر موجیله کاتبی مهیا　هر هیائی نقشبند اشیا

بسم الله دین آقار قراغلار　رحمان ایله نعیم باغلر

آراسته دور رحیم دلکش　رحمت نی یوزیگه آلدی مهوش

پیراسته نقش لعل سرخاب　انگشتری شان فاتح الباب

آقتوردی سرشک دانه دانه　توردی درمی بر له شامیانه

سوزلار سوسی خیال بر له　خیلی یوزیده خلال بر له

خالی ویدی نقش لعلیدن راز　موسی چیقاروب نفس پر آواز

آیینه سا خنم سلامت　رحمتلیک دوزوی رامت

图 53　《伊斯麻依力哈吉西尔里日》

《伊斯麻依力哈吉西尔里日》（*Ismayil haji Şierliri*）的作者是伊斯麻依力哈吉（Ismayil Haji），是生活在 19 世纪的诗人。据诗歌中的一些信息他出生在和田皮山县。发现他的作品只有这部诗歌集。他的作品主要是对真主和他的使者穆罕默德的赞颂，其次通过自然界的对话来表达对社会的态度。

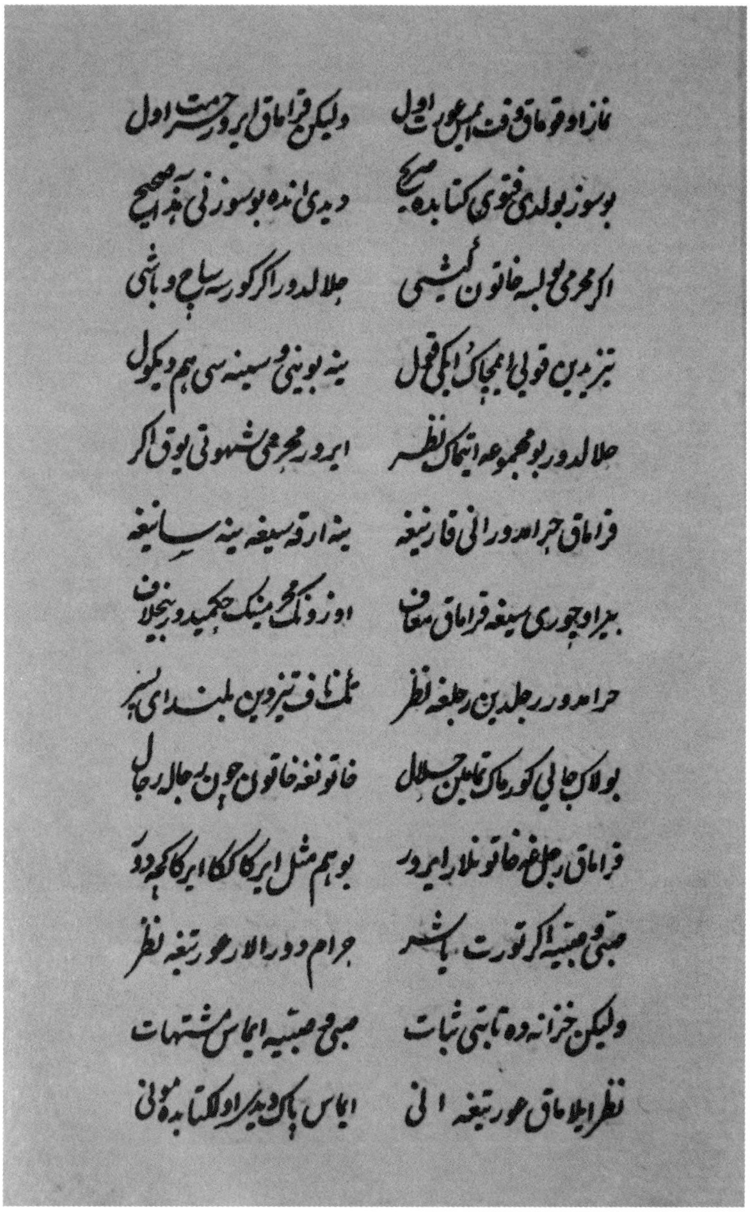

图 54 《米尔阿提夏尔依》

  《米尔阿提夏尔依》（Mirati Şär'i 即《指南针》, Şäri 'ätning Äyniki）的作者是尕亚斯丁（Giyasidin）。对于作者详细生平以及该作品的情况我们了解很不够。作品本身对于作者和抄写者没有记载，据其他作品的一些线索可得知作者生活在19世纪。作者通过作品来给读者反思和劝告。同时多处他提到"指明方向"或"知我查看的一面镜子"。本著作的原意就是《指南镜》而不是《指南针》。

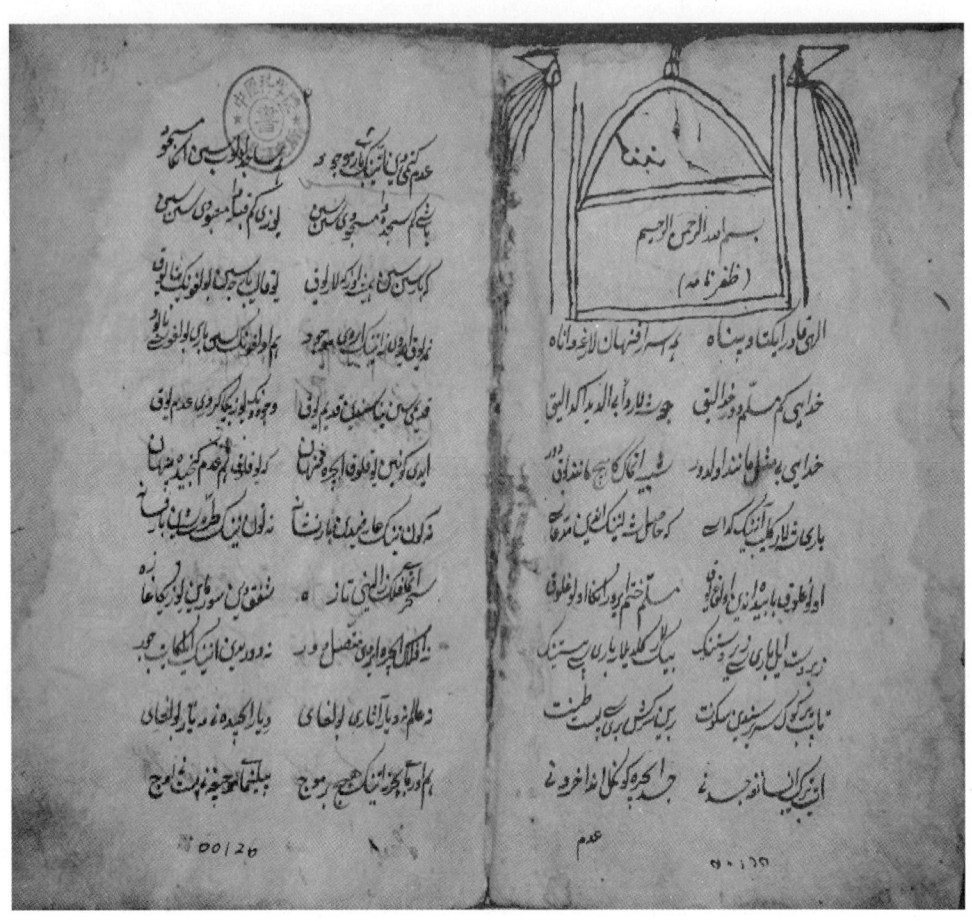

图 55 《扎法尔纳么》

《扎法尔纳么》(Zäfärnamä 即《凯旋书》或《胜利书》)的作者是毛拉·夏克尔·本尼·毛拉·塔依尔 (Molla Şakir Binni Molla Tahir, 1805—1870),是传记文学家,出生于阿克苏,生活在乌什县 (Üçturpan Nahiyäsi)。

《扎法尔纳么》已发现三种版本,前两种写本保存在新疆维吾尔自治区境内。其中一部手抄本1867年完成。本作品共4380行 (misra),先用波斯文写的后用维吾尔文重写。

还有一部今藏在中国社会科学院民族研究所,登录人:买提热依木,登录时间:2002年3月13日。原书编号:858.9931/811　00126,新编号:000103。该手抄本1卷,1册,236页,每页有11行诗,字体很清楚,页面23厘米×16厘米,板框18厘米×10厘米。手抄于伊历1264年。

后一部的文字属于哈喀尼亚后期维吾尔(察哈台)文,内容题材类别属于文学(长篇诗)。

作品主要叙述的是,就像从书名"胜利"能够领会到的那样,整部书中首先赞扬真主的恩赐,赞扬穆罕默德的英明向导。然后进入本书话题,叙述1864年6月6日库车 (Kuça) 反对清朝统治和压迫暴发的群众性起义,赞美人民群众对自由和权利的追求,赞美穆斯林所取得的每项胜利。

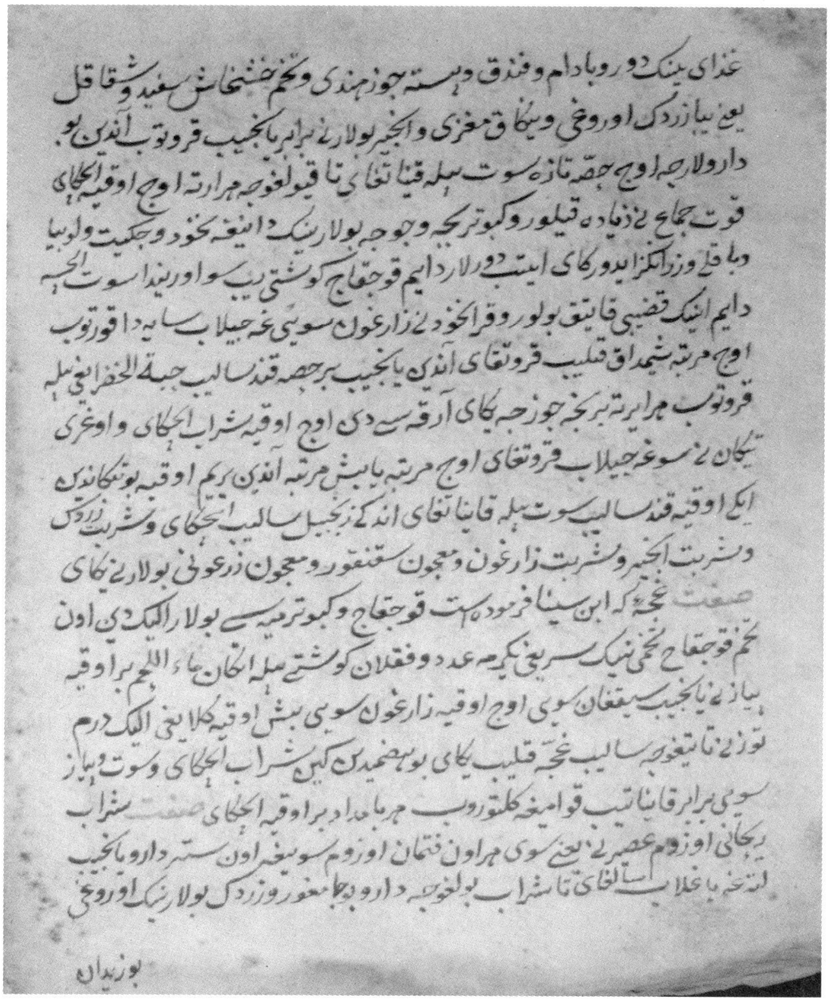

图 56 《卡米勒提比》

《卡米勒提比》(*Kamili Tibbiy*,《卡米勒医学》)的作者是胡佳·热依木·阿胡訇。这部文献成书于 19 世纪,今藏于新疆维吾尔医学专科学校古籍办,保存完整,1 卷,1 册,376 页。内容题材属于传统医学类,文字属于哈喀尼亚后期维吾尔文,申报国家珍贵一级古籍编号:XRG043。

主要内容:《卡米勒提比》(医学大全)是和田维吾尔医学家和田名医胡佳·热依木·阿胡訇约 19 世纪在和田用察合台维吾尔语撰写的一部维吾尔医药学专著。本书详细地介绍了维吾尔医学基础理论知识和常见病、多发病的病因和发病机制、症状体征、预防措施和治疗方法。还记载着多种草药的认识和识别方法,各种成药处方及其用途和制药方法。本古籍较好地反映了当时维吾尔医药的发展史,具有特别重要的医学价值,保护和继承了维吾尔医药传统,对促进祖国传统医药学的发展起着重要的作用。

以上部分信息由新疆维吾尔医学专科学校维吾尔医古籍文献研究室阿部都卡迪尔先生提供。

图 57 《卡拉巴丁 卡比尔》

《卡拉巴丁 卡比尔》（Kara badin kabir）的作者是阿拉买·那吉米丁·萨买尔坎地。

这部文献约成书于 1881 年，今藏于新疆维吾尔医学专科学校古籍办，保存完整，1 卷，1 册，516 页。内容题材属于传统医学类，文字属于波斯文，国家珍贵一级古籍申报编号：XRG010。

主要内容：这是一部成药大全，主要介绍常用成药处方的成分、性质、作用、药物的加工制作、主治疾病、使用方法、用量。该著对现代维吾尔医药实践具有重要的应用价值。正在整理研究。

（以上部分信息由新疆维吾尔医学专科学校维吾尔医古籍文献研究室阿部都卡迪尔先生提供。）

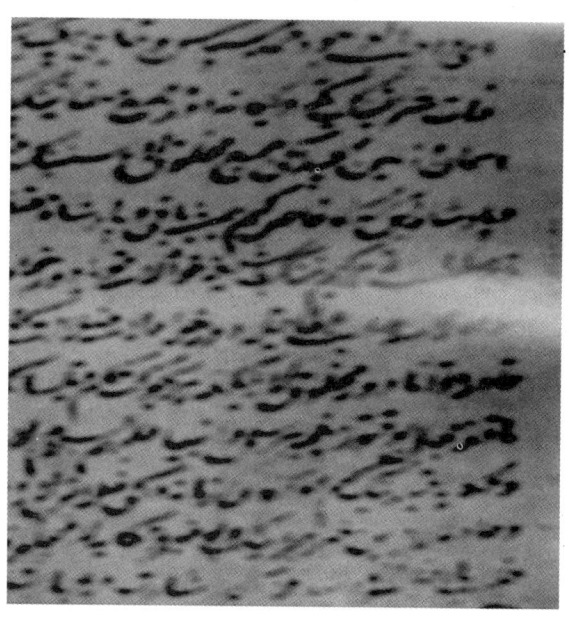

图 58 《塔日赫艾米尼亚》

《塔日赫艾米尼亚》（*Tarixi Äminiyä* 即《安宁史》）的作者是毛拉·穆萨·本尼·毛拉·艾萨·霍加·赛拉米（Molla Musa Binni Molla Äysa Xoja Sayrami，1840—1915）是著名学者、文学家。作者出生于阿克苏拜城县赛里木乡（Sayram Yezisi），在库车有名的"萨克萨克"经文学堂（Saqsaq Mädirisi）学习历史、文学、天文学、地理学、阿拉伯语和波斯语等学科。毕业后回到家乡在"赛里木"经文学堂（Sayram Mädirisi）任教。参加了 1864 年爆发在库车的农民起义，任起义领导人秘书，起义结束后任阿古柏（Yaqupbäg）政府在阿克苏的代表秘书。

他为了撰写有关库车农民起义和阿古柏政权的历史书，几年游历喀什噶尔、库车、库尔勒和吐鲁番等地，收集了重要的历史资料。已发现的主要作品除《塔日赫艾米尼亚》（*Tarixi Äminiyä* 即《安宁史》）外，还有《塔日赫海米迪亚》（*Tarixi Hämidiyä* 即《伊米德史》）、《书信集》（*Salamnamä*）、《塔兹克热依艾斯哈布勒凯夫》（*Täzkirä'i Äs'habul Kähb* 即《艾斯哈布勒凯夫志》，完成于 1898 年）、《塔兹克热图力艾维利亚》（*Täzkirätul Äwliya* 即《先知传》，完成于 1885 年）和《迪瓦尼麦斯纳维》（*Diwan Mäsnäwi*，完成于 1907 年）。

《塔日赫艾米尼亚》完成于 1903 年 10 月 2 日，1904 年在喀山（Qazan）出版，穆罕默德·祖侬在喀山本的基础上整理的现代维吾尔文本 1989 年由新疆人民出版社出版。本书叙述近代在新疆发生的历史事件，尤其是对作者亲自参加的 1864 年库车爆发的农民起义记述得很详细，因此这本书对研究新疆近代历史提供了非常可靠的历史资料。

《塔日赫艾米尼亚》完成于 1911 年 7 月 7 日，作者的手抄本现保存于中国社会科学院民族研究所，艾尼瓦尔·巴依图尔根据此原手抄本整理的书 1986 年 12 月由民族出版社出版。作者的这本书在《塔日赫艾米尼亚》的基础上撰写，也可以说是《塔日赫艾米尼亚》的补充本，内容包括更早的 13 世纪成吉思汗和他后代的事迹。以上两本书是学习和研究新疆历史不可缺少的非常重要的资料。

《塔兹克热图力艾维利亚》中叙述了伊斯兰教流传到喀什噶尔、和田、库车、库尔勒和吐鲁番等地的过程、在这个过程中发生的圣战、战争中牺牲的历史人物和圣人的历史。

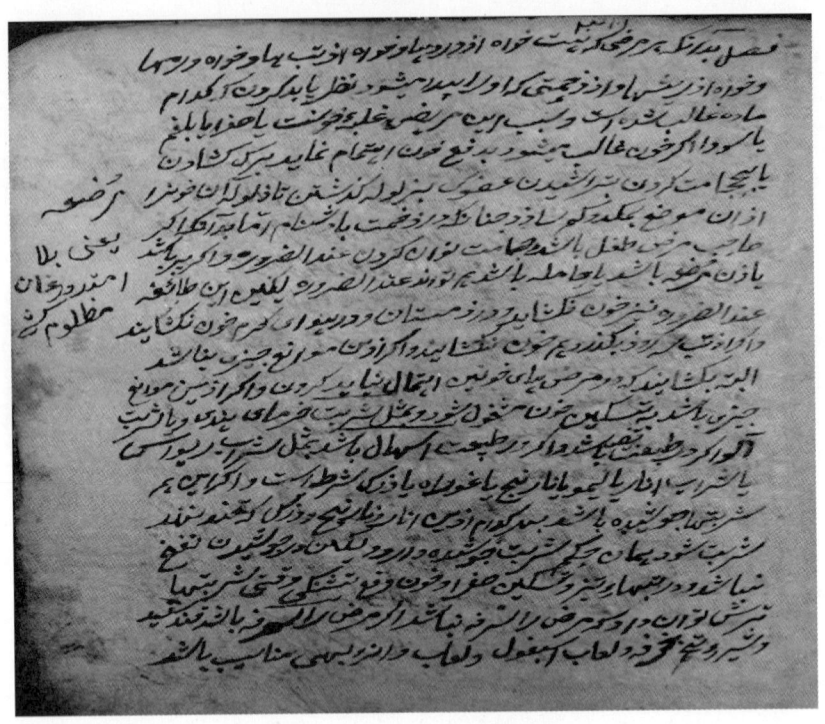

图 59　《卡拉巴丁买合孜尼》

《卡拉巴丁买合孜尼》(*Kara badin mahzan*) 的作者是努日阿拉·阿洪。

这部文献成书年代不详，手抄本约属于 19 世纪，今藏于新疆维吾尔医学专科学校古籍办，保存完整，1 卷，1 册，524 页。内容题材属于传统医学类，文字属于哈喀尼亚后期维吾尔文，国家珍贵一级古籍申报编号：XRG012。

主要内容：这是由维吾尔医学家努日阿拉·阿洪撰写的一部成药专著，主要介绍维吾尔医学常用成药处方的成分、性质、作用、药物的加工制作、主治疾病、使用方法、用量。本专著对现代维吾尔医药实践具有重要的应用价值。

以上部分信息由新疆维吾尔医学专科学校维吾尔医古籍文献研究室阿部都卡迪尔先生提供。

图 60　《迪瓦尼纳克斯》

《迪瓦尼纳克斯》(*Diwani Naqis* 即《纳克斯诗集》)的作者是萨毕日阿洪·本尼·阿布杜卡迪尔·雅鄂萨尔·纳克斯(Sabiraxun Binni Abduqadir Yangihsari Naqis,1840—1920)。他是著名文学家,出生于喀什噶尔英吉沙县(Yangihsar Nahiyisi)。小时候在家乡的学校学习,年轻时到喀什噶尔市的经文学堂学习,熟练地掌握了阿拉伯语和波斯语并学习古典文学,毕业后回到家乡在"塔伊柏克"经文学堂任教。诗人用维吾尔诗歌的麦斯纳维(mäsnäwi,双行诗)、五行诗(Muxämmäs)、绝句(ruba'iy)等形式写过很多诗。

已发现他的作品除《迪瓦尼纳克斯》(*Diwani Naqis* 即《纳克斯诗集》)外,还有《姑力扎日毕尼西》(*Gulzari Biniş* 即《没有荆棘的花园》)、《拜依斯艾克木伯克》(*Bäyis Häkimbäg*)、《库图鲁库纳么》(*Qutluqnamä* 即《幸福书》)等。

《迪瓦尼纳克斯》1995 年由新疆人民出版社出版。

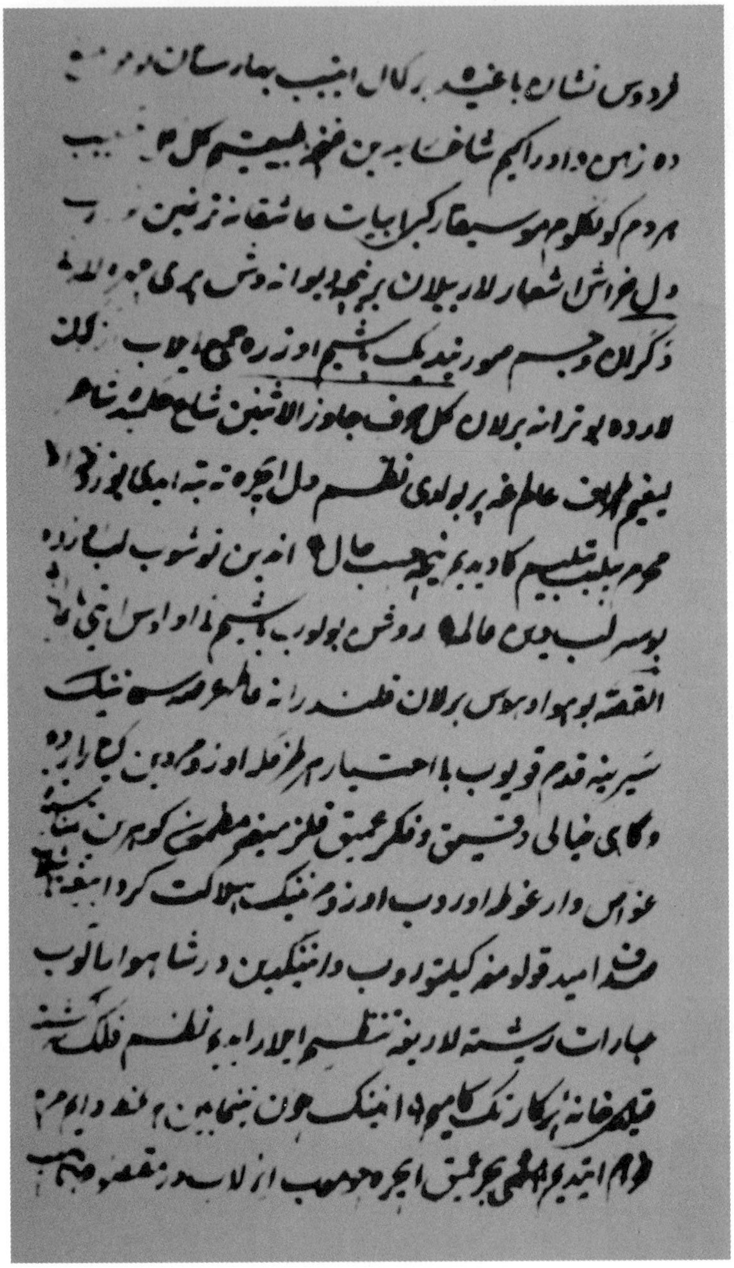

图 61 《迪瓦尼吾米迪》

《迪瓦尼吾米迪》（Diwani Umidi）的作者是吾麦尔汗·吾米迪（Umärxan Umidi），18—19 世纪生活在喀什的诗人。他的作品的撰写和抄写都在 19 世纪初。这部诗集还包括《热吾夏木克亚斯瓦孜巴吾斯尼》（Räwäşäm Qiyas wä Ziba hüsni）。他的诗歌在维吾尔族地区广为流传。

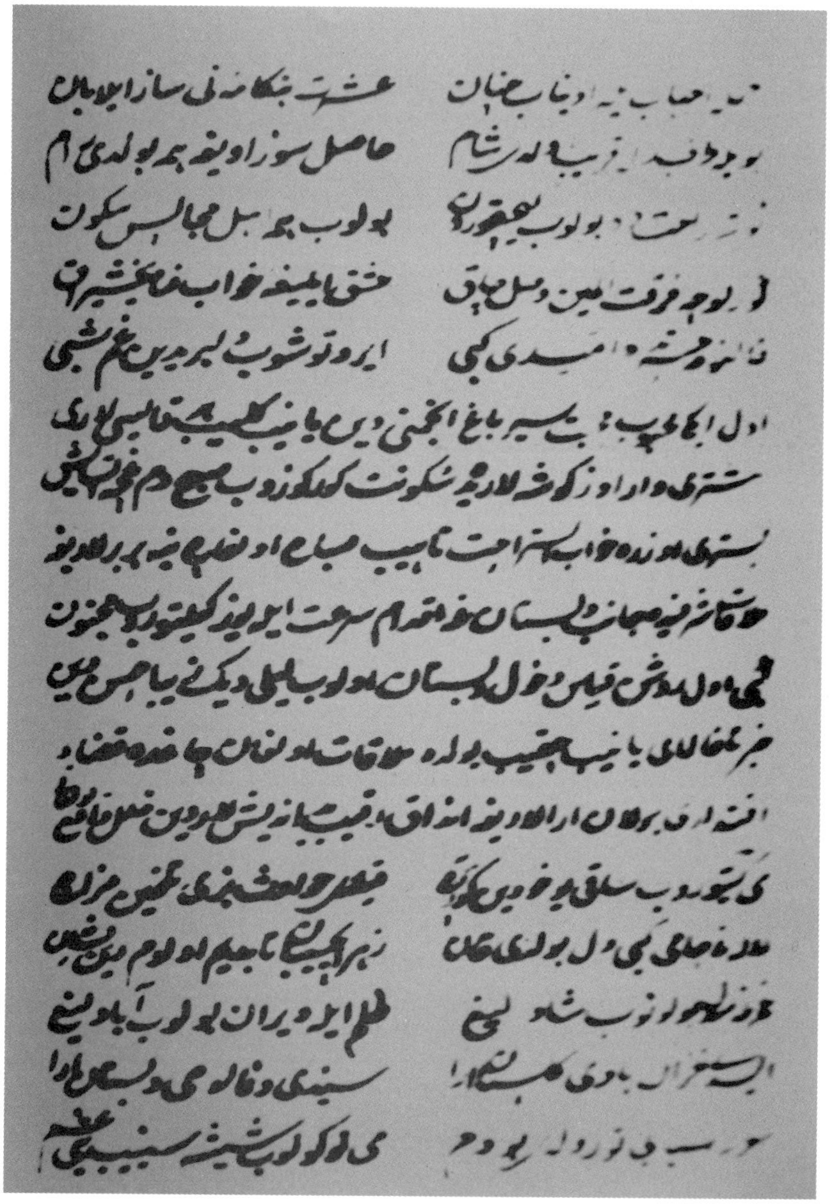

图 62 《热吾夏木克亚斯瓦孜巴吾斯尼》

《热吾夏木克亚斯瓦孜巴吾斯尼》(Räwäşäm Qiyas wä Ziba Hüsni) 和以上提到的《迪瓦尼吾米迪》同属于吾麦尔汗·吾米迪 (Umärxan Umidi), 18—19 世纪生活在喀什的诗人。他的作品的撰写和抄写都在 19 世纪初。他的诗歌在维吾尔族地区广泛流传。

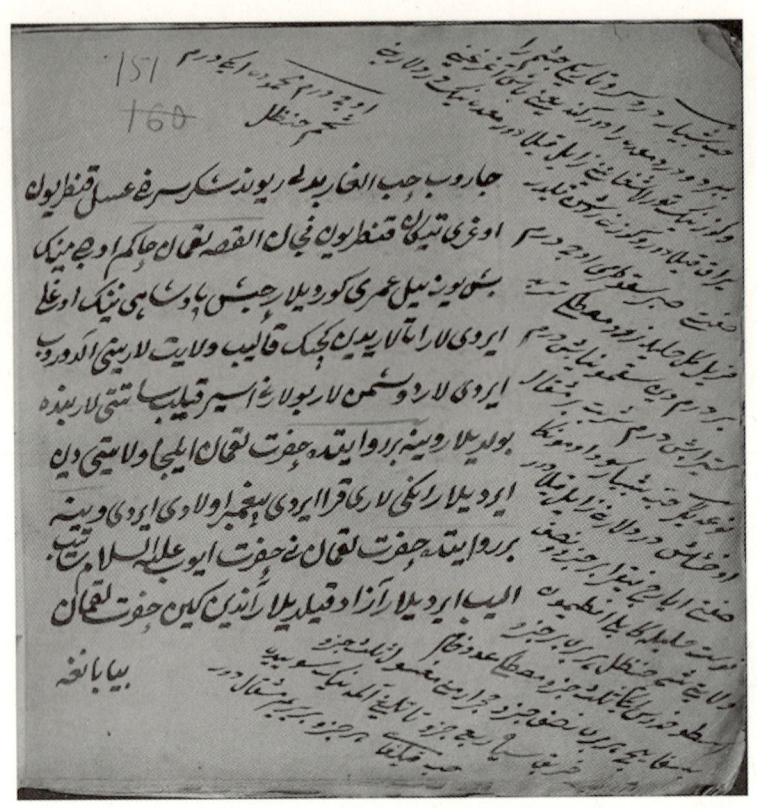

图 63 《木加日巴提艾迪维亚突尔克》

《木加日巴提艾迪维亚突尔克》(Mujarribati Adwiya Turkiy,《验方》)的作者不详。这部文献成书年代不详,但从手抄本的特点来看属于18—19世纪。今藏于新疆维吾尔医学专科学校古籍办,保存完整,1卷,1册,157页。内容题材属于传统医学类,文字属于哈喀尼亚后期维吾尔文,申报国家珍贵一级古籍编号:XRG046。

主要内容:介绍维吾尔医学四大物质理论、米杂吉、合提体理论等基础理论知识,治疗常见疾病的主要方法和验方,以及一些成药及其加工制作方法。正在整理研究。

(以上部分信息由新疆维吾尔医学专科学校维吾尔医古籍文献研究室阿部都卡迪尔先生提供。)

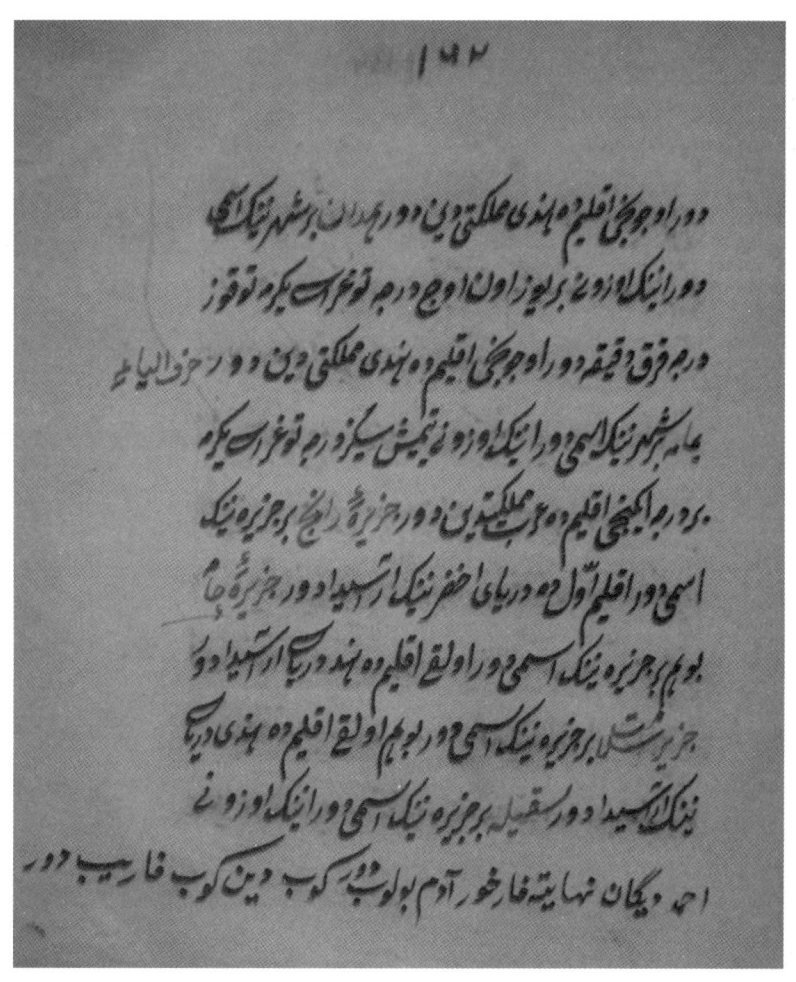

图 64　《麻吾鲁麻图鲁阿法克》

《麻吾鲁麻图鲁阿法克》（Ma'lumatul Afaq）的原作者是海米尼迪汗·赫热为（Hämnidixan Hiräwi），他出生在赫拉特（Hirat），这部文献约于 1530 年用波斯语完成于赫拉特（Hirat）。约 19 世纪末由穆罕墨德·赛伊迪·尼亚孜译成近代维吾尔语。目前保存在新疆的手抄本是翻译者自己手抄的。

（以上信息由穆罕买提·图尔德·米尔孜·艾赫买提提供。）

图 65 《米菲塔胡力艾戴布》

《米菲塔胡力艾戴布》（Miftahul Ädab，即《道德之钥匙》）的作者是阿布杜喀德尔·大毛拉·本尼·阿布杜力瓦日斯（Abduqadir Damollam Binni Abdulwaris, 1862—1924），是著名的文学家，维吾尔文学史上古典文学的最后代表人之一。出生于阿图什（Atuş），15岁左右开始在喀什噶尔哈尼力克经文学堂（Xanliq Mädris）学习数学、文学、历史等学科，然后到布哈拉继续学习阿拉伯语和波斯语。以后几年游历塔什干、喀山和伊斯坦布尔等地，1907年回国。回国后办新型学校，用新的教学方法，自己编教材改进教学内容并任教。他的新式学校和教学很受群众的赞同。但一部分保守宗教界人士反对他，因此他从1918年到1920年游历土耳其和埃及等国家。回来以后进一步扩大教学范围，挑选了52名成绩优良的学生派到土耳其、埃及和德国等国家。他还组织人民群众抵抗英国和瑞典基督教传教士，但是贪官污吏在外国势力的支持下1924年杀害了他。

他的主要作品除在1910—1911年用阿拉伯文写的，当年在塔什干出版的《米菲塔胡力艾戴布》外，还有《萨日夫纳赫维》（Särf Nähwi，即《词法和句法》）、《伊力米塔维吉迪》（Ilmiy Täjwid，即《朗诵要诀》）、《伊力米赫萨布》（Ilmiy Hisab，即《算数》）、《艾卡依达阻如力雅》（Äqa'idä Zururiyä，即《必要的规则》）、《艾卡依达加维哈日雅》（Äqa'ida Jäwhriyä，即《规则精髓》）、《纳斯海提阿么》（Näsihiti Ammä，即《大众劝诫书》）、《塔斯依力米萨毕雅提》（Täşilul Hesab，即《算数速学法》）、《米菲塔依力艾戴夫》（Mifta'il Ädaf）或《艾戴夫艾赫拉克阿齐库奇》（Ädaf Äxlaq Açquçi），即《道德之钥匙》）、《米维拉尔穆纳兹日斯》（Miwilär Munazirisi，即《水果之辩》）。

《艾卡依达阻如力雅》（Äqa'idä Zururiyä，即《必要的规则》）是为了发展民族教育和解决教材缺乏而撰写的。当时在喀什噶尔印刷并广泛应用，1941年在叙利亚出版。

《米维拉尔穆纳兹日斯》（Miwilär Munazirisi，即《水果之辩》）共144对句（kuplet），用维吾尔诗歌的麦斯纳维（mäsnäwi，双行诗）形式写的。

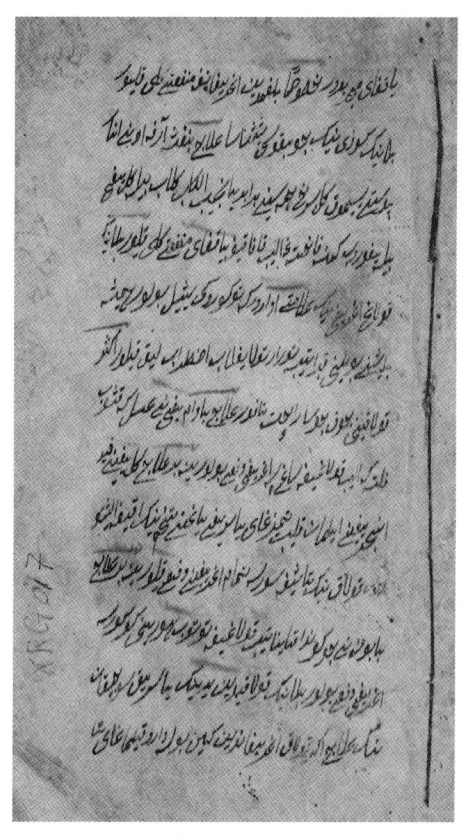 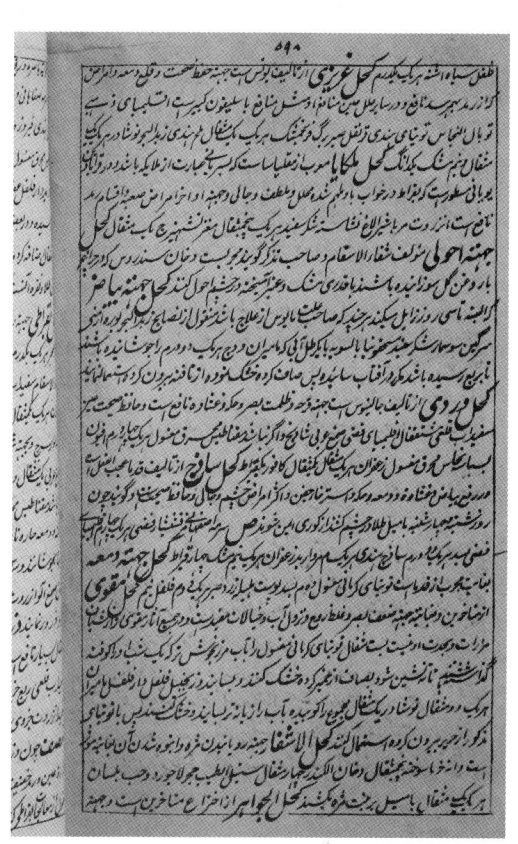

图66（1）　《达瓦拉西武素里》（一）　　　　　图66（2）　《达瓦拉西武素里》（二）

《达瓦拉西武素里》（*Dawalaṣ Usulliri*，《治疗方法》）的作者不详。

现保存的《治疗方法》有两种手抄本，两种手抄本的抄写人不详。

这部文献成书年代不详，我们在图上看到的《治疗方法》（一）和（二）可能属于18—19世纪。两种手抄本今藏于新疆维吾尔医学专科学校古籍办，保存完整，1卷，1册，152页。内容题材属于传统医学类，文字属于哈喀尼亚后期维吾尔文，申报国家珍贵一级古籍编号：XRG036。

主要内容：本著作介绍了常见疾病的维吾尔医学治疗方法，部分疗效特异的生药和成药处方以及饮食疗法等内容。本专著对今日维吾尔医药具有应用价值。正在整理研究。

以上部分信息由新疆维吾尔医学专科学校维吾尔医古籍文献研究室阿部都卡迪尔先生提供。

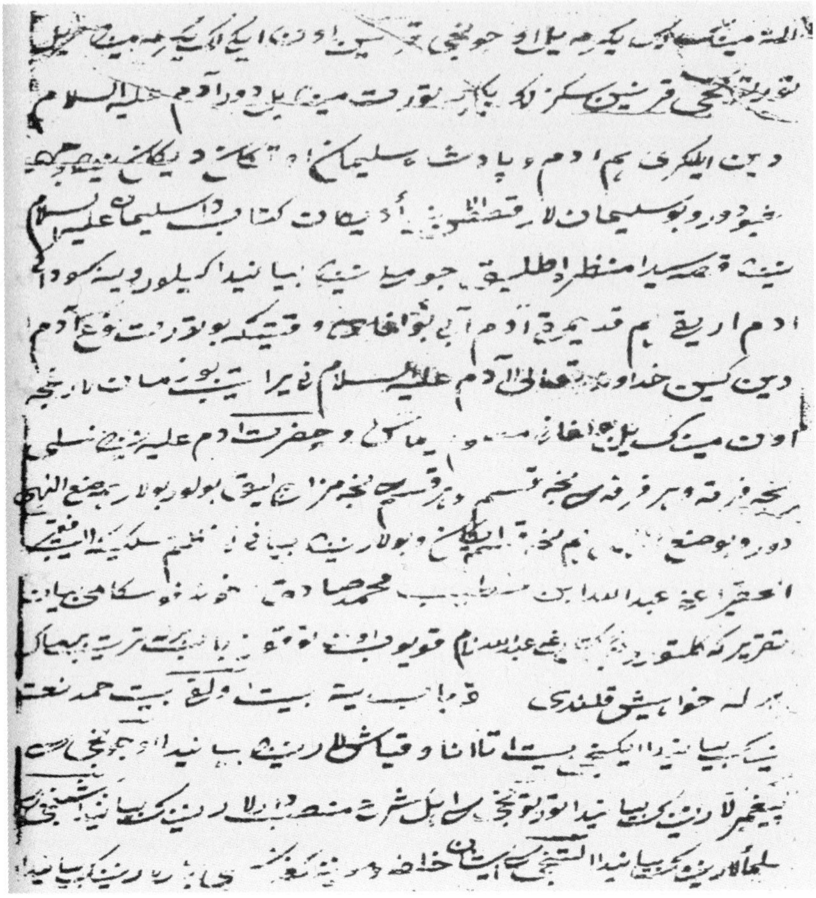

图 67 《阿不都拉书》

《阿不都拉书》（Kitabi Abdullah）的作者是阿布都拉·哈提布·阿湖努木·本尼·穆罕默德萨迪克·阿湖努木·本尼·穆罕默德艾米尼·艾拉木·阿湖努木（Abudullah Xatib Axunum Binni Muhämmäd Sadiq Axunum Binni Muhämmämmädämin Äläm Axunum）。他于 1876 年在喀什噶尔颇斯卡姆（泽普）县欧祖麦艾热克乡出生。由于他出生在伊斯兰教人士家庭，由于受家庭的影响从小爱读书，酷爱背诵《古兰经》，而且直接从父母那里熏陶文化和道德规范教育。

作者在一生中，通过学习和观察、研究社会的历史和社会关系，所形成的思想均体现在《阿不都拉书》一书中。

《阿不都拉书》的手抄本本来不是很完整，后来学者们把泽普县的伊犁哈姆·阿布都拉（Ilham Abdullah）和莎车县的艾比布拉·木赫迪（Häbiybulla Muhdi）手中保存的手抄本核对相互补充后成为现在的较完整的本子。这部文献整理研究后 2004 年由新疆人民出版社出版。

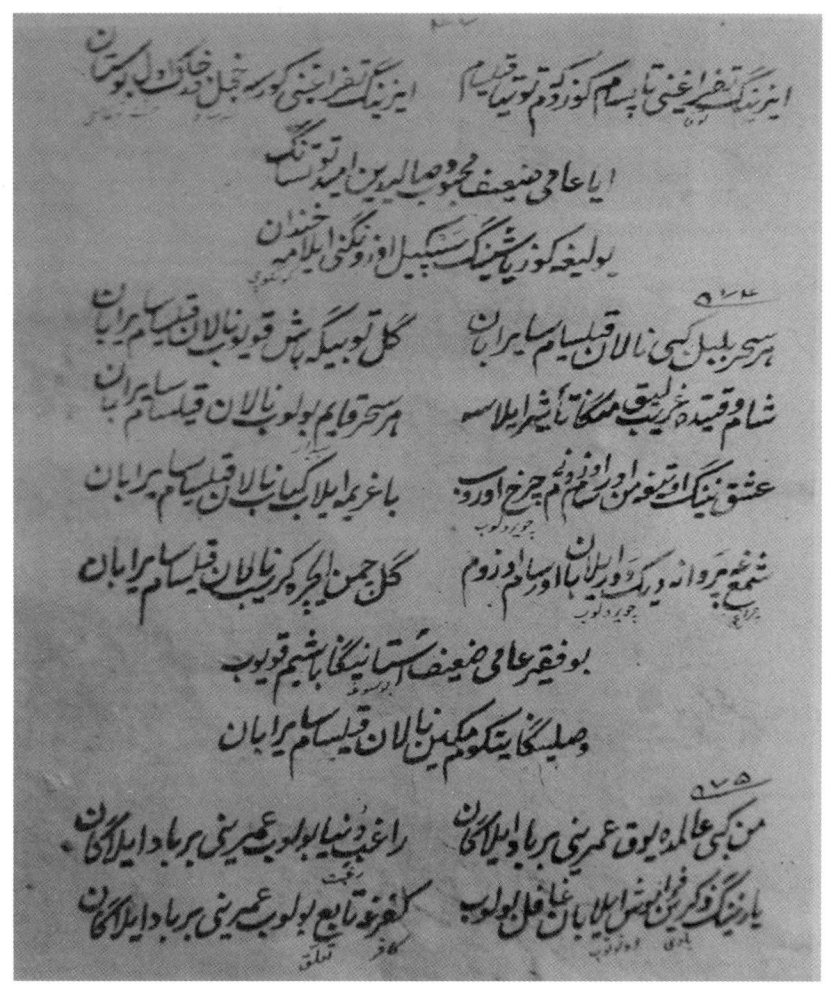

图 68　《托特纳么》

　　《托特纳么》（*Tötnamä*，《四书》）的作者是库力·艾利木·阿米·扎依福（Qul Älim Ami Zä'if，1879—1951），是生活在叶城（Qağiliq）的诗人，笔名为喀什人·沙毕提·大毛拉。已发现他的主要作品有《伊斯拉穆迪尼宁卡依达瓦加韦海尔拉日》（*Islam Dinining Qa'idä Wä Jäwhärliri*，即《伊斯兰教规精华》或《信仰之精华》，问答集，伊历 1301 年在和田再版）、《迪瓦尼塔吉日迪》（*Diwani Täjrid* 即《塔吉日迪诗集》）和《四书》（*Tötnamä*）。

　　《四书》（*Tötnamä*）中诗人通过叙述在叶城农村发生的风波，声讨封建社会带给人民群众的惨祸、劳动人民的悲惨情况。本作品对了解当时农村生活具有一定的参考价值。

图 69　《库里亚提乃飞斯》

《库里亚提乃飞斯》(*Kulliyati Näfisi*) 的作者是穆赫麦德 · 乃飞斯。

这部文献成书于伊历 1313 年，今藏于新疆维吾尔医学专科学校古籍办，保存完整，1 卷，1 册，338 页。内容题材属于传统医学类，文字属于哈喀尼亚后期维吾尔文，申报国家珍贵一级古籍编号：XRG030。

主要内容：本著作较详细地介绍了维吾尔医学四大物质（爱日康）学说、气质（密杂吉）学说、体液（合立体）学说、器官（艾杂）学说、神（艾尔瓦）学说、力（库外依）学说、形（艾非阿勒）学说、脉象学、病因学说和保健知识以及各种疾病的治疗方法。本专著对今日维吾尔医药具有应用价值和研究价值。正在整理研究。

以上部分信息由新疆维吾尔医学专科学校维吾尔医古籍文献研究室阿部都卡迪尔先生提供。

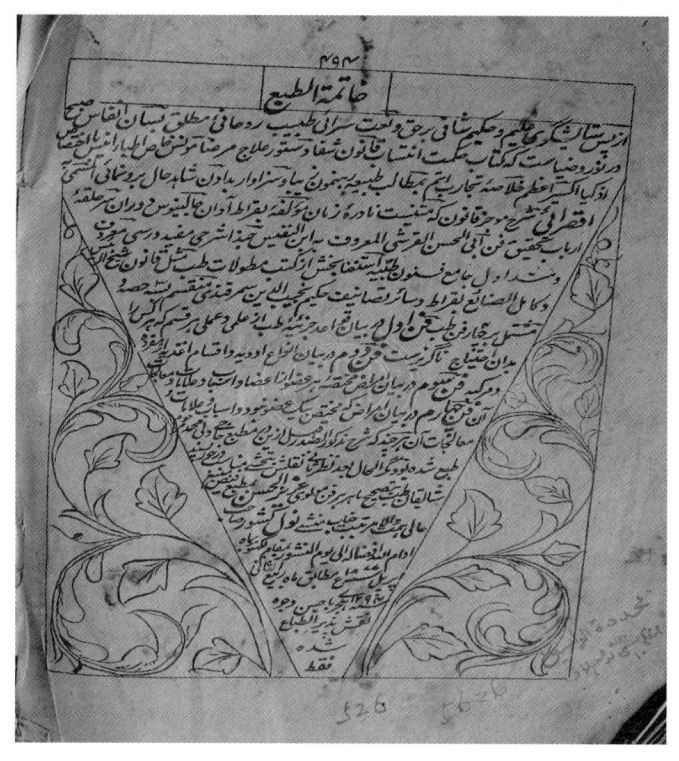

图 70　《阿克萨拉依》

《阿克萨拉依》（Aqsaray）的作者是加马力丁·阿克萨拉依。这部文献成书年代为19世纪，今藏于新疆维吾尔医学专科学校古籍办，保存完整，1卷，1册，290页。内容题材属于传统医学类，文字属于哈喀尼亚后期维吾尔文，国家珍贵一级古籍申报编号：XRG002。

主要内容：加马力丁·阿克萨拉依19世纪生于和田墨玉县阿克萨拉依村。他的代表作为《阿克萨拉依》（白色宫殿），他以本村村名为他的医著命名。本书于1899年在印度出版，并被印度德里伊斯兰医学院用作教材。该书大体分为三个部分，即基础理论、全身各器官疾病的治疗、药物和方剂，是一本较系统的维吾尔医学专著，至今仍享有盛誉。本著作较详细系统地记载了180多种疾病的概论和诊疗技术，390多种生药的认识和辨别方式方法，144种成药经验处方制作和使用方法。本专著由新疆维吾尔医学专科学校古籍办正在组织整理研究，已有部分翻译成维吾尔语。

加马力丁·阿克萨拉依（Jamalidin Aqsarayi）是19世纪生活在和田的维吾尔医学家。他在和田的经文学堂学习文学、数学等学科，特别努力学习医学，还熟练地掌握了波斯语和阿拉伯语。以后他继续学习医学，成为一名有名的医工。他多年研究各种土药，治疗各种险症。根据多年的经验，他撰写了《课塔毕提毕阿克萨拉依》（Kitabi Tib Aqsarayi 即《阿克萨拉依医学手册》）。书中介绍了维吾尔医学的传统规则、治病方法、制药、用药、医疗器材和各种药料等。用阿拉伯文撰写的这本著作于1899年在印度拉合尔（Lahor）出版，直到20世纪30年代依然被印度的一些医学学校当教材使用。据说，现正被新疆维吾尔自治区卫生厅翻译成维吾尔文。

以上部分信息由新疆维吾尔医学专科学校维吾尔医古籍文献研究室阿部都卡迪尔先生提供。

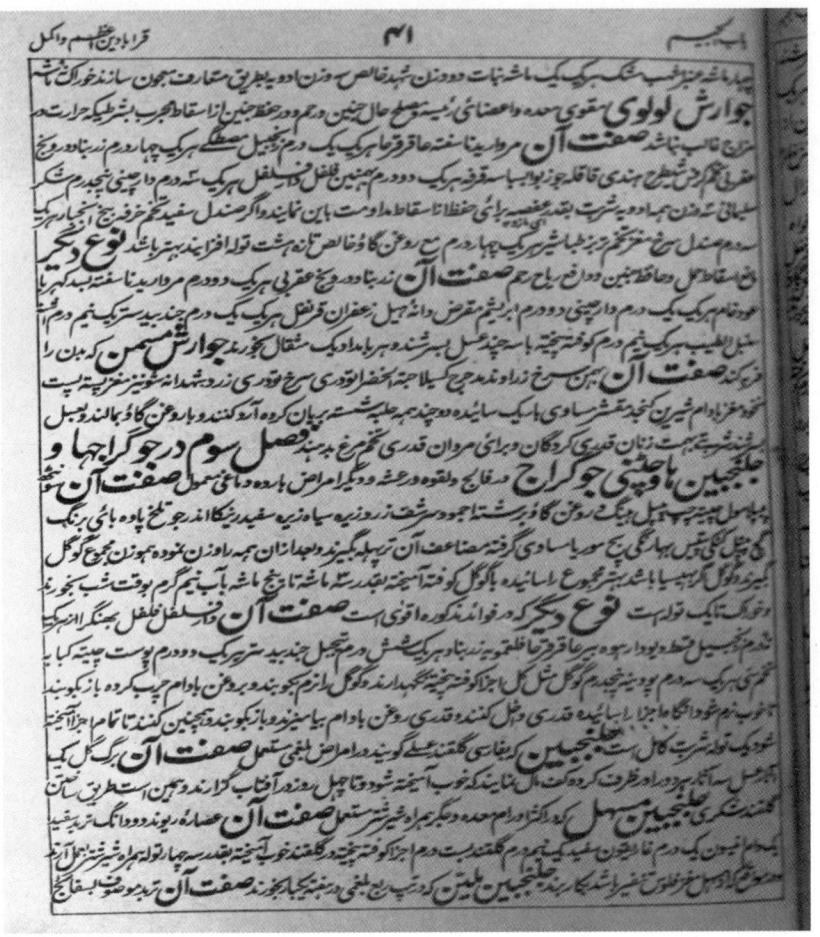

图 71 《卡热巴丁艾则木及艾克买力》

《卡热巴丁艾则木及艾克买力》（Qarabadin Azam wa Akmal）的作者是穆合买提·艾克拜尔·艾尔扎尼。

这部文献成书年代为 19 世纪，今藏于新疆维吾尔医学专科学校古籍办，保存完整，1 卷，1 册，726 页。内容题材属于传统医学类，文字属于波斯文，国家珍贵一级古籍申报编号：XRG003。

主要内容：本著作是一部药物大全，较详细地介绍了 3500 多种成药处方及其方剂及其性质、主治疾病、制药方法、使用方法、用药时应注意的事项。本著作具有重要的应用和研究价值。由新疆维吾尔医学专科学校古籍办正在组织整理研究，已有部分翻译成维吾尔语。

以上部分信息由新疆维吾尔医学专科学校维吾尔医古籍文献研究室阿部都卡迪尔先生提供。

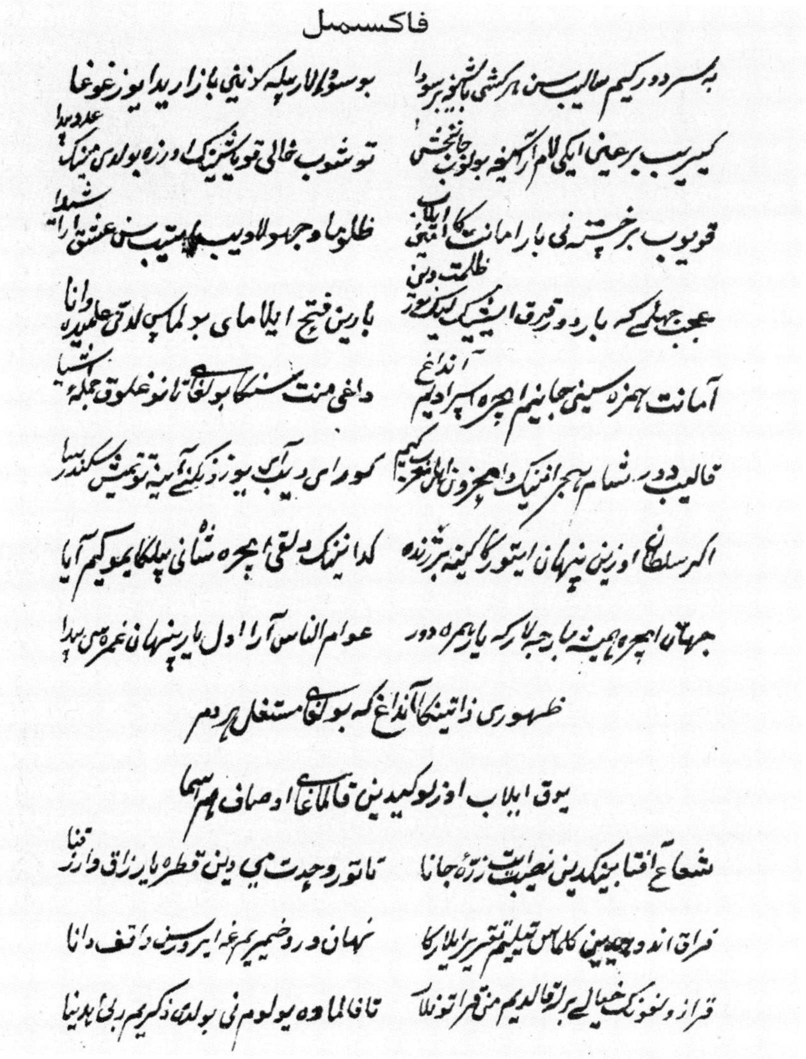

图 72 《迪瓦尼祖胡利》

《迪瓦尼祖胡利》（Diwani Zuhuri）的作者是米尔扎·祖胡利（Mirza Zuhuri），是 19 世纪生活在哈密的诗人。根据诗人作品的部分内容，很多学者认为他是 1831—1848 年喀什噶尔的统治者祖赫尔丁·艾克木伯克（Zuhuridin Hakimbäg）。他在喀什噶尔时很重视文化教育事业，非常支持阿布杜热依木·尼扎日（Abdurähim Nizari）、图尔杜希·阿洪·卡提笔·尕日毕（Turduşaxun Katib Ğaribi）等文人，给他们提供了很好的创作条件。他自己也从事文学创作，已发现他的主要作品有：《迪瓦尼祖胡利》（Diwani Zuhuri，即《祖胡利诗集》）。该作品 1995 年由新疆人民出版社出版。

图73 《穆法日胡里胡鲁普》

《穆法日胡里胡鲁普》（Mufärrixul Qulub）作者是巴迪尔丁·苏皮·阿洪。

这部文献成书于1837年，今藏于新疆维吾尔医学专科学校古籍办，保存完整，1卷，1册，262页。内容题材属于传统医学类，文字属于波斯文，国家珍贵一级古籍申报编号：XRG008。

这是一部记载常见病的著作，介绍了各种常见疾病的症状体征、病因、使用生药和成药的治疗技术，以及各种禁忌事项。本著作在维吾尔医学治疗实践中具有重要的应用价值。正在整理研究。

以上部分信息由新疆维吾尔医学专科学校维吾尔医古籍文献研究室阿部都卡迪尔先生提供。

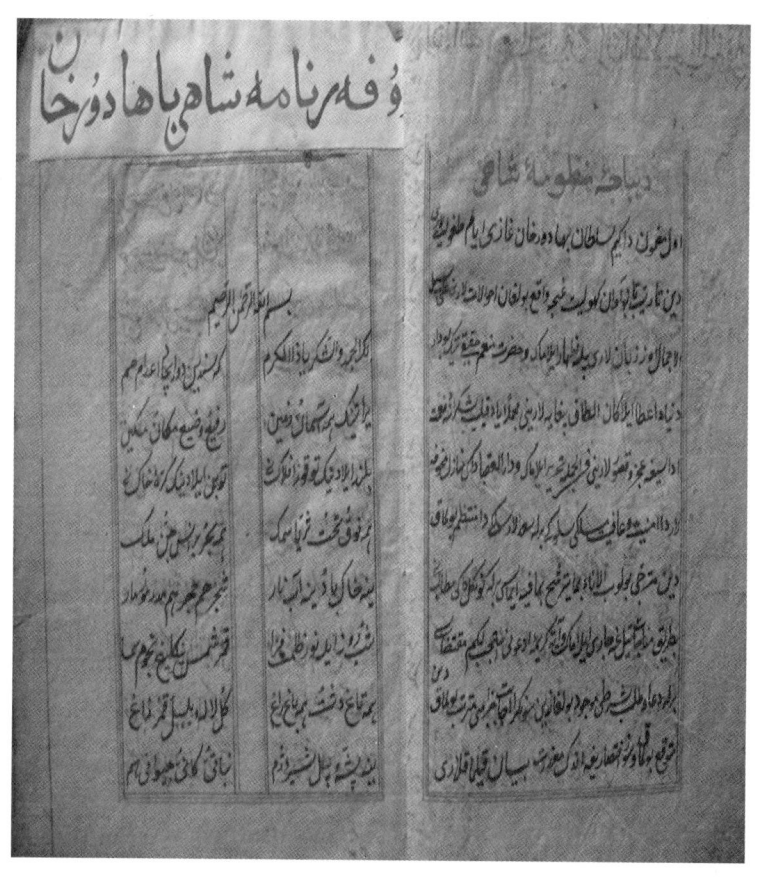

图74 《扎法尔纳么依夏赫巴哈德尔汗》

《扎法尔纳么依夏赫巴哈德尔汗》(Zäpärnamä 'i Şah Bahadirxan) 的作者是毛拉·阿布杜阿帕尔 (Molla Abduğappar)，19 世纪文人，已发现他的主要作品有 1953 年完成的《扎法尔纳么依夏赫巴哈德尔汗》(Zäpärnamäi Şah Bahadirxan 即《巴哈德尔汗王凯旋书》)。作品中叙述的是当时叶尔羌知府巴哈德尔汗带给人民群众的苦难、劳动人民为反对他的压迫在 1847—1848 年进行的斗争、巴哈德尔汗亲自进军平靖起义等现实事迹。作品具有很高的资料价值和参考价值。

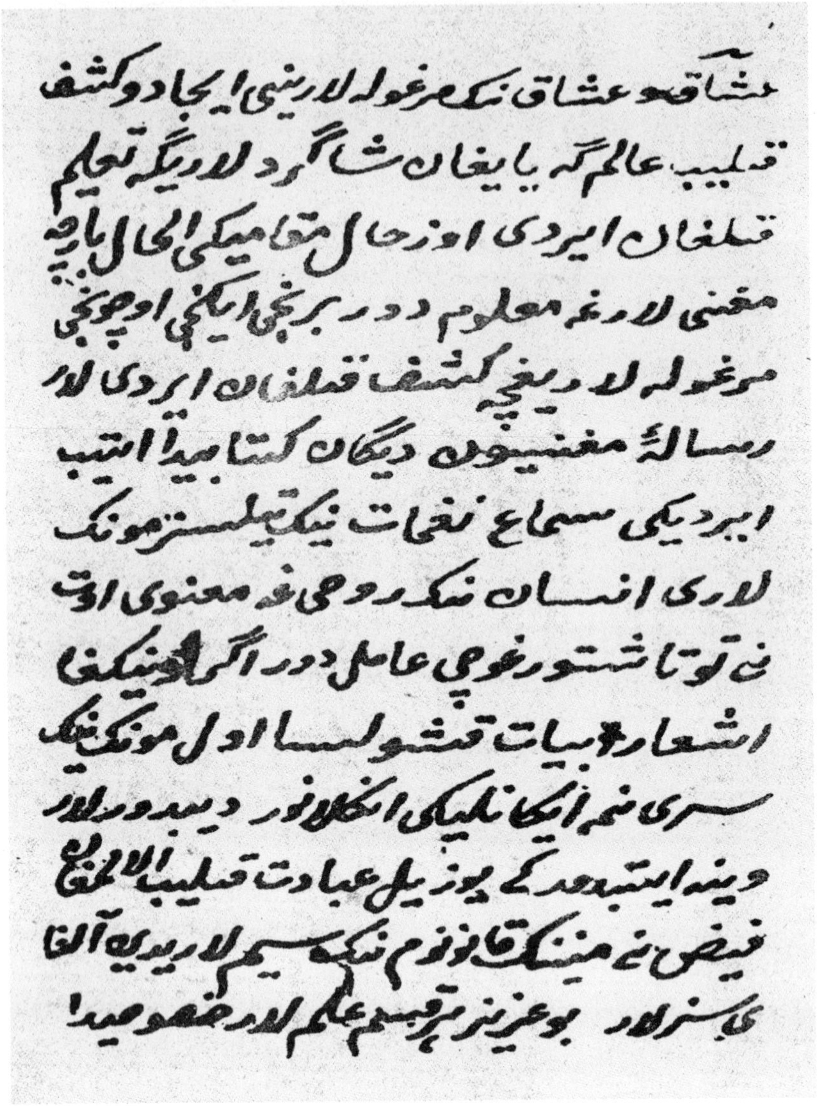
عشاق قصه عشاق نینک مرغوله لارینی ایجاد و کشف
قیلیب عالم که یایغان شاگردلاریغه تعلیم
قیلغان ایردی اوز حال متعامیکی الحال بارچه
مغنی لار و غیره معلوم دور برنچی ایکنچی اوچونچی
مرغوله لار دیغیچه کشف قیلغان ایردی لار
رساله مغنیون دیگان کتابیدا اتیب
ایبردیکی سماع نغمات نینک تعلیمسترمونک
لاری انسان نینک روحی غه معنوی اوت
نی توتاشتورغوچی عامل دور اگر اونینگ
اشعار و ابیات قیشولیسا اول مونک نینک
سری نیم ایکانلیکی انکلانور دیبدور مولار
دینه ایتیب بعد که یوزیل عبادت قیلیب الالمع
فیض نی مینک قانونوم نینک یسیم لاریدیه آلقا
کا بسترلار بو عزیزلر هر قسم علم لار خصوصیدا

图 75 《塔日赫穆斯克尤尼》

《塔日赫穆斯克尤尼》（*Tarixi Musiqiyun* 即《乐师传》）的作者是毛拉 · 伊斯迈图拉 · 本尼 · 毛拉 · 尼迈图拉 · 莫吉则（Molla Ismätulla Binni Molla Nimätulla Möjizi），19 世纪音乐家、历史学家。生活在和田。流传至今的作品有《塔日赫穆斯克尤尼》完成于 1854 年。本作品叙述了维吾尔木卡姆（muqam）和维吾尔乐器的创制，麦维拉纳 · 艾拜杜拉 · 鲁提菲（Mäwlana Äbäydulla Lutfi）、美丽凯 · 阿曼尼莎汗（Mälikä Amannisaxan）、柯迪尔汗 · 雅尔坎迪（Qädirxan Yarkändi）等文人和音乐家的事迹。它是研究维吾尔古文学史和艺术史具有重要参考价值的作品之一。它的现代维吾尔文版 1982 年由民族出版社出版。

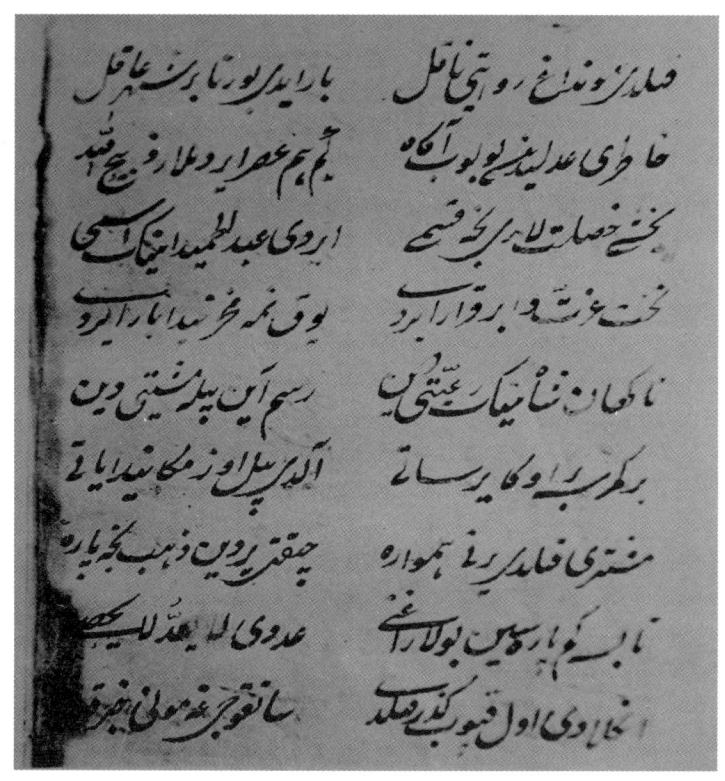

图76　《穆赫兹努力瓦赫兹尼》

《穆赫兹努力瓦赫兹尼》(Muhzinul-wa'izin)的作者是纳吾孜阿洪·卡提普·孜亚依(Näwruzaxun Katip Ziyayi，1850？—？)，19世纪著名文学家，生活在喀什噶尔。在喀什噶尔的经文学堂学习了文学、历史和书法等学科，毕业后从事文学创作。他的才华引起当时喀什噶尔统治者祖赫尔丁·艾克木伯克(Zohuridin Hakimbäg)的关注。从1831年到1844年为宫廷秘书时跟阿布杜热依木·尼扎日(Abdurähim Nizari)和图尔杜希·阿洪·卡提笔·尕日毕(Turduşaxun Katib Ġaribi)合作写成《艾日甫故事集》(Hikayäti Ġärb)。此外已发现他的作品有：《托尔提戴尔维希宁依卡耶斯》(Töt Därwişning Hekayisi 即《四个托钵僧》或《四个戴尔维希》)、《穆赫兹努力瓦赫兹尼》(Muhzinul-wa'izin 即《忧伤的训言》)、《热毕娅—赛依迪》(Rabi'ä Sä'idi 即《热毕娅与赛依迪》)、《瓦穆克—吾兹拉》(Wamuq-Uzra 即《瓦穆克与吾兹拉》)、《亚瓦托希汗》(Yawa Toşqan 即《野兔》)、《穆许克毕兰查希旱》(Müşük Bilän Çaşqan 即《猫与老鼠》，由波斯语翻译的寓言)。

《瓦穆克—吾兹拉》是在民间故事和传奇基础上写的爱情史诗，共566行(misra)，两章。《穆赫兹努力瓦赫兹尼》(Muhzinul-wa'izin 即《忧伤的训言》)完成于1843年，共4800行(misra)，主要叙述了诗人的道德观念。《亚瓦托希汗》(Yawa Toşqan 即《野兔》)，共60行，属于儿童文学的诗歌寓言。

图77 《塔石浦图克西尔里日》

《塔石浦图克西尔里日》(*Taş Pütük Şi'erliri* 即《石碑诗歌》)是玉素甫·尕尔比(Yusuf Gerbiy)的作品。诗歌刻在一块石碑上，仅保存在哈密(Qomul Xutuntam Änglär ğolining şimalida)，保存完好。这是维吾尔族文学历史中罕见的艺术文学作品。虽然在《布拉克》(《源泉》)关于作者的生平有一些信息，但有待更进一步探索。

图 78 《麦斯吾德—迪勒阿拉》

《麦斯吾德—迪勒阿拉》（Mäs'ud — Dil'ara）的作者是努如孜阿洪·卡提普·孜亚依（Nuruzaxun Katip Ziyayi，1850？—?），19 世纪著名文学家，生活在喀什噶尔。在喀什噶尔的经文学堂学习文学、历史和书法等学科，毕业后从事文学创作。他的才华引起当时喀什噶尔统治者祖赫尔丁·艾克木伯克（Zohuridin Hakimbäg）的关注。

图 79 《伊斯坎得尔传》

《伊斯坎得尔传》（*Iskändärnamä*）的作者是赛依德·买赫德·哈米达尼（Sa'id Mahdi Hamidan）。文献中体现的文字属于哈喀尼亚后期维吾尔文，手抄本 4 卷，板框 32 厘米× 21 厘米，每页 21—29 行字。本书为桑皮纸，装饰精美，字体优美、字迹清晰。部分页残损。该文献成书年代为 18 世纪，抄写于 1884 年，文献发现于新疆阿克苏，今藏于新疆维吾尔自治区少数民族古籍领导小组办公室。

主要内容：本书记述了古马其顿亚历山大国王的生平及对中亚地区的征战情况。其语言精练、故事情节栩栩如生、错综复杂，是维吾尔族古典文学经典之一。

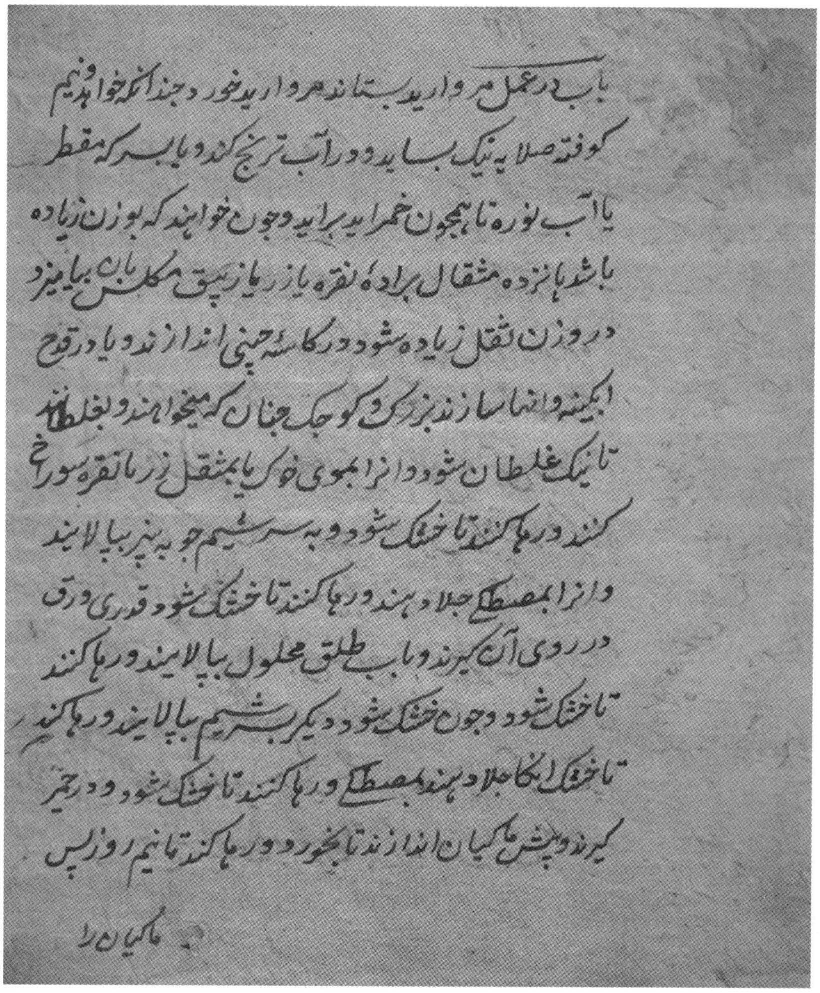
باب در عمل مروارید بستانند مروارید خورد چند انکه خواهند نیم
کوفته صلایه نیک بسایند و در آب ترنج کنند و یا سرکه مقطر
یا آب نوره تا همچون خمر براید و چون خواهند که بوزن زیاده
باشد پانزده مثقال براده نقره یا زرنیخ مکلس بیامیزد
در وزن ثقل زیاده شود در کاسه چینی اندازند و یا در قدح
ابگینه و انها سازند بزرگ و کوچک چنان که میخواهند و بغلطانند
تا نیک غلطان شود و از ابموی خوک یا بمثقل زر یا نقره سوراخ
کنند و رها کنند تا خشک شود و به سریشم جو بهتر بیالایند
و از ابمصطکی جلا دهند و رها کنند تا خشک شود قدری ورق
در روی آن گیرند و باب طلق محلول بیالایند و رها کنند
تا خشک شود و چون خشک شود دیگر بسریشم بیالایند و رها کنند
تا خشک انگاه جلا دهند بمصطکی و رها کنند تا خشک شود و در خمیر
گیرند و پیش ماکیان اندازند تا بخورد و رها کنند تا نیم روز پس
ماکیان را

图 80　《买吉木艾图力萨那依》

《买吉木艾图力萨那依》(*Mäjmu'ä-tul Sanayi*,《手工指南》)，作者不详。

这部文献成书年为 18 世纪，今藏于新疆维吾尔医学专科学校古籍办，保存完整，1 卷，1 册，376 页。内容题材属于传统医学类，文字属于哈喀尼亚后期维吾尔文，国家珍贵一级古籍申报编号：XRG015。

主要内容：这是一部手艺手工专著，介绍天文学、逻辑学、医学知识之外，主要介绍各种手艺及其他的操作方法，不仅具有重要的历史意义，而且也有重要的应用和研究价值，正在整理研究。

(以上部分信息由新疆维吾尔医学专科学校维吾尔医古籍文献研究室阿部都卡迪尔先生提供。)

图 81　《提比艾克拜尔法日斯》

《提比艾克拜尔法日斯》（*Tibbiy Akbar Farisi*）的作者是穆合买提·艾克拜尔·艾尔扎尼。这部文献成书年代为 18 世纪，今藏于新疆维吾尔医学专科学校古籍办，保存完整，1 卷，1 册，638 页。内容题材属于传统医学类，文字属于波斯文，国家珍贵一级古籍申报编号：XRG004。

主要内容：本书较详细地介绍了 900 多种疾病及其病因和发病机制、症状、诊断特征，使用单药和成药治疗方法以及禁忌内容。另外还记载着 3000 种以上单味药材及成药作用和性质、使用方法。

这部文献由新疆维吾尔医学专科学校古籍办组织整理研究并已经翻译成维吾尔语，由新疆卫生出版社出版。

（以上部分信息由新疆维吾尔医学专科学校维吾尔医古籍文献研究室阿部都卡迪尔先生提供。）

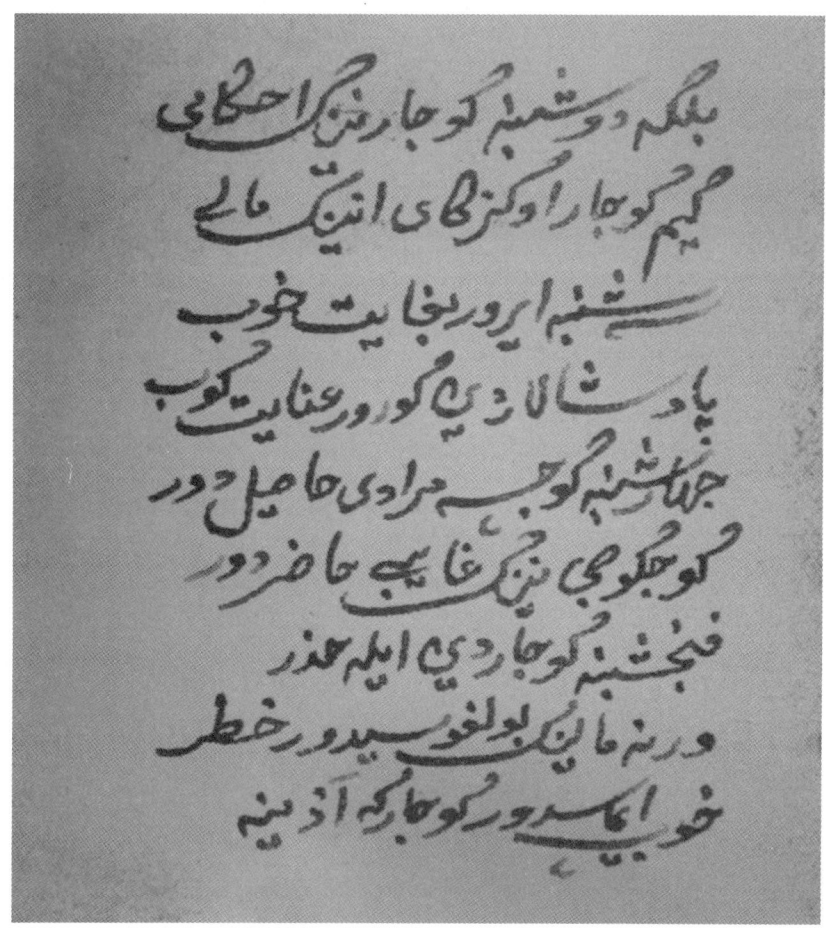

图 82　《纳吾肉孜纳么》

《纳吾肉孜纳么》（Näwruznamä）作者是赛纳乌拜尔·夏赫·本尼·艾赫买德（Sänäwbär Şah Binni Ähmäd），出生在新疆维吾尔自治区阔尔尕斯（吉力力玉孜）欧伊满巴伊图喀伊乡。在作品中作者记录了19世纪维吾尔族人们民纪念"纳吾肉孜"节而开展的活动。

图 83 《阿吉纳么伊阿吉托合提图送》

《阿吉纳么伊阿吉托合提图送》（Häjnamä-i Haji Toxtisun，《诗集——朝觐之书》）。

作者是阿吉托合提图送，原书今藏于中国社会科学院民族研究所。登录人：买提热依木，登录时间：2002年3月21日。原编号：821/1583/206/00121 73 Ae-54，新编号：00092。手抄本普通装订，1卷，1册，134页，页面21厘米×18厘米，板框20厘米×16厘米，每页13行字，页面全部都有字。手抄时间为伊历1346年。保存完整。

本书内容为一位虔诚的穆斯林去麦加朝拜后的感想即朝觐之后的抒情诗。

文字属于哈喀尼亚后期维吾尔文，内容类别为文学。

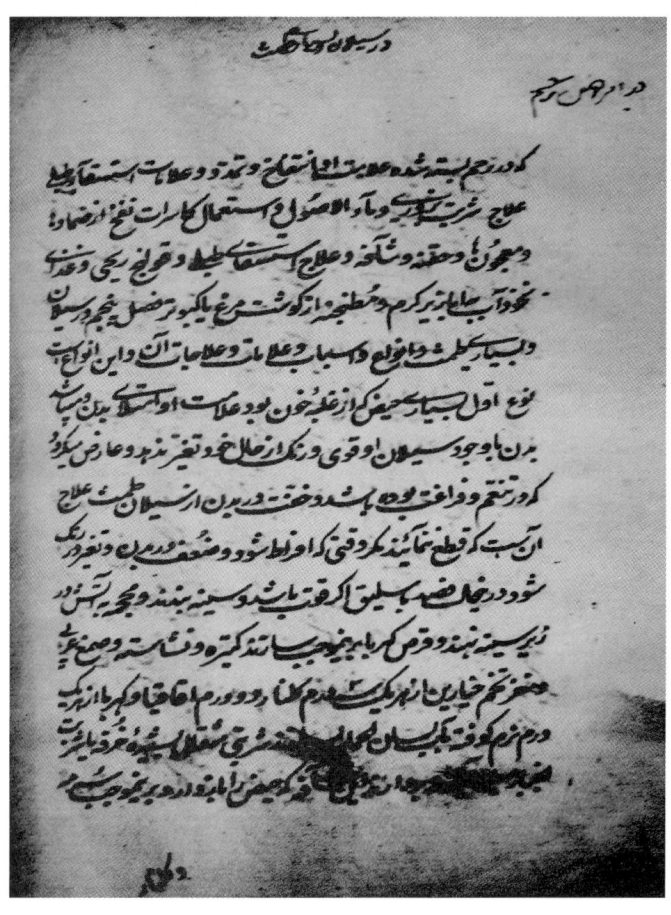

图 84 《达瓦拉西阔拉尼米斯》

《达瓦拉西阔拉尼米斯》（*Dawalaş Qollanmisi*，《治疗手册》）现存三种手抄本，作者都不详。

这些手抄本有的比较全，而有的损坏严重。这部文献成书年代不详，大约属于 19 世纪，其中一本今藏于新疆维吾尔医学专科学校古籍办，保存完整，1 卷，1 册，488 页。内容题材属于传统医学类，文字属于哈喀尼亚后期维吾尔文，申报国家珍贵一级古籍编号：XRG039。

主要内容：本著作介绍维吾尔医学基础理论、诊断方法以及常见疾病的病因、症状、治疗方法等。本专著对今日维吾尔医药具有应用价值和研究价值。正在整理研究。

（以上部分信息由新疆维吾尔医学专科学校维吾尔医古籍文献研究室阿部都卡迪尔先生提供。）

另一部文献成书年于伊历 1325 年，今藏于新疆维吾尔医学专科学校古籍办，保存完整，1 卷，1 册，262 页。内容题材属于传统医学类，文字属于哈喀尼亚后期维吾尔文，国家珍贵一级古籍申报编号：XRG015。

主要内容：本著作较详细地介绍了维吾尔医学基础理论、常见疾病诊断方法、诊断依据，治疗方法和饮食禁忌等。本专著对今日维吾尔医药具有应用和研究价值。正在整理研究。

以上部分信息由新疆维吾尔医学专科学校维吾尔医古籍文献研究室阿部都卡迪尔先生提供。

第三部《达瓦拉西阔拉尼米斯》（*Dawalax Qollanmisi*，《治疗手册》）的作者不详。

这部文献成书年代不详，今藏于新疆维吾尔医学专科学校古籍办，保存完整，1 卷，1 册，238 页。内容题材属于传统医学类，文字属于哈喀尼亚后期维吾尔文，申报国家珍贵一级古籍编号：XRG049。

主要内容：本书记载维吾尔医药常识，简明扼要地介绍了维吾尔医学基础理论知识，常见病的病因病症及其诊治方法，一些单药和成药的成分等。正在整理研究。

（以上部分信息由新疆维吾尔医学专科学校维吾尔医古籍文献研究室阿部都卡迪尔先生提供。）

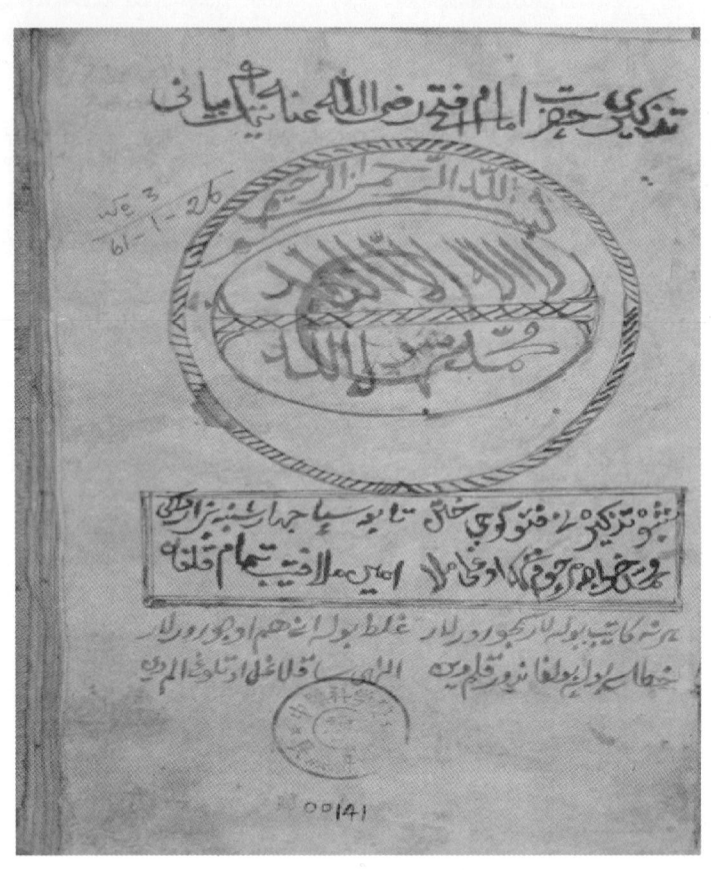

图 85 《玛鸥卢鲁乌鲁木》

《玛鸥卢鲁乌鲁木》（*Mä'laul ulum*，《伊玛木穆罕默德传》）的作者是穆罕默德·霍加·奥勒·毛拉·伊明。我们看到的手抄本今藏于中国社会科学院民族研究所，登录人：买提热依木，登录时间：2002年3月24日。原书登录编号：00141 N-3/11-1-26，新编号：000119。该手抄本1卷，1册，140页，页面23厘米×13厘米，版框17厘米×10厘米，每行8字。该本手抄于伊历1368年羊年，拉穆赞17日，星期三。

其文字属于哈喀尼亚后期维吾尔（察哈台）文，内容题材类别属于宗教/历史。

《玛鸥卢鲁乌鲁木》（*Mä'laul ulum*，《伊玛木穆罕默德传》）是关于伊斯兰教创始人穆罕默德的故事。

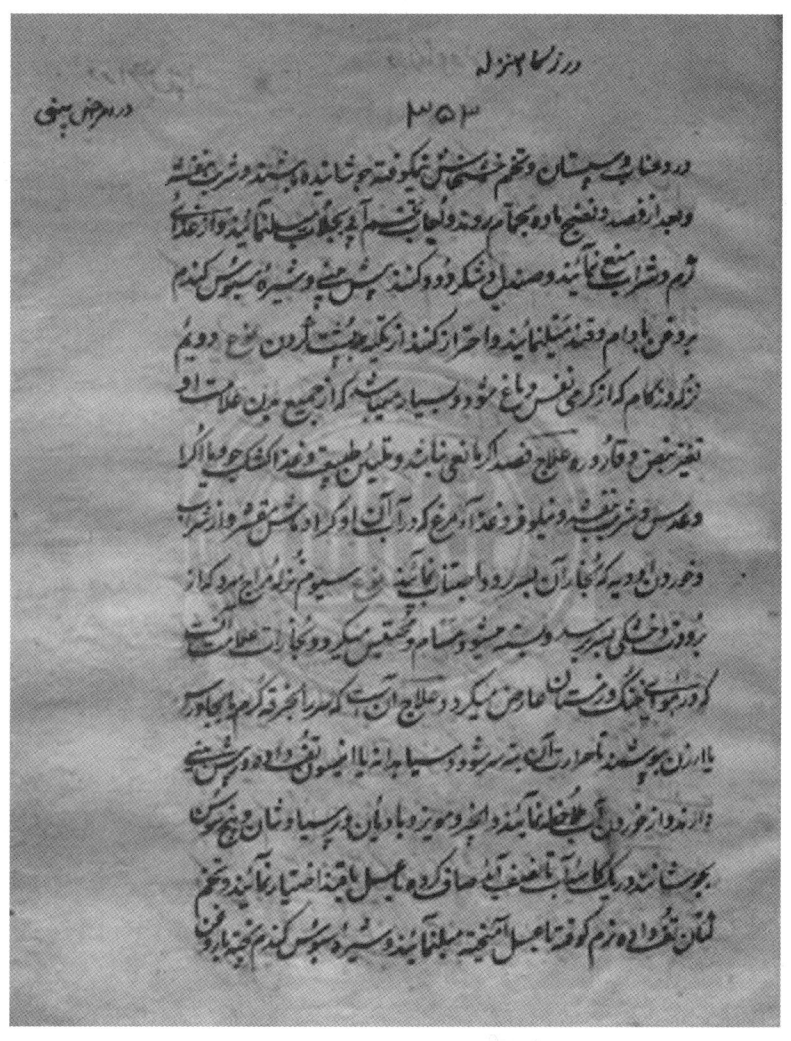

图 86 《袋斯图肉里依拉其》

《袋斯图肉里依拉其》(*Dästurul Ilaç*，《治疗指南》) 的作者是苏里坦·艾力。

这部文献成书于 1529 年，今藏于新疆维吾尔医学专科学校古籍办，保存完整，1 卷，1 册，975 页。内容题材属于传统医学类，文字属于哈喀尼亚后期维吾尔文，申报国家珍贵一级古籍编号：XRG040。

主要内容：《袋斯图肉里依拉其》是喀什名医苏里坦·艾力撰写的一部医学专著，介绍了维吾尔医学基础理论，即米杂基学说，合立体学说，器官学说、力学说、素质学说、形与神学说、健康学说、疾病学说、危象学说，保健知识和常见的诊治以及使用草药和成药治疗疾病的原则和方法。本书是一部用美术字抄写的版本，版本齐全。本古籍较好地反映了当时维吾尔医药的发展史，同时对丰富完善当代维吾尔医学理论体系，提高防病治病水平很有利用价值和保存价值。申报国家珍贵古籍名录。本书已经翻译成维吾尔语 2009 年由新疆卫生出版社出版。

（以上部分信息由新疆维吾尔医学专科学校维吾尔医古籍文献研究室阿部都卡迪尔先生提供。）

图 87 《塔孜克热图里阿武里亚》

《塔孜克热图里阿武里亚》（*Tazkiratul awliya*，《贤人传》）的作者是法尔丁·阿塔日（Fariddin Atari）。

今藏于新疆维吾尔自治区少数民族古籍领导小组办公室，申报国家珍贵一级古籍编号：XGQ1537，手抄于1887年，1卷，1册，版框30厘米×20厘米，每页20行，本书为桑皮纸手写，泰伊力克体墨书，字体优美、字迹清晰，损坏极大。精装本，书皮由和田桑皮纸线装。内容题材为文学。文字属于哈喀尼亚后期维吾尔文。

主要内容：本书是讲述13世纪初期，被信仰伊斯兰教的人称为"圣贤"人物生平的传记性作品。记述伊玛目·杰厄菲尔、乌维斯凯仁、马立克·迪纳尔、穆罕默德·瓦斯依、艾比布·艾杰姆、艾泰伯·伊本·吾拉木、伊布拉辛·艾迪海木、祖农米斯尔、巴亚兹德·拜·斯塔米等92位人物的诞生、成长、求知、成熟、圣贤般的本领、传奇和无与伦比的威力等。对了解维吾尔古典文学中阿拉伯语和波斯语翻译文学和伊斯兰历史上被称为圣贤人物的生平以及研究维吾尔察哈台文学语言和维吾尔族开始信仰伊斯兰教，以及加强信仰、懂得伊斯兰教的特性、伊斯兰教的传播史等方面的问题有价值。这部一部历史性小说。其对于研究历史、宗教、维吾尔文具有很大的作用。

（以上部分信息来自于申报国家珍贵古籍定级目录。）

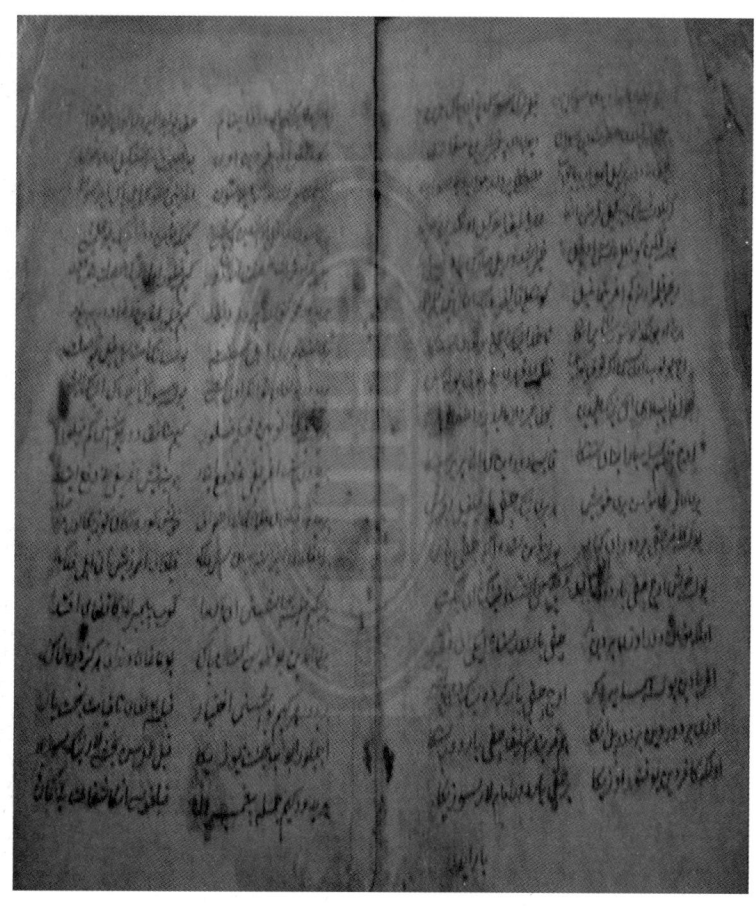

图 88 《拍维孜力尼加提》

《拍维孜力尼加提》(*Fawizili Nijati*)的作者是再力力(Zälili)。

手抄本今藏在手抄本今藏于新疆维吾尔自治区喀什地区英吉沙县文化馆,手抄于 18 世纪,1 卷,1 册,版框 19 厘米×13 厘米。保存完整。内容题材为文学。文字属于哈喀尼亚后期维吾尔文。

主要内容:此书内容以关于善人的品德范例为主,劝导人们一直做好事,戒坏事,应与好人交往,禁止丑恶的行为。因为此书全为格言,所以被称为"格言之园",具有教育价值和收藏价值。

(以上部分信息来自于申报国家珍贵古籍定级目录。)

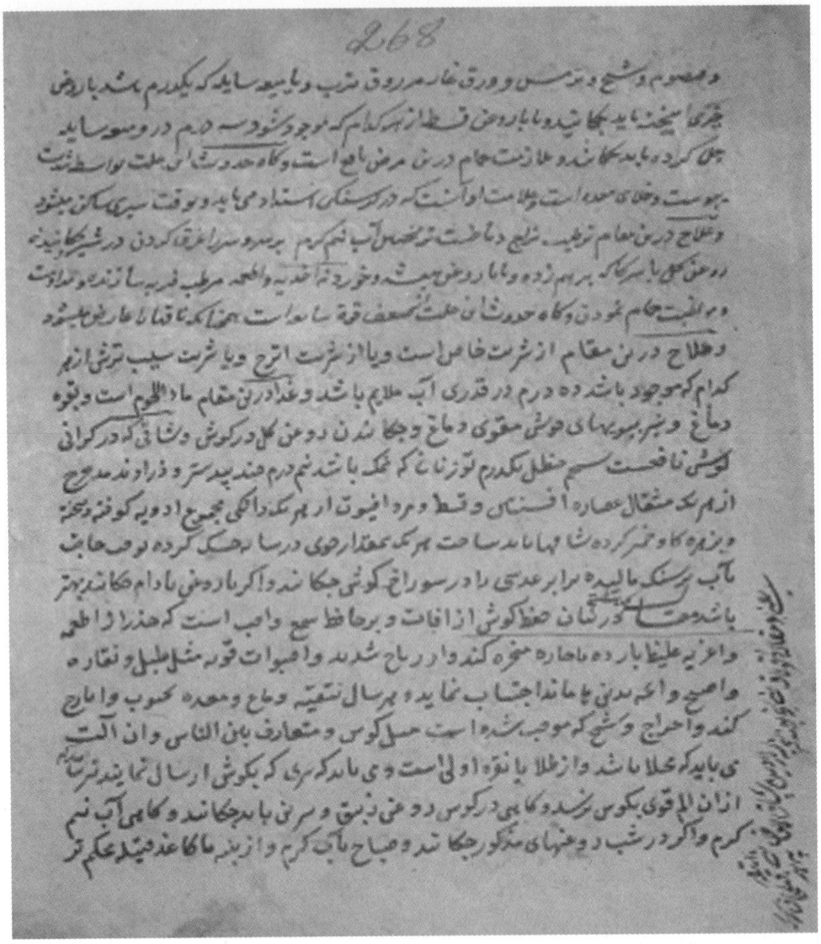

图 89 《图赫帕哈尼亚》

《图赫帕哈尼亚》（Töhpä Xaniyä，《赠送皇帝的药书》）的作者是毛拉纳·伊麻都来丁·麦赫穆德·喀什噶力。

这部文献成书于 18 世纪，今藏于新疆维吾尔医学专科学校古籍办，保存完整，1 卷，1 册，486 页。内容属于传统医学类，文字属于哈喀尼亚后期维吾尔文，申报国家珍贵一级古籍编号：XRG042。

主要内容：本书介绍了维吾尔医学基础理论、各种疾病的诊断方法、治疗方法、生药和成药处方等。作者撰写本专著参考 Kulliyati Kanun，Taxrihu Jalinus Hujjatul Ilaj 等传统医学古籍。成书后赠送苏里坦·塞伊迪·巴哈迪尔罕（Sultan Said Bahadirhan），所以这本书称为《赠送皇帝的药书》（Töhpä Xaňiya），本专著对今日维吾尔医药具有应用价值和研究价值，正在整理研究。

（以上部分信息由新疆维吾尔医学专科学校维吾尔医古籍文献研究室阿部都卡迪尔先生提供。）

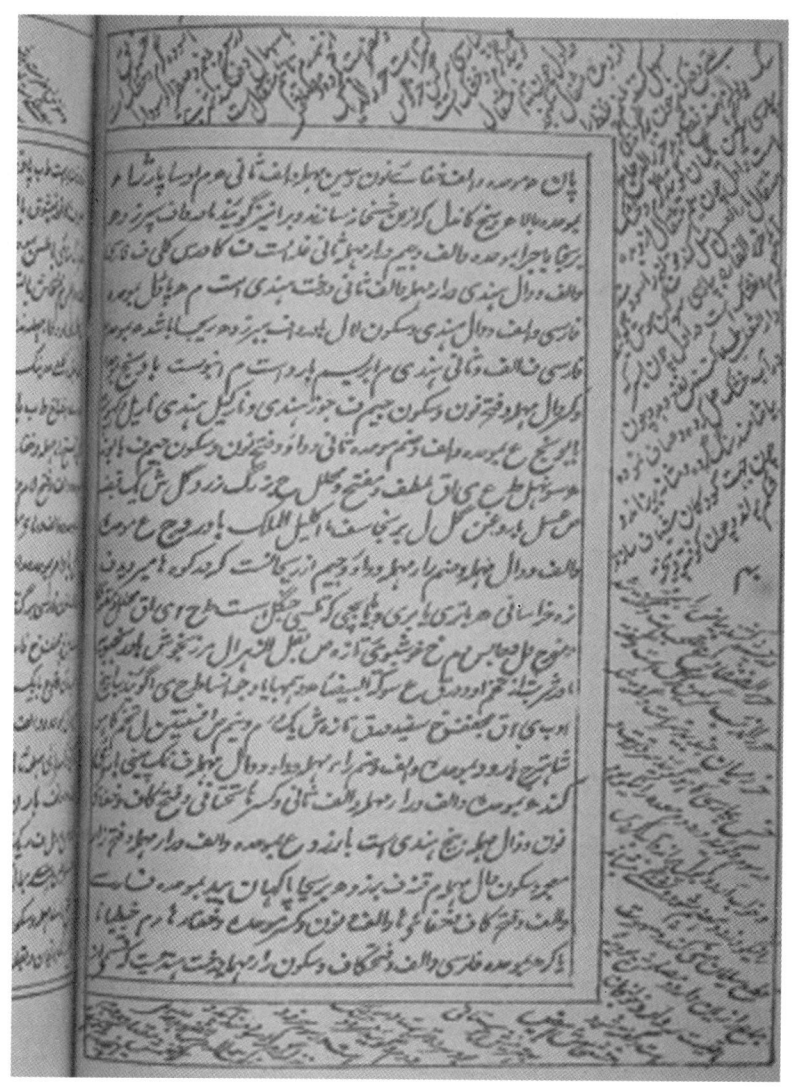

图 90　《艾力法孜力艾地维亚》

《艾力法孜力艾地维亚》(*Al Fazil Ädwiyä*) 的作者是努日丁·穆哈买地（作者正在考证）。

这部文献成书年代为 18 世纪，今藏于新疆维吾尔医学专科学校古籍办，保存完整，1 卷，1 册，216 页。内容属于传统医学类，文字属于哈喀尼亚后期维吾尔文，国家珍贵一级古籍申报编号：XRG005。

主要内容：该书主要记载生药知识，介绍生药的气质、性质、作用、适用症以及各种生药的收获、贮存方法等。本著作不仅研究了当时的维吾尔医药学，而且对今日的维吾尔医药学具有重要的应用价值。正在整理研究。

以上部分信息由新疆维吾尔医学专科学校维吾尔医古籍文献研究室阿部都卡迪尔先生提供。

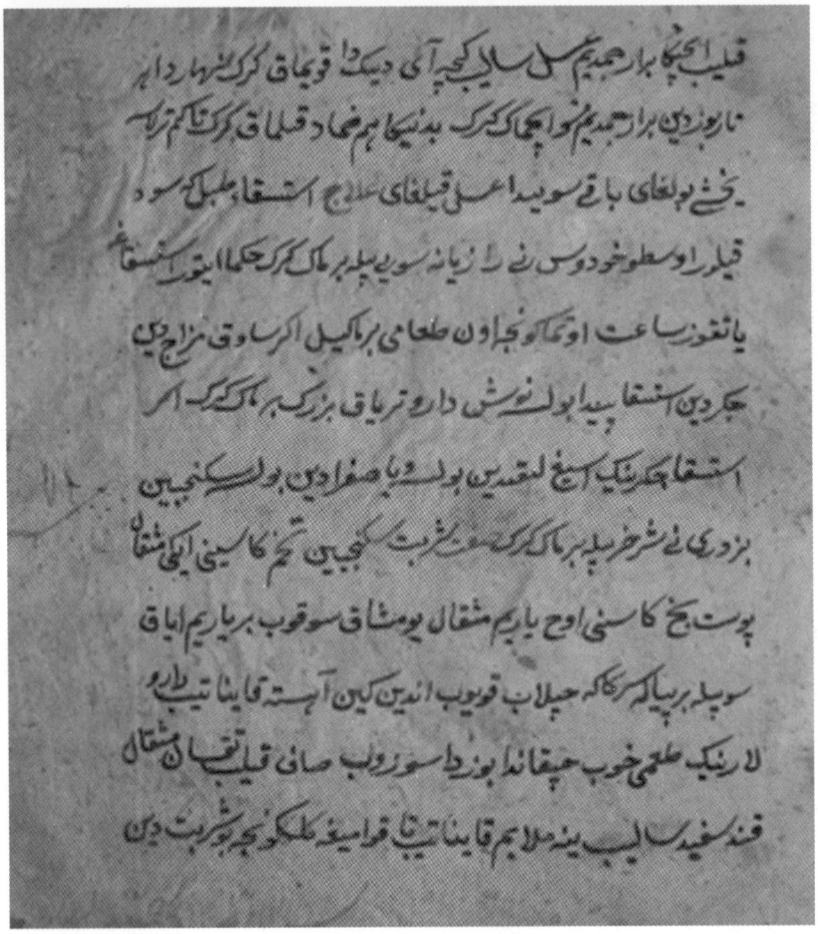
قیلیب انچکا بار ہمدیم سل سالیب کیچہ آی دیک دا قویماق کرک ایشہار دا ابر
ناروزدین برا ہمدیم نوا انچماک کرک بدنیکا ہم ضماد قیلماق کرک تاکیم ترک
یخشی بولغای باقی سویدا عسل قیلغای علاج استسقا طبلی که سود
قیلور اوسطوخودوس نی زیانه سویه بیله برماک کرک حکما ایتور استسقا
یاتغوز ساعت اوتماکونچا اون طعامی برماکیل اکر ساوق مزاج دین
جکردین استسقا پیدا بولسه نوش دارو تریاق بزرک برماک کرک اکر
استسقا جکرنینک ایسیغ لقیدین بولسه و یا صفرادین بولسه سکنجبین
بزوری نی شرح بیله برماک کرک صفت شربت سکنجبین تخم کاسنی ایکی مثقال
پوست بیخ کاسنی اوچ یاریم مثقال بومثاق سو قوب بریاریم اباق
سو بیله برپیاله کرکاکه جیلاب قوبوب اندین کین آهسته قاینا تیب دارو
لارنینک طعمی خوب چیقاندا بوزدا سوزولب صافی قیلیب تقسان مثقال
قند سفید سالیب ینه ملایم قاینا تیب تا قوامیغه کلکونچه بو شربت دین

图 91　《提比柔巴依》

《提比柔巴依》（*Tibbiy Rubayi*，《医学四行古体诗》）的作者是麻木提・吾斯曼。

这部文献成书年代不详，今藏于新疆维吾尔医学专科学校古籍办，保存完整，1 卷，1 册，380 页。内容属于传统医学类，文字属于哈喀尼亚后期维吾尔文，申报国家珍贵一级古籍编号：XRG035。

主要内容：该书用提比柔巴依（四行古体诗）的形式介绍了维吾尔医学常见疾病的诊疗方法、用药方法和应注意的事项。该书对今日维吾尔医药具有研究价值，正在整理研究。

（以上部分信息由新疆维吾尔医学专科学校维吾尔医古籍文献研究室阿部都卡迪尔先生提供。）

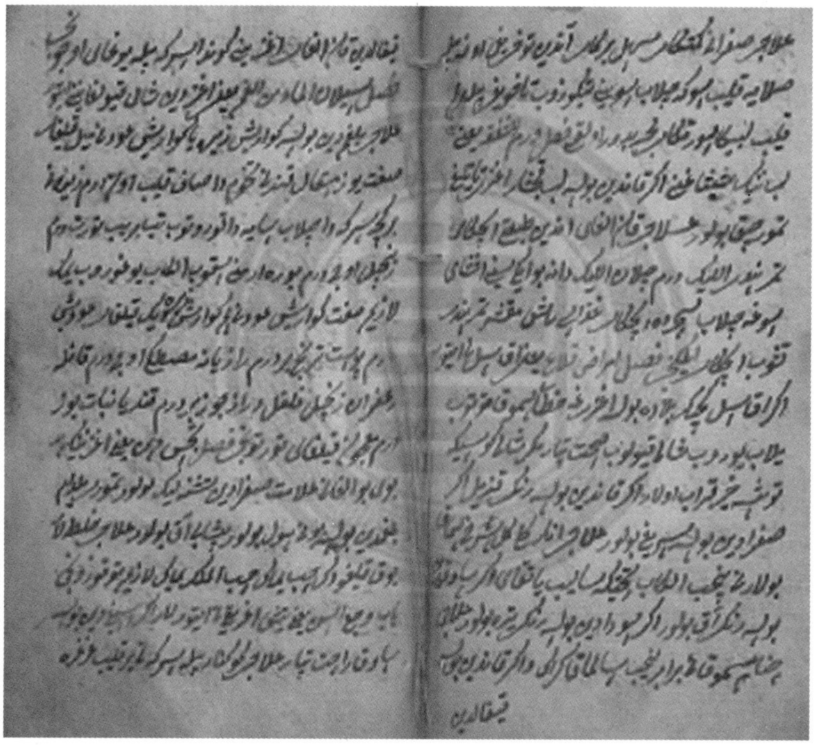

图 92　《达瓦拉西普图克勒日》民族大学博物馆收藏的版本图片

《达瓦拉西普图克勒日》（*DawalaṣPütükliri*，《医药处方书》）的作者生平和成书年代不详。

今藏于中央民族大学少数民族古籍研究所，已申报国家珍贵古籍，不分卷，1册，23.8厘米×13.5厘米版面。

本书为医药处方抄本，对维吾尔族医学常用的药物进行了分类和解释，对弘扬民族医药文化具有重要价值。全书190页。装帧、版式页保持了传统特色。

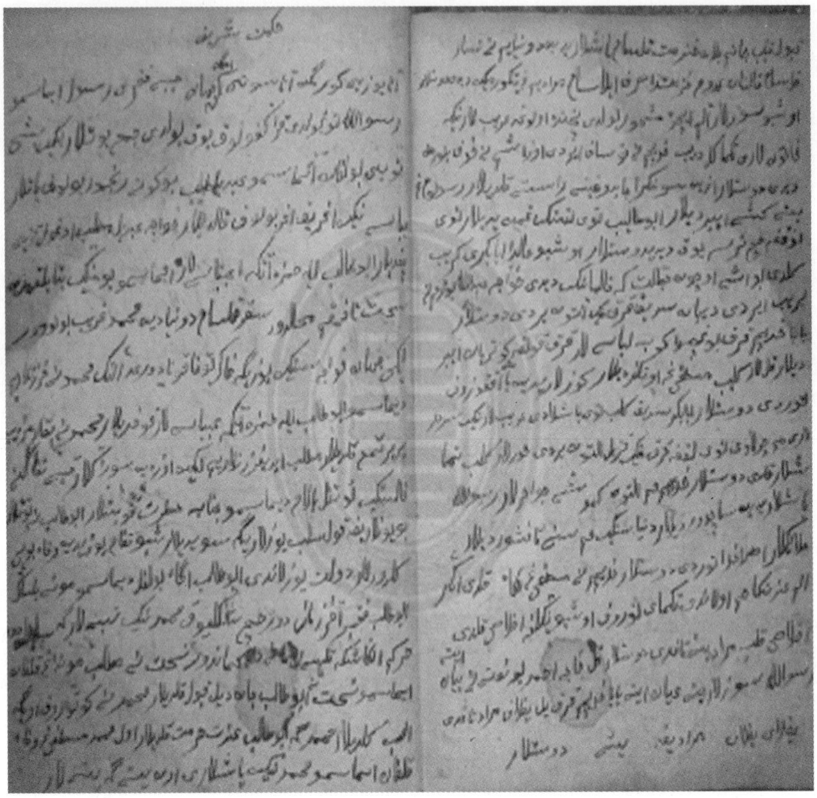

图 93 《穆斯林伦理学概论》民族大学博物馆收藏的版本图片

《穆斯林伦理学概论》今藏于中央民族大学少数民族古籍研究所，已申报国家珍贵古籍，不分卷，1 册，24.5 厘米×19 厘米版面。手抄本很多处有 H(i)km(ä)t-i Ş(ä)rif 字，一般认为是书名，但是也不排除作者之名。

本书为伊斯兰教哲学，在研究维吾尔族伊斯兰教信仰历史和民族文化方面具有重要意义，对于编写世界伊斯兰教历史，弘扬民族宗教文化具有重要价值。版式页保持了传统特色。

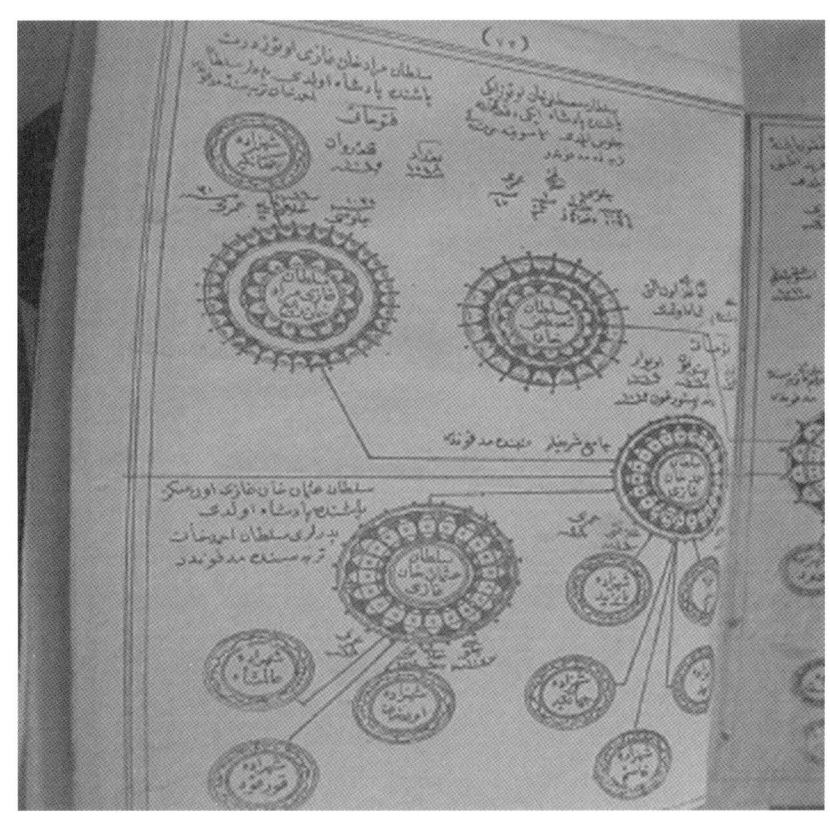

图94　《纳萨布纳玛》中国社会科学院民族研究所收藏的版本

《纳萨布纳玛》（Näsäbnamä，《世系表》）的作者目前为止很难断定，但是，文献的后半部分有 Ṣabib Pärwär 等名称，第二页有 Kamal，Qandar，最后一页有 Sultan Ġazi Muhammäd Xan 的名称。这些名称的前两个可能与作者相关，后半部分与作者描写的世系表中的人物相关。当然无论是作者还是被描写的人物都需要进一步考证。我们看到的手抄本今藏于中国社会科学院民族研究所，登录人：买提热依木，登录时间：2001年11月20日。原登登记书编号：259/160/00235，新编号：000139。该抄本1卷，1册，64页，页面22厘米×13厘米，版框18厘米×11厘米，全书的每一页都有图志。除第一页残损外大部分保存完好。手抄本抄写年代不详。

这部《纳萨布纳玛》（Näsäbnamä，《世系表》）手抄本的文字属于哈喀尼亚后期维吾尔（察合台）文。内容题材类别属于历史。

这是非常有价值的一部王朝世系表。第一页的前半部分缺少。写本中可以看出，书中列出了有史以来一直到10世纪的部分王朝皇帝和即位者的名称。

第 六 章

哈喀尼亚时期维吾尔语古籍例释

一 《福乐智慧》选段

(一)《福乐智慧》散文序言①

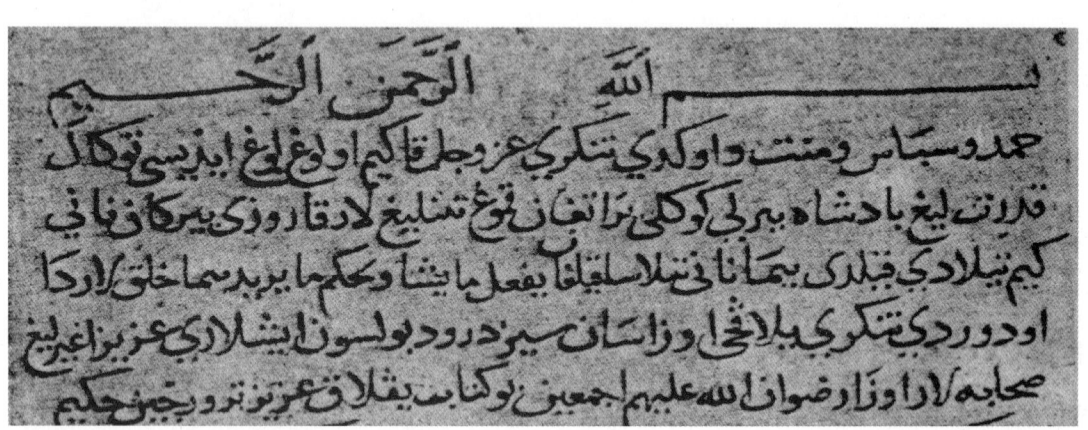

1. bismi　　'lla h　　'r-rä ḥmanr　　-rä ḥim
   以……的名义　真主　非常仁慈的　仁慈的
   奉至仁至慈的真主之名

2. ḥämd-u　sipas-u　minnät　wä　ögdi　tängri 'äzzä　wä　jälläqa　kim　uluǧluq
   赞美　感谢　颂扬　和　赞美　真主　高贵　和　向高贵　即　伟大
   一切赞美，感谢和颂扬，全归于至尊至贵的真主伟大的主、完美、全能的
   iðisi　tügäl
   的主人　万能
   主宰！

3. qudrätliǧ　padişah（turur）　yärli　kökli　yaratǧan　qamuǧ　tïnlïǧlarqa　ruzi
   强大的　主宰　（正存在）　大地和　蓝天和　创造的　全部　向生命物　饮食
   强大的主宰创造了天地和蓝天，为所有的生命物给予了

---

① 本部分的汉文译文参考了郝关中、张宏超、刘宾等先生的汉文译文。参见优李甫·哈斯·哈吉甫《福乐智慧》，郝关中、张宏超、刘宾译，民族出版社 2000 年版。

bärgän　näni
给的　　什么
饮食。他

4. kim　tilädi　qïldï　yämä　näni　tiläsä　qïlğan　yäfʿälu ʾllahu ma yäṣaʿ
无论　想得到　他做了　还　什么　想得到　做的　做　真主　什么　愿意
意欲什么，就创造了什么；他将按自己的意愿，继续创造一切。真主为其所欲，

wä　yäḥkumu　ma　yurid　hämma　xälqlarda
和　　决定　　什么　意愿　注定　　在人民当中
以自己的意志注定一切。从人们当中

5. öðürdi　tängri　yalawaçï　özä　sansïz　durud　bolsun　išläri　ʿaziz　ağïrlïğ
参选的　上帝　天使　之上　无数　赞美　祝愿是　事情　高贵　尊重的
选拔先知（穆罕默德）、无数的赞扬归于真主的伟大使者，愿他的事业高尚，他更受人尊重，

6. ṣäḥabälär　özä　riżwan　allahi　ʿaläy him　äjmaʿin　bu　kitab　yavlaq　ʿaziz　turur
圣门弟子们　之上　满足　创造者　向他们　所有　这　书　非常　高贵　正存在
愿真主赏赐与他的伙伴，此书是非常珍贵

çin　ḥäkämä-
秦　　哲士
以秦的哲士们

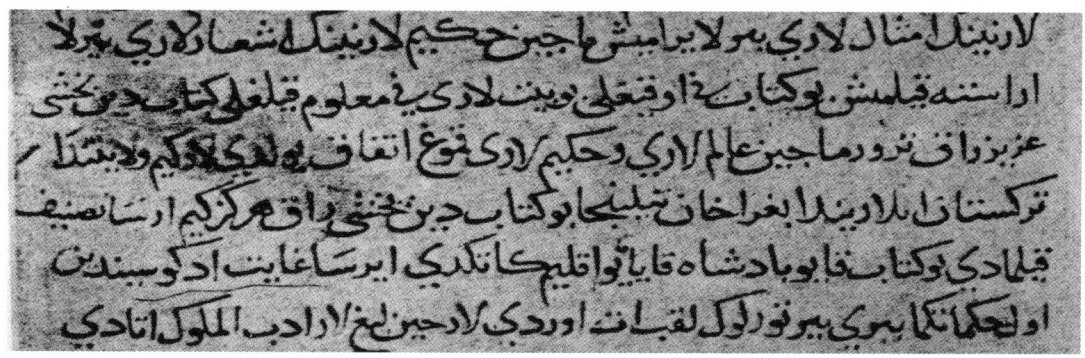

7. -larïnïng　ämsallari　birlä　yaramïš　maçïn　ḥäkimalarïnïng　ašʿarlarï　birlä
　们的　　箴言　　用　　装饰　　马秦　　学者们的　　诗歌　用
的箴言布置，用马秦学者的诗篇

8. arästä　qïlïnmïš　bu　kitabnï　oqïğlï　bu　bäyitlärni　mäʿlum　qïlïğlï
装饰　被做的　这　把书　读的　这　把诗歌　转述　做的
装饰而成。读了此书的人，转述这些诗篇的人将

kitabdïn　yaqšï
从书　　好
比此书

9. ʿazizraq　turur　maçïn　ʿalimlari　wä　ḥäkimläri　qamuğ　ittifaq　boldïlar
更贵　正存在　马秦　哲士们　和　学者们　全部　团结　成为
还更为受人尊贵。马秦的哲士、学者一致认为

kim （mäsriq） wilaytindä
即   东方   在地区
在东方①各地，在

10. türkistan ällärindä buǧra xan tilinčä bu kitabdïn yaqšïraq härgiz kim
    突厥斯坦 在故乡 布格拉汗 用语言 这 比此书 更好 绝对 谁
突厥斯坦②各地中，从来没有人用布格拉汗的语言③，突厥人的辞令编撰过一部比

ärsär   täsnif
是   编写
它更好的书。

11. qïlmadï bu kitab qayu padišahqa ya qayu iqlimgä tägdi ärsä
    没有做 这 书   哪个 向国王 或者 哪个 向洲   到达 假如是
由于此书非常珍贵，无论传到哪位帝王手里，或者无论传到

ǧayät ädgüsindin
非常   由于它的好
哪个国家

12. ol häkima tägmä biri bir türlüg läqäb at urdïlar činlïǧlar ädäbü'l
    他 学者   所有 之一 一 种 外号 称号 给了 秦人   道德的
那些学者们为它取了不同的名字和称号。秦人称它为

mülük atadï-
帝王 称呼
《帝王礼范》

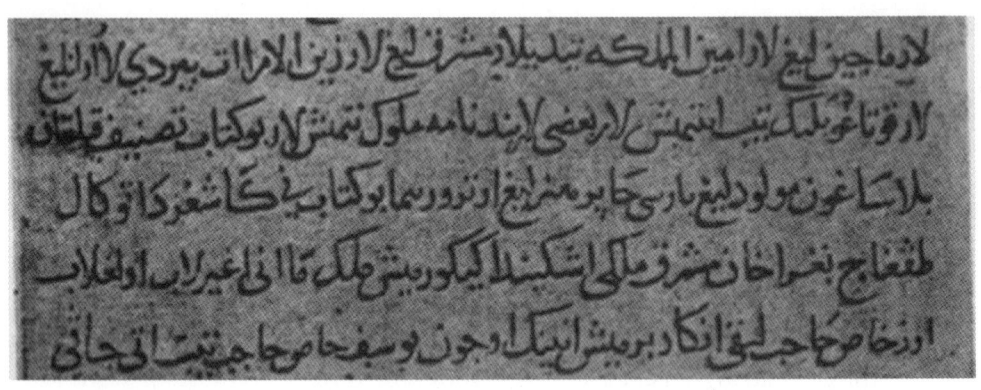

13. -lar mačinlïǧlar äminu'l-mämlikä tädilär mäšriqlïǧlar zinätü'l-ümära at
    了   马秦人   南针 国家   说了   东方人   美饰 君王 称呼
马秦人称它为《治国南针》，东方人称它为《君王美饰》

bärdilär iranlïǧ (šahnama-i türki turanlïǧ-)
给了   伊朗人 （王书   突厥的 突朗人）

---

① 东方——此处似指东部喀拉汗国。
② 突厥斯坦——泛指突厥人地区。
③ 布格拉汗的语言——"布格拉汗"是喀拉汗国君主的称号，意为"公驼汗"。"布格拉汗的语言"指喀拉汗国通用的文字语言——回鹘语。

伊朗人（突朗①人则称之为《突厥语诸王书》）

14. -lar qutadğu bilik täp aytmïšlar bäzilär pändinamä-i mäluk tämišlär bu
　　得福的　智慧　说　称呼了　有些人　劝告　帝王　称呼了　这
称它为《福乐智慧》，还有人称它为《喻帝箴言》
kitab tä ṣnif qïlğan
书　撰写　做的
把这本书编写的

15. balasağun mäwludluğ barïsï habirä hünärlïğ är turur ämma bu kitabnï
　　巴拉萨衮　出生的　归根到底　学者　懂艺术的　男人　正存在　但是　这　把书
作者是出生于巴拉萨衮的一位知识渊博的学者，但是他
kašğarda tügäl (qïlïp)
在喀什噶尔　完整　（做）
在喀什噶尔②写成此书，

16. tavğaq buğraxan mäšriq mäliki äškindä kigürmiš mälik ma anï
　　桃花石　布格拉汗　东方　国王　向……的前面　使进入　国王　也　把他
并奉献给东方君主桃花石·布格拉汗。布格拉汗十分
ağïrlap uluğlap
敬重　尊重
敬重他，

17. öz xaṣ ḥajiblïqï (nï) anga bärmiš anïng üčün yusuf xaṣ ḥajib
　　自己　专门（把）首位宰相　向他　给　他的　为　优素甫　专　首位宰相
推崇他，并赐予他"哈斯·哈吉甫——御前侍臣"的官职。由此，优素甫·哈斯·哈吉甫
täp atï čavï
说　名字　名誉
的大名

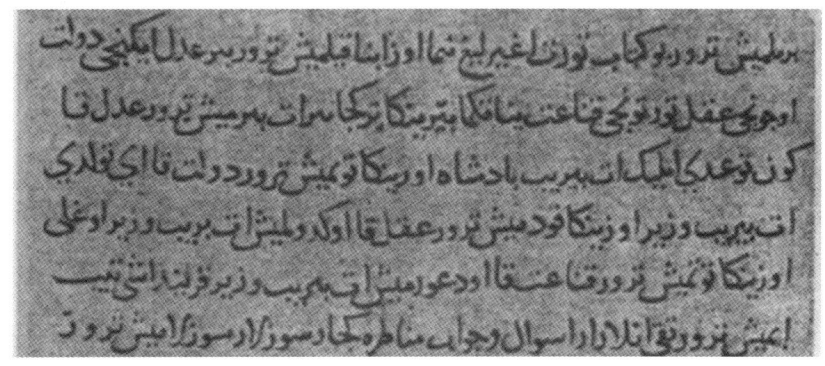

18. bärilmiš turur bu kitab tört ağïrlïğ nämä özä bina qïlïnmïš turur bir
　　被给　正存在　这　书　四　珍贵　基石　之上　建立　建造的　正存在　一

---

① 突朗——中亚突厥地区的古称，或泛指突厥人。
② 喀什噶尔——喀拉汗国政治文化中心之一，后为东部汗国首府。

传遍天下。这部巨著建立在四块。其中第一为

'ädil   ikinçi   däwlät
正义   第二   财富

"正义"，第二为"幸运"

19. üçünçi 'äqil törtünçi qana'ät yana tägmä biringä türkçä bir at bärmiş
    第三   智慧   第四   知足   还有   全部   向每一 突厥语 一 名字 给予

第三是"智慧"，第四是"知足"。（作者）为它们各取了一个突厥语名字。

turur   'adilqa
正存在 对正义

"正义"

20. kün toğdï älig at bärip padişah ornïnga tutmïş turur däwlätqa ay toldï
    日出   王   名字 给予 国王   向位置   占领   正存在 对财富   月满

取名为"日出"，让他充当了国王；"幸运"取名为"月满"

21. at bärip wäzir ornïnga qoðmïş turur 'äqilqa ögdül-miş at bärip
    名字 给予 大臣   向位置   放置   正存在 向智慧   贤明   名字 给予

让他充当了大臣；"智慧"取名为"贤明"

wäzir（ning）oğlï
大臣（的）   儿子

充当了大臣

22. ornïnga tutmïş turur qana'ätqa oðğurmïş at bärip wäzir（ning）qarïndaşï täp
    向地位   占领   正存在 对知足   觉醒   名字 给予 大臣（的）   兄弟   说

的儿子；"知足"取名为"觉醒"，做了大臣的宗亲

23. aymïş turur taqï anlar ara sual wä jäwab munazirä käçär sözlär
    说了   正存在 还有 他们   之间 问题 和 答案   辩论   进行   词语

还有，他们以问答的方式进行了辩论

sözlämiş   turur
讲述   正存在

互相对话

24. oqïğlï-nïng köngli açïlsun y(ä)mä muṣannif-ni äðgü du'a birlä yarïlqayu qïlu
    读过的   ……的心怀 被打开 把作者   好   祝词 用   饶恕   做

愿读了此书的人们心怀欢唱，为作者祈祷

yad qïlsun täp …
怀念 做   说   ……

祝福。

(二)《福乐智慧》诗歌序言

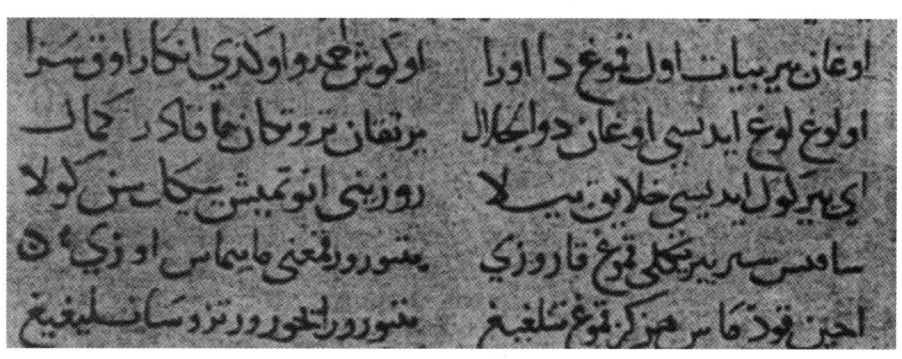

1. uğan   bir   bayat   ol   qamuğda   oza
   全能的   一   真主   那   全部   最前面
   全能的真主,超绝一切
   öküş   ḥamdu-u   ögdi   angar   oq   säza
   很多   感恩和   赞美   向他   仅仅 适合
   感恩和赞美全归于我主

2. uluğluq   iðsi   uğan   zü'l-jälal
      伟大   主人   全能的 强大的真主
   至大、至强、至尊的真主
   yaratğan   törütgän   mä   qadir   kämal
   创造的   繁衍的   还   万能的   完整
   创造了、繁衍了世间的万物

3. ay   yär   kök   iðisi   xälayiq   bilä
   月亮 大地   蓝天   主人   人民   也
   他是蓝天大地、万物的主宰
   ruzini   anutmïş   yägil   sän   külä
   把饮食   备好的   你吃   你   笑着
   为你赐予了给养,让你欣喜

4. saqïşsïz   bärigli   qamuğqa   ruzi
   无数   给的   向全部   饮食
   他为万物提供了食粮
   yätürür   qamuğnï   ma   yämäz   özi
   使吃   把一切   也   不吃   自己
   万物得以滋养,他却不吃

5. ačïn   qoðmaz   ḥärgiz   qamuğ   tïnlïğïğ
   饥饿状态 不会放置   千万   一切   把生命物
   他使一切生灵免于饥馁
   yätürür   ičürür   tözü   sanlïğïğ
   让吃   让喝   所有   把所属

让一切生灵吃饱喝足

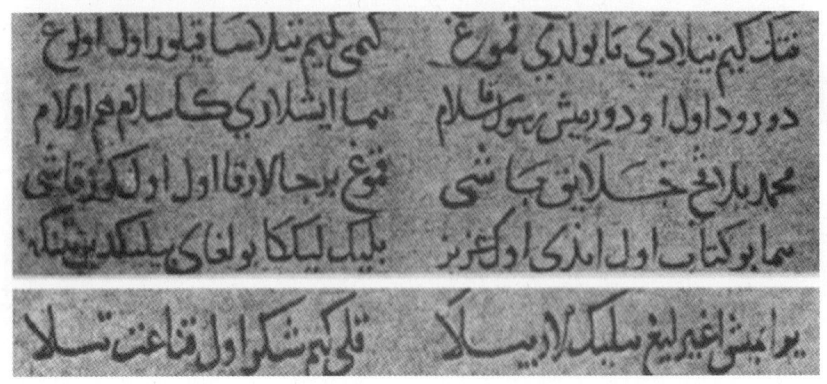

6. nätäg kim tilädi mä buldï qamuğ
   什么 谁   想要 还 得到了 一切
   他意欲什么，就有了什么
   kimi   kim   tiläsä   qïlur   ol   uluğ
   把谁和 谁   祈求   使成为   他   伟大
   他喜欢谁就让谁成为伟大之物

7. durud ol öðürmiş räsulqa sälam
   祝词 那   选拔的   向先知   致敬
   让我向先知中的先知致敬
   yämä   äşläringä   sälam   ḥäm   ulam
   还有   向同伴   致敬   又   连续
   再为他的四位同伴祝福

8. muḥämmäd   yalavaç   xälayiq   başï
   穆罕默德   先知   人类   的首脑
   先知穆罕默德是人类之首
   qamuğ barçalarqa ol ol köz qaşï
   一切   向全部人   他 他 眼睛 眉毛
   又好比普天下人民的眉目

9. yämä bu kitab ol izi ök 'äziz
   还有 这 书   是 非常 十分 珍贵
   此书的价值十分珍贵
   bilikligkä   bolğay   bilikdin   tängiz
   向有智者   将有   从知识   大海
   对于求知者是知识的大海

10. bäzänmiş   ağïrlïğ   biliklär   bilä
    装饰过   昂贵的   知识   用
    此书以知识作为美饰
    qalï kim şükür qïl qanä'at tilä
    如果 谁   感戴   做   知足   求

读后对真主要知恩感戴

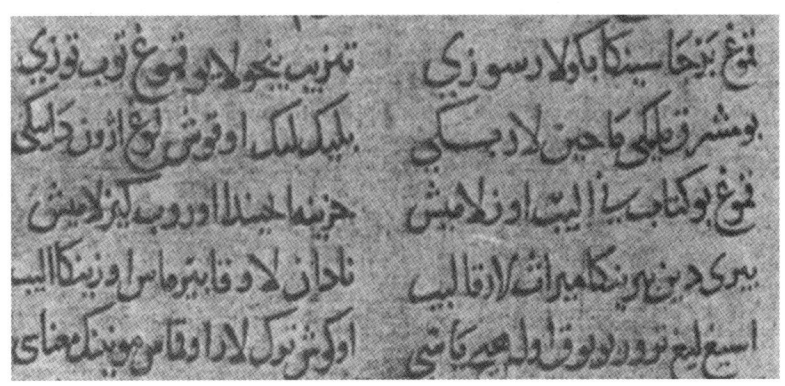

11. qamuğ barçasïnga   bögülär   sözi
     一切   向全部   贤哲   话语
书中记载着贤哲的嘉言
tizip   yinçüläyü   qamuğ   tüp tüzi
排列   像珍珠一样   全部   平平
好似珍珠串儿放射光彩

12. bu   mäşriq   mäliki   maçinlar   bägi
    这   东方   帝王   马秦   君主
东方的帝王——马秦的君主
biliklig   uquşluğ   azunda   yägi
有知识者   博学的   在世界   英才
睿智而博学的世间英才

13. qamuğ   bu   kitabnï   alïp   özlämiş
    全部   这   把书   拿   变成自己的
都愿将此书据为已有
xäzinä   içindä   urup   kizlämiş
宝库   在里面   放   收藏
收藏于宝库，倍加珍爱

14. biridin   biringä   miraşlar   qalïp
    从一   向一   遗产   留下
不愿让此书落他人之手
nadanlarqa   bärmäz   özingä   alïp
向愚蠢   不给   向自己   拿
将它视为国宝，传之于后代

15. asïğlïğ   turur   bu   yoq   ol   hiç   yasï
    有益   是   这   没有   它   什么   害处
此书对于人们有益无害
öküş   türklär   uqmaz   munïng   mä'nisi
很多   突厥人   不知道   它的   意义

众多突厥人不明其意义

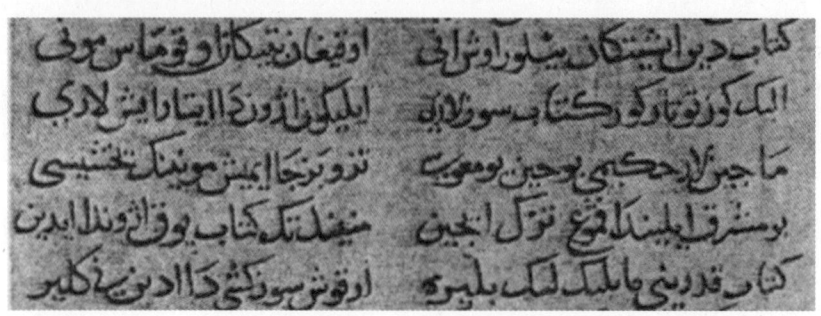

16. kitabdīn äşitgän   bilür   uş   anï
       从书   听到的   知道 智慧 把他
读者和抄写者不甚了了
   oqïğan   bitigän   uqumaz   munï
   读过的   抄写的   不知道   把这个
领悟真谛者深明其价值

17. älig   köz   turar   kör   kitab   sözläri
     手   眼睛   是   看   书   话语
书中的语言为你做先导
   ikigün   azunda   itär   işläri
   两个   在世界   变好   事业
今生来世你会百事如意

18. maçinlär   häkimi   bu   çin   yumğïsï
      马秦   哲士   这   秦   全部
秦和马秦的学者哲士
   tözü   barça   aymïş   munïng   yaqşïsï
   所有   全部   说   它的   好的
都称赞此书十分优美

19. bu   mäşriq   älindä   qamuğ   türk-ü   çin
    这   东方   在国家   一切   突厥人和   秦人
东方之国，突厥和秦人
   munï   täg   kitab   yoq   azunda   aðïn
   把这   相似 书   没有   在世界   别的
没有一部书可与之匹配

20. kitab   qädrini   mä   biliklig   bilir
      书   把价值   还   有智者   知道
智者方知书卷的价值
   uquşsuz   kişidin   aðïn   nä   kälir
   无知者   从人   别的   什么 会来
愚人焉能领会其意味

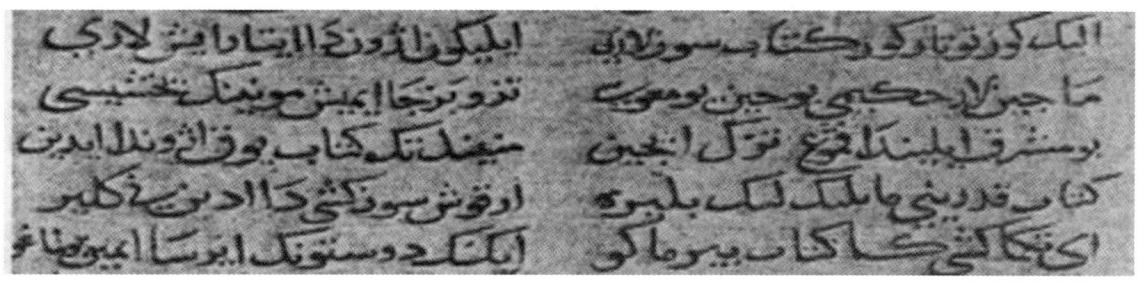

21. ay tägmä kişikä kitab bärmägü
　　哎　任何　向人　书　不给
好书不可以轻易示人
apang dostung ärsä ämin bolmaǧu
假如　你的朋友　假如是　安全　不会
即令是好友，也莫信赖

22. nätäg kim biliksiz bilümäz munï
　　怎样　谁　无知者　不会知道　把这
无知者不知书的价值
uquşluǧ uqupan küzätür anï
有智者　知道　观察　把它
有智者深知将它珍爱

23. bu buǧra han wäqiti içrä anï
　　这　布格拉　汗　时代　之内　把它
作者使用汗国的语言
yämä xan tilinçä bu aymïş munï
又　汗　用语言　这　讲述　把这
撰写此书于布格拉汗时代

24. munï täg kitabnï kim aymïş oza
　　把这　相似　把书　谁　讲述　以前
前此谁曾写出这样的好书
käðin mä kim ayǧay munï täg uza
以后　还　谁　讲述　把这　一样　以后
今后又有谁能继往开来

25. kim ärsä munï täg ätärmu qanï
　　谁　假如是　把这　一样　选择　在哪里
谁要再写出这样的好书
ätigli bar ärsä ögär män anï
做的　有　假如是　赞扬　我　把他
我将对他称赞而感戴

26. qayu känd uluş ordu qarşï yärä
　　哪个　城市　国家　宫廷　公寓　地方
天下四方的城镇宫廷
kitabqa öngin at atamïşlara
向书　　别的　名字　称呼
都为此书取了名字

27. ol älning bögüsi häkimi turup
　　它　国家的　贤人　哲士　是
每个国家的贤人哲士
at urmïş ol älning törüçä körüp
名字 取名 它 国家的 依习俗　看
各依其国俗将它称呼

28. çinilär ädäbü'l- müluk täp ayar
　　秦人　礼范　　帝王　说　称呼
秦人称它为《帝王礼范》
maçinlar änisü'l- mämalik atar
马秦人　　知己　　社稷　　称呼
马秦人称它为《社稷知己》

29. bu mäşiriq älindä uluğlar muni
　　这　东方　在国家　推崇　把它
东方人对它十分推崇
zinätü'l- ümära täyürlär köni
美饰　　君王　称呼　　正确
把它称做《君王美饰》

30. iranlïğlar şahnamä tärlär mungar
　　伊朗人　诸王之书　称呼　把它
伊朗人称它为《诸王之书》

turanlïğlar   qutadğu   bilik   täp   uqar
突朗人   得福的   智慧   说   将会理解
突朗人称它为《福乐智慧》

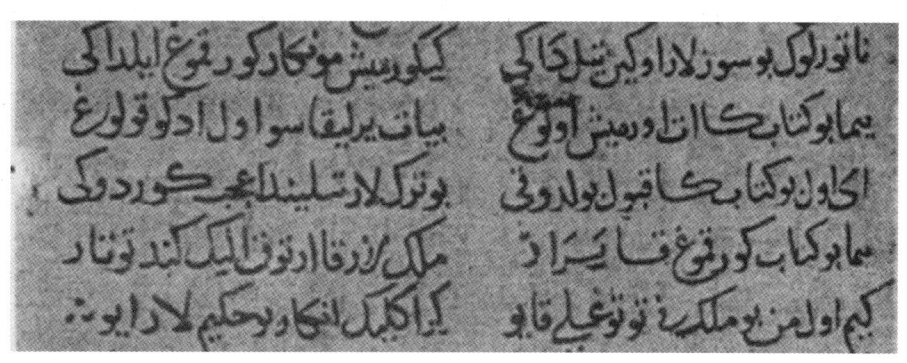

31. nä   türlüg   bu   sözlär   öngin   tildäki
    什么   种   这   话语   别的   在语言的
各个国家用不同的语言

kigürmiş   mungar   kör   qamuğ   äldäki
使进入   神妙的   看   全部   国家一样
分别为此书取了名字

32. yämä   bu   kitabqa   at   urmïş   uluğ
    又   这   向书   名字 取名   尊者
尊者们为此书起了美名

bayat   yarlïqasu   ol   äðgü   quluğ
真主   保佑   那   好   把奴才
愿真主给他们降下福祉

33. ay   ol   bu   kitabqa   qabul   bolduqï
    哎   它   这   向书   赏识   将要成为
哎，赏识这部奇书的人们

bu   türklär   tilindä   'äjäb   kördüki
这   突厥人   用语言   惊讶   看到的
为它以突厥语撰就而惊叹的人士

34. yänä   bu   kitab   kör   qamuğqa   yarar
    又   这   书   看   向全部   适合
此书对于人们大有用处

mäliklärgä   artuq   älig   känd   tutar
向国王们   更加   国家   城市   管制
特别是对安邦治国的君主

35. kim   ol   ma   bu   mülkni   tutuğlï   qayu
    谁   他   还   这   把国家   管制的   哪个
人君应具备什么条件

käräklig　　angar　bu　häkimlär　ayu
有用的　　　向他　这　哲士们　　讲述
哲士在书中均有论述

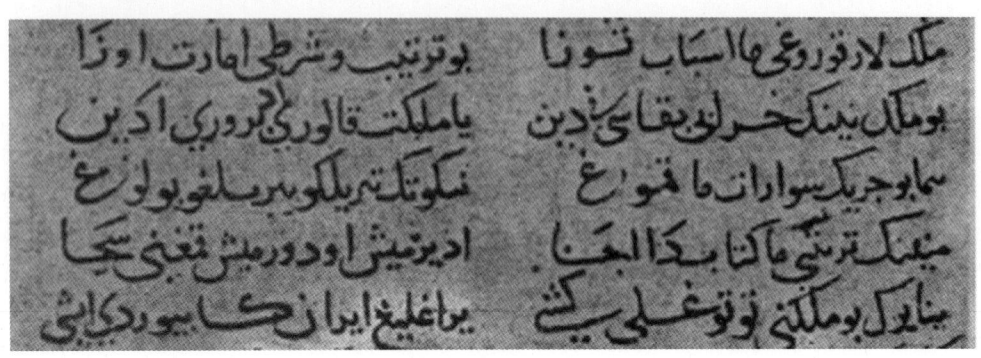

36. mäliklär　qoruğï　　ma　äsbab　tüzä
　　国王　　保护的　　也　原因　　做
什么东西是君王的屏障
　　bu　tärtib-u　şärṭï　ämarät　özä
　　这　顺序和　　条件　建筑物　之上
国家应有怎样的法度

37. bu　mülkning　xärabï　bäqasi　nädin
　　这　　国家的　　衰落　　孤独　　为什么
国家的存亡原因何在
　　ya　mülkät　qalurï　barurï　aðïn
　　或者　国家　　生存　　衰落　　别的
国家的兴衰是何缘故

38. yämä　bu　çärik　sü　är　at　ma　qamuğ
　　又　　这　士兵　军队　男人　马　还　全部
还有军队和将帅士兵
　　nägü　täg　yär　bulğu　yoluğ
　　什么　相似　地　寻找　把路
屯兵的地点，进军的线路

39. munïng　tärtibin　mä　kitabda　aça
　　他的　　把顺序　　还　在书中　揭开
书中都曾分章论述
　　aðïrmïş　ödürmiş　qamuğnï　säçä
　　分开的　　分离的　　把全部　　选择
一一作了精辟分析

40. yana　bärk　bu　mülkni　tutuğlï　kişi
　　又　　坚固　这　把国家　治理的　人
安邦定国的英明君王

yaraǧlïǧ　　ärängä　　buyurdï　　işi
有能力的　向男人　　指教　　　事
应当任用能干的贤良

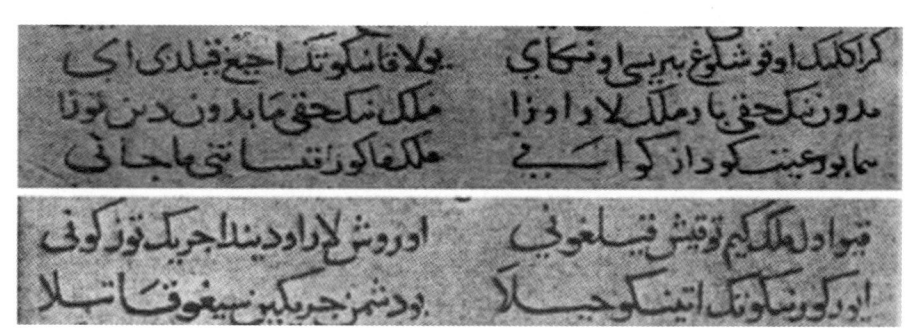

41. käräklig　uquşluǧ　birisi　　ongay
　　有用的　有智者　其中之一　方便
明君还须有贤哲辅佐

yulaqa　nägü　täg　açïǧ　qïldï　ay
像灯　为什么　一样　明亮　成为　月亮
好似月光和明灯交映辉煌

42. bo ðunning　häqï　bar　mäliklär　özä
　　人民的　　义务　有　国王　　之上
臣民对君主承担有义务

mälikning　häqï　ma　bo ðundïn　yüzä
国王的　　义务　也　从人民　　之上
君主对臣民也应有报偿

43. yänä　bu　rä'iyyät　küðäzgü　anï
　　又　这　人民　　观察　　把他
臣民要维护自己的君主

mälik　mä　küzätsä　täni　mä　janï
国王　也　维护　　身体　和　生命
国君也应维护臣民的安康

44. qayu　ol　mälik　kim　toqïş　qïlǧunï
　　哪个　他　国王　谁　战争　做
还讲到国君如何指挥战争

uruşlar　öðindä　çärik　tüzgüni
战争　　在季节　士兵　组成
战时如何把军队组成

45. ayur　kör　nägü　täg　ätingü　hïla
　　讲述　看　如何　一样　装备　计谋
战争中如何使用计谋

bu　duşmän　çärikin　sïǧuqa　tïla

这 敌人 把士兵 为毁灭 想
如何用计谋战胜敌人

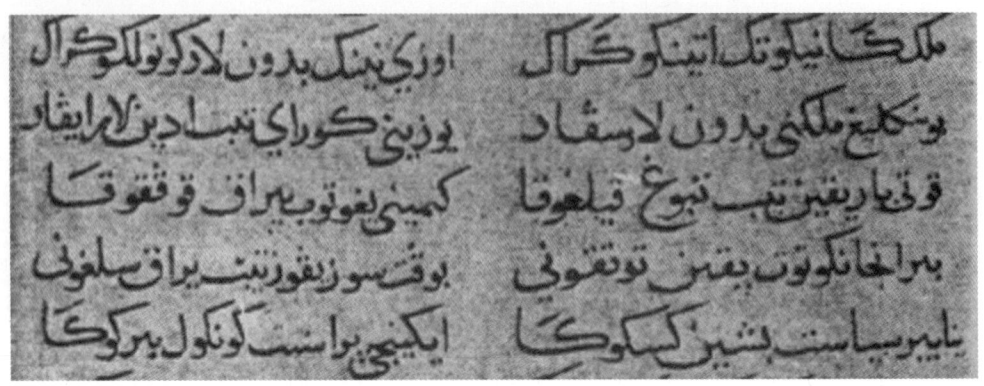

46. mälikkä nägü täg ätingü kä räk
    向国王 如何 一样 装备   需要
还讲到国君应如何处事为人

özä täg boðunlar könülgü käräk
自己 似乎 人民   内心   应该
臣民应如何效法国君

47. bu yangliğ mälikni bo ðunlar sävär
    这 样   把国王   人民   喜爱
贤明的君主臣民喜爱

yüzini köräy täp aðinlar ävär
把面容 想看   说   别人   忙于
翘首渴望瞻仰他的圣容

48. qutï bar yaqïn täp tapuğ qïlğuqa
    幸福 有   近   说   工作 为做
如何把有福之人加以重用

kimini yağutup yïraq qoyğuqa
把谁   使靠近   远   放置
如何把无福之人逐出宫廷

49. bir ança bäkitip yaqïn tutğunï
    就   那样 固定   近   看作
应当把什么人引为知己

bu qutsuz yavuz täp yïraq salğunï
这   没有福气 怀的 说   远   随赶
应当远离怎样的小人

50. yana bir siyasät başïn käsgükä
    又   一   惩罚   把头   被砍掉为止
应当如何惩治歹徒

ikinçi färasät köngül bärgükä

第二个　智慧　心灵　　献给
如何用智慧取得民心

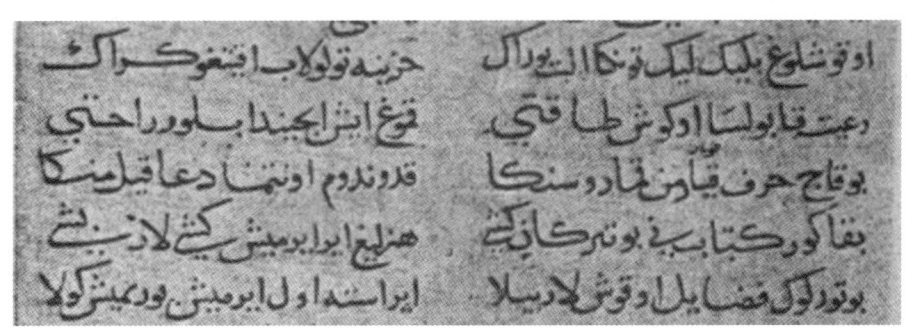

51. uquşluğ　biliklig　tonga　alp　yüräk
　　 聪明人　 有智者　 勇敢　英雄　心脏
聪明睿智的无敌勇士
xäzinä　tolulap　aqïtğu　käräk
宝库　　聚集　　流入　　应该
聚敛财富，施舍给别人
52. rä'iyyätqa　bolsa　öküş　ṭaqäti
　　 向人民　　如果有　很多　耐心
国君的恩德遍及万民
qamuğ　iş　içindä　bulur　rahäti
全部　事情　在内　　有　　安适
百事旬顺心，安享太平
53. bu　qaç　ḥärf　qoyar-　män　qumaru　sanga
　 这　几个　字母　　　　　 我　遗产　　对你
我向你做了上述嘱咐
qoðundum　unïtma　du'a qïl　manga
留给　　　别忘掉　祈祝　　为我
愿你莫忘了为我祈祝
54. baqa　kör　kitabnï　bu　tärgän　kişi
　　 试看　看　把书　　这　搜集的　人
如今再说本书的作者
hünärlïğ　är　ärmiş　kişilär　başï
有才华的　男人　是　人们　　领袖
他卓有才华，是人间英士
55. bu　türlüg　fäżayil　uquşlar　bilä
　 这　种类　　品德　　智慧　　通过
他品德高尚，智慧超群
arästä　ol　ärmiş　yorïmïş　külä
装饰　　他　是　　行走　　笑着

内慧而外美，生活幸福

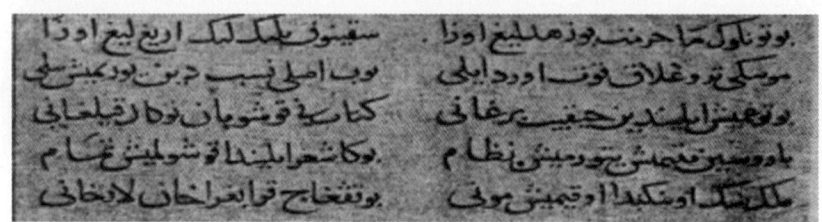

56. pütünlük   mä   ḥurmät   bu   zuhdlïğ   özä
　　完整   也   尊重   这   虔诚   之上
他是位完美崇高的隐士
saqïnuq   biliklig   arïğlïğ   oza
沉默者   博学的   纯净的   在先
虔诚而博学，纯净如玉

57. bu   tängi   turuğlağ   quz   ordu   äli
　　这   同等   存在   虎思 宫廷   国家的
他在虎思斡耳朵（巴拉萨衮）诞生
tüp   äṣli   näsäbdin   yorïmïş   tili
源根 来源   宗祧   解释的   语言
出身名门，语言可做凭据

58. bu   toğmïş   älindin   çïqïp   barğanï
　　这   出生的   在地方   出   去
他为了撰写这部诗作
kitabnï   qoşupan   tügäl   qïlğanï
把书   添加   完整   完成
离乡背井，四处漂泊

59. barusïn   bitimiş   yätürmiş   nizam
　　把所有 写好的   到达的   顺序
写好了初稿，拟定了顺序
bu   kaşğar   älindä   qoşulmïş   tämam
这   喀什噶尔 在国   添加的   完毕
最后在喀什噶尔编撰完毕

60. mälikning   öngindä   oqïmïş   munï
　　国王   之前   读   把它
他在汗王宫廷诵读了此书
bu   tavğaç   qara   buğra   xanlar   xanï
这   桃花石 伟大   布格拉 汗们   汗
得到桃花石·布格拉汗的赏识

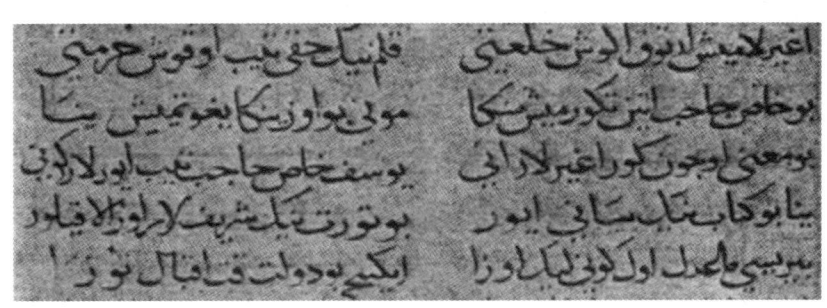

61. ağïrlamïš artuq oküš xilʻäti
    尊崇   更加   很多   谋略
大汗尊崇他，赐予他棉袍
qälämning ḥaäqi täp uquš ḥurmäti
钢笔的   报酬   说   智慧   敬意
作为对他智慧的酬仪

62. bu xas ḥajib   atïn   tägürmiš munga
    这 专 首位宰相 把称号   给予   对他
又给他赐予"侍臣"的称号
munï bu özingä yağutmïš yana
把它 这 向自己 使接近   又
让他做了自己的辅弼

63. bu mäʻni üçün kör ağïrlar anï
    这 意思 为   看   尊重   把它
自此后人们对他满怀敬意
yusuf xas ḥajib   täp ayurlar köni
优素福 哈斯 哈吉甫   说   称呼   准确
称他为优素福·哈斯·哈吉甫

64. yana bu kitabnïng bäyanïn ayur
    又   这   书的   内容   讲述
再说此书包含的内容
bu tört nik šäriflär özälä qïlur
这 四   珍品   之上   做
四样珍品构成其基础

65. birisi mäʻädl ol könilik özä
    一个   正义   它 真诚   之上
一是"正义"，以诚为本
ikinçi bu däwlät qut iqbal tüzä
第二   这   财富   幸福 前途   设计
一是"幸运"，意味幸福

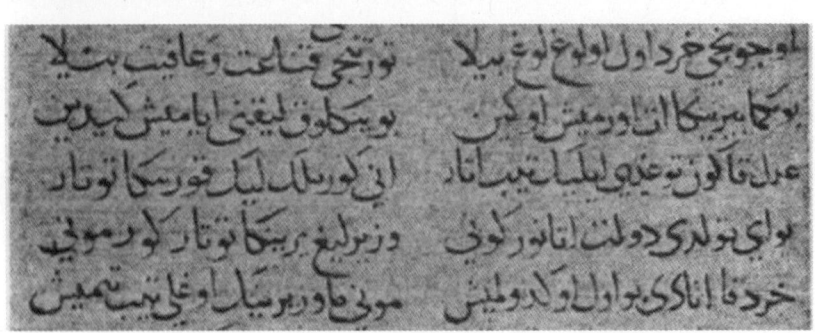

66. üçünçi　　xiräd　ol　uluğluq　bilä
　　　第三　　智慧　它　伟大　　通过
一是"智慧",价值崇高

törtünçi　qana'ät　wä　'afyät　bilä
第四　　　知足　　和　欢愉　通过
一是"知足",伴随着欢愉

67. bu　tägmä　biringä　　at　urmïş　öngin
　　这　全部　向各个　　名称　取名　其他
作者为它们各取了称号

bu　yangluq-lïqnï　atïnï　ayamïş　käðin
这　　样　　　　把名字　称呼　　以后
书中全用了此类名字

68. 'ädilqa　kün　toğdï　älig　täp　atar
　　向正义　日出　　国王　说　称呼
"正义"取名为"日出国王"

anï　kör　mäliklik　qurïnga　tutar
把他　看　国王　　位置　　抓住
让他高踞于帝王的位置

69. bu　ay　toldï　däwlät　atanur　köni
　　这　月满　　财富　　被称为　正确
"幸运"被赐予"月满"之名

wäzirlïq yäringä　tutar　kör　munï
大臣的　向位置　掌握　看　把它
让他当大臣,做汗的辅弼

70. xirädqa　atadï　bu　ol　ögdülmiş
　　智慧　　称呼　这　他　贤明
"智慧"的名字叫做"贤明"

munï　ma　wizirning　oğlï　täp　tämiş
把他　又　大臣的　　儿子　说　说了
他是大臣心爱的儿子

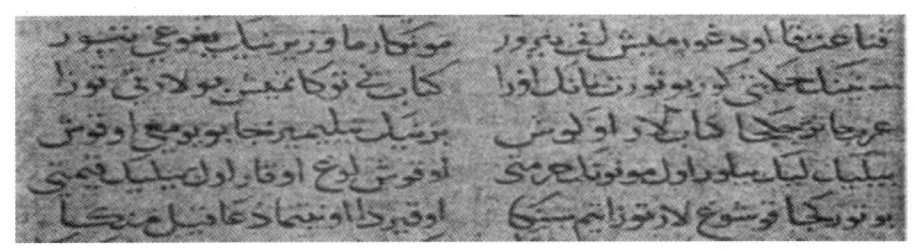

71. qäna'ätqa oðgurmïš atï bärür
　　向知足　　觉醒　　名字　给
"知足"得了"觉醒"的名字
mungar ma wäzirning yaǧuqï täyür
向他　　还　大臣的　　亲属　　说
他是大臣的嫡系亲属

72. munïng ḥikmäti kör bu tört näng özä
　　它的　　精义　　看　这　四　东西　之上
华章的精义全在此四者
kitabnï tükätmïš bularnï tüzä
把书　　　完成　　把他们　　改直
以它们为主线编撰成书

73. 'äräbça täzikçä kitablar öküš
　　阿拉伯语 塔吉克语 书籍　　很多
阿拉伯、塔吉克①文书籍甚多
bizing tilimizçä bu yumǧï uquš
我们的　用我们语言　这　所有　　知识
用母语写成的仅此一部

74. biliklig bilür ol munïng ḥurmäti
　　有智者　知道　他　它的　　敬意
有智者懂得知识的价值
uqušluǧ uqar ol bilik qiymäti
有知识的人 知道　它　知识　价值
有知识的人定会敬重此书

75. bu türkçä qošuǧlar tüzättim sanga
　　这　突厥语　诗歌　　　我填写了　向你
我用突厥语写了序诗
oqïrda unïtma du'a qïl manga
读的时候　别忘记　祈祷　　向我
愿你铭记我，为我祝福

---

① 塔吉克——指东部伊朗族人，此处泛指波斯人。

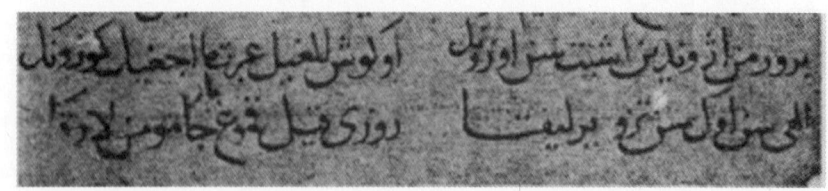

76. barur män ažundin äşit sän özüng
　　过去　我　从人世　听　你　自己
我已不久于人世，你要听着
　　öküş　alğıl　'ibrät　ma　açğıl　közüng
　　很多　你接受　惩戒　还　你打开　你的眼睛
接受我教诲，擦亮眼眸
77. ilahi sän ök sän tözü yarlıqa
　　真主　你　仅仅　你　全部　关照
真主啊，愿你恩泽普降，
　　ruzi　qıl　qamuğ　mü'minlarqa　liqa
　　饮食　做　全部　向老百姓　会面
让世人共睹你的灵迹

（三）《福乐智慧》目录

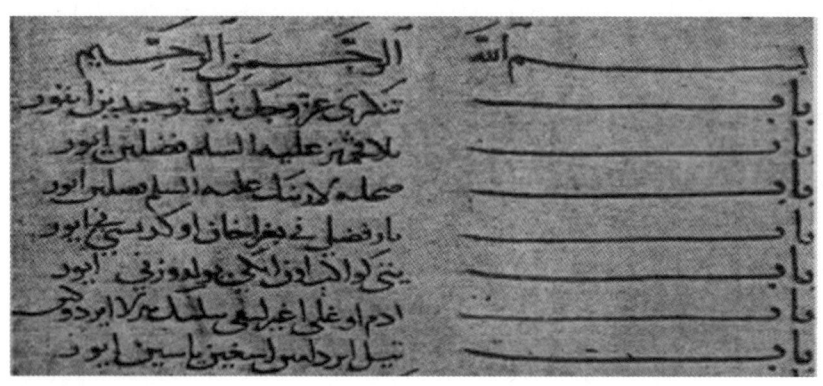

　bismi'lla ḥ'r-rä ḥmanr-rä ḥim
　以……的名义　真主　非常仁慈的　仁慈的
奉至仁至慈的真主之名
1. bab tängri 'äzzu wä jälläning täwhidini ayur
　章　上帝　高贵的　和　尊贵的　神　说
第一章　对至尊至大的真主的赞颂
2. bab yalavaçımız äläyhissälam fäzlin ayur
　章　我们的使节　向他表示敬礼　把……的道德　说
第二章　论使节穆罕默德的品德
3. bab suhllärning äläyhissälam fäzlin ayur
　章　穆罕默德的谈论者　向他表示敬礼　把……的道德　说

第三章　论穆罕默德的朋友的品德

4. bab　yaz　fäslïn　buğra　xan　ögdisin　ayur
　　章　夏天　把……季节　公驼　皇帝　把……的赞美　说

第四章　对夏天和布格拉汗的赞颂

5. bab　yäti　ükäk　on　iki　yulduznï　ayur
　　章　七　(把)宫　十　两　星　说

第五章　论七宫和黄道十二曜

6. bab　adäm　oğlï　ağïrlïqï　bilik　birlä　ärdükin　(ayur)
　　章　人　儿子　重量　知识　通过　是　(说)

第六章　论人类价值在于知识和智慧

7. bab　til　ärdämin　asïğïn　yasïn　ayur
　　章　舌头　把善行　把好处　把坏处　说

第七章　论语言的得失利弊

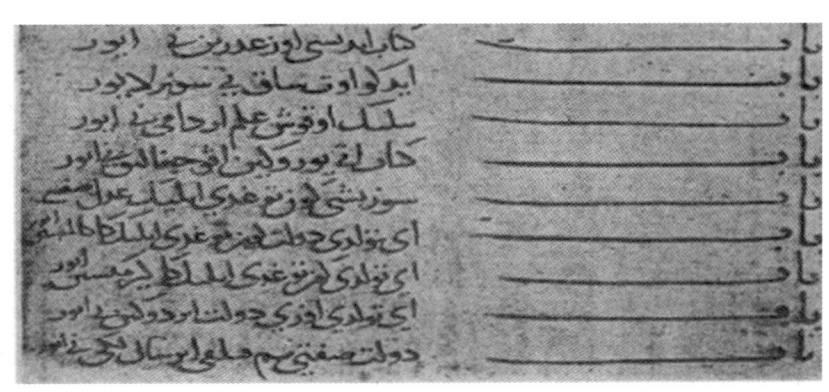

8. bab　kitab　iðisi　öz　'uzrin　ayur
　　章　书　主人　自己　把……的歉意　说

第八章　笔者谨致歉意

9. bab　äðgü　öt　sawnï　sözläyur
　　章　善行　劝告　把话语　将会说

第九章　论劝多做善行

10. bab　bilig　uquş　ilim　ärdämini　ayur
　　　章　知识　智慧　知识　把……的善行　说

第十章　论知识、智慧和才华的好处

11. bab　kitab　atï　yörügin　avuçğalïqïn　ayur
　　　章　书　名字　把……的解释　把……的老年　说

第十一章　论书名的含义和笔者的晚景

12. bab　söz　başï　kün　toğdï　älig　'ädil　sifätin　ayur
　　　章　话语　开头　日出　国王　正义　把……的品质　说

第十二章　故事开始——关于日出王的叙述

13. bab　ay　toldï　döwlät　kün　toğdï　äligkä　kälmişin　ayur
　　　章　月满　财富　日出　向国王　把他的到来　说

第十三章 月圆来到日出王京城

14. bab　ay toldï　kün toğdï　äligkä　kirmişin　ayur
　　章　 月满　　日出　　向国王　把他的进来　说

第十四章 月圆谒见日出王

15. bab　ay toldï　äligkä　özi　dävlät　ärdükin　ayur
　　章　 月满　　向国王　自己　财富　把……到达　说

第十五章 月圆向国王说自己代表幸运

16. bab　dävlät　şifäti　häm　qïlqï　ärsällikin　ayur
　　章　 财富　……的品质　又　行为　忘恩负义　说

第十六章 月圆向国王阐述幸运的实质

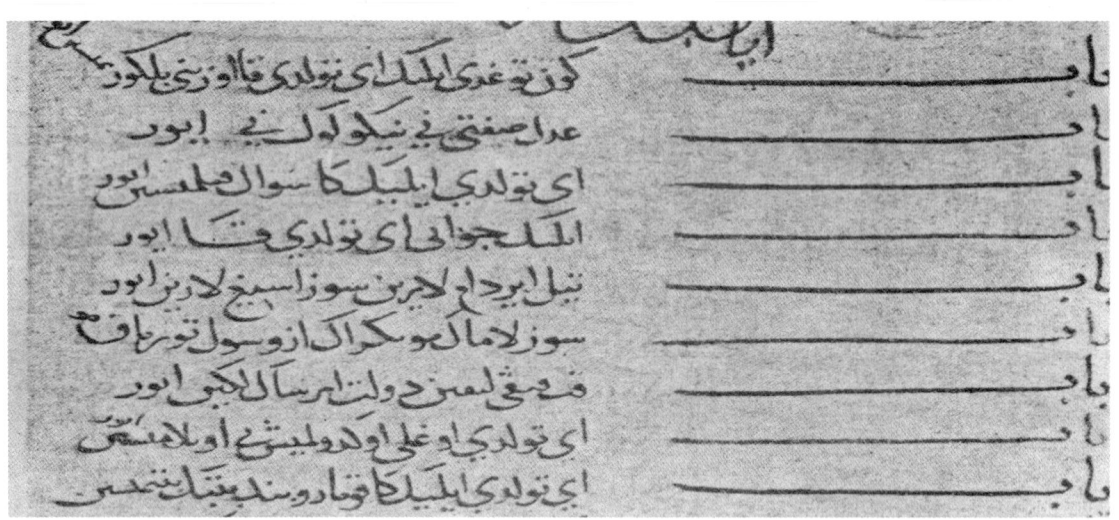

17. bab　kün toğdï　älig　ay toldïqa　özin　bälgürtmişin　ayur
　　章　 日出　　国王　向月满　　把自己　使把他的显示　说

第十七章 论日出王向月圆表明自己

18. bab　'ädil　şifätini　nägülikini　ayur
　　章　 正义　……的品质　把他的怎样　说

第十八章 日出王向月圆讲述正义的实质

19. bab　ay toldï　äligkä　sual　qïlmïşïn　ayur
　　章　 月满　　向国王　问题　把……的做　说

第十九章 论月圆向国王提问

20. bab　älig　jäwabï　ay toldïqa　ayur
　　章　 国王　的答案　向月满　　说

第二十章 论国王答月圆之文

21. bab　til　ärdämlärin　söz　asïğlarïn　ayur
　　章　 语言　把善行　　话语　把好处　说

第二十一章 讲述语言的美质及其好处

22. bab　sözlämäkmü　kiräk　azu　şük　turmaqmu
　　章　 说话呢　　　必要　或者　安静　站呢

第二十二章　说话好或者不说好

23. bab　qut　qïvlïqïn　däwlät　ärsälikin　ayur
　　章　幸福　把……的无常　财富　把……的忘恩负义　说

第二十三章　论幸运的无常和福气的多变

24. bab　ay toldï　oğlï　ögdülmişni　ötlämişin　ayur
　　章　月满　儿子　把贤明　把……的劝告　说

第二十四章　月圆对儿子贤明劝告

25. bab　ay toldï　äligkä　qumaru　bitik　bitmişin　ayur
　　章　月满　对国王　遗产　书　把……的书写　说

第二十五章　论月圆向日出王写下遗书

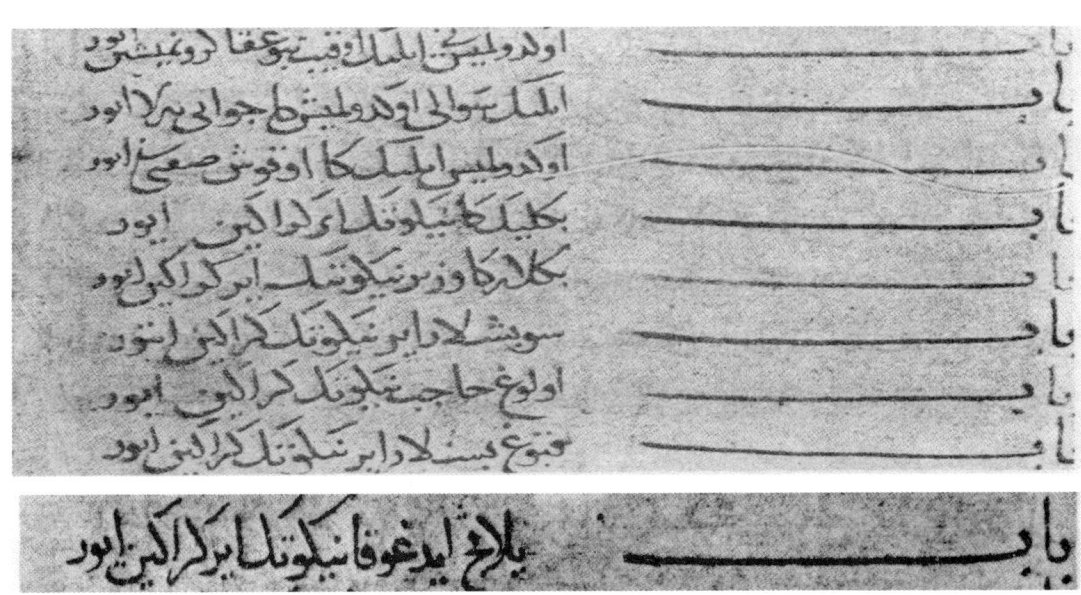

26. bab　ögdülmişni　älig　oqïp　tapuğqa　körünmişin　ayur
　　章　把贤明　国王　邀请　向工作　把……的谒见　说

第二十六章　论日出王请贤明拜访国王

27. bab　älig　sualï　ögdülmişkä　jäwabi　birlä　ayur
　　章　国王　……的提问　向贤明　……的答案　通过　说

第二十七章　论国王问贤明回答

28. bab　ögdülmiş　äligkä　uquş　ṣifatïn　ayur
　　章　贤明　向国王　智慧　把……的优质　说

第二十八章　贤明向国王论述智慧的形容

29. bab　bäglikkä　nägü　täg　är　käräkin　ayur
　　章　向君王　怎样　相似　男人　把……的需要　说

第二十九章　论国君应具备的条件

30. bab　bäglärgä　wäzir　nägü　täg　är　käräkin　ayur
　　章　向君王　大臣　怎样　相似　男人　把……的必要　说

第三十章　论大臣和大臣应具备的条件

31. bab　sü　　başlar　är　nägü　täg　　kåräkin　　ayur
　　 章　 军队　 帅者　男人　怎样　相似　把……的必要　说

第三十一章　论将领应具备的条件

32. bab　uluğ　ḥajip　nägü　täg　　kåräkin　　　ayur
　　 章　 伟大的　首位宰相　怎样　相似　把……的必要　　说

第三十二章　论御前侍臣应具备的条件

33. bab　qapuğ　başlar　är　nägü　täg　　kåräkin　　ayur
　　 章　 大门　引路人　男人　怎样　相似　把……的必要　说

第三十三章　贤明论看门官应具备的条件

34. bab　yalavaç　ïdğuqa　nägü　täg　är　kåräkin　　ayur
　　 章　 使节　　派出　　怎样　相似　男人　把……的必要　说

第三十四章　论使节应具备的条件

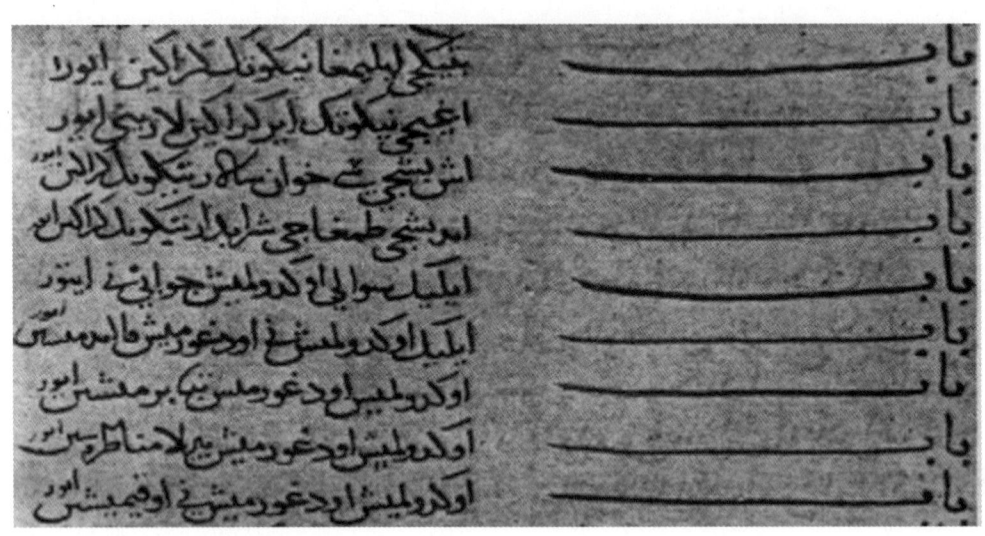

35. bab　bitikçi　ilimğa　nägü　täg　　kåräkin　　ayur
　　 章　 书写人　对秘书　怎样　相似　把……的必要　说

第三十五章　论书吏应具备的条件

36. bab　ağïçï　nägü　täg　är　kåräkinlärini　ayur
　　 章　 财经大臣　怎样　相似　男人　把……的必要　说

第三十六章　论宫廷司库应具备的条件

37. bab　aş　başçïsï　xun-salar　nägü　täg　　kåräkin　　ayur
　　 章　 饭食　总管　总厨师员　怎样　相似　把……的必要　说

第三十七章　贤明论御膳监应具备的条件

38. bab　ïðïşçï　tamğaçï　şärabdar　nägü　tak　kåräkin　　ayur
　　 章　 管理缸罐的人　管章着　酒官　怎样　相似　把……的必要　说

第三十八章　论罐管章官酒官应具备的条件

39. bab　älig　suali　ögdülmiş　jäwabini　ayur
　　 章　 国王　问题　贤明　把……的答案　说

第三十九章　论国王提问贤明的答

40. bab　älig　ögdülmişni　odğurmışqa　ibärmäsin　ayur
　　　章　　国王　　把贤明　　向觉醒　　把……的寄给　说
第四十章　论日出王把贤明派到觉醒身边

41. bab　ögdülmiş　oðğurmïş　tapa　barmïşin　ayur
　　　章　　贤明　　　觉醒　　方向　把……的去　说
第四十一章　论贤明去觉醒处

42. bab　ögdülmiş　odğurmïş　birlä　munazäräsin　ayur
　　　章　　贤明　　　觉醒　　与　　把……的辩论　说
第四十二章　论贤明和觉醒进行辩论

43. bab　ögdülmiş　odğurmïşnï　oqïmïşïn　ayur
　　　章　　贤明　　把觉醒　　把……邀请　说
第四十三章　论贤明请来觉醒

44. bab　oðğurmïş　dunyanïng　münin　'äyïblarïn　ayur
　　　章　　觉醒　　　世界的　把……的罪　把……的缺陷　说
第四十四章　觉醒论今世的罪和缺陷

45. bab　dunya　birlä　'uqbi　qazğanğusïn　ayur
　　　章　　世界　　与　　来生　把……的赢得　说
第四十五章　论在世和来世的准备

46. bab　oðğurmïş　äligkä　pänd　bitip　ïdmïşïn　ayur
　　　章　　觉醒　　向国王　告诫　写　把……的寄给　说
第四十六章　论觉醒给国王写告诫并寄出

47. bab　älig　oðğurmïşqa　ikinç　yolï　bitik　ïðmïşïn　ayur
　　　章　　国王　向觉醒　　第二　……的路　书信　寄给　说
第四十七章　日出王第二次给觉醒写信

48. bab　ögdülmiş　oðğurmïş　birlä　ikinç　munazäräsin　ayur
　　　章　　贤明　　　觉醒　　与　　第二　把……的辩论　说
第四十八章　贤明对觉醒第二次辩论

49. bab　bäglär　tapuğçi　törisin　toqusïn　aytur
　　　章　　君王门　仆人　把……的规则　把……的习惯　说
第四十九章　论君主的仆人服务规则

50. bab qapuğdaqï är at birlä nägü täg tirilgüsin ayur
　　章　看门的人　男人　马　与　如何　相似　把……的集合　说

第五十章 论看门的人如何与马打交道

51. bab qara boðun birlä nätäg qïlğusïn ayur
　　章　黑　人民　与　如何　把……的做　说

第五十一章 论如何对待黎民

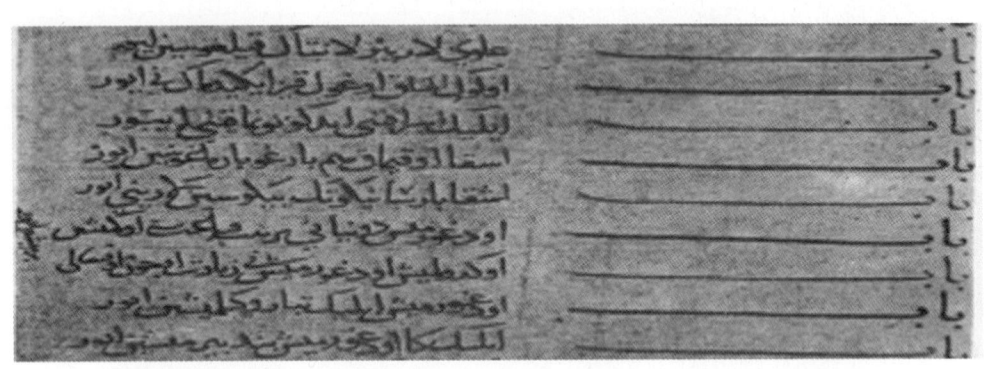

52. bab 'äläwilär birlä nätäg qïlğusïn ayur
　　章　阿里和帕提玛的子孙后代　与　如何　把……的做　说

第五十二章 论如何与阿里和帕提玛的子孙后代保持联系

53. bab ävlük almaq oğul qïz igiðmäkni ayur
　　章　家人　取　儿子　女儿　把……的养育　说

第五十三章 论如何结婚和教养子孙后代

54. bab älig asraqï ädgü tutmaqïnï ayur
　　章　国王　把……的仆役　好的　把……的对待　说

第五十四章 论国王如何管理手下的仆役

55. bab aşqa oqïmaq häm barğu barmağusïn ayur
　　章　向饭食　邀请　又　该去　把……的不该去　说

第五十五章 论宴请和赴宴的礼仪

56. bab aşqa barsa nägü täg yägüsin yämägüsin ayur
　　章　向饭食　假如去　如何　相似　把……该吃　把……不该吃　说

第五十六章 论被邀请参加宴会该吃什么和不该吃什么

57. bab odğurmïş dunyanï yärip 'äyiblarïn aytïp qäna'ät ögmişin ayur
　　章　觉醒　把世界　讨厌　把……的缺陷　说　知足　把……的赞美　说

第五十七章 论觉醒不喜欢并讲述这世界不足但自己知足

58. bab ögdülmiş oðğurmïşïn ziyarät üçün oqïğalï barmïşïn ayur
　　章　贤明　觉醒的　拜访　为　为邀请　把……的去　说

第五十八章 论贤明为邀请觉醒而去拜访

59. bab oðğurmïşïn älig taparu kälmişin ayur
　　章　觉醒　国王　方向　把……的来临　说

第五十九章 论觉醒来到国王处

60. bab äligkä oðğurmïş pänd bärmişin ayur
　　章　对国王　觉醒　告诫　把……的给　说
第六十章 觉醒对国王的告诫

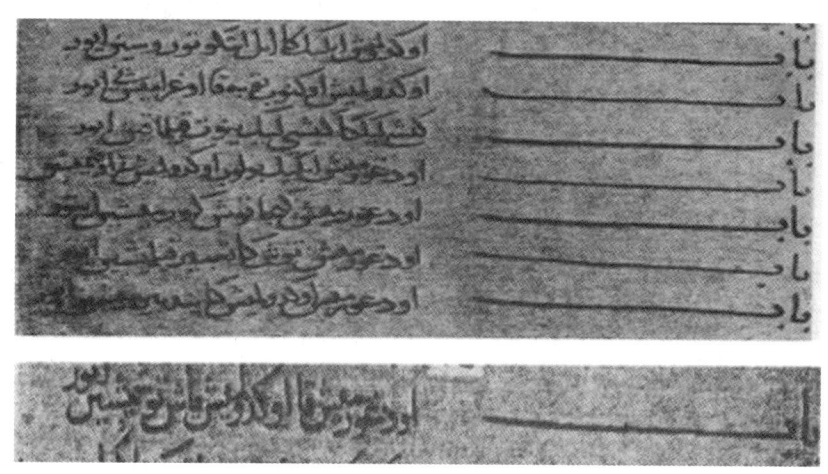

61. bab ögdülmiş äligkä äl ätgü törüsin ayur
　　章　贤明　对国王　国家　建造　把……的法规　说
第六十一章 贤明对国王论治国之道

62. bab ögdülmiş ökünüp tävbäqa oğramïşïn ayur
　　章　贤明　懊悔　向忏悔　把……的相遇　说
第六十二章 贤明痛惜逝去的年华，欲做忏悔

63. bab kişilikkä kişilik yanut qïlmaqïn ayur
　　章　对人情　人情　偿还　把……的做　说
第六十三章 论以正直对正直，以人情对人情

64. bab oðğurmïş iglig bolup ögdülmişin oqïmïşïn ayur
　　章　觉醒　有病的　成为　贤明的　把……的邀请　说
第六十四章 觉醒染疾，召唤贤明

65. bab oðğurmïş käçä tüş körmişin aytur
　　章　觉醒　夜晚　梦　把……的看　说
第六十五章 觉醒为贤明说梦

66. bab oðğurmïş tüşkä tä'bir qïlmïşïn ayur
　　章　觉醒　向梦　圆梦　把……的做　说
第六十六章 贤明对觉醒论圆梦

67. bab oðğurmïş ögdülmişkä pänd bärmişin ayur
　　章　觉醒　对贤明　告诫　把……的给　说
第六十七章 觉醒对贤明的告诫

68. bab oðğurmïşqa ögdülmiş yas tutmïşïn ayur
　　章　对觉醒　贤明　悲哀　把……的抓住　说

第六十八章 贤明悼念觉醒

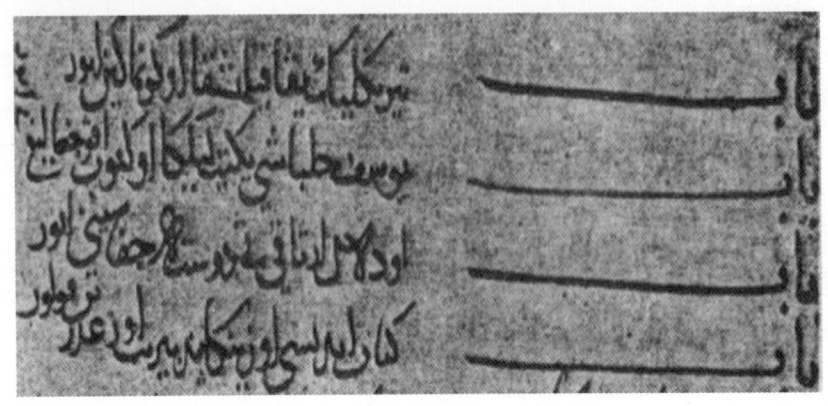

69. bab　tiriglik　yava　qïlmïšqa　ökünmäkin　　ayur
　　章　　人生　　恶劣的　对行为　　把……的懊悔　说

第六十九章 论痛惜对人生的恶行

70. bab　yusuf　čalbašï　yigitlikkä　ökünüp　avučɣalïqïn　ayur
　　章　优素甫　白苍发　向青春　　懊悔　把……的老年　说

第七十章 优素甫哀叹青春的消逝和老年的到来

71. bab　öðläk　artaqïn　　　dostlar　jäfasïn　　ayur
　　章　世界　把……的毁坏　朋友们　把……的辛苦　说

第七十一章 论世风日下和人心不古

72. bab　kitab　iðisi　özingä　pänd　bärip　'uzrïn　　　qolur
　　章　书　　主人　向自己　劝告　给　　把……的歉意　乞求

第七十二章 笔者对自己行为的告诫和道歉

（四）《福乐智慧》第七章　论语言的得失利弊

　　　til　ärdämin　　　münin　asïɣïn　yasïn　ayur
　　　语言　把……的道德　罪恶　　把好处　把害处　讲述

论语言的得失利弊

1. uqušqa　bilikkä　bu tïlmačï til

　　　　　为理解　向知识　这　工具　语言
语言是智慧和知识的表征

yaruttaçï ärni　yorïq　tïlnï　bil
照亮者　把男人　明亮　把语言　掌握
优美的语言能照亮人心灵

2. kişig　til　ağïrlar　bulur　qut　kişi
　　把人　语言　尊重　得到　幸福　人
语言能使人尊贵，得到幸福

kişig　til　uçuzlar　barïr　är　başï
把人　语言　忽视　　离去　男人　的头
也能使人卑贱，丧失生命

3. tïl　arslan　turur　kör　işiktä　yatur
　语言　猛虎　是　看　在门前　躺着
你瞧，语言是猛狮守在门口

aya　ävlig　är　saq　başïngnï　yäyür
啊　有房子的　男人　康健　你的头　吃掉
主人啊，他会吃了你，千万留神

4. tïlïn　ämgämiş　är　nägü　tär　äşit
　由于语言　受过苦　男人　怎么　说　你听
请听，吃过语言之亏的人是怎么说的

bu　söz　işkä　tutğïl　özüngä　äş　ät
这　话　事　当做　为自己　伴侣　做
愿你照他的话去做，把它当作座右铭

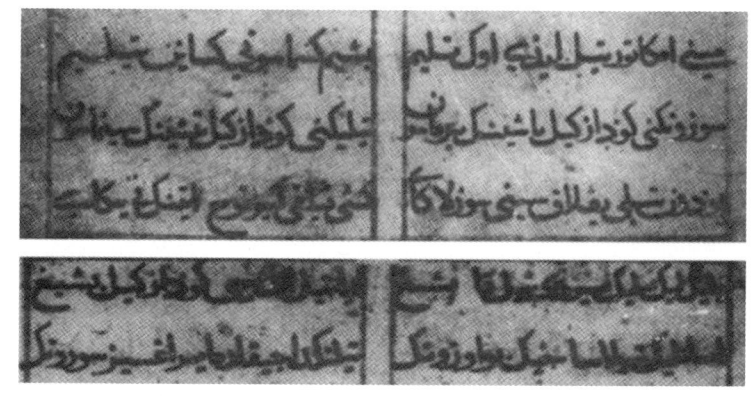

5. mäni　ämgätür　til　eði　ök　tälim
　把我　受苦　语言　非常　的确　多
语言给我带来了不少的苦头

başïm　käsmäsüni　käsäyin　tïlïm
我的头　不砍掉　让我砍掉　我的舌头
为了保全头颅，我愿割断舌根

6. sözüngni　　küðäzgil　　başing　　barmasun
　　把你的话　　你看好　　你的头　　不要被离去
愿你收敛舌头，莫损了牙齿
　　tīlīngnī　　küðäzgil　　tişing　　sïnmasun
　　把你的舌头　你保护　你的牙齿　不要让它折断
愿你语言谨慎，莫掉了性命

7. bodun　　tīlī　　yavlaq　　sini　　sözlägäy
　　人们　　语言　　坏　　把你　　将会谈论
人们会为你议论纷纷
　　kişi　　tīlīğī　　kirtüh　　atïngnï　　yigläp
　　人　…… 的语言　你进入　把你的名誉　变弱
你一旦被人们议论起来，你的威望将会衰弱

8. biliklig　　bilik　　bärdi　　tilgä　　pïşïğ
　　有智者　　知识　　给了　　为语言　　熟练的
博学之士揭示了语言的真谛
　　aya　　tīl　　iðisi　　küðäzgil　　başïğ
　　哎　　语言　主人　　你看守　　把头
哎，语言主人，劝你把头颅看紧

9. äsänlik　　tilisä　　säning　　bu　　özüng
　　安全　　假如祈求　　你的　　这　　你自己
假如你想求得自身的安全
　　tilingdä　　çïqarma　　yarağsïz　　sözüng
　　在你的舌头　你别说出　不合适的　你的话
嘴里切莫吐出不当的辞令

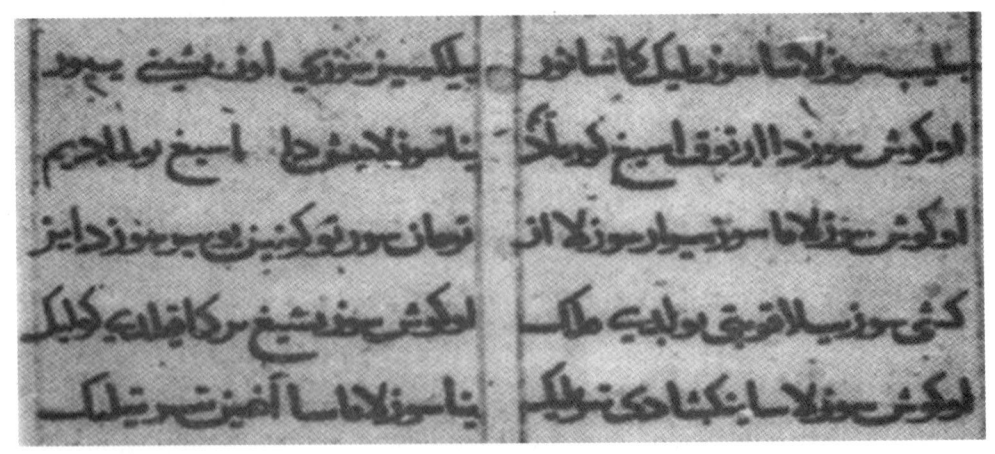

10. bilip　　sözläsä　　söz　　bilikkä　　sanur
　　知道　　如果说　　话　　为知识　　算作
话说得恰到好处，才算是学问
　　biliksiz　　sözi　　öz　　başïnï　　yäyür

无知者　话　自己　把他的头　会吃掉
无知者信口开河，是自掘坟茔

11. öküş　sözdä　artuq　asïğ　körmädim
　　　很多　话中　多余　利益　我没看到
口若悬河，于事毫无裨益

yana sözlämiştä　asïğ　bulmadïm
又　说话时　利益　我没得到
守口如瓶，事情又难办成

12. öküş　sözlämä　söz　birär　sözlä　az
　　　多　你不说　话　稍微　你说　少
话不宜多，少说为佳

tümän　söz　tügünin　bu　bir　sözdä　yaz
万　话语　把症结　这　一　用词语　写
千句话的症结，用一句讲清

13. kişi　söz　bilä　qoptï　boldï　mälik
　　　人　话语　用　上升　成了　国王
人类靠语言上升为万物之灵

öküş　söz　başïğ yärgä　qïldï　kölik
多　话语　把头　向地　做了　影子
多言却会使人的身价扫地以尽

14. öküş　sözläsä　yangsadï　tär　bilik
　　　多　如果说　变弱　说　知识
你若多言，会被说成耍弄嘴皮

yana　sözlämäsä　ağïn　tär　tilig
又　如果不说话　哑人　说　舌头
若不说话，不会说你是个哑人

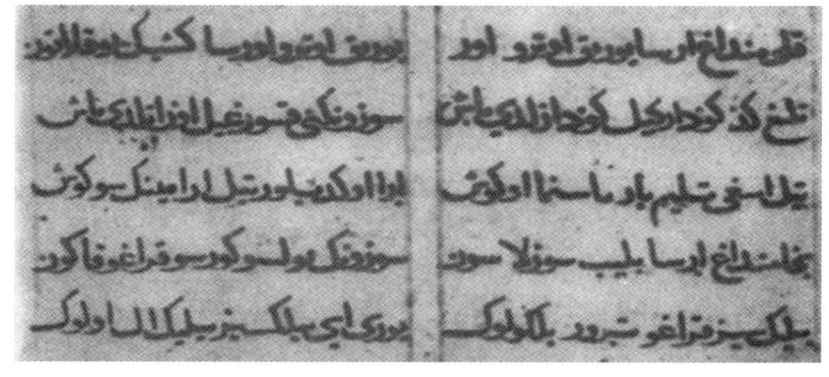

15. qalï　mundağ ärsä　yorïq　utru　ur
　　　如果　这样　假如是　明亮的　对面　安置
既然如此，言谈就该优雅

yorïq　utru　ursa　kişig　yoqlatur

明亮　对面　假如安置　把人　　使上升
言谈优雅，你会得以高升

16. tiliğ　　kä ð　kü ðärgil　kü ðäzildi　baš
　　把舌头　很　你守看　　被保护了　头
慎于言辞，即是保护你的头颅

　　sözüngni　　qïsarğïl　　uzatïldi　　yaš
　　把你的话语　你让它简练　被延长了　年龄
说话简练，即是延长你的寿命

17. til　asğï　tälim　bar　yasï　ma　öküš
　　语言　利益　多　有　害处　也　多
语言的益处很多，害处也不少

　　ara　ögdilür　til　　ara　ming　söküš
　　有时　赞美　语言　有时　千　斥责
有时受到赞扬，有时又招致恶名

18. qalï　mundağ　ärsä　bilip　sözlä　söz
　　如果　这样　假如是　知道　说话　话语
既然如此，说话要恰到好处

　　sözüng　bolsu　közsüz　qarağuqa　köz
　　你的话　变为　没眼睛　对于盲人　眼睛
让你的语言能赐予盲人以眼睛

19. biliksiz　qarağu　turur　bälgülüg
　　无知者　　瞎子　正在是　清楚的
毫无疑义，无知识的人却等于瞎子

　　yorï ay　biliksiz　bilik　al　ülüg
　　走　哎　无知者　知识　取入　属于的部分
哎，无知者啊，快快去把知识找寻

20. qoğuğlï　ölür　kör　qalïr　bälgü　söz
　　出生的　会死　看　留下　标志　话语
人总有一死，语言会长留人世

　　sözüng　äðgü　sözlä　özüng　　ölgüsüz
　　你的话　好　你说　你自己　不会死的

伴随嘉言懿语,你也会得到永生

21. iki   näng   bilä   är   qarïmaz   özi
    两个   事物   通过   男人   不变老   自己
世人凭借两种事物得以不朽
   bir   äðgü   qïlïnčï   bir   äðgü   sözi
   一   好   行为   一   好   话语
一是美好的语言;一是善行

22. kiši   toğdï   öldi   sözi   qaldï   kör
    人   出生了   死了   话语   留下了   你看
人生下了,又死了,留下了语言
   özi   bardï   yalnguq   atï   qaldï   kör
   自己   离去了   人   名誉   留下了   你看
虽则与世长辞,却留下了名声

23. tiriglik   tiläsä   özüng   ölmägü
    生存   假如祈求   你自己   不要死
你若想求得永生,万古不朽
   qïlïnčïng   sözüng   ädgü   tut   ay   bögü
   你的行为   你的话   好   保存   哎   智者
智者啊,愿你具有嘉言懿语

24. tilig   ögdüm   anča   ara   söktüküm
    把语言   我赞美了 那么多 有时   我谴责
我赞美了语言,同时作了谴责
   tiläkim   söz   ärdi   sanga   yördüküm
   我的愿望   话语   是   向你   我的解释
目的是为把语言的实质说明

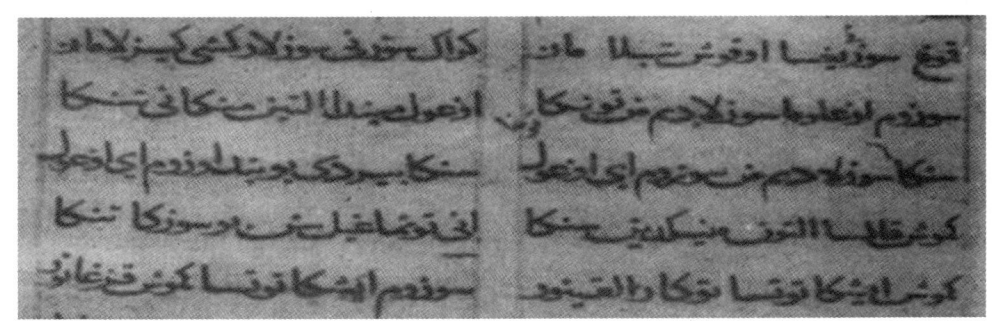

25. qamuğ   sözni   yïğsa   uquš   taplamaz
    全部   把话语   集中   理智   不容许
理智不容许人们哑口无言
   käräk   sözni   sözlär   kiši   kizlämäz
   需要的   把话语   常说   人   不隐讳
该说的还要说,不必藏之于心

26. sözüm　　oğluma　　sözlädim　　män　　tonga
　　我的话　向我的儿子　我说了　　我　　壮士
壮士啊，我向我孩子讲了这些话
oğul　mändä　altïn　manga　nä　tängä
儿子　比我　　下面　　向我　怎样　相等
孩子比我小，焉能和我相等吗

27. sanga　sözlädim　män　sözüm　ay　uğul
　　向你　　我说了　　我　　我的话　哎　儿子
孩子啊，我向你说了这么多话
sanga　bärdi　bu　pänd　özüm　ay　oğul
向你　　给了　这　告诫　我自己　哎　儿子
要把我告诫你的话铭刻在心

28. kümüş　qalsa　altun　mäningdin　sanga
　　银子　被留下　金子　　从我　　向你
即使我给你留下了黄金和白银
anï　tutmağïl　sän　bu　sözgä　tängä
把它　别看作　你　这　与话语　相等
也绝不能和我的教诲相等

29. kümüş　işkä　tutsa　tügär　alqïnur
　　银子　为事　当做　会用尽　会结束
黄金和白银总有用完的时候
sözüm　işkä　tutsa　kümüş　qazğanur
我的话　为事　当做　银子　会得到
照我的话去做，定能找到金银

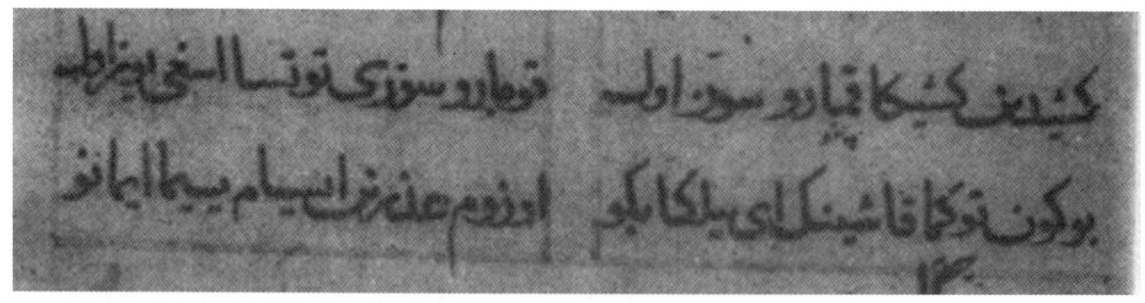

30. kişidin　kişigä　qumaru　söz　ol
　　从人　　向人　　遗产　　话语　是
前辈对后代的遗产是语言
qumaru　sözüg　tutsa　asği　yüz　ol
遗产　　把话语　假如当做　利益　百　是
你若记住了遗言，好处无穷

31. bu　kün　tügmä　qaşïn　ay　bilgä　bögü

这 日子　不要皱　把你的眉毛　哎　博学的　智者
博学的智者啊，请莫皱眉头

özüm　'uzrin　aysa　yämä　äymänü
我自己　歉意　说　还　拘束
我还要表示歉意，请你静听

（五）《福乐智慧》第八章　笔者谨致歉意

kitab　iðisi　öz　'uzrin　ayur
书　主人　自己　把……的歉意　说
笔者谨致歉意

1. tiläkim　söz　ärdi　ay　bilgä　bögü
　我的愿望　话语　是　哎　博学者　智者
博学的智者啊，我说了这许多

käðin　käldäçigä　özum　sözlägü
以后　向将要来的人　我自己　该说
但愿我的言语永远流传后世

2. uquš　käldi　utru　ayur　pütrü　kör
　理智　来了　面对　说　完成　看
你瞧，理智迎上来，向我告诫

sözüng　bolsa　yangluq　sanga　bolğa　qor
你的话　假如有　错误　向你　将要会……　损失
说了错话，你会自讨苦吃

3. boðun　tili　yavlaq　säni　sözlägäy
　人民　语言　恶劣　把你　将说
须知人言可畏，会把你诋毁

kişi　qïlqï　kirtüç　ätingni　yägäy
人　行为　嫉妒　把你的肉　将吃
人心叵测，会把你吞噬

4. baqa　　kördüm　　ärsä　　yänik　　boldï　　yük
　看　　我看了　　是　　轻的　　成了　　包袱
我细细一想，无须顾虑重重

özüm　　aydï　　sözlä　　sözüng　　barï　　tök
我自己　说了　　你说　　你的话　　全部　　倒掉
我对自己说：有话尽管倾吐

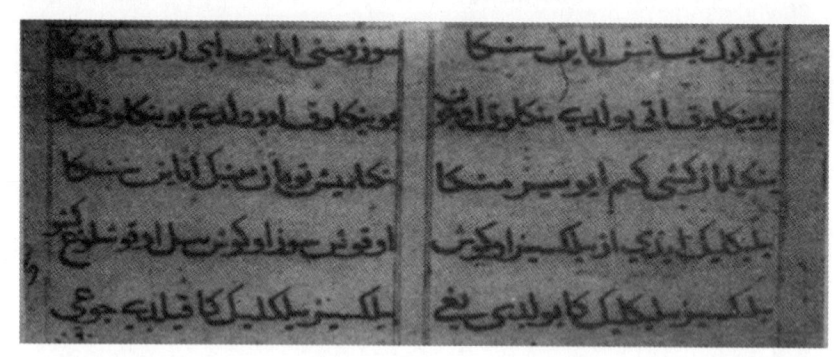

5. nägülük　　täsä　　sän　　ayayïn　　sanga
　为什么　　假如说　你　　让我说　　向你
要问为什么，请听我细说

äşitgil　　sözümni　　ay　　ärsig　　tonga
你听　　把我的话　　哎　　无畏的　　勇士
让我一一讲来，哎，无畏的勇士

6. bu　yalnguq　atï　　boldï　bu　yangluq　üçün
　这　　人　　的名字　成了　这　　错误　　因为
人类犯有过错，因而被称做"人类"

bu　　yangluq　uruldï　bu　yalnguq　üçün
这　　错误　　被打了　这　　人　　　因为
既被称做"人类"，难免常犯过失

7. yangïlmaz　　kişi　　kim　ayu　　bär　manga
　不会打败的　　人　　谁　说　　给　　向我
请你说说看，谁能不犯过错

yangïlmïş　　tümän　　ming　ayayïn　　sanga
打败的　　　万　　　千　让我说　　向你
有过错的人成千上万，可以历数

8. biliklig　　äðï　　az　　biliksiz　　öküş
　有知识的人　仅仅　　少　　无知者　　多
有知识的人甚少，无知者甚多

uquşsuz　öküş　bil　uquşluğ　　　　kösüş
无理智者　多　你知道　有理智者　有希望的
无智慧的人甚众，有智者颇稀

9. biliksiz　　bilikligkä　　boldï　　　　yağï

无知者　　向有知者　　成了　　……的敌人
无知者常常是有知者的对头
biliksiz　　bilikligkä　　qïldï　　çoğï
无知者　　向有智者　　做了　　……的威胁
无知者对有知者常怀敌意

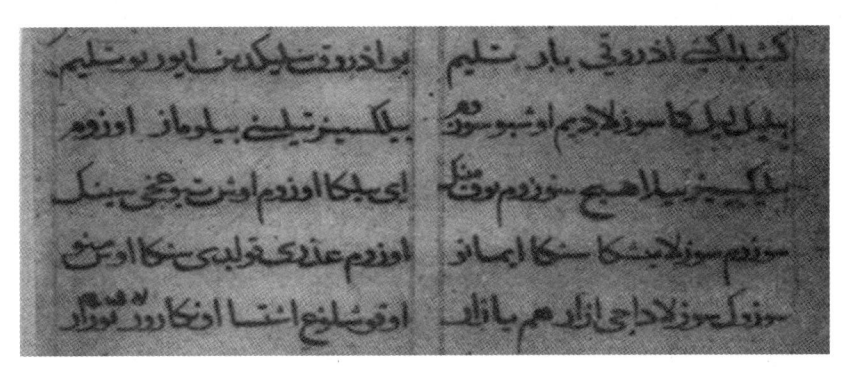

10. kişidä　　kişi　　aðruqï　　bar　　tälim
　　 从人　　人　　的区别　　有　　多
人与人之间存在着巨大的距离
bu　　aðruq　　bilikdin　　ayur　　bu　　tilim
这　　区别　　从知识　　说　　这　　我的舌头
这距离就在于有没有知识

11. bilikligkä　　sözlädim　　uş　　bu　　sözüm
　　 向有知者　　我说了　　就　　这　　我的话
我这些话全都说给有知者去听
biliksiz　　tilini　　bilümäz　　özüm
无知者　　的舌头　　不能够理解　　我自己
对无知者的语言，我毫无所悉

12. biliksiz　　bilä　　hiç　　sözüm　　yoq　　mäning
　　 无知者　　与　　无　　我的话　　没有　　我的
对于无知的人，我无话可说
ay　　bilgä　　özüm　　uş　　tapuğçï　　säning
哎　　有智者　　我自己　　智慧　　奴仆　　你的
有知者啊，我愿做你忠诚的奴仆

13. sözüm　　sözlämişkä　　sanga　　äymänü
　　 我的话　　向……说　　向你　　惧缩
我讲了这些话，深感惭愧
özüm　　'uzri　　qoldï　　sanga　　uş　　munu
我自己　　把……的歉意　　祈求了　　向你　　智慧　　就这
因此向你深深致以歉意

14. sözüg　　sözlädiçi　　azar　　häm　　yazar
　　 把话语　　讲的人　　迷误　　又　　犯错误

讲话的人有时迷误，有时荒唐
uquşluğ　　äşitsä　　ongarur　　tüzär
有理智者　　假如听　　纠正　　改正
聪明人听了，可纠正它的失误

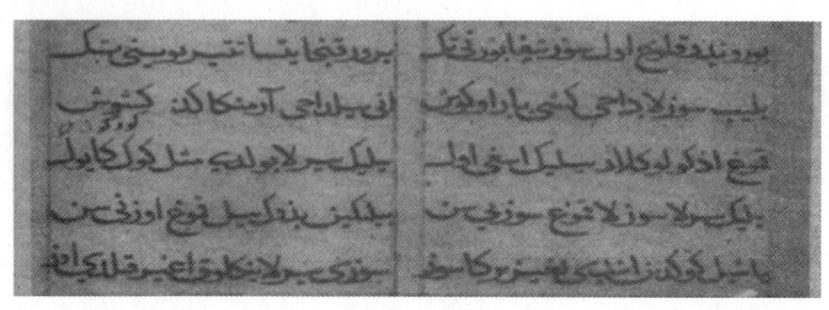

15. burunduqluğ　ol　söz　tävä　burnï　täg
　　鼻环　　　是　话语　骆驼　鼻子　相似
语言好似缰绳，牵着骆驼的鼻子
barur　　qança　yätsä　titir　boynï　täg
去　　　哪里　　到达　说成　……的脖子　相似
缰绳引向哪里，骆驼就走向哪里

16. bilip　sözlädäçi　kişi　bar　öküş
　　知道　说话的人　　人　　有　　多
说话恰当的人，为数不少
anï　　bildäçi　är　　manga　käð　　kösüş
把它　知道的　男人　向我　　很　　希望
我对于他们，深怀着敬意

17. qamuğ　　äðgülüklär　bilik　asğï　ol
　　全部　　　善行　　　知识　利益　是
一切喜事全都得益于知识

bilik　birlä　buldï　mäsäl　kökkä　yol
知识　　用　得到了　比如　向天空　路
有了知识，好比找到了上天的阶梯

18. bilik　birlä　sözlä　qamuğ　sözni　sän
　　知识　　用　　你说　全部　把话语　你
每说一句话，你都该借助于学问
bilikin　bäðük　bil　qamuğ　özni　sän
把知识　巨大　知道　全部　把自己　你
须知人的高贵全在于知识

19. yaşïl　köktin　indi　yağïz　yärgä　söz
　　绿　　从天空　下来了　棕色　向土地　话语
自从语言从蓝天降临于大地

sözi   birlä   yalnguq   ağïr   qïldï   öz
话语   通过   人   尊重的   做了   自己
人类才凭借语言获得了崇高价值

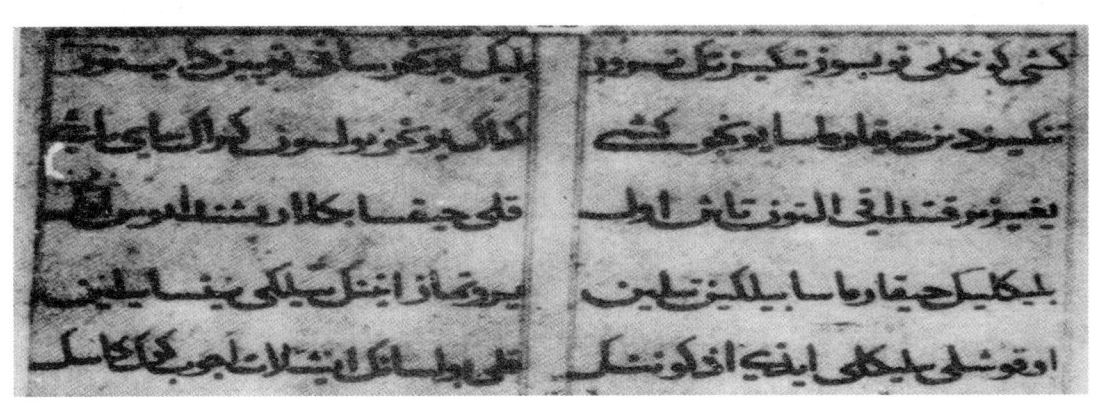

20. kişi   köngli   tüptüz   tängiz   täg   turur
　　人   心灵   平平的   大海   相似   是
人的心田好比无底的大海
bilik   yinçü   sanï   tüpindä   yatur
知识   珍珠   ……的数字   在底下   躺着
知识好比珍珠，深藏在海底
21. tängizdin   çïkarmasa   yinçü   kişi
　　从大海   假如不捞出来   珍珠   人
假若你不从海底把珍珠捞出
käräk   yinçü   bolsun   käräk   say   taşï
必要   珍珠   是   必要   河滩   石头
珍珠和河里的石头又有何异
22. yağïz   yär   qatïndaqï   altun   taş   ol
　　棕色   土地   层之间的   金子   石头   是
黄金埋在地下，和石头无异
qalï   çïqsa   bäglär   başinda   tuş   ol
假如   假如出来   君王们   在头   冠   是
倘被掘出，就能做王冠的美饰
23. biliklig   çïqarmasa   bilkin   tilin
　　有智者   假如不让出来   把知识   用语言
有知识的人如若不把知识讲出
yarutmaz   anïng   bilki   yatsa   yïlïn
不会照亮   他的   知识   假如躺着   数年
久藏于心中，毫无意义
24. uquşlï   bilikli   äði   äðgü   näng
　　智慧   和知识   的确   好的   物质
智慧和知识，本是美好的东西

qälī   bulsa   işlät   uçup   kökkä   täng
假如   得到   你使用   飞   向天空   相等
你应当使用它，高飞在天际

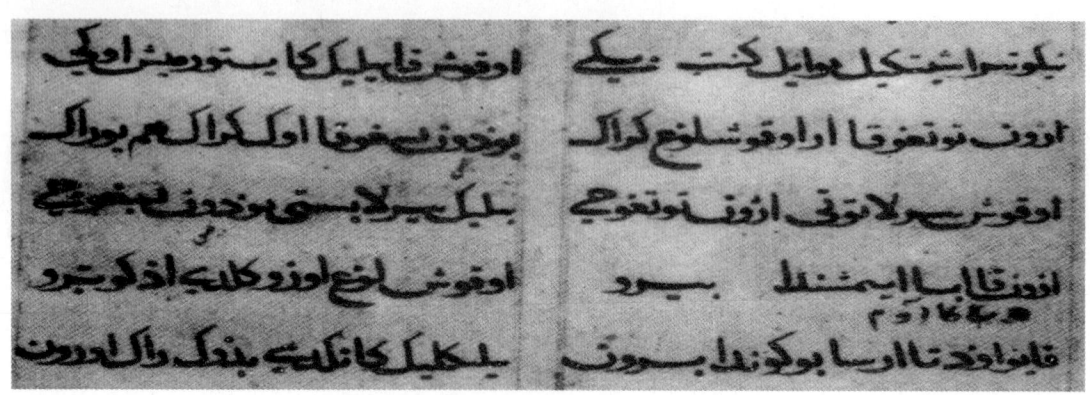

25. nägü   tär   äşitgil   bu   äl   kändi   bägi
    如何   说   你听   这   国家   自己   ……的君王
请听一位国君是怎么讲的

uquşqa   bilikkä   yätürmiş   ögi
向智慧   向知识   使到达   的智慧
他对智慧和知识深有见地

26. ažun   tutğuqa   är   uquşluğ   käräk
    世界   为抓住   男人   有智慧   需要
统治世界，需要有智慧

boðun   basğuqa   ög   käräk   ḥäm   yüräk
人民   为压制   智慧   需要   又   心脏
治理人民，需要知识和勇气

27. uquş   birlä   tuttī   ažun   tutğuçī
    智慧   用   抓住了   世界   控制者
御世者借智慧去统治世界

bilik   birlä   bastī   böðun   gayğuçī
知识   用   压倒了   人民   晕头转向
治人者靠知识去治理庶黎

28. ažunqa   isä   inmişindä   bärü
    向世界   假如   当出现时   以来
自从人祖降临于世

uquşluğ   uru   käldi   äðgü   törü
有知者   建造   来了   好的   法律
有知者制定了良好的法度

29. qayu   öðtä   ärsä   bu   kündä   burun
    哪个   在时代   是   这   在日子   以前

今此以前的任何时代
bilikligkä   tägdi   bädügräk   orun
向有智者   分给了   比较大的   位置
有知识的人都曾有崇高的位置

30. uquş   birlä   aslur   kişi   artaqï
    智慧   用   被悬挂   人   坏的
用智慧能把世上的歹徒绞绝
bilik   birlä   süzlür   boðun   bulğaqï
知识   用   将要平息   人民   混乱
用知识能把人间的动乱平息

31. bu   ikin   ätümäsä   qoðğil   bilik
    这   两   假如不变好   你放下   知识
假若用此二者还无济于事
qïlïçqa   tägürgil   sän   ötrü   älig
向剑   你让接触   你   以后   把手
愿你抛却知识，向钢刀求助

32. bögü   bilgä   bäglär   boðunqa   başï
    智者   有知识的   国君   向人民   ……的头
贤明博学的王公伯克、一国之君
qïlïç   birlä   ätmiş   biliksiz   işi
剑   用   做过   无智者   ……的事
往往须用钢刀了结无知者之事

33. ažun   tutğuqa   är   uquş   bilsä   käð
    世界   为抓住   男人   智慧   假如知道   很
为了统治世界，就该有智慧
boðun   basğuqa   är   bilik   bilsä   käð
人民   向治理者   男人   知识   假如知道   很
为了治理人民，就该有知识

34. bu　iki　biriksä　bolur　är　tügal
　　这　两　假如合成　成为　男人　完整
如果你具备了二者，那即是完人

tügäl　är　ažunuğ　tämam　yär　tügäl
完整　男人　把世界　万　土地　完整
完美的人方能获得今世的幸福

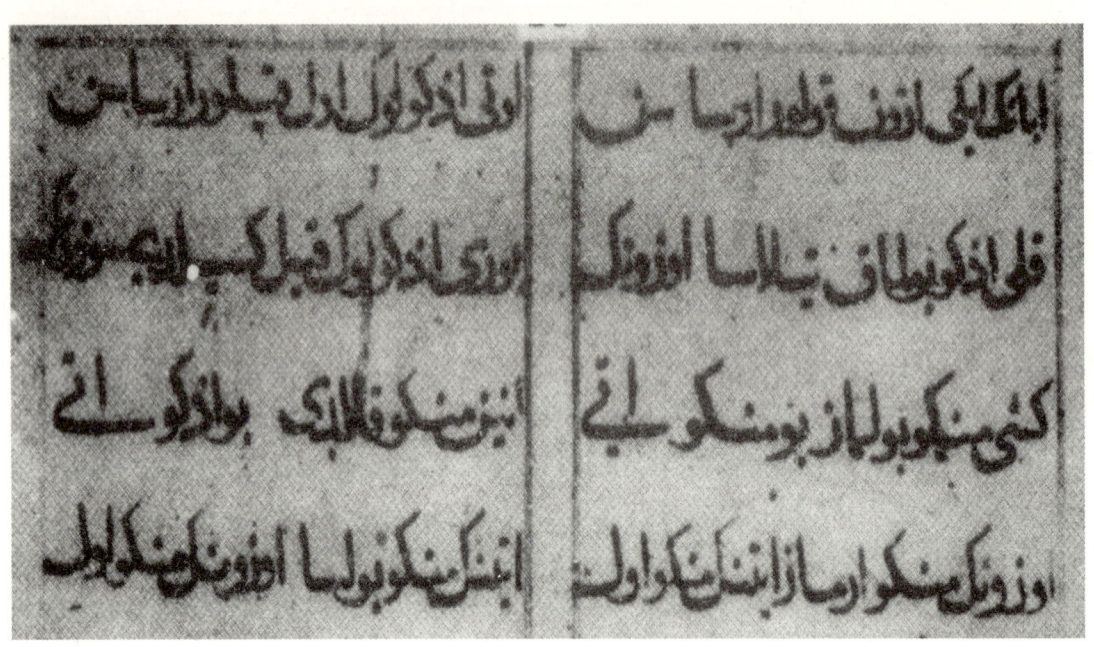

35. apang　iki　ažun　qolur　ärsä　sän
　　你假如　两　世界　祈求　是　你
你若想做今生来世的主人

otï　äðgülük　ol　qïlur　ärsä　sän
草药　善行　是　做　是　你
办法只有一条，就是多兴善举

36. qalï　äðgü　bolmaq　tiläsä　özüng
　　假如　好的　成为　假如祈求　你自己
你若想在今世获得善果

yorï　äðgülük　qïl　käsildi　sözüng
走　善行　你做　割断了　你的话
好吧，无须多言，要多做好事

37. kişi　mängü　bolmaz　bu　mängü　atï
　　人　永远　不会成为　这　永远　名字
人难得不朽，名字会不朽

anïng　mängü　qaldï　bu　äðgü　atï
他的　永远　留下了　这　好的　名字
美好的声名将永存于人世

38. özüng   mängü   ärmäz   ating   mängü   ol
    你自己   永远   不是   你的名字   永远   是
你不能永生，名字会永生
   ating   mängü   bolsa   özüng   mängü   ol
   你的名字   永远   是   你自己   永远   是
名字永在，犹如你永生不死

（六）《福乐智慧》第九章　对善行的赞颂并略论它的益处

äðgülük   qïlmaq   ögdisin   asïğlarïn   ayur
善行   做   把它的赞美 把它的利益   讲述
对善行的赞颂并略论它的益处

1. qalï   bolsa   älging   boðunqa   uzun
      如果 是   你的手   向人民   长
你若君临庶民，权大无比
   qamuğ   äðgülük   qïl   qïlïnçïn   sözün
   全部   善行   你做   把行为   把话语
应以你的言行多做好事

2. yigitlik   qaçar   ol   tiriglik   uçar
   青春   将要跑掉 它   生命   将会飞去
青春易逝，生命匆匆流失
   bu   tüş   täg   ažundïn   özüng   tärk   käçär
   这   梦   相似   从世界   你自己   放弃   将过去
尘世如梦，你岂能长久驻足

3. tiriglikni   mün   qïl   asïğ   äðgülük
   把生命   本钱   你做   利益   善行
你应以生命为本钱，善行为利润
   yarïn   bolğa   äðgü   yägü   käðgülük
   明天   将会发生 好的   饮食   服饰
来世你将得到华服美食

4. nägü   tär   äşitgil   kişi   äðgüsi
   怎么   说   你听   人   好处
请听，一位善士是怎么说的

   yorïp   tïn   toqïğlï   axir   ölgüsi
   行走   生命   将要冲击   终于   将会死亡
世上的任何生命，终于一死

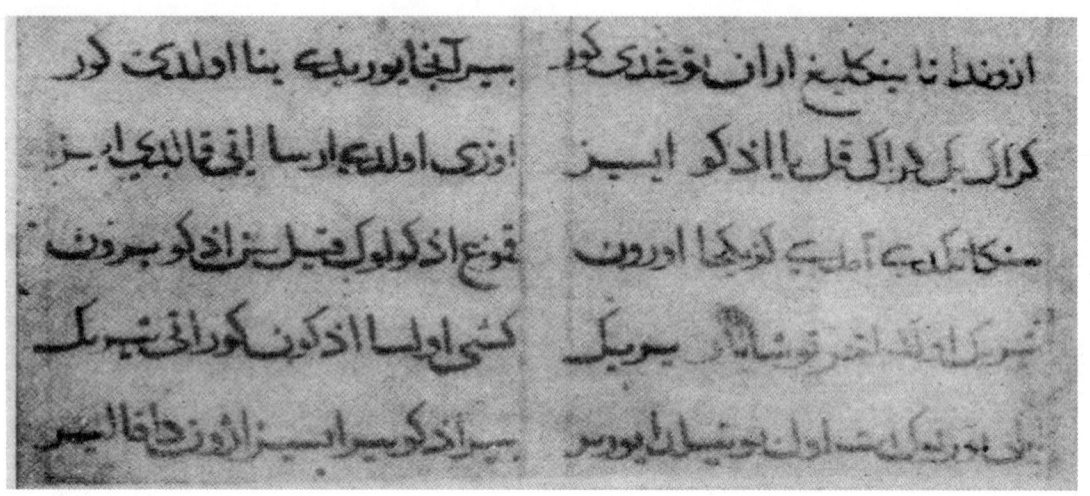

5. ažunda   nä   yänglïğ   ärän   toğdï   kör
   在世界   什么   样子   人   出生了   看
你瞧，不知有多少人曾来世上

   bir   ança   yorïdï   yana   öldi   kör
   一   那样   走了   又   死了   看
在世上没活多久，旋即离去

6. käräk   bäg   käräk   qul   nä   äðgü   äsiz
   要   国君   要   奴仆   什么 好的   坏的
无论是帝王臣仆，无论是好人歹徒

   özi   öldi   ärsä   atï   qaldï   iz
   自己   死了   假如是   名字   留下了   脚印
自身离开了世界，名字留在人世

7. sanga   tägdi   ämdi   käzikçä   orun
   向你   接触了   现在   按顺序   位置
如今轮到你占有这个高位

   qamuğ   äðgülük   qïl   sän   äðgü   burun
   全部   善行   做   你   好的   以前
你该比任何人都要多兴善举

8. tirig   ölgü   axir   töşängü   yärig
   活的   死的   终于   被褥   地
生者终会死去，以黄土为被褥

kişi   ölsä   äðgün   kör   atï   tirig
人   假如死   把好处   看   名字   活的
如果行善而死，将会流芳千古

9. iki   türlüg   at   ol   bu   tildä   yorïr
   两   种类   名字   是   这   在语言   行走
名声有两种，都会有口皆碑

bir   äðgü   bir   äsiz   ažunda   qalïr
一   好的   一   坏的   在世界   留下
美名和恶名，都会留在人世

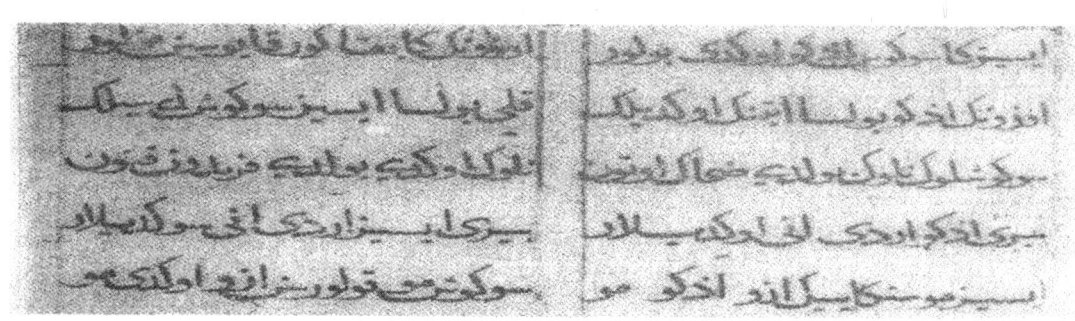

10. äsizkä   söküş   äðgü   ögdi   bulur
    向坏   咒骂   好   赞美了   得到
好人受到赞扬，坏人受到詈骂

özüngä   baqa   kör   qayusïn   qolur
向你自己   观察   看   把哪个   祈求
想想自己吧，你愿走哪条道路

11. özüng   äðgü   bolsa   atïng   ögdilig
    你自己   好的   假如是   你的名字 应该得到赞美的
你要是好人，就会留下美名

qalï   bolsa   äsiz   söküş   ay   silig
假如   假如是   坏   咒骂   哎   干净
你要是坏人，就会被人咒詈

12. söküşlüg   nälük   boldï   zäḥḥaq   otun
    咒骂   为什么   成了   查哈克   卑鄙
试问狂悖的查哈克①何以受人咒骂

nälük   ögdi   buldï   färidun   qutun
为什么   赞美   得到   法里东   幸福
幸福的法里东②何以受人赞誉

---

① 查哈克——伊朗史诗《诸王书》中的人物，据传是派西地安王朝第五代君主。为人十分暴虐，被称为"蛇王"。他杀死自己的父亲帖木尔·塔什，登上了王位。

② 法里东——派西地安王朝第六代君主，是该王朝的第三代君主台赫木尔的后裔。他借助起义者的力量推翻了暴君查哈克的统治。

13. biri äðgü ärdi anï ögdilär
　　一　好的　是　把它　赞美了
因为一个是好人，受人赞扬
　　biri äsiz ärdi anï söktilär
　　一　坏的　是　把它　咒骂
一个是坏人，被人唾弃

14. äsizmü sanga yäg azu äðgümü
　　坏的　向你　好的　或者　好的
不知你愿做坏人，还是好人
　　söküşmü qolur sän azu ögdimü
　　咒骂　祈求　你　或者　赞美
不知你喜欢挨骂，还是赞誉

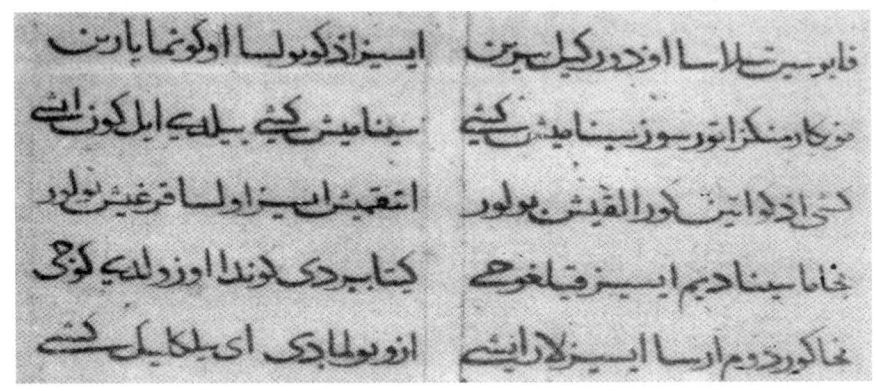

15. qayusïn tiläsä üðürgil birin
　　哪一个　愿意　你选择　一
愿意走哪条路，由你来选择
　　äsiz äðgü bolsa ökünmä yarïn
　　坏的　好的　是　你不要叹息　将来
到来世善恶有报，你莫要叹息

16. mungar mängzätür söz sïnamïş kişi
　　与这　使比较　话语　试过的　人
一位有见识的曾经说过
　　sïnamïş kişi bildi äl kün işi
　　试过的　人　知道了　人民　事情
有见识的人深明人间事理

17. kişi äðgü atïn kör alqïş bulur
　　人　好的　把他的名字　看　赞美　会受到
人们因名声好而受到赞美
　　atïqmïş äsiz ölsä qarğïş bulur
　　出名的　坏的　假如死　咒骂　会受到
声名狼藉者死了，人们咒骂不已

18. näçä   mä   sïnadïm   äsiz   qïlğuçï
    多少   也   我试过了   坏的   做的人
我曾见识过不少的坏人
    kätä   bardï   kündä   üzüldi   küçi
    去   过去   每天   折断了   力量
随着岁月流逝，失去了权力
19. näçä   kördüm   ärsä   äsizlär   işi
    多少   我看了   假如是   坏人们   事情
我也曾目击不少坏人的结局
    ozu   bolmadï   ay   biliklig   kişi
    向前进   没有成为   哎   有智者的   人
智者啊，坏事终究不会有前途

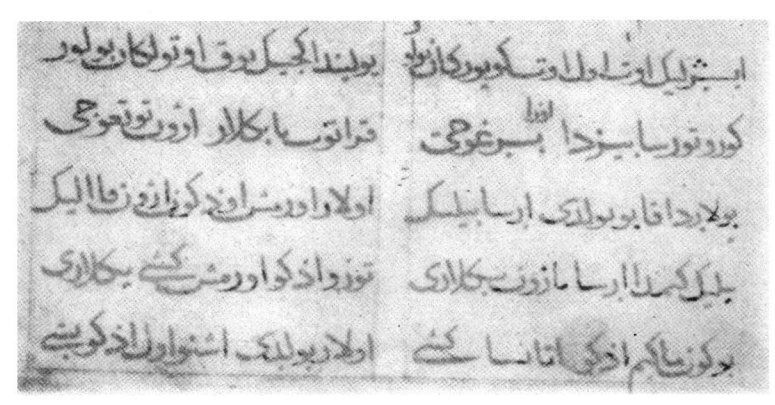

20. äsizlik   ot   ol   ot   köyürgän   bolur
    坏处   火   是   火   使燃烧   是
坏事好比烈火，会将人焚烧
    yolïnda   käçik   yoq   ötülgän   bolur
    在路上   渡口   没有   走过的   是
烈火蔓延的路上，难寻渡口
21. körü   tursa   bizdä   oza   barğuçï
    见   假如站着   在我们   向前进   去过的人
看一看在我们之前过世的人们
    qara   tut   ya   bäglär   ažun   tutğuçï
    你看   你抓住   哎   君王们   世界   把握的人
无论是御世的帝王，还是黎庶
22. bularda   qayu   buldï   ärsä   bilik
    在他们   哪个   获得了   假如是   知识
他们之中谁若获得了知识
    olar urmïş   öd   kün   ažunqä   äli
    他们 打过   时间   日子   向世界   手
谁就能把世界，岁月掌握在手里

23. bilik   kimdä   ärsä   ažun   bägläri
    知识   在谁   假如是   世界   君王们
御世的君主掌握了知识

   törü   äðgü   urmïš   kiši   yägläri
   法律   好的   打过   人   当中的好人
为世界制定了良好的法度

24. bu   kün   mä   kim   äðgü   atansa   kiši
    这   日子 又   谁   好的   假如被称呼   人
今天亦如此，谁若享有美名

   olar   boldï   ašnu   ol   ädgü   bašï
   他们   成了   首先   他   好的   ……的头
首先他一定是倡导了善举

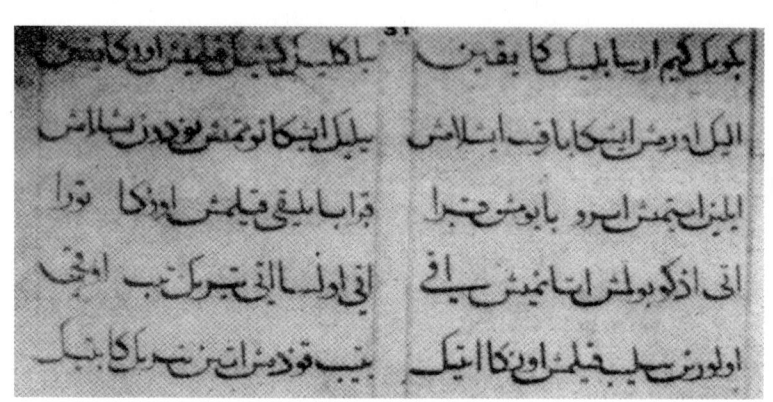

25. bögü   bäg   kim   ärsä   bilikkä   yaqïn
    智者   君主 谁   假如是   向知识   近
英明的君主若喜爱知识

   biliklig   kišig   qïlmïš   özkä   yaqïn
   有智者   把人   使成为   向自己   近
必定把学者们引为知己

26. älig   urmïš   iškä   baqïp   išlämiš
    手   伸   向事   观看   干事的
他处理国事考虑周全

   bilik   iškä   tutmïš   boðun   bašlamïš
   知识   向事   抓住的   人民   引导过的
运用知识来引导庶黎

27. älin   ätmiš   ötrü   bayumïš   qara
    把人民 官制的   以后   发过财的   黑
他治理人民，使他们富裕

   qara   baylïqïn   qïlmïš   özkä   tura
   黑   把财富   做的   向自己   站稳
靠人民富裕，来卫护自己

28. atï   äðgü   bolmïş   atanmïş   aqï
    名字   好的   成为   被称呼的   俊杰
名声好的人被称做俊杰

aqï   ölsä   atï   tirig   täp   uqï
俊杰   假如死 名字   活的   说   你理解吧
俊杰死了，名字永留人世

29. ölürin   bilip   qïlmïş   özkä   ätik
    把他的死   知道   做了   向自己 准备
他知道自己会死，先做了准备

bitip   qoðmïş   atïn   tirigkä   bitig
写   放的   把名字   向活着的   写本
为活者留下书策，上面写着名字

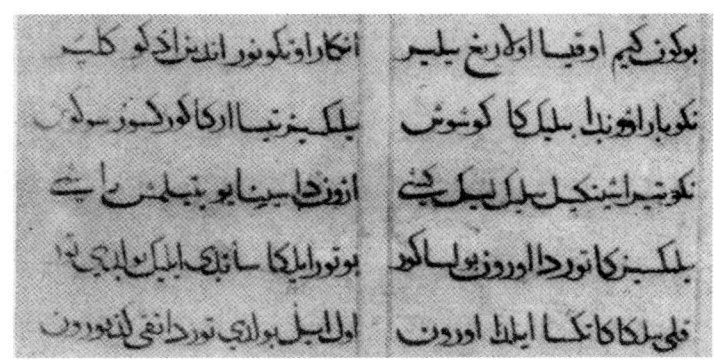

30. bu   kün   kim   oqïsa   olarïğ   bilir
    这   日子   谁   假如读   把它们   知道
今天谁若读它，会认识他们

angar   ötgünür   andïn   äðgü   kälir
向他   模仿   然后   好的   会来
以他们为表率，获得利益

31. nägü   bar   ažunda   bilikdä   kösüş
    哪儿   去   在世界   在知识   愿望
世上还会有什么比知识珍贵

biliksiz   täsä   ärkä   körksüz   söküş
无智者   假如说   向男人   难看的   咒骂
一个人要是没知识，将是奇耻

32. nägü   tär   äşitgil   biliklig   kişi
    为什么 说   你听   有知识的   人
请听博学之士是怎么讲的

ažunda   sïnayu   yätilmiş   yaşï
在世界   试做   成长的   年龄
他年事已高，深有阅历

33. biliksizgä   tördä   orun   bolsa   kör
    向无智者   在高位   位置   有   你看
如果无知者踞于高位
bu   tör   älgä   sandï   älig   buldï   tör
这   高位   向人民   认为   把人民   获得   高位
高位无疑会变为平地
34. qalï   bilgäkä   tägsä   äldä   orun
    假如   向有智者   假如分到   在国家   位置
如果博学者坐在平地
ol   äl   boldï   tördä   taqï   käð   burun
他   人民   变成了   在高位   还   很   以前
平地会变为高地，毫无疑义

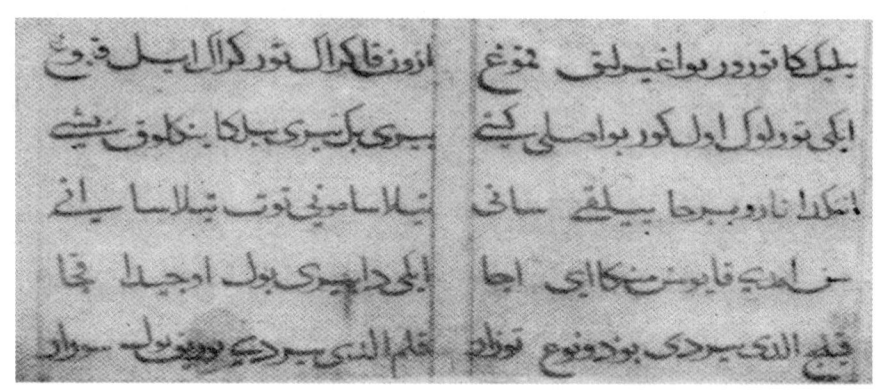

35. bilikkä   turur   bu   ağïrlïq   qamuğ
    对知识   存在   这   尊重   全部
荣誉和地位属于有知识之人
ažunqa   käräk   tör   käräk   qapuğ
对世界   需要   高位   需要   门
无论他居于高位，或是在平地
36. iki   türlüg   ol   kör   bu   äṣlï   kiṣi
    两   种的   他   看   这   有伙伴的   人
世界上两种人最为显贵
biri   bäg   biri   bilgä   yalnguq   baṣï
一   君主   一   知识   人   领袖
一是伯克，一是硕学之士
37. anïngda   naru   barča   yïlgï   sanï
    在它   远   全部   畜群   数量
除此二者之外，全部是畜群
tiläsä   munï   tut   tiläsä   anï
假如祈求   把这   你抓住   假如祈求   把它
你愿做哪一类，全在你自己

38. sän   ämdi   qayu   sän   manga   ay   aça
    你   现在   哪个   你   向我   说   打开
你属于哪一类，请告诉我

ikidä   biri   bol   üçünçtä   qaça
在两   一   成为   在第三   跑掉
愿你做前二类，莫走第三者之路

39. qïlïç   aldï   biri   boðunuğ   tüzär
    剑   拿了   一   把人民   治理
伯克用刀来治理人民

qäläm   aldï   birï   yorïq   yol   süzär
钢笔   拿了   一   明亮   路   过滤
学者用笔指明康庄道路

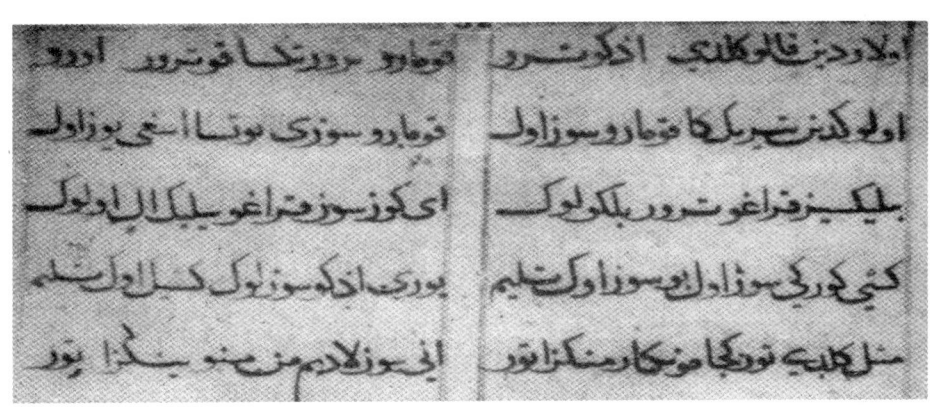

40. olardïn   qalu   käldi   aðgü   törï
    从他们   留下   来了   好的   法律
他们都留下了良好的法度

qumaru   turur   tägsä   qoprur   örü
遗产   站着   假如分配   使竖立   竖
谁若获得这遗产，定有前途

41. ölügdin   tirigkä   qumaru   söz   ol
    从死者   向活者   遗产   话语   是
死者给活者的遗产是语言

qumaru   sözüg   tutsa   asğï   yüz   ol
遗产   把话语   假如抓住   利益   百   是
继承这份遗产，大有好处

42. biliksiz   qarağu   turur   bälgülük
    无知者   盲人   是   有标志的
无知识的人和盲人没有两样

ay   közsüz   qarağu   bilik   al   ülük
哎   无眼睛的   瞎子   知识   拿   股子
盲人啊，愿你快快去寻求知识

43. kişi   körki   söz   ol   bu   söz   ök   tälim
    人   美饰   话语   是   这   话语   确实   许多
人的美饰是语言，语言种类繁多

    yorï   äðgü   sözlük   kişig   ög   tilim
    走   好的   有话语的   把人   你赞美   我的舌头
让我把语言优美的人盛加赞美

44. mäsäl   käldi   türkçä   mungar   mängzätür
    寓言   来了   突厥语   把它   使比喻
突厥语有句格言与此相仿

    anï   sözlädim   män   munu   yangzatur
    把它   我说了   我   这   使模仿
让我在这儿向你转述

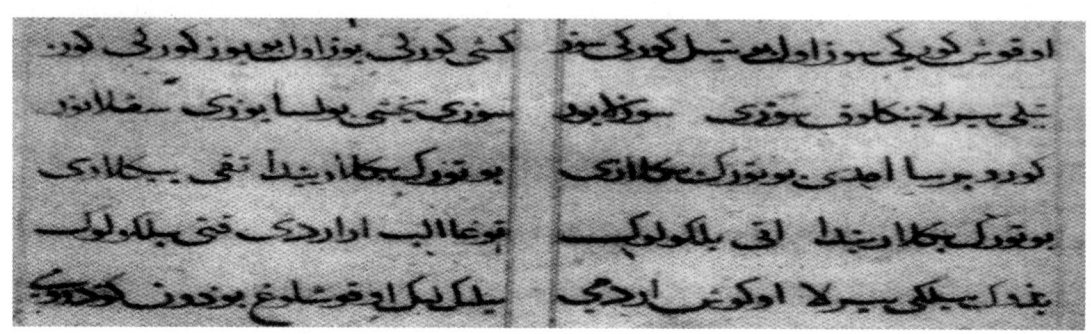

45. uquş   körki   til   ol   bu   til   körki   söz
    智慧   美饰   语言   是   这   语言   美饰   词语
智慧的美饰是舌头，舌头的美饰是语言

    kişi   körki   yüz   ol   bu   yüz   körki   köz
    人   美饰   脸   是   这   脸   美饰   眼睛
人的美饰是脸，眼睛又是脸的美饰

46. tili   birlä   yalnguq   sözi   sözlänür
    语言   用   人   词语   说话
人类靠语言来表情达意

    sözi   yaqşi   bolsa   yüzi   suvlanur
    话语   好的   是   脸   激活容貌
语言优美，满脸光彩奕奕

47. körü   barsa   ämdi   bu   türk   bägläri
    看   去   现在   这   突厥   君王们
让我们看看突厥人的伯克

    ažun   bäglärindä   bular   yägläri
    世界   在君王们   获得   君王们
人世的君王中，数他们优异

48. bu   türk   bäglärindä   atï   bälgülüg

这　突厥　在君王们　名字　有标志的
突厥诸王中唯他最为著名

tonga　alp　är　ärdi　qutï　bälgülüg
勇士　勇敢　男人　是　幸福　有标志的
他是幸福的同俄·阿里普·艾尔①

49. bäðük　bilki　birlä　öküş　ärdämi
　　巨大的　……的知识　用　多　善行
他知识渊博，多才多能

biliklig　uquşluǧ　boðun　köðrümi
有知识的　有智慧的　人民　抬举的
聪明睿智，就是人间骄子

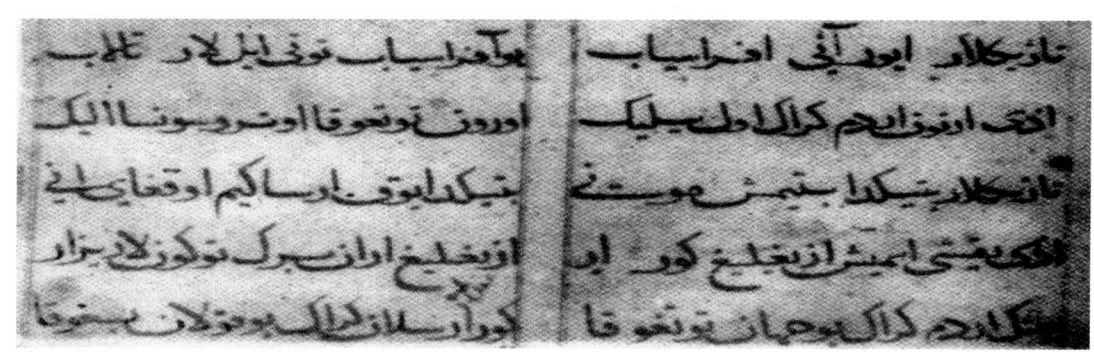

50. täziklär　ayur　anï　äfrasiyab
　　塔吉克人　说　把他　阿芙拉西亚普
塔吉克人称他为阿芙拉西亚普

bu　äfrasiyab　tuttï　ällär　talap
这　阿芙拉西亚普　抓住了　许多国家　抢劫
他曾把天下夺到了手里

51. äði　artuq　ärdäm　käräk　ög　bilik
　　是　多余的　善行　需要　想要　知识
假若你想取得统治世界的权力

ažun　tutǧuqa　ötrü　sunsa　älig
世界　向抓住　以后　假如伸出　手
必须有卓越的才华和丰富的知识

52. täziklär　bitikdä　bitimiş　munï
　　塔吉克人　在书中　写过　把他
塔吉克人书中有明确的记载

bitikdä　yoq　ärsä　kim　uqǧay　anï
在书中　没有　假如是　谁　将知道　把他
若是书中没有，谁能知悉

---

① 同俄·阿里普·艾尔——或作"阿里普·艾尔·同俄"，是古代突厥人传说中的英雄。

53. äδi   yaqsi   aymïš   azïğlïğ   kür   är
    是   好的   说过   勇敢的   壮士   男人
一位英勇无畏的壮士说得很好
azïğlïğ   ärän   bärk   tügünlär   yazar
勇敢的   人   坚固的 结子   将会揭开
英勇的壮士能解开世上的难题
54. ming   ärdäm   käräk   bu   jähan   tutğuqa
    千   善行   需要   这   世界   向抓住的（人）
统治世界，必须多才多能
kör   arslan   käräk   bu   qulan   basğuqa
看   雄狮   需要   这   野驴   向压迫
制伏野驴，必须依靠雄狮

55. ažunčïqa   ärdäm   käräk   ming   tümän
    对官制世纪的（人） 善行   需要   千   万
对御世者来说，才智越多越好
anïn   tutsa   äl   kün   kätärsä   tuman
他的   假如抓住   人民 假如使驱赶   雾
用才智治理人民，方能廓清迷雾
56. qïlïč   ursa   pičsa   yağï   boynïnï
    剑   假如打   假如切开   敌人   把……的脖子
愿他挥动战刀，斩断敌人的脖颈
törü   birlä   tüzsä   äli   boδnïnï
法律   用   假如治理   ……的国家   把……的人民
愿他依靠法度，把世人引上正路

（七）《福乐智慧》第十章　论知识、智慧和才华的好处
bilik   uquš   ärdämin   asïğïn   ayur
知识   智慧   把……的善行   把……的利益   将要说
论知识、智慧和才华的好处

1. tiläkim   söz   ärdi   ay   bilgä   bögü
   我的愿望 话语   是   哎   有知识的 智者
贤明的智者啊，请听我言
   uquşluğ   biliklig   özüm   sözlägü
   有智慧的 有知识的   我自己   将要讲
让我把智慧和知识讲讲

2. uquş   ol   yula   täg   qarangqu   tüni
   智慧   是   灯   相似   黑暗   ……的夜晚
智慧好比黑夜的明灯

   bilik   ol   yaraqluq   yaruttī   säni
   知识   是   光线   使照亮了   把你
知识能照亮你的心房

3. uquşun   ağar   ol   bilikin   bä ðür
   把智慧   上升   是   把知识   将会变大
智慧使人高升，知识使人高大

   bu   iki   bilä   är   ağırlıq   körür
   这   两   用   男人   尊重   将会看
借此二者，世人方能非同凡响

4. mungar   pütmäsä   kör   bu   nuşin   räwan
   把它   假如不信   看   这   诺希尔旺
如若不信，请看诺希尔旺①大帝
   uquş   közi   birlä   yaruttī   jähan
   智慧   眼睛   用   使照亮了   世界
他用智慧的眼睛把宇宙照亮

---

① 诺希尔旺——或称"艾诺希尔旺"，是伊朗萨珊王朝第十九代君王，以贤明公正著称。

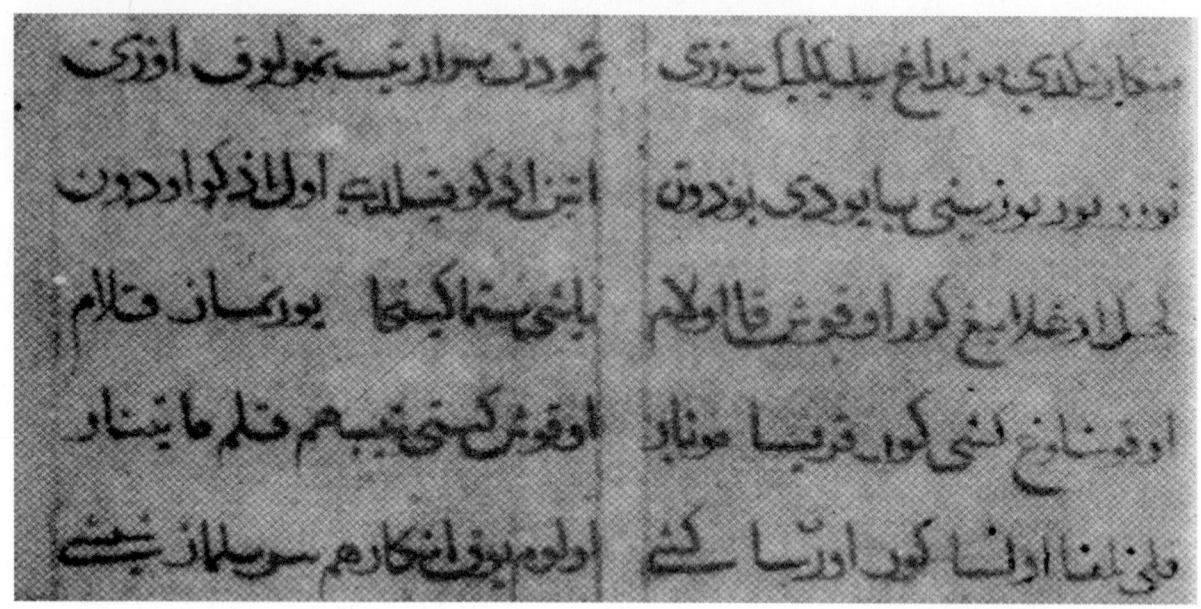

5. mangar　tägdi　bundağ　biliklik　sözi
　 向我　　到达　　这样　　又知识　……的话语
我接受了有智者的劝告

　tamudïn　barar　täp　tamuluğ　özi
　 从地狱　　会去　　说　　地狱的　　自己
该进入地狱的人总会回归地狱

6. törü　tüz　yorïttï　bayudï　boðun
　 法律　直的　使走了　发财了　人民
他执法公允，人民得以富裕

　atïn　äðgü　qïldï　ol　äðgü　öðün
　把名字　好的　使成了　是　好的　时代
在美好的时代，留下美好的声望

7. kiçig　oğlan　kör　uqusqa　ulam
　 小的　　儿子　　看　　向智慧　继续
你看那还提，终究会有理智

　yaşï　yätmäginçä　yorïmaz　qïlam
　年龄　直到不到达　　不会走　　笔
懂事之前，天使不给他记账

8. uquşluğ　kişi　kör　qarïsa　munar
　 有理智的　　人　你看　假如变老　这样
有理智的人老了，也要昏聩

　uquş　kätti　täp　häm　qäläm　mä　tïnar
　智慧　过去了　说　又　钢笔　也　停止
昏聩之人天大事业不计在账上

9. qalï   tälvä   ursa   kör   ölsä   kişi
   假如   疯子   假如打   你看   假如死   人
   要是一个疯子打人，置人于死地
   ölüm   yoq   angar   häm   bärilmäz   şişi
   死亡   没有   向他   又   不给   血债
   不会处他死刑，无须把命赔偿

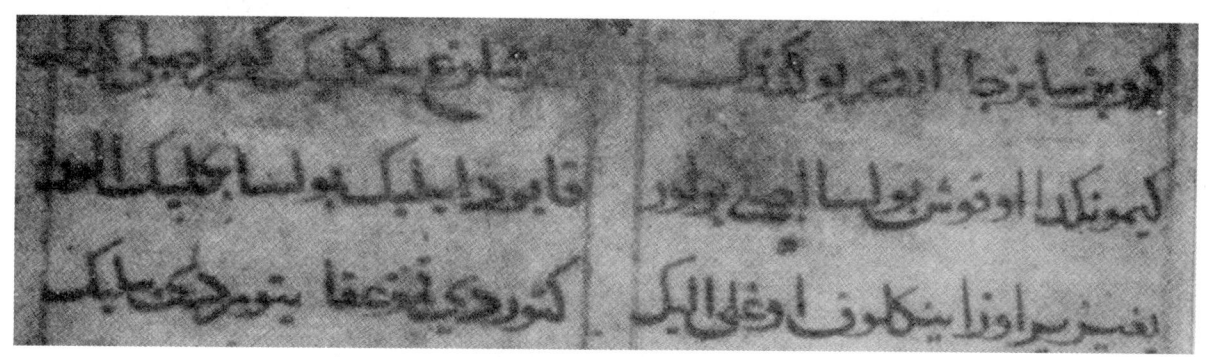

10. nägülük   täsä   sän   uquşsuz   turur
    为什么   假如说   你   没有智慧   站着
    若问为何，因为他没有意识
    uquşsuz   kişilär   ülügsüz   turur
    没有智慧   人们   无股子的   是
    无意识之人，不受刑赏

11. uquşqa   turur   bu   ağïrlïq   ätik
    向智慧   是   这   尊重   准备
    唯有智者受到人们的尊敬
    uquşsuz   kişi   bir   avuçca   tätik
    没有智慧的 人   一   把子   泥巴
    无智者和泥巴没有两样

12. körü   barsa   barça   urur   bu   bädük
    看   假如去   全部   将会打   这   巨大
    你瞧，世人都以华服装饰自己
    uquşluğ   biliklig   kör   äsli   käð   ök
    有智者   有知者   看   原来   声望   很
    有知有智的人以内秀而受人崇尚

13. kimingdä　uquş　bolsa　äsli　bolur
　　 在你的谁　智慧　假如有　原来　会有
谁若具有智慧，就会尊贵

qayuda　bilik　bolsa　bäglik　bulur
在哪个　知识　假如有　君王　会得到
谁若具有知识，就能为王

14. yağız　yär　özä　yalnguq　oğlï　älig
　　 棕色　土地　之上　人　儿子　国王
人祖之子把手伸向褐色大地

kötürdi　qamuğqa　yätirdi　bilik
提高了　向全部　使到达　知识
凭借知识实现了一切愿望

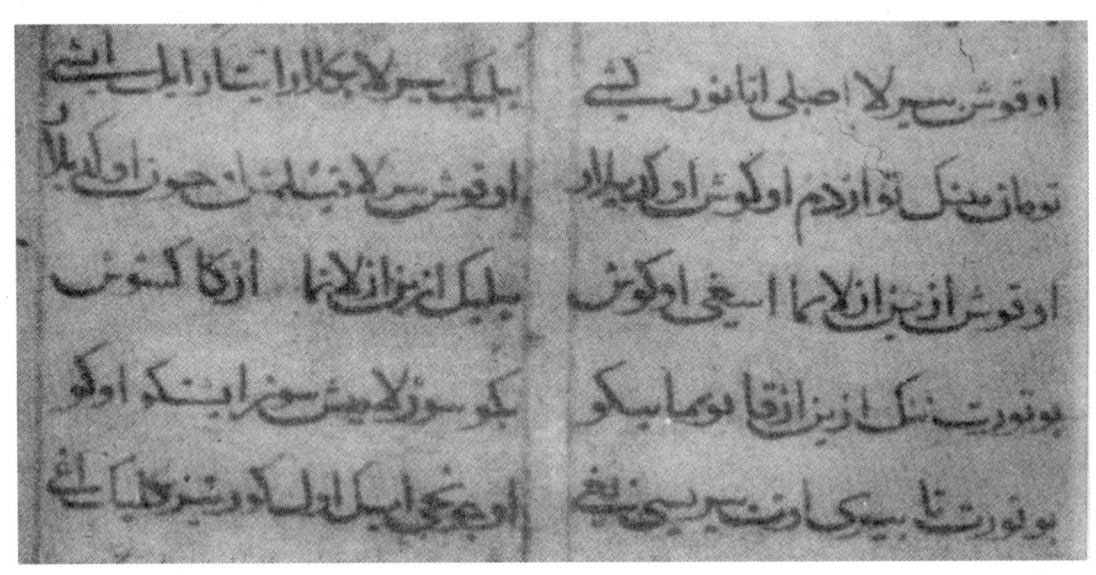

15. uquş　birlä　äsli　atanur　kişi
　　 智慧　用　原来　将会被称为　人
你瞧，人因有智慧被称为贵人

bilik　birlä　bäglär　ätär　äl　işi
知识　用　君王们　将会做　国家　的事情
伯克依靠知识来治理人民

16. tümän　ming　tü　ärdäm　öküş　ögdilär
　　 万　千　种　善行　多　赞美
美德之所以受到百般赞美

uquş　birlä　qïlmïş　üçün　ögdilär
智慧　用　行为　为　赞美
就因为它以智慧为根本

17. uquš   azïn   azlanma   asğï   öküš
    智慧   少   被看成很少   好处   多
莫嫌智慧少，它的好处良多
bilik   azïn   azlanma   ärkä   kösüš
知识   少   被看成很少   向男人   希望
莫嫌知识少，它能使你贵重

18. bu   tört   näng   azïn   azqa   tutma   nägü
    这   四   物质   少   向少   你不抓住   怎样
有四种东西，虽少也不能嫌少
bögü   sözlämiš   söz   äšitgü   ögü
智者   说的   话语   听   用心
一位智者曾经说过，请你静听

19. bu   törttä   biri   ot   birisi   yağï
    这   在四   一   火   一   敌人
一种是火，一种是敌寇
üčünči   ig   ol   kör   tiriglik   ağï
第三   病   是   看   生命   财富
一种是夺取人生命的疾病

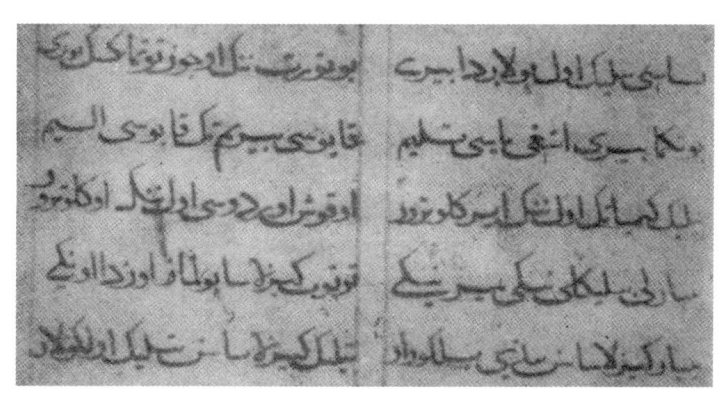

20. basasï   bilig   ol   bularda   biri
    ……的此后   知识   是   在他们   之一
还有一种是知识才能
bu   tört   näng   učuz   tutma   yüksäk   töri
这   四   物质   轻   不要抓住   高尚   法律
切莫小视它们，意义非经

21. bu   tägmä   biri   asğï   yasï   tälim
    这   所有   之一   ……的好处   ……的坏处   多
它们之中有的造福，有的为害
qayusï   bärim   täg   qayusï   alïm
哪个   负债   相似   哪个   该收的钱款
有的好比赏赐者，有的是要债之人

22. bilik　kimya　täg　ol　näng　irklü　turur
　　知识　无论是谁　到达　这　物质　堆积　正存在
知识好比炼丹炉，物质纳于其内
uquş　ordusï　ol　näng　üglü　turur
智慧　宫廷　这　物质　集中　正存在
智慧好比王宫，财富集于其中

23. yïparlï　bilikli　tängi　bir　yangï
　　麝香和　知识　相似　一　新的
知识和麝香，极其相似
tutup　kisläsä　bolmaz　özdä　öngi
抓住　看成保密　不成　在自己　另外
谁也难把它匿藏于内心

24. yïpar　kisläsä　sän　yïdï　bälgürär
　　麝香　看成保密　你　味道　显示
麝香藏在身上，香气会四溢
bilik　kisälä　sän　tilig　ülgülär
知识　看成保密　你　把舌头　露出来
知识藏在心中，舌头会透露

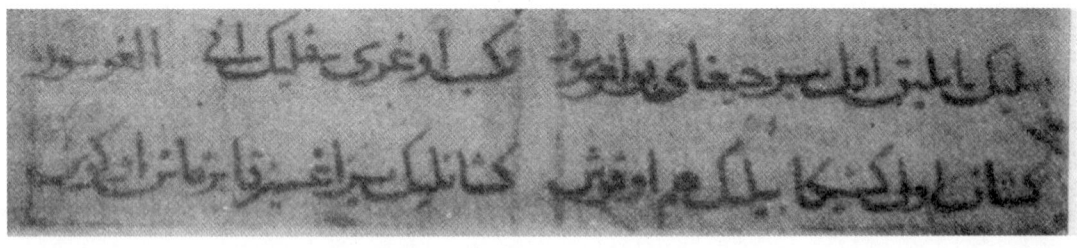

25. bilik　baylïq　ol　bir　çïğay　bolğusuz
　　知识　宝藏　是　一　贫者　不会成为
知识是永不匮乏的宝藏
tägip　oğrï　tävlik　anï　alğusuz
接触　贼　骗子　把它　不会拿走
盗贼奸人难以把它抢走

26. kişän   ol   kişikä   bilik   häm   uquş
    镣   是   向人   知识   又   智慧
知识和智慧好比镣铐
    kişänlig   yaraqsızqa   barmaz   öküş
    有镣的   向……无用   不会去   多
被镣铐桎梏的人，免致愆尤

27. sävügräk   atın   är   kişänlik   tutar
    可爱   用马   男人   有镣的   抓住
人们用绳索拴住良马
    käräklig   atın   kör   küðazlig   tutar
    有用的   把马   看   监护   抓住
顶用的良马被紧紧看守

28. kişänlig   kürämäz   käräkçä   yorır
    有镣的   跑不掉   根据需要   将会走
受束缚的良马，可随心驾驭
    tuşağlığ   yıramaz   tiläkçä   barır
    被桎梏的   不会走远   根据欲望   将会去
受桎梏的良马，难以逃走

29. uquş   ol   sanga   äðgü   andlığ   adaş
    智慧   是   向你   好的   给诺言的   朋友
知识是你慈爱的亲人
    bilik   ol   sangar   käð   bağırsaq   qadaş
    知识   是   向你   很   忠诚的   朋友
智慧是你忠诚的朋友

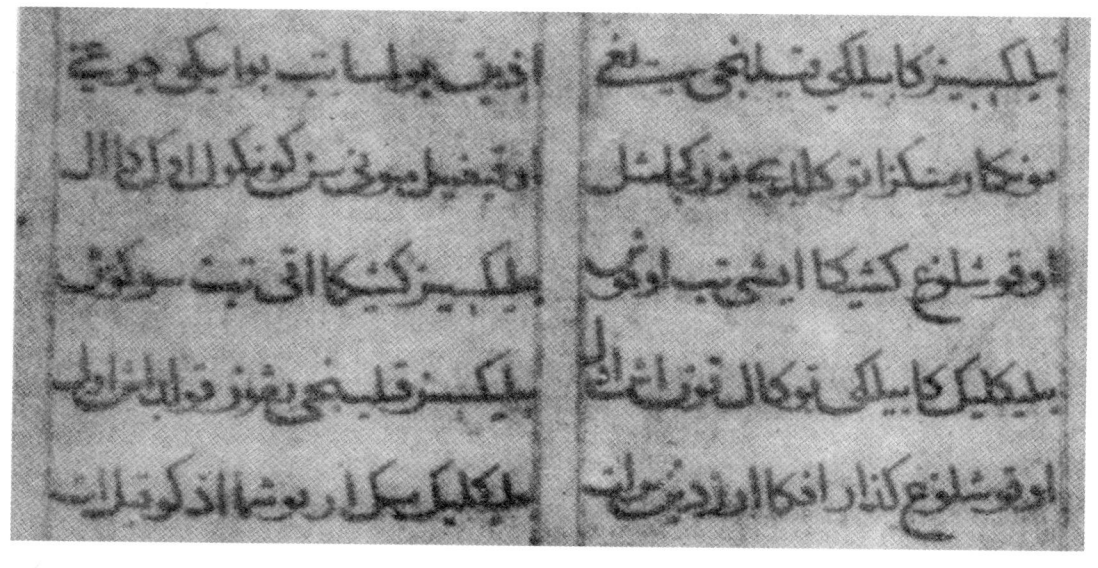

30. biliksizgä   bilgi   qılınçı   yağı
    向无智者   ……的知识 ……的行为   敌人
无智者的行为是自己的仇敌

aðïn   bolmasa   tap   bu   iki   çoğï
另外   假如没有   说   这   两   威严
它带来的祸患真让你够受

31. mungar   mängzätü   käldi   türkçä   mäsäl
    就这   比喻   来了   突厥语   格言
有句突厥格言讲到了这点

oqïğïl   muni   sän   köngül   ögkä   al
你读   把这   你   心灵   向欲望   你拿
望你读读它，牢记心头

32. uquşluğ   kişikä   äşi   tap   uquş
    有智者   向人   伴侣   说   智慧
有智的人，智慧和他为伴

biliklik   kişikä   atï   täp   söküş
有智者   向人   名字   说   咒骂
无知者的名字，受人诅咒

33. bilikligkä   bilki   tügäl   ton   aş   ol
    向有智者   ……的知识 全部   衣服   饮食   是
有知识的人，知识是他的衣食

biliksiz   qïlïnçï   yavuz   qoldaş   ol
无智者   ……的行为   恶劣的   朋友   是
无智者的行为，是他自己的恶友

34. uquşluq   käð   är   övkä   özdin   yïrat
    有智者   很   男人   肺脏   从自己   使离远
明智的男儿呀，要抑制火气

biliklig   bäg   är   puşma   ädgü   qïl   at
有智者   君王   男人   不要愤怒 好的   做   名字
切莫轻易动怒，要把美名长留

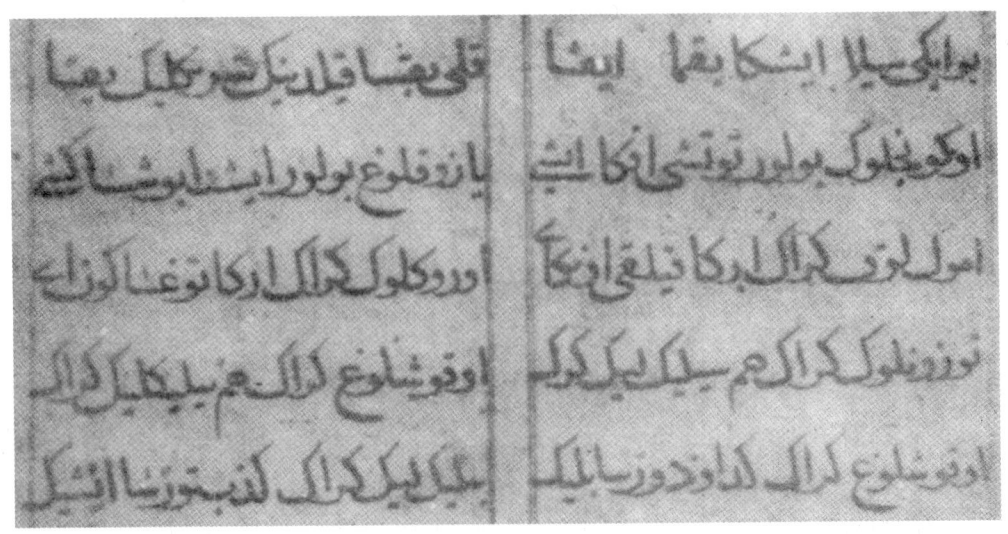

35. bu　　iki　　bilä　　iškä　　yaqma　　ivä
　　这　　两　　用　　向事情　不要点燃　不要焦急
临事切忌生气和动怒

qalī　　yaqsa　　qīldīng　　tiriglik　　yava
假如　假如点燃　你做了　　生命　　恶劣的
生气动怒会招致丧生之忧

36. öküçlüg　　bolur　　tutšī　　övkä　　iši
　　悔恨的　　成为　　经常　　肺脏　……的事情
临事生气会给你造成悔恨

yazuqluq　　bolur　　ištä　　pušsa　　kiši
有罪的　　成为　　在事情　假如愤怒　　人
临事动怒会给你造成怨尤

37. amulluq　　käräk　　ärkä　　qīlqī　　ongay
　　安静　　需要　　向男人　　行为　　方便
男儿的举止，应当温和恬静

örüglük　　käräk　　häm　　bägkä　　toğsa　　kün　　ay
清静　　需要　　又　　向君王　假如出生　太阳　月亮
伯克行事沉着，才能天长日久

38. tüzünlük　käräk　häm　biliklig　käräk
　　诚实　　需要　又　　有智者　　需要
既要聪明多智，又要学识渊博

uqušluq　　käräk　häm　biliklig　käräk
有智者　　需要　又　　有智者　　需要
既要和悦可亲，又要性情温柔

39. uqušluq　　käräk　käð　　öðürsä　　kišig
　　有智者　　需要　很　假如选拔　　把人
有了智慧，才能用人得当

biliklig　　käräk　käð　　pütürsä　　išig
有知者　　需要　很　假如完成　把……的事情
有了知识，才能有所成就

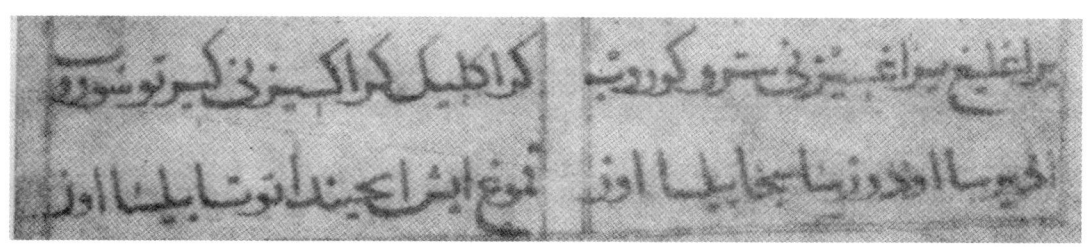

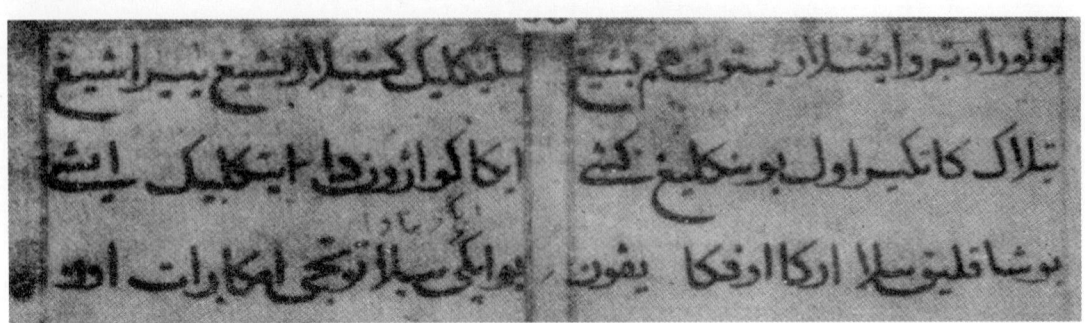

40. yarağlïğ　　yarağsïznï　　tätrü　　körüp
　　 有用的　　　把无用　　　相反　　看
对有能和无能者要用心考察
　　 käräklig　　käräksizni　　kärtü　　sorup
　　 有用的　　　把无用　　　真实　　问
对有用和无用的要认真考究

41. aðïrsa　　öðürsä　　säçä　　bilsä　　öz
　　 假如分开　假如选拔　选择　假如知道　自己
时时事事都要留神观察
　　 qamuğ　　iş　　içindä　　yitig　　tutsa　　köz
　　 全部　　事　　在里面　　快的　　抓住　　眼睛
要甄别好坏，选拔优秀

42. bolur　　ötrü　　işlär　　pütün　　häm　　pïşïğ
　　 将成为　以后　　事情　　完整　　又　　成熟的
这样作，事情才能完善扎实
　　 biliklig　　kişilär　　pïşïğ　　yär　　aşïğ
　　 有知者　　人们　　　成熟的　会吃　把饮食
有知识的人，生饭不会入口

43. tiläkkä　　tägir　　ol　　buyanlïğ　　kişi
　　 向愿望　　会达到　那　　好的　　　人
这样的人，才能事事如愿
　　 ikigü　　ažunda　　ätiklig　　işi
　　 两个　　在世界　　做好的　　……的事
今生和来世都会有所成就

44. puşaqlïq　　bilä　　ärkä　　övkä　　yavuz
　　 又愤怒　　与　　对男人　肺脏　　恶劣的
生气和动怒是人的大敌
　　 bu　　iki　　bilä　　tutçï　　ämgär　　ät　　öz
　　 这　　两　　用　　抓住者　会受苦　肉体　自己
会使你身心受苦，变得消瘦

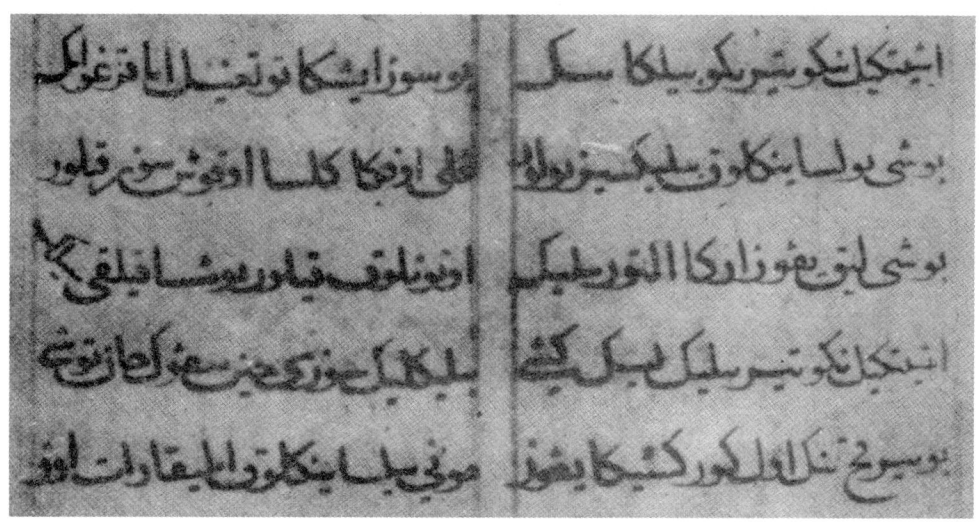

45. äşitgil   nägü   tär   bögü   bilgä   täng
　　你听　如何　说　博学的　有知者　相似
请听贤明的学者如何教导

bu   söz   işkä   tutğïl   aya   qïzğu   äng
这　话语　向事　你用　哎　变红　面容
幸福之人啊，愿你记牢心头

46. puşï   bolsa   yalnguq   biliksiz   bolur
　　脾气　假如有　人　无智者　成为
脾气一来，有知会变为无知

qalï   övkä   kälsä   uquşsuz   qïlur
假如　肺脏　假如来　无智慧　将做
肝火一动，会把理智赶走

47. puşïlïq   yavuz   ärkä   ältür   bilik
　　有愤怒　恶劣的　对男人　带来　知识
火气如敌寇，夺走人的知识

otunluq   qïlur   puşsa   qïlqï   silig
愚蠢　将做　假如愤怒　……的行为　干净
温顺之人也会变得粗暴执拗

48. äşitgil   nägü   tär   biliklig   kişi
　　你听　如何　说　有知识的　人
请听博学之士是怎么说的

biliklig   sözi   çïn   sävüg   jan   tuşï
有知识的……的话语　真的　把话　生命　利益
学者的话和生命有同样价值

49. bu   bir   qaç   näng   tär   ol   kör   kişigä   yavuz
　　这　一　几个　物质　说　是　看　对人　恶劣的
下述诸事是人之大敌

munï   bilsä   yalnguq   alaqar   ät   öz
把这 假如知道   人   将会感染 肉体 自己
世人会因此而毁了自己

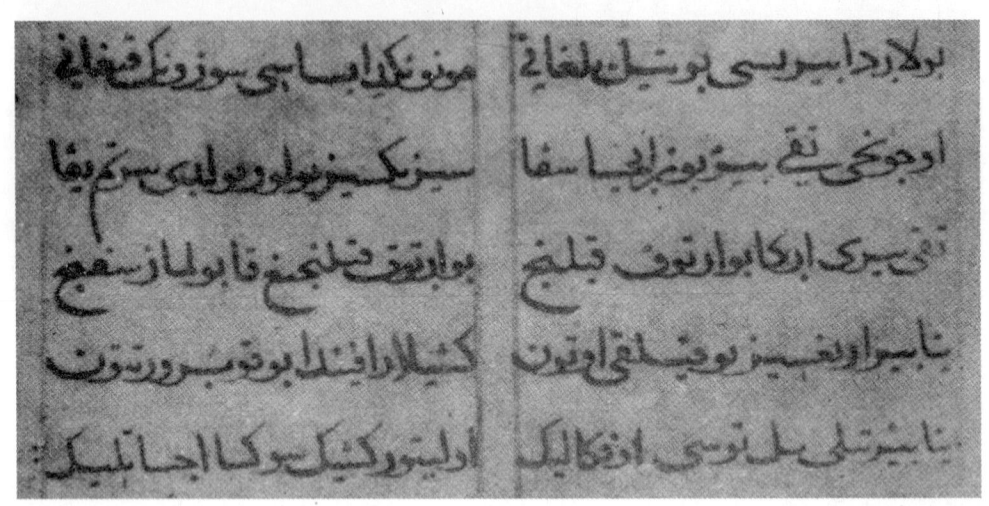

50. bularda   birisi   bu   til   yalğanï
    在这些   之一   这   语言 把……的假
首先一条是爱说谎话

munïngda   basasï   sözüg   qïyğanï
在这   然后   把话语   变歪
言而无言又是其中之一

51. üçünçi   taqï   bir   bor   içsä   sävä
    第三   还有   一   酒   假如喝 喜欢
第三件事是贪杯好酒

säziksiz   bu   är   boldï   birtäm   yava
无疑   这   男人 成为了 一会儿   恶劣
其生命必将虚度

52. taqï   biri   ärgä   bu   arquq   qïlïnç
    还   一   对男人 这   顽固的   行为
还有一件是性情顽固

bu   arquq   qïlïnçlïğqa   bolmaz   sävinç
这   顽固的   向行为   不成   爱情
顽固者一生难得欢愉

53. yana   bir   arïğsïz   bu   qïlqï   otun
    又   一   不干净的 这   ……的行为 卑鄙的
另一件不良行为是粗鄙

kişilär   ävindä   bu   qoprur   tütün
人们   在家里   这   让起立   烟
它会把邪火引向别人的家里

54. yana   bir   tili   äl   puşï   övkälig
    又   一   语言   人民 ……的愤怒 有肺脏的
另一件是性情暴躁，语言污秽
ulïtur   kişig   sözgä   açsa   tilig
使悲哀   把人   向话语   假如打开   把语言
开口骂人，能伤人心脾

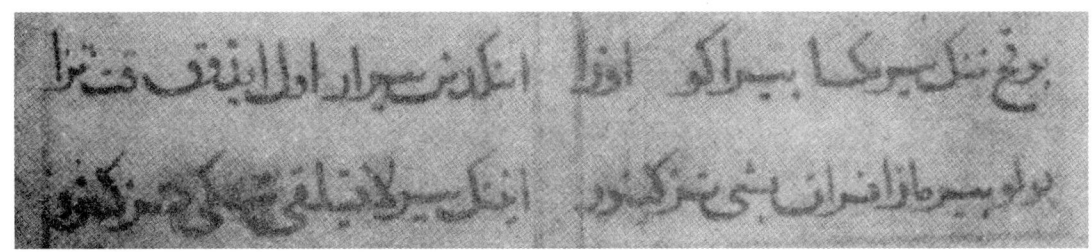

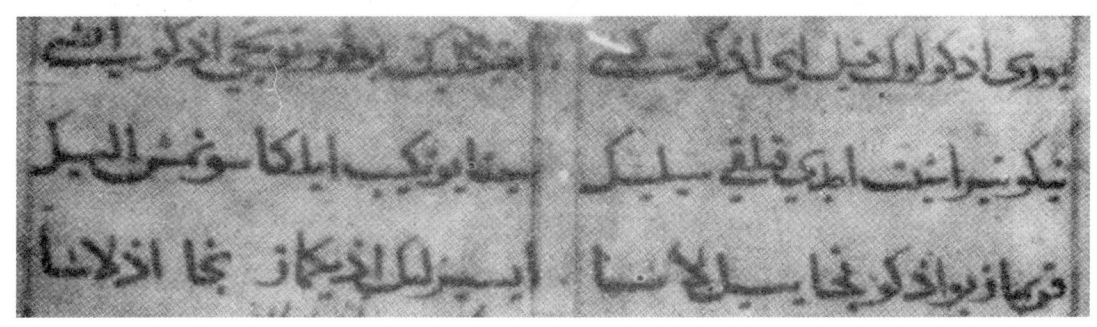

55. bu   qaç   näng   biriksä   birägü   özä
    这   几个   物质   假如合成   一   之上
一个人如果有上述毛病
anïngdïn   yïrar   ol   ïduq   qut   täzä
从它   将会离去 它   神圣   幸福   离开
幸福欢乐将从他身边离去

56. bolu   bärmäz   ävrän   başï   täzginür
    成为   不给   苍天   ……的头   运转
苍天也对他掉头不顾
anïng   birlä   qïlqï   yangï   täzginür
它的   一   ……的行为 新的   运转
他的行动将会背离正路

57. yorï   äðgülük   qïl   ay   äðgü   kişi
    走   好事   做   哎   好的   人
来吧，好人，还是多做善事
ätiklig   bolur   tutçï   ädgü   işi
已做好的   是   抓住的人 好的 ……的事
善行的道路畅通无阻

58. nägü   tär   äşit   ämdi   qïlqï   silig
    如何   说   你听   现在   ……的行为 干净
请听一位善良的人是怎么讲的
sïnayu   tägip   älgä   sunmïş   älig
尝试   接触   向国家   折断   手
他治理国事有远见卓识

59. qarïmaz   bu   ädgü   näçä   yïllasa
    不会变老 这   好的   几个   假如过年
岁月流逝，好人青春常在
äsizlik   ädilmäz   näçä   ädläsä
野性   不会做   几个   假如做
江山易改，恶人本性难移

60. yasï   qïsqa   äsiz   öküncün   qarïr
    坏处   短的   野性   把懊悔   将变老
悔恨懊恼，使坏人早衰
uzun   yaşlïğ   ädgü   öküncsüz   yorïr
长的   年龄   好的   无懊悔   将会走
好人长寿，因他心无挂碍

61. tiläkin   bulur   ädgü   kündä   yangï
    把愿望   获得   好的   在每天   新的
好人的心愿，时时得以实现
äsizning   küningä   ming   artar   mungï
恶人的   每天   千   将变多   苦恼
坏人的苦恼，往往纷至沓来

二 《真理入门》

《真理入门》（Ätäbätul Häqayïq）的选段
（伊斯坦布尔乙本，bilim häqqidä 论知识）

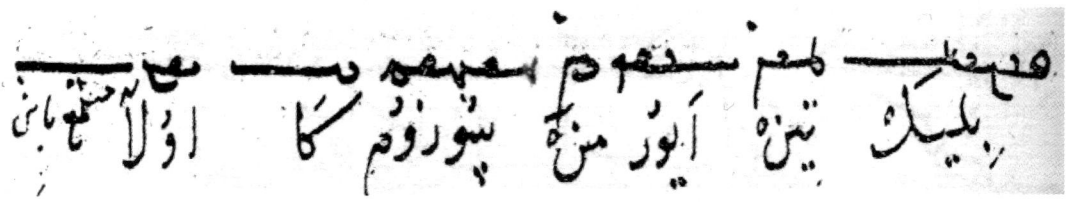

biligtin ayur män sözümgä ula,
用知识 说 我 向我的话 基础
我用知识奠定了言语的基石，

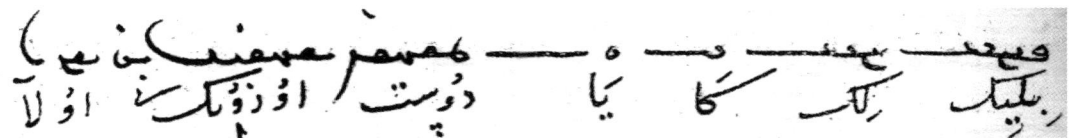

biligligkä ya dost özüngni ula.
向有知识的人 啊朋友 把你自己 连接
朋友啊，请你来献身于知识。

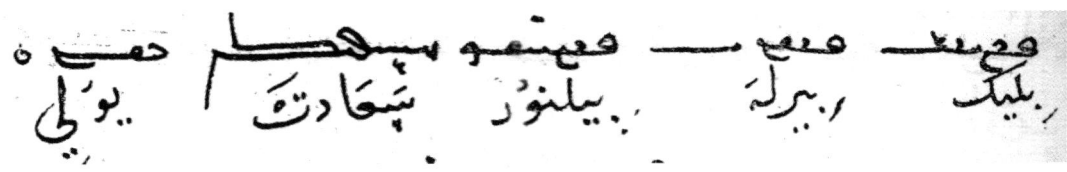

bilig birlä bilinür sä'ädät yolï,
知识 用 知道 幸福 之路
有知识就能找到幸福之途，

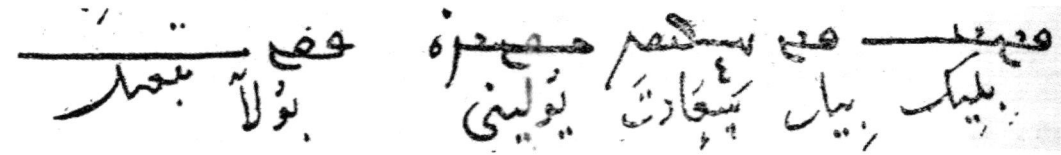

bilig bil sä'ädät yolïnï bula.
知识 知道 幸福 把……之路 找
寻求知识吧，向幸福之途追觅

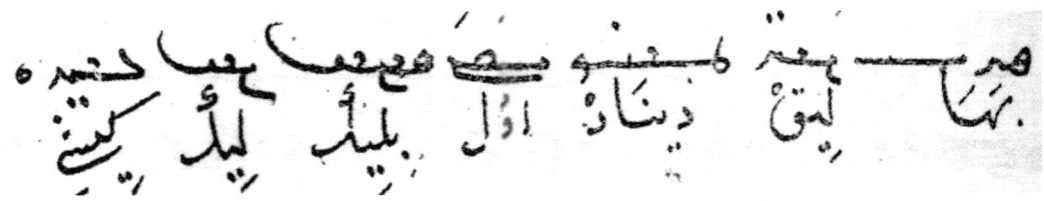

bahalïğ   dinar   ol   biliglig   kişi,
有价值的①   金币   它   有钱的   人
那珍贵的金币好比智慧之身，

bu   jahil   biligsiz   bahasïz   beşi.
这   顽固   无知   无价值   ……之头
愚昧无知者不如分文。

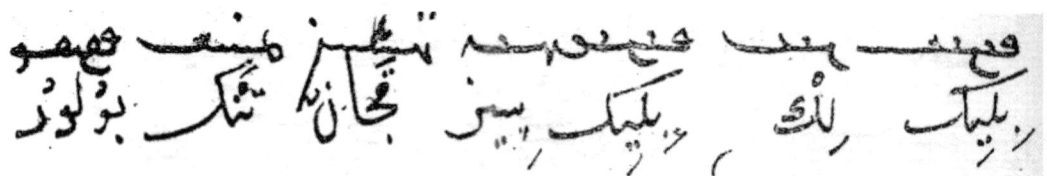

biliglig   biligsiz   qaçan   täng   bolur,
有知识的   无知的   何时   同等   是
智者与无知人怎能相比，

biliglig   tişi   är，   jahil   är   tişi.
明智的   女   男   顽固   男   女
明智的女子如好汉，愚昧的男子不如明智的女人。

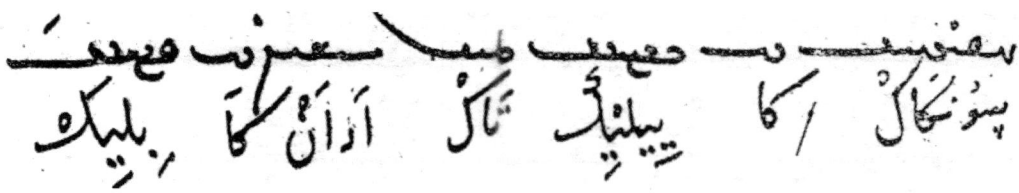

söngäkkä   yilig   täg   ärängä   bilig,
向骨头   骨髓   一样   向男人   知识
人有知识如同骨中有髓，

---

① dinar 是阿尔及利亚、突尼斯、伊拉克、也门、科威特、南斯拉夫等国家的货币单位。

ärän körki aqïl ol söngäkning yilig.
男人 美丽 智慧 它 骨头的 骨髓
人类的美好在于智慧,骨头的美味在于骨髓。

biligsiz yiligsiz söngäk täg ḥali,
无知 无骨髓 骨头 一样……的情况
无知者有如无髓的剩骨头,

yiligsiz söngäkkä sunulmaz älig.
无髓的 向骨头 不伸出 手
人们对它从不理会。

bilig bildi, boldi ärän bälgülüg,
知识 学会了 变成了 男人 明显的
有知识的智者名扬四方,

biligsiz tiriglä yitük körgülüg.
无知　还活着　丢失的　不幸
无知的人活着却被人遗忘。

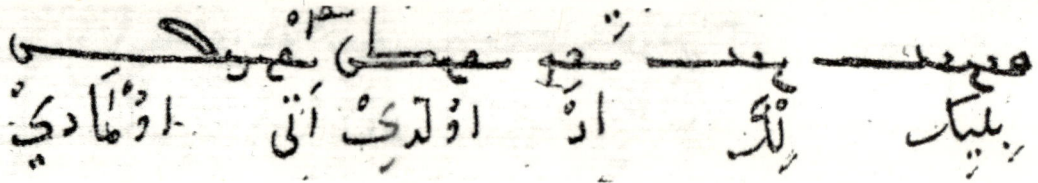

biliglig är öldi atï ölmädi,
有知识的　男人　死了……的名称　没死了
智者虽死名犹在，

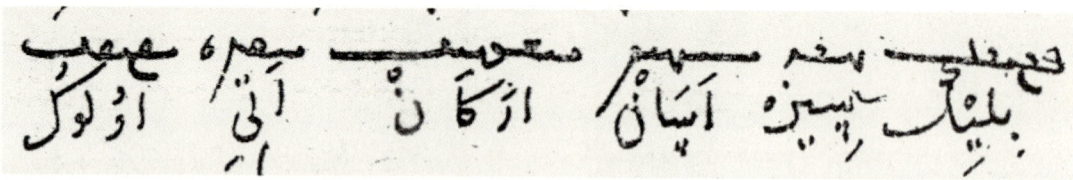

biligsiz äsän ärkän atï ölüg.
无知的　无恙　是　……的名称　死的
无知的人虽生名实亡。

biliglig biringä biligsiz mingin,
有知识的　向某一个　无知　一千
一个智者能和一千个无知的人较量，

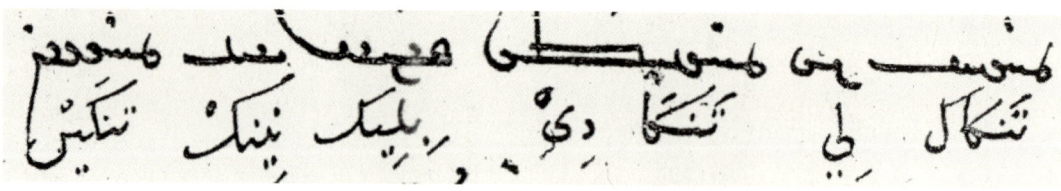

tängägli tängädi biligning tängin.
对比了　知识的　　　把货　载
对比下你能懂知识的重量。

baqa körgil ämdi uqa sïnayu,
视　你看　现在　懂　考验
你明智地观察就会理解。

nä　näng bar bilig täg asïǧlïǧ öngin.
什么 东西 有　知识　一样 有利的　面
任何财宝都比不上知识的宝藏。

bilig birlä alïm yoqar yoqladï,
知识　用　科学家 高地　升高了
学者以有知识而登上高峰，

biligsizlik ärni çökärdi qodï.
无知　　　把男人 使下沉了……的底下
无知的人以愚昧而向下沉沦。

bilig bil! usanma bil ol häq räsul,
知识 寻找 不要厌倦 知道 它 真主 使者
探求知识切莫厌倦啊，真主的使者说：

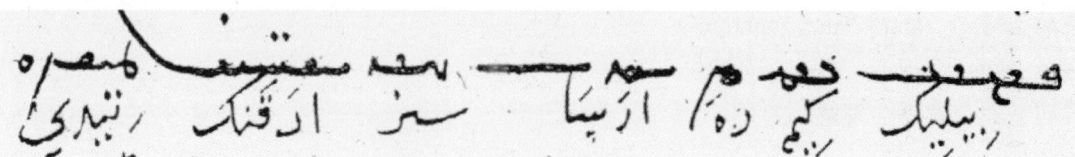

bilig kimdä ärsä siz arqang dädi.
知识 在谁 如果有 您 寻找 说了
"知识在谁,你们要去找寻。"

biliglig biligni ädärgän bolur,
智者 把知识 探索 是
智者向往知识探索追随,

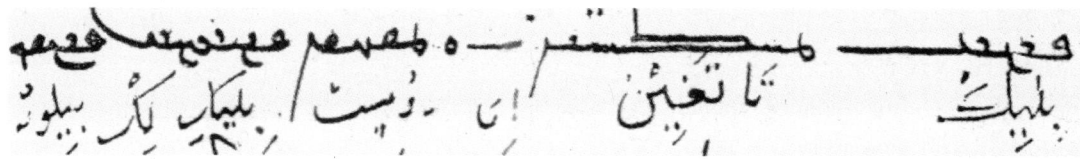

bilig tatïğïn ay dost biliglig bilür.
知识 把滋味 啊 朋友 智者 知道
朋友呵,只因智者尝过知识的甘美。

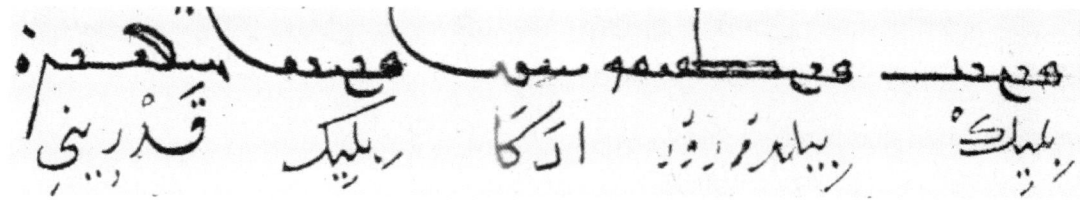

bilig bildürür ärgä bilig qädrini,
知识 使知道 向男人 知识 把……的价值
知识教人们懂得知识的珍贵,

biligni   biligsiz   adïn   nä   qïlur.
把知识   无知   其他   什么   做
只有无知的蠢材才将知识抛废。

三 《泰杰力诗歌》选段

作者：塞依迪·玉赛因·汗·艾克柏尔·泰杰力
Qäsidä 卡斯代（颂诗）
（诗人的这首诗是献给他在喀什的朋友乃再尔别克·赛利穆阿洪卡孜的）

boldï çun zärrin läwa subh aqlïqïdïn nurï bar,
qïldï aläm ärsäsidin qara tun fäwji firar.
黎明发出银光升起它金色的旗帜，
黑暗的团雾从宇宙的舞台匆匆离散。

käymiş ärdi qara ätlästin hawa bir täylisan,
anï mehr ätti ziya tïrnağï birlä tar—tar.
太阳用它那尖利指甲一样的光芒，
把肩上披着黑纱的天宇击成碎片。

çäşmä'i xurşid nur ämwaji birlä dährining,
yup yüzidin qaräsin közgüdäk ätti abdar.
太阳的光波，把宇宙面上的黑暗，
洗刷得像明镜般明亮，分外耀眼。

lekin olmïş közlärimdä gärçä män xäffaş ämäs,
uylä aläm qara kiyim yäldağädur a'inä dar.
我虽然不是蝙蝠，但在我的眼里，
光明的宇宙也显得一片漆黑黯淡。

aläm aning közläridä qara bolsa yoq äjäp,
bidili kim dur qara közlär bälasiğa duçar.
受小人陷害，失去心灵的人眼里，
宇宙显得黑暗，并不是奇怪的事件。

köz tikip män bir qara qaş dilräbağä kim üzüp,
riştä'i ulfätni, jismim ingnädäk boldï nizar.
我选中了一位花容月貌的妙龄女郎，
可她扯断了情丝，我瘦如针尖一般。

qara därlär aq körüp anï bu mä'ini birlä kim,
suräti kafur* yängliğ, siräti durmïş ïpar.
睁着眼睛把黑说成白的人，
表面像卡普尔一样白，心却像黑色的麝香一般。
bu ïpar hirmanïdïn qara manga kafuri subh,
boldï ol kafur häjridin ïpar zäxmigä yar.
我失去了麝香，因而黎明也显得黑暗，
卡普尔离去了我，麝香的墨色把我的心涂染。

közlärim anïng qara xalïn körärgä tälmürür,
zärrädäk könglüm käbi bolmïş qarağlar biqarar.
我多么渴望见到她脸上的那颗黑痣，
双眼像忧愁的心一样早已望眼欲穿。

qara quyundäk çïqar xäsdäk tenimdin dudï ah,
kim xäyalïn äyläsäm otluq nigahi ot yaqar.
她那迷人的双眼在我心中把情火点燃，
从我瘦弱的身躯中冲出烟柱般的悲叹。

sawurur kökkä wujudum tuprağïn räm äylaban,
ol käyik yangläğ qara köz bärqidäk çabuqsäwär.
黑眼睛的情人骑着马箭一般驰过我的眼前，
把我的心灵变成灰尘扬到九霄云天。

bir qarap baqmas wäli taraj etär äqlu şäkib,
işwälär äyläp qaraqçidäk zibi mästanä yar.
我迷恋的人儿娇揉造作地不看我一眼，
可她像强盗一样掠走了我的理智与信念。

bar päridin häm fuzun pinhanläğ içrä kim, közüm
tüşsä häm körmäs qarasän turfädur ol sihirgar.
她像魔术师手中的仙女，忽隐忽现，
我在甜蜜的睡梦中也难以把她见一面。

husnä istäğnasäda ol, işq säwdasäda män,
wäh äjäbkim män qara mäst, ol qara köz badäxar.
她用俏容卖弄风情，我却把她爱得发狂，
奇怪，我已烂醉，可这爱的美酒却喝不烦。

särd mihr ol näw 'i bolmäştur manga ol bağrä muz,
kim aqarğan közlärimdäk qara yärni bastä qar.
她是那样冷酷无情，待我冷若冰霜，
被白雪覆盖的土地像我的目光一样黯淡。

＊卡普尔：产于印度的一种香料，白色。据说把这种香料撒在尸体上，尸体不会腐臭。

中国少数民族古籍珍品图典：
民族古文字古籍
整理研究100年通览

第四册

Illustration of China's Ethnic Minorities Valuable Classics:
Overview of Collection and Research on
Minorities Ancient Writing and
Documents Over the Past 100 Years

张公瑾 黄建明 主编

中国社会科学出版社

目　录

(第四册)

契丹文
于宝林　编著

第一章　历史文化概况 …………………………………………………………………… (1791)

第二章　文字的起源与变迁 ……………………………………………………………… (1795)

第三章　文字载体类别与目录、分类 …………………………………………………… (1799)

第四章　文献的发现与研究简况 ………………………………………………………… (1800)

第五章　文献珍品图片及说明 …………………………………………………………… (1805)

第六章　石刻释读举例 …………………………………………………………………… (1857)
　一　《宣懿皇后哀册》册盖与册文首行 ………………………………………………… (1857)
　二　《大金皇弟都统经略郎君行记》 …………………………………………………… (1858)

结束语 ………………………………………………………………………………………… (1859)

女真文
孙伯君　编著

第一章　历史文化概况 …………………………………………………………………… (1863)

第二章　文字的起源与变迁 ……………………………………………………………… (1865)
　一　女真文的创制和流传 ………………………………………………………………… (1865)
　二　女真文的性质和特点 ………………………………………………………………… (1867)
　三　女真文的结构形式 …………………………………………………………………… (1868)

第三章	文字载体类别与版本形式	(1870)
第四章	目录与分类	(1872)
第五章	碑铭文献的发掘和研究	(1874)
第六章	古籍珍品图版与说明	(1879)
第七章	蒙古国女真文"九峰石壁纪功碑"释读	(1896)
一	"九峰石壁纪功碑"的发现	(1896)
二	"九峰石壁纪功碑"的价值	(1896)
三	"九峰石壁纪功碑"的释读	(1898)

八思巴字

照那斯图　宋洪敏　编著

第一章	八思巴字的创制、颁行	(1903)
第二章	八思巴字的性质、地位与用途	(1904)
第三章	八思巴字的字母表、体式与文字类型	(1906)
第四章	八思巴字的拼写法	(1909)
第五章	八思巴字文献珍品图片及说明	(1911)

回鹘蒙文

伍月　编著

第一章	历史文化概况	(1929)
一	历史简况	(1929)
二	居住环境与生产方式	(1931)
三	社会形态	(1931)
四	传统节日	(1931)
五	与周边民族的联系	(1932)
六	服饰	(1932)
七	人口与分布	(1935)
八	语言与文字	(1935)
第二章	文字的起源与变迁	(1936)
一	文字创制前的记事方式	(1936)
二	回鹘蒙文的产生	(1936)

三　文字的性质 …… (1937)
　四　文字的构词法 …… (1938)
　五　方言文字 …… (1938)
　六　字体变迁 …… (1939)

第三章　文字载体类别与版本形式 …… (1941)
　一　文字载体的类别 …… (1941)
　二　文献古籍的版式 …… (1943)
　三　古籍装帧 …… (1943)
　四　书名与署名 …… (1945)

第四章　目录与分类 …… (1946)
　一　文献古籍分类 …… (1946)
　二　文献古籍编目 …… (1947)

第五章　古籍发掘研究简况 …… (1950)
　一　20世纪上半叶文献古籍整理与研究 …… (1950)
　二　新中国成立后30年文献古籍整理与研究 …… (1951)
　三　1980—2000年文献古籍整理与研究 …… (1952)
　四　西方学者对回鹘蒙文文献古籍的整理与研究 …… (1954)

第六章　古籍珍品图片及说明 …… (1956)

第七章　古籍珍品释读 …… (2013)
　一　《成吉思汗石》释读 …… (2013)
　二　《贵由汗玺》释读 …… (2015)
　三　《彻辰汗令牌》释读 …… (2017)
　四　《宽温仁圣皇帝信牌》释读 …… (2020)

结束语 …… (2022)

满　文

吴元丰　编著

引　言 …… (2025)

第一章　历史文化概况 …… (2026)
　一　满族的历史与现状 …… (2026)
　二　满族的生活与习俗 …… (2027)

第二章　文字的起源与变迁 (2029)
　一　满文的创制与改进 (2029)
　二　满文的书写与字体 (2030)
　三　满文的兴盛与衰落 (2031)

第三章　文字载体类别与版本形式 (2032)
　一　满文档案及其类别 (2032)
　二　满文图书及其版本 (2033)
　三　满文碑刻及其种类 (2034)
　四　满文古籍的材质及其装帧 (2035)

第四章　目录与分类 (2036)
　一　满文档案的编目与分类 (2036)
　二　满文图书的编目与分类 (2037)

第五章　古籍发掘、研究简况 (2039)
　一　满文古籍的发现 (2039)
　二　满文古籍的研究 (2040)
　三　满文古籍的出版 (2043)

第六章　古籍珍品图片及说明 (2046)
　一　满文书籍图片及说明 (2048)
　二　满文档案图片及说明 (2063)
　三　满文碑刻图片及说明 (2079)
　四　满文舆图图片及说明 (2083)

第七章　古籍珍品释读 (2087)
　一　钦天监监正汤若望题请增加赴琉球国册封使随行人员钱粮本 (2087)
　二　礼部尚书郎球等题报赍送敕封五世达赖喇嘛册印并照例筵宴本 (2095)
　三　康熙帝为令山西巡抚勿庸在五台山多备物品人员迎接事朱谕 (2098)
　四　大学士鄂尔泰等议奏吉尔吉斯人迁到齐齐哈尔安置事宜折 (2099)
　五　盛京将军舍图肯等奏报锡伯官兵携眷起程移往伊犁等情折 (2106)
　六　领侍卫内大臣和珅奏裁汰绥远城满洲官学改设满汉翻译官学折 (2121)

结束语 (2130)

第四册

于宝林　孙伯君　照那斯图　宋洪敏　伍月　吴元丰
编　著

于宝林 编著

第一章

历史文化概况

　　契丹民族是在我国中世历史舞台上出现、并曾强大一时的一支北方少数民族。在其辉煌时期，曾占据晋冀地区的"燕云十六州"，南以拒马河为界，包括今日北京在内，在北方建立起颇具军事实力的"辽"王朝。其政权与中原五代（梁、唐、晋、汉、周）及北宋相对峙，延承了九代帝王两百多年，最后被东北强大起来的女真民族所建的金朝所灭。政权灭亡后，尤其是民族发源地被他族长期占领以后，契丹民族逐渐"消失"在历史长河之中，融合于他族，作为冠名的群体今日已不复存在，只成为历史的符号。近代有学者探究，提出"契丹是达斡尔族的祖先"的学术观点。

图 1.1　契丹民族自己所描绘的生存自然环境之一隅（选自辽墓壁画）

"契丹"作为族称最早见史是公元 378 年。据《三国史记·高句丽纪》：是年"九月，契丹犯北边"，这是我们今天所见有关契丹的最早记载。在我国史籍宝库"二十四史"中，《魏书》首为其立专传，与此记载大体吻合，因而，一般认为，契丹民族产生于北魏时期。又据历史记载，以"契丹"为民族称号，是本民族的自称，是一种民族的自我认同，而不是他称（他族眼中的群体），《新唐书·契丹传》云："至元魏，自号曰契丹。"再参照 8 世纪所立突厥文碑铭和以后 13 世纪中叶用蒙古文写成的《元朝秘史》（现存汉字标音本），与汉文史籍的记载是一致的，说明"契丹"作为族名，只有此一种称谓，并无他称或另称。

"契丹"一词何意？史籍没有明载。后世史家曾在一段时期内做过多方探讨，其说法五花八门，诸如"杀害"或"切断"说、"刀剑"说、"领地"说、"镔铁"说、"似奚人"说、"寒冷"说、"大中"说、"奚东"说、"力量"说、"东方太阳神"说等，不一而足。因多为推测与附会，皆未寻找到有说服力的史料依据，哪种说法都未获得学术界的普遍认可，讨论无果而辍，近年史界已少提及。总之，对于"契丹"一词的真实含义至今尚不明了。

学术界指称"契丹民族"，一般有"广义"与"狭义"之别。所谓"狭义"，是指以"契丹"作为族称，冠指一个特定的民族，这是在北魏时期开始见诸史载的；而"广义"的理解，则是指"契丹族系"，即契丹一族是由鲜卑的一支发展而来，而鲜卑又是由东胡发展衍化而来，契丹之"根"，可以远溯到东胡，东胡—鲜卑—契丹是其民族的发展大系。

具体来说，契丹族是由鲜卑族的一支——宇文鲜卑发展而来的。据史载，东晋建元二年（344），宇文鲜卑被前燕主慕容晃所击溃，"部分余众遁于松漠之间"，这部分"部众"渐以"契丹"之名为彼此的认同标志，会聚在一起，走上了历史发展的道路。

契丹自建国至亡国，经历了两百多年，而契丹民族自"产生"至开国却经历了五百多年，如果将中国的历史称为"上下五千年"的话，这段时期恰为其十分之一。这是一个漫长的历史时期，目前史学界对契丹建国后的历史，即所谓"辽史"的专著较多（也间或涉及建国前），而专门研讨建国前五百年的著述相对匮乏，尚需有志之士给予更多的关注。也正是基于此，本节"概说"契丹稍别于习惯上将"五百年"一笔带过而重点叙述建国后"两百年"的做法，侧重介绍契丹民族的生长发展历程，鉴于市面上"辽史"读物多而易寻的现状，有关内容相对从简。

契丹民族的发展是一个渐进的过程。契丹于 4 世纪末的北魏时期开始登上历史舞台，经过两百多年的洗礼，发展到 6 世纪末的隋代，其社会状况是"有征伐，则酋帅相与议之，兴兵动众合符契"（《隋书·契丹传》），社会结构还很松散。"咄罗"是见诸史载的第一个契丹首领，时间是在唐初。据《旧唐书·契丹传》：武德六年（623）"（契丹）君长咄罗遣使贡名马、丰貂"（之前的《魏书》《北齐书》《隋书》不乏有关契丹贡献的记载，但从未见有首领出现；而以后首领"摩会""窟哥"等相继见史，再后的首领皆称"可汗"）。代表契丹全民族的领袖人物的出现在契丹民族发展史上具有阶段性意义，虽然这时首领的"公共权力"还很有限，但他毕竟是全民族的政治代表，这表明契丹社会又大大向前跨了一步，在民族内部初步有了政治管理核心与统一的精神象征。

此后不久，据《旧唐书·契丹传》所记：贞观二年（628），"其君长摩会率其部落来降"，契丹投附"大唐"（这是史载契丹投唐之始）。在以后至开国的近 300 年间，契丹基本上是依附中原王朝发展自己的。唐对其采取羁縻政策，设府建州，任命契丹首领为松漠都督府都督，任命各部首领为刺史，并数度以公主赐婚，关系密切。积极向中原靠拢，大力吸收中原文化，既是契丹民族发展过程中的一个特点，也是契丹民族发展的重要因素。

8 世纪中叶，契丹阻午可汗（735—?）时，进行了一次重大的社会改革。首先将全民族整顿为二十部，社会组织由混乱、分散状态走向统一，社会生活走向有序化。此举措意义深远，正如《辽史·

营卫志》所云："阻午可汗析为二十部，契丹始大。"同时还"始立制度，置官属"，"制柴册、再生仪"，等等，加强政权建设，为日后建国奠定了基础。

阻午可汗后，契丹还进行了一系列改革。755 年，唐朝发生"安史之乱"，继而藩镇割据，无暇北顾，契丹抓住有利时机发展自己。建国前的 100 多年成为契丹发展的黄金时期。《辽史》记这段时间契丹"善畜牧，国以殷富"，并"始置铁冶"，"始兴版筑，置城邑"，"始造钱币"，"已有广土众民之志"，等等。不难看出，契丹国家的建立对契丹民族来说，既是一个漫长的历史发展过程，也是社会发展的必然结果。

图 1.2 契丹武士（可见其"髡发"）

契丹发源于今内蒙古东部西喇木伦河和老哈河一带，即今赤峰市（原昭乌达盟）地区。为适应这一地区的生态环境，契丹民族自问世之日起就以畜牧为主业（兼及渔猎），是一个典型的游牧民族。史料所记"逐寒暑，随水草畜牧"是对其经济生活的生动写照。就是今天，据这一地区六个县旗的统计资料，其牧地与农地的比例仍是 11∶1。至于有学者指其经济是"农牧结合"，那是指建国后的"辽史"而言，尤其是契丹占领了燕云十六州以后。就整个国家而言，应该是农牧结合，至于契丹腹地，仍是广大的牧区。

从形象上看，契丹人最明显的特征是其特殊的发式——髡发，即当时中原使者在其《使辽图抄》中所指："其人剪发，妥其两髦。"其式样在契丹壁画中多处可见，以至于现代影视作品中常以此作为契丹人的形象标志。至于其他种种习俗，请参看张国庆和朴忠国所著《辽代契丹习俗史》一书。有些学者正是从民族习俗比较中寻觅契丹与达斡尔承袭关系的依据。

契丹于 916 年建国，时称"契丹"，辽太宗会同十年（947）灭后晋，改国号曰"辽"；统和元年（983），圣宗登位后又改曰"契丹"；咸雍二年（1066），道宗又复改为"辽"，直到亡国。可见"契丹"既是族称，也是国号。然而后世史家一般并不细分，统称为"辽王朝"。契丹建立王朝后，初都上京（今内蒙古巴林左旗），后陆续设立五京，除上京为国都外，尚设陪都：中京（今内蒙古宁城）、东京（今辽宁辽阳）、南京（今北京）、西京（今山西大同）。

图 1.3　契丹贵族出行图（选自辽墓壁画）

中国历史是由各民族共同创造的。我们如果将契丹民族的成长壮大及其历史放在中国历史发展的长河中去审视，不难发现，中国政治中心的北移正是从契丹时代开始的，而奠定我国今日之疆域规模，追溯起来，契丹王朝也起到了重要的作用。就拿今日北京来说，无论城市建设规模，还是城市功能性质的转变——从中原王朝防御北方民族南下的桥头堡（军事重镇），转变为国家的政治、文化中心，以至于国家的象征——都是从契丹王朝开始的。契丹以此为陪都经营两百多年，发展成为契丹国家政治、经济、文化全面发展的城市，辽朝以后，金、元、明、清正式在此建都绝非偶然，是历史发展的结果。

不仅如此，契丹的强大对世界历史的发展也带来深刻的影响。当时契丹为东亚第一强国，控制着东通高丽、日本，西接中亚的交通要道。西方交通中国，陆上需经俄国，而当时俄国面对的中国王朝正是契丹，俄语至今称中国为 кидай，即为"契丹"一词的音译。元时西人《马可波罗游记》也是以这个词的译音记中国，15 世纪末，哥伦布正是见此《游记》，萌发西渡大洋探寻"契丹"的愿望，从而成就了"发现新大陆"的惊世之举。

第 二 章

文字的起源与变迁

契丹国家的建立,不仅为契丹民族的发展开辟了新纪元,也表明了契丹民族发展的新高度。同时,也向世人展示了契丹经过五个多世纪的发展,民族所具有的空前的经济、政治、军事等综合实力。也正是在这个大背景下,以国家力量为基础,在民族意识的驱动下,由契丹开国皇帝亲自主持,在建国后不久,创制了本民族的文字。

文字的本质是一种文化现象。虽然不一定每个民族在历史发展进程中都会产生文字,但文字的产生无疑标志着社会的进步,是民族文化发达的一种表现形式;文字的产生与使用反过来又促进民族文化的发展与民族的发展。我们考察历史上各种文字的产生,不外乎两种情况,一种是自下而上,一种是自上而下。前者是"约定俗成",或经官方认定,或被社会所接受,得以流行;后者则是官方制定,依靠政治力量加以推行。我们看到,契丹文字的产生属于后者,是由最高统治者主持制定的。不言而喻,最高统治者主持制定文字,从主观愿望上说,首先考虑的是政治的需要,是为了加强统治的需要,是国家行为。具体到契丹文字产生的历史实际,契丹开国皇帝耶律阿保机力主创制本民族文字,在很大程度上是为了彰显其民族特点和提高民族地位的一种举措,故而,契丹字初创时即被确立为新兴国家"国字"的权威地位加以推行。

契丹文字创制前,契丹民族只有自己的语言而无文字,在数百年的社会生活中,彼此仅靠民族语言进行交流与认定。据《五代会要》记载,人们记录事物"惟刻木为信"。

关于契丹文字的创制,最早见载于王溥所撰《五代会要》(王溥为中原人,是五代后汉的进士,相当于辽代初年。该书于建隆二年,即961年写成,距契丹文字的创制仅40年),其云:"汉人之陷番者,以隶书之半加减,撰为胡书。"稍后,北宋有名的文史学家欧阳修(1007—1072)在《新五代史》中记曰:"至阿保机,稍并服旁诸小国,而多用汉人,汉人教之以隶书之半增损之,作文字数千,以代刻木之约。"(再后宋人所撰《契丹国志》与元人所撰《书史会要》皆有大体相同的记载)这些记载比较笼统,也无具体时间,但告诉了我们如下重要的信息:(1)契丹文字是在汉人参与下创制的;(2)契丹文字是依仿汉字创制的。我们再用今天所能见到的实物来印证这些记载,可以认定书载不误。

直到元代脱脱奉命编撰前代之史(《辽史》《宋史》《金史》),其中,《辽史》的史料主要来源于辽代耶律俨所撰《实录》和金人陈大任所撰《辽史》(此两种书今已不存)。脱脱领衔所撰《辽史》对契丹文字的创制,记载更为详赡与具体,指出,契丹先后创制了两种文字,分别称为"契丹大字"和"契丹小字"。关于契丹大字的记载,其曰:神册"五年(920)正月乙丑,始制契丹大字"。九月"壬寅,大字成,诏颁行之"(《太祖纪》);"突吕不,字铎衮,幼聪敏嗜学。事太祖见器重。及制契丹大字,突吕不赞成为多"(《突吕不传》);"耶律鲁不古,字信宁,太祖从侄也。初,太祖制契丹国字,鲁不古以赞成功,授林牙、监修国史"(《耶律鲁不古传》)。这里,具体记载了契丹大字的创制时间,却回避有汉人参与、依仿汉字所造的历史事实。关于契丹小字的创制，《辽史》是这样记载的："迭剌……字云独昆……性敏给……回鹘使至，无能通其语者。太后谓太祖曰：'迭剌聪敏可使。'遣迓之。相从二旬，能习其言与书，因制契丹小字，数少而该贯。"（《皇子表》）这里没有记载制字的具体时间，而对比前后两种记载，我们不难推断，契丹小字的创制应在契丹大字之后。

契丹文字的创制受到最高统治者的如此重视，制成以后，也得到契丹统治集团借用国家的行政力量加以大力推行，这是不言而喻的。根据历史记载，有辽一代，两种契丹文字一直都在使用，甚至辽亡入金，当亡辽的女真统治者建立政权，并创制了女真字后，还允许契丹字行用了一段时间。据《金史》所载，金章宗明昌二年（1191）四月"癸巳，谕有司，自今女真字直译为汉字，国史院专写契丹字者罢之"；直到这年年底，十二月乙酉，才明令"诏罢契丹字"（《章宗纪》）。按此记载，契丹文字在历史上行用了近300年。从我们今天所能见到的极有限的契丹文字实物资料中，尚有几件是金代的作品，其中一件还是金朝皇帝的弟弟在游猎时令官员刻就的；《金史》中也间或提及"通晓契丹文字"的人士，有学者统计，比《辽史》记载的还多。从中也可窥见契丹文字的影响。

人世间的事物总有正反两个方面。契丹王朝将契丹文字定为"国字"，在九世统治者着力推行下，虽也取得了一定成效，坚持了近300年，而这近300年的历史事实却告诉我们，契丹文字推行得很不顺利，遇到了种种困难，受到来自社会各方面有形无形的客观阻力，有的阻力几乎是无法克服的。因而，其成效相当有限，远未达到当初开国皇帝所指望的"国字"的理想地位。究其原因，笔者认为既与当时契丹社会的具体情况有关，也与契丹文字本身的情况有关。先说社会层面上的问题。契丹的国策是"以国制治契丹，以汉制待汉人"，在契丹境内一直允许使用汉字，也就是说，汉字没有受到任何的歧视与排斥。契丹文字创制后，自始至终官方对契、汉两种文字同等对待（历时70余载，成书597秩的佛经《契丹藏》即是用汉字刊刻；著名的"房山石经"亦是用汉字镌刻；王朝后期，有的皇帝的汉文诗作达到了相当的水平），社会上两种文字同时行用。在这种特定的环境中，契丹若在境内的广大"汉区"（指以汉人为主的地区）推行契丹文字，确是一个巨大的难题，若想让契丹文字在汉区流行，或更进一步取代汉字的优势地位而成为主流文字，这是根本不可能的。其次，契丹所建立的国家，地跨长城南北。长城以南，以汉人为主，经济、文化发达，居住亦较集中；长城以北，以本民族居多，然地广人稀，居住分散，因主营畜牧，游动性强，不仅经济落后，文化基础也无法与南部相比。按当时的情况，在这样的地区，推行一种新文字，其难度可想而知。前文已言，契丹文字的创制主要出于政治因素，为满足一种精神的需求，而不是"社会的现实需要"，缺乏一定的社会基础；可以说，是一种"人为"行为，而不是"水到渠成"的"因势利导"。契丹社会在文字创制前，民间既没有任何一种流行或半流行的"准文字"符号可借鉴，而且，由于制字时的仓促，也缺乏社会酝酿过程。还有学者深入文字本身，以语言学的基本原理来分析契丹文字。文字说到底是记录语言的符号，一种文字是否便于使用，主要看其能否准确而充分地表达语言，并且易于学习与掌握。契丹制字时借用汉字，这虽然"便捷可取"，而内中却存在很大的难题要解决。汉字适宜记录与表达汉语，而汉语与契丹语不但不相近，而是差距较大（按近代语言学的归属，汉语属汉藏语系，契丹语一般认为属阿尔泰语系），单就语法来说，汉语与契丹语就有很大的不同。在这种情况下，如何将汉字"改造"成既适合契丹人的语言习惯，又能准确地记录契丹语的文字，契丹文字的创制者虽然做了种种努力，实践证明，并没有解决好，还存在先天的不足。虽然我们看到，契丹先后创制了两套文字：契丹大字和契丹小字（这两套文字系统之间的关系至今尚未弄清），而根本问题并未得到解决。由于文字本身的缺陷，造成学习与使用中的不便，也给广泛推行造成了困难。

关于契丹文字的行用范围有多大，程度有多深，因缺乏史料记载，全面情况不得而知。从零星的记载与我们今天所见的有限资料来看，大体应用于两个方面：一属于标志性、纪念性之类，如旗帜、符牌、官印、外交书函、刻碑、题记，以及帝后哀册、常人墓志等；一属于实用，如著诗、译书、考试等。显然这是个不完整的统计，至于其他方面，因不见记载与实物，不便臆测。

长期以来，令后世研究者纠结的是，对比其他民族文字文献的遗存来看，至今能见的契丹文字文献出奇得稀少。其纸质文献，一直未见流传，只在近年从俄罗斯刊物上获知，在俄罗斯科学院东方文献研究所旧藏文献中发现了一部契丹大字的手抄本，有130多页（见第五章图14），尽管手抄本尚未全部公布，详情还不透晓，但这无疑是后世学者获知契丹文字真面貌近百年来的惊喜发现，从而改写了"契丹文字无纸质文献流传"的历史。除此之外，我们今天所能见到的契丹文资料，多以考古出土的文物为载体，是铸、刻（少数是墨写）在器物上的文字，而且极为有限，不仅与汗牛充栋的汉文文献无法比拟，就是与契丹同时代（或稍后）的西夏文字、女真文字遗留文献相比，亦不如其多。相对契丹文字行用三百多年与契丹王朝距今方一千多年的情况，契丹文字留迹过稀是有目共睹的。所幸的是，在这些极为有限的遗存文献中，"契丹大字"和"契丹小字"两种都有（历史记载女真文字也有"女真大字"和"女真小字"两种，而今只见一种）。

据上引史载，契丹先后创制了"契丹大字"和"契丹小字"两种文字，今见实物，两种齐全。然而，实物文献与历史记载相对照，哪种是"大字"，哪种是"小字"，史未明言。史载的稍一疏漏，便成为后世学者争论不休的"学术问题"，这一问题又以其"不可回避性"而成为契丹文字研究者的首要课题，为其解决其他问题的前提。这一问题看似简单，解决起来实乃不易，学术界也曾困惑与混乱了一段时期，学者们经过深入探讨，基本取得了共识：以从外形上更近汉字方块型的那种（即辽宁锦西西孤山出土的《萧孝忠墓志》上所刻的契丹字形）为"契丹大字"；外形上以方块型为基础的特殊"堆叠而"文字（即辽陵出土的帝后《哀册》上所刻的契丹字形）为"契丹小字"。契丹大字创制在前，契丹小字创制在后。

由于留存的契丹文字资料太少，更缺乏有可识文字相对照的资料；契丹民族今已消失，又无活语言资证，致使今天契丹文字大部分还未得到解读，我们对契丹文字的认识还很不深入，包括对契丹文字性质的认识都很肤浅。当前，一般趋向认为，"契丹小字"大体上属于拼音文字类型。契丹小字是由1—7个"原字"堆叠而成，"原字"是其基础（早年有学者称为"基字"），而"原字"是什么性质，是"音符"还是"意符"？到底有多少原字？史亦未载。《契丹小字研究》一书根据当时所出土的资料，总结规范出378个字形，继后，随着资料的不断出土，新原字不断出现，总共会有多少，一直是个未知数。有学者据当前所见原字有数百个的状况，认为它不是音素（或不全是音素），推测可能是音节（或大部分是音节）。但是单音节还是多音节（因原字可以单独使用，根据契丹语属阿尔泰语系的具体情况，不能排除有的原字是多音节），或者两者皆有？除表音字外，有无表意成分（如"指事""形声"等）？这些我们现在都无法准确把握，因而，指其为"拼音文字"，仅是初步认识，还有待今后更多的解读做进一步说明。

从文字结构上看，契丹大字与汉字一样，呈一个个独立的"方块"，文字形体以"字"为基本单位，而不是以"词"。"字"只能再分解为部首或笔画，而不能分解为字母或其他，也就是说，以字构词，而不是以字母组成词汇。契丹大字的书写方式与汉字一样，由上而下竖写，由右向左移行。单从形式上几乎看不出契丹大字与汉字有多大差别，如果将两种文字文案放在一起，让一个不识汉字的人来辨识，几乎分不出哪是汉字，哪是契丹大字。然而，就文字的实质而言，两者最本质的区别是契丹大字记录契丹语，汉字记录的是汉语。学术界在努力解读契丹大字的同时，也对两者在形态上的区别进行过分析，契丹大字中除一部分直接借用汉字字形外，大部分进行了改造，而改造的趋向是"简化"，总体上看，契丹大字的笔画比汉字（指当时行用的繁体字）要少。

如果说契丹大字在借用汉字时还未脱离汉字"方块型"的话，契丹小字则对"方块"做了较大的改造。它是对"方块字"进一步减少笔画，或舍去多笔画的字，造成"原字"，以原字为基础，再按一定的规则"堆叠"成契丹小字的"字"。实际上，我们今天所指的契丹小字的"字"，已不是通常意义上的"方块型"，而是由 1—7 个"方块"组成的"方块堆叠型"。具体组合方式为：

单原字形态：一般为 ① (㞢)

二原字组合：一般为 ①② (朷)，个别为 ①② (杏)；

三原字组合：一般为 ①② ③ (笋)，个别为 ① ②③ (蕊)；

四原字组合：一般为 ①② ③④ (燚)，个别为 ① ②③ ④ (尐孛刂)；

五原字组合：一般为 ①② ③④ ⑤ (鼕中)，个别为 ① ②③ ④⑤ (噩夲丹)；

六原字组合：一般为 ①② ③④ ⑤⑥ (鉴刖夲)；

七原字组合：一般为 ①② ③④ ⑤⑥ ⑦ (⺈仕北月夲)。

这种组字方式在我国民族文字中绝无仅有，独具特色，至今在借用汉字而创制的文字中未见有类似情况。因而，作为一种文字现象，确实有加以深入探讨的必要。

至于契丹开国时为什么创制两种文字，契丹小字是否是对契丹大字的改进，这种"改进"是自觉的还是不自觉的，是有意的还是无意的，以及创制契丹小字除受汉字影响外，是否还受到回鹘文的影响等问题，学界也在讨论中。

第 三 章

文字载体类别与目录、分类

上文已提及,留存至今的契丹文字文献只有一部手写本,其余皆是后世的考古发现。因而,与其他文种的情况不同,契丹文字绝大多数属于"金石类",其中以石刻为主(除少量碑刻外,多为皇家哀册与常人墓志);其他有铜镜、钱币、印章、符牌、木牍等;还有一些石崖墨书、壁画题字、塔壁题字、洞壁题字等,为数不多。

契丹文字行用近300年,史载也云,用契丹字写诗著文、翻译书籍,至今为何大多不见,更不见字典类的读物?学者不解,竭力探因,在茫茫史海中终于发现两条记载:其一,《辽史》记,辽道宗时曾"禁民私刊印文字"(《道宗纪》);其二,北宋学者沈括所著《梦溪笔谈》中言:"契丹书禁甚严,传入中国者法死。"(卷十五)这是否是今日学者未得多见纸质文献的背景原因呢?

鉴于契丹文字文献的留存现状,因只见一部书,因而谈不上对其分类,无论传统的"四分法",还是现代的"中图法",显然都不适用。又因其资料总量过少,学者们对契丹字文献的目录与分类并不热衷,更无一本"目录书"出版(从当前实际出发,既无必要,也不可能)。只是学者在做资料介绍时,按其载体的不同给予简单归类与顺序罢了。归纳诸学者的意见,大体可分三个层次。

第一层次:分"契丹大字资料"与"契丹小字资料"两大类别,并依两种文字创制的先后,"大字资料"置前,"小字资料"放后。

第二层次:按载体类别可归纳为"石刻""墨书""器物"三类。

第三层次:"石刻类"可细分"碑刻""哀册""墓志""其他"(如石棺等);"墨书类"包括"石崖墨书""壁画题字""洞壁题字""塔壁题字",等,这类文字不多,可不用再细分类("手抄本"可暂归此类,待日后再有发现可单列);"器物类"下可分:"铜镜""钱币""印章""符牌""其他"(如木牍、笔洗、盘、杯、匙等)。

如上,即可将现存契丹文字资料全部囊括。如果以后再出土新载体资料,还可视具体情况在第二层次上设"其他类",或加新类。

至于在各细类下,每件资料的排列顺序,有学者按资料本身的时间顺序;有的按资料出土的先后顺序(灵活掌握)。这两种办法各有长短,均可采用,但都不能彻底实施。这是因为内中有不少资料(特别是"器物类"的资料)既不知资料本身的时间,又缺乏出土时间,对这类资料在前后顺序的排列上有很大的随意性。

第 四 章

文献的发现与研究简况

为便于叙述，笔者根据契丹文字文献的发现与研究的具体情况，姑且以《契丹小字研究》（以下简称《研究》）一书为标志，将其分为前后两个阶段来谈论。这是因为，契丹文字研究学界一般指认《研究》一书为"阶段性"著作。

先谈谈契丹文字文献的发现。上引史载明言：金明昌二年（1191）"诏罢契丹字"。一种文字可以以一纸诏书开始行用，而却不会因一道圣旨"戛然而止"，这是可以肯定的。但对契丹文字来说，上文已经提及，在社会上行用主要以国家为背景，以政治（包括民族情感）为支撑。现"国家"已不复存在（这里指总体而言，当时西辽还在边陲之地坚持了若干年），其"国字"地位更无从谈起；这纸诏书又宣布了其政治上的"死刑"，在以异民族为主流的新兴国家中失去了行用的"合法地位"，这对在推行过程中遇到种种困难，其接受范围相对有限的契丹文字来说，无疑是一种釜底抽薪的致命打击。可以想见，从此这支契丹文字之"花"将迅速枯萎。由金入元，据南宋末年曾出使过蒙古的学者彭大雅所撰、徐霆所疏的《黑鞑事略》记载："契丹、女真元自有字，皆不用。"元代初年，著名的契丹族学者耶律楚材（为辽东丹王的八世孙。颇得成吉思汗与窝阔台汗的信任，佐政近30年，官至中书令，元代立国典章制度多由其奠定），他生长在燕京。这样一位通晓历代掌故的大学问家，早年也不识契丹字，只是在随军西征时，见到西辽前郡王李世昌，方向其学习契丹文字，将契丹文《醉义歌》译成汉文，然其契丹文字底本今也不存（现只见汉译本）。以后，史料中再无有关契丹字的信息。至少到了明代，契丹文字已彻底退出了历史舞台，世间再也无人能识契丹字，自明清以降，契丹字便成为名副其实的"死文字"了。明代金石学家赵崡在万历年间所著《石墨镌华》一书，收录了契丹小字和汉字合刻的《大金皇弟都统经略郎君行记》（以下简称《郎》碑）碑文，对内中的契丹小字言："一字不能辨。"并且因汉文所记该碑文刻于金代，而指其为"盖女真字"。这个误指一直沿袭明清两代好几百年。清代李光暎撰《观妙斋藏金石文考略》，汪师韩撰《韩门辍学》，毕沅撰《关中金石记》，以博精著称的一代名家钱大昕撰《潜研堂金石文跋尾》，王昶极毕生精力所撰（成书时年82）、以收罗宏富著称的《金石萃编》，吴骞撰《愚谷文存》，翁树培撰《古泉汇考》，刘师陆撰《女真字碑考》，麟庆撰《鸿雪因缘图集》，叶昌炽撰《语石》，等等，从清初到清末，学者皆沿其误为"女真字"，而一字不识。

直到辛亥革命后的近代，具体时间是1922年6月，一位名叫L. Kervyn（凯尔温，汉名梅岭蕊）的比利时传教士，当他听到辽庆陵（位于今内蒙古巴林右旗白塔子东北20多里，辽圣宗、兴宗、道宗及皇后的陵墓）被当地人为寻宝掘开的消息时，即刻前往。他在该地见到了两方契丹文字哀册，他请人抄录，将抄本的照片首次发布在《北京天主教会杂志》第10年第118号（1923年）上，后来法国著名东方学家伯希和又将其转刊到影响较大的《通报》第30卷（1933年）上。1930年，时为热河省主席的汤玉麟，由其子汤佐荣主持再挖庆陵（这两次都不是考古学意义上的正式发掘），虽未见到凯尔温所见的两方契丹字哀册,却另又掘出两合(四方)契丹文字的哀册(原石与同时出土的汉字哀册今皆存辽宁省博物馆)。经后世学者辨认,凯尔温所见为《兴宗皇帝哀册》(以下简称《兴》册)和《仁懿皇后哀册》(以下简称《仁》册),汤氏所掘为《道宗皇帝哀册》(以下简称《道》册)和《宣懿皇后哀册》(以下简称《宣》册)都是契丹小字,与《郎》碑的碑文文字相同。经过比照,学术界至此方悟,指《郎》碑文字为女真字是由于时代的局限性,是契丹字在失传的悠长岁月里和诸位学者开的一个不大不小的"玩笑"。

以上则是契丹文字研究者们常说的,契丹文字在失传数百年之后,20世纪20—30年代人们重新认识契丹文字真面目的前后经过,也是近代契丹文字资料首次大批出土的具体情况。契丹文字帝后哀册的出土在中外学术界曾引起一阵不小的震动,尤其是日本学者,岛田好称为"洵世界之大发现"(《热河林西辽陵石刻出土记事》,载《书香》第46期1933年1月);江上波夫说是"考古学上、历史学上、语言学上的重大发现,为东洋学上的大事件"(《东亚考古学》,平凡社1939年9月版);稻田君山云:"可称为世界的惊异。"(《契丹小字碑文》,载《大同报》1939年9月27日)

随着契丹文字的重见天日,契丹文字研究应运而生。若问是谁在什么时候打响这研究的第一枪,这个问题还真不好回答。这是因为什么样的文章算"研究"文章(特别是在研究的起步阶段),每个人的看法还不尽一致。除单纯介绍资料者外,若以分辨大、小字论,当属柳翼谋1923年所刊《契丹大小字考》(是文尚未触及新出土资料);若以用新资料考证《郎》碑,首次为《郎》碑正名,纠正其历史之误,当属羽田亨[日]1925年所刊《契丹文字的新资料》;若按首刊契丹字哀册拓本,当属卞鸿儒1931年所刊《热河林东契丹国书墓志跋》(是文仅刊《宣》册部分;下年刘振鹭《辽圣宗永庆陵被掘纪略》一文方刊布契丹字《道》册、《宣》册的拓本全貌,因拓时匆忙,拓本质量不好,很多字不清楚);若以释读哀册的契丹文字论,当属罗福成1932年所刊《宣懿皇后哀册释文》。在上列文章之前,尚有日本学者白鸟库吉在1898年所作《契丹、女真、西夏文字考》,该文对传统指认《郎》碑为女真字的说法提出怀疑(当然,当时还没有直接的证据。但在当时的背景下能提出怀疑也是难能可贵的);并且他认为这种文字是一种拼音文字。除此以外,另有法国、德国的一些东方学家对契丹语的系属问题提出了看法。应该说以上所述各文从各自不同的角度,在契丹文字研究的"破冰"时期,都做出了各自不同的贡献。

我们姑且从1923年凯尔温首刊契丹文字新资料算起,至1985年《研究》一书出版,大约60年,我们将其作为研究的最初阶段进行考察,可以发现,这一阶段契丹文字研究呈现出下面几个特点。

第一,艰难的起步。契丹文字之所以"难啃",说到底,有三条:(1)无一本字典似的东西可参考(无论其形、音、意,都要一个字一个字地去辨别、整理、考证);(2)在仅有的资料中又缺乏与可识文字的对译资料;(3)现存无一种语言可资证,更增加其研究难度。人们常言:"万事开头难。"对契丹文字来说,难就难在"开头"阶段资料更少。当时契丹文字资料几乎全部来自考古发现,而考古发现是一个多年的断续积累过程。在新中国成立前的20多年中,人们研究契丹小字所能见到的资料,只有《郎》碑和四《哀册》——学者的研究正是在这区区五份资料背景下起步的,其艰难程度可想而知。直到1950年,才又新出土了《萧令公墓志》(出土时已残缺不完整)。至于《萧仲恭墓志》虽在1942年即被当地村民掘出,但长期置于荒地不为学界所知晓,1957年文物调查时才公布与加以保护。大约又过了20年,才陆续出土了《故耶律氏铭石》(1969年)、《许王墓志》(1975年)等。以上即是《研究》一书写作时所能见到的主要资料。

这一阶段的契丹文字研究主要是对契丹小字的研究。对契丹大字来说,基本上处于资料收集整理阶段,只是伴随新资料出土,有文章间或对个别词语进行释读,这里顺便介绍如下。就主要资料石刻而言,1949年以前,人们所知只有两件:1935年在《满蒙》第16卷第10号上发布的《大辽大横帐兰陵郡夫人建静安寺碑》和 1942 年在伪满《国立中央博物馆论丛》第 3 号上发布的《故太师铭石记》。前者碑阴刻有少量契丹字，发布时已漫漶不清；后者限于当时的制版技术条件，所发照片又太小，连字的笔画都看不清楚，而原石与拓片以后再也未见，仅据照片根本无法进行研究，再加上发布时，考古学家李文信先生又指其为"赝品"，因而也未得到学界应有的重视。可以说，新中国成立前对契丹大字的研究几乎是"零纪录"（也有学者认为，李先生在发布该资料时，对文中"彤"字对比女真字"彤"，指其为"年"意，是解读契丹大字工作之始）。

其余墓志都是新中国成立后发现的。主要有：《萧孝忠墓志》（1951 年出土，拓本于 1956 年发布）。过了 13 年，《耶律延宁墓志》出土（1964 年出土，由于"文化大革命"，其拓本于 16 年后的 1980 年才发布），继之是《萧袍鲁墓志》（1965 年出土，契丹文拓本迟于 1988 年刊发）。又是 10 年后，《北大王墓志》出土（1975 年出土，拓本于 1983 年发布）。还有一方被称为"应历碑"（应为墓志）的石刻，不知出土年月，原石也不知下落，是贾敬颜先生在古旧书店购得一份拓本，有学者指文末"天亮百十本彤"为"大应历十六年"之意，成为该石名称的来源。其余资料则是零散的残石和各类器物，字少而零碎，对文字解读作用不大。这一时期，也有学者在新资料发布时著文对其进行解读研究，但总体来说，收效不大。

第二，鲜明的国际色彩。契丹民族是我国历史上的一个少数民族，契丹文字是我国民族历史文化宝库中的一朵奇葩，这是没有问题的。然而，契丹文字研究作为一种科学研究应该是没有国界的，更何况契丹文字既是中国的，也是世界的，是人类的共同财富。历史事实是，从契丹文字研究起步一直到现在，都有外国学者的参与，尤其是在艰难的起步阶段，参与的学者还相对较多，具有鲜明的国际色彩。

如果将庆陵《哀册》出土前对契丹字所做的种种探求暂姑且不计的话，据笔者所见，从 20 世纪 20—30 年代以来对契丹文字做过解读研究的日本学者，前期就有：辛兑铉、山路广明、村山七郎、长田夏树、爱宕松男、田村实造和小林行雄（两人合著的《庆陵》一书于 1953 年出版，可视为这一时期日本学者研究契丹字的标志性著作，内容丰富、印制精良，装成两巨册）。后期还有丰田五郎、西田龙雄等。由于起步时期的特定时代背景，当时关注契丹文字的日本学者较多，他们发文出书，或介绍，或评论，其中主要有：鸟居龙藏、岛田好、岛田贞彦、鸟山喜一、园田一龟、斋藤武一、卫藤利夫、石田干之助、日比野丈夫、山本守、岛田正郎等。其次当属苏联的学者，其个人著文研究的有：鲁道夫、达思今、沙夫库诺夫、斯达里科夫等。当时苏联的研究集中于 60—70 年代，在 1970 年，以"苏联科学院民族研究所、情报研究所"名义出版的《释读契丹文字资料》（两册）可视为标志性著作。另外还有匈牙利学者卡拉。西方学者有安比斯（韩百诗）、格林斯特德、克劳森、福赫伯等。限于篇幅，对他们的贡献不能一一详评。

第三，筑下坚实的基础。回望历史，当契丹文字重返人间，召唤人们对其进行研究之时，我国正处于战火纷飞、国难当头的严峻时刻，是各项事业开展最困难的时期。正是在这样双重"艰难"情况下，我国学者投身于契丹文字研究，并取得了可喜的成绩。其主要研究者有：厉鼎煃、王静如、罗福成等。在《研究》一书出版前进行过资料介绍的有：罗振玉、卜鸿儒、刘振鹭、周肇祥、金毓黻、谢国桢、罗福颐、朱子方、陈述、阎文儒、李文信、金光平、郑绍宗、李逸友、贾敬颜、项春松、郑瑞峰等。

综观这一时期中外学者的研究，因所用方法不同，所取得的成效不一。外国学者有的用汉字进行比照，有的用突厥文对照，有的着重统计文字出现的频率，有的借助于蒙古语，等等。由于各自切入点的方向不一致，导致各自认读的结论相去甚远；即便有的学者与汉文对照，也是多为字形相似的联想推测，又缺乏多方证据而使解读成果失去了可靠性。但是，一些外国学者引入近代语言学方法来研究契丹字（特别是研究文字的读音），这个方向应得到肯定。经过时间的考验，这一时期解读契丹文字所得的正确结论乃是我国学者取得的。我国学者多有"朴学"的治学传统，"朴学"讲究严密、脚踏实地，少妄测，多考据。将其方法移入契丹文字研究，研究者首先把握每件石刻的行文规则。如哀册、墓志之类，按规则第一行应该是册（志）题之类的文字；第二行（或第二、三行），起首多有空字，内容应为册（志）文撰写人及其官职；最后一行，视文字勘刻情况（如上空数字），有可能与志文的撰写勘刻日期有关（按我国历史纪年法，内中就会有"年号""干支""年月日""数字"等多种信息）；等等。在这个判断的基础上，再参考汉字哀册（或墓志的汉字部分），或多方寻找与墓主人有关的历史记载，经过严密的考据程序，以求可释的契丹字之意。由于使用的方法得当，学者虽分别解读，但结论大部分一致。据后世学者统计，在这一时期我国学者共解读了200余字，经实践检验，大多可靠，成为以后继续研究的坚实基础；其使用的方法也给后人很大启迪。《研究》一书正是在这个基础上去粗取精、去伪存真，并扩大战果完成的。

指《研究》一书为"阶段性"著作，不仅是因其承续传统考据法并根据解读契丹字的具体情况发展为"寻汉语借词"法，从而取得空前的解读成果（释读300多个契丹语词，并为130多个原字构拟音值）外，尚有：（1）首次集中发布经精心挑选与整理的当时所有契丹小字文献（包括拓本照片与对照原石校勘过的抄本），对文献出土情况与形制等逐一做了说明；每件抄本都附有释文。（2）首次集中总结了前人的研究成果，无论中外学者，逐一做出叙评。（3）首次规范了契丹小字字形，规范出400多个不同的形体，并归纳出378个原字形体，做出"原字表"；还以原字为线索做出全部资料的索引。（4）该书还收集了古今中外所有有关契丹文字的记载，并做出文献目录解题。因而，该书对契丹小字研究的贡献不是单方面的，而是综合性的。

《研究》一书1985年由中国社会科学出版社出版（该书作者小组于1975年成立，由中国社会科学院民族研究所与内蒙古大学的清格尔泰、刘凤翥、陈乃雄、于宝林、邢复礼五人组成，至出书整10年时间）。该书出版至今，又过去了近30年。对契丹字研究来说，这后期研究时间虽不算太长，但同样取得了长足的进步。归纳起来，也有三个明显的特点。

第一，新资料大量出土。契丹大字主要有《耶律习涅墓志》《孤山子石刻》《耶律祺墓志》《永宁郡公主墓志》《耶律昌允墓志》《多罗里本郎君墓志》《契丹大字木牍》等。契丹小字主要有：《耶律仁先墓志》《耶律宗教墓志》《海棠山墓志》（残石）、《金代博州防御史墓志》（残石）、《泽州刺史墓志》（残石）、《耶律弘用墓志》《耶律副部署墓志》《皇太叔祖哀册》《宋魏国王妃墓志》《耶律慈特·兀里本墓志》《耶律智先墓志》《耶律（韩）迪烈墓志》《耶律奴墓志》《耶律（韩）高十墓志》《撒懒·室鲁太师墓志碑》《萧奋勿腻·图古辞墓志》《萧大山和永清公主墓志》《耶律贵安·迪里姑墓志》《萧特每·阔哥驸马第二夫人韩氏墓志》《梁国王墓志》《萧居士墓志》《耶律迪烈墓志》《耶律永宁郎君墓志》（残石）等。无论资料的件数，还是文字的总量都超过了前期，这也从一个侧面反映出考古事业的蓬勃发展。尤其是近年境外还发现了100多页的契丹大字手抄本，成为契丹文字纸质文献的首次发现。契丹文字资料这样集中的发现与出土，在民族古文字学界实属罕见。

第二，关注和参与研究的人数增多。这里主要指我国学者，对比前期，外国学者倒有所减少。据不完全统计，这一阶段发表过有关契丹语文（包括解读文字、研究语言）的著作与文章的就有50多人（依署名统计），还有发文研究契丹文钱币的有十数人、介绍契丹文字文献及研究情况的有30余人。这对契丹文字研究来说，可谓"空前"。然深入分析起来，内中有一种现象应该引起我们的重视。在以上提及对契丹文字研究做过贡献的人中，专门从事契丹文字研究的人不多，犹如凤毛麟角；大都是兼职研究或"蜻蜓点水"，有些是考古工作者；随着岁月的流逝，有成就的老专家年事已高。由于契丹字研究的特殊难度，要求其研究者不仅需要具备一定的专业基础知识，还要耐着性子，"坐冷板凳"，有长期的研究积累，方可谈得上去摘取研究的桂冠。当前，虽然也有些中青年学者投入研究并取得了可喜的成绩，但作为一门专业，其后备力量仍显严重不足。

第三，研究范围的扩大。如果说前期的研究主要集中于契丹小字，对契丹小字在释读、文献收集整理、字体规范等方面取得了明显的成绩（虽有学者引入语言学方法研究，但成效不大）的话，那么后一时期的研究范围有明显的扩大。突出表现在：（1）对契丹大字开始深入研究；（2）运用近代语言学的方法及我国古音韵的方法等从多角度切入，对契丹语言从语音、语法、词汇等趋向全方位的探索；（3）用比较语言学的方法，开启对相近文字（如汉字、女真字、西夏字）做专题的比较研究，乃至"汉字文化圈"的比较研究等，多方面都取得了一定的成果。诚然，这一时期在资料大幅增加的大好形势下，契丹小字的解读也获得了可喜的新进展。

90年来，契丹文字研究取得了很大的成绩，但由于种种客观困难，距离完全解读这种文字，无论大字，还是小字（哪怕是一份资料），都还有很长的路要走，主要是还未找到其制字规律，还需学者们继续努力。

第 五 章

文献珍品图片及说明

图 1　辽太祖碑残石（契丹大字）……………………………………………………（1807）
图 2　辽上京残石（契丹大字）………………………………………………………（1808）
图 3　大辽大横帐兰陵郡夫人建静安寺碑（契丹大字、汉字）……………………（1809）
图 4　耶律延宁墓志（契丹大字、汉字）……………………………………………（1810）
图 5　北大王墓志（契丹大字、汉字）………………………………………………（1811）
图 6　故太师铭石记（契丹大字、汉字）……………………………………………（1812）
图 7　耶律昌允墓志（契丹大字）……………………………………………………（1813）
图 8　萧孝忠墓志（契丹大字、汉字）………………………………………………（1814）
图 9　永宁郡公主墓志（契丹大字、汉字）…………………………………………（1815）
图 10　萧袍鲁墓志（契丹大字、汉字）………………………………………………（1816）
图 11　耶律习涅墓志（契丹大字、汉字）……………………………………………（1817）
图 12　耿杖子石棺（契丹大字）………………………………………………………（1818）
图 13　特门牧场石崖契丹大字墨书（摹本）…………………………………………（1819）
图 14　俄藏契丹大字抄本………………………………………………………………（1820）
图 15　契丹大字钱币数枚………………………………………………………………（1821）
图 16　河南营子出土契丹大字印………………………………………………………（1822）
图 17　契丹大字木牍（摹本）…………………………………………………………（1823）
图 18　大金皇弟都统经略郎君行记（契丹小字、汉字）……………………………（1824）
图 19　郎君行记残石（契丹小字）……………………………………………………（1825）
图 20　兴宗皇帝哀册（契丹小字）……………………………………………………（1826）
图 21　仁懿皇后哀册（契丹小字）——附汉字册盖…………………………………（1827）
图 22　道宗皇帝哀册（契丹小字）——附汉字哀册…………………………………（1828）
图 23　宣懿皇后哀册（契丹小字）——附汉字哀册…………………………………（1829）
图 24　皇太叔祖哀册（契丹小字）——附汉字哀册…………………………………（1830）
图 25　耶律宗教墓志（契丹小字）……………………………………………………（1831）
图 26　萧令公墓志残石（契丹小字）…………………………………………………（1832）
图 27　萧奋勿腻·图古辞墓志（契丹小字）…………………………………………（1833）
图 28　耶律仁先墓志（契丹小字）……………………………………………………（1834）
图 29　耶律慈特·兀里本墓志（契丹小字）…………………………………………（1835）

图 30	耶律迪烈墓志（契丹小字）	(1836)
图 31	萧大山和永清公主墓志碑（契丹小字）	(1837)
图 32	撒懒·室鲁太师墓志碑（契丹小字）	(1838)
图 33	耶律弘用墓志（契丹小字）	(1839)
图 34	耶律（韩）迪烈墓志（契丹小字）	(1840)
图 35	耶律副部署墓志（契丹小字）	(1841)
图 36	耶律贵安·迪里姑墓志（契丹小字）	(1842)
图 37	梁国王墓志（契丹小字）	(1843)
图 38	泽州刺史墓志残石（契丹小字）	(1844)
图 39	许王墓志（契丹小字、汉字）	(1845)
图 40	宋魏国王妃墓志（契丹小字）——附汉字墓志	(1846)
图 41	故耶律氏铭石（契丹小字、汉字）	(1847)
图 42	萧仲恭墓志（契丹小字）	(1848)
图 43	海棠山墓志残石（契丹小字）	(1849)
图 44	耶律（韩）高十墓志（契丹小字）	(1850)
图 45	庆陵壁画题字（契丹小字）	(1851)
图 46	巴日哈达洞壁契丹小字墨书	(1852)
图 47	万部华严经塔契丹小字题记	(1853)
图 48	契丹小字铜镜三面	(1854)
图 49	契丹小字鱼符二枚	(1855)
图 50	底刻契丹小字玉杯	(1856)

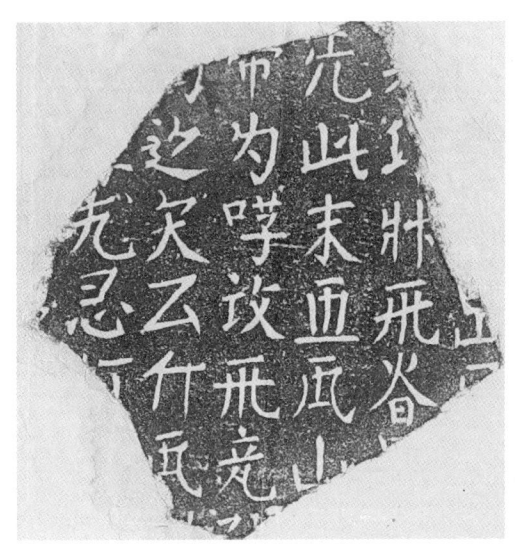

图1　辽太祖碑残石（契丹大字）

该碑原立于今内蒙古巴林左旗哈达英格辽代祖陵。上刻契丹大字与汉字两种文字。是碑在辽亡后即被人击碎，至今碑座尚存，周围散堆诸多残石。20世纪50年代末，考古学者贾洲杰先生勘察时首次发现有文字的残石3块，后经多次踏查，现已累计发现70多块，其中有契丹大字的残石30余块。综观残石，契丹大字极为工整，可作为规范契丹大字字形的范本。

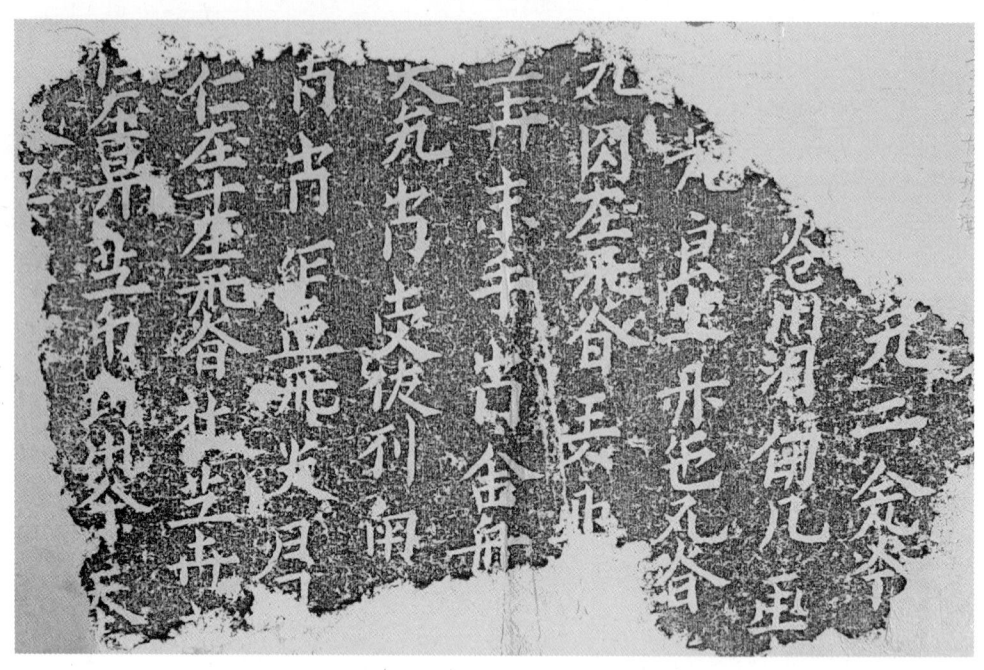

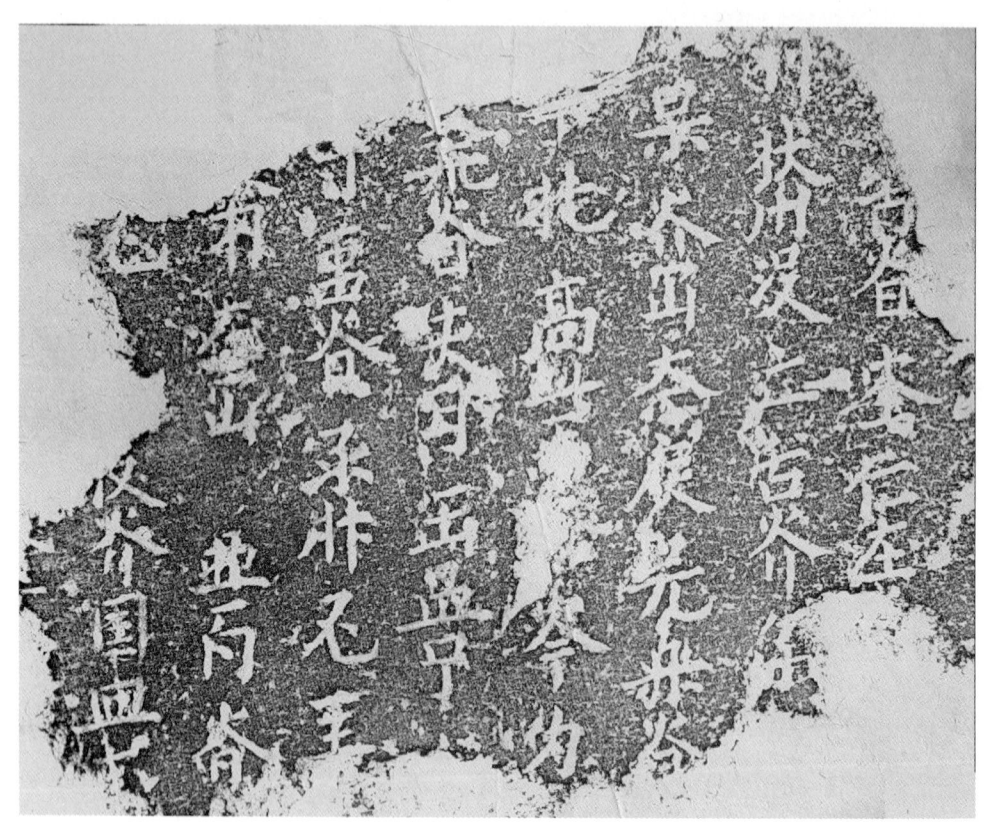

图 2 辽上京残石（契丹大字）

该残石为考古学者王晴先生于 20 世纪 60 年代在辽上京遗址（今内蒙古巴林左旗）附近小新庄一位农民家中发现。全碑面貌与立碑之地皆不明，在上京遗址皇城南门附近现存一个残留碑座，有人推测原碑即立其上。

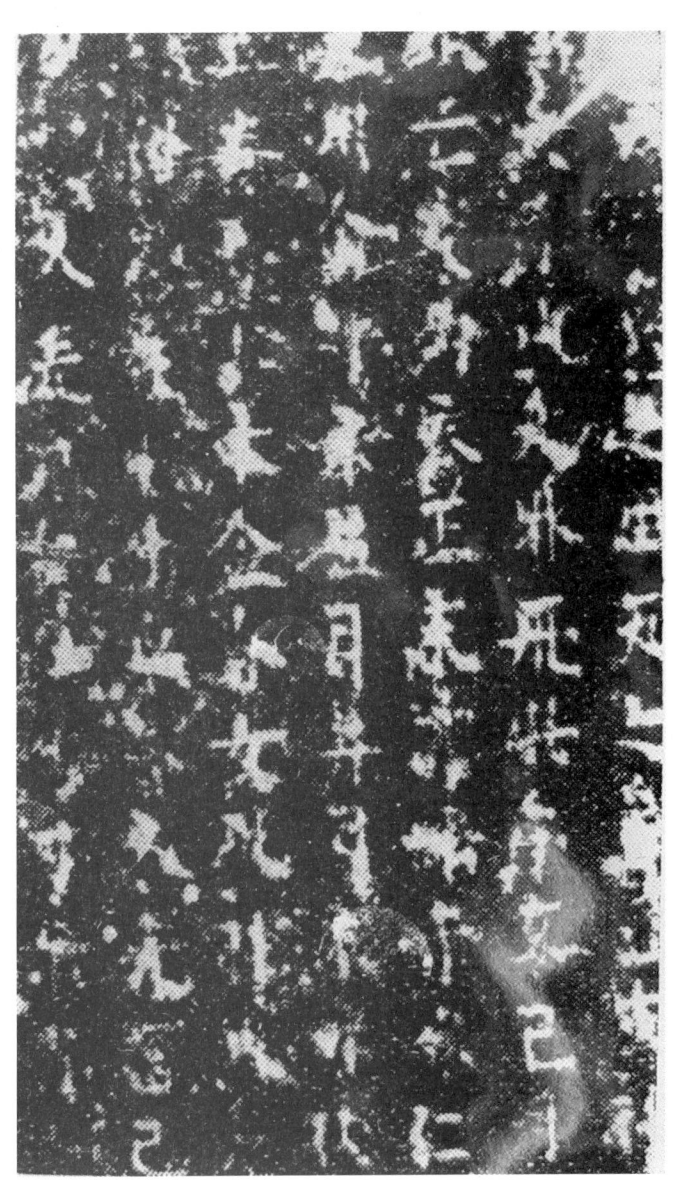

图3　大辽大横帐兰陵郡夫人建静安寺碑（契丹大字、汉字）

该碑刻于辽道宗咸雍八年（1072）。原立于内蒙古宁城县辽静安寺，现为辽中京遗址博物馆保存。碑额正、背面皆刻汉字碑名，正面篆体，背面楷体。正面碑文为汉字，背面刻契丹大字。现两面碑文皆磨损严重，已看不出任何字。汉字碑文最早著录于乾隆四十六年（1781）刊印的《钦定热河志》；契丹大字碑文拓本最早由日本人山下泰藏刊于《满蒙》杂志第10号（1935年）上。这是契丹大字资料的首次刊布。因所刊字迹不清，在学术界未能引起足够的重视。左上图为碑额，左下图为碑额楷体汉字，右图为契丹大字碑文（部分）。

图 4 耶律延宁墓志（契丹大字、汉字）

该石刻于辽圣宗统和四年（986）。1964年冬出土于辽宁省朝阳市柏树沟。出土为一合两件。志盖无字，亦无纹饰；志石右上部刻契丹大字，余刻汉字，两者不对译。原石现存辽宁省博物馆。墓主人耶律延宁（946—985）《辽史》无传，可补史缺。

图 5　北大王墓志（契丹大字、汉字）

该石刻于辽兴宗重熙十年（1041）十月。1975年冬出土于内蒙古阿鲁科尔沁旗沙日温都。出土为一合两件。碑盖正面刻汉字"北大王墓志"，背面刻汉字21行510字；志石刻契丹大字，与所刻汉字不对译，其内容为墓主人的仕途履历。原石现存阿鲁科尔沁旗博物馆。墓主人耶律万辛（973—1041）《辽史》无传，可补史缺。石刻契丹大字笔画工整，是进行契丹大字字形整理、笔画规范的重要依据。左上图为志盖正面，右上图为志盖背面，下图为志石。

图 6　故太师铭石记（契丹大字、汉字）

该石为一合两件，志盖刻汉字"故太师铭石记"；志石刻契丹大字。该石出土时间、地点不详，最早信息发布于 1939 年 9 月 27 日长春《大同报》，又载当日沈阳《盛京时报》。拓本首刊于伪满《国立中央博物馆论丛》第 3 号（1942 年 4 月）上，限于当时制版条件，所发拓本文字不清，颇难认读。考古学家李文信先生著文指其为赝品，为此学界对其未加以重视。直到 1957 年阎万章先生研究契丹文字，方辨其真。现原石与拓本均不知下落，李氏所刊拓本即为孤本。他虽指其为赝品，但其对碑石文字的释读却标志契丹大字解读工作的肇始。上图为志盖，下图为志石正面及四侧面。

第五章　文献珍品图片及说明　1813

图 7　耶律昌允墓志（契丹大字）

　　该墓志刻于辽道宗清宁八年（1062）。2000 年 8 月出土于内蒙古赤峰市元宝区小五家子乡大营子村塔山前的一座早年被盗过的辽墓中。现存赤峰市元宝区文物管理所。墓志为一合，正方形，边长 66.5 厘米。志盖呈盝顶形，中央刻契丹大字 3 行共 12 字；志石刻契丹大字 30 行，有 800 多字。同墓另出土其妻兰陵郡夫人萧氏的汉文墓志。此兰陵郡夫人即是建静安寺并立《静安寺碑》（见图 3）之人。刘凤翥、王云龙《契丹大字〈耶律昌允墓志〉之研究》（载《燕京学报》新 17 期 2004 年 11 月）一文将三刻石内容进行对比研究，使该墓志成为释读契丹大字较多的一件。该文还首发墓志拓片，本图即据此。上图为志盖，下图为志石。

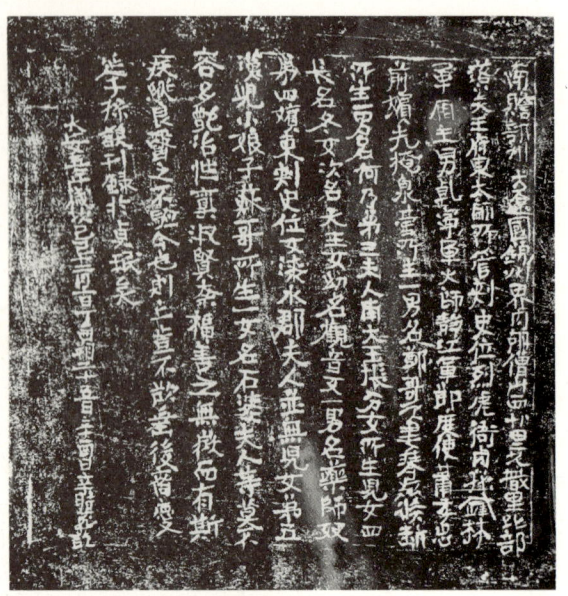

图 8　萧孝忠墓志（契丹大字、汉字）

　　该石刻于辽道宗大安五年十二月（1090年1月）。1951年夏出土于辽宁省锦西县西孤山。出土为一合两件。志盖正面无字，为纹饰，背面刻汉字12行240字；志石刻契丹大字，所刻两种文字不对译。原石现存锦州市博物馆。此墓志是新中国成立后契丹大字资料的首次出土，又因以前《大辽大横帐兰陵郡夫人建静安寺碑》文字漫漶不清，《故太师铭石记》被指为赝品，至此墓志出土，学界方梦醒与庆陵式文字不同的另一种契丹文字的真实存在，也为《故太师铭石记》恢复了真品的名誉；学者所谓"西孤山墓志式契丹字"即指此，这就为学者们辨识契丹大、小字找到了确切的依据。左上图为志盖正面，右上图为志盖背面，下图为志石。

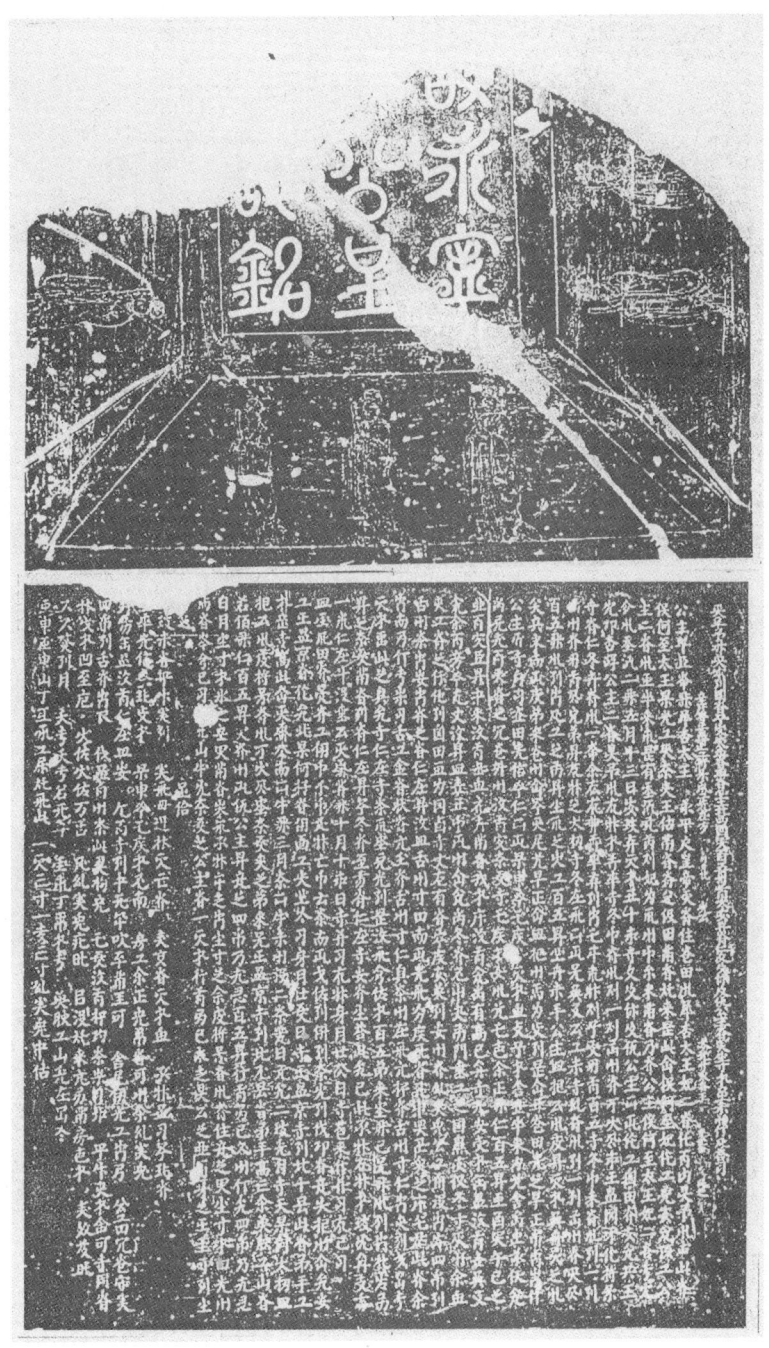

图 9　永宁郡公主墓志（契丹大字、汉字）

该墓志刻于辽道宗大安三年（1087）。2000 年 2 月出土于内蒙古巴林左旗宝力罕吐乡王家沟村的一座早年被盗过的辽墓中。现存巴林左旗博物馆。墓志为一合，正方形，边长 88 厘米。志盖呈盝顶形，中央刻篆体汉字，已残，尚能辨识出 3 行 9 字"故永宁郡公主墓志铭"；志石刻契丹大字 36 行，近 1500 字（内残数字），字体颇为工整，便于规范字体。同墓另出土其夫萧兴言的汉文墓志一合，是研究此墓志的重要参考资料。上图为志盖，下图为志石。

图 10　萧袍鲁墓志（契丹大字、汉字）

该石刻于辽道宗大安六年（1090）。1965 年 6 月出土于辽宁省法库县前山村。出土为一合两件。志盖正面中央刻篆体汉字"故北宰相萧公墓志铭"，盖背刻契丹大字（周边刻有一些汉字和梵文咒语）；志石刻汉字 38 行 145 字，所刻两种文字不对译。原石现存辽宁省博物馆。墓主人萧袍鲁（1018—1089），《辽史》记为"萧袍里"，应以墓志为准。契、汉文字所记下葬日期"大安六年三月十九日"一致，学者从中释出契丹大字数字"六"和"九"。该石刻字工整，是整理契丹大字字形与规范笔画的重要资料。图为志盖背面。

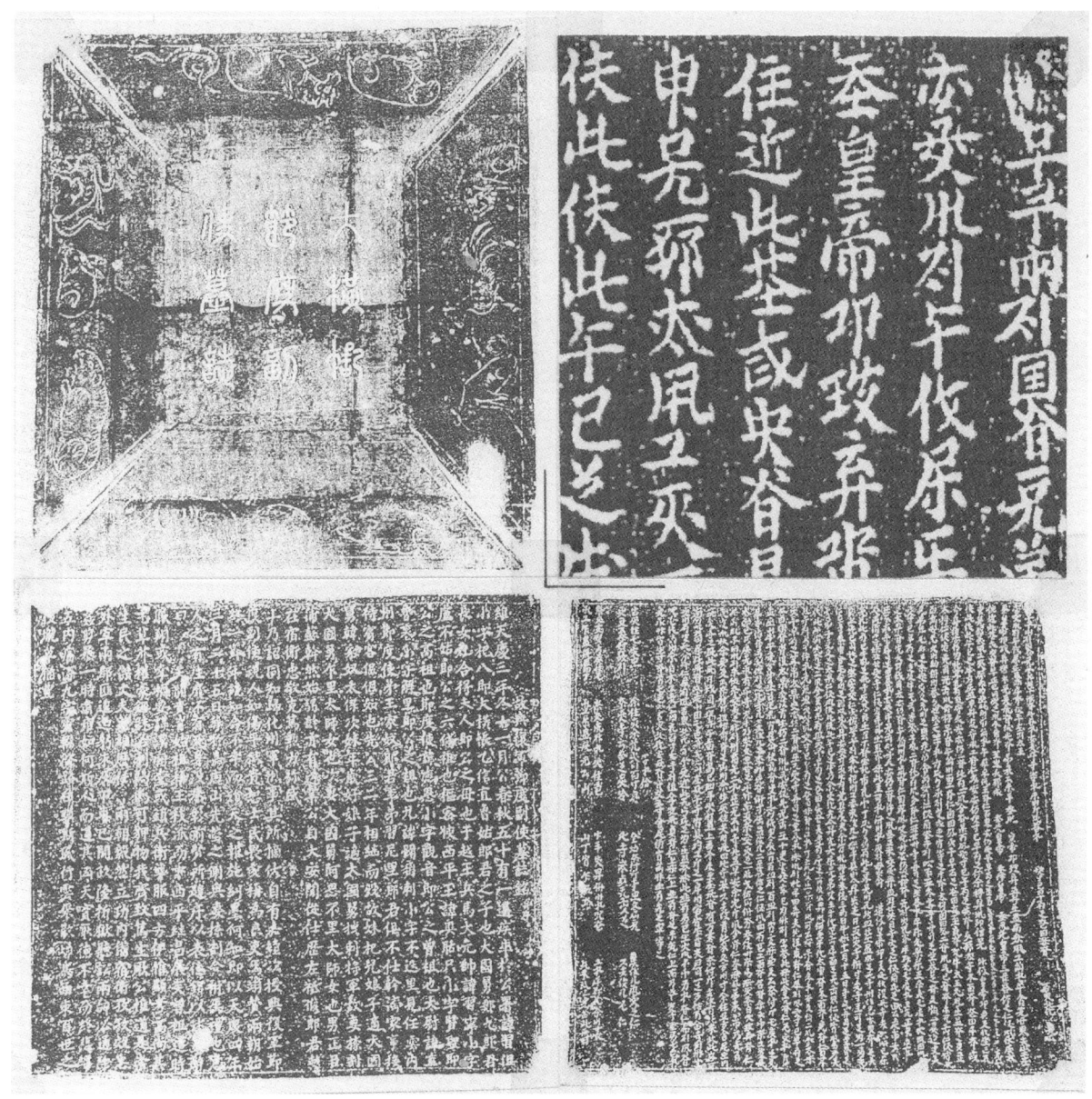

图 11 耶律习涅墓志（契丹大字、汉字）

该墓志刻于辽天祚帝天庆四年（1114）。1987年秋发现于内蒙古巴林左旗乌兰坝苏木浩尔图嘎查的小罕山，是盗墓者从一座辽墓中盗出丢弃在墓旁，后为一村民上山采药时发现，于次年献给国家的。现存巴林左旗博物馆。墓志为一合，正方形，边长66厘米。志盖呈盝顶形，中央刻篆体汉字3行9字"大横帐节度副使墓志"；背面刻契丹大字37行，有1600余字，文字清晰，字体工整，有利于字形的规范，而且是目前契丹大字资料中字数较多的一件。志石刻汉字26行601字，盖背与志石两种文字不对译。中日学者释读此墓志皆有重要收获。左上图为志盖正面，左下图为志石正面，右下图为志盖背面，右上图为志盖背面所刻契丹大字局部。

图 12　耿杖子石棺（契丹大字）

　　该棺为长方形石函，其中一面刻有契丹大字。1977年发现于辽宁省建昌县耿杖子村。原石现存该县文化馆。发现时石棺已被凿成三块，被当地农民改为猪槽，现石棺已不完整，并伤及文字。石棺四面皆有雕刻，契丹字刻于两人物之间，因石损坏，字亦不全。上图为原物照片，下图为刻字面拓片。

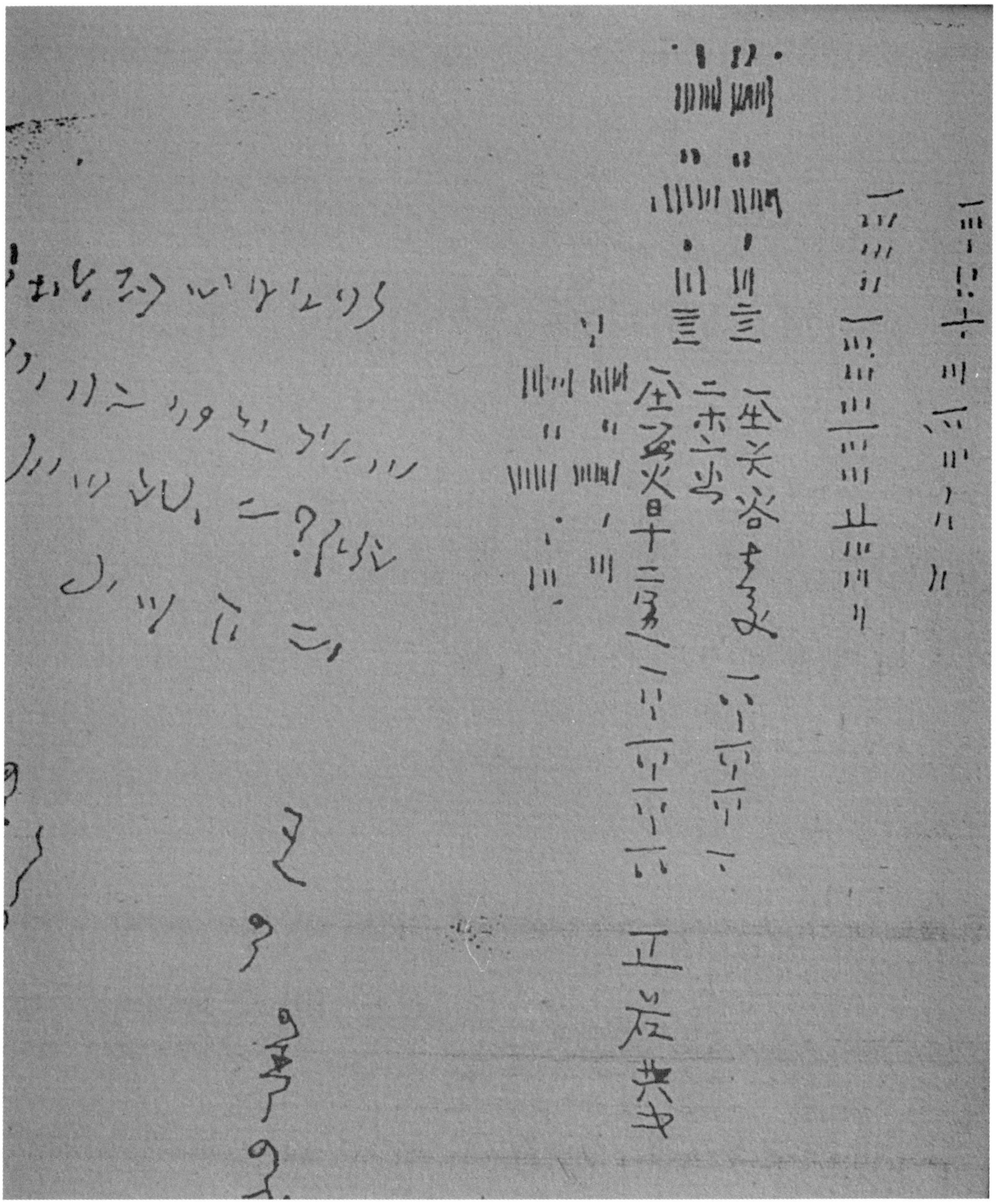

图 13　特门牧场石崖契丹大字墨书（摹本）

此处墨书位于内蒙古科尔沁右翼前旗特门牧场。1975年夏由吉林大学考古专业学生在文物普查时发现，据吉林省文物研究所有关学者发文介绍，为契丹文字。有关墨书尚发现多处，多因字迹不清，是契丹大字还是女真字难辨。

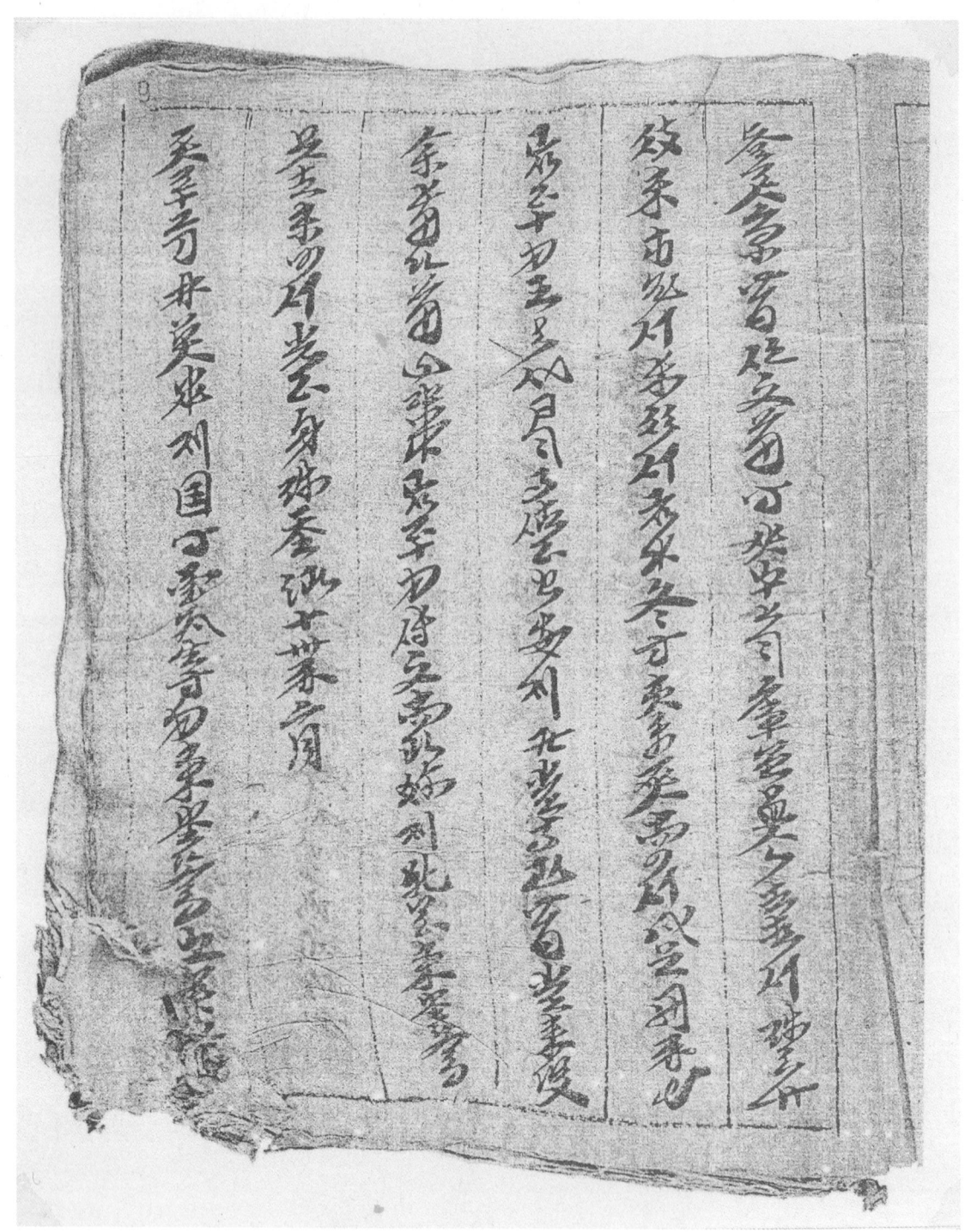

图 14 俄藏契丹大字抄本

俄罗斯学者维·彼·扎伊采夫在俄刊《东方文字文献》2011 年第 2 号上著文称，在俄罗斯科学院东方文献研究所旧藏的文献中，发现了一部契丹大字的手抄本，有 130 多页。这是个惊人的发现，契丹文字纸质文献一直未见流传，通过现代考古手段多方探求，也未闻有获，仅此就可见其发现在契丹文字研究史上的重大意义。该刊登出一页样本，本图即据此。

图 15　契丹大字钱币数枚

上图钱币为银质，1977年5月出土于内蒙古巴林右旗，现存该旗博物馆。中图钱币为铜质，出土情况不详，由收藏家周肇祥先生于早年购得，现不知下落，拓本刊布于1934年5月《艺林月刊》第53期。下图钱币为金质，出土于内蒙古克什克腾旗，现存该旗文管所。在现已发现的契丹大字钱币中，铸字皆同（仅顺序有异），有学者释其文为"天朝万顺"。

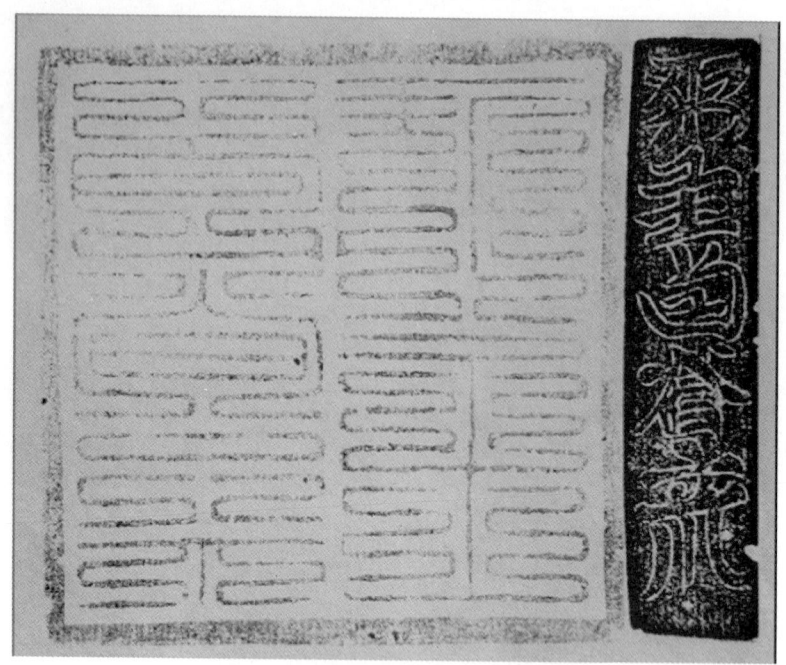

图 16 河南营子出土契丹大字印

  该印于 1964 年 6 月出土于内蒙古翁牛特旗河南营子，为一农民在挖地时掘出。此印较大（通高 4.8 厘米，印面 9 厘米×9 厘米），且保存完好，印侧又刻与印文相同的文字，给释读篆体印文带来方便。上图为印文与印侧拓片，下图为该印照片。

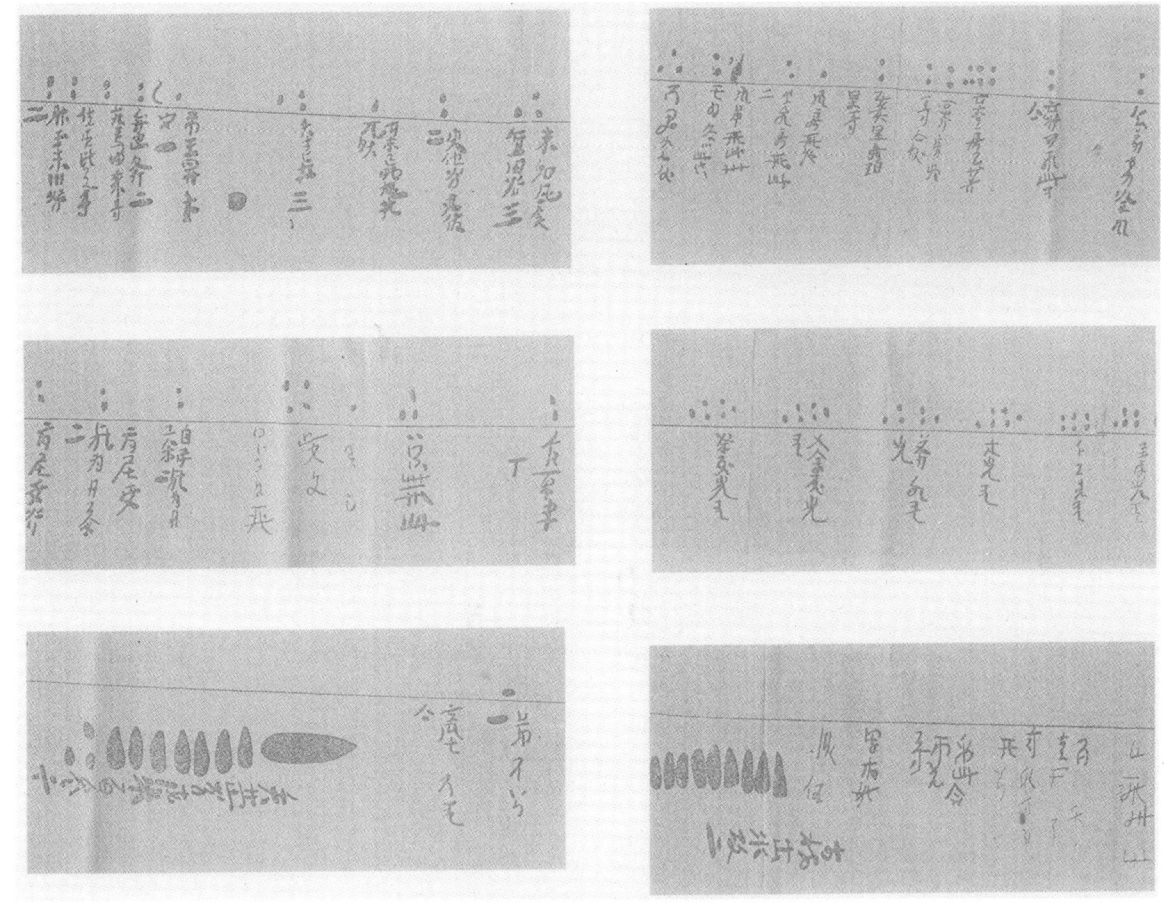

图 17　契丹大字木牍（摹本）

此木牍为 1999 年在内蒙古科尔沁右翼中旗代钦塔拉出土，共两个。一个较长，两面有字，其特殊处在每面文字的上方另一面与文字对应有数量不等的墨点。另一个较短，仅一面有契丹字，对应无墨点，而是刀的刻痕。刘凤翥先生等对其进行了解读，并讨论了契丹从"刻木为信"到创制文字的轨迹。本图据友人所赠摹本。

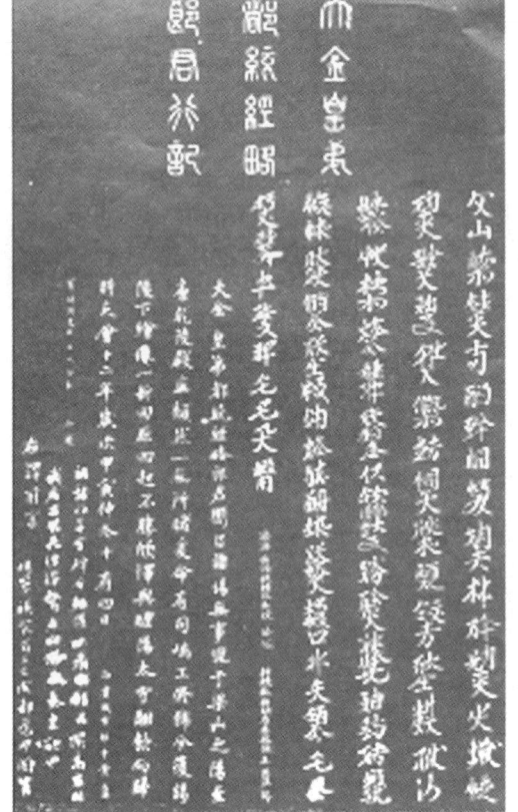

图 18　大金皇弟都统经略郎君行记（契丹小字、汉字）

　　此碑文刻在今陕西省乾县武则天陵（唐乾陵）前的"无字碑"上，为金天会十二年（1134）十一月十四日所刻。碑文刻在无字碑正面中央偏上的最佳位置，无字碑通高 7 米许，需近碑前仰望方可见此刻文。碑额为篆体汉字，碑文前半部为契丹小字，后半部为汉字，碑文最后一行"右译前言"4 字极为重要，说明契、汉两文对译。这是迄今发现有译文最多的契丹字资料，后世学者解读契丹小字多从此碑入手。早在明代万历四十六年（1618）赵崡《石墨镌华》即录此碑文，其云："是碑一字不能辨，盖女真字。"以后清代学者钱大昕、王昶皆沿其说，这说明至少到明代契丹字早已失传，无人能识，学者们将其误指为女真字，其误解直到近代辽庆陵契丹小字哀册出土方告冰释。左上图为"无字碑"，左下图为乾陵，右上图为碑石文字照（局部），右下图为碑刻拓片。

图 19　郎君行记残石（契丹小字）

该残石于 1982 年 11 月在陕西省乾县唐乾陵发现。原石最初是放在陵下司马道村，村民称为"金兀术的石头"，1980 年乾陵博物馆将其移至陵上。观其所存文字，同于《大金皇弟都统经略郎君行记》碑刻，为何如此？孰是原刻，孰为复制？均不晓。右上图为拓片，左下图为原石。

图 20　兴宗皇帝哀册（契丹小字）

此哀册原石下落不明，也不见拓本。抄本首刊于《北京天主教会杂志》（*Le Bulletin Catholique de P'ekin*）第 118 期（1923 年）。是比利时传教士凯尔温（L. Kervyn）于 1922 年 6 月 21 日闻知位于内蒙古巴林右旗白塔子地方的辽代庆陵出土契丹字石刻时前往目见（同时见到的还有《仁懿皇后哀册》）后请人手抄下来的（经后人研究，是为"兴宗皇帝哀册"，时未抄志盖文字，或许未见），法国东方学家伯希和又将抄本转刊于《通报》（*T'oung Pao*）1933 年第 30 卷。此乃契丹文字考古资料的首次发现，连同 1930 年在该陵出土的辽道宗帝后哀册，消息震动了学术界，学者们不仅依此认识到契丹字的真面目，而且经过对照，纠正了长期指称《郎君行记》碑上所刻契丹字为女真字的历史误会（因《郎》碑刻于金代）。契丹文字研究也是由辽庆陵出土契丹字哀册开始的。

图21 仁懿皇后哀册（契丹小字）——附汉字册盖

见《兴宗皇帝哀册》说明。1930年出土辽道宗帝后契丹字、汉字哀册时，同时出土了"仁懿皇后哀册"汉文册盖，未见契丹字哀册原石。上图为契丹字册文抄本（前两行不少学者怀疑是契丹字册盖的抄文），下图为汉字册盖拓片。

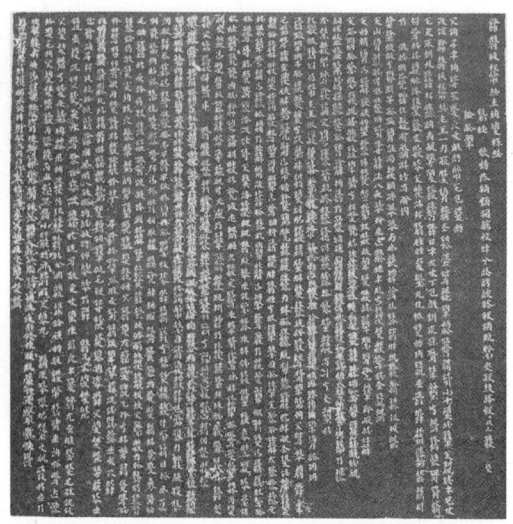

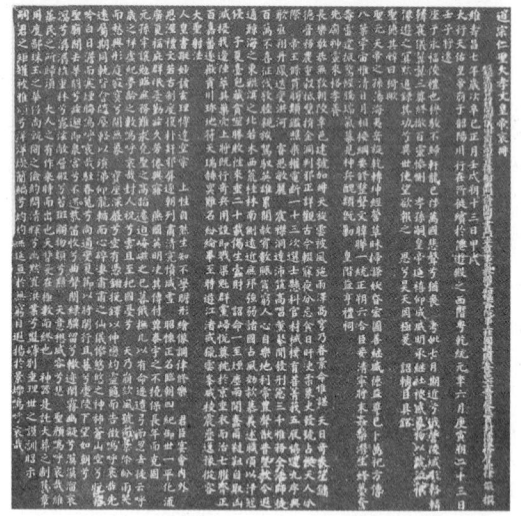

图 22　道宗皇帝哀册（契丹小字）——附汉字哀册

辽道宗是辽朝第八代皇帝，名耶律洪基，字涅邻，小字查剌，寿昌七年（1101）卒，谥"仁圣大孝文皇帝"，葬于庆陵。自凯尔温在庆陵首见契丹字哀册后，汤佐荣（其父汤玉麟时任热河省主席）组织人力于1930年再挖庆陵，掘出包括辽道宗及宣懿皇后契丹字、汉字哀册在内共15方石，悉数运至省城私邸。据刘振鹭云："途间防范严厉。及门，咸君鹏程冒险设法拓得契丹文二纸。"此恐为《道宗皇帝哀册》和《宣懿皇后哀册》最早的拓本。这些哀册运至沈阳汤公馆，尚未及开包，即发生了"九一八"事变，刻石悉数落入日本人之手。1932年春，田村实造在沈阳开包雇人拓制拓片，初期拓片得以流传，今日本京都大学羽田亨纪念馆所存拓片即为此次拓制。册盖刻篆体契丹小字，按原字分刻。这表明，契丹字有篆体，是一种艺术书体；还表明，契丹小字由原字组成，在某种情况下，可分成原字书写。册文中有9行被改刻，经分辨，改刻内容与原刻相同，推测改刻原因是原刻在应抬头或换行的地方未抬头或换行，犯忌，已来不及磨掉，只得在原文上改刻，致使文字重叠；日本人田村实造等编《庆陵》一书（1953年版）画有分辨对照表。另有汉字哀册，两者不对译。原石现存辽宁省博物馆。拓本首刊于北京大学《国学季刊》第3卷第3号（1932年9月）。上两图为契丹小字哀册，下两图为汉字哀册。

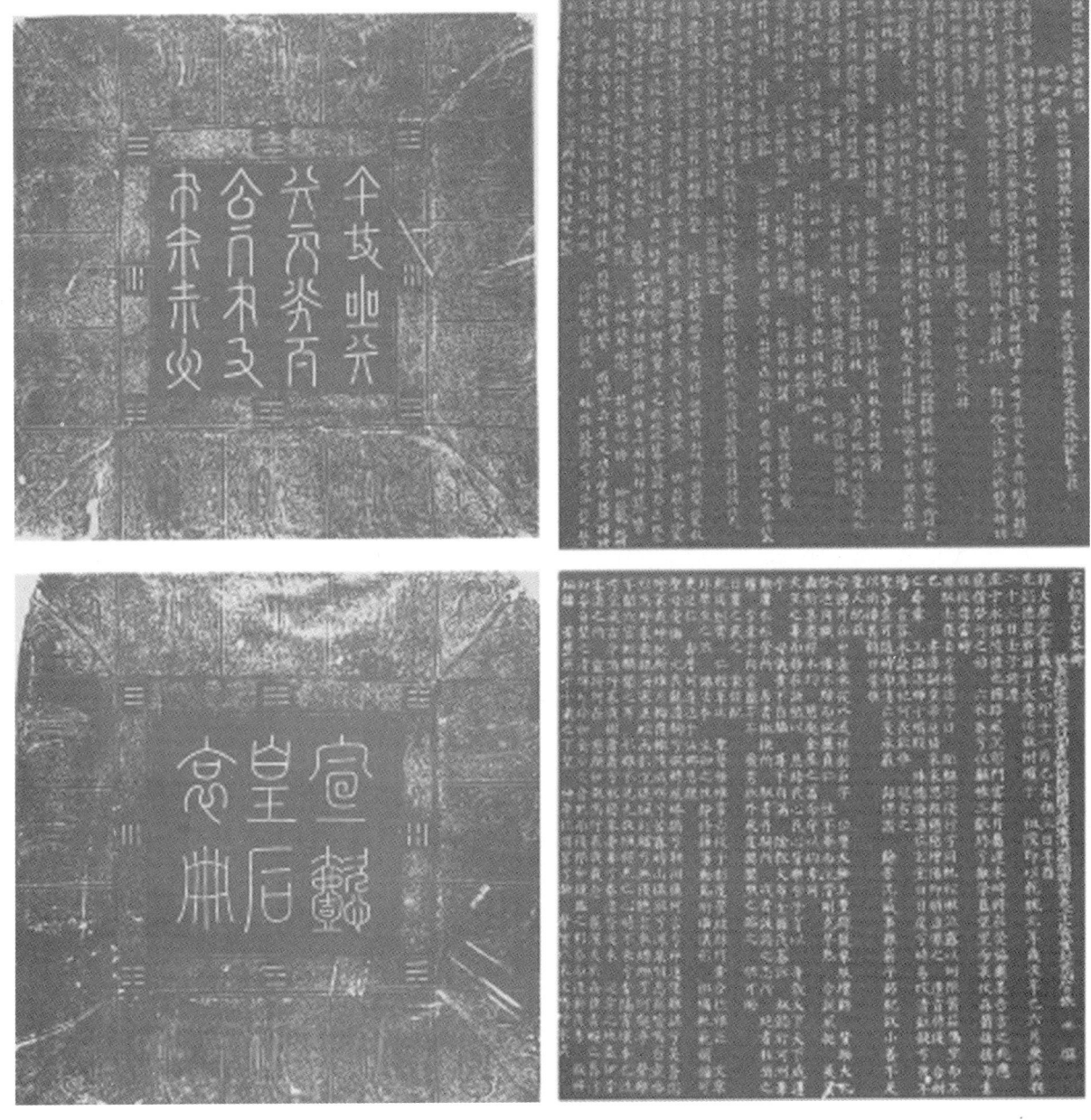

图 23　宣懿皇后哀册（契丹小字）——附汉字哀册

宣懿皇后为辽道宗皇后，姓萧，小字观音。清宁初年被立为"懿德皇后"，大康初年被诬，赐自尽，乾统初年昭雪，追谥"宣懿皇后"，迁葬庆陵。哀册出土情况见《道宗皇帝哀册》说明。原石现存辽宁省博物馆。契、汉两哀册不对译，契丹字哀册文首行与其册盖字一致，现释读出，为"宣懿皇后哀册文"，比汉字哀册多一字。上两图为契丹小字哀册，下两图为汉字哀册。

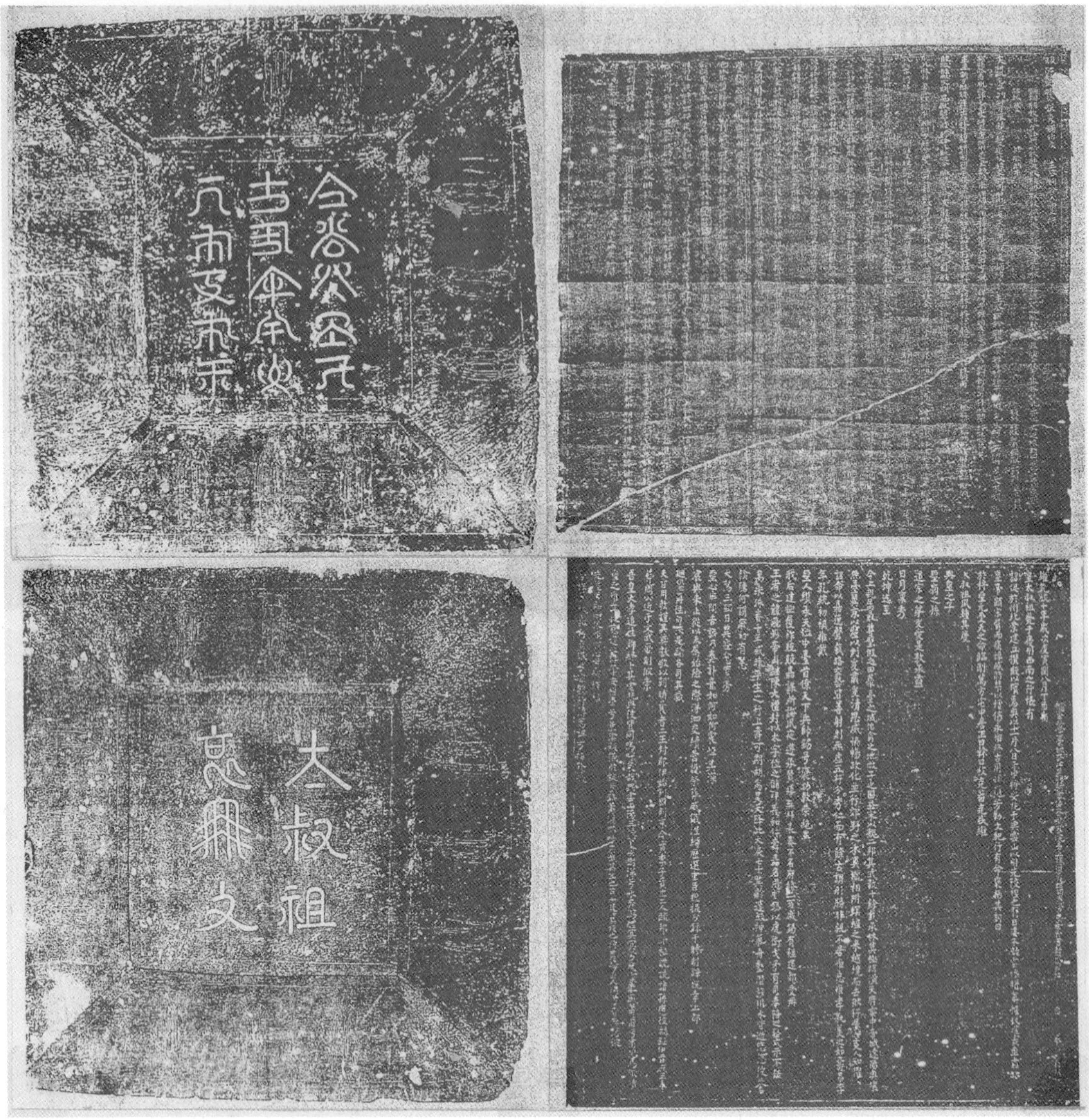

图 24　皇太叔祖哀册（契丹小字）——附汉字哀册

该哀册刻于辽天祚帝乾统十年（1110）。1997 年 5 月出土于内蒙古巴林右旗索博日嘎苏木瓦林茫哈地方辽兴宗永兴陵西侧的陪葬墓中。现存巴林右旗博物馆。哀册富丽堂皇，有契丹小字与汉字的各一合，正方形，边长 118 厘米。前者册盖为盝顶形，中央刻篆体契丹小字（按原字分写）3 行 15 原字；册石刻契丹小字 25 行 800 余字，与另一合所刻汉字不对译。哀册信息首发于《中国文物报》2000 年 4 月 26 日第 1 版。清格勒、刘凤翥《契丹小字〈皇太叔祖哀册文〉考释》（载《民族语文》2003 年第 5 期）研究认为，墓主人是辽道宗弟耶律和鲁斡，汉名弘本。上两图为契丹小字哀册，下两图为汉字哀册。

图 25　耶律宗教墓志（契丹小字）

　　该墓志刻于辽兴宗重熙二十二年（1053）八月，是现知有年代可考的契丹小字墓志中最早的一帧。1991年5月出土于辽宁省北宁市高起村。现存北宁市文物处。墓志为一合。志盖为盝顶形，中央刻篆体汉字"大契丹国广陵郡王墓志铭记"。契丹小字志文刻在志盖的背面，志石刻汉字志文，两者不对译。据汉字志文知墓主人是耶律宗教，字希古，为辽景宗孙，《辽史》无传，可补史缺。图为志盖背面所刻契丹小字。

图 26　萧令公墓志残石（契丹小字）

该墓志刻于辽道宗清宁三年（1057）二月。1950年5月出土于辽宁省阜新蒙古族自治县清河门（当时属义县）西山村辽萧慎微祖墓群2号墓中。这是新中国成立后契丹文字墓志的首次出土。原石现存辽宁省博物馆。此墓志为一合，出土时志盖残存少半部分，无字。志石残缺较厉，文字不全。因石质不良，石面日渐剥落，伤及文字，新拓本不如旧拓本，以辽宁省博物馆所藏早期拓本为最佳。本图即据此拓本。

第五章　文献珍品图片及说明　1833

图 27　萧奋勿腻·图古辞墓志（契丹小字）

　　该墓志刻于辽道宗咸雍四年（1068）。2000 年 9 月出土于辽宁省阜新蒙古族自治县太平乡大道村四家子屯佛手山上的一座辽墓中。现存辽宁省文物考古研究所。墓志为一合，正方形，边长 72 厘米。志盖呈覆斗状，中间及四角均刻牡丹花饰，四斜面为十二生肖像；志石刻契丹小字 26 行 700 多字。梁振晶先生文《阜新四家子辽墓发掘简报》（载《辽宁考古文集》，辽宁民族出版社 2003 年 7 月版）为墓志信息的首次发布，该文附有志石拓片，本图即据此。

图 28　耶律仁先墓志（契丹小字）

　　该墓志刻于辽道宗咸雍八年（1072）九月。1983年7月出土于辽宁省北票市莲花山村。现存辽宁省博物馆。墓志为一合。志盖呈盝顶形，中央刻汉字"大辽国尚父于越宋王墓志铭"。志石刻汉字志文。契丹小字志文刻于志盖背面，5000多字，因石质较差，风化严重，现存4500余字，是现存的契丹字资料中字数较多的一件。契、汉两种文字不对译。所刻契丹字较挤，字距窄，字体也小，给辨字带来难度，现所发表的几个抄本多有异处。墓主人耶律仁先，字仁邻，小字查剌，是皇族孟父房之后，南府宰相耶律瑰引之子，《辽史》有传，为辽末重臣，身份显赫，墓志和史载可互为补充。正图为志盖背面所刻契丹小字，右下图为其中部分。

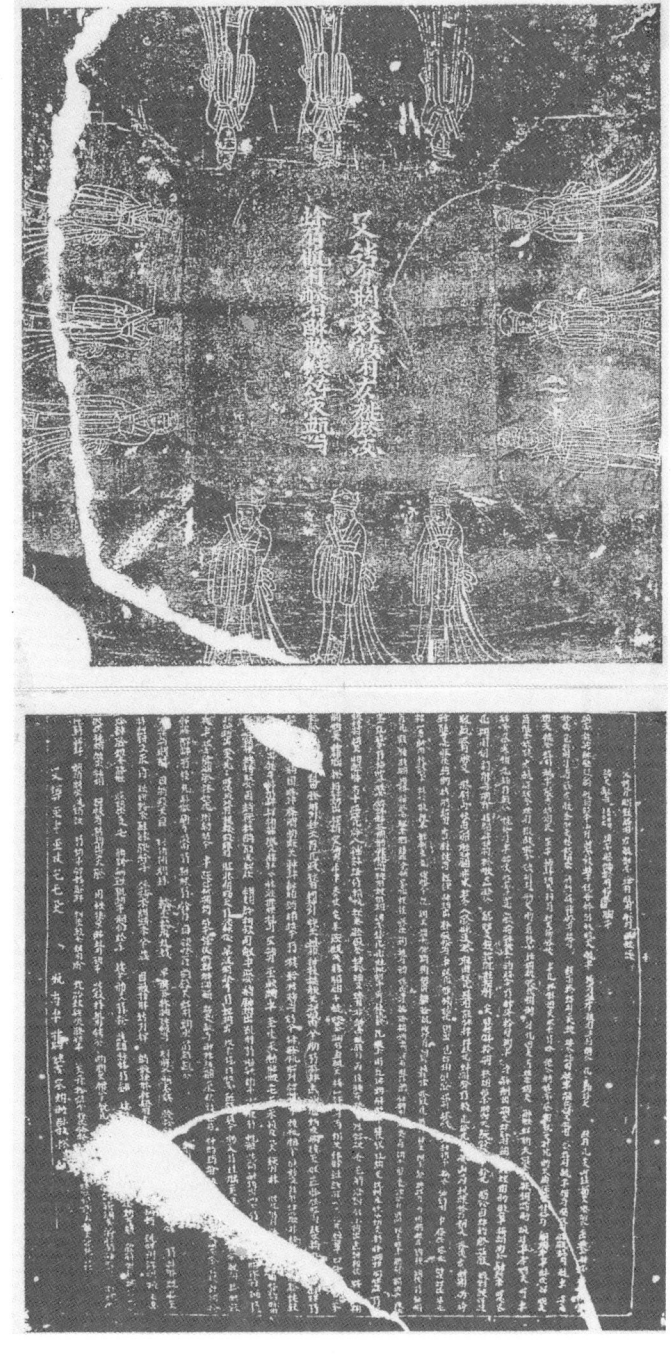

图 29　耶律慈特·兀里本墓志（契丹小字）

　　该墓志刻于辽道宗大康八年（1082）。1997年夏出土于内蒙古阿鲁科尔沁旗白音温都苏木沙日宝特嘎查一座曾被盗过的辽墓中。墓志被盗掘出藏匿，当年八月，案破追回，收缴国有。现存阿鲁科尔沁旗博物馆。墓志为一合，正方形，边长94厘米。志盖呈盝顶形，中央刻篆体契丹小字2行15字；志石刻契丹小字28行900余字。墓志信息首先刊布于《燕京学报》新11期，2001年11月。刘凤翥、丛艳双、于志新、娜仁高娃撰文《契丹小字〈耶律慈特·兀里本墓志铭〉考释》（载《燕京学报》新20期，2006年6月）进行研究，并附拓片，本图即据此。上图为志盖，下图为志石。

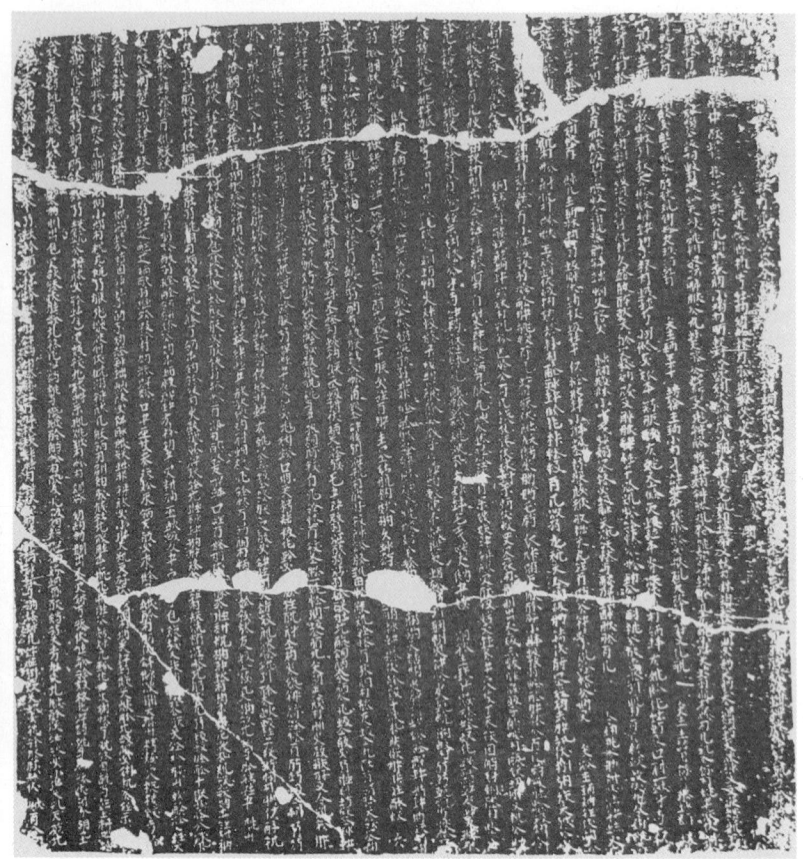

图30 耶律迪烈墓志（契丹小字）

该墓志刻于辽道宗大安八年（1092）八月。1995年5月出土于内蒙古扎鲁特旗嘎亥图镇，后由北京市文物公司购得，于1997年赠给北京辽金城垣博物馆，现存该馆。墓志为一合，出土时志盖残去左上角，志石断裂成5块，尚可拼合。志盖为盝顶形，中央刻篆体汉字"南瞻部洲大辽国故迪烈王墓志文"。志石刻契丹小字，有32行，个别字已损；志文内容在志石上未刻完，又转刻在志盖背面，这也是一个少见的奇特现象，背面续刻契丹小字9行，总共41行，有1470余字，在现存的契丹文字资料中是文字较多的一件。据学者卢迎红、周峰考证，墓主人是耶律迪烈，《辽史》有传。右图为志石刻文，左图为志盖背面的契丹文字部分。

图 31　萧大山和永清公主墓志碑（契丹小字）

该墓志碑刻于辽道宗寿昌元年（1095）。2003 年 5 月出土于辽宁省阜新蒙古族自治县平安地乡阿汉土村宋家梁屯北山的一座曾被盗过的辽墓中，碑石断为两截，是从盗墓者手中追回的。现存该县文物管理所。墓志碑上圆下方，高 110 厘米，宽 68.5 厘米。正面刻汉字，是永清公主的墓志铭文；背面刻契丹小字，是萧大山和永清公主两人的墓志铭文，刻字 30 行，文未完，又在背面的左侧刻了两行，总共 32 行，有 1300 多字，是契丹小字资料中字数较多的一件。图为墓志碑背面及刻字侧面。

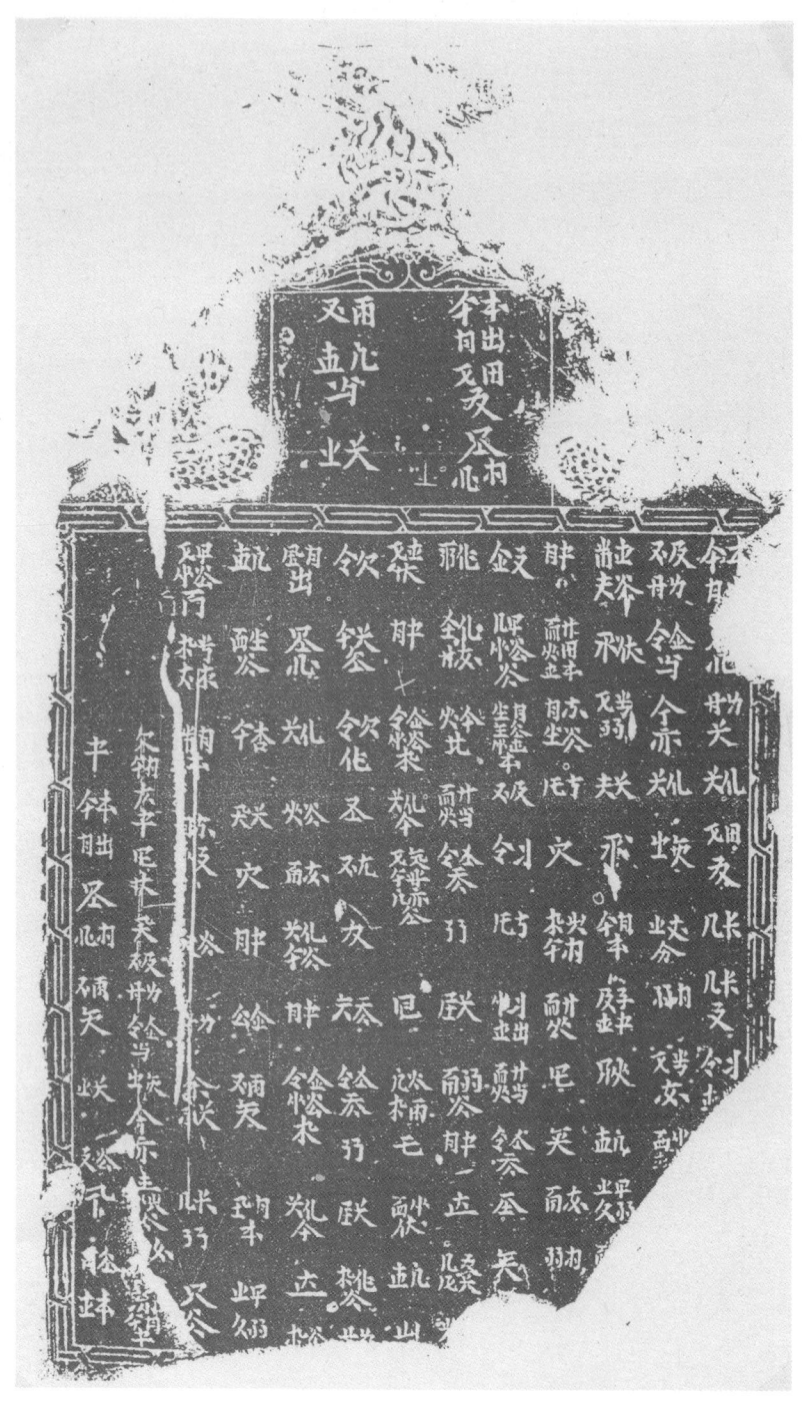

图 32　撒懒·室鲁太师墓志碑（契丹小字）

　　该墓志碑刻于辽道宗寿昌六年（1100）。2000 年 8 月出土于内蒙古扎鲁特旗伊和背乡水果沟的一座辽墓中。出土后临时存放在宁城辽中京博物馆内的内蒙古文物考古研究所东部工作站。为一带龟趺座的碑形墓志，上圆下方，顶雕二龙戏珠图像，碑额部分正面刻汉字"望坟碑记"，碑身刻的却是"拔济苦难陀罗尼经"一卷，700 余字。背面刻契丹小字，碑额两行 7 字，汉译"撒懒·室鲁太师之墓志碑"，碑身刻契丹小字 13 行 164 字（中残 10 字）。墓志信息首发在《中国文物报》2000 年 10 月 29 日第 1 版。刘凤翥、董新林撰文《契丹小字"撒懒·室鲁太师墓志碑"考释》（载《考古》2007 年第 5 期）进行研究，并附拓片，本图即据此。

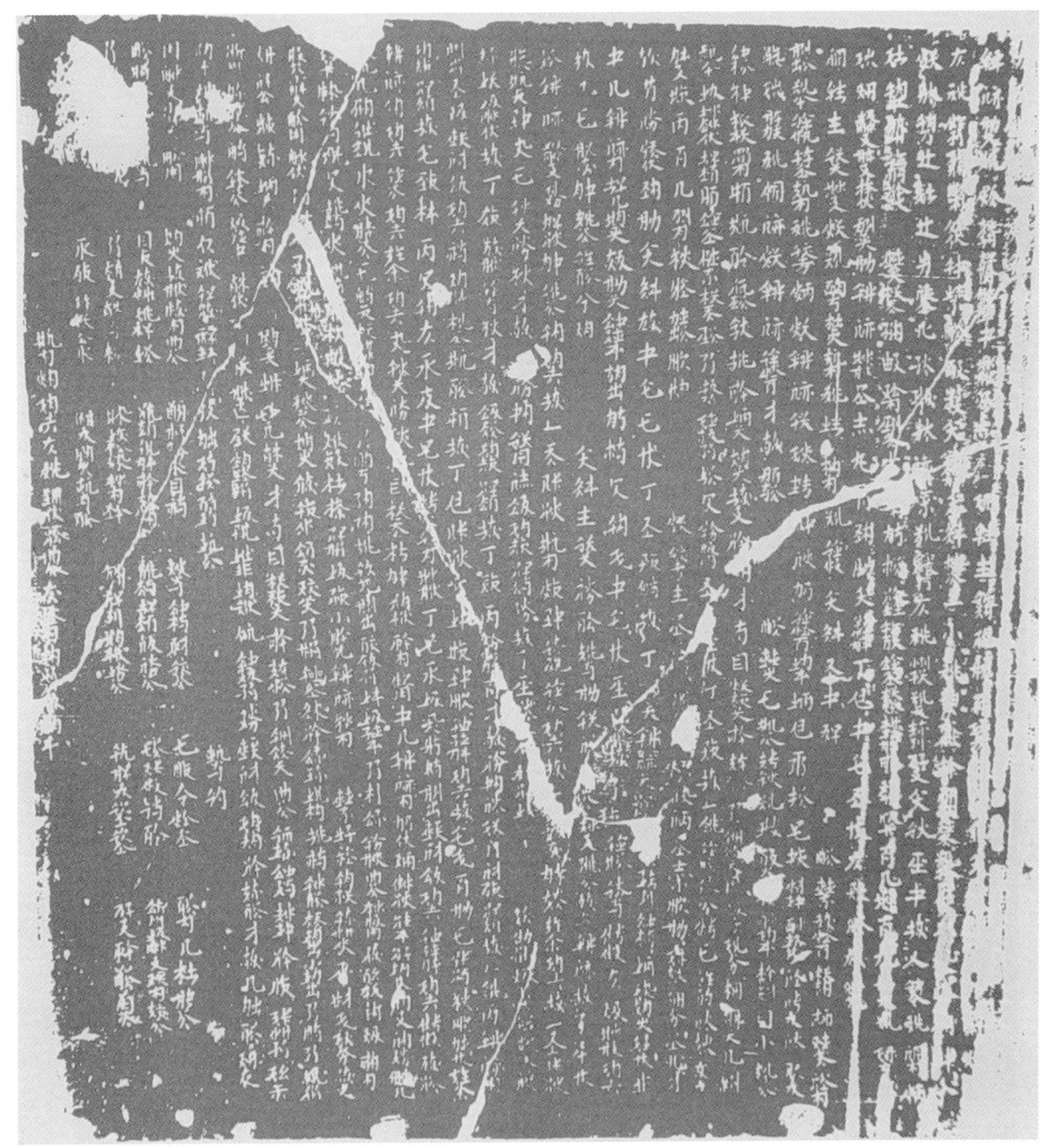

图 33 耶律弘用墓志（契丹小字）

　　该墓志刻于辽道宗寿昌六年（1100）。1996 年 7 月出土于内蒙古扎鲁特旗乌日根塔拉（墓志拓本初次发表时称"乌日根塔拉墓志"）。墓志为一合，出土时志盖破损较厉。志盖为盝顶形，无字，刻十二生肖神像。志石断裂为数块，尚可拼接，刻契丹小字 32 行 900 余字，个别字有损。据学者考证，墓主人为耶律弘用（1054—1076），其妻有身份，出身后族，妻寿昌五年（1099）卒，墓志为妻卒后合葬时所刻。两人在《辽史》中均无传，可补史缺。

图 34 耶律（韩）迪烈墓志（契丹小字）

该墓志刻于辽天祚帝乾统元年（1101）。1998年8月发现于内蒙古巴林左旗四方城，为当地派出所在处理一起盗墓事件中追回，据说是1996年冬在白音乌拉苏木白音罕山的韩匡嗣家族墓地盗掘的。现存巴林左旗博物馆。现仅见志石，正方形，边长75厘米。刻契丹小字34行，约1350字。墓志信息首刊《光明日报》1999年4月2日第2版。据刘凤翥先生考证，墓志主人为汉人，是辽代显赫望门韩知古家族中的六代孙，其曾伯祖父韩德让即著名的萧太后的心腹宠臣，曾随驾南下攻宋，与宋订立"澶渊之盟"，以功高受辽圣宗赐国姓"耶律"。这是辽代汉人契丹字墓志的首次发现。

图 35　耶律副部署墓志（契丹小字）

该墓志刻于辽天祚帝乾统二年（1102）。1996年9月出土于内蒙古阿鲁科尔沁旗罕苏木朝克图山的耶律琪家族墓地。现存内蒙古文物考古研究所。墓志为一合。志盖正面呈盝顶形，中央无字，四周斜面刻十二生肖像，志盖背面为平面，刻契丹小字27行，志石刻契丹小字21行，契丹字共51行，近2000字，是契丹小字资料中字数较多的一件。墓志信息首载于《内蒙古文物考古》1997年第1期。盖之庸、齐晓光、刘凤翥发文《契丹小字〈耶律副部署墓志铭〉考释》（载《内蒙古文物考古》2008年第1期）进行研究，并附拓片，本图即据此。上图为志盖正面，右下图为志盖背面，左下图为志石。

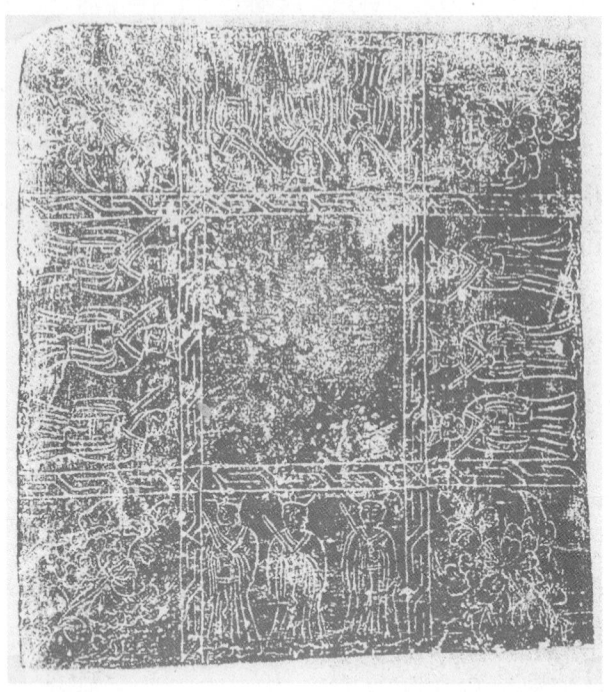

图 36 耶律贵安·迪里姑墓志（契丹小字）

该墓志刻于辽天祚帝乾统二年（1102）。出土地点与时间不详，是巴林左旗博物馆于 2002 年 7 月征集到的。现存该馆。墓志为一合，正方形，边长 65 厘米。志盖正面平，无斜面，无字，四周刻十二生肖像及牡丹花饰；志石刻契丹小字 31 行，有 1000 多字。墓志信息首载唐彩兰《辽上京文物撷英》（远方出版社 2005 年 7 月版）。该墓志以行书体契丹小字书写，可与他志对比体味契丹小字书法的情趣。上图为志盖，下图为志石。

图 37　梁国王墓志（契丹小字）

该墓志刻于辽天祚帝乾统七年（1107）。2001 年 4 月出土于辽宁省阜新蒙古族自治县大巴镇关山种畜场马掌洼山坳里的一座辽墓中。现存辽宁省文物考古研究所。墓志为一合，正方形，边长 114 厘米。志盖呈盝顶形，中央刻篆体汉字"故梁国太妃墓志铭"，说明这是梁国太妃的墓志，志石刻的是她的墓志铭文（汉字）。契丹小字刻在志盖背面，观其内容却是其夫梁国王的墓志铭文（见图 37）。一合石材刻两人墓志，又分别用汉、契两种文字，这在辽代墓志中实属罕见。墓志信息首见于《民族语文》2007 年第 2 期。万雄飞、韩世明、刘凤翥著文《契丹小字〈梁国王墓志铭〉考释》（载《燕京学报》新 25 期，2008 年 11 月）进行研究，并附志盖背面拓片，本图即据此。

图 38 泽州刺史墓志残石（契丹小字）

该墓志刻于辽天祚帝乾统八年（1108）。1994年冬发现于内蒙古巴林左旗南沟村，是当地干部王宝祥发现捡回交旗博物馆收藏的。墓志残缺较甚，左、右、上部均已丢失，仅存中间下部，而且还断为两块（两块尚可拼接）。墓主人待考。学者在现存志文第20行处译出"泽州之刺史"，故以此命名。墓志所刻契丹小字字间的距离较大且行列齐整，有利于分词与释读。

图 39　许王墓志（契丹小字、汉字）

该墓志刻于辽天祚帝乾统五年（1105）二月。1975年秋出土于辽宁省阜新蒙古族自治县白台沟村。现存该县博物馆。墓志为一合，出土时残损较厉。志盖残缺上部，所幸未伤文字。志石残去下部左、右两角，并从中间断为两块，伤及文字较多。尚收集到小块残石11块，有契丹字的4块。志盖左刻一行契丹字，其意与右边汉字同。在契丹字资料中，有汉字对译的稀少，故此对解读契丹字有重要价值。志石四面全刻有字（正、背、左侧面皆刻契丹字，仅右侧面刻汉字5行，现存47字），是现存契丹字资料中字数较多的一件。然由于刻字较挤，加之石质不好，出土时受损较厉，给辨字带来一定困难。墓主人待考。上图为志盖照片，下图为志石正面、左右侧面及有字残块的拓片。

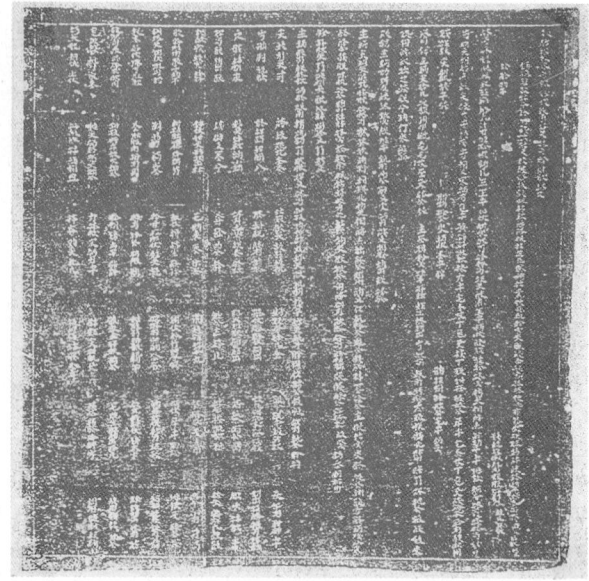

图 40　宋魏国王妃墓志（契丹小字）——附汉字墓志

该墓志刻于辽天祚帝乾统十年（1110）。出土情况见图 24 "皇太叔祖哀册"说明。宋魏国王妃为皇太叔祖妻，该墓为两人合葬墓。与其夫一样，同样出土契丹小字与汉字两合墓志。现存巴林右旗博物馆。契丹小字墓志志盖呈盝顶形，中央刻篆体契丹小字原字 4 行 20 原字，可拼成 8 个契丹小字；志石刻契丹小字 24 行，有 600 多字。与另一合汉字墓志的内容不对译。上两图为契丹小字墓志，下两图为汉字墓志。

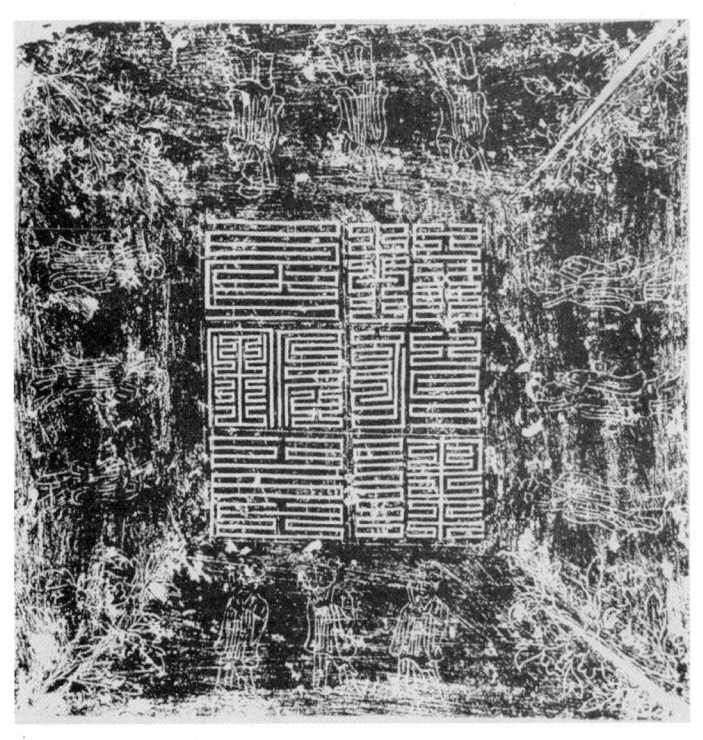

图 41 故耶律氏铭石（契丹小字、汉字）

该墓志刻于辽天祚帝天庆五年（1115）四月。1969年秋出土于内蒙古翁牛特旗毛不拉沟。现存赤峰市博物馆。墓志为一合。志盖为盝顶形，中央刻篆体汉字"故耶律氏铭石"。志石刻契丹小字，所刻字体工整，是辨认契丹小字字形、整理契丹小字的重要资料。学者考其墓主人为耶律挞不也，《辽史》无传，可补史缺。上图为汉字志盖，下图为契丹小字志石。

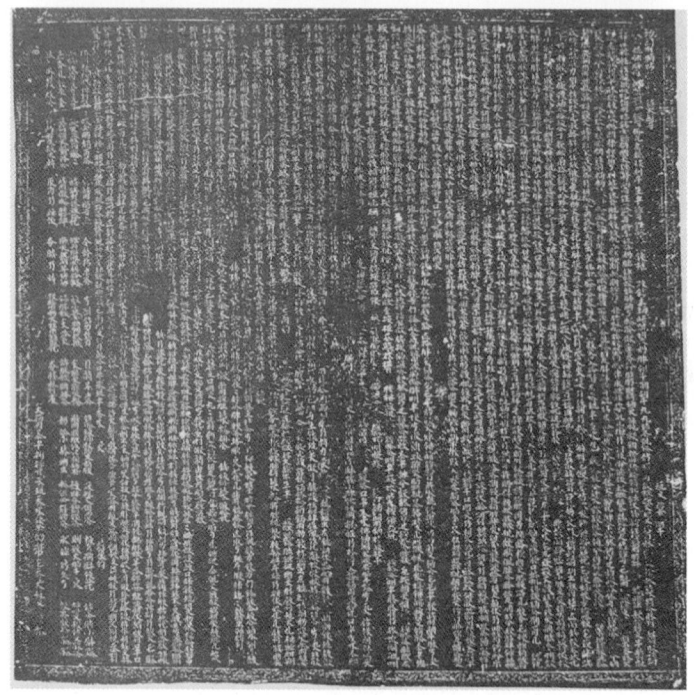

图 42　萧仲恭墓志（契丹小字）

　　该墓志刻于金海陵王天德二年（1150）九月。1942年春出土于河北省兴隆县梓木林子，出土后，墓志长期置于原地无人过问，不为学术界所知，1972年由河北省文物管理处运回保存。墓志为一合。志盖为盝顶形，中央双线刻契丹小字9字，其中间3字出土时字已被抹。志石刻契丹小字，这是一件刻字较多、又保存完好的契丹小字资料。学者释读志盖后6字意为"越国王之墓志"，学者考其墓主人为《金史》有传的萧仲恭，本名术里者，其母为辽道宗之女。墓主人早年仕辽，辽亡归金，受世袭猛安，卒后谥"贞简"。志文与史载可互补。上图为志盖，下图为志石。

图 43　海棠山墓志残石（契丹小字）

该墓志 1991 年秋发现于辽宁省阜新蒙古族自治县大板乡海棠山摩崖造像群内，次年 2 月该县文物管理所将其运回保存。发现时石已残损，前半部分不知下落，仅剩后边的一部分。因残损较厉，丢失文字太多，有关墓主人姓名、下葬时间及刻石年份今皆不晓。该墓志还有一个特殊之处在于，发现时在墓志背面刻有 4 尊浮雕佛像，看其佛像，与墓志走向不同（是将残石横过来刻的），推测墓志为早年出土（已残），时人不知其文字价值，利用石材刻就佛像。

图 44 耶律（韩）高十墓志（契丹小字）

该墓志 1999 年 10 月发现于内蒙古巴林左旗杨家营子乡炮仗营子村一户村民家中，据说是 1995 年前后从白音乌拉苏木白音罕山的韩匡嗣家族墓地盗掘的。现存巴林左旗博物馆。现仅见志石，刻契丹小字 26 行约 740 字。从内容上看，似未刻完，墓志主人的死、葬及享年等内容皆无。墓志信息首发于《赤峰日报》（2000 年 6 月 29 日）。刘凤翥、清格勒撰文《辽代〈韩德昌墓志铭〉和〈耶律（韩）高十墓志铭〉考释》（载《国学研究》第 15 卷，2005 年 6 月）研究认为墓主人是辽代显赫望门韩知古的后裔，其伯祖父韩德让受辽圣宗赐国姓"耶律"。这是汉人用契丹字书刻的墓志。该文附志文拓片，本图即据此。

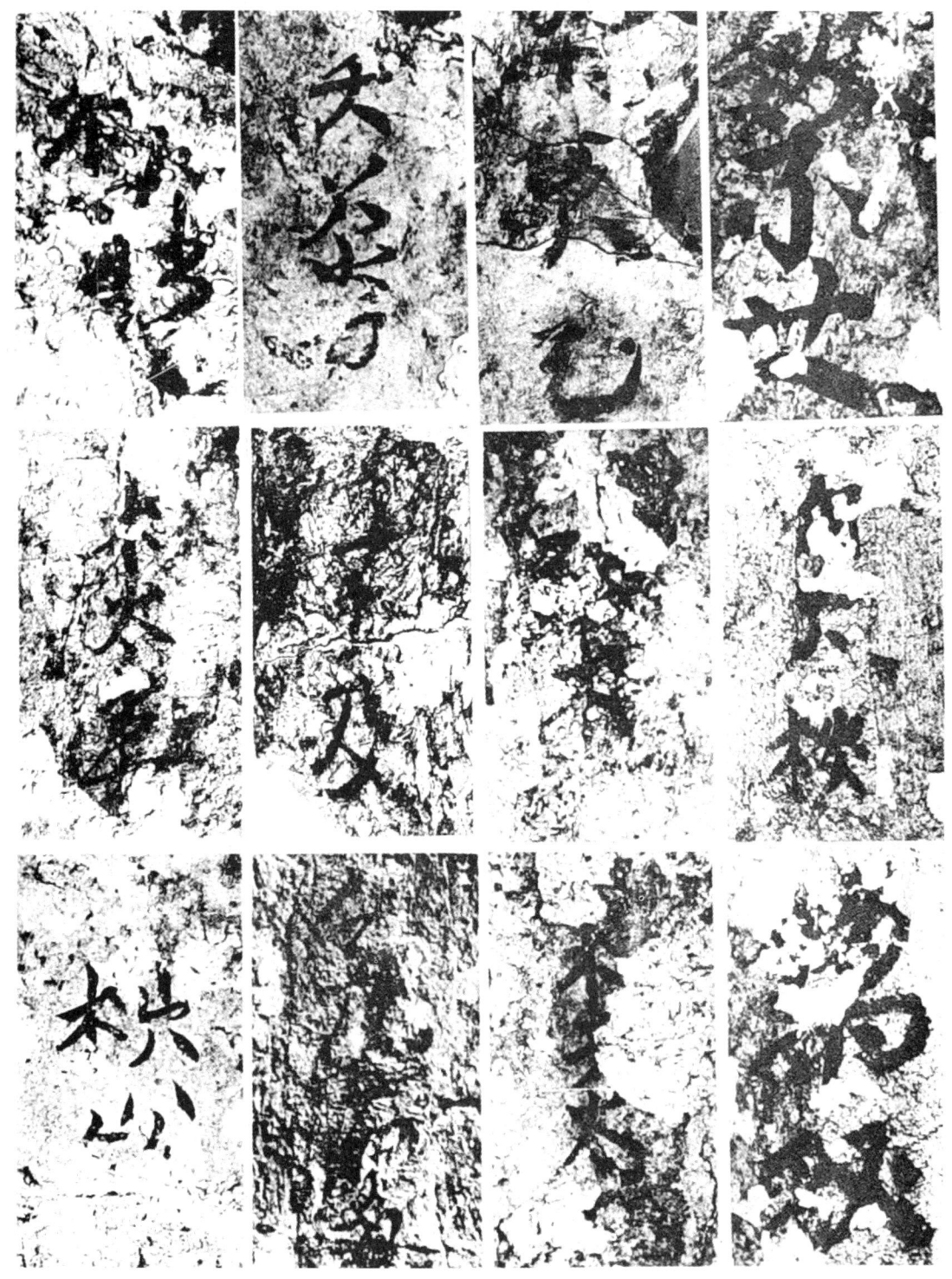

图 45　庆陵壁画题字（契丹小字）

辽代庆陵位于内蒙古巴林右旗白塔子附近，为辽后期皇帝圣宗、兴宗、道宗的陵寝群。学者早年在考察其东陵时发现不少壁画，所画人物旁边间或有契丹小字墨书。日本学者鸟居龙藏、田村实造分别摹写照相，发布于《辽之文化图谱》（1936 年出版）和《庆陵》（1953 年出版）。《契丹小字研究》（1985 年出版）一书将文字集中，共可辨出 50 余字。此图为其中的一部分。

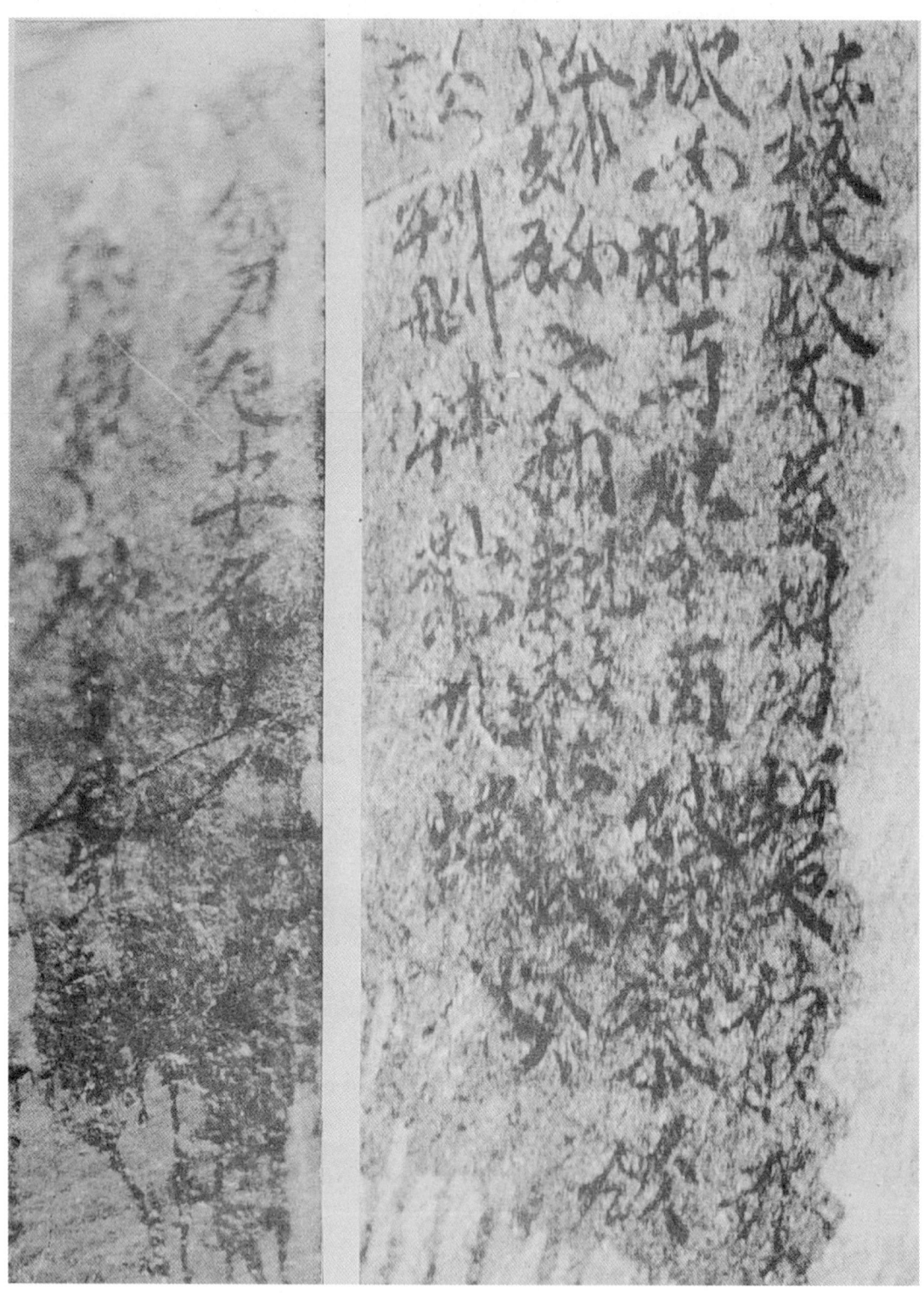

图 46　巴日哈达洞壁契丹小字墨书

在内蒙古科尔沁右翼中旗海林村的巴日哈达一山洞内，于洞内壁上发现有契丹小字墨书三处（图 46 为其中的两处）：一处书字 4 行约 34 字，一处 3 行约 21 字，一处 3 行约 17 字。内中有两处有意为"大康三年四月十三日"的契丹小字年款。

图 47 万部华严经塔契丹小字题记

万部华严经塔坐落在内蒙古呼和浩特市东郊。在塔内壁上至今保留有金、元、明各代题记数百条。其中,在第五层东向凹壁内有契丹小字题记两处:一处 4 行 31 字,一处 3 行 34 字。内有意为"大定十三年六月二十三日"的契丹小字年款,可见是在金代题写的。图 47 为其中的一处题记。

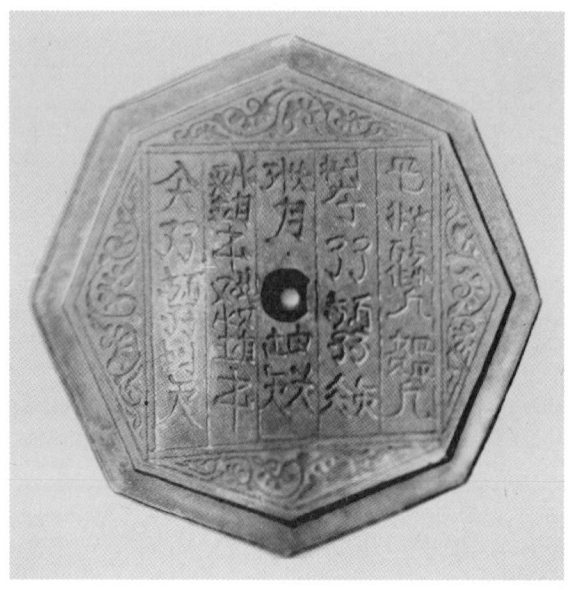

 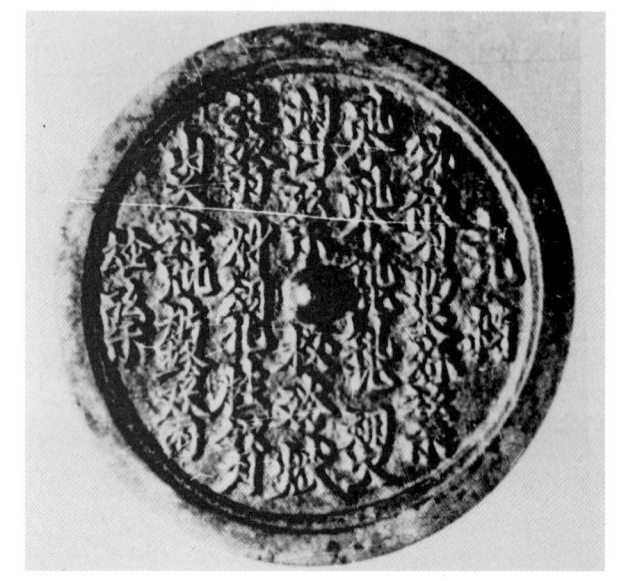

图 48 契丹小字铜镜三面

图 48 为"完颜通铜镜",1971 年 6 月出土于吉林省大安县永合屯,现存吉林省博物馆。此镜边刻汉字"济州录事完颜通",以之命名。镜背所铸契丹小字何意?学者有不同认识。左下图为"宝坻官铜镜",1973 年出土于内蒙古喀喇沁旗当铺地村,以镜边刻汉字"宝坻官"命名。镜背所铸契丹小字,有学者译为"长寿福德"。右下图为"朝鲜出土契丹小字铜镜"。出土时间和地点不详,据最早刊登其照片的《朝鲜通史》(林泰辅著,1912 年发行)一书中说,当时就藏在李王家博物馆。镜背所铸契丹小字,有学者推测是一首七言绝句。

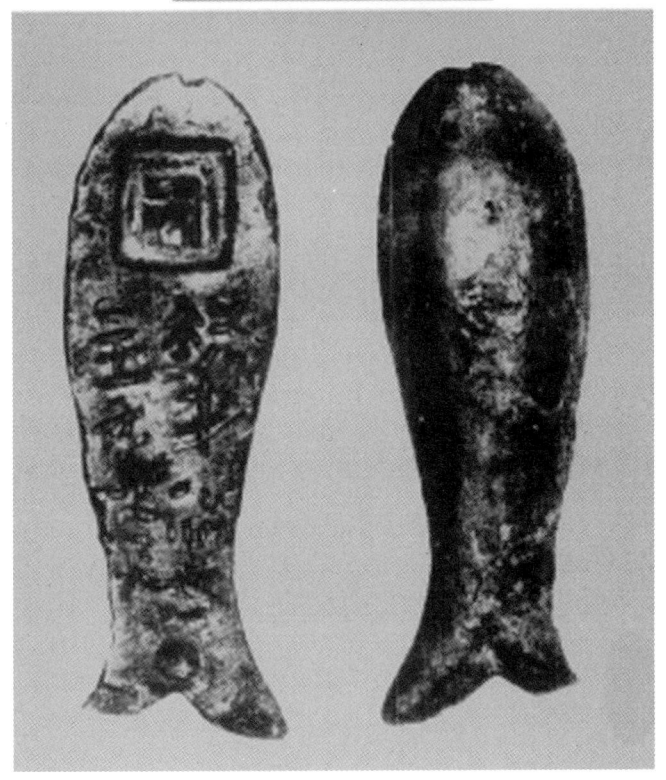

图 49 契丹小字鱼符二枚

图 49 为"吴县蒋氏所藏契丹小字鱼符"。出土情况不详。罗振玉《历代符牌图录》(1914 年 9 月刊)云"吴县蒋氏藏"。据《辽史·仪卫志》:"符契,金鱼符七枚,黄金铸,长 6 寸,各有字号,每鱼左右判合之。有事,以左半先授守将,使者执右半,大小长短字号合同,然后发兵,事讫归于内府。"下图为"衡斋所刊契丹小字鱼符"。出土情况不详。摹本最早见于罗振玉 1925 年年底所编《增订历代符牌图录》,1935 年黄浚所编《衡斋金石识小录》中刊其文字拓本及器物照片。罗福颐在《契丹国书管窥》(载《燕京学报》第 37 期,1949 年 12 月)一文中说:"往年居津沽,曾手拓其文,今符亦不知归谁氏矣。"

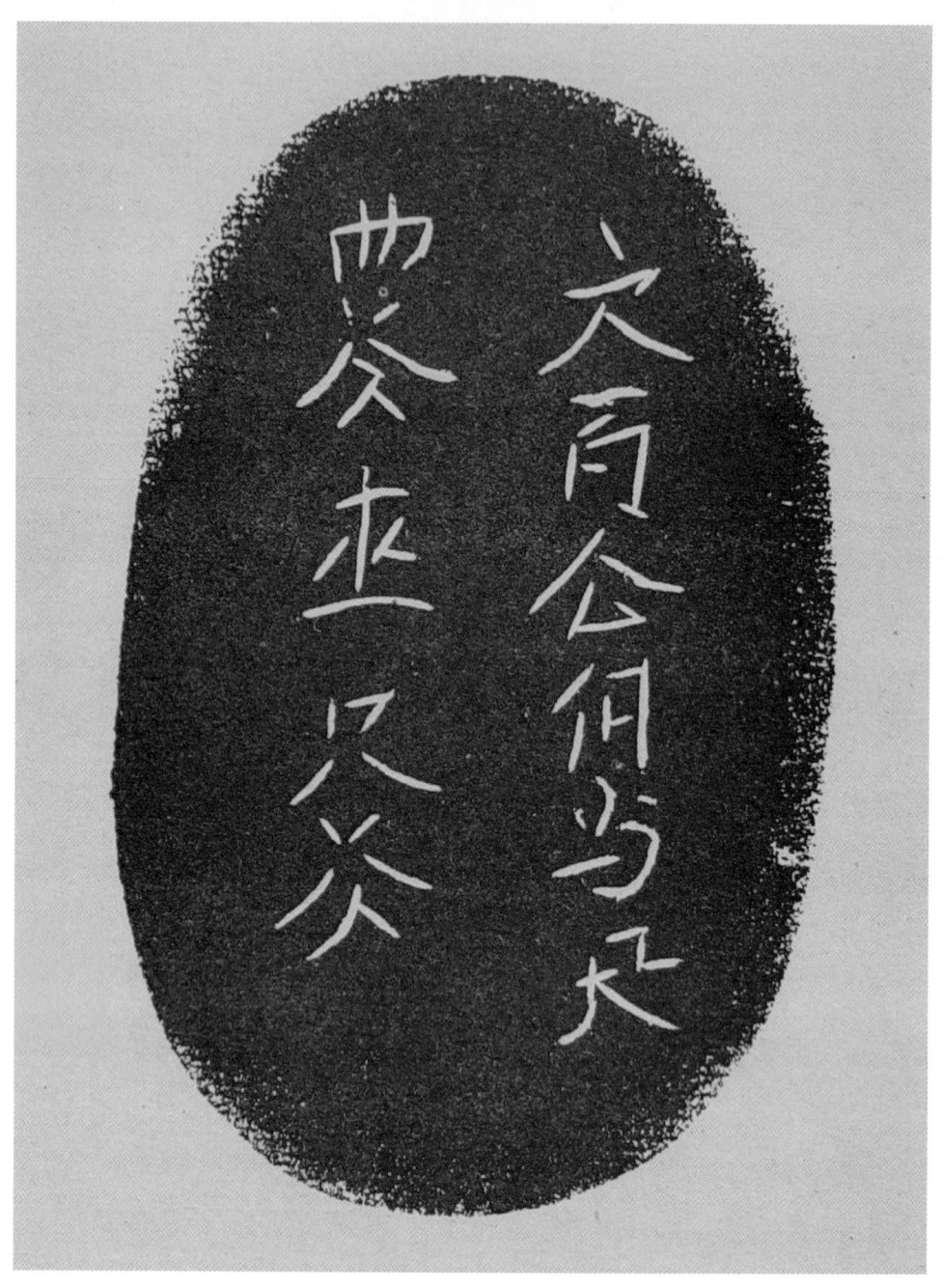

图 50　底刻契丹小字玉杯

　　该玉杯出土情况不明。据罗福颐《契丹国书管窥》一文说："此玉杯原藏清内府。乾隆初即出土，以此杯木座上有乾隆御题诗可证。今杯藏美国人福开森氏。铭刻杯底。"其文字拓本初刊于黄浚《古玉图录初集》（尊古斋 1938 年刊）。杯底所刻契丹小字是按原字分刻的，其中第一行是 6 个原字，可拼合为 4 个契丹小字，意为"皇后诞日"；第二行是 5 个原字，可拼合为 3 个契丹小字，其意不明。契丹小字分解按原字分刻的现象较少，除见于哀册册盖外，器物中此玉杯仅见。

第 六 章

石刻释读举例

一 《宣懿皇后哀册》册盖与册文首行

册盖（篆体） 册文首行（行书）

——据《契丹小字研究》一书

二 《大金皇弟都统经略郎君行记》

契丹字部分摘录（原为竖行，改横抄并附释文）：

所对译的汉字部分（原为繁体字，现改简体并加标点）：

大金皇弟都统经略郎君向以疆场，无事猎于梁山之阳，至唐乾陵……时天会十二年岁次甲寅仲冬十有四日。尚书职方郎中黄应期、宥州刺史王圭从行奉命题。

——据《契丹小字研究》一书

结 束 语

契丹文字虽已失传，但其历史地位不可忽视。我们若将契丹文字的创制放在当时时代的大背景下和社会大潮流中去考察，就可发现，创制文字不仅是契丹民族，而且是我国北方民族强大起来后的一个新追求。综观我国北方民族，在民族强大起来后，要求创制文字，并进行制字实践，乃是契丹开其先河，百年后的西夏与更后一点的女真随之而继，形成我国中世北方少数民族发展史上的一个突出景象。

文字是一种文化现象。民族语言文字是民族理念的一种外部特征，是民族认同的重要外在形式之一。民族文字一旦产生，特别是在与其他民族交往中，它能起到凸显民族特点、增强民族自尊心、强化民族凝聚力的作用。在我国北方民族中，契丹之前，也不乏有民族横扫残云，军力强劲一时，但未见有借政权强力创制文字的情况，如果说西夏虽稍后还是同时代的话，那么，此后就不同了，女真建金，蒙古建元（创八思巴字），以至于满族建清，都有创制文字之举。可见契丹制字在历史上不是一个孤立现象，它给以后北方少数民族发展带来深远影响。因而，契丹制字在我国北方民族文化发展史上具有划时代的意义，成为我国中世以后北方民族发展的一个重要文化标志，是一个具有象征意义的转折点。

（笔者早年虽曾参与部分契丹文字拓片的制作，但数量极为有限。本书所收图片，除图下有专注外，主要集中来自下列诸书：清格尔泰、刘凤翥、陈乃雄、于宝林、邢复礼著《契丹小字研究》，中国社会科学出版社 1985 年 8 月版；中国民族古文字研究会编《中国民族古文字图录》，中国社会科学出版社 1990 年 10 月版；清格尔泰著《契丹小字释读问题》，东京外国语大学 2002 年 3 月发行；刘凤翥、唐彩兰、清格勒编著《辽上京地区出土的辽代碑刻汇辑》，社会科学文献出版社 2009 年 8 月版。特此说明。）

孙伯君 编著

第一章

历史文化概况

女真族是中国北方民族中历史比较久远的民族之一，先秦称肃慎，汉至晋曰挹娄，元魏称勿吉，隋、唐谓之靺鞨，辽代为避兴宗耶律宗真讳而改称女直。女真世代繁衍生息在白山黑水之间，辽天庆四年（1114），生女真节度使完颜阿骨打汇集各路女真人在宁江州（今吉林省扶余县）起兵叛辽，1115年完颜阿骨打称帝，国号大金，建立了以女真族为主体的王朝，与南宋、西夏形成三国鼎立之势。金朝共历九帝，太祖完颜旻（1115—1123），太宗完颜晟（1123—1135），熙宗完颜亶（1135—1149），海陵王完颜亮（1149—1161），世宗完颜雍（1161—1189），章宗完颜璟（1189—1208），卫绍王完颜永济（1208—1213），宣宗完颜珣（1213—1223），哀宗完颜守绪（1223—1234），末帝完颜承麟（1234），延祚119年，1234年被蒙古所灭。此后，女真族除一部分与汉、蒙古等族融合外，其余成为满族的主体。皇太极出于政治上的考虑，于崇祯九年（1636）改称努尔哈赤建立的后金为"大清"，改女真族名为"满洲"。

女真族在建国前已实行猛安谋克制，它先是一种军事组织，后转变为军政合一的社会组织。这种组织的灵活性在于和平时期大家一起从事渔猎生产，一旦战争爆发，则以猛安谋克为单位，组织所有的青壮劳力投入战斗。猛安谋克的首领是世袭职衔。

五京是金朝最主要的城市，金初天眷元年（1138）以其发祥地金源（今黑龙江阿城）号为上京。海陵王贞元元年（1153）迁都于燕，改上京为会宁府，以辽中京大定府（今内蒙古宁城县大明城）为北京，辽西京大同府（今山西大同）为西京，仍以辽阳为东京，辽南京析津府（今北京城西南部）为中都，宋东京汴梁（今河南开封）为南京。其中中都是全国的政治中心，有东西六十二坊，商业空前繁荣。

金朝廷所设学校称国子监，此外府、州、县也开办学校，女真贵族子弟在学校学习儒家经典，掌握策论、诗、赋等技能以参加进士选拔。金朝还设女真进士科，选拔懂女真语文的人才，并为此设立专门的女真国子学、诸路设女真府学，教育女真人学习女真语言文字，提倡女真本族文化。

金代的戏剧创作在中国戏曲发展史上具有划时代的意义。董解元的《西厢记诸宫调》是现存最早、最完整的一部说唱文学作品，被尊为"北曲之祖"。金代成就较高的文学形式还有诗词，早期诗词主要是模仿苏轼和黄庭坚。《金史》卷101《承晖传》记载："承晖生而贵富，居家类寒素，常置司马光、苏轼像于书室，曰：'吾师司马而友苏公。'"刘祁《归潜志》卷8："兴定、元光间，余在南京，从赵闲闲、李屏山、王从之、雷希颜诸公游，多论为文做诗。……（王从之）云：'韩退之《原道》，如此好文字，末曰人其人火其书，太下字。柳子厚肥皮厚肉，柔筋脆骨之类，此何等语？千古以来，惟推东坡为第一。'"

金代印刷术颇为发达，官方雕印中心在中都，南渡之后在汴梁（今开封），主要刊印儒家经典、历代正史及先秦诸子等；山西平水（今山西临汾）是最重要的私家刻书中心，原藏山西赵城广胜寺的《赵城金藏》就是平水刻工所刻，此藏开刻于金皇统九年（1149），雕刻地点在山西解州（今山西解县）的天宁寺，刻成于大定十三年（1173），共七千余卷，是现存最完整的佛教文献总集。

女真人在建国前无城郭宫室之制，所居房子多是用木头搭建的，"无瓦，覆以木板或以桦皮，或以草绸缪之。"（《三朝北盟会编》政宣上帙三）房子东向，屋内有火炕。女真人还有个不同于其他民族的节日称"放偷"，据洪皓《松漠纪闻》卷记载："唯正月十六日则纵偷一日以为戏。妻女宝货车马为人窃，皆不加刑。是日，人皆严备，遇偷至，则笑遣之。"女真人的婚俗也很特别，未婚女子行歌于途寻求伴侣，《大金国志》卷 39 载："贫者以女年及笄行歌于途。其歌也，乃自叙家世、妇工、容色，以伸求侣之意。听者有求娶欲纳之，则携而归，后方具礼。偕来女家以告父母。"入主中原前，女真人丧俗很简单，死者埋之，而无棺椁。遇有亲友死，以刀劙额，血泪交下，谓之"送血泪"。实行殉葬，人死后，贵者生焚所宠奴婢、所乘鞍马以殉之。其祭祀、饮食之物也一并焚之，谓之烧饭。金朝建立后，受中原汉人影响，女真人葬俗趋繁，棺椁皆备。

女真人有自己的原始宗教，女真语称"珊蛮"。女真人多信仰佛教。金朝中后期，道教流行。金朝道教有三大派别，太一教，创始人萧抱珍，用太一三元法箓祈祷神灵保佑、治病驱邪；全真教，创始人王重阳，主张道、释、儒三教合一，大力宣扬节孝、苦己利人；真大道教，创始人刘德仁，主张苦节危行，"不妄取于人，不苟侈于己"。其中全真教入元以后成为道教的主要派别。

第 二 章

文字的起源与变迁

一 女真文的创制和流传

女真古无文字，与邻国交往或遇事急则刻"木契"或刻箭为号。《高丽史》卷 3《成宗世家》载："四年（985）……先是契丹伐女真，路由我境，女真谓我导敌构祸，贡马于宋，因诬缵高丽与契丹倚为势援，剽摽掠生口。韩遂龄之如宋也，帝出女真所上告急木契以示遂龄曰：'归语本国，还其所俘。'王闻之，忧惧。"《说郛》卷 25《北风扬沙录》亦曰："（女真）与契丹言语不通而无文字，赋敛调发刻箭为号，事急者三刻之。"辽神册元年（916），耶律阿保机建国，国号契丹，神册五年（920），命突吕不和鲁不古创制契丹大字，稍后，太祖之弟耶律迭剌又创契丹小字。此时女真即臣属契丹，与人交往多用契丹字。《金史》卷 66《始祖以下诸子》载："女直初无文字，及破辽，获契丹、汉人，始通契丹、汉字，于是诸子皆学之。宗雄能以两月尽通契丹大小字，而完颜希尹乃依仿契丹字制女直字。女直既未有文字，亦未尝有记录，故祖宗事皆不载。"不唯如此，契丹字在金朝建立后相当长的时间内一直使用，即使在金天辅三年（1119）完颜希尹创立女真大字后，契丹字还在金朝通行了一段时间，并占有很高的地位，存世的契丹小字碑铭就有三件刻于金代，一是乾陵无字碑上契丹小字和汉文合璧《大金皇弟都统经略郎君行记》，刻于金太宗天会十二年（1134）；二是河北兴隆县出土的《萧仲恭墓志》，刻于金海陵王天德二年（1150）；三是内蒙古敖汉旗出土的《金代博州防御史墓志》，刻于金世宗大定十年（1170）。直至金章宗明昌二年（1191），金朝国史院才罢专写契丹字者，《金史》卷 9《章宗》载："明昌二年（1191）四月癸巳，谕有司，自今女直字直译为汉字，国史院专写契丹字者罢之。"

为了加强统治，完善制度，不忘本源，也为了强调"凡事欲轶辽世"[①]，金朝建立后即开始着手创立自己的文字。关于女真文，史载金朝曾创制女真大、小两种文字。女真大字是金太祖命完颜希尹、叶鲁等创制的，于天辅三年（1119）颁行；女真小字是金熙宗创制，于天眷元年（1138）颁行，并与大字一起行用。《金史》卷 73《完颜希尹传》："金人初无文字，国势日强，与邻国交好，乃用契丹字。太祖命希尹撰本国字，备制度。希尹乃依仿汉人楷字，因契丹字制度，合本国语，制女直字。天辅三年（1119）八月，《字书》成，太祖大悦，命颁行之。赐希尹马一匹、衣一袭。其后熙宗亦制女直字，与希尹所制字俱行用。希尹所撰谓之女直大字，熙宗所撰谓之小字。"

女真大字创制之后，并未立刻得到广泛的应用，直到金世宗大定年间（1161—1189），由于采取了设立女真进士科选拔女真官员和组织人力翻译汉文经书等一系列措施，才使得女真文字得到了广泛的使用。关于女真字在世宗朝的推行情况，《金史》有颇为详细的记载。事实上，继位伊始，金世宗就深

---

① 《金史》卷 51《选举志》。

感女真人对自己本民族的语言、文字及风俗知之甚少，此为忘本，于是下诏以女真字翻译汉文书籍，倡导学习女真语文。《金史》卷 99《徒单镒传》："大定四年（1164），诏以女直字译书籍。五年（1165），翰林侍讲学士徒单子温进所译《贞观政要》、《白氏策林》等书。六年（1166），复进《史记》、《西汉书》诏颁行之。"《金史》卷 8《世宗》："［大定二十三年（1183）］九月己巳……译经所进所译《易》、《书》、《论语》、《孟子》、《老子》、《扬子》、《文中子》、《刘子》及《新唐书》。上谓宰臣曰：'朕所以令译五经者，正欲女直人知仁义道德所在耳。'命颁行之。"此后，世宗又多次在公开场合教导皇太子及诸王学习女真语言文字。《金史》卷 7《世宗中》："［大定十三年（1173）四月］乙亥，上御睿思殿，命歌者歌女直词，顾谓皇太子及诸王曰：'朕思先朝所行之事，未尝暂忘，故时听此词，亦欲令汝辈知之。汝辈自幼惟习汉人风俗，不知女直纯实之风，至于文字语言，或不通晓，是忘本也。汝辈当体朕意，至于子孙，亦当遵朕教诫也。"为了响应世宗的号召，金朝政府各部门对学习女真语文也做出相关规定，主要是开设女真字学，科举取士。《金史》卷 51《选举志》："策论进士，选女直人之科也。始大定四年，世宗命颁行女直大小字所译经书，每谋克选二人习之。寻欲兴女直字学校，猛安谋克内多择良家子为生，诸路至三千人。九年，选异等者得百人，荐于京师，廪给之，命温迪罕缔达教以古书，作诗、策，后复试，得徒单镒以下三十余人。"除了在诸路兴女真字学校外，金朝还采取了很多辅助性措施推行女真语言文字。如规定女真人不得把姓氏译为汉姓[①]；诏谕诸王以女真语命名[②]；大定十四年（1174）还勒令卫士学习女真语，不得用汉语[③]；为了加强军队的效忠意识并促进他们学习女真语言文字，花大力量翻译印制《孝经》千部分赐给护卫亲军等。[④] 在金世宗的鼓励和倡导下，金朝上到皇子、诸王，下到女真贫民都掀起了修习本国语和女真文的热潮。《金史》卷 9《章宗一》曰："［大定二十五年（1185）］十二月，进封原王，判大兴府事。入以国语谢。世宗喜，且为之感动，谓宰臣曰：'朕尝命诸王习本朝语，惟原王语甚习，朕甚嘉之。'谕旨曰：'朕固知汝年幼，服制中未可付以职，然政事亦须学，京辇之任，姑试尔才，其勉之。'"另据《金史》卷 51《选举志》载："女直学。自大定四年，以女直大小字译经书颁行之。后择猛安谋克内良家子弟为学生，诸路至三千人。九年，取其尤俊秀者百人至京师，以编修官温迪罕缔达教之。十三年，以策、诗取士，始设女直国子学，诸路设女直府学，以新进士为教授。国子学策论生百人。府州学二十二，中都、上京、胡里改、恤频、合懒、蒲与、婆速、咸平、泰州、临潢、北京、冀州、开州、封州、西京、东京、盖州、隆州、东平、益都、河南、陕西置之……河南、陕西女直学，承安二年罢之，余如旧。"明昌五年（1194）金章宗下诏为女真文的创制者完颜希尹立庙，春秋致祭，可谓为女真字的推行画上了完满的句号。《金史》卷 35《礼志》："明昌五年（1194）正月，陈言者谓'叶鲁、谷神二贤创制女直文字，乞各封赠名爵，建立祠庙。令女直、汉人诸生随拜孔子之后拜之'。有司谓叶鲁难以致祭，若金源郡贞献王谷神则既已配享太庙矣，亦难特立庙也。有旨，令再议之。礼官言：'前代无创制文字入孔子庙故事，如于庙后或左右置祠，令诸儒就拜，亦无害也'。尚书省谓：'若如此，恐不副国家厚功臣之意。'遂诏令依仓颉立庙于盩厔例，官为立庙于上京纳里浑庄，委本路官一员与本千户春秋致祭，所用诸物从宜给之。"

从现在地上和地下的文物考古看，女真字流行区域主要在东北。而据《金史》记载，大定十三年（1173），金朝开始设立女真国子学，诸路设女真府学，以新进士为教授，府州学总共有二十二处，即

---

① 《金史》卷 7《世宗中》："［大定］十三年（1173）五月……戊戌，禁女直人勿得译为汉姓。"
② 《金史》卷 7《世宗中》："［大定］十六年（1176）十月丙申，诏谕宰执曰：'诸王小字未尝以女直语命之，今皆当更易，卿等择名以上。'"
③ 《金史》卷 7《世宗中》："［大定］十四年（1174）三月甲午……又命：'应卫士有不闲女直语者，并勒习学，仍自后不得汉语。'"
④ 《金史》卷 8《世宗下》："［大定二十三年（1183）］八月乙未……以女直字《孝经》千部付点检司分赐护卫亲军。"

中都、上京、胡里改、恤频、合懒、蒲与、婆速、咸平、泰州、临潢、北京、冀州、开州、封州、西京、东京、盖州、隆州、东平、益都、河南、陕西。就当时的规模来讲，女真府学可谓遍及金朝的各个辖区。但由于原北宋的实际控制区，如河南、陕西除了上任的女真官员外，实际居住的女真人非常少，所以专为女真人设立的女真字学难以为继，到金章宗承安二年（1197），河南、陕西两路的女真学被取消，或许就是出于这方面的考虑。[①] 目前存世的女真碑铭文献非常少，有些地方虽然被女真人统治了上百年，直到现在却未见一件女真文文献出土，如陇东地区，这首先要归因于金代推行女真文的力度不够。正是因为学习女真文者大多为了策论进士，用女真文翻译的汉文书籍多限于经书和诸子著作，加之目前还没有发现女真人像契丹人那样有用本民族文字刻墓志的习惯，所以现存女真文碑刻文献与西夏文文献和契丹文碑刻比起来才会只如冰山之一角。尽管从目前发现的存世女真文碑铭文献的分布来看，国外的最东北部有刻于明代的"奴儿干永宁寺碑"，发现于今俄罗斯境内黑龙江下游东岸特林地方；最北端有蒙古国"九峰石壁纪功碑"，发现于蒙古国肯特郡巴颜霍特克县的九峰石壁；最东端有"庆源郡女真国书碑"，发现于朝鲜咸镜北道庆源郡。这些碑铭分布范围很广，对确立金朝的实际控制范围也非常有帮助，但并不能据以说明女真文在这些地方是普遍使用的交际文字。国内的最东端碑铭有"奥屯良弼诗碑"，发现于山东蓬莱阁的天后宫；最南端有"女真进士题名碑"，发现于河南开封；西北部有《女真字书》，发现于陕西西安。从国内这些存世女真文献的留存范围看，与《金史》所记设立府学的范围大体一致，而从这些碑铭文献极其零星的情况，足可见金朝政府推广女真文的力度远在辽推广契丹文、西夏推广西夏文之下。

金朝灭亡后，女真文在东北女真人聚居地继续使用。在今俄罗斯境内黑龙江下游东岸特林地方发现的"奴儿干永宁寺碑"，建于明成祖永乐十一年（1413），阳面刻汉文，额题"永宁寺记"，碑阴刻女真文蒙古文各15行，有女真字700余，为碑阳汉文的节译。此碑证明在立石地点范围内女真语仍然作为实际语使用，同时女真文还是当地通行的文字。明朝前期，由于和女真人经常交往，朝鲜李朝的司译院仍设有女真通事，李朝《经国大典》[睿宗元年（1469）颁布]记载："女真蒙学通事每行，轮次赴京，倭学通事一年一度。"明代早期，政府对女真人生活诸卫的敕告很长一段时间还沿用女真文书写，直到明英宗正统九年（1445），遵从玄城卫的请奏，敕文才改用蒙古文。《明英宗睿皇帝实录》卷13"正统九年二月壬午项"："明英宗正统九年（1445）二月甲午，玄城卫指挥撒升哈、脱脱卫答鲁等奏：'臣等四十卫无识女直字者，乞自后敕文之类第用达达字。'从之。"自此，女真文作为记录女真语的交际文字逐渐退出历史舞台，并最终成为无人可识的死文字。

二 女真文的性质和特点

据《金史》记载，金朝曾经创制过两种文字，女真大字和女真小字。除《金史》卷73《完颜希尹传》的记载外，《金史》卷51《选举志》也记载："（大定）十六年（1176），命皇家两从以上亲及宰相子，直赴御试。皇家祖免以上亲及执政官之子，直赴会试。至二十年，以徒单镒等教授中外，其学大振。遂定制，今后以策、诗试三场，策用女直大字，诗用小字，程试之期皆依汉进士例。"

这些记载明确告诉我们金朝曾经创制并使用过女真大、小两种文字，但极为遗憾的是我们既无法据以了解女真小字的性质，也无从知道女真大字与小字的具体区别。因此一直以来关于现存女真文是

[①] 《金史》卷51《选举志》载："女直学。自大定四年，以女直大小字译经书颁行之。后择猛安谋克内良家子弟为学生，诸路至三千人。九年，取其尤俊秀者百人至京师，以编修官温迪罕缔达教之。十三年，以策、诗取士，始设女直国子学，诸路设女直府学，以新进士为教授。国子学策论生百人。府州学二十二，中都、上京、胡里改、恤频、合懒、蒲与、婆速、咸平、泰州、临潢、北京、冀州、开州、封州、西京、东京、盖州、隆州、东平、益都、河南、陕西置之……河南、陕西女直学，承安二年罢之，余如旧。"

女真大字还是女真小字的问题一直困扰着学者。人们根据契丹大、小字的区别，即大字为表意字，小字为表音字，曾假设女真小字是一种表音字。金光平《从契丹大小字到女真大小字》（《内蒙古大学学报》1962年第2期）一文从契丹大、小字的性质入手，明确说现存的女真文字是女真大字。至于女真小字，金光平据《金史·选举志》"策用女直大字，诗用小字"的记载，结合现存女真文不适合写诗及契丹小字适合做诗押韵的特点，认定女真小字是依契丹小字所制的一种音节字母连缀成文的文字，并同时期待用女真小字写成的金石资料的发现，明确说："现在还没有发现女真文的诗，若发现女真文的诗，则大、小字的问题立刻就可以解决了。"

20世纪80年代，"奥屯良弼诗碑"在山东蓬莱阁被发现，可以说使人们对刻有女真文诗文的金石资料的期待成为现实，但此刻石上的文字却并非如人们预想的是一种与现存女真文全然不同的文字，只是在书写形式上是每个词语构成一个书写单位，助词单独书写，这种书写形式与熙宗时期"国之诚"信牌上的女真字书写形式相同。由于传世的女真文资料，如《女真译语》、"大金得胜陀颂碑"等都是一种性质的文字，且既有表意字，又有由表意字转化而来的表音字，而出土的"奥屯良弼诗刻石"上用于写诗的女真文又不是另外一种表音字母连缀的文字，因此人们开始怀疑金熙宗是否创制了一套独立的表音体系的文字，也重新思考女真小字的性质。

1973年女真文献有重大发现，陕西省文管会、博物馆在西安碑林石台孝经的卯眼内发现女真文书残页，整理得11件残页，共有女真字237行，2300余字。与《女真译语》相对照，《女真字书》残页上更多使用表意字，用一个字代表一个词语。这一发现又促使人们重新审视已被确认为女真大字的这种传世文字，可以说为进一步思考女真大、小字的性质提供了有力的佐证，从而引发了学界对女真大、小字性质问题的进一步探讨。根据《女真字书》残页上更多使用表意字，用一个字代表一个词语，而《女真译语》有很多表音字是由表意字转化而来，还有一些新增的表音字符的情况，道尔吉在《关于女真大小字问题》（《内蒙古大学学报》1980年第4期）一文中提出：大小字之间没有根本的、本质的区别，女真小字是大字演变的结果，大字纯粹是表意文字，小字是在大字基础上增加许多表音字而成的意音结合的文字。成为学界界定女真大、小字性质的一种颇具代表性的意见。

三　女真文的结构形式

女真文大多为独体字，呈方块形。笔画简单，六画字最多，笔画最多的字为十画。女真字与契丹大字非常相像，正如《金史》所说，是仿照契丹大字，在汉字基础上采用加笔、减笔或改变笔画等方式创制而成。大部分表意字表示单音节、双音节，三音节、四音节字较少。《女真译语》共录有女真字900左右，而金启孮《女真文辞典》纂集传世的女真字共有1360余（包括异体字）。

关于女真文制字的方法，金光平在《女真制字方法论——兼与日本山路广明氏商榷》（《内蒙古大学学报》1980年第4期）中，总结出六种：（1）以汉字字形为"基字"，加减或改变其笔画，但仍采用"基字"的意义或与其相近的意义，读女真语的声音（如日文的训读），制出女真字。如：一，㇐（əmu）"厄木"；（2）以汉字字形为"基字"，加减或改变其笔画，仍读"基字"的音或其相近的音，不采取其意义，制出女真音字，如：乎→孚（xu）；（3）以契丹字为"基字"，增减或改变其笔画，仍取其基字的意义，读女真音，制成女真字，如：丹系由契丹字加撇制成；（4）以契丹字字形为"基字"，加减或改变其笔形，仍读"基字"的音，或其相近的音，不采取其意义，制成的女真字，如：夭（ji），契丹字"夭"系由汉字"失"改变笔画，而女真字系由契丹字改变笔画而成；（5）以既制成的女真字为"基字"，加减或改变其笔画，仍取原"基字"的意义或与其相近的意义，不取其音，制成女真字，如：半（心）→伴（腹）；（6）以既成的女真字为"基字"，加减或改变其笔画，仍读原"基字"的音或与其相近的音，制成女真字，如⿰（xə）→⿰（kə）。

道尔吉在《关于女真大小字问题》一文中把现存女真文的特点概括为七点：(1) 单体书写，书写款式同于汉字；(2) 有完全意字；(3) 有不完全意字；(4) 有表示音节的音字；(5) 有比较完善的格助词以表达语法意义；(6) 有助动词能够表达动词的时、态；(7) 通过词干后边的附加成分能够表达单数、复数、区别词类。

第 三 章

文字载体类别与版本形式

女真文献的载体只有石和纸两种。据目前可以见到的情况估计，金朝石刻的形制与中原碑刻相同。

流传下来的女真字书非常少，1968年，俄罗斯学者克恰诺夫在翻检俄罗斯科学院东方研究所圣彼得堡分所收藏的西夏文手抄本残页时，发现两页女真文草书残页。根据残页的状态可判断曾是某种通古斯书的封面，其中编号 3775-1 的残页面积为 15.3×16.5 厘米；编号为 3775-2 的残页面积为 14.2×16.5 厘米，在其背面用汉字书写"光定七年七月十六日"（西夏神宗，1217年），两残页共存女真字 130 余。[①] 很显然，仅凭这两件残页是无法研究女真字书版本情况的。

不过，我们可以通过金代汉文书推想女真文书的版本情况。西夏黑水城出土文献中有很多是金代版本，下面引录俄国学者孟列夫对俄藏黑水城出土金朝版本文献的一段叙述[②]：

女真金国的版本：

北宋衰落和1127年建立南宋之后，宋朝领土在长江以南，再从那里运书很困难，而且很快就一点也运不来了。我们认为，在某种程度上能确定年代的晚期宋刊本是1132年以前的。西夏的印书业基本是在皇室的监护下，它的发展补充了西夏国对图书的需求。这些书籍全是佛教文献，其范围非常狭窄。非佛教内容的版本主要是由女真金国占领的宋朝北部运去的。遗憾的是，许多书籍根据外表特征可以断定是金朝的版本（约有15件），但都未注确切的日期。可以把这些书籍分成两类：

（1）12世纪中期的，具有宋朝版本一切特点的书籍。其中有一部（原藏录号 TK-142，本书编号106）《普贤行愿品》附有未注明日期的题记，指出刻地点和出版者"储协赞于千秋"，施主是安亮和宝戒，施印此经是为纪念去世的父母，印数108卷。千秋在河南省渑池县，南宋时属金国，但是工匠们大概至金人占领前一直在该地。比较木版画后查明，另外的两个版本——一是《普贤行愿品》（原藏号 TK-243，本书编号107），二是实叉难陀译的同经第十六品（原藏号TK-246，本书编号99），也是出自这家书坊，因为这三个版本中毗卢遮那佛像的风格和结构几乎完全一样，不同点仅在于个别的细节（帽子的有无，装饰图案的不同，等等）。这三个版本是12世纪中期的，是金国刻印图书的最早实证。重要的是它们和南宋12世纪30年代的杭州版本很相近。这两种版本后来经常成为西夏刻印书籍的样本。我们没有发现12世纪下半叶西夏国印刷业进一步

---

① ［俄］Д. 卡拉、Е.Н. 克恰诺夫、В.С. 斯塔里科夫：《纸抄女真文的首次发现》，原载《1969年东方文献遗存·历史语言研究》，莫斯科，1972年，第223—228页；姚凤译注，刘凤翥校注译文载《北方文物》1985年第2期。

② ［俄］孟列夫著：《黑城出土汉文遗书叙录》，王克孝译，宁夏人民出版社1994年版，第34页。

发展时期的大批金刊本和宋刊本，但出现了成批的西夏刊本。

（2）12世纪末至13世纪初的书籍有自己的特点，没有或少有西夏版本的特点。这些书全是蝴蝶装，软白纸印刷。任何一部都未保存下有日期的题记，因此也只能大致断定刻印年代，这一类书籍有《刘知远诸官调》（无藏录号，本书编号274）、《南华真经》即《庄子》（原藏录号 TK-97，本书编号262）和《文酒清话》（原藏录号 TK-228，本书编号276），都是中国题材的文学作品（其中包括《庄子》，对其在中国文学史初期所产生的伟大作用未必会有疑义）的范本。只有《汉书》残卷证明，历史著作的版本间或从金国传入西夏。像我们已经说过的那样，医学作品和道家的占卜书在西夏人中曾广泛地流传，其中三种：《宋真人千金方》（原藏录号 TK-166，本书编号302）、药方（原藏录号 TK-173，本书编号302）和《六壬课秘课诀》（原藏录号 TK-172，本书编号313）都是由金国传入西夏的。

俄藏黑水城文献中还有一部汉语等韵门法著作《解释歌义》的写本[1]，抄写年代据考证在12—13世纪初期，是由金代懂音韵的女真僧侣知识分子抄写的[2]，1984年俄罗斯西夏语文学者孟列夫（Л. Н. Менъшиков）在《黑城出土汉文遗书叙录》中首次对这个写本做了详细著录，内容不仅包括此书的版式、装帧、纸色和内容，还包括纸上的红墨痕迹及许多书写在此书纸背上的有关文字信息，现把孟列夫对此书所做的描述摘录如下[3]：

282（原藏录号 A6）

《解释歌义壹卺》解释韵书结构的诗注。诗歌是七言，押韵。诗注被标上"义曰"二字。各篇的标题是：《舌音切字第八门》、《舌上音切字》、《牙音切字第九门》、《齿音切字第十门》、《正齿音切字例颂》、《喉音切字第十一门》、《七言四韵颂》、《七言四韵歌奥》。写本，小册子，把较薄的几叠用蓝粗线缝在一起，共五叠，每叠八个双页，最后一叠是开头的两页。字面一页向里，一页向外，轮流交错，第二至四叠末尾左上角有该叠的数码。面幅8×11厘米，栏面6.5×8.5厘米，栏线和界格用尖木笔画出，有些地方被画透纸面。面7行，行11—13字，有改写。纸色灰。小楷字体，有首题。首页上加贴了封皮，封皮上有外题字（半行）和重复写了两次的大字"尚面文"，其上有红墨痕迹（12世纪下半期的）。

我们可据此了解金代抄本的大概情况。

金代印刷术颇为发达，前面已有介绍，此处不赘。

---

[1] 此书刊布于俄罗斯科学院东方研究所圣彼得堡分所、中国社会科学院民族研究所、上海古籍出版社《俄藏黑水城文献》第5册，1996年，第140—160页。

[2] 参见孙伯君《黑水城出土等韵抄本〈解释歌义〉研究》，甘肃文化出版社2004年版。

[3] [俄]孟列夫著：《黑城出土汉文遗书叙录》，王克孝译，宁夏人民出版社1994年版，第227页。

第四章

目录与分类

现存女真文资料按照载体可分为三类：碑铭、文献、牌印墨迹等。

女真文碑铭资料主要有：

(1) "大金得胜陀颂碑"，刻于金大定二十五年（1185）。发现于吉林省扶余县徐家店乡石碑崴子村。共存女真文1500余字，为现存女真文字数最多的石刻。

(2) "女真进士题名碑"，又称"宴台女真国书碑"，刻于金哀宗正大元年（1224），共存1100余字。发现于河南开封曹门外宴台河，曾存于开封市文庙。[①]

(3) "奥屯良弼诗碑"，碑刻年代不详，正面刻女真文，上下款各一行楷书，共27字；正文为行书11行，100余字，此碑为现存唯一一块行书体女真字石刻。全碑是一首七言律诗。

(4) "庆源郡女真国书碑"，刻石年代不详。发现于朝鲜咸镜北道庆源郡，1918年移到汉城博物馆。碑折为两段，仅存下段，碑身四面刻女真文，无汉字译文，全碑存有女真文500余。此为修建佛寺的功德碑。

(5) "九峰石壁纪功碑"，1986年发现于蒙古国肯特郡巴彦霍特克县的九峰石壁，刻于金章宗明昌七年（1196），存女真字140余。碑文记载的是金章宗时期由完颜襄率领的金国军队在斡里札河大胜阻卜的一次重要战役，与《金史》《蒙古秘史》的记载相合。[②] 史料价值极高。

(6) "奴儿干永宁寺碑"，碑原立于俄罗斯境内黑龙江下游东岸特林地方，后被沙皇俄国移至海参崴博物馆。建于明成祖永乐十一年（1413），阳面刻汉文，额题"永宁寺记"；碑阴刻女真文蒙古文各15行，有女真字700余，为碑阳汉文的节译。此碑尽管刻于明代，但由于立石地点在女真语仍然作为实际交际语使用的区域，因此此碑在语料价值上远远超过女真馆"来文"。同时也具有极高的史料价值。

(7) "奥屯良弼饯饮碑"亦称"泰和题名残石"，碑心为奥屯良弼汉文题字，书于泰和六年（1206）；左侧有3行60余女真字，为奥屯良弼友人卜修洪所书之跋，书于大安二年（1210）。

(8) "昭勇大将军同知雄州节度使墓碑"，1979年发现于吉林省舒兰县小城子完颜希尹家族墓地，刻于大定二十六年（1186）。刻有汉文、女真文两体"昭勇大将军同知雄州节度使墓碑"字样，共有21个女真字。

(9) "北青女真国书摩崖"，刻于金宣宗兴定二年（1218），共5行40余字，日本人鸟居龙藏首先

[①] 此碑在宋代周密的《癸辛杂识》中早有著录，并相继收录于明代李濂的《汴京遗迹志》和清代王昶的《金石萃编》。

[②] 《金史》卷94《宗室襄传》："密诏进讨，乃命支军出东道，襄由西道。而东军至龙驹河为阻卜所围，三日不得出。……大战，获舆帐牛羊。众皆奔斡里札河。遣安国追蹑之。众散走，会大雨，冻死者十八九，降其部长，遂勒勋九峰石壁。"

发现于朝鲜咸镜南道北青郡串山。

（10）"海龙女真国书摩崖"，此摩崖包括两处，一为女真、汉文对照，汉字记载为"大金太祖大破辽军于节山息马立石"，一是只有女真文，加起来共录有 100 余字。学界对后者——刻于金大定七年（1167）的只有女真文的摩崖更关注一些。[①]

女真文文献主要有：

（1）"西安碑林女真字草书残页"，1973 年陕西省文管会、博物馆在西安碑林石台孝经的卯眼内发现，整理得 11 件残页，共有女真字 237 行，2300 余字。

（2）"圣彼得堡藏女真文草书残页"，1968 年俄罗斯学者克恰诺夫在翻检俄罗斯科学院东方研究所圣彼得堡分所收藏的西夏文手抄本残页时发现的，共两页，为女真文草书。根据残页的状态可判断曾是某种通古斯书的封面，其中编号为 3775—2 的残页背面用汉字书写"光定七年七月十六日"（西夏神宗，1217 年），两残页共存女真字 130 余。

（3）《女真译语》，现存两种版本，乙种本和丙种本。乙种本《女真译语》由明代四夷馆编辑，分"杂字"和"来文"两部分，"杂字"为女真语和汉语对译词汇集，每个词包括汉字对音、女真文和汉义三部分。"来文"则是移录当时进贡的表文。根据明永乐五年（1407）设立四夷馆的最初八个馆就有女真馆这个情况，乙种本《女真译语》的成书时间离设馆时间应该不远，人们也因此称此译语为"永乐译语"。丙种本《女直译语》是明会同馆设立后编纂的，学界一般称其为"会同馆译语"，由于此译语是供通事们做口译，所以只有汉字注音和汉义，没有女真文。

牌印墨迹主要有：

（1）明王世贞《弇州山人四部稿》正稿和明万历年间方于鲁《方氏墨谱》上载录的女真文墨锭，为"明王慎德，四夷咸宾"八个汉字的女真文译文，女真字两行 14 字。

（2）日本记镰仓幕府事迹的史籍《吾妻镜》所记载的银简，曾泊到日本的女真船上有带一条，带上有银简长 7 寸，阔 3 寸，刻女真字 4。

（3）"国之诚"银牌，1976 年发现于俄罗斯滨海地区的赛金古城，第一字为御押，下书女真字汉义为"国之诚"。此牌与《吾妻镜》所载文字同。

（4）刻有女真文边款的官印有五方，一、"河头胡论河谋克印"，大定十六年（1176）四月礼部造，印侧刻女真文六字；二、"和拙海栾谋克印"，大定十八年（1178）礼部造，印侧刻女真文八字；三、"夹浑山谋克印"，大定十八年（1178）礼部造，印侧刻女真文七字；四、"移改达葛河谋克印"，大定十九年（1179）礼部造，旁刻女真文七字；五、"可陈山谋克印"，大定十八年（1178）十月礼部造，旁刻女真文十三字。

（5）女真文铜镜有三方，一、叩畏猛安铜镜，边内左侧有女真文六字及一花押，镜下边有汉文"录事司上"四字，罗福颐所藏拓本，原物下落不明。二、"绶带纹铜镜"，1974 年黑龙江省密山县承紫河出土，镜缘刻有女真文九字，有汉文"长春县记"四字。三、"咸平府谋克官造镜"，发现于辽宁省沈阳浑河沿岸，边缘汉文"咸平府毛克官"六字后有一女真文花押。

（6）"白塔女真文题记"，位于呼和浩特市东郊的万部华严经塔内有数则女真文题记等。

[①] 最早记载海龙摩崖的是清光绪年间的杨同桂《沈故》，其后有清光绪三十三年（1907）编的《海龙府乡土志》和日本人鸟居龙藏 1912 年的《满蒙古迹考》。罗福颐《满洲金石志》和安马弥一郎的《女真文金石志稿》都有此碑录文。

第 五 章

碑铭文献的发掘和研究

与 19 世纪末由西方探险考古掀起的古文字研究浪潮相呼应，国内学者积极汇集遗存的碑铭文献，围绕碑铭的考证和释读的女真文献研究也由此展开。国内这方面的研究始于刘师陆对"女真进士题名碑"的考证，刘氏于 1829 年撰作《女直字碑考》，尽管他误认乾陵无字碑上"大金皇弟都统经略郎君行记"的契丹小字为女真大字，因而误推此碑为女真小字碑，却揭开了国内研究女真文的序幕。国外女真语文研究始于英国人伟烈（A. Wylie）《古代女真文石刻》（On an Ancient Inscription in the Neuchih Langguage, *Journal of the Royal Asiatic Society*, XVII, pp. 331-345, 1860），而女真文献研究的真正开拓者是德国的葛鲁贝（Wilhelm Grube），他于 1896 年撰作《女真语言文字考》（*Die Sprache und Schrift der Jucen*, Leipzig. 1896），激发了学界尤其是西方语言学界对女真语研究的兴趣。人们不仅看到了解读女真语并辨清其族属的希望，还似乎看到了解读契丹、西夏这些亲缘文字的一线曙光。由此，经过国内外学者百余年的共同努力，女真碑铭文献的解读和女真语文的研究取得了世人瞩目的成绩。

国内女真文研究首先是围绕碑铭文字的确认及考释展开的。1829 年，刘师陆《女直字碑考》首次对"宴台女真进士题名碑"进行研究，可惜误推此碑为女真小字碑。刘氏于道光癸巳年（1833）又撰作《女直字碑续考》，由《女真进士题名碑》为女真小字，推认乾陵无字碑上实为契丹小字的"大金皇弟都统经略郎君行记"为女真大字，导致一错再错。尽管如此，国内女真文研究遂由此肇端，其开山之功仍是不可磨灭的。

20 世纪初，国内女真文研究的代表人物当属罗福成，他从 20 年代开始搜集女真文碑铭文献并发表了考释及研究文章，有《宴台金源国书碑考》（《国学季刊》第 1 卷第 4 期，1923 年）、《宴台金源国书碑释文》（《考古》1926 年第 5 期）、《女真国书碑考释》（《支那学》第 5 卷第 4 期，1929 年）、《女真国书碑跋尾》（《国立北平图书馆月刊》第 3 卷第 4 号，1929 年）、《女真国书碑摩崖》（《东北丛镌》1930 年第 3 期）、《奴儿干永宁寺碑补考》（《满洲学报》1937 年第 5 期）、《明奴儿干永宁寺碑女真国书图解》（《满洲学报》1937 年第 5 期）等，对所发现的女真文资料进行了识读和初步研究，有些见解堪称的论，为后学者进一步研究打下了坚实的基础。罗福成对女真文献研究的贡献还在于辑录了《女真译语正·续编》，上册全录柏林本《女真译语》"杂字"，下册搜录"来文"79 通，为研究《女真译语》提供了一个较为精审的本子，可以说促进了女真语言文字研究的进一步深入。同时代的学者如毛汶著有《金源国书碑跋》（《国学论衡》1934 年第 3 期），稍后王静如著有《宴台女真文进士题名碑初释》（《史学集刊》1937 年第 3 期）都对《女真进士题名碑》做了考释，其中王静如的文章获得了学术界的盛赞。刘厚滋《传世石刻中女真语文材料及其研究》一文把王静如的释文与田村实造的《大金得胜陀碑之研究》并称为"当代女真译文之双璧"。

刘厚滋《传世石刻中女真语文材料及其研究》(《文学年报》1941年第7期),概述了40年代以前女真文的发现与研究情况,尽管个别地方沿袭了刘师陆的错误,但作为女真文早期研究的评述性文章,所反映的情况还是比较翔实的。

国外这一时期的女真文研究是伴随着敦煌学、西夏学的兴起而展开的,日本主要侧重资料的搜求和碑文的考释,这一时期比较有代表性的学者有白鸟库吉、桑原骘藏、石田干之助、鸟居龙藏、渡边熏太郎、园田一龟、田村实造等。白鸟库吉《宴台访碑——契丹、女真、西夏文字考》(《史学杂志》第10卷第2号,1899年)对《女真进士题名碑》进行了报道;园田一龟《关于大金得胜陀颂碑》(《满蒙》卷14,12月号,1933年),尽管不是首次报道"大金得胜陀颂碑",但是第一次较为详细地考证了此碑拓本拓录经过、建碑由来及碑阳的汉文内容,为田村实造等学者的进一步研究打下了基础。田村氏《大金得胜陀颂碑的研究》(《东洋史研究》第2卷第5—6号,1937年)就《大金得胜陀颂碑》的女真文详加考释,方法细密,为此后的其他碑文的释读提供了轨范。石田干之助从30年代开始先后写了几篇女真文研究文章,其中《关于女真语的研究资料》(《东亚》第3卷第3号,1930年)第一次较为全面地介绍了现存女真文碑铭资料,另外他还著有《女真语研究的新资料》(《桑原博士还历纪念东洋史论丛》,1931年)、《所谓女真大字什么样》(《史学杂志》第53卷第7期,1942年)等报道、介绍女真文的文章。

日本较早对永乐《女真译语》中"来文"进行研究的学者是渡边熏太郎,1933年他发表《女真馆来文通解》,收录柏林本和东洋文库本"来文"40通,逐字考释了女真语词,他的最大发现是女真语中的变格用i、ni、do、du等成分。此外,石田干之助的《jurcica》(《池内博士还历纪念东洋史论丛》,1940年),对葛鲁贝未收录的46个词语进行了考证,也是这一时期研究《女真译语》较有影响的文章。研究会同馆《译语》用力最勤、成就较高的日本学者是山本守,他在石田干之助公布静嘉堂本会同馆《译语》之后,撰作《阿波文库本〈女真译语〉》(《东洋史研究》第3卷5月号,1938年),以阿波文库本为底本,逐条考订、校勘会同馆《译语》。1943年,山本守又撰写《静嘉堂本女真译语考异》(《书香》第15卷10月号),这些文章均可谓研究会同馆《译语》必读之作。

这一时期欧洲的女真文研究侧重女真语言文字的考订和分析,德国葛鲁贝(Wilhelm Grube)于1896年撰作《女真语言文字考》(*Die Sprache und Schrift der Jucen*, Leipzig.1896),对柏林本《女真译语》率先做了分类、考订和标音。此书共分四章,第一章为《女真译语》出现的871个词条做了编号;第二章按笔画把所有女真字排列一遍,并根据注音汉字标注其读音;第三章归并了读音相同的女真字,加以标音;第四章附注了满语、那乃语、蒙古语的相应形式,并把女真语翻译成德文。这本书出版以后,引起了学界尤其是西方语言学界的极大兴趣,人们不仅借此了解到久已不为人知的女真语基本特点及其族属,还似乎看到了解读契丹、西夏文字的一线希望。匈牙利学者李盖提(Louis Ligeti)也是这一领域应该特别提及的人物,他的《简论女真小字的解读》(Note preliminaire sur le Dechiffrement des "petits caracteres" Joutchen. *Acta Orientalia Hungariae*. Ⅲ, pp.211—228, 1953)在葛鲁贝的基础上,提出了女真文解读的方法和原则,颇具指导意义。

20世纪50年代以后,国内女真文献研究除了对过去发现的碑文进行审读外,主要转向对语言文字的深入探讨。碑铭考释文章有郭毅生《明代奴儿干永宁寺碑记校释——以历史的铁证揭穿苏修的谎言》(《考古学报》1975年第2期),罗福颐、金启孮、贾敬颜、黄振华《女真字奥屯良弼诗刻石初释》(《民族语文》1982年第2期),道尔吉《海龙汉文、女真文对译摩崖真伪辨》(《内蒙古社会科学》1984年第3期),道尔吉、和希格《女真文〈大金得胜陀颂〉碑校勘释读》(《内蒙古大学学报》1984年第4期),穆鸿利《昭勇大将军同知雄州节度使墓碑》(《长白丛书·金碑汇释》李树田主编,吉林文史出版社1989年)等,可代表七八十年代中国女真文碑铭的考释水平。

女真语言文字研究在国内取得长足进展是以金光平、金启孮《女真语言文字研究》(《内蒙古大学学报》1964年第1期专号)的问世和《女真文辞典》(文物出版社1984年版)的出版为标志的。[①]《女真语言文字研究》不仅总结了前期有关女真文资料的研究成果，还充分利用这些资料对女真语语音、语法和文字的构成做了翔实的分析，堪称一部关于女真语文研究的扛鼎之作。《女真文辞典》则以词典的形式，汇集了《女真译语》及碑铭所涉及的女真文字和词汇，每一字除了详尽地注明出处外，还分析了字形、字源，极大地方便了女真文献研究。

关于女真文字制字规律的专门探讨有金光平《女真制字方法论——兼与山路广明商榷》(《内蒙古大学学报》1980年第4期)，此文在山路广明十种制字方法的基础上，去其烦琐，归纳出六种方法。此外值得一提的是黄振华《汉字的传播及其借用模式》(《汉字的应用与传播》，华语教育出版社2000年版)，此文虽然不是专门讲女真制字方法的文章，却极具启发性，其观点可概括为大多数女真字是通过音读和训读的方式借用汉字而创造的。

此外，期间女真文献还有两个重大发现，一是1973年陕西省文管会、博物馆在西安碑林石台孝经的卯眼内发现女真文书残页，整理得11件残页，共有女真字237行，2300余字。刘最长、朱捷元以《西安碑林发现女真文书、南宋拓全幅集王〈圣教序〉及版画》(《文物》1979年第5期)为题做了报道，接着金启孮撰文《陕西碑林发现的女真字文书》(《内蒙古大学学报》1979年第1期)根据其内容颇似汉字启蒙读物，推测为金代《女真字书》的抄写习作。

另一发现是著名西夏学者克恰诺夫在西夏文书籍的封套中发现的几张女真文草书残页。1968年2月6日，俄国著名的西夏学者克恰诺夫等在整理西夏文献时发现了两张女真文草书残页，编号分别为 инв. No. 3775-1 和 3775-2，共存女真字130余，在3775-2残页背面有汉字"光定七年七月十六日"字样。光定为西夏神宗年号，相当于金宣宗兴定元年，公元1217年，可据以判定这件残页的书写年代。后来在翻检和校阅西夏文献过程中，克恰诺夫又发现了几件女真文残页。1969年克恰诺夫等以《纸抄女真文的首次发现》为题对俄藏 No. 3775-1 和 No. 3775-2 两件残页中的部分女真字进行过释读。[②] 1993年，上海古籍出版社和中国社会科学院民族所的研究人员在与俄国学者合作整理西夏文献时把这些残片拍成照片。2008年，孙伯君发表《圣彼得堡藏女真文草书残叶汇考》一文[③]，尝试进一步解读残片中的部分女真字。根据解读出的女真字和金代"大安"年号，孙伯君判断这些残片的书写时间为金代晚期，记载的是从泰和七年(1207)到大安年间(1209—1211)金朝与蒙古或西夏之间的战事。

《女真译语》的研究，20世纪80年代后逐渐走向深入。道尔吉、和希格的《〈女真译语〉研究》(《内蒙古大学学报》增刊，1983年)在前人基础上系统而全面地研究了《女真译语》的"杂字""来文"，其中"杂字"部分的研究，根据《女真译语》对音汉字归纳了明代女真语的语音系统，使人们基本清楚了女真语的语言面貌，代表了80年代女真语研究的前沿水平。这部《女真译语》研究出版后，同时向人们发出一种信号，如果发掘不出新的资料，寻求不到新的方法，女真语言的研究将举步维艰。

蒙古国女真文、汉文"九峰石壁纪功刻石"的发现和研究是这一时期女真碑铭研究的重大成果。"九峰石壁纪功刻石"重现于世是在1986年，蒙古国立大学的沙格德尔苏伦与苏密亚巴托在距乌兰巴托200公里的肯特县巴彦霍特克郡的九峰山南中部腹地考察时发现了此刻石。沙格德尔苏伦确认其为

---

① 参见金光平、金启孮《女真语言文字研究》完稿于40年代，1964年《内蒙古大学学报》第1期专号刊出，文物出版社1980年正式出版。

② 参见［俄］Д. 卡拉、Е. И. 克恰诺夫、В. С. 斯塔里科夫《纸抄女真文的首次发现》，原载《1969年东方文献遗存·历史语言研究》，莫斯科，1972年版，第223—228页。姚凤译文见《北方文物》1985年第3期。

③ 参见孙伯君《圣彼得堡藏女真文草书残叶汇考》，《北方文物》2008年第2期。

女真字刻石，并把所拍照片发表在《元朝秘史》一书中。1987 年，日本的考古学者加藤晋平获知了这个消息，于 1991 年责成三宅俊彦和白石典之在沙格德尔苏伦的引领下对此进行重新探察。这次考察不仅对女真文 9 行 140 字进行了仔细摹录，还在离女真文刻石约 20 米处又发现了一块汉文刻石，共 9 行 86 字。此刻石记载的是金明昌七年（1196）尚书右丞完颜襄率军在斡里札河讨伐北"术孛"（阻卜）大获全胜的一段史实，与《金史》卷 94"内族襄传"中的记载正相合，是女真文、汉文对照的石刻。两块碑文的摹本白石典之发表在《成吉思汗的考古学》一书中。① 三宅俊彦曾以《金战胜塔塔儿的两块碑的发现》为题报道了此碑的发现经过和碑文的解读情况。② 1994 年在山西太原中国民族古文字第五次学术讨论会上穆鸿利向中国同行报道了这一振奋人心的消息，并于 1997 年参加蒙古国第七届蒙古学国际会议，会上以《蒙古国"九峰石壁"女真文、汉文石刻的发现与研究》为题做了大会发言。2004 年，穆鸿利、孙伯君发表《蒙古国女真文、汉文〈九峰石壁纪功碑〉初释》③，也对女真文和汉文刻石做了考释。此后，乌拉熙春发表了英文《蒙古国九峰石壁上的女真碑文》一文④，对此残碑做了重新释读，因其所据资料更为清晰，故较此前的研究多所发现。

20 世纪 90 年代末到 21 世纪初，女真文献整理方面较有影响的文章还有乌拉熙春的《西安碑林女真文字书新考》、《〈女真文字书〉的复原》、《〈女真文字书〉的体例及其与〈女真译语〉的关系》，这三篇文章连载于《碑林集刊》1998 年第五期、2001 年第七期、2002 年第八期，对西安碑林发现被金启孮确定为《女真字书》的女真文残页做了进一步系统的整理和研究。在此期间，乌拉熙春还利用女真文资料进行了历史方面的研究，论文汇集于《纪念金启孮先生学术丛书之二——辽金史与契丹、女真文》⑤、《爱新觉罗乌拉熙春女真契丹学研究》⑥、《女真语言文字新研究》等书中。⑦

此外，20 世纪 90 年代，人们在黑龙江省哈尔滨市道外区巨源镇城子村发现了一块女真文碑，现被刘华为先生收藏。此碑高约 1 米，宽 0.58 米，碑文分左右两列，左列 6 字，右列 5 字，2008 年，乌拉熙春释读为"文字之道，凤夜匪懈"⑧。

日本的研究主要也是侧重通过《女真译语》解构女真语言文字，最有代表性的论文是美籍日本学者清濑义三郎则府《女真音的构拟》⑨，此文选择明代万历三十四年（1606）徐孝所著的《重订司马温公等韵图经》作为汉字的语音基础，构拟明代女真语的音韵体系，然后依据历史语言学方法，对金代女真语音进行推定。清濑义三郎则府在此文基础上于 1977 年出版《女真语言文字研究》对永乐《女真译语》进行了全面研究。

山本守继续其对会同馆《译语》的研究，1951 年撰作《女真译语研究》（《神户外大论丛》第 11 卷第 12 号），考异的同时，把永乐本和会同本《女真译语》的词汇进行了比较分析。田村实造在安马弥一郎《读"大金得胜陀颂碑研究"》（《东洋史研究》第 3 卷第 6 号，1938 年）一文指出其考释的多处错误后，继续完善对《大金得胜陀颂碑》的释读，先后发表了两篇文章，一收录于 1971 年出版的

---

① 参见［日］白石典之《チンギスニカンの考古學》，同成社 2001 年版。
② 日本《读卖新闻》1991 年 11 月 3 日和 1992 年 6 月 7 日。
③ 穆鸿利、孙伯君：《蒙古国女真文、汉文〈九峰石壁纪功碑〉初释》，《世界民族》2004 年第 4 期。
④ Aisin Gioro Ulhicun, The Stone-Carved Jurchen Inscriptions on the Nine Peaks Cliff of Mongolia，［日］白石典之编《モンゴル国所在の金代碑文遗迹の研究》，2006 年，第 8—19 页。
⑤ 乌拉熙春：《纪念金启孮先生学术丛书之二——辽金史与契丹、女真文》，京都：东亚历史文化研究会 2004 年版。
⑥ 乌拉熙春：《爱新觉罗乌拉熙春女真契丹学研究》（京都：松香堂 2009 年版）
⑦ 乌拉熙春：《女真语言文字新研究》，明善堂 2002 年版。
⑧ 乌拉熙春：《金上京"文字之道、凤夜匪懈"女真大字碑考释》，《东亚文史论丛》2008 年第 2 号，收入《爱新觉罗乌拉熙春女真契丹学研究》，松香堂 2009 年版。
⑨ 参见［日］清濑义三郎则府《女真音的构拟》原载《言语研究》第 64 号，日本言语学会，1973 年；邢复礼、刘凤翥译文见《民族史译文集》12，中国社会科学院民族研究所历史室资料组，1984 年。

《中国征服王朝之研究》一书，二发表在 1976 年《东洋史研究》第 35 卷第 3 号中，两次释读都重新就碑文中出现的每一个字详加考释。

20 世纪 50 年代后韩国也有通过《女真译语》研究女真语言方面的力作问世，李基文于 1958 年发表《中古女真语的音韵学研究》[1]，利用历史比较法，综合通古斯其他语言的语音特征，拟订《女真译语》辅音及元音系统，然后对《女真译语》译音汉字进行音韵分析，确定所代表的音值，从而验证并得出中古女真语的语音情况。还有金东昭的《女真语满语研究》（黄有福译，新世界出版社 1990 年版），这部书一定程度上导引了 90 年代女真语研究的方向。

这一时期国外女真文献研究的佼佼者是澳大利亚康丹（Daniel Kane），他著有《明会同馆〈女真译语〉研究》[2]，此书不仅对会同馆《译语》做了较为全面的分析，还对整个女真文献及相关的研究情况做了全面的介绍，是 20 世纪 80 年代末国外女真文文献研究方面一部难得的力作。

---

[1] 参见李基文《中古女真语的音韵学研究》原载于《汉城大学论文集》人文社会科学 7，1958 年 10 月，黄有福译文载于《民族语文研究情报资料集》1984 年第 3 期，中国社会科学院民族研究所语言室编。

[2] Daniel Kahe, "The Sino-Jurchen Vocabulary of the Bureau of Interpreters", *Indiana University Research Institute for Inner Asian Studies*, Bloomington, Indiana, 1989.

第 六 章

古籍珍品图版与说明

图1-1　大金得胜陀颂碑（碑亭）（吉林扶余） ………………………………（1880）
图1-2　大金得胜陀颂碑（碑额） ………………………………………………（1880）
图1-3　大金得胜陀颂碑（局部） ………………………………………………（1881）
图2-1　女真进士题名碑 …………………………………………………………（1882）
图2-2　女真进士题名碑（局部） ………………………………………………（1882）
图3　奥屯良弼诗碑 ………………………………………………………………（1883）
图4-1　奥屯良弼饯饮碑 …………………………………………………………（1884）
图4-2　奥屯良弼饯饮碑（细部） ………………………………………………（1884）
图5　海龙女真国书摩崖一 ………………………………………………………（1885）
图6　庆源郡女真国书碑（第3、4面） …………………………………………（1886）
图7　奴儿干永宁寺碑 ……………………………………………………………（1887）
图8　九峰石壁纪功碑（蒙古国） ………………………………………………（1888）
图9-1　国家图书馆藏明永乐本《女真译语》…………………………………（1889）
图9-2　德国柏林图书馆藏《女真译语》………………………………………（1889）
图9-3　东洋文库本《女真译语》………………………………………………（1890）
图10-1　西安碑林女真字草书残页1 ……………………………………………（1891）
图10-2　西安碑林女真字草书残页2 ……………………………………………（1891）
图11-1　圣彼得堡藏女真文草书残页1 …………………………………………（1892）
图11-2　圣彼得堡藏女真文草书残页2 …………………………………………（1893）
图11-3　圣彼得堡藏女真文草书残页3 …………………………………………（1893）
图12　俄国出土女真文"国之诚"银牌 …………………………………………（1894）
图13　呼和浩特白塔女真文题记 ………………………………………………（1895）

图 1-1　大金得胜陀颂碑（碑亭）（吉林扶余）

图 1-2　大金得胜陀颂碑（碑额）

图 1-3 大金得胜陀颂碑（局部）

说明：女真碑刻。发现地是吉林省扶余县徐家店乡石碑崴子。刻于金大定二十五年（1185），碑分额、身、座三部分，通高 320 厘米，额高 79 厘米，宽 100 厘米，身高 177 厘米，宽 85 厘米。碑额篆刻"大金得胜陀颂"，阳面刻汉文，阴面刻女真文，额 3 行 12 字，正文 32 行，共存女真文 1500 余字，为现存女真文字数最多的石刻。此碑为纪念金太祖宁江州破辽之战而立的纪功碑，史料价值相当高。由于女真文与汉文对译，此碑无论在文献及语言价值上，还是在解读的程度上也都远远超过其他碑。文献关于此碑的最早报道见于道光三年（1823）萨英额《吉林外记·古迹》卷九，其中录有此碑的汉字碑文及女真字碑文的一部分，后来续有《吉林通志·金石志》（长顺著于光绪十七年，1891）、《东三省舆体地图说·得胜陀碑说》（曹廷杰著于光绪十三年，1887）、《双城县志·舆地志》（高文垣，1926年）、《满洲金石志》（罗福颐，1937年）等报道。园田一龟《关于大金得胜陀颂碑》（《满蒙》卷 14，12 月号，1933 年）载有拓片。[①]

[①] 参看田村实造《大金得胜陀颂碑之研究》（《东洋史研究》第 2 卷第 5—6 号 1936—1937 年）；安马弥一郎《读"大金得胜陀颂碑研究"》（《东洋史研究》第 3 卷第 6 号 1938 年）；道尔吉、和希格《女真文〈大金得胜陀颂〉碑校勘释读》（《内蒙古大学学报》1984 年第 4 期）。

图 2-1 女真进士题名碑

图 2-2 女真进士题名碑（局部）

说明：女真碑刻。又称"宴台女真国书碑"。发现于河南开封曹门外宴台河，曾存于开封市文庙，现藏于开封博物馆。刻于金哀宗正大元年（1224）。碑高233厘米，宽85厘米，碑阴刻女真文，额题3行12字，意为"进士题名碑"，正文23行，共存1100余字。记录的是正大元年招取进士的"地点、论题、录取经过及所录进士籍贯"等内容。原来碑面所刻汉文为碑阴女真文的对译，后来碑面改做河神庙碑，原刻汉文译文被磨去，因此无法与现存碑阴的女真文字进行对照，为释读碑铭造成了很大的麻烦，也成为学界的一大憾事。此碑在宋代周密的《癸辛杂识》中早有著录，并相继收录于明代李濂的《汴京遗迹志》和清代王昶的《金石萃编》。刘师陆《女直字碑考》误推碑上文字为女真小字。[①]

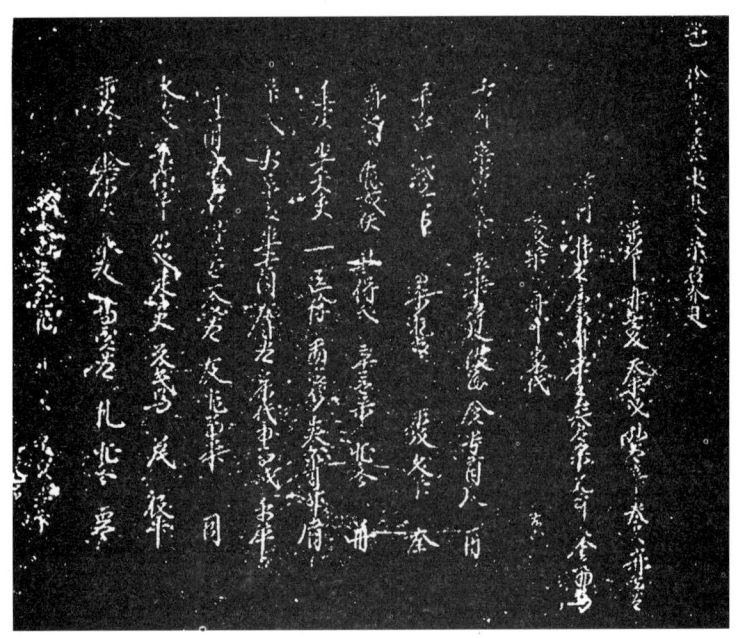

图3　奥屯良弼诗碑

说明：女真碑刻。碑刻年代不详。20世纪60年代发现于山东蓬莱县城画桥南旁佑德观，后移入蓬莱阁天后宫。碑高60厘米，宽70厘米。正面刻女真文，上下款各一行楷书，共27字；正文为行书11行100余字，此碑为现存唯一一块行书体女真字石刻。全碑是一首七言律诗。上款指明诗作者，下款为立石人。碑文未获完满解读。[②]

[①] 参看罗福成《宴台金源国书碑考》（《国学季刊》1923年第1卷第4期）；《宴台金源国书碑释文》（《考古》1926年第5期）；王静如《宴台女真文进士题名碑初释》（《史学集刊》1937年第3期）；金光平、金启孮《女真进士题名碑译释》（《女真语言文字研究》文物出版社1980年版，第281—320页）。

[②] 参看：罗福颐、贾敬颜、金启孮、黄振华《女真字奥屯良弼诗刻石初释》（《民族语文》1982年第2期）。

1884　中国少数民族古籍珍品图典——民族古文字古籍整理研究100年通览·女真文

图 4-1　奥屯良弼饯饮碑

图 4-2　奥屯良弼饯饮碑（细部）

说明：女真碑刻。亦称"泰和题名残石"。罗振玉旧藏，现藏于中国历史博物馆。碑高85厘米，宽67厘米，碑心为奥屯良弼汉文题字，书于泰和六年（1206）；左侧有3行60余女真字，为奥屯良弼友人卜修洪所书之跋，书于金大安二年（1210）。①

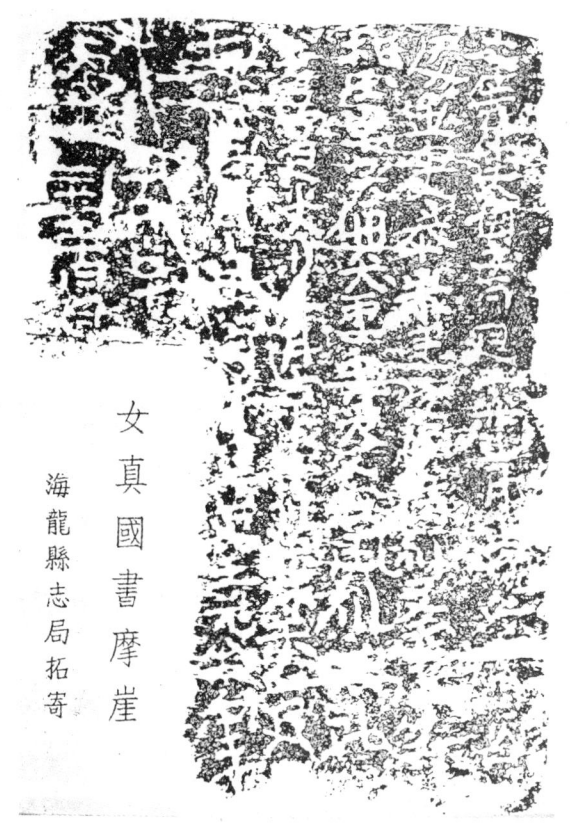

图 5　海龙女真国书摩崖一

说明：女真文刻石。曾称"海龙杨树林女真国书摩崖"。发现于吉林省海龙县（现梅河口市）小杨乡庆云堡村北半截山南坡。全部是女真文。金光平、金启孮认为刻于金大定七年（1167）。字面高 200 厘米，宽 110 厘米，共 8 行，存 99 字。最早记载海龙摩崖的是清光绪年间的杨同桂《沈故》，其后有清光绪三十三年（1907）编的《海龙府乡土志》和日本人鸟居龙藏 1912 年的《满蒙古迹考》。罗福颐《满洲金石志》和安马弥一郎的《女真文金石志稿》都有此碑录文。这块碑的考释罗福成用力最勤，他先后发表三篇文章——《女真国书碑考释》（《支那学》第 5 卷第 4 期，1929 年），《女真国书碑跋尾》（《国立北平图书馆月刊》第 3 卷第 4 号，1929 年），《女真国书碑摩崖》（《东北丛镌》1930 年第 3 期）。②

---

① 参看金光平、金启孮《〈奥屯良弼饯饮碑〉译释》（《女真语言文字研究》，第 321—325 页）。
② 参看金光平、金启孮《〈海龙女真国书摩崖〉译释》（《女真语言文字研究》，第 326—331 页）。

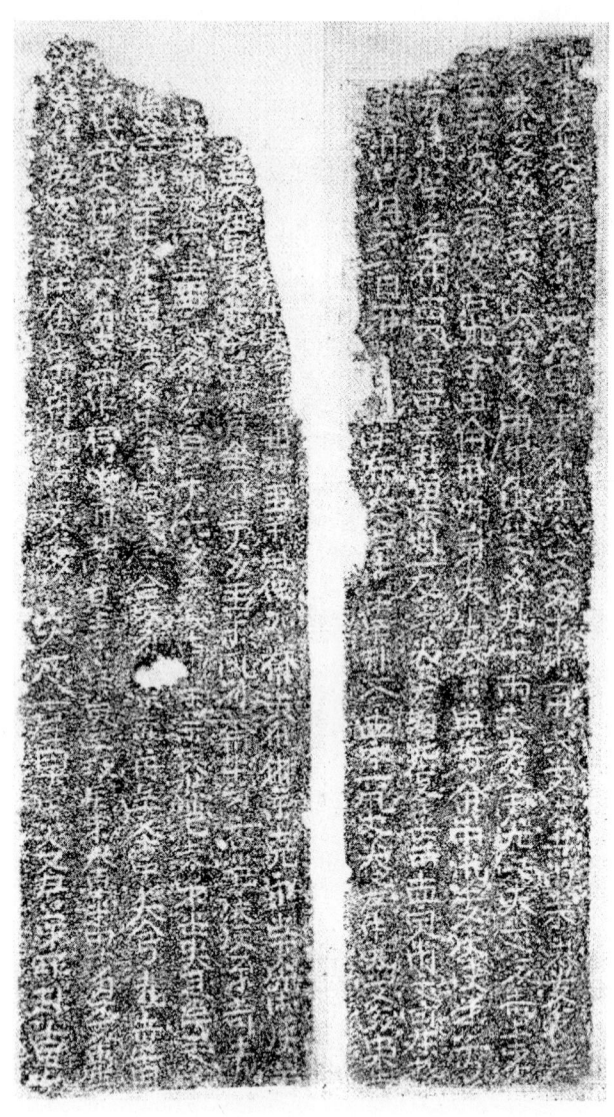

图 6　朝鲜庆源郡女真国书碑（第 3、4 面）

说明：女真碑刻。刻石年代不详。1918 年发现于朝鲜咸镜北道庆源郡东原面禾洞，1918 年移到汉城博物馆。碑折为两段，仅存下段，所存部分高 194 厘米，宽 58 厘米，碑身四面刻女真文，无汉字译文，第一面 7 行，200 余字，第二面 4 行，存 50 余字，全碑存有女真文 500 余字。此为修建佛寺的功德碑。1919 年《朝鲜金石综览》上卷收有此碑拓片，1943 年安马弥一郎《女真文金石志稿》（日本京都碧文堂，油印本）收有录文。[①]

[①]　参看金光平、金启孮《朝鲜〈庆源郡女真国书碑〉译释》（《女真语言文字研究》，第 332—354 页）。

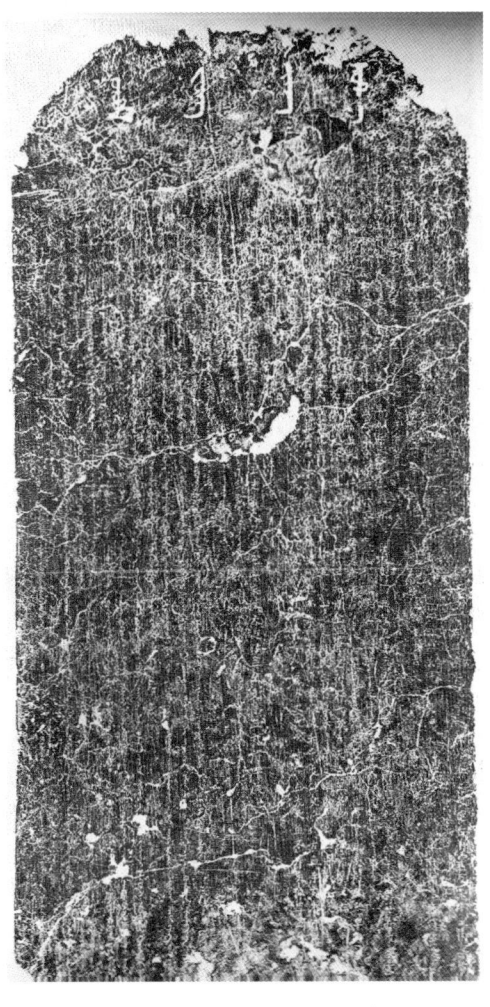

图 7 奴儿干永宁寺碑

说明：女真碑刻。原立于俄罗斯境内黑龙江下游东岸特林地方，后被沙皇俄国移至海参崴博物馆。建于明成祖永乐十一年（1413），高 180 厘米，宽 85 厘米，阳面刻汉文，额题"永宁寺记"；碑阴刻女真文、蒙古文各 15 行，约有女真字 700 余，为碑阳汉文的节译。两侧用汉、女真、蒙古、藏文四体文字书"唵嘛呢叭弥吽"六字真言。研究文章有：罗福成《明奴儿干永宁寺碑女真国书图释》（《满洲学报》第 5 期，1937）；安马弥一郎《女真文金石志稿》（日本京都碧文堂，1943 年，油印本）；长田夏树《奴儿干永宁寺碑蒙古女真文释稿》（《石滨先生古稀纪念东洋史论丛》，日本关西大学文学部东洋史研究室石滨先生古稀纪念会编，1958 年）；郭毅生等《明代奴儿干永宁寺碑记校释——以历史的铁证揭穿苏修的谎言》（《考古学报》1975 年第 2 期）[①]

[①] 参看金光平、金启孮《〈永宁寺碑〉译释》（《女真语言文字研究》，第 355—376 页）。

图8　九峰石壁纪功碑（蒙古国）

说明：女真石刻。1986年发现于蒙古国肯特郡巴彦霍特克县的九峰石壁。首次报道见于发现者之一苏密亚巴托所著的《元朝秘史》一书。此碑刻于金章宗明昌七年（1196），存女真字140余。日本人加藤晋平曾根据《女真文辞典》对碑文第一、二行做过解读。考古学者白石典之在1991年曾对此碑做过实地勘察，并在离此碑20米处发现了一块内容一致的汉文碑。两块碑所记载的都是金章宗时期由完颜襄率领的金国军队在斡里札河大胜阻卜的一次重要战役，与《金史》卷94《内族襄传》的记载正相合。[1] 碑文漫漶。

参看：白石典之《チンギスニカンの考古學》同成社2001年版，第64页；穆鸿利、孙伯君《蒙古国女真文、汉文〈九峰石壁纪功碑〉初释》，《世界民族》2004年第4期；Aisin Gioro Ulhicun, *The Stone Carved Jurchen Inscriptions on the Nine Peaks Cliff of Mongolia*，白石典之等2004—2005年度科学研究费补助金基础研究研究成果报告书《モンゴル国所在の金代碑文遗迹のの研究》，2006年，第8—19页。

---

[1] 《金史》卷94《内族襄传》："密诏进讨，乃命支军出东道，襄由西道。而东军至龙驹河为阻卜所围，三日不得出。……大战，获舆帐牛羊。众皆奔斡里札河。遣安国追蹑之。众散走，会大雨，冻死者十八九，降其部长，遂勒勋九峰石壁。"

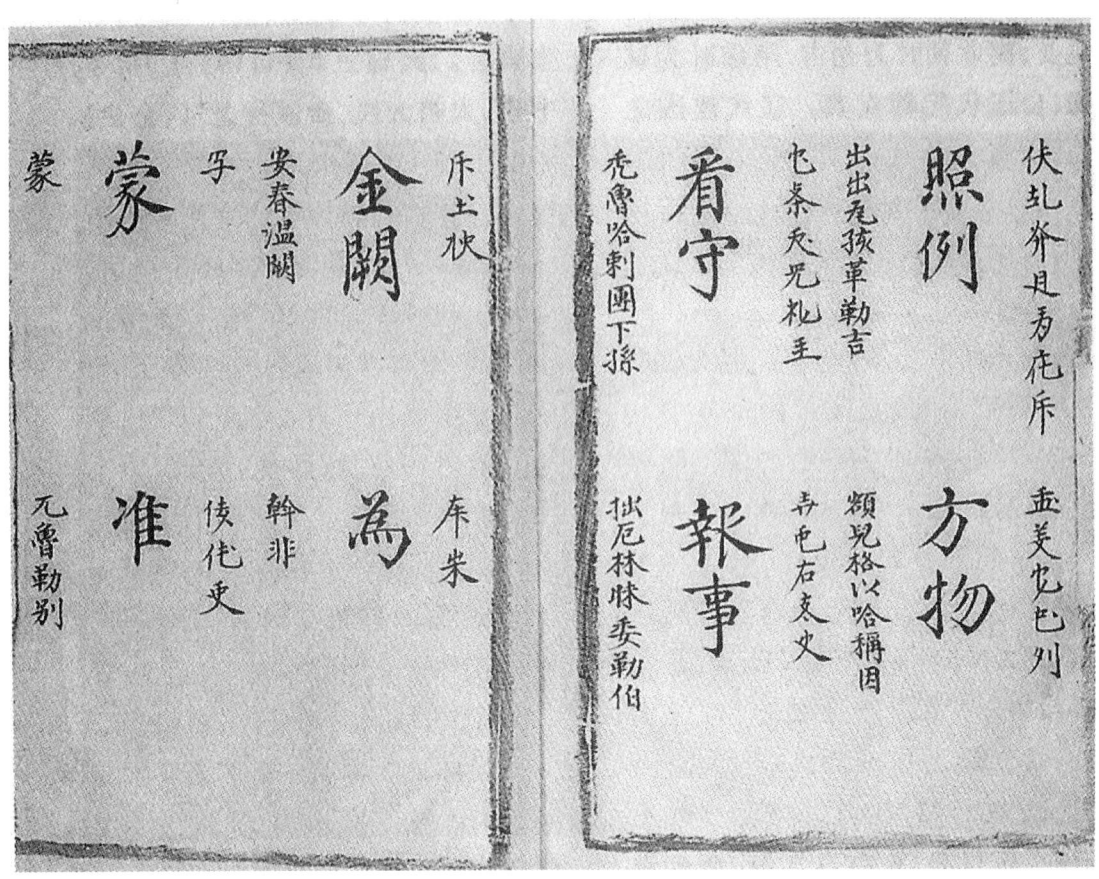

图 9-1　国家图书馆藏明永乐本《女真译语》

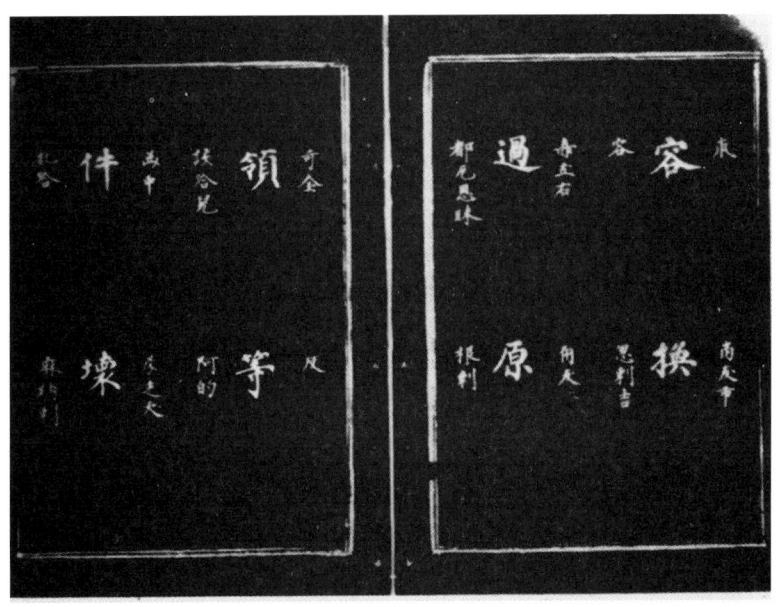

图 9-2　德国柏林图书馆藏《女真译语》

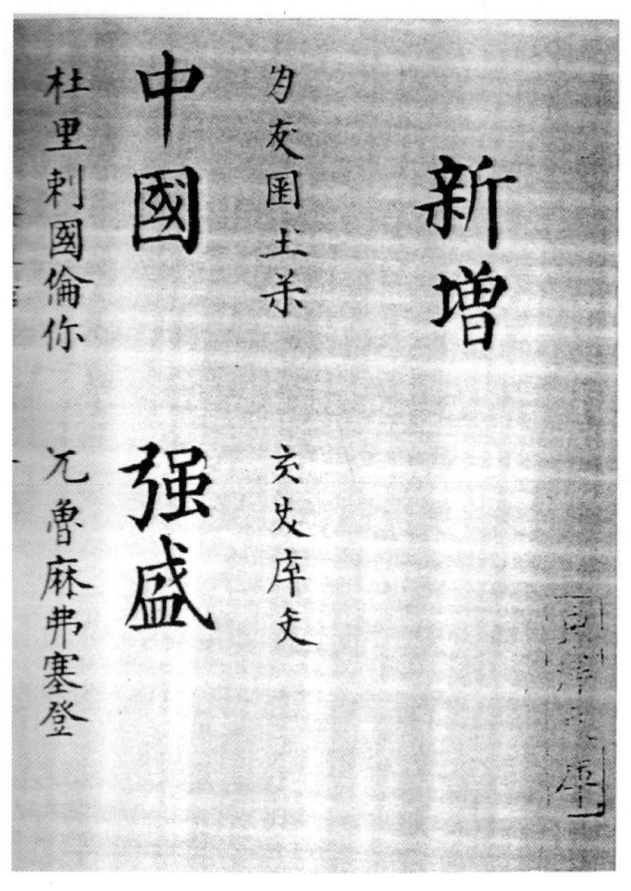

图 9-3 东洋文库本《女真译语》

说明：女真文字书。编纂于明成祖永乐五年（1407）设立四夷馆之后。分"杂字"和"来文"两部分，"杂字"为女真语和汉语对译词汇集，每个词包括女真文、汉字对音和汉义三部分，共有 19 门。"来文"则是移录当时进贡的表文。《女真译语》版本很多，主要有"柏林图书馆所藏抄本"，系明代写本，有"杂字" 19 门，"来文" 20 通；"日本东洋文库所藏明抄本"，有"杂字"两门，40 余个语词，"来文" 29 通；"日本内阁文库所藏抄本"，仅存"来文"；"英国剑桥大学图书馆抄本"，只有"杂字"；"日本内藤湖南所藏抄本"，有"杂字"和"来文"；罗福成《女真译语正·续编》（1933 年大库档案整理处印），正编全录柏林本"杂字"，续编搜集"来文" 79 通。

德国学者葛鲁贝（Wilhelm Grube）于 1896 年撰作《女真语言文字考》（*Die Sprache und Schrift der Jucen*, Leipzig. 1896），对柏林本《女真译语》率先做了分类、考订和标音。日本研究较早的学者是渡边熏太郎，1933 年发表《女真馆来文通解》，收录柏林本、东洋文库本"来文" 40 通，逐字考释女真语词；石田干之助的《Jurcica》（《池内博士还历纪念东洋史论丛》，1940 年）对葛鲁贝未收录的 46 个女真语词进行了考证。韩国学者李基文于 1958 年发表《中古女真语的音韵学研究》（原载于《汉城大学论文集》人文社会科学 7，1958 年 10 月，黄有福译文载于《民族语文研究情报资料集》1984 年第 3 期，中国社会科学院民族研究所语言室编）首先利用历史比较法，综合通古斯其他语言的语音特征，拟订作为南部通古斯语古代语言之女真语的《女真译语》辅音及元音系统，然后通过确定的译音汉字转写法，对《女真译语》译音汉字进行音韵分析，确定所代表的音值，从而验证并得出中古女真语的语音情况。美籍日本学者清濑义三郎则府于 1973 年发表《女真音的构拟》（《言语研究》第 64 号，日本言语学会，1973 年，邢复礼、刘凤翥译，《民族史译文集》12，中国社会科学院民族研究所历史室资料组，1984 年）选择明代万历三十四年（1606）徐孝所著的《重订司马温公等韵图经》作为对音汉字的语音基础，构拟明代女真语的音韵体系，然后依据历史语言学方法，对金代女真语音进行推定。在此文基础上清濑义三郎则府于1977年出版《女真语言文字研究》（*A Study of the Jurchen Language and Script*）。

国内《女真译语》研究的代表作是金光平、金启孮的《女真语言文字研究》（完稿于20世纪40年代，1964年《内蒙古大学学报》第1期专号刊出，文物出版社1980年正式出版）和道尔吉、和希格《〈女真译语〉研究》（《内蒙古大学学报增刊》，1983年），《女真语言文字研究》不仅总结了前期女文资料研究的成果，还充分利用这些资料对女真语语音、语法和文字的构成做了翔实的分析。《〈女真译语〉研究》在前人的基础上分别对《女真译语》的"杂字""来文"进行了全面、系统的分析，代表了80年代女真语研究的前沿水平。

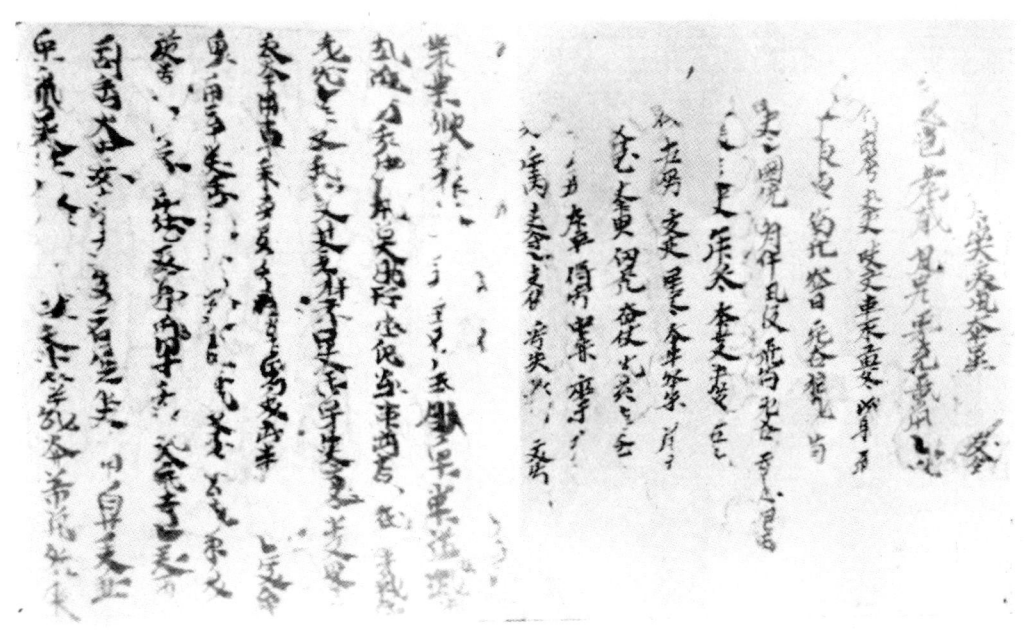

图 10-1　西安碑林女真字草书残页 1

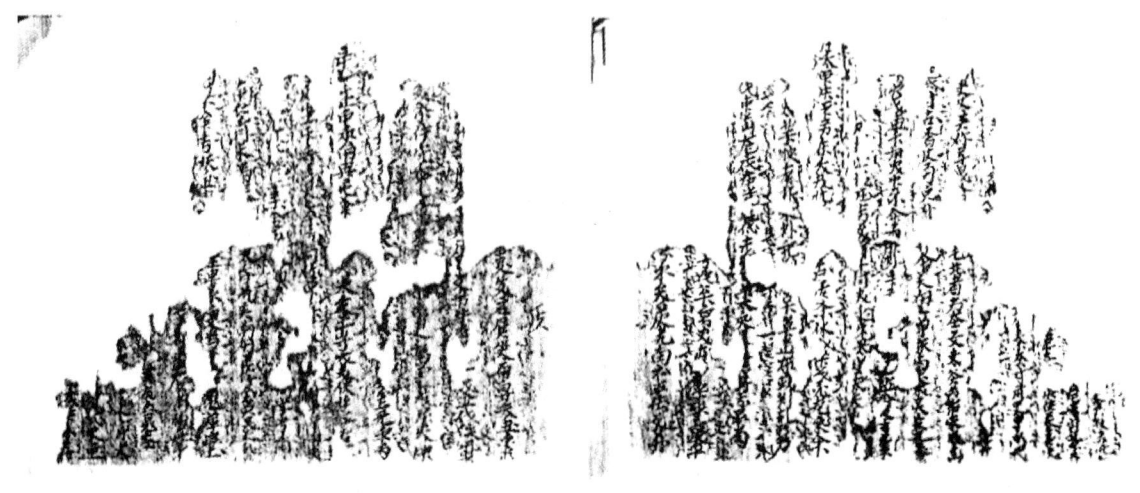

图 10-2　西安碑林女真字草书残页 2

女真文字书手抄残页。1973年陕西省文管会、博物馆在西安碑林石台孝经的卯眼内发现，整理得11件残页，大片高21厘米，宽45厘米，其中4页两面书写，7页单面书写。11页共有女真字237行2300余字。刘最长、朱捷元曾以《西安碑林发现女真文书、南宋拓全幅集王〈圣教序〉及版画》（《文物》1979年第5期）为题做了报道。金启孮《陕西碑林发现的女真字文书》（《内蒙古大学学报》1979年第1期）根据其内容颇似汉字启蒙读物，推测为金代《女真字书》的抄写习作。[1]

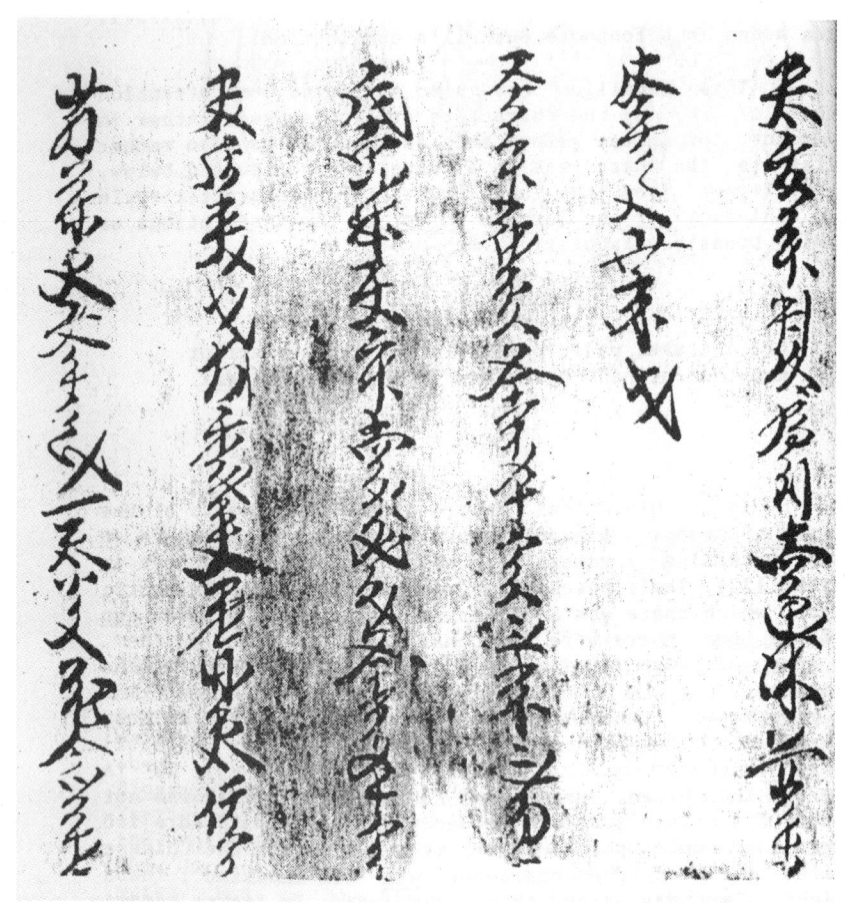

图11-1　圣彼得堡藏女真文草书残页1

---

[1] 参看乌拉熙春《西安碑林女真文字书新考》（《碑林集刊》1998年第5期，第230—241页）；乌拉熙春《〈女真文字书〉的复原》（《碑林集刊》2001年第7期，第186—206页）；乌拉熙春《〈女真文字书〉的体例及其与〈女真译语〉的关系》（《碑林集刊》2002年第8期，第145—167页）。

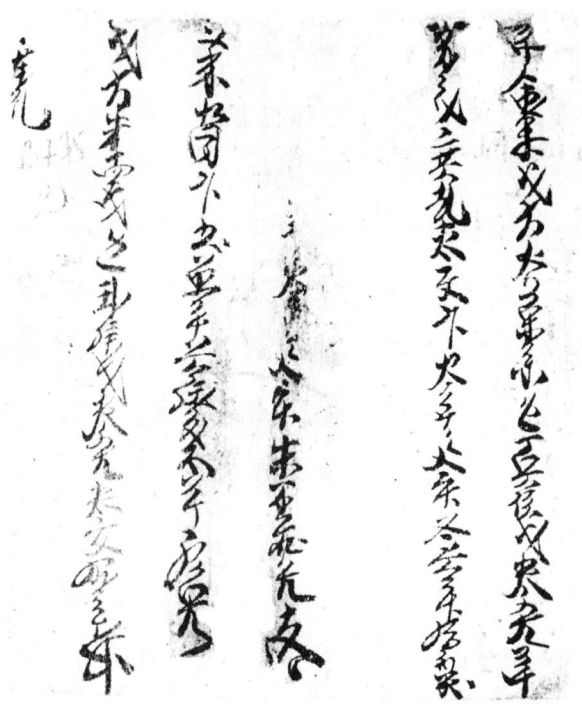

图 11-2　圣彼得堡藏女真文草书残页 2

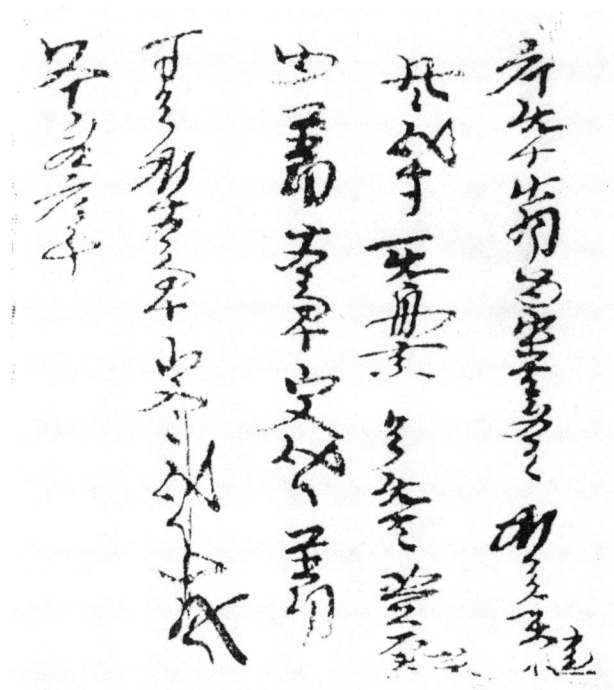

图 11-3　圣彼得堡藏女真文草书残页 3

说明：女真文草书残页。1968年，俄罗斯学者克恰诺夫在翻检俄罗斯科学院东方研究所圣彼得堡分所收藏的西夏文手抄本残页时，发现两页女真文草书残页。根据残页的状态可判断曾是某种通古斯书的封面，其中编号3775-1的残页面积为15.3×16.5厘米，存女真字六行半；编号为3775-2的残页面积为 14.2×16.5 厘米，存女真字五行半，在其背面用汉字书写西夏神宗年号"光定七年七月十六日"（1217 年）。两残页共存女真字 130 余页。后来克恰诺夫又陆续发现了几页残片。[①]

图 12　俄国出土女真文"国之诚"银牌

说明：银牌 1976 年发现于俄罗斯滨海地区的赛金古城。长 22.2 厘米，宽 6.5 厘米，上端有圆孔。第一字为御押，下书女真字 3 组，共 5 字，汉义为"国之诚"。此牌与"吾妻镜"所载文字同。"国之诚"银牌的特别之处是女真字的排列，每个词语构成一个书写单位，助词单独书写，与契丹小字的写法类似，因此也掀起了学界关于女真大、小字性质的讨论。报道见《1976 年的考古发现》（俄罗斯科

[①] 参看 Д. 卡拉、Е. Н. 克恰诺夫、В. С. 斯塔里科夫《纸抄女真文的首次发现》（原载《1969 年东方文献遗存·历史语言研究》，莫斯科，1972 年，第 223—228 页；姚凤译注，刘凤翥校注译文载《北方文物》1985 年第 2 期）；孙伯君《圣彼得堡藏女真文草书残叶汇考》，《北方文物》2008 年第 3 期。

学出版社 1977 年版）。[①]

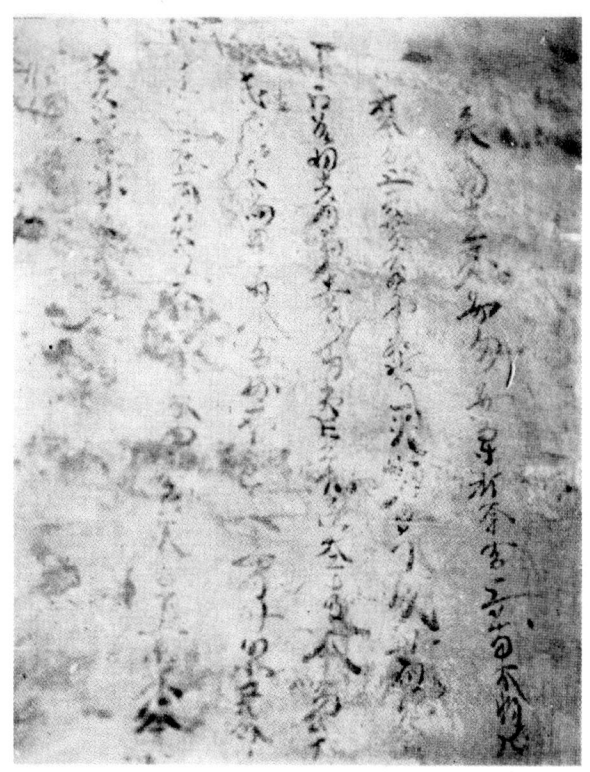

图 13　呼和浩特白塔女真文题记

说明：位于呼和浩特市东郊的万部华严经塔内有数则女真文题记，具体报道见李逸友《呼和浩特市万部华严经塔题记》（《文物》1977 年第 5 期）和《呼和浩特市白塔上的金元明各代题记》（《光明日报》1978 年 1 月 13 日）。

[①]　参见刘凤翥《女真字"国诚"银牌考释》（《文物》1980 年第 1 期）。

第 七 章

蒙古国女真文"九峰石壁纪功碑"释读

一 "九峰石壁纪功碑"的发现

1986年,蒙古国立大学的沙格德尔苏伦与苏密亚巴托在距乌兰巴托200公里的肯特县巴彦霍特克郡的九峰山南中部腹地考察时,发现了女真文"九峰石壁纪功碑"。在此之前,有"蒙古考古学之父"美誉的普尔莱曾就此碑做过报道,可惜误认作契丹字碑。沙格德尔苏伦确认其为女真字碑,并把所拍照片发表在《元朝秘史》一书中。1987年,日本的考古学者加藤晋平获知了这个消息,于1991年责成三宅俊彦和白石典之在沙格德尔苏伦的引领下对此碑重新进行探察。这次考察不仅对女真文碑9行140字进行了仔细摹录,还有一意外的收获,白石典之在离女真文碑约20米的地方又发现了一块汉文碑,共9行86字,这块碑沙格德尔苏伦此前并不知道。从碑文的内容看,记载的是金明昌七年(1196)尚书右丞完颜襄率军在斡里札河讨伐北"术孛"(阻卜)大获全胜的一段史实。[1] 回国以后,加藤晋平根据《女真文辞典》对女真文碑的第一行和第八行个别字做了初步释读,第一行内容大概是"大中央金国尚书右丞",第八行有"七年六月日"字样。[2] 确认两块碑所记内容大体一致,是女真文、汉文对照的石刻。两块碑文的摹本白石典之发表在《成吉思汗的考古学》一书中。[3] 三宅俊彦曾以《金战胜塔塔儿的两块碑的发现》为题报道了此碑的发现经过和碑文的解读情况。[4] 中国的金史、女真文学者穆鸿利在1993年获悉了这一消息,1994年在山西太原中国民族古文字第五次学术讨论会上穆先生向中国同行报道了这一振奋人心的消息,并于1997年参加蒙古国第七届蒙古学国际会议,会上以《蒙古国"九峰石壁"女真文、汉文石刻的发现与研究》为题做了大会发言。

二 "九峰石壁纪功碑"的价值

众所周知,目前存世的女真文文献资料非常少,较有价值的主要是几块石碑和明代四夷馆编定的《女真译语》,石碑中释读较好的有"大金得胜陀颂碑"和"永宁寺碑",这主要归因于这两块碑阳面的汉文内容大多与阴面女真文形成对应,可以帮助人们识读女真文,从而为史学和语言文字学界充分利

---

[1] 据箭内亘《兀良哈及鞑靼考》:"追塔塔儿时所行之兀勒札河,即《金史》追阻卜之兵时所经之斡里札河,今呼为乌尔匝河、乌尔载河(ordja, urcha, orcha)者无疑。"
[2] [日]加藤晋平:《モンゴル人民共和国ヘンティ縣バヤンホトクの碑文について》,《平井尚志先生古稀紀念考古學論考》第一集,1992年。
[3] [日]白石典之:《チンギスニカンの考古學》,同成社2001年版。
[4] 日本《读卖新闻》1991年11月3日和1992年6月7日。

用这份资料提供了便利。

女真文、汉文对照"九峰石壁纪功碑"发现伊始即引起了学界的高度重视,碑文字数达100多,是唯一一块在蒙古国发现的金代女真文石刻,是金史和蒙古学研究者可资利用的重要史料。人们不仅可以借助汉文碑内容来确认碑刻年代,还可以进一步解读碑文,从而丰富人们对金代女真语文的了解。

汉文"九峰石壁纪功碑"所记载的是金明昌七年(1196)尚书右丞完颜襄率军在斡里札河讨伐北"术孛"(阻卜)大获全胜的一段史实。关于完颜襄率军大败阻卜刻石纪功一事,《金史》有详细而明确的记载,卷94《内族襄传》:

> 未几,遣西北路招讨使完颜安国等趋多泉子。密诏进讨,乃命支军出东道,襄由西道。而东军至龙驹河为阻卜所围,三日不得出,求援甚急,或请俟诸军集乃发。襄曰:"我军被围数日,驰救之犹恐不及,岂可后时?"即鸣鼓夜发。或请先遣人报围中,使知援至。襄曰:"所遣者倘为敌得,使知我兵寡而粮在后,则吾事败矣。"乃益疾驰。迟明,距敌近,众请少憩。襄曰:"吾所以乘夜疾驰者,欲掩其不备尔。缓则不及。"向晨压敌,突击之,围中将士亦鼓噪出,大战,获舆帐牛羊。众皆奔斡里札河。遣安国追蹑之。众散走,会大雨,冻死者十八九,降其部长,遂勒勋九峰石壁。捷闻,上遣使厚赐以劳之,别诏许便宜赏赉士卒。九月,赴阙,拜左丞相,监修国史,封常山郡王。

同样的史实在《金史》卷94《完颜安国传》也有记载:

> (明昌)六年,左丞相夹谷清臣用兵,以安国为先锋都统。适临潢、泰州属部叛,安国先讨定之,以功迁北路招讨使,兼威远军节度使。承安元年大盐泺之战,杀获甚众,诏赐金币。既而右丞相襄总大军进,安国为两路都统,大捷于多泉子。襄遣安国追敌,佥言粮道不继,不可行也。安国曰:"人得一羊可食十余日,不如驱羊以袭之便。"遂从其计。安国统所部万人疾驱以薄之,降其部长。捷闻,进官四级,迁左翼都统。

承安元年即明昌七年(1196),此碑当是金朝为了纪念这次不同寻常的胜利而"勒勋九峰石壁"的纪功碑。

此次战役成吉思汗作为乞颜氏贵族首领也率军参加了战斗,《元史》卷1《太祖本纪》:

> 会塔塔儿部长蔑兀真笑里徒背金约,金主遣丞相完颜襄帅兵逐之北走。帝闻之,发近兵自斡难河迎击,乃谕薛彻别吉帅部人来助。候六日不至,帝自与战,杀蔑兀真笑里徒,尽掳其辎重。

《蒙古秘史》对这段史实也做了详细记载,第132—134节曰[①]:

> 汉地的金朝皇帝因为塔塔儿人篾古真·薛兀勒图不顺服,派遣使者命令王京丞相率领军队不迟疑地前去征讨。王京丞相溯浯勒札河而上,带着马群、粮食,攻打篾古真·薛兀勒图等塔塔儿人来了。成吉思汗知道了这个消息。成吉思汗说:"从前,塔塔儿人是杀害祖先们和父亲的仇敌,如今乘着这个机会咱们去夹攻他们!"说罢,派遣使者到脱斡邻勒汗处去说。……等待了六天,不

---

① 余大钧译注:《蒙古秘史》,河北人民出版社2001年版,第168—171页。

见主儿勤人来到，成吉思汗、脱斡邻勒汗二人遂一同发兵，顺浯勒札河而下，与王京丞相一同进兵夹击。当时，塔塔儿人篾古真等已经在浯勒札河的忽速图·失秃延、纳剌秃·失秃延［两］地建立了寨子防守。成吉思汗、脱斡邻勒汗［攻］进寨子，擒获守寨的人和篾古真·薛兀勒图，就在那里把篾古真·薛兀勒图杀了。成吉思汗在那里获得了一辆银摇车和饰有大珠的被子。篾古真·薛兀勒图被杀之后，王京丞相获悉成吉思汗、脱斡邻勒汗杀了篾古真·薛兀勒图，大喜。他［承制］就地封成吉思汗为札兀惕忽里，封客列亦惕部脱斡邻勒汗为王。由于王京丞相封给的王号，脱斡邻勒汗从此便称为王汗。王京丞相说："你们夹击篾古真·薛兀勒图，杀死了他，为金朝皇帝立了大功。我要把你们的这个功劳上奏给金朝皇帝。"奏请金朝皇帝封给成吉思汗更大的官号招讨。王京丞相从那里高兴地回去了。

从以上记载可知，这次战役的前后，正是金朝的多事之秋，北阻卜（塔塔儿）本是金朝防御其北部边墙的部落，却经常联合蒙古各部反叛，金朝不得不抽调大批人力修筑城墙、会兵进讨。此次战役的胜利，金朝上下非常振奋，主帅完颜襄被拜为左丞相，"捷闻，上遣使厚赐以劳之，别诏许便宜赏责士卒。九月，赴阙，拜左丞相，监修国史，封常山郡王"。（《金史》卷94《内族襄传》）这次战役对成吉思汗更具有非同寻常的意义。此前的1189年，铁木真刚刚被乞颜氏贵族推举为汗，正是他雄心勃勃争夺蒙古高原霸权的关键时期。北阻卜（塔塔儿）当时的势力很强，经常侵掠蒙古各部，铁木真的曾祖、伯祖和父亲都死于塔塔儿人之手，与他们有不共戴天的世仇。此次金朝讨伐塔塔儿人的叛乱，正给铁木真提供了复仇和壮大自己力量的契机，战役结束后，铁木真被金朝封为"札兀惕忽里"（那珂通世释为"百夫长"），并代替塔塔儿守御金朝北部边境，获得了克鲁伦河流域蒙古高原东部的控制权。这次金朝出兵镇压北阻卜的胜利，事实上为正在兴起的成吉思汗削弱了敌对部族的力量，同时为成吉思汗完成蒙古高原的统一铺平了道路。由于两石刻对国号、历史事件发生的时间和重要人物的姓名、官称、封号都有明确的记载，无疑对《金史》《元史》都有重要的补证价值。

三 "九峰石壁纪功碑"的释读

女真文"九峰石壁纪功碑"共有9行140字，加藤晋平根据《女真文辞典》对碑文的第一行和第八行个别字做了初步释读，第一行内容大概是"大中央金国尚书右丞"，第八行有"七年六月日"字样。[1] 汉文碑共有9行86字，其中第一、二行清楚地刻有"大金开府仪同三司尚书右丞任国公宗室襄"字样，正与第一行女真文内容相符。

下面的释读根据的是白石典之的拓本和汉文碑文的相关记载，由于碑文漫漶，我们只拟对较清楚的第一、二、八行加以释读。

第一行：

冬米	为夬夜[1]	斥土	囨土	呑片尽[2]	外夬秪在[3]
安班剌	杜里剌	安春温	国伦	察安书	幼赤因恩
amban-la	du-lu-la	anču-un	gur-un	ča-an-šu	you-či-eŋ-en
大	中	金	国	尚书	右丞

---

① ［日］加藤晋平：《モンゴル人民共和国ヘンティ縣バヤンホトクの碑文について》，《平井尚志先生古稀紀念考古學論考》第一集，1992年。

注释：

[1] 据《女真译语·方隅门》："为灰，杜里剌，中"；《女真译语·通用门》："杜里剌国伦你为灰囷土宋，中国"；夭，《女真译语·人事门》标音为"鲁"＊lu。

[2] 据《女真译语·人物门》："尚书，仩盡，尚书"，而《女真进士题名碑》第8行"尚书"又音译作"呑片盡"，按照《女真译语》，其读音应为"察安舒"，参考金启孮《女真文辞典》第172页。

[3]《女真进士题名碑》第8行有"纠禹抵"，对照《女真译语》，其读音为"又赤因"，当为"右丞"的音译，参考金启孮《女真文辞典》第222页。

汉译：大中央金国尚书右丞

第八行：

九	肃[土][1]	巫	□□	抱哭□杢片[2]	丹	乗	孑	月	日
兀也温	忽温	塞	□□	革吉	瑣岸	纳丹	阿捏	宁温	必阿	一能吉
uyun	hu-un	se		gəgin	šo-on	nadan	aniya	niŋγun	biya	ineŋgi
九	峰	塞		明	昌	七	年	六	月	日

注释：

[1] 根据《女真译语》的拼写法，此处"忽"后当为"土"（"温"）字，合拼为"峰"。如汉语"蟒龙"，《女真译语·鸟兽门》记为"禾弓土，莽鲁温"等。

[2] 根据汉文碑文，刻石年号当为"明昌"。"女真进士题名碑"中"明俊殿"的"明"记作"密因"[1]，"永宁寺碑"中"大明"记作"大迷因"；《女真译语·人物门》中汉语"高昌"记作"高察安"。依照《女真译语》，"明昌"应记作"密因察岸"＊minčan。不过这些都是金代后期以及明代的写法。今从乌拉熙春的说法[2]，把"明昌"之"明"释作"抱哭"。

汉译：九峰塞（时）明昌七年六月日

---

[1] 王静如：《宴台女真文进士题名碑初释》，载《史学集刊》第3期，1937年。

[2] Aisin Gioro Ulhicun, *The Stone Carved Jurchen Inscriptions on the Nine Peaks Cliff of Mongolia*，白石典之等2004—2005年度科学研究费补助金基础研究研究成果报告书《モンゴル国所在の金代碑文遺迹のの研究》，2006年，第8—19页。

照那斯图 宋洪敏 编著

第 一 章

八思巴字的创制、颁行

八思巴字是元世祖忽必烈特命国师八思巴创制的一种拼音文字，于至元六年（1269）颁诏推行全国。这种文字最初被忽必烈命名为"蒙古新字"，不久改名"蒙古字"；元末明初称为"（蒙古或元）国字（国书）"；近代学术界通称"八思巴字"或"八思巴蒙古字"，又称"方体字"。

八思巴字的制订者八思巴（1235—1280）是元朝第一任国师，是一位藏族学者，是著名的萨迦派的第五祖。据《元史·释老传·八思巴》载："八思巴生七岁，诵经数十万言，能约通其大义，国人号之圣童，故名曰八思巴（藏语'圣者'之意——引者）。"他很快成为著名学者，并为最高统治者所重用。《元史·释老传·八思巴》载："中统元年（1260），世祖即位，尊为国师，授以玉印。命制蒙古新字，字成上之。"新文字很快制成并得到忽必烈认可，至元六年（1269），忽必烈专门为颁行这种新文字下了一道诏书，全文如下：

> 朕惟字以书言，言以纪事，此古今之通制。我国家肇基朔方，俗尚简古，未遑制作；凡施用文字，因用汉楷及畏吾字以达本朝之言。考诸辽、金以及遐方诸国，例各有字。今文治浸兴，而字书有阙，于一代制度实为未备。故特命国师八思巴创为蒙古新字，译写一切文字，期于顺言达事而已。自今以往，凡有玺书颁降者，并用蒙古新字，仍各以其国字副之。（《元史·释老传·八思巴》）

这里蒙古皇帝说明了创制新文字的原因，规定了新文字的名称、用途、性质和地位。忽必烈之所以创制新文字，完全是出于政治需要。13世纪60年代，蒙古实现了统一，汗国空前强大。在这种政治形势下，颇具韬略的忽必烈皇帝深感需要加强"文治"。在他看来，加强"文治"首先必须有代表自己"国家"的"国字"，这样才能显示出民族和国家的尊严，更有效地加强和巩固国家政权。他于是特命国师八思巴创造本国文字，以改变"今文治浸兴，而字书有阙，于一代制度实为未备"的局面。联系到后来忽必烈为加强"文治"而采取的一系列政策措施，诸如"立法度，正纲纪"、"广开言路"、"不嗜杀"、"政贵得人，不贵多官"、"罢世袭，行迁转"等，不难看出，之所以创制颁行一种新文字，正是蒙古皇帝为了维护和巩固自己的政权而采取的一项重大措施。

第 二 章

八思巴字的性质、地位与用途

从诏书"自今以往，凡有玺书颁降者，并用蒙古新字，仍各以其国字副之"的规定看来，在官方文件上使用八思巴字的同时又副以各民族的文字，确定了八思巴字制成后同原有"一切文字"的关系是前者为主，后者为副。表明八思巴字在各种文字中所处的地位。八思巴字还有一种特殊地位，则是作为蒙古朝廷官方文字。关于这一点诏书里没有明确规定，但我们可以从忽必烈对原来命名的更改上得到答案。八思巴字于公元1269年颁行以后，过了将近两年，到至元八年（1271）正月，忽必烈又下一道诏书说："今后不得将蒙古字道作新字。"（见《大元圣政国朝典章》第31卷《礼部·学校》条）为什么忽必烈要改换原来的命名呢？这主要是为了明确八思巴字的国字地位。忽必烈当初所以把八思巴字称作"蒙古新字"，主要是与当时在蒙古人中使用的"畏吾字"——回鹘式蒙古文相对而言的。然而这个称呼不能反映八思巴字的最高的政治地位，即没能反映忽必烈的本意。很可能，从推行八思巴字所遇到的阻力中，忽必烈本人或元朝官方已经意识到了这一点，因为，"蒙古新字"这个名称很容易被人理解为不过是蒙古人的新文字，是替代"畏吾字"的新蒙文，人们就可能以此为由推却其在非蒙古人中的推行。此外，从忽必烈所述创制新文字的原委，他对回鹘式蒙古文的称呼，以及推行新文字过程中对回鹘式蒙古文的态度来看，他不仅不承认"畏吾字"是蒙古文，而且是极力排斥"畏吾字"的。这也许是把"蒙古新字"改称"蒙古字"的另外一个原因。因为把八思巴字称作"蒙古新字"，实际上就承认了"畏吾字"是"蒙古字"或"蒙古旧字"。而改名后的"蒙古字"，则反映了八思巴字既是蒙古人的民族文字，也是蒙古汗国的"国字"。在"蒙古新字"改称"蒙古字"的至元八年正月，忽必烈尚未定国号为元（据《元史·世祖纪》，忽必烈改国号为元在至元八年十一月）。因此，当时"蒙古"这个词既是蒙古人的民族名称，又是蒙古汗国的国家名称。《元史》及其他一些文献的作者把八思巴字直接称作"蒙古国书"或"蒙古国字"，"元国书"或"元国字"，恰好准确揭示出八思巴字的政治地位，也是我们理解这一名称的一个有力证据。

诏书里说八思巴字的用途是"译写一切文字"。这句话表明了八思巴字的一种特殊性质。我们知道，一般的文字只记录一种特定的语言，是一种特定语言的符号系统，但八思巴字却是用来"译写一切文字"，是适用于多种语言的符号系统。不过，我们首先应当说，八思巴字是一种蒙古文，因为它首先是为蒙古语创制的；同时它也是记录其他语言的符号系统。现存资料证明：当时，它除了记录蒙古语外，还至少记录了汉语、藏语、梵语、维吾尔语等多种语言。可以说，八思巴字的确发挥了它的"译写一切文字"的功能。然而八思巴字并不是元朝统一全国文字的尝试。因为诏书里说明新文字的用途时，其措辞是"译写"，而不是"代替"；诏书还规定使用新文字时，"仍各以其国字副之"。因为元朝境内的不少民族本来就有自己的民族文字，在这些民族中，以强制手段用八思巴字代替原有的民族文字是不可想象的。所以，八思巴字作为元朝的官方文字，只能起到"译写一切文字"的作用，从严格意义上说，它对蒙古语而言，才称得上是真正的文字，对其他语言而言，不过是一种注音符号而已。因而，八思巴字作为官方文字，它的统一性仅仅表现在字母、体式、行款等文字形式方面；至于书写的内容即表达的语言则是多种多样的。或者说，这种文字只不过是各个民族语言或文字的一种转写形式。也正因如此，八思巴字就具有了不同于一般文字的特殊性质。因而，也可以说，八思巴字是一种在历史上出现的具有其显明特色的文字。

第 三 章

八思巴字的字母表、体式与文字类型

关于八思巴字的来源，元人盛熙明《法书考》、陶宗仪《书史会要》都记载为"采诸梵文"。应当指出，这个说法，只有在字母体系的源头这个范围内才是正确的。事实上，八思巴字的直接源头——说得确切一些，字母表的源头——不是梵文，而是藏文，说得更明确些是藏文字母的所谓"有头字"。八思巴字字母表，是在藏文字母基础上形成的。因此，单就字母表而言，八思巴字跟藏文非常近似，它的大多数字母与藏文相同或近似，有几个借自梵文，还有几个为新制。因为研究八思巴字的学者各人所依据的标准、原则不尽相同，所以对八思巴字字母表所含字母的数目看法也不一致。笔者认为，对八思巴字字母表应该有一个统一的概念，而这个概念的确立应以原始字母表为依据。所谓原始字母表即八思巴字设计的最初的字母表，这可以从有关文献记载中推求出来。明确记有八思巴字字母总数以及同时还列有八思巴字母表的早期文献有《法书考》《元史》《书史会要》等。这些文献中所列字母或为 41 个或为 42 个，由此可见，这些文献所载八思巴字字母表不是专门用于哪一具体语言的字母表，而是当初设计或被认可的原始字母表。由此可见，说有 41 个字母，而所列字母与此说相合的文献，指的是八思巴字的原始字母表；说有 42 个或 43 个字母，而所列字母为 42 个的文献，包括了汉字内"去三增四"而多出的一个字母（若说 43 个则再加上标志唇齿音分化的另一个后增字母），指的是用来拼写汉语而增加新字母的八思巴字字母表。既然八思巴字是"译写一切文字"的一种音标式的文字，那么它的字母表就不能像别的只拼写某一种语言的文字那样有相对的稳定性，而是随着译写对象来增加，或者根据某种语言进一步区分语音的需要，随时增加相应的新字母。

下面是八思巴字字母总表。其中第 1—41 号为原字母表，载于《法书考》、《书史会要》等历史文献；第 42—45 号为用于译写汉语的后增字母，可见于相关记载；第 43—55 号是为译写梵藏文的后增字母，这是从实际文献中归纳出来的。另，原字母表第 31、32、33、34、39 号字母为元音字母，第 40 号和 41 号字母为半元音字母，其余均为辅音字母（第 38 号字母为第 35 号字母的相对音，表示舌根清塞音，应为蒙古语设计，但至今所见文献中尚未出现过这一字母）。

编号	1	2	3	4	5	6	7	8	9	10	11	12	13	14	15
字母	᠊	᠊	᠊	᠊	᠊	᠊	᠊	᠊	᠊	᠊	᠊	᠊	᠊	᠊	᠊
汉译	葛	渴	口并	誐	者	车	遮	倪	怛	挞	达	那	钵	發	末
转写	k	k'	g	ŋ	tš	tš'/č' dž/ǰ	ň	t	t'	d	n	p	p'	b

16	17	18	19	20	21	22	23	24	25	26	27	28	29	30	31
᠊	᠊	᠊	᠊	᠊	᠊	᠊	᠊	᠊	᠊	᠊	᠊	᠊	᠊	᠊	᠊
麻	拶	攃	惹	嚩	若	萨	阿	耶	啰	罗	设	沙	诃	哑	伊
m	ts	ts'	dẓ	w	ž	z	·	y	r	l	š	s	h	'	I

32	33	34	35	36	37	38	39	40	41	42	43	44	45
᠊	᠊	᠊	᠊	᠊	᠊	᠊	᠊	᠊	᠊	᠊	᠊	᠊	᠊
鄔	翳	污	趌 轻呼	霞	法	恶	也	喁	耶 轻呼	[奉]	[书]	[匣]	[幺]
u	ė	o	q'	γ	hu	ɢ	e	ų	i̯	ḥu	ŝ	ħ	j

46	47	48	49	50	51	52	53	54	55
				᠊	᠊		᠊	᠊	᠊
-	-	-	-	-	-	-	-	-	-
ṭ	ṭ'	ḍ	ṇ	r-	-r	i̠	u̠	ė̠	i̠

  八思巴字字母的体式，常见的有正体（楷体）和篆体两种，正体用得广泛，篆体主要用于元朝官方印章和碑额。此外还有双钩体和草体，但都少见。八思巴字字母的正体，同相应的藏文字母的正体基本相同，只是更为方正。

  八思巴字是一种比较典型的音素文字。它的字母体系中有辅音字母和元音字母的区别，而每个字母分别表示一个音素。这里需要特别说明的是元音 a 的表示方法问题。在八思巴字字母表里，没有专门的字母表示元音 a，但是元音 a 并非没有自己的表现形式。元音 a 是通过零形式来表现的。所谓零形式有两层意思，一是其他元音既然已经各有字母表示，那么不用字母表示的就只有 a 了；二是零形式的存在以辅音字母为前提，即一定条件下的辅音字母后无元音字母时表示辅音后有 a。具体说，下列几种书写单位中的元音字母的零形式表示元音 a：

（1）每个单写的辅音字母后的零形式，例如，d＝da "打"（汉语），z-r＝zara "月份"（蒙古语）。

（2）两个连写的辅音字母之间的零形式，例如，hj＝haj "海"（汉语），'l-t'n＝'alt'an "金"（蒙古语）。

（3）两个连写的辅音字母中后一个辅音为 ' 时，每个辅音字母后面的零形式（只见于蒙古语），例如，q'·-nu＝q'a·an-u "皇帝的"，u-l·＝ula·a "铺马"。

（4）三个连写的辅音字母之间的零形式，其中居中的辅音字母为·时（也只见于蒙古语），例如，qʼ·n=qʼa·an"皇帝"，J̌·n=J̌a·an"象"。

（5）半元音字母后的零形式（只见于汉语），例如，gi̯=gia"家"，gi̯j=giaj"佳"，γu̯=γua"华"，γu̯j=γuaj"怀"。

（6）辅音字母和 yi 之间的零形式（只见于蒙古语），例如，'yi maʼ='ayimaqʼ"部落，部族"，y-bu-tʼu-qʼyi=yabutʼuqʼayi"走吧"。

（7）跟元音字母相连的·后的零形式（只见于蒙古语），例如，lu·=lu·a"同（后置词）"，bo-lu·-su=bolu·asu"如果可以，成为"。

关于八思巴字的类型问题。以波普教授为代表的传统八思巴字研究者们普遍认为，在八思巴字里每个辅音字母同时含有元音 a，是这个辅音和元音 a 构成的音节。因此，他们认为八思巴字是音节文字。而我们说，这个看法欠妥。要是说辅音字母带有元音 a 构成音节，而这种单由一个辅音和元音 a 构成的表音单位能不能代表和决定整个八思巴字的类型？更何况在八思巴字里，并非每个辅音字母在任何情况下都含有元音 a。首先，事实上辅音字母并不始终含有 a，例如辅音字母与元音字母相拼或辅音字母做韵尾（音节尾）时，辅音字母就不含 a；其次，既然把辅音和元音 a 当作一个表音单位，那么为什么还用辅音字母和元音字母的概念，而把一个音节单位称作"辅音字母"呢？这是难以自圆其说的。至于含元音 a 的音节，在整个八思巴文字中，与用其他元音字母表示的音节相比，只不过是一部分，不能以偏概全。由此可见，说八思巴字为音节文字，是不能成立的。应该按八思巴字的整个表音体系，把元音 a 的表示归结为零形式，将八思巴字的类型定性为音素文字，这才符合八思巴字的实际。

关于八思巴字文字类型的争论还有一个重要的关节点，那就是字母ꡁ（ʼ）的性质问题，即ꡁ到底是语音符号还是书写符号？传统看法是把ꡁ当作词首元音 a 的专门语音符号（不过，处于 ö、ü 前的ꡁ被他看作字冠或称字头符）。我们认为，这一观点，不仅把ꡁ统一的一个功能（在 a、e、eo、eu、u 前作零辅音符号）割裂开来，而且还割裂了八思巴字所特有的元音 a 用零形式表示的表音体系和所有元音在词首与零辅音符号结合的体系，从而混淆了元音字母和辅音字母的区别。搞清楚了这一问题，我们就可以说，位于词首的元音 a 不是用字母ꡁ本身来直接表示的，而是用字母ꡁ后的零形式（元音字母的零形式）表示的，所以ꡁ为零辅音符号，在其后不写元音字母时，则与其他辅音字母是一样的，这种零形式就表示元音 a。

第 四 章

八思巴字的拼写法

在八思巴字的拼写法方面，早期文献只有一些简略的记载。例如陶宗仪《书史会要》说："切韵多本梵法，或一母独立一字，或二三母凑成一字。"《元史》载："其字仅千余，其母凡四十有一。其相关纽而成字者，则有韵关之法；其以二合、三合、四合而成字者，则有语韵之法。而大要则以谐声为宗。"这些记载揭示了八思巴字的拼写法的大致情况。所说的"其字仅千余"是指作为书写单位的音节而言的。至于"纽而成字"有"韵关之法"，大概是指单由辅音字母表现的书写单位里，有辅音字母和元音 a 相拼的规则；"合而成字"有"语韵之法"，大概是指在由辅音字母和元音字母组合而表现的书写单位里，有辅音字母和元音字母直接相拼的规则。"大要则以谐声为宗"，是说八思巴字的拼写性质。至于具体的拼写规则，文献中没有记载。既然文献缺载，我们只好利用现存的八思巴字实际材料来推求了。

据我们研究，八思巴字拼写具体语言的原则有两种：一种是语音学原则，一种是传统原则。据我们现在所知，八思巴字对蒙古语和汉语用的是语音学原则，即根据这两种语言的实际口语拼写它们的语音；对藏语和梵语而言，用的则是传统原则，即完全根据这两种语言的书面形式一对一地转写它们的字母。因此，对藏语和梵语而言，八思巴字无所谓拼写法，本书所说的八思巴字拼写法，只针对蒙古语和汉语而言。

八思巴字的行款从左向右、自上而下竖写，这种行款既不同于藏文，也不同于汉文，而是与回鹘式蒙古文相同。八思巴字的书写单位是音节，对于汉语而言相当于一个汉字；对于蒙古语而言相当于把语义单位分解成音节。综观八思巴字行款和书写单位，显然是参照了蒙古文、藏文和汉文。行款的确定以回鹘式蒙古文为依据，而书写单位的确定则选择了藏文和汉文的形式。正因如此，所以八思巴字的这种书写方法对蒙古语并不见得很适合，甚至会带来一些不便。因为蒙古语是黏着语，它的语义单位往往是多个音节，即一个词多数情况下由两个以上的音节组成，所以以音节为书写单位的八思巴字有时会混淆词的界限，给认读带来一定的困难，这是八思巴字译写蒙古语时表现出来的一个重要缺陷。而对于汉语，因为八思巴字不标注声调，所以如果没有汉字对照，认读也存在很大的困难。

在八思巴字的书写系统中，还有两个非常重要的辅助符号，那就是字头符和连接符。当元音字母（或半元音字母）居于字首（包括自成音节和音节首）时，或加字头符"—"，或带零声母符号"ㄔ"。其中 i、u、e/eˊ、o 四个元音字母用字头符"—"。连接符则用在同一个书写单位中各个成素之间。所谓各个成素包括字头符、元音字母、半元音字母和辅音字母。连接符一般居于右侧，只有 o 在跟字头符或其他字母相连时才居于中间；u 跟字头符相连时，或已跟字头符相连的 u 后面再连其他字母时，连接符也用在整个字体的中间。学界对字头符和连接符的认识是有一个过程的，在有关八思巴字字母表的史料中，传统的研究是把它们看作单纯的元音字母，并解释为词首形式，进而把与它们相对的另一些形式解释为词中、词末形式，从而提出元音字母多体说。而据我们的研究，有关八思巴字史料中所写上述四个元音字母的形体，以及传统上被当作元音字母原体的那些形体，实际上并不是单纯的元音字母，换句话说，不是独体形式，而是元音字母加了其他书写符号（即字头符、连接符）的合体形式。我们通过对八思巴字书写单位诸要素的分析，得出了八思巴字元音字母原体的形式。这些原体形式可以从作为八思巴字来源的藏文中找到根据，证明八思巴字元音字母的原体形式同相应的藏文元音符号完全相合。

我们说在八思巴字拼写中具有相当重要地位的要素当推"零辅音符号"（上面我们已谈过ᠵ为零辅音符号）。其实，在八思巴字中不表达实际语音而只作书写符号的字母有ᠵ和凸，有条件的表示这种功能的字母还有ᢌ和ᢌ（后者只出现于汉语）。它们均表示元音前的零辅音，只是出现的场合不同，我们称之为"零辅音字母"或"零辅音符号"。在八思巴字里还有一个表达同样作用的符号"—"，我们称其为"字头符"。以上这几个符号的出现是有条件的，而且是互补的。下面我们以表格的形式来展示：

表1　　　　　　　　　　　　　　八思巴字零声母符号

位置	零声母符号	出现条件
词首	ᠵ	a、e、ö（eo）、ü（eu）、u前
	—（字头符）	i、u、e、o前
词中	凸	a、e、u、o前
	ᢌ	i前

以凸、ᢌ为首的音组，如果是独立的书写单位，零辅音符号表示其后元音的独立性，单独构成音节；如果不作独立的书写单位，而与前头的音组连写，零辅音符号则表示前后元音的组合（连读）：前后元音相同者表示长元音（前一个元音字母省去不写），前后元音不同者表示复元音（在我们的转写中长元音和复元音在相应两个元音上用"⌒"表示，以区别于八思巴字中另一种不连写的形式）。

另外，在八思巴字系统里，尽管主要是用一个字母表示一个音素，但也有少数是用双字母表示一个单元音因素。如 eo、eu 表示相对 o、u 靠前的 ö、ü；hi 表示与 i 相对靠后的单元音。

第 五 章

八思巴字文献珍品图片及说明

图 1　皇帝圣旨 ……………………………………………………………………（1912）
图 2　元泰定帝也孙铁木尔蒙古语龙年（1328）圣旨 …………………………（1913）
图 3　皇太后懿旨 …………………………………………………………………（1914）
图 4　安西王令旨 …………………………………………………………………（1915）
图 5　帝师公哥罗古罗思监藏班藏卜法旨 ………………………………………（1916）
图 6　禁约榜 ………………………………………………………………………（1917）
图 7　萨迦格言（善说宝藏）刻本残页 …………………………………………（1918）
图 8　汉语韵书蒙古字韵（写本）………………………………………………（1919）
图 9　百家姓（八思巴蒙古文）…………………………………………………（1920）
图 10　皇帝圣旨（龙门神禹庙圣旨碑）…………………………………………（1921）
图 11　译语 ………………………………………………………………………（1922）
图 12　圣旨碑（徐州天宝宫）……………………………………………………（1923）
图 13　皇帝圣旨（南华寺）………………………………………………………（1924）
图 14　中书省牒（大元累授临川郡吴文正公宣敕）……………………………（1925）

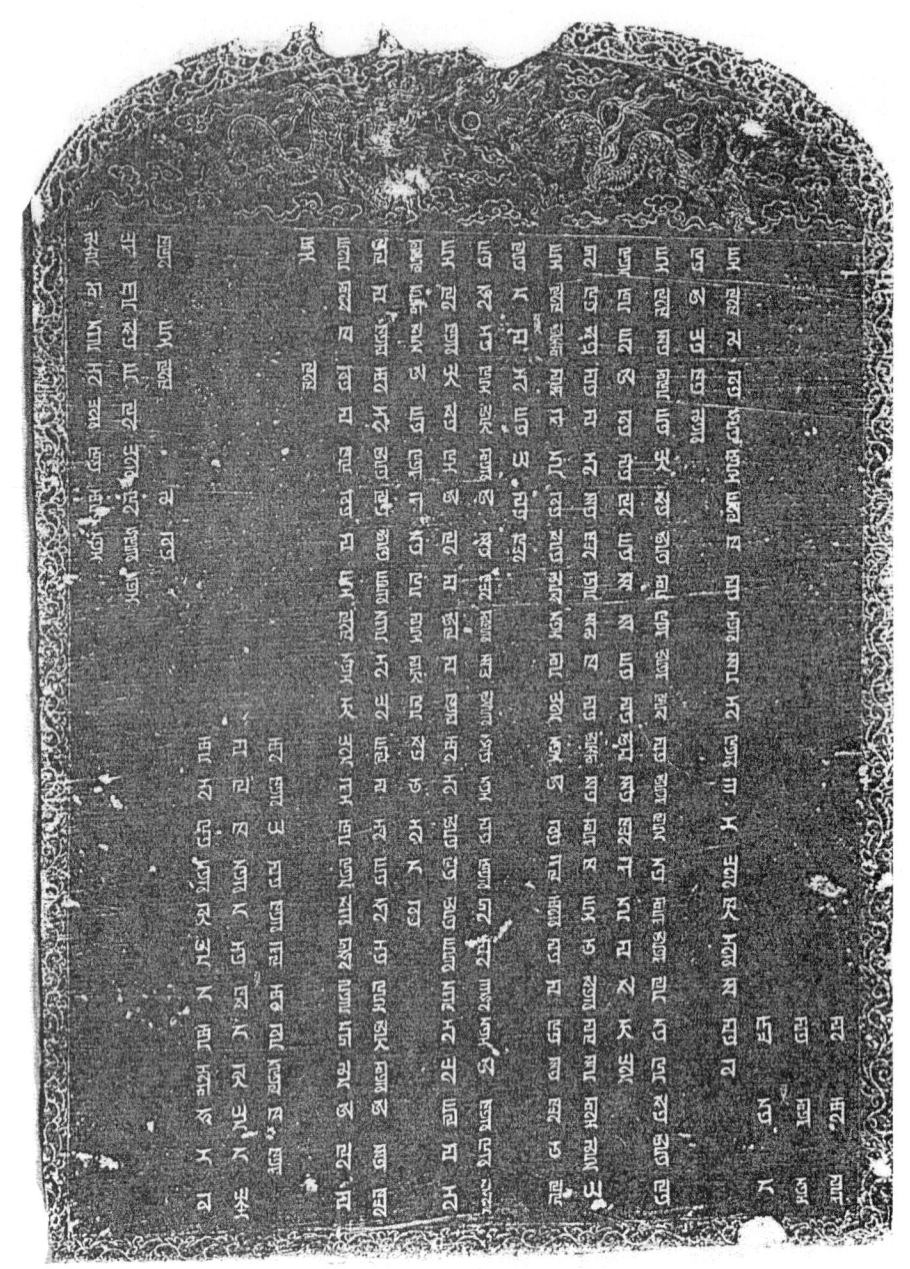

图1 皇帝圣旨

石碑。长101厘米，宽71厘米，楷书阴文（白）。薛禅皇帝于牛年（1277/1289）正月二十五日撰。现存山西交城石壁寺（玄中寺）。

内容为：收执者安僧录。令使臣不得下榻，不得抓铺马、祗应，免地税、商税，不得抢夺任何东西。

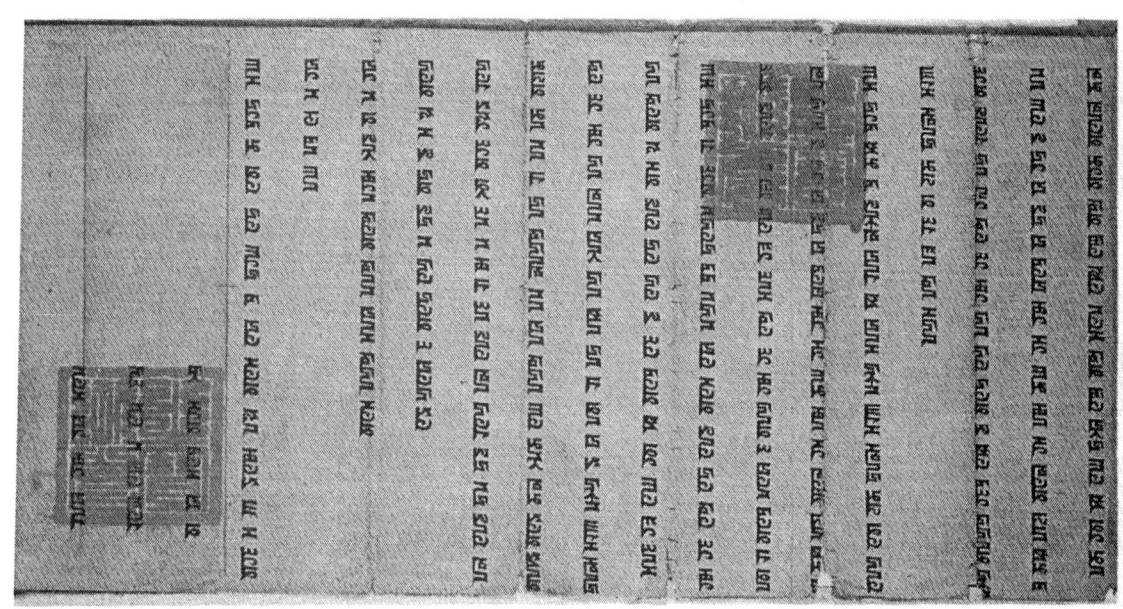

图2　元泰定帝也孙铁木尔蒙古语龙年（1328）圣旨

纸质。有"御前之宝"朱印两处。西藏自治区档案馆收藏。

内容为：迟给斡节儿坚赞。任命斡节儿坚赞（亦称思麻儿）为甘军民万户府万户。同时发给斡节儿坚赞大牌和玺书。

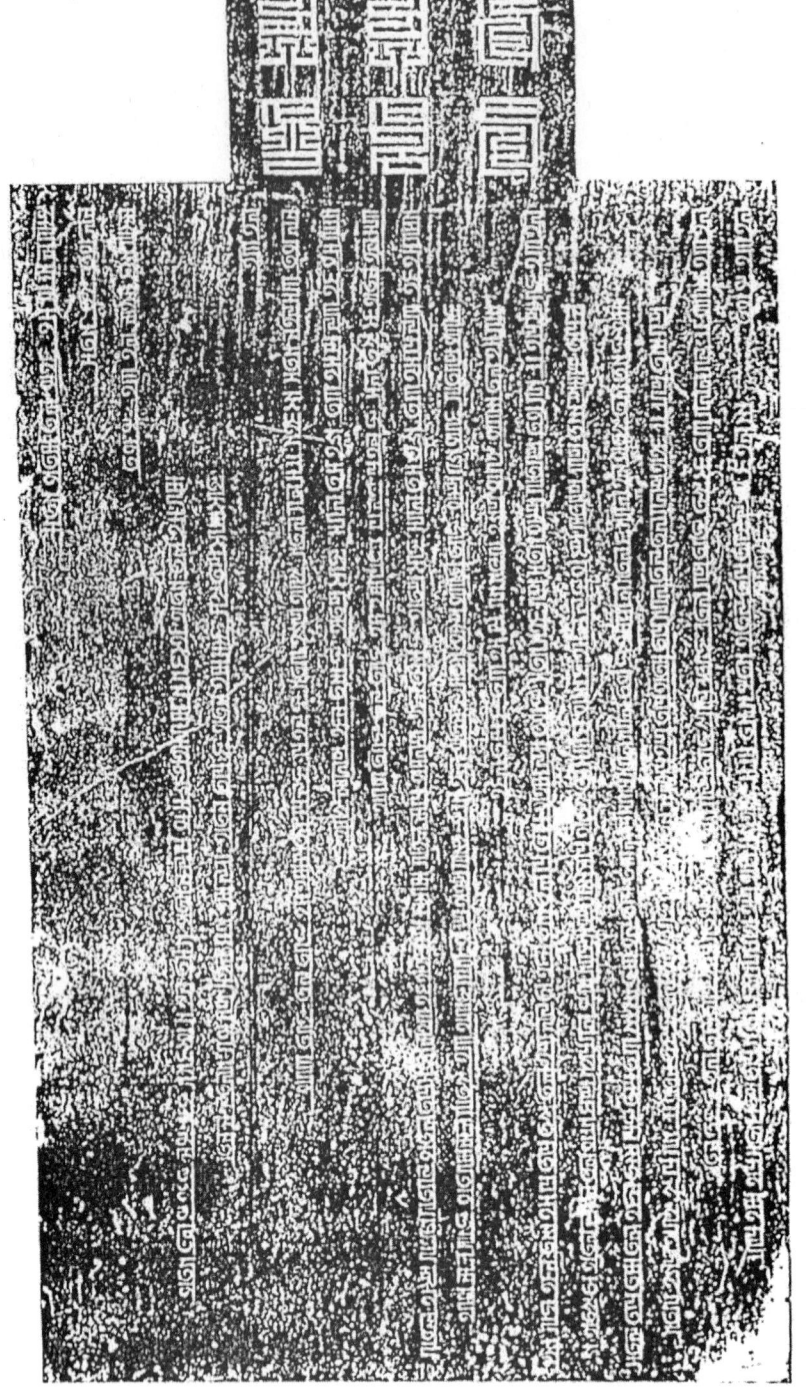

图3 皇太后懿旨

纸质。答吉皇太后于鸡年（1321）十一月初十日撰。钤有"皇太后宝"朱印三处。北京民族文化宫收藏。

内容为：懿旨收执者古香·扎巴坚赞。令他们不得在寺院、庄园下榻，不得向他们征收地税、商税，不得让他们饲养马匹和牦牛，不得补收以前的差发，不得抢夺他们的人口、马匹、土地、河流。对他们不得使用暴力。

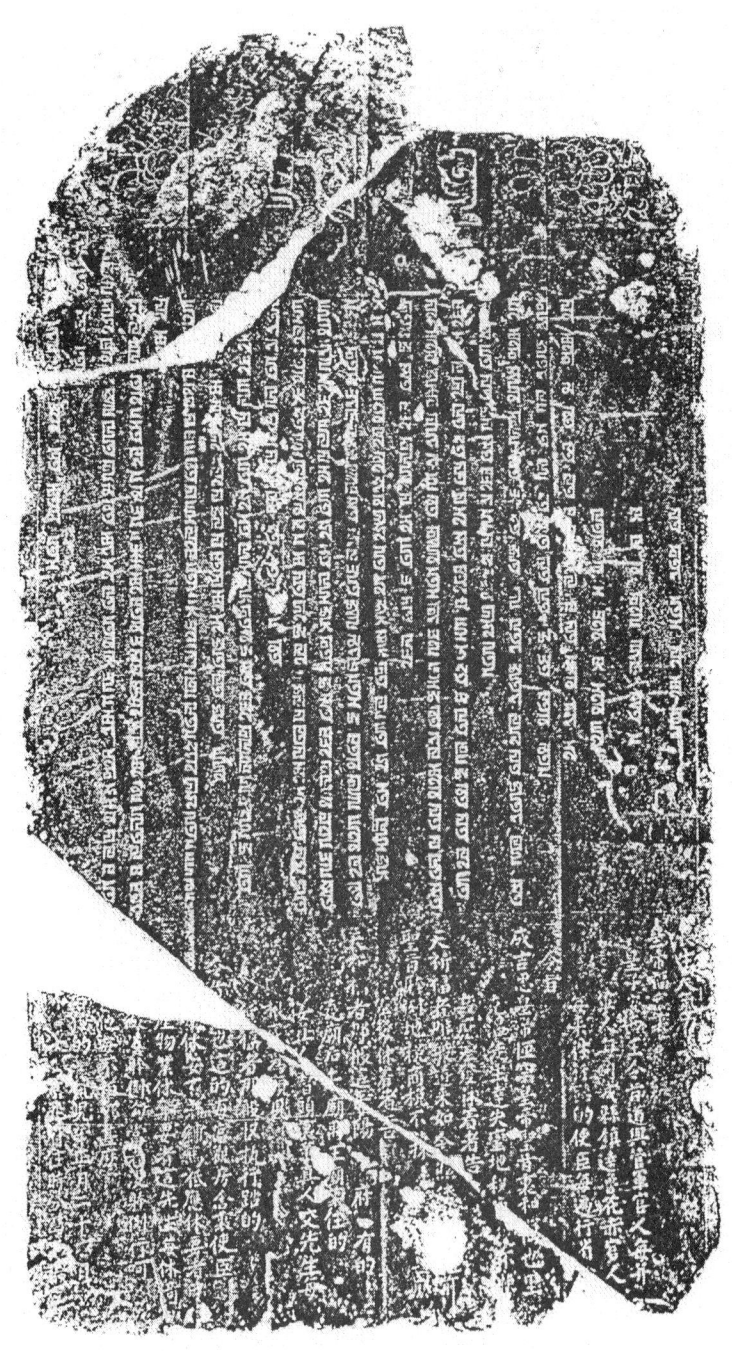

图 4 安西王令旨

　　石碑。高 107 厘米，宽 68 厘米。阴文（白）楷书。安西王于鼠年（1276）正月二十六日撰。碑额书八思巴字"令"，同碑刻汉语白话译文。石碑裂为三部分，文字有残。原物存于陕西韩城。

　　内容为：收执者董真人。令董真人替姜真人，使臣不得下榻，不得索取铺马、祗应，不得抢夺他们土地、河流等。

图 5 帝师公哥罗古罗思监藏班藏卜法旨

  石碑。高 112 厘米，宽 76 厘米。帝师公哥罗古罗思监藏班藏卜于鸡年（1321）十月十五日撰。碑额书写有汉字"大元帝师法旨之碑"。白话汉语译文同刻一石。现存于河南浚县。

  内容为：收执者朗吉祥主持。令使臣不得下榻，不得索取铺马、祗应，不得征收地税、商税，不得抢夺他们的任何东西。

图 6　禁约榜

石碑。高 137 厘米，宽 60 厘米。由中书省于大德十年（1306）十一月撰。仿刻有"中书礼部印"（八思巴字译写汉语）。现存山东曲阜。

内容为：收执者充国公庙，令诸人不得亵渎骚扰。

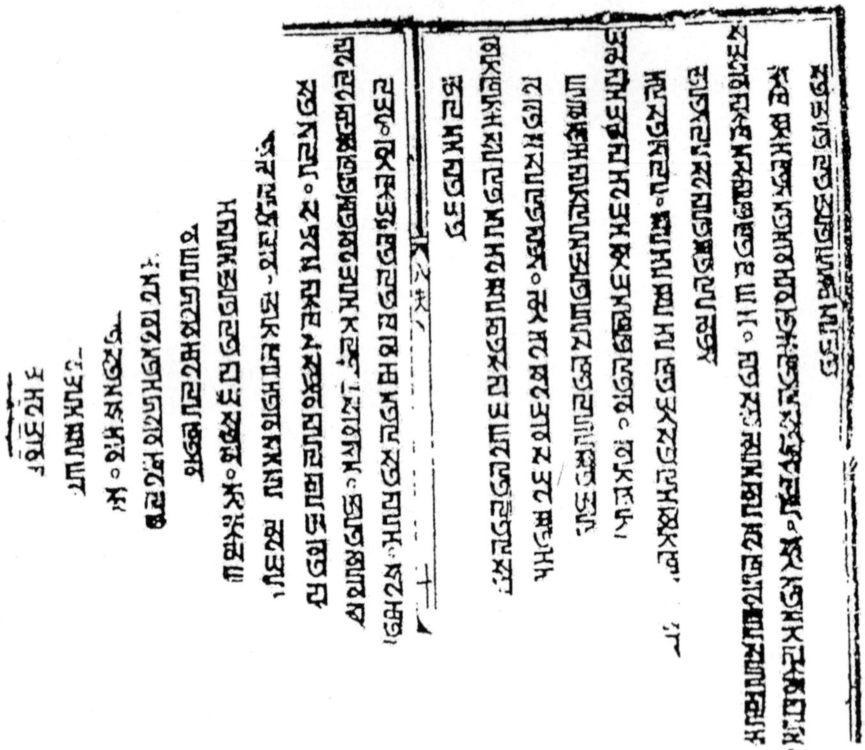

图 7　萨迦格言（善说宝藏）刻本残页

纸质。元代刻本。出土于我国新疆吐鲁番。整书仅存 4 张，均存国外。内容为藏族学者萨班·贡噶坚赞所著《萨迦格言》的蒙古语译本。

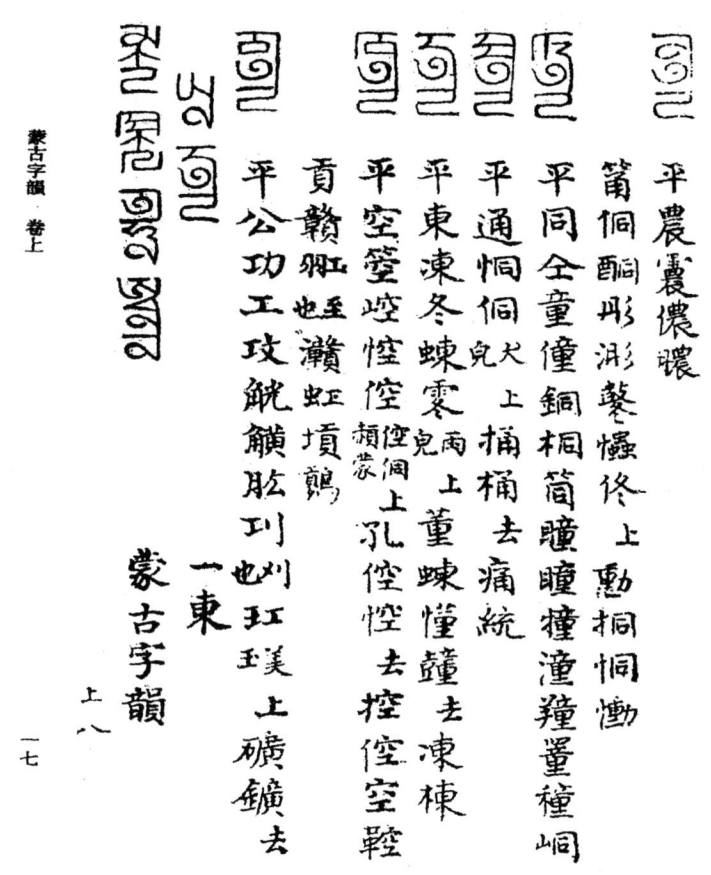

图 8　汉语韵书蒙古字韵（写本）

纸质。楷书。每页 10 行，左读竖排。由朱宗文（朱伯颜 Bayan）校正。原件现存大英博物馆。日本关西大学影印过大英博物馆存本。照那斯图、杨耐思所著《蒙古字韵校本》收有现存本的影印件。

内容有刘庚、朱宗文序，校正字样，蒙古字韵总括变化图、字母、篆字母、总目和正文。正文以八思巴字为字头，其下排列相应汉字。分 15 个韵部。各韵以声母为序排列小韵，各小韵以平上去入四声收字。

建安椿庄书院刻本《事林广记》八思巴字百家姓

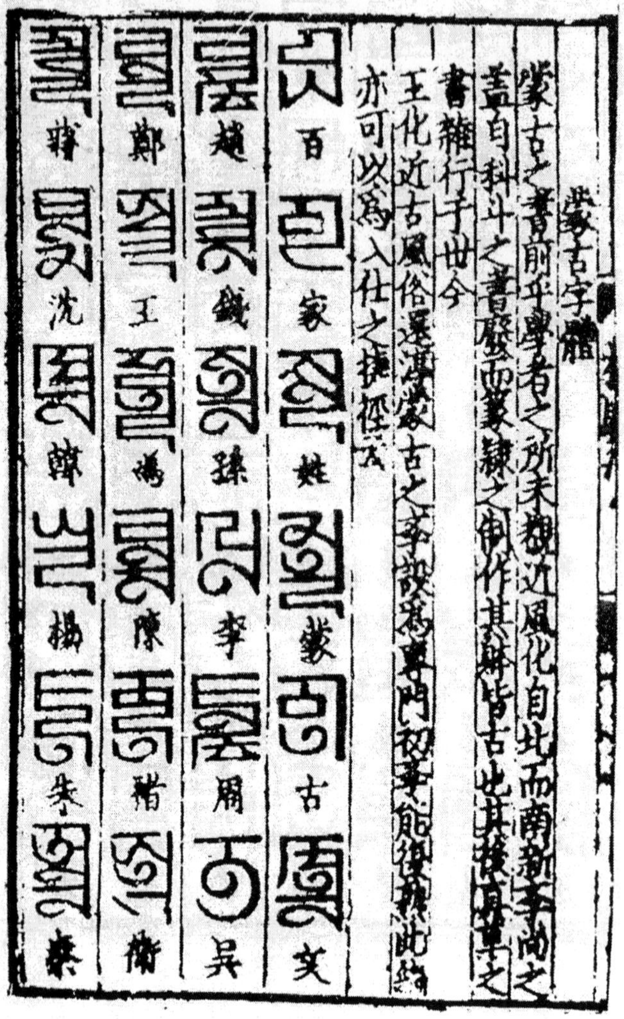

图 9　百家姓（八思巴蒙古文）

纸质。楷书。蝴蝶装。保存完好。陈立靓撰。建安椿庄书院刻本《新编纂图增类群书类要事林广记》（1330—1333）百家姓蒙古文刻本。原书藏于台湾“故宫博物院”，大陆中华书局存照片。

该书八思巴字和汉字对音。八思巴字在上，汉字在下。共有 400 多字汉字姓氏，其中有 20 多个复姓。

图 10　皇帝圣旨（龙门神禹庙圣旨碑）

石碑。高 126 厘米，宽 70 厘米。楷书阴文（白）。保存完好。薛禅皇帝于至元十二年（1275）二月撰。存于陕西韩城。碑额刻八思巴字，意为"皇帝圣旨"。碑上部刻八思巴字正文，相对应的汉字在下半部。

内容为：收执者神仙董若一中，令诸人不得骚扰。

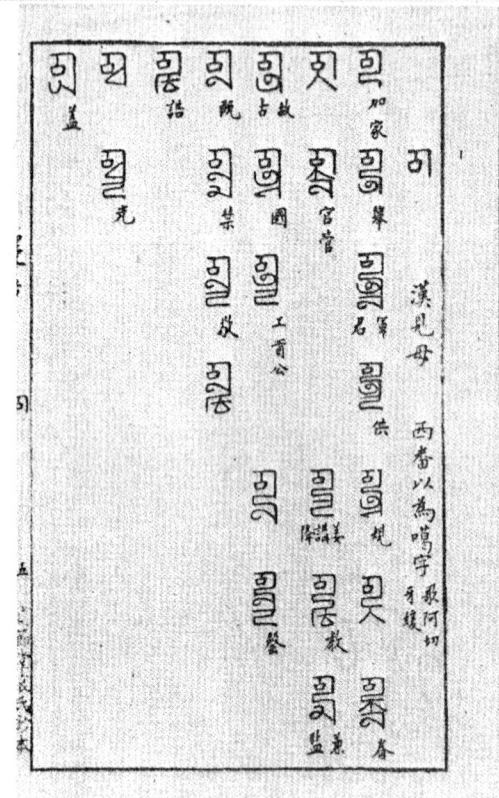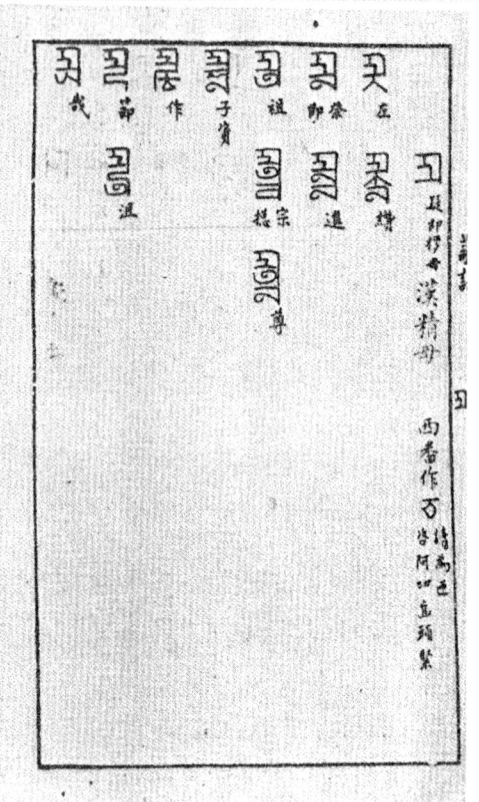

图 11 译语

纸质。楷书。袁寿皆贞节堂抄本，有 81 页。国家图书馆存。尚未整理和研究。

本书为各种译语的汇编。其中八思巴字和汉字在第 4—23 页。以表声母的八思巴字字母标目编次，首列八思巴字字母，次注相应汉字母（朱墨），后注相应的藏文字母或汉译，再后标明读音或用反切注音。在标目之下排列同声母的八思巴字，字下多数有汉字译写。

图 12　圣旨碑（徐州天宝宫）

石碑。高 266 厘米，宽 110 厘米。楷书阴文（白）。妥懽帖睦尔皇帝于鼠年（1336）七月十二日撰。现存河南许昌天宝宫。

内容为：收执者天宝宫王清贵。令使臣不得下榻，不得索取铺写、祗应，不得征收粮税、商税，不得抢夺他们的任何东西。

图 13 皇帝圣旨（南华寺）

纸质。楷书。有"御前之宝"朱印数处。普颜笃皇帝撰。尾部缺，无从考订颁发时间。现存广东南华寺（与另一圣旨合裱在一起）。

内容为：圆觉寺的和尚。令在他们寺院、房舍不得下榻，向他们不得索取铺马、祗应，不得征收地税、商税，不得抢夺寺院所属土地、河流、园林、碾磨、船筏……（缺损）

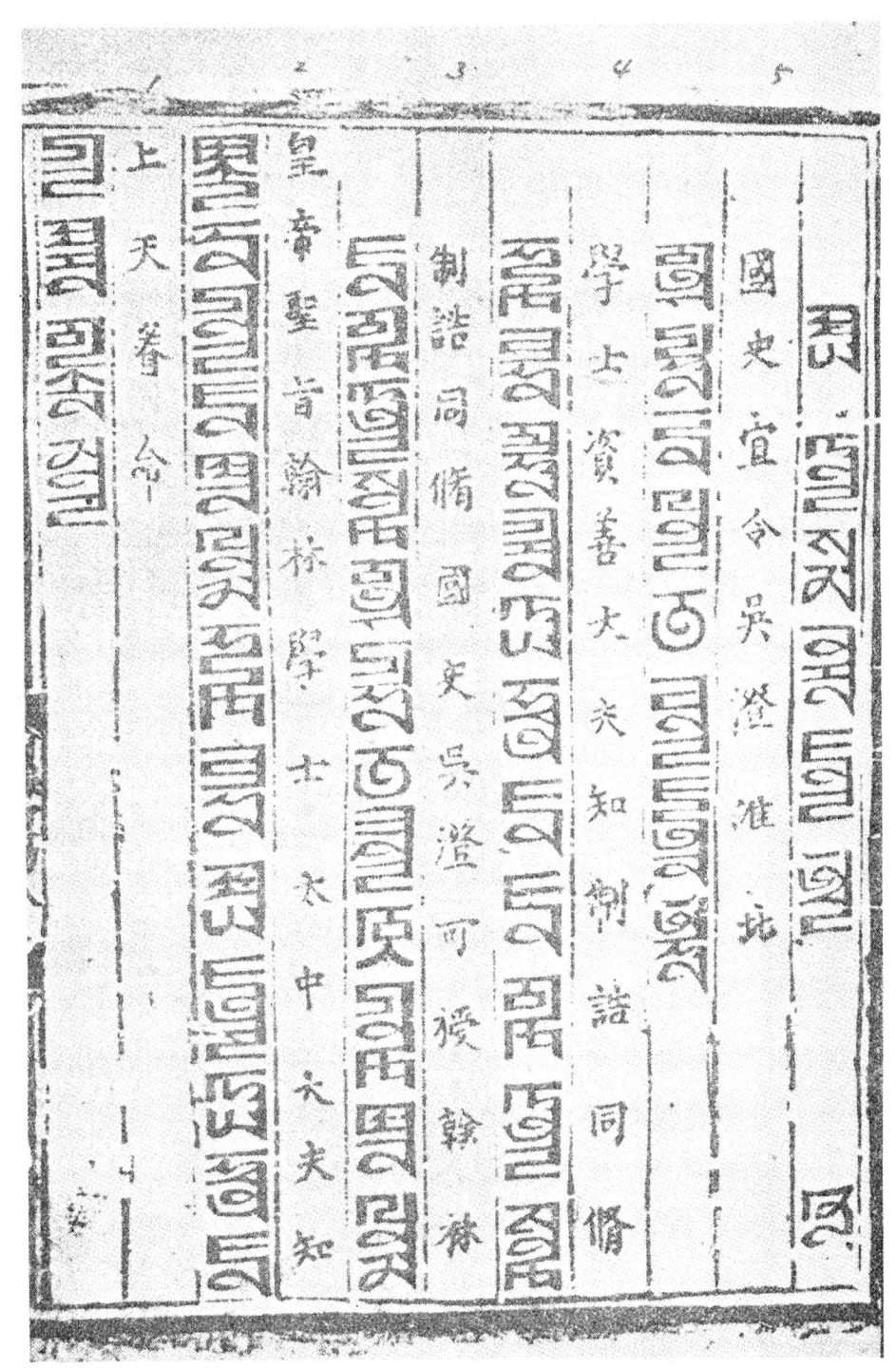

图 14 中书省牒（大元累授临川郡吴文正公宣敕）

纸质。楷书。抄件。中书省于大德四年（1300）闰八月颁发。此件收录在吴澄五世孙吴燫刊行的《临川吴文正公草庐先生集》（明永乐四年，1406）。

内容为：给吴澄可授"应奉翰林文字将仕佐郎同知制诰，兼国史院编修官"。（附有相应汉字）

回鹘蒙文

伍 月 编著

第 一 章

历史文化概况

一 历史简况

蒙古族是中国少数民族之一。蒙古族历史悠久。关于曾经生息繁衍于北方草原的马背民族的记载始见于唐代。《旧唐书》称当时分布在东起于合剌温山（今兴安岭），西到阿勒台山（今阿尔泰山），南达阴山，北抵菊海（今贝加尔湖）以及谦和（今叶尼塞河上游）和也儿的石河（今额尔齐斯河）上游一带的游牧民族为蒙兀室韦。据记载，蒙兀室韦是当时居望建河（今额尔古纳河）之东的大兴安岭北部的室韦诸部之一。

9 至 11 世纪，一部分蒙兀室韦从原居住地向西迁移，到了鄂嫩河、克鲁伦河和土拉河三河上源一带。三河上源一带是蒙古人的发祥地。蒙古人的主要分支是尼鲁温蒙古和迭儿列斤蒙古。以这两大分支为首的蒙古诸部驻牧于西起三河之源东至兴安岭一带的辽阔草原和蒙古高原。

尼鲁温蒙古主要成员之一孛儿只斤氏（成吉思汗出生之部）在当时的不儿罕山（今蒙古国肯特山一带）附近。其中札答剌部驻牧于鄂嫩河畔；泰赤乌部驻牧在鄂嫩河中游；散只兀、哈答斤、巴阿邻、照烈、那勤、巴鲁剌思、兀鲁兀、忙兀、主儿乞等均驻牧于鄂嫩河一带。

包括兀良哈、弘吉剌以及亦乞列思、斡勒忽衲兀惕、哈剌衲兀惕、火罗剌思、也里吉斤、速勒都思、伯牙兀惕、不古衲惕、别勒古纳惕在内的迭儿列斤蒙古则游牧于阿尔泰之北至三河上源一带。

尼鲁温蒙古和迭儿列斤蒙古为首的诸部合起来称为诸蒙古，即全体蒙古。

分散的蒙古诸部中开始出现社会组织或部落联盟的雏形。包括孛儿只斤、泰赤乌、札答剌等部落曾经拥戴过合不勒、俺巴亥、忽图剌作可汗，一度组成一个联盟。这个联盟实际上是一个松散的社会联盟。

除了诸蒙古之外在蒙古高原还居住着蔑儿乞、塔塔尔、克烈、乃蛮、斡亦剌、汪古等几个漠北强部。这些周邻诸部落与蒙古部落时常处于对峙的状态。

各部落贵族或首领为了掠夺人口、牲畜和扩大属地相互争战不休。蒙古与周邻的部落蔑儿乞、塔塔尔更是世仇，经常处于敌对冲突之中。在连年的诸部争战中，蒙古乞颜部贵族孛儿只斤氏铁木真的势力逐渐强大。1189 年铁木真被部众推举为可汗。12 世纪末至 13 世纪初铁木真先联合克烈部王汗打败了蔑儿乞部，又相继消灭了主儿乞部和泰赤乌部。铁木真毫不松懈，乘胜追击击败了以札木合为首的札答剌部联盟，消灭了塔塔尔部，降服了弘吉剌部。1203 年铁木真出奇制胜攻克了王汗为首的克烈部。见此情景，漠南汪古部首领只好遣使投降。1204 年铁木真举兵攻打以太阳汗为首的乃蛮部，终于完成了统一蒙古高原诸部的历史使命。

图 1-1　成吉思汗画像

1206年，诸蒙古贵族在斡难河畔举行隆重的忽里台（意为会议），拥戴铁木真为大蒙古国大汗，尊号为成吉思汗。成吉思汗登基后将全体游牧民统编为数十个千户和几个万户。当时的千户，既是军事组织单位，又是行政管理单位，万户主则是最高统兵官。成吉思汗千户制、祛薛制和断事官制是大蒙古国初建时最重要的三项制度。与此同时，成吉思汗还将蒙古民户和土地划分给诸弟和诸子。成吉思汗四个儿子的封地随后成为了后来的钦察汗国、伊利汗国、察合台汗国、窝阔台汗国。

成吉思汗去世后，继任者窝阔台、贵由、蒙哥汗继续执行成吉思汗的大札萨和军事战略。

图 1-2　忽必烈画像

1260年成吉思汗之孙忽必烈即大汗位于开平府，建元中统。1271年取《易经》"大哉乾元"之义，改国号为大元，次年升中都为大都。忽必烈统治元朝之后，建行省、定朝仪、立官制、制法律、举农桑、兴学校，建立一系列的封建秩序，加强中央集权统治。忽必烈治国措施为"以儒治国，以佛治心"，起用汉人儒士①，尊吐蕃高僧为教主②。以忽必烈为首的元朝皇帝和诸臣的"文治"以及对各教派的兼容并蓄的宽容政策，最终迎来了南北统一、社会稳定、经济繁荣的局面和元朝的盛世，推动了生产力的发展和社会发展的进程。

至1276年全国基本统一时，共有9567261户，约4800万人口，到至元三十年（1293）时，全国已有14002760户，7000多万人口。元顺帝在位（1333—1368）时已达到约8000万人口。

二　居住环境与生产方式

蒙古族的生活环境比较原始、艰苦。大多数蒙古人生活在辽阔草原或者茂密的森林里以饲养牲畜或狩猎为生。极少数一部分人从事自给自足的手工业作坊的劳动和远途贩运的劳动。只有蒙古族上层的达官贵人居住在宫殿和宅第。众多的百姓居住在蒙古包里。贫穷的人们居住在帐篷或者自己搭起的草棚或木棚里。蒙古地区的城市化进程非常缓慢。在天人合一的生活理念指导下，大多数的蒙古人习惯于过逐水草而居、靠天养畜、四季自由地转换牧场的游牧生活。从畜牧经济中获取他们日常所需的食物和衣物，这种自然经济状态延续长久而未曾根本改变。

早在9、10世纪蒙古社会中就出现了牲畜、蒙古包、帐篷和生产工具的氏族成员的私有现象。随着原始氏族制度的开始瓦解和私有财产的形成，蒙古诸部落中开始分化成伯颜（富者的音译）和牙当吉（穷人的音译）。进入9世纪后半叶已有那颜（亦作诺颜）这个称谓。那颜是草原贵族，是统治者。伴随着那颜的出现，又出现了属于他们的哈拉抽（平民）阶层，奴役与统治、被奴役与被统治的关系已经确定。特别是那颜和伯颜等草原贵族通过掠夺战争更多地获取财富，并将俘虏人口作为勃斡勒（奴隶的音译），世袭占有，封建主义随即产生。

三　社会形态

蒙古社会经历了由约9世纪前半叶的原始氏族社会向9世纪后半叶、10世纪前半叶的封建化转型。13世纪初期，大蒙古国成吉思汗大札萨的实施和元朝忽必烈统治时期的封建秩序的强化加速了蒙古社会的封建化进程。相对而言，蒙古社会形态的转变是比较缓慢的。虽然上层建筑领域封建化了，但是基层百姓当中保留着许多氏族社会的残余。

四　传统节日

蒙古族的传统节日有春节、清明节、端午节、灯节、那达慕。其中，清明节和端午节是受其他民族的影响较晚才有的。春节是蒙古族最隆重的节日之一，自腊月二十三开始准备过春节。腊月二十三

---

① 刘秉忠（1216—1274）1250年向忽必烈上万言策，提出"治乱之道，系乎天而由乎人"，"以马上取天下，不可以马上治"。忽必烈因此接纳了他的建议，多采纳汉法、改革旧制。

② 八思巴（1235或1239—1280）1260年被封为国师，赐玉印，让其统领天下释教。1269年他完成了蒙古新字即八思巴字的创制。

日，蒙古人举行祭火仪式，在蒙古人的心目中，火是生命的起源，因此在这一天，祭祖先、诵火经、祈求福禄长寿。除夕晚上烤全羊全家团圆，通宵达旦地娱乐守岁。因大年初一在蒙古人的心目中是一年之始的白月（查干萨日的直译），所以大清早起来拜天、全家团圆、拜亲戚朋友。春节礼拜仪式很多，男人互递鼻烟壶、献哈达、敬酒、倒茶等；女人献哈达、互相请安、敬酒、倒茶等。在春节相互祝福、互送礼物也是不可缺少的。全体蒙古人不分男女老少都穿漂亮贵重的蒙古袍和靴子，都戴皮帽或绸巾，喜气洋洋、热热闹闹到傍晚才结束初一的拜访。人们互相串门、走亲戚，一直延续到正月十五才算过完春节。

蒙古民族具有祖先崇拜的习俗，因此清明节具有特殊的意义。清明这一天，蒙古人都悼念亡灵、请喇嘛念经，给祖先坟上土、上供，请求祖先保佑和祝福。清明节虽然是节日，但并不是热热闹闹地过节，而是在庄严肃穆的气氛中度过。

蒙古族的灯节是个宗教节日。农历十月二十五日是灯节，因这一天是宗喀巴诞辰和圆寂的日子。僧人清晨点燃1000盏香盅祭祀宗喀巴。俗人则或者在家请喇嘛念经，或者烧香拜佛。人们也有举行求子仪式和送子入佛门的习惯，以图吉利、圆满。

那达慕是蒙古族传统节日盛会，起源于古代祭敖包仪式。一年一度的那达慕在草原上流传很久。届时蒙古族男女老少身着盛装参加或观看赛马、摔跤、射箭比赛，为夺冠者颁发大奖。

五　与周边民族的联系

蒙古民族在不同历史时期与其他民族有过一定的交往。在族源关系上与周边匈奴、东胡、鲜卑有一定的联系，相互间既有传承，又有融合。在语言文字方面，蒙古族受突厥、畏兀儿等民族古老的语言文字的影响较多。在元朝统治时期，蒙古族多受汉族儒文化的熏陶。因为宗教信仰相同，蒙古族和吐蕃保持长久的密切联系。尊吐蕃高僧为法王、国师之事屡见不鲜。尤其在元朝，蒙古与多民族、多元文化都有过紧密的联系。在清代蒙古族上层与清朝统治者偶有联姻。并在政治、文化领域与其他民族也有许多联系。

六　服饰

蒙古族服饰是我国北方游牧民族服饰中最具代表性的服饰之一，是蒙古族传统文化的一个缩影。

在远古的生活环境中，蒙古民族的祖先早在原始社会的初期，就过着捕食鱼虾、禽兽之肉，衣禽兽之皮的生活。随着原始人类的活动，蒙古部落从森林转向草原，开始饲养牲畜，并开始用牛羊皮缝制衣服，用牛羊之毛擀制毡子，逐渐掌握了鞣皮和擀毡等生活技巧。

蒙古民族最早的衣物叫作衲莫（护腰儿），人们用它来束腰挡身。后来人们懂得了狩猎并以兽皮缝制衣着。再后来，又学会了做有领子、袖子的衣服。这便是蒙古袍的初始。那时的蒙古袍没有扣子，缝个系带来固定。随着社会的进步，大约到唐朝，蒙古袍已经用扣子代替系带了。

13世纪初，成吉思汗统一蒙古诸部，建立蒙古大帝国后，蒙古民族的服装从材料到款式都有了较大的改观。横贯欧亚的交通和商业往来给蒙古人带来了汉地的丝绸、天竺的棉布、吐蕃的针线、欧洲的珠宝。尽管百姓的服饰没有多大变化，蒙古贵族服饰的确有了明显的变化。贵族们选用北方的珍贵皮草和南方的丝绸制作各种豪华亮丽的服饰，出现了缠以珠宝、缀以金箔的衣裳。

图 1-3　元代罟罟冠

图 1-4　元代帝王帽

到元朝更因朝仪的隆重严谨而有了皇帝、皇后、官僚、庶民、军戎、僧侣的严格区别,蒙古族服饰的材料与款式也丰富多彩起来了。男性冬帽夏笠,女性头戴罟罟冠成为了一种时尚。元代武士的甲胄内层以牛皮为之,外层挂铁甲,甲片相连如鱼鳞,箭不能穿透,制作精巧。还有柳叶甲和铁罗圈甲之分。元朝最奢侈的质孙宴简直像个服装展示会,统一着装,三天一换。

1368年,元顺帝败北回归草原后仍保持了蒙古族的传统服饰款式和制作工艺。

蒙古族的服饰一般分为官服、民服、军戎服、摔跤服、喇嘛服五种。除了僧侣,蒙古人无论男女老幼皆穿蒙古袍,腰系腰带,脚蹬靴子。一般男性头戴帽子,女性头缠头巾。只有古代贵族女性才戴很高的罟罟冠。男性饰品有火镰火石、弓箭、鼻烟壶、荷包、佩刀、酒囊、扳指等；女性饰品有手镯、戒指、耳环、头饰、香袋等。到清代,蒙古族男女都穿各种锦缎制作的坎肩。随着时代的变化,蒙古服饰有了一些变化。蒙古人常穿的蒙古袍因地区、季节、材质而有所不同,如根据季节选用皮子、丝绸、布料,但始终不变的是左衽和镶边。

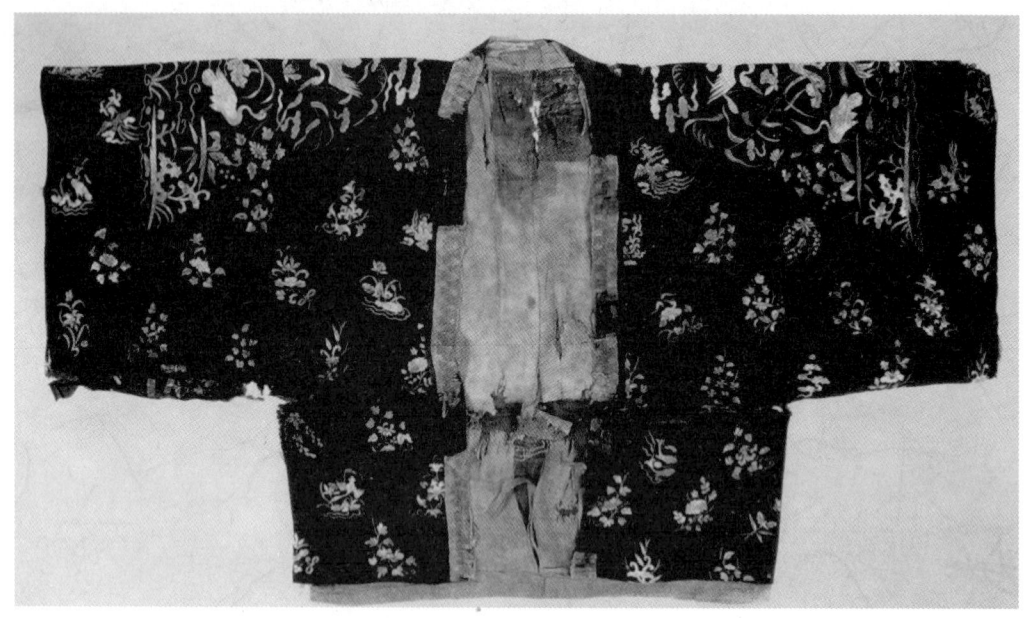

图 1-5 元代帝王服饰

图 1-6 元代庶民服饰

随着时间的推移,各地的服饰也不尽相同。逐渐分成了巴尔虎服饰、科尔沁服饰、喀喇沁服饰、乌珠穆沁服饰、阿巴嘎服饰、苏尼特服饰、察哈尔服饰、杜尔伯特服饰、乌拉特服饰、鄂尔多斯服饰、阿拉善服饰、土尔扈特服饰、喀尔喀服饰、厄鲁特服饰等。

图 1-7 元代妇女头饰

七 人口与分布

在我国境内使用蒙古语的人群主要分布在内蒙古、新疆、青海、辽宁、吉林、黑龙江、甘肃、北京等省、区、市。主要聚居在内蒙古自治区境内。据 2000 年人口普查,全国现有蒙古族人口 440 万人。

八 语言与文字

蒙古族使用的蒙古语属于阿尔泰语系蒙古语族。《清稗类钞·蒙语派别》有载"蒙古语言,皆因地而彼此音韵不同"。在中国境内分中部方言、西部方言、东北部方言三大方言。在我国境内蒙古地区方言分为察哈尔方言、巴尔虎布里亚特方言、科尔沁方言、鄂尔多斯方言、巴林方言、喀喇沁土默特方言、阿拉善额济纳方言。

由于历史的原因和与其他语言的接触,蒙古语词汇中融进了突厥语、波斯语、畏兀儿语、天竺语、吐蕃语和汉语的一些词语。这些词语本身也丰富了蒙古语的词汇。

蒙古文字有回鹘蒙文、八思巴蒙文、托忒蒙文、苏永布字、瓦根达拉字。经 17 世纪的重要文字改革,回鹘蒙文逐渐成为现行蒙文,仍被大多数蒙古人使用。随着元朝的灭亡,八思巴蒙文基本成为死亡文字,偶有刻写印章才使用。17 世纪卫拉特部咱雅班迪达那木海扎木苏根据卫拉特方言创制的托忒蒙文成为新疆蒙古族使用的现行文字。随着时代的变迁,曾经在寺庙使用的苏永布字、瓦根达拉字基本停用。

第 二 章

文字的起源与变迁

一 文字创制前的记事方式

蒙古民族在漫长的历史发展过程中也曾经历了实物记事或刻木为信的阶段。元代著名道士丘处机（1148—1227）在他的《长春真人西游记》里这样记述蒙古族当时的情形："俗无文籍，或约之以言，或刻木为契。"南宋人赵珙也在《蒙鞑备录》里写下了这样的文字："鞑人始起，并无文字，凡发布命令，遣使往来只是刻以认之，为使者虽一字不敢增损，彼国俗也。"《黑鞑事略》所记更为详细："鞑人本无字书……行于本国者。则只用小木，长三四寸，刻之四角。且如差十马则刻十刻，大率只刻其数也。其俗淳从而心专，故言语不差，其法说谎者死。故莫敢做伪，虽无字书，自可立国。"

二 回鹘蒙文的产生

蒙古族最早创制和使用的文字是回鹘蒙古文。回鹘蒙古文亦称作畏兀儿体蒙古文、回鹘式蒙古文。创制于13世纪初，成吉思汗执政时已用于记录"刑罚诉讼及民户分封诸事，凡与诸王、贵族、勋臣的民户所审断的案件"。1269年元朝帝师八思巴奉命创制新国字后，回鹘蒙文自然成为旧蒙古文。1648年卫拉特部咱雅班迪达那木海扎木苏创制托忒蒙文（意为清晰蒙文）后，回鹘蒙文被称为忽都木蒙古文。

关于回鹘蒙文的起源有几种不同的说法：起源于契丹小字说；起源于6、7世纪粟特字母说；源自回鹘文说；来源于黑契丹说；乃蛮创制说。国内外学术界对回鹘蒙文何时何人创制，尚无定论。但是，大部分人的观点趋于来自回鹘文，创制于13世纪初。其实来源于畏兀儿字的观点更接近历史真实情况。这种观点基本基于《元史》中的《塔塔统阿传》。《塔塔统阿传》记载："塔塔统阿，畏兀人也。性聪慧，善言论，深通本国文字。乃蛮太阳可汗尊之付之，掌其金印及钱谷。太祖西征，乃蛮国亡。塔塔统阿怀印逃去，我就擒。帝诘之曰：太阳人们疆土悉归于我矣，汝负印何之？对曰：臣职也。将以死守，欲求故主受之耳。安敢有他。帝曰：忠孝人也。问其印何用。对曰：出纳钱谷，委任人才。一切皆用之，以为信验力。帝善之，命居左右。是后凡有制旨，始用印章，仍令掌之。帝曰：汝深知本国文字乎。塔塔统阿悉以蕴对。称旨，遂令教太子诸王以畏兀儿字书国言。"《元史》释老传记载元世祖忽必烈命藏族喇嘛八思巴创立蒙古新字时言："朕惟字以书言，言以记事，此古今之通制。我国家起基朔方。俗尚简古，未遑制作，凡施用文字，因用汉楷及畏兀儿字，以达本朝之言。"蒙古文字界基本倾向于蒙古文来源于回鹘文。确切地说来自畏兀儿字，蒙古语里回鹘蒙文的对译词是 ᠬᠤᠳᠤᠮ ᠮᠣᠩᠭᠣᠯ ᠪᠢᠴᠢᠭ᠌，塔塔统阿本人是畏兀儿人，又用畏兀儿字教太子诸王书国言。8世纪时回鹘人在蒙古高原建立回鹘汗国，回鹘文化无形中影响过蒙古人。回鹘人又与畏兀儿人有着密切的联系，甚至有人认为畏兀儿人是回鹘人的后裔。1206年成吉思汗建立蒙古汗国，已用回鹘蒙文书写国言，无论字形，还是拼写法都保留了畏兀儿文的印记。这是一个不容忽视的事实。称畏兀儿体蒙古文更能体现文字的性质。

至于回鹘蒙文的创制者也有不同说法。有人说塔塔统阿创制；有人说贡嘎坚赞创制；有人说搠思吉斡节尔创制，众说纷纭，均未定论。

塔塔统阿归附成吉思汗之前，畏兀儿人已经在使用畏兀儿文，因此塔塔统阿创制说很难成立。塔塔统阿只不过开了以畏兀儿字书国言的先河。

关于回鹘蒙古文的创制，18世纪的《蒙文启蒙》中记载：萨迦·班迪达·贡嘎坚赞一天早晨看见一个蒙古人背着一个皮袋，手持鞣革之木，于是突发灵感创制了三个字母，分别表示阳性、阴性、中性与元音和谐规律对应。这种记载使某些人认为贡嘎坚赞创制了回鹘蒙文。很有可能贡嘎坚赞当初只完成了回鹘蒙文字母记写蒙古语时要加以区分的阳性、阴性、中性问题并使之规范化，让使用者便于掌握和使用。但是，这并不意味着他创制了回鹘蒙文。

14世纪搠思吉斡节尔对回鹘蒙文做了些改进，使其规范化，便于拼写当时蒙古语。搠思吉斡节尔是回鹘蒙古文的改进者，并非创制者。

16世纪随着黄教在蒙古地区传播和弘扬，蒙译藏文佛经的高僧越来越多。在翻译过程中译师们首先遇的难题是经籍中梵文、藏文的人名、地名、动植物名称、教义等特有名词的正确拼写问题。1587年喀喇沁籍著名翻译家阿尤喜固什终于解决了译经中的难题。他创制了拼写梵藏文的阿礼伽力转写字母。阿礼伽力是梵语，阿礼意为元音，伽力意为辅音。阿礼伽力转写字母系统里转写梵文的有50个字母，转写藏文的有125个字母。其中最常用的是藏文转写字母。阿礼伽力字母的创制使当时的回鹘蒙文的拼写能力提高了很大一截，推动了当时的佛经翻译。

由此看来，回鹘蒙文是几经多人改进、完善、逐渐形成完整的文字系统的。

三 文字的性质

蒙古族自1204年起使用的回鹘蒙文是拼音文字。回鹘蒙文最初的字母表至今尚未发现直接的文献记载。当初的回鹘蒙古文一共有19个字母[①]，其中5个元音，14个辅音。拼写时基本以词为单位，上下连书，行款从左到右。但是，也有一个词分开写的。如"ᠮᠣᠩᠭᠣᠯ"一词在回鹘蒙文中分成"ᠮᠣᠨ ᠭᠣᠯ"。有专门拼写梵藏文和阿礼伽力的字母。标点符号有单点、双点、四点之分。单点表示停顿或分句，双点表示一句结束，四点表示段落结束。

现行蒙文共有29个字母，其中7个元音字母由5个字母来表示，24个辅音字母各有符号。蒙文字母因词内位置不同而写法不同，从而有了词首、词中、词尾三种变体。蒙古文没有大写字母。回鹘蒙文在早期创制转写梵文、藏文的阿礼伽力字母系统的同时，晚期又创制了拼写汉语的新字母。蒙古文字体有印刷体和手写体两种。现行蒙文拼写时以词为单位上下连书，行款从左向右竖写。"每一行都是由一些直角型的'齿'、'结扣'或者其他一些书写符号构成的。这些符号相互联结，形成一根轴线，平直地刻在右侧，曲线或弧线，长钩则在轴线左边。每一'珍珠串'之间的距离表示词距。"[②]

[①] 后人研究发现的。
[②] ［匈］卡拉·捷尔吉：《蒙古人的文字与书籍》，内蒙古人民出版社2004年版。

图 2-1 回鹘蒙文字母表（道布作）

四 文字的构词法

蒙古语的词一般是由词根和词缀两部分构成的，蒙古语的词缀一般都是后缀，词缀所表示的意义不同，有的具有词汇意义，有的具有语法意义。

蒙古语的词根一般只由一个或两个音节构成，蒙古语中较长的多音节词，一般都是由词根连接加上几个构词词缀和构形词缀形成的。

蒙古语的词根加上构词后缀以后，可以成为一个新的词。在派生词上加构词词缀或构形词缀，也可以构成新词，或增加语法意义。蒙古语的构形后缀不仅含有语法意义，有的还可以起构词后缀的作用。

蒙古语的构词法主要有两种，即形态学构词法和句法构词法。其中，形态学构词法是主要方法。

形态学构词法也叫派生法，是指在原有词的词干加各种构词附加成分构成新词的方法。这种形态学构词法比较常见。蒙古语中构词附加成分比较多，《蒙古语构词后缀汇总》中共收录547条。这些构词附加成分的主要功能是构成名词、形容词和动词。

句法构词法，亦称复合构词或合成构词法，是指以词组方式构成新的词的一种方法。它是以两个或两个以上的词来表达一个概念，构成一个新的词汇单位。用这种方法构成的词称复合词，也称合成词。这种构词法蒙古语中并不多见。

五 方言文字

因蒙古族居住分散、地域辽阔、语言有了方言差别。鉴于此，1648年，卫拉特部咱雅班迪达那木海扎木苏根据卫拉特方言特点，对回鹘蒙文加以改造创制了托忒蒙文，从而成为中国境内蒙古族唯一的方言文字，只在新疆蒙古族中使用。

六　字体变迁

从回鹘蒙文到现行蒙文书写字体有了一些变化。蒙文书写变化主要出现在词尾书写、加两点和分开写的改为合起来写等方面。回鹘蒙文字的尾巴最初都是垂直竖写的，因此也有人称之为"竖尾巴字"。现行蒙文则把回鹘蒙文的竖尾巴写成向后甩的弯曲尾巴。1225年《成吉思汗石》铭文是用垂直尾巴的回鹘蒙文书写的。1289年伊利汗国阿鲁浑的信则使用稍弯曲后甩尾巴的回鹘蒙文字。《亚历山大传》回鹘蒙文词中的ᠬ都写作ᠬ，因此造成ᠬ ᠬ不易区分。现行蒙文在ᠬ的前面加两点与ᠬ加以区分。回鹘蒙文中常见一些一个字写成两个字的情形。现行蒙文改变了这种写法，一个字只能写成一个。如回鹘蒙文中写成ᠣᠯᠠᠨ ᠢ，今已写作ᠣᠯᠠᠨᠢ。现行蒙文还纠正了回鹘蒙文不分字母词中体、词尾体的弊端。格的附加成分与上一个字连着写的习惯也被摒弃。如回鹘蒙文中常见的ᠣᠯᠠᠨᠢ一词，现已写作ᠣᠯᠠᠨ ᠢ。这些是书写方面的明显变化。

图2-2　哈斯宝书贾宝玉通灵宝玉蒙文篆字

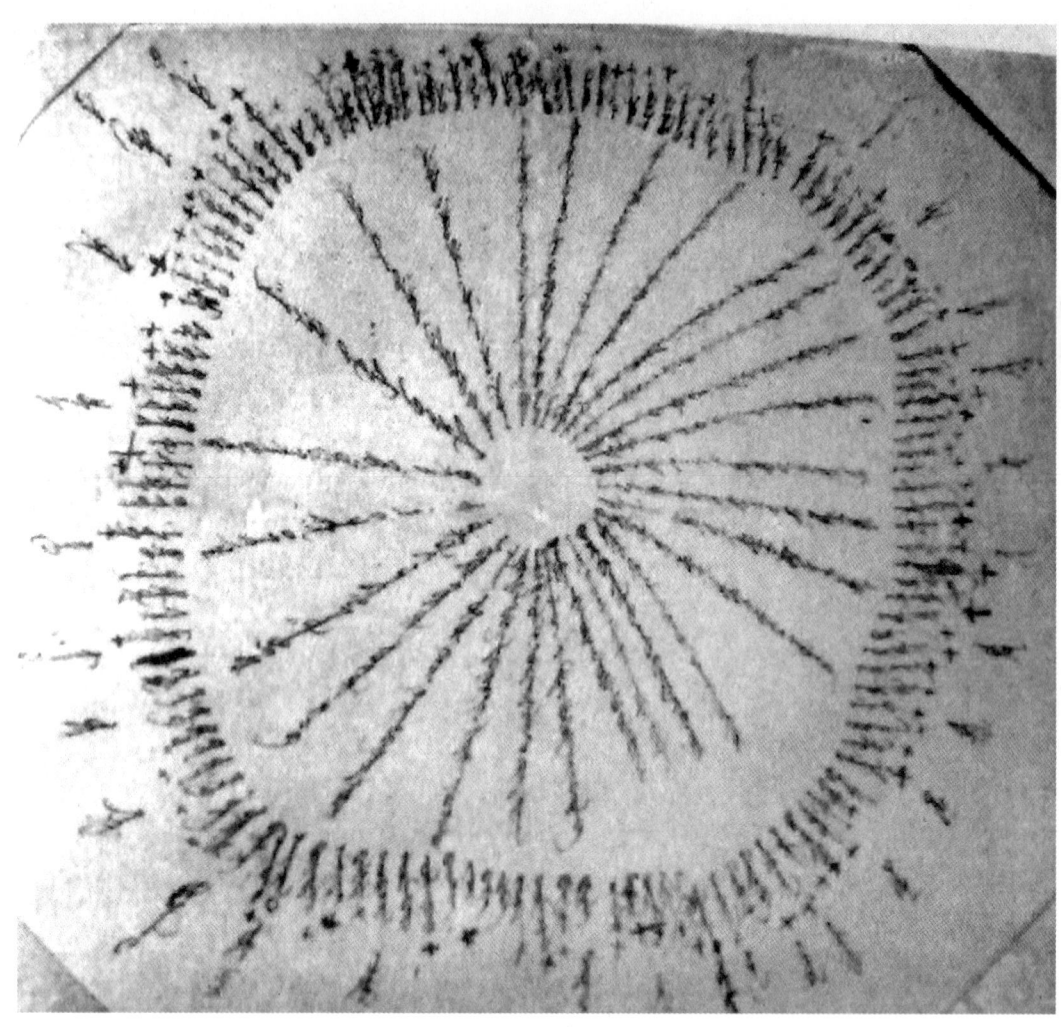

图 2-3 独贵龙成员签名

第 三 章

文字载体类别与版本形式

一 文字载体的类别

自古以来世界各民族都根据自己的生活方式和自然条件有意识地选择了不同的文字载体。载体本身或坚固耐用，或经济实惠，或美观大方。蒙古族早期使用的回鹘蒙文的文字载体主要有金石、树皮、皮草、纸张、绸缎、骨头、泥土等。这些文字载体中有的载体被保存下来，有的则被损毁。

图 3-1 成吉思汗石

约1225年立的成吉思汗石（亦称移相哥石或也松格石，见图3—1）是蒙古族最早的石碑文献。之后，有了1240年的《十方大紫微宫窝阔台汗圣旨碑》、1257年的《释迦院碑记》、1335年的《张氏先茔碑》、1338年的《达鲁花赤竹温台公神道碑》、1340年的《云南王藏经碑》、1362年的《忻都王碑》以及1624年的《朝克图台吉崖刻诗》和1845年发现于俄罗斯境内的银质牌符以及流失海外的金币、铜币都见证了此类金石载体的存在。

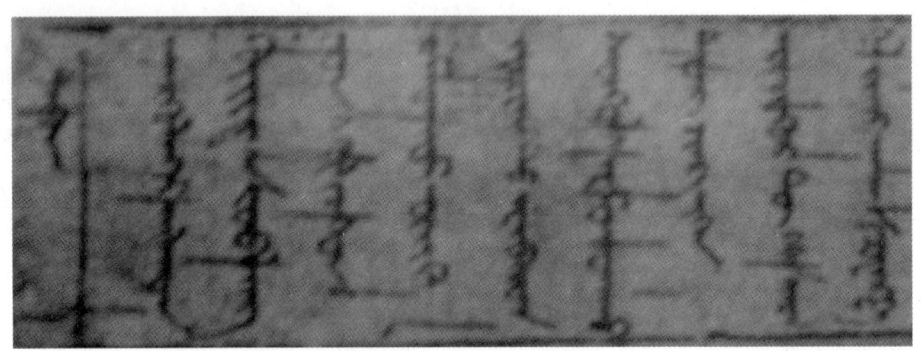

图3-2 桦树皮载体

蒙古族古代先民也曾就地取材用白桦树的树皮做书写文献的材料。在辽阔的蒙古地区先后发现了不少以桦树皮做文字载体的珍贵文献（见图3—2）。1930年从金帐汗国（又称钦察汗国）遗址伏尔加河流域发现了《金帐汗国桦树皮书》（又称《母子歌》）。这是大约13世纪末14世纪初的重要文献。1970年从蒙古国哈剌布罕镇古塔中还发现了1400多块写在白桦树皮上的佛教文献和著名的《白桦法典》。

元斯格《蒙古宗教概论》中提到了从西藏萨迦寺发现用藏、蒙、梵文写在贝多树叶上二十章共636页的经卷。

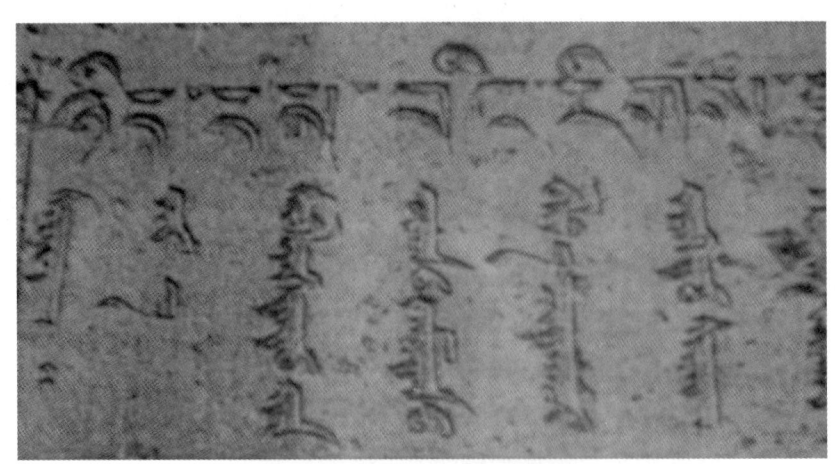

图3-3 泥土载体

泥土也成了回鹘蒙文载体，真是物尽其用（见图3—3）。奉元顺帝妥懽帖睦尔之命题壁的《居庸关东西壁题记》，呼和浩特市五塔寺后墙上的《蒙文石刻天文图》《集善寺门楣题字》，内蒙古伊克昭盟鄂托克旗阿尔寨石窟壁上的《二十一度母经》《十六罗汉颂》，五台山《伊克昭盟格隆敖德斯尔等人供养题壁》等可以称为墙壁载体或泥土载体。

从14世纪到17世纪蒙古人开始使用中原地区的毛边纸、草纸、连史纸，也使用藏纸和高丽纸来完成回鹘蒙文文献的书写。17世纪初寺院喇嘛开始使用漆纸，用金粉和银粉书写贵重的经卷。17世纪初蒙古人用黑色或蓝黑色颜料浸泡纸张，晾干之后刷漆晒干，备用于用金粉、银粉书写重要的经籍。17世纪末部分地区开始使用昂贵的俄罗斯纸。

蒙古文献中著名的阿八哈汗证书（1267年或1274年）、阿鲁浑汗致腓力·贝尔的信（1290年）、合赞汗致天主教教皇的信（1302年）、完者笃汗致法国皇帝的信（1305年）、《孝经》译文（1307年）、《入菩提道行经注疏》（1312年）、《俺答汗奏表》（1580年）以及《蒙古秘史》、《甘珠尔》、《丹珠尔》等都属于纸质文献。蒙古文献中数量最多、最常见的是纸质文献，数不胜数。

德国蒙古学家W.海西希在《蒙古文献及其古体字》一文和元末文人盛熙明《书法考》一书中都提到曾有过写在皮子上的蒙文文献，但是没有保存下来一事。蒙古地区也曾有过写在骨头上的文字，可惜已逸失。唯独1754年为纪念乾隆皇帝行猎捕杀了100斤重的一只罴和一只1000斤重的罴而刻写的两块象牙实物至今仍保留在雍和宫。象牙上的满、蒙、汉三种合璧文字中，回鹘蒙文字在正中[①]。

蒙古文献古籍的主要书写工具有竹笔、鬃笔、木笔、骨笔和毛笔。另外，还有专门用来雕版与刻写书籍的刮刀和刻刀。蒙古人早期主要用自制的竹笔、木笔、骨笔书写，后来也学会用汉族地区毛笔书写典籍。有了印刷技术后，用刮刀和刻刀雕版、制版。蒙古族使用的书写颜料主要是墨汁或黑墨水、红墨水。自元朝起也使用金粉、银粉、朱砂来抄写珍贵经卷。红墨水也用来书写注释和为醒目而画边框线。

二 文献古籍的版式

蒙文古籍的版式可分为贝叶式、经卷式、卷轴式、线装式、折叠式、册页等七种。大多数佛教文献采用源于天竺的由长方形对折形成的贝叶式，如《金光明经》译本。蒙文文献古籍的开本根据版式大小尺寸不一。贝叶式文献分大型本、中型本、小型本三种。经卷式开本一般为 $30cm \times 10cm$。线装式开本分袖珍本、16开本、32开本三种。

三 古籍装帧

蒙文书籍讲究装帧，一般边栏都有装饰图案，尤其是封面和版口很讲究。装饰图案丰富多彩。宗教经典有很多精美的佛像、宗教典故插图。文学古籍有一些人物速写画（见图3-4、图3-5、图3-6）。

蒙古文献古籍装帧分为外装帧和内装帧。装帧要求因世俗著作和宗教经典或官方典籍而有所不同。也和财力、技术的不同而不一样。过去的蒙古人出于对宗教的虔诚和对"功德无量"名号的渴望，出巨资刻印佛经，因为佛经是蒙古人心目中的宝书。那些达官贵人、乐善好施的供养人、虔诚的佛教信徒往往倾囊出资抄录和刊行佛经，并请技术高超的印刷坊和手工作坊制作，又加上互相攀比，装帧也越来越讲究。

[①] 见乌·托亚《蒙古古代书籍史》，内蒙古人民出版社2008年版，第74页。

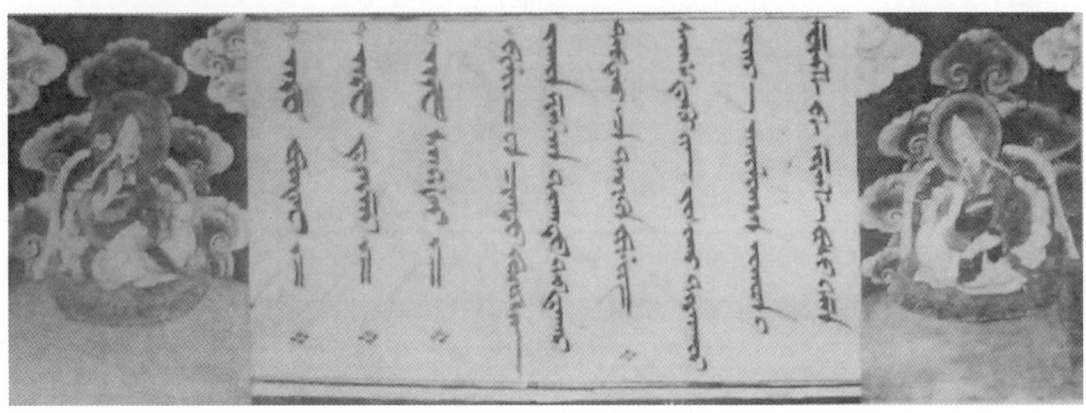

图 3-4　书籍装帧 1

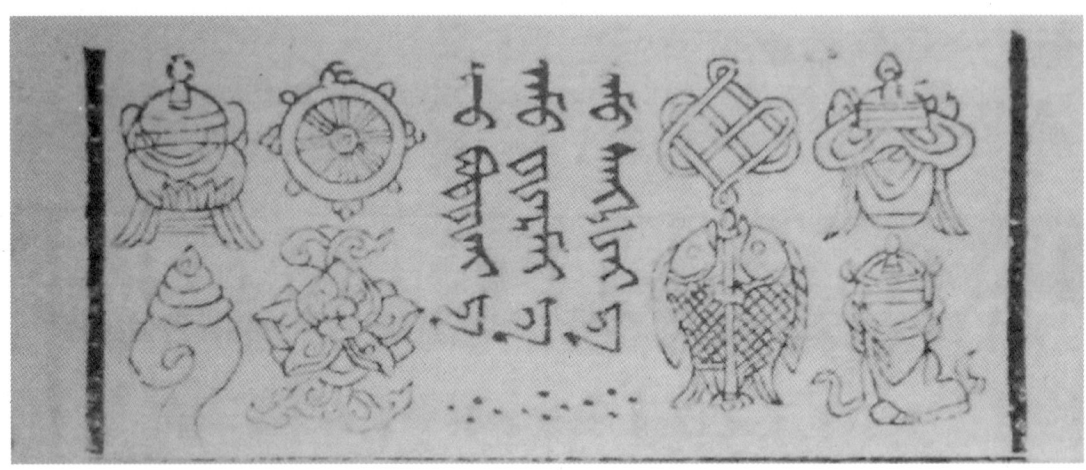

图 3-5　书籍装帧 2

图 3-6　书籍装帧 3

（1）外装帧。书籍的封面由蓝布、黄绸或蓝绸、牛皮或羊皮包裹，内衬以蓝黑丝绸或红丝绸、黄丝绸制作。不做封面而以夹板装饰的书籍，在夹板内壁上绘制佛像，并以各种颜色的丝绸做盖帘。封底与封面都由同样材质、同样颜色制作。用夹板装饰的书籍也是要求上板与下板有一致的材质和颜色。大型厚书的版口都用佛像或八供图、八瑞相图图案装饰，也有一些以植物图案装饰。

（2）内装帧。内装帧主要是版框和插图。版框装帧最简单的是单线框或双线框。用双线者也有以黑线做外线，以红线做内线的。最讲究的也有在版框左右侧以佛像或蒙古文篆字做装饰的。比较讲究的版框装帧是以花纹、云纹、锁扣纹、工字纹、几何纹做装饰图案。世俗著作多配以与内容相关的插图。相对而言，世俗著作装帧比较简单，佛经书籍装帧最讲究。

四　书名与署名

蒙文书名有书名简称和书名全称之分。蒙文书名都很长，一般很难记住。受天竺语影响而带很多语饰的书名，只记得住简短的真名，所以出现了书名简称和全称之别。例如，人们将《蒙古文启蒙注释正字苍天如意珠》简称为《蒙文启蒙》，又如《王公表传》，它的全称应为《钦定外藩蒙古回部王公表传》，还有远比这个更长一些的书名。另外，蒙文书名具有非常浓厚的象征性色彩，如色彩象征有《黄金史》《白史》《青史》等，意蕴象征有《水晶鉴》《水晶珠》《珍珠数珠》《金鬘》等。书名一般都写在封面正中，书名末喜欢用 ᠲᠣᠪᠴᠢᠶᠠᠨ 或 ᠲᠡᠭᠦᠪᠦᠷᠢ 一词。作者落款、成书日期一般从结尾诗和序言中才能发现，从来没有在封面署作者姓名的习惯，只是到现代才有了作者在封面署名的做法。

第四章

目录与分类

一 文献古籍分类

回鹘蒙文文献古籍产生的年代虽然很早,文献古籍收藏也很多,但是着手分类与编目却偏晚,而且当时还没有完全统一的标准分类方法。只是在不同时期根据需要做过一些粗浅的分类和简单的编目而已。

最早人们并没有对蒙古文文献古籍进行有意识的分类,而只是对书籍进行分类,简单地分为世俗书籍与佛教经典两大类,继而又分为文、史、故事三大类,而且这种三分法除史、故事以外其余部分全部归于文。文类当时的概念既接近于文献古籍,又不能完全等同于文献古籍,它所包括的是多种文类。然而,文类并没有详细分类,更没有准确编目。

随着书籍的日益增多人们对书籍种类不同的感觉也越来越深,分类也越来越细。这种情况早已引起国外学者的注意。他们开始研究蒙古人对自己古代作品的分类。匈牙利著名蒙古学家卡拉·捷尔吉在《蒙古人的文字与书籍》中介绍了古代蒙古作品的分类法:

1. 民间口头文学

壮士之歌、故事、寓言;歌曲集;占卜术;格言;宗教诵诗等。

2. 文艺作品

诗歌(具有普遍教育意义,训谕类的诗;具有象征性意义的独白、爱情抒情诗、非宗教类抒情诗)、散文(警言、短篇小说、长篇小说等)。

3. 历史作品

编年史、传说故事、列传;喇嘛教的传播史;佛教年鉴。

4. 传记作品

佛陀生平;生平叙述。

5. 地理学作品

宇宙天地;游记、名人游记、地理学论文。

6. 行署和法律文学

法规大全、法典;案件集;寺院规则;伺事、条款。

7. 佛经文学

《甘珠尔》和《丹珠尔》中的作品。

8. 非经文作品

哲学、逻辑类论文;祈祷文;造像学研究。

9. 其他印度文学

文艺作品的翻译（包括西藏宗教经文译本）。

10. 汉文作品的蒙译本

儒家思想；清朝皇帝的"训谕"，长（短）篇小说；17—19世纪基督教义的译本。

11. 天文学作品

历学；天文学作品。

12. 占卜类书籍

占星术手册；圆梦和其他占卜书；占卜符号大全。

13. 医学类作品

内科学；药典学。

14. 技术类作品

手工业者指南；养马学等。

15. 语文学

词典；语法；教科书；字母表和音节学；目录学、各种内容的汇编等。

由此可见，分类法由最初的简单分类到了繁杂的分类阶段。正像卡拉·捷尔吉所说："这些远不包括所有分类。仅是佛经作品的再次分类也比不上上述'体裁'更多。"

对古人的分类不能过多地挑剔。就现在分类而言也是有几种不同分类方法并存，即按文献古籍的内容性质分类、按世纪分类、按朝代分类等。

按内容性质分类，如《全国蒙文古旧图书资料联合目录》所示，分为哲学、宗教迷信、政治、法律、军事、经济、教育、语言文字、文学、历史、地理、天文学、医学、金石拓片、期刊、专刊、图书目录等17类。这种分类法主要用于图书资料的分类和一般书籍的分类。

按世纪分类方法主要用于学术研究。如13世纪、14世纪、15世纪、16世纪、17世纪、18世纪、19世纪、20世纪文献或古籍等。这种分类，就实质而论，只是时代概念分得很清楚，但对文献类别的区分有些模糊。因此，往往采取加注文献古籍内容性质的文字加以补充说明。

按朝代分类法也出现在学术研究领域。如元代、北元、清代、民国等提法也常见于书刊上。这种分类法非常笼统，只能用于学术研究，不宜用于文献古籍的分类。

回鹘蒙古文文献古籍按现行分类法基本上分为：历史、语言文字、文学、天文气象、医学、哲学、道德、政治、法律、军事、文化教育、宗教12种。①

二 文献古籍编目

蒙古民族虽然拥有古老的回鹘蒙古文字和浩如烟海的文献古籍，但是编目工作开始的比较晚，编目册数也较少。

据不完全统计，现已发现的蒙古文文献古籍目录有：

1. 1773年北京木刻版《御制满汉蒙藏合璧甘珠尔咒经目录》，共8卷。

2. 乌拉特旗莫尔根葛根罗布桑丹碧坚赞（1717—1766年）四卷本全集总目《瓦其尔达拉莫尔根葛根禅师法旨宝贝念珠》，共辑录131种书目。②

---

① 经济类因为极少而未被列入一类。
② 内蒙古社会科学院图书馆藏有手稿。

3. 清乾隆年间（1736—1795 年）章嘉呼图克图拉力达巴斯尔曾经以木刻版出版过《汗八里西门白塔寺编目·信仰论》。

4. 丹增拉布杰（1803—1856 年）私人藏书编目《库伦道场经卷档案》和《格瓦拉布杰佛经档案》。①

5. 喀尔喀部咱雅班迪达车布勒旺其格道尔吉（1836—1894 年）《短版经卷编目》共辑录 64 种书目；《长版书籍编目》共辑录 46 个书目；《地狱经卷编目》共列 99 种书目。

6. 乌拉特旗《福兴寺公诵经编目》共收 80 个诵经目录。

7. 罗布桑丹津编《圣境五台山编目》。②

8. 《大灌顶简明录》线装书，国家图书馆馆藏。

国外学者比较注重编目，他们编辑出版了不少回鹘蒙古文文献古籍编目。

1. 蒙古国却吉勒苏荣 1959 年出版了《布里亚特木版印刷五部书编目》。

2. 蒙古国扎侗巴 1959 年编辑出版了《八世哲布尊丹巴呼图格图蒙古文图书目录》，共辑录 75 种书目、1076 册目录。③

3. 蒙古国 B. 仁钦根据 1749 年北京木刻朱砂版于 1964 年整理出版了蒙古文目录（全文 225 卷，3870 篇文章和 63 首颂词目录），但此目录只编目到第 75 卷为止，未能继续编目和出版。

4. 德国 W. 海西希、K. 夏嘉思于 1961 年出版了《蒙古文抄本、木刻版和地图目录》两卷，其中收录 853 种文献古籍书目。

5. W. 海西希于 1966 年在《乌拉尔—阿尔泰学报》上发表了《日本藏蒙古文手抄本及木刻本编目》。

6. W. 海西希于 1971 年出版了《哥本哈根皇家图书馆蒙古文书籍、抄本和木刻本目录》，其中共收录 568 种书目。

7. 匈牙利 L. 李盖提根据北京木刻朱砂版（1717—1720 年）《甘珠尔》编目出版了《蒙古文甘珠尔目录》，共辑录出 1161 篇文章目录。

8. 1998 年蒙古国戈·布勒古讷台整理出版了《策·达木丁苏荣私人博物馆藏书编目》。

9. 1999 年俄国的乌斯宾斯基编辑、日本的井上治协力编辑、中见力夫监修共同完成了《圣彼得堡大学收藏蒙古文抄刊本解题目录索引》，共辑录 965 种书目。

10. 1866 年布里亚特阿旺罗布桑戈拉桑金巴（1816—1873 年）编《火寅年制版蒙古文书编目》，共辑录 30 种书目。他 1870 年编的《铁马年制版蒙文书目》共辑录 21 种书目。

11. 《布里亚特阿纳道场新版书目》辑录 23 种书目。

12. 《布里亚特阿固道场几种蒙古文书编目》辑录 35 种书目。

13. 《布里亚特阿固道场各种书目》共列出 35 种书目。

国内近年来的主要编目：

1. 1979 年由内蒙古人民出版社出版了八省区蒙古语文工作协作小组办公室编写的《全国蒙文古旧图书资料联合目录》，共辑录 1494 条书目。

2. 1996 年内蒙古著名学者曹都在其编著的《宗教词典》附录 37《甘珠尔》目录里一共列出 886 篇经卷目录，其中缺吠陀 16 部经卷目录。

3. 2000 年北京图书馆出版社出版了《全国蒙文古旧图书总目录》，共收录了 1949 年以前的蒙文图

---

① ［蒙古］讷·达希扎布：《关于格瓦拉布杰灵寺》一文，见蒙古国《科学生活》1990 年第 5 期。
② 见《黄金史》，内蒙古人民出版社 1983 年版，第 2 页。
③ 见《蒙古学研究》卷 1，第六册。

书书目 13115 条。此编目是在八省区蒙古语文工作协作小组编撰的《全国蒙文古旧图书资料联合目录》的基础上编辑而成的。

4.2002 年由乌林西拉主编的《蒙古文〈甘珠尔〉〈丹珠尔〉目录》由远望出版社出版。

国内近年来的回鹘蒙古文文献古籍编目虽然为数不多，但是富于成效，书目最多。

纵观回鹘蒙古文编目主要分为：木刻本编目、手抄本编目、长版编目、短版编目、寺庙编目、道场编目、私人藏书编目、高僧全集编目、印书馆编目几种。

第五章

古籍发掘研究简况

对以往的回鹘蒙文文献古籍发掘与研究可分为20世纪上半叶的文献古籍整理研究、新中国成立后30年的文献古籍整理研究、1980—2000年的文献古籍整理研究三个阶段。

一 20世纪上半叶文献古籍整理与研究

20世纪上半叶回鹘蒙古文文献古籍的发掘和研究刚进入起步阶段。此阶段只有少数研究人员从事文献古籍的整理与研究，研究成果也不太多。20世纪上半叶蒙文文献古籍发掘和研究主要围绕历史文献和文学古籍而展开。历史文献的发掘、研究主要是对《蒙古秘史》进行回鹘蒙文还原和研究，以及整理出版了《蒙古源流》。

国内对《蒙古秘史》的研究已有200多年的历史，有许多很有价值的考证、注释和研究的论著问世。自清朝以来，汉族学者张穆、何秋涛、叶德辉、顾广圻、钱大昕、洪钧以及谢再善等在刻印、校勘、注释和研究方面做出了重要贡献。20世纪初以来，蒙古族知识分子也积极投入《蒙古秘史》的研究行列。1917年内蒙古呼伦贝尔盟的昌德公首先根据叶德辉本将《蒙古秘史》还原为回鹘蒙文，取书名为《元朝秘史》[①]。1940年内蒙古哲里木盟奈曼旗人布和贺希格在开鲁出版了《蒙古秘史》。1941年，伊克昭盟乌审旗的贺希格巴图在张家口出版了《蒙古秘史》，蒙古文书名为《ᠮᠣᠩᠭᠣᠯ ᠤᠨ ᠨᠢᠭᠤᠴᠠ ᠲᠣᠪᠴᠢᠶᠠᠨ》。同年，喀喇沁人阿拉坦敖其尔用现代蒙古语转写出版了《蒙古秘史》。当时的蒙古族文人都致力于用回鹘蒙古文还原《蒙古秘史》，以恢复其本来面貌，也为《蒙古秘史》的蒙文研究拉开了序幕。

1935年布和贺希格还为《蒙古源流》作了序并以铅印出版。序言中写道："如今英国、法国以及俄国等诸国均有本国语的译本。然而在蒙古本部蒙文原本都难于找到，这不是一种耻辱吗？"[②]。直到布和贺希格当时从德国人手中借到《蒙古源流》，才得以出版。

北京蒙文书社和东蒙蒙文书社先后分别出版了《成吉思汗传》和《成吉思汗祭祀》等传统文化书目。当时的察哈尔蒙古书画编译社全文出版了哈斯宝翻译的《今古奇观》译本。由布和贺希格主持的开鲁蒙文书社还整理出版了蒙古族近代著名作家尹湛纳希的《青史演义》《一层楼》《泣红亭》，在整理出版蒙古族文学古籍方面做了一件有意义的事情。

[①] 还原手稿现存于俄罗斯科学院东方研究院图书馆。所用汉语标音本手稿在蒙古国乌兰巴托市蒙古国国立图书馆。

[②] 引用者译自原序。

二　新中国成立后 30 年文献古籍整理与研究

新中国成立以后蒙文文献古籍发掘和研究工作在弘扬传统文化方略的激励下有了新的进展。尤其在书面文学和口头文学整理出版方面有了较大的突破，取得了可喜的成果，并且发现了几部重要的历史文献。

20 世纪 50 年代蒙古文学研究人员对蒙古族英雄史诗的搜集、录音、整理、出版工作进行得比较全面和深入。先后出版了《格斯尔》（1956 年）[1]、《江格尔》（1958 年）[2]、《汗哈冉贵》、《勇士古诺干》（1955 年）。50 年代另一个重要成果是尹湛纳希作品的出版。在额尔敦陶克陶、曹都毕力格两位学者的不懈努力下，先后修订出版了《青史演义》（1957 年）、《一层楼》（1957 年）、《泣红亭》（1957 年）三部长篇小说。50 年代整理和出版原著工作为 60 年代的研究工作奠定了基础。内蒙古语言文学研究所的《试论蒙古族英雄史诗〈格斯尔〉》（《文学评论》1960 年第 6 期）和色道尔吉《简论〈江格尔〉》（《人民文学》1963 年第 4 期）、纳·赛熙雅乐图《试论〈江格尔〉思想和艺术》（1963 年铅印本讲义）、仁钦格瓦《〈江格尔〉词语解释》（《内蒙古日报》1963 年 9 月 22 日）、莫·图门的《试论〈格斯尔〉》（《草原》1962 年第 3 期）等学术研究论文推动了 60 年代的研究之风。

尹湛纳希作品研究是 20 世纪五六十年代的一个重要课题。文学界著名学者们把目光投向了尹湛纳希和近代蒙古文学的研究上。额尔敦陶克陶的《蒙古族杰出的作家尹湛纳希及其作品》（1957 年）、那木吉拉策旺《〈青史演义〉研究》（1958 年）、曹都毕力格《分析皮廉通告》（1957 年）、纳·那日苏[3]《〈一层楼〉〈泣红亭〉成书早于〈青史演义〉》（1962 年）、贺·宝音巴图《蒙古文学理论的一部优秀遗产——论尹湛纳希诗论》（1965 年）等学术论文在当时产生了极大的影响。

1957 年，内蒙古人民出版社出版了蒙古国著名学者策·达木丁苏荣用现代蒙古语转写的《蒙古秘史》。此通俗读本很快拥有了大批读者群。策·达木丁苏荣在对蒙古族百姓中普及《蒙古秘史》方面起到了积极的作用，使他们懂得了成吉思汗事迹与蒙古民族的历史。

胡和温都尔 1963 年从内蒙古巴彦淖尔盟乌拉特前旗发现了长 63cm×11cm、66 面、132 页经卷式本《蒙古源流》。

1958—1960 年，道荣尕与其他三人到内蒙古基层单位搜集文献古籍，因当时的交通不便，他们长途跋涉，历尽艰辛。但是，功夫不负有心人，1958 年从鄂尔多斯札萨克旗发现了 9 章本《格斯尔》和《俺答汗传》[4]。1958 年从锡林郭勒盟镶黄旗哈阳格日瓦庙接受了捐赠的 226 卷《丹珠尔》[5]，并用大卡车运回呼和浩特市。同年秋天从乌兰察布盟达茂旗发现了两部竹笔手抄本《圣祖成吉思汗祭祀经》97 页和《成吉思汗金册》47 张折页。从达茂旗哈拉达胡庙发现木刻朱砂版《甘珠尔》108 卷。1959 年他们又从伊金霍洛旗发现了《金册》和《天歌十二首》（成吉思汗祭祀演唱歌曲），从呼和浩特郊区发现了《乌素图召格斯尔》[6]。同年，他们从哲里木盟科左后旗搜集发现了僧格林沁之歌，随后整理、出版了《僧格林沁之歌》。1960 年他们从乌审旗陶力台公社发现了《十善福白史》[7] 和鄂尔多斯英雄史诗

---

[1]　此版是以康熙五十五年（1716）北京木刻版，《十方英雄格斯尔》（七章）为上册，隆福寺抄本（六章）为下册整理而成的，1956 年由内蒙古人民出版社出版。

[2]　墨尔根巴特尔、特木尔都曾从托忒蒙文转写成回鹘蒙文出版了 13 章本《江格尔》，由内蒙古人民出版社 1958 年出版。

[3]　纳·那日苏，即当代蒙古族著名诗人纳·松迪。

[4]　后人称其为《俺答汗传》。

[5]　1984 年与特·乌力更编著，由民族出版社出版。

[6]　学界称此本为旺其格拉布丹抄本。

[7]　带有《丹珠尔》目录一卷。

《金伞盖皇帝》手稿。在此期间道荣尕分别从伊克昭盟发掘出鄂尔多斯著名诗人伊喜丹增旺吉拉、贺希格巴图诗歌原稿，著名独贵龙运动领袖锡尼喇嘛几件手稿和他们的照片。

《蒙古文学资料汇编》中第三编、第四编的英雄史诗、第五编谚语格言、第七编说唱艺术等都收录了道荣尕在三年内从三个盟搜集整理的民间文学资料。

在挖掘尹湛纳希著作方面，老一辈学者额尔敦陶克陶、曹都毕力格做了许多有益的工作。他们于1956年多次前往辽省北票县下府乡，在民间搜集尹湛纳希著作和相关资料，为尹湛纳希研究和蒙古学研究提供了丰富的资料，做出了重要的贡献。

70年代末文献古籍整理与研究成果颇丰。1978年出版了《蒙古文分类词典》。1979年由北京图书馆和内蒙古图书馆牵头编辑出版了《全国蒙文古旧图书资料联合目录》，将60个公共图书馆和专业单位图书馆所收藏逐一作目录，共收录约1500种，7000册。

是年还有由蒙古国策·达木丁苏荣编辑的《蒙古古代文学一百篇》（共四册）和内蒙古道润梯步新译简注《蒙古秘史》以及《蒙文诠释》《蒙文全解》（原名为《御制满蒙合璧文鉴》）先后问世。

三 1980—2000年文献古籍整理与研究

从1980年至2000年的20年时间是蒙古族回鹘蒙文文献古籍发掘研究更加深入的最好时期。这20年是文献古籍的整理、注释、翻译、研究等全面展开的年代，也是研究人才辈出、研究成果颇多的阶段。

在历史文献整理研究方面已取得显著成绩。50年代只出版了策·达木丁苏荣用现代蒙文转写的《蒙古秘史》（1957年）。1980年额尔登泰、阿萨拉图、乌云达赉校勘《蒙古秘史》，1981年巴雅尔注释校勘《蒙古秘史》，1984年华赛和杜古尔扎布校勘《蒙古秘史》，1985年满昌新译注释《蒙古秘史》，1989年亦邻真还原回鹘蒙古文《蒙古秘史》，1988年额尔登泰、阿尔达扎布校勘《蒙古秘史》先后问世。在《蒙古秘史》研究方面巴雅尔的《关于〈蒙古秘史〉的作者、译者》一文提出了独特的见解。亦邻真《〈元朝秘史〉的分布和价值》、余大钧《〈蒙古秘史〉的成书年代》、甄金《略论〈蒙古秘史〉学》等研究论文在当时都有较大的影响。

80年代到90年代相继整理出版一批历史古籍。与此同时，古籍研究工作也有了很大的进展。1980年留金锁和乔吉分别校注出版了《黄金史纲》和《恒河之流》。1981年道润梯步新译校注的《蒙古源流》和留金锁校注的《十善福白史》先后出版，1983年乔吉校注的《黄金史》和乌力吉图校注的《大黄册》分别出版。1984年留金锁校注的《水晶鉴》和巴·巴干校注的《阿萨拉克齐史》出版。1985年呼和温都尔校注的《水晶珠》和巴岱、金峰、额尔德尼整理注释的《卫拉特历史文献》出版。同年由贾敬颜、朱风译注的《汉译蒙古黄金史纲》由内蒙古人民出版社出版。1987年出版了由呼和温都尔校注的蒙古文版《蒙古源流》。1992年出版了由巴岱、金峰、额尔德尼整理注释的《卫拉特遗迹》。

在这些历史古籍的研究中，留金锁的《十三世纪—十七世纪蒙古编年史》比较系统地阐明和论述了蒙古历史古籍，乔吉的《蒙古历史文献概要》系列文章比较详细地介绍了蒙古历史文献。金峰为《卫拉特历史文献》一书所作的序《四卫拉特联盟》和《从〈土尔扈特诸汗史〉看准格尔汗国时对内对外关系》对卫拉特史的某些问题有较深入的研究。

在这个阶段语言古籍的整理出版和研究也有了很大的进展，成果喜人。

1983年出版了《回鹘式蒙古文文献汇编》。图力古尔1992年出版了《〈忻都王碑〉蒙古语文研究》，1993年出版了《语言研究文献》（分一二卷），1995年出版了《蒙古译语词典》。

1983年道布注释的《回鹘式蒙古文文献汇编》，取得了令人满意的成果。他不仅出版了大型文献汇编，而且还发表了一系列的研究论文。罗布桑巴拉丹、宝祥《关于〈华夷译语〉的一部分》、乌·满都胡《关于〈蒙文启蒙〉的初步研究》和那顺乌日图《关于〈蒙文启蒙〉的初步探讨》、却精扎布《蒙古族大文人嘎拉桑德巨著——〈蒙文诠释〉》、图力古尔《〈忻都王碑〉蒙古语文研究》等都是语言文献研究中颇有影响的研究论文和专著。

在文学古籍的整理和研究方面成果颇丰。

1956年仅出版《格斯尔》一部，但从80年代开始整理出版了不少不同版本的《格斯尔》。1982年出版了布里亚特《格斯尔》，即《阿拜·格斯尔》。1983年内蒙古自治区《格斯尔》研究办公室在内蒙古、新疆、青海、甘肃等省区搜集不同的《格斯尔》，1985年把搜集整理的《格斯尔》不同版本分28册内部刊行。1987年内蒙古自治区《格斯尔》研究办公室成立《格斯尔》丛书编写委员会，出版了不同版本的《格斯尔》，一共30册。1988年格日乐扎布整理出版了诺木齐哈屯本《格斯尔》，乌·席尼巴雅尔整理出版了被称为《岭格斯尔》的《瞻布州雄狮大王传》。1989年龙梅和道荣尕、布仁分别出版了乌素图召本《格斯尔》和琵杰演唱本《英雄格斯尔》。

《江格尔》自1958年出版13章本以后，再未出过新本。80年代却出版了几个不同的版本。1980年托忒蒙古文15章本《江格尔》，1982年现代蒙古文15章本《江格尔》和1988年、1991年现代蒙古文70章本《江格尔》分别出版。

其他短篇史诗也陆续出版。1955年只出版了《勇士古诺干》《智勇的王子希热图》。1982年出版了《玛尔朗的故事》，1985年出版了《英俊的巴塔尔》，1987年出版了《卫拉特蒙古史诗》，1991年出版了《英雄阿勇干散迪尔》。

民间文学方面，1982年整理出版了鄂尔多斯民间文学选集《阿尔扎波尔扎罕》和《叙事歌》，1984年出版了《卫拉特蒙古神话故事》和《蒙古族讽刺和幽默故事选》，1990年整理出版了《蒙古族神话选》等民间文学专集。

在书面文学方面，先后再版了《青史演义》《一层楼》《泣红亭》《红云泪》《月鹃传》《伊喜丹金旺吉勒诗集》《贺希格巴图诗集》。

在蒙古文学古籍研究方面，宝力格的《〈蒙古秘史〉的民族形式》、扎拉嘎的《〈一层楼〉〈泣红亭〉与〈红楼梦〉》、色·道尔吉的《再论〈江格尔〉》、哈·丹碧扎拉桑的《蒙文〈格斯尔〉的关系与蒙文〈格萨尔〉的独特性》、巴·格日勒图的《史诗〈江格尔〉与蒙古史诗的乐观主义》、浩·巴岱的《我国对〈江格尔〉的搜集出版及其展望》、特古斯巴雅尔的《〈江格尔〉中匈奴文化遗风》、呼日勒沙的《蒙古〈格斯尔〉的生死母题》等专著和研究论文都对蒙古文学古籍诸多问题提出了独到的见解。

在民俗文化古籍的整理和研究方面也取得了一定的成绩。1981年哈·丹碧扎拉桑整理注解出版了《蒙古风俗鉴》（1988年赵景阳汉译，由辽宁民族出版社出版）。1986年拉·胡日查巴特尔编写了《哈腾根十三家神祭祀》。1993年赛音吉日嘎拉、沙日勒代搜集整理出版了《成吉思汗祭典》。卫拉特蒙古族《祭文》（小祭文）被收入《卫拉特历史足迹》出版。敖其还整理出版了罗布桑楚勒特木《祭火风俗喜乐之地》。

1981年在民俗古籍研究方面，哈·丹碧扎拉桑为《蒙古风俗鉴》所作的研究型前言，对作者本人、著作内容和民俗研究中的历史地位都提出了独到的见解，引起了很大反响。拉·胡日查巴特尔在《哈腾根十三家神祭祀》（1987）一书中对家神祭祀这个古老的萨满教仪式和后来的民间仪式的演变过程所进行的探讨在学术界引起极大关注。赛音吉日嘎拉和沙日勒代对成吉思汗大祭典仪式做了详细的论述，并搜集整理出流传于鄂尔多斯的成吉思汗大祭文。

法律文献的整理和研究刚刚起步。1983年齐格汉译的《阿勒坦汗法典》发表在《内蒙古社会科学》1983 年第 6 期。1984 年他又发表了《关于〈阿勒坦汗法典〉》的研究论文。1995 年他发表的《蒙古法制史概述》的研究论文，探讨了蒙古族法律从习惯法到成文法的历程。1985 年道润梯步校注出版了《卫拉特法典》。道润梯步在此书中对《卫拉特法典》做了详细的注释，并根据内容进行了分类与条款的调整，使读者一目了然。特别值得一提的是，他对《卫拉特法典》所作的研究性序言对研究蒙古族法典文献起到了很大的推动作用。加·奥其尔《从〈卫拉特法典〉追溯古代蒙古人的刑法思想》的研究论文对蒙古族刑法思想的形成做了深入的探讨。

宗教文献的整理和研究正在深入。1990 年西·诺日布校注出版了由拉德那巴德拉著高僧传《咱雅班迪达传》。1993 年青格乐、莫·宝柱校注出版了由松巴堪布·益希班觉编撰的佛教史《益希班觉佛教史》。佛教经典《甘珠尔》《丹珠尔》两部巨著由内蒙古文化出版社出版。

在蒙医药文献古籍的整理和研究方面也取得初步成果。由民族出版社先后整理出版了蒙藏合璧《四部医典》《兰塔布》《智慧之源》等医学翻译古籍。由内蒙古人民出版社整理出版了《四部医典》旧译本和《救助百病金柯子蓓蕾》。19 世纪蒙古族著名药物学家占巴拉道尔吉的巨著《蒙药正典》正在深入研究当中。在医学古籍研究领域，博·吉格米德《蒙医学古籍》、仁钦嘎瓦《从蒙古族书面文化史看元代医学著作》、《蒙医学简史》等论文和专著对蒙医药以及蒙医学发展史都有深刻的研究。

艺术古籍整理与研究也已兴起。1990 年内蒙古人民出版社出版了 18 世纪工尺谱蒙、满、汉合璧《蒙古族宫廷音乐》一书，首次发掘蒙古族古老的音乐形式。

1991 年德斯莱扎布《论〈青史演义〉与十部书的关系》由内蒙古文化出版社出版。该书的作者对尹湛纳希著《青史演义》时所参考的十部书进行了深入的探讨和研究。

1997 年《阿尔寨石窟蒙文题记研究》中对近年来发掘的回鹘蒙文题记从语言与历史的角度进行了认真的研究。

四　西方学者对回鹘蒙文文献古籍的整理与研究

西方学者对蒙文文献古籍的研究也有百余年的历史。西方学者对蒙古族回鹘蒙文文献古籍的研究比较广泛、比较深入。尤其是对《蒙古秘史》《蒙古源流》《忻都王碑》《十善福白史》《卫拉特法典》的研究成果颇丰。

西方学者对蒙古族历史文献的研究比较深入、细致。《蒙古秘史》已在俄罗斯、法国、英国、捷克、芬兰、匈牙利、哈萨克斯坦等国翻译出版。库赞、海涅什、伯希和、柯立甫、拉哈立兹等学者都从不同角度研究和解读《蒙古秘史》，而且也取得了不俗的成果。

最早把《蒙古源流》传播到西方的人当属俄国的诺瓦谢洛夫。他在北京期间购得《蒙古源流》一种抄本，并转送给施米特。于是施米特在《东方富原》杂志上首次向西方介绍了《蒙古源流》。1929 年他还注释、德译《蒙古源流》在圣彼得堡出版。

德国的海涅什 1928 年从蒙古国乌兰巴托带《蒙古源流》影印版回国。1955 年他以《萨囊彻辰蒙古史的库伦抄本》为书名在柏林出版。海涅什 1933 年从北京图书馆影印满文本注释标音的《蒙古源流》，随后在莱比锡出版。

比利时人田清波在鄂尔多斯传教多年，他回国时带走《蒙古源流》三种不同抄本。1956 年他在美国哈佛大学出版了有长篇法文导言与附录的《额尔德尼·因·托卜赤——萨囊彻辰编年史》。1955—1956 年，他还围绕《蒙古源流》的作者问题发表了三篇论文。

法国学者伯希和于 1908 年对《大元御赐追封西宁忻都台神道碑铭》碑文拓片进行过研究，但未刊布原文。1924 年博·雅·符拉基米尔佐夫也有所研究。对此碑文进行严密完整研究的是美国学者

F. W. 柯立甫。1942 年他在哈佛大学读哲学博士学位时的毕业论文题目是《1362 年汉蒙对照忻都王碑》。1949 年他还刊布了《忻都王碑》碑文。

《卫拉特法典》备受西方学者关注。

法国和俄国的学者比较关注《卫拉特法典》。他们先后翻译成本国语言加以研究和探讨，并客观地评价其社会作用。

早在 1778 年，法国巴拉勒斯在他整理出版的《蒙古族历史资料选》中就收录和翻译了《卫拉特法典》全文。

1880 年俄国的戈尔斯通斯基用俄文翻译出版了《卫拉特法典》。1981 年戴力库夫将托忒蒙文还原为回鹘蒙文并附《卫拉特法典》俄文全译出版。1921 年在英国出版的《蒙古部习俗》一书中也有《卫拉特法典》节译。

1976 年德国蒙古学家 K. 夏嘉思以蒙古国札木扬抄本为底本，用德文翻译出版了《十善福白史》。他还撰文对《十善福白史》为忽必烈之作的说法提出质疑，他认为并非忽必烈写的书，而是他亲近的人所写的书，只不过是以忽必烈汗冠名而已。他的见解得到学术界的基本认同。

1957 年美国学者札奇斯钦汉译注释《黄金史》书名为《蒙古黄金史译注》，由台北联经出版工业公司出版，1978 年此书再版。

2000 年德国伯恩大学厄伯哈德[①]博士著《蒙古科学院收藏哈日布汗镇出土的蒙古文桦树皮》在威斯巴登出版。此书主要内容为蒙古文桦皮树文献的语言特点以及语言学研究，并附录名词术语索引、原文影印件。这在西方研究中是一个比较厚重的成果，得到各国蒙古学家的一致好评。

---

① 原文名字为 Elisabetta。

第六章

古籍珍品图片及说明

图6-1	成吉思汗石	(1958)
图6-2	《蒙古秘史》	(1958)
图6-3	十方大紫微宫窝阔台汗圣旨碑	(1961)
图6-4	贵由汗玺	(1962)
图6-5	释迦院碑记	(1963)
图6-6	阿八哈汗证书	(1964)
图6-7	忻都王碑	(1965)
图6-8	《十善福白史》	(1966)
图6-9	蒙文石刻天文图	(1967)
图6-10	《蒙文诠释》	(1968)
图6-11	蒙文《甘珠尔》	(1969)
图6-12	蒙文《丹珠尔》	(1970)
图6-13	阿鲁浑汗致腓力·贝尔的信	(1971)
图6-14	完者笃算端书	(1972)
图6-15	《孝经》译文	(1973)
图6-16	《浑津手册》	(1974)
图6-17	兴元阁碑铭	(1975)
图6-18	《亚历山大传》译本残片	(1976)
图6-19	《〈入菩提道行经〉注疏》	(1977)
图6-20	银质金字牌符	(1979)
图6-21	《高昌馆课》	(1980)
图6-22	明朝代宗朱祁钰向阳力耳吉下达的圣旨	(1981)
图6-23	《卫拉特法典》	(1982)
图6-24	宽温仁圣皇帝信牌	(1983)
图6-25	《阿勒坦汗传》	(1984)
图6-26	彻辰汗令牌	(1985)
图6-27	朝克图台吉崖刻诗	(1987)
图6-28	《黄金史纲》	(1987)
图6-29	《黄金史》	(1988)

图 6-30	《蒙古源流》	(1988)
图 6-31	《大黑天颂》	(1991)
图 6-32	《咱雅班迪达传》作者画像	(1992)
图 6-33	《恒河之流》	(1993)
图 6-34	《智慧之鉴》	(1995)
图 6-35	《水晶珠》	(1996)
图 6-36	阿尔寨石窟残经	(1997)
图 6-37	张氏先茔碑铭	(1998)
图 6-38	达鲁花赤竹温台碑铭	(1999)
图 6-39	《蒙汉合璧五方元音》	(2000)
图 6-40	《新译红楼梦》	(2001)
图 6-41	《青史演义》	(2003)
图 6-42	《一层楼》	(2004)
图 6-43	《泣红亭》	(2005)
图 6-44	《目连报母恩记》	(2006)
图 6-45	《释迦牟尼十二功业》	(2007)
图 6-46	《新译带批〈三国演义〉》	(2008)
图 6-47	《蒙古风俗鉴》	(2009)
图 6-48	《白伞盖咒经》	(2010)
图 6-49	《阿勒坦汗奏折》	(2010)
图 6-50	《全家福》	(2011)

图 6-1　成吉思汗石

　　成吉思汗石亦称也松格碑,是第一部回鹘蒙古文文献,同时也是第一部蒙古文文献。

　　此碑为蒙古国大将、成吉思汗之弟哈撒尔之子也松格立,以志其武功高超。此碑无题识,不著年月,但从内容推断,约建于1225年。首次发现于蒙古国额尔古纳河上游。19世纪初俄国人将其移至俄国尼布楚时把石碑毁为两段,1832年又转运到圣彼得堡,现存圣彼得堡市艾米塔尔博物馆。

　　石碑用一块高202厘米、宽74厘米、厚22厘米的坚硬的花岗石做成。碑文为五行回鹘蒙古文,包括20个字和5个附加成分。内容记述了成吉思汗西征班师途中,于不哈速赤忽召集全蒙古那颜聚会时,也松格射中335丈远之盛况。

　　《多桑蒙古史》记载成吉思汗西征花剌子模情形：1219年,成吉思汗西征花剌子模。罢兵以后,1223年还渡阿姆河,至不花剌城,继而驻冬于撒麻耳干。1224年驻夏于豁兰塔石。是年夏冬二季成吉思汗在途中,其二孙忽必烈、旭烈兀自叶密立河附近及乃蛮、畏兀儿旧日分界之地来见,"复行至不哈速赤忽之地，设宴犒赏军"①。

1818 年，俄国学者斯番斯基在他主编的《西伯利亚通讯》杂志上首次公布这一发现，并且刊布了原文。1833 年俄国科学院院士施密特首次发表研究论文。② 1846 年，布里亚特学者道尔吉班扎诺首次释读了碑文。③

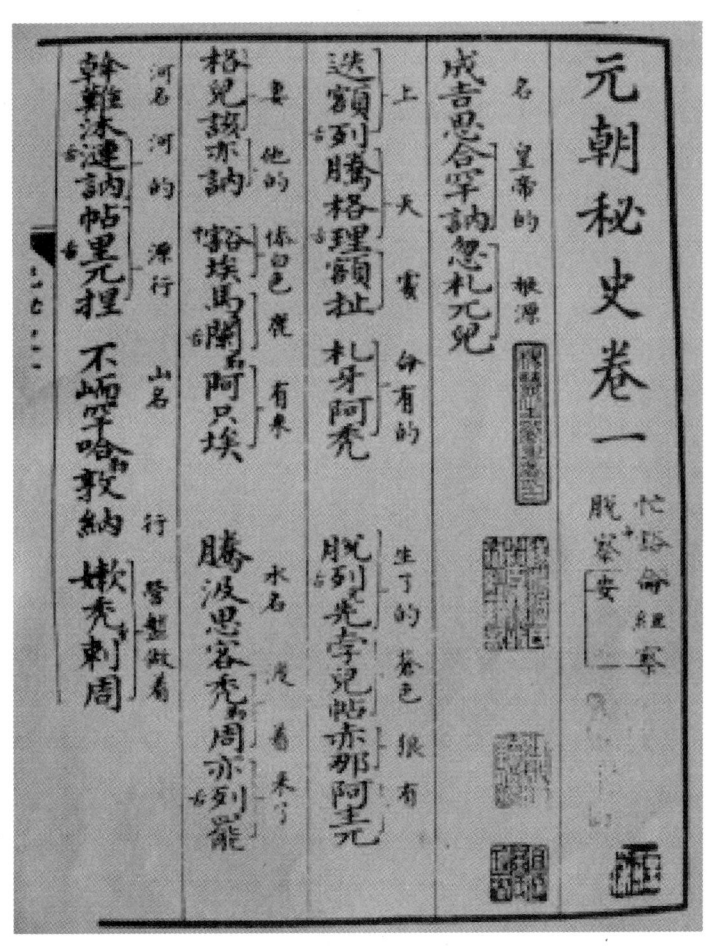

图 6-2 《蒙古秘史》

另外，俄国的柯尤金、日本的村山七郎、蒙古国的策·达木丁苏荣、普尔莱等都先后发表过研究此碑文的学术论文。

1983 年，道布在他的《回鹘式蒙古文文献汇编》中重新释读和研究了成吉思汗石碑文。

成吉思汗石对研究蒙古族历史、语言、文字、文化都有重要的实证价值，尤其对研究早期回鹘蒙古文有重要价值。

《蒙古秘史》是蒙古族第一部历史文献和文学巨著。成书于元太宗十二年（1240 年），全书共 282 节。汉译名为《元朝秘史》，撰者不详。原稿为回鹘蒙古文，现已失传，仅存明初的汉字标音本。《蒙古秘史》原为元朝藏于国史院的蒙古皇室秘籍，因元朝败北才落入明人手里而公之于众。

---

① 参见冯成钧译《多桑蒙古史》第一卷第七章，商务印书馆出版，第 132—134 页。
② 参见施密特《蒙古初期铭刻》，见圣彼得堡学院集刊第六集政治历史语言类第二册。
③ 参见道尔吉班扎罗夫《在东部西伯利亚发现的成吉思汗时代的蒙古铭刻》，见《内务部杂志》第十二卷。

明洪武十五年（1382年）翰林侍讲火原洁、编修马沙懿黑奉旨采用汉语标音和翻译，收入《永乐大典》。汉字标音本有12卷本和15卷本两种。收入永乐大典的是15卷本。《四部丛刊》收入顾广圻12卷本。清朝学者钱大昕藏有抄于《永乐大典》的15卷本。国内流传的这两种本被称为顾广圻本和钱大昕本。1872年钱大昕15卷本传入俄国，1901年顾广圻12卷本传入日本，引起国外学者的极大兴趣和关注。

如前所述。自清朝以来，汉族学者张穆、何秋涛、叶德辉、顾广圻、钱大昕、洪钧以及谢再善等在刻印、校勘、注释、翻译和研究《蒙古秘史》方面做出了重要的贡献。20世纪以来，蒙古族知识分子积极投入《蒙古秘史》的研究。1917年呼盟的昌德公（1875—1932年）根据叶德辉本还原为回鹘蒙古文，书名为《元朝秘史》。1940年，奈曼旗的布和贺希格在开鲁出版《蒙古秘史》回鹘蒙文还原本，乌审旗的贺希格巴图在张家口出版《蒙古秘史》回鹘蒙文还原本。1941年喀喇沁人阿拉坦敖其尔用现代蒙古语转写出版了《蒙古秘史》。1957年内蒙古人民出版社出版了蒙古国著名学者策·达木丁苏荣用现代蒙古语转写的《蒙古秘史》。1977年内蒙古人民出版社出版了道润梯步新译简注《蒙古秘史》。1981年蒙古族学者巴雅尔用拉丁文注读音并还原为回鹘蒙古文的附现代蒙古语的三卷本《蒙古秘史》由内蒙古人民出版社出版。1984年内蒙古文化出版社出版了由额尔登泰、乌云达赉校勘的《蒙古秘史》。1985年内蒙古人民出版社出版了满昌的用现代蒙语还原并加注释的《蒙古秘史》。1987年内蒙古大学出版社出版了亦邻真回鹘蒙古文还原本《蒙古秘史》。这些成果充分表明七八十年代对《蒙古秘史》的研究方面更加深入。

国外对《蒙古秘史》的研究也有百余年的历史。《蒙古秘史》已在日本、俄罗斯、德国、法国、英国、捷克、芬兰、匈牙利、土耳其、哈萨克斯坦等国翻译出版。在这些国家的《蒙古秘史》研究领域已涌现出海涅什、伯希和、库赞、李盖提、那珂通世、山林高四郎、小泽重男等著名学者。除此之外，还有美国的柯立甫、比利时的田清波、澳大利亚拉哈立兹、蒙古国的策·达木丁苏荣、舍·嘎丹巴、达·策仁曹德那木等学者。

《蒙古秘史》以生动的文学语言和简明的编年史体裁记述了蒙古族的起源和成吉思汗统一蒙古各部、建立蒙古汗国的英雄事迹，以及窝阔台继汗位以后的蒙古族社会、政治、经济、军事方面的重要历史事件。

《蒙古秘史》为研究蒙古族13、14世纪社会、历史、语言、文学、法典、民俗、军事等都提供了宝贵的资料。

《蒙古秘史》作为蒙古族第一部历史文献和文学巨著开辟了蒙古族编年史和蒙古族文学的先河，给历史巨著和历史小说以极大的影响。《蒙古秘史》与《黄金史》《蒙古源流》被称为蒙古族的三大历史著作，与《格斯尔》《江格尔》被称作蒙古文学的三个高峰。

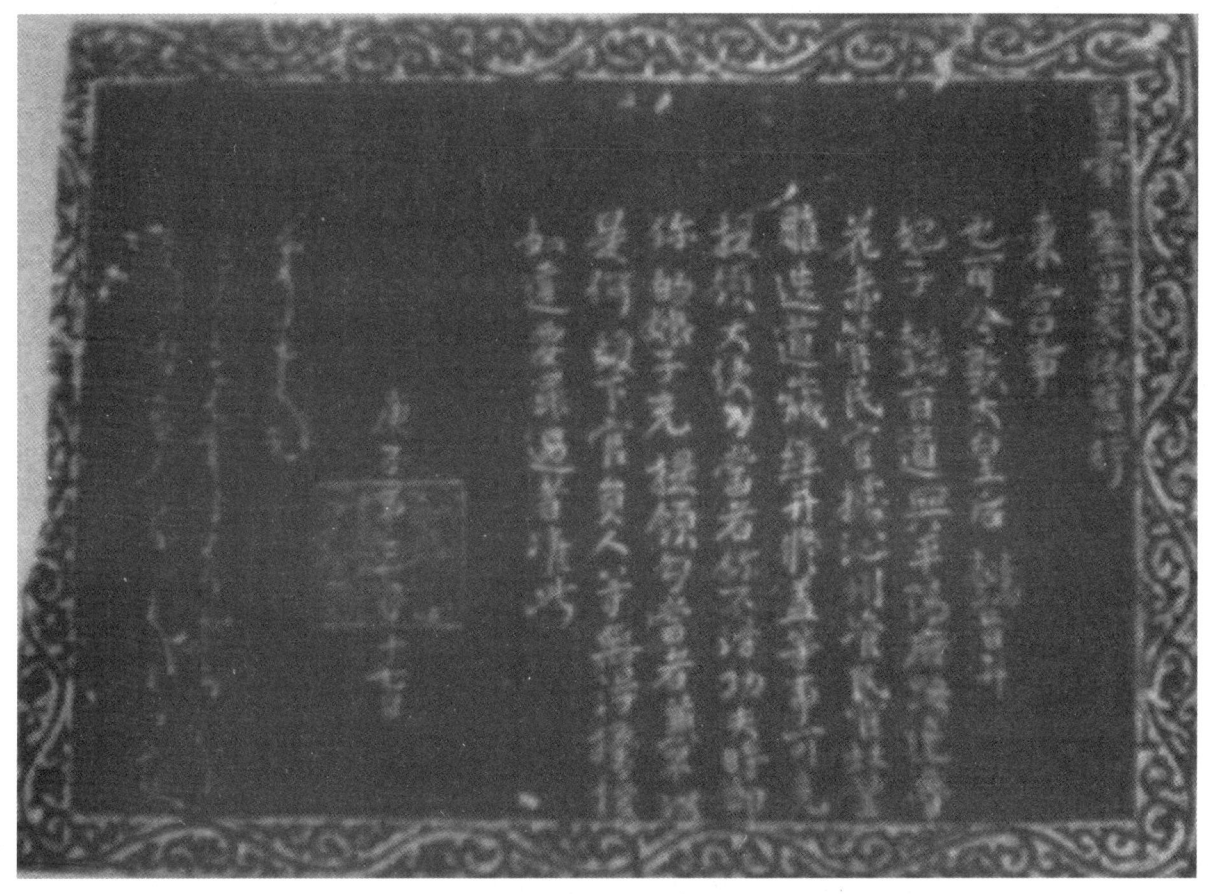

图 6-3 十方大紫微宫窝阔台汗圣旨碑

在大蒙古国第二位可汗窝阔台汗十二年（1240年）降旨于十方大紫微宫。该宫道士钱志常又将圣旨刻写于石碑上。此碑现存于河南省济源县十方大紫微宫内。1955年著名学者蔡美彪刊布碑铭于他编撰的《元代白话碑集录》内。

碑文用汉蒙两种文字书写。右侧是11行110个汉字，左侧是3行14个回鹘蒙古文字和一个附加成分。回鹘蒙古文行文未全译汉文圣旨，而是只取大意。回鹘蒙古文14个字的意为：违我话者治死罪。此书写于鼠儿年（1240年）。美国学者F. W. 柯立甫（F. W. Cleaves）曾经解读过此碑铭文。蒙古国著名学者策·达木丁苏荣和普尔莱、日本的村山七郎都发表过解读和研究论文。

1983年道布先生在《回鹘式蒙古文文献汇编》中解读、注释、研究过此碑铭文。

此13世纪回鹘蒙古文碑刻对研究大蒙古国宗教政策和回鹘蒙古文发展历程都有重要的参考价值。

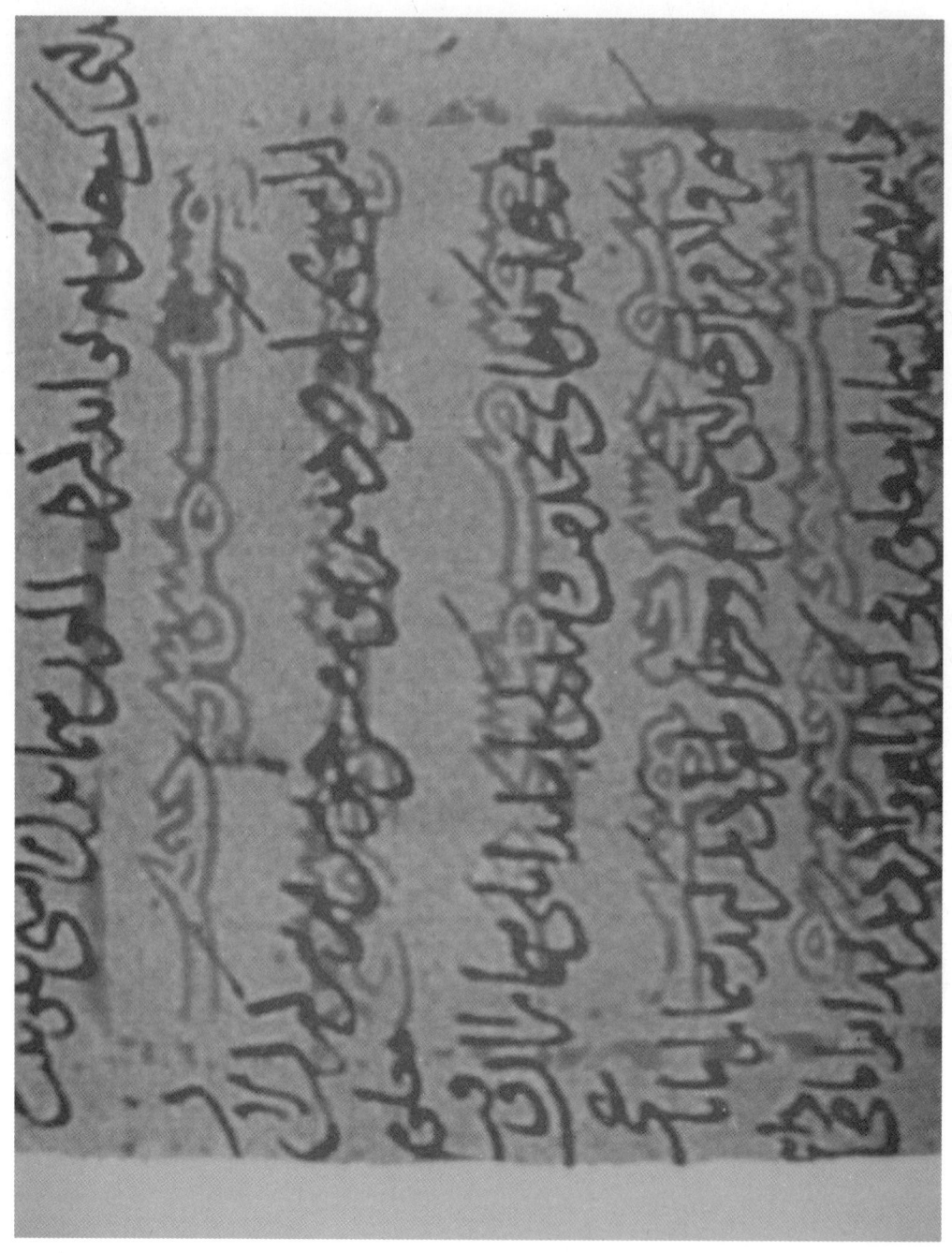

图 6-4　贵由汗玺

1920年芬兰学者吉利尔卡拉巴斯基从梵蒂冈秘密档案库发现盖有贵由汗玺的一封信。此信是用波斯文书写的致教皇英诺森四世的信札。

1923年法国蒙古学家伯希和在《蒙古人与天主教廷》一文中刊布贵由汗玺回鹘蒙古文。

玺文共6行、15字、三个附加成分。意为：凭借长生天之力大蒙古国皇帝旨令所到之处百姓必须信之惧之。

贵由汗是大蒙古国第三位皇帝，1246年登基。当年他请俄罗斯工匠库其玛制金印，关于此事意大利天主教使者普兰·迦尔宾在《普兰·迦尔宾游记》中有记载。贵由汗金印已失传，现在人们看到的只是印模。

图 6-5 释迦院碑记

释迦院碑记，亦称蒙哥汗（元宪宗，1251—1259 年在位）碑，驸马八立托于 1257 年特为蒙哥汗立此碑[①]。此碑高 184 厘米、宽 78 厘米、厚 20 厘米，碑文左右两边刻有花纹，现存于蒙古国中央博物馆。

1953 年蒙古国社会科学院地方研究所学术考察队在库布苏勒省阿鲁宝力格苏木释迦院内发现此碑。1956 年蒙古国学者敖·那木南道尔吉首次在其国内刊布碑铭文字。

此碑在碑额部分书有释迦院碑记五个大汉字，是从右向左横写的。碑文则采用竖写形式，碑的右侧是从右向左竖写的 12 行汉字；左侧是从左向右竖写的 3 行回鹘蒙古文字，共有 20 个字。汉字有些字已经脱落，有些不连贯。回鹘蒙古文基本清晰能辨认。

碑文意为：建碑人（即八立托驸马）以及子孙后代共祝蒙哥汗万寿无疆，愿永世受其福分和庇佑。

1960 年蒙古国永谢布仁钦有研究论述，1961 年美国著名蒙古学家鲍培曾注释碑铭。

此碑对研究蒙哥汗历史和姻亲关系有一定的参考价值。

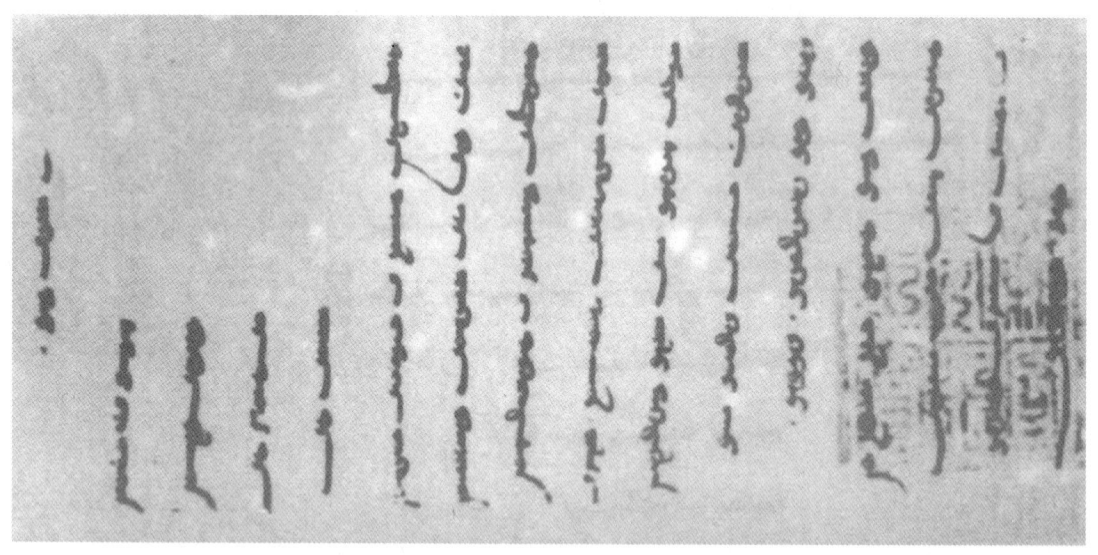

图 6-6　阿八哈汗证书

阿八哈汗证书是伊利汗国阿八哈汗赐给天主教使者的通行证。此证书 1921 年发现于梵蒂冈秘密档案库。通行证上的回鹘蒙古文共有 16 行。第一行第 1、2 个字已经被磨损。根据伊利汗国其他外交信函的格式和阿八哈汗证书可以推断被磨损的第一行第 1、2 个字应该是 " "（阿八哈汗）这两个回鹘蒙古文。此证书颁发的确切年代不详。根据阿八哈汗在位时间为 1265—1282 年，此证书上的兔儿年不是 1267 年，就是 1279 年。证书上盖有印章，但印文已不好辨认。证书上的文字意为：阿八哈汗我的话萨玛噶尔[②]管辖之下的各镇达鲁花赤诺颜、检察官、哨卡、船只遇教皇的贤者无论百姓、船只、检察官勿使他们缺少马匹、饮水、肉食，勿动武，此书写于兔儿年冬元月十六及驻阿拉斯时。

此文献对研究伊利汗国对外往来很有参考价值。

---

① 从汉文碑铭刻"丁巳季夏中旬后五日佛驸马八立托，公主悉基立记"来看此碑的确立于 1257 年，即蒙哥汗去世前两年立的。因为蒙哥汗是 1259 年去世的。

② 萨玛噶尔是阿八哈汗手下的一员名将，是当时驻罗马市蒙古军的督统。

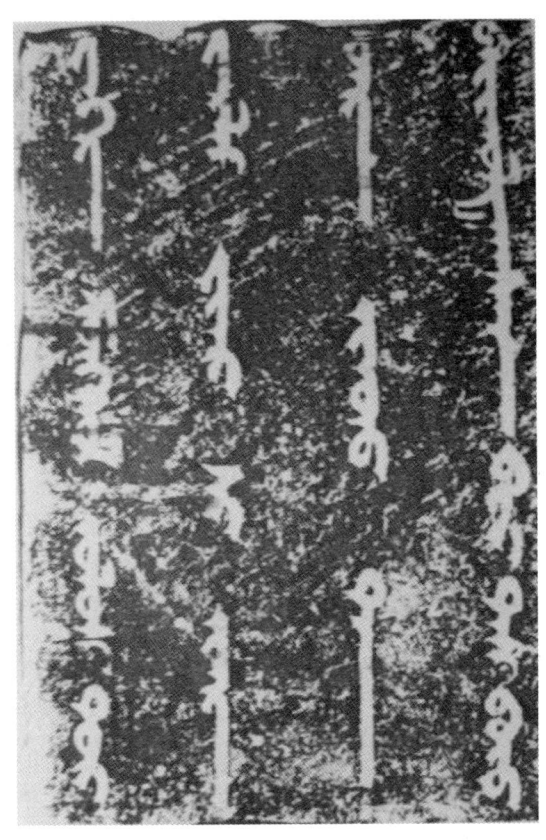

图 6-7 忻都王碑

此碑全称为大元敕赐追封西宁王忻都公神道碑铭，立碑于1362年。此碑高565厘米、宽149厘米、厚45厘米，阳面有汉文楷体32行刻字，阴面有回鹘蒙古文54行刻字。此碑首次发现于1911年，现存于甘肃省武威县西北石碑沟。

此碑属于元朝妥懽帖睦尔时期汉蒙对照碑铭。碑文由元朝中书省参政危素撰稿，腾国公集贤大学士张綦刻写（额文由陈敬伯刻写），元朝中书省左丞也孙不花蒙译，并用回鹘蒙古文刻写。

碑文主要记录了突厥人忻都一家五代人的生平事迹以及功名荣禄。碑文中特别提到忻都次子斡栾对元朝的忠贞、功德，鉴于斡栾"征西方有大勋劳于室"和"国初楚辅翼主来归我朝"而追封其父一事。

关于此碑，最早记载是1736年编的《甘肃通志》。此志记载："追封西宁王忻都墓，在武威县西北。平章政事斡栾之父，以子贵封。有碑记。"此后的1749年曾钧、张之浚编《武威县志》里有《元追封西宁王忻国公中书参知政事危素撰碑》的记载。有详细记载的当属王树南、王学曾编的《新疆图志》，其中有这样的记载："此碑于宣统三年冬月经西凉段子永恩始访得之碑在凉州永昌县北乡今名曰高碑沟建有碑亭下以螭支数百年完好如故上有碑额系篆字场以漠虑虎度之长二尺五寸横一尺五寸碑长一丈三尺横六尺五寸字皆楷书共三十六行六十二字首行书大元敕赐追封西宁王忻都公神道碑次书奉禄大夫中书参知政事同知经筵事提调四方献详定使司臣危素奉敕撰文光禄大夫腾国公集贤大学士臣张綦奉敕书丹荣禄大夫中书省右丞同知提调国子监大都府学臣陈敬伯奉敕撰额其文。"

此碑曾在20世纪初被外国学者所关注。1908年法国学者伯希和得到碑文拓片后曾经在他的文章里引用过，但未刊布全文。1929年俄罗斯的博·雅·弗拉基米尔佐夫在《蒙古书面语和喀尔喀方言对照语法》中提到："蒙古文写的1362年的碑。"对此碑有严密完整的研究的是美国学者F.W.柯立甫。

1942年他在哈佛大学读哲学博士学位时的论文题目是《1362年汉蒙对照忻都王碑》。1949年他还刊布了《忻都王碑》碑文。

国内蒙古族学者对此碑的研究始于20世纪80年代。1983年亦邻真对碑铭回鹘蒙古文进行拉丁文注音并加以释读和汉译,他还从语法角度对碑文词语加以解释说明。同时道布将碑文收入他编的《回鹘式蒙古文文献汇编》一书,并刊布碑文影印件,还用现代蒙古语转写回鹘蒙古文,对词语做了解释。1992年图力古尔撰写了《〈忻都王碑〉蒙古语文研究》的专著,对碑文进行了深入细致的研究。

《忻都王碑》为研究元朝西北历史和14世纪蒙古语语言、词汇、正字法、书写体、语法特点、修辞手段提供了宝贵的资料。

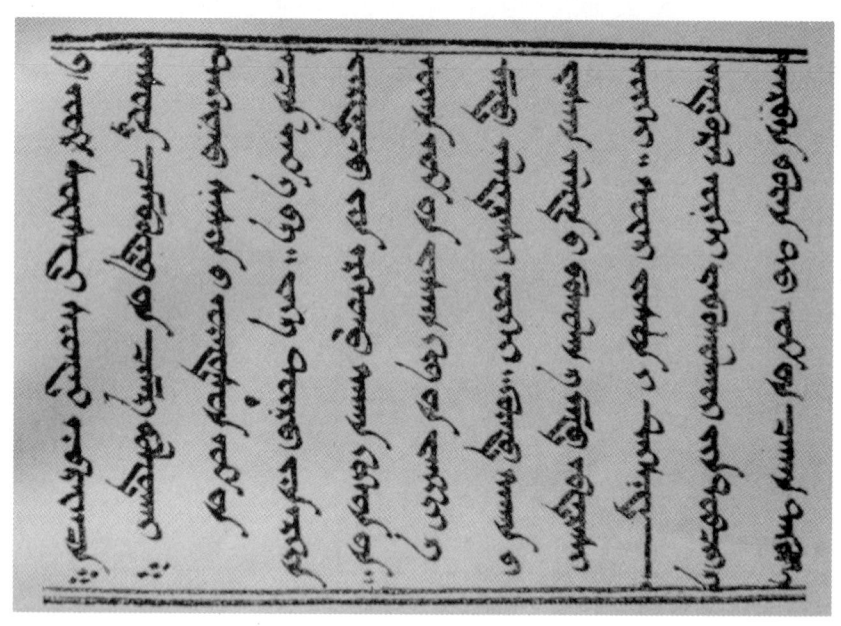

图6-8 《十善福白史》

《十善福白史》全名为《崇高至上转轮圣王十善福白史》。该书是14世纪重要的历史、法规古籍。著者不详,成书于至顺元年(1330年)。

《十善福白史》有不同的版本。根据萨囊彻辰洪吉台的序言,最初有两种抄本。一是鄂尔多斯忽秃黑台彻辰洪台吉发现于松州市的抄本;一是畏兀儿人必阇纳识里手中的抄本。内蒙古社会科学院图书馆现藏有8种抄本;蒙古国国立图书馆藏有两种抄本:一是札木扬从南戈壁省发现的抄本;二是1877年旺其格拉布丹抄本。苏联列宁格勒市(今俄罗斯圣彼得堡)藏有俄国学者扎木查诺1910年从伊克昭盟伊金霍洛旗发现的抄本。

1981年留金锁以内蒙古社会科学院图书馆馆藏8种手抄本之一,即1958年发现于伊克昭盟乌审旗旺其格拉布丹家的手抄本为蓝本整理注释出版了《十善福白史册》。[①] 旺其格拉布丹手抄本是经卷式本。共14页,26面,每页有29行,每行有7个字。全篇未分段,字体保留早期回鹘蒙古文书写特点。除萨囊彻辰洪台吉简短序言外,均为正文内容。

《十善福白史册》是忽必烈薛禅皇帝制定的元朝政教合一政治体制的法律和规定的汇编。书中详细

---

① 此版书名定为《十善福白史册》,一般称之为《十善福白史》。

记述了元朝行政机构和宗教机构的设置以及这些机构必须奉行的法规、君主臣宦的职责以及他们必须奉行的行为准则和道德规范、百姓必须遵守的行为准则、元朝的各种礼仪祭祀活动的规定。

《十善福白史册》不仅为研究元朝政体法规提供了重要的历史资料，而且还为研究蒙古族的哲学思想、道德观念提供了珍贵的资料。

1662年萨囊彻辰洪吉台编写《蒙古源流》时以《十善福白史》为重要历史文献来加以参考，记述元朝历史。

《十善福白史》于20世纪初流入俄国。1910年俄国蒙古学家扎木查诺从伊克昭盟伊金霍洛获得一本《十善福白史》，1936年在其《十七世纪蒙古文献》一文中首次向世人予以介绍。

1956年德国学者K. 夏嘉思以蒙古国札木扬抄本为底本，用德文翻译出版了《十善福白史》。

1981年留金锁整理注释《十善福白史》时所作的研究型序言《元朝治国纲领——〈十善福白史册〉》对《十善福白史册》有深入细致的研究。他还对此书的成书年代提出了独到的见解。他认为，此书是忽必烈执政时的法度典章，到至顺元年才整理成册，即元朝顺帝妥懽帖睦尔汗时成书。

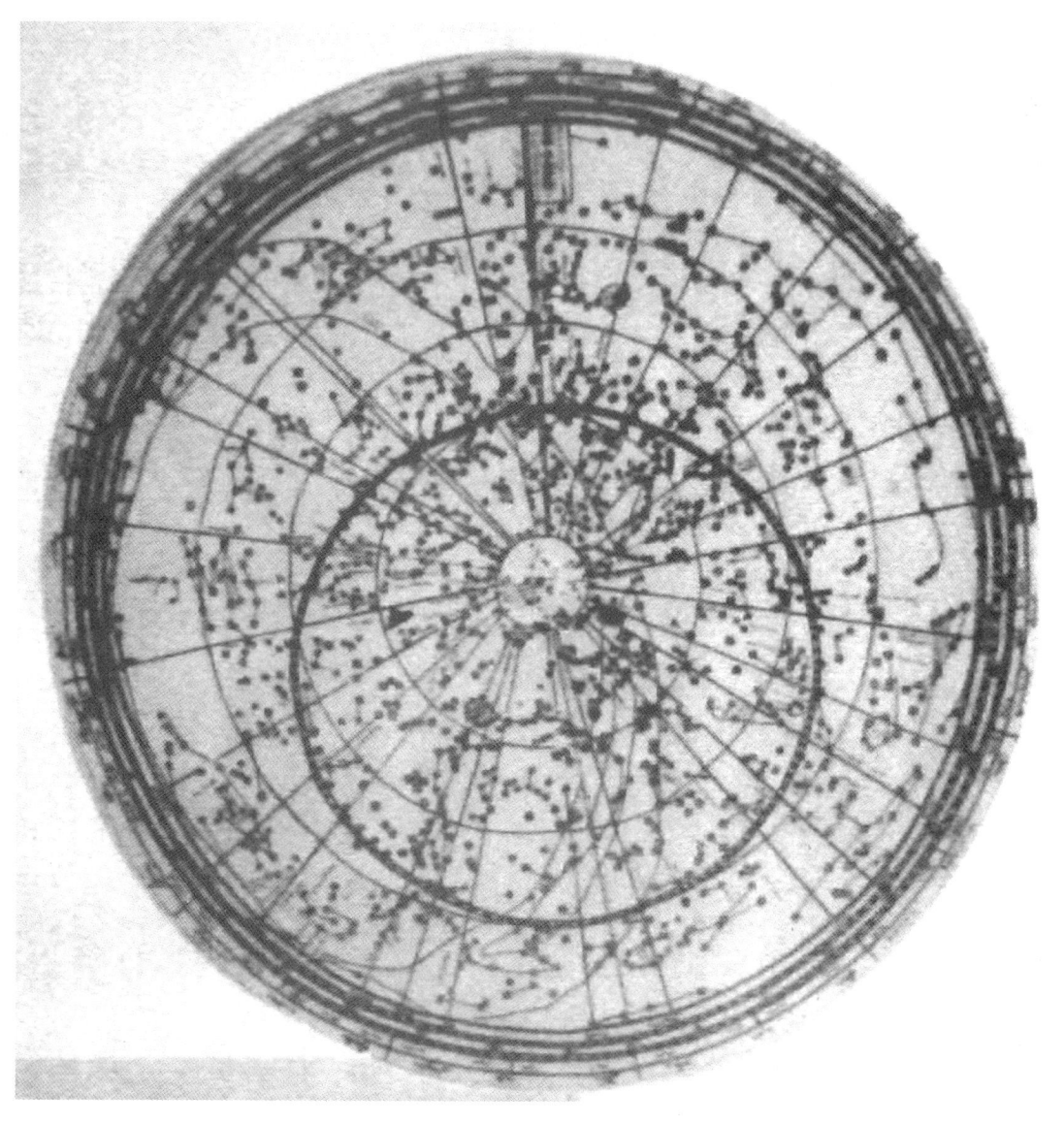

图6-9 蒙文石刻天文图

蒙文石刻天文图是卷帙浩繁的蒙古文文献中，为数不多的自然科学方面的重要文献，也是我国仅存四幅石刻天文图中唯一的一幅用少数民族文字刻写的天文图。此图镶嵌在内蒙古呼和浩特市旧五塔寺金刚舍利宝塔的后山墙上。清雍正三年（1725年）钦制石刻，直径114.5厘米，标1550颗星。

蒙文石刻天文图以北极为天文图中心，清楚地标明了北极圈、南极圈、夏至圈、冬至圈和赤道，并且还准确地注明了24个节气，冬至点在上，夏至点在下，春分点在左，秋分点在右。此外，还有360度方位，28宿的划分和银河，星宿共270座。在天球圆外围有4层注字的圆圈，最外一层均匀分为12段，刻下12宫天干和12生肖的蒙文名称。

蒙文石刻天文图为研究蒙古族天文历法和自然科学发展史提供了非常珍贵的资料。

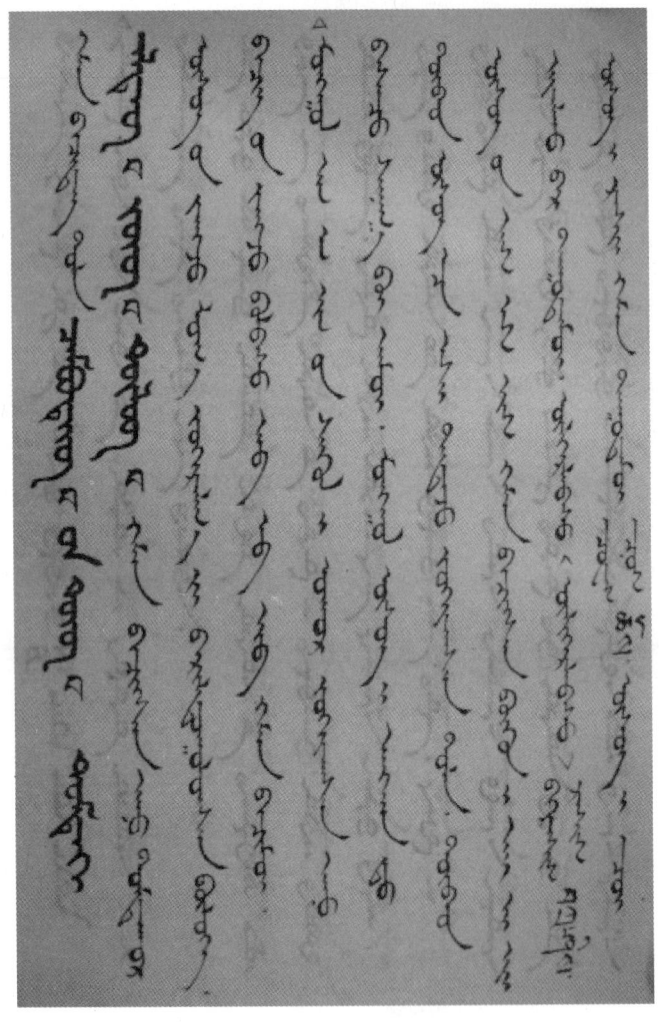

图6-10 《蒙文诠释》

《蒙文诠释》是早期语法著作。成书于1828—1835年，是19世纪重要的语言古籍，作者是土默特部人噶拉桑。

《蒙文诠释》分别于1835年和1847年在北京嵩祝寺木刻印刷发行过，但是均已失传。现存一部较晚期抄本于内蒙古自治区图书馆。手抄本共8卷。1979年内蒙古大学蒙文系语言教研室、内蒙古大学图书馆蒙学部以内蒙古自治区图书馆手抄本为底本加以整理，并影印出版了《蒙文诠释》。

全书对蒙古文字母的笔画结构、连接规则、拼写外来语规则、正音正字法规则以及蒙古语形态学、对偶词等问题做了详尽的论述和解释。

20世纪50年代国内语言学家们开始关注《蒙文诠释》，纷纷撰文介绍和研究。1958年却精扎布在《蒙古历史语言》杂志上发表《蒙古族大文豪噶拉桑编撰的巨著——〈蒙文诠释〉》、1978年仁钦嘎瓦在《内蒙古日报》上发表了《蒙古语第一部解释词典——〈蒙文诠释〉》、1980年达瓦达格巴在《内蒙古大学学报》上发表了《十九世纪蒙古学者土默特人噶拉桑的〈蒙文诠释〉》，他们从不同的角度对《蒙文诠释》进行了研究和探讨，推动了对这部早期语言古籍的深入研究。

蒙古国著名学者博·仁钦在1964年出版的《蒙古语书面语法》中提到过《蒙文诠释》对早期蒙古语法的形成所起的历史作用。

《蒙文诠释》为研究蒙古语正音正字法、形态学、词汇学以及蒙古语书写规则提供了宝贵的第一手资料。

图6-11 蒙文《甘珠尔》

《甘珠尔》是佛经翻译古籍，是藏文《大藏经》的回鹘蒙文译本。是蒙古族文人和僧人花费几个世纪时间和精力，通力合作而翻译成的硕果。

《甘珠尔》的翻译始于13世纪末14世纪初。蒙古族著名翻译家搠思吉斡节尔、希力布僧格在元成宗（1295—1307年）时期用回鹘蒙文翻译过《甘珠尔》。[①] 1602—1607年，席力图召却尔吉固始、喀喇沁的阿尤喜固始为首的翻译家们也曾经翻译过《甘珠尔》的主要部分，但是，因为未能完成而未能刊行。

1628—1629年，贡嘎敖德斯尔班迪达、昆登固始为首的翻译家们奉察哈尔部林丹汗之命完成了108卷《甘珠尔》的翻译，并用金粉书写在蓝黑色漆纸上，此版被称为《蒙古文手抄金字甘珠尔》[②]。

---

① 见《青史》记载。
② 内蒙古社会科学院藏有其13卷残本，其余被损毁。

1717年，清廷御前行走拉希、察哈尔格西罗布桑楚勒特木、乌拉特固始毕力昆达赖、苏尼特旗沙力、阿巴嘎旗德木楚克等重新审订《蒙古文手抄金字甘珠尔》译文，于1720年木版印刷。清雍正二年（1724年）又木刻朱砂版印刷了《御制蒙文甘珠尔》① 108卷，其中《大般若经》12卷、《第二般若经》4卷、《第二大般若经》4卷、《第三般若经》1卷、《诸般若经》1卷、《大宝积经》6卷、《华严经》6卷、《诸品经》33卷、《律师戒行经》16卷、《秘经》25卷。除此之外，此朱砂版《甘珠尔》附蒙、满、藏汉合璧《甘珠尔》目录。

蒙文《甘珠尔》凝重、洗练的翻译语言和详细、完备的编目，对后世的翻译语言和编目都产生了深远的影响。

图6-12 蒙文《丹珠尔》

《丹珠尔》是佛经翻译古籍，是藏文《大藏经》的回鹘蒙文译本，是蒙古族文人和僧人花费几个世纪时间和精力，通力合作而翻译出来的一个硕果。

《丹珠尔》翻译也始于13世纪末14世纪初。著名翻译家搠思吉斡节尔、希力布僧格在元成宗时期（1295—1307年）已经着手翻译《丹珠尔》，但是译文已佚。据《智慧之鉴》一书记载，自1720年《蒙古文手抄金字甘珠尔》出版后，承担《丹珠尔》翻译任务的章嘉呼图克图若比道尔吉、唐古特学校总管乌珠穆沁人官布扎布和副教官兼嵩祝寺木刻版印刷所主持乌拉特固始毕力昆达赖等首先着手准备翻译《丹珠尔》必备的工具书《标准分类辞典》②的编纂，并于1741—1742年脱稿。然后，对《丹珠尔》原有译文进行3次修订，于1747年以木刻版印刷发行了223卷本的《御制蒙文丹珠尔》③。其中，

---

① 国家图书馆、内蒙古自治区图书馆、西藏文物管理所图书馆都藏有《御制蒙文甘珠尔》木刻朱砂版本。
② 1982年仁钦嘎瓦、斯钦朝格图摘录蒙古文部分出版时取书名为《智慧之鉴》。
③ 内蒙古自治区图书馆、内蒙古社会科学院图书馆藏有此版《御制蒙文丹珠尔》。

包括契经解、八千颂讲义、般若释义、谒颂讲解统会、正见本智章句、正见讲疏、明觉六十颂全释、入正见解、入菩萨行集讲、二谛晰义、三自入门等70大类。

始于13世纪末完成于18世纪上半叶的《丹珠尔》翻译集蒙古语言之精华，为研究蒙古语修辞、语法以及佛经翻译提供了宝贵的第一手资料。

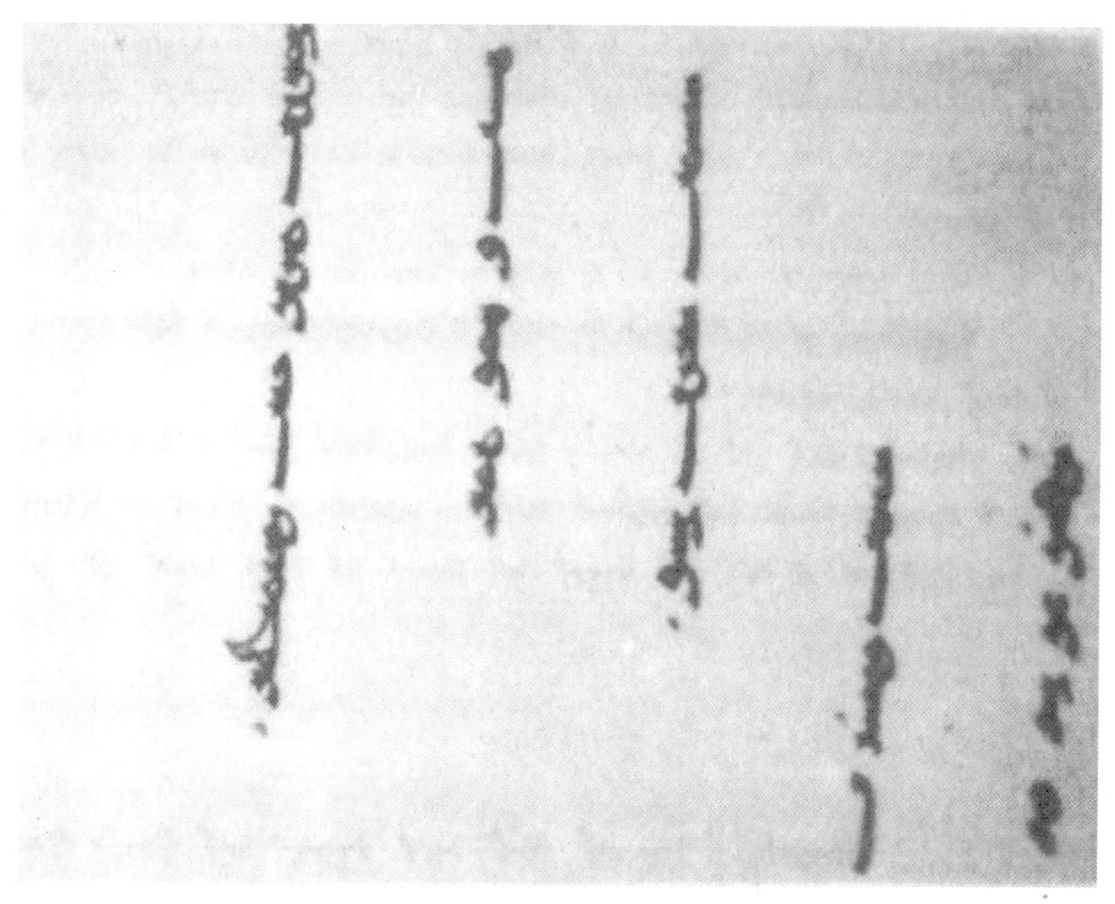

图6-13 阿鲁浑汗致腓力·贝尔的信

伊利汗国阿鲁浑汗致法国皇帝腓力·贝尔的信是13世纪的外交公函。1824年法国学者阿伯乐·热莫萨惕从法国档案馆发现了一封用回鹘蒙古文写的信。

此信是1289年伊利汗国阿鲁浑汗致法国皇帝的一封外交公函，共5页40行。公函的主要内容是回复腓力·贝尔共同出兵作战的请求，并约定寅年冬天出发，初春十五日到达大马士革，若受上天保佑打下耶路撒冷便将其赠予，归他管辖。

信中已出现法语、叙利亚语词汇和大马士革、耶路撒冷、法兰克福等外来词语，从中不难看出当时的多语接触和交流现象。

从回鹘蒙古文的书写法看也有些细微的变化，字撇往前勾勒已与以往不同。

此信的书写格式也很有特点，每提到蒙古皇帝和可汗、上天的时候都采用顶格写的形式。因信中夹杂着一些法语、叙利亚语词汇和外国地名的拼写释读不容易。

信函保存完整，字迹清晰，书写规范，是一个不可多得的文献。

阿鲁浑致腓力·贝尔的信对于研究蒙古族对外交往和多语言接触都有重要的参考价值。

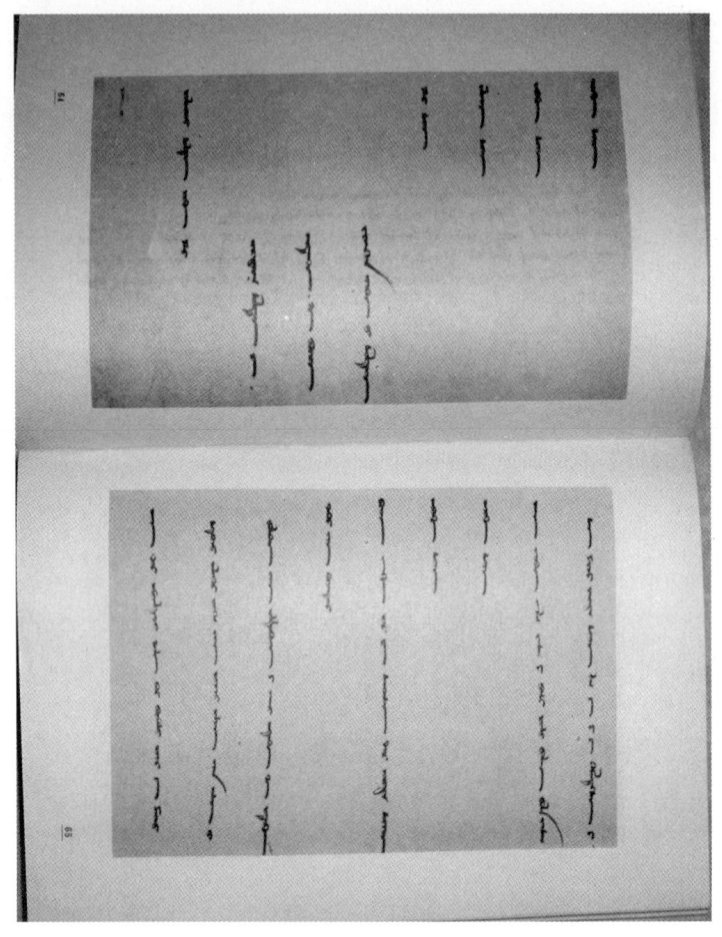

图 6-14 完者笃算端书

完者笃算端①书是 14 世纪回鹘蒙古文外交公函。伊利汗国完者笃写于 1305 年，是致法国皇帝腓力普的信函，共 5 页。1824 年法国学者阿伯乐·热莫萨惕发现于法国档案馆，并首次刊布原文和影印件。

完者笃信函第 1 页有 8 行字，第 2 页有 9 行字，第 3 页有 11 行字，第 4 页有 12 行字，第 5 页有 10 行字。

信函的主要内容：完者笃重温自曾祖父、祖父、父皇、皇兄以来互派使者互送礼物的友好往来，此值本人当选为汗之际，为不枉旧札萨、不废旧誓约，与你们继续和睦下去而派出两位使者，共同商讨此项事宜。

完者笃算端信函对于了解和研究 14 世纪回鹘蒙古文、公函格式、多语言接触都有一定的参考价值。

---

① 完者笃算端，真名哈剌班达，伊利汗国合赞汗之弟，1304 年继位。算端为完者笃的汗号。凡信仰伊斯兰教的国家都称皇帝为算端。

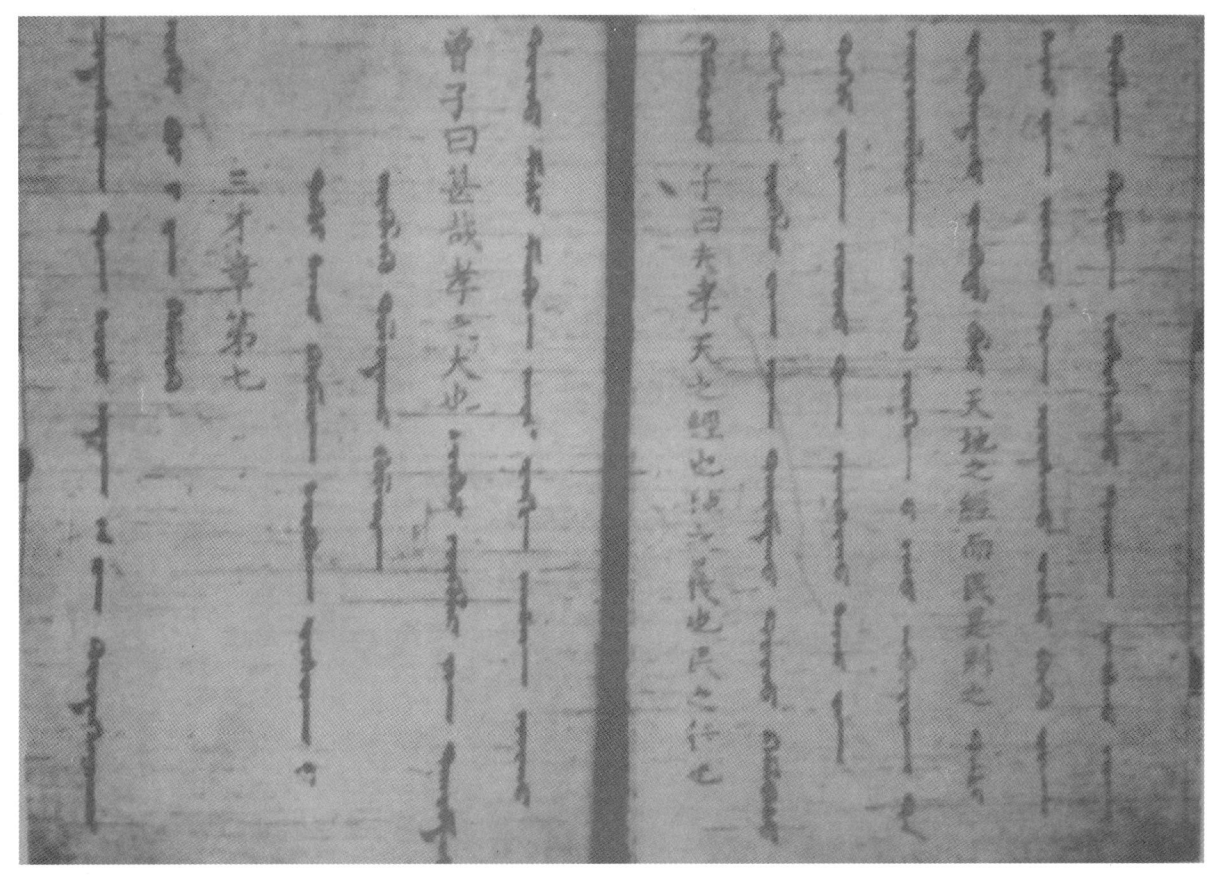

图 6-15 《孝经》译文

　　《孝经》译文是蒙古族 14 世纪回鹘蒙古文翻译古籍。1307 年元朝中书省左丞孛罗铁木尔译。他的回鹘蒙古文译文以汉蒙对照形式木刻刊印。《元史》卷二十二记载：大德十一年"辛亥，中书省左丞孛罗铁木尔以国字译孝经进，诏曰'此乃孔子之微言，自王公达于庶民，皆当由是而行。其命中书省刻版模印，诸王而下皆赐之'。"[①] 此版本现存于故宫博物院图书馆，只是封面与第一页缺损，全书共 36 面 72 页，每页 7 行字。译文行文从左向右竖书，汉文在上，蒙古文在下。

　　《孝经》译文对研究早期回鹘蒙古文和元代翻译有重要参考价值。另外，对研究汉族儒家经典对蒙古族文化的影响同样具有重要的参考价值。

---

① 《元史》二纪，中华书局 1976 年版，第 486 页。

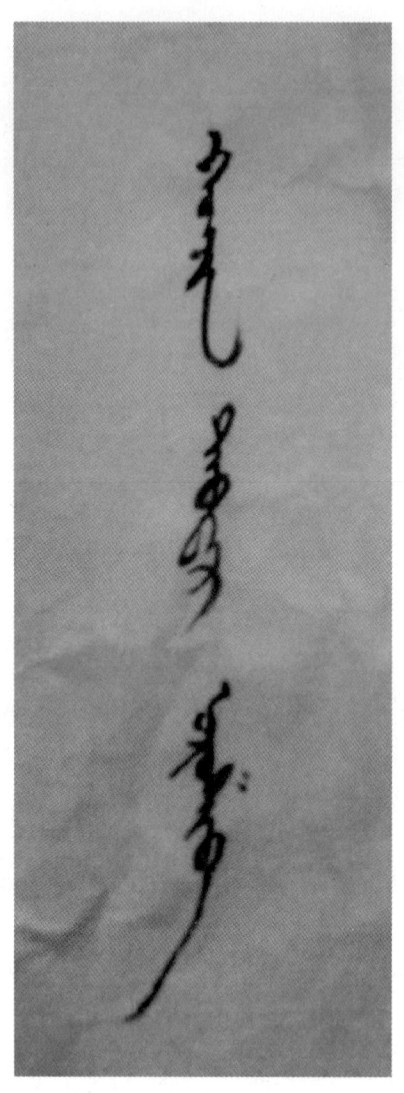

图 6-16　《浑津手册》

　　《浑津手册》[①] 是蒙古族传统民俗大典，是世袭相传的礼仪手册。

　　《浑津手册》发现于 20 世纪初，俄罗斯籍布里亚特蒙古文人扎木斯荣车旺从鄂尔多斯获得一部手抄本。蒙古国学者策·达木丁苏荣经研究发现其稿有 14、15 世纪的内容和清代后加部分内容。[②]

　　全书共分为 28 项内容，既有对蒙古族礼俗的来源和象征意义的诠释，又有礼俗仪式程序和祝赞词。一吉祥祝愿词；二白礼释义；三琥珀白瓶释义；四布克释义；五奶酒的释义；六五礼三十宝释义；七朝廷七宝释义；八佛七供释义；九瑞相八经释义；十政教七供八宝释义；十一抵挡五宝释义；十二快马释义；十三利剑释义；十四利剑是如何铸造的释义；十五七二扣的宽大蟒袍释义；十六提亲意愿；十七求生辰八字的意愿；十八第二次表达意向；十九誓愿；二十迎娶；二十一汗的九种六十一白礼；二十二火祝赞词；二十三新娘祝赞词；二十四撒袋（箭筒）祝赞词；二十五新娘拜火祝赞词；二十六

---

　　① 浑津官职始设置于元朝。并分为引导浑津、治国浑津、防治浑津。以佛教两真引领众生入菩提道的称引导浑津；实施政令治国安邦的称治国浑津；保持警惕防备强敌的称防治浑津。《十善福白史》里如此规定的浑津职责与现代含义相差甚远。现在只有礼仪司仪之意。浑津又写作"欢津"。

　　② 《蒙古文学荟萃百篇》第一册，内蒙古人民出版社 1980 年版，第 322 页。

托拉戈（灶）祝赞词；二十七大灶祝赞词；二十八新娘祝赞词。

这些礼俗从大处分类的话应该分作朝廷礼仪、宗教礼仪、民间礼仪。

《浑津手册》现存于俄罗斯社会科学院列宁格勒分院。民间散落很多不全的片段。

1959 年蒙古国著名学者策·达木丁苏荣根据扎木斯荣车旺抄本，并参阅列宁格勒分院抄本校勘整理编入《蒙古文学荟萃百篇》第一册内。

2006 年伍月发表《〈浑津手册〉与蒙古民俗文化积淀》的论文[①]，充分肯定《浑津手册》在蒙古民俗形成过程中的重要传承作用的同时深刻揭示其与《十善福白史》的渊源关系。

《浑津手册》是研究蒙古民俗的非常重要的古籍，对了解民俗来源和象征意义可提供非常丰富的资料。

图 6-17　兴元阁碑铭

---

① 《蒙古语文》2006 年第 2 期。

兴元阁碑铭是14世纪用回鹘蒙古文刻写于寺庙的碑铭。1346年元顺帝妥懽帖睦尔二度修建位于哈喇和林的大阁寺，并赐名为兴元阁，为铭记此事在庙内立了一个石碑，记述此庙的变迁。

19世纪末从喀尔喀蒙古部哈喇和林古城遗址[1]先后发现了大小不等、形状各异的四块碑铭残段，上面的回鹘蒙古文字清晰可辨，引起专业人士的关注。

1892年俄国学者拉达诺夫首先研究和考证其中两块碑铭，其后便出版了书名为《蒙古古代画册》的论著，其中有兴元阁碑铭照片和回鹘蒙古文拓片。1918年波兰学者库特奇也发表《额尔德尼召回鹘蒙古文碑铭》[2]一文考证兴元阁碑铭是当时已更名为额尔德尼召的碑铭，并刊布其另外两个残段上的回鹘蒙古文铭文。

残缺不完整的四块碑铭主要记述了兴元阁的变迁。1220年哈喇和林成为大蒙古国首都时兴建了一些寺庙。兴元阁的前身大阁寺便是其中的一个庙宇。大阁寺于蒙哥汗六年（1256年）建成。1346年元顺帝妥懽帖睦尔再度修缮并赐名兴元阁。铭文还提到当初修建此庙是为了弘扬佛法、净化人心。

此碑铭石刻字体工整端庄，苍劲有力，对研究蒙古宗教和石刻艺术均具有重要的参考价值。

图6-18 《亚历山大传》译本残片

蒙古语称为《苏勒哈尔尼传》[3]的是古希腊文学《亚历山大传》的回鹘蒙古文译本，是14世纪翻译文学手抄本古籍，也是目前发现的最早的文学译著。

遗憾的是此译著目前只残存7页，无法连贯下来，只能释读其中完整一些的句子。此残稿现存于德国社会科学院东方研究所图书馆吐鲁番出土文物（TID155号藏品）之内。

---

[1] 1220年哈喇和林已成为大蒙古国首都。1235年开始窝阔台修筑城垣。
[2] 额尔德尼召1590年在哈喇和林废墟上建成。兴元阁碑铭并非额尔德尼召碑铭，兴元阁碑铭只是留在额尔德尼召。
[3] 蒙文译名苏勒哈尔尼，取自阿拉伯人对马其顿皇帝亚历山大的诙谐戏称，意为两角兽。

《亚历山大传》译本引起不少蒙古学家的关注。1955 年，国际著名蒙古学家 N. 鲍培首先研究译文，并经过多方考证确认回鹘蒙古文《苏勒哈尔尼传》为古希腊文学《亚历山大传》的译本。这一发现使残稿研究有了很大的进展和突破。其后，1959 年美国著名蒙古学家 F. W. 柯立甫发表题为《亚历山大传古蒙文译本》[①]一文，基本上与 N. 鲍培的观点趋于一致。

《亚历山大传》译本主要讲述亚历山大到黑暗世界寻找使人永恒、使草木常绿的永恒圣水的故事。亚历山大带去的大批人马都在寻找圣水的过程中先后死亡，孤独的亚历山大最终明白寻找圣水的徒劳，以放弃此举而告终。

《亚历山大传》译本究竟译自何种文字已无从查考。目前只有根据作品中对主人翁名字的戏称猜测可能译自阿拉伯文，有人认为译自波斯文，也有人认为转译自古突厥文或畏兀儿文。这有待进一步研究和考证。

《亚历山大传》译本手抄本字体与 13 世纪回鹘蒙古文石刻文相比显然有所不同，即有字体的某些变化，如词中的 de 或 te 的写法由过去的开口形变为闭口形等。

《亚历山大传》译本译文中明显夹杂着波斯语、天竺语、阿拉伯语、突厥语、畏兀儿语的一些词汇。

《亚历山大传》译本对于研究元代文学交流、多语言接触都有参考价值。

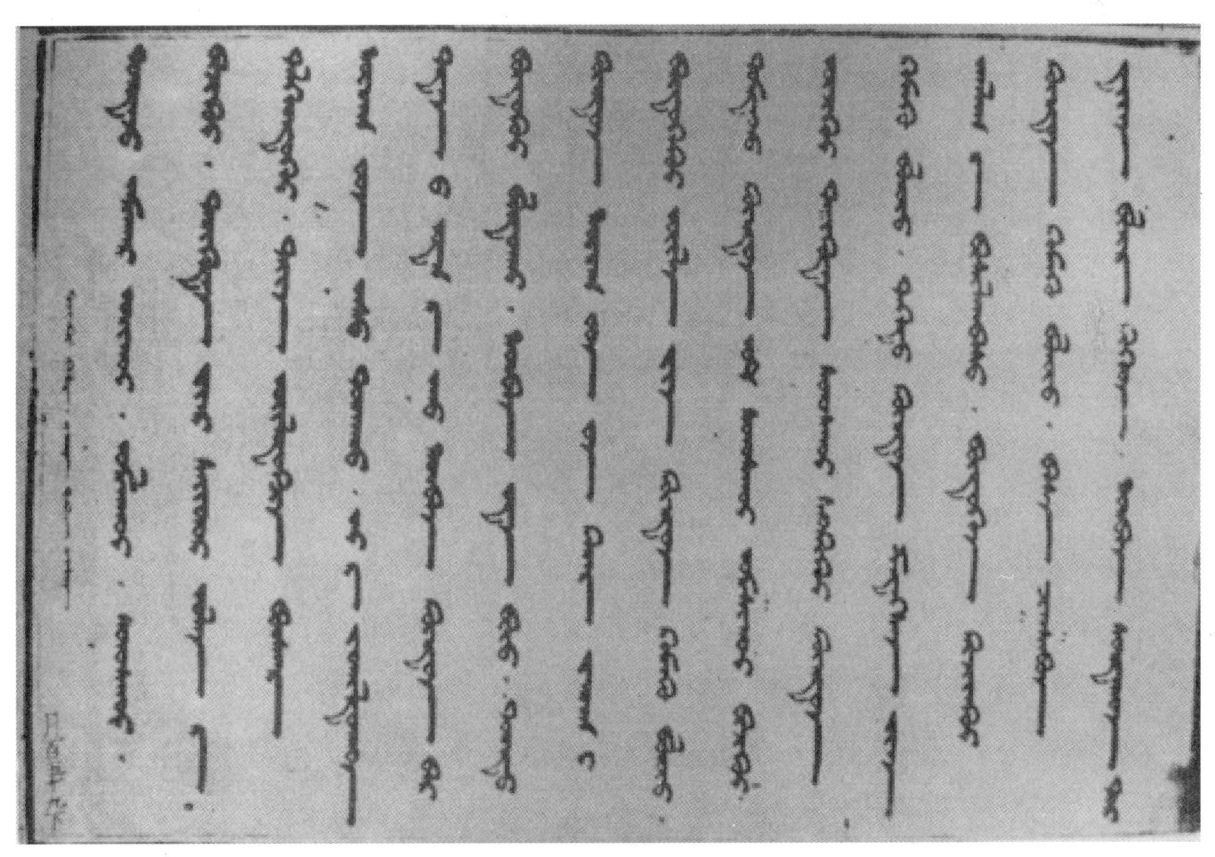

图 6-19　《〈入菩提道行经〉注疏》

《〈入菩提道行经〉注疏》亦称《释入菩提道行经》，为 14 世纪佛经古籍。

---

① 1959 年《哈佛亚洲研究杂志》(HJAS) 第 1—99 页。

古印度大乘佛教论师寂天大师（约650—750年）在7世纪编撰了《入菩提道行经》。1299年元朝著名佛经翻译家搠思吉斡节尔①完成了《入菩提道行经》的注疏。1312年搠思吉斡节尔的《〈入菩提道行经〉注疏》在元大都以木刻版刊行，共发行1000册②。

20世纪上半叶德国考察队从新疆吐鲁番发现了《〈入菩提道行经〉注疏》的后12页（共24页）。此存稿现存于德国柏林市。

1953年德国蒙古学家海涅什以《1312年佛经残片》为题首次发表研究论文并刊布其残片原文，引起世人关注。是年，美国著名蒙古学家F.W.柯立甫也在《哈佛亚洲研究杂志》第17卷上刊登文章并刊布原文。

比利时田清波和俄罗斯的库瓦列斯基都曾经注释和解读过《〈入菩提道行经〉注疏》。其中，有不少词语被确认。

1983年我国著名回鹘蒙古文专家道布在《回鹘式蒙古文文献汇编》中收录搠思吉斡节尔《〈入菩提道行经〉注疏》，并注释其中的53个词语。

现存《〈入菩提道行经〉注疏》是从第四章第155项后半部到第四章第196项。也就是说，完整保存下来的只有第四章的部分内容。

木刻版《〈入菩提道行经〉注疏》对折开印，每面有14行字，每行字数不等，版框为四周双线，内线细外线粗，页码以汉字标记。章节目次的字号小于内部行文是此木刻刊本的一个显著特点。

搠思吉斡节尔以生动通俗的比喻、优美流畅的语言对大乘佛教哲学观念和基本教义教理进行了深入浅出的注疏和诠释。搠思吉斡节尔生动准确的语言对佛经翻译产生了长远的影响。

《〈入菩提道行经〉注疏》对于研究13世纪蒙古语和佛经注疏具有重要的参考价值。

银质金字牌符是大蒙古国第二代皇帝窝阔台可汗之孙俺都剌③的信牌，也是早期回鹘蒙古文重要文物之一。此信牌现存于俄罗斯列宁格勒市。

银质金字牌符1845年出土于俄罗斯境内第聂伯河附近。

银质金字牌符是用纯银制作的长椭圆形造型美观的珍品。牌符顶端刻有虎纹形装饰图案，图案下方有为系挂而设计的圆孔，在圆孔下边刻有两行回鹘蒙古文字，刻字用金粉粉刷。牌符正反面都有刻字。正面刻有"凭长生天之力，受大福之佑护"几个字，反面刻有"俺都剌命令谁敢违背有过或死罪"④几个字。

《元史》卷一百八里记载："然初制简朴，位号无称，惟视印章，以为轻重。"俺都剌大王令牌的威慑之力可见一斑。

A.M.波兹德涅耶夫曾发表过《阿卜杜剌令旨牌背面的故事（金帐汗国1362—1369）》⑤。

对令牌拥有者俺都剌的事迹有待进一步研究和考证。

---

① 生卒年不详，公元13、14世纪著名语言学家和翻译家。一生著述颇多，但大部分都已失传。在元朝元贞至至大（1295—1311）年间从藏文翻译《入菩提道行经》、从梵文翻译《五护符》并作跋。曾经还编著《蒙文启蒙》这部早期蒙古语语法著作，对回鹘蒙古文的正字法和拼写方法有较系统的阐述，对回鹘蒙古文的规范产生了积极影响。
② 《入菩提道行经》译本结尾四行诗中记载：奉皇帝圣旨，鼠年夏，首月初一始，于大都白塔寺印刻《〈入菩提道行经〉注疏》1000册，嘉惠众人，皇庆元年。元皇庆元年即公元1312年。
③ 窝阔台第七子灭里大王之次子。《元史》称俺都剌大王。
④ 又有译写"若谁不从要问罪以至死罪"者。
⑤ A.M.波兹德涅耶夫《讲义》第124—125页，阿卜杜剌即俺都剌。

图 6-20 银质金字牌符

图 6-21 《高昌馆课》

《高昌馆课》是 15—16 世纪由高昌馆汇编的汉文、回鹘蒙文对照的公文集，约成书于明朝成化年间至嘉靖年间（1465—1566）。为高昌馆学员学习和掌握汉文、回鹘蒙文互译技巧而编辑成册，全书共四册，共收录政令和奏文 42 件。全书共 40 页，每半页有 7 行字，行书从右向左。该公文集用回鹘蒙文直译汉文，以致译文晦涩难懂，但是词汇对应却清晰明了，对于了解明代回鹘蒙文词汇以及对汉语的译语对应关系具有较高的参考价值。

1983 年道布将其收录于《回鹘式蒙古文文献汇编》，并对其中许多难懂的词语做了较详细的注释，还原回鹘蒙文的书写格式，从左到右，以便于释读和利于研究。

此文献对于研究和了解明代社会、政治状况等同样具有一定的参考价值。

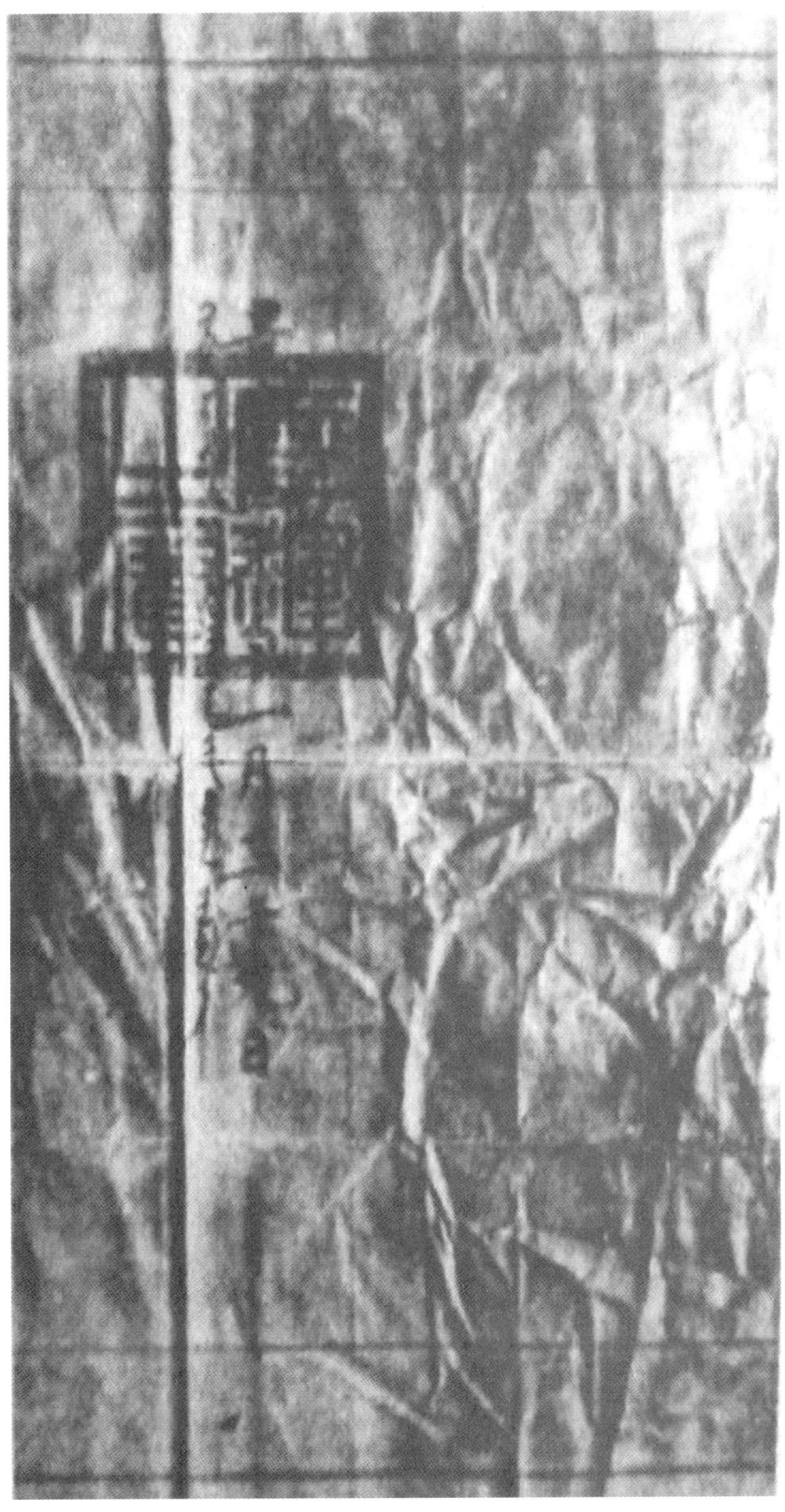

图 6-22　明朝代宗朱祁钰向阳力耳吉下达的圣旨

明朝代宗皇帝朱祁钰（1450—1456年在位）于景泰九年（1453年）向西域拉尔①头目阳力耳吉下达圣旨。圣旨写在一幅四周有花纹图饰的绢上面，共有21行字。现存于土耳其伊斯坦布尔市托普卡匹博物馆②内。此馆馆长塔克辛沃泽③在《土耳其纺织品与绫》一文中首次公布圣旨实物和原文。

圣旨的内容：阳力耳吉世代居住西域，但仍尊天敬祖先，不辞万里派人进谒。为表彰其忠诚之心特赏绸缎，并列出清单。

圣旨对研究回鹘蒙古文文献载体、15世纪回鹘蒙古文字体都有一定的参考价值。

图 6-23　《卫拉特法典》

《卫拉特法典》亦称《1640年蒙古卫拉特法典》，音译为《察津毕其格》。是一部用回鹘蒙古文写的17世纪著名的地方性法典。

明崇祯十三年（1640年）准噶尔部诺颜额尔德尼巴图尔洪台吉召集卫拉特部28位汗与诺颜共同商讨制定了《卫拉特法典》。法典的制定旨在安定内部，加强团结，维护封建秩序，保护封建主和上层喇嘛的利益，共同抵御外部威胁。

法典原文未分章节。法典主要内容包括关于内政、外敌、驿站和使者、宗教、特权、狩猎、道德、杀人、遗产、抚恤、婚嫁、盔甲赋、小偷与骗子、养子、叛逃者、狂犬与狂犬病患者、牲口致伤、火灾与水灾、债权、走失与牲畜、淫荡、吵架与挑衅、宰畜与救畜、救人与抢人、被告与证据、搜捕、

---

①　地名音译。今伊朗鲁里斯坦。阳力耳吉为鲁里斯坦长官。
②　馆名音译。原文为：Topkapi。
③　人名音译。原文为：Tshsinoz。

受贿等的有关认定和处罚条款。法典后附噶尔丹洪台吉两道旨令和栋日布拉希德系列补充规定。

此法典的原件和副本都已经失传，现存的是托忒蒙古文抄本。内蒙古社会科学院图书馆和内蒙古社会科学院历史研究所都藏有托忒蒙古文手抄本。

对《卫拉特法典》国内早有关注，有不少研究论文涉及其内容和意义以及它在蒙古族法学研究中的重要地位。1985年蒙古族学者道润梯步用现代蒙古语校注出版了《卫拉特法典》，为研究人员提供了第一手材料，推动了研究的深入。

《卫拉特法典》早在18、19世纪就引起外国学者的兴趣和关注，他们分别将其译成本国语言出版。1778年由德国的巴拉勒斯整理出版的《蒙古族历史资料选》中就有《卫拉特法典》的德文全译。1880年俄罗斯的嘎尔斯通斯基用俄文翻译出版了《卫拉特法典》。1929年英文出版的名为《蒙古部习俗》书中有《卫拉特法典》的节译。1967年日本田山茂在的《蒙古法律研究》一书中全文翻译了《卫拉特法典》。1981年俄罗斯的戴力库夫把托忒蒙古文还原为回鹘蒙古文并附俄文全译出版了《卫拉特法典》。

具有独特地方色彩的《卫拉特法典》不仅为研究蒙古族法典提供了珍贵的资料，而且还为研究蒙古族社会、政治、经济、历史、军事、民俗、宗教、道德观念等提供了详备的资料，尤其是对研究蒙古族法律由习惯法走向成文法的历史进程具有特殊的意义。

图 6 - 24　宽温仁圣皇帝信牌

宽温仁圣皇帝信牌是清代满、汉、蒙三种文字合璧的使臣信牌。圆牌直径约4.5厘米，加上外饰圆牌高8.5厘米、宽6.4厘米。

回鹘蒙文在圆形信牌的右侧，共有7个字和2个附加成分，全文为宽温仁圣皇帝信牌的蒙古文译文。中间是8个汉字，左侧是6个满文字。三种文字都刻在红漆木上并涂上黄色颜料。

木质圆牌色彩艳丽，做工精细，字体工整。信牌外环装饰上部有系绳的圆孔，圆孔之下在绿底上浮雕出五爪金龙。红底圆牌用绿色外环装饰格外醒目。圆形信牌基本完整，只是左侧外环装饰的漆稍有脱落。

后金天聪十年（1636年）四月十一日后金诸贝勒、满蒙汉大臣及蒙古16部49旗封建主坚请努尔哈赤之子皇太极登基称帝。皇太极在盛京隆重聚会登基称帝，定国号为大清，改元崇德，并受满、蒙、汉大臣们恭奉的"宽温仁圣皇帝"尊号。史称皇太极为清太宗。

从满蒙关系史看，清太宗皇太极从崇德三年（1638年）至五年（1640年）的两年多时间内前后三次遣使漠北札萨克图汗素班第[①]传谕圣旨，迫使札萨克图汗素班第迅速降清称臣。清太宗皇太极的三道圣旨均存于《清内秘书院蒙古文档》内。三道圣旨的两道圣旨抬头都用了"宽温仁圣皇帝御旨"字样。看来，宽温仁圣皇帝信牌或许是清太宗皇太极三次遣使漠北札萨克图汗部时所使用的信物。

宽温仁圣皇帝信牌对于研究清代回鹘蒙古文字体变化与信息传递手段都有一定的资料价值。

图6-25 《阿勒坦汗传》

---

① 汉文史料中写为素巴第。

《阿勒坦汗传》是韵文体史传文学古籍，原稿是经卷式本，1958年道荣尕等四人发现于东乌珠穆沁旗。《阿勒坦汗传》亦称《俺答汗传》，达颜恰著。此传主要以编年体形式详细记述蒙古土默特部封建领主阿勒坦汗的生平事迹和弘扬佛教使西藏黄教在蒙古地区广泛传播、与明朝通贡互市的历史业绩。约成书于17世纪初。后经无名氏修改而得以推广。

因作者达颜恰亲历阿勒坦汗的许多政治、宗教、日常活动，所记述事件真实可信。学界认为《阿勒坦汗传》可补《黄金史纲》《明实录》等关于阿勒坦汗事迹与历史记载的不足，可视为研究明代蒙古和蒙古喇嘛教历史的重要史料。此独本现收藏于内蒙古社会科学院图书馆。

《阿勒坦汗传》研究主要始于20世纪80年代。1984年珠荣嘎出版了《阿勒坦汗传》。1987年日本森川哲雄出版了《〈阿勒坦汗传〉研究》。1991年珠荣嘎汉译注释《阿勒坦汗传》出版。1998年日本吉田顺一译注《阿勒坦汗传》问世。2002年敖·达尔玛巴斯尔《转轮王阿勒坦汗传研究》面世。2003年贺希格陶克陶先后发表几篇有关《阿勒坦汗传》的学术论文，论文涉及版本、发现过程、释读等几个方面的问题。

图 6-26 彻辰汗令牌

彻辰汗令牌为圆形刻字木质牌，是 16 世纪重要回鹘蒙古文文献。

圆牌直径约为 4.6 厘米，圆牌上部有便于系带腰挂的圆孔，云纹图饰在圆孔之下。加上外部环饰圆牌高 8 厘米、宽 5.8 厘米。背面红底上刻有彻辰汗令牌的 3 个蒙文字和 1 个附加成分。

圆牌上有从左向右书写的 12 行回鹘蒙古文。令牌上盖有红色四方形的官印，印文共有 6 行满文，因印章盖在行文上面不太好辨认。令牌行文第一行有蒙古文开头的符号，下边是皇帝旨令内容。最后是落款和颁发时期，即彻辰汗五年初春。

令牌的主要内容：凡是奉命办案的使臣在犯人所在旗里可以用马匹、可以用饮食，不涉案的旗里不可用马匹、饮食，否则视为犯法。不得对无信牌者提供马匹、饮食，倘有违者押送上交之。为朝廷行走者在所到旗均可用马匹、饮食。

此令牌目前尚未有人释读和研究。令牌的颁发者彻辰汗还有待确定。令牌上彻辰汗的回鹘蒙古文原文是 ，在蒙古族历史上唯独元世祖忽必烈享有此号，汉文写作"薛禅皇帝"。"薛禅"是"贤者"或"智者"的意思，曾经是蒙古社会的一种称号。根据行文中出现的"旗" 一字可推断不会是"薛禅皇帝"忽必烈，因为盟旗制度是清代的产物，因此可以确定此令牌不是元代的，而是清代的。另外，回鹘蒙古文文献中皇帝、可汗、汗即 与 的称号混用现象时有发生。回鹘蒙古文中的 相当于皇帝和可汗，皇帝是意译，可汗是音译， 只能音译成汗。因此，区分两者事关重大。在蒙古社会乃至北元时期 与 又同时存在。《黄金史纲》汉译①中采取"可汗即了大位"的方法区分部落汗和北元可汗，部落汗是世袭的，因此用"继承汗位"来表达，以此揭示了两者的根本区别。

此令牌的颁发者不是喀尔喀部彻辰汗部的汗，而是北元时期布颜彻辰可汗（1555—1603 年）。布颜彻辰可汗是图们札萨克图可汗之长子，在明人记载里称之为不燕台吉或不言台吉。在位时间是 1593—1603 年。

关于布颜彻辰汗，《蒙古源流》《黄金史纲》《水晶珠》《大黄册》等蒙古历史古籍都有一些简略的记载。其中《蒙古源流》的记载稍微详细一些：札萨克图可汗长子，名布颜。乙卯年（1555 年）生。癸巳年（1593 年）三十九岁时即了大位。癸卯年（1603 年）四十九岁时卒。在位 10 年。在记述其功德时云："政教并举，使大汗国国泰民安。"那么彻辰汗五年应该是 1597 年。

信牌行文回鹘蒙古文具有北元时期手写体特征，雕刻工整清晰。此信牌保存完整，色彩艳丽，制作精良，是一件难得的珍贵文物。

朝克图（1581—1687 年）台吉崖刻诗是 17 世纪上半叶重要文学古籍。蒙古喀尔喀部朝克图台吉创作于 1621 年秋。全诗共 7 段 28 行。1624 年朝克图台吉近侍岱青、固阳刻于石崖。崖刻前面书有庚酉年秋初月廿一日，朝克图台吉在杭盖山之北行猎时骑着花斑马登高东望，想起姑母非常伤感而吟作。两位刻诗者说明了朝克图台吉的创作动机和创作地点。

崖刻诗现存于蒙古国中央省德力格尔罕苏木境内，至今保存完整。

朝克图台吉崖刻诗的发现者是 B.L. 库帖齐，他在喀尔喀旅行时，在当时的米希格公旗道图哈拉朝鲁的地方抄下此诗。1925 年 P.K. 考札罗拍照全文。著名蒙古学家符拉基米尔佐夫以 B.L. 库帖齐的抄本与 P.K. 考札罗的照片研究朝克图台吉崖刻诗，于 1926 年发表其研究成果《喀尔喀部朝克图台吉崖刻诗》，并首次刊布全文。

朝克图台吉以富含哲理的优美语言抒发其对远在翁牛特旗的姑母的深切怀念，寓意双关地表达了对内外蒙前途命运的担忧和互助友爱的深情。

---

① 贾敬、颜朱风：《汉译蒙古黄金史纲》，内蒙古人民出版社 1985 年版。

图 6-27 朝克图台吉崖刻诗

诗文是：

上界诸王所在的天部，
和人间汗主居住的地面，
虽然天上和地下不同，
福乐和友爱的追求是一样的。

斡难河痼疾缠身的姑母，
和斡尔坤士（刺）患病的我，
虽然远在喀尔喀和翁牛特，
相互思念的心情是一样的。[1]

生动具体的比喻使人心领神会。
朝克图台吉崖刻诗为研究蒙古族抒情诗的产生与发展提供了重要可靠的资料。

---

[1] 译文选自范丽君汉译《蒙古人的文字与书籍》，内蒙古人民出版社 2004 年版，第 101—102 页。

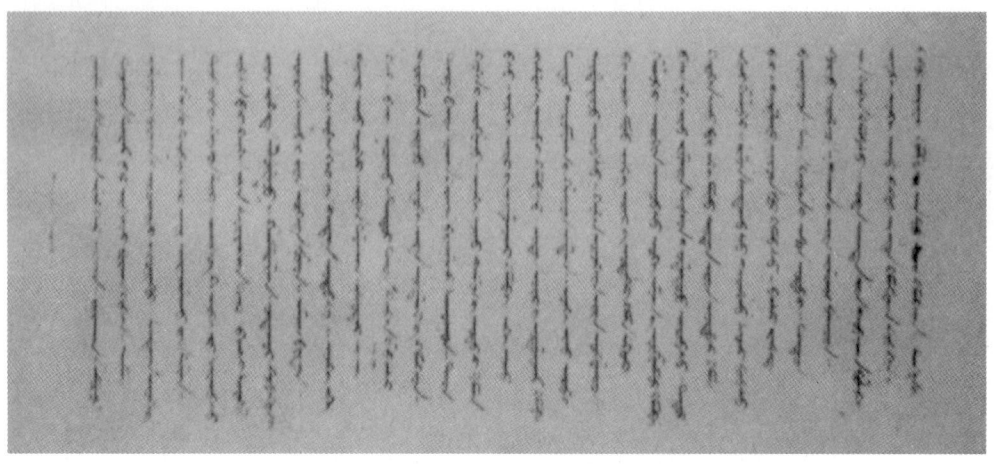

图 6-28 《黄金史纲》

《黄金史纲》是蒙古族重要历史古籍。著者佚名,约成书于明末①。

《黄金史纲》主要记述蒙古族古代历史和明末林丹汗时期的历史与诸汗源流。其中,作者比较详细地记述了成吉思汗、俺答汗的历史事迹与东部、卫拉特封建主之间的斗争。但是,从俺答汗到林丹汗的这段历史却写得比较简略。

作者在《黄金史纲》中以佛教生死轮回的观念将蒙古族的祖先与古印度、西藏皇帝和法王联系在一起,认为蒙古族的祖先来自萨迦家族,显然有些牵强附会,可是这种观念却一直影响了 17—19 世纪的蒙古历史著作。

俄罗斯学者葛拉桑贡布耶夫早在 1858 年就将其以《蒙古编年史——黄金史纲》为名首次刊印,其回鹘蒙古文本并附俄文译本出版。1925 年北京蒙文书社以《成吉思汗传》为书名刊行回鹘蒙古文本,1929 年再版时书名改为《圣成吉思汗传》。1941 年日本学者小林高四郎译成日文时将书名定为《黄金史纲——蒙古编年史》,1941 年重新修订再版时取名为《蒙古黄金史纲》。1955 年英国蒙古学家鲍登译成英文,并校勘和注释,书名为《蒙古编年史——黄金史纲》。1980 年留金锁校注《黄金史纲》由内蒙古人民出版社出版。1985 年贾敬、颜朱风译注的《汉译蒙古黄金史纲》由内蒙古人民出版社出版。《黄金史纲》尽管带有浓厚的佛教色彩,对研究明代蒙古族历史仍具有重要的参考价值。

图 6-29 《黄金史》

---

① 留金锁校注《黄金史纲》前言称其成书于 1625 年,内蒙古人民出版社 1980 年版。

《黄金史》亦称《蒙古黄金史》，蒙古族高僧罗布桑丹津著，约成书于17世纪后半期至18世纪前半期，是17、18世纪重要的回鹘蒙古文历史古籍。

原稿发现于1926年。蒙古国札木扬（1846—1930年）在东方省巴颜图们旗台吉达理手里获得《黄金史》原稿。1937年《黄金史》分上、下两册在乌兰巴托出版发行。从此，该孤本进入学者们的视野，引起学术界广泛的关注。

1952年美国F. W. 柯立甫在哈佛大学影印出版，以一册本收录于《蒙古古代文献丛书》第一辑内。1957年蒙古国舍·沙格德尔以基利尔文①再版《黄金史》。1973年俄罗斯沙斯金娜注释、翻译《黄金史》在莫斯科出版。60年代美国籍蒙古人札奇斯钦根据哈佛本汉译《黄金史纲》刊登在台湾东亚学术研究计划委员会年刊第二期上。之后，札奇斯钦又经过多次修改，以书名为《蒙古黄金史译注》在台湾出版。

1936年彻·车班首先撰文研究《黄金史》的作者和作品。1951年田清波为F. W. 柯立甫即将出版的《黄金史》写序，主要探讨其成书年代，他认为成书于约1649—1736年。舍·毕拉在《13—17世纪蒙古历史文献》一文中肯定了其史料价值。

1983年却吉研究员校注《黄金史》并写导论，首次在国内以回鹘蒙古文出版。

罗布桑丹津除参考无名氏《黄金史纲》的内容之外，还利用《蒙古秘史》的记载，对整个蒙古族的历史做系统概述的同时补充了明末清初的历史，对后期蒙古历史的体例与内容都产生了较大的影响。《黄金史》与《蒙古秘史》《蒙古源流》已成为蒙古族的三大历史著作。《黄金史》尤其对明代蒙古史的研究具有重要价值。

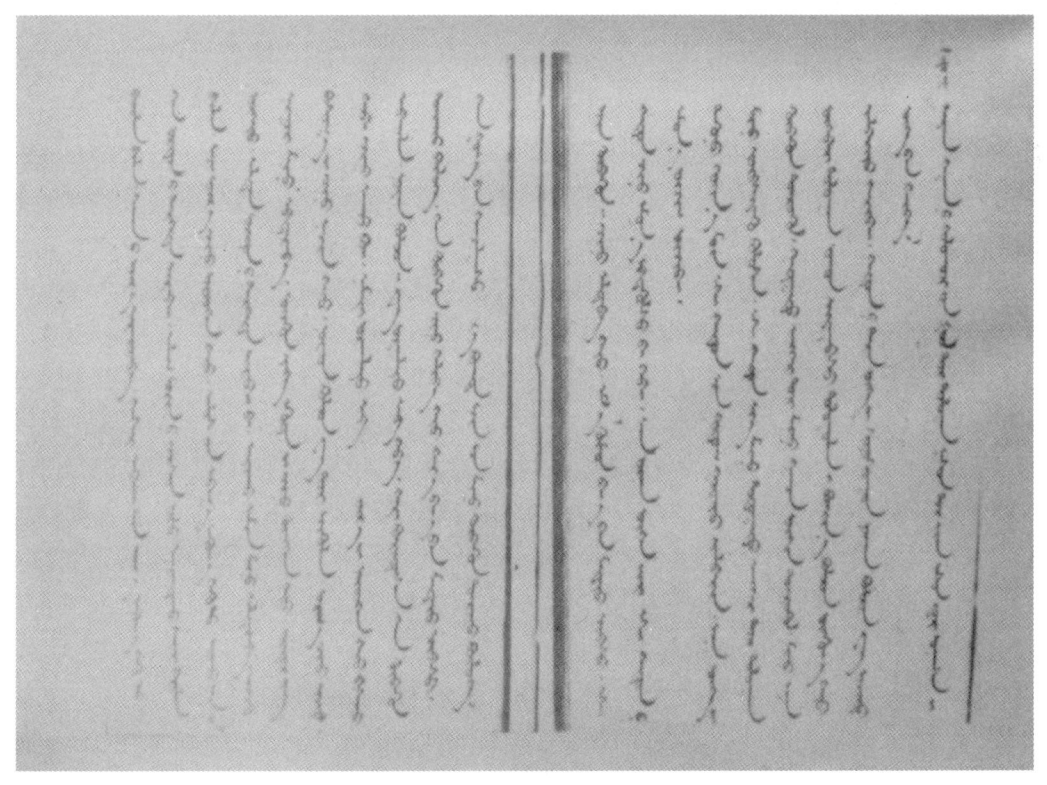

图 6-30　《蒙古源流》

---

① 也有写作西里尔、吉里尔的，新蒙文的改称，实指斯拉夫文。

《蒙古源流》是 17 世纪蒙古编年史中珍贵的一部历史文献。成书于 1662 年，作者是蒙古鄂尔多斯部萨囊彻辰洪台吉。

　　内容以印度和西藏诸王世系、佛教的起源和传播、蒙古族社会的起源和蒙古部落的崛起、成吉思汗及蒙古帝国、元朝诸帝事迹、东西部蒙古部封建主的纷争为主。其中对达延汗及俺答汗时期历史事件和西部蒙古诸部的历史事件的记述尤为详细。

　　《蒙古源流》以手抄本形式广泛流传而出现十几种不同版本，其中主要版本有：

　　（1）故宫版本，书名为《印度、西藏、蒙古诸汗源流》。

　　（2）施密特本，书名为《诸汗根源之珍宝史纲》，1829 年以《东蒙古及其王室史、鄂尔多斯萨囊彻辰洪台吉撰》[①] 为书名在圣彼得堡出版。

　　（3）库伦本，蒙古国国立图书馆所藏竹笔写本，其名为《诸汗根源之珍宝史纲》[②]，1961 年在乌兰巴托出版。

　　（4）海涅什本，指德国人海涅什于 1928 年从乌兰巴托带走的库伦本的影印件，1955 年以《萨囊彻辰蒙古史的库伦抄本》为书名在柏林出版。

　　（5）喀喇沁本，此本书名为《蒙古部族先祖史》，日本人藤冈胜二氏把此本译成日文并注拉丁文读音，于 1940 年在东京出版。

　　（6）田清波本，是指田清波从鄂尔多斯带走的三种手抄本，1956 年他加以法文长篇导言和附录以《额尔德尼·因·托卜赤——萨囊彻辰编年史》为书名在美国哈佛大学出版。

　　（7）阿剌黑·苏勒德本，是 1954 年墨尔根巴特尔从鄂尔多斯鄂托克旗阿剌黑·苏勒德发现的竹笔写本，后以《诸汗根源之珍宝史纲》为书名影印出版。

　　（8）1694 年抄本，是 1963 年从内蒙古巴盟乌拉特旗吉尔嘎朗图庙发现的。此本为经卷式，长 63 厘米、宽 11 厘米，66 面 132 页。

　　《蒙古源流》已有汉译本和满译本。汉译本有根据满文译本翻译的《钦定蒙古源流》[③] 和道润梯步新译校注《蒙古源流》[④] 两种。满译本是根据喀尔喀亲王成衮扎布呈献于乾隆皇帝的复抄本[⑤]翻译而成的《蒙古诸汗之源流》。

　　最早研究《蒙古源流》的是我国学者。1927 年特睦格图译注的《译注蒙古源流》在由他创办的北京蒙文书社出版发行。在 20 世纪 30 年代沈曾植、王国维、张尔田等人对这部历史文献进行过研究[⑥]。陈寅恪对《蒙古源流》的研究较为深刻，引起国内外同行的关注。新中国成立后，周清树、额尔德尼巴雅尔、留金锁等人都曾发表过颇有见地的研究论文。

　　最先把《蒙古源流》传播到西方的人当属俄国的诺瓦谢洛夫。他在北京购得一种蒙古文抄本[⑦]，转送给施密特。施密特在《东方富原》杂志上首次向西方介绍了《蒙古源流》。1829 年，施密特注释德译《蒙古源流》在圣彼得堡出版。1933 年德国的海涅什把他从北京图书馆拍摄的满文本注释标音之后在德国莱比锡出版。1959 年海西希在《蒙古民族与宗教历史文献》一书中介绍了《蒙古源流》。比利时田清波 1955 年在美国哈佛大学就《蒙古源流》作者问题发表了三篇论文。日本学者对《蒙古源

---

　　① 施密特以 1776 年喀尔喀亲王成衮扎布呈献于乾隆皇帝的蒙文复抄本为蓝本。1777 年此本奉命译成满文，并由满文译成汉文，分 8 卷，名《钦定蒙古源流》，收入《四库全书》史部杂史类。

　　② 那顺巴拉珠尔以库伦本为底本，以土谢图汗家藏竹笔写本、札木扬抄本、蒙古国国立图书馆另一抄本为蓝本加以校勘出版。

　　③ 1977 年以文殿阁版发行。

　　④ 1981 年由内蒙古人民出版社出版。

　　⑤ 1776 年译。

　　⑥ 他们的论文收集于《蒙古源流笺证》一书，1933 年由商务印书馆出版。

　　⑦ 约 1795—1807 年抄本。

流》的研究比较深入。1940年，日本学者江实将满文《蒙古源流》译成日文在东京出版。日本的冈田英弘的研究论文《〈蒙古源流〉年表稿》[①]、石滨纯太郎的《蒙古源流札记》[②]、佐口透的《库伦本蒙古源流一斑》[③]等论文较有影响。俄罗斯波兹德涅耶夫、符拉基米尔佐夫、柯瓦列夫斯基、沙斯提娜等都曾发表过重要研究论文。蒙古国对《蒙古源流》的研究成果显著，自那顺巴拉珠尔出版库伦本以后，那楚克多尔吉、普尔莱、毕拉、察干等学者都发表过很多有学术价值的研究论文。

《蒙古源流》在国内的研究正在不断深入。1981年由内蒙古人民出版社出版了汉文版的道润梯步新译校注《蒙古源流》，1987年民族出版社出版了蒙古族学者呼和温都尔校注的《蒙古源流》。纳古单夫的《蒙文三大历史文献述略》、乔吉的《蒙古历史文献要览》等文对《蒙古源流》的不同版本以及史料价值都做了详尽的介绍。留金锁《十三世纪—十七世纪蒙古编年史》一文也对《蒙古源流》有较深入的研究。

《蒙古源流》是17世纪蒙古编年史中最完整的一部代表作，无论从内容还是体例，对后来的蒙古编年史都产生了较深的影响。《蒙古源流》为研究13—17世纪蒙古族的历史和语言提供了宝贵的资料。

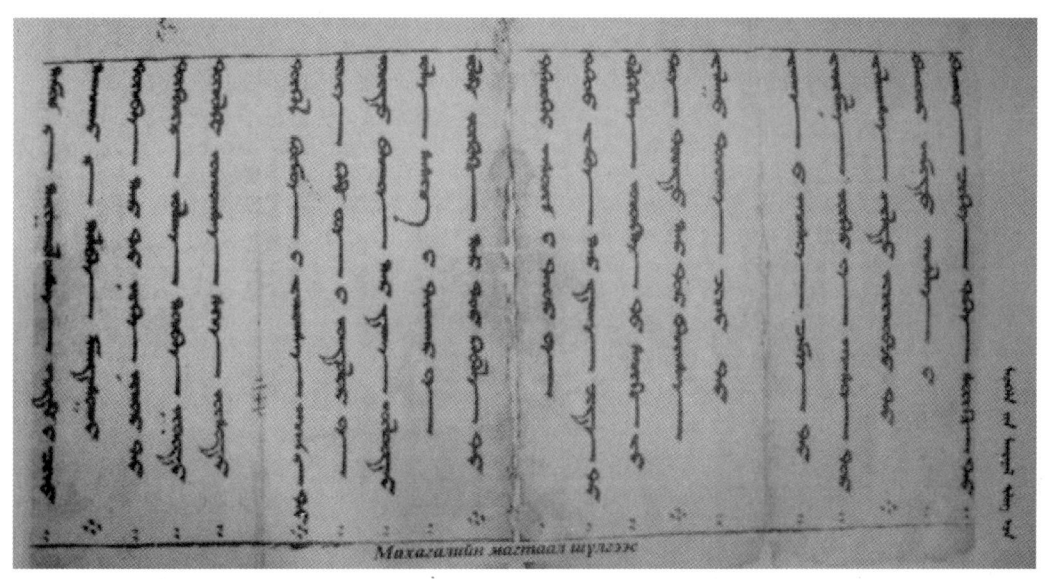

图6-31　《大黑天颂》

《大黑天颂》是14世纪搠思吉斡节尔用回鹘蒙文写的佛教颂歌。1902年德国探险队从吐鲁番发现其稿的木刻版残片4张，上有69行诗文。

大黑天是元朝主神祇、主祭佛，忽必烈曾钦命制造金制大黑天塑像供奉，此像一直流传到林丹汗时期。它是蒙古统治者最推崇的"三金"之一，即金制大黑天、金书《甘珠尔》、金汗玺。

《大黑天颂》主要赞颂大黑天威武的身躯、富贵的装束、神奇的坐骑、气吞山河的威势、掌控日月的能量、禳退灾害的本事、变幻莫测的法术、惩治邪教的功德等。颂歌语言优美、情感诚挚、韵律上扬，具有浓郁的佛教文化色彩。

《大黑天颂》对研究元代回鹘蒙文、元代诗歌创作以及木刻版蒙文文献都有一定的参考价值。

---

① 见《史学杂志》第71卷第6号。
② 《北亚细亚学报》第1辑。
③ 《民族学研究》第1卷第4号。

图 6-32　《咱雅班迪达传》作者画像

《咱雅班迪达传》是 17 世纪高僧传记古籍，拉德那巴达拉著，成书于 1690 年。《咱雅班迪达传》的全称为《兰占巴咱雅班迪达传月光》，原稿是用托忒蒙古文写成的。不久便有了回鹘蒙古文本[①]。

咱雅班迪达那木海扎木苏（1599—1662 年）不仅是蒙藏兼通的高僧，还是托忒蒙古文字的创制者。他的传记由弟子拉德那巴达拉在他去世 28 年后写成。传记主要记载那木海扎木苏一生的宗教活动、文化活动与政治活动，详细叙述其生平与业绩，突出其不仅是一个学识渊博的高僧，还是一个社会文化活动家的一生。传记还从另一个侧面反映了当时卫拉特蒙古部的社会状况。

《咱雅班迪达传》的手稿分布在俄罗斯、蒙古国、我国新疆维吾尔自治区、内蒙古自治区、北京等国家和地区。

新疆德格县共有两个手稿，那尔麦·巴德玛手中有一部，另一部 1983 年发表在《汗腾格里》上。

在俄罗斯有四种抄本。一是纳楚克贝子手稿。这是 1910 年俄罗斯著名学者布尔都库夫从蒙古国科布多省发现的抄本，现存俄罗斯科学院亚洲研究所列宁格勒分所。二是沙尔曼讷吉夫获得的当时奉和硕特部诺颜车仁扎布图们之命用金粉书写本。三是波兹德涅耶夫于 1876—1879 年在蒙古旅行时获得的抄本，现存其私人收藏中，与沙尔曼讷吉夫抄本内容完全相同。四是诺缅佐夫手抄本，是 1936 年上述三种抄本的校勘本，有评注。

在蒙古国有三种抄本。一是喀尔喀咱雅班迪达罗布桑普尔莱图书馆馆藏的回鹘蒙古文文本。蒙古国社会科学院曾经刊行过此稿。巴德玛叶夫认为内容与纳楚克贝子本大致一样，是从托忒蒙古文转写成回鹘蒙古文的一种文本。二是茫罕苏木托忒蒙古文本。这是 1963 年科布多省茫罕苏木旺其克·图布

---

① 喀尔喀部咱雅班迪达罗布桑普尔莱图书馆藏有回鹘蒙文文本。

腾赠予蒙古国社会科学院的抄本。1969年朝鲁以拉丁文注音，校勘分发给多位学者以供研究。

内蒙古大学和中国社会科学院民族研究所藏有喀尔喀部咱雅班迪达罗布桑普尔莱图书馆回鹘蒙古文本的转抄本。

《咱雅班迪达传》在很早以前就备受国际社会广泛关注。尤其是蒙古族学家们劳费尔、波兹德涅夫、冈斯通斯基、鲍培、李福清、诺缅佐夫都从不同角度研究过《咱雅班迪达传》。

蒙古国著名学者B.仁钦整理出版了喀尔喀部咱雅班迪达回鹘蒙古文本《咱雅班迪达传》。

俄罗斯卡尔梅克学者A.B.巴德玛叶夫专门研究在卡尔梅克的几种抄本并出版过专著。

美国的札奇斯钦1978年出版《蒙古与西藏历史关系之研究》[①]的论著，在第14章里专门介绍和评价咱雅班迪达那木海扎木苏。学界公认《咱雅班迪达传》是一种卫拉特简史，对于研究卫拉特历史与文化研究是不可多得的珍贵资料。

1982年马大正发表《厄鲁特蒙古喇嘛僧咱雅班迪达评述》的论文，主要探讨咱雅班迪达出家为僧的缘起及其西藏游学的经过及其对宗教、文化、政治活动的影响三个方面的问题[②]。

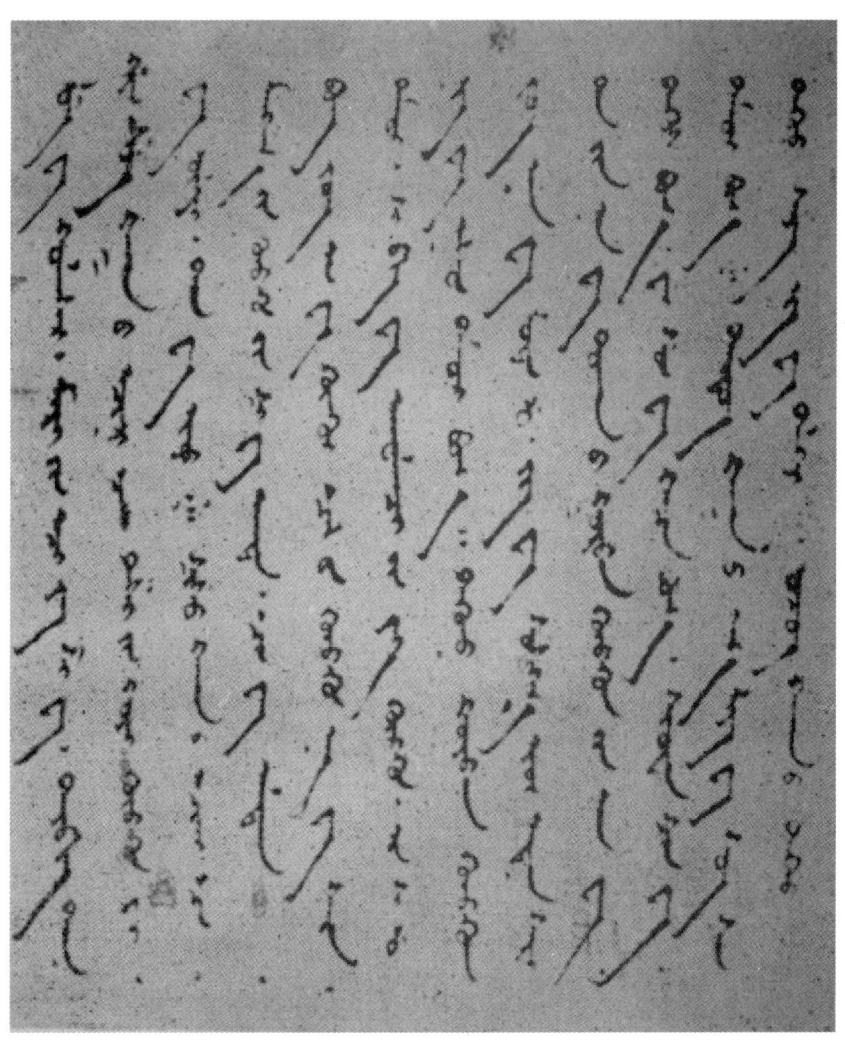

图6-33　《恒河之流》

---

① 正中书局1978年版。
② 《新疆大学学报》1982年第3期。

《恒河之流》的全称为《圣主成吉思汗黄金家族史恒河之流》。蒙古察哈尔部台吉贡布扎布（约1680—1750年）著，成书于清雍正三年（1725年）。

《恒河之流》原稿已失传，现存一种转抄本在俄罗斯社会院科学东方研究院。

1909—1910年，俄罗斯学者普彻库维斯基从察哈尔部阿巴嘎旗获得一种抄本，1960年将其影印出版，书名为《恒河之流》，并作序，还把原文中用满语、藏语书写的名词术语全部还原为蒙古语。此版因前一部分页码混乱未能理清，直接影响对原文的准确理解。

1980年内蒙古著名史学家却吉校注《恒河之流》，不但纠正了页码混乱之误，还以《贡布扎布及其〈恒河之流〉》之文作导言，其中有对著作和作者的客观的评价和表述。书后附作者贡布扎布的家谱。

《恒河之流》是以世袭谱形式记述成吉思汗黄金家族及其继承人的编年史。主要内容有两大部分。一部分为大蒙古国帝王历史和北元时期黄金家族继承人的历史概述，另外一个内容是记述清朝对黄金家族后人的世袭分封制。全书共两编，即开编和续编。在开编中分为察哈尔诺颜源流、苏尼特诺颜源流、西乌珠穆沁诺颜源流、敖汉奈曼诺颜源流、鄂尔多斯诺颜源流、土默特诺颜源流、浩齐特诺颜源流、克什克腾诺颜源流、扎鲁特诺颜源流、巴林诺颜源流、喀喇沁源流、鞑靼部源流、乌拉特源流、乌良海源流、喀尔喀源流；续编中又分茂明安诺颜源流、嫩科尔沁阿鲁科尔沁源流、四子王诺颜源流、乌拉特源流、青海厄鲁特源流、翁牛特源流、阿巴嘎诺颜源流。

贡布扎布编写《恒河之流》时主要参考了几种蒙古文史料和《资治通鉴纲目》等汉文资料，并以树干式形式表述蒙古源流[1]。

《恒河之流》对研究蒙古历史、蒙古世袭系谱均有史料价值。

《智慧之鉴》是18世纪翻译的理论古籍，也是翻译《甘珠尔》、《丹珠尔》、五明说的藏蒙对照翻译词汇。亦称《标准分类词典》。

清乾隆五十九年（1720年）审订完《甘珠尔》之后，着手准备翻译《丹珠尔》。作为此次佛经翻译的主持人章嘉呼图克图若比道尔吉率领蒙藏学校总监贡布扎布、嵩祝寺木刻版印刷所总管毕利贡达赖编纂翻译手册。1742年编成《标准分类词典》。这部藏蒙对照《标准分类词典》就是现在人们称为《智慧之鉴》的原书名。

《智慧之鉴》除原序之外分七章。第一章声明类、第二章工巧明类、第三章医方明类、第四章内明定慧类、第五章内明正见类、第六章因明类、第七章内明显藏论。全书注释五明要义并对照有关词汇。序言部分叙述以往《甘珠尔》《丹珠尔》的翻译历程的同时论述了翻译的方法论、标准、原则、风格等翻译理论问题以及处理名词术语的具体技巧、原则等问题。

陶·哈斯巴根的《贡布扎布与他的翻译理论》[2]、伍月的《〈智慧之鉴〉的翻译观》[3] 都从翻译理论遗产的角度探讨和研究其翻译理论与观点。

探讨藏汉翻译实践与《甘珠尔》《丹珠尔》翻译实践都值得参考《智慧之鉴》。

---

[1] 见《恒河源流》贡布扎布书末16行诗。内蒙古人民出版社1980年版。
[2] 《内蒙古师范大学学报》1988年第3期。
[3] 《内蒙古社会科学》2009年第4期。

图 6-34 《智慧之鉴》

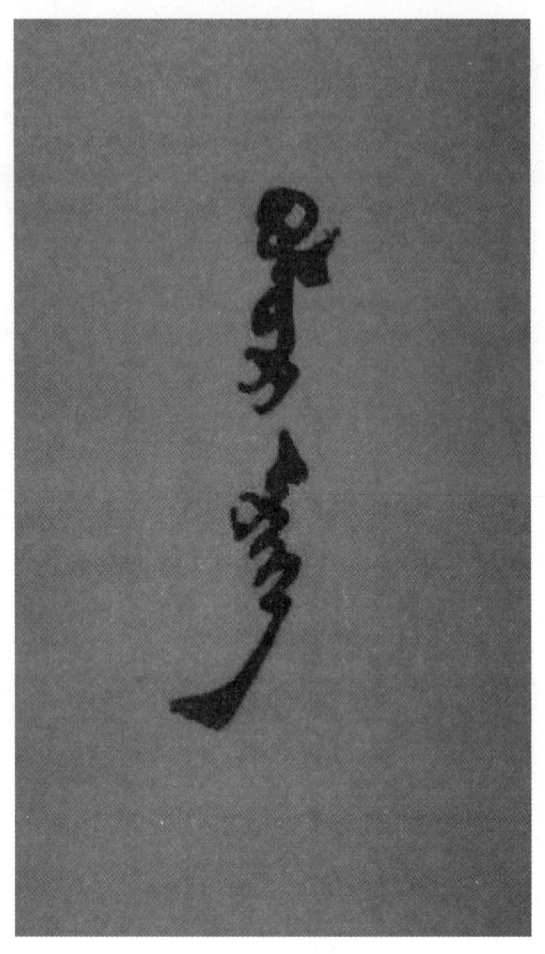

图 6-35 《水晶珠》

《水晶珠》是 18 世纪历史古籍，巴林台吉拉喜彭斯克著，成书于清乾隆三十五年至四十年（1770—1775 年），原书名为《大元水晶珠》。

全书共五章，外加蒙古历代皇帝表。第一章大蒙古国总述；第二章诸汗源流；第三章大元正册：1. 成吉思汗 2. 窝阔台汗 3. 贵由汗 4. 蒙哥汗 5. 薛禅汗 6. 完者笃汗 7. 库鲁克汗 8. 卜燕图汗 9. 葛根汗 10. 也先帖睦尔汗 11. 呼图格图汗 12. 札雅图汗 13. 懿璘质斑汗 14. 乌罕图汗 15. 毕力格图汗等 15 位蒙古皇帝；第四章后继诺颜们；第五章其他诺颜世系。附录蒙古历代皇帝表。原稿共 10 册。

《水晶珠》目前已发现的版本共 3 种。(1) 1941 年张家口誊写本共 17 册，书名为《水晶数珠史》（蒙古史略）；(2) 1946 年海西希出版了 1941 年张家口誊写本《水晶珠》第十册，内容不全；(3) 1951 年田清波哈佛本《水晶珠》，共 5 册。田清波哈佛本《水晶珠》实际上是以上三种本的合刊。

作者拉喜彭斯克主要根据《元史》满文译本与《续资治通鉴》等汉文史料编写蒙古史，虽然在细节描述方面详细了一些，但在人名地名对应方面出现了一些差错。

值得一提的是，拉喜彭斯克运用点评与批注的方式对蒙古历史事件与人物辨真伪、抑褒贬。他对历史人物与事件的客观、公证的评价是应该首肯的。

1985 年蒙古族学者胡和温都尔校译《水晶珠》由民族出版社出版。

1983年却吉发表《对拉喜彭斯克家族生平的说明》[①] 一文让人们重新关注拉喜彭斯克《水晶珠》。1988年5月发表《〈水晶珠〉与〈青史演义〉的关系》[②] 论及拉喜彭斯克《水晶珠》对尹湛纳希创作《青史演义》所产生的一定影响和《青史演义》的某些情节与《水晶珠》史实记载的某些联系。

拉喜彭斯克《水晶珠》对蒙古史尤其对喀尔喀部历史的研究具有一定的参考价值。

图 6-36 阿尔寨石窟残经

阿尔寨石窟残经名为《大乘教金甲经》，亦称《圣观音誉满经》，是手抄佛经袖珍本。1991年发现于内蒙古自治区伊克昭盟鄂托克旗阿尔寨石窟。是从阿尔寨石窟发现的壁画、壁题、藏经中的回鹘蒙文佛经。残经共2页，每页有10—11行字，每行有3—4个字。用毛笔写在毛边纸上。残经内容为只要虔诚地念诵圣观音经，心生大慈大悲的菩萨心就能化险为夷，阿尔寨石窟残经在字体方面明显带有16、17世纪回鹘蒙文手写体特征。

2008年恩和巴特尔在《关于〈大乘教金甲经〉两种手抄本》一文中首次公布残经书影，并与杨海英[③] 发现的《大乘教金甲经》内容逐一对照，认为阿尔寨石窟残经实际上是16世纪或17世纪在蒙古地区广泛流传的《大乘金甲经》的一部分内容的抄本。

阿尔寨石窟残经对研究蒙古宗教、蒙古人的宗教信仰有一定的参考价值。

阿尔寨石窟文献研究还在不断深入，阿尔寨石窟残经的确认有待进一步的考证和研究。

张氏先茔碑铭为大蒙古国时期荣禄大夫辽阳等处行中书省平章政事柱国追封蓟国公张应瑞先祖而立，钦命立碑于1335年[④]。此碑的上部书有八思巴字、下部有回鹘蒙文铭文。此碑现存于内蒙古赤峰市东北160公里的国公坟。

元朝元统三年（1335年）由翰林院侍讲学士张起岩和奎章阁供奉学士尚师简钦命拟铭文，奎章阁承旨学士起草，翰林承旨许师敬写额文，奎章阁供奉固始僧格蒙译，艺文监经筵官布颜帖睦尔书写回鹘蒙文。碑铭全文约5000字。

---

① 《内蒙古社会科学》1983年第2期。
② 《内蒙古社会科学》1988年第1期。
③ 杨海英：《比利时王国所藏蒙古文手写本》，静冈大学社会部《亚洲研究》第2期。
④ 根据碑铭汉文推断。

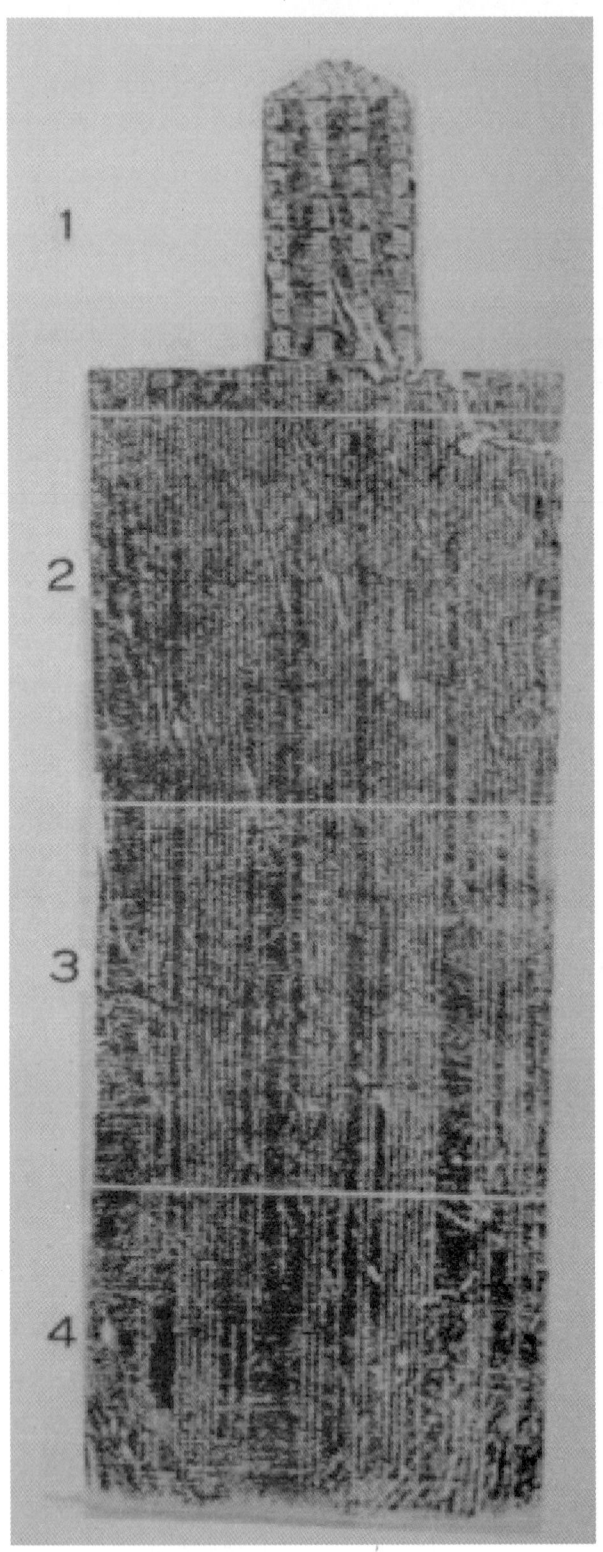

图 6-37 张氏先茔碑铭

此文献对研究元代官制与官名及翻译官名多有帮助。此外，对研究元朝碑铭格式与行文也有参考价值。

碑铭中历数张应瑞一家三代为蒙古国、蒙古皇室尽忠尽孝的大功大德，以励后人效仿。

日本学者田村实造于 1937 年在《蒙古研究》① 上首次刊布其原文而引起学界关注和研究。1983 年道布将此文献收录于《回鹘式蒙古文文献汇编》一书，对其中的词语做了详尽的解释。

图 6-38　达鲁花赤竹温台碑铭

达鲁花赤竹温台碑铭是 14 世纪回鹘蒙文文献。此碑现存于内蒙古翁牛特旗宝日浩特南 700 里处。此碑立于元朝至元四年（1338 年），嘉议大夫大都路总官府兼大兴府扎都蒙译并书写额文。

1937 年日本田村实造将碑铭拓片首次公之于《蒙古研究》上。

1983 年道布将其收录于《回鹘式蒙古文文献汇编》中。

碑铭颂扬达鲁花赤竹温台一生的功绩与升迁。

石碑铭文对研究元代蒙文翻译、回鹘蒙文词汇、文法具有很高的价值。

---

① 原刊为日本日文版。

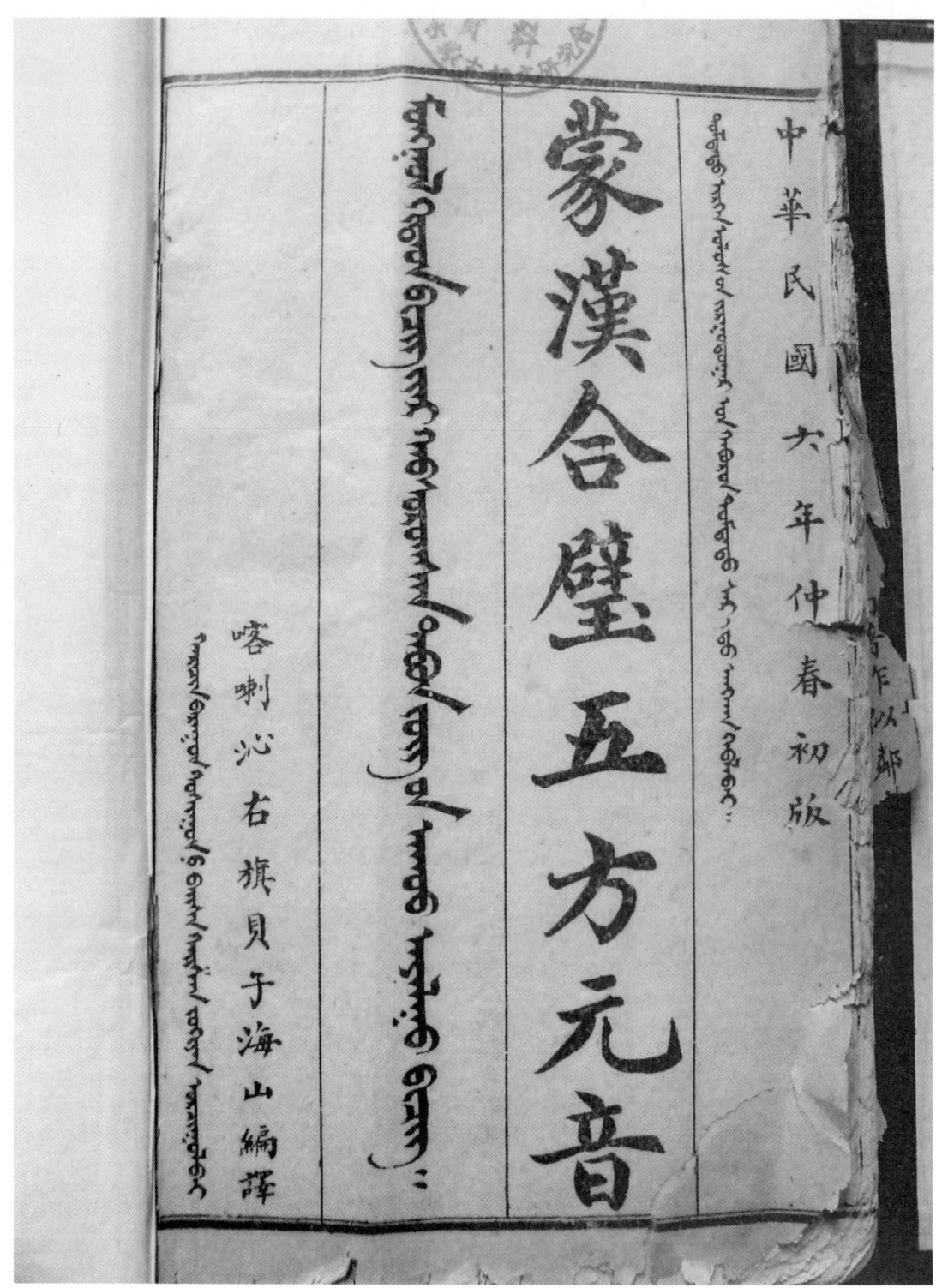

图 6-39　《蒙汉合璧五方元音》

《蒙汉合璧五方元音》简称《五方元音》。喀喇沁右旗贝子海山编译，1917年出版。

此版为长26厘米、宽14.5厘米，蒙汉对照，双面书写，有骑缝，石印线装书，由北京外馆恒升号刊行，精装一册。深蓝色漆纸做封面，外带深蓝色布面套盒。首页为书名与版权声明。第2页为喀喇沁右旗贝子海山之肖像。第3—4页为喀喇沁亲王的《蒙汉合璧五方元音序》。第5—6页为喀喇沁旗旗札萨克布扎布的《蒙汉合璧五方元音序》。第7—8页为哲里木盟宾图亲王棍楚克苏隆写的序。第9—10页为作者自序。序言结尾处写明：内蒙古卓索图盟喀喇沁札萨克亲王旗哈达兰乌兰岗村学海书屋主人瀛洲海山译于恰克图旅馆。后附校对者其男会川永溥、引川永凌、纳川永涵、通川永济[①]和缮字者厚山崇福、子衡书绅[②]。

书的主要内容分为读音诀、韵母、廿字母、汉语词义解释。"本为启迪蒙古初学便于察识字义起见"是译者海山的初衷。

此书现存版本有两种，除了1917年北京石印本外，还有1939年特布新巴雅尔、图门仓誊印由伊克昭盟达拉特旗公署石印本一册。内蒙古大学图书馆藏有1939年石印本。北京图书馆、中国社会科学院图书馆、中央民族大学图书馆等单位都有1917年北京石印本。

《蒙汉合璧五方元音》为初学汉语者提供了双语对应词汇和汉语词汇释义，为双语研究和双语互译研究提供了第一手珍贵资料。

图6-40 《新译红楼梦》

---

① 均为蒙古人。
② 同上。

《新译红楼梦》是19世纪重要蒙古文翻译古籍和重要的文学理论古籍，卓索图盟土默特右旗台吉哈斯宝[①]译。

　　《新译红楼梦》是清代蒙古族文学家哈斯宝以个人的审美情趣采取或节译或增减将一百二十回《红楼梦》译成四十回，并自名《小红楼梦》，书题《新译红楼梦》。每回译文之后都写了回批，还另撰序、读法、总录各一篇，又以金陵十二钗正册词曲自绘十一幅画像。

　　《新译红楼梦》原稿已失传，现流传的是道光二十七年（1847年）[②]、光绪五年（1879年）[③]、民国四年（1914年）抄本三种蒙古文抄本。三种抄本都为22册。另有一些残本在民间散落。

　　哈斯宝《新译红楼梦》译文"专检（选）两玉之事"[④]，即以贾宝玉、林黛玉两个人物和两人爱情情节为主线贯穿全文，以叛逆者与卫道士之间的争夺为副线演绎出其"小红楼梦"，流露出其赞美宝黛自由相恋，反对听从父母之命媒妁之言的封建婚姻的思想倾向。

　　哈斯宝的译文和回批渗透出对曹雪芹《红楼梦》的深刻理解。其理解主要表现在回批中对《红楼梦》人物、情节、表现手法独到的评价和欣赏。

　　哈斯宝译文优美流畅，曾对近现代蒙译汉古典文学语言产生过深远的影响，而且一直影响着当代许多翻译家。

　　哈斯宝《新译红楼梦》回批、序、读法、总录是综合他本人对《红楼梦》创作的理解与平时对文学创作的理解提炼和总结而提出的文学理论与观点。哈斯宝的文学理论与观点主要集中表现在文学主题论、人物论、情节论等小说艺术论上。

　　1974年内蒙古大学蒙文系整理出哈斯宝道光二十七年（1847年）抄本在内部刊行，引起极大反响。其后内蒙古大学亦邻真汉译哈斯宝《新译红楼梦》的序、读法、总录、四十个回批，把蒙古族文学家哈斯宝对《红楼梦》的点评推介到全国。

　　哈斯宝的点评得到红学家的首肯。

　　长篇历史小说《青史演义》是19世纪重要文学古籍，全名为《大元盛世青史演义》，著名文学家尹湛纳希（1837—1892年）著，创作时间为1871—1892年，未能完稿。现有《青史演义》共三册，69章。小说前有序和八篇楔子[⑤]，论及当时社会文化背景和本人创作思想。

　　中央民族大学图书馆现存1939年开鲁蒙文书社出版的石印《青史演义》13册本和1938年北京蒙文书社铅印《元史》（即《青史演义》）4册本。北京大学图书馆和内蒙古人民出版社资料室分别藏有15册手抄本。

　　历史小说《青史演义》以蒙古族传统的编年体与章回小说的表现形式相结合，再现蒙古历史和成吉思汗事迹，以史诗般的恢宏场面与小说独有的细节描绘相结合，歌颂成吉思汗不屈不挠的精神与所完成的历史使命，隐喻清廷软弱无能，主张民族自强不息。

　　1938年北京蒙文书社石印《青史演义》前十二章，书名题为《元史》[⑥]。1939年开鲁蒙文书社石印出版了69章《青史演义》共13册，发行500册。1944年德王印书所铅印《青史演义》前18章。1957年内蒙古人民出版社以开鲁本为蓝本，以从尹湛纳希故乡找到的一种抄本作补充铅印出版了《青

---

　　① 生卒年不详，约清嘉庆（1796—1820）、道光（1821—1850）年间内蒙古卓索图盟土默特右旗人。号施乐斋主人、耽墨子，曾译蒙古族文人松筠的《镇抚事宜》和《今古奇观》《七训书》《唐宫轶事》等汉籍。
　　② 有宝玉佩戴的通灵宝玉的画像与蒙古文篆字；宝钗佩戴的金锁的画像与蒙古文篆字。此抄本现存于内蒙古自治区图书馆。
　　③ 有此金陵十二钗正册词曲自绘的十一幅画像。此稿现存内蒙古大学图书馆。
　　④ 见哈斯宝《新译红楼梦》总录。
　　⑤ 共写12篇，遗失4篇。2002年由内蒙古教育出版社出版《青史演义》补充本，共有30章。
　　⑥ 中央民族大学图书馆馆藏。

图 6-41　《青史演义》

史演义》，共 3 册。美籍蒙古人杭锦官布札布英译《青史演义》使之与英文读者见面。

1958 年那木吉拉车旺以《〈青史演义〉研究》的论文在蒙古国获得硕士学位。1981 年贺·宝音巴图出版《论尹湛纳希及其〈青史演义〉》一书，对《青史演义》进行了多方位研究。1988 年 5 月发表以《〈青史演义〉与〈水晶珠〉的关系》为题的论文。1990 年德斯莱札布出版了《论〈青史演义〉与十部史书的关系》一书。

尹湛纳希《青史演义》对研究蒙古族近代小说的发展具有重要的参考价值。

图 6-42 《一层楼》

《一层楼》是尹湛纳希创作的长篇言情小说，是 19 世纪蒙古文学古籍，约创作于 19 世纪 50 年代。清光绪二十九年（1903 年）誊印本 8 册，现存于内蒙古社会科学院图书馆。

作品除了序言和《一层楼》中援引《红楼梦》之概略、《一层楼》诗、《一层楼》明序之外共有三十二回。

《一层楼》现存早期版本有：

（1）清光绪二十九年（1903 年）誊印本 8 册由原内蒙古语言文学历史研究所（内蒙古社会科学院前身）收藏。

（2）伪满大德 6 年（1939 年）誊印本 2 册由内蒙古自治区图书馆收藏。

作品围绕璞玉、炉梅、琴默、圣如的爱情线索着力描写他们的不幸遭遇和封建婚姻制度对他们纯洁爱情的无情摧残。与此同时，作者在一定程度上反映了封建土地制度压榨之下农民贫困悲惨的生活，以及呻吟于封建科举制度下贫穷潦倒的文人多厄多舛的命运。作者以感人的情节和生动的人物形象，有力地批判了封建社会与封建制度。是蒙古族第一部现实主义长篇小说。1938年开鲁蒙文书社首次以石印发行。1957年由内蒙古人民出版社铅印出版。

《一层楼》全文被译成俄文。译者斯卡若多莫娃长期从事尹湛纳希作品研究，成果颇丰。在德国、英国、美国、日本都有研究者。

1963年甲乙木译成汉文，由内蒙古人民出版社出版。

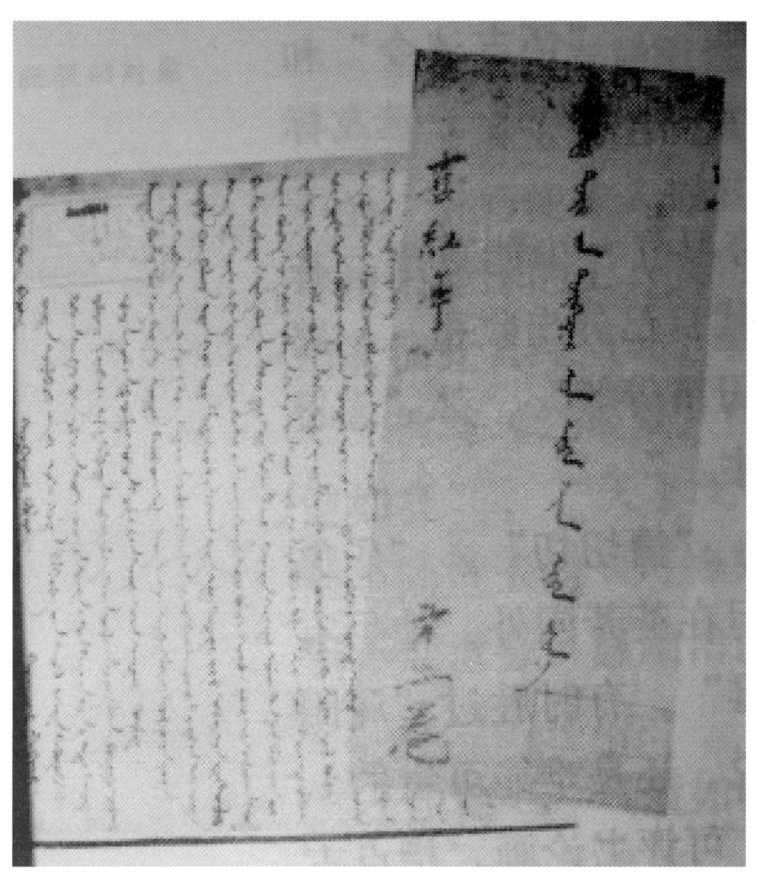

图 6-43　《泣红亭》

《泣红亭》与《一层楼》是姊妹篇，是19世纪蒙古文学古籍，约创作于19世纪50年代末60年代初。作品共二十回。

《泣红亭》现存版本有四种：

（1）《泣红亭》作者真迹9册由原内蒙古语言文学历史研究所（内蒙古社会科学院前身）收藏。

（2）清光绪四年（1878年）誊印本10册由民族出版社和原内蒙古语言文学历史研究所收藏。

（3）1917年誊印本由内蒙古自治区图书馆收藏。

（4）转抄本在原内蒙古语言文学历史研究所收藏。

小说以璞玉在午梦中寻访曾经的恋人和意中人炉梅、琴默、圣如开始，千辛万苦最终找到流落他乡的三位姑娘，以同结百年之好的艰难曲折、悲欢离合的喜剧大团圆结束。作者寓意深刻，暗示自由恋爱在封建社会无法实现的主题思想。

长篇小说的故事情节生动曲折，人物形象栩栩如生，描写细腻，妙趣横生，表现手法独特。全篇穿插着优美的诗词歌曲，从而形成独特的艺术风格。

1938年由开鲁蒙文书社石印出版发行。1958年由内蒙古人民出版社铅印出版发行。

1981年曹都、陈定宇汉译《泣红亭》全文。

《泣红亭》在蒙古文学领域拥有很多研究者。

《泣红亭》对研究蒙古族近代小说的产生以及表现手法、艺术特色具有重要的参考价值。

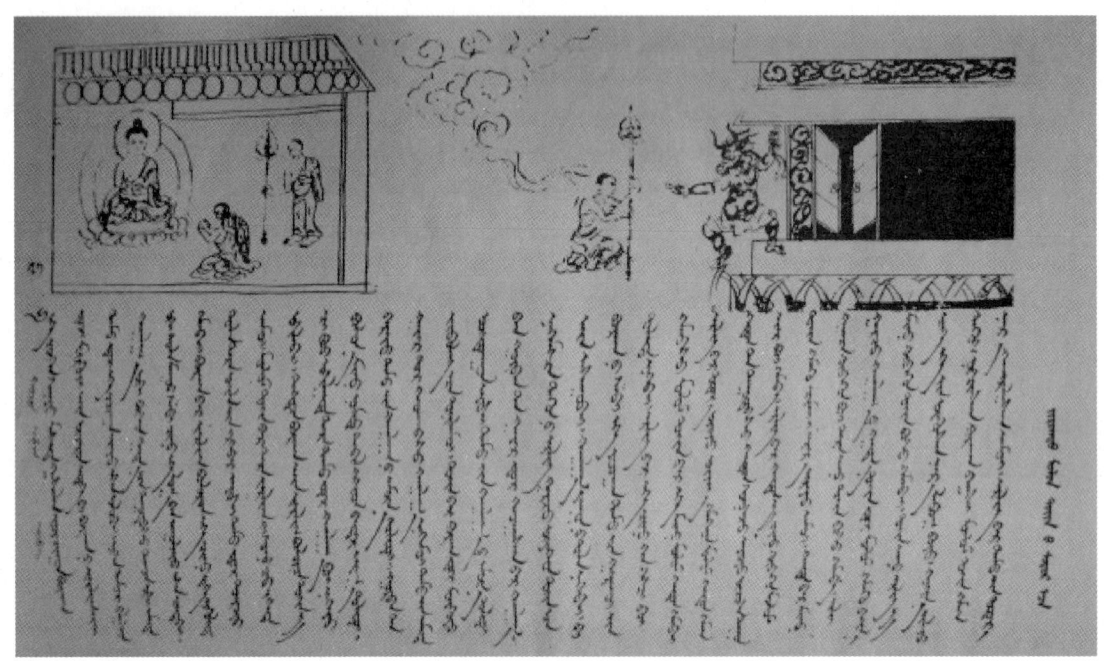

图6-44　《目连报母恩记》

《目连报母恩记》全名《圣者大集成菩萨目连报母恩记》，亦称《目连救母经》，也有写作《牧莲僧救母经》。是17世纪木刻版回鹘蒙古文文献，是由呼和浩特市希力格图固始却尔吉蒙译，于康熙二十五年（1686年）在北京木刻刊行。

内蒙古大学图书馆分别收藏了清康熙二十五年（1686年）、清康熙四十七年（1708年）木刻本。内蒙古自治区图书馆、故宫博物院图书馆也收藏清康熙四十七年木刻本。另外，故宫博物院图书馆馆藏还有手抄金字《目连报母恩记》。在内蒙古自治区图书馆里还有手抄本一册。蒙古国乌兰巴托市甘丹寺藏有用藏文拼写蒙文的抄本。19世纪在布力亚特堪布馆重印《目连报母恩记》。1956年策·达木丁苏荣从鄂尔多斯郡王旗一位僧人手里获得用诗文写成的《目连经》，1959年将此稿收录于《蒙古文学荟萃一百篇》中。

在俄罗斯列宁格勒市也有一种版本。著名学者符拉基米尔佐夫在《路德涅夫转送至亚洲博物馆的一部分图书》一文中曾经谈及16世纪手抄本《目连经》，他说："此为16世纪手抄本，但是从它词语和句法看来是14世纪初的图书。"由此可见，有关目连的文字或者书籍14世纪初就在蒙古地区流传。在流传过程中产生了不少不同书籍，《目连报母恩记》只是其中一种经卷或变文。

《目连报母恩记》尽管主要宣扬宗教轮回转世，图解因果报应，展示炼狱之苦，提倡积德行善，灌输今世之举还来世之果的宗教思想，还是可以从中了解回鹘蒙文词汇、句法、书写特点等诸多现象，尤其通过对比研究可发现从14世纪初的译文到19世纪译文的变化以及整个翻译实践的轮廓。

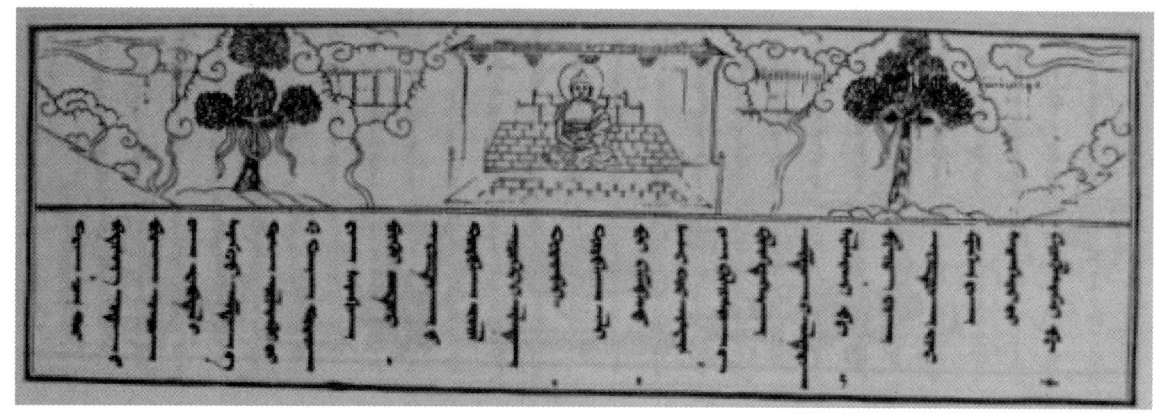

图 6-45　《释迦牟尼十二功业》

《释迦牟尼十二功业》是佛祖释迦牟尼传记，元代翻译家搠思吉斡节尔于 14 世纪上半叶用藏文编著。由萨迦高僧希力布僧格约 1324 年用回鹘蒙文翻译。

希力布僧格译文原稿已遗失。现存的是俄罗斯蒙古学家 A. M. 波兹德涅耶夫 1931 年从蒙古地区获得的 17 世纪木刻本。此刻本现收藏于列宁格勒大学中央图书馆文献部。译稿残缺，因此人们称之为另册或第二册。

对《释迦牟尼十二功业》译有几位著名蒙古学家均有研究和考释。其中，N. 鲍培从 1932 年始整理影印译文，后撰文《〈释迦牟尼十二功业〉——一部〈诸品经〉蒙译本》。他在文中对著者、译者、译著时间进行了探讨，经多次修改和充实于 1967 年在威斯巴登正式出版此著作。他在此书的导论中指出，搠思吉斡节尔《释迦牟尼十二功业》并非原创著作，而很有可能是译文，因为它与《甘珠尔》中的《诸品经》非常相似。此外，他还认为 A. M. 波兹德涅耶夫所获得的文本并非 14 世纪原稿，而是 17 世纪一种刻本。显然，N. 鲍培的研究是卓有成效的，他的这种看法比较符合实际情况。在佛法弘扬的 14 世纪，梵文、巴利文、藏文、回鹘蒙文的《佛祖释迦牟尼传》流传很广，内容都大同小异。至于译文版本的考证也得到了学界公认。

1967 年匈牙利学者李盖提发表《关于〈释迦牟尼十二功业〉》，对《释迦牟尼十二功业》有所研究。

蒙古国学者策·达木丁苏荣在 1977 年编著的《蒙古文学概要》中介绍了《释迦牟尼十二功业》译文。蒙古国另一位学者达·策仁苏德那木在 1987 年撰写的《蒙古文学》中指出："以我们观察搠思吉斡节尔在撰写《释迦牟尼十二功业》时参考《诸品经》是肯定的，但绝不是《诸品经》的抄本。因为从希力布僧格的译本不难看出，搠思吉斡节尔是植根蒙古地区社会现实而加工提炼出来的。"他的这种观点也值得学界关注。除此之外，他还写过《14 世纪诗人——搠思吉斡节尔》一书。

近年来国内也有些学者对此加以关注和研究。2005 年南快莫德格编著《〈释迦牟尼十二功业〉研究》一书，对作者、原稿、资料来源以及此传记对后世传记文学的影响等诸多问题都有研究和探讨。书后还附录了原稿书影。

《释迦牟尼十二功业》译文对研究 17 世纪回鹘蒙文及蒙文翻译都有一定的参考价值。

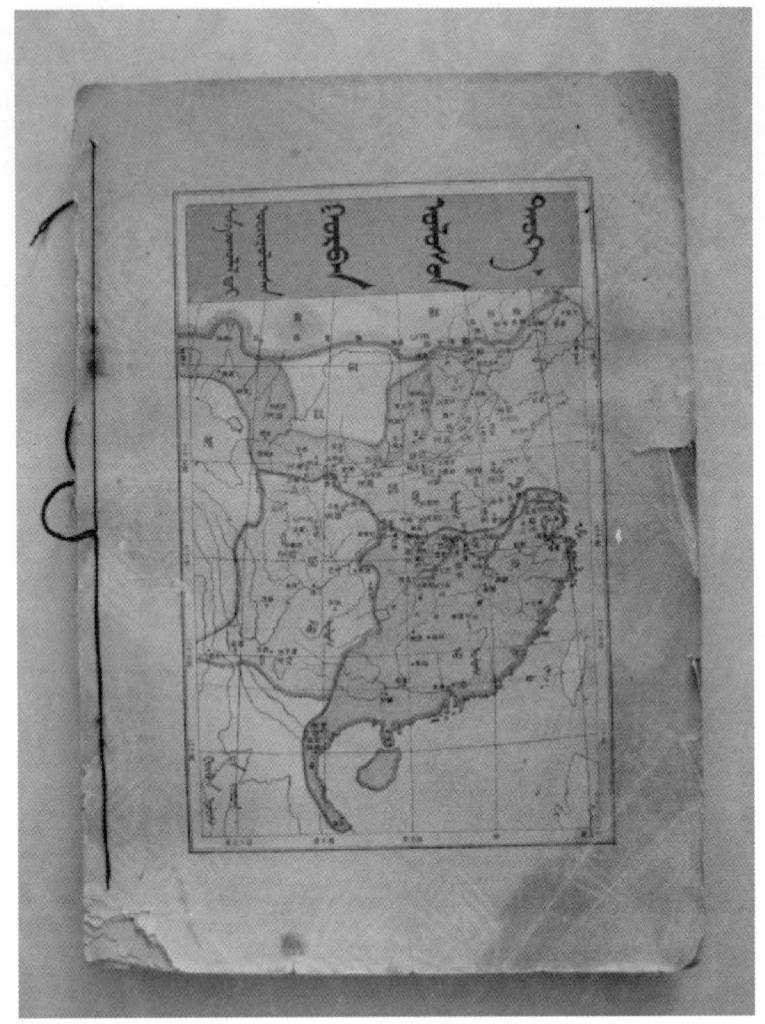

图 6-46　《新译带批〈三国演义〉》

《新译带批〈三国演义〉》是 20 世纪上半叶回鹘蒙文翻译文献。

1926 年特睦格图（汉名汪睿昌）重新组织翻译罗贯中演绎历史小说《三国演义》，1928 年由北京蒙文书社出版，共 12 册。北京图书馆、北京大学图书馆、雍和宫、中国社会科学院民族研究所、民族文化宫、中央民族大学图书馆、民族出版社图书馆、内蒙古自治区图书馆、内蒙古大学图书馆、内蒙古人民出版社资料室、内蒙古师范大学图书馆、云南大学图书馆等都有馆藏本。内蒙古社会科学院还藏有手抄本 48 册。

此版长 25 厘米，宽 18 厘米，铅印本，书封面额眉上书有书名——《新译带批〈三国演义〉》，正中有三国地图，书中有插图，每回后面都有回批。书后还有主要译者特睦格图的跋。他在跋中写道：读《三国》倘若不读回批且不能说读过《三国》。过去在蒙古地区流传的《三国》全都译自旧本而疏漏甚多，而且又无回批与诗文。只因这一点不能成为一部完整的书。我社不惜重金聘请诸位先生花费 16 个月的时间共同翻译并在每回后边附回批，以便利于读者，因此希望诸位先生千万不要当一般《三国》看待。特睦格图组织翻译的译本的确是历代蒙译《三国演义》译本中最好、最完整的译本。特睦格图组织重译时所用原本是毛氏父子整理的文本，所以它的回批直接译自毛宗岗《三国演义》回批。特睦格图译文忠实于原文，完全保留了原作韵味和风格，语言生动，文笔流畅。

特睦格图《新译带批〈三国演义〉》是研究蒙文翻译最珍贵的资料之一。

图 6-47　《蒙古风俗鉴》作者故居

《蒙古风俗鉴》是民国时期四语固始喀喇沁前旗（今喀喇沁左旗）罗布桑壳丹编著的蒙古民俗古籍。成书于1918年（始于1915年），用回鹘蒙古文写成。

原稿共10册，除序言结语之外，共有58项。主要内容包括饮食、狩猎、畜牧、农耕、制造、服饰、商贸、运输、居住等经济习俗；包括家庭、人生、婚嫁等社会习俗；包括自然崇拜、祖先崇拜、宗教信仰、禁忌等信仰习俗；包括体能竞技、智力竞赛、娱乐游戏、歌舞表演等娱乐习俗。作者以自己亲闻亲历详细记述和描绘了蒙古民族长年累月所形成和沿袭的各种习俗，折射出蒙古民俗文化的绚丽瑰宝。原稿现由哈·丹碧札拉桑教授个人收藏，抄本在日本。1981年，哈·丹碧札拉桑教授整理注释的《蒙古风俗鉴》由内蒙古人民出版社出版。1988年由辽宁民族出版社出版赵景阳的汉译本。哈·丹碧札拉桑教授的研究性导论从四个方面论述和研究了作者、作品内容、作者作品的历史地位、罗布桑壳丹的历史局限性问题，如实客观地评价了作品和作者，充分肯定了此部民俗古籍的历史地位，也指出了其亲闻亲历所产生的一些偏差。

作为蒙古民俗唯一的大型古籍，《蒙古风俗鉴》的利用率日益增加，随之产生了许多研究论著。

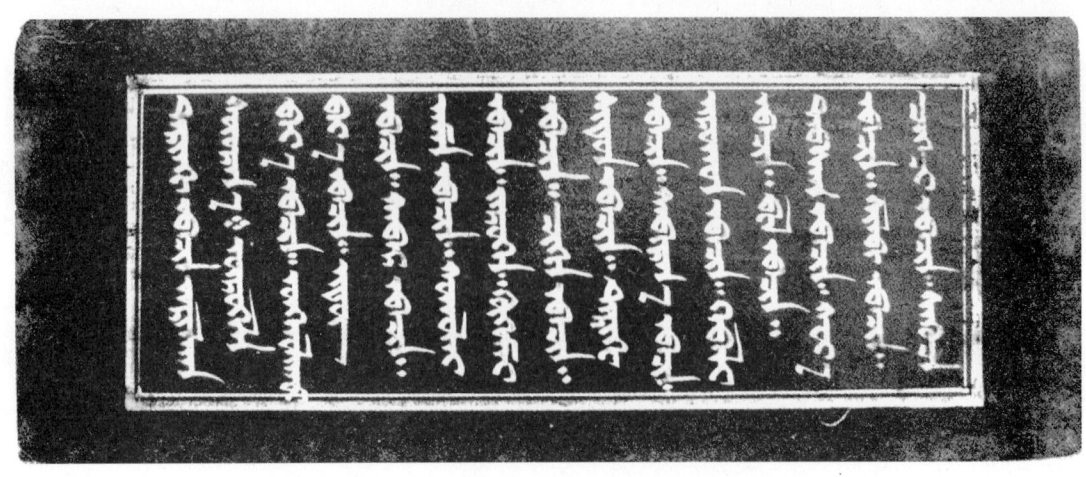

图 6-48 《白伞盖咒经》

《白伞盖咒经》是 18 世纪刻就的佛经翻译文献。全名为《圣者一切如来顶髻出现白伞盖无能敌佛母陀罗尼咒经》，著者不详。由著名文字学家、翻译家阿尤希固始翻译成回鹘蒙文。

此经用泥金在深蓝色漆纸上木刻印刷，是长 26 厘米，宽 8.4 厘米的经卷式刻本。经卷带有上下木制护板，上部护板绘有白伞盖佛母在菩提树丛中的彩图，下部护板绘有四大天王的彩图。上下护板都饰有黄红绸缎制成的盖帘。经文字体秀美，刻印精致，保存完整，弥足珍贵。现存中央民族大学少数民族古文字陈列馆。

经卷主要内容是宣扬佛教教义，教诲信徒躲避恶趣，轮回好趣，只要多念《白伞盖咒经》就能够排除一切孽障和罪恶，禳退一切祸害和灾难，只要推崇白伞盖佛母，时刻背诵她的咒经就能获得她的佑护，觅得人间福祉。

此经对研究回鹘蒙文翻译具有重要的参考价值，尤其是对研究阿尤希固始创制的阿礼伽力转写字母的具体运用，理应成为第一手资料。

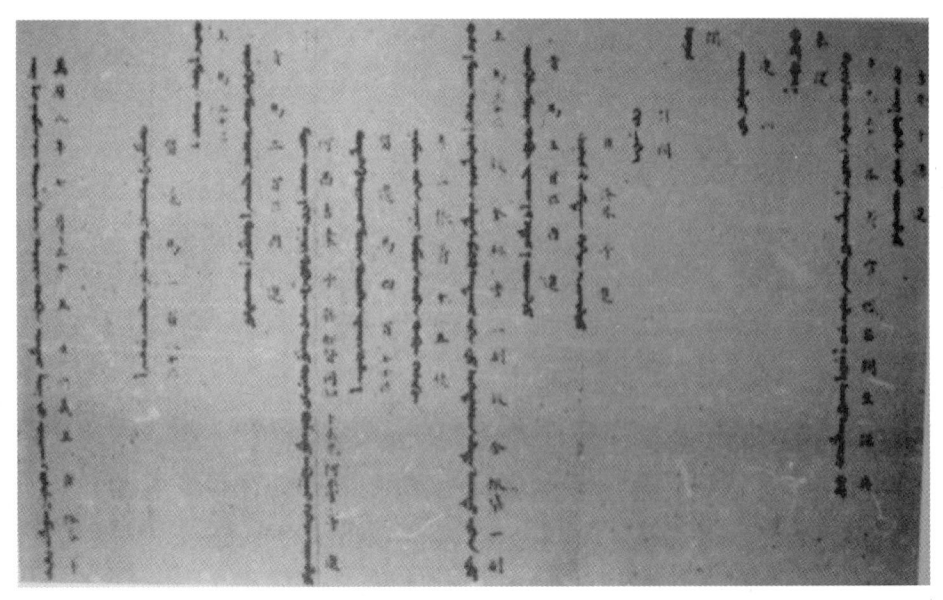

图 6-49 《阿勒坦汗奏折》

《阿勒坦汗奏折》是 16 世纪回鹘蒙文文献，原件现存于俄罗斯社会科学院亚洲博物馆。汉文史料亦称之为《俺答汗奏表》。1895 年俄罗斯蒙古学家 A. M. 波兹德涅耶夫在《东方评论》上首次刊布全文，并刊登了影印件。

明万历八年（1580 年）统率蒙古土默特十二部，被蒙古部誉为"转轮王"，被明朝封为顺义王的阿勒坦汗向明朝神宗朱翊钧呈送奏折表示纳贡，进献马匹、金箭筒（撒袋）、金鞍、金嚼等物件。此奏折行文蒙汉对照，从右向左书写。因奏折回鹘蒙文直译汉文故有些地方很不通顺。尤其是有些词语采用音译方法而未采用意译方法，导致不少生僻词语出现，为释读带来了许多困难。

奏折原文共 3 页，奏文中首先表示"为进贡事"上奏折，其次罗列贡物，最后表达互市意愿和安边心意。

1983 年道布将其收录于《回鹘式蒙古文文献汇编》中，并对其中的疑难词语逐一释读，还原回鹘蒙文书写格式，又将其转写为现代蒙语，为进一步研究奠定了基础。

《阿勒坦汗奏折》对研究和了解阿勒坦汗事迹和土默特十二部历史以及蒙古对明朝关系都有参考价值。

图 6-50　《全家福》

《全家福》亦称《新诗异说残唐全家福史》。

《全家福》是 19 世纪文学古籍，是唐五传（《苦喜传》《全家福》《尚尧传》《谢丕传》《羌胡传》）之一，先由蒙古贞葛根庙管仓员恩和特古恩口头创作，后由佚名文人整理加工而成。手抄本现存于中央民族大学古文字陈列馆。

此手抄本为小型开本，长 15.4 厘米、宽 11.7 厘米，每页 12 行，每行 9—10 字，用黑墨水和毛笔写在毛边纸上，以纸捻绳装订成册。全书共 12 册。《全家福》主要描写了唐朝宫廷内部纷争以及人物在纷争中的悲欢离合，即具体描述了被奸臣傅太师、傅后所害的正宫娘娘岳后、张贵妃两家历经离散、受难，终于在忠臣义卿的镇压动乱、拨乱反正中团圆的故事。全书主要贯穿了唐朝末年朝廷内部的忠与奸斗争的线索。

《全家福》为研究19世纪本子故事和蒙汉文学渗透与交流提供第一手珍贵资料，也可以为研究蒙古族长篇小说诞生前的社会文化历史提供参考资料。

国内现存本还有1931年印本，由民族出版社图书馆收藏。内蒙古自治区图书馆和内蒙古大学图书馆也馆藏12册手抄本。

1989—1990年内蒙古人民出版社先后出齐由苏勒丰嘎整理编辑的《唐五传》，为文学爱好者和研究人员提供了完整的资料。

第 七 章

古籍珍品释读

一 《成吉思汗石》释读
二 《贵由汗玺》释读
三 《彻辰汗令牌》释读
四 《宽温仁圣皇帝信牌》释读

一 《成吉思汗石》释读

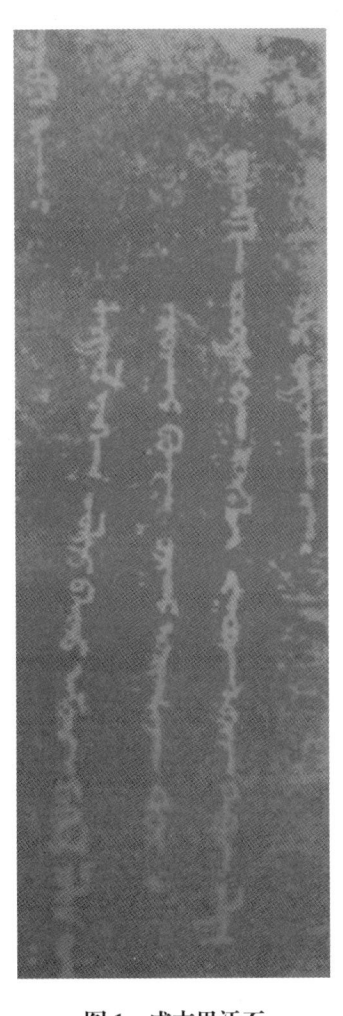

图 1　成吉思汗石

拉丁字母转写

01 činggis hagan-i
02 sartagul irge dauliju baguju hamug mongol ulus-un
03 noyad-i buga sočigai horigsan-dur
04 yisungge ondoron gurban jagud gučin tabun aldas
05 tur ondodlaga

字译

1　成吉思　汗

2　花剌子模　百姓　掠夺　驻扎　诸　蒙古　部的

3　那颜　布哈速赤忽　聚集时

4　也松格　射箭　三　百　三十　五　丈

5　射中

句译与全译

成吉思汗征花剌子模百姓还师，诸蒙古那颜们在布哈速赤忽聚集之际也松格射箭射中三百三十五丈远。

注释

[1] ：应为。早期回鹘蒙古文中与不分。

[2] ：应读为。意为萨尔塔兀勒，即花剌子模，是蒙古人对花剌子模的蒙古语称谓。

[3] ：百姓。现写作。

[4] ：《蒙古秘史》中汉语表音为 dauliju。有征战、掠夺、袭击等意。在此取征战之意。

[5] ：那颜的复数，即那颜们。今写为诺颜。对一个词辨认有所不同。教·那木南道尔吉释读为，即民众，道布释读为。原碑刻中有些模糊不好辨认。

[6] ：地名。

[7] ：此字现写作。

[8] ：也松格。成吉思汗之弟哈萨尔的第三子。名字有几种不同记载，有移相哥、亦孙哥、也相哥等。也松格享有蔑尔干称号，意为神射手。据《元史》第三卷记载，也松格是蒙哥汗时期的东方诸王之一。"辛亥年，西方诸王别儿哥，脱哈帖木儿，东方诸王也古，脱忽，亦孙哥，按只带，塔察儿，别里古带，两方诸将军大聚会于阔帖阿阑之地。"

[9] ：应连写为，这词在释读方面有不同解释，目前基本趋于射箭一意。今已不用此词。

[10] ：计量单位。意为丈，丈的复数。

二 《贵由汗玺》释读

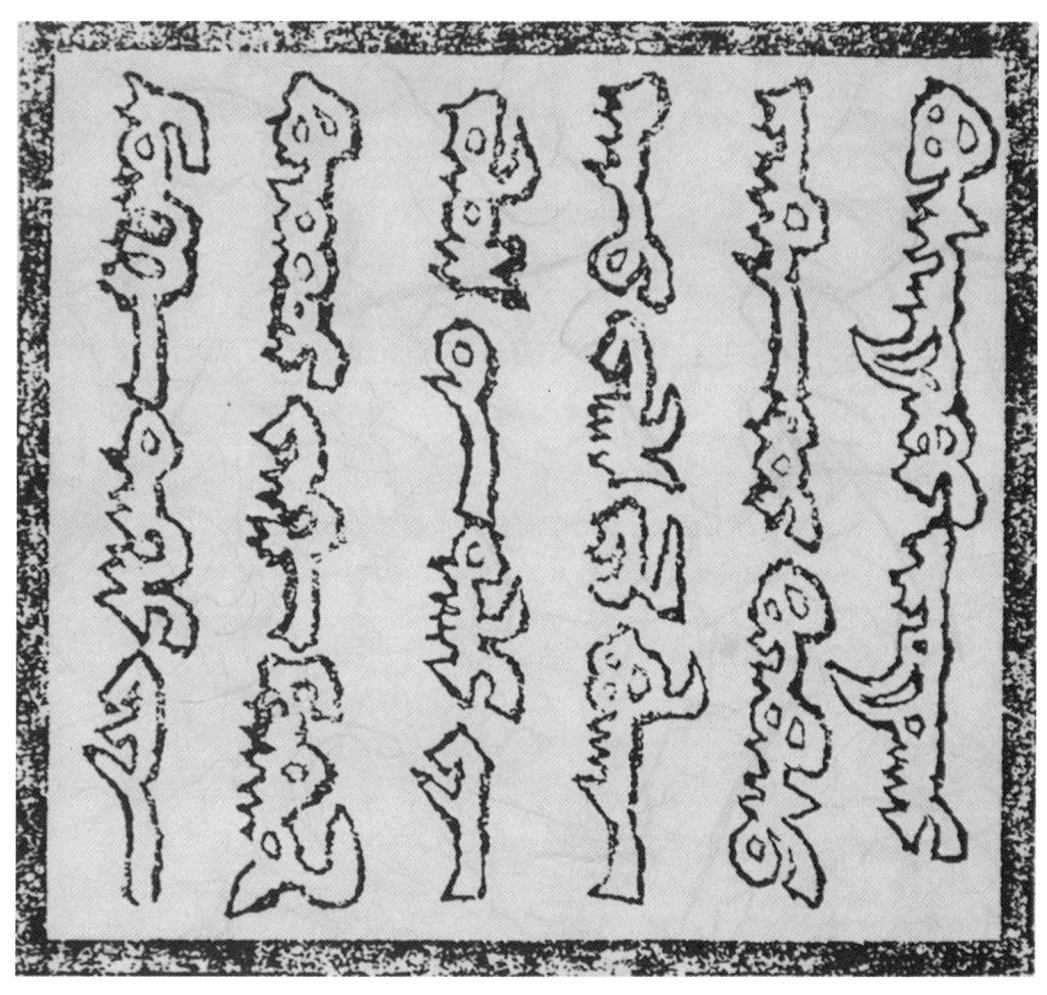

图 2 贵由汗玺

拉丁字母转写

01 mongka tngri-yin
02 hčndr yehe monggol
03 ulus-un dalai-yin
04 hanu jrlg il bolgan
05 irgen-dr hrbes
06 bsiretgei ayutugai

字译

1　长生　天的

2　力　大　蒙古

3 　　　　　
　国的　　海的
4 　　　　　　　　
　汗的　旨令　各处
5 　　　　
　百姓　　到
6 　　　　
　信之　惧之

句译与全译

凭借长生天之力大蒙古国大汗指令所到之处百姓信之惧之。

注释

[1] 　今为　　，有永恒之意。这里当长生解。
[2] 　意为天。《蒙古秘史》有两处旁译采用音译形式，分别为"腾格里""腾吉里"。
[3] 　今分开写　　，凭借力气的意思。
[4] 　，今写　，回鹘蒙古文里 ya 都写 za 的字形。za 则写成 ᠷ。
[5] 　意为蒙古，　的两点都不写，今写　　。
[6] 　今写　 θ，意为汗的。
[7] 　今写　　，一般指命令，皇帝的命令都译为指令或圣旨。
[8] 　：地方或地区的古语。
[9] 　读为 busiretügei，今写　　意为信。在这里用命令态，应解读为信之。《蒙古秘史》两处旁译该词分别为"知感"与"信实"。
[10] 　今写　　，以命令态用之，因此应读为"惧之"。具有服从之意。

三 《彻辰汗令牌》释读

图 3 彻辰汗令牌

拉丁字母转写

01 hagan-u jarlig aliba
02 yal-yin tula jasag gggsen elčid-es
03 hušigun-as ulaga unu šs honog
04 tu ide dr-yin šs gei
05 yala gei hušigun-as olaga unuju idehle
06 yehe yalitai boi. bičig tamaga gei elčid-t
07 ulaga šs btegi g. her be ulaga gei
08 šs idehle barijhlij hrgej ire
09 tr-yin tula yabuhu elčid aliba hušigun ilgaga
10 gei ulaga unuju, idej yabudugai
11 sečen hagan-u tabdagar on habur-yin
12 ehin sara

字译

1　皇帝的　旨令　一切

2　罪的因　扎萨　给　使者们　从

3　旗　从差骑休斯晚

4　吃　白天的 休斯 没

5　罪无 旗从差骑　吃（的话）

6　大罪有 书印没　使者们

7　差休斯不给 倘若差没

8　休斯吃（了）缚（抓）绑　送来

9　朝廷的 为 行走 使臣们 一切 旗 分

10　不 差骑 吃 走

11　彻辰汗的　五 年 春的

12　初　月

句译

1. 皇帝旨令一切因罪得扎萨的使臣们从旗里差骑。

2. 晚上吃休斯，白天不吃休斯。

3. 从无罪旗差骑供饭大有罪。

4. 无赐牌赐文的使臣们不供休斯与差骑。

5. 倘若吃休斯骑马缚之送押。

6. 为朝廷行走的使臣们从一切旗里乘差马，吃休斯。

7. 彻辰汗五年春之初月。

全译

皇帝旨令　一切因治罪而奉命而行的使臣们在所到旗里可用差骑与差膳，不用白天膳食。在无犯罪人旗用差骑与膳食者有大违。倘若用差骑和膳食将其绳之送押。为朝廷奉命而行的使臣们无论在何旗均可用差骑与膳食。彻辰汗五年春之初月。

注释

[1] ○○○：应写作○○○，意为旨令。○○—○○（　○○　）·（　○○　）○○ ○○○○：因罪，旨令特指因犯罪人而出行的执法使臣因办案而到该旗。

[2] ○○○） ○○：通常应写作○○○） ○○ ○○○ ○○○，意为骑乘驿站马匹。

[3] ○○○○：蒙语肉食的敬辞。这里泛指膳食。

[4] ○○—○○（　○○）○○ ○○○○○○：意为无犯罪人的旗。

[5] ○○○○：应念为○○○○，意为不。

[6] ○○○○○○：应念○○○○○○○，意为走。

[7] ○○○ ○○○○：蒙古历史文献古籍中可写作"薛禅皇帝"，也有写作"车臣汗"或"彻辰汗"。蒙古语的○○○○在蒙古历史上曾作为"贤者"的称号，如"德薛禅"，孛尔帖之父，成吉思汗丈人，还如"薛禅珲台吉"（又写作彻辰洪台吉）。在蒙古历史上真正享有"薛禅皇帝"称号的只有元世祖忽必烈。喀尔喀蒙古部车臣部因汗号而得名，达延汗第八子格鲁森扎属地。格鲁森扎之子阿民都日拉之子始称车臣汗号。对于第一代车臣汗历史记载有所不同。有的说硕垒是第一代车臣汗，有的说毛茹是第一代车臣汗。这个彻辰汗指布颜彻辰汗（1555—1603年），是北元可汗，1593—1603年在位。

[8] ○○○○○ ○○（ ○○○○○○ ○○）：1597年。

四 《宽温仁圣皇帝信牌》释读

图 4　宽温仁圣皇帝信牌

拉丁字母转写

01 agudaruširegči nairamdagu

02 bogda hagan-u itegel tu temdeg

字译

1　　　宽　　　仁　　　温

2　　圣皇　帝　信　牌

句译

宽温仁圣皇帝信牌。

注释

[1] ：应念为 ，意为和睦或温良。在早期回鹘蒙古文中一般都写作 ，不写其 go 的两点。

[2] ：应念 ，意为皇帝，在回鹘蒙古文书写习惯中不写 ga 的两点。

[3] ：读作 ，意为有信誉的。在回鹘蒙古文书写习惯中通常把这两个即这一个字与一个附加成分分开写。现在都连起来写 。

[4] ：是清太宗皇太极（1592—1643年）1638—1643年所使用的尊号。

结 束 语

蒙古民族是一个具有影响力的民族。在过去有许多曾经在蒙古高原这个历史舞台上出现的民族和国家在自身历史发展进程中都与蒙古族的历史活动有过或多或少的联系。如今蒙古族分布在数个国家和地区，蒙古民族的历史和现状引起许多国家学者浓厚的兴趣。蒙古学研究已成为不少国家和地区的学术研究领域，有的国家拥有自己的蒙古学研究中心或研究机构。在蒙古学研究领域里有着数百年历史的古老的回鹘蒙古文以及回鹘蒙古文文献古籍在很大程度上支撑着这个学科研究的一片天。

13世纪初创制和使用的回鹘蒙古文来自粟特文和回鹘文，然而它又影响和催生了满文和托忒蒙文。回鹘蒙古文的阿里伽力转写字母又受梵藏文的深刻影响。这犹如文字生产链中的一环，把不同民族的文字连接在一起。《蒙古秘史》可谓蒙古族的百科全书，与蒙古族的历史、语言、军事、民俗、文学等有着千丝万缕的联系。这部举世闻名的经典著作多亏在明代有人用汉语注音，并加以字译、句译、总译才得以保存下来，才能够让后世的蒙古族文人以此为根据还原成回鹘蒙古文，才能够成为研究蒙古族的重要珍贵史料。明朝代宗皇帝朱祁钰向西域人头目阳力耳吉下达圣旨也使用回鹘蒙古文，充分说明了文字的桥梁作用。成吉思汗、忽必烈时期的回鹘笔帖式都为多民族、多文字的交流付出了辛勤的劳动。蒙古族中有不少僧侣使用藏文著书立说，促进了文化的传播与交流。这一切早已打破文字的樊篱，维系着民族之间的多维联系，推动着多渠道交流。

蒙古民族的先民和后人用自己创制的回鹘蒙古文以及它的多种载体不断地记录自己民族的丰富多彩的物质生活和精神生活，书写自己辉煌的历史，描绘自己微妙的情感世界，传承自己悠久的文化，为世人留下了卷帙浩繁的文献古籍，不仅充实了自己，也丰富了中华文化的内涵，为中华文化宝库增添了瑰宝，为中华文化的多元性注入了精悍之血。

满 文

吴元丰 编著

引　言

中国是一个多民族的国家，自古以来，各民族都具有各自特色的民族文化，同时也丰富和发展了共同的中华民族文化。满族作为曾经建立过中国最后一个封建王朝的民族，不仅创造了自己的文字——满文，而且作为国家的法定文字来推广和使用，称为"清字"。这样，在清朝近三百年的时间内形成了大量的满文古籍文献。由于历史上的诸多原因，虽然未能全部保存下来，但其数量仍十分可观。在中国55个少数民族古籍文献中，无论是数量，还是种类，满文古籍文献都属于最多的一种，是中华民族历史文化遗产的有机组成部分，具有特定的历史文化和学术研究价值。

第 一 章

历史文化概况

一 满族的历史与现状

　　满族是发源于东北辽阔的"白山黑水"地方的古老民族。满族人的祖先肃慎人，在公元前1000多年前，周武王灭商后，前来祝贺，"贡楛矢石砮"。此后，肃慎不时遣使纳贡，周王也以厚礼相待，与西周王朝建立了密切的关系。战国以后，肃慎改称挹娄，有时仍称肃慎。南北朝时，挹娄改称勿吉。在隋朝时，勿吉又称靺鞨。到了唐朝，满族先人靺鞨与中原王朝的关系进入了新的发展阶段。当时，靺鞨内部已分为粟末、伯咄、安车骨、拂涅、号室、白山、黑水7部。唐朝在靺鞨居住地区先后设置勃利州、黑水都督府等机构，命靺鞨首领担任刺史、都督等职，管理地方事务。698年（唐圣历元年），靺鞨的粟末首领大祚荣建立震国，称震国王。713年（唐开元元年），唐朝在粟末所辖地方设置忽汗州，派员授大祚荣为忽汗州都督，并册封为左骁卫大将军、渤海郡王。从此，"去靺鞨号，专称渤海"。渤海国建立后，促进了当地社会、经济、文化的进步和发展，被称为"海东盛国"。同时，渤海与中原地区的政治、经济、文化等方面的关系更加密切。随着唐朝的灭亡，中国历史进入五代十国的混乱时期，靺鞨改称女真。在这一时期，居住在东北的契丹兴起，经过数十年的战争，最终灭渤海，建立辽国。在辽统治下的女真人，被分为三部分。居住在辽东地区的女真人，社会生产发展比较快，设官进行统治，称为熟女真。居住在松花江以北地区的女真人，社会生产水平较低，进行羁縻统治，称之为生女真。居住在两者之间的称为回霸女真，又称作回拔女真，他们与生女真关系比较密切。这种区分，说明当时女真内部发展不平衡的状况。

　　12世纪初，生女真的完颜部开始崛起，在首领阿骨打的领导下，兴兵抗辽，不断取得胜利，势力逐渐壮大起来。1115年（金收国元年），阿骨打称帝，国号大金，定都上京（今黑龙江省阿城市）。此后，与北宋联合灭辽，不久又灭北宋，迁都燕京（今北京），形成与南宋对峙的局面。随着金政治、经济和文化中心的南移，有一部分女真人迁入关内，同汉族杂居，逐渐习从汉文化和习惯，久而久之被融合了。但是，留居在东北的女真人，仍保留着自身的社会形态和文化习俗。1206年（金泰和六年），刚刚兴起的蒙古各部推举铁木真为大汗，称成吉思汗。经过七十余年的努力，蒙古汗国先后灭西夏、金、南宋，结束了长期分裂对峙的局面，最终于1279年（元至元十六年）建立起统一的元王朝。金亡以后，东北地区的女真人，转而成为元朝辽阳行省所属各路下的居民。元朝对女真采取"设官牧民，随俗而治"的办法，征调女真从军，"不出征者，令隶民籍输赋"，一般征收貂皮、海东青等地方特产的物品。1368年（明洪武元年），在女真居住地区设立卫所，在黑龙江下游特林地方特设奴儿干都指挥使司，封女真各部首领为都督、都指挥、千户、镇抚等进行统治。各卫所的官员定期进京朝贡，朝廷均给予赏赐。进京朝贡的人员，除贡品外，还携带一定的货物到京城交易。明朝还在辽东地方开设马市，以便女真等人前来贸易。由于明朝采取了各项积极有效的措施，女真和明朝在政治、经济等方面的关系，比以往任何时期都要密切，来往更为频繁。

明初，女真按其居住的地理位置和社会发展程度，分为三大部：建州女真分布在牡丹江、绥芬河和长白山一带；海西女真分布在松花江流域；东海女真分布在黑龙江和库页岛等地。后来几经迁徙，逐渐定居下来。明末，建州女真居住在抚顺以东，以浑河流域为中心，东达长白山东北，南抵鸭绿江；海西女真居住在开原边外，辉发河流域，北至松花江中游；东海女真居住在建州女真、海西女真以东和以北地区，即自松花江中游至黑龙江流域，东达大海。建州女真和海西女真定居后，改变了过去的狩猎经济，主要从事农业，辅之以狩猎和采集，生产水平得到一定的发展，出现了奴隶主和奴隶阶级。这时女真内部又呈现了"各部蜂起，皆称王争长，互相战杀"的混乱局面。时势造英雄，建州左卫的努尔哈赤具有卓越的政治和军事才能，肩负起统一女真各部的重任。

从1583年（明万历十一年）起，努尔哈赤先后用30余年的时间，基本上统一了女真各部，于1616年（明万历四十四年），在赫图阿拉（今辽宁省新宾县境）自称"英明汗"，建国号金，纪元天命，史称后金。不久，努尔哈赤以"七大恨"为由，率兵征明。由于后金对明朝的战争节节胜利，以及统治区域的扩大和政治、军事、经济势力的不断强大，于1625年（明天启五年、后金天命十年）迁都到沈阳。次年，皇太极即位后，除继续进行对明朝的战争外，为了适应女真社会的发展和新的政治、军事形势，首先于1635年（明崇祯八年、后金天聪九年），亲自发布谕令，将女真改称满洲；接着于1636年（明崇祯九年、清崇德元年），又将国号金改为大清，改元崇德。1644年（明崇祯十七年、清顺治元年）初，清军入关，打败农民军，直入北京。不久，迁都北京，建立起了中国历史上最后一个统一的封建王朝——清朝。经过260余年的统治，1911年（清宣统三年）辛亥革命爆发，推翻了清王朝，满洲开始被简称为满族，一直沿用至今。

根据2000年全国第五次人口普查的统计，满族共有1068.23万人，在汉族以外的55个少数民族中，属人口较多的民族，排名第二位，仅次于壮族，主要分布在辽宁、吉林、黑龙江、河北、内蒙古、新疆、甘肃、宁夏、山东、广东等省、自治区，以及北京、天津、西安、成都等大中城市。全国现有满族自治县13个，即辽宁的新宾、岫岩、凤城（今改市）、清原、桓仁、宽甸、北镇、本溪满族自治县，吉林的伊通满族自治县，河北的丰宁、青龙、宽城满族自治县和围场满族蒙古族自治县。

二 满族的生活与习俗

努尔哈赤在统一女真各部的过程中，以女真人原来狩猎时实行的牛录制为基础，创建了历史上有名的八旗制度。牛录原先是女真氏族制时期的生产和军事组织，当时，在行军狩猎时，所有参加人员，都按其族或寨进行组织，每人各出一支箭，每十人各设一名首领，称为牛录额真。在此制度的基础上，努尔哈赤创建旗制，先设黄、白、红、蓝四旗，后因归附部众的增加，增设镶黄、镶白、镶红、镶蓝四旗，从而正式建立了八旗制度。规定每300人为1牛录，每牛录各设牛录额真1人；每5牛录为1甲喇，设甲喇额真1人；每5甲喇为1固山，设固山额真1人、梅勒额真2人。八旗制度是军政合一的社会组织形式，具有行政管理、军事征伐和组织生产三项职能，在统一女真各部、建立清王朝，以及巩固政权、驻守疆土等方面发挥了极其重要的作用。同时，八旗制度作为满族社会的重要组织形式，存在于整个有清一代，对满族社会产生了深刻的影响。

满族先人居住的"白山黑水"地区，山川纵横交错，森林茂密，有各种飞禽鸟兽和鱼类，这种优越的自然环境提供了丰富的衣食之源，满族先人长期过着狩猎、采集和捕鱼的生活。随着女真诸部的统一，后金政权的建立，满族奴隶制经济获得迅速发展。特别是进入辽沈地区后，由于耕地面积的扩大和奴隶人数的增加，建立起大量的农庄，称为"托克索"，专门进行农业生产，生产的物品均归奴隶主所有。手工业也得到了进一步发展，银、铁、木、革等行业都有了专门的分工，生产工艺和水平得到提高。后来定都北京后，大量的满族人入关，作为八旗兵丁，除驻守京师地区外，还派往全国各重镇要地驻防，专门承担防务任务，成为职业军人，由国家提供俸饷。这样，除留住在东北地区的满族人外，入关的满族人很少进行生产活动。清王朝被推翻后，居住在城镇的满族人开始从事各行各业的工作，而居住在农村者仍旧从事农业生产。

满族由于长期生活在冬季漫长的东北，出于渔猎的需要，其服饰带有明显的地域和便于骑射的文化特点。早期的服装比较粗陋，多以兽皮和鱼皮缝制而成，样式也十分简单。随着满族社会的发展和进步，其服装也得到了很大的改进，逐渐形成了具有鲜明特色的旗袍。男子的旗袍是无领、捻襟、窄袖、扣绊、两面或四面开衩，腰束布带，除保暖和紧身的作用外，也便于佩戴腰刀子、匙簪烟包等物。妇女的旗袍与男子的基本相同，只是多一些装饰而已，如领口、袖头、衣襟等处镶嵌不同颜色的花边和牙子。经常与旗袍搭配穿的有马褂，它的样式很像对襟小棉袄，圆领对襟，身长齐腰，袖长及肘。坎肩是吸收了汉族半臂的特长发展起来的，无袖，穿着方便，男女老少皆宜。因为常常套在长袍外面穿，有明显的装饰作用，所以在用料和做工上十分讲究，式样也多，常见的有对襟直翘、对襟圆翘、捻襟、琵琶襟、一字襟、人字襟等。如今变化很大，除居住在乡村的老人还多少保持原来的服饰外，多数人的服饰是时装。然而，每逢重大庆典、节日、聚会等活动时，有人还象征性地穿民族服装，以标示本民族的特点。

满族原本信奉萨满教，后受蒙古和汉文化的影响，不仅信奉藏传佛教，而且对道教也有信奉。

现今满族的节日，与汉族基本相同，只是过节的方式有所不同。从20世纪90年代起，满族人开始纪念清太宗皇太极将女真改名满洲的日子，并称之为颁金节。"颁金"是满语，意为"生活"。颁金节是满族命名的纪念节，每年农历十月初三日，都要进行不同形式的聚会，表演各种形式的文艺和体育节目。

满族既有自己的语言，又有自己的文字。满语属阿尔泰语系满—通古斯语族满语支。按形态结构分类，属于黏着语类型。满文是拼音文字，既有音素文字的本质，又有音节文字的表现形式。从满文的语音系统来看，有6个元音，并有元音和谐现象及复合元音；22个辅音，其中3个辅音是用于拼读汉语借词的。随着满族的入关和清王朝的建立，满语文的社会地位也不断提高。清朝规定满语文为"国语""国文"，故又称"清语""清文"。满语文在清代是人们社会交际的重要工具之一，发挥了其应有的作用。但是，由于各种历史和社会因素的影响，从清中叶起，满族人较为普遍使用汉语文，而使用满语文者逐渐减少，至清末普遍使用汉语文，会讲满语和看懂满文者已寥寥无几。时至今日，满族人基本上都不会说本民族的语言了。目前，仅黑龙江省富裕县三家子和黑河五家子等个别村的一些满族老人会说满语。

第 二 章

文字的起源与变迁

一 满文的创制与改进

满族的祖先肃慎人有无自己的语言文字，因无明确的文字记载，已无从考证。女真作为满族的先人，早先有自己的语言，但没有自己的文字，使用契丹字。女真首领阿骨打建立金国后，为了治国的需要，金太祖阿骨打命完颜希尹创制女真文。于是，完颜希尹"依仿汉人楷书字，因契丹字制度，合本国语，制女真字"。这种女真字史称"女真大字"。过十几年后，金熙宗完颜亶又创制了一种女真字，史称"女真小字"。自此以后，两种女真字并行通用。金灭亡后，进入中原的女真人受汉文化的影响，逐渐汉化，皆改用汉语文，无人知晓本民族的语言文字，留在东北的女真人仍用自己的语言文字。到了明朝后期，仍然使用本民族的语言外，文字业已逐渐被废弃，无人知晓，而改用蒙古文字了。

16世纪末17世纪初，建州女真首领努尔哈赤基本上统一了女真各部，女真社会的政治、经济、军事、文化等方面都得到迅速发展，与明朝、蒙古各部的联系日趋频繁，仍借用蒙古文字记事和交际，已不适应女真社会全面发展的需求。1599年（明万历二十七年），努尔哈赤决定创制本民族的文字，并命额尔德尼和噶盖创制。具体创制的过程，在《满洲实录》内有比较详细的记载。这年二月，努尔哈赤想仿照蒙古字创制本民族的文字，并将想法和设想告知文臣额尔德尼和噶盖，让他们具体实施。于是，额尔德尼和噶盖对努尔哈赤说："我等习蒙古字，始知蒙古语，若以我国语编创译书，我等实不能。"努尔哈赤说："汉人念汉字，学与不学者亦皆知。蒙古之人念蒙古字，学与不学者亦皆知。我国之言与蒙古之字，则不习蒙古语者不能知矣。何汝等以本国语言编字为难，以他国之言为易耶？"额尔德尼和噶盖回答说："以我国之言编成文字最善。但因翻编成句，吾等不能，故难耳。"努尔哈赤对二人说："写阿字，下合一玛字，此非阿玛（引者注：阿玛系满语，意为父亲）乎？额字，下合一默字，此非额默（引者注：额默系满语，意为母亲）乎？吾意决矣，尔等试写也。"由此可见，在满文的创制过程中，努尔哈赤作为女真的杰出首领发挥了决策和指导作用。额尔德尼和噶盖奉命创制满文后不久，噶盖"以事伏法"，而由额尔德尼单独承担完成了创制任务。满文的创制和颁行，完全适应了女真社会发展的需要，同时有助于推动女真社会的进一步发展和政权的建立。

额尔德尼等所创制的满文，是在蒙古文字基础上创制的，其字母基本上仿照蒙古文字母而成，没有圈点，称为"无圈点满文"，或"老满文"。这种满文，因属初创，存在一定的缺点和不足。正如《满文老档》内所指出："十二字头，原无圈点，上下无别，故塔、达，特、德，扎、哲，雅、叶等不分，均如一体。若寻常语言，按其音韵，尚可易于通晓。若人名、地名，则恐有误"。归纳起来讲，老满文存在的问题主要有以下三点：一是字母的书写形式不规范，同一个字母有几种书写形式，往往出现混淆，不便于使用；二是一字多音，即辅音和辅音的音位混乱，致使字母之间互相假借，较难识别；

三是音译汉语借词，如人名、官名、地名和物名等，明显感到已有的字母不够用。所以，随着女真社会的进一步发展，"老满文"所存在的问题日益突出，无论是学习，还是使用，都越发感到不方便，对其改进和完善，已成必然之事。

在"老满文"使用33年后，即1632年（后金天聪六年）初，努尔哈赤的继承者皇太极颁令，由达海承担完成了改进"老满文"的任务。据《国朝耆献类征·达海传》记载：皇太极"谕达海曰：'国书十二字头，向无圈点，上下字雷同无别，幼学习之，遇书中寻常语言，视其文义，犹易通晓。若人名、地名，必致错误。尔可酌加圈点，以分析之，则意义明晓，于学字更有裨益矣。'达海遵旨，寻译，酌加圈点。又以国书与汉字对音未全者，于十二字头正字外，添加外字。犹有不能尽协者，则以两字连写切成，其切音较汉字更为精当。"达海对"老满文"的改进主要有以下四方面：一是在一些"老满文"字母旁边添加圈点，使原先雷同的字母得以区别，做到一字一音；二是创制特定字母，以便于准确地拼写外来借词；三是创制满文字母的连写切音形式，解决了音译人名、官名、地名和物名等词汇时容易出现差错的问题；四是规范字体，统一书写形式，消除了过去一字多体的混乱现象。经达海改进的满文称为"有圈点满文"，或"新满文"。现在人们通常所说的满文，一般是指"新满文"。

另外，同时为了翻译梵文经咒的需要，在满文原有字母的基础上，又创制了十余个新字母。这些新字母平时很少使用，人们通常所说的满文内，就不包括这部分新创制的字母。

二 满文的书写与字体

满文是表音文字，即拼音文字，有元音字母和辅音字母之分。元音字母6个，辅音字母22个，再加上用于拼写外来借词的特定字母10个，共计38个字母。元音可以自成音节，也可以复合成音节，辅音和元音结合也可以成音节。某些单音节和复合音节可以构成词，再按一定的语法关系连接词与词后就构成句子，表达某一完整的意思。满文的多数词是多音节的，有两个或两个以上的音节组成，所以一个词写起来都比较长。满文的书写形式是竖写，自上而下，从左至右，一般情况下不能横写。在满语单词中，无论是元音字母，还是辅音字母，由于所处位置的不同，其书写形式也不同。元音字母都有独立、词头、词中、词尾四种书写形式。辅音字母则有所不同，有的字母有词头、词中、词尾三种书写形式；有的字母无词头书写形式，仅有词中、词尾两种书写形式；有的字母有词头、词中两种书写形式，而无词尾形式。

满文有楷书、行书、草书和篆书四种字体。楷书的使用范围较广，使用于各种书籍的刊刻、精写本的抄写，以及诏书、谕旨、奏折、题本等公文的缮写。行书的使用范围更为广泛，凡书籍普通写本的抄写、各种书稿的起草、中央到地方各级国家机关及官员之间来往文书的缮写，以及各类公文档案的汇抄存档等方面，都要使用行书。草书的使用范围较窄，主要用于一些文稿的起草、个人信件和札记的缮写，以及书法作品的创作等方面。

满文的篆字，早在满文创制之初就已出现，只是种类较少，字体单调，使用不广。正如《清朝通志》所载："清字篆文，传自太宗文皇帝时，是清篆原与国书先后并出，特以各体未备，传习尚稀。"1748年（清乾隆十三年），清乾隆帝命傅恒等人，仿照汉文篆字，重新创制了满文篆字，共计32体，并确定了各体篆字的满汉合璧名称，即玉筋篆（gu i citengge fukjingga hergen）、芝英篆（sabingga sencen i fukjingga hergen）、上方大篆（dergi amba fukjingga hergen）、小篆（narhūngga fukjingga hergen）、钟鼎篆（jungken mucihiyangga fukjingga hergen）、垂露篆（sabdara silengge fukjingga hergen）、柳叶篆（fodoho abdaha fukjingga hergen）、殳篆（gencehen mukšangga fukjingga hergen）、悬针篆（lakiyaha ulmengge fukjingga hergen）、龙篆（muduringga fukjingga hergen）、穗书

(suihetu fukjingga hergen)、鸟迹篆（gashai songgo fukjingga hergen）、垂云篆（borhoho tugingge fukjingga hergen）、鸾凤篆（garunggo garudangga fukjingga hergen）、蝌蚪书（kokingga fukjingga hergen）、龟书（eihumengge fukjingga hergen）、倒薤篆（labdahūn suduri i fukjingga hergen）、鸟书（gashangga fukjingga hergen）、坟书（acabungga fukjingga hergen）、大篆（muwarungga fukjingga hergen）、麟书（sabintungga fukjingga hergen）、转宿篆（šurdere usiha fukjingga hergen）、雕虫篆（coliha umiyahangga fukjingga hergen）、刻符篆（foloho acangga fukjingga hergen）、金错篆（aisin hiyahalangga fukjingga hergen）、鹄头篆（yadana ujungga fukjingga hergen）、飞白书（deyere šanyangga fukjingga hergen）、龙爪篆（muduri ošonggo fukjingga hergen）、奇字（ferguwucuke fukjingga hergen）、璎珞篆（bokidangga fukjingga hergen）、剪刀篆（hasahangga fukjingga hergen）、碧落篆（niohon elbengge fukjingga hergen）。从此，满文篆字的种类增多，字体规范，名称统一。为了推广新创制的满文篆字，当时用32种字体刊印了《御制盛京赋》。不过，满文篆字的使用范围较窄，在清代主要用以镌刻宝玺和官印。

三 满文的兴盛与衰落

从满文的初创到改进，用了30余年时间，最终使满文成为一种便于使用且完善的文字。无论是老满文，还是新满文，其推广使用都经过了一个过程。满文的创制与改进一样，都是在女真最高统治者的决策和指导下完成的，所以两者的推广和使用，必然都会采用行政命令的办法，具有十分有效的作用。满文初创之后，由于大力推广，在比较短的时间内就得以广泛使用。仅从现存的用老满文写的原始档案来看，最早的是1607年（明万历三十五年）《满文老档》。这就说明，老满文于1599年（明万历二十七年）创制后，最晚在1607年（明万历三十五年），即创制后的8年时间内，至少普遍使用于公文的书写方面。至于改进后的新满文何时得到普遍推广，在史籍内未见明确的记载，但从现存的原始档案中也看到一些基本情况。1632年（后金天聪六年）完成了对老满文的改进后，必定会立即推广使用。然而，在1636年（清崇德元年）《满文老档》内新老满文同时出现，而且仍然存在老满文中的一些问题，识别较难。截至崇德末年，在公文档案内才没有了新老满文兼用的情况，完全用新满文书写，字体熟练而规范。由此可见，新满文的推行，到清崇德末年才基本完成，用了10余年时间。

随着清全国性政权的建立，满语文的地位越来越显赫，规定中央到地方的各级满蒙官员都用满文缮写公文，不准擅自使用汉文，并大力倡导"国语骑射"，作为立国之本。同时，满文的使用范围更加扩大，除满族原先居住的东北地区、中央国家机关和宫廷各部门普遍使用外，派驻八旗满洲兵丁的全国各重镇要地也都使用满文，从而使满文的使用范围和地区更加广泛和辽阔。随着时间的推移，清朝的国力逐渐衰弱，满族接受汉文化的程度越来越深，满文的应用情况也每况愈下。1911年辛亥革命的爆发和清朝的覆灭，加速了满文退出历史舞台的步伐。现在的满族人已经不使用满文，而使用汉文了。

有清一代，除满族使用满语文外，与其相邻或编入满洲八旗的达斡尔、锡伯、鄂温克等民族还曾使用过满文。在民国时期，居住在呼伦贝尔的达斡尔族仍然用满文书写信件和公文。1979年，笔者到莫力达瓦达斡尔旗进行历史调查时，在当地还有一些老人懂满文。另外，1764年（清乾隆二十九年）从辽宁携眷移驻新疆伊犁的锡伯官兵及其后裔都普遍使用满语文。20世纪40年代，锡伯族对满文稍加改革后作为本民族的文字使用，时至今日仍在使用。这对满文的传承具有重要的作用和意义。

第 三 章

文字载体类别与版本形式

在清代形成了大量的满文古籍文献,主要包括档案、图书、碑刻等。这些满文历史文献,在广义上可统称为满文古籍,被纳入中国少数民族古籍的范畴进行保护、整理、利用和研究。

一 满文档案及其类别

满文档案是清朝中央和地方各级机关处理政务过程中自然形成的以满文缮写的各种公文的总称。清朝是中国历史上以满族上层为主体联合其他民族的上层建立起来的封建专制政权,是中国封建社会的最后一个王朝,历时近三百年之久。清代中央到地方的各级满蒙官员,特别是承办八旗事务及边疆少数民族事务的满蒙官员,一般都用满文缮写公文,不准擅自使用汉文,否则重者治罪,轻则训饬。与此相适应,有关诰敕、谕旨、寄信及各部院的行文,也都用满文书写。另外,管理宫廷和陵寝事务官员也不能随意用汉文缮折奏事。因此,在清代中央和地方各级机构中形成了大量的满文公文,主要包括皇帝颁发的制、诏、诰、敕、谕、旨、寄信,臣工呈进的题本、奏折、揭帖、表、笺、启,各官府衙门移行来往的咨文、移会、照会、札付、交片、牌文、咨呈、呈文、申文、关文、详文,等等。

清朝各级机构都十分重视公文的归档和保管工作,不仅将原件按一定的顺序排列保存,而且将其重要的文书按编年体或纪事本末体逐件抄录成册,以备案查和修史之用,并设有专门的机构、官员进行保管。由于历史上的战乱、灾害等诸多原因,满文档案并没有完全保存下来。然而,保存至今的满文档案仍然数量巨大,仅中国第一历史档案馆保存的满文档案就有200余万件(册)。另外,辽宁省档案馆、吉林省档案馆、黑龙江省档案馆、内蒙古自治区档案馆、西藏自治区档案馆、黑龙江省双城市档案馆、内蒙古自治区呼伦贝尔盟档案馆、土默特左旗档案馆和阿拉善旗档案馆,以及台北"故宫博物院"、"中央研究院历史语言研究所"等单位,都保存有一定数量的满文档案。

现存的满文档案,按其形成的特点,可分为以下六类:

(1) 公文原件,是指当时形成的官文书的原件,主要有寄信、廷寄、上谕、题本、奏折、咨文、呈文等;

(2) 编年体汇抄的档簿,是指按编年体汇抄官文书而形成的簿册,主要有内秘书院档、蒙古堂档、票签档、六科史书、秘本档、清折档、月折档、上谕档、议复档、奏销档、上传档、堂谕档、红本档、行文档、来文档、呈文档等;

(3) 纪事本末体汇抄的档簿,是指按纪事本末体汇抄官文书而形成的簿册,主要有俄罗斯档、八旗世袭谱档、准噶尔档、夷使档、熬茶档、北路军务档、西路档、土尔扈特档、西藏档、巴勒布档、郭尔喀档、班禅事件档、金川档、年班来京回番档、回子土司郭尔喀档、回子伯克档等;

（4）日行公事档簿，是指各机构记录日常处理公务过程中有关事宜而形成的簿册，主要有丝纶簿、大事记、日记档、发报档、交事档、值班档、杂录档、钱粮册、注销档、消费档、号簿等；

（5）修书馆档案，是指清代各修书馆保存的档案、书籍稿本，主要有满文老档、内国史院档、起居注、满文木牌、盛京旧档以及满文实录、圣训、本纪、列传、大清会典、会典事例、方略、则例、八旗通志、元史、明史、清文鉴等书稿等；

（6）满文舆图，是指用满文或与其他文字合璧书写说明文字的地图，包括地理图、作战图、山水图、名胜图、防务图、建筑图和交通图等。

以上各类满文档案，按其形成的机关，又可分为内阁、军机处、内务府、宗人府、宫中各处、黑龙江将军衙门、宁古塔副都统衙门、阿拉楚喀副都统衙门、珲春协领副都统衙门、盛京内务府、三姓副都统衙门、双城堡协领衙门、归化城副都统衙门、呼伦贝尔总管衙门和阿拉善旗扎萨克衙门等15个全宗的满文档案。

另外，从图书版本的角度来看，满文档案也可以区分版本。版本是一书经过多次传写或印刷而形成的各种不同本子。仅以制版工艺区分为写本、刻本、印影本、铅印本、晒印本等。写本又按其种类区分为写本、稿本和抄本。在此讲的"写本"概念是狭义的，专指成书时即以手写形式流传的本子，既不是稿本，也不是抄本。稿本是写书过程中形成的原稿，包括手稿本和清稿本，稿本又名传抄本，是指根据底本传抄而成的副本。满文档案基本上都是写本、抄本和稿本，没有其他版本。其中公文原件、日行公事档簿和修书馆档案内的起居注、满文木牌、盛京旧档为写本，编年体汇抄的档簿、纪事本末体汇抄的档簿和修书馆档案内满文老档、内国史院档为抄本，修书馆档案内的满文实录、圣训、本纪、列传、大清会典、会典事例、方略、则例、八旗通志、元史、明史、清文鉴等书稿为稿本。至于作为满文档案有机组成部分的舆图，既有手绘制作者，也有雕版印制者，而且手工彩绘者占大多数。

二　满文图书及其版本

满文图书的种类也比较多，据不完全统计，现存的满文图书约1000种，分别收藏在国内国外40余座图书馆和科研部门。若按版本计算，可达2000余种书籍，主要有刻本、写本、晒印本、石印本、印影本、铅印本6种，其中刻本和写本占绝大多数。

满文刻本图书，按其刻书单位又分为官刻本、坊刻本、家刻本。

官刻本是各级政府机构及其附属机关刻的书。清入关前，达海等学者用满文翻译过《三国演义》等汉文书籍，是否以刻本和写本形式流传，因缺乏史料记载和没有实物依据，无法确定其版本。清入关后，根据统治政策的需要，有计划地翻译汉文历史典籍和文学作品，并在皇宫内特设翻书房，任用专门人员，从事翻译工作。同时，在宫廷内雕版印刷。这种版本的书，称为内府刻本，属官刻本的一种。如希福等译《辽史》，1646年（清顺治三年）内府刻本，包背装，8卷9册，半页版框高35.3厘米、宽21.3厘米，8行，行字不等，四周双栏，白口，双鱼尾。随着清代社会进入"康雍乾盛世"，社会稳定，经济发展，国力强盛，为文化发展提供了良好的环境和充足的物质条件。康熙和乾隆二帝在强调"国语骑射"的基础上，对儒家文化和藏传佛教文化进行尊崇和倡导，出现了多元文化共同发展和繁荣的局面。满文官刻图书的出版也达到了鼎盛时期。1680年（清康熙十九年），在皇宫内设立武英殿修书处，隶属于内务府，专管编撰和刊印各种图书事宜。从此，满文内府刻本进入崭新的阶段，被称为武英殿刻本或殿本。如《御制清文鉴》，1708年（清康熙四十七年）武英殿刻本，线装，9册，半页版框高21.8厘米、宽16.3厘米，9行，行字不等，四周双栏，白口。武英殿刻本，版式规范，字体典雅，用纸考究，墨色匀润，装帧精美，具有鲜明的宫廷特色。除此之外，属于官刻本的，还有京师八旗官学、京口官学、荆州驻防翻译总学、成都驻防八旗官学、广州驻防官学和西安将军署、江南驻防衙门刊印的图书。这些官学和官署刊印的满文图书，虽属官刻本，但与内府和武英殿刻本比较，书种单调，多为与教育有关的语言文字方面的书，版本质量也参差不齐。

坊刻本是指书商所刻的书。清代民间的印刷业比较发达，书商遍及全国各地，设置书坊，刊印图书。在清代由于满文的特殊地位，满文图书有一定的需求量，刊印出版也可获利，所以不少书坊必将加入刊印满文图书的行列中来。仅从满文图书上出现过的书坊来看，当时刊印满文图书的书坊有听松楼、宛羽斋、秘书阁、尚德堂、奇畅斋、天绘阁、文盛堂、四合堂、三义堂、尊古堂、鸣皋阁、敬修堂、宏文阁、中和堂、三槐堂、鸿远堂、墨华堂、精一斋、老二酉堂、文瑞堂、永魁堂、秋芳堂、清宜斋、炳蔚堂、五云堂、聚珍堂、品经堂、带月楼、存之堂、文兴堂、柳荫山房、崇礼堂、镜古堂、彩盛刻字铺、文真堂、圣经博古堂、文光堂、名贵堂、宝名堂、积古斋、保萃斋、玉树堂、文渊堂、书业堂、先月楼、少西堂、文宝堂、尚友堂、文翰斋、京都翻译书坊、二酉堂、精一堂、修锦堂、文英堂、聚星堂、槐荫山房、双峰阁、大酉堂、文萃堂、绍衣堂、藜照阁、文瑞堂、英华堂、紫竹阁、名德堂等 60 余家。这就决定了坊刻本的多样化，不仅图书种类庞杂，而且版本繁多，质量参差不齐。民间书坊，绝大部分在北京，只有少部分在沈阳、南京、荆州等地，体现了北京在传播满文化方面的中心地位。在北京的书坊内，三槐堂属刊印满文书最多的书坊之一，从雍正至宣统的近 200 年间，连续不断地刊印满文图书。另外，聚珍堂也是刊印满文图书较多的书坊，其前身是康熙时期的天会阁，后改名聚珍堂，长期刊印满文图书。在存世的满文坊刻本内，最早的是南京听松楼刊印的《新刻满汉字诗经》，1654 年（清顺治十一年）刊印，线装，6 册，满汉合璧，半页版框高 22.8 厘米、宽 14.6 厘米，9 行，行字不等，上下单栏、左右双栏，白口；最晚的是荆防广化善堂刻印《朱文公家训》，1910 年（清宣统二年）刊印，线装，1 册，满汉合璧，半页版框高 20.8 厘米、宽 13.7 厘米，5 行，行字不等，四周双栏，黑口，单鱼尾。由此可见，清代民间书坊长期从事刊刻满文图书的工作，长达 250 余年。

家刻本是私人所刻的书。在满文图书内，家刻本极其少见。如阿思哈、佛德刻印的《清语》，线装，2 册，满汉合璧，半页版框高 24.5 厘米、宽 15 厘米。

在满文图书中，除官刻本、坊刻本和家刻本外，还有大量的写本、稿本和抄本。写本主要是皇宫内的写本，属精写本，如实录、圣训、玉牒、方略以及翻译的《封神演义》《连城璧》《列国演义》《南宋演义》等。这些写本，开本较大，纸墨精良，缮写工整，装帧精美，多数是孤本。其中实录、圣训、玉牒、方略等书，用红栏格纸缮写而成，而且用彩色绫子制作封面装订，较为豪华。另外，列朝实录和圣训每套都分大红绫、小红绫和小黄绫三种不同形式装订成册。如《大清高宗纯皇帝实录》就有大红绫、小红绫和小黄绫三种本，小红绫本与小黄绫本比较，不只是封面装帧绫料颜色不同，而且版式完全不一样；小红绫本与大红绫本比较，也有本质上的差别，虽然封面装帧绫料颜色相同，但版式完全不一样。小红绫本，包背装，红绫封面，页面高 37 厘米、宽 23 厘米，半页版框高 25 厘米、宽 17.5 厘米，10 行，行字不等，四周朱丝双栏，白口。大红绫本，蝴蝶装，红绫封面，页面高 44.5 厘米、宽 29 厘米，半页版框高 27.5 厘米、宽 19.5 厘米，10 行，行字不等，四周朱丝双栏，白口。

现存的满文稿本，基本上都是官修图书的稿本，版式不规范，字迹潦草，并有涂改之处。满文图书的抄本，主要是民间传抄本，多数是文学、语言文字和宗教信仰方面的图书，版本质量普遍较差。

三　满文碑刻及其种类

满文碑刻也不少，按其内容，大致可分为诰（敕）封、谕祭、建筑、墓葬、地产、记事及诗歌等碑文；按立碑者的身份，可分为敕建、官建和民建三大类。满文碑刻主要分布在北京、河北和辽宁地区，据不完全统计，现存的满文碑刻拓片，仅北京各大图书馆、博物馆和档案馆就有800余种，而现存的原碑刻已有一定的损失。在所有满文碑刻拓片内，诰封、敕封、建筑、墓葬四方面内容较多，最早的是《大金喇嘛法师宝记》碑刻，1630年（后金天聪四年）立，拓片高70厘米、宽61.3厘米，最晚的是《绰哈布墓碑》和《绰哈布谕祭碑》碑刻，1910年（清宣统二年）立，《绰哈布墓碑》拓片高232厘米、宽77厘米，《绰哈布谕祭碑》拓片高223厘米、宽70厘米。满文碑刻选用的石料普遍都比较好，而且碑身高大，雕刻精致，字迹工整，并刻有各种图案或花纹，不仅有文献研究价值，而且有一定的鉴赏价值。

四 满文古籍的材质及其装帧

满文文献的载体也是多元的，有纸、石、金、木和绢5个类别。其中纸为载体者较多，清入关前，由于当地造纸业欠发达，纸张十分短缺，通过贸易等渠道，从朝鲜获取"高丽纸"后使用，但仍不敷使用，有时还在明朝刊印的图书上记档。其次是以石为载体，除碑刻外，皇帝封皇太后、皇后、后妃等人册文，刻在玉石册叶上，而后颁发。再次是以木为载体，清入关前，由于纸张奇缺，有些战报性的公文，就地取材，削木为片，书文呈递。

现存"满文木牌"较少，共计28支，均存于中国第一历史档案馆。"满文木牌"用料不十分讲究，一般以杨、柳、松等木制成，形状各异，有的削成薄片两面书写，有的削成长方体四面书写。尺寸又长短各异，在木牌的一端，凿有一孔，以便贯绳之用。另外，清入关后，在宫内使用一种木牌，称"绿头牌""红头牌"。其形状像人的上身，首部呈圆形，漆成绿色的称"绿头牌"，漆成红色的称"红头牌"。这两种木牌，都是满汉合璧，一面书写满文，一面书写汉文。至于以金和绢为载体者更少，仅是将皇帝册封用的文书，按被册封者身份和地位的高低，分别刻在金叶和书写在彩绢上，而后颁发。

从满文档案和图书的装订形式来看，有线装、毛装、包背装、蝴蝶装、梵夹装、经折装和卷轴装7种。档案中的题本、奏折、咨文、呈文等折件类的公文都采用经折装，簿册类的档案则采用毛装和线装，还有一些舆图、诰命、敕命等档案采用卷轴装。图书多采用线装，而采用包背装、蝴蝶装、梵夹装者较少。一般来讲，佛教经典都用梵夹装。在满文图书内，也有插图者，但较少。插图分雕刻和手绘两种，墨色多为黑色，彩色套印者极少。

第 四 章

目录与分类

现存的满文古籍数量庞大，种类繁杂，其整理编目工作任务较为艰巨，需要有计划、有步骤地长期开展。从 20 世纪 20 年代开始，经过几代人的艰苦不懈的努力，满文古籍的整理编目工作取得了可喜的成绩。

一　满文档案的编目与分类

在历史档案的管理工作中，整理编目工作是基础，是开展其他各项工作的首要条件。自 20 世纪初始，满文档案工作者一直把档案的整理编目作为工作的重点，并投入了大量的人力和物力。到目前为止，所有清代满文档案，经过初步整理，基本上做到了"有规可循，有目可查"。

为了保持历史档案的内在联系和原貌，便于保管和利用，在档案的整理过程中，首先按全宗原则进行划分档案。全宗是一个机关或著名人物在活动中形成的全部档案。将各个全宗视为相对独立的整体，依此作为划分档案的标准，力求各个整体内的档案完整性不被破坏和整体间的档案不相混杂，这便是全宗原则。按照这一原则，现存的清代满文档案划分为内阁、内务府、宗人府、宫中各处、盛京内务府、黑龙江将军衙门、宁古塔副都统衙门、三姓副都统衙门、阿拉楚喀副都统衙门、珲春协领副都统衙门、双城堡协领衙门、归化城副都统衙门、阿拉善旗扎萨克衙门、呼伦贝尔总管衙门等全宗。每一全宗内的档案，又按其不同的类别，采取了不同的整理方法。一般来讲，档簿类的档案，采用"文种—朝年"的原则整理，逐册登记编目。目录填注之项有档号、档册名称、时间和册数。折件类的档案，采用"文种—朝年"，或"文种—问题—朝年"的原则整理，逐卷逐件登记编目。逐件登记编写的目录填注之项有档号（包括全宗号、卷号和件号等）、文件作者、时间和件数，而逐卷登记编写的目录填注之项有档号（即全宗号和卷号）、案卷名称、卷内文件起止时间和件数。这种整理是档案实体的顺序整理，编制的目录基本上属档案实体的顺序目录，主要用于各项档案工作的开展。经过这种整理和编目的档案，虽然便于保管和按时间查找利用，但不便于按问题、人物、地区查找利用，要查找利用某一专题档案文件，则需要将有关档案逐册逐件从头到尾翻阅一遍，既费时耗力，也不利于保护档案原件。

自 20 世纪 80 年代中叶起，随着档案实体的顺序整理工作的基本完成，为了适应档案信息的计算机管理和更好地向社会提供利用，中国第一历史档案馆满文部选择利用率较高的档案，根据国家档案局颁行的《档案著录规则》和《明清档案著录细则》等行业标准，采用文件级卡片式著录格式，对档案进行著录工作。著录是"在编制档案目录时，对档案的内容和形式特征进行分析、选择和记录的过程"。满文档案的规定著录项目有分类号、档号（即由档案全宗、目录、案卷和文件诸号组成，各号之间，以"-"号相隔）、胶片号（包括卷号和拍号）、题名（即文件摘由）、责任者（即文件作者）、文种、文件形成时间、附注（包括语种、件数、档案实体状况）、主题词等10项。现已完成军机处满文录副奏折、宫中满文上谕、内阁满文题本、满汉合璧雍正朝吏科和户科史书、珲春副都统衙门档案的著录工作，共形成326000余条著录数据。这些著录数据，均按国家档案局颁行的《清代档案分类表》进行分类，包括A政务总类，B宫廷、皇族及八旗事务，C职官、吏役，D军务，E政法，F民族事务，G中外关系，H镇压人民斗争活动，J宗教活动，K文化、教育、卫生、科学研究，M财政，N金融，P农业、水利、畜牧业，Q手工业、工业、公用事业，R建筑，S交通、邮电，T商业，W天文、地理等18大类。每类之下，再分若干一级、二级和三级项。如T商业类：（1）国内商业：11商品、物价，12集市、店铺、牙行，13商人，14常关；（2）对外贸易：21商品、物价，22口岸，23洋行、买办、商行，24海关，25外资企业：251工厂、矿山，252铁路，253水运，254邮政、电信，255银行；27借贷；（3）服务业：31旅店，32饭馆、酒店、茶馆，33戏院，34车行，35照相馆，39其他。在著录时，按规定标注分类号。如商业类国内商业的物价问题文件，即标T21。若遇到一份文件反映多个不同内容的情况，则最多并列标注3个分类号，各分类号之间用"＋"符号相连。

另外，中国第一历史档案馆满文部与有关科研部门合作，利用满文档案著录卡片编制了两部专题目录。一为吴元丰、成崇德、牛平汉主编《清代边疆满文档案目录》，精装12册，共收录档案条目12万余条，共计900万字，1999年4月由广西师范学院出版社出版。从档案主题、责任者、形成时间、涉及地区、文种等方面，多视角揭示了军机处满文月折包内有关边疆地区问题档案的内容及主要形式特征。边疆地区包括盛京、吉林、黑龙江、内蒙古、外蒙古、新疆、西藏、云南、广东、广西、福建、台湾、浙江、江苏、山东、直隶等陆疆和海疆地区。《清代边疆满文档案目录》内各条目，先按地区分类，在各类内再按档案形成时间的先后排序。二为李鹏年、吴元丰主编《中国第一历史档案馆所存西藏与藏事档案目录》（满文藏文部分），平装1册，共收录档案条目13334条，其中满文档案条目13040条、藏文档案294条，共计100万字，1999年12月由中国藏学出版社出版。本目录收录了中国第一历史档案馆所存的与西藏和藏族有关的满文和藏文档案条目，分满文和藏文两大部分，未进行具体分类，而按文件形成的时间进行排序。正文后附有分类索引类目，共分A重大事件、B官职、C宗教事务、D财政、E农牧业、F商业贸易、G矿产、H政法、L文教卫生、J军务、K涉外关系等11大类。每一大类下，再分小项。如H政法类，其下分设H_1疆理、H_2户籍、H_3会盟、H_4灾情赈济、H_5治安、H_6刑审案件6项。

二 满文图书的编目与分类

满文图书的编目工作，始于20世纪初。当时，李德启、于道泉两位先生合作整理北平图书馆和故宫博物院图书馆所藏满文图书，编著《满文书籍联合目录》1册，共收录图书419种。这本目录虽然不能包括国内存世的所有满文图书，但毕竟是国内第一部满文目录，开创了编撰满文图书目录的先河。

时过50余年后，国内的满文学者开始关注满文图书的编目工作，相继有数部具有一定规模和特色的满文图书目录问世。富丽编著《世界满文文献目录》，共收录文献1122种、拓片646种，于1983年10月由中国民族古文字研究会刊印发行。黄润华、屈六生主编《全国满文图书资料联合目录》，共收录图书1015种、拓片693种，于1991年7月由书目文献出版社出版。卢秀丽、阎向东编《辽宁省图书馆满文古籍图书综目》，共收录辽宁省图书馆满文古籍图书266部，于2002年5月，由辽宁省民族出版社出版。杨丰陌、张本义主编《大连图书馆藏少数民族古籍图书综目》，共收录大连图书馆所藏少数民族文字图书 504 部，其中满文图书 416 部，于 2006 年 1 月由辽宁省民族出版社出版。吴元丰主编《北京地区满文图书总目》，共收录北京地区各图书馆、档案馆、博物馆等 14 个单位保存的满文图书 1769 部，于 2008 年 2 月由辽宁省民族出版社出版。

另外，众所周知，满文图书和档案流传到国外者也不少，保存在各国大学和科研部门的图书馆。几乎与国内同一时期开始，国外满文学者着手编制满文古籍目录。他们所编制的目录多以各馆所存的满文古籍为基础编撰，收录的图书文献条目较少，从而造成所编目录的规模都比较小，而且因作者的国籍不同，所使用的文字也各不相同。主要有日本度部薰太郎编著《满洲语图书目录》《增订满洲语图书目录》，蒙古国拉·卡西格编著《蒙古国乌兰巴托国家图书馆所藏满文书目》，俄罗斯沃尔科娃编著《苏联科学院亚洲民族研究所满文文献》，俄罗斯雅洪托夫编著《列宁格勒大学东方系藏满文书籍目录》，俄罗斯雅洪托夫、瓦西里耶娃编著《萨尔特科夫—谢德林国立公共图书馆藏满文写本和刻本分类目录》，英国纳尔逊编著《伦敦满文目录》，德国稽穆编著《国际满文文献联合目录》，日本河内良弘、中国赵展合编《天理图书馆满文书籍目录》，日本松村润编著《美国议会图书馆所藏满洲语文献目录》，等等。

从国内外现已编制出版的满文古籍目录上看，其分类法各不相同，归纳起来主要有三种，一为按学科分类法，二为传统的汉文古籍五部分类法，三为按版本和学科相结合的综合分类法。满文图书的分类，迄今无统一的标准，而且类目名称和分类等级也不相同，一般按作者的认识和习惯采用某一种分类法。

采用学科分类法的目录，在类目和名称的设置上，还都不完全相同，存在一定的差异。如富丽编著《世界满文文献目录》，共设政治、法律、军事、财经、民族、民俗、宗教、外交、文学、艺术、语文、考古、历史、天文、地理、水利、数学、医学、哲学、综合 20 大类。其中宗教、文学、语文、考古、历史 5 类之下分项，而其余 15 类之下不分项。如文学类，下分小说、诗词、其他 3 项。黄润华、屈六生主编《全国满文图书资料联合目录》，共设哲学、伦理学、宗教、法律、军事、语言文字、文学、艺术、历史、地理、数学、天文、医学、兽医学、水利、综合 16 大类。其中宗教、语言文字、文学、历史 4 类之下分项，而其余 12 类之下不分项。如文学类，下分作品、诗词赋、小说与戏曲、杂著 4 项。

采用传统的汉文古籍五部分类法的目录，彼此间也有一些差异。如卢秀丽、阎向东编《辽宁省图书馆满文古籍图书综目》和杨丰陌、张本义主编《大连图书馆藏少数民族古籍图书综目》，按汉文古籍传统的经、史、子、集、丛五部分类法分类排序，因收录的条目较少，在一级类目下未设二级类目。实际上，所有一级类目下的条目，仍按二级类目排序，只是没标明二级类目的名称而已。在二级类目下的条目，按作者的生卒时间和图书的成书时间排序。吴元丰主编《北京地区满文图书总目》，首先按汉文古籍传统的经、史、子、集、丛五部分类法分类排序，而后根据所收录满文图书的实际情况，除一级类目丛书部下未设二级类目外，其余各一级类目下分设若干个二级类目。另外，因经部的小学类和史部的政书类所收录条目较多，故在这两个二级类目下再分设若干个三级类目。所有二级和三级类目下的条目，按图书的成书或雕版印刷时间排序。

采用版本和学科相结合的综合分类法的目录，如日本松村润编著《美国议会图书馆所藏满洲语文献目录》。该目录首先分设版本、抄本、文书 3 大类，而后仅在版本类下分设一般、哲学与思想、历史、政治、语言 5 项。

第 五 章

古籍发掘、研究简况

一 满文古籍的发现

清代中央国家机关、内务府、宗人府等部门形成的满文档案，以及珍贵的内府刻本、武英殿刻本、内府精写本及其稿本，一般都深藏于北京和沈阳的皇宫内，人们根本无法接触和了解，一直鲜为人知。

1905年（清光绪三十一年）7月，日本和俄罗斯为争夺势力范围在中国东北进行的战争结束。当时日本《朝日新闻》记者内藤湖南正好在东北，乘战争结束之际，利用4个月时间，对沈阳及其周边地区的古迹和历史文献进行了调查。在这次调查过程中，内藤湖南发现了在沈阳故宫崇谟阁存放的《满文老档》乾隆朝重抄本，而且回国后，在1906年6月《早稻田文学》杂志上发表了题为《在奉天宫殿看到的图书》一文，介绍了《满文老档》的一些情况。1911年（清宣统三年），辛亥革命爆发，清朝被推翻，中国的政局发生巨变。1912年初，当时已任日本京都帝国大学教授的内藤湖南再次来到沈阳，经过种种努力，与同一大学的讲师羽田亨一起，将全套180册《加圈点老档》都拍成照片带回日本。

至于北京故宫内所存满文古籍文献的发现，则是另一种情况。1909年（清宣统元年），清王朝已处在内外交困、政局不稳、财力枯竭的形势，走向覆灭的边缘。就在这一年，紫禁城内存放大量典籍和档案的内阁大库，因年久失修，多处倾塌，需要修缮。遂将一部分典籍和档案移到紫禁城内银库、文华殿等处暂存，以便修缮库房。与此同时，时任内阁大学士、军机大臣的张之洞具折奏请，设立学部图书馆，接收内阁大库所藏书籍；其余档案，以为无用，拟定焚毁。1910年（清宣统二年），内阁大库修完，在移到别处暂存的典籍和档案内，仅将《实录》《圣训》仍送回内阁大库保存，其余的档案和书籍，没有送回内阁大库保存，按张之洞所请，准备另行处理。不久，时任学部参事的罗振玉被派到内阁接收书籍，看到大库档案堆积如山，其中多是"近世史上最宝贵的史料"，故经请示张之洞，放弃焚毁档案的计划，将未送还大库的档案移交学部，从故宫搬到国子监南学和学部大堂后楼暂存。这样，清朝"大内档案"首次从故宫运出，其中就有大量的满文文献。1913年，北洋政府教育部在国子监设立历史博物馆筹备处，接收了从故宫运出的档案，并转移到天安门后的端门存放。1916年，历史博物馆筹备处迁到故宫午门楼上，而后将档案搬到午门楼上整理。由于档案数量巨大、经费紧张、主持人不得力等诸多因素，当时的整理方法极其原始，十分滑稽。据邓之诚《古董琐记》记载："胜朝内阁红本清厘时，贮麻袋千余，移午门博物图书馆理之，司其事者部曹数十人，倾于地上，各执一杖，拨取其稍整齐者，余仍入麻袋，极可笑！"然更可悲的是，1921年发生了有名的"八千麻袋事件"。当时，历史博物馆因经费困难，将挑剩的档案，约计8000麻袋，共重15万斤，以4000元之价卖给同懋增纸店，作为造纸材料。纸店收购这些档案后，"取去麻袋，另备芦席，用机器渍水捆扎成包，由火车分运到定兴、唐山二处，同时也零星卖出不少"。在北平的市面上出现了"大内档案"，并被罗振玉看到，其友人金梁也听到同懋增纸店购买"大内档案"的消息。于是，二人一同找到同懋增纸店，由罗振玉支付比原价高三倍的钱12000元，买回所有档案。1924年，罗振玉除自己留一部分档案外，将其大部分以16000元价卖给李盛铎。1928年，李盛铎又以18000元价卖给"中央研究院历史语言研究所"。罗振玉自己留存的档案，于1936年移交奉天图书馆保存。至此，准备销毁造纸的8000麻袋档案，经过几经倒手辗转，最终保存到科研机构和图书馆。然而，档案的总重量由原先的15万斤，剩下12万斤，减少3万斤，遭到一定的损失。罗振玉先后两次出面保护内阁大库档案，其功绩是不可磨灭的，意义深远。

1911年辛亥革命以后，按照民国政府优待逊清皇室条件，清朝末代皇帝溥仪退位，暂留住在故宫内，所以存放在故宫内的满汉文图书档案，除上述的内阁大库内存放的一部分运出故宫外，绝大部分仍存放在故宫内，而且仍不被人们所了解。1924年，冯玉祥进京将溥仪驱逐出故宫。1925年10月，成立故宫博物院，下设古物馆、图书馆和总务处等机构。图书馆下再分设图书和文献二部，分别负责图书和档案的保管工作。文献部后来改称掌故部，1929年3月又改称文献馆，同时从图书馆中分离，成为故宫博物院的一个独立的业务部门。文献部、掌故部和文献馆都是今中国第一历史档案馆的前身。故宫博物院成立后，设立专门负责保管图书和档案的机构，招聘专业人员，清查故宫内存放的满汉文图书档案，进行妥善保管，开始整理编目工作。这样，大量的满文图书和档案才逐渐被发现。其中最重要的发现是，1931年2月，文献馆整理内阁大库存放的档案时，发现了乾隆年间整理托裱后重新装订的《满文老档》37册。1935年9月，在整理内阁大库过程中，又发现了乾隆年间整理重抄时未曾发现的《满文老档》3册。当时，谢国桢、单士元、李德启、张玉全和金毓黻等学者纷纷撰文介绍发现过程和研究情况，在学术界产生了一定影响。

二　满文古籍的研究

满文古籍的研究，在我国起步比较早，可以追溯到18世纪40年代。清入关定都北京时，将关外形成的用老满文书写的档案运到北京，保存在紫禁城内的内阁大库。至1741年（清乾隆六年），距新满文代替老满文使用业已109年，当时阅览和看懂满文老档者已寥寥无几。乾隆帝对此深感不安，唯恐长此以往人们会遗忘满洲文字的来源，或者忘掉本民族文化的根基。因此，为了防止出现无人知晓老满文的局面，并使满洲文化得以传承，乾隆帝颁谕曰："无圈点字原系满洲文字之本，今若不编书一部贮藏，则日后湮没，人皆不知满洲之文字，肇始于无圈点字也。著交付鄂尔泰、徐元梦，阅览《无圈点老档》，依照十二字头，编书一部；并于宗学、觉罗学及国子监诸学，各抄录一部收贮。"保和殿大学士、军机大臣鄂尔泰，加尚书衔、太子少保徐元梦遵照上谕，查阅内阁库存的《无圈点老档》（后人又称《无圈点老档》《满文老档》《满文旧档》《老满文原档》《旧满洲档》等），"除读之即可认识字外，其与今字不同难认之字，悉行拣出，兼注今字，依照十二字头，编成一部书"。此书命名为《无圈点字书》，共4册，实际上是一部老满文和新满文相互对照，并按满文十二字头顺序编排的辞书。另外，鄂尔泰、徐元梦在翻阅《满文老档》的过程中发现，"此项档册，历年久远，颇为糟旧"。遂经奏准，将所有《无圈点老档》逐页托裱，重新装订后，仍收存在内阁大库。事过33年后，为了彻底解决《无圈点老档》的永久性保存和经常性利用的问题，乾隆帝又决定重抄《无圈点老档》，并令大学士舒赫德、于敏中和阿桂承办有关抄写事宜。从1774年（清乾隆三十九年）底至1779年（清乾隆四十四年）底，由舒赫德、于敏中、阿桂主持完成了《无圈点老档》重抄工作，用时整整5年。除用老满文照写《无圈点老档》2部外，还用新满文转写《加圈点老档》3部，并分别命名为《无圈点老档》和

《加圈点老档》。北京皇宫内阁大库和盛京皇宫崇谟阁存放《无圈点老档》和《加圈点老档》各 1 部，北京紫禁城内上书房存放《加圈点老档》1 部。另外，在重抄过程中形成的《无圈点老档》和《加圈点老档》底本各 1 部，经装帧后，也保存于内阁大库。这次《无圈点老档》的重抄工作，并不是简单意义上的重抄，而是具有一定的研究性质。无论是《无圈点老档》，还是《加圈点老档》，在其抄录和转写过程中，对档案内出现的地名、人名、时间、官职以及文字，都进行了必要的考证。而保存在内阁大库的《加圈点老档》的版本，更有特色，凡档案内老满文费解以及直接使用蒙古文之处，都一一做了签注，并贴在书眉上，具有一定的学术性和研究价值。在某种意义上讲，《无圈点字书》的编写和《无圈点老档》的重抄工作，开了满文古籍整理和研究的先河。

在乾隆帝的倡导下，虽然开了满文古籍整理和研究的先河，但没再继续下去，其后一直处在停顿状态。其中最主要的原因是绝大部分而且是重要的满文文献都深藏在宫廷或官署库内，根本不对外提供利用。

真正意义上的满文古籍研究，就中国大陆而言，从 20 世纪初始，已经走过了近一个世纪。纵观中国大陆满文古籍的研究，可分为三个阶段，即起步时期、积淀时期和发展时期。

从 1925 年故宫博物院的成立至 1949 年中华人民共和国成立，是满文古籍研究的起步时期。清朝灭亡后，由于存放在故宫内的大量满文图书档案被发现，特别是《满文老档》的发现，引起了国内学界和学者的极大关注，并开始研究。1935 年，故宫博物院文献馆制定《整理内阁大库满文老档之缘起与计划》，组织人员对《满文老档》进行系统的整理和研究，计划编撰《满文无圈点字典补编》、满文老档总目《满文老档细目》《满文老档原本与抄本校勘表》，以及挑选其中重要的史料翻译，编成《选译满文老档》出版。这一计划启动不久，"七七事变"发生，抗日战争全面爆发，战火纷飞，时局恶化，故宫博物院的重要文物和文献南运避难，整理和研究《满文老档》的计划被迫搁浅。然而，在这一时期，李德启、张玉全等学者进行了具有开拓意义的研究，取得了一定的成果。主要有李德启《〈满文老档〉之文字及史料》《阿济格略明事件之满文木牌》，张玉全《述〈满文老档〉》《关于清三藩事件之满文史料》，谢国桢《天命天聪朝满文档册》，金毓黻《〈满文老档〉考》，关德栋《记满汉语混合的子弟书——〈螃蟹段儿〉》等。这些文章对《满文老档》《满文木牌》《螃蟹段儿》等古籍的书写文字、形成特点、史料价值进行了研究，成为开山之作，标志着中国满文古籍研究的起步。

1949 年中华人民共和国成立至 1979 年"文化大革命"结束，是满文古籍研究的积淀时期。中华人民共和国的成立，战乱结束，社会稳定，各行各业都处在发展建设阶段。在这一时期，由于诸多原因，满文古籍的研究工作几乎处于停顿状态。虽然如此，这一时期对满文古籍的整理和研究而言，还是做了具有前瞻性的基础工作。首先设立国家级图书馆、档案馆等机构，对满文图书和档案进行妥善保管，特别是征集流散到各单位及个人手中的历史档案，进行集中统一管理，并开展了基本的整理编目工作。另外，培养满文专门人才。当时在社会上满文人才奇缺，招收专业人员十分困难，极大地制约了满文古籍整理和研究工作的正常开展。1955—1957 年，中国科学院语言学研究所和近代史研究所联合开办满文研习班，招收学员 20 名，培养了新中国首批满文专业人才。但仍不能满足社会需求，故经国家档案部门建议，由周恩来总理批准，于 1961 年，在中央民族学院（今中央民族大学）特设满文班，招收应届高中毕业生 21 名，学制 5 年。然天有不测风云，1966 年满文班学生毕业时，正值"文化大革命"开始，大部分学生分配到外地改行，即使分配到北京有关图书馆、档案馆和大学的学生，也无法开展正常的业务工作。1975 年，经有关人士的建议，经由周恩来总理等国家领导人批准，责成故宫博物院明清档案部（今中国第一历史档案馆前身）开设满文干部培训班，招收应届高中毕业生 21 名，学制 3 年。1978 年毕业后，其中 20 名学员都留在故宫博物院明清档案部满文组（今中国第一历史档案馆满文部前身）工作。以上三批满文专业人才的培养，为日后开展满文古籍的整理和研究工作创造了十分重要的条件。

1979年至今，是满文古籍研究的发展时期。随着"文化大革命"的结束，已有的学术机构逐渐恢复正常的科研工作，新的科研部门先后建立，过去被迫改行的满文专业人员相继归队，从而满文古籍的研究工作进入一个崭新的发展时期，科研成果不断问世，硕果累累，成绩斐然。主要表现在以下三个方面：

（1）对满文古籍进行综合性的介绍和评述。主要代表性的文章有任世铎《满文与满文档案》，屈六生《清代军机处满文档案综述》《简论我国满文古籍的整理出版工作》，吴元丰《中国第一历史档案馆藏满文档案》《清代满文档案述论》《归化城副都统衙门满文档案》《清内阁满文档案述略》《军机处满文月折包的整理与编目》《满文月折包与〈清代边疆满文档案目录〉》《军机处满文月折包内新疆史料及其研究价值》《满文月折包内漠南蒙古地区史料及其价值》《新近发现的清代中琉关系满汉文档案及其价值》《清代军机处满文月折包及其史料价值》《满文与满文古籍文献综述》《满文历史文献及其整理编目》等。这些文章对现存满文档案的全宗、文种、形成特点、内容、史料价值以及整理编目等进行介绍和评价，对学术界了解和利用满文档案具有指南作用。

（2）对满文古籍的专门研究。主要代表性的文章有关孝廉《论〈满文老档〉》《〈满文老档〉原本与重抄本比较研究》《〈满文老档〉特点及其史料价值》《论〈满文老档〉与〈满文老档〉谕删秘要全译》《〈盛京满文旧档〉及其特点》《康熙朝满文朱批奏折刍议》，阎崇年《〈无圈点老档〉及乾隆朝抄本名称诠释》《〈无圈点老档〉乾隆朝办理抄本始末》《〈无圈点老档〉及乾隆朝抄本译研述评》《〈无圈点老档〉乾隆朝办理抄本长篇》，佟永功《〈满文老档〉收藏、翻译研究与价值评述》，刘子扬、张莉《〈满文老档〉综析》，季永海《〈大清全书〉研究》《〈清语易言〉语音探析》《〈清文启蒙〉语音研究》，胡增益《一部稀有的满文辞典——〈满洲类书〉》，江桥《乾隆朝御制四、五体〈清文监〉编纂考》等。从这些对满文古籍专门研究的文章来看，对《满文老档》的研究比较全面而系统，取得了前所未有的成果，同时也说明《满文老档》在满文古籍中的重要地位和研究价值。另外，其他研究文章也都有一定的深度和创见，对某一部满文古籍而言属开创性的研究，对未来的研究具有参考意义。

（3）满文古籍研究专著的问世。主要有刘厚生《〈旧满洲档〉研究》，赵志强《〈旧清语〉研究》，江桥《康熙〈御制清文鉴〉研究》，宋和平《〈尼山萨满〉研究》，宋和平、孟慧英《满族萨满文本研究》，赵志忠《萨满的世界〈尼山萨满〉论》《〈满迷〉研究》等。这些专著对其研究的对象从文献学、历史学、民俗学、语言学等多角度进行比较和分析，提出了各自的独到见解，有助于中国大陆满文古籍研究工作进一步深入开展。

除中国大陆外，台湾在满文古籍研究方面也占有显著的地位，取得了一定的成果。1949年新中国成立前夕，一部分满文图书和档案运到台湾，分别被收藏在台北"故宫博物院"、"中研院历史语言研究"所等单位。从1956年起，广禄教授在台湾大学和台湾政治大学边政研究所开设满文课程，培养了一部分满文人才。1962年9月，广禄教授和他的学生李学智先生在台北"故宫博物院"书库内发现了《老满文原档》，即《满文老档》的原件，引起台湾学界的重视，并开始翻译和研究。研究文章主要有：广禄《〈满文老档〉与老满文》，广禄、李学智《〈老满文原档〉与〈满文老档〉之比较研究》，李学智《东洋文库日译本〈满文老档〉未收的几件老满文》《〈老满文原档〉与〈满文老档〉再研究》，陈捷先《〈旧满洲档〉述略》《〈旧满洲档〉价值》《满文起居注略考》《清朝皇帝的起居注满文本》《清朝皇帝实录的满文本》《满洲实录的起源与价值》《台湾的满文碑》，庄吉发《故宫满文档案的史料价值》《旧满洲档的来由及其史料价值》《文献足征——〈满文原档〉与清史研究》《清代满汉文起居注册的史料价值》《清代康熙雍正两朝满文奏折的史料价值》《满文奏折的史料价值》《清代满文族谱的史料价值——以云保、李佳氏兴垦达尔哈族谱为例》《佛说四十二章经满文译本研究》《清代满文族谱的史料价值》

《台湾故宫博物院典藏〈大藏经〉满文译本研究》《清高宗敕译四书探讨》《图理琛著〈异域录〉满文本与汉文本的比较》《〈清语老乞〉与汉语〈老乞大〉的比较研究》等。代表性的专著有：陈捷先《满文清本纪研究》《满文清实录研究》《满洲档案资料——〈旧满洲档〉的价值》，李学智《乾隆重抄清太宗满文老档中附签注正误》《老满文原档论辑》等。从台湾学者研究满文古籍的成果上看，20世纪60年代中叶初至80年代中叶，这20年是台湾满文古籍研究的鼎盛时期，研究力量雄厚，以《满文老档》为重点，对《实录》《起居注》《本纪》和奏折等其他满文文献进行研究，取得了丰富的成果。

至于国外对满文古籍的研究，日本处于比较显著的地位。20世纪初，日本京都帝国大学教授内藤湖南和讲师羽田亨将《加圈点老档》拍成照片带回日本，并撰文介绍后，引起日本学者学习满文、研究满文古籍的热潮，迄今在日本仍有不少懂满文的学者，从事清史、满族史、满语文研究和教学工作。日本学者的研究重点在《满文老档》及其相关的文献上，主要成果有三田村泰助《满文太祖老档与清太祖实录之对校》《满文太祖老档考》《满文太祖老档与满洲实录对校并译》，今西春秋《满文老档太宗纪照像本补记》《〈满文老档〉的重抄年代》《关于〈满文老档〉重抄年代的补说》《崇德三年的满文木牌和〈满文老档〉》，神田信夫《〈满文老档〉中的毛文龙等人的书简》《〈旧满洲档〉与〈天聪九年档〉》，松村润《关于无圈点老档》《关于崇德元年的满文木牌》《关于崇德三年的满文木牌》《天命朝奏疏》《关于清太祖武皇帝实录的编纂》等文章。

另外，日本学者河内良弘、细谷良夫、中间立夫、加藤直人，韩国成百仁，德国豪尔、福克斯、海涅什、魏弥贤、嵇穆，意大利斯达理，俄罗斯庞晓梅等学者，也都涉足满文古籍的研究，取得了一定的成果。

三　满文古籍的出版

从满文古籍记载的内容上来讲，满文图书内多数是汉文图书的翻译作品和满汉合璧的辞书、教材，而用满文原创的作品极少；满文碑刻也多是满汉合璧，纯满文者较少；满文档案则不同，纯满文者居多，满汉合璧者较少，特别是清前期的重要档案都是用满文书写，其内容在汉文档案多无反映，具有十分重要的史料价值。另外，早在20世纪初故宫满文档案被发现时，通晓满文而能直接利用满文档案者就已寥寥无几，迄今仍无多大改观。这一客观现实，就要求满文学者不仅整理和研究满文古籍，而且要翻译出版满文档案。因此，满文档案工作者除整理编目和研究外，一直亦将满文档案的翻译出版工作作为自己的职责之一。

满文档案的翻译出版工作，在中国大陆起步于20世纪初，经过40余年的停滞，从1979年开始，逐渐步入发展阶段。

1916年左右，金梁先生发现沈阳故宫崇谟阁存放的乾隆朝重抄的《加圈点老档》，组织十余名懂满文的学者着手翻译，经过两年时间，至1918年下旬，翻译完《加圈点老档》。而后，从中择要摘录，冠以《满洲老档秘录》之名，分上下两册，1924年出版。1933年重印时，对译文稍作增减，改名《满洲秘档》，不再分册。另外，从1933年6月至1936年6月，在《故宫周刊》上，以《汉译满洲老档拾零》为题，连载金梁先生主持汉译《加圈点老档》的部分译文。金梁先生是辛亥革命后主持翻译满文古籍的第一人，其译著成为中国满文古籍汉译作品的开山之作，产生了深远的影响和作用。另外，1935年5月，李德启先生编译出版《阿济格略明事件之满文木牌》。在此书中，收录了当时发现的26块用新旧满文混合书写的木牌照片；以"叙录"为题，对满文木牌来源、文字特点和形成时间做了比较详尽的考证；对满文木牌逐一音译和意译，并做了必要的注释；最后还作为附录刊登了《满文老档》的照片2幅、《无圈点字书》的照片4幅。李德启先生编译出版的《阿济格略明事件之满文木牌》一书，虽然篇幅较少，小16开本，共计56页，但为满文古籍文献的编译出版方式方面，开创了先河，迄今具有一定的借鉴作用。

从此之后，由于诸多原因，中国大陆满文古籍的汉译出版工作，几乎处于停滞状态。1959年，国家档案局明清档案馆（中国第一历史档案前身）从满文档案内挑选有关奉天地震史料5件，译成汉文编入《清代地震档案史料》出版。1957年8月，民族出版社影印出版《五体清文鉴》。除此之外，没有发现其他作品问世。

1979年，满文古籍的翻译出版工作进入新的阶段，涌现出大量的汉译著作。中国第一历史档案馆是满文专业人员最为集中的单位，设有专门的业务部门，即满文部，下设整理组和翻译组。除从事满文档案的整理编目工作外，还安排一定的人力专门从事满文档案的翻译工作，编译出版了大量的满文档案。主要有任世铎、关孝廉、安双成等翻译中俄关系满文档案约计100万字，编入《清代中俄关系档案史料选编》，共分五编，于1979年10月至1981年3月，由中华书局出版。郭成康、刘景宪译《盛京刑部原档》1册15万字，1985年3月由群众出版社出版。安双成、屈六生等译《郑成功满文档案史料选译》1册19万字，1987年由福建人民出版社出版。肖夫、郭基南、汪玉明译《满文土尔扈特档案译编》1册21万字，1988年2月由民族出版社出版。吴元丰、赵志强编译《锡伯族档案史料》2册，收录档案742件，其中满文档案647件，汉文档案95件，共计60万字，1989年7月由辽宁民族出版社出版。关孝廉、栗振复等译《清初内国史院满文档案译编》3册100万字，1989年由光明日报出版社出版。任世铎、周远廉、关孝廉等译《满文老档》2册100万字，1990年3月由中华书局出版。关孝廉译《盛京满文旧档》，吴元丰、宗印茹等译《清代西迁新疆察哈尔蒙古满文档案译编》1册40万字，1994年4月由全国图书馆文献缩微中心出版。关孝廉、屈六生、王小红等译《康熙朝满文朱批奏折全译》1册，收录朱批满文奏折4297件，包括了中国第一历史档案馆和台湾"故宫博物院"保存的所有康熙朝满文朱批奏折，共计270万字，1996年7月由中国社会科学出版社出版。关孝廉、王小红、赵玉梅等译《雍正朝满文朱批奏折全译》2册，收录满文朱批奏折5434件，包括了中国第一历史档案馆和台湾"故宫博物院"保存的所有雍正朝的满文朱批奏折，共计469万字，1998年12月由黄山书社出版。郭美兰选译有关清代达赖喇嘛和班禅额尔德尼的满文档案30余万字，编入《六世班禅额尔德尼入觐档案史料》《五世达赖喇嘛时期档案史料选编》《十三世达赖喇嘛档案史料选编》《清宫珍藏历世达赖档案荟萃》《清宫珍藏历世班禅额尔德尼档案荟萃》，于1996年11月至2004年6月，分别由中国藏学出版社和宗教文化出版社出版。吴元丰、白英主编《清代鄂伦春族满汉文档案汇编》1册，收录有关鄂伦春满汉文档案311件，除原件影印外，还翻译其中所辑259件满文档案，共计20余万字，2001年8月由民族出版社出版。吴元丰、张玉等译《清代西迁新疆察哈尔蒙古满文档案全译》1册90万字，2004年5月由新疆人民出版社出版。吴元丰、厉声主编《珲春副都统衙门档》223册，收录满汉文档案33435件，其中满文档案1万余件，均为原件影印，2006年12月由广西师范大学出版社出版。吴元丰、杜拉尔·哈拉、阎沙庆主编《清宫珍藏海兰察满汉文奏折汇编》1册，收录有关海兰察满汉文档案286件，除原件影印外，还翻译其中所辑88件满文档案，共计45000字，2008年6月由民族出版社出版。

另外，辽宁省档案馆及有关科研院所、大学的满文专家和学者也翻译出版了一部分满文档案。主要有佟永功、关克笑、沈微等译《三姓副都统衙门满文档案译编》，刘厚生译《清雍正朝镶红旗档》，关嘉禄、佟永功等译《雍乾两朝镶红旗档》《天聪九年档》《清代内阁大库散佚档案选编》，沈微、何荣伟、张虹等译《盛京内务府粮庄档案汇编》，季永海等译《年羹尧满汉奏折译编》，何荣伟、张虹、陈大鲲等译《兴京旗人档案史料》等，共计300余万字。

在这一时期，中国大陆的满文专家和学者，除编译出版满文档案外，还翻译整理出版了一部分满文图书。主要有《尼山萨满传》《随军行记》《满文无圈点字书》《旧清语》《诗经》《满文虚字指南编》《古文观止》《三国演义》《满文大藏经》《大清全书》等古籍图书。

中国台湾地区的满文专家和学者也重视满文古籍的翻译和整理出版工作，并取得了一定的成果。主要有台北"故宫博物院"编印《旧满洲档》和《满文原档》，广禄和李学智合译《清太祖朝老满文原档》，庄吉发编译《满汉异域录校注》《雍正朝满汉合璧奏折校注》《李文成满汉合璧奏折》《职贡图满文说明校注》《尼山萨满传》等古籍文献和图书。

满文古籍的翻译出版，除汉译文外，还有外文翻译出版的书籍。日本神田信夫、松村润、冈田英弘等用日文编译《满文老档译注》，神田信夫、松村润、细谷良夫、加藤直人、中见立夫、柳泽明用日文编译《内国史院档·天聪七年档》，楠木贤道、加藤直人、中见立夫、细谷良夫、松村润用日文编译《内国史院档·天聪八年》，河内良弘编译《中国第一历史档案馆藏内国史院满文档案译注·崇德二年、三年分》，意大利斯达理用意大利文翻译出版《尼山萨满传》等。

从满文古籍的翻译出版角度来讲，中国大陆虽然遭受过一定的挫折，但在1979年后的30年，满文古籍的翻译和整理出版工作得到了迅速发展，可谓硕果累累，成绩斐然，具有显明的特点。一是数量可观，据不完全统计，翻译和整理出版了近40种书，合计2000余万字；二是涉及内容广泛，包括政治、经济、军事、民族、宗教和外交等方面；三是出版形式多元化，除单纯的汉译出版外，还出现了满文原件影印，以及满文原件影印并附汉译文等形式。在这一时期中国大陆所取得的成绩，是其他国家和地区都无法比拟的。同时，清代满文档案的翻译出版，为历史研究提供了新鲜而翔实的材料，从而得到了史学界的高度重视和好评。中国社会科学院历史所研究员周绍泉先生撰文指出："当明清历史文书档案的研究价值逐渐为人们认识的时候，都出现了难以利用的困惑。因为这些历史文书档案大都深藏不露，难得一见；有些档案用少数民族文字书写的，不谙于此，就无法利用。现在中国第一历史档案馆继公布《康熙朝满文朱批奏折全译》之后，又将雍正朝满文朱批奏折全部翻译出版，实在是令学人欢欣鼓舞的事，也是为这个时代学术主流添砖加瓦、功德无量的事。"

第 六 章

古籍珍品图片及说明

图 1　无圈点字书 …………………………………………………………………… (2048)
图 2　钦定满洲祭神祭天典礼 …………………………………………………………… (2049)
图 3　御制盛京赋 ………………………………………………………………………… (2050)
图 4　皇清开国方略 ……………………………………………………………………… (2051)
图 5　平定罗刹方略 ……………………………………………………………………… (2051)
图 6-1　大清世宗宪皇帝实录（大红绫本） …………………………………………… (2052)
图 6-2　大清世宗宪皇帝实录（小红绫本） …………………………………………… (2052)
图 6-3　大清世宗宪皇帝实录（小黄绫本） …………………………………………… (2053)
图 7-1　大清高宗纯皇帝圣训（大红绫本） …………………………………………… (2054)
图 7-2　大清高宗纯皇帝圣训（小红绫本） …………………………………………… (2054)
图 7-3　大清高宗纯皇帝圣训（小黄绫本） …………………………………………… (2055)
图 8　诗经 ………………………………………………………………………………… (2056)
图 9　御制翻译书经 ……………………………………………………………………… (2056)
图 10　三国志 …………………………………………………………………………… (2057)
图 11　金史 ……………………………………………………………………………… (2057)
图 12　满汉西厢记 ……………………………………………………………………… (2058)
图 13　养正图解 ………………………………………………………………………… (2058)
图 14　光绪三十二年十二月初一日癸亥朔日食图 …………………………………… (2059)
图 15　元亨疗马集 ……………………………………………………………………… (2060)
图 16　佛说四十二章经 ………………………………………………………………… (2060)
图 17　满蒙合璧三字经注解 …………………………………………………………… (2061)
图 18　翻译孙子兵法 …………………………………………………………………… (2061)
图 19　清文典要 ………………………………………………………………………… (2062)
图 20　清文汇书 ………………………………………………………………………… (2062)
图 21　无圈点老档 ……………………………………………………………………… (2063)
图 22　逃人档 …………………………………………………………………………… (2064)
图 23　满文木牌 ………………………………………………………………………… (2064)
图 24　盛京五部旧档 …………………………………………………………………… (2065)
图 25　题本 ……………………………………………………………………………… (2066)

- 图 26　史书 ……………………………………………………………………………………（2066）
- 图 27-1　朱谕之一 ……………………………………………………………………（2067）
- 图 27-2　朱谕之一 ……………………………………………………………………（2067）
- 图 28　朱批奏折 …………………………………………………………………………（2068）
- 图 29　上谕档 ……………………………………………………………………………（2069）
- 图 30　录副奏折 …………………………………………………………………………（2069）
- 图 31　月折档 ……………………………………………………………………………（2070）
- 图 32　议复档 ……………………………………………………………………………（2071）
- 图 33　木兰档 ……………………………………………………………………………（2071）
- 图 34　熬茶档 ……………………………………………………………………………（2072）
- 图 35　土尔扈特档 ………………………………………………………………………（2073）
- 图 36　新疆档 ……………………………………………………………………………（2073）
- 图 37　班禅事件档 ………………………………………………………………………（2074）
- 图 38　年班来京回番档 …………………………………………………………………（2075）
- 图 39　奏销档 ……………………………………………………………………………（2076）
- 图 40　黑龙江将军衙门档 ………………………………………………………………（2077）
- 图 41　珲春副都统衙门档 ………………………………………………………………（2078）
- 图 42-1　博博尔代诰封碑 ……………………………………………………………（2079）
- 图 42-2　博博尔代诰封碑拓片 ………………………………………………………（2079）
- 图 43-1　御制隆福寺碑 ………………………………………………………………（2080）
- 图 43-2　御制隆福寺碑拓片 …………………………………………………………（2080）
- 图 44-1　广宁门外石道碑 ……………………………………………………………（2081）
- 图 44-2　广宁门外石道碑拓片 ………………………………………………………（2081）
- 图 45-1　傅恒宗祠碑 …………………………………………………………………（2082）
- 图 45-2　傅恒宗祠碑拓片 ……………………………………………………………（2082）
- 图 46　皇舆全图 …………………………………………………………………………（2083）
- 图 47　皇朝舆地全图 ……………………………………………………………………（2084）
- 图 48　陕西通省边镇图 …………………………………………………………………（2085）
- 图 49　喀喇沙尔珠尔都斯等处图 ………………………………………………………（2085）
- 图 50　班禅额尔德尼行帐图 ……………………………………………………………（2086）

一　满文书籍图片及说明

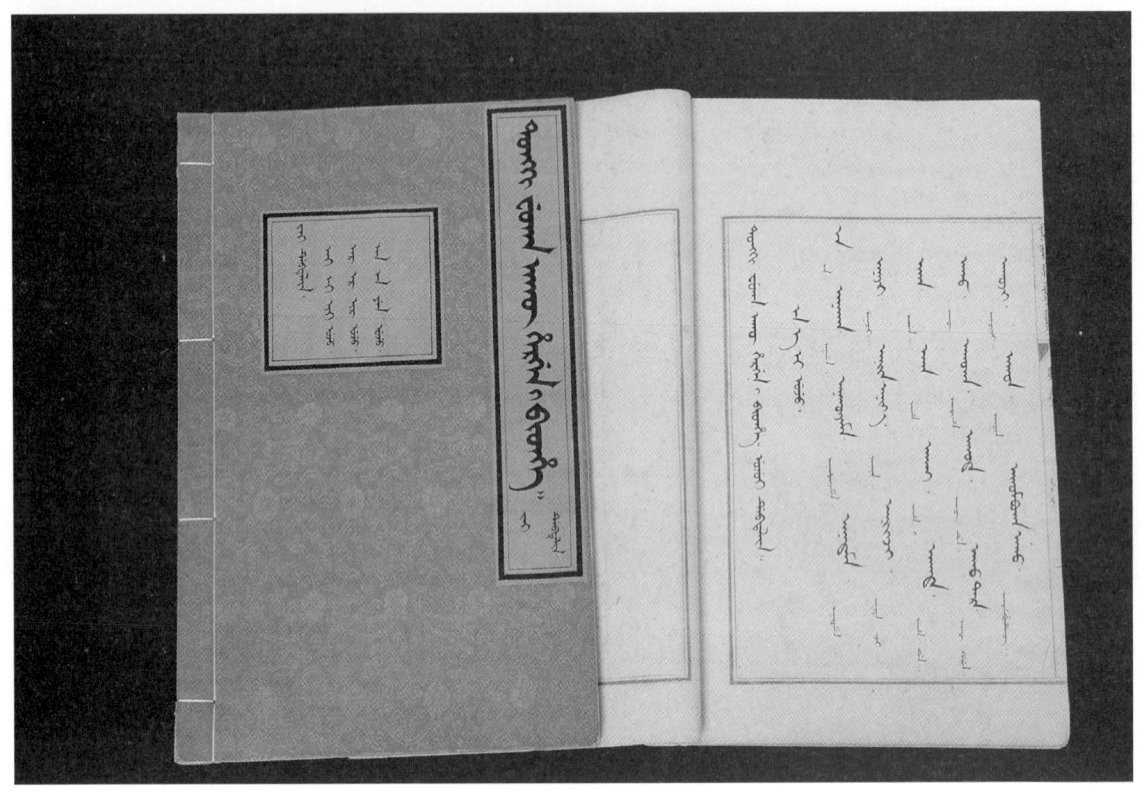

图 1　无圈点字书

《无圈点字书》是一部新旧满文对照的词典，满文书名为"tongki fuka akū hergen i bithe"。清鄂尔泰、徐元梦编，乾隆六年（1741）内府精写本，4 册，线装，包角。页面高 34.5 厘米、宽 22.1 厘米，半页版框高 24.7 厘米、宽 17.6 厘米，四周双边，朱丝栏，花口，单红鱼尾。书口依次有满文书名、册次、字头、汉文页码。乾隆六年，鄂尔泰、徐元梦遵旨查阅《无圈点老档》（又称《满文老档》），从中拣出难以辨认的老满文词汇，旁边注以新满文词汇，按满文十二字头顺序编排而成。藏于中国第一历史档案馆。

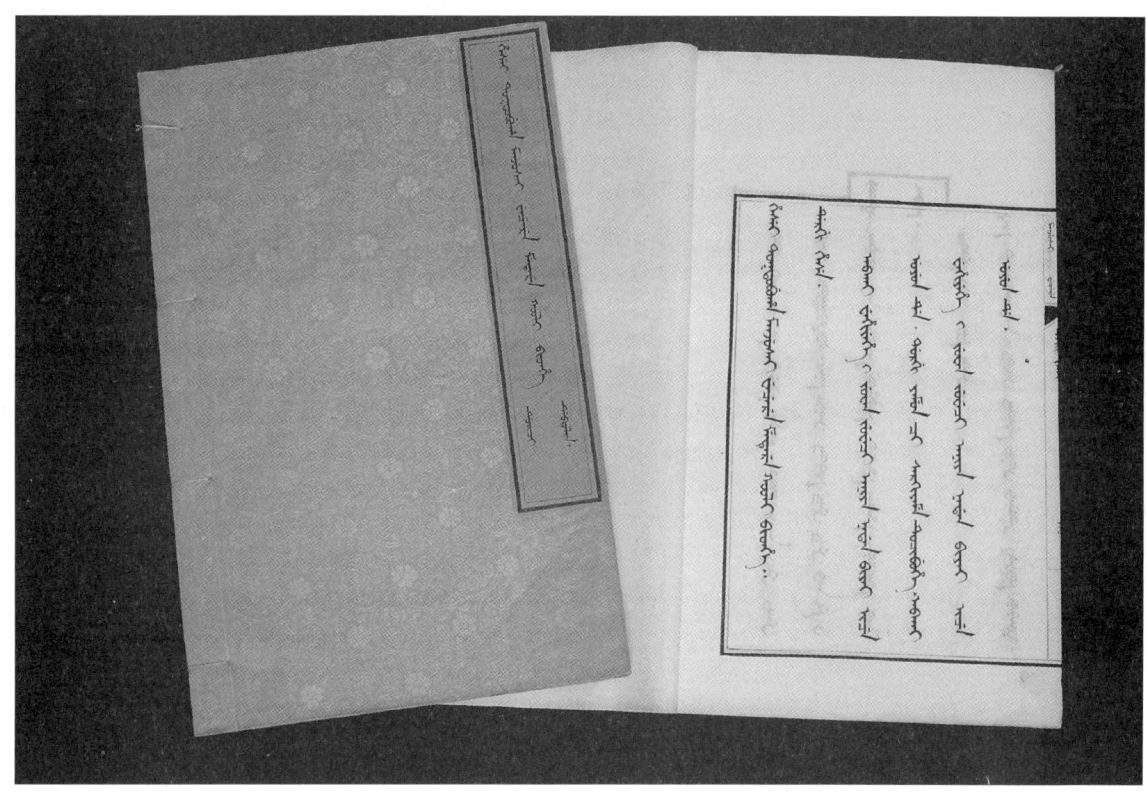

图 2-1 钦定满洲祭神祭天典礼

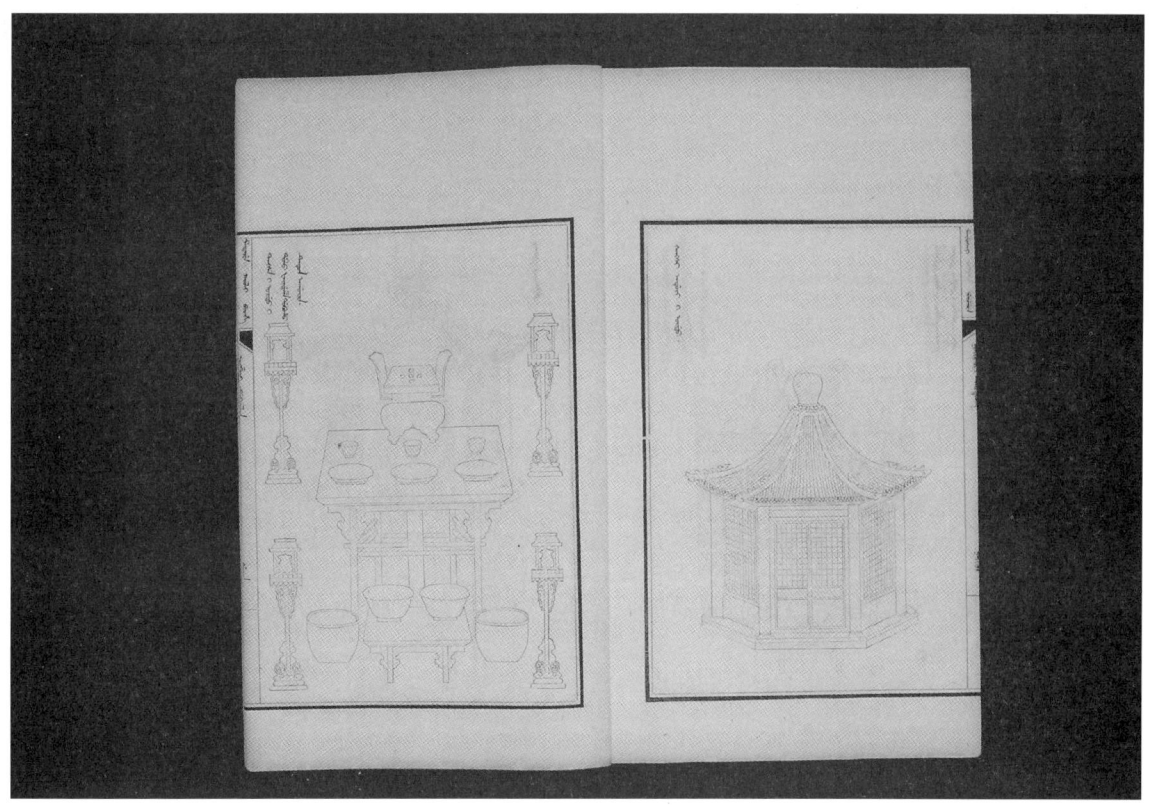

图 2-2 钦定满洲祭神祭天典礼

《钦定满洲祭神祭天典礼》是记述满族祭神祭天典礼的书籍，满文书名为"hesei toktobuha manjusai wecere metere kooli bithe"。清允禄等撰，乾隆十二年（1747）武英殿刻本，6卷6册，线装。页面高34.2厘米、宽21.8厘米，半页版框高23.3厘米、宽17.1厘米，四周双边，花口，单黑鱼尾。书口依次有满文书名、卷次、篇目、页码。祭神祭天是满洲人的旧俗，相沿已久，先前一般都口授祝词和礼仪，不甚规范。乾隆十二年，允禄等人奉敕详加考证后，编撰此书。全书分祭仪两篇，汇记故事一篇，仪注、祝词、赞词四十一篇，器用数目一篇，器用形式图一篇，共计四十六篇。藏于中国第一历史档案馆。

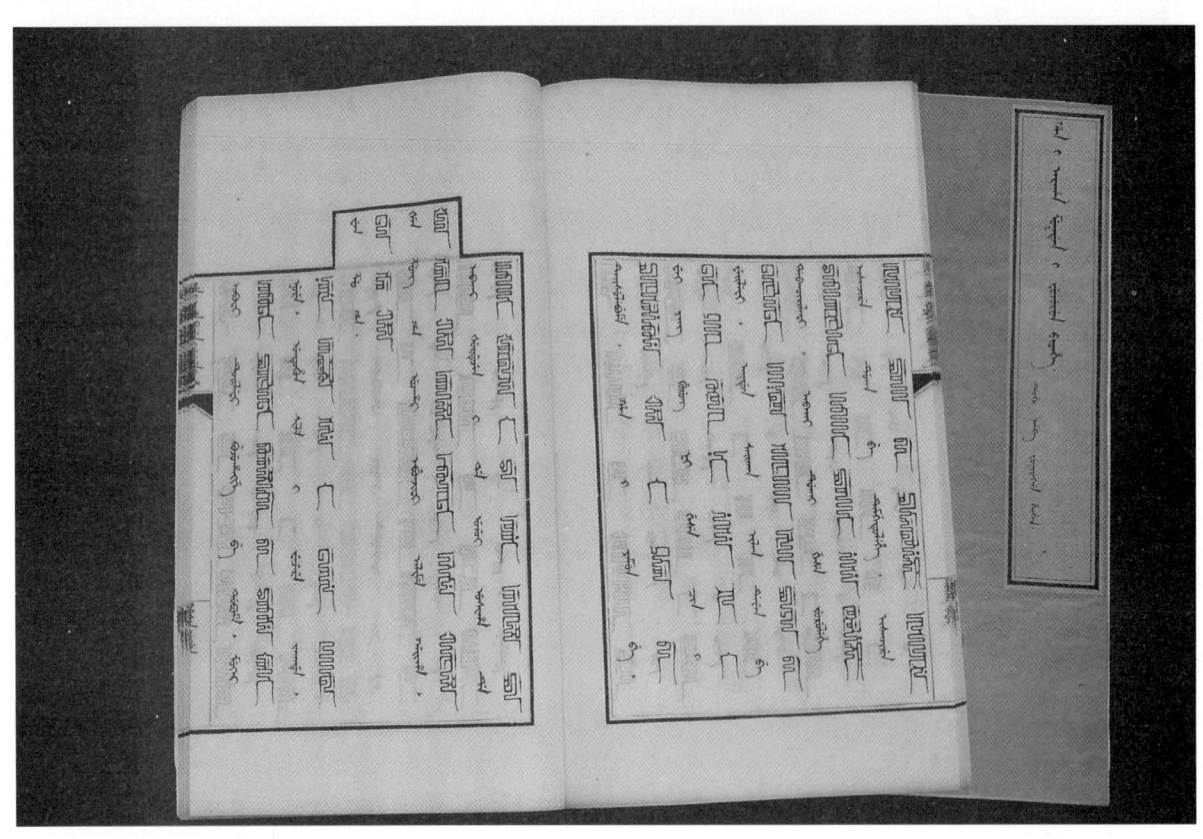

图3　御制盛京赋

《御制盛京赋》是用32体满文篆字记录盛京赋的书籍，具有满文篆字字帖的性质，满文书名为"han i araha mukden i fujurun bithe"。清弘历撰，傅恒等编，乾隆十三年（1748）武英殿刻本，2函32册，线装。页面高34.6厘米、宽21.8厘米，半页版框高21.8厘米、宽16.5厘米，四周双边，花口，单黑鱼尾。书口依次有满文书名、页码。乾隆八年（1743）十月，清高宗弘历东巡到盛京故宫后作赋一首，题名为《盛京赋》，包括序、赋、颂三个部分。至乾隆十三年，清高宗弘历谕令傅恒等人用新近创制的32体满文篆字刻就成书。每一体分别刻成一册，并按字体排序装帧。在满文篆字旁逐一标注新满文，每册文末均注明各该体篆字的起源。藏于中国第一历史档案馆。

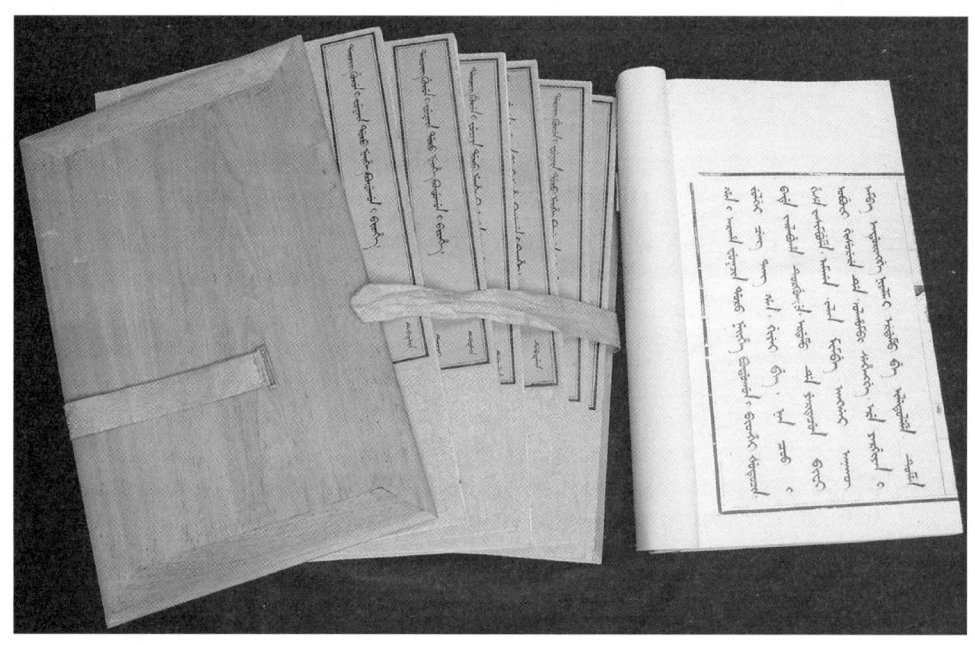

图 4　皇清开国方略

《皇清开国方略》是记述清入关前活动的书籍，满文书名为"daicing gurun i fukjin doro neihe bodogon i bithe"。清阿桂等奉敕撰，乾隆五十一年（1786）武英殿刻本，32卷32册，线装，包角，黄绫封面，紫檀木匣。页面高39.6厘米、宽25.4厘米，半页版框高27.8厘米、宽20.1厘米，四周双边，花口，单黑鱼尾。书口依次有满文书名、卷次、页码。本书采用编年体记述，自明万历十一年（1583）努尔哈赤起兵征讨尼堪外兰始，止于清顺治元年（1644）世祖福临入关定鼎，着重记述清开国政事，包括满族兴起的史实。藏于中国第一历史档案馆。

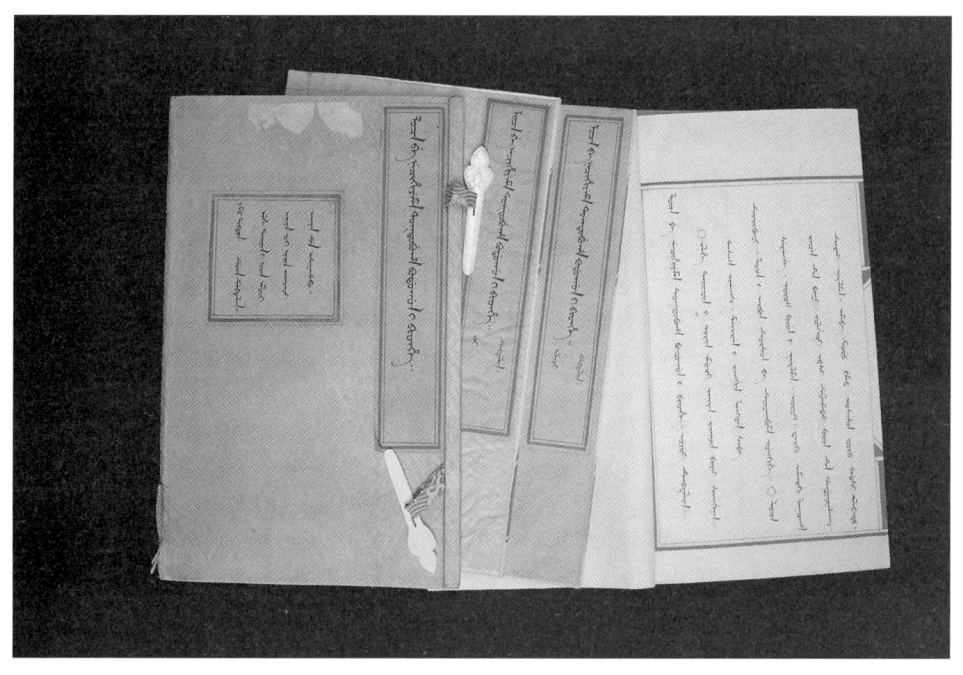

图 5　平定罗刹方略

《平定罗刹方略》是记述清出兵黑龙江流域击退沙皇俄国军队及谈判订约经过的书籍，满文书名为"loca be necihiyeme toktobuha bodogon i bithe"。康熙年间奉敕撰修，内府精写本，4卷4册，线装，黄绫封面。页面高31.5厘米、宽20厘米，半页版框高24.9厘米、宽16.8厘米，四周双边，朱丝栏，红口，双红鱼尾。本书采用编年体记述，自康熙二十一年（1682）八月清委派副都统郎坦等勘察黑龙江流域沙俄情形始，止于康熙二十八年（1682）十二月签订《中俄尼布楚条约》，全面系统地反映了清备战、战胜沙俄、谈判订约、勘界立碑等事件的全过程。藏于中国第一历史档案馆。

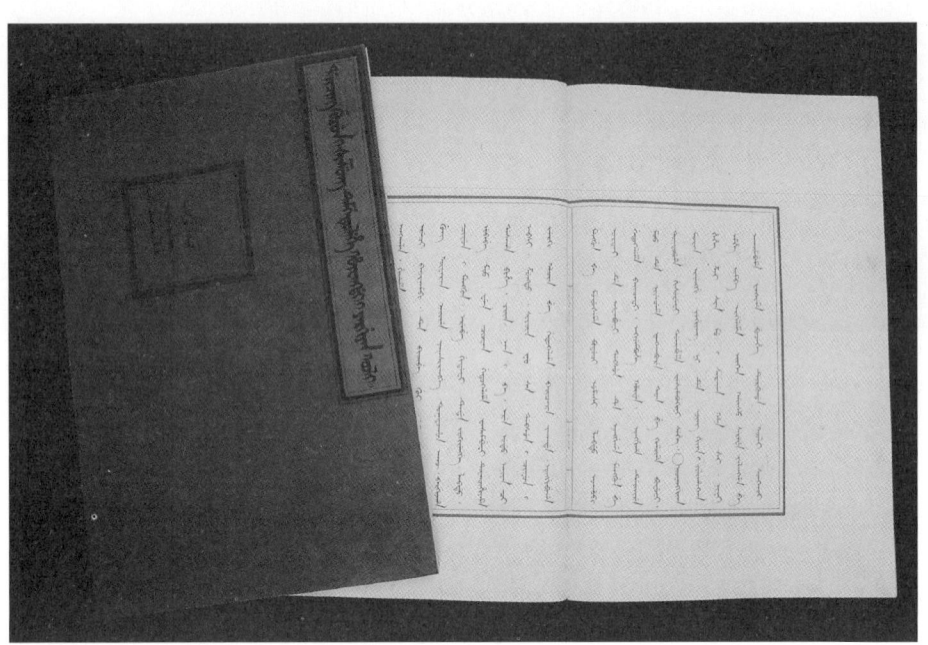

图6-1 大清世宗宪皇帝实录（大红绫本）

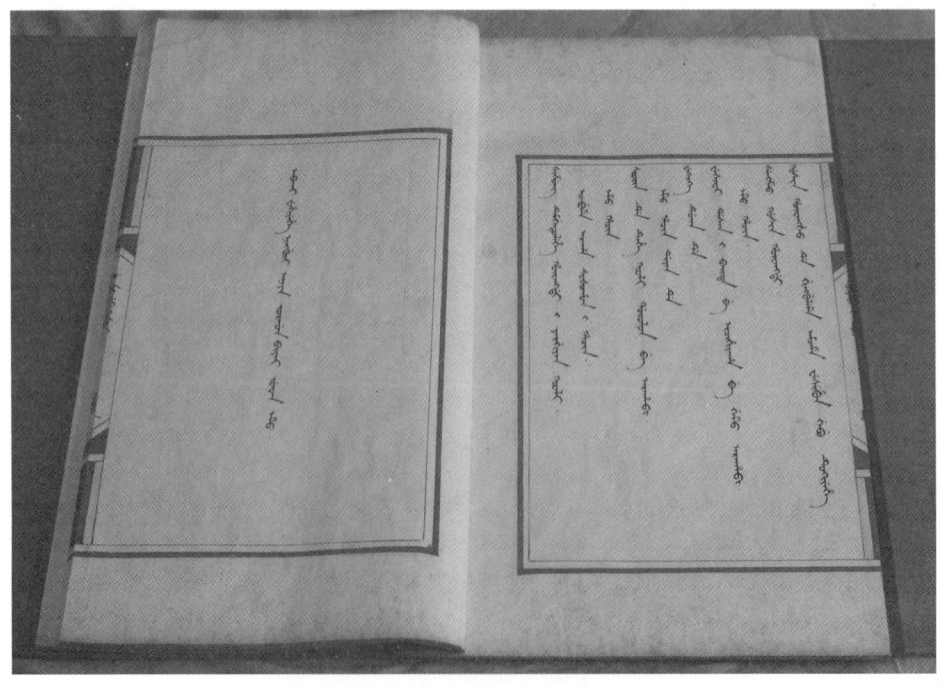

图6-2 大清世宗宪皇帝实录（小红绫本）

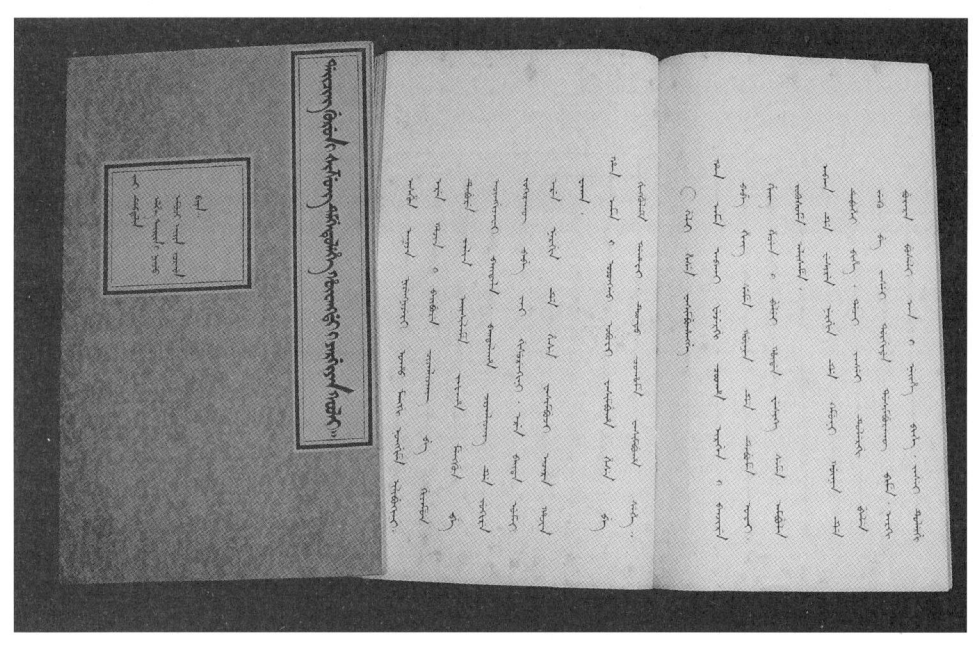

图 6-3　大清世宗宪皇帝实录（小黄绫本）

《大清世宗宪皇帝实录》简称《清世宗实录》，是记述清雍正一朝政事的史籍，满文名称为"daicing gurun i šidzung temgetulehe hūwangdi i yargiyan kooli"。清鄂尔泰撰，苏禄译，乾隆六年（1741）内府精写本。当时即有 3 种版本：大红绫本，54 函 162 卷（包括首卷 3 卷），蝴蝶装，红绫封面，页面高 44.5 厘米、宽 29.3 厘米，半页版框高 27 厘米、宽 19.5 厘米，四周双边，朱丝栏，白口，双红鱼尾，书口依次有满文书名、卷次、页码；小红绫本，54 函 162 卷（包括首卷 3 卷），包背装，红绫封面，页面高 37.2 厘米、宽 23 厘米，半页版框高 24.7 厘米、宽 17.5 厘米，四周双边，朱丝栏，红口，书口依次有满文书名、卷次、页码；小黄绫本，53 函 159 卷，包背装，黄绫封面，页面高 33.5 厘米、宽 20.2 厘米。按清代定制，下代皇帝给上代皇帝编修实录，特设实录馆，由大学士等高级官员主持编纂。清代太祖、太宗、世祖、圣祖、世宗、高宗、仁宗、宣宗、文宗、穆宗、德宗 11 位皇帝都有实录，而宣统帝无实录。另外，还有一部记载太祖朝史事的《满洲实录》。这样，清代实录实际上共有 12 部。除德宗实录外，其他各帝实录都有满、蒙、汉三种文本。《清世宗实录》按编年体编纂，起止时间为康熙六十一年（1722）十一月至雍正十三年（1735）八月，记录了雍正一朝的政治、经济、军事、民族、外交、文化、教育、天文、地理以及朝廷典礼等方面史事。藏于中国第一历史档案馆。

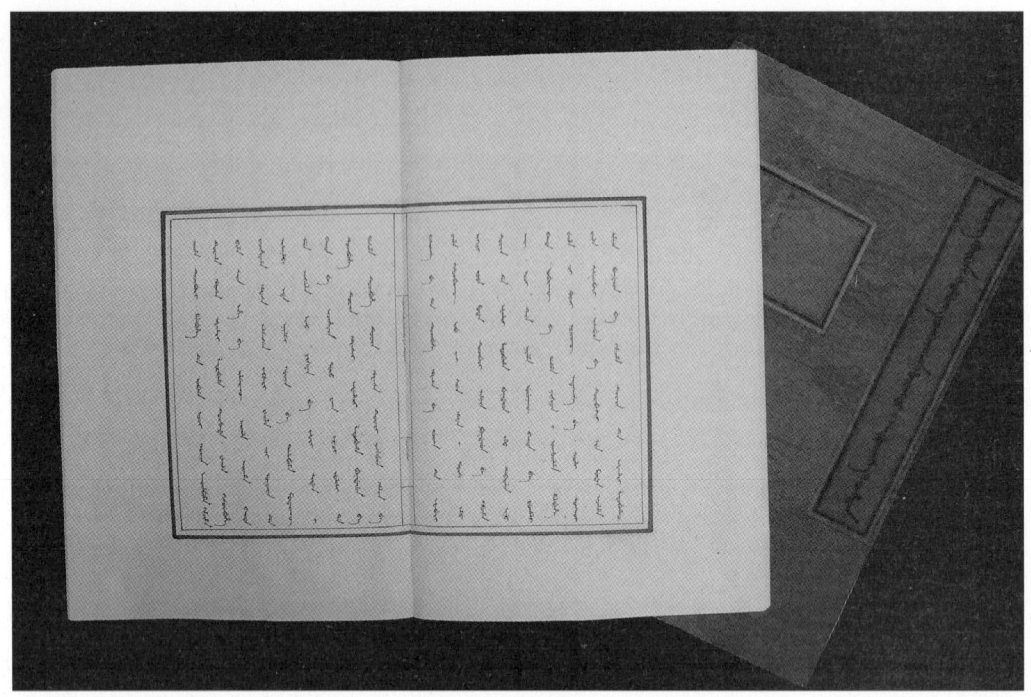

图 7-1 大清高宗纯皇帝圣训（大红绫本）

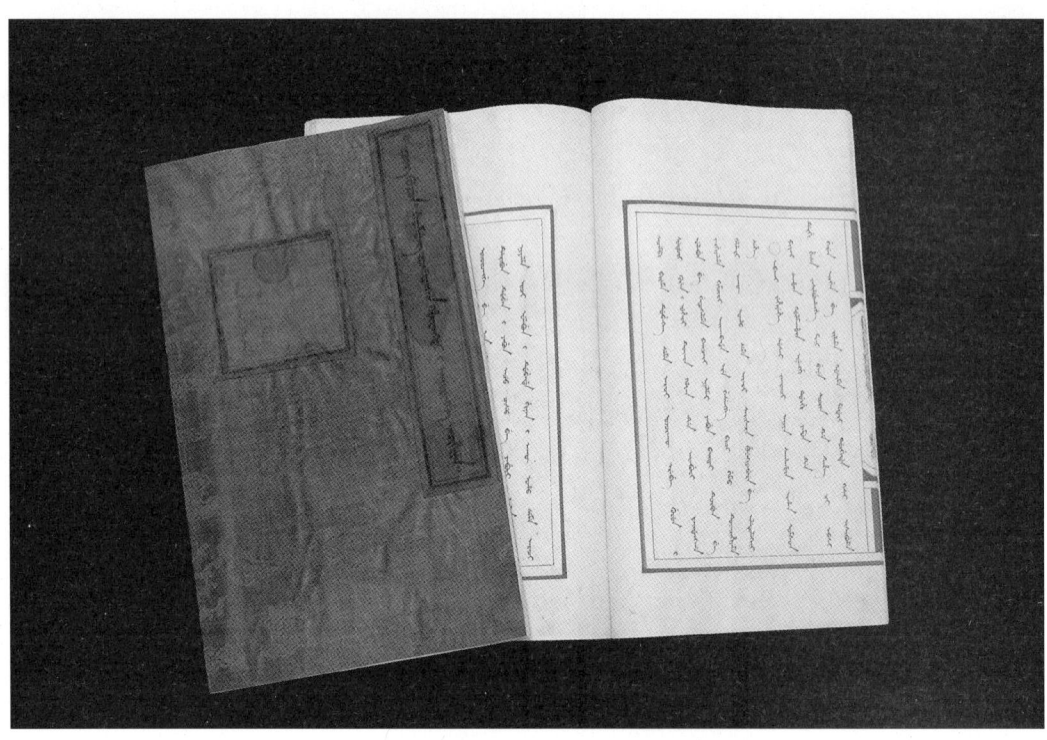

图 7-2 大清高宗纯皇帝圣训（小红绫本）

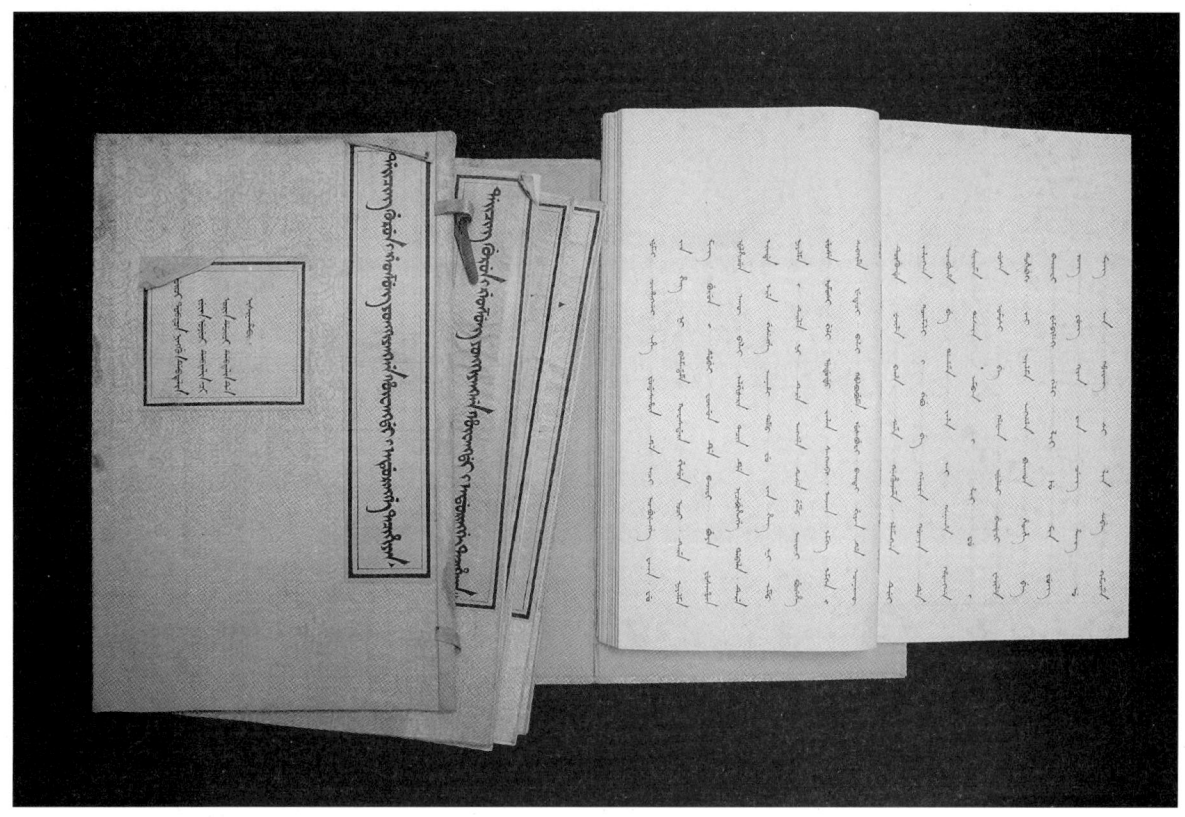

图 7-3 大清高宗纯皇帝圣训（小黄绫本）

《大清高宗纯皇帝圣训》简称《清高宗圣训》，是清帝弘历所颁诏令类文件的汇编，满文名称为"daicing gurun i g'aodzung yongkiyangga hūwangdi i enduringge tacihiyan"。清弘历撰，嘉庆十二年（1807）内府精写本。当时即有3种版本：大红绫本，50函300卷，蝴蝶装，红绫封面，页面高44.3厘米、宽28.6厘米，半页版框高26.4厘米、宽19.4厘米，四周双边，朱丝栏，白口，书口依次有满文书名、卷次、页码；小红绫本，50函300卷，包背装，红绫封面，页面高36.8厘米、宽22.7厘米，半页版框高25.4厘米、宽17.6厘米，四周双边，朱丝栏，红口，双红鱼尾，书口依次有满文书名、卷次、页码；小黄绫本，50函300卷，包背装，黄绫封面，页面高33.2厘米、宽20.4厘米。按清代定制，下代皇帝给上代皇帝编修圣训，命儒臣编辑。清代太祖、太宗、世祖、圣祖、世宗、高宗、仁宗、宣宗、文宗、穆宗10位皇帝有圣训，而德宗、宣统二帝无圣训。每位皇帝的圣训都有满、汉二种文本。《清高宗圣训》辑录了清帝弘历在位六十年间的诏令类文件，共分圣德、圣孝、文教、武功等40门类，按类编排，内容广泛。藏于中国第一历史档案馆。

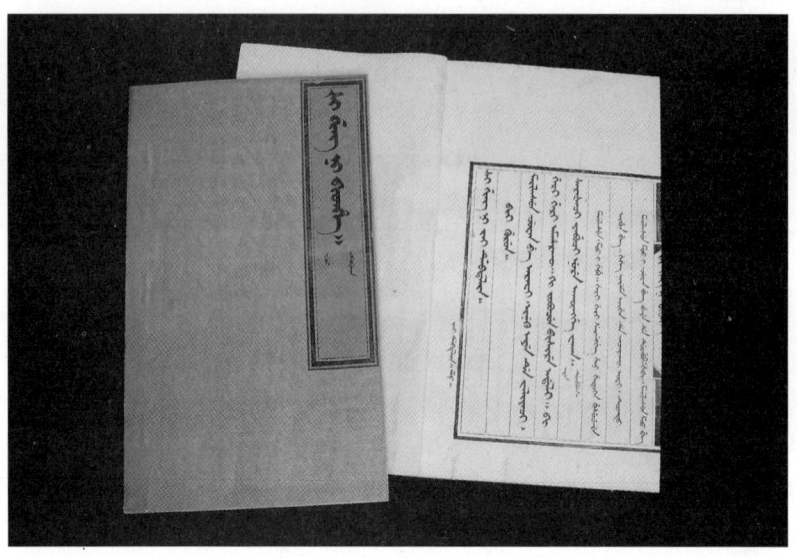

图 8 诗经

《诗经》是汉文最早的诗歌总集。本称《诗》，因儒家列为经典之一，故称《诗经》。编成于春秋时期，共计 305 篇，分风、雅、颂三大类。满文书名为"ši ging ni bithe"，清佚名译，顺治十一年（1654）内府刻本，20 卷 10 册，包背装，黄绫封面。页面高 30.2 厘米、宽 20 厘米，半页版框高 22.8 厘米、宽 17.1 厘米，四周双边，黑口，双黑鱼尾。书口有满文书名。此本满文《诗经》是清代最早翻译刊刻的版本，成为后来满文翻译《诗经》的蓝本。与乾隆三十三年（1768）《御制翻译诗经》比较，在翻译用词方面有其独特之处，使用了一定数量的旧满文词汇或汉文借词。藏于中国第一历史档案馆。

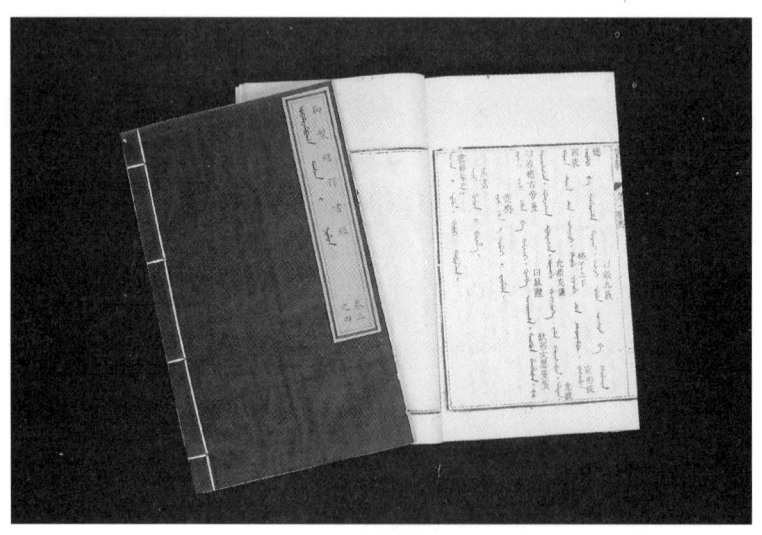

图 9 御制翻译书经

《书经》是中国上古历史文件和部分追述古代事迹著作的汇编。亦称《书》《尚书》。因儒家列为经典之一，故称《书经》。相传由孔子选编而成。《御制翻译书经》的满文名称为"ubaliyambuha dasan i nomun"，清佚名译，乾隆二十五年（1760）武英殿刻本，满汉合璧，6 卷 4 册，线装，包角。页面高 26 厘米、宽 16.1 厘米，半页版框高 18.8 厘米、宽 13.8 厘米，四周双边，花口，单黑鱼尾。书口依次有汉文书名、卷次、篇名、页码。藏于中国第一历史档案馆。

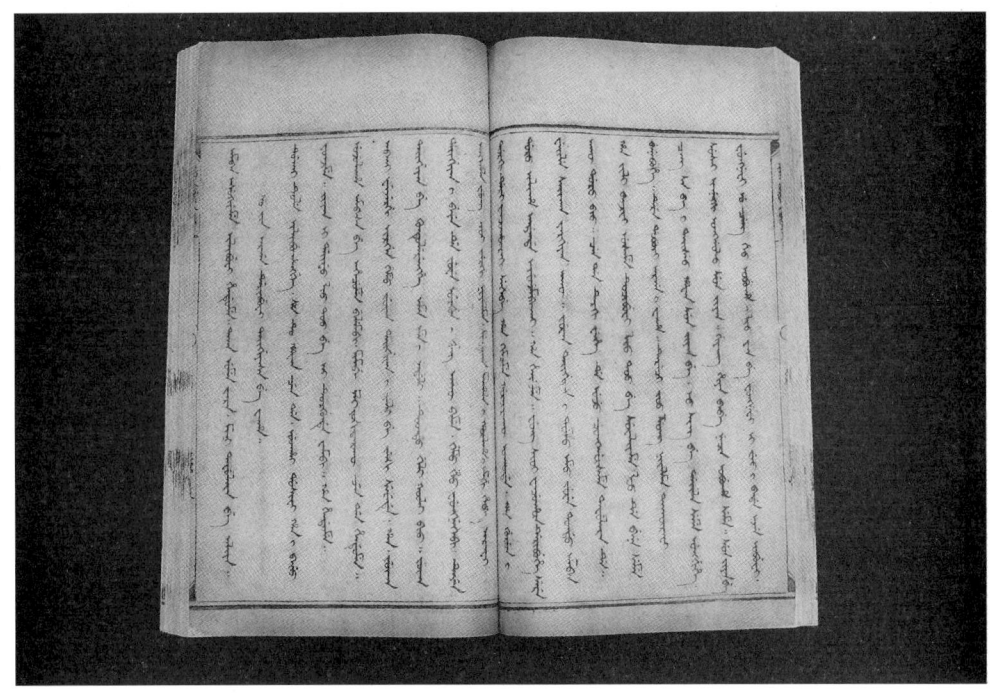

图 10　三国志

　　《三国志》是纪传体三国史，分魏、蜀、吴三国志。西晋陈寿撰，65 卷。《三国志》满文书名为"ilan gurun i bithe"，清宁完我、刚林等总校，叶成额等译，顺治七年（1650）内府刻本，满汉合璧，24 卷 24 册，包背装。页面高 36 厘米、宽 22 厘米，半页版框高 28.8 厘米、宽 20.2 厘米，四周双边，白口，双黑鱼尾。书口依次有满文书名、卷次、页码。藏于中国第一历史档案馆。

图 11　金史

《金史》是纪传体金史，二十四史之一。元代脱脱等撰，135卷。《金史》满文书名为"aisin gurun i suduri"，清希福等译，顺治三年（1646）内府刻本，9卷9册，线装，包角。页面高35.3厘米、宽21.3厘米，半页版框高26.4厘米、宽18.6厘米，四周双边，白口，双黑鱼尾。书口依次有满文书名、卷次、页码。藏于中国第一历史档案馆。

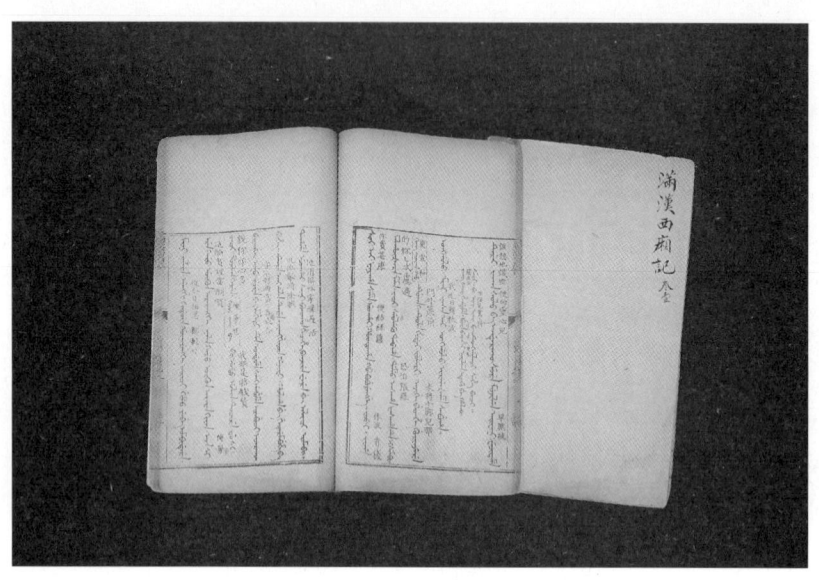

图 12　满汉西厢记

《西厢记》是杂剧剧本，全名《崔莺莺待月西厢记》，元王实甫撰，全书分5本21折。《满汉西厢记》的满文名称为"manju nikan si siyang gi bithe"，清佚名译，康熙四十九年（1710）刻本，4卷4册，满汉合璧，线装，包角。页面高25厘米、宽15厘米，半页版框高16.2厘米、宽11.5厘米，四周双边，花口，单黑鱼尾，书口依次有汉文书名、满文卷次、汉文页码。是书系《西厢记》唱本，共16出，即警艳、借厢、酬韵、闹斋、警寺、请宴、赖婚、琴心、前候、闹简、赖简、后候、酬简、拷红、哭宴、警梦16章。藏于中国第一历史档案馆。

图 13　养正图解

《养正图解》是明代劝导皇子学习伦理道德的图书之一。明万历年间，焦竑任皇子教官时编撰。是书有解说60则，每则各附图1幅，以图解形式通过历史典故和古人事迹，宣讲封建伦理道德和言论行为规范。附图名称有寝门视膳、膳斥鲍鱼、赈贷贫民、丹书受戒、听朝四辅、亟用贤人、戒君节饮、嘉奖劝学、下车问疾、遣使质疑、爱惜郎官、托物喻政等。满文本的书名为"tob be hūwašabure nirugan suhe gisun i bithe"，4卷4册，清佚名译，内府精写本，附彩图，线装，包角。页面高35.6厘米、宽21.4厘米，半页版框高24.8厘米、宽18厘米，四周双边，白口，无鱼尾。藏于中国第一历史档案馆。

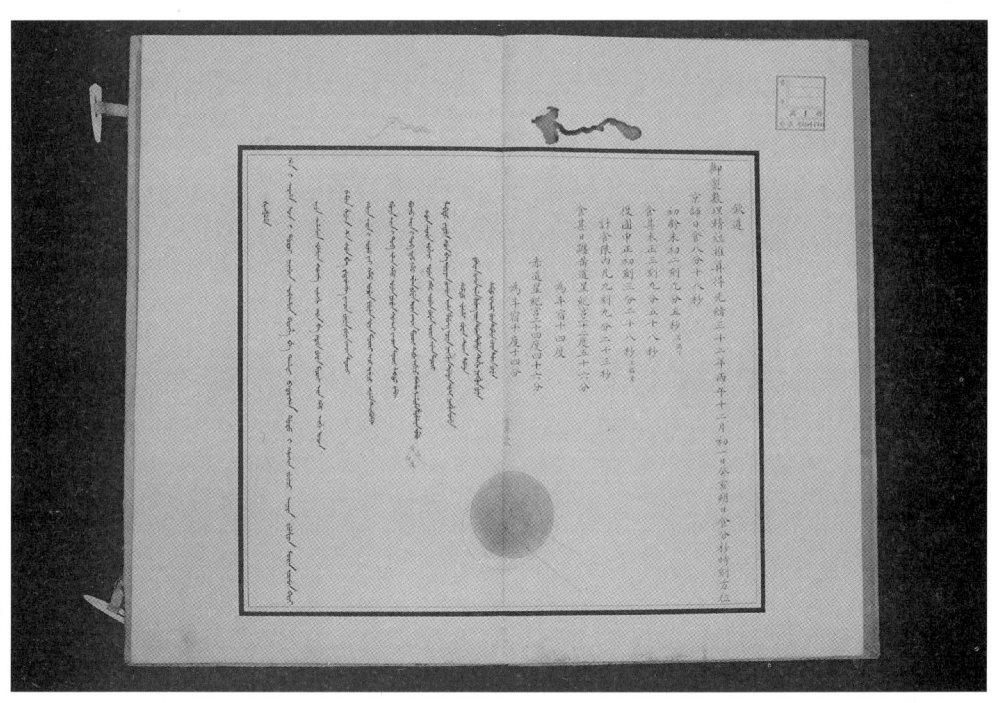

图14　光绪三十二年十二月初一日癸亥朔日食图

《光绪三十二年十二月初一日癸亥朔日食图》是记述光绪三十二年（1906）十二月初一日日食过程的图说，简称《日食图》，满文书名为"badarangga doro i gūsin juweci aniya jorgon biyai ice sahahūn ulgiyan šungge inenggi šun be jeterengge nirugan"。清佚名撰，光绪三十二年（1906）内府精写本，1册，满汉合璧，蝴蝶装，插图。页面高33.5厘米、宽20.2厘米，半页版框高24.8厘米、宽14.3厘米，四周双边。是书记载根据《御制数理精蕴》推算出的光绪三十二年十二月初一日日食情况，包括日食地区及初亏、食甚、复圆的时刻，并附有各地的日食图。藏于中国第一历史档案馆。

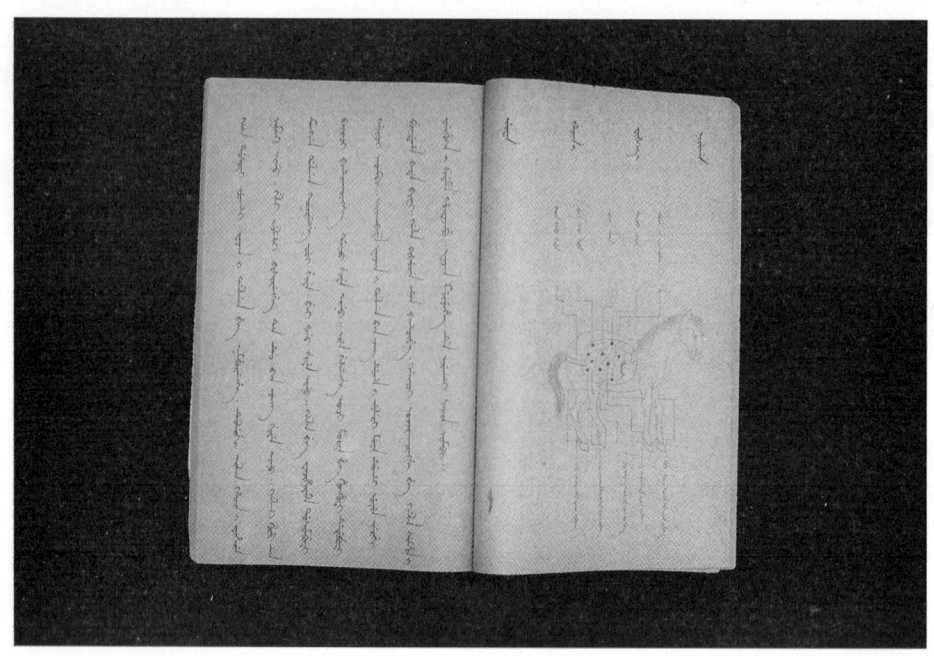

图 15　元亨疗马集

《元亨疗马集》是治疗马匹疾病的书。明俞仁（字本元）、俞杰（字本亨）撰，满文书名为"yuwan heng ni isabuha morin be dasara bithe"。清佚名译，写本，4 册（现存 3 册），毛装，插图，页面高 30 厘米、宽 19.9 厘米。本书按春、夏、秋、冬四季分 4 册，记载有关治疗马匹疾病的论 139 篇、图 112 幅、诀 3 篇、歌 150 首、方 300 余则，系统地叙述了治疗马匹疾病的理论和诊断、医治的方法。藏于中国第一历史档案馆。

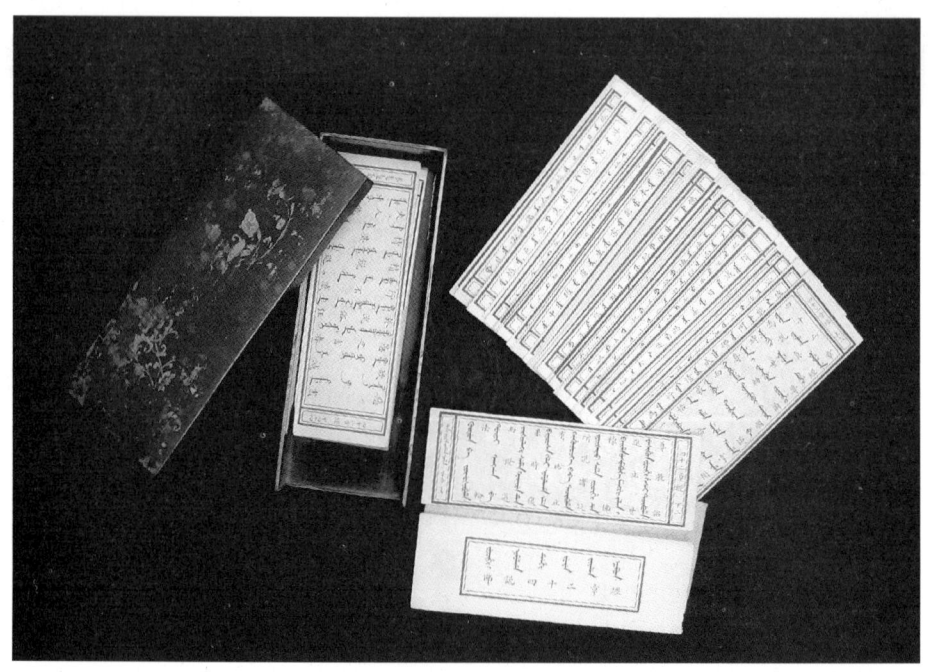

图 16　佛说四十二章经

《佛说四十二章经》是佛教经书，又名《四十二章经》。相传为东汉释加摩腾、竺法兰合译，1卷。摘录小乘群经而成。满文名称为"fucihi i nomulaha dehi juwe fiyelen nomun"，清佚名译，乾隆年间内府精写本，57页，满汉合璧，梵夹装，页面高6.3厘米、宽18.5厘米，半页版框高3.9厘米、宽12.1厘米，四周双边，朱丝栏。藏于中国第一历史档案馆。

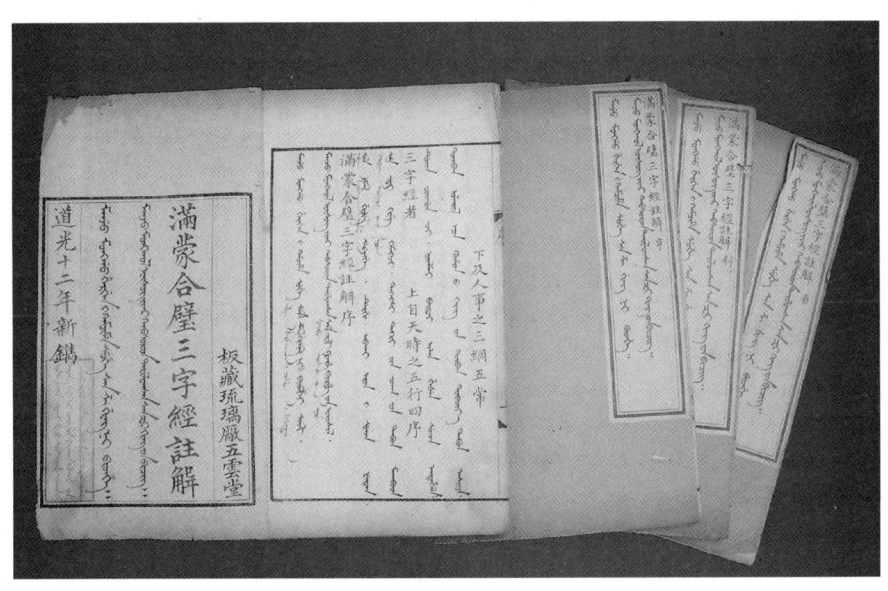

图 17　满蒙合璧三字经注解

《三字经》是中国旧时启蒙教学的课本之一。相传由宋王应麟撰，后人陆续补充和注解。雍正十三年（1735），陶格译成满文。道光十二年（1832），英俊根据满文本译成蒙文，富俊编辑，满文名称为"manju monggo hergen i kamcime suhe san dzi ging ni bithe"。道光十二年（1832）琉璃厂五云堂刻本，2卷4册，满蒙汉合璧，线装，包角。页面高28厘米、宽17.2厘米，半页版框高21.9厘米、宽15.1厘米，四周单边，白口，双黑鱼尾。书口依次有汉文卷次、页码。藏于中国第一历史档案馆。

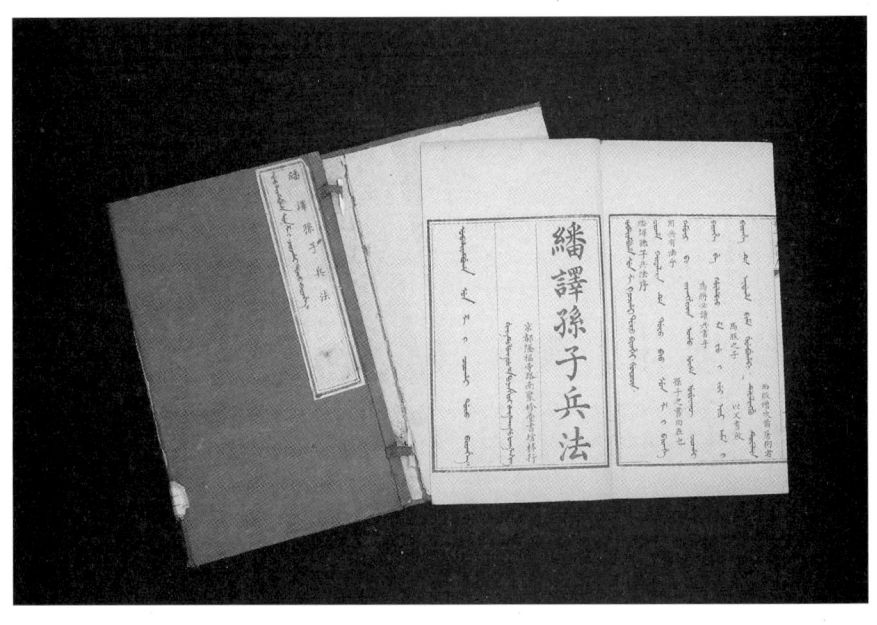

图 18　翻译孙子兵法

《孙子兵法》是中国古代的军事名著，又称《孙子》《吴孙子兵法》《孙武子兵法》，春秋时人周孙武撰。《翻译孙子兵法》是用满文翻译的《孙子兵法》，满文名称为"ubaliyambuha sun dzi i coohai doro bithe"，清耆英译，道光二十六年（1846）聚珍堂刻本，4卷4册，满汉合璧，线装。页面高26.5厘米、宽15.8厘米，半页版框高19.2厘米、宽14厘米，四周双边，白口，单黑鱼尾。书口依次有汉文书名、卷次、页码。藏于中国第一历史档案馆。

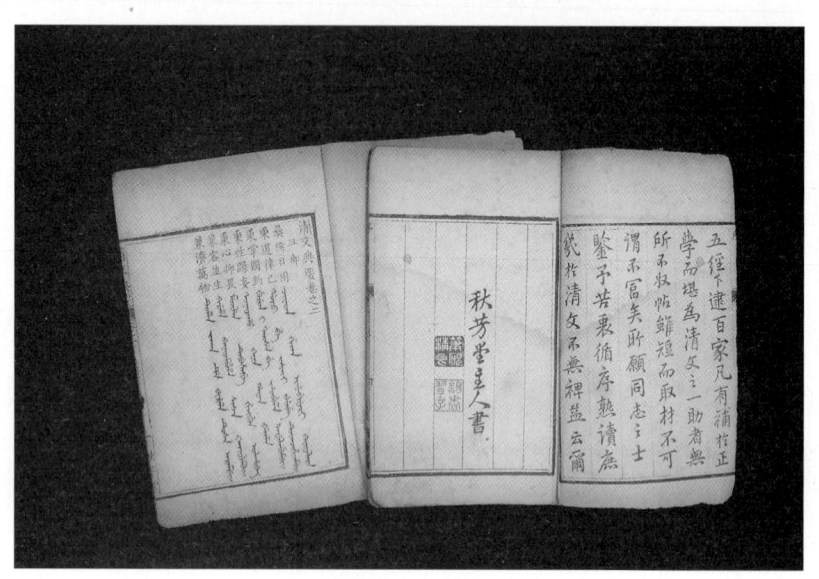

图19 清文典要

《清文典要》是一部汉满文对照的词典，满文名称为"manju bithe kooli šošohon i bithe"。秋芳堂主人辑，乾隆三年（1738）秋芳堂刻本，4册，满汉合璧，线装。页面高20.9厘米、宽12.2厘米，半页版框高14厘米、宽11厘米，四周双边，白口，单黑鱼尾。书口依次有汉文书名、卷次、页码、书坊名。是书着重收录成语和常用词组，其收录的范围比较广泛，"上尊五经，下逮百家"。汉文成语和常用词组，都按汉文部首排序，用满文对译，并无注解。藏于中国第一历史档案馆。

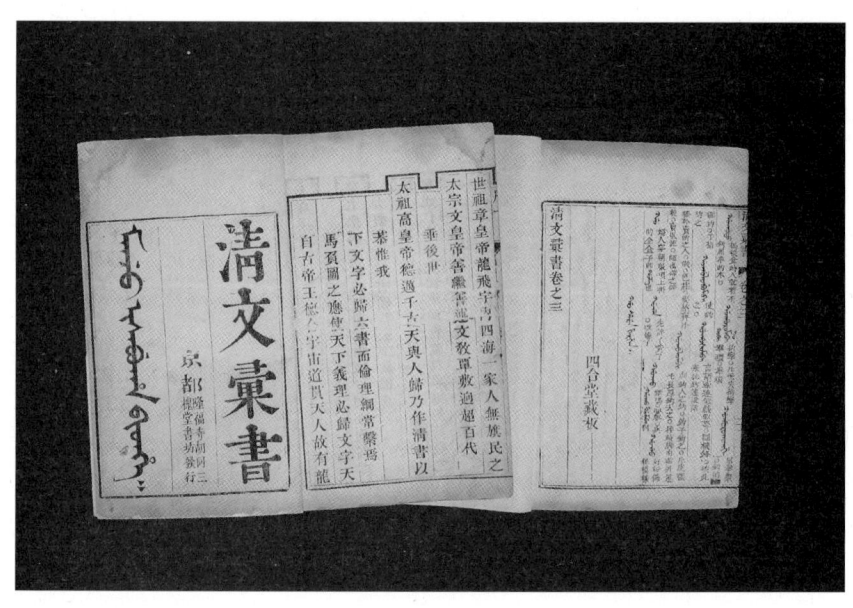

图20 清文汇书

《清文汇书》是满汉文对照辞书，满文书名为"manju isabuha bithe"。清李延基编撰，四合堂藏版，京都隆福寺胡同三槐堂书坊发行，12 卷 12 册，满汉合璧，线装。页面高 25.6 厘米、宽 17.1 厘米，半页版框高 20 厘米、宽 14.3 厘米，四周双边，花口，单黑鱼尾。书口依次有汉文书名、卷次、页码。是书按满文十二字头顺序编排，用汉文注释，例句较少。藏于中国第一历史档案馆。

二　满文档案图片及说明

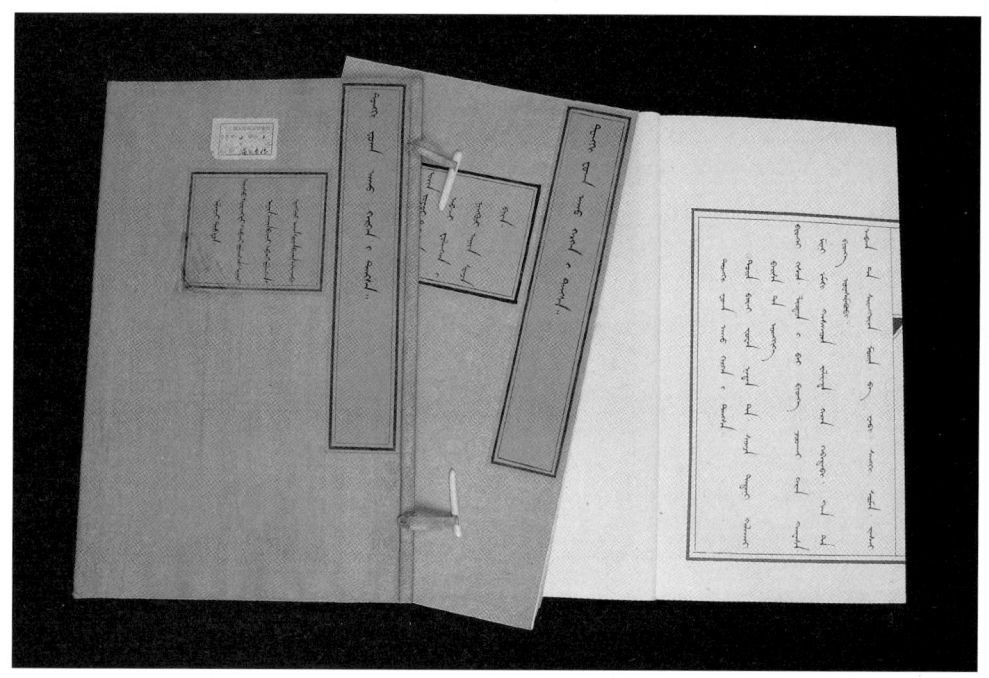

图 21　无圈点老档

《无圈点老档》是用无圈点满文记录清入关前各项活动的编年体档册，又称《无圈点字档》《满文老档》，满文名称为"tongki fuka akū hergen i dangse"。乾隆年间抄本，26 函 180 册，线装，黄绫封面。页面高 39.8 厘米、宽 23.8 厘米，半页版框高 28.3 厘米、宽 17.4 厘米，四周双边，朱丝栏，白口，单朱鱼尾。记事的起止时间为明万历三十五年（1607）至清崇德元年（1636），其内容主要反映清开国时期的政治、军事、经济、文化、民族、宗教、外交等方面史实。《无圈点老档》的原档，一般称为《满洲旧档》《满文原档》或《满文老档》，共 37 册，现存台北"故宫博物院"。于 1969 年和 2005 年，分别冠以《满洲旧档》《满文原档》之名，先后两次全部印影出版。中国第一历史档案馆保存的《无圈点老档》是乾隆年间的重抄本。乾隆三十九年（1774）至乾隆四十四年（1779），由舒赫德、于敏中、阿桂奉命主持完成了老满文原档的重抄工作，用时整整 5 年。除用老满文重抄原档 2 部外，还用新满文转写原档 2 部，并命名为《无圈点老档》和《加圈点老档》，装订成册，分别保存在北京内阁大库和盛京崇谟阁。藏于中国第一历史档案馆。

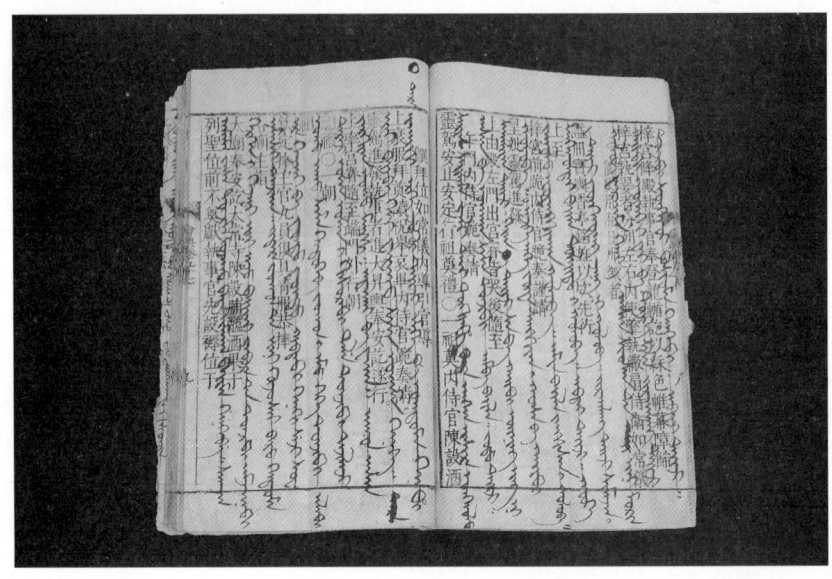

图 22 逃人档

逃人档是清入关前按编年体用老满文记载有关逃人情况的档册，满文名称为"ubašame ukame jihe museingge ukame genehe dangse"。写本，线装，现存1册，页面高27.2厘米、宽16.8厘米。此档用纸特别，在《明会典》刻本上书写。记事的起止时间为天命十一年（1626）十月至天聪四年（1630）十一月，共记录148起逃人事件，其中既有"后金"属民外逃，派兵追捕，或自行归来，分别处置，又有未归附"后金"的蒙古各部及明朝属民逃来归附，并酌情安置等。1990年，关孝廉先生将此档译成汉文，编入《清代档案史料丛编》第十四辑出版。藏于中国第一历史档案馆。

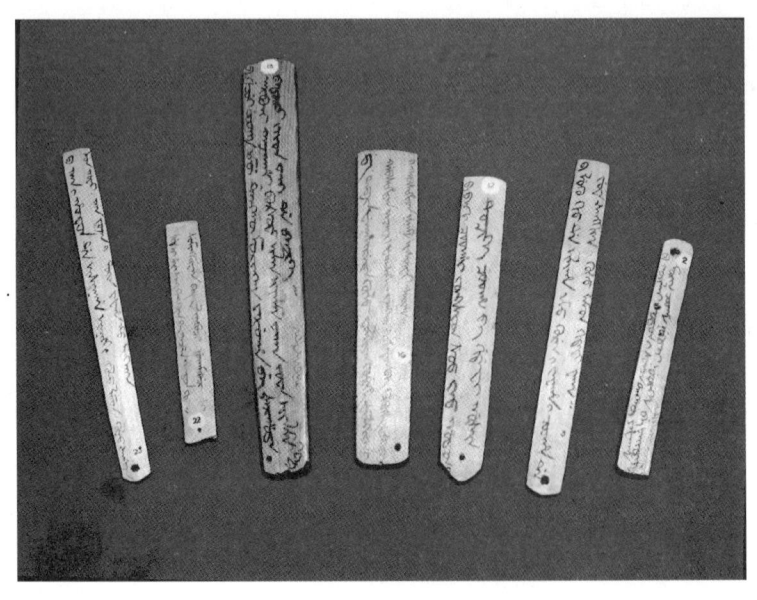

图 23 满文木牌

满文木牌是清入关前以木牌为书写材料形成的公文档案的总称。清入关前，因纸张紧缺，就地取材，削木为牌，记事归档。木牌形状各异，有的削成薄片，两面书写；有的削成长方体，四面书写。其长短宽窄也不一致，最长33厘米，最短16厘米，最宽4.7厘米，最窄1.8厘米。木牌的一端，一般均有小孔，以供贯绳之用。记载的内容十分简单，不记书写者的名称和书写的时间，只简明扼要地记事。现存的木牌共有 28 块，均保存在中国第一历史档案馆。其中 26 块，于 1934 年发现，由李德启先生翻译，冠以《阿济格略明事件之满文木牌》之名出版。另外 2 块，于 1978 年内阁满文档案摸底时发现。1990 年，关孝廉先生将所有 28 块满文木牌重新翻译后，编入《清代档案史料丛编》第十四辑出版。木牌书写用的文字具有老满文向新满文过渡时期的特点，既有老满文，也有新满文。其内容主要反映崇德元年（1636）武英郡王阿济格率兵进关攻略明军的战况和俘获物品等情况。藏于中国第一历史档案馆。

图 24　盛京五部旧档

　　盛京五部旧档是现存清入关前吏、户、礼、兵、刑五部档案的总称。天聪五年（1631），"后金"在盛京设立吏、户、礼、兵、刑、工六部。现保存下来的满文档案内，除工部外，其余吏、户、礼、兵、刑五部都有档案，共计 109 件，起止时间为崇德元年（1636）至崇德八年（1643）。此项档案都在高丽纸上书写，各件长短不齐，大小各异，小者高 27.5 厘米、宽 70.8 厘米，大者高 66 厘米、宽 3547 厘米。在每份文件的末尾及纸张的拼接处，均加盖用满文篆字刻的各部之印。其内容主要反映官员的升迁调补、奖赏议叙、纠参处分，出征官员俘获人口、物品及分赏数目，各地田禾长势灾情，支给天坛、太庙、堂子、福陵等处绸缎布匹数目；致祭坛庙、陵寝以及授官、封爵等项活动的礼仪；蒙古王、公、台吉来朝庆贺，进献贡品和宴请赏赐；八旗官兵行围训练，巡查换防和马匹倒毙数目；偷盗抢劫，杀人害命和官员犯法等案件的审理等情况。藏于中国第一历史档案馆。

图 25 题本

题本是清代官员向皇帝请示汇报问题的重要文书之一。始于明永乐年间，清代沿用，满文名称为"wesimbure bithe"，或"doron i wesimbure bithe"。写本，经折装，页面尺寸不甚一致，高 22 厘米至 24 厘米、宽 92 厘米至 1127 厘米不等。题本分部本和通本两种，在京各部院官员呈进者称为部本，各地方官员进呈者称为通本，一般在文首文尾均加盖官印。题本经内阁呈进皇帝前，由阁臣阅览，缮拟批语，名为"票签"。票签呈皇上核准后，批本处翰林中书和内阁学士先后照票签所拟文字，分别以满文、汉文，用朱笔批于本面，故题本又称"红本"。现存满文题本 104 万件，其中绝大部分为残题本，共计 96 万件，完整题本 8 万余件。完整题本的起止时间为顺治元年（1644）至光绪二十四年（1898）。题本所反映的内容广泛，包括清代职官、司法、军事、民族、宗教、礼仪、农业、水利、牧业、贸易、矿产、货币、赋税、库储、仓储、灾荒、赈济、交通、文化、天文、地理以及外交等方面。藏于中国第一历史档案馆。

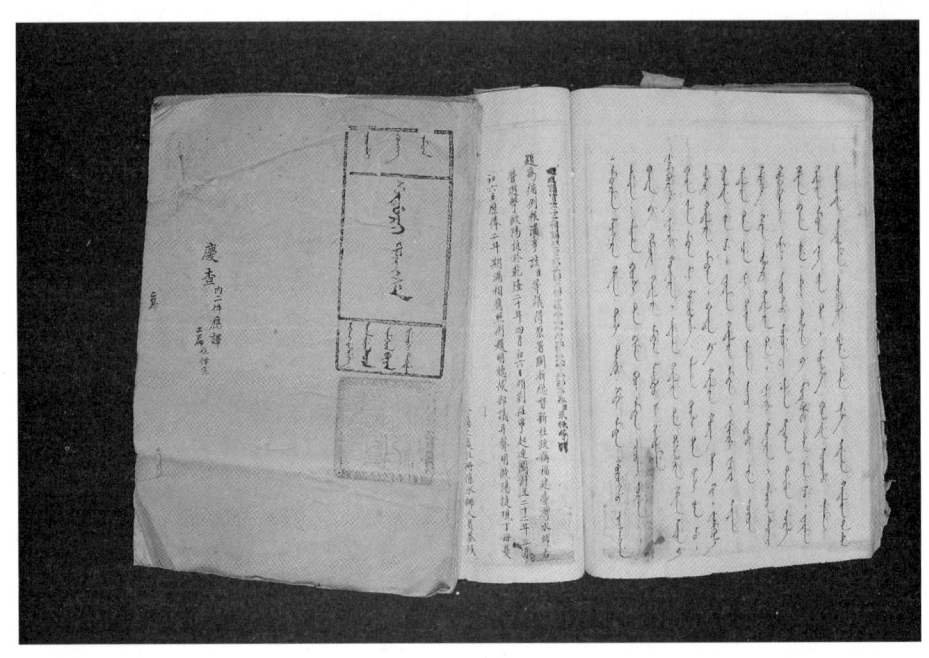

图 26 史书

史书是分吏、户、礼、兵、刑、工六科摘抄题本及批红而成的档簿，满文名称为"suduri dangse"。每科史书都按编年体抄录，通常每月为1册，若遇到文件较多的月份，则分订2册或3册，现存近万册。抄本，毛装，每页均加盖各科官印。版式不一，可归纳为三种。一为大本，页面高45厘米、宽33.5厘米，版框高40厘米、宽29.8厘米，上下双边，左右单边，朱丝栏，白口，双红鱼尾。二为中本，页面高38厘米、宽25.2厘米，版框高30.5厘米、宽21.5厘米，四周双边，朱丝栏，白口，单红鱼尾。三为小本，页面高36.8厘米、宽25.2厘米，版框高28.2厘米、宽20厘米，四周双边，蓝丝栏，白口，双蓝鱼尾。史书总的起止时间为顺治四年（1647）十月至光绪二十四年（1898）十二月，顺治朝史书基本上都是满文，以后各朝的均为满汉合璧。其内容与题本相同，只是详略程度不同而已。藏于中国第一历史档案馆。

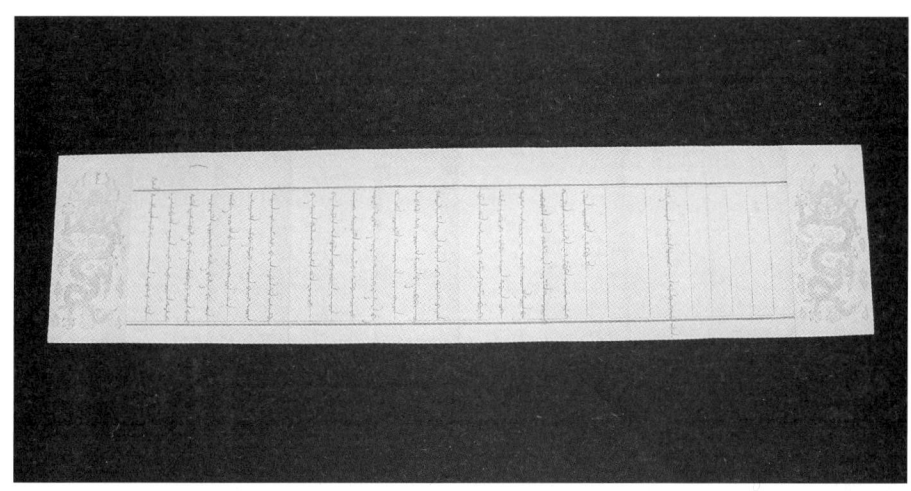

图27-1　朱谕之一

图27-2　朱谕之二

朱谕是皇帝用朱砂笔亲自书写的命令文书。朱谕经密封后，委派专差或通过驿站发给有关人员，而且接谕者必须亲自拆阅遵行，具有高度的机密性。起初，所有接奉的朱谕，均由接谕者自行保存，并不缴回。俟雍正登基后，特颁谕旨，令全国各级官员缴回所有康熙帝和自己颁降的朱谕，集中存放在皇宫内。从此，缴回朱谕成为一项定制。现存的满文朱谕百余件，大部分是康熙朱谕。朱谕极不规范，书写的文字既有楷书，也有草书；所用纸张既有事先特别印制者，也有普通宣纸；装帧既有经折装，也有不加任何装帧者；页面尺寸有大有小，很不一致。所反映的内容，也十分广泛。以上选录的两道朱谕图片，一是，康熙三十五年（1696）四月初三日，令黑龙江将军萨布素率兵赴克鲁伦河一带以备出征的朱谕。写本，经折装，页面高 18.3 厘米、宽 91 厘米，版框高 12.4 厘米、宽 76 厘米，上下双边，朱丝栏，封面封底均有龙和祥云图案。二是，康熙三十八年（1699）七月十七日，垂问河道总督于成龙病情赏给药品并令奏闻河道有无险情的朱谕。写本，经折装，页面高 36.2 厘米、宽 22.6 厘米。藏于中国第一历史档案馆。

图 28　朱批奏折

朱批奏折是皇帝用朱砂笔亲自批阅过的奏折，满文名称为"fulgiyan fi i pilehe wesimbuhe bukdari"。奏折是清代官员向皇帝请示汇报问题的重要文书之一，写本，经折装，页面尺寸不甚一致，高 22 厘米至 25.3 厘米、宽 70.2 厘米至 912.6 厘米不等。地方官员书写的奏折，装入皇上赏给的专用奏匣，经上锁加封后，通过驿站或委派专差，送到紫禁城内的内奏事处，而后由内奏事处转呈给皇帝批阅。因皇帝用朱砂笔批阅奏折，故经皇帝批阅的奏折，称为"朱批奏折"。奏折作为公文使用，始于康熙年间。当初，朱批奏折都发还给呈进奏折的官员。在雍正登基后，特颁谕旨，令全国各级官员缴回所有康熙帝和自己批阅的奏折。从此，缴回朱批奏折成为一项定制。所有呈进奏折的官员，定期将朱批奏折缴回，集中存放在皇宫内。现存满文朱批奏折约计 10 万件，起止时间为康熙至光绪年间。朱批奏折的内容主要反映辽宁、吉林、黑龙江、外蒙古、内蒙古、宁夏、青海、西藏、新疆等边疆地区，以及部分内地省份或八旗兵驻防地区的内政、政法、财政、军事、农业、牧业、矿务、工程、文化教育、天文地理、宗教、民族、外交和重大历史事件等方面情况。藏于中国第一历史档案馆。

第六章 古籍珍品图片及说明

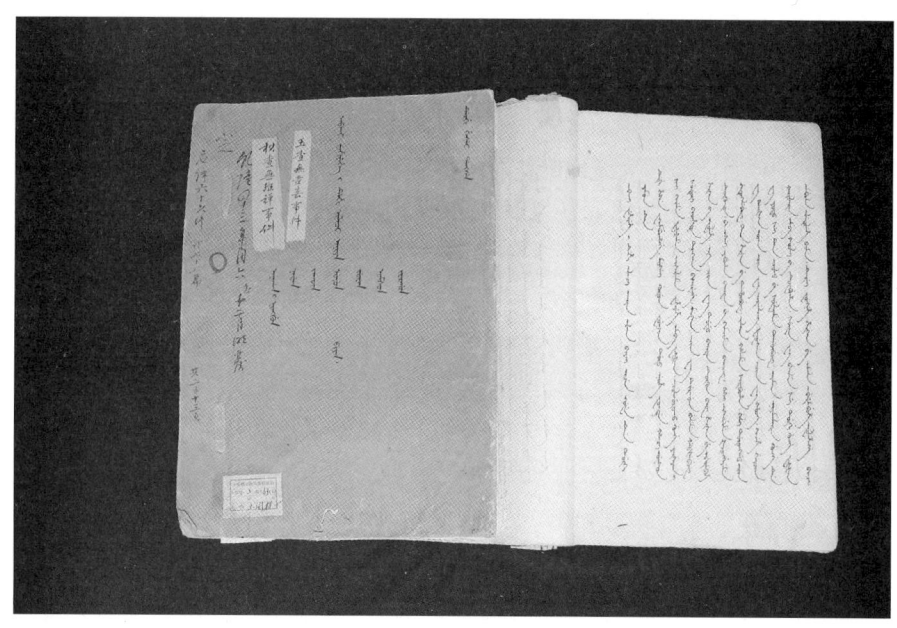

图29 上谕档

上谕档是按编年体汇抄军机处承宣谕旨而成的档簿，满文名称为"dergi hesei dangse"。军机处是雍正八年（1730）为办理西北军务而设立的专门机构，后来逐渐总揽国家机要政务，实际上成为清朝的中枢机构。宣统三年（1911）责任内阁成立后，军机处即被撤销。军机大臣替皇帝草拟谕旨并经呈览核准后下发是其担负的重要职责之一，而且在下发之前抄录于簿册存档。现存军机处满文上谕档，起止时间为雍正八年（1730）至宣统三年（1911），共计731册。是档分大小两种文本，小本系原始抄录而成，大本则系后来照小本抄录而成，两者内容完全相同。所选图片系大本，抄本，毛装，页面高39.8厘米、宽28.5厘米。乾隆二十九年（1764）前分"军务"和"寻常"两项装订成册。此档所录文件都是经军机处下发的皇帝的指令文书——上谕，在当时具有至高无上的地位和作用，凡接奉上谕的人员，均无条件地服从。其内容十分广泛，包括政治、军事、经济、司法、民族、宗教、外交以及重大事件等方面。藏于中国第一历史档案馆。

图30 录副奏折

录副奏折是军机处照朱批奏折抄录的归档文件。凡经皇帝批阅的奏折，均交由军机处处理。军机处将朱批奏折发送各该具奏官员之前，除请安折外，均照抄一份留存，称之为"录副奏折"。因按月打包归档备查，故又名"月折包"。月折包内的文件，按朱批时间排序，在每份奏折的首扣上都有朱批时间、具奏者名称和文件摘由。军机处抄录朱批奏折时，只抄录奏折，不抄录随折呈进的各种附件，而将附件直接随录副奏折归档存查。这些附件，不仅仅是对正件内容的补充，而且有些附件内容不在正文里反映。此外，录副奏折与朱批奏折比较，还有一个特点，朱批奏折只有具折时间，而录副奏折除具折时间外，还有朱批时间。现存满文录副奏折18万余件，起止时间为雍正八年（1730）至宣统三年（1911）。经折装，页面尺寸不甚一致，高17.5厘米至25.5厘米、宽83.2厘米至956.8厘米不等。录副奏折的内容主要反映辽宁、吉林、黑龙江、外蒙古、内蒙古、宁夏、青海、西藏、新疆等边疆地区，以及部分内地省份或八旗兵驻防地区的内政、政法、财政、军事、农业、牧业、矿务、工程、文化教育、天文地理、宗教、民族、外交和重大历史事件等方面情况。藏于中国第一历史档案馆。

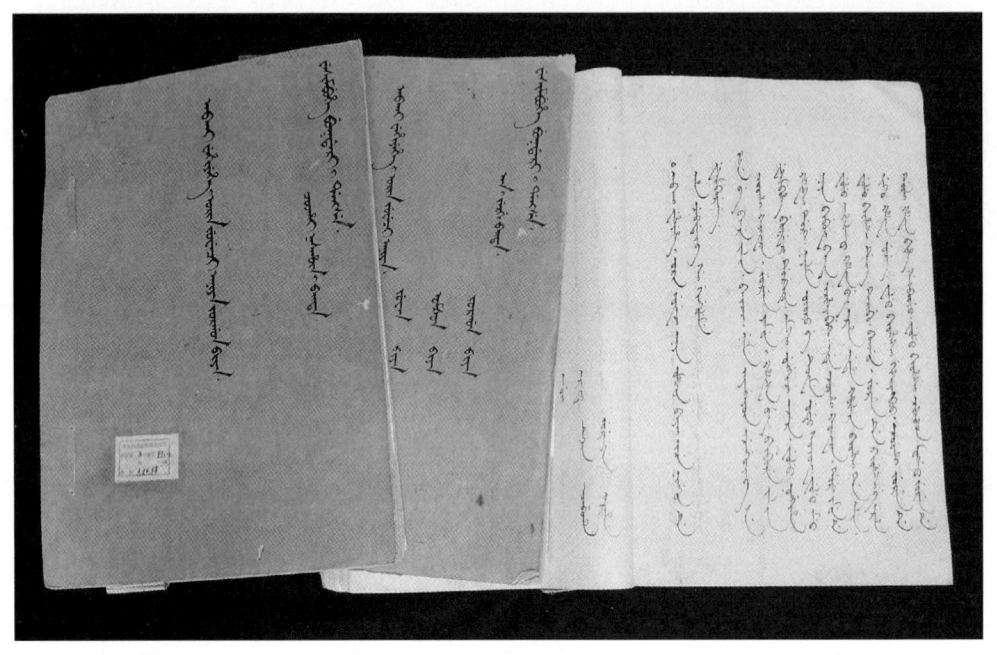

图31　月折档

月折档是军机处按编年体汇抄录副奏折及其附件而成的档簿。因按月装订成册，故名月折档，满文名称为"wesimbuhe bukdari i dangse"。抄本，毛装，页面高40厘米、宽28厘米。现存满文月折档2480册，起止时间为雍正八年（1730）二月至宣统三年（1911）七月。所抄录副奏折，绝大部分用满文书写，极少一部分是满汉合璧，部分奏折的附件用汉文书写。乾隆二十九年（1764）前的月折档分军务和寻常两项装订成册，军务项集中反映有关军务，而寻常项集中反映有关庶务。其内容主要反映辽宁、吉林、黑龙江、外蒙古、内蒙古、宁夏、青海、西藏、新疆等边疆地区，以及部分内地省份或八旗兵驻防地区的内政、政法、财政、军事、农业、牧业、矿务、工程、文化教育、天文地理、宗教、民族、外交和重大历史事件等方面情况。藏于中国第一历史档案馆。

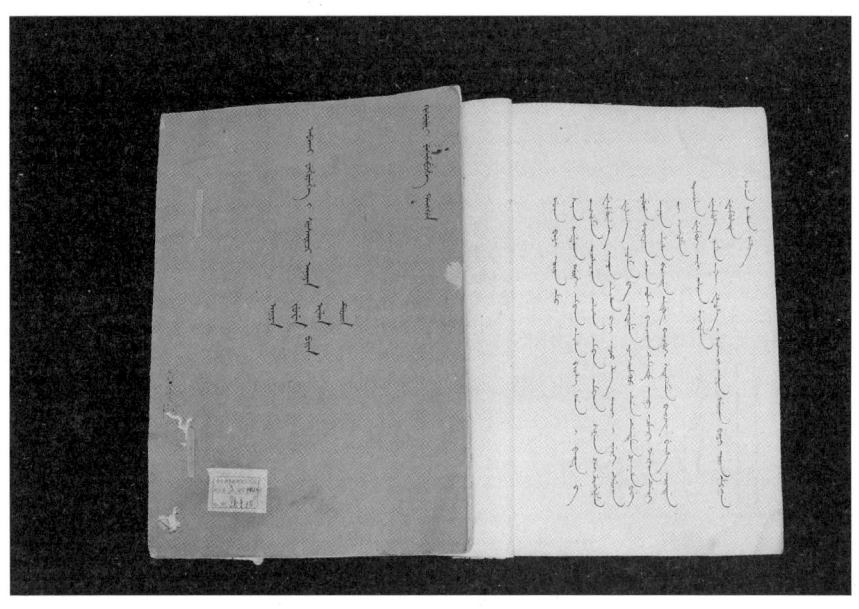

图 32　议复档

议复档是按编年体抄录军机大臣遵旨议奏和办理公务过程中请示汇报事宜所进奏折、奏片以及所奉谕旨而成的档簿，满文名称为"gisurefi wesimbuhe dangse"。现存满文议复档，起止时间为雍正八年（1730）至宣统三年（1911），共计730余册。是档分大小两种文本，小本系原始抄录而成，大本则系后来照小本抄录而成，两者内容完全相同。所选图片系大本，抄本，毛装，页面高39.8厘米、宽28.5厘米。乾隆二十九年（1764）前分"军务"和"寻常"两项装订成册。议复档所载多系军机大臣遵旨议奏或奉旨承办之事，内容较为重要，涉及面也广泛，包括政治、军事、经济、司法、民族、宗教、外交以及重大事件等方面。藏于中国第一历史档案馆。

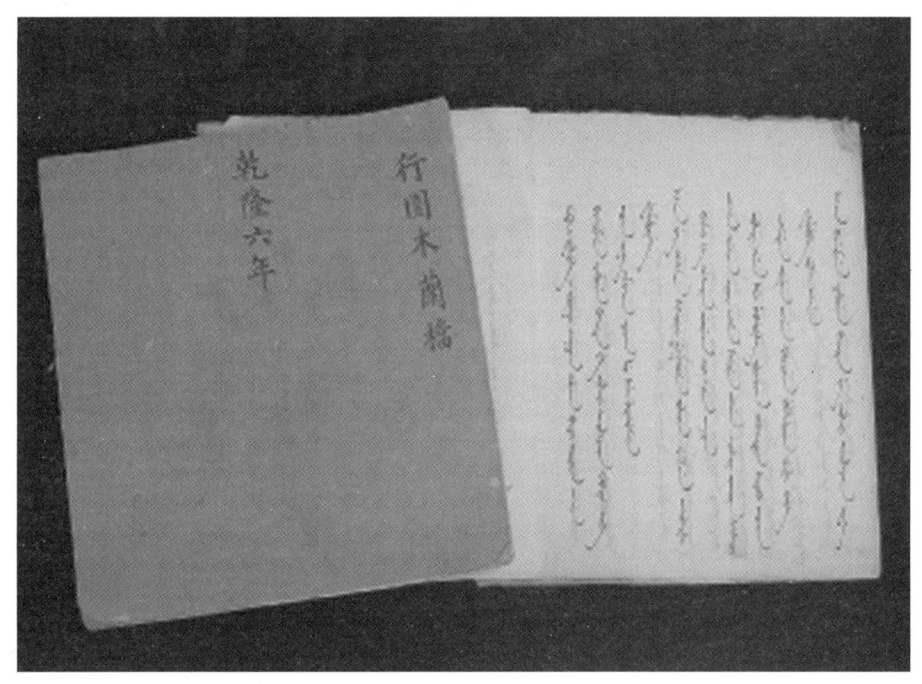

图 33　木兰档

木兰档又名木兰行围档、行围木兰档，是军机处汇抄有关皇帝赴木兰行围以及在避暑山庄活动事宜的上谕、寄信、奏折、咨文等文书而成的档簿。此档起止时间为乾隆六年（1741）至嘉庆二十五年（1820），共计109册。分大小两种文本，小本系原始抄录而成，大本系后来照小本抄录而成，两者内容相同。所选图片系大本，抄本，毛装，页面高30厘米、宽27厘米。木兰系满语"muran"之音译，意为"哨鹿"。每年秋季，康熙、乾隆、嘉庆皇帝均亲自到避暑山庄北边的木兰围场，以狩猎的方式，演练八旗兵丁的技艺，并召见北方少数民族的首领，举行各种活动。《木兰档》主要记载备办木兰行围事宜，皇帝起驾回銮；随驾赴木兰行围官员姓名和编队次序，调各地驻防八旗兵丁行围，演射布靶，分等颁赏；内蒙古、外蒙古、青海、新疆地方蒙古王公、维吾尔族伯克等按班次前来朝觐，随驾行围观看各种表演，入宴受赏等情况。藏于中国第一历史档案馆。

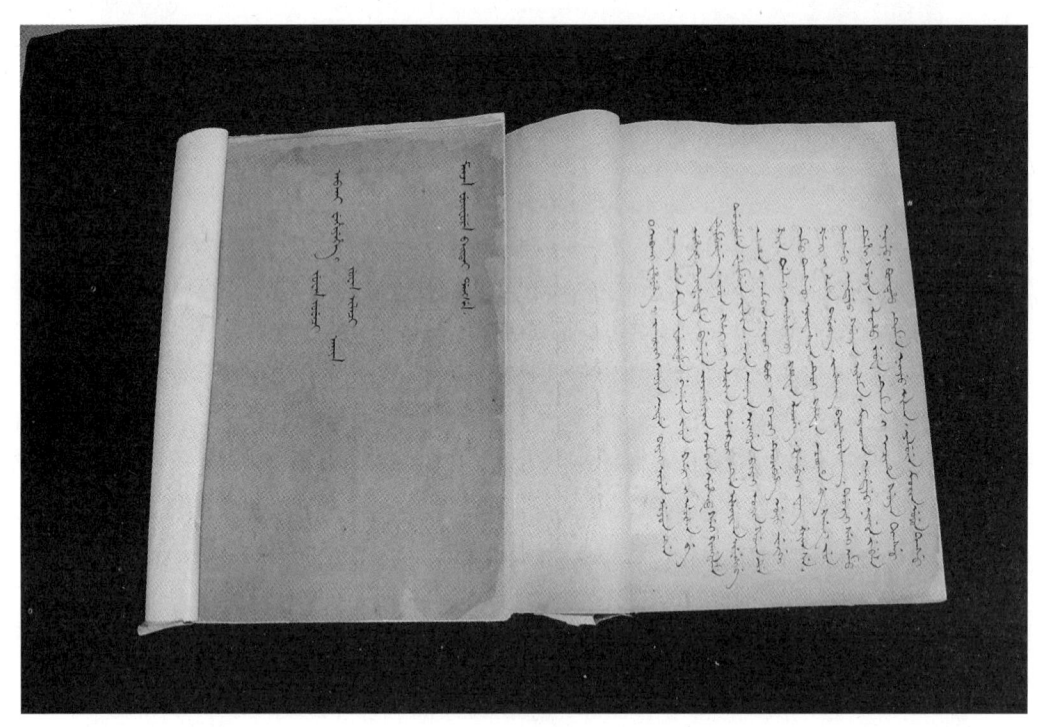

图34 熬茶档

熬茶档是汇抄有关准噶尔部派人赴西藏熬茶事宜的上谕、寄信、奏折、奏书及咨文等文件形成的档簿，满文名称为"manja fuifure baitai dangse"。抄本，毛装，4册，页面高39.5厘米、宽29厘米。准噶尔部又名"绰罗斯部"，是卫拉特蒙古四部之一，原游牧于天山北路塔尔巴哈台一带，后以伊犁为中心，兼并卫拉特其余三部，控制了整个天山南北地区。自康熙二十九年（1690）至乾隆二十二年（1757），清朝经过多次用兵最终平定准噶尔部。在此期间，清朝和准噶尔部之间，除战争外，还有过和平交往。熬茶档就集中反映乾隆六年（1741）至乾隆十六年（1751）准噶尔部首领派人赴西藏拜佛熬茶、沿途贸易及清朝委派官兵接待安顿、提供给养、来往护送等情况。藏于中国第一历史档案馆。

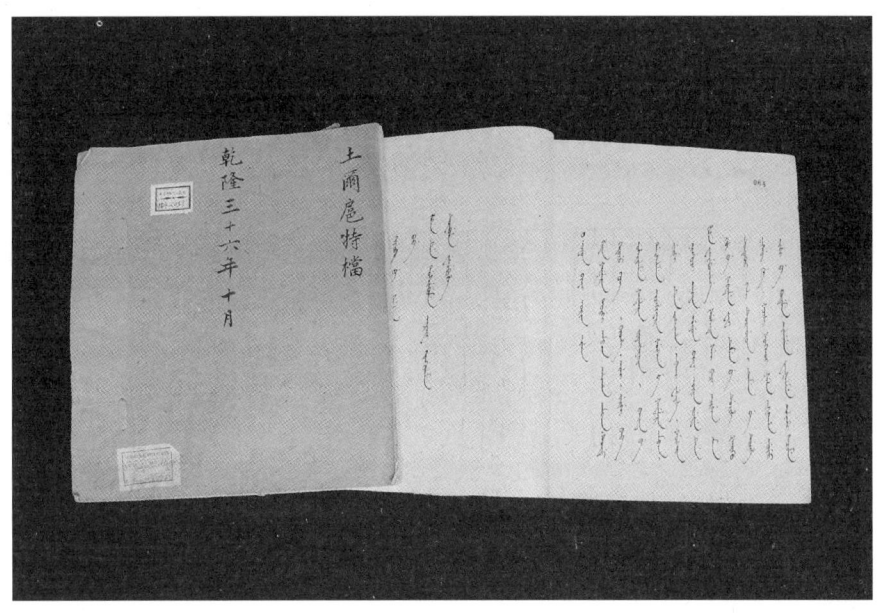

图 35　土尔扈特档

土尔扈特档是抄录有关土尔扈特蒙古东归及其安置事宜的上谕、寄信、奏折和赏单等文件形成的档簿。抄本，毛装，24 册。是档分大小两种文本，小本系原始抄录而成，页面高 27 厘米、宽 26.2 厘米；大本系后来照小本抄录而成，页面高 39.5 厘米、宽 29 厘米，两者内容完全相同。土尔扈特系卫拉特蒙古四部之一，原游牧于天山北部塔尔巴哈台附近雅尔地方。明末清初，西迁至额济勒河（今伏尔加河）下游驻牧。乾隆三十六年（1771），土尔扈特汗渥巴锡率领部众东归故土，清朝组织大量的人力和物资接济，并妥善安置。是档就集中反映乾隆三十六（1771）至三十七年（1772）土尔扈特蒙古东归及清朝委派官兵迎接、调拨物资接济、分地安置、设置盟旗、补放官员，以及土尔扈特汗渥巴锡等人奉旨赴承德朝觐和乾隆帝接见、筵宴赏赐等情况。藏于中国第一历史档案馆。

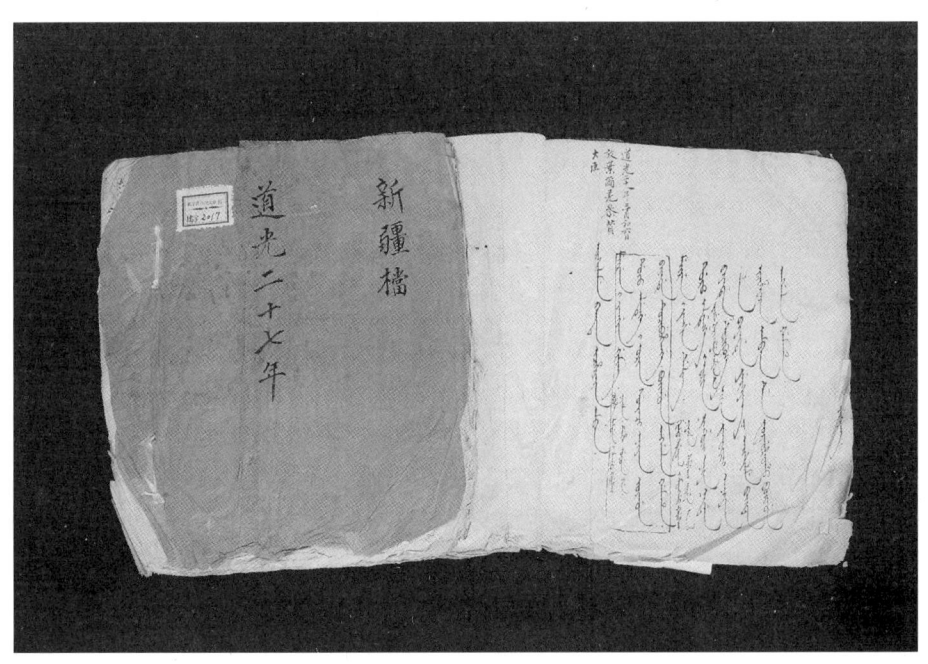

图 36　新疆档

新疆档是记载新疆各地驻防大臣履历等情况的档簿。抄本，毛装，页面高26.5厘米、宽24厘米。现存40册，起止时间为嘉庆二十四年（1819）至宣统三年（1911）。乾隆二十四年（1759），统一新疆天山南北后，在全疆各地建立其统治机构，进行有效的统治。清廷对新疆的治理主要采用军府制。在伊犁设置总统伊犁等处地方将军，简称伊犁将军，统辖新疆天山南北地区军政事务。在乌鲁木齐、塔尔巴哈台、喀什噶尔、哈密、哈喇沙尔、库车、阿克苏、乌什、叶尔羌及和阗等地分设都统、参赞大臣、办事大臣、领队大臣等官员，分管各该地区军政事务。新疆档记载派驻新疆各地将军、都统、参赞大臣、办事大臣、帮办大臣、领队大臣等官员姓名、旗籍、年龄、升迁调补及携带未携带家眷等情况。藏于中国第一历史档案馆。

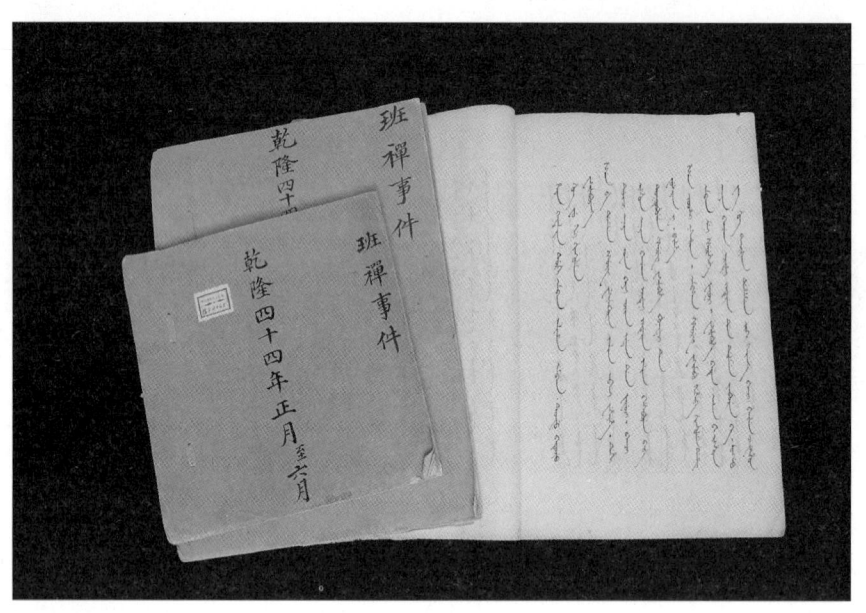

图37 班禅事件档

班禅事件档是抄录有关官员办理六世班禅额尔德尼入觐事务过程中进呈的奏折和所奉上谕，以及六世班禅额尔德尼贡单和乾隆帝赏单等文件而成的档簿。抄本，毛装，10册，起止时间为乾隆四十五年（1780）至乾隆四十六年（1781）。是档分大小两种文本，小本系原始抄录而成，页面高27厘米、宽26.2厘米；大本系后来照小本抄录而成，页面高39.6厘米、宽28.7厘米，两者内容完全相同。六世班禅额尔德尼是中国西藏地方著名的宗教领袖之一，法名罗桑巴丹益西，乾隆三年十一月十二日（1738年12月22日）出生于后藏南木林宗扎西则地方。乾隆五年（1740）时三岁，被选定为五世班禅额尔德尼转世灵童。乾隆六年六月四日（1741年7月16日），在扎什伦布寺坐床。乾隆四十三年（1778），六世班禅额尔德尼通过章嘉呼图克图祈请入觐祝寿，遂得到乾隆帝的允准。乾隆四十四年（1779）六月起程，次年七月抵达承德，九月初到达北京，十一月初二日圆寂于北京黄寺，享年42岁。班禅事件档主要反映清朝备办接待事宜、委派官员沿途迎接、乾隆帝赴热河接见、接受祝寿、筵宴赏赐和六世班禅额尔德尼在承德、北京的佛事活动，以及患病治疗、圆寂、护送灵梓到西藏、筹建衣冠塔等情况。藏于中国第一历史档案馆。

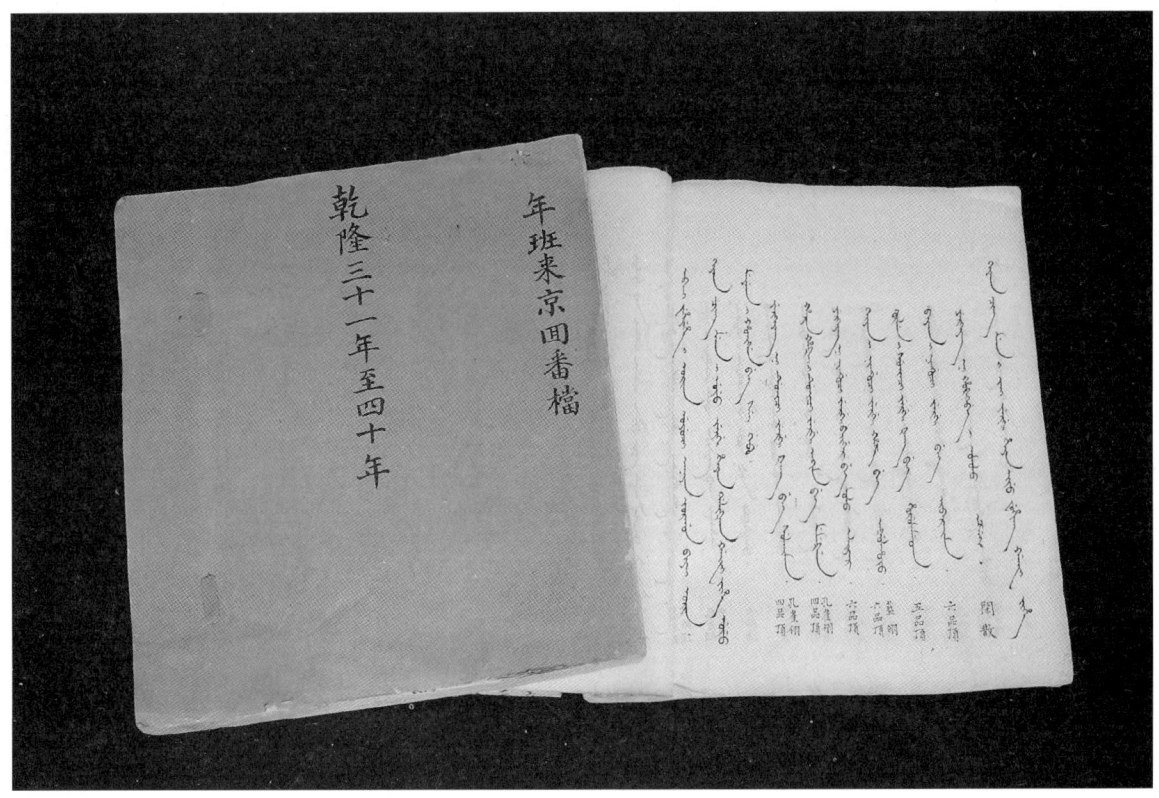

图 38　年班来京回番档

　　年班来京回番档，又名年班来京回番事件档，是汇抄有关接待年班朝觐伯克、土司等少数民族官员过程中形成的奏折、上谕、贡单、赏单等文件而成的档簿。抄本，毛装，10 册，起止时间为乾隆十三年（1748）至嘉庆二十四年（1819）。是档分大小两种文本，小本系原始抄录而成，页面高 27.8 厘米、宽 27 厘米；大本系后来照小本抄录而成，页面高 30.6 厘米、宽 27.8 厘米，两者内容完全相同。清朝因地制宜，对不同民族居住地区推行不同的行政管理方式。在新疆天山南部和伊犁维吾尔族居住地区施行伯克制，挑选本地维吾尔族人任命伯克，负责管理本地的具体行政事务；四川、云南等西南少数民族居住地区施行土司制度，挑选各该地方少数民族人担任土司，负责管理各该地方具体行政事务。同时，制定年班朝觐制度。给这些伯克和土司等少数民族官员编制班次，按年轮班进京朝觐，接受皇帝的接见、筵宴和赏赐。是档抄录的文件，绝大部分用满文书写，部分赏单用汉文书写。其内容主要反映新疆、四川等地少数民族年班进京朝觐官员名称、进贡物品、筵宴赏赐等情况。藏于中国第一历史档案馆。

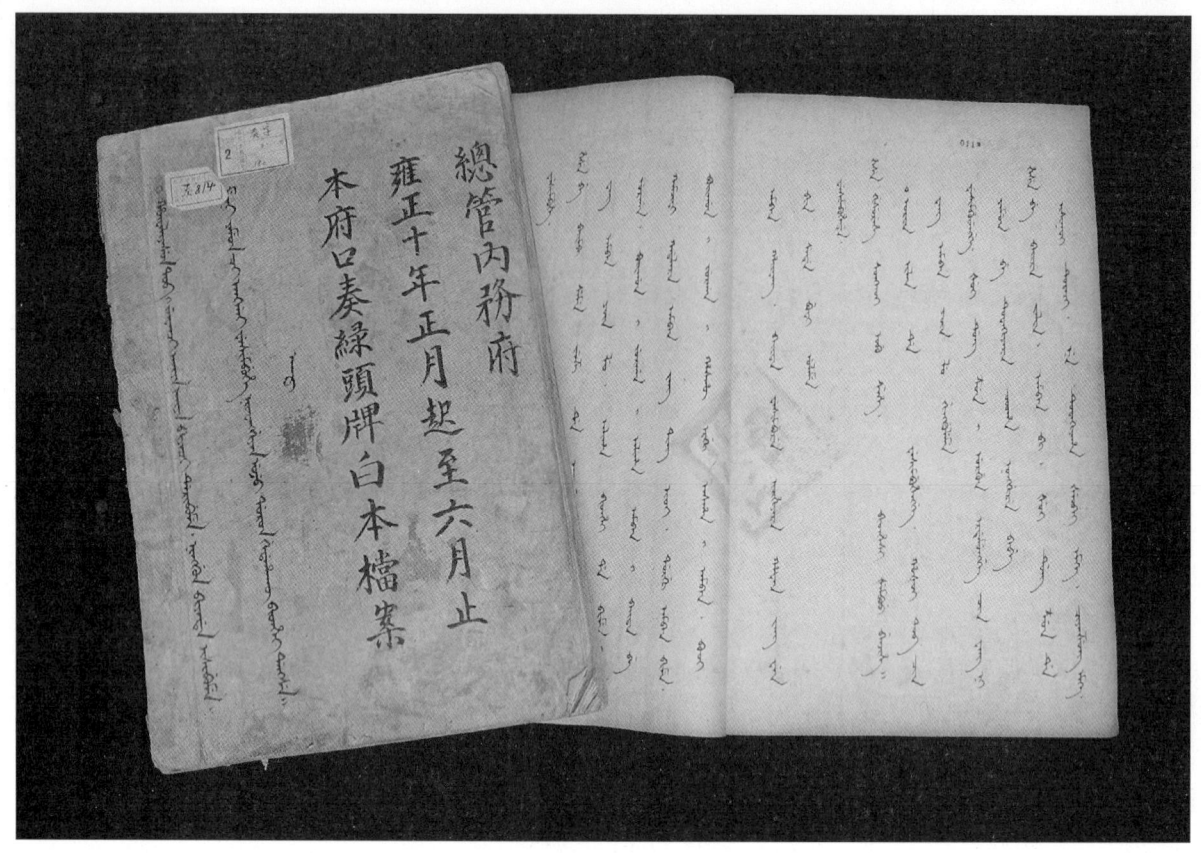

图 39　奏销档

奏销档是汇抄内务府以奏本、题本、奏折、绿头牌、口头等形式所奏事件及所奉谕旨而成的档簿总称。现存奏销档共有 938 册，起自顺治十一年（1654），止于宣统十六年（1924），抄本，包背装。是档页面尺寸大小不一，前期的尺寸大，高 45.8 厘米、宽 31.2 厘米；后期的尺寸小，高 39.8 厘米、宽 28.3 厘米。而名称也不甚统一，如"右司奏事档"、"乾清宫等处奏本档"、"本府口奏绿头牌白本档"、"本府白本奏销档"，等等。从雍正朝开始，才出现"奏销"二字，而后名称逐渐统一，称为《奏销档》，满文名称为"wesimbuhe bithei dangse"。内务府是清代掌管宫廷事务的机构。清初设立，宣统三年（1911）辛亥革命后，虽然清王朝被推翻，但根据《优待皇室条件》规定，末代皇帝溥仪仍居宫中，继续使用宣统年号，内务府依旧存在。1924 年，溥仪被驱逐出宫后，内务府才停止活动。奏销档的内容主要反映皇帝和皇室成员的祭祀、出行、行围、婚庆、节庆、丧葬，内务府结构设置、官员任免，内府三旗人员和宫中太监、杂役的挑选任用、奖赏处罚，宫殿、王府、行宫、坛庙、园囿、陵寝等建筑勘估、建造、修缮、管理，京城道路桥梁、街市铺面的改造修缮，内务府银库、缎库、茶库、皮库等各库和庄屯的管理以及宫廷所需物品采买等情况。藏于中国第一历史档案馆。

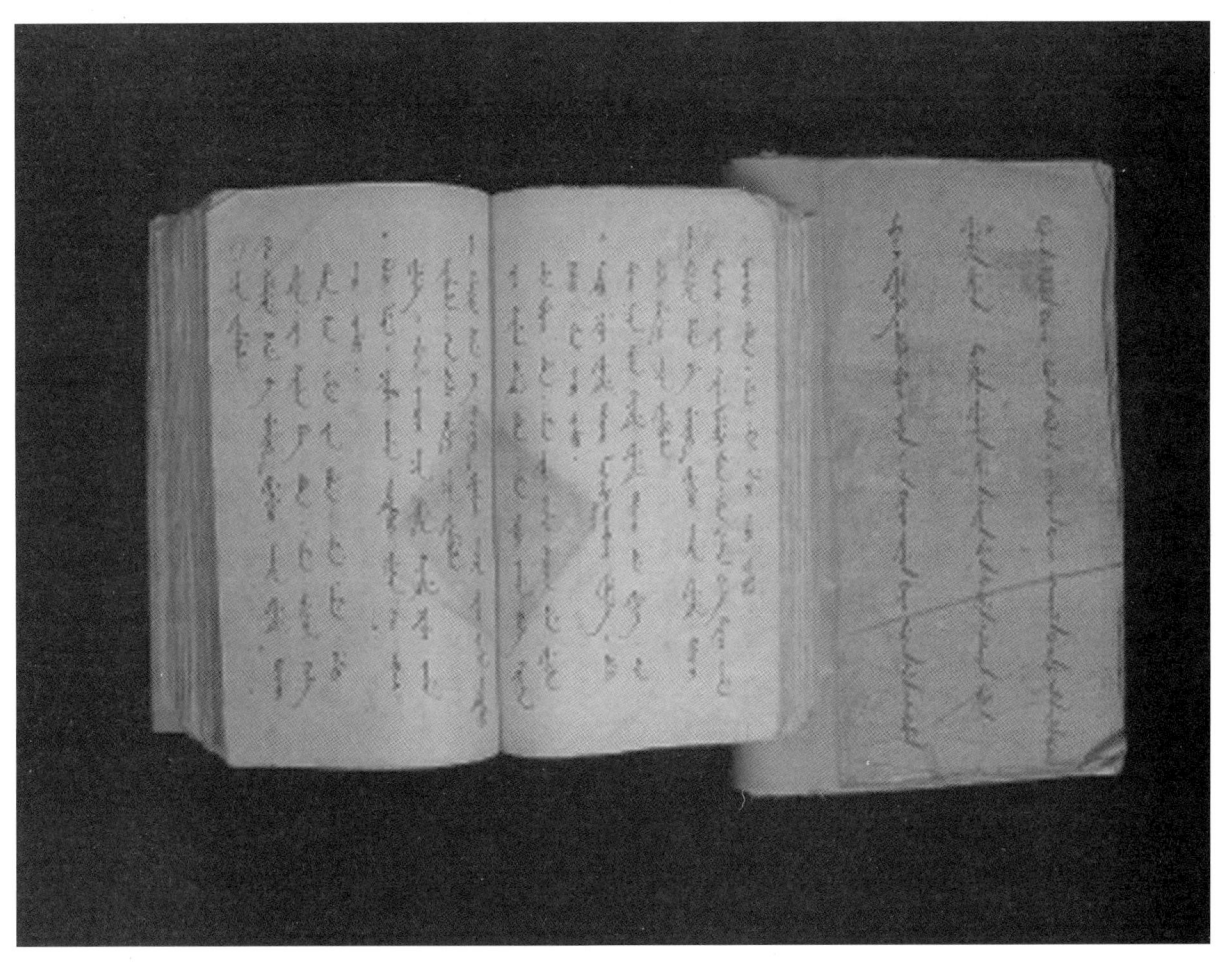

图 40　黑龙江将军衙门档

　　黑龙江将军衙门档是按一定顺序汇抄黑龙江将军办理公务过程中形成公文而成的档簿，包括黑龙江将军的题本、奏折，与京城各部院、邻近地方将军、副都统、总管等衙门的来往文书，以及下属各官员呈文，还有一部分所属地方驻防八旗官兵户口册、八旗各佐领比丁册和各官庄民户人口册等文件。所有这些档案，按兵、刑、户、工四司分类抄录后，分别装订成册，加盖官印。现存档案 12858 册，起止时间为康熙二十三年（1684）至光绪二十六年（1900），抄本，毛装，页面尺寸大小不一，一般高 33 厘米至 45.5 厘米、宽 24 厘米至 26.7 厘米不等。康熙、雍正、乾隆三朝档案基本上都以满文缮写，从嘉庆朝开始兼有汉文，而且越来越多。黑龙江将军衙门是清代管理黑龙江地区军政事务的机构。康熙二十二年（1683）设立，光绪三十三年（1907）始建行省，改将军为巡抚，撤销将军衙门。是档主要反映黑龙江地区军政建制、职官任免、八旗事务、人口数目、兵丁操练、军械装备、驻卡巡边、调兵出征、粮饷报销、保甲团练、官屯设置、开垦种田、雨雪苗情、粮食收成、进贡方物、受灾赈济、商业贸易、开采矿产、征收赋税、交通运输、查拿逃犯、审理案件、文化教育、祭祀礼仪、天文地理以及对外交涉等方面情况。分别藏于中国第一历史档案馆和黑龙江省档案馆。

图 41　珲春副都统衙门档

　　珲春副都统衙门档是按一定顺序汇抄珲春协领和副都统办理公务过程中形成公文而成的档簿，包括珲春协领、副都统的奏折、咨文、札付、呈文和下属官员呈文，以及中央各部院、宁古塔副都统、吉林将军等衙门官员的札付、咨文，还有当地户口册、比丁册、库储财物清册等文件。现存档案575册，起止时间为乾隆二年（1737）至光绪二十六年（1900），抄本，毛装，页面尺寸大小不一，一般高35.5厘米、宽23.5厘米，并在一部分档案上加盖官印。乾隆、嘉庆二朝档案多以满文书写，道光以后各朝档案多以汉文书写。珲春协领、副都统衙门是清代管理珲春地方军政事务的机构。康熙五十三年（1714）设珲春协领，隶属于宁古塔副都统。光绪七年（1881）设副都统，隶属于吉林将军，宣统元年（1909）撤销。是档主要反映珲春地区军政建制、职官任免、八旗事务、兵丁操练、军械装备、驻卡巡边、粮饷报销、保甲团练、开垦种田、雨雪苗情、粮食收成、受灾赈济、商业贸易、开采矿产、征收赋税、交通运输、采办贡品、查拿逃犯、审理案件、天文地理以及对外交涉等方面情况。此项档案，经整理编辑后，冠以《珲春副都统衙门档》之名，2006年影印出版，共计223本。

三 满文碑刻图片及说明

图 42-1 博博尔代诰封碑

图 42-2 博博尔代诰封碑拓片

此碑全称为"皇清诰封资政大夫三等阿达哈哈番护卫壮大议政大臣加一级博公诰命碑",简称"博博尔代诰封碑",由螭首、碑身、龟趺三部分组成,通高约358厘米,宽102厘米,厚34厘米。螭首雕刻祥云和麒麟,碑身四周雕刻祥云。在碑额上阴刻满汉合璧文字,汉文"诰封",满文"hesei fengnehe"。碑阳刻有顺治十四年(1657),清帝封授议政大臣博博尔代为资政大夫的诰命。资政大夫是清代封赠文职的官爵名称。按清代定制,凡覃恩及三年考满,例给封赠,康熙四年(1665)停三年考满封赠之例。文职封赠共分18个品级,资政大夫为正二品,属第三品级。该碑文记载了博博尔代的功绩、封赠官爵名称以及历任官职的情况。满汉合璧。碑阴刻有康熙十二年(1673)五月《博博尔代墓碑文》。此碑原在北京丰台区祖家坟,现保存在北京石刻艺术博物馆,即五塔寺。

图 43-1 御制隆福寺碑

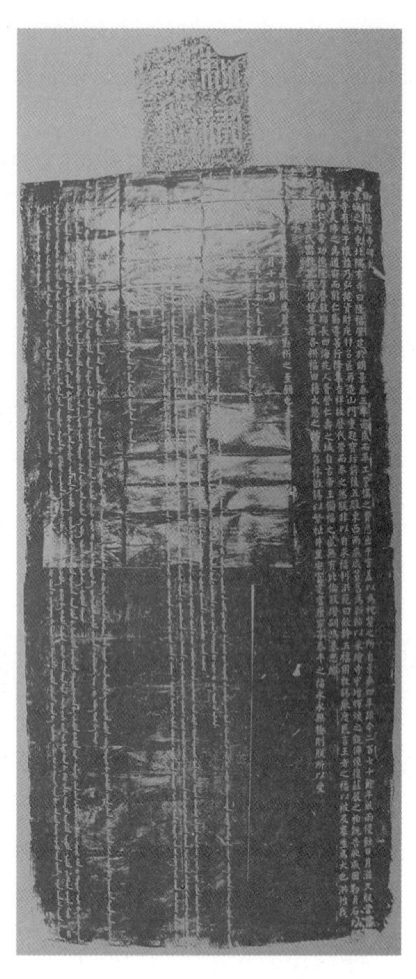
图 43-2 御制隆福寺碑拓片

　　此碑由螭首、碑身、龟趺三部分组成，通高约 586 厘米，宽 170 厘米，厚 50 厘米。螭首雕刻祥云和双龙。在碑额上阴刻满汉合璧文字，汉文"敕建"，满文"hesei ilibuha"。碑阳刻雍正三年（1725）御制满汉合璧修建北京隆福寺文，记载了隆福寺创建时间及官府拨款修建等情况。此碑原在北京东城区隆福寺街，现保存在北京石刻艺术博物馆，即五塔寺。

图 44-1 广宁门外石道碑　　　　　　　图 44-2 广宁门外石道碑拓片

此碑由螭首、碑身、龟趺三部分组成，通高约 526 厘米，宽 160 厘米，厚 66 厘米。螭首雕刻祥云和双龙，碑身四周及两侧均雕刻祥云和龙。碑阳刻雍正九年（1731）御制满汉合璧建造北京广宁门外石道文，记载了广宁门外道路的重要性及原有路况，为了改善路况，动支户部款项，修建从广宁门至小井村长一千五百丈、宽两丈石道的情况。此碑原在北京丰台区小井村，现保存在北京石刻艺术博物馆，即五塔寺。

 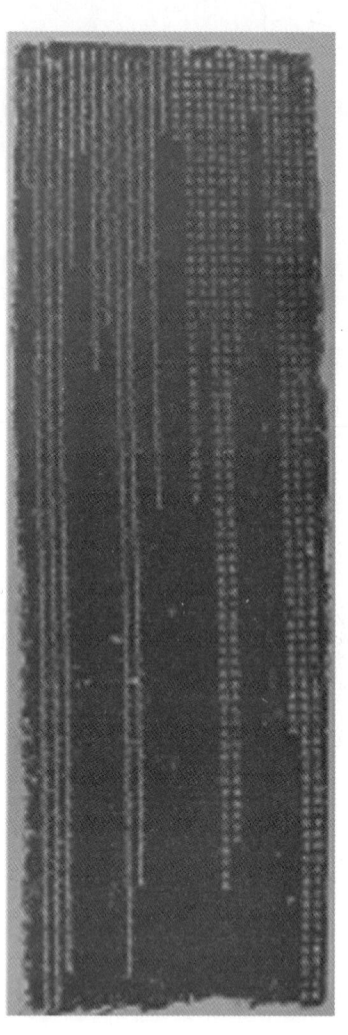

图 45‑1　傅恒宗祠碑　　　　　　　　　　　　　　　　　图 45‑2　傅恒宗祠碑拓片

此碑由螭首、碑身、龟趺三部分组成，通高约 495 厘米，宽 130 厘米，厚 58 厘米。螭首雕刻祥云和双龙，碑身四周及两侧均雕刻祥云和龙。碑阳刻有乾隆十四年（1657）乾隆帝为给大学士傅恒赐建宗祠所颁谕旨，以及礼部、工部奉旨呈进筹办事宜的本章提要。此碑文记载傅恒出征大小金川的功绩，赐建宗祠的规模，以及制造祭祀器皿、牌位匾额，俟宗祠落成后如何撰拟祭文、备办祭品和委派官员致祭等情况。此碑原在北京东城区景山东街，现保存在北京石刻艺术博物馆，即五塔寺。

四 满文舆图图片及说明

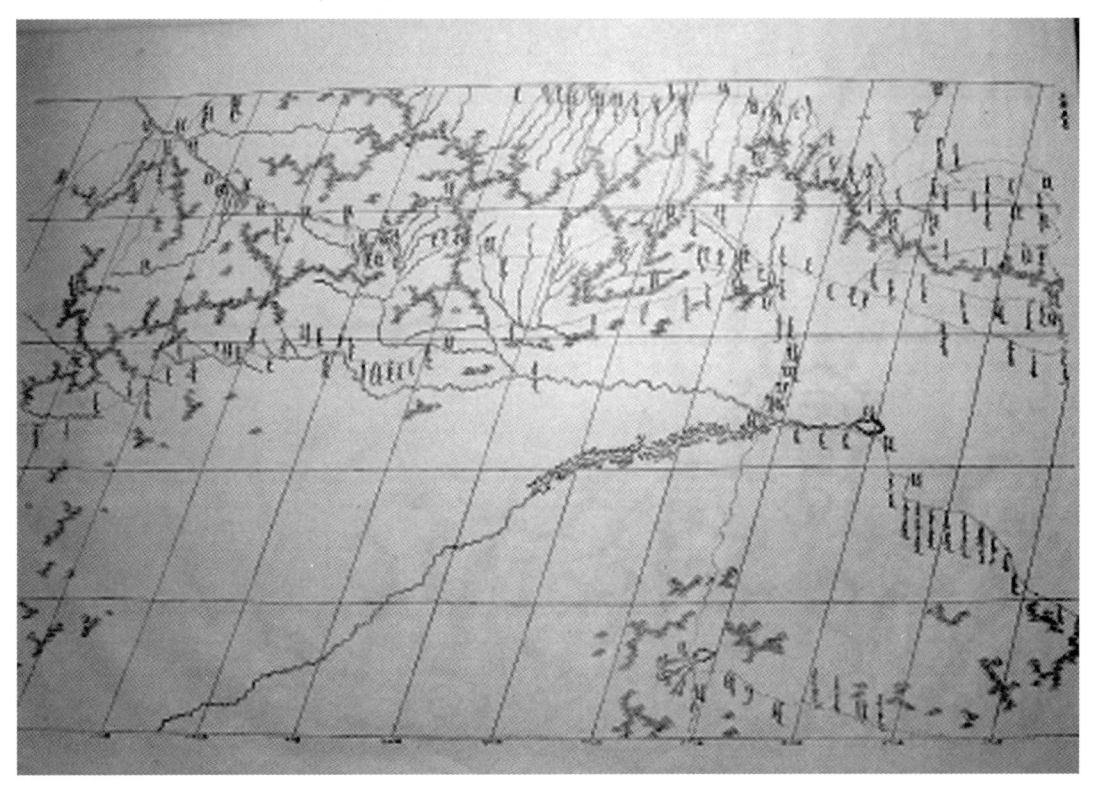

图 46 皇舆全图

此图又名《乾隆内府舆图》，或《乾隆十三排图》。起初，清康熙帝以当时地图多不合经纬线度，组织人力，分派到全国各地实地测量，于康熙五十八年（1719）绘成新图，筹制铜版印刷，命名为《皇舆全览图》。该图采用经纬图法，开中国近代地图之先河。合之为一图，分之为三十二图。内地各省标注用汉文，东北、内外蒙古、青海、西藏等地标注用满文。众所周知，在康熙年间，清朝尚未统一天山南北，故此次绘制的图西至哈密，不包括大部分的天山南北地区，成为一种缺憾。至乾隆二十一年（1756）天山南北战事基本平息后，清乾隆帝即刻分派人员赴新疆各地测量绘图，同时又组织人力核对修订旧有舆图，于乾隆二十六年（1761）以《皇舆全览图》为蓝本绘成新图，筹制铜版印刷，命名为《皇舆全图》。铜版共计104块，每块长71厘米，宽46.2厘米，厚8.5厘米，104块版拼合成一幅巨大地图。全图从北至南分为十三排，每排各8块版，图上刻有乾隆御制诗文。与康熙朝《皇舆全览图》一样，内地各省标注用汉文，东北、内外蒙古、青海、西藏和新疆等地标注用满文，但图的地理范围扩大了近一倍，包括清朝版图及其周边国家、地区和海域。20世纪20年代，用皇宫保存的旧铜版重印发行，命名为《清内府一统舆地秘图》。上引图片是《清内府一统舆地秘图》第十三排五号，新疆天山北部地区。

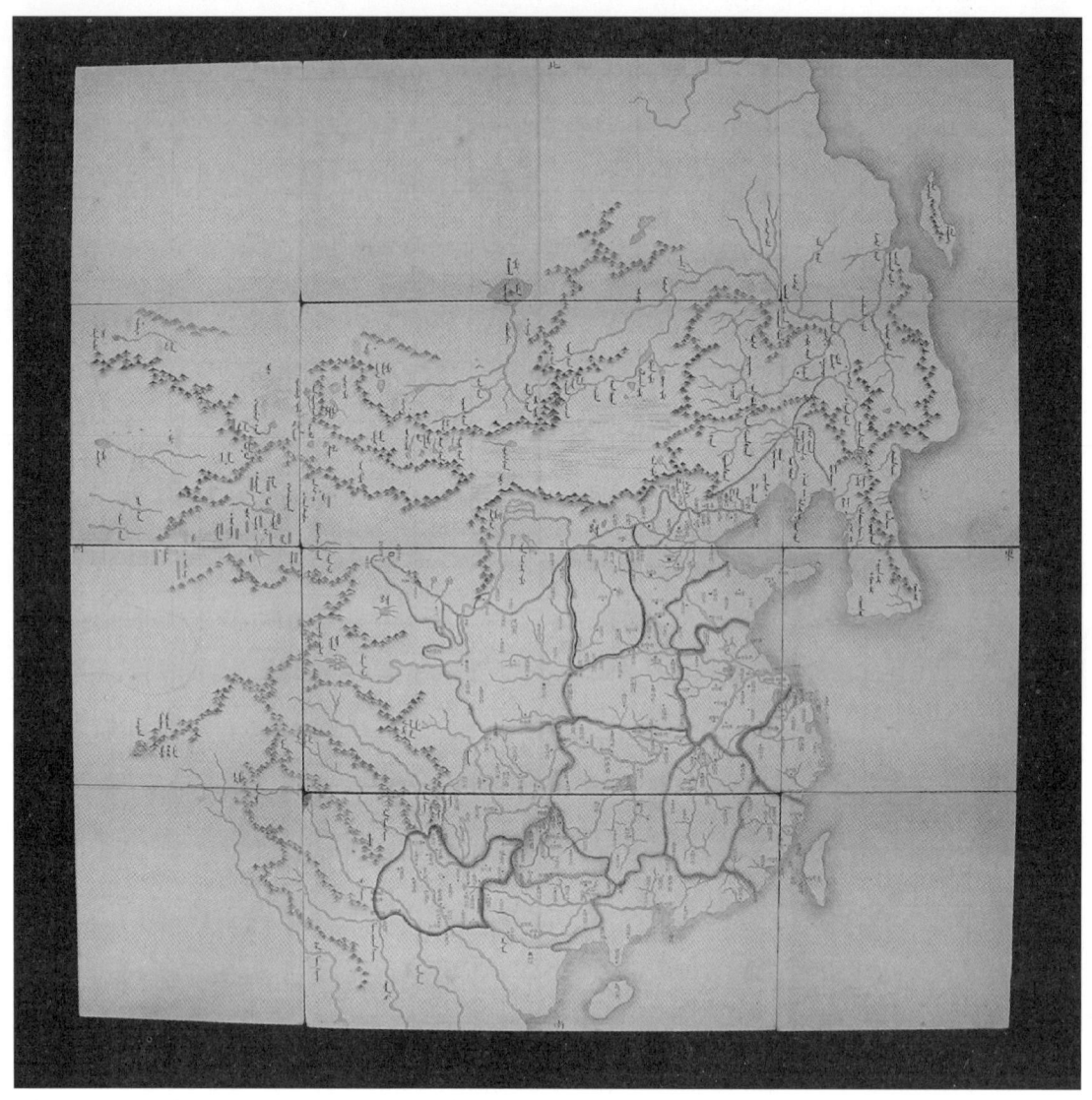

图 47　皇朝舆地全图

此图横 40.5 厘米，竖 26.7 厘米，纸本彩绘。绘制于清代，佚名。装帧十分讲究，将整张图绘在 8 块 57.2 厘米×57.2 厘米的正方形和 4 块 28.6 厘米×14.2 厘米的长方形硬纸板上，可折叠成高 28.6 厘米、宽 14.2 厘米、厚 1.8 厘米的册子，打开即为全图。所绘的地理范围以清代的版图为中心，包括周边国家、地区和海域。内地各省标注用汉文，东北、内外蒙古、青海、西藏和新疆等地标注用满文。此图绘制得比较简略，除山川湖泊和边关外，内地各省只标府州以上行政单位的治所及省界，东北、内外蒙古、青海、西藏和新疆等地则标主要城镇。

图 48　陕西通省边镇图

此图横 175 厘米，竖 178 厘米，绢本彩绘。绘制于明代，佚名，至清代进行改造，除将图上汉文都用满文标签覆盖外，还添加了不少新的满文签注。本图主要绘制陕西省的山川地貌、府州县治所、城池方位、边镇关隘、道路驿站，以及标注各重镇要地官员设置、驻军数目和道路里程等情况。

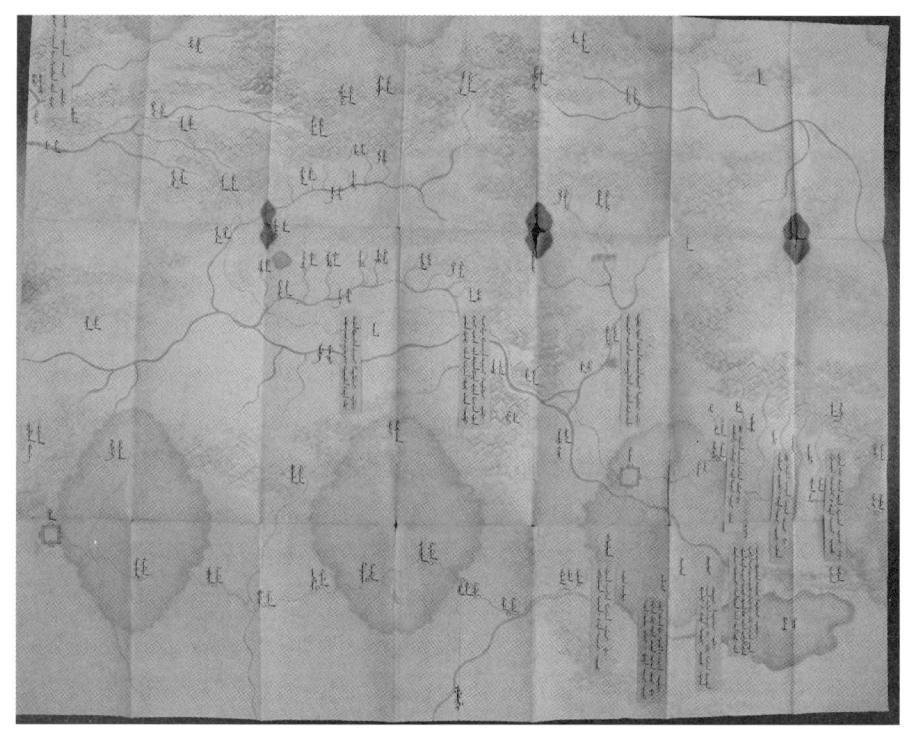

图 49　喀喇沙尔珠尔都斯等处图

此图横72厘米，竖56.6厘米，纸本彩绘，满文。乾隆三十八年（1773），伊犁将军舒赫德为妥善安置刚刚回归不久的土尔扈特汗渥巴锡及其部众，特派官员赴天山南部的喀喇沙尔等处察看地形，最终选定珠尔都斯草原，并将土尔扈特汗渥巴锡及其部众从天山北部的斋尔地方迁移到珠尔都斯草原。喀喇沙尔珠尔都斯等处图是当年伊犁将军舒赫德奏请安置土尔扈特汗渥巴锡部众时呈进御览的图，绘有喀喇沙尔至库车之间的山川河流、冬夏季牧场位置和人口容量、可耕地亩数目、驿站名称走向、城池地名及渥巴锡部众迁入珠尔都斯草原的行走路线。

图 50　班禅额尔德尼行帐图

此图横42.3厘米，竖41.6厘米，纸本彩绘，满文。乾隆四十四年（1779），六世班禅额尔德尼为了庆贺乾隆帝七十寿辰，离藏远行，亲自赴京祝寿。在六世班禅额尔德尼从后藏起程来京时，扎什伦布寺商卓特巴罗桑晋巴呈递给驻藏大臣索琳一张行帐图，索琳又转呈给乾隆皇帝阅览。此图即系班禅额尔德尼行帐图，满文名称为"bancan erdeni i tatara kuren"，系专供六世班禅额尔德尼赴京途中使用的行帐示意图。图中详细描绘了六世班禅额尔德尼使用的行帐形状及在方城中的位置，在满文黄签上注明豹皮包系六世班禅额尔德尼起居之所，其右侧包为六世班禅额尔德尼会客及供佛之所，高大的蓝色帐房是六世班禅额尔德尼接受叩拜的地方。六世班禅额尔德尼的活动区域，以蓝布作为围墙。

第 七 章

古籍珍品释读

一 钦天监监正汤若望题请增加赴琉球国册封使随行人员钱粮本
二 礼部尚书郎球等题报赍送敕封五世达赖喇嘛册印并照例筵宴本
三 康熙帝为令山西巡抚勿庸在五台山多备物品人员迎接事朱谕
四 大学士鄂尔泰等议奏吉尔吉斯人迁到齐齐哈尔安置事宜折
五 盛京将军舍图肯等奏报锡伯官兵携眷起程移往伊犁等情折
六 领侍卫内大臣和珅奏裁汰绥远城满洲官学改设满汉翻译官学折

一 钦天监监正汤若望题请增加赴琉球国册封使随行人员钱粮本

（一）满文原件

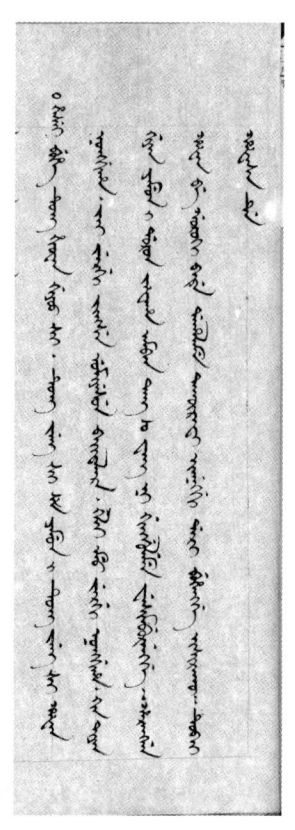

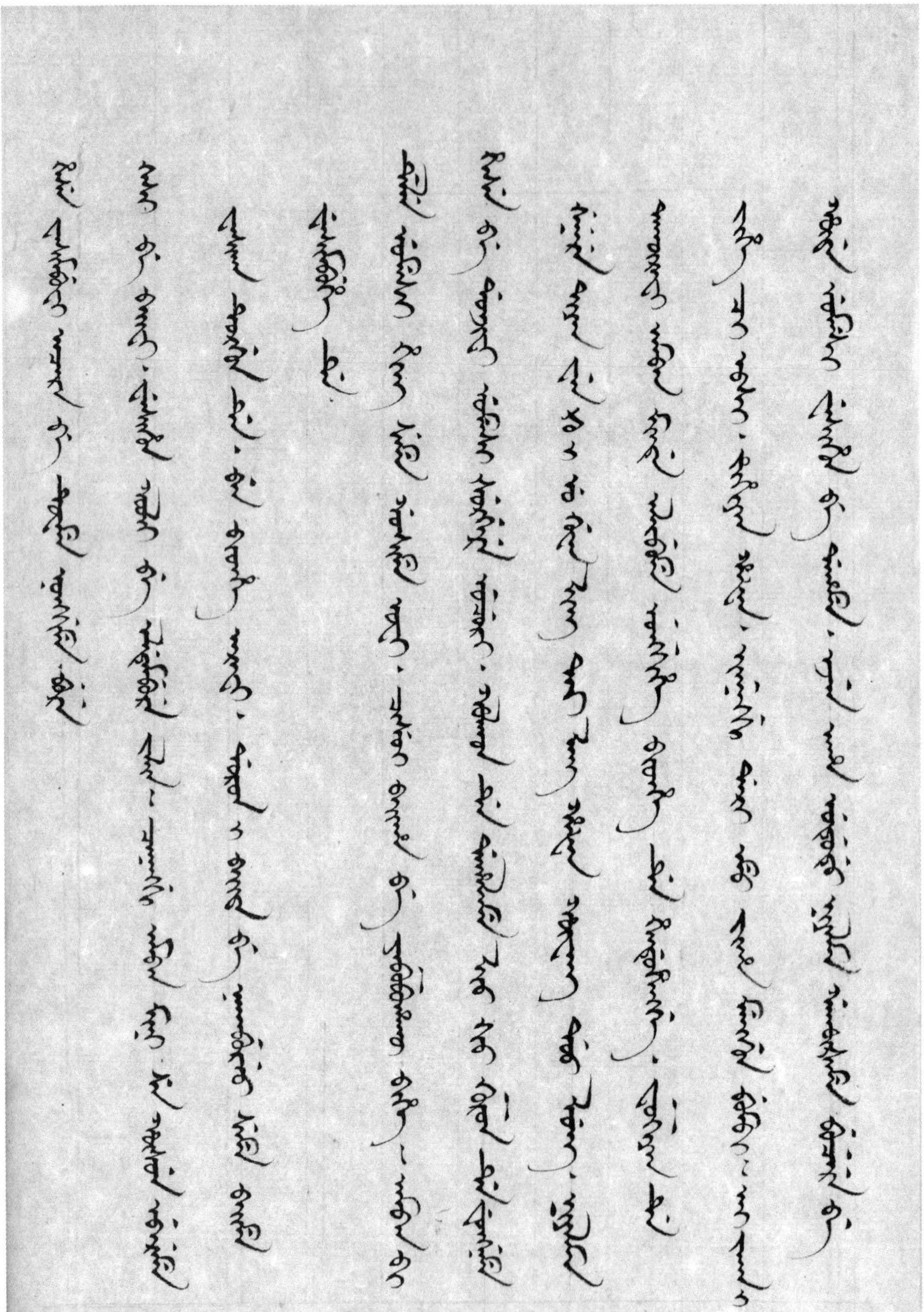

第七章 古籍珍品释读

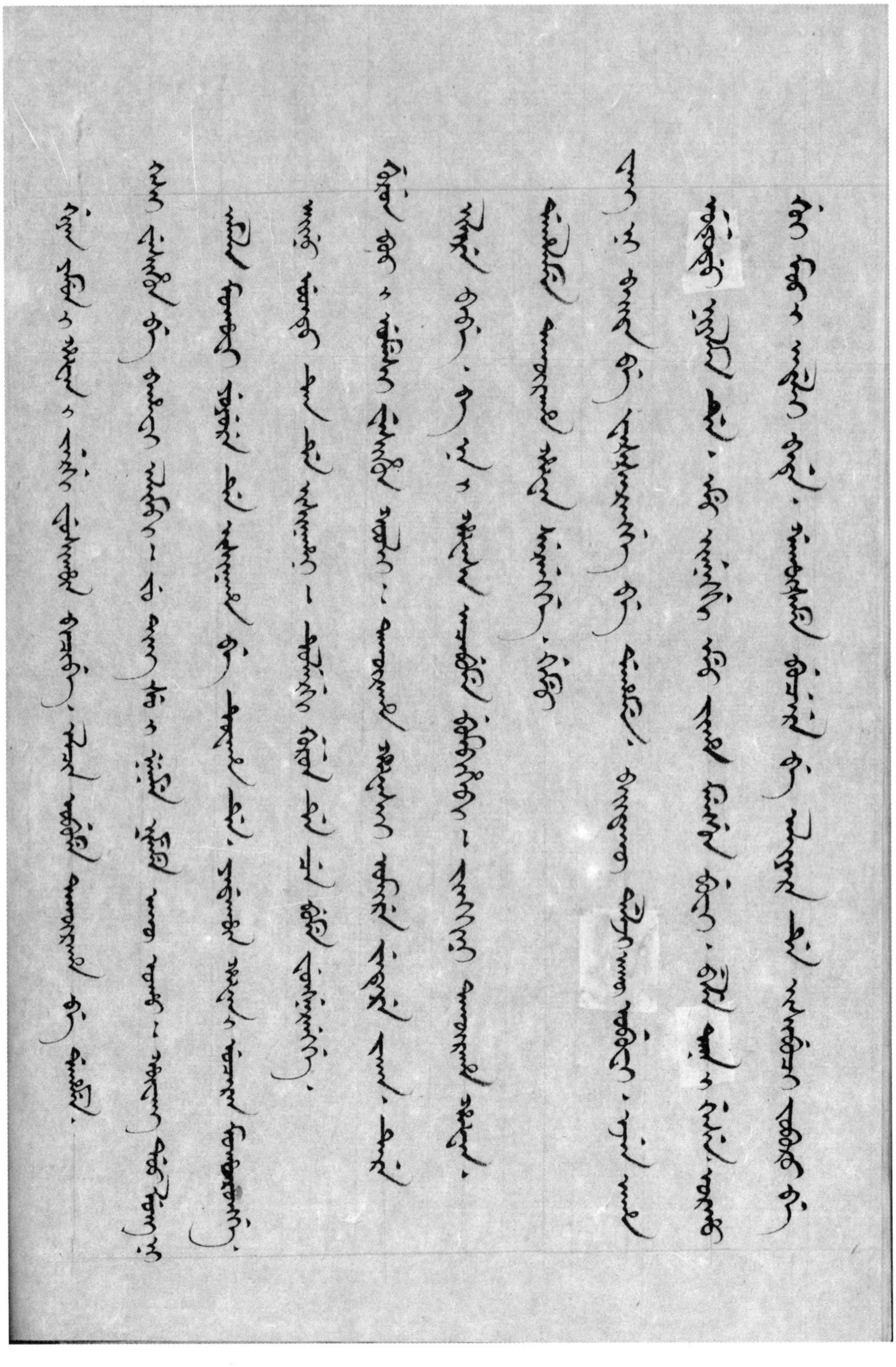

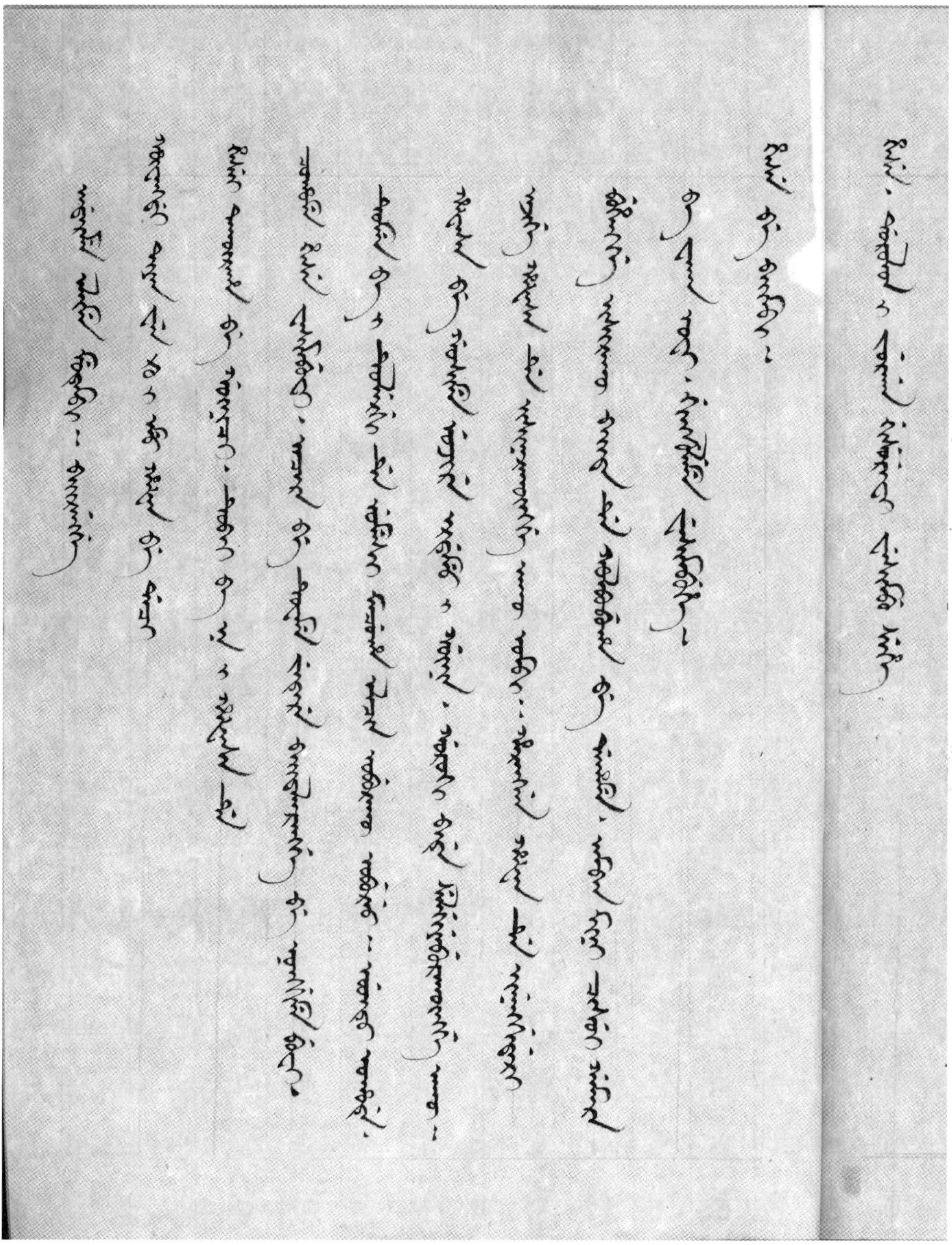

(二) 罗马文转写与汉文对译

hesei buhe tong hiowan giyoo ši, tong jeng ši sy yamun i tong jeng ši hafan
敕　给　通　玄　教师　通　政　使司　衙门 的 通　政　使 官员

nonggiha, jai jergi jingse umiyesun baitalara, geli emu jergi nonggiha. kin
加　　二级　顶　戴　　使用　　又　一　级　增加　钦

tiyan giyan yamun i doron jafaha amban tang žo wang ni gingguleme
天　监　衙门 的 印　掌　大臣 汤　若　望 的　谨

wesimburengge: harangga hafan be goroki bade dahalame takūrafi inenggi dari
题的　　隶属　官员 把 遥远 在地方 随行　派遣　日　每

buhengge isirakū, tubai hafasa de hese wasimbufi acara be tuwame nonggime
供给的　不够 彼处的官员 于 谕旨　降给　可以 把　看　　增加

bure kesi be baifi, wesihun kooli be eldembure jalin. cananggi amban mini
给　恩 把 请求　尊贵　例 把　照耀　为　前天　大臣 我的

se hūsun ebereme wasika turgun de ben bithe arafi , doron i baita be
年龄力量　弱　衰　原因 由于 本 书　缮写　　印务 的 事务 把

nakabureo seme baime wesimbuhe de dele umesi hing seme gosime ofi, cisui
请免　等因 请求　具题　时 皇上 很　真挚　　怜悯 因为 私自

baiha be yabubuhakū bihe. amban bi hese be donjifi umesi šurgere
请求 把　未施行　曾经 大臣 我 谕旨 把 听到　很　颤抖

ucuri, holkon de dahalame lio kio gurun de fungneme genere tiyan wen k'o
时候　忽然　跟随　琉 球 国 于　册封　去　天 文 科

i u guwan ling tai lang hafan hūwang doo lung, niyalma takūrafi amban minde
的 五 官　灵 台 郎 官员　黄　道　隆　人　派遣　大臣 给我

alibume unggihe bithe de henduhengge: fugiyan de jihe ci ebsi, jyihiyan hafan
呈　送来　书 在　说的　　福建 于 来 自 以来　知县　官员

inenggi dari emu jiha menggun bumbi. ai jaka i hūda umesi wesihun be
日　每 一　钱　银　给 何 物品的价格 很　贵　把

dahame, ejen aha ududu niyalma gahūšame bucere be aliyambi sehebi. amban bi
由于　主人 奴仆 几个　人　乞食　死亡 于　等待　说了 大臣 我

hūlame tuwafi, alimbaharakū sejilehe, musei gurun ijishūn dasan i juwan emuci
读　看　　不胜　　叹息　我们的 国　顺　治 的 十　一

aniya ninggun biyade lio kio gurun be ce bume fungnere de tiyan wen k'o i
年　六　月　琉 球 国 把 册 给　封　时 天 文 科 的

hafan be dahalame takūraki seme gisurefi, amban mini giyan yamun i bo ši
官员 把 随行　派遣　等语　说　大臣 我的　监　衙门 的 博 士

hafan ju ting šu be tucibufi takūraha bihe. ju ting šu jobome dabafi nimeme
官员 朱 廷 枢 把 抽调　派遣　曾经 朱 廷 枢 受苦　过分　患病

akū oho manggi, k'o i hafasa, jurgan i hafasa , geli niyeceme unggireo seme
没有 了 后　科的官员们　部 的官员们　又　补充　请派遣　等因

baime wesimbure jakade, geli ling tai lang hafan hūwang doo lung be
请求　具题　　由于　又　灵　台　郎　官员　黄　道　隆　把
takūraha. gūnihakū hūwang doo lung dabame olome yabume fugiyan de isinafi,
派遣　　不料　　黄　道　隆　过分　涉　行走　福建　于　抵达
mederi hūlha jing dekdere jakade, hanggabume dalibufi goidaha, ere k'o de
　海　盗贼　正在　发生　由于　　阻滞　　被挡　长久　此　科　在
jing hafan komso seme joboro de gosihon i baime alanjiha bithe holkon de
正在官员　少　以为　担心　时　悲痛　以请求　来告　书　　忽然
isinjiha manggi, akame gūnici giyan yamun i hafan i jergi fusihūn bicine,
来到　　后　　发愁　想　监　衙门 的 官员 的品级　低下　虽然
elcin obume takūraha be dahame, kesi wesihun be bahafi alimbi. ju ting šu
使臣　作为　派遣　　既然　　恩　尊贵　把　得到　接受　朱　廷　枢
i neneme nimeme akū oho, hūwang doo lung ni amala mohofi yuyure de isinaha
的　先前　患病　没有了　黄　道　隆　的　后来　穷尽　饥饿　于　到达
be tuwaha de, yadahūn hafan i ucaran mohorongge, ainu uttu ten de isinahani,
把　看　时　贫穷　官员们的　遭遇　穷尽的　　为何 如此 极其于　到达呢
tulergi gurun de ce bume fungnerengge, gurun bao i umesi wesihun koli.
　外　　国　给册　给　封的　　国　家的　很　　尊贵　例
takūraha hafasai omire jetere jaka, tere ilire babe, ba na i hafasa acabume
派遣　官员们的　喝　吃　物品　住　起 于处　地方的官员们　迎合
bumbihebi. jingkini takūraha hafan, dahalame takūraha hafan serengge, gemu
曾经给过　　正式　派遣　　官员　跟随　　派遣　　官员　是　都
wang ni baita be faššarangge be dahame, baitakū dalji akū obufi, ejen aha
王　的　事　把　效力的　　既然　　没有事 相干没有 作为　主人奴仆
ududu niyalma de, emu inenggi emu jiha menggun bufi, bele tana i gese,
几个　人　于　一　日　一　钱　银　给　米　珍珠 如同
orho gui moo i adali bade, gahūšame bucere be aliyara de isibuci joboro be
草　桂　木 一样 在地方　乞食　死亡　把　等待　于　抵达　受苦　把
adarame alime mutembi. bairengge hūwangdi tiyan wen k'o i emu hafan be daci
如何　接受　能　　请求的　　皇帝　天　文　科的　一　官员 把原先
hesei takūraha be gūnici, tubai ba na i hafasa de cohome hese wasimbufi, acara
钦命　派遣　把　若想　彼处 地 方的官员 于　特意　谕旨　降　　合适
be tuwame jetere baitalarangge be nonggime bufi, tumen ba i tulergi de umesi
把　看　吃　　用的　　把　增加　给　万　里 的　外　在　很
macuha elcin oburakū obureo. uttu ohode, hafasa be gosime ujire erdemu i
瘦　使臣　不用　成为 如此　则　官员们把　怜悯　养　德 的
gūnin, goroki bade selgiyeburakūngge akū, ajige hafasa de isinarakūngge
意　遥远在地方　不传播的　　没有　小　官员　于　不抵达的
akū ombi. harangga hafan de inenggidari buhengge isirakū baita de holbobuha
没有可以　有关　官员 于　每日　　给的　　不够　事　于　相关

be dahame, amban mini cisui gamara ba waka ofi, gingguleme wesimbuhe, hese
　既然　　　大臣 我的 私 　拿去　 处 不是因为　　　谨　　　 题. 谕旨
be baibi. hese: dorolon i jurgan gisurefi wesimbu sehe.
把 请求 谕旨　礼　的　部　　议　　 题　 钦此

（三）汉文译文

敕赐通玄教师[①]·加通政使司[②]通政使[③]衔·用二品顶戴[④]·又加一级·钦天监[⑤]掌印监正[⑥]汤若望[⑦]谨题：为委派随往远处所属官员每日给养不敷，乞请加恩降旨彼处官员，酌情添给，以彰隆典事。

顷以臣年迈力衰，题请免印务，蒙皇上悯爱，未准所请。臣闻旨惶悚之际，忽接随往琉球国[⑧]册封之天文科五官灵台郎黄道隆派人呈文内称，自抵福建以来，知县日给银一钱，无奈物价昂贵，主仆数人饥饿待毙，等语。臣阅读之下，不胜长叹。顺治十一年六月，本朝册封琉球国[⑨]，议定派天文科官员随行，遂差遣钦天监博士朱廷枢。朱廷枢劳累过度病故后，经科部官员复请补派，又差遣灵台郎黄道隆。黄道隆跋山涉水赶赴福建，不意海盗[⑩]猖獗，受阻滞留日久，当此因科员少而忧虑之际，忽接呈文告急。窃思，钦天监官员虽品级低下，蒙派为使，承沐优渥，先是朱廷枢病故，后是黄道隆穷饥潦倒。以此观之，足见贫穷困至极。册封外藩乃国之大典，所遣官员之饮食起居，当由地方官员照料，正副使之所勉者均为帝业，视之为无关紧要，仅给主仆数人日银一钱，米贵如珍珠，草稀同桂木，置身荒郊，饥饿待毙，焉能承受，请皇上念及天文科一员本系钦差，敕令彼处地方官员酌增食用，使万里之遥无饥使。如此，眷养官员之盛德，遐迩普被，惠及微官。事关隶属官员日用不敷，臣未敢擅便。

谨题[⑪]。请旨。

奉旨[⑫]：著礼部议题。钦此。

注释

①通玄教师：1653年（顺治十年）清帝福临授予汤若望的称号。

②通政使司：清代官署，主要掌管接阅转递各省题本给内阁及稽查题本的格式、承办期限，违者纠参等事务。

③通政使：清代通政使司的长官，秩正三品。

④顶戴：清代用以区别官员等级的帽饰。

⑤钦天监：清代官署，主要掌管天文气象、推算节气、编制历书等事务。

⑥监正：清代钦天监的长官，秩正五品。

⑦汤若望：1592年（明万历二十年）生于德意志科隆城，天主教耶稣会传教士，明朝末年来华传教，清朝初年任钦天监监正，1666年（康熙五年）在中国北京逝世。

⑧琉球国：位于东海琉球群岛，即今日本冲绳县。从洪武年间起，明朝开始遣使赴琉球国册封其国王，清朝沿用明制。

⑨本朝册封琉球国：此次是清朝首次遣使赴琉球国册封其国王，正使为兵科副理事官张学礼，副使为行人司行人王垓，1654年（顺治十一年）由北京起程，行至福建，因"海盗猖獗"受阻，滞留5年时间，1659年（顺治十六年）中途撤回北京。1662年（康熙元年）"海盗"平息，仍派遣张学礼、王垓分别为正副册使，次年抵达琉球国，册封其国王尚质。

⑩海盗：是指当时活动在中国东南沿海的郑成功等反清势力。

⑪谨题：于1657年12月4日（顺治十四年十月二十九日）谨题。

⑫奉旨：于1657年12月6日（顺治十四年十一月初二日）奉旨。

二 礼部尚书郎球等题报赍送敕封五世达赖喇嘛册印并照例筵宴本

(一) 满文原件

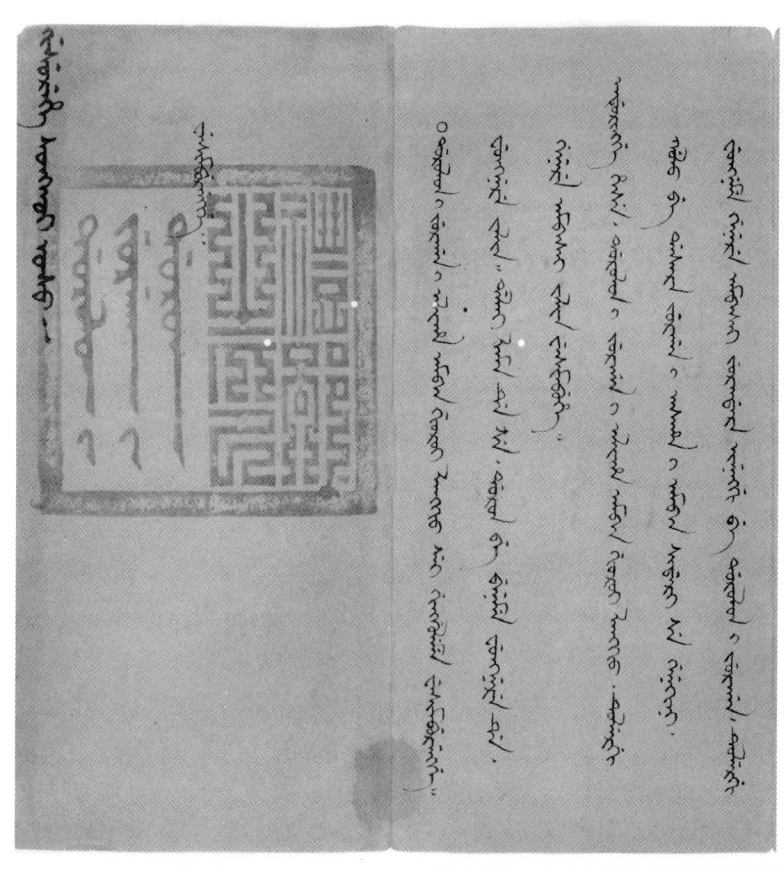

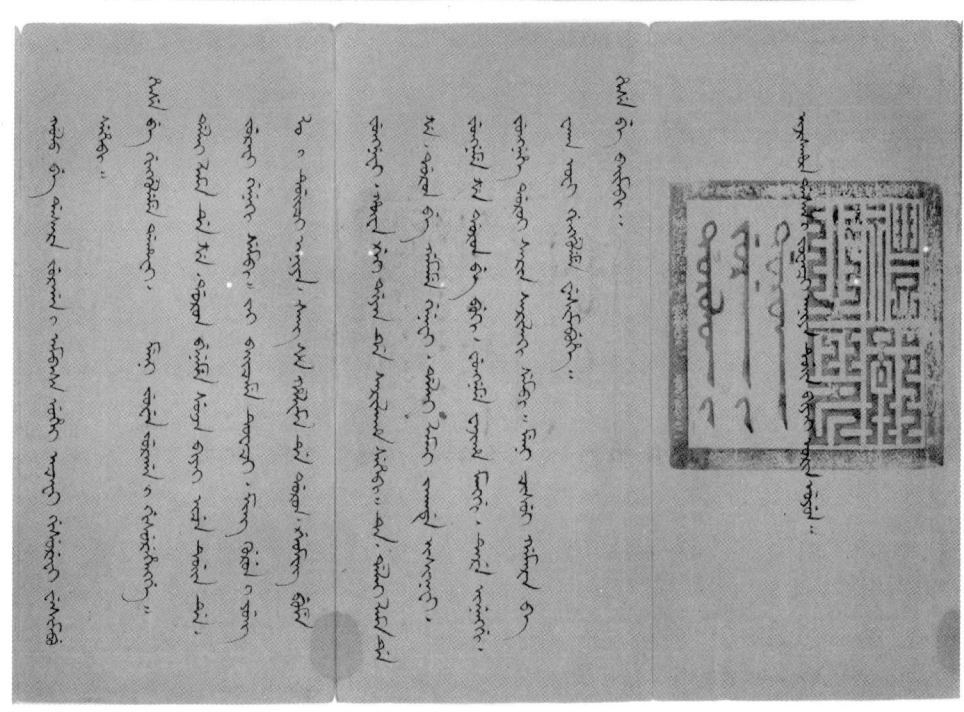

(二) 罗马文转写与汉文对译

gisurehe songkoi oso.
议　　　按照 施行

　　　　　　　　　　wesimburengge
　　　　　　　　　　　题的

dorolon i jurgan i aliha amban gioroi langkio sei gingguleme
礼　的 部　的接受　大臣　觉罗　郎球　们的　　谨

wesimburengge: fungnere jalin. dalai lama de ts'e doron be beneme fungnere
　题　　　　　封　为　达赖 喇嘛 于 册　印　把　送　　封

de genere ambasai jalin wesimbuhe, enduringge hese: dorolon i jurgan i aliha
时　去　大臣们的 为　　题　　　神的　　谕旨　礼 的 部　的接受

amban langkio, tulergi golo be dasara jurgan i ashan i amban sidari se
大臣　郎球　　外面　省　把 治理　　院　的 翼侧 的 大臣　席达礼们

genekini, fengneme genere ambasai jurandara inenggi be, dorolon i jurgan,
　去　　　封　　　去　大臣们的　起程　　　日　把　礼　的　部

tulergi golo be dasara jurgan i ambasa uhei acafi gisurefi wesimbu
外面　省　把 治理　　院　的 大臣们 共同 合　议　　　题

sehebi. hese be gingguleme dahafi, meni juwe jurgan i gisurehengge, dalai lama
说了　谕旨把　谨　　　依照　我们　二　部　的　议的　　达赖　喇嘛

de ts'e doron beneme, sunja biyai ice duin de jurafi geneki sembi. jai baicame
于 册　印　送去　　五　月 初 四　于 起程　去　想　再　查

tawaci, ming gurun i yung lo i tuici aniya, šang sy halima de doron g'aoming
看　　　明　朝　的 永 乐 的 四　　年　尚 师 哈立麻 于 印　诰命

bume fungnefi, hūwa g'ai diyan de sarilaha sehebi. te dalai lama de ts'e doron
给　封　　　华　盖 殿　在　筵宴　　说了　现 达赖 喇嘛 给 册　印

be gamame genefi. dalai lamai jakade isinafi. fungneme ts'e doron be buki, fungneme wajiha manggi,
把 带着　　去　达赖　喇嘛　前面　到　　封　　　册　印　把 给　封　　　完毕　后

tere inenggi fungnehe doroi sarin sarilaki sembi. meni cisui gamara ba waka ofi gingguleme
那个　日　　封　　　礼　宴　筵请　想　我们 私自 处理 事宜 不是 因为　谨

wesimbuhe. hese be baimbi. ijishūn dasan i juwanci aniya duin biyai orin uyun
题　　　谕旨把 请求　　顺　治　的　十　　年　四　月　二十三

(三) 汉文译文

依议①

题②

礼部③尚书④·觉罗⑤郎球等谨题：为册封事。

为赍送敕封达赖喇嘛⑥之册印，题请委派大臣。遂奉旨著：派礼部尚书·觉罗郎球、理藩院⑦侍郎⑧席达礼等前往。前往册封诸大臣起程日期，著礼部、理藩院大臣等会议具题。钦此。遵奉上谕，臣等二部议得，拟于五月初四日起程赍送敕封达赖喇嘛册印。又查得，明朝永乐四年，封赠尚师哈立麻⑨印信及诰命，筵宴于华盖殿⑩。今赍往敕封达赖喇嘛之册印，俟抵达达赖喇嘛住所⑪颁赏毕，当日拟以册封礼筵宴。

臣等未敢擅便，谨题。请旨。

顺治十年四月二十三日

注释

① 此"依议"二字，是有关办事官员按皇帝的意见用朱笔批写的旨，因用朱笔批写，故称"批红"。

② 题：指题本。题本是明清两朝中央和地方高级官员向皇帝请示报告公务时使用的文书之一。一般在文首和文尾均加盖缮写题本者的官印。

③ 礼部：清代官署，主要掌管礼仪、学校、科举及边疆民族和藩属国的朝贡册封等事务。

④ 尚书：清代吏、户、礼、兵、刑、工六部等官署的长官，秩从一品。

⑤ 觉罗：清代皇族的称谓之一。清代皇族按血缘关系的远近，分为宗室、觉罗，旁系子孙被称为觉罗。

⑥ 达赖喇嘛：达赖系蒙语，意为海；喇嘛系藏语，意为上师。达赖喇嘛是藏传佛教格鲁派（即黄教）首领之一。在此提到的达赖喇嘛，是指五世达赖喇嘛阿旺罗桑嘉措。他于1652年（顺治九年）接受清帝福临的邀请到北京，1653年（顺治十年）返回途中，清帝福临封他为"西天大善自在佛所领天下释教普通瓦赤喇怛喇达赖喇嘛"，并委派官员赍送所赐金册金印。从此，历世达赖喇嘛经中央政权册封，成为定制。

⑦ 理藩院：清代官署，主要掌管边疆民族事务，以及与俄罗斯、廓尔喀等国交涉等事宜。

⑧ 侍郎：清代理藩院及吏、户、礼、兵、刑、工六部等官署的次官，秩正二品。

⑨ 尚师哈立麻：西藏大活佛之一。

⑩ 盖华殿：明朝南京皇宫内大殿之一。

⑪ 达赖喇嘛住所：指1652年（顺治九年）五世达赖喇嘛进京返回途中所住的地方。当时清廷在山西岱海地方修建房屋，作为五世达赖喇嘛驻锡之所。五世达赖喇嘛就在此地接受了清帝福临的册封和赐给的金册金印。

三 康熙帝为令山西巡抚勿庸在五台山多备物品人员迎接事朱谕

（一）满文原件

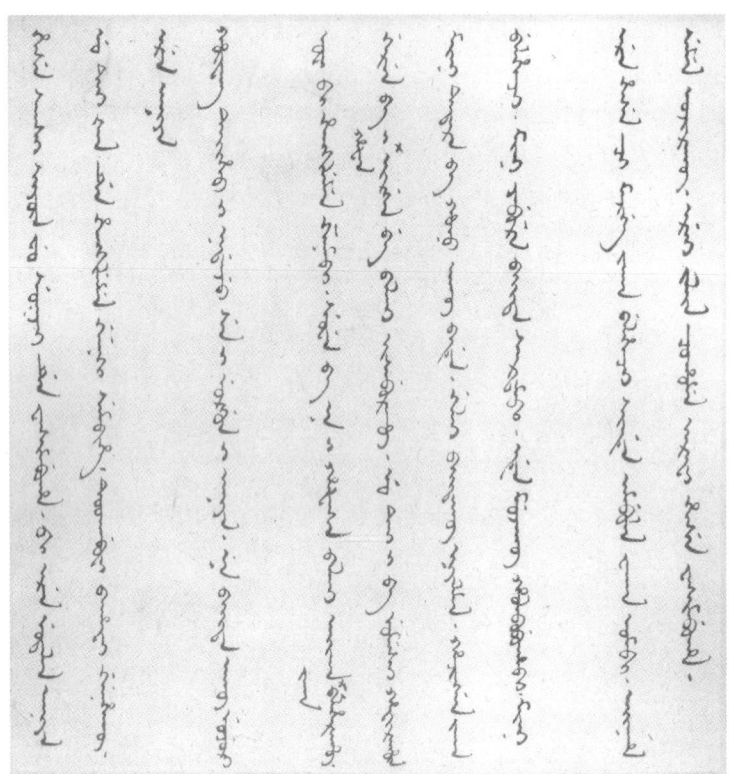

（二）罗马文转写与汉文对译

hese sansi siyūn fu sukji de wasimbuha: bi ere utala aniya u tai šan de
谕旨 山西 巡 抚 苏克济 于 降给   我 这 几 年 五 台 山 往
hengkileme geneki sembihe, tookabufi bahafi genehekū. ere aniya hūwang
 叩拜   去 想   耽误 得到 未去   这 年 皇
taiheo i nadanju se i urgun i ania, ne baita akū ucuri ofi, bi hengkileme
 太后 的 七十 年龄的 喜庆 的 年 现 事情 没有 时候因为 我 叩拜
genembi. suwe ba na i hafasa balai aika jaka belherahū, geren ba i
 去 你们 地方 的 官员们 乱 若 物品 恐怕准备 所有 地方 的
hafan irgen be balai isaburakū. u tai i ba umesi hafirakū, mini
官员们 百姓 把 妄自 恐怕集合 五 台 的 地方 很   狭窄 我的
tatara ba hono akū bade, geli baitakū niyalma hacingga jaka belheci, mini
 下榻 处所 还 没有 尚且 又 没有用 人 各种 物品 若准备 我的
yabure baita sartambi. ede mujakū holbobuhabi, mini ere hese ci majige jaka
 行走 事情 耽搁 对此 很   关系 我的 这 谕旨除 稍微 物品
belheci, sinde ambula waka ombi, ainaha seme ojirakū. erei jalin cohome arafi
若准备 于你 极大 错误 成为 无论如何 不行 此 为 专门 写

hese wasimbuha.
谕旨　颁降

(三) 汉文译文

谕山西巡抚苏克济：此数年朕①欲往五台山②叩拜，因耽误未能成行，本年为皇太后③七旬寿辰庆典，今又值无事之际，朕将前往叩拜，恐汝等地方官员妄自备办什物，召集各地官员百姓。五台地方甚为狭窄，朕尚无处下榻，若又备无用之人及什物，误朕行程，关系极大。倘违朕谕稍备什物，乃汝之大过，断然不可。

特谕④。

注释

①朕：皇帝的自称。在此指清帝玄烨，他是清入关后的第二位皇帝，年号康熙，故又称康熙帝。
②皇太后：皇母之称谓。在此指仁宪格顺皇太后，清帝玄烨的嫡母，博尔济特氏，科尔沁蒙古贝勒绰尔济之女，清帝福临的第二位皇后。1710年（康熙四十九年）即为仁宪格顺皇太后的七旬寿辰。
③五台山：佛教名山，位于山西省境内。
④此系康熙帝亲笔书写的谕旨。清代皇帝的亲笔谕旨，因用朱笔书写，故称朱谕。

四　大学士鄂尔泰等议奏吉尔吉斯人迁到齐齐哈尔安置事宜折

(一) 满文原件

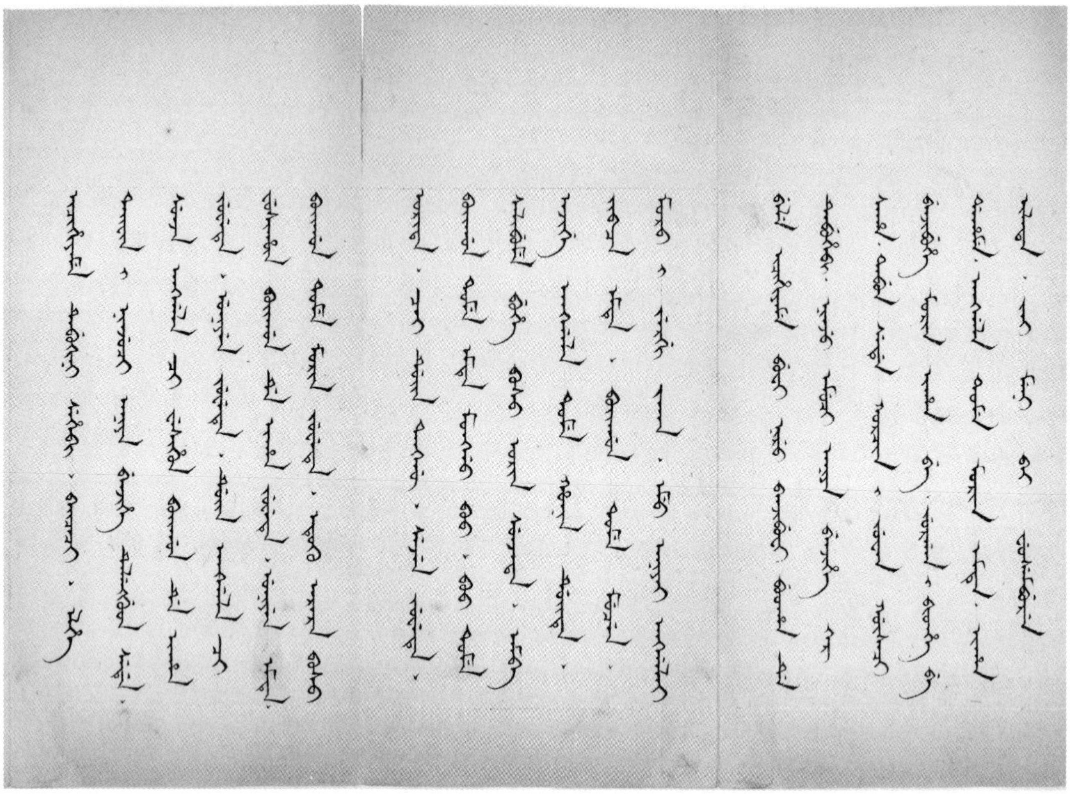

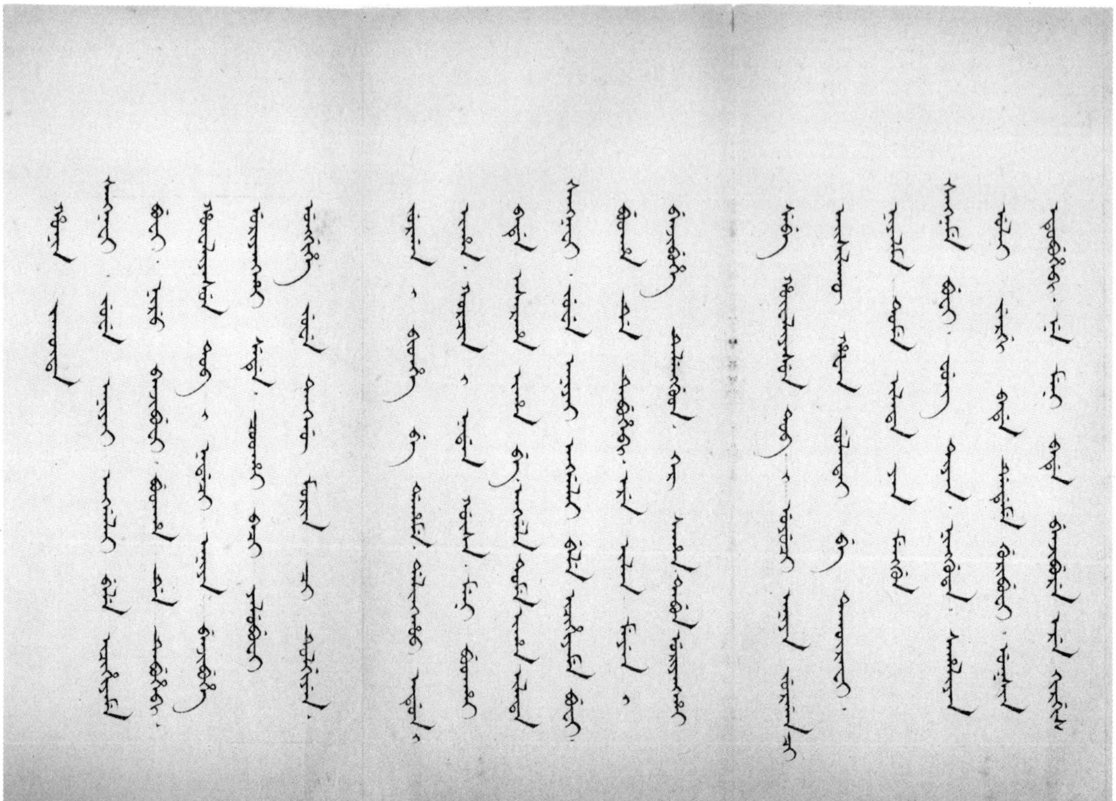

第七章 古籍珍品释读 2101

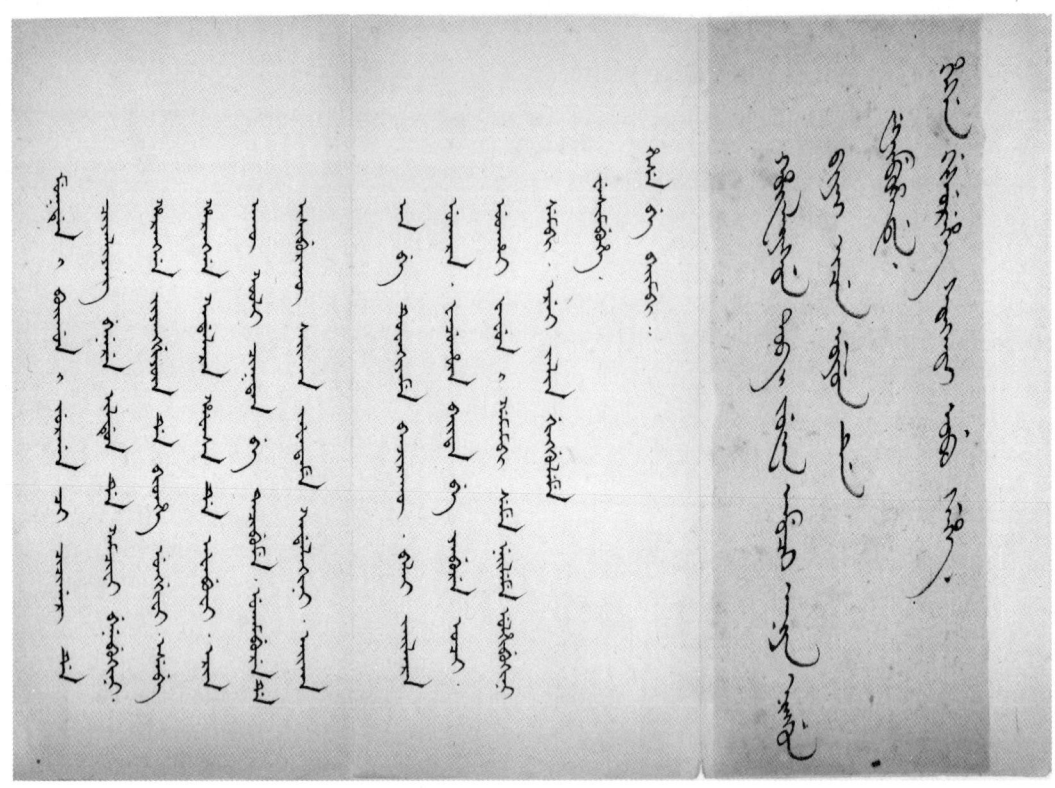

（二）罗马文转写与汉文对译

              wesimburengge
                奏的

aliha bithei da. be. amban ortai   sei gingguleme wesimburengge：hese be baire
接受　书 首领伯 大臣 鄂尔泰们的　　谨　　　奏的　　　谕旨把 请求

jalin. hūwaliyasun tob i juwan emuci aniya ninggun biyai ice sunja de，
为　　 雍　　　正的 十　一　 年　　 六　　月 初　五　在

jiyanggiyūn jorhai sei benjihe bithede，ambasai baci wesimbufi unggihe
将军　　卓尔海们的 送来　书内　　大臣们的 地方　奏　　送来

bithede，sebten wangbu i fejergi kirgis   urse be，dahashūn wang sei
书内　　色布腾　旺布 的 属下 吉尔吉斯人们把　　顺承　　　王　们的

wesimbuhe songkoi cicigar i jergi bade guribufi ，sahaliyan ulai jiyanggiyūn sede afabufi，
具奏　 按照 齐齐哈尔的 等 地方 迁移　　 黑龙　江的　 将军　　们 交给

neneme uriyanggai telenggut sebe icihiyaha koli songkoi banjire hethe bahabume icihiyame
先前　　乌梁海　特楞固特 们　办理　 例 按照　 生活　资产　拨给　　办理

tebukini sehebi. baicaci，elhe taifin i ninjuci aniya benjihe telenggut
安置　 等语 查看　 康　熙　的 六十　年　 送来　 特楞固特

sede，sunja anggala ci wesihun boigon de ihan juwete uniyen juwete，duin
们　　五　　　口　　自 以上　 户 于 犍牛 各二　乳牛　各二　　四

anggala ci fusihūn boigon de ihan juwete uniyen emte，boigon tome morin
口　　自 以下　 户 于 犍牛 各二　乳牛　各一　 户　每　 马

juwete, etuku arara boso orita, cai duin tanggū, sejen juwete, boigon tome
各二　衣服 制作　布 各二十 茶叶 四　百　　车 各二　户　每

emte monggo boo, boo tome salibume buhe boso orin sunjata, amba ajige anggala
各一 蒙古　包　包 每　折合　给 布 各二十五　大　小　口

tome honin duite, jibca emte, boigon tome mucen moro i jergi jaka, emu aniyai
每　羊　四　皮袄 各一　户　每　锅　碗 的 等　物品　一　年的

anggalai bele icihiyame bufi, niru banjibufi, butha de tebuhebi. ninju emuci
口的　米　办理　拨给　牛录　编制　布特哈在　居住　六十　一

aniya benjihe ker sahan tabun sede korcin i juwan gūsaci benjibuhe morin
年　送来 柯尔 萨哈 塔布恩 们 科尔沁的　十　自旗　送来　马

ihan be jurgan i bithe be dahame, anggala tome morin emte, ihan ilata, jai
牛　把　部 的 书 把　依照　　口　每　马　各一　牛 各三　再

meni bai fusembure honin jakūta šangnafi, juwe aniyai anggalai bele
我们地方的　孳生　　羊　各八　赏赐　　二　年的　口的　米

icihiyame bufi, niru banjibufi, butha de tebuhebi. hūwaliyasun tob i nadaci
办理　给　牛录　编设　布特哈在　居住　　雍　正的　七

aniya benjibuhe uriyanghai sede coohai baci yalubufi unggihe juwe tanggū
年　送来　乌梁海　们 兵的 由地方 乘骑　派遣　二　百

morin ci tulgiyen, jurgan i bithe be dahame, dalinghoo adun i ihan, korcin
马　由 除外　部 的 书 把　依照　　大凌河 牧场 的 牛　科尔沁

i nadan gūsa, meni buthai bade asaraha ihan be, anggala tome ihan ilata
的 七　旗 我们的 布特哈地方　存放　牛 把　每　牛 各三

šangnafi, juwe aniyai anggalai bele iciyame bufi, butha de tebuhebi. ere ilan
赏赐　　二　年　口的　米　办理　给 布特哈在　居住　这 三

meyen i benjibuhe telenggut ker sahan tabun uriyanghai sebe, hūwaliyasun
队 的　送来　特楞固特 柯尔 萨哈 塔布恩 乌梁海　们　　雍

tob i uyuci aniya, jurgan ci aisilakū hafan julantai be takūrafi, niyalma
正的 九　年　部 由 员外郎　珠兰泰 把 派遣　人

tome ilata yan menggun šangname bufi, fung tiytan ningguta sahaliyan ulai jergi
每　三　两　银　赏赐　给　奉　天　宁古塔　黑龙　江 等

bade dendeme guribufi, uksin etubuhebi. ne meni bade benjibure ere kirgis
地方 分　迁移　披甲　穿　现 我们的 地方　送来　这 吉尔吉斯

ursei anggalai ton udu bisire babe, ambasai baci doigonde bithe unggihe
人们的　口　数 多少 有 之处 大臣们的 地方 预先　书　送来

manggi, ese isinjime meni baci anggalai bele icihiyame bufi ulebureci
后　他们 到来 我们 地方　口　米　办理　给 吃

tulgiyen, jai esede hethe bahabure babe baicaci meni bade fuhali icihiyaci
除外　再 给他们 产业　拨给　之处 查看 我们的 地方 竟然　办理

acara ulha akū. esebe eici ninju emuci aniya, hūwaliyasun tob i nadaci
应该 牲畜 没有 把他们 或者 六十 一　年　　雍　正的 七

aniya benjihe urse de icihiyaha kooli songkoi, jurgan ci dalinghoo i adun
　年　　送来　人们 给　办理　　例　按照　　部　由　大凌河 的 牧场
korcin i juwan gūsade asarabuha weilei ulha be benjibufi icihiyara, eici
科尔沁的　十　　旗　　存放　　罪的 牲畜 把　送来　　办理　　或者
hūwaliyasun tob i uyuci aniya uriyanghai sede niyalma tome ilata yan i
　雍　　　 正 的 九　 年　乌梁海　们　　人　　每 各三　两 的
menggun šangnafi, dendeme uksin etubuhe kooli songkoi, esebe ere aniya meni
　银　　 赏赐　　 分　　披甲　穿　　例　 按照　　他们 这　年　我们的
baci tucibuhe minggan coohai oronde uksin etubure babe, jorifi unggihe
由地方 出来　　千　　兵　 缺　披甲　 穿　之处　　指出　送来
erinde dahame icihiyaki sehebi. baicaci, ere guribuci acara kirgis   ursei
时候　 遵照　 办理　　等语　查看　这　迁移　 应该 吉尔吉斯 人们
dorgi, haha susai nadan hehe juse be dabume uheri juwe tanggū anggala bi. ese
内　　男　五十　七　女 孩子们 把　连同　 共　二　 百　　口　 有 他们
gemu sebten wangbu i jakade genere cihakū ofi,   cicigar bade guribume
都　色布腾 旺布 的　跟前　　去　 不愿意 因为 齐齐哈尔 地方　 迁移
unggimbi. aika jafatame kadalarakū sula tebuci, geli balai baita dekdebume,
　送去　 如果　约束　 不管理　 松散　居住　又　妄自 事情　 发生
jailame ukame yabure be akū obume muterakū. esebe uksin etubuci, jafatara
躲避　 逃亡　 走　 把 没有 作为　 不能　 把他们 披甲　穿　　约束
kadalara niyalma bimbime, biyadari ciyanliyang bele bahafi heo seme banjici
　管理　　人　　有　　　每月　　 钱粮　　 米　得到　足够　 生活
ombi. uttu be dahame dahashūn wang ni baci esebe benebume isinaha manggi,
可以　如此　 既然　　顺承　　王 的 地方 把他们 送来　　 到达　后
neneme uriyanghai sede menggun šangnafi uksin etubuhe kooli songkoi
先前　 乌梁海　 们　 银　　 赏赐　 披甲　穿　　 例　 按照
anggala tome ilata yan menggun šangnafi, sahaliyan ula cicigar mergen i ilan
口　　每 各三　两　 银　　 赏赐　　 黑龙　 江 齐齐哈尔 墨尔根 的 三
hoton de dendeme tebufi uksin etubufi, ciyanliyang bele ulebume, alban kame
城　 在　 分　 居住　披甲　穿　　钱粮　　米　 给吃　　差使 充当
yabubukini. esede šangnare menggun be mukden i boigon i jurgan ci cicigar de
行走　　这些人 赏赐　　 银　 把　盛京 的 户　　部　 由 齐齐哈尔 往
ciyanliyang benere ildun de kamcifi benebukini. harangga jiyangjiyūn de bithe
钱粮　　 送　 便利 于　合并　　 送去　 该　　 将军　 往 书
unggifi, esebe harangga kadalara hafasa de afabufi, erin akū koli ciktan
发送　 这些人　该　　 管理　 官员们 给　交付　 时 没有 规矩 伦理
be tacibume ukambure de isiburakū saikan jafatame kadalakini. aika an be tuwakiyame banjirakū,
把 学习　 逃跑　 对　致使　 妥善　 管束　　 管理　如果 本分 把　遵守　　 不生活
balai jailara ukara, facuhūn baita be yabure oci, uthai fafun i gamambi seme neileme
妄自 躲避　逃亡　　乱　　事情 把　走　 则　立刻　法令 用 处置　 等语 开导

ulhibukini sembi. erei jalin gingguleme wesimbuhe, hese be baimbi.
晓谕　想要　此　为　　谨　　奏　　谕旨　把　请求

hūwaliyasun tob i juwan emuci aniya ninggun biyai ice uyun de wesimbuhede,
　雍　　正　的　十　一　　年　　六　月　初　九　于　　具奏

hese: gisurehe songkoi obu sehe.
谕旨　议　　按照　施行　钦此

(三) 汉文译文

奏①

大学士②・伯③・臣鄂尔泰等谨奏：为请旨事。

雍正十一年六月初五日，据将军卓尔海④等咨称：经大臣等奏准咨开，色布腾旺布⑤属下吉尔吉斯人⑥，照顺承王⑦所奏，迁往齐齐哈尔等处地方，交付黑龙江将军等，依照原先安置乌梁海⑧特楞固特等人之例，拨给资产安置。等语。查得，康熙六十年，迁来特楞固特等人，每五口以上之户各给犍牛二只、乳牛二只；每四口以下之户各给犍牛二只、乳牛一只；每户各给马二匹、制衣布料二十匹、茶叶四百封、车二辆；大小人口每名各给羊四只、皮袄一件；每户各给锅碗等项器具及一年口粮。而后，编设牛录，安置在布特哈地方。六十一年，迁来柯尔萨哈、塔布恩等人，遵奉部文，将科尔沁十旗送来马匹，每人各赏马一匹、牛三只，并本处孳生羊各赏八只，支给两年口粮。而后，编设牛录，安置在布特哈⑨地方。雍正七年，迁来乌梁海人等，除从军营乘骑而来之二百匹马外，遵奉部文，将大凌河牧场、科尔沁七旗及本处布特哈地方存有牛只，每人各赏三只，并支给两年口粮。而后，编设牛录，安置在布特哈地方。此三起迁来特楞固特、柯尔萨哈、塔布恩及乌梁海等人，至雍正九年，由部委派员外郎珠兰泰，每人各赏银三两，分别移驻奉天、宁古塔、黑龙江等处地方披甲。现迁来本处之吉尔吉斯人口多少，请大臣预先咨文知照，俟伊等抵达后，即由本处办给口粮外，再查拨给伊等资产事宜，在本处并无可拨牲畜，或按康熙六十一年、雍正七年迁来人等安置之例，由部将大凌河牧场、科尔沁十旗牧放罚没牲畜解送分发；或按雍正九年乌梁海人各赏银三两分别披甲之例，由吉尔吉斯人顶替本年本处派遣一千名兵丁所遗之缺披甲，恭候咨文指示，遵照办理。等因前来。查此项应迁吉尔吉斯人内，有男丁五十七口，连同家眷共二百口。伊等皆不愿去色布腾旺布处，故迁往齐齐哈尔地方。若不严加管束任意居住，难免妄自滋事逃亡。令其披甲，则可有人管束，且月食钱粮，生计无忧。俟顺承王送到吉尔吉斯人后，请照原先赏给乌梁海人银两披甲之例，每人各赏银三两，分驻黑龙江⑩、齐齐哈尔、墨尔根⑪三城披甲，给食钱粮，承应官差。赏给伊等所需银两，请令盛京户部乘解送齐齐哈尔钱粮之便一同送去。请咨令该将军，将吉尔吉斯人分交该管官员，不时教习伦理，妥加管束，不致逃亡。并晓谕吉尔吉斯人，若不安分守己，擅自逃亡躲避，谋乱滋事，则立刻正法。

为此谨奏。请旨。

雍正十一年六月初九日奉旨：著依议。钦此。

注释

① 奏：指奏折。奏折是清朝中央和地方高级官员向皇帝请示报告公务时使用的文书之一。凡经军机大臣等遵旨议复有关事宜的奏折，称为议复奏折。本折即系军机大臣议复奏折。

② 大学士：清代内阁的长官，秩正一品。雍正年间设立军机处后，大学士入值军机处，充当军机大臣。

③伯：清代爵位名称，在公、侯、伯、子、男五等封爵中排序第三位。
④卓尔海：时任黑龙江将军。
⑤色布腾旺布：是厄鲁特准噶尔部台吉阿拉布坦次子，1729 年（雍正七年）承袭扎萨克多罗郡王，掌管喀尔喀三音诺颜部厄鲁特旗事务。
⑥吉尔吉斯：在清代又称布鲁特，即今中国境内居住的柯尔克孜族，主要分布在新疆维吾尔自治区克孜勒苏柯尔克孜自治州和黑龙江省富裕县五家子屯等地。黑龙江的柯尔克孜族分别于清雍正和乾隆年间迁居，迄今仍信奉佛教，而新疆的柯尔克孜族则信奉伊斯兰教。
⑦乌梁海：清代部落名称，分为三部，即唐努乌梁海、阿勒坦淖尔乌梁海和阿勒坦乌梁海，分布在喀尔喀扎萨克图汗部西北，阿尔泰山北部。
⑧布特哈：满语，打牲之意。清代东北打牲部落的总称，主要指居住在嫩江流域、呼伦贝尔及大兴安岭等地的索伦（今鄂温克族）、达斡尔和鄂伦春等民族。他们居住的地方就统称布特哈地方。
⑨顺承王：指多罗顺承郡王锡保，当时以靖边大将军身份统兵驻守阿尔泰路。
⑩黑龙江：指黑龙江城，位于黑龙江爱辉（今黑河市）地方。
⑪墨尔根：指黑龙江墨尔根城，即今黑龙江省嫩江市。

五　盛京将军舍图肯等奏报锡伯官兵携眷起程移往伊犁等情折

(一) 满文原件

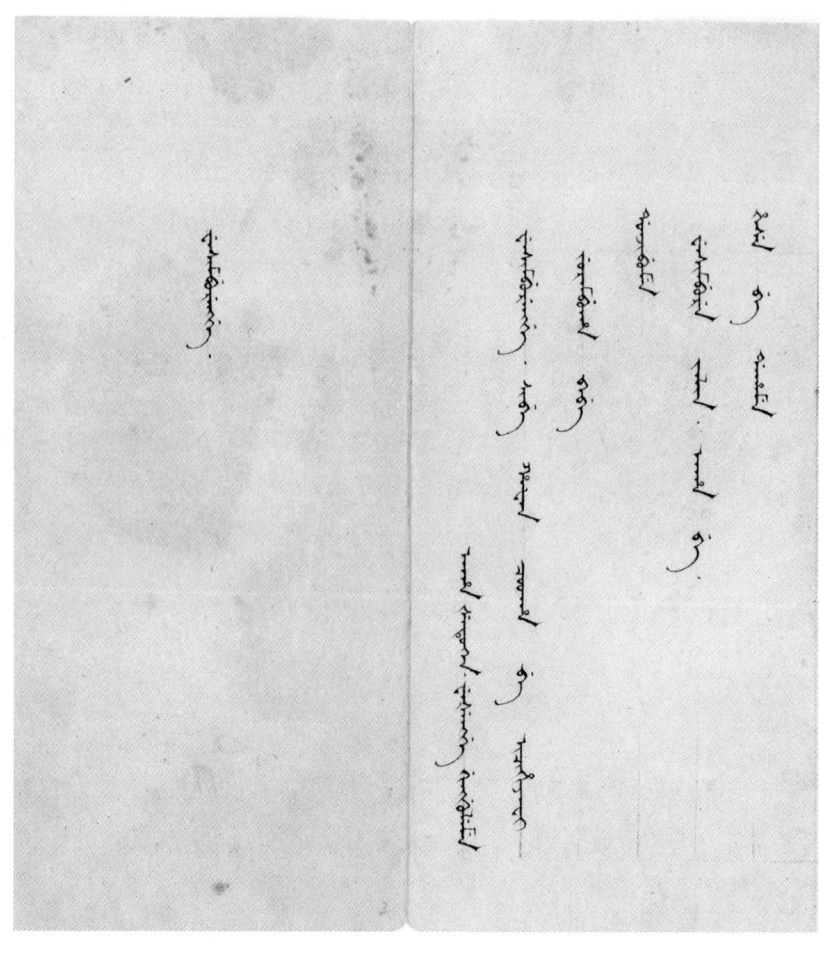

第七章 古籍珍品释读

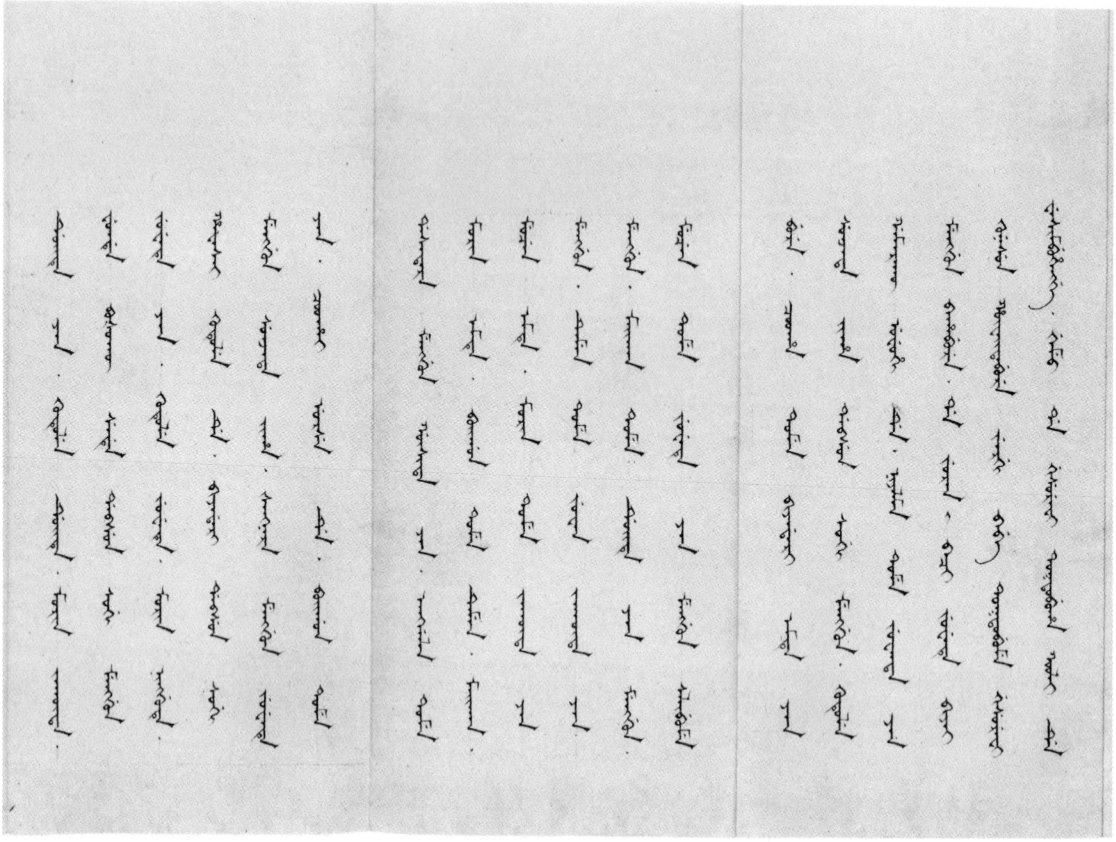

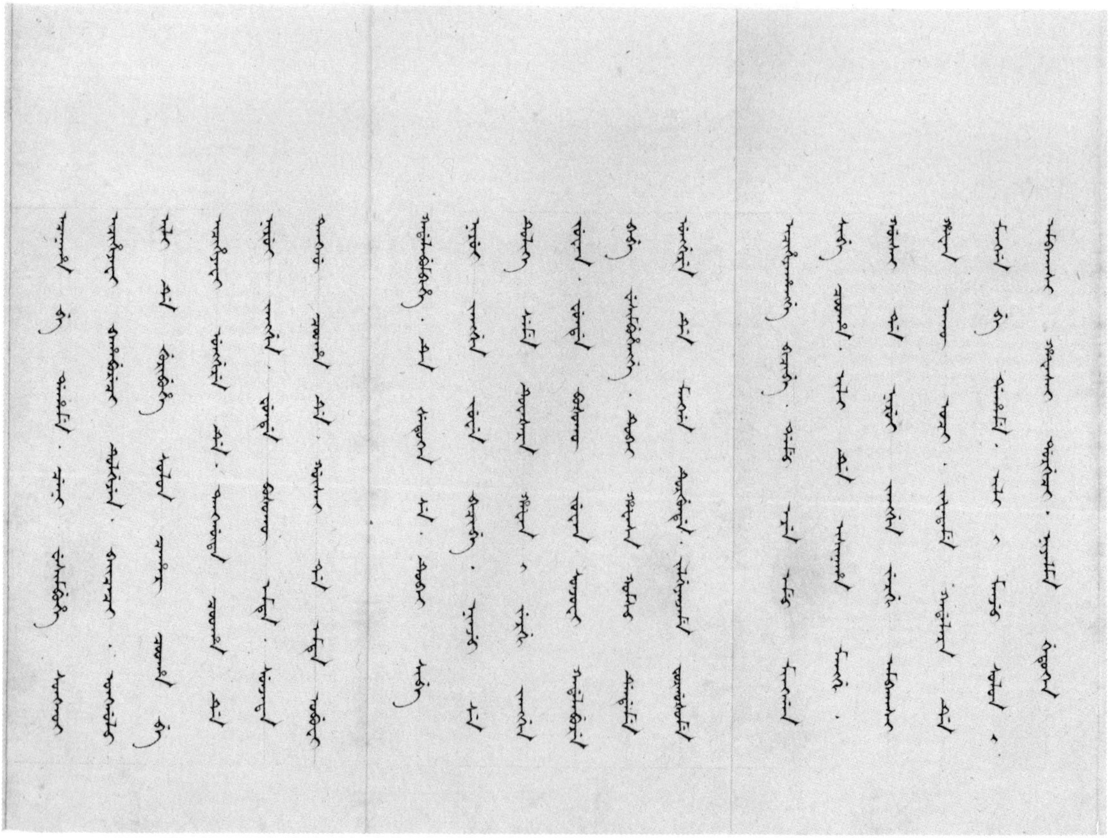

第七章 古籍珍品释读

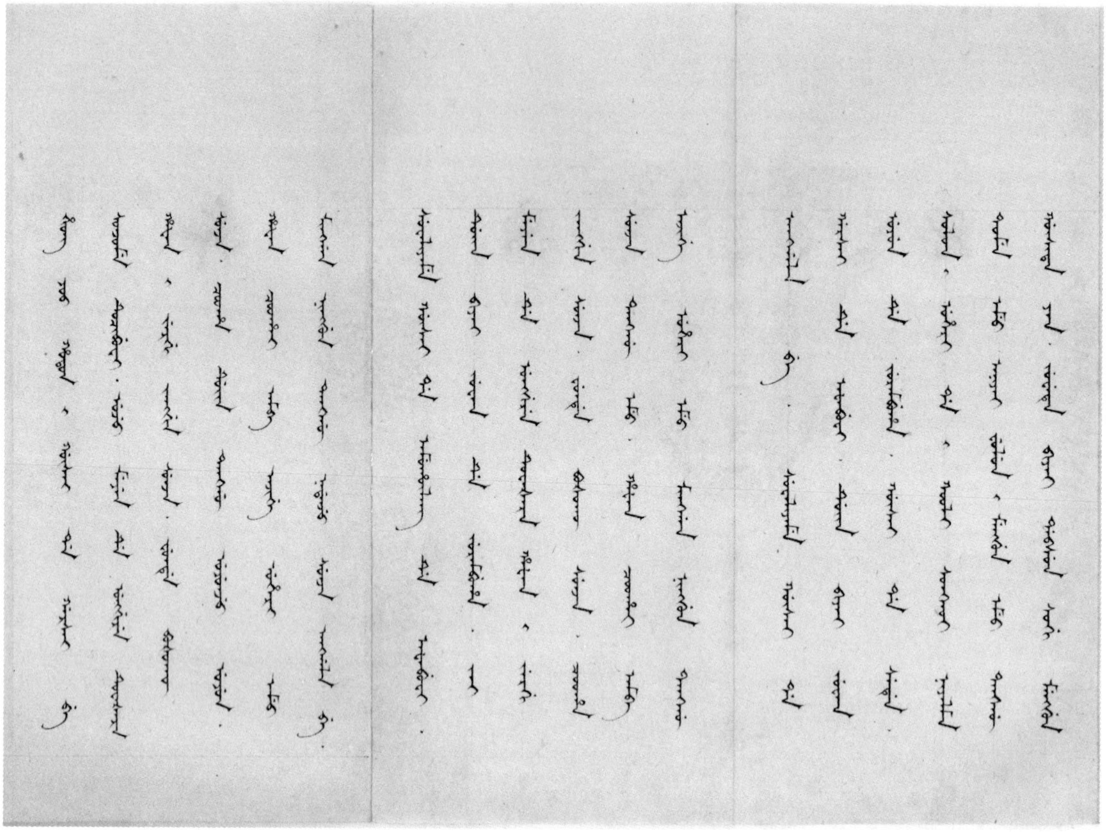

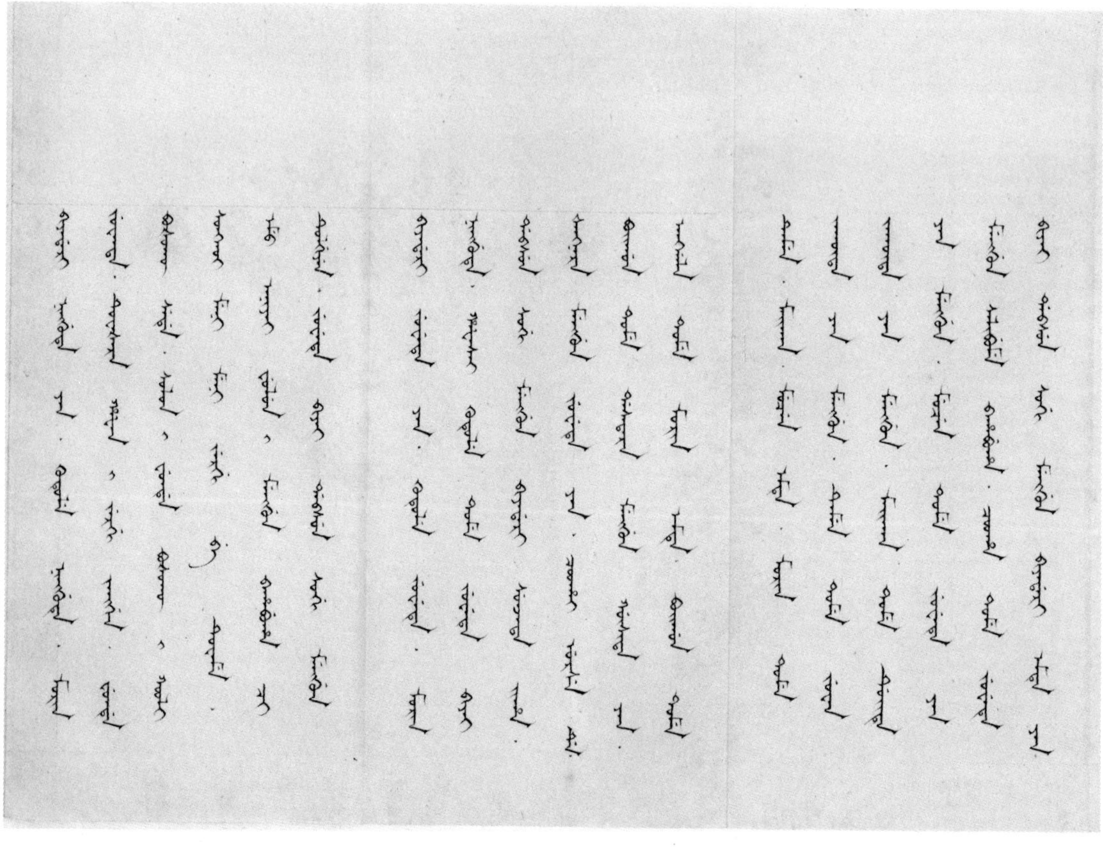

第七章 古籍珍品释读　2111

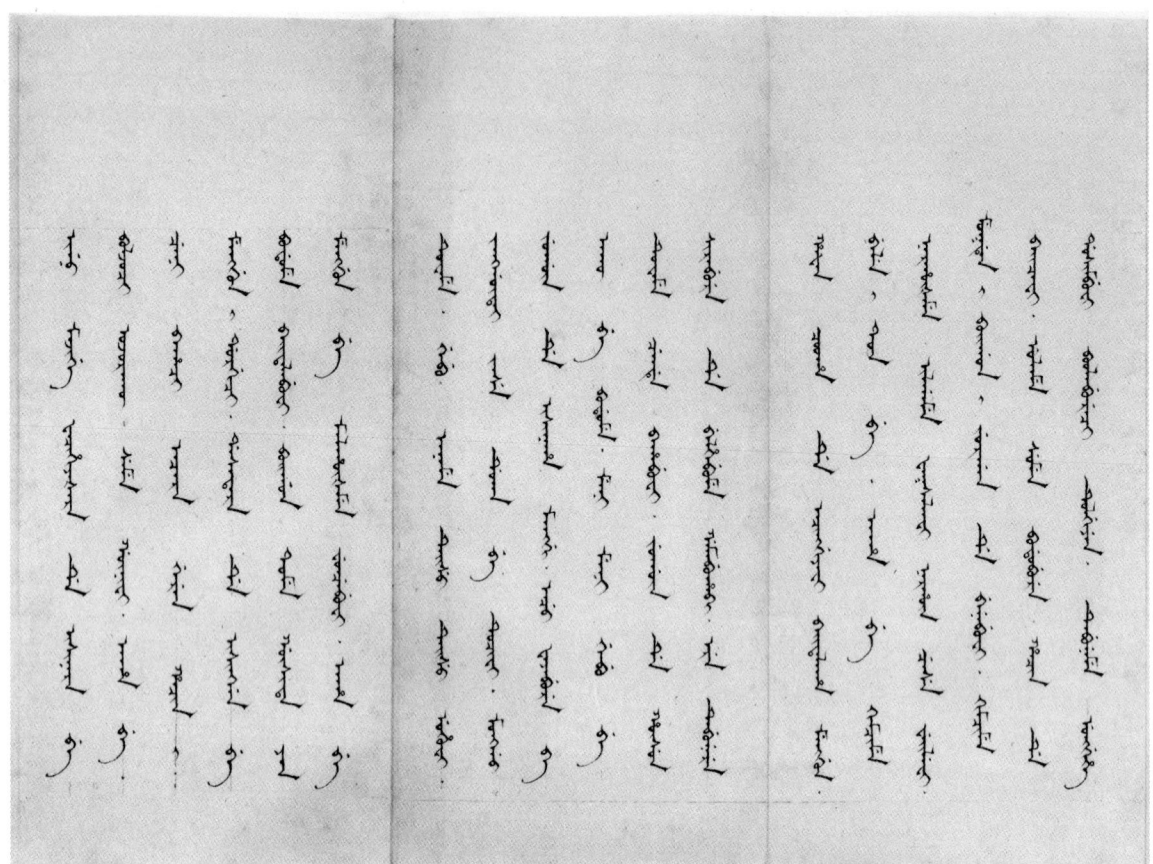

(二) 罗马文转写与汉文对译

wesimburengge
奏的

aha šetuken wešengge ginggguleme wesimburengge: sibe hafan cooha be
奴才 舍图肯 倭盛额　　谨　　　奏的　　　锡伯官员　兵　把

icihiyafi jurambuha babe donjibume wesimbure jalin. aha be hese be dahame,
办理　　起程　　之处　让听　　奏　　为　奴才们　旨　把　遵照

mukden i sibe cooha be emu minggan sonjofi, boigon suwaliyame tarbahatai
盛京 的 锡伯 兵 把 一　　千　　挑选　　户　　一起　　塔尔巴哈台

i jergi bade tebuneme unggire baita be, solon cahar i kooli songkoi icihiyame
的 等　处　居住　　派往　事情 把 索伦 察哈尔 的 例 依照　办理

unggiki. hafan cooha de bahabuci acara menggun icihiyaha baita hacin be
派往　官员 兵 于 拨给 应该 银　　办理　　事情 项目 把

kimcime getukeleme baicame icihiyafi, encu bukdari arafi, donjibume
核　　　搞清　　查看　办理　　另外　折　　写　　让听

wesimbuki seme wesimbuhe bukdari de fulgiyan fi pilehe hese: coohai
奏　　　等因　奏　　　折　　在　红　　笔　批　　旨　　军的

nashūn i ambasa gisurefi wesimbu sehebe ginggguleme dahafi, aniya biyai orin
机会 的 大臣　　议　　　奏　　钦此　　谨　　　依照　正　月　二十

sunja de isinjiha manggi, aha be uthai doigonde belhebume mukden i harangga
五 于 到达　　后　奴才们　立即　预先　　准备　　盛京 的 隶属

geren bai sibe cooha i dorgici, boigon largin akū, se ciksin, morin deleri
所有 地方的 锡伯 兵 的 内　　户　　繁杂　没有 年龄 少壮　马　上面

urešhūn, gurgušeme mutere be tuwame, emu minggan sonjoho. hafan i dorgici,
熟悉　　狩猎　　能　　把 看　　一　　千　　挑选　官员 的 内

tuwašara hafan i jergi janggin juwan funde bošokū juwan be sonjohobi. sirame
管束　　官员 的 品级 章京　十　　骁骑校　　　十　把　挑选　　接着

ilan biyai ice jakūn de isinjiha boigon i jurgan ci ulama benjihe, coohai
三　月　初　八　于 到来　　户　部　由　传递　送来　兵的

nashūn i ambasa gisurefi dahūme wesimbufi yabubuha bade, baicaci, šetuken
机会 的 大臣们　议　　再次　　奏　　　准行　　之处　查看　舍图肯

se baci, emu minggan sibe cooha tucibufi boigon suwaliyame unggire de,
们 地方 一　千　　　锡伯 兵　　派出　　户　　一起　　遣往　时

sunja tanggū be emu meyen obufi, meyen tome kūwaran i da emte arafi, ilan
五　百　　把 一　队　作为 队　每　　营　的 首领 各一 充作 三

biyai manashūn duin biyai icereme jurambufi, janggūtai jasei duka be tucime,
月　底　　四　月　初　　起程　　彰武台 边的　门　把　出

giyamun i jugūn deri unggire, monggo giyamun de isinafi, tulergi golo be
驿站 的 路 从 派往　　蒙古 驿站 于 抵达　　外面　省 把

dasara jurgan i bithesi bošokū juwete tucibufi, gajarcilame uliyasutai de
　治理　　部　的　笔帖式　　领催　各二　派出　　引导　　乌里雅苏台　于

isibume benebure jergi ba jai hafasa de emte aniyai fulun šangnafi
抵达　　送去　　等　处　再　官员们　给　各一　年的　俸禄　赏赐

dasatabure, kūwaran i da de biyadari dabsun sogi menggun ninggute yan,
　整装　　　营　　的首领给　每月　　盐　　菜　　银　　各六　两

kutule ninggute, morin juwanta; nirui janggin sede dabsun sogi menggun
跟役　各六　　马　各十　　牛录　章京　们　盐　　菜　　银

duite yan, kutule duite, morin jakūta; funde bošokū sede dabsun sogi menggun
各四　两　跟役　各四　马　各八　　骁骑校　　们　盐　　菜　　银

juwete yan, kutule juwede, morin ninggute; hafasai kutule de, biyadari
各二　两　跟役　各二　　马　各六　　　官员们的　跟役　给　每月

dabsun sogi menggun sunjata jiha, šangnara menggun juwete yan; coohai urse
盐　　菜　　银　　各五　钱　　赏赐　　　银　　各二　两　兵的　人们

de boigon tome dasatara menggun gūsita yan, anggala tome morin emte, boigon
给　户　每　整装　　银　各三十　两　　口　每　　马　各一　户

tome temen maikan mucen emte, morin tome jakūta yan menggun, temen tome juwan
每　骆驼　帐房　锅　各一　　马　每　各八　两　银　　骆驼　每　十

jakūta yan menggun, maikan tome duite yan menggun, mucen tome juwete yan
各八　两　银　　　帐房　每　各四　两　银　　　锅　每　各二　两

menggun salibume bure; cooha tome biyadari emte yan sunjata jiha dabsun
银　　折合　发给　兵　每　每月　各一　两　五　　钱　盐

sogi menggun, kutule gamarakū ufuhi de niyalma tome juwanta yan menggun
菜　银　　　跟役　不带　　份额　给　人　　每　各十　两　银

bahabure, da juran i baci juwete biyai kunesun hūwaitabure jergi babe
发给　　原　起程的　地方　各二　月　干粮　　拴　　　等　处

toktobume gisurefi wesimbuhengge, gemu da gisurefi toktobuha kooli de
确定　　　议　奏的　　　都　原　议　　确定　　例　与

acanaha be dahame, ceni wesimbuhe songkoi icihiyafi bahabureci tulgiyen,
符合　　把　依照　他们的　奏　　按照　　办理　　发给　　除外

baicaci, onggolo ili de guribuhe solon cahar cooha be icihiyafi unggire de,
查得　　原先　伊犁往　迁移　索伦　察哈尔　兵　把　办理　　派往　时

tanggūta cooha de, nirui janggin, funde bošokū emte; sunjata tamggū cooha
各百　兵　　给　牛录　章京　代替　领催　各一　各五　百　兵

de, gūsai da emte obufi kadalabumbihe. te šetuken se tubai sibe nirui janggin
给　旗的首领　各一　作为　曾经管理　　现　舍图肯　们　彼处　锡伯　牛录　章京

juwe bicibe, ninju se tulike seme, tuwašara hafan i jergi janggin juwan funde
二　虽有　　六十岁　过　因为　照看　官员的品级　章京　十　代替

bošokū juwan sonjofi kadalabure babe wesimbuhengge, tubai hafasa komso
领催　十　挑选　管理　之处　奏的　　彼处官员们　少

dendeme unggire de mangga turgunde, jalgiyanjame forgošome icihiyahangge
分　派遣　时　困难　原因　　　变通　　调换　　办理的
bicibe, damu ere emu minggan sibe cooha ili de isinaha manggi, gūsai da nirui
虽然　但是 这 一　　千　锡伯 兵 伊犁于 抵达　　后　　旗的首领 牛录
janggin jergi ambakasi hafan akū oci jafatame kadalara de mangga be
章京　品级　较大的　官员 没有 若 约束　　管理　于 困难　把
dahame, ili i manju solon i ambakasi hafasai dorgici, niyalma getuken
依照 伊犁的 满洲 索伦的　较大　官员的　内　　　人　　聪明
kadalame muterengge be juwe sonjofi, gala dendeme kadalabure, ne genere sibe
管理　　能的　　　把 二 挑选　翼　分　　管理　　现 前往 锡伯
i tuwašara hafan i jergi janggin i dorgici, udu nirui janggin arafi dendeme
的 照看　官员 的 品级 章京 的 内　几个 牛录 章京　作为　分
kadalabure jergi babe gemu mingšui sede afabufi acara be tuwame banjinara
管理　　　等　之处 都　明瑞　们 交付　合适 把　看　　成
be bodome toktobume gisurefi wesimbubuki geli baicaci, onggolo solon cahar
把 计算　确定　　议　　奏　　　又　查看　先前　索伦　察哈尔
cooha be ili de guribure de, gemu uheri da gūsai da i jergi ambakasi hafasa
兵　把 伊犁 往 派遣　时　都　总首领 旗首领 的 品级 较大 官员们
tucibufi, ten i bade isibume benebuhe bihe. ne sibe cooha sebe guribufi
派出　终点的地方 到达　 送去　曾经 现 锡伯 兵　们　迁移
tebunere de, inu giyan i onggolo icihiyaha songkoi ambaksi hafan tucibufi ten i
居住　时 也 应当　原先　办理　　按照　较大　官员 派出 终点的
bade isibume bargiyatame kadalame unggici acambi. šetuken se meyen tome
地方 到达　约束　　　管理　派遣 可以 舍图肯 们 队 每
gūsai da hoton i da i dorgici sain ningge be emte sonjofi, janggin duin
旗的首领 城 的首领的 内　好 的 把 各一 挑选　章京　四
tucibufi, tanggū gabsihiyan be gaifi, jase duka de isibume tuwašatame
派出　百　前锋　把 带领　边　门 于 到达　看护
bargiyatame benebuki sehe gojime, umai ten i bade isibume benebure
约束　　送去　说了 而已　并 终点的地方 到达　送去
babe gisurehekū. jai sibe coohai monggo jase dolo yabure de, inu duin janggin
之处 没有议 再 锡伯 兵的 蒙古　边　内 行走 时 也 四 章京
tanggū gabsihiyan tucibufi tuwašatara be baiburakū. erebe šetuken sede
百　前锋　派出　看护　把 不用　将此 舍图肯 们
afabufi, ere emu minggan cooha benebure de, duin janggin tanggū gabsihiyan
交付　这 一　千　兵　送去 时　四 章京　百　前锋
tucibure be nakafi, hoton i da gūsai da emte tucibufi šuwe ten i
派出　把 停止　城 的首领 旗的首领 各一 派出　直接 终点 的
bade isibume kadalame bargiyatame benebuki. cooha be afabuha manggi, amasi
地方 到达　管理　约束　　　送去　兵 把 交付　后　　往后

jikini. bahabuci acara morin temen dabsun sogi kunesun be, jakan solon
　来　　得给　应该　马　骆驼　盐　菜　干粮　把　适才　索伦
cahar cooha be benebure de tucibuhe uheri da　gūsai　da　sai songkoi
察哈尔　兵　把　送去　时　派出　总首领　旗的 首领 们　依照
icihiyafi bahabubuki seme isinjihabi. aha　be uthai geren hoton i hoton
办理　　得给　　等因　到来　奴才 们 即刻 所有　城 的　城
i　da　gūsai　da　i　dorgide, mukden hoton i kubuhe suwayan i　gūsai
的 首领 旗的 首领 的　内于　　盛京　　城 的　镶　　黄　的 旗的
da　amuhūlang hiong yoo hoton i　gūsai　da　garsai be sonjome tucibufi, uju
首领 阿穆呼郎　熊　岳　城　的 旗的 首领 噶尔赛 把　挑选　派出　第一
meyen de unggire tuwašara hafan i jergi janggin sunja, funde bošokū sunja,
　队　在　派遣　照看　官员 的 品级　章京　五　代替　领催　五
cooha duin tanggū uyunju uyun, hafan coohai amba ajige uheri emu minggan
　兵　四　百　九十　九　官员 兵的　大　小　总共　一　　千
ninggun tanggū nadanju sunja anggala be, suwaliyame gūsai　da　amuhūlang
　六　　百　七十　五　口　把　　连同　　旗的 首领 阿穆呼郎
de afabufi, duin biyai juwan de jurambuha. jai meyen de unggire tuwašara
给　交付　四　月　十　于　起程　　第二　队　在　派遣　照看
hafan i　jergi janggin sunja, funde bošokū sunja, cooha sunja tanggū emu,
官员 的 品级　章京　五　代替　领催　五　兵　五　百　一
hafan coohai amba ajige uheri emu minggan ninggun tanggū anggala be
官员 兵的　大　小　总共　一　　千　　六　百　口　把
suwaliyame, gūsai　da　garsai de afabufi, duin biyai juwan uyun de jurambuha.
连同　　旗的 首领 噶尔赛 给　交付　四　月　十　九　于　起程
gūsai　da sede, solon i uheri　da　i kooli songkoi niyalma tome emu aniyai
旗的 首领 们　索伦的 总 首领 的 例　依照　人　每　一　年的
fulun i menggun emu tanggū gūsita yan, juwete biyai dabsun sogi menggun
俸禄的　银　一　　百　各三十 两　各二 月　盐　菜　银
biyadari ninggute yan, kutule ninggute, morin juwanta; tuwašara hafan i jergi
每月　各六　两　跟役　各六　马　各十　照看　官员 的 品级
janggin funde bošokū sede, solon i funde bošokū i kooli songkoi meni meni
章京　代替　领催　们　索伦的 代替　领催　的 例　依照　各　各
jergi be tuwame, emu aniyai fulun i menggun bahabuha ci tulgiyen, juwete
品级 把　看　一　年的 俸禄的　银　　发给　自　除外　各二
biyai dabsun sogi menggun biyadari juwete yan, kutule juwete, morin
月　盐　菜　银　　每月　各二　两　跟役　各二　马
ninggute, hafasai　kutule tome juwete biyai dabsun sogi menggun biyadari
各六　官员们的 跟役　每　各二 月　盐　菜　银　　每月
sunjata jiha, šangnara menggun juwete yan, coohai urse de boigon tome
各五　钱　赏赐　银　　各二　两　兵的 人们 给　户　每

dasatara menggun gūsita yan, anggala tome morin emte, boigon tome temen
整装　　银　各三十两　口　每　马　各一　户　每　骆驼
maikan mucen emte, morin tome jakūta yan menggun, temen tome juwan jakūta
帐房　锅　各一　马　每　各八　两　银　　骆驼　每　十　各八
yan menggun, maikan tome duite yan menggun, mucen tome juwete yan menggun
两　银　　帐房　每　各四　两　银　　锅　每　各二　两　银
salibume bahabuha. cooha tome juwete biyai dabsun sogi menggun biyadari emte
折合　　发给　　　兵　每　各二　月　盐　菜　银　　每月　各一
yan sunjata jiha, kutule gamarakū ufuhi de, niyalma tome juwanta yan menggun
两　各五　钱　跟役　不带　　份额　给　人　每　各十　两　银
bahabuha. hafan cooha esei boigon anggala de, da juran i baci anggala tome
发给　　官员　兵　们的　户　　口　　给　原　起程的地方　口　每
juwete biyai anggala bele hūwaitabufi gamabuha. aha be kimcime tuwaci, sibe
各二　月　口　　　米　拴　　　带去　　奴才们　核　看　　锡伯
se dorgi bade tefi aniya goidaha, umai solon i hehe juse i adali nukteme
们　内　地方 居住　年　久远　　并　索伦的妇女 孩子 的一样　游牧
yabure, aciha acire, morin ulaha be tuwakiyara jergi hacin akū, aika gemu
行走　 行李　驮载 马　牲畜　把　看护　　　等　项　没有　若　都
morin icihiyafi bahabure oci, morin labdu niyalma komso tuwakiyara adulara
马　办理　　　发给　　　若　马　多　　人　　少　　看护　　　牧放
de mangga seme gūnifi, aha be cende hūsun bahara be bodome, minggan boigon
时　困难　以为　想　奴才们 他们　力量　得到　把 计算　千　户
cooha de morin juwe minggan, ihan ilan minggan suwaliyaganjame uheri sunja
兵　给　马　二　千　　　牛　三　千　　　掺和　　　　总共　五
minggan icihiyafi, boigon tome juwete morin, ilata ihan, emte sejen icihiyafi
千　办理　　　户　每　各二　马　各三　牛　各一　车　办理
bahabuha. ere hacin i morin ihan be icihiyara de, gemu da toktobuha
发给　　这 项 的 马　牛　把 办理　　时　都　原　确定
jakūta yan i morin i hūdai songkoi ceni bahaci acara temen morin i salibuha
各八　两 的 马 的 价格　依照 他们的 得到 应该　骆驼　马 的 折合
hūdai menggun i dorgici icihiyafi, funcehengge be yooni da niyalma de
价格的 银 的 由内　办理　　 剩余　把 全部 原　人　于
bahabuha. boigon tome bahabuci acara maikan emte, mucen emte be, aha be
发给　　　户　每　发给　　应该　帐房 各一　锅　各一 把 奴才们
da toktobuha hūdai songkoi tuwame icihiyafi gamabuha. ede yabure de yalure
原 确定 价格　依照　看　办理　　　带去　　于是 乘骑 在 乘骑
morin bimbime, ihan sejen bifi, ceni hehe juse jugūn yabure de inu tookan
马　且有　　牛　车　因有 他们的 妇女 孩子 道路　行走　时 又 延误
akū ombi. aha be gūnin werišeme narhūšeme fujuruleci, ere sibe cooha
没有 可以 奴才们 心　留　　仔细　　　寻访　　这 锡伯 兵

mukden de tefi aniya goidaha, encu bade gurime genembi, teisu teisu
　盛京　在 居住　年　久远　 别的 地方　迁移　 前往　 各　 各
facihiyašame icihiyara jakade, yabure de udu hūsungge bicibe, hūsun sirabure
　　努力　　 办理　 由于　 行走　时 虽　 力量　有　 力量　接济
jalin, doigonde belheteme icihiyarakū oci, yabure inenggi goidafi, morin
为　 事先　 预备　　 不办理　若　 行走　 日　 长　 马
ulaha niyecetere jergi ba bihe manggi, inu majige facihiyašara de isinara
牲畜　 补充　 等 处 有　 后　 也　稍微　 发愁　 于　到达
be boljoci ojorakū seme gūnifi, aha be ceni bahaci acara geren hacin
把 预计　 不可　 以为　想　 奴才 们 他们的 得到　应该　所有　项
i menggun i dorgici, dasatara de isingga be bodome baitalabufi, boigon tome
的　银　 的 内　 整装　 于　够　 把　计算　 使用　　 户　每
gūsita yan menggun be malhūšame funcebufi, aha be tuwame gebu aname teisu
各三十 两　 银　 把　节省　　 存留　 奴才们　看　 名字　依次　各
teisu uhufi, janggūtai jase duka be tucifi, monggo jugūn de isinaha manggi,
　各 包扎　 彰武台 边　门 把 出　 蒙古　路　至　到达　 后
encu fayabure ba akū be bodome, meni meni gebu be tuwame cende bahabufi,
别的 消费　 地方 没有 把 计算　 各　各　 名字 把　看　 他们　得给
jugūn de hūsun sirabure de belhebume gamabuhabi. ere tebunere hafan cooha
道路 在 力量　 接济　 于　准备　　 带去　 这　移驻　 官员　兵的
de acinggiyafi baitalaha menggun bele i ton be, aha be kimcime narhūšame
给 挪动　　 使用　 银　 米的 数 把　 奴才们　 核　 仔细
ilgame faksalafi narhūn cese weilefi mukden i boigon i jurgan de benebufi,
区分　 分别　　 细　 册　 制作　 盛京 的　户　 的 部　 给　送去
kimcime baicafi, ulame sume bodobure hacin de dosimbufi boolabureci
　核　 查看　 转　消除　 计算　项　于　进入　　 报告
tulgiyen, tebuneme unggihe hafan coohai boigon anggala i ton be, encu getuken
除外　 居住　 派遣　 官员 兵的　 户　 口　 的 数 把　另外　清楚
cese arafi, coohai jurgan de benefi, ulame ili jiyanggiyūn uliyasutai de tehe
册　制作　 兵的　 部　 给 送去　 转行　伊犁　 将军　 乌里雅苏台 于　驻
ambasa de dendeme benebufi, uliyasutai ci casi sirabume icihiyafi unggire,
大臣们　给　分别　 送去　 乌里雅苏台 自 那边　 接济　 办理　 派往
gaifi genere gūsai da sa, ten i bade isinafi, cooha be afabuha manggi,
带领 前往　 旗的 首领 们 终点 的 地方 抵达　 兵 把 移交　 后
gūsai da sabe adarame icihiyafi amasi unggire babe ili jiyanggiyūn
旗的 首领 们　 如何　 办理　 往回　派遣　之处 伊犁　 将军
uliyasutai de tehe ambasa da gisurefi wesimbuhe songkoi baicame
乌里雅苏台于　驻　大臣们 原　 议　　 奏　 依照　 查看
icihiyabureci tulgiyen, tebuneme unggihe hafan cooha i gebu ton esei
　办理　　 除外　 居住　 派遣　 官员　兵 的 名字 数 他们的

boigon anggala i ton be cese weilefi, coohai boigon juwe jurgan de gemu
　户　　口　　的　数　把　册　　制作　　兵　户　二　　部　给　都
boolame yabubuhabi. ere jalin gingguleme donjibume wesimbuhe.
　报告　　　寄出　　此　为　　谨　　　　闻　　　　奏
abkai wehiyehe i orin uyuci aniya duin biyai juwan uyun.
　乾　　隆　　的 二十九　　年　　四　月的　十　九
saha. hūlhame ukafi amasi jihengge be ciralame jafa bici uthai wesimbu.
知道了　偷　　逃亡　往后　来的　　把　严格　抓拿 若有 即刻　具奏
gūwa baci tucinjici suwende fonjimbi kice.
　别　处　　出来　　给你们　　问　　努力

（三）汉文译文

奏①

奴才舍图肯、倭盛额②谨奏：为奏闻锡伯③官兵筹办起程情形事。

奴才等遵旨将拣选盛京④一千名锡伯兵携眷移驻塔尔巴哈台⑤等处事宜，请照索伦⑥、察哈尔⑦兵之例，筹办遣往，其官兵应得银两及该办事项，俟详细查办后，另折奏闻，等因具奏一折，奉朱批：著军机大臣等议奏。钦此。钦遵。于正月二十五日发回后，奴才等当即预备，由盛京所属各地锡伯兵内，视其家中无所牵挂、年富力强、马背技艺娴熟、善于狩猎情形，挑选一千名，官员内拣选防御十名、骁骑校十员。旋于三月初八日，接准户部转行军机大臣议复奏准咨文内称，查得，舍图肯等议定具奏，在派遣一千名锡伯兵携眷前往时，每五百名为一队，每队委任营长一名，于三月末四月初起程，出彰武台边门⑧，由驿站路前往，行抵蒙古驿站后，委派理藩院笔帖式、领催各二员，引导送至乌里雅苏台⑨；至官员各赏一年俸禄整装，营长每人每月得给盐菜银六两、跟役六名、马十匹，佐领等各得给盐菜银四两、跟役四名、马八匹，骁骑校等各得给盐菜银二两、跟役二名、马六匹，官员之跟役得给每月盐菜银五钱、赏银二两，兵丁每户得给整装银三十两、每口得给马一匹，每户得给驼一峰、帐房一座、锅一口；每匹马折给价银八两，每峰驼折给价银十八两，每座帐房折给价银四两，每口锅折给价银二两；兵每人每月得给盐菜银一两五钱，其不带跟役者，每人各给银十两，皆由原起程处裹带两个月口粮等情，均与原议定之例相符，相应照其所奏办理外，查先前移驻伊犁之索伦、察哈尔兵筹办前往时，每一百兵由佐领、骁骑校各一员管带，每五百兵由协领一员管带。今舍图肯等奏，彼处锡伯佐领仅有二员，皆年逾六旬，拣选防御十员、骁骑校十员管带，盖因该处官员少，难以分派，通融协办耳。唯此项一千名锡伯兵抵达伊犁后，若无协领、佐领等大员，则难以管束，相应由伊犁满洲、索伦等大员内，拣选人聪明、善于管束者二员，分翼管束，并由现前去之锡伯防御内委任佐领几员，分别管束之外，皆交明瑞等酌情议定具奏。又查得，先前索伦、察哈尔移驻伊犁时，曾派总管、协领等大员直接送到终点。今锡伯兵移驻时，亦应照依旧例，委派大员沿途管束，直接送到终点。舍图肯等只奏请，每队由协领、城守尉内选派贤能者一员，并派章京四员，率领前锋一百名护送至边门，而未议直接送到终点之处。至锡伯兵在蒙古地界内行走时，亦不必委派章京四员，率领前锋一百名看护。将此饬交舍图肯等，在护送此项一千兵时，停派章京四员、前锋一百名，只派协领、城守尉各一员，沿途管束，直接送到终点。俟移交兵丁后，再返回可也。其应给之马驼、盐菜银及盘费，皆照先前派出护送索伦、察哈尔之总管、协领之例，筹办拨给，等因前来。奴才等当即于各城城守尉、协领内，选出盛京城镶黄旗协领阿穆呼郎、熊岳城协领噶尔赛，第一队派去之防御五员、骁骑校五员、兵四百九十九名、官兵之大小家眷共一千六百七十五口，一并交协领阿穆呼郎管带，已于四月初十日起程。第二队派去之防御五员、骁骑校五员、兵五百零一名、官兵之大小家眷共一千六百口，一并交协领噶尔赛管带，已于四月十九日起程。其协领等员，依照索伦总管之例，每人各给一年俸银一百三十两、两个月盐菜银，每月六两，跟役六名，马十匹；防御、骁骑校等员，依照索伦骁骑校之例，按其品级，每人各给一年俸禄外，又各给两个月盐菜银，每月二两，跟役二名，马六匹；官员之跟役，每人各给两个月盐菜银，每月五钱，赏银二两；兵每户各给整装银三十两，每口各给马一匹，每户各给驼一峰、帐房一座、锅一口。每匹马折给价银八两，每峰驼折给价银十八两，每座帐房折给价银四两，每口锅折给价银二两；兵每名各给两个月盐菜银，每月一两五钱，其不带跟役者，每人各赏银十两，官兵及家眷皆由原起程处裹带两个月口粮。奴才等详察，锡伯人众居住内地年久，并不像索伦妻孥游牧负驮，牧放牲畜。若竟筹办得给马匹，则马多人少，难以牧放。奴才等为其得力起见，给此千户兵拨马二千匹、牛三千只，共五千匹只，每户各给马二匹、牛三只、车一辆。在筹办此项牛马时，均照原定马价八两，由其应得马驼价银内办理，剩余银两全数得给本人。每户应各给帐房一座、锅一口，奴才等照原定价银筹办得给，俾其携去。是故，于行走时，有马乘骑，且有牛车，其妻孥亦不误行走。奴才留心细访，此项锡伯兵居住盛京年久，今移驻异地，虽经多方尽力筹办，行走有力，且若不预备接济，则行走日久，值有补充马匹牲畜等事，恐致窘迫。奴才等虑及于此，由其应得各项银两内，拨给每户足够整装之银后，节省银三十两。将此项银两，由奴才等亲自监督，按名分包，出彰武台边门，行至蒙古路后，因无另外消费之处，按名交给伊等携去，以备沿途接济。其拨给此项移驻官兵使用银两、米石数额，奴才等详加分析，造具细册，咨送盛京户部查核，列入销算册内呈报外，所有移驻官兵之户口数目，另造清册送交兵部，分别转送伊犁将军、乌里雅苏台大臣。由乌里雅苏台筹济遣往及管带前往协领等抵达终点移交兵丁后如何返回之处，请令伊犁将军、乌里雅苏台大臣等依照原议奏之例查办外，所有移驻官兵花名、数目及其户口数目，皆已造册咨报兵、户二部。

为此谨奏。请旨。

乾隆二十九年四月十九日

知道了。著严加查拿擅自逃回者，若有即刻具奏，而从他处发觉，唯尔等是问。钦哉⑩。

注释

①奏：指奏折。凡经皇帝用朱笔批阅的奏折，又称朱批奏折。此折即系朱批奏折。

②舍图肯：时任盛京将军；倭盛额：时任盛京副都统。

③锡伯：即今锡伯族，主要分布在东北三省和新疆维吾尔自治区等地。1764年（清乾隆二十九年），一部分锡伯官兵携眷从辽宁移驻新疆伊犁河南岸地区。今居住在新疆的锡伯族，就是西迁锡伯官兵的后裔。

④盛京：即今辽宁省。

⑤塔尔巴哈台：位于新疆天山北部，即今塔城地方。锡伯官兵原计划移驻塔尔巴哈台，后因防务需要改驻伊犁河南岸地区。

⑥索伦：即今鄂温克族。1763年（清乾隆二十八年），一部分索伦官兵携眷从黑龙江移驻新疆伊犁河北岸地区。

⑦察哈尔：漠南蒙古诸部之一。1762年（清乾隆二十七年），一部分察哈尔蒙古官兵携眷从张家口外游牧地方移驻新疆博罗塔拉地区。

⑧彰武台边门：清代东北柳条边门之一，位于今辽宁省彰武县境内。

⑨乌里雅苏台：即今扎布哈郎特，位于蒙古国境内。

⑩最后这一段文字是乾隆帝用朱笔写的批语。因用朱笔批，故又称朱批。

六　领侍卫内大臣和珅奏裁汰绥远城满洲官学改设满汉翻译官学折

（一）满文原件

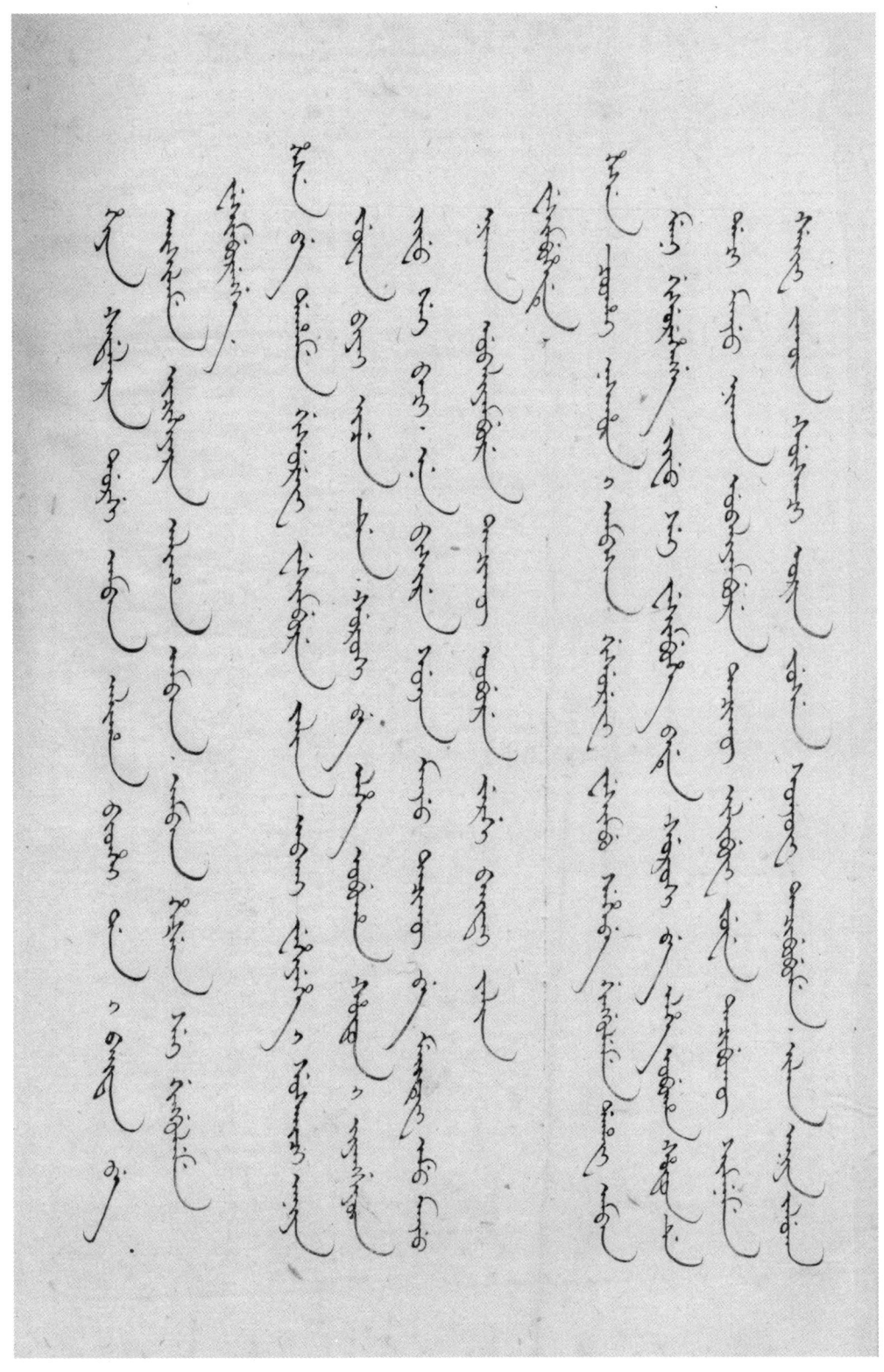

第七章　古籍珍品释读　2123

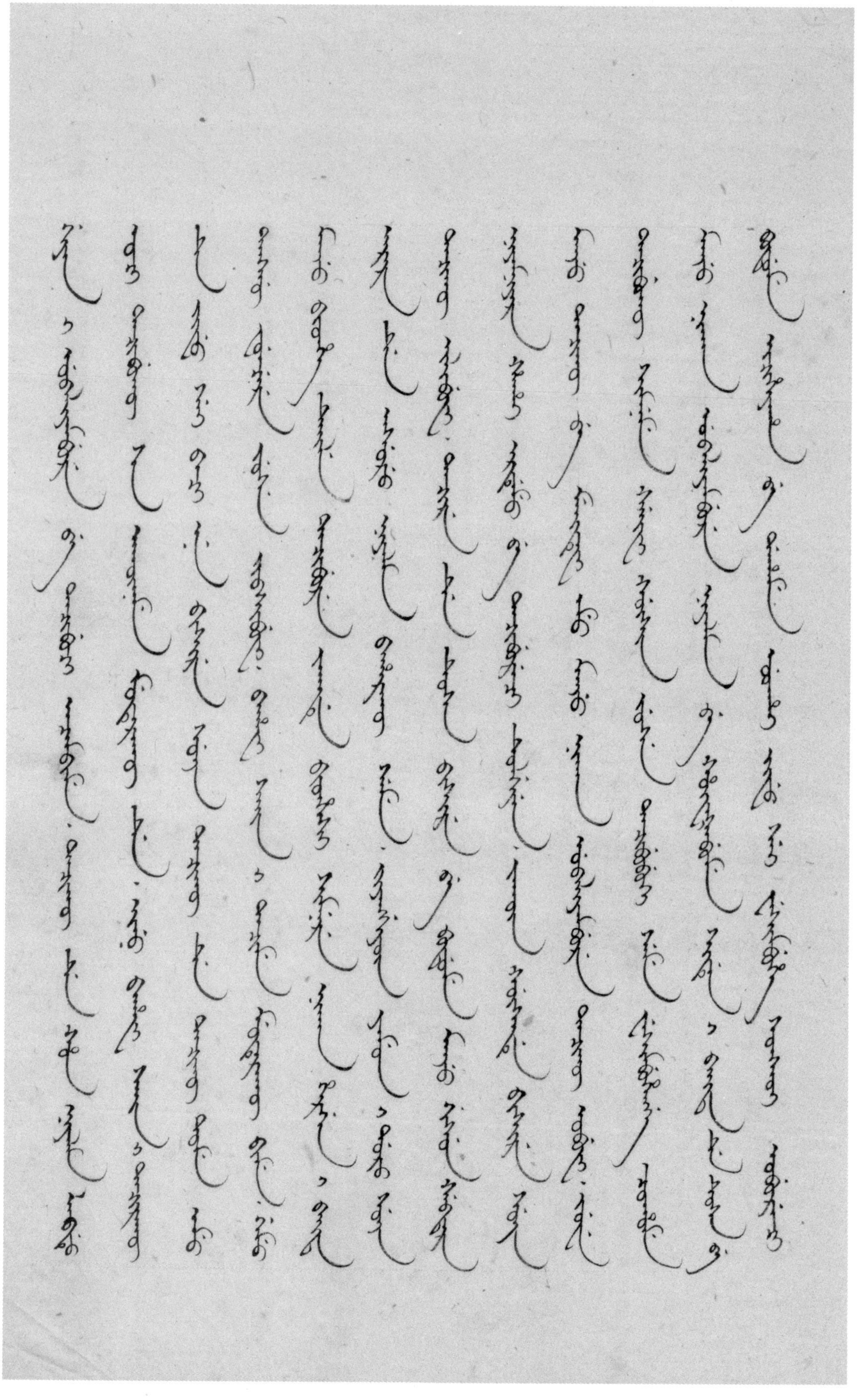

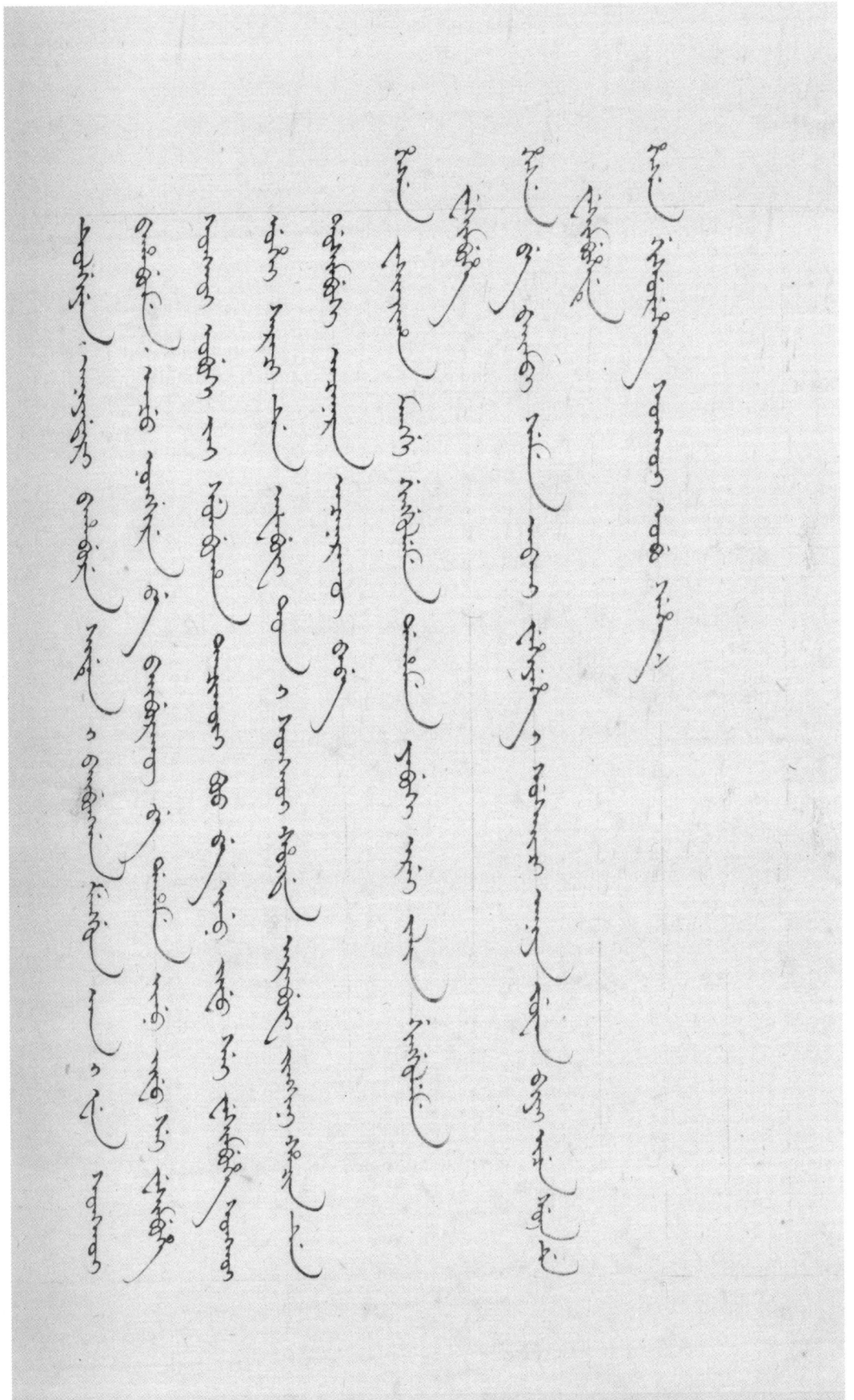

（二）罗马文转写与汉文对译

hiya kadalara dorgi amban, aliha bithei da i baita be aisilame icihiyara,
侍卫 管理 内 大臣 接受 书 首领 的 事务 把 协助 办理

aliha amban, amban hišen sei gingguleme wesimburengge, hese be dahame
接受 大臣 大臣 和珅 等的 谨 奏的 谕旨 把 遵照

gisurefi wesimbure jalin. abkai wehiyehe i susaici aniya juwan biyai ice
议 奏 为 乾 隆 的 五十 年 十 月 初一

de, goroki be elhe obuha hoton i jiyanggiyūn jifu sei baci, ne bisire sunja
于 远方 把 安定 作为 城 的 将军 积福 们的地方 现 有 五

manju tacikū be meitefi, emu manju nikan ubaliyambure tacikū obure jergi
满洲 学校 把 裁撤 一 满洲 汉 翻译 学校 作为 等

baitai jalin wesimbuhede, hese coohai nashūn i ambasa gisurefi wesimbu
事情 为 奏时 谕旨 兵的 机会 的 大臣们 议 奏

sehebe gingguleme dahafi, amban meni gisurehengge, jifu sei wesimbuhe bade,
说的 谨 遵照 大臣 我们 议的 积福 们的 奏 之处

goroki be elhe obuha hoton de, daci manju nikan ubaliyambure tacikū ilibufi,
远方 把安定 作为 城 在 原先 满洲 汉 翻译 学校 建立

juwe dacibukū simneme gaifi, jakūn gūsaci orin juse sonjofi tacibubume, ilan
二 教习 考试 录取 八 由旗 二十 孩子 挑选 教学 三

aniya jaluka manggi, unenggi yaburengge kicebe olhoba, tacibuhangge
年 满 后 确实 行走的 勤奋 谨慎 教的

mutebuhe niyalma bici, harangga tacikū be akdulame wesimbufi, funde
成为 人 若有 该 教习 把 保举 奏 代替

bošokū sonjoro de gebu ibebumbihe. amala ubaliyambure tacikū be meidefi.
领催 挑选 时 名字 曾经呈进 后 翻译 学校 把 裁撤

sunja manju tacikū ilibufi, tacikū tome duite tacibukū sonjofi gubci
五 满洲 学校 建立 学校 每 各四 教习 挑选 所有

hūwašabure cooha sula sidan juse be tacibubumbi. ne emu tacikū de tanggū
养育 兵 闲散 幼丁 孩子 把 教学 现 一 学校 在 百

funcere juse jibsibufi, gebu bisire gojime, umai bahafi sain i taciraku, juse
余 孩子 累积 名字 有 而已 并 得到 好 以 不学习 孩子

de ambula tusa akū elemangga cembe tookabumbime ubaliyambure tacikū be
与 很大 益处 没有 反而 把他们 耽误 翻译 学校 把

meitehe ci ebsi bithesi simnere jai geren bade amasi julesi yabubure nikan
裁汰 自以来 笔帖式 考试 及 所有 地方 往后 往前 发行 汉

hergen i bithe arara niyalma gemu ulhiyen i bahara de mangga ohobi. te
字 的 书 写 人 都 逐渐 地 得到 于 困难 已现

jiyanggiyūn i yamun i dolo sula boo be tofohon giyalan dasatafi, jakūn
将军 的 衙门 的 内 空闲 房 把 十五 间 整修 八

gūsai	ilan	tanggū	hamišara	giltukan	juse	be	sunja	tacikū	banjibufi,	sain
旗的	三	百	将近	英俊	孩子	把	五	学校	编设	好

mutere	tacibukū	sonjofi	inenggidari	manju	gisun	gabtara	niyamniyara	be
能	教习	挑选	每天	满洲	语言	步射	骑射	把

hacihiyame	taciboreci	tulgiyen,	jakūn	gūsade	bisire	sunja	manju	tacikū	be
逐个	教学	除外	八	旗	有	五	满洲	学校	把

gemu	meitefi,	damu	emu	falga	tacikūi	boo	be	bibufi,	an	i	nenehe	kooli	songkoi
都	裁撤	只	一	处	学校的	房	把	留下	仍		原先	例	按照

manju	nikan	ubaliyambure	tacikū	obufi,	juwe	ubaliyambure	tacibukū	simneme
满洲	汉	翻译	学校	作为	二	翻译	教习	考试

gaifi,	jakūn	gūsai	giltukan	ambakan	juse	be	gūsin	sonjofi,	manju	nikan	bithe
录取	八	旗的	英俊	较大	孩子	把	三十	挑选	满洲	汉	书

hūlabume	ubaliyambure	be	tacibubuki.	ne	sunja	tacikū	de	aniyadari	bahabure
阅读	翻译	把	教习	现	五	学校	在	每年	发给

siden	i	baibungga	menggun	be	uthai	ice	ilibure	ubaliyambure	tacikū,	jai
公共	的	需要	银	把	即	新	建立	翻译	学校	及

jiyanggiyūn	yamun	i	dolo	ilibuha	sunja	tacikū	de	bahabufi	baitalabuki.
将军	衙门	的	内	建立	五	学校	于	发给	使用

meitehe	duin	falga	tacikūi	boo	be	uhei	saraci	de	afabufi	hūda	arabuki
裁撤	四	处	学校的	房	把	同知		给	交付	价格	折合

sehebi.	baicaci,	geren	goloi	jiyanggiyūn	sa	ba	ne	i	hafasai	baru	amasi
等因	查看	所有	省	将军	们	地方		的	官员	与	往后

julesi	bithe	yabubure	baita	icihiyara	de	inu	nikan	hergen	baitalara	ba	bifi,
往前	书	发行	事情	办理	时	也	汉	字	使用	地方	有

giyan	i	ubaliyambure	be	tabuci	acambime,	tacikū	de	hon	niyalma	labdu	oci,
理应		翻译	把	教学	且应该	学校	在	甚	人	多	若

tacibukū	sa	akūname	muterakū	de,	inu	bahafi	sain	i	tacirakū.	te	jifu	sei
教习	们	周详	不能	时	也	得到	好		不学习	今	积福	们的

baci,	ne	bisire	sunja	tacikū	de	tacikū	tome	emu	tanggū	funcere	juse
地方	现	有	五	学校	在	学校	每	一	百	余	孩子

jibsibufi,	bahafi	sain	i	tacime	muterakū	bime,	gemu	manju	bithe	teile
累积	得到	好		学习	不能	而且	都	满洲	书	仅

tacibure	jakade,	bithesi	simnere	nikan	hergen	i	baita	arara	de	asuru	niyalma
教习	由于	笔帖式	考试	汉	字	用	事情	写	时	甚	人

baharakū	seme,	jiyanggiyūn	yamun	i	doro	sunja	tacikū	ilibufi,	tacire	de	tusa
不得	因为	将军	衙门	的	内	五	学校	建立	学习	与	益处

bisire	be	bodome,	manju	gisun	gabtara	niyamniyara	hahai	erdemu	be	tabureci
有	把	计算	满洲	语言	步射	骑射	男子的	技艺	把	教习

tulgiyen,	jakūn	gūsade	bisire	sunja	manju	tacikū	be	meitefi,	emu	manju	nikan
除外	八	在旗	有的	五	满洲	学校	把	裁撤	一	满洲	汉

ubaliyambure tacikū obufi, juwe tacibkū simneme gaifi, gūsin juse
翻译　　　学校　作为　二　教习　考试　录取　三十　孩子
tacibubuki seme wesimbuhengge, cohome manju nikan ubaliyambure niyalma be
教习　等因　奏的　　特意　满洲　汉　翻译　　　人　把
hūwašabume siden i baita de tusa be bodome icihiyaha be dahame, uthai jifu
养育　　公 的 事情 于 益处 把 计算　办理　把 依照　即可 积福
sei wesimbuhe songkoi obureci tulgiyen, aniyadari bahabure siden i
们的　奏　　按照　作为　除外　　每年　发给　公共 的
baibungga menggun an i fe songkoi bahabume, encu nonggire be baiburakū be
需要　银　仍然旧 按照 发给　　另外 增加 把 不用 把
dahame, inu jifu sei wesimbuhe songkoi obuki. jai sulabuha tacikūi boo be
依照　也 积福 们的 奏　按照　作为 再 空出 学校的 房 把
inu jifu sei wesimbuhe songkoi uhei saraci de afabufi ton i songkoi
也 积福 们的 奏　按照　同知 给 交付 数 按照
hūda arabufi jingkini hacin de dosimbuki. acanara acanarakū babe, hese
价格 折合 正 项 于 拨入　可以 不可以 之处 谕旨
wasinjiha manggi, gingguleme dahame yabuki. erei jalin gingguleme
降来 后　谨 依照 办理 此 为 谨
wesimbuhe. hese be baimbi seme, abkai wehiyehe i susaici aniya juwan biyai
奏　　谕旨 把 请求 等因　乾　隆 的 五十 年 十 月
ice sunja de wesimbuhede hese gisurehe songkoi obu sehe.
初 五 于 奏时 谕旨 议 按照 作为 钦此

(三) 汉文译文

领侍卫内大臣①、协办大学士②、尚书、臣和珅等谨奏：为遵旨议奏事。

乾隆五十年十月初一日，绥远城③将军积福等奏，裁汰现有五处满洲官学，改设一处满汉翻译官学等事宜，遂奉旨：著军机大臣等议奏。钦此。钦遵。臣等议得，据积福等奏称，原在绥远城设有满汉翻译官学，考取教习二名，选取八旗子弟二十名教育，俟三年后，果能当差勤谨，育人成才，即将该教习保奏，记名挑补骁骑校。后裁汰翻译官学，改设满洲官学五处，每学各选取教习四名，教育所有养育兵、闲散幼丁等。现在每学累积学生百余名，徒有虚名而已，并不学好，甚无裨益，反被耽误，且自裁汰翻译官学以来，于考取笔帖式及缮写发行各处汉字文书，均渐次难得人才。现在修缮将军衙门内空闲房十五间，选取八旗英俊子弟近三百名，编设官学五处，挑选干练教习，每日教学清语及马步骑射外，请将八旗原设五处满洲官学概行裁汰，仅留一处官学房屋，仍照旧例，作为满汉翻译官学，考取翻译教习二名，挑选八旗成长英俊子弟三十名，教学清汉语翻译。现每年拨给五处官学之公费银两，请即支给新设翻译官学及将军衙门内设立五处官学使用。其裁汰之四处官学房屋，饬交同知变价，等语。查得，各省将军与地方官吏相互行文办事时，确有使用汉字之处，理合培养翻译。然官学学生甚多，教习管教不周，亦不能学好。今积福等奏称，现有五处官学，每学各有学生百余名，不能学好，且皆只学清文，于考取笔帖式及缮写汉字文移，俱不得人。遂于将军衙门内①设立官学五处，为便于教学起见，教学清语及马步骑射外，请将八旗原有五处官学裁汰，改设满汉翻译官学一处，考取教习二名，教育学生三十名。此乃培养满汉翻译人员，有利于公务之见，相应即照积福所奏办理。此外，每年所需公费银两，仍按旧例支给，不必添加，亦照积福所奏办理。至空出官学房屋，亦照积福所奏，饬交同知，按数变价，拨归正项。是否妥当，恭候降旨，钦遵施行。

　　为此谨奏。请旨。

　　乾隆五十年十月初五日奉旨：著依议。钦此。

注释

①领侍卫内大臣：清代内侍卫处长官，武职，秩正一品。

②协办大学士：清代内阁次官，秩从一品。

③绥远城：位于内蒙古境内，即今呼和浩特市。

④此处满文原文为"jiyanggiyūn yamun i doro"，译成汉文即为"将军衙门之礼"。这显然在此处前后文关系上无法讲通。疑其中"doro"写错，应为"dolo"。满文是拼音文字，"doro"与"dolo"相互间仅差"r"和"l"一个字母，但其词意发生了本质性变化，"doro"是"礼"，而"dolo"为"内"。

结 束 语

满文古籍文献与其他少数民族古籍文献比较具有显明的特色。

首先是满文古籍文献内公文档案占绝大多数。现存的满文公文档案计200余万件，起止时间为1607年（明万历三十五年）至1911年（清宣统三年），时间跨度长达304年。其内容可谓包罗万象，涉及面极为广泛，包括内政、政法、民族、宗教、财政、军事、农业、牧业、矿业、交通、工程、文化、教育、天文、地理和外交等方面，而且所反映的内容多不见于汉文档案和其他文献，具有重要的利用和研究价值。它作为清代国家机关处理政务过程中自然形成的公文，具有客观性、真实性和系统性，是研究清代通史和各种专门史的最原始、最直接的第一手资料。同时，也是中国统一多民族国家发展的历史凭证，充分展现各民族共同创造中华民族辉煌历史的历程。

其次是满文古籍文献内有大量的汉文典籍的翻译作品。在清代，由官府组织用满文翻译了四书五经、佛教经典、各朝历史和古典文学等方面的汉文典籍，并刊刻发行。如此众多的汉文典籍的翻译，在中国的民族语文翻译史上极其罕见，不仅有利于满汉文化的相互交流，而且体现了满文古籍文献来源的多元性。

再次是满文古籍文献内还有一定数量的多种文字合璧的有关语言文字方面的书籍。其中绝大部分是满汉两种文字合璧，还有相当一部分满蒙汉三种文字合璧，而其他类合璧者较少。清代是我国封建社会的最后一个王朝，曾有过"康雍乾盛世"，国力强大，社会安定，经济兴旺，文化繁荣。乾隆年间编写的《御制五体清文鉴》，就是一部由多种民族文字合璧的大型辞书，以汉、满、蒙古、藏、维吾尔5种文字编写，体现了各民族文化和谐发展和共同繁荣的时代特征。这些多种文字合璧的词典类图书，种类众多，内容各异，在一定程度上丰富了中国辞书编纂学的内涵和形式。

在版本方面，满文古籍既继承了汉文古籍版本的基本特征和优点，同时又有其创新的方面，这无疑对中国的古籍版本学的研究具有重要的价值。

满文古籍文献是中华民族文化遗产的有机组成部分，经过几代人的长期而不懈的努力，在发掘整理、著录编目、翻译出版和研究利用等方面，都取得了显著的成绩。然而，对浩如烟海的满文古籍文献来讲，所取得的成绩远远不够，任重而道远，仍需要不断培训满文专业人才，扩大专业人员队伍，尽量利用现代科技手段，在做好永久性保存工作的前提下，加大整理编目工作的力度，进一步搞好翻译出版工作，加强研究工作的广度和深度，充分发挥满文古籍文献应有的利用和研究价值。